Allgemeine Betriebswirtschaftslehre

Von
Professor
Dr. Hans Jung

8., überarbeitete Auflage

R. Oldenbourg Verlag München Wien

Die Deutsche Bibliothek - CIP-Einheitsaufnahme

Jung, Hans:
Allgemeine Betriebswirtschaftslehre / von Hans Jung. – 8., überarb.
Aufl.. – München ; Wien : Oldenbourg, 2002
    ISBN 3-486-25904-0

© 2002 Oldenbourg Wissenschaftsverlag GmbH
Rosenheimer Straße 145, D-81671 München
Telefon: (089) 45051-0
www.oldenbourg-verlag.de

Das Werk einschließlich aller Abbildungen ist urheberrechtlich geschützt. Jede Verwertung außerhalb der Grenzen des Urheberrechtsgesetzes ist ohne Zustimmung des Verlages unzulässig und strafbar. Das gilt insbesondere für Vervielfältigungen, Übersetzungen, Mikroverfilmungen und die Einspeicherung und Bearbeitung in elektronischen Systemen.

Gedruckt auf säure- und chlorfreiem Papier
Druck: R. Oldenbourg Graphische Betriebe Druckerei GmbH

ISBN 3-486-25904-0

Inhaltsverzeichnis

Vorwort XXV

Kapitel A: Grundlagen der Betriebswirtschaftslehre

1 Überblick über die Grundlagen der Betriebswirtschaftslehre 1
2 Wirtschaftssysteme und Träger der Wirtschaft 2
    2.1 Grundlagen des Wirtschaftens 2
        2.1.1 Bedürfnisse 2
        2.1.2 Wirtschaftsgüter 3
        2.1.3 Das formale Wirtschaftlichkeitsprinzip 4
    2.2 Träger der Wirtschaft 6
        2.2.1 Betriebe 6
        2.2.2 Haushalte 6
        2.2.3 Die Verflechtungen des Betriebes mit der Umwelt 7
        2.2.4 Das System der betrieblichen Produktionsfaktoren 8
    2.3 Bestimmungsgrößen von Betrieben und Wirtschaftssystemen 9
        2.3.1 Systemindifferente Bestimmungsgrößen 11
        2.3.2 Die systembezogenen Bestimmungsgrößen 11
        2.3.3 Die soziale Marktwirtschaft 13
    2.4 Betriebstypologie 13

3 Die Betriebswirtschaftslehre als Wissenschaft 18
    3.1 Eingliederung in das System der Wissenschaften 18
    3.2 Das Erkenntnis- und Erfahrungsobjekt der Betriebswirtschaftslehre 20
    3.3 Erkenntnisziele der Betriebswirtschaftslehre 21
        3.3.1 Die theoretische Richtung der Betriebswirtschaftslehre 21
        3.3.2 Die angewandte (praktische) Richtung der Betriebswirtschaftslehre 22
    3.4 Die Gliederung der Betriebswirtschaftslehre 24
        3.4.1 Die institutionelle Gliederung 24
        3.4.2 Die funktionelle Gliederung 25
        3.4.3 Die genetische Gliederung 25
    3.5 Die Beziehung der Betriebswirtschaftslehre zu den wissenschaftlichen Nachbardisziplinen 26
        3.5.1 Zur Volkswirtschaftslehre 26
        3.5.2 Zu den Sozialwissenschaften 27

4 Betriebswirtschaftliche Zielkonzeptionen 28
    4.1 Die Zielinhalte 28
        4.1.1 Die Sachziele einer Unternehmung 28
        4.1.2 Die Formalziele einer Unternehmung 28
    4.2 Das Zielsystem 32
    4.3 Zielbildung und Zielbeziehungen 32
    4.4 Das erwerbswirtschaftliche Prinzip 34
        4.4.1 Langfristige Gewinnmaximierung als Auswahlprinzip 34
        4.4.2 Kritische Einwände zum Prinzip der langfristigen Gewinnmaximierung 35
        4.4.3 Eigenkapitalrentabilität als Auswahlprinzip 36
        4.4.4 Begrenzte Gewinnerzielung als Auswahlprinzip 37

5 Methoden und Modelle der Betriebswirtschaftslehre 38
   5.1 Methoden der Betriebswirtschaftslehre 38
   5.2 Betriebswirtschaftliche Modelle 39
      5.2.1 Modelle nach der Art ihres Untersuchungszweckes 40
      5.2.2 Modelle nach der Art ihrer voraussichtlichen Ergebnisstruktur 43

6 Theoretische Ansatzpunkte der Betriebswirtschaftslehre 46
   6.1 Historischer Rückblick 46
   6.2 Der faktortheoretische Ansatz nach Erich Gutenberg 47
   6.3 Der entscheidungstheoretische Ansatz nach Edmund Heinen 48
   6.4 Der systemorientierte Ansatz nach Hans Ulrich 49
   6.5 Weitere theoretische Ansätze 50

Fragen zur Kontrolle und Vertiefung 52

Kapitel B: Konstitutive Entscheidungen des Betriebes

1 Überblick über die konstitutiven Entscheidungen des Betriebes 57

2 Die betriebliche Standortwahl 57
   2.1 Die Bedeutung des betrieblichen Standortes 57
   2.2 Die betrieblichen Standortfaktoren 60
      2.2.1 Inputorientierte Standortfaktoren 62
         2.2.1.1 Gewerbeimmobilien 62
         2.2.1.2 Material- und Rohstoffversorgung 62
         2.2.1.3 Qualifikation und Angebot von Arbeitskräften 64
         2.2.1.4 Verkehrsanbindung und Energieversorgung 66
         2.2.1.5 Fremddienste 67
         2.2.1.6 Entsorgung und Umweltschutz 67
      2.2.2 Outputorientierte Standortfaktoren 68
         2.2.2.1 Absatzmöglichkeiten 68
         2.2.2.2 Abhängigkeit vom Konkurrenzstandort 69
      2.2.3 Abgabenorientierte Standortfaktoren 70
   2.3 Entscheidungsmodelle zur Standortwahl 70
      2.3.1 Die Nutzwertanalyse 71
      2.3.2 Das Punkte-Bewertungsverfahren 72
      2.3.3 Steiner-Weber-Modell 73

3 Der rechtliche Aufbau der Betriebe 75
   3.1 Die Bedeutung der Rechtsform 75
   3.2 Die Rechtsformen privater Betriebe 76
      3.2.1 Die Personenunternehmen 77
         3.2.1.1 Die Einzelunternehmung 78
         3.2.1.2 Die Personengesellschaften 79
      3.2.2 Die Kapitalgesellschaften 86
         3.2.2.1 Der Verein 87
         3.2.2.2 Die Gesellschaft mit beschränkter Haftung (GmbH) 87
         3.2.2.3 Die Aktiengesellschaft (AG) 91
      3.2.3 Mischformen 99
         3.2.3.1 Die GmbH & Co KG 99
         3.2.3.2 Die GmbH & Still 100
         3.2.3.3 Die Kommanditgesellschaft auf Aktien (KGaA) 100

3.2.3.4 Die Doppelgesellschaft 102
3.2.4 Die Genossenschaft (eG) 104
3.2.5 Sonstige private Unternehmen 108
    3.2.5.1 Der Versicherungsverein auf Gegenseitigkeit (VVaG) 108
    3.2.5.2 Die Stiftung 109
3.3 Die Rechtsformen öffentlicher Betriebe 109
    3.3.1 Öffentliche Betriebe in nicht-privatrechtlicher Form 111
        3.3.1.1 Öffentliche Betriebe ohne eigene Rechtspersönlichkeit 111
        3.3.1.2 Öffentliche Betriebe mit eigener Rechtspersönlichkeit 113
    3.3.2 Öffentliche Betriebe in privatrechtlicher Form 114
3.4 Der Wechsel der Rechtsform 114

4 Der Zusammenschluss von Unternehmen 116
4.1 Die Bedeutung von Unternehmenszusammenschlüssen 116
4.2 Die Ziele von Unternehmenszusammenschlüssen 117
    4.2.1 Ziele im Beschaffungsbereich 118
    4.2.2 Ziele im Produktionsbereich 118
    4.2.3 Ziele im Absatzbereich 118
    4.2.4 Ziele im Finanzierungsbereich 119
4.3 Einteilung von Unternehmenszusammenschlüssen 119
    4.3.1 Einteilung nach der wirtschaftlichen und der rechtlichen
           Selbständigkeit 119
    4.3.2 Einteilung nach der Art des Unternehmenszusammenschlusses 120
    4.3.3 Einteilung nach der rechtlichen Zulässigkeit 122
4.4 Kooperationsformen 122
    4.4.1 Kammern und Verbände 122
        4.4.1.1 Wirtschaftsfachverbände 122
        4.4.1.2 Arbeitgeberverbände 123
        4.4.1.3 Kammern 123
    4.4.2 Gelegenheitsgesellschaften 124
        4.4.2.1 Arbeitsgemeinschaften 124
        4.4.2.2 Konsortien 126
    4.4.3 Kartelle 127
        4.4.3.1 Verbotene Kartelle 128
        4.4.3.2 Anmeldepflichtige Kartelle (Widerspruchskartelle) 130
        4.4.3.3 Erlaubnis-Kartelle 131
    4.4.4 Interessengemeinschaften 131
        4.4.4.1 Interessengemeinschaft im weiteren Sinn 131
        4.4.4.2 Interessengemeinschaft im engeren Sinn (Gewinngemeinschaft) 132
    4.4.5 Gemeinschaftsunternehmen 133
    4.4.6 Das Franchising 133
    4.4.7 Die Subunternehmerschaft 134
    4.4.8 Virtuelle Unternehmen 134
4.5 Konzentrationsformen 135
    4.5.1 Verbundene Unternehmen 135
    4.5.2 In Mehrheitsbesitz stehende und mit Mehrheit beteiligte Unternehmen 136
        4.5.2.1 Mehrheitsbeteiligung 136
        4.5.2.2 Formen der Mehrheitsbeteiligung 136
    4.5.3 Abhängige und herrschende Unternehmen 137
    4.5.4 Konzernunternehmen 137
        4.5.4.1 Unterordnungskonzern 137
        4.5.4.2 Gleichordnungskonzern 138
        4.5.4.3 Konzernbildung 139

    4.5.4.4 Wettbewerbsrechtliche Bestimmungen 140
  4.5.5 Wechselseitige Beteiligung 141
  4.5.6 Unternehmensverträge 142
  4.5.7 Fusion 143

5 Perspektiven der Wirtschaft für den europäischen Binnenmarkt 145

Fragen zur Kontrolle und Vertiefung 148

Kapitel C: Unternehmensführung und Organisation

1 Überblick 153

2 Unternehmensführung 153
 2.1 Entwicklung der Unternehmensführung 153
 2.2 Aufgaben und Inhalt der Unternehmensführung 155
   2.2.1 Unternehmenskultur 157
   2.2.2 Strategische und normative Unternehmensführung 159
 2.3 Die Träger von Führungsentscheidungen 160
   2.3.1 Eigentümer und Führungsorgane 160
   2.3.2 Arbeitnehmer 161
   2.3.3 Management 161
 2.4 Die Führungsfunktionen 162
   2.4.1 Vorbemerkungen 162
   2.4.2 Die Zielsetzung 163
     2.4.2.1 Das Wesen der Ziele 163
     2.4.2.2 Zielarten 164
     2.4.2.3 Zielbildung 167
   2.4.3 Die Planung 168
     2.4.3.1 Begriff, Aufgaben und Wesen der Planung 168
     2.4.3.2 Planungsarten 168
     2.4.3.3 Grundsätze und Prinzipien der Planung 172
     2.4.3.4 Die Ungewissheit als Grundproblem der Planung 173
   2.4.4 Die Entscheidung 174
     2.4.4.1 Begriff, Aufgabe und Wesen der Entscheidung 174
     2.4.4.2 Voraussetzungen für die Entscheidung 175
     2.4.4.3 Die Bewertung der Ergebnismatrix 177
     2.4.4.4 Regeln zur Entscheidungsfindung 178
     2.4.4.5 Die Spieltheorie 184
     2.4.4.6 Operations Research 186
   2.4.5 Die Realisation 189
   2.4.6 Die Kontrolle 190
     2.4.6.1 Wesen und Aufgabe der Kontrolle 190
     2.4.6.2 Revision, Prüfung und Kontrolle 192
     2.4.6.3 Controlling 194
     2.4.6.4 Kybernetik 194
 2.5 Personal- (Führungs-) Systeme 197
   2.5.1 Begriff und Wesen 197
   2.5.2 Führungstheorien 197
   2.5.3 Führungsstiltheorien 200
     2.5.3.1 Führungsstiltypologien 200
     2.5.3.2 Eindimensionale Ansätze 203

2.5.3.3 Zweidimensionale Ansätze 205
2.5.3.4 Dreidimensionale Ansätze 208
2.5.4 Führungskonzepte der Praxis 215
    2.5.4.1 Harzburger Modell 216
    2.5.4.2 Führungstechniken 217
2.5.5 Kommunikation als Führungsinstrument 225
    2.5.5.1 Vier-Seiten-Modell der Kommunikation 226
    2.5.5.2 Transaktionsanalyse 227
2.5.6 Persönlichkeitstypologie als Führungsinstrument 234
    2.5.6.1 Die vier Persönlichkeitstypen 235
    2.5.6.2 Die Bedeutung der Persönlichkeitstypologie für die Führungskraft 239

3 Organisation 240
3.1 Ziele der Organisation 240
3.2 Begriff der Organisation 240
3.3 Reorganisation / Improvisation / Disposition 241
3.4 Grundsätze der Organisation 243
    3.4.1 Allgemeine Grundsätze 243
    3.4.2 Spezielle Grundsätze 244
3.5 Elemente der Organisation 245
    3.5.1 Die Aufgabe 245
    3.5.2 Die Stelle 246
    3.5.3 Verbindungswege zwischen den Stellen 246
3.6 Aufbauorganisation 248
    3.6.1 Aufgabe und Wesen der Aufbauorganisation 248
    3.6.2 Aufgabenanalyse 249
    3.6.3 Aufgabensynthese 252
        3.6.3.1 Die Stellenbildung 253
        3.6.3.2 Abteilungs- und Instanzenbildung 255
        3.6.3.3 Zentralisation - Dezentralisation 256
    3.6.4 Organisationsformen 261
        3.6.4.1 Vorbemerkungen 261
        3.6.4.2 Das Einliniensystem 262
        3.6.4.3 Das Mehrliniensystem 262
        3.6.4.4 Das Stabliniensystem 263
        3.6.4.5 Die Spartenorganisation 265
        3.6.4.6 Die Matrix-Organisation 267
        3.6.4.7 Tensororganisation 269
        3.6.4.8 Teamorganisation 270
        3.6.4.9 Zusammenfassende Betrachtung der Organisationsformen 271
3.7 Ablauforganisation 272
    3.7.1 Vorbemerkungen 272
    3.7.2 Einflussgrößen beim Prozess der Ablauforganisation 272
    3.7.3 Die Arbeitsanalyse 273
    3.7.4 Die Arbeitssynthese 273
        3.7.4.1 Personale Arbeitssynthese (Arbeitsverteilung) 274
        3.7.4.2 Temporale Arbeitssynthese (Arbeitsvereinigung) 274
        3.7.4.3 Die lokale Arbeitssynthese (Raumgestaltung) 275

4 Trends in der Unternehmensführung und Organisation 276
4.1 Lean Management 276
4.2 Chaos-Management 277
4.3 Visionäres Management 280

4.4 Internationale Unternehmensführung 281
4.5 Qualitäts-Management 281
4.6 Umweltorientiertes Management 282
4.7 Innovatives Management 284
4.8 Neuere Organisationsformen 284
4.9 Zukünftige Aufgabenfelder der Unternehmensleitung 285

Fragen zur Kontrolle und Vertiefung 287

Kapitel D: Materialwirtschaft

1 Grundlagen der Materialwirtschaft 291
   1.1 Begriffsbestimmung und Bedeutung der Materialwirtschaft 291
      1.1.1 Einkauf 291
      1.1.2 Beschaffung 292
      1.1.3 Materialwirtschaft 292
      1.1.4 Logistik 293
      1.1.5 Resümee 293
   1.2 Aufgaben und Ziele der Materialwirtschaft 294
   1.3 Stellung der Materialwirtschaft im Gesamtunternehmen 296
      1.3.1 Anteil der Materialkosten an den Gesamtkosten 296
      1.3.2 Kapitalbindung durch Lagerbestände 297
      1.3.3 Beschaffungsmarktsituation 297
      1.3.4 Anforderungsprofil des Materialwirtschaftlers 299
      1.3.5 Eingliederung der Materialwirtschaft in der Unternehmens-hierarchie 299

2 Das beschaffungspolitische Instrumentarium 302
   2.1 Materialanalyse 302
      2.1.1 ABC- Analyse 302
         2.1.1.1 Durchführung einer ABC-Analyse 303
         2.1.1.2 Schlussfolgerungen aus den Ergebnissen der ABC-Analyse 304
      2.1.2 XYZ-Analyse 305
      2.1.3 Wertanalyse 306
         2.1.3.1 Funktionstypen in der Wertanalyse 306
         2.1.3.2 Durchführung der Wertanalyse 308
      2.1.4 Make-or-Buy-Entscheidung 308
         2.1.4.1 Einflussfaktoren auf die Make-or-Buy-Entscheidung 310
         2.1.4.2 Vorgehensweise bei der Make-or-Buy-Entscheidung 312
   2.2 Materialrationalisierung 314
      2.2.1 Standardisierung 314
         2.2.1.1 Normung 315
         2.2.1.2 Typung 317
         2.2.1.3 Mengenstandardisierung 317
      2.2.2 Nummerung 318
   2.3 Beschaffungsmarktforschung 320
      2.3.1 Aufgaben und Bedeutung 320
      2.3.2 Objekte 321
         2.3.2.1 Produkt 322
         2.3.2.2 Der Markt 322
         2.3.2.3 Lieferant 324
         2.3.2.4 Preis 324
      2.3.3 Methoden 326

3 Beschaffungspolitik ... 329
3.1 Lieferantenpolitik ... 329
3.1.1 Lieferantenauswahl und -bewertung ... 329
3.1.1.1 Gegengeschäfte ... 330
3.1.1.2 Konzerneinkauf ... 332
3.1.1.3 Stammlieferanten ... 333
3.1.2 Lieferantenbeeinflussung ... 334
3.1.2.1 Lieferantenwerbung ... 334
3.1.2.2 Lieferantenpflege ... 335
3.1.2.3 Lieferantenerziehung ... 335
3.1.3 Zusammenarbeit mit Lieferanten ... 336
3.1.3.1 Lieferantenförderung ... 336
3.1.3.2 Lieferantenentwicklung ... 336
3.2 Kontraktpolitik ... 337
3.3 Beschaffungsstrategien ... 339
3.3.1 Portfolio-Analyse ... 339
3.3.2 Marktmacht-Portfolio ... 339
3.3.3 Risiko-Portfolio ... 341
3.3.4 Die Lern- und Erfahrungskurve ... 343

4 Materialdisposition ... 345
4.1 Bedarfsplanung ... 345
4.1.1 Programmorientierte Bedarfsermittlung ... 347
4.1.1.1 Stücklistenorganisation ... 348
4.1.1.2 Stücklistenauflösung ... 351
4.1.2 Verbrauchsorientierte Bedarfsermittlung ... 353
4.1.2.1 Exponentielle Glättung erster Ordnung ... 353
4.1.2.2 Exponentielle Glättung zweiter Ordnung ... 354
4.1.2.3 Kontrolle der Prognose ... 355
4.2 Bestandsplanung ... 356
4.2.1 Bestandsarten ... 356
4.2.2 Bestandsführung ... 359
4.2.3 Bestellsysteme ... 360
4.2.3.1 Bestellpunktverfahren ... 361
4.2.3.2 Bestellrhythmusverfahren ... 362
4.3 Beschaffungsplanung ... 363
4.3.1 Beschaffungsprinzipien ... 363
4.3.2 Beschaffungskosten ... 364
4.3.3 Beschaffungsmenge ... 366
4.3.4 Beschaffungstermine ... 368
4.3.5 Beschaffungswege ... 368
4.3.5.1 Direkte Beschaffungswege ... 368
4.3.5.2 Indirekte Beschaffungswege ... 369
4.4 Beschaffungsdurchführung ... 370
4.4.1 Bedarfsmeldung ... 370
4.4.2 Angebotseinholung ... 371
4.4.3 Angebotsprüfung und Angebotsvergleich ... 373
4.4.4 Beschaffungsabschluss ... 376
4.4.4.1 Vergabeverhandlung ... 376
4.4.4.2 Bestellung ... 377
4.4.5 Beschaffungskontrolle ... 379

5 Logistische Fragen 381
5.1 Transportwesen 381
5.1.1 Außerbetrieblicher Transport 382
5.1.2 Innerbetrieblicher Transport 384
5.1.3 Transportmittel 384
5.2 Lagerwesen 386
5.2.1 Begriff, Arten und Aufgaben der Läger 387
5.2.2 Lagerplanung 388
5.2.3 Lagerhaltung 390
5.3 Abfallwirtschaft 392
5.3.1 Begriffe, Ziele und Aufgaben 393
5.3.2 Abfallvermeidung 394
5.3.3 Abfallbehandlung 397
5.3.3.1 Abfallverwertung 397
5.3.3.2 Abfallbeseitigung 398

6 Ausblick auf die zukünftige Entwicklung der Materialwirtschaft 399

Fragen zur Kontrolle und Vertiefung 402

Kapitel E: Produktionswirtschaft

1 Grundlagen 407
1.1 Begriff und Wesen der Produktion 407
1.2 Das Produktionssystem 407
1.2.1 Produktion als Subsystem der Unternehmung 407
1.2.2 Gliederung des Produktionssystems 408
1.2.3 Elemente des Produktionssystems 409
1.2.3.1 Einsatzfaktoren der Produktion (Input) 409
1.2.3.2 Prozesseinflussfaktoren der Produktion (Throughput) 410
1.2.3.3 Fertigungsfaktoren der Produktion (Output) 411
1.3 Typologie von Produktionssystemen 412
1.4 Das Zielsystem der Produktion 414

2 Produktions- und Kostentheorie 416
2.1 Grundlagen der Produktions- und Kostentheorie 416
2.1.1 Begriffsbestimmung 416
2.1.2 Substitutionalität und Limitationalität 416
2.1.3 Indifferenzkurven 417
2.1.4 Minimalkostenkombination 418
2.1.5 Zusammenhang zwischen Produktions- und Kostentheorie 419
2.1.6 Kostentheoretische Grundbegriffe 420
2.1.6.1 Fixe und variable Kosten (Kostenarten) 420
2.1.6.2 Kostendimensionen 422
2.1.6.3 Kostenremanenz 423
2.1.7 Kosteneinflussfaktoren 423
2.2 Produktionsfunktion vom Typ A 424
2.2.1 Grundstruktur 424
2.2.2 Kostenfunktion 425
2.2.3 Beurteilung der Produktionsfunktion vom Typ A 428
2.3 Produktionsfunktion vom Typ B 428
2.3.1 Ableitung der Kostenfunktion 431
2.3.2 Anpassungsformen an Beschäftigungsschwankungen 432

2.3.2.1 Anpassung bei unverändertem Potenzialfaktorbestand 432
2.3.2.2 Anpassung bei verändertem Potenzialfaktorbestand 436
2.4 Weitere betriebswirtschaftliche Produktionsfunktionen 438

3 Produktionsplanung 439
3.1 Produktionsprogrammplanung 439
    3.1.1 Rahmenbedingungen der Produktionsprogrammplanung 439
    3.1.2 Planungsebenen 442
        3.1.2.1 Strategische Produktionsprogrammplanung 442
        3.1.2.2 Taktische Produktionsprogrammplanung 443
        3.1.2.3 Operative Produktionsprogrammplanung 444
    3.1.3 Operative Planungsverfahren zur Bestimmung des optimalen Produktionsprogramms 446
        3.1.3.1 Programmentscheidung bei ausreichender Kapazität 447
        3.1.3.2 Optimale Programmentscheidung bei einem Kapazitätsengpass 448
        3.1.3.3 Optimale Programmentscheidung bei mehreren Kapazitätsengpässen 449
        3.1.3.4 Die Simplex-Methode 451
3.2 Produktplanung 454
    3.2.1 Produkte als Elemente des Produktionsprogramms 454
    3.2.2 Produktinnovation und -variation 455
        3.2.2.1 Forschung und Entwicklung (F&E) als Grundlage der Produktinnovation 456
        3.2.2.2 Ideensuche 458
        3.2.2.3 Verkürzung der Entwicklungszeit durch Simultaneous Engineering 460
        3.2.2.4 Produktvariation 461

4 Prozessgestaltung 462
4.1 Grundlagen 462
    4.1.1 Grundprobleme der Ablaufplanung 462
    4.1.2 Formalziele der Ablaufplanung 463
    4.1.3 Organisationstypen der Produktion 464
        4.1.3.1 Fließfertigung 464
        4.1.3.2 Fertigung nach dem Werkstattprinzip 466
        4.1.3.3 Gruppenfertigung 467
    4.1.4 Innerbetriebliche Standortplanung (Layout-Planung) 469
4.2 Mengenplanung 471
    4.2.1 Fertigungstypen 471
    4.2.2 Losgrößenplanung 472
4.3 Grobterminierung 476
    4.3.1 Durchlaufterminierung 477
        4.3.1.1 Aufgaben der Durchlaufterminierung 477
        4.3.1.2 Die Netzplantechnik als Instrument der Durchlaufterminierung 478
    4.3.2 Kapazitätsterminierung 483
4.4 Steuerung des Produktionsprozesses 485
    4.4.1 Das kybernetische Regelkreismodell 485
    4.4.2 Feinterminierung 487
        4.4.2.1 Bereitstellung der Produktionsfaktoren 487
        4.4.2.2 Reihenfolgeplanung 488
    4.4.3 Auftragsüberwachung 491

5 Integrative Planung und Steuerung des Produktionsablaufs ... 493
  5.1 Aufbau des Produktionsplanungs- und -steuerungssystems ... 493
    5.1.1 Gegenstand der Produktionsplanung und -steuerung (PPS) ... 493
    5.1.2 Grundkonzepte der PPS ... 493
    5.1.3 Das Stufenkonzept der PPS ... 494
    5.1.4 Kritische Betrachtung der PPS-Systeme ... 496
  5.2 Just-In-Time- (JIT) gerechte Produktion ... 498
    5.2.1 Bausteine des JIT-Konzeptes ... 498
    5.2.2 Voraussetzungen und Folgen einer JIT-Produktion ... 499
    5.2.3 Neue Steuerungskonzepte der PPS zur JIT-gerechten Produktion ... 502
      5.2.3.1 Kanban-Steuerung ... 502
      5.2.3.2 Die belastungsorientierte Auftragsfreigabe ... 504
      5.2.3.3 Das Fortschrittzahlensystem ... 507
    5.2.4 Analyse des JIT-Systems ... 509
  5.3 PPS als CIM-Baustein ... 511
    5.3.1 Aufbau eines CIM-Systems ... 511
    5.3.2 Probleme bei der CIM-Realisierung ... 512
  5.4 Wirtschaftliche Notwendigkeit für die Integration von Informationsfluss und Materialflusskonzepten ... 515

6 Produktion als Wettbewerbsfaktor ... 515
  6.1 Stellenwert der Produktion heute ... 515
  6.2 Produktionsmanagement im Wandel ... 516
    6.2.1 Neue Herausforderungen an die Produktion ... 516
    6.2.2 Veränderungen im Zielsystem ... 517
      6.2.2.1 Wettbewerbsfaktor Zeit als Maßstab für die Leistungsfähigkeit einer Produktion ... 519
      6.2.2.2 Neues Produktionsziel "Umweltschutz" ... 521
    6.2.3 Paradigmenwechsel im Produktionsmanagement ... 523

Fragen zur Kontrolle und Vertiefung ... 525

Kapitel F: Absatz und Marketing

1 Grundlagen des Marketing und der Marketingplanung ... 529
  1.1 Begriff und Wesen des Marketing ... 529
  1.2 Das Marketing-Management-Konzept ... 530
    1.2.1 Merkmale des Marketing-Management-Konzeptes ... 530
    1.2.2 Aufgaben des Marketing-Managements ... 532
    1.2.3 Marketing-Management-Prozess ... 532
  1.3 Markt - Abgrenzung und Funktionen ... 533
    1.3.1 Markttypologien ... 535
    1.3.2 Marktpotenzial, Marktvolumen, Marktanteil ... 537
    1.3.3 Die Marktteilnehmer ... 540
    1.3.4 Markt-Umwelt-Beziehungen ... 541
  1.4 Marketing-Planung ... 542
    1.4.1 Marketing-Planungsprozess ... 543
    1.4.2 Der Marketing-Plan ... 545
  1.5 Marketing-Ziele ... 546
  1.6 Marketing-Strategien ... 550
    1.6.1 Produktstrategien / Marktfeldstrategien / Wachstumsstrategien ... 554
    1.6.2 Marktstimulierungsstrategien ... 557

      1.6.3 Marktparzellierungsstrategien 558
           1.6.3.1 Massenmarkt-Strategie 559
           1.6.3.2 Marktsegmentierungs-Strategie 560
      1.6.4 Marktareal-Strategien 563
  1.7 Marketing-Organisation 565

2 Informationsgewinnung im Marketing 570
  2.1 Informationsbeschaffungsprozess 571
  2.2 Formen der Marktforschung 573
      2.2.1 Sekundär-Marktforschung 574
      2.2.2 Primär-Marktforschung 574
  2.3 Auswertung und Interpretation der Marktforschungsergebnisse 578
  2.4 Erklärungsansätze des Käuferverhaltens 579
      2.4.1 Erklärungsmodelle für das Konsumentenverhalten 583
      2.4.2 Das Black-Box-Modell 584
      2.4.3 Das Stimulus-Organismus-Response-Modell 584
      2.4.4 Totalmodelle 586
      2.4.5 Messung der Kundenzufriedenheit 588

3 Das absatzpolitische Instrumentarium 591
  3.1 Produkt- und Programmpolitik 593
      3.1.1 Produktpolitik 593
           3.1.1.1 Produktinnovation 594
           3.1.1.2 Produktanalyse 595
      3.1.2 Programmpolitik 604
           3.1.2.1 Programmstrukturanalyse 605
           3.1.2.2 Programmpolitische Nebenleistungen / Serviceleistungen 607
  3.2 Kontrahierungspolitik 608
      3.2.1 Preispolitik 608
           3.2.1.1 Prinzipien der Preisfestlegung 612
           3.2.1.2 Preisstrategie 615
           3.2.1.3 Preisdifferenzierung 616
           3.2.1.4 Psychologische Aspekte bei der Preisgestaltung 617
           3.2.1.5 Konsequenzen der Preispolitik im Zusammenhang mit E-
                  Commerce 617
      3.2.2 Konditionenpolitik 618
           3.2.2.1 Rabattpolitik 618
           3.2.2.2 Absatzkreditpolitik 619
           3.2.2.3 Liefer- und Zahlungsbedingungen 621
  3.3 Distributionspolitik 622
      3.3.1 Absatzkanäle 623
           3.3.1.1 Direkter Absatz 624
           3.3.1.2 Indirekter Absatz 625
      3.3.2 Marketing-Logistik 628
  3.4 Kommunikationspolitik 628
      3.4.1 Werbung 630
      3.4.2 Sponsoring 637
      3.4.3 Verkaufsförderung 640
      3.4.4 Public Relations - Öffentlichkeitsarbeit 642
      3.4.5 Persönlicher Verkauf 643
      3.4.6 Direktmarketing 645
      3.4.7 Weitere Formen der Kommunikationspolitik 645

4 Die Integration der Marketing-Instrumente zum Marketing-Mix 647
    4.1 Der Instrumenten-Einsatz 647
    4.2 Das Marketing-Mix im Produktlebenszyklusmodell 655
    4.3 Modelle zum Marketing-Mix 659
    4.4 Mathematische Modelle 660
        4.4.1 Grundmodelle zur Verknüpfung von Werbung und Preis 661
        4.4.2 Alternative Modelle zur Darstellung der Interaktionseffekte zwischen
             Werbung und Preis 663
    4.5 Konsequenzen für ein realistisches Marketing-Mix 668
    4.6 Marketing-Kontrolle 670

5 Ausblick und künftige Entwicklung des Marketing 674
    5.1 Marketing und die Europäische Union 674
    5.2 Marketing und Umwelt 677
    5.3 Marketing und Multimedia 680

Fragen zur Kontrolle und Vertiefung 681

Kapitel G: Kapitalwirtschaft

1 Einführung in die Kapitalwirtschaft 685

2 Grundlagen der Kapitalwirtschaft 685
    2.1 Betrieblicher Umsatzprozess als Basiskomponente 685
    2.2 Finanzwirtschaftliche Begriffe 686
        2.2.1 Kapital 686
        2.2.2 Vermögen 688
        2.2.3 Kapitalbedarf, Finanzierung und Investition 688
        2.2.4 Liquidität 689
        2.2.5 Rentabilität 690

3 Der Kapitalbedarf 691
    3.1 Begriff und Wesen des Kapitalbedarfs 691
    3.2 Die Einflussfaktoren des Kapitalbedarfs 692
    3.3 Die Ermittlung des Kapitalbedarfs 695
        3.3.1 Die Finanzplanung 696
        3.3.2 Der Finanzplan 696
        3.3.3 Die rollierende Finanzplanung 701

4 Kapitalbeschaffung 702
    4.1 Beteiligungsfinanzierung 702
        4.1.1 Unternehmensgründung - Die Wahl der Rechtsform 703
            4.1.1.1 Personenbezogene Unternehmungsformen 704
            4.1.1.2 Kapitalgesellschaften 706
        4.1.2 Beteiligungsfinanzierung durch Aktien 710
            4.1.2.1 Die Aktie 710
            4.1.2.2 Die Gründung einer Aktiengesellschaft 712
            4.1.2.3 Die Kapitalerhöhung der Aktiengesellschaft 713
        4.1.3 Umwandlung der Rechtsform 723
        4.1.4 Finanzmärkte an den Effektenbörsen 724
            4.1.4.1 Handelsobjekte 724
            4.1.4.1 Handelsarten 725

   4.1.4.2 Ermittlung des Einheitskurses 726
   4.1.4.3 Das Optionsgeschäft 726
  4.1.5 Kapitalherabsetzung 726
 4.2 Die Fremdfinanzierung 727
  4.2.1 Die Charakteristik der Fremdfinanzierung 727
  4.2.2 Die kurzfristige Fremdfinanzierung durch Bankkredite 729
   4.2.2.1 Der Kontokorrentkredit 729
   4.2.2.2 Wechselkredit 730
   4.2.2.3 Der Lombardkredit 732
   4.2.2.4 Der Avalkredit 733
  4.2.3 Die langfristige Fremdfinanzierung durch Kreditinstitute 734
   4.2.3.1 Schuldverschreibungen 734
   4.2.3.2 Schuldscheindarlehen 737
   4.2.3.3 Langfristige Bankkredite 739
   4.2.3.4 Genussschein 739
  4.2.4 Die kurzfristige Fremdfinanzierung außerhalb des Bereichs der
     Banken 740
   4.2.4.1 Der Lieferantenkredit 740
   4.2.4.2 Die Kundenanzahlung 741
  4.2.5 Die Sonderformen der Fremdfinanzierung 741
   4.2.5.1 Das Leasing 741
   4.2.5.2 Factoring 744
   4.2.5.3 Forfaitierung 746
  4.2.6 Die Kreditsicherheiten 746
 4.3 Die Innenfinanzierung 749
  4.3.1 Die Charakteristik der Innenfinanzierung 749
  4.3.2 Die Selbstfinanzierung 749
   4.3.2.1 Offene Selbstfinanzierung 750
   4.3.2.2 Stille Selbstfinanzierung 750
  4.3.3 Die Finanzierung aus Abschreibungsgegenwerten 751
  4.3.4 Die Finanzierung aus Rückstellungsgegenwerten 752
  4.3.5 Finanzierung durch Vermögensumschichtung 754
  4.3.6 Exportfinanzierung 755
   4.3.6.1 Finanzierungsformen und -risiken im Exportgeschäft 755
   4.3.6.2 Träger der Exportfinanzierung 757
 4.4 Finanzmarketing 758

5 Vermögens- und Kapitalstrukturgestaltung 758
 5.1 Risiko des eingesetzten Kapitals 758
 5.2 Bedeutung der Fristigkeit des Kapitals 759
 5.3 Bedeutung der Vermögensstruktur 760
 5.4 Finanzierungsregeln 761
  5.4.1 Horizontale Finanzierungsregeln 761
  5.4.2 Vertikale Finanzierungsregeln 762
  5.4.3 Cash-Flow-Regeln 763
 5.5 Finanzierungskosten einzelner Finanzierungsformen 763
  5.5.1 Kosten des Eigenkapitals 763
   5.5.1.1 Kosten der Eigenkapitalfinanzierung und Anteilsbewertung 764
   5.5.1.2 Kosten der Beteiligungsfinanzierung 765
   5.5.1.3 Kosten der Selbstfinanzierung 765
   5.5.1.4 Zusammenhang zwischen den Formen der
       Eigenkapitalfinanzierung 766
  5.5.2 Kosten der Fremdfinanzierung 766

5.5.3 Durchschnittliche Finanzierungskosten (Kapitalkosten) 767
5.6 Kapitalkosten bei gemischter Finanzierung und die optimale Kapitalstruktur
(optimaler Verschuldungsgrad) 767
    5.6.1 Wirkungen erhöhter Verschuldung 767
    5.6.2 Geschäftsrisiko und Finanzierungsrisiko 768
5.7 Bestimmung der optimalen Kapitalstruktur (optimaler Ver-schuldungsgrad) 769
    5.7.1 Traditionelle These - Relevanz der Kapitalstruktur 769
        5.7.1.1 Grundidee 769
        5.7.1.2 Optimale Kapitalstruktur 770
        5.7.1.3 Schlussfolgerungen 770
        5.7.1.4 Kritik 770
    5.7.2 Modigliani / Miller-These - Irrelevanz der Kapitalstruktur 771
        5.7.2.1 Grundidee 771
        5.7.2.2 Die Modigliani / Miller-These als Gegenthese zur Traditionellen
These 773
        5.7.2.3 Schlussfolgerungen 773
        5.7.2.4 Kritik 774

6 Die Kapitalverwendung 774
6.1 Bedeutung und Begriff der Investition 774
6.2 Die Investitionsarten 776
6.3 Der Investitionsentscheidungsprozess 777
    6.3.1 Investitionsplanung 779
    6.3.2 Die Investitionsentscheidung 780
    6.3.3 Die Realisierung 781
    6.3.4 Die Investitionskontrolle 781
6.4 Die Investitionsrechnungen 782
    6.4.1 Die statischen Verfahren der Investitionsrechnung 783
        6.4.1.1 Die Kostenvergleichsrechnung 783
        6.4.1.2 Die Gewinnvergleichsrechnung 790
        6.4.1.3 Die Rentabilitätsrechnung (Return on Investment) 792
        6.4.1.4 Die statische Amortisationsrechnung 793
        6.4.1.5 Generelle Aussagefähigkeit der statischen Verfahren 795
    6.4.2 Die dynamischen Verfahren 798
        6.4.2.1 Die Kapitalwertmethode 798
        6.4.2.2 Interne-Zinsfuß-Methode 802
        6.4.2.3 Die Annuitätenmethode 805
        6.4.2.4 Die Beurteilung der dynamischen Verfahren 806
    6.4.3 Die Berücksichtigung von Differenzinvestitionen 807
        6.4.3.1 Das Auswahlproblem 807
        6.4.3.2 Die Nutzungsdauerproblematik 812
        6.4.3.3 Investitionsprogrammentscheidungen 816
    6.4.4 Dynamische Endwertverfahren 819
        6.4.4.1 Die Vermögensendwertmethode 819
        6.4.4.2 Die Sollzinssatzmethode 821
        6.4.4.3 Beurteilung der Endwertverfahren 822
    6.4.5 Das Marktzinsmodell der Investitionsrechnung 822
        6.4.5.1 Vorteilsvergleich mit Hilfe des Kapitalwertes 824
        6.4.5.2 Vorteilhaftigkeit mittels Investitionsmargenbestimmung ... 826
        6.4.5.3 Beurteilung des Verfahrens 828
6.5 Gewinnsteuern als Einflussgröße bei Investitionsrechnungen 829
6.6 Investitionsentscheidungen unter Unsicherheit 832
    6.6.1 Korrekturverfahren 832

6.6.2 Sensitivitätsanalyse 833
6.6.3 Entscheidungsregeln bei Ungewissheit 835
6.6.4 Die Risikoanalyse 837
6.7 Verfahren der Unternehmensbewertung 838
   6.7.1 Der Zukunftserfolgswert (subjektiver Bewertungsansatz) 839
   6.7.2 Die traditionellen Verfahren (objektive Bewertungsansätze) 840
      6.7.2.1 Das Ertragswertverfahren 840
      6.7.2.2 Das Substanzwertverfahren 841
      6.7.2.3 Das Mittelwertverfahren 841
      6.7.2.4 Verfahren der Übergewinnabgeltung 841

Anhang: Zinstabellen 843

Fragen zur Kontrolle und Vertiefung 845

Kapitel H: Personalwirtschaft

1 Grundlagen 849
  1.1 Begriffe 849
     1.1.1 Personalwirtschaft 850
     1.1.2 Personalwesen 851
     1.1.3 Sonstige Begriffe 852
  1.2 Objekte und Träger 852
     1.2.1 Objekte der Personalwirtschaft 852
     1.2.2 Träger der Personalwirtschaft 853
  1.3 Ziele 854
     1.3.1 Wirtschaftliche Ziele 854
     1.3.2 Soziale Ziele 854
  1.4 Aufgaben 855
  1.5 Organisation 856
     1.5.1 Gliederung des Personalwesens 856
     1.5.2 Eingliederung des Personalwesens 859
  1.6 Mitbestimmung 861

2 Personelle Leistungsbereitstellung 862
  2.1 Personalbedarfsplanung 862
     2.1.1 Arten des Personalbedarfs 862
     2.1.2 Einflussgrößen des Personalbedarfs 863
     2.1.3 Methoden der Personalbedarfsplanung 864
        2.1.3.1 Ermittlung des Bruttopersonalbedarfs 865
        2.1.3.2 Ermittlung des Personalbestandes 868
        2.1.3.3 Ermittlung des Nettopersonalbedarfs 870
  2.2 Personalbeschaffung 871
     2.2.1 Arten der Personalbeschaffung 871
     2.2.2 Beschaffungswege 874
        2.2.2.1 Interne Personalbeschaffung 874
        2.2.2.2 Externe Personalbeschaffung 876
        2.2.2.3 Vor- und Nachteile interner und externer Beschaffung 881
     2.2.3 Personalauswahl 883
        2.2.3.1 Bewerbervorauswahl 883
        2.2.3.2 Bewerberhauptauswahl 885
        2.2.3.3 Ärztliche Eignungsuntersuchung 890

2.2.4 Einstellung 891
2.2.5 Einarbeitung 892
2.3 Personalentwicklung 893
2.3.1 Ziele der Personalentwicklung 894
2.3.2 Arten der Personalentwicklung 895
2.3.2.1 Berufsvorbereitende Personalentwicklung 895
2.3.2.2 Berufsbegleitende Personalentwicklung 896
2.3.2.3 Berufsverändernde Personalentwicklung 897
2.3.3 Informatorische Grundlagen der Personalentwicklung 897
2.3.4 Methoden der Personalentwicklung 898
2.3.4.1 Methoden der Bildung am Arbeitsplatz (on-the-job) 900
2.3.4.2 Methoden der Bildung außerhalb des Arbeitsplatzes (off-the-job) 903
2.3.5 Erfolgskontrolle der Personalentwicklung 906
2.3.5.1 Ökonomische Erfolgskontrolle 906
2.3.5.2 Pädagogische Erfolgskontrolle 906
2.4 Personalfreisetzung 907
2.4.1 Ursachen der Personalfreisetzung 907
2.4.2 Maßnahmen der Personalfreisetzung 908
2.4.2.1 Maßnahmen der Produktions- und Absatzplanung 909
2.4.2.2 Arbeitszeitverkürzende Maßnahmen 909
2.4.2.3 Maßnahmen der indirekten Personalfreisetzung 911
2.4.2.4 Maßnahmen der direkten Personalfreisetzung 912
2.5 Personaleinsatz 914
2.5.1 Informationsgrundlagen der Personaleinsatzplanung 914
2.5.2 Aufgaben der Personaleinsatzplanung 916
2.5.3 Methoden der Personaleinsatzplanung 916
2.5.3.1 Methoden der quantitativen Zuordnung von Stellen und Stelleninhabern 916
2.5.3.2 Methoden der qualitativen Zuordnung von Stellen und Stelleninhabern 917
2.5.3.3 Methoden der qualitativen Anpassung von Stellen und Stelleninhabern 920
2.5.4 Einsatzprobleme bestimmter Arbeitnehmergruppen 922

3 Das Personal als Träger von Bedürfnissen und Werten 923
3.1 Arbeitsmotivation, Arbeitsleistung, Arbeitszufriedenheit 923
3.1.1 Leistungsverhalten und Motivation 923
3.1.2 Motivationstheorien 926
3.1.2.1 Inhaltstheorien 926
3.1.2.2 Prozesstheorien 933
3.2 Personalentlohnung 936
3.2.1 Arbeitsbewertung 937
3.2.1.1 Summarische Verfahren 937
3.2.1.2 Analytische Verfahren 939
3.2.2 Lohnformen 941
3.2.2.1 Zeitlohn 941
3.2.2.2 Akkordlohn 942
3.2.2.3 Prämienlohn 944
3.2.2.4 Pensumlohn 946
3.2.2.5 Potenziallohn 947
3.2.2.6 Neuere Entlohnungsformen 948
3.3 Betriebliche Sozialleistungen 949
3.3.1 Begriff und Wesen 949

    3.3.2 Arten freiwilliger betrieblicher Sozialleistungen 950
    3.3.3 Cafeteria-Systeme 952
  3.4 Erfolgs- und Kapitalbeteiligungen 953
    3.4.1 Begriff und Wesen 953
    3.4.2 Erfolgsbeteiligung 953
    3.4.3 Kapitalbeteiligung 958
  3.5 Betriebliches Vorschlagswesen 961
    3.5.1 Begriff und Wesen 961
    3.5.2 Arten des betrieblichen Vorschlagswesens 962
    3.5.3 Organisatorischer Ablauf des betrieblichen Vorschlagswesens 962
    3.5.4 Qualitäts-Zirkel 963

4 Informationssysteme der Personalwirtschaft 965
  4.1 Personalbeurteilung 965
    4.1.1 Mitarbeiterbeurteilung 966
    4.1.2 Vorgesetztenbeurteilung 966
    4.1.3 Die 360-Grad-Beurteilung 967
    4.1.4 Personalbeurteilung und Mitbestimmung 968
  4.2 Personalverwaltung 969
    4.2.1 Sozialverwaltung 970
    4.2.2 Datenverwaltung 970
    4.2.3 Entgeltrechnung 971
    4.2.4 Personalstatistik 971

5 Zukunftsperspektiven des Personalmanagements 972
  5.1 Wertewandel und Leistungsmotivation 973
  5.2 Internationalisierung des Arbeitsmarktes und europäische Union 974
  5.3 Demographische Entwicklung auf dem Arbeitsmarkt 975
  5.4 Veränderte Rolle der Führungskräfte im Personalmanagement 975
  5.5 Technologischer Wandel und Qualifikation 977
  5.6 Arbeitszeitflexibilisierung 977
  5.7 Mobbing 978

Fragen zur Kontrolle und Vertiefung 980

Kapitel I: Rechnungswesen und Controlling

1 Einführung in das Rechnungswesen und Controlling 985
  1.1 Aufgaben des Rechnungswesens 985
  1.2 Pagatorische und kalkulatorische Buchführung 988
  1.3 Stromgrößen und Bestandsgrößen 992

2 Bilanzierung und Jahresabschluss 996
  2.1 Inventur und Inventar 996
  2.2 Die Bilanz 999
    2.2.1 Arten und Aufgaben der Bilanz 1000
    2.2.2 Grundsätze ordnungsgemäßer Bilanzierung 1001
    2.2.3 Die Gliederung der Bilanz 1002
    2.2.4 Periodengerechte Abgrenzung in der Bilanz 1004
  2.3 Die Bewertung in der Bilanz 1005
    2.3.1 Anschaffungskosten und Herstellungskosten 1006
    2.3.2 Bewertung der Aktiv-Seite 1007

   2.3.2.1 Die Abschreibung von Anlagegütern 1007
   2.3.2.2 Bewertung des Umlaufvermögens 1016
  2.3.3 Bewertung der Passiv-Seite 1019
   2.3.3.1 Bewertung der Verbindlichkeiten 1019
   2.3.3.2 Bewertung der Rückstellungen 1020
   2.3.3.3 Bewertung der Rücklagen 1021
  2.3.4 Die Bewegungsbilanz 1022
2.4 Die Gewinn- und Verlustrechnung 1022
2.5 Der Jahresabschluss 1025
2.6 Die Steuerpflicht 1027
2.7 Analyse und Beurteilung von Bilanz und Gewinn- und Verlustrechnung 1032
  2.7.1 Analyse und Beurteilung der Bilanz 1032
   2.7.1.1 Kapitalausstattung 1035
   2.7.1.2 Anlagenfinanzierung 1036
   2.7.1.3 Vermögensaufbau 1037
   2.7.1.4 Zahlungskapazität 1038
  2.7.2 Analyse und Beurteilung der Erfolgsrechnung 1039
   2.7.2.1 Umschlagskennzahlen 1041
   2.7.2.2 Rentabilitätskennzahlen 1042
   2.7.2.3 Cash-Flow-Analyse 1044
2.8 Exkurs: Die Buchführung 1045
  2.8.1 Das Gleichgewicht in der Bilanz 1045
  2.8.2 Die Auflösung der Bilanz in Konten 1046
  2.8.3 Die doppelte Buchführung 1048
  2.8.4 Erfolgskonten 1049
  2.8.5 Auflösung der Erfolgskonten in das Gewinn- und Verlustkonto 1050
  2.8.6 Die Bestandsveränderungen 1051
  2.8.7 Privatentnahmen und -einlagen 1052
  2.8.8 Weiterführende Buchungen 1053
   2.8.8.1 Buchungen beim Ein- und Verkauf 1053
   2.8.8.2 Buchungen im Personalbereich 1056
   2.8.8.3 Buchungen im Anlagenbereich 1058
  2.8.9 Der Kontenrahmen 1061
2.9 Die EDV im Rechnungswesen 1065

3 Kostenrechnung 1067
3.1 Aufgaben der Kostenrechnung 1067
3.2 Variable und fixe Kosten 1068
3.3 Kostenrechnungssysteme 1069
  3.3.1 Vollkostenrechnung und Teilkostenrechnung 1069
  3.3.2 Istkostenrechnung und Plankostenrechnung 1070
3.4 Kostenartenrechnung 1071
  3.4.1 Einzel- und Gemeinkosten 1072
  3.4.2 Kalkulatorische Kosten 1073
   3.4.2.1 Kalkulatorische Abschreibung 1074
   3.4.2.2 Kalkulatorische Zinsen 1079
   3.4.2.3 Kalkulatorische Wagnisse 1081
   3.4.2.4 Kalkulatorische Unternehmerlöhne 1082
   3.4.2.5 Kalkulatorische Miete 1082
  3.4.3 Materialkosten 1083
  3.4.4 Personalkosten 1084
  3.4.5 Fremdleistungskosten 1085
  3.4.6 Abgrenzungsrechnung 1085

3.5 Kostenstellenrechnung.. 1086
    3.5.1 Die Kostenstellen 1087
    3.5.2 Die Verrechnung innerbetrieblicher Leistungen 1089
    3.5.3 Der Betriebsabrechnungsbogen 1092
3.6 Die Kostenträgerstückrechnung (Kalkulation) 1096
    3.6.1 Die Divisionskalkulation 1098
    3.6.2 Die Zuschlagskalkulation 1101
3.7 Die Deckungsbeitragsrechnung 1106
    3.7.1 Die Teilkostenrechnung 1106
    3.7.2 Stückdeckungsbeitragsrechnung 1106
    3.7.3 Programmoptimierung 1109
    3.7.4 Die mehrstufige Deckungsbeitragsrechnung 1111
3.8 Einführung in die Plankostenrechnung 1112
    3.8.1 Ziele und Aufgaben der flexiblen Plankostenrechnung 1113
    3.8.2 Die Bestimmung der Planbeschäftigung 1114
    3.8.3 Ermittlung der Plankosten mit Verrechnungspreisen 1115
    3.8.4 Auflösung der Plankosten in fixe und variable Kosten 1116
    3.8.5 Sollkosten und verrechnete Plankosten 1118
    3.8.6 Kostenkontrolle und Abweichungsanalyse 1120
3.9 Exkurs: Grundzüge der Prozesskosten- und Zielkostenrechnung............................. 1121
    3.9.1 Entstehungsursachen und Ziele der Prozesskostenrechnung 1121
    3.9.2 Durchführung der Prozesskostenrechnung 1122
    3.9.3 Vorteile der Prozesskostenrechnung 1124
    3.9.4 Kritik an der Prozesskostenrechnung 1125
    3.9.5 Zielkostenrechnung (target costing) 1126

4 Das Controlling 1127
    4.1 Der Controllingbegriff 1127
    4.2 Die Entwicklung des Controllings 1129
    4.3 Wandel der Aufgabenschwerpunkte 1131
    4.4 Gesamtunternehmensbezogenes Controlling 1132
    4.5 Controlling der Funktionsbereiche 1133
    4.6 Operatives und strategisches Controlling 1133
    4.7 Instrumente und Techniken des Controlling 1135
        4.7.1 Budgetierung 1136
        4.7.2 Zero-Base-Budgeting (ZBB) 1138
        4.7.3 Gemeinkostenwertanalyse (GWA) 1139
        4.7.4 Instrumente mit strategischer Ausrichtung 1141

5 Trends und Entwicklungen 1142
    5.1 Internationale Rechnungslegung 1142
    5.2 Das Shareholder-Value-Konzept 1143
    5.3 Die Balanced-Scorecard 1144

Fragen zur Kontrolle und Vertiefung... 1145

Abbildungsverzeichnis 1147

Literaturverzeichnis... 1149

Sachwortregister... 1177

Vorwort

Ziel des Buches ist, in die Probleme der allgemeinen Betriebswirtschaftslehre einzuführen. Dies ist eine Thematik, die sich durch vielfältige und einschneidende Veränderungen immer komplexer gestaltet. Jüngste Strukturveränderungen im gesamteuropäischen Wirtschaftsraum werden die Inhalte der Betriebswirtschaftslehre und ihre praktische Umsetzung nachhaltig beeinflussen. Daneben wird auch die Integration von Umweltfragen in das Unternehmenskonzept immer wichtiger.

Langjährige Lehrerfahrungen in der Industrie und an Hochschulen haben mir gezeigt, dass über das Betriebswirtschaftliche hinaus auch fächerübergreifende Fragen sowie gesamtgesellschaftliche Aspekte in ein Lehrbuch dieser Art miteinbezogen werden sollten. Das Buch ist daher wie folgt aufgebaut:

- Im ersten Teil des Buches werden zunächst die allgemeinen Grundtatbestände des Betriebes und der Betriebswirtschaftslehre sowie des Wirtschaftens dargestellt. Danach werden die konstitutiven Entscheidungen, wie die Wahl des Standortes und der Rechtsform sowie die Unternehmensverbindungen, die die Rahmenbedingungen für die weiteren betrieblichen Entscheidungen determinieren, dargestellt. Aufgrund ihrer besonderen Bedeutung werden Fragen zur Unternehmensführung und Organisation in einem weiteren Kapitel behandelt.

- Daran anschließend erfolgt die Beschreibung der betrieblichen Leistungserstellung und -verwertung mit den Funktionsbereichen Materialwirtschaft, Produktionswirtschaft und Absatz.

- Darauf aufbauend werden die Bereiche Kapitalwirtschaft, Personalwirtschaft und das betriebliche Rechnungswesen als weitere betriebliche Funktionsbereiche ausführlich behandelt.

Das Buch ist insbesondere an Studenten an Universitäten und Fachhochschulen gerichtet, aber auch an die vielen Praktiker, die sich intensiv mit betriebswirtschaftlichen Fragen auseinandersetzen müssen.

Bei der Erstellung dieses Buches wurde ich von zahlreichen Personen und Instituten mit wertvollen Informationen und Materialien unterstützt. Mein besonderer Dank gilt insbesondere Herrn Dipl.-Kfm. Ralf Bramesfeld für viele kritische Anregungen bei der Gestaltung des Buches und für die kritische Durchsicht des Manuskriptes. Weiter danke ich Herrn Dipl.-Wirt.Ing. Klaus Kamps für seine intensive Mitarbeit an der redaktionellen Gestaltung und für die Abwicklung der EDV. Dem Lektor des Verlages, Herrn Dipl.-Volksw. Weigert, bin ich für die verständnisvolle Zusammenarbeit sehr verbunden.

Hans Jung

Vorwort zur 4. Auflage

Nachdem auch die dritte Auflage in sehr kurzer Zeit vergriffen war, habe ich mich entschlossen, die erfolgreiche Konzeption dieses Buches beizubehalten und mich bei der Überarbeitung nur auf wichtige Korrekturen und geringfügige Ergänzungen zu beschränken.

Wie auch bei den vorangegangenen Auflagen gilt mein Dank Herrn Dipl.-Wirt.Ing. Klaus Kamps für seine intensive Unterstützung und Mitarbeit. Weiterhin danke ich dem Lektor des Verlags, Herrn Dipl.-Volksw. Weigert, für die gute und vertrauensvolle Zusammenarbeit.

Hans Jung

Vorwort zur 7. Auflage

In der vorliegenden 7. Auflage habe ich mich bei der Überarbeitung auf wesentliche Korrekturen beschränkt, die insbesondere durch die Veränderungen im Gesellschaftsrecht notwendig geworden sind. Darüber hinaus sind neuere Entwicklungen jeweils in den einzelnen Kapiteln berücksichtigt. Bei der Bearbeitung habe ich darauf geachtet, daß eine enge Verzahnung mit dem Arbeits- und Übungsbuch zur Allgemeinen Betriebswirt-schaftslehre besteht.

Bei der Erstellung der Neuauflage haben mich wiederum meine Mitarbeiter mit wertvollen Anregungen und Hinweisen unterstützt. Mein besonderer Dank gilt hierbei Frau cand. Dipl.-Kauffrau Carolin Pförtner, Frau Birgit Kozber und Herrn Ulrich Müller sowie Herrn Dipl.-Ing., Dipl. Wirt.-Ing. Klaus Kamps. Ferner möchte ich allen Kollegen, Studenten und Praktikern meinen Dank aussprechen, die wiederum mit zahlreichen Ideen zur Weiterentwicklung des Buches beigetragen haben.

Dem Lektor des Verlages, Herrn Dipl.-Volkswirt Weigert, bin ich für die erneute verständnisvolle und harmonische Zusammenarbeit sehr verbunden.

Hans Jung

Vorwort zur 8. Auflage

In der überarbeiteten 8. Auflage wurden wiederum die neueren Entwicklungen der Betriebswirtschaftslehre berücksichtigt bzw. aktualisiert. Außerdem erfolgte eine Umstellung der DM-Angaben in Euro. Es werden daher alle Geldbeispiele in Euro ausgewiesen. Weiterhin wurde das Literaturverzeichnis überarbeitet und gleichzeitig erweitert. Bei der Überarbeitung der einzelnen Textteile habe ich wie bisher auf eine enge Verzahnung mit dem Arbeits- und Übungsbuch zur allgemeinen Betriebswirtschaftslehre geachtet.

Bei diesen Arbeiten unterstützten mich insbesondere meine Mitarbeiter Herr Dipl. Ing. Christian Schulze und Herr Dipl. Kfm. Sven Brinkmann und sowie für das Lesen der Korrekturen Frau Birgitt Kozber. Für die Aktualisierung des Datenmaterials gilt mein Dank Herrn Dipl. rer. pol. Ullrich Müller. Außerdem möchte ich allen Kollegen, Studenten und Praktikern danken, die wiederum mit zahlreichen Ideen zur Weiterentwicklung des Buches beigetragen haben. Ihnen gilt mein herzlicher Dank.

Hans Jung

Kapitel A

Grundlagen der Betriebswirtschaftslehre

1 Überblick über die Grundlagen der Betriebswirtschaftslehre

Die Betriebswirtschaftslehre ist eine relativ junge wirtschaftswissenschaftliche Disziplin, die ihre Ausprägung als selbständige Wissenschaft der wirtschaftenden Betriebe erst im Laufe des zwanzigsten Jahrhunderts gefunden hat.

Es ist dabei durchaus angebracht, bei dem Begriff "Betriebswirtschaftslehre" zunächst an den Betrieb zu denken, denn dieser ist der Hauptgegenstand, mit dem sich diese Wissenschaft beschäftigt.

Das Jahr 1898, in dem die ersten Handelshochschulen in Leipzig und Aachen gegründet wurden, bezeichnet man im allgemeinen als das Geburtsjahr der Betriebswirtschaftslehre als Wissenschaft.

Die noch junge Privatwirtschaftslehre, wie die Betriebswirtschaftslehre in den ersten Jahren ihrer Entwicklung genannt wurde, konnte jedoch noch nicht mit der damals bereits wesentlich weiterentwickelten Volkswirtschaftslehre konkurrieren. Sie begann jedoch schon bald eine eigene betriebliche Theorie zu entwickeln und ihr eigenes Lehrgebäude zu errichten.

Die junge Hochschuldisziplin, die zunächst noch um ihre Anerkennung ringen musste, hat sich aufgrund ihrer Leistungen an den Hochschulen und Universitäten fest etabliert. Dennoch stellt sich die Betriebswirtschaftslehre auch heute, nahezu ein Jahrhundert nach der Gründung der ersten Handelshochschulen, noch nicht als endgültig fertiges Wissenschafts- und Lehrgebäude dar.

Die kontroversen methodologischen Auffassungen vieler Fachvertreter über das Erkenntnisobjekt, die Erkenntnisziele und die Methoden der Betriebswirtschaftslehre sowie die daraus resultierende unterschiedliche Auswahl der zu behandelnden Sachprobleme haben eine bis heute andauernde methodologische Diskussion ausgelöst.

Ziel des Kapitels "Grundlagen der Betriebswirtschaftslehre" ist es, einen Überblick über die Fundamente der Betriebswirtschaftslehre zu vermitteln. Gegenstand des ersten Abschnitts sind die Fragestellungen nach dem Sinn und Zweck des Wirtschaftens, nach den wirtschaftlichen Elementen und deren Einordnung in ein System.

An diese Ausführungen schließt sich eine wissenschaftliche Betrachtung der Betriebswirtschaftslehre an, in der das Erkenntnis- und Erfahrungsobjekt, die Erkenntnisziele und die Gliederungsmöglichkeiten dieser Wissenschaft dargestellt werden.

Der Inhalt des dritten Abschnitts befasst sich mit den globalen Unternehmenszielen und deren Ausprägungen im Sinne des erwerbswirtschaftlichen Prinzips.

Einen Überblick über die betriebwirtschaftlichen Methoden und Modelle verschafft der anschließende Abschnitt.

Nach einem kurzen historischen Rückblick werden am Ende dieses Kapitels die wichtigsten theoretischen Ansätze der Betriebswirtschaftslehre dargestellt und einer komprimierten Bewertung unterzogen.

2 Wirtschaftssysteme und Träger der Wirtschaft

Um einen Einstieg in den gesellschaftlichen Teilbereich Wirtschaft zu erhalten, der sich als ein besonders komplexes Gebilde menschlicher Handlungen, Verhaltensweisen und Institutionen darstellt, werden im folgenden die **Grundlagen des Wirtschaftens**, die einzelnen **Wirtschaftseinheiten** und deren Eingliederung in die **Wirtschaftssysteme** dargestellt.

2.1 Grundlagen des Wirtschaftens

2.1.1 Bedürfnisse

Ausgangspunkt des wirtschaftlichen Handelns sind die **Bedürfnisse** des Menschen. Unter Bedürfnissen versteht man die tatsächlichen oder objektiven Mangelempfindungen nach Sachgütern oder Dienstleistungen mit dem gleichzeitigen Wunsch ihrer Befriedigung.

Nach der Zuordnung ihrer Dringlichkeit werden Existenz-, Grund- und Luxusbedürfnisse unterschieden.

- Zu den **Existenzbedürfnissen** zählt man Nahrung, Kleidung und Wohnung, da sie zur Erhaltung des Lebens notwendig sind.

- Neben den Existenzbedürfnissen bestehen **Grundbedürfnisse** (z.B. Radio, Bildung, Kühlschrank), die zwar nicht existenznotwendig sind, die sich jedoch aus dem jeweiligen Lebensstandard, der in der sozialen und kulturellen Umgebung eines jeden einzelnen herrscht, ergeben.

- Zu diesen reinen Lebensbedürfnissen treten **Luxusbedürfnisse** wie Schmuck, Genussmittel, Zweitwohnung etc., die als verzichtbar gelten.

Die Zuordnung der Bedürfnisse zu den einzelnen Bedürfnisarten ist nicht eindeutig abzugrenzen. Es hängt vielmehr von den **individuellen Wertvorstellungen** und den **gesellschaftlichen Normen** ab, ob z.B. ein Auto zu den Grund- oder zu den Luxusbedürfnissen zählt.

Ein weiteres Einteilungskriterium der Bedürfnisse ist das Bewusstsein über die Existenz von Bedürfnissen. Es lassen sich **offene (bewusste) Bedürfnisse,** z.B. der bewusste Wunsch nach einem neuen Auto, und **latente (noch nicht bewusste) Bedürfnisse,** die sich erst durch einen auslösenden Reiz (z.B. durch Werbung) als reale Bedürfnisse erkennen lassen, unterscheiden.

Die Bedürfnisse können sowohl in **individueller** (von dem einzelnen ausgehend) als auch in **kollektiver Form** (von einer Gruppe von Menschen, z.B. Familie, Verein etc. ausgehend) auftreten.

Äußern sich die Bedürfnisse in einem wirtschaftlich objektiv feststellbaren, d.h. von der Kaufkraft unterstützten Tatbestand, so spricht man von einem **Bedarf,** der auch als **Nachfrage** nach bestimmten materiellen Gegenständen oder Dienstleistungen bezeichnet wird.

Bedürfnisart	Kennzeichnung	Einteilungskriterium
Existenzbedürfnisse	Sicherung der physischen Existenz	Dringlichkeit
Grundbedürfnisse	der jeweiligen Norm angepasst	
Luxusbedürfnisse	verzichtbare Wünsche	
Offene Bedürfnisse	bewusst empfundene Bedürfnisse	Bewusstheit
Latente Bedürfnisse	unbewusst empfundene Bedürfnisse	
Individualbedürfnisse	Bedürfnisse eines einzelnen	Erscheinungsform
Kollektivbedürfnisse	Bedürfnisse einer Gemeinschaft	

Abb. 1: Einteilung der Bedürfnisse

2.1.2 Wirtschaftsgüter

Zur Bedürfnisbefriedigung dienen Gegenstände, Tätigkeiten und Rechte. Diese werden in der Betriebswirtschaftslehre unter dem Oberbegriff "Güter" zusammengefasst.

- Güter, die in nahezu **unbegrenzter Menge** zur Verfügung stehen und für deren Gewinnung keinerlei Anstrengungen erforderlich sind, werden als **freie Güter** bezeichnet (z.B. Licht, Luft, Wasser). Bei dieser Art von Gütern ist ein wirtschaftliches Handeln nicht erforderlich. Die Beurteilung, ob es sich um ein freies Gut handelt, ist jedoch von den örtlichen Gegebenheiten abhängig. Für den Bergmann unter Tage beispielsweise ist die Luft kein freies Gut, weil für die Bereitstellung Aufwendungen erforderlich sind.

- Güter, die nur in **begrenzter Menge** vorhanden sind und erst durch die wirtschaftliche Tätigkeit verfügbar werden, bezeichnet man als **wirtschaftliche** oder **knappe Güter**. Das wirtschaftliche Handeln ist nicht nur auf die Produktion von **Sachgütern** (**materielle Güter**), wie z.B. Haushaltsgeräte, Lebensmittel, Kleidung, Maschinen etc. hin orientiert, sondern ebenso auf die Erzeugung von Dienstleistungen (**immaterielle Güter**) gerichtet. Unter **Dienstleistungen** sind beispielsweise die Tätigkeiten einer Bank, eines Friseurs, der Bundespost oder auch einer Unternehmensberatung zu verstehen.

Weitere Einteilungskriterien für Güter sind z.B.:

Gütermerkmal	Güterbezeichnung
– Lebensnotwendigkeit	• Grund- (Lebensmittel), Kultur- (Gebetsteppich), Luxusgüter (Yacht)
– Individualität	• Individualgüter (Auto), Kollektivgüter (Straße)
– Mobilität (Beweglichkeit)	• Mobilien (Maschine), Immobilien (Bürogebäude)
– Einsatzzweck	• Konsumgüter zum Verbrauch, Investitionsgüter zur Produktion neuer Güter

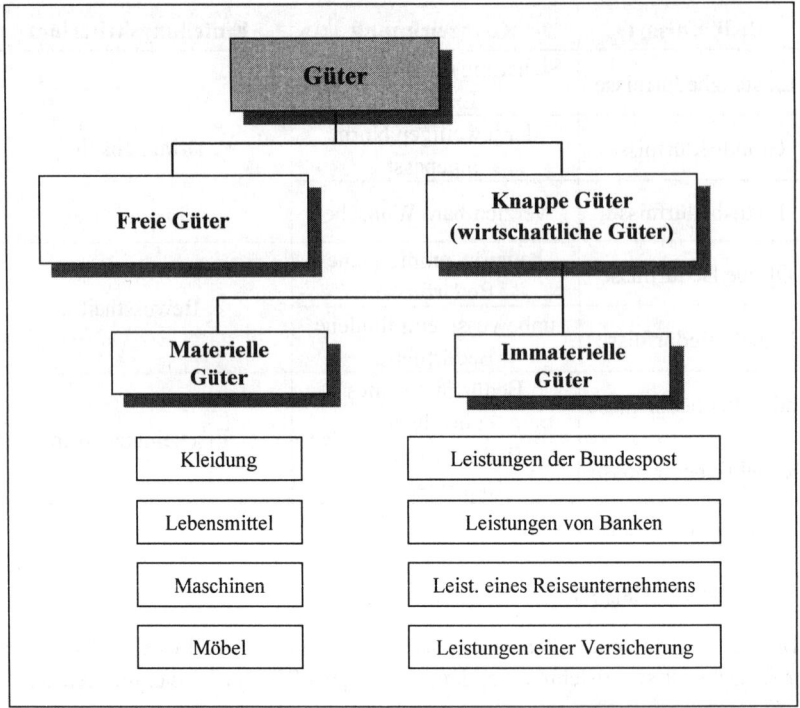

Abb. 2: Unterteilung der Güter

Die überwiegende Anzahl der Güter steht nur in einem beschränkten Umfang zur Verfügung. Da aber auch die menschlichen Bedürfnisse quasi unbegrenzt sind, ergibt sich ein **Spannungsverhältnis** zwischen den menschlichen **Bedürfnissen** auf der einen Seite und den zur Befriedigung dieser Bedürfnisse geeigneten **Gütern** auf der anderen Seite. Aus diesem Spannungsverhältnis zwischen Bedarf und Deckungsmöglichkeit entsteht die **Notwendigkeit zum Wirtschaften**.

Aufgabe der Wirtschaft ist es, bestimmte Bedürfnisse des Menschen zu befriedigen und dem Bedarf nach Sachgütern und Dienstleistungen ein entsprechendes Angebot gegenüberzustellen.

2.1.3 Das formale Wirtschaftlichkeitsprinzip

Um eine Übereinstimmung zwischen der Bedürfnisbefriedigung und den vorhandenen knappen Gütern in möglichst vorteilhafter Weise herbeizuführen, ist ein planvoller Einsatz dieser Güter sinnvoll. Den planmäßigen Einsatz knapper Güter zur menschlichen Bedürfnisbefriedigung bezeichnet man als **"Wirtschaften"**. Dies setzt einen Entscheidungsprozeß über die **Produktion** und die **Konsumtion** der Güter voraus. Die Knappheit der Güter zwingt die Menschen also, nach bestimmten Kriterien Wahlentscheidungen, d.h. Entscheidungen über die alternative Verwendung, zu treffen.

Das wirtschaftliche Verhalten ist dadurch charakterisiert, dass entweder ein vorgegebenes Ziel mit minimalem Mitteleinsatz realisiert (Optimierung der Mittel) oder bei vorgegebenem Mitteleinsatz das Ziel optimiert wird. Dieses Wirtschaftlichkeitsprinzip, auch **ökonomisches Prinzip** genannt, ist die wirtschaftliche Version des für das menschliche Handeln allgemeingültigen **Rationalprinzips**[1].

Das sog. **Min/Max-Prinzip**, d.h. mit minimalem Mitteleinsatz einen maximalen Ertrag zu erzielen, widerspricht sich bei genauer Betrachtung von selbst. Ein Kaufmann kann sein Ziel, den Geschäftsgewinn zu maximieren, nicht erreichen, wenn er gleichzeitig das Ziel verfolgt, sein Warenangebot (= Mitteleinsatz) zu minimieren.

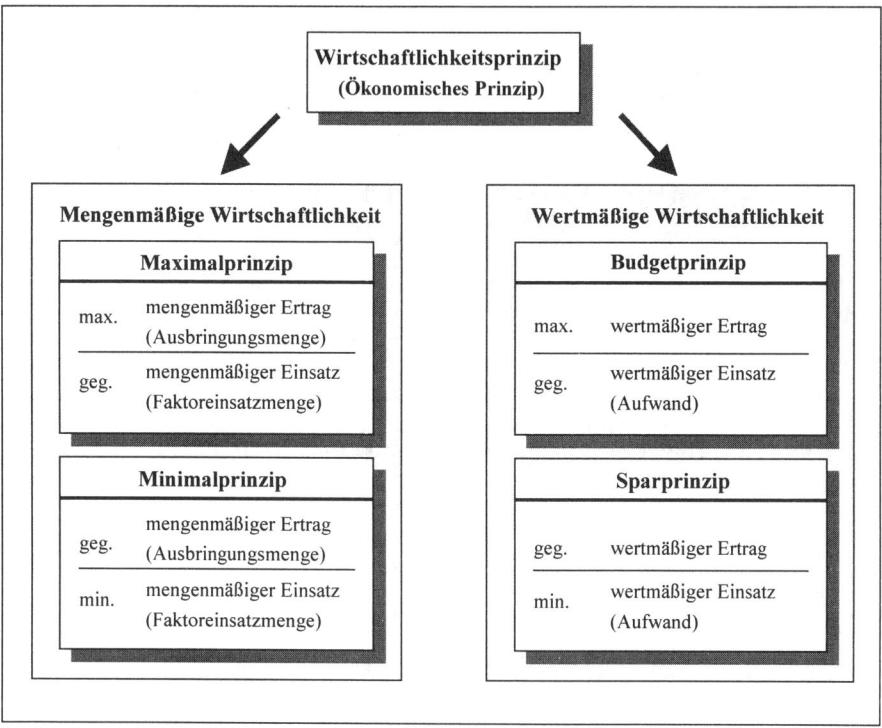

Abb. 3: Ausprägungen des ökonomischen Prinzips

Das Wirtschaftlichkeitsprinzip lässt sich mengen- und wertmäßig formulieren:

- Die **mengenmäßige** Wirtschaftlichkeit fordert, dass bei **geringstmöglichem Einsatz** an Produktionsfaktoren ein **vorgegebener Güterertrag** zu erwirtschaften ist (Minimalprinzip) oder dass bei einem gegebenen Aufwand an Produktionsfaktoren der größtmögliche Güterertrag zu erzielen ist (Maximalprinzip).

- Die **wertmäßige** Definition der Wirtschaftlichkeit besagt, dass ein **bestimmter Erlösbetrag** bei **minimalem Geldeinsatz** zu erwirtschaften ist (Sparprinzip) oder mit einem gegebenen Geldaufwand ein maximaler Erlös zu erzielen ist (Budgetprinzip).

Weder das Wirtschaftlichkeitsprinzip noch das allgemeine Rationalprinzip stellen jedoch Erklärungsmodelle des wirtschaftlichen bzw. des allgemeinen Verhaltens dar (d.h.

---

[1] Das Rationalitätsmodell der Entscheidungstheorie fordert ein zielgerichtetes (zweckmäßiges) Handeln, das bewusst und überlegt in Übereinstimmung mit den Grundsätzen der Logik erfolgt. Dem Handelnden muss die Erreichbarkeit des Zieles und die Konsequenzen des Handlungsergebnisses bewusst sein.

es erfolgen keinerlei Aussagen über die Motive oder Zielsetzungen des wirtschaftlichen Handelns), sondern beide fordern lediglich ein bestimmtes Verhalten, das sowohl individuell als auch gesamtwirtschaftlich bei Verbrauchern und Produzenten gültig ist.

2.2 Träger der Wirtschaft

Alles Wirtschaften vollzieht sich in konkreten **Wirtschaftseinheiten** unterschiedlicher Größenordnung. Diese wirtschaftenden Teileinheiten der Gesamtwirtschaft sind ein Grundtatbestand des menschlichen Tätigkeitsbereiches "Wirtschaft". Unter dem Oberbegriff **"Einzelwirtschaft"** zusammengefasst, erfolgt in diesen organisierten Wirtschaftseinheiten der Prozess der Erstellung von Gütern und die Bereitstellung von Dienstleistungen, der Absatz von Gütern und Leistungen sowie deren Verbrauch.

2.2.1 Betriebe

Werden in einer organisierten Wirtschaftseinheit Sachgüter produziert und Dienstleistungen bereitgestellt und abgesetzt, so bezeichnet man diese Wirtschaftseinheit als **Betrieb**.

Betriebe sind demnach **produktions- bzw. leistungsorientierte Wirtschaftseinheiten** (Produktionswirtschaften), die zur Fremdbedarfsdeckung dienen. Grundsätzlich unterscheidet man in **öffentliche (staatliche)** und **private** Betriebe. Daneben existieren **Mischformen**, bei denen die "öffentliche Hand" am Kapital der privaten Betriebe beteiligt ist.

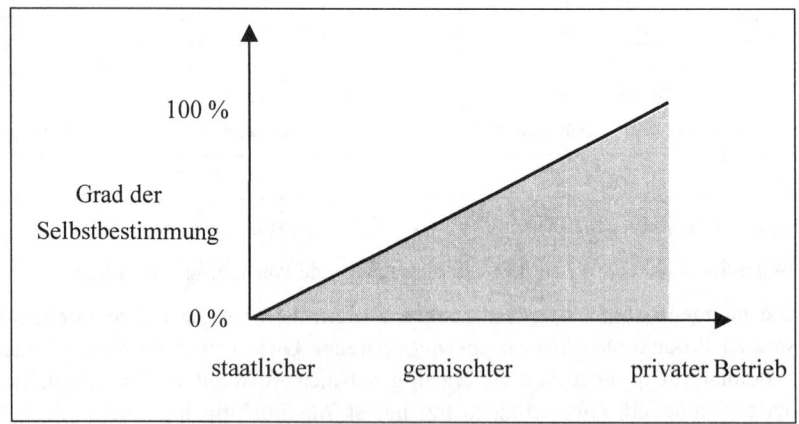

Abb. 4: Selbstbestimmungsgrad von Betrieben[2]

Die Betriebe sind die eine Erscheinungsform von Wirtschaftseinheiten, denen als zweite Erscheinungsform die **Haushalte** gegenüberstehen.

2.2.2 Haushalte

Haushalte sind **Konsumtionswirtschaften**. In Haushalten werden zwar auch Leistungen erbracht, jedoch nicht, um durch den Absatz dieser Leistungen Gewinne zu erzielen. Die

---

[2] Vgl. Thommen, J. P.: Managementorientierte Betriebswirtschaftslehre, 6. Auflage, Zürich 2000, S. 35.

Haushalte sind vielmehr darauf ausgerichtet, die Leistungen der Betriebe zu konsumieren unter der Prämisse, einen besonders hohen Nutzwert aus der Verwendung ihres Einkommens zu erzielen.

Haushalte sind sowohl in **öffentlicher** (Bund, Länder, Gemeinden etc.) als auch in **privater** (Einpersonenhaushalt, Familienhaushalt) Form vorhanden. Einen Überblick über die Einzelwirtschaften mit Beispielen zeigt die folgende Grafik:

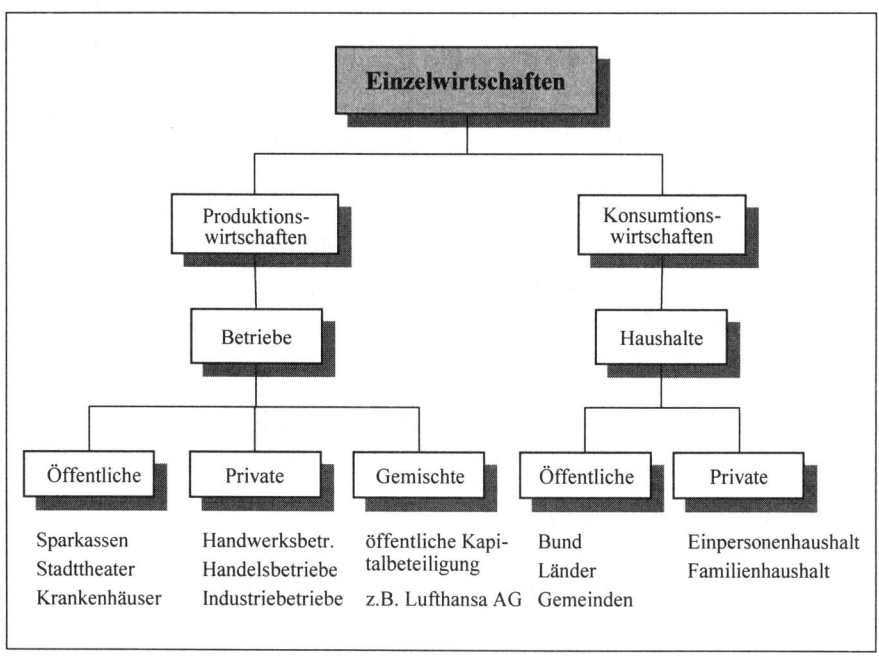

Abb. 5: Übersicht der Einzelwirtschaften

2.2.3 Die Verflechtungen des Betriebes mit der Umwelt

Der allgemeine betriebliche Umsatzprozess bestimmt die Verflechtungen des Betriebes zu seiner Umwelt. Verknüpfungen des Betriebes mit dem **Kapitalmarkt**, dem **Beschaffungsmarkt** und dem **Absatzmarkt** ergeben die Grundstruktur der außerbetrieblichen Beziehungen.

Der Beschaffungsmarkt lässt sich sinnvoll in den **Arbeitsmarkt** (Beschaffung von Personal), den **Betriebsmittelmarkt** (Beschaffung von Maschinen u. Werkzeugen) und den **Materialmarkt** (Beschaffung von Roh-, Hilfs- u. Betriebsstoffen) unterteilen.

Für den Einkauf von Material und Betriebsmitteln bzw. für die Entlohnung von Arbeitskräften verwendet der Betrieb **finanzielle Mittel**. Diese finanziellen Mittel werden entweder vom **Kapitalmarkt** (Fremd- oder Eigenkapital) bereitgestellt oder stammen aus dem Erlös, der durch den Absatz der betrieblichen Produkte erzielt wird.

Der **innerbetriebliche Leistungsprozess** stellt sich vereinfacht betrachtet in Form von **Inputfaktoren** dar, die durch einen Transformationsprozess zum Produkt (**Output**) werden, das es abzusetzen gilt.

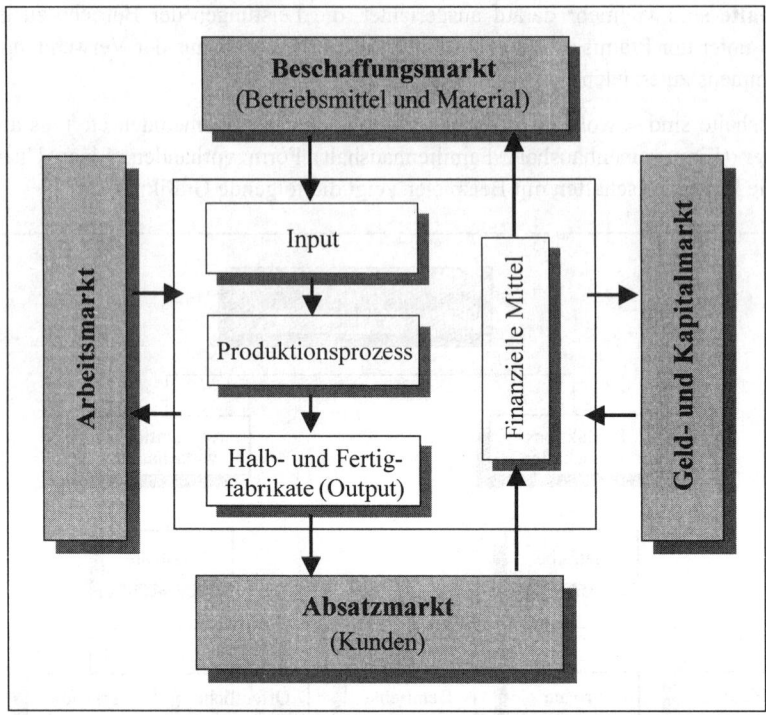

Abb. 6: Betrieblicher Umsatzprozess

2.2.4 Das System der betrieblichen Produktionsfaktoren

Die bei der betrieblichen Leistungserstellung eingesetzten Faktoren werden als Produktionsfaktoren bezeichnet. Die systematische Kombination der verschiedenen Produktionsfaktoren stellt im Ergebnis die betriebliche Leistung dar.

Die menschliche Arbeitsleistung wird dabei grundsätzlich in **ausführende Arbeit** und **leitende (dispositive) Arbeit** unterteilt. Die ausführende Arbeitsleistung zählt zusammen mit den Betriebsmitteln und den Werkstoffen zu den sog. **Elementarfaktoren**, die eine unmittelbare Beziehung zum Produktionsobjekt haben.

Elementarfaktoren:

- **Ausführende Arbeit** ist objektbezogen und beinhaltet diejenigen Tätigkeiten, die unmittelbar mit der Leistungserstellung und der Leistungsverwertung im Zusammenhang stehen.

- **Betriebsmittel** sind alle Einrichtungen und Anlagen, die der Leistungserstellung dienen (z.B. Grundstücke, Maschinen, Betriebs- und Geschäftsausstattung, Hilfs- und Betriebsstoffe).

- **Werkstoffe** sind alle Rohstoffe, Halb- und Fertigerzeugnisse, die als Grundmaterialien in die Herstellung der Enderzeugnisse eingehen.

Die betriebliche Leistungserstellung ist ohne eine **dispositive Arbeitsleistung**, die in leitender Funktion den Einsatz der übrigen Faktoren (ausführende Arbeit, Betriebsmittel und Werkstoffe) ermöglicht, nicht sinnvoll. Daher wird der dispositive Faktor als **eigenständiger Produktionsfaktor** angesehen.

Dispositiver Faktor:

- **Originärer Bestandteil:** Leitung des Betriebes, letztendliche Entscheidungsgewalt.

- **Derivativer Bestandteil:** Planung, Organisation und Kontrolle, deren Entscheidungskompetenz durch Weisungen der Betriebsführung begrenzt werden.

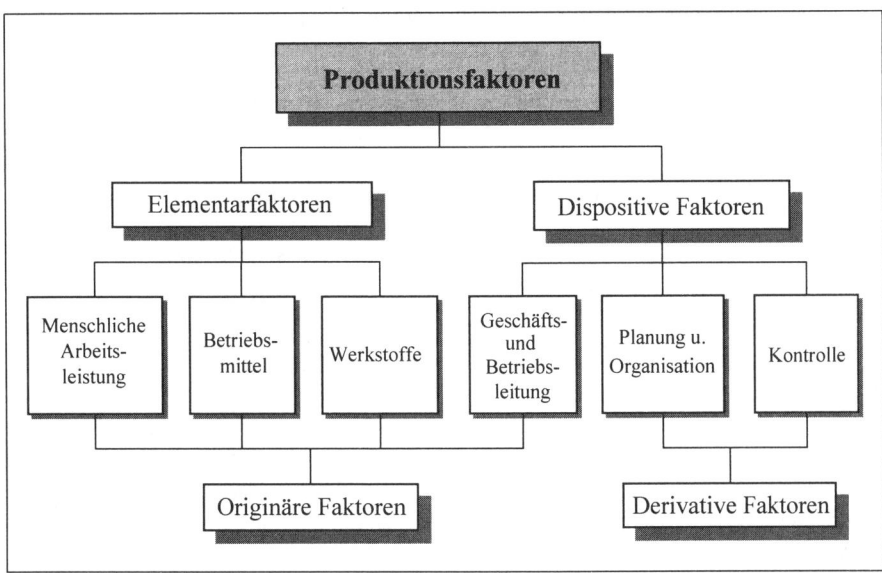

Abb. 7: Das System der betrieblichen Produktionsfaktoren

2.3 Bestimmungsgrößen von Betrieben und Wirtschaftssystemen

Betriebe sind in eine **Wirtschaftsordnung (Wirtschaftssystem)** eingebettet. Aufgrund der unterschiedlichen Auffassungen über das Verhältnis des Staates zur Wirtschaft und deren Aufgaben haben sich im Laufe der Zeit zwei verschiedene **idealtypische Hauptströmungen** von Wirtschaftsordnungen gebildet. Zum einen die sich an den Liberalismus anlehnende **freie Marktwirtschaft** und zum anderen die **zentrale Planwirtschaft**, die durch sozialistisches Gedankengut geprägt wird.

In der Bundesrepublik Deutschland bestimmt die **soziale Marktwirtschaft** das wirtschaftliche Geschehen.

(a) Die freie Marktwirtschaft

Im 19. Jahrhundert, das auch als das Zeitalter der industriellen Revolution bezeichnet wird, vollzogen sich neben den grundlegenden technischen auch gesellschaftliche Veränderungen. Die beherrschende Geistesrichtung war der **Liberalismus** (lat.: liber = frei). Der Staat soll nur in Ausnahmefällen eingreifen und sich nach dem Grundsatz "laissez faire, laissez aller" (frz.: lasst alles gehen wie es geht) verhalten. Die freie Wirtschaft soll sich durch **Angebot und Nachfrage** selbst regeln. Diese Befreiung der Wirtschaft führte zur freien Marktwirtschaft mit **unbeschränktem Wettbewerb**.

Als das Wesen der freien Marktwirtschaft lassen sich herausheben:

- **Keine Produktion des Staates**, d.h. alle Güter (z.B. militärische Ausrüstung, Gebäude, Fahrzeuge) werden von privaten Unternehmern zu marktwirtschaftlichen Bedingungen bezogen.

- Das Recht auf **Privateigentum** und die freie Verfügung wird vom Staat garantiert.

- Es besteht **uneingeschränkte Gewerbefreiheit**, d.h. jeder kann nach Belieben herstellen, kaufen und verkaufen.

- Es besteht **volle Vertragsfreiheit** (z.B. Kaufverträge, Zusammenschlüsse von Unternehmen, Preisabsprachen).

- Steuerungsorgane der Wirtschaft sind **Angebot und Nachfrage**.

Die freie Marktwirtschaft ist durch einen Ausleseprozess gekennzeichnet, bei dem auch der Arbeitsmarkt und die Löhne der Arbeitnehmer den strengen Gesetzen des Wettbewerbs unterliegen.

In der Betriebswirtschaftslehre wird ein Betriebstyp, der durch die gesellschaftlichen und geistigen Wurzeln des kapitalistischen Wirtschaftssystems geprägt und der durch die Merkmale der inneren und äußeren Autonomie und des erwerbswirtschaftlichen Strebens gekennzeichnet ist, als Unternehmen bezeichnet. **Unternehmungen** sind demnach **Betriebe eines marktwirtschaftlichen Wirtschaftssystems**. Sie sind also eine historische Erscheinungsform der Betriebe. Der Unternehmungsbegriff ist enger gefasst als der Begriff des Betriebes, d.h. jede Unternehmung ist ein Betrieb, aber nicht jeder Betrieb eine Unternehmung.[3] Der Gesetzgeber verwendet i.d.R. an Stelle des Begriffs "Unternehmung" den Begriff "Unternehmen" (z.B. im AktG). In der Betriebswirtschaftslehre werden beide Begriffe synonym angewandt. Man findet im täglichen Sprachgebrauch weitere Bezeichnungen für den Betrieb wie z.B. Firma, Fabrik, Werk, Geschäft. Firma ist ein juristischer Begriff und beinhaltet den (im Handelsregister eingetragenen) Namen, unter dem ein Kaufmann seinen Betrieb führt und seine Unterschrift abgibt.

(b) Die Zentrale Planwirtschaft

Die sozialen Missstände des Wirtschaftsliberalismus im 19. Jahrhundert führten zu der Forderung nach Sozialisierung (= Verstaatlichung) der privaten Betriebe. Infolge der **Verstaatlichung** von Grundbesitz und Produktionsmitteln werden alle wirtschaftlichen Entscheidungen (z.B. über Art und Umfang der Produktion, Verkauf und Preise) von einer zentralen staatlichen Behörde getroffen und die gesamte Wirtschaft nach einem einheitlichen **Wirtschaftsplan** gelenkt.

---

[3] Mit der Bezeichnung "Fabrik" und "Werk" wird die technische Seite der Leistungserstellung verbunden, während das Wort "Geschäft" den Handelsbetrieb oder die kaufmännische Abteilung eines Industriebetriebes bezeichnet.

Zum Wesen der zentralen Planwirtschaft gehören:

- **Grundbesitz und Produktionsmittel** gehören grundsätzlich dem Staat.

- Art und Umfang der **Produktion, Löhne** und **Preise** sowie die Ein- und Ausfuhr sind **staatlich festgelegt.**

- Der **Staat** ist alleiniger **Arbeitgeber.**

Die **zentrale Planwirtschaft** ist durch ihren großen Verwaltungsapparat und den **Volkswirtschaftsplan**, der die Art und Menge der Produktion auf mehrere Jahre festschreibt, gekennzeichnet. Die Betriebe der zentralen Planwirtschaft werden aufgrund der Eigentumsverhältnisse an den Produktionsmittel **volkseigene Betriebe** genannt.

2.3.1 Systemindifferente Bestimmungsgrößen

Der Betrieb wird von wirtschaftlichen Tatbeständen beeinflusst, die vom jeweiligen Wirtschaftssystem unabhängig sind. Gutenberg bezeichnet sie als **systemindifferente Faktoren.** Die systemindifferenten Faktoren sind das **System der Produktionsfaktoren**, das **formale Wirtschaftlichkeitsprinzip** und das **Prinzip des finanziellen Gleichgewichts.**

(a) Die betrieblichen Produktionsfaktoren[4]

Ein System produktiver Faktoren gewährleistet die Durchführung der betrieblichen Leistungserstellung.

(b) Das formale Wirtschaftlichkeitsprinzip[5]

In jedem Wirtschaftssystem werden die Zielsetzungen unter Beachtung des Wirtschaftlichkeitsprinzips realisiert. Dies gilt auch für Betriebe, deren Lenkung durch staatliche Organe erfolgt (Zentrale Planwirtschaft).

(c) Das finanzielle Gleichgewicht

Der Betrieb hat so zu disponieren, dass er jederzeit seinen Zahlungsverpflichtungen nachkommen kann, d.h. er hat seine Liquidität zu gewährleisten. Dabei ist ein ausgewogenes **finanzielles Gleichgewicht** für den Betrieb von besonderer Bedeutung. Im Falle der **Illiquidität** wird die betriebliche Leistungserstellung dadurch gestört, dass z.B. ein für die Produktion benötigter Rohstoff nicht beschafft werden kann. **Überliquidität** ist aus betrieblicher Sicht unrentabel, da für Kassenbestände oder Sichtguthaben keine oder nur geringe Zinsgewinne erzielt werden. Auch dieses Prinzip gilt ebenso für Betriebe, die der zentralen Planwirtschaft angehören.

2.3.2 Die systembezogenen Bestimmungsgrößen

Die **systembezogenen Faktoren** gelten jeweils nur für eine bestimmte Wirtschaftsordnung. Sie lassen sich nach Gutenberg anschaulich an den Idealtypen der freien Marktwirtschaft und der Zentralverwaltungswirtschaft darstellen. In **marktwirtschaft-**

---

[4] Vgl. Abschnitt 2.2.4 "Das System der betrieblichen Produktionsfaktoren".
[5] Vgl. Abschnitt 2.1.3 "Das formale Wirtschaftlichkeitsprinzip".

lichen Systemen wird die Bestimmung des **Wirtschaftsplanes** den Betrieben überlassen, d.h. den Unternehmern wird im Rahmen der Rechtsordnung die Ausnutzung aller Markt- und Gewinnchancen überlassen. Man nennt dies das **Autonomieprinzip**. Neben diesem Autonomieprinzip erfolgt das wirtschaftliche Handeln nach dem **erwerbswirtschaftlichen Prinzip**, das besagt, dass die Betriebe bestrebt sein sollen, auf Dauer eine möglichst günstige Rentabilität, also einen möglichst hohen Gewinn auf das investierte Kapital zu erzielen. Die dritte systembezogene Bestimmungsgröße der Marktwirtschaft ist das **Recht auf Privateigentum** an den Produktionsmitteln, das grundsätzlich den Personen zusteht, die das Eigenkapital zur Verfügung stellen.

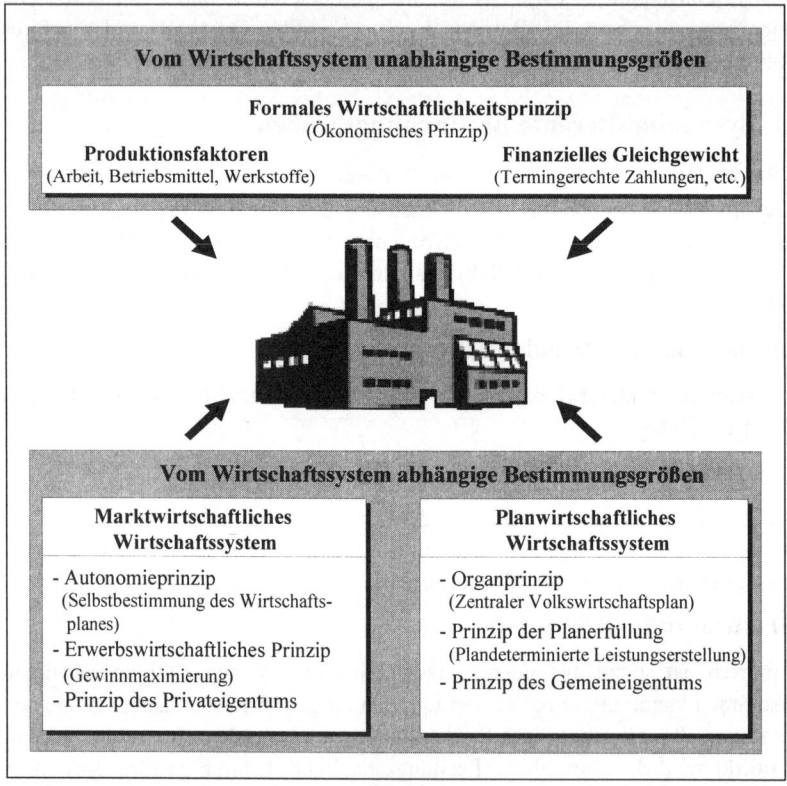

Abb. 8: Die Bestimmungsgrößen des Betriebes

Dem Autonomieprinzip gegenüber steht im **planwirtschaftlichen System** das **Organprinzip**. Die Betriebe können ihre Entscheidungen nicht autonom an Hand der Marktdaten bestimmen, sondern deren wirtschaftliches Handeln wird durch einen **zentralen Volkswirtschaftsplan** art- und mengenmäßig und gewöhnlich auch zeitlich bestimmt. Während die marktwirtschaftlichen Betriebe ihren Wirtschaftsplan am erwerbswirtschaftlichen Prinzip ausrichten, werden die planwirtschaftlichen Betriebe durch ein von den Planstellen bestimmtes **Produktionssoll** gesteuert. Dieses Prinzip bezeichnet Gutenberg auch als das der **"plandeterminierten Leistungserstellung"**.

Die Betriebe werden zu ausführenden Organen der zentralen Wirtschaftsbehörden. Das Privateigentum an Produktionsmitteln ist aufgehoben und geht in **Gemeineigentum** über.

2.3.3 Die soziale Marktwirtschaft

Die wirtschaftliche Umwelt der Wirtschaftsteilnehmer in der Bundesrepublik Deutschland ist durch das Konzept der **sozialen Marktwirtschaft** gekennzeichnet, das durch die Hauptmerkmale Marktwirtschaft bzw. Wettbewerbsprinzip und durch eine Eigentumsordnung charakterisiert wird, die dem Privateigentum einen hohen Rang einräumt. Gleichzeitig wird jedoch das **Prinzip des sozialen Ausgleichs** verfolgt.

Ziel ist es, die Schwächen der freien Marktwirtschaft durch staatliche Maßnahmen zu beseitigen. So hat man beispielsweise, um unerlaubten Wettbewerbsbeschränkungen entgegenzuwirken (durch Monopole, Preisabsprachen etc.), das Gesetz gegen Wettbewerbsbeschränkungen (**Kartellgesetz**) erlassen. Konjunkturelle Schwankungen, die in der freien Marktwirtschaft zu Preissteigerungen, Geldentwertung und Massenarbeitslosigkeit führen können, werden durch die in der Wirtschaftsverfassung[6] und den entsprechenden Gesetzen verankerten wirtschafts- und finanzpolitischen Maßnahmen abgeschwächt (z.B. Gesetz zur Förderung der Stabilität und des Wachstums der Wirtschaft).

Die Sicherung der Arbeitnehmermitbestimmung bei personellen, sozialen und wirtschaftlichen Entscheidungen im Betrieb wird durch das **Betriebsverfassungsgesetz** sowie weitere Gesetze ermöglicht. In der sozialen Marktwirtschaft sind organisierte Zusammenschlüsse in Form von **Gewerkschaften**, **Arbeitgeberverbänden** und **Verbraucherverbänden** typische Erscheinungen, die eine erfolgreichere Vertretung gemeinschaftlicher Interessen versprechen. Insgesamt sind ca. 40 % der Arbeitnehmer in der Bundesrepublik gewerkschaftlich organisiert.

2.4 Betriebstypologie

Aufgrund der Anzahl unterschiedlicher Betriebstypen ist eine Gliederung in Form einer Betriebstypologie vernünftig. Die **Betriebstypologie** soll so angelegt sein, dass die Beschreibung und Erklärung wesentlicher betrieblicher Situationen für jeweils eine gesamte Betriebsgruppe sinnvoll möglich ist.

Aus der großen Zahl an Gliederungsmöglichkeiten werden im folgenden die wichtigsten angeführt:

(a) Gliederung nach Wirtschaftszweigen

Die einzelnen Wirtschaftszweige lassen sich in **Sachleistungsbetriebe** und **Dienstleistungsbetriebe** unterscheiden.

- **Sachleistungsbetriebe** (vor allem Industrie- und Handwerksbetriebe) stellen Leistungen in Form von Sachgütern bereit. Diese Betriebe lassen sich unterteilen in:
  - Land- und forstwirtschaftliche Betriebe,
  - Rohstoffgewinnungsbetriebe (z.B. Bergwerke, Kalkwerke, Torfgewinnung),
  - Produktionsbetriebe (z.B. Maschinenbau, elektrotechnische Industrie),
  - Verbrauchsgüterbetriebe (z.B. Schuhbetriebe, Bekleidungsindustrie, Lebensmittelindustrie),
  - Ver- und Bearbeitungsbetriebe (z.B. Montage-, Veredelungsbetriebe).

---

[6] Vgl. Grundgesetz Abschnitt 10: Das Finanzwesen

- **Dienstleistungsbetriebe** stellen Leistungen in Form von Diensten bereit. Hierzu gehören:
  - **Handelsbetriebe**, deren Dienstleistungen in der Übernahme von Aufgaben im gesamtwirtschaftlichen Verteilungsprozess (Sammlung und Verteilung von Sachgütern) bestehen.
  - **Bankbetriebe**, deren Dienstleistungen sich auf den Bereich der Geld- u. Kapitalanlage, das Kreditgeschäft, die Abwicklung des Zahlungsverkehrs, den An- und Verkauf von Wertpapieren u.a. beziehen.
  - **Verkehrsbetriebe** übernehmen die Sachgüter- und Personenbeförderung.
  - **Versicherungsbetriebe** übernehmen gegen Prämien die Deckung abschätzbarer Risiken.
  - **sonstige Dienstleistungsbetriebe** wie Touristikbetriebe, Steuerberater, Friseur, Gaststätten u.ä.

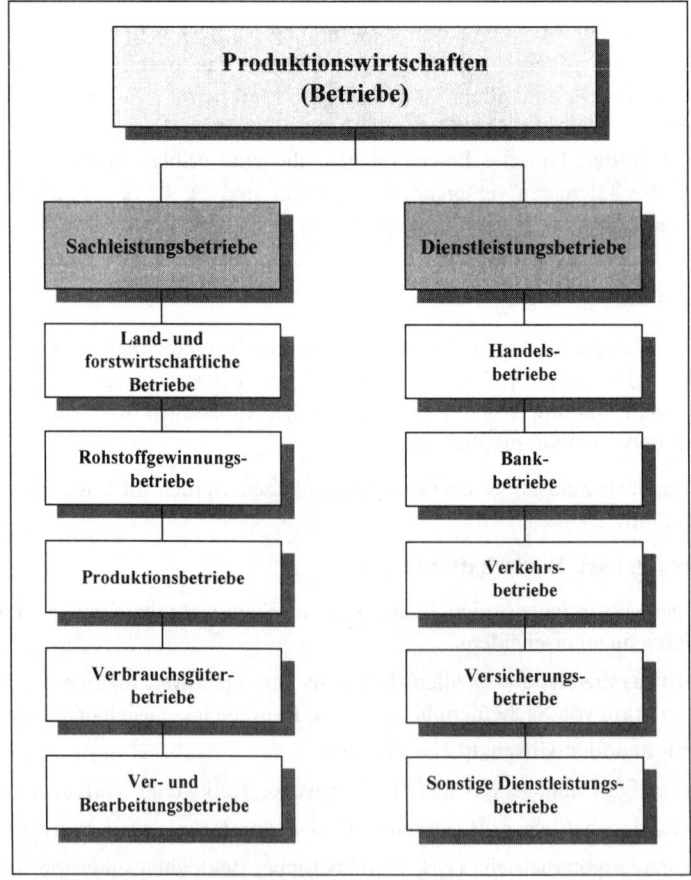

Abb. 9: Gliederung nach Wirtschaftszweigen

Die nachfolgende Abbildung zeigt die Aufteilung der Betriebe und Beschäftigten auf die verschiedenen Wirtschaftszweige.

Anzahl der Unternehmen in der Bundesrepublik nach Wirtschaftszweigen und Beschäftigungsgrößen

Wirtschaftszweige	Anzahl der Mitarbeiter				Anteil (%)
	0-99	100-500	> 500	Summe	
- Bergbau, Energie- und Wasserversorgung	2 681	213	102	2 996	0,1
- Verarbeitendes Gewerbe	326 623	8 832	2 009	337 464	15,5
- Baugewerbe	184 812	1 525	105	186 442	8,6
Anzahl der Sachleistungsbetriebe	514 116	10 570	2 216	526 902	24,2
- Großhandel	111 183	1 635	189	113 007	5,2
- Handelsvermittlung	76 972	36	4	77 012	3,6
- Einzelhandel	415 438	1 181	226	416 845	19,2
- Verkehr / Nachrichtenübermittlung	86 879	645	108	87 632	4,0
- Kreditinstitute / Versicherungen	88 024	953	306	89 283	4,1
- Sonstige Dienstleistungsunternehmen und freie Berufe	857 158	3 261	682	861 101	39,7
Anzahl der Dienstleistungsbetriebe	1 635 654	7 711	1 515	1 644 880	75,8
Gesamt	2 149 770	18 281	3 731	2 171 782	100,0

Abb. 10: Anzahl der Unternehmen nach Wirtschaftszweigen

Beschäftigte in der Bundesrepublik nach Wirtschaftszweigen und Beschäftigungsgrößen

Wirtschaftszweige	Anzahl der Mitarbeiter				Anteil (%)
	0-99	100-500	> 500	Summe	
- Bergbau, Energie- und Wasserversorgung	32 409	49 582	369 743	451 734	2,0
- Verarbeitendes Gewerbe	2 879 541	1 811 622	4 237 566	8 928 729	39,8
- Baugewerbe	1 486 102	262 978	174 309	1 923 389	8,6
Anzahl der Beschäftigten in Sachleistungsbetrieben	4 398 052	2 124 182	4 781 618	11 303 852	50,4
- Großhandel	831 139	305 972	167 674	1 304 785	5,8
- Handelsvermittlung	157 964	6 376	9 127	173 467	0,8
- Einzelhandel	1 785 626	232 478	700 711	2 718 815	12,1
- Verkehr / Nachrichtenübermittlung	490 634	127 583	205 583	823 800	3,7
- Kreditinstitute / Versicherungen	277 777	203 416	560 995	1 042 188	4,6
- Sonstige Dienstleistungsunternehmen und freie Berufe	3 684 569	640 789	744 317	5 069 675	22,6
Anzahl der Beschäftigten in Dienstleistungsbetriebe	7 227 709	1 516 614	2 388 407	11 132 730	49,6
Gesamt	11 625 761	3 640 796	7 170 025	12 436 582	100,0

Abb. 11: Anzahl der Beschäftigten nach Wirtschaftszweigen[7]

Die drei größten Gruppen bilden das **verarbeitende Gewerbe** (= 15,5 % Anteil und rd. 8,9 Mio. Beschäftigte = 39,8 %), der **Einzelhandel** (= 19,2 % Anteil u. 12,1 % Beschäftigte) und die **sonstigen Dienstleistungsbetriebe** (= 39,7 % bzw. 22,6 %). Insgesamt sind ca. 24 % aller Unternehmen Sachleistungsbetriebe und 76 % im Dienstleistungssektor tätig. Wie Abb. 11 zeigt, haben beide Bereiche einen Beschäftigtenanteil von ca. 50 %.

---

[7] Quelle (Abb. 10 u. 11): Erstellt vom Institut für Mittelstandsforschung Bonn. Bonn, Juni 1993. Alle Wirtschaftsbereiche (ohne Landwirtschaft, Post, Bahn, Gebietskörperschaften u. Sozialversicherungen).

(b) Gliederung in Profit- und Nonprofit-Organisationen

Es gibt eine Reihe von privaten Unternehmen die sich im Wesen kaum von öffentlichen Unternehmen unterscheiden, weil bei Ihnen ebenfalls nicht die Gewinnorientierung im Vordergrund steht, sondern primär die Bedürfnisbefriedigung bzw. Bedarfsdeckung. Daraus ergibt sich die Unterscheidung in Profit- und Nonprofit-Unternehmungen.

Zwar unterscheiden sich die beiden Formen bezüglich der Gewinnerzielung doch besitzen sie auch wesentliche gemeinsame Merkmale:
- Es handelt sich um soziale Systeme in denen Menschen und Gruppen von Menschen tätig sind.
- Sie übernehmen eine produktive Funktion indem sie durch Kombination der Produktionsfaktoren eine spezifische Leistung erstellen.
- Sie richten sich auf einen bestimmten Markt aus, d.h. sie befriedigen ein ganz bestimmtes Merkmal

Arten	Merkmale	Aufgaben	Formen
Staatliche NPO	Gemeinwirtschaftliche NPO	– Erfüllung demokratisch festgelegter öffentlicher Aufgaben (auf Bundes-, Kantons-, Gemeindeebene) – Erbringung konkreter Leistungen für die Bürger (Mitglieder)	– Öffentliche Verwaltungen – Öffentliche Betriebe: • Verkehr, Energie • Spital, Heim, Anstalt • Schule, Uni, Museen • Theater, Bibliothek
Private NPO	Wirtschaftliche NPO	– Förderung der wirtschaftlichen Interessen der Mitglieder	– Wirtschaftsverband – Arbeitnehmerorganisation – Berufsverband – Konsumentenorganisation – Genossenschaft
Private NPO	Soziokulturelle NPO	– Gemeinsame Aktivitäten im Rahmen kultureller, gesellschaftlicher Interessen, Bedürfnisse der Mitglieder	– Sportvereine – Freizeitvereine – Kirche, Sekte – Spiritistische Zirkel
Private NPO	Politische NPO	– Gemeinsame Aktivitäten zur Bearbeitung und Durchsetzung politischer (ideeller) Interessen und Wertvorstellungen	– Politische Partei – Natur-, Heimat-, Umweltschutzorganisationen – Politisch orientierte Vereine – Organisierte Bürgerinitiative
Private NPO	Karitative NPO	– Erbringung karitativer Unterstützungsleistungen an bedürftige Bevölkerungskreise (Wohltätigkeit, Gemeinnützigkeit)	– Hilfsorganisationen für Ältere, Behinderte, Geschädigte, Arme, Benachteiligte, Süchtige – Entwicklungshilfe-Organisationen – Selbsthilfegruppen

Abb. 12: Nonprofit-Organisationen[8]

Die Abbildung 12 zeigt eine Gegenüberstellung der staatlichen und privaten Nonprofit-Organisationen. Die private Nonprofit-Organisationen sind nach wirtschaftlichen, soziokulturellen, politischen und karitativen Aspekten unterteilt.

---

[8] Vgl. Thommen, J.P., Managementorientierte Betriebswirtschaftslehre, a.a.O., S.58.

(c) Gliederung nach dem vorherrschenden Produktionsfaktor

Es werden unterschieden:

- **Arbeitsintensive** Betriebe, die gekennzeichnet sind durch einen **hohen Anteil der Lohnkosten** an den gesamten Produktionskosten (z.B. optische Industrie, Bergbau, Feinmechanik).
- **Anlagenintensive** Betriebe, die durch ihren **großen Bestand an Betriebsmitteln** eine hohe Kapitalbindung aufzeigen. Der Anteil des Anlagevermögens am Gesamtvermögen ist ungewöhnlich hoch, so dass die Hauptkostenfaktoren die Abschreibungen und Zinsen bilden (z.b. chemische Industrie, eisenschaffende Industrie, Energiegewinnungsbetriebe).
- **Materialintensive** Betriebe, die einen besonders hohen Anteil an **Rohstoffkosten** haben (z.B. Nahrungs- und Genussmittelindustrie).
- **Energieintensive** Betriebe, die sich durch ein hohen Verbrauch an Energie bei der Produktion auszeichnen.

In der Praxis ist auch eine Kombination dieser vier Fälle möglich.

(d) Gliederung nach der Rechtsform

Die Betriebe werden als **Einzelunternehmung, Personengesellschaft, Kapitalgesellschaft oder Genossenschaft** geführt. Die verschiedenen Unternehmensformen sind u.a. von Bedeutung für die Finanzierungsmöglichkeiten, die Steuerbelastung, die Prüfungs- und Publizitätspflichten und das Kapitalrisiko.[9]

(e) Gliederung nach dem Produktionssektor

Es werden unterschieden:

- **Gewinnungsbetriebe (primärer Sektor):** Betriebe der Urproduktion, die Güter (Rohstoffe) durch Ab- oder Anbau gewinnen, welche für die Weiterverarbeitung Verwendung finden.
- **Veredlungs- und Fertigungsbetriebe (sekundärer Sektor):** Betriebe der verarbeitenden Produktion, die Produkte verschiedenster Art herstellen.
- **Dienstleistungsbetriebe (tertiärer Sektor):** Betriebe, deren Produkt sich als Dienstleistung darstellt.

(f) Gliederung nach der Betriebsgröße

Maßgröße für die Betriebsgröße ist die **Anzahl der Beschäftigten**, der **Umsatz** oder die **Bilanzsumme.**

Größeneinteilung von Betrieben			
Betriebsgröße	Beschäftigte	Bilanzsumme [€]	Umsatz [€]
Kleinbetrieb	< 50	< 0,5 Mio.	< 2,5 Mio.
Mittelbetrieb	50 - 1000	0,5 - 12,5 Mio.	2,5 - 25 Mio.
Großbetrieb	> 1000	> 12,5 Mio.	> 25 Mio.

Abb. 13: Größeneinteilung von Betrieben

---

[9] Nähere Ausführungen in Kapitel B, 3. "Der rechtliche Aufbau der Betriebe".

Die nachfolgende Abbildung zeigt, dass rd. 98% aller Betriebe weniger als 50 Arbeitskräfte beschäftigen. Insgesamt arbeiten in diesen Kleinbetrieben aber nur 45% der insgesamt Beschäftigten. Danach beschäftigen rd. 2% aller Betriebe 55% aller Arbeitnehmer.

Unternehmen und Beschäftigte in der Bundesrepublik nach Größenklassen				
Zahl der Beschäftigten	Zahl der Unternehmen	Anteil (%)	Beschäftigte insgesamt	Anteil (%)
1 - 9	1 888 225	86,9	5 672 406	25,3
10 - 19	163 278	7,5	2 165 406	9,7
20 - 49	75 657	3,5	2 240 419	10,0
50 - 99	22 610	1,0	1 547 530	6,9
100 - 199	11 375	0,5	1 559 932	6,9
200 - 499	6 906	0,3	2 080 864	9,3
500 und mehr	3 731	0,2	7 170 025	31,9
Insgesamt	2 171 782	100,0 %	22 436 582	100,0 %

Abb. 14: Unternehmen und Beschäftigte nach Größenklassen[10]

3 Die Betriebswirtschaftslehre als Wissenschaft

Die Menschen haben ein großes Bedürfnis nach Kenntnissen, Erkenntnissen und Einsichten über die Beschaffenheit der Realität. Erste systematische Untersuchungen lassen sich von griechischen Philosophen, Ärzten und Naturforschern (Aristoteles, Hippokrates, Galenos etc.) nachweisen, deren geistiges Erbe die Grundlage der abendländischen Wissenschaft bildet.

3.1 Eingliederung in das System der Wissenschaften

Allen Wissenschaften gemeinsam ist die Erforschung der Wahrheit und die Gewinnung von gesicherten Urteilen, die in einem sachlich geordneten Zusammenhang stehen. Dabei konzentriert sich jede Wissenschaft auf einen bestimmten Bereich der **Realität**. Nach dieser Definition ist eine Wissenschaft durch folgende Merkmale gekennzeichnet:

- Jede Wissenschaft befasst sich mit einem bestimmten abgegrenzten Gegenstandsgebiet, das als ihr **Erkenntnisobjekt** bezeichnet wird.
- Die Zielsetzungen, d.h. die zu gewinnenden Erkenntnisse bilden ihr **Erkenntnisziel**.
- Zur Erreichung der vorgegebenen Ziele benötigt jede Wissenschaft bestimmte **Methoden**, die je nach Gegenstandsgebiet unterschiedlich sind. Die Methodologie stellt ihrem Wesen nach eine interdisziplinäre Wissenschaft dar.
- Die gewonnenen Erkenntnisse werden in einen geordneten Zusammenhang (System) gebracht.

---

[10] Institut für Mittelstandsforschung Bonn, a.a.O.

Mit Hilfe dieser Elemente lässt sich jede Wissenschaft vollständig beschreiben und eindeutig von anderen Wissenschaften abgrenzen.

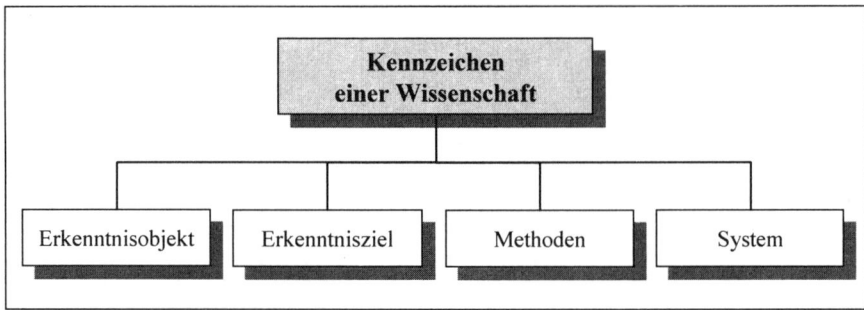

Abb. 15: Kennzeichen einer Wissenschaft

Auf Grund der Fülle an verschiedenen Wissenschaften und wissenschaftlichen Disziplinen wird im folgenden die Position der Wirtschaftswissenschaften im Gesamtsystem der Wissenschaften festgelegt. Ein brauchbares Einteilungskriterium ist das **Erkenntnisobjekt** (der Gegenstand). Danach ist zwischen Ideal- und Realwissenschaften zu unterscheiden:

- Die Gegenstandsgebiete der **Idealwissenschaften** werden in Form von Denkprozessen des Menschen geschaffen. Sie sind losgelöst vom menschlichen Denken nicht existent. Das gilt für die Logik, die Mathematik und die Methodenlehre. Die Idealwissenschaften stellen Denkformen und Verfahrensregeln bereit, die der Erkenntnisgewinnung in den Realwissenschaften dienen.

- Die Gegenstände der **Realwissenschaften** sind in der Wirklichkeit vorhanden, unabhängig davon, ob sich unser Denken mit ihnen beschäftigt oder nicht.

Die Realwissenschaften können in Natur- und Geisteswissenschaften unterteilt werden:

- Die **Naturwissenschaften** beschäftigen sich mit der gesamten Natur einschließlich des Menschen, soweit er selbst Bestandteil der Natur ist, d.h. mit Gegenstandsgebieten, die natürliche und somit von menschlicher Beeinflussung unabhängig existierende reale Sachverhalte verkörpern.

- Die **Geisteswissenschaften** hingegen beschäftigen sich mit der gesamten Kultur, d.h. es handelt sich bei ihnen um Sachverhalte, die vom Menschen und für den Menschen erdacht, entwickelt, eingeführt, verändert und ggf. wieder aufgegeben werden. Der Mensch ist dabei selber sowohl Träger als auch Mitgetragener der Kultur. Wegen des "psychophysischen Zusammenhanges" beispielsweise bei Sprache, Religion, Kunst, Recht und Wirtschaft werden die Geisteswissenschaften auch als Kulturwissenschaften bezeichnet.

Die Wirtschaftswissenschaften (Betriebswirtschaftslehre, Volkswirtschaftslehre) stellen nach vorherrschender Meinung ein Teilgebiet der Geistes- (Kultur-) wissenschaften dar, weil die Phänomene der Wirtschaft vom denkenden und handelnden Menschen gestaltet werden.

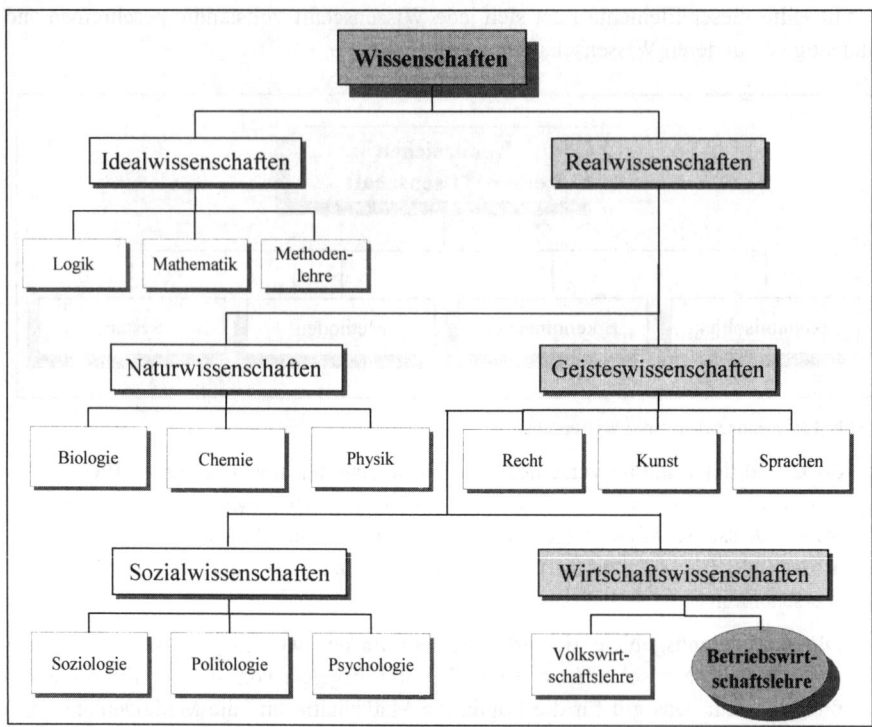

Abb. 16: Die Betriebswirtschaftslehre im System der Wissenschaften

3.2 Das Erkenntnis- und Erfahrungsobjekt der Betriebswirtschaftslehre

Um den Forschungsgegenstand einer Realwissenschaft abzugrenzen, sind das Erfahrungs- und das Erkenntnisobjekt zu bestimmen.

- Das **Erfahrungsobjekt** ist das reale Erscheinungsbild, welches zur wissenschaftlichen Betrachtung ansteht. Erfahrungen, die in der Wirklichkeit gemacht wurden, sind Ausgangspunkt einer wissenschaftlichen Forschung.
- Das **Erkenntnisobjekt** stellt ein Teilgebiet des Gesamtkomplexes eines Erfahrungsobjektes dar, welches von den anderen Teilgebieten isoliert die wissenschaftliche Betrachtung bestimmt.

Grundsätzlich gelten in der Betriebswirtschaftslehre alle Wirtschaftseinheiten als **Erfahrungsobjekte**, sowohl die Konsumtions- als auch die Produktionswirtschaften. Aus betriebswirtschaftlicher Sicht sind besonders die produktiven Wirtschaftseinheiten interessant, da sie die Herstellung und Verteilung von Gütern ermöglichen und damit als die treibende Kraft des wirtschaftlichen Umsatzprozesses gelten. Grundsätzlich gilt daher der **Betrieb** (einschließl. öffentlicher Betriebe und Verwaltungen) in der Betriebswirtschaftslehre als das **Erfahrungsobjekt**.

So relativ eindeutig wie die Bestimmung des Erfahrungsobjektes ist, lässt sich das Erkenntnisobjekt der Betriebswirtschaftslehre nicht festlegen. Das **Erkenntnisobjekt der Betriebswirtschaftslehre** ist auf die wirtschaftliche Seite des Betriebes ausgerichtet und beinhaltet somit die ökonomischen Grundlagen und Vorgänge in den Betrieben. Die Problematik liegt dabei in den Abgrenzungskriterien, d.h. inwieweit die einseitig wirtschaftliche Betrachtungsweise von Betriebsproblemen sinnvoll ist, ohne die sozialen, technischen, ökologischen u.a. Aspekte mit einzubeziehen.

Dabei besteht andererseits durch die Vermengung von unterschiedlichen wissenschaftlichen Disziplinen die Gefahr von **Wissenschaftsdilettantismus**, da nur wenige Forscher über ein fundiertes Wissen auf mehreren Gebieten verfügen. Aus dieser Problematik haben sich zahlreiche Auffassungen über das Erkenntnisobjekt gebildet. Aus didaktischen Gründen wird im Zusammenhang mit den weiteren Ausführungen an folgendem **Erkenntnisobjekt** festgehalten: Als Erkenntnisobjekt der Betriebswirtschaftslehre gelten die in den Betrieben auftretenden Entscheidungen über die Verwendung knapper Güter. Oder anders ausgedrückt **"Das Wirtschaften"**.

3.3 Erkenntnisziele der Betriebswirtschaftslehre

Die Betriebswirtschaftslehre wird heute überwiegend als angewandte Wissenschaft bezeichnet und geht demnach über die Zielsetzungen einer reinen Wissenschaft hinaus. Sie besteht aus einem **theoretischen** und einem **angewandten (praktischen) Teil**. Beide Teile unterscheiden sich in ihrem **Erkenntnisziel**. Die theoretische Betriebswirtschaftslehre dient ausschließlich der Wissenserlangung, unabhängig vom Grad der praktischen Anwendbarkeit, während die angewandte Betriebswirtschaftslehre immer eine praxisorientierte Forschung betreibt und ihre Aufgabe in der Beschreibung und Beurteilung von empirisch vorgefundenen Entscheidungsprozessen sowie in der **Entwicklung neuer Entscheidungsgrundlagen** sieht.

Kosiol schreibt dazu: "Das theoretische Wissenschaftsziel besteht in dem Streben nach **wahren Aussagesystemen** von möglichst hohem Informationsgehalt, unabhängig von konkreten Zwecken. Das pragmatische Wissenschaftsziel besteht in einer Aufstellung **teleologisch-instrumentaler** (= praxeologischer) **Aussagesysteme** zur Erreichung vorgegebener Ziele."[11]

3.3.1 Die theoretische Richtung der Betriebswirtschaftslehre

Die theoretischen Grundlagen der Betriebswirtschaftslehre basieren heute im wesentlichen auf dem Werk **"Grundlagen der Betriebswirtschaftslehre"** von Erich Gutenberg, das man als großen Schlussstein in der Entwicklung einer betriebswirtschaftlichen Theorie interpretieren kann. Bis zu diesem Zeitpunkt bestand nur eine große Anzahl von Hypothesen zur Erklärung von Einzelfragen. Nun wurde aber erstmals auf einem systemtragenden Prinzip ein geschlossenes System entwickelt.

Das **Erkenntnisziel** besteht in der Erklärung der Zustände und Vorgänge im Erkenntnisobjekt Betrieb als planvoll organisierter Wirtschaftseinheit. Betriebsaufbau und Betriebsprozess als Gesamtheit der ablaufenden einzelnen Prozesse dienen der Erkenntnisgewinnung, die dann in einem System objektiver Sätze, einer Theorie, zusammengefasst werden.

---

[11] Kosiol, E.: Einführung in die Betriebswirtschaftslehre, die Unternehmung als wirtschaftliches Aktionszentrum, Hamburg 1966, S. 241.

3.3.2 Die angewandte (praktische) Richtung der Betriebswirtschaftslehre

Die **angewandte Betriebswirtschaftslehre** dient der Gestaltung des Betriebsablaufs. Sie orientiert sich an dem realen Betriebsgeschehen und sieht ihre Aufgabe in der Erkenntnisgewinnung von **zielgerichteten Handlungsregeln**, ausgerichtet an den Handlungszielen des Betriebes.

"Die unmittelbare, praktische Bedeutung der Gestaltungsfunktion betriebswirtschaftlicher Theorien besteht darin, Handlungsweisen aufzuzeigen, die eine Erfüllung der angestrebten Ziele ermöglichen. Die Theorie stellt ein Instrument dar, mit dessen Hilfe "richtige", treffsichere und begründete Entscheidungen getroffen werden können."[12]

Die Problematik der unterschiedlichen Auffassungen über das Erkenntnisziel der Betriebswirtschaftslehre, d.h. über die **oberste Norm**, an der die zu untersuchenden Probleme und Sachverhalte ausgewählt werden, ist im besonderen mit der Werturteilsfrage verbunden.

Man unterscheidet in der Wissenschaft zwei Arten von **Werturteilen**.

- Die erste Form von Urteil schreibt den Zielen oder den zur Realisierung eingesetzten Mitteln einen **ethischen Wert** zu (z.B. Gerechtigkeit, soziales Verhalten). Ein Urteil dieser Art bezeichnet man als **primäres (echtes) Werturteil**. Es erhebt den Anspruch auf Allgemeingültigkeit, ist jedoch nicht beweisbar.

- Die zweite Form von Urteil wird als **sekundäres** oder auch **unechtes Werturteil** bezeichnet. Es handelt sich hierbei um eine Aussage, die durch wissenschaftliche Methoden in ihrer Wahrheit gesichert werden kann.

"Sekundäre Werturteile sind nichts anderes als Umkehrungen von Kausalsätzen"[13], d.h., wenn beispielsweise die theoretische Erkenntnis ergibt, dass die Ursache A die Wirkung B auslöst (Kausalverhältnis), so wäre die Aussage eines sekundären Werturteils, dass zur Erreichung der Wirkung B das Verfahren A angewendet werden muss.

Sekundäre Werturteile enthalten Aussagen über die Brauchbarkeit von Mitteln zur Realisierung gegebener Ziele; sie sind abgeleiteter Natur und daher nachweisbar.

(a) Wertfreie Betriebswirtschaftslehre

Die Betriebswirtschaftslehre der sog. wertfreien Richtung lehnt die Abgabe von echten Werturteilen ab und untersucht, wie in Betrieben gehandelt wird und nicht, wie vom Standpunkt eines bestimmten Wertsystems gehandelt werden sollte. Es darf deshalb nicht angenommen oder verlangt werden, dass Erkenntnisse ohne weiteres auf einen konkreten Betrieb in der Realität und dessen Probleme angewendet werden können. Das Erkenntnisziel dieser Richtung der Betriebswirtschaftslehre ist eine **praktische Norm**, d.h. eine Norm, von der man behauptet, dass sie empirisch festgestellt werden kann. Deshalb wird eine solche Betriebswirtschaftslehre als **praktisch-normative Disziplin** bezeichnet.

---

[12] Heinen, E.: Einführung in die Betriebswirtschaftslehre, 8. Auflage, Wiesbaden 1982, S. 26 ff.
[13] Weber, M.: Gesammelte Aufsätze zur Wissenschaftslehre, 2. Auflage, Tübingen 1951, S. 515.

(b) Wertende Betriebswirtschaftslehre

Während die wertfreie Richtung der Betriebswirtschaftslehre das Wirtschaftssystem als Datum betrachtet, das keiner Bewertung unterzogen wird, befasst sich die sog. wertende Richtung zunehmend mit der **Analyse** und **Bewertung** des Wirtschafts- und Gesellschaftssystems, indem sie nicht nur die wirtschaftlichen Auswirkungen, sondern auch die gesellschaftspolitischen Konsequenzen betrieblicher Entscheidungen vom Standpunkt einer bestimmten Ideologie als positiv oder negativ bewertet.

Der wesentliche Unterschied zur "wertfreien" Betriebswirtschaftslehre besteht darin, dass bei der normativ-wertenden Richtung **eigene Ziele** zur Norm für das unternehmerische Verhalten gesetzt werden. Verfolgen die Unternehmer andere Ziele als die postulierten, werden diese empirisch vorgefundenen Verhaltensweisen untersucht und bewertet. Im Falle einer Abweichung werden dann Verfahren entwickelt, mit deren Hilfe die postulierten Ziele realisiert werden können.

Die Entwicklung der **normativ-wertenden Betriebswirtschaftslehre** resultiert aus dem Unbehagen vieler Fachvertreter über die langfristige Gewinnmaximierung als Auswahlprinzip der Betriebswirtschaftslehre, das sie als "öde Profitlehre" und "individuellen Egoismus einer Gruppe" ansehen. Nicklisch, der einmal gefordert hat, dass die Urteile, die ein Betriebswirt abgibt, durch das **"wertende Gewissen"** gehen müssen, ging von sog. "ewigen Werten" der Menschheit aus (z.B. Gemeinnutz geht vor Eigennutz), in der der Betrieb eine Einrichtung sei, die zur bestmöglichen Versorgung der Gemeinschaft dienen soll (gemeinwirtschaftliche Produktivität).[14]

Es lassen sich **drei Betrachtungsweisen** der normativ-wertenden Betriebswirtschaftslehre nach der Art der Gewinnung der Normen unterscheiden:

- **Nicklisch** und seine Anhänger sahen im Betrieb eine Einrichtung, die nicht in erster Linie dem Nutzen der Eigentümer, sondern der bestmöglichen **Versorgung der Gemeinschaft** dienen soll (gemeinwirtschaftliche Produktivität) (1938).

- **Kalveram** fordert eine Betriebswirtschaftslehre, die die Normen für unternehmerisches Verhalten aus der christlichen Soziallehre ableitet. Angestrebt wird ein **christlich-soziales Ordnungssystem**, das der Erhaltung des sozialen Gleichgewichts zustrebt (1949).

- **Jüngere Autoren** fordern eine Betriebswirtschaftslehre, die **gegen die herrschende kapitalistische Ordnung** angeht, statt ihre Forschungsergebnisse den Unternehmern zur Vergrößerung ihres Reichtums und ihrer Macht über andere Menschen zur Verfügung zu stellen.

Andere betriebswirtschaftliche Lehrmeinungen verurteilen die normativ-wertende Auffassung: "Eine solche Einstellung leugnet die Möglichkeit einer wertneutralen wissenschaftlichen Forschung überhaupt und unterstellt dem Andersdenkenden die eigene Denkungsweise, nämlich vom Standpunkt einer Ideologie aus Wissenschaft zu betreiben, um gesellschaftspolitische Ziele durchzusetzen, d.h. aber nichts anderes, als die **Wissenschaft zu politisieren**. Wer von einer Wissenschaft die Abgabe von Werturteilen über unternehmerische Ziele fordert bzw. sie im Namen der Wissenschaft abgibt,

---

[14] Vgl. Nicklisch, H.: Ertragsverteilungsprozess, in: HWB, Band 1, Stuttgart 1938, Sp. 1614.

obwohl ihm bewusst ist, dass sie sich einer **wissenschaftlichen Beweisführung entziehen**, setzt Wissenschaft und politische Ideologie gleich."[15]

Max Weber hat bereits Anfang dieses Jahrhunderts die Wertfreiheit der Wirtschaftswissenschaften gefordert und die Abgabe echter Werturteile abgelehnt, weil derartige Urteile keine gesicherten Erkenntnisse, sondern **persönliche Bekenntnisse ihres Verfassers** ausdrücken.

Nach dem heutigen Stande menschlichen Erkenntnisvermögens ist eine Wahrheitssicherung von primären Werturteilen nicht möglich.[16]

3.4 Die Gliederung der Betriebswirtschaftslehre

Im folgenden werden Gliederungsmöglichkeiten der Betriebswirtschaftslehre dargestellt. Es haben sich in der Literatur eine **institutionelle**, eine **funktionelle** und eine **genetische** Gliederung herauskristallisiert.

3.4.1 Die institutionelle Gliederung

Nach **institutionellen Gesichtspunkten** unterscheidet man

(a) Allgemeine Betriebswirtschaftslehre

Die Allgemeine Betriebswirtschaftslehre besteht in der Beschreibung und Erklärung der betrieblichen Erscheinungen und Probleme, die allen Betrieben gemeinsam sind. Man unterteilt die Allgemeine Betriebswirtschaftslehre in einen **theoretischen Teil** (betriebswirtschaftliche Theorie) und einen **angewandten Teil** (Betriebspolitik).

Die Aufgabe der betriebswirtschaftlichen Theorie liegt in der **Analyse** und **Erklärung** der **wirtschaftlichen Zusammenhänge** und **Funktionen** (z.B. Lagerhaltungstheorie) sowie der Feststellung kausaler Regelmäßigkeiten und Gesetzmäßigkeiten. Die angewandte Betriebswirtschaftslehre beschäftigt sich mit der Anwendung der in der Theorie gewonnenen Erkenntnisse hinsichtlich betrieblicher Einzelfragen und Probleme. Sie dient der **Gestaltung des Betriebsprozesses.**

(b) Spezielle Betriebswirtschaftslehren

Die speziellen Betriebswirtschaftslehren sind auf die **Besonderheiten der einzelnen Wirtschaftszweige** ausgerichtet. Zu diesen speziellen Betriebswirtschaftslehren (auch als sog. Wirtschaftszweiglehren bezeichnet) gehören die **Industriebetriebslehre** (IBL), die **Handelsbetriebslehre** (HBL), die **Bankbetriebslehre** (BBL), die **Betriebswirtschaftslehre des Handwerks**, des **Verkehrs**, der **Versicherungen** und die **landwirtschaftliche Betriebslehre.**

(c) Betriebswirtschaftliche Verfahrenstechnik

Die Betriebswirtschaftliche Verfahrenstechnik kann als ein Werkzeug angesehen werden, mit dessen Hilfe verfügbare Daten, Erkenntnisse und organisatorische Strukturen gewonnen und betriebswirtschaftliche Entscheidungen getroffen werden können. Die betriebswirtschaftliche Verfahrenstechnik besteht aus einer **Verrechnungs-** und einer

---

[15] Grochla, E.: Betriebswirtschaftslehre, Teil 1: Grundlagen, Stuttgart 1978, S. 19.
[16] Vgl. ebd., S. 16.

Organisationslehre. Im einzelnen gehören dazu die Buchhaltung und Bilanz, die Kostenrechnung, Wirtschafts- und Finanzmathematik, betriebswirtschaftliche Statistik, Planungsrechnung und Informatik.

3.4.2 Die funktionelle Gliederung

Die funktionelle Gliederung teilt die Betriebswirtschaftslehre nach ihren Funktionen ein, wie sie sich aus dem betrieblichen Umsatzprozess ergeben. Danach lässt sich zwischen folgenden Funktionen unterscheiden:

a) **Unternehmensführung und Organisation**: Steuerung betrieblicher Vorgänge, Bestimmung der Organisationsstruktur in bezug auf Kommunikation und Tätigkeitsbereiche.

b) **Materialwirtschaft**: Beschaffung, Lagerhaltung, Losgrößenplanung der Sachgüter, die zur betrieblichen Leistungserstellung eingesetzt werden.

c) **Produktionswirtschaft**: Produktions- und Kostentheorie, Planung und Gestaltung des Produktionsablaufes.

d) **Marketing**: Absatz der Produkte, Marktforschung und Gestaltung der Kundenbeziehung.

e) **Kapitalwirtschaft**: Finanzierung (Beschaffung / Rückzahlung von Kapital) und Investition (Kapitalverwendung).

f) **Personalwirtschaft**: Beschaffung, Einsatz, Entwicklung, Betreuung und Freisetzung von Personal.

g) **Rechnungswesen u. Controlling**: Wertmäßige Erfassung, Planung, Steuerung und Kontrolle des betrieblichen Umsatzprozesses.

Nach der funktionellen Gliederung ist auch der Aufbau dieses Buches gestaltet.

3.4.3 Die genetische Gliederung

Die genetische Gliederung basiert auf einem gewissen Lebenszyklus, den jeder Betrieb durchläuft. Aus dieser zeitlichen Betrachtungsweise lassen sich die drei Phasen **Gründung**, **Umsatz** und **Liquidation** ableiten.

- Die **Gründungsphase**: In dieser Phase werden die konstitutiven Entscheidungen getroffen. Hierzu gehören der rechtliche Aufbau, die betriebliche Zielsetzung, die Standortwahl, die Art der Leistungserstellung.

- Die **Umsatzphase**: Hierzu gehören sämtliche Entscheidungen, die sich mit dem güter- und finanzwirtschaftlichen Umsatzprozess befassen. Dazu zählen auch die Entscheidungen, die im Rahmen der gesellschaftlichen, ökologischen, technischen und ökonomischen Veränderungen getroffen werden. Es erfolgt außerdem eine Aufarbeitung der in der Gründungsphase getroffenen Entscheidungen, in der z.B. ein Unternehmenszusammenschluss oder auch eine andere Art der Leistungserstellung gewählt wird.

- Die **Liquidationsphase**: Sie erfolgt meistens bei Erreichen des Betriebszweckes, Konkurseröffnung oder auch mangelnder Rentabilität. Das Vermögen der Unternehmung wird veräußert mit dem Ziel, möglicherweise vorhandene Schulden zu tilgen oder auch einen Überschuss an die Eigentümer des Unternehmens auszuzahlen.[17]

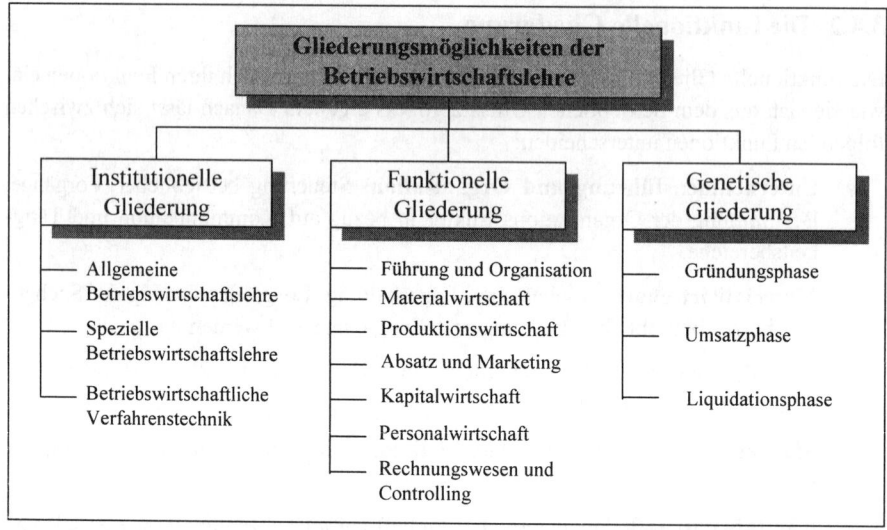

Abb. 17: Gliederung der Betriebswirtschaftslehre

3.5 Die Beziehung der Betriebswirtschaftslehre zu den wissenschaftlichen Nachbardisziplinen

3.5.1 Zur Volkswirtschaftslehre

Die Betriebswirtschaftslehre steht zu der Volkswirtschaftslehre, die neben der Betriebswirtschaftslehre als zweite Wirtschaftswissenschaft existiert, natürlich in einer recht engen Beziehung.

Ihr gemeinsames Untersuchungsobjekt ist die Wirtschaft, allerdings mit unterschiedlichen Aufgaben und Zielen. Die Aufgabe der **Betriebswirtschaftslehre** besteht in der Darstellung und Erklärung der wirtschaftlichen Zustände und Vorgänge in den Betrieben und der Entwicklung wirtschaftlicher Verfahren zur Realisierung der betrieblichen Zielsetzungen.

Aufgrund der Verflechtungen des einzelnen Betriebes mit der Gesamtwirtschaft über die Beschaffungs- und Absatzmärkte sind die Beziehungen zu anderen Wirtschaftseinheiten und zum Markt ein weiteres Untersuchungsgebiet der Betriebswirtschaftslehre. Dabei steht jedoch nicht die Gesamtwirtschaft, sondern der **einzelne Betrieb** im Vordergrund.

Die **Volkswirtschaftslehre** betrachtet das Untersuchungsobjekt "Wirtschaft" aus einer anderen Perspektive. Sie untersucht die Auswirkungen der Entscheidungen, die in den Einzelwirtschaften über die Verwendung knapper Güter getroffen werden (= Er-

---

[17] Vgl. Thommen, J.-P.: Managementorientierte Betriebswirtschaftslehre, a.a.O., S. 53.

kenntnisobjekt der Betriebswirtschaftslehre), auf die **gesamte Volkswirtschaft bzw. auf ihre einzelnen Sektoren.**

Angesichts des komplexen Wirtschaftsgeschehens hat der Nationalökonom Walter Eucken (1891-1950) die Grundfrage gestellt: "Wie erfolgt die Lenkung dieses gewaltigen arbeitsteiligen Prozesses, von dem die Versorgung der Menschen mit Gütern, also die Existenz jedes einzelnen abhängt?" Die Auflösung dieser Fragestellung führt zu den Grundfragen der Volkswirtschaftslehre. Themenstellungen sind: Was, wofür, wann, wie und wo wird produziert?

Aus diesen Grundfragen haben sich die verschiedenen Teilgebiete der volkswirtschaftlichen Theorie entwickelt. Diese lassen sich ihrerseits in eine mikroökonomische und eine makroökonomische Theorie unterteilen:[18]

- Die **mikroökonomische Theorie** analysiert das wirtschaftliche Geschehen in den Haushalten und Unternehmen, die Preisbildung und Güterverteilung (Haushalts- und Unternehmenstheorie, Preis- und Verteilungstheorie).

- Die **makroökonomische Theorie** befasst sich mit der Geldversorgung, dem Wirtschaftskreislauf und seinen Störungen sowie dem Wachstum der Wirtschaft als Ganzes (Geldtheorie, Finanztheorie, Beschäftigungstheorie, Konjunkturtheorie, Wachstumstheorie und Außenhandelstheorie).

3.5.2 Zu den Sozialwissenschaften

Die Sozialwissenschaften befassen sich mit dem Menschen als sozialem Phänomen und den institutionellen und organisatorischen Voraussetzungen für menschliches Handeln und Zusammenleben in Gemeinschaften und Gesellschaften.

Der Begriff "Sozialwissenschaften" umfasst i.w.S. alle Wissenschaften, die sich mit dem Zusammenleben und -wirken der Menschen befassen (Soziologie, Sozialpsychologie, Sozialpädagogik, Sozialgeschichte und Politologie).

Die gesicherten Erkenntnisse der Sozialwissenschaften haben im Rahmen der interdisziplinären Zusammenarbeit auch Einfluss auf die Betriebswirtschaftslehre genommen (z.B. Betriebssoziologie). In der Literatur wird deshalb nicht selten die Auffassung vertreten, dass die Wirtschaftswissenschaften ein Teilgebiet der Sozialwissenschaften darstellen.

Dieser Auffassung wird hier nicht gefolgt, weil die von der klassischen Nationalökonomie übernommene Fiktion des **homo oeconomicus** (= ausschließlich nach wirtschaftlichen Zweckmäßigkeiten handelnder Mensch) bereits zu einer Verselbständigung der Wirtschaftswissenschaften führt. Beide Wissenschaftsbereiche werden als gleichrangig betrachtet. Außerdem müsste dann an einigen Musterbeispielen erkennbar werden, dass die sozialwissenschaftliche Integration zu weiteren allgemeingültigen und informativen empirischen Gesetzmäßigkeiten führt.[19]

---

[18] Vgl. Woll, A.: Allgemeine Volkswirtschaftslehre, 10. Auflage, München 1990, S. 5 ff.
[19] Vgl. Schneider, D.: Geschichte betriebswirtschaftlicher Theorie, allg. Betriebswirtschaftslehre für das Hauptstudium, München/ Wien 1981, S. 29.

4 Betriebswirtschaftliche Zielkonzeptionen

Eine Zielkonzeption ist ein wesentliches Element einer Unternehmung in einem marktwirtschaftlichen System. Als Ziel wird ein erstrebenswerter Zustand verstanden, der in der Zukunft liegt und dessen Eintritt von Handlungen oder Unterlassungen abhängig ist. Die Konzeption richtet sich im wesentlichen am **ökonomischen Prinzip** aus, das als Basis für das gesamte wirtschaftliche Handeln angesehen wird. Dieses recht allgemein formulierte Prinzip benötigt zur Realisierung in der Praxis konkretisierte Zielvorstellungen, die sich in sog. Unternehmenszielen darstellen.

Die Unternehmen einer liberalen Wirtschaftsordnung können sich ihre wirtschaftlichen Ziele selber setzen, im Gegensatz zu Betrieben einer zentralen Planwirtschaft, wo staatliche Vorgaben bezüglich der Preise, der Art und Weise der Produktion und der Produktionsmenge eine betriebliche Zielkonzeption ausschließen.

4.1 Die Zielinhalte

Die Zielinhalte werden in der Betriebswirtschaftslehre in sog. Sachziele und Formalziele unterteilt.

4.1.1 Die Sachziele einer Unternehmung

Unter Sachzielen sind diejenigen betrieblichen Ziele zu verstehen, die sich durch konkrete Ausübung der einzelnen Funktionen einer Unternehmung innerhalb des finanz- und güterwirtschaftlichen Umsatzprozesses verwirklichen lassen. Es lassen sich dabei folgende Sachzielgruppen unterscheiden:

- **Leistungsziele**: Sie betreffen den betrieblichen Leistungsprozess und die Absatzseite. Es werden z.B. **Umsatzvolumen**, **Marktanteile** oder die **Art der Produkte** bestimmt.

- **Ziele sozialer oder ökologischer Art**: Diese Ziele werden in Abhängigkeit der gegebenen gesellschaftlichen und wirtschaftlichen Zustände und der persönlichen Einstellung der Führungskraft gebildet. Zu den mitarbeiterbezogenen Zielen gehören ein gutes **Arbeitsklima**, **Lohngerechtigkeit**, ausreichende **Mitbestimmung** u.a. Zu den gesellschaftsbezogenen Zielen zählen Ziele, die den **Umweltschutz** und **Gesundheitsschutz** der Menschen betreffen.

- **Führungs- und Organisationsziele**: Diese Ziele nehmen Bezug auf die Organisationsstruktur eines Unternehmens, die **Aufgabenteilung**, die anzuwendenden **Führungsstile** oder auch die Art und Weise der Problemlösungen.

- **Ziele finanzieller Art**: Hierzu zählen Ziele, die die **Liquidität** in einer Unternehmung sichern oder auch eine **optimale Kapitalstruktur** ermöglichen.

4.1.2 Die Formalziele einer Unternehmung

Die Formalziele nehmen eine übergeordnete Stellung zu den Sachzielen ein. Mit Hilfe der Sachziele lassen sich die Formalziele erreichen; man nennt die Formalziele auch

Erfolgsziele. Im folgenden werden die drei Erfolgsziele Produktivität, Wirtschaftlichkeit und Rentabilität dargestellt.

- **Produktivität**

Die Produktivität bezeichnet Gutenberg als die "Ergiebigkeit der betrieblichen Faktorkombination", das Verhältnis also von Faktorertrag zu Faktoreinsatz bzw. von mengenmäßiger Produktionsleistung des Betriebes zum Verbrauch an Produktionsfaktoren (Arbeit, Betriebsmittel, Werkstoffe ...).

Die Produktivität, auch als technische Wirtschaftlichkeit bezeichnet, ist das mengenmäßige Verhältnis des Outputs (Ausbringungsmenge) zum Input (Einsatzmenge). Diese beiden Faktoren werden dabei in Arbeitsmittel-, Betriebsmittel- oder Werkstoffeinheiten gemessen.

$$\text{Produktivität} = \frac{\text{Ausbringungsmenge}}{\text{Einsatzmenge}}$$

Da Leistungen aus der Kombination mehrerer Einsatzgrößen entstehen, die nur selten dimensionsgleich sind (z.B. Arbeit und Kapital), ermittelt man bei der praktischen Produktivitätsmessung mehrere partielle Produktivitätskennzahlen (Teilproduktivitäten), welche dann eine Beurteilung der einzelnen Produktionsfaktoren ermöglichen. Bei der Bildung von **Teilproduktivitäten** wird die Ausbringungsmenge eines bestimmten Produktes zur Einsatzmenge nur eines Produktionsfaktors in Beziehung gesetzt.

"Die Problematik der Bildung von Teilproduktivitäten liegt in der Zurechenbarkeit des Outputs auf die jeweilige Bezugsgröße. Eine Veränderung der Output-Menge muss nicht zwingend auf den betrachteten Produktionsfaktor zurückzuführen sein. So kann etwa eine Verbesserung der Ausbringung pro Arbeitsstunde dadurch zustandekommen, dass bei gleichbleibender Arbeitsleistung eine verbesserte Fertigungstechnik eingesetzt worden ist."[20]

Die Teilproduktivitäten dürfen daher nicht isoliert als Zielgrößen aufgefasst werden. Beispielsweise hat das Bemühen um die Erhöhung der Arbeitsproduktivität (z.B. durch Automatisierung) in der Regel ein Absinken der Kapitalproduktivität zur Folge. Die Produktivitätskennzahlen sind daher vorwiegend für **Vergleichs- und Kontrollzwecke** geeignet.

- **Wirtschaftlichkeit**

Die Problematik der unterschiedlichen Dimensionen bei der Berechnung der Produktivität wird mit dem Wirtschaftlichkeitsbegriff überwunden. Die Wirtschaftlichkeit, die hier als wertmäßige Wirtschaftlichkeit verstanden wird, ist dimensionslos. Ein mit einer Geldeinheit bewerteter Ertrag wird zu einem mit einer Geldeinheit bewerteten Aufwand ins Verhältnis gesetzt. Eine **Wirtschaftlichkeit** ist dann gegeben, d.h. es wurde ein Gewinn erzielt bzw. kostendeckend produziert, wenn der Quotient aus der Ertrags- und der Aufwandsgröße größer als 1 oder eben mindestens gleich 1 ist.

$$\text{Wirtschaftlichkeit} = \frac{\text{Ertrag}}{\text{Aufwand}}$$

---

[20] Heinen, E.: Industriebetriebslehre, a.a.O., S. 376.

"Ob ein Betrieb wirtschaftlich arbeitet, richtet sich im wesentlichen danach, ob es gelingt, eine bestimmte betriebliche Leistung mit dem **geringstmöglichen Einsatz** an Mitteln (Faktoreinsatzmengen) oder mit gegebenen Mitteln die **bestmögliche Leistung** zu erzielen. Dieses Prinzip der Wirtschaftlichkeit ist also stets ein Auswahlprinzip derart, dass für eine betriebliche Aufgabe stets die günstigste Lösung gefunden werden soll."[21]

Das Ziel dieses wirtschaftlichen Handelns liegt im Erreichen einer maximalen betriebstechnischen und organisatorischen Rationalität. Gutenberg definiert die Wirtschaftlichkeit als "das Verhältnis zwischen der günstigsten Kosten- oder Aufwandssituation und der tatsächlich realisierten Kosten- und Aufwandssituation, und zwar immer bezogen auf eine bestimmte Produktionsleistung oder einen bestimmten Ertrag".[22]

Wegen der Problematik der Zurechenbarkeit von Kosten auf produktionswirtschaftliche Entscheidungsalternativen (z.B. die Kostenprognose bei alternativer Maschinenbelegung) orientiert man sich häufig an Subzielen wie die Minimierung des gebundenen Kapitals, die Minimierung der Durchlaufzeiten von Werkstoffen, die Maximierung der Kapazitätsauslastung oder die möglichst genaue Einhaltung der Fertigungstermine.

- **Rentabilität**

Ganz allgemein kann unter Rentabilität einer Unternehmung absolut betrachtet der **Gewinn / Erfolg** verstanden werden, d.h. die Differenz zwischen dem wertmäßigen Ertrag und Aufwand. Erhält man eine positive Differenz, so kann davon ausgegangen werden, dass ein Gewinn vorhanden und die Unternehmung, dem allgemeinen Sprachgebrauch folgend, "rentabel" ist.

Aus betriebswirtschaftlicher Sicht wird unter Rentabilität das Verhältnis des Erfolges zum eingesetzten Kapital eines Unternehmens verstanden. Die Rentabilität stellt ein Maß für die Kapitalverzinsung innerhalb einer Abrechnungsperiode dar. In der Betriebswirtschaftslehre unterscheidet man folgende Rentabilitätsbegriffe:

(a) Gesamtkapitalrentabilität

Das Gesamtkapital setzt sich aus dem Eigenkapital (Unternehmerkapital, Beteiligungskapital) und dem Fremdkapital (Gläubigerkapital) zusammen. Die dem Kapitalgeber geschuldeten Fremdkapitalzinsen stellen einen betrieblichen Aufwand dar, der den Unternehmergewinn schmälert. Zur Berechnung der Gesamtkapitalrentabilität müssen deshalb die gezahlten Zinsen dem Gewinn (Erfolg) hinzugerechnet werden. Die Summe aus Gewinn und Fremdkapitalzinsen wird in der Literatur auch als Kapitalgewinn bezeichnet. Kapitalgewinn in Relation zum Gesamtkapital ergibt die Gesamtkapitalrentabilität.

$$\text{Gesamtkapitalrentabilität} = \frac{(\text{Gewinn} + \text{Fremdkapitalzinsen}) \cdot 100\%}{\text{Gesamtkapital}}$$

---

[21] Gutenberg, E.: Einführung in die Betriebswirtschaftslehre, Band 1, Wiesbaden 1958, S. 31.
[22] Ebd., S. 31.

(b) Eigenkapitalrentabilität

Die Eigenkapitalrentabilität wird errechnet, indem man den Gewinn in das Verhältnis zum Eigenkapital setzt.

$$\text{Eigenkapitalrentabilität} = \frac{\text{Gewinn} \cdot 100\%}{\text{Eigenkapital}}$$

(c) Fremdkapitalrentabilität

Die Fremdkapitalrentabilität resultiert aus dem Verhältnis der Fremdkapitalzinsen zum Fremdkapital.

$$\text{Fremdkapitalrentabilität} = \frac{\text{Fremdkapitalzinsen} \cdot 100\%}{\text{Fremdkapital}}$$

(d) Umsatzrentabilität

Das Verhältnis von Gewinn zu Umsatz (Geldwert der abgesetzten Leistungen innerhalb einer Abrechnungsperiode) wird als Umsatzrentabilität bezeichnet.

$$\text{Umsatzrentabilität} = \frac{\text{Gewinn} \cdot 100\%}{\text{Umsatzerlös}}$$

Während die Wirtschaftlichkeit die Ergiebigkeit einer Leistung oder eines Kostenaufwandes zu messen vermag, also ein Mittel der Betriebsdisposition darstellt, ist die Rentabilität selbst das Ziel dieser Betriebsdisposition.

"Die Wirtschaftlichkeit bestimmt die Form, die Rentabilität den Inhalt des betrieblichen Handelns. Die Wirtschaftlichkeit betrifft die Mittel, die Rentabilität das Ziel der betriebswirtschaftlichen Bestrebungen."[23]

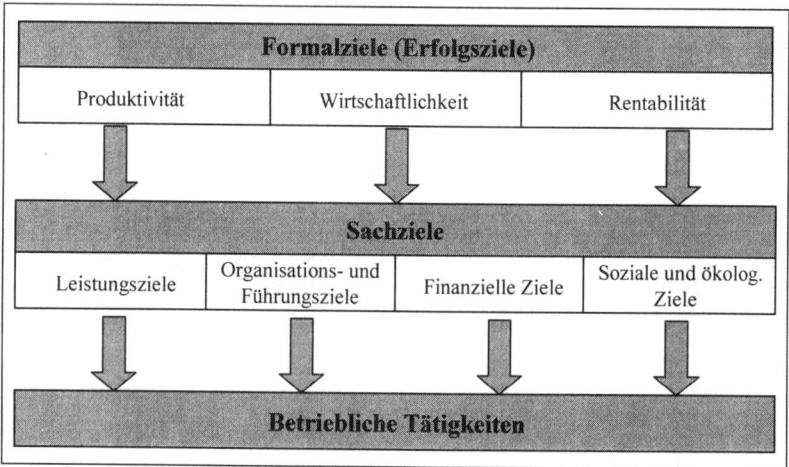

Abb. 18: Betriebswirtschaftliche Zielkategorien[24]

---

[23] Mellerowicz, K.: Allgemeine Betriebswirtschaftslehre, 13. Auflage, Berlin 1969, S. 83.
[24] Vgl. Thommen, J.-P.: Managementorientierte Betriebswirtschaftslehre, a.a.O., S. 96.

4.2 Das Zielsystem

Das Zielsystem der Unternehmung kann man als geordnete Gesamtheit von **Zielelementen** (einzelne Ziele) verstehen, zwischen denen Beziehungen bestehen oder hergestellt werden können.

Das Beziehungsgeflecht zwischen den Zielelementen eines Zielsystems kann sowohl auf gleicher hierarchischer Ebene als auch auf unterschiedlichen Stufen bestehen. Durch Erreichen der einzelnen Ziele bzw. einer ganzen Zielebene soll letztlich das Erfüllen der primären Ziele gewährleistet werden.

Man kann sich dieses Zielsystem als eine Art **pyramidenförmiges Gebilde** vorstellen, in dem sich, ausgehend von einer Anzahl oberster Unternehmungsziele (primäre Ziele), die hierarchisch immer tiefer liegenden **Zielsubsysteme** (sekundäre u. tertiäre Ziele) darstellen. Dabei kommt jedem Zielelement mit abnehmender Ranghöhe ein immer kleiner werdender Geltungsbereich (bei zunehmender Konkretisierung) zu.

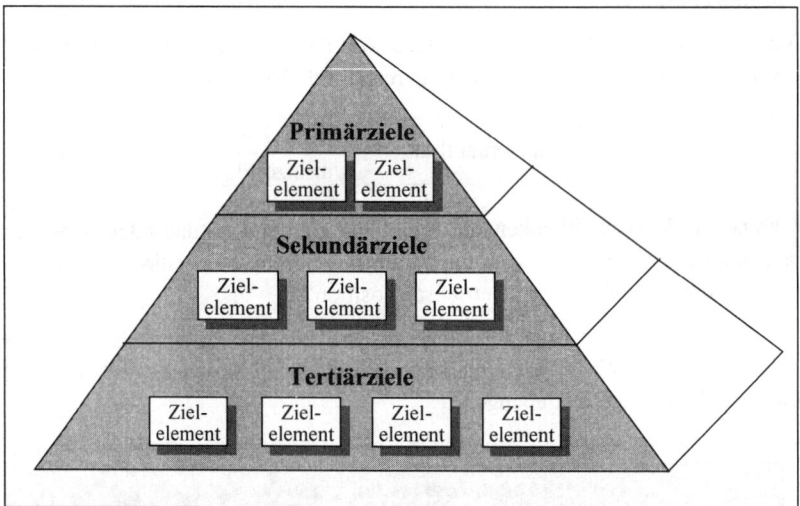

Abb. 19: Struktur des Zielsystems

4.3 Zielbildung und Zielbeziehungen

In der klassischen Betriebswirtschaftstheorie wurde das Unternehmungsziel unter Anwendung der "homo oeconomicus"-Prämisse auf die Gewinn- bzw. Rentabilitätsmaximierung ausgerichtet. Die moderne Unternehmenstheorie unterstellt, dass am Zielbildungsprozess der Unternehmung mehrere **Willenszentren** mit jeweils eigenen Zielvorstellungen beteiligt sind.

Die Zielbildung erfolgt meist durch den Unternehmenseigentümer, die Führungskraft oder -gruppe oder auch durch die Mitarbeiter selber. Aber auch Gruppen, die nicht direkt an der Leistungserstellung der Unternehmung beteiligt sind, haben aus ihrer Funktion heraus einen Einfluss auf den **Zielbildungsprozess**. Man unterscheidet zwischen **internen Machtzentren** (Eigentümer, Management, Belegschaft) und **externen Machtzentren** (Kreditinstitute, Kapitalgeber, Lieferanten, Kunden etc.).

Diese multipersonalen Zielentscheidungsprozesse führen in der Regel in einem **Zielkonflikt-Zielkompromiss-Prozess** zur Bildung gemeinsamer Organisationsziele. Die am Zielbildungsprozess beteiligten Personen haben unterschiedliche Einflussmöglichkeiten, und ihre Machtverteilungen hängen dabei u.a. von gesetzlichen und satzungsmäßigen Bestimmungen, von betriebsindividuellen Gegebenheiten, wie z.b. dem Führungssystem, und situativen Komponenten ab.

Innerhalb dieser Willenszentren kommt es zu **Zielkonflikten**, deren Bewältigung auf verschiedene Weise denkbar ist. Dem Auftreten von offenen Konflikten kann man durch globale Zielsetzungen, durch Kompensationsleistungen oder entsprechende **Verhaltens- und Kontrollsysteme** entgegenwirken. Bei bereits vorhandenen Zielkonflikten wäre eine einseitige Interessendurchsetzung oder ein Mehrheitsentscheid zugunsten einer Position möglich, jedoch letztlich unbefriedigend. Bei der sogenannten **Zielintegration** bleiben die ursprünglichen Interessenkollisionen bestehen, und die beteiligten Parteien gehen durch einen gemeinsamen Suchprozess von neuen Zielvorstellungen aus.

Der **Zielkompromiss**, bei dem die Parteien durch Modifizierung oder Aufgabe von Teilzielen zu einer Einigung finden, stellt eine weitere Alternative dar. Beabsichtigen beispielsweise die Eigentümer des Betriebs zum Zwecke der Gewinnmaximierung die Lohnkosten über die Entlassung von Arbeitskräften zu reduzieren, während die Arbeitnehmer auf die Sicherheit ihrer Arbeitsplätze bedacht sind, so könnte der Kompromiss z.B. darin bestehen, dass keine Arbeitskräfte entlassen, sondern lediglich die Arbeitsplätze von Mitarbeitern, die aus Altersgründen ausscheiden, nicht neu besetzt werden.

Die Zielkonzeption der Unternehmung setzt sich in der Regel aus einer Mehrzahl von **Einzelzielen** (Zielelementen) zusammen, die gleichzeitig angestrebt werden. Die Zielelemente können in unterschiedlicher Beziehung zueinander stehen. Man unterscheidet zwischen

- **Zielantinomie**: Sie ist vorhanden, wenn multivariable Ziele angestrebt werden, deren Komponenten sich gegenseitig ausschließen; die Ziele sind **inkompatibel**. Ein Beispiel für die Zielantinomie wäre die Leistungssteigerung einer Maschine bei gleichzeitiger Verminderung des Energieverbrauchs.
- **Zielkomplementarität**: Die zunehmende Erfüllung eines Zielelements bewirkt auch die **wachsende Erfüllung** eines anderen Zielelements. Beispielsweise führt eine Kostensenkung im Produktionsbereich zu einer Gewinnerhöhung.
- **Zielindifferenz**: Die Erfüllung eines Zielelements innerhalb einer Reihe von Handlungsalternativen hat keinen Einfluss auf die **gleichzeitige Erfüllung** eines anderen Zielelements. Dies wäre beispielsweise der Fall, wenn man das Kantinenessen verbessern wollte und außerdem eine Senkung der Betriebsstoffkosten im Produktionsbereich anstrebte.
- **Zielkonkurrenz**: Die zunehmende Erfüllung des einen Zieles führt zur wachsenden **Nicht-Erfüllung** eines anderen Zieles. Ein Beispiel für eine mögliche Zielkonkurrenz wäre die Intensivierung des Kundendienstes bei gleichzeitiger Kostenminimierung.

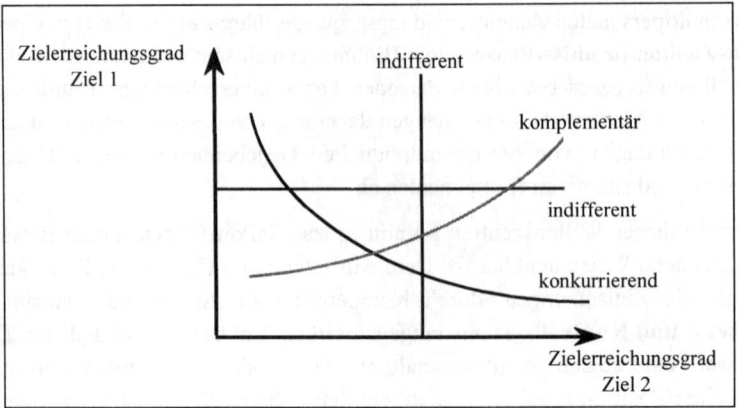

Abb. 20: Zielbeziehungen

4.4 Das erwerbswirtschaftliche Prinzip

Das erwerbswirtschaftliche Prinzip resultiert aus der **klassischen Unternehmungstheorie** und besagt, dass es Ziel der Unternehmung sei, Einkommen für jene Haushalte zu erwirtschaften, die das erforderliche Eigenkapital zur Verfügung stellen.

Das System beruht auf der Annahme, dass volkswirtschaftlich die beste Versorgung mit Gütern und Diensten erreicht wird, wenn jedes einzelne Unternehmen versucht, auf Dauer einen **möglichst großen Gewinn** mit dem eingesetzten Kapital zu erzielen. Daraus entwickelt sich dann ein gesamtwirtschaftlicher Anpassungsmechanismus, indem steigende Gewinne zu einer Erhöhung, abnehmende Gewinne zu einer Verminderung des jeweiligen Warenangebots führen. Ungleichmäßigkeiten zwischen Warenangebot und Warennachfrage werden auf diese Weise tendenziell ausgeglichen.[25]

Die **Gewinnmaximierung** als letzte Steigerung des erwerbswirtschaftlichen Prinzips beruht - wie auch das **System der freien Markt- und Unternehmerwirtschaft** - auf der Idee des vollkommenen Wettbewerbs.

Im tatsächlichen Wirtschaftsgeschehen ist dies nicht realisierbar, weil die Annahme vollkommener Märkte fiktiv ist, die unternehmungspolitischen Entscheidungen auf unsicheren Erwartungen beruhen und der Entscheidungsprozeß, an dem in der Regel mehrere Personen beteiligt sind, den Charakter eines Kompromisses aufzeigt.

Das erwerbswirtschaftliche Prinzip kann vielmehr als die **Grundorientierung für alle Betriebe**, die für das auf Privateigentum an den Produktionsmitteln und auf freiem Wettbewerb aufbauende **liberale Wirtschaftssystem** typisch sind, verstanden werden.[26]

4.4.1 Langfristige Gewinnmaximierung als Auswahlprinzip

Das formale Auswahlprinzip der langfristigen Maximierung des Gewinns als oberstes Ziel aller Betriebe in marktwirtschaftlichen Wirtschaftssystemen wurde von den Vertretern der **"wertfreien"** Betriebswirtschaftslehre begründet. Diese Zielsetzung resultiert

---

[25] Vgl. Gutenberg, E.: Grundlagen der Betriebswirtschaftslehre, Band 1, a.a.O., S. 464.
[26] Vgl. ebd., S. 468.

aus der Erkenntnis, dass die Betriebe dem erwerbswirtschaftlichen Prinzip überlassen bleiben und die Gewinnmaximierung lediglich als **letzte Konsequenz** dieses Prinzips anzusehen ist. Die Analyse der unternehmerischen Zielsetzungen hat gezeigt, dass diese oberste Zielsetzung eine Art **Leitmaxime** darstellt, die unter Beachtung subjektiver Nebenbedingungen verfolgt wird und somit in einem Zielsystem eingebettet ist, an dem sich die unternehmerischen Mittelentscheidungen orientieren.

Der formale Charakter dieser Zielsetzung umschließt also eine ganze Anzahl von Handlungsalternativen, die in der Vergangenheit zu vielfältigen Interpretationen geführt haben. Die Problematik der Bestimmung eines auf Gewinnmaximierung ausgerichteten Unternehmerverhaltens beruht vor allem auf

a) der **uneinheitlichen Definition** des Gewinnbegriffs (unterschiedliche Gewinnbegriffe implizieren unterschiedliche Handlungsalternativen zur Gewinnmaximierung),

b) dem Unternehmer als Individuum, das nicht über alle Informationen verfügt und sich deshalb an **Hilfsgrößen** orientiert (z.B. Maximierung des Umsatzes), also erst nachträglich feststellen kann, ob die Entscheidungen geeignet waren, das Ziel Gewinnmaximierung zu realisieren,

c) der **Entscheidungseinengung** durch subjektive Nebenbedingungen (Höchstgewinn unter Beachtung dieser Bedingungen).

Die erweiterte Zielsetzung der Gewinnmaximierung zu einem Zielsystem beeinträchtigt die **Wertneutralität** der Betriebswirtschaftslehre nicht, wenn alle Zielkomponenten empirisch festgestellt und nicht aus ethisch-sozialen oder sonstigen ideologischen Vorstellungen vorgegeben werden.

4.4.2 Kritische Einwände zum Prinzip der langfristigen Gewinnmaximierung

Die Kritik an dem Prinzip der Gewinnmaximierung basiert auf zwei Behauptungen, die auf unterschiedlichen Ebenen liegen:

a) Die Gewinnmaximierung kann nicht zentrale Zielsetzung der Unternehmungen sein, weil die **Maximierung des Gewinns nicht quantifizierbar** ist und die unternehmerischen Entscheidungen durch mehrere Zielsetzungen beeinflusst werden.

b) Bei der Realisierung dieser Zielsetzung (Gewinnmaximierung) setzt sich der Unternehmer über ethische und soziale Prinzipien hinweg und sucht nur seinen persönlichen "Profit". Eine Betriebswirtschaftslehre mit einem solchen Auswahlprinzip stellt sich in den Dienst des **Gewinnstrebens der Unternehmer.**

Der unter (a) genannte Einwand richtet sich nicht gegen das Prinzip der Gewinnmaximierung, sondern gegen die **Ausschließlichkeit** dieses Prinzips, da dies nicht der Realität entspricht und somit nicht aus der Erfahrung (deduktiv) abgeleitet werden kann. In den klassischen Modellen der wertfreien Betriebswirtschaftslehre wird aus Vereinfachungsgründen von dem **Idealunternehmer** (homo oeconomicus) ausgegangen, der kein anderes Ziel als die Gewinnmaximierung kennt, den vollkommenen Marktüberblick besitzt und auf Veränderungen ohne Verzug reagieren kann.

Der Einwand, dass zwischen der Gewinnerzielung in der Theorie und Praxis eine Diskrepanz besteht, ist also insofern berechtigt. Die Untersuchungen von Bidlingmaier über die Problematik der Gewinnmaximierung und von Heinen über das Zielsystem der Unternehmung sowie anderen namhaften Forschern haben gezeigt, dass das Gewinnstreben sich unter **Nebenbedingungen** vollzieht.

Der unter (b) genannte Einwand stellt nicht das Prinzip in Frage, sondern hält es für eine logische Folge des als Datum angenommenen Wirtschaftssystems und impliziert vielmehr die Kritik am Wirtschaftssystem selbst. "Wer die Gewinnmaximierungshypothese mit **sozialethischen** und **gesellschaftspolitischen Argumenten** anzweifelt, kritisiert im Prinzip nicht die Betriebswirtschaftslehre, sondern die bestehende Wirtschaftsordnung und die durch diese Ordnung bedingten gesellschaftlichen Strukturen. Die Kritik trifft den Prozess der volkswirtschaftlichen Einkommensbildung und Einkommensverteilung und würde vermutlich nicht geübt, wenn die in Betrieben erzielten Gewinne nicht allein den Unternehmern und Anteilseignern zufließen, sondern in anderer Weise verteilt würden."[27]

"Diejenigen Kritiker, die mit ihren **ideologischen Angriffen auf die Gewinnmaximierung** in Wirklichkeit auf die bestehende Wirtschafts- und Gesellschaftsordnung zielen, übersehen, dass dieses Prinzip nichts über die Verwendung des erzielten Gewinns aussagt und damit die Analyse der Mittelentscheidungen über die Realisierung dieser Zielsetzung nicht als Parteinahme für die **"herrschende Klasse"** interpretiert werden kann."[28]

4.4.3 Eigenkapitalrentabilität als Auswahlprinzip

Bei näherer Betrachtung der unterschiedlichen Rentabilitätsbegriffe kann nachgewiesen werden, dass nur die Maximierung der Eigenkapitalrentabilität auch zu einer Gewinnmaximierung führt, während bei der Maximierung der Umsatz- bzw. Gesamtkapitalrentabilität eine Maximierung des Gewinns unter Umständen nicht gelingt, wie folgende Beispiele zeigen.

Beispiel 1:

Angenommen mit 10.000 EUR Eigenkapital erwirtschaftet ein Unternehmen einen Gewinn von 200 EUR. Durch zusätzliche 2000 EUR Fremdkapital würde eine Gewinnsteigerung von 100 EUR erzielt. Die Gesamtkapitalrentabilität würde sich von 2,0 % auf 2,5 % erhöhen. Da jedoch für das Fremdkapital Zinsen von 10 % anfallen, mindert sich der Gewinn um 200 EUR und beträgt jetzt nur noch 100 EUR. Trotz gestiegener Gesamtkapitalrentabilität hat sich der Gewinn reduziert. Bei einer Maximierung der Umsatzrentabilität kann ähnliches dargestellt werden.

Beispiel 2:

Ein Unternehmen produziert 1000 Mengeneinheiten eines Produktes zu Stückkosten von 8,- EUR. Bei 1500 Mengeneinheiten liegen die Stückkosten bei 8,50 EUR aufgrund höheren Maschinenverschleißes. Der Absatzpreis beträgt 10,- EUR. Es ergibt sich folgende Gewinn- bzw. Rentabilitätsrechnung:

---

[27] Wöhe, G.: Einführung in die Allgemeine Betriebswirtschaftslehre, 20. Auflage, München 2000, S. 47.
[28] Ebd., S. 47

Kennzahlen	Alternative 1	Alternative 2
- Ausbringung	1000 Stück	1500 Stück
- Umsatz	10000 €	15000 €
- Kosten	8000 €	12750 €
- Gewinn	2000 €	2250 €
- Umsatzrentabilität	20,0 %	15,0 %

Abb. 21: Beispiel Umsatzrentabilität

Wie aus der Tabelle zu ersehen ist, entsteht in diesem Beispiel der Unternehmung ein absoluter Gewinnrückgang von 250 EUR, wenn sie sich als Ziel die Maximierung der Umsatzrentabilität gesetzt hat und die Alternative 1 wählt.[29]

Es verbleibt also die Eigenkapitalrentabilität, die bei ihrer Maximierung auch eine Gewinnmaximierung sicherstellt. Einschränkend muss hier jedoch darauf hingewiesen werden, dass dies nur gilt, wenn das zusätzlich eingesetzte Eigenkapital einen höheren zusätzlichen Gewinn einbringt als Zinsgewinne durch Anlage des ungenutzten Eigenkapitals außerhalb des Betriebes. Unter diesem Gesichtspunkt kann man die Maximierung der **Eigenkapitalrentabilität im Sinne der Gewinnmaximierung als Auswahlprinzip** der Betriebswirtschaftslehre anerkennen.

4.4.4 Begrenzte Gewinnerzielung als Auswahlprinzip

Unter dem Ausdruck "begrenzte Gewinnerzielung" ist nach Bidlingmaier ein bereichsbezogenes (zonales) Unternehmerziel zu verstehen, das als **gewinnorientiertes Aktionsziel** nicht punktuell festlegbar ist, sondern einen Aktionsraum kennzeichnet, der zwischen minimalem und maximalem Gewinn liegt.[30]

Das Hauptziel der Gewinnerzielung wird in ein Zielsystem eingefasst und durch die Nebenbedingungen begrenzt. Diese Nebenbedingungen klassifiziert Bidlingmaier in **Minimalziele** und **Maximalziele**. Nachfolgend ist eine Systematik möglicher Zielkombinationen dargestellt:

- Begrenzte Gewinnerzielung unter **außerökonomischen Nebenbedingungen:**

   Als Maximalziele kann man hierbei die Erlangung von max. **Macht** oder max. **Prestige** etc. begreifen. Ein mögliches Minimalziel wäre z.B. die Wahrung der Selbständigkeit unter der Norm der **Gerechtigkeit, Ehrlichkeit, Fairness** u.ä.

- Begrenzte Gewinnerzielung unter **ökonomischen Nebenbedingungen:**

   Maximalziele unter ökonomischen Gesichtspunkten könnten beispielsweise die Umsatzmaximierung, Marktanteilsmaximierung, die bestmögliche Versorgung der Arbeiter, die maximale Kapazitätsausnutzung oder ein maximales Wachstum sein. Mögliche Minimalziele wären z.B. die Wahrung des ständigen finanziellen Gleichgewichts, Marktanteilserhaltung, **Erhaltung des guten Rufes der Firma, Erhaltung des Markennamens** oder die **Sicherung einer Mindestwachstumsrate**.

---

[29] Vgl Wöhe, G.: Einführung in die Allgemeine Betriebswirtschaftslehre, a.a.O., S. 49 ff.
[30] Vgl. Bidlingmaier, J.: Unternehmerziele und Unternehmerstrategien, Wiesbaden 1964, S. 99 ff.

Die Zielkombinationen zeigen, dass für den Unternehmer eine ganze Anzahl **ökonomischer und außerökonomischer Ziele** von Bedeutung sein können und die Gewinnerzielung nur eine Leitmaxime darstellt.

Man kann diesen Tatbestand so charakterisieren, dass der Unternehmer in der Praxis nur den Höchstgewinn plant, der sich unter Beachtung von Nebenbedingungen ergibt oder das Streben nach dem absoluten Höchstgewinn des homo oeconomicus wird durch Nebenbedingungen eingeengt zu einem **"begrenzten Gewinn"**. Hinter dem Bestreben nach begrenztem Gewinn verbirgt sich also letzten Endes die **Gewinnmaximierungshypothese unter Nebenbedingungen**.[31]

Die Einbettung des formalen Auswahlprinzips (Gewinnmaximierung) der Betriebswirtschaftslehre in ein Zielsystem, welches die Nebenbedingungen einschließt, ist die logische Konsequenz für eine **realitätsnähere Ausgestaltung**

5 Methoden und Modelle der Betriebswirtschaftslehre

5.1 Methoden der Betriebswirtschaftslehre

"Methoden legen Verfahrensweisen des Denkens und Erkennens fest; sie geben Handlungsanweisungen, wie man sich betrachteten Gegenständen zuwendet und vorgegebene Erkenntnisziele erreichen kann."[32] Aufgrund fehlender Systematisierungsmöglichkeiten werden im folgenden die wichtigsten Grundmethoden, die für die Erforschung des Betriebsprozesses aus betriebswirtschaftlicher Sicht allgemein anerkannt sind, dargestellt:

- **Hermeneutik (verstehende Methode):** Anwender dieser Methode versuchen nicht nur durch Erfassung und Erklärung von Erscheinungen, sondern auch unter Einbindung ihrer eigenen Lebenserfahrung zu Erkenntnissen zu gelangen. Es bestehen keine methodischen Regeln, daher wird die Hermeneutik meist zur Gewinnung von Erkenntniszielen und Hypothesen angewendet, zum Teil auch unbewusst.

- **Deduktive Methode:** Bei dieser Methode wird vom Allgemeinen in logischer Form auf das Besondere geschlossen. Die Methode spielt bei der Bildung von Theorien der Betriebswirtschaftslehre eine wichtige Rolle. Es werden zwei Typen der Deduktion unterschieden:

    a) **die analytisch-deduktive Methode:** Aufgrund von Annahmen, die plausibel erscheinen, aber keine nachweisbare Gültigkeit besitzen, werden Schlussfolgerungen auf logischem Wege abgeleitet. Die daraus gewonnen Prämissen enthalten **keinen empirischen Aussagewert**, sie würden nur gelten, wenn sich die Annahmen als wahr erweisen würden.

    b) **die hypothetisch-deduktive Methode:** Hypothesen werden auf ihre Beziehung, Widerspruchsfreiheit und logische Konsistenz zu anderen Theorien überprüft. Durch **Deduktion** werden auf der Basis anerkannter Theorien Folgerungen gezogen, die anschließend durch empirische Prüfungen (Experimente, Beobachtungen) auf den Wahrheitsgehalt hin überprüft werden. Diese prognoseartigen Theo-

---

[31] Vgl. Wöhe, G.: Einführung in die Allgemeine Betriebswirtschaftslehre. a.a.O., S.50.
[32] Grochla, E./ Wittmann, W.: Enzyklopädie der Betriebswirtschaftslehre, Stuttgart 1975, Sp. 2655.

rien werden zumindest vorläufig akzeptiert, bis sie durch wiederholbare Gegenbeweise **falsifiziert**[33] werden.

- **Induktive Methode:** Charakteristisch für die induktive Methode ist das Schließen von dem **Besonderen** (Bekannten) auf das **Allgemeine** (Unbekannte). In diesem Zusammenhang ist diese Methode heute nur noch für die Hypothesengewinnung von Bedeutung. Sie kann keinen logischen Weg aufzeigen, der zu einer **Verallgemeinerung** berechtigen würde, sondern stützt ihre Behauptungen lediglich auf einzelne gesicherte Erkenntnisse. Abgeleitete Prämissen oder Theorien dieser Art können folglich einer wissenschaftlichen Überprüfung nicht standhalten. Diese Methode wird auch als **empirisch-induktiv** oder empirisch-statistisch bezeichnet.

- **Experimentelle Methode:** Die aktive experimentelle Gestaltung der Beobachtungen, auch Realexperiment genannt, erlaubt eine Überprüfung von Hypothesen und Basissätzen. Durch diese Experimente können die Theorien jedoch nicht **verifiziert**[34] werden, da dieses Vorgehen **induktiven Charakter** besitzt. Voraussetzung für die Anwendung der **experimentellen Methode** ist das Vorhandensein einer Theorie sowie die Veränderbarkeit einzelner experimenteller Faktoren. Es wird dabei nach der sog. **ceteris-paribus-Prämisse** verfahren, d.h. es wird der Einfluss einer Größe (Ursache) auf eine andere Größe (Wirkung) unter Konstanthaltung aller anderen Größen untersucht.

- **Heuristische Methode:** Eine recht junge Methode, die mit Hilfe von **Kreativitätstechniken** (Brainstorming, Morphologie, Synektik etc.) vor allem das Lösen praktischer Problemstellungen ermöglicht. In der Wissenschaft dient die heuristische Methode zur Entdeckung von neuen Denkweisen und Forschungsansätzen sowie zur Theorienbildung.

5.2 Betriebswirtschaftliche Modelle

Für die Vorbereitung praktischer Entscheidungen finden in der Betriebswirtschaft oftmals Modelle Anwendung. Ein Modell ist ein tatsächlich existierendes oder in einer wissenschaftlichen Sprache (Fachsprache) formuliertes System, das in vereinfachter Weise die wesentlichen Merkmale eines Ausschnitts der Realität wiedergibt. Churchman bezeichnet die Modelle als Hilfsmittel des Denkens.[35]

Der wesentliche Unterschied zu einer Methode ist die räumlich-zeitlich spezifizierte Problemstruktur des Modells (z.B. ein konkretes Transportproblem). Die methodisch abgeleiteten **Theorien** tragen Formulierungen, die in **strikter Allgemeinheit** abgefasst und zeitlich nicht abgegrenzt sind und sich nicht auf ein spezielles Problem beziehen.

Bei der **Modellbildung** muss man sich darüber klar sein, dass die Denkmodelle höchstens einige wenige vom Konstrukteur des Modells betrachtete Eigenschaften der Wirklichkeit abbilden können.

---

[33] falsifiziert = widerlegt
[34] verifiziert = die Wahrheit nachgewiesen, bestätigt
[35] Vgl. Churchman, C.: Reliability of Models in the Social Sciences, Model, Measurement and Marketing, Englewood Cliffs 1965, S. 23 ff.

Jedes Modell enthält Prämissen (Annahmen und Daten), die vorgegeben sind und deren Gültigkeit und Realitätsbezug sich nicht durch das Modell überprüfen lassen. Bei der Modellbildung ist der Konstrukteur wegen der in den Annahmen implizit **enthaltenen Konsequenzen**, deren er sich ja nicht immer vollends bewusst ist, zu einer sorgfältigen Auswahl angehalten.

Die in dem Modell enthaltenen Aussagen und Behauptungen bedürfen der kritischen Betrachtung hinsichtlich der Voraussetzungen, unter denen sie Gültigkeit beanspruchen können. Die Hypothesen (noch nicht empirisch überprüfte Aussagen) des Modells werden in der Betriebswirtschaftslehre nur partiell mit den Mitteln der **Verifizierung** (Bestätigung) und **Falsifizierung** (Widerlegung) überprüft.

In der Betriebswirtschaftslehre lassen sich die Modelle nach der **Art ihres Untersuchungszweckes** einteilen. Dabei werden Beschreibungs-, Erklärungs- und Entscheidungsmodelle unterschieden.

Eine andere Form der Unterscheidung wird im Abschnitt 5.2.2 vorgenommen. Das Kriterium hierfür ist die **voraussichtliche Ergebnisstruktur** eines Modells.

5.2.1 Modelle nach der Art ihres Untersuchungszweckes

Modelle lassen sich nach der Art ihres Untersuchungszweckes unterteilen in Beschreibungs-, Erklärungs- und Entscheidungsmodelle.

(a) Beschreibungsmodelle

Beschreibungsmodelle dienen zur Abbildung von **empirischen Erscheinungen** und beinhalten keine Hypothesen. Typische Beschreibungsmodelle sind die Modelle der Buchführung und der volkswirtschaftlichen Gesamtrechnung. Die Buchführung dient der Erfassung von Beständen (Güter- und Zahlungsmittelbestände) und Bewegungen im Zeitablauf wie die Güterströme (Waren, Sachmittel und Dienstleistungen), Geldströme und Dispositionsströme.[36]

Die Beschreibungsmodelle haben reinen **Darstellungscharakter** und sind nicht für die Analyse oder Erklärung von Erscheinungen bestimmt. Sie können aber für Prognose- oder Entscheidungsüberlegungen hilfreiche Informationen liefern.

(b) Erklärungsmodelle

Mit den betriebswirtschaftlichen Erklärungsmodellen sollen die **Ursachen** und **Zusammenhänge betrieblicher Vorgänge** (Prozessabläufe) erklärt werden. Dabei bezieht sich diese Art von Modell nicht nur auf betriebliche Einzelsituationen, sondern weist zudem in **generalisierender Form** bestimmte, regelmäßig sich wiederholende Tatbestände auf. Aus den dem Modell zugrundegelegten Prämissen werden **Hypothesen** abgeleitet.

Zur Darstellung der Wirkungszusammenhänge sind folgende Schritte erforderlich:[37]

1. Formulierung der relevanten Fragestellungen,
2. Auswahl der zu erklärenden Variablen und der dafür relevanten Einflussgrößen (Erklärungsvariablen),

---

[36] Vgl. Tietz, B.: Grundlagen der Handelsforschung, Zürich 1969, S. 684.
[37] Vgl. ebd., S. 685.

3. Aufstellung von Hypothesen über die Beziehungen zwischen den Einflussgrößen unter Einsatz mathematischer Kalküle,
4. Festlegung der Maßstäbe, mit denen die Variablen gemessen werden,
5. Ermittlung der empirischen Daten (Schätzung der Parameter durch statistische Analysen),
6. Testen der Hypothesen aufgrund empirischer Unterlagen,
7. Formulierung der Gesetzmäßigkeiten, sofern empirische Untersuchungen die Eignung der Hypothesen bestätigen, sonst Rückkopplung zu Punkt 3,
8. Fortsetzung der Hypothesen durch neue empirische Unterlagen.

(Häufig werden Erklärungsmodelle aufgestellt, auf deren Überprüfung mit empirischen Daten verzichtet wird. Der Erklärungswert gilt dann nur insoweit, als die zugrundegelegten Prämissen dieser Modelle zutreffen.)

Die Mehrzahl der Erklärungsmodelle ist **verbal** formuliert oder **schaubildlich** dargestellt, wobei die Aussagen lediglich tendenziellen Charakter haben (z.B. Motivationswirkungen unterschiedlicher Lohnformen).

In der entscheidungsorientierten Betriebswirtschaftslehre gewinnt jedoch zunehmend die **mathematische Ausdrucksweise** an Einfluss. Danach besteht ein Erklärungsmodell zunächst aus sog. **Erklärungsgleichungen**, die die Handlungsmöglichkeiten und die zu erwartenden Folgen der Handlungsweisen aufzeigen. Innerhalb der Gleichungen unterscheidet man:

- **Unabhängige Variablen** (Handlungsvariablen), die die Handlungsalternativen bestimmter zulässiger Kombinationen von Werten der Handlungsvariablen zum Ausdruck bringen.

- **Abhängige Variablen**, deren Aufgabe in der Beschreibung der zu erwartenden Folgen hinsichtlich der Erreichung der von der Betriebswirtschaft verfolgten Ziele sowie der Koeffizienten liegt (äußere Einflüsse, die vom Entscheidenden nicht beeinflussbar sind).

- **Erwartungsvariablen** (z.B. Gewinn, Erlöse, Kosten), die durch das Zielsystem bestimmt werden. Die Erklärungsgleichungen werden durch ein System von Nebenbedingungen ergänzt, die den zulässigen Bereich der Handlungsvariablen einengen.

Erklärungsmodelle dieser Art findet man u.a. in der Produktions- und Kostentheorie, in der Preis- und Absatztheorie und in der Finanztheorie.[38]

Auch die **Prognosemodelle** entsprechen in ihrem Aufbau den Erklärungsmodellen. Sie formulieren die Erklärung in eine Voraussage um. Ist z.B. in einem Erklärungsmodell die Hypothese aufgestellt worden, dass der Leistungswille der Arbeitnehmer durch die Einführung eines Erfolgsbeteiligungssystems positiv beeinflusst wird, so lässt sich dieser Zusammenhang als Prognose formulieren: wenn ein Erfolgsbeteiligungssystem eingeführt wird, dann wird die Arbeitsleistung steigen. Damit nimmt diese Aussage **hypothetischen Charakter** an.[39]

---

[38] Vgl. Heinen, E.: Einführung in die Betriebswirtschaftslehre, a.a.O., S. 157 ff.
[39] Vgl. Wöhe, G.: Einführung in die Allgemeine Betriebswirtschaftslehre, a.a.O., S. 39 f..

(c) Entscheidungsmodelle

Entscheidungsmodelle strukturieren den Lösungsansatz von Entscheidungsproblemen, so dass das Problem die Form eines **programmierbaren Informationsverarbeitungsprozesses** annimmt.

Wohlstrukturierte Entscheidungsprobleme sind dadurch gekennzeichnet, dass "eine bestimmte Anzahl von **Lösungsmöglichkeiten,** Informationen über deren **Auswirkungen** (Konsequenzen), **klar formulierte Ziele** (Prämissen) sowie **Regeln** (Lösungsalgorithmen) vorliegen, mit deren Hilfe eine eindeutige Präferenzordnung der Alternativen gebildet werden kann. Wohlstrukturierte Probleme können **analytisch gelöst** werden."[40]

Entscheidungsprobleme sind **schlechtstrukturiert,** wenn ihnen mindestens eins der Merkmale eines wohlstrukturierten Entscheidungsproblems fehlt. Dann haben Entscheidungsmodelle die Aufgabe, das Lösen komplexer Entscheidungsprobleme durch **Informationsaufbereitung** zu unterstützen.

Nach der Art der Strukturierung von Entscheidungsproblemen lassen sich die Modelle in **geschlossene** und **offene Entscheidungsmodelle** unterteilen.

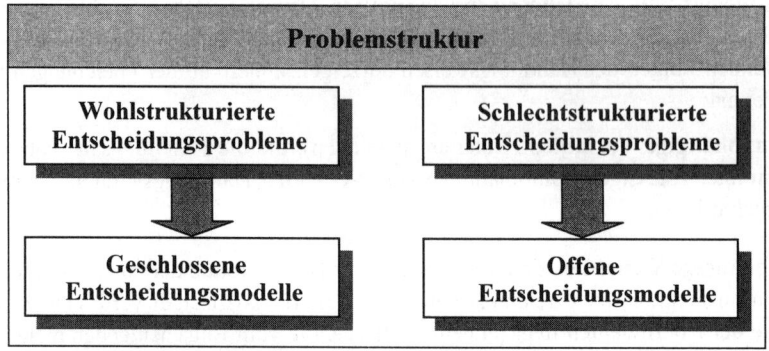

Abb. 22: Entscheidungsmodelle

Bei **geschlossenen Entscheidungsmodellen** gelten die möglichen Handlungsalternativen sowie der Einfluss der Umwelt auf die Art des Problemlösungsprozesses von vornherein als gegeben. Die Konstruktion von geschlossenen Entscheidungsmodellen ist dementsprechend nur bei **wohlstrukturierten Entscheidungsproblemen** möglich. Geschlossene Modelle sind, wenn sie sich klar abgrenzen und überschauen lassen, **sehr leistungsfähig** und garantieren eine optimale Lösung. Jedoch sind solche Bedingungen nur selten anzutreffen und daher stoßen diese Modelle in ihrer Anwendbarkeit rasch an Grenzen.

Die Handhabung von schlechtstrukturierten Problemen hat zur Konzeption verhaltenswissenschaftlich orientierter **offener Entscheidungsmodelle** geführt. "In offenen Entscheidungsmodellen wird versucht, das dem Menschen eigene Verhalten bei der Lösung von Problemen in **systematisierter Form** nachzuvollziehen. An die Stelle analytischer Lösungsverfahren in den geschlossenen Modellen treten hier Heuristiken."[41]

---

[40] Heinen, E.: Industriebetriebslehre, a.a.O., S. 44.
[41] Ebd., S. 59 ff.

Die **Heuristik** (Lehre von den nichtmathematischen Methoden zur Gewinnung neuer Erkenntnisse) stellt hierfür mehrere Verfahren zur Verfügung.

Bei der Methode der **Problemzerlegung (Analyse)** wird das Gesamtproblem in übersichtlichere **Teilprobleme** zerlegt, für die geeignete Lösungsverfahren vorhanden sind. Über die Lösung von Teilproblemen wird dann schrittweise das Gesamtproblem einer Lösung zugeführt. Ein weiteres heuristisches Verfahren ist die **Planungsmethode**, bei der das unüberschaubare Gesamtproblem stark vereinfacht (**Abstraktion**) und dann gelöst wird. In weiteren Lösungsschritten (**Iterationen**) werden zusätzliche Elemente in die Problemdefinition aufgenommen, um so zu einer Lösung des ursprünglichen Problems zu gelangen. Ebenso kann durch **Problemumformulierung** eine ganz neue Lösungsperspektive entstehen, die den Lösungsprozess enorm vereinfacht.

Offene Modelle sind prinzipiell auf alle Entscheidungsprobleme anwendbar, ohne jedoch eine optimale oder auch nur befriedigende Lösung garantieren zu können. Geschlossene Modelle können als Teilelement in einem offenen Modell integriert sein.

Einschränkend sei bemerkt, dass bei den offenen Entscheidungsmodellen der Problemlösungsprozess in erster Linie von der konkreten **schlechtstrukturierten Entscheidungssituation** und den Kenntnissen und Erfahrungen der Entscheidungsträger abhängt.

Bei Entscheidungsmodellen liegen die Grenzen vor allem in den **nichterfassbaren sozialen Zusammenhängen** wie Macht und Kommunikationsbeziehungen, individuelle und gesellschaftliche Verhaltenskomponenten.

"Ihre Vernachlässigung beeinträchtigt notwendigerweise die Gültigkeit der den Entscheidungsmodellen zugrundeliegenden Aussagen über **reale Ursache-Wirkungs-Zusammenhänge**. Die aus Entscheidungsmodellen abgeleiteten Lösungen sind daher nur im Rahmen dieser Einschränkungen als optimal zu betrachten."[42]

5.2.2 Modelle nach der Art ihrer voraussichtlichen Ergebnisstruktur

Modelle lassen sich nach der Art ihrer voraussichtlichen Ergebnisstruktur in
- deterministische und stochastische Modelle,
- statische und dynamische Modelle,
- analytische und Simulationsmodelle

unterteilen.

(a) Deterministische und stochastische Modelle

Deterministischen Modellen wird eine eindeutige **Ursache-Wirkungs-Beziehung** unterstellt, so dass ein Ergebnis mit 100%iger Sicherheit eintritt. Die möglichen Ergebnisse der einzelnen Handlungsalternativen sind von vornherein bekannt.

Würde man beispielsweise in einer Erklärungsgleichung jedem Wert der Handlungsvariablen jeweils nur einen Wert der Erwartungsvariablen zuordnen, so wären die Erwartungen eindeutig, d.h. das Erklärungsmodell besitzt dann deterministischen Charakter. Ein weiteres Beispiel sind **Investitionsmodelle**, die unter Sicherheit gebildet wer-

---

[42] Heinen, E.: Industriebetriebslehre, a.a.O., S. 52.

den, da hierbei alle zu erwartenden Vorgänge bekannt sind und somit das vorteilhafteste Investitionsprojekt bestimmt werden kann.

Deterministische Modelle sind hinsichtlich der Eindeutigkeit ihrer Ergebnisse sicher. Dies bedeutet jedoch nicht, dass dieses Ergebnis in der Realität mit Sicherheit eintreten wird. Deterministische Modelle können für unterschiedliche Problemstrukturen entwickelt werden. Je nach der Problemstruktur werden spezielle Begriffe verwendet, z.B. **Erklärungs- und Vorhersagemodelle**.

Modelle vom deterministischen Typ, in denen jeder Variablen eindeutige Werte beigemessen werden, heißen auch **unbedingte** oder **geschlossene Modelle**.[43]

Im Gegensatz dazu wird von **stochastischen offenen Modellen** gesprochen, wenn die Variablen unter Einsatz von wahrscheinlichkeitstheoretischen Verfahren verschiedene Werte annehmen.

Stochastische Modelle (Wahrscheinlichkeitsmodelle) wie das **Risikomodell** besitzen einen mehrdeutigen Zusammenhang innerhalb der Einflussfaktoren. Bei Entscheidungen unter Risiko wird angenommen, dass die Eintrittswahrscheinlichkeiten der möglichen Ereignisse bekannt sind.[44]

(b) Statische und dynamische Modelle

Bei einem **statischen** Modell bleibt der **Zeitablauf unberücksichtigt**. Alle Modellvariablen beziehen sich auf denselben Zeitpunkt bzw. Zeitraum.

Ein Modell ist **dynamisch**, wenn mindestens zwei Modellvariablen sich auf **unterschiedliche Zeitpunkte bzw. Zeitperioden** beziehen und wenigstens ein Teil der den verschiedenen Perioden bzw. Zeitpunkten zugeordneten Variablen funktional miteinander verbunden ist.

Für die Auswahl statischer oder dynamischer Modelle ist die Kenntnis der **ökonomisch relevanten Periode** von Bedeutung. Der Zeitraum der Periode ist von der Art der Unternehmung abhängig. Die Einteilung nach Jahren ist dabei eine willkürliche Differenzierung. Ändert sich nur eine der in diesem Rahmen enthaltenen Bedingungen, z.B. die Konkurrenzsituation auf dem Absatz- oder Beschaffungsmarkt, beginnt eine neue Periode.

Für den Eisverkäufer ist die Periode u.U. nur die Dauer einer Sportveranstaltung. Danach findet er bei der Bedienung von Kunden in Siedlungen bereits wieder andere Marktbedingungen. Für ein Schiffsbauunternehmen oder eine Bauunternehmung mit langfristig abzuwickelnden Aufträgen dauert die Periode u.U. mehrere Jahre.

(c) Analytische und Simulationsmodelle

Ein Modell, das eine wirtschaftliche Situation mit sämtlichen erklärungs- oder entscheidungsrelevanten Ursache-Wirkungs-Beziehungen in eine **mathematische Form** bringt und es erlaubt, Probleme mittels mathematischer Methoden zu lösen, kann als **analytisches Modell** bezeichnet werden.

Situationen, die aufgrund schlechter Beschreibbarkeit mathematisch unmöglich oder nur mit enormem Aufwand zu erfassen sind, eignen sich für Simulationsverfahren.

---

[43] Vgl. Tietz, B.: Grundlagen der Handelsforschung, a.a.O., S. 612.
[44] Vgl. Schneeweiss, H.: Entscheidungskriterien bei Risiko, Berlin/ Heidelberg/ New York 1967, S. 27.

Die Simulation kann als **systematisches Probierverfahren** (trial and error) interpretiert werden. Im Gegensatz zu den analytischen Methoden führen Simulationslösungen nicht zu einer eindeutig optimalen Lösung.

Nach Ackoff haben Simulationsmodelle folgende Aufgaben:[45]

1. die **Ermittlung von Optimalwerten** für kontrollierbare Variablen,
2. die **Analyse von Übergangsprozessen**,
3. die **Schätzung von Modellparametern** oder Modellfunktionen,
4. die Analyse von mehrwertigen Reaktionsmöglichkeiten (z.B. sog. operational gaming).

Als Simulationsverfahren lassen sich aus formal- und realwissenschaftlicher Sicht herausstellen:[46]

- die **Monte-Carlo-Methode** als Zufallsauswahl zur Feststellung von Wahrscheinlichkeitsmodellen und bisweilen auch von nichtstatistischen Modellen,
- die **taktische Simulation** für klar definierte Probleme, z.B. die Warteschlangenprobleme oder Produktionsplanungs- und Lagerhaltungsmodelle,
- die **strategische Simulation** für offene Problemstrukturen, bei denen Verhaltensbeziehungen Bedeutung haben, deren Grundlage unvollständig definiert ist,
- die **Unternehmerspiele** für Schulungszwecke,
- die **Experimentspiele** für Forschungszwecke,
- das **heuristische Programmieren** als Hilfsmittel zur Entwicklung von Erfahrungsregeln für Problemlösungen, die mit analytischen Methoden nicht erarbeitet werden können.

Als ein Beispiel für ein klassisches Simulationsmodell kann die Durchführung von **Experimenten mit Hilfe eines Modells** anstelle von Experimenten mit in der Realität anzutreffenden Versuchseinheiten bezeichnet werden. Die Realität wird im Computer abgebildet und dient zur experimentellen Lösung bestimmter Fragestellungen.

Umstritten ist, ob computergestützte Informationssysteme auch die Formulierung der Handlungsalternativen vornehmen können, da zur Entwicklung dieser Handlungsalternativen Kreativität benötigt wird. Diese steht einem Computer jedoch bisher nicht im erforderlichen Umfang zur Verfügung.

Völlig offen ist, inwieweit ein derartiges Informationssystem selbständig Entscheidungsbedarf feststellen und die Entscheidungsprobleme so präzisieren und formulieren kann, dass sie einer anschließenden maschinellen Lösung und Umsetzung zugänglich sind.[47]

---

[45] Vgl. Ackoff, R.: Scientific Method - Optimizing Applied Research Decisions, New York/ London 1962, S. 348.
[46] Vgl. Green, P./ Tull, D.: Research for Marketing Decisions, Englewood Cliffs/ New Jersey 1966, S. 407 ff. (Methoden und Techniken der Marketingforschung, 4. Auflage, 1982).
[47] Vgl. Wöhe, G.: Allgemeine Betriebswirtschaftslehre, a.a.O., S. 229.

6 Theoretische Ansatzpunkte der Betriebswirtschaftslehre

6.1 Historischer Rückblick

Als Vorläufer der Betriebswirtschaftslehre gilt die sog. **Privatökonomie**, die sich im Rahmen der in Deutschland entstandenen **Kameralwissenschaft**[48] und der Handelswissenschaft im Zeitalter des **Merkantilismus**[49] entwickelte. Eine der bekanntesten Publikationen aus dieser Zeit ist das 1676 in die deutsche Sprache übersetzte Werk von Jacques Savary mit dem Titel "Der vollkommene Kauf- und Handelsmann".

In den Jahren 1752 und 1756 erschien das fünfbändige Werk **"Eröffnete Akademie der Kaufleute: oder vollständiges Kaufmannslexicon"** von Prof. phil. Carl Günther Ludovici (Universität Leipzig), der erstmals die **Handelswissenschaft**, die bis dahin nicht von der Kameralwissenschaft zu trennen war, als eigenständige Disziplin entwickelte.

Höhepunkt des handelswissenschaftlichen Schrifttums bildete das im Jahre 1804 veröffentlichte Werk von Johann Michael Leuchs mit dem Titel **"System des Handels"**, das als Klassiker der älteren Betriebswirtschaftslehre angesehen wird.

Während sich die Volkswirtschaftslehre im 19. Jahrhundert losgelöst von der Kameralwissenschaft als **eigenständige Disziplin** an den Universitäten etablierte, erlitt die bis dahin weit entwickelte Handelswissenschaft einen Niedergang. Die wissenschaftlichen Schriften wurden durch einfache Lehrbücher über die Technik der Buchhaltung, des Schriftverkehrs, der Maße, der Gewichte etc. abgelöst.

Als völlig neue Epoche der Handelswissenschaft wird die **Gründung der Handelshochschulen im Jahre 1898** in Leipzig und Aachen sowie der **Exportakademie in Wien** angesehen, denen bald weitere folgten (Köln und Frankfurt 1901, Berlin 1906, Mannheim 1907, München 1910, Königsberg 1915, Nürnberg 1919). Die Handelswissenschaft begann, ihre alte Position wieder zu erobern. Im Vordergrund standen die Fragen der **Buchhaltung**, des **kaufmännischen Rechnens** und der **Finanzmathematik**.

Über die reine Darstellung der Sachverhalte hinaus befasste sich die junge Betriebswirtschaftslehre mit der Erklärung der betrieblichen Zusammenhänge. Die ersten **systematischen Untersuchungen** erschienen vor dem ersten Weltkrieg, z.B. "System der Welthandelslehre" von J. Hellauer (1910), "Allgemeine Handelsbetriebslehre" von J.F. Schär (1911) und **"Allgemeine kaufmännische Betriebslehre als Privatwirtschaftslehre des Handels und der Industrie"** von H. Nicklisch (1912).

Weyermann und Schönitz (1912) lösten mit ihrer Forderung nach einer **wissenschaftlichen Privatwirtschaftslehre**, die frei von Rezepten und Ratschlägen sein sollte, die erste **methodologische Diskussion** aus.

Die Betriebswirtschaftslehre nach dem ersten Weltkrieg wurde vor allem durch Eugen Schmalenbach, Fritz Schmidt und Heinrich Nicklisch geprägt.

---

[48] Kameralwissenschaft: Staatswissenschaftliche Wirtschaftstheorie, wirtschaftliche Zusammenhänge werden ausschließlich aus der Sicht des Staates betrachtet.
[49] Merkantilismus bezeichnet das Wirtschaftssystem bzw. die Wirtschaftstheorie und Wirtschaftspolitik im Zeitalter des Absolutismus (1650-1800).

Schmalenbachs Auffassung, dass die Betriebswirtschaftslehre Verhaltensregeln aufzuzeigen habe, setzte sich durch, vor allem wegen der damals praktizierten induktiven Forschung, deren Ziel die **Gewinnung von Regelmäßigkeiten und Gesetzmäßigkeiten des betrieblichen Wirtschaftens** ist. Es war ebenfalls Schmalenbach, der die Problematik der modernen **Industriewirtschaft** in die Betriebswirtschaftslehre einbrachte. **Schmidt** befasste sich mit der **Problematik von Geldwertschwankungen** in Kalkulation, Bilanz- und Preispolitik, und **Nicklisch** arbeitete an der **Entwicklung einer Struktur** für den Betrieb als einheitliches Gebilde.

Wilhelm Riegers **"Einführung in die Privatwirtschaftslehre"** im Jahre 1928 hat erneut die Forderung nach einer Betriebswirtschaftslehre im Sinne einer reinen Wissenschaft bekundet. "Rieger unterscheidet sich von allen Betriebswirten seiner Zeit vor allem dadurch, dass er die Betriebswirtschaftslehre als eine **Theorie der kapitalistischen Unternehmung** auffasst, die erklären soll, wie mittels des betrieblichen Prozesses der Unternehmer den größtmöglichen Gewinn erzielen kann. Rieger lehnt im Gegensatz zu Schmalenbach eine stets auf Anwendung ihrer Erkenntnisse in der Praxis bedachte Betriebswirtschaftslehre ab."[50]

Die Betriebswirtschaftslehre nach dem zweiten Weltkrieg wurde vor allem durch das Werk **"Grundlagen der Betriebswirtschaftslehre"** von Erich Gutenberg geprägt, das als bedeutsamstes Ereignis in der Entwicklung der betriebswirtschaftlichen Theorie anzusehen ist.

6.2 Der faktortheoretische Ansatz nach Erich Gutenberg

Gutenbergs Werk gilt als erstes **geschlossenes System** der Betriebswirtschaftslehre, dessen zentraler Ausgangspunkt die funktionale Produktivitätsbeziehung zwischen Faktoreinsatz und Faktorertrag (⇒ Produktionstheorie) ist. Dabei steht die Gewinnmaximierung als oberstes Zielkriterium im Vordergrund der Gutenberg´schen Betrachtungen.

Gutenberg legte für seine Forschungskonzeptionen folgende Postulate fest:
- die Forschungsarbeit sollte **wertfreien Charakter** haben,
- die Entwicklung einer **reinen Theorie** steht im Vordergrund; praxisbezogene Forschung darf diese theoretischen Bestrebungen nicht behindern,
- die Forschung ist mit Hilfe **empirisch-realistischer Erkenntnisprogramme** zu betreiben,
- die Betriebswirtschaftslehre soll als eine **nomothetische**[51] **Wissenschaft** verstanden werden,
- die Forschungsbemühungen sollen in erster Linie nach der **hypothetisch deduktiven Methode** erfolgen.

Die Theorie über den gesetzmäßigen Zusammenhang zwischen Faktoreinsatz und Faktorertrag (Verbrauchsfunktion) gilt als bedeutender Fortschritt in der Betriebswirtschaftslehre und wurde beim Erscheinen als eine **"Umwälzung"** in der betriebswirtschaftlichen Forschung bezeichnet. Mit der Verbreitung des Gutenberg´schen **"fak-**

---

[50] Wöhe, G.: Einführung in die Allgemeine Betriebswirtschaftslehre, a.a.O., S. 70.
[51] Nomothetisch: Gesetze formulierend

tortheoretischen" Ansatzes nahm auch die Mathematisierung der produktions- und kostentheoretischen Forschung zu.

Die eng gefasste und **theoretisch-abstrakte Ausrichtung** ist für die quantitativen betriebswirtschaftlichen Fragen wie Produktions-, Kosten-, Lagerhaltungs-, Investitions-, Beschaffungs- und Finanztheorie sehr hilfreich gewesen, da Gutenberg die qualitativen Größen wie menschliches Verhalten, politische Aspekte etc. ausgeschlossen hat.

Als methodischer Fortschritt wird die **Trennung von wirtschaftssystemunabhängigen und -abhängigen Problembereichen** angesehen, die auch die damit zusammenhängende Betriebstypologie widerspiegelt.

Mit dem Erscheinen der betriebswirtschaftlichen Gesamtkonzeption Erich Gutenbergs wurde eine bis heute andauernde **methodologische Diskussion** mit den Kontroversen zwischen einer exakten betriebswirtschaftlichen Theorie und einer praxisnahen Betriebswirtschaftslehre ausgelöst. Die Kritik an der Gesamtkonzeption beruht vor allem darauf, dass die Unternehmungen, d.h. die Betriebe des marktwirtschaftlichen Systems, die nach dem erwerbswirtschaftlichen Prinzip fungieren und nach einem langfristigen Gewinnmaximum streben, einen **Idealtyp** verkörpern, und Gutenberg nicht untersucht hat, ob die Voraussetzungen in der Realität gegeben sind.

Ferner wird dem Autor der Vorwurf gemacht, dass er das **Prinzip der Wertneutralität** aufgegeben und Partei ergriffen hat, weil er seine Forschungen und Ergebnisse auf den Betriebstyp beschränkt, den er auch (mit der Begründung, dass Betriebe unter Beachtung des erwerbswirtschaftlichen Prinzips gerade die Güter und Leistungen herstellen würden, für die Bedarf besteht) für volkswirtschaftlich zweckmäßig hält.

Als weiterer Kritikpunkt ist die nur eingeschränkte Anwendbarkeit der **idealtypischen Produktions- und Kostensituationen** bei realen Entscheidungssituationen zu nennen. Ebenso können neuere betriebswirtschaftliche Funktionen (z. B. Marketing, Personalwesen) nicht in dieses System integriert werden.

Zudem wird befürchtet, dass bei der Entwicklung einer reinen Theorie die Gefahr besteht, dass die theoretischen Erkenntnisse für die Praxis nicht verwertet werden können und somit eine **wirklichkeitsfremde theoretische Konstruktion** entsteht, die sich selbst isoliert.

Gemäß Gutenbergs faktortheoretischem Ansatz besteht die Aufgabe der Betriebswirtschaftslehre darin, "die innere Logik der Dinge aufzuspüren und die betrieblichen Sachverhalte geistig zu durchdringen... Der wissenschaftliche Wert hängt nicht von der praktischen Bedeutung des zu untersuchenden Gegenstandes ab."[52]

6.3 Der entscheidungstheoretische Ansatz nach Edmund Heinen

Der entscheidungstheoretische Ansatz stellt eine jüngere Entwicklungsstufe der Betriebswirtschaftslehre dar. Er kann als Synthese zwischen Gutenbergs System (Produktivitätsbeziehung) und Nicklischs normativ-wertender Betriebswirtschaftslehre angesehen werden. Im Zentrum der Betrachtungsweise der "entscheidungsorientierten Betriebswirtschaftslehre" stehen die **Entscheidungen wirtschaftender Individuen** in ei-

---

[52] Gutenberg, E.: Zum "Methodenstreit", Zeitschrift für handelswissenschaftliche Forschung 1953, S. 340 f.

ner Einzelwirtschaft. Für die betriebswirtschaftlichen Entscheidungstatbestände sind nach Heinen drei wesentliche Elemente relevant:
- der begriffliche **Inhalt,**
- die zeitliche **Wirkung** (kurz-, mittel- oder langfristig),
- die **Zuordnung** auf die entsprechenden Entscheidungsinstanzen innerhalb der Organisation.

Die Betriebswirtschaftslehre ist seit jeher bestrebt, ein Instrumentarium zu entwickeln, das hilfreich ist bei der Auswahl der **optimalen Handlungsalternative**. Die entscheidungsorientierte Betriebswirtschaftslehre hat sich aus der formalen Entscheidungstheorie entwickelt. Ziel ist in diesem Zusammenhang eine logische Analyse des menschlichen Verhaltens. Die entscheidungsorientierte Lehre ist **praktisch-normativ** ausgerichtet und formuliert daher ihre Probleme in den logischen Kategorien eines Entscheidungsprozesses.

Um zu einer realistischen Problemlösung zu gelangen, geht dieser Ansatz der Betriebswirtschaftslehre von **realistischen Prämissen** aus und untersucht in deskriptiver Funktion das tatsächliche Entscheidungsverhalten in den Einzelwirtschaften.

Die Entwicklung mathematischer Methoden zur Ermittlung der optimalen Entscheidungen hat im Teilgebiet **Operations Research** (Entscheidungsforschung) ihren Niederschlag gefunden. Es sei jedoch angemerkt, dass die Rechentechniken nicht überbewertet werden dürfen, denn die Modellaussagen lassen sich zum Teil nicht oder nur eingeschränkt auf praktische Probleme übertragen und sind teilweise nicht quantifizierbar.

Das Verdienst des entscheidungstheoretischen Ansatzes liegt in der Einbeziehung des **Zeitfaktors**, indem er Entscheidungen über mehrere Perioden oder Abfolgen von Entscheidungen im Zeitablauf unter Einbeziehung und Quantifizierung von **Risiko** sowie Ungewissheit und Unsicherheit berechenbar macht. Besser als jeder andere Ansatz ermöglicht damit die entscheidungstheoretische Betriebswirtschaftslehre die **konzeptionelle Integration** von Erklärungs- und Gestaltungsaufgaben.

6.4 Der systemorientierte Ansatz nach Hans Ulrich

Bestandteil der Betriebswirtschaftslehre Gutenbergs ist die Entwicklung von Beschreibungs- und Erklärungsmodellen. Die entscheidungsorientierte Betriebswirtschaftslehre erweiterte dieses System um die betriebswirtschaftlichen Entscheidungsmodelle. Die systemorientierte Betriebswirtschaftslehre geht noch einen Schritt weiter und sieht ihre Aufgabe in der **Entwicklung von Gestaltungsmodellen** für zukünftige Wirklichkeiten und versucht dadurch die Erkenntnisse der entscheidungtheoretischen Betriebswirtschaftslehre nutzbar zu machen. Sie will nicht erklären, "was ist", sondern, "was in Zukunft sein wird". Als **kybernetische Wissenschaft** interessiert sie sich nicht für das Seiende, sondern das Werdende, nicht für das Bestehen, sondern das Funktionieren von Systemen.[53]

---

[53] Vgl. Ulrich, H.: Der systemorientierte Ansatz in der Betriebswirtschaftslehre, In: Wissenschaftsprogramm und Ausbildungsziele der Betriebswirtschaftslehre, Bericht von der wissenschaftlichen Tagung in St. Gallen; hrsg. vom Verbandsvorstand durch den Tagungsleiter, Berlin 1971, S. 46.

Ulrich schreibt dazu: "Das Wesen der kybernetischen Systeme besteht darin, dass sie als **offene Verhaltenssysteme** in der Lage sind, Störungen im Rahmen von Steuerungs- und Regelungsprozessen zu kompensieren, so dass das System selbständig in den Bereich der zulässigen Abweichungen zurückkehrt."[54]

Die systemorientierte Betriebswirtschaftslehre sieht sich als eine den **Ingenieurwissenschaften verwandte Gestaltungslehre**, die sich dadurch unterscheidet, dass sie sich nicht mit technischen sondern mit sozialen Systemen beschäftigt. Der Systemansatz erlaubt die gleichzeitige Betrachtung verschiedenster Einflussfaktoren und Variablen, vor allem im Hinblick auf psychologische, ökonomische und technologische Aspekte. Der Ansatz ist bewusst interdisziplinär angelegt worden und soll die Einbeziehung nachbarwissenschaftlicher Erkenntnisse (z.B. Verhaltenswissenschaft) sicherstellen.[55] Dabei wird auf die Geschlossenheit und Mathematisierung der Gutenberg'schen Theorie verzichtet zugunsten der **praktischen Relevanz** und der stärkeren Betonung **dynamischer Aspekte**.

Auf der theoretischen Basis zahlreicher wissenschaftlicher Disziplinen werden Modelllösungen entwickelt, bei denen es abzuwarten gilt, inwieweit die Übertragung des Begriffsapparates technischer Systeme auf soziale Systeme gelingt und ob diese zukunftsgestaltenden Systeme in der Realität eingesetzt werden können. Außerdem ist ungeklärt, ob eine Wissenschaft, die nicht die Realität zu erklären versucht, sondern die zukünftigen Wirklichkeiten entwirft, überhaupt noch zu der Betriebswirtschaftslehre zu zählen ist oder eine eigene wirtschaftswissenschaftliche Disziplin darstellt.

6.5 Weitere theoretische Ansätze

Der **Evolutionsansatz** nach Kirsch versucht, die Zusammenhänge zwischen den betrieblichen Systemelementen durch ganzheitliches kybernetisches Denken zu klären. Die Unternehmung wird nicht mehr als ein produktives und soziales System, sondern als ein selbstregulierendes, evolutionäres und selbstorganisierendes System gesehen.

Hierzu wird der Betrieb als lernendes und organisiertes Wesen definiert, das in mikroskopischer Sicht von der Unternehmensumwelt beeinflusst wird, ähnlich wie ein menschlicher oder natürlicher Organismus. Während beim mechanischen Kybernetikmodell das Gleichgewicht durch einfache Regelkreise gehalten wird, sollen hier die einzelnen Elemente des Systems durch Selbstorganisation und eine ganzheitliche Organisation der autonomen Einheiten geführt werden. Das besonders hervorgehobene Denken in Prozessen ist essentieller Bestandteil des Ansatzes und Grundmuster jeder Art evolutionären Denkens.

Der **verhaltensorientierte Ansatz** nach Schanz stellt die Betriebswirtschaftslehre erstmals als Sozialwissenschaft mit dem Schwerpunkt menschlicher Verhaltensforschung dar. Er gibt konkrete Hinweise für die Gestaltung von Anreizsystemen, des Führungsstils, von organisatorischen Regelungen und von Planungs- und Kontrollsystemen. Im Vordergrund steht das individuelle Streben nach menschlicher Bedürfnisbefriedigung in den Betrieben.

---

[54] Ulrich, H.: Der systemorientierte Ansatz in der Betriebswirtschaftslehre, a.a.O., S. 44.
[55] Vgl. Grochla, E.: Betriebswirtschaftslehre, a.a.O., S. 11 ff.

Die folgende Tabelle zeigt eine Auswahl weiterer Ansätze zur Weiterentwicklung der Betriebswirtschaftslehre, die sich aber jeweils nur mit Teilaspekten befassen:

Theoretischer Ansatz	Hauptvertreter	Leitidee
Arbeitsorientierter Ansatz	Gewerkschaften	Die Arbeitnehmerinteressen stehen im Mittelpunkt
Konflikttheoretischer Ansatz	Ralf Dahrendorf	Konflikte als Auslöser von Evolutionsprozessen
Situativer Ansatz	Alfred Kieser/ Herbert Kubicek	Situationsadäquate Gestaltung von Organisations- und Führungsprizipien
Marketingansatz	Heribert Meffert/ Robert Nieschlag	Steuerung des Unternehmens durch Markt- und Kundenorientierung
EDV-orientierter Ansatz	August-Wilhelm Scheer	Einsatz der Informationstechnologien für betriebswirtschaftliche Aufgaben
Ökologieansatz	Reinhard Pfriem	Integration von Ökologie und Ökonomie

Abb. 23: Weitere theoretische Ansätze der Betriebswirtschaftslehre

Fragen zur Kontrolle und Vertiefung

(1) Wie wird der Begriff Wissenschaft beschrieben?
(2) Welches Einteilungskriterium der Wissenschaften hat sich als brauchbar erwiesen?
(3) Wie werden die Wissenschaften unterteilt, und wo werden die Wirtschaftswissenschaften angeordnet?
(4) Wie lautet das formale Wirtschaftlichkeitsprinzip? Erläutern Sie die Definitionen anhand von Beispielen!
(5) Worauf ist das Erkenntnisobjekt der Betriebswirtschaftslehre ausgerichtet?
(6) Wie lauten die vom Wirtschaftssystem unabhängigen Bestimmungsgrößen? Begründen Sie Ihre Antwort!
(7) Nennen Sie Bestimmungsgrößen des marktwirtschaftlichen Wirtschaftssystems!
(8) Bei einer Vielzahl der existierenden Unternehmen ist es sinnvoll, Betriebe zu typologisieren. Nennen Sie einige wichtige Einteilungskriterien!
(9) Worin liegt der Unterschied zwischen der praktisch-normativen Betriebswirtschaftslehre und der normativ-wertenden Betriebswirtschaftslehre?
(10) Skizzieren Sie Gliederungsmöglichkeiten der Betriebswirtschaftslehre!
(11) Welche zentralen volkswirtschaftlichen Problemstellungen werden als „Magisches Viereck" bezeichnet?
(12) Definieren Sie Produktivität und Wirtschaftlichkeit!
(13) Definieren Sie Rentabilität! Worin liegt der Unterschied zur Wirtschaftlichkeit?
(14) Welche Voraussetzungen gelten für eine eindeutige Ableitung des Gewinnmaximums als äußerste formale Ausprägung des erwerbswirtschaftlichen Prinzips, beruhend auf der Annahme vollkommener Märkte?
(15) Worin liegt die Problematik der Bestimmung eines auf Gewinnmaximierung ausgerichteten Unternehmerverhaltens?
(16) Welcher maximierte Rentabilitätsbegriff ist dazu geeignet, aus dem zu Erwerbszwecken eingesetzten Kapital ein größtmögliches Einkommen zu erzielen?
(17) Wie werden bei Zielkonflikten durch Zielintegration die Konflikte gelöst?
(18) Weshalb ist die in der Naturwissenschaft übliche Modellbildung durch die induktive Methode in der Betriebswirtschaftslehre nur begrenzt anwendbar?
(19) Welche Merkmale haben wohlstrukturierte Entscheidungsprobleme?
(20) In welcher Situation kommen offene Entscheidungsmodelle zur Anwendung?
(21) Beschreiben Sie die Merkmale deterministischer Modelle!
(22) Erläutern Sie den Unterschied zwischen statischen und dynamischen Modellen!
(23) Welche Aufgaben haben Simulationsmodelle?
(24) Nennen Sie kurz die Ursachen, warum wesentliche methodologische Grundfragen der Betriebswirtschaftslehre nach wie vor kontrovers sind?
(25) Welche Arten von Werturteilen unterscheidet man in der Betriebswirtschaftslehre? Nennen Sie jeweils drei Beispiele!
(26) Worin liegt der Unterschied zwischen wertender und wertfreier Betriebswirtschaftslehre?

(27) Welche Problematik ist bei der Modellbildung zu beachten?
(28) Welche kritischen Einwände werden gegen das Konzept Gutenbergs eingesetzt?
(29) Womit befasst sich der entscheidungstheoretische Ansatz der Betriebswirtschaftslehre?
(30) Auf welcher Hypothese beruht der systemorientierte Ansatz?

Kapitel B

Konstitutive Entscheidungen des Betriebes

1 Überblick über die konstitutiven Entscheidungen des Betriebes

Für die Leitung und Steuerung eines Unternehmens müssen eine Vielzahl von Entscheidungen getroffen werden.

Jede Entscheidung hat ihren eigenen Geltungszeitraum und kann mit diesem Kriterium in die betriebliche **Entscheidungshierarchie** eingeordnet werden. Man unterscheidet:

- **langfristige** Entscheidungen (Strategischer Charakter),
- **mittelfristige** Entscheidungen (Taktischer Charakter),
- **kurzfristige** Entscheidungen (Operationaler Charakter).

Bei der Entscheidungsfindung müssen alle Entscheidungen berücksichtigt werden, die den Freiheitsgrad jeder neuen Entscheidung einschränken. Am stärksten werden alle betrieblichen Entscheidungen von langfristigen Entscheidungen mit strategischem Charakter beeinflusst, denn sie stellen die Weichen für die Entwicklung, Strukturen und Prozesse in einer Unternehmung. Die weitreichendsten Formen der langfristigen Entscheidungen sind alle konstitutiven Entscheidungen.

Konstitutive Entscheidungen legen die Arbeitsweise und einen allgemein gültigen Handlungsrahmen für ein Unternehmen auf lange Sicht fest.

Konstitutive Entscheidungen sind:

- Entscheidungen über den **Standort**,
- Entscheidungen über die **Rechtsform**,
- Entscheidungen über die Eingliederung in **Unternehmensverbindungen**.

Die Ergebnisse dieser Entscheidungen kennzeichnen das rechtliche und räumliche Beziehungsgefüge eines Unternehmens mit seiner Umwelt. Konstitutive Entscheidungen sind wie alle anderen Entscheidungen voneinander abhängig. Sie müssen als Ganzes betrachtet werden, denn nur so können sie als Grundlage betrieblicher Entscheidungen dienen. Wenn sie im folgenden getrennt betrachtet werden, dann nur, um die spezielle Problematik jedes einzelnen Teilbereichs zu verdeutlichen.

2 Die betriebliche Standortwahl

2.1 Die Bedeutung des betrieblichen Standortes

Als Standort bezeichnet man den geographischen Ort, an dem ein Unternehmen Produktionsfaktoren zur betrieblichen Leistungserstellung ein- bzw. umsetzt.

Die betriebliche Standortwahl umfasst zwei Tatbestände. Dazu gehören die innerbetriebliche und die außerbetriebliche Standortwahl. Die nachstehende Abbildung verdeutlicht diese Aufteilung.

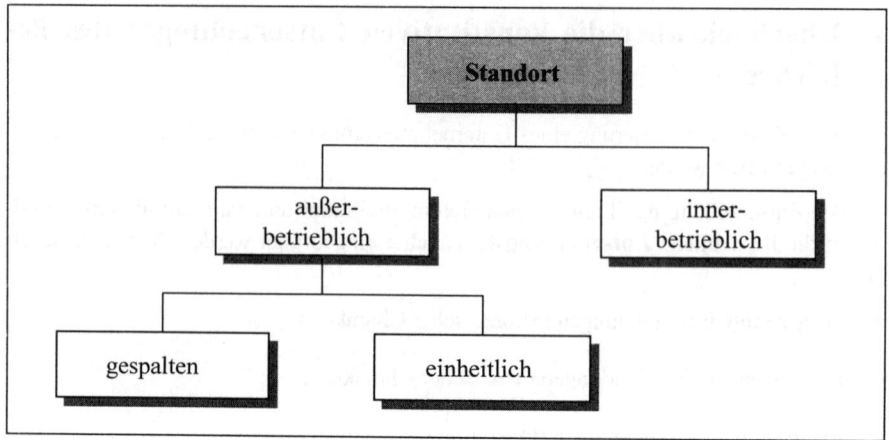

Abb. 1: Formen des Standortes

Mit dem **innerbetrieblichen Standort** bezeichnet man die Ausrichtung einzelner Gebäude und Anlagen innerhalb eines Betriebskomplexes sowie den Ort einzelner Arbeitsplätze und Einrichtungen innerhalb eines Gebäudes. Es wird also die Lage der **einzelnen Arbeitsplätze** und **Funktionsbereiche** im Betrieb zueinander festgelegt.

Üblicherweise ist mit der Standortentscheidung als konstitutive Entscheidung nur der **außerbetriebliche Standort** gemeint. Hier wird bestimmt, wo das Unternehmen als Gesamtheit oder wo Teilbereiche als selbständige Einheiten aufgebaut werden sollen.[1]

Bei größeren Unternehmungen, insbesondere mit mehreren Produktionsstufen bzw. Funktionen des Leistungsprozesses wird häufig eine **Standortspaltung** vorgenommen.

Als Sitz der Gesellschaft wird dann der Standort dort gewählt, wo günstige Verbindungen zu Geschäftspartnern und Behörden bestehen. Betriebe bzw. Produktionsstätten werden dann dort angesiedelt, wo für die Leistungserstellung die besten Voraussetzungen gegeben sind.

Dabei orientieren sich die Produktionsstätten (Betriebe) vorwiegend nach den **Herstellungskosten**, die Vertriebsstellen (Auslieferungslager, Verkaufsfilialen) vorwiegend an den **Erlösen** und **Vertriebskosten**. In den Großunternehmen wird die Standortspaltung überwiegend von den Kosten- bzw. Erlösfaktoren bestimmt.

Die Wahl des Standortes ist in unserer Wirtschaftsordnung für die meisten Unternehmen frei. Für eine geringe Anzahl von Unternehmen ist der Standort allerdings wegen der Eigenart ihrer Produktion naturgemäß vorgeschrieben. So sind beispielsweise für Bergbauunternehmen (Kohle, Erze) oder Kiesgruben die Standorte meist zwingend vorgegeben.

Sieht man von bestimmten Strukturplanungsvorstellungen der jeweiligen Landesregierung oder Kommune (**Landes- und Städteplanungsgesetz**) und gewerbepolizeilichen Vorschriften etc. ab, so besteht für alle anderen Unternehmen ein großer Spielraum für ihre räumliche Fixierung.

---

[1] Vgl. Luger, A.: Allgemeine Betriebswirtschaftslehre, Band 1, 3. Auflage, München 1991, S. 96.

Überlegungen zur Standortwahl sind nicht nur anzustellen, wenn ein Unternehmen gegründet wird, sondern auch, wenn wirtschaftliche oder rechtliche Erfordernisse eine **Standortverlagerung** nötig machen oder wenn ein Unternehmen durch die Gründung von Zweigbetrieben oder die Übernahme bestehender Betriebe zusätzliche Standorte einnehmen will.

Außerdem sind bei der Standortwahl und Standortverlagerung sowie bei der Erweiterung des Unternehmens an zusätzlichen Standorten auch Aspekte **weltwirtschaftlicher Arbeitsteilung** zu berücksichtigen. Das starke Ansteigen des Welthandels und die Bildung von Großraummärkten (EU, Freihandelszonen in vielen Erdteilen) verändern die Beschaffungs-, Produktions- und Absatzbedingungen der Unternehmen, die direkt oder indirekt am Außenhandel beteiligt oder der Konkurrenz ausländischer Betriebswirtschaften ausgesetzt sind.

Die veränderten Standortbedingungen veranlassen in zunehmenden Maße inländische Unternehmen dazu, durch die **Gründung von Tochtergesellschaften** im Ausland oder die Beteiligung an bestehenden ausländischen Unternehmungen weltweit Standortvorteile wahrzunehmen.

Aufgrund der geographischen Ausbreitung können folgende Standortkategorien gebildet werden:[2]

- **Lokaler Standort**

    Einfügung in erster Linie auf eine Gemeinde / Stadt, z.B.: örtliches Gewerbe

- **Regionaler Standort**

    Die Unternehmung ist in einer bestimmten Region eines Landes tätig, z.B.: kleinere Firmen der Baubranche.

- **Nationaler Standort**

    Die Unternehmung hat ihre Produktions- und/oder Vertriebsstätten auf ein bestimmtes Land verteilt.

- **Internationaler Standort**

    Eine Unternehmung mit einem internationalen Standort produziert hauptsächlich im Inland, exportiert ihre Produkte aber auch in andere Länder.

- **Multinationaler Standort**

    Im Gegensatz zum internationaler Standort ist die multinationale Unternehmung bezüglich Leistungserstellung und Leistungsverwertung nicht begrenzt und dadurch gekennzeichnet, das sie in mehreren Ländern Standorte von Tochtergesellschaften hat.

Beim internationalen und multinationalen Standort ist wichtig, wie stark sich eine Unternehmung international betätigen will und welche Internationalisierungsstrategie sie verfolgen will.

In Abhängigkeit von der Kapital- und Managementleistung können verschiedene Internationalisierungsstufen unterschieden werden.

---

[2] Vgl. Thommen, J.-P.: Managementorientierte Betriebswirtschaftslehre, 6. Auflage, Zürich 2000, S. 90.

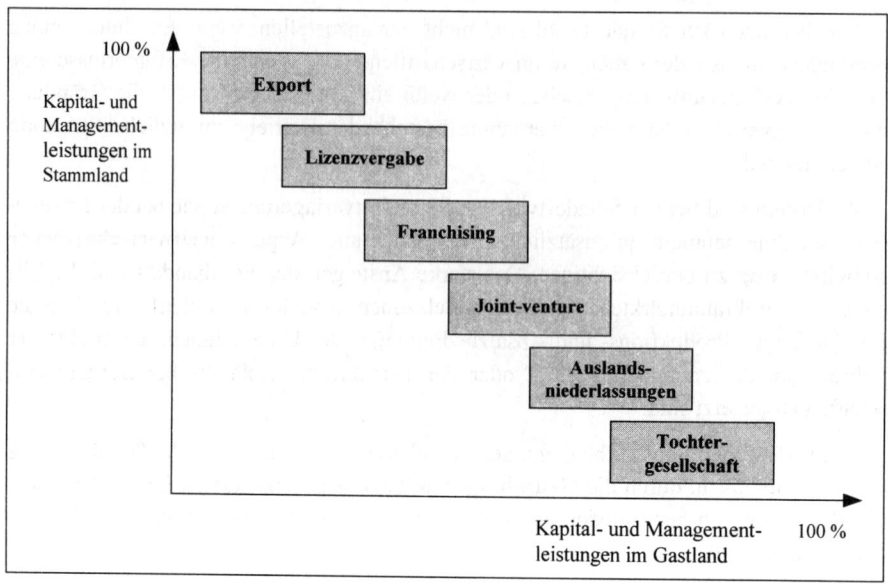

Abb. 2: Internationalisierungsstufen[3]

- **Export:** Absatz der im Inland hergestellten Güter im Ausland
- **Lizenzvertrag:** Nutzung von Rechten (z.B.: Patent, Warenzeichen) oder betrieblichen Know-how durch eine ausländische Unternehmung durch Entgelt
- **Franchising:** Als Sonderform des Lizenzvertrages ist das Franchising ein Kooperationsvertrag zwischen zwei Unternehmungen bei dem die eine Unternehmung der anderen gegen Entgelt ein ganzen Bündel Know-how zur Verfügung stellt und ihr erlaubt, Güter oder Dienstleistungen unter einem bestimmten Warenzeichen zu vertreiben.
- **Joint-venture:** Gründung einer rechtlich selbständigen Unternehmung mit einem ausländischen Partner.
- **Auslandsniederlassungen:** Rechtlich unselbständige Unternehmungen im Ausland (z.B.: Verkaufsniederlassungen).
- **Tochtergesellschaften:** Rechtlich selbständige Unternehmungen im Ausland.

2.2 Die betrieblichen Standortfaktoren

Bei der Standortwahl spielen Einflussgrößen eine Rolle, die einerseits auf die Kosten der Leistungserzeugung sowie Leistungsverwertung und andererseits auf die Erträge einwirken.

Dabei ist festzustellen, dass sich die Bestimmungsfaktoren der Standortwahl nicht nur von Wirtschaftszweig zu Wirtschaftszweig unterscheiden, sondern dass darüber hinaus auch innerhalb des gleichen Wirtschaftszweiges hinsichtlich bestimmter Betriebstypen bemerkenswerte Unterschiede auftreten können. Bestimmungsfaktoren, die

---

[3] Vgl., Schierenbeck, H.: Grundzüge der Betriebswirtschaftslehre, 15. Auflage, München, Wien 2000, S. 45.

vom einzelnen Standort abhängen und mit der Variation des Standortes wechseln, werden als Standortfaktoren bezeichnet.

Standortfaktoren sind Determinanten zur Standortwahl, d.h. es sind Tatbestände, die für die Wahl eines Standortes unter ökonomischen Gesichtspunkten maßgebend sind. Eine Einteilung der wichtigsten Standortfaktoren zeigt Abb. 3.

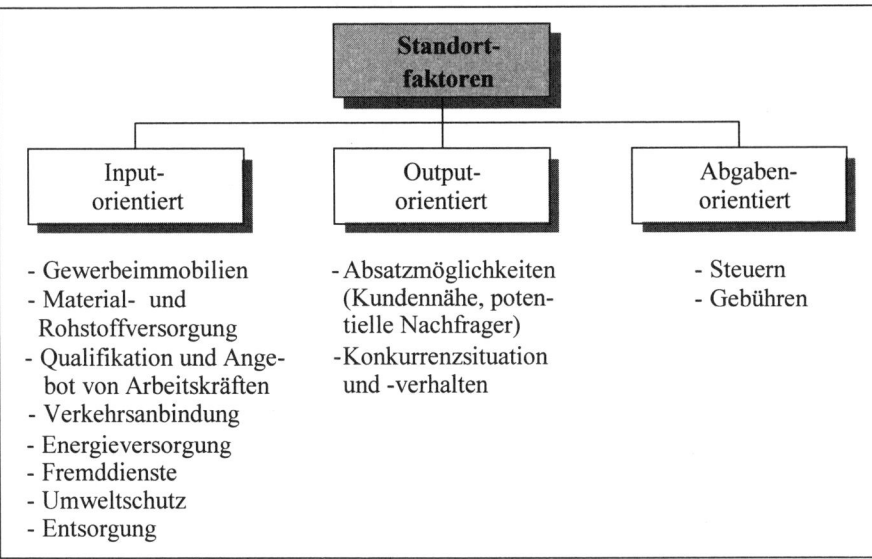

Abb. 3: Modell der betrieblichen Standortfaktoren

Für eine Bewertung der Standortfaktoren muss jeder Betrieb sein eigenes Anforderungspotential heranziehen, da der **Intensitätsgrad** von Betrieb zu Betrieb aufgrund von Wirtschaftsbranche und Zielsetzung starken Schwankungen unterworfen ist. Eine gewisse Rangordnung hinsichtlich der Bedeutung einzelner Standortfaktoren läßt sich für Industriebetriebe dennoch festlegen. Eine Auskunft über die unterschiedliche Gewichtung gibt die folgende Tabelle.

Standortfaktoren -Rangfolge-		
Die wichtigsten Faktoren	Auch noch wichtige Faktoren	Weniger wichtige Faktoren
- Qualifikation der Mitarbeiter - Stückkosten - Personalzusatzkosten - Arbeitsproduktivität - Direktlohn - Politische Stabilität - Unternehmensbesteuerung	- Infrastruktur - Behördliche Vorschriften - Arbeitszeit - Betriebsnutzungszeit	- Energiekosten - Wechselkurse - Kapitalbeschaffung - Nähe zum Vorlieferanten

Abb. 4: Rangfolge der Standortfaktoren bei Industriebetrieben[4]

---

[4] Quelle: Auszugsweise Ifo-Schnelldienst, 4/89.

Dabei ist auch denkbar, dass für einen Betrieb ein einzelner Standortfaktor einen so hohen Stellenwert hat, dass er die Entscheidung für einen Standort maßgeblich mitbestimmt.

2.2.1 Inputorientierte Standortfaktoren

Als inputorientierte Standortfaktoren werden die durch die Beschaffung für den betrieblichen Leistungserstellungsprozess notwendigen Bestimmungsfaktoren bezeichnet.

2.2.1.1 Gewerbeimmobilien

Die Bedeutung des Immobilienmarktes für ein Unternehmen wird an der ständig wachsenden Raumknappheit deutlich. Das gilt insbesondere dann, wenn große zusammenhängende Flächen benötigt werden oder eine spätere Vergrößerung nicht ausgeschlossen ist bzw. angestrebt wird. Ein Standort muss demnach folgende Bedingungen erfüllen:

- Sind **ausreichend Immobilien** vorhanden oder beschaffbar?
- Ist der vorhandene **Platz** für den Betrieb nutzbar?

Die Beschaffung der betriebsnotwendigen Immobilien kann auf drei verschiedene Arten vollzogen werden, wobei die Kosten für Erwerb, Pacht sowie die Aufbereitung für den Betriebszweck gegeneinander abgewogen werden müssen:

1. Kauf von Grundstücken
2. Kauf von Gebäuden
3. Anmieten der benötigten Immobilien
   (Immobilienleasing)

Ist die Nutzungsmöglichkeit für den Erfolg des Betriebes entscheidend, dann bleibt zu prüfen, ob der infolge großer Nachfrage höhere Preis die geforderte Rentabilität nicht in Frage stellt. Eventuell ist es sinnvoll, andere Standortnachteile für billigere Gewerberäume in Kauf zu nehmen.

2.2.1.2 Material- und Rohstoffversorgung

Von der Material- bzw. Rohstofforientierung wird dann gesprochen, wenn sich der Standort nach den Transportkosten für die Beschaffung der für die Produktion erforderlichen Materialien und Rohstoffe richtet.

Der optimale Standort der Verarbeitung liegt dort, wo die Summe der zwischen Rohstofflager, Verarbeitungsort und Absatzort entstehenden **Transportkosten** am geringsten ist. Dabei spielt die Beschaffenheit des in die verschiedenen Produkte eingehenden Materials eine wichtige Rolle. Aus diesem Grund kommt dem **Materialindex** eine hohe Bedeutung zu.

$$\text{Materialindex} = \frac{\text{Gewicht des Eigenmaterials}}{\text{Gewicht des Eigenmaterials im Endprodukt}}$$

Der Materialindex, auch Gewichtskoeffizient genannt, ist ein wesentlicher Grad für die Standortbindung. Man unterscheidet:

- Gewichtsverlustmaterial,
  Materialien, die gewichtsmäßig nicht (z.B. Kohle, Treibstoffe) oder nur geringfügig im Endprodukt enthalten sind; Materialindex >> 1,
- Materialien, die mit vollem Gewicht in das Endprodukt eingehen (z.B. Edelmetalle); Materialindex ≈ 1.

Unternehmen mit einem hohen Bedarf an Gewichtsverlustmaterialien bevorzugen die Nähe von Rohstoffvorkommen, um **Rohstofftransportkosten** zu vermeiden. Reingewichtsmaterialien hingegen lockern die Bindung des Standortes an den Ort des Rohstoffvorkommens. Die Abb. 5 zeigt das Verhältnis von Materialkosten zu Transportkosten bei Gewichtsverlustmaterialien und Reingewichtsmaterialien.[5]

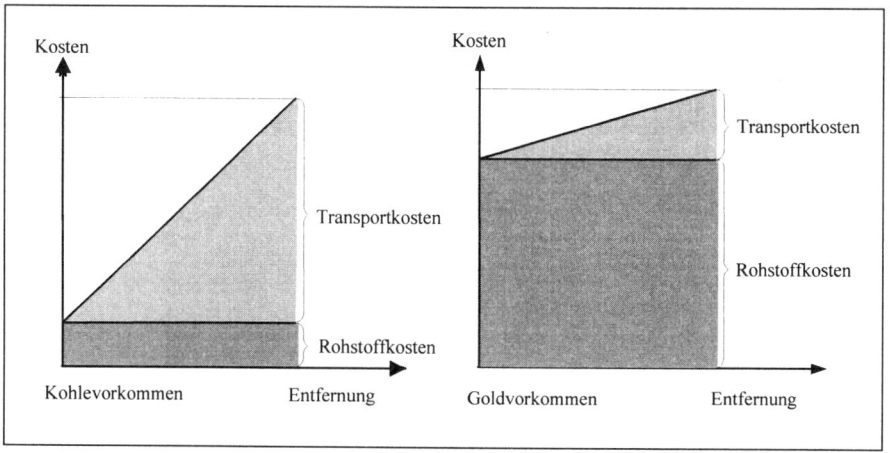

Abb. 5: Beispiel für Gewichtsverlustmaterial Stahlerzeugung (Kohle)/ Beispiel für Reingewichtsmaterial Halbleiterfertigung (Kontaktmaterial Gold)

Je größer der Materialindex bei Unternehmen mit großem Bedarf an Gewichtsverlustmaterialien ist, desto bedeutungsvoller sind die Kosten des Rohstofftransportes, und desto stärker ist demzufolge die **Rohstofforientierung**. Bei hohem Materialindex (>>1) liegt das Gewicht der Eingangsmaterialien über dem der Endprodukte. Deshalb tritt die Bedeutung der Transportkosten der Endprodukte zu den Abnehmern hinter die der Rohstofftransportkosten zurück.[6]

Ein weiterer wichtiger Faktor ist die **Zuliefersicherheit**. Häufig ist eine Unternehmung auf eine sichere Zulieferung der zu beschaffenen Güter angewiesen (z.B. kurzfristiger Bedarfsschwankungen, kleinem Lagerraum, sowie Konventionalstrafen bei Nichteinhaltung von Terminen). Je größer jedoch die Entfernung zum Lieferanten ist, desto kleiner wird die Zuliefersicherheit (infolge politischer Unruhen im Ausland, Streiks, Transportunfall usw.) und desto stärker wird eine Unternehmung gezwungen höhere Sicherheitsbestände zu halten, was wiederum mit hohen Lagerkosten (Kapitalbindung) verbunden ist.

---

[5] Vgl. Spischka, H.: Studienschriften zur Betriebswirtschaftslehre, Band 4: Der Standort der Betriebe. München 1976, S. 20.
[6] Vgl. Vormbaum, H.: Grundlagen und Grundbegriffe der Betriebswirtschaftslehre, a.a.O., S. 51 f.

2.2.1.3 Qualifikation und Angebot von Arbeitskräften

Ein oft entscheidender Standortfaktor ist die **menschliche Arbeitskraft**. Ihre Bedeutung liegt vorzugsweise in den lohnintensiven Industrie- und Handwerkszweigen, bei denen Qualität und Quantität der Arbeitskräfte wesentliche Voraussetzungen für ihre Leistungserzeugung sind. Die durch die Beschaffung der notwendigen Arbeitskräfte entstehenden Kosten verdeutlicht Abb. 6.

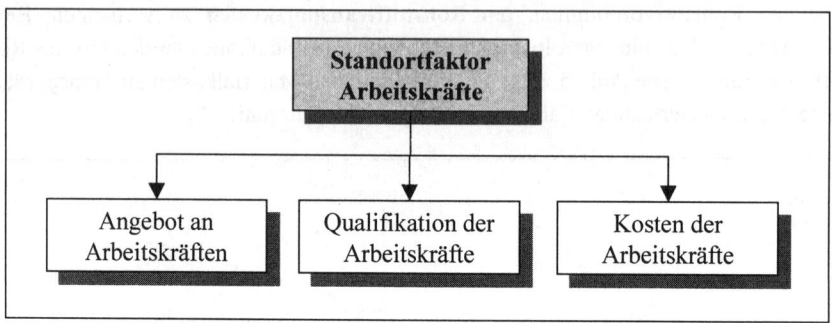

Abb. 6: Kosten des Faktors Arbeit

Die Abb. 6 zeigt, dass die "Kosten" des Standortfaktors Arbeitskräfte Priorität haben, da das Fehlen einer ausreichenden Anzahl von Arbeitskräften oder einer ausreichenden Qualifikation durch den Einsatz von Kosten (z.B. Übernahme von Umzugskosten, Schulungen) teilweise kompensiert werden kann. Die **Kompensationsmöglichkeit** ist zwar theoretisch unbegrenzt, jedoch ergeben sich in der Praxis erhebliche Probleme.[7]

Hinsichtlich der Arbeitskräfte ist das betriebliche Beschaffungsgebiet durch Beförderungskosten und Beförderungszeiten (d.h. Pendelkosten, Pendelzeiten) relativ begrenzt. Es ist zu prüfen, ob innerhalb des zugehörigen **Pendelradiuses** des Standortes eine ausreichende Zahl von Arbeitskräften mit der erforderlichen Qualifikation vorhanden ist. Ist dies nicht der Fall, so kommt der betreffende Standort nur dann in Frage, wenn die Heranziehung der fehlenden Kräfte auf dem Wege der Umsiedlung möglich ist. Eine solche Veränderung setzt zwangsläufig eine gewisse **Mobilität** der Arbeitnehmer voraus, die nicht immer gegeben ist.[8]

Ein weiteres Hindernis für ein Unternehmen besteht darin, dass zwar genügend Arbeitskräfte vorhanden sind, aber deren Qualifikation nicht ausreicht. Wird dieser Mangel durch das Unternehmen selbst beseitigt, entstehen Kosten für **Schulungen**, **Lehrgänge** etc. Es besteht außerdem die Gefahr, dass einzelne Arbeitnehmer nach Erreichen der zusätzlichen Qualifikation das Unternehmen verlassen.

Da qualifizierte Arbeitskraftreserven in relativ kleinen Orten oder in wenig erschlossenen Gebieten oft nicht anzutreffen sind, entsteht für die Betriebe bei der Gründung von Zweigwerken ein weiteres Problem bei der Beschaffung von Arbeitskräften. Es besteht die Schwierigkeit, **qualifizierte Führungskräfte** zu veranlassen, in kleinen Orten ihren Arbeitsplatz und Wohnsitz zu nehmen, die im Hinblick auf das Angebot komfortabler Wohnungen, kultureller Leistungen, Schulen, Sportanlagen u.a.

---

[7] Vgl. Luger, A.: Allgemeine Betriebswirtschaftslehre, Band 1, a.a.O., S. 101.
[8] Vgl. Behrens, K.-C.: Allgemeine Standortbestimmungslehre, 2. Auflage, Opladen 1971, S. 59.

mit größeren Städten nicht konkurrieren können. Der **geringe Freizeitwert** derartiger Standorte muss unter Umständen durch erheblich höhere Gehälter oder Zulagen kompensiert werden, damit überhaupt Führungskräfte gewonnen werden können.[9]

Letztlich entscheidend in Bezug auf den Faktor Arbeit sind die hierfür aufzuwendenden Kosten. Aus diesem Grund wird die **Wettbewerbsfähigkeit** des Standortes Bundesrepublik Deutschland aus der Sicht der verarbeitenden Industrie erheblich durch die, im Vergleich zu anderen Nationen, hohen Arbeitskosten (bzw. Personalzusatzkosten) eingeschränkt.

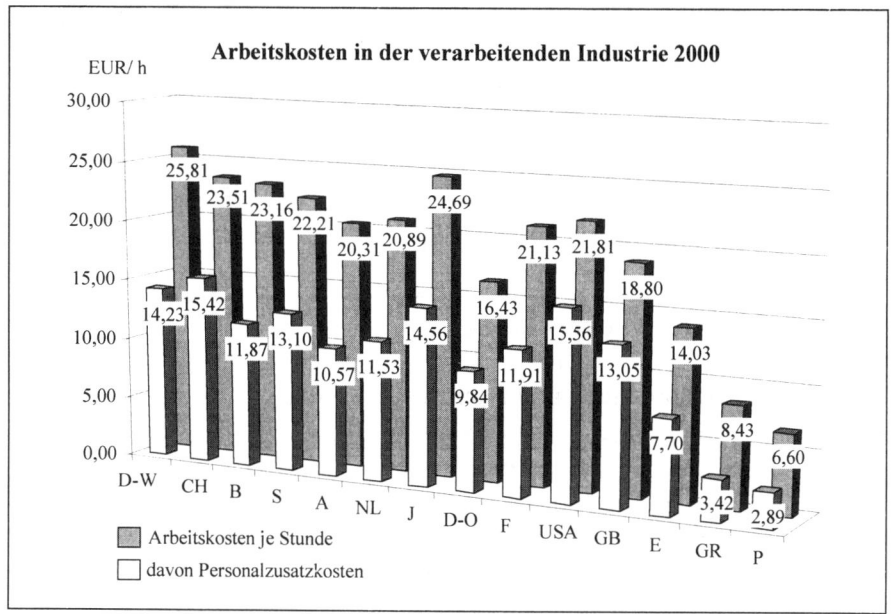

Abb. 7: Stundenlöhne in der verarbeitenden Industrie[10]

Im Jahr 2000 war die Arbeiterstunde in der verarbeitenden Industrie Westdeutschlands 27% teurer als im Durchschnitt der übrigen Industrieländer. Besonders belastend waren die hohen Personalzusatzkosten, die 52% über dem Durchschnitt der internationalen Konkurrenz lagen. Westdeutschland hat weltweit die kürzeste Arbeitszeit. Wird neben den anfallenden Arbeitskosten (incl. Personalzusatzkosten) auch die Jahresarbeitszeit berücksichtigt, ist oft ein Standort im Ausland günstiger.[11]

Die im internationalen Vergleich recht hohen Lohn- und Lohnnebenkosten in Deutschland haben dazu geführt, dass die Forderungen der Tarifpartner in den vergangenen Jahren eher zurückhaltend ausfielen. Daneben ist die Diskussion um eine weitere Verkürzung der Arbeitszeit in den Hintergrund getreten (siehe Abb. 7).

---

[9] Vgl. Wöhe, G.: Einführung in die allgemeine Betriebswirtschaftslehre, 20. Auflage, München 2000, S. 341 f.
[10] Vgl. Institut der deutschen Wirtschaft: Zahlen zur wirtschaftlichen Entwicklung der BRD, Köln 2001.
[11] Die Jahres-Sollarbeitszeit errechnet sich aus der Wochenarbeitszeit unter Abzug der Urlaubs- und Feiertage

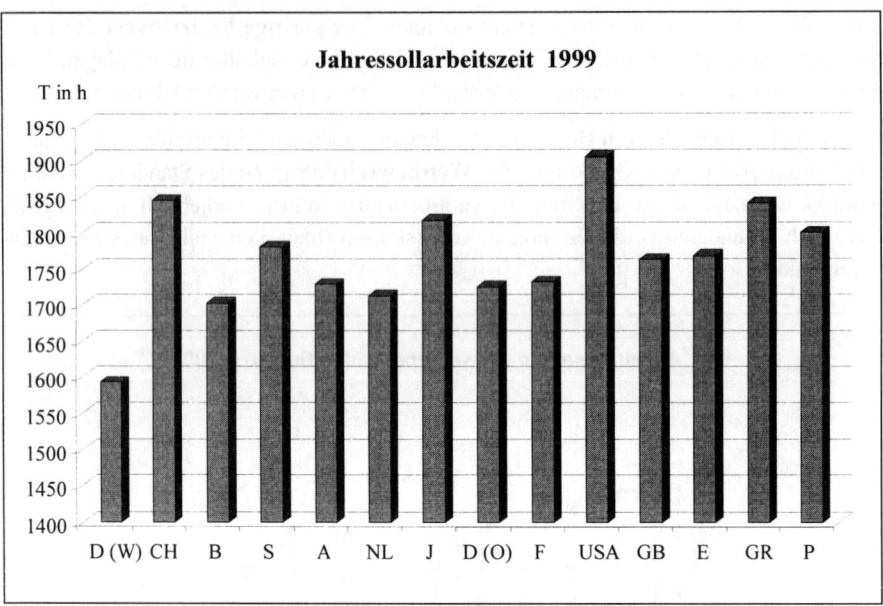

Abb. 8: Jahresarbeitszeit der wichtigsten Industriestaaten[12]

2.2.1.4 Verkehrsanbindung und Energieversorgung

Für die meisten Unternehmen ist das Vorhandensein eines vielfältigen **Verkehrsnetzes** (Straßen, Eisenbahn, Wasserstraßen, Flugverkehr) eine wichtige Bedingung im Hinblick auf einen optimalen Standort. Die Verkehrsorientierung ergibt sich aus dem Streben nach **Minimierung der Transportkosten** und der Notwendigkeit des Übergangs auf ein anderes Transportmittel. Besonders wichtige Kriterien für eine gute Verkehrsanbindung sind:

- Ein schneller **Ab- bzw. Weitertransport** der Güter (z.B. fertigungssynchrone Fertigung),
- Günstige **Transporttarife** (z.B. Massengüter),
- Rohstofforientierte Betriebe ohne die Möglichkeit, sich in der Nähe von **Rohstoffquellen** niederzulassen.

Aus diesen Gründen wird der konkrete Standort eines Betriebes dann dort gewählt, wo die Transportkosten bedingt durch eine günstige Verkehrsanbindung am geringsten sind.

Im Gegensatz zur Verkehrsanbindung hat die Energieorientierung heute weitgehend an Bedeutung verloren, da Wasser und Kohle als Energieträger hinter die standortunabhängige Elektrizitätsversorgung zurückgetreten sind.

Eine Ausnahme bilden energieintensive Unternehmen (z.B. Aluminiumverarbeitung). In diesem Fall ist oft eine Standortwahl im Ausland günstiger, weil dort die Stromkosten aufgrund geringerer **Umweltschutzauflagen** und **Sicherheitsbestimmungen** niedriger als im Inland sind.

---

[12] Vgl. Institut der deutschen Wirtschaft: Zahlen zur wirtschaftlichen Entwicklung der BRD, Köln 2001.

2.2.1.5 Fremddienste

Jedes Unternehmen benötigt zur Aufrechterhaltung des betrieblichen Leistungserstellungsprozesses **Fremddienste**. Es handelt sich dabei um Dienstleistungen, die unterteilt werden können in:
- **Hilfsfunktionen**
  (z.B. Reparaturwerkstätten, Lackierereien),
- **Nebenfunktionen**
  (z.B. Unternehmens-, Rechts-, Steuerberater).

Ihre Inanspruchnahme ergibt sich aus der Ausgliederung bestimmter Unternehmensfunktionen und deren Übernahme durch **betriebsfremde Organe**. Sollen Hilfsfunktionen beansprucht werden, ist der Einzugsradius aus Zeit- und Kostengründen relativ begrenzt. Ein zeitaufwendiger Versand von defekten Aggregaten ist daher aus fertigungswirtschaftlichen Gründen kaum tragbar.

Für Unternehmen, die auf betriebsfremde Hilfsleistungen in nennenswertem Umfang angewiesen sind (z.B. kleine und mittelständische Unternehmen), spielen die entsprechenden standortspezifischen Beschaffungspotentiale eine große Rolle. Die Quantität und Qualität der in Frage kommenden Dienstleistungsunternehmen sind daher bei der Standortplanung in Betracht zu ziehen.[13]

2.2.1.6 Entsorgung und Umweltschutz

Bei der Standortsuche muss jedes Unternehmen den Bereichen Umweltschutz und Entsorgung große Beachtung schenken. Neben **gesetzlichen Vorschriften** und **behördlichen Auflagen** muss zunehmend auch die **öffentliche Meinung** berücksichtigt werden, die z.B. in Bürgerinitiativen ihren Ausdruck finden kann. Bezüglich dieser Problematik stellen sich folgende Fragen:
- Ist die Beseitigung von **Abfall, Abwasser, Abluft** etc. generell möglich, d.h. stehen geeignete Aufnahmestellen zur Verfügung?
- Bestehen **gesetzliche Bestimmungen** hinsichtlich der Entsorgung?
- Welchen **Aufwand** verursacht die Entsorgung (Bestimmungen)?
- Sind die Bestimmungen **erfüllbar**?

Aus diesen Gründen wird es immer schwieriger, Standorte für Unternehmen zu finden, die für die Umwelt mit besonderen Risiken verbunden sind, wie z.B. Atomkraftwerke und Chemieunternehmen. Da die Kosten für **Umweltschutzauflagen** und **Entsorgung** nicht überall gleich hoch sind, können sie einen erheblichen Einfluß auf die Standortentscheidung haben. So kann z.B. ein Standort in einem weniger dicht besiedelten Gebiet oder im Ausland die Nachteile bei der Beschaffung von Arbeitskräften und Materialien durch geringere Kosten für Umweltschutzauflagen und Entsorgung kompensieren.

Während hohe Löhne und hohe Steuern alle deutschen Unternehmen belasten, ist von den Umweltkosten vor allem die **Chemieindustrie** betroffen. Zusätzlich zu den Umweltschutzausgaben kommen noch Abwasser-, Deponie- und CO_2-Abgaben.

---

[13] Vgl. Behrens, K.-C.: Allgemeine Standortbestimmungslehre, a.a.O., S. 59 f.

2.2.2 Outputorientierte Standortfaktoren

Als **outputorientierte** Standortfaktoren werden alle Bestimmungsfaktoren bezeichnet, die den Verkauf der Dienstleistung oder der gefertigten Ware in irgendeiner Art und Weise beeinflussen.

2.2.2.1 Absatzmöglichkeiten

Die Nähe zum Absatzmarkt bzw. Kunden (Kundennähe) steht bei jenen Betrieben im Vordergrund, die einen engen Kontakt zu den Abnehmern ihrer Erzeugnisse haben müssen, da ihre Absatzmöglichkeiten relativ begrenzt sind.

Gründe, die ein Unternehmen bewegen, sich auf **kurze Transportwege** und ein bestimmtes Absatzgebiet zu beschränken, sind:

- Produktion von substituierbaren Gütern,
- Transportierbarkeit ist nicht gegeben (z.B. Baustellenfertigung),
- Kurze Lieferzeit (z.B. frische Ware),
- Auslieferungslager sind nicht möglich.

Das gilt insbesondere für Betriebe der Konsumgüterindustrie bzw. ihre Verkaufsniederlassungen und Handels- und Dienstleistungsbetriebe. Die Bedeutung der Nähe zum Absatzmarkt ist also stets von dem Produkt oder der erstellten Leistung abhängig. In erster Linie spielt eine Rolle, ob es sinnvoll ist, die erstellte Ware oder Dienstleistung an den Ort der Verwendung zu transportieren (siehe Abb. 9). Hierbei gilt, dass der **Grad der Absatzorientierung** um so größer ist, je mehr die erstellte Ware oder Dienstleistung ein Konsumgut ist.

Die Abb. 9 zeigt, dass bei einer Einschränkung der Transportfähigkeit, z.B. wegen der Unmöglichkeit des Transportes oder wegen extrem hoher Transportkosten, der Standort am Absatzort gewählt werden muss.

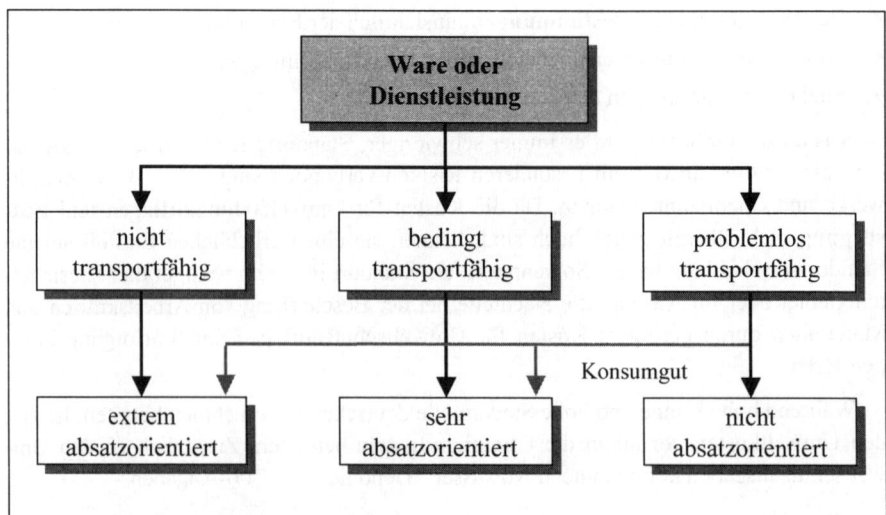

Abb. 9: Absatzorientierung des Standortes

Bei transportunabhängiger Ware spielt die erforderliche Schnelligkeit der Versorgung nach Auftreten des Bedarfs eine Rolle. Bei der Versorgung von Endverbrauchern ist dieses Problem auch für transportfähige Ware gegeben (Konsumgüterbereich).

Bei der Unterscheidung zwischen transportfähigen und transportunfähigen Gütern (z.B. Gebäude) sind die letzteren vollständig absatzorientiert. Die übrigen Kriterien spielen in erster Linie bei Dienstleistungsbetrieben (z.B. Handel, Banken, Reisebüros) eine große Rolle.

2.2.2.2 Abhängigkeit vom Konkurrenzstandort

Die Art der abgesetzten Leistung läßt sich, vor allem beim Einzelhandel, in Waren des täglichen, des periodischen und des aperiodischen Bedarfs einteilen. Die daraus resultierenden Standortentscheidungen zeigt Abb. 10:

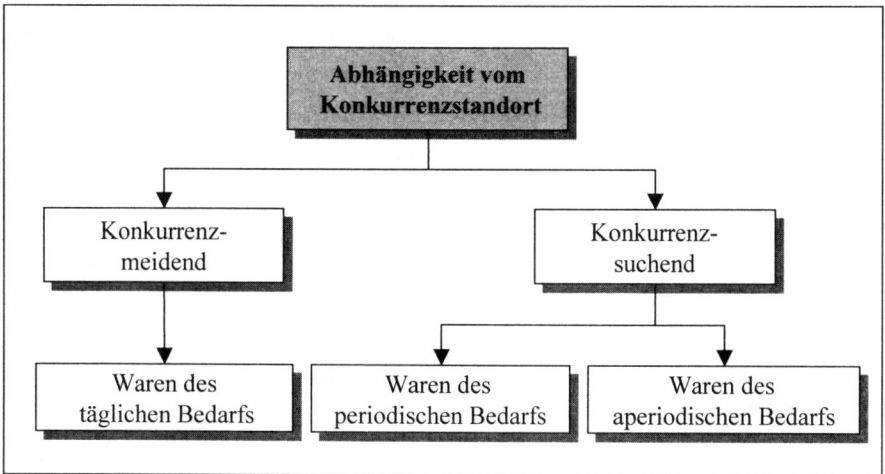

Abb. 10: Konkurrenzabhängigkeit der unterschiedlichen Waren

Unternehmen, deren Produkte eher **konkurrenzmeidend** (z.B. Lebensmittel) orientiert sind, müssen das Absatzgebiet genau analysieren. Hier kommt es auf die Zahl und Größe bereits vorhandener Unternehmen an, die Güter anbieten, die den eigenen Betriebsleistungen ökonomisch gleichen oder in einem engen substitutiven Verhältnis zu ihnen stehen. Weist ein Absatzgebiet bereits eine größere Zahl von Wettbewerbern auf, so muss im allgemeinen mit geringeren Absatzmengen gerechnet werden.[14]

Im Gegensatz dazu stehen Waren des **periodisch** (z.B. Kleidung) oder **aperiodisch** (z.B. Möbel) wiederkehrenden Bedarfs. Sie müssen sich der Konkurrenz stellen, da der Konsument bei der Anschaffung derartiger Waren verstärkt Qualitäts- und Preisvergleiche anstellen will. Aus diesem Grund siedeln sich **konkurrenzsuchende** Unternehmen in Haupteinkaufsstraßen, Einkaufszentren und konzentriert in Industriegebieten an. Die Vorteile für ein Unternehmen liegen darin, dass Preis- und Qualitätsvorteile von den Kunden schneller wahrgenommen werden und Preise aufgrund des hohen Umsatzes niedriger kalkuliert werden können[15].

---

[14] Vgl. Behrens, K.-C.: Allgemeine Standortbestimmungslehre, a.a.O., S. 77 f.
[15] Vgl. Wöhe, G.: Einführung in die Allgemeine Betriebswirtschaftslehre, a.a.O., S. 605 f.

2.2.3 Abgabenorientierte Standortfaktoren

Eine abgabenorientierte Standortwahl richtet sich nach der Höhe der **Steuern, Gebühren** und **Beiträge**, die dem Unternehmen vom Staat auferlegt werden. Die Belastungen, die hierbei vorzugsweise eine Rolle spielen, sind die Einkommen- bzw. Körperschaftsteuer, die Gewerbe- und die Grundsteuer. Abgesehen vom internationalen Steuergefälle gibt es auch im nationalen Bereich standortbedingte Steuerdifferenzierungen, die man in drei Gruppen einteilen kann:[16]

- Unterschiede bedingt durch das **Steuersystem**:

    Zu nennen ist hier die Gewerbesteuer als kommunale Steuer; Steuerdifferenzierungen entstehen durch die Anwendung unterschiedlicher Hebesätze in verschiedenen Gemeinden.

- Unterschiede bedingt durch eine dezentrale **Finanzverwaltung**:

    Die Finanzverwaltungen der Länder sind bei der Auslegung von Steuergesetzen (Ermessensspielraum seitens des Gesetzgebers) unterschiedlich großzügig.

- Bewusst geschaffene Unterschiede durch die **Steuerpolitik**:

    Förderung von Gewerbeansiedlung in industriell schwach entwickelten Gebieten oder Gemeinden.

In Bezug auf die Steuern als Standortfaktor gilt: Man sollte bei der in der Regel langfristig wirkenden Entscheidung der Wahl des Standortes beachten, dass sich steuerliche Vorschriften und Vergünstigungen kurzfristig ändern können und damit die ursprüngliche Grundlage für die Wahl des Standortes wegfallen kann.

Im Vergleich zu den anderen Industrienationen ist die Steuerbelastung der Gewinne deutscher Unternehmen sehr hoch.

Aus diesem Grund werden immer mehr gewinnbringende Investitionen ins Ausland verlagert, denn dort sind die Steuern niedriger, weil inzwischen in der Welt ein **Steuerwettbewerb** stattgefunden hat, auf den auch die Bundesregierung mit einer mehrstufigen Steuersenkung reagierte. Der Spitzensteuersatz liegt in Deutschland inzwischen bei 40%, wobei jedoch in vielen Konkurrenzländern niedrigere Körperschaftsteuern (zwischen 30 und 40%) erhoben werden. Dieser Abstand ist für die deutschen Unternehmen sehr problematisch und unter Umständen eine Gefahr für den Standort Deutschland.[17] Weitere Senkungen werden daher von den Unternehmen gefordert.

2.3 Entscheidungsmodelle zur Standortwahl

Die Standortplanung kann im weitesten Sinne als ein Prozess der Informationsbeschaffung und -verarbeitung verstanden werden. Zu beschaffen sind **ökonomisch relevante Informationen** über potentielle Standorte. Normalerweise erfolgt die Informationsbeschaffung mit Hilfe **statistischer Erhebungsmethoden**. Diesen muss in jedem Fall, ausgehend von den individuellen Zielen des Unternehmens, die Festlegung der entscheidenden Untersuchungskriterien vorangestellt werden.

---

[16] Vgl. Korndörfer, W.: Allgemeine Betriebswirtschaftslehre, 10. Auflage, Wiesbaden 1992, S. 154.

[17] Vgl. Hirn, W.: Standort Deutschland, in: Managermagazin 1/92, S. 76

Die Aufbereitung der beschafften Standortinformationen ermöglicht den Vergleich zwischen den **Standortalternativen**. Diejenige Alternative, deren Eignungsprofil sich bestmöglich mit dem Anforderungsprofil des Unternehmens deckt, wird allgemein zum neuen Standort bestimmt. Hierbei ist das **Anforderungsprofil** mit den Aspekten der Zielsetzung zu kombinieren.

2.3.1 Die Nutzwertanalyse

Als generelle Methode zur Auswahl von Handlungsalternativen bei der konstitutiven Entscheidung über den Standort bietet sich die **Nutzwertanalyse** an. Sie ist die in der Praxis am häufigsten verwendete Verfahrensweise, da diese Technik als bestes Instrument herangezogen werden kann, wenn keine exakte **analytische Modellbildung** möglich ist.

Im allgemeinen ist die Nutzwertanalyse dann angebracht, wenn bei den Entscheidungsträgern **multidimensionale Zielsetzungen** bestehen und nicht alle Entscheidungskonsequenzen monetär bewertbar sind. Dies ist bei der Entscheidung des Standortes vielfach der Fall.

Bei der Nutzwertanalyse werden die relevanten Standortanforderungen nach Zielkriterien in einer Liste zusammengefasst und nach ihrer Bedeutung für das Unternehmen gewichtet. Danach erfolgt eine **Bewertung der Standortfaktoren** für jeden einzelnen Standort durch die Vergabe einer Punktzahl (z.B. je nach Güte von 1-10).

Die Multiplikation der Bewertung mit der Gewichtung ergibt eine Wertzahl, die summiert den **Gesamtnutzen** des einzelnen Standortes repräsentiert. Abb. 11 zeigt ein Beispiel für eine Nutzwertanalyse (B = Bewertung, G · B = Wertzahl).

Standortanforderungen (Zielkriterien)	Gewich-tung	Standortalternativen					
		Standort A		Standort B		Standort C	
	(G)	B	G · B	B	G · B	B	G · B
- Expansionsmöglichkeiten	0,05	9	0,45	6	0,3	10	0,5
- Arbeitsmarktpotential	0,3	3	0,9	9	2,7	6	1,8
- Zulieferungen	0,1	4	0,4	6	0,6	2	0,2
- Verkehrsanbindung	0,1	9	0,9	5	0,5	3	0,3
- Entsorgung	0,15	5	0,75	6	0,9	8	1,2
- Absatzmarktnähe	0,2	10	2,0	4	0,8	5	1,0
- Steuerbelastung	0,05	3	0,15	5	0,25	6	0,3
Gesamtwert			Σ 5,55		Σ 6,05		Σ 5,3
Bewertungsskala (B): 10 sehr gut ..... 6 gut ..... 3 befriedigend ..... 0 ungünstig							

Abb. 11: Nutzwertanalyse zur Standortwahl

Die Standortentscheidung wird in diesem Fall zugunsten von Standort B ausfallen, da der Gesamtnutzen dieses Standortes mit 6,05 deutlich über dem Gesamtnutzen von

Standort A mit 5,55 und Standort C mit 5,3 liegt. Die Analyse dieses Beispieles zeigt, dass verschiedene Standortfaktoren unterschiedlich stark bei der Bewertung der jeweiligen Standortalternative ins Gewicht fallen.

- Standort A bietet z.B. günstige **Absatzmöglichkeiten**,

- Standort B bietet z.B. eine gute **Versorgung mit Arbeitskräften**.

In solchen Fällen kann es sinnvoll sein, eine **Standortspaltung** vorzunehmen. Die Fertigung wäre in Standort B, Absatz und Geschäftsleitung in Standort A anzusiedeln. Derartige Überlegungen können auch zu einer Aufteilung des Unternehmens auf mehrere Standorte führen.

Dabei ist aber zu beachten, dass die erforderliche Steuerung aller Betriebe und die Überwachung bei gespaltenen Standorten höhere Kosten verursacht als bei einem Einheitsstandort.

Die Nutzwertanalyse ist in ihrer Anwendung aber nicht frei von Problemen. Durch die auf subjektiven Urteilen beruhende Gewichtung der Standortanforderungen und deren Bewertung kann das Ergebnis entscheidend beeinflusst werden.

Der Vorteil der Nutzwertanalyse gegenüber unkontrollierten Entscheidungsprozessen liegt darin, dass der Entscheidungsablauf durch die explizite Angabe der Kriterien und ihrer Gewichtung sowie durch die Bewertung der einzelnen Standorte nachvollziehbar und überprüfbar wird.

2.3.2 Das Punkte-Bewertungsverfahren

Zur Festlegung des optimalen Standortes nach dem Punkte-Bewertungsverfahren werden die Standortbestimmungsfaktoren mittels eines **Punktesystems** bewertet und gewichtet.

Nachdem eine Vorauswahl über die für das Unternehmen wichtigen Standortfaktoren getroffen wurde, werden die verbleibenden relevanten Standortfaktoren mit einer Werteskala von 0 -100 bewertet.

Nach der Festlegung der Höchstwerte und der Bewertung der einzelnen Standortfaktoren werden die verschiedenen Standortalternativen bewertet. Danach werden die Werte pro Standort addiert. Mit dem Vergleich der errechneten Summen läßt sich eine **Rangfolge** der Standorte festlegen, wobei der Standort mit der höchsten Summe den optimalen Standort repräsentiert.

Im nachfolgenden Beispiel werden die Standortfaktoren Arbeitskräfte, Materialversorgung, Entsorgung etc. nach den bestimmten Standortanforderungen bewertet und zu einer **Standortbewertung** herangezogen. Die nachstehende Tabelle (Abb. 12) zeigt ein solches Bewertungssystem.

Das Punkte-Bewertungsschema bietet einen Ausweg aus dem Problem der Bewertung nichtmaterieller Faktoren, das sich z.B. bei der Frage nach den Lebensverhältnissen einer Gemeinde stellt.

Diese Bewertungsmethode lässt jedoch in unverfeinerter Form viel Spielraum für eine **subjektive Beurteilung** der Faktoren und gibt außerdem keine Auskunft, welche Rentabilität des Projektes für verschiedene Standorte zu erwarten ist.

Standortfaktor	Höchstwert (0 -100)	Standortalternativen			
		A	B	C	D
- Arbeitskräfte	100	90	80	50	75
- Materialversorgung	75	70	75	75	70
- Entsorgung	75	25	50	75	65
- Absatzmarktnähe	50	25	35	40	45
- Gewerbeimmobilien	25	15	25	10	20
- Steuerbelastung	25	10	15	25	15
- Gesamtpunktzahl	350	235	280	275	290
Rangfolge		4	2	3	1

Abb. 12: Punkte-Bewertungsschema

2.3.3 Steiner-Weber-Modell

Mit Hilfe des Steiner-Weber-Modells lässt sich der transportkostenoptimale Standort eines Betriebes in einem Koordinatensystem bestimmen.

Bei diesem Modell geht man von einem einheitlichen Frachtkostensatz je Tonnenkilometer aus und reduziert das Problem der Standortwahl auf die Frage nach dem Minimum der Tonnenkilometer. Der optimale Standort des Betriebes liegt dann dort, wo insgesamt die geringsten Tonnenkilometer anfallen.

Anwendbar ist das Steiner-Weber-Modell sowohl auf den **Rohstoffbezug** von verschiedenen Lieferanten oder Gewinnungsorten als auch auf den **Verkauf von Fertigfabrikaten** und **Handelswaren**.

Legt man von einem frei gewählten Bezugspunkt P_B aus die Koordinaten (Luftlinienentfernungen) jedes Absatzgebietes (bzw. Kunden) fest, so werden die Koordinaten des optimalen Standortes aus der folgenden Zielfunktion ermittelt:

1) $$K_{Tr} = \sum_{i=1}^{n}(k \cdot m_i) \cdot \sqrt{(x_i - x)^2 + (y_i - y)^2} \implies$$

die **Transportkostenfunktion** soll minimiert werden

K_{Tr} = Transportkosten (Gesamt);
k = Frachtkostensatz (Kosten je transportierte Einheit);
m_i = Transportmenge zum Absatzort (z.B. in Tonnen);
n = Anzahl der Absatzgebiete (bzw. Kunden);
x_i, y_i = Koordinaten des transportkostenoptimalen Standortes.

Minimiert man die obenstehende Zielfunktion, errechnen sich die Koordinaten (x ; y) des gesuchten Standortes nach den folgenden Gleichungen:

2) $$x = \frac{\sum_{i=1}^{n}(x_i \cdot m_i)}{\sum m_i} \quad \text{und} \quad y = \frac{\sum_{i=1}^{n}(y_i \cdot m_i)}{\sum m_i}$$

Beispiel für das Steiner-Weber-Modell mit n = 5 Kunden.

Kunden n = 5	Koordinaten		Mengen	$x_i \cdot m_i$	$y_i \cdot m_i$
	x_i (km)	y_i (km)	m_i (t)		
A	100	50	100	10000	5000
B	150	100	150	22500	15000
C	200	35	200	40000	7000
D	50	200	50	2500	10000
E	150	50	100	15000	5000
Gesamt			Σ = 600	Σ = 90000	Σ = 42000

Abb. 13: Steiner-Weber-Modell mit n = 5

Optimaler Standort ist bei: $x = \dfrac{90000}{600} = 150 \quad y = \dfrac{42000}{600} = 70$

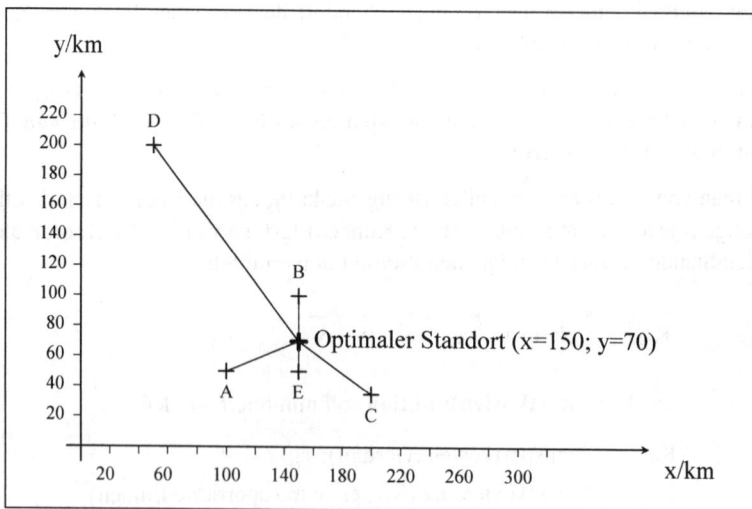

Abb. 14: Graphische Lösung

3 Der rechtliche Aufbau der Betriebe

3.1 Die Bedeutung der Rechtsform

Die Wahl der Rechtsform zählt neben der Standortwahl zu den langfristig wirksamen unternehmerischen Entscheidungen. Die Frage, welche Rechtsform für einen Betrieb die wirtschaftlich zweckmäßigste ist, stellt sich nicht nur bei der Gründung eines Betriebes, sondern muss jeweils von neuem überprüft werden, wenn sich wesentliche **persönliche, wirtschaftliche, rechtliche** oder **steuerrechtliche** Faktoren ändern, die zuvor bei der Entscheidung für eine bestimmte Rechtsform den Ausschlag gegeben haben.

Wird ein privater Betrieb gegründet oder soll ein bereits bestehender privater Betrieb in eine andere Rechtsform überführt werden, so sind in der Regel folgende Merkmale der in Frage kommenden Rechtsformen zu beachten:[18]

1. Die **Rechtsgestaltung**, insbesondere die Haftung,
2. Die **Leitungsbefugnisse**; (Vertretung nach außen, Geschäftsführung, Mitbestimmung),
3. Die **Finanzierungsmöglichkeiten** mit Eigen- und Fremdkapital,
4. Die **Gewinn- und Verlustbeteiligung** sowie **Entnahmerechte**,
5. Die **Flexibilität** bei der Änderung von **Beteiligungsverhältnissen** und bei **Eintritt** und **Ausscheiden** von Gesellschaftern,
6. Die **Steuerbelastung**, insbesondere Einkommen- und Körperschaftsteuer,
7. Die **gesetzlichen Vorschriften** über Umfang, Inhalt, Prüfung und Offenlegung des Jahresabschlusses,
8. Die **Aufwendungen der Rechtsform** (Gründungs-, Kapitalerhöhungskosten).

Die Rechtsform ist Ausdruck der gesetzlich vorgeschriebenen Form, durch welche die Rechtsbeziehungen der Unternehmung im Innen- und Außenverhältnis geregelt werden. Die juristische Grundlage der Rechtsform ist im sogenannten **Gesellschaftsrecht** verankert. Das Gesellschaftsrecht ist, wie das gesamte Privatrecht, weitgehend **dispositiv** gestaltet, um wirtschaftliche Aspekte berücksichtigen zu können. Aufgrund der vielfachen Gestaltungsmöglichkeiten wird das Gesellschaftsrecht nicht durch ein einheitliches Gesetzbuch geregelt, sondern besteht aus einer Vielzahl von Gesetzen und Gesetzesteilen. Dazu gehören insbesondere:

1. **Handelsgesetzbuch** (HGB),
2. **Bürgerliches Gesetzbuch** (BGB),
3. **Aktiengesetz** (AktG),
4. **GmbH-Gesetz** (GmbHG),
5. **Genossenschafts-Gesetz** (GenG)
6. **Partnerschaftsgesetz** (PartGG).

Die Wahl der Rechtsform ist im allgemeinen **frei**, wird aber durch einige gesetzliche Vorschriften eingeschränkt, so dass nicht jeder Betrieb eine beliebige Rechtsform wählen kann.

---

[18] Vgl. Klunzinger, E.: Grundzüge des Gesellschaftsrechts, 11. Auflage, München 1999, S. 6.

Eine Einschränkung kann erfolgen durch:
1. **Gründungsvorschriften**: - Mindestanzahl von Gründern (z.B. Genossenschaft)
   - Mindestkapital (z.B. AG, GmbH).
2. **Betriebszweck**: - Versicherungen: AG oder VVaG,
   - Kapitalanlagegesellschaften: AG oder GmbH,
   - Hypothekenbanken: AG oder KGaA,
   - private Bausparkassen: AG oder KGaA oder GmbH.
3. **Eigentumsverhältnisse**: - Betriebe der öffentlichen Hand nur AG, GmbH usw.

Eine Einteilung der in der Wirtschaft vorkommenden Rechtsformen kann unter Beachtung der folgenden Gestaltungsmerkmale vorgenommen werden:
1. Umfang des Erwerbsstrebens:
   Die Trennung der Rechtsformen erfolgt nach erwerbswirtschaftlichen und gemeinwirtschaftlichen Betrieben.
2. Art des Trägers:
   Der Träger (Eigentümer) des Betriebes kann ebenso ein privater Kreis wie die öffentliche Hand sein.
3. Rechtsfähigkeit:
   Der Betrieb kann in der Rechtsfähigkeit entweder auf die tragenden Personen zugeschnitten sein (keine eigene Rechtspersönlichkeit) oder ein Eigenleben führen (eigene Rechtspersönlichkeit, juristische Person).

3.2 Die Rechtsformen privater Betriebe

Unter Beachtung dieser Kriterien können die in der Wirtschaft vorkommenden Rechtsformen privater Betriebe, wie folgt, systematisiert werden:

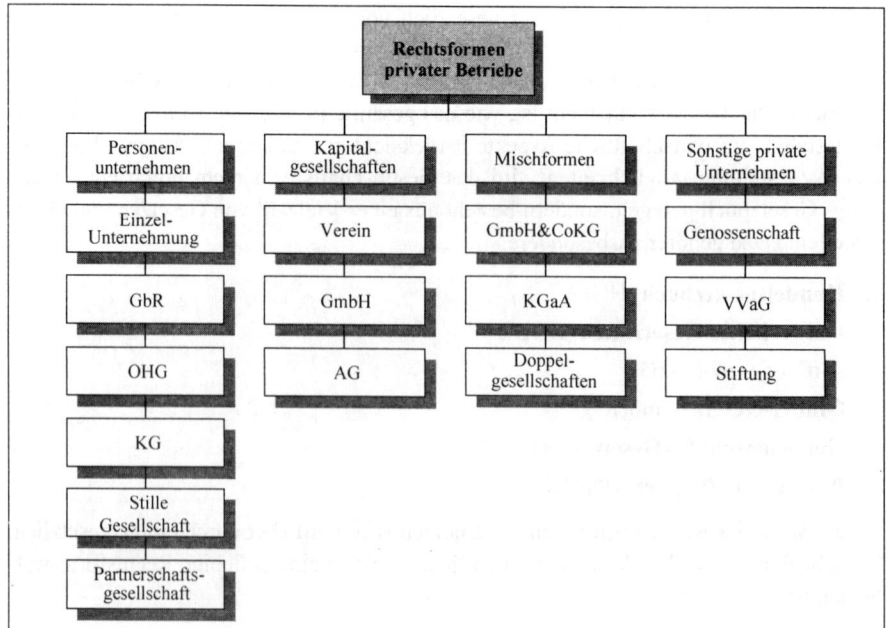

Abb. 15: Rechtsformen privater Betriebe im Überblick

Innerhalb der zulässigen Gesellschaftsform ist das Gesetz in weiten Bereichen dispositiv, es besteht also insofern Vertragsfreiheit (bei den Personengesellschaften mehr als bei den Kapitalgesellschaften). Zwingendes Recht hat der Gesetzgeber (insbesondere bei den Kapitalgesellschaften, vornehmlich aus Gründen des Gläubigerschutzes eingeführt.)

3.2.1 Die Personenunternehmen

Unter dem Oberbegriff Personenunternehmen sind Einzelunternehmung und Personengesellschaften zusammengefasst. Abb. 16 verdeutlicht diesen Sachverhalt:

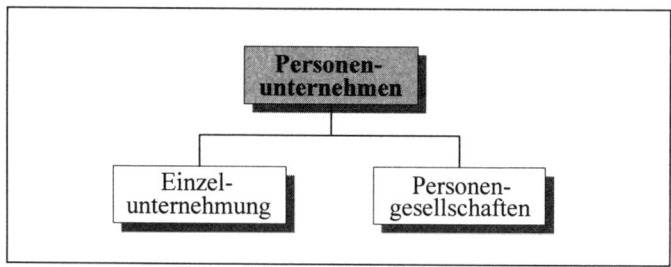

Abb. 16: Personenunternehmen

Beide Rechtsformen weisen viele rechtliche und wirtschaftliche Gemeinsamkeiten auf und werden durch die enge Bindung des Unternehmens an seine/ seinen Inhaber gekennzeichnet. Die folgenden Regelungen gelten für alle Personenunternehmen:

1. **Haftung**,
   - Mindestens ein Gesellschafter haftet persönlich mit dem gesamten Privatvermögen,
   - Gläubiger können die Gesellschafter und/oder die Gesellschaft verklagen.
2. **Dauer des Unternehmens**,
   - Bei mehreren Gesellschaftern existieren Unternehmen nach dem Tod eines Inhabers (Gesellschafters) grundsätzlich weiter.
   - Ein Wechsel der Gesellschafter ist grundsätzlich nicht vorgesehen,
   - der Konkurs eines Gesellschafters führt zum Konkurs des Unternehmens hinsichtlich seines Anteils.
3. **Persönlicher Kontakt**,
   - Die Gesellschafter arbeiten mit und führen das Unternehmen gemeinsam,
   - abgestimmt wird nach Kopfzahl,
   - die Anzahl der Gesellschafter ist gering.

Weitere Gemeinsamkeiten der Personenunternehmungen erstrecken sich auf die Gründung, die Besteuerung und auf das Mindestkapital. Bei der Gründung bestehen grundsätzlich keine Formvorschriften. Die Gesellschaften unterliegen weder der Einkommensteuer noch der Körperschaftsteuer. Auch ein Mindestkapital muss aufgrund der besonderen Haftungsregelungen nicht geleistet werden.

Die wichtigsten juristischen und wirtschaftlichen Besonderheiten der Personenunternehmen werden im folgenden dargestellt.

3.2.1.1 Die Einzelunternehmung

(Rechtsgrundlage §§ 1 - 104 HGB)

Die Einzelunternehmung ist die **einfachste, billigste** und **am wenigsten reglementierte Unternehmensform**. Sie wird durch eine einzelne Person verkörpert, die praktisch identisch mit der Unternehmung ist und alle Rechte und Pflichten dieser Unternehmung trägt.

Aus diesem Grund sind die persönliche Entschlusskraft und der Betätigungsdrang des Unternehmers mit der Kapitalkraft eng verbunden.

Der **Entscheidungsfreiheit** wegen ist die Einzelunternehmung hinsichtlich der Entscheidungsfindung bei Problemen durch ein hohes Maß an Elastizität gekennzeichnet.

1. **Die Gründung** einer Einzelunternehmung erfolgt formlos, d.h. es ist weder ein Papier mit der Festlegung einzelner Modalitäten notwendig, noch bedarf dieses Papier einer notariellen Beurkundung. Die Firma der Einzelunternehmung besteht aus dem Familiennamen des Inhabers und zumindest einem ausgeschriebenen Vornamen.

2. Der Einzelunternehmer **haftet** für gerechtfertigte Ansprüche gegen sein Unternehmen grundsätzlich allein und unbeschränkt. Diese Art der Haftung bezieht sich nicht nur auf sein im Betrieb verankertes Vermögen, sondern auch auf sein gesamtes Privatvermögen.

3. Der Einzelunternehmer ist **alleiniger Eigentümer** seines Unternehmens. Er trägt das gesamte Risiko der betrieblichen Betätigung und haftet allein für seine Schulden. Infolgedessen stehen ihm auch allein alle **Entscheidungs- und Dispositionsbefugnisse** zu, es sei denn, er ist bei wirtschaftlichen Schwierigkeiten in die Abhängigkeit eines Kreditgebers geraten, der seinen Kredit nur gegen die zeitweilige Einräumung gewisser Mitspracherechte gewährt hat. Die Vertretung der Einzelunternehmung kann allerdings auch durch vom Eigentümer bestellte Handlungs-bevollmächtigte oder Prokuristen vollzogen werden.[19]

4. Der Einzelunternehmer kann über den **Gewinn** des Betriebes frei verfügen und über seine Verwendung selbst entscheiden, andererseits treffen ihn allein aber auch alle **Verluste**.

5. Die **Finanzierungsmöglichkeiten** der Einzelunternehmung sind sehr begrenzt. Zusätzliches Eigenkapital kann nur durch die Nichtentnahme von Gewinnen (Gewinn-Thesaurierung) oder durch die Überführung von Geld- oder Sachmitteln des Privatvermögens in das Geschäftsvermögen gebildet werden.

   Ähnlich ist der Fall bei der Fremdfinanzierung gelagert, denn die **Kreditwürdigkeit** ist von der betrieblichen Ertragskraft, der Liquidität und, wegen fehlenden Mindestkapitals, von der persönlichen Einschätzung des Unternehmers von den Kreditgebern abhängig.

6. Die bei der Einzelunternehmung ermittelten Gewinne unterliegen beim Eigentümer nur der **Einkommensteuer**.

---

[19] Vgl. §§ 48 ff. HGB.

3.2.1.2 Die Personengesellschaften

(1) Die Gesellschaft des bürgerlichen Rechts (GbR)

(Rechtsgrundlage §§ 705 - 740 BGB)

Die Gesellschaft des bürgerlichen Rechts ist die im **BGB** fixierte Grundform aller Personengesellschaften. Sie ist nicht nur wie die Gesellschaftsformen des **HGB** allein auf Erwerbsbetriebe ausgerichtet, sondern kann vielmehr auch jedem anderen Zweck dienen, für dessen Erreichung sich mehrere Personen zusammentun. Die GbR ist **keine juristische Person** und kann als Gesellschaft weder klagen noch verklagt werden.

1. Die **Gründung** einer Gesellschaft des bürgerlichen Rechts erfolgt durch Abschluss eines **Gesellschaftsvertrages**, der formlos sein kann (keine Schriftform nötig). Zur Gründung einer GbR werden mindestens zwei Gesellschafter (natürliche oder juristische Personen) benötigt. Die GbR kann **nicht ins Handelsregister eingetragen** werden.

2. Alle **Gesellschafter haften unbeschränkt** für die Schulden der Gesellschaft mit ihrem gesamten Privatvermögen, ohne die Gläubiger zunächst auf das Gesellschaftsvermögen verweisen zu können.

3. Das Vermögen der Gesellschaft gilt als gemeinsames Vermögen der Gesellschafter und die **Geschäftsführung erfolgt gemeinsam** (d.h. es gilt das Prinzip der Einstimmigkeit). Im Gesellschaftsvertrag kann die Geschäftsführung jedoch auf einen oder mehrere Gesellschafter übertragen werden.

4. Die **Gewinn-** und **Verlustbeteiligung** erfolgt, unabhängig von der Höhe der Einlage, nach der Anzahl der Gesellschafter (dispositiv).

Als Unternehmensform hat die GbR wirtschaftlich große Bedeutung, wenn mehrere Unternehmen Aufträge gemeinsam übernehmen. Die GbR als **Gelegenheitsgesellschaft** wird vor allem dann gewählt, wenn der Umfang einzelner Geschäfte die finanz- oder produktionswirtschaftliche Kapazität einer einzelnen Unternehmung übersteigt oder Sicherheitsüberlegungen eine Risikoverteilung nahelegen. Sie wird auch von Praxisgemeinschaften freier Arbeits- und Berufsgruppen häufig gewählt.

(2) Die offene Handelsgesellschaft (OHG)

(Rechtsgrundlage §§ 105 - 160 HGB, §§ 705 - 740 BGB)

Die offene Handelsgesellschaft (OHG) ist eine auf den Betrieb eines Handelsgewerbes unter gemeinschaftlicher Firma gerichtete Personengesellschaft. Die Gesellschaft ist keine juristische Person, also nicht rechtsfähig, jedoch Grundbuch-, partei- und deliktfähig. Sie kann Rechte, Verbindlichkeiten und Eigentum erwerben sowie vor Gericht klagen und verklagt werden.

1. Die **Gründung** erfolgt wie bei der GbR durch den Abschluss eines Gesellschaftsvertrages (mindestens zwei Gesellschafter), nur müssen die Firma und die Namen der Gesellschafter in das Handelsregister eingetragen werden. Die Firma einer OHG muss die Bezeichnung "offene Handelsgesellschaft" oder eine allgemein verständliche Abkürzung dieser Bezeichnung enthalten.

2. Die Gesellschafter der OHG **haften** für die Unternehmensverbindlichkeiten solidarisch mit ihrem gesamten Vermögen direkt und unbeschränkt. Gläubiger der Gesell-

schaft können für ihre gesamten Forderungen jeden Gesellschafter in Anspruch nehmen.

3. Zur **Führung** der Geschäfte der Gesellschaft sind alle Gesellschafter berechtigt und verpflichtet, es sei denn, der Gesellschaftsvertrag hat einen oder mehrere Gesellschafter von der Geschäftsführung ausgeschlossen. Aus diesem Grund ist jeder Gesellschafter allein vertretungs- und geschäftsführungsberechtigt.

4. Der **Gewinn** wird verwendet (dispositiv) und folgendermaßen verteilt:[20] vorweg eine 4%-ige Verzinsung der Kapitaleinlage und darüber hinaus die Verteilung des Restgewinns nach Köpfen. Die geschäftsführenden Gesellschafter erhalten in der Regel ihr Arbeitsentgelt zu Lasten des verteilungsfähigen Gewinns. Ein entstandener **Verlust** wird wie bei der Gewinnverteilung nach Köpfen aufgeteilt.

5. Eine **Eigenkapitalerhöhung** der OHG ist durch zusätzliche Kapitaleinlagen und Gewinn-Thesaurierung möglich. Ein anderer Weg ist die Aufnahme neuer Gesellschafter, dem aber durch die damit verbundene Beschränkung der Geschäftsbefugnisse der bisherigen Gesellschafter enge Grenzen gesetzt sind. Die Kreditbasis der OHG ist im allgemeinen gut, da in der Solidarhaftung der Gesellschafter eine hohe Sicherheit der Gläubiger gesehen wird.

6. Die OHG unterliegt wie alle anderen Personenunternehmen nicht der Körperschaftsteuer. Dafür unterliegen die Einkünfte aus dem Gewerbebetrieb der **Einkommensteuer**. Für alle Gesellschafter besteht ein Wettbewerbsverbot (dispositiv), d.h. es wird allen Gesellschaftern verboten, Tätigkeiten, die im Wettbewerb mit der Gesellschaft stehen, auszuüben.

Die offene Handelsgesellschaft ist die typische Gesellschaftsform von mittleren Betrieben, in denen die Partner gleichberechtigt sind. In der OHG werden, ähnlich wie in der Einzelunternehmung, **unbeschränkte Haftung**, **Selbständigkeit** und **grundsätzliche Unübertragbarkeit** der Gesellschaftsrechte miteinander vereinigt.

Die durch die nachgiebige Natur der rechtlichen Vorschriften u.a. im Gesellschaftervertrag resultierende Anpassungsfähigkeit und die Privathaftung der Gesellschafter, haben die OHG zu einer krisenfesten Rechtsform gemacht. Den Vergleich von **Unternehmensinsolvenzen** (Konkurs) der einzelnen Rechtsformen zeigt die Abb. 17.

Rechtsform	Anzahl der Insolvenzen				
	1994	1995	1996	1997	1998
- Nicht eingetragene Unternehmen	4794	5594	6615	6866	7499
- Eingetragene Einzelunternehmen	1250	1479	1736	2104	2197
- Personengesellschaften (OHG/KG)	946	1148	1272	1484	1456
davon: GmbH & Co KG	691	861	975	1135	1122
- GmbH	11670	13921	15689	16746	16413
- AG und KGaA	36	39	59	62	79
- Sonstige Unternehmen	128	163	159	212	184
Unternehmen gesamt	**19515**	**23205**	**26505**	**28609**	**28950**

Abb. 17: Struktur der Unternehmensinsolvenzen in der BRD[21]

---

[20] Vgl. §§ 120 ff. HGB.
[21] Quelle: Statistisches Jahrbuch 1999, S. 138

Trotz der oben genannten Vorteile und obwohl auf die OHG eine große Anzahl von Gesellschaften entfällt, sinkt ihre Bedeutung relativ immer mehr, da viele Anleger Beteiligungen mit beschränkter Haftung bevorzugen.

(3) Die Kommanditgesellschaft (KG)

(Rechtsgrundlage §§ 161 - 177 HGB, aufbauend auf §§ 105 - 160 HGB und §§ 705 -740 BGB)

Die Kommanditgesellschaft ist eine Personengesellschaft, deren Zweck wie bei der offenen Handelsgesellschaft auf den Betrieb eines Handelsgewerbes unter gemeinschaftlicher Firma gerichtet ist.

Sie unterscheidet sich von der OHG nur dadurch, dass neben einem oder mehreren unbeschränkt haftenden Gesellschaftern (**Komplementäre**) auch Gesellschafter beteiligt sind, die bei Forderungen gegen die Gesellschaft nur begrenzt haften (**Kommanditisten**).

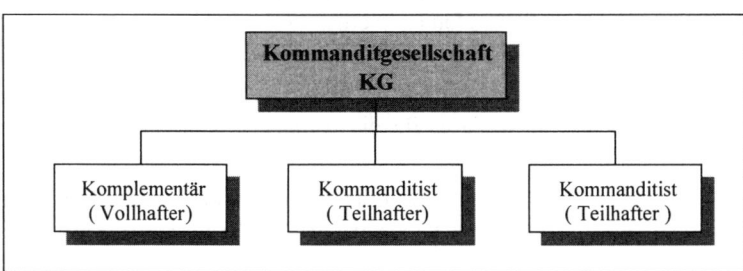

Abb. 18: Aufbau einer Kommanditgesellschaft

1. Die **Gründung** erfolgt wie bei der offenen Handelsgesellschaft, nur wird im Gesellschaftsvertrag unter anderem die Dauer, Kündigungsmöglichkeiten und die Haftsumme der Kommanditisten festgelegt. **Komplementäre** und **Kommanditisten** sind in das Handelsregister namentlich und mit der Höhe ihrer Einlage einzutragen. Für die Errichtung einer Kommanditgesellschaft sind mindestens ein Komplementär und ein Kommanditist Pflicht, wobei beide **juristische** oder **natürliche Personen** sein können. Die Firma einer KG muss die Bezeichnung "Kommanditgesellschaft" oder eine allgemein verständliche Abkürzung dieser Bezeichnung enthalten.

2. Die Komplementäre **haften** für die Verbindlichkeiten der Gesellschaft **unbeschränkt**. Die Kommanditisten sind beschränkt haftende Kapitalgeber. Ihre Haftung ist auf die vereinbarte und im Handelsregister einzutragende **Kommanditeinlage** beschränkt. Unternehmensgläubigern gegenüber haftet ein Kommanditist nur insoweit, wie er seine Kommanditeinlage noch nicht erbracht hat.

3. Die **Geschäftsführung** in der Kommanditgesellschaft obliegt in erster Linie allein den Komplementären, jedoch kann auch hier der Gesellschaftsvertrag eine andere Regelung vorsehen, der den Kommanditisten umfangreiche **Mitsprache- und Kontrollrechte** einräumen kann. Zur Vertretung sind nur die Komplementäre berechtigt, wobei grundsätzlich Einzelvertretung herrscht. Die Kommanditisten sind zur Vertretung nicht ermächtigt und können diese nur durch Erteilung einer Prokura erlangen.

4. Die **Gewinnverteilung** bei einer Kommanditgesellschaft ist in etwa mit der einer OHG vergleichbar. Vom Gewinn werden den Gesellschaftern, einschließlich der Kommanditisten, zunächst **4%** ihres Kapitalanteils gutgeschrieben.

Der verbleibende Gewinn ist angemessen zu verteilen. Infolge der Haftungsbeschränkung kommt aber eine Verteilung des Gewinns nach Köpfen, wie bei der OHG, nicht in Betracht.

Der Gewinn des Kommanditisten wird der Einlage zugeschlagen, bis sie zur vertraglichen Höhe aufgefüllt ist. Für die **Verlustbeteiligung** gilt ebenso wie für die **Gewinnbeteiligung** ein angemessenes Verhältnis, da zwei verschiedene Haftungsgrundlagen bei den Gesellschaftern bestehen. Die Bestimmungen für eine angemessene Gewinn- und Verlustbeteiligung werden im Gesellschaftsvertrag verankert.

5. Die Möglichkeiten der **Eigenfinanzierung** der KG sind in der Regel größer als die der OHG, da durch die Beschränkung der Haftung der Kommanditisten auf ihre Kapitaleinlagen und den grundsätzlichen Ausschluss der Kommanditisten von der Geschäftsleitung, Kapitalgeber gefunden werden können, die zur Mitarbeit im Betrieb und zur Risikoübernahme in einer OHG nicht bereit sind.

Im Hinblick auf die Eigenfinanzierung ist bei der KG bereits ein Übergang zur Kapitalgesellschaft zu erkennen, da es für die Aufnahme neuer Kommanditisten keine Beschränkung gibt.

Darüber hinaus kann die KG wie auch die OHG oder die Einzelunternehmung ihre Eigenkapitalbasis durch die Aufnahme eines **stillen Gesellschafters** erweitern.[22]

6. Für die Steuerbelastung gilt das gleiche wie bei der OHG. Nur werden die Gewinnanteile der Kommanditisten durch die **Einkommensteuer** als Einkünfte aus Gewerbebetrieb erfasst.

Die Kommanditgesellschaft bietet infolge ihrer personellen, wirtschaftlichen und juristischen Struktur günstige Voraussetzungen für den Aufbau einer Unternehmung, da die Leistungsfaktoren Arbeit und Kapital so miteinander kombiniert werden können, dass der Einfluss der Kapitalgeber der Unternehmung an sich keine Bindungen auferlegt.

Die Vorteile der Personengesellschaft vereinen sich mit denen der Kapitalgesellschaft. Die **Kapitalbeschaffung** durch Aufnahme von neuen Kommanditisten ist aufgrund der beschränkten Haftung meist nicht schwierig. Die Kapitalbasis läßt sich also durch neue Kommanditeinlagen erheblich erweitern, wodurch sich letztlich die **Kreditfähigkeit** der Gesellschaft erhöht.

Zu dem Vorteil der relativ einfachen Kapitalbeschaffung kommt nach den gesetzlichen Vorschriften der Vorteil, dass die Geldgeber (Kommanditisten) von der Geschäftsführung ausgeschlossen sind. In der Praxis haben jedoch, entsprechend dem Umfang der Kapitalbeteiligung, die Kommanditisten einen großen, oft sogar einen beherrschenden Einfluss auf die Geschäftsleitung.[23]

Die Unterschiede zwischen Komplementär und Kommanditist sind in Abb. 19 zusammengefasst:

---

[22] Vgl. Abschnitt 3.2.1.2(4) Die stille Gesellschaft.
[23] Vgl. Daumke, M./ Geßler, J.: Gesellschaftsrecht, 3. Auflage, München Wien 2000, S. 84 f.

Merkmal	Komplementär *	Kommanditist
Haftungsbasis	gesamtes Vermögen	nur Einlage
Geschäftsführung	ja	nein
Vertretung	ja	nein
Kontrollrechte	ja	bedingt
Kündigungsmöglichkeit	ja	ja
Wettbewerbsverbot	ja	nein
Konkurs Gesellschafter	Auflösung	Ausscheiden
Tod Gesellschafter	Fortbestand	Fortbestand
Name in Firma	ja	nein
Verluste mindern	Kapital	Einlage

* gilt auch für Einzelunternehmer und OHG - Gesellschafter

Abb. 19: Gegenüberstellung Komplementär - Kommanditist

(4) Die stille Gesellschaft

(Rechtsgrundlage §§ 335 - 342 HGB)

Die stille Gesellschaft entsteht durch die Beteiligung mit einer **Vermögenseinlage** an einem beliebigen Unternehmen. Der stille Gesellschafter kann sowohl eine **natürliche** als auch eine **juristische Person** sein. Die Vermögenseinlage kann in Form von Kapital oder Wirtschaftsgütern geleistet werden und geht in das Eigenkapital der Gesellschaft über. So wird eine Beteiligung geschaffen, die außerhalb des Beteiligungsverhältnisses nicht bekannt wird. Die stille Gesellschaft besteht immer nur aus zwei Gesellschaftern, dem Inhaber des Unternehmens und dem stillen Gesellschafter.

1. Die **Gründung** einer stillen Gesellschaft erfolgt über einen Vertrag, der formlos sein kann, wenn nicht Vorschriften, z.B. bei Einbringung eines Grundstücks, eine besondere Regelung verlangen. Die stille Gesellschaft wird nicht in das Handelsregister eingetragen. In die Firmenbezeichnung darf weder der Name der stillen Gesellschaft noch ein Zusatz, der ein Gesellschaftsverhältnis andeutet, aufgenommen werden. Die stille Gesellschaft ist eine **reine Innengesellschaft**, deren Regelungen im Gesellschaftsvertrag verankert sind.

2. Der stille Gesellschafter **haftet nicht** mit seiner Einlage für Forderungen gegen das Unternehmen. Eine Zahlungsverpflichtung besteht für den stillen Gesellschafter **nur bei Konkurs** der Unternehmung. In diesem Fall muss der stille Gesellschafter rückständige oder kurz vor dem Konkurs ausgezahlte Einlagen zur Konkursmasse einzahlen, hat aber wie ein Gläubiger Anspruch auf die **Konkursquote**.

3. Der stille Gesellschafter ist grundsätzlich von der **Geschäftsführung** und der **Vertretung ausgeschlossen**. In diesem Zusammenhang soll auf die beiden Arten der stillen Gesellschaft hingewiesen werden (typisch = nach gesetzl. Vorbild; atypisch = in der Praxis häufigere Form). Die Unterschiede sind in Abb. 20 verdeutlicht.

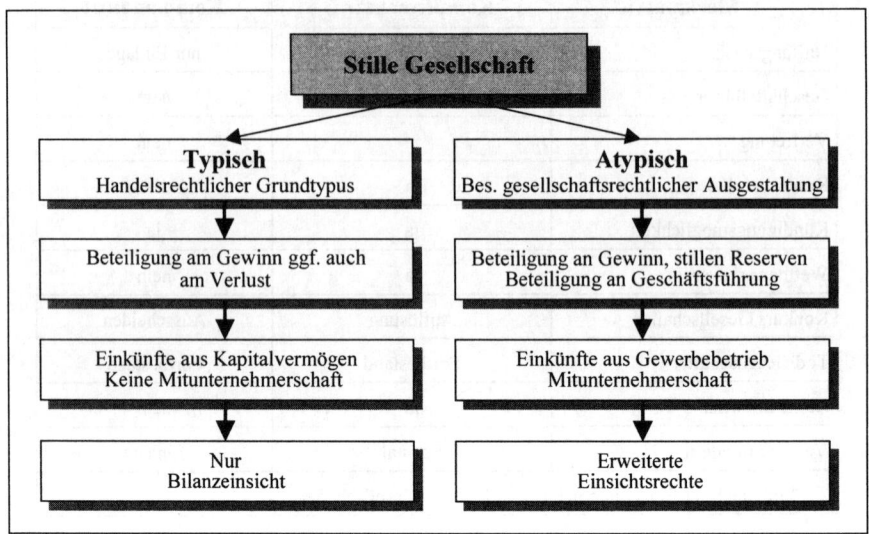

Abb. 20: Die Formen der stillen Gesellschaft

4. Die stille Gesellschaft muss zwingend am **Gewinn** des Unternehmens beteiligt sein, wobei eine **Verlustbeteiligung** vertraglich ausgeschlossen werden kann. Enthält der Gesellschaftsvertrag diesbezüglich keine Regelungen, erfolgt eine angemessene Gewinn- und Verlustbeteiligung. Eine angemessene Gewinnbeteiligung kann so geregelt werden, dass auf einen bestimmten Prozentsatz des tatsächlichen Wertes der stillen Einlage ein **Effektivzins** gezahlt wird.

5. Der typische stille Gesellschafter **versteuert die Gewinnanteile** als Einnahmen aus Kapitalvermögen (**Vermögensteuer**). Die Gewinnanteile des atypischen Gesellschafters fallen unter die Einkünfte aus Gewerbebetrieb und werden von der **Einkommensteuer** erfasst.

Die Idee der stillen Gesellschaft liegt darin, Anleger als Gesellschafter zu gewinnen, die:

1.) eine **kurzfristige Geldanlage** wünschen
(der Vertrag kann einfach und problemlos aufgelöst werden),

2.) **keine enge Bindung** an das Unternehmen haben wollen
(eine Risikobeschränkung ist vorhanden),

3.) **anonym** bleiben wollen
(dazu dient der Einzelvertrag und der Verzicht auf die Eintragung ins Handelsregister).

Die stille Gesellschaft ist ihrem Wesen nach zwischen der Kommanditgesellschaft und einem einfachen Darlehensvertrag angesiedelt. Wegen der Möglichkeit der Vertragsgestaltung durch das dispositive Recht ist eine Ausgestaltung in Richtung beider Extreme denkbar.

Aus diesem Grund ist auch die Einlage des stillen Gesellschafters **Konkursforderung**. Ein gesetzliches Wettbewerbsverbot besteht für den stillen Gesellschafter nicht, jedoch gilt auch für ihn eine **abgeschwächte Treuepflicht** dem Unternehmen gegenüber.

(5) Partnerschaftsgesellschaft

Durch das zum 01.07.1995 in Kraft getretene Gesetz über die Partnerschaftsgesellschaft (PartGG) wurde im deutsche Gesellschaftsrecht ein neuer Gesellschaftstypus geschaffen. Zweck dieser Regelung ist es in Anlehnung an die **OHG** den freien Berufen alternativ eine speziell auf ihre Bedürfnisse abgestimmte Gesellschaftsform zu eröffnen und so nicht zuletzt ihre internationale Wettbewerbsfähigkeit zu verbessern (Schlagwortartig = OHG für Freiberufler).[24]

Der Begriff des Freiberuflers wird in § 1 Abs. 2 S.1 PartGG definiert. Danach haben freie Berufe im allgemeinen auf der Grundlage besonderer beruflicher Qualifikationen oder schöpferischer Begabung die persönliche, eigenverantwortliche und fachlich unabhängige Erbringung von Dienstleistungen höhere Art im Interesse der Auftraggeber und der Allgemeinheit zum Inhalt. In der Organisationsstruktur ist die Partnerschaftsgesellschaft der **OHG** angenähert. Grundsätzlich haften für die **Verbindlichkeiten** der Gesellschaft das Partnerschaftsvermögen und die Partner als Gesamtschuldner (§ 8 Abs. 1 S. 1 PartGG). Der **Gesellschaftsvertrag** zur Gründung einer Partnerschaftsgesellschaft muss als Mindestinhalt Namen, Sitz und Gegenstand usw. der Partnerschaft enthalten (§ 3 PartGG).

(6) Zusammenfassung der Rechtsformen der Personengesellschaften

Kriterium	BGB-Gesellschaft	OHG	KG	Stille Gesellschaft	Partnerschaftsgesellschaft
Voraussetzung	Jeder gemeinsame Zweck	Handelsgewerbe oder Registereintrag	Handelsgewerbe oder Registereintrag	Kein Handelsgewerbe	Kein Handelsgewerbe
Vermögen	Gesamthand	Gesamthand (nach außen ist OHG Rechtsträger)	Gesamthand (nach außen ist KG Rechtsträger)	Kein gemeinsames Vermögen	Gesamthand
Haftung	Gesellschafter haften persönlich und unbeschränkt	Gesellschaft haftet wie jur. Person, daneben Gesellschafter persönlich und unbeschränkt	Wie OHG. Kommanditist haftet nur mit Einlage (zwei Ausnahmen)	Stiller haftet mit Einlage, wenn Verlustbeteiligung vereinbart	Partner sind Gesamtschuldner
Vertretung der Gesellschaft	Durch alle Gesellschafter gemeinsam	Jeder Gesellschafter ist allein vertretungsberechtigt	Wie OHG. Kommanditist nicht vertretungsberechtigt	Stiller nicht vertretungsberechtigt	Wie OHG. Grundsatz der Einzelvertretungsbefugnis
Innenverhältnis	Gemeinsame Führung durch alle Gesellschafter	Jeder Gesellschafter bei gewöhnlichen Handlungen allein geschäftsführungsbefugt	Wie OHG. Kommanditist wirkt nur mit bei Gesellschaftsbeschlüssen und hat beschränktes Widerspruchsrecht	Nur Bilanzkontrolle usw. durch Stillen	Wie OHG.

Abb. 21: Gegenüberstellung Personengesellschaften

---

[24] Vgl. Daumke, M./ Kessler, J.: Gesellschaftsrecht, a.a.O., S. 97ff.

3.2.2 Die Kapitalgesellschaften

Während bei den Personenunternehmen Eigenkapitalgeber und Unternehmer vielfach identisch sind, sind bei den Kapitalgesellschaften Kapitaleigentum und Unternehmensführung grundsätzlich in verschiedenen Händen. Die Kapitalgesellschaft basiert auf der **Trennung** von **Personen** und **Kapital**.

Daher steht im Gegensatz zu den Personenunternehmen die kapitalmäßige Beteiligung der Gesellschafter im Vordergrund, und eine persönliche Mitarbeit der Gesellschafter ist nicht erforderlich.

Die persönlichen Gesichtspunkte der Gesellschafter treten hinter die der Kapitalgesellschaft eigenen Rechtspersönlichkeit, der juristischen Person, zurück. Für die Geschäftsführung und Vertretung sind demzufolge auch besondere Organe erforderlich.

Allgemein gelten die folgenden Regelungen für alle Kapitalgesellschaften:

1. **Haftung:**
   - Die Gesellschafter haften nur mit einem **begrenzten Betrag**,
   - Gläubiger können nur die **Gesellschaft verklagen**, nicht die Gesellschafter,
   - **vollstreckt** werden kann nur bei der **Gesellschaft**.

2. **Dauer der Gesellschaft:**
   - Das Unternehmen existiert **unbefristet** und **unabhängig** von der persönlichen Existenz der Gesellschafter,
   - ein **Wechsel** der Gesellschafter ist vorgesehen und hat keinen Einfluß auf den Bestand der Gesellschaft,
   - der **Konkurs** eines Gesellschafters hat keinen Einfluss auf die Gesellschaft, es sei denn, die den Anteil erwerbenden Gläubiger erhalten eine auflösungsveranlassende Mehrheit.

3. **Persönlicher Kontakt:**
   - Die **Führung** erfolgt durch angestellte Geschäftsführer, die allerdings identisch mit den Gesellschaftern sein können,
   - abgestimmt wird nach der Höhe der **Kapitalanteile**,
   - die **Anzahl** der Gesellschafter kann hoch sein,
   - begrenzte **Einwirkungs- und Mitwirkungsrechte** der Gesellschafter.

Weitere Gemeinsamkeiten der Kapitalgesellschaften erstrecken sich auf die Gründung, die Besteuerung und das Mindestkapital. Bei der Gründung bestehen grundsätzlich bestimmte Formvorschriften, z.B. **notarielle Beurkundung, Regelung der Satzung** etc. Die Gesellschaften unterliegen, da sie als juristische Person gelten, der Einkommen -und der Körperschaftsteuer.

Weiter muss ein **Mindestkapital** aufgrund der besonderen Haftungsregelungen bereitstehen. Die wichtigsten juristischen und wirtschaftlichen Besonderheiten der Kapitalgesellschaften werden im folgenden erklärt.

3.2.2.1 Der Verein

(Rechtsgrundlage §§ 21 - 79 BGB)

Im Sinne des BGB ist ein Verein eine auf Dauer angelegte **Personenvereinigung** mit körperschaftlicher Verfassung, die unter einem gemeinsamem Vereinsnamen ein einheitliches Ziel verfolgt und in ihrem Bestand von einem Wechsel der Mitglieder unabhängig ist. Zur Gründung stehen den Mitgliedern zwei verschiedene Formen zur Verfügung.

Die Bildung eines Vereins unterliegt prinzipiell keinen Beschränkungen. Die **Vereinssatzungen** müssen die Innstruktur des Vereins regeln. Die **Geschäftsführung und -vertretung** obliegt dem Vorstand. Er vertritt den Verein gerichtlich und außergerichtlich und wird von der Mitgliederversammlung gewählt. Die Entscheidungsfindung im Vorstand und in der Mitgliederversammlung erfolgt mehrheitlich. Für gerechtfertigte Forderungen gegen den Verein haftet nur das **Vereinsvermögen**, nicht die Mitglieder persönlich. Eine Auflösung des Vereins kann nur mit 3/4-Mehrheit der Mitgliederversammlung durchgeführt werden.

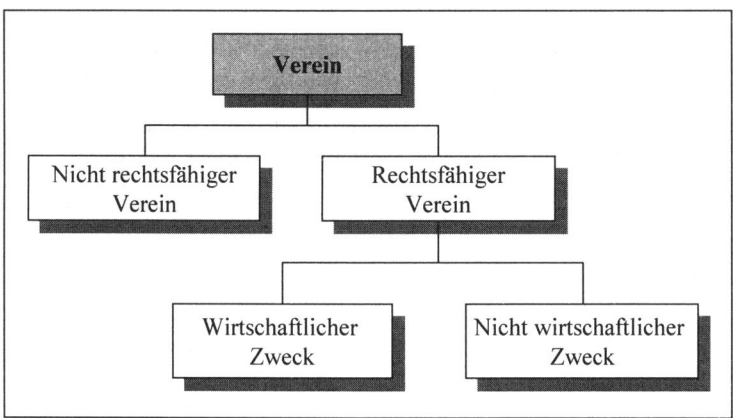

Abb. 22: Die Formen des Vereins

Die **Rechtsfähigkeit** kann ein Verein erlangen:
1. wenn sein Zweck auf einen **wirtschaftlichen Geschäftsbetrieb** ausgerichtet ist (staatliche Verleihung),
2. wenn **kein wirtschaftlicher Zweck** verfolgt wird (Eintragung im Vereinsregister: eingetragener Verein e.V.).

Ungeachtet der geringen Bedeutung des Vereins für das Wirtschaftsleben sind dennoch die Regelungen über den Verein die Basis aller Rechtsvorschriften für die Kapitalgesellschaften.

3.2.2.2 Die Gesellschaft mit beschränkter Haftung (GmbH)

(Rechtsgrundlage ist das GmbH - Gesetz)

Die Gesellschaft mit beschränkter Haftung ist eine Kapitalgesellschaft mit **eigener Rechtspersönlichkeit** (juristische Person). Im Gegensatz zu den anderen Handelsgesellschaften, die im Laufe der Zeit gewachsen sind, wurde die GmbH ohne geschichtliches Vorbild geschaffen. Man wollte eine Gesellschaftsform zwischen der OHG auf der einen und einer AG auf der anderen Seite schaffen, die die Vorteile der jeweiligen Gesellschaftsform in sich vereint. Sie ist als Rechtsform vorwiegend für kleine und mittlere Betriebe konstruiert worden, deren Eigentümer ihre Haftung auf die geleisteten **Kapitaleinlagen** beschränken wollen, ohne die recht komplizierte und teure Form der AG wählen zu müssen.

Die nahe Verwandtschaft mit der OHG erkennt man an der geringen Zahl der Gesellschafter, die selten mehr als zehn überschreitet. Dieses Merkmal wird besonders in der Unternehmensführung deutlich. Sie kann bedeutend wendiger und elastischer auf äußere Umstände reagieren als die der AG, da die **Entscheidungsfindung** infolge der geringen Anzahl der Gesellschafter reibungsloser und schneller erfolgen kann.

- **Gründung und Errichtung**

Die Errichtung einer GmbH erfolgt durch eine (Einmann-GmbH) oder mehrere Personen mit Abschluss eines **Gesellschaftsvertrages**, der Satzung, die notariell beurkundet werden muss. Der Gesellschaftsvertrag muss folgende Mindestbestimmungen enthalten:

1.) die **Firma** und den **Sitz** der Gesellschaft,

2.) den **Gegenstand** der Unternehmung (z.B. Speditionsgeschäft),

3.) die Höhe des Stammkapitals und der Stammeinlagen der Gesellschafter.

Änderungen können nur mit einer **3/4-Mehrheit** der Gesellschafter vorgenommen werden. Die GmbH entsteht mit ihrer **Eintragung ins Handelsregister**.[25]

Die GmbH kann eine Personen- oder Sachfirma haben. Außerdem muss in dem Firmennamen der Zusatz GmbH (bzw.- mbH) vorhanden sein.

Das **Stammkapital** der GmbH beträgt mindestens 25.000 Euro, jede einzelne Stammeinlage mindestens 100 Euro Die Beteiligung der einzelnen Gesellschafter kann unterschiedlich hoch sein. Bei Änderung des Stammkapitals ist eine 3/4-Mehrheit der Gesellschafter nötig.

Stammeinlagen brauchen nicht voll eingezahlt werden. Eine Ausnahme besteht bei der Einforderung. Bei Nichteinzahlung nach Einforderung erfolgt **Kaduzierung**: Nach Ablauf einer fruchtlosen Mahnung mit einmonatiger Nachfrist wird der Geschäftsanteil ohne Entschädigung eingezogen. Den rückständigen Betrag muss der Gesellschafter trotzdem zahlen, und bei Nichtzahlung kann die Gesellschaft den Anteil versteigern. Für einen etwaigen Mindererlös haften der ausgeschiedene Gesellschafter bzw. die übrigen Gesellschafter ersatzweise (**kollektive Deckungspflicht**).[26]

Die **Mindesteinzahlung** beträgt 25 % der Stammeinlage. Dennoch müssen alle Bareinlagen und Sacheinlagen zusammen die Hälfte des Mindeststammkapitals erreichen. Bei Sacheinlagen müssen der Gegenstand und der Wert der betreffenden Stammeinlage im Gesellschaftsvertrag festgesetzt werden.

- **Haftung**

Für die Verbindlichkeiten der Gesellschaft **haftet nur das Geschäftsvermögen**, nicht jedoch die Gesellschafter. Eine Haftung der Gesellschafter besteht nur gegenüber der Gesellschaft und ist begrenzt auf die Erbringung der Einlagen und etwaiger Nachschüs-

---

[25] Bis zur Eintragung ins Handelsregister muss die GmbH den Zusatz i.G. (in Gründung) enthalten.
[26] Vgl. § 21 GmbHG und § 64 AktG.

se. Eine **Nachschusspflicht** kann in der Satzung vorgesehen werden. Diese Regelung kann am leichtesten in der ursprünglichen Satzung vorgesehen werden, denn später wird für eine entsprechende Änderung die Zustimmung aller Gesellschafter benötigt. Das Festsetzen einer Nachschusspflicht bedeutet eine Forderung an den Gesellschafter über den Betrag der Stammeinlage hinaus. Die Nachschusspflicht kann sowohl beschränkt wie auch unbeschränkt sein. Bei der **beschränkten Nachschusspflicht** wird ein Höchstbetrag, der sich nach dem Verhältnis der Geschäftsanteile richtet, limitiert und der Gesellschafter haftet für die geforderten Nachschüsse in gleicher Weise wie für nicht gezahlte Einlagen.

Bei nichteingezahlten Nachschüssen besteht ebenfalls die Möglichkeit einer Kaduzierung, jedoch ohne die kollektive Deckungspflicht der übrigen Gesellschafter.

Im Gegensatz dazu steht die **unbeschränkte Nachschusspflicht**, da hier kein Höchstbetrag festgesetzt wird. Ein Gesellschafter kann sich der unbegrenzten Nachschusspflicht durch das sogenannte **Abandonrecht** entziehen. In diesem Fall wird der Gesellschaftsanteil versteigert und dient der Abdeckung des Nachschusses.

Der verbleibende Überschuss geht an den ausgeschiedenen Gesellschafter. Wird der eingeforderte Nachschuss nicht abgedeckt, fällt der Anteil der GmbH zu, ohne dass der Gesellschafter für den entstandenen Ausfall haftet.

- **Organe**

1. Geschäftsführer
   Um im Geschäftsverkehr tätig zu werden, benötigt die GmbH mindestens einen **Geschäftsführer** (Gesellschafter oder Gesellschaftsfremder), der die Gesellschaft nach außen vertritt und die Geschäfte (nach innen) führt. Er muss mit seinem Namen und seiner Vertretungsmacht in das Handelsregister eingetragen werden.

2. Die Gesellschafterversammlung
   Aufgaben der Gesellschafterversammlung:
   – Feststellung des **Jahresabschlusses** und Verwendung des Reingewinns,
   – Einforderung von **Einzahlungen** auf das Stammkapital oder Nachschüssen und Rückzahlungen von Nachschüssen;
   – Einziehung und Teilung von **Gesellschaftsanteilen**,
   – Bestellung von **Prokuristen** und **Handlungsbevollmächtigten,**
   – **Satzungsänderungen.**
   Beschlüsse:
   – Beschlüsse werden durch **einfache Stimmenmehrheit**, falls die Satzung nichts anderes bestimmt, gefasst (Satzungsänderungen, Auflösung 3/4-Mehrheit).
   Einberufung:
   – Durch den Geschäftsführer, Frist eine Woche,
   – durch eine Minderheit von mindestens 10 % der Gesellschafter,
   – wenn die Hälfte des Stammkapitals verloren ist.

3. Aufsichtsrat
   Ein Aufsichtsrat ist bei der GmbH fakultativ, d.h. er muss nicht vorgesehen werden. Abweichende Regelungen können im **Gesellschaftsvertrag** bestimmt werden. Für eine GmbH mit mehr als 500 Arbeitnehmern sieht das Betriebsverfassungsgesetz einen **Zwangsaufsichtsrat** vor. Bezüglich seiner Besetzung ist für den Montanbereich

zusätzlich das **Mitbestimmungsgesetz** zu berücksichtigen, das eine paritätische Besetzung der Aufsichtsratsplätze auf Arbeitnehmer- und Gesellschaftsvertreter (Arbeitgeber) unter Hinzuziehung einer neutralen Person vorschreibt (vgl. auch Aufsichtsrat AG). Vornehmliche Aufgabe des Aufsichtsrates ist es, die Geschäftsleitung zu überwachen, den **Jahresabschluß** zu prüfen und eventuelle **Gesellschafterversammlungen** einzuberufen.

- **Gewinn- und Verlustverteilung**

Generell haben die Gesellschafter einer GmbH einen Anspruch auf den Jahresüberschuss. Die Verteilung kann nach einem im Gesellschaftsvertrag festgelegten Schlüssel oder nach dem Verhältnis der Gesellschaftsanteile erfolgen. Häufig wird der **Jahresüberschuss** nach einem Gesellschafterbeschluss ganz oder teilweise zur Stärkung des Eigenkapitals verwendet. Grundsätzlich bestimmt die Gesellschafterversammlung über die Verteilung des sich aus dem Jahresabschluß ergebenden **Reingewinns** wie auch eines möglichen Verlustes.

- **Steuerbelastung**

Die GmbH ist eine juristische Person und somit auch ein **selbständiges Steuerobjekt**. Daraus ergibt sich für die GmbH eine **Körperschaftsteuerpflicht** auf das Einkommen (Gewinn) der juristischen Person.

Die auf den ausgeschütteten Teil des Gewinns bezahlte Körperschaftsteuer mindert allerdings die Einkommensteuerschuld der Anteilseigner (seit 1.1.1977 existiert keine steuerliche Doppelbelastung dieser Gewinne mehr).

- **Auflösung**

Die Auflösung der GmbH kann laut GmbH-Gesetz aus vielfachen Gründen geschehen. Die wichtigsten sind:

1.) nach **Ablauf** der vereinbarten **Vertragsdauer**,

2.) durch **Gesellschafterbeschluss** mit 3/4-Mehrheit,

3.) durch ein gerichtliches Urteil,

4.) durch Eröffnung des **Konkurses** (Überschuldung, Zahlungsunfähigkeit etc.).

Bei einer Liquidation muss eine dreimalige Bekanntmachung in den Gesellschaftsblättern mit Gläubigeraufruf gemacht werden. Die Verteilung des Gesellschaftsvermögens unter den Gesellschaftern darf erst nach einer **Sperrfrist** von einem Jahr nach der dritten Bekanntmachung erfolgen.

- **Die Einmann-GmbH**

Die Einmann-GmbH wird wie eine gewöhnliche GmbH durch nur eine juristische oder nur eine natürliche Person gegründet. Vereinigt ein Gesellschafter alle Geschäftsanteile in einer Hand, so kann er, wie ein **Einzelunternehmer**, alle bedeutsamen Unternehmensentscheidungen alleine treffen.

Wirtschaftlich bedeutet eine Einmann-GmbH ein Einzelunternehmen mit beschränkter Haftung, wobei die im Unternehmen begründeten Verbindlichkeiten die Schulden der Gesellschaft sind und nicht die des einzigen Gesellschafters (Einzelunternehmer). Der einzige Gesellschafter ist alleiniges Mitglied der Geschäftsführung und der Gesellschafterversammlung, nicht jedoch des Aufsichtsrates, sofern dieser notwendig ist.

Die Vorteile liegen in der **Beschränkung der Haftung** des Einzelunternehmers, der **unbeschränkten Entscheidungsbefugnis** und in der **Besteuerung**. So mindert der einzelne Gesellschafter die Körperschaftsteuer, wenn er eine Gewinnausschüttung weitgehend vermeidet, indem er sich zum Geschäftsführer ernennt und sich ein Gehalt auszahlen läßt, das den Gewinn reduziert.

3.2.2.3 Die Aktiengesellschaft (AG)

(Rechtsgrundlage Aktiengesetz AktG)

Die Aktiengesellschaft wurde im Zuge der Industrialisierung geschaffen, um die Deckung des immer größer werdenden **Kapitalbedarfs der Großindustrie** zu gewährleisten. Sie entstand nach dem Vorbild der alten überseeischen Handelskompanien, die zwar schon aktienähnliche Papiere ausgaben, aber deren Zielsetzung vorwiegend politisch orientiert war.

Die AG ist eine Handelsgesellschaft, deren Gesellschafter (Aktionäre) mit Einlagen auf das in **Aktien zerlegte Grundkapital** beteiligt sind, ohne persönlich für die Verbindlichkeiten der Gesellschaft zu haften.

Die Hauptgründe für die guten Entwicklungsmöglichkeiten der AG liegen in dem unproblematischen Erwerb, der leichten Übertragbarkeit und dem geregelten Handel der Anteile an der Börse. Aus diesem Grund ist die Aktiengesellschaft die typische Rechtsform für große Industrie- und Handelsunternehmen geworden. Die AG ist als Gesellschaft mit **eigener Rechtspersönlichkeit** (juristische Person) zu verstehen und kann klagen, verklagt werden und Eigentum sowie auch Rechte an Grundstücken erwerben.

- **Gründung und Errichtung**

Zur Gründung einer AG genügt bereits eine Person (natürliche oder juristische), die den **Gesellschaftsvertrag** aufsetzen und die ersten Aktien übernehmen muss. Der Gesellschaftsvertrag (Satzung) bedarf einer notariellen und gerichtlichen Beurkundung und muss wenigstens folgende Grundlagen beinhalten:

1. Die **Firma** und den **Sitz** der AG und den **Gegenstand** der Unternehmung (bei Industrie- und Handelsunternehmen ist die Art der Erzeugnisse und Waren, die gehandelt oder hergestellt werden, anzugeben),
2. die Höhe des **Grundkapitals**,
3. die **Stückelung des Aktienkapitals** (Zahl und Nennwert der Aktien und Aktiengattungen),
4. die **Fungibilität der Aktien** (Inhaber und Namensaktien),
5. die **Anzahl der Vorstandsmitglieder** oder die Regeln, nach denen diese zu wählen sind,
6. die **Form der Bekanntmachung**.

Gleichzeitig mit der Feststellung der Satzung findet die Übernahme der Aktien durch die Gründer gegen Leistung der Einlagen statt. (Sacheinlagen müssen im Gesellschaftsvertrag vorgesehen sein). Nach der Übernahme aller Aktien durch die Gründer gilt die Gesellschaft als errichtet.

Die Firma der AG muss aus dem Unternehmensgegenstand mit dem Zusatz AG entnommen werden. Eine Ausnahme besteht, wenn die AG aus einer Umwandlung entstanden ist. In diesem Fall darf der ursprüngliche Firmenname mit dem **Zusatz AG** bestehen bleiben (z.B. Thyssen AG). Das **Grundkapital** (Aktienkapital) einer AG muss mindestens 50.000 Euro betragen.

Der erste **Aufsichtsrat** wird von den Gründern bestimmt, und dieser bestellt den ersten Vorstand. Dieser muss den von den Gründern erstellten Gründungsbericht prüfen. Ist ein Gründer im Vorstand oder Aufsichtsrat, bestellt das zuständige Gericht einen zusätzlichen Gründungsprüfer (auch bei einer Sachgründung).

Mit der **Eintragung ins Handelsregister** durch alle Gründungs-, Aufsichtsrats- und Vorstandsmitglieder wird die Aktiengesellschaft rechtsfähig.

(1) Aktien

Die **Aktie** ist ein fester Bestandteil des Grundkapitals und bezeichnet gleichzeitig die Mitgliedschaft an einer Aktiengesellschaft. Eine Aktie ist ein **Wertpapier**, das die vom Aktionär durch Übernahme eines Anteils am Grundkapital einer Gesellschaft erworbenen Rechte verbrieft. Die Aktie besteht aus einem Mantel und den Coupons, die bei Inanspruchnahme der Rechte abgeschnitten werden. Der Mantel ist eine Urkunde, auf dem das Anteilsrecht bestätigt wird. Zusätzlich werden auf dem Mantel der **Nennbetrag**, die **Wertpapiernummer**, die **Firma**, der **Ort** und das **Ausstellungsdatum** vermerkt.

Der Mindestnennbetrag einer Aktie beträgt 1 Euro. Im Gegensatz zu GmbH-Anteilen sind Aktien nicht teilbar. Höhere Aktienbeträge müssen auf volle Euro lauten, was den Erwerb und Verkauf erleichtert, da die **Börsenkurse** so eine einheitliche Bezugsgrundlage haben. Für den Erwerb einer Aktie sind mindestens 25% des Nennwertes zuzüglich eines vereinbarten Aufgeldes (Agio) zu entrichten. Ebenso wie in der GmbH bestehen auch für die Aktiengesellschaft strenge Vorschriften für rückständige Einzahlungen auf Aktien (Kaduzierung). Aktien dürfen nicht unter ihrem Nennwert (**Unterpari-Emission**), wohl aber über ihrem Nennwert (**Überpari-Emission**) ausgegeben werden. In diesem Fall muss zusätzlich zum Nennwert ein **Aufgeld** (Agio) gezahlt werden. Dieses Aufgeld ist nach Abzug aller Kosten als weiteres Eigenkapital in die gesetzliche Rücklage einzustellen. Ein Aktionär kann das Beteiligungsverhältnis beenden (Verkauf der Aktie an einen anderen Aktionär), ohne dass die Gesellschaft davon erfährt, es sei denn, es handelt sich um Namensaktien oder die festgesetzten Beteiligungsgrenzen, die eine Mitteilungspflicht auslösen, werden erreicht oder überschritten. Die verschiedenen Aktientypen lassen sich einteilen in:

1.) **Inhaberaktien - Namensaktien,**
2.) **Stammaktien - Vorzugsaktien,**
3.) **Nennwertaktien - Quotenaktien,**
4.) **Junge Aktien, Gratisaktien,**
5.) **Eigene Aktien.**

Zur weiteren Darstellung der jeweiligen Aktientypen sei auf den Abschnitt 4.1.2.1 im Kapitel G verwiesen.

(2) Die Organe der Aktiengesellschaft

Als juristische Person kann eine Aktiengesellschaft nur durch ihre Organe am normalen Geschäftsverkehr teilnehmen. Diese Organe werden unterteilt in (siehe auch Abb. 23):

(a) **Vorstand** (leitendes Organ);

(b) **Aufsichtsrat** (überwachendes Organ);

(c) **Hauptversammlung** (beschließendes Organ).

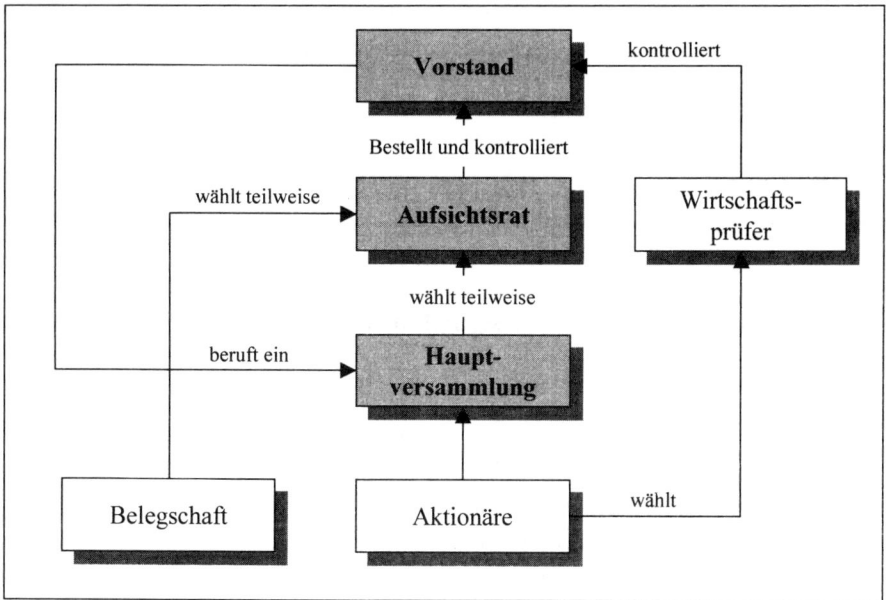

Abb. 23: Vereinfachter Aufbau einer AG

(a) Der Vorstand

Der Vorstand einer Aktiengesellschaft besteht aus einer oder mehreren **natürlichen Personen**, die nicht zwangsläufig Gesellschafter sein müssen, und wird durch den Aufsichtsrat auf die Dauer von höchstens fünf Jahren bestellt. Eine wiederholte Bestellung oder Verlängerung der Amtszeit, jeweils für höchstens 5 Jahr, ist zulässig. Die Zahl der Vorstandsmitglieder wird durch die Satzung bestimmt. Der Vorstand einer Aktiengesellschaft kann aus einer oder mehreren Personen bestehen.[27]

Er führt die Geschäfte der Gesellschaft in **eigener Verantwortung** und vertritt sie gerichtlich und außergerichtlich. Im allgemeinen besteht eine Gesamtvertretung, jedoch kann die Satzung auch einzelne Vorstandsmitglieder in Verbindung mit einem Prokuristen zur Vertretung bestimmen (Eintragung ins Handelsregister erforderlich). Besteht der Vorstand aus mehr als einer Person, erfolgt die Entscheidungsfindung nach dem **Kollegialprinzip**. Der Vorstand wählt einen Vorsitzenden (gleichberechtigtes Mitglied), der nur bei Stimmengleichheit eine zweite Stimme erhält.

Die Hauptaufgaben des Vorstandes sind:[28]
- Vorbereitung und Ausführung von **Hauptversammlungsbeschlüssen**,
- **Berichterstattung** an den Aufsichtsrat,

---

[27] Siehe auch § 76 Abs. 2 Satz 1.
[28] Vgl., Klunzinger, E.: Grundzüge des Gesellschaftsrechts, 11. Auflage, München 1999, S. 169 ff.

- Aufstellen, Vorlage und **Bekanntmachung des Jahresabschlusses**,
- Einberufung der **Hauptversammlung**.

Fällt die Aktiengesellschaft unter das Montan-Mitbestimmungsgesetz von 1951, ist außerdem ein **Arbeitsdirektor** in den Vorstand zu berufen. Der Arbeitsdirektor ist ein gleichberechtigtes Mitglied im Vorstand, das allerdings nicht gegen die Stimmen der Arbeitnehmervertreter (im Aufsichtsrat) gewählt werden kann. Er ist im allgemeinen für **Sozial- und Personalangelegenheiten** zuständig und gilt als Vertrauensperson der Arbeitnehmer und Gewerkschaften.

(b) Der Aufsichtsrat

Der Aufsichtsrat wird je nach Mitbestimmungsgesetz von der Hauptversammlung ganz oder teilweise für die Dauer von maximal vier Jahren gewählt. In den Aufsichtsrat können nur natürliche Personen, nicht aber Vorstandsmitglieder berufen werden. Er ist das dem Vorstand übergeordnete **Beschluss- und Kontrollorgan** und zur Überwachung des Vorstandes befugt. Die Zusammensetzung des Aufsichtsrates wird für Unternehmen mit eigener Rechtspersönlichkeit (AG, KGaA, GmbH mit mehr als 500 Arbeitnehmern) durch folgende drei Gesetze geregelt:

- Nach dem **Betriebsverfassungsgesetz** (BetrVG) von 1952

In Kapitalgesellschaften (AG, KGaA, GmbH mit mehr als 500 Arbeitnehmern) wird der Aufsichtsrat durch die sogenannte **Drittelparität** gebildet. 2/3 der Aufsichtsratsmitglieder werden in der Hauptversammlung von den Anteilseignern bestimmt und 1/3 direkt von den Arbeitnehmern. Die Höchstzahl der Aufsichtsratsmitglieder (mindestens 3) richtet sich nach der Höhe des Grundkapitals. Unternehmen mit einem Grundkapital:

bis	1,5 Mio. Euro ⇒	9 Mitglieder,
über	1,5 Mio. Euro ⇒	15 Mitglieder,
über	10 Mio. Euro ⇒	21 Mitglieder.

- Nach dem **Montan-Mitbestimmungsgesetz** (Montan-MitbestG) von 1951

Unter das Montan-Mitbestimmungsgesetz fallen alle Betriebe des Bergbaus und der Eisen und Stahl erzeugenden Industrie mit mehr als 1.000 Arbeitnehmern. Die Verteilung der Sitze im Aufsichtsrat erfolgt durch eine **gleiche Anzahl** von Arbeitgeber- und Arbeitnehmervertretern und einem **zusätzlichen neutralen Mitglied** (paritätische Mitbestimmung). Die Höchstzahl der Aufsichtsratsmitglieder (mindestens 11) richtet sich nach der Höhe des Grundkapitals.

- Betriebe mit einem Grundkapital bis zu 10 Mio. EUR: 11 Mitglieder
  darin 5 Anteilseignervertreter und 5 Arbeitnehmervertreter (mit jeweils einem unternehmensfremden Mitglied) und ein neutrales Mitglied.
- Betriebe mit einem Grundkapital zwischen 10 und 25 Mio. EUR: 15 Mitglieder
  darin 7 Anteilseignervertreter und 7 Arbeitnehmervertreter (mit jeweils einem unternehmensfremden Mitglied) und ein neutrales Mitglied.

- Betriebe mit einem Grundkapital über 25 Mio. EUR: 21 Mitglieder
darin 10 Anteilseignervertreter und 10 Arbeitnehmervertreter (mit jeweils einem unternehmensfremden Mitglied) und ein neutrales Mitglied.

Das neutrale Mitglied wird von den übrigen Aufsichtsratsmitgliedern mit Mehrheit zur Wahl vorgeschlagen und in der Hauptversammlung gewählt. Die Entscheidungsfindung im Aufsichtsrat erfolgt wie beim Betriebsverfassungsgesetz mit einfacher Mehrheit (z.B. Wahl des Vorsitzenden).

- Nach dem **Mitbestimmungsgesetz** (MitbestG) von 1976

Dieses Gesetz findet seine Anwendung in Unternehmen mit mehr als 2.000 Arbeitnehmern. Die Verteilung der Sitze im Aufsichtsrat erfolgt **paritätisch**. Jeweils die Hälfte der Aufsichtsratsmitglieder wird von den Anteilseignern und von den Arbeitnehmern bestellt. Die Höchstzahl der Aufsichtsratsmitglieder[29] richtet sich nach der Anzahl der Arbeitnehmer im Unternehmen:

- Unternehmen mit bis zu 10.000 Arbeitnehmer: 12 Mitglieder
6 Vertreter der Arbeitnehmer (mind. 1 Angestellter, mind. 1 leitender Angestellter und 2 Gewerkschaftsvertreter).

- Unternehmen mit bis zu 20.000 Arbeitnehmer: 16 Mitglieder
8 Vertreter der Arbeitnehmer (mind. 1 Angestellter, mind. 1 leitender Angestellter und 2 Gewerkschaftsvertreter).

- Unternehmen über 20.000 Arbeitnehmer: 20 Mitglieder
10 Vertreter der Arbeitnehmer (mind. 1 Angestellter, mind. 1 leitender Angestellter und 3 Gewerkschaftsvertreter).

Die Wahl des Aufsichtsratsvorsitzenden muss mit einer **2/3-Mehrheit** erfolgen. Kommt keine ausreichende Mehrheit zustande, wählen die Vertreter der Anteilseigner den Vorsitzenden und die Arbeitnehmervertreter den Stellvertreter. Der Aufsichtsratsvorsitzende erhält bei zweimaliger Stimmengleichheit eine entscheidende Stimme.

Weil die Vorschriften über die Zusammensetzung des Aufsichtsrates (Wahl und Stichentscheid des Vorsitzenden) den Anteilseignern leichte Vorteile verschaffen, wird von **unterparitätischer** Mitbestimmung gesprochen. Abberufen werden kann der Aufsichtsrat nur mit einer 2/3-Mehrheit der Hauptversammlung.

Die Aufgaben des Aufsichtsrates sind:
- **Überwachung** der Geschäftsführung,
- **Prüfung** des Jahresabschlusses und Bericht darüber in der Hauptversammlung.

Aufgaben im einzelnen sind:
- Bestellung und eventuelle Abberufung des Vorstands
- Überwachung der Geschäftsführung des Vorstands. Dazu kann er auch z.B. Bücher und Schriften der Gesellschaft einsehen und prüfen;
- Vertretung der Gesellschaft gegenüber Vorstandsmitgliedern

---

[29] Nach § 100 Abs.2 AktG beträgt die Höchstzahl der von einer Person wahrnehmbaren Aufsichtsratmandate 10, dabei sind Aufsichtsratvorsitze doppelt anzurechnen. Die Amtsdauer beträgt höchstens 4 Jahre. Eine Wiederwahl ist möglich.

- Einberufung von Hauptversammlung wenn es das Wohl der Gesellschaft dies erfordert
- Prüfung und Feststellung des Jahresabschlusses einschließlich Vorschlags zur Verwendung des Bilanzgewinns.

(c) Die Hauptversammlung

Das **oberste Organ** einer Aktiengesellschaft ist die Hauptversammlung. Sie setzt sich aus der Gesamtheit aller Aktionäre oder den von ihnen bevollmächtigten Vertretern zusammen. Die Aufgaben der Hauptversammlung sind:
- Bestellung der Mitglieder des Aufsichtsrates,
- Beschluss über die Verwendung des Bilanzgewinns,
- Entlastung von Vorstand und Aufsichtsrat,
- Satzungsänderungen,
- Beschlüsse über wesentliche Kapitalveränderungsmaßnahmen,
- Bestellung von Prüfern (Jahresabschluß, Sonderprüfungen).

In der Regel wird in der Hauptversammlung nach dem **Mehrheitsprinzip** abgestimmt, d.h. es ist eine einfache Mehrheit notwendig. Für eine Reihe von Beschlüssen mit besonders großer Tragweite (u.a. Neugründung, Kapitalherabsetzung) verlangt das Gesetz bei der Abstimmung bestimmte Kapitalmehrheiten. Bei **Satzungsänderungen** ist sogar eine **qualifizierte Mehrheit** (75%) des bei der Beschlussfassung anwesenden Kapitals notwendig. Um eine derartige Entscheidung zu blockieren, ist nur ein Stimmenanteil von 25% + 1 Stimme erforderlich (**Sperrminorität**).

Der Aktionär braucht sein Stimmrecht nicht persönlich auszuüben, sondern kann sich durch einen Bevollmächtigten vertreten lassen. Da die Aktien sehr oft bei Banken deponiert sind, liegt es nahe, dass diese den Aktionär vertreten. Sie üben dann das sogenannte **Depotstimmrecht** aus, für das sie allerdings eine schriftliche Bevollmächtigung mit ausdrücklicher Weisung benötigen.[30]

Eine Hauptversammlung wird in der Regel einmal im Jahr durch den Vorstand einberufen (ordentliche Hauptversammlung, Entlastung von Vorstand und Aufsichtsrat und Beschluss über die Gewinnverwendung). Verlangt das Wohl der Gesellschaft (Eigenkapital um die Hälfte durch Verluste gemindert, Fusion etc.) oder eine Minderheit von 10% des Grundkapitals eine zusätzliche Hauptversammlung, wird eine außerordentliche Hauptversammlung erforderlich.

(3) Auflösung der Aktiengesellschaft

Die Auflösung einer Aktiengesellschaft erfolgt:
- nach Ablauf der in der Satzung vorgesehenen Zeit,
- durch eine 3/4-Mehrheit der Aktionäre in der Hauptversammlung,
- durch Eröffnung des Konkurses.
- Durch Löschung der Gesellschaft wegen Vermögenslosigkeit

Die Auflösung der Gesellschaft muss vom Vorstand zur Eintragung in das Handelsregisters angemeldet werden. Nach der Auflösung der Gesellschaft findet die Liquidati-

---

[30] Zur Neuregelung des Depotstimmrechts vgl. § 135 AktG.

on statt. Abwickler bzw. Liquidatoren sind im Regelfall Vorstandsmitglieder.[31] Aufgaben der Liquidatoren sind:
- die laufenden Geschäfte zu beenden
- die Forderungen einzuziehen
- das übrige Vermögen in Geld umzusetzen
- die gläubiger zu befriedigen und
- das verbleibende Vermögen unter die Aktionäre zu verteilen.

(4) Einmann-AG

Vereinigt eine Person **alle Aktien** in einer Hand, entsteht eine Einmann-Aktiengesellschaft. Sie ist wie die originäre AG eine juristische Person und muss dementsprechend alle gesetzlich vorgeschriebenen Verpflichtungen wie Wahl des Aufsichtsrates, Bestellung des Vorstandes, Pflichtprüfung und öffentlichen Abschluss einhalten. Der "Einmann-Aktionär" hat in diesem besonderen Fall die Möglichkeit, sich zum Aufsichtsrat wählen oder zum Vorstand bestellen zu lassen.

(5) Vergleich von GmbH und AG

Wenn man die Rechtsform der GmbH mit der AG vergleicht, werden folgende Vorteile der GmbH sichtbar:

1. niedrigere Gründungs- und Verwaltungskosten,
2. weniger Kapital bei der Gründung,
3. weitgehendes Mitverwaltungsrecht der Gesellschafter.

Die Unternehmensführung der GmbH ist wesentlich elastischer und wendiger als die einer AG. Der schwerfällige **Verwaltungsapparat** fällt fort, da die Bildung eines Aufsichtsrates zwar möglich, aber nicht erforderlich ist. Die geringere Anzahl der Gesellschafter ermöglicht es, Beschlüsse schneller und reibungsloser durchzuführen.

Die erschwerte Übertragbarkeit der Gesellschaftsanteile hat den Vorteil, dass die Gesellschafter in der Regel nicht wechseln und daher eine Kontinuität in der Gesellschaftspolitik gesichert ist. Die **beschränkte Haftung** hat die GmbH mit der Aktiengesellschaft gemein, Kapitaleigentum und Unternehmensführung sind zwar rechtlich getrennt, aber in der Regel (Praxis) vereint.

Der grundlegende Nachteil der GmbH gegenüber der AG besteht in einer wesentlich **kleineren Kapital- und Kreditbasis**, die oftmals nicht größer ist als die der OHG. Die geringere Publizität und die Möglichkeit der Einführung der Nachschusspflicht sowie die schwierige Übertragbarkeit der Geschäftsanteile (notarielle Beurkundung notwendig), verstärken das Risiko der Beteiligung an einer GmbH. Da die GmbH-Anteile außerdem nicht an der Börse gehandelt werden, kann die Entwicklung des **inneren Wertes** der Anteile nicht verfolgt werden.

Die wesentlichen Unterschiede zwischen GmbH und AG werden in Abb. 24 gegenübergestellt.

---

[31] Vgl., Klunziger, E.: Grundzüge des Gesellschaftsrechts, a.a.O., S. 195.

Kriterien	GmbH	AG
Gründung	1. Sachgründungsbericht 2. Mindestzahl von Gründern: 1	1. Gründungsprüfung 2. Mindestzahl von Gründern: 1
Firma	Personen-, Sach- oder gemischte Firma möglich; Zusatz GmbH	bei Neugründung nur noch Sachfirma möglich; Zusatz AG
Leitung	1. Geschäftsführer 2. ohne Zeitbeschränkung	1. Vorstand 2. auf 5 Jahre, Wiederwahl möglich
Aufsichtsrat	1. nach dem BetrVG nur, wenn mehr als 500 Arbeitnehmer 2. nach dem MitbestG mehr als 2.000 Arbeitnehmer 3. nach dem Montan-MitbestG wie bei der AG	1. durch das AktG zwingend vorgeschrieben
Gesamtheit der Gesellschafter	1. Gesellschafterversammlung 2. Einberufung durch eingeschriebenen Brief; schriftliche oder fernmündliche Abstimmung möglich 3. Stimmrecht nach Geschäftsanteilen	1. Hauptversammlung 2. Einberufung durch Veröffentlichung in den Gesellschaftsblättern: Firma, Ort, Sitz der AG und Zeit der Hauptversammlung; Einberufungsfrist und Beschlussfassung der Aktionäre 3. Stimmrecht nach Aktiennennbeträgen
Mindestkapital	Stammkapital mind. 25.000 Euro	Grundkapital mind. 50.000 Euro
Anteil	1. Stammeinlage (mind. 100 Euro) 2. Teilbarkeit des Geschäftsanteils bei höheren Beträgen mit Genehmigung der Gesellschaft möglich 3. nur eine Stammeinlage kann bei Gründung übernommen werden 4. persönliche Bindung an den Anteil; kein börsenmäßiger, nur freihändiger Verkauf; notarielle Beurkundung des Abtretungsvertrages 5. Anmeldung der Veräußerung bei der Gesellschaft; Genehmigung ist nur dann notwendig, wenn in der Satzung vorgeschrieben	1. Aktie (mind. 1 Euro) 2. Unteilbarkeit der Aktie 3. mehrere Aktien können bei der Gründung übernommen werden 4. keine persönliche Bindung an den Anteil; börsenmäßiger Handel; formlose Eigentumsübertragung bei Inhaberaktien; durch Indossament bei Namensaktien 5. Anmeldung bei Namensaktien Genehmigung nur bei vinkulierten (gebundenen) Namensaktien notwendig
Nachschusspflicht	kann im Gesellschaftsvertrag vorgesehen werden	nicht möglich

Abb. 24: Vergleich AG und GmbH

3.2.3 Mischformen

Werden eine Personen- und eine Kapitalgesellschaft zu einer einheitlichen Unternehmung zusammengefasst, entsteht eine **Mischform** aus beiden Rechtsformen. Solche Kombinationen sind in erster Linie entstanden, um die Vorteile einer Personengesellschaft (günstigere Besteuerung, Leitungsbefugnisse) mit denen einer Kapitalgesellschaft (Haftungsbeschränkung, schnellere Kapitalbeschaffung) zu verbinden. Aus der Vielzahl der Verknüpfungsmöglichkeiten haben sich als Grundtypen vor allem folgende Gesellschaftsformen im Geschäftsleben durchgesetzt:

1. GmbH & Co KG,
2. GmbH & Still,
3. KGaA,
4. Doppelgesellschaften.

3.2.3.1 Die GmbH & Co KG

Für mittelständische Unternehmen stellt die GmbH & Co KG heute eine bevorzugte Rechtsform dar. Bei dieser Gesellschaftsform ist der **vollhaftende Gesellschafter** (Komplementär) eine GmbH, und alle anderen Gesellschafter haften als **Kommanditisten** nur noch mit ihrer Einlage. In der Praxis sind die Gesellschafter der GmbH meist gleichzeitig auch Kommanditisten der KG (siehe Abb. 25).

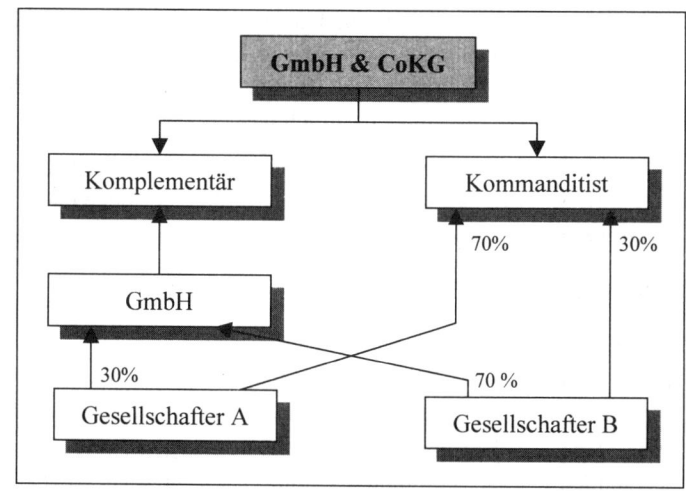

Abb. 25: Beispiel für den möglichen Aufbau einer GmbH & Co KG

Die GmbH ist dann zur Geschäftsführung berufen und verpflichtet und wird in der Wahrnehmung der Geschäftsführungsaufgaben von ihren Organen vertreten.

Möglich ist auch die Form der Einmann-GmbH & Co KG, bei welcher der einzige GmbH-Gesellschafter zugleich auch der einzige Kommanditist der KG ist. Die Beliebtheit dieser Rechtsform ist den nachstehenden Vorteilen der GmbH & Co KG zu verdanken:[32]

---

[32] Vgl. Bestmann, U.: Kompendium der Betriebswirtschaftslehre, München 1982, S. 29.

1. **Risikobeschränkung**:
   Eine maximale Haftungsbeschränkung der Gesellschafter wird erreicht, wenn die Komplementär-GmbH nur mit dem Mindeststammkapital haftet; die Kommanditisten haften ohnehin nur mit ihrer Einlage.
2. **Erleichterung von Nachfolgeproblemen**:
   Bei Fehlen eines geeigneten Komplementär-Nachfolgers ist eine normale Personengesellschaft zur Auflösung gezwungen; bei der GmbH ist der Komplementär eine juristische Person und deren Geschäftsführer durchaus ersetzbar.
3. **Möglichkeiten zur Beeinflussung der Gewinnbesteuerung**:
   Es besteht die Möglichkeit, die Gewinne in die jeweils steuerlich günstigere Rechtsform zu verlagern.

Demgegenüber dürften die Nachteile der GmbH & Co KG, wie z.B. doppelte Rechnungslegung, bei der modernen Organisation des Rechnungswesens (EDV) kaum mehr von Bedeutung sein.

3.2.3.2 Die GmbH & Still

Bei der GmbH & Still stellen die Gesellschafter der Unternehmung neben den Stammeinlagen **stille Einlagen** zur Verfügung, sie beteiligen sich also in stiller Form an ihrer eigenen Gesellschaft.

Die Bezeichnungen **GmbH & typisch** oder **atypisch Still** gelten ausschließlich zur internen Kennzeichnung der Rechtsform und nicht als offizielle Firmenbezeichnung nach außen. Da die stille Beteiligung nicht in das Handelsregister eingetragen wird, können Außenstehende nicht erkennen, ob eine GmbH & Still vorliegt. Die stille Beteiligung muss jedoch in der (veröffentlichungspflichtigen) Bilanz ausgewiesen werden.

Durch die Abzugsfähigkeit von Sondervergütungen an die Gesellschafter und an die Gesellschaft vermietete oder verpachtete Wirtschaftsgüter bei der Gewerbesteuer ist eine GmbH & Still steuerlich häufig vorteilhafter als eine GmbH & Co KG.[33]

3.2.3.3 Die Kommanditgesellschaft auf Aktien (KGaA)

(Rechtsgrundlage Aktiengesetz AktG, speziell §§ 278 -290 AktG)

Die KGaA ist eine mit eigener Rechtspersönlichkeit ausgestattete juristische Person, bei der ein oder mehrere Gesellschafter mit ihrem gesamten Vermögen haften (Komplementäre) und die übrigen an dem in Aktien zerlegten Grundkapital beteiligt sind, ohne persönlich für die Verbindlichkeiten der Gesellschaft zu haften (**Kommanditaktionäre**).

Die KGaA ist eine **Mischform** zwischen einer AG und einer KG, steht aber als juristische Person und in ihrem Aufbau der AG näher als der KG.

Für die Gründung (Vorschriften der AG) werden mindestens fünf Personen (auch Kommanditaktionäre) benötigt, zu denen aber alle Komplementäre (nur natürliche Personen) gehören müssen.

Die Verfassung der KGaA baut auf drei Organen auf (vergleiche Abb. 26):

---

[33] Vgl. Vormbaum, H.: Grundlagen und Grundbegriffe der Betriebswirtschaftslehre, a.a.O., S. 87 f.

1. **Geschäftsleitung** (Vorstand),
2. **Hauptversammlung**,
3. **Aufsichtsrat**.

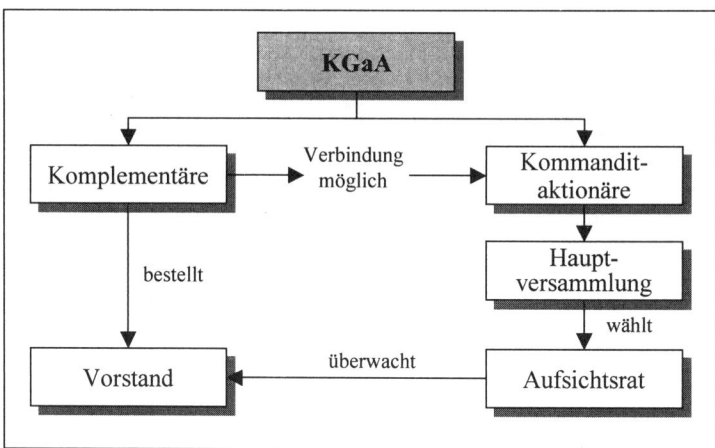

Abb. 26: Aufbau der KGaA

Die **Geschäftsführung und Vertretung** liegt allein bei den persönlich haftenden Gesellschaftern, die den Vorstand ersetzen. Der Vorstand kann im Gegensatz zur AG nicht von der Hauptversammlung berufen oder abberufen werden, sondern gilt als geborener Vorstand.

Die **Hauptversammlung** ist nur das **Willensorgan** der Kommanditaktionäre. Die Komplementäre haben nur ein Stimmrecht, wenn sie zugleich auch Aktien besitzen (kein Stimmrecht bei der Wahl und Abberufung des Aufsichtsrates, Wahl der Abschlussprüfer etc.).

Der Aufsichtsrat wird von der Hauptversammlung gewählt und hat die gleichen Aufgaben wie bei der AG (z.B. Überwachung der Komplementäre), aber nicht die gleichen Rechte.

Die Vorteile der KGaA liegen in der **Kapitalbeschaffung** und der **Unternehmensführung**. Sie hat die Möglichkeit, sich das betriebsnotwendige Kapital durch **Aktienemission** auf dem Kapitalmarkt zu beschaffen.

Da die persönlich haftenden Gesellschafter zugleich den Vorstand bilden, sind sie in der Regel sehr stark an der wirtschaftlichen Entwicklung der Gesellschaft interessiert und fördern eine sorgfältige und gewissenhafte Geschäfts- und Bilanzpolitik.

Auf der anderen Seite ist der Einfluß der Kommanditaktionäre auf die Geschäftsführung sehr gering. Die Entwicklung des Unternehmens ist damit auf lange Sicht von der Kompetenz der Komplementäre abhängig. Außerdem entstehen zwischen den Gesellschaftern oft Differenzen über die **Gewinnverwendung**. Während die Kommanditaktionäre eine möglichst hohe Dividendenauszahlung anstreben, lassen die Komplementäre den Gewinn eher dem Unternehmen zukommen. Die bisher aufgezeigten Nachteile und die besonders gestalteten Zuständigkeiten der Gesellschaftsorgane sind Gründe für die geringe Bedeutung der KGaA in unserem Wirtschaftssystem.

3.2.3.4 Die Doppelgesellschaft

Als Doppelgesellschaft bezeichnet man einen Betrieb, der seine wirtschaftlichen Zielsetzungen durch die Bildung von **zwei rechtlich selbständig** nebeneinander bestehenden **Gesellschaften** zu realisieren sucht. In der Regel sind an beiden Gesellschaften die selben Gesellschafter beteiligt.

Eine solche Doppelgesellschaft kann dadurch entstehen, dass ein bisher in einer einheitlichen Rechtsform geführter Betrieb unter Wahrung seiner wirtschaftlichen Einheit in zwei rechtlich selbständige Gesellschaften aufgeteilt wird.[34]

Die Gründe sind entweder rechtlicher (**Haftungsbeschränkung**), betriebswirtschaftlicher oder steuerlicher Art.

Steuerlich ist die Doppelgesellschaft günstiger, sobald die einbehaltenen Gewinne in der Kapitalgesellschaft und die ausgeschütteten Gewinne in der Personengesellschaft entstehen. Der **steuerliche Vorteil** entsteht durch die proportionale und bei starker Einkommensteuerprogression niedrigere Körperschaftsteuer. Die steuerliche Bedeutung der Doppelgesellschaft besteht in der möglichen **Verschiebung der Gewinne** (Verluste), der **Gewerbeerträge** (-verluste), sowie des **Vermögens** und des **Gewerbekapitals** auf die einzelnen Gesellschaftstypen. Eine Aufteilung muss so erfolgen, dass die Steuerbelastung insgesamt geringer ist, als wenn der Betrieb nur unter einer Rechtsform geführt würde. Aus diesem Grund müssen folgende Bedingungen erfüllt werden:

1.) die Aufteilung muss in eine **Personen- und** eine **Kapitalgesellschaft** erfolgen,

2.) die **Gesellschafter** der Personengesellschaft sind mit den **Anteilseignern** der Kapitalgesellschaft **identisch**, damit die gleichen Personen von einer Steuerersparnis profitieren,

3.) Einkommen- und Körperschaftsteuer sind so gestaffelt, dass eine **Steuerersparnis** nach der Aufteilung realisiert werden kann,

4.) die **zusätzlichen Kosten**, die durch eine Betriebsaufspaltung entstehen, werden durch die Steuerersparnis mehr als **kompensiert**.

Die typischen Konstruktionen von Doppelgesellschaften sind:

- Aufspaltung in eine Besitzpersonen- und eine Betriebskapitalgesellschaft,

- Aufspaltung in eine Produktionspersonen- und eine Vertriebskapitalgesellschaft.

(1) Besitzpersonen- und Betriebskapitalgesellschaft

Werden die Funktionen Materialwirtschaft, Produktion, Absatz und die dazugehörende Verwaltung aus einem bestehenden Personenunternehmen (OHG, KG, Einzelunternehmung) ausgegliedert und einer eigens dafür geschaffenen Kapitalgesellschaft übertragen, entsteht eine Besitzpersonen- und Betriebskapitalgesellschaft. Die **Kapitalgesellschaft** übernimmt die **betrieblichen Aufgaben** und trägt das gesamte Risiko der betrieblichen Tätigkeit.

Das **Anlagevermögen**, wie Gebäude, Grundstücke und Maschinen, bleibt Eigentum der **Personengesellschaft**, die diese Anlagegüter an die Betriebskapitalgesellschaft ver-

---

[34] Vgl. Wöhe G.: Einführung in die Allgemeine Betriebswirtschaftslehre, a.a.O., S. 314.

pachtet. Da die Betriebsgesellschaft alle wesentlichen Teile des Vermögens der Personengesellschaft pachtet, lässt sich ihr Eigenkapital relativ niedrig halten und die unumgängliche Vermögen- und Körperschaftsteuer auf ein Minimum beschränken.

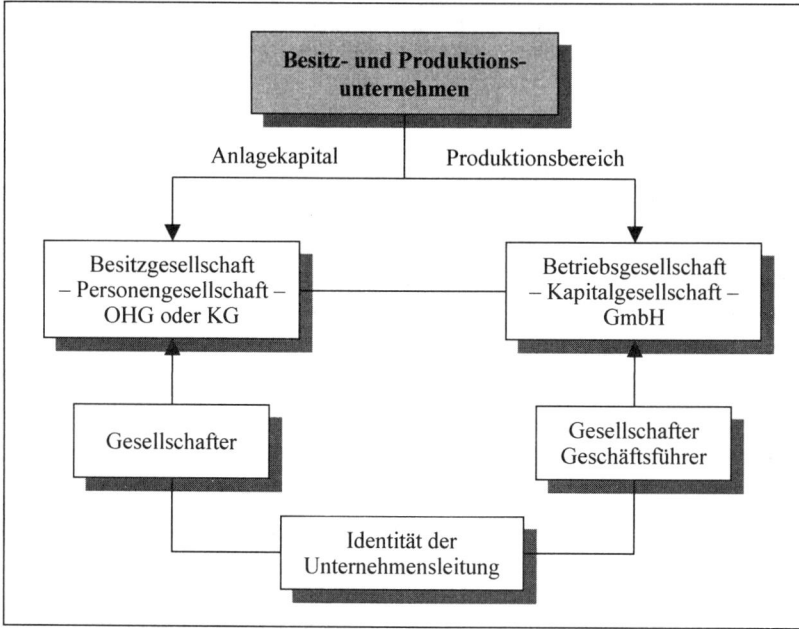

Abb. 27: Modell einer Doppelgesellschaft[35]

Bei dieser Konstruktion fallen alle **Gewinne** aus der betrieblichen Tätigkeit der **Kapitalgesellschaft** zu. Sind die Gesellschafter der Personengesellschaft gleichzeitig auch die Geschäftsführer der Kapitalgesellschaft, mindern deren Gehälter ebenso wie die Pachtzinsen den steuerlichen Gewinn. Die Betriebseinnahmen der **Personengesellschaft** sind in der Regel nur die **Pachteinnahmen**.

Die Höhe der Pachtzinsen muss so bemessen werden, dass sie nach Ausschüttung an die Gesellschafter zuzüglich der Gehälter als Geschäftsführer für deren Lebensunterhalt reicht. Somit können die bei der Kapitalgesellschaft anfallenden Gewinne zurückbehalten und dem unter Umständen höheren Einkommensteuersatz der Personengesellschaft entzogen werden.

(2) Produktionspersonen- und Vertriebskapitalgesellschaft

Bei einer Aufspaltung des Betriebes in eine Produktionspersonen- und Vertriebskapitalgesellschaft führt die **Personengesellschaft** nur die **Produktionstätigkeit** selbst durch und überträgt die **Absatzfunktion** auf eine für diesen Zweck errichtete **Kapitalgesellschaft**. Die Betriebsgesellschaft kann nun ihre Produkte zu niedrigeren Preisen an die Vertriebsgesellschaft verkaufen als beim Direktvertrieb. Dadurch kann man den bei der OHG oder einer anderen Personengesellschaft anfallenden Gewinn manipulieren, d.h. es findet eine indirekte Übertragung von Gewinnanteilen auf die Vertriebs-GmbH

---

[35] Vgl. Klunzinger, E.: Grundzüge des Gesellschaftsrechts, 11. Auflage, München 1999, S. 331.

oder Vertriebs-AG statt. Dabei ist jedoch zu beachten, dass der vereinbarte Preis nicht unangemessen niedrig sein darf. Vom betriebswirtschaftlichen Standpunkt aus gesehen sind Mischformen wie auch Doppelgesellschaften durchaus positiv zu bewerten. So können z.B. der Zwang zu einer dezentralen Organisation, Haftungs- und Risikobeschränkungen sowie Regelungen von Familien- und Erbschaftsverhältnissen als anerkennenswerte Gründe für solche Gesellschaftsformen angesehen werden.[36]

3.2.4 Die Genossenschaft (eG)

(Rechtsgrundlage ist das Genossenschaftsgesetz)

Die Genossenschaft ist eine Gesellschaft von nicht geschlossener Mitgliederzahl mit dem Zweck, den Erwerb oder die Wirtschaft ihrer Mitglieder, der Genossen, mittels **gemein(wirt)schaftlichen Geschäftsbetriebes** zu fördern. Entsprechend dieser Zielsetzung ist nicht die Gewinnerzielung, sondern die **Selbsthilfe der Mitglieder** durch gegenseitige Förderung der Zweck der Genossenschaft.

Sie ist weder eine Personen- noch eine Kapitalgesellschaft, sondern ein **wirtschaftlicher Verein**, der in seinem verwaltungsmäßigen Aufbau einer Kapitalgesellschaft und in seiner personellen Gestaltung einer Personengesellschaft ähnelt. Der spezielle Charakter einer Genossenschaft kommt zum Ausdruck:[37]

1. in ihrem Zweck, der nicht auf die Erzielung von Gewinn, sondern auf **Selbsthilfe der Genossen** durch gegenseitige Förderung gerichtet ist,
2. in der **Gleichberechtigung der Mitglieder** untereinander, ohne Rücksicht auf die Höhe der Kapitalbeteiligung an der Genossenschaft sowie in der Selbstverwaltung der Organe,
3. im **gemeinschaftlich** begründeten **Geschäftsbetrieb**,
4. in der **gemeinwirtschaftlichen Preispolitik**: im Geschäftsverkehr mit den Mitgliedern werden die üblichen Marktpreise (**Tagespreise**) berechnet, ein etwaiger Überschuss wird nachträglich durch Rückvergütung an die Mitglieder, ihren Anteilen entsprechend, verteilt (**passive Preispolitik**). Bei Einkaufsgenossenschaften des Handels und des Handwerks werden den Mitgliedern Preise unter dem Tagespreis, bei Absatzgenossenschaften über dem Tagespreis berechnet (**aktive Preispolitik**).

- **Gründung und Errichtung**

Die Gründung und der Bestand einer Genossenschaft erfolgt durch mindestens **sieben Genossen**, die eine **Satzung** (Statut) festlegen. Die Satzung muss in schriftlicher Form aufgesetzt werden und folgende Bestimmungen enthalten:

1. die Höhe der **maximalen Einlage** (Geschäftsanteil),
2. welcher Betrag als **Mindesteinlage** erfolgen muss (gesetzlich mind. 10%),
3. können **mehrere Geschäftsanteile** erworben werden,
4. welche **Art der Nachschusspflicht** besteht (keine, beschränkt oder unbeschränkt).

Änderungen der Satzung bedürfen einer 3/4-Mehrheit aller Genossen. Die Firma der Genossenschaft wird von dem Betriebsgegenstand abgeleitet und darf keine Personennamen enthalten (Sachfirma). Der Zusatz e.G. (eingetragene Genossenschaft) ist zwin-

---

[36] Vgl. Korndörfer, W.: Allgemeine Betriebswirtschaftslehre, a.a.O., S. 110 f.
[37] Vgl. Löffelholz, J.: Repetitorium der Betriebswirtschaftslehre, a.a.O., S. 143.

gend vorgeschrieben, allerdings ohne eine Angabe über den Umfang der Nachschusspflicht.

Die Genossenschaft ist eine **juristische Person**, die ihre Rechtsfähigkeit mit der Eintragung der Firma und aller beteiligten Genossen in das zuständige **Genossenschaftsregister** erhält.

Im Gegensatz zu den Kapitalgesellschaften ist **kein Mindestkapital** vorgeschrieben. Die Einlagen der Genossen bilden das Grundkapital, dessen Höhe von der Anzahl der Mitglieder abhängig ist. Jedes Mitglied ist verpflichtet, eine **Mindesteinlage** auf den Geschäftsanteil zu leisten (**min. 10%**).

Dem eingezahlten Betrag werden Gewinne solange zugeschrieben, bis der Geschäftsanteil erreicht ist. Verluste werden entsprechend abgezogen.

Für die Verbindlichkeiten der Genossenschaft haftet den Gläubigern nur das Vermögen der Genossenschaft. Aufgrund der **beschränkten Haftpflicht** sind die Nachschüsse der Mitglieder zur Deckung der Verbindlichkeiten der Genossenschaft auf die im Statut festgelegte Haftungssumme beschränkt.

Die **Nachschusspflicht** (beschränkt oder unbeschränkt) besteht nur gegenüber der Genossenschaft und ist somit dem direkten Zugriff der Gläubiger entzogen. Die Haftungssumme (Höchstbetrag, mit dem ein Genosse neben dem Geschäftsanteil zuzüglich rückständiger Pflichteinlagen haftet) darf nicht kleiner als der Geschäftsanteil sein. Ist eine Nachschusspflicht ausgeschlossen, besteht keine persönliche Haftung.[38]

- **Organe**

Die Genossenschaft handelt wie die Aktiengesellschaft durch ihre drei Organe:

(a) **Vorstand,**

(b) **Aufsichtsrat,**

(c) **Generalversammlung.**

(a) **Der Vorstand**

Der Vorstand einer Genossenschaft besteht aus mindestens zwei Personen, die grundsätzlich **von der Generalversammlung gewählt** werden. Die Vorstandsmitglieder müssen aus den Reihen der Genossenschaftsinhaber bestimmt werden. Sie führen die Geschäfte der Genossenschaft und vertreten sie nach außen. Im allgemeinen erfolgt eine Gesamtvertretung. Beschränkungen Dritten gegenüber sind wirkungslos, außer sie werden von der Gesellschaft vorgeschrieben.

Der Vorstand führt die Geschäfte der Genossenschaft unter **eigener Verantwortung** und kann nicht direkt durch einfache Weisungen der Generalversammlung in seiner Tätigkeit eingeschränkt werden. Sonderregelungen müssen in den Statuten der Genossenschaft vorgesehen werden.

(b) **Der Aufsichtsrat**

Der Aufsichtsrat muss aus mindestens drei Genossen (keine Vorstandsmitglieder) bestehen. Er hat den Vorstand bei der Geschäftsführung zu überwachen und ist im wesent-

---

[38] Vgl. § 6 GenG.

lichen an die Bestimmungen des **Aktiengesetzes** gebunden. Für Genossenschaften mit mehr als 500 Mitarbeitern gelten die Regelungen des **Betriebsverfassungsgesetzes** (1/3 der Aufsichtsratsmitglieder werden von den Arbeitnehmern gewählt), und für Genossenschaften mit mehr als 2.000 Mitarbeitern entsprechend die Regelungen des Mitbestimmungsgesetzes.

Zur Ausübung seiner **Kontrollfunktion** kann der Aufsichtsrat jederzeit die Bücher der Genossenschaft einsehen und vom Vorstand Berichterstattung verlangen. Darüber hinaus ist er zur **Prüfung des Jahresabschlusses** etc. und der Unterrichtung der Generalversammlung über die Ergebnisse verpflichtet.

(c) Die Generalversammlung

Die Generalversammlung ist das **oberste Willensorgan** der Genossenschaft. Sie beschließt über alle wichtigen Angelegenheiten der Genossenschaft. In der Generalversammlung üben die Genossen ihre Rechte in Bezug auf die Führung der Geschäfte, die **Prüfung der Bilanz**, die **Verteilung von Gewinn und Verlust** und die **Wahl und Entlastung von Aufsichtsrat und Vorstand** aus. Unabhängig von der Höhe seiner Geschäftsanteile hat jeder Genosse nur eine Stimme (Abstimmung nach Köpfen). Für Mitglieder, die den Geschäftsbetrieb der Genossenschaft besonders fördern, kann ein **Mehrstimmrecht** (maximal 3 Stimmen) in der Satzung verankert werden.

Bei Genossenschaften mit mehr als 3.000 Mitgliedern besteht die Generalversammlung aus Vertretern der Genossen; schon ab 1.500 Mitgliedern kann das Statut die gleiche Regelung zulassen (Vertreterversammlung). Eine **Vertreterversammlung** besteht aus mindestens 50 Mitgliedern, die ebenfalls Genossen sein müssen und in allgemeiner, unmittelbarer und geheimer Wahl bestimmt werden.

Die Mitglieder einer Genossenschaft können **natürliche und juristische Personen** sein und ein Wechsel (Eintritt / Austritt) ist problemlos möglich. Im Falle eines Austritts wird das Geschäftsguthaben ausgezahlt, soweit es nicht zur Schuldendeckung der Haftsumme benötigt wird. Erfolgt der Eintritt in eine schon bestehende Genossenschaft, ist eine schriftliche Beitrittserklärung erforderlich. Mit der Eintragung in die **Genossenliste** (zuständiges Registriergericht) durch den Vorstand wird der Wechsel wirksam.

- **Auflösung**

Gründe für eine Auflösung der Genossenschaft sind:

1. Beschluss der Generalversammlung mit 3/4-Mehrheit,
2. Eröffnung des Konkurses wegen
    - Zahlungsunfähigkeit,
    - einfacher Überschuldung (keine Nachschusspflicht vorhanden),
    - erweiterter Überschuldung (mit erreichen von 25% der Nachschusspflichtsumme).

- **Arten der Genossenschaften**

Wirtschaftlich lassen sich die einzelnen Genossenschaftsformen nach ihrem Zweck einteilen:

1. **Förderungsgenossenschaften** (Hilfsgenossenschaften),
    die lediglich Hilfswirtschaften der auch weiterhin selbständig bestehenden Mitgliederwirtschaften sind. Sie lassen sich gliedern in:

- **Bezugsgenossenschaften** der Handwerker und Landwirte sowie Konsumvereine oder Verbrauchergenossenschaften;
- **Absatzgenossenschaften** zu ihnen zählen Absatzgenossenschaften der Handwerker sowie Absatz- und Produktionsgenossenschaften der Landwirte (z.B. Molkereiprodukte).
2. **Produktivgenossenschaften** (Vollgenossenschaften),
   es besteht keine selbständige Mitgliederwirtschaft mehr, da die Genossen in der Genossenschaft gemeinsam arbeiten (siehe LPG in der ehemaligen DDR).
3. **Kreditgenossenschaften,**
   zu ihnen zählen Volksbanken und ländliche Spar- und Darlehenskassen (Raiffeisenkassen); Neuregelung: Kreditvergabe auch an Nichtmitglieder.
4. **Verkehrsgenossenschaft** (Verwertung von Verkehrsleistungen der Mitglieder).
5. **sonstige Genossenschaften**
   z.B. Baugenossenschaften, Nutzungsgenossenschaften (landwirtschaftliche Maschinen) etc.

- **Die Organisation der Genossenschaften**

Um die Wirksamkeit des genossenschaftlichen Zusammenschlusses zu erhöhen, entstanden die **Genossenschaftsverbände**. Die Beratung und Unterstützung der oft sehr kleinen Genossenschaften sowie eine Verbesserung der Kreditfähigkeit der einzelnen Genossenschaften führten zur Gründung der Verbände. Die Genossenschaften gliedern sich in folgende Genossenschaftszweige:

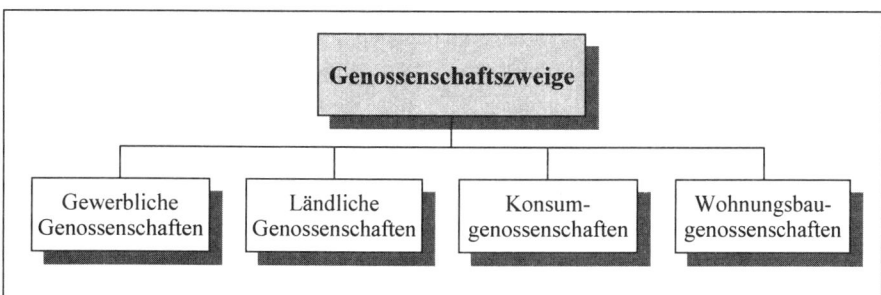

Abb. 28: Genossenschaftszweige

Jeder Genossenschaftszweig ist in eine dreistufige Organisation eingebunden:

1. Der Unterbau besteht aus den **örtlichen Einzelgenossenschaften**,
2. Der Mittelbau besteht aus den **regionalen Genossenschaftsverbänden**, **Einkaufszentralen** und **Zentralkassen**,
3. Den Oberbau bildet der **Deutsche Genossenschafts- und Raiffeisenverband e.V.** (Zusammenschluss von ländlichen und gewerblichen Genossenschaften), der **Bund deutscher Konsumgenossenschaften e.V.** und der **Gesamtverband Gemeinnütziger Wohnungsunternehmen e.V.**

Durch das Genossenschaftsgesetz wird für alle Genossenschaften eine **Pflichtprüfung** vorgeschrieben, die mindestens alle zwei Jahre von den Genossenschaftsverbänden auszuführen ist. Es handelt sich sowohl um eine **formale Prüfung** (auf rechnungsmäßige und legale Richtigkeit) als auch um eine **materielle Prüfung** (auf geschäftspolitische Richtigkeit).

3.2.5 Sonstige private Unternehmen

Zu den sonstigen privaten Unternehmen zählen der Versicherungsverein auf Gegenseitigkeit, die Stiftung, die Partenreederei, die Bergrechtliche Gewerkschaft und die Bohrgesellschaft.

Da die Partenreederei, die Bergrechtliche Gewerkschaft und die Bohrgesellschaft heute kaum noch von Bedeutung sind, wird auf diese Rechtsformen hier nicht näher eingegangen.

3.2.5.1 Der Versicherungsverein auf Gegenseitigkeit (VVaG)

(Rechtsgrundlage ist das Versicherungsaufsichtsgesetz VAG)

Der Versicherungsverein auf Gegenseitigkeit ist eine mit eigener Rechtspersönlichkeit (**juristische Person**) ausgestattete private Personenvereinigung. Behandelt wird der VVaG wie ein **privatrechtlicher Verein** mit genossenschaftlichem Charakter, dessen Aufgabe in der unmittelbaren Gewährung eines Versicherungsschutzes für seine Mitglieder besteht (Versicherungsnehmer sind die Vereinsmitglieder). Eine persönliche Haftung ist ausgeschlossen und für gerechtfertigte Forderungen gegen das Unternehmen haftet nur das Vereinsvermögen.

Die **Gründung** eines VVaG erfolgt mit dem Abschluss eines **Gesellschaftsvertrages**. Dieser Vertrag muss in notarieller Form abgefasst werden und die Versicherungsbedingungen enthalten. Seine Rechtsfähigkeit erlangt ein VVaG mit der Erlaubnis der zuständigen Aufsichtsbehörde und der **Eintragung in das Handelsregister**.

Für den Aufbau und die Organisation dieser Rechtsform gelten im wesentlichen die **Regelungen der Aktiengesellschaft**. Das oberste Organ des VVaG ist die Hauptversammlung (Vertreterversammlung). Sie wird von allen Vereinsmitgliedern (Versicherten) gebildet, die jedoch nicht die Rechte der Aktionäre (wie u.a. einen Dividendenanspruch) haben.

Ein entstandener **Gewinn** darf z.B. nicht verteilt werden, sondern wird über eine Beitragsrückerstattung oder zur Verstärkung der Eigenkapitaldecke verwendet. Im Gegensatz dazu sind die Befugnisse der Vertreterversammlung mit denen der Hauptversammlung einer AG identisch. Der **Aufsichtsrat** wird von der Vertreterversammlung gewählt und ist das Kontrollorgan des Vorstands. **Geschäftsführung** und Vertretung des Unternehmens erfolgen durch einen vom Aufsichtsrat bestellten Vorstand.

Der VVaG hat kein Aktienkapital, sondern ist mit einem sogenannten Gründungsfonds (Gründungsstock) ausgestattet, der nicht unbedingt von den Versicherten, sondern auch von anderen bereitgestellt werden kann. Der Gründungsfonds soll später zurückgezahlt werden und wird auf die Dauer durch die Bildung einer **Verlustrücklage** aus dem Reingewinn ersetzt. Diese Verlustrücklage tritt an die Stelle des Eigenkapitals.

Für die Stellung der Versicherten zu ihrem Unternehmen gilt der Grundsatz der absoluten Gleichbehandlung, d.h. dass bei gleichen Voraussetzungen Beiträge und Leistungen für jeden Versicherten gleich sein müssen. Größere Versicherungsvereine auf Gegenseitigkeit (siehe HUK-Coburg) haben die Möglichkeit, auch Nichtmitglieder zu versichern.

Diese haben **weder das Recht auf Mitwirkung** an der Vertreterversammlung **noch** ein Recht auf **Gewinnrückvergütung**. Sie werden wie bei anderen Rechtsformen in der Versicherungswirtschaft auf Grund eines frei vereinbarten Versicherungsvertrages zu festen Beiträgen (**Prämienprinzip**) ohne Rücksicht auf den Gleichheitsgrundsatz versichert.[39]

3.2.5.2 Die Stiftung

(Rechtsgrundlage §§ 80 ff. BGB und landesrechtliche Stiftungsgesetze)

Eine Stiftung des privaten Rechts ist eine juristische Person, die von einem oder mehreren Personen (natürlich oder juristisch) errichtet werden kann. Der Betriebszweck einer Stiftung ist grundsätzlich auf **soziale Bestrebungen** ausgerichtet.

Die Gründung erfolgt durch einen Stifter, der ein Vermögen dauerhaft für einen bestimmten Zweck zur Verfügung stellt. Dieser Vorgang muss **schriftlich** und in Form einer **Urkunde** festgelegt werden. Mit der staatlichen Genehmigung erlangt die Stiftung ihre Rechtsfähigkeit.

Von Bedeutung ist die rechtlich selbständige Stiftung heute als Gesellschafter in einer Kapitalgesellschaft (**Holdingstiftung**, z.B. Friedrich-Krupp-Stiftung) oder als Alleininhaber eines Unternehmens (**Stiftungsunternehmens**, z.B. Carl-Zeiss-Stiftung).

3.3 Die Rechtsformen öffentlicher Betriebe

Öffentliche Wirtschaftsbetriebe oder öffentliche Unternehmen sind Wirtschaftseinheiten, die sich ganz oder überwiegend im Eigentum einer Gebietskörperschaft (Staat, Gemeinde) befinden und auf deren Leitung die **öffentliche Hand** einen maßgeblichen Einfluß hat.

Die rechtliche Struktur dieser Betriebe kann verschiedener Natur sein. Öffentliche Betriebe werden entweder als Gebilde ohne Rechtspersönlichkeit oder als Gebilde mit eigener Rechtspersönlichkeit geführt (siehe Abb. 29).

Öffentliche Betriebe ohne Rechtspersönlichkeit sind Abteilungen der Verwaltung (**Regiebetriebe**), aus der Verwaltung ausgegliederte Abteilungen (Sondervermögen), autonome Wirtschaftskörperschaften (z.B. Bundesbahn, Bundespost) oder kommunale **Eigenbetriebe** (z.B. Versorgungs- und Verkehrsbetriebe).

Öffentliche Betriebe mit eigener Rechtspersönlichkeit werden in **juristische Personen des öffentlichen Rechts** (Körperschaften, Anstalten, Stiftungen) und in **juristische Personen des Privatrechts** (AG, GmbH, Genossenschaften) unterteilt.

An den letztgenannten Betrieben in privatrechtlicher Gestaltung kann die öffentliche Hand entweder sämtliche Anteile (**rein öffentlicher Betrieb**) oder eine Beteiligung (**gemischtwirtschaftlicher Betrieb**) halten.

---

[39] Vgl. §§ 20 f. VAG.

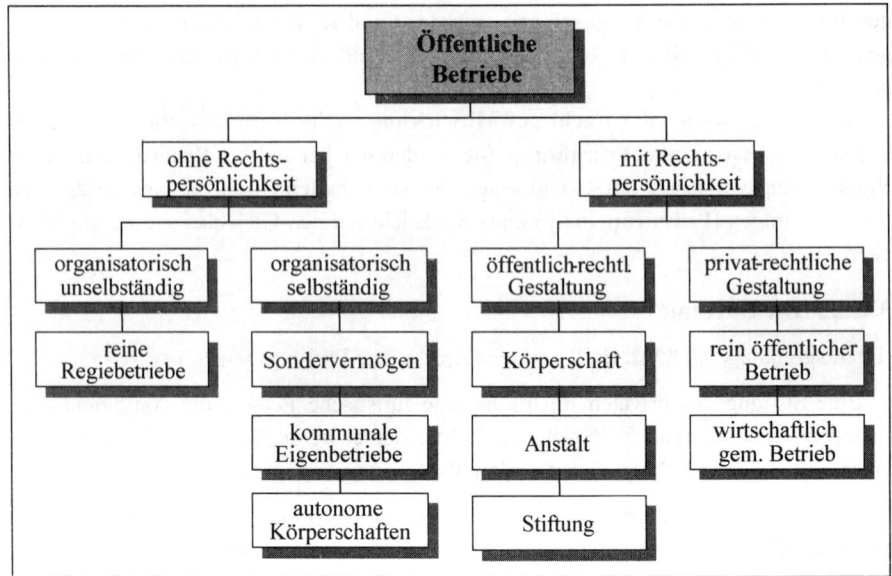

Abb. 29: Rechtsformen öffentlicher Betriebe

Werden die öffentlichen Betriebe mit Betrieben der freien Wirtschaft verglichen, ergibt sich folgende Abstufung nach dem Grad der Wirtschaftlichkeit.

- **Reine Erwerbsbetriebe**

Diese Art der öffentlichen Betriebe arbeitet nach dem **erwerbswirtschaftlichen Prinzip** und unterscheidet sich in der Regel nicht von privaten Unternehmen in der Marktwirtschaft. Unter dieser Kategorie werden alle Industriebetriebe, Berg- und Hüttenwerke, Elektrizitätswerke und Schifffahrtswerften der öffentlichen Hand zusammengefasst. Sie dienen der öffentlichen Hand als finanzwirtschaftliches Erwerbsmittel mit dem Zweck, einen größtmöglichen finanziellen Beitrag in den Haushalt der jeweiligen Körperschaft einzubringen.

In der Vergangenheit hat man alle Betriebe dieser Art in fünf Konzernen zusammengefasst, die zum Teil auch heute noch das Hauptkontingent der öffentlichen Erwerbsbetriebe bilden:

1. Vereinigte Industrieunternehmen (VIAG),
2. Preußische Bergwerks- und Hütten-AG (PREUSSAG),
3. Preußische Elektrizitäts-AG (PREAG),
4. Vereinigte Elektrizitäts- und Bergwerks-AG (VEBA),
5. AG für Berg- und Hüttenbetriebe (AGBEHUE; Salzgitter-AG).

Eine derart starke Beteiligung des Staates an Industrieunternehmen ist umstritten. Das gilt besonders für Betriebe, die keine soziale Aufgabe (Deckung des Kollektivbedarfs) erfüllen, sondern als Konkurrent der privaten Unternehmen auftreten. Aus diesem Grund wurden in den letzten Jahren große Teile des Bundesbesitzes reprivatisiert. Zu dieser Gruppe zählen die Volkswagen-AG sowie VIAG, VEBA und PREUSSAG, die durch die Ausgabe von **Volksaktien** in privaten Besitz überführt wurden.

- **Betriebe, die nach dem Kostendeckungsprinzip arbeiten**

Diese Art von Betrieben arbeitet nicht nach dem für private Unternehmungen typischen Prinzip der Gewinnmaximierung. Ihr Betriebszweck liegt vielmehr in der **Deckung eines kollektiven Bedarfs**, wobei aus sozialen Gründen nur eine Kostendeckung erreicht werden soll. Zu ihnen gehören vor allem Verkehrs-, Nachrichten- und kommunale Versorgungsunternehmen. Sie nehmen häufig eine **Monopolstellung** (Bundesbahn und Bundespost) ein, nutzen aber die damit verbundenen preispolitischen Möglichkeiten aufgrund ihrer sozialen Zielsetzung nicht aus. Das erwerbswirtschaftliche Prinzip steht nicht im Vordergrund, sondern nur die **Kostendeckung** einer gemeinwirtschaftlichen Versorgung (Straßenreinigung, Abfallbeseitigung etc.). In diesem Zusammenhang spricht man auch von **Bedarfsdeckungsmonopolen**.

Die obengenannten Aufgaben können zu den bisherigen Konditionen nur von öffentlichen Betrieben wahrgenommen werden, da eine Übertragung auf private Unternehmen nur mit erheblichen Preissteigerungen verbunden oder eine kollektive Deckung unmöglich ist.

- **Zuschussbetriebe**

Es handelt sich hier um Betriebe, die ihre Preispolitik ausschließlich nach **sozialen Argumenten** ausrichten und deren Einnahmen in den seltensten Fällen eine kostendeckende Arbeitsweise ermöglichen. Aus diesem Grund sind sie auf Zuschüsse aus dem Haushalt der zuständigen Gebietskörperschaft angewiesen. In diese Kategorie fallen Krankenhäuser, Schulen, Theater, Museen etc.

Neben einer Einteilung nach betriebswirtschaftlichen Gesichtspunkten können die öffentlichen Betriebe auch nach der rechtlichen Gestaltung oder ihrer Verwaltungsstruktur eingeteilt werden.

3.3.1 Öffentliche Betriebe in nicht-privatrechtlicher Form

3.3.1.1 Öffentliche Betriebe ohne eigene Rechtspersönlichkeit

Zu den öffentlichen Betrieben ohne eigene Rechtspersönlichkeit gehören: Regiebetriebe, Sondervermögen, kommunale Eigenbetriebe und autonome Wirtschaftskörperschaften. Sie können nach ihrer Selbständigkeit in zwei Hauptgruppen aufgeteilt werden:

1. Reine Regiebetriebe,
2. Verselbständigte Regiebetriebe:
   - Sondervermögen,
   - kommunale Eigenbetriebe,
   - autonome Wirtschaftskörperschaften.

(1) Regiebetriebe

sind rechtlich **unselbständige Wirtschaftseinheiten**, die organisatorisch aus der öffentlichen Verwaltung ausgegliedert werden. Sie unterstehen unmittelbar einer öffentlichen Körperschaft und werden in der Regel von Beamten geleitet. Die Verwaltung erfolgt nach **beamtenrechtlichen Grundsätzen**, da sich der Betrieb im Eigentum einer Körperschaft befindet.

Der reine Regiebetrieb ist juristisch in Form eines integrierten Verwaltungsdezernats aufgebaut, und für seine Verbindlichkeiten haftet das tragende Gemeindewesen. Aus diesem Grund sind die Regiebetriebe verwaltungstechnisch in die Hoheitsverwaltung eingegliedert und eng an den Etat ihrer Behörde gebunden. Die Rechnungslegung erfolgt nach der sogenannten **kameralistischen Buchführung** (Bruttoprinzip; nur Einnahmen und Ausgaben erfassen).

Regiebetriebe werden oft als öffentliche Einrichtungen, z.B. Müllabfuhr, Krankenhäuser, Theater, Schlachthöfe etc. geführt und sind im allgemeinen Zuschussbetriebe.

(2) Verselbständigte Regiebetriebe

sind **rechtlich unselbständige** Betriebe, die organisatorisch aus Verwaltung und Vermögensrechnung der öffentlichen Hand ausgegliedert werden. Im Gegensatz zu reinen Regiebetrieben erreichen sie aber eine gewisse Selbständigkeit.

- **Sondervermögen**

Betriebe mit dem Status Sondervermögen unterliegen einer kaufmännischen Führung. Sie sind verwaltungsmäßig verselbständigt und verzichten im Rechnungswesen auf das Bruttoprinzip, da eine Bestands-, Aufwands- und Ertragsrechnung für den Geschäftsbetrieb notwendig sind. Nach der **Bundeshaushaltsordnung** (BHO) sind diese Betriebe zum Aufstellen eines Wirtschaftsplanes verpflichtet, wenn ein Wirtschaften nach Einnahmen und Ausgaben des Haushaltsplanes nicht zweckmäßig ist.

Bestimmte Betriebe werden als Sondervermögen geführt, sobald ihre Aufgaben aus sicherheitspolitischen Gründen nicht in privater Hand sein sollen. Als bestes Beispiel dient in diesem Zusammenhang der Druck von Banknoten durch die Bundesdruckerei.

- **Kommunale Eigenbetriebe**

(Rechtsgrundlage sind die Eigenbetriebsgesetze der Länder) ermöglichen eine größere Selbständigkeit gegenüber der Gebietskörperschaft als Betriebe des Sondervermögens. Diese Form eignet sich besonders für:

- Versorgungsbetriebe,
- Verkehrsbetriebe,
- auf der Urproduktion aufbauende Verarbeitungsbetriebe (z.B. Molkereien, Sägewerke).

Sie werden betriebswirtschaftlich geführt, und die Buchführung erfolgt nach kaufmännischen Grundsätzen. Die Preispolitik der Eigenbetriebe ist auf einen Einnahmeüberschuss oder zumindest eine Ausgabendeckung ausgerichtet. Das wirtschaftliche Ergebnis erscheint mit dem gesamten Reinertrag im **Haushaltsplan** der Trägerkörperschaft. Eigenbetriebe sind verpflichtet, einen Wirtschaftsplan aufzustellen, der nicht an die Vorschriften des Haushaltsrechts gebunden ist.

Die oberste Entscheidungsinstanz eines kommunalen Eigenbetriebes ist der **Gemeinderat**. Er bestellt die Werksleitung, erlässt die Betriebssatzung (wichtig für die innere Organisation, z.B. Zusammensetzung der Werksleitung) und stellt den Jahresabschluß fest. Die laufende Betriebsführung liegt bei der Werksleitung, deren Dienstvorgesetzter der jeweilige **Gemeindedirektor** ist.

- **Autonome Wirtschaftskörperschaften**

Autonome Wirtschaftskörperschaften werden oft mit Eigenbetrieben verglichen, da sie ein Sondervermögen darstellen und keine eigene Rechtspersönlichkeit besitzen. Beispiele für diese Betriebsform sind bzw. waren die Deutsche Bundespost und die Deutsche Bundesbahn.[40]

Die Organisationsform der **Deutschen Bundesbahn** war durch das Bundesbahngesetz geregelt. Danach war die Bundesbahn ein ausgegliedertes Sondervermögen ohne eigene Rechtspersönlichkeit. Sie wurde unter Wahrung der Interessen der deutschen Volkswirtschaft nach kaufmännischen Grundsätzen verwaltet.

Unterschiede zu den gemeinen Eigenbetrieben bestanden insbesondere durch die Ausschließung der gegenseitigen Haftung zwischen Bund und Bundesbahn und die eigene Handlungs- und Parteifähigkeit. Das Leitungsorgan der Bundesbahn war der **Vorstand** (7 Personen); das Beschlussorgan, für das die Beschlussfunktionen genau im Gesetz geregelt war, stellte der **Verwaltungsrat** (20 Mitglieder) dar.

Die **Deutsche Bundespost** war im Prinzip in gleicher Weise wie die Bundesbahn organisiert, hatte jedoch keinen Vorstand, sondern wurde vom **Bundesminister** für das Post- und Fernmeldewesen unter Mitwirkung eines **Verwaltungsrates** geleitet. Ihre Monopolstellung war stärker ausgeprägt als die der Bundesbahn, da letztere in bestimmten Bereichen in Konkurrenz mit anderen Verkehrsunternehmungen stand.

Mit dem Inkrafttreten des Poststrukturgesetzes (1.7.89) wurde die Deutsche Bundespost neu strukturiert. Die politischen Aufgaben wurden weiterhin dem Bundesminister für Post und Telekommunikation zugeordnet, die unternehmerischen bzw. betrieblichen Aufgaben dagegen den drei öffentlichen Unternehmen Deutsche Bundespost Telekom, Deutsche Bundespost Postdienst und Deutsche Bundespost Postbank, die jeweils einen **eigenen Vorstand** und **Aufsichtsrat** haben. Ab dem 1.1.1995 wurden die Unternehmen in Aktiengesellschaften umgewandelt.[41]

3.3.1.2 Öffentliche Betriebe mit eigener Rechtspersönlichkeit

In vielen Fällen ist eine verwaltungsangelehnte oder verwaltungsintegrierte Organisation bedingt durch ihre spezifische Zielsetzung und Funktion für eine Teilnahme am wirtschaftlichen Geschäftsleben ungeeignet. Aus diesem Grund wurden für viele Aufgaben der öffentlichen Hand spezielle Rechtsformen des öffentlichen Rechts mit eigener Rechtsfähigkeit (juristische Person) geschaffen:
- Körperschaften des öffentlichen Rechts,
- Anstalten des öffentlichen Rechts,
- Stiftungen des öffentlichen Rechts.

Für diese Rechtsformen existieren keine allgemeingültigen Regelungen, sondern jede einzelne wird per Gesetz mit besonderen **Satzungsbestimmungen** für eine konkrete öffentliche Betriebsaufgabe errichtet.

---

[40] Die Deutsche Bundesbahn wurde gemeinsam mit der Reichsbahn in eine Aktiengesellschaft "Deutsche Bahn AG" umgewandelt und privatisiert.
[41] Vgl. Gesetz zur Umwandlung der Unternehmen der Deutschen Bundespost in die Rechtsform der AG.

Im Kreditverkehr und für Betriebe des Verkehrs- und Nachrichtenwesens bevorzugt die öffentliche Hand die Rechtsform einer Anstalt oder Körperschaft des öffentlichen Rechts.

Geleitet werden Anstalten des öffentlichen Rechts von einem **Vorstand** (Art und Weise wird in einer Satzung festgelegt), der von einem **Verwaltungsrat** überwacht wird.

Zu den Körperschaften des öffentlichen Rechts zählen Industrie- und Handwerkskammern sowie andere Vertretungen eines Berufsstandes. Sie gewähren Mitgliedsrechte im Gegensatz zu den Anstalten, die Sacheinlagen der öffentlichen Hand sind.

Wie alle öffentlichen Betriebe mit eigener Rechtspersönlichkeit ist auch die öffentlich rechtliche Stiftung (z.B. Studienstiftung der deutschen Wissenschaft) eine **juristische Person**. Sie besteht weder aus Mitgliedern noch aus Gesellschaftern und wird nur von einem Vorstand (kann auf Anordnung des Stifters auch eine Behörde sein) repräsentiert.

3.3.2 Öffentliche Betriebe in privatrechtlicher Form

Grundsätzlich können öffentliche Betriebe auch in privatrechtlicher Form geführt werden. Die Auswahlmöglichkeiten werden jedoch auf beschränkt haftende Betriebsformen, z.B. öffentliche Kapitalgesellschaften (AG, GmbH) oder öffentliche Genossenschaften des Gesellschaftsrechts begrenzt.

Der einzige Unterschied zu rein privat geführten Unternehmen besteht neben den Eigentumsverhältnissen in der Besetzung der Verwaltungsorgane. Sie erfolgt in öffentlichen Betrieben zum Teil durch Beamte.

Kapitalgesellschaften, die sich zu 100% im Besitz eines Hoheitsträgers (Bund, Land) befinden, sind **Scheingesellschaften** (vgl. Einmann-AG/GmbH) und werden folglich **öffentliche Kapitalgesellschaften** genannt.

Gemeinwirtschaftliche Unternehmen entstehen infolge einer Beteiligung des Bundes (Landes etc.) an einer bestehenden Unternehmung oder nach einer Teilprivatisierung eines öffentlichen Betriebes. Die Problematik dieser Kombination liegt in den meist unterschiedlichen Zielsetzungen der öffentlichen Hand (Wahrung der Interessen der Allgemeinheit) und des privaten Kapitals (Gewinnmaximierung).

3.4 Der Wechsel der Rechtsform

Eine Änderung der äußeren Umweltbedingungen sowie die individuelle Entwicklung einer Unternehmung können dazu führen, dass die ursprünglich gewählte Rechtsform nicht mehr sinnvoll erscheint. Der Wechsel der Rechtsform eines Betriebes kann aus wirtschaftlichen und steuerlichen Überlegungen erfolgen. Zu den wichtigsten Motiven zählen:

1.) Veränderung der **Haftungsbestimmungen,**

2.) Verbesserung der **Kreditwürdigkeit,**

3.) Erschließung neuer Finanzierungsmöglichkeiten,

4.) Einschränkung der **Mitbestimmungsrechte,**

5.) Senkung der **Steuerbelastung,**

6.) Erweiterung der **Leitungsbefugnisse.**

Eine Änderung der Rechtsform verursacht im allgemeinen eine einmalige zusätzliche Steuerbelastung, die im Wesen der Umwandlung begründet liegt:

- **Verkehrssteuern**
(Kapitalverkehrs-, Umsatz- und Grunderwerbsteuer),
- **Gewinnsteuern**
(falls stille Rücklagen aufgelöst werden müssen).

Zusätzlich entsteht ein Problemfeld, sobald die Haftung der Gesellschaft mit dem Rechtsformenwechsel beschränkt wird. In diesem Fall haftet die Gesellschaft / Eigentümer für offene Verbindlichkeiten weiterhin unbegrenzt bis zur vollständigen Tilgung oder Verjährung der Schuld.

Alle von einem **Umwandlungsprozess** ausgelösten Steuerzahlungen belasten die Liquidität des Betriebes und seine Rentabilität nach Steuern bzw. seine Gesamtkosten einmalig. Vom Standpunkt des Betriebes sind **Umwandlungsgewinne**, die durch die gesetzlich erzwungene Auflösung von stillen Rücklagen entstehen, unrealisierte Gewinne. Es hat kein Umsatz mit anderen Wirtschaftseinheiten stattgefunden, durch den eine Gewinnrealisierung hätte erfolgen können.

Durch reine Bewertungsmaßnahmen tritt kein Zufluss an liquiden Mitteln ein, aus denen die Gewinn- und Verkehrssteuern entrichtet werden könnten. Sie müssen also aus vorhandenen liquiden Mitteln oder durch Aufnahme von Krediten bezahlt werden, wenn durch den Gesetzgeber vorgeschrieben wird, dass mit der Änderung der Rechtsform **Veräußerungsgewinne** entstehen.

In diesem Fall ist vorher genau zu prüfen, ob die erwarteten wirtschaftlichen Vorteile der neuen Rechtsform nicht von den umwandlungsabhängigen Aufwendungen kompensiert werden.

Die wichtigste Frage ist in jedem Fall die steuerliche Beurteilung der in den übertragenen Wirtschaftsgütern enthaltenen **stillen Reserven**.

Der Wechsel der Rechtsform ist **innerhalb einer Rechtsgruppe** (z.B. OHG in KG oder GmbH in AG) und von Einzelunternehmung oder Personengesellschaft in eine Kapitalgesellschaft steuerlich **unproblematisch**, da die Einbringung wie eine Sacheinlage behandelt wird.

Laut Umwandlungssteuergesetz (UmwStG) steht der Unternehmung ein Wahlrecht in der Beurteilung (Buch-, Teil- oder Zwischenwert) des übernommenen Vermögens zu.

Erfolgt ein Wechsel von einer Kapitalgesellschaft in eine Personengesellschaft, steht dem Betrieb kein Wahlrecht zu. Es müssen alle stillen Reserven in den **Aktiva** und **Passiva** der weitergehenden Unternehmung aufgedeckt und versteuert werden. Die hieraus entstehenden steuerlichen Belastungen können ein wichtiger Hinderungsgrund für einen Wechsel der Rechtsform sein.[42]

Die verschiedenen Formen des Rechtsformwechsels sind im Umwandlungsrecht (§§190-304 UmwG) geregelt. Die Durchführung des Formwechsels richtet sich nach den Paragraphen §§ 192ff. UmwG. Die Schritte sind der Umwandlungsbeschluss in notariell beurkundeter Form, der Umwandlungsbericht und die Registereintragung und Bekanntmachung.

---

[42] Vgl. Klunziger, E.: Grundzüge des Gesellschaftsrechts, a.a.O., S. 196 ff.

4 Der Zusammenschluss von Unternehmen

4.1 Die Bedeutung von Unternehmenszusammenschlüssen

Unternehmenszusammenschlüsse entstehen durch Verbindung von bisher rechtlich und wirtschaftlich selbständigen Unternehmen zu größeren Wirtschaftseinheiten, ohne dass dadurch die rechtliche Selbständigkeit und die Autonomie der einzelnen Unternehmen im Bereich wirtschaftlicher Entscheidungen aufgehoben werden muss.

Die moderne Produktionstechnik, die häufig den hochtechnisierten Großbetrieb begünstigt, und der auf Grund weitgehend gesättigter Märkte wachsende Wettbewerb machen es vor allem kleinen und mittleren Unternehmen immer schwerer, sich allein im **Konkurrenzkampf** zu behaupten. Da rasches selbständiges Wachstum in den meisten Fällen aus finanziellen Gründen ausscheidet, bleibt nur die Möglichkeit des **Zusammenschlusses** mit anderen Betrieben. Je stärker und umfassender die Zusammenarbeit, desto kleiner wird der Spielraum für selbständige Entscheidungen der einzelnen am Zusammenschluss beteiligten Unternehmen.

Die verschiedensten Arten von Unternehmenszusammenschlüssen resultieren aus der Notwendigkeit einer Anpassung an veränderte Umweltbedingungen, die von einem Unternehmen allein nicht vollzogen werden kann. Die Zusammenarbeit ist auf den verschiedensten Ebenen und mit unterschiedlichem **Abhängigkeitsgrad** (wirtschaftlich, rechtlich) möglich. Eine Einteilung erfolgt nach dem Grad der Beeinflussung der wirtschaftlichen Entscheidungsfreiheit und Intensität der Bindung der betroffenen Unternehmen in **Kooperation** und **Konzentration**.

- **Kooperation**

Die **wirtschaftliche** und **rechtliche Selbständigkeit** der teilnehmenden Unternehmen bleibt erhalten. Lediglich die wirtschaftliche Entscheidungsfreiheit wird in den der vertraglichen Zusammenarbeit unterworfenen Bereichen eingeschränkt.

Eine Zusammenarbeit auf Kooperationsbasis entsteht durch Abstimmung (Koordinierung) von Funktionen oder Ausgliederung von Funktionen und Übertragung auf eine gemeinschaftliche Einrichtung.

- **Konzentration**

Die wirtschaftliche Selbständigkeit mindestens eines Teils der teilnehmenden Unternehmen wird aufgehoben. Unter bestimmten Voraussetzungen kann auch die rechtliche Selbständigkeit dieser Unternehmen verloren gehen (siehe Fusion).

Eine Zusammenarbeit auf Konzernbasis entsteht, sobald sich die beteiligten Unternehmen einer **einheitlichen Leitung** unterordnen. Der Erwerb einer Mehrheitsbeteiligung (faktischer Konzern) und/ oder der Abschluss eines Vertrages (Beherrschungsvertrag) können Gründe für eine Konzernbildung sein.

Die **Intensität der Unternehmenszusammenschlüsse** reicht von losen und zeitlich (oder auf Einzelobjekte) begrenzten Absprachen über die vertragliche Koordinierung und Ausgliederung von Funktionen, die Bildung von Gemeinschaftsunternehmen bis zur vollständigen wirtschaftlichen Unterordnung unter eine einheitliche Leitung und schließlich bis zur Aufgabe der rechtlichen Selbständigkeit eines Unternehmens.

Um die damit verbundenen Tendenzen, Einschränkungen des Wettbewerbs etc. zu verhindern, sind bestimmte Maßnahmen seitens des Gesetzgebers getroffen worden, die die Bildung von Unternehmenskonzentrationen überwachen (**Fusionskontrolle**) und verbieten (**Gesetz gegen Wettbewerbsbeschränkungen**, GWB).

Im Gegensatz dazu muss die staatliche Wirtschaftspolitik nicht nur durch Verbots- und Missbrauchsregeln die wettbewerblichen Strukturen der Märkte sichern, sondern auch die leistungssteigernde Kooperation der kleinen und mittleren Unternehmen fördern und somit ihre Wettbewerbsfähigkeit gegenüber großen Konkurrenten stärken.[43]

4.2 Die Ziele von Unternehmenszusammenschlüssen

Alle Zielsetzungen, die eine Relevanz für Unternehmenszusammenschlüsse besitzen, basieren auf dem **erwerbswirtschaftlichen Prinzip** der langfristigen Gewinnmaximierung.

Erst auf dieser Grundlage ist der Verlust der wirtschaftlichen Selbständigkeit (ganz oder teilweise), zugunsten einer Unternehmensverbindung, sinnvoll. Die folgenden Bedingungen gewährleisten diese Zielsetzung und sichern den Bestand der einzelnen Unternehmungen:

- **Erhöhung der Wirtschaftlichkeit**:
  Ausnutzung von Rationalisierungseffekten und Massenproduktionsvorteilen für Kostensenkungen innerhalb größerer Wirtschaftseinheiten.
- **Verbesserung der Produktionsverhältnisse**:
  Gemeinsame Forschung und Entwicklung neuer Patente und Produktionsverfahren.
- **Stärkung der Wettbewerbsfähigkeit**:
  Durch Verbesserung der Marktstellung gegenüber Lieferanten, Abnehmern und potentiellen Kreditgebern.
- **Risikoverteilung und Risikominderung**:
  Verteilung des Risikos auf mehrere Unternehmen und Risikominderung durch Produktdiversifikation.
- **Bildung von Organisationen** (Wirtschaftsfachverbände):
  Gemeinsame Interessenvertretung gegenüber dem Gesetzgeber und anderen Verbänden.
- **Steuerliche Vergünstigungen**:
  Ausnutzung der Organschaft und des Schachtelprivilegs im Konzern.

Schließlich muss auf einen besonders häufig genannten Zweck von Unternehmenszusammenschlüssen hingewiesen werden, das Erreichen einer wirtschaftlichen **Machtposition**. Voraussetzung dafür ist die Schaffung einer marktbeherrschenden Position und die damit verbundene Ausschaltung des Wettbewerbs. Hier stehen nicht mehr die obengenannten Ziele im Vordergrund, sondern sie dienen, wenn überhaupt, als untergeordnete Zielsetzungen dem Primärziel der Schaffung und Erweiterung ökonomischer Macht.

Die mit Unternehmenszusammenschlüssen verfolgten Ziele erstrecken sich auf alle Funktionsbereiche eines Unternehmens. Dabei kann nur ein Ziel für den Zusammen-

---

[43] Vgl. Wöhe, G.: Einführung in die Allgemeine Betriebswirtschaftslehre, a.a.O., S. 323.

schluss ausschlaggebend sein, z.B. die Rationalisierung im Fertigungsbereich oder die Koordinierung der Beschaffung oder des Absatzes; es können aber auch nebeneinander mehrere Ziele verfolgt werden. Die **Rangordnung der Ziele** wird stets so zu bestimmen sein, dass tendenziell der größtmögliche Gewinn erzielt werden kann. Das verfolgte Ziel oder die verfolgte Zielkombination bestimmt in der Regel auch die rechtliche Form, die Intensität und die Dauer des Zusammenschlusses.

4.2.1 Ziele im Beschaffungsbereich

Ein gemeinsamer Einkauf durch einen Zusammenschluss auf dem Beschaffungssektor (z.B. Einkaufsgenossenschaft, -syndikat) erhöht die Nachfragemacht der beteiligten Unternehmen. So können gegenüber starken Lieferanten günstigere Liefer- und Zahlungsbedingungen ausgehandelt und durch die Abnahme größerer Beschaffungsmengen vorteilhaftere Preise (z.B. **Mengenrabatte**) ausgenutzt werden.

Ein anderes Argument ist die **Sicherung der Rohstoffversorgung**. Dies gilt besonders für Unternehmen, die in starkem Maße von ihren Lieferanten abhängig sind. In diesem Fall kann ein Zusammenschluss mit Betrieben vorgelagerter Produktionsstufen (vertikaler Zusammenschluss) das Risiko der Rohstoffversorgung erheblich oder zum Teil vermindern.

4.2.2 Ziele im Produktionsbereich

Zu den Zielen im Produktionsbereich gehören eine **wirkungsvollere Auslastung** und **Steuerung** der Produktion (optimale Betriebsgröße, gleichmäßige Auslastung der vorhandenen Kapazitäten etc.) sowie die Ausnutzung von **Degressionseffekten** (z.B. Kostensenkungen).

Rationalisierungsmaßnahmen, wie eine gemeinsame Normierung und Typisierung der in den Unternehmen hergestellten Produkte, Massenproduktion oder eine Spezialisierung der einzelnen Unternehmen auf bestimmte Produktionsbereiche senken die Kosten erheblich. Die Zusammenlegung der Forschungs- und Entwicklungsabteilungen mehrerer Unternehmen ermöglicht in vielen Fällen erst die Entwicklung neuer Produkte und Produktionsverfahren.

4.2.3 Ziele im Absatzbereich

Ein Zusammenschluss auf der Absatzseite mit der Bildung einer gemeinsamen Vertriebsorganisation (z.B. Verkaufssyndikat, Kartell) stärkt und verbessert die **Marktstellung**. Diese Zielsetzung ist mit entsprechender Wirkung auf den Wettbewerb gerichtet und kann bis zur Ausschaltung der Konkurrenz führen (Monopolstellung).

Ein anderes Motiv ist die Sicherung der Absatzmöglichkeiten durch eine Ausweitung des Leistungsprogramms (**diagonaler Zusammenschluss**). Eine Aufnahme zusätzlicher Produkte (Absatzmärkte) trägt zu einer breiteren **Risikostreuung** bei. Unternehmen, die mehrere Märkte beliefern, werden von Absatzschwankungen und Krisen wesentlich geringer betroffen.

Weitere Ziele sind neben der Nutzung gemeinsamer Distributionswege (Verbreiterung, Synergieeffekte), Spezialisierungseffekte bei der Distribution sowie eine gemeinsame Cooperate Identity (Öffentlichkeitsarbeit, Werbung, Teilung der PR-Kosten).

4.2.4 Ziele im Finanzierungsbereich

Geplante **große** und **kapitalintensive Investitionsvorhaben** (z.B. Großprojekte wie der Bau einer Chip-Fabrik) werden erst nach einem Zusammenschluss kleinerer und mittlerer Unternehmen durch die gemeinsame Aufbringung hoher Kapitalbeträge durchführbar. Zusätzlich kann eine Verbesserung der Eigenkapitalbasis und der Fremdfinanzierungsmöglichkeiten durch Stärkung der Kreditwürdigkeit Ziel eines Unternehmenszusammenschlusses sein. Die Erschließung internationaler Märkte erfordert infolge **größerer Risiken** und **langer Zahlungsziele** einen besonders hohen Kapitalbedarf, der häufig nur durch einen Zusammenschluss mehrerer Unternehmen aufgebracht werden kann.

4.3 Einteilung von Unternehmenszusammenschlüssen

4.3.1 Einteilung nach der wirtschaftlichen und der rechtlichen Selbständigkeit

Die einzelnen Formen der Unternehmensverbindungen beeinträchtigen auf verschiedenste Weise die wirtschaftliche und rechtliche Selbständigkeit der zusammengeschlossenen Unternehmen. Man unterscheidet zwischen Kooperation und Konzentration.

- **Kooperation**

Die Kooperation ist gekennzeichnet durch eine freiwillige Zusammenarbeit von Unternehmen, die rechtlich und in den nicht der vertraglichen Zusammenarbeit unterworfenen Bereichen **wirtschaftlich selbständig** bleiben.[44]

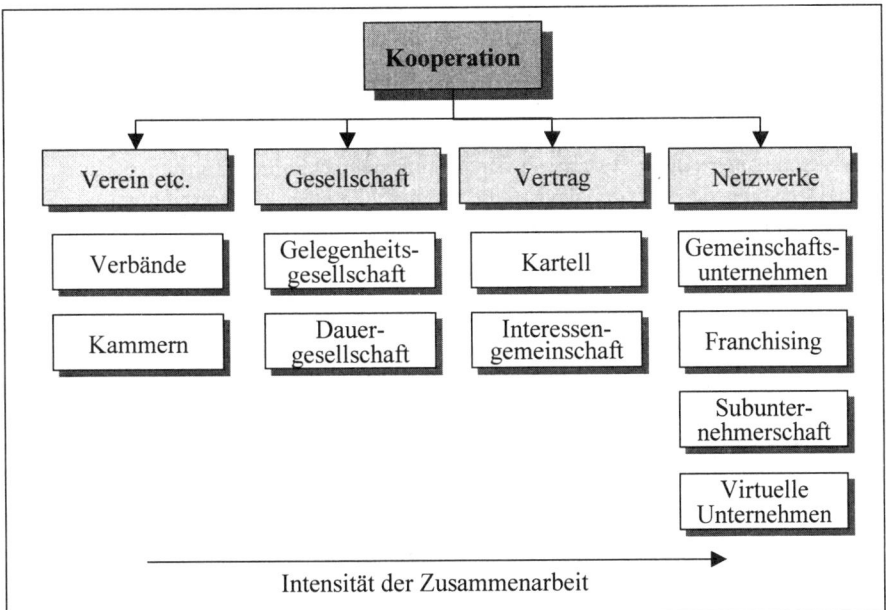

Abb. 30: Kooperationsformen

---

[44] Vgl. Abschnitt 4.1.

- **Konzentration**

Das Kennzeichen einer Konzentration ist der **Verlust der wirtschaftlichen Selbständigkeit** mindestens eines der teilnehmenden Unternehmen (einheitliche Leitung). Im Extremfall der Konzentration (Fusion durch Neubildung) verlieren alle Ausgangsunternehmen ihre rechtliche und wirtschaftliche Selbständigkeit.

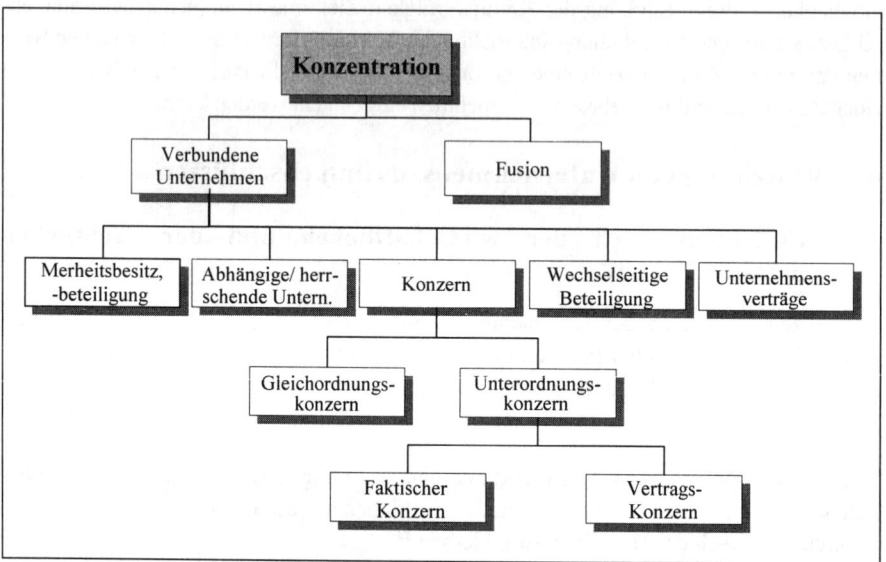

Abb. 31: Die wichtigsten Konzentrationsformen

4.3.2 Einteilung nach der Art des Unternehmenszusammenschlusses

Ein wichtiges Kennzeichen von Unternehmenszusammenschlüssen stellt die Integrationsrichtung dar. Unter Beachtung der leistungswirtschaftlichen Kriterien (Leistungsbreite, Leistungstiefe und leistungsfremd) können die einzelnen Verbindungen in **horizontale**, **vertikale** und **diagonale** Zusammenschlüsse unterteilt werden.

- **Horizontale Unternehmenszusammenschlüsse**

Das Merkmal einer horizontalen Verbindung ist der Zusammenschluss mehrerer Unternehmen der gleichen Produktions- oder Handelsstufe (z.B. mehrere Walzwerke, mehrere Warenhäuser etc.). Eine horizontale Unternehmensverbindung vergrößert die Produkt- oder Leistungsbreite der beteiligten Betriebe und schafft die Voraussetzung für:

- eine **Aufteilung** des vom Markt verlangten **Verkaufsprogramms** an alle beteiligten Unternehmen (Massenfertigung, Spezialisierung),
- eine **Ausschaltung** der bestehenden **Konkurrenz** zwischen den zusammengeschlossenen Unternehmen und das Erreichen einer marktbezogenen Machtstellung gegenüber Lieferanten und Abnehmern (Monopolstellung).

- **Vertikale Unternehmenszusammenschlüsse**

Zusammenschlüsse auf vertikaler Ebene (Integration) entstehen durch eine Vereinigung von **aufeinanderfolgenden Produktions-** oder **Handelsstufen** (Vergrößerung der Leistungstiefe). Die jeweils nachgelagerte Stufe nimmt die Erzeugnisse der vorgelagerten

Stufe auf und nur das Erzeugnis der Endstufe tritt am Markt auf. Vertikale Verbindungen können in zwei verschiedene Richtungen erfolgen:
- **rückwärts** (backward integration):
  Zusammenschluss mit einer der Produktion vorgelagerten Stufe: **Sicherung der Rohstoffversorgung** und **Unabhängigkeit** von Lieferanten.
- **vorwärts** (forward integration):
  Zusammenschluss mit einer der Produktion nachgelagerten Stufe: **Sicherung des Absatzes** entweder an weiterverarbeitende Mitgliedsunternehmen oder an Letztverbrauchter durch eigene Vertriebsunternehmen.[45]

- **Diagonale (anorganische) Unternehmenszusammenschlüsse**

Zusammenschlüsse von Unternehmen aus unterschiedlichen Branchen, Produktions- und Handelsstufen werden diagonale Verbindungen genannt. Es findet weder ein vertikaler noch ein horizontaler Unternehmenszusammenschluss statt. Neben finanzierungspolitischen Gründen kann der Zweck einer solchen Unternehmensverbindung in:
- einer optimalen **Risikoverteilung**,
- einer Sicherung des **Wachstums**,
- einer Wahrnehmung neuer **Gewinnchancen** auf zusätzlichen Märkten liegen.

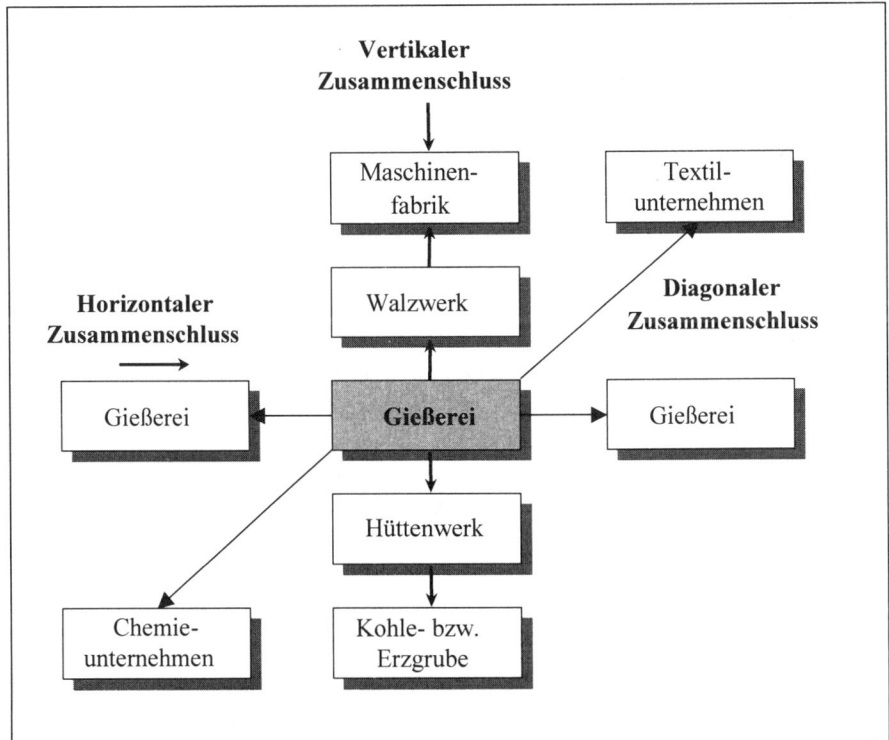

Abb. 32: Arten von Unternehmenszusammenschlüssen[46]

---

[45] Vgl. Wöhe, G.: Einführung in die Allgemeine Betriebswirtschaftslehre, a.a.O., S. 412.
[46] Vgl. Korndörfer, W.: Allgemeine Betriebswirtschaftslehre, a.a.O., S. 128.

4.3.3 Einteilung nach der rechtlichen Zulässigkeit

Unternehmensverbindungen, die keine Wettbewerbsbeschränkungen zur Folge haben, sind grundsätzlich zulässig. Der Abschluss von **Kartellverträgen** (oder auch Kartellbeschlüsse) zwischen rechtlich selbständigen Unternehmen kann eine Beschränkung des Wettbewerbs bewirken.

Aus diesem Grund hat der deutsche Gesetzgeber im Gesetz gegen Wettbewerbsbeschränkungen (GWB) ein grundsätzliches Verbot von Kartellen (Einzel- und Bereichsausnahmen möglich) verankert.

Bei Kartellen ohne Vertrag (sog. **"Frühstückskartelle"**) ist die Beweismöglichkeit der Absprache relativ schwer, da die Änderung des Marktverhalten aufgrund der Marktsituation auch ohne Absprache stattfinden kann.

Eine Sonderstellung nehmen kleine und mittlere Unternehmen ein, für die **Kooperationserleichterungen** geschaffen wurden, um ihren strukturellen Nachteil gegenüber Großbetrieben auszugleichen.

Zusätzlich besteht auch ein grundsätzliches Verbot gegen Zusammenschlüsse von Unternehmen, die zur Entstehung oder Verstärkung einer marktbeherrschenden Stellung führen (**Missbrauchsaufsicht**, **Fusionskontrolle**).

4.4 Kooperationsformen

4.4.1 Kammern und Verbände

Die Zielsetzung von Unternehmenszusammenschlüssen in Verbänden und Kammern ist eine **gemeinsame Interessenvertretung** (wirtschaftliche Belange) in der Öffentlichkeit gegenüber gesetzgebenden Organen, den Arbeitnehmerverbänden, der Politik anderer Verbände und internationaler Gemeinschaften (EU).

Daneben wird von den Kammern und Verbänden die Koordination von betrieblichen Hauptfunktionen übernommen. Dazu gehört die Bereitstellung von Marktforschungsdaten, Informationen über Rationalisierungs- und Finanzierungsmöglichkeiten, Gemeinschaftswerbung etc.

Verbände und Kammern sind sehr lose Kooperationsformen, die lediglich stark übergeordnete Interessen wahrnehmen können. Ein Einfluß auf den Betriebsablauf besteht praktisch nicht. Eine Mitgliedschaft in den Verbänden ist im Regelfall für alle Unternehmen freiwillig.

4.4.1.1 Wirtschaftsfachverbände

Wirtschaftsfachverbände werden im allgemeinen in der Rechtsform des eingetragenen Vereins geführt. Sie sind nach Wirtschaftszweigen gegliedert und als Haupt-, Gesamt-, Landes-, Bundesverbände etc. organisiert.

In den Spitzenverbänden der deutschen Wirtschaft werden die einzelnen **Fachverbände** zusammengefasst. Zu den bedeutendsten zählen:

- der **Bundesverband der Deutschen Industrie (BDI)**,
- der **Gesamtverband des Deutschen Groß- und Außenhandels**,
- die **Hauptgemeinschaft des Deutschen Einzelhandels**,
- der **Bundesverband des Privaten Bankgewerbes**.

Die Aufgaben der einzelnen Verbände bestehen neben der Information und Beratung der einzelnen Unternehmen auch in der Bereitstellung von Daten über Beschaffungs- und Absatzmärkte sowie Finanzierungsmöglichkeiten.

Im Außenverhältnis übernehmen sie eine Interessenvertretung in wirtschafts- und steuerpolitischen Fragen.

Analog zum gewerblichen Bereich übernehmen die **Innungen** die Interessenvertretung des Handwerks. Innungen sind Körperschaften des öffentlichen Rechts, deren Dach der Zentralfachverband (Bundesinnungsverband) bildet.

4.4.1.2 Arbeitgeberverbände

Die Arbeitgeberverbände zählen zu den Wirtschaftsverbänden und nehmen die **wirtschaftlichen** und **sozialen Interessen** ihrer Mitglieder gegenüber den Arbeitnehmerverbänden (Gewerkschaften) wahr. Arbeitgeberverbände sind anders als die originären Unternehmensverbände mehr sozialpolitisch orientiert. Der Spitzenverband ist der Bundesverband der **Deutschen Arbeitgeberverbände (BDA)** in Köln. Sein sehr umfangreiches Aufgabengebiet geht am stärksten aus dem Arbeitsbereich seiner verschiedenen Ausschüsse hervor. Diese bestehen aus:[47]

- **Verwaltung** und **Verbandsorganisation**,
- **Lohn-** und **Tarifpolitik**,
- **Arbeitsmarkt-** und **Berufsbildung**,
- **Bildungspolitik** und **Jugendarbeit**,
- **Soziale Sicherung**; etc.

4.4.1.3 Kammern

Wirtschaftskammern sind öffentlich-rechtliche Körperschaften zur Förderung und **Interessenvertretung** der in einem bestimmten Gebiet ansässigen Unternehmen des jeweiligen Wirtschaftszweiges.

Für die Unternehmen im Kammerbereich besteht eine **Mitgliedspflicht**. Hierbei sind für den Bereich der gewerblichen Wirtschaft die Industrie- und Handelskammern (IHK) und für den Handwerksbereich die Handwerkskammern zu nennen. Die Spitzenverbände dieser Organisationen sind der **Deutsche Industrie- und Handelstag** (DIHK)[48] und der **Deutsche Handwerkskammertag** (Zentralverband des Deutschen Handwerks ZDH).

Die Finanzierung der jeweiligen Organisation erfolgt über Beitragszahlungen der angeschlossenen Mitglieder (Mitgliedspflicht). Im regionalen Bereich übernehmen die Kammern folgende Aufgaben:

- **Interessenvertretung** der Gewerbetreibenden im Kammerbezirk,
- allgemeine **Wirtschaftsförderung** im Kammerbezirk,

---

[47] Vgl. Löffelholz, J.: Repetitorium der Betriebswirtschaftslehre, a.a.O., S. 159.
[48] Die Bezeichnung DIHT wurde 2001 durch DIHK ersetzt

- das Erstellen von **Gutachten**,
- die Sicherung der **Berufsausbildung**.

Der **Deutsche Industrie- und Handwerkstag** vertritt die Interessen der gewerblichen Wirtschaft auf überregionaler Ebene. Zu seinen Aufgaben zählen:

- Förderung und Sicherung der Zusammenarbeit der Industrie- und Handelskammern,
- Vertretung und Durchsetzung der Belange der gewerblichen Wirtschaft gegenüber der Gesetzgebung und den Instanzen des Bundes.

4.4.2 Gelegenheitsgesellschaften

Gesellschaften, die sich nach der Erfüllung einer Aufgabe wieder auflösen, werden Gelegenheitsgesellschaften genannt. Sie dienen zur Durchführung eines oder mehrerer Einzelgeschäfte auf gemeinsame Rechnung (Anzahl wird im Gesellschaftsvertrag festgelegt).

Gelegenheitsgesellschaften werden in der Rechtsform einer **Gesellschaft des bürgerlichen Rechts** (GbR) geführt und werden von verschiedenen Unternehmen für ein gemeinsames Projekt gegründet (Zweck befristet).

Die Mitglieder dieser Gesellschaft bleiben **rechtlich selbständig**, nur ihre **wirtschaftliche Selbständigkeit** wird teilweise, mit zeitlich begrenzter Wirkung, **eingeschränkt**. Die Zusammenarbeit erstreckt sich nicht auf den gesamten Unternehmensbereich, sondern wird auf ein bestimmtes Gebiet begrenzt.

Die Motive für die Gründung von Gelegenheitsgesellschaften sind Risikoverteilung bzw. -minderung bei großen Projekten, Verstärkung der wirtschaftlichen Möglichkeiten durch gemeinsame Aufbringung von Mitteln und letztlich die Erhöhung der Erfolgsaussichten.[49]

4.4.2.1 Arbeitsgemeinschaften

Arbeitsgemeinschaften sind Zusammenschlüsse von rechtlich und wirtschaftlich selbständigen Unternehmen zu dem Zweck, eine sachlich und zeitlich begrenzte Aufgabe gemeinsam zu erfüllen. Sie sind **vorwiegend** im **Baugewerbe** anzutreffen, wo einzelne Unternehmen produktionsbedingt oder finanziell nicht in der Lage sind, große Projekte (z.B. Bau einer Talsperre oder Autobahn) allein auszuführen.

In der Regel finden Arbeitsgemeinschaften auf **horizontaler Ebene** statt und werden als Kooperation zwischen Unternehmen des gleichen Wirtschaftszweiges geschlossen. Für den Aufbau einer Arbeitsgemeinschaft bietet sich die Rechtsform einer Gesellschaft des bürgerlichen Rechts (GbR) an, wobei zwei verschiedene Gestaltungsmöglichkeiten in der Praxis vorkommen:[50]

- **echte** Arbeitsgemeinschaften,
- **unechte** Arbeitsgemeinschaften.

- **Echte Arbeitsgemeinschaft**

Wird der Zusammenschluss in Form einer echten Arbeitsgemeinschaft geführt, schließt die Gesellschaft in eigenem Namen und auf eigene Rechnung den Vertrag mit dem Auftraggeber ab (siehe Abb. 33).

---

[49] Vgl. Schubert, W./ Küting, K.: Unternehmenszusammenschlüsse, a.a.O., S. 104 f.
[50] Vgl. Wöhe, G.: Einführung in die Allgemeine Betriebswirtschaftslehre, a.a.O., S. 327 f.

Eine echte Arbeitsgemeinschaft wird in Form einer **reinen Außengesellschaft** betrieben. Aus diesem Grund entstehen unmittelbare Rechtsbeziehungen nur zwischen dem Auftraggeber und der Arbeitsgemeinschaft und nicht zwischen Auftraggeber und den beteiligten Unternehmen der Arbeitsgemeinschaft.

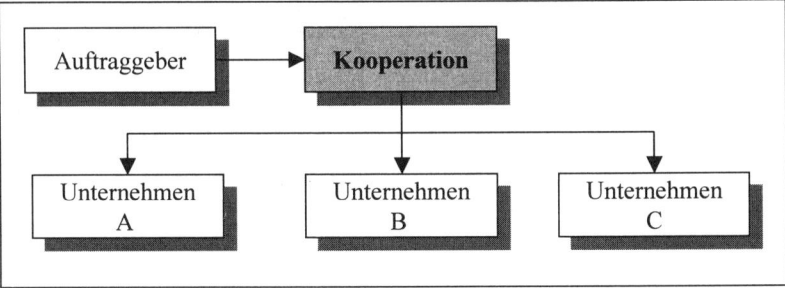

Abb. 33: Aufbau einer echten Arbeitsgemeinschaft

- **Unechte Arbeitsgemeinschaften**

Existieren direkte Rechtsbeziehungen zwischen dem Auftraggeber und den beteiligten Unternehmern, handelt es sich um eine **unechte** oder **unselbständige** Arbeitsgemeinschaft. Entsprechend den Rechtsbeziehungen können bei unechten Arbeitsgesellschaften zwei Fälle unterschieden werden.

1. Fall: Der Auftraggeber schließt mit nur einem Unternehmen direkt einen Vertrag über die Durchführung eines Projektes ab. Dieses Unternehmen (**Hauptunternehmer**) verpflichtet sich, bestimmte Teilaufgaben, im Namen und für Rechnung des Auftraggebers, an andere Unternehmen (**Nebenunternehmer**) zu vergeben. Bei dieser Konstellation bestehen nicht nur Rechtsbeziehungen unmittelbar zwischen dem Auftraggeber und dem Hauptunternehmer, sondern auch mit den Nebenunternehmern.

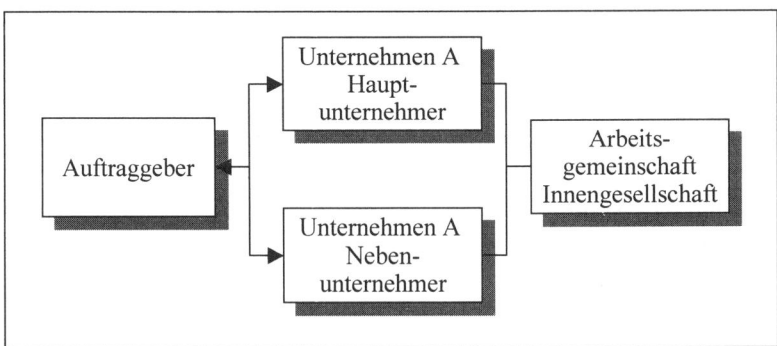

Abb. 34: Unechte Arbeitsgemeinschaft (Haupt- und Nebenunternehmer)

Alle Unternehmen haften dem Auftraggeber gegenüber für die Erfüllung ihrer jeweiligen Teilaufgaben, obwohl der Hauptunternehmer auch eine **Gesamthaftung** für die vertragsgemäßen Leistungen der Nebenunternehmer übernehmen kann. Die **Leitung** und **Verwaltung** übernimmt der Hauptunternehmer; zur Erleichterung dieser Aufgaben wird eine **Innengesellschaft** gegründet. Sie tritt nach außen nicht in Erscheinung und regelt nur die Zusammenarbeit der einzelnen Unternehmen.

2. Fall: Eine andere Rechtsgestaltung besteht, sobald der Auftraggeber nur einem Unternehmen (Gesamtunternehmer) die gesamte Durchführung eines Projektes überträgt.

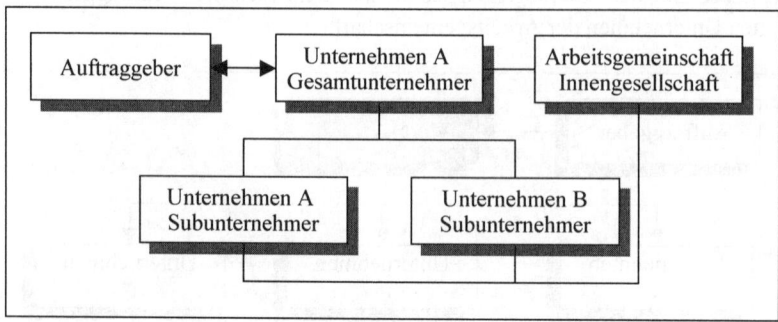

Abb. 35: Unechte Arbeitsgemeinschaft (Gesamt- und Subunternehmer)

Bedient sich der Gesamtunternehmer weiterer Unternehmen (**Subunternehmen**), muss er das im eigenen Namen und für eigene Rechnung verantworten. Eine Rechtsbeziehung besteht in diesem Fall nur zwischen Auftraggeber und Gesamtunternehmer (siehe Abb. 35). Die **Innengesellschaft** tritt auch hier nicht nach außen in Erscheinung, sondern regelt nur die vertraglichen Bedingungen der Zusammenarbeit.

4.4.2.2 Konsortien

Konsortien sind Unternehmensverbindungen auf **vertraglicher Basis**, die zur Durchführung bestimmter, genau abgegrenzter Aufgaben gebildet werden. Sie lösen sich, wie alle Gelegenheitsgesellschaften, mit Erreichen des Zusammenschlusszweckes auf. Konsortien sind **Außengesellschaften** und werden in der Regel in der Rechtsform einer Gesellschaft des bürgerlichen Rechts (GbR) geführt.

Die Vertretung des Konsortiums Dritten gegenüber liegt in den Händen eines **Konsortialführers**, der von den beteiligten Unternehmen (Konsorten) bestellt wird. Er leitet das Konsortialkonto und verteilt nach Beendigung des Geschäfts das Konsortialergebnis gemäß den vertraglichen Regelungen (kann formlos sein) unter den Mitgliedern.

Die Ziele von Konsortien sind eine Risikoverteilung und besonders die Stärkung der Finanzkraft. Die bedeutendste Form des Konsortiums ist das Bankenkonsortium, das sich in drei verschiedene Gestaltungsmöglichkeiten unterteilen lässt:

- **Emissionskonsortium,**
- **Kreditkonsortium,**
- **Garantiekonsortium.**

Das **Emissionskonsortium** dient der **Emission von Effekten** (Aktien, Schuldverschreibungen etc.). Dabei schließen sich verschiedene Banken zusammen und übernehmen die Gesamtheit der auszugebenden Effekte (Übernahmekonsortium) zu einem festen (geringeren) Preis. Dadurch wird beispielsweise die Gründung einer AG erheblich beschleunigt, da das Aktienkapital nicht erst einem breiten Publikum zugänglich gemacht werden muss.

Kreditkonsortien werden speziell für **Großkredite** gebildet. Übersteigt der Kreditrahmen die finanziellen Möglichkeiten einzelner Institute, schließen sich mehrere Banken auf gemeinsame Rechnung und einer Verteilung des Risikos zusammen.

Schließlich sind noch die sogenannten **Garantiekonsortien** zu erwähnen, bei denen sich Banken mit dem Ziel der **Garantieübernahme** für besondere Geschäfte vereinigen. Bedeutung erlangt haben solche Konsortien bei der Garantieübernahme für die Vorfinanzierung großer Exportaufträge.[51]

4.4.3 Kartelle

Kennzeichen eines Kartells ist die rechtliche Selbständigkeit der beteiligten Unternehmen. Lediglich die **wirtschaftliche Selbständigkeit** wird in den von der Kartellabsprache betroffenen Bereichen **eingeschränkt**.

Ein kooperativer Zusammenschluss von Unternehmen kann, wenn er auf bestimmte Märkte gerichtet ist, auch zu einer Beschränkung des dort herrschenden Wettbewerbs führen. Die wichtigste Form von **Wettbewerbsbeschränkungen** durch gemeinsames Vorgehen von Unternehmen stellen die Kartellverträge und -beschlüsse dar. Der Kartellbegriff wird grundlegend definiert als Verträge, die Unternehmen oder Vereinigungen von Unternehmen zu einem gemeinsamen Zweck schließen, soweit sie geeignet sind, die Erzeugung oder die Marktverhältnisse für den Verkehr mit Waren oder gewerblichen Leistungen zu beeinflussen.

Der Kartellbegriff umfasst somit alle Vereinbarungen und Beschlüsse, die auf eine Beschränkung des Wettbewerbs zwischen den beteiligten Unternehmen gerichtet sind. Kartelle sind in der Regel **horizontale**, d.h. für Unternehmen aus derselben Wirtschaftsstufe maßgebliche Vereinbarungen. Um eine wirksame Wettbewerbsbeschränkung zu erreichen, müssen Kartelle einen Großteil der an einem Markt vorhandenen Wettbewerber umfassen.

Da die Kartelle im allgemeinen eine Beschränkung des Wettbewerbes bezwecken, widersprechen sie den wirtschaftspolitischen Zielsetzungen der marktwirtschaftlichen Wirtschaftsordnung, weil der uneingeschränkte Wettbewerb eine der wesentlichsten Voraussetzungen der freien Marktwirtschaft darstellt (Vgl. Abschnitt 4.3.3). Folglich hat die Rechtsordnung eine Regelung des Kartellwesens vorgenommen, um den **Missbrauch wirtschaftlicher Machtstellungen** zu verhindern.

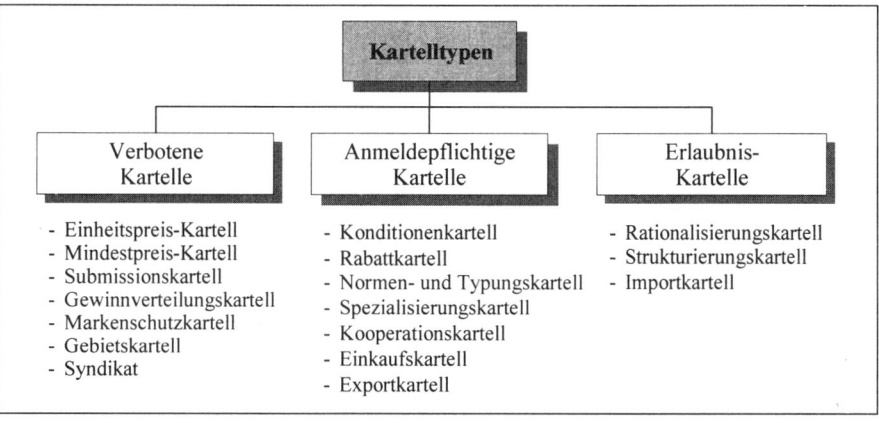

Abb. 36: Typen von Kartellen

---

[51] Vgl. Korndörfer, W.: Allgemeine Betriebswirtschaftslehre, a.a.O., S. 130.

4.4.3.1 Verbotene Kartelle

Der Kartellvertrag ist **gesetzeswidrig** und **rechtsunwirksam**. (§ 1 GWB)

(1) Einheitspreis-Kartell

Das Einheitspreis-Kartell setzt den Absatzpreis der produzierten Güter fest und schaltet damit jede **Preiskonkurrenz**, nicht jedoch die Qualitätskonkurrenz, zwischen den Kartellmitgliedern aus. Aus diesem Grund ist eine annähernd gleiche Qualität und Homogenität der angebotenen Güter Voraussetzung, da sonst der Anbieter mit der besseren Qualität die gesamte Nachfrage auf sich ziehen würde. Der **Kartellpreis** richtet sich nach dem mit den höchsten Kosten produzierenden Unternehmen ($\Rightarrow$ kostendeckende Arbeitsweise gewährleisten). Liegt der festgesetzte Preis unter dieser Grenze, erhalten die betroffenen Unternehmen einen Verlustausgleich aus den Gewinnanteilen der übrigen am Kartell beteiligten Unternehmen.[52]

(2) Mindestpreis-Kartell

Die vertraglichen Absprachen eines Mindestpreis-Kartells beziehen sich auf die Festlegung von **Mindest-** oder **Richtpreisen**, die von den im Kartell vertretenen Unternehmen auf keinen Fall unter- aber jederzeit überschritten werden dürfen. Der Mindestpreis wird im allgemeinen durch Erfahrungsaustausch über die Selbstkostenrechnung ermittelt. Diese Kartellart verhindert ebenfalls eine Preiskonkurrenz zwischen den Anbietern, schafft aber einen reinen **Reklamewettbewerb**. Jedem Unternehmer steht es frei, durch besondere Werbemaßnahmen oder äußere Gestaltungsmerkmale (z.B. Design), Präferenzen für sein Produkt auf dem Markt zu schaffen.

(3) Submissionskartell (Sonderform des Preiskartells)

Als Submission bezeichnet man die **öffentliche Ausschreibung** eines Auftrages. Dieser Bereich ist durch eine starke Konkurrenz gekennzeichnet, da nur der günstigste Bewerber den Zuschlag für den Auftrag erhält. Um diese Konkurrenzsituation zu entschärfen, werden Submissionskartelle gebildet (sinnvoll nur, wenn alle Bewerber dem Kartell beitreten). In einem Submissionskartell verständigen sich alle Anbieter im voraus über die **Angebotspreise**. Es werden Vereinbarungen über Mindestangebotspreise oder darüber, welches Mitglied den Zuschlag erhalten soll, getroffen.

(4) Gewinnverteilungskartell

Das Gewinnverteilungskartell basiert auf einer noch schärferen vertraglichen Bindung als das Preiskartell. Bei dieser Kartellart werden zusätzlich zu Vereinbarungen über Konditionen, Preise und Angebots- oder Produktionsmengen die **zentral erfassten Gewinne** nach einem bestimmten Schlüssel auf die einzelnen Mitgliedsunternehmen verteilt.[53]

(5) Markenschutzkartell

Hersteller von Markenartikeln sind daran interessiert, dass ihre Produkte durch den Handel zu bestimmten Preisen an den Endverbraucher abgesetzt werden (**Produktimage**, **Qualitätsvorstellungen**). Vertragliche Regelungen mit den Groß- und Einzelhändlern

---

[52] Vgl. Wöhe, G.: Einführung in die Allgemeine Betriebswirtschaftslehre, a.a.O., S. 330 f.
[53] Vgl. Löffelholz, J.: Repetitorium der Betriebswirtschaftslehre, a.a.O., S. 164.

sichern die Höhe des Endverkaufspreises (Preisbindung der zweiten Hand). Werden die Vereinbarungen durch den Händler nicht eingehalten, sperren alle Mitglieder des Markenschutzkartells eine zukünftige Belieferung. Voraussetzung für ein Markenschutzkartell ist ein ausgeprägter **Markenartikelcharakter**, der ein Umsteigen auf andere Produkte sehr erschwert.

(6) Gebietskartell

Das Gebietskartell beinhaltet eine Absprache über die **räumliche Aufteilung** des Absatzmarktes mit dem Kartellmitglied. Sind in einem Absatzgebiet keine nennenswerten Außenseiter vorhanden, kann das jeweilige Unternehmen dort eine **monopolartige Stellung** erreichen.

Eine besondere Bedeutung erhalten derartige Absprachen bei Produkten, die niedrige Transportkosten verursachen. Aus diesem Grund können Anbieter, die weit entfernt von einem Absatzgebiet produzieren, ohne Verlust der Wettbewerbsfähigkeit in dieses Gebiet eindringen und Anbieter, deren Standort im Absatzgebiet liegt, beeinträchtigen. Für diesen Anbieter kann ein Gebietskartell Abhilfe schaffen.

(7) Syndikat

In einem Syndikat richtet sich der Rationalisierungsprozess auf **gemeinsame Beschaffungs-** und **Verkaufseinrichtungen**.

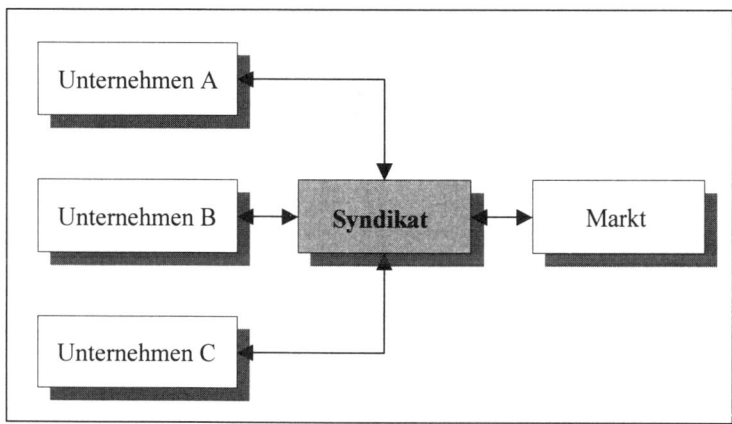

Abb. 37: Syndikat

Die Mitgliedsfirmen treten nur noch gemeinsam auf einem Markt auf, d.h. es handelt ein gemeinsamer Einkäufer oder Verkäufer. Zwischen den zusammengeschlossenen Unternehmen entfällt jeglicher Wettbewerb, wodurch ein Syndikat die weitgehendste Form der Wettbewerbsbeschränkung darstellt. Die Vor- und Nachteile eines Syndikates sind:
- eine starke **Machtposition**
  (gegenüber Abnehmern und der Konkurrenz durch eine straffe Absatzorganisation),
- **Kosteneinsparungen**
  (Zweckmäßige Aufteilung der einzelnen Aufgaben),
- starke **Abhängigkeit**
  (Verlust des Marktkontaktes).

4.4.3.2 Anmeldepflichtige Kartelle (Widerspruchskartelle)

Der Kartellvertrag wird rechtskräftig, wenn drei Monate nach der Anmeldung kein Widerspruch durch das **Bundeskartellamt** erfolgt. [54]

(1) Konditionenkartell

Ein Konditionenkartell regelt die allgemeinen Geschäfts-, Liefer- und Zahlungsbedingungen der angeschlossenen Unternehmen. Durch diese **vertraglichen Absprachen** wird die Transparenz des Marktes erhöht. Die einzelnen Kartellmitglieder sind lediglich einem reinen Preiswettbewerb ausgesetzt, während alle anderen Wettbewerbsfaktoren, die in der Variation der Konditionen (z.B. langfristige Lieferantenkredite bei finanzstarken Unternehmen) liegen, ausgeschaltet werden.

(2) Rabattkartell

Die vertraglichen Absprachen eines Rabattkartells legen einheitliche Funktions-, Umsatz- und Mengenrabatte fest. Rabattkartelle verhindern einen **Missbrauch des Rabattwesens** (z.B. Rabattschleuderei) und beschränken den Wettbewerb unter den einzelnen Mitgliedern auf die Hauptleistungen Preis und Qualität.

(3) Normen- und Typungskartell

Normung (einheitliche Abmessungen, Formen etc.) und Typung (Vereinheitlichung von Endprodukten) sind **Rationalisierungsprozesse**, die eine Standardisierung von Einzelteilen oder Endprodukten bewirken. Normen- und Typungskartelle reduzieren die Produktpalette und beschränken die Nachfrage auf weniger Produkttypen. Diese Verminderung ermöglicht den Unternehmen, **Kostendegressionseffekte** durch gestiegene Stückzahlen bei den übrigen Produkten auszunutzen.

(4) Spezialisierungskartell

In einem Spezialisierungskartell wird das gesamte Güter- oder Leistungsangebot auf die einzelnen Kartellunternehmen aufgeteilt. Jedes Mitglied bekommt einen Bereich zugeteilt, in dem kein anderes Kartellunternehmen tätig werden darf. Die vertraglichen Absprachen eines Spezialisierungskartells sichern allen Mitgliedsunternehmen eine **monopolartige Stellung** in ihrem jeweiligen Produktionsbereich zu.

(5) Kooperationskartell (Mittelstandskartell)

Kooperationskartelle bewirken eine Erhöhung der Leistungsfähigkeit kleinerer und mittlerer Betriebe. Das Kartell erlaubt eine **Rationalisierung wirtschaftlicher Vorgänge** durch zwischenbetriebliche Zusammenarbeit, sofern dadurch der Wettbewerb nicht wesentlich beeinträchtigt wird. Diese Kartellform soll Wettbewerbsnachteile, die kleine und mittlere Betriebe gegenüber großen Unternehmen haben, ausgleichen.

(6) Einkaufskartell

Ein Einkaufskartell verbessert die Beschaffungsmöglichkeiten und Konditionen der im Kartell zusammengeschlossen Unternehmen. Geeignet ist dieses Kartell für kleinere und

---

[54] Vgl. Wöhe, G.: Einführung in die Allgemeine Betriebswirtschaftslehre, a.a.O., S. 330 f.

mittlere Unternehmen, die durch einen **gemeinsamen Einkauf** ihre Stellung gegenüber den Lieferanten verbessern können.

(7) Exportkartell

Ein Exportkartell wird geschlossen, um den Wettbewerb von inländischen Unternehmen auf bestimmten **Auslandsmärkten** ganz oder teilweise auszuschalten. Der Zweck dieses Kartells ist eine Stärkung der Kartellunternehmen gegenüber der ausländischen Konkurrenz (als anmeldepflichtiges Kartell nur zulässig ohne Inlandseinwirkung, sonst Erlaubnis-Kartell).

4.4.3.3 Erlaubnis-Kartelle

Der Kartellvertrag wird rechtskräftig, wenn das **Bundeskartellamt** ausdrücklich seine Zustimmung erteilt.

(1) Rationalisierungskartell

Rationalisierungskartelle gehen über bestimmte Absprachen hinsichtlich Normung und Typung hinaus. Sie enthalten bestimmte Vereinbarungen, die der Rationalisierung wirtschaftlicher Vorgänge dienen und zu einer Beschränkung des Wettbewerbs führen können. Dazu zählen u.a. Absprachen über die **innere Organisation** der Mitgliedsfirmen, über **Einkauf, Produktion** und einem gegenseitigen Respektieren von **Absatzgebieten** (monopolartige Stellung).[55]

(2) Strukturkrisenkartell

Grundlegende Veränderungen in der Wirtschaftsstruktur eines bestimmten Bereiches (Krise) können die betroffen Unternehmen veranlassen, ein Strukturkrisenkartell zu bilden. Dieses Kartell hat die Aufgabe, einen **ruinösen Wettbewerb** zwischen den Mitgliedern durch einen Abbau von Überkapazitäten zu **beenden**. Realisieren lässt sich ein solcher Vorgang aber nur in Verbindung mit einem Produktionskartell (festgesetzte Produktionsquoten) und einem Gewinnverteilungskartell.

(3) Importkartell

Ein Importkartell enthält Absprachen über den **Import ausländischer Güter**, unter der Voraussetzung, dass der Wettbewerb im Inland nicht oder nur unwesentlich berührt wird.

4.4.4 Interessengemeinschaften

4.4.4.1 Interessengemeinschaft im weiteren Sinn

Eine Interessengemeinschaft ist ein vertraglicher Zusammenschluss von Unternehmen, die auf **horizontaler Ebene** verbunden sind. Die der Interessengemeinschaft angehörenden Unternehmen bleiben rechtlich und wirtschaftlich selbständig, da normalerweise keine Kapitalbeteiligungen bestehen und folglich kein Verhältnis der Über- und Unterordnung, sondern der Nebenordnung gegeben ist. Ziel einer Interessengemeinschaft ist es, durch eine vertragliche Zusammenarbeit eine **langfristige Gewinnmaximierung** zu erreichen.

---

[55] Vgl. Korndörfer, W.: Allgemeine Betriebswirtschaftslehre, a.a.O., S. 133.

Die Möglichkeiten für Kostensenkungen in den Mitgliedsunternehmen sind:
- eine gemeinsame **Forschungs-** und **Entwicklungsabteilung**,
- eine gemeinsame Verwertung von **Verfahren** und **Patenten**,
- ein gemeinsamer **Einkauf**,
- eine Aufteilung des **Fertigungsprogramms** auf die einzelnen Betriebe,
- Spezialisierung, Degressionseffekte.

Die Interessengemeinschaft wird in der Rechtsform einer Gesellschaft des bürgerlichen Rechts (GbR) geführt, bei der sich die Gesellschafter verpflichten, den gemeinsamen Zweck in der durch den Vertrag bestimmten Weise zu fördern. Sie ist eine **reine Innengesellschaft** und tritt nach außen nicht in Erscheinung. Aus diesem Grund kann die Interessengemeinschaft auch keine Geschäfte mit Dritten im Namen der Gesellschafter tätigen.

Vom Kartell unterscheidet sich die Interessengemeinschaft in der Regel durch die im Vertrag zum Ausdruck kommenden unterschiedlichen Zielsetzungen (Kartell: Steigerung der Rentabilität ⇒ Wettbewerbsbeschränkung). Realisiert wird eine Steigerung der Rentabilität bei Interessengemeinschaften über eine gemeinsame Durchführung bisher getrennt wahrgenommener Aufgaben (Forschung, Entwicklung, Rationalisierung).

Der Übergang von einer Interessengemeinschaft zum Konzern kann fließend sein. Wird im Laufe der Zeit die wirtschaftliche Zusammenarbeit zwischen den Mitgliedern der Interessengemeinschaft so eng, dass sie zur Koordinierung bestimmter Aufgaben ein gemeinsames Führungsgremium bilden, so kann der **Übergang zum Konzern** vollzogen werden, auch wenn keine kapitalmäßigen Beteiligungen bestehen.[56]

4.4.4.2 Interessengemeinschaft im engeren Sinn (Gewinngemeinschaft)

Eine Gewinn- und Verlustgemeinschaft ist ein vertraglicher Unternehmenszusammenschluss, bei dem die von allen beteiligten Unternehmen erwirtschafteten Gesamtgewinne (oder Gewinne aus bestimmten Quellen wie z.B. gemeinsamer Patentverwertung) zusammenlegt und nach bestimmten Schlüsseln wieder auf die einzelnen Mitgliedsunternehmen verteilt werden (**Gewinnpolung**). Eine Gewinnpolung setzt nicht nur vertragliche Vereinbarungen über die Aufteilung des zusammengelegten Gewinns, sondern auch über die Ermittlung des ausgleichspflichtigen Gewinns voraus. Zur Ermittlung des **Verteilungsschlüssels**, z.B. auf der Basis der Umsätze oder der Kapitalhöhe, werden die früheren sowie die zukünftigen Ertragserwartungen zugrunde gelegt. Da die zukünftige Entwicklung nicht genau zu bestimmen ist, hängt das Aushandeln des Verteilungsschlüssels letztendlich stark von dem Verhandlungsgeschick und der wirtschaftlichen Stärke des jeweiligen Vertragspartners ab.

Gewinngemeinschaften können von Unternehmen aller Rechtsformen gebildet werden. Zwingend vorgeschrieben ist laut Aktiengesetz nur, dass mindestens ein Unternehmen eine inländische AG oder KGaA sein muss, die ihren Gewinn ganz oder zum Teil mit anderen Unternehmen (jede Rechtsform mit Sitz im In- oder Ausland) zusammenlegt und nach einem bestimmten Schlüssel aufteilt.

---

[56] Vgl. Wöhe, G.: Einführung in die Allgemeine Betriebswirtschaftslehre, a.a.O., S. 328 ff.

4.4.5 Gemeinschaftsunternehmen

Gemeinschaftsunternehmen, im internationalen Bereich auch **Joint Ventures** genannt, sind eine Form der wirtschaftlichen Zusammenarbeit zwischen zwei oder mehreren voneinander unabhängigen Unternehmen (Gesellschafterunternehmen). Die Zusammenarbeit besteht darin, dass ein rechtlich selbständiges Unternehmen gemeinsam gegründet oder erworben wird mit dem Ziel, Aufgaben im gemeinsamen Interesse der Gesellschafterunternehmen auszuführen.

Die möglichen Gründe für die Errichtung von Gemeinschaftsunternehmen sind eine **Verbesserung der Rentabilität** und diese werden hauptsächlich bei Investitionsvorhaben im Ausland genutzt. Dies gilt im besonderen Maße für Staaten, die gesetzliche Beschränkungen bei der Beteiligung von Ausländern an nationalen Unternehmen haben und eine Zusammenarbeit mit einheimischen Partnern fordern.

Wichtigstes Kennzeichen eines Gemeinschaftsunternehmens ist die **gemeinschaftliche Leitung** durch mindestens zwei der Gesellschafterunternehmen und eine regelmäßige auf Dauer angelegte Zusammenarbeit.[57]

Gemeinschaftsunternehmen können in jeder Rechtsform geführt werden, die für die Zwecke der Gesellschafterunternehmen geeignet ist. Die Ausübung der gemeinsamen Leitung kann auf die unterschiedlichste Art und Weise (unterschiedlich straff) zwischen den Gesellschafterunternehmen vereinbart werden.

Mit der Bildung von Gemeinschaftsunternehmen werden in der Regel Ziele verfolgt, die alle Unternehmensbereiche betreffen können. Dazu gehören insbesondere Ziele im:
- **Beschaffungsbereich**
  (Sicherung der Versorgung mit Rohstoffen besonders im Ausland),
- **Produktionsbereich**
  (Erreichung möglichst optimaler Betriebsgrößen),
- **Absatzbereich**
  (Erschließung neuer Absatzmärkte besonders im Ausland),
- **Finanzbereich**
  (Verstärkung der Finanzkraft),
- **Bereich Forschung und Entwicklung**
  (Verteilung der Entwicklungskosten u. des Entwicklungsrisikos).

4.4.6 Das Franchising

Das Franchising stellt eine besondere Form der **Lizenzvereinbarung** dar. Der Franchisegeber sucht sich mehrere Franchisenehmer, die als Unternehmer mit eigenem Kapitaleinsatz nach einem einheitlichen Marketingkonzept Waren oder Dienstleistungen anbieten.

Das Franchisepaket besteht aus der Gewährung von Schutzrechten, aus einem Marketing-, Organisations-, und Beschaffungskonzept und aus einer Unterstützung hinsichtlich Finanzierung und Management. Ein Franchisenehmer erhält gegen Entgelt das Recht und die Pflicht, in eigenem Namen und auf eigene Rechnung ein Franchisepaket zu nutzen. Die Rechte und Pflichten der Franchisepartner sind dabei vertraglich geregelt.

---

[57] Vgl. Schubert, W./ Küting, K.: Unternehmenszusammenschlüsse, a.a.O., S. 219.

Der Vorteil des Franchising besteht darin, dass der Franchisegeber ohne große Kapital- und Personalbindung mit seinem Produkt expandieren kann.[58]

4.4.7 Die Subunternehmerschaft

Die **Subunternehmerschaft** beinhaltet eine Ausgliederung von unternehmerischen Teilaufgaben und deren Übertragung an rechtlich selbständige Unternehmen. Im Vordergrund bei einer Subunternehmerschaft steht vor allem eine Verringerung der Kosten und eine Steigerung der Flexibilität.[59] Die Subunternehmer erbringen gemäß langfristiger Verträge die Leistungen entsprechend den Vorgaben und Spezifikationen des Abnehmers.

Auf längere Sicht angelegte Lieferantenbeziehungen werden in der Regel durch detaillierte Rahmenverträge schriftlich vereinbart. Gegenstand solcher Verträge können auch Vereinbarungen hinsichtlich der Kommunikation und den Kommunikationsverfahren zwischen den Partnern sein.[60]

4.4.8 Virtuelle Unternehmen

Ein virtuelles Unternehmen ist eine „**Netzwerkorganisation**, deren Mitglieder gemeinsam eine wirtschaftliche Leistung in Form eines Produktes oder einer Dienstleistung erbringen, und die gegenüber Dritten wie ein eigenständiges Unternehmen auftreten."[61]

Die Besonderheit des virtuellen Unternehmens ist dadurch gekennzeichnet, dass ihr wesentliches physisches Merkmal die hierarchische Struktur und somit auch die Instanz der obersten Unternehmensführung fehlt. Diese fehlenden Merkmale werden bei einem virtuellen Unternehmen durch zusätzliche Eigenschaften realisiert. Die Substitution der physischen Eigenschaften durch virtuelle führt zu einem klar definierbaren Nutzen gegenüber der realen Unternehmung.

Allgemein werden **virtuelle Unternehmen** durch folgende Merkmale gekennzeichnet:
- Es besteht ein Netzwerk von rechtlich und wirtschaftlich unabhängigen Partnern mit der Ausrichtung auf eine längerfristige Kooperation.
- Die Kooperationspartner beteiligen sich an diesem Netzwerk mit ihren jeweiligen Kernkompetenzen.
- Der Leistungserstellungsprozess wird in Teilprozesse unterteilt und dezentral auf die Partner entsprechend ihren Kernkompetenzen verteilt.
- Für Kunden erscheinen die Leistungen aus einem virtuellen Unternehmen wie von einem einzigen Anbieter.
- Das Netzwerk der virtuellen Unternehmung verzichtet weitgehend auf Leitungsfunktionen und auf eine hierarchische Kontrolle.

Die fehlende Institutionalisierung wird im virtuellen Unternehmen von Eigenschaften ersetzt wie Vertrauen zwischen den Netzwerkpartnern und den umfassenden Einsatz von moderner Informations- und Kommunikationstechnologie.

---

[58] Vgl. Schulte-Zurhausen, M.: Organisation, a.a.O., S. 266 f.
[59] Im Gegensatz hierzu werden bei einem Joint Venture entweder Synergieeffekte oder eine Reduzierung von Risiken angestrebt.
[60] Vgl. Schulte-Zurhausen, M.: Organisation, a.a.O., S. 267 f.
[61] Ebd., S. 269.

4.5 Konzentrationsformen

Der Begriff Unternehmenskonzentration wird allgemein als Zunahme der Verfügungsgewalt über Produktionsmittel in den Händen **einheitlich gelenkter Wirtschaftseinheiten** definiert. Diese Zunahme ist aus der Sicht der beteiligten Unternehmen einerseits durch Betriebsvergrößerungen aus eigener Kraft (internes Wachstum), andererseits durch konzentrierte Unternehmensverbindungen zu größeren Wirtschaftseinheiten (externes Wachstum) möglich.[62]

4.5.1 Verbundene Unternehmen

(Rechtsgrundlage §15 Aktiengesetz AktG)

Verbundene Unternehmen sind rechtlich selbständige Unternehmen, deren wirtschaftliche Selbständigkeit in unterschiedlich starkem Maße eingeschränkt ist. Die **wirtschaftliche Verbindung** kann dabei von einer wechselseitigen Beteiligung (mehr als 25%), als lockerste Form verbundener Unternehmen, bis hin zur **Fusion** mehrerer Unternehmen mit der stärksten **Bindungsintensität** reichen. Daneben kann die Verbindung vertraglich verankert sein oder sich ausschließlich aus dem Gesamtbild der wirtschaftlichen Verhältnisse (= faktisch) ergeben. Das Aktiengesetz unterscheidet folgende Formen:

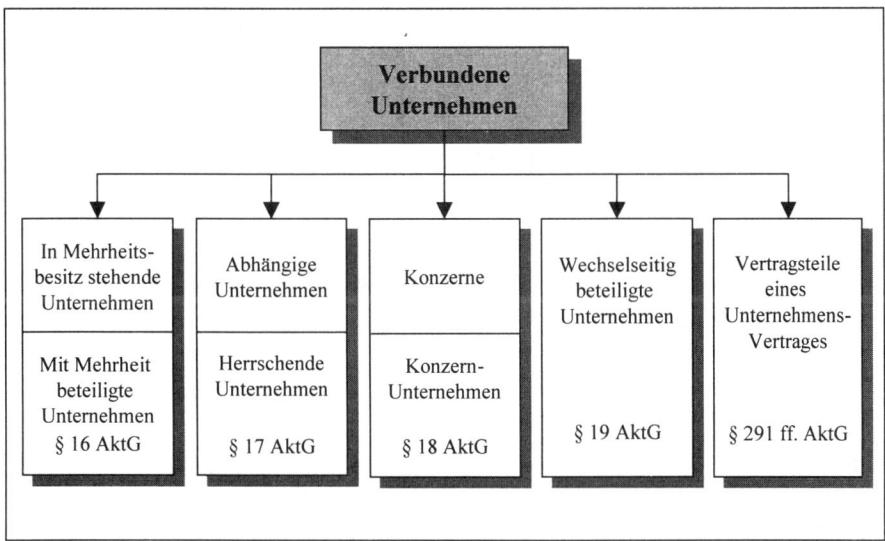

Abb. 38: Verbundene Unternehmen nach §§ 15-19 AktG

Voraussetzung für die Anwendung der aktienrechtlichen Regelungen auf verbundene Unternehmen ist, dass mindestens eines der beteiligten Unternehmen in der Rechtsform einer **AG** oder **KGaA** geführt wird. Ist diese Voraussetzung erfüllt, unterliegen alle anderen beteiligten Unternehmen, gleich welcher Rechtsform, dem Aktiengesetz und müssen eine Anzahl von Pflichten (Rechnungslegung, Publizität, Finanzierung, Besteuerung) erfüllen.

---

[62] Vgl. Bestmann, U.: Kompendium der Betriebswirtschaftslehre, a.a.O., S. 52 ff.

4.5.2 In Mehrheitsbesitz stehende und mit Mehrheit beteiligte Unternehmen

(Rechtsgrundlage §16 Aktiengesetz AktG)

4.5.2.1 Mehrheitsbeteiligung

Der Begriff der Mehrheitsbeteiligung umfasst zwei Tatbestände: die Mehrheit der Anteile (**Kapitalmehrheit**) und die **Mehrheit der Stimmrechte**. Im allgemeinen ist die prozentuale Kapitalbeteiligung mit dem prozentualen Anteil an den Stimmrechten identisch.

Ist das Grundkapital in stimmrechtslosen Vorzugsaktien (bzw. Mehrstimmrechtsaktien) und Stammaktien aufgeteilt, kann eine Differenz zwischen der Kapitalbeteiligung und den Stimmrechten entstehen.

Besitzt z.B. ein Unternehmen alle **stimmrechtslosen Vorzugsaktien** in Höhe von 30% des gesamten Grundkapitals und 30% in **Stammaktien**, so hat es zwar eine Kapitalmehrheit von 60% und die Voraussetzungen für ein mit Mehrheit beteiligtes Unternehmen sind gegeben, gemessen an der Anzahl der Stimmen besitzt es aber nur einen Anteil von 42,9% an allen Stimmrechten.

Nach dem Aktiengesetz wird von einem in Mehrheitsbesitz stehenden Unternehmen vermutet, dass es von dem an ihm mit Mehrheit beteiligten Unternehmen abhängig ist.[63] Diese Vermutung kann widerlegt werden, da ein in Mehrheitsbesitz stehendes Unternehmen nicht notwendigerweise abhängig sein muss (z.B. stimmrechtslose Vorzugsaktien).

4.5.2.2 Formen der Mehrheitsbeteiligung

Begriffsabgrenzung Mehrheitsbeteiligung und Mehrheitsbesitz:
- ein in **Mehrheitsbesitz** stehendes Unternehmen:

  Die Mehrheit der **Anteile** und/oder **Stimmrechte** eines rechtlich selbständigen Unternehmens gehören einem anderen Unternehmen.
- ein Unternehmen mit **Mehrheitsbeteiligung**:

  Ein Unternehmen besitzt die Mehrheit der **Anteile** und/oder **Stimmrechte** eines anderen rechtlich selbständigen Unternehmens.

Im folgenden sollen nur die einzelnen Formen der Mehrheitsbeteiligung betrachtet werden, da das gleiche Schema auch auf die Formen des Mehrheitsbesitzes, nur in umgekehrter Richtung, angewendet werden kann. Nach dem Aktiengesetz zählen zu den Anteilen, die einem mit Mehrheit beteiligten Unternehmen zugerechnet werden:
- Anteile, die dem Unternehmen mit Mehrheitsbeteiligung selbst gehören,
- Anteile, die einem Unternehmen gehören, das von Unternehmen mit Mehrheitsbeteiligung abhängig ist,
- Anteile, die ein anderer für Rechnung des Unternehmens mit Mehrheitsbeteiligung hält,
- Anteile, die ein Einzelunternehmer in seinem Privatvermögen hält.

---

[63] Vgl. § 17 AktG.

4.5.3 Abhängige und herrschende Unternehmen

(Rechtsgrundlage §17 Aktiengesetz AktG)

Abhängige Unternehmen sind rechtlich selbständige Unternehmen, auf die ein anderes (herrschendes) Unternehmen unmittelbar oder mittelbar einen **beherrschenden Einfluss** ausüben kann.

Im Aktiengesetz stehen keinerlei Anhaltspunkte, wie der beherrschende Einfluß ausgeübt werden muss. Der Tatbestand des abhängigen Unternehmen ist bereits erfüllt, wenn die Möglichkeit zur Einflussnahme, z.B. durch die Mehrheitsbeteiligung eines anderen Unternehmens, besteht. Laut Aktiengesetz besteht jetzt die Vermutung, dass ein abhängiges Unternehmen mit dem herrschenden Unternehmen einen Konzern (**Konzernvermutung**) bildet. Außer in den Fällen, in denen ein Beherrschungsvertrag oder eine Eingliederung vorliegt, kann die Konzernvermutung widerlegt werden (Abhängigkeit, aber keine einheitliche Leitung).[64]

4.5.4 Konzernunternehmen

(Rechtsgrundlage §18 Aktiengesetz AktG)

Der Konzern ist ein Zusammenschluss mehrerer rechtlich selbständig bleibender Unternehmen unter einer **einheitlichen Leitung** (die wirtschaftliche Selbständigkeit mindestens eines der beteiligten Unternehmens geht verloren). Die Zusammenfassung wird meist in Form einer Beteiligung realisiert. Im Gegensatz zum Kartell, das den Zusammenschluss auf vertraglicher Basis unter Beibehaltung der kapitalmäßigen Selbständigkeit herbeiführt, bilden die Konzernunternehmen kapitalmäßig, meist auch organisatorisch miteinander verbundene Gebilde. Entscheidendes Kennzeichen für einen Konzern ist aber in jedem Fall die einheitliche Leitung.[65]

4.5.4.1 Unterordnungskonzern

Ein Unterordnungskonzern entsteht, sobald ein oder mehrere abhängige Unternehmen unter der einheitlichen Leitung des herrschenden Unternehmens zusammengefasst werden (unterordnen). Der Begriff des Unterordnungskonzerns umfasst zwei Tatbestände:

- **Vertragskonzern**

Der Vertragskonzern beruht auf einem **Beherrschungsvertrag**, der die einheitliche Leitung auf das herrschende Unternehmen überträgt. Das beherrschte Unternehmen verliert seine wirtschaftliche Selbständigkeit. Die Voraussetzung für den Abschluss eines Beherrschungsvertrages ist im allgemeinen eine **kapitalmäßige Mehrheitsbeteiligung**.

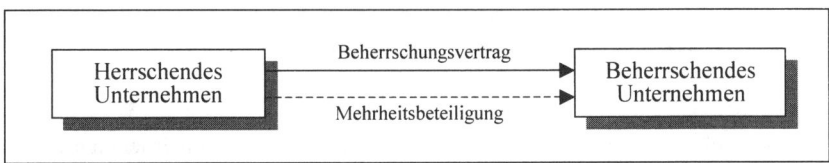

Abb. 39: Vertragskonzern

---

[64] Vgl. Wöhe, G.: Einführung in die Allgemeine Betriebswirtschaftslehre, a.a.O., S. 448.
[65] Vgl. § 18 AktG.

- **Faktischer Konzern**

Ein faktischer Konzern liegt vor, wenn die tatsächliche Beherrschung durch **Beteiligungsbesitz** (Mehrheitsbeteiligung) entsteht. Die einheitliche Leitung wird auf das herrschende Unternehmen übertragen und alle beherrschten Unternehmen verlieren ihre wirtschaftliche Selbständigkeit.

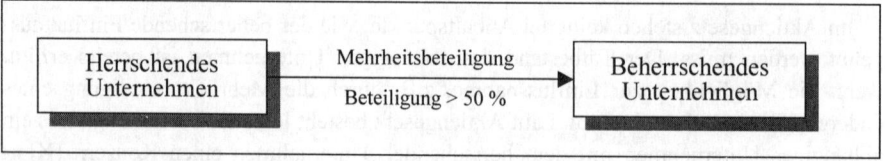

Abb. 40: Faktischer Konzern

- **Leitungsbefugnisse**

Die Leitungsmacht und Befugnisse des herrschenden Unternehmens sind bei Bestehen eines Beherrschungsvertrages und einer faktischer Beherrschung unterschiedlich geregelt.

Liegt ein Beherrschungsvertrag vor, ist das herrschende Unternehmen berechtigt, dem Vorstand der abhängigen Gesellschaft (AG oder KGaA) Weisungen hinsichtlich der Leitung der Gesellschaft zu geben. Diese können sich (wenn der Vertrag nichts anderes vorsieht) auch nachteilig für die Gesellschaft auswirken, vorausgesetzt, sie liegen im Konzerninteresse.

Besteht eine faktische Beherrschung, so darf das herrschende Unternehmen seinen Einfluß nicht dazu benutzen, eine abhängige Gesellschaft (AG oder KGaA) zu veranlassen, Maßnahmen zu Ihrem Nachteil zu treffen, es sei denn, die Nachteile werden ausgeglichen.[66]

4.5.4.2 Gleichordnungskonzern

Ein Gleichordnungskonzern ist der Zusammenschluss von rechtlich selbständigen Unternehmen unter einer **einheitlichen Leitung,** ohne dass ein **Abhängigkeitsverhältnis** besteht. Da kein herrschendes Unternehmen vorliegt, das die einheitliche Leitung ausübt, müssen sich die in einem Gleichordnungskonzern zusammengefassten Unternehmen ein **gemeinsames Führungsorgan** schaffen.

Die Bildung eines Gleichordnungskonzerns kann beispielsweise von einer natürlichen Person ausgehen, die Mehrheitsbeteiligungen an mehreren Unternehmen hält.

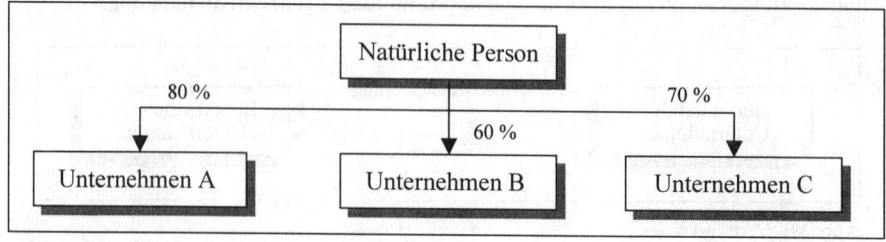

Abb. 41: Bildung eines Gleichordnungskonzerns

---

[66] Vgl. § 311 AktG.

4.5.4.3 Konzernbildung

Die Bildung eines Konzerns kann auf verschiedene Weise entstehen. Erfolgt die Konzerngründung nach dem **Verschachtelungsprinzip** (Konzern mit Kapitalführung), erwirbt eine Gesellschaft A die Mehrheit an einer Gesellschaft B, die wiederum die Mehrheit an einer Gesellschaft C hält.

In diesem Fall genügt die Beherrschung von B, um auch über C zu herrschen. Dieses Prinzip ermöglicht es einem Unternehmen, mit relativ wenig Kapital einen Einfluss auf eine ganze Reihe von Betrieben auszuüben.

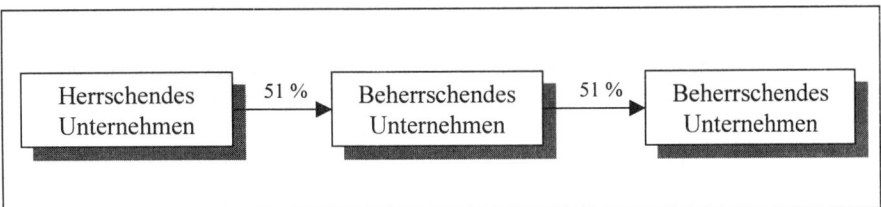

Abb. 42: Konzernaufbau nach dem Verschachtelungsprinzip

Ein Konzern kann auch dadurch entstehen, dass ein Unternehmen weitere Unternehmen gründet, an denen es kapitalmäßig mit Mehrheit oder zu 100% beteiligt ist.

Die Beherrschung der Konzernmitglieder kann auch durch eine **Holding-Gesellschaft** (Dachgesellschaft) erfolgen. Die angeschlossenen Unternehmen werden in der Regel lediglich verwaltet, ohne dass die Holding-Gesellschaft selbst Produktions- oder Handelsaufgaben übernimmt. Eine Holding-Gesellschaft wird gebildet, indem mehrere Gesellschaften ihre Aktien in eine neu gegründete Gesellschaft einbringen, die als Dachgesellschaft die **Verwaltungsspitze** des Konzerns darstellt und die angeschlossenen Gesellschaften beherrscht. Die rechtliche Selbständigkeit der Konzernmitglieder bleibt auch hier erhalten. Holdingformen sind: [67]

(1) Operative Holding

Bei der Operativen Holding nimmt die konzernleitende Einheit alle Funktionen eines Unternehmens war. Es handelt sich um ein direkt am Markt tätiges Unternehmen, dass auch die operativen Funktionen der Leistungserstellung und –verwertung wahrnimmt. Neben rechtlich unselbständigen Abteilungen beinhaltet dass Unternehmen auch rechtlich selbständige Teile.

(2) Finanzholding

Die Finanzholding stellt das Gegenstück zur operativen Holding dar. Die Konzernzentrale überlässt nicht nur die operative Leitung vollständig den einzelnen Konzerntöchtern; es werden auch alle Funktionen und Kompetenzen der strategischen Leitung mit Ausnahme der Finanzfunktionen an die jeweiligen Konzerntöchter delegiert.

(3) Managementholding (Strategische Holding)

Hier betreibt die Dachgesellschaft kein operatives Geschäft, sondern hat lediglich Konzernleitende Funktionen. Sie unterscheidet sich von der Finanzholding durch die Koor-

---

[67] Vgl. Schulte-Zurhausen, M.: Organisation, a.a.O., S. 257 ff.

dinierende Einflussnahme der Muttergesellschaft auf ihre Tochtergesellschaften. Die Tochtergesellschaften erhalten die Zuständigkeit und Verantwortung für die sie betreffenden operativen Aufgaben und für alle Funktionen, die für ihren Erfolg als Profitcenter ausschlaggebend sind. Dabei handelt es sich mindestens um die Funktionen Absatz und Produktion, häufig treten auch Entwicklungsaufgaben hinzu.

Formen	Konzernzentrale	Tochtergesellschaften
Operative Holding	Strategische und operative Leitung	Detaillierte, regelmäßige Berichterstattung über die Erreichung operativer Ziele (z.B. über Absatzmengen, Kostenarten, Bestände)
Managementholding	Strategische Leitung, nur im Ausnahmefall Eingriff in die operative Leitung	Operative Leitung (regelmäßige Berichterstattung über Ergebnisse wie z.B. über gewinne, Umsatz, Kosten; Zusatzinformationen nur auf Anforderung)
Finanzholding	Leitung über die Vorgabe finanzieller Zielgrößen	Operative und Strategische Leitung (Berichterstattung über die Erreichung finanzieller Ziele in aggregierter Form wie z.B. Gewinn, Rendite, Cash-Flow)

Abb. 43: Mögliche Aufgabenverteilung in der Holding[68]

4.5.4.4 Wettbewerbsrechtliche Bestimmungen

Da auch Konzerne marktbeherrschende Stellungen erlangen und eine Beschränkung des Wettbewerbs erreichen können, unterliegen sie ebenso wie Kartelle dem **Gesetz gegen Wettbewerbsbeschränkungen** (GWB). Im Gegensatz zu dem grundsätzlichen Verbot von Kartellen sind Konzerne grundsätzlich zulässig, unterliegen aber der **Missbrauchsaufsicht** der Kartellbehörde.

Das Bundeskartellamt muss den Zusammenschluss untersagen (Fusionskontrolle), wenn dadurch eine **marktbeherrschende Stellung** entsteht oder verstärkt wird. Zur Prüfung dieser Frage gibt das Kartellgesetz eine Reihe von Leitlinien.

Eine marktbeherrschende Stellung wird vermutet[69], wenn ein Unternehmen einen Marktanteil von mindestens einem Drittel hat. Eine Gesamtheit von Unternehmen gilt als marktbeherrschend, wenn sie

1.) aus drei oder weniger Unternehmen besteht, die zusammen einen Marktanteil von 50 von Hundert erreichen, oder

2.) aus fünf oder weniger Unternehmen besteht, die zusammen einen Marktanteil von zwei Dritteln erreichen,

es sei denn, die Unternehmen weisen nach, dass die Wettbewerbsbedingungen zwischen ihnen wesentlichen Wettbewerb erwarten lassen oder die Gesamtheit der Unternehmen im Verhältnis zu den übrigen Wettbewerbern keine überragende Marktstellung hat.

Entsteht eine marktbeherrschende Stellung, kann das Kartellamt die Verbindung zulassen. Eine Erlaubnis wird erteilt, sobald durch den Zusammenschluss auch Verbesse-

---

[68] Vgl., Schulte-Zurhausen, M.: Organisation, a.a.O., S. 258.
[69] Vgl. § 19 GWB (neu).

rungen der Wettbewerbsverhältnisse eintreten oder die Verbindung im allgemeinen Interesse liegt.

Der Bundesminister für Wirtschaft kann ebenfalls auf Antrag die Erlaubnis zu einem vom Bundeskartellamt untersagten Zusammenschluss erteilen, wenn im Einzelfall die Wettbewerbsbeschränkung von gesamtwirtschaftlichen Vorteilen des Zusammenschlusses aufgewogen wird oder der Zusammenschluss durch ein überragendes Interesse der Allgemeinheit gerechtfertigt ist (sogenannte **Ministererlaubnis**). Hierbei ist auch die Wettbewerbsfähigkeit der beteiligten Unternehmen auf Märkten außerhalb des Geltungsbereichs dieses Gesetzes zu berücksichtigen. Die Erlaubnis darf nur erteilt werden, wenn durch das Ausmaß der Wettbewerbsbeschränkung die marktwirtschaftliche Ordnung nicht gefährdet wird.[70]

4.5.5 Wechselseitige Beteiligung

(Rechtsgrundlage §19 Aktiengesetz AktG)

Inländische Unternehmen in der Rechtsform einer Kapitalgesellschaft (oder bergrechtlichen Gewerkschaft), die dadurch verbunden sind, dass jedem Unternehmen mindestens 25% der Anteile (reine Kapitalbeteiligung reicht aus) des anderen Unternehmens gehören, werden vom Aktiengesetz als **wechselseitig beteiligte Unternehmen** bezeichnet.

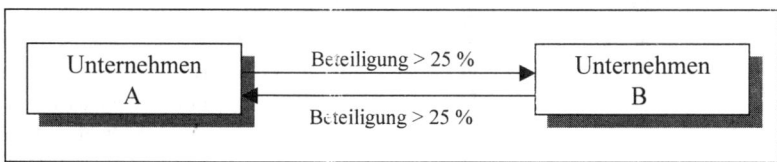

Abb. 44: Wechselseitige Beteiligung

Für wechselseitig beteiligte Unternehmen gelten besondere Vorschriften, die die Rechte der beteiligten Unternehmen beschränken:
- Eine wechselseitige Beteiligung zwischen zwei Kapitalgesellschaften gefährdet die Aufbringung, Erhaltung und den richtigen Ausweis des Grundkapitals.
- Im Endergebnis kommt eine wechselseitige Beteiligung einer Rückgewähr von Einlagen gleich, die nach dem Aktiengesetz verboten ist.
- Die wechselseitige Beteiligung führt durch Ausübung des Stimmrechts in den Hauptversammlungen zu einer Herrschaft der Verwaltung, die den Grundsätzen des Gesellschaftsrechts widerspricht.[71]

Bestehen bei wechselseitig beteiligten Unternehmen Mehrheitsbeteiligungen, so gelten beide als **abhängige** und **herrschende** Unternehmen. Hält dagegen nur ein Unternehmen eine Mehrheitsbeteiligung, herrscht dieses Unternehmen über das Unternehmen mit der Minderheitsbeteiligung. In diesen beiden Fällen findet keine Beschränkung durch das Aktiengesetz statt, sondern es gelten die Vorschriften für abhängige und herrschende Unternehmen.[72]

---

[70] Vgl. § 42 GWB (neu).
[71] Vgl. Schubert, W./ Küting, K.: Unternehmenszusammenschlüsse, a.a.O., S. 86 f.
[72] Vgl. Wöhe, G.: Einführung in die Allgemeine Betriebswirtschaftslehre, a.a.O., S. 333.

4.5.6 Unternehmensverträge

(Rechtsgrundlage §§291 und 292 Aktiengesetz AktG)

Unternehmensverträge liegen im Sinne des Aktiengesetzes nur vor, wenn das durch den Vertrag betroffene Unternehmen eine **Aktiengesellschaft** (AG, KGaA) ist. Nach Abschluss des Vertrages gelten beide Gesellschaften als verbundene Unternehmen. Unternehmensverträge ist die zusammenfassende Bezeichnung des Konzernrechts für: [73]

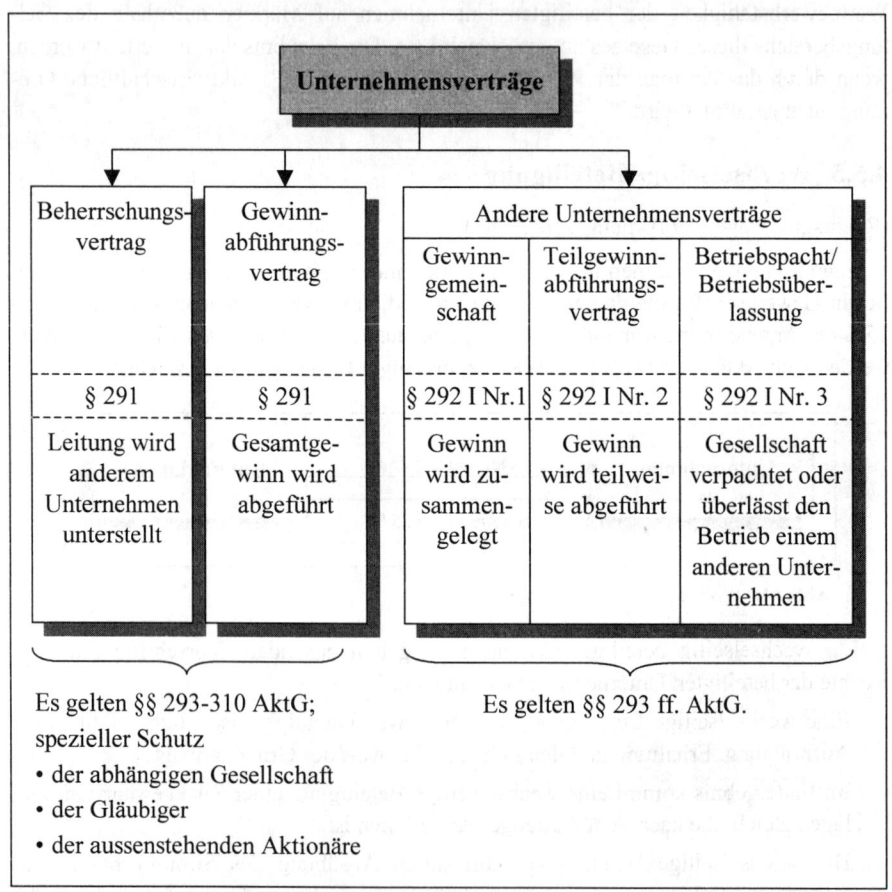

Abb. 45: Unternehmensverträge nach dem Aktiengesetz

Das gemeinsame Merkmal aller Unternehmensverträge ist, dass sie den Zweck und die Struktur eines Unternehmens verändern können. Es besteht die Möglichkeit, dass eine Gesellschaft ihren Betrieb nicht mehr selbst betreibt, sondern ihn einem anderen Unternehmen zur Verfügung stellt, oder dass ein Unternehmen nicht mehr nur für Rechnung seiner Aktionäre wirtschaftet. Aus diesem Grund bedarf es der Zustimmung einer **qualifizierten Mehrheit** (mehr als 75%) in der Hauptversammlung für den **Abschluss von Unternehmensverträgen**. Wirksam wird ein Unternehmensvertrag mit seiner Eintragung in das Handelsregister.

---

[73] Vgl. Klunziger, E.: Grundzüge des Gesellschaftsrechts, a.a.O., S. 209.

- **Beherrschungsvertrag**

Ein Beherrschungsvertrag liegt vor, wenn sich eine Gesellschaft (AG, KGaA) der **Leitung** eines anderen Unternehmens **unterstellt** (siehe Vertragskonzern).

- **Gewinnabführungsvertrag**

Mit Abschluss eines Gewinnabführungsvertrages verpflichtet sich eine Gesellschaft (AG, KGaA), ihren **gesamten Gewinn** an ein anderes Unternehmen **abzuführen**.

Als Gewinnabführungsvertrag gilt auch, wenn sich eine Gesellschaft (AG, KGaA) verpflichtet, ihr Unternehmen für Rechnung eines anderen Unternehmens zu führen (sogenannter Geschäftsführungsvertrag).

- **Teilgewinnabführungsvertrag**

Ein Teilgewinnabführungsvertrag liegt dann vor, wenn sich eine Gesellschaft (AG, KGaA) verpflichtet, einen **Teil ihres Gewinns** oder den Gewinn einzelner Betriebe ganz oder zum Teil einem anderen zu **überlassen**.

- **Betriebspacht- und Betriebsüberlassungsvertrag**

Ein Betriebspacht- oder Betriebsüberlassungsvertrag beinhaltet alle Regelungen, für die eine AG oder KGaA den Betrieb ihres Unternehmens an einen anderen verpachtet oder sonst überlässt. Eine Voraussetzung für das Zustandekommen eines derartigen Vertrages ist, dass grundsätzlich der **gesamte Betrieb** verpachtet oder überlassen wird.[74]

4.5.7 Fusion

Die Fusion (Verschmelzung) ist der vollständige Zusammenschluss mehrerer Unternehmen mit dem **Verlust der wirtschaftlichen** und **rechtlichen Selbständigkeit** (bei mindestens einem der beteiligten Unternehmen). Nach einer Fusion bilden alle am Zusammenschluss beteiligten Unternehmen eine **rechtliche Einheit**. Aus diesem Grund ist die Fusion der Zusammenschluss mit der höchsten Bindungsintensität. Die große Bedeutung der Fusion in der heutigen Zeit zeigt Abb. 46.

Eine Fusion mehrerer Unternehmen zu einer rechtlichen Einheit kann auf zweifache Weise erfolgen:

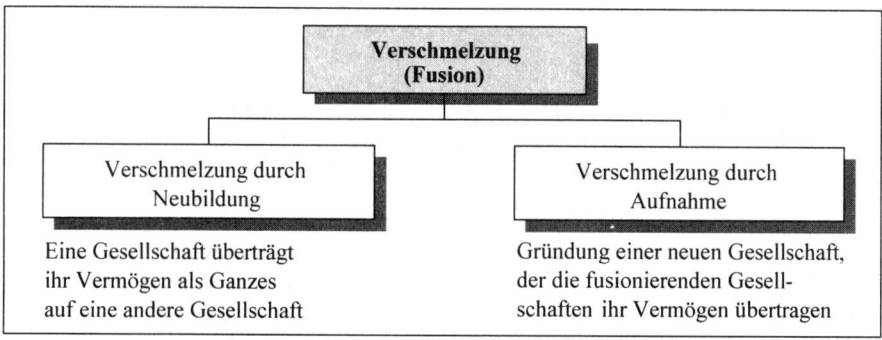

Abb. 46: Die beiden Tatbestände der Fusion

---

[74] Vgl. Schubert, W./ Küting, K.: Unternehmenszusammenschlüsse, a.a.O., S. 88.

- **Fusion (Verschmelzung) durch Neubildung**

Bei einer Verschmelzung durch Neubildung wird ein **neues Unternehmen** (AG) gegründet, auf welches das Vermögen der sich vereinigenden Gesellschaften als Ganzes übertragen wird. Die bisherigen Aktionäre tauschen ihre Aktien gegen Aktien der neuen Gesellschaft ein.

Dieser Vorgang ist nur zulässig, wenn jede der vereinigten Gesellschaften mindestens **zwei Jahre im Handelsregister** eingetragen war. Die Fusion muss von der Hauptversammlung der beteiligten Unternehmen mit 3/4-Mehrheit des anwesenden Aktienkapitals beschlossen werden.[75]

- **Fusion durch Aufnahme**

Bei einer Fusion durch Aufnahme **veräußert** die übertragende Gesellschaft das **Gesellschaftsvermögen** als Ganzes an die übernehmende Gesellschaft, die dafür als **Gegenleistung Aktien** gewährt. Nach der Fusion existiert als rechtliches Unternehmen nur noch die übernehmende Gesellschaft.

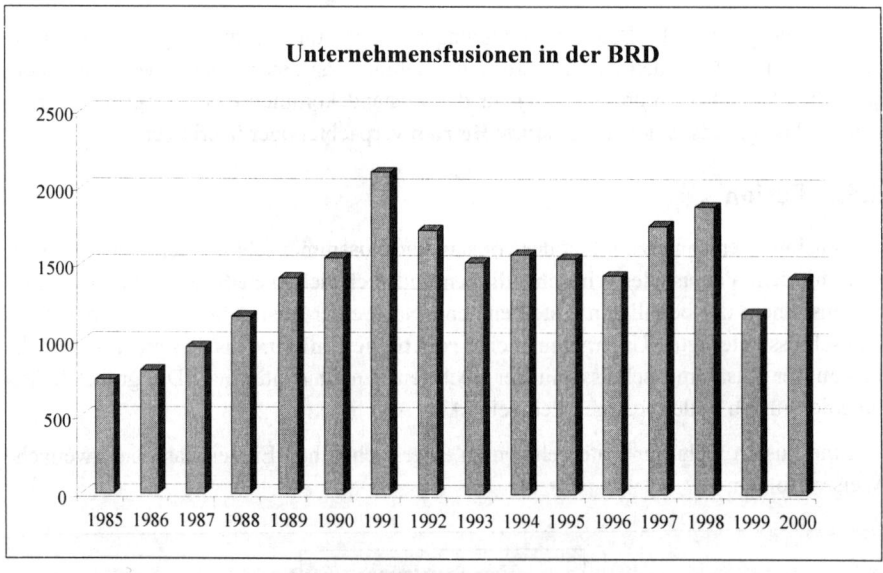

Abb. 47: Unternehmensfusionen in der BRD[76]

Das Ziel einer Fusion ist nicht nur das Erreichen einer machtpolitischen Marktstellung, sondern auch die größere Kreditwürdigkeit und die Rationalisierungsmöglichkeiten in Produktion und Fertigung, die größere Einheiten bieten.

Eine wachsende Zahl von Großfusionen mit Auswirkungen auf die deutschen Märkte unterliegen der europäischen Fusionskontrolle. Legt man die Umsatzerlöse der an den Zusammenschlüssen beteiligten Unternehmen zugrunde, so sind international gesehen hiervon insbesondere die Mineralölindustrie, die Chemie- und Pharmaindustrie, Aluminiumindustrie, Energie- sowie die Telekommunikationsindustrie betroffen.

---

[75] Vgl. §§ 4 ff. UmwG.
[76] Quelle: Bundeskartellamt: Tätigkeitsbericht 1999-2000, S.11.

5 Perspektiven der Wirtschaft für den europäischen Binnenmarkt

Der gemeinsame europäische Binnenmarkt ist ein "**home market**", der mit seinen 340 Millionen Käufern größer ist als der amerikanische Markt (220 Millionen Käufer) und der japanische Markt (110 Millionen Käufer) zusammengenommen.

Der Wegfall der Behinderungen und das Weiterbestehen nationaler Besonderheiten schaffen für die Unternehmen auf dem europäischen Binnenmarkt sowohl Standortvorteile als auch -nachteile. So wird die Wahl des Unternehmensstandortes im Zeitalter der Niederlassungsfreiheit zu einem wichtigen Rechenbeispiel. Der im europäischen Vergleich immer noch hohe Spitzensatz der **Körperschaftsteuer** in Deutschland ist dabei nur ein Kriterium. Auf der anderen Seite unterstreicht der Deutsche Industrie- und Handelstag in Bonn die **hohe Produktivität**, die gute **Infrastruktur** und das ausgezeichnete **Bildungswesen** in Deutschland. Dagegen stehen freilich gewichtige Wettbewerbsnachteile:

- kurze und teurere **Arbeitszeit**,

- mangelnde **Arbeitsmobilität**,

- kollabierende **Verkehrsverhältnisse** am Boden wie in der Luft,

- hohe **Industriestrompreise**.

Dazu kommen noch hohe **Umweltschutzbeiträge** - bei der Ansiedlung einer Raffinerie sind die Kosten in Deutschland deutlich höher als in Belgien, Frankreich oder in Italien. Auch die **Arbeitsschutzvorschriften** können in den Mitgliedsstaaten der EU noch deutlich voneinander abweichen (z.B. Grenzwerte für die Gefahrstoffbelastung am Arbeitsplatz und daraus resultierende Schutzmaßnahmen).[77]

Ein anderes Problem besteht darin, dass das Wachstum auf dem europäischen Binnenmarkt für die Mehrzahl der kleineren und mittleren Firmen nicht ohne die Aufnahme von Eigenkapital erfolgen kann. Die **Eigenfinanzierungskraft** des Mittelstandes ist dafür oft zu gering.

Der Gang an die Börse (going public) ist gerade dem Mittelstand durch die Einführung des geregelten Marktes erleichtert worden. Scheidet dieser Weg aus, kann das benötigte Eigenkapital durch Kapitalbeteiligungsgesellschaften oder Investitionen als **Joint Ventures** gewonnen werden. Für die meisten mittelständischen Unternehmen sind diese Finanzierungsinstrumente noch neu oder stoßen auf Ablehnung. Man bangt um die Eigenständigkeit der Unternehmensführung. Aber angesichts des Wachstumszuwachses in einem EU-Binnenmarkt wird der Mittelstand seine Zurückhaltung bei der Aufnahme fremder Kapitalgeber ins Unternehmen überdenken müssen. Dieser Trend wird sich fortsetzen und verstärken.[78]

---

[77] Es bestehen zwar gültige europäische Rechtsvorschriften, die Umsetzung in nationales Recht innerhalb der Mitgliedsstaaten erfolgt jedoch z.T. verzögert bzw. mit inhaltlichen Unterschieden (die deutsche Gefahrstoffverordnung geht beispielsweise in mehreren Punkten deutlich über die in den europäischen Richtlinien geforderten Maßnahmen hinaus).

[78] Vgl. Drumm, H.-J./ Böcker F.: Die europäische Herausforderung, Berlin/ New York/ London 1990, S. 84.

Daneben haben **Firmenübernahmen** zur Wachstumssteigerung in den letzten Jahren an Bedeutung gewonnen, und die Anzahl der Akquisitionen innerhalb der EU stieg stetig an. Mit einer Fortsetzung dieses Trends ist zu rechnen, da die großen europäischen Unternehmen kaum Liquiditätsprobleme haben, eine Vielzahl nationaler Unternehmen verkaufsbereit sind und die Preise im Vergleich zu Japan und den USA vielfach günstiger sind. Dabei kann eine solche Übernahme eines Unternehmens (buy in) sowohl in freundlicher wie auch in feindlicher Absicht geschehen.

- Ziel einer **freundlichen Übernahme** (friendly takeover) ist meist die horizontale oder auch vertikale Erweiterung der Geschäftätigkeit. Die horizontale Erweiterung schafft die Möglichkeit zur Schaffung eines höheren Umsatzpotentials in gesättigten Märkten. Selbst die Übernahme eines schwachen Konkurrenzunternehmens mit anschließender Restrukturierung bzw. Sanierung kann durch die Nutzung von Synergieeffekten sinnvoll sein. Eine vertikale Erweiterung zielt dagegen auf die Sicherung der Versorgungs- oder Absatzbasis, daher kommen hier für einen Erwerb nur gesunde Unternehmen in Betracht.

- Wenn ein Unternehmen gegen den Willen seines Management bzw. der Anteilseigner übernommen wird, spricht man von einer **feindlichen Übernahme** (hostile takeover). Ziel einer solchen Übernahme ist meist die Zerlegung des übernommenen Unternehmens und der anschließende Verkauf der so entstandenen Unternehmensteile, wobei durch die Auflösung stiller Reserven ein Veräußerungsgewinn erzielt werden soll.

Derartige feindliche Übernahmen gelten in Deutschland bisher noch als Ausnahmeerscheinung, während sie im übrigen Europa (vor allem in den angelsächsischen Ländern) ein fester Bestandteil der Wirtschaftskultur sind. Problematisch ist in diesem Zusammenhang der mangelhafte Schutz, den die deutsche Gesetzgebung gegen diese Form der Übernahme bietet. Attraktive Übernahmekandidaten versuchen daher, befreundete Unternehmen zum Erwerb von Aktienpaketen zu bewegen, die zumindest die Sperrminorität (25 % + 1 Stimme) sicherstellen. Weitere Möglichkeiten sind Stimmrechtsbeschränkungen, Höchststimmrechte oder die Einführung von vinkulierten Namensaktien.

Eine andere Möglichkeit, das große Wachstumspotential des Binnenmarktes zu nutzen, bieten die verschiedenen **Kooperationsabkommen**. Bei allen Kooperationsformen gehen die Partner vom Gedanken der absoluten Kontrolle ab und wählen eine gemeinsame Zielvereinbarung und Steuerung, um das Geschäftsvolumen der Beteiligten auszuweiten.

Der Gedanke, die Fixkosten eines anderen Partners zu nutzen oder die jeweils besten Teile des Geschäftssystems zweier Unternehmen zu verbinden, hat zu vielfältigen transnationalen Kooperationen geführt, so zum Beispiel zwischen Toyota und General Motors, IBM und Intel, Philips und Mitsubishi, Siemens und Fujitsu.

Unternehmen mit einer Vielzahl von Geschäftsgebieten finden in derartigen Abkommen die ideale Gelegenheit, in einem Prozess von zwei bis drei Jahren die **optimale Konfiguration** von Geschäftsgebieten herauszufinden und sich fehlende Fähigkeiten anzueignen. Nach einem solchen Aussortier- und Lernprozess kann es dann durchaus sinnvoll sein, wieder eine selektive "**Go-it-alone**"-Strategie einzuschlagen.[79]

Ist die Kooperationsvereinbarung verschiedener Unternehmen dagegen auf eine dauerhafte Zusammenarbeit ausgerichtet, spricht man auch von **strategischen Allianzen**. Die erreichbaren Vorteile (Synergieeffekte, optimale Ressourcenausnutzung etc.) gehen bei dieser langfristig angelegten Kooperation noch weiter als bei der kurz- und mittelfristigen Zusammenarbeit und umfassen i.d.R. auch einen Know-How-Transfer zwischen den beteiligten Unternehmen und eine Risikominimierung durch die gemeinschaftliche Entscheidungsvorbereitung in strategischen Fragen. Eine derart enge Zusammenarbeit kann jedoch auch nachteilige Effekte mit sich bringen, z.B. durch die Eingrenzung des eigenen Handlungsspielraums oder die Verletzung von Geheimhaltungsabsprachen durch den Partner.

Für fast alle Unternehmungen wird der europäischen Binnenmarkt zur **strategischen Herausforderung**. Viele Unternehmen müssen sich nun fragen, ob sie auf diesem Markt aus eigener Kraft expandieren, ob sie mit Unternehmungen in anderen EU-Staaten kooperieren, ob sie ihr Leistungsprogramm ausdehnen oder ob sie sich auf ihre komparativen, strategisch nutzbaren Stärken konzentrieren sollen. Auf diese Fragen sind Antworten aus Sicht verschiedener Branchen und Unternehmungen aus der Bundesrepublik Deutschland sowie aus gesamtwirtschaftlicher Sicht gegeben. Nur für die schon in der Vergangenheit EU-weit operierenden, internationalen Unternehmungen wird der europäische Binnenmarkt wenig neue Probleme bringen.[80]

---

[79] Vgl. Drumm, H.-J./ Böcker F.: Die europäische Herausforderung, a.a.O., S. 32 f.
[80] Vgl. ebd., S. 1.

Fragen zur Kontrolle und Vertiefung

(1) Wie werden konstitutive Entscheidungen definiert, und wo stehen sie in der betrieblichen Entscheidungshierarchie?

(2) Welche Teilbereiche umfasst die betriebliche Standortwahl und was versteht man darunter?

(3) Was sind Subventionen und welche Bedeutung kommt ihnen bei der Standortwahl zu?

(4) Erläutern Sie die Begriffe internationale, nationale und interlokale Standortwahl!

(5) Was sind Subventionen und welche Bedeutung kommt ihnen bei der Standortwahl zu?

(6) Erklären Sie die Bedeutung und den Einfluss von Material- und Transportkosten auf den betrieblichen Standort bei Reingewichts- und Gewichtsverlustmaterialien! Nennen Sie Beispiele für Reingewichts- und Gewichtsverlustmaterialien!

(7) Welchen Einfluss hat der Freizeitwert eines Standortes auf die Lohnkosten?

(8) Skizzieren Sie die Probleme, auf die ein Unternehmen bei der Standortsuche bezüglich Umweltschutz und Entsorgung achten muss!

(9) Begründen Sie die wichtigsten Vorteile einer Direktinvestition im Ausland! Wo sehen Sie die Vor- und Nachteile eines industriellen Engagement in Ländern der dritten Welt?

(10) Welche Wirtschaftszweige müssen bei der Standortwahl dem Faktor Absatzorientierung eine besondere Beachtung schenken?

(11) Wie wird eine Nutzwertanalyse erstellt?

(12) Nennen Sie alle ihnen bekannten Merkmale, die bei der Gründung privater Betriebe beachtet werden müssen!

(13) Wodurch kann die Wahl der Rechtsform eingeschränkt werden? Nennen Sie Beispiele für die einzelnen Einschränkungen!

(14) Wer haftet im vollem Umfang für die Verbindlichkeiten der Gesellschaft bei der OHG, der KG und der stillen Gesellschaft?

(15) Skizzieren Sie die beiden Formen der stillen Gesellschaft und gehen Sie dabei auf steuerliche Tatbestände ein!

(16) Grenzen Sie Geschäftsführung und Vertretung gegeneinander ab!

(17) Worin sehen Sie den Unterschied zwischen einem GmbH-Anteil und einer Aktie?

(18) Bei welcher Rechtsform gibt es ein Abandonrecht und wann kommt es zum Zuge?

(19) Welche Organe hat eine Aktiengesellschaft und welche Funktionen haben sie?

(20) Wie wird der Aufsichtsrat einer Aktiengesellschaft nach dem Betriebsverfassungsgesetz von 1952 gebildet, und wann tritt diese Regelung ein?

(21) In welchen Gesellschaften gehört ein Arbeitsdirektor zum Vorstand, und welche Aufgaben hat er?

(22) Worin besteht der Unterschied zwischen dem Vorstand einer AG und einer KGaA?

(23) Skizzieren Sie den Aufbau einer KGaA und einer GmbH & Co KG!

(24) Erläutern Sie das spezielle Wesen einer Genossenschaft und nennen Sie Ihnen bekannte Arten von Genossenschaften!

(25) Welche Formen der Doppelgesellschaft kennen Sie, und unter welchen Voraussetzungen sind sie steuerlich vorteilhaft?

(26) Was ist bezüglich der stillen Reserven bei einem Rechtsformenwechsel zu beachten?

(27) Definieren Sie kurz die Begriffe Kooperation und Konzentration!

(28) In der Industrie erfolgen häufig diagonale Zusammenschlüsse. Welche Motive werden damit verfolgt?

(29) Welche Art des Zusammenschlusses kennzeichnen die Begriffe "backward integration" und "forward integration" und welche Bedeutung haben sie?

(30) Zu welcher Kooperationsform zählt das Konsortium, und welche Gestaltungsmöglichkeiten kennen Sie?

(31) Was sind Joint Ventures, und wodurch unterscheiden sie sich von Gelegenheitsgesellschaften?

(32) Welche Bedingung ist laut Aktiengesetz für eine Interessengemeinschaft im engeren Sinn zwingend vorgeschrieben?

(33) Definieren Sie die Begriffe:
a) ein Unternehmen mit Mehrheitsbeteiligung,
b) ein abhängiges Unternehmen!

(34) Was besagt die Konzernvermutung des Aktiengesetzes?

(35) Erklären Sie kurz die folgenden Begriffe:
a) Unterordnungskonzern ⇔ Gleichordnungskonzern,
b) Faktischer Konzern ⇔ Vertragskonzern!

(36) Was ist eine Holding?

(37) In welchem Fall muss das Kartellamt Unternehmenskonzentrationen untersagen?

(38) Welche Bedingungen müssen für eine wechselseitige Beteiligung gegeben sein, und was ist dabei kritisch zu bemerken?

(39) Erläutern Sie die Begriffe:
a) Beherrschungsvertrag,
b) Gewinnabführungsvertrag!

(40) Was ist eine Fusion, und welche Arten der Verschmelzung kennen Sie?

Kapitel C

Unternehmensführung und Organisation

1 Überblick

Führung und Organisation ist überall dort erforderlich, wo das Verhalten einer Vielzahl von Menschen auf Ziele hin koordiniert werden muss.

Der "dispositive Faktor", zu welchem die Führung und Organisation eines Unternehmens zählen, hat im Vergleich zu den anderen Produktionsfaktoren in den letzten Jahren ständig an Bedeutung gewonnen. Erfolg und Misserfolg der unternehmerischen Tätigkeit werden heute mehr von der Qualität der Unternehmensführung als vom optimalen Kapital- oder Materialeinsatz bestimmt.[1]

Um ein Unternehmen unter sich ständig ändernden technologischen, wirtschaftlichen und gesellschaftspolitischen Bedingungen erfolgreich zu führen, müssen diese Veränderungen genau erkannt und bewältigt werden.

Die Führungsverantwortung der Unternehmensleitung richtet sich auf Sachverhalte, die für das Unternehmen als Ganzes von zentraler Bedeutung sind. Unabhängig von Branche, Betriebsgröße oder Rechtsform können als allgemeingültige Unternehmensziele Erfolg und Liquidität genannt werden.

2 Unternehmensführung

2.1 Entwicklung der Unternehmensführung

Führung ist so alt wie die Menschheit. Schon immer haben Personen die Aufgabe übernommen, andere Menschen zu führen, Vorhaben zu organisieren, ganze Institutionen zu gestalten und zu lenken. Nicht nur die Entwicklung und Bewahrung einer Zivilisation, sondern schon das Überleben in einer oft lebensfeindlichen Umwelt ist ohne Führung nicht möglich.

Die Phase der **wissenschaftlichen Betriebsführung** oder die klassische Phase der Führungstheorien umfasst die Theorie von Taylor, die eigentlich mehr eine Organisations- und Produktivitätstheorie ist, die Theorie von Fayol (administrative Variante) und die Theorie von Max Weber (bürokratische Variante).

Fayol hat mit der Beschreibung der ersten Führungsfunktionen, welche seiner Meinung nach in allen Organisationsformen Gültigkeit haben, einen beachtlichen Beitrag zur Führungstheorie geleistet:

- **Planung,**
- **Organisation,**
- **Anweisung,**
- **Koordination,**
- **Kontrolle.**

Weiterhin geht auf ihn der Grundsatz zurück, dass eine nachgeordnete Instanz nur von einer vorgeordneten Instanz Weisungen erhalten kann (Liniensystem).

---

[1] Vgl. Korndörfer, W.: Unternehmensführungslehre, Lehrbuch d. Unternehmensführung. 3. Auflage, Wiesbaden 1983, Vorwort.

Die bürokratische Variante ist dadurch gekennzeichnet, dass jeder Stelle genau abgegrenzte Aufgabenbereiche und Befehlsgewalten zugeordnet sind. Die Stellen werden in dieser Organisationsform streng hierarchisch zugeordnet und die Aufgaben werden innerhalb eines kontinuierlichen, genormten Prozesses erledigt. Diese Organisationsform wird von Max Weber als Behörde bezeichnet.

Von den Auswirkungen auf die weitere Entwicklung der Unternehmensführung kommt der "wissenschaftlichen Betriebsführung" von Taylor die größte Bedeutung zu. Dieses Modell, mit den Methoden der Ingenieur- und Naturwissenschaften Betriebe zu organisieren, zu lenken und zu höchster **Produktivität** zu führen (Standardisierung des Arbeitsablaufes, Leistungslohnsystem, Einführung von Zeitstudien etc.), hat weltweite Beachtung gefunden.

Der Mensch war in diesem rationell gelenkten Arbeitsprozess als **Leistungsträger** "eingeplant". Er hatte Anweisungen auszuführen. Aufgabe der Führungskräfte war es, diese Anweisungen zu vermitteln und Störungen möglichst zu vermeiden.[2]

In der neoklassischen Phase kamen zu den eher wissenschaftlichen Erkenntnissen die sogenannten **Human Relations**. Zu ihnen zählen die Physiologie und die Psychologie. Sie befassten sich mit der Gestaltung der Arbeitsplätze und ihrer Umgebung sowie mit Eignungsprüfungen, Berufsberatung, Ausbildung und Betreuung der Arbeitnehmer. Damit wurde dem Menschen schlagartig eine neue Rolle zugebilligt. Arbeitszufriedenheit, Führung der Mitarbeiter, Verbesserung der menschlichen Beziehungen und Motivation wurden Schlüsselbegriffe der neuen Führungstheorie.

Im Rahmen der **Motivforschung**, die die Beweggründe des Verhaltens der Nachfrager am Markt und der Arbeitnehmer an ihren Arbeitsplätzen zu ergründen und zu beeinflussen sucht, ist z.B. die Bedürfnishierarchie von Maslow oder die Zwei-Faktoren Theorie von Herzberg zu nennen. Menschliches Verhalten rückte in den Mittelpunkt der Führungstheorie. In neuerer Zeit entstand eine Vielzahl weiterer führungstheoretischer Ansätze.

Das Bemühen, Management wissenschaftlich zu durchdringen und wissenschaftlich begründete Lösungen für erfolgreiches Management im Unternehmen anzubieten, ist seit Jahrzehnten unverkennbar. Sowohl Führungstheorien wie Führungsmodelle versuchen, den Erfolg der Unternehmensführung zu begründen.

Die Herausforderung der Führung lässt sich heute nicht allein durch das Anwenden einiger Lehrsätze meistern. Vielmehr muss die Unternehmensführung in Zukunft **neues Denken** trainieren und Abstand nehmen vom Denken in Abschnitten, in isolierten Einzelgrößen oder im Schema von "entweder-oder".

Ein Denken in Zusammenhängen und offenen Grenzen ist gefordert, um den Sinn von "sowohl-als auch" zu verstehen. Der Versuch besteht also darin, der Vernetzung inner- und außerbetrieblicher Probleme durch eine ganzheitliche Denk- und Handlungsweise zu begegnen.[3]

---

[2] Vgl. Worpitz, H.: Wissenschaftliche Unternehmensführung, Frankfurt am Main 1991, S. 87.
[3] Vgl. Gerken, G.: Der neue Manager, Freiburg im Breisgau 1986, S. 264.

2.2 Aufgaben und Inhalt der Unternehmensführung

Hans Ulrich bezeichnet Führung als **Gestalten, Lenken** und **Entwickeln** gesellschaftlicher Institutionen. Mit diesen **drei Hauptfunktionen** der Führung gelingt es dem Unternehmen, in einer hochkomplexen und turbulenten Umwelt zu überleben. Da die Unternehmen nicht evolutionär entstandene Ökosysteme sind, sondern menschlichen Absichten und Zielen dienen sollen, müssen diese Funktionen auch bewusst von Menschen konzipiert und wahrgenommen werden.[4]

(1) Unternehmensgestaltung

Unternehmensgestaltung bedeutet, eine Institution als handlungsfähige Ganzheit zu schaffen und zu erhalten, so dass sie ihre Aufgabe erfüllen kann und dabei lenkungs- und leistungsfähig bleibt. Die gestalterische Aufgabe besteht darin, bestimmte Menschen und Dinge aus der Umwelt auszuwählen und sie zu Komponenten eines Systems zu machen.

(2) Unternehmenslenkung

Die zweite Führungsfunktion ist die **Unternehmenslenkung**. Diese ermöglicht dem Unternehmen, die eigene Struktur zu erhalten, zu bewähren und sogar zu verstärken. Die Unternehmensaktivitäten müssen jederzeit den jeweiligen Umweltbedingungen und eigenen Anforderungen angepasst werden. Somit ist es notwendig, laufend neue Entscheidungen zu treffen und zu verwirklichen.

Die unmittelbare Bestimmung des Verhaltens jedes einzelnen Elementes bildet die klassische Vorstellung der Mitarbeiterführung. Allerdings ist das Unternehmen ein hochkomplexes System und die Lenkung kann nicht durch persönliches Führen der Mitarbeiter durch Vorgesetzte erfolgen, sondern nur durch Lenkungssysteme, die eine Vielzahl von Handlungen bestimmen.[5]

(3) Unternehmensentwicklung

Die **Unternehmensentwicklung** ist ein dauernder, kontinuierlicher Prozess, der die Vielzahl laufender Gestaltungs- und Lenkungshandlungen umhüllt. Infolge der zunehmenden Dynamik der unternehmerischen Umwelt wird das Weiterentwickeln der Unternehmung im Sinne des ständigen Verbesserns oder des qualitativen Lernens immer wichtiger. Auf längere Sicht geht es um die Förderung der vielgeforderten Innovationsfähigkeit des Unternehmens.

Zusammenfassend kann gesagt werden, dass die drei Führungsfunktionen nicht unabhängig voneinander sind und analytisch verschiedenen Führungskräften zugeordnet werden können. Generell kann festgehalten werden, dass die Funktionen des Entwickelns und des Gestaltens bei den höheren Führungsebenen eine wichtigere Aufgabe darstellen, da sie längerfristig wirken und tiefgreifende Konsequenzen haben.

In der Abb. 1 sind die Hauptfunktionen der Führung dargestellt.

---

[4] Vgl. Ulrich, H./ Probst, G. J. B.: Anleitung zum ganzheitlichen Denken und Handeln, 3. Aufl., Bern/ Stuttgart 1991, S. 261.
[5] Vgl. ebd., S. 272.

Führung		
Entwicklung	**Gestaltung**	**Lenkung**
- Suchen und Realisieren neuer Ziele und Verhaltensweisen - Beeinflussung der Unternehmenskultur - Förderung der Innovationsfähigkeit - Rahmenbedingungen zur Unternehmensevolution schaffen	- Entwerfen von Ordnung - Organisationsgestaltung - Aufbauorganisation - Ablauforganisation - Regeln schaffen - Das Unternehmen als handlungsfähige Ganzheit aufrecht erhalten	- Festlegen, Auslösen und Kontrollieren von zielgerichteten Aktivitäten - Vollzug von Handlungen - Steuerung der Beschaffung, Produktion und Distribution - Nutzung von Informationen

Abb. 1: Hauptfunktionen der Führung

Buth definiert die Unternehmensführung enger: "Unternehmensführung ist der **Inbegriff aller Aktivitäten**, die den Tätigkeiten der im Unternehmen als Sozialgebilde zusammengefaßten Menschen gemeinsame Ausrichtung und Sinn geben. Die gemeinsame Ausrichtung verfolgt den Zweck, eine wirtschaftliche Leistung zu erstellen, die am Markt abgesetzt werden kann. Ziel ist dabei die Erarbeitung von Gewinnen".[6]

Es ist schwierig, die aus den oben genannten Definitionen resultierenden Führungsaufgaben genau festzulegen, da sie unter anderem auch ein Spiegelbild neuer Technologien und sich ständig ändernder Sozialstrukturen unserer Gesellschaft sind. Eine Unterteilung des Gesamtbegriffs Unternehmensführung in folgende Führungsaufgaben erscheint daher am sinnvollsten:

Führungsaufgaben
• Auseinandersetzen mit Problemen, • Ziele vereinbaren, • Planen, • Entscheiden, • Mitarbeiter auswählen, beurteilen, fördern, • Delegieren, koordinieren, organisieren, • Informieren, • Motivieren, • Kontrollieren.

Die Ausführung dieser Führungsaufgaben ist nicht zeitlich hintereinander angeordnet, sondern es entstehen **Interdependenzen und Rückkopplungen**. Voraussetzung für eine erfolgreiche Ausübung der Teilfunktionen ist die **Kommunikation**.

---

[6] Buth, W.: Unternehmensführung, Stuttgart 1977, S. 13.

Die Kommunikation, welche ein Unternehmen bis in seine letzten organisatorischen Einheiten durchzieht, lässt sich nicht auf den Zusammenhang zwischenmenschlicher Beziehungen im Unternehmen beschränken. Kommunikation muss man aus der Sicht der Unternehmensführung als **Informationsfluss** betrachten.

2.2.1 Unternehmenskultur

Jedes Unternehmen hat seine eigene unverwechselbare Kultur. Das Ziel der Führung besteht nicht darin, die vorhandene Kultur den Vorstellungen einer generellen Idealkultur anzunähern, sondern erfolgsentscheidend für jedes Unternehmen ist eine langfristige harmonische Beziehung zwischen **Kultur** und **Strategie**.

Durch die Unternehmenskultur werden erwünschte Normen, Wertvorstellungen und Denkweisen im täglichen unternehmerischen Handeln verankert.

Die einzelnen Elemente der Unternehmenskultur sind teilweise bewusst und sichtbar, teilweise unbewusst und unreflektiert vorhanden. Sie lassen sich in 3 Ebenen unterteilen:

- **Unternehmensphilosophie**: Sie fragt nach dem Warum des unternehmerischen Engagements und liefert die grundlegende Sinnorientierung. Es geht um die weltanschauliche Ausrichtung eines Unternehmens, d.h. es geht u.a. um das Menschenbild, die Auffassung über die Art der zwischenmenschlichen Beziehungen und die Einstellung zur Umwelt.
- **Unternehmensethik**: Auf der Grundlage der weltanschaulichen Grundorientierung bildet sich die Rangfolge der Werte, denen sich ein Unternehmen in seinem Handeln verpflichtet fühlt wie z.B. Gerechtigkeit, Vertrauen, Wahrhaftigkeit, Ehrlichkeit und Verantwortung
- **Unternehmensidentität**: Sie umfasst alle sichtbaren, aktiven und passiven Ausdrucksformen des Unternehmens, quasi ihr Erscheinungsbild (Corporate Identity).

Als eine wichtige Grundlage der Unternehmenskultur dient die **Vision**, denn sie ist ein unverzichtbarer Bestandteil der Führung. Zum einen besteht ihre Funktion darin, dem Unternehmen und den Mitarbeitern das **Ziel** und die **Richtung** vorzugeben, zum anderen ist sie sinnvermittelnd und strahlt Begeisterung und Motivation aus.

Es ist also nur das Management wirklich erfolgreich, welches zu den technologischen Innovationen auch die passende Innovation der Vision durch kulturelles Management entwickeln kann. Das Management greift deshalb die **Werte-Kultur** nicht als Störquelle, sondern als integrierte, zweite Seite der Unternehmensführung auf.

Eine Prüfung der wesentlichen Aspekte des Wertewandels verdeutlicht, dass die Werte der Selbstentfaltung Priorität bekommen haben. Im Wertesystem finden sich also vermehrt die Werte der Selbstentfaltung wieder, die die Pflicht- und Akzeptanzwerte zwar nicht ersetzen, aber ergänzen. Es entsteht in heutiger Zeit keine neue Kultur, sondern es finden Verschiebungen im Wertesystem statt.

Geschäftsgrundsätze bilden den Rahmen für das betriebliche Entscheidungsfeld. Sie sind oberstes Gesetz einer Organisation, an dem unter allen Umständen festgehalten werden muss. Während Geschäftsgrundsätze normalerweise unveränderlich sind und die Unternehmensphilosophie darstellen, können sich Unternehmensziele sehr wohl ändern.

Sie sind dem kontinuierlichen Prozess der Formulierung, Festsetzung und Anpassung unterworfen. Eine wesentliche Forderung für eine erfolgreiche Unternehmensführung ist, dass eine Identifikation der Mitarbeiter mit den Unternehmensgrundsätzen erreicht wird.[7] Die Vermittlung und Stabilisierung der Geschäftsgrundsätze erfolgt im täglichen Ablauf.

Die **Kernfaktoren** der Unternehmenskultur sind in Abb. 2 dargestellt:

Das Persönlichkeitsprofil der Führungskräfte
- **Lebensläufe**   Soziale Herkunft, beruflicher Werdegang, Dienstalter, Verweildauer in einer Funktion etc.
- **Werte und Mentalitäten**   Ideale, Sinn für Zukunftsprobleme, Innovationsbereitschaft, Widerstand gegen Veränderungen, Durchsetzungs- und Durchhaltevermögen, Ausdauer, Lernbereitschaft, Risikoeinstellungen, Frustrationstoleranz etc.
Die Rituale und Symbole
- **Rituelles Verhalten der Führungskräfte**   Beförderungspraxis, Nachwuchs- und Kaderselektion, Sitzungsverhalten, Entscheidungsverhalten, Beziehungsverhalten, Bezugspersonen, Vorbildfunktion etc.
- **Rituelles Verhalten der Mitarbeiter**   Besucherempfang, Begrüßung durch eine Telefonistin, Umgang mit Reklamationen, Wertschätzung des Kunden etc.
- **Räumliche und gestalterische Symbole**   Erscheinungsbild, Zustand und Ausstattung der Gebäude, Anordnung, Gestaltung und Lage des Büros, Berufskleidung, Firmenwagen etc.
- **Institutionalisierte Rituale und Konventionen**   Empfangsrituale von Gästen, Kleidungsnormen, Sitzungsrituale, Parkplatzordnung etc.
Die Kommunikation
- **Kommunikationsstil**   Informations- und Kommunikationsverhalten, Konsens- und Kompromissbereitschaft etc.
- **Kommunikation nach innen und außen**   Vorschlagswesen, Qualitätszirkel u. übrige Mitwirkungsformen, Dienstwege, Öffentlichkeitsarbeit etc.

Abb. 2: Kernfaktoren der Unternehmenskultur[8]

Anhand dieser Kernfaktoren ist erkennbar, dass die Unternehmensführung sehr großen Einfluss auf die Entwicklung der Unternehmenskultur nehmen kann. Ziel einer Unternehmung wird es sein, ihre Unternehmenskultur so zu beeinflussen, dass sie mit den Unternehmenszielen optimal übereinstimmt. Staehle bezeichnet die Unternehmenskultur als **bedeutenden mitbestimmenden Faktor** für eine erfolgreiche Unternehmensführung.[9]

Maßnahmen für eine Korrektur der Entwicklungsrichtung können sein[10] :

- Schulungskurse, Workshops, Rollenspiele,
- Symbolische Handlungen,

---

[7] Vgl. Nagel, K.: Die sechs Erfolgsfaktoren des Unternehmens, Landsberg/ Lech, 1991, S. 90.
[8] Vgl. Thommen, J.-P.: Managementorientierte Betriebswirtschaftslehre, 6. Auflage, Zürisch, 2000, S. 712.
[9] Vgl. Staehle, W.: Management - Eine verhaltensorientierte Perspektive, 6. Auflage, München 1991, S. 477.
[10] Vgl. Thommen, J.-P.: Managementorientierte Betriebswirtschaftslehre, a.a.O., S. 786 ff.

- Versetzungen, Freistellungen,
- Veränderung von Beförderungs- und Belohnungskriterien,
- Neugestaltung des Anreizsystems,
- Veränderung der Ressourcenzuteilung,
- Einbeziehung von kulturellen Kriterien in die Umweltbetrachtung.

Das Unternehmen beeinflusst durch seine verbale und schriftliche Kommunikation sowie durch sein Verhalten - z.B. im Vergleich zum Wettbewerber oder auch durch das individuelle Verhalten eines Mitarbeiters bei Reklamationen - sein "Image" oder Erscheinungsbild. Das **Image** ist das Fremdbild der Unternehmung, das beim Verbraucher und bei den Kunden, bei den Lieferanten, verbündeten Unternehmungen, Kapitalgebern und Mitarbeitern sowie allgemein in der Öffentlichkeit entsteht. Dieses Bild kann positiv, neutral oder negativ geprägt sein und hat Einfluss auf den Erfolg der Unternehmung. Der Gestaltung der Unternehmensidentität ist daher die gleiche Aufmerksamkeit zu widmen wie der Formulierung der Strategien oder der diesen entsprechenden Marketingpolitik.

2.2.2 Strategische und normative Unternehmensführung

Die Forderung nach einer strategischen Ausrichtung der Unternehmung wird in letzter Zeit immer häufiger erhoben. Es setzt sich mehr und mehr die Erkenntnis durch, dass der Vermehrung von wahrgenommenen Problemen und dem erhöhten Schwierigkeitsgrad ihrer Lösung nicht durch ihre Delegation auf Stabsstellen beizukommen ist, sondern im Gegenteil die Steigerung der Führungseffizienz durch eine Konzentration der Kräfte zu suchen ist. Die Konzentration auf das Wesentliche kann jedoch nur gelingen, wenn die grundsätzlichen Elemente des Unternehmens und deren gegenseitige Beziehungen in einem umfassenden Denkmodell integriert werden. Diese "Einfachstruktur" sollte nur jene Sachverhalte umfassen, die für die langfristige Unternehmenssicherung unabdingbar sind.[11]

Bei der **strategischen Unternehmensführung** ist die Unternehmensführung nicht nur unter rational-ökonomischen Gesichtspunkten zu sehen, sondern die Entscheidungen werden auch vom **soziologischen und sozialen Umfeld** mitbestimmt. Hinterhuber unterteilt die strategische Unternehmensführung in folgende Schritte:[12]

- Bestimmung der Ausgangsposition und des Ausblicks,
- Formulierung der Strategien,
- Ausarbeitung von funktionalen Politiken,
- Gestaltung der Organisation,
- Durchführung der Strategien für:
  - die Schaffung, langfristige Sicherung und Nutzung von Gewinnpotentialen
  - die rasche Reaktion auf strategische Überraschungen.

Ein einfaches **Beispiel** zur Verdeutlichung dieser Aussagen ist ein Unternehmen, welches die Planung und Herstellung der Produkte immer nur an den meistverkauften

---

[11] Vgl. Gottschlich, W.: Strategische Führung mittlerer Unternehmen, Frankfurt/ New York 1989, S. 18.
[12] Vgl. Hinterhuber, H.: Strategische Unternehmensführung, Berlin/ New York 1992, Bd. 1, 5. Auflage, S. 25 ff.

Produkten des Vorjahres orientiert und einem Unternehmen, welches seine Produktpalette an den **zukünftigen**, unter Umständen stark veränderten **Umweltbedingungen** orientiert, um dadurch den Unternehmenserfolg zu erhöhen. In diesem Fall handelt das Unternehmen nach den Prinzipien der strategischen Unternehmensführung.

Die Strategie ist verbunden mit der Realität und gilt als die Krönung der linearen Intelligenz. Sie definiert sich durch die Parameter Position, Stärke und Zeit. Durch das **strategische Denken** versuchen Führungskräfte, möglichst viele Bewegungen, Gegenbewegungen, flankierende Faktoren und Hintergrundströmungen zu erkennen, um sie im Zusammenhang mit dem Ziel zu kombinieren, Überlegenheiten zu planen und zu organisieren.

In den heutigen turbulenten und komplexen Zeiten kann die Strategie nicht mehr wie bisher durchgeführt werden. Das Management muss vom rein strategischen Denken und Handeln Abkehr nehmen.[13] Gefordert wird eine konzentrierte Zuwendung zur **normativen Führung**. Dabei dürfen allerdings die anderen Führungsebenen nicht außer Acht gelassen werden.

Das operative und strategische Management übernimmt im Unternehmen die Lenkungs- und Gestaltungsfunktionen. Durch das normative Management wird die Unternehmensmoral entwickelt. Dadurch werden übergeordnete Werte und Verhaltensnormen festgelegt. Die Führung verzichtet also auf die konstruktive Steuerung mit Merkmalen wie Delegation, Befehl und linearer Anordnung. Das Unternehmen als komplexes System wird der Selbststeuerung überlassen.

2.3 Die Träger von Führungsentscheidungen

2.3.1 Eigentümer und Führungsorgane

Als Träger oberster unternehmerischer Entscheidungen kommen zunächst die **Eigentümer** der Unternehmen in Betracht. Dabei kann es sich um Einzelbetriebe handeln, bei denen nur eine - natürliche oder juristische - Person Eigentümer des Unternehmens ist, wie bei der Einzelfirma, der Gesellschaft mit beschränkter Haftung und der Aktiengesellschaft, wenn die Geschäftsanteile oder Aktien einer Person gehören.

Den **Einzelbetrieben** stehen die **Gesellschaftsbetriebe** gegenüber. Bei diesen haben **mehrere physische oder juristische Personen** Eigentum an dem Unternehmen, wie z.B. bei Offenen Handelsgesellschaften, Kommanditgesellschaften, Gesellschaften mit beschränkter Haftung, Aktiengesellschaften und auch bergrechtlichen Gewerkschaften, sofern sich die Geschäftsanteile, Aktien oder auch Kuxe nicht in einer Hand befinden.

Vereinigen sich das Eigentum am Betrieb und die Geschäftsführung in einer Person, dann sind diese Personen Unternehmer in der ursprünglichen Bedeutung dieses Wortes. Gutenberg[14] spricht deshalb auch von **Unternehmer-Unternehmen** oder **Eigentümer-Unternehmen**. Hier hat der Eigentümer zwei Funktionen, er trägt das Kapitalrisiko, und er leitet das Unternehmen.

---

[13] Vgl. Gerken, G.: Der neue Manager, a.a.O., S. 383.
[14] Vgl. Gutenberg, E.: Unternehmensführung Organisation und Entscheidung, Wiesbaden 1962, S. 12.

Fallen Anteilsbesitz und Geschäftsführungsfunktion auseinander, so bezeichnet Gutenberg diese Unternehmensformen als **Geschäftsführer-Unternehmen** oder auch **Manager-Unternehmen**[15]. Die Teilung der beiden Unternehmerfunktionen in Eigentümer und Manager ist vor allem dadurch bedingt, dass Großunternehmen Kapitalbeträge benötigen, die eine oder wenige Personen nicht aufbringen können. Gesellschaften dieser Art müssen schon wegen der großen Anzahl der Entscheidungsträger ein handlungsfähiges Führungsgremium wählen.

Bei der Aktiengesellschaft geschieht dies wie folgt: Die Aktionäre bilden die Hauptversammlung, in welcher der Aufsichtsrat gewählt wird. Dieser wiederum bestimmt und kontrolliert den Vorstand. Der Vorstand übt die Gesamtführung des Unternehmens aus.

2.3.2 Arbeitnehmer

Die **Arbeitnehmer** können als weitere Komponente in der Unternehmensführung bezeichnet werden. Sie sind **Träger des Mitbestimmungsrechts**. Dieses Mitbestimmungsrecht reicht von Informations- und Beratungsrechten bis zu Mitwirkungsrechten, besonders auf sozialem und personellem Gebiet, aber auch bei wirtschaftlichen Angelegenheiten.

Betriebsräte, die Entsendung von Arbeitnehmervertretern in die Aufsichtsräte und Arbeitsdirektoren bilden die Institutionen des Mitbestimmungsrechtes, über welche die den Betriebsangehörigen zugesagten Rechte wahrgenommen werden.

2.3.3 Management

Will man den Begriff **Management** ins Deutsche übersetzen, ist dies nicht ganz einfach. Begrenzt man die Analyse des Begriffs Management auf den betriebswirtschaftlichen Raum, sieht man also ab vom Management als sozialem und psychologischem Phänomen, dann zeigt sich bald, dass unter Management sowohl eine Institution als auch eine Funktion verstanden werden kann.

Institution insofern, als das Management eine **Gruppe von Personen** darstellt, die das Recht besitzt, anderen Personen Weisungen zu erteilen, denen diese Personen (im Rahmen des Gesetzes) zu folgen verpflichtet sind.[16]

Man kann auch vereinfacht sagen: Das Management steuert die Vorgänge in einem Unternehmen. Hiermit wird deutlich, dass jede mit **Weisungsbefugnis** ausgestattete Person in einem Unternehmen am Management beteiligt ist, also nicht nur die Mitglieder der Unternehmensleitung, sondern auch die Personen mit **Anordnungsbefugnis** der mittleren und unteren Ebenen der betrieblichen Hierarchie.

Nach amerikanischen Vorstellungen umfasst das Management

- das Top-Management,
- das Middle-Management und
- das Lower-Management.

---

[15] Vgl. Gutenberg, E.: Unternehmensführung Organisation und Entscheidung, Wiesbaden 1962, S. 12.
[16] Vgl. ebd., S. 20.

In der folgenden Abbildung ist das Management-Begriffsschema mit den jeweiligen unternehmerischen Ebenen dargestellt:

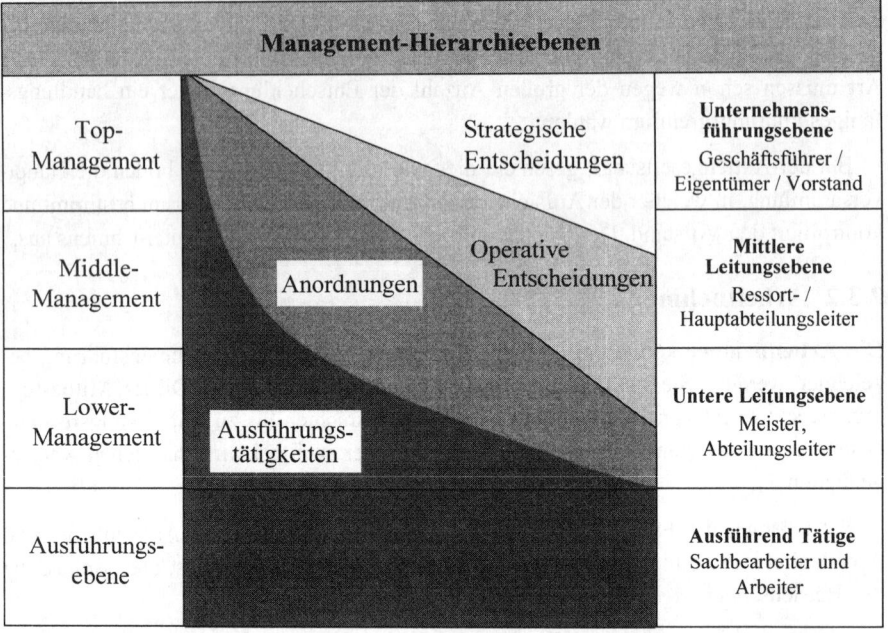

Abb. 3: Management-Ebenen[17]

Es ist oft schwierig, eine strikte Trennung der Tätigkeiten in Aufgaben der Unternehmensführung und Ausführung, z.B. bei einem Meister, durchzuführen. Es ist daher sinnvoll, den Begriff Management mehr aus institutionellen als aus funktionellen Gesichtspunkten zu betrachten.

Abschließend kann feststellt werden, dass es einen deutschen Ausdruck für den Begriff Management wohl nicht gibt. Wahrscheinlich kommt der Ausdruck "Unternehmensführung" der Bedeutung noch am nächsten. Wobei hier aber noch einmal auf die Zugehörigkeit der obersten Führungsspitze bis hin zur kleinsten organisatorischen Einheit zu dieser Unternehmensführung hingewiesen werden soll.

2.4 Die Führungsfunktionen

2.4.1 Vorbemerkungen

Durch die technologische und gesellschaftliche Entwicklung, insbesondere durch den sogenannten **Wertewandel** (d.h. sich verändernde Einstellungen, Bedürfnisse und Verhaltensweisen der Menschen in fast allen Lebensbereichen) sehen sich die Führungskräfte mehr gefordert als je zuvor.

---

[17] Vgl. Schulte-Zurhausen, M.: Organisation, 2. Auflage, München 1999, S.225, und Schierenbeck, H.: Grundzüge der Betriebswirtschaftslehre, 15. Auflage, München, Wien 2000, S. 85.

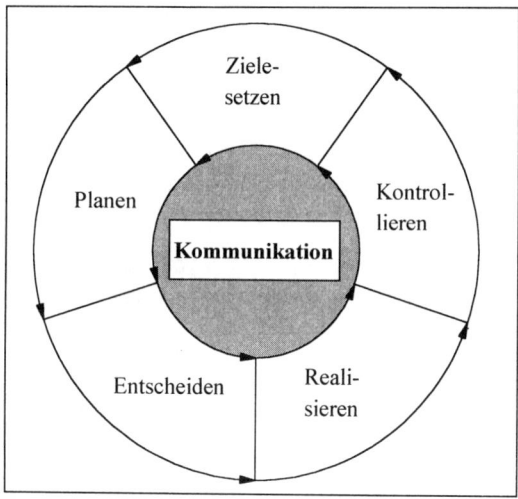

Abb. 4: Management-Kreis

Trotz dieser veränderten Anforderungen an die Manager der heutigen Zeit ist es nach wie vor wichtig, die **elementaren Führungsfunktionen**, wie die Zielsetzung, die Planung, die Entscheidung, die Realisation und die Kontrolle, zu beherrschen. In Abb. 4 sind die elementaren Führungsfunktionen im sogenannten Management-Kreis dargestellt.

2.4.2 Die Zielsetzung

2.4.2.1 Das Wesen der Ziele

Ziele beschreiben ganz allgemein einen erwünschten zukünftigen Zustand, den das Unternehmen zu erreichen sucht. Ziele sind "Aussagen mit normativem Charakter, die einen von einem Entscheidungsträger gewünschten, von ihm oder anderen anzustrebenden, auf jeden Fall zukünftigen Zustand der Realität beschreiben"[18]. Als wichtige Funktionen von Zielen können genannt werden[19]:

- Rechtfertigung von Handlungen,
- Information von Unternehmensmitgliedern und Nichtmitgliedern über den Sinn des Unternehmens,
- Handlungsanleitung,
- Motivation,
- Maßstab der Leistungsbeurteilung.

Jedes Unternehmen braucht klare Zielsetzungen, um den Erfolg messbar und den Fortschritt sichtbar zu machen. Die Unternehmensführung hat dafür zu sorgen, dass ein geschlossenes Zielsystem auf allen Ebenen vorhanden ist. Ziele schaffen automatisch Ordnungsprinzipien und Prioritäten für alle Mitarbeiter und sorgen bei den Mitarbeitern für eine Beschäftigung mit der Zukunft. Sie führen zum Agieren anstelle von nur Reagieren.

---

[18] Hauschildt, J.: Entscheidungsziele, Tübingen 1977, S. 9.
[19] Vgl. Staehle, W.: Management, a.a.O., S. 405.

Die Ziele müssen so formuliert sein, dass sie sich in Planungsziele und Handlungsanweisungen auflösen lassen. Dabei muss gewährleistet sein, dass bei jeder Formulierung von **Teilzielen** und **Teilaktivitäten** stets überprüft werden kann, ob sie zur Erfüllung des **Gesamtzieles** optimal beitragen. Eine solche Definition der Ziele hat schon an sich einen hohen Informationswert, denn sie vermittelt den Handelnden Sollgrößen, an denen sie den Erfolg Ihres Handelns messen können. Dies bedeutet, dass die Abteilungs- und Mitarbeiterziele aus den Unternehmenszielen abgeleitet werden[20]

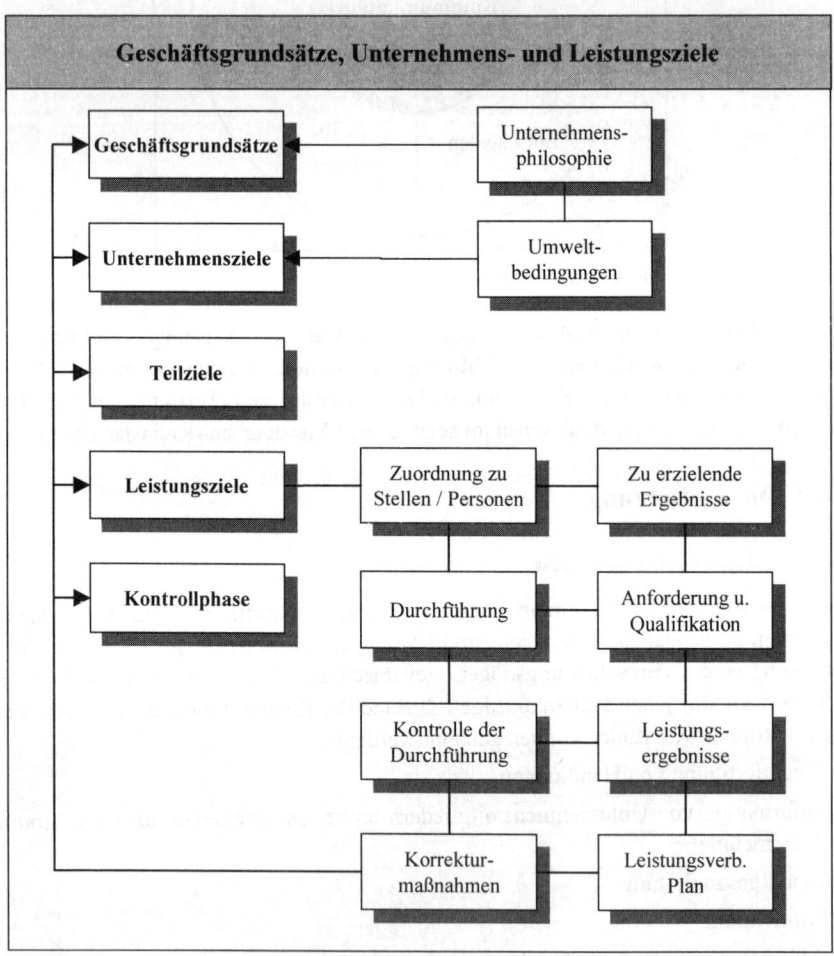

Abb. 5: Zusammenhänge zwischen Geschäftsgrundsätzen, Unternehmenszielen und Leistungszielen[21]

2.4.2.2 Zielarten

Um die in Frage kommenden Ziele zu systematisieren, können sie in monetäre / nichtmonetäre Ziele; kurz-, mittel- und langfristige Ziele; Sach- und Formalziele; Haupt- und Nebenziele; Ober- und Unterziele unterschieden werden.

---

[20] Vgl. Nagel, K.: Die sechs Erfolgsfaktoren des Unternehmens, a.a.O., 1991, S. 97.
[21] Vgl. ebd., S. 92.

(1) Monetäre und nicht-monetäre Ziele

Unter **monetären Zielen** versteht man Zielsetzungen, die sich in **Geldeinheiten** messen lassen. **Nicht-monetäre Ziele** können ökonomische, aber auch sittlich-ethische, soziale, politische und gesellschaftspolitische Ziele sein. Eine beispielhafte Unterteilung ist in Abbildung 6 dargestellt.

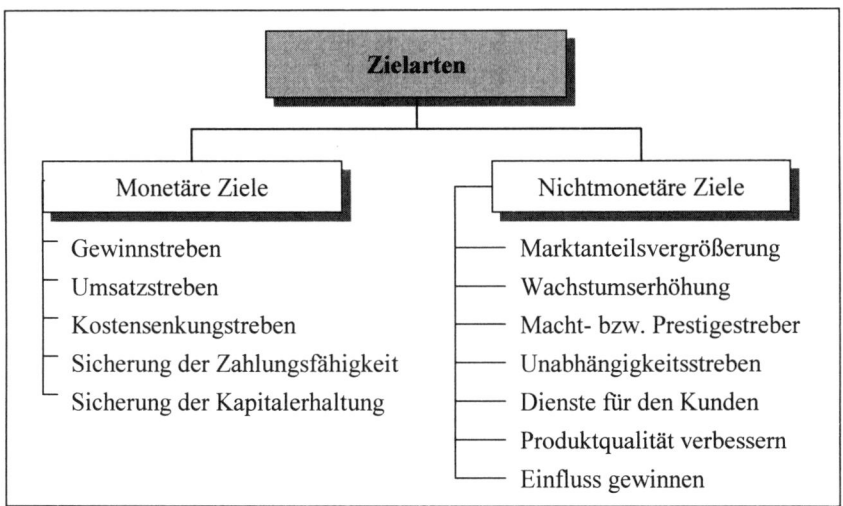

Abb. 6: Beispiele für monetäre und nicht-monetäre Ziele

(2) Kurz-, mittel- und langfristige Ziele

Ziele haben immer einen zeitlichen Bezug. Eine Unterscheidung geschieht nach der Kalenderzeit. Eine feste Definition, was kurz-, mittel- oder langfristig bedeutet, gibt es nicht, daher ist diese Einteilung in der Praxis nicht sehr aussagefähig.

(3) Sach- und Formalziele

Unter Sachzielen versteht man die Ziele, die aus der **Art des Leistungsprozesses** vom Markt her bestimmt werden. Dies sind z.B. die Produktion und der Vertrieb von Haushaltswaren oder die Beschaffung von Stahlblech spezifischer Qualität. Der organisatorische Aufbau der Abteilungen hat den Eigenarten der Sachaufgaben einer Unternehmung zu entsprechen.

Aus den Formalzielen ergeben sich sachunabhängige **generelle Verhaltensvorschriften**. Sie stellen übergeordnete Ziele dar, an denen sich die Sachziele auszurichten haben und in denen der eigentliche Sinn des unternehmerischen Handelns zum Ausdruck kommt. Diese Formalziele unterziehen jede Aufgabenstellung einer Beurteilung im Hinblick auf die Wirtschaftlichkeit. Ein Beispiel für ein Formalziel ist die Einkommens- und / oder Vermögensmehrung der Anteilseigner.[22]

(4) Haupt- und Nebenziele

Haupt- und Nebenziele bringen eine **Gewichtung der Ziele** zum Ausdruck. Sie unterscheiden sich durch die subjektive Bedeutung. Dem Hauptziel kommt dabei die größte

---

[22] Vgl. Kapitel A, Abschnitt 4. " Betriebswirtschaftliche Zielkonzeptionen".

Bedeutung zu. Ein Hauptziel bei der Anschaffung einer neuen Maschine könnte z.B. die Erhöhung der Rentabilität sein. Das Nebenziel wäre dann die Erhaltung der Liquidität.

(5) Ober- und Unterziele

Als **Oberziel** bezeichnet man die **oberste Zielsetzung** eines Unternehmens. Das Oberziel ist meist **nicht operational**, es lässt sich nicht in Maßgrößen (Anzahl, Geld, Gewicht) vorgeben. Eine solche Vorgabe ist aber meist notwendig, wenn eine Aufteilung der Entscheidungsgewalt im Unternehmen und eine Delegierung auf unterstellte Mitarbeiter erfolgen soll.

Zu diesem Zweck wird das Oberziel in **viele Unterziele**, die den einzelnen Abteilungen oder Mitarbeitern dann vorgegeben werden können, aufgeteilt. Lautet z.B. das Oberziel eines Unternehmens Umsatzmaximierung, dann können die Unterziele für die entsprechenden Verkaufsleiter z.B. Umsatzmaximierung der Produkte A und B lauten.

Aufgrund der aufgezeigten Ordnungsmerkmale können Ziele immer hierarchisch in Form eines Zielbaumes geordnet werden. Dieses **Zielsystem** sollte grundsätzlich aus folgenden Untersystemen bestehen:[23]

- Aus einem Untersystem **Zielrahmen**: Der Zielrahmen enthält alle allgemein auf die Unternehmensfunktionen bezogenen strategischen Ziele.

- Aus einem oder mehreren Untersystemen **Zielprogramm 1, 2,..., n** entsprechend der Anzahl der von der Unternehmung verfolgten Programme: Ein Zielprogramm kann Ziele enthalten, die die Realisierung von Projekten betreffen und Ziele, die sich auf gewünschte Eigenschaften und Spezifikationen bereits realisierter Projekte beziehen.

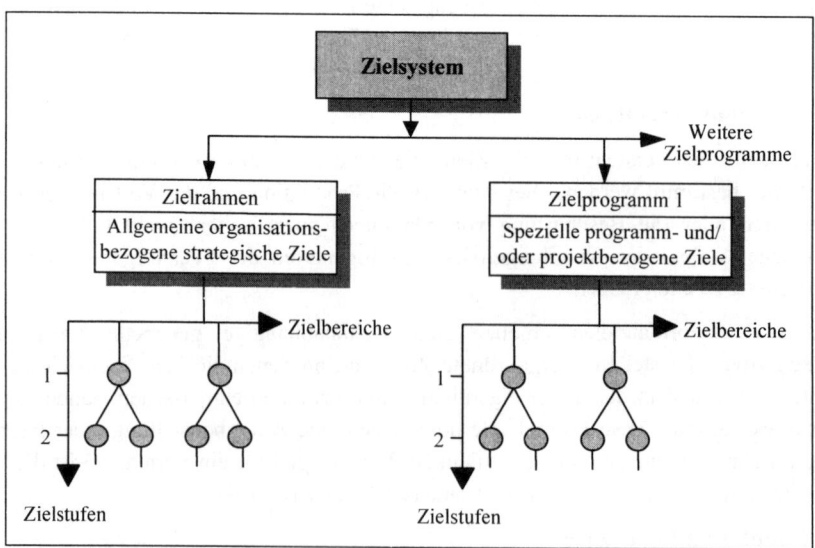

Abb. 7: Strukturmodell eines Zielsystems[24]

---

[23] Vgl. Dummer, W.: Die neuen Methoden der Entscheidungsfindung, Augsburg 1972, S. 72.
[24] Vgl. ebd., S. 73.

2.4.2.3 Zielbildung

Der Zielbildungsprozess ist in folgende Phasen gegliedert:

- Zielsuche
- Zielverbindlichkeit
- Zielformulierung
- Zielabstimmung

(1) Zielsuche

Sie beinhaltet das Vorgehen bei der **Suche nach Zielideen**. Bei der Zielsuche lassen sich Kreativitätstechniken wie Brainstorming, Synektik, Eigenschaftslisten, Morphologische Methode etc. einsetzen. Meist resultieren die Ziele aber aus dem **Unternehmensleitbild**.

Das **Unternehmensleitbild** wird gebildet durch die Berücksichtigung aller Wertvorstellungen, einer Analyse des Unternehmens und einer Umweltanalyse. Nach Ulrich beinhaltet das Unternehmensleitbild folgende grundsätzlichen Aussagen:[25]

- Bedürfnisart, die befriedigt werden soll (Produkt, Dienstleistung)
- Grundlegende Anforderung an die Marktleistung (Preis, Qualität)
- Geographische Reichweite der Marktleistung (lokal, national, international)
- Marktstellung (Marktführer)
- Verhalten gegenüber dem Marktpartner (Kunden, Lieferanten)
- Grundsätze der Gewinnerzielung und Gewinnverteilung
- Grundsätzliche Haltung gegenüber dem Staat
- Einstellung zu gesellschaftlichen Anliegen (Umweltschutz, Armutsbekämpfung, Ausländerhass, Kunstförderung)
- Wirtschaftliches Handlungsprinzip
- Einstellung zu Anliegen der Mitarbeiter (Mitbestimmung, persönliche Entwicklung, Freizeit)
- Grundsätze über die Mitarbeiterführung

Mit Hilfe dieses Unternehmungsleitbildes können dann die einzelnen Ziele (Leistungsziele, Finanzziele, Führungs- und Organisationsziele, soziale Ziele) definiert werden.

(2) Zielabstimmung

Hier muss geklärt werden, in welcher **Beziehung** die Ziele zu den bisherigen Zielen stehen. Die an der Zielabstimmung Beteiligten haben sich mit der Frage, ob es sich um Haupt-, Neben-, Ober- oder Unterziele handelt, auseinander zusetzen.

(3) Zielformulierung

Die **Zielformulierung** durch die Unternehmensleitung sollte nach Inhalt, Ausmaß und Zeit erfolgen, um prüfen zu können, inwieweit eine Zielerreichung erfolgt ist. Ein Beispiel zur Zielformulierung enthält Abb. 8:

---

[25] Vgl. Ulrich, H.: Unternehmungspolitik, 2. Auflage, Bern/ Stuttgart 1987, S. 94.

Inhalt	Ausmaß	Zeit
Steigerung des Umsatzes...	...um 10 %...	...im 1. Quartal 2002
Verringerung der Mitarbeiterzahl...	...um 5 Schreibkräfte...	...ab dem 1.1.2002
Auslastung des Drehautomaten...	...mit maximaler Kapazität...	... vom 1.3.2002 bis 30.4.2002

Abb. 8: Beispiele zur Zielformulierung

(4) Zielverbindlichkeit

Die **eindeutig formulierten** Ziele können von der Unternehmensleitung für verbindlich erklärt werden. Diese Ziele bilden als Soll-Daten die Basis für den späteren Soll-Ist-Vergleich durch den Unternehmenscontroller.

2.4.3 Die Planung

2.4.3.1 Begriff, Aufgaben und Wesen der Planung

Der Planung kommt im Rahmen der Führung große Bedeutung zu. Ihre Hauptaufgabe ist die Festlegung der betrieblichen Ziele sowie der Aktivitäten, die zur Erreichung dieser Ziele notwendig sind. Sie dient als **systematische Entscheidungsvorbereitung** und beeinflusst wesentlich das zukünftige Verhalten der Unternehmung. Zwar werden bei der Ausübung der Planungsfunktion **keine eigentlichen Entscheidungen** gefällt, doch werden diese in starkem Maße durch die Planung beeinflusst. Die Planung steckt das mögliche Entscheidungsfeld ab und trifft damit **Vorentscheidungen**. Sie zeigt beispielsweise Handlungsalternativen auf und macht Vorschläge für die Auswahl.

Auf der Grundlage informationsgewinnender und -verarbeitender Maßnahmen bestimmt die Planung die zukünftigen betrieblichen Realisationshandlungen. Die Unsicherheit, mit der die Ausgangsdaten behaftet sind, wächst mit der Entfernung des Realisationszeitpunktes vom Planungszeitpunkt. Aus diesem Grund ist Planung nur innerhalb eines bestimmten Bereiches, d.h. bis zum Planungshorizont, sinnvoll.[26]

2.4.3.2 Planungsarten

Das Führungsinstrument Unternehmensplanung kann nach verschiedenen **Planungsarten** bzw. **Planungsgebieten** unterteilt werden. Über Inhalt und Umfang der einzelnen Planungsarten herrscht keine einheitliche Meinung. Folgende Unterteilung der Planungsarten erscheint sinnvoll:

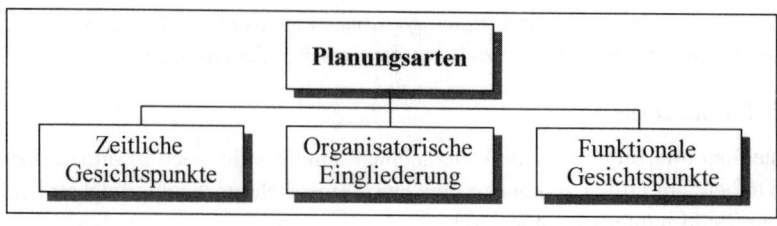

Abb. 9: Planungsarten

---

[26] Vgl. Grochla, E.: Handwörterbuch der Organisation, Stuttgart 1969, S.1318.

(1) Unterteilung nach zeitlichen Gesichtspunkten

- **Strategische Planung**

Die strategische Planung umfasst einen **langfristigen Zeitraum** (5-10 Jahre). Sie befasst sich primär mit der Frage der zukünftigen Produkt-Markt-Kombination und der damit in Zusammenhang stehenden **Produktionsprogrammplanung**. Zur Erstellung dieser Produkt-Markt-Kombinationen bedarf es der **Analyse der Stärken und Schwächen** eines Unternehmens. Aus den daraus gewonnen Erkenntnissen kann auch eine Prognose über die Attraktivität bestimmter Teilmärkte aufgestellt werden. Bei dieser Art Planung muss auch auf die **Synergieeffekte**, die sich durch die Aufgabe oder Förderung bestimmter Produkt-Markt-Kombinationen ergeben, hingewiesen werden.[27] Die Ausführung dieser strategischen Planung betrifft die **oberste Führungsebene**. Bei dieser Art der Planung ist eine große Planungsflexibilität Grundvoraussetzung.

Die neuere Entwicklung in der Praxis der strategischen Unternehmensführung wird zweifellos von dem Konzept des Portfolio-Management geprägt. In den USA ist dieses Konzept schon sehr stark verbreitet, und auch in Deutschland wird dieses Prinzip in starkem Maße von den Unternehmensberatern propagiert.[28]

Die meisten Portfolio-Darstellungen beruhen auf einer Kombination der beiden strategischen Erfolgsfaktoren

- relativer Marktanteil (bezogen auf den stärksten Konkurrenten),
- zukünftiges Marktwachstum

(vgl. hierzu Kapitel F Abschnitt 3.1.1.2: Die Portfolioanalyse).

- **Taktische Planung**

Bei dieser Art der Planung handelt es sich um eine **mittelfristige** Planung (1-4 Jahre). Die Aufgabe der operativen Planung ist, die durch die strategische Planung vorgegebene Grobplanung in Pläne für die einzelnen Teilbereiche (z.B. Finanzierung, Produktion, Beschaffung, Lagerhaltung) umzusetzen. Dies geschieht meist in Form eines detaillierten Jahresplanes und eines Grobplanes für die nächsten 2-3 Jahre. Hierbei ist das **Problem der Abstimmung** unter den Teilplänen zu nennen. Die operative Planung wird von der **obersten** und von der **mittleren Führungsebene** durchgeführt.

- **Operative Planung**

Die operative Planung ist **kurzfristig** (bis 1 Jahr) angelegt. Ziel dieser Planung ist die detaillierte Planung einzelner Projekte. Diese Art der Planung wird von der **mittleren** und **unteren Führungsebene** durchgeführt.

Wenn von einer zeitlichen Einteilung gesprochen wird, so muss auch die rollierende Planung und die Blockplanung erwähnt werden.

- **Rollierende Planung**

Bei der rollierenden Planung wird die ursprüngliche Planung in einem bestimmten Rhythmus revidiert und um eine Teilperiode ergänzt.

---

[27] Vgl. Wöhe, G.: Einführung in die Allgemeine Betriebswirtschaftslehre, a.a.O., S. 138.
[28] Vgl. Staehle, W.: Management, a.a.O., S. 603.

	Januar	Februar	März	April	Mai	Juni	Juli
1.1...01	███	███					
1.2...01		███	███				
1.3...01			███	███			

Abb. 10: Rollierende Planung

- **Blockplanung**

Bei der Blockplanung erfolgt hingegen die Neuplanung am Ende der ursprünglichen Planperiode.

	Jan.	Feb.	März	April	Mai	Juni	Juli	Aug.	Sept.	Okt.
1.01...01	███	███	███							
1.04...01				███	███	███				
1.07...01							███	███	███	
1.10...01										███

Abb. 11: Blockplanung

(2) Unterteilung nach der organisatorischen Eingliederung

Je nachdem, von welcher Unternehmensebene die Pläne der vor- oder nachgelagerten Planungsebene abgeleitet werden, wird in retrograde, progressive oder Gegenstromplanung unterschieden.

- **Retrograde Planung**

Bei der retrograden Planung, auch **top-down Planung** genannt, erfolgt die Planung von der **oberen zur unteren Führungsebene**. Die von der obersten Führungsebene vorgegebenen globalen Rahmenpläne werden von den nachgelagerten Führungsebenen in **Teilpläne** zerlegt und weiter präzisiert. Diese gelten dann für die nächste Führungsebene wiederum als Rahmenpläne. Der **Vorteil** bei dieser Vorgehensweise ist, dass hier die Teilpläne in hohem Maße der Zielsetzung des Gesamtunternehmens entsprechen. Allerdings besteht die Gefahr, dass die vorgelagerte Planungsebene der nachgelagerten Planungsebene Plandaten vorgibt, die diese unter Umständen nicht erfüllen kann. Diese nachteilige Wirkung kann nur durch einen guten Informationsfluss beseitigt werden. Ein weiterer **Nachteil** ist, dass es durch die fehlende Beteiligung nachgeordneter Stellen an der Planung zu Informations-Zurückhaltungen, unrealistischen Planvorgaben und zur Demotivation kommen kann.

- **Progressive Planung**

Beim umgekehrten Vorgang stellen die **untersten** Führungskräfte, die noch mit Planungsaufgaben betraut sind, die Pläne für ihren Verantwortungsbereich zusammen und geben sie den übergeordneten Instanzen weiter. Diese wiederum **fassen diese Teilpläne zusammen** und geben sie an die darüber angeordnete Ebene weiter. Dieses progressive Verfahren, auch **bottom-up-Planung** genannt, hat den **Vorteil**, dass hier die Planung direkt von den Betroffenen ausgeht und damit auch realistische Pläne zu erzielen sind.

Die Motivation der Beteiligten wird durch die **Identifizierung** mit dem von ihnen erstellten Plan gefördert. Als **Nachteil** muss hier die Gefahr des Überschneidens und das inhaltliche Widersprechen der Teilpläne genannt werden. Ferner kann es bei diesem Planungsverfahren zu konservativen Plänen (Extrapolation von Vergangenheitswerten) kommen.

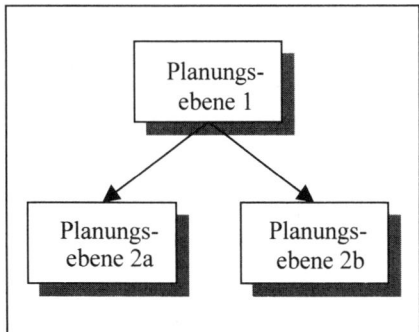
Abb. 12: Retrogade (top-down) Planung

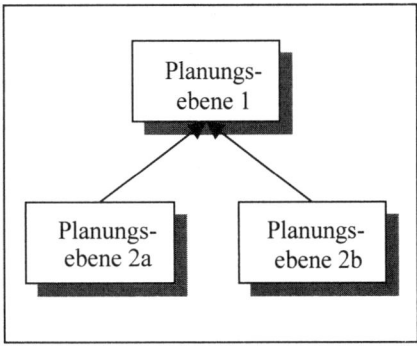
Abb. 13: Progressive (bottom-up) Planung

- **Gegenstromverfahren**

Mit dem Gegenstromverfahren kann man die Nachteile der beiden oben genannten Verfahren auffangen. Bei diesem Verfahren wird von der obersten Planungsebene ein **vorläufiger Rahmenplan** aufgestellt. Von diesem werden die vorläufigen Teilpläne abgeleitet. Von der untersten bis hin zur obersten Planungsebene wird dann eine Überprüfung der Planungsvorgaben durchgeführt.

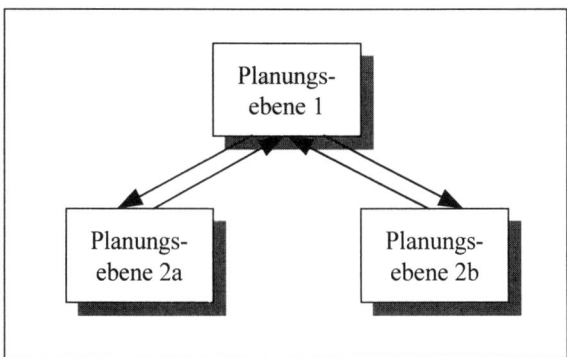
Abb. 14: Gegenstromplanung

Werden hierbei Abweichungen vom Rahmenplan notwendig, so kann dies durch Unterzyklen, die die Koordinationsprobleme aus dem Weg schaffen, ausgeglichen werden. In der Praxis hat sich dieses Verfahren bisher am weitesten durchgesetzt.

(3) Unterteilung nach funktionalen Gesichtspunkten

Die verschiedenen in der Unternehmung existierenden Teilpläne orientieren sich im wesentlichen an den betrieblichen Hauptfunktionen. So sind in den Unternehmen meist folgende **Teilpläne** anzutreffen:

- **Absatz-(Marketing-) Pläne**

Absatzpläne beinhalten in der Regel die anzustrebenden Absatzmengen, die einzusetzenden Absatzinstrumente und zum Teil auch noch die budgetierten Vertriebskosten und die gesamte Verkaufsabwicklung.

- **Beschaffungspläne**

Damit der betriebliche Leistungserstellungsprozess ohne Störungen verlaufen kann, sind Beschaffungspläne erforderlich. Diese beinhalten den Bedarf und die Beschaffung der notwendigen Roh-, Hilfs- und Betriebsstoffe.

- **Produktionspläne**

Produktionspläne enthalten Aussagen über das geplante Produktionsprogramm und über die Vorbereitung und den Ablauf des eigentlichen Produktionsprozesses.

- **Personalpläne**

Die Personalpläne enthalten das zukünftige Personal und die Möglichkeit der Bedarfsdeckung.

- **Finanzpläne**

Finanzpläne bestehen aus einer systematischen Gegenüberstellung der innerhalb eines bestimmten Zeitraumes zu erwartenden Einnahmen und Ausgaben.

2.4.3.3 Grundsätze und Prinzipien der Planung

Über die Notwendigkeit und Bedeutung der Unternehmensplanung gibt es in der Literatur und Praxis kaum mehr Zweifel. Meinungsverschiedenheiten bestehen jedoch bei der Durchführung im Hinblick auf Umfang, Genauigkeit, Vollständigkeit etc. Aber auch für die Planungsdurchführung sind in der Zwischenzeit allgemeingültige Grundsätze formuliert worden. Die sechs wichtigsten Grundsätze sind nachfolgend aufgeführt:

- **Grundsatz der Vollständigkeit**

Der Grundsatz der Vollständigkeit verlangt, dass die Planung **alle Ereignisse, Tatbestände** und **Vorgänge mit einzubeziehen** hat, die für die Lösung der jeweiligen Führungsaufgaben und damit für die Steuerung der Unternehmung von Bedeutung sind. Dabei bezieht sich dieser Grundsatz in erster Linie auf die **Planungsbreite** und nicht auf die Planungstiefe. Dies bedeutet dass z.B. bei einer Grobplanung alle Funktionsbereiche (Beschaffung, Produktion, Lagerhaltung, Marketing und Finanzierung) berücksichtigt werden müssen.

- **Grundsatz der Genauigkeit**

Dieses Prinzip besagt, dass die Planungsunterlagen eine bestimmte Genauigkeit aufweisen müssen. Allerdings ist damit nicht eine absolute, sondern eine **relative Genauigkeit** gemeint. Die Plangenauigkeit bezieht sich nur auf die für die Problemlösung notwendige Genauigkeit. Man erwartet zum Beispiel von einer bis in die kleinsten Einzelheiten detaillierten Feinplanung eine größere Genauigkeit als von einer Grobplanung.

- **Grundsatz der Eindeutigkeit, Einfachheit und Klarheit**

Nicht eindeutige oder komplizierte und unklare Pläne führen zu Interpretationsschwierigkeiten und Missverständnissen. Jeder der in der Unternehmung tätigen Mitarbeiter, von der Unternehmungsleitung über die Werks- und Abteilungsleitung bis hin zum Letztausführenden, sollte die ihm vorgegebenen Pläne verstehen können und dadurch jederzeit in der Lage sein, seine Arbeit auf das **Planungsoptimum** auszurichten.

- **Grundsatz der Kontinuität**

Die Unternehmensplanung darf nicht zu einem nur gelegentlich eingesetzten Hilfsmittel abgewertet werden. Nur eine systematische, langfristige und kontinuierliche Planung kann für das Unternehmen erfolgversprechend sein. Einzelpläne sporadischer Art sind nur in Ausnahmefällen wie zum Beispiel bei der Einführung neuer Produkte, Werbeaktionen oder Verkaufsförderaktionen zulässig.

- **Grundsatz der Elastizität bzw. Flexibilität**

Eine Planung muss so flexibel gestaltet sein, dass eintretende **Änderungen der Umweltbedingungen** oder der **betrieblichen Bedingungen** berücksichtigt werden können. Möglichkeiten zur Gewährleistung der Elastizität sind:
- die Berücksichtigung von Planungsreserven,
- die Entwicklung von Alternativplänen (Schubladenplänen),
- die laufende Planrevision auf der Grundlage der überlappenden Planung,
- eine Elastizität der Planungsstruktur, die Anpassungen des Planungssystems zulässt.

- **Grundsatz der Wirtschaftlichkeit**

Jede Planung findet dort ihre Grenzen, wo der durch den Planungsprozess **erzielte Ertrag** von dem dadurch verursachten Planungsaufwand überkompensiert wird. In der Praxis allerdings lässt sich der Planungsaufwand und in noch stärkerem Maße der entsprechende **Planungsertrag** kaum quantifizieren.

2.4.3.4 Die Ungewissheit als Grundproblem der Planung

Die Ungewissheit hat für die Planung eine immer bedeutendere Aufgabe. Dies wird wie folgt begründet:[29]

Zunehmende Komplexität und Dynamik der unternehmensinternen und unternehmensexternen Faktoren wirken sich auf die Unternehmensplanung wesentlich stärker aus als auf andere Bereiche der Unternehmensführung. Je komplexer und unvorhersehbarer die Entwicklung in Umwelt und Unternehmung verläuft, desto ausgeprägter wird

---

[29] Vgl. Brauchlin, E.: Konzepte und Methoden der Unternehmensführung, Bern/ Stuttgart 1981, S. 64 f.

die Tendenz werden, die unternehmungspolitischen Leitvorstellungen sehr allgemein zu formulieren. Andererseits bewegt sich die planende Ebene immer im Rahmen des konkreten, täglichen oder jedenfalls sehr kurzfristigen Geschehens. Dies bedeutet, dass die Spannweite des Transformationsprozesses zwischen diesen beiden Ebenen immer größer und schwieriger zu überwinden sein wird.

Dies hat zu einer deutlichen Zunahme der Beschäftigung mit Planungsproblemen und zu einem Ausbau der Systematik und Methodik der Unternehmensplanung in der Praxis und Wissenschaft geführt.

2.4.4 Die Entscheidung

2.4.4.1 Begriff, Aufgabe und Wesen der Entscheidung

Jedem menschlichen Handeln geht eine Entscheidung voraus. Ausnahmen bilden lediglich Spontanreaktionen (z.B. aus Wut, Schreck oder unmittelbarer Begierde).

Die allgemeine Eigenschaft der Entscheidung besteht darin, dass ein **Wahlakt zwischen zwei Handlungsmöglichkeiten** vorliegen muss. Diese Handlungsmöglichkeiten werden als Alternativen bezeichnet und können aus einem Tun oder Unterlassen bestehen. Sie werden durch eine **Veränderung der Situation** beschrieben, die im Entscheidungszeitpunkt vorliegt, d.h. entweder das Tun oder das Unterlassen führen zu einer Veränderung der Situation oder beide mit unterschiedlichem Ergebnis. Führen dagegen zwei Handlungsmöglichkeiten zu keiner Situationsveränderung, dann liegt keine Entscheidung vor.[30]

Die Entscheidung ist das Kernproblem des Wirtschaftens in der Unternehmung. Entscheidungen bestimmen im **Außenverhältnis** der Unternehmung Aktionen und Reaktionen im Hinblick auf die sich wandelnde wirtschaftliche und soziale Umwelt. Im **Innenverhältnis** sichern Entscheidungen die Koordination von Einzelleistungen, so daß im Ergebnis eine integrierte Gesamtleistung entsteht.

In der Betriebswirtschaftslehre wird die systematische Analyse der Wahlhandlungen, die in Unternehmen zu tätigen sind, im Rahmen der betriebswirtschaftlichen Entscheidungstheorie vorgenommen. Es wird zwischen **normativen** und **deskriptiven Entscheidungstheorien** entschieden[31]. Die normative Entscheidungstheorie ist eine Theorie, die von einem rationalen Handeln des Entscheidungsträgers ausgeht und die sich bemüht, alles aufzuzeigen, was Rationalität beim Handeln beinhaltet.

Die deskriptive Entscheidungstheorie wird als Theorie umschrieben, die das Zustandekommen von Entscheidungen in der Realität aufzeigen will. Die deskriptive Entscheidungstheorie ist zur Entscheidungsfindung im Unternehmen nicht geeignet, da sie aufzeigt, wie tatsächlich entschieden wird und nicht, wie tatsächlich entschieden werden sollte.

Heinen unterteilt die große Anzahl von Entscheidungen in zwei Gruppen. Er unterscheidet die Gruppe der Zielentscheidungen und die Gruppe der Mittelentscheidungen.[32]

---

[30] Vgl. Kahle, E.: Betriebliche Entscheidung, Lehrbuch zur Einführung in die betriebliche Entscheidungstheorie, München 1991, S. 9.
[31] Vgl. Wöhe, G.: Einführung in die Allgemeine Betriebswirtschaftslehre, a.a.O., S.150 f.
[32] Vgl. Heinen, E.: Grundlagen betriebswirtschaftlicher Entscheidungen, 2. Auflage, Wiesbaden 1971, S. 18.

Die **Zielentscheidungen** stellen weitgehend autonome Wahlhandlungen dar, welche die Verhaltensweise einer Unternehmung festlegen. Sie fixieren den als erstrebenswert angesehenen Zustand der Unternehmung. Zielentscheidungen bedingen eine gewisse Unabhängigkeit des für sie zuständigen Personenkreises von außerbetrieblicher, insbesondere staatlicher und behördlicher Einflussnahme. Diese Voraussetzung ist in der Marktwirtschaft weitgehend erfüllt.

Sind die anzustrebenden Ziele durch autonome Zielentscheidungen oder autoritäre Vorgaben bestimmt, so befasst sich die zweite Gruppe von Entscheidungen, den Mittelentscheidungen, mit der Wahl der einzusetzen Mittel. Eine **Mittelentscheidung** liegt beispielsweise dann vor, wenn sich ein Unternehmer dazu entschließt, Gewinn durch Produktion und Absatz bestimmter Güter anzustreben. Mittelentscheidungen werden immer im Hinblick auf eine bestimmte Zielsetzung getroffen. Beispielsweise kann das Streben nach größtmöglichem Gewinn einen anderen Mitteleinsatz erfordern als das Streben nach Unabhängigkeit.

Die oben genannten Entscheidungsarten können weiter in **Einzel-** und **Mehrheitsentscheidungen** gegliedert werden. Diese Unterteilung berücksichtigt die Anzahl der Personen, die an den Entscheidungen beteiligt sind. Die Einzelentscheidung wird von Einzelpersonen gefällt, und bei der Mehrheitsentscheidung fällen Leitungsebene und Ausführungsebene gemeinsam die Entscheidung.

Eine weitere Unterscheidung besteht in der Einteilung in **Routineentscheidungen** und **einmalige Entscheidungen**. Routineentscheidungen sind Entscheidungen, die in gleicher oder ähnlicher Form regelmäßig auftauchen. Sie weisen einen hohen Bekanntheits- und Gewohnheitsgrad auf. Einmalige Entscheidungen dagegen beinhalten Wahlhandlungen bei unregelmäßig anfallenden, ungewohnten Aufgaben.

Unterteilt man die Entscheidungen nach der Frage der Delegationsfähigkeit, so unterscheidet man **delegierbare** und **nicht delegierbare Entscheidungen**. Die delegierbaren Entscheidungen können innerhalb der Unternehmenshierarchie an untergeordnete Ebenen weitergegeben und dort getroffen werden.

Nichtdelegierbare Entscheidungen sind in der Regel echte unternehmerische Führungsentscheidungen, die auf Grund ihrer Bedeutung für die Gesamtheit des Unternehmens nicht an untergeordnete Ebenen abgegeben werden können und damit nur in der Unternehmungsspitze gefällt werden.

2.4.4.2 Voraussetzungen für die Entscheidung

Damit eine Entscheidung gefällt werden kann, bedarf es dreier Voraussetzungen. Diese Voraussetzungen sind verschiedene Handlungsmöglichkeiten, die Kenntnis der Umweltbedingungen und die Darstellbarkeit der Ergebnisse.

(1) Die Handlungsmöglichkeiten

Wie bereits oben beschrieben, bedeutet Entscheiden die Auswahl einer aus mindestens zwei sich gegenseitig ausschließenden **Handlungsmöglichkeiten**. Dies bedeutet, soll eine Entscheidung getroffen werden, dann müssen erst alle möglichen Handlungen zur Erreichung des Zieles bekannt sein. Je mehr man sich mit einer Zielsetzung auf Neuland wagt, desto schwieriger wird es, möglichst viele Handlungsmöglichkeiten zu finden. Prämisse für Handlungsmöglichkeiten ist, dass sie sich gegenseitig ausschließen müssen, d.h. der Entscheidungsträger darf sich nur für eine Alternative entscheiden. Die Handlungsalternativen werden auch **Aktionsparameter** genannt.

Die wohl einfachste Entscheidung ist, zwischen zwei Alternativen zu wählen. In der unternehmerischen Praxis kommt dies allerdings nicht sehr häufig vor. Das andere Extrem besteht in unendlich vielen Kombinationen von Handlungsmöglichkeiten. Aber auch diese Situation ist in der Praxis nicht sehr häufig anzutreffen. Ein Mittel zwischen diesen beiden Extremen ist wohl der Normalfall.

Als Beispiel für Handlungsmöglichkeiten sei folgender Fall gegeben: Ein Autohersteller hat drei Möglichkeiten. Er kann ein bestehendes Automodell aufgeben und durch ein neues ersetzen, er kann es weiter anbieten oder er kann es durch ein zweites ergänzen.

(2) Die Umweltbedingungen

Auf die große Bedeutung des Informationsflusses wurde in Abschnitt 2.2 "Aufgaben und Inhalt der Unternehmensführung" schon hingewiesen. Bei dem Problemkreis der Entscheidung ist die Information aus der Umwelt von besonderer Bedeutung. Ein Entscheidungsträger kann eine Entscheidung zwischen verschiedenen Handlungsmöglichkeiten nur dann treffen, wenn er über **Informationen aus seiner Umwelt** verfügt. Informationen dieser Art können zum Beispiel gesetzliche Vorschriften, Rohstoffpreise, Konjunkturentwicklungen, Konkurrenzreaktionen oder auch innerbetriebliche Kapazitätsengpässe sein. Diese sogenannten **Umweltbedingungen** bestimmen jede betriebliche Entscheidung mehr oder weniger stark mit. Sie können nicht vom Entscheidungsträger beeinflusst werden.

Szerperski und Wienand unterteilen das sogenannte **Informationssystem**, aus dem die Informationen über die Umwelt gewonnen werden, in ein vollkommenes und ein unvollkommenes Informationssystem.[33]

Bei einem **vollkommenen Informationssystem** sind alle Umweltzustände bekannt und die Eintreffwahrscheinlichkeit kann bestimmt werden. D.h. bei einem vollkommenen Informationssystem, kann sicher vorhergesagt werden, welche Umweltsituation eintritt. Die zu treffende Entscheidung kann **mit Sicherheit** getroffen werden.

Liegt dagegen ein **unvollkommenes Informationssystem** vor, so kann hier nur eine **Entscheidung unter Risiko** getroffen werden. Die Menge der Umweltbedingungen ist hierbei zwar bekannt, aber die Wahrscheinlichkeit des Eintretens dieser Bedingungen liegt zwischen 0 und 100%. Die Summe der den Umweltzuständen zugeordneten Wahrscheinlichkeiten ist gleich 100%. Als Beispiel kann dem Umweltzustand 1 eine Wahrscheinlichkeit von 30% und dem Umweltzustand 2 eine Wahrscheinlichkeit von 70% zugeordnet werden. Können keine Wahrscheinlichkeiten zugeordnet werden, die Zahl der Umweltzustände ist aber bekannt, so können nur **Entscheidungen mit Unsicherheit** getroffen werden.

(3) Die Darstellung der Ergebnisse

Sobald der Entscheidungsträger die Handlungsmöglichkeiten und die Umweltbedingungen analysiert hat, fasst er im nächsten Schritt die Ergebnisse in einer **Ergebnismatrix**

---

[33] Vgl. Szyperski, N./ Wienand, U.: Entscheidungstheorie. Eine Einführung unter besonderer Berücksichtigung spieltheoretischer Konzepte, Stuttgart 1974, S. 42.

zusammen. Jedes Ergebnis kann als Funktion sowohl einer Handlungsmöglichkeit als auch einer Umweltbedingung angesehen werden. Diese Ergebnisse kommen unabhängig von dem vorhandenen Informationssystem zustande, d.h. sie besagen lediglich, dass bei Vornahme einer bestimmten Handlung und bei Vorhandensein eines bestimmten Zustandes ein bestimmtes Ergebnis erzielt wird. Eine Beurteilung über die Wahrscheinlichkeit des Auftretens der einzelnen Umweltzustände wird hier nicht vorgenommen.[34]

Beispiel:

Ein Unternehmen möchte in den nächsten 6 Jahren einen zusätzlichen Gewinn von 400.000 EUR erwirtschaften. Es hat dazu folgende Möglichkeiten:

Über Marktausweitung einen zusätzlichen Gewinn von 450.000 EUR in 7 Jahren oder durch Rationalisierungsmaßnahmen mit dem gleichem Mittelaufwand einen zusätzlichen Gewinn von 410.000 EUR in 5 Jahren zu erwirtschaften. Stellt man diese Handlungsmöglichkeiten (Alternativen) in einer Ergebnismatrix dar, so sieht diese wie in Abb. 15 aus:

Handlungsdimension / Handlungsmöglichkeiten	Gewinn in €	Zeit in Jahren
Marktausweitung	450.000.-	7
Rationalisierung	410.000.-	5

Abb. 15: Beispiel für eine Ergebnismatrix

2.4.4.3 Die Bewertung der Ergebnismatrix

Die Ergebnismatrix ist der Ausgangspunkt für die Entscheidung. Bevor nun die Ergebnisse bewertet werden können, muss sich der Entscheidungsträger über die verfolgten Ziele klar werden. Das **Zielsystem**, welches im oben genanntem Beispiel aus den Dimensionen Gewinnbeitrag und Zeit besteht, muss durch eine Gewichtung der Dimensionen eine **Klassifikation** erhalten.

Will man nun die Ergebnisse einer Ergebnismatrix im Hinblick auf die Zielerreichung bewerten, so ist oft das Problem der **Vergleichbarkeit der Ergebnisse** gegeben. Dies geschieht durch das "auf einen Nenner bringen" der Ergebnisse.[35] Dieser gemeinsame Nenner ist der **Nutzen**, den eine Handlungsmöglichkeit für ein Unternehmen bedeutet. Im Normalfall ist für die Unternehmung der Nutzen der quantitativ darstellbare, in Geldeinheiten bewertete Gewinn. Die Nutzeneinheiten lassen sich somit in Geldgrößen ausdrücken. Diese ermittelten Nutzenwerte werden dann in einer Entscheidungsmatrix zum Ausdruck gebracht. Geht man von dem oben genanntem Beispiel aus, so ergibt sich folgende Entscheidungsmatrix:

---

[34] Vgl. Kahle, E.: Betriebliche Entscheidung, a.a.O., S. 52.
[35] Vgl. Sieben, G./ Schildbach, T.: Betriebswirtschaftliche Entscheidungstheorie, 2. Auflage, Düsseldorf 1980, S. 28.

Handlungsmöglichkeiten	Ergebnisse vor Nutzenermittlung	Ermittelter *) Nutzen [EUR]
Marktausweitung	450.000.-	263.000.-
Rationalisierung	410.000.-	279.000.-

Abb. 16: Beispiel für eine Entscheidungsmatrix

*) Bei der Ermittlung des Nutzens in diesem Beispiel lag folgendes Problem vor: Die Ergebnisse liegen in EUR und in Jahren vor. Der Nutzen wurde mit Hilfe der Barwertmethode unter der Annahme eines Zinssatzes von 8% ermittelt.

2.4.4.4 Regeln zur Entscheidungsfindung

Die in der Entscheidungsmatrix zusammengestellten Nutzenwerte müssen nun so ausgewertet werden, dass die Alternative mit dem **größtmöglichen Nutzen** ausgewählt werden kann. Dies kann mit Hilfe von Entscheidungsregeln erfolgen.

Diese **Entscheidungsregeln** geben zu jedem Entscheidungsproblem eindeutig die optimale Aktion an, so dass damit das Entscheidungsproblem nicht mehr besteht. Da, abhängig vom Informationssystem, verschiedene Entscheidungssituationen vorhanden sind, gibt es auch Entscheidungsregeln für Entscheidungen bei Sicherheit, Entscheidungen bei Risiko und Entscheidungen bei Unsicherheit.

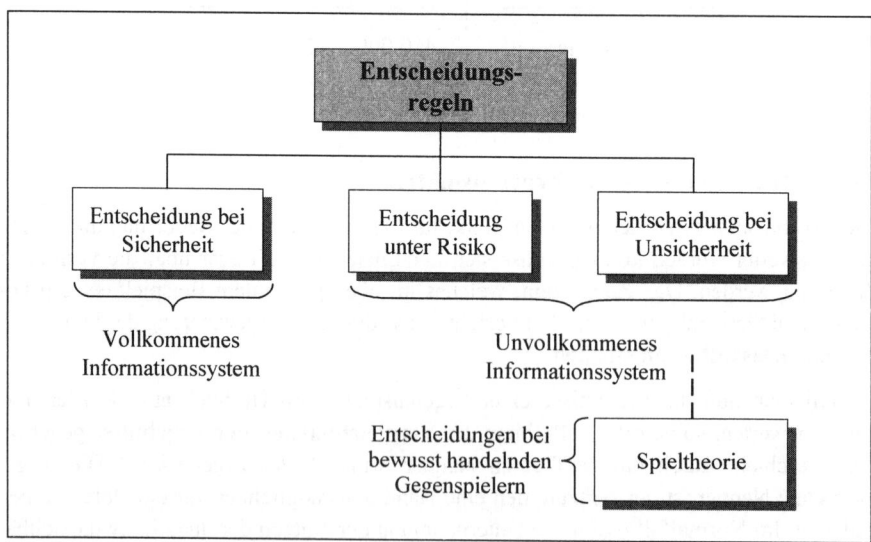

Abb. 17: Entscheidungssituationen

(1) Entscheidungen bei Sicherheit

Von einer **Entscheidung unter Sicherheit** wird dann gesprochen, wenn eine bestimmte unternehmenspolitische Maßnahme zu einem eindeutigen Ergebnis führt und dieses Ergebnis bekannt ist. Bei einer Entscheidung unter Sicherheit ist nur ein Ergebnis möglich. Es tritt mit der Wahrscheinlichkeit 100% ein. Es ist also sicher. Die anderen Ergebnisse haben die Wahrscheinlichkeit 0, sind also unmöglich.[36] Wenn nur eine Zielsetzung verfolgt wird, dann kann ausgehend von der Entscheidungsmatrix, nur das **Spaltenmaximum** Ausschlag für eine Entscheidung sein.

Umwelt- bedingungen Handlungs- möglichkeiten	Z_1	Z_2
A_1	120	180
A_2	80	75
A_3	100	20

Abb. 18: Beispiel für eine Entscheidung unter Sicherheit

Unterstellt man in dem in Abbildung 18 gegebenen Beispiel als Ziel die Maximierung des Gewinns, so kann, wenn der Umweltzustand Z_1 eintritt, nur die Handlungsalternative A_1 gewählt werden, da der Wert 120 das Spaltenmaximum bedeutet.

Verfolgt der Entscheidungsträger **nur ein Ziel**, so kann nach dem oben beschriebenen Verfahren vorgegangen werden. Liegen dagegen mehrere Ziele vor, so muss versucht werden den gemeinsamen Nutzen der Ziele zu ermitteln. Dies ist in dem Beispiel der Abb. 18 geschehen. Hier ist die Handlungsalternative Rationalisierung als optimale Handlungsalternative auszuwählen. Kann ein gemeinsamer Nutzen nicht ermittelt werden, so muss versucht werden, die Ziele in eine **Rangfolge** zu bringen, um dann nach der Wichtigkeit der Ziele zu entscheiden.

Die große Mehrzahl der vor allem im mittleren und unteren Bereich der Unternehmensführung getroffenen Entscheidungen gehört in die Kategorie der "Entscheidungen bei Sicherheit". Meist liegen, wenn das Ergebnis einer Entscheidung von technischen Prozessen abhängig ist, Entscheidungen dieser Art vor.

(2) Entscheidung unter Risiko

Führt eine Maßnahme nicht zu einem eindeutigen Ergebnis, sondern zu mehreren Ergebnissen, von denen jedoch bekannt ist, mit welcher Wahrscheinlichkeit sie eintreten, dann liegt eine **Entscheidung unter Risiko** vor. Die Entscheidung wird sich unter diesen Umständen an der höchsten mathematischen Gewinnerwartung orientieren. Bei dieser Art von Entscheidungen ist eine **Wahrscheinlichkeitsverteilung**[37] gegeben, die nicht ein Ergebnis mit der Wahrscheinlichkeit 1 eintreten lässt, sondern mehrere mit unterschiedlichen Wahrscheinlichkeiten, so dass die Summe dieser Wahrscheinlichkeiten 1 ist. Die Bestimmung dieser Wahrscheinlichkeit geschieht auf der Basis statistischer Untersuchungen.

Liegen Entscheidungen unter Risiko vor, so geht man zunächst von der Erwartungswertregel, auch **Bayes-Regel** genannt, aus. Diese Regel verlangt, dass diejenige Handlungsmöglichkeit gewählt wird, die den größten **mathematischen Erwartungswert** in Bezug auf die Zielerreichung aufweist.[38] Dieser Erwartungswert errechnet sich als

---

[36] Vgl. Gutenberg, E.: Unternehmensführung, a.a.O., S. 77 ff.
[37] Vgl. Gutenberg, E.: Grundlagen der Betriebswirtschaftslehre, a.a.O., S. 141.
[38] Vgl. Wöhe, G.: Einführung in die Allgemeine Betriebswirtschaftslehre, a.a.O., S. 163.

Summe aller Zielerreichungsgrade der Umweltzustände, multipliziert mit ihren Eintreffwahrscheinlichkeiten. Der Zielerreichungsgrad wird dabei in der Regel mit der erwarteten Gewinngröße definiert.

In der folgenden Abbildung ist die Bayes-Regel anhand eines Beispiels dargestellt. Bei dieser Entscheidungssituation müsste sich der Entscheidungsträger für die Handlungsmöglichkeit A_3 entscheiden, da hier der Erwartungswert am höchsten ist.

Handlungs-möglichkeiten	Umweltzustände			Erwartungs-werte
	Z_1	Z_2	Z_3	
	Wahrscheinlichkeit			
	0,3	0,6	0,1	
A_1	40	80	90	$40 \cdot 0{,}3 + 80 \cdot 0{,}6 + 90 \cdot 0{,}1 = 69$
A_2	50	30	70	$50 \cdot 0{,}3 + 30 \cdot 0{,}6 + 70 \cdot 0{,}1 = 40$
A_3	90	100	10	$90 \cdot 0{,}3 + 100 \cdot 0{,}6 + 10 \cdot 0{,}1 = \mathbf{88}$

Abb. 19: Beispiel zur Bayes-Regel

(3) Entscheidung bei Unsicherheit

Wenn das Ergebnis einer Maßnahme je nach der Situation, die eintreten wird, verschieden ist, wenn aber dem Eintreten der jeweiligen Situation **keine Eintreffwahrscheinlichkeit zugeordnet** werden kann, dann spricht man von **Entscheidungen bei Unsicherheit**.[39] In diesen Bereich der Entscheidungen bei Unsicherheit gehören in der Regel alle unternehmungspolitischen Entscheidungen auf lange Sicht. Hier erweist es sich, ob ein Unternehmensleiter unternehmerischen Instinkt besitzt.

Die Haltung des Entscheidungsträgers bei Unsicherheitssituationen drückt sich in der Wahl der entsprechenden Entscheidungsregel aus. Es gibt optimistische und pessimistische Mitmenschen. Die einen besitzen Wagemut, die anderen dagegen riskieren bei Unsicherheitssituationen nur ungern etwas.

Die Entscheidungstheorie bietet hierfür verschiedene Entscheidungsregeln an, aus denen sich der Entscheidungsträger gemäß seiner Einstellung zur Unsicherheit die entsprechende Regel aussuchen kann. Aus dieser Vielzahl von Regeln sollen einige typische aufgeführt werden.

- **Die Maximin- (Minimax-) Regel**

Die Maximin-Regel, welche von John v. Neumann, Oskar Morgenstern und Abraham Wald vertreten wird, ist dadurch charakterisiert, dass man die Gefahr der Enttäuschung völlig ausschließen möchte.[40] Diese Regel ist für **Pessimisten** geeignet, die besonders risikoscheu sind. Versucht man diese Regel in Worte zu fassen, so muss die Regel wie folgt lauten:

---

[39] Vgl. Gutenberg, E.: Grundlagen der Betriebswirtschaftslehre, a.a.O., S. 142.
[40] Vgl. Korndörfer, W.: Unternehmensführungslehre, a.a.O., S. 70.

> Suche zu jeder Alternative das minimale Ergebnis aus den einzelnen Umweltzuständen. Wähle aus den Zeilenminima das maximale Ergebnis.

Man rechnet also mit dem Eintreffen des schlechtesten Falles und versucht dann, dessen Gewinn zu maximieren.

Will man an dieser Methode Kritik üben, so muss dies wie folgt geschehen: Durch die Bevorzugung der ungünstigsten Umweltsituation wird die Umwelt als ein rationaler Gegenspieler angesehen, der dem Entscheidungsträger maximalen Schaden zufügen will. Dieser hochgradige Pessimismus erscheint jedoch übertrieben.[41]

Die Ergebnismatrix (Abb. 20) soll als Beispiel für alle folgende Entscheidungsregeln dienen:

Umweltbedingungen Handlungsmöglichkeiten	Z_1	Z_2	Z_3
A_1	15	30	60
A_2	20	10	40
A_3	50	40	25

Abb. 20: Beispiel Ergebnismatrix

Erstellt man nun nach der Maximin-Regel die Entscheidungsmatrix, dann sieht diese wie folgt aus:

Handlungsmöglichkeiten	Zeilenminima	
A_1	15	
A_2	10	
A_3	25	← Maximum

Abb. 21: Entscheidungsmatrix nach der Maximin-Regel

Der Entscheidungsträger würde sich, wenn er die Maximin-Regel befolgt, für die Handlungsmöglichkeit A_3 entscheiden.

- **Die Maximax-Regel**

Die Maximax-Regel ist eine der Maximin-Regel entgegenstehende Regel. Bei ihr entscheidet das Maximum der Zeilenmaxima über die Auswahl einer Handlungsmöglichkeit. Die Maximax-Regel wird von extrem **optimistischen Personen**, "Spielernaturen" angewendet.

---

[41] Vgl. Krabbe, E.: Leitfaden zum Grundstudium der Betriebswirtschaftslehre, Gernsbach 1980, S. 31.

Handlungs-möglichkeiten	Zeilenmaxima	
A₁	60	← Maximum
A₂	40	
A₃	50	

Abb. 22: Entscheidungsmatrix nach der Maximax-Regel

Wendet man nun diese Entscheidungsregel auf das in Abb. 20 dargestellte Entscheidungsproblem an, so erhält man die in Abb. 22 dargestellte Entscheidungsmatrix. Hier ist die Handlungsmöglichkeit A_1 zu wählen.

Der extreme Optimismus ist in der Wirtschaft höchst selten anzutreffen, da er durch die Erfahrung rasch widerlegt wird. Daher hat die Maximax-Regel für praktische Entscheidungen kaum Bedeutung.

- **Die Pessimismus-Optimismus-Regel**

Mit Hilfe dieser Regel - nach dem Erfinder auch **Hurwicz-Regel** genannt - kann ein Kompromiss aus den beiden zuvor behandelten Entscheidungsregeln angestrebt werden. Es werden hierbei sowohl die Minima als auch die Maxima berücksichtigt. Dies geschieht durch eine Gewichtung der Extremwerte durch den sogenannten **Pessimismus-Optimismus-Faktor** α. Dieser darf Werte zwischen 0 und 1 annehmen und drückt die subjektive Einstellung des Entscheidungsträgers zur Unsicherheit der Umweltsituation aus.

Je größer der α-Wert ist, desto risikofreudiger ist der Entscheidungsträger. Liegt ein α-Wert von 1 vor, so ist diese Regel mit der Maximax-Regel, bei einem α-Wert von 0 mit der Maximin-Regel, gleichzusetzen.

Der Ablauf bei der Anwendung dieser Regel ist wie folgt: Zunächst werden die Werte der Zeilenminima und Zeilenmaxima ermittelt. Als nächstes multipliziert man die Maximawerte mit α und die Minimawerte mit $(1-\alpha)$. Der maximale Wert der Summe aus beiden Werten entscheidet dann über die Wahl der Handlungsmöglichkeit.

Die Problematik dieser Regel liegt in der Ermittlung der α-Werte.

Wendet man nun diese Regel auf das in Abb. 20 dargestellte Beispiel an und wählt als α-Wert z.B. "0,7", so erhält man die in Abb. 23 gezeigte Entscheidungsmatrix:

Auch bei der Anwendung der Pessimismus-Optimismus-Regel müsste der Entscheidungsträger sich für die Handlungsmöglichkeit A_1 entscheiden.

Handlungs-möglichkeiten	Zeilenmaxima x Alpha	Zeilenminima x (1-Alpha)	Summe	
A₁	60 · 0,7 = 42	15 · 0,3 = 4,5	42 + 4,5 = **46,5**	← Maximum
A₂	40 · 0,7 = 28	10 · 0,3 = 3,0	28 + 3,0 = 31,0	
A₃	50 · 0,7 = 35	25 · 0,3 = 7,5	35 + 7,5 = 42,5	

Abb. 23: Entscheidungsmatrix nach der Pessimismus-Optimismus-Regel

- **Die Savage -Niehans-Regel**

Die Savage-Niehans-Regel orientiert sich nicht an den absoluten Nutzenwerten, sondern an der **Minimierung** des höchstmöglichen, durch eine Fehleinschätzung der Umweltsituation bedingten **Nachteils**. Dieser Nachteil wird ermittelt durch die Differenz zwischen dem zu erwartenden und dem maximalen Nutzen, den man hätte erreichen können bei dem Eintreten des Umweltzustandes.[42]

Der Ablauf ist folgender: Zuerst bildet man die Spaltenmaxima, d.h. den beim Eintreten eines bestimmten Umweltzustandes maximal erzielbaren Nutzen. Im nächsten Schritt wird für jeden Nutzenwert die Differenz zwischen ihm und dem Maximum des entsprechenden Umweltzustandes ermittelt.

Von diesen Werten wird für jede Handlungsmöglichkeit der maximale Betrag ermittelt, man erhält so für die jeweilige Handlungsmöglichkeit das Zeilenmaximum. Aus diesen Zeilenmaxima wird dann die Handlungsalternative ausgewählt, die den kleinsten Wert hat.

Spaltenmaxima aus Abb.22	50	40	60	
Umweltbedingungen	Differenz Spaltenmaxima – Nutzen			Maximales Risiko
Handlungsmöglichkeiten	Z_1	Z_2	Z_3	
A_1	35	10	0	35
A_2	30	30	20	**30**
A_3	0	0	35	35

Abb. 24: Entscheidungsmatrix nach Savage-Niehans-Regel

Ausgehend von der Ergebnismatrix aus Abbildung 20 kommt man hier zur Wahl der Handlungsmöglichkeit A_2.

Mit dieser Entscheidungsregel kann der höchstmögliche Nachteil im Falle einer Fehlentscheidung minimiert werden. Diese Regel ist daher auch, wie die Maximinregel, für **Pessimisten** geeignet. Hier gilt die gleiche Kritik wie bei der Maximin-Regel.

- **Die Laplace-Regel**

Die Laplace-Regel berücksichtigt das Problem, dass es sehr schwierig ist, den Umweltzuständen bestimmte **Eintreffwahrscheinlichkeiten** zuzuordnen. Bei dieser Entscheidungsregel wird allen Umweltzuständen die **gleiche Wahrscheinlichkeit** zugeordnet. Die Auswahl der Handlungsmöglichkeit geschieht dann genau wie bei der Bayes-Regel nach dem **maximalen Zeilenmaxima**. Diese Regel setzt eine neutrale Haltung gegenüber der Unsicherheit voraus.

---

[42] Vgl. Schneeweiß, H.: Entscheidungkriterien bei Risiko, Heidelberg/ New York 1967, S. 23 f.

Handlungs-möglichkeiten	Z_1 0,3	Z_2 0,3	Z_3 0,3	Erwartungs-werte	
A_1	15	30	60	$15 \cdot 0,3 + 30 \cdot 0,3 + 60 \cdot 0,3 = 31,5$	
A_2	20	10	40	$20 \cdot 0,3 + 10 \cdot 0,3 + 40 \cdot 0,3 = 21,0$	
A_3	50	40	25	$50 \cdot 0,3 + 40 \cdot 0,3 + 25 \cdot 0,3 = \mathbf{34,5}$	← Maximum

Abb. 25: Entscheidungsmatrix nach der Laplace-Regel

Handelt der Entscheidungsträger nach der Laplace-Regel, so muss er sich für die Handlungsmöglichkeit A_3 entscheiden.

- **Problemfelder bei Entscheidungsregeln**

Nimmt man die Entscheidungsregeln einmal kritisch unter die Lupe, so kommt man zu zwei grundsätzlichen Einwendungen:

Bei den dargestellten Entscheidungsregeln fehlen die Überlegungen, **wie** die Unternehmensführung zu den einzelnen den Umweltzuständen zugeordneten **Wahrscheinlichkeiten** kommt und **woher** sie die Informationen bezüglich der **Nutzenwerte**, die in der Ergebnismatrix erscheinen, erhält.

Dies ist ein grundsätzliches Problem und in der Praxis abhängig vom jeweiligen Informationsstand des Unternehmens. Man kann allerdings davon ausgehen, dass selbst bei der enormen Entwicklung der Informationssysteme durch die EDV diese nie so vollkommen sein werden, um sichere und genaue Nutzenwerte für die Handlungsmöglichkeiten zu erhalten.

Entscheidungen werden in der Praxis unter Beachtung der **individuellen Situation** getroffen. Dies berücksichtigen die Entscheidungsregeln nicht. Bedeutung für oder gegen eine risikoreiche Entscheidung sind unter anderem die jeweilige Liquiditätslage der Unternehmung, die augenblickliche und zukünftige Geschäftslage oder auch die jeweilige Marktform, in der sich die Unternehmung befindet. Je nach Lage und Situation des Unternehmens wird die Unternehmensführung in ihren Entscheidungen mehr oder weniger risikobereit sein.

Abschließend kann gesagt werden, dass das spezifisch "Unternehmerische", nämlich die Ziele und Strategien zu formulieren und Chancen gegen Risiken abzuwägen, von den Entscheidungsregeln **nicht ersetzt werden kann**.

Die individuelle Risikowilligkeit des Unternehmers bleibt nach wie vor ein nicht für das Instrumentarium der formalen Entscheidungslogik erfassbares unternehmerisches Charakteristikum.

Die Entscheidungstheorie ist heute noch nicht in der Lage, generell akzeptierte und hinreichend praktikable Entscheidungsregeln vorzugeben. Auch für die Zukunft ist hier sicherlich nicht mit einer zufriedenstellenden Lösung zu rechnen.

2.4.4.5 Die Spieltheorie

In der Spieltheorie werden rationale Verhaltensweisen in Konfliktsituationen sowie das Gleichgewicht des Verhaltens aller Spieler beschrieben. Dabei stehen mehreren eigenen Handlungsmöglichkeiten auch mehrere Möglichkeiten des oder der Gegenspieler gegenüber.[43]

Die Grundfrage der Spieltheorie ist, wie sich die Akteure in Entscheidungssituationen verhalten, die dadurch gekennzeichnet sind, dass das Handlungsergebnis nicht nur vom eigenen Verhalten, sondern auch von den Reaktionen der Mitspieler (z.B. Konkurrenten, Kunden, Lieferanten) abhängt (strategische Interdependenz).

Anhand eines Zwei-Personen-Spiels soll eine mögliche Lösung in einem spieltheoretischen Problem dargestellt werden. Die Spieler haben das Ziel der Nutzenmaximierung bei vollkommener Information über die eigenen und die gegnerischen Handlungsmöglichkeiten.

Die Spielsituation:

General Blotto kämpft mit seinen 4 Divisionen gegen General Kije, welcher 3 Divisionen zur Verfügung hat, um die Eroberung der Ortschaften A und B. Setzt ein General mehr Divisionen zur Eroberung einer Ortschaft ein als sein Gegner, so vernichtet er die feindlichen Divisionen und erobert die Ortschaft. Für jede vernichtete feindliche Division und für die Eroberung einer Ortschaft erhält er je einen Punkt und der Feind verliert je einen Punkt. Der Kampf zwischen gleich starken Gruppen bleibt unentschieden, wobei kein Gegner einen Punkt erhält.

Wie sollen die beiden Generäle ihre Divisionen auf die Ortschaften A und B aufteilen, damit jeder optimale Erfolgschancen hat?

Handlungs-möglichkeiten \ Umweltbedingungen	$S_1=(3,0)$	$S_2=(2,1)$	$S_3=(1,2)$	$S_4=(0,3)$
$A_1 = (4,0)$	4	2	1	0
$A_2 = (3,1)$	1	3	0	-1
$A_3 = (2,2)$	-2	2	2	-2
$A_4 = (1,3)$	-1	0	3	1
$A_5 = (0,4)$	0	1	2	2

Abb. 26: Ergebnismatrix

Das charakteristische der Spielsituation besteht darin, dass die „Zustände der Welt S_j", d.h. die Strategien des Generals Kije so gewählt werden, dass der Entscheidende, d.h. General Blotto, möglichst wenig gewinnt. Überraschenderweise besteht in diesem Beispiel die optimale Lösung nicht in der Auswahl je einer Strategie für beide Gegner, sondern in je einer Wahrscheinlichkeitsverteilung über die Strategien.

Wirtschaftliche Bedeutung erlangt die Spieltheorie z.B. dann, wenn der Entscheidungsträger bei bestimmten preispolitischen Maßnahmen damit rechnen muss, dass seine Konkurrenten in bestimmter Weise reagieren. Seine Entscheidungen werden in ihrer

---

[43] Vgl. hierzu ausführlich Sieg, G.. Spieltheorie, München, Wien 2000 und Avinash, K. D./ Barry, J.K.: Spieltheorie für Einsteiger, Stuttgart 1997.

Wirksamkeit also unter Umständen durch die Entscheidungen eines oder mehrerer Konkurrenten beeinflusst. In einem Entscheidungsmodell wird versucht, für den Entscheidungsträger eine optimale Strategie zu ermitteln, bei deren Anwendung er sich ein bestimmtes Spielergebnis, d.h. in der Regel den maximalen Gewinn sichern kann.[44]

2.4.4.6 Operations Research

(1) Wesen und Aufgaben

Die Methoden des Operations Research wurden im zweiten Weltkrieg von den Engländern und den Amerikanern entwickelt. Sie verstanden unter dem Begriff Operations Research verschiedene wissenschaftliche Methoden und Techniken, mit denen Teams aus Mathematikern, Ökonomen und Militärs quantitative Unterlagen für **optimale militärische Entscheidungen** (Transportprobleme, Nachschubprobleme, Berechnung günstiger Bombengeschwader) bereitstellten. In den letzten Jahrzehnten wurden sie dann auf wirtschaftliche Fragen übertragen und fanden auch in Deutschland Einzug und Anwendung.

Vielfach wurde versucht, den Begriff Operations Research ins Deutsche zu übersetzen. Man findet hierzu in der Literatur die Begriffe Unternehmensforschung, Mathematische Entscheidungsforschung, Verfahrensforschung, Operationsforschung, Planungsforschung und andere. Der Begriff **Unternehmensforschung** trifft das Wesen des Operations Research am ehesten. In Anbetracht der Tatsache, dass viele Fachbegriffe eingedeutscht werden, sollte man auch hier beim Begriff Operations Research bleiben.

Operations Research ist eine interdisziplinäre Forschungsrichtung, die sich der Ermittlung **optimaler Verhaltensweisen** widmet.[45] Mit Hilfe von mathematischen Modellen und der Statistik wird versucht, reale Probleme modellhaft und zugleich so zweckmäßig abzubilden, dass quantitative Unterlagen zur optimalen Lösung von Entscheidungsproblemen bereitstehen. Die Voraussetzung hierfür ist, dass die probleminternen Interdependenzen konkreter Aufgaben funktional zu erfassen und deren Einflussgrößen zu quantifizieren sind.

Die Methoden des Operations Research können nicht mehr Erkenntnisse liefern, als man zuvor durch **Auswahl der Vorraussetzungen** in sie hineingesteckt hat.

Liegt eine große Anzahl von Unbekannten und eine ebenso große Anzahl von funktionalen Zusammenhängen vor, so kann mit Hilfe des Operations Research und einer EDV-Anlage meist ohne große Probleme die **Optimierungsaufgabe** gelöst werden. Das Operations Research wird heute in fast allen Bereichen der Wirtschaft angewandt.

Das Ziel, eine optimale Verhaltensweise selbst bei einer Vielzahl von Variablen, Gleichungen und Bedingungen zu ermitteln, lässt sich nur durch ein konsequentes Befolgen einer **Arbeitsanweisung** erreichen. Diese Arbeitsanweisung sieht acht eindeutig gegeneinander abgegrenzte Phasen vor:[46]

- Beschreibung und verbale Formulierung eines Problems,
- Analyse und Quantifizierung der Zusammenhänge in der Problemstellung,
- Entwurf eines mathematischen Modells für das zu untersuchende System,

---

[44] Vgl. Wöhe, G.: Einführung in die Allgemeine Betriebswirtschaftslehre, a.a.O., S. 162.
[45] Vgl. Grochla, E.: Handwörterbuch der Organisation, a.a.O., S. 1074.
[46] Vgl. ebd., S. 1074 f.

- Erhebung des benötigten Zahlenmaterials (Daten),
- Entwicklung einer Lösung aus dem Modell,
- Berechnung der optimalen Lösung,
- Überprüfung der Ergebnisse auf Realitätsnähe und Stabilität bzw. Empfindlichkeit,
- Übertragung der Lösung auf das reale Problem und Vorlage zum Entscheidungsprozess.

Zur Durchführung dieser Arbeitsanweisung ist oft ein Forscherteam, welches aus Betriebswirten, Statistikern, Mathematikern, Physikern, usw. bestehen kann, erforderlich. Weiterhin ist eine EDV-Anlage Voraussetzung.

Die Unternehmensleitung hat in diesem ganzen Prozess lediglich die Aufgabe, das **Problem zu formulieren** und die **Anweisung zur Anwendung** der vorgeschlagenen Lösung zu geben. Eine weitere Aufgabe der Unternehmensleitung ist die personelle und organisatorische Voraussetzung für die wirkungsvolle Arbeit dieser Forscherteams zu schaffen. Nachfolgend werden kurz die wichtigsten Verfahren des Operations Research erklärt:

(2) Verfahren

- **Lineare Programmierung**

Die lineare Programmierung ist die bedeutendste Anwendungsmöglichkeit im Bereich des Operations Research. Das Entscheidungsproblem wird bei diesem Verfahren in ein System von linearen Gleichungen und/oder Ungleichungen gebracht. Mit Hilfe der sogenannten **Simplex-Methode** wird dieses Gleichungssystem dann rechnerisch gelöst.

Ein weiteres Verfahren der linearen Programmierung ist das sogenannte **Transportverfahren**. Es wird bei einfachen Problemen angewandt.

Das am häufigsten angewendete Verfahren aber ist die Simplex-Methode. Ein Grund hierfür ist die Tatsache, dass es für diese Art der Problemlösung Software in einer Vielfalt von Standardprogrammen auf dem Markt gibt.

Ein Modell der linearen Programmierung ist durch folgende drei Gruppen von Funktionen zu beschreiben:

- die Zielfunktion,
- die Nebenbedingungen (Restriktionen),
- die Nicht-Negativitätsbedingungen.[47]

Die Lösung des Simplex-Algorithmus kann abhängig von der Zahl der Entscheidungsvariablen graphisch bzw. rechnerisch erfolgen.[48]

Anwendungsgebiete für die lineare Programmierung sind zum Beispiel die Bestimmung des optimalen Produktionsprogramms, die kostengünstigste Zuteilung von Arbeitsgängen auf verschiedenen Maschineneinheiten oder der kostengünstigste Transport vom Herstell- zum Verwendungsort.

---

[47] Vgl. Runzheimer, B.: Operations Research, 3. Auflage, Wiesbaden 1986, S. 35.
[48] Vgl. hierzu Kapitel E, Abschnitt 3.1.3.4 "Die Simplex-Methode" und Kapitel I, Abschnitt 3.7.3 "Programmoptimierung".

- **Nichtlineare Programmierung**

Bei der **nichtlinearen Programmierung** bestehen die Zielfunktion und die Nebenbedingungen aus nichtlinearen Beziehungen. Diese Art der Programmierung ist mathematisch noch nicht sehr ausgebaut, und es fehlt daher ein eindeutiges methodisches Rechenverfahren. Meist behilft man sich durch **stückweise Linearisierung** auf der Basis von Näherungsverfahren.

Anwendungsgebiete sind unter anderem die detaillierte Produktionsplanung unter Berücksichtigung technischer Beziehungen und die Bestimmung und Verteilung optimaler Werbebudgets.

Unter **dynamischer Programmierung** versteht man eine Rechentechnik zur Lösung **komplexer mehrstufiger Programme**, bei der die Optimierung nicht für alle Variablen gleichzeitig, sondern in mehreren aufeinanderfolgenden Schritten vor sich geht. Als Beispiel für die **Anwendung** kann die mehrperiodige Produktions- und Investitionsplanung genannt werden.

- **Weitere mathematische Verfahren**

Bei den Methoden der **parametrischen und stochastischen Programmierung** werden die in das Modell eingehenden Daten entweder als Funktion eines Parameters oder als zufällige Variable erfasst. Diese Art der Problemlösung dient als **Ergänzung** der linearen Programmierung. Man erhält hier keine eindeutige Lösung, sondern einen Lösungsbereich. Die Anwendungsgebiete sind die gleichen wie bei der linearen Programmierung.

- **Netzplantechnik**

Die Netzplantechnik wird eingesetzt zur Planung, Steuerung und Ablaufkontrolle **komplexer Projekte** mit einer größeren Anzahl auszuführender Arbeitsgänge. Die Grundlagen der Netzplantechnik entstammen der Graphentheorie. Hierbei werden die einzelnen Arbeitsgänge und deren Beginn und Ende in ihrer logischen Reihenfolge übersichtlich und eindeutig dargestellt.

Mit Hilfe dieser Darstellung lässt sich auf einfache Weise der zeitliche Ablauf eines Projektes überwachen. Die kritischen Arbeitsgänge, d.h. die Arbeitsgänge, die bei Nichteinhaltung der Termine auch den Endtermin des Projektes gefährden könnten, sind damit sehr gut festzustellen.[49]

Anwendungsgebiete sind die Planung von Bauvorhaben, die Wartungs- und Reparaturplanung von Großanlagen und die Erprobung und Markteinführung neuer Produkte.[50]

(3) Problemfelder des Operations Research

Obwohl auch in Deutschland die Methoden des Operations Research immer größere Anwendung finden, ist die Anerkennung der Methoden als praktiziertes und akzeptiertes Führungsinstrument noch nicht erfolgt. Als Gründe hierfür sind verschiedene Aspekte zu berücksichtigen. Zunächst einmal kann die ablehnende Haltung vieler Ökonomen aufgrund der für diese Methoden fehlenden mathematischen Kenntnisse begründet werden.

---

[49] Vgl. Zimmermann, W.: Operations Research, 4. Auflage, München/ Wien 1989, S. 6 ff.
[50] Vgl. hierzu auch das Beispiel in Kapitel E, Abschnitt 4.3.1.2 "Die Netzplantechnik (NPT) als Instrument der Durchlaufterminierung".

Ein weiterer Grund ist, dass sich früher hauptsächlich Mathematiker mit diesen Methoden beschäftigt haben. Die Ergebnisse waren oft zu **abstrakt**, so dass die Ökonomen mit diesen nicht sehr viel anfangen konnten. In den letzten Jahren hat sich allerdings auch die betriebswirtschaftliche Theorie diesem Bereich verstärkt zugewandt, so dass von dieser Seite aus eine Verbindung zwischen abstrakten Modellen und den konkreten betrieblichen Problemen weitgehend hergestellt werden konnte.

Das **Informationssystem** ist oft nicht in der Lage, die im Modell geforderten Daten zu beschaffen. Der weitere Ausbau der Informationssysteme, unter anderem durch den Einsatz der EDV, hat auch hier eine weitere Verbreitung der Anwendung der Verfahren gebracht.

Schließlich lassen sich nicht alle betrieblichen Probleme hinreichend strukturieren und quantifizieren, was eine Anwendung des Operations Research erschwert.[51]

In jedem Fall muss abgewogen werden, ob die durch den Einsatz von Operations Research zu erzielenden Ersparnisse die entstehenden Kosten rechtfertigen.

2.4.5 Die Realisation

Während die Zielsetzung, die Planung und die Entscheidung der Willensbildung dienen, steht bei der **Realisation** die Willensdurchsetzung im Vordergrund. Hier geht es um die praktische Umsetzung des Gewollten zur Erreichung der Planziele.

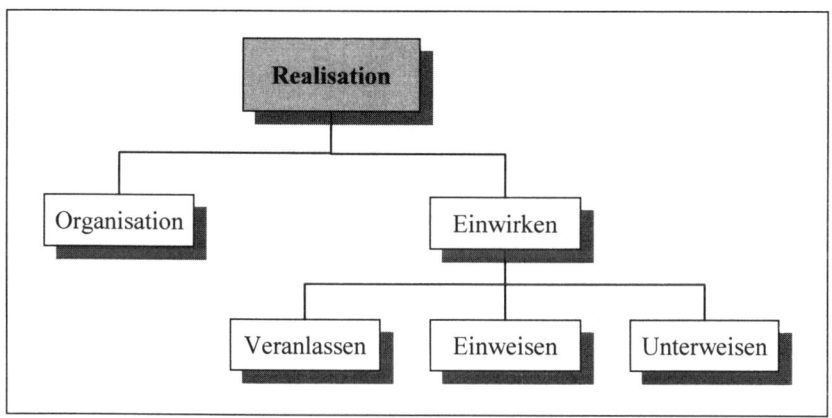

Abb. 27: Teilbereiche der Realisation

Durch das Treffen von generellen Regelungen der Verteilungs- und Arbeitsplatzbeziehungen (**Organisation**) und durch die **Einwirkung** auf die Mitarbeiter muss dafür gesorgt werden, dass der Plan verwirklicht werden kann.[52]

Im ersten Schritt, dem **Veranlassen**, wird dem Mitarbeiter oder der von der Entscheidung betroffenen Mitarbeitergruppe die getroffene Entscheidung mitgeteilt. Ist die Entscheidung in höchsten Entscheidungszirkeln getroffen worden, etwa im Vorstand, so ergehen sogenannte Führungsmitteilungen an die nachgeordneten Führungsinstanzen.

---

[51] Vgl. Korndörfer, W.: Unternehmensführungslehre, a.a.O., S. 120.
[52] Vgl. Jung, H.: Personalwirtschaft, a.a.O., S. 439.

Diese Führungsmitteilungen enthalten Informationen über die Art und den Umfang der zu treffenden Maßnahmen, die angestrebten Ziele, den Mitteleinsatz und umreißen die Verantwortlichkeit.

Kann vom Mitarbeiter nicht erwartet werden, dass er die erforderlichen Fachkenntnisse besitzt, so muss er zuvor in der Durchführung der Aufgaben **unterwiesen** werden. Handelt es sich um neu eingestellte Mitarbeiter, spricht man vom **Einweisen** in neue Aufgaben.

2.4.6 Die Kontrolle

2.4.6.1 Wesen und Aufgabe der Kontrolle

Die Kontrolle stellt das abschließende Element der Führungsfunktionen dar. Da jedes unternehmerische Handeln **zielgerichtet** ist, versuchen die Führungskräfte, die Resultate mit den vorgegebenen Zielen in Übereinstimmung zu bringen.

Aufgabe der Kontrolle ist es, die **angestrebten Ergebnisse** mit den **tatsächlich realisierten Ergebnissen** zu vergleichen. Allgemein gilt werden, dass das Wesen jeder Kontrolle einen Vergleich eines in irgendeiner Form vorgegebenen "Soll" mit einem für den Zweck des Vergleichs festgestellten "Ist" enthält.

In der Literatur wird die Kontrolle auch als eine bestimmte Form der **Überwachung** betrachtet. Die Aufgabe der Kontrolle ist das Überwachen, ob die Ergebnisse des betrieblichen Handelns mit den Planungen übereinstimmen und ob die organisatorischen Regelungen effizient sind und auch eingehalten werden.[53]

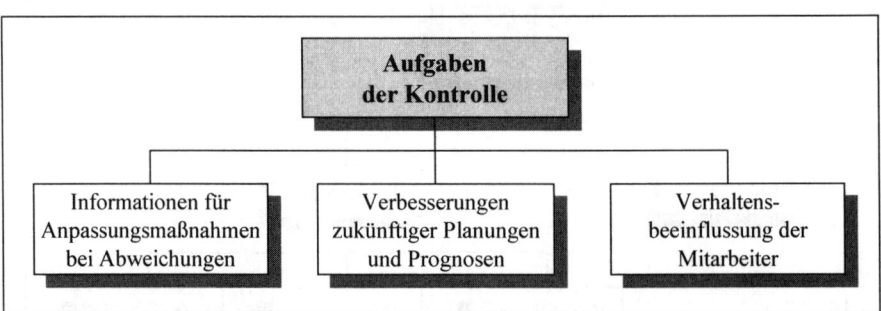

Abb. 28: Aufgaben der Kontrolle

- **Informationen für Anpassungsmaßnahmen bei Abweichungen**

Die Kontrolle liefert **Informationen** über das Ergebnis betrieblicher Aktivitäten und Informationen über die Planerreichung oder Abweichung. Mit Hilfe dieser Informationen kann der Entscheidungsträger über die Notwendigkeit zu ergreifender Korrekturmaßnahmen urteilen und durch die **Abweichungsanalyse** Hinweise auf geeignete Maßnahmen erhalten.

Die Abweichungsursachen können in kontrollierbare und nicht-kontrollierbare Abweichungsursachen unterschieden werden:

Kontrollierbare Abweichungsursachen liegen dann vor, wenn die Abweichungen durch den Entscheidungsträger hätten vermieden werden können, weil er die Ursache-

---

[53] Vgl. Wöhe, G.: Einführung in die Allgemeine Betriebswirtschaftslehre, a.a.O., S. 194 f.

Wirkungszusammenhänge genau kennt und in der Lage ist, die Ursache zu steuern. Wenn zum Beispiel eine Fertigungsstraße nicht mit ihrer optimalen Intensität eingesetzt wird, liegt eine kontrollierbare Abweichungsursache vor.

Nicht-kontrollierbare Abweichungsursachen sind dann gegeben, wenn es sich um außergewöhnliche, nicht vorhersagbare Ereignisse handelt. Dies ist zum Beispiel bei Fällen höherer Gewalt, einem Öl-Embargo oder einem Putsch im Exportland der Fall.

Sie liegen auch vor, wenn die Abweichungen das Ergebnis mehrerer zusammenwirkender Zufallsprozesse sind, von denen jeder einzelne für sich gesehen für das Ergebnis unwesentlich wäre.

Gegenstand einer **Abweichungsanalyse** ist eine genaue Eingrenzung der internen und externen Störfaktoren, die die Erreichung der vorgegebenen Soll-Werte verhindert haben.

- **Verbesserung zukünftiger Prognosen und Planungen**

Mit Hilfe einer **Ursachenanalyse** der Abweichungen zwischen prognostizierten und realisierten Werten kann die Kontrolle zur Verbesserung zukünftiger Prognosen und Planungen beitragen. Dies kann zwei Ursachen haben:

- Die Kontrolle kann solche Einflussgrößen aufdecken, bei denen die Informationen zum Planungszeitpunkt beschaffbar waren, aber aus irgendwelchen Gründen nicht beschafft wurden.
- Die Kontrolle kann zur Entdeckung bisher unbekannter Einflussgrößen auf das Planungsobjekt führen.[54]

Eine Verbesserung von Prognosen kann nur durch einen **Lernprozess** erfolgen, wenn sich die Strukturen von Planungsprozessen wiederholen. Vor allem bei strategischen Entscheidungen kann diese Gleichartigkeit der Problemstruktur in der Regel nicht vorausgesetzt werden.

- **Verhaltensbeeinflussung der Mitarbeiter**

Neben der Informationsfunktion für die betriebliche Planung ist eine weitere Aufgabe der Kontrolle die **Verhaltensbeeinflussung** der Mitarbeiter. Sie kann einmal durch die bloße Wahrnehmung laufender Kontrollen, die den Arbeitsprozess eines Mitarbeiters begleiten oder auch dadurch herbeigeführt werden, dass der Mitarbeiter die disziplinarischen Folgen mangelhafter Arbeitsweise gedanklich antizipiert, wenn er weiß, dass das Ergebnis seiner Tätigkeit (z.B. ein von ihm gefertigtes Werkstück) einer Kontrolle unterzogen wird.

Kontrollen sind aber nicht nur mit negativen, sondern meist auch mit positiven Sanktionen verknüpft (z.B. Anerkennung, Gewinnbeteiligung).

Diese psychologisch disziplinarische Wirkung der Kontrolle kann in Bezug auf die unternehmerischen Ziele sehr unterschiedlich beurteilt werden. Einerseits kann durch die Kontrolle eine qualitativ bessere Arbeitsleistung erzielt werden, andererseits können aber auch die ständigen Kontrollen als äußerst lästige und hemmende Zwangsmaßnahmen empfunden werden. Diese beiden Aspekte müssen bei der Kontrollplanung berücksichtigt werden, was im Endeffekt auf ein Optimierungsproblem hinausläuft.

---

[54] Vgl. Jung, H.: Personalwirtschaft, a.a.O., S. 439 f.

2.4.6.2 Revision, Prüfung und Kontrolle

Sowohl in der Literatur als auch im sprachlichen Alltag trifft man im Zusammenhang mit der Kontrolle auf Begriffe, die entweder synonym oder mit unterschiedlichem Begriffsinhalt verwendet werden. Die Begriffe **Revision** und **Prüfung** werden dabei weitgehend synonym verwendet. Die Begriffe Revision und Kontrolle können aber in bezug auf bestimmte Fragestellungen unterschiedlich interpretiert werden. In Abb. 29 wird versucht, diese Unterscheidung deutlich zu machen.

Kriterien	Kontrolle	Revision
Zeitbezogenheit	Gegenwartsbezogen	Vergangenheitsbezogen
Häufigkeit der Durchführung	Ständige Einrichtung	Einmaliger Vorgang
Arbeitsweise	Durch Menschen oder Automat	Nur durch Mensch
Abhängigkeit des Kontrollsubjektes	Vom Kontrollobjekt abhängige Personen	Vom Kontrollobjekt unabhängige Personen
Einbau in betriebliche Abläufe	Eingebaut (systemimmanent)	Nicht eingebaut (systemfremd)

Abb. 29: Revision und Kontrolle[55]

Betrachtet man die Revision als ein eigenständiges Gebiet, so kann man in interne und externe Revision unterscheiden.

(1) Externe Revision

Ist die Prüfung nicht in die betrieblichen Abläufe eingebaut, so spricht man von der **externen Revision.** Die externe Revision kann auf **freiwilliger** oder auf **gesetzlicher Basis** geschehen. Bei der Jahresabschlussprüfung von Kapitalgesellschaften geschieht die Prüfung auf Grund gesetzlicher Vorschriften und bei der Kreditwürdigkeitsprüfung eines Unternehmens auf freiwilliger Basis. Die externe Revision kann nach der Art der prüfenden Organe unterteilt werden. So gibt es eine Prüfung durch behördliche und privatrechtliche Organe.

Zu den **behördlichen Organen,** die eine externe Revision durchführen, gehören die

- Rechnungshöfe und -ämter von Bund, Ländern und Gemeinden,
- Außenprüfungsstellen der Finanzverwaltung,
- Prüfungsstellen der Aufsichtsbehörden einzelner Branchen (z.B. Bundeskartellamt, Bundesaufsichtsämter für Kreditwesen).

Die von den behördlichen Organen durchgeführten Prüfungen beruhen meist auf gesetzlicher Basis.

Die **privatrechtlichen Organe** unterteilt Wöhe in die mit und ohne Vorbehaltsaufgaben. Eine Unterscheidung kommt dadurch zustande, dass es Prüfungen gibt, die nur von bestimmten Personen durchgeführt werden dürfen. So sind **privatrechtliche Organe mit Vorbehaltsaufgaben** z.B.:

---

[55] Vgl. Thommen, J.-P.: Managementorientierte Betriebswirtschaftslehre, a.a.O., S. 703.

- Freiberuflich tätige Wirtschaftsprüfer,
- vereidigte Buchprüfer,
- Wirtschaftsprüfungs- und Buchprüfungsverbände,
- Prüfungsverbände der Genossenschaften und der Sparkassen.

Die gesetzlich verankerten Pflichtprüfungen des Jahresabschlusses der Kapitalgesellschaften oder die Pflichtprüfung bei der Gründung oder Umwandlung in eine Aktiengesellschaft sind Prüfungen, die nur von der Gruppe der privatrechtlichen Organe mit Vorbehaltsaufgaben durchgeführt werden dürfen.

Zur Gruppe der **privatrechtlichen Organe ohne Vorbehaltsaufgaben** gehören unter anderem die

- freiberuflich tätigen Personen mit Prüfungsaufgaben (z.B. Steuerberater),
- Beratungsgesellschaften mit Prüfungen,
- Prüfungsabteilungen bestimmter Unternehmen (z.B. Kreditprüfungsabteilung einer Bank).

(2) Interne Revision

Die **interne Revision** kann als ein Instrument zur **Überwachungsaufgabe** für die Betriebsleitung angesehen werden. Sie ist im Auftrage der Betriebsleitung als unabhängige Prüfungsinstitution in Form einer eigenständigen unabhängigen Abteilung tätig.

Nach Korndörfer ist die interne Revision "eine von der Unternehmensführung angeordnete, vom laufenden Arbeitsprozess losgelöste, der Führung **berichtende** und sie **beratende Überwachung** aller der Führungsspitze nachgeordneten Funktionsbereiche durch Personen, die von nachgeordneten Stellen unabhängig sind".[56]

Die interne Revision wird in 4 allgemeine **Aufgabenbereiche** unterteilt:[57]

1. Beurteilung und kritische Analyse **aller Anweisungen, Verfahren und Methoden**, mit denen die Aufgaben aller anderen Abteilungen gesteuert oder ausgeführt werden.
2. Überprüfung und Beurteilung des **internen Kontrollsystems,** und falls erforderlich, die Unterbreitung von Verbesserungsvorschlägen.
3. Analyse und Beurteilung des betrieblichen **Kommunikationssystems**, insbesondere sind die Berichte und Informationen, die an die Betriebsführung gehen, zu analysieren.
4. Beurteilung der **Zweckmäßigkeit der Buchführung** zur Sicherung von Vermögensverlusten aller Art.

In Punkt 2) wird der Ausdruck "interne Kontrolle" verwendet. Damit ist die Gesamtheit aller Kontrollmaßnahmen gemeint, die seitens der Organisation in die betrieblichen Arbeitsabläufe eingebaut werden.

Als **Voraussetzung** für die Funktionsfähigkeit der internen Revision können drei Kriterien genannt werden[58]:

---

[56] Vgl. Korndörfer, W.: Unternehmensführungslehre, a.a.O., S. 149.
[57] Vgl. Wöhe, G.: Einführung in die Allgemeine Betriebswirtschaftslehre, a.a.O., S. 202.
[58] Vgl. Korndörfer, W.: Unternehmensführungslehre, a.a.O., S. 160.

1. Ohne eine **größtmögliche Unabhängigkeit** von allen anderen Funktionsbereichen kann die Effektivität dieser Abteilung nicht sehr groß sein.
2. Die interne Revision muss ein **uneingeschränktes Informationsrecht** besitzen, das sogar über das der Abteilungsleiter hinausgeht.
3. Gegenüber der internen Revision muss eine **Informationspflicht** sämtlicher Abteilungen bestehen, d.h. die einzelnen Abteilungen müssen laufend und lüc??kenlos über wichtige Vorfälle und geplante Veränderungen berichten.

2.4.6.3 Controlling

Das Controlling geht noch etwas weiter als die Kontrolle und die Revision, es bezieht auch die Planung und Steuerung eines Unternehmens mit ein. Mayer und Weber umschreiben das Controlling wie folgt: "Das Controlling unterstützt die Führung bei den Lenkungsaufgaben durch eine **Koordination des Führungsgesamtsystems**. Diese Koordination ist planungs- und kontrolldeterminiert. Die Bedeutung dieser Koordinationsaufgabe steigt mit zunehmender Komplexität und Dynamik der Unternehmensumwelt und Unternehmensinnenwelt.[59]

Die organisatorische Ausgliederung der Controlling-Funktion in einer eigens dafür geschaffenen Stelle findet sich meistens nur in größeren Unternehmungen. Eine ausführlichere Darstellung dieses Themenbereiches wird in Kapitel I "Rechnungswesen und Controlling" vorgenommen.

2.4.6.4 Kybernetik

"Unter Kybernetik versteht man eine weitgehend formale Wissenschaft, die die Struktur und komplexen Zusammenhänge von Systemen zu **analysieren** versucht."[60] Diese Definition gibt wohl sehr gut die Bedeutung wieder. Unter einem System versteht man "eine geordnete **Gesamtheit von Elementen**, zwischen denen irgendwelche Beziehungen bestehen oder hergestellt werden können."[61]

Mit Hilfe einer kybernetischen Analyse sollen die Informations- und Regelungsbeziehungen zwischen den Systemelementen bestimmt werden, um die Systeme zielorientiert steuern und regeln zu können. Aus diesem Grund kann Kybernetik auch als die Wissenschaft von den Verfahren zur **Regelung und Steuerung** von Systemen verstanden werden. Ulrich[62] versteht das Unternehmen als Regelsystem, das der Lenkung und Steuerung bedarf.

Während die Steuerung das Ziel eines Systems ohne Rückkopplung anstrebt, berücksichtigt die Regelung die auf ein System auftreffenden Störgrößen und versucht, eine **Rückkopplung** (Feedback) des Endzustandes an seinen Anfangszustand zu erreichen. In einem so geschlossenen Wirkungsablauf dient die Regelung der Aufrechterhaltung der Stabilität des Systems.

In der Kybernetik werden die Vorgänge in Systemen an Hand von **Regelkreis-Modellen** abgebildet.

---

[59] Vgl. Mayer, E./ Weber, J.: Handbuch Controlling, Stuttgart 1990, S. 31.
[60] Flechtner, H.J.: Grundbegriffe der Kybernetik, 5. Auflage, Stuttgart 1970, S. 10.
[61] Schanz, G.: in Bea, F.X.: Allgemeine Betriebswirtschaftslehre, Bd. 1 Grundfragen, 5. Auflage, Stuttgart/ New York 1990, S. 99.
[62] Vgl. Ulrich, H.: Die Unternehmung als produktives soziales System, 2. Auflage, Bern 1970, S. 105.

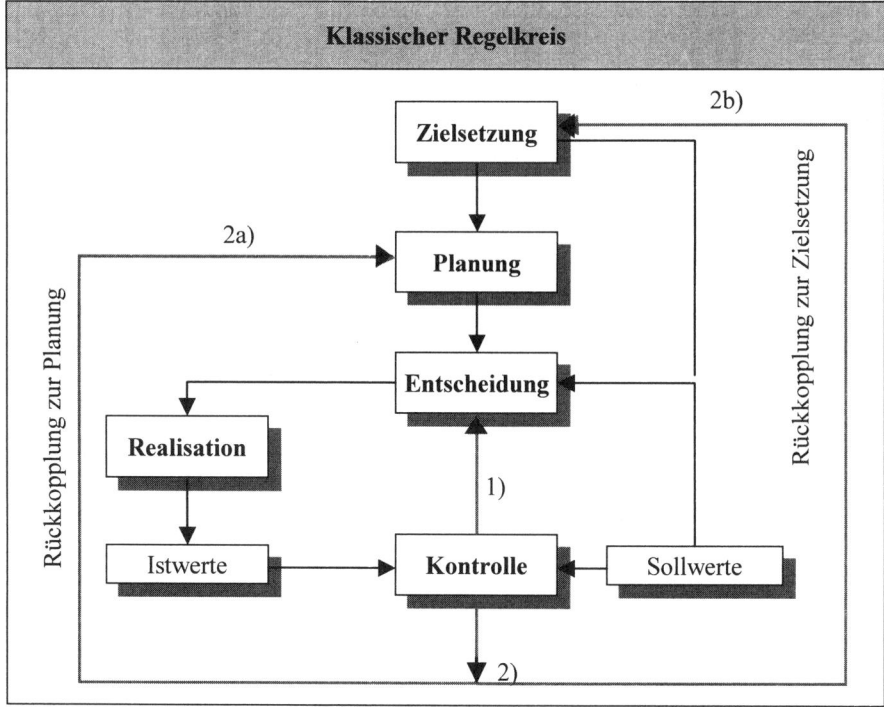

Abb. 30: Klassischer Regelkreis[63]

Die Zielsetzung gibt den **Sollwert**, auch **Führungs- oder Stellgröße** genannt, vor. Die Planung ermittelt die Wege zur Erreichung des gesteckten Ziels. Bei der Entscheidung wird dann durch den **Regler** (Entscheider) eine Beurteilung der Alternativpläne und eine Annahme der besten Alternative durchgeführt. Von dort wird die Entscheidung als sogenannte Stellgröße in die Realität (Ausführung) umgesetzt.

Bei dieser Ausführung sind die Stellgrößen mehreren **Störgrößen** ausgeliefert. Diese Störgrößen können außerbetrieblicher und innerbetrieblicher Art sein. Außerbetrieblich können Störgrößen von Seiten der Beschaffungs- sowie der Absatzmärkte auftreten.

Innerbetriebliche Störgrößen können bei der Leistungserstellung und der Leistungsverwertung auftreten. So erhält man nach der Realisation einen **Istwert**, der durch das Rechnungswesen gemeldet wird.

Bei der Kontrolle wird der Sollwert mit dem Istwert verglichen. Ist der Sollwert mit dem Istwert deckungsgleich, dann geschieht keine Veränderung der Stellgröße (siehe 1). Liegt aber eine Abweichung des Istwertes vom Sollwert vor (siehe 2), so muss geprüft werden, ob die Ziele noch erreicht werden können, oder ob die Zielsetzung geändert werden muss..

Liegt der erste Fall vor, so muss eine **Rückkopplung** (**Feedback**) zur Planung erfolgen, weil die geplanten Ziele auf einem anderen Weg erreicht werden müssen (siehe 2a). Ist selbst das nicht möglich, so muss die Zielsetzung geändert werden (siehe 2b).

---

[63] Vgl. Preitz, O.: Allgemeine Betriebswirtschaftslehre für Studium und Praxis. 4. Auflage, Baden-Baden 1984, S. 43.

Die hier dargestellte klassische Feedback-Kontrolle leidet darunter, dass **Fehlentwicklungen** immer erst "ex post" erkannt werden können. Aus diesem Grund wird in jüngerer Zeit verstärkt auf "ex ante"[64] oder **Feedforward-Kontrollen (Vorkopplung)** Wert gelegt.

Beispiele für solche Kontrollverfahren sind im Bereich der Materialwirtschaft Eingangskontrollen, optimale Bestellmengen, Investitionsrechnungen, präventive Wartungs- und Instandhaltungsarbeiten und im Personalbereich Einstellungstests und Weiterbildungsmaßnahmen.[65] Der modifizierte Regelkreis sieht dann wie folgt aus:

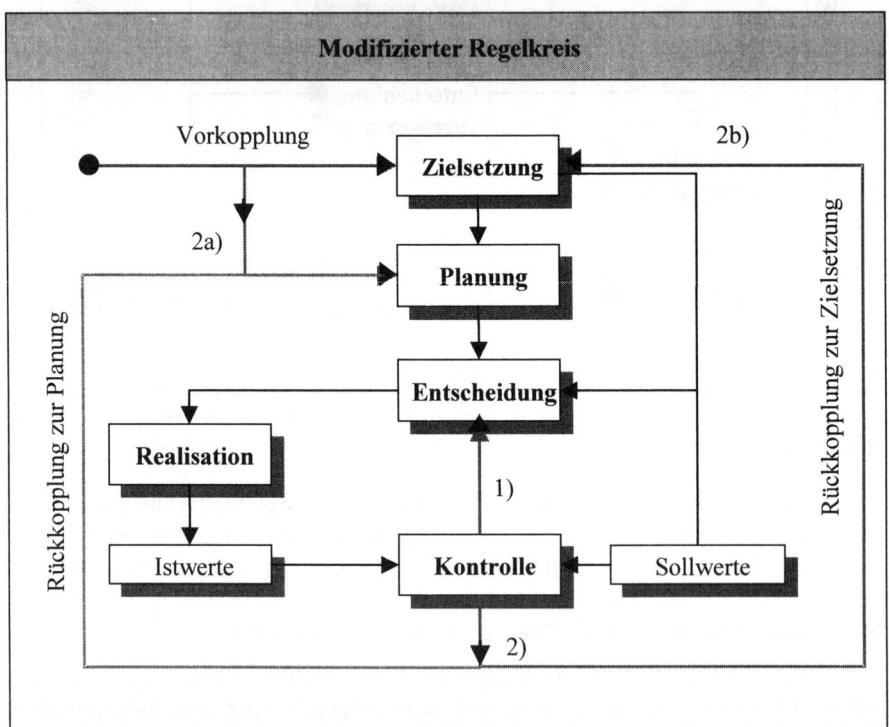

Abb. 31: Modifizierter Regelkreis

Die großen Erfolge, die man durch die allgemeine Kybernetik in den verschiedenen Wissenschaften und der Technik erreicht hat, haben zu einer **Überschätzung der Kybernetik** geführt. So ist z.B. oft argumentiert worden, es ließen sich alle wirtschaftlichen Prozesse in mechanische Regelungsprozesse verwandeln.[66]

Zweifellos kann aber angenommen werden, dass die Kybernetik in der Betriebswirtschaft eine ständig wachsende Bedeutung erhalten wird. Dies wird unter anderem allein dadurch geschehen, dass die Datenverarbeitung mittlerweile in fast jedem Unternehmen Einzug gehalten hat und die Datenverarbeitung mit der Kybernetik in engem Zusammenhang steht.

---

[64] ante = Lat. vor, post = lat. nach, hier "im Voraus" bzw. "im Nachhinein".
[65] Vgl. Staehle, W.: Management. Eine verhaltensorientierte Perspektive, a.a.O., S. 511.
[66] Vgl. Löffelholz, J.: Repititorium der Betriebswirtschaftlehre, 6. Auflage, München 1987, S. 105.

2.5 Personal- (Führungs-) Systeme

2.5.1 Begriff und Wesen

Unter Personalführung versteht man allgemein einen kommunikativen Prozess der Einflussnahme auf die Mitarbeiter zum Zweck zielgerichteter Leistungserstellung.[67] Grundlegende Charakteristika der Führung stellen somit folgende Merkmale dar:

- mindestens zwei Personen sind beteiligt: Führer und Geführter,
- es findet eine soziale Interaktion statt,
- die Führung erfolgt zielorientiert; bestimmte Ergebnisse sollen erreicht, bestimmte Aufgaben erfüllt werden,
- sie bewirkt eine Verhaltensauslösung bzw. -steuerung.

Die Personalführung umfasst dabei zwei Funktionsbereiche: Zum einen ist die Erfüllung der Sachziele unter Leistungs- und Zeitvorgaben sicherzustellen. Die Mitarbeiter müssen zu kooperativem Handeln auf ein gemeinsames Ziel hin aktiviert und motiviert werden.

Damit steht die **Lokomotionsfunktion** der Führung im Mittelpunkt. Zum anderen bedeutet Personalführung, dass sowohl für den einzelnen Mitarbeiter als auch für die Gruppe motivierende Arbeitsbedingungen geschaffen werden. Die **Kohäsionsfunktion** besteht entsprechend darin, Zusammenhalt und Loyalität innerhalb der Gruppe zu fördern.

2.5.2 Führungstheorien

Führungstheorien beschreiben die Bedingungen, Strukturen, Prozesse und Konsequenzen von Führung. Sie machen Aussagen dazu, wie Vorgesetzte ihre Mitarbeiter in einer bestimmten Situation beeinflussen müssen, um das angestrebte Leistungs- und Verhaltensniveau zu erreichen oder sogar zu überschreiten.[68]

Von der Vielzahl der in der Literatur zu findenden Führungstheorien sollen im folgenden die wichtigsten dargestellt werden:

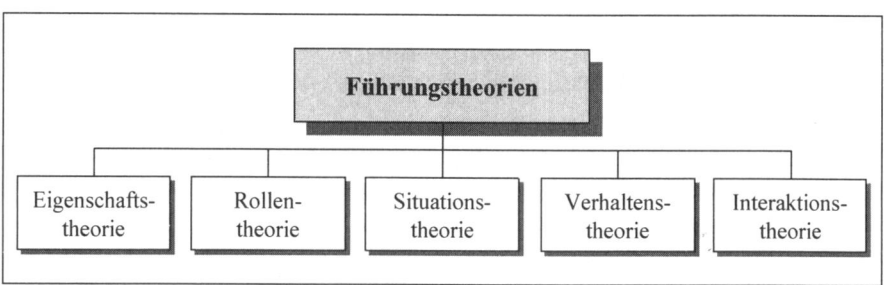

Abb. 32: Führungstheorien

---

[67] Vgl. Wagner, D.: Organisation, Führung und Personalmanagement, 2. Auflage, Freiburg im Breisgau, 1991, S. 112 f.
[68] Vgl. Drumm, H. J.: Personalwirtschaftslehre, 2.Aufl. Berlin/ Heidelberg 1992, S. 354.

- **Eigenschaftstheorie**

Die **Eigenschaftstheorie** ("Great Man Theory") stellt den historisch ältesten Erklärungsansatz der Führung dar. Sie geht in ihrer klassischen Version davon aus, dass es bestimmte Persönlichkeitsmerkmale gibt, die von Geburt an festliegen und eine Person situations-, aufgaben- und gruppenunabhängig zur Führung legitimieren. In zahlreichen empirischen Untersuchungen wurden die persönlichen Eigenschaften, die einen Führer gegenüber den Geführten auszeichnen, untersucht. Dies sind zum einen physische Eigenschaften wie Größe, Gesundheit, Konstitution und Stärke, zum anderen aber auch psychische Merkmale wie Intelligenz, Willensstärke, Fleiß, Leistungsmotivation oder hohe Frustrationstoleranz.

Wichtigster Einwand gegen die Eigenschaftstheorie ist, dass persönliche Eigenschaften das Führungsverhalten nur unzureichend erklären können. Es existieren zwar sicherlich bestimmte Eigenschaften, die zur erfolgreichen Führung prädestinieren. Darüber hinaus sind jedoch auch das Gruppenverhalten und die situativen Bedingungen für den Erfolg oder Misserfolg von Führungsverhalten von Bedeutung. Des weiteren scheint die Eigenschaftstheorie mit der Tatsache, dass die meisten Mitarbeiter gleichzeitig sowohl Vorgesetzte als auch Untergebene sind, unvereinbar.

Trotz aller Kritik ist die Eigenschaftstheorie in der Praxis weit verbreitet. Ihre Erkenntnisse werden vielfach bei Vorstellungsgesprächen oder im Rahmen der Eignungsdiagnostik (z.B. bei Assessment-Centern) genutzt. Die Gründe hierfür liegen in der Einfachheit der Theorie sowie ihrer leichten Übertragbarkeit in die Praxis.

- **Rollentheorie**

Der Ansatz der **Rollentheorie**, der in der Literatur häufig im Rahmen der Situationstheorie behandelt wird, macht die wechselseitigen Verhaltenserwartungen der Gesellschaftsmitglieder zum Ausgangspunkt der Betrachtungen. Jeder Mensch übernimmt innerhalb der Gesellschaft, einer Organisation oder Gruppe verschiedene Rollen, mit denen gewisse Erwartungen an den Rolleninhaber verbunden sind.

Die Rollenerwartungen, die zum einen Rechte und Privilegien, zum anderen die Pflichten des Inhabers einer sozialen Position umfassen, wirken ihm gegenüber als Imperativ[69], wodurch die Vorhersagbarkeit seines Verhaltens wesentlich erhöht und die soziale Interaktion erleichtert wird.

Auch die Führungsposition kann als Rolle in einem sozialen System betrachtet werden. Führungsverhalten ist somit abhängig von den Erwartungen, die durch die Unternehmensleitung und die Mitarbeiter an den Führer herangetragen werden.

Die Rollentheorie berücksichtigt grundlegende psychologische und soziologische Determinanten menschlichen Verhaltens. Da dabei individuelle Bestimmungsgrößen des Führungsverhaltens weitgehend vernachlässigt werden, wird der Mensch als passiver Erfüllungsgehilfe abgewertet. Außerdem kann die Rollentheorie nur rollenkonformes Verhalten erklären, so dass für die Erklärung nicht erwarteten Verhaltens andere Theorien heranzuziehen sind.[70]

---

[69] Vgl. Wunderer, R./ Grunewald, W.: Führungslehre, Band 1: Grundlagen der Führung, Berlin/ New York, 1980, S. 129.
[70] Vgl. Wagner, H./ Städler, A.: Führung: Grundlagen, Prozesse und Konzeptionen der Mitarbeiterführung in Unternehmungen, 2. Auflage, Heidelberg 1989, S. 16.

- **Situationstheorie**

Die Grundannahme der **Situationstheorie** besteht darin, dass Führung bzw. die Position eines Führers nicht ausschließlich von Persönlichkeitsmerkmalen des Führers, sondern auch von der jeweiligen sozialen Situation abhängig ist.[71] Ein erfolgreicher Führer soll demnach derjenige sein, der in der Lage ist, die Analyse der Aufgabe, Situation und Gruppenbeziehung durchzuführen und sein Führungsverhalten flexibel darauf einzustellen.[72] Es sind somit unterschiedliche Führungsstile erforderlich.

Aufgrund der Komplexität realer Situationen und der Tatsache, dass die Beziehungen der verschiedenen Situationsvariablen zueinander empirisch nicht gesichert sind, existieren keine eigenständigen Situationstheorien sondern vielmehr "Teiltheorien", die sich mit einzelnen Aspekten und ausgewählten Interdependenzen befassen.

- **Verhaltenstheorien**

Im Mittelpunkt der **Verhaltenstheorien** steht die Frage, wie sich erfolgreiche Führer verhalten, um eine Arbeitsgruppe produktiv zu führen. Um die Dimensionen des Führungsverhaltens zu ermitteln, wurden zahlreiche empirische Untersuchungen vorgenommen, die jedoch zu keiner einheitlichen Aussage über das "richtige" Führerverhalten bzw. den "richtigen" Führungsstil kamen.

Als Kritikpunkt an den Verhaltenstheorien ist anzumerken, dass sie sich auf die Erklärung und Prognose des Führer- und Gruppenverhaltens konzentrieren, dabei jedoch die Einflussgrößen Aufgabe und Situation unberücksichtigt lassen.

- **Interaktionstheorie**

Die insbesondere im deutschen Sprachraum diskutierte **Interaktionstheorie** wird oft mit der Situationstheorie gleichgesetzt, unterscheidet sich jedoch von dieser durch die Betonung bestimmter Merkmale. Während die Situationstheorie den Persönlichkeitsmerkmalen des Führers größere Bedeutung beimisst, betont die Interaktionstheorie die Wechselwirkung aller am Führungsprozess Beteiligten. Die Interaktionstheorie berücksichtigt somit das Zusammenspiel folgender vier Variablen:

- Persönlichkeitsstruktur des Führers (Eigenschaftstheorie)
- Persönlichkeit des Geführten
- Struktur und Funktion der Gruppe
- Spezifische Situation (Situationstheorie)

Die Interaktionstheorie versucht also, die Führung als Ergebnis der Interaktion zwischen den Persönlichkeiten von Führer und Geführten und der spezifischen Situation zu erklären. Eigenschafts- und Situationstheorie werden zu einer übergeordneten Theorie integriert.

Die Interaktionstheorien stellen theoretisch anspruchsvolle Führungstheorien dar, deren praktische Verwendbarkeit jedoch, wie bereits die Situationstheorie, an der geringen Beherrschbarkeit der Beziehungsvielfalt der Variablen scheitert.

---

[71] Vgl. Wunderer, R./ Grunewald, W.: Führungslehre, Band 1: Grundlagen der Führung, a.a.O., S. 134
[72] Vgl. Zander, E.: Personalführung, a.a.O., 1980, S. 52.

2.5.3 Führungsstiltheorien

Obwohl der Begriff "Führungsstil" in der Führungs- und Managementliteratur einen zentralen Stellenwert einnimmt, existiert keine eindeutige Definition dieses Begriffs.

Unter Führungsstil soll hier die Art und Weise verstanden werden, in der ein Vorgesetzter die ihm unterstellten Mitarbeiter führt, um bei diesen ein zielorientiertes Arbeitsverhalten zu erreichen. Es handelt sich dabei um ein zeitlich überdauerndes und in Bezug auf bestimmte Situationen konsistentes Führungsverhalten.

Um die Erfolgswirksamkeit unterschiedlicher Führungsverhaltens zu erklären, wurden in der Literatur eine große Anzahl von Führungsstiltheorien entwickelt. Im folgenden werden zunächst die Führungsstile allgemein typologisiert. Anschließend werden die Führungsstile nach der Anzahl der Beurteilungskriterien (Dimensionalität) differenziert.

2.5.3.1 Führungsstiltypologien

Ausgangspunkt der gesamten empirischen Führungsforschung war eine Reihe von Laboratoriumsexperimenten des Psychologen Kurt Lewin in den Jahren 1938 bis 1940 an der University of Iowa, in denen er untersuchte, inwieweit sich unterschiedliches Führungsverhalten auf Produktivität, Kreativität, Klima etc. von Kindergruppen auswirkt, die Papiermasken anfertigten und bemalten.[73] Dabei wurden folgende **klassische Führungsstile** unterschieden:

Klassische Führungsstile	
	– Autoritärer Führungsstil
	– Kooperativer Führungsstil
	– Laissez-faire-Führungsstil
	– Patriarchalischer Führungsstil
	– Charismatischer Führungsstil
	– Autokratischer Führungsstil
	– Bürokratischer Führungsstil

Abb. 33: Klassische Führungsstiltypologien

- **Autoritärer Führungsstil**

Der autoritäre Vorgesetzte führt kraft seiner Legitimationsmacht. Da er alles besser weiß, besitzt er allein Entscheidungs- und Anweisungskompetenz. Der Mitarbeiter hat die Entscheidungen zu akzeptieren und auszuführen und wird dabei ohne Ankündigung vom Vorgesetzten kontrolliert (Fremdkontrolle). Der autoritäre Führungsstil ist somit durch eine interpersonale Trennung von Entscheidung, Ausführung und Kontrolle gekennzeichnet. Autoritäre Führer folgen Mc Gregors Menschenbild vom Typ X.

Der Vorteil der autoritären Führung liegt in der hohen Entscheidungsgeschwindigkeit. Nachteilig ist hingegen die mangelnde Motivation, Selbständigkeit und Entwicklungsmöglichkeit der Mitarbeiter sowie die Gefahr von Fehlentscheidungen, die möglicherweise von quantitativ oder qualitativ überforderten Vorgesetzten getroffen werden.[74]

---

[73] Vgl. Neuberger, O.: Führen und geführt werden, 4. Auflage, Stuttgart 1994, S. 178.
[74] Vgl. v. Eckardstein, D./ Schnellinger, F.: Betriebliche Personalpolitik, 3. Auflage, München 1978, S. 112.

- **Kooperativer Führungsstil**

Beim kooperativen Führungsstil ist die Trennung von Entscheidung, Ausführung und Kontrolle gemildert. Durch das Prinzip der Delegation werden die Entscheidungen auf diejenige betriebliche Ebene verlagert, welche die größte fachliche Kompetenz besitzt (Partizipation der Mitarbeiter). Da sich die Mitarbeiter im Gegensatz zur autoritären Führung selbst kontrollieren, löst die Selbstkontrolle die Fremdkontrolle ab. Die Mitarbeiter haben außerdem Kontrollrechte gegenüber den Vorgesetzten. In Mitarbeiterbesprechungen stellt der Vorgesetzte mit seinen Mitarbeitern interpersonale Kontakte her. Die Einschätzung der Mitarbeiter erfolgt bei der kooperativen Führung meist nach dem Menschenbild der Theorie Y Mc Gregors.

Die Vorteile des kooperativen Führungsstils liegen vor allem in den sachgerechten Entscheidungen, der hohen Motivation der Mitarbeiter und der Entlastung der Vorgesetzten. Gleichzeitig werden die Mitarbeiter in ihrer Entwicklung gefördert. Der kooperative Führungsstil kann jedoch die Entscheidungsgeschwindigkeit verlangsamen und verzögern, was als Nachteil anzusehen ist.[75]

- **Laissez-faire-Führungsstil**

Beim laissez-faire Führungsstil werden die Mitarbeiter als isolierte Individuen betrachtet, deren Motivation durch Freiheit bewirkt wird: Ziele, Entscheidungen, Kontrolle, Interaktionsbeziehungen und Arbeitsorganisation bestimmen sie weitgehend selbst. Der Führer verzichtet darauf, den Geführten Anweisungen zu geben und vermittelt auf Anfrage die gewünschten Informationen.

Der laissez-faire-Führungsstil enthält einen Widerspruch in sich. Da der Vorgesetzte auf eine zielgerichtete Verhaltensbeeinflussung verzichtet, beschreibt er ein Führungsverhalten der "Nicht-Führung"[76], das unter anderem auch als Führungsunsicherheit auftreten kann.

Als Hauptvorteil dieses Stils ist der höchste Freiheitsgrad der Mitarbeiter zu nennen. In der Praxis haben sich jedoch viele Nachteile gezeigt. Grundsätzlich besteht bei laissez-faire-Führungsstilen die Gefahr eines Mangels an Disziplin, der Unordnung und des Durcheinanders. Der Vorgesetzte nimmt seine Verantwortung nicht wahr, seine Sachkenntnisse werden zu wenig genutzt. Die Mitarbeiter hingegen werden überfordert und zeigen mangelhafte Leistungen. Unreife Mitarbeiter nutzen die Situation gegebenenfalls aus.

In der Literatur findet man neben autoritärem und kooperativem Führungsstil zahlreiche weitere bipolare Begriffspaare wie "imperativ - kooperativ", "direktiv - partizipativ", "führerzentriert - geführtenzentriert" etc.

Im Gegensatz zu den auf empirischen Tests beruhenden klassischen Führungsstilen (Realtypen) lassen sich in Anlehnung an Max Webers Herrschaftsformen (legale, traditionale, charismatische Herrschaft), die ursprünglich außerhalb des Unternehmens entstanden sind und von diesen übernommen wurden[77], vier Gruppen **traditioneller** idealtypischer **Führungsstile** unterscheiden. Sie bezeichnen nur mittelbar Verhaltensmuster

---

[75] Vgl. Rahn, H.-J.: Unternehmensführung, 4. Auflage, Ludwigshafen 2000, S. 70.
[76] Vgl. Rumpf, H: Personalführung, München/ Mainz, 1991, S. 178.
[77] Vgl. Rahn, H.-J.: Unternehmensführung, a.a.O., S. 58.

von Vorgesetzten und bauen vielmehr auf unterschiedlichen Grundlagen des Führungsanspruches auf.[78]

- **Patriarchalischer Führungsstil**

Die Autorität des Familienvaters (Patriarch) und dessen anerkannter absoluter Herrschaftsanspruch ist das Leitbild für diesen heute noch in kleinen Familienbetrieben anzutreffenden Führungsstil. Begründet wird der Alleinherrschaftsanspruch des Patriarchen mit seinem Alters-, Reife-, Wissens- und Erfahrungsvorsprung gegenüber den Geführten.[79] Diesen ist er zu Treue und Fürsorge verpflichtet und gewährt ihnen jederzeit direkten Zugang, erwartet jedoch dafür Gehorsam, Loyalität, Treue und Dankbarkeit. Als Beispiel für diesen in früheren Zeiten verbreiteten Führungsstil wird in der Literatur häufig als Beispiel die Person des Alfred Krupp genannt.

- **Charismatischer Führungsstil**

Der charismatische Führungsstil ist wie der patriarchalische Führungsstil durch eine singuläre Herrschaftsposition mit uneingeschränktem Herrschaftsanspruch gekennzeichnet. Der Führungsanspruch beruht hier jedoch anders als beim patriarchalischen Führungsstil auf der Einmaligkeit und der Ausstrahlungskraft des Führers. Er kann von den Geführten jedes Opfer verlangen, ohne dass er ihnen gegenüber in irgendeiner Weise verpflichtet wäre.[80] Charismatische Führer sind besonders in Krisen- und Notsituationen gefragt, in denen rationale Problemlösungsstrategien durch den Glaube an eine Rettung durch den Führer abgelöst werden.[81]

- **Autokratischer Führungsstil**

Auch der autokratische Führungsstil sieht im Kern einen souveränen, mit unbeschränktem Herrschaftsanspruch ausgestatteten Führer (Autokrat) vor. Dem Autokraten fehlt jedoch die "Wärme" des Patriarchen sowie die Ausstrahlungskraft des charismatischen Führers.

Um die von ihm getroffenen Entscheidungen durchzusetzen, bedient sich der Autokrat eines hierarchisch gestaffelten Führungsapparates. Die klare Trennung von Entscheidung und Durchsetzung als das grundlegende Organisationsprinzip der Autokratie ermöglicht es, auch in großen Organisationen Entscheidungen exakt ausführen zu lassen. Der autokratische Führungsstil ist deshalb am ehesten in großen Unternehmen anzutreffen.

Insgesamt hat sich dieser Führungsstil jedoch aufgrund zunehmender Differenzierung und Spezialisierung nicht sehr stark durchsetzen können. "Einsame" autokratische Entschlüsse des Führers waren um so weniger haltbar, je mehr Führungskräfte mit Spezialkenntnissen im Unternehmen erforderlich wurden.[82]

- **Bürokratischer Führungsstil**

Der bürokratische Führungsstil entwickelte sich aus dem autokratischen Führungsstil. An die Stelle der unkontrollierten Willkür der Führung beim autokratischen Führungs-

---

[78] Vgl. Marr, R./ Stitzel, M.: Personalwirtschaft: Ein konfliktorientierter Ansatz, München 1979, S. 119.
[79] Vgl. Bisani, F.: Personalführung, 3. Auflage, Wiesbaden 1985, S. 112.
[80] Vgl. ebd., S. 112.
[81] Vgl. Staehle, W.H.: Management, Eine verhaltenswissenschaftliche Perspektive, a.a.O., S. 310.
[82] Vgl. Jung, H.: Personalwirtschaft, a.a.O., S. 415.

stil traten nun die fachliche Kompetenz der Instanzen sowie die Gewaltenteilung mit präzisen Beschreibungen der Stellenbefugnisse und Verwaltungsabläufe.

Die oberste, alles beherrschende Führungspersönlichkeit wurde abgeschafft und durch einen hierarchischen Apparat, in den alle Ränge integriert sind, abgelöst. Es wird nicht einer Person sondern einer gesetzten Ordnung gehorcht, an die sowohl Untergebene als auch Vorgesetzte gebunden sind.

Der bürokratische Führungsstil entspricht somit der legalen Herrschaft. Er wurde um die Jahrhundertwende als Gegengewicht zur Willkür der konstitutionellen Monarchie begrüßt, heute jedoch insofern recht stark kritisiert, als aus Legalität Formalismus, aus Ordnung Überordnung und aus Gleichgewicht Schematismus geworden ist.[83]

Die letzten vier Führungsstile stellen Formen autoritärer Führung dar, da sie durch eine starke Konzentration der Positionsmacht beim Vorgesetzten gekennzeichnet sind.

2.5.3.2 Eindimensionale Ansätze

Je nachdem, wie viele Beurteilungskriterien bei der Systematisierung von Führungsstilen verwendet werden, unterscheidet man:

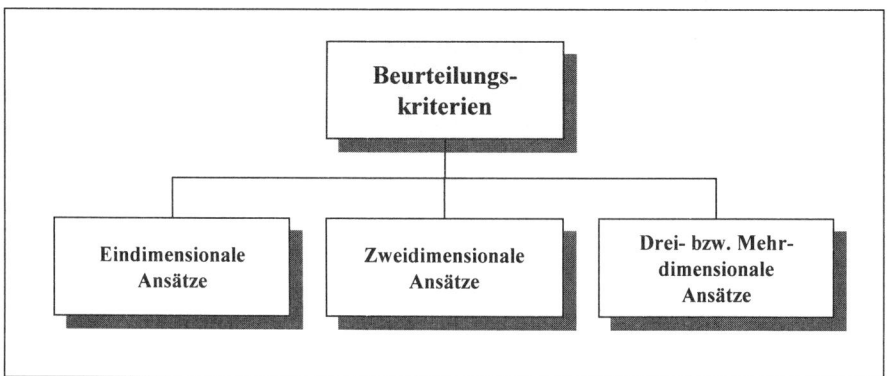

Abb. 34: Beurteilungskriterien von Führungsstilen

Eindimensionale Ansätze sind dadurch gekennzeichnet, dass die Systematisierung der Führungsstile anhand eines einzigen Beurteilungskriteriums erfolgt, wobei die beiden Extreme der Beurteilung die Endpunkte eines eindimensionalen Kontinuums darstellen, zwischen denen vielfältige Abstufungen bestehen. Eine stärkere Ausprägung in Richtung eines Führungsstils bedeutet somit eine entsprechend schwächere Ausprägung des anderen Führungsstils.

Große Verbreitung und Popularität hat in diesem Zusammenhang die **Kontinuumtheorie von Tannenbaum und Schmidt** (1958) gefunden. Im Gegensatz zu Lewin gehen die beiden Autoren realitätsnäher davon aus, dass zwischen dem autoritären und kooperativen Führungsstil als Extreme fünf weitere Zwischenformen zu finden sind, die sich allein durch das relative Ausmaß der Entscheidungsfreiheit der Mitarbeiter (bzw. dem Ausmaß der Autorität des Vorgesetzten) unterscheiden.

---

[83] Vgl. Bisani, F.: Personalführung, a.a.O., S. 113.

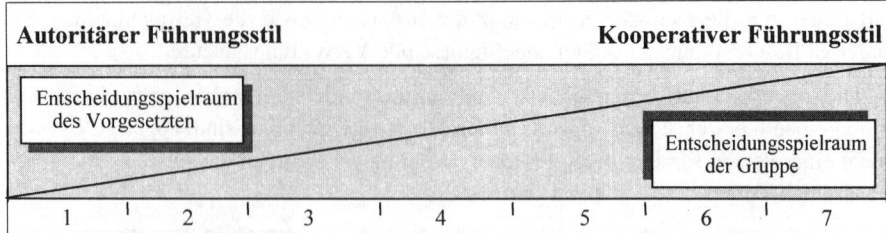

1 Vorgesetzter entscheidet und ordnet an.
2 Vorgesetzter entscheidet; er ist aber bestrebt, die Mitarbeiter von seinen Entscheidungen zu über zeugen, bevor er sie anordnet.
3 Vorgesetzter entscheidet; er gestattet jedoch Fragen zu seinen Entscheidungen, um durch deren Beantwortung deren Akzeptanz zu erreichen.
4 Vorgesetzter informiert seine Mitarbeiter über seine beabsichtigten Entscheidungen; die Mitarbeiter haben die Möglichkeit, ihre Meinung zu äußern, bevor der Vorgesetzte die endgültige Entscheidung trifft.
5 Die Gruppe entwickelt Vorschläge; aus der Zahl der gemeinsam gefundenen und akzeptierten möglichen Problemlösungen entscheidet sich der Vorgesetzte für die von ihm favorisierte Variante.
6 Die Gruppe entscheidet, nachdem der Vorgesetzte zuvor das Problem aufgezeigt und den Entscheidungsspielraum festgelegt hat.
7 Die Gruppe entscheidet; der Vorgesetzte fungiert als Koordinator nach innen und nach außen.

Abb. 35: Kontinuumtheorie von Tannenbaum/ Schmidt

Tannenbaum und Schmidt sind der Auffassung, dass keiner der sieben Führungsstile grundsätzlich zu bevorzugen ist. Sie nennen statt dessen einige Faktoren, die bei der Wahl des "richtigen" Führungsstils zu berücksichtigen sind:

- **Charakteristika des Vorgesetzten**: Wertesystem, Vertrauen in die Mitarbeiter, Führungsqualitäten, Sicherheitsempfindungen in einer bestimmten Situation.
- **Charakteristika der Mitarbeiter**: Erfahrungen, fachliche Kompetenz, Problemengagement, Ansprüche im Hinblick auf die berufliche und persönliche Entwicklung.
- **Charakteristika der Situation**: Art der Organisation, Eigenschaften der Gruppe, Art des Problems, zeitlicher Abstand zur Handlung.[84]

Je nach Konstellation der einzelnen Charakteristika wird ein unterschiedlicher Führungsstil erforderlich. Um erfolgreich zu sein, muss der Führer demgemäss die verschiedenen Einflussfaktoren realistisch einschätzen können und darüber hinaus in der Lage sein, sein Führungsverhalten den jeweiligen Gegebenheiten flexibel anzupassen.

Die Kontinuumtheorie von Tannenbaum und Schmidt ist insofern zu kritisieren, als dass sie nur ein Verhaltensmerkmal der Führung, nämlich die Entscheidungspartizipation berücksichtigt. Diese Auffassung ist, wie die Ergebnisse der Ohio- und Michigan-Studien belegen (siehe Abschnitt 2.5.3.3), empirisch nicht haltbar.

---

[84] Vgl. Rahn, H.-J.: Unternehmensführung, a.a.O., S. 60 f.

2.5.3.3 Zweidimensionale Ansätze

Führungsstile sind zweidimensional, wenn zwei Verhaltensdimensionen zu ihrer Systematisierung herangezogen werden, die voneinander unabhängig jeweils auf einem eigenen Kontinuum variieren. Der Führungsstil ergibt sich daher aus der Kombination der Ausprägungsgrade der verschiedenen Dimensionen.[85]

In den ersten Nachkriegsjahren befassten sich zwei Forschergruppen an der Ohio-State University um Hemphill, Halpin, Fleischmann und Stogdill und an der University of Michigan um Likert, Katz und Kahn mit der Erforschung relevanter Ausprägungen des Führungsverhaltens. Unabhängig voneinander identifizierten sie zwei Hauptdimensionen des Führungsverhaltens:

Dimension	**Ohio-Gruppe**	**Michigan-Gruppe**
Mitarbeiterorientierung	Consideration	Employee Orientation
Aufgabenorientierung	Initialing Structure	Production Orientation

Abb. 36: 2-Dimensionale Führungsstile

- Die **Mitarbeiterorientierung**, die ein Führungsverhalten kennzeichnet, das den Schwerpunkt auf die zwischenmenschliche Komponente legt. Gegenseitiges Vertrauen, Achtung und Wärme der persönlichen Beziehung stehen im Vordergrund.

- Die **Aufgabenorientierung**, die ein Führungsverhalten impliziert, bei dem die optimale Erfüllung der Leistungsziele im Arbeitsprozess im Mittelpunkt steht.[86] Dementsprechend sind die Arbeitsorganisation und die gezielte Leistungsmotivation der Geführten von besonderem Interesse.

Während die Michigan-Schule von einem eindimensionalen Kontinuum zwischen Aufgaben- und Beziehungsorientierung ausgeht, bei der sich die beiden Dimensionen im Sinne eines "entweder - oder" gegenseitig ausschließen, belegen die Ergebnisse der Ohio-State Forschung, dass beide Dimensionen voneinander unabhängig sind. Sie können im Sinne eines "sowohl - als auch" bei einem Führer nebeneinander und gleichzeitig auftreten.[87]

Aufbauend auf den Erkenntnissen der Ohio-State-Forschung entwickelten Blake und Mouton ein allgemeines Ordnungsschema für Führungsverhalten, das unter dem Namen **"Managerial Grid"** oder zu deutsch **"Verhaltensgitter"** bekannt wurde.

Das zweidimensionale Verhaltensgitter wird durch die beiden Dimensionen des Führungsverhaltens Mitarbeiterorientierung und Aufgabenorientierung aufgespannt, wobei jede Dimension durch neun Ausprägungsgrade gekennzeichnet ist. Auf diese Weise

---

[85] Vgl. Jung, H.: Personalwirtschaft, a.a.O., S. 417.
[86] Vgl. Wagner, H./ Städler, A.: Führung: Grundlagen, Prozesse und Konzeptionen der Mitarbeiterführung in Unternehmungen, a.a.O., S. 66.
[87] Vgl. Rumpf, H.: Personalführung, a.a.O., S. 181.

ergeben sich bei matrixähnlicher Darstellung 81 mögliche Kombinationen bzw. Führungsstile, von denen Blake und Mouton jedoch nur die fünf sogenannten "Schlüssel-Führungsverhalten"[88] näher beschreiben:

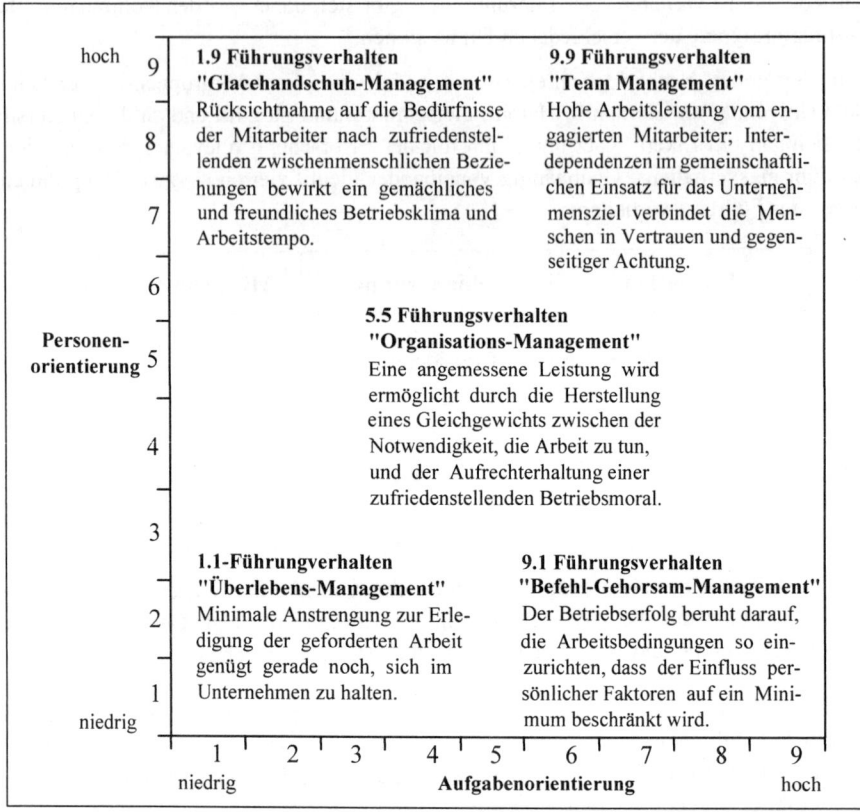

Abb. 37: Verhaltensgitter nach Blake/ Mouton

- Der **1.1-Führungsstil** ist durch minimales Interesse des Führers sowohl für die Sachaufgaben als auch für die Belange der Mitarbeiter gekennzeichnet. Da der Führer den geringstmöglichen Einfluss auf die Arbeitsleistung der Mitarbeiter nimmt, wird dieser Stil auch als laissez-faire-Führung bezeichnet.
- Der **9.1-Führungsstil** ist primär auf die Erfüllung der Sachziele ausgerichtet. Der Führer geht dabei von einem Menschenbild der Theorie X aus und setzt somit auf Befehl, Gehorsam und Kontrolle mit Strafandrohung. Die Interessen und Wünsche der Mitarbeiter werden weitgehend vernachlässigt. Ihre Zufriedenheit und Motivation soll vielmehr durch materielle Anreize als Gegenleistung erzeugt werden.
- Der **1.9-Führungsstil** stellt das Gegenteil des 9.1-Führungsstils dar. Während die Sachziele nur sehr schwach betont werden, besteht hohes Interesse für die Belange der Mitarbeiter. Ihre Zufriedenheit und Selbstverwirklichung hat Vorrang gegenüber der Leistungserstellung. Der Führer versucht ein gutes Betriebsklima zu schaffen, um den Leistungswillen der Mitarbeiter anzuregen.

---

[88] Vgl. Blake, R./ Mouton, J.: Verhaltenspsychologie im Betrieb, Düsseldorf/ Wien 1968, S. 37.

- Der **5.5-Führungsstil** ist durch ein mittleres Interesse des Führers sowohl für die Leistungs- als auch für humane Ziele gekennzeichnet. Grundannahme ist, dass zur Erreichung einer bestimmten Arbeitsleistung gute menschliche Beziehungen und ein zufriedenstellendes Betriebsklima erforderlich sind. Da die Erfordernisse der Sachaufgabe mit den individuellen Mitarbeiterwünschen nur selten in Einklang zu bringen sind, repräsentiert dieser Führungsstil einen Kompromiss zwischen aufgaben- und mitarbeiterorientierter Führung.[89] Der Führer zeigt ein ausgewogenes, realistisches Führungsverhalten, das jedoch nur Mittelmäßiges zu leisten vermag.
- Der **9.9-Führungsstil** zeichnet sich durch ein maximales Leistungsergebnis bei höchstmöglicher Befriedigung der menschlichen Belange aus.[90] Der Führer geht von einem Menschenbild der Theorie Y aus und stellt seinen Führungsstil auf Teamarbeit, sachgerechte und offene Kommunikation sowie Offenheit für Anregungen durch Mitarbeiter ab. Die Position 9.9 entspricht sowohl dem kooperativen als auch dem patriarchalischen Führungsstil.

Blake und Mouton präferieren und propagieren den 9.9-Führungsstil, indem sie die Führungsalternative

- 1.1 als **rein theoretisch**,
- 9.1 als **zu pessimistisch**,
- 1.9 als **zu idealistisch**,
- 5.5 als **zu kompromissartig** abqualifizieren.

Erfolgreiche Personalführung ist durch einen Führungsstil gekennzeichnet, der im Verhaltensgitter rechts der Diagonale zwischen den Führungsstilen 1.9 und 9.1 liegt.

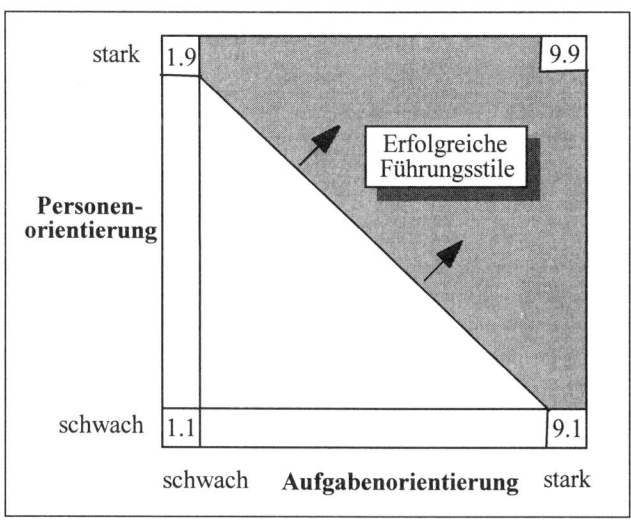

Abb. 38: Darstellung erfolgreicher Führungsstile im Verhaltensgitter

---

[89] Vgl. Wagner, H./ Städler, A.: Führung: Grundlagen, Prozesse und Konzeptionen der Mitarbeiterführung in Unternehmungen, a.a.O., S. 86.
[90] Vgl. Blake, R./ Mouton, J.: Verhaltenspsychologie im Betrieb, a.a.O., S. 37.

Obwohl Blake und Mouton durch verschiedene Experimente bei einem Industrieunternehmen die Bevorzugung des 9.9-Führungsstils untermauerten, ist ihre Theorie nicht ohne Kritik geblieben.

Unverständlich ist vor allem, dass sie diesen Führungsstil als den einzig richtigen empfehlen, obwohl sie zu Beginn ihrer Untersuchungen darauf hinweisen, dass es mehrere das Führungsverhalten beeinflussende Faktoren gibt und bei der Auswahl des richtigen Führungsstils somit die jeweiligen Umstände zu berücksichtigen sind. Gerade dies unterlassen Blake und Mouton jedoch, indem sie den Führungsstil 9.9 als universell effizient anwendbar erklären. Dennoch ist das Verhaltensgitter in der Praxis weit verbreitet und bildet die Grundlage zahlreicher Management-Seminare, in denen der 9.9-Führungsstil trainiert wird.

2.5.3.4 Dreidimensionale Ansätze

Die im folgenden dargestellten dreidimensionalen Führungsstiltheorien gehen von den Ergebnissen der Ohio-State-Studien bzw. den daraus abgeleiteten Verhaltensgitter Blake und Moutons aus.

Die beiden Führungsverhaltensdimensionen der Mitarbeiterorientierung und Aufgabenorientierung werden dabei um eine dritte situative Dimension ergänzt, die Führungseffektivität. In der Literatur werden diese Ansätze deshalb auch häufig als **situative Verhaltenstheorien** oder **situative Theorien der Führungseffektivität** vorgestellt.

(1) 3-D-Theorie der Führung von Reddin

Die 3-D-Theorie von Reddin[91] unterscheidet je nach Ausprägung der Aufgabenorientierung und Beziehungsorientierung[92] vier Grundstilarten, die in Abhängigkeit von der jeweils spezifischen Situation, in der sie angewandt werden, effektiv oder ineffektiv sein können. Die Situation wird dabei beschrieben durch den Einfluss von:

- Organisationsstruktur und -klima,
- Arbeitsweise, Aufgabenanforderungen,
- Vorgesetze, Kollegen, Untergebene.

Die konkrete Führungssituation wird danach analysiert, welche Grundstilanforderung jede dieser fünf Situationsvariablen stellt, z.B. Mitarbeiter: Integrationsstil, Organisation: Verfahrensstil usw. Aus der Schnittmenge der Anforderungen aller fünf Variablen wird die Situationsvariable "Feld des potentiell effektiven Verhaltens" abgeleitet, welche den oder die Grundstil(e) angibt, der oder die in der konkreten Situation angewendet werden sollte(n), um effektiv zu führen.

Je nach Übereinstimmungsgrad bzw. Passgenauigkeit von situativ gefordertem Führungsstil und angewandtem Stil wird eine hohe oder eine niedrige Effizienz erreicht. Um dies zum Ausdruck zu bringen, führt Reddin eine dritte Dimension, die Effektivität ein.

---

[91] Vgl. Reddin, W.J.: Das Drei-D-Programm zur Leistungssteigerung des Managements, Landsberg/Lech 1981.

[92] Die beiden Dimensionen sind vergleichbar mit den Dimensionen Sachorientierung und Menschenorientierung im Verhaltensgitter von Blake und Mouton.

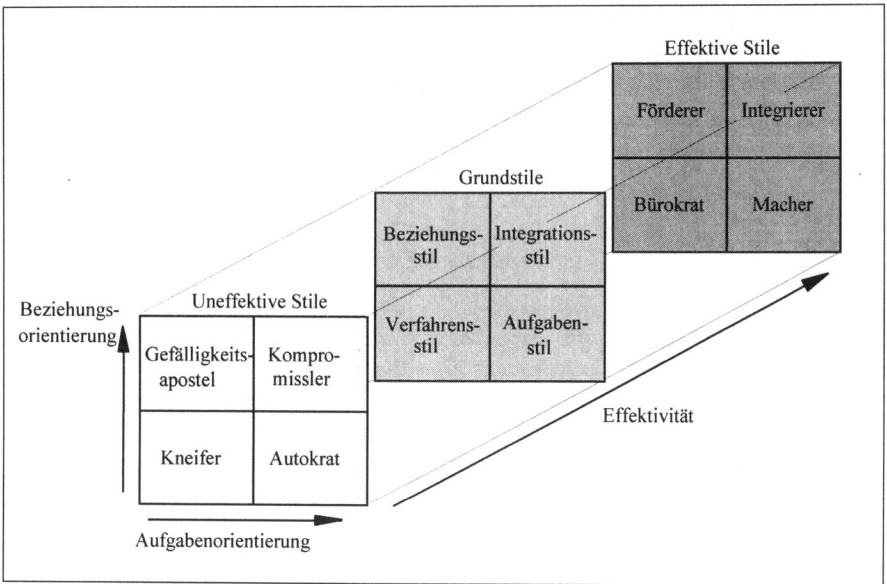

Abb. 39: 3-D-Theorie der Führung von Reddin

- Der **verfahrensorientiert** führende Manager (seperated manager) verlässt sich primär auf Verfahren, Methoden und Systeme und bevorzugt stabile Umweltbedingungen.
  - Als **Bürokrat** beherrscht er in statischen Umweltsituationen Routineprozesse durch die absolute Einhaltung genereller Regeln und Verfahrensrichtlinien.
  - Als **Kneifer** beharrt er auch in dynamischen Umweltsituationen auf der Einhaltung überkommener, veralteter Regeln und Vorschriften.
- Der **beziehungsorientiert** führende Manager (related manager) betont gute zwischenmenschliche Beziehungen und berücksichtigt Mitarbeiterbedürfnisse.
  - Als **Förderer** delegiert er soviel und soweit wie möglich, da er von der Mitarbeiterentwicklung eine langfristig bessere Aufgabenerfüllung erwartet.
  - Als **Gefälligkeitsapostel** vernachlässigt er die Aufgabenerreichung, da er glaubt, dass zufriedene Mitarbeiter mehr leisten.
- Der **aufgabenorientiert** führende Manager betont Leistungsergebnisse und denkt produktivitätsorientiert.
  - Als **Macher** überzeugt er durch sein überlegenes Expertenwissen und setzt anspruchsvolle aber realistische Ziele, die keinen Widerstand heraufbeschwören.
  - Als **Autokrat** beharrt er auf seiner Amtsautorität und überfordert seine Mitarbeiter, was zu erheblichen Widerständen mit allen negativen Begleiterscheinungen wie Fluktuation, Absentismus, etc. führen kann.
- Der **integrationsorientiert** führende Manager strebt nach gleichgewichtiger Beachtung von Mensch und Aufgabe.
  - Als **Integrierer** entscheidet und führt er kooperativ, motiviert und fördert seine Mitarbeiter zielorientiert.

– Als **Kompromissler** versucht er Konfrontationen um jeden Preis zu vermeiden und es allen recht zu machen, auch wenn er dazu Kompromisse eingehen muss, die im Sinne der Aufgabenstellung nicht optimal sind.[93]

Die Beschreibungen verdeutlichen, dass Reddin keinen Führungsstil als generell gültig und optimal favorisiert. Da in verschiedenartigen Situationen auch unterschiedliche Führungsverhalten erforderlich werden, stellen die Fähigkeit zur Situationsanalyse (Situationsgespür), die Flexibilität des Vorgesetzten (Stilflexibilität) sowie die Fähigkeit zur Situationsveränderung (Situationsmanagement) die drei zentralen Führungseigenschaften dar.

Der Vorteil der 3-D-Theorie gegenüber dem Verhaltensgitter besteht darin, dass sie die Effektivität des Führungsverhaltens als situationsabhängig erkennt, die den Führungsprozess beeinflussenden situativen Faktoren umfassend beschreibt und bestimmte Verhaltensmuster in bezug auf einen effektiven und ineffektiven Führungsstil spezifiziert.

Unbefriedigend ist jedoch, dass Reddin die Effektivität als dritte Dimension in das Modell der unabhängigen Variablen aufnimmt, da sie als abhängige Variable verstanden werden soll. Es wäre wichtiger gewesen, Situationsparameter zu benennen und zu operationalisieren, die angeben, welche Führungsverhaltenskombination unter welchen Bedingungen zur Effektivität führen.[94] Nachteilig ist außerdem, dass die Theorie noch nicht ausreichend empirisch gesichert ist.

(2) Reifegrad-Theorie der Führung von Hersey und Blanchard

Hersey und Blanchard knüpfen unmittelbar an die Theorie Reddins an. Die Effektivität des Führungsverhaltens hängt auch hier davon ab, ob der Führer einen situationsadäquaten Führungsstil gewählt hat. Die Situation wird dabei durch die gleichen fünf Variablen beschrieben wie bei Reddin, wobei der Erfolg oder Misserfolg eines bestimmten Führungsverhaltens nach Hersey und Blanchard jedoch ausschließlich von einer einzigen Situationsvariablen, dem "Reifegrad des Mitarbeiters" abhängig ist.

Dieser ist Ausdruck der individuellen Motivation (Einsatzbereitschaft, Engagement, Zutrauen, Selbstsicherheit) und Qualifikation (Wissen, Fähigkeiten, Erfahrungen) zur selbständigen Erfüllung vorgegebener Aufgaben.

	Geringe Motivation	**Hohe Motivation**
Geringe Qualifikation	M1	M2
Hohe Qualifikation	M3	M4

Abb. 40: Reifegrad des Mitarbeiters in Abhängigkeit von Motivation und Qualifikation

---

[93] Vgl. Reddin, W.: Das 3-D-Programm zur Leistungssteigerung des Managements, Landsberg am Lech 1981, S. 27 ff.
[94] Vgl. v. Rosenstiel, L.: Grundlagen der Führung, in: Führung von Mitarbeitern: Handbuch für erfolgreiches Personalmanagement, Rosenstiel, L. (Hrsg.), Stuttgart 1991, S. 17.

Je nach problemspezifischem Reifegrad des Mitarbeiters muss der Vorgesetzte den situationsadäquaten Führungsstil wählen. Die in Abhängigkeit vom Reifegrad des Mitarbeiters idealen Führungsstile werden durch die Glockenkurve beschrieben, die durch die jeweils effizienten Bereiche der vier Führungsstilquadranten läuft.[95] Hersey und Blanchard bezeichnen sie als "Life Cycle Theory of Leadership".

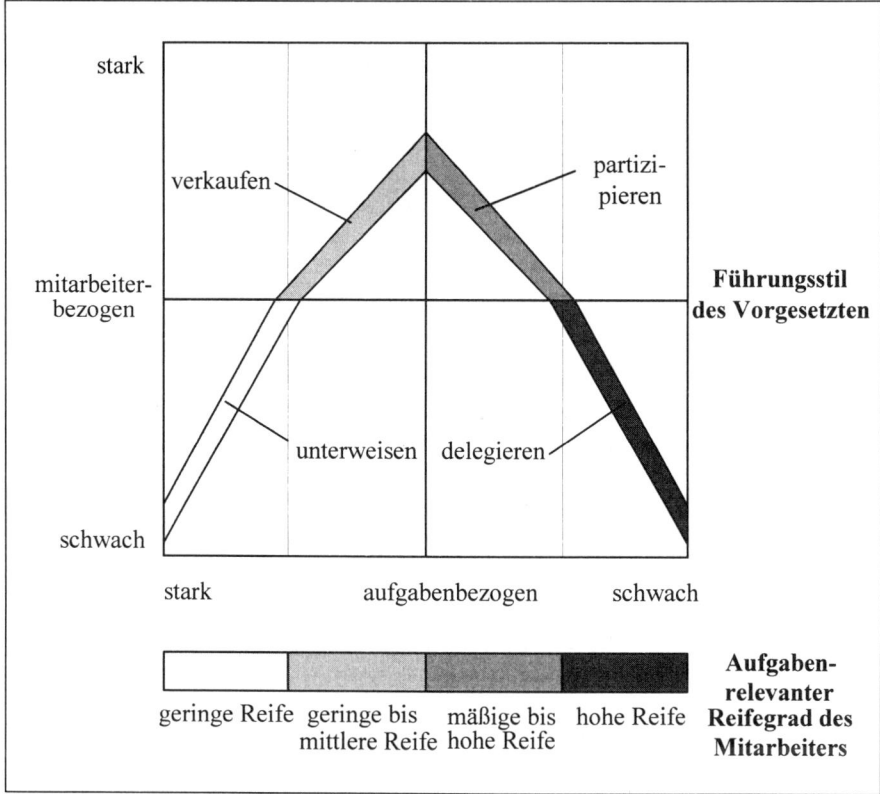

Abb. 41: Reifegrad-Theorie der Führung von Hersey und Blanchard[96]

- Bei **geringer Reife** (M1) definiert der Vorgesetzte die Rollen seiner Mitarbeiter und sagt ihnen, was sie wann, wie und wo zu tun haben. (Autoritärer Führungsstil, Telling = S1).
- Bei **mäßiger Reife** (M2) müssen zwar die Arbeitsprozesse der Mitarbeiter nach wie vor durch den Vorgesetzten vorstrukturiert werden, dabei versucht dieser jedoch die Mitarbeiter von der Richtigkeit und Notwendigkeit seiner Entscheidungen zu überzeugen. (Integrierender Führungsstil, Selling = S2).
- Bei **hoher Reife** (M3) entscheiden der Vorgesetzte und die Mitarbeiter gemeinsam. Die Aufgabe des Vorgesetzten liegt dabei primär darin, die Leistungsbereitschaft der Untergebenen zu wecken und ihre Fähigkeiten zu stärken. (partizipativer Führungsstil, Participating = S3).

---

[95] Vgl. Staehle, W. H.: Management, Eine verhaltenswissenschaftliche Perspektive, a.a.O., S. 779.
[96] Vgl. Hersey, P./ Blanchard, K.H.: Management of organizational behaviour, 3. Auflage, New York 1977.

- Bei **vollkommener Reife** (M4) sollte der Vorgesetzte die Mitarbeiter weitgehend selbständig arbeiten lassen und seine Führungsaktivitäten auf Zielvorgaben und gelegentliche Kontrollen begrenzen. Auf diese Weise kann er sich selbst entlasten und die bestehenden Problemlösungskapazitäten voll ausschöpfen. (Delegationsstil, Delegating = S4).[97]

Mit steigendem Reifegrad soll der Vorgesetzte also seine Aufgabenorientierung reduzieren und seine Beziehungsorientierung verstärken. Erreicht der Reifegrad Werte, die über dem Durchschnitt liegen, sollen sowohl Aufgaben- als auch Beziehungsorientierung zurückgenommen werden.

Nach den Vorstellungen dieser Theorie soll der Führer keineswegs sein Führungsverhalten passiv an die Entwicklung des Reifegrades seiner Mitarbeiter anpassen. Er soll vielmehr aktiv an deren Entwicklung und Förderung mitwirken. Dies kann in Form eines Zwei-Stufen-Prozesses erfolgen:

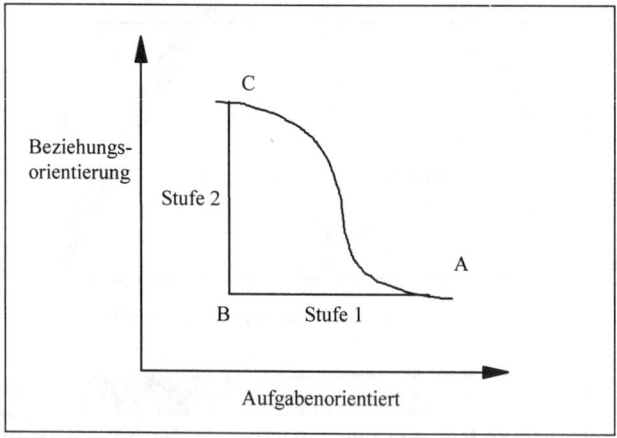

Abb. 42: Zwei-Stufen-Prozess der Mitarbeiterentwicklung

Der Vorgesetzte delegiert in der ersten Stufe einen abgegrenzten Verantwortungsbereich (Reduzierung der Aufgabenorientierung von A nach B) und verstärkt bei guten Ergebnissen in einer zweiten Stufe das Mitarbeiterverhalten durch Belohnung, Anerkennung und weitere Förderung (Verstärkung der Beziehungsorientierung von B nach C).[98]

Hersey und Blanchard haben mit der Betonung des Reifegrades sicherlich einen wesentlichen Einflussfaktor des Führungsverhaltens beschrieben, dabei jedoch alle weiteren Situationsvariablen vernachlässigt. Es entsteht damit eine einseitig aus dem Reifegrad des Mitarbeiters heraus interpretierte Theorie, die stark eigenschafts-theoretische Denkweisen zeigt. Der Vorgesetzte kann nun jeden Führungsstil mit der besonderen "Natur" seiner Mitarbeiter begründen, so dass es keineswegs überrascht, dass dieses Konzept gerade von stark leistungsorientierten Vorgesetzten besonders positiv aufgenommen wurde.[99]

---

[97] Vgl. Staehle, W.H.: Management, Eine verhaltenswissenschaftliche Perspektive, a.a.O., S. 778 f.
[98] Vgl. Hentze, J.: Personalwirtschaftslehre, Band 2: Personalerhaltung und Leistungsstimulation, Personalfreistellung und Personalinformationswirtschaft, a.a.O., S. 196.
[99] Vgl. Wunderer, R./ Grunewald, W.: Führungslehre, Band 1: Grundlagen der Führung, a.a.O., S. 233.

(3) Kontingenzmodell von Fiedler

Die wohl meistdiskutierteste Theorie über das Führungsverhalten der vergangenen zwei Jahrzehnte ist das Kontingenzmodell der effektiven Führung von Fiedler (1967). Bereits Reddin sowie Hersey und Blanchard stellen fest, dass bei der Wahl des Führungsstils die situativen Gegebenheiten zu berücksichtigen seien. Das situative Konzept Fiedlers kombiniert die Person mit der Situation[100] und macht konkrete Angaben darüber, unter welchen Bedingungen welches Führungsverhalten erfolgsversprechend ist.

Fiedler[101] geht in seinem Modell von der Annahme aus, dass die Effektivität einer Arbeitsgruppe von dem Führungsverhalten des Vorgesetzten und dem Grad der situativen Günstigkeit für den Führer abhängt. Demgemäss enthält das Kontingenzmodell drei Kernvariablen:

- den Führungsstil
- die sogenannte "Günstigkeit der Situation"
- die Führungseffektivität

Der Führungsstil kann entweder mitarbeiter- oder aufgabenorientiert ausgerichtet sein und wird somit im Gegensatz zu den Ohio-Studien aufgrund eines eindimensionalen Kontinuums beschrieben. Da er jedoch zu anderen führungsrelevanten Dimensionen in Beziehung gesetzt wird, nimmt das Modell zwischen den ein- und vieldimensionalen Ansätzen eine Mittelstellung ein.

Zur Bestimmung des praktizierten Führungsstils verwendet Fiedler das von ihm selbst entwickelte **LPC (Least-Preferred-Coworker)-Wert-Verfahren**. Anhand eines Fragebogens, in dem 16 bipolare Adjektivpaare mit acht graduellen Abstufungen aufgeführt sind, soll der Vorgesetzte jene Person beschreiben, mit der er am schlechtesten zusammenarbeiten konnte (der am wenigsten geschätzte Mitarbeiter). Der LPC-Wert ergibt sich als einfacher Durchschnittswert sämtlicher markierter Werte.

Während ein hoher LPC-Wert anzeigt, dass der jeweilige Vorgesetzte selbst einen "poor coworker" noch relativ positiv beurteilt, bedeutet ein niedriger LPC-Wert, dass er weniger geschätzte Mitarbeiter sehr negativ beurteilt und ihnen ablehnend gegenübersteht. Ein hoher LPC-Wert wird von Fiedler als Indikator für einen personenorientierten Führungsstil, ein niedriger LPC-Wert für einen aufgabenorientierten Führungsstil betrachtet. Die Effektivität des aufgrund des LPC-Wertes ermittelten Führungsstil ist abhängig von dem Grad der situativen Günstigkeit, als Ausmaß, in dem die Situation den Führer mit potentieller Macht und Einfluss über das Verhalten seiner Untergebenen ausstattet. Die Günstigkeit der Situation wird durch drei voneinander unabhängige Parameter bestimmt:

- die Führer-Geführten-Beziehung,
- die Aufgabenstruktur,
- die Positionsmacht des Führers.

---

[100] Vgl. v. Rosenstiel, L.: Grundlagen der Führung, a.a.O., S. 13.
[101] Vgl. Fiedler, F.: A theory of leadership effectivness, New York u.a. 1967.

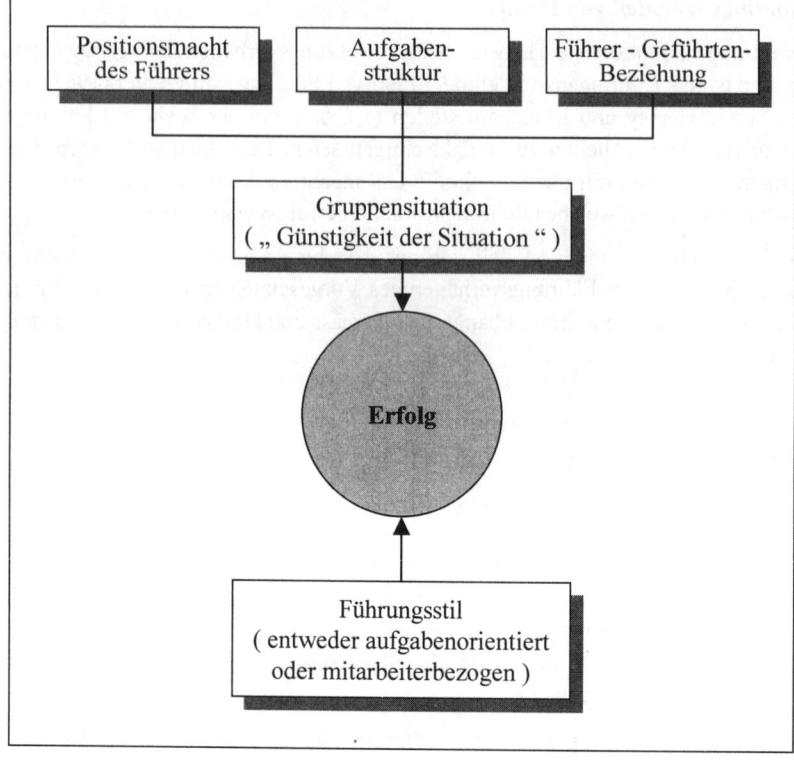

Abb. 43: Einflussgrößen des Führungserfolgs

Die Führer-Geführten-Beziehung stellt dabei die wichtigste Situationsvariable dar, gefolgt von der Aufgabenstruktur und der Positionsmacht des Führers.

Durch die Kombination der drei Situationsvariablen als voneinander unabhängige Dimensionen mit jeweils zwei Ausprägungen ergeben sich acht unterschiedliche Führungssituationen, bei abnehmender Günstigkeit der Situation

Situation	sehr günstig							ungünstig
	1	2	3	4	5	6	7	8
Führer-Geführten-Beziehung	gut				schlecht			
Aufgabenstruktur	hoch		niedrig		hoch		niedrig	
Positionsmacht des Führers	stark	schwach	stark	schwach	stark	schwach	stark	schwach

Abb. 44: Klassifikation der Günstigkeit der Führungssituation

Die Kombination der beiden Kernvariablen Führungsstil und Situationscharakteristika ermöglicht Tendenzaussagen hinsichtlich der Arbeitsleistung der Gruppe als Führungseffizienz. Ein aufgabenorientierter Führer ist in besonders günstigen (Felder 1 bis

3) und ungünstigen Situationen (Felder 7,8) am effektivsten, während ein personenorientierter Führer in Situationen mittlerer Günstigkeit (Felder 4 bis 6) überlegen ist.

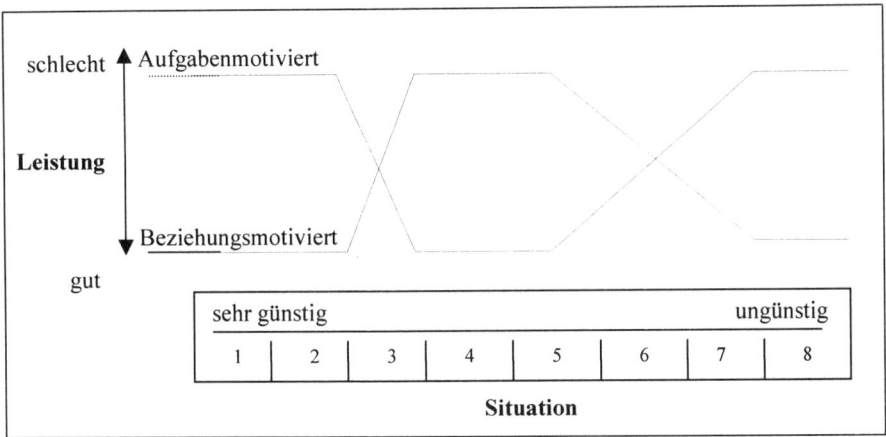

Abb. 45: Kontingenzmodell von Fiedler

Die Bedeutung des Kontingenzmodells für die Praxis ergibt sich dadurch, dass es die Arbeitsleistung einer Gruppe davon abhängig macht, inwieweit ein Führungsstil im Hinblick auf die situativen Gegebenheiten geeignet ist. Da eine Anpassung des Führungsverhaltens an die Situation, wenn überhaupt, nur unter Schwierigkeiten möglich ist, kann eine Effektivitätssteigerung nur dadurch erreicht werden, dass die jeweilige Situation so gestaltet wird, dass sie mit dem praktizierten Führungsstil harmoniert ("Engineer the Job to fit the Manager"). Die Situation ist somit an das Führungsverhalten anzupassen und nicht umgekehrt.

Schulungs- und Förderkurse für Führungskräfte sollten deshalb nicht Führungsverhalten einüben, sondern die diagnostischen Fähigkeiten des Führers dahingehend schulen, dass sie besser erkennen können, ob und inwieweit ihr Führungsstil der jeweiligen Situation gerecht wird, um diese im Falle des Auftretens von Divergenzen systematisch zu verändern. Die Kritik am Kontingenzmodell ist vielfältig und bezieht sich vor allem darauf, dass es nicht ausreichend empirisch gesichert ist.

2.5.4 Führungskonzepte der Praxis

In den vergangenen Jahren wurden zahlreiche praxisorientierte Führungskonzepte erstellt, die weniger von theoretischen Führungsansätzen als von in der Praxis gewonnenen Erfahrungen ausgehen. Sie lassen sich in Führungsmodelle und Führungs- bzw. Managementtechniken unterscheiden. In **Führungsmodellen** wird versucht für alle in der Praxis auftretenden Führungsprobleme Lösungsansätze anzubieten.[102] Die Anzahl solcher geschlossenen und universell anwendbaren Systeme ist jedoch gering. In der Literatur dominieren vielmehr **Führungs-** oder **Managementtechniken**, die sich jeweils auf Teilaspekte des Führungskomplexes beschränken und Einzelaussagen effizienter Führung formulieren.

---

[102] Vgl. Wagner, H./ Städler, A.: Führung: Grundlagen, Prozesse und Konzeptionen der Mitarbeiterführung in Unternehmungen, a.a.O., S. 121.

Nachfolgend soll mit dem Harzburger Modell das in Deutschland bekannteste geschlossene Führungsmodell dargestellt werden. Anschließend werden verschiedene Führungstechniken skizziert.

2.5.4.1 Harzburger Modell

Das Harzburger Modell, das auch als "Führung im Mitarbeiterverhältnis" bekannt ist, wurde von Reinhard Höhn und seinen Mitarbeitern 1956 an der Führungsakademie Bad Harzburg entwickelt.[103] Die vier wesentlichen Charakteristika dieser Führungsform sind:

- Die betrieblichen Entscheidungen werden jeweils auf der Ebene getroffen, zu der sie ihrer Aufgabe und Zielsetzung nach gehören.

- Die Mitarbeiter erhalten von ihren Vorgesetzten nicht mehr Einzelaufträge, sondern es werden ihnen feste Aufgabenbereiche zugewiesen, innerhalb derer sie im Rahmen der dazugehörigen Kompetenzen selbständig entscheiden und handeln können.

- Aufgrund der Übereinstimmung von Aufgaben, Kompetenz und Verantwortung wird auch ein Teil der Gesamtverantwortung an die Mitarbeiter delegiert. Die Vorgesetzten werden nur bei Kompetenzüberschreitungen ihrer Mitarbeiter aktiv.

- Das Unternehmen wird von "unten nach oben" aufgebaut, d.h. der Vorgesetzte gibt nicht mehr Arbeiten nach unten ab, die er nicht bewältigen kann oder will, sondern er bekommt von unten diejenigen Angelegenheiten übertragen, die auf tieferer Ebene aufgrund begrenzter Kompetenz nicht funktions- und sachgerecht vollzogen werden können.[104]

Das Führungsverhältnis zwischen Vorgesetzten und Mitarbeitern ist durch eine weitgehende Delegation von Aufgaben, Kompetenzen und Verantwortung gekennzeichnet. Das Harzburger Modell unterscheidet dabei streng zwischen:

- der **Handlungsverantwortung**, die sich auf die Sachaufgaben bezieht und besagt, dass der Mitarbeiter für die Erfüllung der an ihn delegierten Aufgaben voll verantwortlich ist (er muss für alle Handlungen innerhalb seines Aufgabenbereichs einstehen) und

- der **Führungsverantwortung**, die sich auf die Führungsaufgaben bezieht und besagt, dass der Vorgesetzte seine Mitarbeiter mit Hilfe der Führungsinstrumente Dienstaufsicht und Erfolgskontrolle "richtig" zu führen hat.[105]

Mit der Delegation bestimmter Handlungs- und Entscheidungsbefugnisse an den Mitarbeiter wird somit grundsätzlich auch die volle Handlungsverantwortung übertragen, während die Führungsverantwortung beim Vorgesetzten bleibt. Dieser kann für die Fehlleistungen seiner Mitarbeiter nur dann verantwortlich gemacht werden, wenn er bestimmten Führungspflichten gegenüber den Mitarbeitern nicht oder nur lückenhaft nachgekommen ist. Entsprechend dieser Trennung bilden die Stellenbeschreibung und die allgemeine Führungsanweisung die beiden zentralen Instrumente des Harzburger Modells.

Die **Stellenbeschreibung** dient dazu, den Delegationsbereich der Mitarbeiter sowohl horizontal als auch vertikal abzugrenzen. Sie schafft einen Handlungsrahmen, der die

---

[103] Vgl. Höhn, R.: Führungsbrevier der Wirtschaft, 11. Auflage, Bad Harzburg 1983.
[104] Vgl. Koreimann, D.S.: Management, 5. Auflage, München/ Wien 1992, S. 67.
[105] Vgl. Rahn, H.-J..: Unternehmensführung, a.a.O., S. 78.

Ziele, Aufgaben, Funktionen und Verantwortlichkeiten des Stelleninhabers regelt. Damit bildet sie die sachliche Grundlage eigenverantwortlichen Handelns.

Die **allgemeine Führungsanweisung** enthält die Grundsätze der Führung im Mitarbeiterverhältnis. Sie regelt das Verhältnis zwischen Vorgesetzten und Mitarbeitern, indem sie die Prinzipien festlegt, nach denen alle Vorgesetzten und Mitarbeiter zu handeln haben. Sowohl die Stellenbeschreibung als auch die allgemeine Führungsanweisung werden von der Unternehmensleitung als allgemeine Norm vorgegeben.

Wesentlich für das Harzburger Modell ist auch die Kontrolle des Mitarbeiters durch den Vorgesetzten, wobei zwischen der auf das Arbeitsverhalten gerichteten **Dienstaufsicht** und der ergebnisorientierten **Erfolgskontrolle** unterschieden wird.[106]

Versucht man, die Vor- und Nachteile dieses Modells herauszustellen, so sind als **Vorteile** folgende Aspekte zu nennen:

- Durch die Schaffung von Stellenbeschreibungen werden die Handlungs- und Aufgabenbereiche transparenter.
- Die formalen Informationsbeziehungen sind klar festgelegt.
- Ein geschlossenes System von Führungsanweisungen und Führungsmitteln steht zur Verfügung.
- Durch die Übertragung eines eigenen Handlungs-, Entscheidungs- und Verantwortungsbereichs erhält der Mitarbeiter die Möglichkeit zu mehr Selbständigkeit und Selbstentfaltung.
- Es ist in vielen Bereichen anwendbar, da es einfach und allgemein verständlich aufgebaut ist.

Als **Nachteile** sind zu nennen:

- Es ist ein unvollständiges und nicht voll integriertes Führungsmodell.
- Es ist statisch, da es von dem augenblicklichen Zustand der Unternehmung ausgeht und die Unternehmensentwicklung somit nicht ausreichend berücksichtigt.
- Die Kreativität der Mitarbeiter wird nicht gefördert, da neue Aufgaben stets zum Eingriff des Vorgesetzten führen. Der Mitarbeiter kann nicht mit der Aufgabe wachsen.
- Es enthält zu viele Regelungen (315 Organisationsregeln) und führt damit in Richtung einer bürokratischen Ordnung.

2.5.4.2 Führungstechniken

Führungs- oder Managementtechniken stammen größtenteils aus der praxisorientierten amerikanischen Managementlehre und sind unter der Bezeichnung **Management by-Techniken** bekannt geworden. Teilweise belegen sie seit langem bekannte Führungsprinzipien mit neuen Namen, teilweise stellen sie jedoch auch neue Führungshilfen für den Manager dar, die ihm die Erfüllung seiner Führungsaufgaben erleichtern sollen.[107] Die Führungstechniken beziehen sich meist auf bestimmte Teilaspekte des gesamten

---

[106] Vgl. Jung, H.: Personalwirtschaft, a.a.O., S. 496 f.
[107] Vgl. Korndörfer, W.: Unternehmensführungslehre: Einführung, Entscheidungslogik, soziale Komponenten im Entscheidungsprozeß, 7. Auflage, Wiesbaden 1989, S. 197.

Führungsprozesses und lassen sich entsprechend den Phasen des Führungsprozesses folgendermaßen systematisieren:[108]

Zielbildungsphase	- Management by Objektives - Management by Participation - Management by Decision Rules	- Führen durch Zielvereinbarungen - Führen durch Partizipation - Führen durch Vorgabe von Entscheidungsregeln
Durchsetzungsphase	- Management by Exception - Management by Delegation - Management by Systems - Management by Breakthrough - Management by Motivation	- Führen durch Eingreifen im Ausnahmefall - Führen durch Delegation - Führen durch Systemsteuerung - Wandelorientierte Führung - Führen durch systematische Steuerung des Leistungsverhaltens mittels geeigneter Anreize
Kontrollphase	- Management by Results - Management by Control	- Führen durch Ergebniskontrolle - Kontrollorientierte Führung

Abb. 46: Managementtechniken im Zusammenhang des Führungsprozesses

Die Mittel und Methoden, die diese verschiedenen Techniken zur Verbesserung des Managementpotentials empfehlen, sind sehr unterschiedlich und nicht selten sogar widersprüchlich.

(1) Management by Objectives (MbO)

Management by Objectives als **Führung durch Zielvereinbarung** ist wohl die international bekannteste Managementtechnik. Im Gegensatz zu den anderen Führungstechniken, in denen die Zielfestlegung meist auf die oberste Führungsebene beschränkt ist, findet hier eine Zielabstimmung gemeinsam zwischen den Mitarbeitern und der Unternehmensführung statt. Innerhalb seines Arbeitsbereiches kann der Mitarbeiter über die Maßnahmen zur Erfüllung der gesetzten Ziele frei entscheiden. Der durch das jeweilige Ergebnis bestimmte Grad der Zielerfüllung dient dann als Grundlage für eine Leistungsbewertung und damit für die Entlohnung oder Beförderung und weitere Ausbildung. Bei der Formulierung der Zielinhalte ist darauf zu achten, dass das Ausmaß der Zielerreichung auch tatsächlich dem Einfluss des Stelleninhabers unterliegt.

Die Effizienz eines solchen Prinzips ist an mehrere Voraussetzungen gebunden:

- Die Erarbeitung sogenannter allgemeiner Führungsrichtlinien, die die Zusammenarbeit im Unternehmen regeln.

- Den Aufbau eines klaren und detaillierten Zielsystems, das ausgehend von den Unternehmenszielen die operationalen Ziele für Bereiche, Abteilungen und Mitarbeiter formuliert.

- Eine zielorientierte Organisation mit Stellenbeschreibungen.

- Ein Kontrollsystem, das Informationen zur Eigen- und/oder Fremdkontrolle und zur Leistungsbeurteilung liefert.

---

[108] Vgl. Wagner, H./ Städler, A.: Führung: Grundlagen, Prozesse und Konzeptionen der Mitarbeiterführung in Unternehmungen, a.a.O., S. 138.

Die Leistungs-Ergebnisanalyse stellt das Kernstück der Realisierung und Kontrolle im Rahmen des Management by Objectives dar. In regelmäßigen Besprechungen zwischen Vorgesetzten und Mitarbeitern über den Stand der Zielerreichung wird festgestellt, ob:
- das betreffende Ziel erreicht wurde,
- Abweichungen vorhanden sind und welche Ursachen dafür verantwortlich sind,
- Fehler bei der Zielfestlegung gemacht wurden.

Will man auch hier die Vor- und Nachteile dieser Management-Technik herausstellen, so sind als **Vorteile** zu nennen:
- Die Führungsspitze wird von Routineaufgaben entlastet und kann sich dadurch anderen Führungsaufgaben widmen. [109]
- Die Identifikation mit den Unternehmenszielen kann verbessert werden.
- Die geistigen Ressourcen der Mitarbeiter werden mobilisiert (Steigerung der Leistungsmotivation, Eigeninitiative und Verantwortungsbereitschaft)
- Die Leistung der Mitarbeiter ist objektiver beurteilbar; ihre Bezahlung kann somit leistungsgerechter erfolgen.
- Die Effizienz von Planung und Organisation kann gesteigert werden.

Als **Nachteile** gelten:
- Bei seiner Einführung entstehen verhältnismäßig hohe Kosten.
- Es besteht die Gefahr überhöhten Leistungsdrucks.
- Die Mitarbeiter identifizieren sich nicht ohne weiteres mit den Unternehmenszielen.
- Es fördert nicht bei allen Mitarbeitern (Typ X) Leistungsmotivation, Eigeninitiative und Verantwortungsbereitschaft.
- Die operationale Formulierung von Zielen für sämtliche Ebenen ist problematisch.
- Es besteht die Gefahr der Konzentration auf quantitative statt auf qualitative Größen.
- Bei ungenauer Zielfestlegung besteht das Problem der Kontrolle.
- Es besteht die Gefahr der Tendenz zu bürokratischem System.

(2) Management by Decision Rules

Das Modell Management by Decision Rules (**Führung durch Vorgabe von Entscheidungsregeln**) stellt eine Konkretisierung des Modells Management by Delegation dar. Es besagt, dass mit der Delegation von Entscheidungsaufgaben zugleich **genaue Regeln** vorzugeben sind, nach denen die delegierten Entscheidungen zu fällen sind.[110] Damit soll die Ausrichtung aller Entscheidungen im Hinblick auf die Zielsetzung der Unternehmung gewährleistet werden.

Der Anwendungsbereich für dieses Prinzip ist auf **Routineentscheidungen** beschränkt, da exakte Entscheidungsregeln nur dann vorgegeben werden können, wenn alle potentiellen Entscheidungssituationen vorhersagbar sind.

---

[109] Vgl. Jung, H.: Personalwirtschaft, a.a.O., S. 494.
[110] Vgl. Heinen, E.: Betriebswirtschaftliche Führungslehre Grundlagen-Strategien-Medelle; Ein entscheidungsorientierter Ansatz, 2. Auflage, Wiesbaden 1984, S. 248.

(3) Management by Participation

Beim Management by Participation (**Führung durch Beteiligung am Entscheidungsprozeß**) liegen ähnliche Annahmen zugrunde wie beim Management by Motivation. Das Schwergewicht wird jedoch auf die These gelegt, dass die **Identifikation** der Mitarbeiter mit den Unternehmenszielen um so größer ist, je mehr sie selbst an der Formulierung der Ziele, die sie zu erreichen haben, **mitwirken** und dass diese Identifikation eine Leistungssteigerung bewirken kann.[111]

Generell kann gesagt werden, dass hier die Beteiligung der Mitarbeiter an den sie betreffenden Zielentscheidungen als zentrales Führungsmittel herausgestellt wird.

(4) Management by Exception (MbE)

Management by Exception lässt sich definieren als **Führung durch Abweichungskontrolle und Eingriff in Ausnahmefällen**. Der Mitarbeiter kann so lange selbständig entscheiden und handeln, bis Ausnahmesituationen auftreten, die außerhalb bestimmter Grenzen liegen oder besonders wichtige Entscheidungen, die mit schwerwiegenden Konsequenzen verbunden sind, zu treffen sind. In diesen Ausnahmefällen wird der Vorgesetzte unterrichtet, dem dann die Entscheidung vorbehalten bleibt.

Management by Exception erfolgt nach folgenden Hauptschritten, die sich in einem **Fünf-Phasen-Plan** darstellen lassen:

Management by Exception Fünf-Phasen-Plan	
1. Phase:	Bestimmung der Messgrößen (als geeignete Indikatoren zur Messung der Zielerreichung)
2. Phase:	Festlegung der Bewertungsmaßstäbe (als zulässige Abweichungen vom geplanten Ergebnis)
3. Phase:	Ermittlung der Soll-Größen
4. Phase:	Soll-Ist-Vergleich
5. Phase:	Entscheiden (des Vorsetzten bei Überschreiten der Toleranzgrenzen)

Abb. 47: Fünf-Phasen-Plan

---

[111] Vgl. Fuchs-Wegner, G., in Grochla, E.: Betriebswirtschaftslehre, Teil 2: Betriebsführung- Instrumente und Verfahren, Stuttgart 1979, S. 81.

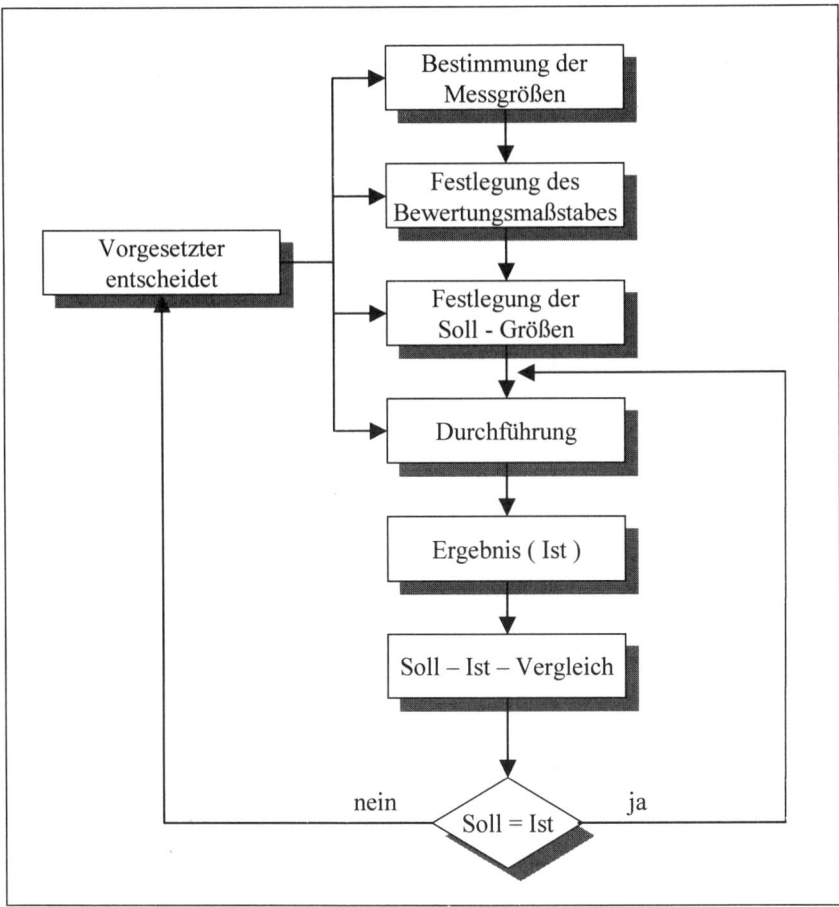

Abb. 48: Ablauf des Management by Exception nach dem 5-Phasen-Plan

Soll Management by Exception im Unternehmen realisiert werden, so sind einige Voraussetzungen zu erfüllen:

- Die Aufgaben, Kompetenzen und Verantwortung der Mitarbeiter müssen festgelegt werden (Stellenbeschreibung).
- Die Mitarbeiter müssen bereit sein, die Verantwortung für ihren Funktionsbereich zu übernehmen.
- Soll-Werte müssen definiert werden.
- Normal- und Ausnahmefälle sind voneinander abzugrenzen.
- Ein geeignetes Informationssystem muss geschaffen werden.
- Ein Soll-Ist-Vergleich muss durchführbar sein.

Die Definition von Normal- und Ausnahmefällen bereitet in der Praxis oft Probleme. Wird die Abweichungsgrenze zu eng gefasst, so muss die obere Instanz zu häufig eingreifen und hat ständig routinemäßige Entscheidungsprobleme, die durch dieses Modell von den oberen Instanzen ferngehalten werden sollen, zu lösen. Werden dagegen die Grenzen zu weit gesteckt, so sind die Mitarbeiter überfordert, da sie dann Entscidungen treffen müssen, zu denen sie aufgrund ihrer Sach- und Fachkompetenz nicht in der Lage sind.[112]

Als Vor- und Nachteile dieser Führungstechnik sind zu nennen:

Vorteile:

- Die Führungskräfte werden von Routinearbeiten entlastet und können dadurch effektiver arbeiten.
- Es besteht die Sicherheit, dass die Unternehmensleitung über wichtige Vorgänge informiert wird.
- Störungen aufgrund großer Abweichungen können durch die klare Regelung der Zuständigkeiten schnell beseitigt werden.
- Die Mitarbeiter werden durch die Delegation von Entscheidungsbefugnissen motiviert.

Nachteile:

- Durch die systematische Beschränkung auf die Meldung von Misserfolgen können die Mitarbeiter demotiviert werden.
- Es besteht die Gefahr, dass die Mitarbeiter unangenehme Informationen in Form größerer negativer Abweichungen nicht an höhere Instanzen weiterleiten.
- Der Lerneffekt bei den Mitarbeitern ist beschränkt, da die oberen Instanzen über die interessanteren Probleme entscheiden.

(5) Management by Delegation (MbD)

Management by Delegation als Führung durch Aufgabendelegation beruht auf dem Grundsatz, Aufgaben mit den entsprechenden Kompetenzen und der entsprechenden Verantwortung soweit wie möglich auf die Mitarbeiter zu übertragen, und zwar auf die unterste Stelle in der Organisation, in der dies sachlich gerade noch möglich ist.

Die Grundprinzipien des im Mangament by Delegation verwirklichten "Delegationsprinzips" sind:

- Jeder Mitarbeiter erhält einen fest umgrenzten Aufgaben-, Kompetenz- und Verantwortungsbereich (Stellenbeschreibung).
- Aufgaben, Kompetenz und Verantwortung eines jeden Stelleninhabers müssen über einstimmen.
- Grundsätzlich darf die Führungskraft nicht in den Aufgabenbereich des Mitarbeiters eingreifen.
- Der Vorgesetzte darf nur dann eingreifen, wenn akute Gefahr droht oder wenn Fehler oder Mängel bei der Arbeitsausführung festgestellt werden.

Die **Vorteile** des Management by Delegation sind:

- Der Vorgesetzte wird von Routineaufgaben entlastet und damit für Problemlösungen freigesetzt.
- Die Eigeninitiative, Leistungsmotivation und das Verantwortungsbewusstsein werden gefördert.

---

[112] Vgl. Jung, H.: Personalwirtschaft, a.a.O., S. 489.

- Ein Abbau der Unternehmenshierarchie ist möglich.
- Das Mitarbeiter-Vorgesetzten-Verhältnis kann verbessert werden.
- Entscheidungen können schneller getroffen werden.

Als **Nachteile** sind zu nennen:

- Vorgesetzte delegieren unter Umständen nur uninteressante Arbeiten.
- Das Prinzip ist zu stark aufgabenorientiert und zu wenig mitarbeiterorientiert.
- Das Führungsprinzip berücksichtigt nur die vertikalen Hierarchiebeziehungen, vernachlässigt jedoch die notwendigen horizontalen Koordinationen.

(6) Management by Systems

Management by Systems als **Führung durch Systemsteuerung** versucht eine weitgehende Selbststeuerung aller Teilsysteme einer Unternehmung mit Hilfe eines möglichst perfekten Informations-, Planungs- und Steuerungssystems zu erzielen. Durch die Systematisierung aufeinanderfolgender Arbeitsprozesse sollen Kosten gesenkt und Leistungen gesteigert werden.[113]

Als **Vorteile** des Management by Systems sind zu nennen:

- Es vereint die Vorteile des Management by Exception, Delegation und Objectives.
- Es führt zu einer stärkeren Entlastung der Führungskräfte.
- Es ermöglicht eine weitgehend automatische Steuerung von Routineprozessen durch Computerunterstützung.
- Die Informationsversorgung sämtlicher Führungsebenen wird verbessert.
- Die Problemerkennung wird beschleunigt.
- Alle Führungsfunktionen können schneller wirksam werden.

Die **Nachteile** sind:

- Die Einführung verursacht hohe Kosten.
- Es kann aufgrund der geringen Entscheidungsfreiheit lähmend wirken.
- Es kann zu Enthumanisierung und Entfremdung im Unternehmen führen.

Da gegenwärtig die technischen Voraussetzungen für die Umsetzung dieses Modells nicht gegeben sind, ist ein derartiges Modell noch als Fiktion anzusehen. In seiner Perfektion wird es jedoch aufgrund der Entfremdung völlig automatisierter Arbeitsprozesse von vielen Unternehmen nicht gewünscht.

(7) Management by Motivation

Die Grundidee des Management by Motivation (**Führung durch Motivation**) besteht darin, dass die Leistung der Mitarbeiter überwiegend durch verhaltensorientierte, **nichtmonetäre** Anreize gesteigert werden soll.[114] Diese Anreize sollen durch folgende **Voraussetzungen** geschaffen werden:

---

[113] Vgl. Wagner, H./ Städler, A.: Führung: Grundlagen, Prozesse und Konzeptionen der Mitarbeiterführung in Unternehmungen, a.a.O., S. 147.
[114] Vgl. Heinen, E.: Betriebswirtschaftliche Führungslehre, S. 249.

- Eigener Verantwortungsbereich wird den Mitarbeitern übertragen
- Einräumen von Mitspracherecht bei der Zielbildung
- Selbstkontrolle des Leistungsergebnisses

Dieses Prinzip sieht im Mitarbeiter einen mündigen Menschen, der nicht nur das Ziel des Gelderwerbs verfolgt, sondern auch das **Ziel der Selbstverwirklichung**. Liegt eine solche Zielverfolgung vor, können Maßnahmen wie Belohnung und Bestrafung nur kurzfristige Anreize bringen.

(8) Management by Breakthrough

Management by Breakthrough oder offensive Führungstaktik ist ein Führungsprinzip, welches alle unternehmerischen Tätigkeiten auf **zwei Hauptziele** auszurichten versucht:

1. Auf **Durchbrüche** zur Erreichung notwendiger Veränderungen und Verbesserungen. Das Ziel ist hierbei der Durchbruch zu einer höheren Leistungsstufe (neue Produkte / neue Märkte / Kostensenkung / Qualitätsverbesserung).
2. Auf **Kontrollen** zur Vermeidung ungünstiger Veränderungen (Budgetüberschreitung / Termineinhaltung / Qualitätsmängel). Ziel ist die Wahrung des vorhandenen Status oder die Erfüllung geplanter Veränderungen.

Alle Führungsaufgaben lassen sich in Durchbruch- und Kontrollmaßnahmen einteilen. Diese werden meist gleichzeitig durchgeführt und sind für die Existenzsicherung des Unternehmens erforderlich.

(9) Management by Results

Grundlage dieses Modells, des Management by Results (**Führung durch Ergebnisüberwachung**) ist die Annahme, dass die Delegation von Aufgaben allein nicht ausreicht, den Führungsprozess leistungswirksam zu gestalten.

Bei diesem Modell werden die Leistungen der unterstellten Mitarbeiter ständig anhand der **Ergebnisse überwacht**. Dabei soll sowohl die Festsetzung der von den Mitarbeitern zu erreichenden Ergebnisse (**Leistungs-Soll**) als auch die daran ausgerichtete Leistungskontrolle (**Ist-Leistung**) durch den Vorgesetzten erfolgen.

Diesem stark **autoritär** ausgerichteten Prinzip liegt die Annahme zugrunde, dass die Höhe der Anforderungen an die Mitarbeiter mit der Qualität in einer **Wechselbeziehung** steht. Weiterhin kann man diesem Prinzip unterstellen, es gehe davon aus, dass Führung nur dann effektiv sein kann, wenn der Mitarbeiter ständig kontrolliert wird. Eine Mitbestimmung der Mitarbeiter an den zu erreichenden Zielen ist hier nicht möglich.

(10) Management by Control

Die **Führung durch Kontrolle** ist dadurch gekennzeichnet, dass Vorgesetzte der Auffassung sind, "ohne mich geht es nicht". Da sie sich um alles kümmern, sind sie meist überlastet, und ihnen bleibt für eigentliche Führungsaufgaben nur wenig Zeit. Aufgaben werden nicht in Form von Aufgabenstellungen sondern von **Einzelanweisungen** verteilt, und es erfolgt ein ständiger direkter Eingriff des Vorgesetzten in die Arbeit der Mitarbeiter. Diese passen sich der autoritären Führung an und sind schwer zu motivieren.

2.5.5 Kommunikation als Führungsinstrument

Unter Kommunikation wird allgemein der Prozess des Austausches von Signalen zwischen Sender und Empfänger verstanden. Entsprechend der Darstellung in Abb. 49 erfolgt Kommunikation in Form eines Kommunikationskreislaufes, bei dem:

- der Sender als Signal codierte Informationen (Fakten, Meinungen, Absichten) über einen bestimmten Kanal (z.B. mündlich oder schriftlich) an den Empfänger übermittelt.

- Der Empfänger das Signal decodiert und ein entsprechendes Feedback als Reaktion oder Antwort vom Empfänger zum Sender erfolgt.

Für die Mitarbeiterführung ist zwar das gesamte Kommunikationsspektrum (z.B. auch Mimik, Gestik und Körperhaltung) von Bedeutung, im Mittelpunkt steht jedoch die verbale Kommunikation.

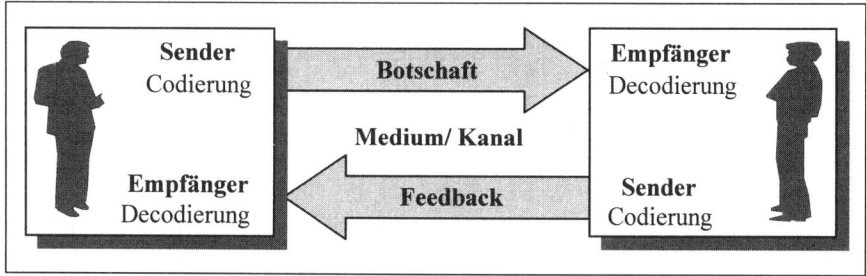

Abb. 49: Kommunikations-Kreislauf[115]

Aufgrund zunehmender Spezialisierung und Arbeitsteilung hat die Information bzw. Kommunikation im Hinblick auf die Erfüllung der betrieblichen Sachaufgaben zentrale Bedeutung erlangt. Die Kommunikation dient jedoch außer der Übertragung betriebsnotwendiger Informationen auch der Mitarbeitermotivation. Indem die Kommunikation den Mitarbeitern das Wissen um betriebliche Zusammenhänge und den Stellenwert der eigenen Tätigkeit vermittelt und ihnen Einblick in die Hintergründe und Notwendigkeit der Anforderungen gibt, fördert sie das Interesse an der Arbeit und die Identifikation mit den Unternehmenszielen. Die Fähigkeit einer Führungskraft, mit Menschen "durch das Wort" umzugehen bzw. für ihre Tätigkeit zu gewinnen, ist demgemäss von großer Bedeutung.

Geht die Botschaft nur vom Sender zum Empfänger, dann spricht man von **Einwegkommunikation** oder auch von asymmetrischer Kommunikation. Dabei hat der Empfänger so gut wie keine Möglichkeit, auf die Kommunikation Einfluss zu nehmen. Einwegkommunikation findet man vor allem bei den Massenmedien, aber auch bei technischen Anlagen, wie etwa einer Lautsprecheranlage für wichtige Durchsagen im Unternehmen.

Auch das "Gespräch" zwischen Vorgesetzten und Mitarbeitern verläuft in der betrieblichen Realität häufig nach dem Schema der Einwegkommunikation: Der Vorgesetzte sen-

---

[115] Vgl. Jung, H.: Personalwirtschaft, a.a.O., S. 461.

det, die Mitarbeiter empfangen. Diese "Einwegkommunikation" ist für Besprechungen und Gespräche im Betrieb ungeeignet und deshalb nach Möglichkeit zu vermeiden. [116]

2.5.5.1 Vier-Seiten-Modell der Kommunikation

Das Vier-Seiten-Modell der Kommunikation als das bekannteste Kommunikationsmodell wurde von Schulz von Thun entwickelt. Kernaussage des Modells ist, dass jede Nachricht stets vier Seiten beinhaltet, die gleich wichtig sind. [117]

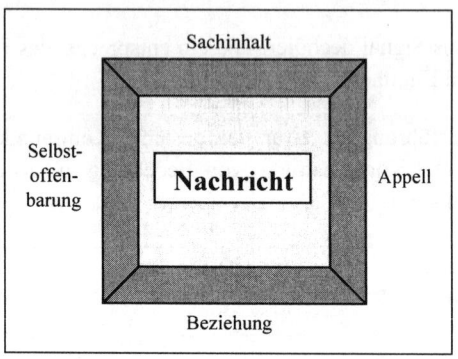

Abb. 50: Die vier Seiten der Nachricht

Die **inhaltliche Seite** der Kommunikation besteht in ihrem Sachinhalt bzw. ihrer Sachinformation. Beim Austausch von Sachinformationen können vor allem Probleme mangelnder Sachlichkeit und Verständlichkeit auftreten. Eine Botschaft ist häufig unsachlich, sofern emotionale Spannungen bestehen, die den eigentlichen Sachinhalt in den Hintergrund treten lassen. Ein Mangel an Verständlichkeit hingegen ist dann gegeben, wenn die Botschaft akustisch nicht verstanden oder der Inhalt schwer verständlich dargestellt wird.[118]

Die **Selbstoffenbarungsseite** der Kommunikation beruht darauf, dass jeder Sender durch die Art der verbalen oder nonverbalen Kommunikation Informationen über seine eigene Persönlichkeit mitteilt. Sie umfasst dabei sowohl die gewollte Selbstdarstellung als auch die unfreiwillige Selbstenthüllung. Unter Selbstdarstellung versteht man die bewusste und gezielte Darstellung der eigenen Person. Hierzu stehen eine Vielzahl von Techniken zur Verfügung, z.B.:

- **Imponiertechniken**, die durch das Bemühen, sich von seiner besten Seite zu zeigen gekennzeichnet sind
- **Fassadentechniken**, die darauf abzielen, negativ empfundene Anteile der eigenen Person zu verbergen oder zu tarnen
- **Selbstverkleinerungstechniken**, die darauf ausgerichtet sind, sich selbst als klein, hilflos, schwächlich und wertlos darzustellen d.h. das eigene Licht unter den Scheffel zu stellen.

---

[116] Vgl. Jung, H.: Personalwirtschaft, a.a.O., S. 460.
[117] Vgl. Schulz von Thun, F.: Miteinander reden, Band 1: Störungen und Klärungen, Reinbek bei Hamburg 1990, S. 14.
[118] Vgl. Klaus, H./ Schneider, H.J.: Personalführung, 9. Auflage, Köln, 1992, S. 275.

Die unfreiwillige Selbstenthüllung bezieht sich auf die Tatsache, dass ein Sender auch ungewollt Selbstoffenbarungsbotschaften vermittelt.

Die **Beziehungsseite** der Nachricht besteht darin, dass der Sender durch die Art der Formulierung, durch Tonfall, Mimik und Gestik eine bestimmte Art der Beziehung zum Empfänger zum Ausdruck bringt. Es sind dabei zwei Arten von Botschaften zu unterscheiden. Zum einen drückt der Sender aus, was er vom Empfänger hält, zum anderen teilt er ihm mit, wie er die Beziehung zwischen sich und dem Empfänger sieht.

Die Beziehungsseite, die strenggenommen einen speziellen Teil der Selbstoffenbarung darstellt, unterscheidet sich von dieser somit dadurch, dass sie statt Ich-Botschaften Du- und Wir-Botschaften enthält.[119] Da die Beziehungsseite einer Botschaft bestimmt, wie sich der Empfänger als Person behandelt fühlt, ist sie für die zwischenmenschliche Kommunikation von außerordentlich großer Bedeutung.

Die **Appellseite** der Nachricht dient dazu, wirkungsvoll Einfluss zu nehmen, d.h. den Empfänger dazu zu veranlassen, Dinge zu tun oder zu unterlassen, zu denken oder zu fühlen. Appelle treten nicht immer in Erscheinung und werden dann als Manipulation bezeichnet.

Gerade bei betrieblichen Kommunikationsvorgängen, in denen Vorgesetzte die Mitarbeiter zu einem bestimmten Handeln bewegen sollen, spielt der Appell eine wesentliche Rolle. Dabei sind drei Arten von Appellen zu unterscheiden:

- **Offene Appelle**, bei denen Wünsche und Aufforderungen direkt und offen ausgedrückt werden.
- **Verdeckte Appelle**, bei denen der Sender durch die Art, etwas von sich zu geben, beim Empfänger ein ganz bestimmtes emotionales Klima erzeugt, so dass dieser von sich aus bereit ist, wunschgemäß zu reagieren.[120]
- **Paradoxe Appelle**, bei denen der Sender genau an das Gegenteil dessen appelliert, was er beim Empfänger zu erreichen versucht. Die Grundannahme ist dabei, dass für den Empfänger mit einem Appell oft ein Druck empfunden ist, der beim Empfänger einen Gegendruck hervorruft, derart, dass dieser die Nicht-Befolgung als Beweis der eigenen Unabhängigkeit betrachtet und somit als Gelegenheit, die eigene Größe zu fühlen.

Kommunikationsstörungen entstehen häufig dadurch, dass der Empfänger einen Aspekt einer Information wichtig nimmt, während der Sender Wert auf einen anderen Aspekt legt.[121]

2.5.5.2 Transaktionsanalyse

Die von Eric Berne Anfang der sechziger Jahre begründete Transaktionsanalyse ist eine Methode, deren Anwendung zur Verbesserung der Kommunikation und dabei speziell der Beziehungsseite im Kommunikationsprozess beitragen soll. Indem sie der Führungskraft Einsichten in die Beweggründe ihres Handelns eröffnet, bietet sie diesen die Möglichkeit:

---

[119] Vgl. Schulz von Thun, F.: Miteinander reden, Band 1: Störungen und Klärungen, a.a.O., S. 158.
[120] Vgl. ebd., S. 221.
[121] Vgl. Klaus, H./ Schneider, H.J.: Personalführung, a.a.O., S. 274.

> **Einsatzbereich der Transaktionsanalyse**
>
> - sich selbst und die Gesprächspartner besser zu verstehen
> - sich in schwierigen Gesprächssituationen richtig zu verhalten

Abb. 51: Anwendung der Transaktionsanalyse

Unter Transaktion ist dabei die sogenannte Grundeinheit der Kommunikation zu verstehen, die entsprechend dem oben erläuterten Kommunikationsprozess jeweils aus einem Reiz und einer Reaktion besteht.

Die Tatsache, dass sich die gleichen Menschen zu verschiedenen Zeiten oft so unterschiedlich verhalten, dass sie kaum wiederzuerkennen sind, brachte Berne zu dem Schluss, dass jede Persönlichkeit aus drei Ich-Zuständen besteht, die verschiedene Entwicklungsstadien des Menschen widerspiegeln. Je nachdem, welcher Ich-Zustand gerade durch die Umwelt angesprochen wird, reagiert der Mensch entsprechend unterschiedlich.[122]

Das **Eltern-Ich** umfasst all das, was die Autoritätspersonen und dabei in erster Linie die Eltern dem Kinde während seiner ersten fünf bis sechs Lebensjahre vermittelt haben: Hilfe und Behütung, Lebensweisheiten, aber auch Ermahnungen, Ge- und Verbote, sowie Vorstellungen darüber, wie "man" sein soll. Das Kind nimmt wahr, was seine Eltern sagen und tun und speichert das Wahrgenommene dauerhaft in seinem Eltern-Ich.

Der entscheidende Punkt ist dabei, dass diese Verhaltensformen von den Kindern aufgrund mangelnder Erfahrungen ungeprüft übernommen werden. Deshalb bezeichnet man das Eltern-Ich auch als "gelerntes" Lebenskonzept. Die Entscheidungsgrundlage bilden gelernte Normen wie richtig, falsch, gut, böse.

Die Transaktionsanalyse unterscheidet zwei Ausprägungsformen des Eltern-Ich: Entweder es zeigt sich kritisch-verurteilend-moralisierend oder aber fürsorglich.

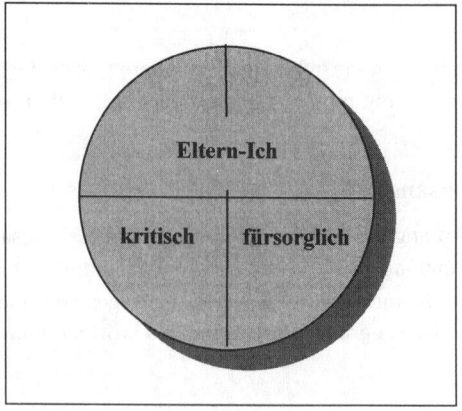

Abb. 52: Zwei Aspekte des Eltern-Ichs

---

[122] Vgl. Jung, H., Personalwirtschaft, a.a.O., S.524 ff.

Im **Kindheits-Ich** spiegeln sich alle inneren Ereignisse bzw. Gefühle wieder, die mit bestimmten äußeren Ereignissen verbunden sind, wie Freude, Überraschung, Erstaunen, Schmerz oder Angst. Da ein kleines Kind über wenige sprachliche Mittel verfügt, bestehen die meisten seiner gespeicherten Reaktionen aus Gefühlsäußerungen.[123] Beim "Abspielen" dieser Informationen ergeben sich entsprechend Verhaltensweisen, die stark vom Gefühl bestimmt sind. Man bezeichnet sie deshalb auch als "eingefühltes" Lebenskonzept.

Auch beim Kindheits-Ich sind verschiedene Erscheinungsformen zu unterscheiden. Während das freie Kindheits-Ich spontan und unbekümmert reagiert, ohne die Konsequenzen seines Verhaltens zu bedenken, ersetzt das angepasste Kindheits-Ich seine freien durch "erlaubte" Gefühle[124] und verhält sich fügsam bzw. angepasst, um den Erwartungen und Wünschen der Eltern zu entsprechen.

Hingegen zeigt sich das rebellische Kindheits-Ich trotzig, indem es sich grundsätzlich entgegengesetzt zu den Erwartungen und Wünschen der Umgebung verhält. Bei diesem Ich-Zustand bilden Gefühle wie Lust / Unlust, Gefallen / nicht Gefallen die Entscheidungsgrundlage.

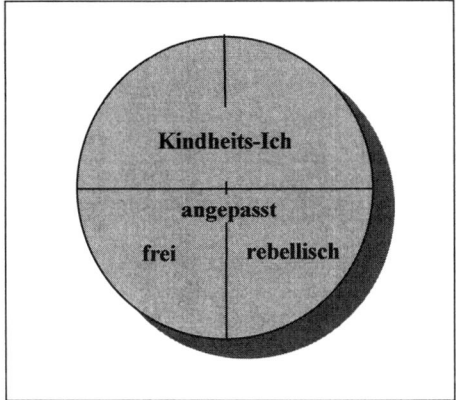

Abb. 53: Drei Aspekte des Kindheits-Ichs

Das **Erwachsenen-Ich** ist der computerhafte Teil einer Persönlichkeit, der logische Entscheidungen trifft, die weder durch die Spontaneität des Kindes noch durch das Normdenken des Eltern-Ichs beeinflusst sind. Das Eltern-Ich umfasst Erkenntnisse und Erfahrungen, die ein Mensch im Laufe seines Lebens sammelt und bei allen Entscheidungen zur Prüfung der Prämissen heranzieht.

Das Eltern-Ich lässt sich deshalb als ein "überlegtes" Weltbild charakterisieren. Entscheidungen werden durch Nachdenken (Vorteil / Nachteil) getroffen.

Typische Verhaltensweisen und Aussagen der drei Persönlichkeitszustände sind in der nachfolgenden Übersicht zusammengefasst.

---

[123] Vgl. Harris, T. A.: Ich bin o.k. Du bist o.k.: wie wir uns selbst besser verstehen und unsere Einstellung zu anderen verändern können - Eine Einführung in die Transaktionsanalyse, Reinbek bei Hamburg 1991, S. 40 f.
[124] Vgl. Klaus, H./ Schneider, H.J.: Personalführung, a.a.O., S. 284.

Ich-Ebene		Verhalten	Aussagen
Eltern-Ich	**Fürsorgliches**	tröstet, berechtigt, hilft	- Das schaffen wir schon! - Hab keine Angst! - Wenn wir alle zusammen helfen, reicht es.
	Kritisches	hebt den Zeigefinger, kritisiert, befiehlt	- Kommen Sie schon wieder zu spät? - Man hat doch immer seinen Terminplan dabei!
Erwachsenen-Ich		sammelt und gibt Informationen, schätzt Wahrscheinlichkeiten ein, trifft Entscheidungen	- Wie viel Uhr ist es? - Wer könnte den Brief noch haben? - Mit Hilfe der Netzplantechnik werden wir das Problem lösen.
Kindheits-Ich	**Freies**	spontan, ausgelassen, impulsiv	- Mensch schau mal! - Ganz prima, wie Sie das gemacht haben!
	Angepasstes	hilflos, hat Angst, passt sich den Normen an, gibt nach	- Ich möchte gern, aber vielleicht bekommen wir Ärger, wenn wir jetzt nicht gehen. - Das darf man nicht!
	Rebellisches	rebellisch, aggressiv, spitz, listig, egozentrisch	- Wenn Sie alles besser wissen, machen Sie doch Ihren Kram alleine! - Ich habe Ihren verdammten Brief nicht verschluckt!

Abb. 54: Typische Verhaltensweisen und Aussagen des Eltern-, Kindheits- und Erwachsenen-Ichs[125]

Alle drei Ich-Zustände sind in der Praxis von großer Bedeutung, da sie immer dort, wo zwei oder mehr Menschen miteinander kommunizieren, bei jedem der Gesprächspartner beteiligt sind, wobei jeweils einer die anderen beiden Ich-Zustände dominiert.

Für den Umgang mit Menschen ist es wichtig, zu wissen, wann sie sich in ihrem Erwachsenen-Ich, Kindheits-Ich oder Eltern-Ich befinden. In welchem Ich-Zustand sich eine Person befindet, kann aufgrund des zu jedem Zustand gehörenden verbalen und nonverbalen Verhalten erkannt werden.

Keiner der Ich-Zustände ist dabei prinzipiell richtig oder falsch. Erst die Art der Transaktion zwischen den Ich-Zuständen zweier Personen entscheidet darüber, ob es zu einer Übereinstimmung oder einem Konflikt kommt.

---

[125] Vgl. Crisand, E.: Psychologie der Persönlichkeit, 4. Auflage, Heidelberg 1985, S. 40.

(1) Parallele Transaktion

Parallele Transaktionen sind dadurch gekennzeichnet, dass der Reiz-Pfeil und der Reaktions-Pfeil parallel verlaufen. Dies bedeutet, dass die gegenseitigen Erwartungshaltungen erfüllt werden und der Kommunikationsprozess konfliktfrei fortgesetzt werden kann. Parallele Transaktionen können entweder auf gleicher Ebene (sogenannte Komplementär-Transaktionen) oder auf verschiedenen Ebenen erfolgen.

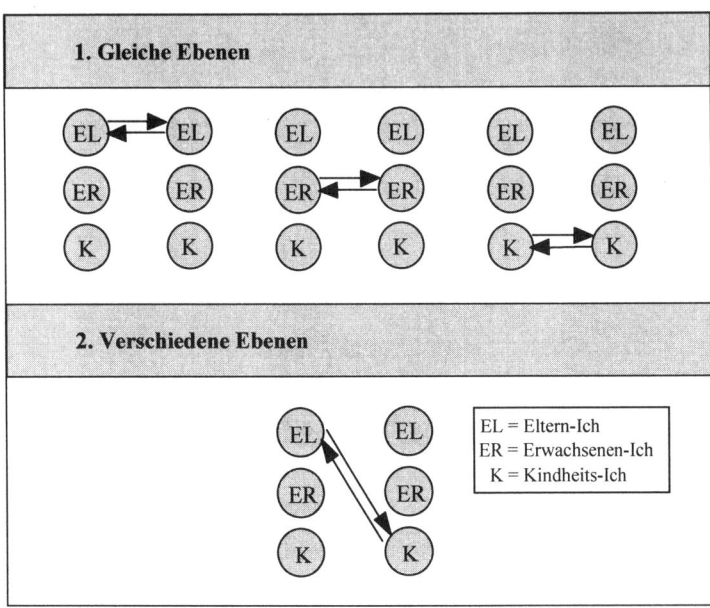

Abb. 55: Parallele Transaktionen[126]

(2) Gekreuzte Transaktionen

Von gekreuzten Transaktionen spricht man, wenn der Reiz-Pfeil und der Reaktions-Pfeil sich kreuzen.

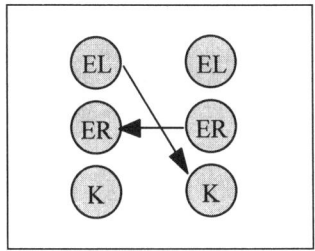

Abb. 56: Gekreuzte Transaktionen

Da der Empfänger nicht aus dem angesprochenen Ich-Zustand reagiert, erhält der Sender eine Antwort, die nicht seinen Erwartungen entspricht. Die Kommunikation zum ursprünglichen Thema ist beendet und schlägt eine andere Richtung ein. Gekreuzte

---

[126] Vgl. Klaus, H./ Schneider, H. J.: Personalführung, a.a.O., S. 288.

Transaktionen führen deshalb häufig zum Konflikt. Um eine positive Kommunikation zu sichern sind Wege zu finden, wie der aus gekreuzter Transaktion resultierende Gesprächskonflikt gelöst werden kann. Grundüberlegung ist dabei, das Erwachsenen-Ich zu stärken. Dazu empfiehlt die Transaktionsanalyse ein zweistufiges Vorgehen, bei dem auf der ersten Stufe eine Parallel-Schaltung des Ich-Bereiches erfolgt, um der Erwartungshaltung des Gesprächspartners zu begegnen und auf der zweiten Stufe das Gespräch auf der Ebene des Erwachsenen-Ich fortzusetzen.

(3) Verdeckte Transaktionen

Verdeckte Informationen sind dadurch gekennzeichnet, dass der Informationsaustausch auf zwei verschiedenen Ebenen abläuft. Es wird dabei häufig scheinbar sachlich auf der Erwachsenen-Ich-Ebene kommuniziert, gleichzeitig jedoch eine verdeckte Mitteilung an einen anderen Ich-Zustand adressiert.

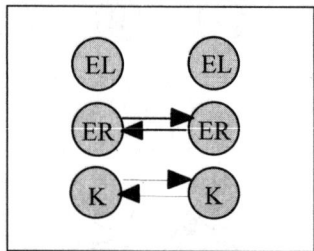

Abb. 57: Verdeckte Transaktionen

Die verdeckte Transaktion unterscheidet sich somit von den beiden anderen Transaktionsformen dadurch, dass hier etwas anderes gesagt wird, als eigentlich gemeint ist. Durch die "Doppelbödigkeit" ist immer ein leichtes Konfliktpotential vorhanden.

(4) Die vier Grundeinstellungen (Lebensanschauungen)

Bei den Grundeinstellungen handelt es sich um die Frage, wie eine Person sich selbst und seine Mitmenschen bewertet; sie können aus der Transaktionsanalyse abgeleitet werden.

1. Ich bin o.k. - du bist o.k.

Diese Grundeinstellung ist **die einzig konstruktive**. Wer diese Grundeinstellung besitzt oder derjenige, dem es noch gelingt, sie anderen gegenüber, besonders in kritischen Situationen, einzunehmen, wird diesen Menschen wertfrei und offen gegenüber stehen. Er gesteht sich selbst und anderen Fehler zu und bekennt sich zu seinen eigenen Bedürfnissen, Gefühlen und Ansichten, ohne die Forderung, dass andere diese teilen müssen.

2. Ich bin o.k. - du bist nicht o.k.

Diese Grundeinstellung mit **Überlegenheitsgefühlen** ist oft nur andeutungsweise zu erkennen. Da sich diese Menschen eher auf sich selbst als auf andere verlassen, wirken sie oft recht autonom, und es fällt ihnen leicht, eine Erwachsenen-Haltung einzunehmen. Wer eine solche Grundeinstellung annimmt, findet nur an anderen Fehler und ist nie selber Schuld.[127]

---

[127] Vgl. Schlegel, L.: Die Transaktionale Analyse, 3. Aufl., Tübingen,1987, S. 122.

3. **Ich bin nicht o.k. - du bist o.k.**

Diese Einstellung ist durch **Unterlegenheitsgefühle** geprägt. Es ist die Grundeinstellung, in der diejenigen gefangen sind, die bewusst an Minderwertigkeitsgefühlen leiden. Es sind die Menschen, die die Neigung haben, sich zu entschuldigen, wenn sie von anderen angerempelt, angegriffen oder herabgesetzt werden.

4. **Ich bin nicht o.k. - du bist nicht o.k.**

Diese Grundeinstellung ist geprägt durch **Sinn- und Wertlosigkeit**. Es muss allerdings nicht sein, dass diese Menschen einen verzweifelten oder hoffnungslosen Eindruck machen. Oft verbergen sie nicht nur vor anderen, sondern auch vor sich selbst die Überzeugung von der Sinn- und Hoffnungslosigkeit der Existenz hinter einem durchaus umgänglichen, manchmal jedoch von einem ironischen Unterton geprägten Verhalten.[128]

Die meisten Transaktionsanalytiker nehmen an, dass die Grundeinstellung in der sich jemand befindet, je nach Situation verschieden sein kann, dass jedoch meist eine der vier Haltungen überwiegt. Sie kommt in Krisensituationen oft deutlich zum Ausdruck. Die Grundeinstellung entwickelt sich schon sehr früh im Leben: Schlüsselerlebnisse im Säuglingsalter können bereits Anlass sein, zu einer bestimmten Grundeinstellung zu neigen.[129]

	Lebenspositionen	
	Ich bin o.k.	**Ich bin nicht o.k.**
Du bist o.k.	konstruktiv umgehen mit dem Problem / dem anderen	sich zurückziehen von dem Problem / dem anderen
Du bist nicht o.k.	loswerden das Problem / den anderen	nichts anfangen, stecken bleiben

Abb. 58: Grundeinstellungen in der Transaktionsanalyse

(5) Die manipulativen Rollen

In Anlehnung an die Lebenspositionen lassen sich drei unterschiedliche Rollen feststellen, die ein Mensch in bestimmten Situationen einnimmt.

In einer **Retter-Rolle** befindet sich derjenige, der um vor sich selbst bestehen zu können, jemanden braucht, dem er helfen kann. Er hat dadurch die Neigung, andere in eine komplementäre Opferrolle zu drängen.

Jemand, der sich mit der **Verfolger-Rolle** identifiziert, macht anderen gerne Vorwürfe, beschuldigt sie, klagt sie an oder setzt sie gar herab. Dies kann sowohl mit Worten, wie auch durch Gebärden geschehen.

Wer eine **Opfer-Rolle** einnimmt, gibt sich abhängig, hilflos, kindlich, unwissend und schüchtern.

---

[128] Vgl. Schlegel, L.: Die Transaktionale Analyse, a.a.O., S. 123.
[129] Vgl. ebd., S. 120.

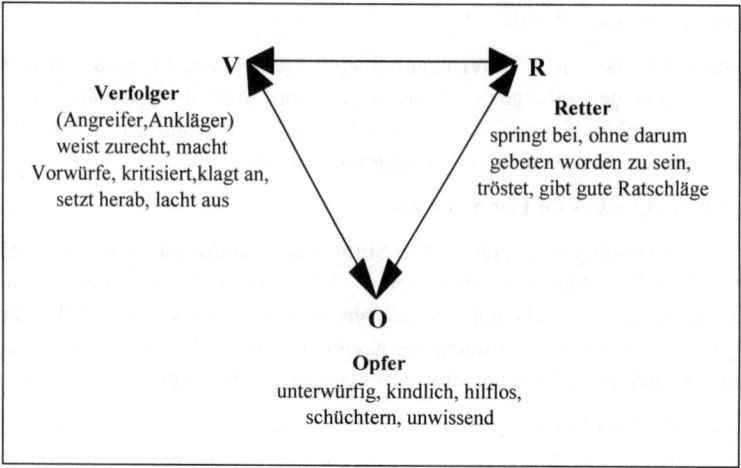

Abb. 59: Manipulative Rollen

Die durch die Transaktionsanalyse gewonnenen Einsichten können bei der Mitarbeiterführung sehr wertvoll sein. Allein durch die Tatsache, dass man sich selbst besser kennen lernt, gelingt es, das Verhältnis zu einer anderen Person zu verbessern. Eine Führungskraft, die merkt, in welchem Ich-Zustand sie sich befindet, hat alle Möglichkeiten, ihren zukünftigen Transaktionen eine nützlichere, positivere Richtung zu gebeben.

2.5.6 Persönlichkeitstypologie als Führungsinstrument

Für eine Führungskraft ist es weiter wichtig, Kenntnisse über die Besonderheiten von Charakterstrukturen der einzelnen Menschen (Mitarbeiter) zu besitzen.

Sich damit auseinander zusetzen und sich zu bemühen, die gewonnenen Erkenntnisse richtig anzuwenden, erfüllt einen dreifachen Zweck:[130]

1. Die Führungskraft ist im Umgang mit den Mitarbeitern besser in der Lage, sich auf die individuelle Wesensart der verschiedenen Menschen einzustellen, wenn sie über gute Menschenkenntnis verfügt (zum Beispiel braucht der eine bei Anerkennung und Kritik eine klare Sprache, der andere reagiert schon auf Andeutungen). Der Vorgesetzte kann die unterschiedlichen Bedürfnisse der Mitarbeiter besser erkennen und seine Möglichkeiten der Motivation darauf ausrichten.

2. Eine Führungskraft, die über menschliche Verhaltensweisen Bescheid weiß, gewinnt ein entscheidendes Hilfsmittel zur Selbsterkenntnis und zur Arbeit an sich selbst.

3. Ein weiterer Nutzeffekt aus dem Wissen über die Wesensart des Menschen ist die bessere Beurteilung der Mitarbeiter im Hinblick auf Personalentscheidungen: "Der richtige Mann am richtigen Platz".

Aus der Vielzahl verschiedener Führungstypologien hat in den letzten Jahren die Typologie von Riemann an Bedeutung gewonnen und kann insbesondere im Führungsprozess als wichtiges Instrument Verhaltensweisen analysieren.

---

[130] Vgl. Jung, H.: Personalwirtschaft, a.a.O., S. 534 f.

2.5.6.1 Die vier Persönlichkeitstypen

Die Persönlichkeitstypologie nach Riemann[131] beschreibt vier Charaktere, ihre Entwicklung und Verhaltensmuster. Sie beruht auf den vier Grundformen der Angst. Die Angst ist etwas abstraktes und jeder Mensch erlebt seine persönliche Form der Angst. Angst besitzt einen Doppelaspekt: sie kann aktiv machen aber auch lähmen, z.B. lähmende Angst vor Prüfungen oder das aktive Weglaufen vor Gefahren.

Der Versuch, die Angst anzunehmen, bedeutet einen Schritt in Richtung ihrer Überwindung. Die Verdrängung der Angst bzw. die Weigerung, die Angstschranke zu überwinden, führt zur Stagnation der Weiterentwicklung des Menschen. Es wird deutlich, dass jede Weiterentwicklung von der Auseinandersetzung und Bewältigung von Ängsten abhängig ist. Nach Riemann lassen sich alle Ängste auf vier Grundformen zurückführen:

- **Angst vor Selbsthingabe**
  wird als Ich-Verlust und Abhängigkeit empfunden
- **Angst vor Selbstwerdung**
  wird als Einsamkeit und Isolation empfunden
- **Angst vor Wandlung**
  wird als Vergänglichkeit und Unsicherheit empfunden
- **Angst vor Ordnung und Notwendigkeit**
  wird als Endgültigkeit und Unfreiheit empfunden

Abb. 60: Grundformen der Angst

Aus jeder der vier Grundformen der Angst entsteht analog eine Persönlichkeitsstruktur, je nachdem, welche Angstform besonders stark ausgeprägt ist. Die vier Persönlichkeitsstrukturen sind Normalstrukturen, die bei dem einzelnen Menschen unterschiedlich stark akzentuiert sein können. Tritt bei einem Menschen eine Angstform sehr einseitig auf und wird sehr stark ausgelebt, so kann dies in der Endstufe zu einer der vier großen Neuroseformen führen:[132]

- Schizophrenie
- Depression
- Zwangsneurose
- Hysterie

Nach Riemann sind unter den Persönlichkeitsstrukturen die "gesunden" und die neurotischen Formen zusammengefasst, um neben der lebensgeschichtlichen Entstehung direkt die neurotische Variante zu betrachten. Die Persönlichkeitsstrukturen nehmen bei Riemann den Charakter einer Typenlehre an, wobei er darauf aufmerksam macht, dass die menschliche Entwicklung zwar von einigen Faktoren abhängig ist, aber in gewissen Grenzen durch den Menschen selbst gestaltet und verändert werden kann.

Eine Persönlichkeitsstruktur an sich hat nichts Krankhaftes. Jeder kann sich einer dieser Strukturen zuordnen. Der Übergang vom Gesunden zum Kranken erfolgt jedoch kontinuierlich. Wenige Menschen sind definitiv nur einer Struktur zuzuordnen, meistens liegen Kombinationen vor.

---

[131] Vgl. Riemann, F.: Grundformen der Angst, München/ Basel 1979.
[132] Vgl. Jung, H.: Persönlichkeitstypologie, München/ Wien, 2. Auflage, 1999, S. 7.

In der folgenden Graphik wird der Zusammenhang zwischen den Grundformen der Angst auf der einen Seite und den sich daraus ergebenden Persönlichkeitsstrukturen auf der anderen Seite dargestellt:

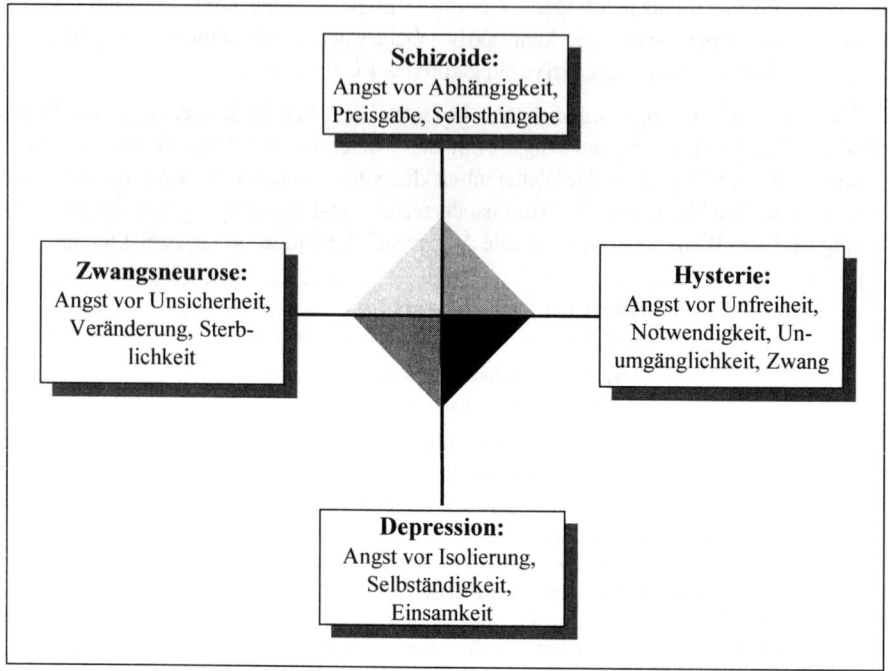

Abb. 61: Neuroseformen und zugehörige Grundformen der Angst

Die Verhaltensweisen treten sehr selten in reiner und konzentrierter Form, sondern fast immer in Mischformen auf, so dass die einzelnen Charaktere auch durchaus positive Eigenschaften aufweisen.

Wenn bei einem Menschen jeweils eine Angst ein starkes **Übergewicht** hat, lassen sich folgende vier Persönlichkeitstypen unterscheiden:

(1) Die schizoide Persönlichkeit

Die Angst vor Selbsthingabe zu den Mitmenschen zwingt die schizoide Person, die **Selbstbewahrung** und **Ich-Abgrenzung** in ihrem Leben in den Vordergrund zu stellen. Dies kann in verschieden starken Stufen bis hin zur Krankheitsform "Schizophrenie" auftreten. Dieser Mensch besitzt einen starken Drang nach Autarkie und hoher Unabhängigkeit.

Im Kontakt mit der Umwelt wird sich der schizoide Mensch eher unpersönlich verhalten und distanziert auftreten.[133] Durch die fehlende Selbsthingabe wächst der Abstand zwischen den schizoiden Persönlichkeiten und ihrer Umwelt. Durch diese Entfernung zur mitmenschlichen Umwelt weiß der schizoid Veranlagte zu wenig von anderen Menschen, er wird unsicher im Umgang mit ihnen.

---

[133] Vgl. Jung, H.: Persönlichkeitstypologie, a.a.O., S. 9 ff.

(2) Die depressive Persönlichkeit

Im Gegensatz zur schizoiden Persönlichkeit hat der Depressive Angst vor der Ich-Werdung. Er ordnet sich lieber in ein übergeordnetes Ganzes ein. Für den depressiven Menschen bedeutet Individualität und Unabhängigkeit von anderen Menschen Einsamkeit und Isolation. Er lebt nicht sich selbst, sondern lebt durch andere Menschen.

Der depressive Menschentyp benötigt den anderen, um seine Liebesfähigkeit und Liebesbereitschaft zu zeigen und um sein Bedürfnis nach Liebe zu stillen. Die **Abhängigkeit**, die von ihm mit Sicherheit gleichgesetzt wird, taucht in zwei Varianten auf:

1. Die depressive Persönlichkeit verhält sich kindlich-hilflos und schafft das Abhängigkeitsverhältnis selbst.
2. Die depressive Persönlichkeit macht den Partner zum Kind und so zum Abhängigen.

(3) Die zwanghafte Persönlichkeit

Unter dem Begriff "zwanghafte Persönlichkeit" werden alle Formen des Strebens nach **Dauer** und **Beständigkeit** zusammengefasst.

Den zwanghaften Menschen belastet vor allem die Angst vor Risiko, Veränderung und Erneuerung, deshalb hält er an Erfahrungen, Einstellungen, Grundsätzen und Gewohnheiten "eisern" fest. Er lebt vorsichtig, vorausschauend und mit zielbewusster Planung auf lange Sicht.

Auf diese Art und Weise befriedigt die zwanghafte Persönlichkeit ihr übergroßes Sicherheitsbedürfnis, welches für ihre Veranlagung charakteristisch ist. Der Kampf gegen alles Neue lähmt die Entwicklung des Menschen und wird mit der Zeit immer aufwendiger.

(4) Die hysterische Persönlichkeit

Der hysterische Mensch lebt von Augenblick zu Augenblick, immer auf der Suche nach neuen Reizen, planlos und ohne klare Ziele. Das Wichtigste für derart veranlagte Personen ist das Gefühl der **Freiheit**, ohne das sie nicht leben können. Dinge, die von vornherein durch Gesetze, Konventionen oder die Natur unausweichlich festgelegt sind, sind für diese Personen problematisch.

Sie versuchen der Realität durch den Aufbau einer Scheinwelt zu entfliehen, indem sie die Wirklichkeit in Frage stellen oder übersehen. Sie erleben Enttäuschungen, wenn sie mit der Realität in Kontakt treten, da sie sich in ihr nicht mehr zurechtfinden.

Zwei sich gegensätzlich zueinander verhaltende Persönlichkeitsstrukturen wie zwanghaft-hysterisch und schizoid-depressiv scheinen eine instinktive Anziehung aufeinander auszuüben. Der eine besitzt Eigenschaften und zeigt Verhaltensweisen, die der andere an sich selbst vermisst oder unterdrückt. Riemann interpretiert dies als unbewusste Suche nach Ergänzung und Vollkommenheit.[134]

In der folgenden Abbildung werden zu jedem Typ die positiven und negativen Eigenschaften aufgeführt:

---

[134] Vgl. Jung, H.: Persönlichkeitstypologie, a.a.O., S. 51.

Persönlichkeitstypologien

Schizoide Persönlichkeit

positive	negative
-konsequent	-intolerant
-selbstsicher	-gleichgültig
-distanzfähig	-kontaktschwach
-autonom	-unsensibel
-entscheidungsfreudig	-einsame Entschlüsse
-unbeirrbar	-störrisch
-kritisch	-misstrauisch
-eigenständig	-abweisend

Zwanghafte Persönlichkeit

positive	negative
-exakt	-pingelig
-pünktlich	-pedantisch
-systematisch	-starr
-ausdauernd	-verbissen
-fleißig	-streberhaft
-zuverlässig	-langweilig
-ordentlich	-putzwütig
-genau	-unflexibel
-verlässig	-bieder
-korrekt	-doktrinär
-vorsichtig	-kleinlich

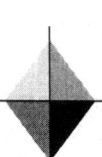

Hysterische Persönlichkeit

positive	negative
-spontan	-chaotisierend
-gewandt	-oberflächlich
-flexibel	-sprunghaft
-einstellungsfähig	-ablenkbar
-risikofreudig	-leichtsinnig
-innovationsfreudig	-unstetig
-großzügig	-unrealistisch
-mitreißend	-launisch
-überzeugend	-flatterhaft
-anregend	-zigeunerhaft
	-unruhig

Depressive Persönlichkeit

positive	negative
-resonanzfähig	-resonanzabhängig
-einfühlsam	-nachgiebig
-kameradschaftlich	-kumpelhaft
-kontaktfähig	-aufdringlich
-empfindsam	-empfindlich
-hilfsbereit	-lästig
-beratend	-entscheidungsschwach
-tolerant	-lasch
-verstehend	-sich überfordernd

Abb. 62: Eigenschaften der Persönlichkeitstypen[135]

---

[135] Vgl. Jung, H.: Persönlichkeitstypologie, a.a.O., S. 52.

2.5.6.2 Die Bedeutung der Persönlichkeitstypologie für die Führungskraft

Die vorangegangenen Ausführungen können dazu dienen, die Menschenkenntnis der Führungskraft zu verbessern, und ihr helfen, Konflikte mit Mitarbeitern, Gleichgestellten und / oder Vorgesetzten besser zu bewältigen.

Weiterhin stellt sich für die Führungskraft die Frage nach der Leistungsfähigkeit, die der einzelne Persönlichkeitstyp besitzt und welches Entwicklungspotential er in das Unternehmen einbringen kann.

	Schizoide Persönlichkeit (unabhängig)	Depressive Persönlichkeit (fürsorglich)
Leistungs-fähigkeit	- Leistungsminderung durch fehlenden Aufforderungscharakter der Umwelt - Leistungsmangel bei Tätigkeiten mit zwischenmenschlichem Kontakt, wie z.B. Teamarbeit - Höchstleistungen werden erbracht, wenn die Persönlichkeitsstruktur noch nicht so ausgeprägt ist	- Keine große Leistungsfähigkeit, bedingt durch die fehlende aggressive Auseinandersetzung mit der Ich-Schwäche - Ist der Stärkegrad noch nicht so intensiv, dann sind sie leistungsfähig, aber zu angepasst und betont pflichtbewusst
	Zwanghafte Persönlichkeit (beherrscht)	**Hysterische Persönlichkeit (lebhaft)**
	- Die frühkindliche Überforderung kann zu Arbeitsstörungen führen - Leistung nur in eingefahrenen Bahnen - Keine schöpferische Leistung Höchstleistungen bei geringer Intensität möglich	- Leistungsbereitschaft ist personenabhängig - Leistungsstärken liegen im Überzeugen und Begeistern - Leistungsschwächen liegen in Verantwortlichkeit, Konsequenz und Ausdauer

Abb. 63: Die Leistungsfähigkeit der Persönlichkeitstypen[136]

Jeder der vier Charaktertypen besitzt sowohl wünschenswerte wie auch weniger wünschenswerte Verhaltensweisen und Eigenschaften. Für jeden Einzelnen ist es wichtig, diese charakterspezifischen Eigenschaften zu erkennen, zu nutzen und gegebenenfalls abzuschwächen. Seelisch gesund ist, wer die vier Grundrichtungen in einem ausgewogenen Verhältnis zu leben vermag.

Das Fazit der vorangegangenen Betrachtungen ist, dass die Erkenntnisse der Persönlichkeitstypologie ein wichtiges Führungsmittel sind, das - wenn es von der Führungskraft richtig und bewusst angewendet wird - viel zum Betriebsklima und damit zur Lebensenergie eines Unternehmens beitragen kann.

---

[136] Vgl. Jung, H.: Persönlichkeitstypologie, a.a.O., S. 58 und Jung, H.: Personalwirtschaft, a.a.O., S. 539.

3 Organisation

3.1 Ziele der Organisation

Im Hinblick auf die bestmögliche Erfüllung der betrieblichen Ziele ist es erforderlich, dafür zu sorgen, dass sich die Erfüllung der verschiedenen Teilaufgaben nicht isoliert und unkoordiniert vollzieht. Dies geschieht im weitesten Sinne durch die Schaffung einer Organisation. In dieser Organisation werden **Anordnungs- und Kontrollbeziehungen** sowie **Kommunikationsbeziehungen** verschiedener Art erfasst. Die Organisationsaufgaben bestehen also darin, ein System zu errichten, welches gegebene Zielsetzungen möglichst optimal erreichen kann, und dieses System Änderungen des Zielkonzeptes, technischen Neuerungen, Umweltveränderungen und wissenschaftlichen Erkenntnissen anzupassen.[137]

Die Organisation kann ein tragender Pfeiler des betrieblichen Erfolgs sein. Der Anteil an diesem Erfolg hängt im wesentlichen davon ab, wie es gelingt, die Organisation den betrieblichen Bedingungen anzupassen.

3.2 Begriff der Organisation

In der Literatur ist der Begriff der Organisation nicht einheitlich definiert. Das zeigt sich durch die mehrdeutige Verwendung des Organisationsbegriffs. So finden sich sinngemäß folgende Verwendungen des Organisationsbegriffs:[138]

- Organisieren als Tätigkeit,
- Organisationsgebilde als Objekt dieser Tätigkeit,
- Organisation als Ordnung, welche die Unternehmung durch das Organisieren erhält.

Die für uns wichtige Definition ist die letztere der oben genannten. Grundproblem dieses Organisierens ist die **rationale Gestaltung des betrieblichen Aufbaues** und die **rationale Regelung der** im Betrieb **notwendigen Funktionen**.

Diese beiden Forderungen an die Organisation erfordern eine planvolle Zuordnung der im Betrieb miteinander in Beziehung stehenden Aktionsträger in Gestalt der in ihm tätigen Menschen und Maschinen[139].

Blohm[140] definiert daher die Organisation als "die methodische Zuordnung von Menschen und Sachdingen, um deren bestmögliches Zusammenwirken im Sinne einer dauerhaften Erreichung der gesetzten Ziele zu gewährleisten." Er unterscheidet weiter, dass diese Zuordnung rein sachbezogen, rein menschbezogen oder auch mensch-sachbezogen erfolgen kann. Aus heutiger Sicht kann eine sowohl rein menschbezogene als auch eine

---

[137] Vgl. Nagel, K.: Die sechs Erfolgsfaktoren des Unternehmens, a.a.O., 1991, S. 115.
[138] Vgl. Schwarz, H.: Betriebsorganisation als Führungsaufgabe, 5. Auflage, München 1972, S. 19.
[139] Vgl. Meyer, F.: Betriebliche Organisationslehre: Unternehmensaufbau – Arbeitsablauf, 9. Auflage; Stuttgart 1988, S. 13.
[140] Vgl. Blohm, H.: Organisation, Information und Überwachung, Wiesbaden 1969, S. 18.

rein sachbezogene Betrachtung des Organisationsbegriffs auf Ablehnung stoßen. So trifft die Definition von Schwarz den Sinn der Organisation aus heutiger Sicht sehr gut.

"Organisation ist als System dauerhaft angelegter betrieblicher Regelungen, das einen möglichst **kontinuierlichen und zweckmäßigen Betriebsablauf** sowie den Wirkzusammenhang zwischen den Trägern betrieblicher Entscheidungsprozesse gewährleisten soll, gleichgültig, ob diese Regelungen schriftlich vorliegen oder nicht, zu verstehen."[141]

Organisation muss immer mit Blick auf das Unternehmen als Ganzes gesehen werden. Zum Zweck der besseren Durchdringung wird die Organisation in **Aufbauorganisation** und **Ablauforganisation** unterteilt.

3.3 Reorganisation / Improvisation / Disposition

Reorganisation ist jede Änderung im geltenden System von Regelungen mit dem Ziel, die Betriebsziele sicherer und ökonomischer zu erreichen. Dies muss durch eine gegenüber dem Ist-Zustand zweckmäßigere Zuordnung von Teilaufgaben, Menschen und Sachmitteln geschehen. Das Organisieren ist mit einem Kombinationsprozess zur Erreichung von Sachzielen vergleichbar. Mensch, Teilaufgabe und Sachmittel sind dann als Organisationsfaktoren aufzufassen. Entspricht ihre Kombination nicht mehr den durch die betriebliche Planung gesetzten Gesamt- oder Teilzielen, ist Reorganisation erforderlich.

Reorganisationen sind Anpassungsmaßnahmen. Anlässe hierfür sind:[142]

- **Organisatorische Mängel**
Diese sind mitunter schwer zu erkennen und nach Ursache und Wirkung zu unterscheiden. Auswirkungen schlechter Organisation können sein: Terminüberschreitungen, Koordinationsschwierigkeiten, schlechte Leistung. Typische Ursachen hierfür sind: unklare Ziele, fehlerhafte Planung und schlechte Stellenbesetzung.

- **Verfahrensänderungen**
Verfahrensänderungen erfordern zwangsläufig eine Anpassung der Ablauforganisation. Der Faktor Mensch ist hier durch Umlernen, Versetzungen und Einstellungen an die neuen Gegebenheiten anzupassen. Die Organisationsstruktur wird aber nur in Ausnahmefällen verändert (z.B. bei der Einführung einer EDV-Abteilung, welche Änderungen in vielen anderen Abteilungen nach sich zieht).

- **Personelle Änderungen**
Personelle Änderungen unterliegen nur in begrenztem Maße der Willensbildung der Unternehmensleitung und lassen sich nicht immer kurzfristig ausgleichen. Daher wird die Organisation auf kurze Sicht den personellen Gegebenheiten angepasst. Personelle Änderungen in der Unternehmensspitze können die Wege für neue Konzepte ebnen, welche dann wiederum Reorganisationen erfordern.

- **Geschäftsausweitung**
Die Geschäftsausweitung bringt ein Unternehmen schnell an die Elastizitätsgrenze der vorhandenen Organisation. Strukturelle Anpassungen sollten systematisch erfolgen und Gegenstand der mittel- und langfristigen Planung sein.

---

[141] Vgl. Schwarz, H.: Betriebsorganisation als Führungsaufgabe, a.a.O., S. 20.
[142] Vgl. Grochla, E..: Handwörterbuch der Organisation, a.a.O., S.1455.

Im wirtschaftlichen Alltag kann es immer wieder vorkommen, dass trotz guter Organisation plötzliche und unerwartete Situationen entstehen, die bisher nicht vorausgesehen werden konnten und die zu einem sofortigen Handeln zwingen, um einen möglichst reibungslosen Betriebsablauf aufrecht zu erhalten. Man spricht in solchen Situationen von improvisatorischen Regelungen.

Weidner[143] definiert die **Improvisation** wie folgt: "Improvisation werden alle Maßnahmen genannt, die einen **vorläufigen Charakter** für eine **vorübergehende Zeitspanne** besitzen." Er nennt als Ursache zur Improvisation drei Hauptgründe:

- Die notwendigen Erkenntnisse und Erfahrungen für eine endgültige Lösung können nur durch den **Betriebsablauf** gewonnen werden.
- Aus **zeitlichen Gründen** können die vorhandenen Erkenntnisse und Erfahrungen nicht zu einer zielentsprechenden Lösung zusammengefasst werden.
- Die Erkenntnis ist eindeutig, dass eine Änderung notwendig wird, aber aus den **unterschiedlichsten Gründen** bietet sich noch keine realisierbare Alternative.

Die Improvisation schafft eine **vorübergehende Struktur** als Basis für eine unter gegebenen Voraussetzungen bestmögliche Aufgabenerfüllung und ist somit **Teil der Organisation**.

Nicht alle Maßnahmen werden durch organisatorische Regelungen vorherbestimmt. So ergeben sich zahlreiche Einzelmaßnahmen im täglichen Betriebsablauf, die **einmalig** oder **fallweise** geregelt werden müssen. Diese Einzelmaßnahmen, die die **Einteilung** und **Verfügung über die Einsatzgüter** (Geld, Material, Betriebsmittel, Arbeitskräfte) bedeuten, nennt man **Disposition**. Diese Einzelmaßnahmen werden einmalig durchgeführt und verlieren ihre Gültigkeit nach der Ausführung.

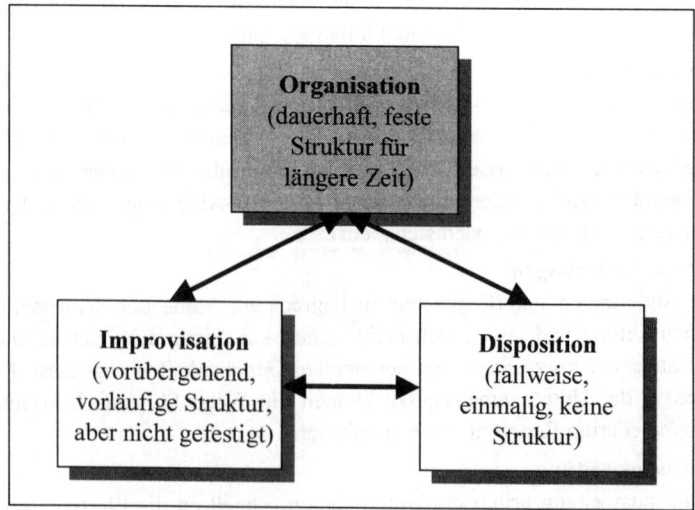

Abb. 64: Zusammenhang Organisation, Improvisation, Disposition[144]

---

[143] Vgl. Weidner, W.: Organisation in der Unternehmung, Aufbau und Ablauforganisation, 4. Auflage, München 1992, S. 22 ff.
[144] Vgl. ebd., S. 24.

Das Verhältnis von Organisation, Improvisation und Disposition ist in jeder Unternehmung sehr unterschiedlich. Die Herstellung einer **ausgewogenen Konstellation** dieser Elemente ist anzustreben. Eine Überorganisation bedeutet große Starrheit und ein Zuwenig bedeutet eine Unordnung im Unternehmen.

Nimmt die Zahl der gleichartigen Entscheidungen aber zu, dann müssen auch aus den improvisatorischen und dispositorischen Regeln möglichst allgemeine Regeln geschaffen werden. Gutenberg nennt diese Tatsache, dass mit abnehmender Veränderlichkeit die Tendenz zur allgemeinen Regelung zunimmt, als das **"Substitutionsprinzip der Organisation"**.[145]

Neben der formalen Organisation ist die sogenannte informale Organisation zu unterscheiden:

- Die **formale Organisation** wird bewusst rational gestaltet und zumeist auch schriftlich fixiert.
- Die **informale Organisation** umfasst die durch Verhaltensweisen, persönliche Ziele, Sympathien und Wünsche der Organisationsmitarbeiter geprägten sozialen Strukturen.

Die formale Organisation wird durch die informale überlagert und ergänzt. Dabei kann sie unterstützend oder behindernd sein.

Durch informale Regelungen werden häufig bestehende Schwächen der formalen Organisation kompensiert.[146]

3.4 Grundsätze der Organisation

Für den erfolgreichen Einsatz der Organisation haben sich in Theorie und Praxis einige Grundsätze oder auch Grundprinzipien entwickelt. Zu unterscheiden sind dabei die allgemeinen und die speziellen Grundsätze.

3.4.1 Allgemeine Grundsätze

Der Anwendungsbereich der allgemeinen Grundsätze ist nicht klar abgegrenzt. Es haben sich folgende Grundsätze als die sinnvollsten herausgestellt:

- **Prinzip der Wirtschaftlichkeit**

Obwohl die **Wirtschaftlichkeit** zum allgemeinen Grundsatz der Betriebswirtschaftslehre gehört, soll sie hier noch einmal erwähnt werden. Oft gibt es mehrere Möglichkeiten zur Lösung eines organisatorischen Problems, wobei hier dann die Wirtschaftlichkeit bei der Auswahl der Alternativen eine entscheidende Rolle spielt.

- **Prinzip der Zweckmäßigkeit**

Das Grundprinzip der **Zweckmäßigkeit** besagt, dass "alle strukturierenden Maßnahmen den gesetzten Zweck in bester Weise zu erfüllen haben".[147] Die organisatorischen Maßnahmen müssen so ausgewählt werden, dass ein **ausgewogenes Verhältnis** zwischen Mittel und Zweck vorhanden ist.

---

[145] Gutenberg, E.: Grundlagen der Betriebswirtschaftslehre, a.a.O., S. 240.
[146] Vgl. Schulte-Zurhausen, M.: Organisation, a.a.O, S. 3.
[147] Vgl. Kosiol, E.: Organisation der Unternehmung, 2. Auflage. Wiesbaden 1976, S. 24.

- **Prinzip des organisatorischen Gleichgewichts**

Das **organisatorische Gleichgewicht** einer Unternehmung ergibt sich aus einem **ausgewogenen Verhältnis von Stabilität und Elastizität**. Weidner verwendet die Begriffe Stabilität für Organisation und Elastizität für Improvisation.

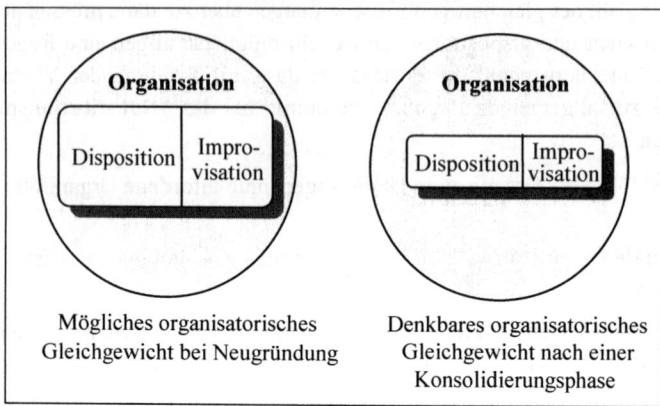

Abb. 65: Verhältnis von Organisation zu Improvisation und Disposition[148]

Vorstehende Abbildung zeigt, dass es kein feststehendes Verhältnis zwischen Stabilität und Elastizität geben kann. Bei einem neu gegründeten Unternehmen wird die Elastizität überwiegen, nach einer gewissen Konsolidierungsphase wird aber die Stabilität an Bedeutung zunehmen. Ein stabiler organisatorischer Rahmen gibt dem Unternehmen die notwendige Festigkeit. Das Maß an Elastizität muss aber dennoch groß genug für Anpassungsprozesse sein.

3.4.2 Spezielle Grundsätze

Die speziellen Grundsätze geben Hinweise, wie organisatorische Gestaltungsziele bei festgelegtem Anwendungsbereich besser erreicht werden können. **Anwendungsbereiche** sind:

- **Gestaltungsbereich** (Aufbau- und Ablauforganisation),
- **Verhaltensbereich** (Aufgabenerfüllung durch die Menschen).

Spezielle Grundsätze für den **Gestaltungsbereich** sind:
- Stellenbildung durch exakte Aufgabengliederung und Aufgabenzuweisung,
- Konkrete Festlegung der Kompetenz,
- Maximierung der Durchlaufgeschwindigkeit,
- Minimierung der Durchlaufwege.

Spezielle Grundsätze für den **Verhaltensbereich** sind:
- Kontrolle ja, aber durch Überzeugung, nicht durch Strafe,
- ausreichende Information an die Mitarbeiter,
- Einhaltung des Dienstweges,
- Einhaltung des Beschwerdeweges.

---

[148] Vgl. Weidner, W.: Organisation in der Unternehmung, a.a.O., S. 27.

3.5 Elemente der Organisation

3.5.1 Die Aufgabe

Die **Aufgabe** steht immer im Mittelpunkt der Organisation, egal, ob der Begriff Organisation als Tätigkeit des Organisierens oder als deren Ergebnis verstanden wird. Für das Organisieren ist die Aufgabe Ausgangspunkt und Inhalt der Tätigkeit.

Schwarz definiert die Aufgabe als "ein Ziel, das durch Arbeit erreicht werden kann, wobei stets der Mensch mindestens durch die Auslösung eines einzusetzenden Sachmittel mitwirken muss".[149]

Die Aufgabe kann in sechs Bestimmungselemente unterschieden werden:

	Bestimmungselemente einer Aufgabe	
1.	Die Verrichtung	Durch welche Art von Tätigkeit die Aufgabe gelöst wird [**WIE**].
2.	Das Objekt	An welchem Gegenstand die Verrichtung vollzogen werden soll [**WORAN**].
3.	Der Aufgabenträger	Durch wen die Aufgabe ausgeführt werden soll [**WER**].
4.	Die Hilfsmittel	Mit welchen Sach- und Arbeitsmitteln die Aufgabenerledigung erfolgen soll [**WOMIT**].
5.	Der Raum	An welchem Ort soll die Aufgabenerledigung erfolgen [**WO**].
6.	Die Zeit	Zu welcher Zeit die gestellte Aufgabe erfüllt werden soll [**WANN**].

Abb. 66: Bestimmungselemente einer Aufgabe

Folgendes **Beispiel** soll die Bestimmungselemente verdeutlichen:

Die Sekretärin (Aufgabenträger) hat einen Geschäftsbrief (Objekt) mit der Schreibmaschine (Hilfsmittel) um 14.00 Uhr (Zeit) im Vorzimmer (Ort) zu schreiben (Verrichtung).

Früher kam für den Aufgabenträger nur der Mensch in Betracht, heute allerdings im Zuge der technischen Entwicklung haben Maschinen nicht nur die mechanische Verrichtung einzelner Arbeitsgänge übernommen, sondern automatisierte Anlagen haben die Steuerung und Kontrolle kompletter Arbeitsprozesse übernommen. Der Mensch erfüllt oft nur noch die auslösende und überwachende Bedienungsfunktion. So kann also die Einbeziehung mechanisierter und automatisierter Anlagen in den Begriff des Aufgabenträgers erfolgen.[150]

---

[149] Schwarz, H.: Betriebsorganisation als Führungsaufgabe, a.a.O., S. 31.
[150] Vgl. ebd., S. 32.

3.5.2 Die Stelle

Die Stelle ist die **kleinste organisatorische Einheit**. Sie ist das Element jeder Organisation. Grochla definiert die Stelle wie folgt:

"Die Stelle ist die im Rahmen einer Gesamtorganisation vorgenommene **Zusammenfassung von Aufgaben und Funktionen (Teilaufgaben)** zum Aufgaben- und Arbeitsbereich einer einzigen, jedoch lediglich gedachten Person, derart, dass sie deren normaler Arbeitskapazität unter Voraussetzung der erforderlichen Eignung und Übung entspricht."[151]

Das wesentliche Merkmal einer Stelle ist zunächst, dass sie im Rahmen einer Gesamtorganisation gebildet sein muss, die aus mehreren Stellen besteht und zumindest eine Leitungsstelle umfasst. Der Arbeitsbereich eines Ein-Mann-Betriebes kann nicht als Stelle bezeichnet werden.

Weitere Voraussetzung für eine Stelle ist, dass die Aufgaben nicht nur einmaliger oder vorübergehender Natur sein dürfen, sondern dass sie sich **ohne erkennbare zeitliche Begrenzung** wiederholen. Zum Beispiel führt die Aufgabe der Vorbereitung eines Betriebsfestes oder der Bekämpfung eines Brandes nicht zur Bildung einer Stelle.

Die Stelle wird, wie schon die obige Definition wiedergibt, nur **für eine Person** gebildet und zwar für eine lediglich gedachte, abstrakte Person. Sie wird nicht für eine bestehende Person gebildet. Dies ist eine wichtige Voraussetzung, damit eine Organisation nicht von einzelnen Stelleninhabern, für die die Stellen geschaffen wurden, abhängig wird. Die Stelle muss aber schon auf einen bestimmten Leistungsstand, z.B. hervorgerufen durch eine Ausbildung, zugeschnitten sein.

Es ist zu unterscheiden zwischen einer Stelle und einem Arbeitsplatz. Unter einem **Arbeitsplatz** versteht man einen konkreten Ort und Raum der Aufgabenerfüllung. Bei der Stelle ist hingegen nicht der Ort der Aufgabenerfüllung gemeint, sondern ein abstrakter Aufgabenkomplex. So kann eine Stelle mehrere Arbeitsplätze aufweisen, z.B. wenn ein Mitarbeiter mehrere Maschinen bedient oder ein Lehrer mehrere Schulklassen unterrichtet.

3.5.3 Verbindungswege zwischen den Stellen

Da eine Stelle nur eine bestimmte Aufgabe erfüllt und deshalb ein einzelnes Element eines ganzen **Beziehungsgefüges** darstellt, sind für die Koordination und Zusammenarbeit unter den Stellen verschiedene **Verbindungswege** notwendig.

Diese Verbindungswege dienen zum Austausch von Informationen und von materiellen Objekten. So kann unterschieden werden in die Transportwege und in die Kommunikationswege.

Die **Transportwege** umfassen hierbei den ganzen Bereich des innerbetrieblichen Güterflusses und der Lagerhaltung. Das gesamte System der Transportwege wird auch als **Logistik** bezeichnet.

---

[151] Frese, E. (Hrsg.): Handwörterbuch der Organisation, 3. Auflage, Stuttgart 1992, S. 2321.

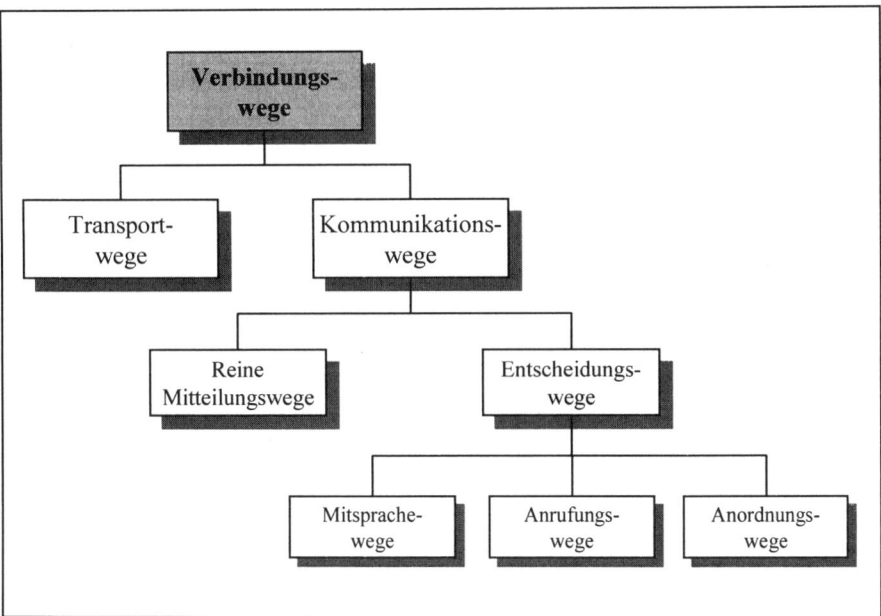

Abb. 67: Verbindungswege zwischen Stellen[152]

Wie aus der vorstehenden Abbildung ersichtlich ist, können die Kommunikationswege wie folgt aufgeteilt werden:[153]

- **Reine Mitteilungswege:**

Sie können in alle Richtungen durch die Organisationsstruktur verlaufen, sind meist zweiseitig und werden zum Austausch von Informationen benutzt.

- **Entscheidungswege:**

Diese Art der Wege wird bei der Willensbildung und Willensdurchsetzung eingesetzt. Sie werden wiederum unterteilt in:

  - **Anrufungswege:** Sie finden Anwendung, wenn eine Stelle zur Erfüllung einer bestimmten Aufgabe der Entscheidung einer anderen Stelle bedarf. Die meisten Anrufungswege verlaufen horizontal sowie vertikal. Der Anrufungsweg wird benutzt bei der Rückfrage, dem Vorschlag, dem Antrag und der Beschwerde.
  - **Mitsprachewege:** Sind an einer Entscheidung mehrere Stellen beteiligt, so wird der Mitspracheweg gewählt, hierbei kann aber der Grad der Entscheidungsbeteiligung unterschiedlich groß sein.
  - **Anordnungswege:** Sie verlaufen nur vertikal und dienen ausschließlich der direkten Anordnung.

Sind die Kommunikationswege (**Informationswege**) festgelegt, so spricht man von **formalem Dienstweg**.

---

[152] Vgl. Hill, W./ Fehlbaum, R./ Ulrich, P.: Organisationslehre, 3. Auflage, Bern/ Stuttgart 1981, S. 137.
[153] Vgl. ebd., S. 138.

3.6 Aufbauorganisation

3.6.1 Aufgabe und Wesen der Aufbauorganisation

"Die Gestaltung eines **dauerhaften Gefüges** der Unternehmung bildet den Hauptgegenstand aufbauorganisatorischer Überlegungen."[154] Diese Definition von Kosiol gibt die Kernaussage der Aufbauorganisation wieder. Grochlas Definition ist etwas ausführlicher. "Zweck der Aufbauorganisation ist es, eine sinnvolle arbeitsteilige Gliederung und Ordnung der betrieblichen Handlungsprozesse durch die Bildung und Verteilung von Aufgaben (Stellen) zu erreichen."[155]

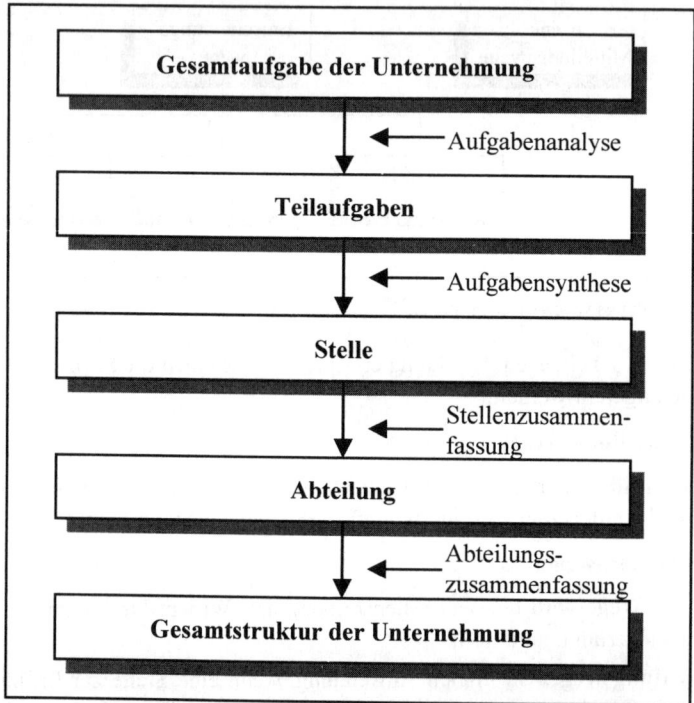

Abb. 68: Vorgehen zur Bildung der Aufbauorganisation

Aufgabe der Aufbauorganisation ist es also, ausgehend von der Gesamtaufgabe des Unternehmens, eine **Aufspaltung** in so viele **Teilaufgaben** vorzunehmen, dass diese Gesamtaufgabe erfüllt werden kann. Diese Aufspaltung in Teilaufgaben und die anschließende Kombination der Teilaufgaben führt zu den sogenannten Stellen. Die erste Aufgabe der Aufbauorganisation ist daher die **Aufgabenanalyse**, die die Gesamtaufgabe in Teilaufgaben zerlegt.

Im zweiten Schritt, der **Aufgabensynthese**, werden dann diese Teilaufgaben durch die Bildung von Stellen, die durch die Aufgabenstellung untereinander Beziehungszusammenhänge haben, zusammengefasst. Schließlich müssen die verschiedenen Stellen

---

[154] Kosiol, E.: Einführung in die Betriebswirtschaftslehre, Wiesbaden 1968, S. 80.
[155] Vgl. Frese, E. (Hrsg.): Handwörterbuch der Organisation, S. 208 ff.

zu einer Gesamtstruktur zusammengefasst und in Beziehung zueinander gesetzt werden. Dies ergibt die formale Aufbauorganisation einer Unternehmung.

3.6.2 Aufgabenanalyse

Die Aufgabenanalyse ist die Vorbedingung des Organisierens, denn nur durch das **Zerlegen der Gesamtaufgabe** in Teilaufgaben kann die Gesamtstruktur der Unternehmung gebildet werden. Erst wenn das Gefüge der Einzelaufgaben durch eine eingehende Analyse restlos aufgehellt worden ist, kann die eigentliche Arbeit des Organisierens beginnen. Die Aufgabenanalyse ist nicht mit der Bestimmung der ersten Teilaufgabe aus der Gesamtaufgabe beendet, sondern jede Teilaufgabe besitzt auch wieder weitere Teilaufgaben.

Die Feststellung der Teilaufgabe niedrigster Ordnung (auch **Elementaraufgabe** genannt) ergibt sich aus der **Gliederungstiefe**. Bei der Festlegung der Gliederungstiefe stellt sich die Frage, inwieweit eine Tätigkeit noch Aufgabe oder lediglich eine Arbeitsverrichtung zur Erfüllung einer Aufgabe ist. Kosiol nennt als Grenze der Aufgabengliederung den Aufgabenbereich eines Aufgabenträgers.[156]

Dies bedeutet, dass, wenn die Aufgliederung soweit nach unten vorgenommen wird, dass Teilaufgaben zur Erfüllung durch den Aufgabenträger wieder zusammengefasst werden müssen, eine solche Gliederungstiefe wenig Sinn hat. Es stellt sich die Frage, nach welchen Gesichtspunkten die Zergliederung der betrieblichen Gesamtaufgabe in Teilaufgaben vorgenommen werden kann. Kosiol unterscheidet die Teilaufgaben nach folgenden Gesichtspunkten:[157]

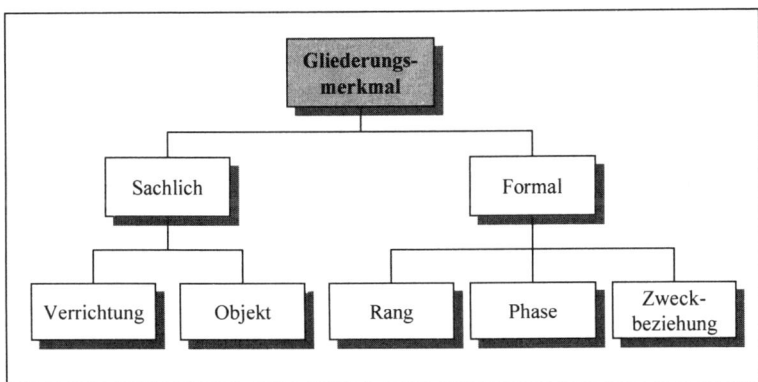

Abb. 69: Gliederungsmerkmale für Teilaufgaben

- **Verrichtungsanalyse**

In jeder Aufgabe steckt ein **Komplex von Verrichtungen**, dessen Analyse zur Gliederung in sogenannte Verrichtungsaufgaben führt. Jede Aufgabe wird in die einzelnen Verrichtungen unterteilt, die unmittelbar zu ihrer Erfüllung ausgeführt werden müssen. Als Beispiel für eine Verrichtungsanalyse sei das Beispiel des Herstellens von Maschinen gegeben (siehe folgende Abb.).[158]

---

[156] Vgl. Kosiol, E.: Organisation der Unternehmung, a.a.O., S. 48.
[157] Vgl. ebd., S. 49.
[158] Vgl. Weidner, W.: Organisation in der Unternehmung, a.a.O., S. 33.

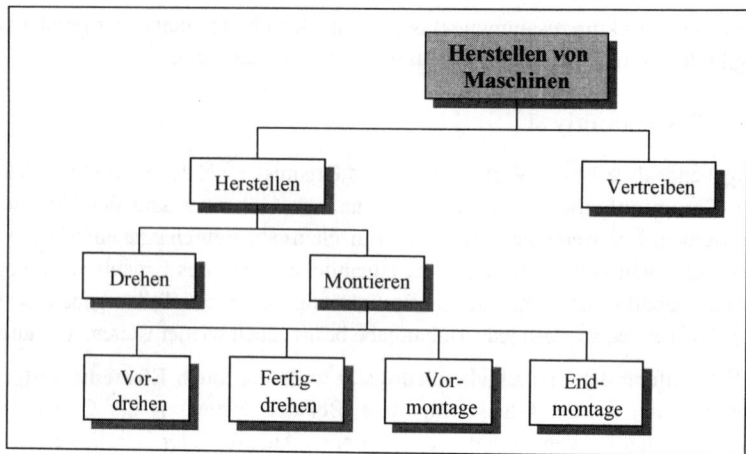

Abb. 70: Beispiel für eine Verrichtungsanalyse

- **Aufgabenanalyse nach den Objekten**

Jede Aufgabe ist ferner dadurch gekennzeichnet, dass sich die in ihr enthaltenen Verrichtungsvorgänge auf **Objekte** erstrecken[159]. So kann auch eine Aufgabenanalyse nach diesem Merkmal erfolgen. Man unterscheidet materielle Objekte, wie z.B. Sachmittel, Maschinen und immaterielle Objekte wie z.B. Texte und Zeichen. Als Beispiel sei hier wieder das Beispiel des Herstellens von Maschinen gegeben.

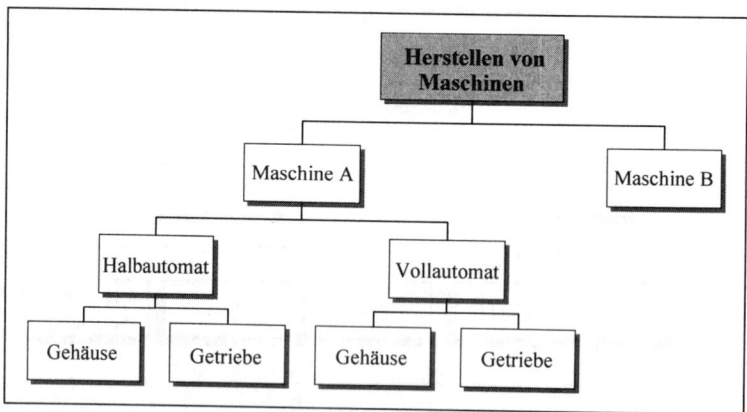

Abb. 71: Beispiel für eine Objektanalyse

- **Aufgabenanalyse nach dem Rang**

Die einzelnen Teilaufgaben besitzen einen unterschiedlichen Rang. Bei dieser Art der Analyse werden die Teilaufgaben in ein **Rangverhältnis** eingeordnet. Es wird unterschieden in Entscheidung und Ausführung. Hierbei beinhaltet die Entscheidung die eigene Entscheidung über die selbstauszuführende Tätigkeit sowie die Entscheidung über die Arbeit anderer Personen. Wird eine Aufgabenanalyse nach dem Rang durchgeführt, so sieht das Beispiel wie folgt aus:

---

[159] Vgl. Kosiol, E.: Organisation der Unternehmung, a.a.O., S. 50.

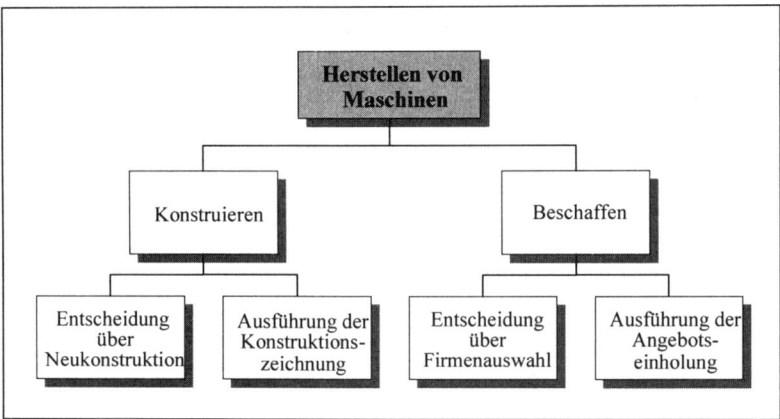

Abb. 72: Beispiel für eine Ranganalyse

- **Aufgabenanalyse nach der Phase**

Alle Teilaufgaben können nach ihrer sachlichen Zugehörigkeit in das **Phasenschema** "Planung, Realisation, Kontrolle" eingeordnet werden. Durch die Aufgabenanalyse nach der Phase werden die möglichen Aufgaben der Planung und Kontrolle festgestellt. Für obiges Beispiel ergeben sich folgende Teilaufgaben:

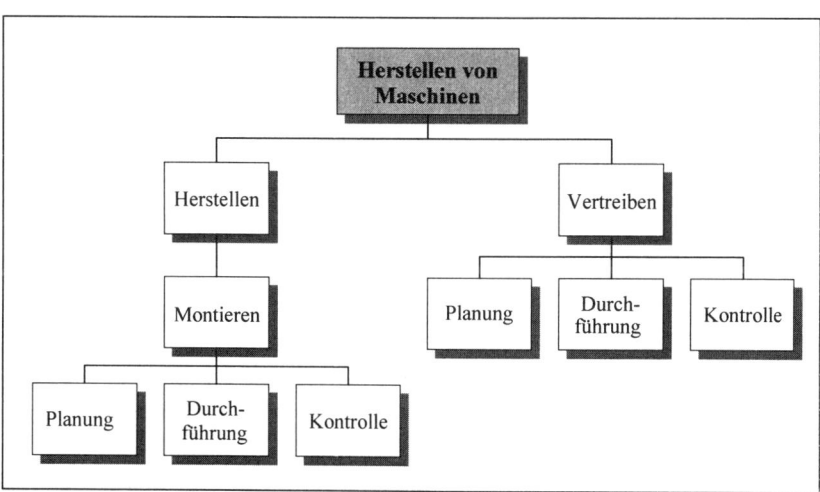

Abb. 73: Beispiel für eine Phasenanalyse

- **Aufgabenanalyse nach der Zweckbeziehung**

Bei der Aufgabenanalyse nach der **Zweckbeziehung** wird die Gesamtaufgabe in Primär- und Sekundäraufgaben zerlegt. Primäraufgaben sind Aufgaben, die unmittelbar zur Erbringung der eigentlichen Betriebsleistung beitragen (Zweckaufgaben). Die Sekundäraufgaben dienen dem Zweck der Gesamtaufgabe der Unternehmung. Sie tragen bei zur Sicherung der zielgerechten Erfüllung der Primäraufgaben.[160] Die Primärauf-

---

[160] Vgl. Wöhe, G.: Einführung in die Allgemeine Betriebswirtschaftslehre, a.a.O., S. 177.

gaben werden Zweckaufgaben genannt, die Sekundäraufgaben Verwaltungsaufgaben. Auch hier ist an dem Beispiel des Herstellens von Maschinen eine Aufgabenanalyse dargestellt.

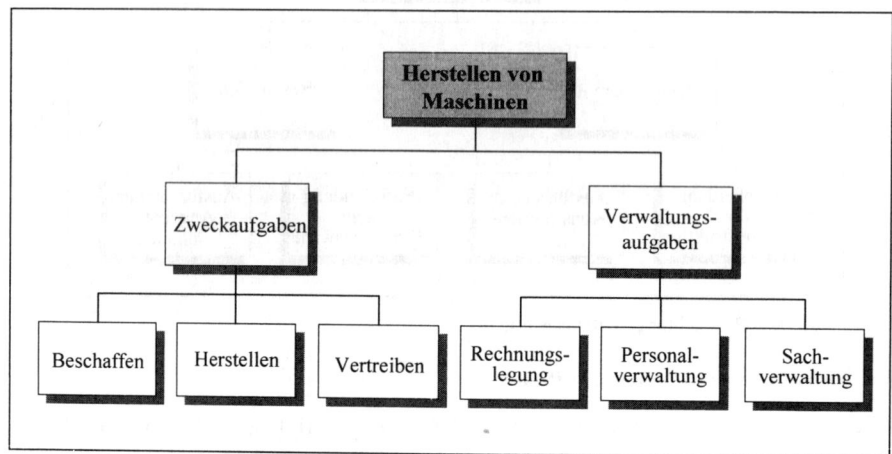

Abb. 74: Beispiel für eine Zweckbeziehungsanalyse

Diese fünf Gliederungsmöglichkeiten können nicht alternativ angewendet werden, sondern für die Aufgabensynthese müssen **alle** Gliederungsmerkmale berücksichtigt werden. Nur durch das Zerlegen der Gesamtaufgabe in diese Teilaufgaben ist es möglich, sich einen Gesamtüberblick über die Komplexität der Teilaufgaben zu verschaffen.

Die als Beispiele dargestellten Aufgabengliederungspläne sind Voraussetzung für die Anwendung der Aufgabensynthese.

3.6.3 Aufgabensynthese

Die bei der Aufgabensynthese gewonnenen Teilaufgaben werden bei der **Aufgabensynthese** zu **Aufgabenkomplexen** zusammengefasst. Ziel der Aufgabensynthese ist es, die gebildeten Teilaufgaben so zu kombinieren, dass daraus **arbeitsteilige Einheiten**, die sogenannten Stellen, entstehen, die zusammen mit ihren Verknüpfungen dann die **organisatorische Struktur** der Unternehmung bilden.[161]

Wie viele Teilaufgaben zu einer Stelle zusammengefasst werden, lässt sich nicht allgemein sagen, es hängt von der Komplexität der Teilaufgaben ab.

Ein Ziel der Arbeitssynthese ist es, die Stelle **beherrschbar** zu halten. Dies geschieht durch das Zusammenfügen von gleichartigen Aufgaben, allerdings muss darauf geachtet werden, dass das Aufgabengebiet der geschaffenen Stelle nicht zu monoton wird.

Eine weitere Prämisse für eine erfolgversprechende Stellenbildung ist, dass nicht nur eine Stelle isoliert betrachtet wird, sondern für **alle** Stellen sollte ein möglichst **hoher Grad an Beherrschbarkeit** erreicht werden.

---

[161] Vgl. Kosiol, E.: Organisation der Unternehmung, a.a.O., S. 76.

3.6.3.1 Die Stellenbildung

Folgende Grundsätze sind bei der Stellenbildung zu berücksichtigen:
Die Stelle sollte
- für das normale Leistungsvermögen und
- für nur eine gedachte, nicht bestimmte Person gebildet werden.

Die Stellenbildung in den **unteren Ebenen** erfolgt entweder nach dem **Verrichtungs- oder dem Objektprinzip**. Entweder werden die Aufgaben an gleichen Objekten zu einer Stelle zusammengefasst, dann werden an dieser Stelle ungleiche Verrichtungen vorgenommen (dies ist beim Handwerk anzutreffen), oder Aufgaben mit gleicher Verrichtung werden einer Stelle zugeordnet, hierbei beziehen sich die Aufgaben auf ungleiche Objekte (z.B. Werkstattfertigung). Bei den **leitenden Stellen** wird zur Stellenbildung noch geprüft, welche Teilaufgaben nach **Rang und Phase** gleichartig sind. Diese führen dann zur Bildung einer leitenden Stelle.[162]

Zur Bildung einer Stelle gibt es grundsätzlich zwei Möglichkeiten:

1. Die Stelle wird für eine **abstrakte** noch **nicht bekannte Person** gebildet. Als Beschränkungen können hier die vom Arbeitsmarkt zur Verfügung stehenden Fähigkeiten genannt werden. Zum Beispiel kann eine Stelle anders aufgebaut werden, wenn viele Wirtschaftsingenieure auf dem Arbeitsmarkt zur Verfügung stehen, als wenn nur Betriebswirte oder Ingenieure verfügbar wären.
2. Gilt es, eine in der Unternehmenshierarchie sehr hohe Stelle zu bilden, kann diese Stelle an den Fähigkeiten eines bereits bekannten **zukünftigen Stelleninhabers** ausgerichtet werden. Dies sollte allerdings nur durchgeführt werden, wenn diese Person eine **seltene oder einmalige Kenntniskombination** besitzt, denn die Gefahr bei einer solchen Art der Stellenbildung besteht darin, dass der Stelleninhaber unersetzlich wird und dann seine Gehaltsforderung entsprechend hoch ist. Weiterhin muss der Fall genannt werden, dass der Stelleninhaber durch Tod ausfallen kann und dieses Ausscheiden die Umbildung einer großen Zahl naher Stellen mit sich bringen kann.

Ist die Stellenbildung abgeschlossen, so wird die Stellenbeschreibung erstellt.

- **Stellenbeschreibung**

Der Zweck der Stellenbeschreibung ist in erster Linie die Schaffung und Bekanntgabe einer klaren, lückenlosen und überlappungsfreien **Zuständigkeitsordnung**.[163] In der Stellenbeschreibung wird verbindlich festgelegt, welchen Platz die Stelle in der Organisationsstruktur besitzt, welche Funktionen die Stelle besitzt und welche Verantwortlichkeiten und Kompetenzen eine Stelle beinhaltet.

Durch die Stellenbeschreibung soll auch eindeutig festgelegt werden, welche Anforderungen eine Stelle an den Stelleninhaber stellt. Weiterhin kann die Zusammenarbeit und das gegenseitige Verständnis, die Einarbeitung neuer Mitarbeiter und die Festlegung von Ausbildungsbedürfnissen durch eine Stellenbeschreibung positiv beeinflusst werden.

---

[162] Vgl. Frese, E. (Hrsg.): Handwörterbuch der Organisation, a.a.O., S. 2324 ff.
[163] Vgl. ebd., S. 2327 f.

Sollen Stellenbeschreibungen ihre Aufgabe erfüllen, so müssen sie grundsätzlich enthalten:[164]

- **Stellenbezeichnung.** Sie kann rein sachbezogen sein oder auch den Dienstrang des Stelleninhabers einbeziehen.
- **Organisatorische Eingliederung** der Stelle, z.B. Stabsstelle oder Linienstelle.
- **Ziele** der Stelle. Hier sollte festgehalten werden, was durch die Stelle erreicht werden soll (Hauptaufgabe der Stelle).
- **Unter- / Überstellung** des Stelleninhabers. Die Unterstellung bezieht sich auf den Vorgesetzten, die Überstellung auf die Untergebenen bzw. Mitarbeiter.
- **Stellvertretung.** Hier wird unterschieden zwischen der aktiven (wen vertritt der Stelleninhaber) und der passiven Stellvertretung (durch wen wird der Stelleninhaber vertreten).
- **Aufgaben.** Hierzu zählen die Fachaufgaben und die spezifischen Aufgaben. Zu den Fachaufgaben zählen die Entscheidungs-, Ausführungs- und Kontrollaufgaben. Die Bereiche der Planung, Organisation und Personal werden durch die spezifischen Aufgaben abgedeckt.[165]
- **Kompetenzen** und **Verantwortung.** Dieser Bereich ist an die Aufgaben gebunden und wird daher oft nicht extra aufgeführt.
- **Vergütungsrahmen.** Hier wird ein Bereich festgelegt, in dem sich die Vergütung des Stelleninhabers bewegen kann (z.B. Tarifgruppe K5).
- **Anforderung** an den Stelleninhaber. Hier wird kurz umschrieben, welche Qualifikation (Ausbildung, Erfahrung sowie körperliche, charakterliche und psychische Voraussetzungen) der Stelleninhaber besitzen muss.

Es stellt sich die Frage, wie groß der **Grad der Detaillierung** in der Stellenbeschreibung sein sollte. Im allgemeinen werden Stellenbeschreibungen für niedrigere Ränge ausführlicher und konkreter sein, während sie für höhere Ränge allgemeiner gehalten sind. Je höher der Rang ist, desto wichtiger wird die Formulierung des Ziels.

Für Stellenbeschreibungen sprechen folgende **Vorteile**:[166]

- Einschränkung von Konfliktsituationen durch klare Abgrenzung der Aufgaben- und Kompetenzbereiche.
- Die Über- und Unterstellungsverhältnisse sind festgelegt, wodurch schnelle und klare Entscheidungen begünstigt werden.
- Die Delegationsbereiche können zwischen Vorgesetztem und Mitarbeiter festgelegt werden.
- Förderung der Zusammenarbeit durch allgemeine Kenntnis der Aufgaben.
- Die Koordinierung bei der Mitwirkung mehrerer Stellen an einer Aufgabe wird leichter.
- Klarheit über Beförderungsmöglichkeiten.
- Schnellere und gezieltere Einarbeitungsmöglichkeit bei neuen Mitarbeitern

---

[164] Vgl. Frese, E. (Hrsg.): Handwörterbuch der Organisation, a.a.O., S. 2327 f.
[165] Vgl. Weidner, W.: Organisation in der Unternehmung, a.a.O., S. 248.
[166] Vgl. Grochla, E.: Handwörterbuch der Organisation, a.a.O., S. 1584.

- Die Leistungen der Mitarbeiter lassen sich leichter kontrollieren.
- Erkennen von Aus- und Weiterbildungsbedürfnissen.
- Die Mitarbeiter können leichter gefördert und ausgebildet werden.
- Unbesetzte Stellen können leichter ausgeschrieben werden.

Als **Nachteile** können genannt werden:
- Kostenaufwand für die Erstellung der Stellenbeschreibung ist unverhältnismäßig hoch.
- Schaffung einer Überorganisation und damit Verlust der Flexibilität des Unternehmens.
- Die Stellenbeschreibung gibt oft nicht die Praxis wieder, d.h. die Einhaltung festgelegter Aufgaben, Kompetenzen und Beziehungen zu anderen Stellen wird oft nicht konsequent durchgeführt.
- Die Stellenbeschreibung kann die persönliche Initiative des Stelleninhabers hemmen.

3.6.3.2 Abteilungs- und Instanzenbildung

Durch die Aufgabenanalyse nach dem Rang können die Aufgaben unterschieden werden in Entscheidungs- (Leitungs-) und Ausführungsaufgaben. Wird nun eine Stelle gebildet, die **Leitungsaufgaben** bezüglich Ausführungsarbeiten mehrerer Stellen beinhaltet, so wird diese Stelle **Instanz** genannt. Die Instanz ist eine ranghöhere Stelle und übernimmt Leitungsaufgaben für eine Reihe rangniedrigerer Stellen.

Die Gesamtheit aller Stellen (die Instanz und ihre untergeordneten Stellen) bilden eine **Abteilung**. Der Inhaber der Instanzstelle wird auch **Abteilungsleiter** genannt. Eine Instanz kann auch eine übergeordnete Instanz besitzen, die dazugehörige Abteilung ist dann auch die übergeordnete Abteilung (z.B. Hauptabteilung).

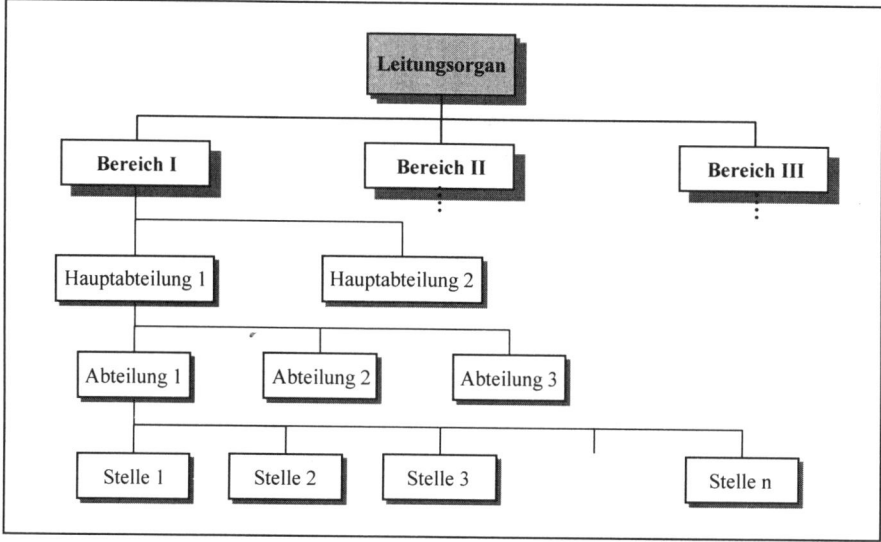

Abb. 75: Hierarchie der Aufbauorganisation

Das Ziel der Stellenzusammenfassung zu einer Abteilung ist die Schaffung eines einheitlichen, in sich geschlossenen und von anderen Abteilungen deutlich **abgegrenzten Aufgabenkomplexes**.[167]

Betrachtet man die Abteilungsbildung kritisch, so stellen sich zwei Fragen. Die erste Frage ist, ob Leitungsaufgaben zu vereinigen oder möglichst zu trennen sind. Eine Antwort auf diese Frage wird sich im folgenden Abschnitt "Zentralisation-Dezentralisation" finden.

Die zweite Frage, die sich stellt, ist die Frage nach der Zahl der Stellen, die einer gemeinsamen Leitungsinstanz unterstellt werden sollen. Hierüber gibt die **Leitungsspanne** Auskunft. Staehle[168] definiert die Leitungsspanne als Kennzahl, die angibt, wie viel Mitarbeiter einem Vorgesetzten direkt unterstellt werden können.

Staehle nennt folgende Einflussfaktoren für die Bestimmung der Leitungsspanne:
- Qualifikation der Vorgesetzten,
- Qualifikation der Mitarbeiter,
- Komplexität, Interdependenz und Gleichartigkeit der Aufgaben der Mitarbeiter,
- Technologie (Mechanisierung, Automatisierung),
- Kommunikationssystem,
- Führungssystem.

3.6.3.3 Zentralisation - Dezentralisation

Die Aufgabensynthese fasst die Aufgaben nach einem bestimmten Merkmal zusammen. Es gibt hierfür zwei Möglichkeiten:

1. Prinzip der **Zentralisation**: Hier werden alle gleichartigen Aufgaben in einer Stelle zusammengefasst.
2. Prinzip der **Dezentralisation**: Bei diesem Prinzip werden gleichartige Aufgaben auf mehrere Stellen verteilt.

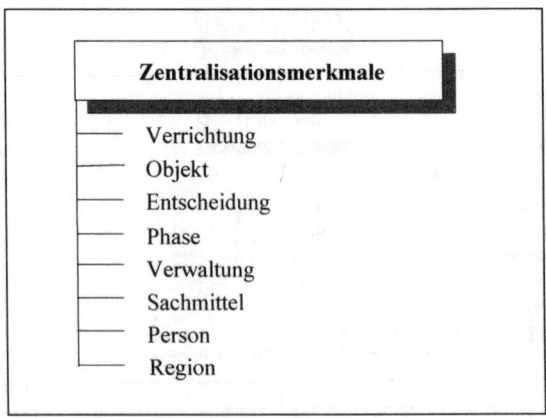

Abb. 76: Zentralisationsmerkmale

---

[167] Vgl. Steinbuch, P.: Organisation, 11. Auflage, Ludwigshafen 2000, S. 179 f.
[168] Vgl. Staehle, H. Management, a.a.O., S. 658.

Die **Gleichartigkeit** bezieht sich auf ein **bestimmtes Merkmal**. In vorstehender Abbildung ist die von Steinbuch[169] vorgenommene Aufteilung der Zentralisationsmerkmale dargestellt.

(1) Verrichtungszentralisation

Bei dieser Zentralisation werden Aufgaben mit **gleichen Verrichtungen** an unterschiedlichen Objekten zusammengefasst. Dieses Zentralisationsverfahren wird meistens auf den unteren Rangstufen (z.B. Werkstattfertigung) der Unternehmung angewendet.

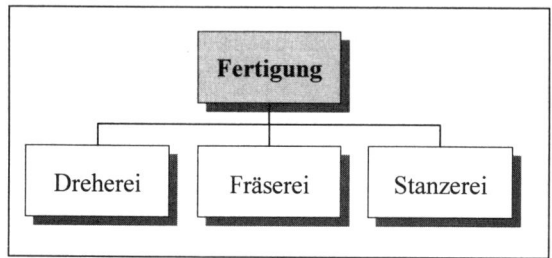

Abb. 77: Beispiel für eine Verrichtungszentralisation

Als **Vorteile** der Verrichtungszentralisation sind zu nennen:

- Spezialisierungsvorteile durch den Einsatz spezieller Arbeitsmethoden und entsprechender Sachmittel. Die Erfahrung des Stelleninhabers konzentriert sich auf ein begrenztes Arbeitsgebiet.
- Kostenvorteile, da unqualifizierte Arbeitskräfte schon nach kurzer Anlernzeit eingesetzt werden können.
- Soziologisch-psychologische Vorteile durch die verstärkte Berücksichtigung der spezifischen Neigungen und Fähigkeiten des Einzelnen.

(2) Objektzentralisation

Bei der Zusammenfassung der Aufgaben nach dem **Objektprinzip** sind Erzeugnisse, Erzeugnisgruppen, Sachen oder Personen das entscheidende Kriterium für die Abgrenzung. Die Verrichtung spielt hierbei keine Rolle. Die Anwendung dieses Prinzips ist für höhere Ebenen zweckmäßig, da es dort weniger auf Spezialisierung als auf Koordination und Kompetenzabgrenzung ankommt.

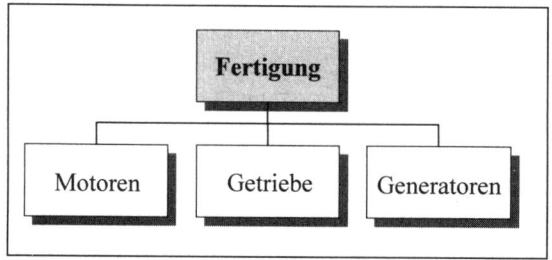

Abb. 78: Beispiel für eine Objektzentralisation

---

[169] Vgl. Steinbuch, P.: Organisation, a.a.O., S. 154.

Für eine Objektzentralisation sprechen folgende **Vorteile**:

- Koordinationsvorteile, da die Zielausrichtung und Steuerungsmaßnahmen nur auf einzelne Organisationseinheiten beschränkt sind. Weiterhin ist die Möglichkeit einer abteilungsweisen Erfolgsermittlung gegeben.
- Kommunikationsvorteile, da durch ihre Unabhängigkeit der Organisationseinheiten keine große Kommunikationsintensität erforderlich ist.
- Transportvorteile treten nur auf, wenn die objektorientierten Einheiten auch räumlich zusammengefasst sind.
- Soziologisch-psychologische Vorteile durch die starke Beziehungsintensität zum Produkt und die Vermeidung von Arbeitsmonotonie.

(3) Entscheidungszentralisation

Bei dieser Art der Zentralisation werden **Entscheidungsaufgaben** zu besonderen Stellen zusammengefasst.

Schwarz[170] unterteilt die Entscheidungen in:

1. **Ganzheitsentscheidungen**, dies sind Entscheidungen, die das gesamte Unternehmen betreffen. Diese Art der Entscheidungen müssen bei der obersten Unternehmensleitung zentralisiert werden.
2. **Bereichsentscheidungen**, von diesen Entscheidungen sind nur einzelne Unternehmensbereiche betroffen. Bei diesen Entscheidungen kann gewählt werden zwischen einer Entscheidungszentralisation und einer -dezentralisation.

Die **Vorteile** für eine Entscheidungszentralisation sind:

- Koordinationsvorteile durch die einheitliche Willensbildung in wenigen Entscheidungszentren.
- Kostenvorteile, da eine geringere Anzahl Führungskräfte erforderlich ist.
- Kommunikationsvorteile durch die Entlastung der horizontalen Kommunikationswege.

Dem stehen die **Vorteile** der Entscheidungsdezentralisation gegenüber:

- Entlastungsvorteile, da die oberen Leitungsorgane befreit werden von delegierbaren Entscheidungen
- Qualitätsvorteile durch qualitativ bessere Entscheidungsfindung
- Zeitvorteile, da Entscheidungen durch oben genannte Vorteile schneller getroffen werden können.
- Soziologisch-psychologische Vorteile aufgrund der Stärkung von Initiative und Verantwortungsbewusstsein, wodurch auch die Beziehungen zwischen den Hierarchien verbessert werden.

(4) Phasenzentralisation

Die Stellen werden bei dieser Form der Zentralisation durch die **Planungs- und Kontrollaufgaben** bestimmt.

---

[170] Vgl. Schwarz, H.: Betriebsorganisation als Führungsaufgabe, a.a.O., S. 70.

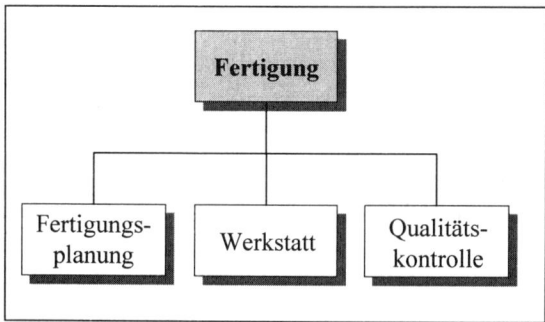

Abb. 79: Beispiel für eine Phasenzentralisation

Vorteile der Phasenzentralisation sind:
- Koordinationsvorteile durch die einheitlichen Planungs- und Kontrollgrundsätze.
- Spezialisierungsvorteile durch den Einsatz von Planungsspezialisten.
- Objektivitätsvorteile, da bei der Kontrolle eine subjektive Bewertung vermieden wird.
- Zeitvorteile, da die Gesamtplanung durch die Koordinationsvorteile schneller durchgeführt werden kann.

(5) Verwaltungszentralisation

Diese Art der Zentralisation ist in der Praxis wohl kaum vollständig durchführbar, da immer ein Teil der Verwaltungsaufgaben dezentralisiert bleiben muss.

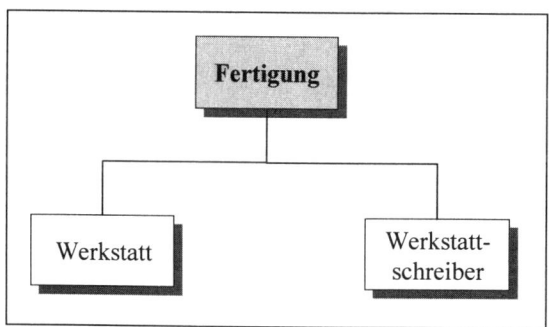

Abb. 80: Beispiel für eine Verwaltungszentralisation

Für den Einsatz der Verwaltungszentralisation sprechen folgende **Vorteile**:
- Spezialisierungsvorteile, da Fachkräfte eingesetzt werden können.
- Homogenitätsvorteile durch die einheitliche Bearbeitung von Verwaltungsaufgaben
- Kostenvorteile, weil viele Aufgaben automatisiert werden können.

(6) Sachmittelorientierte Zentralisation

Die Aufgabenzuteilung erfolgt bei der sachmittelorientierten Zentralisation nach den **zur Verfügung stehenden Sachmitteln**. So kann eine hohe Wirtschaftlichkeit dieser meist automatisch arbeitenden Sachmittel erzielt werden.

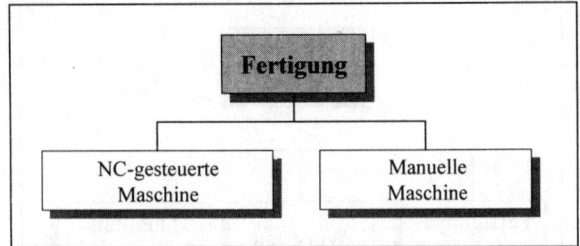

Abb. 81: Beispiel für eine sachmittelorientierte Zentralisation

Vorteile sind:
- Kostenminderungsvorteile durch die hohe Wirtschaftlichkeit.
- Qualitätsvorteile, da Fachkräfte eingesetzt werden können.
- Zeitvorteile.

(7) Raumzentralisation

Hier werden die Aufgaben nach **räumlichen Gesichtspunkten** eingeteilt. Ein Raum kann ein Stockwerk, Gebäude, Region, Kreis, Bezirk, Land oder sogar Kontinent sein.

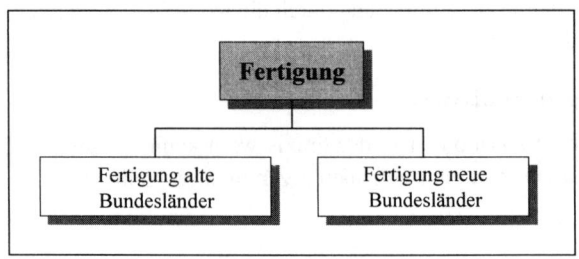

Abb. 82: Beispiel für eine Raumzentralisation

Die **Vorteile** für eine Raumzentralisation sind:
- Transportkostenvorteile, da die Transportwege und -zeiten geringer sind.
- Kommunikationsvorteile durch kurze Kommunikationswege.
- Kontrollvorteile durch die Möglichkeit der visuellen Kontrolle.

(8) Personale Zentralisation

Die Zentralisation bezieht sich auf **eine Person**. Dabei wird auf die besonderen Fähigkeiten und Neigungen der leitenden Person geachtet.

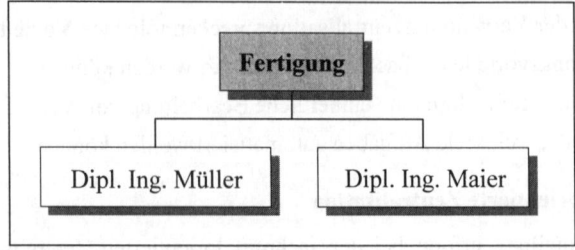

Abb. 83: Beispiel für eine personale Zentralisation

Die **Vorteile** dieser Zentralisationsart sind:
- Bestmögliche Nutzung des personellen Potentials.
- Berücksichtigung von Eigentümergegebenheiten möglich.

Abschließend soll die generelle Frage, wann Zentralisation oder Dezentralisation sinnvoll ist, geklärt werden. Staehle gibt hierzu folgende Anmerkungen:[171]
- **Zentralisation** sollte überall dort eingesetzt werden, wo eine einheitliche (z.B. Werbung), neutrale (Innenrevision) oder ökonomisch sinnvolle (z.B. Einkauf) Wahrnehmung von Aufgaben erwünscht ist.
- **Dezentralisation** ist dort sinnvoll, wo die Stelle oder Abteilung durch die Komplexität der Aufgaben überfordert wäre und wenn die zur Aufgabenausführung erforderlichen Informationen dezentral leichter zugänglich sind.

In der Praxis trifft man eine Mischung aus Zentralisation und Dezentralisation. Dies soll am Beispiel eines Oberbekleidungsgroßhandels deutlich gemacht werden:

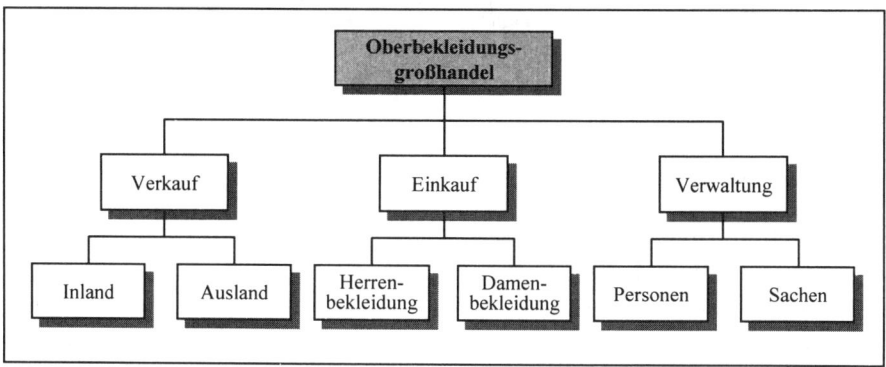

Abb. 84: Beispiel für die Kombination Dezentralisation-Zentralisation

3.6.4 Organisationsformen

3.6.4.1 Vorbemerkungen

Den Begriff **Organisationsform** sieht Steinbuch[172] als ein Analogon zur Bezeichnung "Unternehmensform". Er begründet dies mit der Tatsache, dass es sich in beiden Fällen um eine Kombination wesentlicher Merkmale (einmal organisatorischer, einmal rechtlicher Art) zu einem System handelt.

Der wesentliche Unterschied besteht jedoch darin, dass die Unternehmensformen gesetzlich vorgeschrieben sind und in Ihrer Grundstruktur nicht beeinflusst werden können. Die Organisationsformen können jedoch jederzeit verändert werden.

Wöhe nennt dies das **Leitungssystem**. Er definiert dieses als: "Jedes Leitungssystem stellt ein hierarchisches Gefüge dar, in dem die einzelnen Stellen unter dem Gesichtspunkt der Weisungsbefugnis miteinander verbunden sind."[173]

---

[171] Vgl. Staehle, H.: Management, a.a.O., S. 655.
[172] Vgl. Steinbuch, P.: Organisation, a.a.O., S. 181.
[173] Vgl. Wöhe, G.: Einführung in die Allgemeine Betriebswirtschaftslehre, a.a.O., S. 189.

3.6.4.2 Das Einliniensystem

Das Einliniensystem ist die straffste Organisationsform. Bei diesem System verläuft von der Unternehmensleitung bis zum Sachbearbeiter ein einziger eindeutiger Befehlsweg ("Linie"). Jeder Mitarbeiter ist nur **einem Vorgesetzten** persönlich und arbeitsmäßig unterstellt. Alle Instanzen sind so in einen einheitlichen **Instanzenweg** (Dienstweg) eingegliedert. Durch die Einhaltung des Dienstweges soll verhindert werden, dass eine untergeordnete Stelle von verschiedenen Seiten Weisungen erhält.[174]

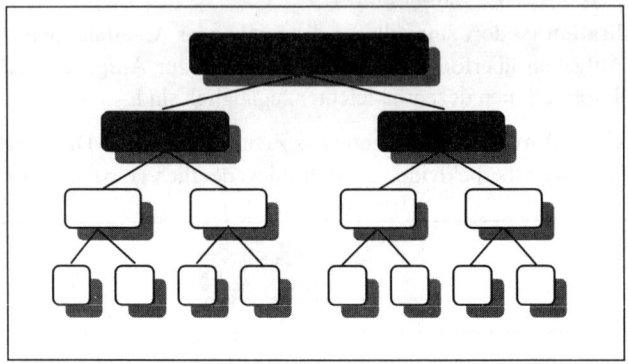

Abb. 85: Einliniensystem

Als **Vorteile** dieses Systems sind zu nennen:
- relativ einfacher organisatorischer Aufbau,
- eindeutige Unterstellungsverhältnisse,
- genaue Kompetenzabgrenzung,
- eine klare Übersicht hinsichtlich der Gliederung der Organisation,
- genauer Instanzenweg,
- eindeutige Kommunikationsbeziehungen.

Nachteile sind:
- fehlende Dynamik,
- langwierige, umständliche Instanzenwege,
- erhebliche Belastung für die Zwischeninstanzen,
- hohe Belastung der Instanzen durch Routinearbeiten,
- unflexible Entscheidungsfindung,
- Problem der Informationsfilterung.

3.6.4.3 Das Mehrliniensystem

Im Gegensatz zum Einliniensystem haben **mehrere Vorgesetzte** eine Anordnungsbefugnis für eine Stelle. Dieses System basiert auf dem System des Taylorschen **Funkti-**

---

[174] Um den Nachteil der langen Informationswege zu vermeiden hat Fayol später zugelassen, dass für im einzelnen zu spezifizierende Fälle eine direkte Abstimmung zwischen Stellen aus verschiedenen Abteilungen mit anschließender Unterrichtung der jeweils übergeordneten Leitungsstelle möglich ist (Fayol'sche Brücke).Vgl. Schulte-Zurhausen, M.: Organisation, a.a.O., S.230.

onsmeistersystems. Dies bedeutet, dass für jeden Funktionsbereich ein Meister zuständig ist. In diesem Bereich darf der Meister Anweisungen an den Unterstellten geben. Werden mehrere Funktionsbereiche von der Aufgabenerfüllung eines Mitarbeiters tangiert, so erhält der Ausführende auch von mehreren Vorgesetzten Anweisungen. Voraussetzung zur Anwendung dieses Systems ist eine **konkrete Abgrenzung** der einzelnen Aufgabenbereiche und Kompetenzen sowie eine konsequente Koordinierung durch übergeordnete Instanzen.

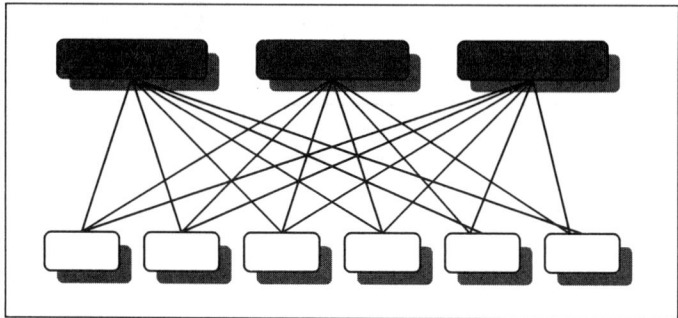

Abb. 86: Mehrliniensystem

Folgende **Vorteile** sprechen für das Mehrliniensystem:
- Spezialisierung auch von Führungskräften kann ausgenutzt werden,
- schaltet den schwerfälligen Instanzenweg aus,
- größere Beweglichkeit der Führungskräfte.

Als **Nachteile** sind zu nennen:
- Gefahr von Überschneidungen, wenn Kompetenzen der Führungskräfte nicht klar getrennt werden,
- mehrere Vorgesetzte können leistungshemmend auf einen Mitarbeiter wirken,
- Gefahr der Aufgabenüberschneidung.

3.6.4.4 Das Stabliniensystem

Bei dem Stabliniensystem sollen die **Vorteile** der beiden zuvor genannten Systeme **kombiniert** werden. Durch die Einrichtung von **Stabsstellen** sollen die von Routinearbeiten überlasteten und für strategische und taktische Entscheidungen nur unzureichend vorbereiteten Linieninstanzen entlastet werden.[175] Sie besitzen allerdings keine Weisungsbefugnis und haben nur beratende Funktion. Sie sind erforderlich, wenn

- der Instanzeninhaber nicht über notwendige Fachkenntnisse zur Lösung spezieller Probleme verfügt,

- bestimmte Teilaufgaben eines Leitungsbereiches einen dauernden und intensiven Kontakt mit der Materie verlangen, denen sich eine Leitungskraft allein jedoch nicht widmen kann, deren Beachtung für die Leitung aber wichtig ist.

---

[175] Vgl. Staehle, H.: Management, a.a.O., S. 662.

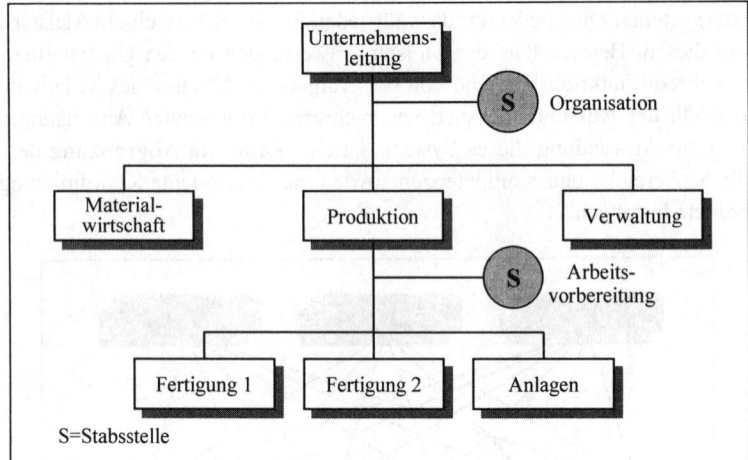

Abb. 87: Beispiel für ein Stabliniensystem[176]

Empirische Untersuchungen haben gezeigt, dass die in der Theorie geforderte klare Trennung von Entscheidung (Instanz) und Entscheidungsvorbereitung (Stab) in der Realität nicht anzutreffen ist. In vielen Fällen haben die Stabsstellen soviel Einfluss auf die Entscheidung, dass die Entscheidung de facto beim Stab liegt.[177]

Einflussfaktoren für den effektiven Einsatz von Stäben sind:
- Qualität des Stabes,
- Art der Aufgaben,
- Größe der Unternehmung,
- Führungsstufe,
- Intensität der Zusammenarbeit zwischen Stäben und Linienstellen.

Das Stabliniensystem zeigt folgende **Vorteile**:
- Einheitlicher Instanzenweg,
- Einschaltung von Spezialisten für sachliche Fragen,
- Stäbe entlasten die Instanzen,
- Klare Zuständigkeitsverhältnisse.

Dagegen sind folgende **Nachteile** zu nennen:[178]
- Konfliktgefahr durch die starre Funktionstrennung von Entscheidungsvorbereitung und Entscheidung, da die Linie wiederum die Stabsvorschläge akzeptieren oder ablehnen, aber nicht kontrollieren kann. Somit kann der Stab Entscheidungen herbeiführen, braucht sie aber nicht zu verantworten.
- Demotivation des Stabes durch fehlende Entscheidungsbefugnis.
- Eine wirksame Einflussnahme auf die Linie wird durch fehlende Machtmittel des Stabes verhindert.

---

[176] Vgl. Thommen, J.-P.: Managementorientierte Betriebswirtschaftslehre, a.a.O., S. 646.
[177] Vgl. Staehle, H.: Management, a.a.O., S. 664.
[178] Vgl. ebd., S. 664.

- Die Wirksamkeit der Stabsstelle hängt von der Bereitschaft zur Zusammenarbeit mit der Linie ab.
- Durch den unterschiedlichen Zeithorizont und Sachverstand bei Stab und Linie kommt es zu Konflikten.
- Die Anwendung ist durch die funktionale Struktur beschränkt auf Unternehmen mit nicht stark variierenden Produktionsprogrammen.

3.6.4.5 Die Spartenorganisation

Zur Bewältigung der gestiegenen Anforderungen an den Entscheidungs- und Kommunikationsprozess kann die **Spartenorganisation (Divisionalisierte Organisation)** in den Unternehmen eingesetzt werden.

Durch diese Art der Organisation wird ein schwer steuerbares komplexes System in flexiblere anpassungsfähigere Teilsysteme aufgespalten. Diese anpassungsfähigen Teilsysteme entstehen durch die Gliederung des Gesamtunternehmens in einzelne **Sparten** bzw. **Divisionen**[179] durch die Anwendung des Objektprinzips. Diese Sparten können gebildet werden durch gleichartige Produkte oder Produktgruppen, Kundengruppen oder geographische Merkmale und sind autonom in Bezug auf die Leistungserstellung, -gestaltung und -abgabe. Neben diesen eigenständigen Sparten gibt es aber auch sogenannte **Zentralabteilungen**, die aus Gründen der Spezialisierung bestimmte Funktionen für alle Sparten ausüben. Bei einer Zentralabteilung handelt es sich um eine Zentralisation von gleichartigen Aufgaben.

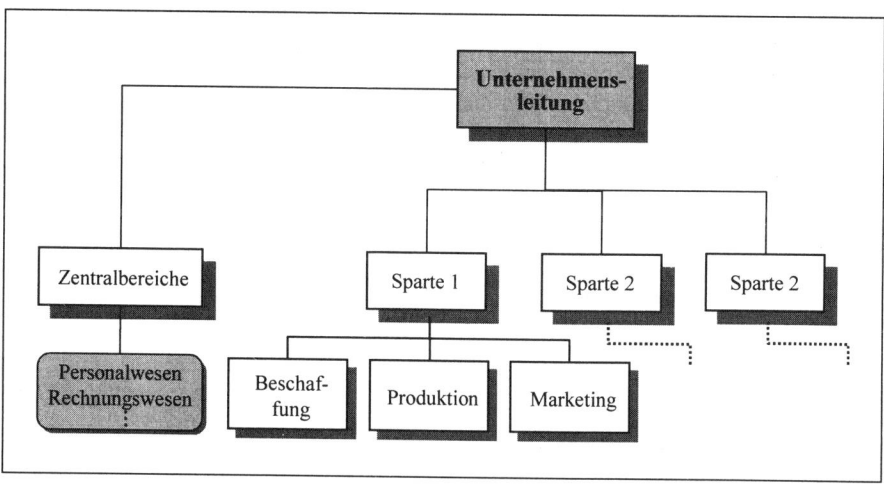

Abb. 88: Beispiel für eine Spartenorganisation

Zur Abgrenzung der Zentralabteilung von der Stabstelle nennt Thommen folgende Unterscheidungsmerkmale:[180]

- Die Zentralabteilung übernimmt nicht nur für übergeordnete Stellen, sondern auch für untergeordnete Stellen Sachaufgaben.

---

[179] Vgl. Grochla, E.: Unternehmensorganisation, Hamburg 1972, S. 188.
[180] Vgl. Thommen, J.-P.: Managementorientierte Betriebswirtschaftslehre, a.a.O., S. 646 f.

- Zentralabteilungen haben, wenn ihr Fachbereich betroffen ist, im Gegensatz zu Stabsstellen fachtechnische Anordnungsbefugnis.

Die Spartenorganisation ist unter folgenden Varianten zu finden[181]:

(1) Cost-Center-Organisation

Bei dieser Art der Spartenorganisation sind die Sparten nur für ihre **Kosten** verantwortlich. Es können zwei verschiedene Zielvorgaben gemacht werden:

    a) Einhaltung eines vorgegebenen Kostenbudgets unter Maximierung des Umsatzes

    b) Erreichung eines vorgegebenen Umsatzes unter Minimierung der Kosten

(2) Profit-Center-Organisation

Die Profit-Center-Organisation ist eine organisatorische Teileinheit, deren Erfolg durch die **Gegenüberstellung** von Umsatzerlösen und Aufwand als deren Differenz gemessen wird.[182] Als Zielvorgabe dient hier meist eine Gewinngröße, die unter Beachtung gewisser Nebenbedingungen (Qualität) zu erreichen ist. Die einzelnen Sparten haben keine freie Verfügung über die Investitionen, sondern erhalten bestimmte Grenzen von der Unternehmensleitung vorgegeben.

(3) Investment-Center-Organisation

Die Investment-Center-Organisation ist eine Weiterentwicklung der Profit-Center Organisation. Bei dieser Art der Organisation hat jede Sparte zusätzlich die Entscheidungskompetenzen und die Verantwortung für ihre **Investitionen** zu tragen. Hier hat die Unternehmensleitung lediglich die Funktion des Kapitalbeschaffers, meistens ist es aber so, dass die Unternehmensleitung an wichtigen Investitionsentscheidungen im Sinne eines kooperativen Führungsstiles teilnimmt.

Soll nun eine Beurteilung der Spartenorganisation erfolgen, so ergeben sich folgende Vor- und Nachteile:[183]

Vorteile:

- Motivation der Spartenleiter durch hohes Verantwortungsgefühl,
- Übersichtliche Organisationsstruktur,
- Eindeutige Abgrenzung der Verantwortung,
- Vergleichbarkeit einzelner Sparten hinsichtlich des Gesamtergebnisses,
- Durch die kurzen Kommunikationswege sind schnelle Entscheidungen möglich.

Nachteile:

- Es besteht die Gefahr, dass die einzelnen Sparten gegeneinander arbeiten,
- Koordinationsprobleme,
- Synergieeffekte können nur schwer ausgenutzt werden,
- Großer Bedarf an qualifizierten Führungskräften.

---

[181] Vgl. Thommen, J.-P.: Managementorientierte Betriebswirtschaftslehre, a.a.O., S. 647 f.
[182] Vgl. Welge, M.: Unternehmensführung, Bd. 2 Organisation, Stuttgart 1982, S. 507.
[183] Vgl. Thommen, J.-P.: Managementorientierte Betriebswirtschaftslehre, a.a.O., S. 649.

3.6.4.6 Die Matrix-Organisation

Bei der Spartenorganisation besteht die Gefahr, dass sich die einzelnen Sparten zu sehr auf ihre eigenen Ziele konzentrieren und diese zu Primärzielen, die eigentlichen Unternehmensziele zu Sekundärzielen werden. Die Matrixorganisation wirkt nun diesem Problem entgegen. Dies geschieht durch die **Verlagerung bestimmter Aufgaben** auf Zentralabteilungen oder Zentralbereiche, die entgegen den Zentralabteilungen der Spartenorganisation mit Kompetenzen ausgestattet werden.[184]

Durch diese Art der Organisation entstehen Stellen mit unterschiedlichen Aufgaben, die für ihre Aufgaben selbst, **ohne** Einschaltung der Unternehmensleitung, die Entscheidung treffen können. Die Abteilungen werden einmal funktionsorientiert und zum anderen objektorientiert gebildet. Die Funktionsweise der Matrixorganisation sei an folgendem Beispiel verdeutlicht:

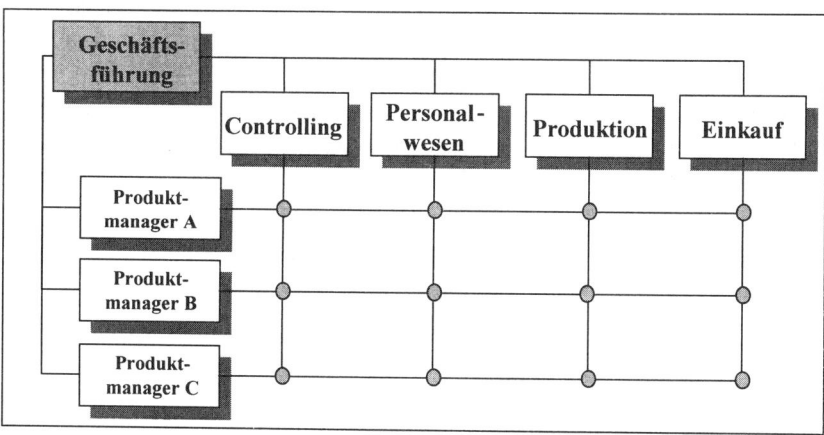

Abb. 89: Beispiel für eine Matrixorganisation

Benötigt zum Beispiel die Konstruktionsabteilung zusätzliche Mitarbeiter, so kann sie sich unmittelbar an die Personalabteilung wenden. Wie aus dem Beispiel zu erkennen ist, entsteht aus der formalen Anordnung der Abteilungen eine Matrix, woher diese Organisation ihren Namen hat.

Die **Vorteile** der Matrixorganisation sind:
- Motivation durch Partizipation am Problemlösungsprozess,
- umfassende Betrachtungsweise der Aufgaben,
- Spezialisierung nach verschiedenen Gesichtspunkten,
- Entlastung der Leitungsspitze durch Entscheidungsdelegation,
- direkte Verbindungswege.

Gegen die Matrixorganisation sprechen folgende **Nachteile**:
- ständige Konfliktaustragung,
- unklare Unterstellungsverhältnisse,
- Gefahr von schlechten Kompromissen,
- Entscheidungsfindung kann verlangsamt werden,
- hoher Kommunikations- und Informationsbedarf.

---

[184] Vgl. Steinbuch, P.: Organisation, a.a.O., S. 199 f.

Die Matrixorganisation findet ihre Anwendung in der Form des **Produkt-** und **Projektmanagements**.

(1) Produktmanagement

Die bei der Matrixorganisation entstehenden objektorientierten Stellen werden beim Produktmanagement meist durch **betriebliche Produkte** bestimmt und mit **Produktmanagern** besetzt. Welge nennt drei typische **Aufgabenbereiche** eines Produktmanagers:[185]

- a) "**Sammlung** und **Aufbereitung** von produktbezogenen unternehmensinternen und -externen **Informationen**, insbesondere Beobachtung des Marktes, d.h. des Käufer- und Konkurrentenverhaltens, Erstellung von Marktprognosen, Analyse des Produktstatus und des Lebenszyklus.

- b) **Entwicklung** langfristiger Wachstums- und Wettbewerbsstrategien für das einzelne Produkt, Mitwirkung bei der Erstellung von Plänen, Entwurf des Marketingprogramms im Rahmen vorgegebener Budgets.

- c) **Kontrolle** der Realisation von Produktplänen, Einwirkung aus verschiedenen Funktionsabteilungen zugunsten des zugeordneten Produkts, Einleitung von Anpassungsmaßnahmen bei sich ändernden Marktbedürfnissen."

Verallgemeinert man die Aufgaben des Produktmanagers, so kann folgende Aussage getroffen werden:

Produktmanager haben die Aufgabe, alle Maßnahmen, die für die Produktion und den Absatz der Produkte erforderlich sind, zu koordinieren, während die Leiter der Funktionsbereiche für die Projektdurchführung verantwortlich sind. Für die betroffenen, produkt-bezogenen Fachabteilungen und -stellen ergibt sich daraus eine **Mehrfachunterstellung**. Eine Stelle ist einmal dem jeweiligen Funktionalvorgesetzten unterstellt und in Bezug auf die Produkte dem Produktmanager.

Die Aufgabenabgrenzung ist durch das Erzeugnis gegeben. In der Praxis erhalten ca. 1/4 der Produktmanager Vollkompetenz, d.h., sie können ohne Abstimmung mit den Leitern der Fachabteilungen Entscheidungen und Anordnungen fällen.[186]

Steinbuch unterteilt das Produktmanagement in zwei, von der zeitlichen Dauer unterschiedliche, **Erscheinungsformen**:
1. Produktmanagement als **Daueraufgabe**. Bei dieser Erscheinungsform werden die Erzeugnisse eines Unternehmens während ihrer ganzen "Lebenszeit" von einem Produktmanager betreut.
2. Produktmanagement als **befristete Aufgabe**. Hier betreut ein Produktmanager das Erzeugnis nur in der Entwicklungs- und Markteinführungsphase.

Die **Vorteile** des Produktmanagement sind:
- besondere Betreuung von Erzeugnissen oder Produktanläufen,
- Spezialisierungseffekte können ausgenutzt werden,
- der Produktmanager kennt das Produkt in seiner Gesamtheit.

---

[185] Frese, E.: Grundlagen der Organisation. Die Organisationsstruktur der Unternehmung, a.a.O., S. 545.
[186] Vgl. Steinbuch, P.: Organisation, a.a.O., S. 190.

Die **Nachteile** sind:
- Konfliktgefahr durch Mehrfachunterstellung der produktbezogenen Fachabteilungen,
- mehrere Produktmanager können sich gegenseitig ausspielen,
- durch die Teilung der Autorität ist eine gute Zusammenarbeit maßgeblich für den reibungslosen Betriebsablauf,
- die Festlegung der Kompetenzen ist sehr schwierig.

(2) Projektmanagement

Das **Projektmanagement** ist dem Produktmanagement sehr ähnlich. Hier werden alle ein Projekt betreffenden Aufgaben in der **Projektgruppe** zentralisiert. Der Projektmanager leitet folglich das Projekt. Welge definiert das Projektmanagement als "die Gesamtheit projektbezogener Aufgaben".[187] Er zählt zu diesen Aufgaben speziell die Planung des Projektes in Bezug auf Zeit, Kosten, Ressourcenbereitstellung, die Anordnung der einzelnen Aktivitäten sowie die Kontrolle des Projektfortschritts.

Ein derartiges Projekt ist z.B. das Einführen eines Informationssystems. Der Komplexitäts-, Neuheits-, Dringlichkeits- und Risikograd liegt bei Projektaufgaben höher als bei normalen Daueraufgaben. Aus diesem Grunde ist eine vorübergehende Konzentration fachlicher Einzelleistungen und deren laufende Koordination erforderlich.

Das Projektmanagement ist durch die **zeitliche Befristung** gekennzeichnet. Die Vor- und Nachteile des Projektmanagements decken sich mit denen des Produktmanagements.

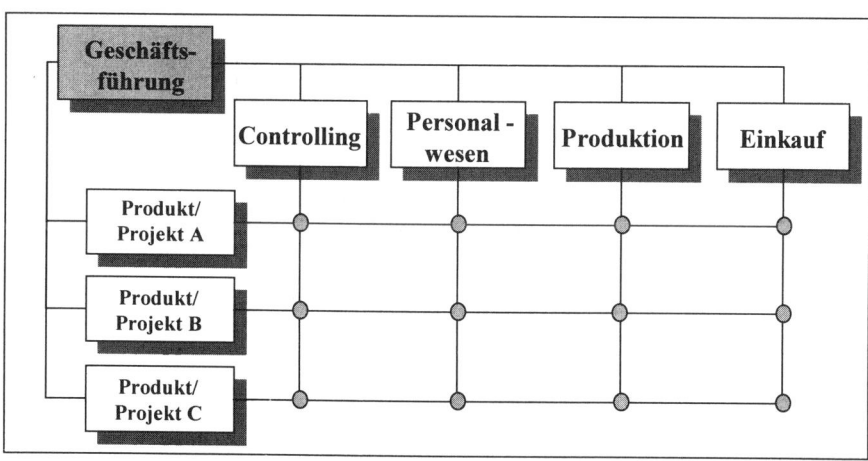

Abb. 90: Produkt- / Projektmanagement

3.6.4.7 Tensororganisation

Die Tensororganisation stellt eine Fortentwicklung der Matrixorganisation dar, bei der drei und mehr Kriterien wie z.B. Funktion, Produkt und Region kombiniert werden. Bei großen insbesondere multinationalen Unternehmen sind heute durchaus drei und mehr Dimensionen der Leitungsorganisation üblich. Die Mehrdimensionalität ist nicht nur auf eine Hierarchieebene beschränkt, sondern auf mehreren Ebenen oder bezüglich eines Aspektes

---

[187] Vgl. Welge, M.: Unternehmensführung, a.a.O., S. 551.

möglich. Die Betreuung der Produkte wird jeweils durch eigene Produkt- und Regionenmanager vorgenommen. Außerdem können in den Regionen eigene Vertriebs-, Personaloder Beschaffungsabteilungen gebildet werden.

Die **Vorteile** der Tensororganisation bei der Einbeziehung der Region als dritte Dimension liegen in der Anpassungsfähigkeit an die Bedürfnisse jeder Verkaufsregion und in der Möglichkeit, ein durch Spezialisierung vorhandenes Innovationspotential optimal zu nutzen, wodurch das Unternehmen flexibler und kundenorientierter handeln kann.

Als **Nachteil** erweist sich der außergewöhnlich hohe Bedarf an guten Führungskräften. Außerdem können durch uneinheitliche Leitungs- und Weisungsbefugnisse bzw. Unübersichtlichkeit und Vielfachunterstellung an den Schnittstellen zwischen den einzelnen Dimensionen Konfliktpotentiale entstehen.[188]

3.6.4.8 Teamorganisation

Diese Organisationsform kann nicht durch die bisher betrachteten Kriterien gekennzeichnet werden. Hauptcharakteristikum dieser Organisationsform ist die "**Führung durch Teams**".[189] Ein Team ist eine Stelle, deren Aufgabenbereich von einer Gruppe von Personen gemeinsam und weitgehend autonom bearbeitet wird. Ausgangspunkt für diese Organisationsform sind folgende Vorteile des Arbeitens im Team:
- Im Team kann ein höherer Leistungsgrad erreicht werden,
- Kommunikations- und Interaktionsbedürfnisse werden im Team befriedigt,
- Verbesserung der Entscheidungsqualität durch Teamentscheidungen.[190]

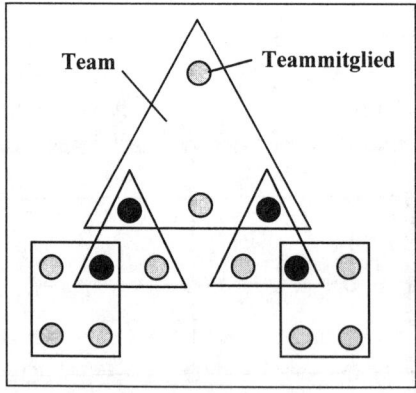

Abb. 91: Teamorganisation

Ein Team setzt sich aus je einem Vorgesetzten und den ihnen zugeordneten Mitarbeitern zusammen. Der **Einsatz** dieser Organisationsform ist sinnvoll bei Projekten, die folgende Eigenschaften aufweisen:
- groß, komplex, für die Unternehmung von Bedeutung,
- mehrere Bereiche werden davon in starkem Ausmaß betroffen,
- es ist ein unterschiedliches Fachwissen erforderlich.

---

[188] Vgl. Schulte-Zurhausen, M.: Organisation, 2. Auflage, München 1999, S. 251.
[189] Vgl. Steinbuch, P.: Organisation, a.a.O., S. 211.
[190] Vgl. ebd., S. 211.

Vor- und Nachteile, die bei der Beurteilung der Teamorganisation berücksichtigt werden müssen sind:

Vorteile:	Nachteile:
• Verkürzung der Kommunikationswege, • Nutzung der Information, des Wissens und der Kreativität aller Mitarbeiter, • Synergievorteil, • Erhöhung der Flexibilität der Organisation, • Selbstentfaltungsmöglichkeit der Mitarbeiter, • Motivation, • Koordinationsvorteil, • gutes Betriebsklima.	• Zeitaufwand, Kosten, • Gefahr von Kompromissen, lange Diskussionen, • Frustration von Minderheiten, deren Vorschläge nicht berücksichtigt wurden, • Dominanz einzelner Mitglieder.

Abb. 92: Vor- und Nachteile von Teamorganisationen

3.6.4.9 Zusammenfassende Betrachtung der Organisationsformen

Zusammenfassend sollen noch einmal die wichtigsten Organisationsformen in folgender Tabelle dargestellt werden:

		Stablinienorganisation	Spartenorganisation	Matrixorganisation	Teamorganisation
Stellenbildung	Objekt	X	X	X	X
	Verrichtung	X		X	X
	Region		X	X	X
Leitungsprinzip	Einliniensystem	X	X		X
	Mehrliniensystem			X	X
Entscheidungskompetenzen	Zentralisation	X			
	Dezentralisation		X	X	X

Abb. 93: Gegenüberstellung der Organisationsformen[191]

Die oben genannten Organisationsformen wird es in dieser reinen Anwendungsform nicht geben. Es lässt sich feststellen, dass die **Übergänge** zwischen den einzelnen Strukturformen **fließend** sind. So sind z.B. die Stäbe in allen Organisationsformen vertreten. Auch der Übergang vom Einlinien- zum Mehrliniensystem ist oft nicht zu erkennen. Schon an der Vielfalt der bestehenden Organisationsformen kann man erkennen, dass es die effizienteste Organisationsform gar nicht geben kann. Durch die **Vielzahl der Einflussfaktoren** (z.B. Unternehmensgröße, Produkte, Absatzwege, Produktionsverfahren, Führungsstil, wirtschaftliche Lage) und die sich laufend ändernden Bedürfnisse der Mitarbeiter erscheint es unerlässlich, dass sich auch die Organisation des Unternehmens im Laufe der Zeit ändern muss.

---

[191] Vgl. Thommen, J.-P.: Managementorientierte Betriebswirtschaftslehre, a.a.O., S. 662.

3.7 Ablauforganisation

3.7.1 Vorbemerkungen

Während die Aufbauorganisation sich mit der Strukturierung der Unternehmung in organisatorische Einheiten (Stellen, Abteilung) beschäftigt, steht bei der Ablauforganisation die Festlegung der Arbeitsprozesse unter Berücksichtigung von Raum, Zeit, Sachmitteln und Personen im Mittelpunkt.[192] Ablauf- und Aufbauorganisation stehen aber in einem **Abhängigkeitsverhältnis**. So wird bei beiden das gleiche Objekt, wenn auch unter verschiedenen Aspekten, betrachtet. Beide bauen aufeinander auf und bedingen sich gegenseitig: Die Aufbauorganisation liefert das **organisatorische Gerüst**, innerhalb dessen sich die erforderlichen **Arbeitsprozesse** (**Ablaufprozess**) vollziehen können. Aufgabe der Ablauforganisation ist es, diesen Ablaufprozess möglichst wirtschaftlich zu gestalten. Die Gestaltung des Ablaufprozesses beinhaltet laut Kosiol folgende Aufgaben[193]:

- Bestimmung und Zusammenfassung von Arbeitsgängen zu Arbeitsgangfolgen,
- Leistungsabstimmung,
- Regelung der zeitlichen Belastung von Arbeitsträgern,
- Ermittlung der kürzesten Durchlaufwege und -zeiten.

3.7.2 Einflussgrößen beim Prozess der Ablauforganisation

Bei der Gestaltung des Ablaufprozesses stößt man auf bestimmte **Einflussgrößen**, die diesen Prozess beeinflussen. Bei der Gestaltung der Ablauforganisation sollten diese Einflussgrößen berücksichtigt werden. In Anlehnung an Weidner[194] sollen diese Einflussgrößen, die nach internen und externen Einflussgrößen gegliedert sind, aufgeführt werden:

- **Interne Einflussgrößen**
  - Produktionsprogramm: Art und Ausprägung der Leistungserstellung sind hiervon betroffen (z.B. ein Stahlwerk hat eine andere Ablauforganisation als eine Textilfabrik).
  - Struktur der Arbeitsträger: Der Ablaufprozess wird mehr durch hochqualifizierte Mitarbeiter geprägt als durch Hilfsarbeiter.
  - Struktur des Planungssystems: (zentral oder dezentral).
  - Struktur des Informationssystems: Informationen werden entweder von Vorgesetzten, Kollegen oder durch DV-Systeme übermittelt.
- **Externe Einflussgrößen**
  - Rechtliche Normen: Hier sind die arbeits- und tarifrechtlichen Regelungen und die sicherheitstechnischen Vorschriften zu nennen.
  - Soziale Normen: Durch den unterschiedlichen Technisierungs- und Automatisierungsgrad können die Leistungsanforderungen unterschiedlich gestaltet sein. Auch ist das soziale System nicht überall gleich.

---

[192] Vgl. Thommen, J.-P.: Managementorientierte Betriebswirtschaftslehre, a.a.O., S. 622 f.
[193] Vgl. Kosiol, E.: Organisation der Unternehmung, a.a.O., S. 187.
[194] Vgl. Weidner, W.: Organisation in der Unternehmung, a.a.O., S. 196.

- Technologische Erkenntnisse: Verwaltung und Fertigung in einem hoch-technisierten Unternehmen sind sicherlich anders als in anderen Unternehmen.
- Verhalten der Marktteilnehmer: Hierdurch wird das Geschehen im Arbeitsablauf ebenfalls bestimmt.

3.7.3 Die Arbeitsanalyse

In der Arbeitsanalyse werden die aus der Aufgabenanalyse gewonnenen Elementaraufgaben weiter in einzelne **Arbeitsteile**, d.h. Tätigkeiten zur Erfüllung einer Aufgabe, zerlegt. Die für die Ablauforganisation notwendige Analyse muss also eine viel größere Gliederungstiefe aufweisen als die der Aufgabenanalyse.

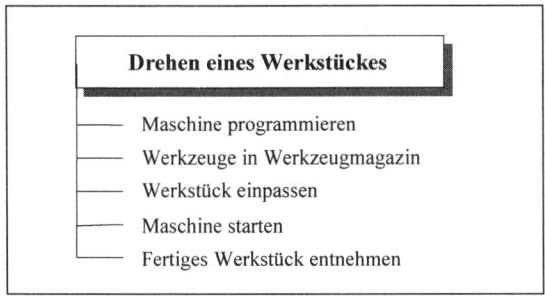

Abb. 94: Beispiel für eine Arbeitsanalyse

Als **Gliederungsprinzipien** kommen für die Arbeitsanalyse die auch für die Aufgabenanalyse geltenden Gliederungsmerkmale Verrichtung, Objekt, Rang, Phase und Zweckbeziehung infrage. Das Merkmal **Verrichtung** steht aber im Vordergrund, da die formalen Einzelaufgaben auch als Verrichtungen anzusehen sind.[195]

Als Ergebnis der Arbeitsanalyse ergibt sich ein Überblick über die **Gesamtheit** aller anfallenden und auf die Aufgaben- und Arbeitsträger zu verteilenden Arbeitsteile. So ist die Arbeitsanalyse Voraussetzung für die Arbeitssynthese.

3.7.4 Die Arbeitssynthese

In der **Arbeitssynthese** werden die in der Arbeitsanalyse gewonnenen Arbeitsteile unter Berücksichtigung der Arbeitsträger (Person oder Sachmittel), des Raumes und der Zeit zu Arbeitsgängen zusammengesetzt. Das Grundproblem der Arbeitssynthese ist die Bildung von Arbeitsgängen. Einen Arbeitsgang definiert Kosiol als einen "synthetischen Komplex von Arbeitsteilen, der einem Arbeitssubjekt zur Durchführung übertragen wird."[196]

Die Arbeitssynthese kann von drei verschiedenen Blickwinkeln her betrachtet werden. So ergibt sich in Anlehnung an Kosiol folgende Unterteilung:
- die Arbeitsverteilung (personale Arbeitssynthese),
- die Arbeitsvereinigung (temporale Arbeitssynthese),
- die Raumgestaltung (lokale Arbeitssynthese).

---

[195] Vgl. Kosiol, E.: Einführung in die allgemeine Betriebswirtschaftslehre, a.a.O., S. 101.
[196] Ebd., S. 102.

Diese Unterteilung entsteht durch eine stärkere Beachtung des Arbeitssubjektes, der zeitlichen Gesichtspunkte oder der räumlichen Gegebenheiten.

3.7.4.1 Personale Arbeitssynthese (Arbeitsverteilung)

Personale Aspekte der Arbeitssynthese ergeben sich dann, wenn die Inhalte der Arbeitsgänge auf die **Arbeitsträger** (Mitarbeiter) bezogen werden. Besondere Berücksichtigung muss das Leistungsvermögen der Mitarbeiter und der Arbeitsmittel erhalten, um ein Arbeitspensum zuzuteilen, dass unter normalen Bedingungen **ohne Überlastung** von Personen und Maschinen über eine längere Zeitperiode bewältigt werden kann.

Für die personale Arbeitssynthese gelten folgende Zielsetzungen:[197]

- volle Beschäftigung der Mitarbeiter (Minimierung der Ruhezeiten),
- optimale Durchlaufzeit der Arbeitsobjekte (Durchlaufzeitminimierung).

3.7.4.2 Temporale Arbeitssynthese (Arbeitsvereinigung)

Die temporale Arbeitssynthese befasst sich mit der Festlegung und Abstimmung der Arbeitsgänge in **zeitlicher** Hinsicht. Gegenstand der Betrachtung ist die **zeitliche Koordinierung** der Arbeitsgänge mehrerer Mitarbeiter.

Die zeitliche Abstimmung der Leistungen der einzelnen Mitarbeiter vollzieht sich in 4 Stufen:[198]

Stufe 1: Die Reihung von Arbeitsgängen zu Arbeitsgangfolgen

Der Arbeitsprozess eines Mitarbeiters setzt sich aus zeitlich aneinandergereihten Arbeitsgängen zusammen. Diese Reihe von Arbeitsgängen an wechselnden Objekten, die aber von einem Mitarbeiter ausgeführt werden, wird als **Arbeitsgangfolge** bezeichnet. Diese Arbeitsgangfolgen können in verschiedenen Erscheinungsformen auftreten:

- **Verrichtungs- und objektgleiche Arbeitsgangfolgen** (gleichartige Arbeitsgänge, z.B. Fräsen gleichartiger Werkstücke),
- **Verrichtungsgleiche Arbeitsgangfolgen** (verschiedenartige Arbeitsgänge, z.B. Fräsen von Werkstück Typ A und Werkstück Typ B),
- **Objektgleiche Arbeitsgangfolgen** (verschiedenartige Arbeitsgänge, z.B. Bohren und Fräsen gleichartiger Werkstücke).

Stufe 2: Die Bestimmung von Gangfolgen (Taktabstimmung)

Die in Stufe 1 beschriebene Arbeitsgangfolge wird durch Ruhezeiten unterbrochen. Als Ruhezeiten sind z.B. ablauf- oder störungsbedingte Wartezeiten, Erholungszeiten oder irgendein Untätigsein anzusehen. Ziel dieser Stufe ist, diese Ruhezeiten durch das **Rhythmisieren der Ruhezeiten** in einen Takt einzubauen.

Dies geschieht durch gezielten Einbau der Ruhezeiten in Arbeitsgangfolgen, so dass möglichst gleiche Takte entstehen. Unter einem Takt in einer Gangfolge versteht Kosiol "die Zeitspanne vom Beginn des Arbeitsganges bis zum Beginn des nächsten Arbeitsganges."[199] Enthält nun eine Arbeitsgangfolge verschieden lange Takte (**Wechseltakt**),

---

[197] Vgl. Kosiol, E.: Einführung in die allgemeine Betriebswirtschaftslehre, a.a.O., S. 212.
[198] Vgl. Weidner, W.: Organisation in der Unternehmung, a.a.O., S. 219 ff.
[199] Vgl. Kosiol, E.: Einführung in die allgemeine Betriebswirtschaftslehre, a.a.O., S. 105.

so kann durch das Zusammenfassen mehrerer Takte wieder ein Gleichtakt erreicht werden. Man spricht dann von einem **Gleichtakt höherer Ordnung**.

Stufe 3: Die Abstimmung der Gangfolgen (Rhythmenabstimmung)

Das Ziel der temporalen Arbeitssynthese ist, die Leistungspausen aller beteiligten Mitarbeiter zeitlich so abzustimmen, dass für die Arbeitsobjekte eine **optimale Durchlaufzeit** erreicht wird. Die Stufen 1 und 2 beziehen sich aber nur auf die zeitliche Gestaltung des Arbeitsprozesses einer Person.

Aufgabe dieser dritten Stufe ist es, die Takte der einzelnen Arbeitsgangfolgen zeitlich gegeneinander abzustimmen. Zwei oder mehrere Gangfolgen sind dann gegeneinander abgestimmt, wenn alle Arbeitsgangfolgen die gleiche **Durchschnittsleistung (Durchschnittstakte)** haben. Die Bestimmung dieser Durchschnittsleistung geschieht durch die Division der während des Gleichtaktes ausgeführten Arbeitsgänge durch die Zeiteinheiten. Die Gleichheit der Durchschnittstakte wird erreicht durch Pausen, die in ihrer Länge variiert werden können.

Stufe 4: Die zeitliche Verschiebung von Arbeitsgangfolgen (Minimierung organisatorischer Lager)

Die schnellstmögliche Durchlaufzeit ist auch nach der Stufe 3 noch nicht erreicht. Zwar wurden in der Stufe 3 die einzelnen Arbeitsgangfolgen durch künstliche Pausen aufeinander abgestimmt, aber in den Pausen entsteht für das Objekt eine **Ruhezeit**, da es auf die Weiterbearbeitung warten muss. Auf diese Weise kommen **organisatorische Lager** zustande. Ziel dieser Stufe ist es, diese Wartezeiten durch die zeitliche Verschiebung der Arbeitsgangfolgen (vorzeitiger Beginn der nächsten Arbeitsgangfolge) zu reduzieren.

3.7.4.3 Die lokale Arbeitssynthese (Raumgestaltung)

Soll eine optimale Durchlaufzeit erreicht werden, so genügt es nicht, nur eine personale und temporale Bestlösung anzustreben. Es müssen auch die **lokalen Aspekte** berücksichtigt werden. "Ziel dieser lokalen Arbeitssynthese ist die Schaffung **kürzester Wege** für den Durchlauf der Arbeitsobjekte durch die gesamte Unternehmung."[200] So kommt Weidner zu folgen Aufgaben:

- Für kürzeste Wege beim Durchlauf der Objekte ist Sorge zu tragen,
- die Anordnung der Arbeitsplätze ist zu optimieren,
- die Gestaltung der Arbeitsumwelt ist vorzunehmen,
- die eigentliche Arbeitsplatzgestaltung muss erfolgen.

So kann die lokale Arbeitssynthese ausschlaggebend sein für die verschiedenen Fertigungsorganisationen (z.B. Werkstattfertigung oder Fließfertigung).

Auf die verschiedenen Fertigungsorganisationen soll hier nicht näher eingegangen werden, da sie in Kapitel E, Abschnitt 4. "Prozessgestaltung" behandelt werden.

---

[200] Weidner, W.: Organisation in der Unternehmung, a.a.O., S. 218.

4 Trends in der Unternehmensführung und Organisation

In einer zunehmend vielfältigen, unübersichtlichen Umwelt, die geprägt wird durch rasante Technologieentwicklungen, einem weltweiten Geflecht von Geschäftsverbindungen, aggressiven Konkurrenten und einer Flut von Informationen, wird es den Managern mit den herkömmlichen traditionellen Konzepten für Organisation und Führung in der Zukunft außerordentlich schwer fallen, die Unternehmen erfolgreich zu führen. Deshalb wird in den letzten Jahren von Forschern, Beratern und Praktikern schon lange Kritik an den herkömmlichen Führungskonzepten geübt (zu mechanisch, kausalistisch und technomorph).[201]

Der Trend in der Praxis geht weg von der Hierarchie hin zu einer Organisation, in der das Verhältnis von oben und unten immer kleiner wird, zu einer Organisation der **flexiblen Führerschaft**. "Der Manager wandelt sich vom Macher zum Kultivator eines sozialen Systems".[202]

4.1 Lean Management

In der neueren Literatur findet man häufig den Begriff des **Lean Production** (abgespeckte Produktion). Unter Lean Production oder immer häufiger **Lean Management**, kann man auch eine "Schlankheitskur" der Unternehmen verstehen. Als Stichworte sind hier **flachere Hierarchien** und **flexible Organisation** zu nennen.

Für das Lean Management können vier Grundsätze genannt werden:[203]

1. Stets wird im Team miteinander gearbeitet. Dies trifft für alle Bereiche des Unternehmens zu.
2. Was der Markt wünscht, wird entwickelt, produziert und verkauft.
3. Vorausdenken und Vorausplanen verringert die Fehler während der Arbeit. Auch dieser Grundsatz sollte für alle Bereiche Gültigkeit haben.
4. Jede Aufgabe wird in kleine beherrschbare Schritte gegliedert. Hierzu stellt die Gruppe die Ziele und führt auch die Kontrolle durch.

Das **Ergebnis des Lean-Managements** sind höchste Qualität (**Zero-Defect** = null Fehler), kürzeste Liefertermine (**Just in Time**), kürzeste Innovationszeit und wirtschaftlichere Produktionsabläufe. Durch die starke Identifikation der Mitarbeiter mit den Arbeitsinhalten werden die Mitarbeiter stärker motiviert. Darüber hinaus bewirkt die Umstrukturierung eine Erweiterung der Arbeitsinhalte für den Einzelnen (**Job Enrichment**).

Allerdings muss man auch als negative Aspekte die zwangsläufig notwendigen neuen Entlohnungssysteme und den Bedarf an höherqualifizierten Arbeitskräften sehen. So sind auch die Unternehmen, Berufsschulen und Universitäten gleichermaßen gefordert, die Ausbildungskonzepte neu zu gestalten, um den Bedarf an teamorientierten Mitarbeitern zu decken.

Das Lean-Management verlangt eine neue Denkweise. In der folgenden Darstellung soll der Unterschied zwischen neuer und alter Denkweise deutlich gemacht werden:

---

[201] Vgl. Gottschall, D./ Schulte, C.: Mit dem Chaos leben. Manager Magazin, 21. Jahrgang, 8/1991, S. 145.
[202] Gottschall, D.: Geist auf Vorrat, Manager Magazin, 21. Jahrgang, 8/1991, S. 153.
[203] Vgl. Becker, A.: Mit Lean Production zielsicher ins 21. Jahrhundert, Impulse 3/92, S. 86.

Lean Management verlangt eine neue Denkweise	
bisherige Denkweise	**neue Denkweise**
- Planungen und Leistungsvorgaben kommen von oben	- Planungen und Vorgaben werden mit Mitarbeitern vor Ort gemeinsam entwickelt
- Verbesserungen, Kostenreduzierungen sind nur mit Kapitalinvestitionen in Mechanisierung und Automatisierung möglich	- Verbesserungen sind am kostengünstigsten durch Leistungen der Mitarbeiter (Mitarbeiterproduktivität) zu erreichen
- Fortschritt ist nur durch Suche nach komplexen Gesamtlösungen zu erreichen	- Fortschritt wird erzielt durch Suche und Realisierung einer Vielzahl von einfachen Lösungen
- Auch fehlerhafte Vormaterialien und Komponenten müssen aus Termingründen verarbeitet werden	- Fehlerhafte Vormaterialien und Komponenten nicht annehmen, nicht bearbeiten, nicht weitergeben
- Vom Schreibtisch aus Abläufe planen und organisieren	- Vom Ort des Geschehens aus Abläufe planen und organisieren
- Fehlerwiederholungen und Reibungsverluste als unabänderlich ansehen	- Fehler sofort beseitigen und auch an der Quelle abstellen. Checklisten gegen Fehlerwiederholungen, Reibungsverluste erkennen und beseitigen
- Mangelndes Kostenbewusstsein (Vergeudung, Verschwendung) akzeptieren	- Alle Vergeudungen und Verschwendungen (unnötige Kostenverursacher) beseitigen

Abb. 95: Vergleich alte / neue Denkweise[204]

4.2 Chaos-Management

Immer mehr Unternehmen machen die Erfahrung, dass, sobald turbulenzartiges Wachstum und differenzierte Märkte vorliegen, die alt hergebrachten Führungsinstrumente nicht mehr funktionieren. Die sogenannten Systemdenker sehen in diesem Zusammenhang das Unternehmen selbst, aber auch die Umwelt "Wirtschaft", in der es sich orientieren muss, als **vernetzte Systeme**, in denen jede Aktion zu einer Vielzahl von Gegenreaktionen und Rückkopplungen führt.[205] Nun stellt sich die Frage, welche Kräfte das Ganze im Innersten zusammenhalten. Das **Chaos-Management** versucht hierfür eine Erklärung zu bieten.

So sagt der renommierte Schweizer Management-Lehrer Knut Bleicher: "Qualifizierte Mitarbeiter werden sich, wenn das Management die Rahmenbedingungen richtig eingestellt hat, in Situationen, deren Entwicklung nicht absehbar sind, selbst geeignete Strukturen suchen und schließlich Systeme bauen, die sie für situationsadäquat halten und in denen sie leben und arbeiten wollen."[206] Diese Aussage von Bleicher gibt sehr gut das Grundprinzip des Chaos-Management wieder.

Das Chaos-Management funktioniert nach dem Prinzip der **Selbstorganisation (Autopoiese)**.

---

[204] Vgl. Lietz, J.: Lean Production - Realität und Herausforderung, Management 7/8 1992.
[205] Vgl. Gottschall/ Schulte: Mit dem Chaos leben. Manager Magazin, 21. Jahrgang, 8/1991, S. 145.
[206] Bleicher, K.: Mit dem Chaos leben. Manager Magazin, 21. Jahrgang, 8/1991, S. 150.

Folgende Definitionen des Chaos verdeutlichen dies:

> "Chaos ist ein streng geregelter Zustand, dessen Gesetzte auch für soziale Systeme gelten."[207]
>
> "Chaos ist nicht etwa heillose Unordnung oder gar das wüste Nichts, sondern ein Zustand, der sich nach strengen Regeln entwickelt, die freilich nicht leicht erkennbar sind, weil alle beteiligten Faktoren sich gegenseitig immer wieder beeinflussen."[208]
>
> "Chaos als ordnungsloser Raum, aus dem eine Neuschöpfung entsteht, ist die Eingangstür zur Kreativität."[209]

Diese Selbstorganisation kann nur stattfinden, wenn sich die Komponenten eines Systems in einer Wechselbeziehung befinden, das heißt zu **Netzwerken** werden.

Ziel des Chaos-Managements ist es, chaotische Zustände zu schaffen, die durch das Auflösen bestehender Strukturen entstehen. Aus diesen chaotischen Zuständen bilden sich dann **neue Ordnungssysteme**. In diesen neuen Ordnungssystemen haben die Mitarbeiter bedeutend mehr Freiraum, wodurch die Kreativität der einzelnen Mitarbeiter besser genutzt werden kann.

Folgende Faktoren wirken sich auf die Bildung eines chaotischen Zustandes besonders lähmend aus:

- **Logisches Denken**: Wenn logisches Denken auftritt, kann keine Kreativität entstehen. Neuere Entwicklungsmethoden (Brainstorming, Synektik) bauen auf die spontanen reflexartigen Ideen.
- **Expertentum**: Der Experte ist keine Leitfigur für Neuerungen. Er ist hierfür nicht mutig genug.
- **Lieblingstheorie**: Als Lieblingstheorie wird eine bevorzugte Idee bezeichnet, die emotional verankert ist und als innere Überzeugung auftritt. Gegen diese innere Überzeugung hat das Chaos keine Chance. Die selbstgewonnenen Dogmen lassen keine Nebenwege und Experimente zu.
- **Prägende Erfahrung**: Die Erfahrung, die man im bisherigen Leben gemacht hat, prägen einen Menschen und filtern alles aus, was ins Bisherige nicht passt. So genießt ein "alter Hase" eher Ansehen als ein "Grünhorn". Der Hinweis auf Erfahrung ist eine beliebte Art, sich vor dem Chaos zu schützen.
- **Normen**: Gesellschaftliche Normen, wie z.B. nicht auffallen, nicht aus der Reihe tanzen, die Etikette einhalten und Anstand wahren, sind die Selbstverständlichkeiten des Normentreuen. Diese Normen helfen, das Chaos fernzuhalten.
- **Systeme**: Systeme dienen als Gerüste zur Einordnung von zusammenhanglosen Elementen.
- **Risikoangst**: Wer Angst vor dem Risiko hat, flüchtet in Systeme und damit weg von dem Chaos. Er hat Angst vor Überraschungen, Änderungen und Umwertung von Grundwerten.

---

[207] Gottschall, D./ Schulte, C.: Mit dem Chaos leben, a.a.O., S. 138.
[208] Ebd., S. 138.
[209] Müri, P.: Chaos-Management, Die kreative Führungsphilosophie, 2. Auflage, Zürich 1992, S. 131.

- **Macht**: Kreative Neuerungen sind meist das Resultat von Teamarbeit. Hierbei würde das Profilierungsstreben einzelner nur störend wirken. Außerdem wird sich ein Machthaber nicht dem Chaos aussetzen, aus Angst die Macht zu verlieren.
- **Prestige**: Der Anerkennungshungrige hat im Chaos nur zu verlieren, da er im Chaos sein mühsam erworbenes und gehütetes Prestige aufs Spiel setzt.
- **Autonomie**: Autonomie, egal in welcher Form, verhindert die Freiheit, die das Chaos zur Entfaltung benötigt.

Folgende **Anforderungen** stellt das Chaos-Management an die Mitarbeiter[210]:
- Bereitschaft zur Lösung von vorhandenen Systemen (Entwöhnung).
- Spontaneität muss gefördert werden.
- Kreativität bei der Lösung von Problemen.
- Identität mit der neuen Stellung im System.
- Flexibilität bei der Anpassung des Alten an das Neue.

Von der Erfüllung dieser Anforderungen ist der Erfolg des Chaos-Managements in sehr starkem Maße abhängig, denn die Mitarbeiter sind die wichtigsten Elemente dieses Systems. Hier ist die Qualität des Managers **nicht so ausschlaggebend** wie bei anderen Führungsmodellen.

Für die Manager ergibt sich ein ganz neues **Rollenverständnis**. Dieses beinhaltet:
- Der Manager kann den Betrieb nicht mehr von oben nach unten steuern. Seinen Einflussmöglichkeiten sind Grenzen gesetzt. In einem systemischen Gefüge kann jeder Führer oder auch Geführter sein. Die Bereichs-, Abteilungs- und auch persönlichen Ziele sind auf vielfältige, oft widersprüchliche Weise miteinander verwoben.
- Der Manager muss Macht abgeben. Hauptaufgabe des Managers ist die Schaffung der organisatorischen und klimatischen Voraussetzung zur Entfaltung des kreativen Potentials der Unternehmung. Er gibt die Spielregeln vor, stellt die Ressourcen bereit und verlässt sich auf den Sachverstand seiner Leute.

Grundprinzipien des Chaosmanagements[211]:
- Beschränkung der Einflussnahme der Vorgesetzten auf die Bestimmung der Rahmenbedingungen
- Schaffung kreativer Freiräume für die Mitarbeiter
- Kontrollen werden erst dann durchgeführt, wenn das Vertrauen, dass in einen Mitarbeiter gesteckt wurde, missbraucht wird.
- Personalabteilung im eigentlichen Sinne gibt es nicht. Die unmittelbaren Arbeitskollegen können bei Neueinstellungen mitentscheiden, wobei hier die immateriellen Qualitäten (z.B. Umgang mit Kollegen) ebenso hoch bewertet werden wie die materiellen Qualitäten (z.B. fachliches Wissen).
- Bürokratie wird auf ein Minimum beschränkt.

Gerken sieht als Hauptaufgabe des Managers in Krisen und Turbulenzzeiten die Schaffung eines Maximum an Autopoiese (Selbstorganisation). Dies kann seiner Mei-

---

[210] Vgl. Müri, P.: Chaos-Management, a.a.O., S. 150f.
[211] Vgl. Priewe, J.: Keiner spinnt besser. Manager Magazin, 21.Jahrgang, 4/1991, S. 190 ff.

nung nach nicht durch das lineare Anordnungs-Management, sondern nur mit Hilfe des Chaos-Managements verwirklicht werden.[212]

4.3 Visionäres Management

Der sich vollziehenden Wertewandel mit einer Prioritätsverschiebung hin zu den Werten der Selbstentfaltung wird von den herkömmlichen Management-Methoden nicht aufgenommen. Eine Antwort auf diesen gesellschaftlichen Wertewandel wird durch das visionäre Management gegeben, welches alle Mitarbeiter eines Unternehmens auf gemeinsame Visionen ausrichtet. Die **Visionen** geben den Mitarbeitern das Gefühl an etwas Wichtigem, Bedeutungsvollen und Aufregendem mitzuarbeiten und setzen dadurch erhebliche Erfolgs- und Produktionspotentiale frei. Visionen sind Ausdruck für Zweck und Zielrichtung der Gesamtunternehmung und stellen das Sinngebende und Verbindende innerhalb eines Unternehmens dar.

Als Möglichkeit, den Visions-Begriff näher zu durchleuchten und jedermann zugänglich zu machen, dient auch ein Zitat von Antoine Saint-Exuperys:

"Wenn du ein Schiff bauen willst, so trommle nicht die Männer zusammen, um Holz zu schaffen, Werkzeuge vorzubereiten und Aufgaben zu vergeben, sondern lehre die Männer die Sehnsucht nach dem endlosen Meer."

Der Anfang der Unternehmensvision ist die leitende Philosophie, die die Organisation hinsichtlich ihrer Entscheidungen, ihrer Methoden und ihres Handelns durchdringt. Die **Unternehmensphilosophie** ist ein Gerüst von motivierenden Grundannahmen, Werten, Überzeugungen und Prinzipien, die ähnlich verstanden werden können wie die Lebensphilosophie eines Menschen.

Die Wirkung von Visionen auf die Mitarbeiter lassen sich in folgenden Punkten zusammenfassen:[213]

- Sinnvermittlung und Faszinationskraft
- Impulsgebung und Begeisterung
- Identifikations- und Erinnerungsfähigkeit
- Kreativitäts- und Innovationsförderung
- Lokomotionsfunktion, Motivation und Integration
- Kompass- und Leuchtturmfunktion

Die Unternehmensvision lässt sich in eine strategische und eine ideelle Ebene aufteilen:
- Die **strategische Vision** enthält die strategischen Ziele des Unternehmens. Diese Visionen bringen zum Ausdruck, mit welcher Produktkategorie in welchen Märkten welche Marktstellung erreicht werden soll. Weiterhin beschreibt sie den Anspruch,

---

[212] Vgl. Gerken, G.: Der neue Manager, a.a.O., S. 103.
[213] Vgl. Bleicher, K.: Das Konzept integriertes Management, Frankfurt/ New York 1991, S. 79.

der an die eigene Leistung hinsichtlich Qualität, Innovation, Service oder anderen Eigenschaften gestellt wird.
- Die **ideelle Vision** vermittelt den sozialen Auftrag, dem sich das Unternehmen verpflichtet, und sie beschreibt die Werte, die Führungskräfte und Mitarbeiter mit Externen und untereinander leisten sollen. Anhand dieser Werte lässt sich feststellen, wie fair Geschäftspartner behandelt werden oder wie in der Öffentlichkeit über das Unternehmen informiert werden soll.

Der eigentliche Kern der Unternehmensvision ist der soziale Auftrag. Er besagt, in welcher Hinsicht das Unternehmen etwas Nützliches und Sinnvolles für externe Personen (Kunden, Lieferanten) oder die eigenen Mitarbeiter leisten will.

4.4 Internationale Unternehmensführung

Ein anderer Gesichtspunkt der Unternehmensführung der nächsten Jahre stellt sich mit Blick auf die europäische Öffnung der Märkte. So findet man immer mehr die These, dass das alte Konzept "Die Zentrale entwickelt die weltweiten Unternehmens-, Produktions-, Produkt- und Marketingstrategien und die Auslandsfilialen setzen dann diese Strategie um", überholt ist. Die Unternehmen haben festgestellt, dass jedes Land seine eigenen nationalen Gewohnheiten, Eigenarten und Interessen hat.

So ist eine Dezentralisation von Organisation, Unternehmen und Wertschöpfungsverbünden notwendig, um die Unternehmen an diese anzupassen. Es wird der Ruf laut nach **transnationalen Unternehmen**, die ein Netz aus Landesgesellschaften bilden, die auch **transnationale Führungsverantwortung** übernehmen. Hierfür muss die Rolle der Zentrale neu definiert werden.

Die Zentrale als einziges Machtzentrum muss abgelöst werden durch eine Struktur, "in der die Landesgesellschaften neben ihrer geographisch begrenzten Funktion länderübergreifende Aufgaben für das Gesamtunternehmen wahrnehmen"[214]. Hierdurch ändern sich drastisch die traditionellen hierarchischen Strukturen. Durch diese transnationalen Unternehmen kann das **Kreativpotential** aller weltweit tätigen Mitarbeiter wirklich genutzt werden. Damit hat die alte Top-down-Planung ausgedient.

Die relevanten Entscheidungen wie z.B. Finanzen, Führungspersonal, Know-How und Technologietransfer sollten jedoch von einer zentralen Leitung (z.B. Holding) getroffen werden. Weiterhin hat die zentrale Leitung die Aufgabe der **Koordinierung**.

4.5 Qualitäts-Management

Ein weiterer sehr häufig anzutreffender Begriff ist der Begriff des **Qualitäts-Managements**. Diese Art der Unternehmensphilosophie erhält zu Zeiten steigender Individualisierung der Nachfrage und wachsendem Wettbewerbsdruck immer größere Bedeutung. Besonders in den Marktsegmenten für hochwertige Qualitätsprodukte kann nicht mehr über die klassische Schiene Qualität / Preis differenziert werden. Durch die rasanten Fortschritte der Technik sowie den häufig **wandelnden Wertvorstellungen** der Konsumenten muss die Beziehung Hersteller-Kunde eine neue Qualität erhalten. So wird versucht, mit Hilfe des Qualitäts-Managements diese hierfür notwendige Umgestaltung

---

[214] Berger, R.: Local Hero, Manager Magazin, 12/1992, S. 206.

der Unternehmen vorzunehmen. Das Qualitäts-Management stellt folgende **Hauptforderungen** an das Unternehmen[215]:

- professionelle Serviceorientierung der Mitarbeiter in allen Funktionsbereichen und Hierarchieebenen,
- entbürokratisierte und teamorientierte Strukturen,
- eine Führung (inklusive aller Ebenen), die im ständigen Kundenkontakt steht.

Ziel dieses Qualitäts-Managements ist ein **hohes Maß an Kundenzufriedenheit** zu erzielen, damit eine dauerhafte und natürlich gewinnbringende Zusammenarbeit entsteht.

4.6 Umweltorientiertes Management

In den letzten Jahren nehmen **umweltpolitische** Fragestellungen einen immer größeren Stellenwert im politischen und auch wirtschaftlichen Tagesgeschehen ein. Nachdem nun die Bedeutung des Umweltschutzes auch in den Unternehmen erkannt wurde, mussten aufgrund politisch-rechtlicher Vorgaben zunächst technische Lösungen geschaffen werden.

Mittlerweile wurde aber auch erkannt, dass nicht nur technische Einzellösungen (z.B. Rauchgasentschwefelungsanlagen) dem Problem Umweltschutz dienlich sind, sondern dass nur **Umweltkonzepte,** die alle Bereiche eines Unternehmens einbeziehen, effektiv sein können.

In jedem Unternehmen existiert, ob bewusst oder unbewusst, eine bestimmte **Unternehmensphilosophie.** "Sie beinhaltet die allgemeinen Zielvorstellungen und Werte der Unternehmung und bildet damit die Basis für die Bestimmung konkreter Zielsysteme.

Durch die in der Philosophie zum Ausdruck kommenden generellen Unternehmensgrundsätze wird das Verhältnis der Unternehmung zu ihrer Umwelt geprägt".[216] Somit erfüllen sie einen Leitbildcharakter für die Ausrichtung der Unternehmenskultur und des gesamten Unternehmensverhaltens sowie der strategischen Planungsprozesse.[217]

Um umweltgerecht zu wirtschaften, d.h. den Betriebszweck mit weniger Umweltbelastungen und geringerem Ressourcenverbrauch zu erzielen, sind in die Unternehmensphilosophie und in die daraus resultierenden Grundsätze die ökologisch relevanten Gesichtspunkte mit einzubeziehen.

Daraus resultiert, dass die Unternehmen die **Umweltschutzziele** mit in die Unternehmensziele integrieren müssen. In einer Studie gaben 87% der befragten Unternehmen an Umweltschutzziele im Zielsystem verankert zu haben. Jedoch nur 58,8% haben die Umweltschutzziele schriftlich dokumentiert, um ihren verbindlichen Charakter für alle Unternehmensmitglieder deutlich hervorzuheben. 8,5% der Unternehmen planen die Einbeziehung von Umweltschutzzielen, während 4,5% als ökologische Hardliner sich auch in Zukunft nicht veranlasst sehen, ihr Unternehmensverhalten an Umweltschutzzielen auszurichten.

---

[215] Vgl. von Dörnberg, A.: Die beste Qualität ist unser Ziel. Gablers Magazin, 2/92, S. 20.
[216] Meffert, H./ Kirchgeorg, M.: Marktorientiertes Umweltmanagement, Stuttgart 1992, S. 127.
[217] Vgl. Brenken, D.: Strategische Unternehmensführung und Ökologie, Köln 1988, S. 175 ff.

Folgende Abbildung zeigt, inwieweit in der Praxis Umweltschutzziele bereits einbezogen worden sind.

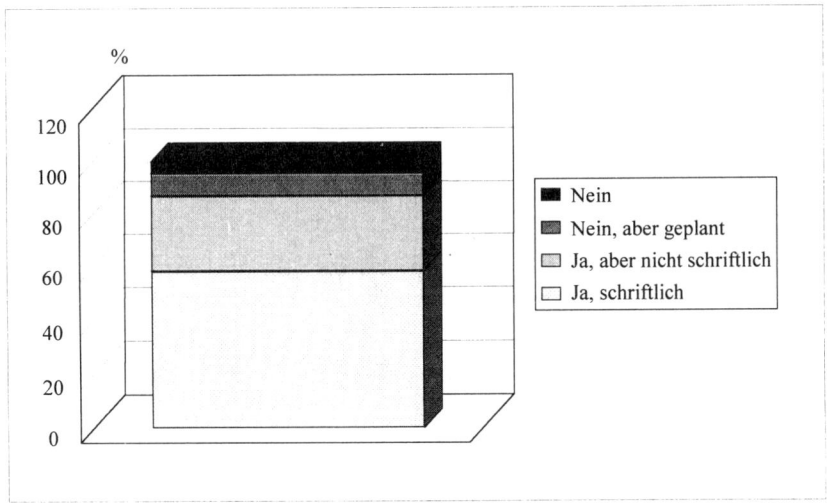

Abb. 96: Integration von Umweltschutzzielen in das Zielsystem der Unternehmen[218]

Die **Umsetzung** des Umweltschutzkonzeptes eines Unternehmens kann nur über die einzelnen **Abteilungen** erfolgen. Die Materialbeschaffung muss neben den Auswahlkriterien wie z.B. Leistungspotenzial und Zuverlässigkeit auch umweltrelevante Kriterien wie Stoffzusammensetzung und Toxizität berücksichtigen.

Der Bereich Marketing kann sehr großen Einfluss auf das Umweltverhalten durch die bewusste Steuerung bei der Produkterneuerung nehmen. Besonders hervorzuheben sind folgende Möglichkeiten bei der Produkterneuerung:[219]

- Einsparung von Rohstoffen, und damit verbunden, Vermeidung von Emissionen,
- Substitution knapper Ressourcen, was zu deren Schonung beiträgt,
- Verringerung der Abfallmengen und deren Umweltschädlichkeit, folglich Verringerung des Müllproblems.

Grundlagen aller umweltorientierten Managementaktivitäten bilden die Bereiche Öko-Controlling, Forschung und Entwicklung. Durch deren Ergebnisse wird ein umwelt-orientiertes Management erst möglich.

Die Informationen, die in diesen Bereichen gewonnen werden, sei es im Bereich der Erforschung neuer umweltschonender Stoffe oder in der Aufstellung einer Ökobilanz, sind zur Beurteilung der aktuellen Gesamtsituation des Unternehmens und seiner Umwelt notwendig. Darauf aufbauend kann das Management auch unter dem Aspekt des Umweltschutzes Ziele setzen, planen, entscheiden, realisieren und kontrollieren.

---

[218] Vgl. Meffert, H.: Strategisches Marketing und Umweltschutz, in: Wagner, G. R.: Unternehmung und ökologische Umwelt, München 1990, S. 83.
[219] Vgl. Hopfenbeck, W.: Umweltorientiertes Management und Marketing, Landsberg/ Lech 1991, S. 307 ff.

4.7 Innovatives Management

Ziel des **Innovations-Management** ist die **Bewältigung von Zielkonflikten**. Eine Innovation ist nach Schumpeter[220] die "Durchsetzung neuer Kombinationen" (nicht nur technischer Art). Die sich ergebenden unternehmerischen Ziele sind meist so strukturiert, dass es nicht um die Innovation geht, sondern um verschiedene Veränderungen in untergeordneten Technologien.

Weil es in den wenigsten Fällen eine fertige Lösung gibt, ist die wichtigste Aufgabe des Innovationsmanagements, die gesuchten technischen Lösungen zu identifizieren und zu einem neuen Produkt oder Verfahren zu optimieren.

Die Ansätze des innovativen Managements sind sehr ähnlich denen des Chaos-Managements, deshalb sei an dieser Stelle auf den Abschnitt 4.2 und die dort aufgeführte Literatur verwiesen.

4.8 Neuere Organisationsformen

In den letzten Jahren wurden neue Organisationsformen etabliert, die sich an arbeitsteiligen Prozessen und an den Möglichkeiten der modernen Informationstechnologie orientieren. Die folgende Übersicht zeigt die wesentlichen Merkmale der neueren Organisationsformen.

	Erläuterung	Ziel	Erfolgsvoraussetzung
Prozessorganisation	Gestaltungskonzept mit Teamstrukturen zur Verwirklichung einer ganzheitlichen Prozessorientierung	- Bessere Koordination und Beschleunigung der Geschäftsprozesse - Umgehung der klassischen Schnittstellenprobleme - Vermeidung von Mehrfachkontrollen innerhalb der Prozesskette	- Prozessverantwortlicher auf höherer Leitungsebene zur Steuerung und Überwachung des Leistungsprozesses - Für funktionsübergreifende Teilprozesse sind Projektteams aus Mitgliedern der betroffenen Funktionsbereiche zu bilden
Modulare Organisation	Räumlich und zeitliche Entkopplung arbeitsteiliger Prozesse (unternehmens-intern)	- Komplexität der Leistungserstellung reduzieren - Kundennähe des Unternehmens erhöhen	- Aktualität und Verfügbarkeit aller relevanten Daten - Einsatz moderner Informations- und Kommunikationstechnologie
Virtuelle Organisation	Räumliche und zeitliche Entkopplung arbeitsteiliger Prozesse (unternehmensübergreifend) durch die Bildung eines virtuellen Unternehmensnetzwerks	- Zeitlich und räumlich flexible Kooperation mehrerer Unternehmen - Ausnutzung der jeweiligen Kernkompetenzen	- Hohe Flexibilität - Fehlen starrer, institutionalisierender Strukturen - Einsatz moderner Informations- und Kommunikationstechnologie

Abb. 97: Neuere Organisationsformen im Überblick

---

[220] Vgl. Jaron, A. A.: Schöpferische Zerstörung und Ende des Kapitalismus: Joseph Alois Schumpeter und der Übergang des Kapitalismus zum Sozialismus unter dem Aspekt einer ökologischen Umgestaltung von Wirtschaft und Gesellschaft, Münster 1989, S. 98.

4.9 Zukünftige Aufgabenfelder der Unternehmensleitung

Durch die oben beschriebenen Änderungen in der Unternehmensführung und der Organisation erhält die Unternehmensleitung neue Aufgabenfelder.[221] Dieses soll im folgenden Abschnitt umrissen werden.

- **Durchführen organisatorischer Veränderungen**

Eine Umgestaltung der organisatorischen Struktur wird zu neuen Schnittstellen in der Organisation führen. Diese Umgestaltung bringt folgende betriebliche Veränderungen mit sich:[222]

> - Änderung der Produktpalette,
> - Ergebnisverantwortlichkeit einzelner Abteilungen,
> - Dezentralisierung (Markt- und Kundennähe),
> - Internationales Engagement,
> - Fusionen, Kooperation und Joint-Ventures.

- **Beteiligung der Mitarbeiter an Entscheidungen**

Entscheidungen können in zunehmendem Maße nicht mehr einfach von der Unternehmensleitung getroffen werden. Hierfür können drei Gründe genannt werden:
1. Mitarbeiter wollen als Partner ernst genommen werden, dadurch erfolgt eine größere Motivation.
2. Sachkompetenz ist in wichtigen Fragen oft nicht in der Ebene vorhanden, in der die Entscheidungen verantwortet werden müssen.
3. Mitarbeiter, die bei der Planung mitgewirkt haben, engagieren sich auch eher bei der späteren Realisation.

- **Schaffung eines intakten sozialen Arbeitsumfeldes**

Bei steigender Anwendung neuer Techniken erscheint es immer wichtiger, dass das soziale Arbeitsumfeld stimmt. In einem kooperativen Arbeitsklima sind die Menschen leistungswilliger, kreativer und belastungsfähiger. So kann ein Mitarbeiter, der zufrieden mit seinem Arbeitsplatz ist, zu einer Zuführung neuer guter Arbeitskräfte beitragen, die über die normalen Beschaffungsmöglichkeiten nicht zu erreichen sind.

- **Abbau hierarchischer Schranken**

Tiefgestaffelte Organisationen mit vielen Hierarchieebenen sind für die heutige schnelllebige Zeit zu schwerfällig und ineffizient. So muss versucht werden, die Wege zu kürzen und die Anzahl der Ebenen zu reduzieren. Flachere Hierarchie heißt hier das Schlagwort.

- **Führen selbständiger Organisationseinheiten**

Der Trend führt, wie oben gezeigt wurde, weg von der zentralistischen Struktur eines Unternehmens hin zu dezentralen, netzwerkartig aufgebauten Organisationen. Diese relativ hohe Anzahl von Organisationen ist mit einem recht hohen Grad an Selbständig-

---

[221] Vgl. Lauterburg, Ch.: Führung in den 90er Jahren, Office Management, 11/1990, S. 24 ff. und Wunderer, R./ Dick, P.: Personalmanagement – Quo vadis? Analysen und Prognosen zu Entwicklungstrends bis 2010, Neuwied, Kriftel 2000, S. 109 ff..
[222] Vgl. Lauterburg, Ch.: Führung in den 90er Jahren, a.a.O., S. 26.

keit ausgestattet. Dies gilt für Gesamtorganisationen mit einem differenzierten Netz von Tochtergesellschaften und Profit-Centern sowie für die Feinstruktur einzelner Betriebe mit dem heutigen Trend hin zu Projektorganisation, teilautonomen Arbeitsgruppen und anderen Formen flexibler Arbeitsgruppen.

- **Flexible Arbeitsformen und Arbeitszeitmodelle**

Lebensqualität und Freizeitgestaltung erlangen immer höhere Priorität in der Gesellschaft. So erhalten die flexiblen Arbeitsformen Teilzeitarbeit, Heimarbeit, Job-Sharing und Job-Rotation immer größere Bedeutung. So ist auch das noch nicht voll ausgeschöpfte Potential der Frauen ein großes Problem der Unternehmen. Dieses gilt es, durch flexiblere Arbeitseinsatzmöglichkeiten zu aktivieren.

- **Leistung erzeugen durch Synergie**

Eine große Aufgabe des heutigen Managements ist die Ausnutzung von Synergieeffekten. Hierzu müssen die Aufgaben sinnvoll gebündelt werden. Noch wichtiger aber ist die Schaffung guter Kommunikations- und Kooperationsverhältnisse. Dies kann z.B. durch Teamprozesse und Projektmanagement erfolgen.

- **Organisieren von Lernen und Entwicklung**

"Gelernt wird heute On-The-Job". Diese Aussage verdeutlicht sehr gut die Grundlage moderner Personalpolitik. Damit erhält der Vorgesetzte aber die schwierige Aufgabe des Begleiters und Förderers individueller Entwicklung durch die sinnvolle Delegation von Aufgaben, partnerschaftlicher Zielvereinbarung und persönlicher Zusammenarbeit, aber auch durch das Aufzeigen von Perspektiven für die weitere berufliche Laufbahn.

- **Zukunftsplanung aufgrund komplexer Szenarien**

In den meisten Zweigen der Wirtschaft wird das Planen immer schwieriger. So können Konstellationen wie Konjunktur, der Dollar, der Energiepreis, die Absatzmärkte, die Konkurrenz und die politische Situation in den einzelnen Regionen dieser Erde nicht mehr einfach von einer Planperiode in die nächste extrapoliert werden. So ist eine strategische Planung nur noch mit Hilfe aufwendiger Szenarien möglich. Die einzelnen Planungen müssen immer wieder rollierend überprüft, modifiziert und aufeinander abgestimmt werden.

- **Integration durch Visionen und Leitbilder**

Es wird immer mehr erkannt, dass sich die Mitarbeiter nur auf ein gemeinsames Ziel orientieren lassen, wenn ihre emotionalen und sozialen Bedürfnisse befriedigt werden. Dies kann nicht durch schriftliche Anleitungen erfolgen, sondern durch praktische Führungsmaßnahmen, die den Sinn der Unternehmensleitung sowie den individuellen Beitrag zum gemeinsamen Erfolg plausibel machen. Ansätze hierzu finden sich in den Theorien des Chaos-Managements und des visionären Managements.

Zur Durchführung dieser Integration der Mitarbeiter bedarf es "geistiger Führerschaft und Kommunikation im emotionalen Bereich und persönlichen Stellungsbezug seitens des Managements".[223] Technokraten oder Frühstücksdirektoren würden hier versagen.

---

[223] Lauterburg, Ch.: Führung in den 90er Jahren. a.a.O., S. 29.

Fragen zur Kontrolle und Vertiefung

(1) Was ist unter Unternehmenskultur zu verstehen? Mit welchen Maßnahmen kann die Unternehmensführung die Unternehmenskultur beeinflussen?

(2) Was bedeutet strategische Unternehmensführung?

(3) Erklären sie den Unterschied zwischen Eigentümer-Unternehmen und Geschäftsführer-Unternehmen! Nennen Sie ein Beispiel für ein Geschäftsführer- Unternehmen!

(4) Nennen Sie die wichtigsten Zielarten und geben Sie zu jeder Zielart ein Beispiel!

(5) Nennen Sie sieben Aussagen über ein Unternehmen, die mit Hilfe des Unternehmensleitbildes gemacht werden können!

(6) Werden bei der Planung Entscheidungen getroffen?

(7) Erläutern Sie die progressive Planung und nennen Sie die Vor- und Nachteile dieser Planungsmethode!

(8) Was ist der Unterschied zwischen einem vollkommenen und einem unvollkommenen Informationssystem und was bedeutet das Vorhandensein des entsprechenden Systems für die Entscheidung?

(9) Worin liegt der Unterschied zwischen kontrollierbaren und nicht-kontrollierbaren Abweichungsursachen?

(10) Wie kann die Kontrolle eine Verhaltensbeeinflussung der Mitarbeiter bewirken? Was können Sie kritisch zu dieser Art Verhaltensbeeinflussung anmerken?

(11) Was verstehen Sie unter einem Betriebsklima? Wodurch kann es beeinflusst werden? Können auch Konflikte weiterbringen?

(12) Machen Sie den Unterschied zwischen Kontrolle und Revision deutlich!

(13) Welche Bedeutung hat die Feedforward-Kontrolle beim kybernetischen Regelkreis? Nennen Sie einige Beispiele für Feedforward-Kontrollen!

(14) Definieren Sie den Begriff Führungsstil!

(15) Erläutern Sie das Harzburger Modell!

(16) Was ist der grundlegendste Unterschied des Management by Objectives zu den anderen Führungsmodellen?

(17) Nennen Sie Nachteile des Management by Objectives!

(18) Welche Ziele verfolgt die Delegation von Aufgaben?

(19) Beschreiben Sie das Substitutionsgesetz der Organisation!

(20) Zählen Sie stichwortartig die Voraussetzungen für das Management by Exception auf!

(21) Was verstehen Sie unter der Transaktionsanalyse und welche Möglichkeiten bietet sie?

(22) Welche Persönlichkeitstypen unterscheidet Riemann? Nennen sie jeweils einige positive und negative Eigenschaften

(23) Welche allgemeinen Grundsätze der Organisation gibt es?

(24) Welche Aufgabe hat die Stelle innerhalb einer Organisation? Nennen Sie die Merkmale einer Stelle!

(25) Was beinhaltet der Begriff „Leitungsspanne", wie wird diese bestimmt?

(26) Führen Sie eine Aufgabenanalyse für den Versand eines Unternehmens durch!

(27) Welche grundsätzlichen Angaben sollte eine Stellenbeschreibung enthalten?

(28) Beschreiben Sie die verschiedenen Organisationsformen!

(29) Konkretisieren Sie, was man im Rahmen des Projektmanagement unter
- einem Projekt
- einer Projektgruppe
- einem Projektleiter

versteht!

(30) Skizzieren Sie die Idee des Profit-Centers! Weshalb erhöht sich die Flexibilität der Unternehmung bei einer Profit-Center-Organisation?

(31) Welche internen Einflussgrößen haben Einfluss auf die Ablauforganisation?

(32) Was ist das Ergebnis eines Lean-Management?

(33) Nennen Sie Faktoren, die sich lähmend auf die Bildung des Chaos-Management auswirken!

(34) Welche Hauptforderungen stellt das Qualitätsmanagement an ein Unternehmen?

(35) Welche Möglichkeiten der Produkterneuerung sind einem umweltorientierten Management gegeben?

Kapitel D

Materialwirtschaft

1 Grundlagen der Materialwirtschaft

Der Grund allen wirtschaftlichen Handelns liegt in der Bereitstellung von Gütern für die menschliche Bedürfnisbefriedigung. Hieraus leitet sich für die Produktionsbetriebe als Sachziel die Herstellung bestimmter Güter ab.

In einer Marktwirtschaft ist die Formung der Beziehungen zu den Märkten für jede Unternehmung von beträchtlicher Bedeutung. Jeder Betrieb ist in zweifacher Hinsicht mit anderen Wirtschaftseinheiten verbunden. Vom **Beschaffungsmarkt** bezieht die Unternehmung als Nachfrager die für die Produktion erforderlichen Güter, über den **Absatzmarkt** werden die hergestellten Sachgüter und Dienstleistungen als Anbieter abgesetzt.

Zu den betrieblichen Grundfunktionen, d.h. zu den Haupttätigkeitsgebieten des Betriebes, gehört die Beschaffung aller Güter und Dienstleistungen, die der Betrieb zur Durchführung des Produktionsprozesses benötigt.

1.1 Begriffsbestimmung und Bedeutung der Materialwirtschaft

Die **Versorgung** von Unternehmen mit den erforderlichen Gütern und Dienstleistungen wird in der betriebswirtschaftlichen Literatur und Praxis häufig als Einkauf, Beschaffung, Materialwirtschaft oder Logistik bezeichnet. Diese Begriffsvielfalt macht es notwendig, die inhaltliche Bedeutung der am meisten verwendeten Begriffe kurz zu beschreiben und gegeneinander abzugrenzen.

1.1.1 Einkauf

Der Begriff **Einkauf** (purchasing/buying) bezieht sich hauptsächlich auf die **operativen** Tätigkeiten des Versorgungsvorganges, wie z.B. Einkäufer, Einkaufspreis, Einkaufsgenossenschaften, Einkaufsbedingungen, Einkaufsrevision und Einkaufsstatistik. Da der Einkauf jedoch immer mehr zu einer Schlüsselfunktion der Unternehmungen wurde, erweiterte sich sein Aufgabengebiet und kann wie folgt differenziert werden:

- Verwaltender Einkauf für reine Bestelltätigkeiten wie z.B.: Bestellschreibung, Bestellüberwachung, Verwaltung der Preis-, Lieferanten- und Konditionendatei, Wareneingangsüberwachung und allgemeine Verwaltungstätigkeiten

- Gestaltender moderner Einkauf, der Marktforschung, Angebotsvergleiche und Vergabeverhandlungen durchführt, um so ein optimales Preis- / Leistungsverhältnis zu erreichen. Weitere Aufgaben sind die Planung und Durchführung von Kostensenkungsmaßnahmen bzw. die Verbesserung der Effizienz im Einkauf.

Da die Wirtschaftspraxis mit dem Begriff Einkauf nur den verwaltenden Einkauf verband, verbreitete die Betriebswirtschaftslehre ihre Funktionspalette durch andere Begriffe wie Beschaffung und Materialwirtschaft, um auf die erweiterten Aktivitäten aufmerksam zu machen.[1]

---

[1] Vgl. Arnolds, H./ Heege, F./ Tussing, W.: Materialwirtschaft und Einkauf, 9. Auflage, Wiesbaden 1996, S. 21.

1.1.2 Beschaffung

Zur Aufgabe der **Beschaffung** (procurement) gehören alle Aktivitäten für die kostengünstigste und sichere Versorgung eines Unternehmens mit den benötigten Produktionsfaktoren.

Wenn man davon ausgeht, dass der Beschaffungsmarkt (**im weitesten Sinne**) aus drei Teilmärkten, dem Waren- und Dienstleistungsmarkt, dem Arbeitsmarkt und dem Geld- und Kapitalmarkt besteht, so könnte man den Beschaffungsbegriff relativ weit fassen und folgende **Beschaffungsobjekte** darunter verstehen:

- Roh-, Hilfs- und Betriebsstoffe,
- Fertig- und Halbfertigfabrikate sowie
- Handelswaren, die unter dem Begriff **Material** zusammengefasst werden,
- Dienst- und Arbeitsleistungen,
- Finanzmittel und Rechte (Lizenzen und Patente),
- Personal und
- Betriebsmittel.

Die Beschaffung würde somit folgende **Teilfunktionen** umfassen:[2]

• Beschaffungsmarktforschung	• Bedarfsprognose
• Materialdisposition	• Lieferantenpolitik
• Bestellabwicklung	• Kontaktpolitik
• Einkauf	• Wareneingangskontrolle
• Lagerwirtschaft	• Transport

Diese sehr weite Begriffsfassung wird jedoch in der Wirtschaftspraxis als zu umfassend abgelehnt, da sich die Beschaffungsmärkte für Betriebsmittel, Personal, Kapital und Rechte grundlegend von den Beschaffungsmärkten für Material unterscheiden. Deshalb ist es üblich, den Begriff Beschaffung wesentlich enger zu fassen.

Der **Beschaffungsbegriff im engeren Sinne** schließt deshalb hauptsächlich die Beschaffung von Roh-, Hilfs- und Betriebsstoffen sowie Halbfertigfabrikaten und Handelswaren ein. Nach dieser engen Begriffsfassung endet die Zuständigkeit der Beschaffung mit der Übergabe der Güter an die erste Produktionsstufe.[3]

1.1.3 Materialwirtschaft

In der betrieblichen Praxis wird der Begriff "**Materialwirtschaft**" (materials management) verwendet, um den Managementcharakter dieser Funktion hervorzuheben. Die Materialwirtschaft verdrängte die enger gefassten Bezeichnungen "**Beschaffung**" und "**Einkauf**" weitgehend und erweiterte sich um die Aufgaben **Entsorgung** und **Warenverteilung**.

---

[2] Vgl. Melzer-Ridinger, R.: Materialwirtschaft, München/ Wien 1989, S. 8.
[3] Vgl. Bichler, K.: Beschaffungs- und Lagerwirtschaft, Wiesbaden 1981, S. 16.

- Unter **Entsorgen** versteht man Abfallverwertung (**Recycling**) und die Abfallbeseitigung von überschüssigem Material, Ausschuss, Abfall und überalterten Fertigprodukten (siehe Abschnitt 5.3 "Abfallwirtschaft").
- Die **Warenverteilung** umfasst alle Tätigkeiten von der Fertigstellung bis zur Übernahme der Produkte durch die Abnehmer (siehe 5. Logistische Fragen).

Der Begriff Materialwirtschaft kann wie folgt definiert werden:

> "Die Materialwirtschaft ist das Versorgungssystem des Unternehmens vom Lieferanten bis zum Kunden über alle Wertsteigerungsstufen des Unternehmens. Die Materialwirtschaft schließt Güter, Leistungen und Energien ein und erfüllt die Funktionen Erwerben, Bevorraten, Verteilen und Entsorgen."[4]

Diese weiteste Begriffsabgrenzung wird auch als **integrierte Materialwirtschaft** bezeichnet.

1.1.4 Logistik

Aus dem militärischen Bereich hat in den vergangenen Jahren der Begriff "**Logistik**" (business logistics) Eingang in die wirtschaftswissenschaftliche Literatur gefunden. Die Logistik beschäftigt sich vorwiegend mit Beschaffungsproblemen sowie mit der Untersuchung von Transport-, Lager- und Umschlagvorgängen. Aber auch mit den damit verbundenen Problemen der Materialhandhabung und der transport-, lager-, und umschlaggerechten Verpackung.

Die Logistik geht jedoch über den Beschaffungsbereich hinaus und schließt auch die Aufgaben der Distribution mit ein. Allerdings stehen bei der Logistik Aktivitäten im Bereich der Informationsbeschaffung und -bearbeitung nicht im Vordergrund.[5]

1.1.5 Resümee

Einkauf, Beschaffung, Materialwirtschaft und Logistik, die alle die **Versorgungs**- und neuerdings auch die **Entsorgungsfunktion** für eine Unternehmung beschreiben, machen deutlich, wie wichtig sie zur optimalen Erfüllung der Unternehmensaufgabe sind.

Durch die Einführung des Konzepts einer ganzheitlichen Logistik sind Überschneidungen mit dem Begriff der Materialwirtschaft unvermeidbar. Da der Materialwirtschaftsgedanke jedoch aus dem Beschaffungsbereich kommt und noch heute Prioritäten bei der Zusammenarbeit von Einkauf, Disposition, Lager, Fertigungssteuerung und Warenverteilung setzt, sollte hier die Einbeziehung der Funktion Einkauf in die **integrierte Materialwirtschaft** vorausgesetzt werden.

Die integrierte Materialwirtschaft vereinigt somit die marktorientierte Aufgabe Einkauf mit der versorgungsorientierten Aufgabe der Logistik.[6]

---

[4] Eschenbach, R.: Erfolgspotential Materialwirtschaft, München/ Wien 1990, S. 15.
[5] Vgl. Arnolds, H./ Heege, F./ Tussing, W.: Materialwirtschaft und Einkauf, a.a.O., S. 22.
[6] Vgl. Hartmann, H.: Materialwirtschaft, Organisation-Planung-Durchführung-Kontrolle, 5. Auflage, Gernsbach 1990, S. 21.

Wenn man die betriebswirtschaftliche Literatur zu Grunde legt, wird der Begriff der Materialwirtschaftsfunktion im Rahmen der modernen Entwicklung in den nächsten Jahren möglicherweise durch **Versorgungs-** und **Entsorgungsmanagement** ersetzt werden.

Die folgende Abb. 1 soll einen Überblick über die zuvor dargestellten Zusammenhänge geben:

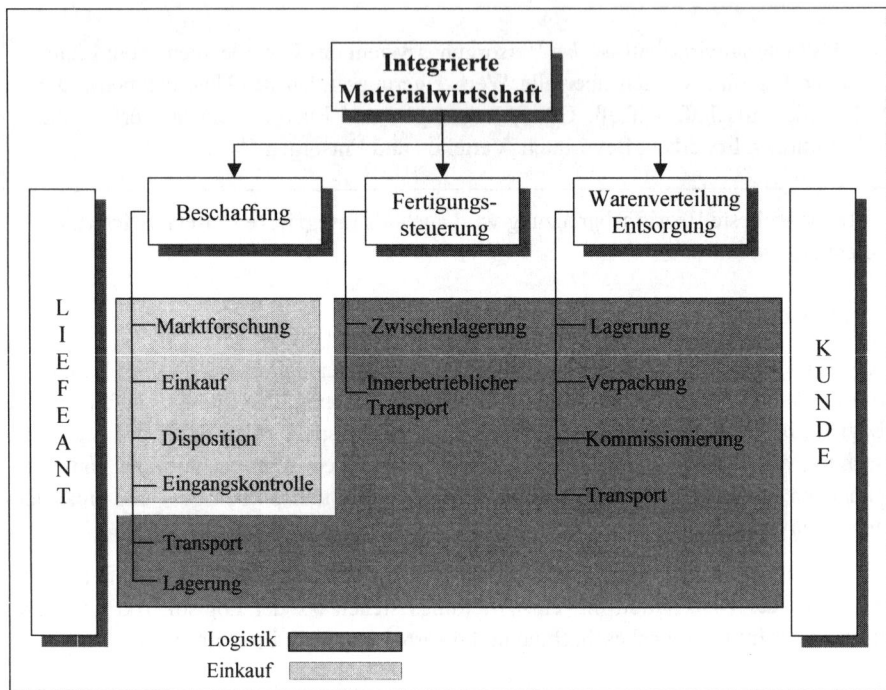

Abb. 1: Integrierte Materialwirtschaft und ihre Teilfunktionen[7]

1.2 Aufgaben und Ziele der Materialwirtschaft

Die **Aufgaben** der Materialwirtschaft lassen sich in folgende Teilaufgaben untergliedern:

- Materialdisposition,
- Beschaffung des Materials,
- Lagerung des Materials,
- Transport des Materials,
- Entsorgung des Materials im Rahmen der Abfallwirtschaft.

Das primäre **Ziel** der Beschaffung besteht in der Verwirklichung des **materialwirtschaftlichen Optimums**, wobei die Beschaffungsobjekte in der erforderlichen Menge, Art, Qualität und termingerecht am rechten Ort sowie unter Beachtung des Wirtschaftlichkeitsprinzips (kostenoptimal) bereitzustellen sind.

---

[7] Vgl. Melzer-Ridinger, R.: Materialwirtschaft, a.a.O., S. 10.

Zu den **Beschaffungsobjekten** in der Materialwirtschaft zählen:[8]
- **Rohstoffe** sind Stoffe, die unmittelbar als Hauptbestandteil in das Fertigprodukt eingehen (z.B. Holz bei der Möbelherstellung, Garn für die Weberei oder Blech bei der Automobilherstellung).
- **Hilfsstoffe** gehen zwar unmittelbar in die Fertigprodukte ein, haben aber nur "akzessorischen" Charakter (z.b. Säuren, Farben, Lacke, Schrauben, Nägel).
- **Betriebsstoffe** sind solche Materialien, durch deren Verwendung die Aufrechterhaltung des Betriebsprozesses ermöglicht wird. Sie gehen also nicht unmittelbar in das Fertigprodukt ein (z.B. Schmiermittel, Kühlwasser, Büromaterial, Energie, Reinigungsmaterial).
- **Fertig- oder Halbfertigfabrikate** sind fremdbezogene Teile, welche durch Montage in das Endprodukt eingehen (z.B. Schrauben, Stifte, Bolzen, ganze Baugruppen).
- **Handelswaren** sind Güter, die unverarbeitet dem Endprodukt zugefügt werden (z.B. der Verbandskasten im Pkw).
- **Entsorgungsmaterial** sind Güter, die nicht zu Absatzzwecken produziert oder gehandelt werden. Hauptsächlich kann man unter Entsorgungsmaterial Abfallprodukte, Rückstände oder Lagerhüter verstehen.

Die materialwirtschaftlichen Ziele, die eine gleichzeitige Berücksichtigung preislicher, terminlicher, einkaufspolitischer und qualitätsmäßiger Gesichtspunkte beinhalten, sind zum Teil untereinander konfliktär.

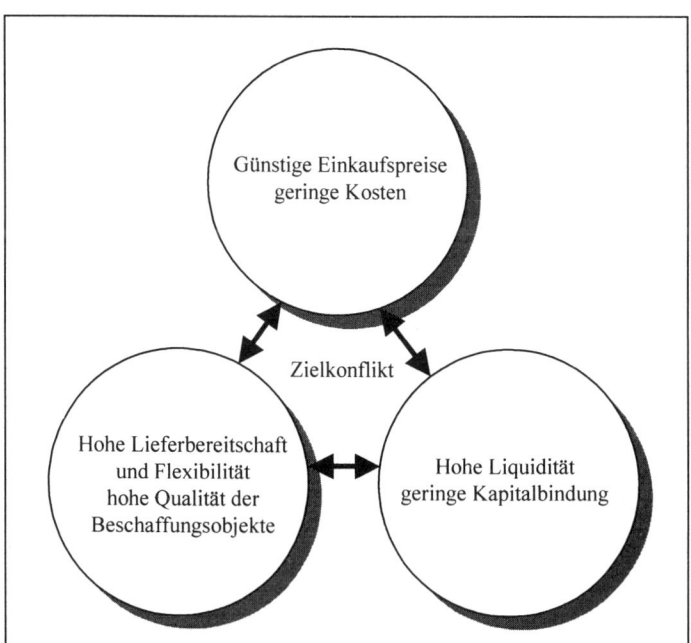

Abb. 2: Zielkonflikt der Materialwirtschaft[9]

---

[8] Vgl. Melzer-Ridinger, R.: Materialwirtschaft, a.a.O., S. 11.
[9] Vgl. Eschenbach, R.: Erfolgspotential Materialwirtschaft, a.a.O., S. 32 ff.

Hohe Sicherheitsbestände im Lager führen zwar zu einem hohen Liefergrad des Lagers und dadurch zu geringen Fehlmengenkosten. Dem gegenüber stehen aber hohe Kapitalbindungskosten (Zinsen) und hohe Kosten der physischen Lagerhaltung (Gebäude- und Personalkosten). Dieses angestrebte materialwirtschaftliche Optimum kann nur durch die Zusammenarbeit aller Teilbereiche und dem Finden von Kompromissen zu einem befriedigenden Konsens gebracht werden.

Eine andere Möglichkeit zur Lösung des Konflikts besteht darin, dass die Materialwirtschaft sich vorgegebenen Zielsetzungen anderer Teilbereiche bzw. der Unternehmensleitung unterwirft. In diesem Fall ist aber eine effektive Erfüllung der Teilaufgaben nicht mehr gewährleistet.

1.3 Stellung der Materialwirtschaft im Gesamtunternehmen

Die Materialwirtschaft, die viele Jahrzehnte in der betriebswirtschaftlichen Diskussion gegenüber Produktion und Absatz vernachlässigt wurde, hat seit Beginn der 70er Jahre in den Betrieben erheblich an Akzeptanz gewonnen. Dies zeigt sich vornehmlich in der höheren Einordnung der Materialwirtschaft innerhalb der Unternehmenshierarchie. Der Grund für diese Entwicklung liegt vor allem an dem hohen Anteil der Materialkosten an den Gesamtkosten.

1.3.1 Anteil der Materialkosten an den Gesamtkosten

Durch eine Kostensenkung in der Materialwirtschaft kann man im Hinblick auf den Anteil der in einem Unternehmen anfallenden Materialkosten (50% bis 80% je nach Branche) an den Gesamtkosten der Produktion und durch einen beachtlichen Anteil der Lagervorratsbestände am Umlaufvermögen wesentlich zur Verbesserung der Rentabilität eines Unternehmens beitragen.[10] Abb. 3 zeigt eine ungefähre Aufgliederung der Gesamtkosten in einem Unternehmen.

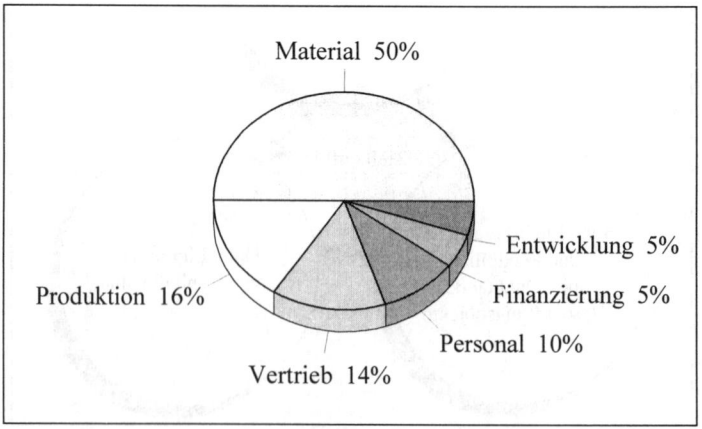

Abb. 3: Aufteilung der Gesamtkosten in einer Unternehmung [11]

---

[10] Vgl. Benz, H.: Rationeller Einkauf - optimale Lagerhaltung, Leitfaden zur Beschaffungsplanung, 2. Auflage, Frankfurt (Main) 1976, S. 7.
[11] Vgl. Follmer, F./ Rudnick, A.: Betriebswirtschaftslehre, 2. Auflage, Darmstadt 1990, S. 39.

Welchen Einfluss dies auf das Betriebsergebnis haben könnte, soll das folgende Beispiel des Unternehmens X verdeutlichen:[12]

Beispiel 1:

Unternehmen X hat einen Jahresumsatz von 100 Mio. Euro bei einer Umsatzrendite von 6% (6 Mio. Euro). Der Anteil der Aufwendungen für Erzeugnis- und Betriebsstoffe beträgt 50% vom Umsatz (50 Mio. Euro). Eine Senkung des Materialkostenblocks um 4% würde zu einem Betriebsergebnis von 8 Mio. Euro führen. Dies bedeutet eine Erhöhung um 2 Mio. Euro (ca.33%).

In vielen Unternehmen dürfte eine Materialkostensenkung um 4% erheblich leichter zu realisieren sein als eine Umsatzsteigerung um 33%.

1.3.2 Kapitalbindung durch Lagerbestände

Einer der Hauptgründe für die Höhe der Materialkosten ist der vermehrte Übergang von Eigenfertigung zu Fremdbezug, nicht zuletzt bedingt durch Spezialisierung und Arbeitsteilung der neuzeitlichen Industrie. Die Möglichkeit eines Produktionsausfalls und die damit verbundenen Kosten infolge eines fehlenden Fertig- oder Halbfertigfabrikates zeigt das erhöhte Risiko des Übergangs der Unternehmungen von der Eigenfertigung zum Fremdbezug. Dieses Risiko der Materialbereitstellung kann im wesentlichen durch eine erhebliche Erhöhung der Sicherheitsbestände und eine leistungsfähige Materialwirtschaft vermindert werden. Die Einführung eines KANBAN-Systems wäre eine Möglichkeit, eine reibungslose Versorgung zu garantieren. Ziel dieses Systems ist es, auf allen Fertigungsstufen eine "Produktion auf Abruf" (just-in-time-production) zu erreichen, um damit den Materialbestand zu reduzieren (siehe Kapitel E, Abschnitt 5.2.3.1 "Kanban-Steuerung").

1.3.3 Beschaffungsmarktsituation

Die weitaus meisten Unternehmen beziehen ihre Materialien, Güter und Dienstleistungen in der Regel von mehreren Beschaffungsmärkten. Bei den Automobilherstellern z.B. erstrecken sich diese Märkte von den Stahlmärkten über Glas-, Elektro-, Textil-, Reifen-, Kunststoff- bis hin zu den Lackmärkten. Jeder Automobilhersteller und der Großteil der Industrie pflegt Geschäftsbeziehungen zu mehreren tausend Lieferanten. Diese unter-schiedlichen Beschaffungsmärkte unterliegen ständigen Veränderungen. Konjunkturschwankungen, technologische Entwicklungen, gesetzliche Auflagen im Bereich des Umweltschutzes sowie Fusionen, Kooperationen usw. können die Bedingungen auf den Beschaffungs- und Absatzmärkten entscheidend verändern. In diesem Zusammenhang sollte man auf den europäischen Binnenmarkt hinweisen, der seit 1993 erhebliche Veränderungen auf dem Beschaffungsmarkt mit sich bringt.

Die **Auswirkungen des EU Binnenmarktes** auf die betrieblichen Teilbereiche sind überaus umfangreich. Eine Beurteilung kann generell nur schwer abgegeben werden, da sie sich insbesondere nach dem Standpunkt der Betrachtung richtet. Im folgenden werden hauptsächlich die Auswirkungen dargestellt, die eine Veränderung des Beschaffungsmarktes mit sich bringen.

---

[12] Vgl. Arnolds, H./ Heege, F./ Tussing, W.: Materialwirtschaft und Einkauf, a.a.O., S. 28 f.

Verstärkter Wettbewerb:

- Die Marktöffnung in Europa führt zweifelsohne zu einer erhöhten Werbeintensität. Neue Wettbewerber werden sich auf die europäischen Märkte drängen und bisher auf dem Heimatmarkt konzentrierte Unternehmen werden in die Nachbarstaaten expandieren. Aber auch bereits europaweit tätige Unternehmen werden versuchen, ihre Marktanteile in Europa zu erhöhen. Damit verstärkt sich der Anpassungsdruck für die Unternehmen. Umstrukturierungsmaßnahmen werden notwendig, um die Leistungsfähigkeit zu steigern.

Geringere Kosten:

- Durch den **Wegfall der Grenzkontrollen** und -formalitäten ergeben sich zusätzliche Rationalisierungsmöglichkeiten für die Betriebe. Durch den Abbau der Grenzbarrieren können Zeit und damit Kosten beim grenzüberschreitenden Warenverkehr gespart werden. Zusätzlich lassen sich aber auch Märkte erschließen, die bisher aufgrund des Transportaufwands für die Unternehmen nicht rentabel genug waren.
- Neben der wirtschaftlich quantifizierbaren Komponente hat der Wegfall von Grenzhindernissen auch eine **psychologische Komponente**. Er verleiht den Bemühungen um den einheitlichen Binnenmarkt mehr Glaubwürdigkeit und gibt Unternehmen und Verbrauchern damit das erforderliche Vertrauen in die Zukunft der Europäischen Gemeinschaft.
- Die Harmonisierung und die gegenseitige Anerkennung von technischen Vorschriften bringen für die Unternehmen Kostenvorteile. Bei Lager- und Verpackungskosten können z.B. durch die **Vereinheitlichung der Normen** Rationalisierungsmöglichkeiten ausgeschöpft werden.
- Weitere Kostensenkungen und Erlösverbesserungen sind durch die Harmonisierung des **europäischen Patent- und Marktrechts** zu erwarten. Patente und Warenzeichen werden sich künftig in Europa leichter und schneller registrieren lassen und sind somit kostengünstiger zu vermarkten.

Niedrigere Preise:

- Der zunehmende Wettbewerb und die durch die Entstehung des Binnenmarks ausgelösten Kostensenkungen führen zu niedrigen Preisen sowohl für Zwischen- als auch Endprodukte. Der Preissenkungsspielraum wird auf 4 bis 6% innerhalb der EU geschätzt.[13] Die dadurch entstehenden Kaufkraftgewinne der Verbraucher bewirken tendenziell eine Erhöhung der Nachfrage nach Produkten und Dienstleistungen. Der Preissenkungseffekt trägt auch dazu bei, den durch Nachfragebelebung entstehenden Preisauftrieb zu dämpfen.

Steigender Umsatz:

- Die im Rahmen einer Studie[14] befragten europäischen Industrieunternehmen rechnen im Durchschnitt mittelfristig mit einer Umsatzsteigerung von 5%. Den Unternehmen bietet sich dadurch die Möglichkeit der Realisierung von Skalenerträgen (Kostendegression wegen größerer Fertigungsmengen für vergrößerte Märkte). Eine größere Serienproduktion und **günstigere Losgrößen** führen zu einer besseren Auslastung der Produktionskapazitäten und damit zu einer Senkung der Stückkosten.

---

[13] Vgl. Cecchini, P.: Europa '92 - Der Vorteil des Binnenmarkts, Baden Baden 1988.
[14] Vgl. ebd., a.a.O.

Eine leistungsfähige und flexible Materialwirtschaft könnte durch entsprechende Maßnahmen die Veränderungen, die der europäische Binnenmarkt mit sich bringt, für sich nutzen, um somit positiv auf das Betriebsergebnis einzuwirken.

1.3.4 Anforderungsprofil des Materialwirtschaftlers

Um die positiven Auswirkungen, die eine leistungsfähige Materialwirtschaft mit sich bringt, nutzen zu können, ist es notwendig das Anforderungsprofil des Materialwirtschaftlers zu steigern. Führungskräfte in der Materialwirtschaft sollten folgende **Eigenschaften** aufweisen:[15]

- Entscheidungsstärke, Aufgeschlossenheit für neue Entwicklungen, Kompromissbereitschaft, Fremdsprachenkenntnisse, Beherrschung technischer Grundkenntnisse, Teamgeist, Kreativität, Flexibilität, extrovertiertes Verhalten, übergreifendes Unternehmensdenken und die Bereitschaft zur beruflichen Weiterbildung.

Der **Aufgabenbereich** eines Materialwirtschaftlers geht weit über den reinen Bestellvorgang hinaus und beinhaltet im wesentlichen folgende Aktivitäten:

- Marktforschung
- Bedarfsermittlung
- Wertanalyse
- Preisstrukturanalyse
- Verhandlungsführung

In kaum einen anderen Unternehmensbereich ist der Aufgabenbereich so umfangreich wie in der Materialwirtschaft. Diese gestiegenen Ansprüche an den Materialwirtschaftler rechtfertigen den Aufstieg in der Unternehmenshierarchie.[16]

1.3.5 Eingliederung der Materialwirtschaft in der Unternehmenshierarchie

Durch die immer größer werdende Bedeutung der Materialwirtschaft ist sie heute in der zweiten oder dritten Führungsebene einzuordnen. Diese hohe hierarchische Ansiedlung im Unternehmen zeigt, dass die Materialwirtschaft ein hohes Durchsetzungsvermögen gegenüber nachgeordneten Stellen und großen Einfluss auf die Geschäftsführung hat. Nur durch bereichsübergreifende Zusammenarbeit mit den anderen Unternehmensbereichen kann das materialwirtschaftliche Optimum erreicht werden.

Durch die **Aufbauorganisation** wird das Unternehmen in arbeitsteilige Einheiten gegliedert, zudem beschreibt sie die auf Dauer ausgerichtete Gestaltung des Unternehmens unter hierarchischen Gesichtspunkten.[17] Die Gestaltung der Organisationsform hat wesentlichen Einfluss auf die Aufgabenerfüllung und Zielerreichung der Materialwirtschaft. Die Auswahl der jeweiligen Einordnung in das Unternehmen ist immer abhängig vom jeweiligen Bedingungsrahmen. Zu diesem Bedingungsrahmen gehören Unterneh-

---

[15] Vgl. Layer, G.: Die industrielle Beschaffung im Spiegel von Theorie und Praxis, Mönchengladbach 1988, S. 54.
[16] Vgl. Arnolds, H./ Heege, F./ Tussing, W.: Materialwirtschaft und Einkauf, a.a.O., S. 36 f.
[17] Vgl. Oeldorf, G./ Olfert, K.: Materialwirtschaft, 6. Auflage, Ludwigshafen 1993, S. 24.

mensziele, Unternehmensgröße, Branchenzugehörigkeit usw. Eine einheitliche Organisationsform der Materialwirtschaft ist daher nicht möglich.

Für **Klein- und Mittelunternehmen** bieten sich zwei Möglichkeiten der Gestaltung der Aufbauorganisation an.

(1) Zentrale Unterstellung der Materialwirtschaft unter die Unternehmungsleitung:

Bei diesem Unternehmensaufbau ist die Materialwirtschaft ein selbständiger Bereich neben den anderen Funktionsbereichen. Damit kann sie alle ihr zufallenden Aufgaben eigenständig lösen und muss ihre Probleme nicht einseitig vom technischen oder kaufmännischen, stark eingeschränkten Blickwinkel aus betrachten.

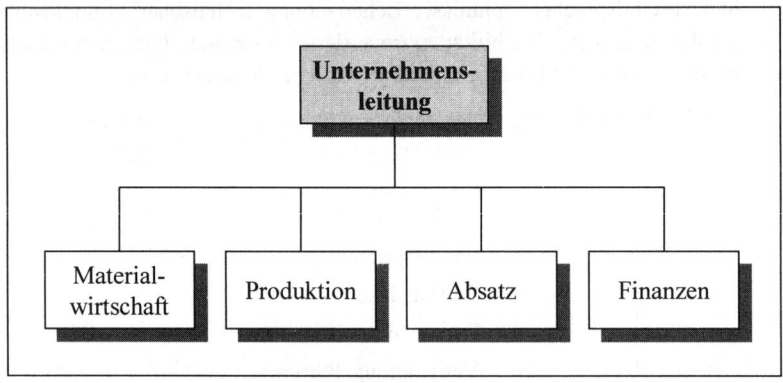

Abb. 4: Zentrale Unterstellung der Materialwirtschaft

(2) Aufbauorganisation, in der die Aufgaben der Materialwirtschaft aufgeteilt sind:

Bei dieser Form, die vorwiegend bei industriellen Unternehmen handwerklicher Herkunft anzutreffen ist, wird der Materialwirtschaft nicht die notwendige Bedeutung zugemessen.

Bei **Großbetrieben** mit verschiedenen Werken gestaltet sich die Aufbauorganisation erheblich schwieriger, da nicht alle Aufgaben materialwirtschaftlicher Art zusammengefasst sind. Aus der Materialwirtschaft können eine ganze Reihe von Teilfunktionen ausgegliedert werden, beispielsweise:

- **Beschaffung**, sie kann dem Rechnungswesen zugeteilt werden.
- **Normung und Typung**, sie ist oft dem Konstruktions- oder dem Fertigungsbereich unterstellt.
- **Materialdisposition**, sie ist oft dem Fertigungsbereich unterstellt.

Eine einheitliche Untergliederung ist hier wegen der hohen Komplexität nicht möglich. Es stellt sich dann die Frage, ob die Funktionen der Materialwirtschaft **zentral** oder **dezentral** organisiert werden sollen.

Die **zentrale Organisation** bietet den Vorteil, dass die Aufgaben der Materialwirtschaft planerisch, organisatorisch und personell optimal erfüllt werden können, da nur eine Abteilung befugt ist, Kaufverträge zu schließen und auf dem Beschaffungsmarkt aktiv zu sein. Weitere **Vorteile** sind:[18]

- Preisvorteile bei den Lieferanten durch Zentraleinkauf auch bei ungleichartigen Produkten,
- Den Marktsegmentierungsbestrebungen der Lieferanten kann durch Zentraleinkauf entgegengewirkt werden,
- Beschaffungsmarktforschung, Preisstrukturanalyse, Wertanalyse und Verhandlungsgespräche werden durch den Zentraleinkauf erleichtert,
- Logistische Zusammenarbeit und dadurch Kosteneinsparung,
- Einsatz von full-time-Verkäufern,
- Senkung der Sicherheitsbestände.

Nachteilig wirken sich, besonders ab einer bestimmten Unternehmensgröße, lange Dienstwege, hohe Kosten und sinkende Flexibilität aus, die diese Organisationsform behördenähnlich erscheinen lassen.

Eine **dezentrale Organisation** liegt vor, wenn die Zuständigkeit der Materialwirtschaft bei verschiedenen Abteilungsbereichen liegt. Sie bietet sich hauptsächlich an, wenn sämtliche Funktionsbereiche (z.B. von einer Erzeugnisgruppe) einem Werk unterstellt sind. Diese Organisationsform bietet den **Vorteil** der marktnahen Flexibilität, bedingt durch eine stärkere Spezialisierung der einzelnen Bereiche auf die betreffenden Aufgaben und die damit verbundenen Beschaffungsobjekte.

Die Hauptprobleme der dezentralen Leitung der Materialwirtschaft liegen in der Aufgliederung der Koordinationsfunktionen und deren Durchführung. Daher liegt für die Praxis das Optimum in einer Kombination beider Organisationsformen.[19]

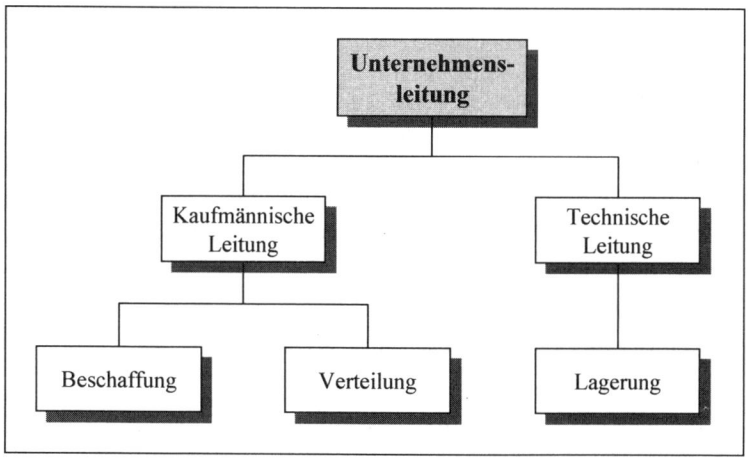

Abb. 5: Dezentrale Unterstellung der Materialwirtschaft

---

[18] Vgl. Arnolds, H./ Heege, F./ Tussing, W.: Materialwirtschaft und Einkauf, a.a.O., S. 428 f.
[19] Vgl. Eschenbach, R.: Erfolgspotential Materialwirtschaft, a.a.O., S. 62 ff.

2 Das beschaffungspolitische Instrumentarium

Innerhalb der Unternehmung wird die optimale Bereitstellung der benötigten Materialien durch zahlreiche interne und externe Analysen unterstützt.

Als Hilfsmittel der internen Analyse (**Materialanalyse**) sind vor allen Dingen die ABC-Analyse und die Wertanalyse, neuerdings aber auch die Entscheidung über Eigenfertigung oder Fremdbezug zu nennen.

Eine externe Analyse der Beschaffungsmärkte wird im Rahmen der **Beschaffungsmarktforschung** durchgeführt, die insbesondere durch das Zusammenspiel mit der allgemeinen **Lieferantenpolitik** hohe Kosteneinsparungen ermöglichen kann.

Eine gezielte Kombination dieser Instrumente im Sinne eines "**Beschaffungsmarketing-Mix**" erlaubt dem Beschaffungsbereich weit über das verwaltungsmäßige "Beschaffen" hinauszugehen. Auf die wichtigsten Instrumente soll in den folgenden Abschnitten näher eingegangen werden.

2.1 Materialanalyse

Die interne Analyse der Materialien stellt einen wichtigen Beitrag zur Vorbereitung der Beschaffung dar. Sie umfasst:

- ABC-Analyse,
- XYZ-Analyse,
- Wertanalyse,
- Eigenfertigung oder Fremdbezug
  ("Make-or-Buy"-Entscheidung.)

2.1.1 ABC- Analyse

Da in der Praxis oft mehrere tausend verschiedene Materialien von vielen verschiedenen Lieferanten zu beschaffen sind, ist die ABC-Analyse im Rahmen der Rationalisierung ein wertvolles Hilfsmittel der Beschaffungsplanung. Die Ergebnisse geben erste Anhaltspunkte für die Durchführung der Bedarfsprognose, Bestellmengen- und Bestellsystementscheidung, bei der Lieferantenanalyse und bei anderen beschaffungspolitischen Entscheidungen. Es handelt sich bei der ABC-Analyse um eine analytische Methode, die es ermöglicht,[20]

- das Wesentliche vom Unwesentlichen zu unterscheiden,
- die Aktivitäten schwerpunktmäßig auf den Bereich hoher wirtschaftlicher Bedeutung zu lenken und gleichzeitig den Aufwand für die übrigen Gebiete durch Vereinfachungsmaßnahmen zu senken,
- die Effizienz von Managementmaßnahmen durch die Möglichkeit eines gezielten Einsatzes zu erhöhen.

---

[20] Vgl. Benz, H.: ABC-Analyse und optimale Bestellmenge, Frankfurt 1970, S. 111.

2.1.1.1 Durchführung einer ABC-Analyse

Die Vorgehensweise bei der ABC-Analyse erfolgt in 5 Schritten:

1. Errechnung des Jahresverbrauchswertes für jeden Artikel durch Multiplikation des Einzelpreises mit der jährlichen Verbrauchsmenge der Lagerdisposition in geeigneten Mengeneinheiten.
2. Wertmäßiges Sortieren und Kumulieren der Artikel in absteigender Reihenfolge.
3. Für die so vorliegende geordnete Reihenfolge bildet man anschließend eine kumulierte Aufrechnung der Jahresverbrauchswerte in Prozent.
4. Anschließend wird für jede Position der Anteil (in Prozent) an der Gesamtzahl der Positionen errechnet und kumuliert.
5. Zum Abschluss erfolgt eine Einteilung der Artikel nach ihrem kumulierten Gesamtjahresverbrauchswert in 3 Wertgruppen:

- Wertgruppe A: die ersten   80 % des Gesamtjahresverbrauchswertes,
- Wertgruppe B: die folgenden   15 % des Gesamtjahresverbrauchswertes,
- Wertgruppe C: die letzten   5 % des Gesamtjahresverbrauchswertes.

Das Ergebnis einer solchen ABC-Analyse lässt sich sehr anschaulich tabellarisch dokumentieren.

Wertgruppe	Anzahl der Positionen	Prozentanteil an der Gesamtzahl der Positionen	Jahresverbrauchswert in Mio. EUR	Prozentanteil am Gesamtwert
A	2000	20	48	80
B	1000	10	9	15
C	7000	70	3	5
Gesamt	10000	100	60	100

Abb. 6: Beispiel für die Einteilung von 10.000 Materialpositionen mit einem Gesamtjahresverbrauchswert in Höhe von 60 Millionen DM.[21]

Die Tabelle sagt aus, dass

20 % der Positionen einen Anteil am Gesamtwert von   80 % haben (**A-Material**),
10 % der Positionen einen Anteil am Gesamtwert von   15 % aufweisen (**B-Material**)
70 % der Positionen einen Anteil am Gesamtwert von   5 % haben (**C-Material**).

Die Werte der Tabelle mögen zunächst überraschen. Man wird aber derartige Situationen in sehr vielen Fällen antreffen, mit teilweise sogar noch extremeren Werten. Der Tatbestand, dass es eine kleine Anzahl umsatzstarker Materialien und eine große Zahl umsatzschwacher Materialien gibt, ist überall anzutreffen und tritt in Industrieunternehmungen besonders deutlich hervor. Die Ergebnisse der ABC-Analyse werden anschaulich in der **Konzentrationskurve** (Lorenzkurve) dargestellt.

---

[21] Vgl. Arnolds, H./ Heege, F./ Tussing, W.: Materialwirtschaft und Einkauf, a.a.O., S. 40.

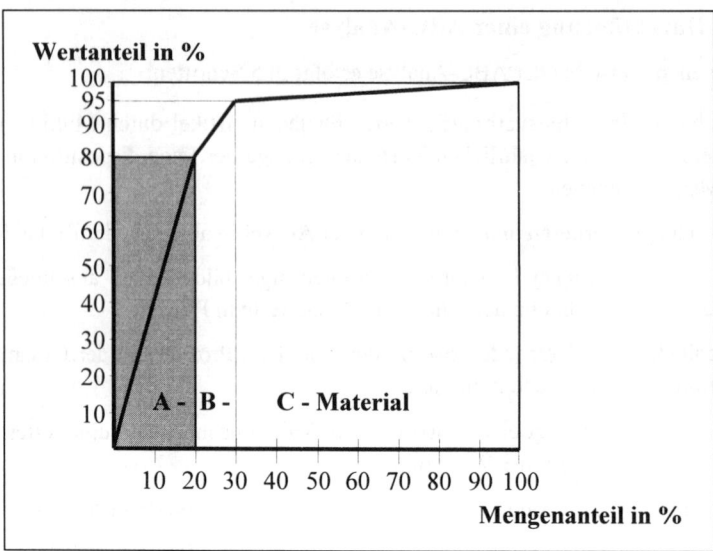

Abb. 7: Konzentrationskurve

2.1.1.2 Schlussfolgerungen aus den Ergebnissen der ABC-Analyse

Aufgrund der Ergebnisse des vorangegangenen Beispiels, indem eine große Anzahl von Materialpositionen die Effizienz des Materialwirtschaftlers einschränken könnte, sind die entsprechenden Konsequenzen in Bezug auf die unterschiedlichen Materialien zu ziehen. Die hochwertigen und / oder umsatzstarken **A-Materialien** sind daher besonders sorgfältig und intensiv zu behandeln, und zwar durch[22]

- eingehende Markt-, Preis- und Kostenstrukturanalysen,
- gründliche Bestellvorbereitung,
- aufwendige, exakte Dispositionsverfahren,
- exakte Überwachung der Verweildauer,
- genaue Bestellterminrechnung,
- gründliche Bestandsführung und -überwachung,
- sorgfältige Festlegung der Sicherheits- und Meldebestände,
- bevorzugte Anwendung der Wertanalyse,
- effiziente lieferantenpolitische Maßnahmen.

Die niedrigwertigen und / oder umsatzschwachen **C-Materialien** sind nach dem Prinzip der Arbeitsvereinfachung und Aufwandsreduzierung zu behandeln. Wegen der großen Anzahl, aber dem geringen Wert der C-Materialien, liegt hier der Schwerpunkt der allgemeinen Rationalisierung bei der Senkung der Bestellkosten vor allem durch[23]

- vereinfachte Bestellabwicklung,
- vereinfachte Lagerbuchführung,

---

[22] Vgl. Hartmann, H.: Materialwirtschaft, a.a.O., S. 128.
[23] Vgl. ebd., S. 128 f.

- vereinfachte Bestandsüberwachung,
- höhere Sicherheits- und Meldebestände,
- telefonische Bestellungen,
- Sammelbestellungen (größere Bestellmengen).

Die Behandlung der **B-Materialien** hinsichtlich ihrer Mittelstellung sollte je nach der individuellen Bedeutung zu den A- oder C-Materialien gezählt werden. Eine mögliche Zuordnung ist dabei immer vom Anteil der B-Materialien am Gesamtwert abhängig.

Abschließend sollte noch erwähnt werden, dass eine ABC-Analyse nur dann Kosten senken und einsparen kann, wenn die aktuellen Daten zur Verfügung stehen und wenn die entsprechenden Maßnahmen in Bezug auf A- bzw. C-Materialien wirklich konsequent durchgeführt werden. In diesem Zusammenhang ist ersichtlich, dass es für die betriebswirtschaftlichen Ziele unabdingbar ist, die Daten für die ABC-Verteilung fortlaufend zu aktualisieren und der dafür zuständigen Instanz zur Verfügung zu stellen.

Obwohl die ABC-Analyse ein hervorragendes Instrument des Disponenten ist, genügt sie bei permanenten Verbrauchs- und Marktschwankungen häufig nicht.

2.1.2 XYZ-Analyse

Die XYZ-Analyse wird in der betriebswirtschaftlichen Praxis verwendet, um die Materialien nach der folgenden Vorhersagegenauigkeit ihres Verbrauchswert einzuordnen:[24]

- **X-Materialien:** Der Verbrauch ist trotz gelegentlicher Abweichungen als konstant anzusehen, d.h. X-Teile haben eine hohe Vorhersagegenauigkeit.
- **Y-Materialien:** Der Verbrauch ist mit Schwankungen verbunden (steigend, fallend, saisonal), d.h. Y-Teile haben eine mittlere Vorhersagegenauigkeit.
- **Z-Materialien:** Der Verbrauch ist nicht konstant, d.h. Z-Teile haben eine niedrige Vorhersagegenauigkeit.

Nach dieser Einteilung lässt sich für den Disponenten durch eine Verknüpfung der ABC- mit der XYZ-Analyse eine optimale Dispositionsbasis aufgrund der Aufteilung in Wertigkeit und Vorhersagegenauigkeit darstellen (vgl. Abb. 8).

Vorhersage-genauigkeit	Wertigkeit		
	A	B	C
X-Gruppe (hoch)	hoher Verbrauchswert hoher Vorhersagewert	mittlerer Verbrauchswert hoher Vorhersagewert	niedriger Verbrauchswert hoher Vorhersagewert
Y-Gruppe (mittel)	hoher Verbrauchswert mittlerer Vorhersagewert	hoher Verbrauchswert mittlerer Vorhersagewert	niedriger Verbrauchswert mittlerer Vorhersagewert
Z-Gruppe (niedrig)	hoher Verbrauchswert niedriger Vorhersagewert	mittlerer Verbrauchswert niedriger Vorhersagewert	niedriger Verbrauchswert niedriger Vorhersagewert

Abb. 8: XYZ-Analyse[25]

---

[24] Vgl. Budde, R.: Wirtschaftliche Disposition, Köln 1990, S 94.
[25] Vgl. ebd., S 94.

2.1.3 Wertanalyse

Im Rahmen der Kostensenkung und Leistungsverbesserung im Beschaffungswesen kommt der Anwendung der **Wertanalyse** eine entscheidende Bedeutung zu. Die Wertanalyse wurde 1947 von dem Amerikaner L.D. Miles in den USA unter der Bezeichnung "**Value Engineering**" entwickelt und eingeführt.

Nach DIN 69910 ist unter diesem Begriff "das systematische analytische Durchdringen von Funktionsstrukturen mit dem Ziel einer abgestimmten Beeinflussung von deren Elementen (z.B. Kosten, Nutzen) in Richtung einer Wertsteigerung" zu verstehen.[26]

Die Wertanalyse weist folgende **Merkmale** auf:

- **Funktionsorientierung:** Die Wertanalyse geht hierbei von der Funktion eines Erzeugnisses aus, wobei man hierunter die Aufgaben versteht, die durch ein Produkt und / oder ein Verfahren erfüllt werden sollen, z.B. "Metalle zusammenhalten" (z.B. durch Schweißen, Löten, Schrauben, Nieten usw.). Durch diese differenzierte Betrachtungsweise über die Funktion eines Produktes kann man zu Problemlösungen kommen, die sonst nie in Betracht gekommen währen.

- **Kostenorientierung:** Durch die Wertanalyse soll eine kostenbewusste Denkweise im Unternehmen hervorgerufen werden.

- **Teamorientierung:** Die organisierte Zusammenarbeit zwischen allen kostenverursachenden und funktionserstellenden Abteilungen trägt nicht nur durch das eingebrachte Erfahrungs-, Wissens- und Ideenpotential wesentlich zur Verbesserung der Wertanalyse bei, sondern wirkt zudem auch dem reinem Ressortdenken sowie den Egoismen einzelner Mitarbeiter entgegen.

- **Systematisierung:** In der Wertanalyse versucht man in verschiedenen genau festgelegten Schritten zu einer Problemlösung zu gelangen. Sie folgt einem systematischen Vorgehensplan nach DIN 69910.

Von der US-amerikanischen Literatur ausgehend werden folgende Arten der Wertanalyse unterschieden:
- Wertanalyse am Fertigerzeugnis (Value Analysis),
- Wertanalyse in der Planungs- und Entwicklungsphase eines Produktes (Value Engineering),
- Wertanalyse von Verwaltungstätigkeiten (Value Administration).

2.1.3.1 Funktionstypen in der Wertanalyse

Die Funktion ist der zentrale Begriff der Wertanalyse. Die Funktion eines Produktes soll nicht mit mehr als zwei Worten (ein Substantiv und ein Verb) umschrieben werden wie folgende Beispiele verdeutlichen:

---

[26] Vgl. Refa: Methodenlehre des Arbeitsstudiums, Teil 3, Kostenrechnung und Arbeitsgestaltung, 7. Auflage, München 1985, S 333.

Objekt	Funktion
Kühlschrank	Nahrungsmittel kühlen
Uhr	Zeit anzeigen
Schraube	Teil befestigen
Brille	Sehfähigkeit verbessern
Generator	Strom erzeugen
Föhn	Warme Luft erzeugen

Abb. 9: Objekt- und Funktionsbeschreibung

Bei der Wertanalyse werden folgende Unterscheidungen nach Funktionstypen und -klassen vorgenommen: [27]

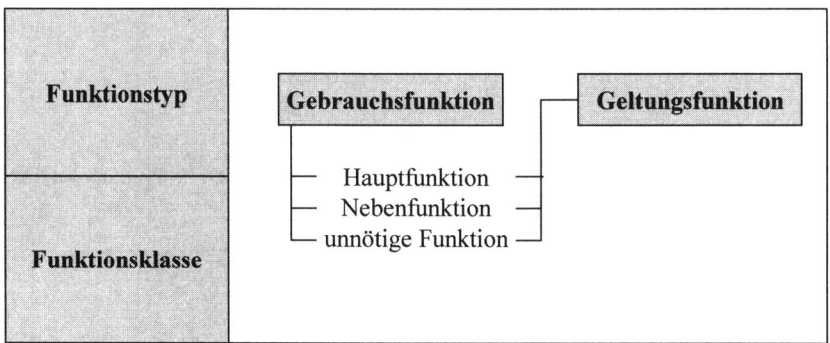

Abb. 10: Funktionen von Produktbestandteilen in der Wertanalyse

Die Gebrauchsfunktion einer Uhr (technische Funktion) ist, beispielsweise die Zeit anzuzeigen, ihre Geltungsfunktion (nicht technische Funktion) ist, schön auszusehen. Investitionsgüter haben vorwiegend Gebrauchsfunktionen, Schmuck und Kunstgegenstände hingegen meist Geltungsfunktionen.[28]

Für die Beschaffung ist die Klassifizierung in Haupt-, Neben- und unnötige Funktionen von besonderer Bedeutung:

- **Hauptfunktionen** sind die eigentliche Aufgabe des zu untersuchenden Produktes (z.B. Glühlampe - Licht spenden).
- **Nebenfunktionen** unterstützen die Hauptfunktionen (z.B. Glühlampe - Strom bereit zu stellen).
- **Unnötige Funktionen** leisten keinen Beitrag zur Geltungs- oder Gebrauchsfunktion. Sie resultieren aus unklaren Angaben, Missdeutung der Aufgabenstellung oder sie stellen eine Eigenart der eigentlichen Lösung dar (z.B. Glühlampe - erzeugt nebenbei auch Wärme).

---

[27] Vgl. Melzer-Ridinger, R.: Materialwirtschaft, a.a.O., S. 58 f.
[28] Vgl. Refa: Methodenlehre des Arbeitsstudiums, a.a.O., S. 334.

2.1.3.2 Durchführung der Wertanalyse

Im folgenden soll das international abgestimmte Verfahren der Wertanalyse nach DIN 69910 erläutert werden.

Die einzelnen Phasen dieses Verfahrens sind:[29]

- **Vorbereitungsphase:** Nachdem ein Untersuchungsobjekt ausgewählt ist, wird ein Wertanalyseteam gebildet, das Ziel formuliert und ein Zeitplan aufgestellt.
- **Informationsphase:** Ausgehend von einer Darstellung des Ist-Zustandes des Untersuchungsobjektes durch eine technische und wirtschaftliche Untersuchung, eine Analyse der Funktionen und der Zuordnung von Kosten zu den Teilfunktionen, wird ein Kritik des Ist-Zustandes vorgenommen. Als Ergebnis der Kritik ergeben sich die Soll-Funktionen und die Soll-Kosten des Untersuchungsobjektes.
- **Kreative Phase:** Durch den Einsatz von Kreativitätstechniken werden Lösungen zur Erreichung des Soll-Zustandes gesucht.
- **Prüfungsphase:** Die in der kreativen Phase entwickelten Vorschläge werden einer technischen und wirtschaftlichen Prüfung im Hinblick auf ihre Durchführbarkeit, unterzogen.
- **Realisierungsphase:** Der optimale Lösungsvorschlag wird von der Unternehmensführung genehmigt und anschließend eingeführt.

Die Wertanalyse sollte insbesondere bei A-Materialien wirtschaftlich eingesetzt werden, die nicht schnellen Wandlungen unterliegen.

Die Mitwirkung der Materialwirtschaft innerhalb eines Wertanalyseteams hat bei folgenden Punkten entscheidende Bedeutung:[30]

- Beurteilung der Beschaffungsmärkte,
- Ermittlung gesicherter und wirtschaftlicher Einstandspreise,
- Einbeziehung der Lieferanten in die Aufgabenstellung (als "Problemlöser"),
- Einholung von Informationen über Substitutionsprodukte und Verfahrensalternativen,
- Einbeziehung der Umweltschutzgesetzgebung.

Der praktische Einsatz der Wertanalyse hat in den einzelnen Industriezweigen unterschiedliche Stellenwerte, vorrangig wird sie aber in der metallverarbeitenden Industrie eingesetzt.

2.1.4 Make-or-Buy-Entscheidung

Die "Make-or-Buy-Entscheidung" (MOB-Entscheidung) ist die Entscheidung über die vertikale Produktions- und Leistungstiefe eines Unternehmens. Es stellt sich also für die Unternehmen die Frage, ob es zweckmäßiger ist, bestimmte Güter und Leistungen vom Markt zu beschaffen oder im Unternehmen selbst zu erstellen. Sie erfordert die bereichsübergreifende Zusammenarbeit mehrerer betrieblicher Teilbereiche. Die Mitglieder des **MOB-Teams** kommen aus den Bereichen:[31]

---

[29] Vgl. Melzer-Ridinger, R.: Materialwirtschaft, a.a.O., S. 59.
[30] Vgl. Deutsche Gesellschaft für Betriebswirtschaft e.V.: Materialwirtschaft, Stuttgart 1986, S. 29.
[31] Vgl. Eschenbach, R.: Erfolgspotential Materialwirtschaft, a.a.O. 156 ff.

Bereiche aus denen MOB-Teams kommen:
• Vertrieb   • Qualitätssicherung
• Fertigung   • Materialwirtschaft
• Marketing   • Finanzierung
• Controlling   • Fertigungssteuerung
• Forschung und Entwicklung   • Fertigungsplanung

Das MOB-Team wird durch den Projektleiter, meist ein Mitarbeiter der Materialwirtschaft, geleitet und koordiniert. Die endgültige Entscheidung behält sich aber in den meisten Fällen die Unternehmensleitung vor.

Bei der MOB-Entscheidung lassen sich die wesentlichen Einflussfaktoren auf reine Kosten- oder Finanzierungsfragen reduzieren. In der heutigen betriebswirtschaftlichen Praxis ist ein verstärkter Trend weg von der Eigenfertigung hin zum Fremdbezug zu verzeichnen. Gründe für diese Entwicklung sind vor allen Dingen:[32]

- Spezialisierung in der Wirtschaft,
- die Notwendigkeit der Produktkostenoptimierung auf allen Stufen der Fertigung aufgrund des Wettbewerbsdruckes,
- die Verkürzung des Produktlebenszyklus,
- zunehmende Kapitalintensität in der Fertigung,
- immer komplexere Endprodukte,
- schneller technischer Fortschritt,
- Know-How und Spezialisierung des Lieferanten,
- Trend zu kleinen Stückzahlen und zur Variantenvielfalt: da hohe Flexibilität bei Kundenwünschen erforderlich.

Damit sich die betriebliche MOB-Entscheidung überhaupt stellt, müssen zwei Voraussetzungen gegeben sein:[33]

- Voraussetzungen für die Leistungserstellung (**make**) sind u.a. Produktionskapazität, finanzielle Mittel, Know-How, Einsatzgüter und -leistungen. Die Eigenfertigung muss rechtlich zulässig sein, und das Unternehmen darf nicht durch Verträge zur Abnahme von Zulieferern verpflichtet sein.
- Voraussetzungen für den Fremdbezug (**buy**) sind u.a. die Beschaffbarkeit der benötigten Güter und Leistungen in der benötigten Menge und Qualität zum gewünschten Zeitpunkt.

Welche der beiden Alternativen letztendlich die günstigere ist, hängt von vielen Faktoren ab und kann nicht allgemeingültig entschieden werden, sondern muss in der jeweiligen Situation gründlich überprüft werden.

---

[32] Vgl. Fieten, R..: Entscheidungshilfen im Beschaffungsmarketing. In: Management-Zeitschrift 1986, Nr. 1.
[33] Vgl. Eschenbach, R.: Erfolgspotential Materialwirtschaft, a.a.O., S. 156.

2.1.4.1 Einflussfaktoren auf die Make-or-Buy-Entscheidung

Die folgende Gegenüberstellung (vgl. Abb. 11) von potentiellen Vorteilen der Eigenfertigung und des Fremdbezugs soll bei der Entscheidung helfen.[34]

	Gründe für Eigenfertigung	Gründe für Fremdbezug
Qualität	• Enge Zusammenarbeit zwischen Konstruktion und Fertigung bei Neuentwicklungen und Verbesserungen • Laufende Kontrolle der Qualität • Ausnutzung eigener Schutzrechte und Fertigungs-Know-how • Aneignung spezifischen Produktions-Know-hows	• Hohe Qualität durch Spezialisierung der Produktionsmittel • Gezielte Problemlösungen durch Spezialisierung im Entwicklungsbereich • Nutzung fremden Know-hows

Kapazitäten	• Auslasten vorhandener Kapazitäten
	  - Personal
	  - Sachmittel
		• Vermeiden der Unterauslastung von spezialisierten Produktionsmitteln
		• Abbauen von Kapazitätsengpässen

Investitionen	• Verminderung steuerpflichtiger Gewinne durch Investitionen • Modernisierung und Spezialisierung des Sachmittelpotentials	• Keine Kapitalbindung durch zusätzliche Investitionen • Konzentration der Finanzmittel auf wichtiges Fertigungs-Know-how

Kosten	• Einsparung von
	  - außerbetrieblichen Transport- und Verpackungskosten
	  - Lieferantengewinnen und Handelsgewinnspannen
	• Unabhängigkeit von Preiserhöhungen bei Monopolstellung der Lieferanten
		• Geringe Stückkosten durch Spezialisierung und hohe Auslastung der Produktionsmittel
		• Verlagerung von Teilen mit geringem Beitrag zum finanziellen Unternehmenserfolg
		• Geringe Entwicklungskosten
		• Geringer Fixkostenanteil
		• Geringe Lagerhaltungskosten, insbesondere bei fertigungssynchroner Anlieferung

Termine	• Schnelle Reaktion bei
	  - Innovationen
	  - Modelländerungen
	  - Produktionsschwankungen
	durch kürzere Informations- und Organisationswege sowie direkte Weisungsbefugnis
	• Verbesserte Kontrolle der Termineinhaltung
	• Wegfall von Transportzeiten
		• Abruf von Lieferungen nach Bedarf
		• Beseitigung von Terminengpässen in der eigenen Produktion

Risiko	• Geheimhaltung des vorhandenen Know-hows vor der Konkurrenz • Verhindern der Vorwärtsintegration von Lieferanten • Geheimhaltung von Neuentwicklungen	• Risikostreuung durch Verteilung auf mehrere Lieferanten • Geringeres Risiko bei Produktionsrückgang oder bei Entwicklungsfehlschlägen
Absatz	• Kuppelprodukte können evtl. in das Verkaufsprogramm übernommen werden	• Hohes Qualitätsimage des Lieferanten kann zu Kundenpräferenzen führen
Sonstige	• Keine geeigneten Zulieferer auf dem Markt vorhanden • Verstärken der Unternehmensautonomie durch Erweitern der Fertigungstiefe • Transportprobleme	• Abwicklung von Gegengeschäften • Reklamationsmöglichkeiten • Bezug kleiner Stückzahlen • Spezialisierung des eigenen Unternehmens auf Produkte mit wesentlichem Know-how-Anteil

Abb. 11: Gründe für Eigenfertigung und Fremdbezug

---

[34] Vgl. Melzer-Ridinger, R.: Materialwirtschaft, a.a.O., S. 57.

Eine wesentliche Frage, die sich ein Unternehmen beantworten sollte, ehe es über einen Fremdbezug nachdenkt ist, wo liegen die eigenen Stärken und Schwächen, d.h. wo liegen seine Kernbereiche und Kernkompetenzen. Eine Fremdvergabe von Produkten und Leistungen kann sonst zu einer starken Abhängigkeit von Lieferanten und zu einem Know-how-Verlust führen, der nicht mehr wettzumachen ist.

Als **Kernbereiche** eines Unternehmens werden meist Bereiche, auf die eine oder mehrere der nachfolgend aufgezählten Umstände zutreffen, angesehen: Zukunftsträchtig, d.h. große Wachstumschancen; Bedeutung für die zukünftige Wettbewerbsfähigkeit; wichtige Komponenten für die Produktdifferenzierung; Imagebereiche; Bereiche mit Know-how-Vorsprung.

Dagegen sollte man über einen **Fremdbezug (Outsourcing)** bei folgenden Sachverhalten nachdenken: Vorhandensein von Kompetenzlücken; Produkte, die Massengutteile sind; Lieferant kann kostengünstiger produzieren; Imageprodukte des Lieferanten
Ob und über welche **Kernkompetenzen** das Unternehmen verfügt, lässt sich anhand von wenigstens drei Kriterien prüfen:

- Kernkompetenzen eröffnen potentiell den Zugang zu einem breiten Spektrum von Märkten (Schlüsseltechnologien, die in verschiedene Produkte einfließen können)
- Kernkompetenzen müssen erheblich zu den von Kunden wahrgenommenen Produktvorzügen gehören
- Kernkompetenzen dürfen von Konkurrenten nur schwer zu imitieren sein (z.B. durch Verbindung und Abstimmung verschiedenartiger Technologien)

Die Kenntnis seiner Kernbereiche und Kernkompetenzen ermöglicht dem Unternehmen die Festlegung, was strategische Komponenten und Produkte sind, die auf keinen Fall ausgelagert werden dürfen. Weitere Einflussfaktoren sind daraus resultierende Fragestellungen, die bei der Make-or-Buy-Entscheidung berücksichtigt werden sollten und nachfolgend zusammengefasst werden.

Einflussfaktoren	Fragestellungen
Beschaffbarkeit	Ist die fragliche Leistung oder Technologie am Beschaffungsmarkt verfügbar bzw. kann sie verfügbar gemacht werden?
Versorgungssicherheit	Ist die Versorgungssicherheit des Unternehmens auch bei einer Buy-Entscheidung in gleicher Weise gewährleistet wie bei einer Eigenfertigung?
Qualität	Welchen Einfluss hat die Buy-Entscheidung auf die Produktqualität?
Investitionen	Sind bei einer Make-Entscheidung Ersatzinvestitionen zur Aufrechterhaltung der erforderlichen Kapazitäten erforderlich?
Risiken	Sind die Risiken - gleich welcher Art - bei Buy größer als bei Make?
Know-how	Kann bei Fremdbezug ein Know-how Vorsprung verloren gehen?
Image	Welche Erwartungen stellen die Kunden an uns? Bewirkt ein Fremdbezug eine Imagebeeinträchtigung?
Umwelt	Löst eine Buy-Entscheidung Umweltprobleme für das Unternehmen oder werden neue geschaffen?
Gesamtkosten	Wie wirkt sich eine Buy-Entscheidung auf die Kostensituation des Unternehmens aus?

Abb. 12: Einflussfaktoren auf die Make-or-Buy-Entscheidung

2.1.4.2 Vorgehensweise bei der Make-or-Buy-Entscheidung

Bei den klassischen Verfahren zur Entscheidungsfindung wie u.a. Kostenvergleichsrechnung und Nutzwertanalyse fehlt zum Zeitpunkt der Entscheidungsfindung häufig die Kenntnis darüber, welche relevanten Kosten sich in welchem Umfang ändern und welche nichtquantifizierbaren Kriterien bei der Entscheidung berücksichtigt werden müssen. Da die klassischen Methoden nicht zu einer sicheren Entscheidungsfindung führen, soll hier das Analyseverfahren der CIM-Center GmbH, das eine systematische Vorgehensweise bei der "Make-or-Buy"-Entscheidung ermöglicht, nachfolgend vorgestellt werden:

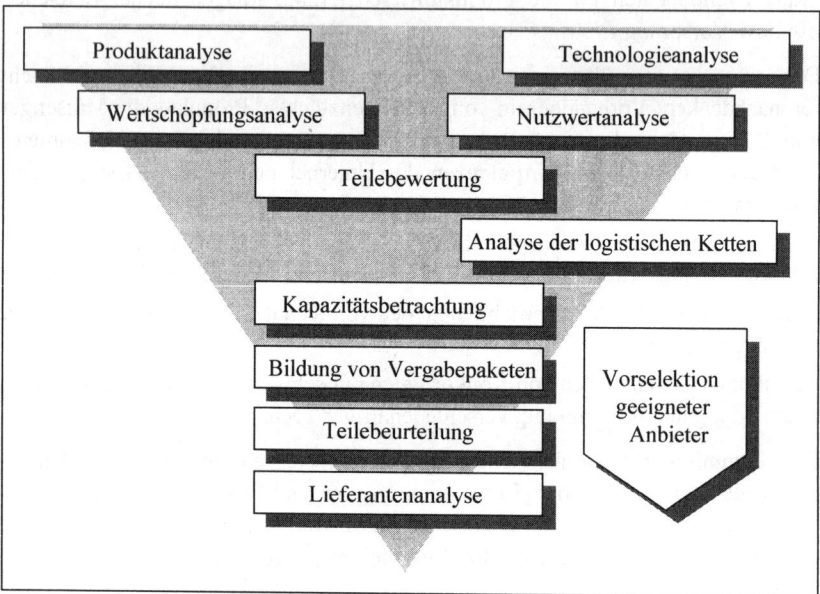

Abb. 13: Rahmenkonzept zur Reduzierung der Fertigungstiefe

- **Produktanalyse**

  Die Produkte werden anhand ihrer Stücklisten in Komponenten zerlegt, die anschließend einer ABC-Analyse unterzogen werden. Dabei liegen den Umsatzanteilen die Herstellungskosten zugrunde. Das Ergebnis der ABC-Analyse beeinflusst die weitere Untersuchungsreihenfolge der Teile, d.h. Teile mit einem höheren Gesamtanteil an den Herstellkosten werden bei den folgenden Untersuchungen vorgezogen.

- **Wertschöpfungsanalyse**

  Bei der Wertschöpfungsanalyse wird für jede Komponente die Beaufschlagungszeiten der einzelnen Belegungsgruppen festgestellt und als Grundlage für die anschließende Teilebewertung dokumentiert. Belegungsgruppen bestehen aus Maschinen oder Abteilungen bzw. Arbeitsgängen, deren Belegungszeiten helfen, Aussagen über die Technologienutzung zu erhalten.

- **Technologieanalyse**

  Bei diesem Schritt stellt die Analyse des Gruppenbelegungsplanes den Ausgangspunkt dar. Belegungsgruppen, die für das Unternehmen strategisches Know-how verknüpfen, dürfen nicht verlagert werden und erhalten daher eine besondere Kennzeichnung. Als Grundlage für die nachfolgende Nutzwertanalyse werden für die übrigen Beleggruppen Kennzahlen wie beispielsweise Automatisierungsgrad, Ersatzinvestitionsbedarf, Flächenbedarf usw. ermittelt.

- **Nutzwertanalyse**

  Für jede Belegungsgruppe wird bei der Nutzwertanalyse die Technologiekennzahl durch Aufsummieren der jeweiligen Produkte aus Kennzahl und dem für die Kennzahl zuvor festgelegten Gewichtungsfaktor bestimmt.

- **Teilebewertung**

  Arbeitsgänge mit niedriger Technologiekennzahl werden besonders gekennzeichnet, da sie eine hohe Priorität für eine Verlagerung haben. Die zuvor gekennzeichneten Arbeitsgänge bzw. Belegungsgruppen mit strategischem Unternehmens-Know-how dagegen dürfen nicht verlagert werden. Für die übrigen Belegungsgruppen wird eine Bewertungszahl ermittelt, deren Höhe ein Maß für den Vorteil ist, den eine Verlagerung dem Unternehmen bringt.

$$\text{Bewertungszahl (BZ)} = \frac{\text{Bearbeitungszahl (TB)}}{\text{Technologiekennzahl (TK)}}$$

Anhand der zuvor beschriebenen Kriterien lassen sich die Komponenten und Teile in vier Gruppen einteilen. **Gruppe 1** besteht aus Teilen, die nur über Belegungsgruppen mit niedriger Technologiekennzahl laufen und deren vollständige Verlagerung daher für das Unternehmen besonders vorteilhaft ist. **Gruppe 2** setzt sich aus Komponenten zusammen, die keine Know-how Belegungsgruppe beanspruchen und daher ebenfalls vollständig verlagert werden dürfen. Die Teile der **3. Gruppe** nehmen zeitweise strategisches Know-how in Anspruch und sind daher für eine vollständige Fremdfertigung ungeeignet. Die **letzte Gruppe** wird von Komponenten gebildet, die ausschließlich über Belegungsgruppen mit strategischem Know-how laufen und daher nur für eine Eigenfertigung in Frage kommen.

- **Analyse der logistischen Kette**

  Eine Analyse der logistischen Kette ist nur für Teile der dritten Gruppe erforderlich, da diese Teile teilweise über Belegungsgruppen mit wichtigem Know-how laufen. Diese Teile können daher nur mit Einschränkung fremdbezogen bzw. fremdgefertigt werden. Hier ist zu untersuchen, ob zusammenhängende logistische Teilketten verlagerbar sind.

- **Kapazitätsbetrachtung**

  Die Kapazitätsbetrachtung hat den Zweck, das kurz-, mittel- und langfristige Umsetzungspotential unter Betrachtung des derzeitigen Kapazitätsangebots und der Kapazitätsbedarfsentwicklung zu ermitteln.

- **Zusammenstellung von Vergabepaketen**

  In diesem Schritt werden aus den ermittelten Verlagerungspotentialen Vergabepakete zusammengestellt. Dabei ist zu berücksichtigen, dass möglichst nur die Kapazitäten kompletter Maschineneinheiten vergeben werden dürfen. Dabei sind auch permanent unausgelastete Maschineneinheiten zu verlagern. Parallel zur Bildung von Teilepaketen wird eine Vorauswahl geeigneter Anbieter mittels detaillierter Fragebögen durchgeführt.

- **Teilebeurteilung**

  Die Teilepakete werden vor einer endgültigen Make-or-Buy-Entscheidung unter den Gesichtspunkten technischer Besonderheiten sowie Produkt- und Fertigungs-Knowhow betrachtet. Dabei ist eine Betrachtung der Teile in Bezug auf die Produkthaftung besonders wichtig.

- **Analyse der potentiellen Anbieter**

  Bei der Analyse der potentiellen Anbieter werden die in Frage kommenden Lieferanten unter dem Gesichtspunkt Erfüllung von DIN ISO 9000 ff. (bzw. EN ISO 9000 ff.) sowie Wirtschaftlichkeits- und Risikogesichtspunkten betrachtet.

2.2 Materialrationalisierung

Die Materialrationalisierung ist ein materialwirtschaftliches Instrument zur Kostensenkung und / oder einer Steigerung der Leistung. Besonders in der Materialwirtschaft ist es sinnvoll sich um die Rationalisierung zu bemühen, da hier erhebliche finanzielle Mittel gebunden sind.

Eine der wesentlichen Voraussetzung für einen rationellen Informations- und Materialfluss ist die Vereinheitlichung. Neben der technischen **Standardisierung** von Erzeugnissen trägt auch die **Nummerung** zur Vereinheitlichung bei.[35]

2.2.1 Standardisierung

Bei der Materialstandardisierung handelt es sich um eine allgemein anerkannte und auf Dauer angelegte Vereinheitlichung von Gütern mit dem Ziel der **Rationalisierung** und **Kostensenkung**. Sie bezieht sich hauptsächlich auf bestimmte Eigenschaften und / oder bestimmte Mengen.

Im Rahmen einer Standardisierung kann die Sortimentsbreite und -tiefe bzw. die Verhinderung einer nicht notwendigen Ausweitung des vorhandenen Materialsortiments erheblich reduziert werden. Dabei ergeben sich große Vorteile für die einzelnen Teilbereiche der Materialwirtschaft, welche im einzelnen noch gesondert hervorgehoben werden. Man unterscheidet drei **Arten** der Materialstandardisierung:

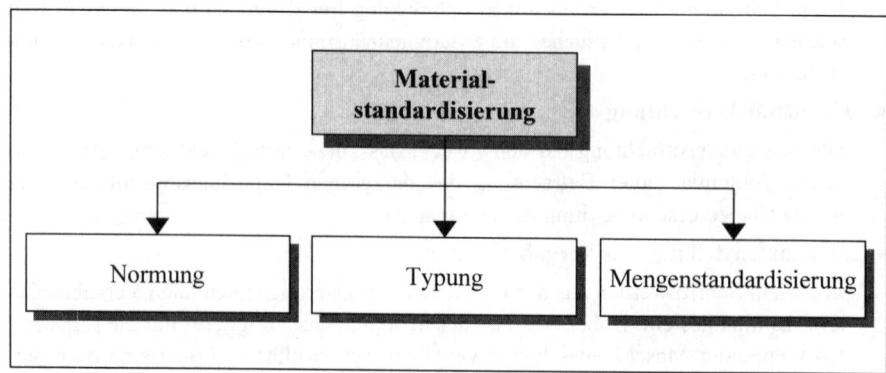

Abb. 14: Arten der Materialstandardisierung

---

[35] Vgl. Hartmann, H.: Materialwirtschaft, a.a.O., S. 100.

2.2.1.1 Normung

Bei der Lösung des Sortimentproblems kommt der Normung eine besonders große Bedeutung zu. Normung ist die Vereinheitlichung von Einzelteilen durch das Festlegen von Größe, Abmessung, Form, Farbe, Qualität und Bezeichnung.

Für die Materialwirtschaft ergeben sich durch die Normung folgende **Vorteile**:[36]

- Die **Beschaffung** wird durch klare Spezifikationen nach Norm **vereinfacht**. Unnötige und aufwendige Rückfragen bezogen auf die Beschaffenheit des Materials entfallen.
- Die Fertigung von hohen Stückzahlen führt zu **niedrigeren Einstandspreisen**.
- Bei größeren Bestellmengen ergeben sich Preisvorteile durch **Mengenrabatte**.
- Eine **verkürzte Lieferzeit** durch genormtes Material und Vorratshaltung beim Lieferanten.
- Die **Reduzierung der Kapitalbindung** durch Verringerung der Sicherheitsbestände.
- **Vereinfachung der Materialkontrolle**. Durch genormte Teile können aufwendige Wareneingangskontrollen entfallen und erforderliche Prüfverfahren standardisiert werden.
- **Verbilligung der Distribution** wenn Normgüter ausgeliefert werden, da dort ebenfalls eine Standardisierung möglich ist.

Man unterscheidet Geltungsbereich, Inhalt, Reichweite und Grad einer Norm.

(1) Geltungsbereich

Internationale Normen:

Die bedeutendste Organisation, die sich mit internationalen Normen befasst, ist die ISO (International Organisation for Standardization). Die ISO setzt sich aus ca. 75 nationalen Normenausschüssen zusammen, wobei die Bundesrepublik Deutschland durch den DNA (deutscher Normenausschuss) vertreten wird. Die Empfehlungen der ISO erreichen erst Gültigkeit, wenn sie vom jeweiligen nationalen Normenausschuss übernommen werden.

Nationale Normen:

Nationale Normen werden für die Bundesrepublik vom deutschen Institut für Normung e.V. Berlin (DIN) als anerkannte Regeln der Technik empfohlen. Grundsätzlich sind DIN-Normen als Empfehlungen anzusehen. Sie erhalten jedoch im Rahmen von Lieferverträgen, Gesetzen und Verordnungen zwingenden Charakter, sofern sich diese auf Normen beziehen.

Verbandsnormen:

Neben dem Deutschen Normenausschuss gibt es auch spezielle Verbände und Vereine, wie z.B. der Verband Deutscher Ingenieure (VDI) und der Verband Deutscher Elektrotechniker (VDE), die speziell für ihren Tätigkeitsbereich eigene Richtlinien und Vor-

---

[36] Vgl. Hartmann, H.: Materialwirtschaft, a.a.O., S. 103 f.

schriften entwickeln. Wie auch der Deutsche Normenausschuss haben sie keinen zwingenden, aber einen empfehlenden Charakter.

Werksnormen:

Werksnormen werden von großen Unternehmen für interne Problemstellungen entwickelt und angewandt. Entweder leiten sich die Werksnormen aus den DIN-Normen ab, oder sie wurden aufgrund nicht vorliegender oder mangelhafter DIN-Vorgaben selbst gestaltet.

(2) Inhalt

Der mögliche **Inhalt** von Normen ist in DIN 820 festgelegt.

Norm	Inhalt
Prüfnorm	Norm, die Untersuchungs-, Prüf- und Messverfahren für technische und wissenschaftliche Zwecke zum Nachweis zugesicherter und erwarteter Eigenschaften von Stoffen oder von technischen Erzeugnissen festlegt.
Gütenorm	Norm, die Anforderungen an die Qualität von Erzeugnissen festlegt.
Konstruktionsnorm	Norm, die konstruktive Gesichtspunkte und Einzelheiten für technische Erzeugnisse oder ihre Teile festlegt.
Liefernorm	Norm, die im wesentlichen technische Grundlagen für Vereinbarungen von Lieferungen festlegt.
Planungsnorm	Norm, die Baugrundsätze und Grundlagen für Entwurf, Berechnung, Aufbau, Ausführung und Funktion von Erzeugnissen festlegt.
Abmessungsnorm	Norm, die Maße für Abmessungen, Maßtoleranzen und zulässige Abweichungen festlegt.
Sicherheitsnorm	Norm, die Regeln, Verfahren, Einrichtungen festlegt, welche Sicherheit und den Schutz von Leben und Gesundheit sowie von Sachwerten dienen.
Sortierungsnorm	Norm, die Einteilung von Größen und Qualitäten, die in einer nicht beeinflussbaren Vielfalt anfallen, in bestimmte Sorten, Gruppen oder Klassen festlegt.
Stoffnorm	Norm, die physikalische, chemische und technologische Eigenschaften von Stoffen, ihre Einteilung sowie Richtlinien für ihre Verwendung festlegt.
Teilenorm	Norm für Einzelteile.
Typnorm	Norm, welche die Stufung bestimmter Erzeugnisse nach Art, Form, Größe oder sonstigen gemeinsamen Merkmalen festlegt.
Verfahrensnorm	Norm, die Arbeitsverfahren zum Fertigen von Erzeugnissen festlegt.
Verständigungsnorm	Norm, die Verständigungsmittel festlegt.
Terminologienorm	Norm, die Benennung und Definitionen für Fachbegriffe zu Verständigungszwecken festlegt.

Abb. 15: Inhalt der Normen nach DIN 820[37]

---

[37] Vgl. Oeldorf, G./ Olfert, K.: Materialwirtschaft, a.a.O., S. 76.

(3) Reichweite

Die **Reichweite** einer Norm ist der Umfang ihrer Anwendungsmöglichkeiten und ihre Einflussmöglichkeiten auf andere Normen. Nach DIN 820 unterscheidet man hier zwischen Grund-, Fach-, und Fachgrundnormen.

Grundnormen haben allgemeine und grundlegende Bedeutung, denn sie stellen eine Basis für andere Normen dar. **Fachnormen** beziehen sich, wie der Name schon aussagt auf speziellere Anwendungsgebiete eines bestimmten Fachgebietes (z.B. Schaltzeichen in der Elektroindustrie). **Fachgrundnormen** hingegen sind wiederum Grundnormen für Fachnormen.

(4) Grad

Unter **Grad** der Normung versteht man nach DIN 820 den Umfang der jeweiligen Norm. Normungsumfang, Normungsbreite, Normungstiefe geben Aufschluss darüber, ob Voll-, Teil- oder Rahmennormung vorliegt.

2.2.1.2 Typung

Anders als die Normung, die für Einzelteile Gebrauch findet, versteht man unter Typung die Vereinheitlichung von zusammengesetzten Teilen, Baugruppen und Endprodukten hinsichtlich ihrer Art, Größe und Ausführungsform. Die Typung hat für die betrieblichen Teilbereiche Materialwirtschaft, Fertigung und Absatz eine beträchtliche Bedeutung und kann die folgenden **Vorteile** aufweisen:

- **Steigerung der Rentabilität** durch Lagervereinfachung, Personalersparnis, bessere Kapazitätsausnutzung und Vermeidung häufiger Programmänderungen, da nur einige Typen gefertigt werden.
- **Ersparnis von Kosten** durch Personalumstrukturierung, günstigere Beschaffung und Vereinfachung des Kundendienstes.
- **Verringerung der Investitionen** durch relativ genaue mittel- oder langfristige Planung der Kapazitäten bei Serien- oder Massenfertigung.
- **Vereinfachung der Verwaltung** durch eine Systematisierung von Beschaffung und Logistik.

Grundsätzlich kann man zwischen **überbetrieblicher** und **innerbetrieblicher** Typung unterscheiden. Die überbetriebliche Typung wird durch Kooperation branchengleicher Unternehmen, die Arbeit in Fachverbänden, Forderungen der Großabnehmer und in manchen Fällen sogar durch Vorschriften des Staates realisiert.

Im Gegensatz zur überbetrieblichen handelt es sich bei der innerbetrieblichen Typung um eine Standardisierung, welche das Unternehmen für sich selbst vornimmt (z.B. durch Bildung von modularen Systemen - Baukastenprinzip).

2.2.1.3 Mengenstandardisierung

Bei der Mengenstandardisierung handelt es sich um die "**Normung**" des Materialverbrauches. Der Rationalisierungseffekt liegt in einem **Soll-Ist-Vergleich** zwischen der prognostizierten Materialmenge und der tatsächlich verbrauchten Materialmenge während der Produktion.

Ist eine Abweichung zwischen dem prognostizierten- und dem tatsächlichen Materialbedarf erkennbar, ist es notwendig eine **Abweichungsanalyse** durchzuführen, d.h. die Gründe für das Zustandekommen des Mehrverbrauchs oder Minderverbrauchs zu erkennen und zu untersuchen. Mögliche Abweichungen können auftreten bei:[38]

- **Verschnitt,** werden beispielsweise für die Dreherei 10 Bolzen mit einer Länge von je 95 mm benötigt, und eines der im Materiallager befindlichen Rundmaterialien hat eine Gesamtlänge von 1000 mm, tritt bei dessen Verwendung ein Verschnitt von 50 mm auf. Das Problem des Verschnitts wird heute allerdings vielfach mit der Verwendung von EDV-Anlagen gelöst.
- **Vermeidbarer Mehrverbrauch,** er entsteht z.B. wenn verschiedene Formen aus einem Blech gestanzt werden sollen, und diese nicht wirtschaftlich angeordnet sind.

2.2.2 Nummerung

Die Materialnummerung ist, neben der Standardisierung, ein weiteres Rationalisierungsinstrument der Materialwirtschaft. Dabei wird unter Nummerung "das Bilden, Erteilen, Verwalten und Anwenden von Nummern für Nummerungsobjekte verstanden".[39]

Unter **Nummerungsobjekten** werden z.B. Rohstoffe, Einzelteile sowie Baugruppen und Enderzeugnisse, aber auch Zeichnungen, Pläne, Personen usw. verstanden. In diesem Zusammenhang spricht man oft auch von Sachnummern, Personalnummern, Materialnummern usw. Bei der Zuweisung einer Nummer zu einem Objekt ist es wichtig, dass die Nummer eindeutig, leicht erfassbar, und einprägsam ist. Eine Identifikation muss demnach problemlos erfolgen können.

In Anlehnung an DIN 6763 unterscheidet man bei den **Aufgaben** der Nummerung zwischen:

- **Identifikation:**

  Ein Nummerungsobjekt ist identifiziert, wenn es mit Hilfe seiner Nummer eindeutig und unverwechselbar erkannt, bezeichnet oder angesprochen werden kann. Bei der identifizierenden Nummerung wird jedem Objekt eine Nummer zugeordnet. Es sollte jedoch darauf geachtet werden, dass die Nummer eine bestimmte Länge nicht überschreitet, da sonst die Übersichtlichkeit verloren geht. Eine fünfstellige Ident.-nummer ist z.B. völlig ausreichend, denn sie ist in der Lage, 99999 Vorgänge einzuordnen.

  Dieses leicht überschaubare Verfahren birgt allerdings den Nachteil in sich, dass es dem Verwender dieses Systems keine weiteren Informationen, wie z.B. Stücklistenposition oder Baugruppe, bietet.

- **Klassifikation:**

  Ein Nummerungsobjekt ist klassifiziert, wenn es mit Hilfe seiner Nummer einer Gruppe (Klasse) zugeordnet werden kann, die nach vorgegebenen Gesichtspunkten gebildet worden ist. Der Vorteil der klassifizierenden Nummerung liegt vor allem darin, dass sie dem Benutzer, im Gegensatz zur reinen identifizierenden Nummerung, zusätzliche Informationen liefert über (vgl. Abb.16 und Abb.17):[40]

---

[38] Vgl. Oeldorf, G./ Olfert, K.: Materialwirtschaft, a.a.O., S. 83 f.
[39] Refa: Methodenlehre der Planung und Steuerung, Teil 1, München 1974/75, S. 114 ff.
[40] Vgl. Arnolds, H./ Heege, F./ Tussing, W.: Materialwirtschaft und Einkauf, a.a.O., S. 442.

Technische Fragen	Roh-, Hilfs- oder Betriebsstoff Abmessungen, Farbe, Bauart Übergeordnete Baugruppe
Kaufmännische Fragen	Preisstellung Maßeinheiten ABC-Klassifizierung
Organisatorische Fragen	Zuständiger Einkäufer Lagerplatz Budgetzugehörigkeit
Dispositive Fragen	Bestellpunkt- oder Bestellrhythmusdisposition Mehrfach- oder Einmalverwendung

Abb. 16: Zusätzliche Informationen bei klassifizierenden Nummernsystemen

- **Prüfung:**

Eine Prüf- oder Kontrollnummer ist ein an eine Nummer angehängtes Zeichen zum Prüfen ihrer Richtigkeit; sie kommen sehr häufig bei dem Einsatz der EDV vor.

Eine Nummer besteht in der Regel aus mehreren Stellen, die zu einzelnen Nummernteilen zusammengefasst werden können. Im einzelnen lassen sich die folgenden **Nummernarten** unterscheiden:[41]

- Numerische Nummer   = Folge von Ziffern,
- Alphanummer   = Folge von Buchstaben,
- Alphanumerische Nummer   = Folge von Buchstaben und Nummern,
- Gliederungszeichen und Leerstelle = Sonderzeichen und Zwischenraum.

Die folgende Abb.17 soll veranschaulichen, wie ein alphanumerischer Schlüssel, der bei der konventionellen Ablauforganisation gerne gewählt wird, aufgebaut ist. Hierbei werden die bestimmten Informationskriterien nicht in Zahlen, sondern in Buchstaben dargestellt.

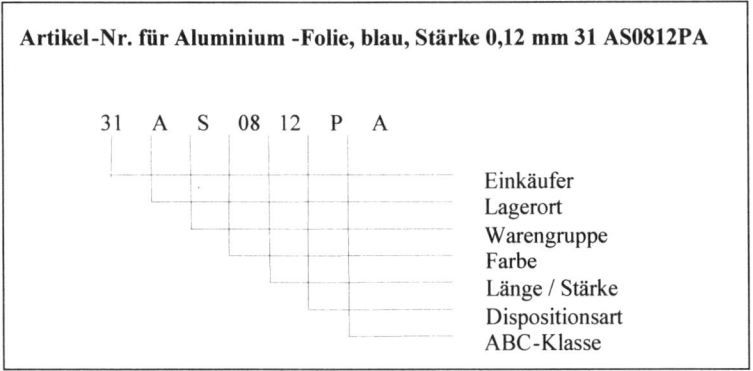

Abb. 17: Beispiel für ein alphanumerisches Nummernsystem

Wenn ein rationeller Informations- und Materialfluss erreicht werden soll, nimmt die Nummerung eine entscheidende Rolle in der Materialwirtschaft ein. Weiterhin ist sie die Voraussetzung für den effektiven Einsatz der EDV.

---

[41] Vgl. Hartmann, H.: Materialwirtschaft, a.a.O., S. 105 f.

Eine Möglichkeit, um die Effizienz der zuvor beschriebenen Nummernsysteme zu erhöhen, ist die Verbindung des identifizierenden- mit dem klassifizierenden System zu einem **parallelen Nummersystem**. Dieses System der Parallelverschlüsselung birgt die **Vorteile** beider herkömmlichen Systeme in sich:[42]

- Jeder Artikel hat eine **eigene Ident.-nummer**, die ihn einwandfrei bestimmt. Auf sie wird bei Routinearbeiten (Bedarfsmeldung, Bestellung, Terminkontrolle usw.) zurückgegriffen.
- Neben der Ident.-nummer werden in einer **Klassifizierungsnummer** wichtige Informationen verschlüsselt, die für verschiedene Betriebsbereiche (Lager, Arbeitsvorbereitung usw.) wichtige Zusatzinformationen enthalten.

2.3 Beschaffungsmarktforschung

Die Beschaffungsmarktforschung umfasst aktives, systematisches, zielorientiertes und begrenztes Suchen, Zusammentragen, Aufbereiten und Analysieren von Informationen. Sie ist für die Unternehmen zu einem unerlässlichen Instrument zur Erlangung der für die Beschaffung notwendigen Informationen geworden. Die dafür erforderlichen Beobachtungen und Analysen müssen sicherstellen, dass im Vergleich zu Mitbewerbern in Gegenwart und Zukunft keine Beschaffungsnachteile entstehen.[43]

2.3.1 Aufgaben und Bedeutung

Das primäre **Ziel** der Beschaffungsmarktforschung ist, die erforderliche Beschaffungsmarkttransparenz als Grundlage für eine optimale Beschaffungsplanung innerhalb der Materialwirtschaft zu erlangen. Um dies zu realisieren muss die Beschaffungsmarktforschung folgende **Aufgaben** erfüllen:[44]

- Sie soll frühzeitig Störungen auf den Beschaffungsmärkten erkennen (z.B. mögliche Lieferengpässe, Veränderung von Lieferzeiten und Preisbewegungen etc.), um rechtzeitig entsprechende Gegenmaßnahmen einleiten zu können (z.B. Einsatz von Substitutionsgütern oder Ausweichen auf ausländische Beschaffungsmärkte etc.).
- Sie soll die Entscheidungsgrundlagen für die Lieferantenauswahl bereitstellen.
- Sie soll auf neue Beschaffungsmärkte, Substitutionsgüter sowie neue Produkte aufmerksam machen.
- Sie soll die eigene Position am Beschaffungsmarkt im Vergleich zur Konkurrenz einschätzen können.

Während die Erfassung der Absatzmärkte ein gut erschlossenes Gebiet in der Betriebswirtschaftslehre ist, war die Beschaffungsmarktforschung lange ein noch relativ unbeachteter Zweig unternehmerischer Betätigung.

Die **Bedeutung** der Beschaffungsmarktforschung stieg nicht zuletzt durch den Einfluss und Beitrag, den die Materialwirtschaft zum Unternehmenserfolg leistet.

---

[42] Vgl. Arnolds, H./ Heege, F./ Tussing, W.: Materialwirtschaft und Einkauf, a.a.O., S. 443.
[43] Vgl. Specht, O.: Betriebswirtschaft für Ingenieure und Informatiker, 2. Auflage, Ludwigshafen 1990, S. 139.
[44] Vgl. Melzer-Ridinger, R.: Materialwirtschaft, a.a.O., S. 29.

Gründe für die Vernachlässigung der Beschaffungsmarktforschung sind:[45]

- mangelnde Qualifikation der Mitarbeiter,
- Arbeitsüberlastung mit Verwaltungstätigkeit,
- geringe Eigeninitiative der Mitarbeiter,
- Berufung auf Erfahrung und Intuition.

Dem gegenüber ist aber festzustellen, dass erst durch eine intensive und systematische Erforschung der Beschaffungsmärkte ein optimaler Einkauf ermöglicht wird. Denn erst durch Marktforschung können Probleme und Chancen auf den Märkten erkannt werden. Dabei sollte sich die Marktforschung nicht nur auf inländische Märkte erstrecken, sondern auch die ausländischen Märkte mit einbeziehen, um günstige Einkaufsmöglichkeiten wahrnehmen zu können.

2.3.2 Objekte

Um die Ziele der Beschaffungsmarktforschung erreichen zu können, sind die verschiedensten Daten zu ermitteln und die unterschiedlichsten Informationen zusammenzutragen.

Das Geschehen auf einem Beschaffungsmarkt ist das Zusammenwirken einer Vielzahl von Faktoren, wobei vor allen Dingen die folgenden Objekte im Vordergrund stehen:[46]

- Zuerst muss als Grundlage der Marktforschung eine genaue Kenntnis des zu untersuchenden **Produktes** vorhanden sein.
- Darauf aufbauend können dann die strukturellen Besonderheiten und Entwicklungstendenzen der in Frage kommenden **Märkte** untersucht werden.
- Ein weiteres wichtiges Objekt der Marktforschung ist der **Lieferant**.
- Da der **Preis** im Vordergrund der Einkaufstätigkeit steht, haben sich schließlich die Analyse und Beobachtung des Marktpreises zu einem wichtigen Teilgebiet der Marktforschung entwickelt.

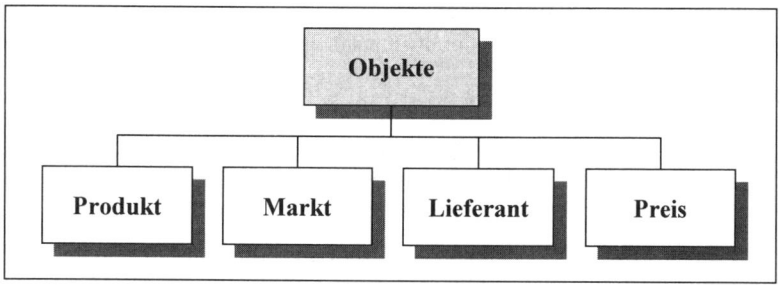

Abb. 18: Untersuchungsobjekte der Beschaffungsmarktforschung

Die jeweilige Bedeutung dieser genannten Untersuchungsobjekte kann im Rahmen der Beschaffungsmarktforschung recht unterschiedlich sein. Es kommt immer auf den speziellen Fall und den damit verbundenen Markt an, welches der Untersuchungsobjekte die primäre Rolle spielt und welche der anderen eher sekundär behandelt werden.

---

[45] Vgl. Eschenbach, R.: Erfolgspotential Materialwirtschaft, a.a.O., S. 130.
[46] Vgl. Arnolds, H./ Heege, F./ Tussing, W.: Materialwirtschaft und Einkauf, a.a.O., S. 180 f.

In den nun folgenden Abschnitten wird auf die Untersuchungsobjekte der Beschaffungsmarktforschung (Produkt, Markt, Lieferant und Preis) näher eingegangen, wobei insbesondere die für die Materialwirtschaft relevanten Aspekte und Fragestellungen erörtert werden.

2.3.2.1 Produkt

Die Beschaffungsmarktforschung sollte, bevor sie den relevanten Markt untersucht, sich zunächst einen genauen Überblick über das zu untersuchende Produkt verschaffen. Erst im Anschluss daran kann sie sich gezielt mit dem Marktgeschehen auseinandersetzen. Um das eigentliche Produkt und die damit verbundenen Zusammenhänge genau analysieren zu können, ist es sinnvoll sich mit folgenden **Fragen** zu befassen:[47]

- Welche chemischen, physikalischen, technologischen Eigenschaften hat das Produkt?
- Mit welchen Produktänderungen ist zu rechnen?
- Sind Substitutionsprodukte auf dem Markt zu erwarten?
- Welche Verwendung findet das Produkt und welche Verwendung ist zu erwarten?
- Sind Substitutionen auf Vorstufen zu erwarten?
- Ist eine Änderung der Herstellverfahren zu erwarten?

Die Vielfalt und der Umfang der zu untersuchenden Fragen macht deutlich, dass auf dem Gebiet der Beschaffungsmarktforschung nur dann erfolgreich gearbeitet werden kann, wenn der Marktforscher genügend Hintergrundwissen für die Bewältigung aufkommender Fragen von den einzelnen Teilbereichen des Betriebes zur Verfügung gestellt bekommt.

2.3.2.2 Der Markt

Wirtschaftlich gesehen ist der Markt die bedeutsame Umwelt eines Unternehmens. Im Rahmen der Beschaffungsmarktforschung gilt es, Informationen über die **Marktstruktur** und die **Marktentwicklung** zu beschaffen. Diese Informationen bilden die Voraussetzung für die Ableitung von Beschaffungsstrategien bei Störungen auf dem Beschaffungsmarkt und können zugleich als Frühwarnsignale genutzt werden.

(1) Marktstruktur

Da in den Wirtschaftswissenschaften unter "Markt" das Zusammenwirken von **Angebot** und **Nachfrage** verstanden wird, ist es in der Marktforschung erforderlich, die strukturellen Besonderheiten beider Seiten eines Marktes zu untersuchen.

Bei der **Erforschung der Angebotsseite** des Beschaffungsmarktes kommt es darauf an, die wichtigsten Informationen über die gegenwärtige und zukünftige Leistungsfähigkeit der Anbieter von Gütern und Leistungen zu sammeln und zu analysieren. Ziel dieses Teils der Beschaffungsmarktforschung ist, eine Rangfolge nach der Bedeutung der Anbieter und ihrer Entwicklungspotentiale zu ermitteln.[48]

Die Angebotsstruktur wird durch interne Faktoren, wie z.B. Unternehmenspolitik, Kapitalausstattung, Liquidität, Betriebsgröße, technische Ausstattung etc. und durch das

---

[47] Vgl. Eschenbach, R.: Erfolgspotential Materialwirtschaft, a.a.O., S. 137 f.
[48] Vgl. ebd., S. 138 f.

Umfeld der Anbieter, wie z.B. Rohstoffversorgung, Klima, Infrastruktur, Wirtschaftslage etc. bestimmt. Die wichtigsten Daten der Konkurrenzforschung, d.h. die Anzahl der Anbieter und die Verteilung ihrer Marktanteile, auf dem Beschaffungsmarkt sind:[49]

Daten der Konkurrenzforschung auf dem Beschaffungsmarkt	
• Namen und Anzahl der Anbieter eines Produktes oder einer Leistung sowie der Anbieter von Substitutionsgütern,	• Umsätze der Anbieter, möglichst nach Artikelgruppen / Leistungsfeldern aufgeteilt,
• Werbepolitik,	• Kundendienst und Nebenleistungen,
• Gewinn bzw. Ausschüttung,	• Absatzsysteme,
• Produktionsprogramm,	• Produktpolitik,
• Produktions- und Lagerkapazitäten	• Preise und Preispolitik,
• Investitionsvorhaben,	• Forschungs- u. Entwicklungsaktivitäten.

Die gewünschten Informationen werden durch die Materialwirtschaft anlässlich von Vertreterbesuchen, Besuchen im Betrieb des Lieferanten, Messebesuchen, bei der Auswertung von Publikationen und durch direkte Anfragen der Anbieter gesammelt.[50]

Bei der **Untersuchung der Nachfrageseite** ist in erster Linie die Position des eigenen Unternehmens als Nachfrager festzustellen. Dabei wird hauptsächlich die Nachfragemacht von Unternehmen ermittelt, die zugleich direkt oder indirekt als Absatzmarktkonkurrenten auftreten. Die nötigen Informationen können in diesem Fall nicht direkt beschafft werden, sondern müssen über Umwege aufgrund von Befragungen der Anbieter und Lieferanten gesammelt werden. Nimmt das eigene Unternehmen eine starke Position auf der Nachfrageseite ein, so treten in der Regel Analysen der Nachfrageseite in den Hintergrund. Dabei darf aber nicht vergessen werden, dass Käufermärkte auch in Verkäufermärkte umschlagen können (z.B. Erdöl). Daher bedarf es einer besonders sorgfältigen Beobachtung solch empfindlicher Märkte, um eine mögliche Trendumkehr frühzeitig zu erkennen.[51]

(2) Marktentwicklung

Ebenso wichtig wie die Analyse der Struktur der Beschaffungsmärkte ist die Analyse der zukünftigen Marktentwicklung. Diese bezieht sich vornehmlich auf die **Entwicklungstendenzen** in Bezug auf Preise, Lieferzeiten, relative Angebotsmengen und auf die Verschiebung von Machtverhältnissen auf dem Beschaffungsmarkt. Die damit verbundenen **Marktschwankungen**, die ständig auftreten, sind sehr bedeutsam für das Unternehmen. Man unterscheidet folgende Arten:[52]

- **Saisonale** Marktschwankungen, bei denen es sich meist um vorhersehbare kurzzeitige Schwankungen am Markt handelt, deren Höhe allerdings nicht genau bestimmbar ist.
- **Konjunkturelle** Marktschwankungen, bei denen sich Anfall, Länge und Ausmaß der Schwankungen schwer vorhersehen und abschätzen lassen.

---

[49] Vgl. Berg, C.: Materialwirtschaft, Stuttgart, New York 1979, S. 33.
[50] Vgl. Eschenbach, R.: Erfolgspotential Materialwirtschaft, a.a.O., S. 139.
[51] Vgl. ebd., S. 143.
[52] Vgl. Oeldorf, G./ Olfert, K.: Materialwirtschaft, a.a.O., S. 243 f.

- **Trendbedingte** Marktveränderungen verändern die Markstruktur. Gründe dafür können der technische Fortschritt, die Verknappung der Rohstoffe sowie die wirtschaftliche Konzentration sein.

2.3.2.3 Lieferant

Kein Lieferant gleicht dem anderen, und da die Wahl eines Lieferanten mit Vor- als auch mit Nachteilen verbunden sein kann, ist die genaue Untersuchung von entscheidender Bedeutung für den Unternehmenserfolg.

Die **Lieferantenanalyse** bietet der Unternehmensleitung differenzierte Informationen über die **wirtschaftliche** und **technische** Leistungsfähigkeit aktueller und potentieller Lieferanten. Ihre primäre Aufgabe kann darin gesehen werden, dass sie vor Fehlentscheidungen und den damit verbundenen Folgen schützen soll.

Da Großunternehmen im Normalfall mit mehreren tausend Lieferanten zusammenarbeiten, ist das Schwergewicht der beschaffungsmarktforscherischen Aktivitäten auf die Untersuchung von A-Material-Lieferanten zu legen. Bei einer Lieferantenanalyse sind für die Beurteilung eines Lieferanten vor allen Dingen die folgenden **Kriterien** wichtig:[53]

- **Allgemeine Unternehmensdaten**, dazu gehören z.B. Gesellschaftsform, Inhaberverhältnisse, Unternehmensgröße, finanzielle Lage, Absatz- und Beschaffungsprogramm, Betriebsklima, Qualifikation des Personals, Fluktuationsrate, Image.
- **Spezielle produktbezogene Daten**, dazu zählt man z.B. die Fertigungskapazität, Umfang des Fertigungsprogramms, Qualität und Alter der Maschinen, Aktualität der Qualitätssicherung, Auslastung der Produktionskapazitäten, Fertigungsmethoden usw.
- **Konditionen und Service**, dazu gehören Höhe des Preises, Zuverlässigkeit, Lieferfristen, Zahlungs- und Lieferbedingungen, Service, Beratungsdienst und Termintreue.
- **Beziehungen der eigenen Unternehmung zum Lieferanten**, dazu gehört die Prüfung der Nachfragemacht der eigenen Unternehmung, ob sie in eine einseitige Abhängigkeit zum Lieferanten gerät oder nicht; Konkurrenzbelieferung, zeitliche Dauer der Geschäftsbeziehungen, Möglichkeit von Gegengeschäften und der Abnahme von Abfallstoffen, Werbewert des Lieferanten für die eigene Unternehmung sowie räumliche Entfernung zwischen Lieferant und Abnehmer.

Alle genannten Kriterien sollten in jedem Einzelfall einer genauen Analyse unterzogen werden, um dem Unternehmen die richtige Entscheidung in Bezug auf die Lieferantenwahl zu ermöglichen.

2.3.2.4 Preis

Dem Beschaffungspreis kommt in der Materialbeschaffung erhebliche Bedeutung zu. Zum Beschaffungspreis im allgemeinen gehören u.a. auch die Liefer- und Zahlungsbedingungen, also Rabatte, Skonti, Zuschläge bei verspäteter Zahlung, Zölle, Versicherungen etc.

Dabei ist zu beachten, dass fast alle zuvor erwähnten Objekte einen mehr oder weniger großen Einfluss auf den Preis ausüben, wobei die wohl wichtigsten Einflussfaktoren

---

[53] Vgl. Arnolds, H./ Heege, F./ Tussing, W.: Materialwirtschaft und Einkauf, a.a.O., S. 131.

die Marktform, die unterschiedlichen Marktentwicklungen, die Qualität und der Lieferant sind.

Die **Höhe des Preises** sollte grundsätzlich für jedes zu beschaffende Material untersucht werden, wobei die Intensität der Untersuchung vom Wert und der Bedarfshäufigkeit des Materials abhängt. Als Hilfestellung für die Auswahl des vornehmlich zu untersuchenden Materials ist es zweckmäßig die ABC-Analyse zu Rate zu ziehen.

Bei der Analyse des Beschaffungspreises ist es für die Materialbeschaffung zweckmäßig nicht nur die Preishöhe zu kennen, sondern auch zu wissen, wie sich der Preis kostenmäßig zusammensetzt. Hierbei stehen **drei Methoden** zur Verfügung:[54]

	Preisstrukturanalyse	**Preisbeobachtung**	**Preisvergleich**
Untersuchungsobjekt	- Zusammensetzung des Preises eines Lieferanten aus Kostenbestandteilen und Gewinn.	- Veränderung des Preises seines Produktes im Laufe der Zeit.	- Preise verschiedener Lieferanten bzw. verschiedener Qualitäten.
Untersuchungsziel	- Überprüfung der Angemessenheit eines Preises als Grundlage der Preisverhandlung.	- Prognose der zukünftigen Entwicklung als Grundlage der Beschaffungsdisposition und der Kontraktpolitik.	- Auswahl von Produktqualität und Lieferanten (im Rahmen des Angebotsvergleichs).
Hauptanwendungsgebiet	- Produkte, auf deren Preishöhe der Abnehmer Einfluss ausüben kann.	- Produkte, die eine hohe Preisvariabilität aufweisen.	- Produkte, die zu unterschiedlichen Preisen und unterschiedlicher Qualität von mehreren Lieferanten bezogen werden können.

Abb. 19: Die auf den Preis gerichteten Untersuchungen

In der Einkaufspraxis spielt bei der Analyse der Preishöhe hauptsächlich die Preisbeobachtung und der Preisvergleich die ausschlaggebende Rolle.[55]

Die **Preisbeobachtung** ist insbesondere für Produkte, die an Warenbörsen gehandelt werden (z.B. Kupfer, Wolle, Zinn, Blei etc.), wichtig. Die Preise der verschiedenen Lieferanten sind für die betreffenden Materialien, aber auch für mögliche Substitutionsgüter, einer Beobachtung zu unterziehen, z.B. durch Anlegen einer Preisstatistik aufgrund von Angeboten der Lieferanten.

Der **Preisvergleich** (im Rahmen des Angebotsvergleich) bezieht sich besonders auf Produkte, die zu unterschiedlichen Preisen und unterschiedlichen Qualitäten von mehreren Lieferanten bezogen werden können. In diese Betrachtung sollten auch Substitutionsgüter aufgenommen werden, damit der richtige Zeitpunkt für den Einsatz von Substitutionsgütern nicht verpasst wird.

---

[54] Vgl. Arnolds, H./ Heege, F./ Tussing, W.: Materialwirtschaft und Einkauf, a.a.O., S. 137.
[55] Vgl. Oeldorf, G./ Olfert, K.: Materialwirtschaft, a.a.O., S. 245.

Die Durchführung einer **Preisstrukturanalyse** ist vor allen Dingen dann zu empfehlen, wenn der Preis eines Produktes direkt zwischen Lieferanten und Abnehmer ausgehandelt wird. Dies ist vornehmlich im Anlagenbau oder bei Sonderanfertigungen der Fall.

Durch die Transparenz der Preisstruktur des Lieferanten verfügt der Einkäufer über eine gesicherte Position bei den Verhandlungsgesprächen über den möglichen Einstandspreis.

Das **Ziel** einer Preisstrukturanalyse ist es, die Kalkulation des Lieferanten nachvollziehen zu können, um den Preis in mehr oder weniger Anlehnung an die Kosten des Lieferanten zu gestalten.

Eine Analyse der Preisstruktur kann dabei auf **Vollkostenbasis** oder auf **Teilkostenbasis** erfolgen. Bei einer Analyse auf Vollkostenbasis dient in der Regel das Kalkulationsschema, das auch in der Zuschlagskalkulation üblich ist, als Basis für das Unternehmen:

Materialkosten + Materialgemeinkosten	= Materialkosten
+ Fertigungseinzelkosten + Fertigungsgemeinkosten + Sondereinzelkosten der Fertigung	= Fertigungskosten
= Herstellkosten	
+ Verwaltungsgemeinkosten + Vertriebsgemeinkosten + Sondereinzelkosten des Vertriebs	= Verwaltungs- und Vertriebskosten
= Selbstkosten	

Die einzelnen Kostenarten, insbesondere die Gemeinkosten, sind vielfach nicht genau bestimmbar oder schätzbar und setzen eine genaue Kenntnis des Lieferanten voraus. Bei einer Analyse auf Teilkostenbasis werden lediglich die variablen Kosten rückgerechnet oder geschätzt.

2.3.3 Methoden

Die Beschaffungsmarktforschung lässt sich üblicherweise in drei **Teilbereiche** aufteilen:

Abb. 20: Beschaffungsmarktforschung

Diese wichtigen Methoden und Instrumente sind aus der Absatzmarktforschung übernommen worden.

Unter **Beschaffungsmarktanalyse** versteht man die Bestandsaufnahme eines bestimmten Marktes oder Teilmarktes zu einem bestimmten Zeitpunkt (statisch), um einen

Überblick über die Grundstruktur der Märkte zu gewinnen. Sie bietet sich in folgenden Fällen an:[56]
- bei der erstmaligen Einführung der Beschaffungsmarktforschung,
- bei der Erstbeschaffung neuer Beschaffungsobjekte,
- bei der Umstellung bisheriger Fertigungsverfahren,
- bei nur sporadischem Bedarf.

Bei einer einmalig durchgeführten Bestandsaufnahme wird im wesentlichen Antwort auf die folgenden **Fragen** gesucht:[57]
- Welche von den Anbietern kommen als Lieferanten in Frage?
- Wie groß ist die Nachfragekonkurrenz?
- Wie groß ist die Angebotskonkurrenz?
- Wer liefert was auf den in- und ausländischen Märkten?
- Welche Möglichkeiten der Materialsubstitution gibt es?
- Welche Beschaffungswege kommen in Betracht?
- Welche Transportmittel und -wege kommen in Betracht?

Unter **Beschaffungsmarktbeobachtung** versteht man die ständige (dynamische) Überwachung des Marktes, um Veränderungen und Entwicklungen auf den Beschaffungsmärkten zu erfassen.

Aufgrund von aktuellen Informationen und Daten ist diese Form der Informationsgewinnung von besonderer Bedeutung für die Beschaffungsplanung. Dabei sind vor allem folgende **Fragen** zu stellen:[58]
- Welche Entwicklungen der Angebotsmengen und -preise sind zu beobachten und in welche Richtung zeigen die Trends?
- Welche Substitutionsmöglichkeiten und neue Technologien sind zu erwarten?
- Sind politische und wirtschaftliche Trendbrüche zu erwarten?
- Welche Veränderungen zeigen Angebots- und Nachfragekonkurrenz?
- Wie entwickelt sich der Auftragsbestand bei den Lieferanten?

Die Marktanalyse und die Marktbeobachtung sind trotz ihrer unterschiedlichen Betrachtungsweise und Fragestellung nicht als zwei isolierte Teilbereiche der Marktforschung zu sehen. Es ist eher so, dass sich die gewonnenen Informationen gegenseitig ergänzen und perfektionieren. Eine Marktbeobachtung baut häufig auf den Ergebnissen der Marktanalyse auf und umgekehrt.

Wird nun aus dem gewonnenen Datenmaterial der Beobachtung und Analyse eine weitere, zukünftige Entwicklung der Beschaffungsmärkte abgeleitet, so spricht man von einer **Marktprognose**. Die Marktprognose dient als Basis für zukünftige Einkaufsentscheidungen und gehört wohl zu den schwierigsten Gebieten der Marktforschung. Mit ihr sollen beispielsweise zu erwartende Engpässe oder sich abzeichnende Preisverände-

---

[56] Vgl. Meyer, M.: Informationsquellen zur Beschaffungsmarktforschung, Wien 1985, S. 14.
[57] Vgl. Hartmann, H.: Materialwirtschaft, a.a.O., S. 141.
[58] Vgl. ebd., S. 142.

rungen frühzeitig erkannt werden, um die entsprechenden Maßnahmen, z.B. das Ausweichen auf internationale Märkte, einzuleiten.[59]

Um ein realistisches Bild der Beschaffungsmärkte zu erhalten, müssen eine Vielzahl von Informationsquellen ausfindig gemacht und zusammengetragen werden. In Hinblick auf die möglichen Informationsquellen der Beschaffungsmarktforschung wird in Anlehnung an die Absatzmarktforschung unterschieden zwischen Primärforschung und Sekundärforschung.

Sekundärforschung (indirekte Erhebung) ist dadurch gekennzeichnet, dass bereits vorhandenes Material gesammelt, geordnet und ausgewertet wird. Die wichtigsten Informationsquellen dieser Erhebungsart sind:[60]

- Medien aller Art (Tageszeitungen, Fachzeitschriften, Rundfunk und Fernsehen etc.),
- Hauszeitschriften von Lieferanten und deren Wettbewerbern, Warenkataloge,
- Veröffentlichungen von Kreditinstituten,
- Adressbücher, Messekataloge, Bezugsquellenverzeichnis, Nachschlagewerke aller Art,
- Informationen hausinterner Stellen wie Produktion, Marketing, Controlling,
- Amtliche Statistiken,
- Geschäftsberichte der Lieferanten.

Als **Primärforschung** (direkte Erhebung) werden Untersuchungen bezeichnet, die eigens zum Zwecke der Markterkundung durchgeführt werden. Im Rahmen der Primärforschung bieten sich viele Quellen der Informationsbeschaffung an, die wichtigsten sind:[61]

- Messen und Ausstellungen,
- direkte Anfragen beim Lieferanten,
- Betriebsbesichtigungen bei Lieferanten bzw. Unterlieferanten,
- Auskünfte staatlicher und anderer Institutionen (Auskunfteien),
- Marktforschungsinstitute,
- Erfahrungsaustausch mit Fachkollegen,
- Zusammenarbeit mit der Absatzmarktforschungsabteilung,
- Probelieferungen.

Ein Unternehmen sollte sich nicht nur für die Sekundär- oder die Primärerhebung entscheiden, sondern zweckmäßigerweise beide Arten der Erhebungen ergänzend nutzen.

Bei dieser Vielzahl der vorliegenden Informationsquellen muss vor allen Dingen Wert auf die Qualität der gesammelten Informationen gelegt werden. Die Qualität wird im wesentlichen von der Aktualität, Objektivität und Vertrauenswürdigkeit bestimmt.

Aus reinen Kostengründen ist es verständlich, dass nicht für jedes neu zu untersuchende Material die gesamten Quellen der Informationsbeschaffung abgehandelt werden. Deshalb werden in der Praxis die einmal gesammelten Informationen in einem Archiv gespeichert, ggf. aktualisiert, und stehen dann im Bedarfsfall zur Verfügung.

---

[59] Vgl. Arnolds, H./ Heege, F./ Tussing, W.: Materialwirtschaft und Einkauf, a.a.O., S. 118 f.
[60] Vgl. Eschenbach, R.: Erfolgspotential Materialwirtschaft, a.a.O., S. 134.
[61] Vgl. Meyer, M.: Informationsquellen zur Beschaffungsmarktforschung, a.a.O., S. 28.

3 Beschaffungspolitik

Die Beschaffungspolitik bedient sich zur Erreichung folgender Ziele:
- Optimierung der Anschaffungs-, Lagerhaltungs-, Bestell- und Fehlmengenkosten,
- Sicherung der Versorgung und
- Unterstützung anderer Unternehmensbereiche, wie z.b. Produktion und Qualitätssicherung,

einer Vielzahl beschaffungspolitischer Instrumente:
- Beschaffungsprogrammpolitik,
- Lieferantenpolitik,
- Kontraktpolitik und
- Lagerpolitik (siehe 5.2).

Die **Beschaffungsprogrammpolitik** befasst sich vornehmlich mit den Fragen der Materialstandardisierung, der Materialsubstitution, der "make-or-buy-Entscheidungen" und der Änderung der Eigenschafts- oder Qualitätsanforderungen.

Die **Lieferantenpolitik** und die **Kontraktpolitik** gestalten die Beziehungen zwischen Unternehmen und Lieferanten. Im Rahmen der Lieferantenpolitik stehen Fragen der Auswahl, Beeinflussung sowie der Zusammenarbeit mit den jeweiligen Lieferanten im Vordergrund. Mit Hilfe dieses beschaffungspolitischen Instrumentes will man die langfristige Versorgung mit Rohstoffen sowie Ausweichmöglichkeiten auf andere Lieferanten und Märkte sicherstellen.

Die Kontraktpolitik hingegen versucht, durch bestimmte Vereinbarungen innerhalb der Verträge die Realisierung wichtiger Komponenten des materialwirtschaftlichen Optimums zu unterstützen und abzusichern. Zwischen Lieferanten- und Kontraktpolitik bestehen sehr enge wechselseitige Beziehungen, auf Grund dessen sollen sie zum besseren Verständnis einer getrennten Betrachtung unterzogen werden.[62]

3.1 Lieferantenpolitik

Das Ziel innerhalb der Lieferantenpolitik ist es, dem Unternehmen eine genügende Anzahl leistungsfähiger Lieferanten durch eine gezielte Lieferantenauswahl bereitzustellen und die weniger leistungsfähigen zu eliminieren. Die ausgewählten Lieferanten können durch verschiedene Maßnahmen wie Lieferantenpflege, Lieferantenwerbung, Lieferantenerziehung und Lieferantenentwicklung im Sinne des Unternehmens beeinflusst werden. Die verschiedenen Vorgehensweisen und Möglichkeiten für eine optimale Zielerreichung werden im folgenden erläutert:

3.1.1 Lieferantenauswahl und -bewertung

Die Aufgabe der Lieferantenauswahl besteht darin, die leistungsfähigsten Lieferanten anhand festgelegter Kriterien zu erkennen und deren Leistungspotential voll auszuschöpfen.

---

[62] Vgl. Arnolds, H./ Heege, F./ Tussing, W.: Materialwirtschaft und Einkauf, a.a.O., S. 263 f.

Dabei werden Informationen mit Hilfe der Beschaffungsmarktforschung gesammelt, die relevanten Bewertungskriterien bestimmt, ausgewertet und beurteilt. Die wichtigsten **Bewertungskriterien** sind:[63]

- **Die Lieferungen und Leistungen des Lieferanten:** Preis, Qualität, Konditionen, Lieferzuverlässigkeit und Liefertreue.
- **Das Unternehmen des Lieferanten:** Rechtsform, Struktur und Qualität des Managements, Qualitätswesen, Qualitätsfähigkeit, Forschungs- und Entwicklungsintensität, Ruf bei Wettbewerbern, Bereitschaft zu Gegengeschäften, Kooperationsbereitschaft, Marktanteil und Marktentwicklung, Kostenstruktur und finanzieller Status.
- **Das Umfeld des Lieferanten:** Bevölkerung, Staat und Gesellschaft sowie Konkurrenz, Produktion, Beschaffung und Personal des Unternehmens.

Die eigentliche Lieferantenbewertung erfolgt mit Hilfe eines Beurteilungsschemas in Form einer Bewertungsmatrix oder einer Nutzwertanalyse (4.4.3 Angebotsvergleich).

Die Lieferantenbeurteilung ist in der betriebswirtschaftlichen Praxis allerdings ein noch recht junger Zweig, obwohl sie einen wesentlichen Beitrag zur Erfüllung des materialwirtschaftlichen Optimums durch die Auswahl des leistungsfähigsten Partners leisten kann. Die Gründe hierfür liegen vor allem in der Überlastung des Beschaffungsbereiches mit Routineaufgaben.

Einen weiteren wichtigen Einfluss auf die Lieferantenauswahl üben neben der Lieferantenbeurteilung die Gegengeschäfte aus. Ihre Grundlage sind unternehmens-politische und beschaffungspolitische Überlegungen. Durch die Wahl eines Lieferanten, der zu Gegengeschäften bereit ist, können sich für das Unternehmen entscheidende Vorteile ergeben.

3.1.1.1 Gegengeschäfte

Bei einem Gegengeschäft wird die Zahlung für eine erbrachte Lieferung durch eine Gegenlieferung beglichen. Bei dieser Art von Geschäften treten im allgemeinen zwei Unternehmungen in der doppelten Funktion als Lieferant und Abnehmer füreinander auf.

So kauft z.B. ein Hersteller von Lastkraftwagen bestimmte Stahlerzeugnisse von einem Unternehmen, das wiederum seinen Fuhrpark mit den Lastkraftwagen des Abnehmers (der Stahlerzeugnisse) ausstattet. Ein derartiges Geschäft wird auch als **direktes Gegengeschäft** bezeichnet.

Gegengeschäfte können aufgrund der folgenden drei Fälle entstehen:[64]

1. Kundenberücksichtigung, Kunden auf der Absatzseite werden bevorzugt als Lieferanten ausgewählt.

2. Mit Hilfe der Einkaufsmacht wird auf den Lieferanten ein derartiger Druck ausgeübt, dass dieser dem eigenen Absatzbereich Aufträge erteilt.

3. Die Geschäftsbeziehung kommt erst aufgrund der gegenseitigen Auftragsvergabe zustande.

---

[63] Vgl. Eschenbach, R.: Erfolgspotential Materialwirtschaft, a.a.O., S. 175 ff.
[64] Vgl. Arnolds, H./ Heege, F./ Tussing, W.: Materialwirtschaft und Einkauf, a.a.O., S. 289 .

Zu den Rahmenbedingungen für das Zustandekommen von Gegengeschäften gehören insbesondere die:

- **Konjunkturlage:** Blütezeit für Gegengeschäfte ist die schlechte Konjunkturlage. Sie werden vereinbart, um die eigenen Kapazitäten besser auslasten zu können. In einem Konjunkturhoch sind Gegengeschäfte meistens nur bei knappen oder seltenen Gütern möglich.
- **Unternehmensgröße:** Gegengeschäfte werden vorrangig mit größeren Unternehmen aufgrund des größeren Absatzprogramms getätigt. Sie haben eine Vielzahl von Geschäftspartnern, größere Marktmacht und ein größeres Beschaffungsvolumen.
- **Produktart:** Gegengeschäfte sind mehr im Sektor Investitionsgüter, hauptsächlich bei Massenwaren (z.B. Schrauben) angesiedelt, bei Konsumgütern kommen sie nur selten vor.
- **Marktform:** Gegengeschäfte kommen nur auf oligopolistischen Märkten vor. Bei einem Monopol gibt es keine Gegengeschäfte, da der Umsatz nicht mehr gesteigert werden kann. Beim Polypol nur selten, da das Produkt zum Marktpreis erhältlich ist.

Werden in der Praxis Gegengeschäfte mit mehr als zwei Teilnehmern getätigt, so spricht man auch von **indirekten Gegengeschäften**. Derartige Vereinbarungen kommen zustande, wenn das gegebene Absatz- und Beschaffungsprogramm der beiden Unternehmen eines direkten Gegengeschäftes nicht übereinstimmen, so dass ein drittes Unternehmen eingeschaltet werden muss. Gegengeschäfte mit mehr als drei Parteien sind relativ kompliziert hinsichtlich ihrer Durchführung und kommen in der Praxis nur selten vor.

Ein dreiseitiges indirektes Gegengeschäft kann z.B. dadurch zustande kommen, dass ein Hersteller von Elektromotoren (B) seinen Lieferanten (A) dazu bewegt, seinen Bedarf an Werkzeugmaschinen bei einer Unternehmung (C) zu decken, die wiederum ein Kunde des Herstellers von Elektromotoren (A) ist (vgl. Abb. 21).

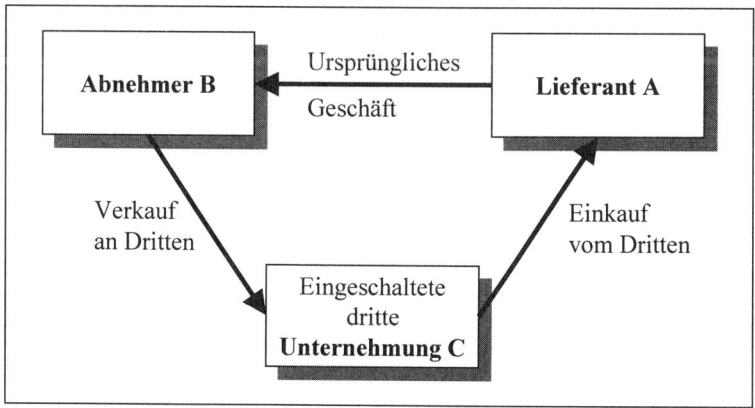

Abb. 21: Indirektes Gegengeschäft (mit drei Parteien)[65]

Exportorientierte Gegengeschäfte werden als **Kompensationsgeschäfte** bezeichnet. Sie sind im Gegensatz zu Gegengeschäften sehr formell und werden mit exakten Verträgen abgeschlossen. Die Partner bei diesen Geschäften sind meist devisenschwache Länder.

---

[65] Vgl. Arnolds, H./ Heege, F./ Tussing, W.: Materialwirtschaft und Einkauf, a.a.O., S. 289 f.

Bei Kompensationsgeschäften versucht man den Wert der gelieferten Ware durch einen Warenwert zu begleichen (z.B.: 1 Maschine entspricht 2 Tonnen Weizen), wobei auch die Möglichkeit einer Teilkompensation besteht, z.B. 50% Ware und 50% Devisen. Der wesentliche Unterschied zu Gegengeschäften ist darin zu sehen, dass teilweise Ware in Empfang genommen werden muss, die im eigenen Unternehmen überhaupt nicht gebraucht werden kann, und somit das Unternehmen die Aufgabe hat, diese weiter zu veräußern.

Durch die Durchführung von Gegengeschäfte ergeben sich sowohl Vorteile als auch Nachteile für das Unternehmen, wobei das Hauptproblem in der richtigen Abstimmung zwischen dem Absatz- und dem Beschaffungsbereich liegt.

Die Beurteilung der Gegengeschäfte aus Sicht der Beschaffung bzw. des Absatzes führt zu den folgenden Aussagen:

- **Aus Sicht des Absatzbereiches:**

Gegengeschäfte sind auf der Absatzseite als ein weiteres Marketinginstrument zu sehen. Die Vorteile liegen vor allem im geringeren Werbeaufwand und dem höheren Absatz. Demgegenüber können Gegengeschäfte aber auch zu einem schlechten Image führen, denn "wer Gegengeschäfte betreibt, dessen Ware muss so minderwertig sein, dass er diese auf eine andere Art nicht los bekommt."

- **Aus Sicht des Beschaffungsbereiches:**

  – Der Einkäufer ist demotiviert, denn er verliert seinen Handlungsspielraum, da er durch die Gegengeschäfte oft schon festgelegt ist.
  – Der Beschaffungsmarkt ist stark eingeschränkt.
  – Der Lieferant könnte ein Gefühl der Sicherheit bekommen, ein damit verbundener Leistungsabfall ist möglich.
  – Es besteht die Gefahr, nicht den optimalen Lieferanten gewählt zu haben.
  – Gegengeschäfte führen zu einer besonderen Behandlung von Lieferanten und zur Entmutigung des Wettbewerbs zwischen den anderen Teilnehmern des Beschaffungsmarktes.
  – Eine Materialversorgung ist auch in Zeiten der Materialknappheit möglich.

Die Bedeutung der Gegengeschäfte hat in den letzten Jahren stark zugenommen. Man schätzt, dass heute 10 bis 35% des Weltaußenhandels Kompensationsgeschäfte sind. Der Anteil von Gegengeschäften im Inland ist unbekannt, da diese statistisch nicht erfasst werden; bezogen auf die Gesamtindustrie geben aber rund 40% der Einkäufer zu, dass Gegengeschäfte von Fall zu Fall abgeschlossen werden.[66]

3.1.1.2 Konzerneinkauf

Ein Konzern ist nach § 18 AktG von 1965 die Zusammenfassung rechtlich selbständiger Unternehmen unter einheitlicher Leitung; die einzelnen Unternehmen sind Konzernunternehmen.

---

[66] Vgl. Eschenbach, R.: Erfolgspotential Materialwirtschaft, a.a.O., S. 193.

Da das Konzerninteresse Vorrang vor den Partikularinteressen der einzelnen Konzernunternehmen und Gruppen hat, sind die Einkäufer der einzelnen Konzernunternehmen häufig dem Zwang eines Konzerneinkaufs ausgesetzt. Jede Tochter und Mutter hat gegenüber dem Gesamtkonzern die Gewinne und Verluste selbst zu verantworten. Weiterhin beliefert die produzierende Tochter auch dritte Unternehmen und jede abnehmende Tochter kann auch von dritten Unternehmen Materialien beziehen. Durch diesen Interessenkonflikt zwischen beschaffender und beziehender Tochter muss man sich also mit der Frage auseinandersetzen, nach welchen Kriterien der Materialbeschaffung der konzerninterne Anbieter den anderen potentiellen Lieferanten am Markt vorgezogen werden:[67]

Argumente der liefernden Tochter:
- Der Umsatz des Gesamtkonzern steigt.
- Wenn nicht einmal die eigene Tochter die angebotenen Produkte kauft, führt das zu erheblichen Imageverlusten des Gesamtkonzerns.
- Die beliefernde Tochter schwächt den Gesamtkonzern durch Innovationsaustausch mit der Konkurrenz.
- Durch konzerninterne Aufträge bekommt diese auch die damit verbundenen Folgeaufträge (Reserveteile, Reparatur etc.).
- Die abnehmende Tochter wird von den zeit-, kosten- und personalintensiven Aufgaben im Rahmen der Angebotseinholung und Preisfindungen entlastet.

Argumente der abnehmenden Tochter:
- Durch konzerninterne Auftragsvergabe erfolgt zwangsläufig eine Abschottung vom innovativen Beschaffungsmarkt und schädigt so auf lange Sicht den Gesamtkonzern.
- Die geforderten Preise der liefernden Tochter liegen meist unter den regulären Wettbewerbspreisen.
- Bei langfristigen Geschäften verliert der Einkäufer die Übersicht über die aktuellen Marktpreise.
- Der Einkäufer ist demotiviert, da seine Handlungsmöglichkeiten durch reine Bestelltätigkeiten stark eingeschränkt sind.

In der betrieblichen Praxis wird häufig eine Schiedsstelle im Konzern eingerichtet, welche die Aufgabe hat, die Argumente beider Parteien zu berücksichtigen und im Sinne der Tochtergesellschaften und des Gesamtkonzerns zu entscheiden. Es ist aus der Sicht des Gesamtunternehmens nicht gleichgültig, wie die Geschäfte zwischen den einzelnen Konzernunternehmen abgewickelt werden, denn langfristig wird die produzierende Tochter um so effizienter arbeiten, je mehr Wettbewerbsdruck die beziehende Tochter auf die herstellende Tochter im Konzern auszuüben vermag.[68]

3.1.1.3 Stammlieferanten

Innerhalb der Materialwirtschaft muss geprüft werden, ob man den Lieferanten häufig wechselt oder ob man seinen Bedarf ständig bei dem gleichen Lieferanten[69] deckt. Zur

---

[67] Vgl. Arnolds, H./ Heege, F./ Tussing, W.: Materialwirtschaft und Einkauf, a.a.O., S. 298 f.
[68] Vgl. ebd., S. 299.
[69] Dieser Lieferant wird in der Praxis auch als Stamm-, Dauer- oder auch Haus- und Hoflieferant bezeichnet; in den weiteren Ausführungen wird die Bezeichnung Stammlieferant verwendet.

Beurteilung dieser Frage sind die geltenden Vor- und Nachteile in der jeweiligen Sachlage gegeneinander abzuwägen, die nachstehend aufgeführt sind.[70]

Vorteile durch die Zusammenarbeit mit Stammlieferanten:

- Im Rahmen der Kontraktpolitik sind langfristige Preisvereinbarungen möglich.
- Durch Abschluss langfristiger Verträge ist eine langfristige Versorgungssicherung hinsichtlich Menge, Qualität und Termin möglich.
- Die Bestellabwicklungen sind reibungslos, da die Vertragspartner sich kennen.
- Es besteht die Möglichkeit von Gegengeschäften.
- Durch Beteiligung des Stammlieferanten an langfristigen Wertanalyse-, Forschungs- und Entwicklungsprojekten engagiert er sich technisch stärker ⇨ Produktinnovation.

Nachteile durch die Zusammenarbeit mit Stammlieferanten:

- Wenn andere Lieferanten keine Möglichkeit sehen das Unternehmen als Kunde zu gewinnen, nimmt der Wettbewerb unter den Lieferanten ab. Dies kann sich dann negativ auf den Preis, die Produktqualität und den Lieferservice auswirken.
- Die Marktübersicht geht verloren.
- Es kann eine Abhängigkeit vom Stammlieferanten entstehen, durch die der Abnehmer evtl. Preiserhöhungen, Qualitäts- und Lieferserviceverschlechterungen hinnehmen muss.
- Bei Ausfall des Stammlieferanten steht kurzfristig kein Ersatz-Lieferant zur Verfügung.

Um die Vorteile von Stammlieferanten zu nutzen und um den Nachteilen entgegenzuwirken, muss der Einkauf eine intensive Beschaffungsmarktforschung, eine ständige Überprüfung und Erziehung der bevorzugten Lieferanten betreiben.

3.1.2 Lieferantenbeeinflussung

Neben der Auswahl und der Bewertung von Lieferanten gehört zu einer aktiven Lieferantenpolitik auch die Fragestellung einer möglichen Einflussnahme auf den Lieferanten. Die wichtigsten Instrumente einer Beeinflussung sind die Lieferantenwerbung, die Lieferantenpflege und die Lieferantenerziehung.[71] Auf die wichtigsten Instrumente soll im folgenden näher eingegangen werden.

3.1.2.1 Lieferantenwerbung

Die Lieferantenwerbung ist für die Beschaffungsseite des Unternehmens ein wichtiges Kommunikationsinstrument, um z.B. durch die Informationen über den eigenen Bedarf potentielle Lieferanten anzusprechen oder um den Bekanntheitsgrad der eigenen Unternehmung als Nachfrager zu steigern.

Dabei wird dieses Instrument der Lieferantenpolitik vornehmlich bei innovativen Produkten (High-Tech-Produkten), bei Materialknappheit oder bei unübersichtlichen Beschaffungsmärkten eingesetzt. Als Werbemittel kommen Anzeigen, öffentliche Ausschreibungen, Werbebriefe, Lieferantenmessen etc. in Frage.

---

[70] Vgl. Melzer-Ridinger, R.: Materialwirtschaft, a.a.O., S. 64 f.
[71] Vgl. Arnolds, H./ Heege, F./ Tussing, W.: Materialwirtschaft und Einkauf, a.a.O., S. 289 ff.

3.1.2.2 Lieferantenpflege

Der Lieferantenpflege obliegt die Aufgabe für gute Beziehungen zu den **aktuellen Lieferanten** zu sorgen, um auf diese Weise zur Erhaltung des Leistungspotentials der Lieferanten beizutragen. Damit sind folgende **Aufgaben** verbunden:

- Es sollte ein vertrauensvolles Verhältnis zwischen Lieferant und Abnehmer hergestellt werden.
- Die Lieferwilligkeit des Lieferanten erhalten, um so die Materialversorgung insbesondere in Zeiten der Materialverknappung zu sichern.
- Bei Schwierigkeiten akzeptable Lösungen zu finden.
- Dem Anbieter deutlich machen, dass der Abnehmer ein fairer und korrekter Geschäftspartner ist.
- Eine positive Einstellung des Lieferanten gegenüber dem Abnehmer zu erreichen.
- Erreichen, dass der Lieferant Verständnis für die Probleme des Abnehmers zeigt.
- Vorteile gegenüber der Nachfragekonkurrenz erlangen.

Zur Erfüllung dieser Aufgaben bedient man sich der folgenden Mittel:

- Frühzeitiges Informieren des Lieferanten über für ihn wichtige Tatbestände (z.B. Änderung des Fertigungsprogramms etc.).
- Schutz des Lieferanten vor Schäden (z.B. kein unangemessener Termin- / Preisdruck, diskrete Behandlung vertraulicher Informationen, weiterempfehlen, Großzügigkeit bei geringfügigen Fehlern etc.).
- Behandlungsweise und Kontaktpflege (z.B. Sachlichkeit, Höflichkeit und Seriosität bei Vergabeverhandlungen, Einhaltung von Verpflichtungen gegenüber dem Lieferanten, Vermeidung von Wartezeiten etc.).

3.1.2.3 Lieferantenerziehung

Ist die Beschaffungsabteilung mit den Leistungen eines **aktuellen Lieferanten** nicht mehr zufrieden, so wird man diesen nicht immer gleich durch einen anderen ersetzen. Vielmehr sollte man versuchen, mit Hilfe der Lieferantenerziehung auf den Lieferanten in der Weise einzuwirken, dass sein Leistungsniveau wiederhergestellt oder gar erhöht wird.

Maßnahmen mit erzieherischem Charakter können sein:

- **Lob und Tadel:** Anerkennungs-, Dankesschreiben, Verteilung eines Preises / Auszeichnung, Reklamationen etc.
- **Sanktionen und Belohnungen:** Bedarfsmenge bei einem Lieferanten erhöhen / verringern, Vertragsstrafen, Schadensersatz, Prämien, Lieferantenwechsel etc.
- **Appelle und Mitteilungen:** Spezifikationen über Reinheitsgrad, Gewicht, Toleranz, Mahnungen, Erinnerungsschreiben etc.

Die erzieherischen Methoden und deren erfolgreicher Einsatz zur Beeinflussung des Lieferanten sind ein langwieriger Prozess. Meist ist eine Kombination aller Maßnahmen der richtige Weg, um das Leistungsniveau des Lieferanten zu steigern.

3.1.3 Zusammenarbeit mit Lieferanten

Eine durch die Einkaufspraxis angestrebte Verbesserung der gesamten Beschaffungssituation kann durch die enge Zusammenarbeit mit den Lieferanten erreicht werden. Voraussetzungen für diese Verbesserung sind die Lieferantenförderung und die Lieferantenentwicklung.[72]

3.1.3.1 Lieferantenförderung

Unter Lieferantenförderung versteht man die aktive Unterstützung der Lieferanten bei schwierigen betrieblichen Problemen, die der Lieferant alleine nicht bewältigen kann. Voraussetzung hierfür ist eine genaue Kenntnis der Stärken und Schwächen des Lieferanten.

Die konkreten Förderungsmaßnahmen können sich auf die unterschiedlichsten Gebiete erstrecken:

- Im **Absatzbereich** durch größere Bestellmengen als zur Zeit erforderlich, auf zusätzliche Kunden hinweisen sowie Weiterempfehlungen.

- Im **Finanzbereich** durch Vorauszahlung, Darlehensgebung, Bürgschaften, Bereitstellen von Anlagen und pünktlicher Begleichung der Rechnungen.

- Im **Personalbereich** durch Personalschulung, Hilfestellung bei Steuerfragen und Beratung bei hoher Fluktuation.

- Im **Produktionsbereich** durch Beratung hinsichtlich technischer Verfahren und Trends, Rationalisierungsvorschläge, Beratung bei der Auswahl neuer Investitionsgüter sowie Information und Schulung im Qualitätswesen.

- Im **Beschaffungsbereich** durch Hinweis auf günstigere Beschaffungsquellen, aktive Unterstützung bei Vergabeverhandlungen und Bereitstellung von Materialien.

- Im **Forschungs- und Entwicklungsbereich** durch Lieferung von technischem Know-How, Beratung in Patent- und Lizenzfragen sowie durch Beteiligung an Entwicklung und Erprobung.

Diese Möglichkeit der Förderung wird meist bei kleineren Lieferanten eingesetzt, die am ehesten von der Qualifikation und der Erfahrung des Abnehmers profitieren können.

Lieferantenförderung kann weiterhin als wesentlicher Beitrag zur Pflege guter Beziehungen zwischen Anbieter und Abnehmer gesehen werden.

3.1.3.2 Lieferantenentwicklung

Die Lieferantenentwicklung bezieht sich auf den Aufbau eines völlig neuen Lieferanten. Die Gründe für die Entwicklung eines neuen Lieferanten bestehen z.B. darin, dass ein Produkt benötigt wird, das auf dem Markt noch nicht bezogen werden kann, bzw. das kein anderer Lieferant liefern will (Konkurrenzdenken).

---

[72] Vgl. Arnolds, H./ Heege, F./ Tussing, W.: Materialwirtschaft und Einkauf, a.a.O., S. 304 ff.

Der Prozess der Lieferantenentwicklung erfolgt im wesentlichen in vier Phasen:

1. **Die Planungsphase**, die erforderlichen Planungen erstrecken sich auf:
   - die Festlegung des beschaffungspolitischen **Zieles**,
   - die **Suche** nach möglichen Lieferanten aufgrund von z.B. ähnlichen Endprodukten, Produktionsanlagen, qualifizierte Mitarbeiter, technisches Know-How etc.,
   - die grobe Abstimmung möglicher Vor- und Nachteile für Abnehmer und Lieferant,
   - die **Auswahl** des besten Lieferanten nach Technologiekompetenz, Innovationsbereitschaft, Kooperationsbereitschaft, Image, finanziellem Status, Flexibilität hinsichtlich Vertrags- und Preisgestaltung.

2. **Die Kontaktphase**, in welcher der ausgewählten Unternehmung das geplante Projekt im Detail vorgestellt und erläutert wird. Es soll dargestellt werden, dass für jeden der beiden Geschäftspartner Vorteile entstehen werden. In diese Phase fallen auch die Verhandlungen über mögliche Bedarfsmengen und die Gestaltung der Kontraktpolitik.

3. **Die Entwicklungsphase**, in der die eigentliche Entwicklung des Projektes abläuft. Sie kann sich über mehrere Wochen, Monate oder sogar Jahre erstrecken und ist durch eine enge Kooperation und Know-How Sicherungsverträge zwischen beiden Partnern gekennzeichnet. Das Ergebnis dieser Phase ist die Entwicklung eines ersten Modells oder Musters.

4. **Das Stadium geregelter Geschäftsbeziehungen,** welches auch als die Optimierungsphase gesehen werden kann, in der die Pflege und die Erhaltung der Geschäftsbeziehungen im Vordergrund stehen.

Der Aufbau eines neuen Lieferanten ist keine völlig problemlose Angelegenheit. Bevor der Abnehmer viel Zeit und Geld in die Lieferantenentwicklung investiert, sollte er sich über folgende **Risiken** im klaren sein:

- Der Lieferant kann die Anforderungen und die Zielsetzung des Projektes doch nicht erfüllen.
- Das Projekt muss wegen Erfolglosigkeit abgebrochen werden.
- Die gemeinsam erarbeiteten Entwicklungen kommen der Konkurrenz zugute (Know-how-Abfluss).
- Die Gefahr der Verärgerung bereits vorhandener Lieferanten.
- Die Gefahr, dass der Lieferant sein Produktionsprogramm auf das Endprodukt des Abnehmers ausweitet.
- Die Gefahr der Abhängigkeit vom Lieferanten.

3.2 Kontraktpolitik

Im Rahmen der Kontraktpolitik werden die vertraglichen Beziehungen zu den Lieferanten festgelegt. Im industriellen Bereich handelt es sich meistens um längerfristige Verträge mit bestimmten Vertragsklauseln. Das Ziel der Kontraktpolitik besteht darin, die Einkaufsmacht gegenüber Lieferanten zu nutzen und günstige Einstandspreise, geringe

Transaktionskosten und eine langfristige Versorgung zu erzielen. Dabei unterscheidet man zwischen Rahmenverträgen, Abrufverträgen und Sukzessivlieferverträgen.[73]

- **Rahmenverträge** sind langfristige Lieferverträge, die eine genaue Beschreibung der Qualitäts- und Eigenschaftsanforderungen an das zu beschaffende Objekt beinhalten sowie Zahlungs- und Lieferkonditionen fixieren. In der Regel werden keine Vereinbarungen über Preise und konkrete Bestellmengen getroffen, sondern nur eine Absichtserklärung über die Abnahme einer bestimmten Gesamtmenge in der Zukunft.

- **Abrufverträge** sind eine Erweiterung der Rahmenverträge. Hier werden konkrete Abrufmengen für einen bestimmten Zeitraum, meist in Form von Höchst- oder Mindestmengen, festgelegt. Der Abschluss von Abrufverträgen sichert die langfristige Versorgung der Produktion mit Material.

- **Sukzessivlieferverträge** sind eine Erweiterung der Abrufverträge. Hier werden neben der Abrufmenge auch feste Lieferzeitpunkte bestimmt. Diese Form der Verträge bilden die Grundlage für die Realisierung einer einsatzsynchronen Beschaffung, bei der die vereinbarte Liefermenge ohne Zwischenlagerung an die jeweilige Fertigungsstufe geliefert wird.

Bei langfristigen Verträgen wie Abruf- und Sukzessivlieferverträgen werden oft bestimmte Vertragsklauseln vereinbart, um sich gegen starke konjunkturelle oder inflatorische Preisschwankungen abzusichern.

Unbestimmte **Preisvorbehaltsklauseln** wie "freibleibend", "berechnet wird der am Tag der Lieferung gültige Listenpreis etc.", sind für den Einkäufer höchst unbefriedigend, da sich die Position des Lieferanten dadurch wesentlich verbessert. Deshalb sollte man bei einem Vertragsabschluss auf jeden Fall feste Ausgangspreise vereinbaren. Sollte dies nicht möglich sein, so werden sogenannte **Preisgleitklauseln** vereinbart.

Bei der Preisgleitklausel wird die Fixierung des endgültig relevanten Preises von der Entwicklung bestimmter Elemente, wie z.B. Löhnen oder Materialpreisen, abhängig gemacht. Die Erkenntnisse der Beschaffungsmarktforschung und der Preisstrukturanalyse können bei diesen Vertragsinhalten eine wesentliche Hilfe sein.[74] Weitere Formen von Kaufverträgen sind Kaufverträge mit speziellen Gewährleistungsansprüchen für fehlerhafte Lieferungen. Diese Ansprüche sind laut BGB:

- Das Recht auf Wandlung §§ 462, 465, 467 BGB.
- Das Recht auf Minderung §§ 462, 465 BGB.
- Das Recht auf Schadensersatz § 463 BGB.
- Das Recht auf Lieferung mangelfreier Ware und Gattungskauf § 480 BGB.

Voraussetzung für die Geltendmachung dieser Ansprüche ist der Nachweis über das Vorhandensein von Fehlern.

---

[73] Vgl. Melzer-Ridinger, R.: Materialwirtschaft, a.a.O., S. 65 ff.
[74] Vgl. Arnolds, H./ Heege, F./ Tussing, W.: Materialwirtschaft und Einkauf, a.a.O., S. 254 ff.

3.3 Beschaffungsstrategien

Als Beschaffungsstrategien können die Maßnahmen bezeichnet werden, die sich aus der Kombination aller beschaffungspolitischen Instrumente (Beschaffungsmarketing) entwickeln und einsetzen lassen.

3.3.1 Portfolio-Analyse

Der Grundgedanke der Portfolio-Technik stammt ursprünglich aus dem Bankwesen und wurde für den erfolgreichen Aufbau von Wertpapierdepots von Markowitz entwickelt. Hierzu müssen verschiedene Vermögenswerte so kombiniert werden, dass ein gegebenes Kapital (Portefeuille) bei vertretbarem Risiko eine angemessene Rendite bringt.

Eine Übertragung dieser Technik auf den Beschaffungsbereich der Unternehmung hat zum Ziel, Chancen und Risiken, die vom Markt ausgehen, zu erkennen, um dann, im Rahmen eines taktischen **Beschaffungsmarketing**, die entsprechenden Strategien zu entwickeln und in die Realität umzusetzen. Die entsprechenden Strategien sind langfristig angelegt und ergeben oft eine sinnvolle Kombination von beschaffungspolitischen Maßnahmen.

Die **Realisierung** der strategischen Planung mit Hilfe der Portfolio-Technik wird durch bestimmte (idealtypische) Grundschritte beschrieben:

- Analyse der Situation auf den Beschaffungsmärkten und der eigenen Position als Abnehmer.
- Aus der vorangegangenen Analyse die kritischen Einkaufsprodukte und -märkte ermitteln und eine strategische Grundrichtung bestimmen. Man verwendet hierzu eine zweidimensionale Porfolio-Matrix. Auf der einen Achse trägt man das Umweltkriterium und auf der anderen Achse ein Unternehmenskriterium als Schlüsselfaktor auf.
- Für die einzelnen Felder der Portfolio-Matrix versucht man nun eine Zuordnung von Norm- oder Standardstrategien zu entwickeln. Diese sollen als Entscheidungsbasis für Problemelemente, wie z.B. Preis-, Mengen- oder Lieferantenpolitik dienen.
- Ausgehend von den vorherigen Schritten soll nun die Feinplanung und die Ausarbeitung konkreter Aktionspläne beschrieben werden.

Für den Beschaffungsbereich ist vor allem die Feststellung der **relativen Marktmacht** und der **relativen Versorgungssicherheit** bezüglich bestimmter Materialien und Lieferanten entscheidend.

Daher werden im folgenden die beiden wichtigsten beschaffungsorientierten Portfolio-Konzepte, das Markmacht-Portfolio und das Risiko-Portfolio dargestellt und erläutert.

3.3.2 Marktmacht-Portfolio

Das Marktmacht-Portfolio untersucht die Angebotsmacht der oder des Lieferanten und die Nachfragemacht des Abnehmers für die unterschiedlichsten Marktmacht- Konstellationen zur Bestimmung einer strategischen Grundrichtung. Hierzu werden die Merkmale "Stärke des Lieferanten" und "Stärke des Abnehmers" in einer Vier-Felder-Matrix gegenübergestellt.[75]

---

[75] Vgl. Heege, F.: Lieferantenportfolio, Nürnberg 1987, S. 15 ff.

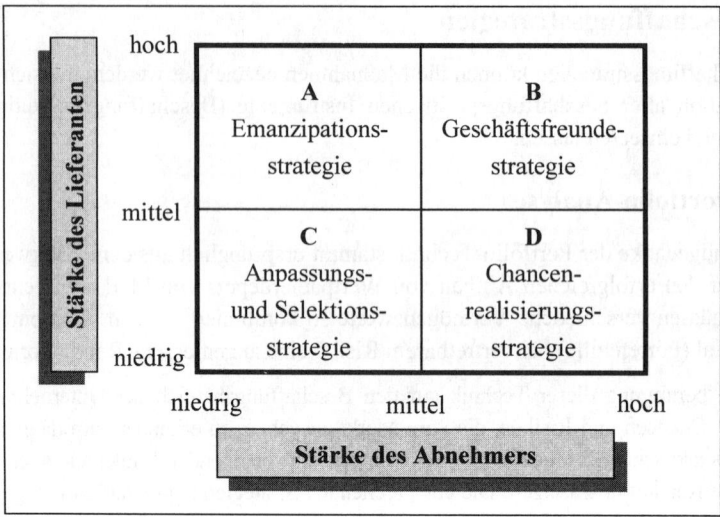

Abb. 22: Marktmacht-Portfolio

Aufgrund der Einordnung der Unternehmung in eines der vier Felder lassen sich die folgenden strategischen Grundrichtungen ableiten:[76]

Feld A: Emanzipationsstrategie

In diesem Feld stehen dem Abnehmer Lieferanten mit einer großen Marktmacht gegenüber. Eine Beeinflussung des Lieferanten mit beschaffungspolitischen Maßnahmen wird infolgedessen der Abnehmer kaum durchsetzen können.

Es empfiehlt sich daher, seine Abhängigkeit von diesem übermächtigen Lieferanten abzubauen oder wenigstens seine eigene Position gegenüber diesem Lieferanten zu stärken (Emanzipation).

Maßnahmen zur Stärkung der eigenen Machtposition können sein:

- Kooperation auf der Beschaffungsseite,
- zentraler Einkauf/Mengenbündelung (im Konzern),
- Einsatz von Normteilen,
- langfristige Verträge,
- hohe eigene Lagerbestände oder Lagerbestände beim Abnehmer.

Maßnahmen, um die Abhängigkeit vom Lieferanten abzubauen, können sein:

- Wertanalyse im eigenen Haus forcieren,
- Substitutionsgüter intensiv suchen,
- Lieferantenförderung und -entwicklung,
- Ausbau bzw. Beginn der Eigenfertigung,
- Suche nach neuen Lieferanten, z.B. Ausland mit einbeziehen.

---

[76] Vgl. Melzer-Ridinger, R.: Materialwirtschaft, a.a.O., S. 84 f. und Heege, F.: Die industrielle Beschaffung im Spiegel von Theorie und Praxis, a.a.O., S.32.

Feld B: Geschäftsfreundestrategie

In diesem Feld stehen sich ein marktmächtiger Abnehmer und ein oder mehrere ebenfalls starke Lieferanten gegenüber. Da keiner der beiden eindeutig dominiert, ist diese "Geschäftsfreundestrategie" im wesentlichen bestimmt durch den Aufbau einer Vertrauensbasis, eine enge persönliche Beziehung, eine partnerschaftliche Zusammenarbeit, einen intensiven Informationsaustausch, gemeinsame Teams und Projektgruppen zur Erarbeitung von Problemlösungen.

Die ausgehandelten Verträge zwischen beiden Parteien streben einen Interessenausgleich hinsichtlich der Erträge, Kosten und Risiken an. Die Geschäftsfreundestrategie entwickelt sich in vielen Fällen zu einem schwierigen Balanceakt zwischen kooperativen und konfliktären Verhaltensweisen und erfordert hohe Geschicklichkeit auf der Seite des Abnehmers.

Feld D: Chancenrealisierungsstrategie

In diesem Feld ist die Position des Abnehmers gegenüber der des Lieferanten sehr stark. (Diese dargestellte Marktsituation ist vornehmlich in der Automobilindustrie vorzufinden.) Bei dieser Strategie geht es dem Abnehmer vor allem darum, seine Marktmacht mit den ihm zur Verfügung stehenden beschaffungspolitischen Maßnahmen voll auszunutzen.

Er wird beispielsweise versuchen, den Wettbewerb zwischen den Lieferanten zu steigern, um durch die Leistungssteigerung einzelner Anbieter seine Chancen zu nutzen (Chancenrealisierungsstrategie). Weitere beschaffungspolitische Maßnahmen sind:
- Lieferantenerziehung,
- eine aktive Preis- und Kontraktpolitik (kurzfristige Verträge, Spotkauf),
- Lagerhaltung, Forschung, Entwicklung, Qualitätssicherung und Wertanalyse auf den Lieferanten überwälzen,
- Eigenfertigung reduzieren bzw. nicht beginnen.

Der Einsatz der zuvor beschrieben Maßnahmen sollte jedoch nicht zum Missbrauch der Nachfragemacht führen. Neben bestimmten gesetzlichen Grenzen (unlauterer Wettbewerb usw.) kann ein zu großer Druck auf den Lieferanten auch zu dessen Gegenwehr führen (z.B. der Zusammenschluss mit mehreren Lieferanten), was sich negativ auf den Unternehmenserfolg auswirken würde.

Feld C: Anpassungs- und Selektionsstrategie

In diesem Feld stehen sich relativ unbedeutende Marktpartner gegenüber. Der Abnehmer wird die Auswahl des leistungsfähigsten Lieferanten hinsichtlich Preis, Qualität und sonstiger Bedingungen gestalten und versuchen, sich an die jeweiligen Marktverhältnisse anzupassen.

Die Geschäftsbeziehungen zwischen den Marktpartnern sind sehr unpersönlich und da keiner der beiden über einen nennenswerten Verhandlungsspielraum verfügt, finden Vergabeverhandlungen nur im geringen Umfang statt.

3.3.3 Risiko-Portfolio

Beim Risiko-Portfolio werden die beiden Merkmale "Anfälligkeit gegenüber Versorgungsstörungen" und "Versorgungsrisiko" gegenübergestellt und analysiert (vgl. Abb.

23). Durch dieses Modell ist es für den Abnehmer möglich, die relative Versorgungssicherheit des Unternehmens festzustellen und bei auftretenden Versorgungsstörungen eine geeignete Strategie anzuwenden.

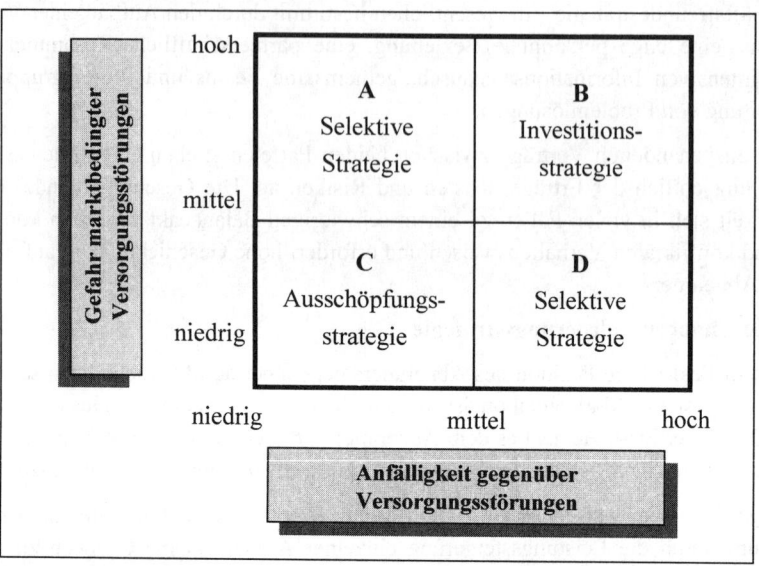

Abb. 23: Risiko-Portfolio

Kriterien für die Bewertung der Gefahr marktbedingter Versorgungsstörungen sind:[77]
- das Ausmaß der Abhängigkeit vom Ausland (politisch bedingte Angebotsverknappung),
- die Zuverlässigkeit der ausgewählten Lieferanten,
- langfristig physische Verfügbarkeit der Rohstoffe im Vergleich zur Nachfrage,
- die Gefahr künstlich erzeugter Angebotsverknappung,
- die Störanfälligkeit des Transportweges.

Die Kriterien für die Bewertung der Anfälligkeit gegenüber Versorgungsstörungen sind die Möglichkeit der Substitution von Material, Lieferanten sowie die Flexibilität der Fertigungstechnologien.

Aufgrund der Einordnung der Unternehmung in eines der vier Felder lassen sich die folgenden Strategien und Maßnahmen ableiten:

Feld B: Investitionsstrategie

Dieses Feld ist gekennzeichnet durch Rohstoffe mit einem hohen Versorgungsrisiko, dem das Unternehmen nur schwerlich ausweichen kann und die auch als "**Schlüsselprodukte**" bezeichnet werden. Als mögliche Strategien stehen dem Unternehmen Maßnahmen im Rahmen der Kontraktpolitik, der Lieferantenpolitik und der Marktstrukturpolitik, sowie innerbetriebliche Möglichkeiten zur Verfügung:

- Bei der **Kontraktpolitik** sollte das Unternehmen langfristige Verträge, Exklusivverträge und Gegengeschäfte bzw. Kompensationsgeschäfte anstreben.

---

[77] Vgl. Heege, F.: Die industrielle Beschaffung im Spiegel von Theorie und Praxis, a.a.O., S. 61 ff.

- Die **Lieferantenpolitik** bietet Möglichkeiten der Lieferantenpflege, das Prinzip der Stammlieferantenschaft, local bzw. national buying, Großunternehmen als Lieferanten und Direktbezug beim Hersteller.
- Im Rahmen der **Marktstrukturpolitik** sollte das Unternehmen die Entwicklung neuer Versorgungsquellen, die Beteiligung an der Rohstoffsuche, die Förderung kleinerer Lieferanten und den Erwerb von Beteiligungen an Bergwerken, Minen usw., anstreben.
- Bei **innerbetrieblichen Maßnahmen** kann durch die Nutzung von Rückgewinnungsmöglichkeiten, das Ausweichen auf Substitutionsgüter, der Übergang zur Eigenfertigung und die Einführung flexibler Fertigungstechnologien das Versorgungsrisiko minimiert werden.

Feld C: Abschöpfungsstrategie

In dieses Feld werden sogenannte "**Hebelprodukte**" eingeordnet, die mit einem relativ geringen Versorgungsrisiko auf dem Markt verbunden sind und dem Unternehmen gute Möglichkeiten zur Verbesserung des Unternehmenserfolges bieten. Die wesentlichen Maßnahmen innerhalb dieser Strategie sind vor allen Dingen die intensive Suche nach leistungsfähigen Lieferanten, qualifizierte Angebotsvergleiche und gut vorbereitete Vergabeverhandlungen.

Feld A und D: Selektive Strategie

Bei einer Einordnung der Rohstoffe in eines dieser Felder ist eine Strategie ähnlich der "Abschöpfungsstrategie" anzustreben. Das Unternehmen wird also versuchen, leistungsfähige Lieferanten mit günstigen Preisen zu finden, um die Kosten der Beschaffung zu minimieren und die Bereitstellung dieser Rohstoffe zu garantieren. Durch die Einführung von Frühwarnsystemen (z.B. für Feld D: Ausweichen auf andere Lieferanten) kann sich das Unternehmen gegen das Eintreten möglicher Versorgungsstörungen schützen und Alternativmaßnahmen einleiten.

3.3.4 Die Lern- und Erfahrungskurve

Ein wichtiges Instrument der Einkäufer ist der Einsatz der Erfahrungskurve in der Preisverhandlung.

Die **Erfahrungskurve** besagt, dass die Kosten für sich ständig wiederholende Aufgaben sinken, wenn die Erfahrungen der Mitarbeiter bei den Ausführungen dieser Arbeiten zunehmen. Nach systematischen Untersuchungen wurde festgestellt, dass mit jeder Verdoppelung der Produktionsmenge die Stückkosten eines Produktes um 20 bis 30% zurückgehen. Die Verdoppelung und damit der Kostenrückgang treten um so schneller ein, je höher die Wachstumskurve eines Produktes steigt.

Haupteinflussfaktoren sind: **Lerneffekt, Spezialisierungseffekt, Investitionseffekt, Betriebsgrößeneffekt.**

Die Effekte der Erfahrungskurve stellen sich nicht automatisch ein. Die Unternehmensleitung und die Führungskräfte müssen ständig daran arbeiten, dass mit steigender Ausbringungsmenge laufend Verbesserungen zur Kostensenkung in allen Bereichen des Unternehmens vorgenommen werden.

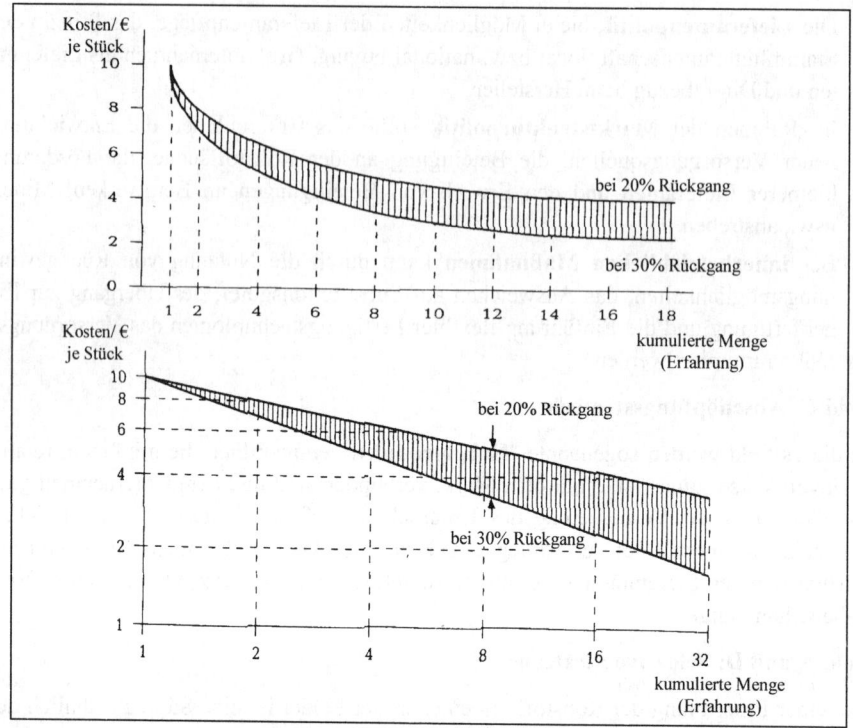

Abb. 24: Kosten-Erfahrungskurve bei linear bzw. logarithmisch eingeteilten Ordinaten

Erfahrungskurveneffekte machen es möglich, nicht nur strategische Problemsituationen besser zu erkennen und zu analysieren. Sie erlauben es außerdem, auf eine systematische Art und Weise fundierte strategische Alternativen zu erarbeiten. Ebenso lassen sich wichtige Wechselbeziehungen zwischen strategischen und operativen Planungsproblemen identifizieren, wie:

- Prognosen über die langfristige Entwicklung von Kosten und Preisen,
- das Abschätzen der potentiellen Kostensituation der Wettbewerber und Lieferanten anhand ihrer Mengen und Marktanteile;

Je höher die kumulierten Mengen oder die Marktanteile werden

- um so niedriger sind die potentiellen Kosten und um so höher die relativen Ertragspotentiale,
- die annäherungsweise Quantifizierung des Einflusses von Marktveränderungen auf die Veränderungen dieser Kostenrelation und der Ertragspotentiale zwischen den Wettbewerbern,
- die eindeutige Beurteilung der strategischen Ausgangspunkte in Bezug auf die für Erfolg und Misserfolg maßgebenden Faktoren,
- die Ermittlung von differenzierten Rationalisierungsnotwendigkeiten in Abhängigkeit der Produktionswachstumsrate.

Die Möglichkeiten der Kostenreduzierung mit Hilfe der Erfahrungskurve können auch bei der Verhandlungsführung beim Gespräch mit den Lieferanten genutzt werden, wenn sich eine entsprechende Volumenentwicklung in der Vergangenheit ergeben hat oder durch die Vergabe des anstehenden Auftrages ergibt.

4 Materialdisposition

Unter Materialdisposition sind alle Tätigkeiten zu verstehen, die notwendig sind, um die Unternehmung mit den erforderlichen Roh-, Hilfs-, und Betriebsstoffen oder Handelswaren nach Art und Menge termingerecht unter Beachtung der Kosten zu versorgen. Dabei ist es die Aufgabe der Materialdisposition, einen optimalen Kompromiss zwischen[78]

- der Sicherheit der Versorgung zu günstigen Preisen und Konditionen und
- geringen Beständen und damit geringen Kapitalbindungskosten und hoher Liquidität

zu finden. Die wichtigsten Teilbereiche der Materialdisposition sind die **Bedarfsplanung**, **Bestandsplanung** und die **Beschaffungsplanung**.

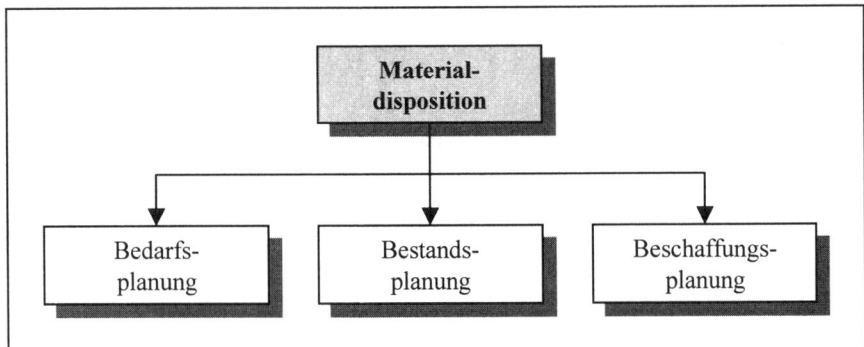

Abb. 25: Teilbereiche der Materialdisposition

4.1 Bedarfsplanung

Als Bedarfsplanung bezeichnet man die vorausschauende Ermittlung des benötigten Bedarfs an Materialien oder Handelswaren für einen bestimmten Planungszeitraum (z.B. für ein Quartal).

Die Bedarfsplanung richtet sich nach dem Produktionsplan, wobei dessen Grundlage der Absatzplan ist. Weitere Einflussfaktoren sind Kundenaufträge und Prognosen. Diesen Zusammenhang veranschaulicht die folgende Abbildung:

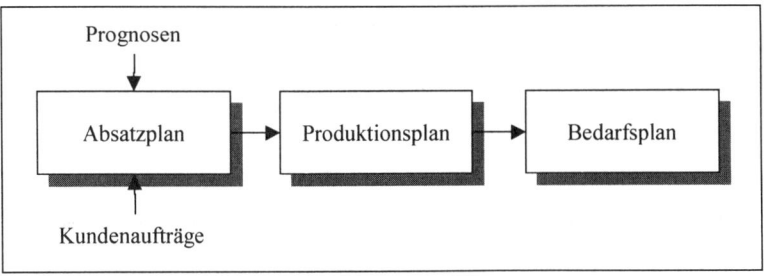

Abb. 26: Voraussetzungen zur Erstellung eines Bedarfsplanes

---

[78] Vgl. Eschenbach, R.: Erfolgspotential Materialwirtschaft, a.a.O., S. 164 f.

Die Bedarfsermittlung gibt demnach Auskunft über die Art und Menge der Beschaffungsobjekte, die innerhalb einer bestimmten Zeit benötigt werden. Bei der Ermittlung des Bedarfs sind folgende Bedarfsarten zu unterscheiden:[79]

- **Primärbedarf** ist der Bedarf an Erzeugnissen und Ersatzteilen, die für den Absatz bestimmt sind. Er kann fremdbezogen oder eigengefertigt sein, beispielsweise eine bestimmte Menge fertiggestellter Personenkraftwagen.

- **Sekundärbedarf** ist die Menge an Materialien, Rohstoffen und Baugruppen, die zur Erzeugung des Primärbedarfs benötigt wird. Grundlage für die Ermittlung sind sogenannte Stücklisten. Der Sekundärbedarf bei Personenkraftwagen ist beispielsweise der Bedarf an Rädern, Türen oder Sitzbänken.

- **Tertiärbedarf** ist der Bedarf an Hilfs- und Betriebsstoffen sowie an Verschleißwerkzeugen zur Aufrechterhaltung der Produktion.

Einen weiteren wichtigen Dispositionsaspekt stellt der **Brutto- und Nettobedarf** dar, der sich wie folgt berechnen lässt:

```
    Sekundärbedarf
+   Zusatzbedarf
─────────────────
=   Bruttobedarf
-   Lagerbestände
-   Bestellbestände
+   Vormerkbestände
─────────────────
=   Nettobedarf
```

Als **Zusatzbedarf** ist der ungeplante Bedarf gemeint. Er kann entstehen durch:

- Mehrbedarf für Wartung und Reparatur,

- Bedarf zur Abdeckung von Fertigungsausschuss.

Unter **Vormerkbeständen** können die Erzeugnisse verstanden werden, die schon für andere Aufträge reserviert sind und das Lager in Kürze verlassen werden.

Der **Nettobedarf** ist letztendlich der Beschaffungsbedarf für die Materialien, deren Bedarf programmorientiert ermittelt wird. Durch die Ermittlung des Nettobedarfs erfolgt bereits ein Vorgriff auf die Bestands- und die Beschaffungsplanung.[80]

Zur Ermittlung des notwendigen Bedarfs unterscheidet man grundsätzlich drei Vorgehensweisen:[81]

- die **programmgesteuerte (deterministische)**,

- die **verbrauchsgesteuerte (stochastische)** und

- die **durch Schätzung** vorgenommene **Bedarfsermittlung**.

In der Praxis werden meist alle drei Methoden nebeneinander oder kombiniert verwendet.

---

[79] Vgl. Hartmann, H.: Materialwirtschaft, a.a.O., S. 179 ff.
[80] Vgl. Oeldorf, G./ Olfert, K.: Materialwirtschaft, a.a.O., S. 131.
[81] Vgl. Eschenbach, R.: Erfolgspotential Materialwirtschaft, a.a.O., S. 166.

4.1.1 Programmorientierte Bedarfsermittlung

Die programmorientierte oder **deterministische Bedarfsermittlung** besteht nach REFA in "einer exakten Bestimmung des Materialbedarfs nach Menge und Termin. Sie dient in erster Linie der Ermittlung des Sekundärbedarfs bei bekanntem Primärbedarf".[82]

Die programmorientierte Prognose errechnet den zukünftigen Materialbedarf aus Absatz- und Produktionsplänen, indem das herzustellende Produkt in seine Einzelteile zerlegt wird.[83] Da die Produktionspläne auf der Grundlage der Absatzpläne erstellt werden, lässt sich der Bedarf bei vorliegenden Kundenaufträgen relativ leicht ermitteln. Probleme treten erst dann auf, wenn nicht genügend Kundenaufträge für eine Planungsperiode vorliegen.

In diesem Fall müssen die zukünftigen Absatzmengen geschätzt werden. Dies verdeutlicht, dass genaue Absatzprognosen für die anschließenden Dispositionsaufgaben von ausschlaggebender Bedeutung sind, weil diese nur mit dem Genauigkeitsgrad erfüllt werden können, der mit der Primärbedarfsfeststellung erreicht wird.

Zweckmäßigerweise gliedert man den Absatz- und den Produktionsplan in kurzfristige Teilplanungsperioden auf (z.B. Wochen oder Monate). Aufgrund der unsicheren Prognosen der zukünftigen Absatzmöglichkeiten empfiehlt sich die Anwendung des Prinzips der **rollenden Planung**. Bei diesem Prinzip wird der Planungshorizont jeweils um eine Teilplanungsperiode weitergerollt, wie folgendes Beispiel mit einem festen Planungszeitraum von einem Jahr und monatlicher Periodeneinteilung veranschaulicht.

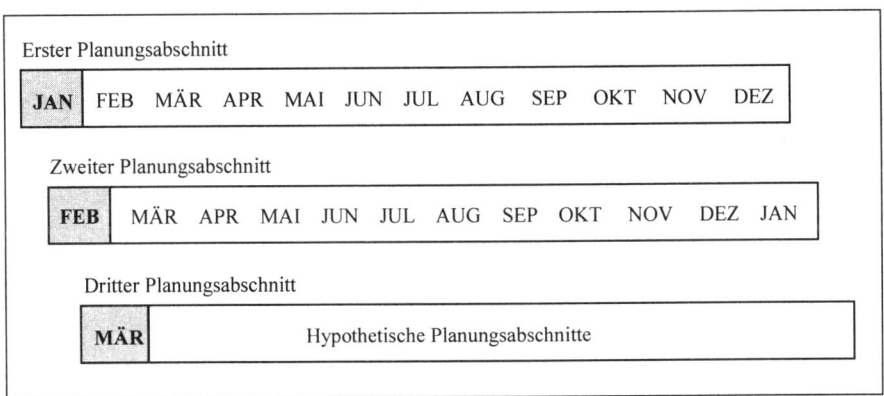

Abb. 27: Das Prinzip der rollenden Planung[84]

Bei dieser Planungstechnik stehen lediglich die Prognosen der jeweils ersten Perioden fest, während die nachfolgenden Planungsabschnitte nur hypothetischen Charakter haben, da sie durch die Fortschreibung des Zyklus einer ständigen Korrektur unterliegt.

Der **Nachteil** der deterministischen Bedarfsauflösung liegt darin, dass sie mit einem sehr hohen Rechenaufwand verbunden ist, der meist nur mit Hilfe von EDV-Anlagen bewältigt werden kann. Weiterhin ist der Vorbereitungsaufwand zur Durchführung einer

---

[82] Vgl. Refa: Methodenlehre der Planung und Steuerung, a.a.O., S. 54.
[83] Dieser Vorgang wird als "Bedarfsauflösung" bezeichnet.
[84] Vgl. Arnolds, H./ Heege, F./ Tussing, W.: Materialwirtschaft und Einkauf, a.a.O., S. 81.

deterministischen Bedarfsauflösung wesentlich höher als bei einer reinen Bedarfsvorhersage. Demgegenüber steht der **Vorteil**, dass diese Form der Bedarfsermittlung sehr genaue Daten liefert, so dass mit niedrigen Sicherheitsbeständen, genauen Bestellterminen und Bestellmengen gearbeitet werden kann. Aufgrund des hohen Aufwandes lohnt sich der Einsatz dieses Verfahrens in der Praxis vor allem zur Bedarfsplanung der A-Materialien, in Ausnahmefällen kann es aber auch für B- oder C-Materialien verwendet werden.[85]

Produktionsprogramm und Informationen über Lagerbestände, Produktionskapazitäten und Terminanforderungen bilden die Grundlage für die Ermittlung des Sekundärbedarfs an eigengefertigten oder fremdbezogenen Materialien. Voraussetzung für die Ermittlung sind Zeichnungen und Arbeitspläne sowie Stücklisten oder Teileverwendungsnachweise. Da für die Anwendung deterministischer Methoden der Bedarfsermittlung als spezielle Unterlagen hauptsächlich Stücklisten erforderlich sind, sollen diese im nächsten Abschnitt erläutert werden.

4.1.1.1 Stücklistenorganisation

Stücklisten gehören neben Zeichnungen und Arbeitsplänen in Fertigungsbetrieben zu den wichtigsten allgemeinen Datenträgern und lassen sich aus den vorhandenen Zeichnungen ableiten.

Nach Refa enthält die Stückliste "die Menge aller Gruppen, Teile und Rohstoffe, die für die Fertigung einer Einheit des Erzeugnisses oder einer Gruppe erforderlich sind. Darüber hinaus kann sie weitere Stammdaten sowie Strukturdaten der Erzeugnisse, Gruppen und Teile enthalten."[86]

Für die Zwecke der Materialdisposition werden **drei Stücklistenarten** unterschieden:[87]

(1) Mengenübersichtsstückliste oder kurz Mengenstückliste, sie stellt die einfachste Form der Stückliste dar. Sie gibt Auskunft über die Mengen an Rohstoffen, Einzelteilen und Baugruppen, die für die Fertigung eines Enderzeugnisses benötigt werden. Aus ihr ist nicht ersichtlich, wie die verschiedenen Baugruppen und Einzelteile in das Enderzeugnis eingehen.

Erzeugnis F		
Teil-Nr.	Ident.-Nr.	Menge
1	A	2
2	B	5
3	a	24
4	b	6
5	c	25

Abb. 28: Mengenübersichtsstückliste zum Erzeugnis F

Der **Vorteil** einer Mengenstückliste liegt in der Übersichtlichkeit und in ihrer einfachen Verwendung. Der Sekundärbedarf an Materialien lässt sich durch einfache Multiplikati-

---
[85] Vgl. Hartmann, H.: Materialwirtschaft, a.a.O., S. 189.
[86] Refa: Methodenlehre der Planung und Steuerung, Teil 1, a.a.O., S. 261.
[87] Vgl. Arnolds, H./ Heege, F./ Tussing, W.: Materialwirtschaft und Einkauf, a.a.O., S. 82 ff.

on des Bedarfs an Enderzeugnissen mit der im Erzeugnis enthaltenen Baugruppen oder Einzelteilen ermitteln.

> Sekundärbedarf = Bedarf an Enderzeugnissen • Bestandteile des jeweiligen Erzeugnisses

Beispiel 2:

Wenn pro Periode 1000 Erzeugnisse zu fertigen sind, ergibt sich ein Sekundärbedarf von:

A : 2 • 1000 = 2000 Stück
B : 5 • 1000 = 5000 Stück
a : 25 • 1000 = 25000 Stück usw.

Diese Art der Bedarfsermittlung ist vorwiegend für einfache Erzeugnisse mit nur wenigen oder einer Fertigungsstufe anzuwenden.

(2) Die **Strukturstückliste** wird bei mehrstufiger Fertigung verwendet und enthält wie die Mengenstückliste eine Aufstellung aller Produktbestandteile. Sie weist zusätzlich durch Angabe der jeweiligen Fertigungsstufe den strukturellen Aufbau des Endprodukts nach. Nachstehend soll der Aufbau einer Erzeugnisstrukturliste (vgl. Abb. 28) anhand eines Erzeugnisstrukturbaums (vgl. Abb. 29) dargestellt werden.

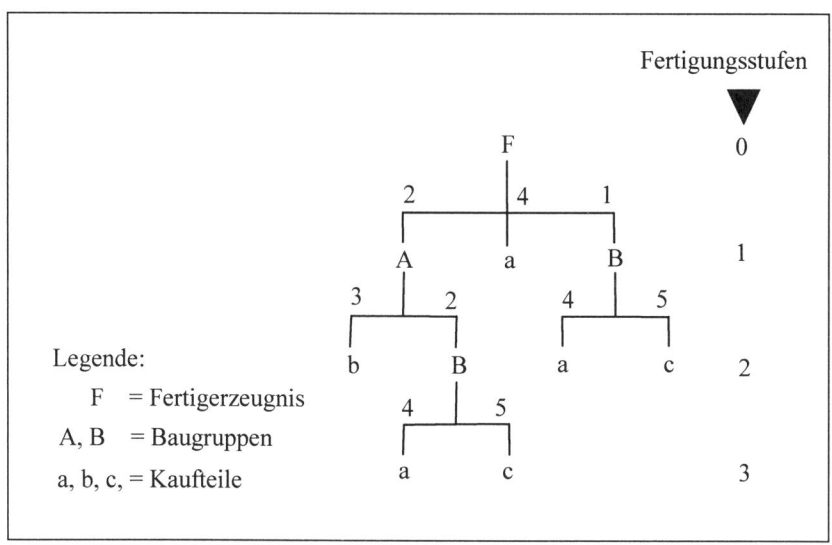

Abb. 29: Beispiel eines Erzeugnisstrukturbaums[88]

Der Erzeugnisstrukturbaum lässt erkennen, dass sich das Fertigerzeugnis aus zwei Stück Baugruppe A, einem Stück Baugruppe B und vier Stück Kaufteil a zusammensetzt. Die Baugruppe A wiederum besteht aus drei Stück Kaufteilen b und zwei Stück Baugruppe B etc.

Der Aufbau einer Strukturstückliste lässt sich nach Abb. 29 wie folgt darstellen.

---

[88] Vgl. Arnolds, H./ Heege, F./ Tussing, W.: Materialwirtschaft und Einkauf, a.a.O., S. 83.

Fertigungsstufe	Teile-Nr.	Menge
1	A	2
2	b	3
2	B	2
3	a	4
3	c	5
1	a	4
1	B	1
2	a	4
2	c	5

Abb. 30: Aufbau einer Strukturstückliste[89]

Bei der Verwendung von Strukturstücklisten lässt sich der Gesamtzusammenhang des Erzeugnisses gut erkennen, ohne dass zusätzliche Stücklisten eingesehen werden müssen. Nachteilig ist zu sehen, dass wenn mehrfach verwendete Baugruppen mit allen Einzelteilen wiederholt in der Stückliste erscheinen, diese rasch unübersichtlich wird (Stücklistenexplosion).

(3) Baukastenstückliste, sie vermeidet den Nachteil der Strukturstückliste, die schnell unübersichtlich und aufwendig wird, indem sie für jede einzelne Fertigungsstufe erstellt wird (einstufige Stückliste). Sie enthält nur diejenigen Teile oder Baugruppen, die in eine übergeordnete Einheit (Baugruppe, Enderzeugnis) eingehen und macht daher erkennbar, in welcher Fertigungsstufe ein bestimmtes Teil benötigt wird. Ein weiterer Vorteil dieser Organisation besteht darin, dass die Zusammensetzung von Wiederholbaugruppen nur einmal nachgewiesen werden muss, was die Übersichtlichkeit sowie den Änderungsdienst erheblich vereinfacht. Eine Baukastenstückliste des Fertigerzeugnisses F lässt sich wie folgt darstellen.

Teil-Nr.	F	Menge
1.	A	2
2.	B	1
3.	a	4

Abb. 31: Baugruppe F

Teil-Nr.	A	Menge
1.	B	2
2.	b	3

Abb. 32: Baugruppe A

Teil-Nr.	B	Menge
1.	a	4
2.	c	5

Abb. 33: Baugruppe B

---

[89] Vgl. Arnolds, H./ Heege, F./ Tussing, W.: Materialwirtschaft und Einkauf, a.a.O., S. 84.

4.1.1.2 Stücklistenauflösung

Die programmorientierte Bedarfsermittlung erfolgt mit Hilfe deterministischer Methoden. Es werden zwei verschiedene Bedarfsauflösemethoden unterscheiden:
- das analytische Verfahren,
- das synthetischen Verfahren.

(1) Analytische Bedarfsauflösung

Zur Ermittlung des Nettobedarfs werden die **Baukastenstücklisten** und die **Strukturstücklisten** herangezogen. Die Mengenstücklisten finden bei diesem Verfahren keine Verwendung, da sie nicht nach strukturellen Merkmalen aufgebaut sind, sondern lediglich einen Mengenüberblick vermitteln. Die Methoden analytischer Bedarfsauflösung sind:

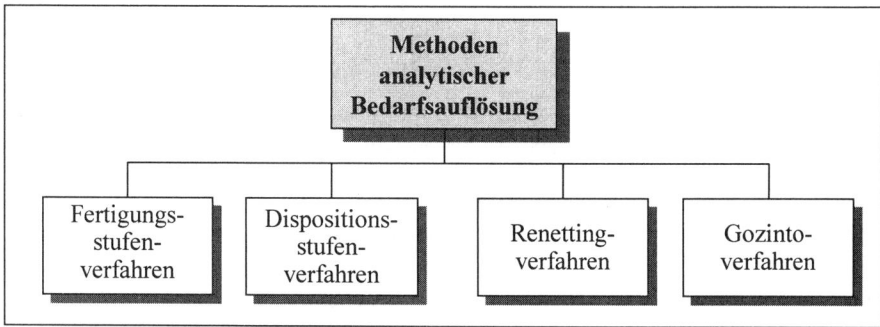

Abb. 34: Methoden analytischer Bedarfsauflösungen

(a) Fertigungsstufenverfahren

Grundlage des Fertigungsstufenverfahren ist die nach Fertigungsstufen gegliederte Baukasten- bzw. Strukturstückliste. Die Stücklistenauflösung geht von der zeitlichen Reihenfolge des Zusammenbaus aus, indem die Montage des Endproduktes die Fertigungsstufe Null bekommt, eine Baugruppe die Fertigungsstufe Eins etc. Auf diese Weise kann der Gesamtbedarf aller Bau- und Einzelteile für jede einzelne Fertigungsstufe berechnet werden. Es ist jedoch zu berücksichtigen, dass dieses Verfahren in der Praxis nur dann Anwendung findet, wenn keine Mehrfachteile vorhanden sind, d.h. wenn in den Enderzeugnissen keine Teile enthalten sind, die auf verschiedenen Stufen mehrfach vorkommen. In diesem Fall muss auf eine andere Methode der Bedarfsauflösung, wie z.B. das Dispositionsstufenverfahren, zurückgegriffen werden.[90]

(b) Dispositionsstufenverfahren

Grundlage dieses Verfahrens ist eine nach Dispositionsstufen gegliederte Strukturstückliste. Unter einer Dispositionsstufe ist die unterste Fertigungsstufe zu verstehen, in der ein Teil im Fertigungsablauf erstmals benötigt wird. Damit jedes Teil nur einmal aufgelöst werden muss, werden bei diesem Verfahren alle Teile auf die unterste Verwendungsstufe heruntergezogen. Ein Erzeugnisstrukturbaum nach Dispositionsstufen kann demnach wie folgt aussehen:

---

[90] Vgl. Budde, R.: Wirtschaftliche Disposition, a.a.O., S. 48 ff.

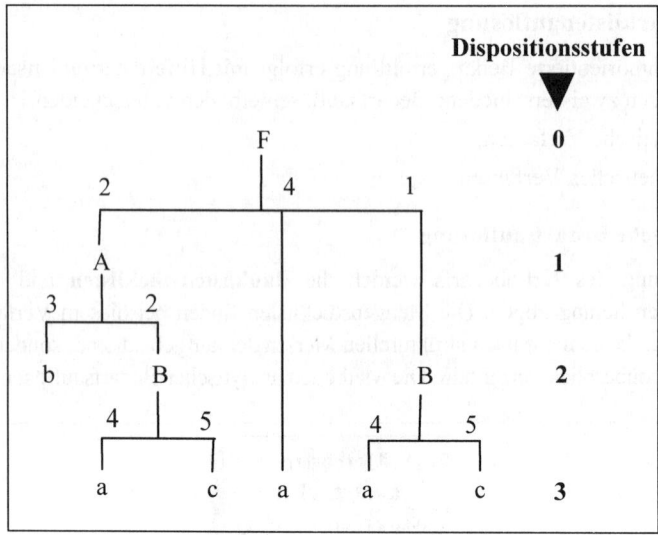

Abb. 35: Erzeugnisstrukturbaum nach Dispositionsstufen[91]

Das Dispositionsstufenverfahren ist das heute am weitesten verbreitete Auflösungsverfahren in der betrieblichen Praxis. Es ermöglicht eine termingerechte Bedarfszuordnung, die sich an den Erfordernissen der Fertigung orientiert. Durch diese Vorgehensweise müssen mehrfach verwendete Bau- und Einzelteile nur einmal aufgelöst werden und der Gesamtbedarf kann an einer Stelle errechnet werden.[92]

Auf das Renetting- und das Gozinto-Verfahren soll hier nicht näher eingegangen werden, da diese in der betrieblichen Praxis keine wesentliche Bedeutung haben.

(2) Synthetische Bedarfsauflösung

Die synthetische Bedarfsauflösung baut nicht auf den Erzeugnissen, sondern auf den Teileverwendungsnachweisen auf.[93] Die **Teileverwendungsnachweise** stellen dar, welches Teil in welchen Erzeugnissen wie oft vorkommt. Hierbei kann man analog den Stücklisten zwischen Struktur-, Mengenübersichts- und Baukasten-Teileverwendungsnachweisen unterscheiden.

Diese Nachweise stellen gewissermaßen Stücklisten mit umgekehrten Ordnungskriterien dar. Je nach Verwendungsnachweis wird geprüft, ob das betrachtete Teil direkt im Erzeugnis oder in Baugruppen vorkommt. Wird dieses Verfahren für alle Stufen durchgeführt und anschließend mit der Zahl der Fertigerzeugnisse multipliziert, so ergibt sich der Sekundärbedarf.

Mit der Stücklistenauflösung erhält man lediglich den Sekundärbedarf, der sich durch Multiplikation des Primärbedarfs mit den Mengenangaben der Erzeugnisbestandteile aus den Stücklisten ergibt. Ein genaue Materialdisposition ist aber erst durch die Ermittlung des Nettobedarfs möglich (vgl. 4.1 Bedarfsplanung).

---

[91] Vgl. Arnolds, H./ Heege, F./ Tussing, W.: Materialwirtschaft und Einkauf, a.a.O., S. 89.
[92] Vgl. Budde, R.: Wirtschaftliche Disposition, a.a.O., S. 53.
[93] Vgl. Hartmann, H.: Materialwirtschaft, a.a.O., S. 207 ff.

4.1.2 Verbrauchsorientierte Bedarfsermittlung

Während die programmorientierte Bedarfsermittlung von zukunftsbezogenen Plandaten ausgeht, wird bei der verbrauchsorientierten (**stochastische**) Bedarfsermittlung durch Verbrauchswerte aus der Vergangenheit mit Hilfe mathematisch-statistischer Methoden auf den zukünftigen Bedarf geschlossen. Dieses unkomplizierte Verfahren wird hauptsächlich für Güter des Tertiärbedarfes und C-Materialien eingesetzt. Bezüglich ihrer Vorhersagegenauigkeit ist die stochastische der deterministischen Bedarfsermittlung (vorliegende Kundenaufträge) unterlegen, dadurch ist es notwendig das erhöhte Fehlmengenrisiko durch hohe Sicherheitsbestände zu reduzieren. Die Anwendung dieses Verfahrens ist nur dann zweckmäßig, wenn eine gewisse Kontinuität des Bedarfs über längere Zeiträume hinweg beobachtet werden kann. Insgesamt lassen sich fünf verschiedene **Bedarfsverläufe** unterscheiden:[94]

- **konstanter Verlauf**: Der Bedarf ist langfristig konstant, es ergeben sich nur kurzfristige und geringfügige Schwankungen um einen Durchschnittswert.
- **trendbeeinflusster Verlauf**: Der Bedarf steigt oder fällt stetig über einen längeren Zeitraum hinweg.
- **saisonabhängiger Verlauf**: Der Bedarf ist abhängig von der Jahreszeit.
- **unregelmäßiger Verlauf**: Keine Gesetzmäßigkeit im Bedarf erkennbar.
- **unstetiger Verlauf**: Durch Einflüsse wirtschaftspolitischer Maßnahmen.

Die Statistik stellt für die Gesetzmäßigkeiten des Verbrauchs, der in die Zukunft extrapoliert wird, eine Vielfalt von Verfahren bereit. In der Praxis beschränkt man sich im wesentlichen auf folgende statistische Verfahren:[95]

- Die Verfahren der Bildung **gleitender Mittelwerte** mit und ohne Gewichtung und
- die Verfahren der **exponentiellen Glättung** erster und zweiter Ordnung.

Die Verfahren der gleitenden Mittelwerte werden bei Zeitreihen gewählt, die partielle Unregelmäßigkeiten, im übrigen aber konstante Verbrauchsverhältnisse aufweisen. Wegen der relativ aufwendigen Berechnungsweise werden sie in der Praxis wenig angewandt.

4.1.2.1 Exponentielle Glättung erster Ordnung

Die expotentielle Glättung erster Ordnung wurde von Brown (1952) entwickelt und wird heute in der Praxis fast ausschließlich mit einschlägigen Software-Paketen durchgeführt. Sie findet bei den gleichen Zeitreihen Anwendung wie bei den Verfahren der gleitenden Mittelwerte, weist aber gegenüber diesen erhebliche Vorteile auf.

Grundgedanke dieses Prognoseverfahrens ist die ständige Fortschreibung des Mittelwertes im Zeitablauf, wobei durch die Wahl eines Gewichtungsfaktors (α), Alphafaktor oder Glättungskonstante, der Einfluss der angefallenen "jüngsten" Verbrauchswerte vom Disponenten festgelegt wird. Der Gewichtungsfaktor α wird in der Regel zwischen 0,1 und 0,3 gewählt. Je größer α gewählt wird, desto stärker liegt das Gewicht auf der neuesten Tatsache. Es reagiert beispielsweise schneller bei auftretenden Strukturbrüchen oder Knicken in einer Zeitreihe, bringt aber auch rein zufällige Schwankungen weniger

---

[94] Vgl. Eschenbach, R.: Erfolgspotential Materialwirtschaft, a.a.O., S. 168.
[95] Vgl. Berg, C.: Materialwirtschaft, a.a.O., S. 73.

zum Ausgleich. Bei einem kleinen Alphafaktor ist das System eher träge oder stabil, d.h. Zufallsabweichungen werden stark geglättet und strukturelle Veränderungen erst spät erkannt.[96]

Die Formel für die Berechnung des künftigen Periodenbedarfs mit Hilfe der exponentiellen Glättung erster Ordnung lautet:

$$V_n = V_a + \alpha \cdot (T_i - V_a)$$

V_n = Neue Vorhersage
V_a = Alte Vorhersage
T_i = Tatsächlicher Bedarf der abgelaufenen Periode
α = Glättungsfaktor

Beispiel 3:

Alter Vorhersagewert für Woche 31 = 150
Tatsächlicher Bedarf der Woche 31 = 180

Glättungsfaktor α = 0,3

Vorhersage für Woche (32) = 150 + 0,3 (180-150) = 159

Beträgt der tatsächliche Bedarf der Woche 32 z.B. 139, dann lautet die nächste Vorhersage:

Vorhersage für Woche (33) = 159 + 0,3 (139-159) = 153 etc.

Der Klammerausdruck ist die Differenz zwischen tatsächlichem und geschätztem Bedarf einer Periode, aus der das System je nach Größe des α Faktors mehr oder weniger lernt. Diese auftretenden Prognosefehler spielen eine wesentliche Rolle bei der Festlegung der Sicherheitsbestände. Neben der Lernfähigkeit dieses Systems sind als weitere Vorteile die Aktualität der Prognosen, der geringere Rechenaufwand und die Speicherung weniger Vergangenheitsdaten zu nennen.

Dieses Verfahren ist jedoch nicht mehr anwendbar, wenn eine Zeitreihe eine deutliche Trendentwicklung aufweist, so würden nämlich die Vorhersagedaten ständig hinter der Bedarfsentwicklung hinterherhinken und es wären so keine guten Prognosen mehr möglich.

4.1.2.2 Exponentielle Glättung zweiter Ordnung

Die exponentielle Glättung zweiter Ordnung ermöglicht Zufallsschwankungen zu bereinigen und einen trendförmigen Bedarf zu berücksichtigen. Sie geht von einem linearen Trend aus, errechnet in jeder Periode zwei Punkte der Trendgeraden und geht davon aus, dass sich der beobachtete Trendanstieg bis in die Vorhersageperiode fortsetzt. Für die Berechnung des Vorhersagewertes werden zwei Punkte auf der Trendgeraden benötigt, die sich wie folgt berechnen lassen:[97]

---

[96] Vgl. Arnolds, H./ Heege, F./ Tussing, W.: Materialwirtschaft und Einkauf, a.a.O., S.87.
[97] Vgl. Oeldorf, G./ Olfert, K.: Materialwirtschaft, a.a.O., S. 159.

Der erste Punkt wird aus der exponentiellen Glättung erster Ordnung errechnet:

$$V_n^{(1)} = V_a^{(1)} + \alpha \cdot (T_i^{(1)} - V_a^{(1)})$$

Der zweite Punkt liegt in der Vergangenheit und wird durch das Ergebnis der exponentiellen Glättung zweiter Ordnung bestimmt:

$$V_n^{(2)} = V_a^{(2)} + \alpha \cdot (T_i^{(2)} - V_a^{(2)})$$

Der Mittelwert der laufenden Periode errechnet sich dann wie folgt:

$$V_n = V_n^{(1)} + \alpha \cdot (V_n^{(1)} - V_n^{(2)})$$

Damit kann der Anstieg der Trendgeraden definiert werden:

$$b_n = \frac{\alpha}{1-\alpha} \cdot (V_n^{(1)} - V_n^{(2)})$$

b_n = Neuer Aufstiegsfaktor der Trendgeraden

Somit ergibt sich für die Berechnung der Bedarfsvorhersage für die nächste Periode folgende Formel:

$$V_{n+1} = V_n + \frac{1-\alpha}{\alpha} \cdot b_n$$

4.1.2.3 Kontrolle der Prognose

Bei den mit Hilfe der verbrauchsorientierten Bedarfsermittlung errechneten Vorhersagewerten besteht die Gefahr fehlerhafter Aussagen. Es muss immer mit Abweichungen des tatsächlichen Bedarfs von der Vorhersage gerechnet werden. Diese Abweichungen führen dann entweder zu einem Fehlbestand oder aber zu einer kostenintensiven Überdeckung mit Material.

Die Erfassung und Kontrolle der Vorhersagefehler sind daher unerlässlich. Treten Abweichungen zwischen dem prognostizierten und dem tatsächlichen Bedarf auf, ist es möglich, Korrekturen in Form von Parameterveränderungen oder Verfahrenswechseln vorzunehmen. Diese Korrekturen sollten jedoch nicht bei zufälligen Abweichungen vorgenommen werden, sondern vielmehr wenn sie auf Strukturveränderungen oder ein bisher falsches Vorhersagemodell zurückzuführen sind.[98]

Aufgrund der Gauß'schen Normalverteilung lassen sich die Fehler durch die Berechnung der Standardabweichung σ oder der Berechnung der mittleren absoluten

---

[98] Vgl. Melzer-Ridinger, R.: Materialwirtschaft, a.a.O., S. 113 f.

Abweichung (MAD) bestimmen. Diese Verfahren sind ohne den Einsatz von EDV-Anlagen, aufgrund Tausender von Zeitreihen, nur schwerlich durchführbar. Zur Aufdeckung von Prognosefehlern dient ein Kontrollsignal, dass "aufleuchtet", wenn gewisse Grenzen überschritten werden. Der Vorteil dieses Verfahrens ist, dass es die Dispositionsleistung erhöht, indem der Disponent sich besonders kritischen Materialien widmen kann.[99]

4.2 Bestandsplanung

Die Bestandsplanung ist das Bindeglied zwischen der Bedarfsplanung und der Beschaffungsplanung. Der Zweck der Bestandsplanung ist die Sicherstellung des Vorhandenseins der erforderlichen Materialien nach Art, Menge und Zeit. Dadurch soll vermieden werden, dass zu geringe Bestände die Leistungserstellung des Unternehmens gefährden und zu hohe Bestände die Wirtschaftlichkeit des Unternehmens mindern.

Die Bestandsplanung steht also in einem Interessenkonflikt, da sie einerseits auf einen hohen Lieferbereitschaftsgrad des Lagers und andererseits auf eine niedrige Kapitalbindung achten muss. Die Bestandsplanung soll unter folgenden Gesichtspunkten behandelt werden:[100]

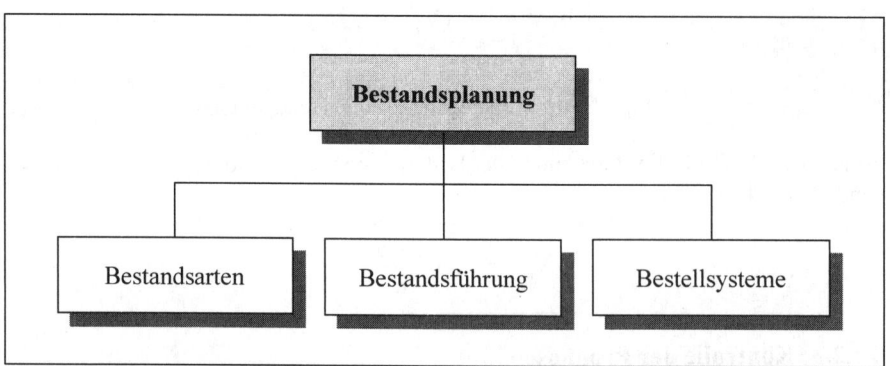

Abb. 36: Bestandsplanung

4.2.1 Bestandsarten

Im Rahmen der Bestandsplanung gibt es unterschiedliche Bestandsarten, die zu unterschiedlichen Analysen der Bestände herangezogen werden. Diese sind im wesentlichen:[101]

a) Lagerbestand:

Der Lagerbestand ist körperlich durch Inventuren belegt. Er ist der Bestand, der sich zum Planungszeitpunkt im Lager befindet. Die Höhe des Bestandes hängt von den jeweiligen Lagerzu- und -abgängen ab.

---

[99] Vgl. Arnolds, H./ Heege, F./ Tussing, W.: Materialwirtschaft und Einkauf, a.a.O., S.102.
[100] Vgl. Oeldorf, G./ Olfert, K.: Materialwirtschaft, a.a.O., S. 171.
[101] Vgl. ebd., S. 171 ff.

b) Verfügbarer Bestand:

Dieser Bestand stellt eine Teilmenge des Lagerbestandes dar. Er setzt sich wie folgt zusammen:

> **Lagerbestand**
>
> \+ offene Bestellungen
>
> \- Vormerkungen
>
> ──────────────
>
> = **Verfügbarer Bestand**

c) Meldebestand:

Dieser Bestand wird häufig auch als **Bestellpunkt** oder Bestellpunktbestand bezeichnet. Bei Erreichen dieses Bestandes wird eine Bestellung, entweder in Form eines internen Betriebsauftrages oder als externe Lieferantenbestellung, ausgelöst. Dabei muss der Zeitpunkt der Bestellung so früh festgelegt werden, dass der Sicherheitsbestand während der Beschaffungszeit nicht angegriffen wird.

d) Höchstbestand:

Der Höchstbestand gibt an, welche Menge an Material maximal am Lager vorhanden sein darf. Mit seiner Hilfe soll ein zu hoher Lagervorrat, der mit einer hohen Kapitalbindung verbunden ist, vermieden werden.

e) Sicherheitsbestand:

Man bezeichnet einen solchen Bestand auch als **eisernen Bestand**, **Mindestbestand** oder **Reserve**. Er stellt die Menge an Vorräten dar, die auf keinen Fall unterschritten werden darf, um die Leistungsbereitschaft des Unternehmens bei Lieferschwierigkeiten oder sonstigen Ausfällen aufrechtzuerhalten.

Die Höhe des Sicherheitsbestandes wird durch die Genauigkeit der Bedarfsprognosen bestimmt. Zusammenfassend lässt sich sagen, dass der Sicherheitsbestand die folgenden drei Unsicherheiten abdecken soll:

- **Bedarfsunsicherheit**: Ermittelter und tatsächlicher Bedarf stimmen nicht überein,
- **Lieferzeitunsicherheit**: Soll- und Ist-Liefertermin weichen voneinander ab.
- **Bestandsunsicherheit**: Buchbestand und Lagerbestand sind nicht gleich.

f) Lieferbereitschaftsgrad

Da einer Bedarfsvorhersage Vergangenheitswerte zugrunde liegen, birgt sie stets die Gefahr in sich fehlerhaft zu sein. Ein Sicherheitsbestand, der die Bedarfsanforderungen zu 100% erfüllt ist unwirtschaftlich, weil der durchschnittliche Lagerbestand und die Kosten der Lagerhaltung stark ansteigen würden.

Aus diesem Grund definiert man eine Kennzahl, den sogenannten Lieferbereitschaftsgrad (**LBG**), der angibt, welche Teile das Lager als Bedarfsforderungen auszuführen vermag. Rechnerisch wird er wie folgt ermittelt:

$$\text{LBG} = \frac{\text{Anzahl der voll gedeckten Bedarfsanforderungen}}{\text{Anzahl der gesamten Bedarfsanforderungen}} \cdot 100$$

In der Regel begnügt man sich mit einem Lieferbereitschaftsgrad von 90 bis 95%, dass heißt das Lager kann wahrscheinlich 90-95 von 100 Bedarfsanforderungen decken.

In Abb. 37 wird dargestellt, in welchem Maße die Lagerhaltungskosten bei einer Erhöhung des Lieferbereitschaftsgrades ansteigen.

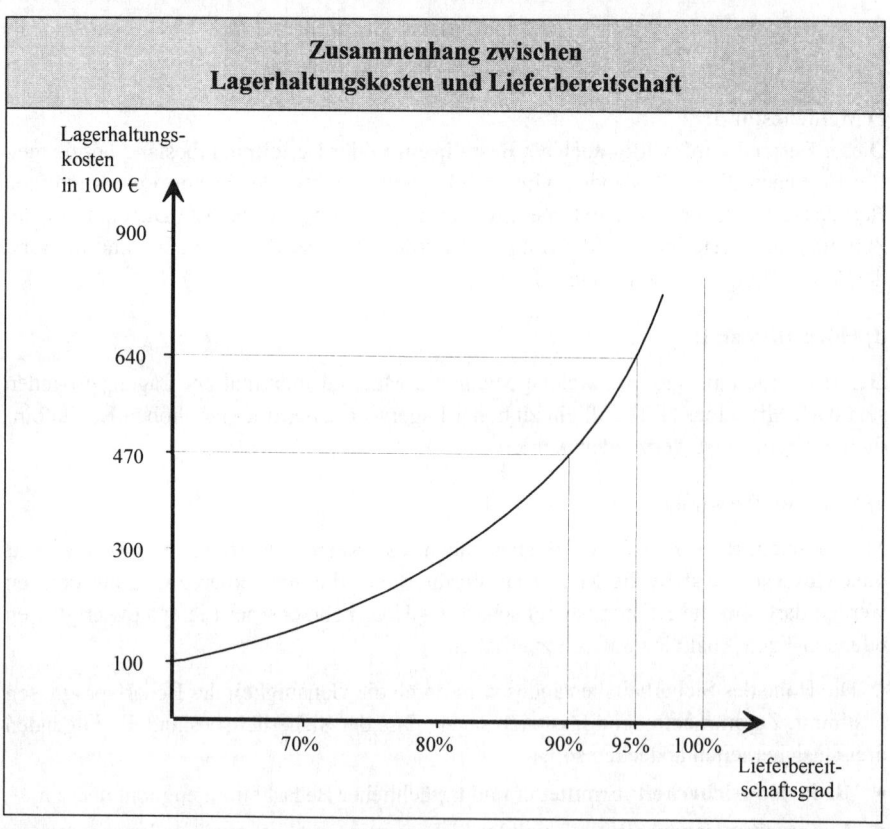

Abb. 37: Abhängigkeit der Lagerhaltungskosten vom Lieferbereitschaftsgrad

Es ist jedoch zu beachten, dass neben den Lagerhaltungskosten auch die Fehlmengenkosten bei der Festlegung des Lieferbereitschaftsgrades zu berücksichtigen sind.

Fehlmengenkosten entstehen dann, wenn eine Bestellung, die das Unternehmen angenommen hat, nicht ausgeführt werden kann. Sie sind im wesentlichen von der Höhe des Lieferbereitschaftsgrades abhängig.

Bei einem Lieferbereitschaftsgrad von beispielsweise 90% entstehen nur geringe Fehlmengenkosten, bei einer Senkung auf 60% besteht die Gefahr wesentlich höherer Fehlmengenkosten. Diesen Sachverhalt verdeutlicht Abb. 33:

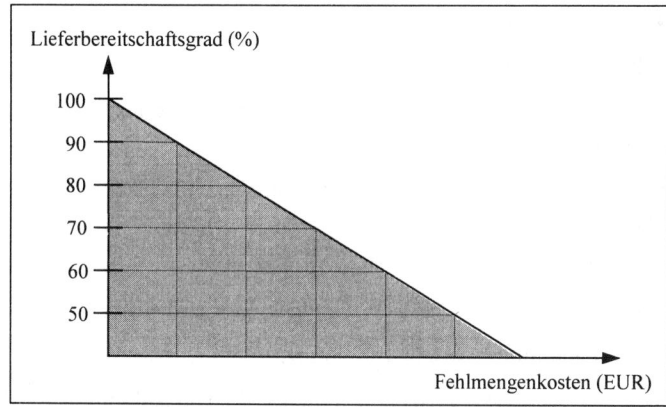

Abb. 38: Zusammenhang zwischen Lieferbereitschaftsgrad und Fehlmengenkosten[102]

Zusammenfassende Darstellung: Die wichtigsten der zuvor besprochenen Bestandsarten lassen sich unter der Annahme eines gleichmäßigen Verbrauches und periodisch gleichmäßiger Zugänge der Bestellmengen in Abb. 39 vereinfacht darstellen.

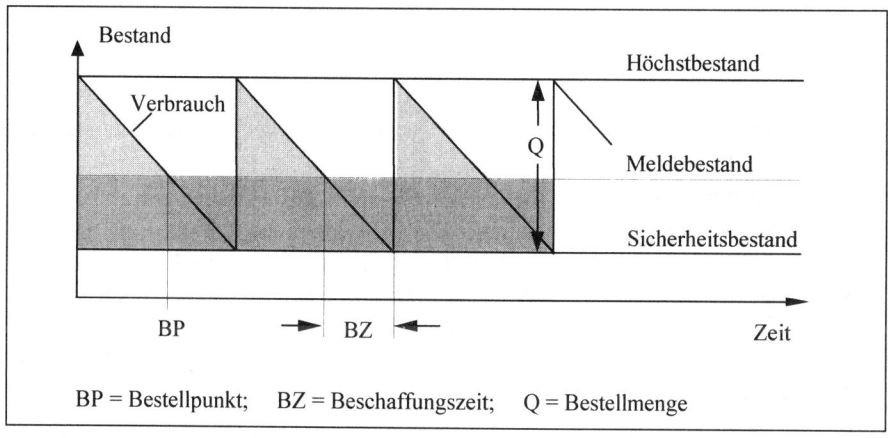

Abb. 39: Darstellung der wichtigsten Bestandsarten

Die Abbildung verdeutlicht, dass der Bestand während der Betrachtungsperiode ständig abnimmt und den Bestellpunkt erreicht, an welchem die Auslösung zur Bestellung von neuem Material erfolgt. Das bestellte Material trifft dann mit Erreichen des Sicherheitsbestandes ein.

4.2.2 Bestandsführung

Die Aufgabe der Bestandsführung ist es, den Materialverbrauch festzustellen, indem die realisierten Materialabgänge erfasst und bewertet werden. Mit ihr sollen Fragen zur rechtzeitigen Ergänzung der Bestände und zur Höhe des Sicherheitsbestandes geklärt werden.

---

[102] Vgl. Oeldorf, G./ Olfert, K.: Materialwirtschaft, a.a.O., S. 182.

Die **Aufgaben** der Bestandsführung sind:[103]

- Erstellen aktueller Unterlagen über die Bestände nach Menge und Art.
- Erstellen lückenloser Nachweise über Änderungen der lagermäßig geführten Materialien nach Menge und Wert.
- Durchführung der Inventur zur Erfüllung handelsrechtlicher und steuerrechtlicher Vorschriften.
- Überwachen der mengenmäßigen Fertigungsdisposition.
- Erstellen von Daten zur Ermittlung des Brutto- und Nettobedarfs.
- Erstellen von Daten für die Bestellabwicklung.
- Überwachen von Ausschuss, ungeplantem Mehrverbrauch und sonstigen Fehlmengen.
- Erstellen, Ändern und Löschen von Bestellmengen.
- Durchführen von Bestandskontrollen.

Die Bestandsführung kann als **Mengenerfassung** und als **Werterfassung** erfolgen. Bei einer Mengenerfassung (z.B. Inventur) ist sie die Grundlage für die Materialdisposition. Bei einer Werterfassung (z.B. Einstandspreis, Verrechnungspreis usw.) bildet sie die Grundlage für die Betriebsabrechnung.

4.2.3 Bestellsysteme

Auf der Grundlage des ermittelten Bedarfs bauen verschiedene Bestellsysteme, auch Dispositionsverfahren genannt, auf:[104]

- Bei der **auftragsgesteuerten (bedarfsgesteuerten) Disposition** wird eine Bestellung durch vorliegende Aufträge ausgelöst. Als Grundlage für die Bestellmengen dienen die deterministisch ermittelten Bedarfsmengen, die durch Bedarfsauflösung gewonnen wurden (Stücklistenauflösung). Das Dispositionsrisiko ist im allgemeinen sehr gering und auf Sicherheitsbestände kann weitgehend verzichtet werden. Die auftragsgesteuerte Disposition kann entweder als Sammel- oder als Einzeldisposition durchgeführt werden.

- Die **plangesteuerte Disposition** setzt ein hochentwickeltes Planungswesen im Unternehmen voraus (Controlling). Die Vorteile dieses Verfahrens bestehen in einer Reduzierung der Kapitalbindungskosten durch niedrige Lagerbestände. Das Dispositionsrisiko hängt von der Güte der Planung ab. Als Nachteil lassen sich aufwendige Berechnungen, die Notwendigkeit von Stücklisten und eine funktionierende Fertigungssteuerung nennen. Der Einsatz empfiehlt sich daher nur für besonders hochwertige Materialien.

- Die **verbrauchsgesteuerte Disposition** wird dort angewendet, wo auf Lager gefertigt wird. Voraussetzung für diese Methode ist eine sehr exakte Bestandsführung. Der Vorteil ist der geringe Aufwand (Stücklisten nicht erforderlich) dieser Dispositionsart, die vornehmlich bei der Fertigung von Konsumgütern und im Handel Einsatz findet. Aus Sicherheitsgründen muss bei dieser Methode aber mit hohen Sicher-

---

[103] Vgl. Oeldorf, G./ Olfert, K.: Materialwirtschaft, a.a.O., S. 198.
[104] Vgl. Eschenbach, R.: Erfolgspotential Materialwirtschaft, a.a.O., S. 169.

heitsbeständen zur Vermeidung von Fehlmengen gearbeitet werden. In der Praxis werden insbesondere das Bestellpunkt- (Mengensteuerung) und das Bestellrhythmusverfahren (Terminsteuerung) bevorzugt.

4.2.3.1 Bestellpunktverfahren

Das Bestellpunktverfahren ist das in der Praxis am häufigsten eingesetzte Verfahren. Hierbei wird eine Bestellung immer dann ausgelöst, wenn der Lagerbestand eine bestimmte Höhe , die als Meldebestand oder Bestellpunkt bezeichnet wird, erreicht oder unterschritten hat. Als Grundlage dieses Verfahrens müssen Entscheidungen über die Bestellmenge und den Bestellpunkt in Abhängigkeit vom Bedarf und der Wiederbeschaffungszeit getroffen werden. Der Meldebestand (MB) lässt sich wie folgt berechnen:

$$MB = DB \times BZ + SB$$

DB = durchschnittlicher Bedarf je Zeiteinheit während der Beschaffungszeit
BZ = Beschaffungszeit
SB = Sicherheitsbestand

Zum besseren Verständnis lässt sich dieses Verfahren in idealisierter Form (Sägezahnkurve) graphisch wie folgt darstellen. [105]

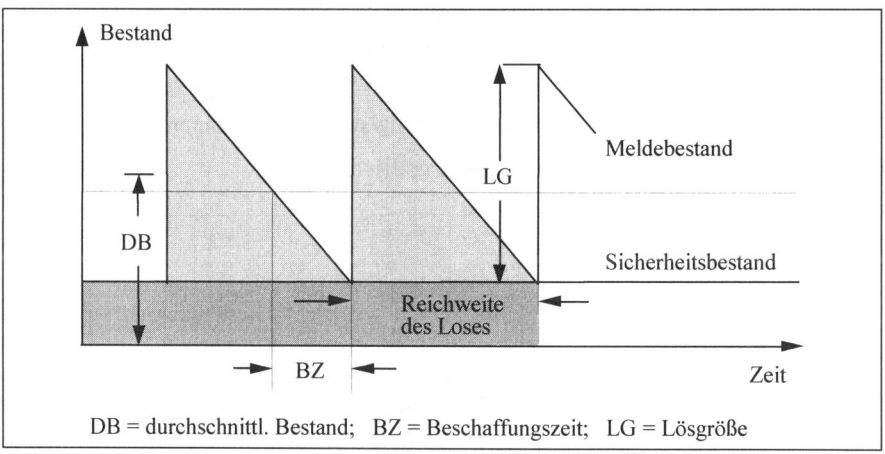

Abb. 40: Lagerbewegungen beim Bestellpunktverfahren

Diese vereinfachten Bedingungen stellen einen Idealzustand dar, der in der Praxis nur in Ausnahmefällen vorkommt. In der Regel muss mit folgenden erschwerenden Zuständen gerechnet werden:[106]

- Der Bedarf schwankt und/oder die Beschaffungszeit ändert sich, was zu einer Berichtigung des Bestellpunktes führt.

---

[105] Vgl. Arnolds, H./ Heege, F./ Tussing, W.: Materialwirtschaft und Einkauf, a.a.O., S. 94.
[106] Vgl. Hartmann, H.: Materialwirtschaft, a.a.O., S. 265.

- Der Sicherheitsbestand wird erhöht oder verringert. Dadurch wird wiederum eine Berichtigung des Bestellpunktes herbeigeführt.

4.2.3.2 Bestellrhythmusverfahren

Das Bestellrhythmusverfahren lässt sich durch konstante Überprüfungsintervalle, d.h. der Zeitraum zwischen zwei Bestandskontrollen, und variable Bestellmengen kennzeichnen. Die Bestellregel für diese Methode lautet in ihrer einfachsten Version:[107]

> Überprüfe den Bestand in festen zeitlichen Abständen und bestelle immer so viel, dass die Summe der bestellten und am Lager befindlichen Einheiten eine vorher festgelegte Bestellgrenze erreicht.

Bei dieser Methode fehlt also der Bestellpunkt, es wird auf jeden Fall eine Bestellung ausgelöst, die den Lagerbestand bis zur Bestellgrenze auffüllt. Die Bestellgrenze ist so hoch, dass sie den vermuteten Bedarf während des Überprüfungsintervalls und der anschließenden Beschaffungszeit sowie den Sicherheitsbestand für diese Dispositionszeit beinhaltet. Die Beschaffungszeit wird bei diesem System um die Überprüfungszeit verlängert, was zu einer Erhöhung des Sicherheitsbestandes führt.

Die wesentlichen Vorteile dieses System sind:[108]

- Weniger Bestandskontrollen sind nötig.

- Möglichkeit der koordinierten Bestellung von Material- und Teilemengen mit gleichem Kontrollzyklus, wodurch unter Umständen Mindermengenzuschläge vermieden und Mengenrabatte ausgenutzt werden können.

- Lagerhüter lassen sich aufgrund der regelmäßigen Kontrolle leichter aufdecken.

Zum besseren Verständnis sei diese Methode grafisch erläutert:

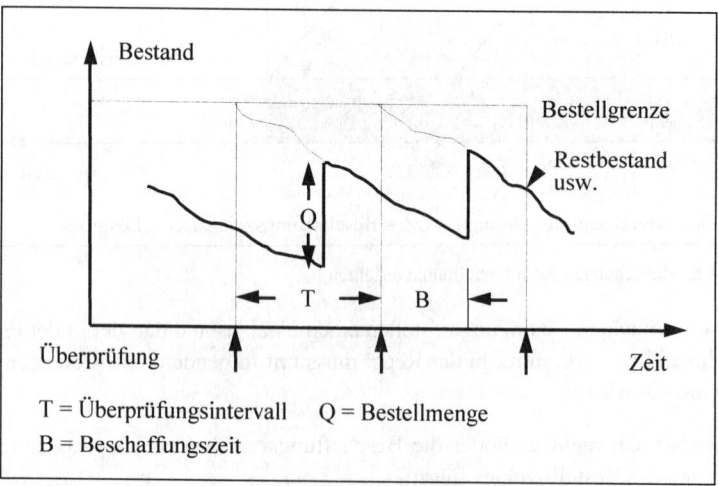

Abb. 41: Bestandsverlauf beim Bestellrhythmusverfahren

---

[107] Vgl. Arnolds, H./ Heege, F./ Tussing, W.: Materialwirtschaft und Einkauf, a.a.O., S. 94 f.
[108] Vgl. ebd., S. 95.

Anhand der Zeichnung kann man erkennen, dass die Bestellmenge zum Kontrolltermin als Differenz zwischen Bestellgrenze und Restbestand exakt dem Lagerabgang während des vergangenen Bestellintervalls entspricht.

4.3 Beschaffungsplanung

Die Beschaffungsplanung ist die letzte Stufe im Ablauf der Materialdisposition. Sie bildet die Basis für die Einleitung des konkreten Beschaffungsvorgangs und ist ein unentbehrliches Instrument zur Verwirklichung der beschaffungspolitischen Ziele. Im Rahmen der Beschaffungsplanung sind Entscheidungen zu treffen über:[109]

- Beschaffungsprinzipien,
- Beschaffungskosten,
- Beschaffungsmengen,
- Beschaffungstermine,
- Beschaffungswege.

4.3.1 Beschaffungsprinzipien

Grundsätzlich bestehen zwei Möglichkeiten der Bedarfsdeckung, um die Aufgabe der Bereitstellung zu lösen:

- Bedarfsdeckung ohne Vorratshaltung,
- Bedarfsdeckung mit Vorratshaltung (Lagerung).

Bei der Bedarfsdeckung ohne Vorratshaltung ist zu unterscheiden, ob die Beschaffung unmittelbar durch das Auftreten des Bedarfs ausgelöst oder eine weitgehende Synchronisation von Verbrauchsrhythmus und Bereitstellungsrhythmus durch zweckentsprechende Lieferverträge erreicht wird.[110]

Insgesamt lassen sich drei Prinzipien der Materialbereitstellung unterscheiden:[111]

- **Einzelbeschaffung im Bedarfsfall:**

  Bei der Einzelbeschaffung im Bedarfsfall wird der Beschaffungsvorgang erst dann ausgelöst, wenn ein Auftrag mit dem daraus resultierenden Bedarf vorliegt. Dadurch kommt der Lagerhaltung keine große Bedeutung zu, was zu einer erheblichen Verringerung der Kapitalbindung führt.

  Ein eventueller **Nachteil** bei der Einzelbeschaffung liegt in der Terminplanung, da sie das Risiko einer verspäteten oder Nichtlieferung der Materialien und die Lieferung qualitäts- und quantitätsmäßig fehlerhafter Materialien berücksichtigen muss. Bei dem Eintritt eines solchen Risikos besteht die Gefahr, dass die Lieferbereitschaft nicht mehr gewährleistet ist. Das Prinzip der Einzelbeschaffung findet vornehmlich Anwendung bei Unternehmen, die auftragsorientierte Einzel- oder Kleinserienfertigung betreiben.

---

[109] Vgl. Oeldorf, G./ Olfert, K.: Materialwirtschaft, a.a.O., S. 246.
[110] Vgl. Hartmann, H.: Materialwirtschaft, a.a.O., S. 158.
[111] Vgl. Oeldorf, G./ Olfert, K.: Materialwirtschaft, a.a.O., S. 247 f.

- **Vorratsbeschaffung:**

  Bei dem Prinzip der Vorratsbeschaffung werden die Materialien in relativ großen Mengen beschafft, die im eigenen Unternehmen gelagert werden und so der Fertigung bei Bedarf kurzfristig zur Verfügung stehen können. Durch die relativ hohen Lagerbestände erlangt das beschaffende Unternehmen eine gewisse Unabhängigkeit vom Beschaffungsmarkt, was bei der Abschirmung gegenüber Marktschwankungen oder bei knappen Materialien von großer Bedeutung sein kann. Ein weiterer Vorteil ist darin zu sehen, dass größere Beschaffungsmengen zu günstigeren Bedingungen (im Rahmen der Preispolitik) bezogen werden können. Die Nachteile der Vorratsbeschaffung sind in einer hohen Kapitalbindung, in hohen Zins- und Lagerkosten sowie in einem hohen Lagerrisiko (z.B. Veralterung, Qualitätsminderung der Bestände) zu sehen. Eine Minderung dieser Nachteile kann durch den Abschluss von Sukzessivlieferverträgen relativiert werden. Sie enthalten Vereinbarungen über die Abnahme einer Gesamtmenge innerhalb einer bestimmten Zeitspanne.

- **Fertigungs- oder einsatzsynchrone Beschaffung:**

  Die fertigungs- oder einsatzsynchrone Beschaffung ist eine Kombination der Einzelbeschaffung und der Vorratsbeschaffung, dabei nutzt sie die Vorteile der beiden ersten Prinzipien und versucht deren Nachteile auszuschließen. Das Unternehmen hält ihre Lager durch Abstimmung mit der Fertigung klein und schließt andererseits Rahmenverträge mit Lieferanten über große Materialmengen ab. Die abgeschlossenen Lieferverträge beinhalten Konventionalstrafen, um sich gegen die möglichen Risiken wie Nichtlieferung zu vereinbarten Zeitpunkten oder fehlerhafte Lieferung abzusichern. Diese Art der Beschaffung können nur Unternehmen durchführen, bei denen eine Großserien- oder Massenfertigung zugrunde liegt oder die eine bedeutende Stellung am Markt haben.

- Eine neue Dimension hat dieses Problem durch die Entwicklung neuer Logistik-Konzepte mit Hilfe der modernen Informationsverarbeitungssysteme erhalten. Dabei wird unter dem Stichwort **Just-in-Time** versucht, eine doppelte Bevorratung beim Zulieferer und beim Kunden entbehrlich zu machen bzw. eine Reduzierung der Dispositions- und Bevorratungsstufen zu erreichen. Bei dieser Konzeption orientiert man sich an den Lieferzeitpunkten des Kunden und nicht an denen der Produktion.

Der Produktionsablauf wird also materialflussorientiert (**rückwärts**) gestaltet. Die dabei gegenüber der maximalen Kapazitätsauslastung im Vordergrund stehende Durchlaufzeitoptimierung erfordert eine neue Denkweise der Mitarbeiter, eine Standardisierung des Produktions- und Teileprogramms und eine Anpassung der Arbeitsplatzorganisation (incl. flexibler Fertigungssysteme) mit zugeschnittenem Informationsfluss.

4.3.2 Beschaffungskosten

Die Beschaffungskosten zählen zu den wichtigsten Einflussfaktoren einer wirtschaftlich sinnvollen Bestellmenge. Die im Rahmen der Beschaffungsplanung "**relevanten**" Kosten können in vier Kategorien eingeteilt werden:[112]

---

[112] Vgl. Melzer-Ridinger, R.: Materialwirtschaft, a.a.O., S. 136.

- Anschaffungskosten,
- Bestellabwicklungskosten,
- Lagerhaltungskosten,
- Fehlmengenkosten.

Die **Anschaffungskosten** ergeben sich aus dem Einstandspreis pro Mengeneinheit multipliziert mit der beschafften Menge. Bei der Bestimmung des Einstandspreises ist zu berücksichtigen, dass dieser häufig nicht mit dem Angebotspreis des Lieferanten übereinstimmt. Vielmehr muss dieser Preis um die sogenannten Preisnebenbedingungen (hierzu zählen Mindermengenzuschläge, Mengenrabatte, Skonti, Verpackungskosten etc.) bereinigt werden. Die Berechnung des Einstandspreises kann nach dem folgenden Schema erfolgen:[113]

	Angebotspreis
+	Zuschläge
-	Rabatte und Boni
=	**Bereinigter Einkaufspreis**
-	Skonto
+	Fracht, Verpackung, Versicherung
=	**Einstandspreis**

Die **Bestellabwicklungskosten** sind die Kosten, die in der Unternehmung im Zusammenhang mit der Bestellabwicklung anfallen. Im wesentlichen gehören zu den Bestellkosten Personal- und Sachkosten der Beschaffung, der EDV und der Wareneingangs-, Qualitäts- und Rechnungsprüfung.

Der Anteil dieser Kosten ist stark von der Bestellpolitik des Einkäufers abhängig, da die Bestellmengen pro Periode um so geringer sind, je weniger häufig Bestellungen ausgelöst werden bzw. je größer die Bestellmengen pro Bestellung sind.[114]

Die **Lagerhaltungskosten** lassen sich aufteilen in Kosten der reinen Lagerhaltung, auch Lagerkosten genannt, und Kosten aus den Lagerbeständen. Zu den Lagerkosten zählt man hauptsächlich Verzinsung, Versicherung, Beleuchtung, Instandhaltung, Heizung und Kühlung, Miete und Raumkosten. Zu den Kosten aus den Lagerbeständen gehören in erster Linie die Zinskosten des in dem Lager gebundenen Kapitals, aber auch Kosten für Versicherung, Schwund, Verderb und Veralterung.

Fehlmengenkosten können dann anfallen, wenn das beschaffte Material den Bedarf der Fertigung nicht deckt, wodurch der Leistungsprozess teilweise oder ganz unterbrochen wird. Fehlmengenkosten können entstehen durch z.B.:

---

[113] Vgl. Arnolds, H./ Heege, F./ Tussing, W.: Materialwirtschaft und Einkauf, a.a.O., S. 26.
[114] Vgl. Oeldorf, G./ Olfert, K.: Materialwirtschaft, a.a.O., S. 258.

- **mögliche Preisdifferenzen** durch zusätzliche Fracht- oder Transportkosten, durch Eilbestellungen, durch den Kauf bei einem anderen Lieferanten mit ungünstigeren Bedingungen,
- **Konventionalstrafen** wegen Nichtlieferung an die Abnehmer,
- **Goodwill-Verluste** durch entgangene Aufträge oder verminderten Auftragseingang.

4.3.3 Beschaffungsmenge

Bei der Bestimmung der optimalen Bestellmenge gilt es, Beschaffungsmenge, Einstandspreise, Lagerhaltungskosten und Bestellabwicklungskosten optimal zu kombinieren. Das Ziel besteht dabei in einer Minimierung der Lager- und Beschaffungskosten.

Grundsätzlich bestehen zwei Möglichkeiten der Bestellung:[115]

- Beschaffung großer Mengen in großen Zeitabständen,
- Beschaffung kleiner Mengen in kleinen Zeitabständen.

Mit wachsender Bestellmenge sinken die Beschaffungskosten, die Lagerkosten steigen jedoch, weil durchschnittlich höhere Vorräte finanziert und betreut werden müssen. Die **optimale Bestellmenge** ist diejenige Bestellmenge, bei der die Summe aus Beschaffungskosten und Lagerkosten ein Minimum erreichen. Sie lässt sich mit folgender Formel, der sog. "**Andler-Formel**", rechnerisch (als stark vereinfachtes Modell) ermitteln:

$$x_{opt} = \sqrt{\frac{200 \cdot m \cdot a}{p \cdot q}}$$

x_{opt} = Optimale Bestellmenge
m = Gesamtjahresbedarf
a = Bestellabwicklungskosten
p = Einstandspreis
q = Lagerhaltungskostensatz

Beispiel 4:

Ein Betrieb der Serienfertigung hat einen Gesamtjahresbedarf von 10000 Stück an einem fremdbezogenen Teil. Der Einstandspreis beläuft sich auf 0,30 Euro pro Stück. Die Bestellabwicklungskosten betragen 48,- Euro und der Lagerhaltungssatz wird mit 20% des durchschnittlichen Lagerwertes angenommen. Setzt man diese Parameter in die Formel zur Berechnung der optimalen Bestellmenge ein, so erhält man:

$$x_{opt} = \sqrt{\frac{200 \cdot 10000 \cdot 48}{0,30 \cdot 20}} = 4000 \quad \text{Stück}$$

---

[115] Vgl. Eschenbach, R.: Erfolgspotential Materialwirtschaft, a.a.O., S. 174.

Diese Menge wird 10000 : 4000 = 2,5 mal pro Jahr (5 mal in 2 Jahren) bestellt. Die jährlichen Bestellkosten betragen 2,5· 48 = 120 Euro und die Lagerhaltungskosten errechnen sich ebenfalls zu 2000· 0,30· 20% = 120 Euro.

Die Gleichheit des Ergebnisses von Bestellkosten und Lagerhaltungskosten stellt eine besondere Eigenschaft der Andler-Formel dar und wird bei anderen Lagerhaltungsmodellen vorteilhaft ausgenutzt. Um die Zusammenhänge, der für die Optimierungsrechnung entscheidenden Kostenblöcke besser verstehen zu können, sind die Kostenverläufe bei der Andlerschen Losgröße grafisch dargestellt (vgl. Abb. 42).

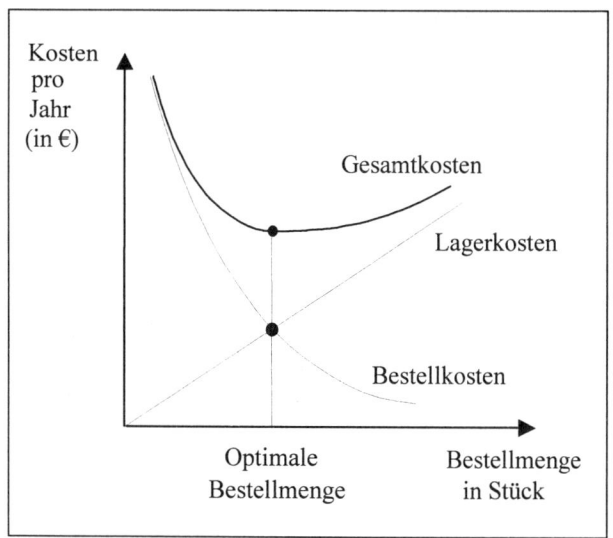

Abb. 42: Verhältnis der Bestellmenge zu den Kosten

Die Anwendbarkeit der klassischen Losgrößenformel ist an folgende **Voraussetzungen** geknüpft:[116]

- Es liegt eine einstufige Einproduktfertigung vor.
- Mengenrabatte bei größeren Beschaffungsmengen werden nicht berücksichtigt.
- Es können Mindestbestellmengen vorliegen, die unter der ermittelten optimalen Bestellmenge liegen.
- Der Bedarf und damit der Lagerabgang unterliegen keinen zeitlichen Schwankungen.
- Der Jahresbedarf ist genau bekannt.
- Die Beschaffungsgeschwindigkeit ist unendlich groß.
- Keine Restriktionen bei finanziellen Mitteln und Kapazitäten.
- Alle Kosten sind während des Planungszeitraumes bekannt.

Diese Voraussetzungen sind in der betrieblichen Praxis nicht alle erfüllt, dennoch findet die Andler'sche Losgrößenformel als Grundmodell durch eine Reihe von Erweiterungen in vielen Betrieben Anwendung. Diese Erweiterungen beziehen sich auf Größen wie endliche Fertigungsgeschwindigkeit, Fehlmengenkosten, Kapazitätsschwankungen, schwankende Bedarfsmengen und Mehrproduktfertigung. Die Erweiterungen führen zu

---

[116] Vgl. Eschenbach, R.: Erfolgspotential Materialwirtschaft, a.a.O., S. 174.

einer deutlichen Zunahme der Modellkomplexität, die nur durch den Einsatz von EDV-Anlagen bewältigt werden kann.

4.3.4 Beschaffungstermine

Die Beschaffungstermine bedürfen einer genauen Planung, da die Materialien aufgrund von Lieferzeiten, Beschaffungszeiten und Prüfungszeiten nicht unverzüglich nach ihrer Anforderung zur Verfügung stehen.

Die Beschaffungstermine können auf verschiedene Art und Weise ermittelt werden. Die Vorgehensweise ist abhängig davon, ob es sich um eine verbrauchsgesteuerte oder um eine bedarfsgesteuerte Beschaffung handelt:[117]

- Bei der **verbrauchsgesteuerten** Beschaffung wird der Bestelltermin durch den Bestellpunkt festgelegt, der im Rahmen des Bestellpunkt- oder des Bestellrhythmusverfahrens ermittelt wird (siehe Abschnitt 4.2.3 "Bestellsysteme"). Diese Art der Beschaffung findet vornehmlich dort Anwendung, wo ein kontinuierlicher Verbrauch an Hilfs- und Betriebsstoffen oder sonstigen C-Materialien vorliegt.
- Die Terminplanung für die Beschaffung **bedarfsgesteuerter** Materialien erfolgt hauptsächlich bei A-Materialien und basiert auf der Bedarfsermittlung mit Hilfe der Stücklistenauflösung (siehe Abschnitt 4.1.1.2 "Stücklistenauflösung"). Zur Ermittlung des Nettobedarfs sind jedoch vorhandene Lagerbestände und Bestellbestände abzusetzen. Die Bestelltermine werden dann unter Berücksichtigung der jeweiligen Solleindeckungstermine planerisch genau festgelegt.

4.3.5 Beschaffungswege

Neben der Frage, für welchen Zeitraum die Materialien zu beschaffen sind, ist eine weitere wichtige Planungsaufgabe, die Wahl des Beschaffungsweges.[118]

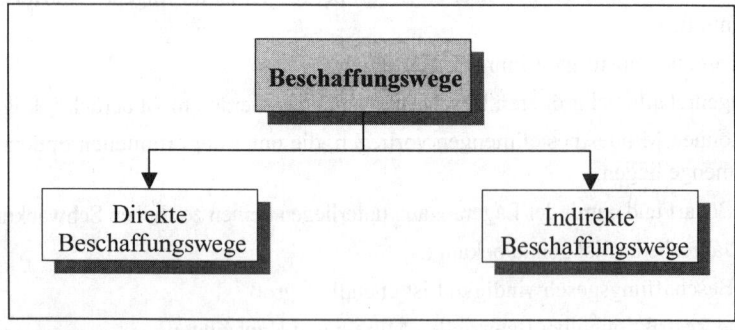

Abb. 43: Beschaffungswege

4.3.5.1 Direkte Beschaffungswege

Von einem direkten Beschaffungsweg spricht man, wenn die Produkte (vornehmlich bei A-Güter) direkt vom Hersteller bezogen werden. Dieser ist dem indirekten Beschaf-

---

[117] Vgl. Oeldorf, G./ Olfert, K.: Materialwirtschaft, a.a.O., S. 255 f.
[118] Vgl. ebd., S. 208.

fungsweg vor allen Dingen in preislicher Hinsicht überlegen, da keine Transport- und Zwischenlagerkosten sowie Handelsspannen anfallen.[119]

Es ist allerdings zu beachten, dass bei dem direkten Beschaffungsweg möglicherweise Kosten entstehen, die bei dem indirekten nicht unbedingt anfallen würden. Diese können entstehen durch:[120]

- Mindestabnahmemengen, die über den tatsächlich benötigten Mengen liegen.
- Mindermengenzuschläge entstehen durch Beschaffungsmengen, die unter einer festgelegten Mindestmenge liegen.
- Intensive Verhandlungsaktivitäten

Durch spezielle **Formen** der direkten Beschaffung, wie Einkaufsbüros oder Einkaufsgemeinschaften, können diese Kostennachteile vermieden werden:
- **Einkaufsbüros** sind Außenstellen der beschaffenden Unternehmen und dienen dazu, direkt am Ort der Erzeugung zu beschaffen.
- **Einkaufsgemeinschaften** sind vor allem Zusammenschlüsse von kleineren oder mittleren Unternehmen, die ihre Beschaffungskosten minimieren wollen. Wegen der hohen Beschaffungsmengen ergibt sich eine relativ starke Marktstellung verbunden mit günstigen Preisen, günstigen Konditionen und sonstigen Vertragsvereinbarungen.

4.3.5.2 Indirekte Beschaffungswege

Beim indirekten Beschaffungsweg ist zwischen dem Unternehmen und dem Hersteller eine Zwischenstufe in Form eines Groß- oder Einzelhändlers, eines inländischen oder ausländischen Exporteurs eingeschaltet:[121]

- Der **Handel** bietet ein breites Sortiment von Artikel verschiedener Herstellern an. Dadurch wird eine gewisse Markttransparenz geschaffen, da das zu beschaffende Unternehmen die verschiedenen Materialien von einem Marktpartner beziehen kann. Die Beschaffungskosten können höher als bei der direkten Beschaffung sein, weil eine Handelsspanne auf den Herstellerpreis geschlagen wird. Diese Kosten können jedoch oftmals durch bessere Konditionen, die der Handel erhält (größere Abnahmemengen) kompensiert werden.

  Der Vorteil für den indirekten Bezug von Materialien über den Handel liegt vor allem darin, dass dem Beschaffungsbereich wichtige Funktionen und die damit verbundenen Risiken vom Händler abgenommen werden. Er entlastet das Unternehmen beispielsweise, indem er die Lagerfunktion, die Transportfunktion und die damit verbundenen Risiken übernimmt. Dadurch lassen sich vielfach Transportdauer, Lieferfristen und Lagerbestände reduzieren.

- Die **Kommissionäre** nehmen bei einigen Materialien (z.B. Hopfen) ausschließlich die Beschaffung vor. In diesem Fall bieten sich keine anderen Beschaffungswege an, das beschaffende Unternehmen kann lediglich unter verschiedenen Kommissionären auswählen.

---

[119] Vgl. Arnolds, H./ Heege, F./ Tussing, W.: Materialwirtschaft und Einkauf, a.a.O., S. 284 f.
[120] Vgl. Oeldorf, G./ Olfert, K.: Materialwirtschaft, a.a.O., S. 254.
[121] Vgl. Arnolds, H./ Heege, F./ Tussing, W.: Materialwirtschaft und Einkauf, a.a.O., S. 284.

- Die **Importeure** werden besonders von kleinen und mittleren Unternehmen eingeschaltet, da sie auf dem ausländischen Markt über die notwendigen Erfahrungen und Kenntnisse (Zoll, Transportkosten, internationale Handelsvorschriften etc.) verfügen.[122]

4.4 Beschaffungsdurchführung

Nachdem im Rahmen der Beschaffungsplanung die Beschaffungsmengen, -wege, -arten, -prinzipien und -termine festgelegt wurden, kann die Beschaffungsdurchführung erfolgen.

Der eigentliche **Beschaffungsvorgang** wird durch eine Bedarfsmeldung an die Einkaufsabteilung ausgelöst. Der "Einkauf" schließt alle rechtsverbindlichen Verträge mit den Lieferanten ab, wobei die Hauptaufgabe des Einkaufs darin besteht, die betriebsnotwendigen Materialien und Dienstleistungen in der erforderlichen Menge und Güte zum benötigten Termin mit relativ geringem wirtschaftlichen Aufwand zu beschaffen und bereitzustellen.

Dabei ist das Beschaffen kein rechnerischer Vorgang, bei dem nur auf der Basis von Einstandspreisen Lieferantenangebote ausgewählt werden. Vielmehr sind eine Reihe anderer Faktoren wie Qualität, Service, Lieferzeit, Zuverlässigkeit und die Möglichkeit von Gegengeschäften bei der Auftragsvergabe zu berücksichtigen.[123]

Der zeitliche Ablauf der Beschaffungsdurchführung erfolgt in mehreren Stufen:

Beschaffungsdurchführung
- Bedarfsmeldung,
- Angebotseinholung,
- Angebotsprüfung und -vergleich,
- Bestellung,
- Beschaffungskontrolle.

4.4.1 Bedarfsmeldung

Durch die Bedarfsmeldung wird der Beschaffungsvorgang ausgelöst. Die Bedarfsmeldung wird durch die Stellen im Betrieb durchgeführt, welche den Bedarf ermitteln. Für Fertigungsmaterial kommt die Disposition oder Arbeitsvorbereitung in Frage, für Hilfs- und Betriebsstoffe die Lagerverwaltung und für Handelswaren der Verkauf.

Eine klare Kompetenzregelung, wer dem Einkauf Bedarf zu melden hat, ist unerlässlich. Wenn ein Unternehmen mit Stellenbeschreibungen arbeitet, finden sich unter dem Begriff "Befugnisse" entsprechende Regelungen, die auch an bestimmte Wertgrenzen gebunden sein können (vgl. hierzu auch das nachstehende Beispiel).[124]

---

[122] Vgl. Oeldorf, G./ Olfert, K.: Materialwirtschaft, a.a.O., S. 255.
[123] Vgl. Arnolds, H./ Heege, F./ Tussing, W.: Materialwirtschaft und Einkauf, a.a.O., S. 189.
[124] Vgl. Eschenbach, R.: Erfolgspotential Materialwirtschaft, a.a.O., S. 197.

Beispiel 5:

Ein Gruppenleiter ist befugt, Bedarfsmeldungen aus seiner Gruppe bis zu einem gewissen Betrag von x Geldeinheiten zu unterschreiben. Übersteigt der Bedarf diese festgelegte Grenze, so muss er zur Entscheidung der nächsthöheren Ebene, z.B. dem Abteilungsleiter, vorgelegt werden.

Schwierigkeiten treten dann auf, wenn dem Bedarfsträger lediglich die Funktion der benötigten Erzeugnisstoffe, nicht aber die geeigneten Erzeugnisstoffe selbst bekannt sind. In diesem Fall ist eine optimale Zusammenarbeit zwischen Bedarfsträger und Einkäufer unerlässlich, um eine endgültige Bedarfsmeldung zu formulieren. Bei der Bedarfsmeldung ist darauf zu achten, dass diese eindeutig die Spezifikation der benötigten Güter und Leistungen enthält.[125]

Die Meldung des einmaligen Bedarfs wird mit Hilfe von **Bedarfsmeldeformularen** oder **Materialanforderungen** durchgeführt. Für den laufenden oder periodischen Bedarf werden **Pendelkarten** oder **Stücklisten** eingesetzt. Das Grundprinzip einer Pendelkarte ist, eine Stammunterlage mit einem einmal genau festgelegten Bestelltext zu schaffen und darauf alle Anforderungen nach Menge und Termin einzutragen. Um diese variablen Daten jeweils ergänzt, pendelt sie dann bei jedem auftretenden Bedarfsfall zwischen Bedarfsträger und Einkauf, oder sogar zwischen Lieferanten und Einkauf hin und her.[126]

Der zu beschaffende Nettobedarf wird aus dem Bruttobedarf unter Berücksichtigung der Lagerbestände und des Bestellobligos ermittelt. Durch verzögerte oder versäumte Bedarfsmeldungen ist es möglich, dass der Einkauf in Zugzwang gerät und so schlechtere Bedingungen hinsichtlich Preis, Qualität und Lieferservice etc. in Kauf nehmen muss. Um dies zu vermeiden, ist eine rechtzeitige Bedarfsmeldung unerlässlich.

4.4.2 Angebotseinholung

Die Angebotseinholung oder Anfrage folgt im allgemeinen der Bedarfsmeldung und basiert auf den Ergebnissen der Beschaffungsmarktforschung, der Lieferantenbewertung und der Bedarfsmeldung. Mit Hilfe der Angebotseinholung soll sich der Einkauf einen Überblick darüber verschaffen, ob und zu welchen Bedingungen bestimmte Lieferanten in der Lage sind, bestimmte Beschaffungsgüter oder -leistungen zu liefern.

Bei der Auswahl in Frage kommender Lieferanten kann sich die Einkaufsabteilung verschiedener Hilfsmittel bedienen:[127]

- **Bezugsquellenverzeichnis**: Gibt einen allgemeinen Überblick über alle möglichen Lieferanten ohne detaillierte Einzelinformationen (z.B. Adressbücher, Messekataloge, Berichte und Anzeigen in Fachzeitschriften, SEIBT-Industriefachkatalog, Branchen Fernsprechbuch. WER liefert WAS etc.).

- **Anfrageregister**: In ihm sind alle Anbieter festgehalten, bei denen bereits Anfragen erfolgten und die geforderten Anforderungen der jeweiligen Bedarfsmeldung erfüllen. Das Anfrageregister ist praktisch ein Auszug aus dem Bezugsquellenverzeichnis.

---

[125] Vgl. Arnolds, H./ Heege, F./ Tussing, W.: Materialwirtschaft und Einkauf, a.a.O., S. 226.
[126] Vgl. Eschenbach, R.: Erfolgspotential Materialwirtschaft, a.a.O., S. 197.
[127] Vgl. Oeldorf, G./ Olfert, K.: Materialwirtschaft, a.a.O., S. 274.

- **Lieferantenkartei:** Hier werden alle bisherigen Lieferanten gesammelt. Die Lieferantenkartei soll optimal über die Leistungsfähigkeit (z.B. Qualitätstreue, Quantitätstreue, Termintreue, Service) eines Lieferanten Auskunft geben.

- **Anfragevordruck:** Aus Gründen der Rationalisierung werden als Anfragen meist Vordrucke verwendet, die einen standardisierten Anfragetext, Nummernfelder und Spalten für die Kennzeichnung von Materialart, -menge und -preis enthalten. Zusätzlich können hinzukommen: gewünschter Liefertermin, Nebenleistungen, Zahlungs- und Lieferbedingungen etc.

- **Anfragesammelbogen:** Der Anfragesammelbogen nimmt die Adressen der angefragten Lieferanten auf. Bei entsprechender Gestaltung bietet er die Möglichkeit, die Angaben der Angebote zu erfassen und die wirklichen Nettopreise darzustellen. Die Auswahl der Lieferanten wird dadurch erleichtert.

Grundsätzlich kann die Angebotseinholung in mündlicher oder schriftlicher Form erfolgen. Während sich die mündliche Einholung auf Materialien geringeren Wertes beschränkt (C-Materialien), ist die schriftliche Einholung von Angeboten bei A-Materialien und B-Materialien üblich. Für die schriftliche Einholung werden meist **Formulare** verwendet, die ein schnelles und genaues Ausfüllen gewährleisten. Sie können folgendes Aussehen haben:[128]

Feld für Lieferanschrift	Absender-Angaben Anfrage-Nr. vom				
Bitte unterbreiten Sie uns kostenlos bis spätestens ...Ihr Angebot für die nachstehend aufgeführten Positionen unter Zugrundelegung unserer rückseitig vermerkten Einkaufsbedingung					
Material-Nr.	Materialbenennung	Menge	Einheit	Preis pro Einheit	Preis gesamt
Liefertermin erwünscht: Zahlungsbedingungen: Lieferungsbedingungen:				Mit freundlichen Grüßen MASCHINENBAU GMBH	

Abb. 44: Formular für Angebotseinholung

---

[128] Vgl. Oeldorf, G./ Olfert, K.: Materialwirtschaft, a.a.O., S. 275.

Eine Angebotseinholung sollte wegen eventuell sich noch ergebender Marktveränderungen nicht zu früh vorgenommen werden. Erfolgt eine Angebotseinholung aber zu spät, kann das beschaffende Unternehmen bei der anschließenden Angebotsprüfung und Angebotsauswahl unter Zeitdruck geraten.

Man kann davon ausgehen, dass bei technisch ausgereiften Bedarfsmeldungen ca. 10 Tage vergehen, bis ein Angebot vorliegt. Bei unklaren Bedarfsmeldungen oder Innovationsfragen durch Rückfragen und Versuche kann sich diese Zeitspanne erheblich erhöhen.[129]

4.4.3 Angebotsprüfung und Angebotsvergleich

Die beim beschaffenden Unternehmen eingegangenen Angebote sind systematisch zu prüfen und zu vergleichen, um den leistungsfähigsten Lieferanten zu ermitteln. Im allgemeinen wird bei der Angebotsprüfung zwischen der formellen und der materiellen Angebotsprüfung unterschieden.[130]

Bei der **formellen** Angebotsprüfung werden in erster Linie

- die **Vollständigkeit** des Angebots,
- die **Übereinstimmung** des Angebots mit der Anfrage und
- die **Eindeutigkeit** des Angebots

untersucht. Bei dieser routinemäßigen Prüfung jedes Angebotes ist darauf zu achten, dass tatsächlich auch die nachgefragte Qualität angeboten wurde. Hauptsächlich bezieht sich die formelle Prüfung auf die vom Unternehmen gesetzten **Daten**:

Formelle Angebotsprüfung	
• Materialart,	• Lieferbedingungen,
• Materialmenge,	• Zahlungsbedingungen,
• Materialqualität,	• Erfüllungsort,
• Materialpreis,	• Gerichtsstand.

Abb. 45: Angebotsprüfung

Diese Daten sind teilweise auch in den Einkaufsbedingungen des beschaffenden Unternehmens festgehalten. Zweckmäßigerweise erfolgt diese formelle Prüfung unmittelbar nach dem Angebotseingang. Unklare oder unvollständige Angebote können dann durch Rückfragen noch rechtzeitig geklärt werden.

An die formelle Prüfung schließt sich als nächster Schritt die materielle Prüfung des Angebots an. Die **materielle** Prüfung erfordert eine prägnante Untersuchung aller bei der Lieferantenauswahl zu berücksichtigenden Faktoren:[131]

---

[129] Vgl. Arnolds, H./ Heege, F./ Tussing, W.: Materialwirschaft und Einkauf, a.a.O., S. 227 f.
[130] Vgl. Oeldorf, G./ Olfert, K.: Materialwirtschaft, a.a.O., S. 276.
[131] Vgl. Hartmann, H.: Materialwirtschaft, a.a.O., S. 386.

- **Preis, Preisgestaltung:** Die Preisanalyse erfolgt in zwei Schritten. Als erstes wird der Netto-Einstandspreis ermittelt, wobei es, um ihre Vergleichbarkeit herzustellen, zweckmäßig ist, alle Angebote zunächst auf eine einheitliche Preisbasis zu bringen (incl. aller Preisnebenbedingungen wie Rabatte, Skonti, Zölle, Frachtgebühren usw.). Als nächstes ist die Angemessenheit der Preise durch Vergleich mit amtlichen Notierungen, früheren Preisen oder im Rahmen einer Preisstrukturanalyse zu beurteilen. Der Schwerpunkt einer umfangreichen Preis- und Kostenanalyse sollte sich hauptsächlich auf A-Teile beschränken.

- **Qualität und Leistungen:** Bei der Prüfung der Qualität und des technischen Leistungsumfanges wird man sich der sachlichen Beurteilung der Bedarfsträger im Unternehmen oder besonderer Prüfstellen bedienen, sofern der Einkauf nicht selbst dazu in der Lage ist. Hierbei ist zu beachten, dass eine bessere als die verlangte Qualität für das beschaffende Unternehmen nicht unbedingt vorteilhaft ist, wenn dadurch der Preis höher liegt.

  Die Entscheidung, ob bei höherer Qualität ein höherer Preis gezahlt wird, sollte unter Berücksichtigung der betrieblich notwendigen und den Marktgegebenheiten auf der Absatz- und Beschaffungsseite zusammen mit dem Einkauf gefällt werden.

- **Lieferzeit:** Ein weiterer wichtiger Punkt ist die angebotene Lieferzeit, da in der Regel mit der Länge der Lieferzeit auch das Beschaffungsrisiko wächst. Lange Lieferzeiten führen auch zu hohen Sicherheitsbeständen, die wiederum mit hohen Lagerhaltungskosten und einem erhöhten Lagerrisiko verbunden sind.

  Damit verbunden ist auch eine Prüfung der **Termintreue** eines Lieferanten. Die erforderlichen Informationen kann der Einkäufer bei bekannten Lieferanten aus der Lieferantenkartei gewinnen.

- **Standort des Lieferanten:** Dieser Gesichtspunkt ist nach Kriterien wie Transportmöglichkeiten (Bahn, LKW), Entfernung (Transportdauer, -kosten und -risiko), Zollvorteilen (EU) usw. zu untersuchen.

- **Sonstige Faktoren:** Außer den genannten Faktoren sollte sich die Materialwirtschaft bei der Angebotsprüfung noch weitere Fragen stellen. Besteht beispielsweise die Möglichkeit zum Abschluss von Gegengeschäften oder könnten unternehmenspolitische (z.B. Konzerneinkauf), beschaffungspolitische (z.B. Zuverlässigkeit des Lieferanten) und volkswirtschaftliche (z.B. Förderung bestimmter Unternehmen) Faktoren eine Rolle spielen.

Die formelle und materielle Prüfung der einzelnen Angebote bildet die Grundlage für den anschließenden Angebotsvergleich. Als Hilfsmittel für diesen Vergleich werden in der Regel Formulare verwendet, die in übersichtlicher Form Aufschluss über die einzelnen Preiskomponenten geben sollen.

Neben einer Lieferantenauswahl durch Preisvergleich sollten noch weitere Kriterien in die Entscheidung einbezogen werden, wie oben bereits dargestellt wurde. Um auch diese Kriterien mit einzubeziehen, sind in Theorie und Praxis verschiedene Methoden entwickelt worden, die im allgemeinen wie folgt aufgebaut sind:[132]

---

[132] Vgl. Hartmann, H.: Materialwirtschaft, a.a.O., S. 393.

- Die Beurteilungskriterien werden fallspezifisch gewichtet. Die höchste Punktzahl (z.B. 30) wird für das wichtigste Kriterium, die niedrigste Punktzahl (z.B. 0) für unbedeutende Kriterien vergeben.

- Die Angebote werden bewertet, indem jedes Beurteilungskriterium eine bestimmte Punktzahl erhält. Die optimale Bewertung kann z.B. der Höchstzahl 10 entsprechen.

- Durch die Addition der gewichteten Einzelpunkte wird die Gesamtbewertung der Lieferanten errechnet.

Die praktische Anwendung ist in einem bewusst einfach gehaltenen Beispiel in der folgenden Tabelle dargestellt:

Teile-Nr............		Lieferant A		Lieferant B		Lieferant C	
Kriterien	Gewichtung	F	G	F	G	F	G
- Qualität	30	5	150	4	120	5	150
- Preis	30	5	150	3	90	4	120
- Terminsicherung	15	2	30	4	60	5	75
- Zuverlässigkeit	15	3	45	4	60	5	75
- Konditionen	5	4	20	5	25	2	10
- Lage	5	4	20	3	15	5	25
Summe	**100**		**415**		**370**		**455**

Abb. 46: Lieferantenbewertung

F = Faktor (0 = keine, 1 = geringste, 5 = beste Voraussetzungen)

G = Gewichtung

Aufgrund dieser Tabelle entspricht Lieferant C mit 455 Punkten am meisten den Anforderungen des Unternehmens. Nicht in jedem Fall wird aber das günstigste Angebot über die Auftragsvergabe entscheiden.

Pflege der Beziehungen zu Stammlieferanten und Risiken im Zusammenhang mit einem unbekannten Lieferanten können trotzdem zu der Wahl eines anderen Lieferanten führen.

Das Bewertungsschema, wie oben gezeigt, stellt keine Patentlösung dar, mit der man den optimalen Lieferanten (Lieferant C) ermitteln kann. Sie macht es aber möglich, eine Rangordnung unter den Lieferanten, über die Leistungsunterschiede untereinander zu veranschaulichen. Diese so gewonnenen Ergebnisse können bei Vergabeverhandlungen eine entscheidende Rolle spielen.

Es ist beispielsweise möglich:[133]

- bei den Vergabeverhandlungen jedem der eventuell in Frage kommenden Lieferanten die Ergebnisse zu präsentieren, um darzustellen, dass ein anderer Lieferant in einem oder mehreren Punkten besser abschneidet als er selbst. Aus Abb. 46 lässt sich schließen, dass der Lieferant C insgesamt am geeignetsten zu sein scheint, aber Lieferant A und B im Kriterium Konditionen die höhere Punktzahl erreicht haben. Nun ist es denkbar, Lieferant C in der Weise zu beeinflussen, dass für ihn z.B. die Möglichkeit besteht, Stammlieferant zu werden, aber im Zuge der guten Zusammenarbeit seine Schwachstelle "Konditionen" überdenken sollte (siehe 4.4.4 "Beschaffungsabschluss").

- durch die gewonnenen Ergebnisse eine gezielte Verteilung des Beschaffungsvolumens (z.B. Lieferant C: 60%, Lieferant A: 25% etc.) auf mehrere Stammlieferanten zu übertragen um den Wettbewerb zwischen den Lieferanten des Beschaffungsmarktes anzuregen und eine Abhängigkeit von einem Lieferanten zu vermeiden.

4.4.4 Beschaffungsabschluss

Liegt nach dem Angebotsvergleich ein überragendes Angebot eines Lieferanten vor, so folgt in den meisten Fällen unmittelbar die Bestellung. Es ist aber auch möglich, dass mehrere Angebote ähnlich günstig sind oder dass bei einzelnen Vergleichsfaktoren eine Verbesserung möglich erscheint. In diesen Fällen bietet sich die Möglichkeit von **Vergabeverhandlungen**, um letzte Unklarheiten zu beseitigen.[134]

4.4.4.1 Vergabeverhandlung

Der mit einer Vergabeverhandlung verbundene Aufwand an Zeit und Geld muss in einem wirtschaftlichen Verhältnis zu dem möglicherweise erzielbaren Erfolg stehen. Bei Kleinbestellungen, oder wenn feststeht, dass keine Verbesserungen erzielt werden können, sind daher Vergabeverhandlungen überflüssig.

Völlig anders ist hingegen die Situation, wenn es sich um periodischen Bedarf und langfristige Lieferverträge oder hochwertige A-Materialien handelt. In diesem Fall wird versucht, günstigere Preise, günstigere Liefer- und Zahlungsbedingungen und/oder kürzere Lieferzeiten zu erreichen.[135]

Will der Einkäufer seine Vorstellungen bei der Vergabeverhandlung durchsetzen, ist es sinnvoll, diese sowohl sachlich, organisatorisch, taktisch und persönlich vorzubereiten:[136]

- Im Rahmen der **sachlichen** Vorbereitung muss man sich über die zu erreichenden Ziele im klaren sein und einen Argumentationskatalog zusammenstellen (vgl. Abb. 47, um den Gesprächspartner im Sinne der Zielsetzung zu überzeugen).

---

[133] Vgl. Melzer-Ridinger, R.: Materialwirtschaft, a.a.O., S. 64.
[134] Vgl. Arnolds, H./ Heege, F./ Tussing, W.: Materialwirtschaft und Einkauf, a.a.O., S. 240 f.
[135] Vgl. Hartmann, H.: Materialwirtschaft, a.a.O., S. 396.
[136] Vgl. Arnolds, H./ Heege, F./ Tussing, W.: Materialwirtschaft und Einkauf, a.a.O., S. 241.

Mögliche Zielansprachen	Verwendbare Argumente
Anlieferungszeitpunkt verkürzen	Engpasssituationen, lange Geschäftsbedingungen, Konjunkturlage, Teillieferung
Einführung einer Konventionalstrafe	Darlegung möglicher Fehlmengenkosten, Lieferverzögerungen der Vergangenheit bzw. Erstauftrag, Hinweis auf Konkurrenzangebote
Preise senken	Ergebnis der Preisstrukturanalyse, Auftragsgröße, Vorauszahlung, Bestellung bestimmter Vorprodukte, Branchenvergleich, Mengenprognosen, Preisgleitklauseln
Übernahme von Werkzeugkosten	Auftragsgröße, Anschlussverträge, Zuschuss, Branchenvergleich
Qualitätsniveau heben	Hinweis auf Substitutionsmaterial, Auftreten von Reklamationen bei eigenen Fertigerzeugnissen, Verarbeitungsschwierigkeiten in der Fertigung, Ergebnisse der Qualitätsprüfung
Übernahme der eigenen Einkaufsbedingungen durch den Lieferanten	Eigene Stellung am Beschaffungsmarkt, starker Konkurrenzkampf der Lieferanten um Marktanteile, Zweifel an den Angaben des Angebots, Darlegung der Problematik einzelner Vertragsbestimmungen

Abb. 47: Zielansprachen und Argumente für Vergabeverhandlungen[137]

- Bei der **organisatorischen** Vorbereitung muss die Zusammensetzung des Verhandlungsteams, der Verhandlungstermin, die Sitzordnung und eine Zusammenstellung der notwendigen Dokumentation (z.B. Lieferantenkartei) festgelegt werden.
- Die **taktische** Vorbereitung spielt neben der Verhandlungskonzeption und ihrer Durchsetzung eine große Rolle. Es ist entscheidend, wie der Einkäufer seine Argumente vorbringt und wie er die Verhandlung gestaltet (defensiv oder offensiv). Dabei kann er nicht nach einem bestimmten Schema vorgehen, vielmehr muss er die Persönlichkeit und das Naturell seines Verhandlungspartner erkennen und seine Taktik danach auslegen. Der Verhandlungserfolg hängt also im wesentlichen vom psychologischen Einfühlungsvermögen und Verhandlungsgeschick des Einkäufers ab.
- Um seinen Verhandlungserfolg zu sichern, ist es im Rahmen der Vorbereitung auf die **Person des Verhandlungspartners** wichtig, dessen Motive und Charakterzüge zu erkennen. Um Informationen über die Person des Gesprächspartners zu erhalten, bietet die Literatur eine Fülle von Ansatzpunkten (vgl. Abb. 48).

4.4.4.2 Bestellung

Nach dem Abschluss der Vergabeverhandlungen bildet die **Bestellung** das letzte Glied der Beschaffungsdurchführung. Die Bestellung ist an besondere Formen gebunden und kann deshalb

- schriftlich (Brief, Vordruck),
- fernschriftlich (Telegramm, Fernschreiben, FAX) und
- mündlich (persönlicher Besuch, Telefon)

---

[137] Vgl. Arnolds, H./ Heege, F./ Tussing, W.: Materialwirtschaft und Einkauf, a.a.O., S. 242.

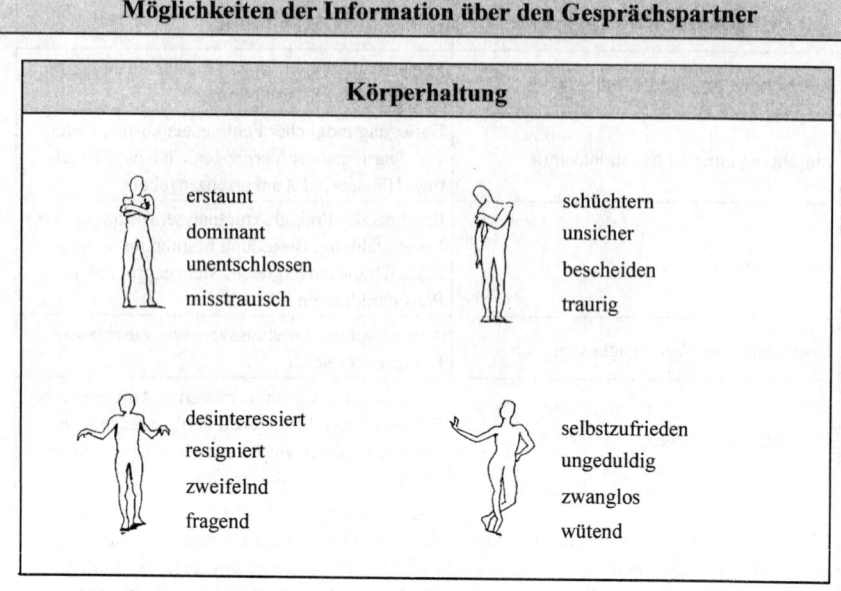

Abb. 48: Informationen über Motive und Charakterzüge[138]

erfolgen. In der heutigen Praxis wird aber überwiegend die schriftliche Form bevorzugt, um Missverständnisse auszuräumen, den juristischen Anforderungen zu genügen und um den innerbetrieblichen Informationsaustausch durch Bestellkopien zu vereinfachen.

---

[138] Vgl. Müller-Schwarz, U./ Weyer, B.: Präsentationstechnik, Wiesbaden 1991, S. 95

Dabei kommen in der Regel **Bestellformulare** zum Einsatz, die die allgemeinen Einkaufs- und Zahlungsbedingungen (Gerichtsstand, Rügefristen, Erfüllungsort etc.) festlegen. Durch eine übersichtliche Gestaltung des Formulars werden ferner alle auftragsspezifischen Vorschriften (Bestellnummer, Bestellmenge, Qualitätsangaben, Preis und Lieferzeit etc.) vom Benutzer abgefragt.[139]

Ist die Bestellung erteilt, übersendet der Lieferant in der Regel eine schriftliche **Auftragsbestätigung**. Für den Einkäufer ist diese Bestätigung von entscheidender Bedeutung, denn im Sinne einer sicheren Materialversorgung ersieht er, dass der Lieferant die Bestellung erhalten hat und in den Geschäftsgang gebracht hat. Außerdem werden dadurch vertragliche und juristische Differenzen sofort, und nicht erst bei Auslieferung der Bestellung, sichtbar.

4.4.5 Beschaffungskontrolle

Die Beschaffungskontrolle dient der Sicherstellung aller vertraglich vereinbarten Punkte und umfasst die folgenden drei Teilbereiche:[140]

(1) Terminüberwachung

Eine gewissenhafte Terminüberwachung ist von zentraler Bedeutung, denn es muss sichergestellt werden, dass die zu liefernden Materialien termingemäß eintreffen. Zu spät eintreffende Lieferungen führen zu Verzögerungen in der Produktion (Industrie) bzw. im Absatz (Handel), bei einer zu frühen Anlieferung hingegen kann es zu Problemen hinsichtlich der Lagerhaltung und der Liquidität kommen.

Für die **Terminkontrolle** kommen verschiedene Hilfsmittel in Betracht. Der Einkäufer kann beispielsweise über Karteikarten, Bestellkopien oder über eine EDV-gestützte Terminkontrolle die Terminüberwachung durchführen, um im gegebenen Fall schriftlich oder mündlich zu mahnen. Erfolgt der Eingang der Bestellung termingerecht, so hat der Einkäufer den Lieferanten karteimäßig zu entlasten. Die Frage, ob alle Termine überwacht werden sollen, ist aufgrund der Gegebenheiten des Einzelfalls zu entscheiden. In jedem Fall ist ein bestimmter Rhythmus für die Terminüberwachung (z.B. täglich, wöchentlich) festzulegen.

(2) Wareneingangskontrolle

Die Aufgabe der Wareneingangskontrolle ist es, die Richtigkeit aller eingegangenen Lieferungen und Leistungen zu prüfen und unverzüglich den Einkauf bzw. die Terminstelle sowie evtl. die Bedarfsträger über alle Wareneingänge zu informieren (siehe 6.2 Lagerwesen).

Um den Arbeitsaufwand zu reduzieren, werden **Wareneingangsmeldungen** in Form von Formularen eingesetzt. Die Aufgabe des Kontrolleurs ist es, einen Vergleich der Lieferung mit der Bestellung, eine Prüfung auf Schäden und eine Prüfung hinsichtlich Menge und Qualität (im Rahmen der Qualität durch Stichproben) durchzuführen. Zum Abschluss der Eingangskontrolle wird ein **Warenbefundbericht** erstellt und an den Einkauf weitergeleitet.

---

[139] Vgl. Oeldorf, G./ Olfert, K.: Materialwirtschaft, a.a.O., S. 281.
[140] Vgl. Hartmann, H.: Materialwirtschaft, a.a.O., S. 413 ff.

Die **optimale Lösung** ist, wenn der Käufer den Lieferanten dazu bewegen kann, die abnehmereigenen Wareneingangsscheinformulare auszufüllen und als Lieferschein zu verwenden. Diese Delegierung interner Aufgaben auf externe Lieferanten ist in der Automobilindustrie häufig anzutreffen und drückt kennzeichnend deren Marktstärke aus.

(3) Rechnungsprüfung

Die Rechnungsprüfung vergleicht die Lieferantenrechnung mit der Auftragsbestätigung, der Bestellung, den Wareneingangspapieren und dem Warenbefundbericht. Zu prüfen sind:

- Die Übereinstimmung der bestellten Menge und der eingetroffenen Menge mit der berechneten Menge.
- Der Preis je Einheit wie in der Bestellung aufgeführt.
- Die Zahlungsbedingungen in Bezug auf die Fälligkeitszeit und des in Betracht kommenden Skontos.
- Die Verpackungskosten und die eventuelle Rücksendung von Leihverpackungen.
- Die Transportkosten.

Der zuvor beschriebenen sachlichen Prüfung schließt sich eine rechnerische Prüfung an. Wegen des hohen Arbeitsaufwands werden in der Praxis verschiedene **Vereinfachungen** des Prüfvorgangs angewendet:

- Sammelrechnungen,
- Nichtprüfung von Kleinstrechnungen,
- Globale Prüfung,
- Stichprobenprüfung,
- EDV / Bildschirm,
- Rücksendung einer vom Lieferanten ergänzten Bestellkopie als Rechnung.

Auch bei der Rechnungsprüfung kann man wertvolle Rationalisierungsmaßnahmen aus dem ABC-System ableiten, wie das folgende Beispiel verdeutlicht:

Beispiel 6:

Es werden nicht alle Eingangsrechnungen sachlich und rechnerisch geprüft, sondern die Intensität der Prüfung kann wie folgt abgestuft werden:

- Rechnungen unter 100,- EUR — werden nur global geprüft
- Rechnungen von 100,- EUR bis 3000,- EUR — werden in Stichproben ca. 30 - 40 % geprüft
- Rechnungen von 3000,- EUR bis 6000,- EUR — werden in Stichproben ca. 60 - 70 % geprüft
- Rechnungen über 6000,- EUR — werden einer Vollkontrolle unterzogen

Auf jeden Fall ist es die Aufgabe des Rechnungsprüfers, Wareneingang und Rechnung zu vergleichen, um festzustellen, ob für die Rechnung überhaupt eine Leistung erfolgte. Für die Aufgaben der Rechnungsprüfung ist in der Praxis meist der Einkauf zuständig. In Großbetrieben kann es aber auch möglich sein, dass die Rechnungsprüfung eine eigene Abteilung bildet, im anderen Fall der Finanzabteilung, dem Rechnungswesen oder der Revision unterstellt ist.

5 Logistische Fragen

5.1 Transportwesen

Unter **Transport** versteht man die Raumüberbrückung oder Ortsveränderung von Transportgütern oder Personen mit Hilfe von Transportmitteln. Jedes **Transportsystem** besteht aus dem **Transportgut**, dem **Transportmittel** und dem eigentlichen **Transportprozess**.

Das Ziel des Transportwesen besteht in der Sicherung der Verfügbarkeit der benötigten Güter und Leistungen bei den Bedarfsträgern durch Steuerung und Planung von Transporten. Weiterhin ist darauf zu achten, dass der Materialfluss systematisch geplant wird, um zur Senkung der Materialflusskosten beizutragen. Die in diesem Zusammenhang anfallenden **Aufgaben** sind im wesentlichen:[141]

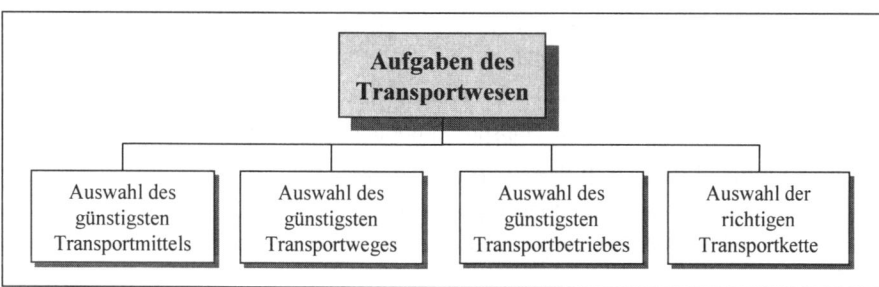

Abb. 49: Aufgaben des Transportwesens

Das Transportwesen lässt sich grundsätzlich in zwei Teilbereiche, den innerbetrieblichen und den außerbetrieblichen Transport, einteilen.

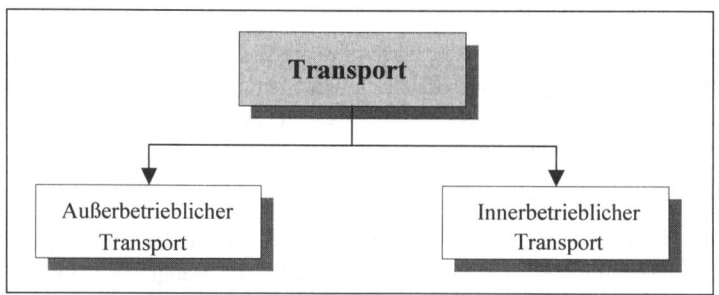

Abb. 50: Teilsysteme des Transportwesens

---

[141] Vgl. Pfohl, H.-Ch.: Logistiksysteme, 4. Auflage, Berlin/ Heidelberg/ New York/ Tokyo 1990, S. 158.

5.1.1 Außerbetrieblicher Transport

Unter außerbetrieblichem Transport versteht man den Transport vom Lieferanten zum Kunden, den Transport zwischen verschiedenen Werken bzw. zwischen verschiedenen Lagerhäusern eines Unternehmens sowie zwischen deren Werken und Lagerhäusern.[142]

Innerhalb der Materialwirtschaft muss dafür gesorgt werden, dass insbesondere bei transportkostenintensiven Gütern die Wahl der Beförderungsart nicht einfach dem Lieferanten überlassen wird. Dazu müssen Entscheidungen über den möglichen **Transportweg** (z.B. Schiene, Straße, Luft, Wasser, Pipeline), über die möglichen **Transportmittel** (z.B. Lastkraftwagen, Eisenbahn, Flugzeug, Schiff, Pipeline) und über die möglichen **Transportbetriebe** (z.B. eigener Werkverkehr oder fremde Spedition) getroffen werden. Die Auswahl der günstigsten **Transportkette**, d.h. einer aus mehreren Teilverkehrsleistungen bestehenden Gesamttransportleistung, des zweckmäßigsten Transportweges und Transportmittels ist eine sehr komplexe Entscheidung. Zu den **Einflussfaktoren**, die im Rahmen der Transportkette berücksichtigt werden müssen, zählen:[143]

- Standort des eigenen Betriebes und des Lieferanten,
- Zugänglichkeit zum Transportnetz,
- die zu überbrückende Entfernung,
- Produktbeschaffenheit, Art der Verpackung und Transportfähigkeit der Güter sowie Größe der Bestellmengen,
- Sicherheit und Schnelligkeit, Pünktlichkeit und Zuverlässigkeit sowie Ladekapazitäten der einzelnen Transportmittel,
- gesetzliche Bestimmungen und behördliche Vorschriften,
- die Kosten der verschiedenen Transportmittel und -wege.

Diese Einflussfaktoren sollen einen Überblick über die wesentlichen Teilaspekte der Untersuchung von Transportleistungen geben, wobei grundsätzlich zu beachten ist, dass die Auswahl der geeigneten Beförderungsart nicht nur aus Kostensicht betrachtet werden darf.

So können z.B. günstigere Transportkosten eines nahegelegenen Lieferanten durch einen niedrigeren "Ab-Werk-Preis", durch bessere Qualität oder größere Liefertreue eines entfernteren Lieferanten kompensiert werden. Aus diesen Gründen bestehen zwischen der Auswahl des Transportmittels und Transportweges und der Lieferantenauswahl sehr enge Beziehungen.[144]

Auf dem **europäischen Markt** kommt es durch die Zunahme von Konkurrenten zu vielen neuen Anforderungen einerseits an die Unternehmen und andererseits auch an die Speditionsunternehmen. Aus diesem Grunde sollen im Rahmen des außerbetrieblichen Transports die Verkehrsträger Straße und Bahn kurz in groben Zügen dargestellt werden.

- **Straßengütertransport:**

Unter dem Gesichtspunkt der Beförderungsmengen nimmt der Straßengütertransport den ersten Platz ein. Das hängt vor allen Dingen mit dem engmaschigen Straßennetz,

---

[142] Vgl. Pfohl, H.-Ch.: Logistiksysteme, a.a.O., S. 157.
[143] Vgl. Arnolds, H./ Heege, F./ Tussing, W.: Materialwirtschaft und Einkauf, a.a.O., S. 364 ff.
[144] Vgl. ebd., S. 238.

der großen Anpassungsfähigkeit an Transportanforderungen sowie dem Haus-zu-Haus-Verkehr, der ohne einen Wechsel der Transportmittel ermöglicht wird, zusammen. Diese Vorteile, die kurze Transportzeiten, Flexibilität und schadenfreie Zulieferungen in sich bergen, wirken positiv auf die Terminsicherung, die Sicherheitsbestände und auf ein gutes Preis-/Leistungsverhältnis.

Der **gewerbliche Güterkraftverkehr** wird in einen erlaubnispflichtigen Nahverkehr und einen genehmigungspflichtigen Fernverkehr unterteilt. Die Preisbildung im **Nah-** und **Fernverkehr** erfolgt nach festgelegten Tarifen (Güternahverkehrstarif GNT, Reichskraftwagentarif RKT), die zwingendes Recht darstellen. Durch die Nutzung der wettbewerbsbedingten Preisspielräume kann der gut informierte Einkäufer beispielsweise aufgrund einer starken Stellung als Nachfrager oder durch größere Einkaufsmengen, bestimmte Preisnachlässe im Stückgut- und Ladungsverkehr erzielen.

Der **Werkverkehr** (Eigenverkehr) ist nach den Bestimmungen des Güterkraftverkehrsgesetzes (GüKG) ein Transport mit eigenen Kraftfahrzeugen und Fahrern für eigenen Zwecke. Der **Vorteil** des Werkverkehrs liegt in der jederzeitigen Verfügbarkeit und leichteren Disposition, sowie in der Spezialisierung auf betriebsindividuelle Transportaufgaben.

- **Schienengütertransport:**

Wegen seiner Wettbewerbsvorteile hat der LKW die Eisenbahn aus dem Nah- und Flächenverkehr zum großen Teil verdrängt.[145] Das liegt zum einen an den hohen Stillstandszeiten der Eisenbahn im Nahverkehr und zum anderen an der geringeren Netzdichte des Eisenbahnnetzes im Gegensatz zum Straßennetz. Zudem hat sich die Bahn international mit verschiedenen Standards auseinander zusetzen. Verschiedene Netzspannungen oder unterschiedliche Spurbreiten verzögern häufig den Transport oder machen einen zusätzlichen Umschlag der Waren erforderlich.

Weiterhin müssen beim Bahntransport häufig aufwendigere Verpackungen eingesetzt werden. Dies hat zur Folge, dass höhere Verpackungskosten, ein höheres Transportgewicht und eventuell entstehende Rücksendekosten den Schienengütertransport unrentabel erscheinen lassen.

Trotz der erwähnten Nachteile kann es von Vorteil sein, den Gütertransport mit der Bahn durchzuführen. Im **Fernverkehr** beispielsweise sind die durchschnittlichen Transportgeschwindigkeiten der Bahn höher als beim Straßengütertransport. Allerdings können diese Zeitvorteile durch Umladeprozesse, von Zug zu Zug oder LKW zu Zug, wieder verloren gehen.

Eine **Kombination** der Vorteile zwischen Schienengüter- und Straßengütertransport veranschaulicht das Dortmunder Frauenhofer-Institut für Materialfluss und Logistik (IML). Es zeigt, eine vom Bundesministerium für Forschung und Technologie unterstützte Studie, neue Wege für eine Leistungssteigerung der Bahn auf.[146] Das zu entwickelnde Konzept mit der Bezeichnung "**Cargo 2000**" sollte der Bahn die gleiche Fähigkeit im kombinierten Verkehr zwischen Straße und Schiene ermöglichen, wie einem Kleingutspediteur.

---

[145] Vgl. Pfohl, H.-Ch.: Logistiksysteme, a.a.O., S. 163 ff.
[146] Vgl. Hülsmann, A.: Logistikbox bringt Bahn in Schwung, VDI-Nachrichten Nr. 46, 13.11.1992, S. 30.

Ein neu entwickelter Transportbehälter, die Logistikbox, soll eine Schnittstelle zwischen LKW und Güterzug bilden. Die geschlossenen Transportwürfel wurden so konstruiert, dass die Nutzung vorhandener Trägerfahrzeuge wie LKW oder Schienen-Tragwagen gewährleistet ist. Dadurch wird die Abholung und Anlieferung per LKW möglich, der Haupttransport findet auf der Schiene statt. Der zusätzliche Vorteil liegt darin, dass der Transportbehälter auch für alle üblichen Transport- und Umschlageinrichtungen beim Kunden geeignet ist.

Weitere Schritte zum Konzept "Cargo 2000" sind die Verkürzung von Transportzeiten durch Linienzüge, in denen ohne zwischenzeitliches Rangieren die Ware direkt zum Zielbahnhof gebracht wird. Zusätzlich bemüht sich die Deutsche Bundesbahn (DB) Schiene und Straße in der Art zu kombinieren, indem sie im **Huckepackverkehr** die Straßenfahrzeuge als Ladeeinheit über große Entfernungen auf den Schienenfahrzeugen mitrollen lässt. Wie bei den Straßengütertransporten sollte auch bei den Leistungen der DB der Einkäufer alle Vergünstigungsmöglichkeiten durch die Inanspruchnahme von zahlreichen Ausnahmetarifen ausschöpfen.[147]

5.1.2 Innerbetrieblicher Transport

Unter innerbetrieblichen Transport versteht man den Transport innerhalb der betrieblichen Einheit von einem Produktionsort zum anderen oder den Transport in oder zwischen verschiedenen Bereichen eines Lagerhauses.

Jeder innerbetriebliche Transport ist unproduktiv. Man sollte daher stets bestrebt sein, Transporte weitgehend zu vermeiden und auf ein Minimum zu beschränken. Die Hauptaufgabe der neuzeitlichen Materialflussplanung ist daher die optimalen Anordnung von Gängen und Regalen inner- und außerhalb von Lagern. Ziel ist, dass die Summe der Transportwege je nach Transporthäufigkeit und Materialvolumen möglichst gering ist (Prinzip des Transportkostenminimums).[148]

Um einen **optimalen Transportfluss** zu erreichen, besteht nicht nur die Aufgabe, die kürzesten Transportrouten festzulegen, sondern es muss auch eine zweckmäßige Technizität der innerbetrieblichen Transport bzw. Fördermittel eingesetzt werden.

Die Transportmittelauswahl verlangt die Beachtung technisch-wirtschaftlicher Grundsätze und eine Anpassung an die jeweiligen betrieblichen Gegebenheiten. Zur Erleichterung der Auswahl können Materialflussbögen zur Untersuchung des Materialflusses eingesetzt werden.

Schließlich ist in die Materialflussplanung das **Handling** der Materialien mit einzubeziehen, wie Be- und Entladen, Ein-, Um- und Auspacken, Signieren, Bildung und Auflösung von Ladeeinheiten (z.B. Palettieren, Depalettieren).[149]

5.1.3 Transportmittel

Die Einteilung der Transportmittel und -hilfsmittel des innerbetrieblichen Transports erfolgt nach technisch-konstruktiven Merkmalen. Im Rahmen der modernen Fördertech-

---

[147] Vgl. Arnolds, H./ Heege, F./ Tussing, W.: Materialwirtschaft und Einkauf, a.a.O., S. 240.
[148] Vgl. Hartmann, H.: Materialwirtschaft, a.a.O., S. 446.
[149] Vgl. Arnolds, H./ Heege, F./ Tussing, W.: Materialwirtschaft und Einkauf, a.a.O., S. 363 f.

nik stehen eine Vielzahl von Möglichkeiten zur Auswahl, von denen hier nur ein grober Überblick über die wichtigsten gegeben werden kann. Dabei erfolgt die klassische Einteilung der Transportmittel nach der Bauform, wie dies Abb. 51 zeigt.

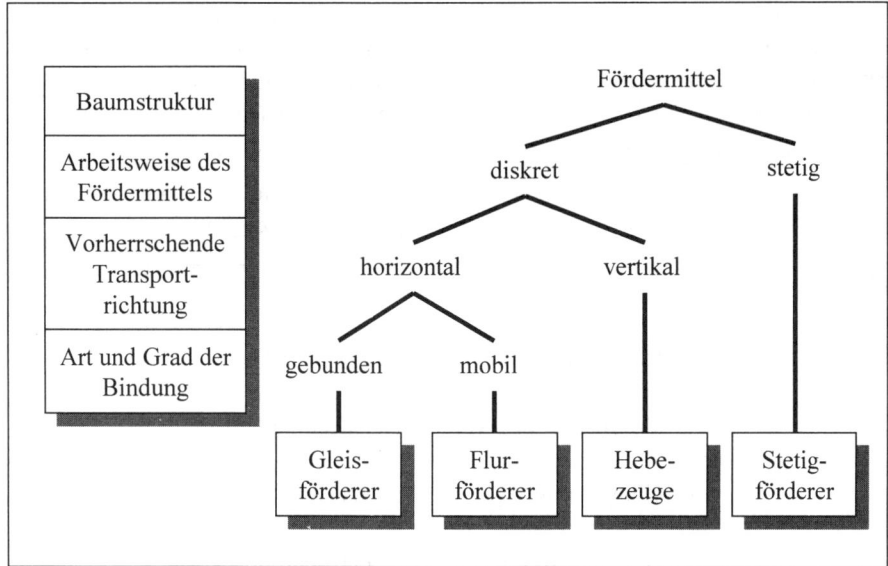

Abb. 51: Gliederung der Transportmittel nach Bauformen[150]

Im folgenden soll ein Überblick der klassischen Einteilung der Transportmittel nach Bauform in Gleisförderer, Flurfördermittel, Hebezeuge und Stetigförderer erfolgen:[151]

- **Gleisförderer:**

Kennzeichnend für die Gleisförderer ist, dass sie der Zwangsläufigkeit des Förderweges unterliegen.

- **Flurfördermittel:**

Sie zählen zu den diskreten Fördermitteln. Sie arbeiten nicht kontinuierlich, sondern intermittierend, wobei das Transportgut normalerweise bei Stillstand der Förderelemente auf- und abgeladen wird. Grundsätzlich kann bei diesem Transportmittel unter Flurfördermittel und freien Flurfördermitteln unterschieden werden.

Zu den Flurfördermitteln gehören Handkarren, Hubwagen und Gabelstapler. Eine Übersicht der Typenvielfalt ist in DIN 15 140 festgelegt. Unter flurfreien Fördermitteln versteht man alle sich nicht am Boden bewegende Transportmittel. Darunter fallen Drehkrane, Portalkrane, Hängekrane usw.

- **Hebezeuge:**

Sie sind dadurch gekennzeichnet, dass sie in ihren räumlichen Einsatzgebieten begrenzt sind, wobei sie meistens neben ihren reinen Hubbewegungen auch Translations- und/

---

[150] Egli, P.: Integrierte Transportsysteme-Transportmittel. In: Rupper, P. (Hrsg.): Unternehmenslogistik, Ein Handbuch für Einführung und Ausbau der Logistik im Unternehmen, Zürich 1987, S. 184.
[151] Vgl. Lahde, H.: Neues Handbuch der Lagerorganisation und Lagertechnik, München 1967, S. 448 ff.

oder Rotationsbewegungen ausführen können. Eine starre vertikale Führung besitzen beispielsweise Hebebühnen und Aufzüge.

- **Stetigfördermittel:**

Hierbei handelt es sich um zumeist ortsfeste, in manchen Fällen aber auch bewegliche Einrichtungen, die das Fördergut kontinuierlich von der Aufnahme- zur Abnahmestelle befördern. Dazu gehören Rutschen, Fließbänder, Rollenbahnen, Kreisförderer, Pipelines usw. Eine Übersicht der Typenvielfalt ist in DIN 15 201 festgelegt.

In der Praxis wird häufig ein Großteil dieser Transportmittel miteinander kombiniert. Das die kapazitive Harmonisierung der Transportmittel notwendig ist, sollen die folgenden maximalen Leistungswerte der angegebenen Fördermittel zeigen:[152]

Fördermittel	
• **Rollenbahn**	720 Paletten/ Stunde
• **Tragkettenförderer**	450 Paletten/ Stunde
• **Hängebahn**	425 Paletten/ Stunde
• **Etagenförderer**	300 Paletten/ Stunde
• **Verschiebewagen**	160 Paletten/ Stunde
• **Verschiebehubwagen**	110 Paletten/ Stunde

Bei der Planung muss das schwächste Glied in der Kette (in diesem Fall der Verschiebehubwagen) berücksichtigt werden, sonst ist eine optimale Materialflussplanung nicht möglich und es ist mit Störungen zu rechnen.

5.2 Lagerwesen

Das Lagern ist neben dem Transportieren eine weitere **logistische Grundfunktion**. Im Rahmen des betrieblichen Umsatzprozesses folgt der Vorgang der Lagerung zeitlich auf den Beschaffungsvorgang.

Er beginnt, wenn das vom Lieferanten angelieferte Material übernommen und geprüft worden ist und endet, wenn das an den Kunden zu verteilende Material das Unternehmen verlässt.[153] Die in diesem Zusammenhang anfallenden Aufgaben und Teilbereiche werden im folgenden erläutert.

An dieser Stelle muss noch darauf hingewiesen werden, dass die auf die Vorratshaltung bezogenen Ziele der Lagerpolitik nicht Gegenstand dieses Abschnitts sind, sondern im Zusammenhang mit dem Zielsystem der Materialwirtschaft (siehe 1.2) und der Materialdisposition (siehe 4.) behandelt wurden.

---

[152] Vgl. Hartmann, H.: Materialwirtschaft, a.a.O., S. 429.
[153] Vgl. ebd., S. 427.

5.2.1 Begriff, Arten und Aufgaben der Läger

Der Begriff Lager wird unterschiedlich gebraucht und kann die folgenden verschiedene Begriffsinhalte umfassen:[154]

- Die eingelagerten Gegenstände selbst.
- Die Räume und Einrichtungen, in denen die Materialien bevorratet werden.
- Die Lagerverwaltung, die für die Lagerung und Abrechnung die Verantwortung trägt.

Eine eindeutige Definition des Lagerbegriffs erweist sich deshalb als schwierig, weil das Lager je nach Wirtschaftszweig (Industriebetrieb, Handelsbetrieb oder Verkehrsbetrieb) unterschiedliche Funktionen zu erfüllen hat.

Im weiteren Verlauf soll sich die Untersuchung auf die Lagerhaltung eines Industriebetriebes beschränken, da sich besonders bei diesem vielfältige betriebswirtschaftliche Probleme auftun.

Im Industriebetrieb kann man in Anlehnung an den Betriebsablauf drei **Arten** von Läger unterscheiden:[155]

1. die zeitlich **vor** der Produktion befindlichen Roh-, Hilfs- und Betriebsstoffläger,
2. die zeitlich **mit** dem Produktionsprozess verlaufenden Zwischenläger,
3. die zeitlich **nach** der Produktion verlaufenden Fertigwarenläger.

Dabei lassen sich in der Praxis eine Reihe von unterschiedlichen Lagertypen unterscheiden:

- **Eingangsläger**, in welchen die Materialien nur vorübergehend gelagert werden.
- **Haupt- oder Zentralläger**, die alle für die Fertigung notwendigen Materialien übernehmen.
- **Hilfs- oder Reserveläger**, die als eine Art Vorratslager eventuell Überschussmengen aus Gelegenheitskäufen aufnehmen.
- **Zollgut- oder Zollaufschubläger**, die aufgrund der verschiedenen Zollauflagen anzulegen sind.
- **Hand- oder Werkstoffläger**, die das für spezifische Arbeitsplätze notwendige Klein-material und die Werkzeuge bereithalten.
- **Eingangsläger**, in denen keine Materialien, sondern Güter des Anlagevermögens wie Maschinen, Vorrichtungen und Modelle vorübergehend gelagert werden.
- **Konsignationsläger**, die vom Lieferanten auf eigene Kosten beim Kunden eingerichtet und mit Waren beschickt werden. Mit Hilfe eines Konsignationslagers lassen sich sowohl im beschaffenden Unternehmen als auch beim Lieferanten Kosten senken. Rechtliche Grundlage der Geschäftsbeziehungen ist der Konsignationslagervertrag. In jedem Fall ist die Wirtschaftlichkeit des Konsignationslagers, z.B. durch Einsatz einer Checkliste, zu überprüfen.[156]

---

[154] Vgl. Korndörfer, W.: Allgemeine Betriebswirtschaftslehre, a.a.O., S. 230 f.
[155] Vgl. ebd., S. 231.
[156] Vgl. Eschenbach, R.: Erfolgspotential Materialwirtschaft, a.a.O., S. 232.

Fasst man diese drei Arten von Lägern und ihre grundsätzlichen Aufgaben zusammen, so kann man abschließend sagen, dass die Lagerhaltung folgende Funktionen erfüllt:[157]

1. **eine Versorgungs- und Sicherungsfunktion:** sie versorgen die Produktion mit Materialien, um einen reibungslosen Ablauf der Fertigung zu sichern;

2. **eine Ausgleichsfunktion:** sie ermöglichen den Ausgleich von Marktschwankungen in Beschaffung und Absatz sowie bei diskontinuierlicher Produktion;

3. **eine Produktivfunktion:** sie realisieren als Teil des Produktionsprozesses einen bestimmten Reife- oder Gärungsprozess (z.B. Weinherstellung, qualitative Veränderungen bei der Lagerung von Holz usw.);

4. **eine Spekulativfunktion:** Dieser wurde bisher kaum Beachtung geschenkt. Spekulativlager können beispielsweise als Folge unternehmerischer Disposition entstehen, die in bestimmten Preisentwicklungen ihre Ursache haben.

5.2.2 Lagerplanung

Ein Idealzustand wäre erreicht, wenn man die benötigten Materialien unmittelbar vor der Verarbeitung dem Unternehmen zuführen könnte. Da sich dieser Zustand in der Praxis nicht realisieren lässt, wird versucht, die Vorratsmenge so niedrig zu bemessen wie es die Sicherheit erlaubt. Aber nicht allein die Menge ist für eine optimale Lagerplanung entscheidend, sondern auch die Art und Bewegung (Transport) sind entscheidende Faktoren.

Ein Lager muss sich unter Berücksichtigung der räumlichen und baulichen Gegebenheiten in den Materialfluss einordnen. Dabei ist die Wirtschaftlichkeit eines Lagers weitgehend von einer funktionsgerechten Planung abhängig.

Die in diesem Zusammenhang zu lösenden Kernprobleme sind:[158]

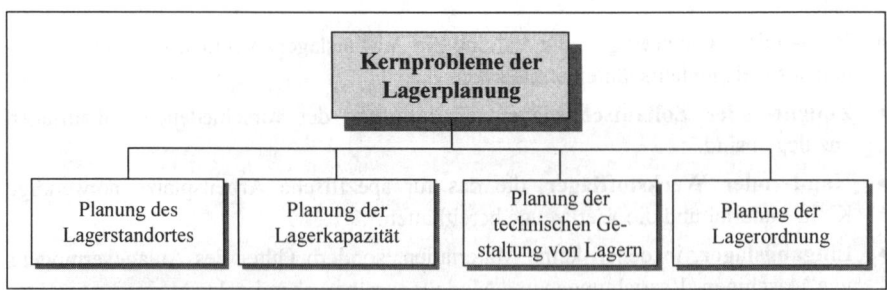

Abb. 52: Lagerplanung

(1) Planung des Lagerstandortes:

Der **Standortwahl** des Lagers geht die Grundsatzentscheidung voraus, ob zentral oder dezentral gelagert werden soll. Die Vorteile einer **zentralen Lagerung** liegen in der besseren Nutzung von Raum, Transportmitteln und Personal. Ein **dezentrales Lager** kann dann in Frage kommen, wenn die Wege innerhalb eines Zentrallagers oder dorthin im Werksgelände zu weit sind.

---

[157] Vgl. Korndörfer, W.: Allgemeine Betriebswirtschaftslehre, a.a.O., S. 232.
[158] Vgl. Hartmann, H.: Materialwirtschaft, a.a.O., S. 432 ff.

Weitere Gründe für die Bildung von dezentralen Lagern sind: technisch unproblematische Lagerung, hohe Entnahmehäufigkeit und große Materialmengen, die an verschiedenen Stellen im Betrieb benötigt werden. In der Praxis findet man häufig eine Kombination von zentralen und dezentralen Lagern vor. Der **optimale Standort** wird durch das Gesamtkostenminimum aus Lagerhaltungskosten und Transportkosten bestimmt.

(2) Planung der Lagerkapazität:

Ausgangspunkt der **Kapazitätsplanung** ist der Raumbedarf der Lagermaterialien unter Berücksichtigung der Lagerbestandsplanung. Dazu kommen noch der Platzbedarf für Ein-, Aus- und Umlagerungen, für Kontroll- und Kommissioniervorgänge, für Transportanlagen etc.

In diesem Zusammenhang ist eine genaue Analyse der zu lagernden Materialien erforderlich und ihre wesentlichen Charakteristika sind zu erfassen:

- Abmessungen,
- Gewichte und besondere Bedingungen (z.B.: Kälte, Hitze, Bruchgefahr, Giftstoffe),
- Einheiten als Verpackungs-, Transport- und Lagereinheiten (z.B. Paletten, Behälter),
- Eingangsmengen je Zeiteinheit und Materialposition,
- Entnahmemengen und Entnahmehäufigkeit.

Damit der Lagerbereich im Rahmen von expansiven Unternehmensentscheidungen nicht zum Engpass wird, der nur durch kostenintensive Umbauten dem Leistungsquerschnitt der anderen Unternehmensbereiche angepasst werden kann, sind bei der Planungskonzeption spätere Erweiterungsmöglichkeiten mit einzubeziehen.

(3) Planung der technischen Gestaltung des Lagers:

Die **technische Gestaltung** des Lagers wird im wesentlichen durch die Art des zu lagernden Materials und die Methoden der Ein- und Auslagerung bestimmt und bezieht sich vor allem auf die Planung der Lagerbauart und der **Lagereinrichtungen**. Hinsichtlich der **Lagerbauart** kann man unterscheiden in:

- offene Läger (z.B. eingezäunte Lagerplätze),
- halboffene Läger (z.B. überdachte Lagerflächen),
- geschlossene Läger (z.B. Gebäude, Hallen),
- Spezialläger (z.B. Silos, Tanks).

Die auszuwählende Bauart wird zum einen von den physikalisch-chemischen Eigenschaften des Materials und zum anderen von der Notwendigkeit eines geradlinigen Materialflusses bestimmt.

Unter **Lagereinrichtungen** sind alle Hilfsmittel zu verstehen, auf denen Materialien am Stapelort oder während des Transport gelagert werden. Zur Reduzierung der Handlingskosten sollte im Lager der Grundsatz beachtet werden:

> Liefereinheit = Transporteinheit = Lagereinheit = Entnahmeeinheit

Dabei kann zwischen **festen** (z.B. Schränke, Vitrinen, Regale) und **beweglichen** (z.B. Lagerbehälter, Paletten) Lagereinrichtungen unterschieden werden.

(4) Planung der Lagerordnung:

Unter **Lagerordnung** versteht man betriebliche Regelungen zur Platzierung von Lagergütern im Lager. Dabei lassen sich grundsätzlich zwei Möglichkeiten unterscheiden:[159]

- starre Zuordnung (Festplatzsystem),
- flexible Zuordnung (chaotische Lagerung).

Bei der **starren Zuordnung** erhält jedes Lagergut einen festgelegten und reservierten Lagerplatz. Der wichtigste **Vorteil** des Festplatzsystems ist die Übersichtlichkeit des Lagers, durch die die Mitarbeiter des Lagers, aber auch andere zur Entnahme oder Kontrolle berechtigte Mitarbeiter die gesuchten Materialien leicht finden. Feste Lagerplätze erleichtern zudem auch dem Personal des Lieferanten oder Spediteuren die Arbeit bei der Einlagerung bzw. Pflege der Bestände.

Die Lagerplätze werden meist nach ähnlichen Materialarten (z.B. Werkzeuge, Rohstoffe, Büromaterial etc.) oder nach Verwendergruppen (z.B. Material für die Fertigung, die Verpackung, die Verwaltung etc.) geordnet. Als **Nachteil** eines Festplatzsystem ist der hohe Raumbedarf zu sehen, der nach Maßgabe der geplanten höchsten Belegung freigehalten wird.

Im Gegensatz zur starren Zuordnung wird bei der **chaotischen Lagerung** der jeweils nächstliegende freie Lagerplatz belegt. Eine Entnahme erfolgt ebenfalls, sofern nicht produktionstechnische Gründe dagegen sprechen, vom jeweils günstigst gelegenen Standort aus (First-in-first-out-Prinzip). Eine Materialart kann hier auf mehrere unterschiedliche Lagerorte verteilt sein.

Der **Vorteil** des chaotischen Systems ist vor allem der ökonomische Umgang mit Lagerraum, da keine reservierten Lagerflächen vorhanden sein müssen.

Der größte **Nachteil** dieser Lagerordnung ist der hohe, kostenintensive, organisatorische Aufwand, der meist nur mit Hilfe eines EDV-Systems oder eines aufwendigen Kartensystems bewältigt werden kann. Nur durch diese Hilfsmittel kann gewährleistet werden, dass freie Lagerplätze und die eingelagerten Materialien auch gefunden werden, wobei die Voraussetzung eines EDV-gesteuerten Systems ein sinnvoller Materialschlüssel ist.

5.2.3 Lagerhaltung

Die Aufgaben der Lagerhaltung ergeben sich zum einem aus dem Beschaffungsvollzug und zum anderen aus der Vorratshaltung und aus der Versorgung des Fertigungsbereiches mit den benötigten Materialien. Der Lagerungsablauf vollzieht sich in der Regel in folgenden Schritten:[160]

- Materialannahme und Identitätsprüfung,
- Materialprüfung,
- Materialein- und -umlagerung,
- Materialauslagerung bzw. Materialausgabe.

---

[159] Vgl. Eschenbach, R.: Erfolgspotential Materialwirtschaft, a.a.O., S. 231.
[160] Vgl. Hartmann, H.: Materialwirtschaft, a.a.O., S. 450 ff.

(1) Materialannahme und Identitätsprüfung:

Die **Warenannahme** ist verantwortlich für die korrekte Materialannahme und Weiterleitung an die jeweiligen Bedarfsträger (z.B. Lager, Fertigung, Vertrieb usw.). Sie soll weiterhin die Bedarfsträger fehlerfrei, aktuell und vollständig über den Materialeingang informieren.

In der Praxis ist der Materialeingang meist zentral organisiert, nur in Ausnahmefällen, wenn z.B. zusätzliche innerbetriebliche Transporte notwendig werden oder ab einer gewissen Unternehmensgröße, kann sie auch dezentral organisiert sein.

Die Annahme der Waren selbst besteht in dem Entladen der Lieferfahrzeuge sowie dem Entgegennehmen der gelieferten Materialien. Anhand der Begleitpapiere wird dann eine erste Überprüfung der Richtigkeit der Lieferung vorgenommen.

Ist eine Identifizierung nicht möglich, so ist der Einkauf unverzüglich zu informieren, um entsprechende Maßnahmen einzuleiten. Jede Materialannahme wird mit einer Wareneingangsmeldung festgehalten, die in größeren Unternehmen als Unterlage für Fertigungssteuerung, Einkauf, Rechnungsprüfung etc., dient.

(2) Materialprüfung:

Im Anschluss an die Warenannahme erfolgt im Regelfall eine quantitative und eine qualitative **Materialprüfung**. Eine Weitergabe der Lieferung an die Bedarfsträger kann erst nach Abschluss dieser Prüfungen erfolgen.

Im Rahmen der **quantitativen Prüfung** wird ein Vergleich zwischen Bestellmenge und Lieferung oder zwischen Begleitpapieren und Lieferung durch eine einfache Zähl-, Mess- oder Wiegekontrolle durchgeführt. Diese Prüfung wird meist durch die Warenannahme erledigt.

Die daran anschließende **qualitative Prüfung** ist wohl der wichtigste Teil der Materialprüfung und hat die Aufgabe, die Qualität der Einkaufsteile sicherzustellen, um die Qualität der Fertigprodukte garantieren zu können.

Wenn die Qualitätskontrolle mit Hilfe von Prüfvorschriften und Prüfplänen abgeschlossen ist, werden die Ergebnisse in einem Abschlussbericht zusammengefasst. Mit der Fertigmeldung von Prüfarbeiten werden eine Anzahl von Tätigkeiten ausgelöst:

- Verbuchung und Freigabe der unbeanstandeten Lieferung / Teile,
- Reklamation fehlerhafter Einzelteile oder Lieferungen; Korrektur der Disposition,
- Löschung der Bestellung im Einkauf bei einwandfreier Lieferung bzw. Fortschreibung bei Teillieferung oder Reklamation,
- Überprüfung der Rechnung und Zahlungsanweisung, Berichtigung des Rechnungsbetrages bei fehlerhafter Lieferung,
- Ausstellung einer Lastschrift bei Zusatzkosten,
- Fortschreibung der Lieferantenbeurteilung.

Im Falle einer fehlerhaften Lieferung muss über die weiteren Maßnahmen (Annahme, Rückgabe, Nacharbeit, Schrott) von der Fertigungssteuerung, der Disposition, dem Einkauf und dem Bedarfsträger entschieden werden.

(3) Materialein- und -umlagerung:

Die **Materiallagerung** umfasst alle Tätigkeiten, die im Rahmen der Ein- und Umlagerung der Materialien in den jeweiligen Lagern entstehen. Der Umfang, der in diesem Zusammenhang entstehenden Materialbewegungen ist davon abhängig, ob die Materialprüfung schon durchgeführt wurde oder noch ansteht.

Nach Abschluss aller Prüfvorgänge können die Materialien an ihren endgültigen Lagerplatz eingelagert werden. Materialien, die noch nicht überprüft wurden, werden meist getrennt von den anderen Materialien gelagert um zu vermeiden, dass der Fertigung fehlerhafte Materialien zugeführt werden.

Eine **Umlagerung** der Materialien kann zum einem aufgrund technologischer (z.B. durch das Wenden und Umschichten von Holz), zum anderen infolge räumlich-organisatorischer (z.B. Umlagerung vom Eingangslager ins Zwischenlager) Gegebenheiten erfolgen. Im Rahmen der Materiallagerung müssen auch ungeplante Wareneingänge (z.B. Rückgaben aus der Fertigung) belegmäßig erfasst und geprüft werden.

(4) Materialauslagerung bzw. Materialausgabe:

Die letzte Stufe des Materialflusses bildet die **Materialausgabe**. Hier gelten die gleichen Grundsätze wie beim Materialeingang, nämlich korrekte Erfassung der Materialausgaben an die Bedarfsträger und die Rücksendungen an die Lieferanten. Analog zu den Materialeingängen ist auch hier eine Informationsunterlage (z.B. Materialentnahmeschein) zu erstellen.

Bei der Ausgabe der Materialien ist zu unterscheiden, ob die Materialien vom Lager geholt werden (Holsystem) oder zu dem jeweiligen Bedarfsträger gebracht werden (Bringsystem).

Das **Holsystem** ist nur dann vorteilhaft, wenn die zurückgelegten Wegstrecken kurz sind und sich mehrere Werkstätten einer Arbeitskraft zum Abholen des Lagermaterials bedienen[161]. Die Vorteile des **Bringsystems** bestehen in einer besseren zeitlichen und räumlichen Abstimmung der Materiallieferungen zu den Verbrauchsorten und dadurch bedingt in einer wirtschaftlicheren Nutzung der Transportmittel und des Lagerpersonals.

5.3 Abfallwirtschaft

Erhöhtes Umweltbewusstsein, verschärfte Gesetzgebung, die Gefährlichkeit mancher Abfallstoffe und erkannte Wiederverwendungsmöglichkeiten haben dazu geführt, dass die Unternehmensführung der stetig wachsenden Bedeutung der Entsorgungsfunktion immer mehr Beachtung schenkt. Unter der **Entsorgungsfunktion** versteht man alle Tätigkeiten zur Wiederverwertung, Vermeidung und Beseitigung der Entsorgungsgüter.[162]

---

[161] "In dem in Japan entwickelten KANBAN-System wird allerdings als grundlegendes Prinzip der Materialflusssteuerung die Holpflicht herausgestellt: Das benötigte Material ist von der verbrauchenden Fertigungsstufe aus der vorgelagerten Stufe abzuholen bzw. der Auftrag zur Abholung an das Transportsystem selbständig zu erteilen." (vgl. hierzu Kap. E Produktionswirtschaft, 5.2.3.1)

[162] Vgl. Hartmann, H.: Materialwirtschaft, a.a.O., S. 31.

5.3.1 Begriffe, Ziele und Aufgaben

Die Abfallwirtschaft beschäftigt sich mit Produkten, die bei der betrieblichen Leistungserstellung in den meisten Industrieunternehmen anfallen und weder in der eigenen Fertigung noch in anderen Betriebsbereichen Verwendung finden.

Diese Produkte werden in der betriebswirtschaftlichen Praxis häufig als Rückstände, Abfallprodukte, Reststoffe, Nebenprodukte, Ausschuss, Lagerhüter, Verschnitt, Schrott, Altmaterial usw. bezeichnet.

Alle zuvor genannten Produkte sollen in den folgenden Ausführungen unter dem Begriff "**Abfall**" zusammengefasst werden. Es lassen sich verschiedene Kategorien von Abfällen unterscheiden:[163]

- Die in der Fertigung anfallenden Rückstände an Roh-, Hilfs-, und Betriebsstoffen, die für den ursprünglichen Verwendungszweck unbrauchbar geworden sind, werden als **Materialabfälle** bezeichnet.

- Unter dem Begriff **Lagerhüter** sollen Materialbestände verstanden werden, bei denen in einem überdurchschnittlich langen Zeitraum keine Lagerbewegungen stattgefunden haben und / oder für die in absehbarer Zukunft kein Bedarf in der Unternehmung vorhanden sein wird.

- Zwischen- und Endprodukte, die mit Fehlern unterschiedlichster Art und Schwere behaftet und für den ursprünglichen Verwendungszweck unbrauchbar geworden sind, werden als **Fertigungsausschuss** betitelt.

- End- und Zwischenprodukte, die nicht mehr abgesetzt werden können, müssen auch zum betrieblichen Abfall gerechnet werden.

- Zu den nicht verwendbare Leergütern zählt man in erster Linie Verpackungsmaterialien wie z.B. Bandeisen, Holzkisten, Kartonagen oder Verschläge, die in fast allen Industrieunternehmen anfallen.

- Zu den betrieblichen Abfällen zählen auch die Ausrüstungen, wie z.B. veraltete Investitionsgüter oder Büromaschinen sowie Reserveteile, die nicht mehr in der Unternehmung benötigt werden.

Die betriebliche Abfallwirtschaft umfasst zwei Aufgabenbereiche, die **Abfallvermeidung** und die **Abfallbehandlung.** Während sich die Abfallvermeidung vorwiegend mit der Analyse und Bekämpfung der Ursachen des Anfalls von Abfall beschäftigt und versucht, das Entstehen von Abfall durch gewisse Maßnahmen zu verhindern, ist es die Aufgabe der Abfallbehandlung, sich um den entstandenen Abfall zu kümmern.

Die Abfallbehandlung, die in der Literatur häufig auch als Entsorgung bezeichnet wird, kann im allgemeinen als Kern der betrieblichen Abfallwirtschaft angesehen werden. Sie besteht aus der Abfallverwertung (**Recycling**) und der Abfallbeseitigung.

---

[163] Vgl. Arnolds, H./ Heege, F./ Tussing, W.: Materialwirtschaft und Einkauf, a.a.O., S. 403 f.

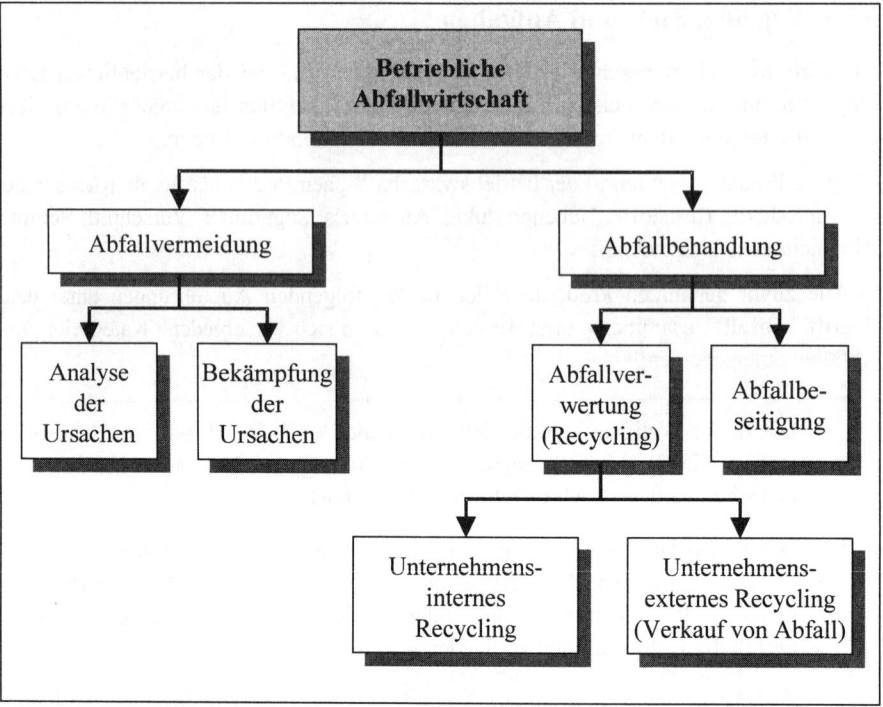

Abb. 53: Aufgaben der betrieblichen Abfallwirtschaft[164]

5.3.2 Abfallvermeidung

Die Abfallvermeidung sollte prinzipiell schon bei der **Beschaffung** beginnen, und zu den bisherigen Entscheidungskriterien bei der Beschaffung Lösungsmöglichkeiten der Entsorgung mit einbeziehen.

Welche Stoffe und Energien im Rahmen der Materialwirtschaft eines Unternehmens zu beschaffen sind, hängt unmittelbar von den Herstellungsverfahren, der Menge und der Beschaffenheit der herzustellenden Produkte ab. Sie bestimmen

- Art und Menge,
- Möglichkeiten und Grenzen der Vermeidung/Verminderung sowie
- das Ausmaß möglicher Substitution.

Daraus ist ersichtlich, dass ein Großteil der späteren Abfallmenge schon bei der Konzeption und Entwicklung entschieden wird. Jede nicht eingesetzte Stoff- und Energiemenge kann die Umwelt nicht als Abfall, Abwasser oder Immission belasten.

Daraus folgt als oberstes Ziel einer umweltorientierten Materialbeschaffung die Minimierung des Stoff- und Energieeinsatzes zur Ressourcenschonung und Umweltbelastung.

Das magische Dreieck der Materialwirtschaft mit seinen Zielsetzungen wird unter Berücksichtigung der Folgen auf das ökologische System von einem ökologischen magischen Dreieck überlagert.

---

[164] Vgl. Arnolds, H./ Heege, F./ Tussing, W.: Materialwirtschaft und Einkauf, a.a.O., S. 404.

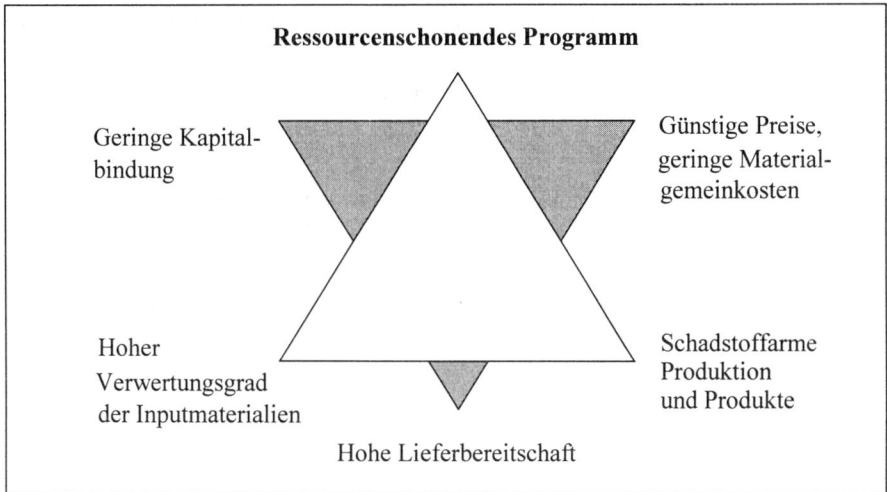

Abb. 54: Die Überdeckung des magischen Dreiecks der Materialwirtschaft durch das ökologische Dreieck[165]

In der heutigen betriebswirtschaftlichen Praxis ist es notwendig, dass die Zielsetzungen des Betriebes mit den ökologischen Zielen in Einklang gebracht werden muss. In dieser Zielsetzung ist ein erhebliches Ertrags- und Imagepotential erkennbar, was sich in den letzten Jahren eine Vielzahl von Unternehmen zu Nutze gemacht haben.

Dennoch ist in den meisten Unternehmen eine Produktion ohne Abfälle nicht möglich. In bestimmten Fällen wird die Entstehung von Abfall aus rein technischen Gründen unvermeidbar sein und / oder muss aus wirtschaftlichen Gründen hingenommen werden. Grundsätzlich sollte man jedoch Überlegungen anstellen, wie man den Abfall vermeiden oder zumindest reduzieren kann.

Die Analyse der Ursachen und die ständige Kontrolle des Abfalls sind Grundvoraussetzungen für eine effektive Abfallvermeidung, denn wenn es der Unternehmung gelingt, die Entstehung von Abfall zu vermeiden, erübrigen oder verringern sich die Aktivitäten im Rahmen der Abfallbeseitigung.

Folgende **Fragen** sollten in diesem Zusammenhang gestellt werden:[166]

- Wie hoch ist der **Abfallquotient** und die **Materialausbeute**?

$$\text{Abfallquotient} = \frac{\text{Abfallmenge}}{\text{eingesetzte Materialmenge}} \cdot 100$$

$$\text{Materialausbeute} = \frac{\text{Ausbringungsmenge}}{\text{eingesetzte Materialmenge}} \cdot 100$$

---

[165] Vgl. Eschenbach, R.: Erfolgspotential Materialwirtschaft, a.a.O., S. 271.
[166] Vgl. Arnolds, H./ Heege, F./ Tussing, W.: Materialwirtschaft und Einkauf, a.a.O., S. 406 f.

- Wie haben sich Abfallquotient und Materialausbeute in der vergangenen Zeit verändert?
- Wo sind die Ursachen für die Abfallentstehung zu sehen?
- Welche wertmäßigen Auswirkungen haben diese Ursachen auf den Unternehmenserfolg?

Erst durch diese Abfallüberwachung und Erforschung der Abfallursachen lassen sich in vielen Fällen Ansatzpunkte für konkrete Korrekturmaßnahmen zur Reduzierung der Abfallmengen einleiten.

Um die Entstehung von Abfällen zu verhindern bzw. die Abfallmengen zu reduzieren, wird man zweckmäßigerweise stärker nach den verschiedenen Abfallkategorien zu unterscheiden haben (vgl. Abb. 55).

Abfall

Ursachen	Vermeidungsmaßnahmen
Materialabfall	**Materialabfall**
- Art des Fertigungsprozesses - Qualität der Einsatzstoffe - Arbeitsgänge wie Stanzen, Fräsen, Sägen oder Hobeln führen zwangsläufig zu bestimmten Reststoffen in Form von Sägemehl, Abfallholz, Metallspänen etc.	- Konsequente Änderung des Fertigungsverfahrens, - Einsatz eines anderen Werkstoffes (z.B. Kunststoff statt Blech bei der Herstellung von Gehäusen), - bessere Ausnutzung der Einsatzstoffe durch konstruktive Veränderungen der eingesetzten Werkstoffe und/ oder des Fertigerzeugnisses.
Fertigungsausschuss	**Fertigungsausschuss**
- Einsatz defekter, mangelhaft gepflegter oder veralteter Produktionsanlagen, - ungeeignetes oder falsches Material, - falsches Einrichten der Maschinen, - unsachgemäße Lagerung von Halb- und Fertigerzeugnissen, - menschliches Versagen in Produktion und Konstruktion.	- Umgestaltung von Fertigprodukten, - abändern bzw. ersetzen von Produktionsanlagen oder Materialien, - Verbesserung der Qualitätssicherung, - Schulung und Motivation der Mitarbeiter, - Einführung von Qualitätszirkeln oder Abfallersparnisprämien, - permanente und zeitnahe Überwachung der Entstehung von Fertigungsausschuss.
Lagerhüter	**Lagerhüter**
- Mangelhafte Planung und falsche Disposition in quantitativer und qualitativer Hinsicht, - Änderungen des Produktionsprogramms, - unsachgemäße Lagerung oder Beförderung, - Konstruktions- oder Stücklistenänderungen, - Stillegung von Anlagen, - zu lange Lagerdauer.	- Einsatz der programmgesteuerten Disposition, - engere Zusammenarbeit zwischen Absatz, Produktion, Entwicklung und Einkauf, - verstärkter Einsatz von Normteilen, - lagerloser Einkauf, - Verbesserung der Lagerungsmöglichkeiten und des Schutzes der Lagerhüter.

Abb. 55: Ursachen und Vermeidungsmaßnahmen der einzelnen Abfallkategorien

5.3.3 Abfallbehandlung

Unvermeidbarer Abfall muss vor der Verwertung oder Vermarktung unter Umständen behandelt werden, was eine genaue Kenntnis über Entstehungsart, Menge und Zusammensetzung erforderlich macht. Die Vorbereitung hierfür kann aus Reinigen, Sortieren, Umarbeiten, Verdichten, Demontieren, Zerkleinern oder Unkenntlichmachen bestehen. Hieraus ergeben sich für die Abfallbehandlung die beiden Teilgebiete:[167]

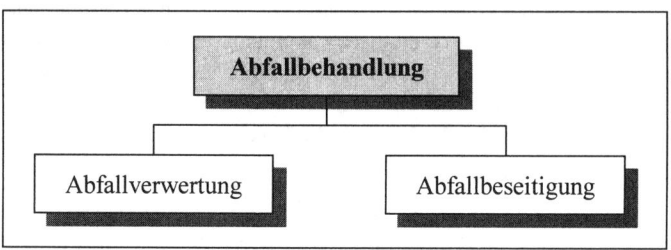

Abb. 56: Abfallbehandlung

5.3.3.1 Abfallverwertung

Das Prinzip der Abfallverwertung gehört zu den wichtigsten Teilaufgaben der betrieblichen Abfallwirtschaft und ist heute unter dem Schlagwort "**Recycling**" bekannt.

Unter "**Recycling**" versteht man die Rückführung von Stoffen und Energie in den (ursprünglichen) Kreislauf. Reststoffe aus der Produktion und aus dem Verbrauch werden für die Produktion wieder aufgearbeitet.

Ob Recycling wirtschaftlich sinnvoll ist, ist in erster Linie von den Kosten der Verwertung (Sammlung, Behandlung und Transport) und von den zu erwarteten Verkaufserlösen abhängig.

Vornehmlich bei Unternehmen mit einer hohen Abfallquote wird man sich im Sinne der betrieblichen Zielsetzung sowohl mit dem innerbetrieblichen Recycling als auch mit dem Verkauf von Abfall beschäftigen müssen.[168]

Im Rahmen des **innerbetrieblichen Recycling** lassen sich drei Formen unterscheiden:[169]

1. Wiederverwendung:

Sie stellt die kostengünstigste Form der Stoffverwertung dar. Die Abfälle werden hierbei für neue Anwendungsbereiche nach geeigneter physikalischer, chemischer oder biologischer Vorbehandlung wieder eingesetzt. Diese Art des Recycling ist aber nur in eng begrenzten Produktionsbereichen einsetzbar (z.B. Verwendung von Glasresten als Füllmaterial für Füllasphalt, Wiederverwendung von Flaschen oder Fässern etc.). Die zurückgeführten Einsatzstoffe befinden sich hierbei in einem ständigen Kreislauf und werden der Produktion (im Normalfall) unverändert zugeführt.

---

[167] Vgl. Eschenbach, R.: Erfolgspotential Materialwirtschaft, a.a.O., S. 270.
[168] Vgl. Arnolds, H./ Heege, F./ Tussing, W.: Materialwirtschaft und Einkauf, a.a.O., S. 411 ff.
[169] Vgl. Theuber, G./ Schiebel, W./ Schäfer, R.: Beschaffung- ein Schwerpunkt der Unternehmensführung, Landsberg/ Lech 1986, S. 336.

2. Wiederverwertung:

Bei dieser Form des Recycling werden die Produktionsabfälle im selben oder gleichen bereits durchlaufenen Produktionsprozess wieder eingesetzt. Beispiele sind die Herstellung von Glasflaschen aus Bruchglas, Gewinnung von Wärme durch den Einsatz von brennbaren Abfällen oder die Herstellung von Fischmehl aus Fischabfällen.

3. Umarbeitung:

Diese Form der Stoffverwendung setzt größere Investitionen voraus und verursacht fortlaufend zusätzliche Kosten, da die Umarbeitung in speziellen Recyclingsystemen vorgenommen werden muss. Beispiele hierfür sind die Verwertung von Kunststoffabfällen in der Kunststoffverarbeitung und der Einsatz von Eisenschrott in der Stahlindustrie. Dies ist sachlich falsch, da in Gießereien ein best. Schrottanteil benötigt wird.

Sind bezüglich des unternehmensinternen Recycling die innerbetrieblichen Gegebenheiten, wie vorhandene technische Ausrüstungen, nicht gegeben oder würde der Verkauf der Abfälle einen höheren Deckungsbeitrag erwirtschaften, sollte das Unternehmen das externe Recycling in Betracht ziehen.

Beim **externen Recycling** ist es wichtig, den größtmöglichen Erlös für das Unternehmen zu erzielen und die Suche nach potentiellen Abnehmern und die Auswahl des günstigsten Abnehmers für einen bestimmten Abfallstoff mit größter Sorgfalt durchzuführen. Hierbei kommen als mögliche Abnehmer hauptsächlich die Lieferanten, die Abfallhändler sowie die direkten industriellen Verwender von Abfallstoffen in Betracht.[170]

5.3.3.2 Abfallbeseitigung

Abfälle der Unternehmung, bei denen ein Recycling nicht möglich ist, müssen meist mit erheblichem Aufwand und Kosten beseitigt werden. Die meisten nicht verwertbaren Rückstände werden entweder selbst beseitigt (Eigenentsorgung) oder Deponien und Verwertungsanlagen (Verbrennen) zugeführt.

Leider werden auch heute noch viele Rückstände in Flüsse, Seen und Bäche geleitet oder werden in Form von Abgasen und Rauch an die Atmosphäre abgegeben. Dieser Bereich der Abfallwirtschaft ist am stärksten von gesetzlichen Vorschriften betroffen, die durch das **Abfallbeseitigungsgesetz** und das **Bundes-Immissionsschutzgesetz** (Gesetz zum Schutz vor schädlichen Umwelteinwirkungen durch Luftverunreinigungen, Geräusche und ähnliche Vorgänge) geregelt sind.

Sie sollen darauf hinwirken, dass[171]

- Verfahren entwickelt und eingeführt werden, bei denen weniger Abfälle entstehen,
- die Reststoffe, die im Betrieb entstehen, ordnungsgemäß und schadstoffarm verwertet werden,
- wenn dies technisch nicht möglich und wirtschaftlich nicht vertretbar ist, diese Abfälle ordnungsgemäß beseitigt werden.

Die Abfallbeseitigung hat sich in vielen Unternehmen zu einem schwierigen Teilgebiet entwickelt, da ihrem Handlungsspielraum durch die Verringerung der Anzahl von Deponien, Reaktionen der Öffentlichkeit usw. enge Grenzen gesetzt werden.

---

[170] Vgl. Arnolds, H./ Heege, F./ Tussing, W.: Materialwirtschaft und Einkauf, a.a.O., S. 414 f.
[171] Vgl. ebd., S. 418 f.

6 Ausblick auf die zukünftige Entwicklung der Materialwirtschaft

Die Erkenntnis, dass in den Materialkosten eine der letzten großen und ergebniswirksamen Ansätze zur Kostenersparnis und zur Wettbewerbsfähigkeit liegt, ist die wesentliche Ursache dafür, dass die Materialwirtschaft ihre Position innerhalb der Unternehmenshierarchie in den vergangenen Jahren deutlich verbessert hat. Immerhin stellen die Materialkosten in den meisten Unternehmen mit 50 bis 80% der Gesamtkosten den weitaus größten Kostenblock dar.[172]

Der europäische Binnenmarkt und die Öffnung von Osteuropa werden weitere Dynamik auf dem Beschaffungsmarkt mit sich bringen. Innerhalb dieser hart umkämpften Märkte ist es das Ziel deutscher Unternehmen, Produkte international erfolgreich zu vertreiben.

Die zukünftige Rolle der Materialwirtschaft, so der BME (Bundesverband Materialwirtschaft und Einkauf), geht über die kostenoptimale Bereitstellung von Gütern und Dienstleistungen hinaus. Ziel ist es, durch neue Beschaffungs- und Logistikstrategien die Wettbewerbsfähigkeit der Unternehmen im Hinblick auf Qualität, Preis und Lieferservice kontinuierlich zu verbessern und zu einem optimalen Ausgleich zwischen Ökonomie und Ökologie beizutragen.

Dazu bedarf es einer Generaloffensive in der gesamten Wertschöpfungskette; ganzheitliches Denken und Handeln ist angesagt. Bestandssenkung, Durchlaufzeitenverkürzung und Verbesserung des Lieferservice sind unabdingbare Forderungen, die mit Nachdruck eingelöst werden müssen.

Das Materialmanagement der Zukunft wird im wesentlichen geprägt und gefordert sein durch:[173]

- Die Zunahme des Welthandels und die Internationalisierung der Warenströme.
- Die Zunahme der Automation in der Information und Materialflusstechnik.
- Die Entwicklung in den Büro- und Telekommunikationstechniken (d.h. das Vernetzen der Lieferanten mit ihren Abnehmern), das wiederum erhöhte Flexibilitätsanforderungen an die Liefersysteme (Just-in-Time) bedeutet.
- Der verstärkte Fremdbezug und die dadurch bedingte Reduzierung der Fertigungstiefe führt zu einer Erhöhung des gesamten Beschaffungsvolumens in den Unternehmen (steigende Einkaufsumsätze).
- Abbau der Fertigbestände aufgrund höchster Flexibilität der Materialwirtschaft und der Produktion.
- Ständige Produktinnovationen und kürzere Produktlebenszyklen.
- Trend zur Partnerschaft und langfristigen Kooperation mit den Lieferanten.
- Trend zum Bezug von kompletten, einbaufähigen Komponenten und Systemen (vor allem in der Automobilindustrie, z.B. Bezug eines kompletten Armaturenbrettes).

---

[172] Vgl. Jekewitz, U.: Der ideale Materialwirtschaftler muss ein allroundbegabter Manager sein. In: Die industrielle Beschaffung im Spiegel von Theorie und Praxis, a.a.O., S. 45.
[173] Vgl. Layer, G.: Der Wandel in der Beschaffung und die veränderten Anforderungen an die Führungskräfte. In: Die industrielle Beschaffung im Spiegel von Theorie und Praxis, a.a.O., S. 51 ff.

Dadurch reduziert sich das gesamte Beschaffungsvolumen und der Anbieter wird zum "Systemlieferanten". Die Vorteile sind u.a. der Wegfall von Montagestrecken, die Verringerung der Anzahl von Lieferanten und die Übertragung von Verantwortung auf Systemlieferanten. Dadurch bedingt ist eine Verlängerung der Lieferantenkette und die steigende Bedeutung des "single-sourcing" (wenige Systemlieferanten an der Spitze, viele Teilelieferanten an der Basis).

- Durch den Aufbau langfristiger Lieferantenbeziehungen und intensiver Lieferantenpflege wird die Lieferantenauswahl zu einer der wichtigsten strategischen Aufgaben des Beschaffungsbereiches. Sie sollte überaus sorgfältig durch die verschiedenen Instrumente der Lieferantenpolitik erfolgen.
- Trend zur fertigungssynchronen Anlieferung, um die Materialbestände und damit die Kapitalbindung in den Unternehmen zu minimieren.
- Trend zur Nutzung weltweiter Beschaffungsmärkte (international sourcing), um die Vorteile von Niedriglohnländern sowie die sich ergebenden Vorteile des europäischen Binnenmarktes zu nutzen.

Diese Entwicklungen lassen sich mit unterschiedlicher Ausprägung in fast allen Branchen verzeichnen. Neben diesen allgemeinen Entwicklungen im Beschaffungsbereich zeichnen sich auch in den einzelnen Teilgebieten der Materialwirtschaft bestimmte Tendenzen für die Zukunft ab.

Auch dem **Logistikbereich** kommt aufgrund der steigenden Logistikkosten eine zunehmende Bedeutung im Rahmen der Materialwirtschaft zu, da in diesem Bereich noch erhebliche, aber bisher vernachlässigte Produktivitätsreserven liegen.[174]

Das anzustrebende Ziel ist ein integriertes Materialmanagement, das in Verbindung mit EDV-unterstützten Informations- und Planungstechniken eine kostenoptimale Materialflusssteuerung durch die ganze Versorgungskette vom Lieferanten über die Wertschöpfungsstufen der Produktion hinweg bis zum Kunden ermöglicht.

Mögliche Ansätze in diese Richtung wären die Einführung von modernen Materialflusssystemen. Zu diesen Systemen zählen hauptsächlich die "Just-inTime-Produktion" und das japanische KANBAN-System.

Weiterhin gewinnt die **Abfallwirtschaft** mit den zunehmenden Möglichkeiten des Recycling bei wachsender Umweltgefährdung (und wachsendem Umweltbewusstsein) immer mehr an Bedeutung. Obwohl sich noch viele Unternehmen im wahrsten Sinne des Wortes um ihren Müll herum drücken, wird man in Zukunft die gesamte Müll- und Entsorgungsproblematik aber wie jeden anderen Kostenblock behandeln müssen. Der Grund hierfür ist das neue "Abfallgesetz" wird jedes Unternehmen, das Müll erzeugt, in die Verwertungspflicht nehmen und Abfallentsorgung wird dann nicht mehr bezahlbar sein.

Aus diesem Grunde steht die Abfallvermeidung prinzipiell vor der stofflichen Wiederverwendung und der technischen Verwertung von Abfällen. Die Unternehmen müssen sich auf reststoffarme und recyclingfähige Konstruktionen, abfallose- bzw. abfallarme Produktionen sowie auf eine wirtschaftliche Entsorgungspolitik umstellen.

---

[174] Vgl. Pfohl, H.-Ch.: Logistiksysteme, a.a.O., S. 44 f.

In diesem Zusammenhang müssen auch die verschiedenen Systeme der fertigungsynchronen Anlieferung (KANBAN, Just-in-Time) erwähnt werden, die durch eine Verlagerung des Lagers auf die Straße erheblichen Einfluss auf die Umwelt haben, und daher in der Zukunft einer kritischen Betrachtung (im Sinne der Öffentlichkeit) unterzogen werden müssen. Hier besteht also ein nur schwer zu lösender Konflikt zwischen den Zielen der Logistik und dem Bestreben nach verstärktem Umweltbewusstsein im Rahmen der Abfallwirtschaft.

Bei der Lieferantenauswahl wird in Zukunft die Qualität der Zulieferungen eine große Rolle spielen. Hier zeichnet sich ein Trend zur Einführung von Qualitätssicherungsstrategien ab, die sich horizontal durch alle Unternehmensebenen fortpflanzen. Viele Unternehmen stellen daher ihre Lieferantenbeziehungen auf eine neue Basis, die DIN ISO-Normen 9000 ff. Dieses Paket von Industrienormen, das auch in anderen europäischen Ländern gültig ist, stellt ein Instrument zur einheitlichen Qualitätssicherung dar.

Produziert ein Unternehmen nach den dort festgelegten Regeln, dann kann sich ein Kunde auch ohne zeit- und kostenaufwendige Kontrollen wegen der vorher festgelegten Qualitätsanforderungen seiner Leistung sicher sein. Da auf diese Weise der Materialfluss transparenter wird und eine gezielte Einbindung des Lieferanten in die Versorgungskette erfolgt, können Sicherheitsbestände abgebaut und die früher gefürchteten Feuerwehreinsätze vermieden werden.[175]

Zusammenfassend kann man sagen, dass der Materialwirtschaft vielfältige Möglichkeiten in den unterschiedlichsten Teilbereichen zur Verbesserung des Beitrages zum Unternehmensergebnis zur Verfügung stehen. Die Unternehmen müssen sie nur richtig einzusetzen verstehen.

---

[175] Vgl. Tussing, W.: Der Einfluss von Logistikkonzepten auf die Versorgungsfunktion. In: Die industrielle Beschaffung im Spiegel von Theorie und Praxis, a.a.O., S.14.

Fragen zur Kontrolle und Vertiefung

(1) In Theorie und Praxis werden unterschiedliche Begriffe für die Verteilung und Versorgung von Gütern verwendet. Nennen Sie die am häufigsten verbreiteten Begriffe und grenzen Sie diese gegeneinander ab!

(2) Warum hat die Bedeutung der Materialwirtschaft in den letzten Jahren zugenommen?

(3) Wie lauten die wichtigsten Teilaufgaben der Materialwirtschaft?

(4) Welche Beschaffungsobjekte werden unter dem Begriff "Material" zusammengefasst?

(5) Wie lautet das oberste Ziel der Materialwirtschaft und welche möglichen Unterziele lassen sich davon ableiten?

(6) Was versteht man unter dem materialwirtschaftlichen Optimum und welche Aufgaben müssen in diesem Zusammenhang erfüllt werden?

(7) Welche Ziele verfolgt die ABC-Analyse und welche Schlussfolgerungen lassen sich aus den Ergebnissen der ABC-Analyse ziehen?

(8) Was versteht man unter dem Begriff der Wertanalyse und welches sind die einzelnen Schritte der Wertanalyse?

(9) Was versteht man unter Normung, Typung und Nummerung?

(10) Wie lautet das Ziel der Beschaffungsmarktforschung und welche Aufgaben fallen in diesem Zusammenhang an?

(11) Beschreiben Sie kurz die folgenden Begriffe: Marktanalyse, Marktbeobachtung und Marktprognose!

(12) Was versteht man unter einer Portfolio-Analyse?

(13) Wie lauten die Ziele der Lieferantenpolitik?

(14) Beschreiben Sie das Wesen der Kontraktpolitik!

(15) Von welchen Faktoren hängt das Zustandekommen von Gegengeschäften ab?

(16) Beschreiben Sie den Begriff "Materialdisposition" und nennen Sie Teilbereiche!

(17) Welche Formen der Bedarfsermittlung kennen Sie?

(18) Wie lauten die verschiedenen Bedarfsarten im Rahmen der Bedarfsplanung?

(19) Welche Stücklistenarten kennen Sie und beschreiben Sie kurz die Methoden der Stücklistenauflösung!

(20) Nennen Sie die verschiedenen Bestandsarten und stellen Sie die wichtigsten grafisch dar!

(21) Wie lautet die Formel der exponentiellen Glättung ersten Grades? Was sagt der Korrekturfaktor α aus?

(22) Im Rahmen des Umweltschutzes spielt das Recycling eine wichtige Rolle
   a) Was versteht man unter Recycling?
   b) Welche Formen des innerbetrieblichen Recycling kennen Sie?
(23) Was versteht man unter dem Lieferbereitschaftsgrad und was sind die Folgen eines zu hohen bzw. zu niedrigen Lieferbereitschaftsgrades?
(24) Worin unterscheiden sich das Bestellpunkt- vom Bestellrhythmusverfahren?
(25) Welche Kostenarten werden zu den relevanten Beschaffungskosten gezählt?
(26) Wie errechnet sich der Einstandspreis?
(27) Nennen und erläutern Sie drei Beschaffungsprinzipien!
(28) Wie lautet die Formel zur Ermittlung der optimalen Bestellmenge und warum ist diese Formel nur ein Modell und muss korrigiert werden?
(29) Welche unterschiedlichen Beschaffungswege kennen Sie?
(30) Welche Teilbereiche umfasst die Beschaffungskontrolle? Erläutern Sie diese kurz!
(31) Nennen Sie die Aufgaben von Lagern!
(32) Was verstehen Sie unter dem Begriff Transport?
(33) Wie lauten die Ziele der betriebliche Abfallwirtschaft und welche Maßnahmen stehen in diesem Zusammenhang zur Verfügung?
(34) Welche Trends für die zukünftige Entwicklung der Beschaffungspolitik zeichnen sich ab?
(35) Nennen Sie Vorteile die sich aus der Lieferantenbewertung einerseits für den Abnehmer und andererseits für den Lieferanten ergeben!

Kapitel E

Produktionswirtschaft

Kapitel 5

Produktionswirtschaft

1 Grundlagen

1.1 Begriff und Wesen der Produktion

Der Begriff **Produktion** wird in der Literatur in unterschiedlicher Weise interpretiert.[1] Produktion im Sinne der Fertigung ist die eigentliche Be- und Verarbeitung von Rohstoffen zu Halb- und Fertigfabrikaten. Bei der Umwandlung und Herstellung von Gütern steht der technische Aspekt gegenüber dem wirtschaftlichen im Vordergrund. Produktion im technischen Sinne ist die Kombination von Produktionsfaktoren zum Zwecke der Erstellung von Sachgütern oder Dienstleistungen. Bezogen auf betriebswirtschaftliche Problembereiche innerhalb der Produktion wird die Fertigung von Gütern im Industrieunternehmen zugrundegelegt.

1.2 Das Produktionssystem

1.2.1 Produktion als Subsystem der Unternehmung

In der Produktion steht der **Transformationsprozess** im Mittelpunkt der betrieblichen Planungen (Abb. 1).

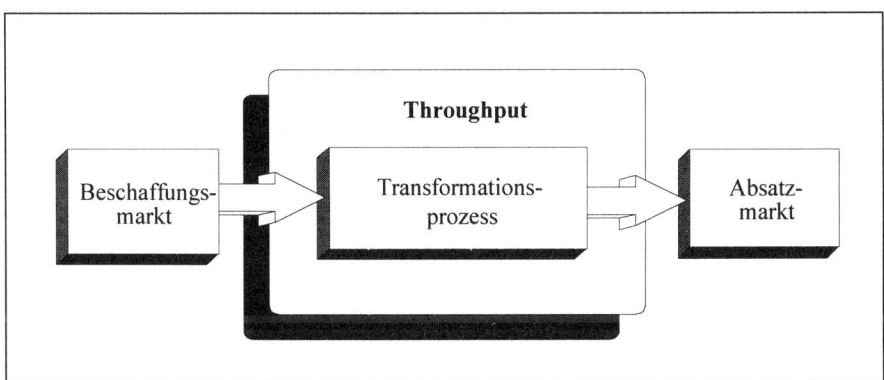

Abb. 1: Darstellung des produktiven Systems

Die **Absatzplanung** legt abhängig von den Möglichkeiten des Produktionsbereiches sowie der Produktnachfrage auf dem Absatzmarkt das Sortiment und die Absatzmengen für die Produktion fest. Aus den einzelnen Produktionsprogrammen werden die benötigten Einsatzmengen der Produktionsfaktoren abgeleitet. Werkstoffe, Personal und Maschinenkapazitäten werden vom Beschaffungsbereich besorgt und der Produktion bereitgestellt.

Produktion, **Absatz** und **Beschaffung** bilden den Kern des betrieblichen Kreislaufes (Abb. 2). Da die Herstellung von Produkten vor deren Absatz erfolgt, sind häufig auch die mit der Produktion verbundenen Kosten vor der Verkaufseinnahme zu entrichten. Die Produktion muss also aus den Umsatzerlösen vorheriger Produkte finanziert werden. Des weiteren erfordert die Produktion meist die Anschaffung von Grundstücken,

---

[1] Vgl. Kruschwitz, L.: Zur Programmplanung bei Kuppelprodukten, in: Ffbf 26, 1974, S. 242.

Maschinen, Gebäuden etc. und damit Investitionen. **Forschung** und **Entwicklung** sind letztlich die Grundlage für die Einführung neuer Produkte und Fertigungsverfahren.

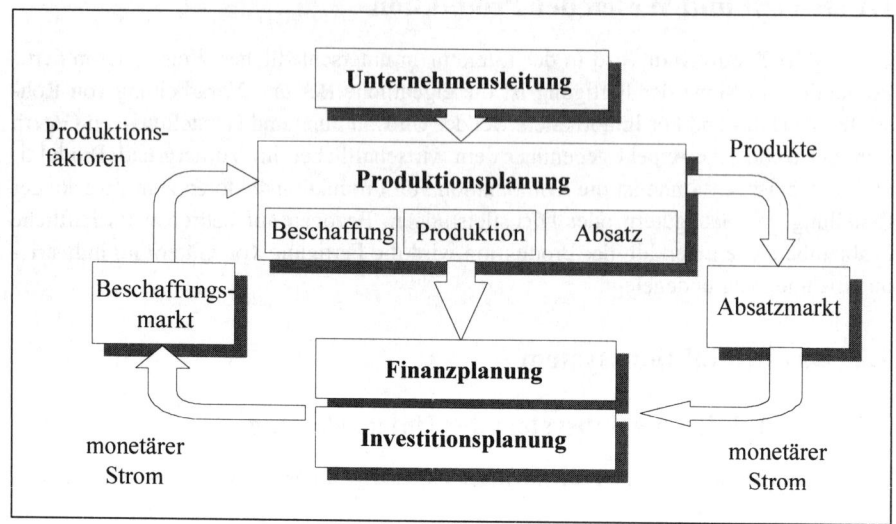

Abb. 2: Produktion als Grundelement des betrieblichen Kreislaufes

Die wichtigsten Aspekte des Produktionsgeschehens werden durch die Unternehmensleitung geplant, gesteuert und überwacht. Diese Aufgaben erfordern neben der Beobachtung von Produktions- und Absatzmarkt eine Berücksichtigung aller unternehmensinternen Vorgänge sowie gesellschaftspolitischer Entwicklungen und staatlichen Vorschriften.

1.2.2 Gliederung des Produktionssystems

Der Produktionsbegriff lässt sich inhaltlich den beiden Teilbereichen der **Produktions- und Kostentheorie** sowie der **Produktionsplanung** zuordnen.

In der **Produktionstheorie** werden die mengenmäßigen Beziehungen zwischen dem Einsatz von Faktoren und der Ausbringung von Produkten erklärt und Einflussgrößen auf den Faktorverbrauch identifiziert. Dazu wird der funktionale Zusammenhang zwischen dem Faktoreinsatz und der Ausbringung mit Hilfe von Produktionsfunktionen beschrieben. Kennziffer des Verbrauchs von Produktionsfaktoren bzw. ihrer Mengenergiebigkeit ist die **Produktivität**.

$$\text{Produktivität} = \frac{\text{Ausbringung}}{\text{Faktoreinsatzmenge}}$$

Abhängig von der Höhe der Produktivität können Rückschlüsse auf die jeweiligen Einflussgrößen des Faktorverbrauchs gezogen werden. Die Produktionsverfahren werden auf ihre Effizienz hin untersucht.

Bei den Analysen der **Kostentheorie** finden zusätzlich die Preise der Produktionsfaktoren Berücksichtigung. Es können Kostenfunktionen formuliert werden, die die Höhe der Kosten in Abhängigkeit von der Ausbringungsmenge angeben. Außerdem lässt sich untersuchen, mit welchen Produktionsverfahren bestimmte Produktionsmengen mit minimalen Kosten hergestellt werden können. Ziel der Kostentheorie ist es, die kostengünstigsten Verfahren für vorgegebene Ausbringungsmengen von Produkten zu bestimmen. Kennzeichen der Kostentheorie ist die **Wirtschaftlichkeit**.

$$\text{Wirtschaftlichkeit} = \frac{\text{Ertrag (Erlös)}}{\text{Aufwand (Kosten)}}$$

Produktions- und Kostentheorie bilden die theoretische Grundlage für die **Produktionsplanung**, deren Aufgabe es ist, Produktionsvorgänge und Kostenveränderungen so zu analysieren, dass wirtschaftliche Produktionsprogramme für den Produktionsbereich festgelegt werden können. Die Produktionsplanung versucht im weitesten Sinne die Frage zu beantworten, welche Erzeugnisse in welchen Mengen im Planungszeitraum hergestellt, wann die Produktion aufgenommen und welche der verfügbaren Betriebsmittel und Arbeitskräfte eingesetzt werden sollen.[2]

Die Produktionsplanung lässt sich untergliedern in:

- **Produktionsprogrammplanung:**

  Sie legt fest, welche Produktarten in welchen Mengen innerhalb welcher Zeiten herzustellen sind.

- **Prozessplanung:**

  Die Prozessplanung berücksichtigt die wirtschaftlichen Aspekte des Produktionsprogramms und sorgt für den reibungslosen Produktionsablauf.

- **Bereitstellungsplanung:**

  Sie bestimmt, welche Produktionsfaktoren in welcher Menge zu welcher Zeit an welchem Ort sein müssen.

Eine ausführliche Beschreibung der Inhalte und Problemfelder erfolgt für die Bereiche "Produktionsprogrammplanung" in 3. und "Prozessplanung" in 4. Die Bereitstellungsplanung ist Bestandteil der Materialwirtschaft und wird als gegeben vorausgesetzt.

1.2.3 Elemente des Produktionssystems

Die Produktion ist das Ergebnis zielgerichteten menschlichen Handelns, wobei Einsatzgüter, sogenannte Produktionsfaktoren, in den Transformationsprozess eingehen und ein höherwertiges Produkt entsteht. Es werden Sachgüter her- oder Dienstleistungen bereitgestellt. Der in Abb. 1 dargestellte Produktionsprozess wird bestimmt durch die Einsatzfaktoren (Input), Prozesseinflussfaktoren (Throughput) und Fertigungsfaktoren (Output).

1.2.3.1 Einsatzfaktoren der Produktion (Input)

Als **Produktionsfaktoren** bezeichnet man die im Produktionsprozess eingesetzten Sachgüter und Dienstleistungen. Diese lassen sich zunächst in die Kategorien **Elementarfaktoren** und **dispositive Faktoren** unterteilen (vgl. Kapitel A: Grundlagen der Betriebswirtschaftslehre, Abschnitt 2.2.4).

---

[2] Vgl. Hilke, W.: Zielorientierte Produktions- und Programmplanung, 3. Auflage, Neuwied/ Darmstadt 1988, S. 1.

Die Vereinigung der Elementarfaktoren zu einer produktiven Kombination vollzieht sich mit Hilfe der dispositiven Faktoren.[3] Elementarfaktoren, die in den Produktionsprozess eingesetzt oder eingeführt werden, lassen sich in **Potential-** und **Repetierfaktoren** unterteilen. Während Repetierfaktoren Einsatzgüter darstellen, die bei ihrem Einsatz unmittelbar verbraucht werden, zeichnen sich Potentialfaktoren dadurch aus, dass sie mehrmals im Produktionsprozess eingesetzt werden.

Soweit Faktoren beschafft und nicht intern hergestellt werden, heißen sie **originäre** (primäre) Eingangsgrößen. Intern hergestellte Faktoren werden als **derivative** (sekundäre) Faktoren bezeichnet.

Neben den beschriebenen Produktionsfaktoren lässt sich das Faktorsystem durch **Zusatzfaktoren** erweitern. Hierzu zählen unter anderem

- fremdbezogene Dienstleistungen, wie z.B. von Banken, Versicherungen,
- indirekte Unterstützungsleistungen des Staates sowie
- die Beanspruchung der Umwelt.

Diesen Zusatzfaktoren kann im Gegensatz zu den anderen Produktionsfaktoren keine eindeutig abgrenzbare Mengenordnung zugrundegelegt werden. Von ihrem Charakter her können Zusatzfaktoren sowohl Potential- als auch Repetierfaktoren sein. Infrastrukturmaßnahmen des Staates wären z.B. Potentialfaktoren, wohingegen die Dienstleistungen einer Spedition zur Auslieferung von Fertigprodukten als typische Repetierfaktoren zu bewerten sind.

1.2.3.2 Prozesseinflussfaktoren der Produktion (Throughput)

Der **Throughput** eines produktiven, betrieblichen Systems stellt sich im Transformationsprozess dar. Da sich der Throughput auf die Leistungserstellung bezieht, ist er identisch mit dem **Produktionsprozess** und wird beeinflusst durch

- Prozesseinflussgrößen der Aufbau- und Ablauforganisation in bezug auf Produktionsstellen

sowie durch die

- Prozesseinflussgrößen der Produktionsstellen selbst.

Jeder Produktionsprozess setzt sich aus aufbau- und ablauforganisatorischen Elementen zusammen. Während die **Aufbauorganisation** des Unternehmens den Produktionsprozess in Subeinheiten unterteilt und diese miteinander koordiniert, beschäftigt sich die **Ablauforganisation** primär mit der räumlich/zeitlichen Strukturierung der Arbeitsvorgänge.

Zu den wichtigsten Prozesseinflussgrößen der Aufbau- und Ablauforganisation bezüglich der Produktionsstellen zählen die in Abb. 3 aufgeführten Faktoren.

---

[3] Vgl. Hilke, W.: Zielorientierte Produktions- und Programmplanung, a.a.O., S. 5.

1.2.3.3 Fertigungsfaktoren der Produktion (Output)

Produkte entstehen bei jedem ökonomischen Produktionsprozess innerhalb eines Betriebes als "final angestrebte Ausbringungsgröße".[4] Sie können sowohl materieller als auch immaterieller Art sein.

- **Materielle Güter** bezeichnet man auch als **Sachgüter**, da sie das Endprodukt des am Sachziel ausgerichteten Produktionsprozesses darstellen.
- Dagegen besteht die Ausbringung einer **Dienstleistungsproduktion** aus **immateriellen Wirtschaftsgütern**, die für den Absatz produziert werden (Abb. 4).

Die Ergebnisse eines Produktionssystems können aber ebenso aus einem **Leistungsbündel** ("system-selling") bestehen. Stellt das Produkt einen solchen Komplex materieller und immaterieller Elemente dar, spricht man von einer **Mischform**. So produzieren manche Betriebe Sachgüter und bieten gleichzeitig Dienstleistungen an (z.B. Computerhersteller offerieren Sach- und Dienstleistungen).

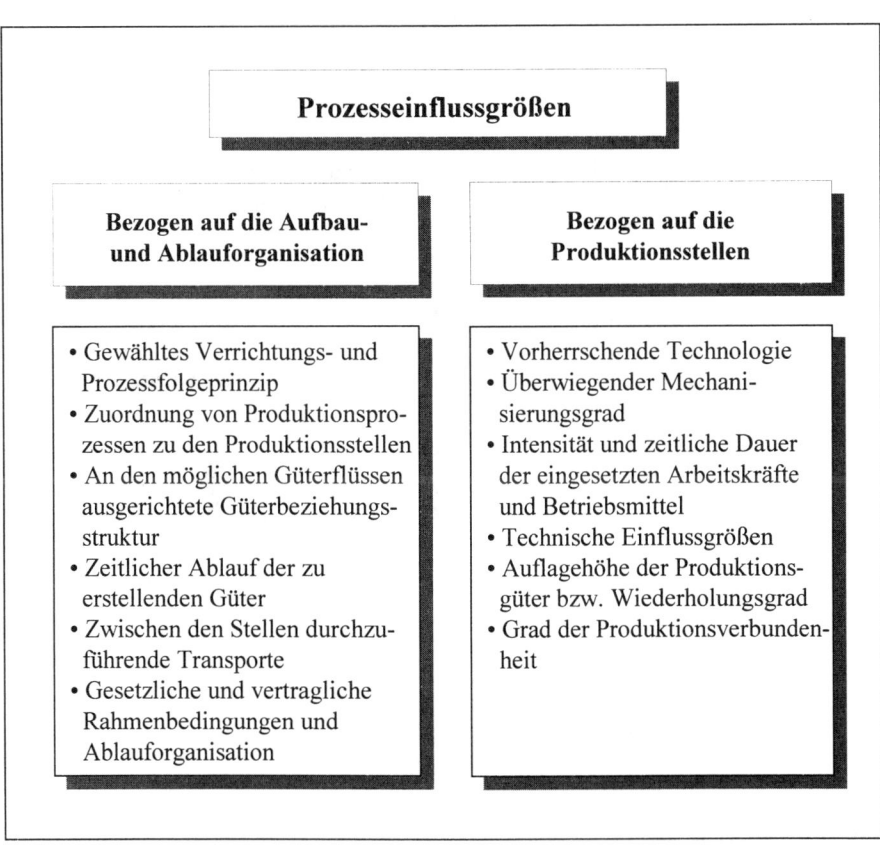

Abb. 3: Einflussgrößen auf den Produktionsprozess

Produktmengen aller Produktionsstellen einer Periode werden im **Produktionsprogramm** eines Unternehmens zusammengefasst, welches sowohl die Zwischengüter als auch die absatzbestimmten Gütermengen aller Produkte einer Periode umfasst.

---

[4] Vgl. Chmielewski, K.: Grundlagen der industriellen Produktgestaltung, Berlin 1968, S. 14.

1.3 Typologie von Produktionssystemen

Produktionsprozesse lassen sich in einer Vielzahl von Formen durchführen. Will man die in der Realität auftretenden Produktionsprozesse analysieren, ist es zweckmäßig, besonders charakteristische Ausprägungen von Produktionsprozessen als Produktionstypen zu unterscheiden. Je nach Ausprägung typenindividueller Merkmale unterscheidet man zwischen **Elementar-** und **Kombinationstypen**. Soweit der Systematisierung Einzelmerkmale zugrundegelegt werden können, spricht man von Elementartypen; werden Merkmalskombinationen gebildet, bei denen nicht ein Merkmal besonders hervorsticht, spricht man von Kombinationstypen. Die wichtigsten Elementartypen sind in ihren extremen Ausprägungen in Abb. 5 aufgelistet.

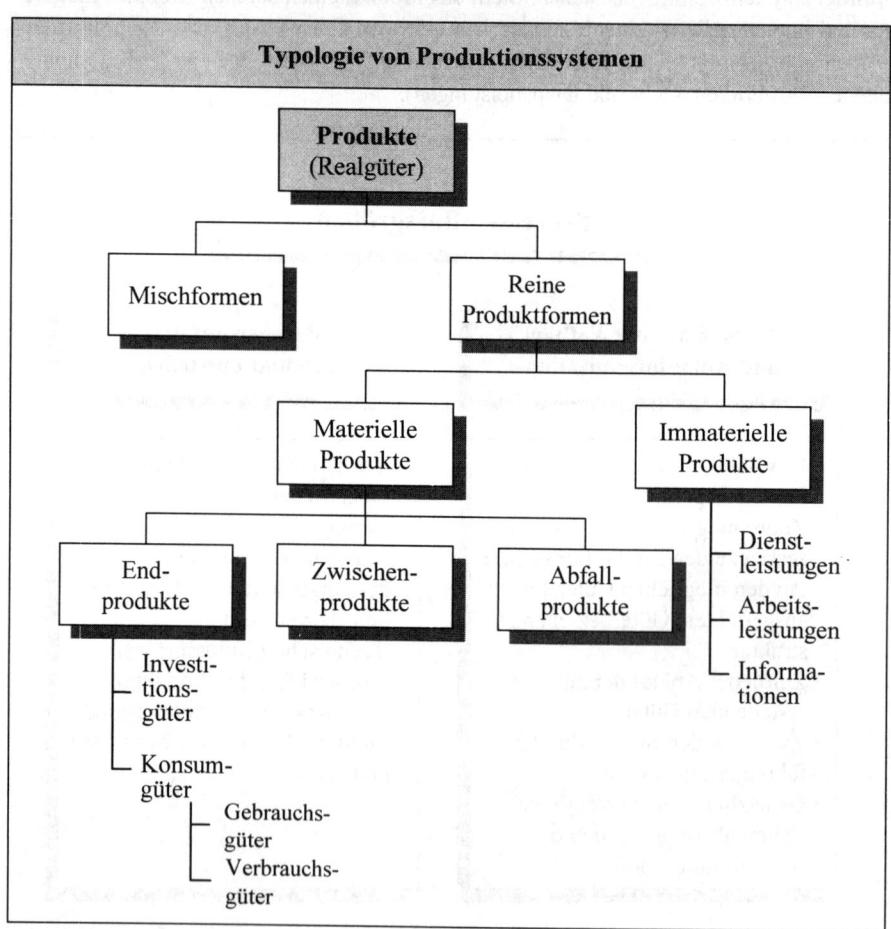

Abb. 4: Das Produktsystem

Zur Charakterisierung des Erscheinungsbildes eines realen Produktionssystems reicht häufig ein Merkmal nicht aus, da sich Produktionssysteme meist nur durch eine Vielzahl von Merkmalen beschreiben lassen. Korrelieren einzelne Merkmale miteinander, ist eine Zuordnung zu den Elementartypen nicht möglich. Das Produktionssystem stellt eine **Mischform** dar.

1. Grundlagen

Merkmale von Elementartypen	Merkmalsausprägungen von Elementartypen			
A. Produktbezogene Merkmale				
a) Zahl der angebotenen und produzierten Produkteinheiten	Einproduktproduktion		Mehrproduktproduktion	
b) Abnehmereinflüsse auf Produktgestaltg.	unmittelbare kundenorientierte Produktion		mittelbar kundenorientierte Produktion	
B. Prozessbezogene Merkmale				
a) Stufigkeit	einstufig		mehrstufig	
b) Prozesswiederholung	Einzelproduktion	Serien-/Sortenproduktion	Fließproduktion	
c) Anordnung der Produktionseinricht./Arbeitssysteme	Werkstattproduktion	Zentrenproduktion	Fließproduktion	
d) Zeitliche Abstimmung	global abgestimmte Arbeitsfolgen	teilabgestimmte Arbeitsfolgen	fein abgestimmte bzw. getaktete Arbeitsfolg.	
e) Zeitliche Prozessanordnung	Wechselproduktion (Sukzessivproduktion)		Parallelproduktion	
f) Kontinuität des Materialflusses	technologisch diskontinuierliche Prozesse (Chargenproduktion)		technologisch kontinuierliche Prozesse	
g) Verbundenheit der Produktion	unverbundene Produktion		verbundene/gekuppelte Produktion	
h) Entwicklungstiefe der Produktion	manuelle Produktion	maschinelle Produktion	teilautomatisierte Produktion	vollautomatisierte Produktion
i) Prozesseinwirkung auf Einsatzstoffe	analytische Prozesse	synthetische Prozesse	analytisch-synthetische Prozesse	stoffneutrale Prozesse
j) Prozesstechnologie	physikalische	chemische	kernphysikalische	biologische
k) Beherrschbarkeit der Prozesse	vollständig beherrschbare Produktion		nicht vollständig beherrschbare Produktion	
C. Faktorbezogene Merkmale				
a) Ortsgebundenheit der Produktionsfaktoren	ortsgebundene Produktionsfaktoren (anlagengebundene Produktion und Abbauproduktion)		ortsgebundene Produktionsfaktoren aber ortsgebundene Produkte (Baustellenprodukte)	
b) Wirtschaftliches Gewicht der Faktorenart	arbeitsintensive Produktion	materialintensive Produktion	anlagenintensive Produktion	
c) Wiederholbarkeit der Erzeugniseinsatzstoffbeschaffung	Einmaligkeit der Stoffbeschaffung (Partieproduktion)	begrenzte Wiederholbarkeit	unbegrenzte Wiederholbarkeit (Normstoffe)	

Abb. 5: Überblick über die wichtigsten Elementartypen als Grundlage zur Bildung von Misch- bzw. Kombinationstypen[5]

---

[5] Vgl. Hahn, D./ Laßmann, G.: Produktionswirtschaft. Controlling industrieller Produkte, Bd. 1: Grundlagen, Führung und Organisation, Produkte und Produktprogramm, Material und Dienstleistungen, 2. Auflage, Heidelberg 1990, S. 36.

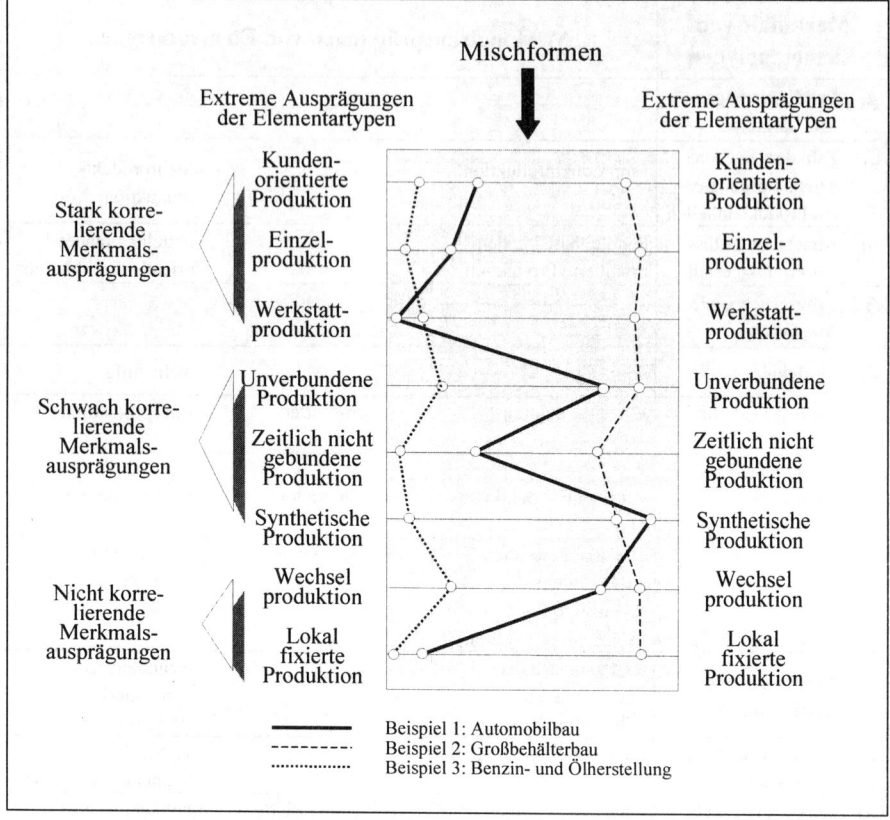

Abb. 6: Reale Produktionstypen[6]

Reale Erscheinungsformen betrieblicher Produktionsprozesse können durch Produktionsprofile dargestellt werden (Abb. 6). Dabei werden den Eingabe-, Prozesseinfluss- und Ausgabegrößen zunächst ihre spezifischen Klassifizierungsmerkmale zugeordnet. Die jeweilige Ausprägung der Merkmale lässt in ihrer Gesamtheit das **Produktionsprofil** des Unternehmens erkennen.

In der Praxis werden Produktionsprofile dafür verwendet, einzelne Produktionsbranchen der Industrie zu umschreiben, wobei die wichtigsten Einflussgrößen auf die Produktion herausgestellt werden. Somit erhält die Unternehmensführung einen ersten Überblick über die zu gestaltenden spezifischen Produktionsbereiche sowie Anhaltspunkte darüber, anhand welcher Kriterien die Planungs-, Lenkungs- und Kontrollaufgaben der Produktion auszurichten sind.

1.4 Das Zielsystem der Produktion

Die Produktion ist stets Mittel zum Zweck, um eine übergeordnete Zielsetzung zu erreichen. Ziele werden differenziert nach **formalen** Zielen (z.B. Erfolg), die weitgehend vom vorherrschenden Wirtschaftssystem abhängen und den jeweils übergeordneten As-

---

[6] Vgl. Hahn, D.: Produktionsverfahren. In: HWB, Bd. 2, Grochla, E./ Taylor, B. (Hrsg.), 4. Auflage, Stuttgart 1975, Sp. 3163.

pekten einer konkretisierten materiellen (sachlichen) Aufgabe angehen, sowie den **materiellen** Zielen, die sich vor allem auf Arten und Mengen sowie auch Fristen betrieblicher Leistungen oder Faktoreinsätze beziehen. Die Ausprägung materieller Ziele hat also immer unter Beachtung der formalen Zielsetzung zu erfolgen. Materielle Ziele sind somit die Leitmaxime für betriebliches Handeln stets dann, wenn zwischen mehreren vorhandenen Aktionsmöglichkeiten rational zu wählen ist.[7]

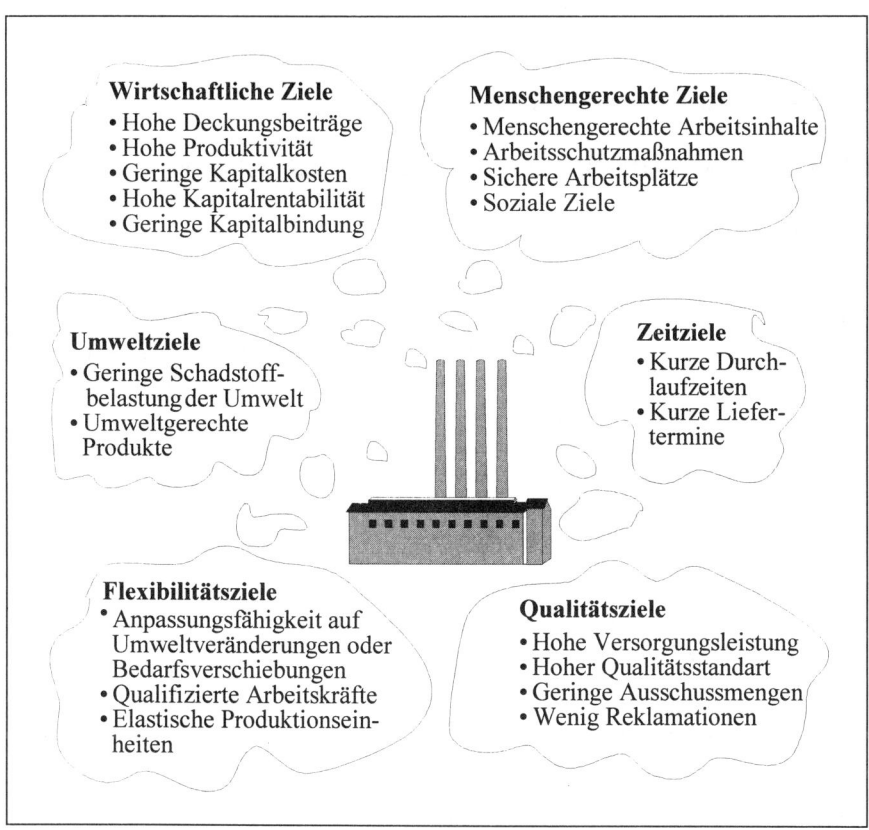

Abb. 7: Auswahl möglicher Zielfelder der Produktion

Klare Zielvorgaben für den Entscheidungsträger setzen die Existenz eines eindeutigen **Zielsystems** bei der Unternehmensleitung voraus. Die in den Zielbildungsprozess eingebrachten Einzelziele unterscheiden sich zunächst dadurch, dass sie entweder unabdingbar erfüllt werden müssen (wie z.B. Vorschriften über Umweltschutz und Arbeitszeit, Beachtung maximaler Kapazitätsverfügbarkeit und Liquiditätserhaltung) oder im Rahmen des Möglichen so günstig wie möglich realisiert werden sollen (wie z.B. Kostenminimierung, Qualitätsverbesserung und Steigerung der Sicherheit am Arbeitsplatz).

Dementsprechend muss zwischen **obligaten** Zielbedingungen (Rahmen-, Rand-, Nebenbedingungen, Restriktionen) und **fakultativen** Zielen unterschieden werden. Abb. 7 gibt eine Übersicht über die Zielfelder des produktionswirtschaftlichen Zielsystems.

---

[7] Vgl. Kern, W.: Industrielle Produktionswirtschaft, 5. Auflage, Stuttgart 1992, S. 61.

Der Markt erweist sich als Erfolgsindikator des Unternehmens, wobei jedoch nicht alle Erfolgsfaktoren gleichermaßen wichtig sind. Sie können sich auch temporär in ihrer Wichtigkeit ändern, je nach aktueller Priorität des betreffenden Faktors auf dem Markt. Auf Veränderungen im Marktverhalten und dem damit verbundenen Zielsystem wird in Abschnitt "Produktionsmanagement im Wandel" näher eingegangen. Die dort angestellten Überlegungen beziehen sich auf aktuelle Marktveränderungen und deren Auswirkungen auf die produktionswirtschaftlichen Zielsetzungen.

2 Produktions- und Kostentheorie

2.1 Grundlagen der Produktions- und Kostentheorie

2.1.1 Begriffsbestimmung

Wie bereits beschrieben, stellt sich die betriebliche Leistung als das Ergebnis der Kombination von Produktionsfaktoren dar. Folglich ist es Aufgabe der Produktions- und Kostentheorie, die funktionalen Beziehungen zwischen dem mengen- und wertmäßigen Input an Produktionsfaktoren und dem jeweiligen Output zu untersuchen und modellartig darzustellen. Im Rahmen der Produktions- und Kostentheorie werden,

- die **quantitativen Beziehungen** zwischen den zur Leistungserstellung einzusetzenden Produktionsfaktormengen und den Ausbringungsmengen analysiert und die Einflüsse auf den Faktorverbrauch aufgezeigt (Produktionstheorie),

- der **Zusammenhang** zwischen Kosteneinflussgrößen und Kostenhöhe hergestellt, wobei unter Kosten die mit Preisen bewertete (also in Geldeinheiten ausgedrückte) Faktoreinsatzmenge verstanden wird.

2.1.2 Substitutionalität und Limitationalität

Im Prozess der Faktorkombination stellt die Produktionsfunktion den funktionalen Zusammenhang zwischen **Faktoreinsatzmengen** und **Ausbringungsmengen** dar. Für jede gegebene Inputgröße (r_1, r_2,..., r_n) lässt sich der Output in Form des Produktionsertrages (E) funktional bestimmen:

(1) $$E = f(r_1, r_2, ... r_n)$$

Während der **Produktionsertrag** Kennzeichen des Produktionsergebnisses ist, gibt die Anzahl der verschiedenen **Einsatzfaktoren** Auskunft über die Komplexität des Produktionsprozesses. Je nach Einsatzverhältnis der Eingangsgrößen unterscheidet man zwischen **substitutionalen** und **limitationalen** Produktionsfaktoren.

- **Substitutionale Produktionsfaktoren** können im Produktionsprozess bei der Erbringung einer bestimmten Ausbringungsmenge gegenseitig ersetzt werden. Sie stehen somit in keinem festen Verhältnis zueinander. Abhängig davon, ob ein Faktor ganz oder teilweise ersetzt werden kann, unterscheidet man zwischen **alternativer** und **begrenzter** (peripherer) Substitution.

- **Limitationale Produktionsfaktoren** lassen sich zur Erbringung einer gegebenen Ausbringungsmenge nur in einem bestimmten Verhältnis zueinander einsetzen. Das Verhältnis der Produktionsfaktoren ist unabhängig von der Ausbringungsmenge immer gleichbleibend (z.B.: $r_1 : r_2 = 1:3$).

Durch den Produktionskoeffizienten P kann außerdem die Menge angegeben werden, mit der ein Produktionsfaktor r_i an der Ausbringung x beteiligt ist:

$$\rho_i = \frac{r_i}{x} \text{ wobei } i = 1, 2, ..., n$$

Als Ausgangspunkt für die abstrakte Darstellung der funktionalen Beziehungen zwischen dem Input an Produktionsfaktoren und dem jeweiligen Output dient die sogenannte Produktionsfunktion, die in ihrer allgemeinen Form folgendes Aussehen hat:

$$x = f(r_1, r_2, ..., r_n)$$

wobei: x = Output

$r_1, r_2, ..., r_n$ = Faktoreinsatzmengen

Werden die verschiedenen Faktoreinsatzmengen $r_1, r_2, ...,r_n$ mit ihren als konstant angenommenen Faktorpreisen $p_1, p_2, ...,p_n$ bewertet so erhält man als allgemeine Kostenfunktion:

$$k = r_1 p_1 + r_2 p_2 + ... + r_n p_n$$

2.1.3 Indifferenzkurven

Ausgehend von zwei Produktionsfaktoren ergeben sich für Substitutionalität und Limitationalität die in Abb. 8 dargestellten **Ertragsgebirge**. Es wird sichtbar, dass sich die Ertragsfunktionen der Limitationalität nur als senkrecht stehende Linie darstellen lässt, während sich die Ertragsfunktion der Substitutionalität als Fläche über das Substitutionsfeld spannt.

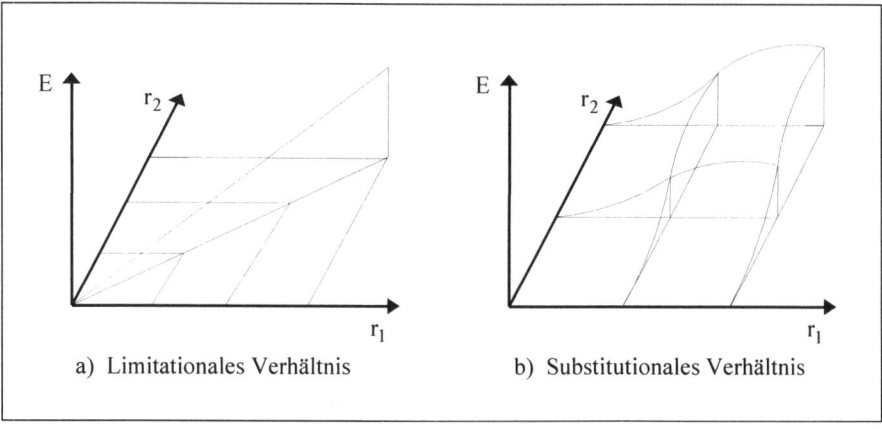

a) Limitationales Verhältnis   b) Substitutionales Verhältnis

Abb. 8: Ertragsgebirge limitationaler und substitutionaler Produktionsverfahren

Das **Substitutionsfeld** bietet unendlich viele Möglichkeiten der Faktorkombinationen, die zu gleichen Erträgen führen. Verbindet man diese Kombinationen, so erhält man die sogenannte **Indifferenzkurve**. Alle durch die Linie verbundenen Kombinationen verhalten sich hinsichtlich des Ertrages indifferent. Dagegen lässt sich ein gegebener Ertrag bei Limitationalität nur durch eine einzige Faktorkombination erzielen.

Die Einsatzmenge eines Produktionsfaktors, die notwendig ist, um die Einheit eines anderen Faktors an einem gegebenen Punkt zu ersetzen, ohne dass sich der Ertrag ändert, bezeichnet man als **Grenzrate der Substitution** (Substitutionsverhältnis). Ändert sich die Ertragsrate durch erhöhten oder verminderten Einsatz der Produktionsfaktoren, so ändert sich das Ertragsniveau.

Durch Projizierung des **Ertragsgebirges** nach Abb. 8 in die r_1-r_2-Ebene ergeben sich Indifferenzkurven für unterschiedliche Erträge.

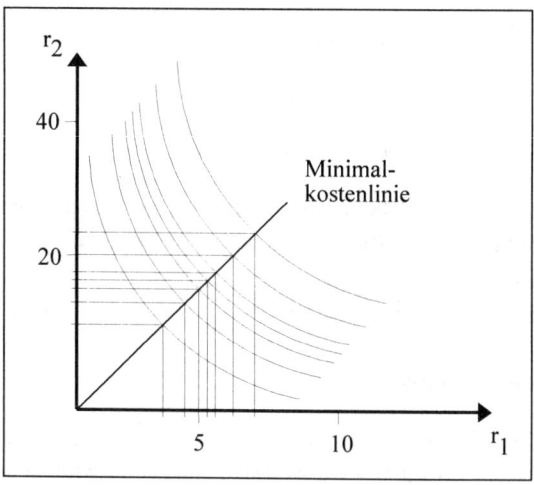

Abb. 9: Indifferenzkurven

Da die Grenzerträge zunächst bis zum Wendepunkt der Ertragsfunktion steigen, verringern sich bis zu jenem Punkt auch die Abstände der Indifferenzkurven. Die Abstände steigen jedoch wieder, sobald die Grenzerträge (Grenznutzen) abnehmen. In diesem Fall spricht man von einer **heterogenen Produktionsfunktion** (Abb. 9). Anderenfalls, bei kontinuierlich gleichbleibenden, steigenden oder fallenden Grenzerträgen, handelt es sich um eine **homogene Produktionsfunktion**.

2.1.4 Minimalkostenkombination

Nachdem die Bedeutung von Indifferenzkurven bekannt ist, stellt sich die Frage nach der wirtschaftlich günstigsten Kombination der Produktionsfaktoren. Es ist die Faktorkombination gesucht, mit der das Unternehmen den größten Gewinn erwirtschaftet. Bei gegebenem Ertrag ist dies die **Minimalkostenkombination**, d.h. jene Mengenkombination, die die geringsten Kosten verursacht. Sie wird ermittelt, indem man zunächst die Einsatzfaktoren r_1 und r_2 mit ihren Faktorpreisen p_1 und p_2 bewertet, so dass sich folgende Gesamtkostenfunktion ergibt:

(2) $$K_{ges} = r_1 \cdot p_1 + r_2 \cdot p_2$$

Ist neben dem Ertrag auch die Geldmenge bekannt, die zum Kauf der Produktionsfaktoren zur Verfügung steht, so lassen sich bei alternativer Substitution die maximal kaufbaren Faktoreinheiten r_1 und r_2 ermitteln. Stehen beispielsweise für den Kauf der Faktoren r_1 mit $p_1 = 10,-$ EUR und r_2 mit $p_2 = 2,50$ EUR $100,-$ EUR zur Verfügung, so können maximal 10 Einheiten r_1 bzw. 40 Einheiten r_2 gekauft werden. Verbindet man im Koordinatenkreuz beide Punkte miteinander, erhält man die Bilanzgerade. Jede beliebige Kombination r_1 und r_2 entlang dieser Geraden ergibt denselben Kostenbetrag, weshalb man diese Gerade auch als **Kostenisoquante** bezeichnet. Der maximale Ertrag, der mit gegebener Geldmenge erzielt werden kann, liegt dort, wo die Isoquante die Tangente zur Indifferenzkurve bildet (Punkt T in Abb. 10).

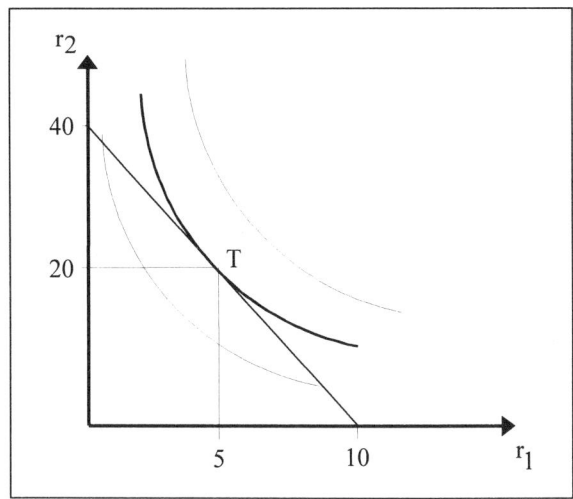

Abb. 10: Minimalkostenkombination

Ist die Geldmenge nicht bekannt, sondern der Ertrag gegeben, lässt sich durch Parallelverschiebung der Kostenisoquante an die entsprechende Indifferenzkurve die minimale Kostenkombination ermitteln. Zur Darstellung der Kostenisoquanten wird in dem Fall eine beliebige Geldmenge angenommen.

Die Minimalkostenkombination ist erreicht, wenn sich die Grenzerträge der Produktionsfaktoren verhalten wie ihre Preise. Verbindet man die Tangentialpunkte zwischen den einzelnen Kostenisoquanten und Indifferenzkurven, so erhält man die **Minimalkostenlinie** (vgl. Abb. 9). Jeder Punkt auf dieser Linie stellt die minimale Kostenkombination zu einem gegebenen Ertrag dar.

2.1.5 Zusammenhang zwischen Produktions- und Kostentheorie

Die Produktionsfunktion nach Gleichung (1) bildet den Ausgangspunkt für die Ableitung der Kostenfunktion. Bewertet man die verschiedenen Faktoreinsatzmengen (r_1, r_2, ...r_n) mit ihren als konstant angenommenen Faktorpreisen (p_1, p_2, ...p_n), so erhält man die in Geld bewertete **Ertragsfunktion** (E_G).

(3) $\quad E = f(r_1, r_2, ... r_n)$

(4) $\quad E_G = f(r_1 \cdot p_1, r_2 \cdot p_2, ... r_n \cdot p_n)$

(5) $\quad E_G = f(K_1, K_2, ... K_n)$

(6) $\quad E_G = f(K)$

(7) $\quad K = f(E_G)$

Da die bewertete Ertragsfunktion E_G die abhängige Größe darstellt, handelt es sich immer noch nicht um eine Kostenfunktion. Aus der Produktionsfunktion wird erst dann eine Kostenfunktion, wenn nicht die Kosten, sondern die Ausbringungsmenge die variable Größe darstellt, so dass sich die **Kostenfunktion** aus der Umkehrfunktion der Produktionsfunktion ergibt.

(8) $\quad K = f(x)$

2.1.6 Kostentheoretische Grundbegriffe

Die Kosten, die in einer Unternehmung innerhalb einer Periode anfallen, setzen sich aus einer Vielzahl von Kostenarten wie beispielsweise Gehältern, Löhnen und Abschreibungen zusammen. Für den Unternehmer ist es bedeutsam zu wissen, wie sich die Gesamtkosten bei Änderung des Beschäftigungsgrades (Ausbringungsmenge) entwickeln.

2.1.6.1 Fixe und variable Kosten (Kostenarten)

Abhängig davon, ob die Beschäftigung direkten Einfluss auf die Kosten ausübt oder nicht, können fixe und variable Kosten unterschieden werden.

Fixe Kosten (K_{fix})[8] lassen sich dadurch charakterisieren, dass sie nicht auf Veränderungen des Beschäftigungsgrades reagieren, sondern konstant bleiben (z.B. Mieten, Fremdkapitalzinsen). Abhängig davon, ob die fixen Kosten über jede Änderung des Beschäftigungsgrades konstant bleiben oder ob sie in Sprüngen steigen, unterscheidet man zwischen absolutfixen und sprungfixen Kosten.

- **Absolutfixe Kosten** bleiben unabhängig vom Beschäftigungsniveau konstant (z.B. Geschäftsführergehälter).

- Bei **sprungfixen Kosten** steigen diese nach einem bestimmten Beschäftigungsintervall sprungartig an, bleiben jedoch für das nächste Intervall fix (z.B. Zukauf einer Produktionsanlage).

Variable Kosten (K_{var}) sind dadurch gekennzeichnet, dass sie sich mit der Änderung des Beschäftigungsgrades ebenfalls verändern (z.B. Rohstoffkosten). Je nach Verhältnis von Kostenänderung zu Beschäftigungsgradänderung unterscheidet man:

---

[8] Bei den fixen Kosten handelt es sich auch um die Kosten der Betriebsbereitschaft.

- **proportionale Kosten**, die sich im gleichen prozentualen Verhältnis wie der Beschäftigungsgrad ändern,

- **progressive Kosten**, die sich prozentual stärker als der Beschäftigungsgrad ändern und

- **degressive Kosten**, die sich prozentual weniger stark ändern als der Beschäftigungsgrad.

Ferner sind noch die **regressiven Kosten** zu erwähnen, die im Gegensatz zu degressiven Kosten nicht nur relativ, sondern absolut sinken. Regressive Kosten entstehen in der Realität jedoch sehr selten, so dass sie für die weiteren Betrachtungen vernachlässigt werden können.

In der Abb. 11 sind die verschiedenen Kostenverläufe grafisch dargestellt.

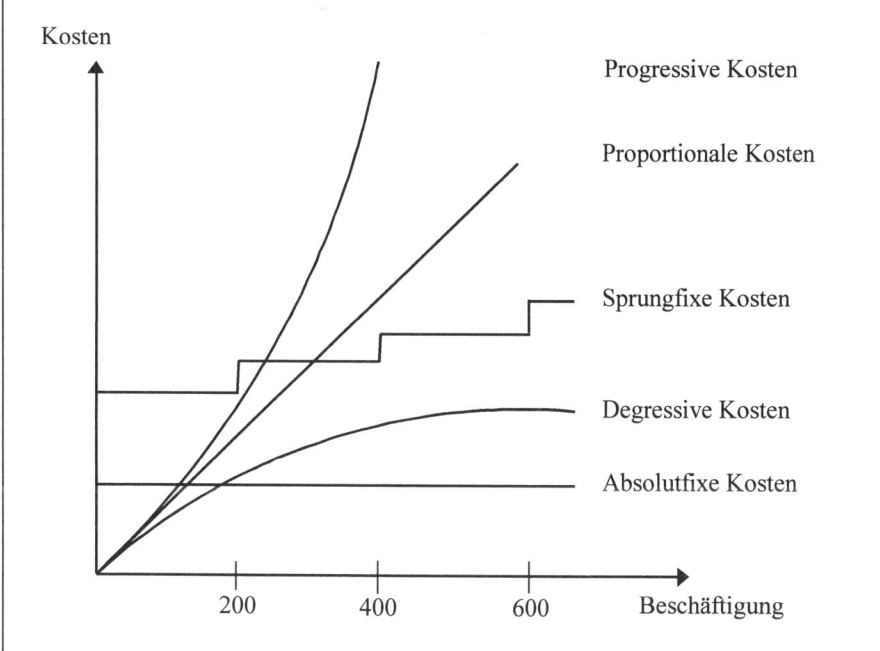

Menge x	Fixe Kosten		Sprungfixe Kosten		Proportionale Kosten		Progressive Kosten		Degressive Kosten	
	K_f	$\frac{K_f}{x}$	K_f	$\frac{K_f}{x}$	K_v	$\frac{K_f}{x}$	K_v	$\frac{K_f}{x}$	K_v	$\frac{K_f}{x}$
200	10000,-	50,-	4000,-	20,-	1000,-	5,-	1000,-	5,-	1000,-	5,-
400	10000,-	25,-	8000,-	20,-	2000,-	5,-	2200,-	5,50	1600,-	4,-
600	10000,-	16,67	12000,-	20,-	3000,-	5,-	3900,-	6,50	2100,-	3,50
800	10000,-	12,50	16000,-	20,-	4000,-	5,-	6400,-	8,-	2600,-	3,25
1000	10000,-	10,-	20000,-	20,-	5000,-	5,-	10000,-	10,-	3100,-	3,10

Abb. 11: Kostenarten

Je nach Effektivität des Beschäftigungsgrades werden zudem **Nutz-** und **Leerkosten** unterschieden. In Abb. 12 ist die Beziehung beider Kostenarten grafisch dargestellt.

Werden beispielsweise auf einer Anlage, deren maximale Auslastung bei 800 Stück liegt, nur 200 Produkte hergestellt, setzten sich die fixen Kosten zu 25 % aus Nutz- und zu 75 % aus Leerkosten zusammen. Dagegen sind Fixkosten bei Stillstand einer Anlage zu 100 % Leerkosten.

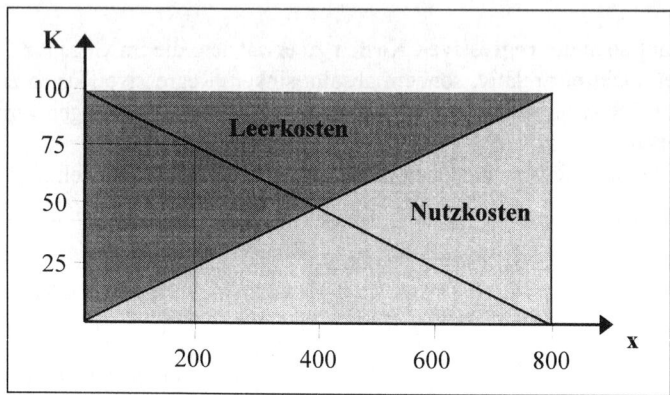

Abb. 12: Nutz- und Leerkostenverteilung

2.1.6.2 Kostendimensionen

Als Messgröße der Produktionskosten gelten die Gesamt-, Durchschnitts- und Grenzkosten.

- **Gesamtkosten** ergeben sich aus der Summe der gesamten Fixkosten sowie der gesamten variablen Kosten zur Erstellung einer bestimmten Leistungseinheit.

$$K_{ges} = K_{fix\ ges} + K_{var\ ges}$$

- **Durchschnittskosten** stellen die Kosten dar, die innerhalb der Leistungserstellung durchschnittlich pro Stück anfallen.

$$K = k_{fix} + k_{var} = \frac{K_{ges}}{x}$$

- Unter **Grenzkosten** versteht man Kosten, die durch die Produktion der jeweils letzten Produkteinheit anfallen. Die Höhe der Grenzkosten ergibt sich aus dem Verhältnis von entstandenen Kostendifferenzen zu Mengendifferenzen. Eine Erhöhung der Produktionsmenge um dx führt zu einer Kostenerhöhung um dK.

$$K' = \frac{dK}{dx}$$

Lineare Gesamtkostenfunktionen führen zu linearen Grenzkostenfunktionen. Progressiv steigende Gesamtkostenfunktionen zu steigenden und degressiv steigende zu fallenden Grenzkostenfunktionen.

2.1.6.3 Kostenremanenz

Kosten, die in ihrer Höhe kurzfristig veränderbar sind, bei einem rückläufigen Beschäftigungsgrad jedoch nicht entsprechend angepasst werden können, bezeichnet man als **remanente Fixkosten**.

Die Betriebsbereitschaft des Unternehmens bleibt trotz rückläufiger Beschäftigung erhalten. Kostenremanenz lässt sich vor allem bei intervallfixen, aber auch bei variablen Kosten beobachten, wenn beispielsweise qualifiziertes Arbeitspersonal Hilfsarbeiten verrichten muss. Bezogen auf stillgelegte Anlagen spricht man in dem Zusammenhang auch von abbaufähigen, aber nicht abgebauten Leerkosten. Obwohl eine Anlage nicht genutzt wird, fallen weiterhin fixe Kosten für sie an.

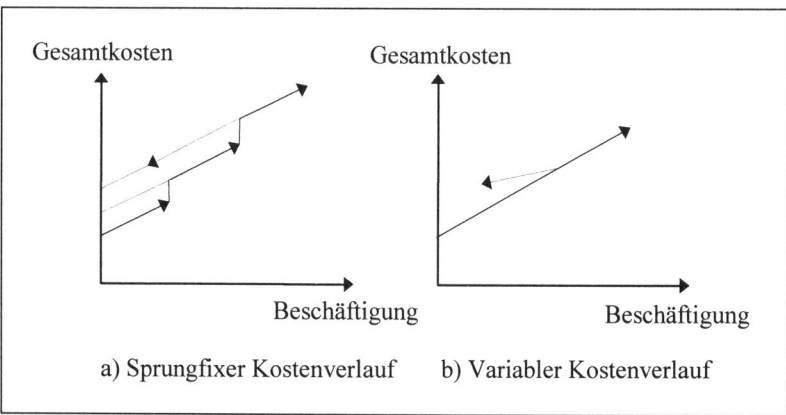

Abb. 13: Kostenremanenz bei sprungfixem und variablem Kostenverlauf

Für die Unternehmung ist es wichtig zu wissen, wo fixe Kosten im Unternehmen anfallen. Neben der Entstehung remanenter Kosten durch erhöhte Betriebsbereitschaft lässt sich das Entstehen von fixen Kosten auf eine Vielzahl weiterer Ursachen zurückführen, wie:

- rechtliche Bindungen (Verträge), die nicht gelöst werden können,
- soziale Ziele wie z.B. die Bestandserhaltung von Mitarbeitern,
- "programmed expenses", d.h. fixe Kosten, die durch die unternehmerische Entscheidung in ihrer Höhe festgelegt werden (z.B. Werbungskosten),
- Zeitspanne des Entscheidungszeitraumes. Je kürzer der Entscheidungszeitraum, desto größer ist der Fixkostenanteil an den Gesamtkosten.
- Anpassungskosten, sofern diese größer sind als die fixen (Leer-) Kosten.

2.1.7 Kosteneinflussfaktoren

Den Einfluss, den unternehmensinterne und -externe Faktoren auf die Produktionskosten haben, lässt sich nur global beschreiben, da die Unternehmungen je nach Betriebsbranche unterschiedlichen Einflussfaktoren unterliegen.

Die in Abb. 14 vorgenommene Gliederung unterscheidet allgemein zwischen Einflussfaktoren, die von den Unternehmen in der Regel nicht beeinflussbar sind und solchen, die die Unternehmung durch ihre Entscheidung wesentlich zu beeinflussen vermag. Letztere Einflussfaktoren beinhalten dabei häufig Entscheidungen über Beschäftigungsgrad, Auftragsgröße und zeitliche Ablaufplanung.

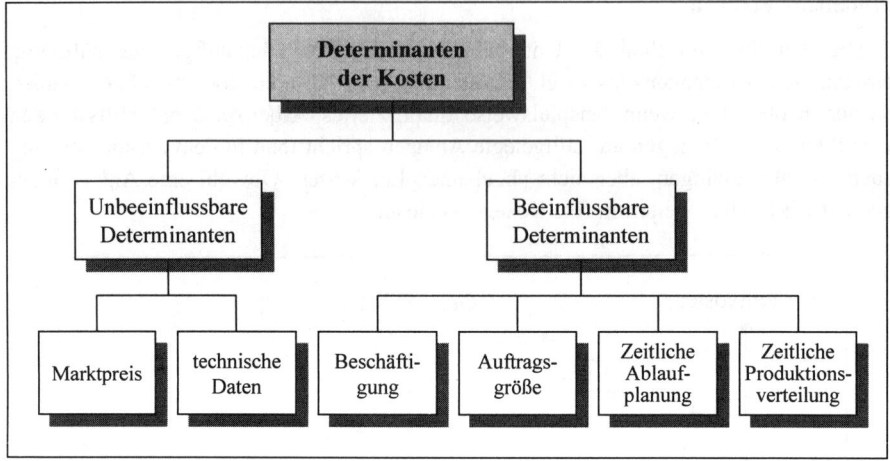

Abb. 14: Kosteneinflussgrößen

Als **Beschäftigungsgrad** (Kapazitätsausnutzungsgrad) bezeichnet man das Verhältnis zwischen vorhandener Kapazität und effektiver Ausnutzung:

$$\text{Beschäftigungsgrad} = \frac{\text{Ist} - \text{Produktion}}{\text{Kann} - \text{Produktion}} \cdot 100\,\%$$

Ist der Beschäftigungsgrad größer als 100 %, so spricht man von **Überbeschäftigung**; ist der Beschäftigungsgrad kleiner, liegt **Unterbeschäftigung** vor.

2.2 Produktionsfunktion vom Typ A

2.2.1 Grundstruktur

Die Produktionsfunktion vom Typ A beruht auf dem Gesetz vom "abnehmbaren Ertragszuwachs"[9], auch **Ertragsgesetz** genannt. Das Ertragsgesetz stammt ursprünglich aus dem landwirtschaftlichen Bereich und besagt, dass der **Grenzertrag** (Ertragszuwachs) mit steigender Einsatzmenge eines Produktionsfaktors zunächst ansteigt (progressiver Ertragsverlauf) und nach Erreichen eines Optimums wieder abnimmt (degressiver Ertragsverlauf). Mit Einsatz einer bestimmten Menge an Produktionsfaktoren wirkt der Zusatz ertragsschädigend, d. h. der absolute Ertrag geht zurück.

Die aus dem Ertragsgesetz abgeleitete Produktionsfunktion von Typ A beruht auf folgenden Annahmen:[10]

---

[9] Vgl. Wöhe, G.: Einführung in die Allgemeine Betriebswirtschaftslehre, 20. Aufl., München 2000, S. 396 ff.
[10] Vgl. ebd., S. 396 ff.

- Ein konstanter und ein variabler Produktionsfaktor (oder eine Gruppe variabler Faktoren) werden in der Weise kombiniert, dass steigende Mengeneinheiten des variablen Faktors auf den konstanten Faktor aufgewendet werden.
- Der variable Produktionsfaktor ist völlig homogen, d. h.
  - alle Einheiten sind von völlig gleicher Qualität und
  - gegenseitig austauschbar.
- Der variable Produktionsfaktor ist beliebig teilbar
- Die Produktionstechnik ist unveränderlich.
- Es wird nur eine Produktart hergestellt.

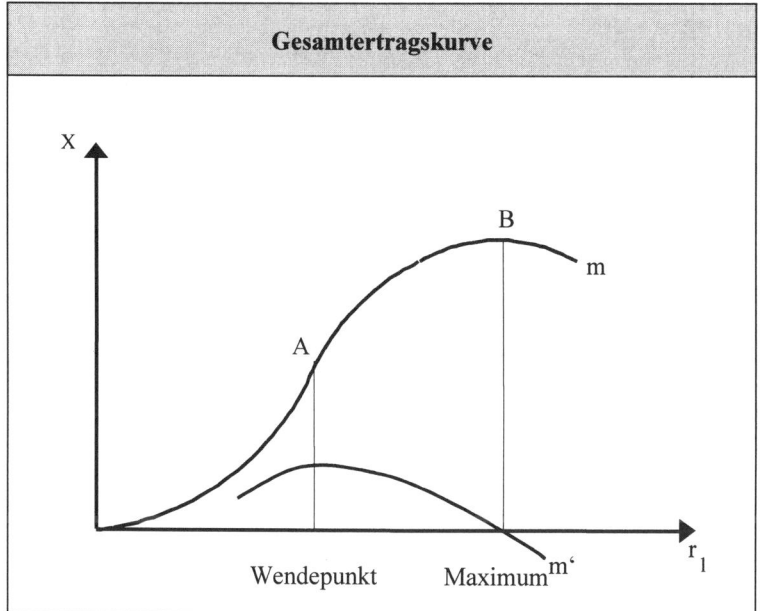

Abb. 15: Gesamtertragskurve der Produktionsfunktion vom Typ A

Werden nun zwei Produktionsfaktoren so miteinander kombiniert, dass der eine Faktor konstant gehalten wird und der andere Faktor frei variierbar ist, ergibt sich in Anlehnung an das Ertragsgebirge der Produktionsfunktion vom Typ A in Abb. 8 die in Abb. 15 dargestellte Gesamtertragskurve. Sie bildet die Grundlage für die Ableitung der Kostenfunktion.

2.2.2 Kostenfunktion

Wie bereits in 2.1.4 hergeleitet, stellt sich die Kostenfunktion als Umkehrfunktion der Ertragsfunktion dar. Geometrisch ergibt sich die Gesamtkostenkurve demnach durch Vertauschung von Ordinate und Abszisse im Ertragskurvendiagramm, was einer Spiegelung der Ertragskurve um die 45°-Linie entspricht (Abb. 16).

Die **Gesamtkosten** setzen sich aus verschiedenen Kostenarten zusammen, die für die Wahl der Entscheidungsfindung von großer Bedeutung sind:

- Grenzkosten (K'),
- Durchschnitts- oder Stückkosten (k),
- variable Durchschnittskosten (k_{var}),
- fixe Durchschnittskosten (k_{fix}).

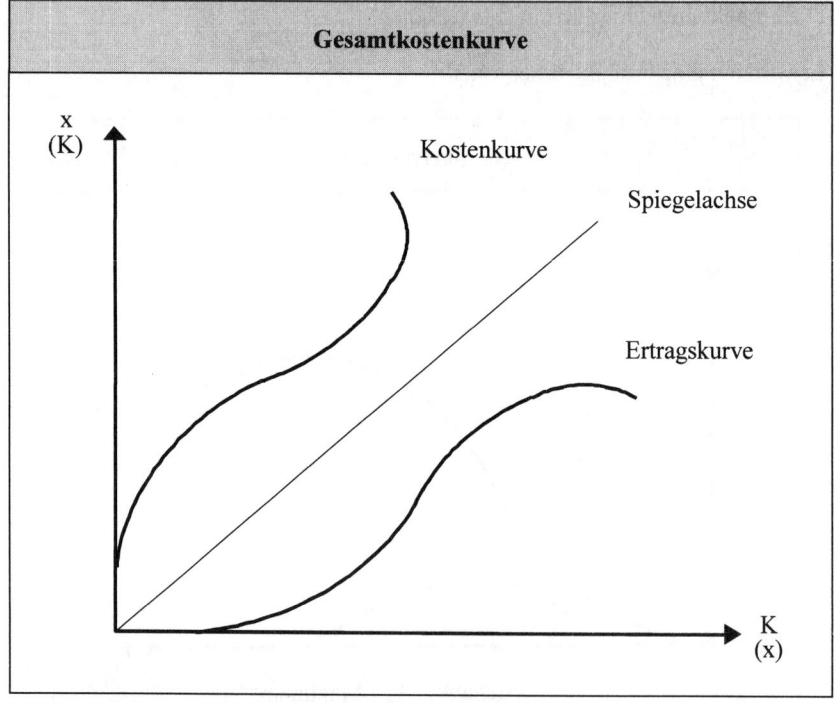

Abb. 16: Gesamtkostenkurve der Produktionsfunktion vom Typ A

Die Zusammenhänge zwischen den einzelnen Kostenarten und ihrer Funktionsverläufe verdeutlicht Abb. 17, wobei vier generell unterschiedliche Phasen unterschieden werden.

- Die erste Phase wird durch den **Gesamtkostenverlauf** bestimmt und endet mit dem Übergang vom degressiven zum progressiven Kurvenverlauf (P_3).

- In der zweiten Phase steigen die Gesamtkosten an, während sich variable Stückkosten und Gesamtstückkosten verringern.

- Ihr jeweiliges Minimum bildet die Grenze der zweiten zur dritten Phase (P_7).

- Kann das Steigen der variablen Stückkosten durch weiteres Absinken der fixen Stückkosten kompensiert werden, so steigen mit Beginn der vierten Phase die gesamten Stückkosten wieder an.

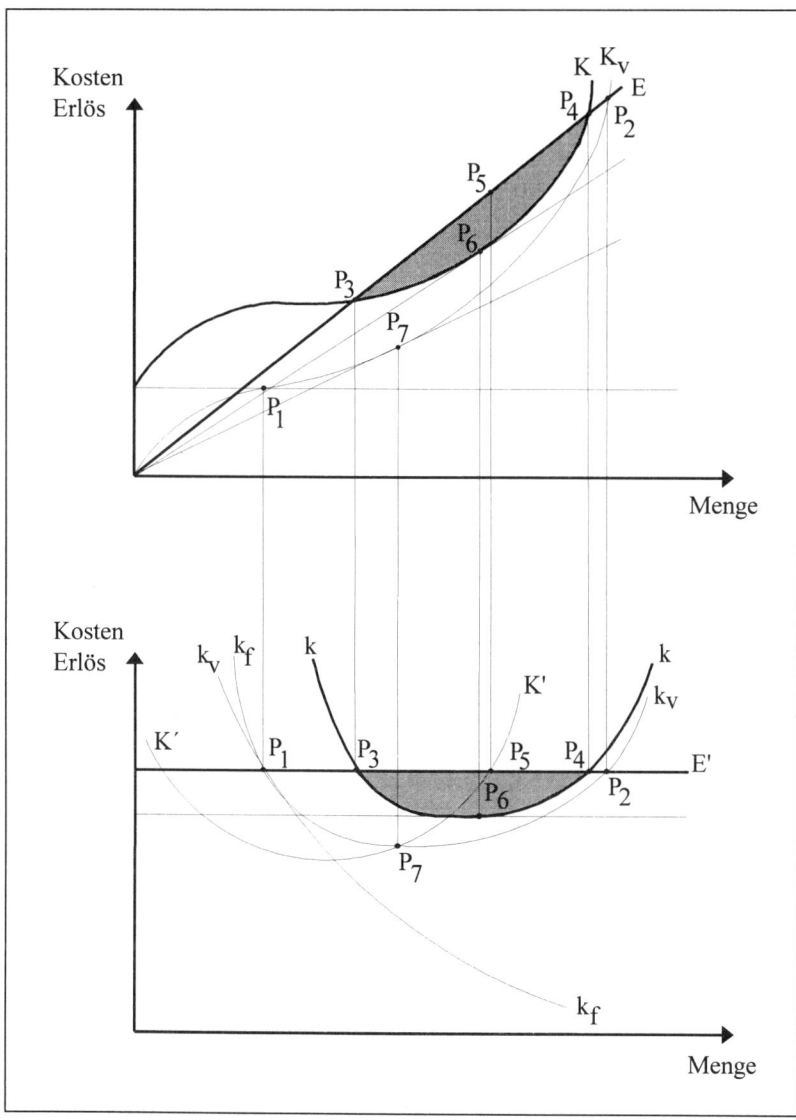

Abb. 17: Kostenkurven nach der Produktionsfunktion vom Typ A

Unterstellt man dem Produktionsprozess zusätzlich einen konstanten Stückpreis, so stellt sich die Ertragsfunktion als lineare Funktion dar. Aus Abb.17 lassen sich dann folgende kritische Kostenpunkte ermitteln:

- **Betriebsminimum** (P_1) **und Betriebsmaximum** (P_2): Sie geben die Grenze an, die nicht über- oder unterschritten werden sollte, da unterhalb des Punktes P_1 und oberhalb des Punktes P_2 die fixen Kosten nicht und die variablen Kosten nur teilweise gedeckt werden.

- **Gewinnschwelle** (P_3) **und Gewinngrenze** (P_4): Sie signalisieren den Eintritt bzw. Austritt aus der Gewinnzone. Die Gewinnschwelle wird auch als **break-even-point** bezeichnet.

- **Gewinnmaximum** (P_5): Die Unternehmung erwirtschaftet den maximalen Gewinn, da Grenzkosten und Grenzertrag gleich groß sind. Jede weitere produzierte Einheit lässt die Kosten im Vergleich zu den Erträgen ansteigen. Der Gewinn geht zurück.
- **optimaler Kostenpunkt** (P_6): Der Punkt, an dem die Stückkosten am geringsten sind, bezeichnet man als optimalen Kostenpunkt. Die Wirtschaftlichkeit der Produktion ist hier am größten. Grafisch lässt sich dieser Punkt durch eine an der Gesamtkostenfunktion anliegende Tangente, welche durch den Ursprung des Koordinatensystems geht, darstellen.
- **Preisuntergrenze** (P_7): Sofern das Unternehmen nicht die Menge, sondern den Preis variiert, stellt die Preisuntergrenze den Preis dar, auf den der Stückpreis maximal gesenkt werden darf. In diesem Punkt werden die variablen Kosten gerade noch durch den Preis gedeckt.

2.2.3 Beurteilung der Produktionsfunktion vom Typ A

Das Ertragsgesetz wurde im landwirtschaftlichen Bereich entwickelt. Bezogen auf dieses Tätigkeitsfeld wie z.B. den Anbau von Weizen, lässt sich feststellen, dass der Ernteertrag nicht proportional zu seiner Einsatzmenge (Saatgutmenge) steigt. Bei einer gegebenen unveränderbaren Bodenfläche wird mit steigender Saatmenge der Boden ab einer bestimmten Menge übersättigt, so dass der Ernteertrag zurückgeht.

Will man das Ertragsgesetz jedoch auf industrielle Bereiche übertragen, ist seine Anwendbarkeit fraglich. Die Voraussetzungen des Ertragsgesetzes lassen sich nur in wenigen Fällen wie z.B. in der Chemie einhalten.

Insbesondere die Substituierbarkeit der Produktionsfaktoren und das Vorhandensein eines konstanten Produktionsfaktors lassen sich nur schwer nachweisen. Wird das Ertragsgesetz auch generell nicht in seiner Gültigkeit abgelehnt, so wird die Anwendung in Bezug auf den industriellen Bereich stark eingeschränkt.[11]

2.3 Produktionsfunktion vom Typ B

Da die Produktionsfunktion vom Typ A hinsichtlich ihrer Anwendbarkeit im industriellen Bereich einige Mängel aufweist, wurde von Gutenberg[12] die Produktionsfunktion vom Typ B aufgestellt. Sie berücksichtigt im Vergleich zur Produktionsfunktion vom Typ A folgende Aspekte:[13]

- Anstelle der Substituierbarkeit von Produktionsfaktoren bezieht sich Gutenberg auf die im industriellen Bereich vorherrschende Limitationalität von Produktionsfaktoren.

- Die Gesamtkostenfunktion wird in kleine, überschaubare Produktionseinheiten (Arbeitsplätze, Maschinen) aufgespalten.

---

[11] Vgl. Wöhe, G.: Einführung in die Allgemeine Betriebswirtschaftslehre, a.a.O., S. 409.
[12] Vgl. Gutenberg, E.: Grundlagen der Betriebswirtschaftslehre, Band 1: Die Produktion, 24. Auflage, Berlin/ Heidelberg 1983, S. 326 ff.
[13] Vgl. ebd., S. 328 f.

- Es besteht keine unmittelbare Beziehung zwischen Ausbringung und Verbrauch von Produktionsfaktoren. Der Verbrauch ist nicht nur abhängig von der Ausbringungsmenge, sondern auch von den technischen Eigenschaften des Betriebsmittels sowie der Intensität, mit der es betrieben wird.

Die Produktionsfunktion vom Typ B untersucht die Auswirkungen von **Intensität** und **Produktionszeit** auf die Ausbringungsmenge bei unveränderten technischen Bedingungen. Das Ergebnis wird in Form einer **Verbrauchsfunktion** dargestellt, die die funktionalen, technisch bedingten Zusammenhänge zwischen den Leistungsgraden eines Aggregates und dem Verbrauch an Produktionsfaktoren je Leistungseinheit beschreibt. Die **Intensität** als technische Leistung eines Aggregates j lässt sich wie folgt darstellen:

$$d_j = \frac{\text{Leistungseinheit des Aggregates j}}{\text{Zeiteinheit}}$$

Für einen beliebigen Produktionsfaktor i ergibt sich folgende Verbrauchsfunktion r_i:

r_i = Verbrauchsmenge des Faktors i (i = 1, 2, ...n)
d = Intensität des Aggregates
t = Produktionsdauer

(1) $\quad r_i = f_i(d, t; z_1, z_2, ...z_n)$

Unterstellt man den Aggregaten gleichbleibende technische Eigenschaften ($z_1, z_2, ..z_n$ = konstant), so stellt sich die Verbrauchsmenge an einem Produktionsfaktor als Funktion der Intensität und Produktionsdauer dar:

(2) $\quad r_i = f(d,t)$

Ist zudem die Produktionsdauer t des Produktionsprozesses vorgegeben, so ist die Verbrauchsmenge lediglich intensitätsabhängig:

(3) $\quad r_i = f_i(d)$

In der Praxis wird mit der Produktionsdauer auch die herzustellende Produktmenge angegeben. Die Intensität d, mit der ein Aggregat gefahren werden muss, um innerhalb der Zeit t die Menge x zu produzieren, ist:

(4) $\quad \overline{d} = \frac{\text{Ausbringungsmenge}}{\text{Produktionsdauer}} = \frac{x}{t}$

Bei gegebener Produktionsdauer stellt sich die Intensität als Funktion der Ausbringungsmenge dar:

(5) $\quad d = g(x)$

Benötigt das Produktionssystem zur Erstellung einer gegebenen Ausbringungsmenge mehrere Aggregate j (j = 1, 2, ...m), so ist

(6) $$d_j = g_j(x)$$

und der Verbrauch des Produktionsfaktors i am Aggregat j pro Leistungseinheit nach (3):

(7) $$r_{ij} = f_{ij}(d_j) = f_{ij}(g_j(x)) = h_{ij}(x)$$

Der Gesamtverbrauch des Faktors i ergibt sich aus der Summe seiner Einzelverbräuche.

(8) $$r_i = \sum_{i=1}^{n} r_{ij} = \sum_{i=1}^{n} h_{ij}(x)$$

Abgeleitet auf den Faktorverbrauch pro Ausbringungseinheit ergibt sich folgende Funktion:

(9) $$\frac{r_{ij}}{x} = f_{ij}(d_j)$$

(10) $$\Rightarrow r_{ij} = f_{ij}(d_j) \, x$$

Dieser Ausdruck bezeichnet die allgemeine Form der nach den Faktoreinsatzmengen aufgelösten Produktionsfunktion vom Typ B. Die Funktion gibt die Abhängigkeit zwischen Faktorverbrauch und Leistungsgrad wieder, welcher wiederum von der Beschäftigung (Ausbringungsmenge) abhängt.

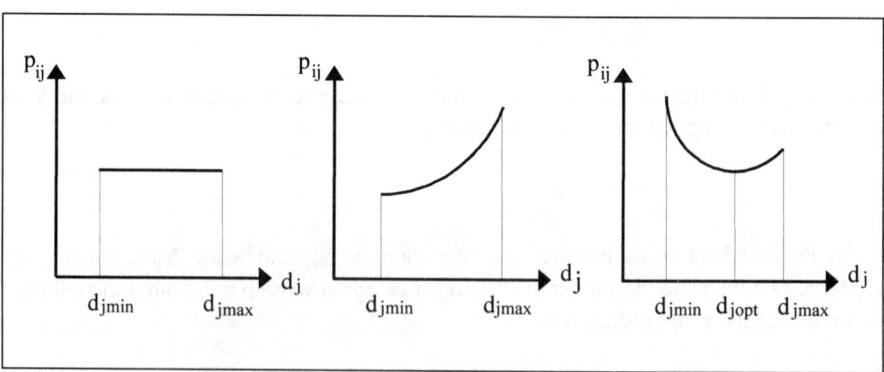

Abb. 18: Grundformen der Verbrauchsfunktionen

Ziel des Produktionsprozesses ist es, den Faktorverbrauch pro Leistungseinheit zu minimieren bzw. die Intensität zu optimieren. Grundsätzlich lassen sich die in Abb. 18 dargestellten Verbrauchsfunktionen unterscheiden. Dabei stellen d_{jmin} und d_{jmax} die technischen Grenzen des Aggregates j und p_{ij} den mit seinen Preisen bewerteten Faktorverbrauch pro Leistungseinheit dar.

2.3.1 Ableitung der Kostenfunktion

Da die Intensität von Aggregaten variierbar ist, stellt sich das Problem der optimalen Leistungs- bzw. Intensitätsgradermittlung. Ein Aggregat zeigt bei der Zerlegung in seine Verbrauchsfaktoren eine Reihe von Verbrauchsfunktionen wie z.B. Energie, Rohstoffe, Arbeitslohn, die bei unterschiedlichen Leistungsgraden ihren minimalen Verbrauch haben. Zur Ermittlung der kostengünstigsten Intensität ist nicht der mengenmäßige, sondern der wertmäßige Faktorverbrauch wichtig, so dass die Verbrauchsmengen (r_1, r_2, ..., r_n) der Einsatzfaktoren mit ihren Faktorpreisen (p_1, p_2, ...,p_n) bewertet werden müssen.

$$K(x) = r_1 \cdot p_1 + r_2 \cdot p_2 \ldots + r_n \cdot p_n$$

$$= \sum (p_i \cdot r_i)$$

Aus der Summe der bewerteten Faktorverbräuche ergibt sich die in Abb. 19 dargestellte Gesamtverbrauchskurve. Jeder Punkt der Kurve gibt den bewerteten Faktorverbrauch pro Leistungseinheit an. Die **optimale Intensität** liegt dort, wo die Gesamtverbrauchskurve ihr Minimum hat.

Mathematisch ergibt sich das Minimum durch Differenzierung der Gesamtkostenfunktion nach der Intensität. Dort, wo die Grenzkosten gleich Null sind, ist die Intensität optimal.

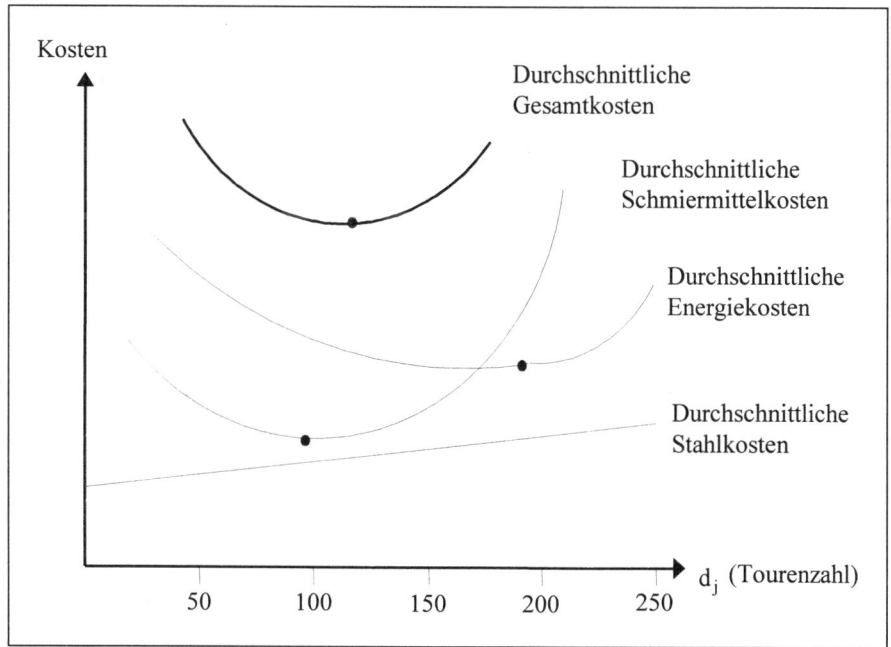

Abb. 19: Optimale Intensität[14]

---

[14] Vgl. Borkowsky, R./ Moosmann, R.: Kleiner Merkur, Bd. 2: Betriebswirtschaft, 4. Auflage, Zürich 1990, S. 206.

2.3.2 Anpassungsformen an Beschäftigungsschwankungen

Mit der Änderung des Beschäftigungsgrades ändern sich auch die zur Produktion benötigten Kapazitäten. Grundsätzlich werden folgende Möglichkeiten unterschieden, sich an eine neue Beschäftigungssituation anzupassen (Abb. 20):

- Anpassung bei unverändertem Potenzialfaktorbestand,
- Anpassung durch Änderung des Potenzialfaktorbestandes.

Neben der isolierten Anwendung lassen sich Anpassungsformen auch miteinander kombinieren.

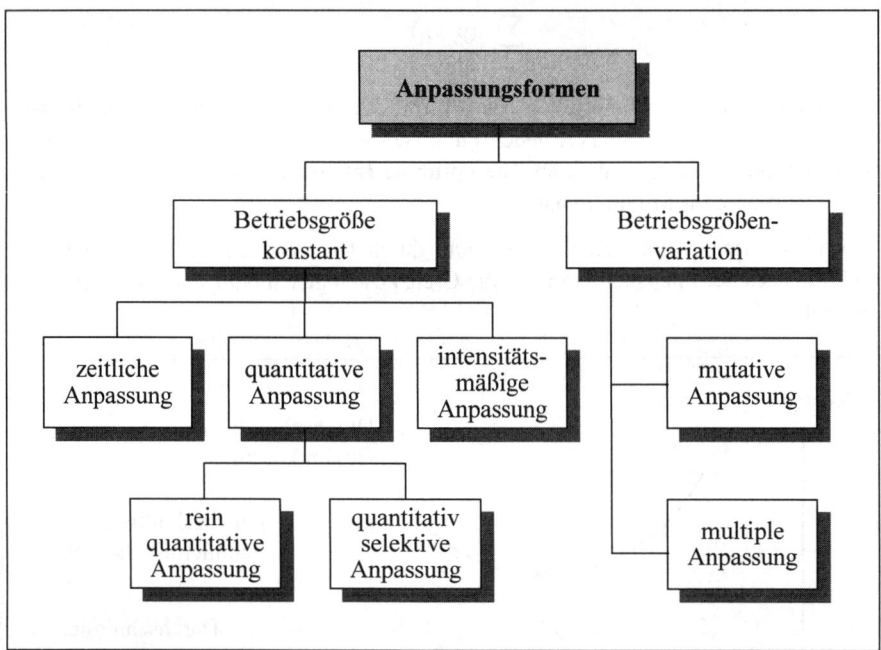

Abb. 20: Anpassungsformen an Beschäftigungsschwankungen

2.3.2.1 Anpassung bei unverändertem Potenzialfaktorbestand

Bei gleichbleibender Qualität der Potenzialfaktoren stellen Betriebszeit und Intensität die einzigen variierbaren Größen dar. Dementsprechend wird zwischen **zeitlicher** und **intensitätsmäßiger** Anpassung unterschieden. Eine quantitative Anpassung ist nur im Rahmen der gegebenen Potenzialfaktoren möglich.

(1) Zeitliche Anpassung

Bei der zeitlichen Anpassung wird unter Vorgabe gleichbleibenden Bedarfs an eingesetzten Potenzialfaktoren und konstanter Intensität die Betriebszeit entweder erhöht (z.B. durch Überstunden) oder verringert (z.B. durch Kurzarbeit). Unterstellt man den Einsatzfaktoren konstante Faktorkosten, so sind die Grenzkosten konstant und die variablen Kosten steigen proportional zur Produktionsmenge.

In der betrieblichen Praxis ist es aber meist so, dass sich die Faktorkosten als Folge zeitlicher Anpassung ändern, wie z.B. bei Lohnkosten. Hier treten bei zeitlicher Anpassung über die festgelegte Arbeitszeit höhere Faktorkosten in Folge von Überstunden-, Nachtarbeits- oder Sonn- und Feiertagszuschlägen auf. Die Lohn- und Gehaltskostenkurve erfährt im Anpassungsbereich einen Knick und steigt danach prozentual zum Grundlohn bzw. Grundkosten. Soll über die normale Arbeitszeit hinaus produziert werden, müssen die Auswirkungen der zeitlichen Anpassung an die eingesetzten Produktionsfaktoren untersucht werden.

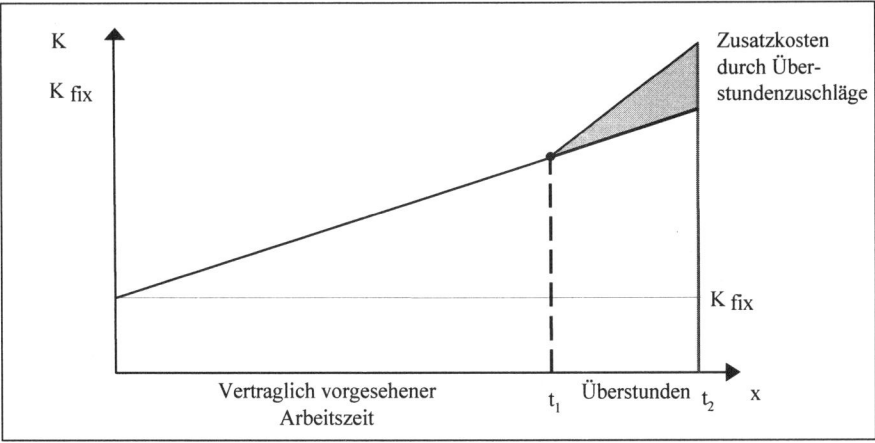

Abb. 21: Zeitliche Anpassung

(2) Intensitätsmäßige Anpassung

Bei intensitätsmäßiger Anpassung wird unter Vorgabe gleichbleibender Bestände der eingesetzten Potenzialfaktoren und konstanter Betriebszeit die Nutzungsintensität der Potenzialfaktoren variiert. Der in Abb. 22 dargestellte Kurvenverlauf veranschaulicht die Folgen einer intensitätsmäßigen Anpassung.

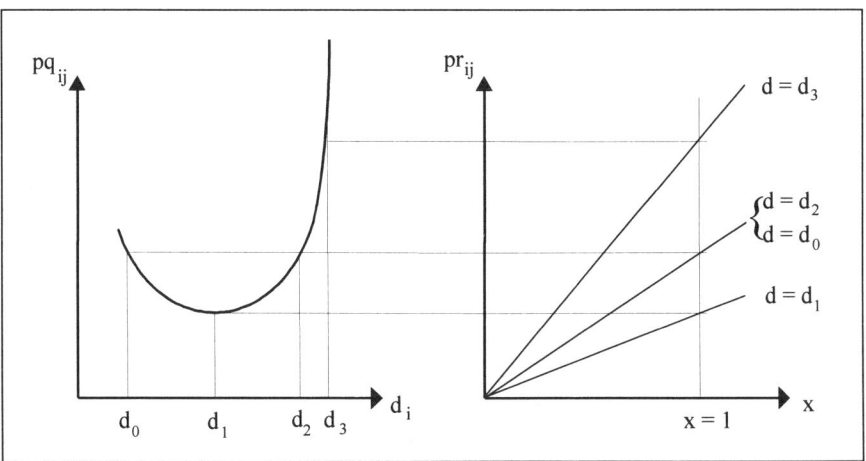

Abb. 22: Zusammenhang zwischen Durchschnittskosten und Faktorverbrauch

Wird die Intensität von d_0 auf d_1 gesteigert, nehmen die variablen Kosten pro Einheit ab. Sie sind minimal, wenn die Intensität optimal ist (d_1). Eine weitere Intensitätssteigerung über den Punkt d_1 hinaus wäre unwirtschaftlich, da sich die Durchschnittskosten wieder erhöhen würden.

Ist die Intensität eines Aggregates über eine vorgegebene Produktionszeit konstant, lässt sich die bewertete Faktoreinsatzmenge als lineare Funktion der Ausbringungsmenge darstellen (Abb. 22).

Man nennt derartige Geraden auch **Faktoreinsatzfunktionen**. Bei einer Erhöhung der Intensität von d_0 nach d_1 sinken die Gesamtkosten für eine gegebene Ausbringungseinheit (x=1) von K_2 auf K_1, bis sie bei der Intensität d_1 minimal sind. Jede weitere Intensitätssteigerung über den Punkt d_1 hinaus lässt sowohl Gesamtkosten als auch Durchschnittskosten steigen.

(3) Quantitative Anpassung

Bei quantitativer Anpassung wird die Anzahl der eingesetzten Potenzialfaktoren variiert, ohne dass der Gesamtbestand an Potenzialfaktoren verändert wird. Intensität und Betriebszeit sind konstant. Die quantitative Anpassung ist nur im Rahmen vorhandener Potenzialfaktoren möglich und setzt ferner eine Teilbarkeit des Bestandes voraus. Dabei wird zwischen rein quantitativer und selektiver Anpassung unterschieden.

Bei der **rein quantitativen Anpassung** setzt sich der Bestand an Potenzialfaktoren aus technisch gleichwertigen Aggregaten gleicher Kostenstruktur zusammen. Die Auswahl einer wegen Beschäftigungsrückgang auszuscheidenden Anlage bereitet demnach keine Probleme, da die Anlagen keine Unterschiede aufweisen. Abb. 23 zeigt den Zusammenhang zwischen Gesamtkostenverlauf und Ausbringungsmenge im Falle der quantitativen Anpassung. Die bei Beschäftigungsrückgang entstehenden Leerkosten werden auch remanente Kosten genannt.

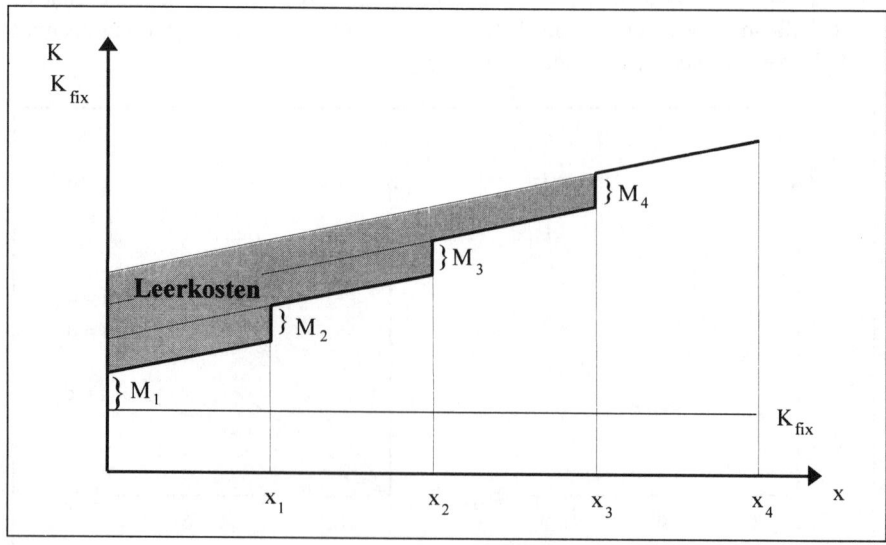

Abb. 23: Quantitative Anpassung gleichwertiger Produktionsanlagen

Bei der **quantitativ-selektiven Anpassung** stehen im Gegensatz zur rein quantitativen Anpassung Produktionsanlagen mit unterschiedlichen technischen Eigenschaften zur Auswahl. In diesem Fall müssen zuerst die unwirtschaftlichsten Potentialfaktoren ausgeschieden bzw. die wirtschaftlichsten wieder in Betrieb genommen werden. Folglich handelt es sich hier nicht nur um eine quantitative Veränderung der Anzahl eingesetzter Potentialfaktoren, sondern zugleich auch um eine qualitative Veränderung der Faktorkombination.

Entscheidendes Kriterium zur Auswahl einer Anlage sind die variablen Kosten. In der Produktion wird zuerst auf die Maschine verzichtet, deren variable Kosten am höchsten sind. Umgekehrt wird die Maschine mit den niedrigsten variablen Kosten als erste wieder eingeführt.

Intervallfixe Kosten werden bei der quantitativen Anpassung nicht berücksichtigt, da sie für jede Anlage unabhängig von deren Nutzungsgrad anfallen. Erst wenn die Betriebsgröße verändert wird, wie z.B. beim Verkauf von Anlagen, erlangen die fixen Kosten Bedeutung.

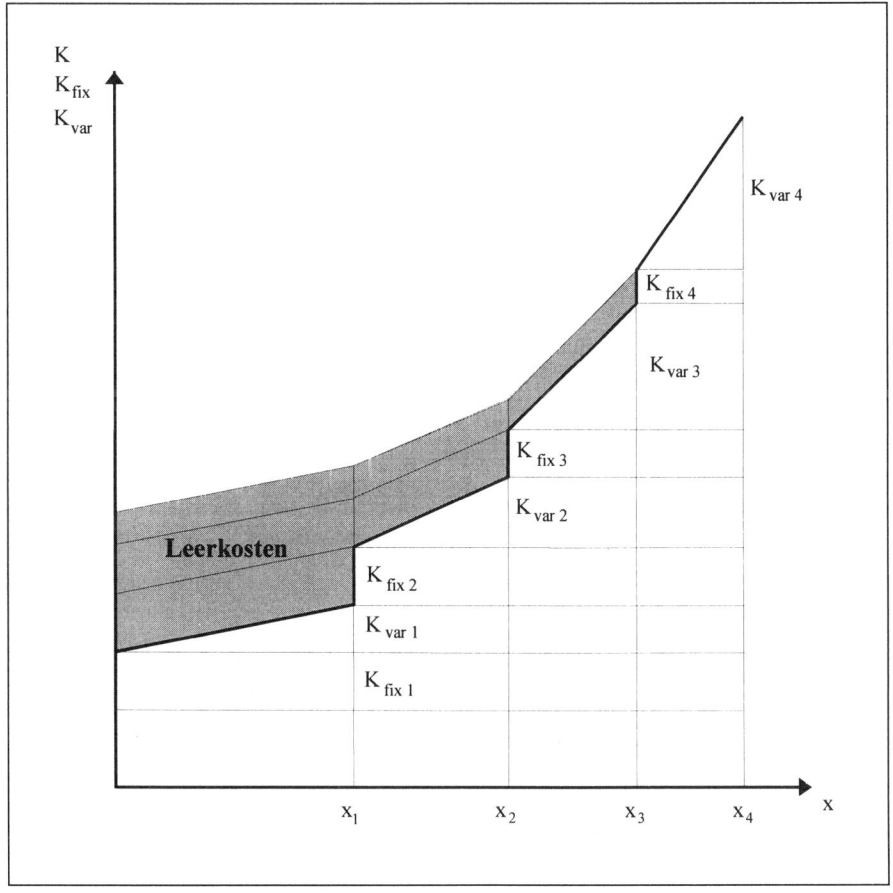

Abb. 24: Quantitativ-selektive-Anpassung

2.3.2.2 Anpassung bei verändertem Potenzialfaktorbestand

Während Beschäftigungsschwankungen bisher durch vorhandene Potenzialfaktoren aufgefangen werden konnten, handelt es sich bei dieser Anpassungsform um eine langfristige Änderung der Betriebsgröße. Die Betriebsgröße wird multipel und mutativ verändert.

Bei der **multiplen Betriebsgrößenvariation** wird der Potenzialfaktorbestand durch gleichartige Produktionsanlagen erweitert. Sinkt die Ausbringungsmenge, werden überflüssige Anlagen verkauft, verschrottet oder vermietet. Andernfalls werden bei steigender Produktionsnachfrage neue Anlagen gekauft oder gemietet.

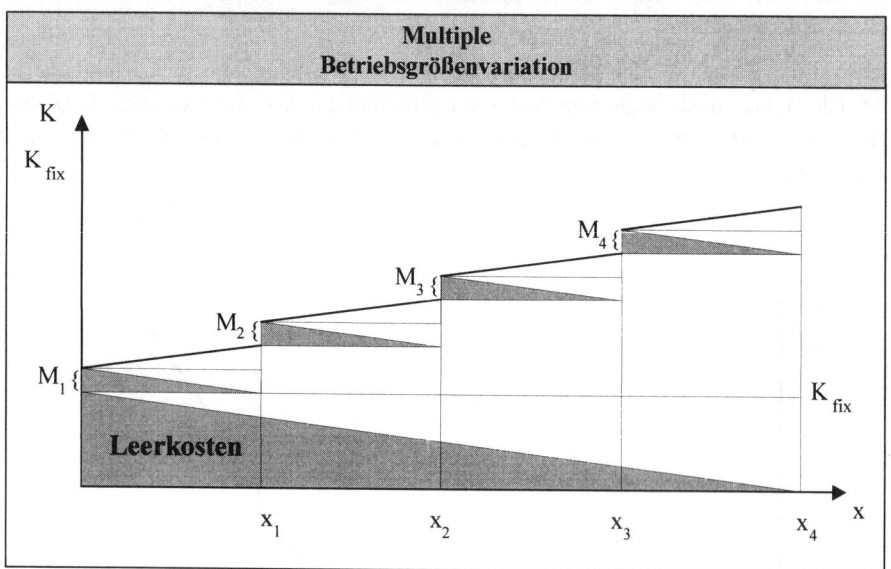

Abb. 25: Multiple Änderung des Produktionsfaktorbestandes

Bei der **mutativen Betriebsgrößenvariation** handelt es sich in erster Linie um eine qualitative Veränderung der angewandten technischen Verfahren. Der Betrieb geht mit steigender Ausbringungsmenge zu kapitalintensiveren Verfahren über, die mit steigenden Fixkosten und sinkenden variablen Kosten verbunden sind.

Die daraus resultierenden Kostenfunktionen sind in Abb. 25 am Beispiel von vier Anlagen unterschiedlicher Produktionsverfahren dargestellt.

Die Wahl des günstigsten Verfahrens ist abhängig von der zu produzierenden Ausbringungsmenge. Während Verfahren 1 für eine Ausbringungsmenge kleiner x_1 das wirtschaftlichste Verfahren darstellt, sollte oberhalb der zu produzierenden Menge x_3 Verfahren 4 gewählt werden.

Unterstellt man der Produktion das Vorhandensein beliebig vieler Anlagen, so liegen die Schnittpunkte der Gesamtkostenkurve auf der "Umhüllungskurve".[15] Diese stellt für jede beliebige Ausbringungsmenge die minimalen Gesamtkosten dar.

---

[15] Vgl. Gutenberg, E.: Grundlagen der Betriebswirtschaftslehre, a.a.O., S. 434.

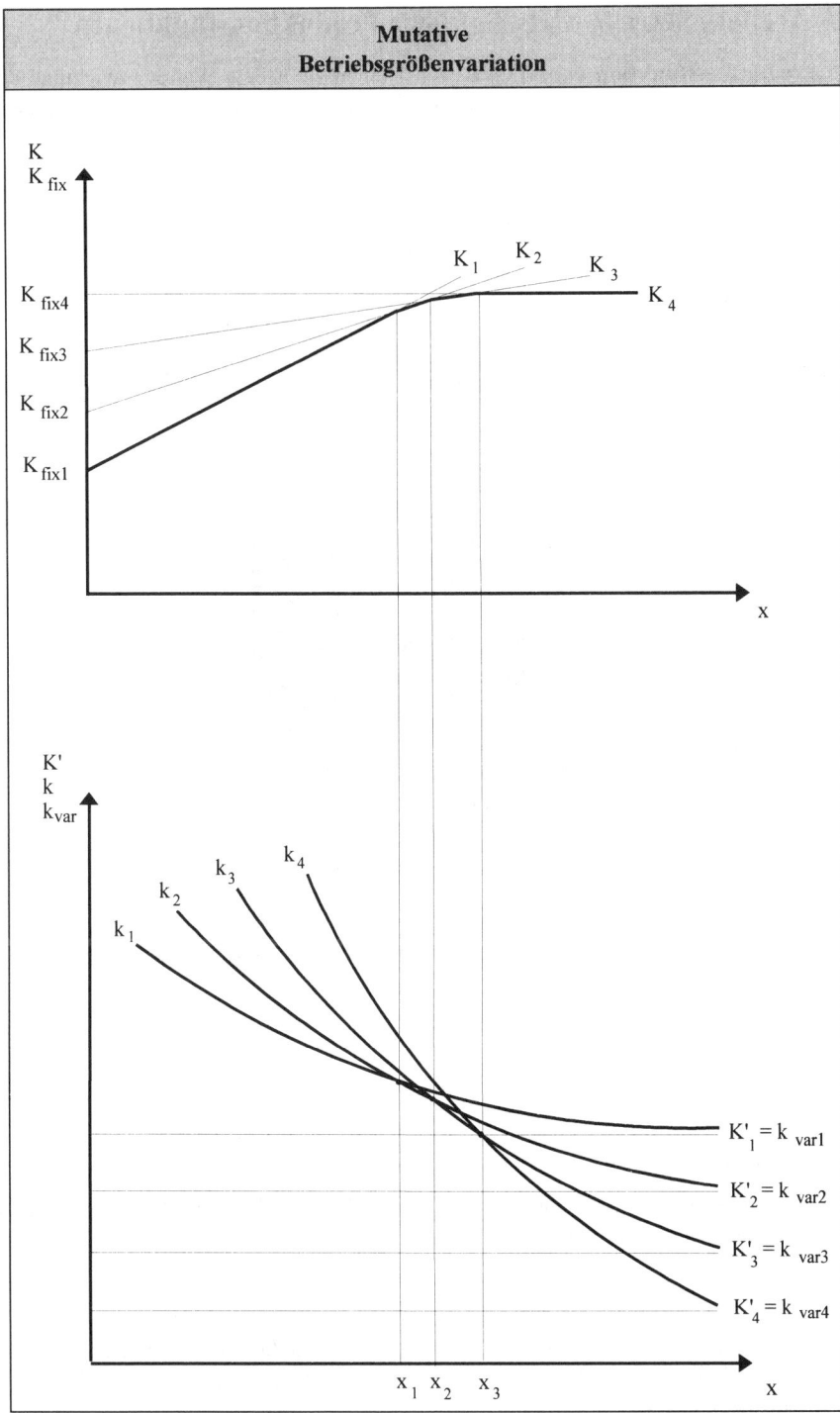

Abb. 26: Mutative Betriebsgrößenvariation

2.4 Weitere betriebswirtschaftliche Produktionsfunktionen

Die **Produktionsfunktion vom Typ C** von Heinen stellt eine Weiterentwicklung der Produktionsfunktion vom Typ B dar, indem sie versucht, die tatsächlichen technischen Gegebenheiten wirklichkeitsgetreu darzustellen.[16]

Die Produktionsfunktion vom Typ C berücksichtigt folgende Kriterien:
- die Faktorbeziehungen sind gemischt limitational-subsitutional,
- verstärkte Berücksichtigung technischer Einflussfaktoren,
- Mehrbetrieb und Mehrstufigkeit des Produktionsprozesses,
- Berücksichtigung des Zeitfaktors,
- Berücksichtigung weiterer Entscheidungstatbestände (z.B. Losgröße).

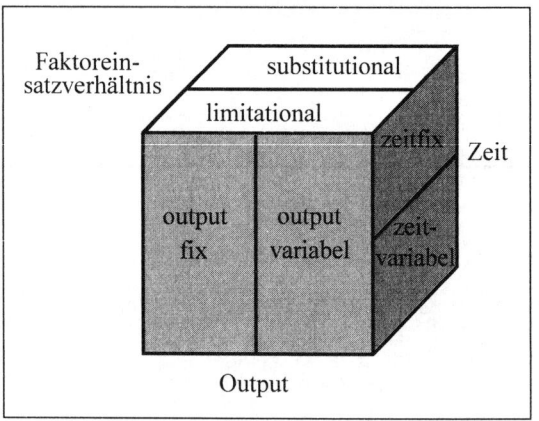

Abb. 27: Elementarkombinationen der Produktionsfunktion vom Typ C[17]

Zur Lösung der Planungs- und Steuerungsprobleme im Produktionsbereich sind folgende Fragen von Bedeutung:
- Welche grundsätzlichen produktionswirtschaftlichen Teilprozesse lassen sich unterscheiden?
- Wodurch wird die notwendige Zahl der Wiederholungen solcher Teilprozesse bestimmt?
- Wie sind die einzelnen Teilprozesse im Produktionsablauf strukturell verknüpft?

Heinen geht in der Produktionsfunktion vom Typ C bei der Ermittlung des Gesamtverbrauchs einer Faktorart von so kleinen Teileelementen von Faktorkombinationen aus, dass eine eindeutige Beziehung zwischen Faktorverbrauch und technischer Leistung sowie ökonomischer Leistung herstellbar ist.

Solche Faktorkombinationen nennt Heinen **Elementarkombinationen** oder **Basisprozesse**. Sie können auch als Grundkomponenten des Ablaufprozesses, also als einzelner Arbeitsgang, angesehen werden.

---

[16] Vgl. Heinen, E.: Industriebetriebslehre, 8. Auflage, Wiesbaden 1990, S. 166 ff.
[17] Vgl. Thommen, J.-P.: Managementorientierte Betriebswirtschaftslehre, Zürich 2000, S. 298 ff.

Durch die Elementarkombinationen werden potenzialfaktorabhängiger Faktorverbrauch von Betriebsstoffen (z.B. Kraftstoffverbrauch je nach Maschinenleistung), unmittelbar outputabhängiger Verbrauch von Betriebs- und Werkstoffen, Verbrauch von Potenzialfaktoren (leistungsbedingter Verzehr) und zeitbedingter Verzehr (bei Potenzial- oder Repetierfaktoren) erfasst.

Das Erklärungsmodell der Produktionsfunktion vom Typ C eignet sich besonders für das Verständnis von Einsatzplanung und Potenzialfaktoren. Für weitere Informationen über die von Heinen entwickelte Produktionsfunktion vom Typ C sei auf die entsprechende Literatur verwiesen.

In der Produktionstheorie werden neben den hier beschriebenen Produktionsfunktionen noch weitere diskutiert. Die von Klook[18] entwickelte **Produktionsfunktion vom Typ D** stellt wiederum eine Weiterentwicklung der Produktionsfunktion vom Typ C dar. Hierbei werden nach der Zerlegung des Betriebes in Teilbereiche Lieferbeziehungen der Produktionsfaktoren durch eine Input/ Output-Analyse dargestellt.

Unter Verwendung nichtlinearer Transformationsfunktion auf der Basis der Verbrauchsfunktion von Gutenberg kann die gesamte Produktionsstruktur mit ihren Beziehungen in Form einer Produktionsfunktion abgebildet werden. Eine Erweiterung der Produktionsfunktion vom Typ D findet sich in den **Produktionsfunktionen vom Typ E**[19] **und F**[20], auf die hier jedoch nicht näher eingegangen wird.

3 Produktionsplanung

Die Produktionsplanung kann unterschieden werden in die Produktionsprogrammplanung und in die Produktplanung.

3.1 Produktionsprogrammplanung

3.1.1 Rahmenbedingungen der Produktionsprogrammplanung

Das **Produktionsprogramm** bestimmt, welche Arten und Mengen von Gütern in einer bestimmten Periode hergestellt werden sollen. Dabei geht die Planung von einer gewinnorientierten Zielsetzung in der Form aus, dass der Deckungsbeitrag eines Produktes zu maximieren ist.

Die Bedeutung des Deckungsbeitrages als Ziel zur Wahl des Produktionsprogramms lässt sich damit begründen, dass dadurch sowohl die Ziele des Produktionsbereiches als auch des Marketingbereiches wie z.B. Umsatzmaximierung, hoher Marktanteil oder kurze Lieferzeiten angesprochen werden. Die Ergebnisse der Verfolgung produktions- und absatzwirtschaftlicher Interessen schlagen sich in der Höhe des Deckungsbeitrages nieder.

---

[18] Vgl. Klook, J.: Betriebswirtschaftliche Input-Output-Modelle. Ein Beitrag zur Produktionstheorie, Wiesbaden 1969, S. 65.
[19] Vgl. Küpper, H.-U.: Dynamische Produktionsfunktion der Unternehmung auf Basis des Input/Output-Ansatzes. In: ZfB, 49 Jg., Thüringen 1979.
[20] Vgl. Matthes, W.: Dynamische Einzelproduktion der Unternehmung (Produktionsfunktion vom Typ F), betriebswirtschaftliches Arbeitspapier Nr. 2, Köln 1979.

Die Planung des **optimalen Produktionsprogramms** setzt voraus, dass die dafür notwendigen Daten aus dem **Absatzbereich** (z.B. Produktpreise, Absatzhöchstmenge), dem Lagerbereich (z.B. Lagerbestände), dem **Produktionsbereich** (verfügbare Betriebsmittel- und Arbeitskräftekapazitäten, Kapazitätsbeanspruchung pro Einheit usw.) und dem **Beschaffungsbereich** (z.B. verfügbare Werkstoffe) prognostizierbar sind.[21]

Da jedoch nicht alle Störgrößen aus dem Umfeld der Unternehmung schon vorher bekannt sind, muss in einer Vorstufe der Programmplanung die Unternehmenssituation analysiert werden (Abb. 28).

Die Produktions- und Programmplanung kann immer nur soweit zur Erreichung des Unternehmenszieles beitragen, wie die Daten, auf denen sie aufbaut, den tatsächlichen Gegebenheiten entsprechen. Die Effizienz der Programmplanung hängt somit entscheidend von der Qualität der primären und sekundären Marktforschung ab.[22]

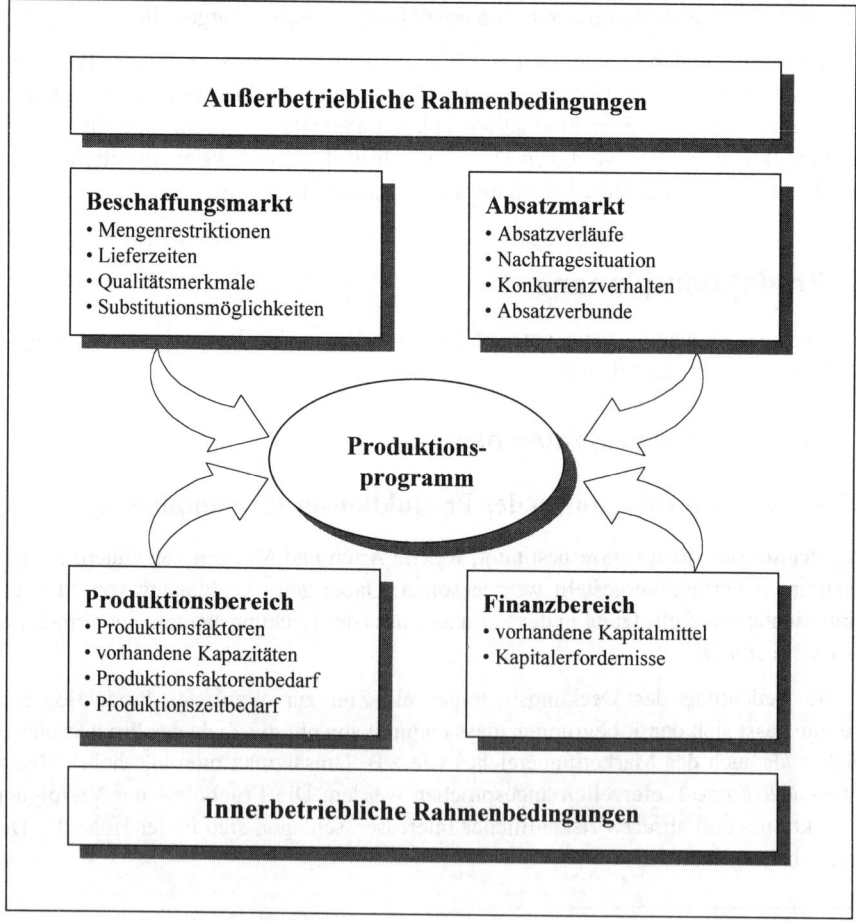

Abb. 28: Analyse der Unternehmenssituation

---

[21] Vgl. Kern, W.: Industrielle Produktionswirtschaft, a.a.O., Sp. 2160.
[22] Vgl. Kühn, R.: Marktforschung für die Unternehmenspraxis, 3. Auflage, Bern 1986, S. 6 ff.

Die **Produktionsplanung** ist sowohl **internen** als auch **externen Störfaktoren** ausgesetzt. Äußere Einflüsse wie Verbraucherwünsche, Technologien, Veränderungen im Verhalten der Konkurrenz, Import- und Exportbeschränkungen sowie gesetzliche Produktions- und Umwelteinflüsse stellen sich in Abhängigkeit von der Zeit dar. Veraltete Produktarten scheiden aus dem Produktionsprogramm aus, während neue Produktideen auf die Märkte drängen. Das Unternehmen muss soweit auf diese Veränderungen vorbereitet sein, dass bereits frühzeitig eine Basis für die Modifikation vorhandener und die Einführung neuer Produkte geschaffen wird.

Langfristige Wettbewerbsfähigkeit setzt fortlaufende Forschungs- und Entwicklungstätigkeiten voraus. Im Hinblick auf die marktgerechte Produktion müssen mögliche technische Schwachstellen rechtzeitig erkannt und das Leistungsprogramm den veränderten Marktbedingungen angepasst werden. Eine langfristige Überwachung des Produktionsprogramms ist demnach ein wesentlicher Bestandteil der Produktionspolitik. Hier wird entschieden, ob eine

- **Programmreduktion** (Verringerung) des Angebotes bei gleichzeitiger anderweitiger Nutzung der freigewordenen Kapazitäten,
- **Programmsubstitution** (Auswechslung von Produkten) oder
- **Programmerweiterung** bei gleichen oder vergrößerten Kapazitäten durchgeführt wird.[23]

Nach der Fristigkeit der Planung sowie deren Bedeutung für den Unternehmenserfolg wird generell zwischen **operativer**, **taktischer** und **strategischer Produktionsprogrammplanung** differenziert (Abb. 29).

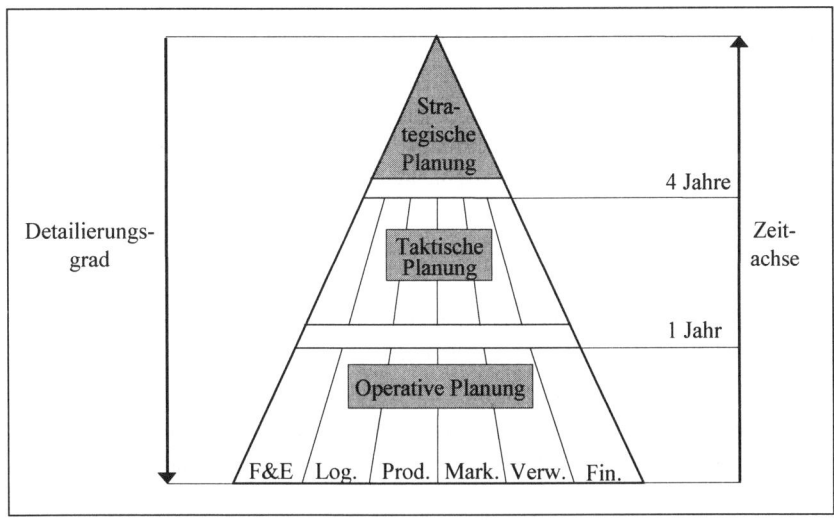

Abb. 29: Hierarchie der Planungsstufen

Die zeitliche Festlegung ist relativ willkürlich. Im Einzelfall muss sie jeweils nach den im Unternehmen vorliegenden sachlichen Bedingungen festgelegt werden.[24]

---

[23] Vgl. Hammer, R. M.: Unternehmensplanung, 4. Auflage, München/ Wien 1991, S. 27 f.
[24] Vgl. ebd., S. 19.

Während die strategische Produktionsprogrammplanung, die sich vornehmlich mit der Unternehmenssicherung beschäftigt, langfristige globale Ziele beschreibt, beinhaltet die operative Planung die Festlegung von Art und Menge der in den nächsten kurzfristigen Perioden zu produzierenden Produkte auf Basis gegebener oder geplanter Unternehmenspotenziale.

3.1.2 Planungsebenen

3.1.2.1 Strategische Produktionsprogrammplanung

Gegenstand der strategischen Produktionsprogrammplanung ist die Auswahl von Produktfeldern mit dem Ziel, die Überlebensfähigkeit des Unternehmens zu sichern.

Als **Produktfeld** wird nach Jakob[25] die Gesamtheit der Erzeugnisse verstanden, die sich auf ein Grundprodukt zurückführen lassen. Welche Erzeugnisse einem Produktfeld zuzuordnen sind, hängt von der Definition des Grundproduktes ab. Dem Grundprodukt "Schuhe" können beispielsweise Damen-, Herren- und Kinderschuhe als Teile des Produktfeldes zugeordnet werden; Herrenschuhe als Grundprodukt stellen hingegen eine engere Begriffsdefinition dar.

Kern der strategischen Planung ist die **Geschäftsfeldplanung**. Sie entspricht der langfristigen Planung von Strategien für bestimmte Produkt-Markt-Kombinationen. Damit verbunden beschäftigt sich die Geschäftsfeldplanung auch mit Konzepten zur Schaffung und Erhaltung von Erfolgspotenzialen, die letztendlich die Produktionsprogrammplanung bestimmen. Aufbauend auf vorhandenen Stärke- und Schwächeanalysen aller Funktionsbereiche im Unternehmen sowie Marktanalysen und -prognosen für vorhandene und mögliche künftige Produkte bzw. Produktionsprogramme lassen sich Prognosen über die Attraktivität bestimmter Teilmärkte erstellen.

Die Ergebnisse der Produkt- und Marktanalysen können vielseitig in unterschiedlichen Instrumenten der Produktionsprogrammplanung genutzt werden, die wiederum für die Beurteilung von strategischen Geschäftsfeldern und zur Auswahl der anzuwendenden Strategien, ob **Wachstums-**, **Umstrukturierungs-** oder **Schrumpfungsstrategien**, verwendet werden. Eine der bekanntesten Formen ist das Marktanteile Marktwachstums-Portfolio (vgl. Kapitel F).

Weitere Instrumente der Produktionsprogrammplanung sind die Erfahrenskurve-Analyse, das **Produktlebenszyklus-Konzept**[26] sowie das **PIMS-Programm**. Es sei hierbei auf entsprechende Literatur verwiesen.[27]

Die Wahl einer **Wachstumsstrategie** und somit die Entscheidung über Programme und Potenziale muss durch eine Gewinnvorausschaurechnung untermauert werden. Dabei werden die in einem Produktfeld durchschnittlich zu erwartenden Gewinne unter Berücksichtigung der Unsicherheit ermittelt. Ferner sollte die Investitionsrechnung im rationalen Ablauf des strategischen Planungsprozesses berücksichtigt werden. Bei der strategischen Programmplanung ist der Planungszeitraum so lang, dass Fertigungs-, La-

---

[25] Vgl. Jacob, H.: Die Planung des Produktions- und Absatzprogramms, in: Industriebetriebslehre, Jacob, H. (Hrsg.), 4. Auflage, Wiesbaden 1990, S. 409.
[26] siehe auch Abschnitt 3.2.2.
[27] Vgl. Kreikebaum, H.: Strategische Unternehmensplanung, 3. Auflage, Stuttgart/ Berlin/ Köln 1989.

ger- und Personalkapazitäten durch Investitionen und / oder Desinvestitionen verändert und neue Produkte entwickelt werden können. Das bedeutet, dass das optimale Produktprogramm entscheidend von dem zu tätigenden Investitionsprogramm abhängt und beide Programme simultan bestimmt werden müssen.[28]

In der Praxis erweisen sich hierbei **Entscheidungsmatrizen** als wichtiges Hilfsmittel zur rationalen Abwicklung des strategischen Planungsprozesses, in den die Ergebnisse der Investitionsrechnung mit einfließen. Des weiteren sind zur Beurteilung von Programm- und Potenzialalternativen deren Wirkungen in Gesamtunternehmensplanungen auf Ergebnisse, Cashflow, Liquidität, Beschäftigtenzahl und andere Kenngrößen künftiger Perioden zu verdeutlichen.[29]

Mit der Festlegung bestimmter Strategien beginnt die Planung taktisch operativer Maßnahmen, die die Umsetzung der Strategien in die Realität ermöglichen sollen.

3.1.2.2 Taktische Produktionsprogrammplanung

Die mittelfristige Programmplanung umfasst die **inhaltliche Konkretisierung** des strategischen Produktionsprogramms und drückt sich aus in:

- **der Breite des Produktionsprogramms**:
  Sie beschreibt die Zahl der Produktarten sowie die im Betrieb herzustellenden Ausführungsformen.
- **der Tiefe des Produktionsprogramms**:
  Sie gibt das Ausmaß an, in dem die erforderlichen Be- und Verarbeitungsprozesse für die geplanten Produktarten und Ausführungsformen selbst oder von fremden Betrieben vorgenommen werden.[30]
- **den mittelfristig benötigten Kapazitäten**:
  Sie beinhalten die Anzahl benötigter Betriebsmittel und Arbeitskräfte.

Aufgabe der taktischen Produktionsplanung ist es, innerhalb gegebener Produktfelder neue Varianten bekannter Produkte oder neue Anwendungsgebiete für vorhandene Produkte zu finden. Dabei sind Programm- und Investitionsentscheidungen eng miteinander verknüpft. Investitionen müssen bereits in diesem Stadium der Planung getätigt werden, da der Zeitfaktor zur Realisierung der Pläne eine bedeutende Rolle spielt (z.B. Beschaffungszeiten für Produktionsanlagen).

Für die Wahl des taktischen Produktionsprogramms steht eine Vielzahl an Instrumenten zur Verfügung, die dem Innovationsprozess innerhalb der Planung dienen, Beispiele sind:

---

[28] Vgl. Jacob, H.: Die Planung des Produktions- und Absatzprogramms, a.a.O., S. 475 f.
[29] Vgl. Hahn, D./ Laßmann, G.: Produktionswirtschaft, a.a.O., S. 128 f.
[30] Nach ZÄPFEL lässt sich die Fertigungstiefe definieren durch:
$$\text{Fertigungstiefe} = \frac{\text{Anteil Eigenfertigung}}{\text{Anteile Eigenfertigung} + \text{Anteile Fremdbezug}}$$

- Kreativitätstechniken für die Produktinnovation
- Wertanalyse zur Modifikation von bereits bestehenden Produkten
- Konzept der Erfahrungskurve
- Lebenszykluskonzept von Produkten
- Optimierungsverfahren als Entscheidungshilfe bezüglich der Einführung neuer bzw. Eliminierung bestehender Produkte

Die Bewertung der sich ergebenden Vielzahl von Ideen und somit Auswahl erfolgversprechender Konzepte erfolgt mit Hilfe heuristischer Verfahren (scoring Modelle). Als Kriterien zur Bewertung seien beispielsweise zu erwartende Absatzmengen oder Produktionsmöglichkeiten vorhandener Anlagen genannt.

Die taktische Produktionsprogrammplanung stellt den Rahmen für die kurzfristige, operative Programmplanung dar. Hierbei werden die konkreten Fertigungsmengen spezifischer Produkte ermittelt.

3.1.2.3 Operative Produktionsprogrammplanung

Die operative Produktionsprogrammplanung hat die Produktionsleistung nach Art, Menge und Zeitpunkt für den unmittelbar folgenden Planungszeitraum zu fixieren. Im Zusammenhang mit der kurzfristigen Entscheidung über die mengen- und qualitätsmäßige Zusammensetzung des Produktionsprogramms ist auch festzulegen, mit welcher Anlage, in welchen Mengen (Losen) und in welcher Reihenfolge die einzelnen Produktarten herzustellen sind (Prozessplanung). Das optimale Unternehmensergebnis kann demnach nur erreicht werden, wenn Programm- und Prozessplanung simultan erfolgen. Da mit der Verknüpfung beider Pläne aber auch die Komplexität der Probleme steigt, werden Programm- und Prozessplan in der Praxis zunächst noch getrennt behandelt. Das Vorgehen der operativen Planung ist folglich sukzessiv.[31]

Vergleichbare Probleme ergeben sich bei der Abstimmung von Produktions- und Absatzprogramm. Obwohl beide Programme aufeinander abgestimmt werden, treten häufig Abweichungen auf als Folge von:[32]

- **sachlicher Nichtübereinstimmung:**

  Nicht alle zum Absatz bestimmten Produkte werden selbst hergestellt und nicht alle produzierten Güter sind für den Absatz bestimmt, wie z.B. Werkzeuge aus Eigenherstellung;

- **zeitlicher Nichtübereinstimmung:**

  Bei Lagerfähigkeit kann die Produktion zeitlich vom Absatz losgelöst sein.

In der operativen Produktionsprogrammplanung gilt es insbesondere, die zeitliche Abstimmung zwischen Produktions- und Absatzmengen zu steuern. Des weiteren ist die Lagerhaltung von Produkten zu vermeiden. Eine Anpassung des Produktionsprogramms an das Absatzprogramm sollte derart erfolgen, dass die Summe aus Lagerhaltungs- und Pro-

---

[31] siehe auch Abschnitt 5.1.
[32] Vgl. Zäpfel, G.: Operatives Produktions-Management, Berlin/ New York 1982, S. 49.

duktionskosten minimal ist.[33] Hierbei lassen sich grundsätzlich drei Verfahren unterscheiden, um den Produktionsablauf den saisonalen Absatzschwankungen anzupassen.

- **Synchronisation:** Die Produktion liefert genau die Mengen, die auch abgesetzt werden können. Daraus ergeben sich unterschiedliche Auslastungen vorhandener Kapazitäten, hingegen sehr kleine Lagerbestände.
- **Emanzipation:** Die Produktionsmengen fließen zeitgleich unabhängig von den Absatzmengen. Dies führt zu konstant hoher Auslastung gegebener Kapazitäten, jedoch auch zu hohen Lagerbeständen und -kosten. Im Vergleich zur Synchronisation ist die benötigte Kapazität geringer.
- **Eskalation:** Sie stellt eine Kombination von Synchronisation und Emanzipation dar. Durch die treppenförmige Anpassung der Produktion an den Absatz versucht man die optimale Kombination zu finden, bei der die Kosten der Lagerhaltung und der Betriebsbereitschaft ein Minimum darstellen.

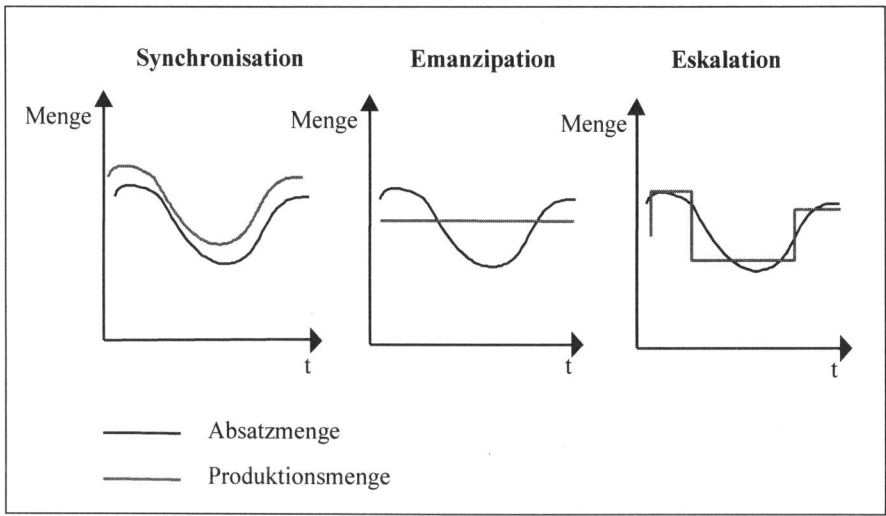

Abb. 30: Synchronisation, Emanzipation und Eskalation

Die Frage nach der Mengenbestimmung von Produktarten innerhalb einer kurzen Periode stellt nur für wenige Produktionsstrukturen ein Problem dar. Abb. 30 zeigt eine Übersicht aller Produktionsstrukturen. Dabei sind jene Strukturen umrandet, deren einzelne Produktarten in Konkurrenz zueinander stehen können. Für Unternehmen mit solchen Fertigungsstrukturen stellt die Planung der zu fertigenden und abzusetzenden Produktmengen eine zentrale Aufgabe dar.[34]

Der Entscheidung über die zu produzierenden Mengen folgt eine Fülle von Konsequenzen für den Produktionsablauf (z.B. Engpässe im Fertigungsbereich), ohne deren Festlegung sich der gesamte Produktionsprozess nicht rationell gestalten lässt. Im folgenden werden mögliche Lösungsverfahren zu den unterschiedlichen Entscheidungssituationen vorgestellt.

---

[33] Vgl. Kern, W.: Industrielle Produktionswirtschaft, a.a.O., S 139.
[34] Vgl. Kern, W.: Enzyklopädie der Betriebswirtschaftslehre, Bd. 7: HWProd, Stuttgart 1979, Sp. 1687.

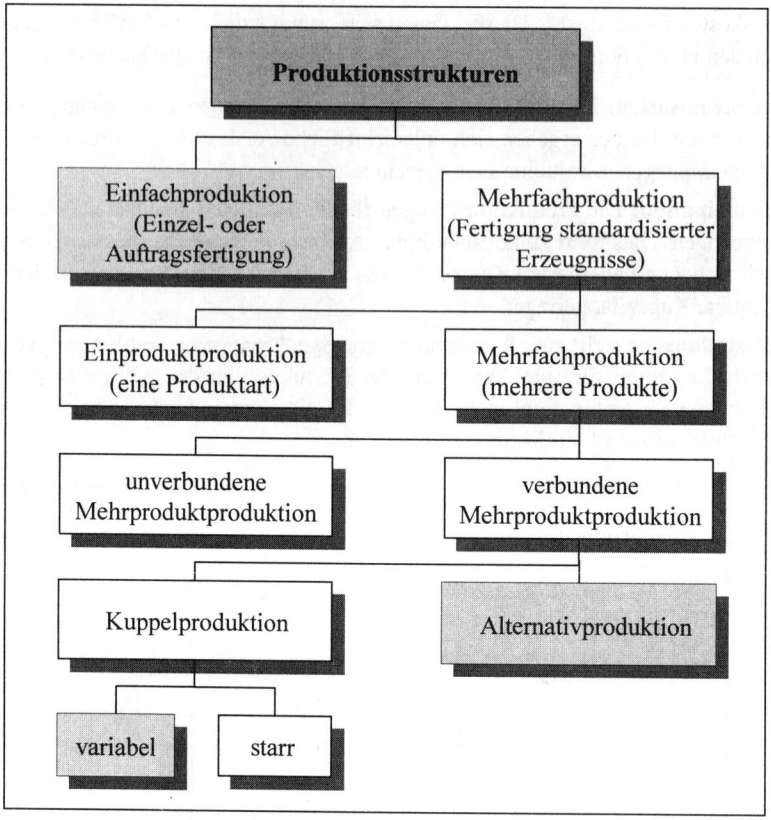

Abb. 31: Produktionsstrukturen

3.1.3 Operative Planungsverfahren zur Bestimmung des optimalen Produktionsprogramms

Für die Wahl des Planungsverfahrens ergeben sich eine Reihe bedeutender Kriterien:[35]

- **Einprodukt- oder Mehrproduktproduktion:**

  Die in Abb. 31 dargestellten Produktionsstrukturen können auch nach der Zahl der angebotenen und produzierten Güter differenziert werden. Bei Einproduktproduktion wird nur eine Produktart erzeugt, die Mehrproduktproduktion erfasst hingegen mehrere Produktarten.

- **Situation am Absatzmarkt:**

  Abhängig von der Marktform, in der sich das Unternehmen befindet, ist der Preis auf dem Markt bereits vorgegeben (Polipol) bzw. eine aktive Preispolitik möglich (Oligopol, Monopol). Aus der Beziehung von Preisforderung und Absatzmenge ergeben sich unterschiedliche Preis-Absatz-Funktionen (z.B. lineare Preis-Absatz-Funktion, geknickte Preis-Absatz-Kurve, Preisstaffelung etc.).

---

[35] Vgl. Hilke, W.: Zielorientierte Produktions- und Programmplanung, a.a.O., S., 15 f.

- **Kostensituation der Produkte:**
  Sie betrifft die Abhängigkeit der variablen Produktionsstückkosten von der Ausbringungsmenge. Eine Veränderung der Stückkosten läge beispielsweise bei intensitätsmäßiger Anpassung vor.

- **vorhandene Kapazitäten:**
  Bei Kapazitätsbegrenzung durch einen oder mehrere Engpässe weicht das Produktionsprogramm vom Absatzprogramm ab. Es können nicht die Mengen hergestellt werden, die absetzbar wären. Unter Beachtung der jeweiligen Kapazitätssituation hat jede Unternehmung auch noch darüber zu entscheiden, ob Produkte selber erstellt oder fremdbezogen werden.

Die hier dargelegten Kriterien spalten den Problemkomplex in unterschiedliche Entscheidungssituationen auf. Jede dieser Situationen stellt individuelle Forderungen an die Problemlösung.

Aus der sich ergebenden Vielfalt von Marktkombinationen und damit verbundener Lösungsverfahren werden nachfolgend die drei häufigsten Fälle industrieller Fertigung beschrieben. Den Verfahren sind mehrere Produkte bei konstanten Marktpreisen und variablen Stückkosten zugrundegelegt.

Abhängig von der Beschäftigungssituation im Unternehmen werden folgende drei Vorgehensweisen unterschieden:

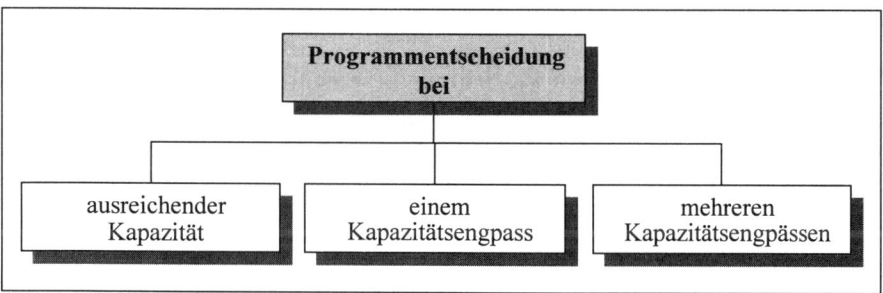

Abb. 32: Programmentscheidungen

3.1.3.1 Programmentscheidung bei ausreichender Kapazität

Ein Unternehmen, das in seiner Programmplanung keiner Kapazitätsbeschränkung unterliegt, hat entweder

- **freie Kapazitäten** durch Unterbeschäftigung in allen produktionswirtschaftlichen Funktionsbereichen, oder
- **die Beschaffung** von Einsatzfaktoren unterliegt keinerlei Beschränkung, so dass die Kapazitäten jederzeit an den Bedarf angepasst werden können.

Unterstellt man dem Produkt bzw. den Produkten einen positiven Deckungsbeitrag, d.h. der Verkaufspreis pro Stück ist größer als die variablen Kosten, so erhöht sich der Gesamtdeckungsbeitrag mit steigender Produktmenge. Nach Überschreiten der Gewinnschwelle (**break-even-point**) vermehrt sich der Gewinn mit zunehmender Produktionsmenge und ist optimal, wenn die Kapazitätsgrenze für alle Produkte erreicht ist.

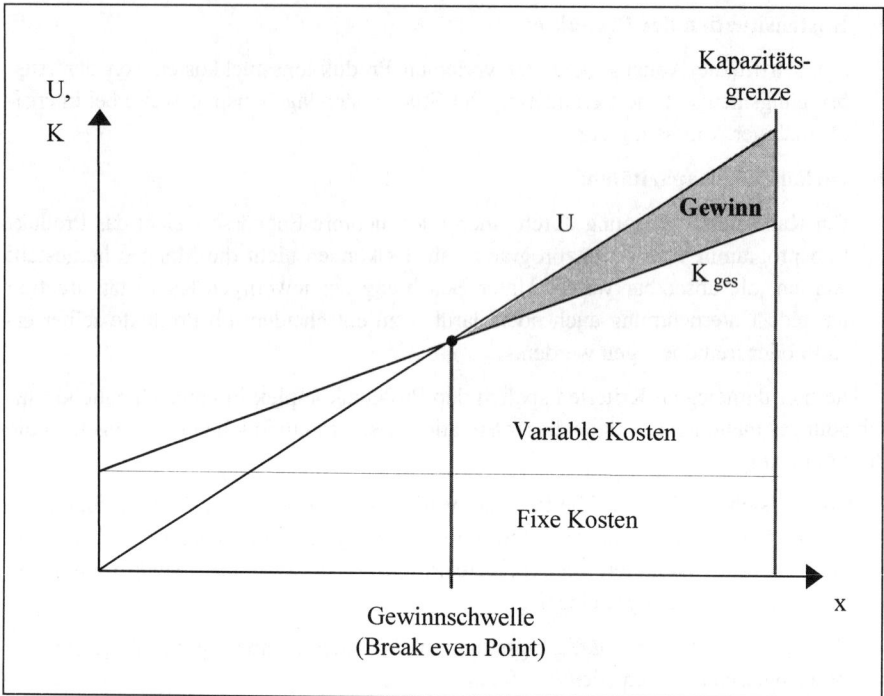

Abb. 33: Gewinnentwicklung bei linearem Gesamtkostenverlauf

3.1.3.2 Optimale Programmentscheidung bei einem Kapazitätsengpass

In der Realität sind die Kapazitäten für die Produktion einer oder mehrerer Produkte jedoch meist eingeschränkt. Die Situation der Überbeschäftigung ist durch das Auftreten mindestens eines Engpasses im Produktions- und / oder Absatzbereich gekennzeichnet.

Ausgehend von einem **Kapazitätsengpass** werden den Produkten A und B folgende Deckungsbeiträge unterstellt:

	Produkt A	Produkt B
Verkaufspreis	300,-	270,-
./. variable Kosten	180,-	170,-
= **Deckungsbeitrag**	120,-	100,-

Liegt ein Engpass im Absatzbereich vor, so setzen sich das Produktions- und Absatzprogramm entsprechend der Höhe der Stückdeckungsbeiträge zusammen. Sofern keine produktionsspezifischen Engpässe bestehen, sollte demnach das Produktionsprogramm ausschließlich die Fertigung von Produkt A beinhalten.

Ist hingegen die Produktionskapazität begrenzt, müssen die Deckungsbeiträge der einzelnen Produkte bewertet werden. Unterstellt man den Produkten A und B eine Produktionszeit von einer bzw. vier Stunden pro Einheit, so errechnet sich der **relative Deckungsbeitrag** aus der Division von Produktdeckungsbeitrag und Zeit.

	Deckungsbeitrag	Fertigungszeit	Relativer Deckungsbeitrag
Produkt A	120,- :	4 h	= 30,- EUR/h
Produkt B	100,- :	2 h	= 50,- EUR/h

Die Höhe des relativen Deckungsbeitrages kennzeichnet den Gewinn pro gewählten Bewertungsfaktor (neben der Zeit kann dies auch Menge, Gewicht etc. sein). Multipliziert man den relativen Deckungsbeitrag mit der begrenzten Anlagekapazität, so ergibt sich der Gesamtgewinn für das jeweilige Produkt.

	Relativer Deckungsbeitrag	Periodenkapazität der Anlage	Perioden - Gewinn
Produkt A	30,- EUR/h	· 480 h	= 14.400,- EUR
Produkt B	50,- EUR/h	· 480 h	= 24.000,- EUR

In unserem Beispiel ist die Fertigung von Produkt B der von Produkt A vorzuziehen. Ausgehend von einer begrenzten Anlagekapazität von 480 Stunden pro Periode ergibt sich für Produkt B mit EUR 24.000,- der höhere Periodengewinn.

3.1.3.3 Optimale Programmentscheidung bei mehreren Kapazitätsengpässen

In den meisten Fällen der Programmplanung muss von mehreren Kapazitätseinschränkungen ausgegangen werden. Dabei können die Beschränkungen auch auf verschiedenen Fertigungsstufen liegen, die von den Produkten nacheinander durchlaufen werden. Das folgende Beispiel zeigt, wie das optimale Produktionsprogramm mit Hilfe der **linearen Programmierung** gefunden werden kann.

Ein Unternehmen stellt die Produkte A und B her, wobei von Produkt A die Menge x_1 und von Produkt B die Menge x_2 gefertigt werden soll. Für die Fertigung der Produkte stehen drei Maschinen (M_1, M_2 und M_3) zur Verfügung. Restriktionen ergeben sich alleine aus den vorgegebenen Kapazitäten der Maschine durch gegebene Maschinenstunden pro Planungsperiode und der zeitlichen Beanspruchung der Maschinen zur Herstellung einer Produkteinheit jedes Produktes.

Maschine	Maschinenbeanspruchung in Stunden zur Erzeugung einer Einheit		Zur Verfügung stehende Maschinenstunden je Periode
	Produkt A	Produkt B	
M 1	6	2	480
M 2	10	10	1000
M 3	1	4	280

Weiterhin seien in den Produkten die Deckungsbeiträge von EUR 10,- für Produkt A und EUR 20,- für Produkt B unterstellt.

Zur Herleitung der gewinnmaximalen Mengenkombination bedarf es zunächst der Formulierung der Zielfunktion sowie vorhandener Restriktionen in Form von Gleichungen.

- **Formulieren der Zielfunktion**

  Ziel der Unternehmung ist es, den Gewinn zu maximieren. Da die fixen Kosten stets in gleicher Höhe anfallen, haben sie keinen Einfluss auf die Zusammensetzung des optimalen Produktionsprogramms. Der Gesamtgewinn ergibt sich demnach aus der Summe der Deckungsbeiträge.

  (1) $\qquad G = 10x_1 + 20x_2 \to MAX$

- **Formulieren der Restriktionen**

  Die Nebenbedingungen des Produktionsprogramms ergeben sich aus der gegebenen Maschinenbeanspruchung und den zur Verfügung stehenden Maschinenstunden pro Periode.

  (2) $\qquad 6x_1 + 2x_2 \leq 480$

  (3) $\qquad 10x_1 + 10x_2 \leq 1000$

  (4) $\qquad x_1 + 4x_2 \leq 280$

- **Formulieren der Nicht-Negativitätsbedingungen**

  Die Produktmengen x_1 und x_2 dürfen keine negativen Werte annehmen.

  (5) $\qquad x_1, x_2 \geq 0$

Setzt sich das Produktionsprogramm nur aus zwei Variablen zusammen, kann die gewinnmaximale Mengenkombination unter Einhaltung der Restriktionen grafisch ermittelt werden (vgl. Kapitel I). Treten n Variablen auf, müsste eine geometrische Darstellung im n-dimensionalen Raum stattfinden. Als Alternative zur grafischen Darstellung verwendet man dann algebraische Lösungsverfahren wie beispielsweise die nachfolgend beschriebene **Simplex-Methode**.

3.1.3.4 Die Simplex-Methode

Das grafische Verfahren zur Lösung linearer Programmierungsaufgaben ist nur begrenzt anwendbar. Von den verschiedenen numerischen Lösungsverfahren, die entwickelt worden sind, ist die von Dantzig entwickelte Simplex-Methode die am meisten verbreitetste Methode.

Die Simplex-Methode ist ein allgemeines Lösungsverfahren für lineare Programmierungsaufgaben mit beliebig vielen Variablen. Sie wird auf heutigen Computern routinemäßig zur Lösung umfangreicher Probleme verwendet, da hierfür ausgereifte Softwarepakete existieren.

Bei der Simplex-Methode[36] werden die Restriktionen zunächst als mathematische Funktionen beschrieben.

(1) $\qquad 6x_1 + 2x_2 \leq 480$

(2) $\qquad 10x_1 + 10x_2 \leq 1000$

(3) $\qquad x_1 + 4x_2 \leq 280$

Da die Rechenschritte der Simplex-Methode in einem Gleichungssystem vollzogen werden, müssen die Ungleichungen (1) bis (3) um Variablen erweitert werden. Man bezeichnet die Variablen y_1, y_2 und y_3 auch als **Schlupfvariablen**.

(4) $\qquad 6x_1 + 2x_2 + y_1 = 480$

(5) $\qquad 10x_1 + 10x_2 + y_2 = 1000$

(6) $\qquad x_1 + 4x_2 + y_3 = 280$

Fertigungswirtschaftlich lassen sich die Schlupfvariablen als Leerkapazitäten erklären, da sie, soweit sie positiv sind, eine Mindernutzung der Anlage darstellen. Weil die Schlupfvariablen nicht direkt mit Umsätzen und Kosten verbunden sind, ist ihr Deckungsbeitrag "Null". Die Zielfunktion der Gewinnmaximierung ist entsprechend um die Schlupfvariablen erweitert.

(7) $\qquad G = 10x_1 + 20x_2 + 0y_1 + 0y_2 + 0y_3 \rightarrow MAX$

Bei den Berechnungen des optimalen Produktionsprogramms mit der Simplex-Methode wird ausgenutzt, dass bei einem minimalen Beschränkungspolyeder und einer linearen Zielfunktion der Optimalpunkt oder einer von mehreren optimalen Punkten in einem.

---

[36] Vgl. ausführlich zur Simplex-Methode Runzheimer, B.: Operations Research I, 6. Auflage, Wiesbaden 1995, S. 39 ff.

Eckpunkt liegen muss. Die Berechnungen der Simplex-Methode beginnen immer in einem Eckpunkt einer zulässigen Ausgangslösung.

Basisvariable	x_1	x_2	y_1	y_2	y_3	B
z_1	6	2	1	0	0	480
z_2	10	10	0	1	0	1000
z_3	1	4	0	0	1	280
Z	10	-20	0	0	0	0

Nachfolgend werden benachbarte Eckpunkte des Beschränkungspolyeders solange untersucht, bis der Optimalpunkt gefunden ist. Die Berechnung des optimalen Produktionsprogramms erfolgt in Tableaus. Basis ist das sogenannte Ausgangstableau, in das alle Nebenbedingungen eingetragen werden.

Die Zeilenbenennungen z_1, z_2 und z_3 sowie Z dienen der Ordnung bei den folgenden Rechenvorgängen. Das Feld, das die Zielzeile (Z) mit der Beschränkungszeile (B) bildet, gibt die Summe der Deckungsbeiträge an, die es zu maximieren gilt. Negative Koeffizienten der Z-Zeile sind Kennzeichen dafür, dass es eine bessere Lösung gibt.

Die Ermittlung eines neuen Tableaus beginnt mit der Bestimmung der Auswahlspalte, deren Voraussetzung ein negativer Deckungsbeitrag ist. Kommen, wie in diesem Fall, mehrere Möglichkeiten dafür in Frage (Spalte x_1 und x_2), so ist jene Spalte die Auswahlspalte, deren absoluter Deckungsbeitrag der höchste ist (Spalte x_2). Vorliegend trifft dies auf Spalte x_2 zu. Dividiert man nun die Beschränkungen aus Spalte B durch die jeweiligen Werte der Auswahlspalte, erhält man die Auswahlzeile.

(8) $\qquad x_2, z_1 = 480/2 = 240$

(9) $\qquad x_2, z_2 = 100/10 = 100$

(10) $\qquad x_2, z_3 = 280/4 = 70$

Der kleinste Wert (hier 70) gibt die Auswahlzeile an. Sie besagt, dass mit Ausweitung der Produktmenge x_2 die dritte Maschine als erste begrenzt wird. Im Schnittpunkt von Auswahlzeile und -spalte liegt das Auswahlelement, auch **Pivotelement** genannt. Dieses sagt aus, dass die dritte Restriktion bei einer Ausweitung der Produktmenge x_2 als erste begrenzt wird. Auswahlzeile und -spalte werden auch Pivotzeile und -spalte genannt.

Dividiert man die Auswahlzeile z_3 durch den Betrag des Pivotelementes, so ergibt sich eine neue Zeile, deren Bezeichnung nun x_2 lautet. Die neue Zeile y_2 ergibt sich durch Multiplikation der neuen x_2-Zeile mit dem Faktor aus Zeile y_1, der sich in der Pivot-Spalte befindet (in diesem Fall 2). Die daraus resultierenden neuen Werte werden von der alten y_2-Zeile des Ausgangstableaus subtrahiert.

Zusammenfassende Schrittfolge:

1. Schritt: $\quad 1/4 x_1 + x_2 + 1/4 y_3 = 70 \quad | \cdot 2$

$\implies 1/2 x_1 + 2 x_2 + 1/2 y_3 = 140$

2. Schritt: $\quad 6 x_1 + 2 x_2 + y_1 = 480$

$ -1/2 x_1 + 2 x_2 + 1/2 y_3 = 140$

$\overline{}$

$ = 13/2 x_1 + y_1 - 1/2 y_3 = 340$

Analog lassen sich die weiteren Zahlen des zweiten Tableaus errechnen.

Basisvariable	x_1	x_2	y_1	y_2	y_3	B
z_1	5.5	0	1	0	-0.5	340
z_2	7.5	0	0	1	-2.5	300
x_2	0.25	1	0	0	0.25	70
Z	-5	0	0	0	5	1400

Da die Zielzeile noch ein negatives Element enthält, ist die optimale Lösung noch nicht gefunden. Für die Wahl des richtigen Produktionsprogramms muss nach beschriebener Vorgehensweise ein weiteres Tableau bestimmt werden. Auswahlspalte ist in diesem Fall x_1, Auswahlzeile y_2.

Basisvariable	x_1	x_2	y_1	y_2	y_3	B
z_1	0	0	1	-0.73	1.33	120
x_1	1	0	0	-0.13	-0.33	40
x_2	0	1	0	-0.03	0.33	60
Z	0	0	0	0.67	3.33	1600

Dieses Tableau weist keine negativen Werte in der Z-Zeile auf, folglich ist es das Optimaltableau. Die Lösungen für die Variablen in Kapazitätszeile B geben das optimale Produktionsprogramm an.

$$x_1 = 40, \quad x_2 = 60, \quad z_1 = 120$$

Während die Maschine M_1 eine nicht genutzte Kapazität von 120 Stunden aufweist, sind alle anderen Maschinen kapazitätsmäßig vollkommen ausgelastet.

Der Gesamtdeckungsbeitrag beträgt EUR 1600,-. Über diesen Wert hinaus enthält die Z-Zeile noch Informationen über den entgangenen Gewinn. Der y_2-Wert von 0,67 bedeutet, dass eine Nichtnutzung der knappen Kapazität auf Maschine M_2 zu einer Gewinneinbuße von EUR 0,67 pro Stunde führen würde.

Andererseits könnte jedoch auch durch Überstunden eine Steigerung des Bruttogewinnes um EUR 0,67 pro Stunde erzielt werden.

3.2 Produktplanung

3.2.1 Produkte als Elemente des Produktionsprogramms

Zu den wichtigsten Aufgaben der Produktpolitik zählen die Entwicklung neuer Produkte, die Weiterentwicklung schon vorhandener Erzeugnisse sowie die Eliminierung von Produkten aus dem Produktprogramm.

Produkte in Form von Sachgütern und Dienstleistungen stellen einerseits das Sachziel der Unternehmung dar, andererseits bilden sie als Erfolgsträger den wirtschaftlichen Kernpunkt der Unternehmenspolitik.

Durch Gütererstellung und -absatz entstehen Kosten und Erlöse, die das finanzielle Gleichgewicht der Unternehmung stark beeinflussen. Insbesondere bei großen Firmen macht die Sicherung der Liquidität einen großen Kostenfaktor aus, da während der Produktentwicklung den Ausgaben keine Einnahmen gegenüberstehen.

Entstehende Kosten müssen zum einen durch Kredite fremdfinanziert sowie durch Einnahmeüberschüsse alter Erzeugnisse innenfinanziert werden. Das wirtschaftliche Beziehungsfeld, in dem das Produkt steht, wird somit wesentlich durch den Absatz, die Forschung und Entwicklung, Beschaffung und Finanzierung geprägt.

Anstöße zu einer Produktveränderung ergeben sich aus wirtschaftlicher Sicht in erster Linie durch das **Rationalisierungsstreben** des Unternehmens, das als ein ständiger dynamischer Prozess die Fortentwicklung des Unternehmens bestimmt.[37]

Mangelhafte Produktgestaltung lässt sich nur kurzfristig durch intensive Rationalisierung der Produktionsprozesse kompensieren. Umgekehrt kann dagegen intensive Produktgestaltung die Absatzchancen verbessern, indem die Herstellungskosten verringert werden, fehlende Rationalisierungsmöglichkeiten ersetzt und steigende Beschaffungspreise kompensiert werden.[38]

Als **absatzpolitisches Instrument** soll die Produktgestaltung in erster Linie Präferenzen bei den Nachfragern erzeugen. Dort wo lange Zeit der Preis das absatzbestimmende Merkmal darstellte, spielt nun auch die Produktqualität in den Augen der Nachfrager eine große Rolle.

Maßnahmen der Produktgestaltung sind im Vergleich zur Preispolitik deshalb wichtig, weil:

---

[37] Vgl. Hahn, D./ Laßmann, G.: Produktionswirtschaft, a.a.O., S. 123.
[38] Vgl. Corsten, H.: Produktionswirtschaft. Einführung in das industrielle Produktmanagement, 9. Auflage, München/ Wien 2000, S. 141 ff.

- Produktgestaltungsmaßnahmen langfristig die Unternehmenspolitik des Anbieters prägen,

- qualitativ ungeeignete Produkte auch bei günstigem Preis nicht absetzbar sind,

- erfolgreiche Produktgestaltungsmaßnahmen weniger schnell vom Konkurrenten nachgeahmt werden können und

- niedrige Preise zwar den Preiswettbewerb intensivieren, aber bei unelastischer Nachfrage rentabilitätsschmälernd sind.

Bei der **Qualitätsgestaltung** als Unterform der Produktgestaltung erfolgen Eingriffe im Hinblick auf die technische und ökonomische Bestimmung des Qualitätsniveaus der Produkte. Das technische Niveau wird einerseits durch den Stand der Technik in der eigenen Unternehmung sowie in konkurrierenden Unternehmungen beeinflusst, andererseits durch gesetzliche Vorschriften festgelegt.

Die wirtschaftlich optimale Qualität lässt sich als jene Qualität beschreiben, bei der die Differenz von qualitätsabhängigen Erlösen und Kosten am größten ist, d.h. wo die Grenzkosten und Grenzerlös gleich sind.

3.2.2 Produktinnovation und -variation

Für die Gestaltung des **Produktkonzeptes** stehen verschiedene produktpolitische Möglichkeiten zur Disposition. Sie reichen von der **Produkteliminierung** als Element einer Spezialisierungsstrategie, der **Produktvariation**, die Produkte näher im Zentrum kaufkraftstarker Nachfrager platziert, bis zur Diversifizierung durch **Produktinnovation**.

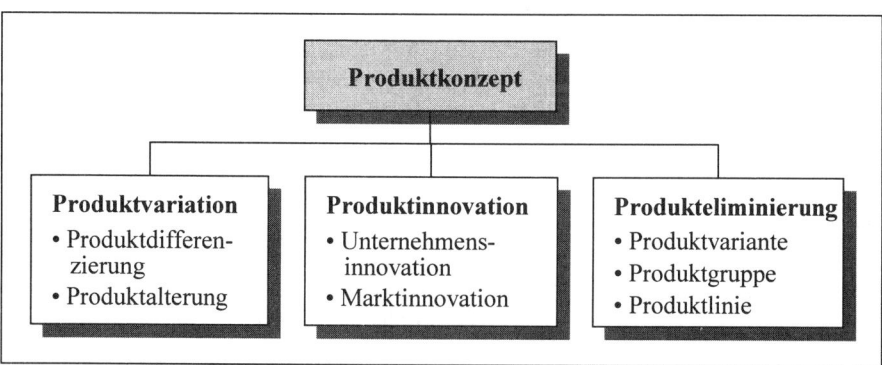

Abb. 34: Produktkonzept

Produkteliminierung ist ein Prozess, bei dem einzelne Produktvarianten, -gruppen oder ganze Produktlinien endgültig aus dem Produktionsprogramm genommen werden. Bei der Bereinigung des Produktionsprogramms von Produkten, die außerhalb kaufkräftiger Präferenzfelder liegen, werden meist Standardisierungsmaßnahmen oder Produktweiterentwicklungen vorgenommen.

Bei der **Produktmodifikation** werden lediglich einzelne Eigenschaften von Produkten verändert, um

- entweder durch schrittweise Produktmodifikation bisherige Produkte qualitativ zu verbessern, um somit eine zentralere Befriedigung von Käuferwünschen zu erzielen (**Produktalterung**), oder um

- durch das Angebot verschiedener, ähnlicher Produkte zu einer intensiveren Ausschöpfung des Produktfeldes zu gelangen (**Produktdifferenzierung**).

Bei der **Produktinnovation** ist zu unterscheiden zwischen **Unternehmensneuheiten** und **Marktneuheiten**. Während letztere eine völlig neue Art der Bedürfnisbefriedigung anbieten und daher für einen Produktvergleich keine ähnliche Konkurrenzprodukte zur Verfügung stehen, werden bei einer Unternehmensneuheit gleiche oder ähnliche Produkte bereits auf dem Markt angeboten.

Den Mittelpunkt der Marktinnovation bezeichnet man auch als Diversifikation. Je nach Art der Verwandtschaft, ob sachlich zusammenhängend, dem Produkt vor- oder nachgelagert oder ohne Beziehung, unterscheidet man zwischen horizontaler, vertikaler und komplementärer (lateraler) Diversifikation.

3.2.2.1 Forschung und Entwicklung (F&E) als Grundlage der Produktinnovation

Geht man von der Gestaltung neuer Produkte im Sinne der Marktinnovation aus, so steht die F&E im Vordergrund der Produktplanung. Nach BROCKHOFF wird F&E als eine "Kombination von Produktionsfaktoren beschrieben, mit dem Ziel, entweder neues Wissen zu erwerben oder dieses Wissen erstmalig und neuartig anzuwenden".[39]

Abgesehen von der **Grundlagenforschung**, die zweckfrei auf die Errichtung wissenschaftlicher Erkenntnisse gerichtet ist, bezieht sich der Aufgabenbereich der F&E-Funktion auf die Gewinnung (neuer) technischer Kenntnisse im Hinblick auf Produkte, Verfahren und Anwendungsgebiete.

Die **Anwendungsforschung** hat das Ziel, auf der Basis von Erkenntnissen aus der Grundlagenforschung für konkrete Verwendungszwecke neue Ideen für Produkte und Produktionsverfahren zu finden.[40]

Im Zuge der technischen Entwicklung gewinnt der F&E-Bereich immer stärker an Bedeutung. **Innovationen** aus der Produktionstechnik haben aufgrund ihrer großen Rationalisierungspotenziale einen beträchtlichen Einfluss auf die Konkurrenzfähigkeit von Unternehmen. Innovationsspezifische Wettbewerbsvorteile resultieren einerseits aus neuen, fertigungstechnischen Potenzialen; andererseits geben erweiterte fertigungstechnische Möglichkeiten den Anstoß für Produktinnovationen, mit denen wiederum neue Märkte erschlossen werden können.

So ist der Erfolg vieler japanischer Unternehmen nicht zuletzt darauf zurückzuführen, dass diese mehr als doppelt soviel in die Entwicklung und Anwendung innovativer Produktionstechniken investieren als vergleichbare amerikanische und europäische Unternehmen.[41] Betrachtet man zudem das wirtschaftliche Wachstum bei den F&E-Ausgaben,

---

[39] Vgl. Brockhoff, K.: Forschung und Entwicklung, Planung und Kontrolle, München/ Wien 1988, S. 23.
[40] Vgl. Corsten, H.: Produktionswirtschaft, a.a.O., S. 152 ff.
[41] Vgl. Seitz, K.: Die japanische-amerikanische Herausforderung, 4. Auflage, Stuttgart/ München/ Landsberg 1992, S. 201 ff.

so liegt nach Angabe von OECD[42] Japan ebenfalls mit durchschnittlich 8 % jährlich (1985 - 1990) vor der europäischen (4,5 %) und der amerikanischen Industrie (1 %).

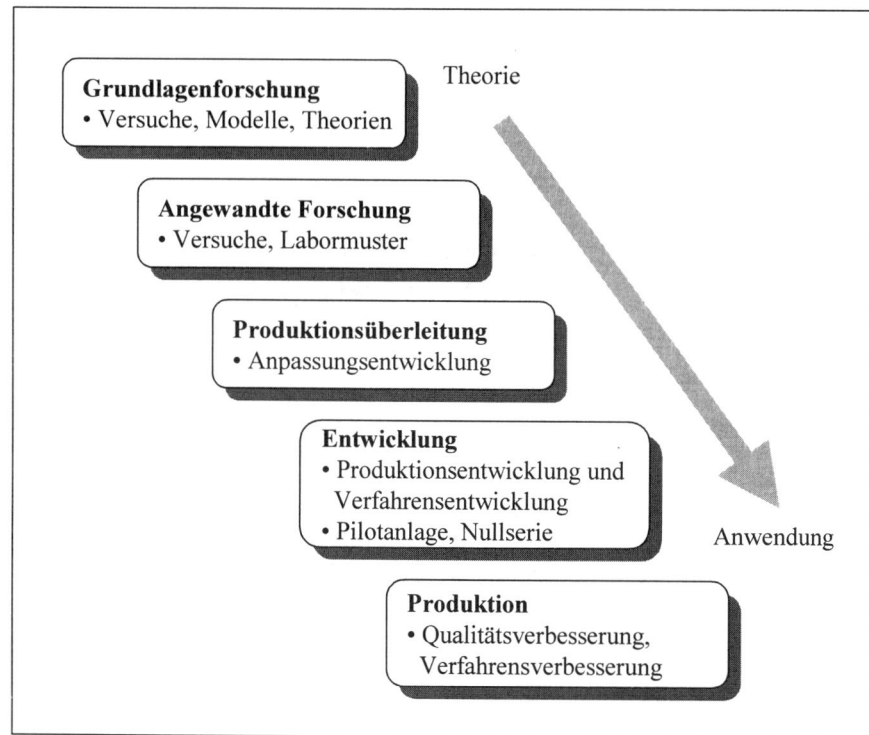

Abb. 35: Forschung und Entwicklung

Betrachtet man die F&E als absatzpolitisches Instrument, so wird deutlich, dass sie schon alleine wegen der internationalen Konkurrenzfähigkeit zur Erhaltung eines Unternehmens notwendig ist. Dies beruht auf der begrenzten Lebensdauer von Produkten infolge Bedürfnisänderung und Konkurrenzverhalten. Führt ein Unternehmen in gleichen zeitlichen Abständen neue Produkte mit jeweils identischen Lebenszyklen ein, so wird es nach einer Wachstumsphase, die so lange dauert, bis das erste Produkt abgesetzt ist, in eine Stagnationsphase des Absatzes eintreten. Alleine für eine solche Entscheidung sind Vorbereitungen durch die F&E zu treffen.[43] Strebt das Unternehmen ein stetiges Wachstum an, so sind zusätzliche Anstrengungen im Unternehmensbereich vorzunehmen.

Alternativ zur **unternehmenseigenen bzw. -internen Forschung** bietet sich dem Unternehmen die Alternative, **Forschungsvorhaben an externe Unternehmen zu übergeben**, verbunden mit anschließender Patent- bzw. Lizenzübernahme.[44] Interne und/oder externe F&E stellen unterschiedliche Bereitstellungswege für Forschung und

---

[42] Vgl. o. V.: Unklare Perspektiven für den Welthandel, in: VDI-Nachrichten, 1/1993, S. 1.
[43] Vgl. Brockhoff, K.: Forschung und Entwicklung. In: Kompendium der Betriebswirtschaftslehre, Blitz, M./ Dellmann, K./ Domsch, M./ Egner, H. (Hrsg.), 2. Auflage, München 1989, S. 120 f.
[44] Vgl. Corsten, H.: Produktionswirtschaft, a.a.O., S. 154 ff.; Brockhoff, K.: Forschung und Entwicklung., a.a.O., S. 167 f.

Entwicklung dar. Das Entscheidungsproblem der Auswahl zwischen Eigen- und Fremdforschung tritt zunehmend auch im Zusammenhang mit der Entscheidung über Eigen- oder Fremdfertigung auf.

3.2.2.2 Ideensuche

Um vorhandene oder mögliche Ideen zur Produkt- bzw. Verfahrensgestaltung zu erhalten, werden verschiedene Verfahren angewandt (Abb. 36).

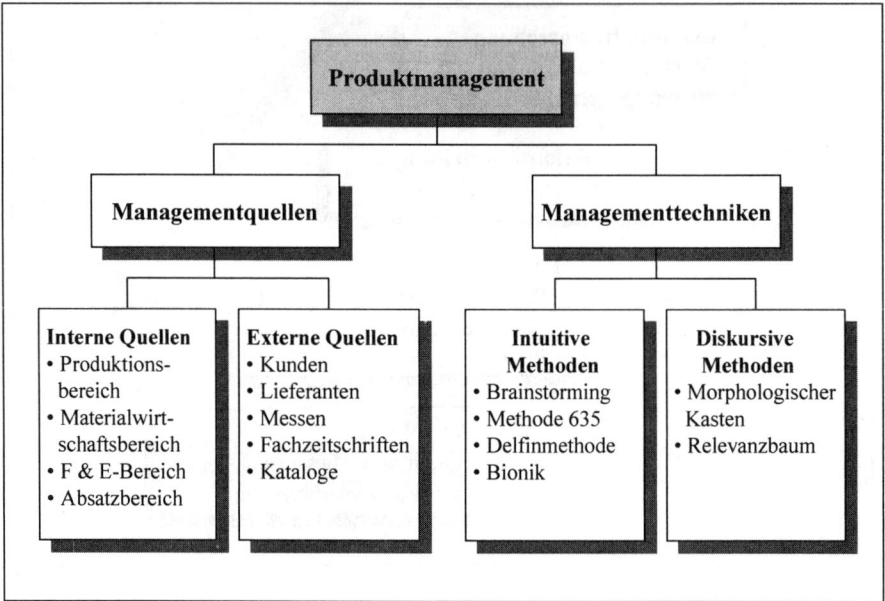

Abb. 36: Produktmanagement

Bei der **Ideensammlung** werden Ideen und Anregungen externer und interner Informationsquellen von einer zentralen Stelle (z.B. F&E) gesammelt und nach Problembereichen katalogisiert. Die Gestalt dieser **Produktideen** ist sehr unterschiedlich und kann von vagen Vorstellungen bis zu unmittelbar verwertbaren Problemlösungen reichen.[45]

Eine "Steigerung" der Kreativität kann insbesondere im internen Unternehmensbereich durch Kopplung des betrieblichen Vorschlagswesens an ein entsprechendes Belohnungssystem geschaffen werden. Der Mitarbeiter wird durch den finanziellen Anreiz zusätzlich motiviert.

Im Gegensatz zur Ideensammlung wird mit der gezielten **Ideenproduktion** versucht, die Kreation von Produktideen aktiv zu beeinflussen. Zwei grundsätzlich unterschiedliche Verfahrensgruppen (heuristische Techniken) lassen sich herausstellen.

Beim **diskursiven Verfahren** will man mit Hilfe bewusster, logisch kombinierter Denkprozesse neue Ideen hervorbringen. Die Betonung liegt dabei im schrittweisen Vorgehen, wobei das Gesamtproblemfeld zunächst in mehrere Teilprobleme abstrahiert

---

[45] Vgl. o. V.: VDI-Richtlinie 2222, Konstruktionsmethodik 1986, S. 8 ff.

wird. Für jedes Teilproblem werden eine oder mehrere Teillösungen erarbeitet und diese zu einer Gesamtlösung kombiniert. Abb. 37 zeigt die Aufgliederung des Gesamtproblems nach der morphologischen Methode am Beispiel einer Kaffeemaschine.

Problemelemente (Funktionen)	Elementarlösungen		
	1	2	3
Kaffee kochen	Heizplatte außen	Heizspirale (innen)	Induktionserhitzung
Kaffee filtern	Papierfilter	poröses Material	Zentrifuge
Kaffee warmhalten	Wärmezufuhr	Isolierung	Wärmehaube
Kaffee ausschenken	Zweitbehälter zum Ausgießen	Pumpe zum Ausgeben	Hahn zum Ausschenken

——— Lösung 1   ——— Lösung 2   ——— Lösung 3

Abb. 37: Morphologische Systematik am Beispiel einer Kaffeemaschine[46] (Beschränkung auf drei Lösungsalternativen)

Intuitive Verfahren sind Methoden, die sich weitgehend auf Ideenassoziationen stützen. Nach Pahl / Beitz[47] ergibt sich dabei die Lösung "nach einer Such- und Überlegungsphase durch einen guten Einfall oder durch eine neue Idee, die mehr oder weniger ganzheitlich ins Bewusstsein fällt und deren Herkunft und Entstehung oft nicht hergeleitet werden kann".

Die am häufigsten angewandte Methode ist das von Osborn in den 30er Jahren entwickelte **Brainstorming**.[48] Osborn stellte fest, dass Teilnehmer von Konferenzen oft Hemmungen haben, ihre Gedanken und Ideen mitzuteilen, aus Angst, sich zu blamieren oder Vorwürfen auszusetzen. Von dieser Erkenntnis ausgehend stellte er vier Grundregeln auf, die speziell das Hervorbringen vieler Ideen in einer Gruppe fördern sollen.

- Die Teilnehmer sollen mehr auf Quantität statt auf Qualität der Ideen achten.

- Jegliche Kritik an Ideen ist zurückzustellen.

---

[46] Vgl. Olfert, K.: Investitionen, 5. Auflage, Kiel 1992, S. 77.
[47] Vgl. Pahl, G. W./ Beitz, W.: Konstruktionslehre, Berlin 1986, S. 108.
[48] Vgl. Siegwart, H.: Produktentwicklung in der industriellen Unternehmung, Bern/ Stuttgart 1974, S. 95 ff.

- Der Phantasie der Teilnehmer sind keine Grenzen zu setzten.
- Individualleistungen werden nicht herausgestellt.

Jede Brainstorming-Sitzung bedarf einer Vorbereitung, spontan einberufene Sitzungen sind zu vermeiden. Die Teilnehmer sollten unter den Kriterien fachlicher Heterogenität und sozialer Homogenität (keine Spannung in der Gruppe) ausgewählt werden.

Für eine Brainstorming-Sitzung ist eine Zeit von etwa 30 Minuten anzusetzen. Sie sollte keinesfalls länger als eine Stunde dauern, es empfiehlt sich dabei, die Sitzungsdauer nicht an eine Zeitgrenze, sondern am Ideenfluss zu bemessen.

Produktideenquellen sind für das Unternehmen sehr wertvoll. Es sollte sich nicht nur auf seine Forschungs- und Entwicklungstätigkeit stützen, da deren Auftreten oft zu sporadisch und das qualitative Niveau der Produktvorschläge nicht vorhersehbar ist. Die systematische Ideensuche erweist sich als unumgänglich für eine erfolgreiche Produktgestaltung.

3.2.2.3 Verkürzung der Entwicklungszeit durch Simultaneous Engineering

Bis zum heutigen Zeitpunkt ist der Produktentstehungsprozess durch eine stark arbeitsteilige Struktur gekennzeichnet, die in Form eines sequentiellen Phasenablaufes bis zur Produktionsaufnahme führt. Der sequentielle Prozess wird jedoch der zunehmenden Vernetzung von Produkt-, Prozess und Potenzialplanung immer weniger gerecht.[49]

Da es insbesondere zu Beginn der Produktentwicklung zu mangelhafter Abstimmung von Beschaffungs-, Produktions-, Finanz- und Absatzplan kommt, müssen häufig Planänderungen vorgenommen werden, die nicht nur einen zusätzlichen Kostenfaktor bedeuten, sondern auch den Markteintritt der Produkte verzögern können. Da heutzutage die Anforderungen an den Markt ständig wechseln, kommt dem Zeitfaktor besondere Bedeutung zu. **Simultaneous Engineering** ist ein Verfahren, das den zusätzlichen Anforderungen entgegenwirkt.

Im Gegensatz zum herkömmlichen sequentiellen Ablauf wird mit Hilfe des Simultaneous Engineering ein simultaner Produktentstehungsprozess angestrebt. Diesem Konzept liegt die Strategie zugrunde, neben der ablauforientierten Straffung des Entwicklungsprozesses eine verbesserte Integration der Zulieferer und Produktionsmittelhersteller in der frühen Phase der Produktentwicklung zu erzielen.

Die weitgehende Synchronisierung der Produkt- und Produktionsmittelentwicklung ermöglicht es, zeit- und kostenintensive Änderungen im fortgeschrittenen Stadium weitgehend zu vermeiden. Durch die optimale Abstimmung zwischen Produkt- und Produktionsanlage können die Kostenvorteile voll ausgeschöpft werden.

Der Erfolg des Konzeptes der integrierten Produktentwicklung lässt sich am Änderungsaufwand ablesen. Bei Unternehmen, die bereits begonnen haben Simultaneous Engineering in die Realität umzusetzen, liegt der vermeidbare Änderungsaufwand bis

---

[49] siehe auch Abschnitt 5.1.

zu 30 % niedriger als bei Firmen, die sich noch im alten, starren Abteilungsdenken bewegen.[50]

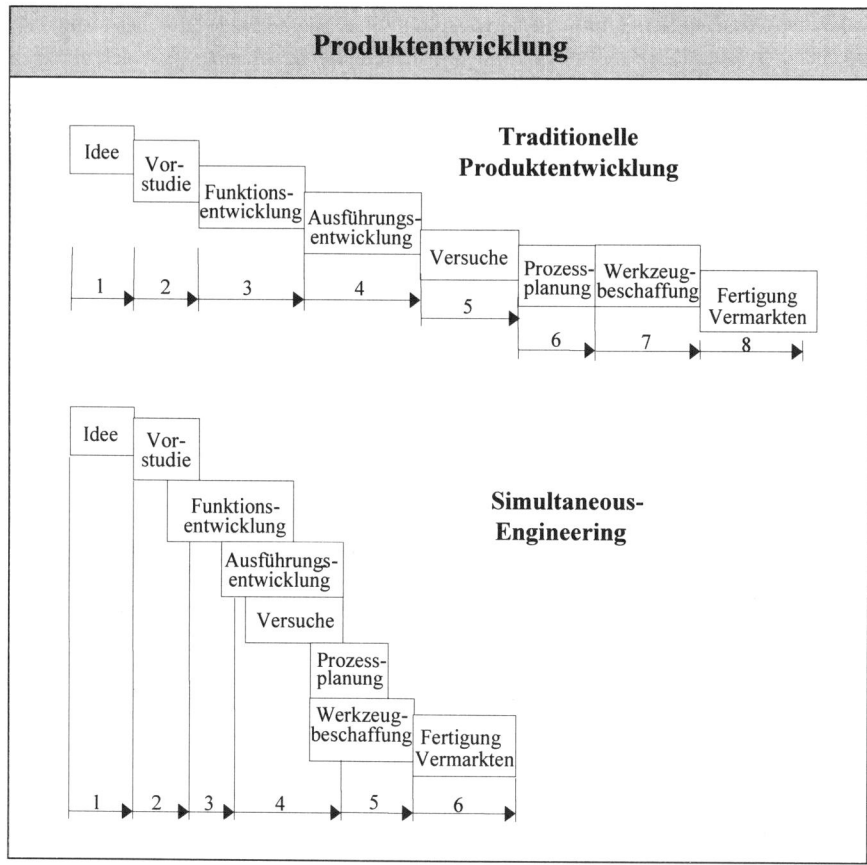

Abb. 38: Zeitvorsprung durch Simultaneous Engineering

3.2.2.4 Produktvariation

Neben der Produktinnovation liegt in der Produktvariation, d. h. Verbesserung bereits im Markt eingeführter Produkte, ein weiterer wichtiger Ansatzpunkt für eine erfolgsorientierte Produktgestaltung. Mit einer **Produktvariation** werden zwei elementare Zielsetzungen verfolgt:[51]

- **Behauptung** der eigenen Marktposition gegenüber Konkurrenzaktivitäten,

- **Repositionierung** von Erzeugnissen, bei denen eine Verschlechterung der Marktposition eingetreten ist.

In der Praxis hat sich als Grundlage der Produktvariation insbesondere der Einsatz der **Wertanalyse** bewährt. Inhalt dieses Verfahrens ist die "systematische Analyse und

---

[50] Vgl. Bullinger, H. J.: F&E. Management-Erfolgsgröße der 90er Jahre. In: Tagungsband zur F&E-Managementtagung, Bullinger, H.-J. (Hrsg.), Stuttgart 1990a, S. 272.
[51] Vgl. Hansmann, K.-W.: Industrielles Management, 3. Auflage, München/ Wien 1992, S. 88.

Gestaltung der Teilqualitäten eines Produktes zur Optimierung der Produkterlös- und Kostenfunktion ohne Qualitätsminderung".[52] Die Wertanalyse wird angewandt, um neue Produkte, Produktionsfaktoren, -verfahren und -organisationen auf einen möglichst hohen Stand der Wirtschaftlichkeit hin zu entwickeln (Value Engineering) bzw. bestehende entsprechend umzugestalten (Value Analyses). Nach Hahn / Lassmann[53] lässt sich der spezifisch wertanalytische Ansatz durch vier Wesenszüge charakterisieren:

- gezielte Analyse des nach Haupt- und Nebenfunktionen differenzierten Betrachtungsgegenstandes,
- vorgegebener schematisierter Planungsprozess zum Zweck der Entscheidungsfindung über Maßnahmen zur Kostenvermeidung, -senkung und / oder Erlössteigerung bzw. Ergebnisverbesserung,
- zeitlich begrenzte Teamarbeit von Fachleuten aus den Bereichen F&E, Vertrieb, Produktion, Beschaffung, Rechnungswesen und Controlling,
- Einsatz heuristischer Techniken zur Kreativitätsförderung.

Der erfolgreiche Einsatz der **Wertanalyse** zur **Produktverbesserung** setzt voraus, dass auch neue Lösungsalternativen gesucht und von den Arbeitnehmern gebilligt werden. Bedingt durch die Vorgehensweise werden oft eingefahrene Arbeitsabläufe in Abteilungen abgelöst, was in der Praxis oft auf Widerstände stößt. Für die Produktion kann dies beispielsweise bedeuten, dass neue Produktionsfaktoren eingesetzt werden müssen, der Einkauf eventuell einen Lieferantenwechsel vornehmen muss oder die Konstruktion Einsatzmengen standardisierter Teile erhöht. Allerdings hat sich gezeigt, dass durch den Einsatz der Wertanalyse eine Senkung der Herstellkosten um 10 bis 20% keine Seltenheit ist. Eingesetzt im Entwicklungsstadium von Produktkonzepten lassen sich dort besonders erfolgreich spätere Herstell- und Änderungskosten vermeiden, da 60 bis 80% der Herstellkosten eines Produktes bereits in der Konzeptionsphase festgelegt werden.

4 Prozessgestaltung

4.1 Grundlagen

4.1.1 Grundprobleme der Ablaufplanung

Aufgabe und Sachziel der Ablaufplanung ist es, die durch das Produktionsprogramm definierten Leistungen nach Menge und Qualität im Planungszeitraum zu verwirklichen. Konkret stellt sich die Frage "wann und wo soll welches Subjekt welche Verrichtung mit welchen Mitteln an welcher Menge welchen Objekts ausführen?".[54] Um das Sachziel zu erreichen, muss nicht nur der Produktionsablauf geplant, sondern auch durchgeführt werden. Demnach sind zwei produktionswirtschaftliche Aufgabentypen zu bewältigen:[55]

- Die **Planungsaufgabe** beschäftigt sich mit der Zuordnung von Produkten zu Betriebsmitteln in sachlicher und zeitlicher Hinsicht, insbesondere mit der Be-

---

[52] DIN 69910, Wertanalyse. Begriffe, Methoden 1973, S. 23 ff.
[53] Vgl. Hahn, D./ Laßmann, G.: Produktionswirtschaft, a.a.O., S. 163.
[54] Kern, W.: Enzyklopädie der Betriebswirtschaftslehre, a.a.O., Sp. 39.
[55] Vgl. Zäpfel, G.: Operatives Produktions-Management, a.a.O., S. 185.

stimmung der Serien- bzw. Losgrößen einzelner Produkte und der Reihenfolge ihrer Bearbeitung.[56]
- Die **Realisierungsaufgabe** besteht darin, den Produktionsprozess gemäß der Planungsvorgabe zu steuern.

Die Komplexität von der Planungs- und Realisierungsaufgabe ist wesentlich abhängig vom vorliegenden Fertigungstyp. Handelt es sich um eine Massenfertigung, die nach dem Fließprinzip abgewickelt wird, so ist der Produktionsablauf weitgehend vorbestimmt. Die Zuordnung der Plandaten zu Produktionseinheiten erfolgt langfristig. Ablauforganisatorische Probleme ergeben sich im wesentlichen bei Mehrproduktartenproduktionen.

Laufen diese nach dem Werkstattprinzip ab, müssen bei jeder Produktionsdurchführung umfangreiche Planvorgaben gestellt werden. Sie beinhalten neben der Zuordnung der jeweiligen Arbeitsaufgabe zur entsprechenden Produktionseinheit auch die Festlegung des mengenmäßigen und zeitlichen Produktionsablaufes. Abhängig vom Einfluss der Störgrößen auf den Produktionsablauf steigt oder sinkt die Bedeutung der Realisierungsaufgabe.

4.1.2 Formalziele der Ablaufplanung

Bei der Planung des Produktionsablaufes stehen üblicherweise Kostenziele oder ersatzweise zeitbezogene Ziele im Vordergrund (Abb. 39).[57]

Abb. 39: Kosten- und Zeitziele der Ablaufplanung

Die **Fertigungskosten** sind im wesentlichen abhängig von der Ausrichtung der Betriebsmittel. Bei optimaler Leistungsschaltung sind die Produktionskosten minimal.

---
[56] Vgl. Dellmann, K.: Betriebswirtschaftliche Produktions- und Kostentheorie, Wiesbaden 1980, S. 24.
[57] Vgl. Zäpfel, G.: Operatives Produktions-Management, a.a.O., S. 186 ff.
[58] Siehe auch Abschnitt 4.5.2.2.

Wird die Fertigungszeit darüber hinaus noch verringert (intensitätsmäßige Anpassung), steigen die variablen Fertigungskosten wieder an.

Demgegenüber stellen sich **Rüstkosten** in Abhängigkeit von der Anzahl der Rüstvorgänge dar. Je nach Losgröße und Unterschiedlichkeit der Produkte, die an einer Anlage zu produzieren sind, entstehen hohe oder niedrige Rüstkosten. Sie setzen sich einerseits aus Material-, Prüf- und Werkzeugkosten, andererseits aus der Bewertung von Rüst-Leerkosten in Form von Maschinen- oder Lohnkostenzusatz je Zeiteinheit zusammen.

Bei der Herstellung mehrerer umfangreicher Produkte stellt sich dabei meist das Problem der **Maschinenbelegung**. Der Produktionsprozess muss so gestaltet sein, dass die Durchlaufzeiten der Produkte einerseits minimal sind, andererseits die Betriebsmittel möglichst maximal ausgelastet werden.

Stillstandszeiten der Anlage bedeuten eine Nichtausnutzung vorhandenen Potenzials, deren Ineffizienz sich in den **Leerkosten** der Anlage ausdrückt. Aus den gegenläufigen Entwicklungen von Durchlauf- und Stillstandzeiten (Leerzeiten) resultiert das "**Dilemma der Ablaufplanung**".[58]

Neben Fertigungs- und Rüstzeiten bestimmen auch Transport- und Wartezeiten die Durchlaufzeit. Längere Durchlaufzeiten führen unmittelbar zu höheren **Lager-** und **Kapitalbindungskosten**. Ferner können hierbei auch Terminabweichungen auftreten, die zusätzliche Kosten wie Schadenersatz oder Konventionalstrafe nach sich ziehen können.

Kosten- und Zeitziele sind am ökonomischen Aspekt der Produktion orientiert. Zusätzlich werden von den Mitarbeitern, die an der Produktionsdurchführung beteiligt sind, **personalbezogene Forderungen** an das Unternehmen herangetragen. Inhalt dieser Forderungen sind Ziele, die eine Erweiterung der Handlungs- und Entscheidungsspielräume betreffen.[59]

4.1.3 Organisationstypen der Produktion

Dem Unternehmen bieten sich mehrere Möglichkeiten, seinen Fertigungsablauf zu gestalten. Organisationstypen der Fertigung können nach den Prinzipien der **Verrichtungs-** und **Objektzentralisation** systematisiert werden. Der Organisation nach dem Verrichtungsprinzip entspricht die **Werkstattfertigung**; Organisationstypen des Objektprinzips werden als **Fließfertigung** bezeichnet. Eine Mischform beider Prinzipien stellt die **Gruppenfertigung** dar.

Welche Organisationsform vom Unternehmen gewählt wird, hängt von den vielfältigen, spezifischen Gegebenheiten des jeweiligen Unternehmens, insbesondere des Produktionsprogramms, ab.

4.1.3.1 Fließfertigung

Die Fließfertigung ist dadurch gekennzeichnet, dass die Arbeitsplätze (Betriebsmittel und Arbeitskräfte) nach dem Produktionsablauf angeordnet sind. Die Reihenfolge der Arbeitsplätze entspricht der Bearbeitungsreihenfolge des Produktes vom Rohstoff bis

---

[59] Vgl. Zäpfel, G.: Operatives Produktions-Management, a.a.O., S. 192.

zum Fertigprodukt (Abb. 40). Je nach Grad der zeitlichen Koordination kann Fließfertigung in **Fließband-** (Taktfertigung) oder **Reihenfertigung** unterschieden werden.

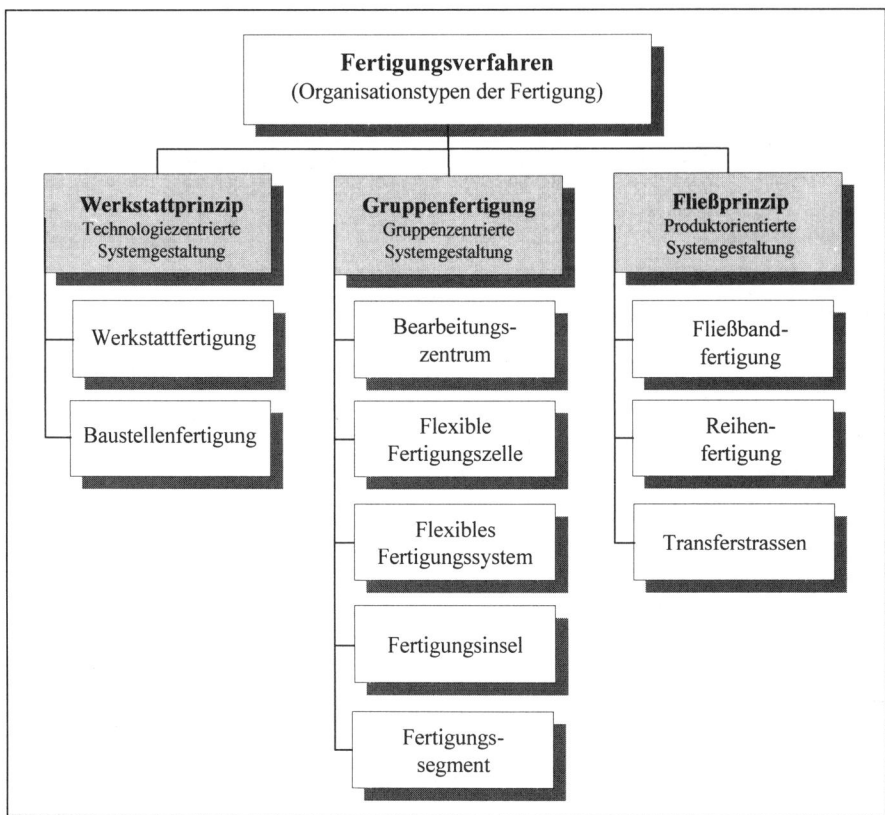

Abb. 40: Organisationstypen der Produktion

Bei der **Fließbandfertigung** sind die Produktionsschritte zeitlich genau aufeinander abgestimmt (getaktet), wobei die Werkstücke durch ein Fließband von Arbeitsplatz zu Arbeitsplatz befördert werden. Durch die Vorgabe der Taktzeit lässt sich auch der Bedarf an Roh-, Hilfs- und Betriebsstoffen zeitlich genau fixieren und die erforderlichen Lagerkapazitäten minimieren. Daher ist die Fließbandfertigung auch eines der wichtigsten Konzepte zur Verwirklichung des Just-In-Time-Prinzips.[60]

Durch die enge zeitliche Bindung ihrer Arbeitsplätze ist die Fließbandfertigung jedoch besonders anfällig für interne und externe Störgrößen. So kann z.B. bei Ausfall eines Arbeitsplatzes der ganze Produktionsablauf zum Erliegen kommen. Kurzfristiger Aus-gleich kann hierbei durch die Errichtung einzelner Zwischenlager (Puffer) geschaffen werden. Mit steigender Anzahl an Puffern nehmen jedoch auch wieder Kapitalzins- und Lagerkosten zu, die genaue zeitliche Abstimmung geht verloren. In diesem Fall spricht man von einer **Reihenfertigung**. Die Arbeitsplätze sind zwar wie bei der Fließfertigung dem Produktionsablauf entsprechend angeordnet, nur kann hier der Arbeiter

---

[60] Vgl. Suzaki, K.: Modernes Management im Produktionsbetrieb. Strategien, Techniken, Fallbeispiele, München/ Wien 1989, S. 54.

sein Arbeitstempo in gewissen Grenzen selber bestimmen. Um Stauungen und Wartezeiten als Folge unterschiedlicher Arbeitsgeschwindigkeiten entgegenzuwirken, werden Zwischenlager errichtet.

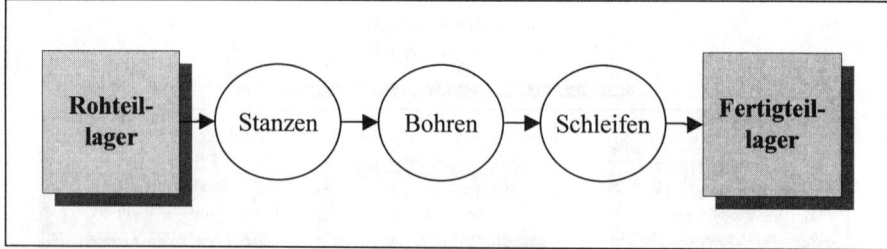

Abb. 41: Beispiel einer Fließfertigung

Eingesetzt wird die Fließfertigung dort, wo Produkte für längere Zeit ohne große Veränderungen produziert werden. Die mit dem Aufbau des Fertigungsverfahrens verbundenen hohen Fixkosten der Produktionsanlage erlauben die Anwendung des Verfahrens nur bei hoher Stückzahlproduktion (Großserien- oder Massenproduktion).

Im Vergleich zur Fließbandfertigung zeichnet sich die **Transferstrasse** dadurch aus, dass nicht nur das Transportsystem sondern auch die Bearbeitungsstationen weitgehend automatisiert sind. Ein Beispiel für die Transferstrasse wäre eine Rotationsmaschine welche zur Herstellung von Massendrucksachen verwendet wird.

4.1.3.2 Fertigung nach dem Werkstattprinzip

Bei der **Werkstattfertigung** erfolgt die räumliche Zentralisation nach den durchzuführenden Verrichtungen. Es entstehen hierdurch einzelne Werkstätten entsprechend ihrer Aufgabenstellung (z.B. Dreh- oder Bohrwerkstatt). Die Produkte steuern die einzelnen Werkstätten nach ihrer technologisch bedingten Bearbeitungsreihenfolge an, wobei die Werkstätten auch mehrfach bzw. überhaupt nicht angelaufen werden können. Da der Fertigungsablauf nicht starr vorgegeben ist, kann die Kapazitätsausnutzung der Produktionsanlagen und kompletter Werkstätten sowohl qualitativ (Kundenwünsche) als auch quantitativ (Nachfrageschwankungen) der erforderlichen Situation angepasst werden. Der Vorteil hoher Anlagenflexibilität ist der Grund für den bevorzugten Einsatz der Werkstattfertigung in der Einzel- und Kleinserienfertigung.

Bedingt durch die verschiedenen Bearbeitungsreihenfolgen bzw. -möglichkeiten treten bei der Werkstattfertigung häufig **Koordinations- und Planungsprobleme** auf, die zu Wartezeiten in den einzelnen Werkstätten führen können. Sie erfordern eine Zwischenlagerung der Produkte vor bzw. nach den Werkstätten (Abb. 41), was eine Erhöhung der Lagerkosten zur Folge hat. Neben der damit verbundenen schlechten Terminplanung erweist es sich als weiterer Nachteil der Werkstattfertigung, dass tendenziell lange Transportwege zwischen den Werkstätten einen nicht unbedeutenden Kosten- und Zeitfaktor ausmachen. Längere Transportwege führen zu höheren Durchlaufzeiten und somit zu steigenden Produktionskosten. Aus diesem Grund ist die transportkostenminimale räumliche Anordnung der einzelnen Werkstätten von großer Bedeutung. Sie ist Aufgabe der innerbetrieblichen Standortwahl (Layout-Planung) und wird im Anschluss an die Organisationstypen der Fertigung in Abschnitt 4.1.4 beschrieben.

Ein besonderes Fertigungsverfahren stellt im Rahmen der Fertigung nach dem Werkstattprinzip die **Baustellenfertigung** dar. Im Gegensatz zur Werkstattfertigung müssen hier alle Produktionsmittel an einen festen Produktionsort gebracht werden. Dieses Fertigungsverfahren ist nur bei auftragsorientierten Unternehmen, in der Baubranche oder im Großmaschinenbau zu finden.

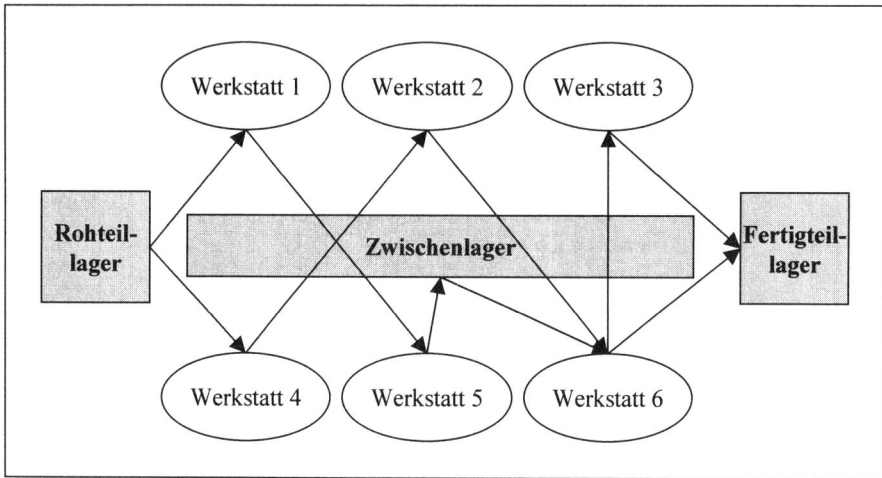

Abb. 42: Beispiel der Werkstattfertigung

4.1.3.3 Gruppenfertigung

Einen weiteren Organisationstyp stellt die Gruppenfertigung dar. Hier versucht man, die Vorteile der Werkstattfertigung mit denen der Fließfertigung zu verbinden. Die Gruppenfertigung basiert auf einer Objektneutralisation.[61] Ähnliche Produkte werden zu Produktfamilien und die zu deren Produktion notwendigen Betriebsmittel in Maschinengruppen zusammengefasst. Wichtige und aktuelle Formen der Gruppenfertigung sind **Bearbeitungszentren, Flexible Fertigungszelle, Fertigungsinseln, Fertigungssegmente** und die sogenannten **flexiblen Fertigungssysteme.**

Bei einem **Bearbeitungszentrum** (BAZ) wird in Ergänzung zum eigentlichen Bearbeitungsvorgang auch das Wechseln der Werkstücke automatisiert und gesteuert.

Die **Flexible Fertigungszelle** (FFZ) unterscheidet sich insbesondere vom BAZ dadurch, dass auch die logistischen Prozesse der Werkstückzufuhr, des Werkstücktransports und der Werkstücklagerung durchgängig automatisiert sind. Sie ist ebenso wie das BAZ ein einstufiges Fertigungssystem.

Eine **Fertigungsinsel** hat die Aufgabe, innerhalb des Gesamtsystems der Produktion aus gegebenem Ausgangsmaterial Zwischen- oder Endprodukte möglichst vollständig herzustellen. Die dazu notwendigen Betriebsmittel werden räumlich und organisatorisch zusammengefasst. Das Tätigkeitsfeld der in einer Fertigungsinsel eingesetzten Arbeitsgruppe umfasst die weitgehende Selbststeuerung der Arbeits- und Kooperationsprozesse, verbunden mit Steuerungs-, Entscheidungs- und Kontrollfunktionen innerhalb vor-

---

[61] Vgl. Bühner, R.: Betriebswirtschaftliche Organisationslehre, 3. Auflage, München/ Wien 1987, S. 192.

gegebener Rahmenbedingungen. Vergleicht man das Prinzip der Fertigungsinsel mit dem der Werkstattfertigung, so reduzieren sich die Transportwege zwischen den Werkstätten, da die Grenzen des jeweiligen Produktionssystems Fertigungsinsel nur selten überschritten werden. Material- und Informationsfluss sind im Vergleich zur Werkstattfertigung entzerrt (Abb. 43).

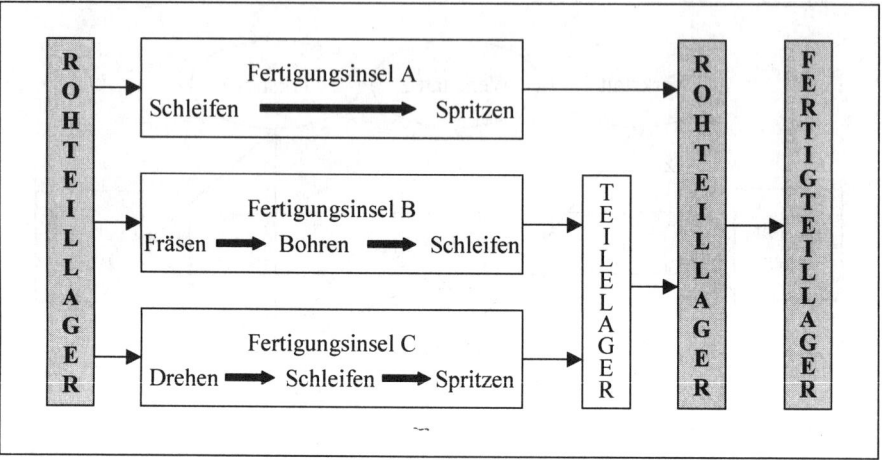

Abb. 43: Beispiel einer Fertigungsinsel

Ein **flexibles Fertigungssystem** (FFS) stellt eine hochautomatisierte, rechnergestützte Fertigungstechnik dar. Im FFS findet man mehrere numerisch gesteuerte Werkzeugmaschinen, Handhabungsgeräte, Transportsysteme und Dünungspuffer, die durch ein gemeinsames Steuerungs- und Informationssystem netzartig miteinander verkettet sind. Dieses Produktionssystem ermöglicht es, innerhalb des Fertigungsbereiches

- unterschiedliche Bearbeitungsaufgaben
- an unterschiedlichen Werkstücken
- bei freier Wahl der Bearbeitungsmaschinen

durchzuführen. Dadurch, dass von allen Bearbeitungsstationen alternativ gleiche Arbeitsaufgaben übernommen werden können, ergibt sich eine hohe zeitliche Nutzung des Systems, ein wahlfreier Werkstückdurchlauf und eine hohe Flexibilität des Gesamtsystems. Vergleicht man das System mit anderen Produktionssystemen, so ergibt sich nach einer vom RIT (Forschungsinstitut für Rationalisierung, Aachen) durchgeführten Untersuchung, dass die organisatorischen Stillstandszeiten eines FFS viermal niedriger sind als die eines Einzelmaschinensystems.[62] Diese Tatsache lässt sich darauf zurückführen, dass bei der FFS die Umrüstvorgänge elektronisch gesteuert werden und Transportvorgänge nahezu völlig entfallen, da verschiedene Verrichtungsarten innerhalb einer Arbeitsstation durchgeführt werden können. Mit dem Absinken der organisatorisch bedingten Stillstandszeit ist auch eine effektive Produktivitätssteigerung und damit Erhöhung der tatsächlichen Nutzung beim flexiblen Fertigungssystem verbunden.

---

[62] Vgl. Herrmany, J./ Hackstein, R.: Flexible Fertigungssysteme als Baustein einer zukunftsorientierten Fabrik. In: Produktionsmanagement im Spannungsfeld zwischen Markt und Technologie, Bullinger, H.-J. (Hrsg.), München 1990, S. 213 ff.

Trotz der **Vorteile** des flexiblen Fertigungssystems, kurze Durchlaufzeiten bei einem hohen Maß an Anpassungsfähigkeit bei gleichzeitig hoher Auslastung zu erreichen, wird das System in Deutschland zur Zeit noch zurückhaltend eingesetzt. Grund dafür sind hohe Investitionskosten, die in der Regel von Klein- und Mittelbetrieben kaum aufgewendet werden können. So bleibt der Einsatz des FFS als automatisiertes Fertigungskonzept zunächst fast ausschließlich auf Großunternehmen (mehr als 1000 Beschäftigte) beschränkt. Da jedoch das Produktspektrum der Unternehmen ständig wächst, neue Märkte erschlossen werden müssen und Kunden immer häufiger problemspezifisch angepasste Lösungen verlangen, wird die Installierung von FFS in Zukunft auch für Klein- und Mittelunternehmen immer dringlicher. Dabei geht der Trend zu kleinen FFS, wie Zwei- und Drei-Maschinenkonzepten.[63]

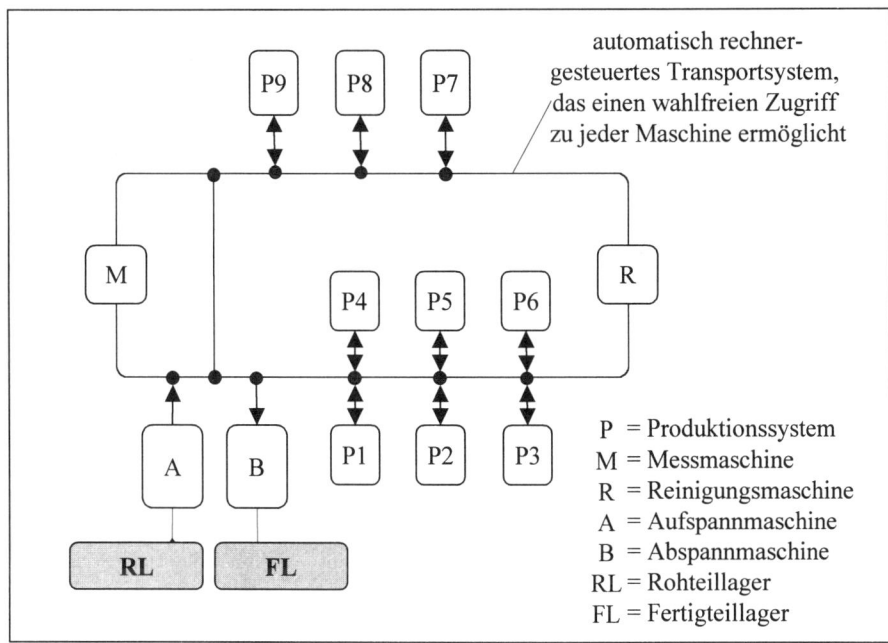

Abb. 44: Flexibles Fertigungssystem

Charakterisierend für das **Fertigungssegment** (FS) ist die Ausrichtung auf ein marktfähiges Produkt. Bei FS ist das Ziel die ganzheitliche und kundenorientierte Gestaltung des betrieblichen Wertschöpfungsprozesses. Die Kundenorientierung hat eindeutig Vorrang vor einer Zusammenfassung von Produktionsmengen großer Lose und Serien. Für unterschiedliche Kundengruppen sind mehrere FS zu bilden.

4.1.4 Innerbetriebliche Standortplanung (Layout-Planung)

Im Anschluss an die Bildung von Organisationseinheiten stellt sich die Frage nach deren sinnvoller räumlicher Anordnung. Besonders bei der Fertigung nach dem Werkstattprinzip ist die Standortplanung von Bedeutung, da hier zwangsläufig eine hohe Zahl von

---

[63] Vgl. Förster, H.-U./ Hirt, K.: Entwicklung einer Handlungsanleitung zur Gestaltung von Produktionsplanungs- und -steuerungskonzepten bei Einsatz flexibler Fertigungssysteme, München 1989, S. 16.

Transporten zwischen den Werkstätten erforderlich ist. Bei der Gruppenfertigung tritt dieses Problem in abgeschwächter Form auf, während man bei der Fließfertigung die Stationen entsprechend der Bearbeitungsreihenfolge anordnet.

Aufgabe der innerbetrieblichen Standortplanung ist es nun, Standorte für die Organisationseinheiten auf einer verplanbaren, eventuell beschränkten Fläche so zu bestimmen, dass sie bezüglich eines bestimmten Zieles (z.B. Transportkosten) optimal sind. Hinsichtlich der im Prozess der Layout-Planung angewandten Verfahren unterscheidet man generell zwischen **analytischen** und **heuristischen Ansätzen**.[64]

Da für eine mathematische Formulierung realer Problemfelder im Rahmen der innerbetrieblichen Standortwahl keine Algorithmen zur Ermittlung einer exakten Lösung existieren, ist man hier gezwungen, auf Heuristiken überzugehen. Diese haben jedoch den Nachteil, dass sie sich im Vergleich zu den auf mathematischen Theoremen beruhenden analytischen Verfahren mit einer befriedigenden Lösung zufrieden geben. Entsprechend stimmen heuristische Lösungen nur selten mit der mathematisch exakten Lösung überein, erfordern aber einen deutlich geringeren Lösungsaufwand. Abb. 45 gibt eine Übersicht über mögliche analytische und heuristische Verfahren der Layout-Planung mit Literaturhinweisen. Interaktive Verfahren sind dadurch gekennzeichnet, dass der Layout-Plan jederzeit neue Einflussgrößen in den Planungsprozess aufnehmen kann. Dagegen ist es das Anliegen übergreifender Planungsverfahren, die Layout-Planung in größere Problemzusammenhänge zu integrieren.

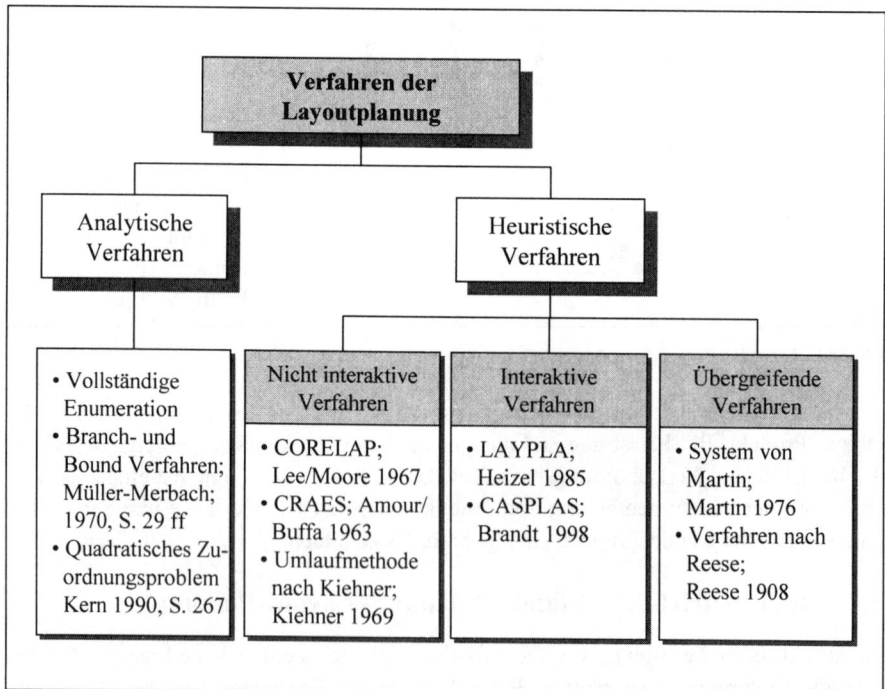

Abb. 45: Auswahl analytischer und heuristischer Verfahren der Layout-Planung

---

[64] Vgl. Corsten, H.: Produktionswirtschaft, a.a.O., S. 473.

4.2 Mengenplanung

4.2.1 Fertigungstypen

Mit der Festlegung des Fertigungstyps bestimmt das Unternehmen, welche Fertigungseinheiten in welchen Mengen produziert werden. Je nach Häufigkeit der Wiederholungen eines bestimmten Fertigungsvorganges unterscheidet man zwischen den in Abb. 46 dargestellten Fertigungstypen.

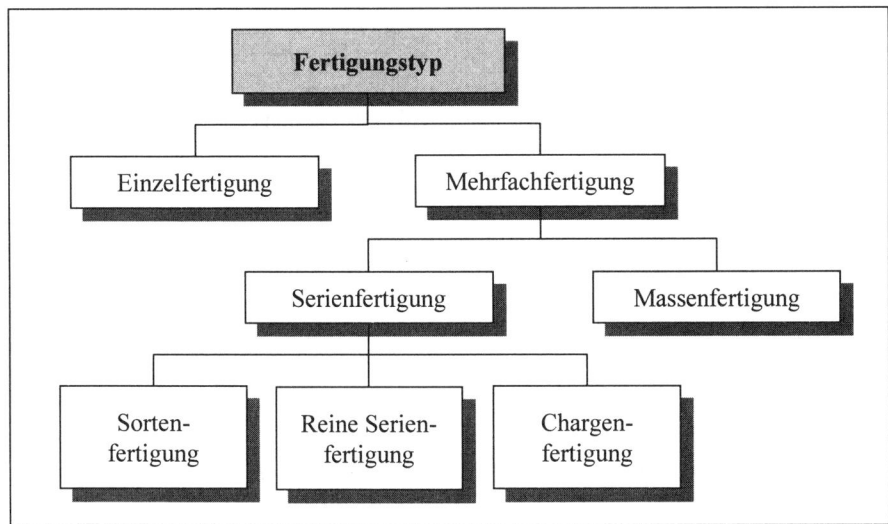

Abb. 46: Fertigungstypen

Wird von einem Produkt nur eine Einheit hergestellt, spricht man von **Einzelfertigung**. Unternehmen dieses Fertigungstyps arbeiten in der Regel auftragsbezogen. Ob ein Auftrag ausgeführt wird, ist ausschließlich davon abhängig, ob sich das gewünschte Produkt mit dem vorhandenen Produktions- und Arbeitskräftepotenzial herstellen lässt. Typische Anwendungsgebiete der Einzelfertigung finden sich in der Baubranche (Wohnungsbau, Brückenbau, etc.), im Großmaschinenbau (z.B. Turbinen) und im Schiffsbau.

Stellt ein Unternehmen von einem oder mehreren Produkten nicht nur eine Einheit, sondern eine Vielzahl her, handelt es sich um **Mehrfachfertigung**. Abhängig von ihrem Umfang unterscheidet man zwischen Massenfertigung und Serienfertigung. Die **Massen-fertigung** ist dadurch zu charakterisieren, dass ein (**einfache Massenfertigung**) oder mehrere Produkte (**mehrfache Massenfertigung**) über einen langen Zeitraum in hoher Stückzahl produziert werden. Der Produktionsprozess wird ununterbrochen wiederholt, ein Ende ist nicht absehbar (z.B. Zigarettenproduktion). Dagegen ist bei der **Serienfertigung** der Produktionsprozess durch die zu fertigende Stückzahl begrenzt. Abhängig von der Größe der Serie (Klein- oder Großserie) erfolgt hier von Zeit zu Zeit eine Umstellung der Produktionsanlage auf andere Produktserien. Das Umstellintervall ist dabei deutlich geringer als bei der Massenfertigung, die über Jahre hinweg andauern kann. Von reiner Serienfertigung spricht man, wenn Produkte, zwischen denen eine partielle Übereinstimmung im Fertigungsprozess besteht, zu großen Stückzahlen zusammengefasst werden, um die Fertigung zu vereinheitlichen (z.B. Produktion von PKW). Die Verwendung gleicher Produktionsanlagen für unterschiedliche Produkte erfordert großen Umstellungsaufwand. Im Gegensatz zur reinen Serienfertigung wird bei der Sortenfertigung einheitliches Ausgangsmaterial zugrundegelegt. Die verschiedenen Sorten können auf den gleichen Produktionsanlagen mit minimalen produktions-technischen Umstellungen hergestellt werden (z.B. Produktion von Schuhen).

Kennzeichen der **Chargenfertigung** sind ständig wechselnde Ausgangsbedingungen, die das Produktionsergebnis von Charge zu Charge unterschiedlich ausfallen lassen. Als Charge wird jene Menge bezeichnet, die in einem Produktionsvorgang hergestellt wird. Während die Produktqualität innerhalb einer Charge konstant ist, ergeben sich Abweichungen im Vergleich mit anderen Chargen. Typische Beispiele für die Chargenfertigung sind das Einfärben von Textilien oder die Weinherstellung.

4.2.2 Losgrößenplanung

Eine der wichtigsten Aufgaben der operativen Prozessplanung besteht darin, den mengenmäßigen Umfang der einzelnen Produktionsaufträge festzulegen.[65] In der Serien- und Sortenfertigung ist damit die Frage verbunden, wie oft der Materialfluss unterbrochen und welche geschlossene Auftragsmenge eines Produktes jeweils hergestellt wird. Die Auftragsmenge eines Produktes bezeichnet man auch als **Losgröße**.

Wird eine Produktserie durch eine andere Produktserie ersetzt, so wird der Produktionsprozess unterbrochen. Die während des Leistungsausfalls entstehenden Kosten bezeichnet man als **anlagenfixe Kosten**. Sie umfassen die Kosten für das Einrichten der Produktionsanlage für den neuen Produktionsprozess. Je größer das Los der neuen Produktserie ist, desto mehr verteilen sich die fixen Kosten auf die Gesamtstückzahl und desto kleiner sind die **auflagenfixen Kosten** pro Einheit. In diesem Zusammenhang spricht man auch von **Auflagendegression**. Große Fertigungslose haben jedoch den Nachteil, dass mit steigender Losgröße auch Lager- und Zinskosten für das gebundene Kapital steigen. Da die Kosten direkt abhängig sind von der Anzahl produzierter Einheiten, spricht man hier von **auflagenproportionalen Kosten**.

Die **optimale Losgröße** muss den Ausführungen zur Folge der Menge entsprechen, bei der sich unter Berücksichtigung der auflagenfixen und auflagenproportionalen Kosten ein Minimum an Kosten pro Einheit der produzierten Menge ergibt. Dieses Problems der Bestimmung der kostenoptimalen Losgröße hat sich bereits in den 20er Jahren Andler[66] angenommen, dessen Losgrößenformel als klassisches Grundmodell der Losgrößenplanung gilt. Diesem statischen Grundmodell der Produktmengenplanung liegen folgende Prämissen zugrunde:[67]

- Jedes Produkt wird isoliert betrachtet. Das bedeutet auch, dass Beschränkungen wie knappe Kapazitäten nicht wirksam werden.
- Der Bedarf pro Zeiteinheit an dem Erzeugnis ist konstant und bekannt.
- Das Produkt kann beliebig lange gelagert werden, es sind ausreichende Lagerkapazitäten vorhanden.

---

[65] Vgl. Hahn, D./ Laßmann, G.: Produktionswirtschaft, a.a.O., S. 299 ff.
[66] Vgl. Andler, K.: Rationalisierung der Fabriken und optimale Losgröße, München 1929.
[67] Vgl. Zäpfel, G.: Operatives Produktions-Management, a.a.O., S. 195 f.

- Lose können zu jedem beliebigen Zeitpunkt aufgelegt werden und jedes Los ist nach einer konstanten Durchlaufzeit verfügbar.
- Jeder Bedarf an Produktionsfaktoren muss unmittelbar vom Lagerbestand befriedigt werden.

Die mathematische Ermittlung der optimalen Losgröße basiert auf folgenden Daten und Kostenfunktionen:

k = Kosten je Stück
m = Gesamtmenge je Jahr
x = Stückzahl je Auflage (Losgröße)
s = variable Produktionskosten je Stück mit Auswirkung auf die Finanzmittelbindung
p = kalkulatorischer Zinssatz für das im Lager gebundene Kapital + Zuschlag für sonstige lagermengenabhängige Kosten
E = konstante Kosten der Umrüstung je Los (reihenfolgeabhängige Umrüstkosten)

(1) $$L = \frac{k \cdot s \cdot p}{2}$$ **Lagerkosten** (auflagenvariable Kosten)

(2) $$U = \frac{E \cdot m}{x}$$ **Umrüstkosten pro Jahr** (auflagenfixe Kosten)

(3) $$K = L + U = \frac{k \cdot s \cdot p}{2} + \frac{E \cdot m}{x}$$ **Gesamtkosten pro Jahr**

Die kostenoptimale Losgröße x_{opt} ergibt sich, indem man die Gesamtkosten nach der Menge x differenziert und die erste Ableitung gleich Null setzt.

(4) $$k = \frac{K}{x} = \frac{s \cdot p}{2} - \frac{E \cdot m}{x^2} = 0$$

(5) $$\frac{s \cdot p}{2} = \frac{E \cdot m}{x^2}$$

(6) $$x^2 = \frac{2 \cdot E \cdot m}{s \cdot p}$$

(7) $$x_{opt} = \sqrt{\frac{2 \cdot E \cdot m}{s \cdot p}}$$

Setzt man die optimale Losgröße in Gleichung (3) ein, so betragen die Gesamtkosten für die optimale Losgröße:

(8) $$K_{opt} = \frac{x_{opt} \cdot s \cdot p}{2} + \frac{E \cdot m}{x_{opt}}$$

(9) $$K_{opt} = \frac{(x_{opt}) \cdot 2 \cdot s \cdot p + 2 \cdot E \cdot m}{2 \cdot x_{opt}} = \frac{\frac{2 \cdot E \cdot m}{s \cdot p} \cdot s \cdot p + 2 \cdot E \cdot m}{2 \cdot \sqrt{\frac{2 \cdot E \cdot m}{s \cdot p}}}$$

(10) $$K_{opt} = \frac{2 \cdot E \cdot m + 2 \cdot E \cdot m}{2 \cdot \sqrt{\frac{2 \cdot E \cdot m}{s \cdot p}}} = \frac{4 \cdot E \cdot m}{2 \cdot \sqrt{\frac{2 \cdot E \cdot m}{s \cdot p}}}$$

(11) $$(K_{opt})^2 = \frac{16 \cdot E^2 \cdot m^2}{\frac{4 \cdot 2 \cdot E \cdot m}{s \cdot p}} = 2 \cdot E \cdot m \cdot s \cdot p$$

(12) $$K_{opt} = \sqrt{2 \cdot E \cdot m \cdot s \cdot p}$$

Beispiel:

Der Jahresbedarf an einem Produkt beträgt 2400 Stück, wobei ein gleichbleibender Bedarf von 10 Einheiten pro Tag für 240 Arbeitstage pro Jahr besteht. Die Einrichtungskosten für die Auflegung des Loses betragen EUR 320,-, die variablen Stückkosten EUR 40,-. Das Produktionsmanagement setzt den Lagerkostensatz mit 24% fest. Gesucht ist die optimale Losgröße.

Eingesetzt in die Losgrößenformel ergibt sich die optimale Losgröße von 400 Stück.

$$x_{opt} = \sqrt{\frac{2 \cdot 320 \cdot 2400 \cdot 100}{24 \cdot 40}} = 400 \text{ Stück}$$

$$K_{opt} = \sqrt{\frac{2 \cdot 320 \cdot 2400 \cdot 24 \cdot 40}{100}} = 3840-, \text{ EUR}$$

Die bisherige Darstellung des Losgrößenproblems geht davon aus, dass die Produktionsgeschwindigkeit unendlich groß ist und die hergestellten Produkte gelagert werden. Da aber in der Realität die gefertigten Produkte schon während der Produktion vertrieben werden, müssen sich die Lagerkosten um den entsprechenden Kostenanteil verringern. Die Produktionsgeschwindigkeit ist zwar höher als die Absatzgeschwindigkeit, aber nicht unendlich hoch, wie bisher angenommen.[68] Berücksichtigt man diesen Aspekt in der Losgrößenplanung, so erhält die Losgrößenformel nach Gleichung (7) folgende Veränderung:

---

[68] Vgl. Müller-Merbach, H.: Optimale Losgröße bei mehrstufiger Fertigung. In ZwF 60, Heft 3, 1965, S. 115.

(13) $$x_{opt} = \sqrt{\frac{2 \cdot E \cdot m}{s \cdot p \cdot (1 - \frac{v_a}{v_b})}}$$

Hierbei ist v_a die Absatz- und v_b die Produktionsgeschwindigkeit.

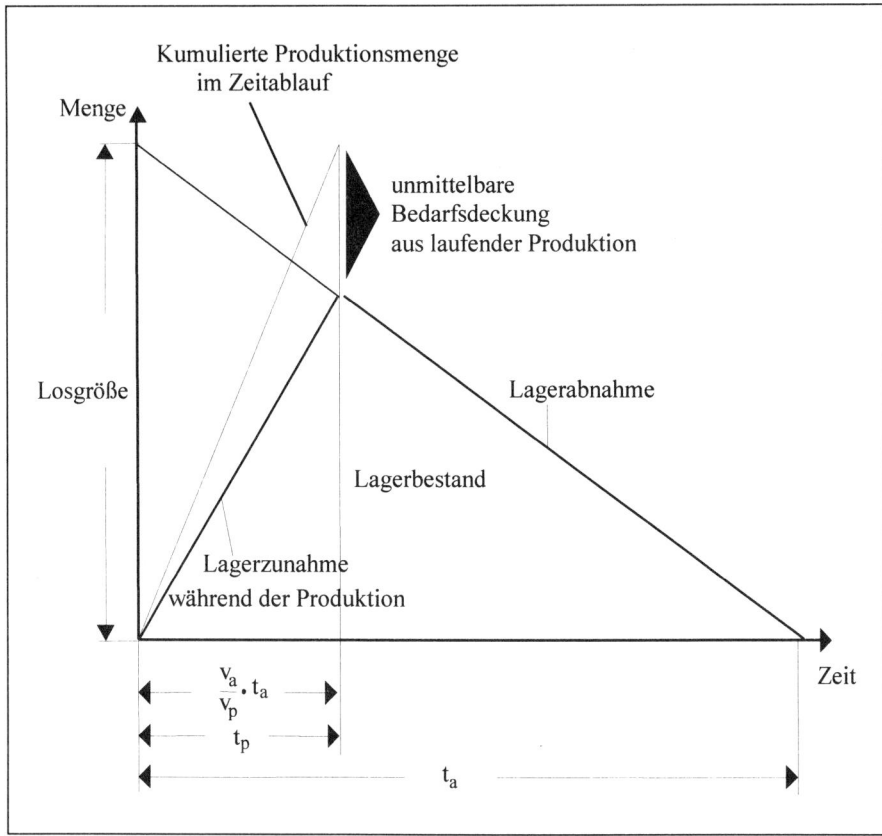

Abb. 47: Lagerbestandsverlauf bei endlicher Produktionsgeschwindigkeit

Ferner ist man bisher davon ausgegangen, dass Lagerkosten proportional zu dem im Lager gebundenen Kapital anfallen. Da sich die Lagerkosten in der Praxis jedoch aus Kapitalzinskosten und sonstigen Lagerkosten wie Kapitalkosten für Räume, Transportgeräte, Lagerverwaltung usw. zusammensetzen, erfährt die Losgrößenformel eine weitere Verfeinerung

p = kalkulatorischer Zinssatz für im Lager gebundenes Kapital

l = Kosten der Lagerung für ein Stück

(14) $$L = \frac{x \cdot s \cdot p}{2} + \frac{1}{2} \cdot x \cdot l$$

(15) $$x_{opt} = \sqrt{\frac{2 \cdot E \cdot m}{(1+s \cdot p) \cdot (1-\frac{v_a}{v_b})}}$$

Neben den beschriebenen Erweiterungen des klassischen Losgrößenmodells sind weitere Verbesserungen möglich. Die Ermittlung der optimalen Losgröße hat nach wie vor Modellcharakter, da nicht alle Einflussgrößen bekannt sind. In der Realität muss je nach Anwendungsfall von annähernd wirklichkeitsnahen Prämissen ausgegangen werden, die eine spezifische Modifizierung des Losgrößenmodells erfordern. Weitere Kriterien können z.B. sein:[69]

- keine konstante Absatzgeschwindigkeit (stochastische Produktnachfrage),
- Berücksichtigung von Fehlmengen und dadurch entstehende Kosten,
- Berücksichtigung sich ändernder Faktorpreise.

4.3 Grobterminierung

Die Aufgabe der Grobterminierung (Terminplanung) besteht in der Planung realistischer Fertigstellungstermine und wichtiger Ecktermine komplexer Fertigungsaufträge sowie der möglichst gleichmäßigen Ausnutzung vorhandener Kapazitäten.[70] Die Häufigkeit, mit der der Produktionsablauf geplant werden muss, ist wesentlich abhängig vom Organisationstyp der Fertigung.

In einer Massenfertigung, in der nach dem Fließprinzip gearbeitet wird, sind die einzelnen Arbeitsgänge in ihrem zeitlichen Ablauf langfristig vorgegeben. Da immer nur ein Produkt eine Arbeitsstation ausfüllt, entsteht kein Reihenfolgeproblem. Das Terminierungsproblem beschränkt sich im wesentlichen auf die Bestimmung der optimalen Bandgeschwindigkeiten bzw. Festlegung optimaler Taktzeiten.

Zuordnungsprobleme bezüglich des zeitlichen Ablaufes mehrerer Arbeitsvorgänge ergeben sich für die Einzel- und Serienproduktion im Rahmen der Werkstattfertigung. Hier muss der Produktionsablauf für jede neue Produktserie bezüglich Arbeitsvorgangsfolge und -vorgangsdauer neu überarbeitet werden. Die Aufgabe der Grobterminierung besteht nicht nur darin, die zeitlichen Abfolgen von Arbeitsgängen zu planen, sondern auch in der Überprüfung betrieblicher Kapazitäten im Hinblick auf termingerechte Fertigstellung der Aufträge.

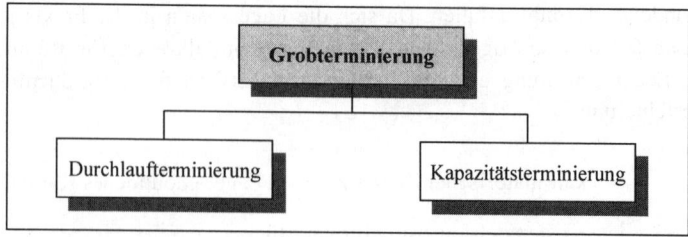

Abb. 48: Grobterminierung

---

[69] Vgl. Hahn, D./ Laßmann, G.: Produktionswirtschaft, a.a.O., S. 305f.
[70] Vgl. Glaser, H./ Geiger, W./ Rohde, V.: PPS. Produktionsplanung und -steuerung, Wiesbaden 1991, S. 135.

4.3.1 Durchlaufterminierung

4.3.1.1 Aufgaben der Durchlaufterminierung

Aufgabe der Durchlaufterminierung ist es, Anfangs- und Endtermine je Arbeitsvorgang unter Beachtung der technologisch bedingten Arbeitsabläufe festzulegen, ohne dass Kapazitätsgrenzen berücksichtigt werden.[71] Anfangs- und Endtermine von Arbeitsvorgängen sind so aufeinander abzustimmen, dass die gewünschten Fertigstellungstermine eingehalten werden.

Die Zeitspanne, die zwischen dem ersten und letzten Arbeitsvorgang verstreicht, bezeichnet man als **globale** oder **auftragsbezogene Durchlaufzeit**. Davon abgegrenzt spricht man von **partieller** oder **vorrangbezogener Durchlaufzeit**, wenn jeder Arbeitsvorgang einzeln betrachtet wird. Sie beschreibt die Zeitspanne, die zwischen Beginn eines Vorganges und dem Anfang des unmittelbar nachfolgenden Arbeitsvorganges vergeht.[72] Die vorrangbezogene Durchlaufzeit enthält mehrere Zeitkomponenten:

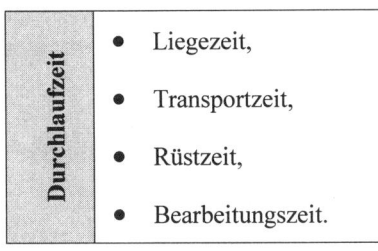

Die ersten zwei Zeitkomponenten - Liege- und Transportzeit - fasst man häufig zur **Übergangszeit**, die anderen beiden Komponenten - Rüst- und Bearbeitungszeit - zur **Auftragszeit** zusammen. Um die **Durchlaufzeit** (Soll-Durchlaufzeit) eines Arbeitsvorganges ermitteln zu können, ist jede dieser Komponenten vorab zu definieren. Rüst- und Bearbeitungszeiten lassen sich relativ präzise durch Verfahren der Vorgabezeitermittlung (z.B. durch das System vorbestimmter Zeiten (SvZ) nach REFA) bestimmen.[73] Dabei dient das in Abb. 49 dargestellte Strukturschema der Auftragszeit als Grundlage dieser Verfahren.

Schwieriger gestaltet sich die Planung der **Liege**- und **Transportzeiten**, da diese durch eine Vielzahl von Störgrößen beeinflusst werden. Während Transportzeiten den Zeitraum umfassen, der benötigt wird, um ein Zwischen- oder Endprodukt von einer Produktionsanlage zur nächsten zu bringen, werden Liegezeiten in prozess- bzw. technologisch bedingte Liegezeiten, die der Produktionsprozess erfordert (z.B. Abkühlen von Werkstücken), und sogenannte Kontrollzeiten, in denen das Ergebnis der durchgeführten Tätigkeit qualitativ überprüft wird, unterteilt. Ablaufbedingte Liegezeiten in Form von Wartezeiten entstehen dadurch, dass der Transport zum anschließenden Arbeitsgang nicht unmittelbar erfolgt.[74]

---

[71] Vgl. Zäpfel, G.: Operatives Produktions-Management, a.a.O., S. 221 ff.; Schwarze, J.: Netzplantechnik, 6. Aufl., Herne/ Berlin 1990, S. 13 ff.
[72] Vgl. Zäpfel, G.: Operatives Produktions-Management, a.a.O., S. 222.
[73] Vgl. REFA: Methodenlehre des Arbeitsstudiums, Bd. 2. Datenermittlung, 4. Aufl., München/ Wien 1975, S. 61.
[74] Vgl. Wiendahl, H.-P.: Belastungsorientierte Fertigungssteuerung, München/ Wien 1987, S. 52 f.

Die exakte Ermittlung der Liege- und Transportzeiten setzt demnach Kenntnisse über Transportmittel und insbesondere die Bearbeitungsreihenfolge von Arbeitsgängen verschiedener Aufträge an einer Produktionsanlage voraus.

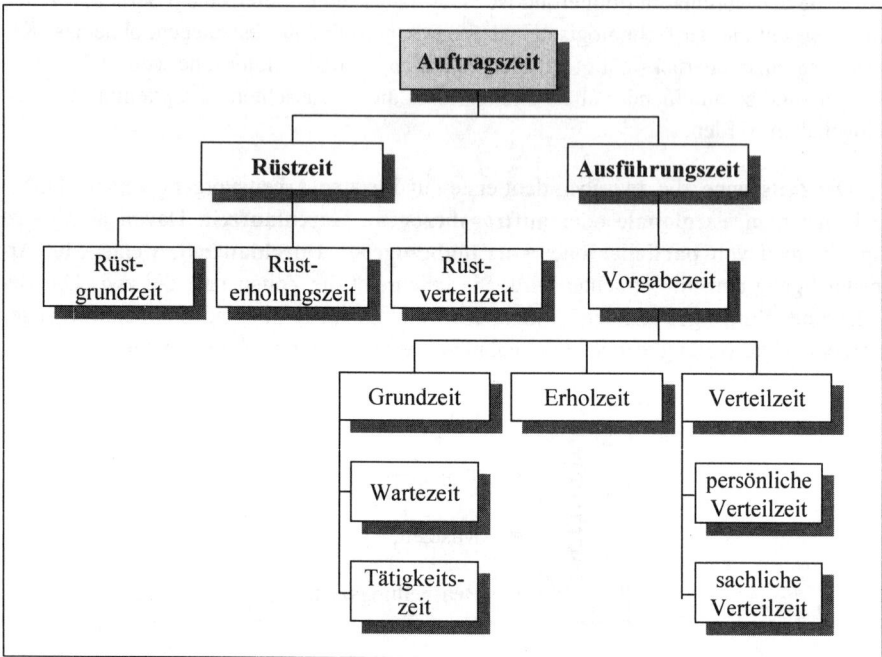

Abb. 49: Gliederung der Auftragszeit[75]

Da zum Zeitpunkt der Durchlaufterminierung die Maschinenbelegung noch nicht bekannt ist, müssen die Liegezeiten geschätzt werden. Aus einer von STOMMEL[76] durchgeführten empirischen Untersuchung über die Zusammensetzung der Durchlaufzeit in Industrieunternehmen mit diskontinuierlichen Produktionsprozessen geht hervor, dass alleine 75% der Durchlaufzeit auf arbeitsablaufbedingte Liegezeiten zurückzuführen sind. Während sich also die Ausführungs- und Rüstzeiten hinreichend genau aus dem Arbeitsplan entnehmen lassen, muss der weitaus größte Teil der Durchlaufzeit geschätzt werden. Die Qualität der Durchlaufterminierung ist demnach wesentlich abhängig von der Güte der Schätzung.

4.3.1.2 Die Netzplantechnik als Instrument der Durchlaufterminierung

(1) Grundlagen der Netzplantechnik (NPT)

Die NPT umfasst eine Vielzahl von Verfahren zur Planung, Beschreibung, Analyse, Steuerung und Überwachung von Produktionsabläufen.[77] Insbesondere zur Terminplanung in der Einzelproduktion wird meist die NPT angewandt, da sich durch sie auch

---

[75] Vgl. REFA: Methodenlehre des Arbeitsstudiums, a.a.O., S. 42.
[76] Vgl. Stommel, H.-J.: Betriebliche Terminplanung, Berlin/ New York 1976, S. 143.
[77] Vgl. Kern, W.: Enzyklopädie der Betriebswirtschaftslehre, a.a.O., Sp. 1341.

Produktionsabläufe komplexer Projekte übersichtlich darstellen lassen. Als Gründe für den Einsatz der NPT in der Terminplanung werden folgende Argumente genannt:

- Mit Hilfe der NPT kann ein Arbeitsablauf frühzeitig durch die Zusammenarbeit von planenden und ausführenden Stellen analysiert werden.
- Die grafische Darstellung des Netzplanes erleichtert die Überprüfung der Prozessplanung auf Vollständigkeit.
- Im Netzplan werden Zeitreserven der einzelnen Arbeitsgänge und ihre Bedeutung für die Einhaltung des Fertigstellungstermins festgestellt.
- Durch Einsatz der EDV können auch komplexe Projekte mit mehreren tausend Arbeitsgängen von Netzplänen dargestellt werden.
- Der Kosteneinsatz der NPT ist sehr gering (ca. 0,1 bis 1 % der Projektkosten[78]).

Die Anwendung der NPT setzt voraus, dass Produktionsprozesse in zeitbeanspruchte Tätigkeiten gegliedert sind, welche untereinander durch technologisch bedingte Vorgänger-Nachfolger-Beziehungen verknüpft sind. Solche Tätigkeiten heißen in der Terminologie der NPT **Vorgänge** oder **Aktivitäten**. Als **Ereignisse** werden dagegen die Zeitpunkte bezeichnet, zu denen bestimmte Arbeitsvorgänge beendet sind oder beginnen müssen.

Aufbauend auf der Grafentheorie werden im Netzplan die einzelnen Arbeitsabläufe in ihrer logischen Folge eindeutig dargestellt. Die Darstellung kann grafisch oder tabellarisch erfolgen, wobei letzteres große Bedeutung für die Implementierung von Verfahren der NPT in EDV-System hat. Zur grafischen Abbildung werden zwei formale Elemente, nämlich Knoten und Pfeile, benötigt. Je nach Zuordnung dieser Elemente unterscheidet man zwischen dem

- **Vorgangsknotennetzplan**, in dem die beschriebenen Vorgänge durch Knoten dargestellt sind,

- **Vorgangspfeilnetzplan**, der die beschriebenen Vorgänge durch Pfeile kennzeichnet (Abbildung von Vorgänger-Nachfolger-Beziehung, zum Teil durch Scheinvorgänge)[79] und dem

- **Ereignisknotennetzplan**, in dem die beschriebenen Ereignisse durch Knoten dargestellt sind.

Als wichtigstes Verfahren der NPT sind bereits Ende der 50er Jahre die **CPM** (Critical Path Method), **PERT** (Project Evaluation and Review Technique) und **MPM** (Metra Potenzial Method) entwickelt worden. **PERT** stellt ein Verfahren des Ereignisknotennetzplanes dar, **CPM** verkörpert ein Verfahren, das auf Vorgangspfeilnetzen basiert, und **MPM** ist ein Verfahrensbeispiel auf der Grundlage des Vorgangsknotennetzplanes. Den folgenden Erläuterungen der NPT ist das MPM-Verfahren zugrundegelegt.

Die Vorgehensweise der Durchlaufterminierung sieht zunächst eine **Strukturanalyse** vor, der die Erstellung von Netzplänen angeschlossen ist. Anschließend werden im

---

[78] Vgl. Hoitsch, H.-J.: Produktionswirtschaft. Grundlagen einer industriellen Betriebswirtschaftslehre, München 1985, S. 262.
[79] Vgl. Schwarze, J.: Netzplantechnik, a.a.O., S. 44 ff.

Rahmen der **Zeitplanung** zunächst durch **Vorwärtsterminierung** die frühesten Anfangs- und Endtermine sowie dann durch **Rückwärtsterminierung** die spätesten Anfangs- und Endtermine für die einzelnen Arbeitsabläufe und den gesamten Produktionsablauf berechnet.

(2) Strukturplanung

Zu Beginn der Durchlaufterminierung wird die Ablaufstruktur des Produktionsauftrages bestimmt. Dazu wird der Gesamtauftrag in einzelne Arbeitsvorgänge zerlegt und für diese die jeweilige Ablaufdauer geplant. Sämtliche Vorgänge werden auf ihre technologischen und organisatorischen Abhängigkeiten hin untersucht und die Ergebnisse in einer Vorgangsliste (Vorgangstabelle) festgehalten (Abb. 50).

Arbeitsgang	Bezeichnung	Dauer in Stunden	Vorhergehender Arbeitsgang	Nachfolgender Arbeitsgang
A	Konstruktion, Grobentwurf	100	–	B, D
B	Detailzeichnungen / -berechnung	200	A	C, E
C	Werkstoffe vorbereiten	120	B	F
D	Fremdbezüge bestimmen	120	A	G
E	Gussrahmen herstellen	70	B	F
F	Einzelteile herstellen	170	C, E	H
G	Fremdbezüge beschaffen	300	D	H, I
H	Fremdbezüge montieren	40	F, G	J
I	Lastversuch vorbereiten	120	G	K, L
J	Fremdbezüge vorjustieren	60	H	K
K	Lastversuch durchführen	50	I, J	M
L	Abnahme vorbereiten	70	I	N
M	Fremdbezüge entjustieren	80	K	N
N	Abnahme	20	L, M	–

Abb. 50: Vorgangsliste[80]

Ausgangspunkte für die grafische Erstellung des Netzplanes sind die einzelnen Vorgänge der Arbeitsaufgabe und die Vorgänger-Nachfolger-Beziehungen der Arbeitsgänge. In Anlehnung an die beschriebene Vorgangsfolge in Abb. 50 lässt sich der Netzplan konstruieren, wobei Produktionsanfang bzw. Produktionsende durch einen eigenen Knoten, den Start- und Zielknoten, gekennzeichnet sind (Abb. 51).

(4) Zeitanalyse

Aufgabe der Durchlaufterminierung ist es nicht nur, den Ablauf des Fertigungsauftrages grafisch darzustellen, sondern auch den zeitlichen Arbeitsablauf zu planen. Dies ist Gegenstand der Zeitanalyse, in der Fragen beantwortet werden wie:

---

[80] Vgl. Hoitsch, H.-J.: Produktionswirtschaft, a.a.O., S. 261.

> - Welcher ist der frühestmögliche Anfangs- und Endzeitpunkt jedes Arbeitsvorganges?
> - Welcher ist der spätestmögliche Anfangs- und Endzeitpunkt jedes Arbeitsvorganges?
> - Kann die zeitliche Lage von bestimmten Arbeitsvorgängen verschoben werden, ohne dass sich dies auf den vorgesehenen Liefertermin auswirkt?

Die Fertigstellungstermine betreffen die Zeitpunkte des Eintretens der einzelnen Vorgänge und des gesamten Auftrages. Für die Auftragsdurchführung und -verfolgung sind besonders der frühest- und spätestmögliche Zeitpunkt des Eintretens eines jeden Ereignisses von Bedeutung.

Die **Vorwärtsterminierung** (progressive Terminierung) befasst sich mit den frühestmöglichen Anfangs- und Endzeitpunkten (FAZ und FEZ) einzelner Arbeitsvorgänge, wobei der frühestmögliche Endzeitpunkt des letzten Arbeitsganges zugleich der frühestmögliche Liefertermin für den Auftrag ist. Beginnend mit dem Anfangsknoten (A) werden sukzessive die frühestmöglichen Anfangs- und Endtermine für alle Knoten bestimmt. Ein Knoten wird dann berechnet, wenn alle seiner Vorgängerknoten abgearbeitet wurden, wobei zu berücksichtigen ist, dass ein Arbeitsgang mehrere Vorgänger haben kann. Der frühestmögliche Anfangstermin eines Vorganges wird daher durch den Vorgänger bestimmt, dessen Vorgang am längsten gedauert hat.

In der **Rückwärtsterminierung** (regressive Terminierung) werden ausgehend vom Endknoten sukzessive die spätestmöglichen Anfangs- und Endtermine (SAZ und SEZ) analog zur Vorwärtsterminierung entwickelt. Dabei wird der frühestmögliche Liefertermin dem spätestmöglichen gleichgesetzt. Das bedeutet, dass die Rückwärtsterminierung, soweit kein fester Liefertermin für einen Auftrag vereinbart wurde, stets im Anschluss an die Vorwärtsterminierung zu erfolgen hat.

Aus den errechneten frühest- und spätestmöglichen Zeitpunkten lassen sich im Rahmen der Durchlaufterminierung die Pufferzeiten für einzelne Arbeitsvorgänge ablesen. Hierbei handelt es sich um die Zeitreserve, um die ein Vorgang ausgedehnt werden kann, ohne den Endtermin (Liefertermin) des Auftrages zu beeinflussen.[81]

- Ist der frühestmögliche Endzeitpunkt einer Aktivität i ($FEZ_i = FAZ_i + D_i$) kleiner als ihr spätesterforderlicher Endzeitpunkt (SEZ_i), so ergibt sich aus der Differenz beider Zeitpunkte die gesamte Pufferzeit ($GP_i = SEZ_i - FEZ_i$).
- Arbeitsvorgänge, die keine Pufferzeit aufweisen ($FEZ_i = SEZ_i$), gelten als kritisch.

Die Nichteinhaltung der Termine durch Verzögerung eines solchen Arbeitsvorganges hat zur Folge, dass auch der Liefertermin für den Auftrag nicht eingehalten werden kann. Die lückenlose Reihenfolge kritischer Arbeitsvorgänge ergibt den kritischen Weg, dem in Rahmen der Terminplanung besondere Aufmerksamkeit zu schenken ist.

---

[81] Vgl. Zäpfel, G.: Operatives Produktions-Management, a.a.O., S. 226.

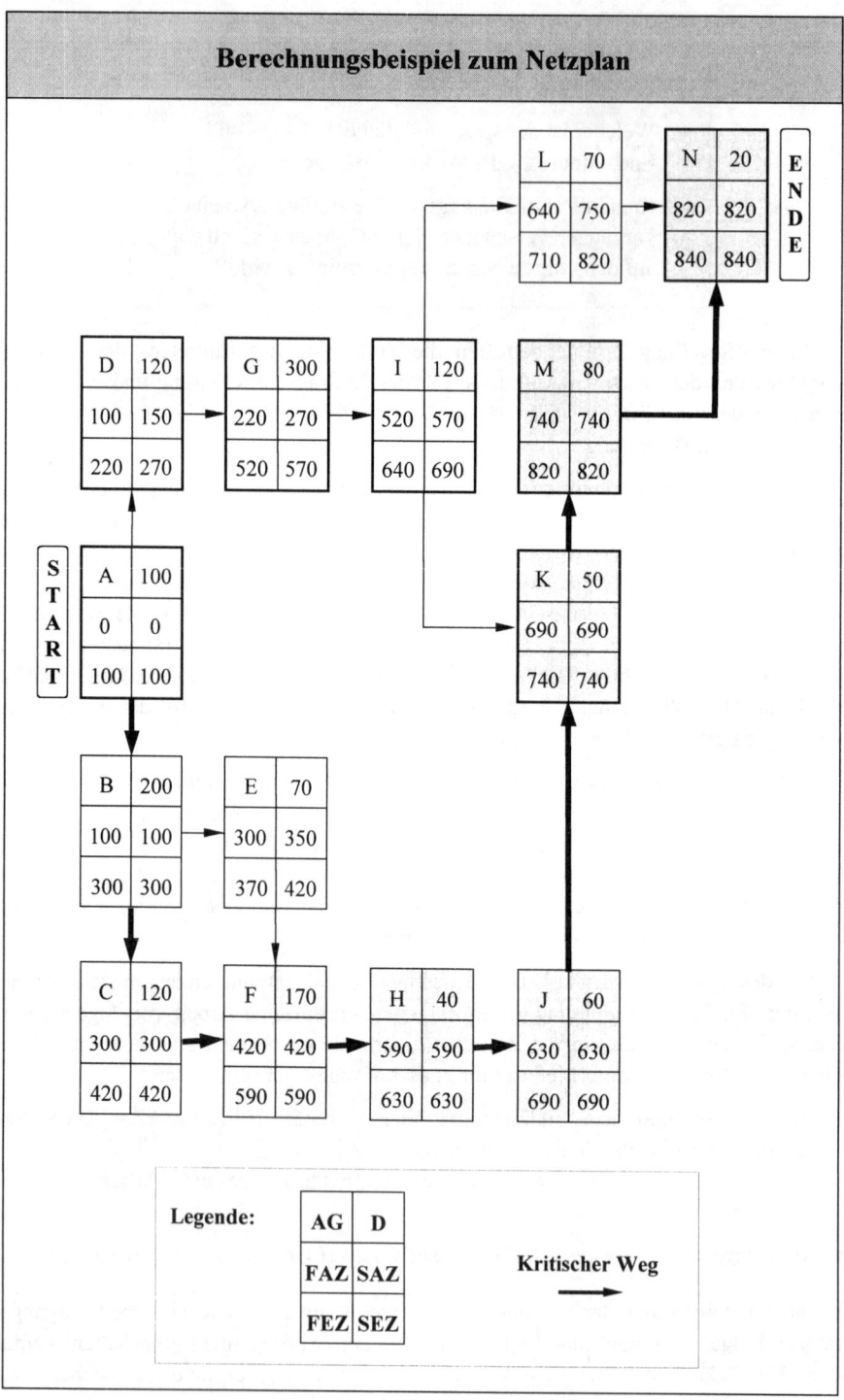

Abb. 51: Netzplan

Arbeits-gang	Dauer D	Zeitpunkte				Pufferzeit	
		FAZ	FEZ	SAZ	SEZ	GP	FP
A	100	0	100	0	100	0	0
B	200	100	300	100	300	0	0
C	120	300	420	300	420	0	0
D	120	100	220	150	270	50	0
E	70	300	370	350	420	50	0
F	170	420	590	420	590	0	0
G	300	220	520	270	570	50	0
H	40	590	630	590	630	0	0
I	120	520	640	570	690	50	0
J	60	630	690	630	690	0	0
K	50	690	740	690	740	0	0
L	70	640	710	750	820	110	60
M	80	740	820	740	820	0	0
N	20	820	840	820	840	0	0

Abb. 52: Tabellarische Darstellung der Ergebnisse der Durchlaufterminierung

Neben den gesamten Pufferzeiten können mittels Zeitanalyse auch die freien Pufferzeiten, die dem Arbeitsvorgang i bei frühestmöglicher Fertigstellung zur Verfügung stehen ($FP_i = FAZ_N - FEZ_i$), errechnet werden. Dabei handelt es sich um Zeiteinheiten, um die sich ein Arbeitsvorgang gegenüber seinem frühestmöglichen Ende verzögern darf, ohne dass die frühestmöglichen Anfangsvorgänge nachfolgender Vorgänge gefährdet werden, wenn alle Arbeitsvorgänge so früh wie möglich beginnen sollen.

4.3.2 Kapazitätsterminierung

Aufgabe der Kapazitätsplanung ist es, die theoretisch ermittelten Durchlaufzeiten auf die tatsächlich zur Verfügung stehenden Kapazitäten zu übertragen. Die Ausgangsposition der Kapazitätsplanung ist dadurch gekennzeichnet, dass zwei oder mehrere Arbeitsvorgänge zur gleichen Zeit um freie Kapazitäten konkurrieren können und daher die zuvor ermittelten Anfangstermine einzelner Arbeitsvorgänge nicht durchführbar sind.

Sind Kapazitätsangebot und -nachfrage nicht aufeinander abgestimmt, da einzelne Kapazitäten über- oder unterbeschäftigt sind, muss ein Kapazitätsabgleich geschaffen werden. Geht man im beschriebenen Beispiel von sechs gegebenen Kapazitätseinheiten (z.B. Arbeitskräfte) aus, so ergibt sich die in Abb. 53 dargestellte Kapazitätsbelastung.

Da die Kapazitätsgrenzen in drei Zeiträumen überschritten werden, muss die Überbelastung den verfügbaren Kapazitäten angepasst werden. Diesen sogenannte **Kapazitätsabgleich** kann das Produktions-Management entweder durch Anpassung der Belastung an die verfügbaren Kapazitäten oder umgekehrt durch Anpassung der Kapazitäten an die verfügbare Belastung durchführen.[82]

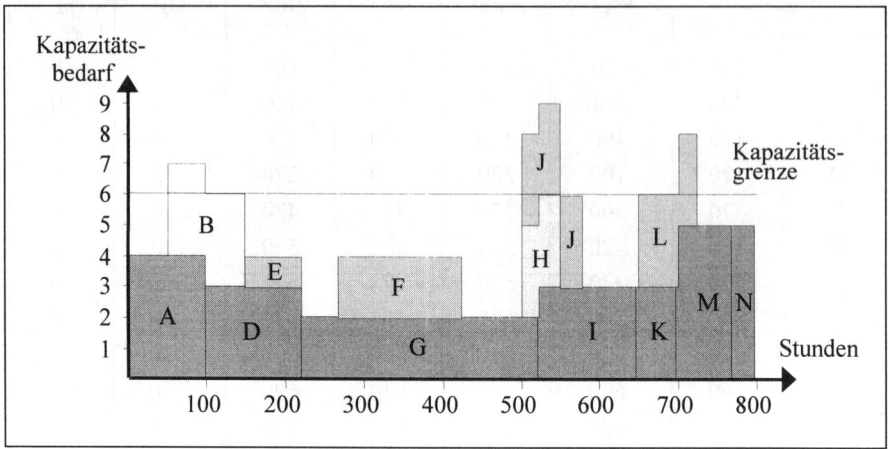

Abb. 53: Kapazitätsbelastung gemäß Terminplanung

Einen Überblick über die Vielzahl der kurzfristig realisierbarer Anpassungsmaßnahmen zeigt Abb. 54.

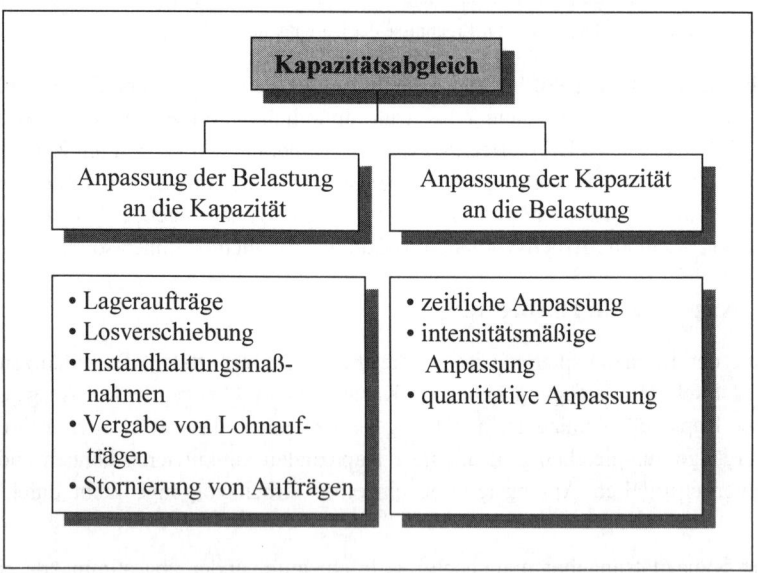

Abb. 54: Maßnahmen des Kapazitätsabgleiches[83]

Ziel der Anpassungsmaßnahmen ist es, die in der Durchlaufterminierung ermittelten Durchlaufzeiten möglichst beizubehalten und Leerzeiten der Kapazitäten zu vermeiden. Daraus wird deutlich, dass Kapazitäts- und Zeitplanung eng miteinander verbunden

---

[82] Vgl. Zäpfel, G.: Operatives Produktions-Management, a.a.O., S. 233.
[83] Vgl. REFA: Methodenlehre des Arbeitsstudiums, a.a.O., S. 4.

sind und aufeinander abgestimmt sein müssen. Oft muss der Zeitplan aufgrund der vorhandenen Kapazitäten nochmals geändert werden.

Auf das Beispiel bezogen lässt sich eine Anpassung ohne Verlängerung der gesamten Projektdauer erzielen.

- Arbeitsgang J hat eine freie Pufferzeit von 80 Stunden und kann somit um 40 Stunden in die Zukunft verschoben werden.

- Arbeitsgang L wird quantitativ an eine Kapazitätseinheit angepasst. Das führt zu einer Verlängerung der Vorgangsdauer um 40 Stunden, was bei einer freien Pufferzeit von 60 Stunden durchaus möglich ist.

- Arbeitsgang B wird im Rahmen seiner Gesamtpufferzeit um 50 Stunden in die Zukunft verschoben. Da aber Arbeitsgang B keine freie Pufferzeit besitzt, müssen auch die Arbeitsvorgänge C, E und F um jeweils 50 Stunden in die Zukunft verlegt werden, was jedoch innerhalb der vorhandenen Gesamtpufferzeit realisierbar ist.

Abb. 55 zeigt den Kapazitäts-Belastungsplan nach dem vorgenommenen Kapazitätsabgleich. Da der Kapazitätsabgleich auch zu einer Veränderung des Zeitplanes führt, muss der Netzplan der Veränderung angepasst werden.

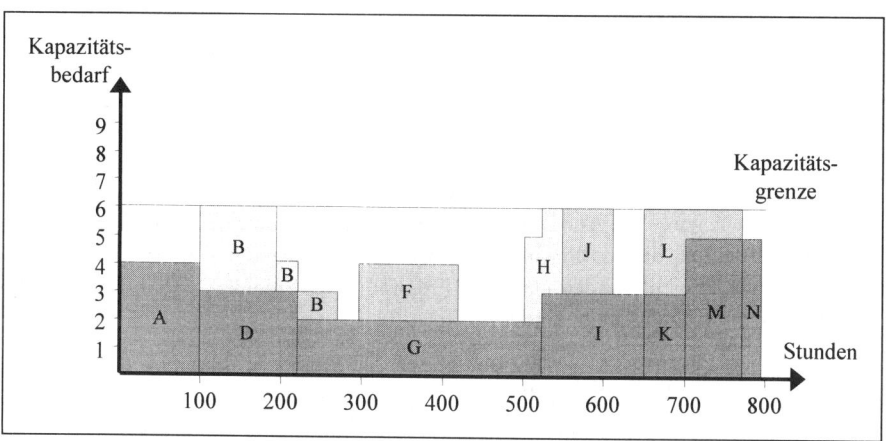

Abb. 55: Kapazitätsbelastung nach dem Kapazitätsabgleich

4.4 Steuerung des Produktionsprozesses

4.4.1 Das kybernetische Regelkreismodell

Die Umsetzung der Plandaten in die Realität ist nur dann ohne Probleme möglich, wenn der Einfluss von Störgrößen auf den Produktionsprozess ausgeschlossen werden kann. Treten dennoch Störungen auf, deren Abweichungen aus einem zuvor festgelegten Toleranzbereich herausfallen und somit das Betriebsergebnis beeinflussen würden, müssen Maßnahmen ergriffen werden, um den Fertigungsprozess zu stabilisieren. Dieser Eingriff erfolgt durch die **Produktionssteuerung**, deren Lenkungsprozess in Abb. 56 grafisch dargestellt ist.

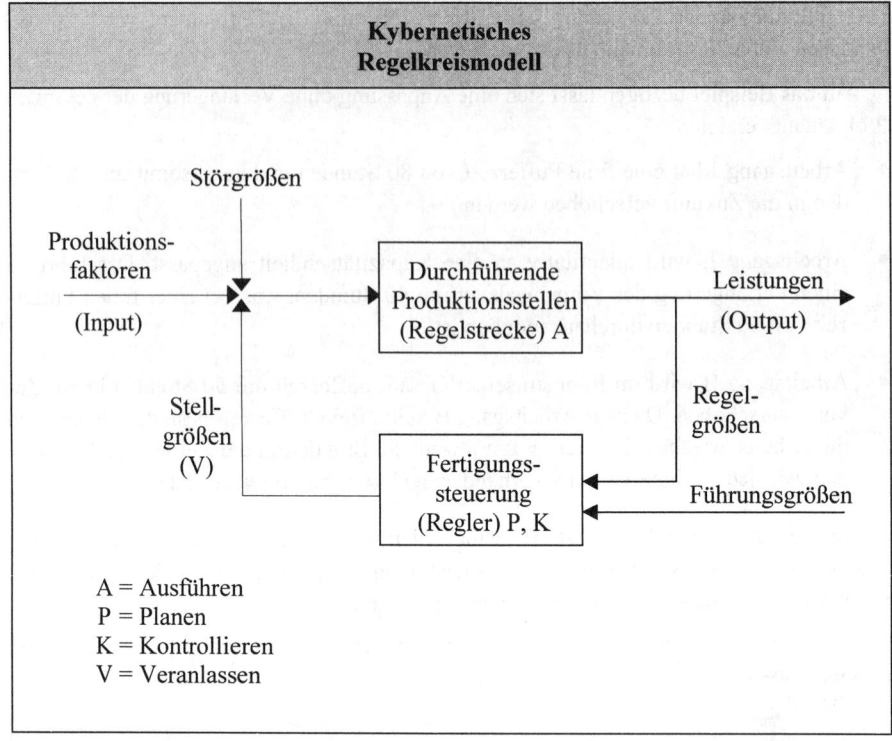

Abb. 56: Das kybernetische Regelkreis-Modell

Unter Eingabe von **Stellgrößen** als Informations-Input und Produktionsfaktoren als materieller Input wird der Produktionsprozess in der Regelstrecke A ausgelöst. Treten nun **Störgrößen** auf, die den Produktionsprozess soweit beeinflussen, dass das Produktions-Soll nicht erreicht werden kann (z.B. Ausfall einer Produktiveinheit), müssen die Produktionsvorgaben geändert werden.

Aufgabe der Fertigungssteuerung als Regler des Produktionsprozesses ist es dann, durch veränderte Stellgrößen den Produktionsprozess trotz einwirkender Störgrößen so zu lenken, dass die Sollgrößen doch noch oder zumindest in einer vorgegebenen Bandbreite erreicht werden können.[84]

Als **Störgrößen** werden Ereignisse bezeichnet, die unerwartet eintreten und eine Unterbrechung oder zumindest Verzögerung der Aufgabendurchführung zur Folge haben (Abb. 57).

Da Störungen Verzögerungen im Produktionsablauf herbeiführen können, müssen Vorsorgemaßnahmen im Rahmen des Produktions-Managements getroffen werden. Je nach Art der Störung kann mit solchen Maßnahmen der Einfluss von Störgrößen auf die Produktionsdurchführung vermieden oder in Grenzen gehalten werden.

So tragen beispielsweise Reserveaggregate oder der unmittelbare Einsatz von Springern dazu bei, den Ausfall von Aggregaten oder Arbeitskräften zu schmälern.

---

[84] Vgl. Hoitsch, H.-J.: Produktionswirtschaft, a.a.O., S. 284.

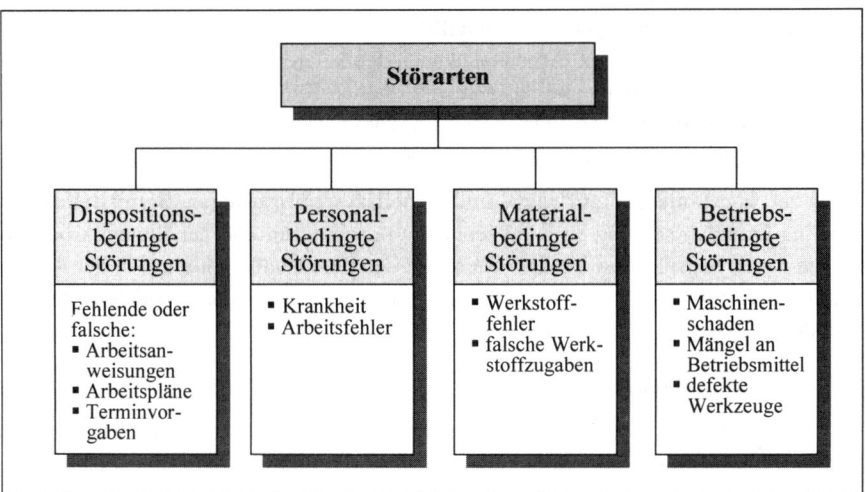

Abb. 57: Störarten der Aufgabendurchführung

4.4.2 Feinterminierung

4.4.2.1 Bereitstellung der Produktionsfaktoren

Nach Refa[85] besteht die Funktion der Bereitstellung darin, "die zur Durchführung einer Aufgabe erforderlichen Eingaben (Material, Informationen, Energie) und Kapazitäten (Arbeitskräfte und Betriebsmittel) termingemäß in der laut Produktionsplanung zuvor ermittelten Art und Menge am Arbeitsplatz zur Verfügung zu stellen". Folgende Bereitstellungsarten werden unterschieden:

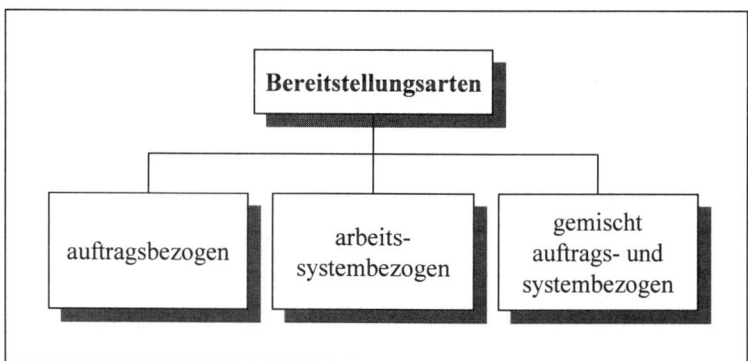

Abb. 58: Arten der Bereitstellung nach REFA[86]

Bei der **auftragsbezogenen Bereitstellung** werden nur die Produktionsfaktoren am Arbeitsplatz bereitgestellt, die zur Durchführung einer Aufgabe für einen bestimmten Auftrag erforderlich sind. Dies führt zu einem hohen Bereitstellungsaufwand, erfordert aber nur einen geringen Bestand an Betriebsmitteln.

---

[85] Vgl. REFA: Methodenlehre des Arbeitsstudiums, a.a.O., S. 145.
[86] Vgl. ebd., S. 145.

Die **arbeitssystembezogene Bereitstellung** ist dadurch gekennzeichnet, dass die Produktionsfaktoren stets am Arbeitsplatz bereitgehalten werden. Das führt zu einem geringen Bereitstellungsaufwand, aber auch zu hohen Kapitalbindungskosten als Folge der dezentralen Lagerung von Betriebsmitteln. Diese Bereitstellungsart ist insbesondere für die automatisierte Fertigung von großer Bedeutung.

Bei der **kombinierten auftrags- und arbeitssystembezogenen Bereitstellung** ist stets eine Grundausstattung an Werkzeugen, Vorrichtungen und benötigten Arbeitsunterlagen am Arbeitsplatz vorhanden. Diese Art der Bereitstellung kommt in der Realität am häufigsten vor, da sich bei wechselnder Arbeitsaufgabe oft die benötigten Produktionsfaktoren ändern.

4.4.2.2 Reihenfolgeplanung

Die Feinterminierung bzw. Werkstattsteuerung stellt jeweils den Abschluss eines die Material- und Termindisposition umfassenden Planungszyklus dar. Die Fließfertigung beschäftigt sich mit der Zuordnung von Aufträgen zu Maschinen, auf denen sie unter Einhaltung bestimmter Restriktionen, wie der technisch bedingten Reihenfolge, bearbeitet werden müssen.

Die Zuordnung soll im Bezug auf ein vorgegebenes Zielsystem optimal sein. Dabei werden die Maschinen, ihre Eigenschaften, sowie Anzahl und Beschaffenheit der zu erstellenden Produkte als bekannt vorausgesetzt.

Innerhalb der Feinterminierung ist zwischen **Maschinenfolge** und **Auftragsfolge** zu unterscheiden. Während die Maschinenfolge die Vorgänge eines Auftrages entsprechend seiner aufeinanderfolgenden technischen Gegebenheiten darstellt, legt die Auftragsfolge jene Reihenfolge fest, in der die Aufträge auf der Maschine bearbeitet werden. Ist die Maschinenfolge vorgegeben, so entspricht das Maschinenbelegungsproblem der Ermittlung der Auftragsfolgen.

Betrachtet man den Fall, dass n Aufträge und M Maschinen bearbeitet werden, so müssen hinsichtlich der Maschinenbelegung folgende Prämissen beachtet werden:[87]

- Jeder Auftrag muss eine bestimmte vorgegebene Maschinenfolge durchlaufen.
- Kein Auftrag kann gleichzeitig auf mehr als auf einer Maschine ausgeführt werden.
- Keine Maschine kann gleichzeitig mehrere Aufträge bearbeiten.
- Die Bearbeitungs-, Rüst- und Transportzeiten sind bekannt.
- Zu Beginn des Planungszeitraumes ist der Auftragsbestand bekannt.

Ist die Maschinenfolge bekannt und lässt sich die Auftragsfolge unter Beachtung der aufgeführten Kriterien ermitteln, kann das Maschinenbelegungsproblem gelöst werden.

(1) Zielkriterien der Reihenfolgeplanung

Ökonomisch relevant ist bei der Lösung des Maschinenbelegungsproblems jener Reihenfolgeplan, der in Bezug auf die ihm unterstellten Zielgrößen optimal ist.[88] Da durch das gegebene Produktionsprogramm sowie durch die fixierten Lose ein Großteil der

---

[87] Vgl. Zäpfel, G.: Operatives Produktions-Management, a.a.O., S. 248.
[88] Vgl. Corsten, H.: Produktionswirtschaft, a.a.O., S. 490 f.

Erfolgsgrößen bereits festliegt und unveränderlich ist, stehen in der Feinterminierung meist zeitbezogene Ziele im Vordergrund.

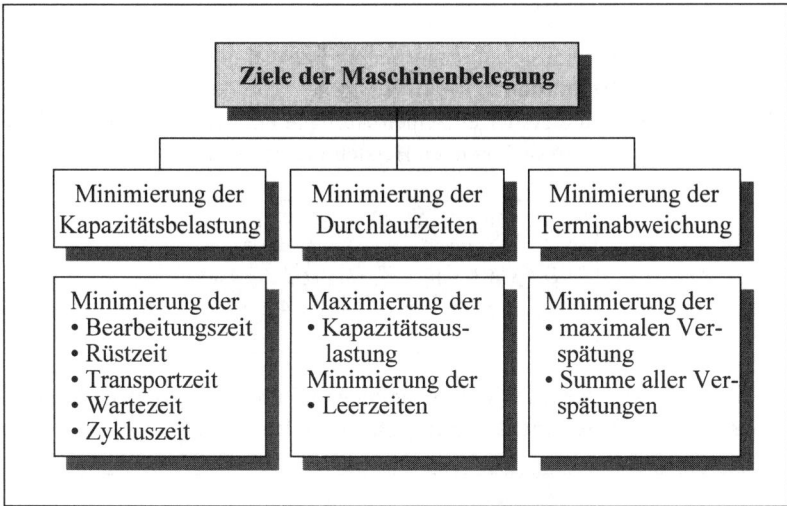

Abb. 59: Ziele der Maschinenbelegung

Die in Abb. 59 aufgeführten Ziele lassen sich in den seltensten Fällen gleichzeitig verfolgen, so dass es zu Zielkonflikten kommt. Von zentraler Bedeutung ist in diesem Zusammenhang das von Gutenberg[89] formulierte **Dilemma der Ablaufplanung**, das die Unvereinbarkeit der "Minimierung der Gesamtdurchlaufzeit" mit der "Maximierung der Kapazitätsauslastung" darstellt.

Aus der Problematik, die mit diesen Zielkonflikten verbunden ist, ergibt sich das Bestreben, Aufträge so auf die Maschinen zu verteilen, dass einerseits die Gesamtdurchlaufzeit der Aufträge gering und andererseits die Kapazitätsauslastung der Maschinen hoch ist.

In der Literatur finden sich eine Vielzahl von Interpretationsmöglichkeiten diesen Dilemmas, da ihre Existenz und Gültigkeit häufig diskutiert wurde. Ursache dieser kontroversen Darstellungen ist die Uneinigkeit darüber, wie die Durchlaufzeit definiert werden soll. Zudem hat sich im Laufe der Zeit die Bedeutung der Zielgröße, die im Rahmen der Zeitterminierung angestrebt wird, verändert.

Während noch vor wenigen Jahren vornehmlich auf eine hohe Kapazitätsauslastung Wert gelegt wurde, rücken heute bestands- und terminorientierte Ziele in den Vordergrund.[90]

(2) Lösungsverfahren der Reihenfolgeplanung

Jede Lösung des Maschinenbelegungsproblems lässt sich mit Hilfe von Balken- (Gantt) Diagrammen in Form eines

---

[89] Vgl. Gutenberg, E.: Grundlagen der Betriebswirtschaftslehre, a.a.O., S. 216.
[90] Vgl. Wiendahl, H.-P.: Belastungsorientierte Fertigungssteuerung, a.a.O., S. 18.

- Maschinenbelegungsdiagramms oder

- Auftragsfolgediagramms

grafisch darstellen. Zur Veranschaulichung sei ein Beispiel mit nachfolgend beschriebener **Maschinen-** und **Produktionszeitmatrix** gegeben. Die Zeilen der Maschinenmatrix (Θ) geben die Maschinenfolge der einzelnen Aufträge an; die Zeilen der Produktionszeitmatrix (Ω) stellen die dazugehörenden Herstellungszeiten dar.

$$\Theta = \begin{pmatrix} 1 & 2 & 3 \\ 2 & 1 & 3 \\ 3 & 2 & 1 \end{pmatrix} \quad \Omega = \begin{pmatrix} 4 & 4 & 3 \\ 3 & 3 & 5 \\ 4 & 2 & 3 \end{pmatrix}$$

Auf der Grundlage gegebener Maschinenfolge und Produktionszeiten einzelner Maschinen lässt sich der **Maschinenbelegungsplan** erstellen (Abb. 57).

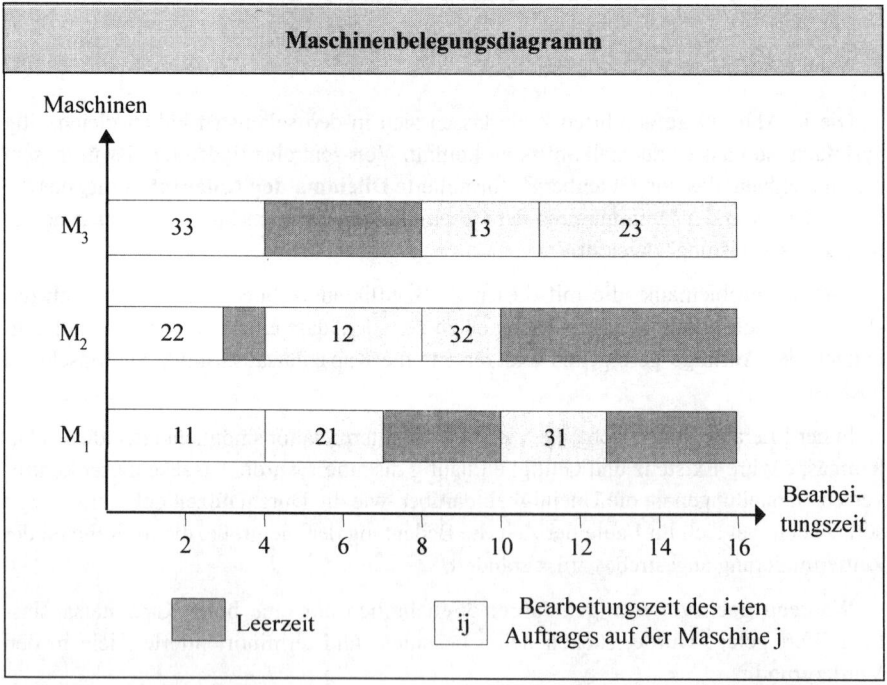

Abb. 60: Maschinenbelegungsdiagramm

Der Maschinenbelegungsplan gibt an, wie lange die einzelnen Maschinen mit den entsprechenden Aufträgen belegt sind und in welcher Reihenfolge die Aufträge ausgeführt werden.

Aus dem Maschinenbelegungsplan lassen sich die Arbeitsfortschritte an den einzelnen Aufträgen nur schwer erkennen. Ein entsprechendes **Auftragsfolgediagramm** ist in Abb. 60 dargestellt.

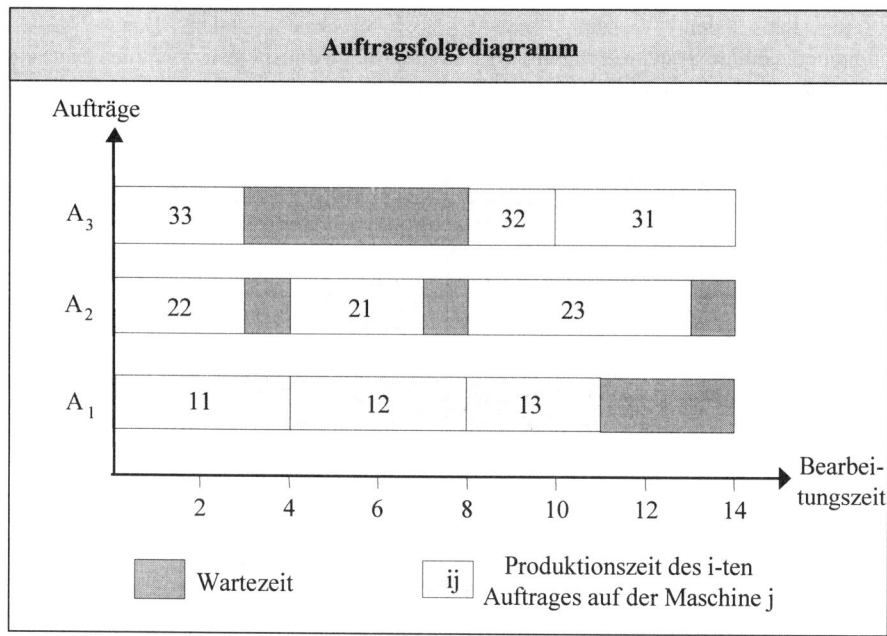

Abb. 61: Auftragsfolgediagramm

Für die Lösung des Maschinenbelegungsproblems eignet sich eine Vielzahl von Verfahren.[91] Abhängig von der Struktur des Problems ist es möglich, Algorithmen zur Entwicklung exakter Lösungen zu entwickeln. Die **Problemstruktur** beschreibt den Fall der ein- oder zweistufigen Fertigung.

Sind jedoch, wie im allgemeinen Fall, n Aufträge auf M Maschinen einzuplanen, ergeben sich für jede Maschine $M!$ mögliche Kombinationen zur Einplanung der Aufträge. Im Hinblick auf das Ziel wären demnach $(M!)^n$ mögliche Auftragsfolgepläne zu analysieren. Aufgrund dieser Komplexität ist man daher gezwungen, **heuristische Verfahren** für die Lösung des Problems zu verwenden.

4.4.3 Auftragsüberwachung

Im Rahmen der Auftragsüberwachung wird das Produktionsgeschehen kontrolliert. Rückmeldungen aus der Fertigung betreffen verschiedene Bereiche, dienen jedoch in erster Linie der Terminüberwachung.

Durch Meldung der abgeschlossenen Arbeitsvorgänge wird ersichtlich, ob der Auftrag termingerecht abgeschlossen werden kann oder ob ungeplante Verzögerungen aufgrund von Störungen eingetreten sind. Im letzteren Fall muss die Terminierung und Kapazitätsauslastung neu vorgenommen werden. Rückmeldungen über Arbeitszeiten, Materialverbrauch, Anzahl hergestellter Güter sowie Ausschuss dienen dem Rechnungswesen zur Erfassung der Kosten bzw. zur Berechnung der Abweichungen zwischen den vorgegebenen Soll-Kosten und den effektiven Kosten.

---

[91] Vgl. Zäpfel, G.: Operatives Produktions-Management, a.a.O., S. 263.

Angesichts der Vielzahl aktuell zu berücksichtigender Daten stellen computergestützte Systeme zur Betriebsdatenerfassung (BDE) einen wichtigen Baustein zur computerintegrierten Fertigung (CIM)[92] dar.

Identische Maschinenfolge (Flow-shop-Probleme)	Nicht-identische Maschinenfolge (Job-shop-Probleme)
M = 2, n = beliebig	
Einfaches kombinatorisches Verfahren: Johnson 1954, Mitten 1959	
M = 3, n = beliebig	
Einfaches kombinatorisches Verfahren: Johnson 1954, Lomnicki 1959, Swarc 1974	
M = beliebig, n = 2	
	- Grafisches Verfahren: Akers 1956, Szwarc 1960, Hardgrave / Nemhauser 1963, Mensch 1968, Riedesser 1971
M = n = beliebig	
- Branch-and-Bound-Verfahren: Jaeschke 1964, Ignall / Scharge 1965, Brown / Lomnicki 1966, Mc Mahon / Burton 1967, Gupta 1969, Müller-Mehrbach 1966, 1970 - Überführung in ein Travelling-Salesman-Problem: Piehler 1960, Seiffart 1961 - Heuristische Verfahren: Palmer 1965, Campbell / Dudek / Smith 1970, Gupta 1971, Liesegang 1974	- Heuristisches Verfahren: Akers / Friedman 1955, Griffler / Thompson 1960, Heller / Logemann 1961 - Prioritätsregelverfahren: (diverse Verfasser) - Branch-and-Bound-Verfahren: Brooks / White 1965, Charlton / Death 1970, Ashour/ Hiremath 1973, Siegel 1974, Rinnooy Kan 1976, Argyris 1977 - Gemischt-ganzzahlige Optimierung: Krelle 1958, Bowman 1959, Wagner 1959, Manne 1960, Nemeti 1964, Land / Laporte/ Miliotis 1978 - Nichtlineare Optimierung: Nepomiastchy 1973, Huckert 1979
M = Anzahl von Maschinen, n= Anzahl der Aufträge	

Abb. 62: Übersicht über Verfahren zur Lösung von Maschinenbelegungsproblemen

---

[92] siehe Abschnitt 5.3.

5 Integrative Planung und Steuerung des Produktionsablaufs

5.1 Aufbau des Produktionsplanungs- und -steuerungssystems

5.1.1 Gegenstand der Produktionsplanung und -steuerung (PPS)

Aufgabe eines PPS-Systems ist die integrierte Gestaltung und Durchführung der betrieblichen Produktionsplanung und -steuerung und der damit verbundenen Datenverwaltung. Die Produktionsplanung und -steuerung hat damit den Produktionsablauf unter mengenmäßigen und zeitlichen Gesichtspunkten - unter Beachtung der verfügbaren Kapazitäten - zu planen, zu überwachen und bei Abweichungen entsprechende Maßnahmen zu ergreifen, um die zugrundeliegenden Zielsetzungen zu erreichen. Im Rahmen einer umfassenden PPS sind demnach folgende Entscheidungsvariablen zu bestimmen:

- Primärbedarf,
- Fertigungsaufträge,
- Bestellaufträge,
- Auftrags- und Arbeitsgangtermine.

Ausgehend von einem vorliegenden Kundenauftrag wird in der **Primärbedarfsplanung**, zum Teil unter Verwendung von statistischen Verfahren,[93] der Bedarf an Fertigprodukten für einen definierten Zeitraum abgeleitet. Darauf aufbauend wird im Rahmen der **Materialbedarfsplanung** dieser Bedarf in Fertigungsaufträge und Bestellungen aufgegliedert. Termin- und Reihenfolgefestsetzung der Fertigungsaufträge sind Inhalt der **Feinterminierung**, sofern es sich um Eigenfertigungserzeugnisse handelt. Für Fremdbezugsteile müssen als Auftragstermine die Bestellauslösungs- und Anlieferungstermine festgelegt werden.

5.1.2 Grundkonzepte der PPS

In der Literatur werden eine Reihe unterschiedlicher Konzepte zur PPS dargestellt und eingesetzt. Die Verschiedenartigkeit der einzelnen Konzeptionen soll im folgenden anhand der wichtigsten Kriterien dargelegt werden.[94]

Betrachtet man das Problem der PPS als Entscheidungskomplex, so kann eine modellhafte Abbildung als **Totalmodell** oder in Form mehrerer **Partialmodelle** erfolgen. Gelingt es, den PPS-Komplex in einem einzigen, **monolithischen** Modell abzubilden und in einem Verfahrensschritt die optimale Lösung zu ermitteln, führt man eine **Simultanplanung** durch. Dagegen wird der PPS-Komplex im Rahmen der **Sukzessivplanung** in mehreren Partialmodellen abgebildet, die schrittweise aufeinanderfolgend gelöst werden.

---

[93] Vgl. Geitner, U. W.: CIM-Handbuch, 2. Auflage, Braunschweig, 1991, S. 45.
[94] Vgl. hierzu: Adam, D.: Aufbau und Eignung klassischer PPS-Systeme. In: Fertigungssteuerung I. Grundlagen der Produktionsplanung und -steuerung, Adam, D. (Hrsg.), Wiesbaden 1988, S. 5 ff.; Geitner, U. W.: CIM-Handbuch, S. 45 ff.; Glaser, H./ Geiger, W./ Rohde, V.: Produktionsplanung und -steuerung, S. 1 ff.

Hinsichtlich der Zuordnung von Entscheidungsbefugnissen auf der Managementebene können zentral und dezentral organisierte PPS-Konzepte unterschieden werden. Zentrale PPS-Konzepte sind dadurch gekennzeichnet, dass sämtliche Planungsentscheidungen von einer zentralen Instanz getroffen werden.

Den Produktionsstellen bzw. unteren Führungskräften kommen im Rahmen der Produktionssteuerung lediglich eine ausführende und überwachende Funktion zu. Wegen ihrer monolithischen Struktur sind Simultanplanungsmodelle stets zentral organisiert. Sukzessive PPS-Konzepte können dagegen zentral oder dezentral organisiert sein.

Da Simultanplanungskonzepte stark durch die Ermittlung der optimalen Losgröße gekennzeichnet sind, muss auch die Art der eingesetzten Lösungsalgorithmen als Kriterium für die Unterscheidung von PPS-Konzepten berücksichtigt werden. Während bei Simultanplanungsmodellen exakte mathematische Lösungsverfahren Verwendung finden, werden bei sukzessiven Planungsmodellen auch heuristische Lösungsverfahren angewandt.

Im Hinblick auf die Produktionsstruktur wird zwischen **Einzel-, Serien-** und **Massenproduktion** unterschieden. Serien- und Massenfertigung können weiterhin danach differenziert werden, ob eine Produktion auf Bestellung (**kundenauftragsbezogene Produktion**) oder ohne Kundenbezug auf Lager (**kundenanonyme Produktion**) erfolgt. Die in Abhängigkeit von der Produktionsstruktur gewählten Organisationstypen der Fertigung stellen unterschiedliche Anforderungen an die Produktionsplanung und -steuerung.

5.1.3 Das Stufenkonzept der PPS

Simultane Ansätze zur PPS sind auf eine gleichzeitige Bestimmung der gewinn- und kostenoptimalen Programmwerte ausgerichtet. Während der **sukzessive Planungsansatz** die zu planenden Teilbereiche in einer festgelegten Reihenfolge nacheinander bearbeitet, wird den zeitlichen und sachlichen Interdependenzen im Rahmen der simultanen Planung Rechnung getragen. Der simultane Ansatz ist aus theoretischer Sicht konzeptionell am besten für die Problemlösung geeignet, bezogen auf die Anwendbarkeit in der betrieblichen Praxis aber mit Problemen verbunden:[95]

- Nicht alle Interdependenzen lassen sich in einem Simultationsmodell abbilden.
- Es existieren Probleme hinsichtlich der Datenbeschaffung und -pflege.
- Die hohe Modellkomplexität führt zu einem komplexen, nichtlinearen Optimierungsmodell, welches sich einer operationalen Lösung entzieht.

Darüber hinaus beinhalten simultane Planungsmodelle eine Tendenz zur Zentralisation von Entscheidungskompetenzen, woraus in der Praxis Anpassungsprobleme entstehen können. Schließlich vergrößert sich mit steigendem Detaillierungsgrad der Planung auch die Zahl der Variablen und der zu berücksichtigenden Nebenwirkungen so stark an, dass die Modelle in annehmbarer Zeit nicht durchgeführt werden können.

---

[95] Vgl. Dochnal, H. G.: Darstellung und Analyse von OPT als Produktionsplanungs- und -steuerungskonzept, a.a.O., S. 13 ff.

Praxisrelevante Ansätze sehen daher sukzessive durchzuführende Entscheidungsaktivitäten unter Verwendung heuristischer Näherungsverfahren vor. Die Zerlegung eines Problemkomplexes in untergeordnete Teilprobleme erfolgt hierbei durch vertikale Dekomposition.[96] Abb. 63 stellt die grundsätzliche Struktur des **Basis**- bzw. **Stufenkonzeptes** dar.[97]

Im Hinblick auf die Ablaufstruktur wird das **Stufenkonzept** auch als **MRP II-Konzept** (Manufacturing Resource Planning) bezeichnet. Da im MRP II-Konzept Rückkopplungen zwischen den vor- und nachgelagerten Stufen weitgehend unberücksichtigt bleiben, stellt die Kombination der Teilprobleme ein zentrales Element dieses Planungskonzeptes dar.[98]

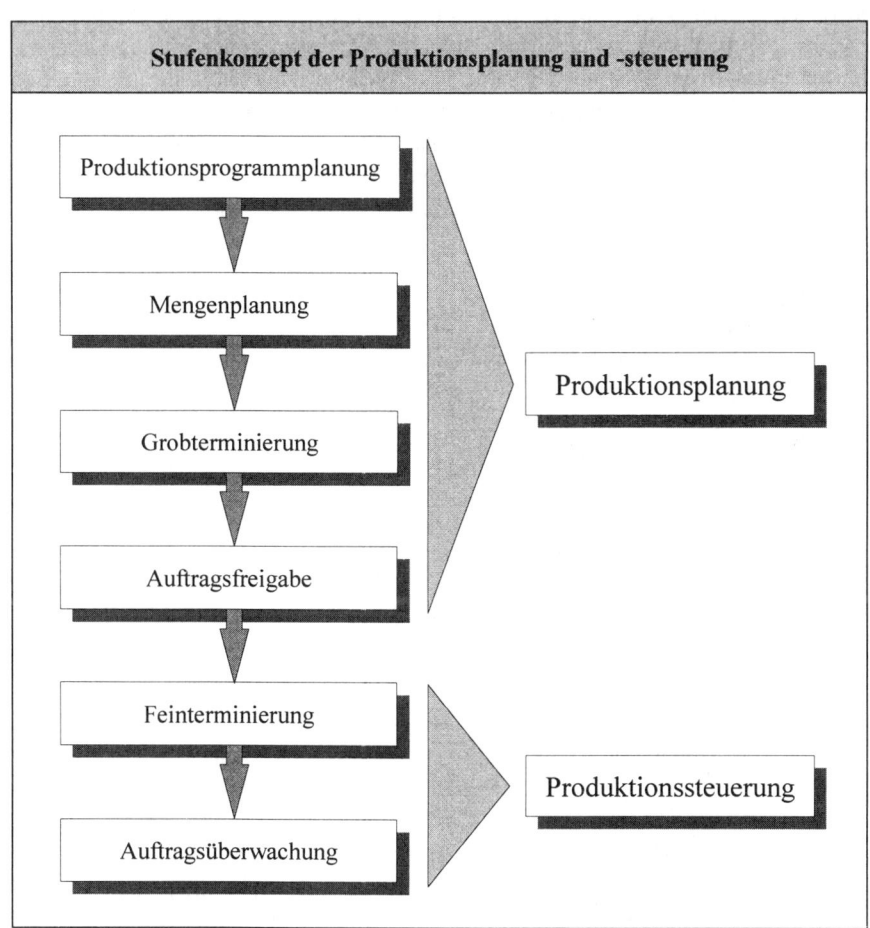

Abb. 63: Das Stufenkonzept der Produktionsplanung und -steuerung

---

[96] Vgl. Corsten, H.: Produktionswirtschaft, a.a.O., S. 511 f.
[97] In Anlehnung an Zäpfel, G.: Strategisches Produktionsmanagement, a.a.O., S. 189 ff.; Kern, W.: Industrielle Produktionswirtschaft, a.a.O., S. 322.
[98] Vgl. Schröder, H.-H.: Entwicklungsstand und -tendenzen bei PPS-Systemen, Arbeitsbericht Nr.26 des Seminars für Allgemeine Betriebswirtschaftslehre, Industriebetriebslehre und Produktionswirtschaft an der Universität zu Köln 1989, S. 7.

5.1.4 Kritische Betrachtung der PPS-Systeme

Der aufgezeigte sukzessive Prozess der PPS ist nicht frei von Problemen. So wird die Konzeption des Stufenmodells dahingehend kritisiert, dass eine Rückkopplung der einzelnen Planungsstufen nicht möglich ist. Das weitgehend sequentielle Konzept zeigt einen Mangel an Flexibilität hinsichtlich kurzfristiger Änderungen der Auftragslage, so dass eine sukzessive Planung nur zufällig zur optimalen Lösung führen kann. Ein weiteres Problem ergibt sich dadurch, dass weitgehend deterministische Daten in bezug auf Bearbeitungs- und Durchlaufzeiten vorausgesetzt werden.

Vorhandene Engpässe werden nur unzureichend berücksichtigt, insbesondere was deren Wirkungen auf Durchlaufzeiten und Auftragsfreigabetermine angeht. Um die Einhaltung der Fertigstellungstermine zu gewährleisten, werden Aufträge oft aus Sicherheitsgründen früher freigegeben als dies nötig wäre. Bedingt durch die frühzeitige Auftragsfreigabe wird die Kapazitätssituation der Arbeitsplätze verschärft, was ten-denziell zu hohen Wartezeiten und somit zu höheren Durchlaufzeiten führt. Dieser Aspekt wird auch als das **Durchlaufzeit-Syndrom** bezeichnet (Abb. 64). Das Durchlaufzeitsyndrom ist eine wichtige Ursache für das Entstehen unzuverlässiger Durchlaufzeiten.

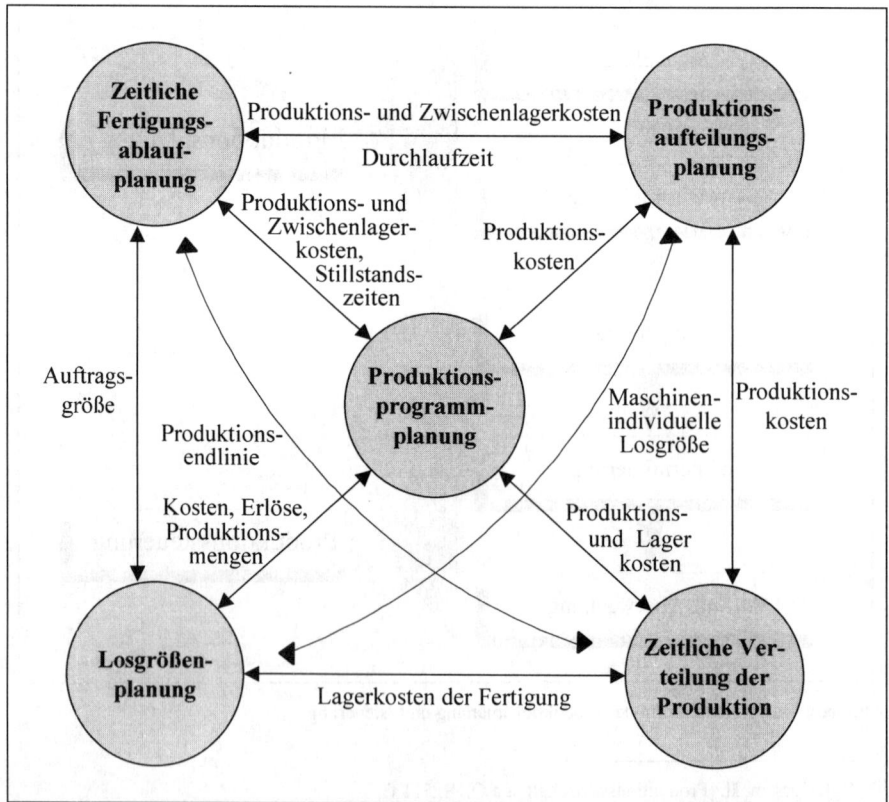

Abb. 64: Interdependenzen der Teilpläne der PPS[99]

---

[99] Vgl. Adam, D.: Produktionsdurchführungsplanung, a.a.O., S. 682.

Neue Fertigungskonzepte, wie sie z.B. flexible Fertigungssysteme erfordern, werden durch das sequentielle Konzept nicht adäquat abgedeckt. Da automatisierte Systeme jedoch in der Zukunft immer bedeutsamer werden, müssen neu entwickelte PPS-Systeme folgende Forderungen erfüllen:[100]

- **Berücksichtigung der Interdependenzen:**
  Da sich simultane PPS-Systeme aus Komplexitätsgründen verbieten, müssen Stufenkonzepte entwickelt werden, die eine bessere Berücksichtigung der Interdependenzen zwischen den Aufträgen ermöglichen (Abb. 64).
- **freie Zeitplanung:**
  Da Interdependenzen bereits im Entwurf eines Terminplanes berücksichtigt werden müssen, ist eine isolierte Zeitplanung für die Werkstattproduktion unzweckmäßig.
- **genaue Zeitermittlung:**
  Eine Schätzung der Durchlaufzeiten muss soweit wie möglich vermieden werden.
- **realitätsnahe Grobterminierung:**
  Eine Grobterminierung kann nur dann als Grundlage für eine Kapazitätsanpassung dienen, wenn sie für die einzelnen Werkstätten zu realistischen zeitbezogenen Belastungsfunktionen führt.

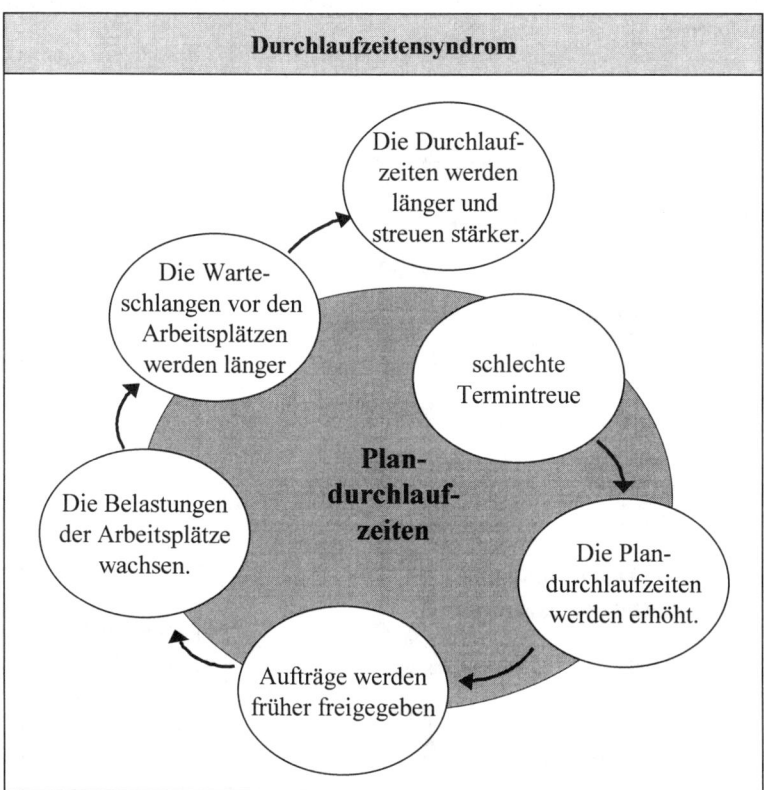

Abb. 65: Das Durchlaufzeitsyndrom[101]

---

[100] Vgl. Adam, D.: Aufbau und Eignung klassischer PPS-Systeme, a.a.O., S. 19 ff.
[101] Vgl. Wiendahl, H.-P.: Belastungsorientierte Fertigungssteuerung, a.a.O., S. 22.

5.2 Just-In-Time- (JIT) gerechte Produktion

5.2.1 Bausteine des JIT-Konzeptes

Im industriellen Fertigungsbereich wurde lange Zeit unter der Zielsetzung der Kostendegression durch hohe Auslastung von Kapazität und Fertigung möglichst hoher Stückzahlen von Stückvarianten produziert. Diese über Jahrzehnte relativ konstante Szene hat sich seit Ende der 70er Jahre mit zunehmender Schnelligkeit verändert.[102] Ausgelastete Kapazitäten standen in den folgenden Jahren nicht länger im Vordergrund, sondern kürzere Lieferzeiten und ihre Einhaltung, kleinere Lagerbestände und damit größere Umschlagshäufigkeit. Solche Maßnahmen sollten die Liquidität erhöhen und gleichzeitig die Risiken unverkäuflicher Produkte mindern. Verstärkt wurde diese Tendenz noch durch einen immer schneller werdenden Zyklus der Entwicklung und Vermarktung neuer Produkte.

Aufgrund der veränderten Angebots- und Nachfragesituation bestand der Kunde vermehrt darauf, dass Produkte seine spezifischen Probleme lösen müssen. Die Serienproduktion wurde mehr und mehr durch eine variantenreiche Produktion abgelöst. Da dies alles vor dem Hintergrund eines erhöhten nationalen und internationalen Wettbewerbsdrucks erfolgte, waren wechselnde Marktanforderungen nicht durch größerer Lagerbestände zu befriedigen. Die zunehmende Bedeutung logistischer Leistungsfaktoren

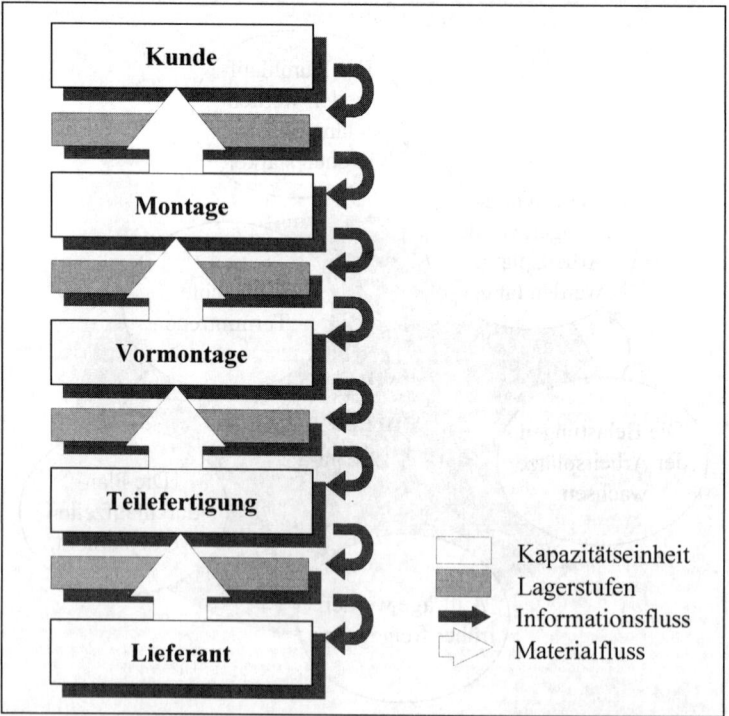

Abb. 66: Die logistische Kette zwischen Abnehmer, Produzent und Zulieferer

---

[102] Vgl. Schönsleben, P.: PPS und Logistik. Pluralistische Ausbildung nötig. In: Management-Zeitschrift Nr. 9/1992, S. 81.

Im Kampf um Märkte und Marktanteile und der gleichzeitige Zwang, die Kosten, insbesondere Bestandskosten zu reduzieren, führte zur Forderung einer JIT-gerechten Produktion.

Kern des **JIT-Konzeptes** ist eine bedarfsmengen- und bedarfszeitpunktgenaue Fertigung und Zulieferung, die zu sehr geringen Lagerbeständen an Zulieferteilen, Zwischen- und Endprodukten führt.

> Es gilt: **Das richtige Produkt zur richtigen Zeit, am richtigen Ort, in der richtigen Menge und Qualität zu produzieren.**

Im Gegensatz zu herkömmlichen, zentral gesteuerten Fertigungssystemen, in denen das **Bring-Prinzip** vorherrscht, d. h. vorgelagerte Stufen haben nachgelagerten eine zentral festgelegte Menge an Zwischenprodukten zu bringen, werden nach dem JIT-Prinzip arbeitende Systeme häufig in sich selbst regelnden Strukturen, die nach dem **nachfrageinduzierten (Hol-) Prinzip** arbeiten, organisiert.

So löst z.B. in Systemen, die nach dem Kanban-Prinzip[103] arbeiten, die Nachfrage nach Fertigprodukten eine Kette von Anforderungen, ausgehend von der letzten Produktionsstufe an die jeweils vorgelagerte Stufe bis hin zum Lieferanten, aus. Das JIT-Konzept ist sowohl **Produktions-** als auch **Logistikstrategie** (Abb. 66).

5.2.2 Voraussetzungen und Folgen einer JIT-Produktion

Sinkende Innovationszeiten bei Produkten, aber auch auf dem Gebiet der Produktionstechnologie, zwingen den Unternehmer dazu, Lieferfähigkeit und Lieferzeit und damit die Durchlaufzeit des Auftrages als "strategische Waffe im Kampf um Märkte und Marktanteile einzusetzen".[104] Die Durchlaufzeit wird heute als wichtigster Indikator für die Leistungsfähigkeit eines Unternehmens angesehen und ist oberstes Ziel bei der Realisierung einer JIT-Produktion (Abb. 66).

Um der künftigen zentralen Bedeutung produktorientierter Durchlaufzeitziele gerecht zu werden, erfolgt derzeit in vielen Unternehmen eine Neuorganisation der betrieblichen Strukturen und Prozesse, die sich auf den Material- und Informationsfluss erstreckt.

Die Ausrichtung der Produktion an Durchlaufzeitzielen bedeutet, dass alle künftigen Maßnahmen und Planungen unter dem Gesichtspunkt des **"kontinuierlichen Fließens"** von Aufträgen erfolgen müssen. Somit sind alle Maßnahmen dahingehend zu prüfen, ob und inwieweit sie zur Reduzierung oder Vermeidung von Liegezeiten in der gesamten logistischen Kette beitragen.

Alle Aspekte des Logistiksystems müssen so gestaltet werden, dass ein maximaler Beitrag zur Zielerreichung geleistet wird. Nach Eidenmüller sind dies folgende Kriterien:[105]

---

[103] siehe Abschnitt 5.2.3.1.
[104] Vgl. Milberg, J.: Der Wettbewerbsfaktor Zeit als Maßstab für die Leistungsfähigkeit der Produktion. In: VDI-Bericht 930. Produktionsmanagement 1991 (Hrsg. VDI-Gesellschaft), Düsseldorf 1991, S. 229 ff.
[105] Vgl. Eidenmüller, B.: Die Produktion als Wettbewerbsfaktor. Herausforderung an das Produktionsmanagement, 2. Auflage, Wuppertal 1991, S. 238 ff.

- **Prozessgerechte Produktion:**

  Eine Verkürzung der Durchlaufzeiten muss derart erfolgen, dass die konstruktive Gestaltung und Strukturierung der Produkte eine Reduzierung der Fertigungsstufen, Arbeitsgänge und Lagerstufen zulässt.

- **Beherrschbare Prozesse:**

  Eine Streuung der Durchlaufzeitverteilung ist zu vermeiden; Fertigungstechnologien müssen beherrschbar und Produkte fertigungstechnisch ausgereift sein.

- **Marktorientierte Lenkung:**

  Die zur Produktion erforderlichen Produktionseinsatzfaktoren sind zeitlich und mengenmäßig verfügbar zu machen und so zu koordinieren, dass möglichst geringe Warte- und Liegezeiten und damit möglichst niedrige Pufferbestände in der logistischen Kette auftreten.

- **Flussgerechte Organisation:**

  Die logistischen Anforderungen fordern produktorientierte Formen der Aufbauorganisation, die zu Dezentralisierung und Abbau von Hierarchiestufen führen.

- **Human Engineering:**

  Mit zunehmender Automatisierung steigen auch die qualitativen Ansprüche an die Arbeitskräfte, so dass gut ausgebildete Fachleute den Materialfluss durch Prozessoptimierung und Erhöhung der Anlagennutzung entscheidend beeinflussen.

- **Durchgängiges Informationssystem:**

  Die Informationsversorgung der intelligenten Fertigungseinrichtungen, des innerbetrieblichen Transportes und der Lagerung sowie Einbindung vorbereitender Tätigkeiten in Konstruktion und Arbeitsvorbereitung erfordert eine enge datentechnische Verknüpfung in allen Bereichen.

Die zur Realisierung von JIT-Prinzipien erforderlichen Strukturänderungen werden nach Wildemann[106] auch unter den Begriffen **Fertigungssegmentierung, integrierte Informationsverarbeitung** und **produktionssynchrone Beschaffung** zusammengefasst. Sie bilden die drei Bausteine des JIT-Konzeptes.

In Zukunft müssen von den Unternehmen zunehmend komplexere Produktionsstrukturen beherrscht werden. Da die am Markt geforderte Flexibilität hinsichtlich der Variantenproduktion unmittelbar auf das Informationssystem übergeht, muss den steigenden Anforderungen durch eine **dezentrale Struktur** Rechnung getragen werden. Zusammenhängende, an Prozessketten orientierte Aufgaben, müssen dezentral und möglichst autonom gelöst werden.[107]

Eine erfolgreiche Installierung des JIT-Konzeptes mit dem Ziel einer kundennahen Produktion und Logistik zeigt Wirkung auf die Gestaltungsvariablen Zeit, Bestände, Flexibilität und Qualität. Die positive Beeinflussung dieser Variablen führt gleichzeitig

---

[106] Vgl. Wildemann, H.: Das Just-In-Time-Konzept, a.a.O., S. 31.
[107] Vgl. Eidenmüller, B.: Die Produktion als Wettbewerbsfaktor, a.a.O., S. 245.

zu einer Verbesserung der Kosten- und Leistungsstruktur, sowie zu einer Veränderung der Bilanz- und Wettbewerbsposition der Unternehmung.[108]

Zielkriterien	Relative Häufigkeit der Nennungen (%)
Durchlaufzeitreduzierung	93,4
Reduzierung der Lagerbestände	86,8
Erhöhung der Termintreue	64,8
Erhöhung der Produktivität	58,2
Erhöhung der Lieferbereitschaft	48,9
Verkürzung der Wiederbeschaffungszeiten	36,8
Verkürzung der Lieferzeiten	35,2
Reduzierung der Gemeinkosten	27,5
Steigerung der Kapazitätsauslastung	24,7
Erhöhung der Transparenz	22,5
Sicherung der Wettbewerbsfähigkeit	17,6
Erhöhung der Qualität	16,5
Reduzierung der Schnittstellen	7,7
Verbesserung der Ertragssituation	5,5
Motivationssteigerung	2,7

Abb. 67: Zielkriterien des JIT-Konzeptes[109]

Gegenüber der konventionell orientierten Fertigungssteuerung, die maximale Kapazitätsauslastung anstrebt ohne Materialfluss und Produktionsengpässe zu berücksichtigen, ergeben sich für die JIT-Produktion folgende Rationalisierungspotenziale:[110]

- **Bestandsreduzierung** des in der Produktion befindlichen Materials um durchschnittlich 20 - 30 % und bis zu 90 %,

---

[108] Vgl. Wildemann, H.: Betriebswirtschaftliche Wirkungsanalyse des Just-In-Time-Konzepts. In: Produktionsmanagement im Spannungsfeld zwischen Markt und Technologie, Bullinger, H.-J. (Hrsg.), München 1990b, S. 398.

[109] Ergebnisse einer von Wildemann durchgeführten empirischen Untersuchung; Wildemann, H.: Das Just-In-Time-Konzept, a.a.O., S. 216.

[110] Vgl. Wildemann, H.: Das Just-In-Time-Konzept, a.a.O., S. 182 ff.

- **Durchlaufzeitverkürzungen** über die gesamte innerbetriebliche logistische Kette einschließlich Rüstzeitverkürzungen um bis zu 50 %,
- **Produktivitätssteigerungen** um 45 - 50 %, deutliche **Raumersparnis** durch Reduzierung von Lagerfläche und verbessertes Fertigungs-Layout um durchschnittlich 10 - 15 %,
- erhebliche **Qualitätsverbesserungen** um durchschnittlich 15 - 25 % und bis zu 90 %.

5.2.3 Neue Steuerungskonzepte der PPS zur JIT-gerechten Produktion

JIT-Produktion bedeutet, dass die erforderlichen Teile in gewünschter Menge, zur gewünschten Zeit, auf die wirtschaftlichste Art hergestellt werden. Um diesen Forderungen gerecht zu werden, müssen die bereits in vgl. 5.1.2, beschriebenen Grundkonzepte der PPS hinsichtlich ihrer Schwachstellen verbessert und den heutigen Marktansprüchen angepasst werden.

Die bedeutsamsten Produktionsplanungs- und Steuerungsmethoden zur Realisierung einer JIT-Produktion, wie

- die Kanban-Steuerung,
- die belastungsorientierte Auftragsfreigabe und
- das Fortschrittzahlenkonzept

werden nachfolgend erläutert.

5.2.3.1 Kanban-Steuerung

Das in den 50er Jahren in Japan entwickelte Kanban-Verfahren (Kanban bedeutet sinngemäß Karte) hat geringe Zwischenlager zum Ziel und ist besonders für fließfertigungsähnliche Organisationsformen geeignet.[111] Die Fertigungsstellen wie z.B. Rohstofflager, Arbeitsplätze zur Bearbeitung der Werkstücke, Vor- und Endmontage werden als selbststeuernde Regelkreise angesehen. Dies steht im Gegensatz zum Konzept einer zentralen Produktionssteuerung, die die einzelnen Bearbeitungsplätze koordiniert.

In Anlehnung an das "Supermarkt-Prinzip" fordern beim Kanban-Verfahren die einzelnen Stationen bei Unterschreiten eines Mindestbestandes Material bei der jeweils vorgelagerten Produktionseinheit an. Die Speicherung des Materialbestandes erfolgt in Materialbehältern zwischen den Produktionsstellen. Diese Art der Lagerung bezeichnet man auch als Pufferlagerung. Entscheidender Informationsträger zwischen den Stellen ist die "Kanban-Karte". Sie enthält u.a. Teilebezeichnung, Teilenummer, bereitstehende und verbrauchende Bearbeitungsplätze, Mindestmenge, aktuelle Menge und den Termin, zu der die produzierende Stelle die Teile bereithalten muss. Steuern die Kanbans den Mate-rialfluss zwischen verbrauchender Stelle und vorgelagertem Pufferlager, spricht man von **Transport-Kanbans**, anderenfalls obliegt dem **Produktions-Kanban** die Steuerung des Materialflusses zwischen der erzeugenden Stelle und dem ihr nachgelagerten Pufferlager (Abb. 68).

---

[111] Vgl. Glaser, H./ Geiger, W./ Rohde, V.: PPS- Produktionsplanung und -steuerung, a.a.O., S. 254 ff.; Helberg, P.: PPS als Baustein. Gestaltung der Produktionsplanung und -steuerung für die computerintegrierte Produktion, Berlin 1987, S. 79 ff.; Lackes, R.: Das KANBAN-System zur Materialflusssteuerung. In WISO, 19. Jg. 1990, S. 24 ff.

Die Bestimmung der optimalen Anzahl an Transport- und Produktionskanbans sowie die Teilemengen pro Materialbehälter stellen das wesentliche Problem des Kanban-Verfahrens dar. Ist z.B. die Behälterzahl zu niedrig bemessen, kann dies zu Störungen im Produktionsfluss führen. Andererseits führt ein zu hoher Bestand im Pufferlager zu erhöhten Lagerkosten. Somit ergeben sich bei der Bestimmung der Kanban-Anzahl die gleichen Probleme wie bei der Fixierung des Sollbestandes. Eine allgemeine Regel für die Bestimmung der Kanban-Parameter gibt es nicht.

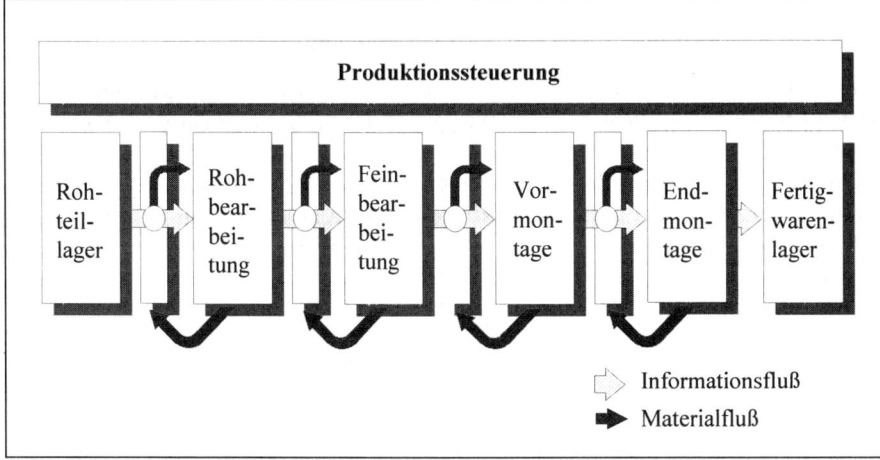

Abb. 68: Der Regelkreis des Kanban-Systems

Das **Kanban-Prinzip** kann grundsätzlich nur dann erfolgreich eingesetzt werden, wenn folgende Voraussetzungen erfüllt sind:[112]

- harmonisierende Kapazitäten,
- produktionsstufenbezogenes Fertigungs-Layout,
- geringe Variantenvielfalt,
- geringe Bedarfsschwankungen,
- störungsarmer Produktionsprozess,
- hohe Fertigungsqualität,
- weitgehend konstante Losgrößen,
- häufiges Auflegen gleichartiger Lose,
- kleine Lose,
- kurze Rüstzeiten.

Aus den Darstellungen wird deutlich, dass das Kanban-Prinzip keine völlig neue Alternative zum MPR II-Konzept darstellt, da auch im Kanban-System die Primärbedarfsplanung zentral durchgeführt wird. Ferner muss, wie beim MPR II-System, auch beim Kanban-System die Anzahl der Kanbans durch eine Materialbedarfsplanung zentral vorgenommen werden, wenn auch in größeren Zeitabständen. Unterschiede ergeben

---

[112] Vgl. Helberg, P.: PPS als Baustein. Gestaltung der Produktionsplanung und -steuerung für die computerintegrierte Produktion, a.a.O., S. 80.

sich jedoch bezüglich der Disposition der Auftragsplanung, der Auftrags- und Arbeitsvorgangsterminierung sowie des kurzfristigen Kapazitätsabgleichs. Sie werden im Kanban-System dezentral von den einzelnen Quellen getroffen.[113] Das Kanban-System eignet sich demnach besonders dann zur Produktionssteuerung, wenn sich der Produktionsprozess bei hoher Verbrauchsstetigkeit oft wiederholt. Dabei kann das Kanban-Verfahren sowohl manuell als auch EDV-gestützt ablaufen. Tagespläne für die einzelnen Regelkreise können automatisch erstellt, der Materialfluss kontrolliert und die Materialpuffer, sofern Bedarf vorhanden, aufgeführt werden.

5.2.3.2 Die belastungsorientierte Auftragsfreigabe

Bei der belastungsorientierten Auftragsfreigabe werden nach dem sogenannten **Trichterprinzip** nur die Aufträge zur Fertigung freigegeben, die aufgrund ihrer Kapazitätssituation auch bearbeitet werden können. Dieses Prinzip basiert darauf, dass bei einem überhöhten Auftragsvorrat an einer Arbeitsstation, wie z.B. durch häufiges Umrüsten hervorgerufen, die Durchlaufzeiten stark ansteigen. Dem in konventionellen zentralen PPS-Systemen häufig vorkommenden "Durchlaufzeitsyndrom" soll somit entgegengewirkt werden.

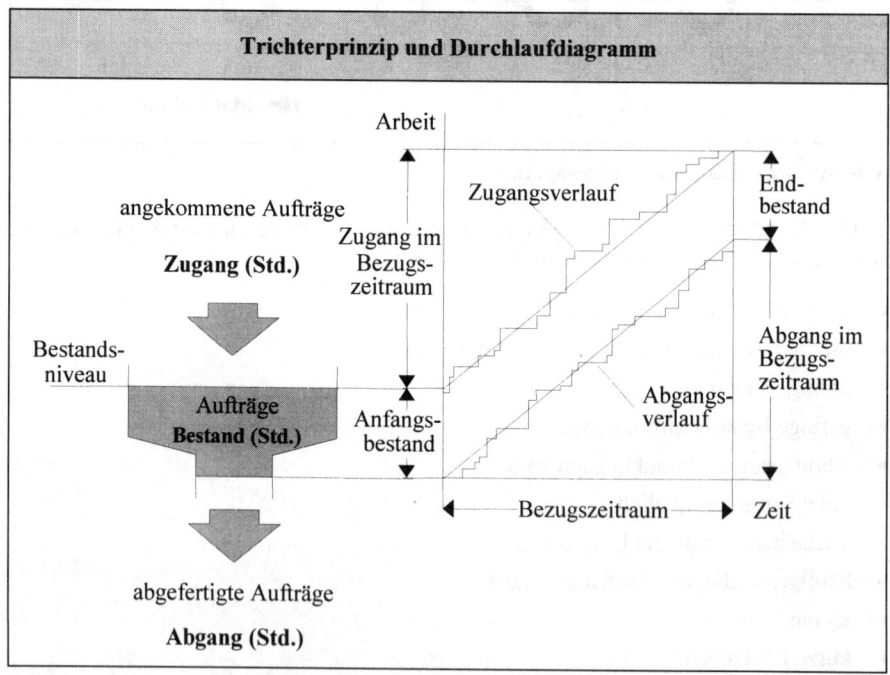

Abb. 69: Trichtermodell und Durchlaufdiagramm[114]

Grundlage der belastungsorientierten Auftragsfreigabe ist die Idee, dass sich ein Arbeitssystem als Trichter auffassen lässt, an dem "die Aufträge ankommen (Zugang), auf ihre Abfertigung warten (Bestand) und das System verlassen (Abgang)".[115]

---

[113] Vgl. Glaser, H./ Geiger, W./ Rohde, V.: Produktionsplanung und -steuerung, a.a.O., S. 267.
[114] Vgl. Wiendahl, H. P.: Belastungsorientierte Fertigungssteuerung, a.a.O., S. 206.
[115] Wiendahl, H. P.: Belastungsorientierte Fertigungssteuerung, a.a.O., S. 100.

Die Erfassung des Verlaufes der betreffenden Größe innerhalb eines bestimmten Zeitraumes führt dann arbeitssystembezogen zu einem Durchlaufdiagramm, dessen prinzipielle Form Abb. 68 aufzeigt. Dabei sollen jedoch nur so viele Aufträge für die jeweilige Station freigegeben werden, wie auch vom Trichter aufgenommen werden können.

Die Steuerung der Aufträge orientiert sich an den Parametern der

- **Terminschranke**, mit deren Hilfe die zu bearbeitenden Aufträge nach ihrer Dringlichkeit sortiert werden, und an der
- **Belastungsschranke**, die die höchstmögliche Belastbarkeit eines Produktionssystem festlegt. Für jede Bearbeitungsstation wird ein sogenanntes Bestandskonto geführt, das die Bestandshöhe in Abhängigkeit von der Auftragsfreigabe wiedergibt.

Aus dem Durchlaufdiagramm nach Abb. 69 kann der tatsächliche und idealisierte Verlauf der Auftragszu- und -abgänge in Arbeitseinheiten (z.B. Stunden) abgelesen werden. Die idealisiert dargestellten Verläufe basieren auf der gewichteten mittleren Durchlaufzeit (DM) und dem mittleren, als konstant angenommenen Bestand (BM).

Die Steigung der Abgangsfunktion gibt die mittlere Leistung (LM) an. Die mittlere gewichtete Durchlaufzeit (MD_i) für eine Arbeitsstation i kann dann als Quotient aus dem mittleren Bestandsniveau (BM_i) und dem in Stunden gemessenen Auftragsabgang (A_i) im Untersuchungszeitraum (T) ermittelt werden.[116]

$$(1) \qquad MD_i = \frac{MB_i}{\frac{A_i}{T}}$$

Da der Quotient aus gemessenem Auftragsabgang pro Untersuchungszeitraum Kennzeichen für die mittlere Leistung einer Arbeitsstation ist, kann die mittlere gewichtete Durchlaufzeit auch definiert werden als:

$$(2) \qquad MD_i = \frac{MB_i}{ML_i}$$

$$(3) \qquad MB_i = MD_i \cdot ML_i$$

Die Bestandsschranke (BS_i) ergibt sich aus der Summe der mittleren Planbestände (BM_i) und der abarbeitbaren Aufträge (AB_i). Soll zudem die Arbeitssituation stets ausgelastet sein, kann der Einlastungssatz (E_i) als Quotient aus Belastungsschranke und Planabgang formuliert werden.

$$(4) \qquad BS_i = MB_i + AB_i$$

$$(5) \qquad ES_i = \frac{BS_i}{AB_i} \cdot 100\%$$

---

[116] Die mathematische Vorgehensweise erfolgt in Anlehnung an Glaser, H./ Geiger, W./ Rohde, V.: PPS - Produktionsplanung und Steuerung, a.a.O., S. 197 ff.

$$(6) \quad ES_i = \frac{MB_i + AB_i}{AB_i} \cdot 100\%$$

$$(7) \quad ES_i = \left(\frac{MB_i + \frac{MB_i}{MD_i} \cdot T}{\frac{MB_i}{MD_i}}\right) \cdot 100\%$$

$$(8) \quad ES_i = \left(\frac{MD_i}{T} + 1\right) \cdot 100\%$$

Die **Belastungsschranke** bzw. der Einlastungsprozentsatz hinsichtlich eines Arbeitsplatzes bzw. -Systems wird als ein **zentraler Steuerungsparameter** der belastungsorientierten Auftragsfreigabe angesehen.[117] Aufbauend auf den dargestellten Grundrelationen vollzieht sich die belastungsorientierte Auftragsfreigabe in zwei Schritten.

- **Ermittlung dringlicher Aufträge:**

Ausgangspunkt für die Einteilung vorliegender Aufträge in dringliche und weniger dringliche Kategorien bilden die im Rahmen der Auftragsterminierung ermittelten Auftragsstarttermine. Als dringlich werden diejenigen Aufträge eingestuft, deren geplante Starttermine in die Zeitspanne zwischen Terminschranke und Planungszeitraum fallen. Wiendahl bezeichnet diese Zeitspanne auch als "Vorgriffshorizont".[118]

- **Bestimmung der einzulastenden Aufträge:**

Bei der Bestimmung der einzulastenden Aufträge erfolgt eine Überprüfung der Auswirkungen einer möglichen Auftragsfreigabe auf die Einhaltung der jeweils vorgegebenen Belastungsschranken. Als Wahrscheinlichkeit für die Produktion der auf Arbeitsstation 1 zu bearbeitenden Aufträge im Planungszeitraum gilt die Relation von Planungsabgang (AB_1) zur Belastungsschranke (BS_1).

$$(9) \quad AW_1 = ZW_2 = \frac{AB_1}{BS_1}$$

Die Abgangswahrscheinlichkeit (AW_1) für die Station 1 entspricht der Zuordnungswahrscheinlichkeit (ZW_2) für Stufe 2, welche wiederum dem reziproken Wert des Einlastungsprozentsatzes (EP_i) entspricht.

$$(10) \quad ZW_2 = AW_1 = \frac{1}{EP_1}$$

Allgemein, für eine Arbeitsstation i formuliert, ergibt sich für konstante Einlastungsprozentsätze folgende Zugangswahrscheinlichkeit:

---

[117] Vgl. Glaser, H./ Geiger, W./ Rohde, V.: Produktionsplanung und -steuerung, a.a.O., S. 206.
[118] Vgl. Wiendahl, H. P.: Belastungsorientierte Fertigungssteuerung, a.a.O., S. 211.

(11) $$ZW_i = (\frac{1}{EP_i})^{i-1}$$

Eine Belastung (B) der Stufe i durch den Auftrag j erfolgt dann entsprechend durch die mit der Zugangswahrscheinlichkeit für diese Stufe multiplizierte Auftragszeit (AZ_{ij}) des Auftrages j.

(12) $$B_{ij} = ZW_i \cdot AZ_{ij}$$

Ausgehend von diesem Belastungsschlüssel kann die Einlastung entsprechend der dringlichsten Aufträge überprüft werden. Wird eine Station überlastet, so wird der entsprechende Auftrag bis zur nächsten Planungsperiode zurückgestellt. Bei Freigabe des Auftrages werden die Belastungskonten der Stationen um die entsprechende Belastung B_{ij} erhöht.

Aufgabe der belastungsorientierten Auftragsfreigabe ist es, eine Menge von Aufträgen, die nach Art, Menge und Termine vorgegeben sind, so auf die gegebenen Kapazitäten zu verteilen, dass diese zu den geforderten Terminen auch fertiggestellt sind. Das setzt voraus, dass die zu bearbeitenden Aufträge in der Planungsperiode frühzeitig bekannt sein müssen. Andernfalls erfolgt eine Zunahme der Durchlaufzeitensteuerung als Folge des Durchlaufzeitsyndroms. Darüber hinaus geht die belastungsorientierte Auftragsfreigabe von

- harmonisierten Kapazitäten,

- kleinen Fertigungslosen mit ähnlichem Inhalt,

- weitgehend gleichen Maschinenfolgen der Aufträge,

- geringem (keinem) Fertigungsausfall und

- geringer Änderungshäufigkeit von Auftragsmengen und -terminen aus.[119]

Zentrales Anliegen der belastungsorientierten Auftragsfreigabe ist das Erreichen geringer Werkstattbestände, kurzer Durchlaufzeiten und einer befriedigenden Kapazitätsauslastung. Deshalb eignet sich die belastungsorientierte Auftragsfreigabe für konventionelle Organisationsformen der Fertigung, insbesondere für die Werkstattfertigung.

5.2.3.3 Das Fortschrittzahlensystem

Fortschrittzahlensysteme wurden in der Automobilindustrie entwickelt und sollen eine montagegerechte Auslieferung durch den Zulieferer gewährleisten.

Eine **Fortschrittzahl (FZ)** ist eine kumulierte Mengengröße, die als Ist-FZ die bereitgestellten oder gefertigten Bauteile bezogen auf einen bestimmten Zeitpunkt bzw. Termin misst. Die Vorgabe und Messung von FZ erfolgt für sogenannte Kontrollblöcke, die unterschiedliche Hierarchieebenen (Arbeitsplatz / -gruppe, Kostenstelle, Abteilung, Bereich) umfassen können.[120] Der Ist-FZ wird die Soll-FZ gegenübergestellt, die die geforderte Menge an einem bestimmten Zeitpunkt oder Termin angibt. Den zeitlichen Ver-

---

[119] Vgl. Helberg, P.: PPS als Baustein. Gestaltung der Produktionsplanung und -steuerung für die computerintegrierte Produktion, a.a.O., 76.
[120] Vgl. Glaser, H./ Geiger, W./ Rohde, V.: PPS - Produktionsplanung und -steuerung, a.a.O., S. 232 ff.

lauf von Ist- und Soll-FZ stellt das Diagramm in Abb. 70 grafisch dar. Je nachdem, ob die Ist-FZ größer oder kleiner ist als die Soll-FZ, entstehen Produktionsvorläufe oder -rückstände.

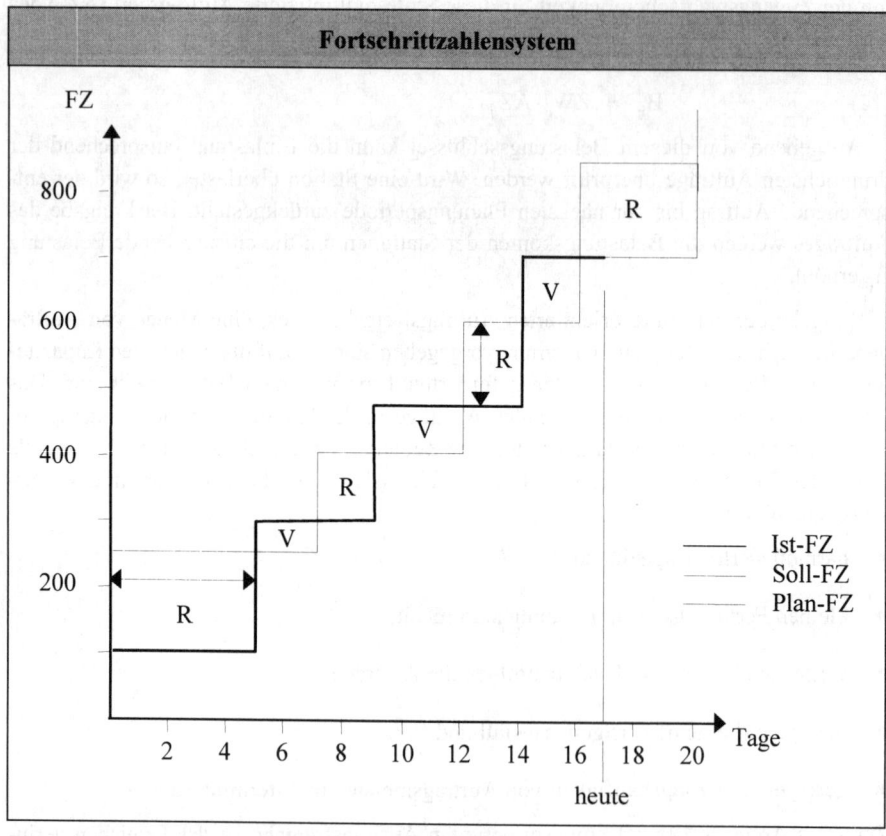

Abb. 70: Verläufe von Ist-, Soll- und Plan-Fortschrittzahlen

Das FZ-System soll zu jedem Zeitpunkt Aufschluss über Produktionsstand, Lagerbestände sowie bereits abgerufene Produktionsmengen geben. Auf diese Weise lässt sich der Fertigwarenbestand durch Subtraktion der Ausgangs- und Eingangs-FZ ermitteln.

Das FZ-System stellt ein sehr einfaches Steuerinstrument dar, dessen größter Vorteil im Austausch zwischenbetrieblicher Informationen liegt. Da die Anwendung des FZ-Systems eine (Neu-) Strukturierung des Beschaffungs- und Fertigungsprozesses in Richtung JIT-Produktion erfordert, lassen sich durch die damit verbundene Bestandssenkung und Durchlaufzeitreduzierung erhebliche Rationalisierungspotenziale ausschöpfen.[121]

Der Informationsfluss wird auf wenige Daten reduziert. Im Falle genormter Datenübertragungsschnittstellen, wie sie in der Automobilindustrie angewandt werden, kann eine datentechnische Kommunikation zwischen dem Industrieunternehmen und dessen Zulieferfirmen erfolgen.[122]

---

[121] Vgl. Glaser, H./ Geiger, W./ Rohde, V.: PPS - Produktionsplanung und -steuerung, a.a.O., S. 252.
[122] Vgl. Geitner, U. W.: CIM-Handbuch, a.a.O., S. 49.

5.2.4 Analyse des JIT-Systems

Das von der japanischen Automobilindustrie entwickelte und praktizierte JIT-System birgt Vorzüge hinsichtlich seiner Gestaltungsvariablen Zeit, Bestand, Flexibilität und Qualität. Demgegenüber ergeben sich jedoch auch Problemfelder, die das JIT-Konzept insbesondere durch die mit der termingerechten Zulieferung verbundenen erhöhten **Umweltbelastungen** zunehmend der Kritik der Öffentlichkeit aussetzten.

JIT zu produzieren heißt zum gegenwärtigen Zeitpunkt oft nichts anderes als die Lagerhaltung auf die Straße zu versetzen. Aus dem daraus resultierenden hohen Nutzfahrzeugverkehr ergibt sich eine erhöhte Belastung der Umwelt und des Verkehrs. Jedoch muss eine JIT-Lieferung nicht unbedingt eine termingerechte Versorgung der Zulieferer per Lastkraftwagen (LKW) bedeuten.

Einer zusätzlichen Umweltbelastung kann in Zukunft durch eine Verlagerung der Zuliefergüter auf die Schiene oder das Wasser begegnet werden. Insbesondere die Bahn stellt eine wirkungsvolle Alternative zum LKW dar, da sie ebenso wie das JIT-System nach exakten Zeit- und Fahrplänen funktioniert. JIT muss die Kooperation zwischen Wasser, Straße und Schiene aufnehmen, sofern die dafür notwendige Infrastruktur vorhanden ist.

Ein nach solcher Transportkombination funktionierendes JIT-System würde dann zu einem allgemein verringerten Straßentransportaufkommen führen, zumal durch die rein auftragsbezogene JIT-Herstellung bei den einzelnen Zulieferbetrieben nachfragegerechter produziert werden könnte und folglich weniger Güter transportiert werden müssten.

Neben der Öffentlichkeit äußert auch die **Zulieferindustrie** zunehmend Kritik gegenüber JIT. Die Zulieferer befürchten, dass ihnen durch dieses System die Last der Lagerbestände aufgebürdet wird. Wird die JIT-Lieferung aber unmittelbar mit der Produktherstellung verbunden, ist eine Lagerhaltung generell überflüssig. Für die Zulieferindustrie bedeutet dies, dass sie stärker in die Gestaltung des Herstellungsprozesses der Produzenten eingebunden werden muss, wie dies bereits in der japanischen Automobilindustrie praktiziert wird. Durch die enge Mitarbeit und frühe Integration der Zulieferer in den Produktionsprozess kann eine hohe Teilequalität erreicht werden, die schließlich Reserven überflüssig macht, sich also kostensparend auswirkt.

Das JIT-Prinzip, das auch Bestandteil des Produktionsprozesses ist, sieht **keinen Platz für Produktlagerung** vor. Dies ist jedoch mit Risiken wie z.B. erhöhtem Versorgungsrisiko aufgrund der geringen Anzahl von Lieferanten verbunden. Alternative Zulieferer, die eventuell eine höhere Qualität und / oder geringere Preise bieten, können nicht ohne längere Anlaufphase in Anspruch genommen werden.

Andererseits ergeben sich für die Produzenten aber auch Vorteile, die sich durch wesentlich **höhere Qualitätsstandards** bei gleichzeitig **niedrigeren Kosten** bemerkbar machen. Aus einer von Wildemann durchgeführten empirischen Untersuchung in 182 Unternehmen wurden die Veränderungen der Gestaltungsvariablen infolge des Einsatzes von JIT über einen Zeitraum von zehn Jahren untersucht.[123] Abb. 71 fasst die Ergebnisse der Bestands-, Zeit- und Qualitätswirkungen in der logistischen Kette zusammen.

---

[123] Vgl. Wildemann, H.: Betriebswirtschaftliche Wirkungsanalyse, a.a.O., S. 389 ff.

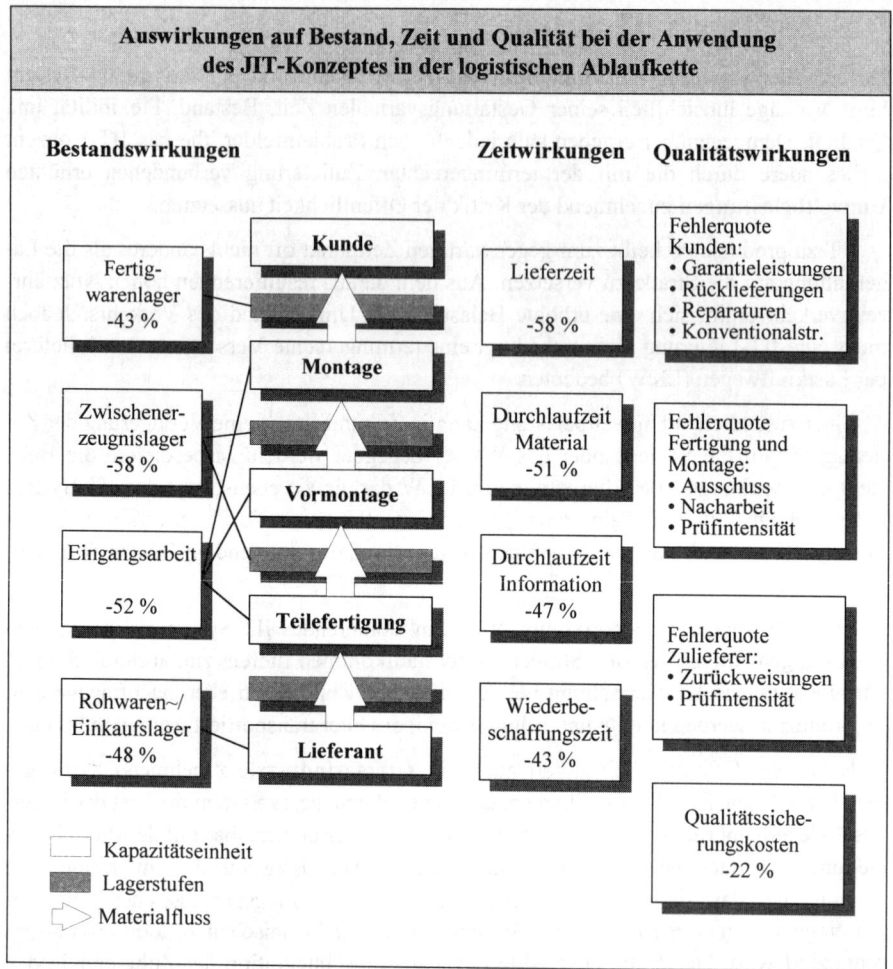

Abb. 71: Bestands-, Zeit- und Qualitätswirkungen bei Anwendung des JIT-Konzeptes in der logistischen Ablaufkette

Aus den Ergebnissen wird deutlich, dass JIT nicht nur ein **reines Bestandssenkungsprogramm** ist (wie es vielfach genannt wird). Es ergeben sich insbesondere Vorteile in der **Produktivitätssteigerung**, der **Verkürzung von Durchlauf-, Liefer- und Entwicklungszeiten**, der **Ausschussverringerung** und der **Reduzierung von Kapitalkosten** im Umlaufvermögen sowie in einem **effizienten Varianten-Management**.[124]

JIT sorgt aber nicht nur für niedrige Bestände und hohe Rentabilität. Neben den schon beschriebenen Problemfeldern bringt JIT auch einige **organisatorische** und **operative Probleme** für die Produktion.[125] Die Implementierung von JIT ist erst dann erfolgreich, wenn sich Management und Belegschaft mit gleichem Engagement der Aufgabe widmen, dem gesamten Produktionssystem verkürzte Durchlaufzeiten abzuringen und die Produktionsprozesse zu beherrschen.

---

[124] Vgl. Wildemann, H.: Betriebswirtschaftliche Wirkungsanalyse des Just-In-Time-Konzepts, a.a.O., S. 391.
[125] Vgl. Eidenmüller, B.: Die Produktion als Wettbewerbsfaktor, a.a.O., S. 60.

5.3 PPS als CIM-Baustein

5.3.1 Aufbau eines CIM-Systems

Der Einsatz der **Informationstechnik** für die Industriebetriebe von Produktionsbereichen hat großen Einfluss auf den Betriebsablauf und das Betriebsergebnis. Zum einen wären ohne ihren Einsatz die Massenvorgänge der Verwaltung von Kunden-, Fertigungs- und Beschaffungsaufträgen kaum zu bewältigen, zum anderen wirkt die Informationstechnik zunehmend auf die Gestaltung von Aufbau- und Ablauforganisation ein.[126]

Lange Durchlaufzeiten von arbeitsteilig getrennten Vorgängen sind Folge mehrfacher Informationsübertragung. Abhilfe wird in zunehmendem Maße durch die bereichsübergreifende Nutzung einer Datenbasis geschaffen.

Eine solche gemeinsame Datenbasis ermöglicht, dass Informationen, die in einer Abteilung anfallen und in die Datenbasis eingegeben werden, sofort auch anderen beteiligten Stellen zur Verfügung stehen. Dadurch entfallen Informationsübertragungszeiten und die Abläufe können erheblich beschleunigt werden.

Dieses Prinzip versucht das **Computer Integrated Manufacturing (CIM)** zu verwirklichen, indem es die integrierte Informationsverarbeitung für betriebswirtschaftliche und technische Aufgaben eines Industriebetriebes anstrebt. Mit der Neugestaltung der Produktionsstruktur durch CIM sind drei wesentliche Impulse verbunden:[127]

- Durch eine prozessorientierte Produktionsgestaltung und eine entsprechende Dimensionierung der Kapazitäten können Bestände reduziert und Kapitalkosten vermieden werden.
- Die zunehmende Bedeutung der Produktentwicklung und Erschließung von Rationalisierungspotenzialen erfordert in bezug auf die Maximierung der Leistungsfähigkeit computergestützte Integration.
- Im Zuge zunehmender Marktorientierung muss jede Maßnahme im Unternehmen "an ihrem Beitrag zur Verbesserung der logistischen Leistungsfaktoren gemessen werden".[128]

Verbunden mit der Einrichtung einer gemeinsamen Datenbasis ist jedoch auch der Aufbau von Datenverbindungen zwischen den mehr technischen Funktionen wie Konstruktion, Arbeitsplanung, Fertigung und den mehr begleitenden administrativen Prozessen wie Produktionsplanung und -steuerung.[129] In funktioneller Sicht umfasst CIM dann

- technisch orientierte Funktionen (CAD, CAM, CAP und CAQ) und
- betriebswirtschaftlich orientierte Funktionen (PPS).

Zusammengefasst kann unter CIM also die integrierte Informationsverarbeitung in allen mit der Produktion zusammenhängenden Betriebsbereichen verstanden werden (Abb. 72).

---

[126] Vgl. hierzu Geitner, W.: CIM-Handbuch, a.a.O., S. 45 ff.; Scheer, A. W.: CIM-Computer Integrated Manufactoring. Der computergesteuerte Industriebetrieb, 4. Aufl., Berlin u.a. 1990, S. 2 ff.
[127] Vgl. Eidenmüller, B.: Die Produktion als Wettbewerbsfaktor, a.a.O., S. 234.
[128] Ebd., S. 234.
[129] Vgl. Scheer, A. W.: CIM- Computer Integratet Manufactoring, a.a.O., S. 7.

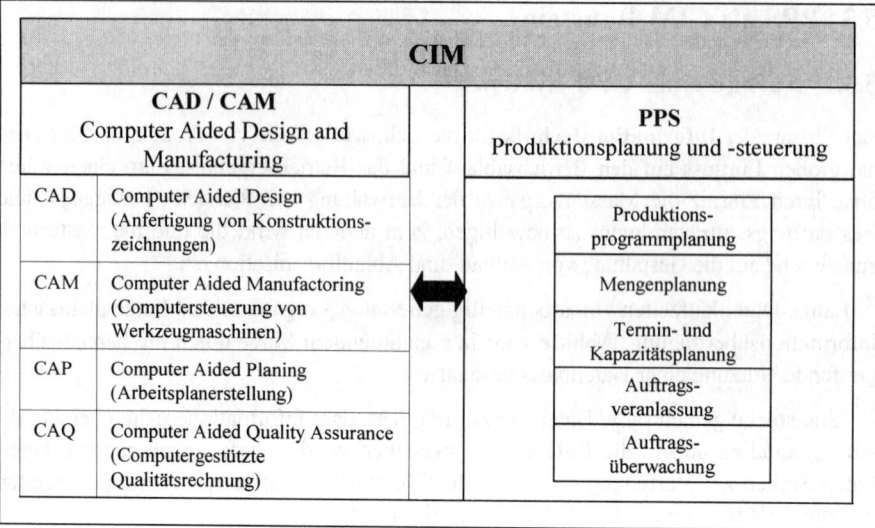

Abb. 72: Komponenten einer CIM-Konzepts[130]

5.3.2 Probleme bei der CIM-Realisierung

Neben der Weiterentwicklung von PPS-Systemen, wie in Abschnitt 5.2.3 beschrieben, ist die Integration der PPS in ein CIM-Konzept von großer Bedeutung. Meist erfordert die CIM-Realisation jedoch die Einrichtung betriebsspezifischer Schnittstellen, die mit hohen Investitionskosten verbunden sind. Hierbei ist auch zu beachten, dass einerseits die getrennte Entwicklung von CAD- / CAM- und PPS-Systemen einer Integration bisher im Wege stehen. Während sich die Anbieter von PPS-Systemen primär mit Planungs- und Steuerungsaufgaben befassten und sich erst relativ spät den überwiegend technischen Funktionen der CA-Systeme zuwandten, konzentrierten sich die Anbieter solcher Systeme auf CAD- und CAM-Systeme und vernachlässigten lange Zeit PPS-Systeme.[131] Gerade in diesem Punkt der Integration unterschiedlicher Systeme zeigt sich, dass CIM nur betriebsindividuell gesehen werden kann und nicht von einer Standardlösung des CIM-Gedankens ausgegangen werden kann.

Bei der Einführung von CIM zeichnen sich sowohl ablauf- als auch aufbauorganisatorische Veränderungen ab, die Auswirkung auf die PPS-Konzeption haben:[132]

- Aufbauorganisatorische Kriterien:

  Der Fertigungstyp hat entscheidenden Einfluss auf die Realisierung des CIM-Konzeptes. Eine am Objekt, Auftrag bzw. Produkt ausgerichtete Organisationsform stützt den CIM-Gedanken stärker als die traditionelle funktionsorientierte Ablauforganisation (Werkstattfertigung). Steht nicht die Auslastung der Kapazitäten, sondern die Minimierung der Durchlaufzeiten im Vordergrund, können auftretende

---

[130] In Anlehnung an: Integrierter EDV-Einsatz in der Produktion, hrsg. vom Ausschuss für wirtschaftliche Fertigung (AWF), Eschborn 1985, S.10
[131] Vgl. Kaluza, B.: Erzeugniswechsel als unternehmenspolitische Aufgabe. Integrative Lösungen aus betriebswirtschaftlicher und ingenieurwissenschaftlicher Sicht, Berlin 1989, S. 249.
[132] Vgl. Geitner, U. W.: CIM-Handbuch, a.a.O., S. 51 ff.

Transport- und Liegezeiten wesentlich gesenkt werden. Bearbeitungszentren, Fertigungsinseln oder flexible Fertigungssysteme unterstützen dieses Organisationsprinzip und ermöglichen damit einen strafferen Auftragsdurchlauf.

- Ablauforganisatorische Kriterien:

Die Zusammenarbeit zwischen den einzelnen Abteilungen wird mit der CIM-Realisation erheblich steigen. Dies gilt insbesondere für die Kommunikation zwischen Konstruktion und der Arbeitsvorbereitung. Da in der Konstruktion 70 - 80 % der Produktionskosten festgelegt werden,[133] ist eine informationstechnische Integration der Arbeitsvorbereitung bereits in diesem Produktionsstadium zwingend notwendig. Während der Konstrukteur hauptsächlich die Funktionserfüllung vor Augen hat, beurteilt der Arbeitsvorbereiter das neu entworfene Produkt unter fertigungstechnischen Gesichtspunkten. Diese temporäre Anwesenheit eines oder mehrerer Arbeitsvorbereiter in der Konstruktion führt zu Kosten- und Zeiteinsparungen und schult zudem den Konstrukteur im Kostenbewusstsein. Für die PPS bedeutet dies, dass sie Kosteninformationen und Kalkulationsdaten in einer für den Konstrukteur verständlich aufbereiteten Form bereitstellen muss.

Eine Analyse der im Unternehmen verfügbaren Daten und deren Qualität kann dazu führen, dass vor dem Einsatz eines PPS- oder CIM-Konzeptes zunächst die Datenqualität verbessert und organisatorische Veränderungen herbeigeführt werden müssen, um einen rationellen Einsatz des Konzeptes zu gewährleisten. Insbesondere bei Klein- oder Mittelbetrieben sind selten detaillierte Arbeitsplandaten, Wiederbeschaffungszeiten oder Verbrauchsverhalten von Teilen in der Form vorhanden, das funktionsgenaue EDV-Systeme zur Geltung kommen. Daraus wird ersichtlich, dass CIM auf die Gegebenheiten im Betrieb abgestimmt sein muss, dass die internen Informationsflüsse von Unternehmen zu Unternehmen verschieden sind.

Die Entwicklung eines Konzeptes ist folglich abhängig von den

- im Unternehmen verfügbaren Daten,
- bereits im Einsatz befindlichen Systemen
- betriebsspezifischen Anforderungen,
- verschiedenen Ablaufketten sowie den
- organisatorischen Aufbau des Unternehmens.[134]

Neben den organisatorischen Schwierigkeiten sind bei der Planung und Umsetzung von CIM-Konzepten auch **personelle Probleme** auf allen betrieblichen Hierarchieebenen zu verzeichnen. So wird oft der mit der Einführung verbundene Qualifikationsbedarf unterschätzt. Neue Schulungs-, Aus- und Weiterbildungsmaßnahmen sind auf die unterschiedlichen hierarchischen Zielgruppen abzustimmen. Durch die Integration technischer und administrativer Funktionen wird ein höherer Grad der Aufgabenintegration erreicht. Höhere Handlungskompetenzen und stärkere Motivation erfordern bei den Mitarbeitern eine zusätzliche Qualifikation, aber auch eine Veränderung der Entlohnungsform. Der innovative Gedanke bei CIM ist die Integration von Mensch, Technik und Organisation. Die angestrebte technische Vernetzung funktioniert nur dann, wenn Mensch, Technik und Organisation ganzheitlich integriert werden (Abb. 73).

---

[133] Siehe Abschnitt 3.2.3.4.
[134] Vgl. Geitner, U. W.: CIM-Handbuch, a.a.O., S. 53.

Aufgrund der Vielzahl an Problemen, die eine CIM-Realisierung zur Folge hat, ist die anfängliche CIM-Begeisterung einer Ernüchterung gewichen. Einer der Hauptgründe für den mäßigen Erfolg hinsichtlich der Leistungsverbesserung liegt in der nicht ausreichenden logistischen Orientierung. Darüber hinaus fehlt es oft an der ganzheitlichen Betrachtung technischer, organisatorischer und personeller Aspekte.[135]

Die gegenwärtige Phase des Strukturmodells mit ihren verstärkten Forderungen nach Marktpräsenz, Lieferbereitschaft und Flexibilität erfordert jedoch auch in kleinen und mittelständischen Betrieben zunehmend die technische Integration von PPS und CAD / CAM. Trotz der vielfältigen Möglichkeiten, die moderne PPS-Systeme bieten, ergeben sich bei der alleinigen Anwendung Schwächen in der Grunddatenverwaltung und der Materialwirtschaft.

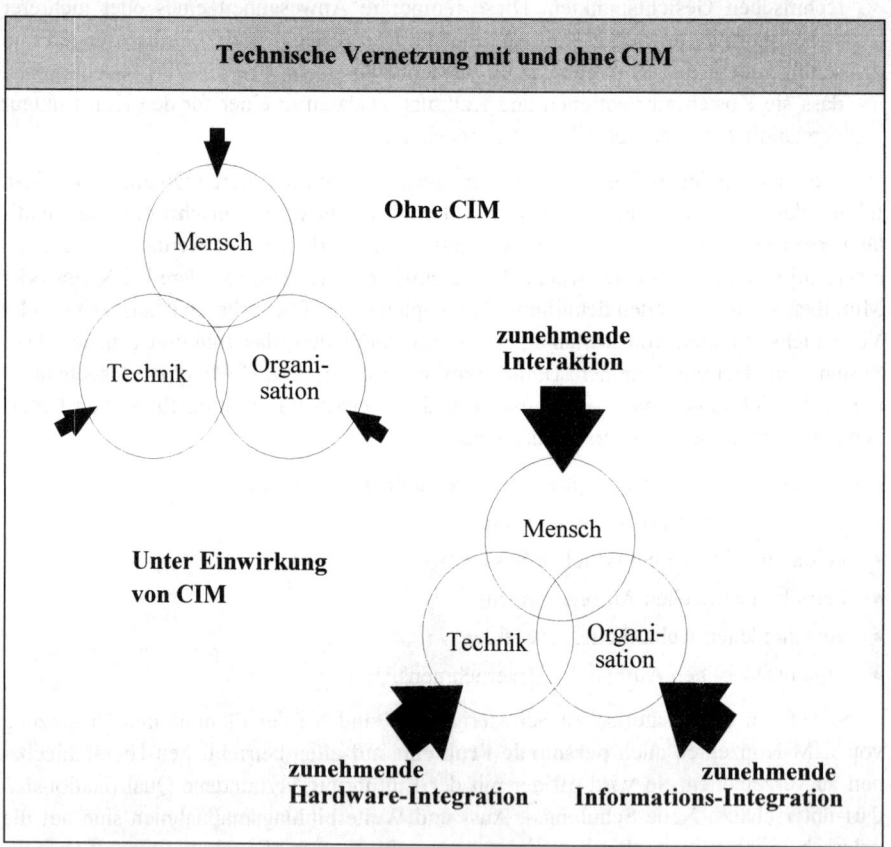

Abb. 73: CIM bedeutet Integration von Mensch, Technik und Organisation[136]

Hinsichtlich der **Ausschöpfung von Rationalisierungspotenzialen** werden sich JIT- und CIM-Konzepte zunehmend ergänzen. Erst bei der Integration von intelligenten DV- und Kommunikations- sowie flexiblen Produktionssystemen können hohe Rationalisierungspotenziale freigesetzt werden.

---

[135] Vgl. Eidenmüller, B.: Die Produktion als Wettbewerbsfaktor, a.a.O., S. 235.

[136] Vgl. Bullinger, H. J.: Integrierte Informations- und Produktionssysteme in arbeitswissenschaftlicher Betrachtung, a.a.O., S. 89.

5.4 Wirtschaftliche Notwendigkeit für die Integration von Informationsfluss und Materialflusskonzepten

Charakteristisch für die **heutige Wettbewerbssituation** einer Unternehmung ist die Schrumpfung vieler Marktsegmente, Internationalisierung des Wettbewerbs mit zunehmendem Preis- bzw. Kostendruck, stärkere Individualisierung der Bedürfnisse sowie Verkürzung der Produktlebenszyklen in zahlreichen Branchen. Ausgelöst durch diese Entwicklungen ist der **Produktions-** und **Logistikbereich** zu einem **entscheidenden Wettbewerbsfaktor** der Unternehmung geworden. Neben den technologischen Systemen stellen besonders die logistischen Systeme ein Rationalisierungs- und Flexibilitätspotenzial dar, welches es auszuschöpfen gilt.[137] Als Lösungsansätze für die Neugestaltung stehen die JIT-Produktion und die CIM-Fertigung im Mittelpunkt der Diskussion.

Zur Implementierung einer kundennahen JIT-Produktion und Beschaffung ist eine ganzheitliche Betrachtung der Auftragsabwicklung in einer logistischen Kette erforderlich. Diese kann z.B. Zulieferer, Rohmateriallager, Fertigung, Teilelager, Fertigwarenlager und Montage bis hin zum Abnehmer umfassen. Der Materialfluss verläuft vom Zulieferunternehmen zum Abnehmer. Der zur Koordination notwendige Informationsfluss verläuft entgegengerichtet und zeitlich vorgezogen vom Abnehmer zum Zulieferanten.

Durch eine derartige integrative Kopplung aller am Wertschöpfungsprozess beteiligten Bereiche kann die Weiterleitung von Marktimpulsen anforderungsgerecht durch die gesamte logistische Kette bis zum Lieferanten realisiert werden.[138]

JIT-Prinzipien und **CIM** streben gleiche Ziele an und ergänzen sich gegenseitig bei der Ausschöpfung vorhandener Rationalisierungspotenziale. Das Erschließen dieser Rationalisierungs- und Fertigungsreserven wird besonders durch einen **simultanen Einsatz** beider Konzepte erreicht.[139] Die Implementierung organisatorischer und technischer Vernetzung wird somit zu einer wirtschaftlichen Notwendigkeit zur Erhaltung oder Erlangung von Wettbewerbsvorteilen.

6 Produktion als Wettbewerbsfaktor

6.1 Stellenwert der Produktion heute

Mit der Globalisierung der Märkte hat sich der Wettbewerb in den letzten Jahren erheblich verschärft. Es gibt kaum noch einen Markt, in dem Unternehmen nicht der internationalen Konkurrenz ausgesetzt sind. Während früher Lieferbereitschaft und Flexibilität mit hohen Beständen "erkauft"[140] wurden, erfordern nun hohe Kapitalbindungskosten kurze Durchlaufzeiten in der Produktion. Im heutigen Wettbewerb sind die Unternehmen gezwungen, mit neuen Produkten möglichst schnell auf den Markt zu kommen und durch Leistungsdifferenzierung oder Kostenführerschaft Wettbewerbsvorteile zu erringen.

---

[137] Vgl. Schönsleben, P.: PPS und Logistik, a.a.O., S. 81.
[138] Vgl. Bullinger, H. J.: Integrierte Informations- und Produktionssysteme in arbeitswissenschaftlicher Betrachtung, a.a.O., S. 120.
[139] Vgl. Eidenmüller, B.: Die Produktion als Wettbewerbsfaktor, a.a.O., S. 70 f.
[140] Vgl. ebd., S 13.

Mit dem Übergang zur **bedarfsorientierten Fertigung** haben Qualität, Flexibilität und Reaktionsgeschwindigkeit an Bedeutung gewonnen. Vielen Unternehmen ist in den letzten Jahren bewusst geworden, dass nicht nur das "richtige" Produkt, sondern auch eine exzellente Produktion für den Markterfolg verantwortlich ist. Damit hat der Stellenwert der Produktion als betriebliche Teilfunktion zugenommen.

Der Produktionsbereich ist nach einer Ära des Massenmarketing, in der er als "Produktivitätsmaschine nur operativ zu funktionieren hatte",[141] wieder zu einer entscheidenden strategischen Waffe im Kampf um Marktanteile geworden. Wichtigstes Kennzeichen der modernen, bedarfsgerechten Produktion ist die **Flexibilität**. Nur durch eine flexible automatisierte Produktion kann ein Unternehmen der veränderten Dynamik in Markt und Wettbewerb entsprechend innovationsorientiert produzieren.

Da sich die Wertschöpfung im Laufe der Zeit zunehmend von der Fertigung zur Produktentwicklung verlagert hat, ist der Erfolg eines Unternehmens wesentlich abhängig von den getätigten Innovationen. Neue Produkte erfordern vielfach neue Prozesstechnologien und neue Fertigungsstrukturen im Sinne von

- Automatisierung, CAD-Einsatz und Integration sowie
- Kaizen (kontinuierliche Verbesserung), Kanban (Teilebestandskontrolle), JIT (Just-In-Time-Produktion) und Kyoryoku Geisha (Partnerschaftsunternehmen).

Zahn[142] unterscheidet diesbezüglich zwischen **harter** und **weicher Innovation** und bezeichnet ihre Realisierung als Grund für das Wiedererstarken des Industrieunternehmens.

6.2 Produktionsmanagement im Wandel

6.2.1 Neue Herausforderungen an die Produktion

Der Strukturwandel in Markt und Technik wirkt in vielfacher Hinsicht auf den Produktionsbereich ein.

Heute wird der technologische Wandel entscheidend geprägt durch den raschen Fortschritt auf dem Gebiet der **Mikroindustrie**. Sie bewirkt auf breiter Front den Übergang von der Elektromechanik zur Elektronik und führt nicht nur zum kostengünstigsten Ersatz elektromechanischer Funktionseinheiten, sondern fordert auch zur Entwicklung zahlreicher neuer Produkte heraus.

Der steigende Druck auf den Produktionsbereich resultiert aus der Modernisierung elektronischer Bauteile. Diese ermöglichen einerseits die Entwicklung völlig neuer Produkte und haben andererseits auch großen Einfluss auf die **Fertigungstiefe**. Da durch diese Bauteile möglicherweise zum Teil ganze Baugruppen entfallen, verringert sich der Fertigungsaufwand; die Fertigungstiefe wird deutlich geringer. Die Strukturveränderungen durch die Einführung mikroelektronikintensiver Produkte wurde überlagert durch den Einsatz der Mikroelektronik in der Prozesstechnik.

---

[141] Vgl. Zahn, E.: Produktionstechnologien als Element internationaler Wettbewerbsstrategien. In: Innovation und Wettbewerbsfähigkeit, Dichtl, E./ Gerke, W./ Kieser, A. (Hrsg.), Wiesbaden 1987, S. 485 f.

[142] Vgl. Zahn, E.: Die Produktion als Wettbewerbskraft. In: Produktionsmanagement im Spannungsfeld zwischen Markt und Technologie, Bullinger, H.-J. (Hrsg.), München 1990, S. 50.

Die **Prozessinnovation** gehört heute und zukünftig (gleichrangig mit der Produktinnovation) zu den wichtigsten Wettbewerbsfaktoren jedes Unternehmens. Automatisierte Fertigungsabläufe sind der sichtbare Ausdruck der Prozessinnovation und garantiert die Wettbewerbsfähigkeit eines Unternehmens.

Neben den technologischen Herausforderungen des Produktionsbereiches beeinflusst auch die jeweilige Marktsituation die Gestaltung des Produktionsprogramms. **Marktveränderungen**, wie sie sich in stärkeren Nachfragedifferenzen, kürzeren Produktlebenszyklen, wachsenden Kundenanforderungen und nicht zuletzt in der zunehmenden Internationalisierung eines insgesamt immer härter werdenden Wettbewerbes manifestieren, bedeuten größere und zum Teil neue Herausforderungen an die Produktion.[143] Im Zuge der bedarfsorientierten Produktion müssen vermehrt Kundenwünsche befriedigt werden. Das bedeutet hohe Qualität, Flexibilität und Lieferzuverlässigkeit, die es, wenn möglich, gleichzeitig zu erfüllen gilt.

Neben diesen **Primärzielen** muss die Produktion künftig auch vermehrt Ziele verfolgen, die dem Herstellungsprozess vor- oder nachgelagert sind, wie etwa kompetente Information oder technische Beratung.[144] Da der Wettbewerb ständig zunimmt und die Produkte oft nur geringe qualitative Unterschiede aufweisen, treten **sekundäre Ziele** verstärkt in den Vordergrund. Zweck dieser neuen Zielsetzungen ist in erster Linie die Bindung des Kunden an das Unternehmen, aber auch die bessere Orientierung am Absatzmarkt.

6.2.2 Veränderungen im Zielsystem

Durch marktseitige und technologische Veränderungen haben sich die produktionswirtschaftlichen Zielgrößen verschoben.

Zunächst ist festzustellen, dass das produktionswirtschaftliche Zielsystem eine stärkere Außenorientierung erfährt. Während lange Zeit die **Kostenwirtschaftlichkeit** die dominante Zielgröße war, werden zunehmend Zielgrößen verfolgt, die die Kundenwünsche besser reflektieren. **Flexibilität, Lieferschnelligkeit, -fähigkeit** und **-treue** als Ziele der logistischen Leistung sowie insbesondere **Qualität** bilden heute die Basis für den Unternehmenserfolg. Dabei erlangt die logistische Leistung immer größere Bedeutung, da sie den gesamten Material- und Lieferfluss vom Zulieferer über das Unternehmen bis hin zum Kunden beschreibt.

Eine weitere wesentliche Veränderung im produktionswirtschaftlichen Zielsystem ergibt sich aus der Notwendigkeit, bei allen gegebenen Zielgrößen eine **bessere Ausnutzung** zu erzielen (Abb. 74).

Die Wirtschaftlichkeit, mit der ein industrielles Unternehmen produziert, lässt sich insbesondere durch die Senkung der Gemeinkosten, die auch durch die Einführung neuer Fertigungstechnologien und die zunehmende Automatisierung gestiegen sind, verbessern. Grundsätzliche Möglichkeiten zu Reduzierung der Gemeinkosten sind nach Eidenmüller:[145]

---

[143] Vgl. Zahn, E.: Die Produktion als Wettbewerbskraft, a.a.O., S. 250.
[144] siehe hierzu die von Eidenmüller durchgeführte empirische Untersuchung über kaufentscheidende Faktoren; Eidenmüller: Die Produktion als Wettbewerbsfaktor, a.a.O., S. 23.
[145] Vgl. Eidenmüller, B.: Die Produktion als Wettbewerbsfaktor, a.a.O., S. 26.

- Eliminierung der überflüssigen und Verbesserung der notwendigen Maßnahmen im Produktionsgeschehen,

- Beherrschung der Betriebsabläufe und Produktionsprozesse,

- Einsatz von integrierten Rechenmaschinen.

Qualitätsverbesserungen lassen sich wesentlich durch kurze Qualitätsregelkreise erzielen. Die Trennung zwischen Fertigung und Qualitätsprüfung hat hohe Bestände, lange Rückkopplungszeiten und Nutzungsverluste an teuren Fertigungsanlagen zur Folge. Die daraus resultierenden Mehrkosten können durch präventive Qualitätssicherung vermieden werden, d. h., die Prüfung ist in die Fertigung integriert. Dies erfordert eine Qualitätssicherung bereits bei der Erstellung des Pflichtenheftes. Nur so kann ein Minimum an Ausfällen aller Art gewährleistet werden.

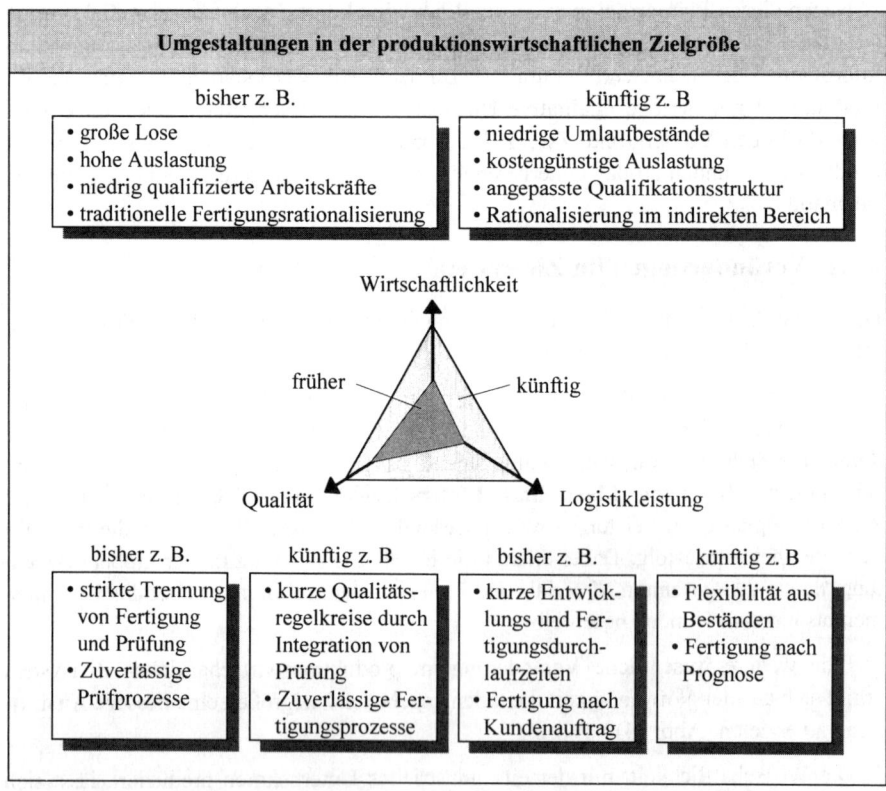

Abb. 74: Veränderungen in der produktionswirtschaftlichen Zielgröße

Maßnahmen zur Verbesserung der **logistischen Leistungsfaktoren** (Lieferzeit, -treue, und -flexibilität) sollten sich hauptsächlich am Prinzip des "**kontinuierlichen Fließens**" von Aufträgen orientieren. Alle Tätigkeiten im Unternehmen müssen dahingehend geprüft werden, in wieweit eine Verringerung der Durchlaufzeit bzw. der Liegezeit in der gesamten logistischen Kette erzielt werden kann.[146]

---

[146] Vgl. Eidenmüller, B.: Die Produktion als Wettbewerbsfaktor, a.a.O., S. 32.

Das produktionswirtschaftliche Zielsystem ist zwar durch marktseitige Veränderungen komplexer, durch neue Fertigungstechnologien und moderner Organisationskonzepte aber gleichzeitig verträglicher geworden. Die Konflikte zwischen den einzelnen Zielgrößen, wie in Abb. 74 dargestellt, lassen sich zum Teil aufheben und sinnvoll zu einem **positiven Kompromiss** verbinden. Solche Kompromisse sind notwendige Voraussetzungen zur Erzielung von Produktionsleistungen, die "Weltklasseniveau" haben.

6.2.2.1 Wettbewerbsfaktor Zeit als Maßstab für die Leistungsfähigkeit einer Produktion

Die veränderten Wettbewerbsbedingungen erschweren es den Unternehmen zunehmend, über traditionelle Methoden zu Wettbewerbsvorteilen zu gelangen. **Kostenführerschaft** durch mengenmäßige Kostendegression ist in gesättigten Märkten immer schwerer zu erreichen.

Auch die **Differenzierung**, als Strategie einzigartiger Produktherstellung, wird in global vernetzten Märkten, die sich bereits durch ein hohes "Produkt- und Produktionsniveau" auszeichnen, immer schwieriger. Die Entwicklung macht es notwendig, die Unternehmen von der allgemeinen Zielrichtung "Kosten sparen" auf das Ziel "Zeit und Kosten sparen" auszurichten. Produkte müssen bei verbessertem Qualitätsniveau zukünftig schneller entwickelt und produziert werden.

Der Ausrichtung der Unternehmen auf den **Zeitwettbewerb** stehen häufig eine Reihe technologischer und organisatorischer Schwachstellen gegenüber, die in hohem Maße aus der arbeitsteiligen Struktur vieler Unternehmen resultieren. Hohe Arbeitsteiligkeit sowie mangelhafte Synchronisation der Vorgänge sind gleichermaßen für Zeit- und Effektivitätsverluste verantwortlich. Folge der sequentiellen Arbeitsweise sind lange Liege- und Übergangszeiten, die auch als **Schnittstellenverluste** bezeichnet werden.

Die Beseitigung der Schwachstellen erfordert eine **optimale Anpassung von Spezialisierung bzw. Arbeitsteilung** einerseits und **Schnittstellenverlusten** andererseits. Nach Milberg[147] lassen sich grundsätzlich drei miteinander vernetzte Möglichkeiten zum Zeitsparen und damit zur Durchlaufzeitverkürzung unterscheiden (Abb. 75).

- **Verkürzung der Ausführungszeit:**

  Die qualitative Verbesserung einzelner Tätigkeiten durch den Einsatz besserer Hilfsmittel trägt jedoch nur bedingt zur Verlängerung der Durchlaufzeit bei, da diese Möglichkeiten allen Wettbewerbern zur Verfügung stehen. Ferner entfallen 70 - 80 % der Auftragsdurchlaufzeit auf die Liegezeiten,[148] so dass vermehrt auf diese Zeitanteile zu achten ist.

- **zweckmäßige Arbeitsteilung:**

  Die Verkürzung der Übergangszeiten zwischen einzelnen Verrichtungen ist eine Frage der Planung und Steuerung des betrieblichen Ablaufes. Die Auftragsleittechnik kann als modernes Hilfsmittel wesentlich zur Verbesserung der Ablaufsteuerung beitragen.

---

[147] Vgl. Milberg, J.: Der Wettbewerbsfaktor Zeit als Maßstab für die Leistungsfähigkeit der Produktion, a.a.O., S. 233 ff.
[148] siehe Abschnitt 4.3.1.1.

- **Aufgabenintegration und Komplettbearbeitung:**

    Das Parallelschalten von Tätigkeiten und die Integration von Aufgaben stellen strategische Ansätze zum Zeitsparen und zur Steigerung der Effektivität der Auftragsabwicklung dar.

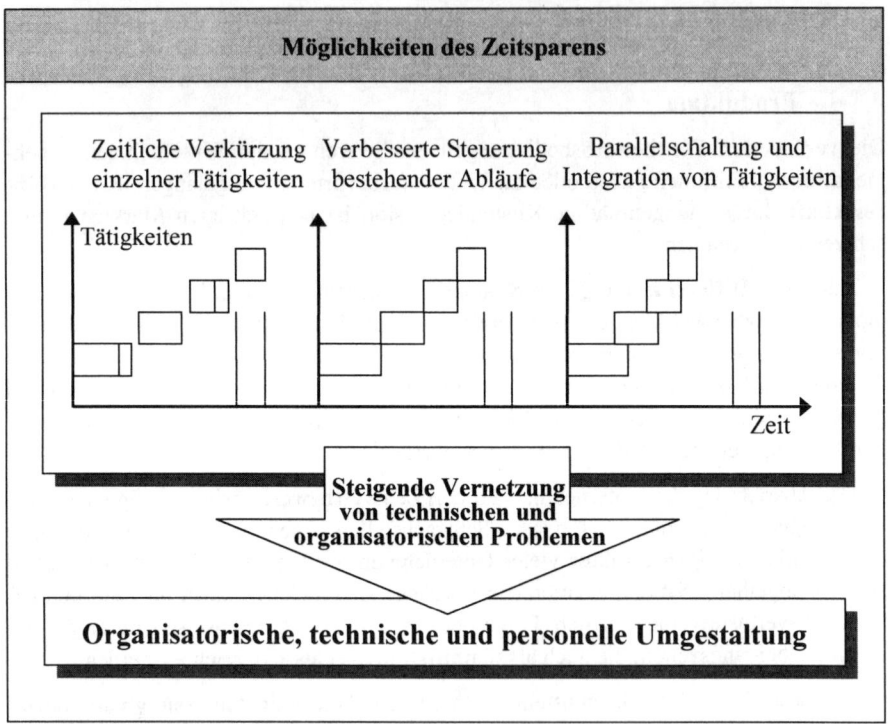

Abb. 75: Grundsätzliche Möglichkeiten des Zeitsparens[149]

Während die Verkürzung einzelner Tätigkeiten im wesentlichen eine technische Herausforderung darstellt, betreffen die verbesserte Steuerung, Integration und Parallelisierung von Tätigkeiten sowohl die eingesetzten technischen Hilfsmittel als auch die Ablauf- und Aufbauorganisation von Unternehmen. Die Entwicklung und der Einsatz von Hilfsmitteln sowie der Aufbau von Organisationsformen, die wesentliche Beiträge zum Zeitsparen bei der Auftragsabwicklung leisten können, lassen sich optimal nur unter Beachtung der Wechselwirkungen und gegenseitigen Abhängigkeiten zwischen den Hilfsmitteln und der Organisation durchführen. Sowohl bei den Hilfsmitteln als auch im organisatorischen Bereich sind überschaubare, dezentrale und einfach zu koordinierende Einheiten zu schaffen. Die Durchlaufzeit ist heute der wichtigste Indikator für die Leistungsfähigkeit eines Unternehmens.

Durch die **Verkürzung der Durchlaufzeiten** verschafft sich das Unternehmen das notwendige Flexibilitätspotenzial, um der "**Zeitfalle**" auszuweichen, die durch die Verkürzung von Produktlebenszyklen und der damit verbundenen Reduzierung von Einführungszeiten und Marktperioden entsteht. Marktänderungen können schneller aufge-

---

[149] Vgl. Milberg, J.: Der Wettbewerbsfaktor Zeit als Maßstab für die Leistungsfähigkeit der Produktion, a.a.O., S. 234.

nommen und in ergebniswirksamen Output umgesetzt werden. Auswirkungen haben kurze Durchlaufzeiten insbesondere auf Kosten, Liquidität, Flexibilität und Umsatz.

Eine von Eidenmüller durchgeführte Untersuchung in Unternehmen des Maschinenbaus und der Elektronik hat ergeben, dass sich mit Reduzierung der Durchlaufzeit Bestands- und Logistikkosten um 15 – 20 % senken lassen.[150] Dieses Ergebnis zeigt, welche Bedeutung den produktorientierten Durchlaufzeitzielen in Zukunft beigemessen werden muss.

6.2.2.2 Neues Produktionsziel "Umweltschutz"

In jüngster Zeit haben gesellschaftliche Forderungen dazu geführt, dass dem Schutz der unternehmensrelevanten Umwelt vor Belastungen, die aus der Produktion resultieren, verstärkt Aufmerksamkeit zu schenken ist. Ozonloch, Treibhauseffekt, Müllberge - das sind Problemstellungen, mit denen man täglich konfrontiert wird. Den daraus resultierenden Forderungen nach sicheren Produkten, umweltfreundlicher Technologie und der Verwendung recyclingfähiger Materialien können sich die Unternehmen nicht länger entziehen. Die aktive Berücksichtigung von Umweltaspekten wird Bestandteil einer zukunftsorientierten Unternehmenspolitik sein und wird sich zukünftig auch ökonomisch rechnen.

Die Bedeutung des Umweltschutzes wird besonders in der Produktion deutlich, im Rohstoffbereich (Material- und Energierohstoffe) und bei der Abfallentsorgung. Eine **Reduzierung des Rohstoffverbrauches** ist besonders deshalb nötig, weil es sich hierbei um knappe Ressourcen handelt, die nur begrenzt auf der Erde vorhanden sind. Eine drastische Veränderung des Umweltklimas kann nur vermieden werden, wenn durch Technologien Ersatzstoffe gefunden werden, durch die sich jene knappen Güter substituieren lassen.[151]

Ein neuzeitliches, aber mindestens ebenso großes Problem wie der Rohstoffverbrauch, stellt der **Produktabfall** dar. Betrachtet man die Großserienproduktion vieler Investitions- und Gebrauchsgüter des Maschinenbaus, die sich in den letzten Jahren vervielfacht hat, so werden diese Erzeugnisse bei einer Lebens- und Nutzungsdauer von 10 - 15 Jahren in kürze vom Markt zurückkehren. Welche Herausforderung dies für **Demontage** und **Recycling** bedeutet, lässt sich an einem Beispiel verdeutlichen. Alleine die im europäischen Markt dieses Jahrzehnt noch zu entsorgenden Automobile ergeben hintereinander gereiht eine Fahrzeugschlange von der Erde bis zu dem Mond.[152]

Bekannte Lösungen zur Demontage von Produkten in größeren Stückzahlen gibt es noch nicht. Lediglich in der Automobilbranche laufen einige Pilotprojekte an, wie z.B. das Totalrecyclingkonzept der DaimlerChrysler AG, wo bis zu 400.000 Alt-Autos jährlich auf einer großtechnischen Anlage wiederverwertet werden sollen. Dass dieses Konzept zur Zeit noch die Ausnahme darstellt, liegt daran, dass mit der Problematik einer umweltgerechten Entsorgung auch die Kosten der Großserienprodukte steigen. Eines der derzeit meistgenannten Beispiele ist das Recycling von Fluorchlorkohlenwasser-

---

[150] Vgl. Eidenmüller, B.: Die Produktion als Wettbewerbsfaktor, a.a.O., S. 58.
[151] siehe: Meadows, D. & D./ Randers, J.: Die neuen Grenzen des Wachstums, Stuttgart 1992, S. 201 ff.
[152] Vgl. Steinhilper, R.: Produktionsmanager in der Umweltverantwortung, in: VDI-Bericht 930. Produktionsmanagement 1991, VDI-Gesellschaft (Hrsg.), Düsseldorf 1991, S. 32.

stoffen (FCKW) aus Kühlschränken. Die Kosten hierfür betrugen 1990 bereits DM 124,50 pro Gerät. Damit erreichen die Recyclingkosten der Kühlschränke bereits 12,5 % der Produktgesamtkosten (Abb. 76).

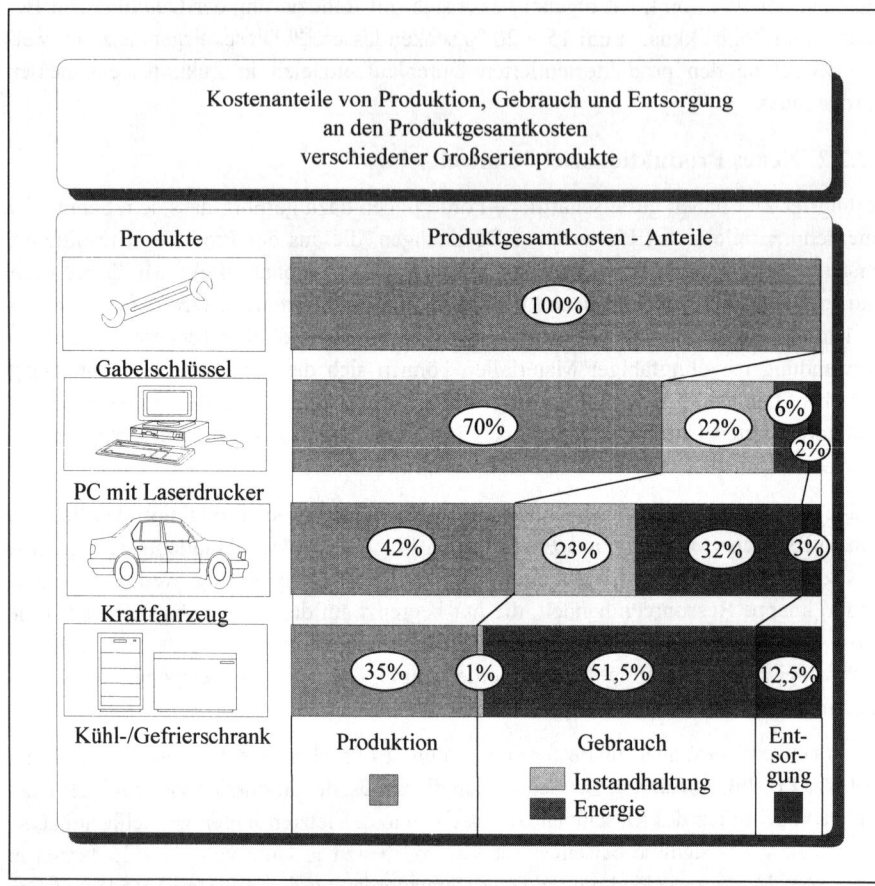

Abb. 76: Entsorgungs- und Produktgesamtkosten[153]

Diese Zusammenhänge weisen nicht nur auf die Problematik, sondern auch auf die Möglichkeiten einer **ökologieorientierten Qualitätsgestaltung** hin. Erhöht ein Unternehmer seine F&E-Auszahlungen für eine bessere Entsorgung der Produkte, so führt dies zu erhöhten Recyclinganteilen und günstigerer Entsorgung. Da höhere Produktionskosten durch geringere Gebrauchs- und Entsorgungskosten wieder kompensiert werden, wird der Kosument einen höheren Verkaufspreis für entsorgungsfreundliche Produkte akzeptieren. Zusätzlich wird sich die Absatzmenge infolge ökologieorientierter Imageverbesserung vergrößern, so dass das Unternehmen einen zusätzlichen Gewinn erwirtschaftet. Dass derzeit dennoch nur wenige Unternehmen entsorgungsorientiert Güter produzieren, liegt daran, dass Gebrauchs- und Entsorgungskosten zur Zeit noch dem Anwender bzw. der Allgemeinheit entstehen, und die Hersteller auf ihre Produktionskostenvorteile bedacht sind.

---

[153] Vgl. Steinhilper, R.: Produktionsmanager in der Umweltverantwortung, a.a.O., S. 27.

An dieser Einstellung würde sich sicherlich nicht viel ändern, wäre es nicht das Bestreben der Bundesregierung, Produzenten bzw. Händlern ab 1994 eine generelle Produktrücknahme- und Verwertungspflicht aufzuerlegen.[154] Diese geplante "**Elektronikschrottverordnung**" (Produktrücknahmeverordnung) des Bundesministers für Umwelt Naturschutz und Reaktorsicherheit (BMU) sieht eine Umsetzung des § 14 des Abfallgesetzes in die Praxis vor. Wesentlich Ziele dieser Verordnung sind:

- umweltfreundliche Konstruktion von Neugeräten,

- Rücknahme der gebrauchten Geräte,

- Recycling der Altgeräte unter hoher stofflicher Verwertung bzw. Wiederverwendung,

- ordnungsgemäße Entsorgung der nicht verwertbaren Rückstände,

- Berücksichtigung der Entsorgungskosten im Güterpreis.

Da die Hersteller gezwungen werden, künftig ihre Produkte nach der Nutzungszeit zurückzunehmen und eigenständig die Kosten der Entsorgung zu tragen, werden die Unternehmen ab 1994 entsprechend ökologieorientiert produzieren müssen.

In Anbetracht der weitreichenden ökologischen Veränderungen sowie der daraus resultierenden Vergrößerung des Umweltbewusstseins können auf Dauer nur diejenigen Unternehmen konkurrenz- und überlebensfähig bleiben, welche Umweltprobleme frühzeitig wahrnehmen, sie anerkennen, die Veränderung als Chance verstehen und innerhalb längerfristiger Strategien agieren. Die Unternehmer setzen die dabei erworbenen Kenntnisse evolutionär um, vermindern die Gefahr, durch Umweltauflagen oder Umweltnormen überrascht zu werden und gewinnen einen Entwicklungsvorsprung gegenüber Mitbewerbern. In der sich immer umweltbewusster gebenden Gesellschaft lässt sich künftig **fortschrittliches Umweltverhalten** in entscheidende **Akzeptanz-** und **Marktvorteile** umsetzen.[155]

6.2.3 Paradigmenwechsel im Produktionsmanagement

Die Veränderungen in der Wettbewerbslandschaft erfordern auch eine **Neuorientierung des Produktionsmanagements**. Es gilt, mit neuartigen Lösungsansätzen neue, zukunftsweisende Wege zu beschreiben, um die Existenz einer Unternehmung langfristig zu sichern. Die Öffnung der Märkte im Osten und der EU-Binnenmarkt erschließen deutschen Unternehmen völlig neue Perspektiven bezüglich des Absatzes.

Mit der Internationalisierung der Märkte nimmt auch der Wettbewerb zu, so dass die Wahrung der Wettbewerbsfähigkeit zu einem der wichtigsten Unternehmensziele wird. Steigendes Umweltbewusstsein, Bevölkerungsrückgang in Deutschland bei gleichzeitig steigendem Bildungsniveau und vor allem die derzeit schlechte Konjunkturlage zwingen die Unternehmen zu einer Neuorientierung der betrieblichen Auftragsabwicklung und Arbeitsorganisation. Solche Veränderungen bergen jedoch nicht nur Risiken in sich,

---

[154] Vgl. Steinhilper, R.: Produktionsmanager in der Umweltverantwortung, a.a.O., S. 20.
[155] Vgl. ebd., S. 17.

sondern bieten auch gleichzeitig zukunftsträchtige Perspektiven und damit neue Aufgaben und Entwicklungsmöglichkeiten für das Unternehmen. Vor dem Hintergrund der drastischen Veränderungen der Rahmenbedingungen müssen Unternehmen ihre Leitsätze und Paradigmen für das Produktionsmanagement ändern (Abb. 77).

Paradigmenwechsel im Produktionsmanagement

- Vom Abteilungsmanagement zum Prozessmanagement
- Von der Funktionsorientierung zur Objektorientierung
- Von der Aufgabenorientierung zur Problemorientierung
- Von der Mikrobetrachtung zur Makrobetrachtung
- Vom externen marktwirtschaftlichen Denken zur internen marktwirtschaftlichen Ausrichtung
- Von der Tätigkeitsplanung zur Ausrichtung
- Von der Mechanisierung zur Flexibilisierung
- Von der Fachkompetenz zur Methoden- und Sozialkompetenz
- Von der passiven Aufgabenerfüllung zur aktiven Mitgestaltung
- Vom Unternehmensegoismus zur gesellschaftlichen Verantwortung

Abb. 77: Paradigmenwechsel im Produktionsmanagement

Ein solcher Paradigmenwechsel ist ein **dynamischer Prozess**, bei dem Anpassungen und Neuorientierungen der Erfolgsfaktoren in Abhängigkeit von der Marktsituation erfolgen. Die Herausforderungen der nächsten Jahre werden nur die Unternehmen erfolgreich meistern, die mit "aktiven, progressiven, weitsichtigen und zukunftssicheren Innovationen im Produktionsmanagement neue Wege beschreiten".[156]

---

[156] Vgl. Bullinger, H.-J.: Paradigmentwechsel im Produktionsmanagement. In: Produktionsforum 1991, Produktionsmanagement, Noack, M./ Wegner, K./ Gluch, D./ Dienhart, U. (Hrsg.), Berlin, S. 17.

Fragen zur Kontrolle und Vertiefung

(1) Wie ist Produktion im technischen Sinn charakterisiert?
(2) Wie äußert sich die Artverschiedenheit der Produktionsfaktoren?
(3) Wie lautet die erste konsequent betriebswirtschaftlich konzipierte Faktorsystematisierung?
(4) Was versteht man unter einem Produktionsprofil und welche Bedeutung erlangt es in der Praxis?
(5) Was ist eine Faktorkombination?
(6) Worin bestehen die allgemeinen Aufgaben der betriebswirtschaftlichen Produktionstheorie?
(7) Was versteht man unter dem Begriff Produktionsfunktion?
(8) Erörtern Sie den Begriff der remanenten Kosten bei zeitlicher Anpassung!
(9) Bei welcher anderen Anpassungsform können ebenfalls remanente Kosten auftreten?
(10) Die Theorie der fixen Kosten hat durch die Einführung der Begriffe Nutzkosten und Leerkosten eine Verfeinerung erfahren. Wie sind diese Begriffe zu interpretieren?
(11) Was versteht Gutenberg unter zeitlicher Anpassung? Wie wirken sich im Falle zeitlicher Anpassung Überstundenzuschläge auf den Verlauf der Gesamtkostenfunktion aus?
(12) Wie lässt sich die Produktionsfunktion vom Typ A arithmetisch und geometrisch darstellen, wenn lediglich zwei Produktionsfaktoren zur Erstellung eines Produktes notwendig sind?
(13) Worin unterscheiden sich die limitationalen von den substitutionalen Produktionsprozessen?
(14) Wie ist der Begriff der Leistung d eines Aggregates definiert?
(15) Welche Anpassungsformen unterscheidet Gutenberg im Zusammenhang mit der Änderung des Beschäftigungsgrades?
(16) Was versteht man unter intensitätsmäßiger-, zeitlicher- und quantitativer Anpassung?
(17) Geben Sie die Kriterien für die Aufnahme eines Produktes in das Produktionsprogramm ohne Kapazitätsbeschränkung und mit Kapazitätsbeschränkung an!
(18) Unter welchen Voraussetzungen kann es passieren, dass ein Produktionsprogramm nicht realisiert wird, obwohl die Deckungsbeiträge der Produkte positiv sind?
(19) Welche Aufgaben obliegen der Produktionsplanung?
(20) Welche Faktoren beeinflussen in der Hauptsache die Planung von Produktionsprogrammen?

(21) Welche Stellung kommt der Kostenplanung im Rahmen der betrieblichen Planung zu?

(22) Was bedeutet Produktdiversifikation?

(23) Erläutern Sie, worin das Dilemma der Ablaufplanung besteht?

(24) Was versteht man im Rahmen der Netzplantechnik unter Struktur- und Zeitanalyse sowie dem Terminplan?

(25) Welche Probleme sind bei Einrichtung von Pufferlägern zu lösen?

(26) Welche Ursachen können für das Auftreten von Stillstandszeiten verantwortlich sein?

(27) Kennzeichnen Sie "Flexible Fertigungsinseln"!

(28) Welche betrieblichen Planungsaufgaben sollen durch den Einsatz von PPS-Systemen unterstützt werden?

(29) Beschreiben Sie die Planungslogik klassischer PPS-Systeme!

(30) Was versteht man unter Durchlaufzeitsyndrom?

(31) Beschreiben Sie das Grundprinzip des Fortschrittzahlenkonzeptes!

(32) Beschreiben Sie die Grundlage des Kanban-Konzeptes!

(33) Erläutern Sie den Leitgedanken des Computer Integrated Manufactoring (CIM)!

(34) Welche Vorteile sollen mit CIM-Konzepten realisiert werden?

(35) Gehen Sie auf PPS als betriebswirtschaftlichen CIM-Baustein ein!

Kapitel F

Absatz und Marketing

1 Grundlagen des Marketing und der Marketingplanung

1.1 Begriff und Wesen des Marketing

Der Begriff **Marketing** entstand kurz nach der Jahrhundertwende in den USA und wurde von Praktikern und Theoretikern zunächst zur Kennzeichnung der Lehre von **Handel** und **Absatz** herangezogen. Heute kann Marketing allgemein als marktorientierte **Unternehmenspolitik** bezeichnet werden. Andere Autoren sehen den Kern des Marketing nicht mehr allein in einer markt- und wettbewerbsorientierten Dimension, sondern in einer markt-, wettbewerbs- und gesellschaftsorientierten Denkweise.[1] Die Notwendigkeit der Begriffserweiterung resultierte aus dem Wandel des in der Bundesrepublik bis in die fünfziger Jahre vorherrschenden Verkäufermarktes in einen **Käufermarkt**, der durch steigende Bemühungen des Verkäufers gekennzeichnet ist. Dadurch sind die Unternehmen gezwungen, bei der Erschließung der Märkte systematisch vorzugehen und Marktpflege zu betreiben. Marketing wird in der neuen Betriebswirtschaftslehre sehr weit gefasst und es existieren etwa 200 Definitionen ähnlichen Inhaltes. Einige davon seien hier erwähnt:

- Marketing ist ein Prozess im Wirtschafts- und Sozialgefüge, durch den Einzelpersonen oder Gruppen ihre Bedürfnisse und Wünsche befriedigen, indem sie Produkte oder andere Dinge von Wert erzeugen, anbieten und miteinander austauschen.[2]
- Marketing bedeutet Planung, Koordination und Kontrolle aller auf die aktuellen und potentiellen Märkte ausgerichteten Unternehmensaktivitäten. Durch eine dauerhafte Befriedigung der Kundenbedürfnisse sollen die Unternehmensziele im gesamtwirtschaftlichen Güterversorgungsprozess verwirklicht werden.[3]
- Marketing ist der Planungs- und Durchführungsprozess der Konzeption, der Preispolitik, der Absatzförderung und der Distribution von Ideen, Waren und Dienstleistungen, um Transaktionen gemäß den Zielen von Individuen und Organisationen zu bewirken.[4]

Auch wenn die verschiedenen Definitionen die Akzente auf unterschiedliche Schwerpunkte setzen, kristallisieren sich unabhängig von allen inneren und äußeren Faktoren die "3 M" des Marketing heraus:

> 1. Marketing als **Maxime** der Unternehmensführung versucht den Bedürfnissen und Anforderungen der Verbraucher gerecht zu werden.
> 2. Marketing als **Methode** der systematischen Entscheidungsfindung.
> 3. Marketing als **Mittel** der geplanten Marktbearbeitung.

Voraussetzung für die Marktbearbeitung ist ständiger Marktkontakt, der nicht nur die realen Bedürfnisse erkundet und Problemlösungen entwickelt, sondern auch nach nicht offenkundigen, sogenannten latenten Bedürfnissen forscht, und die Bedürfnisentwick-

---

[1] Vgl. Haedrich, G./ Tomczak, T.: Strategische Markenführung, Bern/ Stuttgart 1990, S. 16.
[2] Vgl. Kotler, P./ Bliemel, F.: Marketing-Management. Analyse, Planung, Umsetzung und Steuerung, 9. Auflage, Stuttgart 1999, S. 8.
[3] Vgl. Meffert, H.: Marketing. Grundlagen marktorientierter Unternehmensführung, 9. Auflage, Wiesbaden 2000, S. 8.
[4] Definition der American Marketing Association aus dem Jahr 1985.

lung auf dem Markt dahingehend zu beeinflussen sucht. Daraus erwächst eine regelrechte Marktpflege[5], die sich nicht nur auf die Marktteilnehmer konzentriert, sondern auch die Präsentation des Unternehmens zum Wohlwollen der Kunden verlangt. So findet derzeit die ökologische Einstellung der Unternehmen in der Öffentlichkeit große Beachtung und entscheidet oft über deren Image.

Marketing ist weit mehr als nur Werbung und Public Relations. Diese Maßnahmen gehören zum operativen Marketing. Daneben besitzt Marketing aber auch eine starke strategische Komponente.

Im Rahmen des **strategischen Marketing** werden unter anderem die Fragen beantwortet:
- Welche Märkte sollen bedient werden? Welches sind die relevanten Märkte?
- Mit welchen Anbietern wollen wir in Konkurrenz treten?
- Welche Produkte sollen angeboten werden?
- Welche Kundensegmente sollen bedient werden?

Das **operative Marketing** setzt ein, wenn diese grundlegenden Probleme geklärt sind. Es beantwortet die Fragen nach dem konkreten Handlungsrahmen, dem absatzpolitischen Instrumentarium. Beispiele dafür sind:
- Wie sollen die Produkte im Leistungsprogramm gestaltet werden?
- Mit welchen Kommunikations- und Distributionsmaßnahmen werden die gesetzten Ziele optimal erreicht?
- Welche Preispolitik soll verfolgt werden?

1.2 Das Marketing-Management-Konzept

1.2.1 Merkmale des Marketing-Management-Konzeptes

Marketing-Management ist die "zielorientierte Gestaltung aller marktgerichteten Unternehmensaktivitäten."[6] Nach Kotler ist Marketing-Management "die Analyse, Planung, Implementation und Kontrolle von Programmen, welche darauf abzielen, nützliche Austauschbeziehungen mit Zielmärkten zu schaffen, aufzubauen und zu erhalten. Das Marketing-Management stützt sich dabei in erster Linie auf die **systematische Analyse** der Bedürfnisse, Wünsche, Wahrnehmungen und Präferenzen der Zielgruppen sowie der Zwischenmärkte."[7]

Wenn Unternehmen sich heutzutage auf den Märkten behaupten wollen, müssen sie durch den Einsatz absatzpolitischer Instrumente (z.B. Werbung, Public Relations etc.) aktiv in das Marktgeschehen eingreifen und versuchen, das Verbraucherverhalten zu beeinflussen und zu steuern. Die aktive Marktgestaltung ist also ein Ausgangspunkt in der modernen Marketingkonzeption.

Als unternehmerisches Führungskonzept ist Marketing dadurch gekennzeichnet, dass neben den Marketinginstrumenten alle Funktionsbereiche des Unternehmens für eine integrierte Marketingleistung zusammenarbeiten.

---

[5] Vgl. Bänsch, A.: Einführung in die Marketing-Lehre, 4. Auflage, München 1998, S. 3.
[6] Meffert, H.: Marketing., a.a.O., S. 11.
[7] Kotler, P./ Bliemel, F.: Marketing-Management, a.a.O., S. 24.

Folgende Wesensmerkmale sind für das **Management-Konzept** des Marketing typisch:
- An erster Stelle aller Überlegungen steht nicht das Produkt, sondern der Kunde und seine Wünsche. Alle Unternehmensbereiche sind auf den Absatz und den Verbraucher ausgerichtet. Marketing dient also der Bedürfnisbefriedigung aller Beteiligten.
- Die Verhaltensmuster der anderen Marktteilnehmer, Käufer, Absatzmittler und Konkurrenten werden beobachtet und zur Orientierung herangezogen. Damit sich Unternehmen kundengerecht verhalten können, ist eine planmäßige Marktforschung unerläßlich.
- Die Unternehmensziele und Marketingstrategien werden marktorientiert festgelegt, sämtliche Aktivitäten sind auf den Markt hin ausgerichtet.
- Es wird das Prinzip der differenzierten Marktbearbeitung angewendet, d.h. jede Unternehmung teilt den für sie relevanten Gesamtmarkt nach bestimmten Kriterien in kleinere Teilmärkte, sogenannte Segmente, auf. Diese Segmentierung bildet die Grundlage für eine sinnvoll abgestufte Marktbearbeitung.
- Innerhalb der Unternehmung muss die Organisation an die marktgerichteten Aktivitäten, das Marketing-Konzept, angepaßt werden.

In der folgenden Abbildung wird das Grundkonzept des Marketing auf vereinfachte Art und Weise dargestellt:

Abb. 1: Das Grundkonzept des Marketing [8]

Je nach Aufgaben- und Einsatzbereich unterscheidet man heute verschiedene Arten des Marketing:
- nach den betreffenden **Märkten**, z.B. internationales, multinationales oder globales Marketing,
- nach den **Anwendergruppen**, z.B. Business Marketing oder Social Marketing,

---

[8] Vgl. Weis, H.-C.: Marketing, 11. Auflage, Ludwigshafen 1999, S. 19.

- nach den **speziellen Aufgaben** des Marketing, z.B. Anreizmarketing, Reduktionsmarketing, Revitalisierungsmarketing,
- nach den **Rechtsträgern**, den **Subjekten** des Marketing, z.B. Hersteller- oder Handelsmarketing,
- nach den behandelten **Objekten**, z.B. Konsumgüter-, Dienstleistungs- oder Investitionsgütermarketing.

Aus der Aufzählung wird ersichtlich, dass Marketing in allen betriebswirtschaftlichen Bereichen des Unternehmens eine immer größer werdende Rolle spielt, und dass das Marketing- Konzept und die strategische Planung die Ausgangsbasis für das Management fortschrittlicher Unternehmen auf wettbewerbsintensiven Märkten bilden.

1.2.2 Aufgaben des Marketing-Managements

Entsprechend der Aufgabe des Marketing-Managements, die marktgerichteten Aktivitäten des Unternehmens in Hinblick auf seine Ziele zu gestalten, unterscheidet man drei wichtige Aufgabenkomplexe:

1. Die **marktbezogenen Aufgaben** beziehen sich auf die Steuerung der Nachfrage, dies bedeutet, auf die Bedarfsdeckung und -schaffung, auf die Bedarfsentwicklung sowie auf die Belebung und Reduzierung des Bedarfs. Die Forderung an das Marketing ist die "systematische Bedarfs- und Verhaltensbeeinflussung der Nachfrager"[9] durch Erfüllung von Funktionen wie z.B. Kaufmotivation, Kommunikation und Transaktionen nach erfolgtem Verkauf (Kundendienst).

2. Neben den marktbezogenen Aufgaben müssen die **unternehmensbezogenen Aufgaben** koordiniert werden, um eventuelle Interessenskonflikte zu vermeiden. Es ist erforderlich, Marketing als gleichberechtigte betriebliche Funktion in die Unternehmensorganisation zu integrieren.

3. Die **gesellschaftsbezogenen Aufgaben** betreffen die soziale Verantwortung des Marketing-Managements. Ökologische, humanistische und ethische Maßstäbe sowie Veränderungen in Umwelt und Gesellschaft erfordern Einschränkungen des Unternehmensziels "Gewinnmaximierung". So achtet eine Unternehmung, die der Konzeption des gesellschaftsfreundlichen Marketing folgt darauf, ob die kurzfristigen Wünsche der Konsumenten mit ihren langfristigen Interessen oder jenen der Gesamtgesellschaft vereinbar sind. Aus diesem Grund werden häufig Rechnungen zu den "sozialen Kosten" aufgestellt[10] und Öko-Bilanzen veröffentlicht.

1.2.3 Marketing-Management-Prozess

Alle Aktivitäten des Marketing-Managements können unter dem Begriff Management-Prozess zusammengefasst werden. Der **Marketing-Management-Prozess** besteht aus der Analyse von Marketingchancen, der Ermittlung und Auswahl von Zielmärkten, der Erarbeitung von Marketingstrategien, der Planung des taktischen Vorgehens mit Marketingprogrammen sowie der Organisation, Durchführung und Steuerung der Marketingaktivitäten.[11]

---

[9] Vgl. Meffert, H.: Marketing., a.a.O., S. 12.
[10] Vgl. Kotler, P.: Marketing-Management. Analyse, Planung und Kontrolle, 4. Auflage, Stuttgart 1989, S. 36 f.
[11] Vgl. Kotler, P./ Bliemel, F.: Marketing-Management, a.a.O., S. 17 ff.

Der **Management-Prozess** durchläuft die nachstehenden Phasen:

- Analyse / Problemerkennung,
- Prognose / Zukunftschancen und Entwicklungsrichtung,
- Zielfestlegung und Strategie / Erstellung einer Marketing-Konzeption,
- Realisation,
- Kontrolle der Zielerreichung.

Der Management-Prozess kann auf zwei verschiedenen Ebenen ablaufen. Es ist sinnvoll hierbei zwischen der Unternehmensebene und der Produktebene zu unterscheiden.

- Auf der **Unternehmensebene** befasst sich Marketing mit der Bestimmung der Oberziele, der Bewertung von alternativen Marktchancen und der Entwicklung von Geschäftsfeldstrategien.
- Auf der **Produktebene** verläuft die Planung viel konkreter. Die Entwicklung der Planungsziele, die Analyse von Marktchancen und die Bestimmung der Schwerpunkte in der Produktpolitik (z.B. Produktinnovation oder -elimination) beziehen sich auf das einzelne Produkt bzw. die Marke.

Eines der wichtigsten Ergebnisse des Management-Prozesses ist der Marketingplan, der noch ausführlicher behandelt wird. Die einzelnen Phasen des Prozesses werden in Abb. 2 verdeutlicht.

1.3 Markt - Abgrenzung und Funktionen

In der Wirtschaftstheorie versteht man unter einem Markt im allgemeinen ein imaginäres Geschehen, bei dem Anbieter und Nachfrager von Wirtschaftsgütern aufeinandertreffen und diese zum Ausgleich von Angebot und Nachfrage austauschen, oder "die Gesamtheit der ökonomischen Beziehungen (Tauschbeziehungen, Kauf- und Verkaufsrelationen) zwischen einer Gruppe von Anbietern und Nachfragern", die auch als Marktteilnehmer bezeichnet werden. Dabei ist die räumliche und zeitliche Kongruenz nicht mehr - wie in früheren Zeiten bei Wochen- und Jahrmärkten - unabdingbare Voraussetzung, da die Nutzung moderner Kommunikationsmittel das Marktgeschehen vereinfacht.

Im Gegensatz zur Volkswirtschaftstheorie, die in der Regel davon ausgeht, dass die Markträumung in erster Linie durch den Preis erfolgt, ist der Preis in der betriebswirtschaftlichen Marktanalyse hingegen nur eine von vielen Determinanten des Umsatzvolumens.

Für den Anbieter besteht der Markt aus allen Personen und Organisationen, die tatsächliche oder potentielle Käufer eines Produktes oder einer Dienstleistung sind. Er schränkt somit die Bedeutung des Wortes "Markt" auf die Käuferseite ein. Bei dieser Sichtweise sind folgende Aspekte für die Anbieterseite von Interesse: die Größe, die Kaufkraft, die Bedürfnisse und die Präferenzen eines Marktes.[12]

---

[12] Vgl Kotler, P.: Marketing-Management. Analyse, Planung und Kontrolle, a.a.O., S. 136.

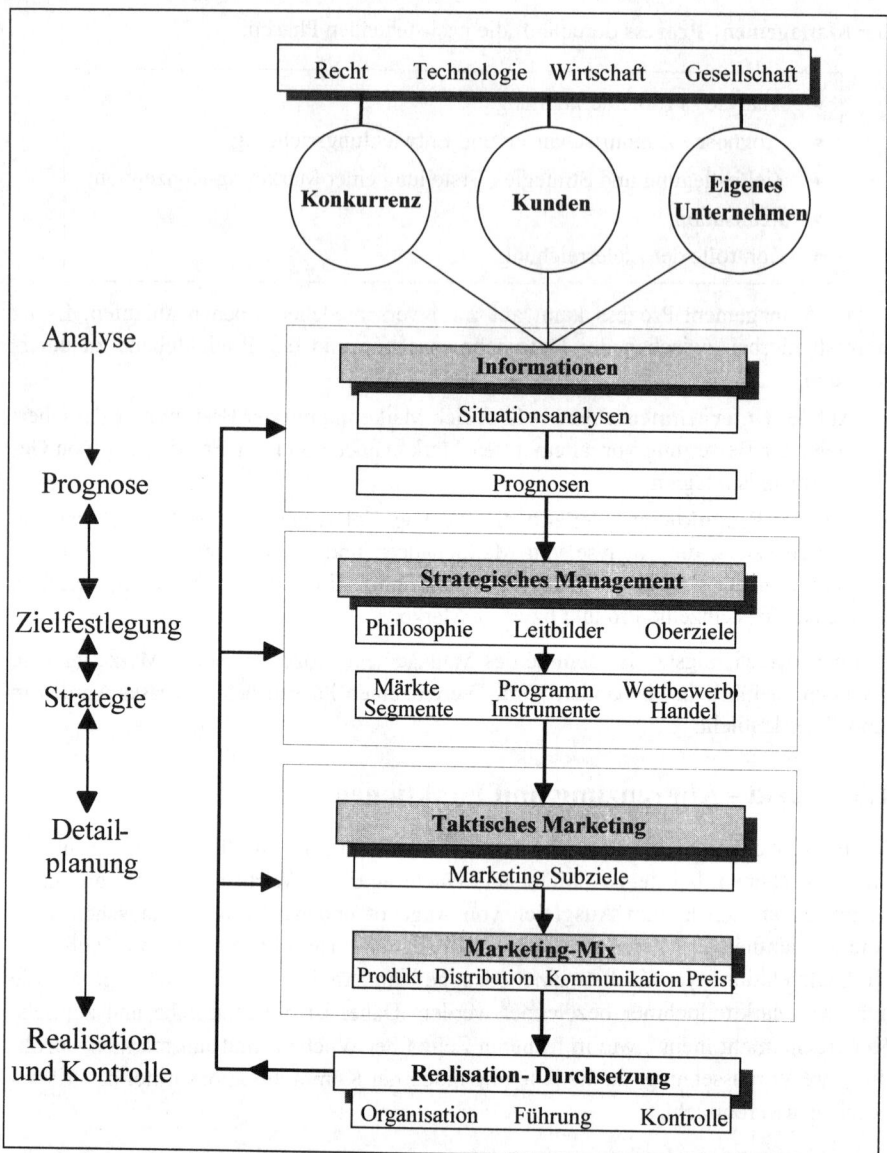

Abb. 2: Der Marketing-Management-Prozess[13]

Der Markt bzw. die Märkte können als Bezugsgrößen für die Absatzpolitik der Unternehmungen angesehen werden.

Eine so allgemeine Definition ist zum Verständnis des Marketinggedankens jedoch nicht ausreichend, da das Marktgeschehen entscheidend von der Struktur des Marktes bestimmt wird. Es ist also erforderlich, eine genaue Analyse des Marktes vorzunehmen. Die Klassifizierung kann anhand der folgenden Markttypologien vorgenommen werden:

---

[13] Vgl. Meffert, H.: Marketing., a.a.O., S. 14.

1.3.1 Markttypologien

- **Verkäufermarkt - Käufermarkt**

Beim Verkäufermarkt ist die Nachfrage größer als das Angebot, d.h. die Marktorientierung spielt eine untergeordnete Rolle. Sie sollte aber nicht völlig außer Acht gelassen werden, da sich die Situation durch den schnellen Wandel der Umwelt in einen Käufermarkt umkehren könnte. Dieser kann durch technologischen Fortschritt oder die Tatsache, dass auch andere Unternehmen nach nicht ausreichend gedeckten Bedürfnissen mit entsprechender Nachfrage suchen, bedingt sein.

Auf dem Käufermarkt übersteigt das Angebot die Nachfrage. Das bedeutet, dass die Anbieter tendenziell erheblich größere Anstrengungen als die potentiellen Nachfrager unternehmen müssen, um am Marktgeschehen teilnehmen zu können.[14]

Die Märkte für gleiche Produkte und Dienstleistungen lassen sich oft nicht einheitlich als Verkäufer- oder Käufermärkte klassifizieren, da z.B. schon regionale Unterschiede die gleiche Leistung zu Überangebot oder Mangelware werden lassen.

Es ist auch nicht richtig, dass sich früher oder später jeder Verkäufermarkt in einen Käufermarkt entwickelt. Bei einigen Rohstoffen vollzieht sich derzeit eine umgekehrte Entwicklung.

- **Vollkommener - unvollkommener Markt**

Unter **vollkommenen Märkten** versteht man Märkte, die folgende Bedingungen erfüllen:

> 1. **Maximumstreben** der Marktteilnehmer, d.h. des Käufers nach Nutzen, des Unternehmens nach Gewinn.
> 2. **Homogenität**, d.h. Fehlen örtlicher, zeitlicher, persönlicher und sachlicher Präferenzen.
> 3. Uneingeschränkt große **Reaktionsgeschwindigkeit**.
> 4. **Markttransparenz**, d.h. vollkommener Überblick und Einsicht des Marktes für alle Marktteilnehmer.

Ist eine dieser Bedingungen nicht erfüllt, gilt ein Markt als unvollkommen. Seine Unvollkommenheit steigt mit jeder weiteren unerfüllten Bedingung an.

In der Praxis handelt es sich um unvollkommene Märkte, d.h. der Begriff des vollkommenen Marktes ist theoretischer Natur und realitätsfern. Trotzdem sind diese beiden Begriffe Rahmenbedingungen des Marktformenschemas, welches in der Preispolitik dazu dient, die Gesetzmäßigkeiten des Preisbildungsprozesses zu untersuchen.

- **Offener - geschlossener Markt**

Bei einem offenen Markt steht es jedem Teilnahmewilligen frei, auf diesem Markt zu agieren. Anders hingegen bei einem geschlossenen Markt. Entweder bleibt der Zugang zum Markt völlig ausgeschlossen, wie man es häufig beim Schienenverkehr vorfindet, oder der Zutritt wird durch Konzessionen und vergleichbare Maßnahmen erschwert.

---

[14] Nieschlag, R./ Dichtl, E./ Hörschgen, H.: Marketing. 18. Auflage, Berlin 1998, S. 9.

- **Klassifikation nach der Anzahl der Marktakteure**

Die Einteilung der Märkte nach der Anzahl und der relativen Größe der Marktteilnehmer erfolgt nach dem Marktformenschema. Eine solche Klassifikation kann gut eine Analyse der impliziten "Spielregeln" auf diesen Märkten ermöglichen.[15]

Anbieter \ Nachfrager	ein großer	wenig mittelgroße	viele kleine
ein großer	Bilaterales Monopol	Beschränktes Monopson	Monopson
wenig mittelgroßer	Beschränktes Monopol	Bilaterales Oligopol	Olygopson
viele kleine	Monopol	Oligopol	(Bilaterales) Polypol

Abb. 3: Marktformenschema

- **Klassifikation nach der Produktart**

Eine Unterscheidung zwischen **Konsumgüter-, Dienstleistungs-** und **Investitionsgütermarkt** empfiehlt sich, da die Entscheidungsprozesse der potentiellen Käufer stark voneinander abweichen. Häufig erfolgt auch nur eine Zweiteilung in K-Markt und I-Markt, wobei man die Dienstleistungen entweder dem Konsumgüterbereich oder dem Investitionsgüterbereich zuordnet, je nachdem ob sie eher konsumtiven (z.B. Taxifahrt zum Theater, Friseurleistung) oder investiven (Unternehmensberatung) Charakter besitzen. Während im Konsumgütermarkt häufig impulsives Verhalten oder Gewohnheitsverhalten vorherrscht, werden im Investitionsgütermarkt Kaufentscheidungen systematisch durch eigens dafür abgestellte Personen getroffen.

Bei den **Konsumgütern** unterscheidet man zwischen Verbrauchs- und Gebrauchsgütern. **Verbrauchsgüter** sind materielle Güter, die im Normalfall im Laufe eines oder weniger Verwendungseinsätze konsumiert werden (z.B. Milch). **Gebrauchsgüter** überdauern gewöhnlich mehrere Verwendungseinsätze und besitzen eine längere Lebensdauer (z.B. Automobile).

Eine Sonderrolle nimmt der öffentliche Sektor ein. Da die öffentliche Verwaltung sich vor parlamentarischen Kontrollgremien zu verantworten hat, ist der Beschaffungsprozess oft stark formalisiert oder bürokratisiert.

- **Relevanter Markt**

Die Frage nach dem für eine einzelne Unternehmung relevanten Markt stellt sich grundsätzlich nur auf Käufermärkten. Seine Abgrenzung erfolgt nach Produkten, Herstellern, Konkurrenten, Abnehmern usw., die untereinander mehr oder weniger substitutiv sein können (Bedarfsmarktkonzept). Im Mittelpunkt der Überlegungen steht jedoch immer das Produkt, wobei nicht die physische Gleichheit, sondern die Gleichheit des Verwendernutzens von zentraler Bedeutung ist.[16] Eine eindeutige Abgrenzung ist nahezu un-

---

[15] Vgl. Otte, M.: Marketing, 3. Auflage, Köln 1997, S.11.
[16] Vgl. Böcker, F.: Marketing, 5. Auflage, Stuttgart 1994, S. 112.

möglich, da sich z.B. für neue Produkte weitere Verwendungsmöglichkeiten ergeben können und viele Produkte sich gleichzeitig auf verschiedenen Märkten befinden.

Sinnvoll ist es, sich als Zulieferer auch mit dem relevanten Markt des Kunden auseinander zusetzen, um neue Entwicklungen und Tendenzen frühzeitig zu erkennen und marketingpolitisch entsprechend zu reagieren.

Weitere Möglichkeiten zur Einteilung von Märkten sind:

- **sachliche Gesichtspunkte**,
  darunter fallen Warenmarkt, Kreditmarkt, Arbeitsmarkt,
- **räumliche Einteilung**,
  in lokalen / regionalen Markt, Inlands- und Auslandsmarkt sowie Weltmarkt,
- **betriebliche Funktionen**,
  Beschaffungs- oder Absatzmarkt,
- **besondere Formen von Marktveranstaltungen**,
  wie Messe, Ausstellung, Börse, Versteigerung und Ausschreibung.

Börse und Versteigerung zählen hierbei zu den hochorganisierten Veranstaltungen mit zeitlicher und räumlicher Kongruenz, welche auch bei Messen und Ausstellungen bestehen kann, jedoch für den Austausch der Wirtschaftsgüter nicht zwingend notwendig ist.

1.3.2 Marktpotenzial, Marktvolumen, Marktanteil

Bei der Festlegung der marketingpolitischen Zielrichtung des Unternehmens spielen die in der Abb. 4 dargestellten Marktgrößen **Marktpotenzial**, **Marktvolumen**, **Marktanteil**, **Absatzpotenzial** und **Absatzvolumen** eine wesentliche Rolle:

Kotler / Bliemel[17] definieren den Begriff der Marktgröße anhand folgender Kriterien: Entscheidend ist die Anzahl der Abnehmer, die erstens stark am Kauf interessiert sind und zweitens über ausreichende Kaufkraft verfügen (potentieller Markt) und drittens Zugang zum betreffenden Markt haben (zugänglicher Markt).

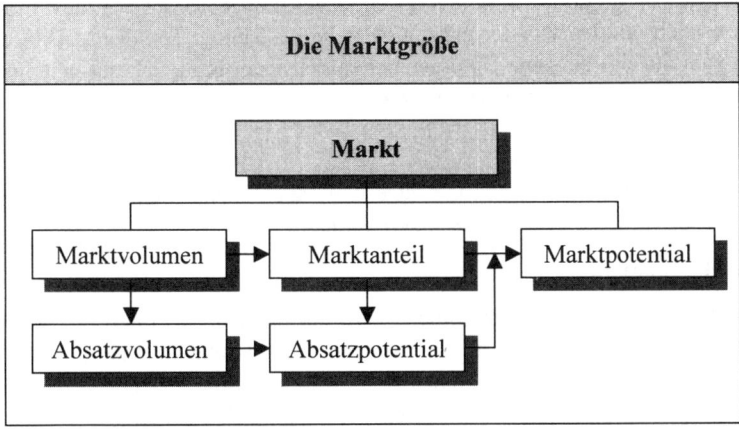

Abb. 4: Die Marktgrößen

---

[17] Vgl. Kotler, P./ Bliemel, F.: Marketing-Management, a.a.O., S. 220.

- **Das Marktpotenzial:**

  Unter dem Begriff Marktpotenzial versteht man die potentielle Aufnahmefähigkeit eines Marktes für ein bestimmtes Produkt oder eine Dienstleistung, d.h. wie viele Einheiten eines Produktes abgesetzt werden könnten, wenn alle Konsumenten über das nötige Einkommen verfügten und ein bewusstes Kaufbedürfnis entwickelt hätten.[18]

  Nach Kotler ist das Marktpotenzial (auch als Gesamtmarktpotenzial bezeichnet) "die obere Grenze, der sich die Nachfrage bei gegebenen Umweltverhältnissen annähert, wenn die Marketing-Anstrengungen einer Branche bis ins Unendliche wachsen."[19]

  Als Instrument zur Darstellung der absoluten Aufnahmefähigkeit (Sättigungsgrenze) des Marktes dient es als Orientierungsgröße für die Bestimmung des Marktvolumens. Das Marktpotenzial als fiktive, nicht berechenbare Größe, wird durch die Zahl der möglichen Verbraucher, die Intensität des Bedarfes, durch die Markttransparenz und die marketingpolitischen Maßnahmen der Anbieter bestimmt.

- **Das Absatzpotenzial:**

  Der Begriff Absatzpotenzial ist der auf der Unternehmensebene analoge Begriff zum Marktpotenzial. Das Absatzpotenzial gibt den Anteil am Marktpotenzial an, den das Unternehmen maximal zu erreichen glaubt (Zielsetzung).

  Beeinflusst wird diese Marktgröße durch die Marketing-Aktivitäten des Anbieters, durch die Preise der Produkte und ihre Qualität im Vergleich zu den Leistungen der Konkurrenz, durch den Distributionsgrad und das Verhalten der Mitbewerber. Die Ermittlung des Absatzpotenzials erfolgt durch sukzessive Abschichtung des Marktpotenzials. Der für das Unternehmen relevante Teil des Marktpotenzials verkleinert sich von Schritt zu Schritt. Letztendlich ergibt sich das Absatzpotenzial, das eine Konzentration der Marketing-Maßnahmen auf die potentiellen Abnehmerkreise ermöglicht, bei denen die geringsten Kaufwiderstände zu erwarten sind.

- **Marktvolumen:**

  Das Marktvolumen beschreibt den tatsächlichen Absatz einer Güter- oder Dienstleistungsart pro Periode in einem abgegrenzten Teilgebiet des Marktes. Dabei handelt es sich um den von der ganzen Branche realisierten Teil des Marktpotenzials. Bezogen auf das einzelne Unternehmen spricht man bezüglich der getätigten Umsätze pro Periode vom **Absatzvolumen**.

- **Absatzvolumen:**

  ist die Summe der getätigten Umsätze bzw. abgesetzten Mengen eines Unternehmens pro Periode in einem bestimmten Markt.

- **Der Marktanteil:**

  Als Marktanteil eines Unternehmens wird der prozentuale Anteil des Absatzvolumens am gesamten Marktvolumen bezeichnet. Die Größe des Marktanteils lässt im Vergleich zu anderen Unternehmen die eigene Position auf dem Markt erkennen. Durch Beobachtung der Marktanteilsentwicklung im Zeitverlauf lassen sich die Ver-

---

[18] Vgl. Meffert, H.: Marketing., a.a.O., S. 171.
[19] Kotler, P.: Marketing-Management. Analyse, Planung und Kontrolle, a.a.O., S. 227.

schlechterung oder die Verbesserung der eigenen Marktstellung erkennen und prognostizieren. Eine Vergrößerung des eigenen Marktanteils kann nur auf Kosten der Konkurrenz erfolgen, da die Summe der Marktanteile immer 100% ergibt. Er berechnet sich zu:

$$\text{Marktanteil} = \frac{\text{Absatzvolumen}}{\text{Marktvolumen}} \cdot 100\%$$

Wie Marktpotenzial, Marktvolumen, Absatzvolumen und Marktanteil in Beziehung stehen, veranschaulicht die folgende Abbildung:

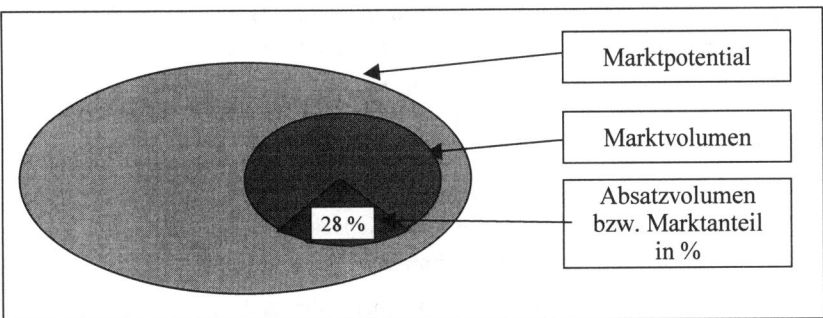

Abb. 5: Marktpotenzial, Marktvolumen, Absatzvolumen

In der nächsten Abbildung ist der prinzipielle Verlauf der Marktgrößen über der Zeit aufgetragen. Man erkennt, dass auf gesättigten Märkten (Zeitpunkt t_2) die Differenz zwischen Marktpotenzial und Marktvolumen im allgemeinen wesentlich geringer ist als auf wachsenden Märkten (Zeitpunkt t_1).

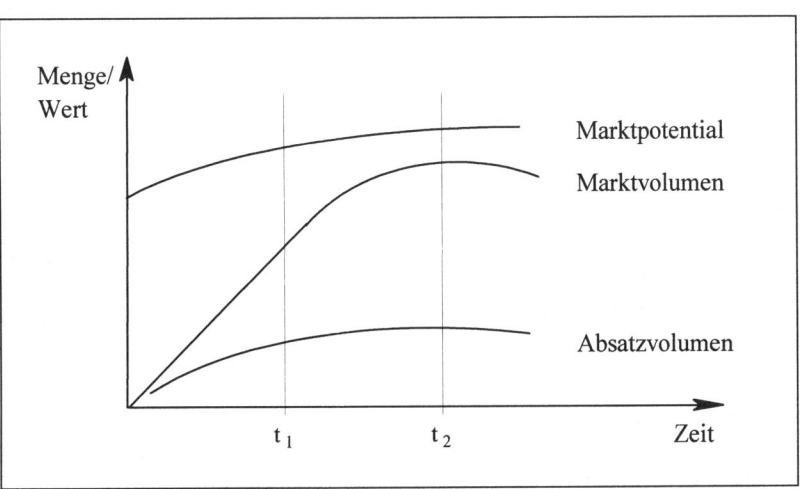

Abb. 6: Entwicklung von Marktpotenzial, Marktvolumen und Absatzvolumen[20]

---

[20] Vgl. Meffert, H.: Marketing., a.a.O., S. 171.

Stark wachsende Märkte versprechen aufgrund des nicht ausgeschöpften Marktpotenzials große Zuwachsraten im Umsatz. In der Regel ist auf solchen Märkten ein relativ wirtschaftsfriedliches Verhalten anzutreffen.

Auf gesättigten Märkten herrscht meist ein aggressiver Konkurrenzkampf, da der Markt nur geringe Zuwachsraten verspricht und Umsatzsteigerungen grundsätzlich nur durch Einbruch in die Marktanteile anderer Wettbewerber möglich sind. Folglich sind hier meist aggressive Marketingstrategien und intensiver Einsatz aller Marketinginstrumente zu beobachten.

1.3.3 Die Marktteilnehmer

Ein weiterer wichtiger Begriff zum Verständnis des Marktgeschehens ist der des Marktteilnehmers. Darunter versteht man die Produzenten bzw. Hersteller des Wirtschaftsgutes, die Absatzmittler, die Absatzhelfer, die Konsumenten und die Konkurrenz.

Der einzelne Anbieter sollte die weiteren Marktteilnehmer kennen und versuchen, Einflussgrößen zu ermitteln, die für seinen Absatzmarkt von Bedeutung sind. Die Einflussgrößen können:

- demographischer Natur (Haushaltsgröße, Beruf, Ausbildung, Geschlecht, Alter),
- technischer Natur (Branche, Betriebsgröße, Kapazität) oder
- kultureller, politischer, sozialer und administrativer Natur

sein. Die Beachtung der genannten Einflußgrößen sollte sich auf alle Marktteilnehmer erstrecken und nicht nur die Konsumenten betreffen. Eine genauere Betrachtung des Kaufverhaltens der Konsumenten findet sich in Kapitel 2.1.1.

Durch die Art und Komplexität heutiger Produktionsverhältnisse ergibt sich, dass Hersteller und Verbraucher normalerweise nicht mehr unmittelbar miteinander in Berührung kommen. Zwischen den beiden Parteien stehen verschiedene Organe (Marktteilnehmer) und externe Institutionen, die auf die wirtschaftliche Ausnutzung der Spannungen zwischen Produktion und Konsumtion bedacht sind: die Verkaufsorgane (Produzenten), die absatzwirtschaftlichen Organe (Absatzmittler) und die Einkaufsorgane (Konsumenten).

- **Produzenten:**

    Die Hersteller bzw. Produzenten bieten auf dem für sie relevanten Teilmarkt direkt oder über Absatzmittler und -helfer ihre Erzeugnisse an.

- **Käufer:**

    Als Konsumenten können Privatpersonen, industrielle Abnehmer (Unternehmen) und öffentliche Organisationen (Bund, Länder, Kommunen) fungieren. Kaufverhalten und Kaufentscheidungsprozesse sind in den verschiedenen Abnehmergruppen unterschiedlich strukturiert.

- **Absatzmittler:**

    Kennzeichnend für diese Marktteilnehmer ist die Tatsache, dass sie Ware kaufen und wieder verkaufen, ohne diese nennenswert zu bearbeiten oder zu verändern, aber nach bestimmten Grundsätzen kombinieren, d.h. zu Sortimenten zusammenstellen.[21] Ihr Tätigkeitsbereich liegt zwischen Hersteller und Endverbraucher (Groß-

---

[21] Vgl. Nieschlag, R./ Dichtl, E./ Hörschgen, H.: Marketing, a.a.O., S. 10.

handel und Einzelhandel). Absatzmittler können ihrerseits unterschiedlich organisiert sein und in Bezug auf Größe des Betriebes, Marktstellung, Einzugsgebiet, Lagersystem und Finanzierung differieren.

- **Absatzhelfer:**
Unter Absatzhelfern versteht man Personen oder Institutionen, die, ohne selbst Produzent oder Händler für die angebotenen Produkte zu sein, die Hersteller und den Handel bei der Distribution unterstützen. Teils werden Absatzhelfer bei der Anbahnung von Geschäften eingeschaltet und andererseits wirken sie im kommunikativen Bereich der Absatzvorbereitung mit oder führen für Rechnung ihrer Auftraggeber Transport-, Lager-, Versicherungs- oder Finanzierungsaufgaben aus.[22] Zu ihnen zählen z.B. Handelsvertreter, Makler, Kommissionäre, Versicherungen, Werbeagenturen. Meffert und Steffenhagen bezeichnen diese Marktteilnehmer als Service-Anbieter.

- **Beeinflusser:**
Als Beeinflusser werden alle Personen oder Organisationen bezeichnet, die durch ihr Auftreten oder durch Veröffentlichungen das Meinungsbild prägen oder mitbestimmen. Sie unterscheiden sich von den Service-Anbietern dadurch, dass sie keine vertraglich vereinbarte Aufgabe im Markt für die eine oder andere Seite übernehmen.[23] Zu den Beeinflussern zählen Forschungsinstitute, unabhängige Testinstitute, Medien und auch die Meinungsführer (opinion leader) aus Politik und Prominenz, sofern ihnen eine Kompetenz zugesprochen wird.

1.3.4 Markt-Umwelt-Beziehungen

Jegliches Geschehen in Märkten ist nicht nur durch die Beziehungen zwischen den Marktteilnehmern, sondern auch durch die Einflüsse der unternehmerischen Umwelt geprägt. Dabei ist die unternehmerische Umwelt weniger im Sinne von Ökologie zu verstehen, auch wenn sicherlich ökologische Aspekte das Handeln der Marketingleitung beeinflussen oder gar den Ausgangspunkt der Unternehmensphilosophie bilden, worauf im Kapitel Markt und Umwelt eingegangen wird. Vielmehr meint der an dieser Stelle verwendete Umweltbegriff die Rahmenbedingungen, unter denen Entscheidungen im Marketing getroffen werden und unter denen das Marktgeschehen in einem Wirtschaftssystem abläuft. Diese Bedingungen können natürlicher, technischer und rechtlich-politischer Art sein:

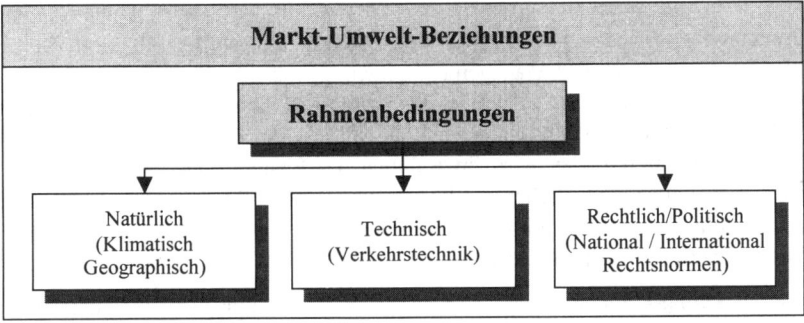

Abb. 7: Markt-Umwelt-Beziehungen

---

22 Vgl. Kapferer, C.: Marketing-Wörterbuch, Hamburg 1992, S. 252 f.
23 Vgl. Steffenhagen, H.: Marketing. Eine Einführung, 3. Auflage, Stuttgart 1994, S. 33.

Natürliche Gegebenheiten wie das Klima oder die geographische Lage erfordern oft kurze Transportwege, erzwingen bestimmte Schutzvorkehrungen oder Besonderheiten bei der Lagerhaltung, wie man sich anhand verderblicher Ware leicht verdeutlichen kann.

Zu den **technischen** Gegebenheiten zählen der technische Fortschritt und die Kommunikations- und Verkehrstechnik. Technischer Fortschritt lässt Produkte schneller altern und eröffnet flexiblen Anbietern Marktchancen. Daneben ändern sich mit dem Fortschritt auch die Einstellungen und Präferenzen der Abnehmer. Dies wird durch die Entwicklung der Kommunikations- und Verkehrstechnik noch unterstützt, da geographische Entfernungen rascher überbrückt werden können. Einerseits sind die Verbraucher informierter und können ihren Bedarf in einem größeren geographischen Umkreis decken, wie auch andererseits die Anbieter ihren Absatzraum ausweiten können.

Besondere Bedeutung im Marketing genießt die **rechtlich-politische** Umwelt. Nationale und zunehmend auch internationale Rechtsnormen schränken den Aktionsradius der Unternehmen ein. Im Mittelpunkt der Rechtsnormen steht zweifellos das Wettbewerbsrecht, das sich aus dem Gesetz gegen Wettbewerbsbeschränkungen (GWB), oft als Kartellgesetz bezeichnet, und dem Gesetz gegen den unlauteren Wettbewerb (UWG) zusammensetzt. Beide Gesetze verfolgen die Aufrechterhaltung eines funktions- und leistungsgerechten Wettbewerbs.

Daneben bestehen eine Reihe weiterer rechtlicher Vorschriften, die in erster Linie dem Schutz des Verbrauchers dienen. So steht Wucher unter Strafe, Händler sind zur Preisauszeichnung verpflichtet, Lebensmittel müssen bestimmten Mindestanforderungen entsprechen, die Abgabe von Alkohol und Tabak ist an ein Mindestalter gebunden und Arzneimittel dürfen größtenteils nur über Apotheken vertrieben werden.

1.4 Marketing-Planung

Marketing-Planung ist als systematischer Vorgang der Erkenntnisgewinnung über die gegenwärtige Marktsituation und die Lösung zukünftiger Marktprobleme anzusehen.[24] Sie umfasst alle gedanklichen Überlegungen über die im Rahmen der Unternehmensphilosophie realisierbaren Marketingziele sowie über die anzuwendenden Marketingstrategien zur Zielerreichung. Für eine zielorientierte Unternehmensführung ist die Marketing-Planung als permanenter Prozess unabdingbar geworden.

Grundlage eines jeden Planungsprozesses ist die Analyse der Situation. Durch die **Marketing-Planung** ist das Management gezwungen, sich systematisch auf allen Ebenen mit den Entwicklungen auf den Märkten zu beschäftigen. Die sorgfältige, nicht auf Gefühlen beruhende Situationsanalyse und die Ausarbeitung eines Marketing-Konzeptes mit klar formulierten Zielen wird im Rahmen der Planung unumgänglich. Nutzt das Management den Marketing-Plan als Instrument, können Risiken wirtschaftlicher oder sozialer Veränderungen des relevanten Marktes durch frühzeitige Erkennung potentieller Störungsfaktoren verringert werden.

Die Marketing-Planung kann als wichtiges Koordinationsinstrument der Unternehmensleitung auch Grundlage für die Beschaffungs-, Produktions-, Finanz- und Gewinnplanung sein.

---

[24] Vgl. Weis, H.-C.: Marketing, a.a.O., S. 509.

Allgemein fördert die Marketing-Planung ziel- und zukunftsorientiertes Denken und Handeln, macht Entscheidungen und Maßnahmen koordinierbar, informiert alle Organisationsmitglieder umfassend und ermöglicht so konstruktive Kritik. Leistungen werden beurteilbar und eine Kontrolle der Zielerreichung wird möglich, wodurch sich die Motivation der Mitarbeiter steigern lässt.

Die **Notwendigkeit** der **Marketing-Planung** ergibt sich aus mehreren Faktoren:
- Änderungen der Umwelt- und Marktbedingungen, die sich einerseits in veränderten Bevölkerungs- und Nachfragestrukturen, zunehmendem Qualitätsbewusstsein der Verbraucher, Umweltbewusstsein, höherem Freizeitanteil und dementsprechend verändertem Freizeitverhalten äußern und andererseits durch Internationalisierung, verschärfter Konkurrenz auf dem Binnenmarkt, durch schwankende Wachstumsraten, sich ändernde Kaufkraft und Konzentrationsbestrebungen hervorgerufen werden.
- Schneller technischer Fortschritt und Zwang zur Innovation
- Zunahme von Komplexität und Kompliziertheit innerhalb der Betriebe und der sich daraus ergebenden Notwendigkeit der Koordinierung
- Umfangreichere Führungsaufgaben
- Steigende Kosten
- Steigender Kapitalbedarf
- Einfluß von Marketingentscheidungen auf das ganze Unternehmen[25]

1.4.1 Marketing-Planungsprozess

Der Marketing-Planungsprozess sollte als integrierter Prozess aufgefasst werden, der sich in die Phasen Situationsanalyse, Zielsetzung, Planung, Realisierung und Kontrolle gliedert und sich permanent vollzieht. Wegen der großen Anzahl Einflußfaktoren und ihrer Interdependenzen ist eine Simultanplanung nicht möglich. Man behilft sich daher mit Partialanalysen und plant sukzessiv nach folgendem Schema:

1. **Situationsanalyse:**
   - Erfassung der gegenwärtigen Markt- und Umweltsituation des Unternehmens und deren Einflussfaktoren (Marktdiagnose).
   - Abschätzung der voraussichtlichen Markttrends und Absatzentwicklungen; Erforschung der Zielmärkte; Analyse der Marktchancen (Marktprognose).
   - Analyse der eigenen Situation (Stärken, Schwächen, eigene Ressourcen).

2. **Ziel- und Strategienplanung:**
   - Formulierung von Marketing-Zielen: Festlegung der Produkt-Markt-Kombinationen, in denen das Unternehmen tätig wird.
   - Aussagen zur Marketingstrategie.

3. **Maßnahmenplanung:**
   - konkrete Aussagen über den Einsatz der absatzpolitischen Instrumente.

---

[25] Vgl. Ehrmann, H.: Marketing-Controlling: Modernes Marketing für Studium und Praxis, Ludwigshafen 1995, S. 146 f.

Sowohl für die langfristige als auch für die kurzfristige Marketing-Planung gilt der erprobte militärische Grundsatz: Lage - Ziel - Maßnahme.[26]

Im Normalfall beginnt die Marketing-Planung mit einer Analyse der augenblicklichen Marktsituation. Es gilt, die Einflußfaktoren zu ermitteln, die sich auf die Chancen des Unternehmens auf den relevanten Märkten auswirken.

Als Ansatzpunkte für eine erfolgreiche Marketingpolitik können die Verteilung der Umsätze und Gewinne auf die einzelnen Marktsegmente unter Beachtung der verschiedenen sozialen Schichten, Einkommensklassen, etc., eine Strukturierung des Umsatzes und des Gewinns nach Distributionskanälen (Direktabsatz, Fachhandel, etc.) sowie eine Analyse der Auswirkungen der einzelnen Marketing-Instrumente auf Umsatz/Gewinn dienen.

Auf der Grundlage der Marktdiagnose werden Vorstellungen entwickelt, inwiefern sich die Situation des Unternehmens im Hinblick auf die zu beobachtenden Markttrends verändert.

Zu diesem Zweck ist es z.B. notwendig, die Umsatzentwicklung in den relevanten Branchen zu beobachten, die Entwicklung der Marktanteile zu untersuchen und Voraussagen über die entstehenden Kosten und den zu erwartenden Gewinn zu machen.

Im Rahmen der Zielplanung wird festgelegt, welche Marketingziele strategisch (langfristig) oder taktisch (kurzfristig) zu verfolgen sind. Dabei ist zu bemerken, dass die Begriffe strategisch und taktisch in erster Linie durch ihren Inhalt gekennzeichnet sind. So muss eine langfristige Planung nicht unbedingt strategisch sein.

Unter **strategischen Zielen** versteht man die Basisentscheidungen oder konzeptionellen Entscheidungen, die Teilbereiche oder auch das gesamte Unternehmen prägen können. Darunter fallen unter anderem die Auswahl des Marktes bzw. des Marktsegmentes und die Auswahl der relevanten Produkte. Strategische Ziele können weiter untergliedert werden in Sachziele (quantitative Zielvorstellungen) und Formalziele (Macht des Unternehmens, Prestige).

Taktische Ziele werden aus den langfristigen Überlegungen abgeleitet. Sie betreffen kürzere Planungszeiträume und sind konkreter definiert. Innerhalb dieser Planung werden mengen- und wertmäßige Ziele für einzelne Produktgruppen, Abnehmergruppen oder Absatzgebiete aufgestellt.

Wie bei der Zielplanung wird auch bei der Festlegung der **Marketingstrategien** in strategische und taktische Entscheidungen unterschieden. Die **strategischen Grundsatzentscheidungen** geben den auf lange Sicht geltenden Handlungsrahmen und -spielraum für den Mitteleinsatz und die zu treffenden Maßnahmen vor.

Eine wesentliche Rolle spielt hierbei die Erarbeitung eines Konzeptes für den kombinierten Einsatz der marketing-politischen Instrumente. Unter die taktischen Strategien fallen die laufenden Entscheidungen und damit die konkreten Einsatzpläne. Deren Wirkung für die Zukunft muss für eine spätere Kontrolle der Ergebnisse abgeschätzt werden.

---

[26] Linnert, P.: Die neuen Techniken des Marketing, München 1969, S. 226.

Die hier beschriebene Top-Down-Abfolge der Marketing-Konzeption entspricht dem Idealtyp. In der Praxis ist die chronologische Reihenfolge von Marketing-Zielsetzung, Entwickeln der Strategie und Festlegen des Marketing-Mix oft eine andere, wie auch nachstehende Graphik zeigt:

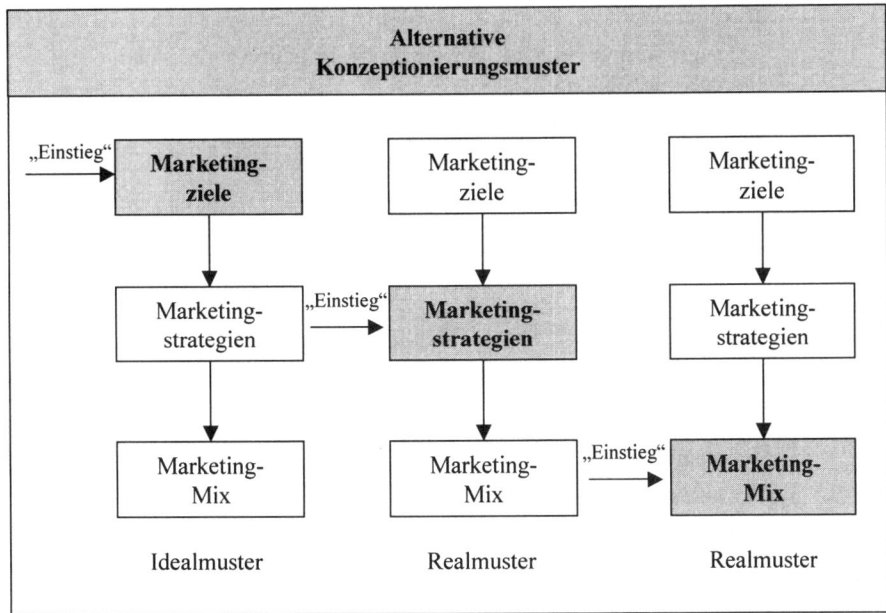

Abb. 8: Alternative Konzeptionierungsmuster (Reihenfolgealternativen)[27]

1.4.2 Der Marketing-Plan

Als Resultat des Planungsprozesses sollte sich der Marketing-Plan ergeben. Er dient als zentrales Instrument zur Steuerung und Koordinierung der Marketingaktivitäten eines Unternehmens. Derartige Pläne betreffen gezielter einen bestimmten Produktmarkt und legen die Einzelheiten für die Marketing-Strategien und Marketingprogramme fest.

Um den jeweiligen individuellen Zielsetzungen der einzelnen Unternehmungen gerecht zu werden, ist es in der Praxis empfehlenswert, den Marketing-Plan in Teilpläne zu untergliedern.[28]

So kann z.B. der Absatzplan in kurz-, mittel- und langfristige Teilbereiche abgegrenzt werden, ein Maßnahmen- und Aktionsplan entworfen und spezielle Durchführungspläne (Sonderangebote, Werbeaktionen, etc.) erstellt werden.

Allgemein sollte sich ein Marketing-Plan wie in der folgenden Übersicht gezeigt zusammensetzen:

---

[27] Vgl. Becker, J.: Marketing-Konzeption: Grundlagen des strategischen und operativen Marketing-Managements, 6. Auflage, München 1998, S. 4.
[28] Vgl. Weis, H.-C.: Marketing, a.a.O., S. 510.

Marketingplan für Produkt XY
• Übersichtliche Zusammenfassung der wichtigsten Ergebnisse zur schnellen Information der Geschäftsleitung

• Darstellung der Marktsituation (Hintergrunddaten über Produkt, Konkurrenz, etc.):
    – gegenwärtige Situation des Gesamtmarktes und voraussichtliche Entwicklung
    – Stärken und Schwächen des eigenen Unternehmens

• Bewertung und Analyse der Chancen und Probleme

• Zielsetzung:
    – Unternehmensziele
    – Marketingziele

• Strategie

• Realisationsprogramme/Marketingmaßnahmen:
    – Produktpolitik
    – Kontrahierungspolitik
    – Distributionspolitik
    – Kommunikationspolitik

• Kostenentwicklung
• Kontrollmöglichkeiten

Abb. 9: Marketingplan

1.5 Marketing-Ziele

Marketing-Ziele leiten sich aus den Unternehmenszielen ab und sind wechselseitig abhängig von anderen Teilzielen des Unternehmens.

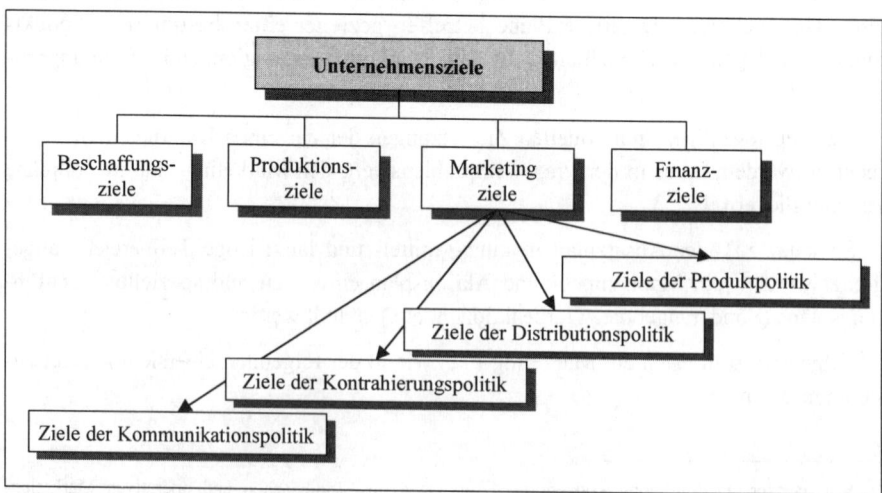

Abb. 10: Die Ableitung der Marketing-Ziele aus den Unternehmenszielen

So steht z.B. die Festlegung der Ziele in engem Zusammenhang mit der Strategieformulierung. Die Interdependenzen zwischen den Teilzielen müssen zur Ausschaltung von etwaigen Zielkonflikten stets beachtet werden.

Meffert definiert **Marketingziele** wie folgt:

> "**Marketingziele** kennzeichnen die dem Marketingbereich gesetzten Imperative (Vorzugszustände), die durch den Einsatz absatzpolitischer Instrumente erreicht werden sollen."[29]

Stellt man die unterschiedlichen Zielebenen einer Unternehmung als Zielpyramide dar, so fällt auf, dass der Konkretisierungsgrad von oben nach unten zunimmt.

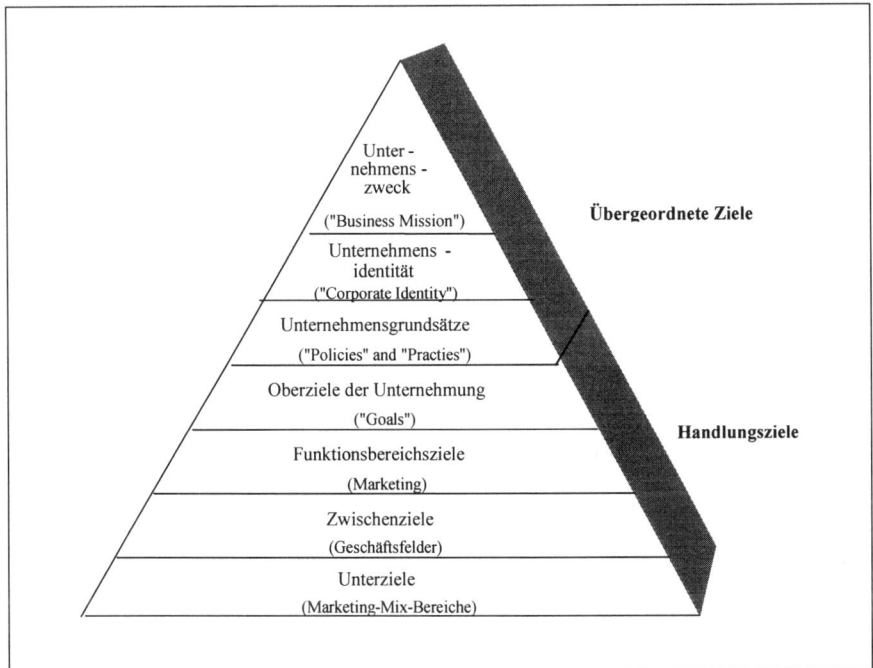

Abb. 11: Zielebenen der Unternehmung

Wegen des engen Zusammenhangs der Marketingziele mit den **unternehmenspolitischen Zielen** seien diese hier noch einmal aufgeführt:

• Umsatzsteigerung	• Deckungsbeitragserhöhung
• Gewinnsteigerung	• Kostensenkung
• Marktanteilserhöhung	• Marktführerschaft
• Soziale Sicherung	• Imageaufwertung

Bei der Festlegung der Marketing-Ziele sollte darauf geachtet werden, dass diese operational definiert werden, d.h. die Erreichung oder Nichterreichung muss quantitativ feststellbar sein.

---

[29] Vgl. Meffert, H.: Marketing., a.a.O., S. 76.

Aus diesen Maßgaben der Unternehmensziele lassen sich **strategische** (→ langfristige), **taktische** (→ mittelfristige) und **operative** (→ kurzfristige) Marketing-Ziele unter Berücksichtigung der Ergebnisse externer und interner Analysen spezifizieren[30]. In der nächsten Graphik (Abb. 12) sind die Beziehungen zwischen kurz-, mittel- und langfristigen Zielen dargestellt. Man erkennt, dass die kurzfristigen Ziele nicht unbedingt Teilstrecken der direkten Verbindung von jetzigem Standort und langfristigem Ziel sein müssen.

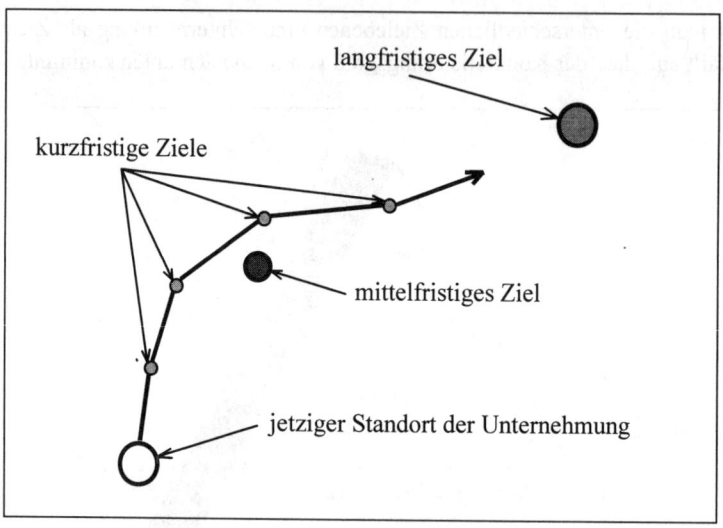

Abb. 12: Beziehungen zwischen kurz-, mittel- und langfristigen Zielen[31]

Bei den Marketing-Zielen lassen sich ökonomische und psychographische Ziele unterscheiden.

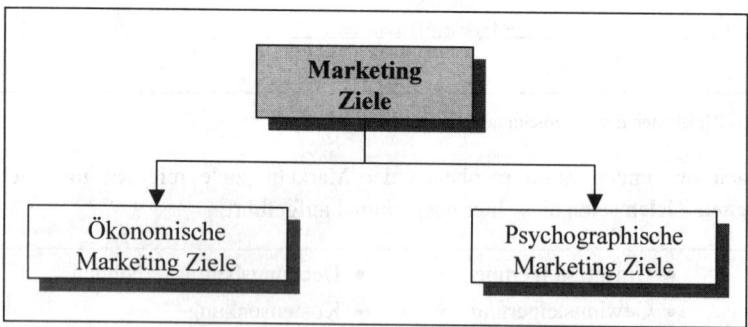

Abb. 13: Ökonomische und psychographische Ziele

Zu den **ökonomischen Marketing-Zielen** zählen aus den zuvor genannten grundsätzlichen Unternehmenszielen, wie Rentabilität, Gewinn und Sicherheit, abgeleitete Ziele, die anhand konkreter Zahlen bewertet werden können. Dazu gehören:

---

[30] Vgl. Bänsch, A.: Einführung in die Marketing-Lehre, a.a.O., S. 5.
[31] Vgl. Becker, J.: Marketing-Konzeption, a.a.O., S. 60 ff.

- Deckungsbeitrag,
- Marktanteil,
- Marktzugang,
- gesteigerte Ausschöpfung des Marktpotenzials,
- Steigerung von Umsatz- und Absatzzahlen.

Unter **psychographischen Marketing-Zielen** versteht man das Resultat der absatzpolitischen Mittel, die das Kaufverhalten ändern oder beeinflussen. Die psychographischen Marketing-Ziele konzentrieren sich auf die Lenkung der Kaufbereitschaft und der daraus resultierenden höheren Kaufwahrscheinlichkeit. Sie lassen sich folgendermaßen formulieren:

- Steigerung des Bekanntheitsgrades,
- Umfassende Information und Kenntnis des Produktes,
- Positivierung von Images und Einstellungen,
- Anstieg der Präferenzen,
- Intensivierung der Kaufabsicht.[32]

Für Marketing-Ziele gilt, was prinzipiell für jede Art von Ziel zu beachten ist. **Ziele** müssen einerseits eine **Herausforderung** an die Unternehmung selbst sein, da es sonst sinnlos überhaupt mit ihrer Realisation zu beginnen, andererseits müssen sie gleichzeitig **erreichbar** sein, da nur so die Identifikation mit den Zielen und die Motivation durch die Ziele gewährleistet werden kann. Je präziser ein Ziel **definiert** wird und dadurch gleich **kontrollierbar** wird, desto effizienter und einfacher wird die Zielsetzung und ihre Wirkungen für die Unternehmung. In der **Zieldefinition** werden festgelegt:

- Zielinhalt
- Zieldimension
- Zielperiode

Bei Marketing-Zielen ist der **Zielinhalt** immer ökonomischer oder psychographischer Natur und gibt an, was gemessen werden soll. Die **Zieldimension** gibt den Umfang oder das Ausmaß des zu erreichenden Zielinhalts an. Die **Zielperiode** legt den zeitlichen Rahmen fest.

Beispiel für eine ökonomische Zieldefinition:

Erhöhung des Marktanteils von Produkt X um 5 % innerhalb eines Jahres.

Beispiel für eine psychographische Zieldefinition:

Erhöhung des Bekanntheitsgrades der Unternehmung. Das Ziel ist erreicht, wenn innerhalb eines Quartals 25 Neukunden akquiriert sind.

Ziele sollten realistisch, d.h. erreichbar sein. "Wunschdenken" ohne Analyse der eigenen Möglichkeiten und Ressourcen darf nicht Grundlage bei der Formulierung sein.[33] Wichtig ist auch der Prozess der **zeitlichen Zielanpassung** (siehe Abb. 14). Durch

---

Meffert, H.: Marketing., a.a.O., S. 76 ff.
Kotler, P.: Marketing-Management. Analyse, Planung und Kontrolle, a.a.O., S. 75.

äußere Umwelteinflüsse, wie z.B. Änderung der konjunkturellen Lage oder der Branchensituation, kann es notwendig sein, die Ziele zu korrigieren. Durch regelmäßige Kontrolle des Zielerreichungsgrades lässt sich feststellen, ob das Anspruchsniveau nach oben oder unten angepaßt werden muss.[34]

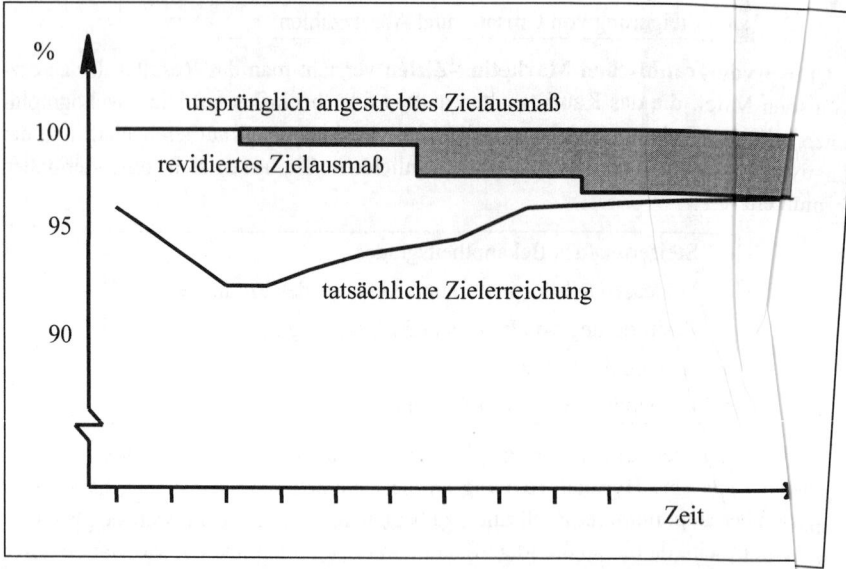

Abb. 14: Die Revision der Zielsetzung in Abhängigkeit von der Zielerreichung[35]

Bei dem Planungsprozess von Marketing-Zielen bzw. von Zielen im allgemeinen sind die **Zielbeziehungen** von besonderer Wichtigkeit. Man unterscheidet:

- Indifferente Ziele   = Zielneutralität
- Komplementäre Ziele = Zielharmonie
- Konkurrierende Ziele = Zielkonflikt

Zielbeziehungen bestehen nicht nur zwischen den Marketing-Zielen untereinander, sondern auch zwischen den Marketing-Zielen und Zielsetzungen anderer Unternehmensbereiche wie Produktion und Beschaffung sowie den übergeordneten Unternehmenszielen. Treten hier Zielkonflikte auf, müssen Prioritäten unter Berücksichtigung des Zeitfaktors oder der Wichtigkeit gesetzt werden (vgl. zu den Zielbeziehungen die Ausführungen in Kapitel A).

1.6 Marketing-Strategien

Die Marketing-Strategien stellen das Bindeglied zwischen den Marketing-Zielen, den zu ergreifenden Maßnahmen und deren Kombination zum Marketing-Mix dar. Die gesamte Marketing-Planung oder -Konzeption wird permanent von der strategischen Analyse begleitet.

---

[34] Vgl. Becker, J.: Marketing-Konzeption, a.a.O., S. 128.
[35] Vgl. ebd., S. 129.

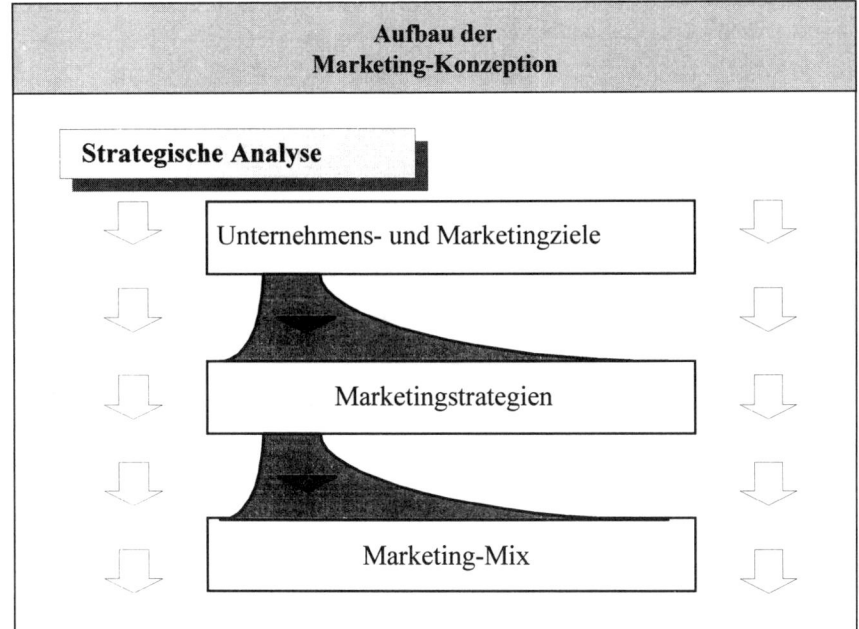

Abb. 15: Aufbau der Marketing-Konzeption

Unter einer Strategie versteht man im allgemeinen den "Entwurf und die Durchführung eines Gesamtkonzeptes, nach dem der Handelnde ... ein bestimmtes Ziel zu erreichen sucht, im Unterschied zur Taktik, die sich mit den Einzelschritten des Gesamtkonzeptes befasst."

Nach Nieschlag / Dichtl / Hörschgen ist die Marketing-Strategie eine langfristig orientierte Grundsatzentscheidung zur Erreichung der Marketing-Ziele, die auf die Bedarfs- und Wettbewerbssituation sowie das Leistungspotenzial der Unternehmung ausgerichtet ist.[36]

Kotler sieht darin keine Ansammlung vereinzelter Handlungen, sondern eine konkrete Empfehlung, in der Kanäle aufgezeigt werden, in welche die Hauptanstrengungen geleitet werden müssen, die zur Erreichung der Ziele nötig sind.[37]

Becker greift die Idee der Kanalisierung auf und stellt diese graphisch dar. Darin markieren alle Punkte der Kreislinie, in deren Zentrum das angestrebte Ziel liegt, mögliche unternehmerische Ausgangspunkte für die Zielrealisation.

Eine strategieorientierte Unternehmensführung entscheidet sich für einen Ausgangspunkt und gibt eine Handlungsbahn vor. Innerhalb dieser Handlungsbahn hat sich der Instrumenteneinsatz (Marketing-Mix) bis zur endgültigen Zielerreichung zu vollziehen.

Diese Eigenschaft bezeichnet man auch als Lenkungsleistung der Strategie. Hierbei bleibt genug Freiraum, um adäquat auf Veränderungen der Markt- und Umweltgegebenheiten zu reagieren.[38]

---

[36] Vgl. Nieschlag, R./ Dichtl, E./ Hörschgen, H.: Marketing, a.a.O., S. 8 f.
[37] Vgl. Kotler, P.: Marketing-Management. Analyse, Planung und Kontrolle, a.a.O., S. 260.
[38] Vgl. Becker, J.: Marketing-Konzeption, a.a.O., S. 142.

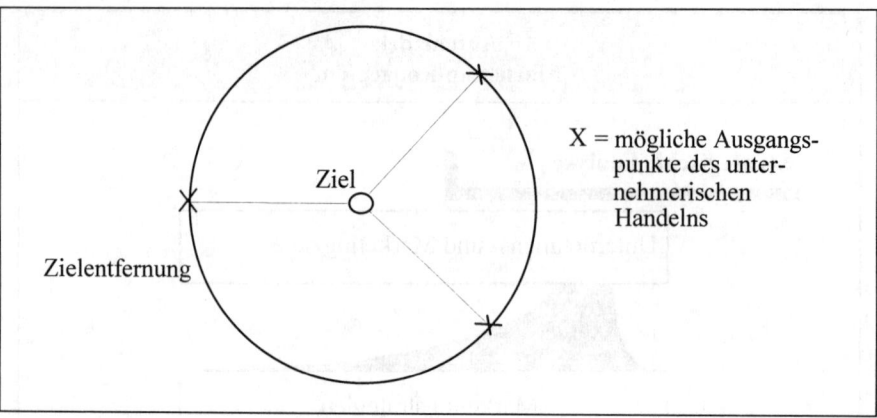

Abb. 16: Die unternehmerische Ausgangslage[39]

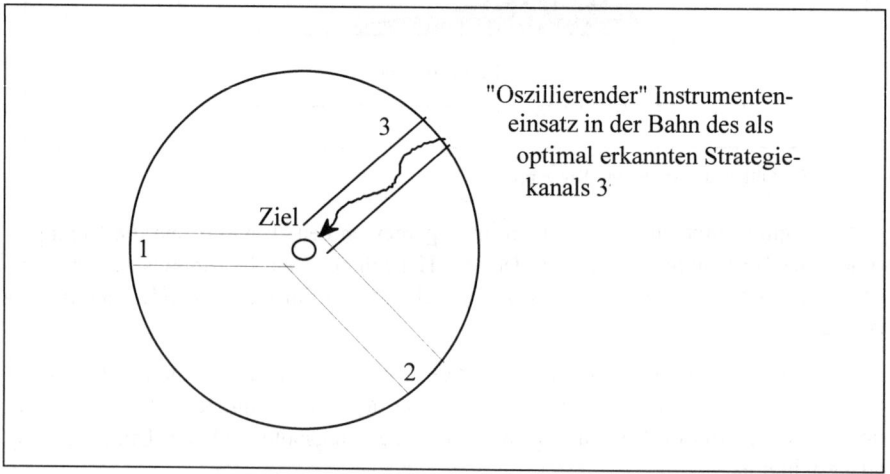

Abb. 17: Die Lenkungsleistung von Strategien[40]

Marketing-Strategien und Flexibilität schließen sich also nicht aus, sondern die Flexibilität wird eher noch erleichtert, da ein genauer Kanal abgegrenzt ist, innerhalb dessen eine Lösung gesucht werden kann. Planloses Suchen und irrelevante Lösungsmöglichkeiten werden von vornherein ausgegrenzt. Ebenso verhält es sich mit der Kreativität. Marketing-Strategien sorgen dafür, dass die Kreativität sinnvoll, zielgerichtet und vor allen Dingen realisierbar ist.

Beschrieben werden kann eine Marketing-Strategie durch folgende **strategische Dimensionen**:

- räumliche Abgrenzung des Marktes: lokal - regional - national - international
- Vertrautheit mit dem Markt: alter Markt - neuer Markt
- Umfang der Marktbearbeitung: Massenmarkt - Marktsegmentierung

---

[39] Vgl. Becker, J.: Marketing-Konzeption, a.a.O., S. 141.
[40] Vgl. ebd., S. 142.

1. Grundlagen des Marketing und der Marketingplanung

- Art der Marktbearbeitung: differenziert - undifferenziert
- primärer Leistungsinhalt: Preis - Qualität
- primäre Zielsetzung: Umsatz - Rentabilität
- Einstellung zur Konkurrenz: aggressiv - defensiv
- Einstellung zur Kooperation: positiv - negativ
- Einstellung zur Unternehmenspolitik: expandieren - halten - schrumpfen
- Einstellung zur Innovation: adaptiv - innovativ[41]

Aus diesen Dimensionen lässt sich durch Kombination und unterschiedliche Gewichtung entsprechend der Unternehmenssituation, der Zielsetzung, der Produktpalette und der Marktsituation eine **Marketing-Strategie** entwickeln. In der Praxis dominiert häufig eine der Dimensionen und hat so zur Namensgebung für viele angewandte Marketing-Strategien geführt, wie z.B. Qualitätsführerschaft oder Internationalisierung. Das bedeutet jedoch nicht, dass nur dieser eine Aspekt berücksichtigt wird, sondern dass die übrigen Dimensionen diesem Zentralaspekt sinnvoll angepaßt werden.

Zeitlich beziehen sich Marketing-Strategien auf eine Zeitspanne, die anhand der derzeitigen Informationen sowie der zu erwartenden Strategiekonsequenzen überschaubar ist, d.h. in der Regel bis auf die nächste, bzw. besser noch auf die übernächste Produkt/Marktgeneration. Diese Notwendigkeit ergibt sich auch aus den langwierigen Entwicklungsperioden für neue Produkte.

Marketingziele können durch eine Vielzahl von Kombinationen marketingpolitischer Instrumente erreicht werden. Das Problem dabei ist die Abstimmung der Instrumente. Durch die Einführung einer **"grundsatzstrategischen Komponente"** in den Marketing-Planungs-Prozess wird versucht, dem hohen Grad an Komplexität dieser Aufgabe gerecht zu werden.[42]

Grundsatzstrategien (Normstrategien) sollen dazu beitragen, Verhaltensweisen gegenüber der Konkurrenz allgemein festzulegen, um die Wahlmöglichkeiten bei der Konzeption des Marketing-Mix einzugrenzen und um einen effizienten Einsatz der Marketing-Instrumente zu gewährleisten. Die zukünftige Stellung einer Marke im Markt und im Wettbewerb wird dadurch festgelegt.[43]

Es können vier grundsatzstrategische Ansatzpunkte unterschieden werden. Becker bezeichnet diese als marketingpolitische Strategie-Ebenen, auf denen jeweils mehrere Strategie-Alternativen zur Verfügung stehen:

1. Marktfeldstrategien / Produktstrategien,
2. Marktstimulierungsstrategien,
3. Marktparzellierungsstrategien,
4. Marktarealstrategien.

---

[41] Vgl. Nieschlag, R./ Dichtl, E./ Hörschgen, H.: Marketing, a.a.O., S. 883 f.
[42] Vgl. ebd., S. 433 ff.
[43] Vgl. Tomczak, T.: Situative Marketingstrategien, Marketing-Management Band 12, Berlin/ New York 1989, S. 111 ff.

Die Kombination der Strategien der einzelnen Strategieebenen führt zu einem unternehmensindividuellen Strategieprofil, auch Strategie-Chip genannt. Ein Beispiel eines fiktiven Unternehmens zeigt die folgende Abbildung:

Strategieebenen	Strategiealternativen						
1. Marktfeldstrategien	Marktdurch-dringungs-strategie ○	Marktent-wicklungs-strategie ○		Produktent-wicklungs-strategie ○		Diversi-fikations-strategie ○	
2. Marktstimulie-rungsstrategien		Präferenz-strategie ○			Preis-Mengen-Strategie ○		
3. Marktparzellie-rungsstrategien	Massenmarktstrategie (totale) ○		(partiale) ○	Segmentierungsstrategie (totale) ○		(partiale) ○	
4. Marktareal-strategien	lokale Strategie ○	regionale Strategie ○	überregion. Strategie ○	nationale Strategie ○	multinationale Strategie ○	internationale Strategie ○	Weltmarkt-strategie ○

Abb. 18: Strategieraster / Strategie-Chip[44]

Bei den Marktfeldstrategien entscheidet man über die Produkt-Markt-Kombination. Diese Entscheidung ist also eine Voraussetzung, auf der alle anderen strategischen Festlegungen aufbauen. Die Marktstimulierungsstrategien bestimmen die Art und Weise der Marktbeeinflussung durch Qualitäts- oder Preiswettbewerb. Mit der Marktparzellierung beschreibt man die Art und Weise der Differenzierung und Abdeckung des Marktes, in dem das Unternehmen tätig werden will. Welche regionalen Märkte bedient werden sollen, entscheidet man im Rahmen der Marktarealstrategie.

1.6.1 Produktstrategien / Marktfeldstrategien / Wachstumsstrategien

Die meisten Unternehmen streben nach Umsatz- oder Gewinnsteigerung, um so dynamisch und anpassungsfähig zu bleiben. Dies ist wichtig für die Motivation des Managements und beugt der Gefahr der technologischen Überalterung des Unternehmens vor. Hierfür benötigt das Unternehmen eine Wachstumsstrategie (Kotler), bzw. Strategie zur Erschließung von Wachstumsquellen (Nieschlag / Dichtl / Hörschgen), bzw. Marktfeldstrategie (Becker) oder Produktstrategie (Weis). Diese Begriffe werden im folgenden synonym verwandt.

Ausgangspunkt für die Produktstrategie ist die **Ziellückenanalyse (Gap-Analyse)**. Sie ist ein Instrument der strategischen Planung zur Früherkennung strategischer Probleme. Dabei werden die angestrebten Zielwerte mit den erwarteten Zielwerten über einen Planungshorizont von z.B. fünf Jahren verglichen. Die Differenz zwischen gewünschter und erwarteter Entwicklung wird Ziellücke, Gap, strategische- oder ungedeckte Lücke genannt und weist darauf hin, dass sich die Ziele mit den bisher verfolgten

---

[44] Vgl. Becker, J.: Marketing-Konzeption, a.a.O., S. 352.

Strategien nicht mehr erreichen lassen.[45] Es ist nötig nach einer Strategie zu suchen, um diese Lücke schließen zu können. Dabei ist es unerheblich, ob es sich bei den Zielwerten um Umsätze, Erträge oder Deckungsbeiträge handelt.[46]

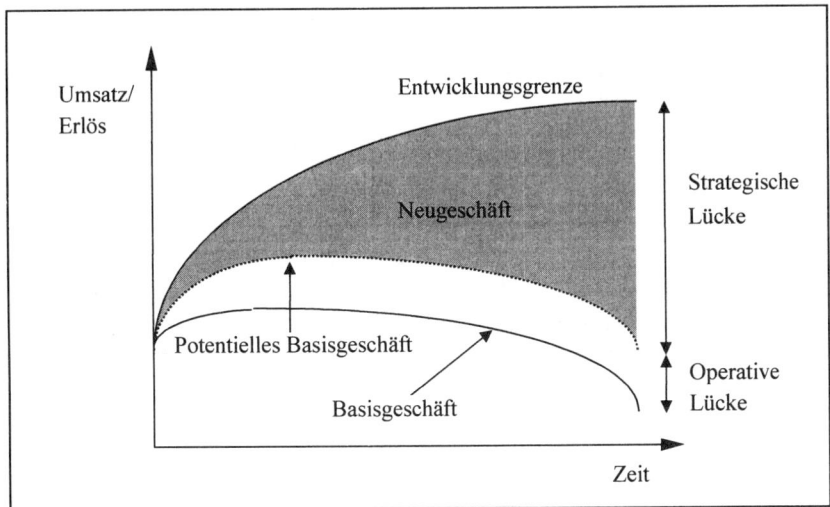

Abb. 19: Beispiel für eine Ziellücke

Zur Strukturierung der Suche nach strategischen Alternativen kann die **Produkt-Markt-Matrix** von Ansoff herangezogen werden. Dabei besteht die Wahl mit neuen oder gegenwärtigen Produkten neue oder gegenwärtige Märkte zu bedienen. Die Begriffe "neue Produkte" und "neue Märkte" müssen aus Unternehmenssicht verstanden werden. So muss ein Produkt keine wirkliche Marktneuheit darstellen, wie dies zum Beispiel bei dem Photo-CD-Player der Fall war. Aus der Kombination der Möglichkeiten ergeben sich vier grundsätzliche Stoßrichtungen, Strategien:

Produkte Leistungen \ Märkte	bestehende	neue
bestehende	**Marktdurchdringung** Marktbesetzung Verdrängung	**Marktentwicklung** Internationalisierung Marktsegmentierung
neue	**Produktentwicklung** Produktinnovation Produktdifferenzierung	**Diversifikation** vertikale, horizontale, laterale Diversifikation

Abb. 20: Alternative Marketingstrategien zur Erschließung von Wachstumsquellen

Die **Marktdurchdringung** (Marktpenetration) bedeutet nichts anderes als die Verstärkung der Marketinganstrengungen zur Vergrößerung des Marktvolumens (Abschöpfung des latenten Marktpotenzials) und des eigenen Marktanteils. Sie ist in dieser Form

---

45 Vgl. Nieschlag, R./ Dichtl, E./ Hörschgen, H.: Marketing, a.a.O., S. 899.
46 Vgl. Geisbüsch, H.-G./ Weeser-Krell, L. M./ Geml, R.: Marketing, a.a.O., S. 142.

die naheliegendste Lösung und bildet die Basis der drei anderen Grundstrategien. Für die Marktdurchdringung bieten sich folgende drei Möglichkeiten an:

- **Intensivierung des Konsums bei Stammverbrauchern:** Erhöhung der Verwendungsrate durch die eigenen Kunden z.B. mittels Preissenkung, künstlicher Veralterung, größere Einkaufseinheiten; Erhöhung der Distribution.
- **Abwerben von Kunden der Konkurrenz** durch Produktverbesserung, Preispolitik, Verkaufsförderung o.ä..
- **Gewinnung bisheriger Nichtverwender** durch Nutzung neuer Distributionswege, Verteilung von Warenproben etc.

Die **Marktentwicklung** geht davon aus, dass es für das bestehende Angebot des Unternehmens nicht bzw. nicht ausreichend bearbeitete oder bisher noch nicht erkannte Märkte gibt. Auch hier bieten sich drei Ansatzpunkte:

- **zusätzliche Markträume:** geographische Ausweitung in regionale, nationale und internationale Märkte.
- **Eindringen in Zusatzmärkte:** (→new uses), d.h. gezielte Funktionsausweitung, wie die des legendären Teflon, ermöglicht den Eintritt in Zusatzmärkte.
- **Erschließen neuer Teilmärkte:** (→new users), Gewinnung neuer Kundengruppen durch Produktversionen, die zielgruppenspezifische Lösungen anbieten (z.B. Elektrowerkzeuge für den Hobbymarkt[47]) oder "psychologische" Differenzierung durch Werbung.

Die **Produktentwicklung** will neue Produkte für bestehende Märkte finden. Der Begriff der **Innovation** kann hierbei folgende Bedeutungen haben:

- **echte Innovationen** sind Marktneuheiten, die es noch nie gegeben hat, wie z.B. Sofortbildkameras.
- **Quasi-Innovationen**, die im eigentlichen eine Produktversion eines bestehenden Produktes sind, wie z.B. Diätmargarine.[48]
- **me-too-Produkte**, die nur innerhalb des Unternehmens eine Neuheit darstellen, an sich jedoch sich im Detail unterscheidende Imitationen von auf dem Markt befindlichen Produkten sind.

Echte Innovationen bieten dem Unternehmen in der Regel höhere Gewinnchancen als Me-Too-Produkte. Sie werden aber mit einem wesentlich komplexeren Produktentwicklungsprozess und den damit verbundenen Kapitalrisiken "erkauft".

Diversifikation bedeutet Ausweitung der Unternehmensaktivitäten auf neue Märkte in Kombination mit neuen Produkten, wodurch viele Unternehmen sich ein "zweites Standbein" schaffen wollen. Deutsche Autoren, so auch Meffert, Becker etc., unterscheiden die Typen der Diversifikation nach ihrer Verwandtschaft zum bisherigen Produktionsprogramm in:

- **horizontale** Diversifikation erweitert das Produktionsprogramm um Produkte, die in einem sachlichen Zusammenhang mit den bisherigen Erzeugnissen stehen; z.B. gleiche Rohstoffe, Technologie, Vertriebswege.
- **vertikale** Diversifikation bezieht sich auf vor- oder nachgelagerte Produkte.

---

[47] Vgl. Becker, J.: Marketing-Konzeption, a.a.O., S. 154.
[48] Vgl. Nieschlag, R./ Dichtl, E./ Hörschgen, H.: Marketing a.a.O., S. 901.

- **laterale** Diversifikation steht in keinerlei Zusammenhang mit dem bisherigen Angebot und stellt den risikoreichsten Vorstoß in neue Märkte und Produktgruppen dar.[49]

Stellvertretend für die amerikanische Sichtweise sei hier die Unterscheidung nach Kotler[50] genannt:

- **konzentrische Diversifikation:** Aufnahme neuer Produkte, die technologische oder marketingbezogene Ähnlichkeiten zur bestehenden Produktgruppe aufweisen.
- **horizontale Diversifikation:** Aufnahme neuer Produkte, die technologisch zwar nicht verwandt sind, sich aber an vorhandene Kundengruppen wenden.
- **konglomerative Diversifikation:** neue Produktgruppen für neue Märkte.

Den vier Grundstrategien werden laut einer empirischen Untersuchung sehr unterschiedliche Erfolgsaussichten zugeschrieben:[51]

Strategie	Erfolgschancen	Ressourcenbedarf
Marktdurchdringung	50 %	100 %
Marktentwicklung	33 %	400 %
Produktentwicklung	20 %	800 %
Diversifikation	5 %	1200 - 1600 %

Für welche Strategie sich ein Unternehmen entscheidet, ist vorzugsweise von der Kapitalsituation sowie der Risikofähigkeit und -bereitschaft abhängig. Allgemein bietet die Marktdurchdringungsstrategie die höchste Erfolgswahrscheinlichkeit bei geringem Aufwand; die Diversifikation dagegen verspricht bei sehr hohem Ressourcenbedarf nur geringe Erfolgsaussichten.

Finanzstarke Unternehmen können eher auf Produktentwicklung setzen, finanzschwachen Unternehmen hingegen ist die Marktentwicklung zu empfehlen. Die Entscheidungen für eine Wachstumsstrategie sind dabei nicht als Entweder-Oder-Entscheidungen aufzufassen. Vielmehr können sie sinnvoll kombiniert werden.

1.6.2 Marktstimulierungsstrategien

Neben den richtungsstrategischen Entscheidungen (Marktfeldstrategien) fällt den strategischen Entscheidungen zentrale Bedeutung zu, welche die Art und Weise der Marktbeeinflussung bzw. -stimulierung bestimmen. Dies ist zum einen die Preis-Mengen-Strategie, die auf einen **Preiswettbewerb** (price-competition) abzielt und zum anderen die Präferenzstrategie, die stärker auf einem **Qualitätswettbewerb** (non-price-competition) beruht. Unter Qualität ist hier ein erweiterter Qualitätsbegriff zu verstehen, der neben der meßbaren Qualität auch alle Leistungsvorteile, wie z.B. Prestige und Stil, beinhaltet.

---

[49] Vgl. Meffert, H.: Marketing., a.a.O., S. 245.
Vgl. Nieschlag, R./ Dichtl, E./ Hörschgen, H.: Marketing, a.a.O., S. 898.
[50] Vgl. Kotler, P.: Marketing-Management. Analyse, Planung und Kontrolle, a.a.O., S. 79.
[51] Vgl. Weis, H.-C.: Marketing, a.a.O., S. 78.

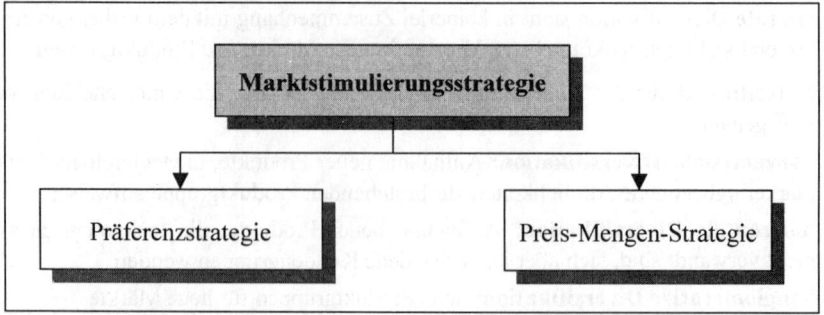

Abb. 21: Marktstimulierungsstrategien

Die **Preis-Mengen-Strategie** ist dadurch gekennzeichnet, dass ein Produkt durchschnittlicher Qualität in zweckmäßiger Verpackung zu einem niedrigen Preis angeboten wird (Discount-Konzept). Die Produkte wenden sich in erster Linie an sogenannte Preiskäufer, deren Verhalten dadurch gekennzeichnet ist, dass sie das preiswerteste Produkt kaufen, sofern es den erwarteten Grundnutzen des Produktes erfüllt.

Die Kundenbindung findet allein über die **aggressive Preispolitik** statt. Marketing-Anstrengungen sind bei dieser Strategie sehr gering. Die niedrigen Preise lassen sich meist nur durch große Stückzahlen bei stark standardisierten Produkten erreichen. Die Preis-Mengen-Strategie kann sehr schnell wirken, birgt aber auch die Gefahr des schnellen "Verschleißes", d.h. des Abgelöst-Werdens durch ein ähnliches Produkt.

Der Aufbau eines **Marken-Image**, wie er bei der **Präferenzstrategie** angestrebt wird, benötigt viel Zeit, wirkt aber dafür meist lange nach. Besteht für ein Produkt erst einmal ein positives Verbraucher-Image, so ist die Preiselastizität bei den "Stammkäufern" (Marken-Käufer) wesentlich geringer als bei den Preis-Käufern. Im Extremfall spricht man von einer "Immunisierung" einer Marke.

Da auf vielen Märkten ein hoher Sättigungsgrad von Grundbedürfnissen erreicht ist, zielt die Präferenzstrategie auf den Zusatznutzen eines Produktes oder dessen Einzigartigkeit (**USP** = unique selling proposition) ab. Bei der **Präferenzstrategie** soll der Einsatz aller wesentlichen präferenzorientierten Marketinginstrumente einen überdurchschnittlich hohen Abgabepreis ermöglichen. Umgekehrt dient auch der hohe Preis wieder als präferenzpolitisches Mittel. Vor Anwendung der Präferenzstrategie muss der Markt besonders gründlich untersucht werden, um das Marktrisiko besser abschätzen und einschränken zu können, da die Langfristigkeit dieser Strategie einen hohen Mitteleinsatz und vor allem hohe Vorinvestitionen verlangt.[52]

1.6.3 Marktparzellierungsstrategien

Eine weitere wichtige strategische Ebene stellt die Marktparzellierung dar. Darin entscheidet man über die Art und Weise der **Differenzierung** bzw. der Abdeckung des Marktes, in dem das Unternehmen tätig werden will. Die sich daraus ergebenden vier strategischen Alternativen lassen sich wieder übersichtlich in Form einer Matrix darstellen:

---

[52] Vgl. Becker, J.: Marketing-Konzeption, a.a.O., S. 182 ff.

Abdeckung des Marktes / Differenzierung des Marketingprogramms	Vollständig (total)	Teilweise (partial)
Undifferenziert (Massenmarketing)	Undifferenziertes Marketing	Konzentriertes Marketing
Differenziert (Marktsegmentierung)	Differenziertes Marketing	Selektiv-differenziertes Marketing

Abb. 22: Die vier Basisalternativen der Marktparzellierung

1.6.3.1 Massenmarkt-Strategie

Diese Strategie ist eine klassische Marketingstrategie, wie sie von zahlreichen Unternehmen in vielen Märkten angewandt wird. Sie ist darauf ausgerichtet, auf dem Markt Standardprodukte anzubieten, welche die durchschnittlichen Bedürfnisse von jedermann zu befriedigen vermögen. Die **Massenmarktstrategie** ist dabei nicht an Preis-Mengen-orientierte Aktionsweisen gebunden, sondern sie ist vielmehr in hohem Maße Standardstrategie der klassischen präferenz-politisch orientierten Markenartikel-Konzeption. Beispiele dafür sind "Nivea" und "Persil".[53]

Typisch für diese Strategie ist der Einsatz von Massenabsatzwegen und Massenmedien. Die Marketingforschung sucht nach Abnehmercharakteristika, die - im Gegensatz zur Marktsegmentierung - den ansonsten heterogenen Abnehmergruppen gemein sind. Oft wird diese Strategie als **Schrotflintenkonzept** bezeichnet. Es behandelt den Markt als ein Aggregat und konzentriert sich nicht auf Unterschiede zwischen den Käufern, sondern auf das allen Gemeinsame.[54]

Als Beispiel führt Becker den Schokoriegel "Mars" an, bei dem schon im Slogan "Mars macht mobil bei Arbeit, Sport und Spiel" gesagt wird, dass es ein Produkt für jedermann und jederzeit ist. Diese universal-thematische Auslobung des Produktes ist sehr häufig bei der Massenmarktstrategie anzutreffen. Ähnliche Aussagen treffen auch Nieschlag /Dichtl / Hörschgen zur Globalisierungsstrategie, bei der internationale Märkte betrachtet werden.[55]

Während bei der totalen Marktabdeckung der gesamte Grundmarkt angesprochen wird, ist dies bei der partialen Marktabdeckung nur ein Teil des Grundmarktes. Unter einem Grundmarkt versteht man die Summe aller in Betracht kommenden Abnehmer abzüglich derer, die für die Verwendung eines Produktes nicht in Erwägung kommen wie z.B. Kinder für Rauchwaren.

Die Abgrenzungsmerkmale sind globaler Art und können auf globalem Wege durch Produktspezifika oder auf subjektivem Wege durch Auslobung realisiert werden[56]. Eine Abgrenzung bei partialer Marktabdeckung, ob es sich um eine Massenmarkt- oder eine

---

[53] Vgl. Becker, J.: Marketing-Konzeption, a.a.O., S. 241.
[54] Vgl. Kotler, P.: Marketing-Management. Analyse, Planung und Kontrolle, a.a.O., S. 215.
[55] Vgl. Meffert, H.: Marketing., a.a.O., S. 268.
[56] Vgl. Becker, J.: Marketing-Konzeption, a.a.O., S. 241 ff.

Marktsegmentierungs-Strategie handelt, ist nicht immer eindeutig möglich. Kotler und Meffert[57] unterscheiden daher nur die drei Typen:

- undifferenzierte Marktbearbeitungs-Strategie (**Umfassende Kostenführerschaft**),
- konzentrierte Marktbearbeitungs-Strategie (**Konzentrationsstrategie**),
- differenzierte Marktbearbeitungs-Strategie (**Differenzierungsstrategie**),

die im folgendem noch einmal kurz beschrieben werden.

1.6.3.2 Marktsegmentierungs-Strategie

Die Marktsegmentierungsstrategie hat sich einerseits aus dem Sachverhalt entwickelt, dass die Käufer grundsätzlich keine homogene Einheit bezüglich ihrer Bedürfnisse, Wünsche, finanziellen Möglichkeiten und Kaufpraktiken darstellen, sondern erheblich differierende Bedürfnisstrukturen aufweisen. Andererseits hat die Marktentwicklung in Richtung der quantitativen Sättigung (mit Einheitsprodukten) zu erhöhtem Konkurrenzdruck geführt, wodurch die Hersteller oft kaum noch Einfluß auf die Preisbildung hatten.

Dies führte zu hochwertigeren Produkten. Dabei ist unter Hochwertigkeit nicht unbedingt die objektiv meßbare Qualität des Produktes oder der Dienstleistung zu verstehen, sondern vielmehr der vom Kunden empfundene Wert bzw. Nutzen, der sich aus dem **Grund-** und dem **Zusatznutzen** zusammensetzt. Höhere (empfundene) Qualität bedeutet aber eine gesteigerte Bedürfnisbefriedigung im Gegensatz zum Massenprodukt, d.h. es müssen verstärkt die Zusatzbedürfnisse erkannt und befriedigt werden.

Dieses Abzielen auf die Befriedigung vor allem der Zusatzbedürfnisse lässt sich aber nur durch Kenntnis dieser Bedürfnisse bzw. der Bedürfnisstruktur der Kunden realisieren. Da sich, wie oben bereits beschrieben, die Kunden in vielerlei Hinsicht unterscheiden, es also den (Durchschnitts-) Kunden nicht gibt, müssen vom Gesamtmarkt zunächst Teilmärkte (→Marktabgrenzung) und später Segmente (→Marktsegmentierung) vom Markt abgegrenzt werden.

Besonders wichtig für die Marktsegmentierung und die sich daraus ergebende differenzierte Marktbearbeitung ist die **interne Homogenität** und die **externe Heterogenität** der **Marktsegmente**, mit anderen Worten, möglichst große Einheitlichkeit innerhalb eines Marktsegments und möglichst große Differenz zu anderen Marktsegmenten.

Die nachfragerelevanten Merkmale müssen eindeutig durch die Marktforschung identifizierbar sein, damit der **Zielmarkt** anschließend mit einem entsprechenden Marketing-Mix bearbeitet werden kann.

Marktsegmentierungen lassen sich nach unterschiedlichen Kriterien aufbauen, wobei diese auch in Kombination auftreten können:

- **Gütersegmente** sind technologisch- gutsbezogen betrachtete Teilmärkte eines abgegrenzten Gesamtmarktes.

   Beispiel: Der Markt für Saft als Teil des Gesamtmarktes für alkoholfreie Getränke.
- **Bedürfnissegmente** sind nach Bedürfnissen abgegrenzte Teilmärkte des Gesamtmarktes.

   Beispiel: Der Haarpflegemarkt als Bestandteil des Körperpflegemarktes.

---

[57] Vgl. Meffert, H.: Marketing., a.a.O., S. 216 f.

- **Nachfragersegmente** sind Teilmärkte, die bezüglich der Konsumenten betrachtet werden.
  Beispiel: Der Kindermarkt als Teilgebiet des Marktes für private Verbraucher auf unterschiedlichen Gütermärkten.[58]

Der Betrachtung der Nachfragersegmente wird die größte Bedeutung beigemessen. Die nachfragerelevanten Merkmale werden üblicherweise in **demographische** und **psychographische** Merkmale unterschieden.

Diese Unterscheidung drückt jedoch keinen Gegensatz aus, vielmehr bilden die demographischen Merkmale die Basis für die psychographischen Merkmale.[59]

Demographische Merkmale	
• Alter	• Geschlecht
• Familienstand	• Haushaltsgröße
• Einkommen	• Beruf
• Ausbildung	• Wohnort

Da ein Merkmal allein wenig aussagekräftig ist, führt die Kombination verschiedener Merkmale zur Segmentbildung. Welche Merkmalskombination gewählt wird, muss die Unternehmung bei der Entscheidung für die konkrete Strategie festlegen.

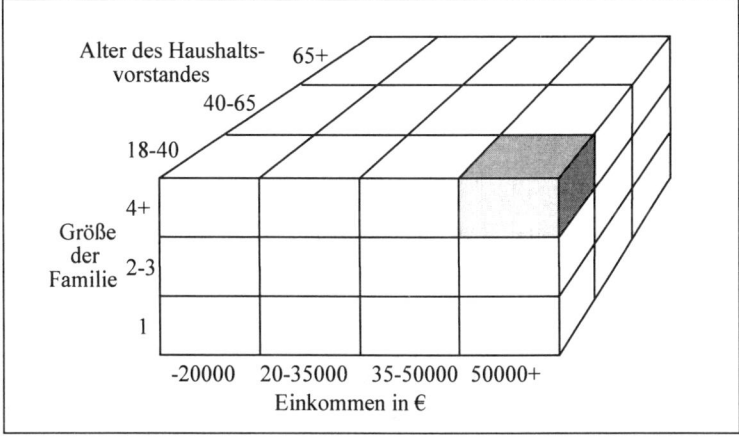

Abb. 23: Beispiel einer Marktsegmentierung nach drei demographischen Merkmalen[60]

Trotz identischer demographischer Merkmale zweier Personen lässt sich häufig ein völlig unterschiedliches Kaufverhalten beobachten. Es wird versucht, diese Tatsache anhand der **psychographischen Merkmale** aufzuzeigen und die Marktsegmente so einzugrenzen.

---

[58] Vgl. Steffenhagen, H.: Marketing, a.a.O., S. 49.
[59] Vgl. Meffert, H.: Marketing., a.a.O., S. 192.
[60] Vgl. Becker, J.: Marketing-Konzeption, a.a.O., S. 254.

> **Psychographische Merkmale**
>
> - Allgemeine Persönlichkeitsmerkmale
> - Einstellung und Nutzenerwartung (**benefits**)
> - Lebensstil bzw. Lebensgewohnheiten (**life style**)

Problematisch ist bei dieser Einteilung die Meßbarkeit, weshalb z.B. Verbrauchertypologien entwickelt wurden oder sich Begriffe wie Yuppies, Dinks o.ä. einbürgern konnten.[61]

Die bisher genannten Charakteristika beziehen sich in erster Linie auf Konsumgüter. Zur Geschäftsfeldbestimmung im **Investitionsgüterbereich** setzt man sich zusätzlich mit folgenden Kriterien auseinander:

> - Anvisierte bzw. bediente **Abnehmergruppe**
> - Arten der erfüllten **Funktionen**
> - Eingesetzte **Technologien**

Bei der Entscheidung für eine Marktsegmentierung müssen unabhängig davon, ob es sich um Konsumgüter oder Investitionsgüter handelt, einige grundsätzliche Überlegungen angestellt werden:

- Entspricht die Zahl der erreichbaren Abnehmer der eigenen möglichen Marktleistung?
- Ist eine differenzierte Marktbearbeitung überhaupt möglich?
- Sind die notwendigen Marketing-Instrumente im Unternehmen vorhanden, z.B. Distributionsweg?
- Kann dieses Segment mit anderen in Konflikt geraten?
- Steht der finanzielle Mehraufwand in einem sinnvollen Verhältnis zum zu erwartenden Nutzen?
- Welche Position kann in diesem Marktsegment erreicht werden?
- Mit welchem Aufwand muss diese Position verteidigt werden?[62]

Prinzipiell bietet die Marktsegmentierung den **Vorteil**, dass sich der Informationsstand über Strukturen und Gesetzmäßigkeiten des Marktes automatisch erhöht und Prognosen oder die Aufstellung von Marktreaktionsfunktionen erleichtert.

Der Markt bzw. dieser Teilmarkt wird transparenter, so dass Chancen, Marktlücken und Nischen besser erkannt werden und die Möglichkeit zu entsprechenden Reaktionen gegeben ist.[63] Die Einteilung des Marketingbudgets wird ebenfalls erleichtert. Preisspielräume können leichter ermittelt und ausgeschöpft werden.

Nachteilig für das Unternehmen ist die **Abhängigkeit** von einem Marktsegment, da ein segmentiertes Angebot in sich ein beträchtliches Risiko birgt. Da von vornherein nur

---

[61] Vgl. Auer, M./ Horrion, W./ Kalweit, U.: Marketing für neue Zielgruppen: Yuppis, Flyers, Dinks, Woopies, Landsberg am Lech 1989, S. 26 u. S. 42.

[62] Vgl. Linnert, P./ Müller-Seydlitz, U./ Neske, F.: Lexikon angloamerikanischer und deutscher Management-Begriffe, Gernsbach 1972, S. 554.

[63] Vgl. Meffert, H.: Marketing., a.a.O., S. 199.

ein scharf abgegrenzter Ausschnitt des Marktes angesprochen wird, begibt sich das Unternehmen in starke Abhängigkeit von dem betreffenden Segment.[64] Zur Risikostreuung bedienen solche Unternehmen häufig verschiedene Segmente mit entsprechendem Marketing-Mix.

Nach außen hin kann die Marktsegmentierung insofern von **Nachteil** sein, dass bei längerfristiger Marktsegmentierung der Eindruck eines Nischenspezialisten entstehen kann, dem keine anderen Fähigkeiten mehr zugetraut werden.[65]

1.6.4 Marktareal-Strategien

Die Marktareal-Strategien setzen sich mit den absatzgebiets-politischen Entscheidungen auseinander. Man unterscheidet zwei große geopolitische Entscheidungsfelder (siehe folgende Abbildung):[66]

Abb. 24: Marktareal-Strategien

Die Gründe für eine Ausdehnung des Absatzgebietes sind dabei vielfältig. Neben den gewöhnlichen Wachstumszielen des Unternehmens sind zu nennen:
- Stagnierende regionale Märkte.
- Unvermeidbare Werbefehlstreuungen bei (zu starker) Regionalisierung von Märkten.
- Ubiquität (nationale "Überallerhältlichkeit") als Voraussetzung für die Durchsetzung von Marken(-artikeln).
- Konzentration im Handel (da nationale Handelsorganisationen grundsätzlich Marken mit nationaler Verbreitung präferieren)

Auf **nationaler** Ebene kann man drei strategische Grundtypen voneinander abgrenzen.
- Konzentrische Gebietsausdehnung.
- Selektive Gebietsausdehnung.
- Inselförmige Gebietsausdehnung.

---

[64] Vgl. Bänsch, A.: Einführung in die Marketing-Lehre, a.a.O., S. 89.
[65] Vgl. Meffert, H.: Marketing, a.a.O., S. 268 ff.
[66] Vgl. Becker, J.: Marketing-Konzeption, a.a.O., S. 300.

Typisch für die **konzentrische** Gebietsausdehnung ist, dass sie quasi ringförmig um das bereits bediente Absatzgebiet erfolgt. Dies kann durch gezieltes Ausnutzen von nicht vermeidbaren Werbeüberstreuungen oder vorauseilenden Aktivitäten geschehen. Nicht selten führt dieses Verhalten zu stabilen Absatzmärkten, sog. "Absatzburgen".

Bei der **selektiven** und der **inselförmigen** Gebietsausdehnung werden von einem bestehenden Kerngebiet zusätzliche Aufbau- und Verdichtungsgebiete geschaffen, und zwar so, dass zwischen diesen Gebieten Lücken bewusst in Kauf genommen werden.

Bei den inselförmigen Varianten sind die Lücken wesentlich größer und ein Schließen dieser Lücken kann sowohl auf Basis der konzentrierten als auch der selektiven Gebietsausdehnung erfolgen.

Regionale bzw. nationale Gebietsstrategien erzwingen nicht selten einen regional-differenzierten Produkt- und Programm-Mix, da vor allem im Nahrungsmittelbereich die regionalen Märkte unterschiedliche Vorlieben aufzeigen, wie das Beispiel des Senfabsatzes verdeutlicht:[67]

Sorte	BRD	Bayern
Delikatess-/Tafelsenf	70%	60%
Scharfer Senf	17%	6%
Süßer Senf	11%	33%

Da eine regionale oder nationale Gebietsausdehnung nur mit großem Kapitaleinsatz möglich ist, kooperieren manche Unternehmen (viele regionale Brotfabriken arbeiten unter der Marke "Golden Toast" zusammen) oder weiten sich durch das Franchise-System aus, wie es von McDonald´s und Bofrost her bekannt ist.

Aus der Vielzahl von Gründen für **übernationale Strategien** seien hier nur einige genannt:

- Stagnierende oder nur wenig wachsende Inlandsmärkte.
- Prestige-/Image-Aspekte (als kompetentes internationales Unternehmen zu gelten).
- Große Investitionsvolumina, die nur durch entsprechenden weltweiten Absatz zu rechtfertigen sind (z.B. Fabriken für Mikroprozessorchips).
- Nach der Art der Ausdehnung des Absatzgebietes in andere Länder unterscheidet man zwischen:
- Exportunternehmung (produzieren im Inland; evtl. Verkaufsniederlassungen im Zielland; vornehmlich Heimatland-Orientierung).
- Multinationale Unternehmung (Gastland-Orientierung; Aufnahme der Produktion im Gastland oft durch nationales Management geführt).
- Weltunternehmung (weltweite Operationsbasis; Produktion im Ausland; internationale Kapitalaufbringung; Autonomie der ausländischen Marketing- und Produktionseinheiten; Stammhaus als Holdinggesellschaft mit bestimmter Richtlinienkompetenz).

---

[67] Vgl. Becker, J.: Marketing-Konzeption, a.a.O., S. 305.

1.7 Marketing-Organisation

Die Marketing-Organisation soll die Umsetzung von Zielen, Strategien und Plänen effizient unterstützen, deren Kontrollierbarkeit erleichtern und den Koordinationsaufwand minimieren. Durch die Marketing-Organisation soll eine Gestaltung des Gesamtunternehmens vorgenommen werden, die koordiniertes, marktgerichtetes Verhalten zum Bezugspunkt in allen Unternehmensbereichen macht. Diese Institutionalisierung des Marketing ist die Voraussetzung für marktorientierte und unternehmensoptimale Entscheidungen. Eine gelungene Marketing-Organisation zeichnet sich dadurch aus, dass sie dem Unternehmen sensibel angepasst und nicht aufgezwungen wird. In diesem Fall entsteht nicht der Eindruck, dass das Unternehmen eine Organisation hat, sondern organisiert ist.[68]

Zu diesem Zweck müssen folgende Kriterien besondere Berücksichtigung finden:

1. Sowohl die Koordination der Marketingaktivitäten untereinander, als auch die Abstimmung mit den Funktionen Beschaffung, Produktion und Finanzierung muss durch **integriertes Marketing** organisatorisch realisiert werden.
2. **Flexibilität und Leistungswirksamkeit** dürfen bei marktdynamischen Veränderungen nicht durch die Marketing-Organisation eingeschränkt werden.
3. **Kreativität und Innovationsbereitschaft** dürfen nicht durch starre Organisationsformen behindert werden, sondern sollen im Gegenteil durch die Organisationsform gefördert werden. Zu diesem Zweck sollen "produktive Konflikte" eingeplant werden.
4. Die Organisationsstruktur muss eine **Konzentration** auf Funktionen, Produkte, Abnehmergruppen und Gebiete ermöglichen.

Bei der Wahl der Organisationsform müssen des weiteren der internen Unternehmenssituation wie Marketing-Ziele, Möglichkeiten der vorhandenen Marketing-Instrumente, Unternehmensgröße, Produktionsprogramm sowie externen Faktoren der Marktform, Konkurrenzsituation und Kundenstruktur Rechnung getragen werden.

Für die Eingliederung des Marketing in die Gesamtorganisation ist es notwendig, dass der Leiter der Marketingfunktion Mitglied der Unternehmensleitung ist und gleichberechtigt zu den Leitern der anderen Unternehmensfunktionen steht.[69]

Für die Marketing-Organisation lassen sich fünf typische Formen feststellen.

- Funktionsorientierte Marketing-Organisation,
- Produktorientierte Marketing-Organisation,
- Gebietsorientierte Marketing-Organisation,
- Abnehmerorientierte Marketing-Organisation,
- Mehrdimensionale Marketing-Organisation.

Die **funktionsorientierte Marketing-Organisation** fasst Bereiche mit gleichartigen Arbeitsinhalten und ähnlichen Aufgaben zusammen. Die einzelnen Abteilungen sind innerhalb ihres Wirkungsbereiches (z.B. Werbung oder Verkaufsförderung) für alle Produkte zuständig. Durch standardisierte Arbeitsabläufe und spezialisierte Mitarbeiter

---

[68] Vgl. Dichtl, E.: Der Weg zum Käufer - Das strategische Labyrinth, 2. Auflage, München 1987, S. 246.
[69] Vgl. Meffert, H.: Marketing., a.a.O., S. 1064 f.

werden die Prozesse vereinfacht und effizienter. Dieser Vorteil kann jedoch durch mangelnde Kooperation zwischen den einzelnen Abteilungen stark gemindert werden, so dass ein hoher Koordinationsbedarf entsteht. Sinnvoll ist der Einsatz dieser Organisationsform bei Einproduktunternehmen oder Unternehmen, deren Markt, Kundenstruktur und Konkurrenz erfahrungsgemäß konstant und homogen bleiben.[70]

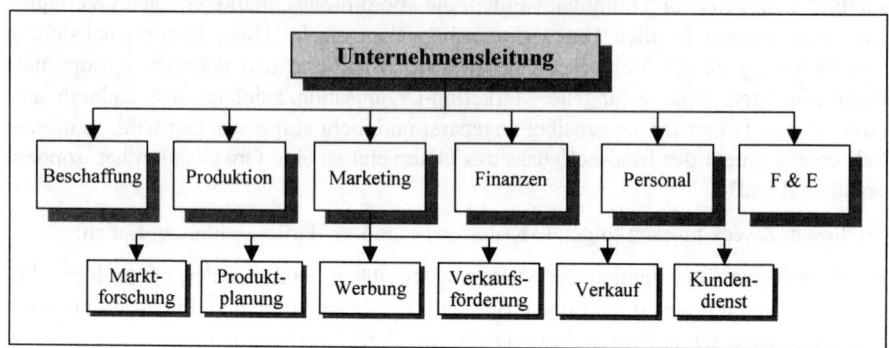

Abb. 25: Funktionsorientierte Marketing-Organisation

Für Unternehmen mit umfangreicher, heterogener Produktpalette empfiehlt sich die **produktorientierte Marketing-Organisation**. Hierbei werden gleichartige Produkte zu Produktgruppen zusammengefasst, die gesamtverantwortlich von einem **Produktmanager** betreut werden. Die einzelnen Sparten sind wiederum funktional untergliedert. Vorteile sind hier in der klaren Abgrenzung der Kompetenzen, individueller Flexibilität und großer Motivation durch direkte Zuordnung von Erfolgen zu sehen, was zur Steigerung von Interesse, Kreativität und Innovationsbereitschaft führt. Nachteilig kann sich die Konkurrenz der einzelnen Sparten untereinander auswirken.

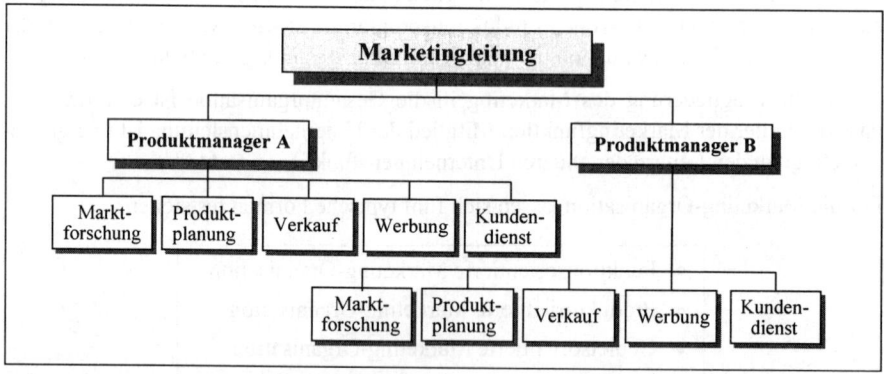

Abb. 26: Produktorientierte Marketing-Organisation

Bei der **gebietsorientierten Marketing-Organisation** werden heterogene und räumlich getrennte Märkte bearbeitet. Zu diesem Zweck werden Regionen abgegrenzt, denen ein Bereichsleiter zugeordnet wird. Der Bereichsleiter ist innerhalb seiner Region für alle Produkte, alle Abnehmer und die Koordinierung der Marketingmaßnahmen verantwortlich. In der Praxis ist eine rein gebietsorientierte Marketing-Organisation relativ selten, da sie meist mit funktionalen oder produktorientierten Aspekten kombiniert wird.[71]

---

[70] Vgl. Ehrmann, H.: Marketing-Controlling, a.a.O., S. 36.
[71] Vgl. Dichtl, E.: Der Weg zum Käufer. Das strategische Labyrinth, a.a.O., S. 248.

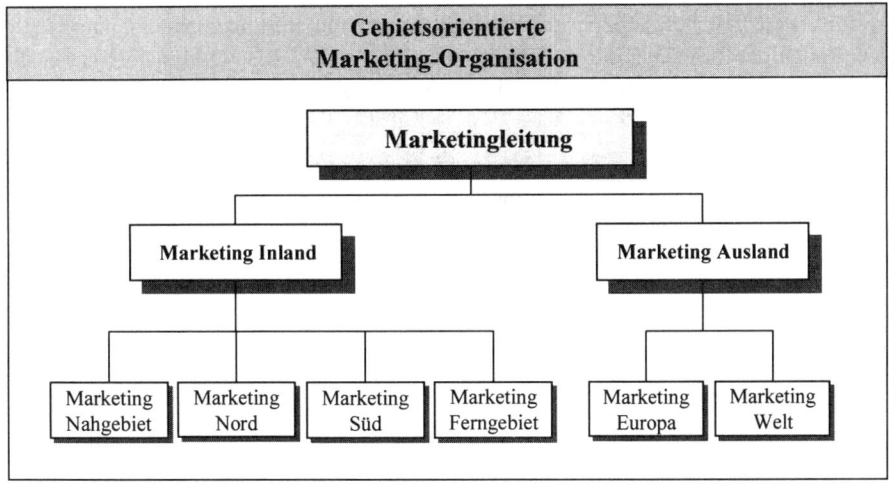

Abb. 27: Gebietsorientierte Marketing-Organisation

Voraussetzung für die **abnehmerorientierte bzw. kundenorientierte Marketing-Organisation** sind klar trennbare Käufergruppen und entsprechend unterschiedliches Käuferverhalten. Der Kundenmanager kann so individuell und direkt auf Tendenzen innerhalb seiner Abnehmergruppe reagieren. Die Form der abnehmerorientierten Marketing-Organisation lässt sich bis zum **key account management**[72] weiterentwickeln. Oftmals scheitert die konsequente Durchführung an der Kostenintensität.

Abb. 28: Die kundenorientierte Marketing-Organisation mit der Marketingleitung als Stabsstelle.

Die Aufgaben des **Kundenmanagers** sind vergleichbar mit denen des Produktmanagers. Er kann zum einen der Marketingleitung als Stabsstelle zugeordnet und zum anderen als Produkt-Funktionskoordinator eingesetzt werden.

---

[72] Key account = Schlüsselkunde (i.d.R. Großkunde).

Im ersten Fall befasst sich der Kundenmanager mit Informations-, Planungs- und Kontrollaufgaben, jedoch ohne Weisungsbefugnis. Im Fall des Koordinators hat er die Kompetenz für alle Entscheidungen, die im Marketingbereich getroffen werden.

Abb. 29: Die kundenorientierte Marketing-Organisation mit dem Kundenmanager als Funktionskoordinator[73]

Damit innerhalb und außerhalb des Marketingbereichs die Effizienz der Koordinationsprozesse gewährleistet wird, und um die Unflexibilität eindimensionaler Organisationsformen zu vermeiden, werden **zwei- oder mehrdimensionale Organisationsstrukturen** eingeführt.

Als Beispiel für eine mehrdimensionale Grundstruktur dient die **Matrixorganisation**. Die Matrix als Organisationsstruktur versucht, durch Überlagerung von gleichberechtigten horizontalen und vertikalen Linienfunktionen, die Nachteile der eindimensionalen Struktur zu überwinden.

In Abb. 29 bilden die Bereiche Werbung, Verkauf, physische Distribution und Sales Promotion die vertikale Linienorganisation, die einzelnen Produktgruppen stellen die horizontale Linienstruktur.

Verantwortlich für das Objekt- bzw. das Produktmanagement sind die Produktmanager, die über das **WAS** und **WANN** bezüglich der Produkte zu entscheiden haben.

Gleichberechtigt stehen ihnen die Funktionsmanager gegenüber, die Entscheidungen über die Art der Ausführung (**WIE**) treffen. Ziel ist es, die Gesamtorganisation durch die Bewältigung der aufgrund des Aufeinandertreffens der Autoritäten von **Produktmanager** und **Funktionsmanager** entstandenen Konflikte effizienter zu gestalten.

---

[73] Vgl.Weis, H.-C.: Marketing, a.a.O., S. 97.

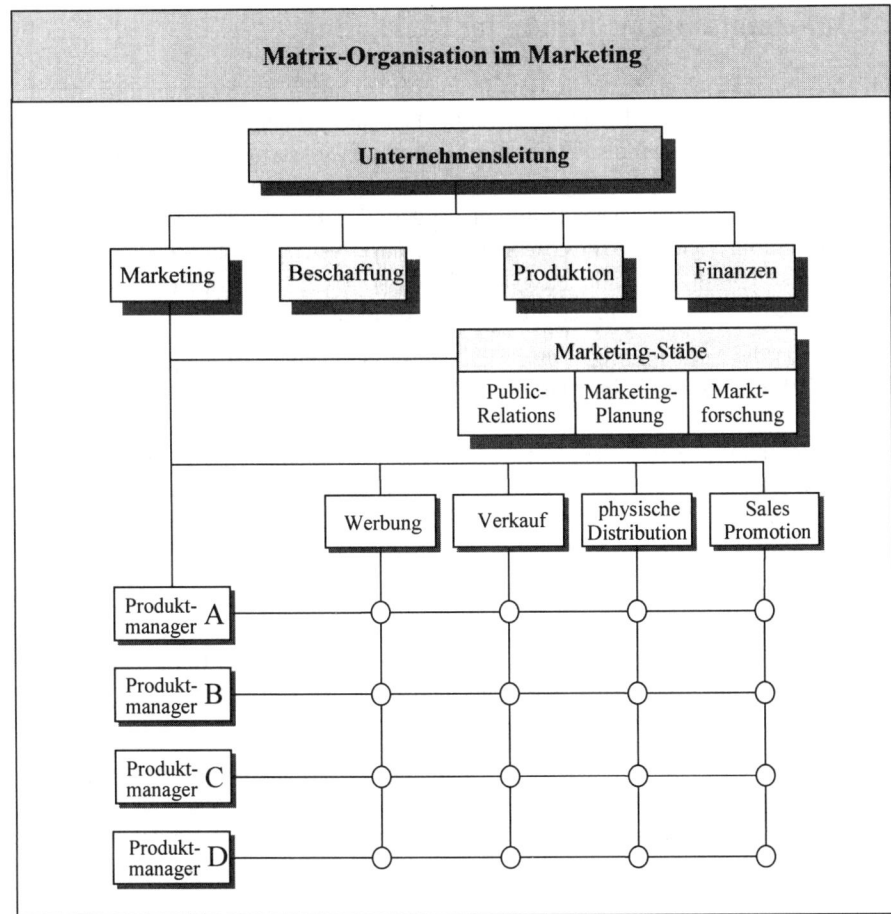

Abb. 30: Die Matrix-Organisation im Marketing

Neben diesen "traditionellen" Marketingorganisationen haben sich in der jüngeren Vergangenheit zunehmend neuere Organisationsformen auch im Marketing bewährt. Zu nennen ist hier neben der Prozessorganisation und der modularen bzw. virtuellen Organisation (siehe dazu auch Kapitel C) insbesondere das sog. **Category Management**. Diese Organisationsform trägt dem veränderten Verhältnis zwischen Produzent und Handel Rechnung, das geprägt ist von einer zunehmenden Wettbewerbsintensität und einem Machtzuwachs der Handelsstufe (z.B. durch Zusammenschlüsse).

Grundgedanke des Category Management ist dabei eine prozessübergreifende, kooperative Zusammenarbeit von Hersteller und Händler mit dem Ziel einer hohen Gesamteffizienz durch die Optimierung des betrieblichen Wertschöpfungsprozesses der beteiligten Partner. Dabei steht die Erhöhung der Kundenzufriedenheit durch eine konsequent kundenorientierte Ausrichtung der Warengruppen- und Sortimente im Vordergrund der Zusammenarbeit von Hersteller und Handel.[74]

---

[74] Vgl. Meffert, H.: Marketing, a.a.O., S. 1094 ff.

2 Informationsgewinnung im Marketing

Im Marketingbereich sind ständig Entscheidungen zu treffen, die den künftigen Absatzerfolg der Unternehmung beeinflussen, wobei Fehlentscheidungen stets auf die gesamte Unternehmung zurückwirken. Ziele und Maßnahmen müssen unter realistischer Einschätzung der Umweltbedingungen, der Unternehmensgegebenheiten und der möglichen Wirkung der Aktionsparameter bestimmt werden. Der Entscheidungsprozess ist dabei ein systematischer Vorgang der Gewinnung und Verarbeitung von Informationen. Daher sind in einer abnehmerorientierten Unternehmenspolitik Erkenntnisse über das Abnehmerverhalten, das Konkurrenzverhalten und die Umwelt von grundlegender Bedeutung.

Was nun die Entscheidungen im Marketing so kompliziert, ist die große Zahl nicht kontrollierbarer Variablen im Markt: Die künftige Entwicklung der Gesamtwirtschaft und der relevanten Märkte ist grundsätzlich ungewiß. Die Einstellung der Abnehmer und ihr Verhalten gegenüber der Unternehmung ist, wie auch das Verhalten der Konkurrenz, unbekannt.[75] Auch ist die Wirkung der Instrumentalvariablen (Marketing-Instrumente) Preis, Werbung, Produktgestaltung etc. unter den wechselnden Marktbedingungen nur schwer einschätzbar.

Allerdings kann versucht werden, die bestehende Ungewissheit durch die Beschaffung von Marketing-Informationen abzubauen und einzugrenzen, auch wenn es nie möglich sein wird, alle gewünschten Informationen zu erhalten. Der Befriedigung dieser Informationsbedürfnisse dienen die Maßnahmen der Marketingforschung sowie die Einrichtung eines betrieblichen Informationssystems.

Für den Vorgang der Gewinnung, Auswahl und Verarbeitung von Informationen, welche die Unternehmung für die Entwicklung, Bewertung und Kontrolle ihrer Marketingentscheidungen benötigt, finden sich die Begriffe Marktforschung und Absatzforschung.

Nach einer Definition der American Marketing Association (AMA) ist **Absatzforschung** (**Marketingforschung** bzw. engl. marketing research) die "systematische Suche, Sammlung, Aufbereitung und Interpretation von Informationen, die sich auf alle Probleme des Marketing von Gütern und Dienstleistungen beziehen".

Unter **Marktforschung** (market research) wird dagegen die systematisch betriebene Erforschung der Märkte im Sinne des Zusammentreffens von Angebot und Nachfrage und insbesondere die Fähigkeit dieser Märkte, Umsätze hervorzubringen, verstanden.[76] Im Unterschied zur Marketingforschung, bei der Daten extern und auch unternehmensintern gesammelt und verarbeitet werden, entnimmt die Marktforschung ihre Informationen nur aus dem Markt.[77] Dabei beobachtet die Marktforschung nicht nur den Absatzmarkt, sondern auch andere Märkte, was aus Begriffen wie Beschaffungsmarktforschung, Kapitalmarktforschung, Arbeitsmarktforschung und Rohstoffmarktforschung hervorgeht.

Die Abgrenzungen und Überschneidungen beider Begriffe werden anhand der folgenden Abbildung deutlich.

---

[75] Vgl. Hill, W.: Marketing 1. Unternehmung und Marketing-Marketinginformationen, 6. Auflage, Bern / Stuttgart 1988, S. 105.
[76] Vgl. Hamann, P./ Erichson, B.: Marktforschung, 2. Auflage, Stuttgart 1990, S. 23.
[77] Vgl. Meffert, H.: Marketing., a.a.O., S. 93 f.

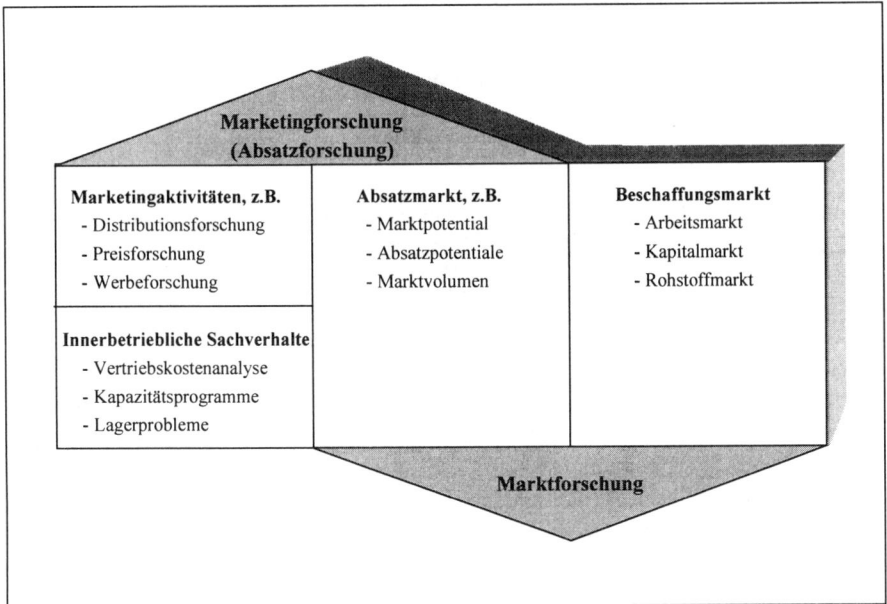

Abb. 31: Zur Abgrenzung zwischen Marketingforschung und Marktforschung[78]

Im folgenden werden die Begriffe Markt- und Marketingforschung dennoch synonym verwendet. Sie sollen als Instrumente der Unternehmensführung, insbesondere des Marketing-Managements, verstanden werden, welche die Lösung aktueller und zukünftiger Entscheidungsprobleme unterstützen. Sie erfüllen dabei folgende Funktionen:

- **Frühwarn-Funktion:** Risiken werden frühzeitig erkannt und berechenbar gemacht.
- **Innovations-Funktion:** Chancen und Entwicklungen werden aufgedeckt.
- **Intelligenzverstärkerfunktion:** Unterstützung der Arbeit im willensbildenden Prozess.
- **Unsicherheitsreduktions-Funktion:** durch Präzisierung und Objektivierung der Sachverhalte.
- **Strukturierungs-Funktion:** Förderung des Verständnisses bei der Zielvorgabe
- **Selektions-Funktion:** Für die unternehmerischen Ziel- und Maßnahmenentscheidungen relevante Informationen werden aus der Informationsflut selektiert und aufbereitet.

2.1 Informationsbeschaffungsprozess

Die Informationsbeschaffung eines Unternehmens ist unentbehrliche Grundlage der Entscheidungen des Managements. Sie sollte deshalb zielgerichtet und zweckmäßig erfolgen. Um Unvollständigkeit der Daten oder eine Erhebung unnötiger Daten zu vermeiden, muss der Marketingforschungsprozess systematisch ablaufen. Die nachstehende Grafik zeigt einen idealtypischen Informationsbeschaffungs-Prozess:

---

[78] Vgl. Meffert, H.: Marketing., a.a.O., S. 94.

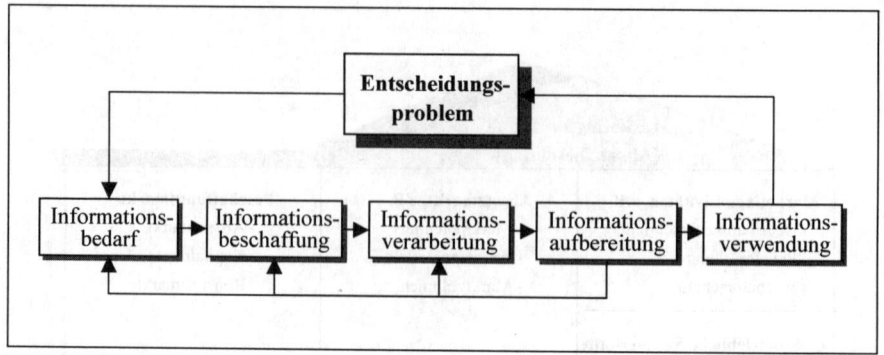

Abb. 32: Der Informationsbeschaffungs-Prozess[79]

Die Rückkopplungsschleifen von der Informationsaufbereitung ermöglichen jederzeit eine Korrektur des Informationsbedarfs, der Beschaffungsmethode oder der Verarbeitung.[80] Daher sollte die Informationsverarbeitung möglichst unmittelbar nach der Beschaffung erfolgen. Nur so lassen sich eventuelle Informationsdefizite rechtzeitig erkennen und beseitigen.

Es besteht Bedarf an:

- **unternehmensexternen Informationen:** z.B.
  - Konkurrenz   - Nachfragesituation
  - Vertriebsstrukturen   - Marktanteil
- **unternehmensinternen Informationen:** z.B.
  - Leistungsfähigkeit   - Kapazitäten
  - Personalstand   - Finanzsituation

Die Qualität der zu treffenden Entscheidungen hängt wesentlich von der verfügbaren Informationsgrundlage ab. Ziel der Marktforschung, die in den nächsten Kapiteln näher erläutert wird, ist es, den entscheidungsrelevanten Datenstand zu verbessern. Zur Beurteilung der Qualität der Daten sind Bewertungskriterien notwendig. Informationen werden beurteilt nach:

- Umfang (Relevanz und Vollständigkeit)
- Genauigkeit oder Bestimmtheitsgrad (Zuverlässigkeit →Reliabilität, Gültigkeit → Validität)
- Verfügbarkeit (Aktualität, Rechtzeitigkeit, Beschaffungsdauer)
- Kosten-Nutzen-Verhältnis

Um den Informationsfluss innerhalb eines Unternehmens zu gewährleisten, ergibt sich für Kotler die Notwendigkeit eines **Marketing-Informationssystems (MAIS)**, das als Bindeglied zwischen Management und unternehmensexterner Umwelt fungiert.

---

[79] Vgl. Berekoven, L./ Eckert, W./ Ellenrieder, P.: Marktforschung. Methodische Grundlagen und praktische Anwendung, 5. Auflage, Wiesbaden 1991, S. 15.
[80] Vgl. Hamann, P./ Erichson, B.: Marktforschung, a.a.O., S. 26.

2.2 Formen der Marktforschung

Die Grundaufgabe der Marktforschung (abgekürzt MaFo), die Deckung des aktuellen bzw. zukünftigen Informationsbedarfs, wird durch das gestellte Entscheidungsproblem in Art, Inhalt und Umfang konkretisiert. Daraus resultiert eine Vielfalt an Formen der Marktforschung. Sie lassen sich nach verschiedenen Kriterien einteilen:

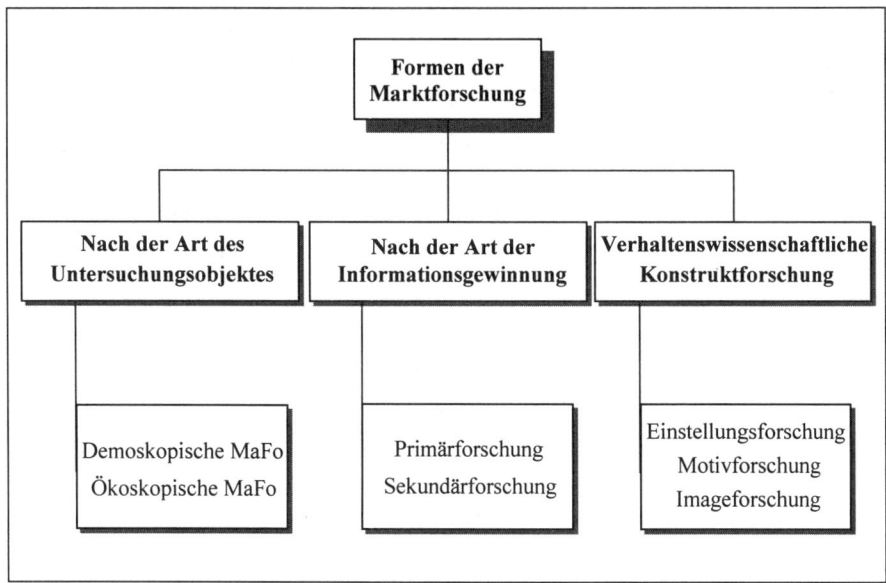

Abb. 33: Formen der Marktforschung

Nach der Art des Untersuchungsobjektes kann zwischen demoskopischer und ökoskopischer Marktforschung unterschieden werden, wobei sich die **demoskopische** Marktforschung mit den Marktteilnehmern untrennbar verbundenen Eigenschaften demographischer und psychographischer Art beschäftigt, während sich die **ökoskopische** Marktforschung mit objektiv meßbaren Marktgrößen wie Umsätzen, Marktanteilen und Distributionsquoten auseinandersetzt.

Teilt man die Marktforschung nach der Durchführung der Informationsgewinnung ein, so ist zwischen Primär- und Sekundär-Marktforschung zu trennen. Bei der **Sekundär-Marktforschung** (Sekundärforschung/desk research) wird vorhandenes Datenmaterial zusammengestellt und analysiert. Dagegen deckt man den Informationsbedarf bei der **Primär-Marktforschung** (Primärforschung/field research) durch Erhebungen am Markt. Auf die unterschiedlichen Quellen und Erhebungsmethoden der Primär- bzw. Sekundär-Marktforschung wird im nächsten Kapitel eingegangen.

Bei der verhaltenswissenschaftlichen Orientierung werden die Reaktionen des Konsumenten auf bestimmte Einflußfaktoren nach Art und Umfang untersucht. Ziel dieser Forschung ist die Bildung von Verhaltensmodellen, die Reiz-Reaktionsmuster beschreiben, erklären und möglichst auch prognostizieren. Die Einstellungs-, Motiv- und Imageforschung sind die wichtigsten Forschungsgebiete dieser Kategorie.[81]

---

[81] Vgl. Weis, H.-C.: Marketing, a.a.O., S. 103 ff.

2.2.1 Sekundär-Marktforschung

Der Begriff Sekundär-Marktforschung ist in Anlehnung an das Wort Sekundär-Statistik entstanden. Es handelt sich dabei um Datenmaterial, das ursprünglich für andere Zwecke gewonnen und aufbereitet wurde.

Die Sekundärforschung findet am Schreibtisch statt, weshalb auch Begriffe wie Schreibtisch-Forschung bzw. desk-research verwendet werden. Die Quellen des Datenmaterials sind vielfältig und die Menge des verfügbaren Materials kaum abschätzbar. Die weitere Untergliederung der Informationen wird nach der Herkunft in betriebsinterne und betriebsexterne Quellen unterteilt.

Als **betriebsinterne Quellen** kommen in Frage:

- Berichte von Außendienstmitarbeitern
- Auftrags- und Umsatzstatistik
- Kostenrechnung
- Marketingerfolgsrechnung
- Lagerbestandslisten etc.
- Anfragen- u. Angebotsstatistik
- Reklamationsstatistik
- Marketingkostenrechnung
- Kundenkartei

Daten aus betriebsinternen Quellen sind ohne Schwierigkeiten vollständig verfügbar und verursachen kaum Kosten.

Die Palette der **betriebsexternen Quellen** ist noch vielschichtiger und breiter, wie der Übersicht zu entnehmen ist:

- Amtliche Statistiken
- Marktforschungsberichte
- Geschäftsberichte
- Bücher, Fachzeitschriften
- Statistiken von Kammern und Verbänden
- Veröffentlichungen internationaler Behörden
- Auswertung von Medien, Katalogen, Preislisten
- Veröffentlichungen wirtschaftswissensch. Institute

Üblicherweise beginnt man mit der Sekundärforschung, da oftmals die so gewonnenen Informationen zur Entscheidungsfindung bereits ausreichen und die Sekundärforschung erheblich weniger zeit- und kostenintensiv durchgeführt werden kann.

Andererseits sind die Daten oft unvollständig oder veraltet, so dass sie häufig nur als Anhaltspunkte für eine später durchzuführende Primär-Marktforschung dienen.[82] Dabei erleichtern sie die Problemformulierung und die Planung der Primärforschung erheblich.

2.2.2 Primär-Marktforschung

Die **Primärforschung** ist auf unternehmensspezifische Probleme zugeschnitten und stützt sich auf die **Marktanalyse**, die **Marktbeobachtung** und die **Marktprognose**.

Die **Marktanalyse** untersucht Märkte oder Teilmärkte einmalig zu einem bestimmten Zeitpunkt. Die **Marktbeobachtung** dagegen bezieht sich auf einen Zeitraum und verfolgt fortlaufend Veränderungen und Entwicklungen der relevanten Märkte. Die **Marktpro-**

---

[82] Vgl. Geisbüsch, H.-G./ Weeser-Krell, L. M./ Geml, R.: Marketing, a.a.O., S. 110.

gnose schätzt zukünftige Marktgegebenheiten bewusst und systematisch mittels Trendextrapolation, Regressionsanalyse und verschiedener anderer Verfahren ab.

Für die **Marktanalyse** stehen folgende Untersuchungsmethoden zur Verfügung:

- Befragung,
- Beobachtung,
- Experiment.

(1) Befragung

Die **Befragung** gilt als wichtigste Methode der Informationsgewinnung und kann schriftlich, mündlich oder telefonisch durchgeführt werden. Die Variationen der Befragung sind vielfältig und können durch Kombination folgender Kriterien gestaltet werden:

- Einthemen- / Mehrthemenbefragung (Spezialbefragung-Omnibusbefragung)
- Einmalige / wiederkehrende Befragung
- Standardisiertes / strukturiertes / freies Interview
- Direkte / indirekte Befragungstaktik
- Offene / geschlossene Fragen bei Fragebögen

Aus methodischen Gründen wird heute der **Omnibusbefragung**, die sich mit Themenkomplexen verschiedener Auftraggeber befasst, gegenüber der **Einthemen-Befragung** der Vorzug gegeben, da das Interview abwechslungsreicher und interessanter für die Auskunftspersonen wird und sie zutreffendere, nicht positiv verzerrte Antworten geben.

Unter **standardisierten Interviews** versteht man solche, die in Inhalt, Reihenfolge und Wortlaut der Fragen festgelegt sind. **Strukturierte Interviews** enthalten Kernfragen, lassen aber Zusatzfragen seitens des Interviewers zu und die Reihenfolge offen. **Freie Gespräche** (unstrukturierte Tiefeninterviews) sind nur bezüglich des Themas eingegrenzt und werden oft in der Produktionsgüter-Marktforschung eingesetzt.

Die **direkte** Befragungstaktik lässt das Ziel der Befragung sofort erkennen, was häufig zu Falschaussagen führt. Dagegen ist die **indirekte** Befragungstaktik psychologisch so aufgebaut, dass der Befragte in der Regel korrekt antwortet.

Bei **offenen** Fragen ist keine feste Antwort vorgesehen. **Geschlossene** Fragen enthalten potentielle Antworten und sind so in der Auswertung einfacher zu handhaben.

Wird ein gleichbleibender, repräsentativ ausgewählter Kreis von Haushalten oder Betrieben regelmäßig oder wiederholt zu einem unveränderten Thema befragt, so bezeichnet man diese Untersuchung als **Panel** (Verbraucher- / Haushaltspanel).

Mit Hilfe eines Panels können Erkenntnisse darüber gewonnen werden, ob und wie sich die Präferenzen der Abnehmer verändern und welche Maßnahmen die Konkurrenz ergreift.

Die Vorteile der Panel-Befragung sind, dass Veränderungen im Verbraucherverhalten erkannt werden können, da die Stichprobe gleichbleibend ist. Aufgrund der ständigen

Beobachtung kann als Nachteil der Panel-Effekt eintreten: die Teilnehmer verändern oft unbewusst ihr Kaufverhalten, außerdem nimmt die Zahl der Teilnehmer im Zeitverlauf ab, sodass die Ergebnisse nicht mehr repräsentativ sind. Ein weiterer nicht zu unterschätzender Nachteil ist das Overreporting: die Teilnehmer geben, um sich besser darzustellen an, etwas gekauft zu haben, was aber nicht geschehen ist.

Trotz dieser Nachteile ist das Panel ein wichtiges Instrument, welches von allen führenden Marktforschungsinstituten angeboten wird. Durch die Einführung der europäischen Artikelnummerierung (EAN-Code) und der Scanner-Technik ergeben sich bei der Datengewinnung im Rahmen des Panels zusätzliche Möglichkeiten.

(2) Beobachtung

Die **Beobachtung** befasst sich direkt und planmäßig mit Gegebenheiten und Verhaltensweisen, die nicht durch Fragen und Antworten dokumentiert werden. Aus diesem Grund ist sie nicht auf die Auskunftsbereitschaft des Beobachteten angewiesen. Der Beobachtete gibt seine Auskünfte in der Regel unbewusst, sofern es sich um Personen handelt. Sie geben Aufschluß über Kauf- und Verwendungsverhalten, Verkaufsverhalten, Aufmerksamkeitswirkung etc. Ähnlich wie bei der Befragung lassen sich durch die Kombination verschiedener Kriterien unterschiedliche Beobachtungsformen bilden:

- Einmalig / wiederholt
- Strukturiert / nicht strukturiert[83]
- Individual- / Gruppenbeobachtung
- Ein-Objekt- / Mehr-Objekt-Beobachtung

Subjektive Sachverhalte wie Meinungen und Einstellungen aber auch objektive Merkmale wie Beruf, Einkommen und Bildung entziehen sich der Beobachtung. Demzufolge sind die Anwendungsmöglichkeiten sehr eingeschränkt. Auch ist die Zusammenstellung einer repräsentativen Stichprobe nahezu unmöglich, weshalb die Beobachtung in der Marktforschungspraxis wesentlich seltener zum Einsatz kommt.

(3) Experiment

Bei **Experimenten** wird durch Änderung einer oder mehrerer Größen die Veränderung und Reaktion der verbleibenden Größen dokumentiert. Sie werden entweder als Befragung oder als Beobachtung durchgeführt.

Grundsätzlich werden **Feldexperimente** und **Laboratoriumsexperimente** unterschieden. Der Unterschied besteht darin, dass Feldexperimente unter Alltagsbedingungen durchgeführt werden, für Laboratoriumsexperimente hingegen spezielle Rahmenbedingungen geschaffen werden. Inhalt von Experimenten können alle marketingpolitischen Instrumente sein, sich also auf den Preis, das Produkt, die Werbung usw. beziehen.

Abbildung 34 gibt einen zusammenfassenden Überblick der bisher genannten Stichworte und soll die Zuordnung erleichtern:

---

[83] Bei strukturierten Beobachtungen sind Situation und Beobachtungskriterien determiniert, unstrukturierte Beobachtungen sind umfassender.

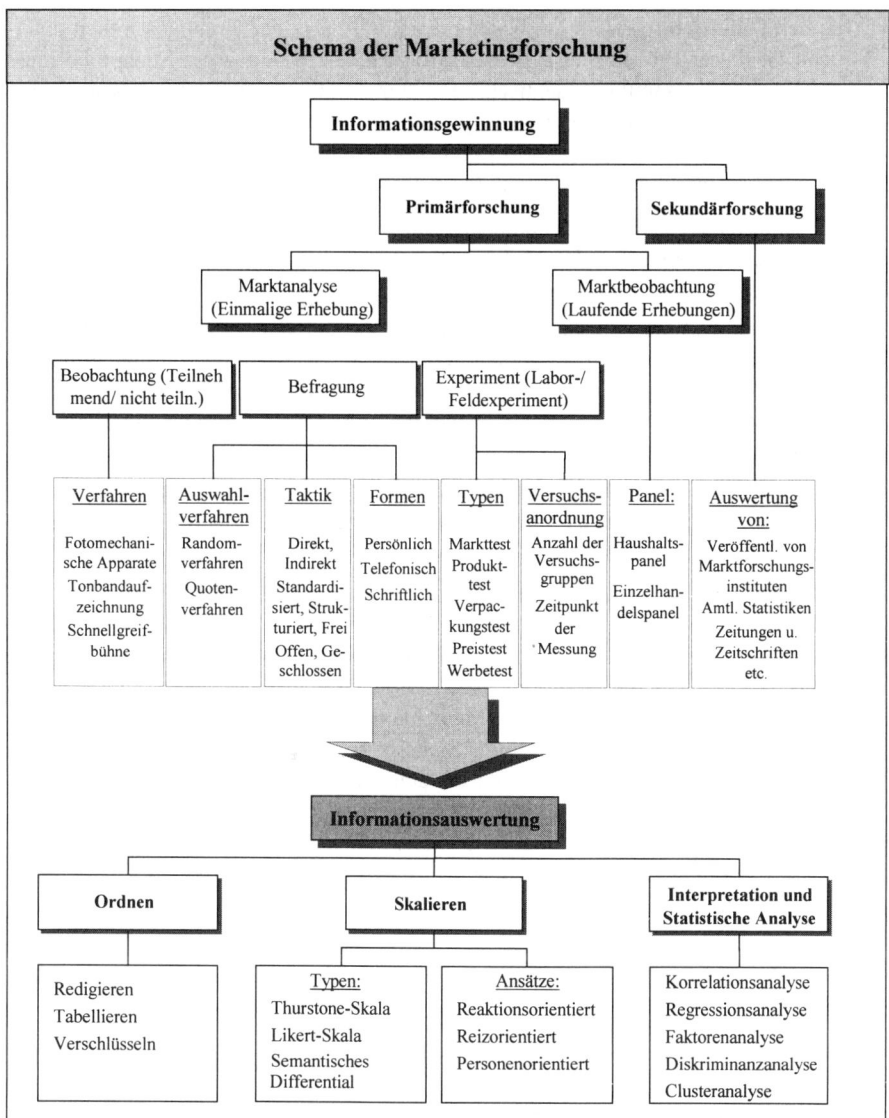

Abb. 34: Schema der Marketingforschung[84]

Wichtig für eine sinnvolle Primärforschung ist die **Datenbegrenzung**. Dies bedeutet, dass im Vorfeld einer Marktanalyse, -beobachtung oder -prognose über Art und Umfang der Erhebung, mit anderen Worten eine **Vollerhebung** oder eine **Teilerhebung**, entschieden werden muss.

- Eine **Vollerhebung** bezieht sich auf alle Elemente einer Grundgesamtheit, also eines Marktes oder Teilmarktes. In der Regel scheidet diese Art der Erhebung aus, da die Grundgesamtheit nicht mit absoluter Sicherheit feststellbar ist. Hinzu kommt hoher Aufwand an Zeit und Kosten, der in keinem sinnvollen Verhältnis zur Genauigkeit einer solchen Erhebung steht.

---

[84] Meffert, H.: Marketing., a.a.O., S. 152 ff.

- Bei der **Teilerhebung** wird ein bestimmter Prozentsatz der Grundgesamtheit untersucht. Ist dieser Prozentsatz **repräsentativ**, d.h. die Struktur der Stichprobe muss mit der Grundgesamtheit identisch sein, kann mittels mathematisch-statistischer Verfahren auf die Grundgesamtheit geschlossen werden. **Nichtrepräsentative** Erhebungen werden auf Geratewohl durchgeführt und dienen in Voruntersuchungen zur Hypothesenbildung und Formulierung der Marktforschungsinhalte.

Als repräsentative Erhebungsmethoden sind das Quotenauswahlverfahren und das Zufallsauswahlverfahren (Randomverfahren) zu nennen.

- Beim **Quotenauswahlverfahren** (Quota-Verfahren) werden entsprechend der Grundgesamtheit Quoten aufgestellt, nach denen der Interviewer seine Interviewpartner auswählen muss. Die Quoten besagen z.B., wieviele der Befragten männlichen oder weiblichen Geschlechts sein müssen, welcher Altersgruppe, Einkommensschicht und Berufsgruppe sie angehören müssen. Die Kombination der Merkmale ist dabei weitgehend frei.

Es handelt sich also um ein nicht streng zufälliges Auswahlverfahren bei dem die Willkür jedoch gesteuert ist. Obwohl das Quotenauswahlverfahren der mathematischen Grundlagen entbehrt und somit keine Wahrscheinlichkeitsaussagen über Ergebnisse und Fehler gemacht werden können, ist es das am häufigsten verwendete Verfahren der bewussten Auswahl in der Marktforschung.

- Wichtigster Gesichtspunkt bei den **Zufallsauswahlverfahren** ist die gleichgroße Wahrscheinlichkeit, für alle Elemente der Grundgesamtheit in die Stichprobe aufgenommen zu werden. Mit Hilfe von Mathematik und Statistik lassen sich systematische und Zufallsfehler bestimmen und Sicherheitsgrade für die ermittelten Ergebnisse berechnen. Generell ist die Gefahr bei den verschiedenen zufallsgesteuerten Verfahren geringer als beim Quotenauswahlverfahren. Nachteilig bei den Zufallsauswahlverfahren im Gegensatz zum Quotenauswahlverfahren sind die hohen Kosten. Welches Verfahren also eingesetzt wird, ist sehr stark vom Zweck und den Genauigkeitsansprüchen der Marktforschung abhängig.

2.3 Auswertung und Interpretation der Marktforschungsergebnisse

Grundsätzlich muss vor der Aufbereitung und der Auswertung der Daten sichergestellt sein, dass diese vollständig, glaubwürdig, objektiv und im Rahmen der Möglichkeiten fehlerfrei gewonnen wurden. Aufbereitung und Auswertung dienen dazu, die erhobenen Einzeldaten zu verdichten und aussagekräftig zu machen, also eine Interpretation überhaupt erst zu ermöglichen.

Zu diesem Zweck unterscheidet man:

- **Ordnen**
- **Skalieren**
- **Analysieren**

Durch **Ordnen** werden die Einzeldaten in Datenkategorien zusammengefasst, z.B. Altersgruppen, Einkommensklassen. Anschließend wird die Häufigkeitsverteilung der Daten durch Tabulieren übersichtlich in Tabellen aufgestellt.

Beim **Skalieren** werden Untersuchungsmerkmalen Zahlen zugeordnet. Je nach Messniveau gibt es einfache Skalen, die nur ein Merkmal feststellen und Skalen, die gleichzeitig noch eine Wertung enthalten.[85]

Durch **Analysieren** lassen sich Mittelwerte, Streuwerte, Indizes u.ä. bestimmen. Es wird unterschieden zwischen **deskriptiven** und **analytischen** Verfahren.[86]

- **Deskriptive Verfahren** beschreiben einen Zustand, sind jedoch nicht in der Lage, Aufschluß über die Zusammenhänge und Gründe zu geben. Sie werden angewandt, um Marktanteile, Marktvolumen, Zugehörigkeit von Verwendern zu Einkommensklassen zu bestimmen.
- **Analytische Verfahren** ermöglichen die Untersuchung von Zusammenhängen und Abhängigkeiten. Univariate Verfahren geben Aufschluß über eine Variable, z.B. Zeitreihenanalyse, bivariate Verfahren bearbeiten zwei Variablen, z.B. die zweidimensionale Häufigkeitsanalyse, und multivariate Verfahren verknüpfen drei und mehr Variablen.

Die Aufbereitung und Auswertung erfolgt zwar erst im Anschluß an die Datenerhebung, muss aber bereits bei der Konzeption der Marktforschung berücksichtigt werden, um zu vermeiden, dass Daten erhoben werden, für die in dieser Kombination keine Auswertungsmethode existiert oder im anderen Extrem die Datenmenge nicht ausreichend ist.

2.4 Erklärungsansätze des Käuferverhaltens

Um den Absatzerfolg auf einem Käufermarkt zu sichern, wird ein Anbieter bemüht sein, seine Produkte bzw. sein gesamtes Leistungsangebot so auszugestalten, dass die Mitglieder der anvisierten Zielgruppe positiv darauf reagieren.[87] Eine systematische und zielgerichtete Planung setzt daher fundierte Kenntnisse über das kaufentscheidende Verhalten der Verbraucher voraus.

Verhaltenswissenschaftliche Erklärungsmodelle sollen nicht nur Einsichten in Kaufentscheidungsprozesse vermitteln, sondern auch Anhaltspunkte über die Wirkung von beeinflussbaren Faktoren, den Marketinginstrumenten, und sonstigen Umweltfaktoren auf das Kaufverhalten liefern.

Das Wissen um die Reaktion der potentiellen Konsumenten verhilft einem Unternehmen zu erheblichen Wettbewerbsvorteilen gegenüber der Konkurrenz und ist eine wesentliche Grundlage für die Entwicklung solider Marketingpläne. Ein erfolgreiches Marketing-Management muss daher bemüht sein, die einzelnen Nachfrager getrennt vom Markt als Individuen zu sehen und zu versuchen, die verschiedenen Bedürfnisse, Wünsche und Motive zu erforschen, um sie dann wieder zu Segmenten zusammenfassen zu können.

Um die Kaufentscheidungsprozesse näher zu untersuchen, teilt man die Erklärungsansätze für das Kaufverhalten nach der Art und Zahl der am Entscheidungsprozess beteiligten Entscheidungsträger ein:

---

[85] Vgl. Bänsch, A.: Einführung in die Marketing-Lehre, a.a.O., S. 24.
[86] Vgl. Weis, H.-C.: Marketing, a.a.O., S. 170.
[87] Vgl. Nieschlag, R./ Dichtl, E./ Hörschgen, H.: Marketing, a.a.O., S. 163 ff.

	Haushalt	**Unternehmung bzw. Institution**
Individuum	Kaufentscheidung des Konsumenten	Kaufentscheidung des Repräsentanten
Kollektiv	Kaufentscheidungen von Familien	Kaufentscheidung des Einkaufsgremiums (Buying-Center)

Abb. 35: Grundtypen von Kaufentscheidungen[88]

Die größte wissenschaftliche Aufmerksamkeit wird dabei den individuellen Kaufentscheidungen des Konsumenten gewidmet. Dabei unterscheidet man zwischen vier Verhaltenstypen beim Kauf:

- Rationalverhalten,
- Gewohnheitsverhalten,
- Impulsverhalten,
- sozial abhängiges Verhalten.

Der **rational** gesteuerten Entscheidung liegt ein echtes Problemlösungsverhalten zugrunde, d.h. die Kaufalternativen werden be- und die bereitstehenden Informationen verwertet, die zur Verfügung stehenden Mittel werden überlegt und bewusst eingesetzt. Kotler bezeichnet dieses Kaufverhalten als komplex. Der Konsument hat sich mit einer möglichen Anschaffung intensiv beschäftigt und er hat nach Kaufalternativen gesucht und diese bewertet. Ein solches Verhalten ist zu beobachten, wenn es sich um teure oder risikoreiche Anschaffungsobjekte handelt.

Das Marketing solcher **High-Involvement-Produkte,** also Produkte, mit denen sich der Käufer intensiv beschäftigt, erfordert Verständnis für das Informationsgewinnungs- und -verarbeitungsverhalten der Konsumenten.

Der **Gewohnheitskäufer** verzichtet auf die Suche nach anderen Alternativen. Sein Handeln wird durch Routine bestimmt, verläuft programmartig. Die persönliche Beschäftigung der Käufer mit dem Produkt ist sehr gering, da es sich zumeist um billige oder häufig gekaufte Erzeugnisse handelt.

Habituelles Kaufverhalten wird durch passive Informationsaufnahme, z.B. aus dem Fernsehen oder aus den Printmedien, beeinflußt. Die häufige Wiederholung der Werbung bewirkt jedoch eher eine Markenvertrautheit als eine Markenüberzeugung. Bei derartigen **Low-Involvement-Produkten** hat es sich als wirkungsvoll erwiesen, Sonderpreise oder Verkaufsförderungsmaßnahmen einzusetzen.

Ein **Impulskauf** ist eine emotional geladene, schnell ablaufende, durch Produktinformation stimulierte, spontane Kaufreaktion.

Lässt sich der Konsument stark von Normen der Umwelt leiten, spricht man von **sozial abhängigem Verhalten.**

---

[88] Vgl. Meffert, H.: Marketing., a.a.O., S. 101.

Das Konsumentenverhalten wird durch das kulturelle Umfeld, die Zugehörigkeit zu einer sozialen Schicht, dem persönlichen und psychologischen Hintergrund beeinflusst. Diese Einflussfaktoren geben Hinweise darauf, wie der Zielmarkt wirksamer zu erreichen und zu bedienen ist.

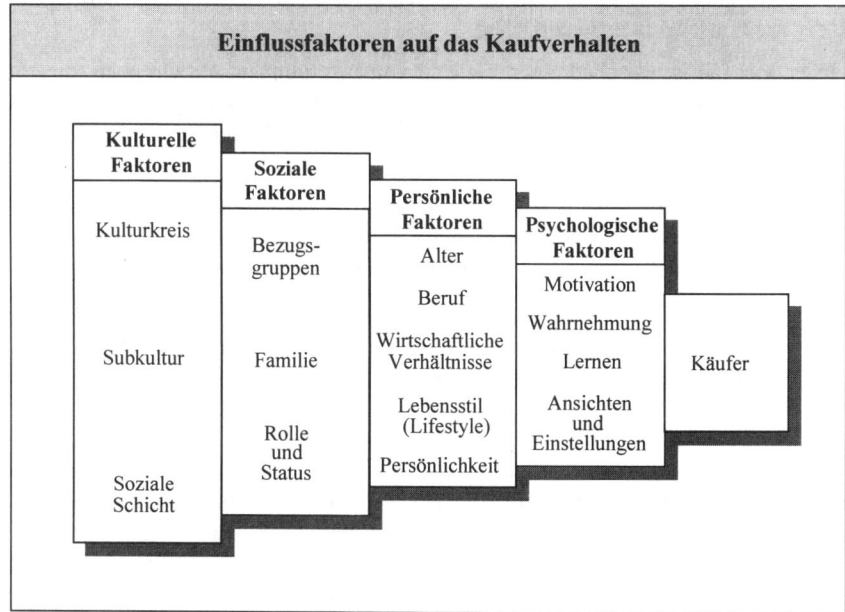

Abb. 36: Einflussfaktoren auf das Kaufverhalten[89]

- **(Sozio-)kulturelle Einflussfaktoren:**

Die Kultur ist die elementarste Determinante menschlicher Bedürfnisse und menschlichen Handelns, da dem Individuum von klein an gelehrt wird, sich die Normen und Werte seiner Kultur anzueignen. Jede Kultur besitzt in sich viele Ausprägungen.

So unterscheidet man bei den Subkulturen z.B. nach der nationalen, religiösen, geographischen oder der Rassenzugehörigkeit, mit ihren eigenen ethischen Werten und Tabus, ihren Lebensstilen und ihren charakteristischen Verhaltensweisen.[90]

So wird es beispielsweise trotz großer Werbeanstrengungen nicht gelingen, in einem islamischen Land Schweinefleischgerichte am Markt zu plazieren. Vielmehr wird der Ruf des gesamten Unternehmens unter diesem Fauxpas leiden.

Auch wenn in der öffentlichen Diskussion die Einteilung in soziale Klassen vermieden wird, so sind sie für die systematische Untersuchung von großer Wichtigkeit, da die Mitglieder einer sozialen Klasse ähnliche Wertvorstellungen, Interessen und Verhaltensweisen aufzeigen. Die markantesten Faktoren sind dabei der Beruf, die Erziehung, der Bildungsgrad und der persönliche Wohlstand.

---

[89] Vgl. Kotler, P./ Bliemel, F.: Marketing-Management, a.a.O., S. 309.
[90] Vgl. Geisbüsch, H.-G./ Weeser-Krell, L. M./ Geml, R.: Marketing, a.a.O., S. 89.

- **soziale Einflußfaktoren:**

    Durch die Gruppenzugehörigkeit zu Bezugsgruppen wie Familie, Freunde, Nachbarn und Berufskollegen aber auch Kirchen, Vereine oder Gewerkschaften befriedigt das Individuum einerseits Bedürfnisse nach Ansehen, Verständnis und nach Zugehörigkeit, andererseits fällt es ihm schwer, sich gewissen Gruppenzwängen bei der Kaufentscheidung zu entziehen.

    Jeder Mensch ist Mitglied einer Vielzahl von Institutionen und Gruppen. Innerhalb dieser Gruppen erwartet man von ihm eine gewisse Konformität gemäß den sozialen Regeln und ordnet ihm einen Status zu, wodurch er in Relation zu anderen Menschen plaziert wird.

    Besondere Beachtung bei der Analyse des Kaufverhaltens findet die Familie, da Familien die potentiell kaufkräftigsten privaten Verbraucher darstellen. Eine viel verwendete Einteilung sind die Familien-Lebensstadien nach Engel / Kollat / Blackwell.

    Auch die Größe des Haushalts ist eine wichtige Einflußgröße. So nimmt zur Zeit der Anteil der kleinen Haushalte zu, woraus folgt, dass für den sogenannten haushaltsbezogenen Bedarf günstige Prognosen gestellt werden.[91]

- **persönliche Einflussfaktoren:**

    Die Entscheidungen eines Käufers werden weiterhin durch seine äußerlichen und personalen Merkmale beeinflußt, vor allem durch sein Alter, das erreichte Stadium in seinem Lebenszyklus, seinen Beruf, seine wirtschaftliche Situation, seinen Lebensstil und seine Persönlichkeit. Mit **life-style** erfasst man in weiter Abgrenzung alle relevanten Aktivitäten, Interessen und Meinungen eines Subjekts (**AIO** für **a**ctivities, **i**nterests and **o**pinions).

    Eine 1986 durchgeführte Befragung ergab folgende Typologien der **Lebensstile** und des Verbraucherverhaltens, wobei die Problematik der Befragung und damit die Zuverlässigkeit der Ergebnisse nicht verkannt werden sollte:

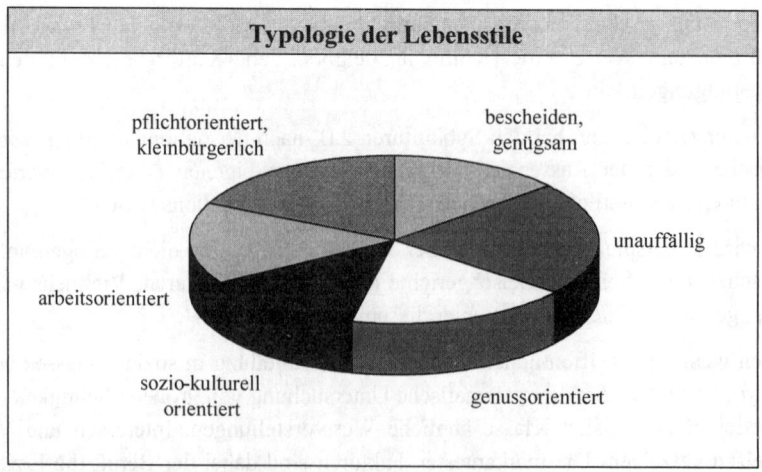

Abb. 37: Typologie der Lebensstile[92]

---

[91] Vgl. Müller-Hagedorn, L.: Einführung in das Marketing, Darmstadt 1990, S. 55.
[92] Vgl. Kuhnle, H.: Was bewegt Marketing, Wiesbaden 1989, S.110.

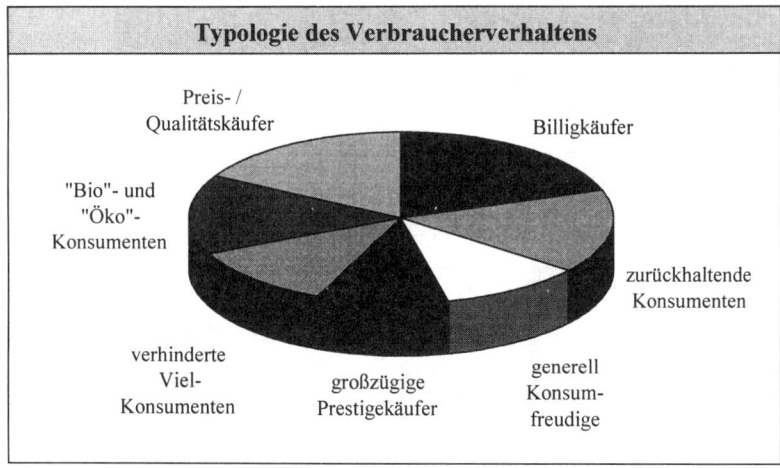

Abb. 38: Typologie des allgemeinen Verbraucherverhaltens[93]

2.4.1 Erklärungsmodelle für das Konsumentenverhalten

Um das Kundenverhalten berechenbar zu machen oder zumindest Verhaltensmuster aufzudecken, wurden verschiedene Erklärungsmodelle des Kaufverhaltens entwickelt, von denen drei nachfolgend kurz beschrieben werden sollen. Jedes dieser Modelle repräsentiert eine Kategorie von Erklärungsmodellen. Man unterscheidet prinzipiell in **S-R-Modelle** (Stimulus-Response-Modelle), auch **Black-Box-Modelle** genannt, da die Abläufe innerhalb des Menschen (Organismus) nicht erklärt werden, **S-O-R-Modelle** (Stimulus-Organismus-Response-Modelle), die einen Teil der relevanten Einflüsse im Organismus berücksichtigen (→Partialmodelle), und die **Totalmodelle**, in die alle relevanten Erkenntnisse des Verbraucherverhaltens einfließen sollen.

Die Bestimmungsparameter des Organismus sind hypothetische Konstrukte, weil es sich um erdachte Größen handelt, mit denen deutlich gemacht werden soll, warum sich zwei Personen bei gleicher Umwelt unterschiedlich verhalten. Die "Intelligenz" ist ein solches hypothetisches Konstrukt.

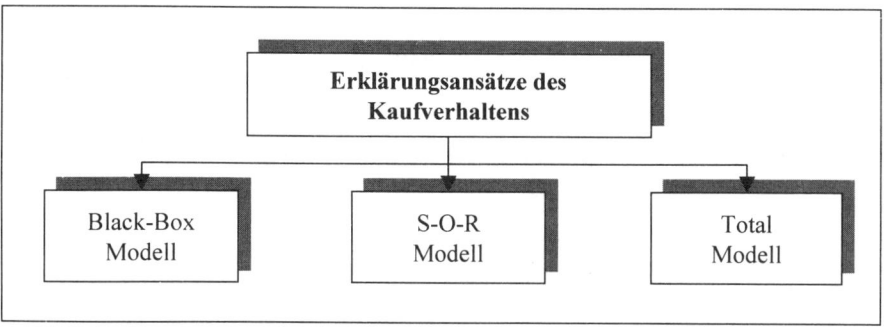

Abb. 39: Erklärungsmodelle des Käuferverhaltens

---

[93] Vgl. Kuhnle, H.: Was bewegt Marketing, Wiesbaden 1989, S.110.

2.4.2 Das Black-Box-Modell

Das Grundmodell der "Consumer-Behaviour-Theorie", das sogenannte Black-Box-Modell, ist einer der einfachsten Erklärungsansätze für das Konsumentenverhalten.

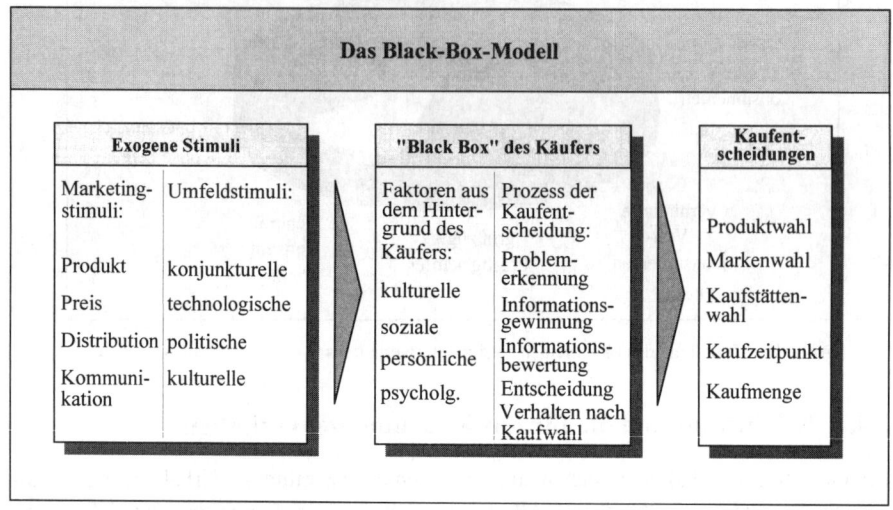

Abb. 40: Das Black-Box-Modell [94].

In diesem Fall wird der Organismus als **Black Box** bezeichnet, da weder Informationen zur Psyche und zum Hintergrund noch zum Entscheidungs-Prozess des Verbrauchers vorliegen, und somit keine definitiven Aussagen über das Kaufverhalten gemacht werden können.

Nach Kotler wird der Konsument mit bestimmten Marketing-Stimuli, d.h. den Hauptgestaltungsinstrumenten eines Marketingprogramms, und mit bestimmten Umfeld-Stimuli (konjunkturelle, soziale, politische und technologische Situation) konfrontiert. Durch diese Einflüsse stimuliert, trifft der Abnehmer seine Kaufentscheidung bezüglich Produkt, Marke, Ort des Erwerbs, Zeitpunkt des Kaufes und gekaufter Menge.

Das Modell gibt keine Erklärungen zu den intrapersonellen Abläufen, es arbeitet nur mit Faktoren, die einer Beobachtung zugänglich sind. Daher auch die Bezeichnung Stimulus-Response-Modell (S-R-Modell).[95]

2.4.3 Das Stimulus-Organismus-Response-Modell

Eine Erweiterung erfährt das S-R-Modell durch den Versuch, die Psyche des potentiellen Abnehmers mit in den Erklärungsansatz einzubeziehen. Man versucht, den geistigen Prozess des Zustandekommens von Kaufentscheidungen im Detail zu rekonstruieren und so die Struktur des Konsumentenbewusstseins zu analysieren.[96]

---

[94] Vgl. Kotler, P./ Bliemel, F.: Marketing-Management, a.a.O., S. 308.
[95] Vgl. Weis, H.-C.: Marketing, a.a.O., S. 51.
[96] Vgl. Nieschlag, R./ Dichtl, E. / Hörschgen, H.: Marketing, a.a.O., S. 197.

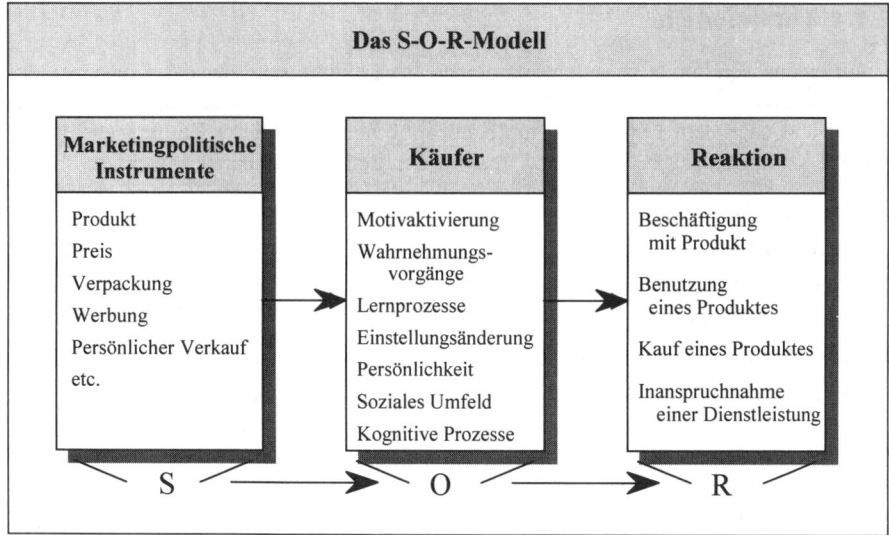

Abb. 41: Das S-O-R-Modell[97]

Das erweiterte Modell (S-O-R-Modell), wie es in Abbildung 41 dargestellt ist, wird auch als "echtes Modell" bezeichnet. Bei der Erforschung des Konsumentenverhaltens setzt dieses Modell **intervenierende Variablen** zur Erklärung der nicht beobachtbaren Vorgänge innerhalb des Organismus ein.[98]

Unter intervenierenden Variablen versteht man:

- **Interpersonelle Variablen:**

    - Aktivierende Prozesse (Emotionen, Motive, Einstellungen),
    - Kognitive Prozesse (Wahrnehmung, Lernfähigkeit, Informationsverarbeitung),
    - Prädisponierende Variablen (Kommunikation, Persönlichkeit).

- **Interpersonelle Variablen:**

    - Einflüsse auf Gesellschaftsebene (Kultur, soziales Umfeld),
    - Einflüsse auf Gruppenebene (Familie, Freunde).

Je nachdem um welche Art Kaufobjekt es sich handelt, wirken die einzelnen Variablen in einem komplexen Entscheidungs-Prozess zusammen.

Bei der Mehrzahl der Erklärungsansätze werden heute echte Verhaltensmodelle zugrunde gelegt, obwohl die Leistungsfähigkeit der beiden Modellarten in der Literatur unterschiedlich bewertet wird. Der Meinung, dass durch die Berücksichtigung intervenierender Variablen die Aussagen an Erklärungskraft gewinnen, steht die Befürchtung gegenüber, dass das menschliche Verhalten mit deterministischen Erklärungen begründet wird. Anhänger der Black-Box-Theorie interpretieren das Konsumverhalten als zufälligen Prozess.[99]

---

[97] Vgl. Weis, H.-C.: Marketing, a.a.O., S. 52.
[98] Vgl. Kroeber-Riel, W.: Konsumentenverhalten, 6. Auflage, München 1996, S. 318.
[99] Vgl. Meffert, H.: Marketing., a.a.O., S. 99.

2.4.4 Totalmodelle

Unter einem Totalmodell versteht man einen Erklärungsansatz, der das Konsumentenverhalten nicht nur als das Ergebnis eines Wahlaktes ansieht, sondern auch die Vorgänge vor und nach dem Entschluss zum Kauf mit einbezieht. Dieser Kaufentscheidungs-Prozess kann nach Engel, Kollat und Blackwell in fünf Stufen eingeteilt werden:

1. Problemerkennung,
2. Suche nach Alternativen,
3. Bewertung der Alternativen,
4. eigentlicher Kaufakt,
5. nachträgliche Bewertung des Kaufes.[100]

Für den Marketingbereich eines Unternehmens wird somit transparent, wie das Konsumverhalten der Zielgruppe bezüglich der von ihm angebotenen Produkte oder Dienstleistungen durch Entscheidungsprobleme beim Kauf, durch Informationsgewinnung und Informationsverarbeitung sowie durch die Umwelt beeinflußt wird. Als Beispiel für ein umfassendes und detailliertes Totalmodell lässt sich das Howard / Sheth-Modell anführen. Die Theorie beinhaltet die folgenden Input-Variablen:

Signifikante Informationen:	Symbolische Informationen:	Informationen aus sozialen Quellen:
- Qualität	- Qualität	
- Preis	- Preis	- Referenzgruppen
- Eigenart	- Eigenart	- soziale Klasse
- Service	- Service	- Familie
- Erhältlichkeit	- Erhältlichkeit	

Abb. 42: Input-Variablen des Howard / Seth-Modells

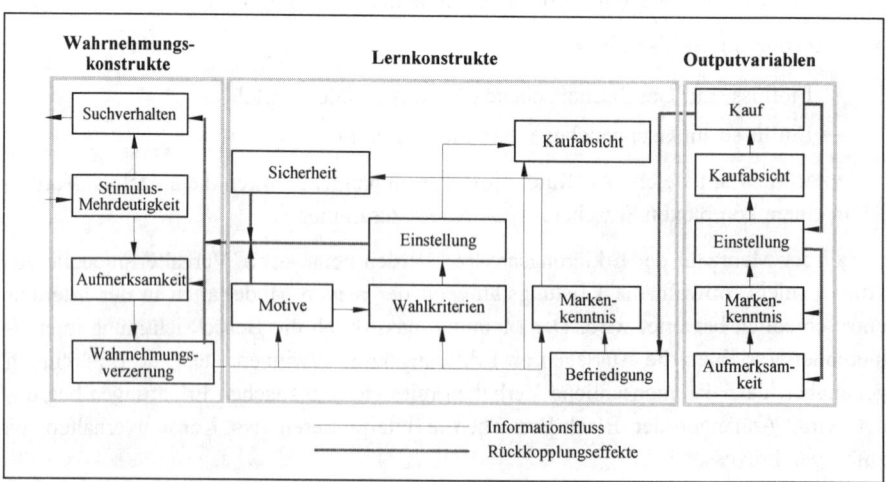

Abb. 43: Die Konsumentenverhaltens-Theorie nach Howard / Sheth.

---

[100] Vgl. Weis, H.-C.: Marketing, a.a.O., S. 54.

Es handelt sich bei diesem Modell um ein echtes Erklärungsmodell, das folgende Variablen beinhaltet:

- **Endogene Variablen:**

    Endogene Variablen, d.h. beobachtbare und meßbare Einflussgrößen auf das Verbraucherverhalten, unterteilen sich in Input- und Outputvariablen. Als **Inputvariable** bezeichnet man die Umweltreize, denen die Konsumenten ausgesetzt sind und die eine Erregung des Organismus verursachen. Unter den **Outputvariablen** werden Aufmerksamkeit, Markenkenntnis, Einstellung, Kaufabsicht und Kauf zusammengefasst.

- **Hypothetische Konstrukte:**

    Hypothetische Konstrukte sind Mechanismen der Reizverarbeitung, bei denen man die Wahrnehmung und das Lernen unterscheidet. Sie gelten als "Annahmen von Phänomenen oder Vorgängen, die als existent bezeichnet werden, obwohl sie als solche vorläufig nicht vollständig zu beobachten sind".[101] Im Subsystem **Wahrnehmung** werden die Informationen, die auf den Organismus treffen, qualitativ und quantitativ analysiert.

    Durch die Konstrukte Sachverhalten, Aufmerksamkeit, Stimulus-Mehrdeutigkeit, und Wahrnehmungsverzerrung kommt es zu einer individuellen Veränderung der aufgenommenen Informationen. **Lernkonstrukte** haben die Aufgabe, ein Programm zur Lösung des Kaufentscheidungsproblems zu erstellen. Der intrapersonelle Reiz wird innerhalb des Organismus weiterverarbeitet. Motive, Wahlkriterien und Markenkenntnis verdichten sich zu einem Urteil über die Eignung des Produktes zur Bedürfnisbefriedigung (Einstellung) und führen zur Kaufabsicht bzw. zum Kauf.[102]

- **Exogene Variablen:**

    Unter exogenen Variablen versteht man soziale, soziokulturelle, demographische und situative Faktoren sowie Persönlichkeitsmerkmale, die in dem Modell jedoch nicht ausdrücklich berücksichtigt werden.

Das Modell von Howard und Sheth ermöglicht zwar einen guten Einblick in die Determinanten, die den Kaufentscheidungs-Prozess bestimmen, es weist aber auch Schwachstellen auf. So wird durch das hohe Abstraktionsniveau die Anwendung erschwert, der industrielle Kaufentscheidungs-Prozess bleibt unberücksichtigt und die ökonomischen und sozialen Einflussfaktoren fallen als exogene Größen aus der Betrachtung heraus.

Die folgende Abbildung bringt einen Überblick über eine Auswahl von bekannten Modellen des Käuferverhaltens samt ihren exogenen Variablen und hypothetischen Konstrukten:

---

[101] Gerth, E.: Die Systematik des Marketing, Band 1, Würzburg 1983, S. 86.
[102] Vgl. Nieschlag, R./ Dichtl, E./ Hörschgen, H.: Marketing, a.a.O., S. 197 ff.

Konstrukte als Parameter		Psychologisch orientierte Modelle				Soziologisch Orientierte Modelle			Total Modelle
		Motivations Modelle	Lernpsycholog. Modelle	Risikotheoret. Ansatz	Dissonanz Modelle	Referenzgruppenmodelle	Meinungsführer u. 2-stufige Kommunikation	Diffusionsmodelle	Howard/Seth modell
Lernkonstrukte	Motive	x				x			x
	Marktkenntnis								x
	Entscheidungskriterien					x	x	x	x
	Einstellung					x		x	x
	Kaufabsicht							x	x
	Grad der Sicherheit			x		x	x		x
	Befriedigung	x						x	x
Wahrnehmungskonstrukte	Aufmerksamkeit								x
	Stimulus Mehrdeutigkeit	x							x
	Wahrnehmungsverzerrungen	x		x		x			x
	Aktives Suchtverhalten			x	x	x		x	x
Exogene Variable	Wahrnehmung	x	x			x		x	
	Einkommen		x						
	Preis der Güter		x						
	Soziales Risiko		x						
	Finanzielles Risiko		x						
	Dissonanz				x				

Abb. 44: Die Modelle des Käuferverhaltens[103]

2.4.5 Messung der Kundenzufriedenheit

Auch in Deutschland wird die Kundenzufriedenheit immer mehr zur langfristigen Bindung der Kunden an das Unternehmen als Maßstab genommen. Die Erfassung und Messung der Kundenzufriedenheit hat eine sehr hohe Bedeutung vor allem im Dienstleistungsbereich erreicht. Um wettbewerbsfähig zu sein, recht es nicht aus rentabel und effektiv zu arbeiten, es muss zusätzlich der Kunde in das Zentrum des unternehmerischen Handelns gestellt werden. In der Praxis ist bekannt, dass es ca. fünfmal so teuer ist einen Neukunden zu gewinnen als einen Stammkunden zu behalten. Dabei bilden die Stammkundengeschäfte mit fast 65 % den Hauptanteil am Gesamtumsatz.

Die Zufriedenheit eines Kunden mit einem bestimmten Produkt entsteht durch den Vergleich mit den Kunden-Erwartungen und der Produkt-Leistung.[104] Die Erwartungen werden vor allem durch die persönlichen Bedürfnisse, aber auch durch frühere Erfahrungen mit demselben oder einem ähnlichen Produkt geprägt. Dabei sind die Meinungen

---

[103] Vgl. Gerth, E.: Die Systematik des Marketing, a.a.O., S. 86.
[104] Vgl. hierzu ausführlich Kotler, P./ Bliemel, F.: Marketing – Management, a.a.O., S.48 ff.

von Dritten und die Botschaft des jeweiligen Anbieters (z.B. Werbung) nicht zu unterschätzende Kriterien.

Durch die Abweichung von der wahrgenommenen Leistung und der Erwartung an das Produkt ergibt sich die Zufriedenheit. Diese kann z.b. in Begeisterung, Zufriedenheit und Unzufriedenheit unterteilt werden, je nach dem, ob die Leistung die Erwartungen übertrifft, gleich ist oder nicht erfüllt. Dabei sollte die Unternehmung versuchen ihre Kundschaft zu begeistern. Dann bleiben diese länger treu und empfehlen das Produkt bzw. das Unternehmen weiter. Kunden die nur zufrieden sind, werden bei einem besseren Angebot leicht den Anbieter wechseln.

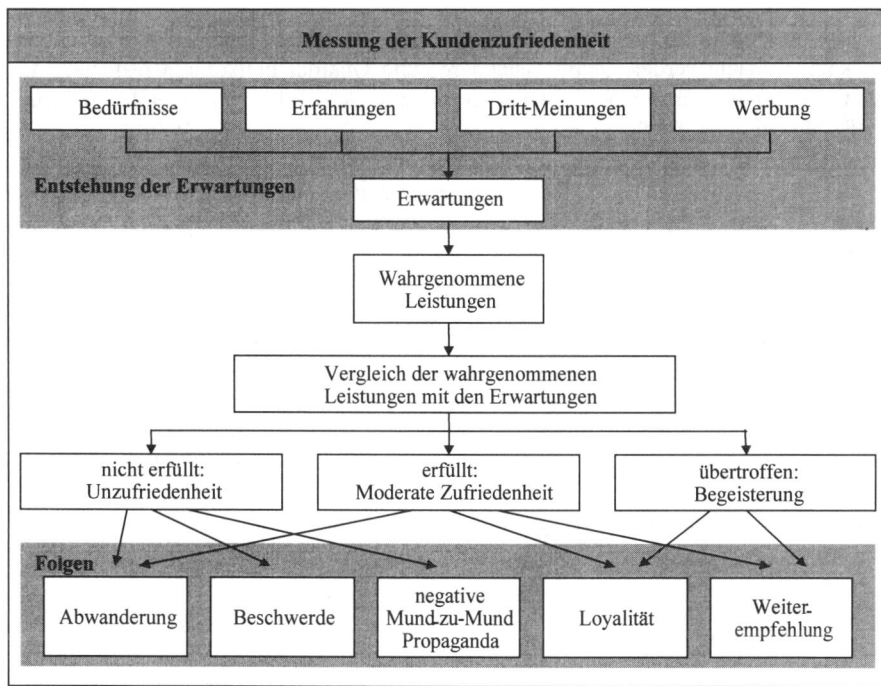

Abb. 45: Messung der Kundenzufriedenheit

Um die Kundenzufriedenheit präzise zu erfassen, stehen den Unternehmen unterschiedliche Verfahren der Kundenzufriedenheitsmessung zur Verfügung. Diese können in objektbezogene und subjektbezogene Messungen unterteilt werden.

Kundenzufriedenheit	Objektbezogene Messung	Subjektbezogene Messung
Messung ohne direkten Bezug zu Kundenproblemen	- Umsatz/-veränderung - Marktanteil/-änderungen - Wiederkaufsraten - Abwanderungsraten	- Kundenbefragungen - Befragungen der Verkäufer und Absatzmittler - Studien, z.B. Deutsches Kundenbarometer
Messung mit direktem Bezug zu Kundenproblemen	- Beschwerdefälle - Häufigkeit objektiver Produktmängel - Häufigkeit der Garantiefälle	- Häufigkeit wahrgenommener Kundenprobleme - Prozess der Beschwerdeführung - Methode der kritischen Ereignisse

Abb. 46: Verfahren der Kundenzufriedenheitsmessung

- Die **objektbezogene Messung** erfasst quantitative Sachverhalte. Dadurch werden Rückschlüsse auf die Kundenzufriedenheit gezogen. Dieses kann problematisch sein, da nicht zwingende Kausalbeziehungen einfach angenommen werden.
- Die **subjektbezogene Messung** versucht durch Befragungen Meinungen zu erfassen. Großer Beliebtheit erfreut sich insbesondere die Methode der kritischen Ereignisse. Dabei wird das positivste und negativste Erlebnis des Kunden abgefragt.

Damit der Kunde die Maßnahmen des Unternehmens zur Erhöhung der Kundenzufriedenheit wahrnehmen kann, müssen verschiedene Qualitätsfaktoren zusammenspielen.

Ein modernes Unternehmen muss eine Qualitätsstrategie (Handlungsrahmen) entwickeln. Danach werden Qualitätsstandards und Qualitätsindikatoren festgelegt, um die Qualität messbar zu machen. Qualitätsgarantien können nach der Implementierung und Sicherstellung der Standards als Differenzierungsmerkmale im Wettbewerb zugesichert werden. Der Kunde nimmt die Qualität des Unternehmens bzw. seiner Produkte nicht mehr global und undifferenziert, sondern stets messbar wahr. Die Ergebnisse dieser Messungen können für die Steuerung und Kontrolle der Qualität verwendet werden.

Qualitätsfaktoren	Erklärung
Qualitätsstrategie	- Handlungsrahmen für alle Organisationsangehörigen - Aufgabe und gemeinsames Ziel für alle Beteiligten - Konzentration auf das Übertreffen von Kundenerwartungen sowie von Aktivitäten der Wettbewerber und den Ausbau der eigenen Stärken
Qualitätsstandards/ -indikatoren	- Handlungsleitfaden für Mitarbeiter im Kundenkontakt - Maßstab für die Eigen- und Fremdkontrolle von Mitarbeitern - Sicherung der Akzeptanz durch die Mitarbeiter
Qualitätsgarantien	- Nach Implementierung und Sicherstellung der Qualitätsstandards als Differenzierungsmerkmal im Wettbewerb - Gelten ohne Einschränkung - Sind für den Kunden bedeutsam, klar verständlich und leicht in Anspruch zu nehmen
Kundenwahrnehmung	- Wahrnehmung wird auf kommunizierte Qualitätsgarantien gelenkt - Erwartungen werden präzisiert - Kein undifferenziertes, globales Qualitätsurteil mehr, sondern - Messung der Qualität anhand Erfüllung konkreter Garantien - Ergebnis: Qualität wird steuer- und kontrollierbar

Ein Praxisproblem bei der Erfassung der Kundenzufriedenheit besteht darin, das diese nur ungenügend durch Kundenbeschwerden ermittelt werden kann. Durchschnittlich beschweren sich nur 5% unzufriedene Kunden bei den Unternehmen. Die restlichen 95% wandern stillschweigend ab und schaden der Unternehmung mit negativer Mund-zu-Mund-Propaganda. Daher muss ein **kundenorientiertes Unternehmen** nicht nur katalogisieren, wie viele und welche Arten von Kundenbeschwerden anfallen, sondern aktiv das Zufriedenheitsniveau in regelmäßigen Abständen ermitteln und konkrete Verbesserungsziele setzen (Beschwerdemanagement).

3 Das absatzpolitische Instrumentarium

Es kann davon ausgegangen werden, dass in einem Käufermarkt die vorhandene Nachfrage in ihrem Wesen und ihrer Struktur nach weitgehend bekannt ist. Auf diese bekannte Nachfrage konzentrieren sich zuerst die Bemühungen der meisten Anbieter, was zu erhöhtem Konkurrenzdruck und damit zu einer Verschlechterung der Gewinnsituation führt.

Die Notwendigkeit, sich von der Konkurrenz abzuheben, gewinnt daher immer stärker an Bedeutung. Auf dem Gebiet des objektiven Gebrauchsnutzen der Güter wird es zunehmend schwieriger, der Forderung nach einer positiven **Distanzierung** vom Wettbewerb nachzukommen, welche als Voraussetzung für eine erfolgreiche Marketingpolitik angesehen werden muss. Ein möglicher Ansatzpunkt für eine derartige **Differenzierung** wird deshalb nicht selten der subjektiv empfundene Zusatznutzen sein, da die objektiven Nutzen von den meisten Unternehmen bereits entdeckt und zum Gegenstand akquisitorischer Bemühungen gemacht worden sind.

Nachfrage aufzuspüren oder zu schaffen, um sie in Absatzerfolge umzuwandeln, wurde bereits als Marketingziel herausgestellt. Dazu müssen Maßnahmen des Marketing, deren Gesamtheit im Zusammenspiel als Marketing-Mix bezeichnet wird, ergriffen werden. Zwischen den einzelnen Maßnahmen, oder besser **Marketing-Instrumenten**, bestehen **Interdependenzen**. Diese gegenseitigen Abhängigkeiten müssen zunächst erkannt werden, um sie bei der Zusammenstellung eines **Marketing-Mix** berücksichtigen zu können.

Die zur Erreichung eines Marketing-Ziels erforderlichen Marketing-Maßnahmen verursachen einen finanziellen Aufwand, dessen Höhe von der optimalen Kombination im Marketing-Mix abhängig ist. Dieser Aufwand wird in der Regel limitiert sein, so dass eine sinnvolle Verteilung auf die verschiedenen Absatzaktivitäten nötig ist.[105]

Nach Meffert beinhalten **Marketinginstrumente** die Gesamtheit der Aktionen bzw. Handlungsalternativen, die sich auf eine **Beeinflussung** der Marktteilnehmer sowie der Marktumwelt richten mit dem Zweck, das akquisitorische Potenzial der Unternehmung zu erhöhen. Ein Marketing-Mix ist stets eine Kombination von Aktionsparametern mit bestimmten Werten und Ausprägungen, die sowohl in einem Tun als auch in einem Unterlassen bestehen können.[106]

Da die Zahl der Marketing-Maßnahmen und ihrer Ausprägungen sehr hoch ist, werden sie nach der klassischen Vierer-Systematik (wie bei Gutenberg, Nieschlag / Dichtl / Hörschgen, Meffert, Kotler,), den 4P's, eingeteilt:

- **p**roduct
- **p**rice
- **p**lace
- **p**romotion

Dabei meint product die Produkt- und Programmpolitik und price die Kontrahierungspolitik, während das dritte P wie place für die Distributionspolitik steht, also die Absatzwege und die Vertriebsform beschreibt. Mit promotion sind die Kommunikationsbeziehungen wie Werbung, Verkaufsförderung und Öffentlichkeitsarbeit gemeint.

---

[105] Vgl. Linnert, P.: Die neuen Techniken des Marketing, a.a.O., S. 236.
[106] Vgl. Meffert, H.: Marketing., a.a.O., S. 969 ff.

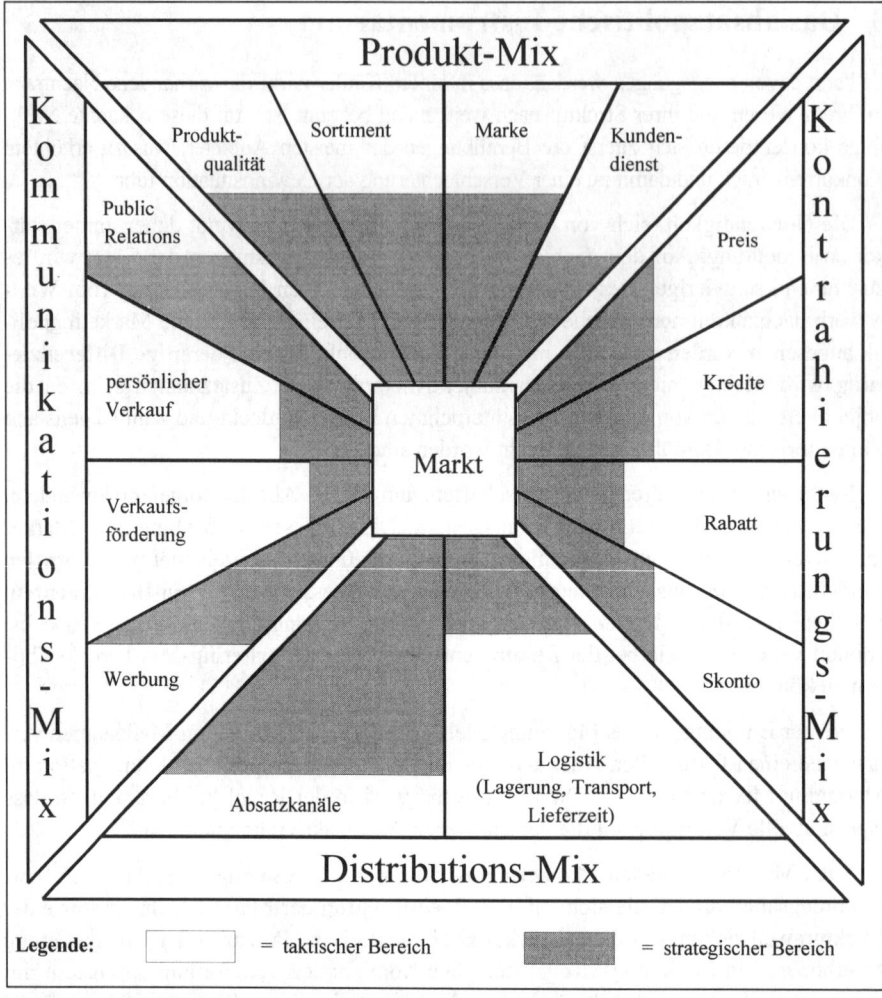

Abb. 47: Komponenten des Marketing im Konsumgüterbereich[107]

Neben dieser klassischen Vierer-Systematik existiert auch eine Dreier-Systematik. Bei dieser praxisorientierten Systematik werden Produkt-, Programm- und Preispolitik zusammengefasst, da der Verbraucher das Produkt nie losgelöst vom Preis betrachtet, also immer die Preis-Leistungs-Relation berücksichtigt.

In der neueren Marketingliteratur besteht das Marketing-Mix häufig nicht mehr aus 4, sondern aus 7 P. Neben den bekannten **P**roduct, **P**rice, **P**lace und **P**romotion kommen nun **P**rocess Management, **P**hysical Facilities und **P**ersonnel hinzu.

Dabei garantiert das **P**rocess Management die gleichbleibende Qualität der Produkte bzw. Dienstleistungen, die **P**hysical Facilities stellen die materiellen Faktoren, wie Standort, Räumlichkeiten u.ä., eines Unternehmens dar und das **P**ersonnel ist ebenso ein eigenständiges Marketinginstrument.

---

[107] Vgl. Meffert, H.: Marketing., a.a.O., S. 991.

3.1 Produkt- und Programmpolitik

Je nach Literatur wird Produktpolitik als marketingpolitisches Instrument angesehen, von der ein Teilbereich neben anderen die Programmpolitik ist. Oder die Grenze wird verwischt und beide Begriffe gleichgestellt. Eine Unterscheidung in das Produkt als den zu vermarktenden Gegenstand und das Programm als die Gesamtheit aller produktbezogenen Marktaktivitäten ist möglich. Auf Handelsebene spricht man statt von einer Programmpolitik von der **Sortimentspolitik**.

3.1.1 Produktpolitik

Ein **Produkt** ist, "was einem Markt angeboten werden kann, um es zu betrachten und zu beachten, zu erwerben, zu gebrauchen oder zu verbrauchen und somit einen Wunsch oder ein Bedürfnis zu erfüllen."[108] Der Begriff umfasst konkrete Gegenstände, Dienstleistungen, Personen, Orte, Organisationen und Ideen. Diese Definition entspricht dem erweiterten Produktbegriff.

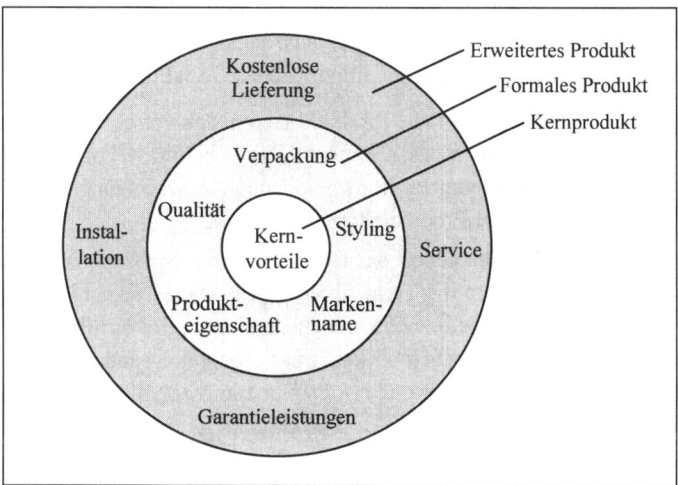

Abb. 48: Die drei Ebenen des Produktbegriffs[109]

Der Kernvorteil eines Produktes, also der Problemlösungsdienst, wird als **Kernprodukt** bezeichnet. So kauft eine Frau einen Lippenstift nicht wegen der chemischen Zusammensetzung, sondern wegen der Hoffnung, die sie damit verbindet.

Das **formale Produkt** bezeichnet die physische Einheit, welche als Kaufobjekt erkannt wird. Sie ist gekennzeichnet durch Qualitätsniveau, Produkteigenschaften, Styling, einen Markennamen und die Verpackung. Schließlich umfasst das **erweiterte Produkt** die Gesamtheit aller Vorteile, die der Käufer mit dem Erwerb des formalen Produktes erhält oder erfährt.[110]

Produktpolitik umfasst alle an den unternehmerischen Zielsetzungen orientierten Strategien, die darauf gerichtet sind, neue Produkte oder Produktgruppen hervor-

---

[108] Kotler, P./ Bliemel, F.: Marketing-Management, a.a.O., S. 670.
[109] Vgl. Kotler, P.: Marketing-Management. Analyse, Planung und Kontrolle, a.a.O., S. 364.
[110] Vgl. ebd., S. 363.

zubringen (**Produktinnovation**), bereits auf dem Markt befindliche Produkte zu modifizieren (**Produktvariation**) oder bisherige Produkte oder Produktgruppen aus dem Markt zu nehmen (**Produktelimination**).

3.1.1.1 Produktinnovation

Bei der **Produktinnovation** werden Ideen für ein auf dem Markt vollständig neues, oder für das Unternehmen neuartiges, Produkt gesucht. Nach einer Vorauswahl werden Wirtschaftlichkeit und **Marktchancen** der einzelnen Konzepte überprüft. Bei positivem Ergebnis wird das Produkt realisiert, auf **Testmärkten** getestet und bei erneut positivem Ergebnis auf dem Markt eingeführt.

Dabei wird die Neuproduktentwicklung immer schwieriger, da es häufig an durchschlagskräftigen Ideen mangelt und die **Entwicklungskosten** rasch steigen, während die Lebensdauer der Produkte sich verkürzt. Folglich müssen die Kosten der Entwicklung in kürzeren Perioden erwirtschaftet werden.

Betrachtet man die Produktinnovation isoliert, stellt sie eine Erweiterung des Programms dar, wodurch deutlich wird, dass es sich nicht ausschließlich um ein produktpolitisches, sondern auch um ein programmpolitisches Gestaltungsmittel handelt.

Auf der Suche nach Ideen für neue Produkte bieten sich verschiedene Quellen: Kunden, Konkurrenten, Außendienst, Marketingabteilung, Erfinder, Forschungs- und Entwicklungsabteilung, Werbeagenturen, Marktforschung etc. Daneben gibt es auch methodische Ansätze, Ideen für neue Produkte hervorzubringen.

- Zu den kreativen Methoden gehört das **Brainstorming**: In Gruppen, bestehend aus 5 bis 12 Teilnehmern, äußern die Teilnehmer ungezwungen Vorschläge für neue Produkte. Dazu müssen die Teilnehmer gleichberechtigt sein. Kritik, Bewertung oder Beurteilung, seien sie auch noch so konstruktiv gemeint, sind während der Brainstorming-Sitzung zu unterlassen und erfolgen erst im Anschluß an die Sitzung.

- In die gleiche Richtung zielen auch die **Brainwriting**-Verfahren wie die **Methode 635**, mit dem Vorteil, dass jeder Teilnehmer zu schriftlichen Äußerungen "gezwungen" ist und nicht von anderen Teilnehmern beeinflußt oder sanktioniert werden kann. Dabei schreiben 6 Teilnehmer jeweils 3 Ideen in 5 Minuten zu einem Problem auf. Anschließend werden die Formulare ausgetauscht und durch 3 neue Vorschläge des nächsten Teilnehmers ergänzt. Dieser Austausch erfolgt so lange, bis jeder Teilnehmer 18 Lösungsideen niedergeschrieben hat. Innerhalb von 30 Minuten sind so 108 Lösungsvorschläge entstanden.

- Die **morphologische Methode** zählt zu den systematisch-logischen Verfahren. Dabei wird das bestehende Problem einer Strukturanalyse unterzogen, d.h. in die Komponenten zerlegt, die seine Lösung beeinflussen. Zu jeder Problem-Komponente werden Lösungsalternativen gesucht und die einzelnen Alternativen zu einer kreativen Gesamtlösung kombiniert.

Durch die **Produktvariation** werden Produkte, die bereits im Programm enthalten sind, in Details verbessert. Die Veränderungen können sich auf die Technologie, das Material, die Gestaltung, das Image o.ä. beziehen, wodurch das Produkt neu erscheint, ohne seinen **vertrauten Charakter** zu verlieren. Die Produktvariation verändert das

Programm nicht in seiner Breite, sondern im Erscheinungsbild, mit dem Ziel, dass das "bessere" Produkt stärker vom Kunden akzeptiert wird. Anlaß zu Produktvariationen geben in erster Linie veränderte Marktbedingungen, z.T. aber auch wechselnde gesetzliche Bestimmungen, wie z.b. heute vermehrt aus Gründen des Umweltschutzes (z.B. Fahrzeuge mit Katalysator) oder der Europäischen Gemeinschaft. Der Impuls für eine **Produktverbesserung** kommt häufig aus den Qualitätszirkeln, in denen sich Mitarbeiter treffen und Vorschläge zur Verbesserung erarbeiten.[111]

Sinkende Marktanteile, firmenpolitische Entscheidungen oder Konkurrenzunfähigkeit sind Gründe für eine **Produktelimination**, mit anderen Worten, ein Produkt vollständig aus dem Programm zu streichen. Die Herausnahme eines Produktes setzt eine laufende Bewertung voraus. Vor der Elimination ist auch zu prüfen, ob bereits alle Rationalisierungsreserven ausgeschöpft wurden und ob auch für die Zukunft kein Umsatzwachstum zu erwarten ist.

Die Entscheidung, neue Produkte einzuführen, Produkte zu ändern, zu verbessern oder herauszunehmen, sind in vielen Fällen vor dem Hintergrund des Produkt-Lebenszyklus zu sehen. Im Leben von Produkten sind insbesondere bei technischem oder modischem Wandel unterschiedliche Phasen feststellbar, worauf im Rahmen der Lebenszyklusanalyse eingegangen wird. Auch ist in gewissen Abständen zu prüfen, welchen Anteil am Gesamtumsatz ein Produkt bzw. eine Produktgruppe ausmacht, um die Wichtigkeit dieses Produktes für das Unternehmen einzuschätzen. Eine weitere Möglichkeit der Produktanalyse stellt die Portfolio-Analyse dar, die die Position der Produkte am Markt in Form einer Marktanteils-Marktwachstums-Matrix darstellt.

Der Auswahl aus Innovation, Variation und Elimination sollte stets eine Produktanalyse und eine Prüfung eventueller Verbundbeziehungen zwischen den einzelnen Produkten vorausgegangen sein

3.1.1.2 Produktanalyse

Lebenszyklusanalyse, Portfolioanalyse, Kundenbefragung, Konkurrenzbeobachtung und Produktvergleichstests mit Konkurrenzprodukten geben genaue Auskunft über Vor- und Nachteil eines Produkts, und ermöglichen somit die Anwendung der geeigneten Methode.

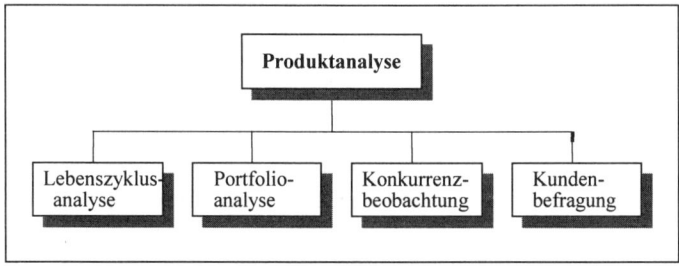

Abb. 49: Methoden der Produktanalyse

Da die beiden erstgenannten Verfahren in der Literatur am häufigsten als für diesen Zweck besonders geeignet genannt werden, sollen sie kurz erklärt werden.

---

[111] Vgl. Geisbüsch, H.-G. / Weeser-Krell, L. M. / Geml, R.: Marketing, a.a.O., S. 206.

(1) Lebenszyklusanalyse

Das Konzept des **Produktlebenszyklus** hat die Marketing-Forschung stark beeinflußt. Innerhalb einer bestimmten Lebensspanne bewegen sich die Produktverläufe durch verschiedene **Phasen** oder Lebenszyklen, die alle unterschiedliche Herausforderungen an den Anbieter stellen. Die übliche Gliederung kennt fünf Phasen des Produktlebens, denen eine Entwicklungsphase vorangeht:

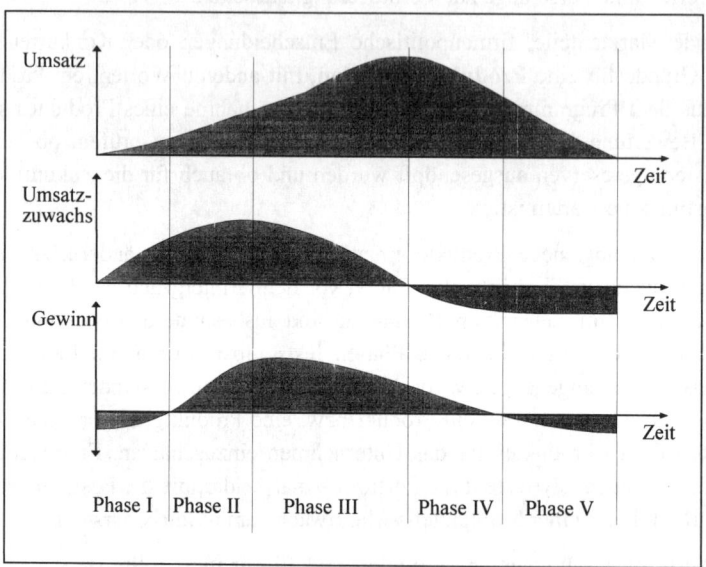

Abb. 50: Idealtypischer Produktlebenszyklus

- Entwicklungsphase bzw. Vorbereitungsphase (0),
- Einführungsphase (I),
- Wachstumsphase (II),
- Reifephase (III),
- Sättigungsphase (IV),
- Rückgangs- bzw. Degenerationsphase (V).

Jedes Produkt durchläuft diese typischen Phasen, unabhängig davon, ob es nur wenige Monate auf dem Markt präsent ist, oder die absolute Lebensdauer über Jahrzehnte hinausgeht.

Den Anfang und das Ende der einzelnen Phasen zu bestimmen, liegt im Ermessen des Beobachters. Meistens zeichnet sich der Übergang in einen anderen Abschnitt durch einen deutlichen Zuwachs oder eine ausgeprägte Abnahme des Absatzvolumens aus.

- **Die Entwicklungsphase/Vorbereitungsphase:**

    Am Anfang der Entwicklungsphase steht eine **Produktidee**, die aus vielen anderen unter Berücksichtigung der Wirkungen auf das Image, die finanzielle Lage, Produktionskapazitäten etc. des Unternehmens ausgewählt wurde.

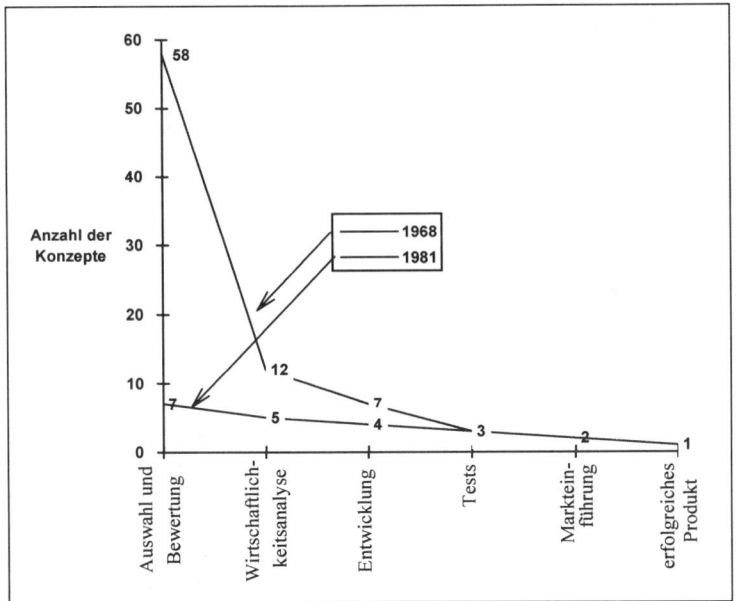

Abb. 51: Ausscheidungskurve für Produktideen[112]

Daran schließt die eigentliche Entwicklung und betriebsinterne Erprobung des Produktes an. Die Vorbereitungsphase endet mit der erfolgreichen Bewährung auf dem **Testmarkt** und dem Entschluß, das Produkt einzuführen, womit das eigentliche Produktleben beginnt. Die Entwicklungsphase verursacht nur Kosten, denen keine Umsätze gegenüberstehen. Zudem muss berücksichtigt werden, dass nicht jede Produktidee zu einem **marktreifen** Produkt führt. Vielmehr ist es nur ein geringer Anteil der Ideen, die verwirklicht werden, wie es auch die Grafik (Abb. 51) zeigt.

- **Die Einführungsphase:**

  Die Einführungsphase beginnt mit dem Eintritt des Produktes in den Markt und ist durch geringe Wachstumsraten, technische Anfangsschwierigkeiten und marktorientierte Einführungsanstrengungen gekennzeichnet. Dieser Abschnitt des Zyklus ist entscheidend dafür, ob sich ein Erzeugnis auf dem Absatzmarkt **etabliert**. Falls es sich um ein völlig neuartiges Produkt handelt, besitzt der Anbieter eine monopolähnliche Position. Die eigentlichen Marktinvestitionen, besonders in den Bereichen Werbung und Verkaufsförderung, werden in der Einführungsphase getätigt. Folglich werden zunächst Verluste oder nur geringe Gewinne erwirtschaftet, da die Kosten für die Vermarktung hoch sind und das Absatzvolumen noch niedrig ist.

  Das Erreichen der **Gewinnschwelle** leitet dann die Wachstumsphase ein. Ein Großteil neu eingeführter Produkte erreicht die Gewinnschwelle nicht. Die Misserfolgsraten dieser **Flops** liegen in der Konsumgüterbranche bei 80 Prozent, bei Lebensmittelprodukten sogar bei 85 Prozent, wodurch ein Unternehmen neben den hohen Investitionskosten für Marketing und Produktion auch noch seinen Ruf einbüßen kann.[113] Daher sollten in der Vorbereitungsphase hinreichend genaue Produkt- und Markttests durchgeführt werden.

---

[112] Vgl. Weis, H.-C.: Marketing, a.a.O., S. 210.
[113] Vgl. Kuhnle, H.: Was bewegt Marketing, a.a.O., S. 84 und S. 133.

- **Die Wachstumsphase:**

  Das Umsatz- und Marktvolumen steigt in dieser Phase, die im Kurvenverlauf bis zum Wendepunkt der Umsatzfunktion reicht, weiter an. In dem Wachstumsstadium kommt es zum Eindringen von Konkurrenzprodukten (Imitationen) in den Markt, dessen Folge eine starke Expansion des Marktes ist. Durch geeignete Werbemaßnahmen muss die Abgrenzung der eigenen Produktpalette von den Angeboten der Konkurrenz gewährleistet werden. Bezüglich der Marktstruktur setzt ein "Umsatzboom" ein, der **Degressionseffekt** der Fixkosten wird wirksam und die Stückkosten sinken. In dieser Phase erreichen neu eingeführte Produkte häufig den **Break-even-Punkt**.[114] Die Monopolstellung des Herstellers geht verloren, es entsteht eine oligopolistische Marktform. Es kommt zu ersten Preissenkungen.

- **Die Reifephase:**

  Der Markt hat jetzt seinen Sättigungspunkt erreicht, die Umsatzzuwachsraten sinken bis auf Null bei gleichzeitigem Rückgang der Umsatzrentabilität. Es herrscht ein intensiver Wettbewerb, da die Konkurrenz durch verstärkte Marktinvestitionen versucht, den Innovationsvorsprung einzuholen. Die Reife- bzw. Sättigungsphasen haben die längste zeitliche Ausdehnung. Die meisten Marketing-Aktivitäten laufen innerhalb dieser Phasen ab, da sich die größte Anzahl von Produkten in diesen Stadien befindet. Die Gewinne gehen infolge des **Konkurrenzdrucks** und des dadurch bedingten Preisabfalls weiter zurück. Die Fixkosten steigen durch erhöhte Ausgaben für Produktdifferenzierungen.

- **Die Sättigungsphase:**

  In dieser Phase ist die Umsatzentwicklung rückläufig. Die Nachfrage resultiert weitgehend aus Ersatzbedarf. Es kommt zu einer Verschärfung des Preiswettbewerbs und zu einer zunehmenden Produktdifferenzierung.

- **Die Rückgangs- oder Degenerationsphase:**

  Die Lebenszeit des Produktes ist jetzt abgelaufen. Umsatz- und Ertragsentwicklung sind stark rückläufig. Die Bedürfnisse der Konsumenten werden von anderen Erzeugnissen billiger, besser und bequemer befriedigt. Die **Substitutionsprodukte** gewinnen zunehmend an Marktbedeutung, so dass der Hersteller das "alte" Produkt eliminiert und versucht, neue Produkte zu entwickeln. Auch ist zu überlegen, ob ein Relaunch gestartet werden soll. Bei einem solchen wird in der Regel das Produkt überarbeitet, verbessert und eine Werbekampagne entworfen. Der **Relaunch** des meist auch äußerlich (auch an der Verpackung) neu gestalteten Produktes wird häufig von flankierenden Maßnahmen, wie Verkaufsförderung, begleitet.

Soll das Modell des Produktlebenszyklus im Unternehmen eingesetzt werden, muss zunächst geklärt werden, ob und in welchem Ausmaß sich das Konzept bei früheren Produkten aus der Branche erkennen lässt, und welche Aussagen über die Dauer der einzelnen Abschnitte gemacht werden können.

Kotler nennt als Beispiel eine empirische Untersuchung aus den USA von Cox, die sich mit den Entwicklungsphasen von nicht verschreibungspflichtigen Arzneimitteln

---

[114] Break-even-Punkt ist der Zeitpunkt, an dem die Einahmen eines Investitionsobjekt erstmals den Ausgaben bis zu diesem Zeitpunkt gleichen (→ Amortisationszeitpunkt).

auseinandergesetzt hat. Die Untersuchung ergab, dass im allgemeinen für die Einführungsphase ein Monat veranschlagt wurde, die Wachstumsphase dagegen sechs und die Reifephase sogar fünfzehn Monate dauerte. Den längsten Zeitraum beanspruchte die Rückgangsphase. Die Hersteller der Medikamente nahmen bereits etablierte Produkte nur sehr ungern wieder aus dem Angebotsprogramm heraus.

Es bietet sich an, die einzelnen Phasen eines Zyklus in gewissen Zeitabständen zu überprüfen. Eine Verschärfung des Wettbewerbs führt z.B. zu einer Verkürzung der Lebensdauer eines Produktes. Um jetzt die Herstellungskosten wieder zu erwirtschaften, steht ein wesentlich kürzerer Zeitraum zur Verfügung. Die folgende Darstellung zeigt einige idealtypische Verlaufsformen möglicher Produktlebenszyklen, wie sie in dieser Reinform in der Praxis jedoch selten anzutreffen sind:

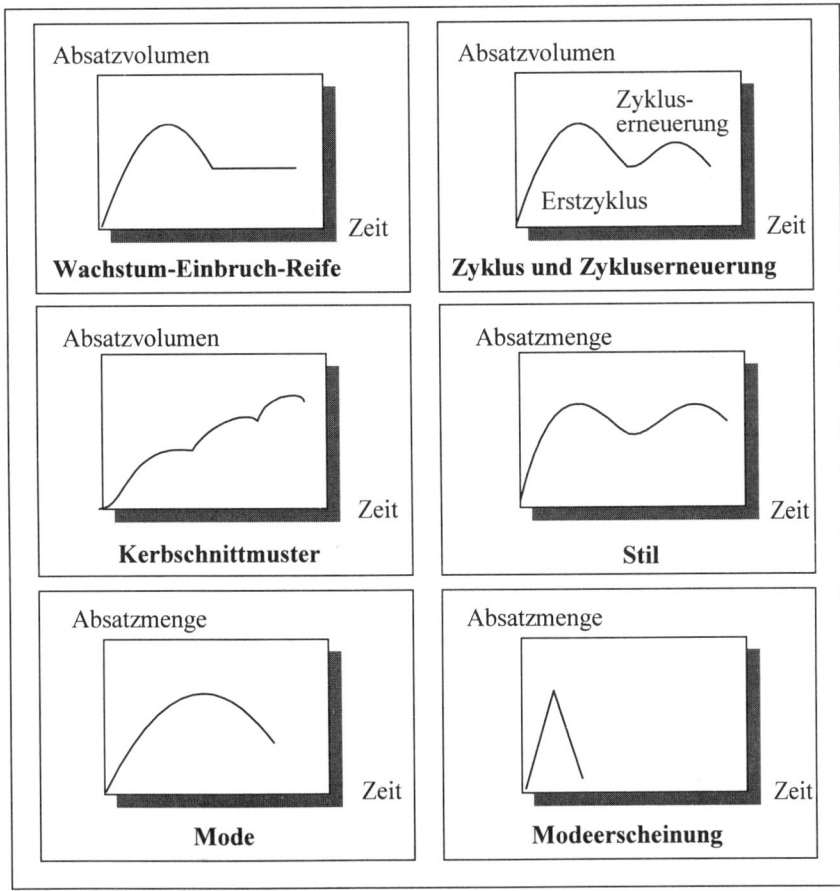

Abb. 52: Idealtypische Produktlebenszyklen[115]

Aufgabe der Produktpolitik ist es, herauszufinden in welcher Phase sich ein Produkt befindet und die drei bereits genannten Methoden entsprechend anzuwenden. Ansatzpunkte dafür sind in Abbildung 53 gegeben. Die Begriffe "Differenzierung" und "Diversifikation" sind als spezielle Formen der Produktinnovation anzusehen.

---

[115] Vgl. Kotler, P./ Bliemel, F.: Marketing-Management, a.a.O., S. 567 ff.

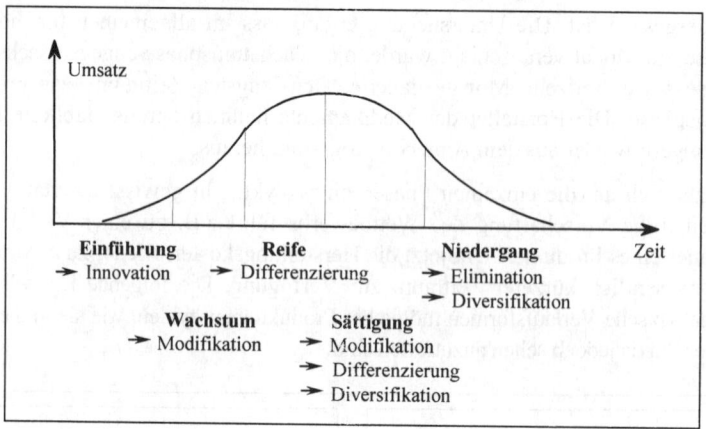

Abb. 53: Produktpolitische Aktionen in den einzelnen Phasen[116]

Günstig für die Stabilität eines Unternehmens ist es, wenn sich die Mehrzahl der angebotenen Produkte in Wachstum oder Reife befinden. Bereits zu diesem Zeitpunkt müssen neue Produktideen in Betracht gezogen werden. Spätestens zum Ende der Sättigungsphase sollte ein neues Produktkonzept vorliegen. Ordnet man alle Produkte des Programms in den Lebenszyklus ein, kann auf diese Weise eine Aussage über das Programm gemacht werden. Schwächen und Stärken werden erkannt und entsprechende Maßnahmen können geplant und durchgeführt werden.

(2) Portfolioanalyse

Grundidee der Portfolio-Techniken ist es, eine durch zwei Merkmale gekennzeichnete Situation eines Unternehmens, Produkt o.ä. als Feld einer Matrix darzustellen. In die Felder der Matrix werden dann die Produkte bzw. die strategischen Geschäftseinheiten eingetragen (SGE).[117] Als bekannteste Variante gilt das "**Marktanteil-Marktwachstums-Portfolio**" der Boston-Consulting Group:

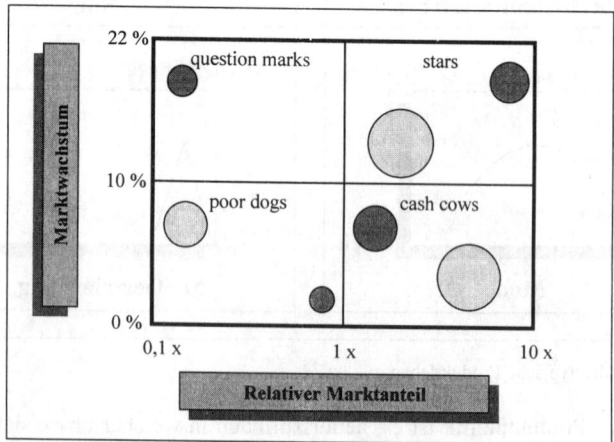

Abb. 54: Marktanteil-Marktwachstum-Portfolio

---

[116] Vgl. Weis, H.-C.: Marketing, a.a.O., S. 197.
[117] Eine strategische Geschäftseinheit ist der Zusammenschluss mehrerer Produkte oder Geschäftsfelder. Die SGE wird durch ein eigenes Management mit strategischer Entscheidungskompetenz geleitet.

Die Kreise stehen für die verschiedenen Produkte bzw. SGE. Dabei ist die Größe der Kreise proportional zum Umsatz der jeweiligen SGE. Abhängig von der Position innerhalb der Matrix unterscheidet man folgende Normstrategien:

- **Question marks** sind Produkte in der Einführungsphase mit geringem Marktanteil auf wachsenden Märkten. Sie benötigen Finanzmittel, um größere Marktanteile auf dem wachsenden Markt zu erobern. Andererseits ist der Erfolg ungewiß (Fragezeichen), da bereits andere Unternehmen einen größeren Marktanteil besitzen.
- **Stars** sind Marktführer in stark wachsenden Märkten und erwirtschaften hohe Gewinne, die jedoch zur Positionserhaltung reinvestiert werden müssen. Die Stars bilden die zukünftigen Geschäftsfelder der Unternehmung
- **Cash cows** (Milchkühe) befinden sich in der Reifephase und können aus ihren Überschüssen andere Produkte finanzieren (Marktführer in langsam wachsenden Märkten). Sie sind zwar profitabel, doch sollten nur die notwendigen Erhaltungsinvestitionen getätigt werden, da das Geschäft keine große Zukunft mehr hat.
- **Dogs** (arme Hunde) haben die Sättigungs- oder Verfallsphase erreicht und werden üblicherweise eliminiert. Sie können nur unter unverhältnismäßig hohem finanziellen Einsatz in die Gewinnzone überführt werden.

Das Verfahren kann zur Untersuchung sowohl eines einzelnen Produktes als auch eines ganzen Programms genutzt werden. Zu diesem Zweck ordnet man alle Produkte des Programms in ein Portfolio ein, um sich einen Überblick zu verschaffen. Diese Art der Portfolioanalyse ist zwar einfach und sinnvoll anwendbar, hat aber den Nachteil, dass sie nur zwei wichtige Marktfaktoren berücksichtigt.

Eine weitere Variante der **Portfolioanalyse** ist die Darstellung der **9-Felder-Matrix** von **McKinsey**. Im Gegensatz zur Boston-Consulting-Group führt McKinsey anstatt des Marktwachstums die Marktattraktivität und statt des relativen Marktanteils die Wettbewerbsstärke ein.

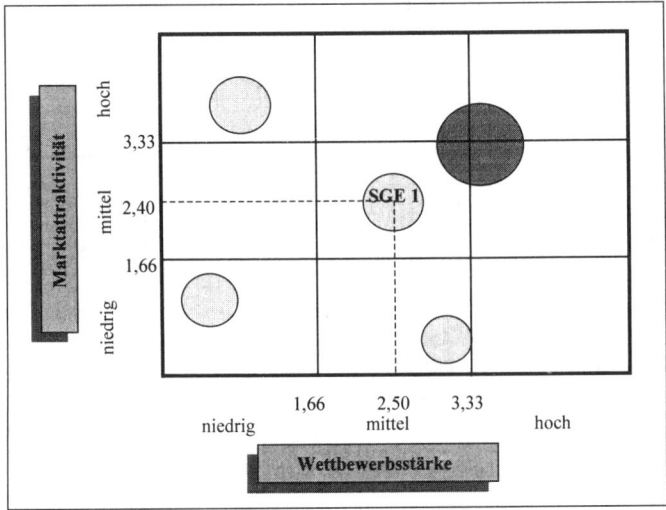

Abb. 55: Das McKinsey Portfolio

Die Indikatoren Wettbewerbsstärke und Marktattraktivität sind das Ergebnis verschiedener Einzelkriterien, die vom Unternehmen frei wählbar sind und entsprechen ihrer Wertschätzung gewichtet werden können, um die Relevanz der einzelnen Kriterien zu berücksichtigen.

		Gewichtung	Punktwert (0-5)	Gewichteter Wert
Marktattraktivität	Marktgröße	0,2	4	0,8
	Wachstumsrate	0,2	3	0,6
	Gewinnspanne	0,1	2	0,2
	Wettbewerbsintensität	0,1	4	0,4
	Sonstige	0,4	1	0,4
	Σ	1,0		2,4
Wettbewerbsstärke	Marktanteil	0,2	3	0,6
	Produktqualität	0,1	5	0,5
	Stückkosten	0,1	2	0,2
	Markenimage	0,1	3	0,3
	Vertrieb	0,1	1	0,1
	Sonstige.	0,4	2	0,8
	Σ	1,0		2,5

Abb. 56: Die McKinsey-Matrix

Die vier wichtigsten Strategien sind die sogenannten Normstrategien. Es handelt sich um die Investitionsstrategie, die Wachstumsstrategie, die Abschöpfungsstrategie und die Desinvestitionsstrategie. Diese Strategien sind als grobe Richtlinien für die jeweilige Position des Produktes im Markt zu sehen. Im Einzelfall kommen zu der jeweiligen Marktposition des Produktes noch weitere strategische Einflussgrößen, so dass die Normstrategien in einer abgewandelten Form angewandt werden müssen. Aus der McKinsey-Matrix ergeben sich für jedes der neun Felder verschiedene Normstrategien:

Selektives Vorgehen - Spezialisieren - Nischen suchen	**Selektives Wachstum** - Segmentierungsstrategie	**Investition / Wachstum** - Marktführerschaft anstreben bzw. Halten - Maximale Investition
Ernten - Spezialisieren - Nischen bearbeiten oder Rückzug erwägen	**Selektives Vorgehen** - Segmentierungsstrategie - Nischen suchen	**Selektives Wachstum** - In Wachstumsbereiche investieren - Segmentierungsstrategie
Ernten - Rückzug planen - Deinvestitionsstrategie	**Ernten** - Abschöpfen und Rückzug planen	**Selektives Vorgehen** - Position halten oder Rückzug anstreben - Investition nur zur Erhaltung ansonsten Abschöpfen

Abb. 57: Normstrategien für die Felder des McKinsey Portfolio

Anhand der Normstrategien für die Felder der 9-Felder-Matrix zeigt folgende Grafik eine etwas weiträumigere Betrachtung der Strategieempfehlung.

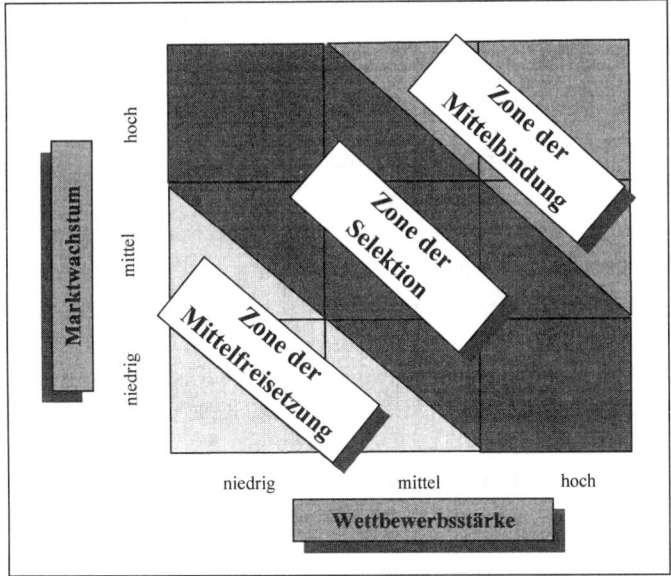

Abb. 58: Die McKinsey-Matrix 2

Ein wichtiger Vorteil des **Mc Kinsey – Modell** ist, dass es gegenüber dem BCG – Portfolio eine detailliertere Betrachtung erlaubt. Gerade deshalb ist es aber auch subjektiver und manipulierbarer. Weitere **Kritikpunkte** des McKinsey Portfolios sind:

- Hohe Manipulierbarkeit der Punktwerte durch Gewichtung und Bepunktung,
- Subjektivität bei der Auswahl der Kriterien,
- Relevanz und Aktualität des Datenmaterials
- große Bereitschaft, sich bei der Beurteilung auf Kompromisse zu einigen
- verfälschte Aussagekraft durch die Durchschnittswertberechnung
- Starrheit der Normstrategien

(3) PIMS-Studie

PIMS ist die Abkürzung für „Profit Impact of Market Strategies" und bezeichnet ein US-amerikanisches Programm der Strategieforschung bzw. der Erfolgsfaktorenforschung.

Die spezifische Zielsetzung dieses Programms ist die großzahlige empirische Erforschung der „laws of the market place". Als unabhängige Variable wurde der return on investment gewählt. Ausgangspunkt der Überlegungen, welche diesem Modell zugrunde liegen, sind die folgenden Fragen:

- Welche Höhe des „return on investment" (ROI) für einen bestimmten Unternehmenstyp oder eine bestimmte strategische Unternehmenseinheit ist bei gegebenen Markt- und sonstigen Bedingungen normal?
- Welche Faktoren sind für die unterschiedliche Höhe des ROI unterschiedlicher strategischer Unternehmenseinheiten verantwortlich?
- Wie beeinflussen bestimmte strategische Maßnahmen den ROI einer bestimmten strategischen Unternehmenseinheit?

Für jede strategische Unternehmenseinheit werden pro Jahr rund 200 Angaben erhoben, z.B. folgende Schwerpunkte:

- ihre Wettbewerbsposition
- die spezifische Charakteristika der Unternehmensumwelt
- die Art und Struktur des Produktionsprozesses
- Investitionen
- die Höhe und Art der Forschungs- und Entwicklungsanstrengungen
- die Marketingaufwendungen etc. . .

Auf der Basis des empirischen Materials ergeben sich grundlegende Fragen, die lauten:

- „Welche strategischen Variablen sind verantwortlich für Unterschiede in der Rentabilität (ROI) von ganzen Unternehmen bzw. einzelnen Geschäftsbereichen?
- Wie reagiert die Rentabilität (ROI) auf Strategieänderungen bzw. Änderungen in den Marktbedingungen?"

Bei dem PIMS-Projekt handelt es sich um die bisher umfassendste systematische Untersuchung zwischen strategischen Variablen des Unternehmens und der Realisierung von Unternehmenszielen.

(4) Programmanalyse

Einer Produktanalyse geht oftmals eine **Programmanalyse** voraus, um zu ermitteln, welchem Produkt spezielle Beachtung geschenkt werden muss; d.h. ob es förderungswert ist oder eventuell eliminiert werden muss. An dieser Stelle zeigt sich der nahtlose Übergang von der Produktpolitik zur Programmpolitik.

Der Entscheidung für Produktinnovation, Produktvariation oder Produktelimination schließt sich der Prozess der Ideenfindung bezogen auf die ausgewählte Methode an. Hilfreich sind auch hier Verfahren wie Brainstorming, Brainwriting usw. Aus diesen Ideen wird unter marktpolitischen Gesichtspunkten ausgewählt und entsprechend entwickelt, gestaltet, realisiert und auf dem Markt eingeführt. Mit Hilfe der Marktforschung wird das Produkt beobachtet und beurteilt. Auf Basis dieser Ergebnisse können dann neue oder modifizierte produktpolitische Entscheidungen getroffen werden.

3.1.2 Programmpolitik

Programmpolitische Entscheidungen haben die unter absatzpolitischen Aspekten optimale Programmgestaltung zum Ziel. Dazu muss die Art der Produkte, ihre mengenmäßige Zusammensetzung, der Einführungszeitpunkt sowie Garantie-, Kundendienst- oder Serviceleistungen anderer Art zur Abrundung des Programms festgelegt werden. Unterschieden werden drei grundsätzliche Gestaltungsprinzipien der Programmpolitik:

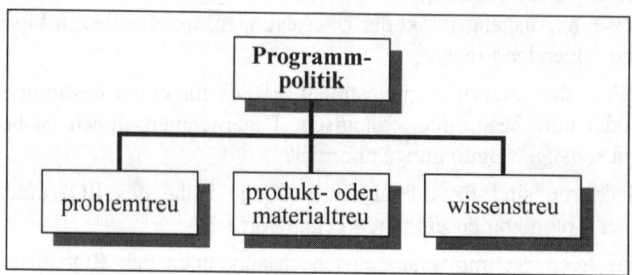

Abb. 59: Arten der Programmpolitik

Bei der **problemtreuen Programmpolitik** stellt ein Unternehmen einen festen Kundenkreis mit seinen Problemen und Bedürfnissen in den Mittelpunkt seiner Bemühungen. Gefordert sind bei diesem Prinzip schnelle Anpassung an technologische und andere Veränderungen. Häufig ergeben sich gerade aus diesem Prinzip große technologische Fortschritte und die entsprechenden Erfolge auf dem Markt.

Produkttreue Programmpolitik empfiehlt sich für Anbieter, die auf Grund ihrer Produktionsanlagen an bestimmte Verfahren, Materialien oder Produkte gebunden sind. Hauptaufgabe ist es, die Programme durch geschickte Kombination und Entwicklung neuer Produkteigenschaften und Verwendungsmöglichkeiten so attraktiv zu machen, dass neue Kunden angesprochen werden.

Wissenstreue Programmpolitik hat Spezialwissen und Erfahrungswissen zur Grundlage, die je nach Problemstellung vermittelt werden. Beispiele dafür finden sich hauptsächlich in der Datenverarbeitung und in der Raumfahrt.[118]

Weitere Gestaltungsmöglichkeiten der Programmpolitik (bzw. im Handel Sortimentspolitik) sind **Programmbreite** oder **Programmtiefe**. Die Programmbreite bezieht sich auf die Anzahl der angebotenen Produkte oder Produktlinien. Die Programmtiefe gibt Auskunft über die verschiedenen Ausführungen innerhalb einer Produktlinie.

3.1.2.1 Programmstrukturanalyse

Programmstrukturanalysen geben entscheidende Informationen darüber, welche Produkte sinnvollerweise gefördert werden, einen größeren Anteil am Programm erhalten oder ganz eliminiert werden, um dem Unternehmen langfristige Sicherheit zu gewährleisten. Zur Wahl stehen vier Möglichkeiten der Strukturanalyse:

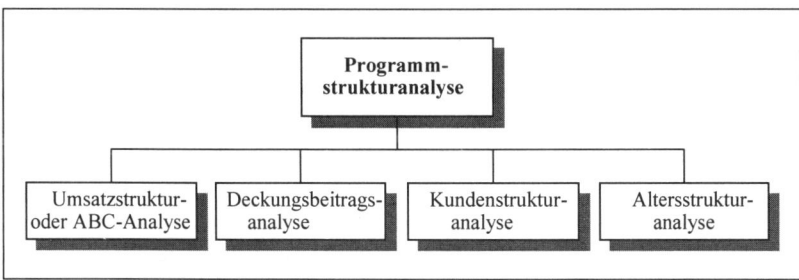

Abb. 60: Programmstrukturanalyse

- **Umsatzstrukturanalyse oder ABC-Analyse:**

    Diese Analyse gibt Auskunft darüber, mit welchem Anteil der Produkte welcher Umsatzanteil erzielt wird. Oft wird hierbei in A-, B- oder C-Produkte unterschieden, die entsprechend den größten, mittleren oder kleinsten Umsatzanteil ausmachen. Danach fallen etwa 80% des Wertanteils auf nur 20% der Produkte (A-Teile), 95% des Wertanteils auf 30% der Menge und die restlichen 70% der Produkte besitzen einen Wertanteil von nur 5%. Diese Werte sind nur als grobes Richtbeispiel zu verstehen und differieren von Betrieb zu Betrieb und Branche zu Branche. Die Schluß-

---

[118] Vgl. Weis, H.-C.: Marketing, a.a.O., S. 260.

folgerung, C-Produkte aus Kostengründen einfach zu eliminieren, ist nicht immer sinnvoll, da häufig auf den ersten Blick "unwichtige" Produkte **Verbundkäufe** auslösen. Obwohl es sich beim Umsatz um eine wichtige unternehmerische Kennzahl handelt, sollte diese Analyse nicht als alleinige Entscheidungshilfe herangezogen werden.

- **Deckungsbeitragsanalyse:**

Die Deckungsbeitragsanalyse gibt Auskunft über den Erfolg eines Produkts, da sie die Differenz zwischen den Erlösen und den Kosten eines Produkts darstellt. Um vorschnelle Entscheidungen nach der Höhe des Deckungsbeitrages zu vermeiden, werden die Analyseergebnisse in unterschiedlichen Dimensionen ausgedrückt. Z.B. **Deckungsbeitrag** je Produkt, Deckungsbeitrag je Produkt und Periode, Deckungsbeitrag in % vom Nettoerlös. Ebenso wie für die ABC-Analyse gilt, dass Produkte mit geringem oder sogar negativem Deckungsbeitrag nicht zwangsläufig eliminiert werden dürfen, ohne die Verbundbeziehungen zu prüfen.

- **Kundenstrukturanalyse:**

Bei der Kundenstrukturanalyse ergibt sich ein ähnliches Bild wie bei der Umsatzstrukturanalyse. Durch die Aussage, bei welchen Kunden wie viel Umsatz erzielt wurde, tritt die Wichtigkeit bestimmter Kundengruppen hervor. Ob diese Information eine Konzentration auf diese Kundengruppen oder eine Attraktivitätssteigerung für alle Kunden zur Folge hat, ist unternehmensabhängig und steht in engem Zusammenhang mit den Gestaltungsprinzipien der Programmpolitik. Es ist zu vermuten, dass sich problemtreue Unternehmen in den meisten Fällen auf die wichtigen Kunden spezialisieren, und dass sich produkttreue Unternehmen bemühen, ihren Kundenkreis zu erweitern.

- **Altersstrukturanalyse:**

In Anlehnung an den Produktlebenszyklus stellt die Altersstrukturanalyse dar, in welcher Phase sich die einzelnen Produkte befinden und gibt einen Überblick über das gesamte Programm. Günstig ist es, viele junge Produkte mit hoher Lebenserwartung, und wenige ältere Produkte mit geringer Lebenserwartung im Programm zu haben. Besonders hilfreich ist diese Untersuchung bei unübersichtlichen Programmen.[119] Ebenso wie die Lebenszyklusanalyse an sich, bietet die Altersstrukturanalyse den Vorteil, frühzeitig geeignete Produkt- und Programmkonzepte entwickeln zu können. An dieser Stelle soll der mehrfach verwendete Begriff der **Verbundkäufe** kurz erläutert werden. Häufig kaufen Kunden mehrere Produkte zusammen. Stehen die Produkte in **komplementärer** Beziehung zueinander, handelt es sich um einen **Bedarfsverbund**, sind die Produkte **unabhängig** voneinander und werden gekauft, weil sie z.B. von einer speziellen Firma hergestellt werden oder zu einer Marke gehören, spricht man von einem **Kaufverbund**. Mit Hilfe von **Frequenzmatrizen**, die angeben, wie oft zwei Produkte zusammen erworben wurden, lassen sich Korrelationen im Kaufverhalten aufspüren. Die Entscheidung, welche Produkte nicht eliminiert werden dürfen oder gar forciert werden müssen, da sie häufig Verbundkäufe auslösen, ist dann leichter zu treffen.[120]

---

[119] Vgl. Meffert, H.: Marketing., a.a.O., S. 346.
[120] Vgl. Nieschlag, R./ Dichtl, E./ Hörschgen, H.: Marketing, a.a.O., S. 258 ff.

3.1.2.2 Programmpolitische Nebenleistungen / Serviceleistungen

Zu den programmpolitischen Nebenleistungen zählen **Garantien, technische** und **kaufmännische Kundendienstleistungen** und andere Serviceleistungen, z.B. Schulungen oder Beratungen, die ein Programm vor, während und nach dem Kauf ergänzen. Grund für das Anbieten solcher Zusatznutzen ist in erster Linie das Ziel, sich von Konkurrenzanbietern zu unterscheiden, bei den Kunden Präferenzen zu bilden und so für sich zu gewinnen. Teilweise ergibt sich die Notwendigkeit eines solchen Angebots zwangsläufig aus der Tatsache, dass sich z.B. ein hochtechnisches Produkt im industriellen Bereich ohne technischen Kundendienst und Service nicht absetzen lässt. Allerdings ist es schwierig, eine Hauptleistung von der zusätzlichen Leistung zu unterscheiden, besonders dann, wenn das "Produkt" eine Dienstleistung ist. Die Frage, ob diese Zusatzleistungen unentgeltlich erbracht werden oder nicht, soll hier vernachlässigt werden. Wichtig ist, dass das Produkt durch jedwede Zusatzleistung komplettiert wird und sich auf diese Weise von vergleichbaren Produkten unterscheidet.

Garantieleistungen für hochwertige Produkte, die über das gesetzliche Maß hinausgehen, setzen im eigenen Interesse Qualitätsarbeit voraus und werden so ebenfalls zum Verkaufsargument.

Technischer Kundendienst erstreckt sich auf das Produkt selbst und beinhaltet die Leistungen, die landläufig unter Kundendienst verstanden werden. Dazu gehören schneller Reparaturdienst mit entsprechendem Ersatzteilservice, Wartungsdienste, Projektierung, Montage usw.

Unter **kaufmännischem Kundendienst** ist eher ein "Dienst am Kunden" zu verstehen, der von Einkaufserleichterungen in Form von Beratung, Zustellung, Verpackung als Geschenk, Kinderbeaufsichtigung über Angebot von Parkraum, Erstellung von Kostenvoranschlägen sowie Gefälligkeiten und Hilfestellungen unterschiedlichster Art wie Behördengänge (z.B. Eintragungen in den KFZ-Schein bei Bauartänderungen) bis hin zu Serviceleistungen - z.B. in Form von Schulungen - reicht. Die nachstehende Abbildung 61 enthält einige Beispiele.

Art \ Zeitpunkt	vor dem Kauf	nach dem Kauf (Kundendienst i.e.S.)
technisch (Hardware)	- technische Beratung - Projektausarbeitung - Problemlösungsvorschläge - Vorträge - Lieferung zur Probe	- Änderungsdienst - Montage - Ersatzteilversorgung - Wartung - Reparaturdienst
kaufmännisch (Software)	- Kinderhort - Bestelldienst - Parkraum - Beratung und Information - Lieferung zur Probe	- Umtauschrecht - Zustellen - Verpacken - Kundenschulung

Abb. 61: Formen der Kundendienstleistung[121]

Marktorientierte Kundendienstleistungen haben in den letzten Jahren an Bedeutung gewonnen und sind zu einem Kaufentscheidungskriterium mit hohem Stellenwert geworden.[122]

---

[121] Vgl. Meffert, H.: Marketing., a.a.O., S. 944.
[122] Vgl. Bruhn, M.: Marketing, 3. Auflage, Wiesbaden 1997, S. 153.

3.2 Kontrahierungspolitik

Die **Preispolitik** im weiteren Sinne oder besser die **Konditionenpolitik** setzt sich neben der **Preisgestaltung** und **Preisbildung** (Preispolitik im engeren Sinn) auch mit anderen konditionenpolitischen Entscheidungen wie die Gewährung von Rabatten, dem Einräumen von Zahlungszielen und allgemeinen Liefer- und Zahlungsbedingungen auseinander.

Die Kontrahierungspolitik ist von allen marketingpolitischen Instrumenten am engsten mit den finanziellen Unternehmens- und Marketingzielen verbunden. Entscheidungen im Rahmen der Preis- und Konditionenpolitik wirken sich direkt auf die **Liquiditätslage** der Unternehmung aus. Der Preis ist das einzige Element im Marketing-Mix, das Umsatzeinnahmen kreiert und keine Ausgaben mit sich bringt.[123]

3.2.1 Preispolitik

Die Preispolitik im engeren Sinn bestimmt, welcher Preis für ein Produkt festgesetzt wird. Sie ist zentraler Bestandteil des Marketing-Mix. Für alle Marktstrukturen gilt, dass der Preis ein äußerst kritisches Element in der Marketing-Politik darstellt, obwohl außerpreisliche Faktoren mittlerweile sehr an Bedeutung gewonnen haben. Die Rolle des Preises hat sich jedoch durch den Wandel vom Verkäufer- zum Käufermarkt und durch die Erhöhung des Lebensstandards stark verändert. Heute lässt sich der Absatz nicht mehr allein durch den Preis steuern. Dennoch wird der Preis als wichtigste Komponente des Marketing-Mix nach dem Produkt angesehen.[124]

Preispolitische Entscheidungen sind insofern **problematisch**, weil mit Preissenkungen nicht unbedingt eine Absatzsteigerung erreicht wird, der Preis auch als **Qualitätsmaßstab** dient und Preissenkungen relativ schwer rückgängig zu machen sind. Zudem kann durch eine aggressive Preispolitik ein scharfer Wettbewerb entstehen, der das Unternehmen in den Ruin treiben kann.

Aufgrund dieser Tatsachen wird zunehmend versucht, den **Preiswettbewerb** durch Anwendung anderer absatzpolitischer Mittel im Wettbewerb wie Gestaltung der programmpolitischen Nebenleistungen einzuschränken. Eine so durch Differenzierung von anderen Anbietern geschaffene monopolartige Stellung lässt entsprechend mehr Spielraum für die Preisgestaltung.

Nach Meffert beinhaltet "die **Preispolitik** die Definition und den Vergleich von alternativen Preisforderungen gegenüber potentiellen Abnehmern sowie die Entscheidung für eine Alternative und deren Durchsetzung unter Ausschöpfung des durch unternehmensinterne und -externe Faktoren beschränkten Entscheidungsspielraums".[125]

Die Preispolitik ist somit die Gesamtheit aller unternehmerischen Überlegungen, Aktivitäten und dispositiven Maßnahmen, die die **Festlegung und Durchsetzung** des Leistungsentgelts gemäß den betrieblichen Zielen regeln. Monetäres Äquivalent der Produkt- oder Dienstleistung ist der Preis, dessen Höhe durch die Marktverhältnisse bestimmt wird.

---

[123] Vgl. Kotler, P./ Bliemel, F.: Marketing-Management, a.a.O., S. 758.
[124] Vgl. ebd., S. 513 ff.
[125] Vgl. Meffert, H.: Marketing., a.a.O., S. 484.

Preisentscheidungen sind nach Kotler immer dann zu fällen, wenn

> - es sich um eine erstmalige Preisbildung handelt, z.B. bei Produktinnovationen, dem Eintritt in neue Absatzmärkte oder bei Ausschreibungen,
> - Preisänderungen durch Nachfrageänderungen etc. auftreten,
> - Reaktionen auf Konkurrenzpreisveränderungen notwendig werden oder
> - Verbundwirkungen Preisänderungen verursachen (Preisrelation innerhalb einer Produktlinie).[126]

Preispolitische Reaktionen können auch dann notwendig werden, wenn die Mitwettbewerber andere absatzpolitische Instrumente anstelle des Preises variieren.

Im Vergleich zu den anderen Instrumenten des Marketing ist die Preispolitik in ihrer Entscheidungsfreiheit durch relativ viele Aspekte eingeschränkt. Die Höhe des Preises ist ganz entscheidend davon abhängig, was der Abnehmer bereit ist zu zahlen. Zwar lässt sich diese Grenze durch geeignete Maßnahmen erhöhen, aber das Überschreiten einer bestimmten "Schmerzgrenze" ist ökonomisch nicht sinnvoll. Des weiteren schränken gesetzliche Bestimmungen wie Kartellgesetzgebung, Preisrecht, Wettbewerbsgesetz, Wirtschaftsstrafgesetz usw. und Höchst- bzw. Mindestpreise, festgelegt durch den Staat, um Wucher und Preisschleuderei zu verhindern, die freie Preisfindung ein. Einen Sonderfall stellen hierbei öffentliche Aufträge dar, deren Preis immer nach Kosten und nicht nach Durchsetzbarkeit ermittelt wird.

Häufig wird von Unternehmen auch traditionelles Verhalten und Würdigung der kaufmännischen Sitten und Gebräuche erwartet, deren Missachtung von der Umwelt sanktioniert wird. Weit wichtiger sind jedoch ökonomische Aspekte. Es müssen z.B. ausreichend Kapazitäten vorhanden sein, um bei einer Preissenkung der beabsichtigten Nachfragesteigerung gerecht werden zu können. Die **Liquidität** des Unternehmens darf nicht angegriffen werden, d.h. die finanzwirtschaftliche Preisuntergrenze darf nicht unterschritten werden. Schließlich müssen noch die zu erwartenden Kosten und die erwartete Absatzmenge einer Preisänderung berücksichtigt werden.

Zur Prognose der erwarteten Absatzmenge bedient man sich der **Preis-Absatz-Funktion**. Sie gibt Auskunft darüber, welche Produktmengen bei variierten Preisen periodenbezogen absetzbar sind. Konkurrenz- und Nachfrageverhältnisse sowie der Einsatz der anderen Marketing-Instrumente werden dabei als Fixum betrachtet; ändern sich die Einkommensverhältnisse der Abnehmer oder wird der Werbeeinsatz erhöht, tritt eine entsprechende Verschiebung der Preis-Absatz-Funktion ein.

Eine **aktive Preisgestaltung** kann nur unter Berücksichtigung der eigenen Position im Markt, der Marktstruktur und der Kundenstruktur erfolgen. Märkte werden, wie bereits im ersten Kapitel beschrieben, nach den Kriterien Vollkommenheitsgrad (vollkommener / unvollkommener Markt), Marktzugang (offener / geschlossener Markt) und nach der Anzahl der Marktakteure auf der Angebots- und der Nachfrageseite entsprechend dem Marktformenschema beurteilt. So muss sich ein Angebotspolypolist in einem vollkommenen Markt sehr stark am Branchenpreis orientieren, während ein Anbieter mit monopolartiger Stellung (z.B. aufgrund von Produktdifferenzierung) weitgehend

---
[126] Vgl. Kotler, P./ Bliemel, F.: Marketing-Management, a.a.O., S. 759.

freie Hand bei der Preisfestsetzung hat. Hilfestellung bei der Bestimmung des Preises ist das Messen der Nachfrage und ihrer Abhängigkeiten von anderen Faktoren.

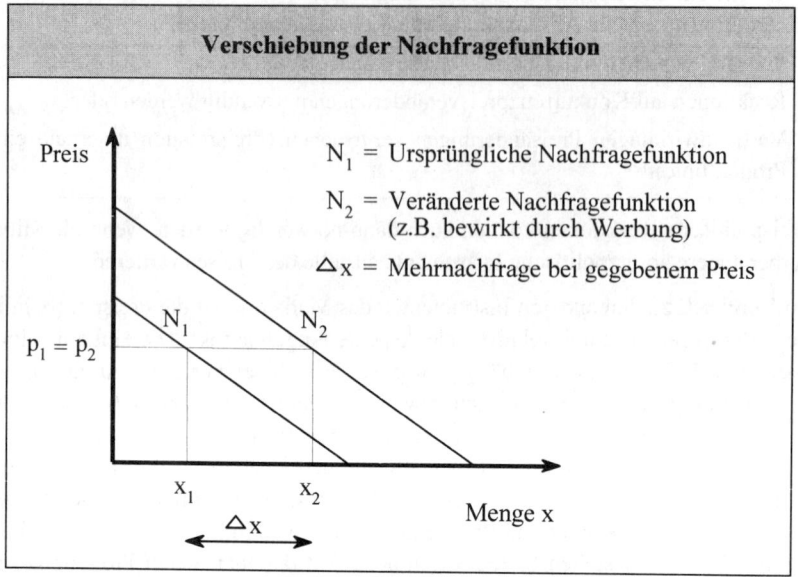

Abb. 62: Verschiebung der Nachfragefunktion[127]

Das Ausmaß einer durch Preissenkung erhöhten Absatzmenge wird mit Hilfe der **Preiselastizität der Nachfrage** (Absatzelastizität) bestimmt. Dieser Koeffizient drückt den Quotienten aus relativer Mengenänderung und der sie auslösenden relativen Preisänderung aus.[128]

$$\eta = -\frac{\frac{\Delta x}{x}}{\frac{\Delta p}{p}} = -\frac{\Delta x \cdot p}{\Delta p \cdot x}$$

p = Ausgangspreis
Δp = Preisänderung
x = Ausgangsmenge
Δx = Mengenänderung

Der Koeffizient der Preiselastizität nimmt gewöhnlich Werte zwischen 0 und ∞ an. Liegt er zwischen 0 und 1, ist die Nachfrage starr oder unelastisch, liegt er zwischen 1 und ∞, ist die Nachfrage elastisch. Für das Unternehmen ergeben sich daraus folgende Effekte für den Umsatz, wobei der Umsatz als Produkt aus Menge und Preis definiert ist.

---

[127] Vgl. Meffert, H.: Marketing, a.a.O., S. 514 ff.
[128] Nicht bei allen Autoren erhält die Preiselastizität ein negatives Vorzeichen; so verwendet z.B. Meffert die eher mathematisch orientierte Schreibweise ohne Vorzeichen.

η > 1

Preissenkung: die relative Absatzsteigerung ist größer als die relative Preissenkung, der Erlös steigt → **positiv**.

Preiserhöhung: der relative Absatzrückgang ist größer als die relative Preiserhöhung, der Erlös sinkt → **negativ**.

η < 1

Preissenkung: die relative Absatzsteigerung ist kleiner als die relative Preissenkung, der Erlös sinkt → **negativ**.

Preiserhöhung: der relative Absatzrückgang ist kleiner als die relative Preiserhöhung, der Erlös steigt → **positiv**.

η = 1

Preisvariationen führen zu umgekehrt proportionalen Mengenänderungen, wodurch der Erlös als das Produkt aus Preis und Menge konstant bleibt.

η = 0 oder η = ∞

Nimmt der Koeffizient den Extremwert 0 an, ist die Nachfrage vollkommen starr, d.h. eine Preisänderung bewirkt keine Änderung der Nachfrage. Der Extremwert ∞ signalisiert vollkommene Elastizität der Nachfrage, d.h. bei einem bestimmten Preis lässt sich jede beliebige Menge absetzen, eine noch so geringfügige Preisänderung führt dann zum totalen Verlust jeglicher Nachfrage.

η < 0

Dieser Fall besagt, dass die Konsumenten auf eine Preiserhöhung mit gesteigerter Nachfrage reagieren. So können sich Käufer eines exklusiven Gutes aufgrund einer Preissenkung von dem Produkt abwenden, da sie eine Verschlechterung der Qualität oder des Images des Produktes vermuten.

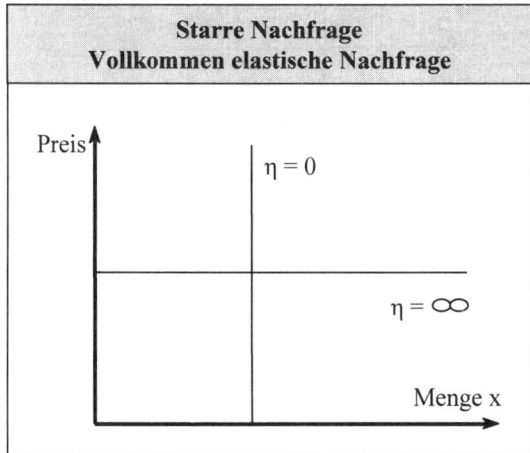

Abb. 63: Starre Nachfrage - Vollkommen elastische Nachfrage

Wird zu einem Produkt A ein substitutives oder komplementäres Produkt B angeboten, so hängt die mögliche Absatzmenge Produkt A vom Preis Produkt B ab. Der Abhängigkeitsgrad wird mittels der **Kreuzpreiselastizität** beziffert:

$$T = \frac{\frac{\Delta x_A}{x_A}}{\frac{\Delta p_B}{p_B}} = \frac{p_B \cdot \Delta x_A}{x_A \cdot \Delta p_B} A$$

x_A = Ausgangsmenge Produkt A
Δx_A = Mengenänderung Produkt A
p_B = Ausgangspreis Produkt B
Δp_B = Preisänderung Produkt B

Je größer der Wert des Koeffizienten T wird, desto stärker ist die Konkurrenzbeziehung bei substitutiven Gütern (T>0), d.h. eine relative Preisänderung des Produktes B ruft eine T-fache relative Mengenänderung des Produktes A hervor. Bei komplementären Produkten wird der Wert negativ (T<0). Bei T=0 besteht kein Zusammenhang.

Ein weiterer Einflussfaktor bezüglich der Absatzmenge ist das Einkommen der Verbraucher. Die **Einkommenselastizität** stellt das Verhältnis zwischen einer relativen Mengenänderung und der ihr zugrundeliegenden relativen Einkommensänderung dar:

x = Ausgangsmenge
Δx = Mengenänderung infolge Einkommensänderung
e = Ausgangseinkommen
Δe = Einkommensänderung

Ist der Elastizitätskoeffizient des Einkommens größer als 1, verhält sich die Nachfrage bezogen auf das Einkommen **elastisch**. Diese Werte findet man bei Nicht-Notwendigkeitsgütern, wie z.B. Luxusartikeln.

Unelastisch ist das Nachfrageverhalten bei Werten, die zwischen 0 und 1 liegen. Hier handelt es sich um Notwendigkeitsgüter, wie z.B. Grundnahrungsmittel. Wird der Wert kleiner als 0, handelt es sich um superiore und inferiore Produkte, wie z.B. Butter und Margarine. Steigt das Einkommen, sinkt die Absatzmenge des inferioren Produktes.

3.2.1.1 Prinzipien der Preisfestlegung

Die Preisfestlegung sollte niemals isoliert betrachtet werden, sondern stets im Zusammenhang mit den sie beeinflussenden Faktoren. Die folgende Übersicht zeigt verschiedene Bestimmungsgrößen für die Preisbildung:

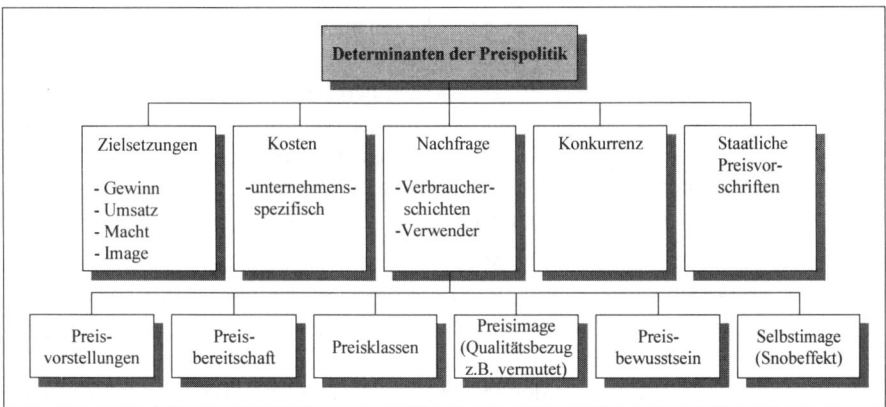

Abb. 64: Determinanten der Preispolitik[129]

Eigentlich sollte den Kriterien Kosten, Nachfrage und Konkurrenz gleiche Beachtung geschenkt werden. In der Praxis übliche Verfahren orientieren sich aber meist übermäßig stark an einem Kriterium[130], weshalb man in kostenorientierte, nachfrageorientierte und konkurrenzorientierte Verfahren unterscheidet.

Die **kostenorientierte Preisbildung** wird entweder auf Vollkosten- oder Teilkostenbasis durchgeführt (vgl. zur Begriffsdefinition auch Kapitel I: Rechnungswesen und Controlling).

Bei der **Vollkostenrechnung** (Kostenpreis-Rechnung) wird der Preis ausgehend von den Selbstkosten **progressiv** ermittelt. Abbildung 65 zeigt die Ermittlung der Selbstkosten und des Preises nach der Zuschlagskalkulation.

Dabei ist die Höhe des Zuschlags u.a. abhängig von der Produktgruppe oder der Marktsituation. Diese Vorgehensweise erweist sich dann als optimal, wenn die Stückkosten unabhängig von der abgesetzten Menge sind und die Preiselastizität entlang der Nachfragefunktion und im Zeitverlauf konstant ist.[131]

	Variable Einzelkosten der Fertigung
+	Zuschlag für Fixkosten und Gemeinkosten der Fertigung
=	Gesamte Fertigungskosten
+	Zuschlag für Verwaltungskosten
=	Herstellungskosten
+	Zuschlag für Vertriebskosten
=	Gesamtkosten
+	Zuschlag für "angemessenen" Gewinn
=	Verkaufspreis
+	Mehrwertsteuer
=	Rechnungspreis

Abb. 65: Grundschema der progressiven Zuschlagskalkulation

---

[129] Vgl. Weis, H.-C.: Marketing, a.a.O., S. 281.
[130] Vgl. Kotler, P.: Marketing-Management. Analyse, Planung und Kontrolle, a.a.O., S. 403.
[131] Vgl. Meffert, H.: Marketing., a.a.O., S. 506 f.

Die **Teilkostenrechnung** (Vorgabepreis-Rechnung) ermittelt den Preis **retrograd**, d.h. ausgehend von einer auf dem relevanten Markt möglichen Absatzmenge und einem bestimmten forderbaren Preis wird zurückkalkuliert. Vom Umsatz als Produkt aus Menge und Preis werden die variablen Kosten abgezogen. Man erhält den **Deckungsbeitrag**, von diesem werden wiederum die fixen Kosten abgezogen. Übrig bleibt der mögliche Gewinn, der ins Verhältnis zum Umsatz gesetzt wird. In der Praxis existieren verschiedene Verfahren der Teilkostenrechnung. Die Teilkostenrechnung eignet sich besonders zur Ermittlung von Preisuntergrenzen.

Bei der **konkurrenzorientierten Preisbildung** wird der Preis unter Vernachlässigung der eigenen Kosten oder der Bedarfssituation nach den Preisen der Konkurrenz ausgerichtet. Entweder orientieren sich die Unternehmen am Branchenpreis oder am **Preisführer**. Ist der Preisführer dominierend, sind die Wettbewerber aufgrund seiner Marktbeherrschung gezwungen, sich anzupassen. Passen sich die Wettbewerber freiwillig an, spricht man von **barometrischer** Preisführerschaft.[132] Dabei besagt Anpassung nicht, dass alle Anbieter den gleichen Preis fordern, sondern weichen vielmehr um einen konstanten Anteil nach oben oder unten vom Leitpreis ab.

Die **nachfrageorientierte Preisbildung** (Wertprinzip) geht davon aus, dass ein Produkt von hohem Stellenwert für den Abnehmer entsprechend stark nachgefragt wird und deswegen ein hoher Preis gefordert werden kann und umgekehrt. Kostenorientierte Aspekte treten bei diesem "Wertprinzip" stark in den Hintergrund. Die Wertstellung der Produkte wird mit Hilfe der Marktforschung ermittelt. Zu den zentralen Fragen zählen:

- Anzahl und Struktur der Abnehmer,
- Einschätzung des Produktes,
- Preisbereitschaft abhängig von Kaufkraft und Notwendigkeit,
- Preisklasse des Produkts,
- Image des Produkts bzw. des Unternehmens,
- objektive und subjektive Qualität des Produkts,
- Möglichkeit, eine neue Preislage zu schaffen,
- wie verhalten sich die verschiedenen Elastizitäten.

Der schwedische Nationalökonom Cassel hat diesen Sachverhalt in einem praktischen Beispiel veranschaulicht:[133]

"Ein Reisebüro bestellte für mehrere aufeinanderfolgende Wochenenden Sonderzüge mit jeweils 400 Plätzen - alle 2. Klasse - bei der Bahn und verpflichtete sich, für jeden Zug 1250,- EUR zu zahlen. Für den ersten Sonntag setzte das Unternehmen den Fahrpreis auf 10,- EUR fest. Es kamen 125 Teilnehmer. Die Erlöse betrugen mit 1250,- EUR ebensoviel wie die Kosten (Verwaltungsgemeinkosten für entsprechende Büroarbeiten sollen vernachlässigt werden).

Da das Reisebüro an diesem Projekt etwas verdienen wollte, erhöhten seine Disponenten den Preis auf 15,- EUR. Am nächsten Sonntag nahmen 50 Personen an der Sonderfahrt teil. Das Ergebnis war also eine Einnahme von 750,- EUR und damit ein Verlust von 500,- EUR. Daraufhin stellten die Disponenten des Unternehmens

---

[132] Vgl. Weis, H.-C.: Marketing, a.a.O., S. 287.
[133] Meffert, H.: Marketing., a.a.O., S. 509 f.

fest, dass die Durchschnittskosten 25,- DM pro Person (1250,- : 50) betragen würden, ihr Unternehmen die Reisenden jedoch für nur 15,- EUR beförderte. Um endlich einen Gewinn zu erzielen, erhöhten sie den Preis abermals auf 30,- EUR mit dem Ergebnis, dass der Zug am folgenden Sonntag nur 6 Reisende beförderte. Der Verlust steigerte sich jetzt auf 1070,- EUR (1250,- - 6 · 30,-).

Nach diesem Debakel traten die Disponenten erneut zusammen und verwarfen ihr Selbstkostenkonzept als unsinnig mit dem Argument, dass ihre Preisentscheidungen auf der Grundlage von Selbstkosten nur Verluste mit sich gebracht hätten. Sodann setzten sie den Preis auf 5,- EUR herab. Der Erfolg war überraschend. Die Zahl der Reisenden betrug bei der nächsten Sonderfahrt 400. Es entstand also ein Überschuss von genau 750,- EUR. Das erstaunlichste dieser Preisentscheidung waren aber die auf 3,13 pro Person (1250,- : 400) gesunkenen Selbstkosten."

An diesem Beispiel wird deutlich, dass die Kosten allein nicht die Grundlage der Preisbildung sein dürfen. Auch wird der Zusammenhang zwischen Kosten und der abgesetzten Menge aufgezeigt. Folglich sollten bei der Preisentscheidung sowohl das Kosten- als auch das Wertprinzip zum tragen kommen.

3.2.1.2 Preisstrategie

Der Preisstrategie, die das Unternehmen am Markt verfolgt, kommt eine entscheidende Bedeutung zu. Grundsätzlich kann ein relativ hoher, ein relativ niedriger oder ein sich an der Konkurrenz orientierender Preis verlangt werden:

- **Prämienpreisstrategie**: Ein qualitativ hochwertiges Produkt wird auf Dauer zu relativ hohen Preisen verkauft, unterstützt durch entsprechende distributions- und kommunikationspolitische Maßnahmen. Das Produkt muss allerdings dieser exponierten Stellung gerecht werden und die Preiselastizität der Nachfrage muss gering sein. Beispielhaft sind Luxusautomobile, Parfums und Luxusuhren zu nennen.
- **Skimmingpreisstrategie**: (Abschöpfungsstrategie) Für eine Produktneuheit wird bei Markteinführung ein relativ hoher Preis gefordert, der mit zunehmender Marktschließung gesenkt wird. Diese Strategie empfiehlt sich, wenn der Abnehmer preisunempfindlich ist, das Produkt schnell veraltet, das Produkt nicht vergleichbar ist, der Ausbau der Produktionskapazitäten nur langsam vorgenommen werden kann oder durch dieses Produkt hohe Deckungsbeiträge erwirtschaftet werden können. Die größte Gefahr besteht darin, dass der überhöhte Preis Konkurrenten anlockt.[134] Es ist daher sinnvoll, solch einen extrem expansionsfähigen Markt durch Patente, Kontrolle der Rohstoffquellen, Know-How oder hohen Kapitalbedarf künstlich abzuschotten, um die Hochpreisphase zu verlängern. Erfolgreiche Produkte, die nach der Skimmingpreisstrategie verkauft wurden, waren Fernseher, Kugelschreiber und Nylonstrümpfe.
- **Promotionspreisstrategie**: Im Gegensatz zur Prämienpreisstrategie setzt die Promotionspreisstrategie auf dauerhaft niedrige Preise, die der Preisempfindlichkeit der Abnehmer Rechnung tragen. Erfolgreichstes Beispiel dieser Strategie ist "Aldi".
- **Penetrationspreisstrategie**: (Markterschließungsstrategie) Zur schnellen Marktschließung werden für Neuprodukte kurzfristig relativ niedrige Preise gefordert, die

---

[134] Nieschlag, R./ Dichtl, E./ Hörschgen, H.: Marketing, a.a.O., S. 364.

bei zunehmender Markterschließung erhöht werden. Darüberhinaus werden potentielle Konkurrenten durch die niedrigen Preise abgeschreckt[135]. Problematisch können sich hierbei die Assoziation des niedrigen Preises mit schlechter Qualität oder schlechtem Image sowie Schwierigkeiten bei der Anhebung der Preise erweisen.

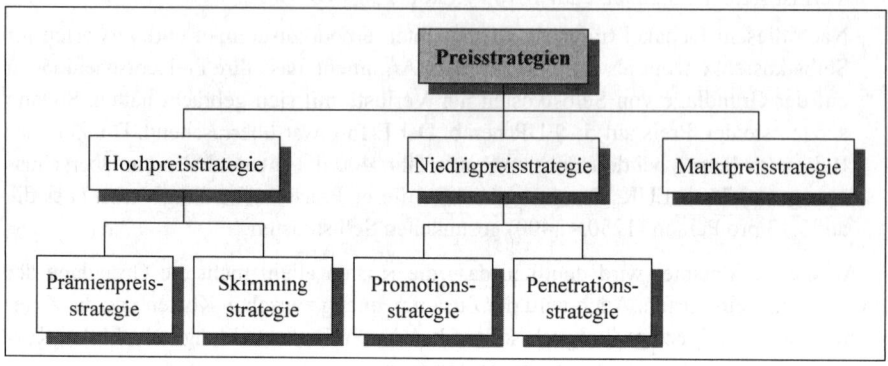

Abb. 66: Preisstrategien

Grundsätzlich können die Unternehmer über die Höhe ihrer Preisforderung frei entscheiden. Dennoch sind sie gewissen Einschränkungen durch das Gesetz gegen Wettbewerbsbeschränkungen (GWB) und das Gesetz gegen unlauteren Wettbewerb (UWG) unterworfen. So verbietet §22 GWB "zu hohe" Preise bei marktbeherrschender Stellung.

Nach §1 UWG ist die Preisstellung unlauter, die zum Zwecke der Konkurrenzbehinderung oder -vernichtung gegen elementare betriebswirtschaftliche Kalkulationsregeln verstößt.

3.2.1.3 Preisdifferenzierung

Bei der **Preisdifferenzierung** gibt es eine größere Anzahl von Variationen. Preisdifferenzierung bedeutet, dass das gleiche Produkt verschiedenen Abnehmergruppen zu unterschiedlichen Preisen angeboten wird. Differenziert wird hierbei nach den folgenden Kriterien:

- **Räumliche** Preisdifferenzierung: Je nach Ort des Angebots, Stadt, Land, Inland, Ausland, werden unterschiedliche Preise gefordert, die oft allein durch die Transportkostendifferenz zu erklären sind.
- **Zeitliche** Preisdifferenzierung: Diese bezieht sich auf verschiedene Zeiträume. Vor- und Nachsaison, Saisonverkauf je nach Jahreszeit, Tag- und Nachttarife, Feiertage usw.
- **Personelle** Preisdifferenzierung: Hier wird eine Orientierung an sozialen, altersbezogenen und berufsbezogenen Gruppen vorgenommen. Ermäßigte Preise für Schüler und Studenten, Seniorenfahrausweise, günstigere Buchausgaben für Studenten etc.
- **Verwendungsbezogene** Preisdifferenzierung: Abhängig von der z.B. privaten oder gewerblichen Nutzung eines Produkts werden unterschiedliche Preise angesetzt. Salz als Viehsalz oder als Speisesalz.

---

[135] Vgl. Meffert, H.: Marketing. Grundlagen der Absatzpolitik, a.a.O., S. 565 f.

- **Mengenbezogene** Preisdifferenzierung: Die unterschiedliche Preisforderung ergibt sich hier aus dem Umfang der bezogenen Menge und wird durch Mengenrabatte oder Mindermengenzuschläge gesteuert. Dabei liegt der Mengenrabatt schon an der Grenze zur Konditionenpolitik.
- **Gestaltungsbezogene** Preisdifferenzierung: Kleine Veränderungen am Produkt sollen verschieden kaufkräftige Abnehmergruppen erreichen. Taschenbuch und Buch mit Ledereinband, Serienmodell und Sondermodell bei Autos sind Beispiele dafür. Allerdings liegt diese Art der Differenzierung nahe an der Produktdifferenzierung.[136]

Voraussetzung für jede Art von Preisdifferenzierung ist ein unvollkommener Markt mit möglichst geringer Markttransparenz, auf dem eine Marktsegmentierung möglich ist. Diese Marktsegmente müssen gegeneinander abzuschotten sein, um die unterschiedlichen Preiselastizitäten der Abnehmergruppen nutzen zu können.

3.2.1.4 Psychologische Aspekte bei der Preisgestaltung

Neben den wirtschaftlichen Auswirkungen des Preises spielen psychologische Aspekte bei der Preisgestaltung eine wesentliche Rolle. So wirkt sich zum Beispiel eine Preiserhöhung immer dann absatzfördernd aus, wenn es sich um Produkte handelt, die auf das Ego des Käufers einwirken. **Imagebildende Preise** werden u.a. für Parfum oder Luxus-Autos bereitwillig gezahlt, da mit ihnen eine hohe Produktqualität assoziiert wird, und sie das Erzeugnis zu etwas Besonderem hochstilisieren.

Weiterhin wurde festgestellt, dass "unrunde" Preise (599 EUR) im Gegensatz zu "runden" Preisen (600 EUR) eher als preiswert eingestuft werden. Die Kunden ordnen den Preis dem 500-EUR-Bereich statt dem 600-EUR-Bereich zu. Gebrochene Preise scheinen den Eindruck zu vermitteln, dass es sich dabei um einen Preisnachlass oder ein günstiges Angebot handelt.

Auch steht der Konsument Preisen, deren Ziffern eine absteigende Reihe bilden wie z.B. 9875,-EUR, positiver gegenüber. Ebenso sollte die Zahl 13 vermieden werden.

Die vermeintliche Gewährung von Mengenrabatten bei Mehrfachpackungen dient ebenfalls der psychologischen Preisgestaltung. In Experimenten wurde ermittelt, dass Multipacks eher gekauft werden in der Annahme, preiswerter zu sein (3 Stück zu 1,79 EUR im Gegensatz zu einem Stückpreis von 0,59 EUR)[137].

Unter **Preisangaben** versteht man die vom Hersteller unverbindlich empfohlenen Preise, die die seit 1973 verbotene vertikale Preisbindung (ausgenommen bei Druckerzeugnissen) ersetzen. Sonderpreisaktionen wirken auch in der Weise psychologisch, dass sie den Eindruck vermitteln, ein qualitativ hochwertiges und teures Produkt kann besonders günstig erworben werden. Allerdings muss diese Methode besonders umsichtig gehandhabt werden, da bei zu häufigem Einsatz der Sonderpreis als normaler Preis betrachtet wird.

3.2.1.5 Konsequenzen der Preispolitik im Zusammenhang mit E-Commerce

Als Möglichkeit der individuellen Kundenansprache zur Preisabstimmung kann E-Commerce genutzt werden.

---

[136] Vgl. Böcker, F.: Marketing, a.a.O., S. 269 f.
[137] Vgl. Weis, H.-C.: Marketing, a.a.O., S. 302.

Die bisherige z.T. einheitliche und einheitlich hohe Preisfestsetzung von Produkten ist oft durch die Charakteristika bisheriger Vertriebsstrukturen geprägt. Dieses wird einerseits von hohen Logistikkosten etc., andererseits von Ausnutzen fehlenden bzw. schwierigen Preis-Leistungsmöglichkeiten von Produkten auf Seiten Verbraucher/ Käufer verursacht. Dadurch ergibt sich durch E-Commerce für das Unternehmen wie für die Verbraucher ganz neue Möglichkeiten auch in der Preisgestaltung.

Im Hinblick auf den Verbraucher sind ausgeklügelte Treue-Rabattsysteme und kurzfristig durchführbare Verkaufsförderungsaktionen oder Strategien wie „follow the free", um eine hohe Marktpenetration zu erreichen, denkbar.

Ein Beispiel für E-Commerce sind Online-Auktionen. Durch das Internet ist eine virtuell-individuelle Preisfindung zwischen Anbieter und Nachfrager bezüglich eines Produktes möglich. Z.B. benutzt die Lufthansa mit großen Erfolg Online-Auktionen, um überzählige nicht belegte Plätze meistbietend zu versteigern.

3.2.2 Konditionenpolitik

Außer dem Preis können noch andere kontrahierungspolitische Instrumente Gegenstand von Verträgen sein, die das Leistungsentgelt betreffen. Darunter fallen die Rabattpolitik, die Absatzkreditpolitik und die Lieferungs- und Zahlungsbedingungen.

3.2.2.1 Rabattpolitik

Unter dem Begriff **Rabattpolitik** werden alle Maßnahmen zusammengefasst, die im Zusammenhang mit produktbezogenen Preisnachlässen für bestimmte Leistungen des Abnehmers ergriffen werden. Die Rabattpolitik stellt ein Instrument der Preisvariation dar, da durch die Gewährung von Rabatten der Preis verändert wird.

Ziel dieser Art der Konditionenpolitik ist es, den Umsatz bzw. den Absatz zu steigern, die Kundentreue zu erhalten und das Image zu sichern.

Rabattart, Rabatthöhe und Rabattstaffelung sind Hilfsmittel der betrieblichen Preispolitik. Rabatte kommen als waren-, kunden-, umsatz- und aktionsbezogene Preisnachlässe zum Einsatz. Weis bezeichnet Rabatte als "**Mittel der preispolitischen Feinsteuerung**" zwischen Hersteller und Handel.[138]

Sie sind nur dann sinnvoll, wenn für das Produkt ein eingeführter Listenpreis vorhanden ist, von dem sich der Anbieter differenzieren möchte. Bei Gütern, die nach individuellen Anforderungen erstellt werden (Investitions- und Luxusgüter) und für die wegen ihrer Besonderheit kein Listenpreis existiert, erübrigt sich die Gewährung von Rabatten.[139]

Rabatte haben unterschiedliche Zielsetzungen und treten in verschiedenen Formen auf. An dieser Stelle sollen die Funktions-, die Mengen- und die Zeitrabatte kurz näher erläutert werden.

Die **Funktionsrabatte** werden im allgemeinen Handelsunternehmen für die Übernahme bestimmter Aufgaben gewährt. Dazu gehören z.B. die Abholung der Produkte, die Übernahme der Lagerhaltung und die Durchführung des Kundendienstes.

---

[138] Vgl. Weis, H.-C.: Marketing, a.a.O., S. 304.
[139] Vgl. Nieschlag, R./ Dichtl, E./ Hörschgen, H.: Marketing, a.a.O., S. 312 f.

Zu dieser Rabattart zählt u.a. auch der **Barzahlungsrabatt** oder **Skonto**, die bei den Abnehmern eine sofortige oder schnellere Zahlung bewirken sollen. Die Risiken durch eine Kreditgewährung an die Abnehmer werden eingeschränkt, und der Zinsaufwand für die Finanzierung der Debitoren kann verringert werden.

Mengenrabatte orientieren sich an der Abnahmemenge und können in Form eines Preisnachlasses (Bar-Rabatt) oder durch unentgeltliche Warenabgaben (**Natural-Rabatt**) erfolgen. Nach Meffert wirkt sich in dieser Rabattgruppe besonders der progressiv strukturierte Staffelrabatt verkaufsfördernd aus. Die Kunden ordern per Zusatzauftrag größere Mengen, um in den Genuss des höheren Rabattes zu kommen.[140]

Der **Zeitrabatt** bezieht sich auf den Zeitpunkt der Bestellung oder den Abnahmetermin. Zu dieser Gruppe zählen der Einführungsrabatt, der Vordispositions- und der Saisonrabatt. Durch die Gewährung von Einführungsrabatten wird versucht, den Handel zu Vorratskäufen zu veranlassen. Vorausbestellungs- und Saisonrabatte gelten in nachfrageschwachen Zeiten und ermöglichen dem Anbieter eine bessere Disposition. Ein Beispiel dafür ist ein Saisonrabatt für Urlaubsreisen außerhalb der eigentlichen Reisezeit.

3.2.2.2 Absatzkreditpolitik

Dreh- und Angelpunkt des modernen Marketing-Konzeptes sind die Wünsche und Bedürfnisse der Abnehmer. Mit Hilfe der Absatzkreditpolitik soll die zur Nachfrage notwendige Kaufkraft geschaffen werden. Als absatzpolitisches Instrument leistet die Absatzfinanzierung einen Beitrag zur Sicherung und Erweiterung des Kundenkreises sowie zur Erhöhung der Kaufintensität bisheriger Abnehmer. Der den Konsumenten gewährte Kredit führt, wie jede andere Kreditart auch, den Anbietern zur Finanzierung des Güterumlaufs und zur Ausdehnung der Produktion kurzfristig Kapital zu.

Während früher der Weg der Kreditfinanzierung fast ausschließlich Konsumenten mit gehobenerem Einkommen offen stand, bieten neuere Kreditarten auch Abnehmern mit kleineren und mittleren Einkommen diese Möglichkeit. Man unterscheidet in der Kreditpolitik die folgenden wesentlichen Kreditformen:

- Lieferantenkredit,
- Factoring,
- Leasing.

Die Basis eines **Lieferantenkredits** ist ein Kaufvertrag zwischen einem Lieferanten (Kreditgeber) und einem Kunden (Kreditnehmer). Man versteht unter dieser Kreditart die Stundung für Warenverkäufe oder Dienstleistungsverkäufe, deren Nutzung sehr kostenintensiv ist. Dieses "Kaufen auf Ziel" ist zwischen zwei Unternehmen schon lange üblich, im Verkehr mit privaten Abnehmern gewinnt der Absatzkredit in letzter Zeit an Bedeutung. Lieferantenkredite gelten als die teuerste Form der Finanzierung. Die vertraglich vereinbarte Frist beträgt meist 10-30 Tage. In der Praxis beglichen jedoch nur 57% der Abnehmer ihre Rechnung innerhalb der ersten 30 Tage, so dass die durchschnittliche Dauer bis zur Zahlung 51 Tage beträgt.[141]

---

[140] Vgl. Meffert, H.: Marketing., a.a.O., S. 588.
[141] Absatzwirtschaft, Ausgabe 6/93, S. 24.

Wenn ein Unternehmen seinen Kunden Zahlungsziele einräumt, entstehen ihm dadurch zusätzliche Zinsaufwendungen, da bis zum Eingang der Forderungen unternehmenseigene Mittel gebunden sind. Dadurch kann es zu kritischen Liquiditätsengpässen kommen. Auch Forderungsausfälle sind nie ganz auszuschließen und so trägt das Unternehmen zusätzlich noch das Ausfallrisiko. Abhilfe dagegen verspricht das **Factoring**. Im Rahmen des Factoring werden Forderungen durch ein Finanzierungsinstitut angekauft, bis zur Fälligkeit bevorschußt und zudem noch das Risiko des Forderungsausfalls durch das Institut übernommen.

Die Höhe des Vorschusses liegt zwischen 80 und 95% des Rechnungsbetrags. Darüberhinaus bieten Factoring-Gesellschaften meist eine Reihe weiterer Dienstleistungen wie die Debitorenbuchhaltung und Prüfung auf Kreditwürdigkeit. Vor allem mittelständische Unternehmen des Investitionsgüter- und des Verbrauchsgütersektors nutzen das Factoring. Im Jahr 1995 betrug der Factoring-Umsatz 24 Mrd. EUR und verteilte sich auf 16 Factoring-Gesellschaften (zum Vergleich: der weltweite Umsatz betrug 490 Mrd. EUR).

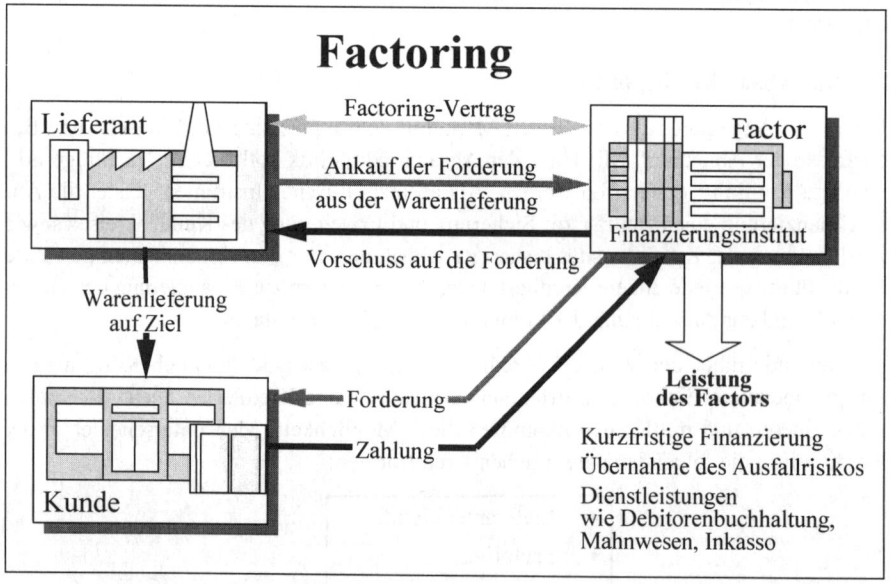

Abb. 67: Factoring[142]

Absatzfinanzierung in Form von **Leasing** bedeutet die mittel- oder langfristige Vermietung von Wirtschaftsgütern durch den Produzenten (Hersteller-Leasing) oder durch zwischengeschaltete Leasing-Gesellschaften (Finanzierungs-Leasing). Dabei bringt Leasing sowohl dem Anbieter als auch dem Nachfrager Vorteile. Der Anbieter kann seinen Absatz steigern und so seine Produktionskapazitäten besser auslasten, ohne das Kreditrisiko zu tragen. Der Leasingnehmer wird sofort in die Lage versetzt, technisch veraltete Anlagen gegen neue auszutauschen, wobei seine Liquidität erhalten bleibt. Außerdem lassen sich Leasingzahlungen steuerlich voll als Betriebsausgaben verbuchen.

---

[142] Zahlenbildersammlung des Erich Schmidt Verlags Nr. 464 030, 9/96.

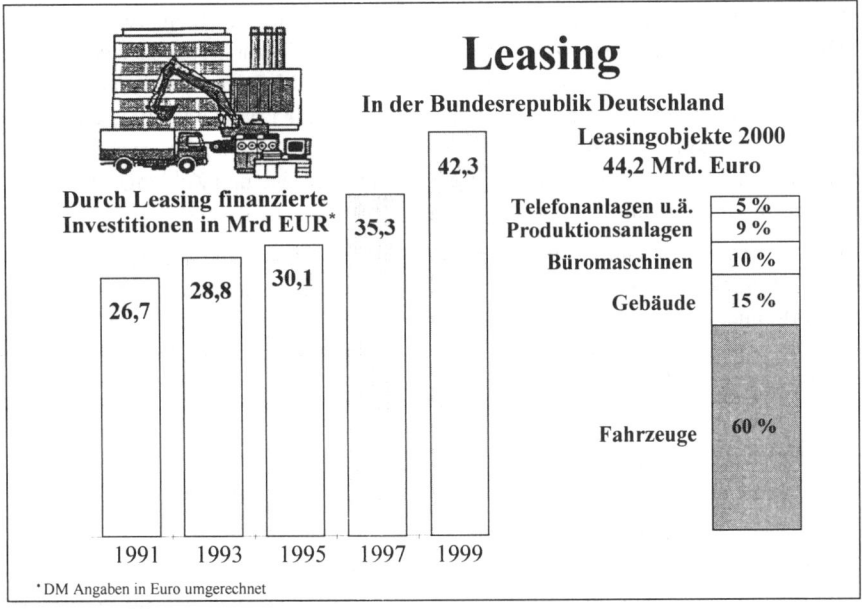

Abb. 68: Leasing in Deutschland 2000[143]

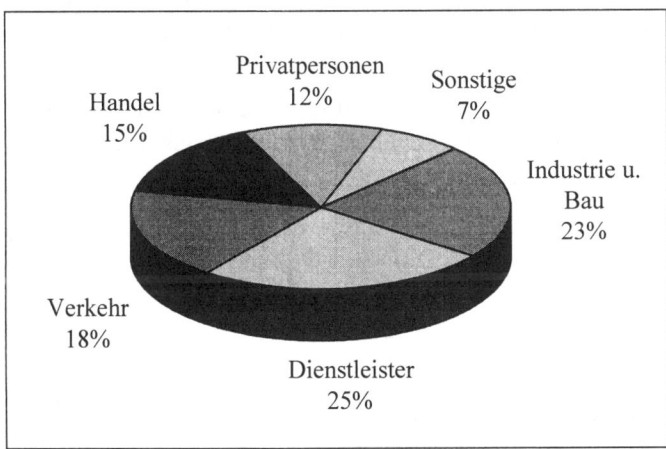

Abb. 69: Leasingnehmer in Deutschland 2000[144]

3.2.2.3 Liefer- und Zahlungsbedingungen

Bei Liefer- und Zahlungsbedingungen, kurz Geschäftsbedingungen, handelt es sich um die Modalitäten eines Kaufvertrages. Sie regeln den Inhalt und die Bezahlung der angebotenen bzw. erbrachten Leistung im Rahmen eines Kaufvertrages. Durch die Gestaltung und die Handhabung dieser Konditionen lassen sich ähnliche Ziele erreichen wie durch den Einsatz der Preis-, Rabatt- und Kreditpolitik.

---

[143] Statistische Angaben: ifo Institut
[144] Vgl. ebd.

Lieferbedingungen regeln im wesentlichen den Umfang der Lieferverpflichtungen durch den Lieferanten, z.B. Warenübergabe, Frachten, Versicherungskosten etc. Der Lieferant hat u.a. die Möglichkeit, die Lieferzeit, die Lieferart, die Umtausch- und Rücktrittsbedingungen und die Berechnung der Kosten für Fracht oder Versicherung zu gestalten. Die **Zahlungsbedingungen** beinhalten die Bestimmungen, nach denen der Käufer seinen Verpflichtungen bezüglich der Zahlungsweise und Zahlungsabwicklung, z.B. in Form von Barzahlung oder Ratenzahlung, nachkommen muss.

Von besonderer Bedeutung im internationalen Handel sind die sogenannten INCO-Terms (International Commercial Terms). Sie regeln hauptsächlich die Übernahme der Transport- und Zollkosten, sowie Zahlungstermine, Gerichtsstand und Gefahrenübergang. Die bekanntesten lauten **FOB** (Free on Board = Frei an Bord) und **CIF** (Cost, Insurance, Freight = Kosten, Versicherung, Fracht).

3.3 Distributionspolitik

Die Distributionspolitik umfasst alle Entscheidungen, die den Weg des Produktes vom Hersteller zum Verwender betreffen. Die Aufgabe der Distribution ist es, die jeweiligen Absatzleistungen zur richtigen Zeit am gewünschten Ort in der erforderlichen Menge zur Verfügung zu stellen. In hochtechnisierten Volkswirtschaften hat die Problematik der Güterdistribution heute eine so große Bedeutung erlangt wie die Produktion der Waren selbst. Diese Entwicklung lässt sich auch anhand der Gesamtkosten eines Produkts verfolgen, bei denen der Anteil der **Distributionskosten** zum Teil erheblich über den Produktionskosten liegt.

In der Regel werden innerhalb der Distributionspolitik zwei Teilfragen behandelt, nämlich die Absatzwege- und die Vertriebsdurchführungsentscheidung:

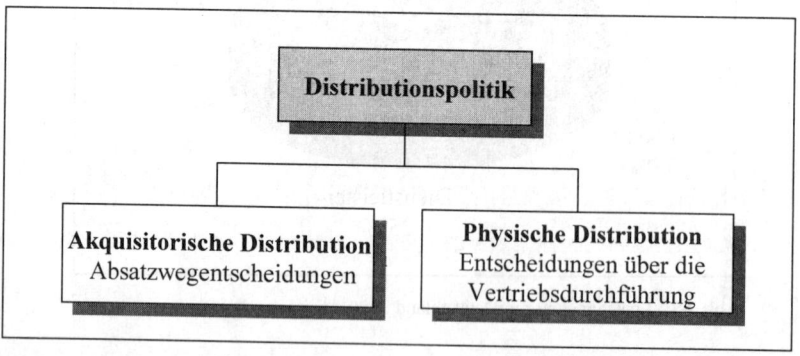

Abb. 70: Distributionspolitik

Die **akquisitorische Distribution** oder Absatzwegeentscheidungen, im angelsächsischen Sprachraum auch "channel decision" (Absatzkanalentscheidung) genannt, hat die Fragen zum Inhalt, welche Institutionen die Vertriebstätigkeit zwischen Hersteller und Verwender übernehmen und wie die Gesamtleistung auf die Beteiligten aufgeteilt wird.

Demgegenüber befasst sich die Vertriebsdurchführung mit den Gestaltungs- und Durchführungsaufgaben, die im Rahmen der Vertriebstätigkeit anfallen, vor allem mit der **physischen Distribution** der Güter (Transport, Lagerung, Auslieferung), aber auch mit der Auftragseinholung und -bearbeitung sowie dem Einsatz der Verkaufspersonen.

Unter den Marketing-Instrumenten nimmt die Distributionspolitik eine Sonderstellung ein, was im folgenden kurz begründet wird.

Entscheidungen über den Absatzkanal und die dazugehörigen Organe werden auf lange Sicht getroffen und sind nicht kurzfristig revidierbar. Der Aufbau oder die Umstellung eines Absatzsystems ist darüberhinaus sehr kostspielig. Daher werden die Distributionsentscheidungen auch als "Grundsatzbeschlüsse" bezeichnet, die das Unternehmen in leistungs-, kosten- und kapitalmäßiger sowie in organisatorischer Hinsicht binden.

Als wettbewerbspolitisches Instrument beeinflußt die Distributionspolitik auch das Image des Produktes und des Unternehmens selbst.

3.3.1 Absatzkanäle

Die Absatzkanäle teilen sich in zwei Gruppen auf, und zwar in direkte und indirekte Absatzwege. Beim **direkten** Absatz wird der Verwender durch den Hersteller selbst und ohne Einschaltung des Handels beliefert, während beim **indirekten** Absatzweg mindestens eine Handelsstufe zwischengeschaltet ist. Die Entscheidung für den einen oder den anderen Absatzweg hängt von produktbezogenen, marktbezogenen und unternehmensbezogenen Kriterien ab:

1. **Produktbezogene Faktoren**

   - Individualisierungsgrad
   - Erklärungsbedürftigkeit eines Produktes
   - Produktempfindlichkeit
   - Produktgefährlichkeit
   - Lagerfähigkeit / Verderblichkeit

2. **Marktbezogene Faktoren**

   - Konkurrenzsituation und -intensität
   - Anzahl der Abnehmer je Gebiet
   - Größe des Absatzgebietes
   - Bedarfsmenge
   - Einkaufsrhythmus

3. **Unternehmensbezogene Faktoren**

   - Größe und Finanzkraft des Unternehmens
   - Erfahrung und Know-how
   - Art und Umfang des Verkaufsprogramms
   - Kosten des Absatzweges

Nach Meffert "ist ein Absatzweg um so kostspieliger, je direktere Verbindungen zwischen dem Produzenten und dem Endkäufer bestehen. Mit dem Übergang von einem indirekten zu einem direkten Vertriebssystem ist meist eine überproportionale Zunahme der Vertriebskosten verbunden."[145]

Die nachstehende Grafik liefert einen Überblick über die verschiedenen Absatzwege:

---

[145] Meffert, H.: Marketing., a.a.O., S. 621.

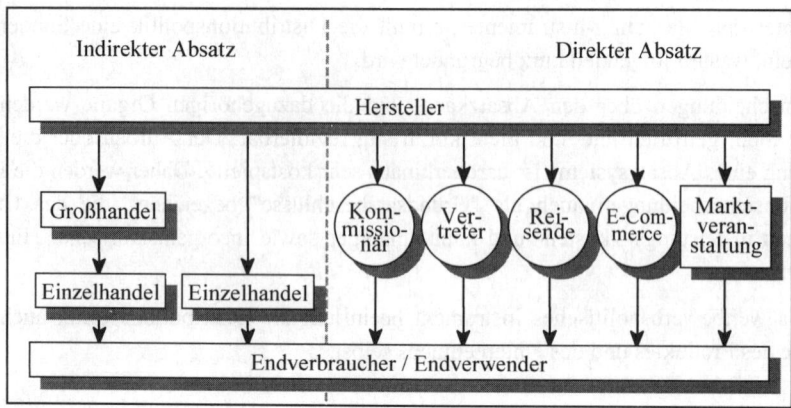

Abb. 71: Das System der Absatzwege[146]

3.3.1.1 Direkter Absatz

Beim **direkten** Absatz tritt der Hersteller direkt, durch eigene Distributionsorgane oder durch unternehmensexterne Absatzmittler mit den Abnehmern in Verbindung. Zu den eigenen Distributionsorganen zählen Reisende, Mitglieder der Geschäftsleitung, Filialen, Vertragshändler sowie auch der Postversand und Automaten. Bedeutung hat der Direktabsatz vor allem in der Investitionsgüterindustrie und im Bereich der Dienstleistungen, wie Banken, Versicherungen. Bei den Investitionsgütern sind es die technischen Anforderungen an die Produkte und ihre Kompliziertheit, die kundenspezifische Lösungen und damit den direkten Kontakt verlangen.

1. Der **Reisende** ist als Angestellter des Unternehmens tätig und somit weisungsgebunden. Er handelt im Namen dieses Unternehmens und erhält dafür eine Entlohnung, die sich in der Regel aus einem festen Grundgehalt und einer umsatzabhängigen Provision zusammensetzt. Zu seinen Aufgaben gehört es, Kunden oder potentielle Abnehmer zwecks Kundengesprächen aufzusuchen, den Kontakt zu ihnen zu pflegen und die Waren oder Dienstleistungen seines Unternehmens anzubieten. Durch Reisende werden wichtige Informationen für die Absatzpolitik bezüglich der Kunden, der Konkurrenz und der Marktsituation erhalten.

2. Die Anbahnung von Geschäften durch **Mitglieder der Geschäftsleitung** ist charakteristisch für kleinere Unternehmen mit einer begrenzten Kundenzahl.

3. Um ihre Produkte ohne Zwischenhändler verkaufen zu können, bietet sich als unternehmenseigenes Vertriebsorgan die **Verkaufsniederlassung** an. Mit Hilfe dieser Verkaufsstellen sollen die Abnehmer in In- und Ausland ausreichend informiert und beraten werden.

4. An dieser Stelle kann noch der **Vertragshändler** genannt werden, der durch einen mit dem Produzenten geschlossenen Vertrag dazu verpflichtet ist, die Produkte des Herstellers nach dessen Marketingkonzeption zu verkaufen. Der Händler bleibt jedoch rechtlich selbständig.

5. Durch die fortschreitende Globalisierung gewinnt der Handel im Internet in Form von **E-Commerce** immer mehr an Bedeutung. Moderne Kommunikationsmittel er-

---

[146] Vgl. Weis, H.-C.: Marketing, a.a.O., S. 328.

möglichen dem Kunden einen bequemen Zugang zu gewünschten Waren. Sie stellen somit eine attraktive und fortschrittliche Zielgruppe für die Anbieter dar.

Als **Absatzmittler** kommen Handelsvertreter, Kommissionäre und Makler in Frage. Sie werden als rechtlich selbständige Organe zur Auftragsakquisition und zu Kaufvertragsabschlüssen eingesetzt. Sie sind daher **unternehmensexterne** Vertriebsorgane.

Die **Handelsvertreter** haben unter den selbständigen Absatzmittlern die größte Bedeutung. Sie können - bei freier Arbeitszeiteinteilung - für eine oder mehrere Firmen tätig sein, Geschäfte anbahnen und abschließen. Der Einsatz von Handelsvertretern ist vorteilhaft, da sich durch die Eingliederung des eigenen Produktes in das Sortiment des Vertreters günstigere Absatzmöglichkeiten erschließen lassen und bei der Einführung von Innovationen seine schon bestehenden Geschäftsverbindungen ausgenutzt werden können und zweitens durch die Einschaltung dieses Absatzorgans im Gegensatz zum Reisenden größtenteils nur variable Kosten verursacht werden.

Der **Kommissionär** handelt als selbständiger Gewerbetreibender in eigenem Namen und auf Rechnung seines Auftraggebers. Er kauft und verkauft Waren und Wertpapiere, ohne dass die gehandelten Objekte in sein Eigentum übergehen und erhält für seine distributive Tätigkeit eine umsatzabhängige Kommission. Der **Makler** ist ebenfalls ein selbständiger Gewerbetreibender, der für Dritte Verträge vermittelt.

3.3.1.2 Indirekter Absatz

Beim indirekten Absatz sind eine oder mehrere Handelsstufen zwischen Hersteller und Endabnehmer geschaltet. Der Weg des indirekten Absatzes sollte gewählt werden, wenn die Bedeutung des Kaufvorganges als gering eingestuft wird und nur wenig Zeit in Anspruch nimmt, und wenn es sich um wenig erklärungsbedürftige Produkte mit niedriger Wartungsintensität handelt. Derartige Waren sind meistens Produkte des täglichen Bedarfs, denen eine Vielzahl von potentiellen Konsumenten gegenübersteht.

Die Wahl des indirekten Absatzweges bringt für ein Unternehmen diverse **Vorteile** mit sich. So fehlen vielen Herstellern die finanziellen Mittel, um die Endverbraucher ohne Zwischenglied zu erreichen. "General Motors" beispielsweise, als eines der größten Unternehmen in der ganzen Welt, verkauft seine Automobile in Amerika mit Hilfe von über zehntausend Händlern. Um die Distribution bis zum Konsumenten in eigener Regie durchzuführen, müßten alle Vertragshändler aufgekauft werden. Die Bereitstellung der dafür erforderlichen Mittel würde selbst "General Motors" erhebliche Probleme bereiten. Analog hat "Volkswagen" in der Bundesrepublik ein Netz von etwa 1900 Vertragshändlern.[147]

Um eine sinnvolle Warenverteilung zu erreichen, ergibt sich zusätzlich die Schwierigkeit, dass der Hersteller die Funktionen von Zwischenhändlern übernehmen und, um ein hinreichend breites oder tiefes Sortiment anbieten zu können, die Produkte anderer Hersteller mitverkaufen müßte. Kotler nennt hier als Beispiel die Firma Haribo, die im Fall eines direkten Absatzes überall eigene Geschäfte nur zum Verkauf der eigenen Erzeugnisse einrichten müßte.

Der indirekte Vertrieb ermöglicht es den Unternehmen, das Netz vorhandener Händler zu nutzen und so eine flächendeckende Warendistribution zu erreichen. "Der Zwi-

---

[147] Vgl. Kotler, P./ Bliemel, F.: Marketing-Management, a.a.O., S. 818.

schenhandel bietet mit seinen Kontakten, Erfahrungen und Spezialkenntnissen sowie aufgrund einer marktkonformen Geschäftsgröße im Regelfall größere Vorteile, als ein Hersteller durch eigene Anstrengungen erreichen könnte".[148]

Die Hauptaufgabe des **Handels** ist es, den Güteraustausch zwischen den einzelnen Wirtschaftseinheiten, d.h. zwischen Produktion und Konsumtion, herbeizuführen. Die Güter werden vom Handel erworben und ohne wesentliche Be- oder Weiterverarbeitung weiterverkauft. Bei diesem Vorgang geht die Ware in das Eigentum des Handelsbetriebes über. Die Transaktionen bieten einerseits die Chancen zu einem Gewinn durch Wertsteigerung des Gutes, andererseits beinhalten sie jedoch auch das Risiko des Preisverfalls und der Unverkäuflichkeit.

(5) Handelsfunktionen

Unter **Handelsfunktionen** werden die betrieblichen Aufgaben und Tätigkeiten verstanden, die vom Handel ausgeübt werden, um den Warenaustausch zwischen Produzent und Konsument zu ermöglichen. Die Handelsfunktionen können in räumliche, zeitliche, Quantitäts- und Qualitäts- sowie Absatzförderungs- und Risikofunktionen gegliedert werden:

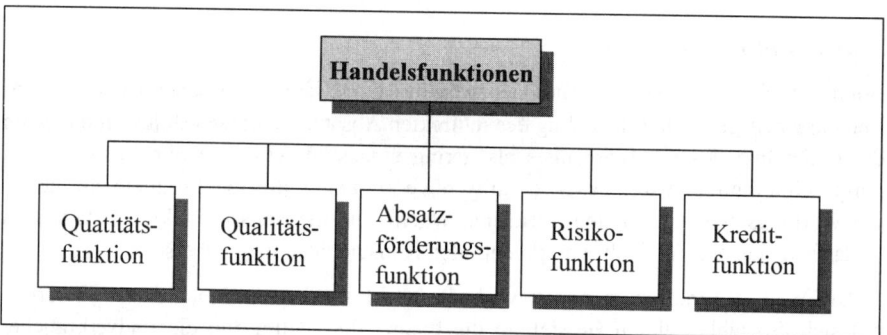

Abb. 72: Handelsfunktionen

Durch die **räumliche Funktion** wird die Spanne überbrückt, die aufgrund der Kontaktherstellung von weit auseinanderliegenden Wirtschaftspartnern entsteht. Die **zeitliche Funktion** dient der Überbrückung der zeitlichen Unterschiede zwischen der Erzeugung und der Verwendung. Sie beinhaltet die Lagerhaltung, die Vordisposition, die Vorfinanzierung und die Kreditierung. Die Anpassung der in großen Mengen angebotenen Produkte an den Verbrauch in kleinen Einheiten (distributierende Handelsfunktion) und den umgekehrten Verlauf der Anpassung von in kleinen Mengeneinheiten angebotenen Leistungen an den Bedarf in großen Mengen (kollektionierende Handelsfunktion), bezeichnet man als **Quantitätsfunktion**.

Durch die Sortimentsbildung des Handels werden die zwischen Hersteller und Handel bestehenden qualitativen Unterschiede überbrückt (**Qualitätsfunktion**).

Die **Absatzförderungsfunktion** besteht in der Erweckung der Nachfrage durch Beratung, Werbung und Verkaufsförderung. Sie dient der Ertragssteigerung und der Wettbewerbsintensivierung.

---

[148] Vgl. Kotler, P./ Bliemel, F.: Marketing-Management, a.a.O., S. 819.

Die **Risikofunktion** beinhaltet die Bereitschaft der Funktionsträger, das Gefahrenrisiko zu übernehmen.

Schließlich übernimmt der Handel noch die **Kreditfunktion**, indem er den Verbrauch dort ermöglicht, wo er sonst wegen Fehlens der erforderlichen Geldmittel nicht stattfinden könnte.

Auch Handelsunternehmen weisen eine Vielzahl von Unterscheidungsmerkmalen auf. Neben der Einteilung in Groß- und Einzelhandel werden Handelsunternehmen nach der Breite und Tiefe des Sortiments, nach Fremd- und Selbstbedienung und nach der Größe der Verkaufsfläche untergliedert.

(6) Der Großhandel

Der **Spezialgroßhandel** konzentriert sich mit seinem Sortiment auf eine Branche. Dementsprechend schmal ist die Breite des Sortiments, dafür geht es um so mehr in die Tiefe. Der **Fach-Großhandel** zeichnet sich durch mittlere Sortimentsbreite und -tiefe aus und bedient damit mehrere Branchen. Noch flacher und breiter ist das Sortiment des **Sortiments-Großhandels**. Der **Cash-and-Carry-Großhandel** ist ein Sortiments-Großhandel, der sich durch Selbstbedienung aus einem breiten Sortiment an Nahrungs- und Genußmitteln, ebenso wie Nichtnahrungsmitteln, auszeichnet. Jede Art von Zulieferung ist bei dieser Form ausgeschlossen.[149]

(7) Der Einzelhandel

Gemischtwarengeschäfte sind relativ breit, jedoch flach sortiert und bieten Produkte aus den unterschiedlichsten Branchen an. **Fachgeschäfte** bieten ein schmales, aber tiefes Sortiment einer Branche oder Bedarfsgruppe an, oft unter zusätzlichem Angebot von Serviceleistungen. **Spezialgeschäfte** bieten in einer Steigerung der Fachgeschäfte einen Ausschnitt aus deren Sortiment an. **Fachmärkte** sind mit ihrem breiten und tiefen Sortiment bedarfsfeldorientiert und bieten in der Regel den entsprechenden Service. Sie überschreiten das mittlere Preisniveau nicht und arbeiten verstärkt mit Sonderpreisen.

Kaufhäuser sind große Fachgeschäfte, die Produkte einer oder weniger, u. U. verwandter Branchen anbieten. **Warenhäuser** bieten aus unterschiedlichen Branchen, wie Bekleidung, Hausrat, Wohnbedarf, Nahrungs- und Genußmittel etc., ein breites und tiefes Sortiment an, weshalb sie schon als Einzelhandelsgroßbetriebe bezeichnet werden können. **Gemeinschaftswarenhäuser** vereinigen räumlich und organisatorisch normalerweise selbständige Fachgeschäfte und Dienstleistungsbetriebe aller Art und Größe.

Kleinpreisgeschäfte bewegen sich mit ihren "problemlosen" Waren auf dem unteren Preisniveau und decken den kurz- und mittelfristigen Massenbedarf, soweit wie möglich durch Selbstbedienung, ab. Der **Diskonthandel** bietet ein breites, flaches Sortiment bei minimalem Service zu niedrigsten Preisen an. Der **Versandhandel** offeriert Sortimente aus den unterschiedlichsten Bereichen in unterschiedlicher Tiefe und Breite, die nach Bestellung zugesandt werden. **Supermärkte** bieten in erster Linie Nahrungs- und Genußmittel auf einer Verkaufsfläche von mindestens 400 m² nahezu ausschließlich in Selbstbedienung an. Ergänzend werden problemlose non-food-Artikel angeboten. **Verbrauchermärkte** offerieren warenhausähnliche Sortimente zuzüglich Nahrungs-

---

[149] Vgl. Bänsch, A.: Einführung in die Marketing-Lehre, a.a.O., S. 150.

und Genußmitteln auf Verkaufsflächen von mindestens 1000 m² in Selbstbedienung. Auffällig ist das preispolitisch aggressive Verhalten. **SB-Warenhäuser** arbeiten nach dem Prinzip des Diskonthandels auf einer Verkaufsfläche von mindestens 3000 m². Das Sortiment ist warenhausähnlich und erfordert keinen aufwendigen Service.

3.3.2 Marketing-Logistik

Die physische Distribution oder Marketing-Logistik beschäftigt sich mit der technisch-organisatorischen Problemstellung der Verteilung und Zustellung der Produkte innerhalb des gewählten Absatzkanals.

Hierzu muss die Frage geklärt werden, welchen Umfang ein Lager haben soll, ob sein Standort zentral oder dezentral gewählt wird. **Lagerstandort** und Größe beeinflussen sich in der Regel gegenseitig, da ein Zentrallager zweckmäßigerweise größer gewählt wird als mehrere Lager mit dezentralem Standort. Die Größe eines Lagers steht auch im Zusammenhang mit der Lieferbereitschaft, die oftmals die Kaufentscheidung beeinflußt. Je schneller der Markt also die Lieferung fordert, desto größer ist auch die zu bevorratende Menge.

Als nächstes stellt sich die Frage des Transportmittels und des Transportweges, sofern mehrere Lager vorhanden sind. Zur Bestimmung optimaler Transportwege und -kosten stehen mathematische Modelle zur Verfügung. Die Auswahl des **Transportmittels** ist von der Empfindlichkeit des Produktes, Größe und Gewicht abhängig, sowie von der Zuverlässigkeit und Sicherheit des Transportmittels bezüglich **Termineinhaltung** und **Unversehrtheit** der Produkte. Je nach Transportmittel sind entsprechende Schutzverpackungen zu wählen und sowohl aus der Sicht des Kunden, als auch aus der Sicht des Transports wirtschaftliche Liefermengen festzulegen. Für Transport und Lagerhaltung kann noch die grundsätzliche Entscheidung getroffen werden, ob diese Funktion selbst ausgeführt wird oder durch entsprechende Fremdunternehmen.

Mit das wichtigste **Entscheidungskriterium** sind bei all diesen Überlegungen die **Kosten**, die für den Hersteller in einem angemessenen Rahmen gehalten werden müssen, wobei der Hersteller aber gleichzeitig dem Kunden den gewünschten Lieferservice bieten muss. Die Kunst der physischen Distribution besteht also darin, ein ausgewogenes Mittelmaß zwischen Kosten und Lieferservice zu finden, bei dem das bestellte Produkt in richtiger Menge zur gewünschten Zeit an seinen Bestimmungsort geliefert werden kann.[150]

3.4 Kommunikationspolitik

Jedes Unternehmen kommuniziert mit Handelspartnern, den Endverbrauchern und verschiedenen öffentlichen Gruppierungen. Dies kann persönlich oder unpersönlich, direkt oder indirekt geschehen. Zwischen den Beteiligten besteht eine kommunikative Rückkopplung. Unter Kommunikationspolitik wird der Einsatz aller marketingpolitischen Instrumente verstanden, die als Träger auf den Absatzmarkt gerichteter Informationen eines Unternehmens eingesetzt werden können. Kennzeichnend für die Maßnahmen der Kommunikationspolitik ist, dass die Produkte oder Leistungen weder substantiell noch

---

[150] Vgl. Bänsch, A.: Einführung in die Marketing-Lehre, a.a.O., S. 137.

funktionell verändert werden. Lediglich die Einstellung zum Produkt oder Unternehmen wird beeinflusst. Das bekannteste Element der Kommunikationspolitik ist die Werbung. Der Werbung steht die Öffentlichkeitsarbeit oder Public Relations sehr nahe. Weitere Maßnahmen im Rahmen der Kommunikationspolitik sind das Sponsoring, die Verkaufsförderung und der persönliche Verkauf:

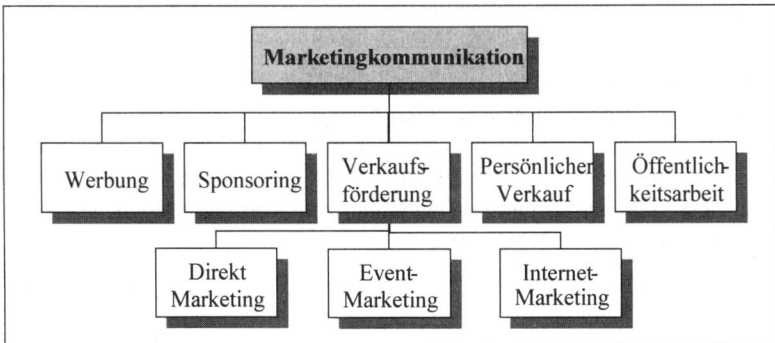

Abb. 73: Marketingkommunikation

Hauptaufgabe dieser Mittel ist die positive Präsentation der Unternehmensleistung bzw. des Unternehmens selbst, um den Absatz bei bestehenden oder potentiellen Abnehmern zu fördern. Den Ablauf der Kommunikation zeigt die folgende Graphik:

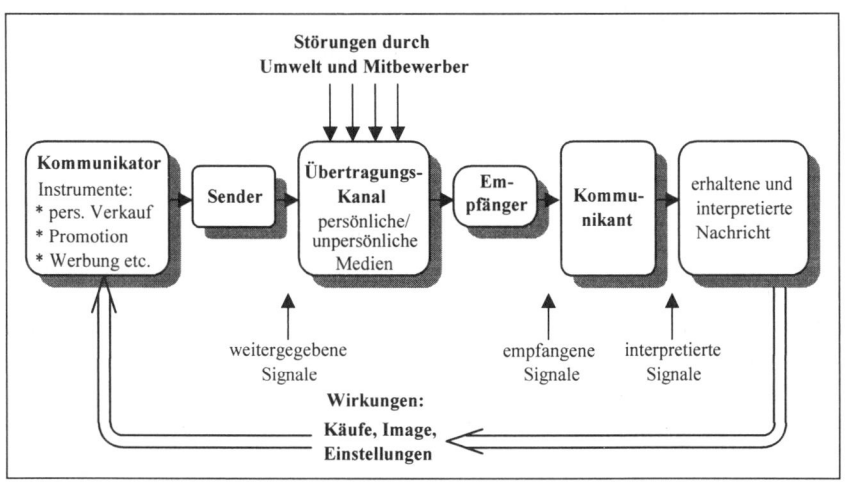

Abb. 74: Kommunikations-Prozess im Marketing[151]

Laswell fasst die wichtigsten Faktoren eines Kommunikationsprozesses in einer Formel zusammen:

Wer	Werbetreibender
sagt was	Werbebotschaft
über welchen Kanal	Werbeträger
zu wem	Zielgruppe, Werbesubjekt
mit welcher Wirkung	Werbeerfolg, Werbewirkung

---

[151] Vgl. Weis, H.-C.: Marketing, a.a.O., S. 392.

Kommunikation kann als ein **kybernetischer Regelkreis**[152] aufgefasst werden, wie es in der Graphik auch dargestellt ist. Es handelt sich also nicht um eine einseitige Nachrichtenübermittlung. Das Unternehmen als Sender muss wissen, welche Zielgruppe es mit seiner Botschaft erreichen will und welche Wirkung es beabsichtigt. Die **Botschaft** oder **message** muss so verschlüsselt sein, dass der Empfänger sie nach der Übertragung durch das Medium ohne Mühe entschlüsseln kann. Dazu müssen sich die gesendeten Signale genügend stark vom Kanalrauschen und weiteren Störungen abheben.

Im Hinblick auf eine spätere Kontrolle, ob die Werbebotschaft beim Rezipienten angekommen ist und verstanden wurde, muss der Sender dafür sorgen, dass er die Wirkung auf die Empfänger erkennen kann. Nur durch diese Rückkoppelung kann der kybernetische Regelkreis geschlossen werden. Seine Aufgabe ist dann erfüllt, wenn die Nachricht trotz Störquellen bis zum Empfänger durchdringt. Mögliche Störquellen können die Umwelt oder die Konkurrenz darstellen.

Empfängt die Zielperson die Botschaft nicht, obwohl sie die Signale aufgenommen hat, kann dies an selektiver Wahrnehmung, selektiver Verzerrung oder an selektiver Erinnerung liegen. Bei der **selektiven Wahrnehmung** werden nicht alle übermittelten Reize wahrgenommen. Im Fall der **selektiven Verzerrung** wird nur das wahrgenommen, was der Rezipient wahrnehmen will, und die **selektive Erinnerung** speichert nur einen geringen Teil im Gedächtnis. Daher beschäftigt sich die Kommunikationsforschung mit den Zusammenhängen von Reiz und Empfänger, was sich in den zwei zentralen Fragestellungen ausdrückt:

- Wie wirken **gleiche Reize** auf **verschiedene Empfänger**?
- Wie wirken **verschiedene Reize** auf **gleiche Empfänger**?

3.4.1 Werbung

Werbung ist gemessen am finanziellen Aufwand die bedeutsamste Form der Marktkommunikation. Werbung, oder genauer Absatzwerbung, versucht systematisch, das Verhalten der Abnehmer im Sinne der Unternehmenszielsetzung durch spezifische Kommunikationsmittel zu beeinflussen. Absatzwerbung wird definiert als ein Marketinginstrument, das durch absichtlichen und zwangfreien Einsatz spezieller Kommunikationsmittel die Zielpersonen zu einem Verhalten veranlassen will, das zur Erfüllung der Werbeziele beiträgt. Das angestrebte Verhalten muss dabei nicht unbedingt eine Kaufhandlung sein. Oft besteht das Ziel nur darin, das Produkt bekannt zu machen oder Bedürfnisse danach zu wecken.

Wichtige Faktoren zur Erfüllung dieser Ziele sind das Wissen über

- die Produkte,
- die Präferenzstruktur der Konsumenten,
- die Verhaltensweisen der Konsumenten und
- das Image des eigenen Unternehmens.

Die Aufgaben der Werbung und deren Ziele lassen sich nach verschiedenen Merkmalen gliedern. Ziele können **ökonomischer** oder **außerökonomischer** Art sein. Ökonomische Ziele sind Umsatz- oder Gewinnsteigerung und Ausgleich saisonaler oder

---

[152] Vgl. Weeser-Krell, L.: Marketing: Einführung, 4. Auflage, München / Wien 1994, S. 113.

konkurrenzbedingter Schwankungen. Außerökonomische Ziele betreffen die Bedürfnisweckung, Bekanntmachung eines Produktes und anderer Unternehmensleistungen oder die Verbesserung des Informationsstandes über Produkte. Natürlich sollen auch die außerökonomischen Ziele im Endeffekt zu einem ökonomischen Erfolg führen, nur geschieht dies nicht in einem Schritt. Es wird angenommen, dass der Konsument mehrere psychologische Stufen (Anzahl und Bezeichnungen dieser Stufen variieren in der Literatur) der Werbewirkung durchläuft, bevor er ein Produkt kauft. Das bekannteste Wirkungsmodell ist das **AIDA-Modell**, welches sich in vier Stadien gliedert:

Attention	(Aufmerksamkeit): Aufmerksamkeit wird geweckt durch Information des Verbrauchers, Profilieren des Produktes, Schaffung von Präferenzen gegenüber Konkurrenzprodukten und Erhöhung des Unternehmensimages.
Interest	(Interesse): die Werbebotschaft stößt auf Interesse.
Desire	(Wunsch): der Wunsch, das Produkt näher kennenzulernen tritt hervor; Kontakt zum Produkt oder ein Beratungsgespräch wird gesucht.
Action	(Aktion): das Produkt wird gekauft, neue Kunden gewonnen, die Kundentreue erhalten oder verbessert.[153]

Im Rahmen der Werbeplanung stehen die kommunikativen bzw. außerökonomischen Ziele im Vordergrund. Sie müssen operational gestaltet werden, d.h. meßbar sein. Wie bei jeder Zielvorgabe durch das Management muss auch hier darauf geachtet werden, dass die Ziele vorab genau, z.B. auch zahlenmäßig definiert werden und erreichbar sind.

Werbung lässt sich durch eine Vielzahl von Charakteristika beschreiben. Auffälligstes Merkmal ist die Wahl des **Werbemediums**. Eine weitere Unterteilung der Werbung richtet sich nach der Wirkung der Werbung. Sie kann eher den sachlichen Aspekt in den Vordergrund stellen, also **informativ** sein, oder auch **beeinflussend** wirken. Zur Beeinflussung bedient man sich positiver und negativer Emotionen. So warb der Weichspüler Lenor lange Jahre mit dem "zweiten Ich", dem schlechten Gewissen der Hausfrau, die Wäsche könne nicht weich und aprilfrisch genug sein. Daimler Benz, "ein guter Stern auf deutschen Straßen", betont dagegen das Gefühl der Sicherheit und Zuverlässigkeit. Die Angst vor dem Zahnarzt steht bei "Mutti, Mutti, er hat überhaupt nicht gebohrt!" im Vordergrund.[154]

Daneben existieren noch Unterscheidungen nach der Anzahl der Werbesubjekte in **Einzelwerbung**, Verbundwerbung (Kollektivwerbung) und **Gemeinschaftswerbung**. Der Slogan "Aus deutschen Landen frisch auf den Tisch" ist ein typisches Beispiel für Gemeinschaftswerbung.[155] **Einführungs- Expansions-, Stabilisierungs-** und **Reduktionswerbung** orientieren sich am Werbeziel. Wie die Begriffe schon aussagen, soll der Absatz mengen- bzw. wertmäßig gesteigert oder stabilisiert werden. Ziel der Reduktionswerbung ist nicht, wie häufig irrtümlich angenommen, eine Reduktion des Gesamtumsatzes, sondern vielmehr eine Verlagerung von Umsatzspitzen in umsatzschwache Zeiten oder die Beschleunigung der Umstellung auf ein eigenes Substitutionsprodukt.

---

[153] Vgl. Kuhnle, H.: Was bewegt Marketing, a.a.O., S. 218.
[154] Vgl. Hill, W.: Marketing 2. Die Marketinginstrumente - Integration des Marketing, 6.Auflage, Bern/Stuttgart 1988, S. 156.
[155] Vgl. Dichtl, E.: Der Weg zum Käufer. Das strategische Labyrinth, a.a.O., S. 167.

Bei **überschwelliger** Werbung wird die Information bewusst wahrgenommen, während die **unterschwellige** Werbung mit dem Unterbewusstsein arbeitet, d.h. obwohl die umworbene Person glaubt, die Werbebotschaft nicht wahrgenommen zu haben, verhält sie sich so, als hätte sie sie bewusst wahrgenommen. Allerdings bestehen Zweifel, ob diese Art der Werbung die angenommene Wirkung hat und zu kommerziellen Erfolgen führt.

Von **Schleichwerbung** wird gesprochen, wenn der Werbezweck nicht sofort erkennbar ist, wenn z.B. redaktionelle Teile einer Zeitung mit Werbeaussagen vermischt werden. Eine besondere Form der Schleichwerbung stellt das **Product-Placement** dar. In einem Spielfilm trinkt der Hauptdarsteller überdeutlich immer den Whisky des gleichen Herstellers oder raucht nur unverkennbar eine Zigarettenmarke. Auf diese Weise "erschleicht" sich das Product-Placement die Nutzung der Unterhaltungsmedien als Werbeträger. Werbezeitbegrenzungen, -beschränkungen oder gar Werbeverbote, wie sie im Fernsehen für Zigaretten bestehen, können so umgangen werden und der Konsument hat nicht die Möglichkeit, sich durch **Zapping**[156] der Werbung zu entziehen. Die Auswirkungen des Product-Placement wird als bedeutend eingestuft, wie ein Beispiel aus der Praxis verdeutlicht: "So wird behauptet, dass Audi in den USA vorübergehend mit einem Umsatzzuwachs von 40% belohnt worden sei, als es dem Unternehmen gelungen war, einige Modelle in die Serie Dallas einzuschleusen."[157]

Die genannten Arten der Werbung sind also bei der Werbeplanung mit den folgenden Planungstatbeständen abzustimmen.

- Werbeziel
- Werbebotschaft
- Werbeträgerauswahl
- Werbebudget.
- Werbesubjekte
- Werbemittelgestaltung
- Werbezeitpunkt

(1) Werbeobjekte

Die Auswahl der **Werbeobjekte** ist in der Regel unproblematisch. In der Regel steht das Werbeobjekt am Anfang der **Werbeplanung**. Eine explizite Werbeplanung mit entsprechendem Werbeziel ist Voraussetzung für die Durchführung einer Werbeerfolgskontrolle. Die Auswahl der Werbesubjekte, also der Zielgruppe der Werbung, gestaltet sich nicht allzu kompliziert, da die **Zielgruppe** bereits bei der Produktentwicklung genau definiert worden sein sollte. Neben den dort festgehaltenen demographischen und psychographischen Merkmalen sind für den Werbetreibenden darüber hinaus Informationen über das Denken, Handeln, Fühlen und die Wünsche seiner Zielgruppe interessant. Je mehr er über die Werbesubjekte weiß, je transparenter der Personenkreis ist, desto höher ist die Wahrscheinlichkeit, eine wirkungsvolle Kommunikationsstrategie zu finden.[158] Wichtig für die Einteilung in Werbezielgruppen sind vor allem:

- Kaufgewohnheiten,

- produktbezogenes Verhalten (Markenbewusstsein, Preisverhalten, Preisklassen, Mengen- und Größenverhalten),

- Verhalten bei der Auswahl des Geschäfts (Fachhandel, Supermarkt, Warenhäuser),

---

[156] Zapping ist das Wechseln der Fernsehprogramme während der Ausstrahlung von Werbeblöcken.
[157] Dichtl, E.: Der Weg zum Käufer. Das strategische Labyrinth, a.a.O., S. 173.
[158] Vgl. Huth, H.-J.: Werbung. Ludwigshafen 1988, S. 78.

- zeitbezogenes Verhalten (Kauffrequenz, Kauftermine),
- Einkaufsdurchführung (-entscheidungen),
- Sozialverhalten (Stärke der Gruppenorientierung),[159]
- Ansprechbarkeit durch Medien (welche Medien, Tageszeiten und Sendungen, z.B. beim Fernsehen).

(2) Werbebotschaft

Die **Werbebotschaft** enthält die Aussage, die das werbende Unternehmen dem Umworbenen in Hinblick auf Produkte und Dienstleistungen mitteilen will.[160] Jede vom Gehirn empfangene Information löst Empfindungen aus: Interesse oder Gleichgültigkeit, Lust oder Unlust, Besitzwünsche oder Ablehnung. Dabei sollte eine Werbebotschaft drei Komponenten enthalten:

- **Basisbotschaft** (Basic message): Die Basisbotschaft soll das Produkt eindeutig identifizieren und von anderen Produkten abgrenzen.
- **Nutzenbotschaft** (USP-Technik):Die Nutzenbotschaft stellt den Zielpersonen diesen besonderen Nutzen eines Produktes, den Consumer benefit, der über den üblichen Gebrauchsnutzen hinausgeht, vor. Dadurch erreicht das Produkt einen Verkaufsvorteil, den USP (USP = unique selling proposition), gegenüber anderen Produkten. Dieser USP kann aus einem objektiven, also nach- oder beweisbaren oder einem subjektiven Nutzen abgeleitet werden.
- **Nutzenbegründung** (Reason-Why-Technik): Es reicht nicht aus, einen einzigartigen Nutzen zu versprechen. Vielmehr muss er mit glaubwürdigen Argumenten oder Beweisen begründet und untermauert werden.

Die Informationsflut steigt ständig und auf den Menschen strömen laufend eine Vielzahl Reize ein. Werbebotschaften müssen deshalb verständlich und einprägsam gestaltet werden, denn je mehr Interesse der Umworbene für das Angebot zeigt, um so leichter erfolgt die Informationsaufnahme.[161] Aus diesem Grund lösen Bilder markige Sprüche als Vehikel der Werbebotschaft ab. Bilder vermitteln Botschaften, Gefühle und Stimmungen. Dabei sind sie tiefgründiger, schneller aufzufassen und umfassender als Worte. Bei dieser Entwicklung haben bildbetonte Medien wie das Fernsehen eine wichtige Rolle gespielt. Werbung muss sich aus dem Meer von Informationen wirkungsvoll abheben und soll in Anbetracht der Hektik und Zeitnot schnell und präzise funktionieren und möglichst nachhaltig wirken.

Gemäß Konfuzius Ausspruch "ein Bild sagt mehr als tausend Worte" sind sogenannte Schlüsselbilder oder Key Visuals zur Übermittlung firmen- oder produktimagebezogener Hinweise besonders geeignet

(3) Werbezeitpunkt

Der **Werbezeitpunkt** kann entweder periodisch / aperiodisch oder prozyklisch / antizyklisch gewählt werden. Das Begriffspaar **periodisch / aperiodisch** bezieht sich auf festgesetzte Zeitpunkte, zu denen Werbemaßnahmen durchgeführt werden, und orientiert sich z.B. am Jahresablauf. Zeiten verstärkter Werbeaktivitäten sind die Vorweih-

---

[159] Vgl. Rogge, Werbung, 4. Auflage, Ludwigshafen 1996, S. 100 f.
[160] Vgl. Tietz, B./ Zentes, J.: Die Werbung der Unternehmen, Hamburg 1980, S. 57.
[161] Vgl. Obermaier, E.: Grundwissen Werbung. 3. Auflage. München 1988, S. 50.

nachtszeit und das Frühjahr, schwache Monate sind dagegen Januar, Juli und August. Diese Werbezyklen ergeben sich aus Bedarfsschwerpunkten, die periodisch wiederkehren, und erleichtern gleichzeitig die Koordination von inner- und außerbetrieblichen Aktivitäten. Im Gegensatz zu periodisch / aperiodisch bezieht sich das Begriffspaar **prozyklisch / antizyklisch** nicht auf die Zeit direkt, sondern orientiert sich an den Schwankungen des Umsatzniveaus. Folgt der Einsatz der Werbemaßnahmen dem Verlauf der Umsatzkurve, bezeichnet man ihn als prozyklisch, d.h. intensive Werbung bei hohem Umsatzniveau, wenig Werbung bei niedrigem Umsatzniveau. Läuft die Intensität des Werbeeinsatzes den Schwankungen des Umsatzniveaus entgegen, spricht man von antizyklischer Werbung.

Die Vor- und Nachteile der einzelnen Werbezeitpunkte werden an dieser Stelle nicht weiter erörtert, da sie zu sehr von dem jeweiligen Produkt, der Branche, der Absicht etc. abhängig sind. Allgemein herrscht derzeit ein Trend zur antizyklischen Werbung vor, wie eine Untersuchung des Zentralverbandes der deutschen Werbewirtschaft (ZAW) im Jahr 2000 ergab.[162]

(4) Werbebudget

Das **Werbebudget** lässt sich zum Leidwesen der Marketingfachleute nicht mit einem Lösungsalgorithmus bestimmen. Einem amerikanischen Versandhausmagnaten wird der Ausspruch zugeschrieben: "Die Hälfte des Geldes, das man in die Werbung steckt, ist zum Fenster hinausgeworfen. Man weiß nur nicht, welche."[163] Gerade wegen dieser Unsicherheit orientieren sich die Unternehmen an verschiedenen Aspekten, wie Umsatz, Werbeausgaben der Konkurrenz, Gewinn, eigene finanzielle Möglichkeiten,

- Orientierung am Umsatz: Ein Großteil der Unternehmen beziffert sein Werbebudget als Prozentsatz des Umsatzes. Problematisch ist hierbei jedoch die Tatsache, dass in umsatzschwachen Zeiten, die intensiveren Werbeeinsatz erfordern würden, das Werbebudget proportional zum Umsatz gekürzt wird.
- Orientierung an der Konkurrenz: Das Werbebudget wird dem der Konkurrenz angepaßt oder nach Branchendurchschnittswerten festgesetzt, weil das Konkurrenzverhalten nicht genau prognostizierbar ist. Dabei ist kritisch anzumerken, dass dies nicht zwangsläufig zu einer Stabilisierung der Marktverhältnisse führt, da sich erstens kommunikationspolitische Zielsetzungen und Maßnahmen grundlegend unterscheiden können und zweitens Kommunikationspolitik nicht das einzige Marketing-Instrument ist.
- Orientierung am Gewinn: Ähnlich wie bei der Orientierung am Umsatz wird das Werbebudget hier als Prozentsatz vom Gewinn festgelegt. Zwar lässt sich durch Werbung der Umsatz und damit auch der Gewinn beeinflussen, irrig ist jedoch in vielen Fällen die Annahme, dass Gewinn immer gleichzusetzen ist mit liquiden Mitteln, die für Werbemaßnahmen verwendet werden können.
- Orientierung an den finanziellen/ kalkulatorischen Möglichkeiten: Das Werbebudget deckt sich mit den zur Verfügung stehenden Geldmitteln. Langfristig ergibt sich aber auch bei dieser Methode der gleiche Effekt, wie bei der Orientierung an Gewinn oder Umsatz. Erst mehr Werbung führt über Umsatz- und Gewinnsteigerungen zu mehr Geld. Ist kein Geld frei, kann nicht intensiver geworben werden, können keine Steigerungen initiiert werden.[164]

---

[162] Vgl. ausführlich hierzu: ZAW (Hrsg.): Werbung in Deutschland 2001, Bonn 2001.
[163] Vgl. Dichtl, E.: Der Weg zum Käufer. Das strategische Labyrinth, a.a.O., S. 164.
[164] Vgl. Kotler, P.: Marketing-Management. Analyse, Planung und Kontrolle, a.a.O., S. 522.

Grundsätzlich richtet sich das Werbebudget nach der Intensität der Bemühungen und dem angestrebten Ziel. Ein hochgestecktes Ziel in einem relativ kurzen Zeitraum zu erreichen, erfordert logischerweise ein umfangreicheres Werbebudget als ein niedrig angesetztes Ziel in einem längeren Zeitraum.

(5) Werbemittel

Unter Werbemitteln versteht man die personelle und sachliche Ausdrucksform der Werbung. Jedes Werbemittel stellt die Kombination werbewirksamer Elemente wie Bild, Ton und Bewegung dar, die durch ihr Zusammenspiel die Werbewirkung hervorrufen.[165] Werbemittel transformieren die Werbebotschaft in eine reale, sinnlich wahrnehmbare Erscheinungsform. Sie stellen also in gewisser Weise eine Verkörperung der gedanklichen Werbebotschaft dar.[166]

- Inserate
- Flugblätter
- Schaufensterwerbung
- Werbegeschenke
- Radiodurchsagen
- Fernsehspots
- Plakate (außen und innen)
- Leuchtschriften
- Abzeichen und Signets (z.B. Buttons)
- Tragetaschen
- Werbefilme/-dias

Werbemittel bestehen aus inhaltsbildenden und formgebenden Wirkungselementen. **Inhaltbildende Elemente** sprechen den rationalen oder den emotionalen Bereich im Menschen an. Dazu gehören:

- Argumente,
- Leitbilder,
- Gefühle.

Formgebende Wirkungselemente machen die auszusendenden Werbeappelle erst wahrnehmbar und bringen sie in eine adäquate Form durch:

- Farbe
- Schrift
- Platzierung
- Ton
- Form
- Bewegung

In den meisten Werbemitteln tauchen Werbekonstanten und Werbevariablen auf. **Werbekonstanten** sind solche Wirkungsfaktoren, die, soweit es technisch möglich ist, in allen eingesetzten Werbemitteln wiederkehren, wie z.B.:

- Markenzeichen
- Slogans
- Symbole
- Layouts

Dabei erfüllen die Werbekonstanten eine **Identifikationsfunktion**, wodurch das Werbemittel auch bei nur flüchtiger Wahrnehmung sofort marken- oder unternehmensbezogen identifiziert werden kann, und eine **Verdichtungsfunktion**. Die Verdichtung des Werbeeindrucks wird durch das ständige Wiederkehren der Konstanten in der Werbung erreicht.

---

[165] Vgl. Huth, R./ Pflaum, D.: Einführung in die Werbelehre. 4. Auflage, Stuttgart 1991, S. 91.
[166] Vgl. Weis, H.-C.: Marketing, a.a.O., S. 411. und Hill, W.: Marketing 2. Die Marketinginstrumente - Integration des Marketing, a.a.O., S. 159.

Wirkelemente, die nur einmalig oder in unterschiedlicher Gestalt auftreten, werden als **Werbevariablen** bezeichnet. Sie sollen dem Werbemittel eine originelle und aktuelle Note geben und die Attraktivität erhalten.

(6) Werbeträger

Die Inhalte der Werbung müssen, bevor sie bei den Umworbenen eine Wirkung erzielen können, an diese herangetragen werden. Werbeträger oder Werbemedien sind das Transportmittel für das Werbemittel. Werbemittel und Werbeträger hängen stark voneinander ab und sind ohne einander auf Dauer nicht denkbar, denn bestimmte Werbeträger erfordern bestimmte Werbemittel, um effektiv zu sein.[167] Bei der Auswahl des Werbeträgers sind besonders folgende Kriterien zu berücksichtigen:

- Funktion des Werbeträgers,
- Situation, in der die Zielgruppe mit dem Werbeträger in Kontakt kommt,
- Darstellungsmöglichkeiten,
- Nutzungsdauer, Nutzungsphasen,
- Durchdringung, Reichweite,
- Verfügbarkeit,
- Kosten.

Einen Überblick über die wichtigsten Werbeträger und die Verteilung der Werbeeinnahmen im Jahr 2000 liefert die nachstehende Abbildung:

Abb. 75: Verteilung der Werbeeinnahmen im Jahr 2000[168]

Als eine neuere Methode der Werbung gewinnt die **Online-Werbung** immer mehr an Bedeutung. Das Spektrum erstreckt sich von den herkömmlichen Methoden, wie

---

[167] Vgl. Rogge, Werbung, a.a.O., S. 132.
[168] Zentralverband der deutschen Werbewirtschaft: Werbung in Deutschland, a.a.O., S. 19.

Online Anzeigen via Banner, Animationen, Pop-up-Advertisements, bis zu den Formen der Werbung, die kein Äquivalent in den herkömmlichen Medien besitzen.

Der Online-Werbung stehen mehr Möglichkeiten offen als über die herkömmliche Anzeigenschaltung in z.B. Zeitungen. Die einzelnen Aspekte beziehen sich auf:

- Kosten (kein Druck, kein Porto, kein Entsorgen)
- Flexibilität (stete Designänderungen möglich)
- Genaue Dosierbarkeit (stufenlose Einblendung der Werbung)
- Zielgruppengenauigkeit (durch Identifikation des Webseiten-Besuchers möglich)
- Erfolgsmessung (größere Kontrollmöglichekeit)

In der Praxis schwinden die Grenzen zwischen den kommunikationspolitischen Marketinginstrumenten bei dem Einsatz von Online-Medien. Durch Flexibilität der Online-Medien wird sich an das Direktmarketing angenähert. Außerdem können über eine eigene Webpräsenz die Werbung, die Verkaufsförderung und sogar der persönliche Verkauf integriert werden.

3.4.2 Sponsoring

Sponsoring, auch als Sponsorship bezeichnet, bedeutet in wörtlicher Übersetzung Schirmherrschaft / Patenschaft. Im Rahmen des Marketings einer Unternehmung wird bestimmten Personen, Personengruppen, Institutionen (Sportvereinen, Museen, Forschungseinrichtungen etc.) oder Veranstaltungen Finanzmittel, Sachmittel und / oder Dienstleistungen zur Verfügung gestellt, mit dem Bestreben, auf diese Art und Weise Beiträge zur Verwirklichung eigener kommunikationspolitischer Ziele zu erlangen.[169]

Sponsoring basiert also auf dem Prinzip von Leistung und Gegenleistung. Es unterscheidet sich so vom Mäzenatentum, bei dem die Leistungshingabe ohne an diese angeknüpfte Erwartungen erfolgt. Drei positive Gegeneffekte, die von Sponsoren erreicht werden wollen, sind:

- **Imagestabilisierung oder -verbesserung:** Hierbei kommen alle Sponsoringarten in Betracht, entscheidend ist, das zum Eigenimage passende Sponsoringfeld zu finden.

- **Erhöhung des Bekanntheitsgrades:** Dieser Effekt wird vor allem durch Sportsponsoring erreicht, da hier die nötigen Breiten- und Wiederholungskontakte stattfinden.

- **Kontaktaufbau u. -intensivierung zu unternehmensrelevanten Personen:** Hiermit sind ausgewählte Kunden gemeint, wie z.B. Großkunden, Handelspartner und Meinungsführer, denen Ehrenlogen bei Sport- oder Kulturveranstaltungen angeboten werden, um sie so in einer kontaktförderlichen Atmosphäre zu wissen.

---

[169] Vgl. Bänsch, A.: Einführung in die Marketing-Lehre, a.a.O., S. 214.

Objekte des Sponsoring / Nutzung im Bereich	Personen, Personengruppen, Institutionen	Veranstaltungen
Werbung	- Trikotwerbung - Ausrüstungsverträge - Testimonialwerbung	- Beschriftung von Banden - Anzeigen in Programmheften und auf Plakaten - Benennung der Veranstaltung nach dem Sponsor (Titelsponsoring)
Verkaufsförderung	- Autogrammstunden - Händlertreffen, Messen - Vorträge	- VIP-Lounges - Ehrenlogen - Sondergastspiele (private views)
Public Relations	- Veranstaltungen mit gesponserten Prominenten - Pressekonferenzen - Vorträge	- Kongresse, Tagungen - Ehrenlogen - Sondergastspiele (private views)
Persönlicher Verkauf	- gesponserte Personen als Repräsentanten einer Unternehmung	- Verkaufsgespräche während einer gesponserten Veranstaltung

Abb. 76: Sponsoring in der Marketingkommunikation[170]

Da die vom Sponsoring angestrebten Zieleffekte nur Teilziele der klassischen kommunikationspolitischen Instrumente darstellen, ist Sponsoring mehr als übergreifende oder ergänzende Einsatzmöglichkeit zu sehen. Es ist in allen Bereichen der Kommunikationspolitik anwendbar, wie obige Übersicht verdeutlicht:

Die drei häufigsten und wohl auch bekanntesten Formen des Sponsoring werden im folgenden erwähnt:

Bei dem **Sport-Sponsoring** kann sich der angestrebte Image-Transfer auf Sportarten, Einzelsportler, Mannschaften aber auch Sportveranstaltungen erstrecken. Die Anfänge des professionellen Sponsorings in der BRD lagen in den siebziger Jahren und waren fast ausschließlich im Sportsektor zu beobachten.[171]

Gesponsert wurden und werden hauptsächlich medienträchtige Sportarten, obwohl sich allmählich ein Wandel vom Quantitativen hin zum Qualitativen vollzieht. Anhand einer Repräsentativstudie des Sample-Institutes im Jahre 1992, die im Anschluß an die Olympischen Spiele durchgeführt wurde, lässt sich verdeutlichen, welche öffentliche Akzeptanz das Sponsoring innerhalb der einzelnen Sportarten erfährt.

Das **Kultur-Sponsoring** erstreckt sich insbesondere auf den Musikbereich, das Theater, Bildende Kunst und Literatur. Die Ausgaben in dem Kulturbereich betragen nur ein Viertel der Ausgaben des Sport-Sponsorings. Allerdings wird für die nächsten Jahre eine stärkere Bedeutung des Kultur-Sponsorings prognostiziert.[172]

---

[170] Vgl. Weis, H.-C.: Marketing, a.a.O., S. 463.
[171] Vgl. Auer, M./ Horrion, W./ Kalweit, U.: Marketing für neue Zielgruppen:Yuppis, Flyers, Dinks, Woopies, a.a.O., S. 134.
[172] Vgl. Kotler, P./ Bliemel, F.: Marketing-Management, a.a.O., S. 1043.

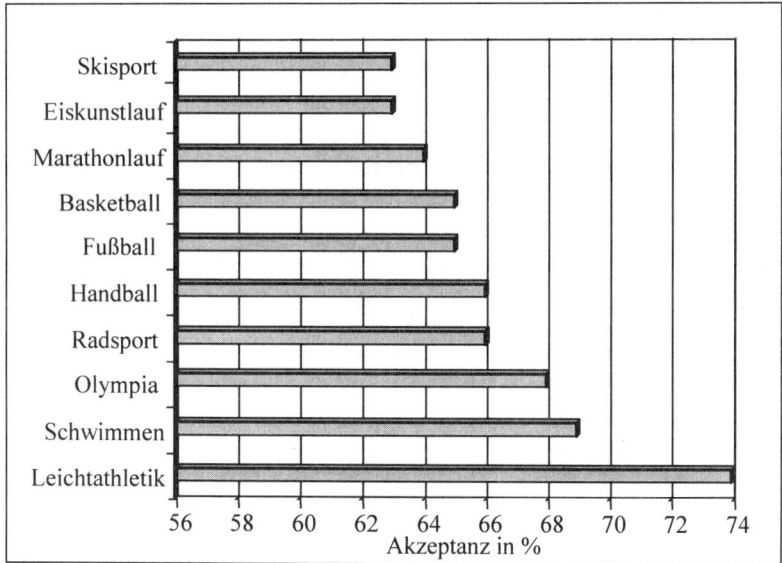

Abb. 77: Sponsoringpräferenzen beim Sport[173]

Durch das **Soziale-Sponsoring** werden Personen, Institutionen und Veranstaltungen gefördert, um gesellschaftlichen und sozialen Anforderungen gerecht zu werden. Speziell in den Bereichen Umwelt, Gesundheit, Lehre und Forschung werden Sponsoren tätig, wobei erwähnt werden muss, dass gerade dieser Bereich in der BRD noch stark unterentwickelt erscheint.

Sponsoring birgt auch einige Risiken, die sich insbesondere bei der Verfolgung des Imagezieles manifestieren. Sie können zum einen durch Unstimmigkeiten/ Unglaubwürdigkeiten in der Verbindung von Gesponsertem und Sponsor begründet sein. Hier wird von einem Mangel an Affinität gesprochen. Zum anderen muss die Gefahr einkalkuliert werden, dass der Transfergeber (Gesponserter) seinerseits Imageschäden erleiden kann. Dies ist häufig bei Sport-Sponsoring zu beobachten, da ein Sportler für den Transfernehmer ineffizient werden kann durch z.B. Erfolglosigkeit, Skandale (Bestechung, Doping u.ä.). Bevor Sponsoring als Instrument eingesetzt wird, sollte auf jeden Fall überprüft werden, ob auch wirklich eine positive Werbewirkung erzielt wird, da die generelle Gefahr der Negativeffekte besteht. Hierbei würden die Zielpersonen die Hinweise auf den Sponsor oder dessen Auftreten im Rahmen der Veranstaltung als so aufdringlich und deplaziert empfinden, dass eine aversive Reaktion ausgelöst werden würde.[174]

Durch die Assoziation eines Markennamens mit dem guten Image eines Sponsoring-Empfängers resultiert sich der Nutzen für den **Sponsor mit Online-Medien**. Ähnlich einer Anzeigenwerbung wird dem Sponsor Werbefläche zur Verfügung gestellt. Auf dieser wird jedoch keine Werbebotschaft, sondern lediglich das Logo des Sponsors bzw. seiner Marke dargestellt. Ein Beispiel dafür ist das E-Mail-Sponsoring, wobei am Ende einer jeden E-Mail das Logo und evtl. ein kurzer Werbeslogan des Betreiber, z.B. Yahoo, erscheint.

---

[173] Sportsponsoring- Bekannt und akzeptiert. In Absatzwirtschaft Nr. 2/ 1993.

[174] Vgl. Tietz, B.: Marktbearbeitung morgen - Neue Konzepte und ihre Durchsetzung, Landsberg am Lech 1988, S. 438.

3.4.3 Verkaufsförderung

Gemessen am finanziellen Aufwand folgt auf die Werbung die Verkaufsförderung oder Sales Promotions. Im Gegensatz zur Werbung, die Abnehmer zum Kaufen bewegen soll, bezieht sich die Verkaufsförderung vornehmlich auf die Absatzpartner und soll diese zum Verkaufen motivieren. Man unterscheidet drei Aktionsgebiete der Verkaufsförderung, die den Absatz eines Produktes bzw. einer Unternehmung **kurzfristig** beeinflussen sollen:

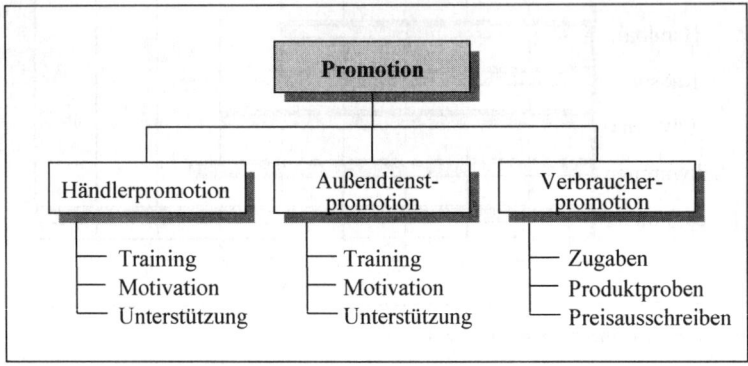

Abb. 78: Arten der Promotion

(1) Händlerpromotion / Dealerpromotion

Diese Verkaufsförderungsmaßnahmen zielen auf Handelsunternehmen bzw. deren einzelne Mitglieder. Zur **Ausbildung und Information des Handels** werden Schulungen und Ausbildungen bezüglich der Leistungen und der Präsentation eines Produktes durchgeführt, Tagungen und Händlertreffen organisiert, Händlerzeitschriften verfasst usw. Eine weitere Aufgabe ist die **Beratung und Unterstützung bei der Ausgestaltung der Verkaufsräume** durch das zur Verfügungstellen von Displays (z.B. Bodenkleber, Aufsteller, Hinweisschilder, Aufkleber, Packungsattrappen), die Warenplatzierung, Gestaltung der Verkaufsflächen etc. **Preislich** werden die Händler durch Kalkulationshilfen, betriebswirtschaftliche Beratung und Verkaufsaktionen, wie z.B. Naturalrabatte, Einführungsaktionen, Price-off, **unterstützt**. Schließlich sollen die Händler durch Händlerpreisausschreiben, Produktdemonstrationen, ausgearbeitete Aktionsprogramme, Wettbewerbe der Schaufenstergestaltung, der Händler untereinander u.ä. zu intensiveren Verkaufsbemühungen **motiviert** werden. Der Versuch, den Handel zu befähigen seine Verkaufsaufgaben besser wahrnehmen zu können, ist besonders bei der Einführung von neuen Produkten wichtig.

(2) Außendienstpromotion / Staff Promotion

Die Maßnahmen der Außendienstpromotion ähneln denen der Händlerpromotion stark. Hier wird ebenfalls versucht, durch **Schulungen** der Außendienstmitarbeiter den Kenntnis- und Informationsstand über Produkte und das Unternehmen zu verbessern. Diese Schulungen erstrecken sich bis hin zu Verkaufsgesprächsführung, Verkaufstechniken, Sprech- und Dekorationstechniken. Durch Ausstattung mit Preislisten, Katalogen, Prospekten, Proben und Mustern werden die Außendienstmitarbeiter **unterstützt**. Besondere Bedeutung wird der **Motivation** der Außendienstmitarbeiter durch Prämien,

Provisionen sowie der Auszeichnung der besten Verkäufer in Wettbewerben zugemessen. Den Händlertreffen gleichen die Verkaufstreffen, auf denen z.B. neue Produkte und erfolgreiche Verkaufstechniken vorgestellt werden.[175]

(3) Verbraucherpromotion / Consumer Promotion

Verbraucherpromotions dienen dazu, einen direkten Kontakt zwischen Abnehmer und Produkt zu schaffen und einen zusätzlichen Anreiz zu bieten. Die verbreitetsten Formen sind Preisausschreiben, Gewinnspiele, Probenverteilungen und Autogrammstunden. Eine besondere Form stellen die Verbraucherpromotions am Verkaufsort, dem Point of Purchase (**PoP**) dar. Durch Displays mit medialem Charakter wird der Käufer am Verkaufsort an den ersten Anstoß durch die Werbung erinnert und soll auf diese Weise den letzten Anstoß zum Kauf erhalten. Der Übergang von Werbung der Verbraucher und Verbraucherpromotions ist fließend, weshalb man in der Praxis auch eine Zusammenfassung zu dem Begriff "PoP-Werbung" findet.[176] Die folgende Übersicht (Abb. 79) stellt einige Verbraucherpromotions in ihrer Wirksamkeit vor und gibt auch Auskunft über die Rechtslage. Dies ist aus dem Grund nicht zu vernachlässigen, da es sich bei Verbraucherpromotions häufig um Zugaben handelt, die im rechtlichen Rahmen zulässig sein müssen.

Promotions	Beschreibung	Wirksamkeit	Rechtslage
Produktproben	kurzzeitige Probenverteilung des geförderten Produkts an der Haustüre, in Geschäften oder auf Anforderung des Verbrauchers	wirkungsvoll bei bisherigen Nichtkäufern und bei der Einführung neuer Produkte	Größe der Probepackung muss zur Erprobung tatsächlich notwendig sein, andernfalls unlauterer Wettbewerb
Zugaben	Vergabe von Waren, Gutscheinen etc. beim Kauf des geförderten Produktes	durchschnittliche Umsatzerfolge ohne langfristige Wirkung	Wert der Zugabe unterliegt gesetzlichen Beschränkungen
Gewinnspiele	der Produktkauf schließt die Teilnahme an einem Wettbewerb und die Chance eines Gewinns ein	schnelle Umsatzanstiege, aber kurzfristig (Erfahrungswert: bis zu 30% Umsatzanstieg in der ersten Woche)	Produktkauf als Voraussetzung zur Teilnahme am Wettbewerb ist gesetzeswidrig
Demonstrationsverkauf	Demonstration und Verkauf des Produktes durch Propagandisten, Passantenwerber sowie auf privaten oder öffentlichen Verkaufsparties	gute Umsatzerfolge, aber nur kurzfristig	Passantenwerbung verstößt gegen die guten Sitten und ist daher unzulässig
Merchandising	besondere Platzierung und Hervorhebung des geförderten Produktes am Verkaufsort (PoP) durch Displays, Dia-Einsatz u.a.m.	Umsatzsteigerungen von durchschnittlich 40 bis 50%	keine Probleme

Abb. 79: Einige Maßnahmen von Verbraucherpromotions und ihre rechtliche Beurteilung[177]

---

[175] Vgl. Weis, H.-C.: Marketing, a.a.O., S. 488 f.
[176] Vgl. Bänsch, A.: Einführung in die Marketing-Lehre, a.a.O., S. 213.
[177] Böcker, F.: Marketing, a.a.O., S. 370.

Wie aus dem bisher Gesagten ersichtlich wird, ist eine eindeutige Abgrenzung der Sales Promotions einerseits gegenüber der Werbung und andererseits gegenüber den anderen Marketing-Instrumenten schwierig, da die Sales Promotions teilweise mit der Werbung verschmelzen und distributions-, preis- bzw. produktpolitische Dimensionen aufweisen.

3.4.4 Public Relations - Öffentlichkeitsarbeit

Um den Begriff Public Relations sinnvoll zu definieren, ist es notwendig, die Abgrenzungsschwierigkeiten zu anderen Kommunikationsprozessen und -maßnahmen zu beachten. So ist es günstiger, eine eher weitgefasste Definition zu wählen. Öffentlichkeitsarbeit wird dann verstanden als Gesamtheit der Maßnahmen, die ergriffen werden, um die Austauschprozesse eines Unternehmens mit der Umwelt positiv zu beeinflussen und sogar eine potentielle Interessenidentität mit der Zielgruppe herstellen zu können.[178]

Im Vordergrund der Public Relations stehen weniger die Informationen über einzelne Produkte, als vielmehr die systematische **Darstellung der gesamten Unternehmung**. Folglich wird nicht nur die Absatzpolitik eines Unternehmens beeinflußt, sondern auch alle anderen Teilbereiche der Unternehmenspolitik (z.B. Beschaffung, Finanzierung etc.) profitieren durch das positive Image gegenüber der Öffentlichkeit. Obwohl hier ein durchaus wichtiges Instrument der absatzfördernden Kommunikation betrachtet wird, ist zu beobachten, dass es weitaus weniger eingesetzt wird als die Werbung. Unverständlich ist hierbei die Tatsache, dass durch geschickte PR-Aktionen viel geringere Kosten erreicht werden als bei vergleichbaren Werbekampagnen. Hinzu kommt, dass z.B. journalistische Textbeiträge, nach Meinung einiger Experten, ein fünffach so **großes Beeinflussungspotenzial** auf Verbraucher aufweisen wie Werbetexte.[179]

Die Gesamtfunktion Public Relations lässt sich im einzelnen in acht Teilfunktionen differenzieren:[180]

- **Informationsfunktion** - Vermittlung von Informationen nach innen (Unternehmung) und nach außen (Öffentlichkeit),
- **Kontaktfunktion** - Aufbau und Aufrechterhaltung von Verbindungen zu allen für das Unternehmen relevanten Lebensbereichen,
- **Führungsfunktion** - Repräsentation geistiger und realer Machtfaktoren und Schaffung von Verständnis für bestimmte Entscheidungen,
- **Imagefunktion** - Aufbau, Änderung und Pflege des Vorstellungsbildes von einem Meinungsgegenstand (z.B. Personen, Organisationen, Sachen),
- **Harmonisierungsfunktion** - Public Relations sollen sowohl zur Harmonisierung der wirtschaftlichen und gesellschaftlichen Verhältnisse als auch vor allem der innerbetrieblichen Verhältnisse (Human Relations) beitragen,
- **Absatzförderungsfunktion** - Anerkennung in der Öffentlichkeit fördert den Verkauf,

---

[178] Vgl. Geisbüsch, H.-G./ Weeser-Krell, L. M./ Geml, R.: Marketing a.a.O., S. 243.
[179] Vgl. Kotler, P./ Bliemel, F.: Marketing-Management, a.a.O., S. 1040.
[180] Vgl. Meffert, H.: Marketing., a.a.O., S. 724 ff.

- **Stabilisierungsfunktion** - Erhöhung der "Standfestigkeit" des Unternehmens in kritischen Situationen aufgrund der stabilen Beziehungen zu den Teilöffentlichkeiten,
- **Kontinuitätsfunktion** - Bewahrung eines einheitlichen Stils des Unternehmens nach innen und nach außen und in der Zukunft.

Grundsätzlich ist nicht nur die Zielsetzung der Public Relations eine andere als bei den alternativen kommunikationspolitischen Instrumenten, auch die Maßnahmen unterscheiden sich. Als die wichtigsten Instrumente der Öffentlichkeitsarbeit sind zu nennen:

- Informationen für Journalisten,
- Abhaltung von Pressekonferenzen,
- Einsatz attraktiv gestalteter Geschäftsberichte,
- Aufstellung von Sozialbilanzen und Verwertung der Ergebnisse in Sozialberichten,
- Herausgabe von Jubiläumsschriften,
- Durchführung von Betriebsbesichtigungen,
- Bau von Sportstätten,
- Errichtung von Stiftungen,
- Förderung wissenschaftlicher Vorhaben.[181]

Auch wenn sich die Instrumente der Public Relations stark von denen der Werbung abheben, haben sie jedoch gemeinsam, dass sie für ein bestimmtes Unternehmen eingesetzt werden und sich positiv auf dessen Absatzbemühungen auswirken sollen. In jedem Unternehmen sollte aus diesem Grunde eine Abstimmung zwischen diesen beiden absatzpolitischen Instrumenten erfolgen, um so die effizienteste kommunikative Wirkung zu erzielen.

Erfolgversprechend sind Public Relations allerdings nur dann, wenn sie den **Grundsätzen der Öffentlichkeitsarbeit** entsprechen, hierzu zählen Wahrhaftigkeit, Offenheit und Informationsbereitschaft. Öffentlichkeitsarbeit basiert auf Realitäten und nicht auf Vorstellungen. Nur wenn diese Prämisse Beachtung findet, erhält die Unternehmung ein profiliertes Image und verliert nicht ihre Glaubwürdigkeit vor der Öffentlichkeit.[182]

Als eine Weiterentwicklung des Vorhabens, mittels der Public Relations ein positives Image in der Öffentlichkeit zu erlangen, kann das **Corporate-Identity**-Konzept gesehen werden. Speziell bei Multinationalen Unternehmen wie auch bei Multiproduktunternehmen ist es häufig zu beobachten, dass deren Image durch eine starke Einseitigkeit geprägt ist, wie z.B. eindeutig identifizierbarer Firmenname und Produkt, möglichst einheitliches Design, Farbe und Auftreten des Unternehmens in der Öffentlichkeit.[183]

3.4.5 Persönlicher Verkauf

Der persönliche Verkauf (**Personal Selling**) ist in bestimmten Phasen des Kaufprozesses eines der wirkungsvollsten Instrumente der absatzfördernden Kommunikation. Eine besondere Rolle spielt es bei der Präferenzbildung, der Einstellungsänderung und der Kaufhandlung an sich. Der persönliche Verkauf kann also als ein zwi-

---

[181] Vgl. Nieschlag, R./ Dichtl, E./ Hörschgen, H.: Marketing, a.a.O., S. 495.
[182] Vgl. Meffert, H.: Marketing., a.a.O., S. 726.
[183] Vgl. Nieschlag, R./ Dichtl, E./ Hörschgen, H.: Marketing, a.a.O., S. 495.

schenmenschlicher Prozess angesehen werden, in dem Marktpartner, insbesondere Käufer, über ein Angebot informiert, von seiner Qualität überzeugt und hinsichtlich der Verwendung und Auswahl beraten werden, um zu einem Kaufvertragsabschluß oder zur Übernahme einer sonstigen Leistung veranlaßt zu werden.[184] Jeder Teilnehmer dieser interaktiven Beziehung kann unmittelbar auf die Wünsche und das Verhalten des oder der anderen eingehen und sein eigenes Verhalten anpassen. Da er sich zu einer Gegenleistung für das Verkaufsgespräch verpflichtet fühlt, steht der potentielle Käufer hierbei unter dem Zwang zu reagieren.

Neben dem Hauptziel, Kaufabschlüsse zu erzielen, übernimmt das Personal Selling diverse **Distributions- und Kommunikationsaktivitäten**:[185]

- Gewinnung von Kundeninformationen,
- Präsentation von Produktinnovationen,
- Darstellung des Unternehmens bei Kunden,
- Verkaufsunterstützung und Verkaufsplanung,
- Tätigkeiten im Zusammenhang mit der Verteilung von Waren.

Der persönliche Verkauf richtet sich gezielt an potentielle Abnehmer, wodurch Streuverluste vermieden werden. Das Verkaufen selbst ist zu einem Beruf für Könner geworden, bei dem grundlegende Kenntnisse und Fähigkeiten professionell beherrscht und angewendet werden müssen. Die Kunst des Verkaufens gliedert sich in sieben Schritte:

1. Suche und Beurteilung von qualifizierten Kunden,
2. Vorannäherung (Informationen über potentielle Neukunden),
3. die Annäherung selbst,
4. Präsentation des Leistungsprogramms und Unterbreitung eines Angebots,
5. Entkräften von Einwänden,
6. der Verkaufsabschluss und
7. die anschließenden Betreuung der Kunden.

Wenn nichterklärungsbedürftige Produkte bereits durch die Werbung einen bestimmten Bekanntheitsgrad erreicht haben, verliert das Personal Selling an Bedeutung. Bei Dienstleistungen und Investitionsgütern, die weitere Erläuterungen erfordern und spezielle Nachfragerwünsche voraussetzen, spielt der persönliche Verkauf dagegen eine wesentliche Rolle. Besonders wichtig ist der Einsatz dieses absatzfördernden Instrumentes bei einer ungenügenden Differenzierung der eigenen Produkte von dem Konkurrenzprogramm und bei einem geringen Marktanteil.

---

[184] Vgl. Weis, H.-C.: Marketing, a.a.O., S. 481.
[185] Vgl. Hill, W.: Marketing 2. Die Marketinginstrumente - Integration des Marketing, a.a.O., S. 183.

3.4.6 Direktmarketing

Das Direktmarketing wird immer noch von den meisten Unternehmen zu Gunsten der Verkaufsförderung, dem persönlichen Verkauf und der Werbung vernachlässigt. Im Rahmen des Direktmarketing werden die Elemente dieser drei Instrumente konzentriert eingesetzt, um direkt und ohne Einschalten von Absatzmittlern einen Verkaufsabschluss zu bewirken. Ziel ist auch hier die Herstellung des persönlichen Kontaktes zu dem potentiellen Kunden.

Die Direct Marketing Association (EURA) definiert Direktmarketing wie folgt:

> "**Direktmarketing** ist ein interaktives System des Marketing, in dem ein oder mehrere Werbemedien genutzt werden, um eine meßbare Reaktion bei den Kunden und/oder Transaktion mit den Kunden zu erzielen, die man an jedem beliebigen Ort erreichen kann".[186]

Ein Werbeträger, z.B. ein Werbebrief, ein Telefonanruf, eine Zeitung etc., fordern den Abnehmer zu einer direkten Auftragserteilung auf. Zu den traditionellen Formen des Direktmarketing zählen die Werbebriefe und die Versandhauskataloge. Mittlerweile existieren die verschiedensten Formen, vom Telefonmarketing bis hin zu elektronischem Shopping per Bildschirmtext oder auf einzelnen Fernsehkanälen.

Die Unternehmen versuchen, durch **Direktmarketing,** oder auch Direktauftragsmarketing, langfristige und lohnende Beziehungen zu Kunden aufzubauen (Vorzugskunden). Beispiele dafür findet man unter Fluglinien und Hotels (bevorzugte Abfertigung, bequemes Inkasso, Treueprämien etc.), die ihr Leistungsangebot an die einzelnen Kunden anpassen.

Diese Form der Absatzförderung spielt in dem Mix der Instrumente immer noch eine untergeordnete Rolle. Einerseits verspricht man sich mehr Gewinn durch die Werbung, die Verkaufsförderung und den persönlichem Verkauf, andererseits ist diese neue Disziplin noch nicht genügend in Unternehmen und Werbeagenturen bekannt. Die Zahl der Werbeagenturen, die Kenntnisse in dem Bereich Direktmarketing anbieten oder sich darauf spezialisiert haben, wächst jedoch ständig.

Auf dem Konsumgütersektor geht die Entwicklung hin zu kleineren Zielmärkten mit sehr individuell ausgeprägten Wünschen und Präferenzen. Der Trend heißt "weg von der Massenbehandlung" der Konsumenten[187] und fördert die weitere Verbreitung des Direktmarketing.

3.4.7 Weitere Formen der Kommunikationspolitik

(1) Clienting

Eine dauerhafte Kunden-Lieferanten-Beziehung, losgelöst vom reinen Transaktionsmarketing, wird oft in der Praxis als immer mehr erstrebenswert angesehen. Um dieses

---

[186] Kotler, P./ Bliemel, F.: Marketing-Management, a.a.O., S. 1108.
[187] Vgl. ebd., S. 1109.

zu verwirklichen, wird sich des Clienting bedient, um attraktive Kunden langfristig an das Unternehmen zu binden.

Damit das erreicht wird, gibt es grundsätzlich drei verschiedene Ansatzpunkte, die in der Praxis kombiniert werden.

1. Gewährung materieller Interessen (z.B. Werbegeschenke, Rabatte, Events)
2. Gewährung sozialer Interessen (z.B. emotionale Beziehungen)
3. Aufbau struktureller Bindungen (Exklusive produktbegleitende Dienstleistungen)

(2) Event-Marketing

Events sind spezielle Ereignisse, die zur Kommunikation zwischen Anbieter und Verbraucher agieren. Häufig wird ein Event für weitere Maßnahmen, wie z.B. Verkaufsförderung, Werbung oder Clienting genutzt.

Zum Beispiel kann ein Hersteller von Hochdruckreinigern den Berliner Fernsehturm mit seinen Produkten reinigen, um die Leistungsfähigkeit seiner Erzeugnisse zu demonstrieren. Zu diesem Ereignis werden Schlüsselkunden exklusiv eingeladen (Clienting). Die Presse wird groß über das Ereignis berichten (Public Relations). Während eines kurzen Zeitraumes kommt ein limitiertes Sondermodell in den Verkauf (Sales Promotion). Selbstverständlich wird auch in den traditionellen Werbeträgern anlässlich des Events geworben (Werbung). Auch Direct-Marketing-Maßnahmen nehmen den Event auf.

(3) Online- und Internet-Marketing

Das Online- / Internet-Marketing wird in der Praxis immer wichtiger und zukunftsentscheidender für den Erfolg eines Unternehmens. Nach einer Studie des Deutschen Multimedia Verbandes dürfte der elektronische Handel mit den Umsätzen aus Werbung und Dienstleistungen in naher Zukunft am Fernsehen vorbeiziehen.[188]

Durch die Globalität des Online-Marketing gibt es praktisch keine gesättigten Märkte mehr. Gleichzeitig werden immer mehr Anbieter in Konkurrenz mit einem immer größeren Preis-, Leistungs- und Produkttransparenz treten.

Die Vorteile des Internet-Marketing bestehen darin, dass eine sehr starke Differenzierung im Hinblick auf die Wünsche des „virtuellen" Kunden möglich wird. Somit können dem „richtigen" Kunden die „richtigen" Produkte durch **Costumer Relationship Management (CRM)** bereitgestellt werden.

Durch After Sales Communikation, z.B. gezielte Zufriedenheitsanfrage, ist ein zielgruppenspezifisch zugeschnittenes Marketing möglich. Damit kann der Marketing-Erfolg wesentlich erhöht werden.

Ein weiterer Vorteil ist die stete Aktualisierung und Aufbereitung der Informationen, auf die online zugegriffen werden kann.

---

[188] Vgl. Meffert, H.: Marketing, a.a.O., S. 753 ff.

4 Die Integration der Marketing-Instrumente zum Marketing-Mix

Die Festlegung des Marketing-Mix ist die letzte Stufe in der Entwicklung der Marketingkonzeption. Die verschiedenen absatzpolitischen Instrumente, die in den vorangegangenen Kapiteln vorgestellt wurden, müssen im Sinne einer vorher definierten Marketing-Strategie aufeinander abgestimmt werden. Damit kommt dem Marketing-Mix die Aufgabe zu, die Zielerreichung durch die Umsetzung der Marketing-Strategie in operative Maßnahmen sicherzustellen. Es bildet so die taktische Komponente der Marketingstrategie und beinhaltet die zu einem bestimmten Zeitpunkt getroffene Auswahl von absatzpolitischen Instrumenten.[189] Bei der Zusammenstellung des Marketing-Mix steht nicht die Optimierung eines einzelnen Marketing-Instruments im Vordergrund, sondern vielmehr das Auffinden einer **günstigen Kombination** der zur Verfügung stehenden Instrumente. Dabei ist auch der gezielte Nichteinsatz eines Instrumentes als Alternative heranzuziehen. Das gewählte Marketing-Mix gilt dann als optimal, wenn durch Änderungen bei der Auswahl und Ausgestaltung der absatzpolitischen Instrumente[190] kein besseres Ergebnis im Sinne der Unternehmenszielsetzung mehr möglich ist. Auch wenn diese Definition einfach klingt, ist ihre Realisation komplex und in der Praxis nur schwer zu erreichen, da eine Vielzahl von Aspekten und Abhängigkeiten mit den daraus resultierenden Reaktionen zu berücksichtigen sind.

4.1 Der Instrumenten-Einsatz

Auf der Suche nach einer optimalen Instrumentenkombination sollte, ausgehend von den langfristigen Unternehmenszielen wie Existenzsicherung, Gewinn und Liquidität, die Planung nach folgender Reihenfolge ablaufen:

1. Produkt- und Leistungspolitik,
2. Distributionspolitik,
3. Preis- und Konditionenpolitik,
4. Kommunikationspolitik.

Am Anfang stehen die Überlegungen der **Produktpolitik**. Die Fragen, welche Produkte in welcher Qualität für welche Zielgruppen produziert werden sollen, müssen zuerst beantwortet werden. **Preis-** und **Konditionenpolitik** sowie **Distributionspolitik** sind häufig parallel zu entscheiden, da sie sich gegenseitig beeinflussen. So werden hochwertige technische Gebrauchsgüter eher im Fachgeschäft als in einem Billig-Discounter angeboten werden müssen. Die Unterscheidung der Produkte in Convenience Goods, Shopping Goods und Speciality Goods ist dabei sehr hilfreich.[191]

Produkt- und Distributionsentscheidungen liefern die Grundlage für die Kalkulation der Preise und grenzen den Spielraum für Preise und Konditionen ab. Daran anschließend kann die **Kommunikationspolitik** festgelegt werden, mit deren Hilfe für Bekanntheit und Nachfrage gesorgt wird.

---

[189] Vgl. Meffert, H.: Marketing., a.a.O., S. 969 ff.
[190] Vgl. Bänsch, A.: Einführung in die Marketing-Lehre, a.a.O., S. 305.
[191] Vgl. Geisbüsch, H.-G./ Weeser-Krell, L. M./ Geml, R.: Marketing, a.a.O., S. 342.

Die komplexe Aufgabe, aus der Vielzahl von Marketing-Instrumenten und ihren mannigfachen Modifikationsmöglichkeiten auszuwählen, kann als mehrstufiges Verteilungsproblem aufgefasst werden, und zwar in der Weise, dass das Marketingbudget auf die verschiedenen ziel- oder strategieadäquaten Instrumente aufgeteilt werden muss. Ein solches Verteilungsproblem lässt sich im Prinzip nur stufenweise lösen. Einen Ansatzpunkt dazu liefern die folgenden Entscheidungsebenen:

- **Universaler** Aspekt: Welche Marketing-Instrumente stehen in der konkreten Situation überhaupt zur Verfügung?
- **Selektiver** Aspekt: Welche der zur Verfügung stehenden Instrumente sollen eingesetzt werden?
- **Qualitativer** Aspekt: Wie sollen die einzusetzenden Instrumente gehandhabt werden?
- **Quantitatver** Aspekt: In welchem Umfang sollen die einzusetzenden Instrumente angewandt werden?
- **Kombinativer** Aspekt: In welcher Kombination zueinander sollen die Marketinginstrumente wirksam werden?[192]

Die Feststellung, welche Marketing-Instrumente bzw. welche der zugehörigen Maßnahmen zur Verfügung stehen, ist sowohl eine analytische als auch eine kreative Aufgabe. Die Notwendigkeit dieses Schrittes ergibt sich daraus, dass zum einen die Kenntnisse über die Möglichkeiten der Instrumente vervollständigt werden müssen, und zum anderen nicht für jedes Produkt und jeden Unternehmer alle Marketing-Instrumente mit ihren Ausprägungen sinnvoll und verfügbar sind. Bei einem Massenprodukt des täglichen Bedarfs sind z.B. programmpolitische Nebenleistungen in der Regel schwer zu realisieren und daher nicht verfügbar, ebenso wie für Zigarettenhersteller nicht die Möglichkeit der Mediawerbung im Fernsehen besteht.

Im Rahmen der **analytischen** Phase wird sich herausstellen, dass für bestimmte Hersteller, Branchen etc. bestimmte Marketing-Instrumente generell oder dominant zur Verfügung stehen, andere hingegen nur bedingt oder akzessorisch. **Kreative** Aufgabe ist deshalb einerseits die Erschließung neuer, bisher nicht verfügbarer Marketing-Instrumente und andererseits die Wandlung nicht anwendbarer oder akzessorischer Instrumente in dominante Instrumente.

Die Kenntnis der verfügbaren Marketing-Instrumente ermöglicht die Auswahl, welche in der Regel schon eine grobe Gewichtung beinhaltet, da dieser zweite Schritt in enger Verbindung zur gewählten **Marketing-Strategie** steht. Hat ein Hersteller sich z.B. für die Produktstrategie der Marktdurchdringung entschieden, wird er sich produktpolitischer und preispolitischer Mittel bedienen, um die Verwendungsrate zu erhöhen oder Kunden der Konkurrenz abzuwerben.

Im Laufe der Zeit haben sich einige Marketing-Instrumente oder bestimmte Basiskombinationen für Wirtschaftszweige oder Branchen als besonders geeignet oder effizient erwiesen. Die nächste Abbildung zeigt in einer groben Übersicht solche branchentypischen Basiskombinationen:

---

[192] Vgl. Becker, J.: Marketing-Konzeption, a.a.O., S. 486.

Instrumente	Wirtschaftsbereiche				
	Rohstoffe	Investitions-Güter	Markenartikel	Handel	Dienstl.-Gewerbe
Produktpolitik	●	●	●	○	○
Sortimentsgestaltung und Diversifizierung		○	○	●	
Garantieleistungen		●	●	●	
Kundendienst	●	●	○	●	●
Preispolitik	○	●	○	●	
Rabattpolitik	●		●	●	
Lieferungs- und Zahlungsbedingungen		●		○	
Kreditgewährung	●	●		○	
Werbung	●	○	●	●	●
Verkaufsförderung	●		●		○
Public Relations	●	●	●		
Absatzmethode	●	●	●	○	
Betriebs- und Lieferbereitschaft				○	●
Betriebsgröße				●	●
Standort				●	●

● Besondere Bedeutung   ○ Bedingte Bedeutung

Abb. 80: Schwerpunktmäßiges Anwendungsfeld der Marketing-Instrumente

Die Spalte "Instrumente" zeigt einzelne Maßnahmenbereiche der vier Marketing-Instrumente. Die erfahrungsgemäße Wirksamkeit dieser Marketing-Mixes schließt nicht aus, dass unkonventionelle oder innovative Marketing-Mixes ebenso erfolgreich - wenn nicht erfolgreicher - sein können.

Bis hierher handelt es sich um eine **Grobplanung**, die sich an der übergeordneten Unternehmenszielsetzung und den daraus abgeleiteten Marketing-Zielen und -Strategien orientiert. In der folgenden **Detailplanung** wird die Feinabstimmung der zuvor ausgewählten Instrumente durchgeführt. Von zentraler Bedeutung sind dabei die **qualitative Gestaltung** und die **quantitative Intensität** der Marketing-Instrumente.

Für die **qualitative Gestaltung** wird eine Anzahl von Möglichkeiten erarbeitet, die in ihrer Wirksamkeit beurteilt und gemäß ihrer Wirkungserwartung als erstbeste, zweitbeste etc. geordnet werden. Die qualitative Gestaltung befasst sich mit Fragen, ob z.B. eine Mediawerbung informativ argumentierend oder emotional suggerierend angelegt wird, welche Bedeutung der Verpackungsgestaltung zukommt, welche Absatzmittler eingesetzt werden etc.

In der Regel erfolgt die Planung der **quantitativen Intensität** eines Marketing-Instruments im Anschluß an seine qualitative Gestaltung. Die Quantifizierung hängt von der Wirkungserwartung und den verfügbaren finanziellen Mitteln ab. Ist z.B. eine bestimmte Form der Mediawerbung mit einem entsprechend hohen Wirkungsgrad bewertet worden und der Umfang des Werbebudgets bekannt, kann die mögliche Wiederholungshäufigkeit im Rahmen diese Budgets bestimmt werden.

Durch die Kombination unterschiedlicher qualitativer Gestaltungsmöglichkeiten mit unterschiedlichen quantitativen Intensitäten erhält man sogenannte **Submixes**, die in ihren Effekten auf dem relevanten Markt durchaus gleich sein können. So stellt sich für den Hersteller eines hochtechnischen Spezialprodukts die Frage, ob es für ihn sinnvoller und günstiger ist, einen Vertreter einzustellen oder sich auf zwei Fachmessen im Jahr zu präsentieren.

Die Optimierung solcher Submixes stützt sich dabei auf individuelle Erfahrungswerte, Ergebnisse der Marktforschung und in Modellen statistisch-mathematisch aufbereitete Erfahrungen, die der Simulation der Wirkungsweisen unterschiedlicher Kombinationen dienen.

Auch bei der Submixplanung werden zuerst unterschiedliche Möglichkeiten erarbeitet, die dann mit Hilfe der Marktforschung, z.B. per Experiment, in ihrer Optimalität getestet und bewertet werden. Gemäß diesen Ergebnissen wird eine Auswahl getroffen.

Steht der Submix eines Marketing-Instruments fest, muss eine Entscheidung über seine zeitliche Anwendung innerhalb des Marketing-Mixes gefällt werden. Ähnlich wie bei der Kommunikationspolitik stellt sich die grundsätzliche Frage des pro- oder antizyklischen Einsatzes, d.h. Anpassung an Umsatzveränderungen oder gezieltes Entgegenwirken. Des weiteren ist der genaue Zeitpunkt und auch die Einsatzdauer festzulegen.

Besondere Beachtung muss bei diesen Überlegungen die Reaktionsgeschwindigkeit des Marktes sowie der Beginn, die Dauer und das Ausmaß der Wirkung finden. So wirken erfahrungsgemäß preispolitische Maßnahmen relativ kurzfristig und kommunikationspolitische Maßnahmen relativ langfristig. Aus diesem Grund können preispolitische Maßnahmen für eine kurze Zeit knapp vor der erwarteten Marktreaktion angewandt werden, wogegen kommunikationspolitische Maßnahmen dauerhaft auf Wochen, Monate oder sogar Jahre angelegt sind, und dementsprechend langfristig vor der erwarteten Marktreaktion eingesetzt werden.

Die zeitliche Abstimmung der einzelnen Marketing-Instrumente gestaltet sich schwierig. Hilfreich kann bei der zeitlichen Koordination der Maßnahmen die **Netzplantechnik** sein, da Aktionen und zeitliche Wirkungen in übersichtlicher Form dargestellt werden können. Allerdings sind die gewonnenen Ergebnisse nur dann korrekt, wenn die Reaktionsgeschwindigkeiten und die Wirkungseffekte exakt eingeschätzt wurden.[193]

Um ein realisierungsfähiges Marketing-Mix zu konzipieren, sollte man sich auf jeder Entscheidungsstufe des Beziehungsgeflechts der Marketing-Instrumente bewusst sein. Diese Dependenzen und Interdependenzen im absatzpolitischen Instrumentarium lassen sich in drei Beziehungsebenen gliedern[194], wobei die Abhängigkeiten und Wirkungszusammenhänge innerhalb eines Instruments (intrainstrumental) und der Instrumente untereinander (interinstrumental) Beachtung finden müssen:

---

[193] Vgl. Berger, R.: Marketing-Mix. In: Marketing-Enzyklopädie, Bd. 2, München 1974, S. 607 f.
[194] Vgl. Becker, J.: Marketing-Konzeption, a.a.O., S. 649.

4. Die Integration der Marketing-Instrumente zum Marketing-Mix

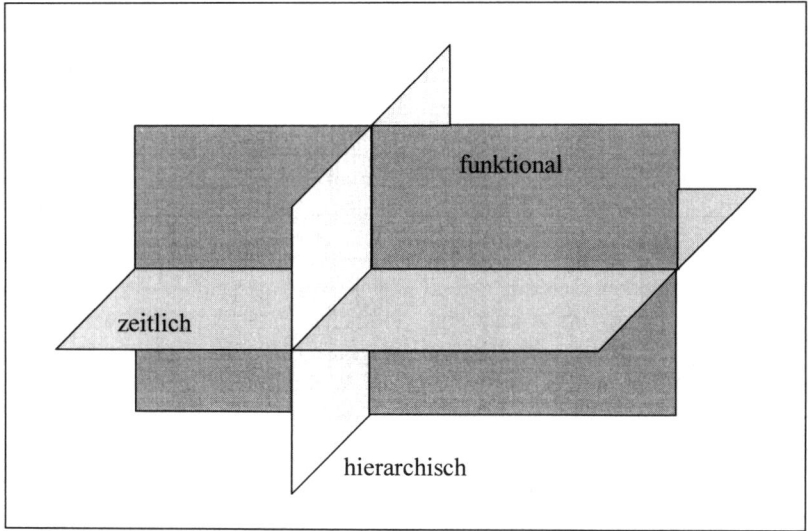

Abb. 81: Beziehungsgeflecht der Marketinginstrumente

(1) Funktionale Beziehungen

Funktionale Beziehungen sind durch inhaltliche Interdependenzen charakterisiert, die grundsätzlich zwischen allen Maßnahmen und allen Marketing-Instrumenten bestehen können. Es lassen sich fünf Beziehungstypen unterscheiden:

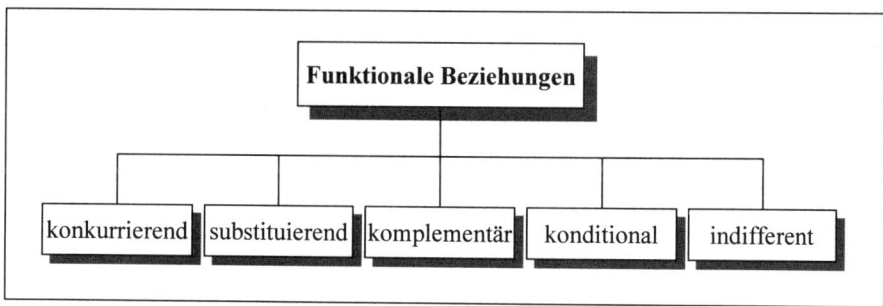

Abb. 82: Funktionale Beziehungen

Konkurrierende Beziehungen bestehen dann zwischen Marketing-Instrumenten oder ihren Maßnahmen, wenn diese sich gegenseitig beeinträchtigen. So lassen sich z.B. aggressive Preispolitik und Ausweitung eines Luxusimages schwer vereinbaren.

Besteht die Möglichkeit, ein Instrument durch ein anderes zu ersetzen und trotzdem die gleiche Wirkung zu erzielen, spricht man von einer **substituierenden** Beziehung. Dabei wird jedoch nicht die vollständige Substitution eines Instruments durch ein anderes verstanden, sondern vielmehr eine periphere Substitution, womit die teilweise Ersetzung eines Instruments durch ein anderes im Rahmen eines Marketing-Mix gemeint ist. Dies ist z.B. der Fall, wenn durch Produktgestaltung die Handhabung eines Produktes soweit vereinfacht werden kann, dass die Beratung im persönlichen Verkaufsgespräch entfällt.

Genauso kann eine Absatzsteigerung entweder durch Preissenkungen, erhöhten Werbeeinsatz oder verstärkte Vertriebsanstrengungen erreicht werden. Bei der Substitutionalität geht man grundsätzlich davon aus, dass ein bestimmtes, meist kurzfristig determiniertes Ziel durch unterschiedliche Mittelkombination erreicht werden kann. Wenn jedoch berücksichtigt wird, dass die einzelnen Instrumente über diesen kurzfristigen Effekt hinaus auch langfristige Wirkungen hervorrufen, so wird klar, dass das Phänomen der Substitutionalität differenzierter gesehen werden muss, "echte" Substitutionalität daher gar nicht existiert.[195]

Ergänzen und fördern sich die Maßnahmen gegenseitig, sind die Beziehungen **komplementär**. Der angestrebte Absatz eines Produktes mit Luxusimage wird durch den Vertrieb im Fachhandel, eine exklusive Verpackung, adäquate Kommunikationspolitik und einen relativ hohen Preis unterstützt. Die Wirkungen der einzelnen Maßnahmen lassen sich hierbei nicht als Summe zusammenfassen, sondern wirken **synergetisch**.

Konditional sind die Beziehungen, wenn der Einsatz eines Marketing-Instrumentes das Vorhandensein eines anderen zwingend voraussetzt, da sonst die angestrebte Wirkung nicht erreicht werden kann. Ohne eine hohe Qualität des Produkts und eine gewisse Vollständigkeit des dazugehörigen Programms, ist der Vertrieb im Fach- und Spezialhandel nicht möglich.

Bestehen zwischen Maßnahmen keinerlei Beziehungen, bezeichnet man sie auch als **indifferent**. Zwischen der Entscheidung für eine Produktmarke und der Entscheidung über die Art der Lagerhaltung besteht auf den ersten Blick keine Beziehung, was jedoch nicht ausschließt, dass im Wirkungsverbund mit anderen Instrumenten nicht doch eine Beziehung existiert. Aus diesem Grund sollte man davon ausgehen, dass echte indifferente Beziehungen in der Praxis eher selten sind.[196]

(2) Zeitliche Beziehungen

Zeitliche Beziehungen lassen sich in vier Beziehungstypen unterscheiden:

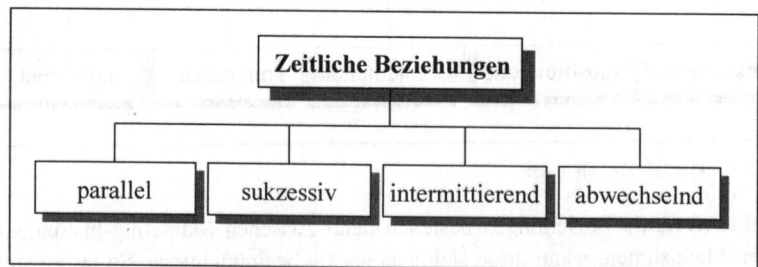

Abb. 83: Zeitliche Beziehungen

Einer der häufigsten Fälle ist die **parallele** Beziehung durch den gleichzeitigen Einsatz verschiedener Marketing-Instrumente. So setzt z.B. der Vertrieb eines nach produktgestalterischen Aspekten ausgereiften Produktes gleichzeitig eine distributionspolitisch sinnvolle Verpackung voraus.

---

[195] Vgl. Engelhardt, W.-H./ Plinke, W.: Marketing, Hagen 1979, S. 361.
[196] Vgl. Becker, J.: Marketing-Konzeption, a.a.O., S. 650.

Kennzeichnend für eine **sukzessive** Beziehung ist der zeitlich versetzte Einsatz verschiedener Instrumente, d.h. ein Instrument wird zeitlich früher eingesetzt, um dem nachfolgenden eine Basis für sein Wirkungsspektrum zu schaffen. Typisches Beispiel für eine sukzessive Beziehung ist die Pull-Methode, die durch den früheren Einsatz der Mediawerbung einen Bedarf vorverkauft, der erst im Anschluß distributionspolitisch befriedigt wird.

Wird ein Instrument fortwährend eingesetzt und ein anderes phasenweise, also mit zeitlichen Unterbrechungen, ist die Beziehung **intermittierend**. Beispielhaft dafür ist der kontinuierliche Einsatz der Mediawerbung, welcher phasenweise durch Verkaufsförderungsmaßnahmen unterstützt wird.

Ersetzt im Laufe der Zeit ein Instrument das andere, ist die Beziehung als **ablösend** gekennzeichnet. Sind die Möglichkeiten zur technisch-funktionalen Gestaltung eines Produktes ausgereizt, verlagern sich diese Bemühungen in den Bereich des Designs.[197]

(3) Hierarchische Beziehungen

Hierarchische Beziehungen entstehen daraus, dass die Marketing-Instrumente je nach Ansatzpunkt eine unterschiedliche Rangordnung haben. Das ist so zu verstehen, dass aus der zwingenden Komplementarität einzelner Marketing-Instrumente ein absoluter Minimalmix entsteht, um überhaupt eine zu vermarktende Leistung zustande zubringen. D.h. Produkt- und Preisgestaltung sowie die Auswahl des Distributionsweges sind obligatorisch, wohingegen Sales Promotions oder besondere Konditionen nicht zwingend sind.[198]

Die Marketing-Instrumente beinhalten dabei jedes für sich unterschiedliche Anteile an **strategischen** (hier im Sinne von strukturbestimmend) und **taktischen** (im Sinne von ablaufbestimmend) Komponenten.[199]

In Abbildung 83 (siehe folgende Seite) ist eine Zuordnung der Marketing-Instrumente zu den taktischen und strategischen Komponenten dargestellt. Die gezeigte Zuordnung ist dabei nicht als feststehend aufzufassen, sondern lediglich als Tendenz, die sich je nach Situation verändern kann.

Hinzu kommt die unterschiedliche Flexibilität der Instrumente, wodurch sich auch eine natürliche Hierarchie ergibt. So lassen sich die Instrumente der Preis- und Kommunikationspolitik leichter und kurzfristiger variieren als z.B. ein bereits installierter Distributionsweg oder ein Produkt mit aufwendiger Entwicklungsphase. Die Begriffe langfristig und kurzfristig sagen dabei an dieser Stelle jedoch nichts über die Wirkung aus. Es ist durchaus möglich, dass kurzfristig variierbare Kommunikationspolitik langfristig wirkt.

Problematisch ist bei all diesen Beziehungen die Tatsache, dass jedem der Marketing-Instrumente nicht nur eine der drei Beziehungsgruppen zuzuordnen ist, sondern eine Kombination der funktionalen, zeitlichen und hierarchischen Beziehungen, die nicht nur innerhalb eines Instruments, sondern auch zwischen den Instrumenten beachtet werden müssen. Es ergeben sich also **intrainstrumentale** und **interinstrumentale** Abhängigkeiten.

---

[197] Vgl. Becker, J.: Marketing-Konzeption, a.a.O., S. 652.
[198] Vgl. Meffert, H.: Marketing., a.a.O., S. 973 f.
[199] Vgl. Becker, J.: Marketing-Konzeption, a.a.O., S. 654 f.

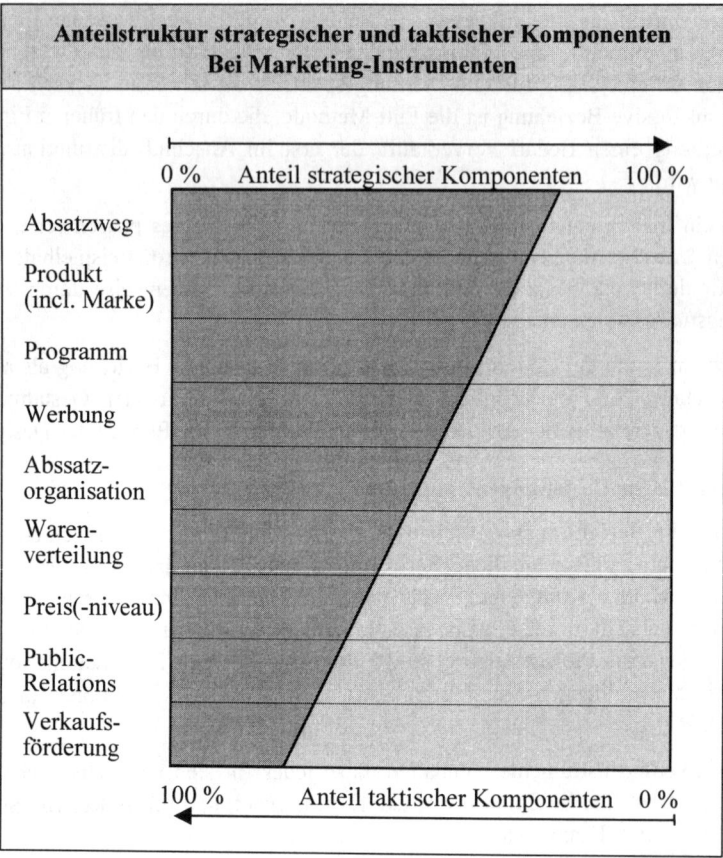

Abb. 84: Anteilsstruktur strategischer und taktischer Komponenten bei Marketing-Instrumenten[200]

Eine weitere Tatsache, die die Abstimmung des Marketing-Mix schwierig gestaltet, ist die Vielzahl der denkbaren Kombinationsmöglichkeiten. Geht man von den vier Marketing-Instrumenten aus und nimmt weiterhin für jedes Instrument nur vier Maßnahmen an, erhält man schon $4^4 = 256$ mögliche Kombinationen. Da die Zahl der Ausprägungen der Instrumentenmaßnahmen jedoch weit größer ist, vermag der Leser sich vorzustellen, welche Dimensionen dieses einzelne Abstimmungsproblem annehmen bzw. welcher kleine Ausschnitt an Möglichkeiten nur betrachtet werden kann.

Zusätzlich besteht das Problem der Ungewissheit, das sich einerseits aus den schwer prognostizierbaren Aktionen und Reaktionen der Umwelt ergibt, und andererseits aus der Schwierigkeit, die Wirkungsweise, Wirkungsausstrahlung und Wirkungsdauer der Marketing-Instrumente und ihrer Maßnahmen im Voraus korrekt einzuschätzen. Man spricht hier von Carry-over-Effekten und Spill-over-Effekten. Bei einem **Carry-over-Effekt** kann sich die Wirkung von Marketing-Maßnahmen teilweise oder völlig in spätere Perioden verlagern.[201] Weitet sich die Wirkung einer Marketing-Maßnahme über den anvisierten Zielbereich hinaus aus, handelt es sich um einen **Spill-over-Effekt**.

---

[200] Becker, J.: Marketing-Konzeption, a.a.O., S. 655.
[201] Vgl. Nieschlag, R./ Dichtl, E./ Hörschgen, H.: Marketing, a.a.O., S. 1038.

Diese Ausstrahlungseffekte können sowohl erwünscht als auch unerwünscht sein und erzeugen neue Konflikte, die gelenkt werden müssen.

Bedenkt man, dass all die genannten Erschwernisse der interdependenten Beziehungen, der hohen Kombinationenzahl und der Ungewissheit, einzeln und im Wirkungsverbund berücksichtigt werden müssen, konkretisiert sich das ungeheuer komplexe und komplizierte Ausmaß des **Abstimmungsproblems** bei einem Marketing-Mix.

Dass es keine "Patentrezepte" für die Problematik bei der Zusammenstellung des Marketing-Mix gibt, sei an einem Beispiel verdeutlicht:

> Ein Hersteller hochwertiger und hochpreisiger Markenoberhemden verzeichnete einen deutlichen Absatzrückgang und entschloß sich, aus diesem Grund die Preise zu senken und die Distribution nicht, wie bis zu diesem Zeitpunkt, nur in Fachgeschäften durchzuführen.
>
> In relativ kurzer Zeit verschwand die Marke komplett vom Markt. Offensichtlich war dies nicht der geeignete Marketing-Mix, um das Absatzpotenzial positiv zu beeinflussen.
>
> Der Hersteller hatte bei dieser Aktion seinem Image nicht das reale Gewicht aus der Sicht des Käufers zugeordnet. Im nachhinein konnte festgestellt werden, dass eine drastische Preiserhöhung und intensive Kommunikationspolitik den Absatz wiederbelebt und das Image noch gesteigert hätten.

An dieser Stelle sollen trotzdem nicht zahllose Beispiele für gelungene oder nicht gelungene Marketing-Mix-Kombinationen aufgezählt werden, obwohl auch diese mit Sicherheit den Kenntnisstand oder den Einblick in das Marketing auf recht interessante Weise erweitern würden.

Ebensowenig lassen sich umfassende, konsistente Ursache-Wirkungs-Gesetze formulieren, allein wenn man einerseits schon die genannte Zahl der Kombinationsmöglichkeiten und dementsprechend viele Wirkungseinflüsse und andererseits die große Bedeutung des menschlichen Verhaltens in allen Lebensbereichen bedenkt, welches nie völlig ergründbar sein wird.[202]

Trotzdem wird versucht, mit Hilfe von Marketing-Mix-Modellen die Wirkungszusammenhänge nachzuempfinden, um nicht gezwungen zu sein, ständig einen individuellen Lern-Prozess nach dem Prinzip des "learning by doing" zu durchlaufen. Daher beinhalten diese Marketing-Mix-Modelle theoretische Bezugspunkte, um das praktische Lernen zu verkürzen.[203]

4.2 Das Marketing-Mix im Produktlebenszyklusmodell

Angelehnt an den Produktlebenszyklus lässt sich ein **Beschreibungsmodell** darstellen, welches jedoch nicht zu Prognosezwecken geeignet ist. Vielmehr wird darin aufgezeigt, auf welche Marketing-Instrumente und deren Kombination die Betonung in der jeweiligen Phase gelegt werden sollte.

---

[202] Vgl. Husemeyer, C.-H.: Die Anwendung von Marketing-Modellen, Stuttgart 1975, S. 14.
[203] Vgl. Koppelmann, U.: Marketing. Einführung in Entscheidungsprobleme des Absatzes und der Beschaffung, 3. Auflage, Düsseldorf 1991, S. 98.

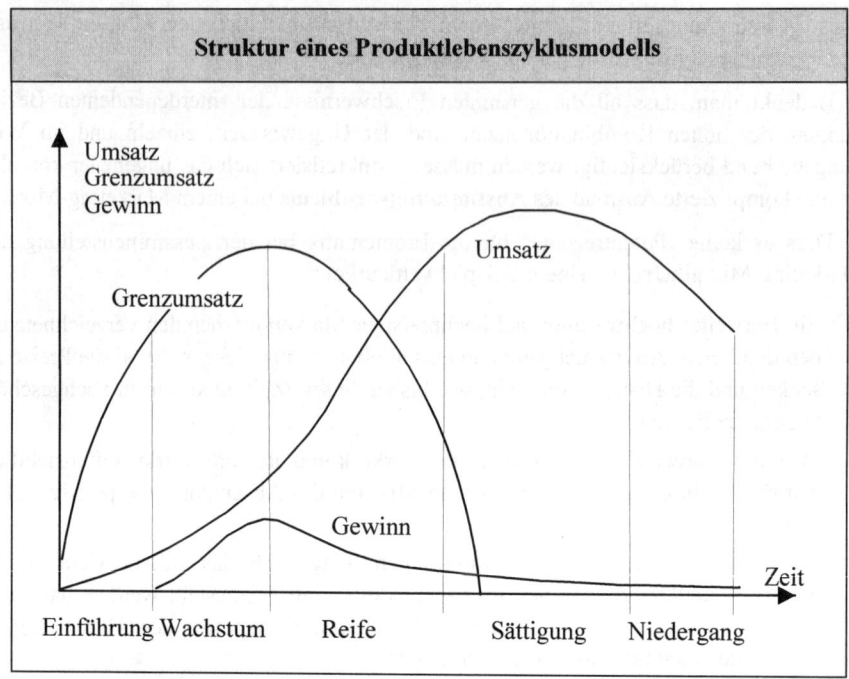

Abb. 85: Die Struktur eines Produktlebenszyklusmodells[204]

Da sich der Umsatz aus den Faktoren Preis und abgesetzte Menge zusammensetzt, lässt sich ein Bezug zum Absatzpotenzial herstellen. Die Umsatzkurve kann sich dabei sowohl auf ein einzelnes Produkt als auch auf eine Branche beziehen.

Den einzelnen Phasen werden nun qualitativ und quantitativ Instrumente zugeordnet. In dieser Übersicht wird dabei die Distributionspolitik vernachlässigt, aber dafür eine Einschätzung über den Grad der Anstrengungen unter dem Begriff Aktivitätsniveau und die zu verfolgende Marketing-Strategie gegeben.

Ausgehend von einem Produkt im Range einer Marktneuheit mit monopolähnlicher Stellung, kommt der Kommunikationspolitik bei der **Einführung** erstrangige Bedeutung zu, um überhaupt eine Einführung auf dem relevanten Markt zu bewirken und dies möglichst schnell.

In der Realität möchte man nicht wie bei dem skizzierten Kurvenverlauf bei Null beginnende, langsam wachsende Umsätze erreichen. Aus diesem Grund versucht man nach der **Pull-Methode** durch Vorauswerbung einen Nachfragestau zu bewirken, der den Handel zwingt, das Produkt zu akzeptieren und anzubieten.

Gleichzeitig wird durch Betonung der handelsorientierten Sales Promotions der **Push-Effekt** hervorgerufen. Die Distributionspolitik wird produkt- und käufertypadäquat gestaltet, um für die nötige Präsenz des Produktes zu sorgen, den Präferenzen der innovationsorientierten Verbraucher gerecht zu werden und das Produktimage zu fördern. Da der Preis für "Konsumpioniere" meist von nachrangiger Bedeutung ist, lässt er sich relativ hoch ansetzen.

---

[204] Vgl. Koppelmann, U.: Marketing, a.a.O., S. 99.

Phasen\Charakteristika	Einführung (Introduction)	Wachstum (Growth)	Reife (Maturity)	Sättigung (Saturation)	Niedergang (Decline)
Aktivitätsniveau	sehr hoch	hoch	mittel	mittel	gering
Preispolitik	hoher Preis	hoher Preis, geringe Preisvariation	Preisvariation	Preisvariation	fester Preis
Werbepolitik	sehr bedeutend	bedeutend	noch bedeutend	weniger bedeutend	unbedeutend
Produktpolitik	Produkt unverändert	leichte Modifikation (Behebung von technischen Mängeln)	Produktverbesserung, -differenzierung, um Attraktivität der Produkte zu steigern	Modifizierung und Differenzierung, um Attraktivität der Produkte zu steigern	neue Produkte (Substitute) drängen auf den Markt
Verfolgte Strategien	Kreation eines neuen Marktes	Ausdehnung des Marktvolumens	harter Kampf um Marktanteile. Bildung von Markentreue beim Verbraucher	harter Kampf um Marktanteile	Aufrechterhaltung eines Rumpfmarktes

Abb. 86: Einige Instrumentalzuordnungen in einem fünfphasigen Produktlebenszyklusmodell[205]

Durch das Eindringen der ersten Konkurrenten auf den Markt während der **Wachstumsphase** kommt im Marketing-Mix der Produkt- und der Preispolitik die Hauptaufgabe zu, eine Distanz zu Nachahmerprodukten zu schaffen. Produktpolitisch werden "Kinderkrankheiten" ausgemerzt und Verbesserungen vorgenommen. Durch Preisvariation sollen neue Käuferschichten angesprochen werden. Die Erweiterung der Distribution ergibt sich von selbst aus der Absatzzunahme.

In der **Reife(phase)** führt das ausgereifte Produkt zu Produktvereinheitlichungen. Dieser Tatsache versucht man durch Imagewerbung und Differenzierung des Produktäußeren zu begegnen und die Attraktivität des Produktes auf diese Weise zu steigern. Die Möglichkeiten, das Produkt selbst in diesem Stadium zu verändern, sind durch seine Reife begrenzt. Die bisher angewandte Kommunikationspolitik verliert durch zunehmende Gewöhnung an Wirkung. Ein Stretching der Reifephase durch die Produkt- und Kommunikationspolitik lässt sich nur bewirken, wenn

- die Verwendungsintensität bei den bisherigen Verwendern gesteigert wird,
- neue Verwendungszwecke kreiert werden, die den bisherigen Verwendern nutzen,
- sich neue Verwenderkreise finden,
- sich grundsätzlich neue Anwendungsmöglichkeiten des Produktes oder seines Grundmaterials eröffnen.

Die Bedeutung der Preispolitik nimmt grundsätzlich während der Reife zu, was sich einerseits in der Höhe der direkten Preiselastizität zeigt, und andererseits in zunehmendem Konkurrenzdruck, der in der hohen Kreuzpreiselastizität seinen Ausdruck findet. Werden also Preiszugeständnisse gemacht, damit sich der Markt weiterhin auf-

---

[205] Vgl. Koppelmann, U.: Marketing, a.a.O., S. 101.

nahmebereit zeigt, müssen entsprechende Mittel für die massive Ausweitung der Distributionskanäle zur Verfügung gestellt werden.[206]

Die **Sättigung** ist gekennzeichnet durch stagnierende Umsätze. Eine Verlängerung dieses Stadiums kann mit Hilfe der Produktpolitik realisiert werden. Die Produktänderungen sollen dabei jugendliche Dynamik, Fortschrittlichkeit und neue Formen des Erlebens demonstrieren und beschränken sich in der Regel auf die äußere Erscheinung. Unterstützend wird Kommunikationspolitik eingesetzt, die das "alte und unmoderne" Produkt erneut positiv besetzt. Diese Vorgehensweise wird z.B. immer wieder erfolgreich bei den Marken "Nivea" und "Persil" angewendet. Besteht nicht die Aussicht, das Umsatzniveau durch diese Maßnahmen hoch zu halten, konzentriert man sich auf die Preispolitik und versucht durch Preissenkungen, die Nachfrageelastizität auszunutzen. An diesem Punkt kann man davon ausgehen, dass das Produkt nicht mehr marktgerecht ist und sich auch durch alle Anstrengungen in distributions-, produkt- und kommunikationspolitischer Hinsicht keine signifikanten Reaktionen mehr provozieren lassen.

Die Phase des **Niedergangs** ist erreicht, wenn die Wirksamkeit aller Marketing-Instrumente sehr gering ist. Allerdings lohnt sich der Versuch, kommunikationspolitische Schwächen des auslaufenden Produkts einzugestehen und den Stärken beim Nachfolgeprodukt gegenüberzustellen, um Markentreue auf das neue Produkt umzuleiten. In dieser Weise wurde der Wechsel vom "VW-Käfer" zum "VW-Golf" erfolgreich praktiziert.

Versteht man es, anhand des Produktlebenszyklus seine Entwicklungen so zu timen, dass das Wachstum des neuen Produktes zeitlich in die Rückgangsphase des alten Produktes fällt, lässt sich ein Umsatz- und Gewinnniveau von gleichmäßiger Höhe schaffen.

Weil dieses Modell für das Marketing-Mix so plausibel scheint, findet es sich häufig sowohl in der Praxis als auch in der Theorie. Dennoch ist die Richtigkeit und Leistungsfähigkeit des Produktlebenszyklusmodells für die hier gestellte Aufgabe noch nicht bewiesen. Es seien daher hier auch einige kritische Aspekte angemerkt:

- Bei den protokollierten Umsatzkurven handelt es sich um die Ergebnisse bereits eingesetzter Marketing-Mix-Kombinationen. Eine Umkehrung der Abhängigkeit ist nicht selbstverständlich.

- Betrachtet man die Kurvenverläufe aus der Vergangenheit oder von noch existierenden Produkten, ergeben sich die unterschiedlichsten Kurvenverläufe, die nicht als Grundlage für Gesetzmäßigkeiten geeignet sind. Bei dem Modell des Produktlebenszyklus herrscht also ständig die Situation, als ob man mit dem Auto vorwärts fährt und sich dabei aber an dem orientiert, was man im Rückspiegel sieht.

- In der Sättigungsphase besteht die Gefahr der "self-fullfilling-prophecy", da die Möglichkeit existiert, durch den typischen Instrumenteneinsatz den Niedergang selbst herbeizuführen. Aufgabe sollte es jedoch in dieser Phase sein, der Stagnation einen Kick zu neuerlichem Aufschwung zu geben.

- Die Veränderlichkeit der Umwelt hat in diesem Modell keinen Platz.[207]

---

[206] Vgl. Bänsch, A.: Einführung in die Marketing-Lehre, a.a.O., S. 258.
[207] Vgl. Koppelmann, U.: Marketing, a.a.O., S. 101.

Aus diesen Gründen ist das Modell des Produktlebenszyklus, wie bereits eingangs erwähnt, nicht für Prognosezwecke geeignet, sondern vielmehr als Orientierungshilfe für den situationsspezifischen Instrumenteneinsatz.

4.3 Modelle zum Marketing-Mix

Es gibt neben diesem Modell noch eine ganze Anzahl weiterer Modelle, die sich in verschiedene Kategorien einteilen lassen.

Quantitative Optimierungsmodelle können nach der Anzahl der einbezogenen Instrumente in **monoinstrumentale** und **polyinstrumentale** Modelle differenziert werden. Durch die gleichzeitige Berücksichtigung mehrerer Marketing-Instrumente lassen sich die polyinstrumentalen Modelle auch als Marketing-Mix-Modelle bezeichnen.

Mehrstufige Modelle unterscheiden sich von **einstufigen Modellen** durch ihre **sequentielle** Vorgehensweise. Ausgehend von einem gedanklich oder faktisch fertiggestellten Produkt, wird die Planung der verbleibenden Marketing-Instrumente durchgeführt.

Statische Modelle optimieren abstrahiert von der Zeit, so dass sich alle Variablen auf dieselbe Periode beziehen. Im Gegensatz dazu wird bei **dynamischen Modellen** die Zeit besonders berücksichtigt, z.B. die Bedeutung der Zeit für Carry-over-Effekte bei der Kommunikationspolitik. Zu der Kategorie der **Informationsmodelle** gehören deterministische und stochastische Modelle.

- In **deterministischen Modellen** werden den einzelnen Instrumenten eindeutige Wirkungen zugeordnet. Sie arbeiten mit dem Begriff der Sicherheit und bieten den umfassenden Informationsstand.

- **Stochastische Modelle** operieren mit Eintrittswahrscheinlichkeiten, die den Wirkungseffekten der einzelnen Instrumente und Variablen zugeordnet werden. Sie beziehen sich sowohl auf Entscheidungen unter Risiko als auch auf Unsicherheitssituationen, bei denen keine Wahrscheinlichkeiten angegeben werden können.

Eine andere Einteilung kann nach dem Zweck und der Technik, wie in der folgenden Aufzählung, erfolgen. Dadurch werden die Möglichkeiten, die Entscheidungsfindung zu unterstützen, wesentlich erweitert.

Unterscheidung nach dem **Zweck**:

1. **Deskriptive Modelle**

   - Markow-Prozess
   - Warteschlangenmodell
   - Simulation

2. **Entscheidungsmodelle**

   - Differentialrechnung
   - Spieltheorie
   - Mathematische Programmierung
   - Statistische Entscheidungsmodelle[208]

Unterscheidung nach der **Technik**:

1. **Verbale Modelle**

---

[208] Vgl. Ehrmann, H.: Marketing-Controlling: Modernes Marketing für Studium und Praxis, a.a.O., S. 247.

2. **Graphische Modelle**

- Feedbacksysteme
- Entscheidungsbaum-Modelle
- Diagramme funktionaler Beziehungen
- Netzplantechnik
- Kausalanalyse
- Flussdiagramme

3. **Mathematische Modelle**

- Lineare vs. nichtlineare Modelle
- Statistische vs. dynamische Modelle
- Deterministische vs. stochastische Modelle

4.4 Mathematische Modelle

Hauptaufgabe eines Modells ist es, durch Abstraktion und Aggregation die Realität vereinfacht abzubilden, ohne dass das Resultat gravierend von der Realität abweicht. Die Abstraktion löst die bedeutsamsten Aspekte aus dem Gesamtkomplex heraus und ermöglicht einen besseren Überblick und leichteres Verständnis. Ein Marketing-Mix-Modell soll der Unternehmensführung auf diese Weise als Entscheidungshilfe dienen. Wesentlich ist dabei die realistische Erfassung der relevanten Instrumente und Umweltvariablen in ihrer richtigen Bedeutung und entsprechenden Interdependenzen.

Welche Probleme diesbezüglich existieren, wurde bereits im vorangegangenen Kapitel erläutert. Grundsätzlich lässt sich jedoch feststellen, dass eine absolute Abbildung von realen betriebswirtschaftlichen Problemen durch ein Modell weder erreichbar noch notwendig ist.

An ein Modell werden folgende Anforderungen gestellt:

1. **Realitätsnähe**

Die durch Abstraktion und Aggregation von Beziehungen und Eigenschaften entstehenden Fehlerquellen sollten im Rahmen des Möglichen minimiert werden.

2. **Flexibilität**

in der Struktur, d.h. besonders im Abstraktionsgrad und im dynamischen Ablauf.

3. **Operationalität**

Diese steht meist im Widerspruch zur Realitätsnähe. Hier muss ein Kompromiss gefunden werden.

Da Werbung und Preis zu den wichtigsten Stellgrößen eines Marketing-Mix-Modells gehören, sollen ihre Interdependenzen und Interaktionseffekte Gegenstand der folgenden Betrachtungen sein, die ausschnittsweise einige Modelle beinhalten.[209]

Der wohl bekannteste Beitrag zur Interaktion zwischen Preis und anderen Marketing-Instrumenten ist das **Dorfmann-Steiner**-Optimalitätstheorem. In bezug auf die Preis-Werbe-Interaktion besagt es, dass im Optimum von Preis und Absatzförderungsbudget der Teil des Umsatzes für die Absatzförderung eingesetzt werden muss, der dem Verhältnis von Absatzförderungselastizität zur Preiselastizität entspricht.

Dieses Theorem ist bei entsprechender Zielsetzung wie z.B. Gewinnmaximierung hilfreich und gibt dem Entscheider eine unmittelbare Handlungsempfehlung. Es ist

---

[209] Vgl. Simon, H.: Marketing-Mix-Interaktion, Working Paper, Universität Mainz, 04-90, S. 1.

jedoch nicht als allgemeine Entscheidungshilfe oder Handlungsrichtlinie zu sehen. Aus dem Dorfmann-Steiner-Theorem kann man jedoch in bezug auf die Preis-Werbe-Interaktion den Aspekt der Konsistenz ableiten. Man spricht von Preis-Werbe-Konsistenz, "... wenn ein relativ hoher Preis mit relativ hoher Werbung einhergeht. Die Relativierung bezieht sich dabei jeweils auf die Konkurrenz."[210]

So ist aus dem Theorem abzuleiten, dass ein hohes Preisniveau mit hohem Werbebudget und ein niedriges Preisniveau mit einem niedrigen Werbebudget einhergehen sollte. In der Praxis findet sich dieser Aspekt insofern bestätigt, "... als Firmen, die sich in diesem Sinne konsistent verhalten, deutlich höhere Renditen erzielen".

Soll das Dorfman-Steiner-Theorem als Entscheidungsregel für die optimale Höhe des Preises und des Werbebudgets dienen, müssen spezielle Annahmen über die Marktreaktionsfunktion und die Kostenfunktion getroffen werden.[211] Als Marktreaktionsfunktion werden oft additive oder multiplikative Ansätze gewählt.

4.4.1 Grundmodelle zur Verknüpfung von Werbung und Preis

Bei den verschiedenen Ansätzen der formalen Darstellung der Interaktion von Werbung und Preis gilt die Absatzmenge/-höhe x oder der Marktanteil m der jeweiligen Marke einer Unternehmung als die zu erklärende Variable (Kriteriumsvariable). Diese soll durch Marketing-Aktivitäten, in diesem Fall Preis p und Werbung A, als erklärende Variablen (Prädikatorvariablen) bestimmt werden. Im folgenden werden die Grundmodelle zur Verknüpfung dieser beiden Variablen dargestellt.

(1) Additive Verknüpfung von Werbung und Preis

Eine einfache Hypothese über den Zusammenhang zwischen Preis, Werbung und abgesetzter Menge ist die Preis-Werbe-Response-Funktion:

(1) $$x = a + b \cdot p + c \cdot \ln A$$

x = Absatzmenge
p = Preis
A = Werbebudget
a, b, c = Parameter
$\ln$ = natürlicher Logarithmus

Hier wird die Höhe des Werbebudgets als Maß für die Werbeintensität genommen. Die mit zunehmendem Werbebudget abnehmende Grenzwirkung oder Grenzresponse der Werbung wird durch den Logarithmus abgebildet.[212]

Jedoch beinhaltet die additive Responsefunktion wie z.B. Gleichung (1) keine Interaktionseffekte zwischen Werbung und Preis,[213] denn jedes Instrument liefert einen unabhängigen Wirkungsbeitrag, und es findet lediglich bei Variation eines Instruments eine Parallelverschiebung des anderen statt. Folglich wird der Wirkungsverbund nicht erfasst.

---

[210] Vgl. Simon, H.: Preis-Management: Analyse, Strategie, Umsetzung, 2. Aufl., Wiesbaden 1992, S. 639.
[211] Vgl. Steffenhagen, H.: Marketing, a.a.O., S. 259.
[212] Vgl. Simon, H.: Marketing-Mix-Interaktion, a.a.O., S. 3.
[213] Vgl. Meffert, H./ Steffenhagen, H.: Marketing-Prognosemodelle, Stuttgart 1977, S. 166 f.

In bezug auf die beiden Stellgrößen ist eine Abhängigkeit festzustellen, was impliziert, dass auch die Optimalwerte der Instrumente voneinander abhängig sind. Für die Preiselastizität η gilt z.B.:

(2) $$\eta = \frac{\Delta x \cdot p}{\Delta p \cdot x} = b \frac{p}{a + b \cdot p + c \cdot \ln A}$$

Im Absolutbetrag wird die Preiselastizität bei höherem Werbebudget reduziert. Wird Gewinnmaximierung als Zielfunktion und eine lineare Kostenfunktion mit Grenzkosten k angenommen,

$$\text{Kosten } K = K_0 + x \cdot k_{var} \quad \text{Umsatz } U = x \cdot p$$

kann der optimale Preis p* mit folgender Formel festgelegt werden:

(3) $$p^* = \frac{1}{2} \frac{a + c \cdot \ln A}{b} b \frac{k_{var}}{2}$$

Daraus ist abzuleiten, dass mit höherem Werbebudget ein höherer optimaler Preis verbunden zu sein scheint. Dieser Zusammenhang wird als "Entscheidungsinteraktion" definiert. Es lassen sich zwei Arten von Marketing-Mix-Interaktionen unterscheiden, die wie folgt definiert sind:

- **Responseinteraktion:**

  Die Absatzwirkung der Änderung eines Instruments hängt vom Niveau eines anderen Instruments ab.

- **Entscheidungsinteraktion**

  Der optimale Wert (bzw. die Elastizität) eines Instruments hängt vom Niveau eines anderen Instruments ab.

(2) Multiplikative Verknüpfung von Werbung und Preis

Betrachtet man in diesem Kontext die Hypothese über den multiplikativen Zusammenhang von Preis und Werbebudget, so kann man feststellen, dass bei dieser Art der funktionalen Verknüpfung der oben beschriebenen Responseinteraktion Rechnung getragen wird, der Entscheidungsinteraktion jedoch nicht. Ein Beispiel für eine multiplikative Preis-Werbe-Responsefunktion wäre:

(4) $\quad x = a\, p^b\, A^c \quad$ mit $b < 0$

$$\text{und}\quad \eta = \frac{\Delta x}{\Delta p} \cdot \frac{p}{x} = a \cdot b \cdot p^{b-1} \cdot A^c \cdot \frac{p}{a \cdot p^b \cdot A^c} = b$$

$$\text{und}\quad \eta_A = \frac{\Delta x}{\Delta A} \cdot \frac{A}{x} = a \cdot p^b \cdot c \cdot A^{c-1} \cdot \frac{A}{a \cdot p^b \cdot A^c} = c$$

Anhand der partiellen Ableitung kann man erkennen, dass, je höher das Werbebudget A ist, desto größer (wegen b < 0) die Absatzwirkung einer bestimmten Preisänderung ausfällt. Dies bedeutet also, dass die Responseinteraktion zwischen diesen beiden Stellgrößen berücksichtigt wird.

Die Exponenten der Gleichung (4) können als Preis- und Werbeelastizität interpretiert werden. Sie hängen nicht vom jeweils anderen Instrument ab, da sie als konstante Parameter b und c in die Gleichung eingehen.[214]

Das bedeutet aber, dass bei der nichtlinearen multiplikativen Preis-Werbe-Responsefunktion keine Entscheidungsinteraktion vorliegt.

Der optimale Preis lässt sich wieder mit Hilfe des Dorfman-Steiner-Theorems berechnen. Für den als linear angenommenen Kostenverlauf ergibt sich unter der Prämisse der Erlösmaximierung der Preis zu:

Dorfman-Steiner-Theorem

$$p^* = \frac{b}{1+b} k_{var}$$

4.4.2 Alternative Modelle zur Darstellung der Interaktionseffekte zwischen Werbung und Preis

Da sich Marketing-Mix-Interaktionen aus Entscheidungs- und Responseinteraktionen zusammensetzen, ist es erforderlich, dass im Gegensatz zu den vorgestellten Grundmodellen beiden Interaktionsarten in einem entsprechenden Modell Rechnung getragen wird.

(1) Simons Modellvorschlag

Aufgrund der vorab beschriebenen unterschiedlichen Auffassung der Wirkungen von Preis und Werbung entwickelte Simon ein Modell, welches diese von scheinbaren Widersprüchen klären kann.

Er geht dabei von der Überlegung aus, dass aus der Anbietersicht sowohl preiselastizitätssenkende als auch -erhöhende Effekte erwünscht sein können. Angenommen wird, dass die tatsächliche Werbung und der tatsächliche Preis den jeweiligen Adaptionsniveaus entsprechen, also der Absatz konstant bleibt, sofern keine der beiden Variablen geändert wird. Simon betrachtet nur Änderungen, nicht Abweichungen von der Konkurrenz. Ihm geht es vorrangig darum, wie Anpassungen der Marketing-Mix-Instrumente kombiniert werden sollen. Die folgende Tabelle[215] zeigt, dass es vier Haupt- und vier Interaktionseffekte gibt:

---

[214] Vgl. Meffert, H./ Steffenhagen, H.: Marketing-Prognosemodelle, a.a.O., S. 167; Vgl. Simon, H.: Marketing-Mix-Interaktion, a.a.O., S. 6.
[215] Vgl. Simon, H.: Preis-Management, a.a.O., S. 631.

Werbung \ Preis	Konstanz	Erhöhung	Senkung
Konstanz	Absatz	Absatz geht zurück - bisherige Kunden kaufen weniger und/oder - bisherige Kunden gehen verloren	Absatz nimmt zu - bisherige Kunden kaufen mehr und/oder - neue Kunden werden gewonnen
Erhöhung	Absatz nimmt zu - bisherige Kunden kaufen mehr und/oder - neue Kunden werden gewonnen	Interaktion 1 (A^+p^+)	Interaktion 2 (A^+p^-)
Senkung	Absatz geht zurück - bisherige Kunden kaufen weniger und/oder - bisherige Kunden gehen verloren	Interaktion 3 (A^-p^+)	Interaktion 4 (A^-p^-)

Abb. 87: Haupt- und Interaktionseffekte nach Simon

Aufgrund dessen stellt Simon folgende Hypothesen auf, die Vergleiche zwischen den Steigungen unterschiedlicher Äste der Responsefunktionen betreffen. Sie beziehen sich auf die Wirkung der **Werbung** und auf die **Preis-Responsefunktion**:

1. Die Neigung der Preis-Responsefunktion bei Preiserhöhung (Absatzrückgang) ist bei Erhöhung der Werbung nicht größer als bei Senkung der Werbung (vertikaler Vergleich).

2. Die Neigung der Preis-Responsefunktion bei Preissenkung (Absatzzuwachs) ist bei Senkung der Werbung nicht größer als bei Erhöhung der Werbung (vertikaler Vergleich).

3. Die Neigung der Preis-Responsefunktion ist bei Preiserhöhung mit erhöhter Werbung (Absatzrückgang) nicht größer als bei Preissenkung mit erhöhter Werbung (Absatzzuwachs - horizontaler Vergleich).

4. Die Neigung der Preis-Responsefunktion ist bei Preissenkung mit gesenkter Werbung (Absatzzuwachs) nicht größer als bei Preiserhöhung mit gesenkter Werbung (Absatzrückgang - horizontaler Vergleich).

Hypothesen zur Wirkung des Preises auf die Werbe-Responsefunktion lassen sich analog formulieren. Die genannten Hypothesen sind in der Lage, positive und negative Wirkungen der Werbung auf die Preisresponse bzw. Preiselastizität zu erfassen.

Für jeden der vier Äste der Responsefunktion in der Abbildung wird eine Variable definiert. Eine Variable $f_t(q_t)$ soll die Haupteffekte und ein Carry-over-Term die Dynamik erfassen. Daraus folgt das Modell:

(5) $\quad x_t = a + \mu x_{t-1} + f_t(q_t) + b_1 p_t^- A_t^- + b_2 p_t^- A_t^+ + b_3 p_t^+ A_t^- + b_4 p_t^+ A_t^+$

$\quad\quad x \;\; = $ Absatzmenge
$\quad\quad f(q) = $ Einzeleffekte der eingesetzten Instrumente
$\quad\quad p_t^+ \;\; = $ Effekt einer Preiserhöhung

p_t^- = Effekt einer Preisverringerung
A_t^- = Effekt einer Werbesenkung
A_t^+ = Effekt einer Werbeerhöhung

Die Interaktionsvariablen p^-A^-, ..., p^+A^+ stellen jeweils einen Ast in der Graphik dar, also eine Verbindung von Preis- und Werbeänderung. Diese Verbindungen sind wie folgt operationalisiert:

Die Preissenkungsvariable p_t^- bzw. Preiserhöhungsvariable p_t^+ haben den jeweils zutreffenden Wert der Differenz der Preise der aktuellen Periode und der Vorperiode (p_{t-1} - p_t). Die Werbungsänderungsvariable A_t^- bzw. A_t^+ gehen als Dummy-Variable in das Modell ein. Im Sinne der zuvor angeführten Definitionen beinhaltet dieses Modell Response- und Entscheidungsinteraktionen.

Überprüft wurde das Modell der Gleichung (5) anhand von 10 Marken aus dem Konsumgüterbereich. In 35 von 40 Fällen (10 Marken * 4 Vergleiche) wurden die Hypothesen bestätigt. Simon schließt daraus, dass verstärkte Werbung die Wirkung von Preiserhöhungen abschwächt und diejenige von Preissenkungen verstärkt, womit die aufgestellten Hypothesen eine empirische Bestätigung erfahren.

Das Modell beinhaltet klare strategische Implikationen z.B. für den Fall, dass der Preis geändert werden muss (evtl. aufgrund von Konkurrenzmaßnahmen oder produktions-bedingten Kostenerhöhungen).

Die Empfehlungen haben Richtungscharakter, wobei das optimale Ausmaß der Werbunterstützung aufgrund der Dummy-Variablen nicht bestimmt werden kann. Trotzdem lässt sich anführen "... that managers are interested more in directional guidelines than in optimality conditions of dubious reliability ... "[216]

(2) Vanhonackers Modellvorschlag

Das von Vanhonacker entwickelte Basismodell hat folgende Eigenschaften:

1. Es lässt Unterschiede bezüglich Preishöhenänderungen, temporärer Fluktuation innerhalb des Preisniveaus und die Interaktion dieser beiden Aspekte zu.
2. Es spezifiziert einen direkten kausalen Zusammenhang zwischen Werbung und beiden Preisresponsekomponenten.
3. Es beinhaltet den Haupteffekt der Werbung auf Marktwirkungen inklusive der darin enthaltenen Interaktionsspezifikationen.
4. Die flexible Spezifikation zwingt den zwischen Werbung und Preisresponse bestehenden Zusammenhang nicht in irgendeine Richtung.
5. Es beinhaltet Wettbewerbsdynamiken.[217]

Das Modell ist für ein aggregiertes Datenniveau geeignet und lautet wie folgt:

---

[216] Vgl. Simon, H.: Preis-Management, a.a.O., S. 629 ff.
[217] Vgl. Vanhonacker, W.R.: Modeling The Effect of Advertising on Price Response. In: Journal of Business Research 19, 1989, S. 131.

(6)
$$m_{i,t} = RPL_{i,t}^{\omega i} \cdot RP_{i,t}^{\alpha t} \cdot RA_{i,t}^{\beta t} \cdot u_{i,t}$$

wobei $m_{i,t}$ der Marktanteil der Marke i zur Zeit t und $RPL_{i,t}$ das relative Preisniveau der Marke i zur Zeit t definiert ist als

$$RPL_{i,t} = (\bar{p}_{i,t} / \bar{p}_i)$$

$RP_{i,t}$ ist der relative Preis der Marke i zur Zeit t und definiert als

$$RP_{i,t} = (p_{i,t} / \bar{p}_{i,t})$$

$RA_{i,t}$ ist die relative Werbung der Marke i zur Zeit t und definiert als

$$RA_{i,t} = (A_{i,t} / \sum_{j=1}^{k} A_{j,t})$$

$u_{i,t}$ ist der Störterm und definiert als

$$u_{i,t} = \exp(u_{i,t}^*)$$

w_t, a_t und b_t sind die Modellparameter, wobei

$p_{i,t}$ den Preis der Marke i zur Zeit t kennzeichnet

$\bar{p}_{i,t}$ das Preislevel der Marke i zur Zeit t kennzeichnet

$\bar{p}_t$ das Marktpreislevel (gemeint ist das Preislevel aller Marken) kennzeichnet

$A_{i,t}$ die Werbungsausgaben für die Marke i zur Zeit t kennzeichnet

k die Anzahl der auf dem Markt erhältlichen Marken kennzeichnet

Es handelt sich hierbei um einfache multiplikative Verknüpfung, die drei Terme enthält:

1. Das Preisniveau der Marke i in Relation zum durchschnittlichen Preisniveau im Markt zum Zeitpunkt t. Dieser Term beinhaltet die Wettbewerbskomponente der Preisresponse der Marke i. Es repräsentiert die relative Preisposition der Marke i am Markt, welche das Kaufverhalten der Nachfrager beeinflussen könnte;

2. Den Preis der Marke i zum Zeitpunkt t in Relation zum gegenwärtigen Preisniveau. Dieser Term beinhaltet die Preissensitivität der Marke i in Bezug auf die Preisfluktuation innerhalb ihres Preisniveaus;

3. Der Term $RA_{i,t}$, der den Haupteffekt der relativen Werbeausgaben der Marke i zur Zeit t in bezug auf die Summe der Werbeausgaben aller Marken misst.

Diese drei Terme sind multiplikativ miteinander verbunden, um eine eventuell existierende Interaktion zwischen ihnen zu berücksichtigen. Der Einfluß der Werbung auf die Preisresponse kann dadurch in das Modell mit einbezogen werden, indem man die Preisresponsparameter als Funktion der Werbung ausdrückt. Dadurch sind die Responseelastizitäten ω_i und α_i aus Gleichung (6) nicht mehr konstant, sondern eine Funktion der Werbeintensität in Abhängigkeit von der Zeit, was impliziert, dass der Entscheidungsinteraktion Rechnung getragen wurde. Auf diese Weise wird die Wirkung der Werbung auf die Preisresponse gewertet.

Das vorgestellte Modell beinhaltet Wettbewerbsdynamik, indem es Preis und Werbeausgaben der Konkurrenz durch die unabhängige Variable in den Messvorgang mit einbezieht. Daraus kann die Kreuzelastizität hergeleitet werden, welche die Wirkung der Preis- und der Werbemanipulation der Konkurrenz auf die Marktanteile der betreffenden Firma beinhaltet. Von besonderer Bedeutung ist hier die Kreuzpreiselastizität und deren Beeinflussbarkeit durch die Werbeanteile.

Die Daten für die empirische Überprüfung stammen aus zweimonatlichen Beobachtungen, die über 10 Jahre hinweg durchgeführt wurden. Untersucht wurden zwei nationale Marken aus der Lebensmittelkategorie, die hauptsächlich über den Einzelhandel abgesetzt wurden. Die Marken waren die Hauptkonkurrenten und hatten zusammen über die Hälfte des Gesamtmarktanteils der Produktkategorie. Sie wurden von den Nachfragern selten und eher unregelmäßig gekauft. Beide Unternehmen hatten ähnliche Distributionssysteme und veranschlagten hohe Werbeausgaben. Die Nachfrager schienen preissensitiv bei der Auswahl der Marken zu sein, deshalb konkurrierten die Firmen indirekt mit den Preisen. Die Höhe der Einzelhandelslistenpreise der zwei Marken bewegte sich innerhalb eines festgelegten Niveaus. Die Variablen $p_{i,t}$ und p_t werden in t konstant gehalten. Dadurch wurde der erste Term des multiplikativen Responsemodells in Gleichung (6) eine Konstante.

Die Ergebnisse der Untersuchung lassen darauf schließen, dass im dem Fall, in dem die Marke in ihrem Markt führender Werbetreibender wird, die Preiselastizität ihres Marktanteils im absoluten Wert sinkt, aber nicht gleich Null wird. D.h., dass Werbung die Preiselastizität verringert, sie aber nicht Null werden lässt. Vanhonacker stellte fest, dass die Preiselastizität nicht linear verläuft. Ferner wird Werbung als Mittel eingesetzt, um die Marktanteile vor Wettbewerbsbeeinträchtigungen durch Preismanipulationen zu verteidigen.

(3) Marginalanalytische Modelle

Marginalanalytische Modelle beruhen auf dem Prinzip der Grenzkosten- und Grenzerlösrechnung. Dabei wird jedes Instrument so lange variiert, bis die Grenzkosten seines Einsatzes dem dadurch bewirkten Grenzerlös gleich sind. Rein formal gesehen ist dies Kriterium richtig aber für die Praxis nicht brauchbar, da eine marginale Variation der Instrumente entweder nicht durchführbar ist oder eine Zurechnung von Grenzkosten und Grenzerlösen zu den marginalen Instrumentaleinsatzänderungen gar nicht möglich ist.[218]

Abschließend kann man sagen, dass die Möglichkeit, zuverlässige quantifizierbare Daten zu ermitteln, kritisch gesehen werden muss und aus diesem Grund Einwände aus der Praxis bestehen. Diese beziehen sich darauf, dass derartige Modelle die Realität zu sehr vereinfachen und deshalb kaum als Entscheidungshilfe angewandt werden können.

Dem lässt sich entgegenhalten, dass letztlich alle Entscheidungen der Unternehmensführung bezüglich des Marketing-Mix für das von ihr vertretene Produkt auf irgendwelchen Vorstellungen und Informationen darüber beruhen, wie die einzelnen möglichen Kombinationen auf die Konsumenten und die übrige Umwelt wirken. Es wird also ebenfalls eine vereinfachte modellhafte Abbildung der Wirklichkeit zu Hilfe genommen. Auf welche Weise die Erfahrungen und die konkret vorliegenden Marktinformationen der verschiedensten Art für die Entwicklung einer Marketing-Mix-Kombination gewonnen und verwertet werden, lässt sich nicht nachvollziehen.

Im Gegensatz dazu zwingen mathematische Ansätze dazu, alle verfügbaren Informationen und Prämissen **präzise** zu formulieren. Währenddessen können eventuell auftretende Inkonsistenzen beseitigt werden. Hinzu kommt, dass die Chancen und Risiken im Rahmen des Möglichen **ausdrücklich formuliert** werden, und gleichzeitig ein präzises Anforderungsniveau für die Daten entwickelt wird.

---

[218] Vgl. Engelhardt, H.W./ Plinke, W.: Marketing, a.a.O., S. 358.

Durch den hilfreichen Einsatz von computergestützter Informationsverarbeitung lässt sich die begrenzte Kapazität, die durch Menschen bearbeitet werden kann, steigern und zudem schneller und mit weniger Fehlern bearbeiten. Selbst wenn im Modell eines komplexen Systems noch nicht alle Prämissen und Einflußgrößen empirisch abgesichert sind, hat ein mathematisches Marketing-Modell den Vorteil, die Effekte der Variationen einzelner Variablen auf die Resultate testen zu können und auf diese Weise die kritischen Größen einzelner Variablen zu ermitteln.

Andererseits muss man sich der Tatsache bewusst sein, dass die Instrumente nur insoweit richtig eingesetzt werden können, als man sich der Grenzen der Formalisierung, Mathematisierung und Quantifizierung bewusst ist. Dies bedeutet mit anderen Worten, dass ein mathematisches Modell immer nur soviel und dergestalt exakt aussagen kann, wie die ihm zugrundeliegenden Implikationen.

Wie bereits eingangs des Kapitels erwähnt, handelt es sich bei Modellen um die Abstraktion der Realität, weshalb auch Modelle, die noch so exakt und präzise formuliert sind, keine Garantie für relevante, realistische Resultate geben können. Je realitätsnäher die Abbildungsgenauigkeit des Modells, desto aussagekräftiger und bedeutsamer wird es. Oder umgekehrt, je schwieriger die rechentechnische Erfassung betriebswirtschaftlicher Sachverhalte, desto enger sind die Grenzen der mathematischen Modelle gesteckt.

Zwei Hauptfaktoren in diesem Bereich sind die **Unvorhersehbarkeit** der Zukunft und die Individualentscheidungen der Marktteilnehmer, die sich nur schwer strukturieren lassen und somit die Lösung einer Darstellung in operationalen Modellen erschweren. Während sich in anderen Unternehmensbereichen eindeutig zähl- und meßbare Werte z.B. in Mengen- / Kosten- / Zeit-Funktionen ergeben, herrscht im Bereich des Marketing Unklarheit und Ungenauigkeit. Die kombinatorischen Verflechtungen und Interdependenzen sind komplexer, komplizierter und häufig instabil über die Zeit.

Die größten Fehlerquellen liegen bei der Modellentwicklung in Mess- und Informationsfehlern, sowie einer zu starken Vereinfachung, die relevante Variablen in den Bereich der nicht formalisierten Daten abschiebt.[219]

4.5 Konsequenzen für ein realistisches Marketing-Mix

Aus dem bisher Gesagten geht bereits hervor, dass sich kein Patentrezept für die Konzeption eines Marketing-Mix bzw. des Marketing überhaupt herstellen lässt. Dennoch lassen sich wohl teilweise Gesetzmäßigkeiten der Interdependenzen zwischen Marketing-Instrumenten messen und empirisch belegen:

- Höhere Werbeintensität ist mit höheren Preisen verknüpft.
- Mit der Zunahme des Marktanteils nimmt die Werbeintensität ab.
- Die Verbindung hoher Werbeausgaben mit Niedrigpreispolitik scheint nicht angebracht.[220]

Ebenso lassen sich bestimmte Gruppen von Marketing-Instrumenten bestimmen, die sich für die unterschiedlichen Wirtschaftszweige als besonders geeignet erwiesen haben. Auch ein gewisser Grundmix in Anlehnung an den Produktlebenszyklus lässt sich aufstellen.

---

[219] Vgl. Husemeyer, C.-H.: Die Anwendung von Marketing-Modellen, a.a.O., S. 33.
[220] Hruschka, H.: Messung von Interdependenzen zwischen Marketing-Instrumenten. In: Zeitschrift für Betriebswirtschaft, 60. Jg., Heft 5/ 6, 1990, S. 549 ff.

Auch die Marketing-Mix-Modelle lassen sich in einem beschränkten Umfang als Hilfe zur Entscheidungsfindung nutzen. Dank immer leistungsfähigerer Computer ist es möglich, eine Vielzahl Parameter gleichzeitig zu berücksichtigen und Marktreaktionen unter diversen Umweltzuständen zu simulieren. Auch ermöglicht die Datenverarbeitung eine effiziente graphische Darstellung, die dem Management einen schnelleren Überblick über mögliche Trends im Markt bietet. Dies darf jedoch nicht darüber hinwegtäuschen, dass die Hauptprobleme in der Erfassung der Simulationsparameter liegen, die im individuellen Verhalten der Konsumenten, der Absatzmittler und der Konkurrenz begründet sind. In der folgenden Übersicht ist dargestellt, in welchen Problembereichen des Marketing bereits mathematische Modelle Verwendung finden und welche Probleme in Zukunft mit Hilfe der Datenverarbeitung besser beherrscht werden können:

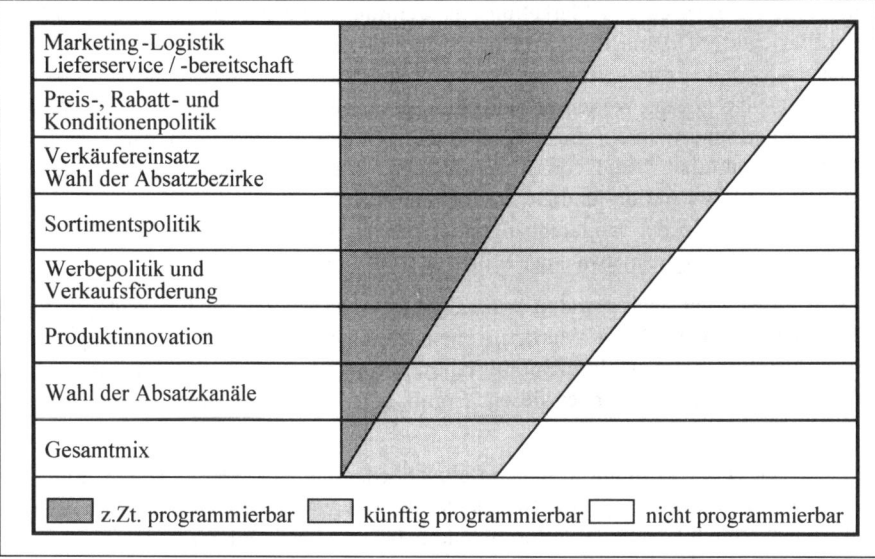

Abb. 88: Zukünftige Entwicklungsmöglichkeiten von Marketingmodellen[221]

Im Bereich der Marketing-Logistik werden bereits heute viele Probleme unter Anwendung mathematischer Modelle gelöst. Das ist auch nicht weiter verwunderlich, wenn man bedenkt, dass es sich dort in erster Linie um physikalisch-technische oder um kalkulatorische Fragestellungen handelt. Je stärker die menschliche Psyche aber ins Spiel kommt, um so weniger sind die Probleme der mathematischen Behandlung zugänglich.

Daraus lässt sich schließen, dass auch in Zukunft **keine** praxisnahe, exakte Lösung des Kombinationsproblems zu erwarten ist. Dazu ist die Zahl der einwirkenden Bedingungen und der Instrument-Kombinationen zu groß und dementsprechend die Prognose dieser Bedingungen und ihrer Zusammenhänge zu schwierig. Andererseits sollte auch gesehen werden, dass so ein Spielraum für überraschende Kombinationen, für gekonntes Koordinieren und für mutigen Einsatz der Instrumente sehr groß ist. Damit bleiben Chancen für Kreativität und Differenzierung im Wettbewerb erhalten und nicht der Besitz geeigneter Software und Algorithmen entscheidet über das Bestehen der Unternehmen.

---

[221] Vgl. Becker, J.: Marketing-Konzeption, a.a.O., S. 481 ff.

Somit bleiben die grundlegenden Entscheidungen doch "der Erfahrung, dem Fingerspitzengefühl und dem Spürsinn (kurz: der Intuition) des Managements überlassen".[222]

Entscheidend bleibt die Orientierung an den angestrebten Zielen und den ausgewählten Strategien. Dies ergibt sich auch aus der in der Literatur durchaus üblichen Beschreibung des Marketing-Mix als taktische Komponente der Strategie. Die Suche nach dem Optimum lässt sich dabei hilfreich unterstützen, wenn nach den vorher beschriebenen Stufen eine weitestgehend exakte Grob- und Detailplanung durchgeführt wird, die auf zuverlässigen Informationen aufbaut.

Aber selbst wenn die Informationsgewinnung gewissenhaft und zuverlässig erfolgt, hat das Management mit dem Phänomen der Ungewissheit zu kämpfen, welches sich zu einem großen Teil im menschlichen Verhalten begründet. Da dem menschlichen Verhalten gerade im Bereich des Marketing eine zentrale Rolle zukommt, wird es, solange keine gesicherte Theorie der Ursache / Wirkungszusammenhänge des menschlichen (Konsum-)verhaltens aufgestellt ist, auch in Zukunft keine abgesicherten "Rezepte" des Marketing-Mix geben. Weiterhin sind auch gesamtwirtschaftliche Einflüsse nur sehr schwer zu prognostizieren. Besonders Großunternehmen, vor allem dann, wenn sie international tätig sind, und von ihnen abhängige kleinere Betriebe werden stark vom Geschehen auf den Aktien- und Devisenmärkten berührt. Beispielsweise musste "Daimler-Benz" aufgrund der Dollarabhängigkeit des Exportgeschäftes im Jahr 1987 eine Gewinnschmälerung von etwa einer Milliarde EUR hinnehmen.

Wie bereits mehrfach erwähnt wurde, gibt es und wird es auch in Zukunft keine Lösungsalgorithmen für die Marketingentscheidungen geben. Dies zeigt sich besonders an bereits einmal erfolgreich praktizierten Marketing-Mix-Konzepten, die sich in der Wiederholung als Flop erwiesen. Somit behält der situative Ansatz weiterhin Gültigkeit.

Fazit: "Der Prozess ist nur in seinen Rahmenbedingungen erlernbar. Über Erfolg oder Misserfolg eines Marketing-Mix entscheidet die Qualität seines Inhalts, der wiederum überwiegend durch Kreativität, Intuition und Erfahrung bestimmt wird."[223]

4.6 Marketing-Kontrolle

Die Marketing-Kontrolle bildet das letzte Glied des Marketing-Managementprozesses (Zielsetzung - Planung - Realisation - Kontrolle). Dennoch sind sich viele Unternehmen nicht der Bedeutung der Marketing-Kontrolle bewusst. Oft lässt sich in der Praxis beobachten, dass auf die Möglichkeiten der Marketing-Kontrolle weitestgehend "verzichtet" wird. Die Gründe hierfür sind vielschichtig. Einerseits herrscht die Meinung, Kontrolle verursache unverhältnismäßig hohe Kosten, welche eingespart und für bessere Zwecke eingesetzt werden sollten. Darüberhinaus fehlt es vor allem kleineren Unternehmen an geeigneten Kontrollkonzepten.[224] Andererseits empfinden die Mitarbeiter Kontrollen als unangenehme und überflüssige Überprüfungen, die mit Repressalien verbunden sind. Ist dies der Fall, hat das Management versäumt, den Mitarbeitern die positiven Auswirkungen der Kontrolle vor Augen zu führen. Denn Kontrolle deckt nicht nur Fehler auf und stellt fest, was besser gemacht werden muss, sondern entlastet auch dadurch, dass sie den **Erfolg** von Planungen bestätigt und eine **Anre-**

---

[222] Bänsch, A.: Einführung in die Marketing-Lehre, a.a.O., S. 253.
[223] Berger, R.: Marketing-Mix, a.a.O., S. 598.
[224] Vgl. Tietz, B.: Marketing, 2. Auflage, Düsseldorf 1989, S. 379.

gungsfunktion übernimmt. Weiterhin bilden die Ergebnisse der Kontrolle einen wesentlichen Teil der Ausgangsbasis für Folgeplanungen.

Meffert definiert Marketingkontrolle als "die systematische, kritische und unvoreingenommene Prüfung und Beurteilung der grundlegenden Ziele und der Politik des Marketing sowie der Organisation, Methoden und Arbeitskräfte, mit denen die Entscheidungen verwirklicht und die Ziele realisiert werden sollen. Durch Marketingkontrolle wird eine Rückkopplung im Prozess des Marketing und gegebenenfalls eine Anpassung des Marketing-Mix erreicht."[225]

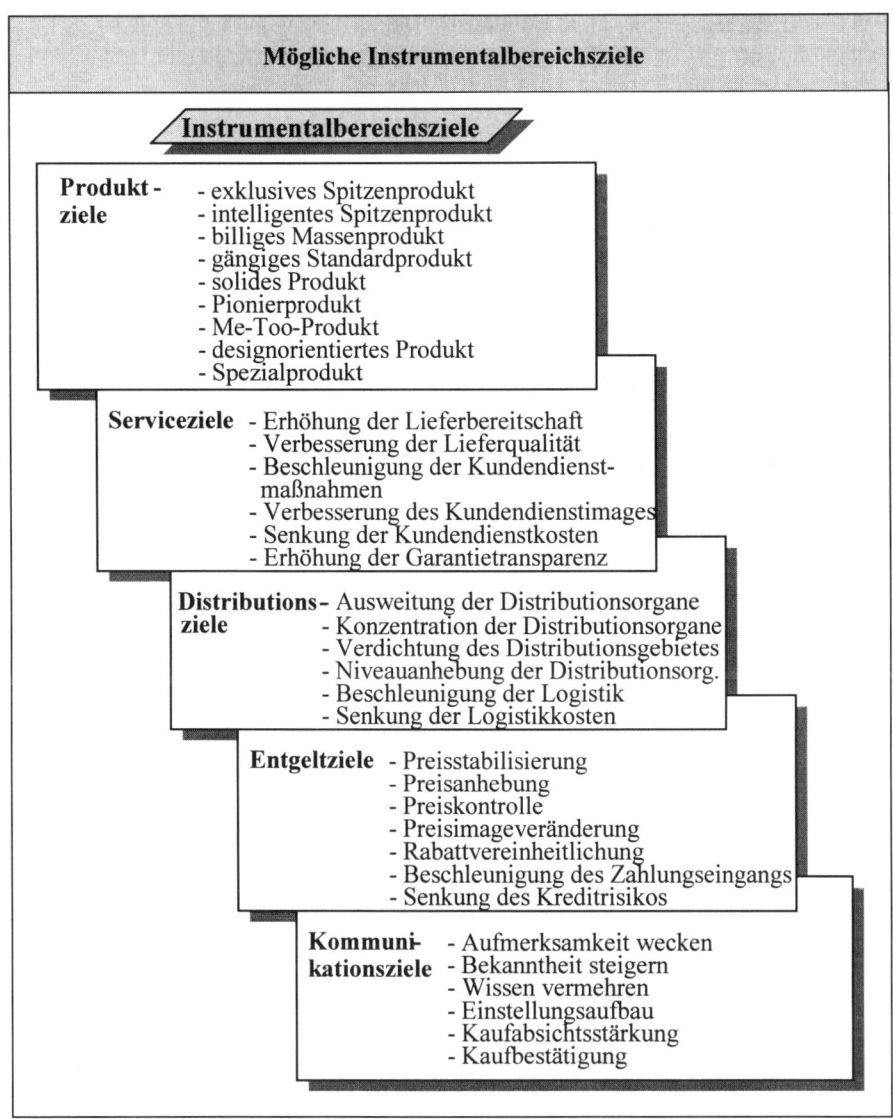

Abb. 89: Mögliche Instrumentalbereichsziele[226]

---

[225] Vgl. Meffert, H.: Marketing., a.a.O., S. 1123 ff.
[226] Vgl. Koppelmann, U.: Marketing, a.a.O., S. 128.

Die Kontrolle führt einen **Soll-Ist-Vergleich** der geplanten Sollgrößen mit den realisierten Größen durch. Unter den Sollgrößen sind dabei alle inhaltlich und zeitlich definierten Ziele zu verstehen.

Auf der Ebene der Basisziele dient der Umsatz als Kontrollgröße, bezogen auf Perioden, Gebiete, Kundengruppen, Produktgruppen oder eine Kombination aus diesen. Um Gewinnaspekte zu berücksichtigen, müssen auch Kosten berücksichtigt werden, die sich mit Hilfe der betriebsinternen Quellen ermitteln lassen.

Um den Erfolg der Marketing-Abteilung in ihrem Funktionsbereich zu kontrollieren, bietet sich eine Überprüfung der Marktanteilsveränderungen und ein Vergleich mit der Konkurrenz an. Bei einem Konkurrenzvergleich besteht allerdings die Gefahr durch ungleiche Datenstrukturen "Äpfel mit Birnen" zu vergleichen.

Auf der Ebene der Instrumentalbereichsziele ist zu beachten, dass die Instrumente nicht nur einzeln überprüft werden müssen, sondern ebenso im Wirkungsverbund innerhalb des Marketing-Mix.

Eine andere, inhaltlich jedoch durchaus vergleichbare Darstellung der Marketing-Kontroll-Arten, ist auf der folgenden Seite abgebildet.

Dabei entspricht die **Jahresplankontrolle** im Kern der Konzeption des Management by Objectives, welches sich aus den vier Schritten Festlegung detaillierter Jahresplanziele (1), periodische Leistungsmessung (2), Kausalanalyse der Planabweichungen (3) und Korrektur (4) zusammensetzt.[227]

Die **Gewinnkontrolle** bzw. Aufwands- und Ertragskontrolle untersucht, wie sich die erzielten Gewinne auf die einzelnen Produkte, Gebiete, Absatzwege, Kundengruppen etc. verteilen. Hierzu ist es notwendig, die Verteilung der Kosten auf die jeweilige Marketingeinheit zu kennen.

Die nachstehende Abbildung zeigt in einer Übersicht noch einmal die verschiedenen Zielebenen und geht besonders auf mögliche Ziele der Marketing-Instrumente ein.

Abb. 90: Arten der Marketing-Kontrolle[228]

Wie bereits im Abschnitt Marketingplanung gesagt wurde, kann der Marketing-Prozess als **kybernetischer Regelkreis** aufgefasst werden. Darin bildet die Marketing-

---

[227] Vgl. Kotler, P.: Marketing-Management, a.a.O., S. 659 f.
[228] Vgl. Ehrmann, H.: Marketing-Controlling, a.a.O., S. 298.

Kontrolle den Rückkopplungszweig. Das an die Planung gegebene Feedback beschränkt sich nicht nur auf ein bloßes Feststellen von Planungsabweichungen, sondern analysiert mögliche Ursachen und sucht nach geeigneten Wegen, diese Abweichungen zu überwinden. Durch das Feedback erfüllt die Kontrolle eine wichtige Funktion im **LernProzess** der Unternehmung, da nur aufgrund genauer Analysen die Planungssicherheit in zukünftigen Perioden erhöht werden kann. Diese Hauptaufgaben der Marketing-Kontrolle seien hier noch einmal zusammengefasst:

1. Abweichungen zwischen Ziel und Realisierung zu erfassen.
2. Abweichungsursachen zu erkennen und zu analysieren.
3. Geeignete Maßnahmen zur Überwindung dieser Abweichungen zu installieren.

Die Überwindung der Abweichungen kann dabei durch

- eine Anpassung der Realisation an die Ziele,
- eine Anpassung der Ziele an die Realisation oder
- eine Kombination dieser beiden Möglichkeiten erfolgen.

Hierzu bedient sich die **Kontrolle** einiger Instrumente wie

- Kontrollgrößen,
- Kontrollumfang,
- Kontrollhäufigkeit und -dauer sowie
- Kontrollgenauigkeit,

die zuvor festgelegt werden.[229] Die **Kontrolltechniken** gleichen im großen und ganzen denen im Bereich des Rechnungswesens und der Marktforschung. Es werden Kosten verglichen, Deckungsbeiträge berechnet, Markttests, Werbeerfolgskontrollen etc. durchgeführt. Organisatorisch bestehen für die Durchführung einer systematischen Marketing-Kontrolle verschiedene Möglichkeiten. Grundsätzlich sollte die Marketing-Kontrolle institutionalisiert sein, d.h. durch Einrichtungen ausgeführt werden, die sich hauptsächlich mit Kontrollaufgaben befassen. Dazu bieten sich vier Möglichkeiten an:

1. Durchführung der Marketing-Kontrolle durch den Marketing-Bereich selbst.
2. Durchführung der Marketing-Kontrolle durch andere Funktionsbereiche.
3. Durchführung der Marketing-Kontrolle von externen Stellen.
4. Durchführung der Marketing-Kontrolle durch ein Team von Personen aus verschiedenen Funktionsbereichen.

In der Regel wird die erste Möglichkeit bevorzugt, da in der Marketing-Kontrolle eine Aufgabe gesehen wird, die in den Bereich des Marketing fällt. Wichtig ist dabei jedoch die Gewährleistung, dass die Kontrollen von unabhängigen Personen durchgeführt werden. Es muss also ausgeschlossen werden, dass Personen mit den Aufgaben betraut sind, die sie gleichzeitig kontrollieren. Andererseits erfordert die Kontrollaufgabe gute Kenntnisse im Marketing und über die Unternehmung. Aus diesem Grund empfiehlt es sich, die Kontrollaufgaben durch eine Stabsstelle wahrnehmen zu lassen, die der obersten Marketing-Leitung unterstellt ist.

---

[229] Vgl. Tietz, B.: Marketing, a.a.O., S. 381.

5 Ausblick und künftige Entwicklung des Marketing

Wie bereits erwähnt, ist es nicht sinnvoll, Marketing für Erfolg oder Misserfolg eines Unternehmens allein verantwortlich zu machen. Mit Sicherheit stellt das Marketing jedoch einen wesentlichen Erfolgsfaktor der Unternehmensführung dar. Dies bestätigen auch Experten und prognostizieren, dass die Zukunft des Marketing im Marketing als Denkhaltung und Führungsmaxime liegt. Daraus lässt sich folgern, dass diese Aufgabe nicht mehr mit Hilfe von Stabs- oder Marketing-Abteilungen zu bewältigen ist, sondern eine Institutionalisierung im Unternehmen erfordert.

Als Grund für die Zunahme der zentralen Bedeutung des Marketing bezüglich der Unternehmensführung wird die Tatsache genannt, dass die Absatzmärkte noch stärker als bisher den entscheidenden Engpass für den Unternehmenserfolg bilden werden. Wichtig ist es deshalb, bei der Institutionalisierung und Entwicklung neuer Marketing-Konzepte zukünftige Trends und Schwerpunkte schon heute bei der Planung zu berücksichtigen. An den zukünftigen Werteprioritäten lässt sich ein Schwerpunkt im Bereich der Umwelt und des Umweltschutzes lokalisieren. Ökologieorientiertes oder sogenanntes **Öko-Marketing** ist gefordert.

Ein anderer Schwerpunkt ergibt sich aus dem Inkrafttreten der Europäischen Union und den daraus folgenden wirtschaftspolitischen Veränderungen, die ein **Euro-Marketing** notwendig werden lassen. Im täglichen Umfeld lässt sich die Bedeutung dieser beiden Bereiche beispielsweise an der Installierung des Dualen Systems und der neuen Verpackungsverordnung, sowie der Ausweitung des Rent-a-car-Geschäfts von "Inter-Rent" zu "EuropCar" ablesen.

5.1 Marketing und die Europäische Union

Die Anpassung des Marketing an den europäischen Markt wird immer wieder als unternehmerische Herausforderung bezeichnet. Dies begründet sich in erster Linie in der völlig neuartigen Marktsituation, die mit den alten Marketing-Überlegungen und -Gewohnheiten nicht bearbeitet werden kann. Der Wegfall der Grenzen und damit der nationalen Märkte birgt viele Ungewissheiten. Zu beachten sind dabei besonders die folgenden Faktoren:

- Der Markt selbst vergrößert sich um ein Vielfaches.
- Es werden neue Konkurrenten aus anderen EU-Ländern auftreten.
- Der Wettbewerb um Größe und Macht wird sich intensivieren und für die Unternehmen zunehmend wichtiger werden
- Es wird neue Nachfrager geben, jedoch keinen typischen Euro-Konsumenten, da die Vielfalt an Kulturen, Sprachen, Werten und Normen, Bräuchen, Moralvorstellungen, politischer Voraussetzungen und Einkommens- bzw. Kaufkraftstrukturen sich absehbar nicht verändern wird.
- Der Einfluss und damit die Marktmacht von Lieferanten, Absatzmittlern und Dienstleistungsunternehmungen, wird durch ihre europaweite Arbeit zunehmen.
- Unbekannte Verhaltensweisen aller Marktteilnehmer.
- Neue Marketing-Strategien müssen entwickelt werden.

Die Probleme, die sich daraus für die einzelne Unternehmung ergeben sind erkennbar. Trotzdem sollte der europäische Binnenmarkt nicht als Bedrohung gesehen werden, sondern als Chance für die Zukunft. Um sich an diesen Chancen aktiv zu beteiligen, erfordert es an erster Stelle eine genaue Untersuchung des europäischen Marktes und des eigenen Euro-Marketingpotenzials. Oftmals führen nämlich interne Schwierigkeiten und Schwächen dazu, dass eingeleitete Auslandsgeschäfte nicht erfolgreich durchgeführt werden. Hilfreich ist auch die Aufstellung von Branchenszenarien, die besonders in Bezug auf Gesetze, Normen, Vorschriften, Technologien, Substitutionsprodukte, Abnehmerverhalten, Konkurrenzverhalten, Verhalten der Arbeitnehmerorganisationen, Verhalten der Lieferanten und Eingriffe der EU-Institutionen untersucht werden. Im Anschluß lässt sich eine Euro-Marktsegmentierung vornehmen, die ihr besonderes Augenmerk auf die Identifizierung einheitlicher Abnehmergruppen richten muss. Auf diese Weise lässt sich der europäische Markt bedürfnisgerecht und wirkungsvoll erschließen. Dazu lassen sich vier Grundrouten des Markteintritts nennen:

- Neuaufbau auf der grünen Wiese,
- Firmenübernahme,
- Finanz- und Dienstleistungsholdings,
- Allianzen in Form von Kooperationsabkommen, Joint Ventures, Beteiligungen, Fusionen etc.

Zudem muss allerdings eine geeignete Marketing-Strategie vorhanden sein. Auch hier lassen sich vier Euro-Marketing-Basisstrategien finden:

- Die **Allokationsstrategie** beschäftigt sich mit der Frage, ob eine europaweite Konzentration oder Streuung bezüglich der Produkte und Länder angestrebt wird. Eine andere Möglichkeit ist die europaweite Erschließung eines Marktes nach dem anderen.
- **Marktsegmentierungsstrategie** unter dem Gesichtspunkt gleicher, ähnlicher oder verwandter Merkmale.
- Die klassische **Wettbewerbsstrategie** bezogen auf den EU-Binnenmarkt.
- **Kooperationsstrategien** ermöglichen die Nutzung allein nicht realisierbarer Chancenpotenziale.

Die Kooperation wird generell als eines der bedeutendsten Hilfsmittel bzw. sogar als zwingend notwendige Maßnahme zur Erschließung des europäischen Marktes angesehen.[230]

Selbst bei den Marketing-Instrumenten wird der Einsatz und Mix in der gewohnten Weise nicht mehr ohne weiteres möglich sein. In allen Bereichen des absatzpolitischen Instrumentariums ergeben sich spezifische Änderungen, die sowohl positiv als auch negativ bewertet werden können.

- Veränderungen in der **Euro-Produktpolitik:**
    - durch EU-einheitliche Normen und Vorschriften für Produkte,
    - durch EU-einheitliche Verpackungen und Produktkennzeichnungen,
    - durch die Notwendigkeit, einen europaweiten Service sicherzustellen,
    - durch die Notwendigkeit von europaweiten Dachmarken.

---

[230] Vgl. Backhaus, K./ Hensmann, J./ Meffert, H.: Thesen zum Marketing im Europäischen Binnenmarkt - ein Ausblick. In: Markenartikel, H. 10, 1991, S. 448.

- Veränderungen in der **Euro-Preispolitik:**
  - durch aggressiven Preiswettbewerb,
  - durch den Wegfall jeglichen "Preisschutzes",
  - durch den Wegfall jeglicher Handelshemmnisse,
  - durch die langfristig schwer durchzusetzende Strategie der Preisdifferenzierung.

- Veränderungen in der **Euro-Distributionspolitik:**
  - durch die Notwendigkeit der Kooperation,
  - durch geringere Transportkosten im Zuge der Verkehrsliberalisierung,
  - durch die Notwendigkeit, logistisch effizienter zu arbeiten um konkurrenzfähig zu bleiben.

- Veränderungen in der **Euro-Kommunikationspolitik:**
  - durch die verstärkte Nutzung länderübergreifender Medien,
  - durch geänderte Werbeverordnungen im Zuge der EU-Harmonisierung,
  - durch die Nutzung neuer Kommunikationsformen in allen EU-Ländern,
  - durch die Notwendigkeit einer europaweiten Kommunikationsstrategie, die jedoch lokal differenziert werden muss.[231]

Für die Auseinandersetzung mit dem europäischen Markt kann grundsätzlich das Prinzip des "think global - act local" angewandt werden. Darunter ist zu verstehen, dass eine ganzheitliche Euro-Marketingstrategie entwickelt wird, die für das ganze Unternehmen verbindlich ist, in den erforderlichen Bereichen jedoch den spezifischen Gegebenheiten angepaßt wird. Diese Gegebenheiten entstehen dadurch, dass es, wie bereits gesagt, keinen Euro-Verbraucher gibt, der sich in Bezug auf Sprache, Kultur, Tradition, Interessen, Einstellungen und Lebensstil einheitlich verhält, sondern vielmehr stark unterscheidet. Die Anpassung an diese Differenzen bezieht sich in erster Linie auf die Marketing-Instrumente.

Um dafür ein Beispiel zu geben, worauf sich diese Differenzierungen beziehen können und müssen, sollen die unterschiedlichen Gewohnheiten bezüglich der Einkaufsstätten genannt werden. So gibt es z.B. in keinem anderen Land eine solche Vielzahl von Baumärkten sowie Fachmärkten im Drogerie- und Bekleidungssektor, wie in Deutschland. Im Gegensatz dazu steht die große Anzahl von SB-Warenhäusern in Frankreich und den Niederlanden. Ebenso ist Frankreich als das klassische "Hypermarkt"-Land anzusehen, da etwa 85% des Gesamtumsatzes im Lebensmitteleinzelhandel auf die Hyper- und Supermärkte entfallen, wohingegen in Italien auf diesem Weg nur 30% umgesetzt werden.[232]

Erfolgreich wird also diejenige Unternehmung sein, die in ihrer Marketing-Strategie globales, nationales, regionales und eventuell sogar lokales Marketing effizient in Einklang zu bringen vermag.

Auch wenn viele Probleme im Bereich der EU-weiten Normung, der Verkehrspolitik, der Gewinnbesteuerung, des Mehrwertsteuersatzes und der Agrarsubventionen noch nicht gelöst sind und auch in näherer Zukunft nicht lösbar scheinen, sollten die Unter-

---

[231] Vgl. Kinateder, T./ Winterling, K.: So bereiten Sie Ihr Marketing auf den Binnenmarkt vor. In: Managementzeitschrift, 59. Jg., H. 12, 1990, S. 68.
[232] Vgl. Töpfer, A./ Hünerberg, R.: Wettbewerbsstrategien im Europäischen Binnenmarkt, in: Marketing, a.a.O., S. 88.

nehmungen die Zeichen der Zeit nicht verkennen und ein offensives Euro-Marketing verfolgen. Denn nur der Unternehmung, die den Veränderungen auf dem europäischen Markt durch offensives, innovatives und konsequentes Marketing Rechnung trägt, wird es gelingen, im Wettbewerb Schritt zu halten oder gar einen Schritt voraus zu sein.

5.2 Marketing und Umwelt

Bereits zu Beginn dieses Kapitels wurde gesagt, dass die zukünftigen Werteprioritäten einen Schwerpunkt im Bereich der Umwelt und des Umweltschutzes setzen. Es hat sich ein Wertewandel hin zu höherer Wertschätzung der dependenten Begriffe Natur und Gesundheit vollzogen, der in seiner Konsequenz selbstverständlich auch für die Unternehmungen richtungsweisend ist und eine zweite große Herausforderung darstellt.

Auch hier lässt sich wie beim Euro-Marketing der Wandel des Marketing von einer Abteilung der Unternehmung zur Führungsmaxime beobachten. Der Faktor "intakte Umwelt" wird nicht mehr als unbegrenztes Überflussgut der Allgemeinheit betrachtet, sondern mittlerweile als knappes Gut eingestuft, in dessen Erhaltung sowohl aus öffentlicher als auch aus privater Hand investiert wird (siehe folgende Abbildung).

Wie wichtig die einzelnen Faktoren des Umweltschutzes eingestuft werden und welche Verantwortung dabei der Wirtschaft und Industrie zugeordnet wird, geht aus der Tabelle in Abbildung 91 hervor.

	Anteil der Wichtigkeitseinstufung	Anteile der Zuständigkeit (in %)		
		Staat	Wirtschaft	Bürger
Reinhaltung von Boden und Gewässern	93%	67%	59%	47%
Vorgehen gegen Luftverschmutzung	93%	75%	55%	35%
Sparsamer Umgang mit Energie und Rohstoffen	89%	39%	61%	65%
Verringerung der Lärmbelästigung	75%	59%	51%	41%
Förderung umweltfreundlicher Produkte	85%	38%	72%	15%
Mehr Aufklärung über gesundheits- und umweltgefährdende Produkte	86%	53%	44%	9%

Abb. 91: Gewichtung und wahrgenommene Zuständigkeit bei Umweltzielen[233]

Auch die Ergebnisse wissenschaftlicher Untersuchungen belegen, dass in Deutschland ca. 61% der Haushalte als umweltbewusst eingestuft werden können. Allerdings besteht eine recht große Divergenz zwischen Umweltbewusstsein und tatsächlich umweltgerechtem Verhalten. Darunter können nämlich nur ca. 35% der Haushalte eingeordnet werden.[234] Hier ist einer der Ansatzpunkte für ökologieorientiertes Marketing zu sehen. Dieser Ansatzpunkt geht davon aus, dass die Unternehmen durch eigenverantwortliche freiwillige Maßnahmen des Öko-Marketings dazu beitragen sollen, ihr eigenes Verhalten und das Verbraucherverhalten im Sinne des Umweltschutzes zu beeinflussen und zu verändern. Der andere Ansatzpunkt setzt auf der Verbraucherseite an, und geht davon aus, dass sich das Verbraucherverhalten so gravierend geändert hat, dass die Unternehmen sich gezwungen sehen werden, durch entsprechendes Öko-Marketing

---

[233] Vgl. Silberer, G.: Wertewandel und Werteorientierung in der Unternehmensführung, In: Marketing, H. 2, II Quartal, 1991, S. 79.

[234] Vgl. Meffert, H.: Umweltbewusstes Konsumentenverhalten: Ökologieorientiertes Marketing im Spannungsfeld zwischen Individual- und Sozialnutzen, in: Marketing, H.1, I. Quartal 1993, S. 51.

darauf zu reagieren. Gleichgültig, welche Motivation ein Unternehmen anspricht, lässt sich die Tatsache, dass Öko-Marketing als eine Notwendigkeit der Zukunft anzusehen ist, nicht verleugnen.

Ausgehend von der Nachfragerseite sehen sich die Unternehmen jedoch nicht ausschließlich durch deren Druck, der auch als **Ökologie-Pull-Wirkung** bezeichnet wird, zu einer Ökologieorientierung gezwungen, sondern ebenfalls durch die staatliche Umweltpolitik. Versuchen die Unternehmungen sich der von staatlicher Seite durch Verbote, Gebote, steuerliche Anreize, Umweltabgaben etc. initiierten **Ökologie-Push-Wirkung** zu entziehen, engt sich ihr Handlungsspielraum auf einem grundsätzlich umweltorientierten Markt entsprechend ein. Das Verhältnis von Öko-Pull-Wirkung zu Öko-Push-Wirkung kann je nach Branche sehr unterschiedlich sein und bestimmt die Ausrichtung der ökologieorientierten Wettbewerbsstrategie.[235] Als Handlungsalternativen bieten sich defensives und offensives Öko-Marketing an. Aus betriebswirtschaftlicher Sicht ist gegen ein defensives Öko-Marketing, welches sich neuen Bedingungen anpaßt und aus Unkenntnis der Risiken zurückhaltend verhält, nichts einzuwenden. Allerdings besteht bei einem offensiven Öko-Marketing für die Unternehmungen die Chance, die Attraktivität ökologiesensibler Branchen zu nutzen und zu ihren Gunsten zu verändern. Offensives Öko-Management setzt jedoch ein progressives Management voraus, welches Umweltziele auch als Unternehmensziele betrachtet. Auf diese Weise kann offensives Öko-Management und -Marketing zur langfristigen Existenzsicherung der Unternehmung beitragen.

Um sich gesellschaftliche Akzeptanz zu verschaffen, müssen die Aktivitäten vor allen Dingen auf vier Gebieten konzentriert werden:

- Ressourcenschonung,
- ökologieorientierte Produktgestaltung,
- Recycling-Konzepte,
- Entsorgungsmaßnahmen.

Die Ressourcenschonung bezieht sich darauf, die natürlichen Rohstoffe und andere Quellen (z.B. Luft, Wasser) ökologisch effizient zu bewirtschaften und nicht unnötig zu belasten, bzw. direkt auf umweltverträglichere Ressourcen zurückzugreifen. Die Bereiche der ökologieorientierten Produktgestaltung, Recycling-Konzepte und Entsorgungsmaßnahmen wirken dabei unterstützend und bilden somit einen Gesamtkomplex.

Problematisch ist beim Öko-Marketing die Unsicherheit und der Unglaube seitens der Verbraucher, der um so größer wird, je weniger die ökologischen Produkteigenschaften für ihn wahrnehmbar sind. Hinzu kommt, dass das Umweltbewusstsein der Unternehmung in Produktion, Recycling und Entsorgung dem Verbraucher zum größten Teil verborgen bleibt. Die Vorteile des Umweltschutzes müssen also als Grund- oder Zusatznutzen im Produkt verankert werden, um beim Kauf für den Konsumenten wahrnehmbar zu sein. Die Verankerung des Umweltschutzes im Grund- oder Zusatznutzen ist auch aus dem Grund erforderlich, dass es den Konsumenten in der Regel nicht genügt, einen Sozialnutzen zu haben. Neben dem Sozialnutzen, der durch seinen Beitrag für alle Konsumenten entsteht, auch wenn die anderen Konsumenten sich nicht umwelt-

---

[235] Vgl. Moser, A.: Strategie - Struktur - Kultur. In: Die Unternehmung, H. 1, 1993, S. 74 ff.

bewusst verhalten, muss ein Individualnutzen vorhanden sein. Aus diesen Gründen müssen die Unternehmen sich bemühen, einen individuellen Kaufanreiz zu schaffen

- durch soziale Anerkennung beim Kauf ökologie-freundlicher Produkte,
- durch Prestige aufgrund demonstrativer Vernunft,
- durch das Gefühl Konsumpionier zu sein,
- durch das Gefühl, sich etwas leisten zu können (bei teuren Öko-Produkten),
- durch das Gefühl, sparsam zu wirtschaften (bei billigeren Öko-Produkten),
- durch das Gefühl, persönlich einen Beitrag zum Umweltschutz zu leisten (bei effektiven Produkten).

Um die Unsicherheit der Verbraucher zu mindern und das Vertrauen in das Produkt und die Unternehmung zu stärken, bietet sich vor allen Dingen die Kommunikationspolitik zur umfassenden Information der Verbraucher und die Verwendung von Gütezeichen an, wie z.B. der Umweltengel, Beurteilung durch die Stiftung Warentest, Recycling-Zeichen. Je schwieriger es für den Konsumenten ist, die Umweltverträglichkeit eines Produktes nachzuvollziehen, desto vertrauensbildender wirken solche **Gütezeichen**. Versprechen der freiwilligen Selbstkontrolle oder eigene Gütezeichen können dagegen oft unglaubwürdig wirken, wenn die Unternehmung oder Marke nicht bereits über ein glaubwürdiges Öko-Image verfügt.

Wichtig ist es bei der Vermarktung von ökologischen Produkten, die durchaus die Realisation höherer Preise ermöglichen, die Preisbereitschaft der Konsumenten nicht zu überschätzen.

Generell ist der Einsatz der Marketing-Instrumente nur erfolgversprechend, wenn die Maßnahmen aufeinander abgestimmt und durchgängig sind. Die Konzentration auf einen isolierten Bereich ist nicht sinnvoll, da sich auf diese Weise keine ökologieorientierte Marketing-Strategie durchsetzen lässt und auch kein umweltbewusster Eindruck entsteht.[236]

Als Elemente des Öko-Marketing lassen sich folgende Punkte zusammenfassen:
- Eine ökologische Produktdifferenzierung und Marktsegmentierung für die Produkte, die nur durch höhere Preise realisierbar sind.
- Ökologieorientiertes Forschungs- und Entwicklungsmanagement, das alle Möglichkeiten der Entwicklung umweltfreundlicher und zugleich preisgünstiger Produkte ausschöpft.
- Überwindung der Vertrauens- und Informationsdefizite durch geeignete Kommunikationspolitik.
- Schaffung eines ökologisch kompetenten Images der Unternehmung, demonstriert durch Eigenverantwortung gegenüber der Umwelt und freiwillige Konzessionen.[237]

Nur durch offensives, zukunftsorientiertes Öko-Marketing wird es den Unternehmen gelingen, Wettbewerbsvorteile aufzubauen und die Vielzahl der noch nicht erkannten Marktnischen zu erkennen.

---

[236] Vgl. Meffert, H./ Kirchgeorg, M./ Ostmeier, H.: Der Einfluß von Ökologie und Marketing auf die Strategien, in: Absatzwirtschaft, Sondernummer Oktober 1990, S. 56.
[237] Vgl. Kaas, K.P.: Marketing für umweltfreundliche Produkte, in: Die Betriebswirtschaft, H.4, 1992, S. 484.

5.3 Marketing und Multimedia

Die heutige Gesellschaft ist nicht nur durch neue Technologien geprägt, sondern auch durch veränderte Bedürfnisse der Menschen. Freiheit, Freizeit und Selbstverwirklichung stehen heute für viele im Vordergrund. Dadurch sind auch die Unternehmen gezwungen, neue Wege zu finden, um sich und ihre Produkte den Konsumenten zu präsentieren.

In diesem Zusammenhang taucht immer häufiger der Begriff Multimedia auf. Darunter versteht man das Zusammenwirken verschiedener Medientypen, wie Text, Bild, Grafik, Ton, Animation und Videoclips, in einem System, in dem diese Informationen gespeichert, präsentiert und manipuliert werden können. Die neuen Medien unterscheiden sich von den herkömmlichen Formen vor allem durch ihre **Interaktionsfähigkeit** und die Selbstbestimmtheit des Verbrauchers bei Ihrem Einsatz.

Neue Wege des Marketing im multimedialen Zeitalter der Informations- und Kommunikationstechnologien sind z.B. das **Internet** (World Wide Web) oder auch das sog. **interaktive Fernsehen** (Home Shopping Sender). Diese Medien dienen nicht allein der Präsentation eines Unternehmens, sie werden gleichermaßen als neue Vertriebswege genutzt. Ein weiteres Beispiel für multimediales Marketing sind CD-Roms, die von Versandhäusern anstelle der herkömmlichen Kataloge angeboten werden. Auch in Kaufhäusern wird Multimedia, in Form von großflächigen Info-Terminals (ähnlich denen in Banken) Einzug finden.

Entscheidend ist, dass in Zukunft Wege zum Kunden gefunden werden müssen, die seinen individuellen Bedürfnissen angepaßt sind. Und dazu ist Multimedia - alle Medien werden für den Kunden genutzt - das entscheidene Schlagwort, da der selbstbestimmte und interaktive Einsatz verschiedener Medien den individuellen Präferenzen bei der Informationsgewinnung des potentiellen Kunden Rechnung trägt.

Fragen zur Kontrolle und Vertiefung

(1) Definieren Sie den Begriff Marketing!
(2) Welches sind die drei M des Marketing?
(3) Wie lauten die Phasen des Marketing-Management-Konzeptes?
(4) Nach welchen Kriterien lassen sich Märkte klassifizieren?
(5) Definieren sie die Begriffe Marktpotenzial, Absatzpotenzial, Marktvolumen, Absatzvolumen und Marktanteil!
(6) Nennen Sie Beispielbranchen für die verschiedenen Markttypen im Marktformenschema!
(7) Welche Marktteilnehmer gibt es neben den Käufern und den Produzenten?
(8) Was versteht man unter einem Käufer- und Verkäufermarkt?
(9) Finden Sie Beispiele für die natürliche, technische und die rechtlich-politische Marketing-Umwelt!
(10) Welche drei Elemente enthält eine Zieldefinition?
(11) Erklären Sie die Begriffe ökonomische und psychographische Marketingziele!
(12) Wie lauten die vier Strategieebenen?
(13) Was ist eine Gap-Analyse?
(14) Ordnen Sie die vier Grundstrategien der Marktfeldstrategien in die Produkt-Markt-Matrix ein!
(15) Kennzeichnen Sie die Unterschiede zwischen differenziertem und undifferenziertem Marketing!
(16) Welches sind die häufigsten Kriterien bei der Marktsegmentierung?
(17) Welche Formen der Marktforschung gibt es?
(18) Nennen Sie die Quellen der Primär- und der Sekundär-Marktforschung!
(19) Was wird mit Panelerhebungen untersucht, und welche Schwierigkeiten sind mit dieser Methode verbunden?
(20) Welche Faktoren wirken auf das Kaufverhalten ein?
(21) Worin unterscheiden sich S-R-Modelle (Black-Box-Modelle), S-O-R-Modelle und Totalmodelle?
(22) Nennen Sie die Unterschiede zwischen Konsum- und Investitionsgütermärkten!
(23) Wie lauten die vier P des Marketing?
(24) Welche Arten der Produktanalyse kennen Sie?
(25) Beschreiben Sie die Phasen des Produktlebenszyklus und den Verlauf der Ausgaben und der Gewinne!

(26) Beschreiben Sie die Vorteile der Portfolio-Analyse am Beispiel des Marktanteil-Marktwachstum-Portfolios!

(27) Was versteht man unter Kundendienst?

(28) Welche Absatzkanäle gibt es?

(29) Beschreiben Sie das AIDA-Modell der Werbung!

(30) Nennen Sie die wichtigsten Instrumente der Verkaufsförderung auf der Aktionsseite Konsument und geben Sie jeweils Beispiele an!

(31) Rublic Relation wird in jüngster Zeit immer stärker als Element der Corporate Identity begriffen. Zeigen Sie den Zusammenhang zwischen beiden Begriffen auf!

(32) Beschreiben Sie das Beziehungsgeflecht der Marketinginstrumente!

(33) Welche Maßnahmen sollten in den jeweiligen Phasen des Produktlebenszyklus ergriffen werden?

(34) Was besagt das Dorfmann-Steiner-Theorem?

(35) Welche Aufgaben erfüllt die Marketing-Kontrolle und weshalb empfiehlt es sich, die Kontrolle durch Außenstehende durchführen zu lassen?

Kapitel G

Kapitalwirtschaft

1 Einführung in die Kapitalwirtschaft

Die Problematik der Kapitalwirtschaft (Finanzierung, Kapital- und Vermögensstrukturierungen sowie Investitionen) von Unternehmungen gilt als zentraler Aufgabenbereich der Betriebswirtschaftslehre. Für viele Fragen erweist es sich dabei als vorteilhaft, den Leistungsbereich und den Finanzbereich gedanklich zu trennen.

Untersucht man den Leistungsbereich, so konzentriert man sich vorwiegend auf die Vorgänge, die im Zusammenhang mit der physischen Kombination von Produktionsfaktoren stehen.

Bei der Analyse des Finanz- oder Zahlungsbereichs hingegen fragt man, welche geldlichen oder finanziellen Wirkungen von betrieblichen Aktivitäten und Entscheidungen ausgehen.

Um Finanzierungsmaßnahmen einleiten zu können, ist es zunächst notwendig, die Höhe des Kapitalbedarfes für die entsprechende Investition zu kennen. Diesem Grundschema folgend wird zunächst der Kapitalbedarf, dann die Kapitalbeschaffung und schließlich die Kapitalverwendung behandelt.

Im Kapitel Kapitalbedarf wird auf die Einflussfaktoren und die Ermittlung der verschiedenen Kapitalbedarfe eingegangen. Es soll die Finanzplanung und daran anschließend der Finanzplan dargestellt werden.

Bei der Behandlung der Finanzierungsalternativen wurden die Instrumente der Außen- und Innenfinanzierung zugrundegelegt. Die wichtigsten finanzwirtschaftlichen Entscheidungsaspekte des jeweiligen Finanzierungsinstrumentes werden verdeutlicht.

Zum Abschluss des Finanzierungsteiles werden das Verhältnis zwischen Vermögen und Kapital, wichtige Finanzierungsregeln und Ansätze der Finanzierungstheorie dargestellt.

Die Investition zur Verwendung des Kapitals bildet den Abschluss. Eine effiziente und wirtschaftliche Investition ist eine wichtige Basis für den Erhalt und das überdurchschnittliche Wachstum eines Unternehmens. Beim Entscheidungsprozeß zur Kapitalverwendung stehen hier die Investitionsrechenverfahren im Vordergrund. Grundsätze und Verfahren der Unternehmensbewertung kommen abschließend zur Erwähnung.

2 Grundlagen der Kapitalwirtschaft

2.1 Betrieblicher Umsatzprozess als Basiskomponente

Der gesamte Umsatzprozess einer Unternehmung kann in einen güterwirtschaftlichen und einen finanzwirtschaftlichen Prozess unterteilt werden. Beide sind sehr stark miteinander verknüpft; der finanzwirtschaftliche Prozess ist dabei Voraussetzung für den güterwirtschaftlichen Prozess. In einer ersten Phase müssen die finanziellen Mittel zur Verfügung gestellt werden, um die für den Produktionsprozess notwendigen Güter und Dienstleistungen beschaffen zu können. Die Unternehmung beschafft sich diese finanziellen Mittel auf dem Geld- und Kapitalmarkt.[1]

---

[1] Vgl. Thommen, J.-P.: Managementorientierte Betriebswirtschaftslehre, 6. Auflage, Zürich 2000, S. 395.

Unter **finanziellen Mitteln** versteht man alle Zahlungsmittel (Münzen, Banknoten), sämtliches Buch- bzw. Giralgeld (Sichtguthaben bei Post und Bank), sowie in einer weiteren Begriffsfassung zusätzlich die übrigen Bankguthaben und leicht realisierbaren Wertschriften. Die Märkte, auf denen die finanziellen Mittel beschafft werden können, sind wie folgt zu unterscheiden:

- Auf dem **Geldmarkt** treffen sich Angebot und Nachfrage nach kurzfristigen finanziellen Mitteln. Die Unternehmen können auf dem Geldmarkt kurzfristig ihre Liquiditätsüberschüsse anlegen oder umgekehrt kurzfristige Liquiditätsengpässe überbrücken.

- Der **Kapitalmarkt** dient dem Handel von mittel- bis langfristigen Mitteln, die eine Fälligkeit von über einem Jahr aufweisen. Allerdings bedeutet ein Kapitalmarktgeschäft nicht unbedingt eine langfristige Verpflichtung für die Partner. Während bei der Ausgabe von Beteiligungspapieren die Unternehmen eine langfristige Verfügbarkeit anstreben, kann der Kapitalgeber durch den Verkauf dieser Papiere an der Börse die Pflichten und Rechte auf einen neuen Kapitalgeber übertragen und somit eine Bindung zeitlich beeinflussen. Wichtige Teilbereiche des Kapitalmarktes sind die:
    - Wertpapiermärkte (Obligationen, Beteiligungspapiere),
    - Hypothekenmärkte,
    - Märkte für sonstige langfristige Darlehen.

    Wichtige Träger des Kapitalmarktes sind die Effektenbörsen sowie das Bankensystem, die einen reibungslosen Handel gewährleisten.

Geld- und Kapitalmarkt sind zum Teil eng miteinander verbunden und weisen fließende Grenzen auf. Oft werden diese beiden Märkte zusammengefasst und als **Kreditmarkt** bezeichnet.

2.2 Finanzwirtschaftliche Begriffe

2.2.1 Kapital

Der Begriff Kapital ist insofern schwierig zu definieren, weil diesem - sowohl umgangssprachlich als auch innerhalb der Wirtschaftswissenschaften selbst - sehr unterschiedliche Bedeutungen zugeordnet werden. So bezeichnet man beispielsweise in der Volkswirtschaftslehre das Kapital als einen Produktionsfaktor neben Boden und Arbeit und meint damit - wie aus den folgenden Ausführungen deutlich wird - das Vermögen.

Im Rahmen der Finanzierung bzw. der Betriebswirtschaftslehre bezeichnet man Kapital als eine abstrakte Geldwertsumme, die durch Zuführung von finanziellen Mitteln[2] entsteht. Das Kapital zeigt bei der Gründung die Herkunft dieser finanziellen Mittel bzw. der evtl. eingebrachten Güter. In einem späteren Zeitpunkt, während der Umsatzphase der Unternehmung, kann die Herkunft der Mittel nicht mehr bestimmt werden. Das Kapital verkörpert dann den in Geldeinheiten ausgedrückten Wert der in der Unternehmung insgesamt vorhandenen Vermögensteile. Es wird zunächst nach der

---

[2] Diese Form des Kapitals entsteht meistens bei der Gründung von Unternehmen, wenn dabei die Form einer Sachgründung gewählt wird.

Rechtsform der Übertragung in Eigen- und Fremdkapital und das letztere nach der Dauer seiner Hingabe in kurz- und langfristiges Fremdkapital gegliedert.

(a) Eigenkapital

Dem Eigenkapital, Passiv-Posten der Bilanz, stehen keine fremden Gläubigerrechte gegenüber. Dieses Risikokapital oder haftendes Kapital ist dem Vermögen des Eigentümers der Unternehmung zuzurechnen. Es steht der Unternehmung grundsätzlich unbefristet zur Verfügung. Die Rechtsform der Unternehmung beeinflusst den Status des Eigenkapitals folgendermaßen:

- Beteiligungskapital bei der Einzelfirma und den Personengesellschaften,
- Grund- oder Aktienkapital bei der Aktiengesellschaft,
- Stammkapital bei der GmbH,
- Geschäftsguthaben bei den Genossenschaften,

Rücklagen oder Reserven sowie der Gewinnvortrag werden zum Eigenkapital gezählt. Die bilanziell ausgewiesene Eigenkapitalstruktur gibt Hinweise auf die Beteiligungs- und Mitbestimmungsverhältnisse sowie den Haftungsumfang. Es besteht kein Anspruch auf die Verzinsung der Kapitaleinlage. Jedoch ist eine Gewinnbeteiligung obligatorisch.

(b) Fremdkapital

Das Fremdkapital oder "Kreditkapital" ist das Kapital, das Dritte dem Unternehmer zur Verfügung gestellt haben. Fremdkapital sind Schulden des Unternehmens. Es steht der Unternehmung in Form von Anleihen (Obligationen), Hypothekarkrediten oder anderen Krediten auf unterschiedlich lange Zeit zur Verfügung. Es behält, im Gegensatz zum Eigenkapital, seine rechtliche Selbständigkeit. Die Unterscheidung in langfristiges und kurzfristiges Fremdkapital ist hervorzuheben.

Langfristiges Fremdkapital ist durch Vertrag für ca. 4–25 Jahre gebunden. Das Fremdkapital dient - wie das Eigenkapital - vor allem zur Finanzierung des Anlagevermögens.

Kurzfristiges Fremdkapital ist bis zu 12 Monate an die Unternehmung gebunden. Vom mittelfristigen Kapital, das die Lücke zwischen langfristigem und kurzfristigem Fremdkapital ausfüllen könnte, spricht man seltener, weil "echte" mittelfristige Kredite nicht oft vorkommen. Entweder braucht die Unternehmung langfristiges Kapital für langfristige Investitionen oder kurzfristiges Kapital, um den Umsatz zu finanzieren. Kurzfristiges Kapital kann durch ständige Prolongation[3] der Kredite zu mittel- oder langfristigem Kapital gewandelt werden.

Eine Grenze zwischen Eigen- und Fremdkapital kann rechtlich gezogen werden, da der Fremdkapitalgeber Gläubiger der Unternehmung ist. Betriebswirtschaftlich ist diese Grenzziehung aber nicht immer möglich. Gewährt beispielsweise ein Aktionär einer Familienkapitalgesellschaft der Unternehmung ein Darlehen, so bedeutet es rechtlich zwar Fremdkapital, betriebswirtschaftlich bekommt diese Zuwendung jedoch den Charakter von Eigenkapital.

---

[3] Prolongation (lat.: Verlängerung) bedeutet Stundung bzw. Verlängerung der Kreditfrist.

2.2.2 Vermögen

Das Vermögen einer Unternehmung besteht aus der Gesamtheit der materiellen und immateriellen Güter, in die das Kapital einer Unternehmung umgewandelt wurde. Kapital und Vermögen sind deshalb in Geldeinheiten ausgedrückt immer gleich groß. Das Vermögen wird meistens nach der Dauer der Bindung der in den verschiedenen Vermögensteilen gebundenen finanziellen Mittel gegliedert. Grundsätzlich wird dabei zwischen Anlagevermögen und Umlaufvermögen unterschieden.

Unter **Anlagevermögen** versteht man die Gesamtheit der Vermögenselemente, die dazu bestimmt sind, dauernd dem Geschäftsbetrieb zu dienen und die dem wirtschaftlichen Eigentum der Unternehmung zuzurechnen sind. Sie stehen in der Regel für mehrere Produktionszyklen zur Verfügung. Der Ersatz des abnutzbaren Anlagevermögens erfolgt über die Abschreibungen, soweit Überschüsse in entsprechender Höhe am Absatzmarkt erzielt werden.

Im **Umlaufvermögen** werden Vermögensgegenstände ausgewiesen, die nicht dauernd dem Geschäftsbetrieb dienen sollen (Vorräte, Rohstoffe, Hilfsstoffe, flüssige Mittel und Forderungen). Die Zusammensetzung der einzelnen Vermögenspositionen verändert sich mit dem Umsatzprozess. Die Teile des Umlaufvermögens, die sich innerhalb eines Produktionszyklus umsetzen, bezeichnet man auch als Umschlagvermögen.[4]

2.2.3 Kapitalbedarf, Finanzierung und Investition

Zwischen der Beschaffung betrieblicher Einsatzfaktoren und dem Absatz der erstellten Leistungen liegt im Normalfall ein erheblicher Zeitraum. Die Unternehmung ist daher meist kaum in der Lage, die ausgabenrelevanten Zahlungsströme quantitativ und zeitlich aufeinander abzustimmen. Dadurch entsteht **Kapitalbedarf**, dessen Höhe, Art und zeitliche Dimension durch bestimmte Determinanten beeinflusst wird.

Ist ein Kapitalbedarf gegeben, so muss versucht werden diesen Bedarf zu decken, es muss also Kapital beschafft werden. Diese Kapitalbeschaffung wird als Finanzierung bezeichnet. Da sich die Literatur über die verschiedenen Finanzierungsbegriffe nicht einig ist, soll hier eine Abgrenzung des Finanzierungsbegriffes erfolgen.

Unter dem Begriff **Finanzierung** soll die **Kapitalbeschaffung** im weitesten Sinne verstanden werden. Finanzierung in diesem Sinne ist die Bereitstellung von finanziellen Mitteln jeder Art zur Durchführung der betrieblichen Leistungserstellung und Leistungsverwertung sowie zur Abwicklung bestimmter finanzieller Vorgänge wie z.B. die Gründung oder die Kapitalerhöhung bei einer Kapitalgesellschaft.

Dem Begriff der **Kapitalbeschaffung** ist der Begriff der **Kapitalverwendung** gegenüberzustellen. Die Verwendung von finanziellen Mitteln zur Beschaffung von Sachvermögen, immateriellen Vermögen oder Finanzvermögen (Maschinen, Vorräte, Patente, Lizenzen, Wertpapiere, Beteiligungen) bezeichnet man als Investition.

Die Begriffe **Finanzierung** und **Investition** stehen in einem engen Zusammenhang, denn eine Mittelverwendung hat eine Mittelbeschaffung zur Voraussetzung. Ein Investitionsplan ist ohne Bedeutung, wenn die geplante Investition nicht finanziert werden

---

[4] Vgl. Perridon, L./ Steiner, M.: Finanzwirtschaft der Unternehmung, 7. Auflage, München 1993, S. 4.

kann. Andererseits ist die Beschaffung finanzieller Mittel für einen Betrieb ohne praktischen Wert, wenn er für sie keine ertragbringende Verwendung hat. Mittelverwendung setzt grundsätzlich Mittelbeschaffung voraus; Mittelbeschaffung muss grundsätzlich Mittelverwendung zur Folge haben.

Die Begriffe bedürfen aber noch einer weiteren Abgrenzung, denn nicht jede Verwendung finanzieller Mittel ist eine Investition, wie andererseits nicht jede Beschaffung von Mitteln eine Investition zur Folge hat. Gerät ein Betrieb in Liquiditätsschwierigkeiten, weil fällige Forderungen nicht eingehen, und nimmt er deshalb einen kurzfristigen Kredit zur Zahlung von fälligen Verbindlichkeiten auf, so ist das zwar eine Kapitalbeschaffung, die das Volumen der finanziellen Mittel im Moment vergrößert, jedoch das Investitionsvolumen nicht beeinflusst. Die finanziellen Vorgänge des Betriebsprozesses lassen sich als Kreislauf finanzieller Mittel auffassen, der folgende Phasen umfasst:[5]

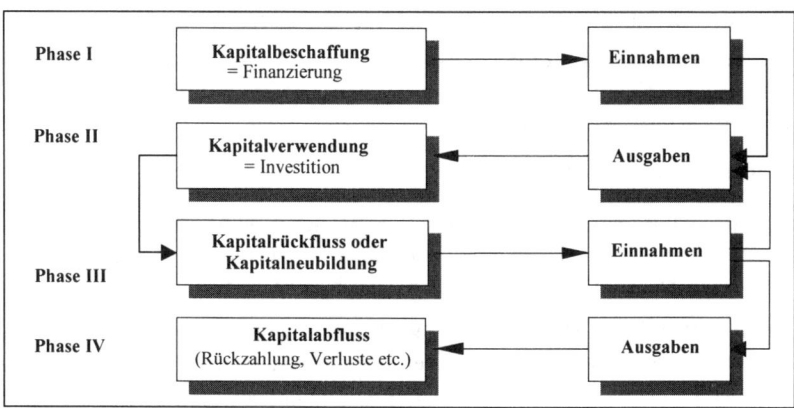

Abb. 1: Der Betriebsprozess

In Phase I erfolgt eine Finanzierung durch Zuführung von Mitteln von außen, in Phase III entsteht eine Finanzierung durch Rückfluss der Mittel über den Markt sowie eine weitere Kapitalbeschaffung "von innen", wenn Gewinne entstehen. Falls die Einnahmen der Phase III wieder in die Phase II des folgenden Kreislaufes einfließen, erneuert sich der Kreislauf der Einnahmen und Ausgaben. Werden die Einnahmen zur Rückzahlung des Kapitals o.ä. verwendet, so tritt in Phase IV ein Kapitalabfluss ein.

2.2.4 Liquidität

Der Wille der Geschäftsleitung zur Weiterführung des Unternehmens macht eine sichere **Liquidität** unabdingbar. Grundlage für den störungsfreien Ablauf des Betriebsprozesses ist neben den schon genannten Faktoren eine zeitliche Koordination der Einzahlungs- und der Auszahlungsströme. Die finanziellen Mittel fristgerecht verfügbar zu haben sollte als oberes **Managementziel** angesehen werden.

Die **Liquidität** lässt sich dann definieren als "die Fähigkeit der Unternehmung, die zu einem Zeitpunkt zwingend fälligen Zahlungsverpflichtungen uneingeschränkt erfüllen zu können".[6] Ergänzend ist festzuhalten, dass bei Personengesellschaften, wie

---

[5] Vgl. Wöhe, G./ Bilstein, J.: Grundzüge der Unternehmensfinanzierung, 6. Auflage, München 1991, S. 2 ff.
[6] Witte, E.: Die Liquiditätspolitik der Unternehmung, Tübingen 1963.

offenen Handelsgesellschaften und Kommanditgesellschaften, im Falle der Zahlungsunfähigkeit oder **Illiquidität** des Unternehmens das Konkurs- oder Vergleichverfahren gerichtlich zu eröffnen ist.[7]

Im indirekten Zusammenhang mit dem Konkurs oder Vergleich steht dann auch die Liquidation. Bei einer **Liquidation** wird das Unternehmen aufgelöst durch Zerschlagung oder Veräußerung des Betriebes oder einzelner Teile. Die Liquidation ist somit streng von der Liquidität zu trennen.

- **Liquidität** wird in der Literatur auch als die Eigenschaft angesehen, Vermögenswerte, z.B. Warenbestände, in Zahlungsmittel umzuwandeln. Zwei Betrachtungsaspekte fallen hierbei ins Gewicht:
- Die **natürliche Liquidität** bezeichnet den Zeitraum, in dem normalerweise aus dem Unternehmensprozess geldwerte Mittel freigesetzt werden.
- Von **künstlicher Liquidität** spricht man, wenn es um die Möglichkeit geht, vor Ablauf einer Frist Vermögensgüter in Zahlungsmittel umzuwandeln.[8]

2.2.5 Rentabilität

Um die Existenz des Unternehmens zu sichern, ist neben dem Erhalt der Liquidität auch ein rentables Arbeiten des Betriebes notwendig. Ergänzend sollte auch ein stetiges Unternehmenswachstum zur Sicherung der Betriebsexistenz Geschäftsziel sein.

Rentabilität soll hier angesehen werden als die Fähigkeit des Unternehmens, die aus dem Betriebsprozess entstandenen Kosten durch entsprechende Erträge abzudecken. Eine Unternehmung muss zumindest langfristig (und im Durchschnitt) rentabel arbeiten, da sie sonst keine Kapitalgeber findet bzw. das vorhandene Eigenkapital sich durch die Verluste verzehrt, was schließlich auch zur Illiquidität oder zur Überschuldung mit daraus folgender Konkurskonsequenz führt.

Rentabilität gilt als betriebswirtschaftliche Maßzahl. Sie wird gebildet als Erfolgsrelation von Gewinn pro Einheit des investierten Kapitals. Da die Größen Gewinn und Kapital durchaus unterschiedlich definierbar sind, wird zwischen folgenden Rentabilitätskennziffern unterschieden:

$$\text{a.) Gesamtrentabilität} = \frac{\text{Kapitalgewinn}}{\text{Gesamtkapital}} \cdot 100$$

$$\text{b.) Umsatzrentabilität} = \frac{\text{Gewinn}}{\text{Umsatz}} \cdot 100$$

$$\text{c.) Eigenkapitalrentabilität} = \frac{\text{Jahresüberschuss}}{\text{Eigenkapital}} \cdot 100$$

$$\text{d.) Betriebskapitalrentabilität} = \frac{\text{Betriebsgewinn}}{\text{betriebsnotwendiges Kapital}} \cdot 100$$

---

[7] Vgl. HGB § 130a.
[8] Vgl. Bestmann, U.: Kompendium der Betriebswirtschaftslehre, 6. Auflage, München 1992, S. 414.

Anteilseigner eines Unternehmens sind an der Optimierung der Eigenkapitalrentabilität interessiert. Geschäftsleitende Personen eines Unternehmens sehen die Betriebskapital- und Umsatzrentabilität als aussagekräftige Zahl an.

Zusätzliche Aussagen über die Gesamtrentabilität gibt der "Return on Investment" (ROI). Die Errechnung geschieht wie folgt:

ROI = Umsatzrentabilität • Kapitalumschlagshäufigkeit

wobei sich die Kapitalumschlagshäufigkeit ergibt aus:

Kapitalumschlagshäufigkeit = Umsatz / Gesamtkapital

Die Steigerung der Rentabilität kann durch die

- Verringerung der Kapitalkosten oder
- durch Erlösmaximierung aus dem Geldvermögen

erreicht werden.[9]

3 Der Kapitalbedarf

3.1 Begriff und Wesen des Kapitalbedarfs

Ein funktionierender Betrieb benötigt zur Erfüllung seiner Aufgaben einen bestimmten Kapitalgrundstock. Über dessen Höhe muss Klarheit bestehen, bevor mit der Deckung des Kapitalbedarfs begonnen werden kann. Der **Kapitalbedarf** ist notwendig, da der Betrieb Verpflichtungen gegenüber den Lieferanten der betriebsnotwendigen Sachgüter und Leistungen hat sowie an die Arbeitnehmer Lohnzahlungen zu entrichten hat. Die Verpflichtungen bestehen, bevor den Unternehmer selbst die Einnahmen aus dem Absatz der Betriebsleistungen erreichen. Die zeitlichen Verschiebungen zwischen den betriebsnotwendigen Ausgaben vor und während der Leistungserstellung und den zwangsläufigen Einnahmen beim Absatz begründen den betriebsnotwendigen Kapitalbedarf. Der Kapitalbedarf deckt die benötigten finanziellen Mittel zwischen Herstellung und Verkauf des Geschäftsgutes. Der Kapitalbedarf ist - bei unveränderten Ausgaben und Einnahmen - um so höher, je weiter die Zahlungsströme zeitlich auseinanderfallen. Der Bedarf ergibt sich durch Subtraktion der angefallenen Einnahmen von den entsprechenden Ausgaben in einem bestimmten Zeitpunkt:

$$KB_T = \sum_{t=0}^{T} A_t - \sum_{t=0}^{T} E_t$$

Der Kapitalbedarf einer Unternehmung wird demnach durch die Höhe der jeweiligen Ein- und Auszahlungsströme und durch das zeitliche Auseinanderfallen dieser Zahlungsströme, die Kapitalbindungsdauer, determiniert. Wäre die Kapitalbindungsdauer null, fielen die Aus- und Einzahlungsströme zusammen bzw. wären die Aufwendungen nicht größer als die Erträge. Es entfiele eine Kapitalbedarfsermittlung.

---

[9] Vgl. Bestmann, U.: Kompendium der Betriebswirtschaftslehre, a.a.O., S. 412.

Diese Grundstruktur der Problematik ist in Beispiel 1 verdeutlicht.[10]

Beispiel 1:

Monat	Ausgaben [EUR]	Einnahmen [EUR]
Januar	1.000,--	0.--
Februar	2.000.--	0,--
März	3.000.--	1.000,--
April	1.000.--	2.000,--
Mai	2.000.--	2.000,--
Juni	1.000.--	2.000,--

Aus den Ausgaben und Einnahmen ergibt sich der Kapitalbedarf:

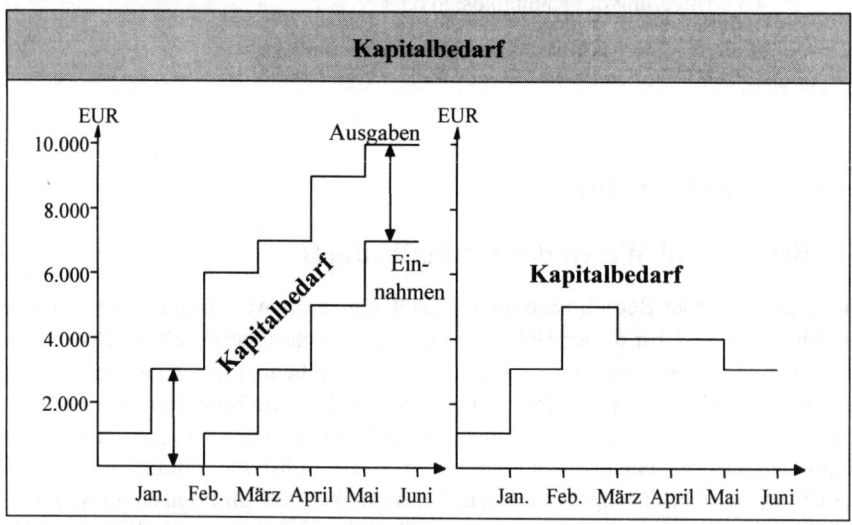

Abb. 2: Der Kapitalbedarf

Weiterhin ist zu bemerken, dass der Kapitalbedarf nicht allein von dem materiellen güterwirtschaftlichen Prozess (Beschaffung, Produktion, Absatz) abhängt, sondern auch von finanziellen Vorgängen. Die Gewährung von Lieferantenkrediten erhöht den Kapitalbedarf, da der zeitliche Abstand von Ausgaben und Einnahmen größer wird. Umgekehrt hingegen mindert die Inanspruchnahme von Lieferantenkrediten den Kapitalbedarf. Ebenso wirken Kundenanzahlungen bedarfsmindernd, eigene Vorauszahlungen dagegen erhöhend auf den Kapitalbedarf.

3.2 Die Einflussfaktoren des Kapitalbedarfs

Bevor die Verfahren zur Ermittlung des Kapitalbedarfs behandelt werden, ist zu analysieren, welche Determinanten diesem zugrunde liegen. Es lassen sich mehrere Faktoren aufführen, die auf die Höhe des Kapitalbedarfes Einfluss ausüben können.[11]

---

[10] Vgl. Olfert, K.: Finanzierung, 10. Auflage, Ludwigshafen (Rhein) 1999, S. 67 ff.
[11] Vgl. Hahn, O.: Finanzwirtschaft, München 1975; Gutenberg, E.: Grundlagen der Betriebswirtschaftslehre.

Mengenbezogene Einflussfaktoren:
- Prozessanordnung
- Betriebsgröße
- Leistungsprogramm
- Beschäftigungsniveau

Zeitbezogener Einflussfaktor:
- Prozessgeschwindigkeit

Wertbezogener Einflussfaktor:
- Preise der Einsatzfaktoren

(a) Die Prozessanordnung

Die Prozessanordnung oder Diversität ist die zeitliche Gestaltung gegebener Prozesse. Sind zur Realisation eines für eine Planungsperiode vorgegebenen Produktionsvolumens mehrere Prozesse gleicher Art erforderlich, so können diese entweder gleichzeitig oder zeitlich gestaffelt oder nacheinander beginnen.

- Die Prozesse werden zeitlich nebeneinander angeordnet, d.h. mehrere Prozesse beginnen und enden gleichzeitig.

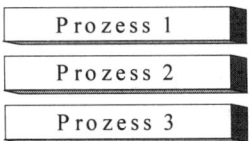

Bei dieser Vorgehensweise steigt der Kapitalbedarf zu Beginn der Arbeitsprozesse stark an, da Ausgaben anfallen, ohne dass zunächst Einnahmen zu verzeichnen sind. Der Geldrückfluss geschieht erst mit dem Verkauf der gefertigten Güter, der Kapitalbedarf sinkt.

- Die Prozesse werden zeitlich gestaffelt angeordnet, d.h. wenn ein Prozess an einem gewissen Punkt angelangt ist beginnt der nächste Prozess

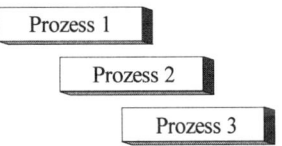

Die Höhe des Kapitalbedarfs wird sich bei dieser überlappenden Anordnung im Vergleich zu der zeitlich nebeneinanderliegenden Anordnung vermindern. Spitzenwerte des Kapitalbedarfs werden reguliert bzw. abgebaut.

- Die Prozesse werden zeitlich nacheinander angeordnet, d.h. der Beginn des neuen Prozesses setzt voraus, dass der bisherige Prozess abgeschlossen ist.

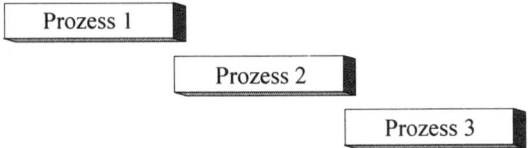

Für die Höhe des Kapitalbedarfs bedeutet dies, dass er sich auf niedrigem Niveau bewegen wird, da den Ausgaben für den jeweils neu zu beginnenden Prozess entsprechende Einnahmen aus dem beendeten Prozess gegenüberstehen.[12]

---

[12] Vgl. Olfert, K.: Finanzierung, a.a.O., S. 71 ff.

(b) Die Betriebsgröße

Die Auswirkungen einer steigenden Betriebsgröße auf den damit einhergehenden steigenden Kapitalbedarf sollen betrachtet werden. Es ist davon auszugehen, dass keine vollständige harmonische Anpassung der Kapazität an das geplante Optimum realisiert werden kann. Die Tendenz zur Errichtung von Leerkapazitäten besteht durch die kritische Teilbarkeit der Produktionsanlagen. Die Bindung unproduktiven Kapitals ist die Folge.

Die Kapitalbedarfsrelevanz von Betriebsgrößenvariationen erscheint so vielfältig, dass keine generell gültigen, funktionalen Zusammenhänge darstellbar sind. Funktionale Zusammenhänge sind nur auf der Basis der jeweils in den einzelnen betrieblichen Teilbereichen festzustellen. Zusätzliche Kapitalbedürfnisse, orientiert am Gesamtkapitalbedarf, sind individuell zu ermitteln.

(c) Das Leistungsprogramm

Die Bedeutung des Leistungsprogramms als Determinante des Kapitalbedarfs richtet sich nach der technischen wie ökonomischen Verbindung der Programmbestandteile untereinander. Der Kapitalbedarf wird bei gleicher Betriebsgröße bei einem Einprodukt-Unternehmen am geringsten sein, bei Unternehmungen mit großer Typenvielfalt den höchsten Bedarf aufweisen. Je mehr die einzelnen Leistungen des Programms sich voneinander unterscheiden, um so mehr tendiert das einzelne Programmelement zu einer selbständigen Betriebseinheit. Folge ist eine Kosten- wie auch Kapitalbedarfsprogression.

Entsprechendes lässt sich als Folge einer Programmänderung für den Kapitalbedarf sagen. Gutenberg verweist dabei auf die beiden einander entgegengesetzten Trends: Auf der einen Seite bedingt eine Programmänderung zusätzlichen Kapitalbedarf, auf der anderen Seite Kapitalfreisetzungen. Generelle Aussagen lassen sich darüber hinaus nicht treffen.[13]

(d) Das Beschäftigungsniveau

Die Beschäftigungsschwankungen, Ursachen sind insbesondere konjunktureller und saisonaler Natur, beeinflussen das Geschäftsvolumen einer Unternehmung, die sich auf verschiedene Weise anpassen kann. Unterschieden werden im wesentlichen drei Grundtypen:

- Quantitative,
- zeitliche und
- intensitätsmäßige Beschäftigungsschwankungen.

Als Sonderform erscheint die kombinative Anpassung, deren Einfluss auf den Kapitalbedarf durch eine Analyse der Partialprozesse untersucht wird.[14]

Bei einer **quantitativen** Anpassung ändert sich der Kapitalbedarf weitgehend proportional: es wird z.B. weniger Werkstoff verbraucht, es werden Arbeitskräfte entlassen und Betriebsmittel abgestoßen. Hier tritt allerdings neben das Problem der Kapitalfreisetzung

---

[13] Vgl. Hahn, O.: Finanzwirtschaft, a.a.O., S. 139.
[14] Vgl. Büschgen, H.E.: Die Ermittlung des Kapitalbedarfs der Unternehmung, in: Finanzierungshandbuch, a.a.O., S. 43.

auch das Problem der Liquidationsverluste. Im Falle einer quantitativen Anpassung der Betriebsmittel durch Stillegung ändert sich der Kapitalbedarf naturgemäß nicht.

Bei **zeitlicher** Anpassung verhält sich der Kapitalbedarf bezüglich der Arbeitsleistung und der Werkstoffe etwa proportional. Gewisse Abweichungen ergeben sich z.B. aus Überstundenzuschlägen.

Bei der **intensitätsmäßigen** Anpassung wird die Beschäftigung durch eine Variation der Prozessgeschwindigkeit verändert, ohne dass die Zahl der Arbeitsplätze oder der Umfang der Arbeitszeit verändert werden. Die Veränderung des Kapitalbedarfes durch intensitätsmäßige Anpassung wird im folgenden bei der Prozessgeschwindigkeit erörtert.

(e) Die Prozessgeschwindigkeit

Die Prozessgeschwindigkeit ist, im Gegensatz zu den oben dargestellten mengenbezogenen Einflussfaktoren des Kapitalbedarfs, ein zeitbezogener Einflussfaktor.[15]

Prozessgeschwindigkeit ist als der zeitliche Bedarf zu verstehen, den der einzelne betriebliche Prozess benötigt. Bei der Analyse des Kapitalbedarfs ist die Prozessanordnung von großer Bedeutung: Besitzt eine Unternehmung beispielsweise eine serielle Struktur, d.h., dass ein neuer Prozess erst beginnt, wenn der vorhergehende abgeschlossen ist, so hat eine Verkürzung der Prozesszeit keinen Einfluss auf die Höhe der Maxima des Kapitalbedarfs, sondern verändert lediglich die zeitliche Struktur, weil die Kapitalbindungsdauer verkürzt wird. Ausgaben und Einnahmen liegen also zeitlich näher beieinander, was insgesamt eine Minderung des Kapitalbedarfs zur Folge haben kann.

Des weiteren muss berücksichtigt werden, dass bei unverändertem Geschäftsvolumen Kapazität freigesetzt wird, deren Abbau unter Umständen sinnvoll erscheinen kann und dann auch den Kapitalbedarf verringert.

(f) Die Preise der Einsatzfaktoren

Der Preis ist ein wertbezogener Einflussfaktor des Kapitalbedarfs; er beeinflusst den Kapitalbedarf in seiner Höhe.

Grundsätzlich ist davon auszugehen, dass ein steigendes Preisniveau auf den Kapitalbedarf in positiver Korrelation wirkt. Unterstellt wird hierbei allerdings, dass sich die Komponenten des Grundprozesses (Lagerhaltung, Zahlungsgewohnheiten etc.) nicht ändern. Möglich wäre aber, dass die Unternehmung in Reaktion auf Preisniveauverschiebungen Veränderungen im Grundprozess vornimmt. In diesem Falle wird zumindest der Grad der Kapitalbedarfsveränderungen in Abhängigkeit von Preisniveauvariationen schwächer.

3.3 Die Ermittlung des Kapitalbedarfs

Zur Einleitung und Abwicklung jeglicher Finanzierungsaktivitäten ist die exakte Kenntnis über den gegebenen Kapitalbedarf in seiner quantitativen und qualitativen Dimension erforderlich. Das Wissen um die Einflussfaktoren des Kapitalbedarfs ist in diesem Zusammenhang zwar hilfreich, reicht aber nicht aus. Instrumente zur Kapitalbedarfsermittlung wurden in der Betriebswirtschaftslehre schon relativ frühzeitig entwickelt. Es

---

[15] Vgl. Olfert, K.: Finanzierung, a.a.O., S. 75.

handelt sich hierbei um Verfahren, die globale Aussagen über den Kapitalbedarf in sehr engen Grenzen und unter erheblichem Vorbehalt zulassen. Andererseits bieten diese Verfahren der finanzwirtschaftlichen Planungsrechnung gute Möglichkeiten, einen Kapitalbedarf zu bestimmten Zeitpunkten und für bestimmte Zeiträume zu ermitteln. Dies geschieht im Rahmen der Finanzplanung.

Die Anlässe zur Kapitalbedarfsermittlung ergeben sich einerseits aus dem Zwang der ständigen Zahlungsfähigkeit der Unternehmung, andererseits entstehen spezifische Situationen, aus denen heraus eine Kapitalbedarfsermittlung erforderlich ist (z.B. Unternehmensgründung, Planung von Investitionsvorhaben).[16]

3.3.1 Die Finanzplanung

Die Finanzplanung ist eine systematische Erfassung und Gegenüberstellung von zu erwartenden Einnahmen und Ausgaben innerhalb eines bestimmten Zeitraumes sowie die finanziellen Maßnahmen zu ihrem Ausgleich. Auf Grund der Finanzpläne kann die Geschäftsleitung für kommende Zahlungsverpflichtungen gezielt vorsorgen sowie rechtzeitig eine günstige Anlage für freiwerdende Gelder ermitteln. Zahlungsschwierigkeit oder Illiquidität bedroht unmittelbar die Existenz eines Unternehmens. Überliquidität hingegen verwässert die Rentabilität.

Hauptziel der Finanzplanung ist es demnach, ein Gleichgewicht optimaler **Liquidität** zu bestimmen und zu erhalten. Wenn die tatsächlichen Zahlungsströme der Zahlungsperiode (Einnahmen und Ausgaben) hinsichtlich Höhe und Fälligkeit mit den zu erwartenden (geplanten) übereinstimmt, besteht finanzielles Gleichgewicht.

Die Finanzplanung hat neben der Liquidität auch die Sicherheit und die **Rentabilität** zu berücksichtigen. Alle drei Faktoren sind von der Höhe des Kapitalbedarfs und den Möglichkeiten der Kapitaldeckung abhängig. Die Deckung des Kapitalbedarfs kann die Finanzplanung allein nicht ermitteln. Sie ist vielmehr von der Absatz-, der Produktions-, der Investitions- und der Beschaffungsplanung abhängig, die die Finanzplanung wesentlich mitgestalten.

Daraus geht hervor, dass optimale Unternehmensfinanzierung nur in einer langfristigen integrierten Unternehmensplanung gefunden werden kann. Liquidität, Sicherheit und Rentabilität sind wechselseitig voneinander abhängig. Alle Pläne der Unternehmung müssen daher durch eine schrittweise Annäherung aufeinander abgestimmt werden, bis die optimale Kombination der Liquidität, Sicherheit und Rentabilität gefunden ist.[17] Das soll jedoch die Bedeutung der Finanzplanung nicht herabsetzen, denn sie ist entscheidend vor allem für die Liquidität und findet ihren zahlenmäßigen Niederschlag im Finanzplan, in dem der Mittelbedarf und die zur Deckung momentan vorhandenen und künftig zu erwartenden Mittel gegenübergestellt werden.

3.3.2 Der Finanzplan

Der Finanzplan ist die tabellarische Darstellung und Auswertung der Ergebnisse der Finanzplanung. Als zusammenfassendes Informationsblatt zeigt er Art und Umfang der

---

[16] Vgl. Bestmann, U.: Kompendium der Betriebswirtschaftslehre, a.a.O., S. 414 f.
[17] Vgl. Löffelholz, J.: Repetitorium der Betriebswirtschaftslehre, 6. Auflage, Wiesbaden 1980, S. 610.

Beanspruchung des Finanzierungspotenzials des Unternehmens in der Planperiode. Er ist - wie alle Teilpläne - einmal Bericht über die Folge der getroffenen unternehmenspolitischen Maßnahmen, zum anderen die Ausgangsbasis für neue Entscheidungen, die neue Plandaten setzen.

- Der Finanzplan hat folgende Grundstruktur:

	Anfangsbestand an Zahlungskraft zu Beginn der Planperiode
+	Planeinzahlungen der Planperiode
−	Planauszahlungen der Planperiode
=	Endbestand an Zahlungskraft am Ende der Planperiode

Das Grundschema wird gemäß der spezifischen Zielsetzung entsprechend differenziert. Folgende Grundsätze bestimmen den Nutzen und die Aussagefähigkeit von Finanzplänen:[18]

- Nach dem **Grundsatz der Vollständigkeit** der Planungsansätze sind alle Zahlungsströme in der gesamten Planungsperiode zu berücksichtigen. Geschieht dies nicht, lässt sich keine Aussage über die voraussichtliche Liquiditätsentwicklung treffen.
- Nach dem **Grundsatz der Zeitpunktgenauigkeit** der Planungsansätze muss die Länge der Planungsperioden für die Finanzplanung so gewählt werden, dass der Eintrittszeitpunkt der Zahlungsströme hinreichend genau geschätzt werden kann. Die Ergebnisse der Schätzung werden bei längerer Planungsperiode ungenauer.
- Der **Grundsatz der Betrachtungsgenauigkeit** der Planungsansätze besagt, dass die erwarteten Zahlungsströme möglichst genau zu schätzen sind.

Jede systematische Finanzplanung besteht in der Regel aus folgenden **Teilplänen**:

- **laufende Finanzpläne**
  - ordentliche Finanzpläne
  - außerordentliche Finanzpläne
- **einmalige Finanzpläne** für besondere Finanzierungen (Gründungen, Kapitalerhöhungen durch Emissionen, Fusionen und Sanierungen).

Der laufende Finanzplan umfasst die Finanzvorgänge des normalen Betriebsablaufs. Ein **ordentlicher Finanzplan** enthält die mit der Betriebstätigkeit verbundenen Zahlungsvorgänge, wie sie durch den ständigen Umsatzprozess verursacht werden. Der **außerordentliche Finanzplan** enthält dagegen die laufenden Investitionen und ihre Finanzierung. Die Aufteilung des laufenden Finanzplans in ordentliche und außerordentliche Finanzpläne ist deshalb notwendig, weil laufende Investitionen im Gegensatz zum ordentlichen Umsatzprozess neben einem anderen zeitlichen Rhythmus auch unterschiedliche Schwerpunkte haben. Die Verbindung zwischen beiden wird mittels der durch den Umsatzprozess erwirtschafteten Abschreibungen und Gewinne hergestellt. In der Praxis sind ordentliche und außerordentliche Finanzpläne häufig zusammengefasst.

---

[18] Vgl. Kümmel, H.-J.: Grundsätze der Finanzplanung, ZfB 1964, S. 228 ff.; Wöhe, G./ Bilstein, J.: Grundzüge der Unternehmensfinanzierung, a.a.O., S. 316 f.

Eine andere bedeutende Einteilung ist die nach der **Fristigkeit**. Es wird unterschieden in:

> - **langfristige Finanzpläne**, die sich über mehrere Jahre (3 bis 10 Jahre) erstrecken. Es handelt sich hier um grobe Umrissplanungen auf lange Sicht,
>
> - **mittelfristige Finanzpläne** für Zeiträume von 3 Monaten bis zu 3 Jahren,
>
> - **kurzfristige Finanzpläne**, die drei bis vier Monate, höchstens aber ein Jahr umfassen und detaillierte Feinplanungen sind.

Bei der großen Unsicherheit der Finanzierungsvorgänge können Feinplanungen meist nur auf sehr kurze Sicht (etwa drei Monate oder gar nur einen Monat) zuverlässig geplant werden. Zwischen der langfristigen Umrissplanung und der kurzfristigen Feinplanung werden deshalb in der Regel noch weitere Phasen der Finanzplanung auf mittlere Sicht eingeschoben (Planung der Aufnahme mittelfristigen Kapitals).

Voraussetzung für jede feinere Planung ist jedoch eine finanzielle Umrissplanung auf lange Sicht; aus ihr sind die Feinplanungen zu entwickeln. Da die Finanzstruktur der Unternehmung ständigen unvorhersehbaren Wandlungen unterworfen ist, sind die Umrissplanungen immer wieder zu korrigieren, bzw. auf den neusten Stand zu bringen.

Auch eine **Aufgliederung** nach **Abteilungen, Projekten oder Produkten** ist möglich. Die Wahl der jeweiligen Gliederung des Finanzplans hängt im wesentlichen von betriebsspezifischen Gegebenheiten ab. Die Gliederung nach Funktionsbereichen der Unternehmung bzw. nach Abteilungen wird auch als **Finanzstellenrechnung** bezeichnet.[19] Die Finanzstellenrechnung ist vor allem in Verbindung mit der Standardplanung geeignet, Vorgabewerte (Finanzbudget) für die mittlere Führungsebene zu ermitteln.

Maßnahmen zur Wahrung des **finanziellen Gleichgewichts** sind von der Einzahlungsseite her mit schwer kalkulierbaren Risiken behaftet. Während sich die Höhe und der Termin der Auszahlungen mit einiger Gewissheit vorhersagen lassen, entzieht sich die tatsächliche Terminierung der Einzahlungen in weitem Umfang dem Entscheidungsbereich des Betriebes.

Im langfristigen Finanzplan wirft die Datenermittlung für das **Anlagevermögen** weniger Probleme auf als für das Umlaufvermögen. Aus der Investitionsplanung lassen sich die Anschaffungskosten, d.h. die Anschaffungspreise sowie alle Nebenkosten, die durch Transport, Montage etc. entstehen, für Anlagegüter feststellen.

Die Ermittlung des durch das **Umlaufvermögen** verursachten Kapitalbedarfs ist wesentlich schwieriger. Ausgehend vom geplanten Beschäftigungsgrad kann man zunächst berechnen, wie hoch der Bedarf an Produktionsfaktoren (Werkstoffe, Arbeitsleistungen etc.) pro Tag ist. Könnte die Tagesproduktion noch am gleichen Tag gegen bar abgesetzt

---

[19] Vgl. Lücke, W.: Finanzplanung und Finanzkontrolle in der Industrie, Wiesbaden 1965, S. 55 f.; Perridon, L./ Steiner, M.: Finanzwirtschaft der Unternehmung, a.a.O., S. 561.

werden, so wäre der Kapitalbedarf gleich dem Wert des Produktionsaufwandes eines Tages. Da aber die Produktion der Güter, ihre Lagerdauer und der Eingang der Verkaufserlöse längere Zeit in Anspruch nehmen, bleibt das Kapital mehrere Tage oder Wochen gebunden, bevor es wieder in liquide Form übergeht.

Je länger diese Zeitspanne ist, desto größer ist bei kontinuierlicher Beschäftigung der Kapitalbedarf. Da aber durch die Länge der Lagerdauer in der Inanspruchnahme des Zahlungsziels gewisse Unterschiede bestehen, lässt sich die Ermittlung durchschnittlicher Größen nicht vermeiden.[20]

In Abb. 3 ist ein Finanzplan wiedergegeben, der eine Trennung der Zahlungen nach der Herkunft aus dem laufenden Geschäft (ordentlicher Umsatzprozess), aus Investitions- und Desinvestitionsvorgängen sowie im Rahmen des Finanzverkehrs vornimmt. Die Über- oder Unterdeckung der Planperiode an liquiden Mitteln wird zunächst anhand bereits festgelegter Zahlungsvorgänge ermittelt[21].

Anschließend können die erforderlichen Ausgleichs- und Anpassungsmaßnahmen, wie Geldbeschaffung im Fall der Unterdeckung oder Geldanlage im Fall der Überdeckung, berücksichtigt und in den Finanzplan auf den gewünschten Zahlungsmittelbestand hin ausgeglichen werden.

Bei der Aufstellung eines Finanzplanes ist besonders darauf zu achten, dass alle für den Betrieb relevanten Zahlungsströme erfasst werden. Dies verdeutlicht, dass ein Finanzplan sehr individuell angepasst werden muss.

Sind sämtliche Auszahlungen und Einzahlungen für einen bestimmten Zeitraum ermittelt worden, so ergibt sich ein

- **Überschuss**
  oder ein
- **Fehlbetrag**

an liquiden Mitteln.

Der Anwender erhält also Aufschluss über seine **Liquiditätsentwicklung**. Die nächste Aufgabe der Finanzplanung besteht darin, diese Differenz zu beseitigen, d.h. einen Kredit- bzw. Anlagenplan aufzustellen, aus dem hervorgeht, wie der Fehlbetrag zu decken bzw. welche rentablen Verwendungsmöglichkeiten für einen Überschuss erschlossen werden können.

Lässt sich ein Fehlbetrag nicht durch die Erhöhung der Einzahlungen ausgleichen, weil weder durch eine Außenfinanzierung noch von innen durch Rationalisierungsmaßnahmen oder Vermögensumschichtungen (z.B. Verkauf von nicht betriebsnotwendigen Vermögen) Mittel beschafft werden können, so muss überprüft werden, ob sich Auszahlungen kürzen oder auf eine spätere Periode verschieben lassen, indem z.B. Ersatzinvestitionen zurückgestellt oder aufgegeben werden.

---

[20] Vgl. Wöhe, G./ Bilstein, J.: Grundzüge der Unternehmensfinanzierung, a.a.O., S. 318.
[21] Vgl. Perridon, L./ Steiner, M.: Finanzwirtschaft der Unternehmung, a.a.O., S. 561 ff.

Finanzplanung	Januar	Februar	März
Zahlungsmittelbestand der Vorperiode			
Auszahlungen			
Auszahlungen laufende Geschäfte			
- Gehälter, Löhne			
- Rohstoffe			
- Hilfsstoffe			
- Betriebsstoffe			
- Frachten usw.			
Auszahlungen für Investitionszwecke			
- Sachinvestitionen			
- Finanzinvestitionen			
Auszahlungen im Rahmen des Finanzverkehrs			
- Kreditlegung			
- Akzepteinlösung			
- Eigenkapitalherabsetzung			
Einzahlungen			
Einzahlungen aus ordentlichen Umsätzen			
- Barverkäufe			
- Begleichung von Forderungen aus Lieferungen			
- und Leistungen			
Einzahlungen aus Desinvestitionen			
- Anlagenverkäufe			
- Auflösung von Finanzinvestitionen			
Einzahlungen aus Finanzerträgen			
- Zinserträge			
- Beteiligungserträge			
Ermittlung der Über- und Unterdeckung			
Ausgleichs- und Anpassungsmaßnahmen			
Bei Unterdeckung			
- Kreditaufnahme			
- Eigenkapitalerhöhung			
- Rückfluss gewährter Darlehen			
- zusätzliche Desinvestitionen			
Bei Überdeckung			
- Kreditrückführung			
- Anlage in liquide Mittel			
Zahlungsmittelbestand am Periodenende nach Berücksichtigung der Ausgleichs- und Anpassungsmaßnahmen			

Abb. 3: Der Finanzplan

Wie bei jeder Planung, so muss auch bei der Finanzplanung bereits während des Ablaufs oder am Ende bestimmter Zeitabschnitte eine Kontrolle der Soll- und Istwerte durchgeführt werden, aus der Kenntnisse für die Korrektur laufender Pläne und für spätere Planungsabschnitte gewonnen werden können. Da die Arbeit mit solchen Finanzplänen und entsprechenden Abweichungsanalysen relativ rechenaufwendig ist, empfiehlt sich der Einsatz der EDV. Dazu können Kalkulationsprogramme verwendet werden, die auf Personalcomputern lauffähig sind.

Zusammenfassend kann gesagt werden, dass für die Ermittlung der optimalen Finanzierungsform und vor allem für die laufende Liquiditätskontrolle das Aufstellen eines Finanzplanes und seine regelmäßige Führung unerlässlich ist.

3.3.3 Die rollierende Finanzplanung

Kurzfristige Finanzpläne werden häufig im Rahmen einer rollenden oder rollierenden Planung in langfristige Pläne eingebettet. Die langfristigen Pläne beruhen, wie oben erwähnt, auf einer weit in die Zukunft reichenden und von daher relativ groben Schätzung der Ein- und Auszahlungen. Die Genauigkeitsanforderungen sind mit zunehmender Planperiodenlänge immer geringer anzusetzen. Um den Genauigkeitsanforderungen dennoch gerecht werden zu können, wird die kurzfristige Planung in die langfristige Planung mit einbezogen.

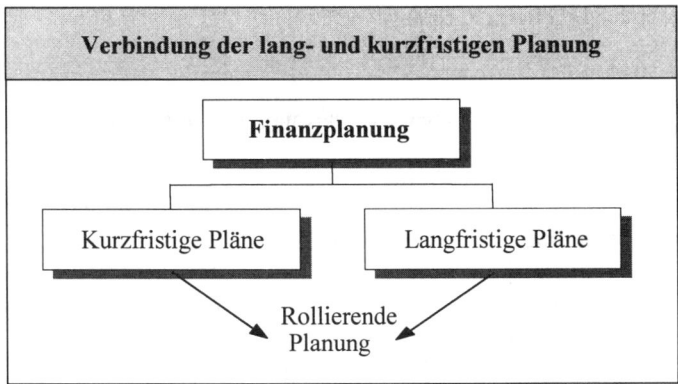

Abb. 4: Verbindung der langfristigen und kurzfristigen Planung

So kann etwa eine in Quartale aufgeteilte Jahresplanung nach Ablauf eines Quartals um ein Vierteljahr verlängert werden, wobei eine Planrevision zur Berücksichtigung neuer Erkenntnisse möglich ist.

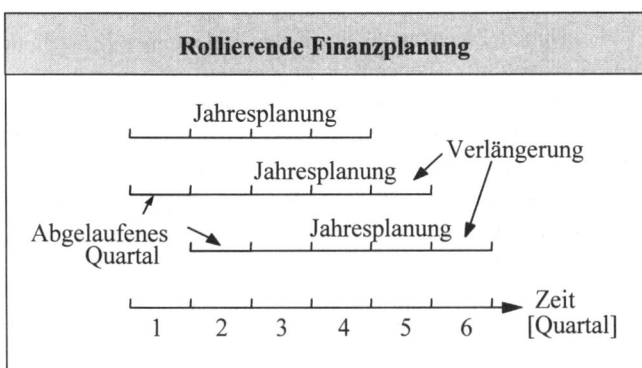

Abb. 5: Rollierende Finanzplanung

Die Planrevision hat unter Berücksichtigung der langfristigen Planung zu geschehen. Dabei kann es sein, dass auch die langfristige Planung in gewissen Zeitabständen revidiert werden muss.

4 Kapitalbeschaffung

Finanzierungsmittel, die dem Unternehmen als Eigen- oder Fremdkapital im Zuge der Beteiligungs- oder Kreditfinanzierung zufließen, gelten als von außen beschafft. Finanzierungsmittel hingegen, die aus der laufenden Geschäftstätigkeit als Umsatzerlöse, Zinsen, Beteiligungs- oder sonstige Erträge in das Unternehmen zufließen und dort zurückbehalten werden, werden als von innen erbracht angesehen.

Mit **Außenfinanzierung** ist also die primäre Finanzmittelbeschaffung vom Geld- und Kapitalmarkt einschließlich der Lieferanten gemeint. Mit **Innenfinanzierung** der sekundäre Finanzmittelzufluss und die Kapitalneubildung aufgrund des Leistungsprozesses. Man kann die Außenfinanzierung deshalb auch als Primär- und die Innenfinanzierung als Sekundärfinanzierung kennzeichnen. Die Innenfinanzierung setzt begrifflich Außenfinanzierung und Investition, also die Beschaffung von Kapital von außen und dessen Verwendung im Betrieb, voraus.[22]

Herkunft des Kapitals Rechtliche Qualität	Außenfinanzierung	Innenfinanzierung
Eigenfinanzierung	Beteiligungsfinanzierung	Selbstfinanzierung Finanzierung aus Abschreibungsgegenwerten
Fremdfinanzierung	Kreditfinanzierung	Finanzierung über Rückstellungen Finanzierung aus Vermögensumschichtung

Abb. 6: Finanzierungsmöglichkeiten

4.1 Beteiligungsfinanzierung

Wird einem Unternehmen Eigenkapital durch den Eigentümer (Einzelunternehmung), oder durch die Miteigentümer (Personengesellschaften) oder durch die Anteilseigner (Kapitalgesellschaften) von außen zugeführt, so handelt es sich um eine Eigenfinanzierung in Form einer Einlagen- bzw. Beteiligungsfinanzierung.[23] Der Eigenkapitalgeber ist als Miteigentümer und Unternehmer anzusehen; er bezieht den Gewinn, trägt aber den Verlust. Das i.d.R. langfristig zur Verfügung stehende Eigenkapital entspricht grundsätzlich der Differenz zwischen Vermögen und Schulden (Reinvermögen) und kann grundsätzlich zugeführt werden als:

- **Geldeinlagen**, die am häufigsten eingebracht werden und problemlos sind, da ihr nomineller Wert feststeht und Bewertungen damit nicht notwendig werden.
- **Sacheinlagen**, die beispielsweise in Form von Maschinen, Rohstoffen oder Waren bereitgestellt werden. Das Problem, sie realistisch zu bewerten, besteht generell.

---

[22] Vgl. Bierich, M.: Die Innenfinanzierung der Unternehmung. In: Finanzierungshandbuch. Hrsg. Christians, F.-W, Wiesbaden 1980, S. 99.
[23] Vgl. Wöhe, G./ Bilstein, J.: Grundzüge der Unternehmensfinanzierung, a.a.O., S. 35.

- **Rechte**, die z.B. in Form von Patenten oder Wertpapieren eingebracht werden. Auch in diesem Falle besteht vielfach das Problem der Bewertung.

Die Beteiligungsfinanzierung ist entweder mit Hilfe der bisherigen Gesellschafter oder durch die Aufnahme neuer Gesellschafter möglich. Die Möglichkeiten für Unternehmen, Kapital über Beteiligungen zu erlangen, sind vielfältig.

Unternehmen ohne Zugangsmöglichkeit zur Börse können nicht auf einen organisierten Kapitalmarkt zurückgreifen, womit sich eine Beteiligungsfinanzierung erschwert. Zu solchen Unternehmen gehören die Personengesellschaften und die Gesellschaft mit beschränkter Haftung, die auch als nicht-emissionsfähige Unternehmen bezeichnet werden.

Unternehmen mit Zugang zur Börse haben es bei der Beteiligungsfinanzierung wesentlich einfacher. Die Aktiengesellschaften (AG) und Kommanditgesellschaften auf Aktien (KGaA) werden als emissionsfähig bezeichnet.[24] Sie haben gegenüber nicht-emissionsfähigen Unternehmen folgende Vorteile:

- Aufteilung des Eigenkapitals in kleine Teilbeträge,
- Möglichkeit der Beteiligung mit geringem Kapital,
- Hohe Fungibilität der Aktien,
- Kapitalmäßige Interessen der Eigentümer.

Für die Beurteilung der Vorteilhaftigkeit einer Beteiligungsfinanzierung gibt es eine Vielzahl von Kriterien. Nachfolgend sollen die verschiedenen Rechtsformen der Unternehmen im Hinblick auf die Kapitalbeschaffung dargestellt werden.

4.1.1 Unternehmensgründung - Die Wahl der Rechtsform

Das Vorhandensein von Eigenkapital ist eine wichtige Voraussetzung zur Gründung eines Unternehmens. Die Rechtsform des Unternehmens (Unternehmensform) wird durch die Form und Qualität des Beteiligungskapitals festgelegt. Die deutsche Rechtsordnung legt im Gesellschaftsrecht Grundstrukturen fest, die durch unterschiedlichste Merkmalsausprägungen variiert werden. Die rechtlichen Gesellschaftsmerkmale bestimmen:

- Umfang von Beteiligungskapital,
- Zufluss von Finanzmitteln,
- Mitbestimmung der Kapitalgeber,
- Haftungsmaß sowie Gewinnschöpfung.

Die Unternehmensform beeinflusst zudem die Kreditwürdigkeit und damit auch die realisierbare Verschuldungskapazität. Rechtsformen unterscheiden sich neben allgemeinen Gründungsmodalitäten vor allem in Rechten und Pflichten der Beteiligungskapitalgeber, die im Hinblick auf Einfluss, Erfolgsbeteiligung und Haftungsverpflichtungen nachfolgend betrachtet werden[25].

---

[24] Vgl. Olfert, K.: Finanzierung, a.a.O., S. 186 f.
[25] Vgl. Süchting, J.: Finanzmanagement, 3. Auflage, Wiesbaden 1980, S. 43 f.

4.1.1.1 Personenbezogene Unternehmungsformen

(a) Einzelunternehmung

Die weitestgehende Beweglichkeit des Eigenkapitals ist bei der Einzelunternehmung gegeben. Diese Rechtsform besitzt keine rechtliche Selbständigkeit. Es gibt keine gesetzlichen Vorschriften über eine Mindesthöhe des Haftungskapitals. Der Inhaber der Einzelunternehmung, der das Unternehmen zu seinem Vermögen zu zählen hat, kann das im Unternehmen befindliche Eigenkapital durch Einlagen vermehren oder durch Entnahmen vermindern. Dieser rechtlichen Freiheit stehen aber wirtschaftliche Grenzen gegenüber: So würden z.b. übermäßige Entnahmen den Betriebsablauf stören und den Betriebsumfang schmälern. Andererseits steht dem Inhaber nicht unbegrenzt Privatkapital für Einlagen zur Verfügung, und es sind Auswirkungen der Einlagen auf die Rentabilität zu beachten.[26]

Das unbegrenzte jeweilige Entnahmerecht des Inhabers, dessen Ausübung die Rückführung von bisher im Betrieb gebundenen Mitteln in den Privatbereich bedeutet, begründet sich in der Haftung des Inhabers. Der Einzelunternehmer haftet für die Verbindlichkeiten seines Unternehmens grundsätzlich allein und unbeschränkt, d.h. nicht nur mit dem im Betrieb eingelegten Teil seines Vermögens, sondern auch mit seinem sonstigen Privatvermögen. Somit trägt er das gesamte Risiko des Eigenkapitalverlustes. Der Einzelkaufmann hat Anspruch auf den vollen Gewinn.

Die einzige Möglichkeit zur Erhöhung des Eigenkapitals bei der Einzelunternehmung besteht in der Nichtentnahme erzielter Gewinne (Selbstfinanzierung), es sei denn, der Inhaber verfügt noch über Privatvermögen, das er in das Unternehmen einbringen kann, oder es gelingt ihm, einen stillen Gesellschafter aufzunehmen.

(b) Gesellschaft bürgerlichen Rechts (GbR)

Bei der BGB-Gesellschaft wird weder eine feste Kapitalausstattung noch eine Mindesteinlage vorgeschrieben. Alle Gesellschafter haften unbeschränkt und solidarisch, sofern nicht anderes vereinbart wurde. Vertraglich vereinbart werden Gewinn- und Verlustbeteiligungen. Die Außenfinanzierung wird durch die Kapitalkraft der Gesellschafter beschränkt. Das Finanzierungsvolumen kann durch die Aufnahme neuer Gesellschafter gesteigert werden. Ein Austausch von Gesellschaftsanteilen ist nicht vorgesehen. Eine Loslösung aus der bestehenden Gesellschaft muss gesondert vereinbart werden, da der Gesellschaftsbestand zumeist zeitlich befristet ist.[27]

(c) Die Offene Handelsgesellschaft (OHG)

Auch bei der Offenen Handelsgesellschaft ist keine Kapitalausstattung vorgeschrieben. Die Außenfinanzierung mit Eigenkapital erfolgt bei der OHG zunächst durch Einbringen entsprechender Mittel aus dem Privatvermögen der Gesellschafter. Grundsätzlich besteht hier die weitere Aufnahmemöglichkeit neuer Gesellschafter, wodurch die Eigenkapitalbasis entsprechend verbreitert werden kann. Allerdings stehen einer unbegrenzten Aufnahme neuer Gesellschafter schwerwiegende Gründe entgegen. Bei unbeschränkt solidarischer Haftung sind neue Gesellschafter nur zu gewinnen, wenn sie

---

[26] Vgl. Vormbaum, H.: Finanzierung der Betriebe, a.a.O., S. 159.
[27] Vgl. Preissler, P. R.: Finanzwirtschaft, 2., überarbeitete Auflage. Landsberg/ Lech 1990, S. 48 f.

gleichberechtigte Leitungsfunktionen ausüben können. Hier sind aus der Natur der Sache enge Grenzen gesetzt, da entsprechende Positionen in der Regel nur begrenzt verfügbar sind.[28]

(d) Die Kommanditgesellschaft (KG)

Für die Kommanditgesellschaft gilt, was die Zuführung neuen Eigenkapitals durch die Gewinnung neuer Komplementäre betrifft, das gleiche wie bei der OHG. Eine Kapitaleinlage ist nicht vorgeschrieben. Die Möglichkeiten der Eigenfinanzierung der KG sind jedoch in der Regel größer als die der OHG, weil durch die Beschränkung der Haftung der Kommanditisten auf ihre Kapitaleinlagen und den grundsätzlichen Ausschluss der Kommanditisten von der Geschäftsführung Kapitalgeber gefunden werden können, die zur Mitarbeit im Betrieb und zur Risikoübernahme in einer OHG nicht bereit sind.

Im Hinblick auf die Eigenfinanzierung ist bei der KG bereits ein Übergang zur Kapitalgesellschaft zu erkennen, bei der Gesellschafter nur ihr Kapital in einem Betrieb arbeiten lassen, ohne sonst dem Betrieb nahe zu stehen.

Begrenzt wird diese an sich gute Finanzierungsquelle im wesentlichen dadurch, dass eine Kapitalanlage in Form von Kommanditeinlagen i.d.R. risikoreicher ist als alternative Kapitalanlagemöglichkeiten.

(e) Die stille Gesellschaft

Die stille Gesellschaft hat wirtschaftlich eine gewisse Ähnlichkeit mit der Kommanditgesellschaft, da auch bei dieser mindestens ein Gesellschafter seine Haftung auf die Höhe seiner Einlage beschränkt. Rechtlich besteht jedoch der fundamentale Unterschied, dass keine gemeinsame Firma besteht, weshalb der Name des stillen Gesellschafters auch nicht in der Firma des Geschäftsinhabers erscheinen kann. Es handelt sich um eine reine Innengesellschaft, da die Einlage des stillen Gesellschafters in das Vermögen des Inhabers des Handelsgeschäftes übergeht. Sie wird in der Bilanz also nicht in einer besonderen Position, sondern als Teil des Eigenkapitals des Inhabers ausgewiesen. Im Gegensatz zu anderen Gesellschaften wird kein gemeinsames Gesellschaftsvermögen gebildet.

(f) Reederei

Das Eigenkapital einer Reederei setzt sich anteilig aus den Kapitaleinlagen der Gesellschafter, Mitreeder genannt, zusammen. Im Gesellschaftsvertrag erscheinen die Anteile nicht in Währungseinheiten, sondern als Bruchteile oder Parten des zu jeder Zeit vorhandenen Eigenkapitals.

Eine Reederei wickelt Finanzierungen zur Beschaffung von Schiffsraum und der einzelnen zu erledigenden Reisen ab. Die Finanzierung einer Reise wird durch Kapitaleinforderungen bei den Mitreedern realisiert. Der Ertrag wird nach der Reise anteilig ausgeschüttet.

Das haftende Eigenkapital der Reederei besteht aus dem eingezahlten Kapital der Mitreeder und dem privaten Kapital der Mitreeder. Die Mitreeder haften Dritten

---

[28] Vgl. Bestmann, U.: Kompendium der Betriebswirtschaftslehre, a.a.O., S. 446.

gegenüber mit der Höhe ihres Anteils am Schiffspart. Jeder Mitreeder kann jederzeit sein Schiffspart veräußern.[29]

(g) Europäische wirtschaftliche Interessenvereinigung (EWIV)

Seit 1.1.1989 besteht in Deutschland das EWIV-Gesetz, welches eine "supranationale Rechtsform" mit folgenden Merkmalen beschreibt:

- Gesellschafter einer EWIV müssen mindestens zwei verschiedenen EU-Mitgliedsländern angehören.
- Die Rechtsnatur der EWIV ist vergleichbar mit der deutschen OHG.
- Die EWIV ist keine juristische Person.
- Die Bezeichnung EWIV ist dem Firmennamen beizufügen.
- Gesellschafter können in Form von natürlichen Personen oder Gesellschaften bürgerlichen Rechts auftreten. Sie bestimmen den Geschäftsführer.
- Die Gründung der Gesellschaft erfolgt über das Handelsregister.
- Der Unternehmensgegenstand sollte grenzüberschreitender Natur sein.
- Eine EWIV darf nicht zum Zweck der Leitung eines Konzerns gegründet werden.[30]

Bei der EWIV handelt es sich um die erste Gesellschaftsform europäischen Rechts. Die Mehrzahl der EWIV ist im Dienstleistungssektor (z.B. Finanzdienstleitungen) anzutreffen. In Deutschland wird die EWIV vorwiegend für den Zusammenschluss von Rechtsanwälten, Steuerberatern und Wirtschaftsprüfern herangezogen. Deren wirtschaftliche Bedeutung liegt in der Erleichterung des Marktzuganges und die grenzübergreifende Schulung der Nachwuchskräfte.[31]

4.1.1.2 Kapitalgesellschaften

(a) Gesellschaft mit beschränkter Haftung (GmbH)

Die Beteiligungsfinanzierung der GmbH hat grundsätzlich, auf Grund des gesetzlich verbesserten Anlegerschutzes, eine günstigere Ausgangslage als die Kommanditgesellschaft bei der Beschaffung neuer Kommanditeinlagen. Durch die Ausgabe zusätzlicher GmbH-Anteile wird das bis dato fixierte Stammkapital erhöht. Das **Stammkapital** beträgt mindestens 25.000 Euro und muss mindestens zur Hälfte eingezahlt sein.

Da kein organisierter Markt für GmbH-Anteile existiert, und zudem deren Übertragung der notariellen Beurkundung bedarf, ist auch hier der Außenfinanzierung mit Eigenkapital eine sehr enge Grenze gezogen.[32]

Soll der Gesellschafterkreis der GmbH nicht erweitert werden, so besteht folgende Möglichkeit der Zuführung zusätzlichen Eigenkapitals: Ist das Stammkapital nicht voll eingezahlt oder enthält der Gesellschaftsvertrag eine Nachschusspflicht, so kann die

---

[29] Vgl. Vormbaum, H.: Finanzierung der Betriebe, a.a.O., S. 164 f.
[30] Vgl. Bestmann, U.: Kompendium der Betriebswirtschaftslehre, a.a.O., S. 25 f.
[31] Vgl. Daumke, M./ Kessler, J.: Gesellschaftsrecht Intensivkurs, 3. Auflage, München Wien 2000, S. 105.
[32] Vgl. ebd., S. 446.

Gesellschafterversammlung die Leistung weiterer Beträge beschließen. Eine Nachschusspflicht kann mit Zustimmung aller beteiligten Gesellschafter auch nachträglich beschlossen werden.

Eigentümer der Unternehmenswerte ist die Gesellschaft. Somit haftet der einzelne Gesellschafter nur mit seiner Stammeinlage, die Gesellschaft jedoch mit dem gesamten Gesellschaftsvermögen. Es haften im Konkursfall auch Gesellschaftsdarlehen.

Deutsche Unternehmen 1998 - Anzahl und Umsatz nach Rechtsformen				
Rechtsform	Steuerpflichtige Unternehmen		Umsätze der Unternehmen (Lieferungen u. Leistungen)	
	Anzahl	%	Mio. EUR	%
Einzelunternehmen	2.033.853	71,1	502.823	13,3
GmbH	426.724	14,9	1.208.658	32,0
OHG	251.332	8,8	229.166	6,1
KG	96.057	3,4	845.584	22,4
Genossenschaften	6.962	0,2	51.802	1,4
AG	3.139	0,1	812.543	21,5
Sonstige Rechtsformen	41.916	1,5	128.668	3,3
Σ Rechtsformen	2.859.983	100	3.779.246	100

Abb. 7: Anzahl und Umsatz deutscher Unternehmen[33]

Abbildung 7 verdeutlicht die Bedeutung der GmbH in Deutschland. Die GmbH ist mit einem Anteil von 14,9 % die zweithäufigste Rechtsform deutscher Unternehmen, und mit einem Umsatzanteil von 32 % des Gesamtvolumens die Rechtsform mit der höchsten Umsatzsumme.

(b) Die Aktiengesellschaft (AG)

Ebenso wie die GmbH hat auch die Aktiengesellschaft ein in seiner Höhe fixiertes **Nominalkapital**, das als gekennzeichnetes oder Grundkapital bezeichnet wird. Es beläuft sich auf mindestens 50.000 Euro, die Einbringung kann als Bar- oder Sacheinbringung erfolgen. Eine Bareinlage in Höhe von mindestens 25% des gekennzeichneten Kapitals ist jedoch notwendig. Das Grundkapital bildet zusammen mit den offenen Rücklagen das Eigenkapital der Gesellschaft. Es ist in Aktien, d.h. in auf einen bestimmten Nennwert lautende Wertpapiere zerlegt, die das Mitgliedschaftsrecht der Anteilseigner (Aktionäre) an der Gesellschaft verbriefen.

Der **Mindestnennbetrag** einer einzelnen Aktie beträgt 1 Euro.[34] Im Gegensatz zu GmbH-Geschäftsanteilen sind Aktien nicht teilbar. Sie dürfen nicht unter ihrem Nennwert (Unterpari-Emission), wohl aber über ihrem Nennwert (Überpari-Emission) ausgegeben werden. Der Betrag, der den Nennwert einer Aktie übersteigt, wird als **Agio** (Aufgeld) bezeichnet. Das Agio gehört zum Eigenkapital der Gesellschaft und muss der **Kapitalrücklage** zugeführt werden, die gesetzlich vorgeschrieben ist.[35]

---

[33] Quelle: Statistisches Bundesamt, Umsatzsteuerstatistik 1998
[34] Vgl. § 8 AktG
[35] Vgl. Wöhe, G./ Bilstein, J.: Grundzüge der Unternehmensfinanzierung, a.a.O., S. 44.

Gewinnrücklagen sind gesetzlich insoweit vorgeschrieben, dass solange mindestens 5% des Gewinns der Kapitalrücklage zugeführt werden muss, bis diese 10% des gezeichneten Kapitals erreicht. Darüber hinaus liegt eine weitere Rücklage im Ermessen des Unternehmens.

Die Stückelung des Grundkapitals in Aktien erschließt den Aktiengesellschaften besonders günstige Möglichkeiten der **Eigenkapitalbeschaffung**. Durch die Teilnahme einer nicht begrenzten Zahl von Anteilseignern (auch mit relativ kleinen Anteilen) können große Kapitalbeträge aufgebracht werden. Ein besonderer Vorteil der Aktienfinanzierung besteht darin, dass das Aktienkapital von Seiten des einzelnen Anteilseigners nicht gekündigt werden kann. Der Aktionär kann sein Beteiligungsverhältnis jedoch jederzeit dadurch beenden, dass er seine Aktien an einen anderen Anleger verkauft, ohne dass die AG davon direkt berührt wird.

Jüngere Untersuchungen zeigen, dass es für eine Aktiengesellschaft dennoch vorteilhaft ist, die Aktionäre langfristig zu binden. Dies versucht man durch ein sogenanntes **Aktienmarketing** zu realisieren. Das Aktienmarketing basiert auf dem Grundgedanken, durch die Anwendung des Marketinginstrumentariums vorrangig eine Sicherung der Kapitalbeschaffungsmöglichkeit durch die langfristige Aktienkursmaximierung zu erreichen.

Das Aktienmarketing erschöpft sich dabei nicht in der Gestaltung der **Investor Relations** (Beziehung zwischen der Unternehmung und Anlegern bzw. Interessenten) durch den Einsatz einer aktienmarktorientierten Kommunikationspolitik, es zielt vielmehr auf die Beziehungspflege durch den Einsatz aller geeigneten Marketinginstrumente ab. Um langfristig Vertrauen bei den Anlegern und der Finanzöffentlichkeit zu schaffen, muss sich das Aktienmarketing-Management mit der gezielten Entwicklung einer aktienmarktorientierten Marketing-Konzeption befassen.[36]

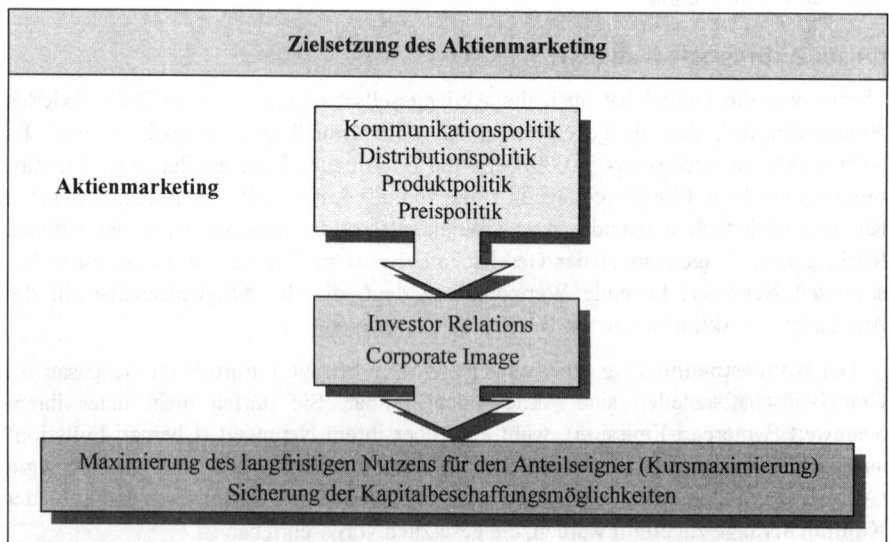

Abb. 8: Zielsetzung des Aktienmarketing

---

[36] Vgl. Meffert, H.: Lexikon der aktuellen Marketing-Begriffe, Wien 1994, S. 15 ff.

Das Eigenkapital von Aktiengesellschaften setzt sich wie folgt zusammen:[37]

	Grundkapital (./. ausstehende Einlagen)
+	Kapitalrücklage
+	gesetzliche Rücklage
+	Gewinnrücklagen
+	Bilanzgewinn (bzw. ./. Bilanzverlust)
=	Gesellschaftskapital = bilanzielles Eigenkapital
+	stille Rücklagen
=	Substanzkapital = effektives Eigenkapital

(c) Die Kommanditgesellschaft auf Aktien (KGaA)

Bei der Eigenkapitalbeschaffung hat die KGaA (unter der Voraussetzung einer entsprechenden Größe) die Vorteile der Aktiengesellschaft mit dem Zugang zum organisierten Kapitalmarkt durch die Emission von Aktien. Dieser Umstand sowie die unbegrenzte Haftung des Komplementäres dürften sich günstig auf das Kreditpotenzial auswirken.

Im allgemeinen kann man annehmen, dass der oder die persönlich haftenden Gesellschafter sich stärker mit dem Unternehmen identifizieren als der Vorstand einer AG. Eine solche Personifizierung einer juristischen Person auch nach außen spielt beispielsweise im Bankgewerbe eine besondere Rolle.[38]

(d) Die eingetragene Genossenschaft (eG)

Die Außenfinanzierung mit Eigenkapital der eingetragenen Genossenschaft (eG) ist ähnlich zu sehen wie die der GmbH. Neues außenfinanziertes Beteiligungskapital wird beschafft, indem entsprechend neue Anteile an bisher beteiligte oder hinzukommende Genossen gegen Einlagen ausgegeben werden.

Die eG hat kein festes Grundkapital wie die Kapitalgesellschaften, sondern ihr Kapital setzt sich aus den Einlagen der Mitglieder zusammen. Das Grundkapital schwankt mit der Mitgliederzahl der eG. Normalerweise hat ein ausscheidender Genosse keinen Anspruch auf einen Anteil an den Ergebnisrücklagen, so dass diese für die Existenz der eG sehr wichtig sind. Das Statut kann ausscheidenden Genossen jedoch einen Anteil an den Ergebnisrücklagen einräumen.[39]

Bei eingetragenen Genossenschaften ohne Nachschusspflicht begrenzt die Höhe des Geschäftsanteils das wirtschaftliche Risiko der Mitglieder. Sieht das Statut für den Konkursfall Nachschüsse vor, so sind die Mitglieder verpflichtet, diese bis zur vereinbarten Haftsumme über den Gesellschaftsanteil hinaus zu leisten. Die Haftsumme darf nicht niedriger sein als der Geschäftsanteil.[40]

---

[37] Vgl. Vormbaum, H.: Finanzierung der Betriebe, a.a.O., S. 170.
[38] Vgl. Süchting, J.: Finanzmanagement, a.a.O., S. 55.
[39] Vgl. § 73 Abs. 3 GenG
[40] Vgl. § 119 Abs. 1 GenG

4.1.2 Beteiligungsfinanzierung durch Aktien

4.1.2.1 Die Aktie

(a) Stückelung der Aktie

Die nach deutschem Recht allein zulässigen Aktien lauten auf einen in Geld ausgedrückten **Nennbetrag**, der mindestens 1 Euro betragen muss. Sie werden daher als **Nennwertaktien** bezeichnet. Die Summe ihrer Nennwerte ergibt das Grundkapital. Verbriefen die Aktien hingegen Anteile am Grundkapital (z.B. in den USA), so bezeichnet man sie als **Quotenaktien** oder nennwertlose Aktien, die in Deutschland unzulässig sind. Die Aufteilung des Grundkapitals in Nennwert- oder Quotenaktien wirkt sich im Prinzip gleich aus. Soweit sich das Reinvermögen der Gesellschaft nur durch Periodenerfolge und nicht durch Kapitalzuführungen von außen ändert, bleibt die Quote unverändert. Es schwankt nur der hinter der Quote stehende reale Wert der Aktie, der sich in Schwankungen des Börsenkurses niederschlägt.

(b) Die Übertragbarkeit der Aktie

Nach ihrer Übertragbarkeit können drei verschiedene Aktienformen unterschieden werden. Dies sind die Inhaber-, die Namens- und die vinkulierte Namensaktie.

- Bei der **Inhaberaktie** vollzieht sich die Eigentumsübertragung durch Einigung und Übergabe.[41] Die Ausgabe ist nur zulässig, wenn der Nennbetrag voll eingezahlt ist.[42] Inhaberaktien gelten in Deutschland als die übliche Aktiengattung. Wenn die Satzung nichts anderes bestimmt, sind Aktien grundsätzlich als Inhaberaktien auszustellen.[43]

- **Namensaktien** lauten auf den Namen des Aktionärs, der in das Aktienbuch der Gesellschaft eingetragen werden muss. Die Nennbeträge dieser Aktiengattung müssen nicht voll eingezahlt sein. Eine Übertragung ist nur durch Indossament[44] möglich.[45] Außerdem erfordert die Übertragung eine Umschreibung im Aktienbuch, da der Gesellschaft gegenüber nur die Person als Aktionär gilt, die im Aktienbuch eingetragen ist. Im Vergleich zur Inhaberaktie wird hier die Übertragung recht umständlich, folglich wird die Beweglichkeit der Aktie eingeschränkt, wobei jedoch eine Vereinfachung des Handelns mit Hilfe eines "Blanko-Indossaments" bewirkt wird.

- Wird die Übertragung von Namensaktien an die Zustimmung der Gesellschaft gebunden, so liegen **"vinkulierte Namensaktien"** vor. Mit Hilfe der Vinkulierung kann die Gesellschaft Einfluss auf die Zusammensetzung des Anteilseignerkreises nehmen. Beispielsweise ist es ihr möglich zu verhindern, dass Aktien in Hände von Personen gelangen, deren Kreditwürdigkeit, im Falle nicht voll eingezahlter Aktien, problematisch ist.

---

[41] Vgl. § 929 BGB
[42] Vgl. § 10 Abs. 2 AktG
[43] Vgl. § 24 Abs. 1 AktG
[44] "In dosso" (ital.: auf der Rückseite) angebrachte Erklärung über die Eigentumsübertragung.
[45] Vgl. § 68 AktG

Eine Verhinderung der Überfremdung bezwecken vinkulierte Namensaktien zunächst bei Familiengesellschaften. Es soll verhindert werden, dass Altaktionäre ihren Altbesitz unkontrolliert verkaufen. Neben der Überfremdungsangst ist noch die Konkurrenzangst zu nennen: Man fürchtet eine Übernahme der Gesellschaft durch Konkurrenzunternehmen, die man durch entsprechende Vinkulierung ausschließen will.

(c) Umfang der verbrieften Rechte

Nach dem Umfang der verbrieften Rechte kann man Stamm- und Vorzugsaktien unterscheiden.

(ca) Stammaktien

Stammaktien sind die normalerweise vorliegende Gattung. Sie verbriefen ihren Inhabern folgende Rechte, wie sie laut Aktiengesetz eingeräumt werden:

- das Recht auf Teilnahme an der Hauptversammlung, sowie das Recht auf Auskunftserteilung, Stimmrecht und Anfechtung von Hauptversammlungsbeschlüssen.
- das Recht auf Dividende,
- das Recht auf Anteil des Liquidationserlöses
- das Bezugsrecht auf junge Aktien bei Kapitalerhöhungen oder auf Wandelschuldverschreibungen.

(cb) Vorzugsaktien

Vorzugsaktien räumen ihren Inhabern im Verhältnis zu den Stammaktien gewisse Vorrechte ein, die allerdings unterschiedlicher Art sein können. Es können Vorzüge insbesondere bei der Gewinnverteilung, der Stimmrechtsausübung (heute in Deutschland nicht mehr möglich) oder bei der Verteilung des Liquidationserlöses gewährt werden. Allerdings kann die Gewährung von Vorzügen mit der Einschränkung anderer Rechte verbunden sein. Von praktischer Bedeutung sind vor allem die Dividendenvorzugsaktien. Der Dividendenvorzug kann in verschiedener Weise gewährt werden:

- **Vorzugsaktien mit prioritätischem Dividendenanspruch:**

  Bei der Gewinnverteilung ist an die Vorzugsaktionäre eine Vorzugsdividende zu zahlen. Ist dann noch Gewinn vorhanden, so wird an die Stammaktionäre eine Dividende bis zur Höhe der Vorzugsdividende gezahlt. Der Rest wird gleichmäßig auf alle Aktien verteilt. Der Vorzug ergibt sich hier nur wenn der Gewinn nicht ausreicht um den Stammaktionären dieselbe Dividende wie den Vorzugsaktionären zu gewähren.

- **Vorzugsaktien mit Überdividende:**

  In diesem Fall haben die Vorzugsaktionäre ebenfalls einen Anspruch auf die Zahlung eines fest vorgegebenen Dividendensatzes. Bei einem noch verbleibenden Reingewinn erhalten die Vorzugsaktionäre, im Gegensatz zu oben immer einen höheren Dividendensatz als die Stammaktionäre.[46]

---

[46] Vgl. Bestmann, U.: Kompendium der Betriebswirtschaftslehre, a.a.O., S. 448.

- **Limitierte Vorzugsaktien:**
  Hier wird die Vorzugsdividende auf einen bestimmten Höchstbetrag limitiert. Darüber hinaus erhalten die Vorzugsaktionäre keine weiteren Gewinnanteile, sondern der gesamte verbleibende Gewinn wird an die Stammaktionäre verteilt. Es ergibt sich also nur bei relativ schlechter Gewinnsituation ein Vorzug.
- **Kumulative Vorzugsaktien:**
  Die Vorzugsaktionäre erhalten ebenfalls einen Vorzug bei der Gewinnverteilung. Zusätzlich wird für ausgefallene Dividendenzahlungen ein unbegrenztes Recht auf Nachzahlung aus den erwirtschafteten Gewinnen der folgenden Geschäftsjahre zugesichert. Soweit kumulative Vorzugsaktien stimmrechtslos sind wird ihren Inhabern, soweit in einem Jahr die Dividendenzahlung ganz oder teilweise ausgefallen und im folgenden Geschäftsjahr eine Nachzahlung einschließlich der dann zu zahlenden Dividende nicht oder nicht ganz erfolgt ist, das Stimmrecht zuerkannt. Diese Stimmrecht erlischt wieder, wenn die Rückstände und die für das laufende Geschäftsjahr zu zahlende Dividende geleistet worden sind.
- **Stimmrechtsvorzugsaktien:**
  Ihren Inhabern wird der Vorzug des mehrfachen Stimmrechts eingeräumt. Die Ausgabe derartiger Mehrstimmrechtsaktien ist prinzipiell unzulässig. Nur in Sonderfällen können die zuständigen Behörden des Bundeslandes, in dem die AG ihren Sitz hat, Ausnahmen machen.[47]

4.1.2.2 Die Gründung einer Aktiengesellschaft

Die Gründung von Aktiengesellschaften ist ein Vorgang, der sich in mehreren Stufen vollzieht und mit der Eintragung in das Handelsregister abschließt. Der **Gründungsvorgang** beginnt damit, dass mindestens fünf Gründer[48] die **Satzung** festlegen, die abschließend notariell zu beurkunden ist. Die Satzung der AG muss Angaben über Firma und Sitz der Gesellschaft, den Gegenstand des Unternehmens, die Grundkapitalhöhe, den Nennbetrag sowie die Gattung der Aktien, die Zusammensetzung des Vorstandes und die Form der Bekanntmachungen der Gesellschaft enthalten.[49]

Probleme der Grundfinanzierung entstehen vor allem in der ersten Stufe, wenn es um die Frage der Bar- oder Sacheinlage geht. Der nach gesetzlichen Bestimmungen für die Gründung einer AG einfachste Gründungsvorgang liegt im Falle der Bargründung vor. Bei der **Bargründung** werden sämtliche auszugebenden Aktien der Gesellschaft von den Gründern übernommen (Simultangründung).

Die Gesellschaft erhält also liquide Mittel in der Höhe der Einzahlungsverpflichtung, die in der Satzung festgelegt ist. Dabei ist zu beachten, dass - wie schon erwähnt - Unterpari-Emissionen verboten sind.[50] Damit ist eine sogenannte Vorgesellschaft der Gründer entstanden.[51]

---

[47] Vgl. § 12 Abs. 2 AktG
[48] Vgl. § 2 AktG
[49] Vgl. Wöhe, G./ Bilstein, J.: Grundzüge der Unternehmensfinanzierung, a.a.O., S. 65.
[50] Vgl. § 9 Abs. 1 AktG
[51] Vgl. § 29 AktG

Die im Aktiengesetz von 1937 neben der **Simultangründung** noch mögliche Form der Stufen- oder **Sukzessivgründung**, bei der die Gründer nur einen Teil der Aktien übernehmen, während die restlichen Aktien bei weiteren Interessenten unterzubringen sind, ist nach dem Aktiengesetz von 1965 nicht mehr erlaubt. Ebenso ist die Möglichkeit weggefallen, dass die Gründer einen Teil der Aktien erst nach der Feststellung der Satzung übernehmen.

Die Verpflichtung der Aktionäre zur Bareinlage besteht immer, soweit die Satzung nicht ausdrücklich das Recht zur Sacheinlage vorsieht.[52] Werden die Aktien nicht gegen Geld, sondern durch Leistung von Sacheinlagen erworben, so liegt eine **Sachgründung** vor. Die Sachgründung wird auch als qualifizierte oder **Illationsgründung** bezeichnet.

In der Praxis ist diese Gründungsart anzutreffen, da die Gründung von Aktiengesellschaften in vielen Fällen erfolgt, um einen bisher schon in einer anderen Unternehmensform bestehenden Betrieb zwecks Erhöhung der Kapazität die Möglichkeit des Zugangs zum Kapitalmarkt durch Ausgabe von Aktien und Obligationen zu eröffnen.

Daneben erfolgt die Gründung einer AG auch aus steuerlichen und haftungsmäßigen Gründen. Entscheidend ist in diesem Zusammenhang, dass Vermögens- und Schuldteile eines schon bestehenden Betriebes in die Aktiengesellschaft eingebracht werden und dass daneben zusätzliche Einzahlungsverpflichtungen der gleichen oder zusätzlicher Personen bestehen. Letzteres ist erforderlich, da sonst statt der Gründung eine Umwandlung vorliegen würde.

Die besonderen Schwierigkeit einer Sachgründung besteht in der Bewertung der einzubringenden Sacheinlagen. Eine Überbewertung kann den die Sachanlage leistenden Aktionär gegenüber den anderen Aktionären begünstigen. Deshalb wird vom Gericht eine **Gründungsprüfung** bestimmt.[53]

Die Gründungskosten für eine Aktiengesellschaft sind infolge der umfangreichen Formvorschriften relativ hoch. Sie bestehen in erster Linie aus Steuern, Notariats- und Gerichtskosten sowie Prüfungsgebühren.

4.1.2.3 Die Kapitalerhöhung der Aktiengesellschaft

Als Kapitalerhöhung wird die externe Zuführung von Eigenkapital in ein bestehendes Unternehmen und die Veränderung der Struktur des Eigenkapitals zugunsten des gekennzeichneten Kapitals verstanden.[54]

Der Wunsch oder die Notwendigkeit für eine Kapitalerhöhung kann bei einem Unternehmen aus sehr unterschiedlichen Gründen entstehen. Nicht nur im Zusammenhang eines verfolgten Expansionskurses kann ein verstärkter Kapitalbedarf anfallen. Auch bei Unternehmen, die nicht auf Erfolgskurs sind, stellt sich die Frage einer Kapitalerhöhung im Zusammenhang mit Sanierungsmaßnahmen.

Für ein Unternehmen sind bei einer Eigenfinanzierung durch Kapitalerhöhung folgende Merkmale von Bedeutung: Erhöhung der Kreditwürdigkeit, keine festen Zins-

---

[52] Vgl. § 54 Abs. 2 AktG
[53] Vgl. Vormbaum, H.: Finanzierung der Betriebe, a.a.O., S. 204 ff.
[54] Vgl. Olfert, K.: Finanzierung, a.a.O., S. 234.

und Tilgungsverpflichtungen, Unkündbarkeit des zugeführten Kapitals, nicht zweckgebundene Einsatzmöglichkeiten und Vermeidung der Bestellung dinglicher Sicherheiten, wie sie bei der Kreditaufnahme in der Regel gefordert werden.

Mögliche Nachteile einer Kapitalzuführung durch Kapitalerhöhung können die dabei entsprechenden Mitspracherechte der Gesellschafter sein sowie, im Vergleich zur langfristigen Fremdfinanzierung, die mangelnde steuerliche Abzugsfähigkeit der Gewinnausschüttung.

Von Bedeutung dafür, ob eine Kapitalerhöhung den Finanzbedarf decken soll, ist, neben branchenmäßig bedingten Besonderheiten, die Fristigkeit des Kapitalbedarfs und die allgemeine Lage auf dem Kapitalmarkt. Insbesondere ist zu prüfen, welche Konditionen für Kredite verlangt werden und ob eine Aufnahmebereitschaft des Marktes für neue Aktien besteht.

Die Kapitalerhöhung bei einer AG kann in verschiedenen Formen durchgeführt werden:

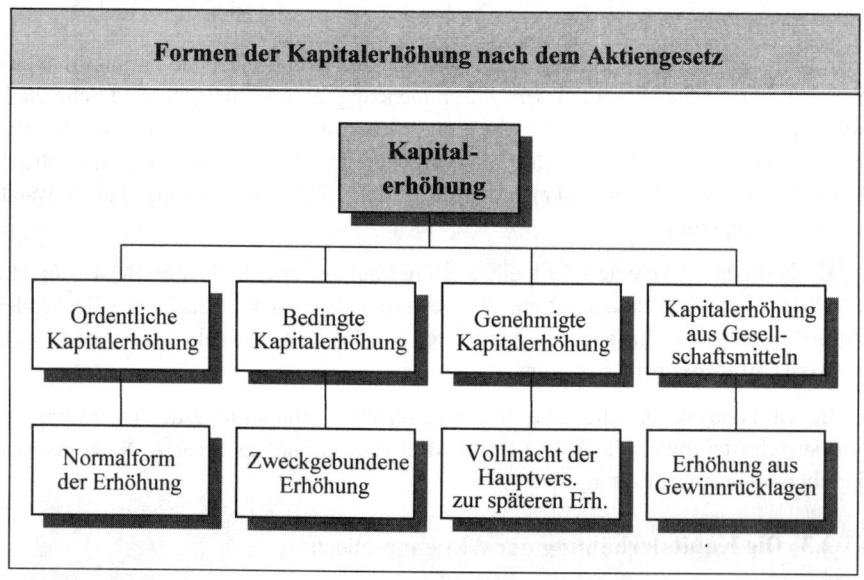

Abb. 9: Kapitalerhöhungsformen

Die Beurteilung des Finanzverhaltens eines Unternehmens erfolgt wesentlich über die aus dem Jahresabschluss zu entnehmenden Relationen. In Deutschland konzentriert sich die Analyse auf die Bilanzrelationen, z.B. auf die horizontale (Verhältnis von Anlagevermögen zu Eigenkapital) und die vertikale (Verhältnis von Eigenkapital zu Fremdkapital), die sog. Eigenkapitalquote.[55]

Die Vermögens- und Kapitalstruktur sowie die Erfolgsrechnung der westdeutschen Unternehmen soll in den Abb. 10a und 10b verdeutlicht werden:[56]

---

[55] Vgl. Ratjen, K. G.: Externe Eigenfinanzierung bei Kapitalgesellschaften. In: Finanzierungshandbuch, Hsrg. Christians, F.-W., Wiesbaden 1980, S. 70.
[56] Vgl. Deutsche Bundesbank: Jahresabschlüsse westdeutscher Unternehmen 1971 bis 1996, statistische Sonderveröffentlichung 5, März 1999

Bilanzpositionen westdeutscher Unternehmen (Mrd. DM)

Aktiva			Passiva		
Sachanlagen	757,61	24,3 %	Grundkapital	289,72	9,3 %
Beteiligungen	853,15	11,3 %	Rücklagen	269,24	8,6 %
Wertpapiere	89,41	2,9 %			
Vorräte	747,97	23,9 %	Rückstellungen	679,74	21,8 %
Forderungen	1003,46	32,1 %	- Pensionsrückst.	(279,00)	(8.9 %)
- langfristig	(82,60)	(2,6 %)	Verbindlichkeiten	1873,60	60,0 %
- kurzfristig	(920,86)	(29,5 %)	- langfristig	(462,28)	(14,8 %)
Kassenmittel	161,30	5,2 %	- kurzfristig	(1411,32)	(45,2 %)
RAP	10,02	0,3 %	RAP	10,63	0,3 %
Bilanzsumme	**3122,92**	**100,0 %**	**Bilanzsumme**	**3122,92**	**100,0 %**

Abb. 10: (a) Vermögens- und Kapitalaufbau westdeutscher Unternehmen

Erfolgsrechnung westdeutscher Unternehmen (Mrd. DM)

Umsatz	5184,71	99,6 %
Bestandsveränderungen	20,20	0,4 %
Gesamtleistung	**5204,91**	**100,0 %**
Zinserträge	30,28	0,6 %
Übrige Erträge	223,85	4,3 %
Erträge insgesamt	**5459,04**	**104,9 %**
Materialaufwand	3259,62	62,6 %
Personalaufwand	987,22	19,0 %
Abschreibungen	190,63	3,6 %
- auf Sachanlagen	167,81	3,2 %
- Sonstige	22,82	0,4 %
Zinsaufwendungen	69,46	1,3 %
Steuern	167,20	3,2 %
- vom Einkommen und Ertrag	47,49	0,9 %
- Sonstige	119,72	2,3 %
Übrige Aufwendungen	710,98	13,7 %
Aufwendungen insgesamt	**5385,12**	**103,5 %**
Jahresüberschuss	73,92	1,4 %

Abb. 10.: (b) Erfolgsrechnung westdeutscher Unternehmen

Aus Abbildung 10a wird deutlich, dass die großen Gesellschaften eine Eigenkapitalquote von 17,9 % besitzen. Dabei ist jedoch zu beachten, dass dies ein Durchschnittswert ist und die Eigenkapitalquote in Abhängigkeit von der Branche des betrachteten Unternehmens stark variieren kann.[57] In Abb. 11 wird die Entwicklung der durchschnittlichen Eigenkapitalquoten[58] verschiedener Branchen dargestellt.

---

[57] Daher sollte eine Beurteilung der Eigenkapitalquote nur branchenspezifisch vorgenommen werden.
[58] Eigenkapitalquote: Anteil des Eigenkapitals (gezeichnetes Kapital und Rücklagen nach Abzug der ausstehenden Einlagen auf das gezeichnete Kapital und des Buchwertes der eigenen Anteile) an der Bilanzsumme (nach Abzug der Wertberichtigungen, der ausstehenden Einlagen auf das gekennzeichnete Kapital und des Buchwertes der eigenen Anteile), ab 1987 Eigenkapital des Bilanzgewinns und nach Abzug des Bilanzverlustes.

Branche	1990	1991	1992	1993	1994	1995	1996
Maschinenbau	19,0	19,3	19,1	19,2	19,8	20,6	20,4
Fahrzeugbau	24,0	23,5	24,2	24,0	23,7	25,0	23,6
Eisen und Stahl	23,9	24,5	23,4	20,9	20,3	26,9	27,6
Elektro	23,4	24,0	24,9	25,5	24,6	25,3	24,3
Baugewerbe	5,5	5,2	6,2	5,8	5,7	6,0	5,9
Chemie	39,7	39,3	38,2	37,4	39,0	40,0	38,4
Textil	18,8	19,7	20,1	22,4	22,3	20,5	21,4
Großhandel	13,7	13,6	13,4	13,8	13,9	14,3	14,7
Einzelhandel	4,8	5,8	6,2	5,5	4,1	3,4	3,2

Abb. 11: Eigenkapitalquoten[59]

Die durchschnittliche Eigenkapitalquote aller deutschen Unternehmen ist von 1990 (18,3 %) bis 1996 (17,9 %) geringfügig zurückgegangen.[60]

(a) **Die ordentliche Kapitalerhöhung (§§182 bis 191 AktG)**

Die ordentliche Kapitalerhöhung (oder auch die Kapitalerhöhung gegen Einlagen) ist der gesetzliche Normalfall der Beteiligungsfinanzierung. In ihrem Rahmen erfolgt eine Erhöhung des Grundkapitals durch die Ausgabe neuer (junger) Aktien gegen Bar- und Sacheinlagen. Eine Erhöhung des Nennwertes der bisherigen Aktien ist nicht zulässig. Da die Höhe des Grundkapitals Satzungsbestandteil ist, ist eine Satzungsänderung erforderlich.[61] Damit eine Kapitalerhöhung rechtswirksam ist, müssen also gewisse Voraussetzungen gegeben sein:

- Drei-Viertel des auf der Hauptversammlung vertretenen Grundkapitals muss der Kapitalerhöhung zustimmen. Sind mehrere Aktiengattungen (Stamm- und Vorzugsaktien) vorhanden, so muss diese Mehrheit für jede Gattung getrennt erreicht werden.
- Eine Kapitalerhöhung soll erst dann beschlossen werden, wenn das bisherige Grundkapital voll eingefordert ist, so dass es keine ausstehenden Einlagen mehr gibt, wobei verhältnismäßig geringe ausstehende Einlagen unerheblich sind. Eine gesetzliche Ausnahme gilt hier nur für Versicherungsgesellschaften.
- Der Beschluss der Kapitalerhöhung ist vom Vorstand und vom Aufsichtsratsvorsitzenden beim Handelsregister zur Eintragung anzumelden.
- Die Durchführung des Kapitalerhöhungsbeschlusses ist zur Eintragung in das Handelsregister anzumelden.
- Das Grundkapital ist rechtlich erst erhöht, wenn die Durchführung der Kapitalerhöhung eingetragen ist. Vorher dürfen keine Aktien oder Zwischenscheine ausgegeben werden.[62]

---

[59] Vgl. Deutsche Bundesbank: Jahresabschlüsse westdeutscher Unternehmen 1971 bis 1996, a.a.O., S. 18 ff.
[60] Vgl. ebd., S. 23
[61] Vgl. Matschke, M. J.: Finanzierung der Unternehmung, Herne/ Berlin 1991, S. 87.
[62] Vgl. ebd., S. 88.

(aa) Das Bezugsrecht

Bei einer Erhöhung des Grundkapitals einer Aktiengesellschaft steht den Inhabern der alten Aktien grundsätzlich das Recht auf Bezug der neuen (jungen) Aktien zu. In bestimmten Fällen kann dieses Bezugsrecht auch ausgeschlossen werden oder gesetzlich ausgeschlossen sein, etwa bei Fusionen oder der Ausgabe von Belegschaftsaktien.[63] Dieses Bezugsrecht dient dem Schutz der Altaktionäre vor Stimmrechts- und Vermögensverschiebungen, die ihnen - werden sie nicht im Rahmen der Kapitalerhöhung entsprechend berücksichtigt - zwangsläufig entstehen.[64]

Die Änderung der Stimmrechtsverhältnisse zu Ungunsten der Altaktionäre tritt dann ein, wenn die neuen Aktien mit Stimmrecht ausgestattet sind und nicht entsprechend den bestehenden Anteilsrelationen auf die bisherigen Aktionäre verteilt werden. Somit sinkt der Stimmrechtsanteil in der Hauptversammlung.

Außerdem sollen Vermögensnachteile ausgeglichen werden, die den bisherigen Aktionären entstehen würden, weil die jungen Aktien an dem bisherigen Unternehmenswert teilhaben, so dass sich offene und stille Reserven auf eine größere Aktienzahl verteilen. Man spricht in diesem Zusammenhang vom Leichtermachen einer Aktie oder von Kapitalverwässerung. Hier soll das Bezugsrecht Kursgewinne und Kursverluste kompensieren.

Beispiel 2:

Die Hauptversammlung einer AG beschließt, das Grundkapital von 40 auf 50 Millionen EUR zu erhöhen. Auf vier alte Aktien entfällt also eine junge Aktie. Das Bezugsrecht beträgt 4:1. Nach der Kapitalerhöhung soll eine gemeinsame Kursfestsetzung für junge und alte Aktien erfolgen. Der Börsenkurs der alten Aktie beträgt 150 EUR (Nennwert 100 EUR). Die jungen Aktien sollen zu 125% ausgegeben werden.[65]

Aktienkapital	Gezeichnetes Kapital	Zahl der Aktien (Stück)	Kurs (%)	Gesamtkurswert
Bisheriges Grundkapital (alte Aktien)	40.000.000	400.000	150	60.000.000
Kapitalerhöhung (junge Aktien)	10.000.000	100.000	125	12.500.000
Neues Grundkapital (nach Kapitalerh.)	60.000.000	500.000	145	72.500.000

Der Kurs nach der Kapitalerhöhung ergibt sich aus :

$$\text{Neuer Kurs} = \frac{\text{Kurswert der alten Aktien} + \text{Kurswert der jungen Aktien}}{\text{Anzahl alter Aktien} + \text{Anzahl junger Aktien}}$$

$$\text{Neuer Kurs} = \frac{60.000.000 + 12.500.000}{400.000 + 100.000} = 145 \text{ (EUR je Aktie)}$$

---

[63] Vgl. Däumler, K.-D.: Betriebliche Finanzwirtschaft, 5. Auflage, Berlin 1991, S. 350.
[64] Vgl. Bestmann, U.: Kompendium der Betriebswirtschaftslehre, a.a.O., S. 449.
[65] Vgl. Däumler, K.-D.: Betriebliche Finanzwirtschaft, a.a.O., S. 352 f.

Der Gewinn pro junger Aktie beträgt 20 EUR, der Verlust pro alter Aktie 5 EUR. Handelt es sich bei den Inhabern der alten und jungen Aktien um jeweils dieselben Personen, so wird unter Berücksichtigung des Kaufverhältnisses der Kursverlust durch den Kursgewinn kompensiert.

Neuer Mittelkurs	(EUR je Aktie)
Gewinn pro junge Aktie	145 - 125 = 20 EUR je Aktie
Verlust pro alte Aktie	145 - 150 = 5 EUR je Aktie
Vermögensänderung eines Aktionärs mit 4 alten und 1 jungen Aktie (Bezugsrecht 4:1)	$1 \cdot 20 - 4 \cdot 5 = 20 - 20$ = 0 EUR je Aktie

Verzichtet ein Aktionär auf die Ausübung seines Bezugsrechtes, so kann er dieses Recht an der Börse veräußern. Dieser Bezugsrechtshandel erstreckt sich in der Regel auf die gesamte Bezugsfrist, die meistens zwei bis drei Wochen umfasst (mit Ausnahme der beiden letzten Tage).[66] Der durch den Verkauf des Bezugsrechtes erzielte Erlös ist der Erlös aus dem Teilverkauf seiner Substanz infolge der Abnahme seines quotalen Anteils und nicht etwa ein Geschenk der Gesellschaft an die Aktionäre. Will ein Außenstehender eine neue Aktie erwerben, so muss er zunächst die für eine junge Aktie erforderlichen Bezugsrechte kaufen. Bei einem Bezugsverhältnis von 4:1 muss der Bezieher für eine junge Aktie vier Bezugsrechte erwerben. Der rechnerische Wert eines Bezugsrechtes hängt von folgenden Faktoren ab:

- Bezugsverhältnis (=Verhältnis altes Grundkapital zu Erhöhungskapital)
- Bezugskurs der jungen Aktien (juristische Untergrenze, Nominalwert)
- Börsenkurs der alten Aktien[67]

Das Bezugsrecht kann durch folgende Gleichung ermittelt werden:

B = Kurs der alten Aktie
 - neuer Mittelkurs

$$B = K_a - \frac{a \cdot K_a + n \cdot K_n}{a + n}$$

oder einfacher:

$$B = \frac{K_a - K_n}{\frac{a}{n} + 1}$$

(Gl. 4a)

B = rechnerischer Wert des Bezugsrechtes (EUR/Aktie)
K_a = Kurs der alten Aktien
 = Börsenkurs
K_n = Ausgabekurs der neuen Aktien
 = Bezugskurs
a = Anzahl der alten Aktien
n = Anzahl der neuen Aktien
$\frac{a}{n}$ = Bezugsverhältnis

---

[66] Vgl. Bestmann, U.: Kompendium der Betriebswirtschaftslehre, a.a.O., S. 450.
[67] Vgl. Däumler, K.-D.: Betriebliche Finanzwirtschaft, a.a.O., S. 355.

Für das oben ausgeführte Beispiel ergibt sich:

$$B = \frac{150-125}{\frac{4}{1}+1} = \frac{25}{5} = 5 \text{ EUR/Aktie}$$

Es kann sein, dass die neuen Aktien - durch ihren Ausgabetermin bedingt nicht oder nicht im vollem Umfang an der Dividende des laufenden Geschäftsjahres teilnehmen. In diesem Falle ist der Dividendennachteil der jungen Aktien d_n - als Abzug vom Kurs der alten Aktien oder in Form einer Erhöhung des Bezugskurses der jungen Aktien - bei der Ermittlung des Bezugskurses zu berücksichtigen:[68]

(Gl. 4b) $$B = \frac{K_a - (K_n + d_n)}{\frac{a}{n}+1}$$

In unserem Beispiel sollen die jungen Aktien zu einem Drittel dividendenberechtigt sein und es wird eine Dividende von 15 EUR erwartet:

$$B = \frac{150-(125+5)}{\frac{4}{1}+1} = \frac{20}{5} = 4 \text{ EUR/Aktie}$$

Es ist zu beachten, dass die ermittelten Werte reine Rechengrößen sind. Der sich an der Börse ergebende Kurs für das Bezugsrecht stellt im Gegensatz zur Rechengröße einen Preis dar, der durch Angebot und Nachfrage bestimmt wird. D.h. der theoretisch ermittelte Bezugsrechtskurs stimmt mit dem sich später einstellenden Börsenkurs im Regelfall nicht überein, er soll lediglich eine rationale Grundlage bilden, in welcher Größenordnung sich der spätere tatsächliche Wert bewegen wird.

(ab) Die Emission

Die Emission der Aktien kann bei einer ordentlichen Kapitalerhöhung grundsätzlich auf dem Wege der Eigenemission oder der Fremdemission erfolgen.

Bei der **Selbstemission** bemüht sich die Gesellschaft selber um die Unterbringung der neuen Aktien. Sie tritt also unmittelbar mit den Erwerbern der Aktien in Verbindung. Diese Eigenemission kann nicht bloß sehr verwaltungs- und zeitaufwendig sein, sondern birgt auch entsprechende Risiken, wenn es sich um einen breit gestreuten Aktionärskreis handelt. Die Risiken ergeben sich daraus, dass die alten Aktionäre zwar ein Bezugsrecht haben, aber kein Aktionär verpflichtet ist, weitere Einlagen zu leisten.[69] Dadurch besteht bei bedeutenden Kapitalerhöhungen die Gefahr, dass durch ein stark gestiegenes Angebot die Börsenkurse zukünftig stark sinken und somit kann das Emissionsrisiko einer nicht ausreichenden Plazierung im Markt sehr groß sein. Im übrigen darf der Kapitalbedarf wegen der möglichen Verkaufsmisserfolge nicht sehr dringend sein.

Aus diesen Gründen ist die **Fremdemission** die vorherrschende Form, obwohl sich diese kostenmäßig für den Betrieb ungünstiger auswirken kann. Unter Einschaltung

---

[68] Vgl. Olfert, K.: Finanzierung, a.a.O., S. 239.
[69] Vgl. Matschke, M. J.: Finanzierung der Unternehmung, a.a.O., S. 89 f.

einer Bank oder eines Bankenkonsortiums werden die jungen Aktien platziert. Die neuen Aktien können dabei von dem Bankenkonsortium im Wege eines Eigengeschäfts zunächst übernommen werden (Übernahmekonsortium), um dann unter den Altaktionären oder neuen Interessenten, soweit die Altaktionäre von ihrem Bezugsrecht keinen Gebrauch machen, platziert zu werden. Die andere Möglichkeit besteht in einer bloßen Übernahme als Verkaufskommission, das sogenannte Platzierungs- oder Begebungskonsortium, wobei die Gesellschaft den "Verkaufsapparat" des Emissionskonsortiums nutzen kann.

- Beim **Übernahmekonsortium** erhält die Gesellschaft den Gegenwert der jungen Aktien unmittelbar und in voller Höhe als Eigenkapital, während sie
- beim **Platzierungskonsortium** zwar regelmäßig auch über einen entsprechenden Kapitalbetrag verfügen kann, dieser jedoch nur in Form eines Zwischenkredites besteht, der aus den erzielten Verkaufserlösen der jungen Aktien dann getilgt wird.

Ein weiterer Vorteil der Fremdemission ergibt sich, wenn die Aktien der emittierenden Gesellschaft an der Börse zum amtlichen Börsenhandel zugelassen werden sollen. Dann ist zwingend ein Zulassungsantrag über eine Bank zu stellen, bzw. es ist für die im Rahmen einer Kapitalerhöhung neu ausgegebenen Aktien eine erneute Börsenzulassung erforderlich, was im Falle der Fremdemission gewährleistet ist.

(b) Die genehmigte Kapitalerhöhung (§§ 202 bis 206 AktG)

Bei der genehmigten Kapitalerhöhung handelt es sich um eine satzungsmäßige Ermächtigung an den Vorstand, das Grundkapital bis zu einem bestimmten Betrag (genehmigtes Kapital) durch Ausgabe neuer Aktien gegen Einlage zu erhöhen, wobei die Zeitspanne der Ermächtigung bis zu 5 Jahren reichen kann. Der Hauptversammlungsbeschluss bedarf wieder einer Dreiviertelmehrheit des vertretenen Kapitals. Der Nennbetrag des genehmigten Kapitals darf nicht mehr als die Hälfte des zur Zeit der Beschlussfassung vorhandenen Grundkapitals betragen.

Von der tatsächlichen Ausgabe junger Aktien soll nur mit der Zustimmung des Aufsichtsrats Gebrauch gemacht werden. Die jungen Aktien dürfen auch als Belegschaftsaktien ausgegeben werden. Die tatsächlichen Ausgabebedingungen werden in Abhängigkeit von der jeweiligen konkreten Situation zum Zeitpunkt der Inanspruchnahme festgelegt.

Der Zweck des genehmigten Kapitals ist darin zu sehen, dass dem Vorstand die Möglichkeit eingeräumt wird, eine günstige Gelegenheit für die Ausgabe neuer Aktien auszunutzen. Auf diese Weise sollen die Vorratsaktien (Aktien, die andere Personen für Rechnung der Gesellschaft oder eines abhängigen Betriebes übernehmen), deren Begebung durch § 56 AktG erschwert ist, weitgehend überflüssig gemacht werden.[70]

(c) Die bedingte Kapitalerhöhung (§§ 192 bis 202 AktG)

Die bedingte Kapitalerhöhung stellt eine Sonderform dar und darf lediglich zu folgenden Zwecken beschlossen und angewendet werden:

---

[70] Vgl. Vormbaum, H.: Finanzierung der Betriebe, a.a.O., S. 222.

- **Zur Gewährung von Umtausch- oder Bezugsrechten an Gläubiger** von Wandelschuldverschreibungen:

    Die bedingte Kapitalerhöhung dient einmal dazu, Schuldverschreibungen, bei denen den Gläubigern ein Umtausch- oder Bezugsrecht auf Aktien eingeräumt wird (Wandelschuldverschreibungen) oder Schuldverschreibungen, bei denen die Rechte der Gläubiger mit Gewinnanteilen von Aktionären in Verbindung gebracht werden (Gewinnschuldverschreibungen). Man kann zwischen Schuldverschreibungen, bei denen der Gläubiger gegen Rückgabe der Schuldverschreibung zu bestimmten Bedingungen Aktionär werden kann (Wandelanleihe) und Schuldverschreibungen, bei denen ein Bezugsrecht auf Aktien eingeräumt wird (Optionsanleihe) unterscheiden.

- **Zur Vorbereitung des Zusammenschlusses mehrerer Betriebe:**

    Den Gesellschaftern der zu übertragenden Gesellschaft kann ein Recht auf den Bezug der neuen Aktien, die die übernehmende Gesellschaft ausgeben wird, zugesichert werden. Man versteht unter Zusammenschluss nicht nur die Verschmelzung, sondern jede Unternehmensverbindung, bei der Aktien der Gesellschaft an eine andere gewährt werden. Eine bedingte Kapitalerhöhung ist erst dann möglich, wenn die Partner des Zusammenschlusses feststehen.

- **Zur Gewährung von Bezugsrechten an Arbeitnehmer** im Rahmen der Gewinnbeteiligung:

    Es ist z.B. möglich, eine Gewinnbeteiligung in der Form einzuräumen, dass die Arbeitnehmer berechtigt sind, gegen Einlage ihrer angesammelten Gewinnguthaben Aktien zu beziehen.[71] Der Beschluss über die bedingte Kapitalerhöhung muss von der Hauptversammlung mit Dreiviertelmehrheit des anwesenden Grundkapitals gefasst werden. Er ist beim Handelsregister zur Eintragung anzumelden. Der Nennbetrag des bedingten Kapitals darf die Hälfte des gezeichneten Kapitals nicht übersteigen. Bei der bedingten Kapitalerhöhung haben die bisherigen Aktionäre kein Bezugsrecht auf neue Aktien. Statt dessen räumt die Gesellschaft den Altaktionären Bezugsrechte bei der Ausgabe von Wandelschuldverschreibungen und Optionsanleihen ein. Mit der Ausgabe der Bezugsaktien wird die bedingte Kapitalerhöhung wirksam. Der Vorstand hat nach Ablauf des Geschäftsjahres im Handelsregister anzumelden, wieviel Bezugsaktien im abgelaufenen Geschäftsjahr ausgegeben worden sind.

(d) Die Kapitalerhöhung aus Gesellschaftsmitteln (§§ 207 bis 220 AktG)

Die Kapitalerhöhung aus Gesellschaftsmitteln unterscheidet sich von den vorangegangenen Formen der Kapitalerhöhung dadurch, dass der Gesellschaft kein zusätzliches Kapital zufließt, d.h. dass bereits vorhandenes Eigenkapital, in Form offener Rücklagen, in gebundenes Grundkapital umgewandelt wird. Es findet buchtechnisch gesehen nur eine Umbuchung aus einer Eigenkapitalposition, nämlich Rücklagen, in eine andere Bilanzposition, nämlich Grundkapital statt (Passivtausch). Hierdurch erhöht sich das haftende Grundkapital, was für die Kreditwürdigkeit von Bedeutung ist, da haftendes

---

[71] Vgl. Ratjen, K. G.: Externe Eigenfinanzierung bei Kapitalgesellschaften. In: Finanzierungshandbuch, Hsrg. Christians, F.-W., a.a.O., S. 65 ff.

Grundkapital der AG wesentlich weniger leicht entzogen werden kann. Da hier das Eigenkapital umstrukturiert wird, ist die Kapitalerhöhung aus Gesellschaftsmitteln eine Form der Umfinanzierung. Eine solche Umfinanzierung ist in sehr vereinfachter Form im Beispiel 3 dargestellt.

Die Hauptversammlung muss die Kapitalerhöhung aus Gesellschaftsmitteln mit Dreiviertelmehrheit des anwesenden Grundkapitals beschließen. Der Beschluss ist zur Eintragung in das Handelsregister anzumelden und wird mit der Eintragung wirksam.

Im Rahmen der **nominellen Kapitalerhöhung** erhalten die alten Aktionäre **Zusatzaktien** (Gratisaktien, Berichtigungsaktien) ohne Ausgabekurs, und zwar im Verhältnis ihrer Anteile am bisherigen Grundkapital, d.h. zurückbehaltene Gewinne werden statt in bar in Form von Aktien ausgezahlt. Durch eine derartige Kapitalerhöhung nimmt die Zahl der dividendenberechtigten Aktien zu. Somit sinkt der innere Wert der alten Aktien, wobei sich dieser Wertminderungsbetrag mit dem inneren Wert der Gratisaktien ausgleicht. Also ist die Bezeichnung Gratisaktien falsch, da dem Aktionär nichts geschenkt wird, sondern sein Anteil am Eigenkapital sich jetzt auf mehrere Aktien verteilt.[72]

Beispiel 3:

Aktiva	Bilanz vor der Kapitalerhöhung		Passiva
Anlagevermögen	12.000	Gezeichnetes Kapital	11.000.000
Umlaufvermögen	8.000	Gesetzliche Rücklagen	900.000
		Gewinnrücklagen	1.300.000
		Fremdkapital	6.800.000
Σ	20.000.000	Σ	20.000.000

Nach der Kapitalerhöhung ergibt sich folgende Bilanz:

Aktiva	Bilanz nach der Kapitalerhöhung		Passiva
Anlagevermögen	12.000	Gezeichnetes Kapital	11.900.000
Umlaufvermögen	8.000	Gesetzliche Rücklagen	900.000
		Gewinnrücklagen	400.000
		Fremdkapital	6.800.000
Σ	20.000.000	Σ	20.000.000

Die Kapitalerhöhung aus Gesellschaftsmitteln bietet sich besonders dann an, wenn die Aktien breit gestreut werden sollen, weil dadurch ihr Kurs relativ niedrig gehalten werden kann.

---

[72] Vgl. Vormbaum, H.: Finanzierung der Betriebe, a.a.O., S. 223 ff.

(e) Sonderformen der Eigenfinanzierung

Da Aktiengesellschaften neben den genannten Möglichkeiten zur Beschaffung von Eigenkapital noch andere Mittel zur Verfügung stehen, soll hier kurz darauf eingegangen werden:

- Die Aktiengesellschaft kann die Ausgabe von **Bonusaktien** beschließen. Hier wird den Aktionären zur normalen Bardividende eine Sonderausschüttung gewährt. Gleichzeitig mit dieser Sonderausschüttung beschließt die Hauptversammlung eine Grundkapitalerhöhung.

- Ein weiteres Finanzierungsinstrument ist die **Vorzugsaktie**. Die Zahl der Vorzugsaktien ist im Verhältnis zu den Stammaktien gering. Ihre Bedeutung bei den gegenwärtigen Kapitalmarktverhältnissen ist nicht leicht zu beurteilen. Meistens wird sie als Finanzierungsinstrument gewählt, wenn Großaktionäre ihren Einfluss nicht verlieren wollen, aber doch nicht kapitalkräftig genug sind, um die Eigenkapitalbedürfnisse der Gesellschaft allein zu befriedigen.

- Es können **Genussrechte** gewährt werden, die in einem sogenannten **Genussschein** verbrieft sind. Derartige Genussrechte gewähren Vermögensrechte, aber keine Verwaltungsrechte. Daher haben Genussrechtsinhaber keinen Anspruch auf Teilnahme an der Hauptversammlung und der Beschlussfassung, da sie keine Aktionäre sind. Meist gewähren Genussrechte einen Anteil am Reingewinn, was für das Unternehmen bedeutet, dass Zahlungen auf die Genussscheine nur dann fällig sind, wenn tatsächlich ein Gewinn ausgewiesen wird.

4.1.3 Umwandlung der Rechtsform

Die gewählte Rechtsform beeinflusst die Finanzmittelbeschaffung erheblich. Die bei der Gründung des Unternehmens getroffene Rechtsform kann daher langfristigen Einfluss auf die Unternehmensexpansion haben. Geänderte externe und interne Faktoren (z.B. Umsatzwachstum) erfordern eine Fortführung des Unternehmens im anderen Rahmen. Ein Wechsel der Rechtsform wird notwendig.

Bei großzügigen Gestaltungen der Gesellschaftsverträge kann eine Unternehmensumwandlung um ein gewisses Maß verzögert werden. Werden vorhandene Spielräume enger, sollte sich das Unternehmen rechtzeitig durch Wandel der Rechtsform verändern. Mit solchen Situationen muss z.B. eine KG rechnen, deren Eigenkapitalzufluss durch ein beschränkte Gesellschafterzahl limitiert ist. Die Umwandlung ist zu differenzieren zwischen Umgründung und Umwandlung.

Bei der **Umgründung** wird ein bestehendes Unternehmen liquidiert. Im Anschluss daran erfolgt eine Übertragung von Aktiva und Passiva des ehemaligen Unternehmens auf ein neues Unternehmen.

Ohne formelle Liquidation hingegen findet die **Umwandlung** statt. Die Umwandlung der Rechtsform wird beim bestehenden Unternehmen durchgeführt. Die Umwandlung im Sinne eines Rechtsformwechsels kann folgenden Charakter haben:[73]

---

[73] Vgl. Süchting, J.: Finanzmanagement, a.a.O., S. 59 ff.

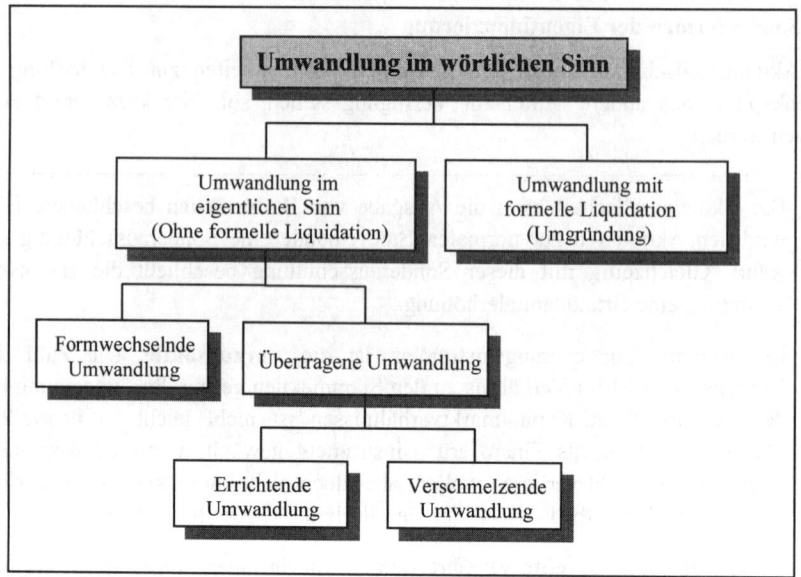

Abb. 12: Umwandlung der Rechtsform

- Die **formwechselnde Umwandlung** geschieht ohne Rechtsübertragung des Vermögens. Es erfolgt lediglich eine Satzungsänderung. Die Rechtspersönlichkeit des Unternehmens bleibt unverändert. Infolgedessen ist es möglich, eine Kapitalgesellschaft (z.B. AG) in eine andere Kapitalgesellschaft (z.B. GmbH) zu übertragen. Ein übertragende Umwandlung ist nur auf gleicher Ebene durchführbar.
- Eine **übertragende Umwandlung** erfolgt durch die Vermögensübertragung im Rahmen einer Gesamtrechtsnachfolge. Es gehen Aktiva und Passiva formlos auf die übernehmende Gesellschaft über. Die Umwandlungsform ist geeignet für eine Umwandlung einer Gesellschaft ohne eigene Rechtspersönlichkeit in eine Gesellschaft mit eigener Rechtspersönlichkeit oder umgekehrt. Im Falle einer Neugründung spricht man von einer errichtenden Umwandlung, im Falle der Übernahme durch eine existierende Unternehmung von einer Verschmelzung.
- Von **verschmelzender Umwandlung** spricht man bei der Übertragung des Geschäftsvermögens auf ein bereits bestehendes Unternehmen anderer Rechtsform.
- Bei der **errichtenden Umwandlung** wird das Vermögen auf eine gleichzeitig neu zu errichtende Gesellschaft anderer Rechtsform übertragen.

4.1.4 Finanzmärkte an den Effektenbörsen

Auf den Finanzmärkten können die Kapitalgeber im Tausch gegen Zahlungsmittel Ansprüche eines Kapitalnehmers erwerben. Der Anspruch wird in einer Kapitalform festgehalten.

4.1.4.1 Handelsobjekte

Aktien, Industrieobligationen, Pfandbriefe, Gewinnobligationen, Immobilienzertifikate u.a. gelten als Handelsobjekte. Von einem Austauschvorgang am **Primärmarkt** spricht man, wenn die sog. Handelsobjekte erstmals vom Emittenten erworben werden. Muss sich der erste Käufer von Handelsobjekten selbst auch durch den Verkauf von sogenannten Handelsobjekten Zahlungsmittel beschaffen, vollzieht er Transaktionen dieser Art am sogenannten **Sekundärmarkt**.

	Emittent	Handelsobjekt
Teilhaberpapiere	Gewerbliche Wirtschaft und Kreditinstitute	Stammaktien, Vorzugsaktien, Bezugsrechte
Gläubigerpapiere	Gewerbliche Wirtschaft	Industrieobligationen, Wandelanleihen, Optionsanleihen
	Kreditinstitute	Pfandbriefe, Industrieobligationen
	Gebietskörperschaften	Bundesanleihen, Kommunalanl.
	Ausländische Emittenten	Auslandsanleihen

Grundlage für die Existenz von Sekundärmärkten ist eine Fungibilität (Marktgängigkeit) der Kapitalformen. Die Fungiblität kann durch Verbriefung und eine einheitliche Ausstattung der Kapitalform bewirkt werden. Fungible Rechte, die Ansprüche aus verbrieften Kapitalformen verkörpern, werden als Effekten bezeichnet. Finanzmärkte, auf denen Effekten gehandelt werden (Effektenbörsen), sind anhand der Handelsobjekte zu unterteilen.

4.1.4.1 Handelsarten

Eine Effektenbörse kann neben einer Unterscheidung nach Handelsobjekten auch nach Handelsarten unterschieden werden. Der **Effektenhandel** wird in verschiedenen Formen durchgeführt:

- **Parketthandel** - Inzwischen ist die Form des Parketthandels (traditionelle Form) durch den Computerhandel in den Standardwerten fast abgelöst. Ausnahmen bestehen noch in Nebenwerten und den neueren weniger liquiden Märkten, z.B. Neuer Markt-Werten, Smax-Werten.
- **Computerhandel** - Xetra (**E**xchange **E**lectronic **Tra**ding) ist ein elektronisches Wertpapierhandelssystem. Im Computerhandel findet überwiegend der Handel in den DAX-Titeln und zwei Drittel des Gesamtumsatzes statt

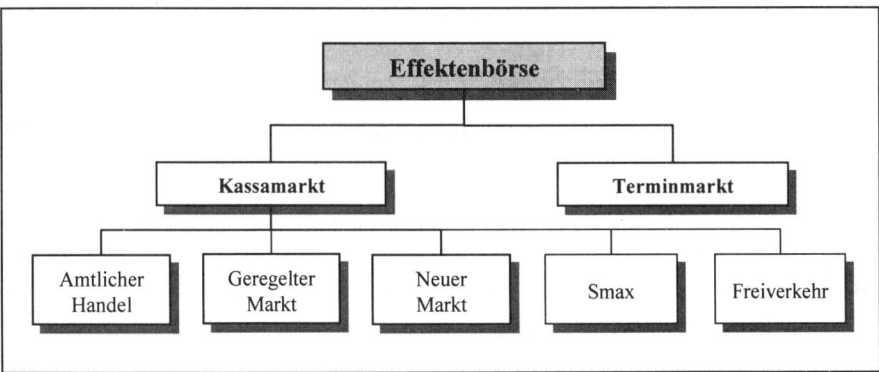

Abb. 13: Strukturierung der Effektenbörse

(1) Kassamarkt - Lieferung der Effekten und Abwicklung der Zahlung erfolgen Zug um Zug (spätestens zwei Tage nach Geschäftsabschluss). Zu unterscheiden sind:

> - **Amtlicher Handel** - Es werden Effekten von amtlich zugelassenen Maklern gehandelt. Die Börsenzulassungsstelle erteilt die Maklergenehmigung.
> - **Geregelter Markt** - Hier werden Effekten gehandelt, die gegenüber dem amtlichen Handel erleichterten Zulassungsvoraussetzungen unterliegen. Im geregelten Freiverkehr werden überwiegend Effekten mit geringen Umsätzen gehandelt. Der freie Makler bildet die Kurse und wickelt den Terminhandel ab. Die Kurse werden nicht amtlich festgelegt.
> - **Neuer Markt** - Für junge Unternehmen aus innovationsstarken Wachstumsbranchen (z.B. Computer-, Softwarebereich) besteht seit 1997 ein weiteres Marktsegment
> - **Smax** - „**Small** cap exchange" ist eine weiteres Börsensegment für erfolgreiche mittelständische Unternehmen mit geringer Marktkapitalisierung („Small cap")
> - **Freiverkehr** - Neben der Börse wickeln Kreditinstitute untereinander im direkten Verkehr Effektengeschäfte ab.

(2) Terminmarkt

Im Gegensatz zum Kassamarkt erfolgt für die hier abgeschlossenen Geschäfte die Erfüllung erst in der Zukunft, d.h. mindestens für drei Werktage. Ein heute geschlossener Vertrag legt damit die Konditionen für den Wertpapierkauf bzw. -verkauf in der Zukunft fest.

4.1.4.2 Ermittlung des Einheitskurses

Im Kassahandel erfolgt die Notierung des Einheitskurses durch variable Notierungen an einem Börsentag. Der Einheitskurs kommt beim höchsten Umsatz zustande. Zu Beginn der Kursermittlung werden alle nicht-limitierten Kauf- (billigst) und alle Verkaufsaufträge (bestens) betrachtet. Darauffolgend werden die Kaufaufträge in absteigender Reihenfolge der Kaufpreisangebote und die Verkaufsaufträge in ansteigender Reihenfolge der Verkaufsvorstellungen bewertet. Zum Abschluss der Börsenzeit wird der Kursbericht erstellt und veröffentlicht.

4.1.4.3 Das Optionsgeschäft

Der Käufer hat beim Optionsgeschäft das Recht, innerhalb einer "Optionsfrist" eine amtlich eingeschränkte Anzahl zugelassener Aktien zu kaufen. Der Kauf oder Verkauf erfolgt zum "Basispreis", der "Kaufoption" oder "Verkaufsoption". Die Option selbst wird zum "Optionspreis" gehandelt. Das Ausnutzen der Option ist freigestellt; das Optionsrecht verfällt nach Ablauf der Optionsfrist.

4.1.5 Kapitalherabsetzung

Allgemein versteht man unter der Kapitalherabsetzung eine Verminderung der Eigenkapitalbasis. Bezogen auf die Aktiengesellschaft wird das Grundkapital, auf die GmbH bezogen das Stammkapital herabgesetzt. Diese Maßnahme ermöglicht, entstandene Verluste durch Herabsetzung des Grundkapitals buchtechnisch zu beseitigen und damit durch Mittelzufluss die Liquiditätslage zu verbessern. Bei der Aktiengesellschaft sind laut Gesetz folgende Möglichkeiten der Kapitalherabsetzung gegeben:

- **ordentliche Kapitalherabsetzung**
- **vereinfachte Kapitalherabsetzung**
- **Kapitalherabsetzung durch die Einziehung von Aktien**

Eine **ordentliche Kapitalherabsetzung** kann bei einer Teilliquidation durchgeführt werden. Vorab müssen Gläubigeransprüche erfüllt sein. Zahlungen an die Aktionäre dürfen erst nach Ablauf einer Frist erfolgen. Die Herabsetzung kann nicht unterhalb des Mindestnennwertes von 25,- Euro geschehen. Alternativ können Aktien zusammengelegt werden. Dies ist gesetzlich nur dann zulässig, wenn bei der Herabsetzung der Mindestnennwert unterschritten wird.

Die **vereinfachte Kapitalherabsetzung** ist eine finanzielle Sanierung im Rahmen eines Verlustausgleichs. Sie gilt für die Regulierung von Wertminderungen, die Abdeckung anderer Verluste oder auch dem Zuführen von Geldwerten in die gesetzlichen Rücklagen. Die Vereinfachung ermöglicht einen gewissen Schutz der Gläubiger. Die Gläubigerschutzbestimmungen besagen zusätzlich, dass bei vorhandenem Gewinnvortrag keine Herabsetzung zulässig ist und dass maximal nur 4% der Gewinne in den ersten zwei Jahren ausgeschüttet werden dürfen.

4.2 Die Fremdfinanzierung

4.2.1 Die Charakteristik der Fremdfinanzierung

Die Fremdfinanzierung dient dazu, dem Unternehmen Fremdkapital zuzuführen. Die Gläubiger erwerben kein Eigentum am Betrieb, sondern sie sind mit ihm schuldrechtlich verbunden. Entsprechend fällt das Fremdkapital bei einer Auseinandersetzung nicht unter das Auseinandersetzungsvermögen, bei einem Konkurs hingegen ist es der Konkursmasse hinzuzurechnen. Da keine Beteiligung entsteht, haben die Fremdkapitalgeber im allgemeinen keine Mitsprache-, Kontroll- und Entscheidungsbefugnisse. Solche Befugnisse können allerdings Großkreditgebern vertraglich eingeräumt werden. Welche besondere Bedeutung der Fremdfinanzierung in Deutschland zukommt, wird deutlich, wenn man die Eigenkapital-Fremdkapital-Relation deutscher Unternehmen betrachtet, die einen Anteil des Fremdkapitals bis zu 80% offenlegt (vgl. Abb. 11).

Ein weiterer wichtiger Unterschied zwischen Eigen- und Fremdkapital besteht in der steuerlichen Belastung. Während Gewinnanteile der Gewerbeertrag-, Körperschaft- und Einkommensteuer unterliegen, sind die Fremdkapitalzinsen bei der Einkommen- bzw. der Körperschaftsteuer abzugsfähig. Die Außenfinanzierung mit Fremdkapital kann nach verschiedene Merkmalen unterteilt werden:

Fristigkeit des Fremdkapitals:
Es kann in kurz-, mittel- und langfristiges Fremdkapital unterschieden werden. Die zeitlichen Begrenzungen werden in der Betriebswirtschaftslehre unterschiedlich gesehen. Die Deutsche Bundesbank quantifiziert in ihren Statistiken meist folgendermaßen:
- kurzfristige Kredite: Laufzeit bis zu einem Jahr,
- mittelfristige Kredite: Laufzeit von über einem Jahr bis zu vier Jahren,
- langfristige Kredite: Laufzeit von über vier Jahren.[74]

Geber des Fremdkapitals:
- Kreditinstitute
- Kunden
- Lieferanten
- beliebige Geldanleger
- sonstige Unternehmen

---

[74] Vgl. § 14 KWG

Verwendung des Fremdkapitals:

- Als **Investitionskredite** zur Beschaffung von Anlagevermögen,
- Als **Betriebsmittelkredite** zur Beschaffung von Umlaufvermögen (z.B. Roh-, Hilfs- und Betriebsstoffe),
- Als **Finanzierungskredite** zur Überbrückung mittel- oder langfristiger Finanzierungen.

Formen des Fremdkapitals:

Die Zuführung von Fremdkapital ist nicht immer gleichbedeutend mit der Zufuhr finanzieller Mittel, sondern es kann unterschieden werden in:

- **Geldkredit** als direkte Kredite, bei denen der Kreditgeber den Kredit in Form von Geld gewährt,
- **Sachkredite**, bei denen der Kreditgeber den Kredit in Form von Sachen, wie z.B. Maschinen und Rohstoffe, gewährt,
- **Kreditleihen** als indirekte Kredite, bei denen der Kreditgeber lediglich seine Kreditwürdigkeit zur Verfügung stellt.

Rückzahlung des Fremdkapitals:

Die Rückzahlung oder Tilgung des Fremdkapitals kann in

- einem Betrag
- oder in mehreren Beträgen erfolgen.

Im folgenden werden die wichtigsten Fremdfinanzierungsformen behandelt, wobei neben den Normalformen auch Sonderformen, wie Leasing und Factoring auftreten. Dabei soll nach den folgenden Finanzierungsarten unterschieden werden: (Abb. 14)

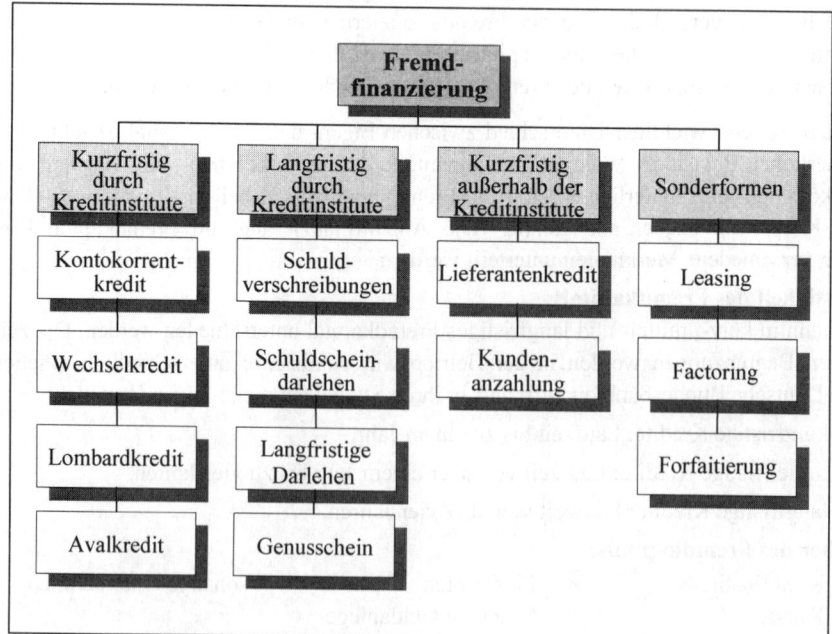

Abb. 14: Formen der Fremdfinanzierung

4.2.2 Die kurzfristige Fremdfinanzierung durch Bankkredite

4.2.2.1 Der Kontokorrentkredit

Der Kontokorrentkredit ist die häufigste Form des kurzfristigen Bankkredits. Unter Kontokorrent wird eine laufende Rechnung verstanden, bei der Plus-Minus Bewegungen stattfinden und von rechtlicher Bedeutung jeweils der Saldo ist, der durch Verrechnung der wechselseitigen Ansprüche entsteht.[75] Mindestens einer der Partner, der an dem Kontokorrentverkehr beteiligt ist, muss Kaufmann im Sinne des HGB sein.

Der Kontokorrentkredit kann vom Kreditnehmer je nach Bedarf, d.h. in der Höhe schwankend, bis zum vertraglich vereinbarten Maximalbetrag, der sogenannten **Kreditlinie**, in Anspruch genommen werden. Er dient somit der Sicherung der Zahlungsbereitschaft, insbesondere der Finanzierung von Spitzenbelastungen, und ist besonders für Lohnzahlungen und die Ausnutzung von Skonti von großer Bedeutung. In erster Linie wird der Kontokorrentkredit aber aufgenommen, um die Produktion und den Warenumschlag zu finanzieren und wird deshalb auch als Betriebsmittel-, Produktions- oder Umsatzkredit bezeichnet. Die Abwicklung von Kontokorrentkrediten bei Banken erfolgt über die Kontokorrentkonten, die auch Girokonten genannt werden.

Der Kontokorrentkredit ist ein kurzfristiger Kredit. Seine Laufzeit wird meist auf sechs Monate vereinbart. Sofern der Kreditnehmer keinen Anlass zur Auflösung des Vertragsverhältnisses gibt, wird der Kredit prolongiert, so dass er von langfristiger Wirkung sein kann.[76] Der Finanzierungsaufwand des Kontokorrentkredits kann sich aus folgenden Teilpositionen zusammensetzen:[77]

Sollzinsen
+ Kreditprovision oder Beteiligungsprovision
+ Umsatzprovision
+ Barauslagen
= gesamter Finanzierungsaufwand

- **Sollzinsen**

  Die Sollzinsen für den Kreditsaldo sind weitaus höher als die Habenzinsen für den Guthabensaldo. Sie werden für den in Anspruch genommenen Kredit berechnet und liegen vielfach etwa 4,5% über dem Diskontsatz der Deutschen Bundesbank, sofern keine Kreditprovision berechnet wird. Im Einzelfall wird seine Höhe auch vom Verhandlungsgeschick und von der Verhandlungsposition des Kreditnehmers mitbestimmt.

- **Kreditprovision**

  Sie kann als Zuschlag zu den Sollzinsen oder als Bereitstellungsprovision berechnet werden, wobei es mehrere Berechnungsmethoden gibt, auf die hier nicht näher eingegangen werden soll.

---

[75] Vgl. §§ 355ff. HGB
[76] Vgl. Wöhe, G./ Bilstein, J.: Grundzüge der Unternehmensfinanzierung, a.a.O., S. 219,; Olfert, K.: Finanzierung, a.a.O., S. 260ff.
[77] Vgl. hierzu u.a.: Hagemüller, K.F./ Diepen, G.: Der Bankbetrieb, 12. Auflage, Wiesbaden 1989, S. 436 ff.; Wöhe, G./ Bilstein, J.: Grundzüge der Unternehmensfinanzierung, a.a.O., S. 219 ff.

- **Überziehungsprovision**

  Sie wird zusätzlich zu den Sollzinsen berechnet, wenn die Kreditlinie ohne ausdrückliche Vereinbarung betragsmäßig oder zeitlich überschritten wird. Sie beträgt gewöhnlich 3% bis 4% p.a.

- **Umsatzprovision und Gebühren**

  Für die Führung des Kontokorrentkontos wird von den Banken ein Entgelt berechnet, das entweder als Umsatzprovision oder als Postengebühren nach Anzahl der Buchungsposten erhoben wird. Barauslagen wie z.B. Porti etc. werden gesondert berechnet.

4.2.2.2 Wechselkredit

Nach der heute generell verwendeten Definition ist der Wechsel eine Urkunde, die eine unbedingte Anweisung eines Gläubigers an seinen Schuldner enthält, zu einem festen Zeitpunkt und an einem bestimmten Ort eine bestimmte Geldsumme an eine im Wechsel genannte Person oder an deren Order zu zahlen. Der Wechsel ist ein Wertpapier, und zwar ein geborenes Orderpapier, das strengen Formvorschriften unterliegt und vom Grundgeschäft unabhängig ist. Nach dem Wechselgesetz können zwei Grundformen des Wechsels unterschieden werden:

- **Gezogene Wechsel**
- **Solawechsel**

Ein **gezogener Wechsel** muss folgende gesetzliche Bestandteile enthalten:[78]

- Die Bezeichnung "Wechsel",
- Die unbedingte Zahlungsanweisung einer bestimmten Geldsumme,
- Der Name dessen, der bezahlen soll,
- Der Verfalltag,
- Der Zahlungsort,
- Der Name des Wechselnehmers,
- Der Tag und Ort der Ausstellung,
- Die Unterschrift des Ausstellers.

Bei einem eigenem Wechsel, oder auch **Solawechsel**, verpflichtet sich der Aussteller selbst zur Zahlung eines bestimmten Betrages zu einem bestimmten Termin an einem bestimmten Ort an dem in der Urkunde genannten Wechselnehmer (oder an dessen Order). Hier handelt es sich also um ein unbedingtes Zahlungsversprechen - im Gegensatz zur unbedingten Zahlungsanweisung beim gezogenen Wechsel (Tratte).

Dieser Unterschied kommt auch im Text beider Formen zum Ausdruck. Während es beim gezogenen Wechsel heißt: "Gegen diesen Wechsel zahlen Sie", steht in einem Solawechsel "Gegen diesen Wechsel zahle ich".

Eine besondere Funktion des Wechsels ist, dass er als Kreditunterlage dient und somit dem Kreditgeber ein erhöhtes Maß an Sicherheit bietet. Von den sonstigen Funktionen ist in der Praxis des Kreditgeschäftes vor allem die Tatsache von Bedeutung, dass er für die Bank ein Refinanzierungsinstrument ist, d.h. also zur Beschaffung von

---

[78] Vgl. Art.1 ff. WG

Zentralbankgeld dienen kann. Schließlich stellt der Wechsel in der Sicht der Kreditinstitute auch ein gutes Anlagepapier dar, das zudem "fungibel", d.h. leicht verwertbar ist.[79]

(a) Der Diskontkredit

Ein Diskontkredit liegt dann vor, wenn ein Unternehmen, das Wechsel seiner Kunden besitzt, diese vor deren Fälligkeit an ein Kreditinstitut verkauft. Das Kreditinstitut vergütet für den Wechsel die Wechselsumme abzüglich der Zinsen für die Restlaufzeit (Diskont) und abzüglich der Spesen.

Der wesentliche Unterschied zwischen einem Wechseldiskontkredit und anderen Formen der kurzfristigen Fremdfinanzierung liegt in den Refinanzierungsmöglichkeiten der Wechselnehmer. Verkauft z.B. ein Unternehmen seine Produkte auf Ziel, so belastet diese Gewährung von Lieferantenkredit seine Liquidität. Zieht er dagegen einen Wechsel auf seinen Abnehmer, so kann sich das Unternehmen durch die Weitergabe des Wechsels refinanzieren.[80] Die Bank kann sich wiederum im Rahmen ihres Kontingentes bei der Deutschen Bundesbank refinanzieren, indem sie den Wechsel dort einreicht (rediskontiert). Allerdings **rediskontiert** die Bundesbank nur **"gute Handelswechsel"**. Gute Handelswechsel sind Wechsel:

- denen ein Handels- oder Warengeschäft zugrundeliegt,
- deren Restlaufzeit höchstens drei Monate beträgt,
- die mindestens drei gute Unterschriften tragen und
- die an einem Bankplatz (= Ort, an dem die DBB eine Filiale unterhält) zahlbar sind.

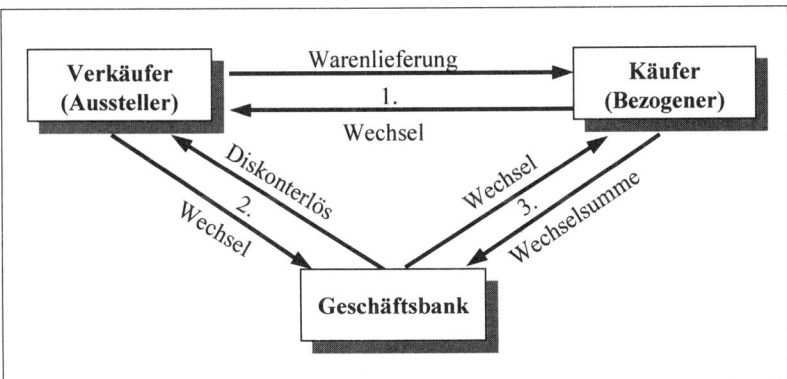

Abb. 15: Beziehungen beim Wechsel

Die **Kosten des Diskontkredits** umfassen:

- Den Diskont, der von der Bank, die den Wechsel hereinnimmt, einbehalten wird. Er ist vom jeweiligen Diskontsatz der Notenbank abhängig und liegt gewöhnlich 1% bis 2% über dem Diskontsatz der Deutschen Bundesbank.
- Die Diskontspesen, die für das Inkasso des Wechsels berechnet werden.
- Die Wechselsteuer.

---

[79] Vgl. Geiger, H.: Die kurzfristige Fremdfinanzierung durch Kreditinstitute, in: Finanzierungshandbuch, Hrsg. Christians, F.-W., S. 123 f.
[80] Vgl. Wöhe, G./ Bilstein, J.: Grundzüge der Unternehmensfinanzierung, a.a.O., S. 228 ff.

(b) Der Akzeptkredit

Eine weitere Art des Wechselkredits ist der Akzeptkredit. Die Bank räumt dem Kunden das Recht ein, auf sie einen Wechsel zu ziehen, der dann von der Bank als Bezogener akzeptiert wird. Dabei muss sich der Kunde verpflichten, der Bank einen Werktag vor Fälligkeit des Wechsels den Betrag zur Verfügung zu stellen.

Wirtschaftlich stellt der Akzeptkredit eine Kreditleihe dar, d.h. die Bank "leiht" dem Kunden kein Geld, sondern (gegen Berechnung einer Akzeptprovision) ihren guten Ruf oder ihre Bonität. Der Bankkunde hat mehrere Verwendungsmöglichkeiten für das Akzept. Er kann es an Lieferanten weitergeben, um Verbindlichkeiten zu begleichen, er kann es aber auch zu Refinanzierungszwecken diskontieren lassen. In den meisten Fällen wird die Diskontierung von dem bezogenen Institut vorgenommen, das dann infolge der Diskontkreditgewährung eigene Mittel einsetzen muss. Akzeptkredite erhalten grundsätzlich nur Unternehmen erster Bonität.

Als **Kosten des Akzeptkredits** fallen an:

- Die **Akzeptprovision**, meistens 1,5% bis 2,5% p.a.,
- die **Wechselsteuer**,
- die **Bearbeitungsgebühren** (0,5% p.a.),
- der **Diskont**.

Trotz der im Vergleich zum normalen Diskontkredit zusätzlich erhobenen Akzeptprovision kann der Akzeptkredit vergleichsweise vorteilhaft sein, da Bankakzepte zu einem besonders günstigen Satz, dem Privatdiskontsatz, von Banken hereingenommen werden.[81]

4.2.2.3 Der Lombardkredit

Der Lombardkredit ist ein Kredit, den eine Bank einem Kreditnehmer gegen Verpfändung von Wertpapieren, Waren, Wechseln, Forderungen etc. gewährt, wobei die verpfändeten Güter nicht in voller Höhe ihres Wertes beliehen werden. Genutzt wird die güterwirtschaftliche Liquidität eines Vermögensgegenstandes, der durch Übergabe an das Kreditinstitut zugleich als Sicherheit dient. Der Zins, der für Lombardkredite zu bezahlen ist (Lombardsatz), liegt gewöhnlich 1% bis 2% über dem Diskontsatz der Deutschen Bundesbank.

Die von den Kreditinstituten angesetzten Beleihgrenzen schwanken zwischen ca. 50% für Waren und 80% für festverzinsliche Wertpapiere. Nach den jeweils verpfändeten Objekten wird u.a. zwischen dem Effektenlombard, dem Wechsellombard, dem Warenlombard und dem Edelmetalllombard unterschieden. Die Verpfändung von Wertpapieren steht im Vordergrund, zumal diese vielfach bereits vom Kreditinstitut verwahrt werden, so dass sich ihre Übergabe erübrigt. Da sie überwiegend börsenmäßig gehandelt werden, ist ihr Wert leicht festzustellen. Außerdem sind sie für die Leistungserstellung im Betrieb nicht erforderlich, wodurch ihre Verpfändung nicht zu einer Störung des betrieblichen Prozesses führt.

---

[81] Vgl. Wöhe, G./ Bilstein, J.: Grundzüge der Unternehmensfinanzierung, a.a.O., S. 230 f. und Däumler, K.-D.: Betriebliche Finanzwirtschaft, a.a.O., S. 200 f.

In der Praxis wird der Lombardkredit jedoch mehr und mehr durch den Kontokorrentkredit verdrängt, weil auch Kredite in laufender Rechnung durch Übergabe oder Übertragung von Faustpfändern (Wertpapiere, Edelmetalle etc.) besichert werden können. Sie brauchen nicht in voller Höhe in Anspruch genommen zu werden und können jederzeit durch Zahlungseingänge zurückgeführt werden. Hierdurch sind sie im allgemeinen kostengünstiger als die echten Lombardkredite.[82]

4.2.2.4 Der Avalkredit

Ein Avalkredit entsteht durch die Bürgschaft oder Garantie einer Bank, für die Verpflichtung eines Kunden, die dieser gegenüber einem Dritten eingegangen ist, einzustehen. Wie beim Akzeptkredit liegt auch hier eine Kreditleihe vor, da keine liquiden Mittel bereitgestellt werden, sondern ein Zahlungs- oder Leistungsversprechen des Kunden durch die Zusicherung des Kreditinstitutes nachdrücklich gestützt wird. Der Kreis möglicher Kreditnehmer ist auf Kunden erster Bonität beschränkt.

Für das Kreditinstitut entsteht mit der Bereitstellung eines Avalkredites eine Eventualverbindlichkeit, die nur dann zu einer Verbindlichkeit wird, wenn der Kreditnehmer seine Leistungen gegenüber Dritten nicht erbringt. Zu den Anwendungsbereichen des Avalkredites zählen z.B.:[83]

- **Zollaval:** Das Kreditinstitut verpflichtet sich gegenüber der Zollverwaltung für einen Importeur, die diesem dann Zahlungsaufschub für Zölle gewährt.
- **Frachtaval:** Betriebe, die regelmäßig Güter von der Deutschen Bundesbahn befördern lassen, können eine Stundung der anfallenden Gebühren dann erreichen, wenn Kreditinstitute gegenüber der Deutschen Verkehrskreditbank (die die Abrechnung für die Bahn übernimmt) eine entsprechende Bürgschaft leisten.
- **Bietungsgarantie:** Bei der Ausschreibung von Lieferungen und Leistungen läuft der Auftraggeber Gefahr, dass der Betrieb, dem der Zuschlag erteilt wird, die Verträge schließlich doch nicht abschließt. Für diesen Fall werden Konventionalstrafen vorgesehen, die ein Kreditinstitut durch eine sogenannte Bietungsgarantie absichert.
- **Anzahlungsaval:** Mit einer Anzahlungsgarantie wird - vor allem im Außenhandel - sichergestellt, dass der Auftraggeber eine geleistete Anzahlung zurückerstattet bekommt, wenn die vereinbarte Leistung nicht erbracht wird.
- **Leistungs- und Lieferungsaval:** Hierbei verpflichtet sich der Avalkreditgeber zur Zahlung von Konventionalstrafen, falls der abgeschlossene Vertrag nicht ordnungsgemäß erfüllt wird.
- **Gewährleistungsaval:** Die Bank verpflichtet sich zur Zahlung eines bestimmten Betrages, wenn das vom Avalkreditnehmer gelieferte Produkt den vereinbarten Anforderungen nicht genügt.

Für die Bereitstellung von Avalkrediten berechnen die Kreditinstitute Avalprovisionen, deren Höhe sich nach dem Risiko und der Laufzeit des Engagements richten und meistens 0,5% bis 2% p.a. betragen.

---

[82] Vgl. Geiger, H.: Die kurzfristige Fremdfinanzierung durch Kreditinstitute. In: Finanzierungshandbuch, Hrsg. Christians, F.-W., a.a.O., S. 127.
[83] Vgl. u.a.: Däumler, K.-D.: Betriebliche Finanzwirtschaft, a.a.O., S. 204 f., Wöhe, G./ Bilstein, J.: Grundzüge der Unternehmensfinanzierung, a.a.O., S. 236 f.; Olfert, K. Finanzierung, a.a.O., S. 270 f.

4.2.3 Die langfristige Fremdfinanzierung durch Kreditinstitute

4.2.3.1 Schuldverschreibungen

Das klassische Instrument der langfristigen Kreditfinanzierung stellt die Anleihe dar. Diese, mit der Ausgabe von Schuldverschreibungen verbundene Anleihe, wendet sich an den Kapitalmarkt, also nicht an spezielle Kreditgeber. Man spricht in diesem Zusammenhang auch vom "anonymen" Kapitalmarkt. Anleihen werden in Teilschuldverschreibungen zerlegt, die jeweils einen bestimmten Teilbetrag der Anleihe verbriefen. Schuldverschreibungen stellen vertretbare Wertpapiere dar und lauten auf einen bestimmten Nennbetrag (Mindestnennbetrag 50 EUR). Sie werden überwiegend als Inhaberpapiere ausgegeben, manchmal jedoch auch als Orderpapiere.

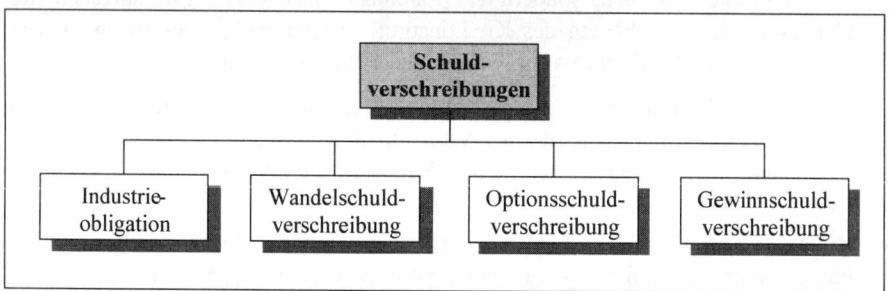

Abb. 16: Formen der Schuldverschreibungen

Schuldverschreibungen privater Industrie-, Handels- und Verkehrsunternehmen bezeichnet man zur Abgrenzung gegenüber Obligationen des Staates vereinfachend als **Industrieobligationen**, da Anleihen der Industrie gegenüber Anleihen anderer Unternehmen dominieren. Als Emittenten von Schuldverschreibungen treten neben den Unternehmen vor allem der Staat, die öffentlichen Körperschaften (Bundesbahn, Bundespost, Gemeinden usw.) und Realkreditanstalten (Hypothekenbanken) auf.

(a) Industrieobligationen

Die Schuldverschreibungen privater Unternehmungen werden als Industrieobligationen bezeichnet. Industrieobligationen können nur von emissionsfähigen Unternehmen ausgegeben werden. Obwohl die Emissionsfähigkeit nicht auf bestimmte Rechtsformen beschränkt ist, haben bisher nur große Aktiengesellschaften und einige wenige große GmbH's den Weg der Finanzierung über Industrieobligationen beschritten, da die Ausgabekosten von Obligationen sehr hoch sind und sich erst bei Anleihebeträgen von mehreren Millionen EUR rentieren.

Die durchschnittlichen **Laufzeiten** von Industrieobligationen liegen derzeit zwischen acht und 15 Jahren. In früheren Jahren wurden auch längerfristige Anleihen bis zu 50 Jahren emittiert; der Trend geht jedoch auf seiten der Anleger zu kürzeren Laufzeiten. Somit ist es möglich, einen hohen Kapitalbedarf bei einem Unternehmen relativ langfristig zu decken, weil eine Vielzahl von Kapitalgebern die Geldmittel in kleinen Beträgen zur Verfügung stellt. Diese Bereitschaft ist darauf zurückzuführen, dass Industrieobligationen an der Börse gehandelt werden, was einen jederzeitigen Kauf, aber auch Verkauf der Teilschuldverschreibung erlaubt. Im Gegensatz zur Aktienausgabe ist eine Unterpari-Emission zulässig. Die Teilschuldverschreibungen sind Urkunden, die, anders als Schuldscheine, Forderungsrechte verbriefen, bei denen die Forderung also an das Papier gebunden ist.

Mit der **Teilschuldverschreibung** verpflichtet sich das emittierende Unternehmen insbesondere zur Zahlung der Zinsen und zur Rückzahlung des gewährten Kapitals. Die Zinszahlungen erfolgen vierteljährlich, halbjährlich oder jährlich, wobei in Deutschland die halbjährliche Zinszahlung überwiegt. Für den Obligationär ist die vierteljährliche Zinszahlung am günstigsten, da dann die Zinserträge früher verzinslich wiederangelegt werden können.[84]

Die **Sicherung** erfolgt in der Regel durch die Eintragung eines Grundpfandrechtes. Sie kann durch die sogenannte **Negativklausel** verstärkt werden, d.h. durch die vertragliche Zusage gegenüber den Obligationären, sie im Hinblick auf die Sicherheit nicht schlechter zu stellen als die Gläubiger später ausgegebener Anleihen.

Die **Tilgung** kann entweder nach Ablauf einer Frist auf einmal erfolgen, was in der Praxis allerdings nicht häufig vorkommt, oder es wird eine Tilgung auf Raten nach einer tilgungsfreien Zeit (meistens fünf Jahre) durchgeführt. Die Tilgung kann entweder durch Auslosung erfolgen, die gezogenen Nummern werden zurückgezahlt, oder durch Rückkauf der zu tilgenden Stücke an der Börse.[85]

(b) Wandelschuldverschreibungen

Wandelschuldverschreibungen (convertible bonds) gewähren **zusätzlich** zu den Rechten normaler Industrieobligationen das Recht auf Umtausch der Schuldverschreibungen in Aktien. Das Umtauschrecht kann meist nach einer bestimmten Sperrfrist ausgeübt werden. Die Ausgabe von Wandelobligationen bedarf des Beschlusses der Hauptversammlung, da zur Wahrung des Umtauschrechtes eine bedingte Kapitalerhöhung vorgenommen werden muss. Wie beim genehmigten Kapital kann die Hauptversammlung den Vorstand für (höchstens) fünf Jahre ermächtigen, Wandelschuldverschreibungen auszugeben.[86]

Bei der Ausgabe von Wandelschuldverschreibungen ist neben den bei der Industrieobligation üblichen Größen (Laufzeit, Nominalzinssatz, Disagio, Zinszahlungstermine) festzulegen:

- Das **Wandlungsverhältnis** (d.h. wieviele Schuldverschreibungen bei Umtausch eine Aktie ergeben),
- die **Umtauschfrist** (erster und letzter Wandlungszeitpunkt),
- die zu leistenden **Zuzahlungen bei einem Umtausch in Aktien**, die ggf. gestaffelt nach Wandlungszeitpunkten gestaltet werden können.

Darüber hinaus können Kapitalverwässerungsschutzklauseln zur Sicherung der Rechte von Wandelobligationären bei Kapitalerhöhungen vereinbart werden.

---

[84] Vgl. Perridon, L./ Steiner, M.: Finanzwirtschaft der Unternehmung, a.a.O., S. 309 ff.
[85] Vgl. Wöhe, G.: Einführung in die allgemeine Betriebswirtschaftslehre, 20. Auflage, München 2000, S. 712 f.
[86] Vgl. §§ 218, 221 AktG.

Früher wurden Wandelschuldverschreibungen ausgegeben, um durch dieses Wertpapier Anleger zu gewinnen, die weder Aktien (wegen ihrer speziellen Risiken) noch reinen Gläubigerpapieren (wegen des Inflationsrisikos) genug Vertrauen entgegenbrachten. Heute stehen andere Überlegungen im Vordergrund. Ein Unternehmen, das langfristiges Fremdkapital benötigt, wird in folgenden Fällen die Auflegung von Wandelanleihen erwägen:

- Auf dem Kapitalmarkt herrscht ein hohes Zinsniveau und Aktien werden niedriger bewertet.
- Die Aktien des Unternehmens werden aufgrund vorübergehend geringer Erträge niedriger bewertet.

In beiden Fällen ist die Durchführung einer Kapitalerhöhung durch Ausgabe junger Aktien äußerst schwierig. Die Begebung einer Wandelschuldverschreibung bietet neben den Vorteilen des Fremdkapitals, z.B. hinsichtlich der steuerlichen Vorteile, die Möglichkeit niedriger Verzinsung und eines geringen Disagios und ist daher kostengünstiger als normale Fremdkapitalien.

Des weiteren kann die Gesellschaft bei günstiger Gestaltung des Wandlungsrechtes mit einer Umwandlung in Eigenkapital rechnen, so dass sie nicht, wie bei normalen Schuldverschreibungen, gezwungen ist, sich auf fristgemäße Rückzahlung des gesamten Betrages einzustellen. Dabei kann die ausgebende Gesellschaft durch die Gestaltung der Umwandlungsbedingungen und kursbeeinflussenden Maßnahmen für ihre Aktien sogar den Umwandlungszeitpunkt beeinflussen, indem sie dafür sorgt, dass ihre Aktien durch Umtausch von Wandelobligationen günstiger erworben werden können als an der Börse.[87]

(c) Optionsschuldverschreibungen

Optionsanleihen sind, wie Wandelschuldverschreibungen, eine besondere Art der Industrieobligation. Sie haben mit den Wandelschuldverschreibungen gemein, dass sie neben den Rechten aus der Teilschuldverschreibung ein Bezugsrecht auf Aktien verbriefen. Aber im Gegensatz zu den Wandelanleihen werden Optionsanleihen beim Aktienbezug nicht in Zahlung gegeben, sondern bleiben nebenher bestehen. Die Aktien werden also zusätzlich zur Obligation erworben.

Während bei den Wandelschuldverschreibungen Fremdkapital in Eigenkapital umgewandelt wird und aus Gläubigern Gesellschafter werden, tritt bei den Optionsanleihen zum vorhandenen Fremdkapital weiteres Eigenkapital hinzu. Die Inhaber der Optionsanleihen sind nach der Ausübung ihres Bezugsrechts Gläubiger und Gesellschafter zugleich.

Die Ausgabe von Optionsanleihen mit dem Optionsrecht auf Aktien bedarf des Beschlusses der Hauptversammlung über eine bedingte Kapitalerhöhung. Obwohl Optionsanleihen im Aktiengesetz nicht ausdrücklich aufgeführt sind, ergibt sich für den Aktionär ein gesetzliches Bezugsrecht. Wie bei der Wandelanleihe sind über die Konditionen einer reinen Schuldverschreibung hinaus folgende Daten zusätzlich festzulegen:

---

[87] Vgl. Wöhe, G./ Bilstein, J.: Grundzüge der Unternehmensfinanzierung, a.a.O., S. 16 ff.; Vormbaum, H.: Finanzierung der Betriebe, a.a.O., S. 342 ff.

- **Kurs**, zu dem bei Ausübung der Option Aktien bezogen werden können (Optionskurs oder Bezugskurs),
- **Optionsverhältnis** (Aktien, die pro Optionsrecht bezogen werde können),
- **Optionsfrist**, innerhalb der die Option ausgeübt werden kann und ggf.
- **Kapitalverwässerungsschutzklauseln** (vgl. Wandelschuldverschreibungen).

(d) Gewinnschuldverschreibungen

Gewinnschuldverschreibungen stellen ebenfalls eine Sonderform der Industrieobligation dar. Sie unterscheiden sich von diesen dadurch, dass der Kapitalgeber am Gewinn des Unternehmens beteiligt wird. Die **Gewinnbeteiligung** kann grundsätzlich in folgender Weise geregelt werden:

- Der Gläubiger erhält eine **feste Verzinsung** (Mindestverzinsung), daneben einen Gewinnanspruch in einem bestimmten Verhältnis zur Dividende (Zusatzzins).
- Der Gläubiger erhält nur eine **gewinnabhängige Verzinsung**, die im allgemeinen nach oben begrenzt ist.

Gewinnobligationen tragen also das Risiko, in Verlustjahren leer auszugehen sowie bei einer starken Gewinnthesaurierungspolitik der Unternehmung benachteiligt zu werden. Andererseits haben sie in Jahren hoher Gewinne die Chance, weit über dem normalen Zins verzinst zu werden.

Aktienrechtlich ist für die Ausgabe einer Gewinnschuldverschreibung eine Dreiviertel- mehrheit in der Hauptversammlung erforderlich. Den Aktionären steht ein Bezugsrecht zu. Der Gewinnobligationär ist Gläubiger und kein Eigentümer. In Deutschland wird diese Finanzierungsalternative nur in seltenen Fällen genutzt.

4.2.3.2 Schuldscheindarlehen

Schuldscheindarlehen sind langfristige Finanzierungsinstrumente, die in den letzten zwei Jahrzehnten steigende Bedeutung gewonnen und die Industrieobligation klar zurückgedrängt haben. Sie haben bei der Deckung des langfristigen Finanzierungsbedarfs von Unternehmen und der öffentlichen Hand einen festen Platz. Schuldscheindarlehen kann man definieren als anleiheähnliche, langfristige Großkredite, die von **Kapitalsammelstellen**, die nicht Banken sind, aufgenommen werden. Kapitalsammelstellen sind Unternehmen, bei denen sich durch freiwilliges oder zwangweises Sparen große Kapitalsummen ansammeln, und somit als Anbieter von Schuldscheindarlehen für private Unternehmen in Frage kommen. Dies sind im allgemeinen Versicherungsunternehmen und hier insbesondere Lebensversicherungen und Pensionskassen. Langfristige Großdarlehen werden auch dann als Schuldscheindarlehen bezeichnet, wenn keine Ausstellung eines Schuldscheines erfolgt ist.[88]

Der **Schuldschein** stellt kein Wertpapier dar und ist im Gesetz nicht definiert. Er ist lediglich ein beweiserleichterndes Dokument, wodurch die sonst dem Gläubiger obliegende Beweislast auf den Schuldner verlagert wird. Da der Gläubiger bei Verlust des Schuldscheins sein Recht auch anderweitig geltend machen kann, ist die Ausstellung eines Schuldscheins im Zuge eines derartigen Kredits nicht unbedingt erforderlich. Wird

---

[88] Vgl. u.a. Drukarczyk, J.: Finanzierung, 5. Auflage, Stuttgart 1991, S. 265 f.; Olfert, K.: Finanzierung, a.a.O., S. 298.

also auf die Ausstellung eines Schuldscheins verzichtet, so tritt an seine Stelle ein Darlehensvertrag. Die Übertragung eines Schuldscheins erfolgt durch Zession, die aber u.U. an die Zustimmung des Kreditgebers gebunden ist.

Die Aufnahme von Schuldscheindarlehen kann direkt bei den Kreditgebern oder unter Einschaltung von Vermittlern erfolgen, wobei letzteres den häufiger gewählten Weg darstellt. Als Vermittler können eine Bank, ein Bankenkonsortium oder ein Finanzmakler fungieren.

Der Kreis der Unternehmen, die Schuldscheindarlehen aufnehmen können, ist größer als der Kreis der Unternehmen, die als emissionsfähig (börsenfähig) gelten. Dennoch sind "schuldscheinfähige" Unternehmen nur größere und hochbonitäre Unternehmen. Dies liegt in erster Linie an den hohen Anforderungen, die die Kapitalsammelstellen und deren Aufsichtsbehörden an das Material, in welchem das Kapital angelegt wird, stellen.

Diese Anforderungen finden ihren Ausdruck in der **Deckungsstockfähigkeit**, die erreicht werden muss. Versicherungsunternehmen haben für die Deckung ihrer zukünftigen Verpflichtungen aus dem Versicherungsgeschäft ein Sondervermögen, den sog. **Deckungsstock**, zu bilden. Die in den Deckungsstock eingebrachten Vermögenswerte müssen den Bestimmungen des Versicherungsaufsichtsgesetzes (VAG) sowie den Richtlinien des Bundesaufsichtsamts für das Versicherungs- und Bausparwesen (BAV) genügen. Ein Schuldscheindarlehen kann fristenkongruent oder revolvierend finanziert sein.

Das **fristenkongruente Schuldscheindarlehen** ist ein Darlehen, bei dem die Dauer der Kapitalbereitstellung durch die Kapitalsammelstelle der Dauer der Kapitalnutzung durch den Kapitalnehmer entspricht. Der Kapitalgeber geht dabei ein Fristenrisiko ein. Das Zinsrisiko kann beim Kapitalgeber liegen, wenn die Zinsen mit einem über die Laufzeit festen Satz vereinbart sind, oder auf den Kapitalnehmer abgewälzt werden, indem ein variabler Zinssatz festgelegt wird.

Das **revolvierende Schuldscheindarlehen** ist ein Darlehen, bei dem die Dauer der Kapitalbereitstellung durch die Kapitalsammelstelle der Dauer der Kapitalnutzung durch den Kapitalnehmer nicht entspricht. Es treten nacheinander verschiedene Kreditgeber in das Schuldverhältnis ein, es werden kurzfristige Geldanlagen in einen langfristigen Kredit transformiert. Beim direkt revolvierenden Darlehen bemüht sich die vermittelnde Bank oder der Finanzmakler, die Anschlussfinanzierung zu gewährleisten. Es werden jeweils nur kurzfristige Kreditverträge zwischen Kreditnehmer und dem jeweiligen Kreditgeber abgeschlossen. Das Fristenrisiko liegt bei diesem System beim Kreditnehmer.

Darüber hinaus hat er auch das Zinsrisiko zu tragen, da die Zinsen bei jedem einzelnen Kreditvertrag neu vereinbart werden können. Bei indirekt revolvierenden Darlehen werden diese Nachteile aufgehoben. Das Fristen- und Zinsrisiko liegt hier bei einer Bank, die zwischengeschaltet ist und als juristischer Kreditgeber fungiert.

An Transaktionskosten verursachen Schuldscheindarlehen im wesentlichen nur Makler- oder Vermittlungsgebühren (0,5% bis 2% des Nominalwertes) sowie die Kosten der Sicherheitenbestellung und deren Löschung (ca. 0,5%). Die laufenden Kosten sind vernachlässigbar gering.

4.2.3.3 Langfristige Bankkredite

Obwohl einer Menge Unternehmungen der Zugang zum Schuldscheinmarkt offensteht, verbleibt jedoch eine Vielzahl von kleinen und mittleren Betrieben, denen auch diese Finanzierungsform wegen der Höhe der erforderlichen Beträge und der gestellten Anforderungen an die Bonität und Bedeutung des Unternehmens nicht zur Verfügung steht. Diese Unternehmungen sind auf andere langfristige Kreditformen, insbesondere den langfristigen Bankkredit angewiesen. Als **Kreditgeber** kommen in Betracht:

- Realkreditinstitute privater oder öffentlich-rechtlicher Art,
- Sparkassen, Geschäftsbanken,
- Bausparkassen, Versicherungen,
- Kreditinstitute mit Sonderaufgaben,
- Private.

Die **Laufzeiten** betragen bis zu 30 Jahren, wobei heute ein Trend zu kürzeren Laufzeiten besteht. Die Zinskonditionen werden meist nur für einen Teil der Laufzeit festgeschrieben, so dass nach Ablauf einer bestimmten Frist ein neuer Zins und eventuell auch ein neues Disagio vereinbart werden können. Die **Besicherung** erfolgt meist durch **Grundpfandrechte**. Wegen der langen Laufzeiten und der oft beträchtlichen Beträge nehmen die Darlehensgeber im Regelfall eine eingehende Kreditwürdigkeitsprüfung vor.

Die **Tilgung** des Darlehens wird üblicherweise in Form von Annuitäten in gleichbleibenden viertel- oder halbjährlichen Raten unter Vorschaltung einer tilgungsfreien Zeit erbracht, oder es wird die Gesamttilgung am Ende der Laufzeit vereinbart.

Die Kosten für ein langfristiges Darlehen können in einmalige und laufende Kosten unterteilt werden. Die **einmaligen Kosten** sind die Besicherungskosten (Schätzkosten, Notarkosten) und der Abschlag (Damnum, Disagio). Als **laufende Kosten** fallen der Sollzins (fest über die Gesamt- bzw. eine Teillaufzeit, variabel über die Gesamtlaufzeit), die Bereitstellungsprovision, die Spesen und Bearbeitungsgebühren und sonstige Kosten an.

4.2.3.4 Genusschein

Genusscheine sind Wertpapiere, die keine Mitgliedschaftsrechte, sondern Gläubigerrechte verbriefen, und zwar in den meisten Fällen einen Anteil am Reingewinn, teilweise auch am Liquidationserlös (deutsche Genusscheine schließen dieses Recht im allgemeinen aus). Typischerweise ist auch eine Beteiligung am laufenden Verlust vorgesehen. Die Vorteile für den Emittenten liegen also in der Schaffung eines Verlustpuffers, ohne dass die Partizipationsscheininhaber mitgliedschaftlichen Einfluss, wie z.B. Mitspracherechte besitzen. Außerdem ist der Genusschein nur zu bedienen, wenn Gewinn erzielt wird. Der besondere Reiz des Genusscheins liegt für den Emittenten jedoch darin, dass er steuerlich wie Fremdkapital behandelt wird, wenn er bestimmte Voraussetzungen erfüllt.

Der Genusschein hat in den letzten Jahren, insbesondere im Bankbereich, erheblich an Bedeutung gewonnen. Ob sich diese Entwicklung fortsetzt, wird wesentlich davon abhängen, ob der Gesetzgeber auch in Zukunft an der steuerlichen Begünstigung von Genusscheinen festhalten will.

4.2.4 Die kurzfristige Fremdfinanzierung außerhalb des Bereichs der Banken

4.2.4.1 Der Lieferantenkredit

Werden die aus der Lieferung von Waren oder Dienstleistungen resultierenden Zahlungsverpflichtungen nicht sofort beglichen, dann entsteht eine Kreditbeziehung zwischen dem Lieferanten und dem Abnehmer, der Lieferantenkredit. Ein derartiger Kredit kann durch entsprechende Vereinbarungen, die Gegenstand des Kaufvertrages sind, gewährt werden.

Wesentliches Merkmal ist hier die enge Verbundenheit zum Warenabsatz. In Form des Lieferungskredits soll er den Zeitraum zwischen der Beschaffung und Wiedergeldwerdung der Ware überbrücken. Die Tilgung erfolgt aus den Umsatzerlösen der kreditierten Ware. Geldmittel werden dem Kreditnehmer hierbei nicht zur Verfügung gestellt, sondern die Kreditierung liegt in der Stundung des Kaufpreises der Ware durch den Lieferanten.

Zur Sicherung der Forderung behält sich der Lieferant meist das Eigentum an den gelieferten Sachen vor (Eigentumsvorbehalt). Denkbar ist auch die Sicherung durch einen Kundenwechsel. Des weiteren werden auch Einrichtungs- oder Ausstattungskredite, die der Lieferant seinen Abnehmern gewährt, zu den Lieferantenkrediten gezählt. Sie dienen dazu, die Geschäftsausstattung eines potentiellen Abnehmers zu finanzieren (z.B. Tankstellen, Gaststätten).

Der Lieferantenkredit ist seinem Wesen nach ein Mittel zur Absatzförderung. Der Lieferant ist im Gegensatz zu einer Bank nicht wegen des Kreditgeschäfts, sondern zur Steigerung seines Umsatzes an der Einräumung des Kredits interessiert, d.h. er finanziert den Absatz seiner Produkte. Er will den Abnehmer an sich binden, was dazu führen kann, dass es zu einer langfristigen Kreditgewährung kommt, da immer wieder neue Lieferantenkredite entstehen. Der Lieferantenkredit ist in der Regel sehr teuer, was sich mit Hilfe der folgenden praxisüblichen Faustformel zeigt:

$$r = \frac{S}{z-s} \cdot 360 \quad \begin{array}{l} r = \text{Jahresprozentsatz (\%)} \\ s = \text{Skontofrist (Tage)} \\ S = \text{Skontosatz (\%)} \\ z = \text{Zahlungsziel (Tage)} \end{array}$$

So ergibt sich bei folgenden Konditionen:

Skonto bei Zahlung innerhalb von 10 Tagen, sonst rein netto innerhalb von 30 Tagen ein Jahreszins von:

$$r = \frac{2}{30-10} \cdot 360 = 36\%$$

Wie zu sehen ist, sind die Kapitalkosten für einen Lieferantenkredit beträchtlich. Eine sofortige Bezahlung mit Hilfe eines kurzfristigen Bankkredits wäre in solchen Fällen wirtschaftlicher als die Inanspruchnahme des Lieferantenkredits. Allerdings können die Kosten des Lieferanten- und Bankkredits nur verglichen werden, wenn die Finanzierung mit Lieferantenkrediten laufend erfolgt.

Vorteile des Lieferantenkredits für den Kreditnehmer:
– Die Schnelligkeit der Kreditgewährung   – Die Bequemlichkeit der Kreditgewährung   – Die Formlosigkeit der Kreditgewährung   – Das Fehlen einer systematischen Kreditprüfung   – Die Entlastung der Kreditlinie bei Banken

Nachteile des Lieferantenkredits für den Kreditnehmer:
– Die Höhe der Kapitalkosten   – Die Gefahr der Abhängigkeit zum Lieferanten   – Die Unkenntnis des effektiven Zinssatzes

Dass viele Abnehmer den Lieferantenkredit trotz seiner erheblichen Nachteile wählen, hat verschiedene Ursachen: Die Verschuldung mancher Unternehmen ist so hoch, dass sie keine zusätzlichen Bankkredite bekommen. Neu gegründete Unternehmen ohne nachgewiesene Ertragskraft und ohne Sicherheiten müssen ebenfalls auf Lieferantenkredite ausweichen. Manche Unternehmen sind sich der hohen Kosten des Lieferantenkredits nicht bewusst. Andere schließlich senken die Kosten, indem sie die Zahlungsziele kräftig überziehen.[89]

4.2.4.2 Die Kundenanzahlung

Während beim Lieferantenkredit eine Kreditierung durch den Zulieferer der Unternehmung erfolgt, treten beim Vorauszahlungskredit Abnehmer als Kreditgeber auf. Kundenanzahlungen werden entweder vor Beginn des Produktionsprozesses oder nach teilweiser Fertigstellung gewährt. Sie stehen dem Betrieb zinslos zur Verfügung und verbessern seine Liquiditätslage.

In manchen Wirtschaftszweigen wäre infolge der langen Produktionsdauer eine alleinige Finanzierung durch den Hersteller nicht durchführbar. Im Maschinenbau ist es branchenüblich, dass ein Drittel des Kaufpreises bei Erteilung des Auftrages, das zweite Drittel bei Lieferung und der Rest mit dem vereinbartem Ziel fällig wird. Bei dieser Finanzierungsform spielt aber nicht nur die Länge des Produktions-prozesses, sondern auch die Stärke der Marktstellung des Betriebes und seiner Abnehmer eine entscheidende Rolle.[90]

4.2.5 Die Sonderformen der Fremdfinanzierung

4.2.5.1 Das Leasing

Beim Leasing handelt es sich um eine Form der Investitionsgüterbeschaffung, bei der sich der Leasinggeber, aufgrund eines meist langfristigen Vertrages, verpflichtet, dem Leasingnehmer bestimmte Investitionsgüter gegen Zahlung eines festgesetzten (meist monatlichen) Entgelts zur Verfügung zu stellen. Der Leasingnehmer **mietet** also ein Wirtschaftsgut, anstatt es zu kaufen.

---

[89] Vgl. Olfert, K.: Finanzierung, a.a.O., S. 287 ff.
[90] Vgl. Wöhe, G.: Einführung in die allgemeine Betriebswirtschaftslehre, a.a.O., S. 891.

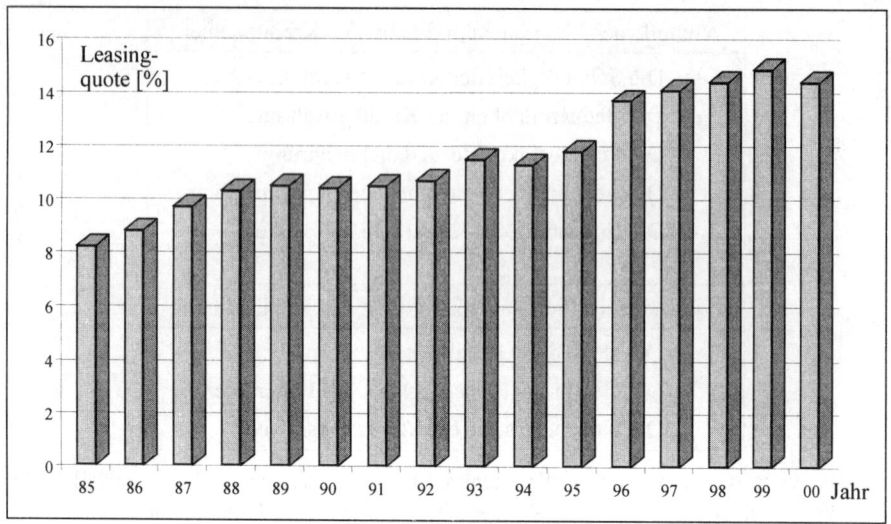

Abb. 17: Leasingquote 1985-2000[91]

Die Entwicklung des Leasings vollzog sich in Deutschland zunächst nur zögernd. In den letzten beiden Jahrzehnten setzte jedoch eine stürmische Aufwärtsbewegung dieser Finanzierungsform ein, was aus der Abb. 17 deutlich wird. Inzwischen ist der Anteil des Leasinggeschäftes an den gesamtwirtschaftlichen Investitionen (Leasingquote) auf ca. 15% gestiegen. Wegen der Vielfalt der Gestaltungsmöglichkeiten ist es üblich, die Leasingverträge nach verschiedenen Kriterien zu systematisieren:

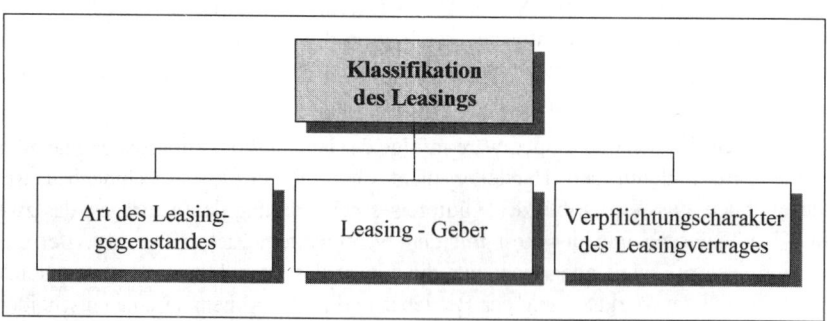

Abb. 18: Leasingklassifikation

Gliedert man nach der Art des Leasinggegenstandes, so sind Leasingverträge über Konsumgüter (Konsumgüterleasing), und Leasingverträge über Investitionsgüter (Investitionsgüter-Leasing) zu unterscheiden.

Nach der Stellung des Leasinggebers ist das direkte vom indirekten Leasing zu trennen. Wird der Leasingvertrag mit dem Hersteller des Gutes abgeschlossen, so liegt direktes Leasing vor. Charakteristisch ist jedoch für das Leasing, dass zwischen dem Hersteller eines Gutes und dessen Verwender eine Leasinggesellschaft eingeschaltet wird. Man spricht dann von indirektem Leasing.

---

[91] Quelle: ifo-Institut

Nach dem Verpflichtungscharakter des Leasingvertrages lassen sich zwei grundsätzliche Formen unterscheiden:

- **Operating Leasing,**
- **Financial Leasing**

Operating Leasingverträge sind von beiden Vertragspartnern jederzeit bei Einhaltung gewisser Fristen kündbare Mietverträge. Hierbei übernimmt der Vermieter (Leasinggeber) das Investitionsrisiko, da die vertraglich vereinbarten Leasingraten die Kosten des Leasinggegenstandes nicht decken. Der Leasinggeber hat im Falle der Kündigung für Anschlussmieter zu sorgen (Second-Hand-Leasing), sofern er keinen Verlust erleiden will.

Die Gesamtnutzung des Wirtschaftsgutes verteilt sich auf mehrere Benutzer. Auch die Gefahr des zufälligen Untergangs und der Entwertung durch technischen Fortschritt liegt beim Vermieter. Darüber hinaus hat der Leasinggeber auch für die Wartung und Reparatur zu sorgen. Damit ist Operating Leasing eng verwandt mit der herkömmlichen Miete und lässt sich von dieser kaum abgrenzen. In der Literatur wird Operating Leasing als Investitionsalternative dargestellt.

Demgegenüber wird ein **Financial Leasingvertrag** über eine längere Zeit (Grundmietzeit) abgeschlossen, innerhalb welcher der Vertrag unkündbar ist. Die vereinbarte Grundmietzeit ist dabei in der Regel kürzer als die betriebsgewöhnliche Nutzungsdauer des Leasing-Gegenstandes. Die während der Grundmietzeit zu zahlenden Mietbeträge sind so berechnet, dass der Mieter (Leasingnehmer) die gesamten Anschaffungs-, Finanzierungs- und sonstigen Kosten des Leasinggebers übernimmt, so dass der Leasingnehmer das Investitionsrisiko übernimmt.[92] Neben den Reparatur- und Instandhaltungskosten entfallen auf ihn auch die Risiken des Untergangs oder der Verschlechterung des Leasing-Gegenstandes.

Beim Finance Leasing ist der Leasingnehmer als Investor anzusehen, der lediglich anstelle der herkömmlichen Fremdfinanzierung eine besondere Form der Finanzierung durch Leasing gewählt hat. Finance Leasing ist die Regel bei Leasingverträgen über Maschinen und maschinelle Anlagen und ganze Betriebs- und Geschäftsausstattungen. Oft wählt sogar der Leasingnehmer die von ihm benötigten Anlagen beim Hersteller aus, bevor der Leasinggeber sie kauft.[93]

Die Funktion des Leasinggebers beschränkt sich in der Regel auf die Finanzierung. Zweck dieser Leasingverträge ist offenbar nicht die Übertragung von Objektnutzungen, sondern die Übertragung des Objekts selbst.[94]

Für die **steuerliche Behandlung**, von der es entscheidend abhängt, ob Leasing vorteilhafter ist als ein durch Eigen- oder Fremdkapital finanzierter Kauf, ist es von erheblicher Bedeutung, was nach Ablauf der Grundmietzeit mit dem Leasinggegenstand geschieht.

---

[92] Vgl. Schröder, J.: Die Stichhaltigkeit von Argumenten für und wider Leasing, Frankfurt am Main 1985, S. 7 ff.
[93] Vgl. Vormbaum, H.: Finanzierung der Betriebe, a.a.O., S. 388.
[94] Vgl. Büschgen, H. E.: Leasing als Finanzierunghilfe. In: Die Wirtschaftsprüfung, Jg. 22 (1969), S. 429 ff.

Es lassen sich folgende **Vertragstypen** unterscheiden:
- **Leasingverträge ohne Optionsrecht**
- **Leasingverträge mit Kaufoption**
- **Leasingverträge mit Mietverlängerungsoption**

Bei **Leasingverträgen ohne Optionsrecht** werden keine Vereinbarungen für den Zeitraum nach Ablauf der Grundmietzeit getroffen. Bei diesen Verträgen kann von einem normalen Mietvertrag gesprochen werden, der daher als unproblematisch bezeichnet werden kann. Die Mietsache ist vom Vermieter zu bilanzieren. Die Leasingraten mindern als Betriebsausgaben die Steuerbemessungsgrundlage des Mieters.

Bei **Leasingverträgen mit Kaufoption** steht dem Leasingnehmer das Recht zu, nach Ablauf der Grundmietzeit, die regelmäßig kürzer ist als die betriebsgewöhnliche Nutzungsdauer, den Leasinggegenstand zu erwerben. Der Kaufpreis beträgt dann in der Regel nur noch einen kleinen Teil des Anschaffungswertes.

Leasingverträge mit Mietverlängerungsoption berechtigen den Leasingnehmer, das Vertragsverhältnis nach Ende der Grundmietzeit zu verlängern. Die während des Verlängerungszeitraumes zu zahlende Miete beträgt ca. 5–10% der bisherigen Miete.[95]

Das Finance Leasing fand im Verlaufe der letzten Jahre zunehmende Beachtung. Indes kann es nicht uneingeschränkt positiv beurteilt werden. Die wichtigsten Gesichtspunkte für die Beurteilung sollen im folgenden betrachtet werden:

- Leasing bietet kleinen und mittleren Unternehmen die Möglichkeit, eine Finanzierung von Anlagegütern vorzunehmen, die sonst schwer realisierbar ist. Der Finanzierungsspielraum wird aber nicht vergrößert, da durch die Kreditinstitute dieselben Kreditprüfungen vorgenommen werden, wie bei anderen Finanzierungsmaßnahmen auch.
- Leasing kann die Liquidität beeinflussen, weil die Ausgaben nicht auf einmal, sondern über den Zeitraum von mehreren Jahren anfallen. Erfolgt ein Vergleich mit einem durch Raten getilgten Kredit, ist eine günstigere Liquiditätslage beim Leasing jedoch nicht festzustellen.
- Leasing eröffnet die Möglichkeit, sich dem technischen Fortschritt flexibel anzupassen. Dies ist jedoch nur mit sehr kurzen Mietzeiten zu realisieren.
- Die Übernahme der Instandhaltung durch den Leasinggeber kann zu organisatorischen und personellen Erleichterungen beim Leasingnehmer führen.
- Leasing verursacht hohe Kosten, da der Leasinggeber Zinsen, Verwaltungskosten, kalkulatorische Wagnisse und kalkulatorische Gewinne ansetzt.
- Leasing verursacht eine Reihe von Nebenkosten, die durch vertragliche Bestimmungen bedingt werden.[96]

4.2.5.2 Factoring

Unter Factoring versteht man eine Dienstleistung oder ein Dienstleistungsbündel, welches ein spezialisiertes Institut aufgrund eines Factoring-Vertrages für einen Geschäftspartner übernimmt. Die Factoringgesellschaft kauft offene Forderungen aus

---

[95] Vgl. hierzu u.a.: Däumler, K.-D.: Betriebliche Finanzwirtschaft, a.a.O., S. 258 ff.; Perridon, L./ Steiner, M.: Finanzwirtschaft der Unternehmung, a.a.O., S. 365 ff.
[96] Vgl. Olfert, K.: Finanzierung, a.a.O., S. 341 f.

den Warenlieferungen oder Leistungen eines Betriebes an, gewährt bei Bedarf Vorschüsse vor Fälligkeit der Forderungen, übernimmt die Debitorenbuchhaltung, das Mahnwesen, leistet Beratungs- und sonstige Servicetätigkeiten und trägt das Ausfallrisiko bei Zahlungsunfähigkeit des Abnehmers. Die Beteiligten beim Factoring (Factor, Klient und Kunde) und ihre gegenseitigen Beziehungen sind in Abb. 19 dargestellt:

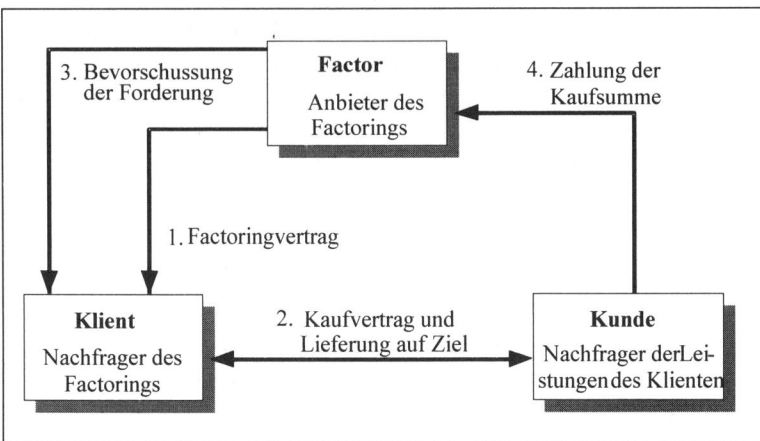

Abb. 19: Beziehungen zwischen Factoringteilnehmern

Das Factoringgeschäft kann im Einzelfall durch die Übernahme dreier Funktionen gekennzeichnet sein:

- **Finanzierungsfunktion** (Ankauf und Kreditierung der Forderung)
- **Dienstleistungsfunktion** (Verwaltung des Forderungsbestandes)
- **Kreditversicherungsfunktion** (Delkrederefunktion), soweit der Factor das Bonitätsrisiko übernimmt.

Das Factoring hat sich in England und insbesondere in den Vereinigten Staaten entwickelt. Erst in den letzten Jahren hat sich auch in Deutschland der regresslose Ankauf der Forderungen als dominierende Form des Factoring durchgesetzt. Nach der Übernahme des Kreditrisikos durch den Factor wird unterschieden in:

- **echtes Factoring** (non-recourse factoring),
- **unechtes Factoring** (recourse factoring).

Beim echten Factoring übernimmt der Factor die Delkrederefunktion und kauft die Forderungen ohne Rückgriffsrecht an. Beim unechten Factoring verbleibt dagegen das Kreditrisiko beim Veräußerer der Forderungen. Das **Factoring** kann u.a. zu folgenden **Vorteilen** führen:

- Skontierungsfähigkeit gegenüber den Lieferanten,
- Kosteneinsparungen bei der Debitorenbuchhaltung, der Kreditprüfung und dem Mahnwesen,
- Einsparungen der Gebühr für Auskunfteien,
- Wegfall von Kosten für die Betreibung von Forderungen,
- Vermeidung von Verlusten aus Insolvenzen der Abnehmer,
- Verbesserung der Bilanzpolitik durch Forderungs- und Verbindlichkeitsabbau.

Für mittlere und kleinere Unternehmen kann das Factoring unter Kostengesichtspunkten sinnvoll sein, insbesondere wenn der Factor die Debitorenbuchhaltung kostengünstiger abwickelt. Für Betriebe, die weitgehend bar oder gegen sehr kurze Zahlungsziele verkaufen, eignet sich Factoring nicht.

4.2.5.3 Forfaitierung

Forfaitierung ist der Verkauf von kurz-, mittel- und langfristigen Exportforderungen ohne die Möglichkeit des Rückgriffs auf den Exporteur im Nichtzahlungsfall. Vom Factoring unterscheidet sich die Forfaitierung dadurch, dass diese bei Veräußerung einzelner Forderungen möglich ist und keine Übernahme besonderer Serviceleistungen erfolgt. Zu unterscheiden sind zwei Grundvarianten:

• die Wechselforderung	– Veräußerung von Wechseln.
• die Auslandsforderung	– Veräußerungen, die nicht durch Wechsel unterlegt sind.

Der **Vorteil** ist, dass beim Ankauf von mittel- bzw. langfristigen Forderungen der Forfaiteur das Ausfallrisikos übernimmt, so dass längere Zahlungsziele als Marketinginstrument eingesetzt werden können Der **Nachteil** der Forfaitierung ist, dass sie in der Regel nur beschränkt ist auf erstklassige Forderungen.

4.2.6 Die Kreditsicherheiten

Vor der Einräumung eines Kredites werden die potentiellen Kreditgeber prüfen, ob seitens des Kreditbewerbers der Wille und die Fähigkeit bestehen, die einzuräumende Kreditsumme und das Nutzungsentgelt zu den vereinbarten Terminen und im vollem Umfang zu leisten. Diese Kreditprüfung wird in die Kreditwürdigkeitsprüfung und in die Kreditfähigkeitsprüfung unterteilt.

Da Kredite jedoch langfristig sind, reicht eine aktuelle Kreditwürdigkeit und Kreditfähigkeit nicht aus. Daher werden die Kreditinstitute Kreditsicherheiten verlangen. Kreditsicherheiten sollen dem Kreditgeber die Möglichkeit bieten, sich aus den Sicherheiten zu befriedigen, wenn der Kreditnehmer seine Zahlungsverpflichtungen (Tilgung und Zins) nicht erfüllen kann. Die Sicherheiten werden nach ihrer Sicherungsart unterschieden:[97]

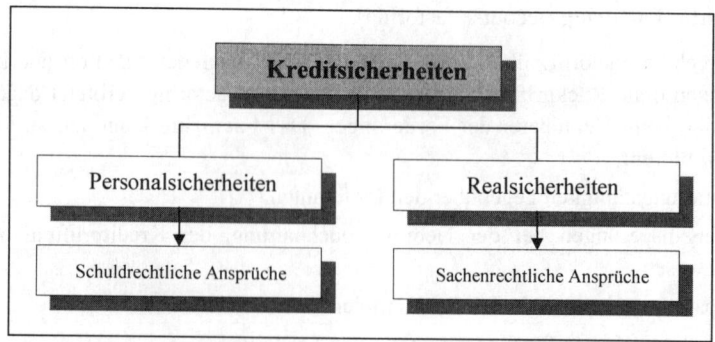

Abb. 20: Kreditsicherheiten

---

[97] Vgl. Busse, F.-J.: Grundlagen der betrieblichen Finanzwirtschaft, 2. Auflage, München 1991, S. 83 f.

Weiter kann man die Kreditsicherheiten danach gliedern, ob sie vom Kreditnehmer selbst gestellt werden (Eigensicherheit), oder ob Dritte den Kredit absichern (Fremdsicherheit). Die wichtigsten Kreditsicherungen sind:

(a) Bürgschaft

Die Bürgschaft ist ein Vertrag, durch den sich der Bürge gegenüber dem Gläubiger eines Dritten verpflichtet, für die Verbindlichkeiten des Dritten einzustehen.[98] Da es sich bei der Bürgschaft um eine akzessorische Kreditsicherheit handelt, bestimmt sich der Umfang der Haftung des Bürgen nach dem jeweiligen Stand der Hauptschuld. Bei dem Bürgschaftsvertrag handelt es sich um einen einseitig verplichtenden Schuldvertrag, der für den Bürgen deshalb besonders gefährlich ist, weil er nicht damit rechnet in Anspruch genommen zu werden. Befriedigt der Bürge den Kreditgeber, so geht die Forderung (gegenüber dem Kreditnehmer) auf den Bürgen über.

(b) Garantie

Bei der Garantie verpflichtet sich der Garantiegeber gegenüber dem Garantienehmer, für einen in der Zukunft liegenden Erfolg einzustehen. Wie die Bürgschaft ergibt sich die Garantie aus einem einseitig verpflichtenden Schuldvertrag, welcher nicht im Gesetz geregelt ist. Im Gegensatz zur Bürgschaft ist die Garantie nicht akzessorisch und damit unabhängig vom Bestand der Hauptschuld. Am häufigsten kommen in der Praxis Zahlungsgarantien vor, bei denen bei Eintritt einer bestimmten Bedingung die Zahlung einer gewissen Summe garantiert wird.[99]

(c) Pfandrecht

Unter einem Pfandrecht ist ein dingliches Recht zu verstehen, das es dem Sicherungsnehmer gestattet, die verpfändete Sache oder das Recht mit Vorrang vor anderen Gläubigern zu verwerten. Wie die Bürgschaft ist das Pfandrecht eine akzessorische Sicherheit. Zur Bestellung eines Pfandrechts ist die Einigung zwischen den Partnern und die Übergabe des Vermögensgegenstandes an den Gläubiger erforderlich. Die erforderliche Übergabe schränkt den Kreis der zur Verpfändung geeigneten Sachen ein. Hier bietet sich vor allem die Verpfändung von Wertpapieren an, da diese für den betrieblichen Umsatzprozess nicht benötigt werden und meist auch im Depot der Bank lagern. Außerdem können auch Rechte verpfändet werden. Als verpfändbare Rechte kommen vor allem in Frage: Grund-pfandrechte (Hypotheken, Grundschulden), Patent-, Erb- sowie Forderungsrechte.

(d) Sicherungsübereignung

Bei der Sicherungsübereignung ist es dem Kreditnehmer möglich, die sicherungsübereignete Sache, im Gegensatz zur Verpfändung, weiter zu nutzen. Für den Kreditgeber ergibt sich nicht die Notwendigkeit der Verwahrung der sicherungsübereigneten Sache. Als abtretbare Rechte kommen, wie bei der Verpfändung, Rechte aus Gesellschaftsverhältnissen, aus Miet- und Pachtverträgen, aus Lohn- und Gehaltsforderungen etc. in Frage. Von größter Bedeutung im praktischen Kreditverkehr ist die Abtretung von Forde-

---

[98] Vgl. §§ 765 ff. BGB
[99] Vgl. Perridon, L./ Steiner, M.: Finanzwirtschaft der Unternehmung, a.a.O., S. 302 f.

rungen aus Lieferungen und Leistungen. Im Rahmen eines Zessionsvertrages tritt der Altgläubiger (Zedent) dem Neugläubiger (Zessionar) Forderungen ab, wobei zur Wirksamkeit der Abtretung eine Benachrichtigung des Schuldners nicht erforderlich ist. Bei Nichtbenachrichtigung liegt eine "stille Zession" vor, liegt dagegen eine Mitteilung vor, so spricht man von einer "offenen Zession".[100]

(e) Eigentumsvorbehalt

Der Eigentumsvorbehalt gemäß § 455 BGB ist ein wesentliches Kreditsicherungmittel des Verkäufers beim Warenverkauf, wenn der Kaufpreis nicht vollständig bezahlt wird. Hierbei handelt es sich um eine Vereinbarung zwischen Verkäufer und Käufer, wonach der Käufer zwar Besitzer einer beweglichen Sache wird, aber das Eigentum an Sache erst übergehen soll, wenn der Kaufpreis vollständig bezahlt ist. Der Verkäufer behält sich ein Rücktrittsrecht im Falle des Zahlungsverzuges vor.

(f) Grundpfandrecht

Grundpfandrechte sind dingliche Rechte an einem Grundstück, die unabhängig von dessen jeweiligen Eigentümer bestehen können. Diese Art der Kreditsicherung ist in der Praxis weit verbreitet, vor allem im Rahmen der langfristigen Fremdfinanzierung. Die Verpfändung unbeweglicher Sachen kann als Hypothek[101], als Grundschuld[102] und als Rentenschuld[103] erfolgen.

Grundpfandrechte geben dem Gläubiger der gesicherten Forderung die Möglichkeit, sich Befriedigung aus dem Grundstück zu suchen, wenn der Kreditnehmer nicht termingerecht und vollständig eine bestimmte Geldsumme zuzüglich Zinsen aus dem Grundstück bezahlt.

Während das Pfandrecht an beweglichen Sachen durch die Übergabe des Pfandes entsteht, erfordert die Bestellung von Grundpfandrechten die Eintragung der Belastung in das Grundbuch.

- Eine **Hypothek** ist eine Grundstücksbelastung, die zur Sicherung einer bestehenden Forderung des Hypothekengläubigers dient. Sie hat streng akzessorischen Charakter, d.h. sie ist vom Bestehen und dem Umfang der zugrundeliegenden Forderung abhängig.
- Die **Grundschuld** setzt keine persönliche Forderung des Gläubigers voraus. Sie ist geeigneter zur Sicherung laufender Kredite als die Hypothek, weil sie nicht auf eine Forderung Bezug nimmt. Ihr fehlt also der akzessorische Charakter der Hypothek, d.h. die Grundschuld bleibt auch bei vorübergehender Abdeckung des Kreditsaldos in voller Höhe bestehen. Fällig wird die Grundschuld nach vorheriger Kündigung. Die Kündigungsfrist beträgt sechs Monate.
- Die **Rentenschuld** ist eine Unterform der Grundschuld. Sie ist dadurch charakterisiert, dass aus dem Grundstück zu jeweils wiederkehrenden festen Terminen eine bestimmte Geldsumme zu zahlen ist. Sie ist daher als Kreditsicherungsmittel kaum geeignet.

---

[100] Vgl. Wöhe, G./ Bilstein, J.: Grundzüge der Unternehmensfinanzierung, a.a.O., S. 262 f.
[101] Vgl. §§ 1113 ff. BGB
[102] Vgl. §§ 1191 ff. BGB
[103] Vgl. §§ 1199 ff. BGB

4.3 Die Innenfinanzierung

4.3.1 Die Charakteristik der Innenfinanzierung

Im Gegensatz zur bisher behandelten externen Finanzierung, bei der die finanzwirksamen Vorgänge von außerhalb der Unternehmung stehenden Geldgebern direkt ausgehen, fließen bei der Innenfinanzierung Mittel aus Vorgängen innerhalb der Unternehmung zu. Zwar fließen auch diese finanziellen Mittel von außen zu, aber lediglich in Form des Rückflusses bereits einmal investierten Kapitals. Dieser Zufluss kann zum einen aus dem Umsatzprozess resultieren, zum anderen aus dem Vermögensumschichtungsprozess.

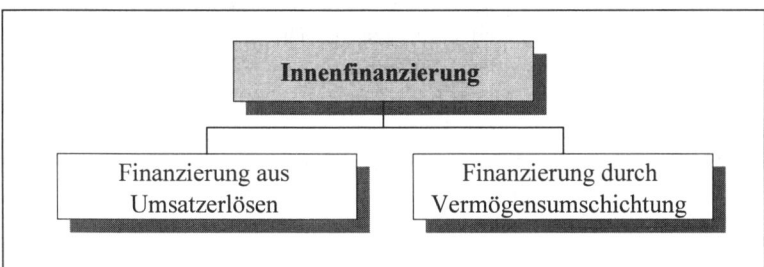

Abb. 21: Innenfinanzierung

Im folgenden werden zunächst die Finanzierungsquellen behandelt, die der Finanzierung aus dem Umsatzprozess zugeordnet werden. Die für die Unternehmung verfügbare Differenz aus Einzahlung minus Auszahlung einer Periode wird als finanzwirtschaftlicher, oder auch als Umsatzüberschuss bezeichnet. Der finanzwirtschaftliche Überschuss gibt die finanziellen Mittel wieder, die einer Unternehmung in einer Periode zur Innenfinanzierung zur Verfügung stehen. Die Finanzierung aus Umsatzüberschüssen kann wie folgt aufgegliedert werden.

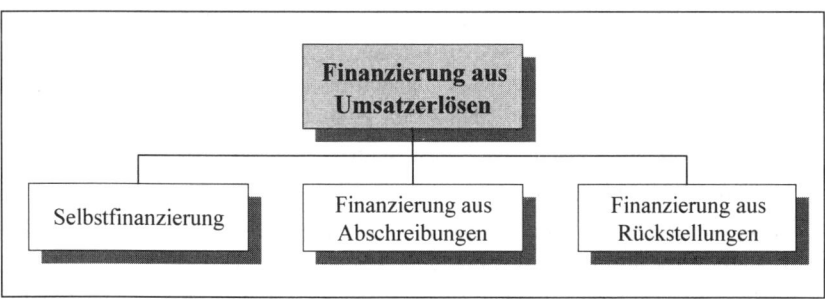

Abb. 22: Möglichkeiten der Finanzierung aus Umsatzerlösen

4.3.2 Die Selbstfinanzierung

Unter Selbstfinanzierung versteht man die Beschaffung von Kapital durch zurückbehaltene selbsterarbeitete Gewinne, die nicht an die Anteilseigner ausgeschüttet werden.

Voraussetzung der Selbstfinanzierung ist, dass auch tatsächlich ein Gewinn erzielt werden konnte, d.h. dass die Verkaufspreise der hergestellten Produkte und Dienstleistungen nicht nur alle Kosten decken, sondern darüber hinaus auch einen Gewinnanteil umfassen. Damit bei der Selbstfinanzierung allerdings auch finanzielle Mittel zur Verfügung stehen, darf es sich nicht um Buchgewinne handeln, die beispielsweise aus einer Aufwertung von Aktivposten (z.B. Grundstücke) entstehen, sondern nur um echte unternehmerische Gewinne. Nach der Art der Ausweisung des zurückbehaltenen Gewinns in der Bilanz kann man in

- offene Selbstfinanzierung und
- stille Selbstfinanzierung unterscheiden.

4.3.2.1 Offene Selbstfinanzierung

Die offene Selbstfinanzierung liegt vor, wenn Gewinne nicht ausgeschüttet werden und die Gewinneinbehaltung bilanziell erkennbar ist. Die einbehaltenen Gewinne werden ausgewiesen und unterliegen der Einkommen- bzw. Körperschaftsteuer sowie der Gewerbesteuer. Da die offene Selbstfinanzierung aus versteuertem Gewinn durchgeführt wird, steht für die Finanzierung nur der Betrag nach Steuern zur Verfügung. Bei Personengesellschaften und Einzelunternehmungen erfolgt die offene Selbstfinanzierung durch Gutschrift auf dem Kapitalkonto und Verzicht auf Gewinnentnahme.

Bei Kapitalgesellschaften erfolgt die offene Selbstfinanzierung durch die Zuführung des einbehaltenen Gewinns in die offenen Rücklagen. So bleiben die Gegenwerte dieses zusätzlichen Eigenkapitals (Gewinne) irgendwo im Vermögen, z.B. in den Zahlungsmittel- oder Forderungsbeständen, und stehen dem Betrieb zur Ausweitung des Betriebsprozesses zur Verfügung. Da die Anteilseigner andererseits ein Interesse daran haben, einen möglichst hohen Gewinnanteil ausgeschüttet zu erhalten, können sich zwischen ihren und den Unternehmensinteressen Zielkonflikte ergeben.

4.3.2.2 Stille Selbstfinanzierung

Die stille Selbstfinanzierung erfolgt durch die Bildung stiller Reserven. Stille Reserven sind die Kapitalreserven, die ihre Entstehung einer positiven Wertdifferenz zwischen dem Tagesbeschaffungswert und dem Buchwert verdanken. Die Unternehmung nutzt durch gezielte Maßnahmen handels- und steuerrechtliche Bewertungsspielräume aus, um hierdurch einen unversteuerten Gewinnanteil nicht auszuweisen und einzubehalten. Die Bildung stiller Reserven in der Bilanz kann erfolgen durch:

- Unterbewertung von Vermögensgegenständen,
- Überbewertung von Schulden,
- Nichtaktivierung von Vermögenswerten, für die ein Aktivierungswahlrecht besteht (z.B. derivativer Firmenwert gem. §§ 255 Abs. 4 HGB),
- Unterlassung oder Unmöglichkeit (Zwangsreserven) der Zuschreibung bei Wertsteigerungen von Vermögensteilen,
- Überbewertung von Passivposten, speziell durch zu hohe Bewertung von Rückstellungen.

Insbesondere nicht-emissionsfähige Unternehmen sind in ihren Möglichkeiten der Eigenkapitalbeschaffung auf die Selbstfinanzierung angewiesen. Bei gegebener Marktstellung und Gewinnsituation hängt die Ergiebigkeit dieser Finanzierungsquelle vor allem davon ab, in welchem Ausmaß die Anteilseigner willens und in der Lage sind, auf die Ausschüttung von Gewinnen zu verzichten.

Aber auch bei der Einbeziehung emissionsfähiger Unternehmen ergeben sich eine Reihe von Vorzügen der Selbstfinanzierung im Vergleich zu der Finanzierung über neues Beteiligungskapital. Dies sind insbesondere:

- Die Vermeidung von Emissionskosten (feste Liquiditätsbelastungen durch Zinsen und Tilgung wie beim Fremdkapital entfallen).
- Die Aufrechterhaltung der Herrschaftsverhältnisse.
- Die freie Disposition über die Finanzmittel, z.B. für risikoreiche Investitionen.[104]

4.3.3 Die Finanzierung aus Abschreibungsgegenwerten

Betrachtet man den Wert eines Potenzialfaktors (z.B. Maschine) als Summe der zukünftig zu erwartenden Nutzleistungen aus dem Gebrauch dieser Maschine, so stellen Abschreibungen den Verzehr solcher Nutzleistungen dar. Die planmäßige Abschreibung hat also die Aufgabe, die Wertminderungen als periodenbezogenen Aufwand zu erfassen und auf die Jahre der Nutzung zu verteilen. Die Abschreibungen werden in der Finanzbuchhaltung als Aufwand, in der Betriebsbuchhaltung (Kostenrechnung) als Kosten erfasst. Bei der Finanzierung aus Abschreibungsgegenwerten kommt nur letztere Betrachtung in Frage, weil ein tatsächlicher Leistungsabgang zugrunde liegt und dies der Ausgangspunkt dieser Finanzierungsform ist.

Die Berechnung einer Abschreibung hat allerdings noch nichts mit einem Finanzierungsvorgang gemeinsam. Der Wert des Nutzleistungsabgangs eines Potenzialfaktors geht vorerst in das mit diesem Potenzialfaktor hergestellte Produkt über und wird mit ihm verrechnet. Damit entspricht ein Teil des Verkaufspreises genau dem Wert des Nutzleistungsabgangs bzw. der erfolgten Abschreibung (hier soll nicht näher auf die verschiedenen Abschreibungsarten eingegangen werden, vgl. dazu Kapitel I).

Werden diese Produkte in einem nächsten Schritt des betrieblichen Umsatzprozesses verkauft und erhält die Unternehmung dafür liquide Mittel (Aktivtausch: Abnahme Anlagevermögen - Zunahme Umlaufvermögen), so stehen diese für neue Investitionen zur Verfügung. Diese Mittel werden in der Regel zur Anschaffung von neuen Maschinen als Ersatz für die ausscheidenden eingesetzt. Da diese Ersatzinvestitionen erst zu einem späteren Zeitpunkt als dem tatsächlichen Rückfluss erfolgen, stehen die aus den Abschreibungsgegenwerten erhaltenen Mittel vorübergehend zur Verfügung.

Hieraus wird deutlich, dass bei der Finanzierung aus Abschreibungsgegenwerten eine Vermögensumschichtung stattfindet, indem der Nutzleistungsabgang der Potenzialfaktoren in liquide Mittel umgewandelt wird. Diese wird auch als Verflüssigungsfinanzierung bezeichnet. Werden die aus Abschreibungsgegenwerten zurückfließenden Mittel für Erweiterungsinvestitionen verwendet, kann dadurch die Produktionskapazität erhöht und unter bestimmten Voraussetzungen sogar auf Dauer gehalten werden. Eine solche Kapazitätsausweitung wird in der Literatur als **Kapitalerweiterungseffekt** oder als **Lohmann-Ruchti-Effekt** bezeichnet. Im folgenden Beispiel wird deutlich, wie dieser Effekt zustande kommt:

---

[104] Vgl. Wöhe, G.: Einführung in die allgemeine Betriebswirtschaftslehre, a.a.O., S. 755 ff. und Perridon, L./ Steiner, M.: Finanzwirtschaft der Unternehmung, a.a.O., S. 392 ff.

Beispiel 4:

Ausgangslage: Bestand zu Beginn: 5 Maschinen
Eine Maschine kostet EUR 4.000,-
Die Nutzungsdauer einer Maschine beträgt vier Jahre
Linearer Abschreibungssatz, also 25% p.a.

Jahr	Anzahl Maschinen	Wert der Maschinen	Abschrei-bungen	Reinvestition	Restbetrag (kumuliert)
1	5	20.000	5.000	4.000	1.000
2	6	19.000	6.000	4.000	3.000
3	7	17.000	7.000	8.000	2.000
4	9	18.000	9.000	8.000	3.000
5	6	17.000	6.000	8.000	1.000
6	7	19.000	7.000	8.000	0
7	8	20.000	8.000	8.000	0
8	8	20.000	8.000	8.000	0

In diesem Beispiel konnte die Kapazität um 60% erhöht werden. Damit dieser Kapazitätserweiterungseffekt in der Praxis auch eintritt, sind eine Reihe von Voraussetzungen zu beachten, die erfüllt sein müssen:

- Wichtigste Voraussetzung ist, dass die Abschreibungsgegenwerte tatsächlich über die verkauften Produkte in Form von liquiden Mitteln in die Unternehmung zurückgeflossen sind und somit für Neuinvestitionen zur Verfügung stehen.
- Die zurückgeflossenen Mittel müssen sofort oder so schnell wie möglich in neue Potenzialfaktoren investiert werden.
- Die Potenzialfaktoren müssen soweit teilbar sein, dass Investitionen auch tatsächlich vorgenommen werden können. Bei Großanlagen in der Industrie ist dies oft unmöglich, da die zur Verfügung stehenden Mittel nicht ausreichen, um eine neue Einheit zu beschaffen.
- Es müssen die auf den neuen Maschinen zusätzlich hergestellten Produkte abgesetzt werden können. Werden diese beispielsweise nur auf Lager produziert, so ergeben sich keine liquiden Mittel.

4.3.4 Die Finanzierung aus Rückstellungsgegenwerten

Rückstellungen sind in der Regel ungewisse Verbindlichkeiten. Im allgemeinen liegt also eine Verpflichtung gegenüber Dritten zu einer Zahlung oder einer anderen Leistung vor, bei der im Gegensatz zu den Verbindlichkeiten aber noch einige Ungewissheiten bestehen. Die Ungewissheit kann sich dabei auf drei Aspekte erstrecken: auf Bestand, Höhe und Fälligkeitszeit der Verbindlichkeit. Diese Ungewissheit ist der Grund für die Unterscheidung der Rückstellung von jenen Verbindlichkeiten, die in jeder Hinsicht genau definiert sind. Die Rückstellungen zählen in der Bilanz zum Fremdkapital. Die Finanzierung aus Rückstellungen ist daher als innerbetriebliche Fremdfinanzierung einzuordnen.

Sieht man ab von Rückstellungen für im Geschäftsjahr unterlassene Aufwendungen für Instandhaltung oder Abraumbeseitigung, die im folgenden Geschäftsjahr nachgeholt werden, sowie von Gewährleistungen, die ohne rechtliche Verpflichtung erbracht werden, so sind Rückstellungen grundsätzlich für ungewisse Verbindlichkeiten und für drohende Verluste aus schwebenden Geschäften zu bilden. Rückstellungen sollen dazu beitragen, die Vermögensverhältnisse der Unternehmung am Bilanzstichtag richtig darzustellen, indem eine Fremdkapitalposition für diese Verbindlichkeiten gebildet wird. Die Höhe der Rückstellung ist nach vernünftiger kaufmännischer Beurteilung zu bestimmen[105], so dass hier unter Umständen die Möglichkeit der stillen Selbstfinanzierung geboten ist.[106]

Für den **Finanzierungseffekt** ist die **Fristigkeit der Rückstellungen** entscheidend. Finanzielle Mittel stehen der Unternehmung nur für den Zeitraum zwischen Bildung und Auflösung bzw. Inspruchnahme der Rückstellung zur Verfügung. Fällt der Grund, für den die Verbindlichkeit gebildet wurde, ganz oder teilweise fort, so sind die Rückstellungen erfolgswirksam aufzulösen.

Die Mehrzahl der Rückstellungen ist kurzfristig. Sie werden in dem auf den Jahresabschluss folgenden Geschäftsjahr aufgelöst. Hierzu zählen Rückstellungen für Steuerzahlungen, Beiträge an Berufsgenossenschaften, unterlassene Instandhaltung etc. Weiterhin gibt es mittelfristige Rückstellungen, z.B. bei Rückstellungen für Garantieverpflichtungen für Gebrauchsgüter und langfristige Rückstellungen wie Pensionsrückstellungen. Es wird deutlich, dass bei gleichem Umfang der Rückstellungen der Finanzierungseffekt bei langfristigen Rückstellungen am stärksten ist.[107]

Die **Pensionsrückstellungen** stehen dem Betrieb für einen langfristigen Zeitraum zur Verfügung und können einen Umfang erreichen, der bei manchen Kapitalgesellschaften die Höhe des Grundkapitals übersteigt. Die steuerliche Anerkennung der Bildung von Pensionsrückstellungen erfordert, dass die jährliche Zuführung nach **versicherungsmathematischen Grundsätzen** erfolgt, d.h. es müssen Zinsen und Zinseszinsen und biologische Wahrscheinlichkeiten (Sterbens- und Invaliditätswahrscheinlichkeit) berücksichtigt werden. Die Rückstellung soll in dem Jahr, in dem der Versorgungsfall eintritt (z.B. Altersgrenze), dem kapitalisierten Wert der zu erwartenden Pensionsleistung (Barwert der Pensionsverpflichtung) entsprechen. Dieser Betrag muss vom Zeitpunkt der Pensionszusage an bis zum Eintritt des Versorgungsfalls angesammelt werden.[108]

Die Rückstellungen verringern, als abzugsfähiger Aufwand, in dem betreffenden Wirtschaftsjahr die Einkommen- bzw. Körperschaft- und Gewerbeertragsteuerbelastung. Neben diesem ertragsteuerlichen Finanzierungseffekt gibt es auch einen substanzsteuerlichen Finanzierungseffekt. Denn die gebildeten Rückstellungen sind bei der Ermittlung der Bemessungsgrundlage für die Substanzsteuern abzugsfähig und führen somit zu einer Steuerentlastung. Unter den verschiedenen Arten der Innenfinanzierung stellt die Finanzierung über Rückstellungen die steuerlich vorteilhafteste Form dar. Ferner sind auch bilanzpolitische Maßnahmen bei der Bildung stiller Rücklagen zu sehen, durch die der im Jahresabschluss ausgewiesene Gewinn geringer als der eigentlich erwirtschaftete ist.

---

[105] Vgl. § 156 IV AktG
[106] Vgl. Vormbaum, H.: Finanzierung der Betriebe, a.a.O., S. 414 ff.
[107] Vgl. Süchting, J.: Finanzmanagement, a.a.O., S. 195 ff.
[108] Vgl. Wöhe, G./ Bilstein, J.: Grundzüge der Unternehmensfinanzierung, a.a.O., S. 299 ff.

4.3.5 Finanzierung durch Vermögensumschichtung

Die Abschreibungen bewirken eine Vermögensumschichtung (Anlagevermögen in liquide Mittel) im Rahmen des regulären Umsatzprozesses. Daneben können aber auch durch außerordentliche Umsätze und dauerhafte Kapitalfreisetzungen Finanzierungseffekte auftreten. Die Unternehmung kann gebundenes Kapital freisetzen und dadurch wieder für erneute anderweitige Bindungen disponibel machen; allerdings sind nicht alle Vermögensumschichtungen Finanzierungsvorgänge.

Der Kreis der dem Finanzierungsbegriff unterzuordnenden Vermögenspositionen ist begrenzt von der Bedingung, dass das bisher in bestimmten Vermögenswerten gebundene Kapital freigesetzt und in der gleichen konkreten Bindungsform über einen längeren Zeitraum nicht mehr benötigt wird, so dass es nach seiner Freisetzung aus dieser Bindungsform endgültig oder zumindest längerfristig anderweitig gebunden werden kann. Es muss also, zumindest innerhalb der zeitlichen Begrenzung, eine echte Dispositionsfreiheit des Betriebes bestehen.

Weil diese Finanzierung aus einer Vermögensumschichtung resultiert, wird sie als **Umschichtungsfinanzierung** bezeichnet. Diese Umschichtungsfinanzierung unterscheidet sich von den bisher besprochenen Maßnahmen der Kapitalbeschaffung dadurch, dass sie nicht zu einer Vermehrung des der Betriebswirtschaft zur Verfügung stehenden Kapitals führt und deshalb nicht als Vergrößerung der Aktiv- oder Passivseite der Bilanz sichtbar wird. Es handelt sich dabei vielmehr um Vorgänge, die in bilanzieller Betrachtung einen Aktivtausch darstellen.

Die weitaus meisten Vermögensumschichtungen vollziehen sich im Rahmen des betrieblichen Beschaffungs-, Produktions- und Absatzprozesses, wenn dabei Rohstoffe in Erzeugnisse und Erzeugnisse in Forderungen gegenüber Kunden verwandelt werden. Hier wird offensichtlich kein Kapital freigesetzt, sondern nur die Erscheinungsform des gebundenen Kapitals in seinem vom Betriebszweck bestimmten Kreislauf verändert.

Kapitalfreisetzungen, die als Finanzierungsvorgänge betrachtet werden müssen, entstehen beim Veräußern von nicht betriebsnotwendigen Vermögensteilen. Als interne Liquiditätsreserven sind **Wertpapiere** des Umlaufvermögens am besten geeignet. Die Höhe der Liquiditätsreserven sollte sich nach den sonstigen Möglichkeiten der Liquiditätssicherung richten. Die Auswahl der Wertpapiere sollte primär nach der Liquidierbarkeit und sekundär nach der Verzinsung erfolgen.

Beteiligungen können ebenso Liquiditätsreserven darstellen, je nachdem, ob die Möglichkeit des Veräußerns bzw. der Beleihung gegeben ist, und wie schnell und unter welchen möglichen Verlusten dies geschehen kann.

Die Veräußerung anderer Gegenstände des Anlage- und Umlaufvermögens erweist sich in der Praxis häufig als sehr problematisch. So sollte das Abstoßen von **Vorräten** zu Zwecken der Innenfinanzierung nur als Notmaßnahme gelten. **Anlageverkäufe** können gegebenenfalls zu Verlusten und zur Gefährdung der Betriebsbereitschaft führen.[109]

---

[109] Vgl. Vormbaum, H.: Finanzierung der Betriebe, a.a.O., S. 424.; Olfert, K.: Finanzierung, a.a.O., S. 345.

4.3.6 Exportfinanzierung

4.3.6.1 Finanzierungsformen und -risiken im Exportgeschäft

Die Besonderheiten der **Exportfinanzierung**[110] sind die spezifischen Risiken im Zusammenhang mit Außenhandelsgeschäften. Die genutzte Finanzierungsform ist von geringerer Bedeutung. Häufig ist festzustellen, dass die Bonität des ausländischen Kunden oder seines Landes nicht den Erwartungen entspricht. Zudem beeinflussen Währungsrisiken die gewünschte Forderungssicherung.

Als unproblematisch können normalerweise kurzfristige Finanzierungen im Bereich der EU angesehen werden, da hier meist in Deutscher Mark oder ECU kontrahiert wird.[111]

Größere Exportgeschäfte, damit verbunden auch umfangreiche Finanzierungsvolumen, werden mitunter über einen Zeitraum von 15 Jahren abgewickelt. Der Exporteur ist dann i.d.R. interessiert, Finanzierungsrisiken ganz oder teilweise abzuwälzen.

Wird ein Außenhandelsgeschäft in einer fremden Währung abgewickelt, kann der Exporteur sich folgendermaßen gegen Wechselkursrisiken absichern:

Möglichkeiten zur Absicherung gegen Wechselkursrisiken
• Abschluss von Devisentermingeschäften,   • Versicherung des Wechselkursrisikos durch Hermes,   • Finanzhedging,   • Verkauf von Währungsforderungen.

(a) Das Akkreditiv

Im Geschäft mit überseeischen Ländern ist das Akkreditiv eine verbreitete Zahlungsform. Darin wird von der Bank des Käufers (Importeur) das unwiderrufliche Versprechen gegeben, an den Verkäufer (Exporteur) bei Erfüllung der im Akkreditiv bezeichneten Bedingungen, innerhalb einer bestimmten Zeit die geforderte Summe zu zahlen.

Beim Waren- oder Dokumentenakkreditiv ist die Auszahlung an die Übergabe von Dokumenten gebunden, welche das verkaufte Gut verkörpern. Der Käufer ist gehalten, vor der Prüfung des gelieferten Gutes zu bezahlen. Der Verkäufer hat sein Gläubigerrisiko weitgehend reduziert.

Die Abwicklung eines Akkreditivs über eine "Geschäftsbesorgung" erfolgt nach den Richtlinien der IHK[112].

---

[110] Vgl. Blomeyer, K.: Exportfinanzierung. Wiesbaden 1979. S. 18ff.
[111] Vgl. Süchting, J.: Finanzmanagement, a.a.O., S. 178f.
[112] Vgl. Größl, L.: Betriebliche Finanzwirtschaft, 2. Auflage, Stuttgart 1988, S. 142 ff.

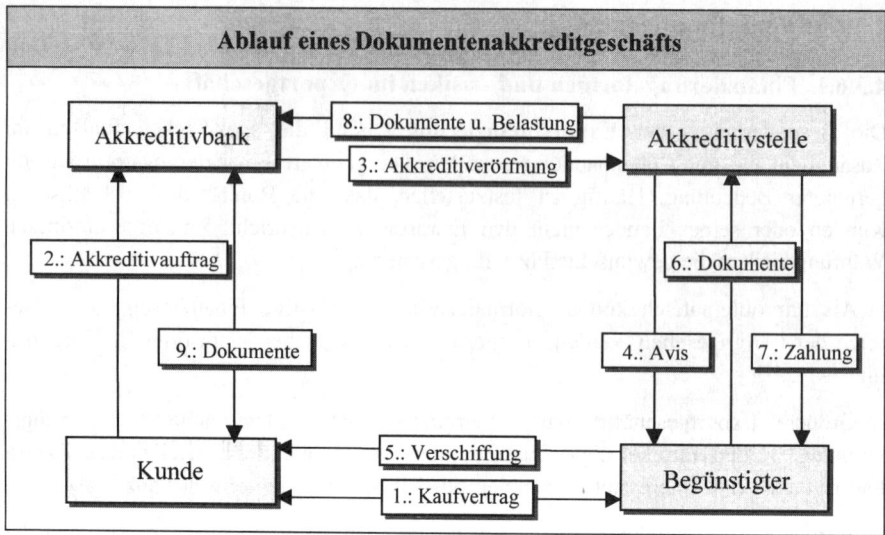

Abb. 23: Ablauf eines Dokumentenakkreditivgeschäftes

(b) Der Rembourskredit

Im Falle des Rembourskredits zieht gemäß einer Vereinbarung der Exporteur eine Tratte (gezogener Wechsel) auf die Bank des Importeurs. Der Exporteur erhält mit deren Akzept eine abstrakte, einwandfreie, und daher leicht mobilisierbare Sicherheit. Eine häufig genutzte Variation des Rembourskredits ist der Währungsvorschuss. Es wird das Exportgut in fremder Währung fakturiert. Die Kreditwährung des i.d.R. von der Hausbank zur Verfügung gestellten Kredits entspricht dann dieser fremden Währung. Die Kreditlinie und die Laufzeit orientieren sich an der Hausbank des Importeurs.[113]

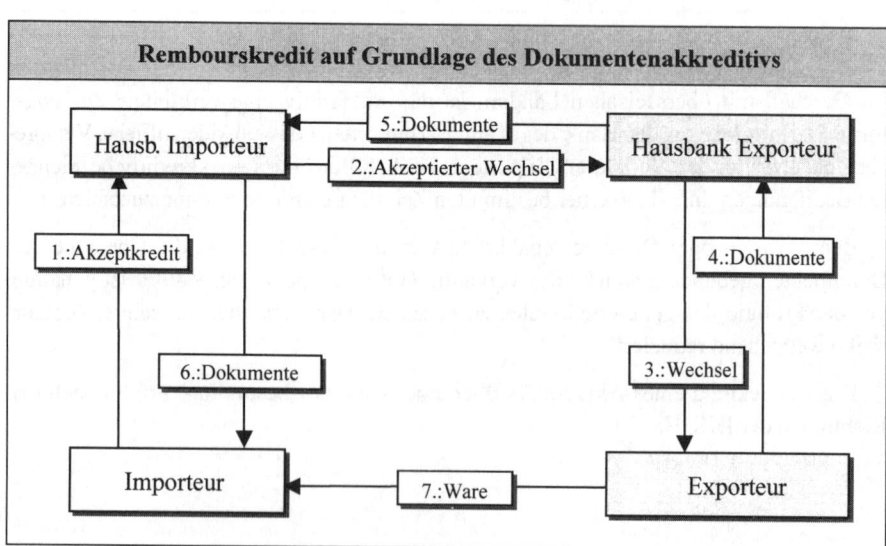

Abb. 24: Rembourskredit auf der Grundlage eines Dokumentenakkreditivs

---

[113] Vgl. Möser, H. D.: Finanz- und Investitionswirtschaft in der Unternehmung, S. 117 f.

4.3.6.2 Träger der Exportfinanzierung

Die Zahlungsbedingungen sind ein wichtiges Wettbewerbsargument im Außenhandel. Kredite über mehrere Jahre sind teilweise notwendig. Der Staat gewährt neben dem privaten Institutionen zur Entlastung der Exportwirtschaft ebenfalls Kredite, Garantien und Bürgschaften.

(a) Mittelbeschaffung auf nationalen Finanzmärkten

Staatliche Exportkreditversicherungen werden treuhänderisch über die Hermeskreditversicherungs AG und die Treuarbeit AG abgewickelt. Den Kreditrahmen dafür stellt der Bund zur Verfügung. Der Bürge steht für politische und wirtschaftliche Risiken, wie z.B. Zahlungsverbot, Moratorien, Konvertierungsverbot und Transferierungsverbot. Die Selbstbeteiligung des Exporteurs beträgt 10-20%.

Spezialbanken ermöglichen bei mittel- und langfristigen Exportgeschäften eine Finanzierung des Exportgeschäfts. Die Spezialbanken wurden eigens für diesen Zweck gegründet, da häufig die Hausbanken in einem nur eingeschränktem Rahmen zur Vergabe von Langzeitkrediten bereit sind.

Die Ausfuhrkredit-Gesellschaft mbH (AKA) ist eine Spezialbank für mittel- und langfristige Exportfinanzierungen im Investitionsgüterbereich. Die AKA wird von etwa 50 Konsortialbanken, i.d.R. Kreditbanken und Landesbanken, getragen. Die angebotenen, relativ günstigen Kredite, der AKA haben folgende Besonderheiten:

- Die Kredite basieren auf der Einreichung von durch den Exporteur ausgestellten, in kurzfristigen Abständen prolongierbaren Solawechseln. Mit dem Kreditnehmer wird nach maximal 90 Tagen abgerechnet. Die Höchstlaufzeit beträgt 10 Jahre.

- Es stehen drei Kreditlinien (Plafonds) zur Verfügung; sie werden mit A, B und C bezeichnet. Es werden grundsätzlich nur abgeschlossene Verträge über die Lieferung und Leistung finanziert. Die Verträge müssen handelsüblichen Bedingungen entsprechen. Als Sicherheit dienen die Abtretungen von Forderungen aus dem Exportgeschäft und/oder die Abtretungen von Ansprüchen aus Garantien. Bürgschaften des Bundes können ebenso als Sicherheit dienen.

- Die Bereitstellung der Mittel erfolgt unter Abzug einer Selbstfinanzierungsquote. Die Selbstfinanzierungsquote beschreibt den Anteil des vom Exporteur selbst oder aus dritten Quellen aufgebrachten Finanzierungsparts.

- Abnehmer der von der AKA mitfinanzierten Waren sollten Abnehmer aus Entwicklungsländern oder Staatshandelsländern sein.

Die Kreditanstalt für Wiederaufbau (KfW) ist eine Körperschaft des öffentlichen Rechts, d.h. sie ist voll im staatlichen Besitz, das Grundkapital wird von Bund und Ländern gemeinsam gehalten. Sie gewährt langfristige Exportkredite neben verschiedensten Kreditprogrammen im Inland an inländische Lieferanten und an Bestellerfirmen im Ausland.

Die Kredite der KfW können auch als Anschlussfinanzierung von AKA-Krediten oder Geschäftsbankkrediten gewährt werden, sofern eine Hermesdeckung vorliegt. Zudem übernimmt die KfW alle bankorientierten Geschäfte im Zusammenhang mit der öffentlichen Kapitalhilfe, die einen Großteil der deutschen Entwicklungshilfe ausmachen.

(b) Mittelbeschaffung auf internationalen Finanzmärkten

Ein Exporteur kann Finanzierungsrisiken auch dann übernehmen, wenn er mit einer Forfaitierungszusage rechnen kann. Forfaitierung ist der regresslose Verkauf einer Forderung eines deutschen Produzenten oder Händlers an eine ausländische Bank oder Finanzierungsgesellschaft. Eine gleichzeitige Übergabe von Sicherheiten ist obligatorisch. Der verkaufende Exporteur (Forfaitist) wird damit von jedem Obligo entlastet.

4.4 Finanzmarketing

Die Überwindung der konträren Position von Kapitalnachfrage und Kapitalangebot erfordert ein Finanzmarketing. Finanzpolitische Instrumente sollen orientiert an den Bedürfnissen von Kapitalgeber und Kapitalnehmer zielgerichtet zum Einsatz kommen.[114] Somit lassen sich folgende Ziele des Finanzmarketing formulieren:

- Beschaffung der betriebsnotwendigen Finanzmittel,
- Konsequente Minimierung der anfallenden Kapitalkosten des Unternehmens,
- Maximierung des Unternehmenswertes im Sinne der Eigentümer und Aktionäre.

Die Zielpunkte sind mit nachfolgenden strategischen Maßnahmen zu optimieren:

- Finanzmarktforschung als Basis beispielsweise zur Zinsprognose,
- Produkt- und Preispolitik von Kreditinstituten,
- Vertriebspolitik zur Erhöhung der Kapitalreserven (z.B. Effekten-Emission im Ausland),
- Kommunikationspolitik des Betriebes zwischen Anteilseignern, Kreditgebern u.ä.

5 Vermögens- und Kapitalstrukturgestaltung

5.1 Risiko des eingesetzten Kapitals

In einem Unternehmen werden unterschiedliche Formen von Kapital eingesetzt. Die Kapitalformen zeichnen sich dadurch aus, dass die Verwendung sich am Risiko des zu finanzierenden Vermögenswertes orientiert. Beispielsweise werden Vermögensverluste zuerst von den Rücklagen gedeckt. Wenn dies nicht ausreicht, müssen im schlimmsten Fall Eigenkapitalwerte liquidiert werden.

Personengesellschaften decken Verluste durch Verminderung der Eigenkapitalkonten der Gesellschafter. Bei Kapitalgesellschaften erfolgt eine Verlustdeckung durch Zugriff auf Rücklagen jeder Art oder durch die Minderung des Nominalkapitals. Wenn der Verlust das Eigenkapital übersteigt, spricht man von **Überschuldung**.

Die Frage nach dem Risikofaktor eingesetzter Kapitalformen kann folgendermaßen formuliert werden:

- Eigenkapital hat einen hohen Risikofaktor, wird als riskant investiert,
- Fremdkapital muss aus Verantwortung gegenüber den Kapitalgebern sicher eingesetzt werden, d.h. der Risikofaktor ist niedrig.

---

[114] Vgl. Lehner, U.: Modelle für das Finanzmanagement, Darmstadt 1976, S. 64 ff.

Eine allgemeine Aussage über den mindestens erforderlichen Eigenkapitalanteil bei einem Unternehmen kann nicht getroffen werden. Faktoren wie:

- Unternehmensform (Personengesellschaft, Kapitalgesellschaft),
- Geschäftsfeld (Handel, Industrie),
- Unternehmensgröße (Kleinbetrieb, mittleres Unternehmen),
- voraussichtliches Unternehmenswachstum (heute z.B. im Kommunikationsbereich),

haben großen Einfluss auf die Investitionsbereitschaft der Fremdkapitalgeber.

Längere, u.U. konjunkturell bedingte oder vom Exportmarkt abhängige Verluste können im Bedarfsfall auch von langfristigem Fremdkapital gedeckt werden.

5.2 Bedeutung der Fristigkeit des Kapitals

Eigenkapital steht einem Unternehmen in der Regel unbefristet und zu unternehmenspolitisch günstigen Bedingungen zur Verfügung. Fremdkapital hingegen verpflichtet den Kapitalnehmer, eingegangene Verbindlichkeiten stets zu erfüllen. Die Geschäftsleitung ist demnach gehalten, am Fälligkeitstag betreffender Kapitalposten ausreichend liquide Mittel zur Verfügung zu haben, um der Kapitalrückzahlung nachkommen zu können.

Verbindlichkeiten, die durch den regelmäßigen Geschäftsbetrieb anfallen, z.B. Verbindlichkeiten aus Lieferungen und Leistungen, werden als "revolvierende Kapitalposten" bezeichnet. Zu ihrer Beobachtung bedarf es normalerweise keiner besonderen Aufmerksamkeit.

Finanzschulden hingegen, i.d.R. Bankkredite unterschiedlicher Fristigkeit, sollten richtig platziert sein. Eine "Horizontale Kapital-Vermögensstrukturregel", namentlich die goldene Bilanzregel, sagt dazu aus, dass bestimmte Teile des Vermögens durch korrespondierende Kapitalien gedeckt sein sollten. Konkret heißt dies, dass beispielsweise Gebäude, deren Nutzungszeit ist normalerweise hoch ist, mit langfristigem Kapital finanziert werden sollten.

Die Fristigkeit im Hinblick auf die Finanzierung sagt aus, wie lange die Restlaufzeit eines bestimmten Kredits ist. Ein langfristiger Kredit lässt sich durch seine während der Laufzeit erfolgenden stetigen Tilgungen in einen kurz-, mittel- und langfristigen Kredit umwandeln. Verursacht wird dies durch die je nach Vereinbarung schon zu Beginn einsetzenden Tilgungsraten.

Pensionsrückstellungen haben einen besonderen Kapitalstatus. Die angesammelten Geldwerte werden für sichere Investitionen genutzt. Dadurch können die Rückstellungen wegen des geringen Investitionsrisikos einen fremdkapitalähnlichen Charakter haben. Hinsichtlich der Fristigkeit sind die Rückstellungen dem Eigenkapital zuzurechnen.[115] Allgemein ist zu beachten, auch mit Hinblick auf die Kosten,

- Finanzierungsmittel unterschiedlicher Fristen im Unternehmen einzusetzen,
- die Fristenentsprechung von Kapitalbeschaffung und Kapitalverwendung zu berücksichtigen,

---

[115] Vgl. Everling, W.: Die Finanzierung des Unternehmens, 2. Auflage, Berlin 1991, S. 64 ff.

- Fälligkeitstermine von Krediten mit den Terminen des Freiwerdens von Vermögenswerten zu koordinieren,
- eine "Gläubigerstreuung" zu erwirken, um ungeplanten Forderungen hohen Umfangs zu entgehen.

5.3 Bedeutung der Vermögensstruktur

Die Vermögensstruktur[116] ist eine weitere Aussage darüber, wie das Unternehmenskapital zusammengesetzt ist. Es unterscheiden sich beispielsweise Industrieunternehmen von Handelsunternehmen in einem deutlich höheren Anlagevermögen, währenddessen der Forderungsbestand einen geringeren Teil einnimmt. Das hohe Anlagevermögen beim Industriebetrieb erfordert höheres Eigenkapital und umfangreichere langfristige Fremdmittel. Fertigungsbetriebe benötigen abhängig vom Betätigungsfeld und von der Produktionsstufe (Rohstoffverarbeitung - Konsumgutherstellung) unterschiedliche Formen von Kapitalposten.

Einen Anhaltspunkt über eine Grundfinanzierung einzelner Vermögensposten soll folgende Tabelle geben:

Vermögenspositionen	Eigen-kapital	Fremdkapital		
		langfr.	mittelfr.	kurzfr.
Grundstücke	x			
Gebäude	x			
Maschinen und maschinelle Anlagen	x	x		
Werkzeuge, Betriebsausstattung	x	x	x	
Beteiligungen	x	x		
Rohmaterialien			x	
Unfertige Erzeugnisse		x	x	
Fertige Erzeugnisse			x	
Geleistete Anzahlungen			x	x
Forderungen aus Lieferungen u. Leistungen			x	x
Sonstige Forderungen			x	x
Wertpapiere des Umlaufvermögens			x	x
Flüssige Mittel				x

Aus der Tabelle ist ersichtlich, dass Produktionsunternehmen ihr Sachanlagevermögen mit Eigenkapitalmitteln decken sollten. Um die Eigenkapitaldecke zu schonen, kann die Fertigungstiefe verringert werden bzw. die Produktion anderen Unternehmen überlassen werden.

---

[116] Vgl. Schneider, D.: Investition, Finanzierung und Besteuerung, 7. Auflage, Wiesbaden 1992, S. 546 ff. sowie Everling, W.: Die Finanzierung des Unternehmens, a.a.O., S. 64 ff.

5.4 Finanzierungsregeln

Zwei ganz allgemeine **Grundsätze** bei der Führung eines Unternehmens sind:
- Die finanzielle Sicherheit, also die Gewährleistung der Zahlungsbereitschaft zu jedem Zeitpunkt in jeder erforderlichen Höhe, sprich die Liquidität zu erhalten.
- Den wirtschaftlichen Einsatz der Finanzmittel zu gewährleisten, d.h. die Finanzierungsquellen so zu wählen, dass die Rentabilität gewährleistet ist.

Die optimale Finanzierung bzw. die Liquidität zu sichern, ist heute wesentlicher Aufgabenbereich betriebswirtschaftlicher Theorie und Praxis. Aufgabenziel ist es, Finanzierungsregeln zu formulieren, die

- es ermöglichen, das Ziel der optimalen Finanzierung zu erreichen und
- finanzielle Mittel bei einem bestimmten Geschäftsverlauf gezielt und richtig einsetzen zu können.

Die Finanzierungsregeln ermöglichen Institutionen und Personen innerhalb und auch außerhalb des Unternehmens das Liquiditätsniveau zu bewerten. Da die Ursache für die meisten Unternehmenszusammenbrüche Illiquidität ist, haben sich in der Praxis unterschiedliche Varianten zur Wertermittlung entwickelt.[117] Keinen Einfluss auf den unmittelbaren Unternehmenserhalt hat eine Optimierung der oben erwähnten Rentabilität.

5.4.1 Horizontale Finanzierungsregeln

Horizontale Finanzierungsregeln betrachten das Bilanzbild horizontal. Es werden Aktiva und Passiva gegenübergestellt. Die **goldene Finanzierungsregel** fordert eine Sicherung der Liquidität des Unternehmens parallel zum reibungslos ablaufenden Unternehmensprozess. Grundsatz ist eine Fristenentsprechung von Mittelherkunft und Mittelverwendung. Das bedeutet, dass Vermögenswerte eines Unternehmens mit Kapitalposten finanziert werden sollten, die ebensolang wie der Vermögenswert dem Unternehmen zur Verfügung stehen. Tatsächlich jedoch ist eine klare Fristenkongruenz dieser Art nicht realisierbar, aber auch nicht unbedingt erforderlich.

Viel wichtiger ist die nicht konkret formulierte Forderung, eine Kapitalbeschaffung, abgestimmt auf Ein- und Auszahlungsströme, unter dem Dach einer Finanzplanung vorzunehmen. Die **goldene Bilanzregel**[118] formuliert die Forderungen der "goldenen Finanzierungsregel" strenger. Folgende Grundsätze tauchen hier auf:

- Das Anlagevermögen ist durch das Eigenkapital zu decken (auch als 1:1 Regel bezeichnet). Grundgedanke ist die eigentliche Unternehmenssicherung durch das Anlagekapital. Dieses wiederum schwankt durch Wertverlust und Abschreibung bzw. durch kapitalintensive Neuinvestitionen.

Sowie die etwas realere Variante:

- Das Anlagevermögen ist vom Eigenkapital und vom langfristigen Fremdkapital zu decken. Dieser Grundsatz entstammt wiederum der Bilanz und lässt durch eine Gegenüberstellung verschiedener Bilanzpositionen keine konkrete Aussage über die finanzielle Stabilität des Unternehmens zu.

---

[117] Vgl. Fischer, O.: Finanzwirtschaft der Unternehmung, Düsseldorf 1982, S. 63 f.
[118] Vgl. Bestmann, U.: Kompendium der Betriebwirtschaftslehre, a.a.O., S. 497.

Die Liquiditätsregeln[119] lassen eine weitere Aussage über Spannungen im finanziellen Gefüge des Unternehmens zu.

- Die "Liquidität 2. Grades" (quick ratio) betrachtet das Umlaufvermögen abzüglich der Vorräte und geleisteten Anzahlungen als monetäres Umlaufvermögen. Die Definition der Liquidität 2. Grades besagt, dass das monetäre Umlaufvermögen in jedem Falle größer sein sollte als die kurzfristigen Verbindlichkeiten.
- Die "Liquidität 3. Grades" (current ratio) hingegen fordert gegenüber den kurzfristigen Verbindlichkeiten ein doppelt so hohes Umlaufvermögen.

5.4.2 Vertikale Finanzierungsregeln

Die Regeln beschreiben das Verhältnis von Fremdkapital zum Eigenkapital. Dieses Verhältnis wird als statischer Verschuldungsgrad bezeichnet. Eine eher konservative Variation dieser Regel sagt aus, dass der Eigenkapitalanteil den Wert des Fremdkapitals nicht unterschreiten sollte. Die Regel sichert das Investitionsrisiko des Gläubigers, vor allem während schlechter Ertragssituationen. Heutzutage erfordern z.B. überdurchschnittlich wachsende Märkte und Unternehmensübernahmen im Rahmen eines Buy-Out's einen Fremdkapitalanteil, der deutlich über dem Eigenkapitalanteil liegt. Wesentlicher Gesichtspunkt für die Rentabilität einer solchen Konstellation ist der **Leverage-Effekt** (Leverage - engl.: Hebelkraft).

Der Leverage-Effekt bezeichnet die Hebelwirkung einer wachsenden Verschuldung auf die Rentabilität des Eigenkapitals. Die Eigenkapitalrentabilität wird bei einer Erhöhung des Fremdkapitalanteils am Gesamtkapital positiv beeinflusst, solange die Gesamtkapitalrentabilität über den Fremdkapitalkosten liegt. In diesem Fall handelt es sich um einen positiven (Financial-) Leverage-Effekt.

Im Falle des negativen (Financial-) Leverage-Effekt muss der Eigenkapitalgrundstock die zugesagten Zinsen für das Fremdkapital in dem Maße mittragen, wie die Fremdkapitalkosten über der Gesamtkapitalrentabilität liegten. Der Leverage-Effekt ist Null, wenn die Gesamtkapitalrentabilität dem Fremdkapitalzins entspricht.[120]
Die tatsächliche Eigenkapitalrentabilität ergibt sich dann mit:

(Gl.: 5a) $$R_{EK} = r_{GK} + (r_{GK} - i) \cdot FK / EK$$

EK = Eigenkapital r_{EK} = Eigenkapitalrentabilität

FK = Fremdkapital   GK = Gesamtkapital

r_{GK} = Gesamtkapital-   i = Fremdkapitalrentabilität
rentabilität   (oder Sachzins)

---

[119] Vgl. Büschgen, H. E.: Grundlagen betrieblicher Finanzwirtschaft, Frankfurt 1991, S. 342 f.
[120] Vgl. Gerke, W.: Finanzierung, Stuttgart 1985, S. 104 ff.; Vormbaum, H.: Finanzierung der Betriebe, a.a.O., S. 94 f.; Eilenberger, G.: Betriebliche Finanzwirtschaft, 4. Auflage, München 1991, S. 26 f.

5.4.3 Cash-Flow-Regeln

Der Cash-Flow ist eine weitere Größe zur Ermittlung einer sinnvollen Unternehmensfinanzierung. Mit dem Cash-Flow kann die Innenfinanzierungskraft nachvollzogen werden. Die Innenfinanzierungskraft sagt aus, welchem Umsatzerlösanteil keine ausgabenwirksamen Aufwendungen gegenüberstehen. Informationsquelle für die Cash-Flow-Kennziffer sind Bilanz und G&V-Rechnung.

Der Cash-Flow lässt sich folgendermaßen definieren: Er gibt die Finanzmittelüberschüsse aus dem Umsatzprozess abzüglich der auszahlungsgebundenen Aufwendungen in einer Periode an. Ergänzend dazu kann der Cash-Flow als die Summe aus dem Jahresüberschuss, den Erhöhungen und den Abschreibungen gesehen werden. Diese Definition wird auch als **Netto–Cash-Flow** bezeichnet.[121]

Neben der finanzwirtschaftlichen Zielsetzung der optimalen Kapitalstruktur ist der Cash-Flow zur Gewährleistung der kontinuierlichen Liquidität als ergänzende Zielsetzung erforderlich. Der **Operation-Cash-Flow** macht eine Aussage über den zusätzlichen Verschuldungsspielraum des Unternehmens. Er wird definiert nach erfolgten Einkommen- und Ertragsteuern, Investitionen und unumgänglichen Leistungen an die Eigenkapitalgeber. Der Operation-Cash-Flow wird auch als Bemessungsgröße zur Wertermittlung von Unternehmen sowie deren Übernahmefinanzierung hinzugezogen.[122]

Der **dynamische Verschuldungsgrad** ist eine Größe, die bei einer Kreditfinanzierung Auskunft darüber erteilt, welcher Zeitdauer es bedarf, mit selbsterwirtschafteten Mitteln die Fremdmittel zu tilgen. Er wird gebildet aus dem Verhältnis zwischen Netto-Verbindlichkeiten und verfügbarem Cash–Flow.[123]

5.5 Finanzierungskosten einzelner Finanzierungsformen

In der Investitionstheorie dienen die "Kapitalkosten"[124] als Maßstab der Vorteilhaftigkeit von Investitionen: Eine Investition ist dann vorteilhaft, wenn ihr interner Zinsfuß größer ist als der Kapitalkosteneinsatz bzw. wenn der mit dem Kapitalkostensatz als Diskontierungsfaktor bestimmte Kapitalwert der Investition positiv ist.

Wenn ein Unternehmen also erwägt, eine Investition durchzuführen, muss sie die Kosten der Kapitalbeschaffung, die Finanzierungskosten, kennen. Die Theorie der Kapitalkosten hängt also eng mit der Investitionstheorie zusammen.

5.5.1 Kosten des Eigenkapitals

Die Bestimmung der Eigenkapitalkosten ist problematisch, weil die Beschaffung von Eigenkapital des Unternehmens keine festen Auszahlungsverpflichtungen auferlegt und Gewinne, die als Dividenden vom Unternehmen ausgezahlt werden, kaum als Kosten

---

[121] Vgl. Spremann, K.: Finanzierung, 4. Auflage, München 1991, S. 203 f.; Eilenberger, G.: Betriebliche Finanzwirtschaft, a.a.O., S. 93 f.
[122] Vgl. Lerbinger, P.: Finanzwirtschaft, München 1991, S. 135; Hoffmann, P.: Management Buy Out in der Bundesrepublik Deutschland, 2. Auflage, Berlin 1992, S. 57.
[123] Vgl. Möser, H. D.: Finanz- und Investitionswirtschaft in der Unternehmung, a.a.O., S. 136 f.
[124] Vgl. Süchting, J.. Finanzmanagement, a.a.O., S. 380 ff.

interpretiert werden können, wenn das Unternehmen als Instrument der Eigentümer angesehen wird.

Aus a) und b) könnte man folgern, dass Eigenkapital kostenlos ist. Doch wie wenig haltbar diese Einschätzung ist, ergibt sich aus folgendem Gedanken: Wenn Eigenkapital kostenlos wäre, müsste es vorteilhaft sein, eine mit Eigenkapital finanzierte Investition auch dann durchzuführen, wenn ihr interner Zinsfuß gerade 2% betrüge. Das ist es offenbar besser, wenn die Kapitalgeber den Investitionsbetrag ausgeschüttet bekämen und selbst alternativ anlegen würden. Der Kapitalkostensatz ist in diesem Falle der Alternativertragssatz der Eigenkapitalgeber. Doch damit ist das Problem nur präzisiert, nicht aber gelöst, denn die Unternehmensleitung einer Aktiengesellschaft kennt die Alternativen und den Alternativertragssatz ihrer Aktionäre nicht!

5.5.1.1 Kosten der Eigenkapitalfinanzierung und Anteilsbewertung

Eigenkapitalfinanzierung ist die Beschaffung von Eigenkapital von den bisherigen Eigenkapitalgebern. Der Kostensatz der Eigenfinanzierung[125] ist der Zinssatz "e", den Eigenkapitalgeber als Verzinsung ihrer Kapitalanlage fordern bzw. in einer alternativen Anlagemöglichkeit (und zwar der besten erreichbaren und risikomäßig vergleichbaren) erzielen können.

Eine äquivalente Formulierung lautet: Der Kostensatz der Eigenfinanzierung ist jener interne Zinssatz "e", den eine eigenfinanzierte Investition mindestens erbringen muss, wenn es im Interesse der Eigenkapitalgeber sein soll, die Investition durchzuführen und durch Eigenkapitalbeschaffung zu finanzieren.

Die Unternehmensleitung einer Aktiengesellschaft kann nicht alle Aktionäre nach ihren Alternativertragssätzen befragen. Aber sie kann diese aus dem Börsenkurs einer Aktie zu erschließen versuchen. Den Börsenkurs "K_0" kann man nämlich als Barwert aller zukünftigen Dividenden "D" ansehen, mit dem die Aktionäre rechnen. Der dabei verwendete Diskontierungszinsfuß "e" drückt die geforderte Rendite der Investition "kaufen oder halten der Aktie" aus. Der Kostensatz der Eigenfinanzierung wird mit "e" bezeichnet:

(Gl.: 5b) $$K = \sum_{t=1}^{\infty} \frac{D_t}{(1+e)^t}$$

Der methodische Ansatz, die von Eigenkapitalgebern geforderte Mindestverzinsung aus dem Börsenkurs zu erschließen, hat aber auch Schwächen. Der Ansatz ist ein normatives Bewertungsmodell, d.h. er gibt an, wie die Aktionäre vernünftigerweise Aktien bewerten sollten. Es ist durchaus fraglich, ob sich Preise (Kurse) wirklich bilden, wie es in dem normativen Bewertungsmodell empfohlen wird.

Um bei gegebenem "K" auf "e" zu schließen, müsste die Unternehmensleitung wissen, mit welchen zukünftigen Dividenden die Aktionäre rechnen. In der Regel weiß eine Unternehmensleitung aber nur, mit welchen Dividenden sie selbst rechnet. Bei dem Ansatz wird nicht berücksichtigt, dass verschiedene Aktionäre unterschiedliche

---

[125] Vgl. Vormbaum, H.. Finanzierung der Betriebe, a.a.O., S. 42 ff.; Süchting, J.: Finanzmanagement, a.a.O., S. 380 ff.

Alternativvertragssätze haben und mit unterschiedlichen Dividenden rechnen können und für sie trotzdem derselbe Kurs resultiert.

Trotz dieser Einwände gibt der beschriebene Ansatz wertvolle Anhaltspunkte für die Unternehmensleitung.

5.5.1.2 Kosten der Beteiligungsfinanzierung

Wenn ein Unternehmen Eigenkapital beschafft, indem es Aktien an Personen verkauft, die bisher noch nicht Eigentümer waren, spricht man von Beteiligungsfinanzierung.

"Neue" Aktionäre bringen Geld nur dann in ein Unternehmen ein, wenn die Geldanlage nicht schlechter ist als alternative Geldanlagen. Da Personen, die bisher nicht Aktionäre waren, die Möglichkeit gehabt hätten, Aktien des betrachteten Unternehmens zu kaufen, kann ihr Alternativvertragssatz nicht geringer sein als "e". Aber er kann auch nicht bedeutend höher sein als "e". Wenn sie Alternativanlagen haben, die mehr als die Rendite "e" erbringen, könnten sie diese ohnehin ausnützen.

Die relevante Alternative für potentielle neue Aktionäre ist die Geldanlage zur erwarteten Rendite "e". Durch Beteiligungsfinanzierung ermöglichte Investitionen sind genau dann vorteilhaft für die Altaktionäre, wenn ihre interne Rendite größer als "e" ist.

Wie im Abschnitt 5.1.4.4 dargestellt, bildet sich der Gleichgewichtspreis für das Bezugsrecht so, dass es für einen Altaktionär gleich ist, ob er das Bezugsrecht ausübt oder nicht. Dies gilt für alle möglichen Emissionskurse und Bezugsrechtsverhältnisse. Für die Vermögensanlage der bisherigen Aktionäre ist jeder Emissionskurs gleichgültig.

Dies bedeutet aber auch, dass man bei der Bestimmung der Kosten der Beteiligungsfinanzierung so rechnen kann, als wäre der Emissionskurs gleich dem aktuellen Börsenkurs.

Weiterhin bedeutet dies, dass "neue" Aktionäre also gerade die Aktienrendite "e" auf das von ihnen eingebrachte Kapital erhalten. Die Kosten der Beteiligungsfinanzierung sind somit gleich den Kosten der Eigenfinanzierung. [126]

5.5.1.3 Kosten der Selbstfinanzierung

Von Selbstfinanzierung spricht man, wenn Gewinne nicht ausgeschüttet, sondern einbehalten werden. Im Gegensatz zu anderen Finanzierungsformen ist mit der Selbstfinanzierung also kein Mittelzufluss von Kapitalgebern verbunden. Die Entscheidung, Selbstfinanzierung vorzunehmen, ist die Entscheidung, ob Mittel ausgeschüttet werden sollen oder nicht.

Die Frage nach den Kosten der Selbstfinanzierung lautet: Welchen internen Zinsfuß müssen Investitionsobjekte mindestens bringen, wenn es im Interesse der Eigentümer sein soll, Mittel einzubehalten und zu reinvestieren, statt sie auszuschütten. Der "kritische Zinssatz" für intern finanzierte Investitionen ist der Finanzierungskostensatz der Selbstfinanzierung.

Im speziellen Fall einer Aktiengesellschaft ist der Kostensatz der Selbstfinanzierung einfach zu bestimmen. Ist "e" die Aktienrendite der Aktiengesellschaft, dann ist "e" auch

---

[126] Vgl. Schmidt, R.H.: Grundzüge der Investitions- und Finanzierungtheorie, 2. Auflage, Wiesbaden 1986, S. 243 ff.

der Kostensatz der Selbstfinanzierung, weil die Ausschüttungsentscheidung nicht an den Konsumwünschen der Eigenkapitalgeber ausgerichtet werden muss. Kann das Unternehmen Mittel intern zu einem Zinssatz reinvestieren, der größer als "e" ist, und entspricht die daraus resultierende zeitliche Struktur der Ausschüttungen nicht den Konsumwünschen der Eigenkapitalgeber, können diese an der Börse Teile ihres Aktienbestandes verkaufen, um so den Einkommensstrom mit der von ihnen gewünschten Struktur zu erreichen. Die interne Investition der Mittel zu einem Zinssatz über "e" schafft die besten Voraussetzungen dafür, weil Investitionen mit einer internen Verzinsung über "e" zu Kurssteigerungen führen.

Wie bei der Beteiligungsfinanzierung zeigt sich auch bei der Selbstfinanzierung, dass ihre Kosten nur deshalb gleich den Kosten der Eigenfinanzierung sind, wenn man unterstellen kann, dass der Börsenkurs ein Gleichgewichtspreis ist und insbesondere dass sich die Wertsteigerung der Aktien infolge von Investitionsmöglichkeiten schon voll im Kurs niedergeschlagen hat.[127]

5.5.1.4 Zusammenhang zwischen den Formen der Eigenkapitalfinanzierung

Die Kosten der Eigenkapitalbeschaffung wurde mit zwei Argumenten abgehandelt:

- Die Kosten der Eigenfinanzierung sind gleich der von den Eigenkapitalgebern geforderten Rendite "e". Sie ist der Alternativvertragssatz der Eigentümer und kann prinzipiell aus dem Börsenkurs erschlossen werden. Dabei ist "e" auch die Aktienrendite, die ein Aktionär erhält.
- Die Kosten der Beteiligungsfinanzierung und die der Selbstfinanzierung sind den Kosten der Eigenfinanzierung gleich. Sie betragen also auch "e"

Daraus folgt: Die Kosten des Eigenkapitals sind "e", unabhängig davon, ob Eigenkapital durch Eigenfinanzierung oder durch Gewinneinbehaltung beschafft wird. Dies ist ein wichtiges Irrelevanztheorem.

Bei der gesamten bisherigen Argumentation wurde bisher davon ausgegangen, dass Börsenkurse Gleichgewichtspreise für Aktien sind. Falls diese Bedingungen nicht erfüllt sind, wird die Analyse der Eigenkapitalkosten problematisch. Deshalb gelten die Ausführungen auch nicht für Personengesellschaften.

5.5.2 Kosten der Fremdfinanzierung

Bei der Fremdfinanzierung ist es unproblematisch, einer Finanzierungsentscheidung Zahlungen zuzuordnen. Wenn ein Unternehmen ein Darlehen aufnimmt, erhält es Einzahlungen und verpflichtet sich zu festgelegten zukünftigen Auszahlungen. Ein Darlehen lässt sich damit problemlos durch eine Finanzierungszahlungsreihe beschreiben. Die Finanzierungszahlungsreihe enthält alle effektiven Zahlungen, die im Zusammenhang mit dem Darlehen auftreten. Der interne Zinsfuß dieser Zahlungsreihe stellt damit den Kapitalkostensatz der Fremdfinanzierung dar. Der Kapitalkostensatz des Fremdkapitals wird mit "i" bezeichnet.[128]

---

[127] Vgl. Süchting, J.: Finanzmanagement, a.a.O., S. 371 ff.
[128] Vgl. Gerke, W.: Finanzierung, a.a.O., S. 103 f.

5.5.3 Durchschnittliche Finanzierungskosten (Kapitalkosten)

Wenn die Kosten der einzelnen Finanzierungsarten bestimmt sind, kann man die durchschnittlichen Kapitalkosten (Gesamtkosten) "k" als gewogenen Durchschnitt berechnen. Wenn gilt:

- **EK** ist die Menge des eingesetzten Eigenkapitals,
- **FK** ist die Menge des eingesetzten Fremdkapitals,
- **e** ist der Eigenkapitalkostensatz und
- **i** ist der Fremdkapitalkostensatz

dann erhält man:

(Gl.: 5c)
$$k = e \cdot \frac{EK}{EK + FK} + i \cdot \frac{FK}{EK + FK}$$

Die Berechnung kann sowohl für einzelne Investitionsobjekte als auch für das ganze Unternehmen vorgenommen werden. An "k" ist die Vorteilhaftigkeit einer Investition zu messen, die mit Eigen- und Fremdkapital finanziert werden soll.

5.6 Kapitalkosten bei gemischter Finanzierung und die optimale Kapitalstruktur (optimaler Verschuldungsgrad)

5.6.1 Wirkungen erhöhter Verschuldung

Als Kapitalstruktur wird hier das Verhältnis von Fremdkapital zum Eigenkapital eines Unternehmens bezeichnet, also "l = EK/FK". Eine Änderung der Kapitalstruktur kann man sich als eine Kapitalsubstitution vorstellen, d.h. Eigenkapital wird durch Fremdkapital ersetzt und umgekehrt. Die Menge des in dem Unternehmen insgesamt vorhandenen Kapitals ändert sich aber nicht.

In ähnlicher Weise kann man mit dem Verschuldungsgrad argumentieren, der als Verhältnis von Fremdkapital zum Gesamtkapital definiert ist, sich also in absoluten Zahlen gesehen von der Kapitalstruktur unterscheidet, aber tendenziell genauso verhält wie eine Änderung der Kapitalstruktur.

Da die Kapitalgeber risikoscheu sind, hängen die Kapitalkosten der einzelnen Finanzierungsarten von ihrem Risiko ab. Weil Eigenkapitalgeber mehr Risiko tragen als Fremdkapitalgeber, sind die Eigenkapitalkosten "e" höher als die Fremdkapitalkosten "i". Im Interesse der Eigenkapitalgeber könnte eine Unternehmensleitung versuchen, die durchschnittlichen Kapitalkosten zu senken, indem sie "teures" Eigenkapital durch "billiges" Fremdkapital ersetzt und den Eigenkapitalgebern die Möglichkeit gibt, das freigesetzte Kapital ertragbringender einzusetzen.[129]

---

[129] Vgl. Schmidt, R.: Grundzüge der Investitions- und Finanzierungtheorie, a.a.O., S. 243 ff.

5.6.2 Geschäftsrisiko und Finanzierungsrisiko

Die erwartete Rendite "µ" (Erwartungswert der Rendite) auf das gesamte in einem Unternehmen eingesetzte Kapital ist eine unsichere Größe, die mit bestimmten Wahrscheinlichkeiten verschiedene Werte annehmen kann. Diese Mehrdeutigkeit von "µ" bezeichnet man als Geschäftsrisiko (Investitionsrisiko) eines Unternehmens. Das Geschäftsrisiko hängt allein davon ab, welche Investitionen man durchführt. Es ist unabhängig davon, wie die Investitionen finanziert werden.

Wenn die Investitionen eines Unternehmens zum Teil mit Eigenkapital und zum Teil mit Fremdkapital finanziert werden, nimmt die (unsichere) Rendite "µ"(e) auf das eingesetzte Eigenkapital andere Werte an als die (unsichere) Rendite "µ" auf das eingesetzte Gesamtkapital.

Auf das Fremdkapital sind fest vorgegebene Zinsen in Höhe von "i · FK" zu zahlen. Die Eigenkapitalgeber bekommen das, was von dem unsicheren Investitionsertrag

$$\mu \cdot (EK/FK)$$

verbleibt, wenn die Fremdkapitalzinsen "i · FK" abgezogen sind, also

$$\mu \cdot (EK+FK) - i \cdot FK$$

Bezieht man dies auf das eingesetzte Eigenkapital, erhält man die Eigenkapitalrendite:

(Gl.: 5d)
$$m(e) = \frac{m \cdot (EK + FK) - i \cdot FK}{EK}$$

Nach der Umformung der Gleichung kann man ersehen, dass die Rendite "µ(e)" auf das eingesetzte Eigenkapital eine lineare Funktion der Kapitalstruktur "l" ist:

(Gl.: 5e)
$$m(l) \cdot EK = m \cdot (EK + FK) - i \cdot FK \Rightarrow$$
$$m(l) \cdot EK = m \cdot EK + (m - i) \cdot FK \Rightarrow$$
$$m(l) = m + (m - i) \cdot FK/EK \Rightarrow$$
$$m(l) = m + (m - i) \cdot l$$

Je nach der Höhe von "l" ist die Wahrscheinlichkeitsverteilung der Eigenkapitalrendite riskanter oder weniger riskant. Der Zusammenhang zwischen der Kapitalstruktur "l" und dem Risiko der Eigenkapitalrendite liegt nun darin, dass bei stärkerer Verschuldung die Eigenkapitalrendite riskanter oder unsicherer als bei geringerer Verschuldung ist. Dieser Sachverhalt wird als Finanzierungsrisiko (Kapitalstrukturrisiko) bezeichnet.[130]

---

[130] Vgl. Schmidt, R.: Grundzüge der Investitions- und Finanzierungstheorie, a.a.O., S. 243 ff.

5.7 Bestimmung der optimalen Kapitalstruktur (optimaler Verschuldungsgrad)

Die optimale Kapitalstruktur[131] hängt von den Finanzierungskosten ab, wobei die durchschnittlichen Kapitalkosten "k" je nach dem Maß des Risikos, dem die Kapitalgeber bei der Hingabe des Kapitals ausgesetzt sind, eine unterschiedlich hohe Risikoprämie enthalten. Je geringer das Risiko eingeschätzt wird, desto kleiner werden die durchschnittlichen Kapitalkosten und desto größer wird der Unternehmenswert "V". Maximierung des Unternehmenswertes "V" (Marktwertmaximierung) und Minimierung der Finanzierungskosten "k" sind daher entsprechende Zielsetzungen. Sie liegen der Theorie des optimalen Verschuldungsgrades zugrunde.

Bei der Bestimmung der optimalen Kapitalstruktur stehen sich vor allem die Relevanzansätze (Relevanz der Kapitalstruktur für die Höhe der Kapitalkosten) der traditionellen These und der Modigliani/Miller These gegenüber.

5.7.1 Traditionelle These - Relevanz der Kapitalstruktur

5.7.1.1 Grundidee

Die traditionelle These geht von drei Annahmen aus:

- Der Unternehmenswert "V" ist abhängig von der Kapitalstruktur "l" und damit ist die Kapitalstruktur für die Kapitalkosten "k" relevant.
- Das tatsächliche Verhalten der Kapitalgeber kann beobachtet werden, so dass man sich auf plausible Annahmen über das Verhalten der Kapitalgeber stützen kann.
- Der positive Financial-Leverage-Effekt ist zu beobachten und wird wirksam.

Im Mittelpunkt der traditionellen These steht die Auffassung, dass es eine optimale Kapitalstruktur gibt, dem sich ein Unternehmen in seinen Kapitalausstattungsmaßnahmen versuchen sollte anzunähern.

Der Ausgangspunkt der Überlegungen setzt am positiven Financial-Leverage-Effekt an. Denn bei zusätzlicher Verschuldung sinken die durchschnittlichen Kapitalkosten, wenn "teures" Eigenkapital durch "billiges" Fremdkapital ersetzt wird. Dieser positive Effekt wird aber durch die Erhöhung der Eigenkapital- und Fremdkapitalkosten bei erhöhter Verschuldung abgeschwächt, ausgeglichen oder sogar überkompensiert. Bei gegebenen Investitionsplänen ist diejenige Kapitalstruktur optimal, bei der die durchschnittlichen Kapitalkosten ihr Minimum erreichen.

Die traditionelle These knüpft an plausiblen Annahmen über die Verhaltensweisen der Kapitalgeber an. Dabei geht man davon aus, dass die Eigenkapitalgeber sich über die durch Verschuldung ermöglichten "Gewinne" freuen und das zusätzliche Risiko bei "mäßiger" Verschuldung nicht wahrnehmen und deshalb nicht mit gesteigerten Verzinsungsforderungen reagieren. Erst bei hohem Verschuldungsgrad steigen die Eigenkapitalkosten und dann auch die Fremdkapitalkosten merklich an.

---

[131] Vgl. Vormbaum, H.: Finanzierung der Betriebe, a.a.O., S. 42 ff.; Gerke, W.: Finanzierung, a.a.O., S. 104 ff. und Süchting, J.: Finanzmanagement, a.a.O., S. 330 ff.

5.7.1.2 Optimale Kapitalstruktur

Die optimale Kapitalstruktur "l*" kann zeichnerisch wie folgt hergeleitet werden:

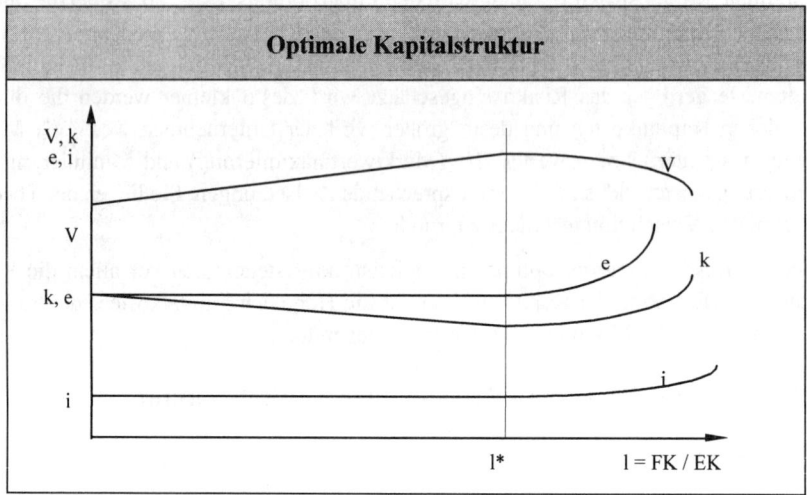

Abb. 25: Optimale Kapitalstruktur

Bei der Herleitung der optimalen Kapitalstruktur "l*" können 4 Phasen bezüglich der Verhaltensweisen der Kapitalgeber unterschieden werden, die zu "l*" führen:

- Die Eigenkapitalkosten "e" liegen bei einer geringen Verschuldung um einen Risikoaufschlag (Geschäftsrisiko) über den Fremdkapitalkosten "i" und bleiben mit steigender Kapitalstruktur "l" zunächst konstant.
- Gleichzeitig wird "teures" Eigenkapital durch "billiges" Fremdkapital ersetzt, wodurch zwar die Verschuldung steigt, aber auch "k" fällt und "V" steigt.
- Ab einem bestimmten Verschuldungsgrad bemerken die Eigenkapitalgeber das gestiegene Risiko der Verschuldung (Finanzierungsrisiko) und verlangen einen höheren Risikoaufschlag.
- Bei weiterer Verschuldung erkennen auch die Fremdkapitalgeber, dass ihr Kapital nicht mehr risikofrei ist (Konkursrisiko) und verlangen ihrerseits eine Risikoprämie.

5.7.1.3 Schlussfolgerungen

- Durch die Erhöhung der Kapitalstruktur "l" gelingt es, "k" zu senken.
- Doch nur vorübergehend, denn dann steigt "k" wieder, so dass ein "l*" existiert, bei dem "k" ein Minimum und "V" ein Maximum aufweist.
- Sowohl "k" als auch "V" sind abhängig von der Kapitalstruktur.

5.7.1.4 Kritik

Es wird nur von plausiblen Annahmen über das Verhalten der Kapitalgeber ausgegangen, jedoch fehlt der Nachweis, dass die Kapitalgeber wirklich so reagieren und nicht anders:

- Der Kapitalmarkt wird völlig außer acht gelassen,
- " l* " ist nicht zu berechnen.

5.7.2 Modigliani / Miller-These - Irrelevanz der Kapitalstruktur

5.7.2.1 Grundidee

Mit einem ganz anderen Denkansatz als die Vertreter der sog. traditionellen These haben Modigliani und Miller (MM) bewiesen, dass die durchschnittlichen Kapitalkosten "k" unabhängig von der Kapitalstruktur sind. Das entscheidend Neue am Denkansatz von MM ist, dass die Autoren von der Annahme eines vollkommenen Kapitalmarktes ausgehen, auf dem Gleichgewicht herrscht.

Alles andere folgt daraus. Weil sich der Gleichgewichtsprozess am Kapitalmarkt abspielt, sind die entscheidenden Größen die Marktwerte. EK ist der Marktwert des Eigenkapitals, FK der Marktwert des Fremdkapitals. Der Gesamtwert des Kapitals oder der Unternehmenswert wird mit "V" bezeichnet:

$$V = EK + FK$$

Wenn es verschuldete (v) und unverschuldete (u) Unternehmen gibt, gilt gleichermaßen:

$$EK(v) + FK(v) \text{ und } V(u) = EK(u)$$

MM bezeichnen Vermögenspositionen als gleich, wenn sie:
- das gleiche Geschäftsrisiko und
- das gleiche Finanzierungs- und Kapitalstrukturrisiko aufweisen.

Unternehmen mit gleichem Geschäftsrisiko gehören zu einer Risikoklasse.

Diese Situation ist kein Gleichgewicht. Ein Aktionär, der 10% der B-Aktien hält, kann seine Position verbessern, wenn er die B-Aktien für 700 GE verkauft und dafür A-Aktien kauft. Solange der Aktionär aber B-Aktien hält, hat er ein Kapitalstrukturrisiko zu tragen. Bei der A-Aktie gibt es dagegen kein Kapitalstrukturrisiko. Die beiden Positionen sind daher nicht vergleichbar.

Sie werden erst vergleichbar, wenn der Aktionär sich beim Kauf der A-Aktien ein Kapitalstrukturrisiko schaffen kann, das dem Kapitalstrukturrisiko einer B-Aktie gleich ist. Das Verhältnis FK/EK der B-Aktie ist 4 : 7. wenn ein Aktionär 700 GE durch den Verkauf der B-Aktien erlöst, einen Kredit in Höhe von 400 GE zum Zinssatz "i" aufnimmt und 1100 GE in A-Aktien anlegt, hat er für sich privat dieselbe "Kapitalstruktur" 4 : 7, die er auch als B-Aktionär hatte.

Das Einkommen des Aktionärs aus den B-Aktien war 10% vom Gewinn "Y" des Unternehmens B nach Abzug der Zinsen, also:

$$0,1 \cdot (1000 - 4000 \cdot 0,04) = 0,1 \cdot 840 = 84 \text{ GE}$$

Der Anteil des Aktionärs am Gewinn des Unternehmens A ist gleich dem Anteil des Aktionärs an den A-Aktien, nämlich 1100 : 10000 = 11%. Da das Unternehmen A unverschuldet ist, wird der gesamte Gewinn von 1000 GE ausgeschüttet. Der Aktionär erhält 110 GE. Da er auf seinen privaten Kredit in Höhe von 400 GE Zinsen von $400 \cdot 4\% = 16$ GE bezahlen muss, verbleiben ihm 94 GE.

Der Tausch von Aktien des verschuldeten Unternehmens B gegen private Verschuldung und Aktien des unverschuldeten Unternehmens A hat dem Aktionär eine Steigerung seines Einkommens gebracht. Sein Risiko ist gleich geblieben.

Die Differenz zwischen 94 GE und 84 GE von 10 GE ist ein Arbitragegewinn. Solange die Möglichkeit besteht, Arbitragegewinne zu erzielen, liegt eine Ungleichgewichtslage vor. Wie man aus dem Zahlenbeispiel ersehen kann, sind Arbitragegewinne nur dann ausgeschlossen, wenn die Marktwerte der beiden Unternehmen gleich sind ($V_A = V_B$). Nehmen wir an, dass das Unternehmen A richtig bewertet ist, dann ist es für B-Aktionäre so lange vorteilhaft, auf private Verschuldung und A-Aktien umzusteigen, wie der Marktwert des Unternehmens B größer als der Marktwert des Unternehmens A ist. Im Gleichgewicht muss gelten:

(Gl.: 5f) $$\frac{Y}{e_A} = EK_A = V_A = \frac{Y - i \cdot FK_B}{e_B} + FK_B = EK_B + FK_B = V_B$$

Da FK_B eine Konstante ist, ist EK_B im Gleichgewicht 10000 GE - 4000 GE = 6000 GE. Daraus kann die Eigenkapitalrendite im Gleichgewicht abgeleitet werden. Sie beträgt:

(Gl.: 5g) $$\frac{1.000 - 160}{6.000} = 14\% \text{ oder allgemein}$$

$$\mu(e) = \frac{Y - i \cdot FK}{EK} = \frac{\mu \cdot (EK + FK) - i \cdot FK}{EK} = \mu + (\mu - i)$$

Zeichnerisch lässt sich das Ergebnis wie folgt darstellen:

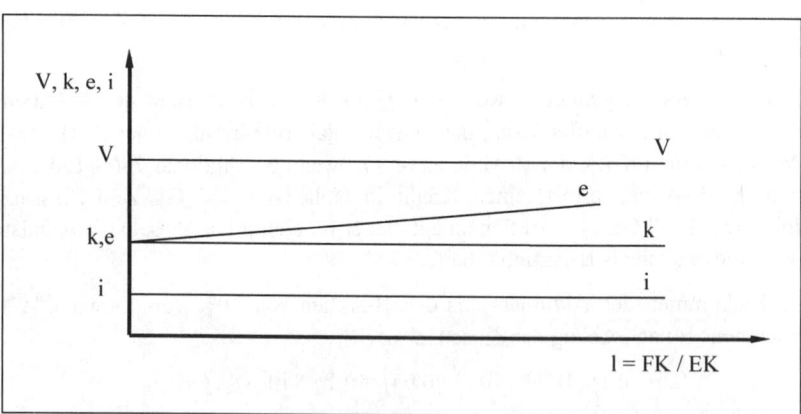

Abb. 26: Kapitalkosten nach Modigliani / Miller

Die einzelnen Verläufe lassen sich wie folgt erklären:
- Der Gesamtmarktwert des Unternehmens ist wegen der Arbitrage auf dem vollkommenen Kapitalmarkt konstant (V = konstant).
- Da "k" das Pendant von "V" ist, ist somit auch k konstant.
- Der Fremdkapitalkostensatz "i" ist laut Annahme konstant, da die FK-Geber kein Kapitalstrukturrisiko tragen.

EK-Geber tragen damit das Kapitalstrukturrisiko allein und fordern deshalb sofort bei einem nur kleinen Anstieg von "l" einen zusätzlichen Risikoaufschlag auf die schon gegenüber "i" verlangte Risikoprämie (risikoscheue Investoren laut Annahme).

5.7.2.2 Die Modigliani / Miller-These als Gegenthese zur Traditionellen These

Neben dem Ansatz über den Arbitragebeweis kann man auch auf einem anderen Wege zeigen, dass die durchschnittlichen Kapitalkosten "k" unabhängig von der Kapitalstruktur sind, indem man nämlich die Argumentation mit Verhaltensannahmen führt.

Man könnte der "traditionellen" These entgegenhalten, dass ihre Annahme über die Verhaltensweisen der Eigenkapitalgeber recht willkürlich ist: Warum sollten sie das Kapitalstrukturrisiko nicht schon bei kleinen Werten von "l" als unangenehm empfinden und mit einer höheren Verzinsungsforderung reagieren? Wenn die von den Eigenkapitalgebern geforderte Verzinsung mit "l" proportional ansteigt, gibt es keine optimale Kapitalstruktur wie in Punkt 5.7.1.2. Wenn sich die Funktion für "e(l)" gemäß nachfolgender Gleichung bestimmt,

(Gl.: 5h) $\quad e(l) = \mu + (\mu - i)\, l \;(\text{und } i = \text{konstant})$

dann wird der "Leverage-Ertrag" zusätzlicher Verschuldung immer gerade durch das "Lerverage-Risiko" - bzw. durch die von ihm abhängige Steigerung der Eigenkapitalkosten - ausgeglichen. Es gibt dann keine optimale Kapitalstruktur. Für "k" erhält man mit Gleichung 5c und Gleichung 5h die Beziehung:

$$k(l) = \frac{EK}{EK + FK}\left[\mu + (\mu - i)\cdot l\right] + \frac{FK}{EK + FK}\cdot i$$

durch Ausmultiplizieren erhält man

$$k(l) = \frac{EK}{EK + FK}\cdot \frac{EK\cdot \mu + FK\cdot \mu - i\cdot FK}{EK} + \frac{i\cdot FK}{EK + FK}$$

$$k(l) = \frac{\mu\cdot (EK + FK) - i\cdot FK + i\cdot FK}{EK + FK} = \mu$$

Die durchschnittlichen Kapitalkosten sind bei diesen Verhaltensannahmen eine Konstante, und zwar in der Höhe, in der sie den Eigenkapitalkosten bei "l = 0" entsprechen. Damit kommt man über diese Überlegung zu demselben Ergebnis wie beim Arbitragebeweis. D.h. auch hieraus ergibt sich Abb. 26, da man durch Verschuldung die durchschnittlichen Kapitalkosten "k" nicht senken kann, wenn "i" eine Konstante und "e" die in Gleichung 5h (s.o.) genannte lineare Funktion von "l" ist.

5.7.2.3 Schlussfolgerungen

- "V" ist aufgrund des Arbitrageprozesses unabhängig von "l".
- Auch "k" ist unabhängig von "l".
- Es existiert somit kein optimaler Verschuldungsgrad bzw. keine optimale Kapitalstruktur.

Die Unterscheidung zwischen EK und FK ist somit sinnlos; jeder Investor kann ein Portefeuille aus EK und FK zusammenstellen, das genau das Geschäftsrisiko widerspiegelt, d.h. das Kapitalstrukturrisiko kann durch Diversifikation im Portefeuille ausgeschlossen werden.

Bei Investitionen ist also die Zusammensetzung der Finanzierungsmittel irrelevant bzw. die Kapitalstruktur ist irrelevant für "V" und "k" (Irrelevanztheorem). Somit können Investitions- und Finanzierungsentscheidungen separiert werden, d.h. es sind keine Simultanplanungsmodelle notwendig.

5.7.2.4 Kritik

Der Arbitrageprozess findet nur statt, wenn die Aktionäre bereit sind, sich zu verschulden. Persönliche und institutionelle Verschuldung erfolgen in der Realität nicht zu den gleichen Bedingungen. Dass die FK-Geber kein Kapitalstrukturrisiko empfinden, ist keine realistische Annahme.

- Der Ausschluss des Konkursrisikos ist sehr willkürlich.
- Konsumpräferenzen der Anleger werden nicht berücksichtigt.
- Aufgrund des vollkommenen Kapitalmarktes wird Informationssymmetrie unterstellt.

Der vollkommene Kapitalmarkt ist kein Abbild der Wirklichkeit, z.B. allein beim Anfall von Gewinnsteuern (Unternehmen zahlen höhere als Anleger) kippt das Modell.

Abschließend kann gesagt werden, dass in einer Welt mit vollkommenem Kapitalmarkt bei Unsicherheit und ohne Kapitalstrukturrisiko der Gläubiger die MM-These unbestreitbar ist, aber als Begründung für das wirkliche Geschehen ist sie ungeeignet.

6 Die Kapitalverwendung

6.1 Bedeutung und Begriff der Investition

In der Kapitalwirtschaft spielen Investitionsentscheidungen eine zentrale Rolle. Denn zur Durchführung von Investitionen sind Finanzierungen notwendig, die entscheidenden Einfluss auf die Liquidität und Rentabilität sowie auf die Sicherheit und Unabhängigkeit eines Unternehmens haben. Von Investitionen hängt damit letztlich die Existenz und gesamte Entwicklung von Unternehmen ab.

Investitionen bieten Gewinnchancen, haben aber auch Risiken. Der Verzicht auf Investitionen (minimales Risiko) gefährdet die Existenz einer Unternehmung, weil sich Wettbewerbsfähigkeit und Leistungsvermögen verschlechtern. Ebenso können hohe Risiken zu Kapitalverlusten und Liquiditätsschwierigkeiten führen.

Investitionsentscheidungen werden auf der Grundlage von Investitionsrechnungen getroffen. Dabei ist bedeutend, wie die zur Verfügung stehenden Daten (Markt- u. Betriebsdaten) ausgewählt und beurteilt werden. Wichtig ist die Berücksichtigung von Unsicherheiten, mit denen Annahmen über zukünftige Daten behaftet sind. Das gilt besonders für längerfristige Investitionen.

Die verschiedenen Verfahren der Investitionsrechnung erlauben entweder mehrere Investitionsalternativen zu vergleichen oder einzelne Investitionsobjekte zu beurteilen.

Eine Investition kann allgemein dann vorteilhaft durchgeführt werden, wenn das eingesetzte Kapital mit dem Objekt wiederbeschafft und ausreichend verzinst werden kann. Anders gesagt muss die Summe der Einzahlungen die Summe der laufenden Auszahlungen soweit übersteigen, dass die Amortisation des Objektes und die ausreichende Verzinsung des ursprünglich eingesetzten Kapitals möglich ist.

Der Begriff "Investition" wird in der betriebswirtschaftlichen Literatur und Praxis unterschiedlich gehandhabt. Allgemein kann man unter Investitionen die Verwendung finanzieller Mittel zur Beschaffung von Sachvermögen (Maschinen, Vorräte etc.), immateriellem Vermögen (Patente, Lizenzen etc.) oder Finanzvermögen (Beteiligungen, Wertpapiere etc.) verstehen. Das für Investitionen benötigte Kapital muss beschafft werden, d.h. Investitionen müssen finanziert werden. Somit bezieht sich der Begriff **Finanzierung** auf die **Beschaffung** und der Begriff **Investition** auf die **Verwendung** von Kapital.

Man kann von Investition auch als Kapitalverwendungsvorgang sprechen, bei dem freies Kapital in gebundenes Kapital umgewandelt wird.[132] Die verschiedenen Begriffsverwendungen können drei Gruppen zugeordnet werden, wobei Überschneidungen innerhalb der Gruppen nicht zu vermeiden sind:

- **Vermögensbestimmter Investitionsbegriff**

  Dieser Begriff beinhaltet leistungs- und finanzwirtschaftliche Aspekte. Man versteht hier Investition als Umwandlung von Kapital in Vermögen, d.h. Umwandlung von Passivposten in Aktivposten der Bilanz. Die Vermögensteile lassen sich wie folgt unterscheiden:

  - Anlagevermögen
  - Umlaufvermögen
  - Finanzanlagen, z.B. Beteiligungen, Obligationen
  - immaterielles Vermögen.

  Der Investitionsbegriff kann eng oder weit gefasst werden, je nachdem, welche Vermögensteile einbezogen werden. Die weiteste Fassung enthält sämtliche Aktivposten der Bilanz.

- **Kombinationsbestimmter Investitionsbegriff**

  Hier wird der leistungswirtschaftliche Aspekt der Investition betont. Er umfasst die optimale Kombination bzw. Eingliederung von bereits beschafften Investitionsgütern. Der Begriff bezieht sich nur auf einen engen Bereich der Investitionswirtschaft und hat daher auch nur eine geringe Bedeutung und Verbreitung gefunden.[133]

- **Zahlungsbestimmter Investitionsbegriff**

  Er hebt den finanzwirtschaftlichen Aspekt der Investition hervor. Es werden die Zahlungsströme (Auszahlungen, Einzahlungen) betrachtet, die mit der Investition verbunden sind. Dabei stellt jede Auszahlung eine Investition und jede Einzahlung eine Desinvestition dar.

---

[132] Vgl. Schierenbeck, H.: Grundzüge der Betriebswirtschaftslehre, 15. Auflage, München, Wien 2000, S. 310 f.

[133] Vgl. Ballmann, W.: Beitrag zur Klärung des betriebswirtschaftlichen Investitionsbegriffs, Diss., Mannheim 1954.

6.2 Die Investitionsarten

In der Praxis lassen sich je nach Investitionsobjekt Sach-, Finanz- und immaterielle Investitionen unterscheiden. Immaterielle Investitionen (Forschungs- und Entwicklungs- sowie Ausbildungsprogramme etc.) und Sachinvestitionen (Grundstücke, Gebäude, maschinelle Anlagen etc.) sind direkt oder indirekt am Leistungsprozess beteiligt. Aus organisatorischer Sicht berühren sie daher auch vorrangig die Bereiche, die mit der Leistungserstellung zusammenhängen.

Finanzinvestitionen hingegen (Forderungsrechte aus Guthaben und Wertpapieren, Beteiligungen etc.) berühren den Finanzbereich des Unternehmens. In den einzelnen Investitionsarten gibt es wesentliche Unterschiede für wichtige Kriterien, die mit der Investitionsrechnung bzw. -entscheidung in Zusammenhang stehen. Die wichtigsten sind:

- Umfang und Unsicherheit der Daten als Berechnungsgrundlage für die Investitionsrechnung
- Zurechenbarkeit der Zahlungsströme zu den Investitionsobjekten
- Flexibilität der Investitionsentscheidungen

Die wichtigsten Formen der Sachinvestition sollen im folgenden unterschieden und erläutert werden.

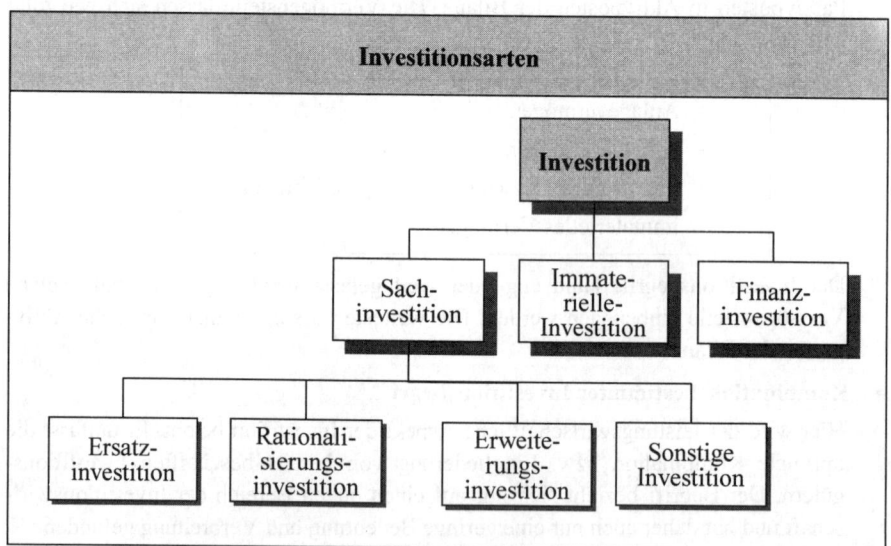

Abb. 27: Investitionsarten

(a) Die Ersatzinvestition

Unter Ersatzinvestition versteht man i.e.S. den identischen Ersatz von gebrauchten und verbrauchten Investitionsobjekten. Die Leistungsfähigkeit bleibt dabei erhalten. Zum Ersatz kommt es, weil entweder

- ein neues Objekt (Neuinvestition) kostengünstiger ist als die Erhaltung des alten billigen Objektes oder

– ein technologisch veraltetes Objekt aus wirtschaftlichen Gründen nicht mehr tragbar ist.

(b) Die Rationalisierungsinvestition

Eine Rationalisierungsinvestition wird durchgeführt, um die Leistungsfähigkeit des Unternehmens zu erhöhen. Durch den permanenten technologischen Fortschritt ist der Ersatz von veralteten Objekten meist auch mit einem Rationalisierungseffekt verbunden. Ersatzinvestitionen sind daher oft auch Rationalisierungsinvestitionen.

(c) Die Erweiterungsinvestition

Die Bedeutung liegt in der Erweiterung der vorhandenen Kapazitäten eines Unternehmens, um beispielsweise Produktionsengpässe zu beheben, die durch eine Vergrößerung der Absatzmärkte entstehen. Dabei kann die Erweiterung der Kapazität durch Anschaffung zusätzlicher Investitionsobjekte erreicht werden aber auch durch Ersatzinvestitionen, die neben der Steigerung der Leistungsfähigkeit auch einen kapazitätserweiternden Effekt haben. In Bezug auf die Investitionsrechnung entstehen besonders bei der Erweiterungsinvestition Probleme bei der Ermittlung von zuverlässigen Daten. Die Entwicklung der Märkte und die damit verbundenen Marktdaten (Absatzmengen und Preise etc.) sind besonders für längere Zeiträume oft nur unter großen Unsicherheiten abschätzbar.

(d) Sonstige Investitionsarten

- Sicherungsinvestitionen

  Darunter sind alle Investitionen zusammengefasst, die die Sicherung bzw. das Fortbestehen eines Unternehmens gewährleisten. In diesem Zusammenhang sind besonders Investitionen in
  – Forschung und Entwicklung,
  – Werbung und PR-Maßnahmen
  – Beteiligung an Unternehmen des Beschaffungsmarktes
  – Umweltschutzmaßnahmen
  zu nennen.[134]

- Diversifizierungsinvestitionen

  Mit Diversifizierungsinvestition ist besonders die Erschließung branchenfremder Märkte durch die Beteiligung an Unternehmen gemeint. Im weitesten Sinne werden damit Investitionen zusammengefasst, die eine Diversifikation, d.h. Auffächerung des Produktions- bzw. Absatzprogramms bewirken. Die Bedeutung liegt vorrangig in der Verringerung des unternehmerischen Risikos.

6.3 Der Investitionsentscheidungsprozess

Investitionsentscheidungen müssen in einem Entscheidungsprozeß stattfinden, der ein planmäßiges Vorgehen ermöglicht. Diese Notwendigkeit resultiert vor allem aus folgenden Gründen:[135]

---

[134] Vgl. Olfert, K.: Investition, 5., überarbeitete Auflage, Ludwigshafen 1992, S. 31.

1. Investitionen haben **strategischen Charakter**, d.h. sie beeinflussen Existenz und Entwicklung des Unternehmens langfristig. Sind Investitionen durchgeführt, so können sie meistens nur unter hohem finanziellen Aufwand korrigiert werden.

2. Eine Investitionsmöglichkeit muss immer im Zusammenhang mit anderen gesehen und beurteilt werden, denn die Entscheidung für eine bestimmte Investition ist gleichzeitig der Verzicht auf andere Alternativen und den damit zu erzielenden Erfolgen.

3. Investitionen erhöhen den von der Auslastung unabhängigen Anteil der Kosten (Fixkosten). Bei verringerter Nachfrage kann es dadurch eher zu Verlusten kommen.

4. Eine getätigte Investition führt durch ihren langfristigen Charakter zur Verminderung der Flexibilität eines Unternehmens.

5. Eine Investition muss auch vom Gesichtspunkt der Verantwortlichkeit gegenüber den Kapitalgebern und deren Interessen planmäßig beurteilt werden.

Die Grundlage für den Entscheidungsprozess bildet einerseits eine geeignete Organisationsstruktur, in der die Regeln für Kommunikation, Aufgaben- und Kompetenzverteilung festgelegt sind. Während die Aufbauorganisation die inhaltliche Planung festlegt ("Was soll geplant werden?"), ist in der Ablauforganisation die gesamte Steuerung des Prozesses geregelt. Die Organisationsstruktur muss mit den übergeordneten Unternehmenszielen abgestimmt sein.

Weiterhin sind Verfahren nötig, mit denen einzelne oder mehrere Investitionsmöglichkeiten unter wirtschaftlichen Gesichtspunkten bewertet werden können (Investitionsrechnung). Der Entscheidungsprozess, bei dem je nach Organisationsgrad und Größe des Unternehmens unterschiedlich viele Organisationsebenen miteinbezogen sind, lässt sich in vier Phasen darstellen.[136]

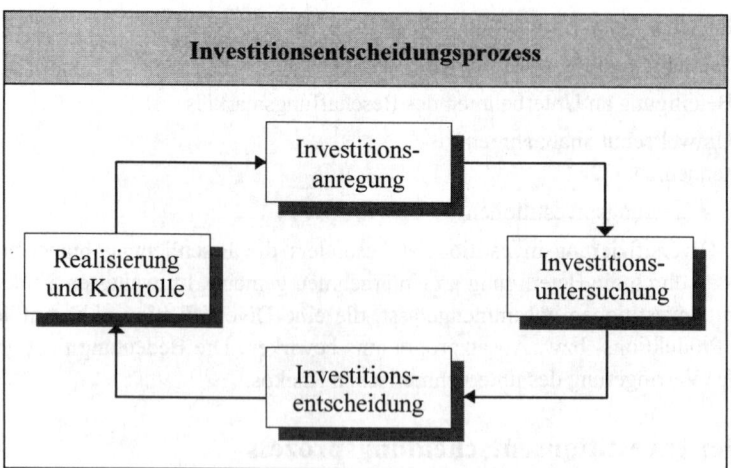

Abb. 28: Investitionsentscheidungsprozess

---

[135] Vgl. Meier, R.: Planung, Kontrolle und Organisation des Investitionsentscheides, Bd. 2, CH-Bern 1970, S. 9.
[136] Vgl. Müller-Hedrich, B.-W.: Betriebliche Investitionswirtschaft, a.a.O., S. 19 f.

6.3.1 Investitionsplanung

Investitionsplanung bedeutet allgemein die gedankliche Vorwegnahme dispositiver Maßnahmen für die Beschaffung von Investitionsgütern.[137] In der Literatur ist der Planungsbegriff unterschiedlich weit gefasst, soll hier aber demnach als Grundlage für die Investitionsentscheidung und Realisation/Kontrolle verstanden werden. Die Investitionsplanung gliedert sich dann ihrerseits in Investitionsanregung und -untersuchung.

- **Investitionsanregung**

Ziel der **Investitionspolitik** ist, durch frühzeitiges und systematisches Handeln mögliche Störungen im Geschäftsablauf zu vermeiden. Dazu ist die gezielte Anregung von Investitionen notwendig. Dabei findet die Anregung je nach Unternehmensgröße auf verschiedenen Unternehmensebenen statt. Während bei kleineren Unternehmen hauptsächlich höhere Stellen für die Anregung zuständig sind (Geschäftsleitung, Inhaber etc.), reichen die Anregungsstellen bei größeren Unternehmen oft systematisch bis in die untersten Ebenen. Hier sei das Anregungsrecht der Belegschaftsmitglieder durch ein betriebliches Vorschlagswesen genannt. Personen, die durch ihre Tätigkeit bzw. Position entscheidende Anregungen liefern können, unterliegen möglicherweise darüber hinaus einer Anregungspflicht.

Um eine sinnvolle Koordination der Anregungen zu gewährleisten, kann eine dafür zuständige Stabstelle im Unternehmen eingerichtet sein, die je nach Unternehmensgröße auch schon den einzelnen Organisationsbereichen (Forschung und Entwicklung, Produktions- und Absatzwirtschaft etc.) zugeordnet sind. Zudem sollte die Stabstelle selbst Anregungen zu Investitionen geben.[138] Neben den genannten Anregungsstellen im Unternehmen, bestehen auch Quellen der Anregung von außerhalb des Unternehmens. Dabei können z.B. der Handel oder Endverbraucher, der Gesetzgeber sowie beratende Unternehmen wichtige Informationen und Impulse liefern.

- **Investitionsuntersuchung**

Aus den vorgeschlagenen Investitionen müssen Entscheidungsprobleme entwickelt und analysiert werden. Dazu zählt vor allem der Alternativenvergleich mehrerer Möglichkeiten für ein bestimmtes **Investitionsvorhaben**. Die dafür notwendigen Daten müssen geprüft, aufbereitet und gegebenenfalls ergänzt werden. Im Hinblick auf die Ziele, die mit Investitionen zusammenhängen, lassen sich spezifische Bewertungskriterien ableiten:

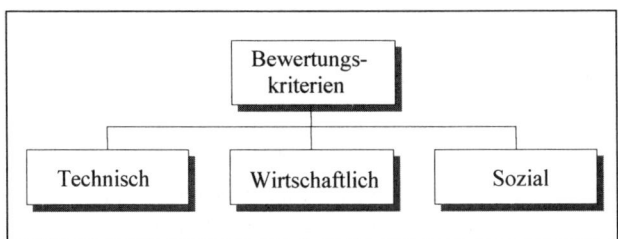

Abb. 29: Bewertungskriterien von Investitionen

---

[137] Vgl. Eilenberger, G.: Betriebliche Finanzwirtschaft, a.a.O., S. 113.
[138] Vgl. Perridon, L./ Steiner, M.: Finanzwirtschaft der Unternehmung, a.a.O., S. 29 f.

(a) Technische Prüfung

Zunächst wird ein technischer Anforderungskatalog für die Investitionsobjekte aufgestellt. Die "Verträglichkeit" mit dem vorhandenen Produktionsapparat muss geprüft werden und außerdem werden Daten für die nachfolgende wirtschaftliche Prüfung ermittelt. Zusammenfassend sind folgende Informationen über Investitionsobjekte nötig:

- Leistungsfähigkeit (Qualität, Auslastung, Kapazität etc.)
- Standortanforderungen (Platzbedarf etc.)
- Anforderungen an Arbeitskräfte (Zahl, Ausbildung, Verantwortung etc.)
- technische Nutzungsdauer
- Lieferfristen
- Kapitaleinsatz etc.

(b) Wirtschaftliche Prüfung

Die technische Prüfung ist noch kein ausreichendes Kriterium für die Vorteilhaftigkeit einer bestimmten Investition, da sie nicht ihre Wirtschaftlichkeit sicherstellt. Es müssen also die wirtschaftlichen Aspekte und Auswirkungen der Investitionsvorhaben hinsichtlich Kapitalbedarf, Kosten und Erlösen sowie wirtschaftlicher Nutzungsdauer ermittelt werden. Hier kommen die verschiedenen Verfahren der Investitionsrechnung zum Einsatz.

(c) Soziale Prüfung

Prüfung der Auswirkungen einer Investition auf die unmittelbar betroffenen Mitarbeiter und die Umwelt anhand gesetzlicher Vorschriften und unternehmerischer Zielsetzungen.

Die technische und wirtschaftliche Prüfung der Investitionsvorschläge führen vorrangig die entsprechenden Stabstellen der mittleren Organisationsebene durch. Bei größeren Unternehmen werden hingegen oft Investitionsausschüsse gebildet, die für einen bestimmten Planungszeitraum ein Gesamtinvestitionsprogramm aus einzelnen Investitionsprüfungen erarbeiten. Dabei können Investitionsausschüsse ständige Einrichtungen sein oder im Bedarfsfall aus Vertretern unterschiedlicher Unternehmenszweige zweckmäßig zusammengestellt werden.

6.3.2 Die Investitionsentscheidung

Die Investitionsentscheidung bedeutet den Abschluss der Investitionsplanung und leitet die Realisation des Vorhabens ein. Dabei ist der Entscheidungsträger in der Regel die Unternehmensleitung, weil auch durch eine sehr weitgehende Investitionsprüfung nicht alle relevanten Faktoren und Unsicherheiten erfasst werden können und somit kein absolut richtiges Ergebnis für den Investitionsentscheid ermittelt werden kann. Die Unternehmensleitung wird daher unternehmenspolitische Ziele bei der Entscheidung mitberücksichtigen und dabei auch wertmäßig nicht quantifizierbare Faktoren mit einbeziehen.

Wegen der Vielzahl an Investitionsvorhaben in großen Unternehmen werden die schon angesprochenen Investitionsausschüsse gebildet. Durch die qualifizierte Zusammensetzung des Ausschusses können die bestehenden Unsicherheiten und wechselseitigen Abhängigkeiten der einzelnen Investitionsvorhaben geklärt werden und in einer Stellungnahme der Unternehmensleitung zugeführt werden. Es besteht damit ein enger Kontakt des Investitionsausschusses mit dem Entscheidungsträger.[139]

Darüber hinaus können Entscheidungen über kleinere Investitionen und laufende Ersatzinvestitionen in untere Organisationsebenen delegiert werden. Diese Investitionen sind in der Regel budgetiert und ermöglichen der Unternehmensleitung sich auf die großen Investitionsvorhaben zu konzentrieren.

6.3.3 Die Realisierung

Die Realisierung von Investitionen ist vor allem durch die wirtschaftliche Abstimmung der geplanten Schritte gekennzeichnet. Es müssen Anordnungen getroffen und entsprechende Mitteilungen an alle betroffenen Stellen geleitet werden. Außerdem ist auf eine sinnvolle zeitliche Abstimmung der Schritte zu achten. Eine schnelle Durchführung kann Preiserhöhungen für Beschaffungsobjekte vorbeugen, birgt aber auch die Gefahr von Preisaufschlägen und Qualitätsverlusten.[140]

6.3.4 Die Investitionskontrolle

Aufgabe der Investitionskontrolle ist es, eingetretene Ereignisse bzw. Werte mit den geplanten zu vergleichen (Soll-Ist-Vergleich). Dabei ist es wegen hoher Kosten und umfangreichem Personalaufwand wenig sinnvoll, alle Investitionen zu kontrollieren. Vielmehr bleibt die Kontrolle auf die Objekte mit großem Kapitalaufwand und großer unternehmenspolitischer Bedeutung beschränkt. Dabei müssen Dauer, Zeitpunkt und Umfang der Kontrolle den einzelnen Investitionen sinnvoll angepasst werden.

Folgende Ziele werden mit der Investitionskontrolle verfolgt:

- **Verbesserung zukünftiger Schätzungen**
  Die Informationen aus der Kontrolle werden ausgewertet und sollen durch den Lernprozess der beteiligten Stellen die Genauigkeit zukünftiger Schätzungen von Planwerten erhöhen.
- **Verminderung von Manipulation**
  Investitionsrechnungen und -planungen beruhen auf subjektiven Schätzungen, die von den Beteiligten aus verschiedenen Motiven oft zu günstig ausfallen. Die Investitionskontrolle soll diese Manipulation aufdecken und damit die Verlässlichkeit von zukünftigen Schätzungen erhöhen.
- **Einleitung notwendiger Korrekturmaßnahmen**
  Möglichst frühzeitig sollen ungünstige Abweichungen von Soll- und Istwerten festgestellt werden. Nach der Ermittlung von Ursachen für diese Abweichungen können konkrete Korrekturmaßnahmen ergriffen werden.

---

[139] Vgl. Perridon, L./ Steiner, M.: Finanzwirtschaft der Unternehmung, a.a.O., S. 28 ff.
[140] Vgl. Müller-Hedrich, B.-W.: Betriebliche Investitionswirtschaft, a.a.O., S. 56.

Die Investitionskontrolle erstreckt sich auf die Kontrolle der Ausführung und der Ergebnisse, die mit einer Investition zusammenhängen. Die folgende Darstellung zeigt die Zusammenhänge auf:[141]

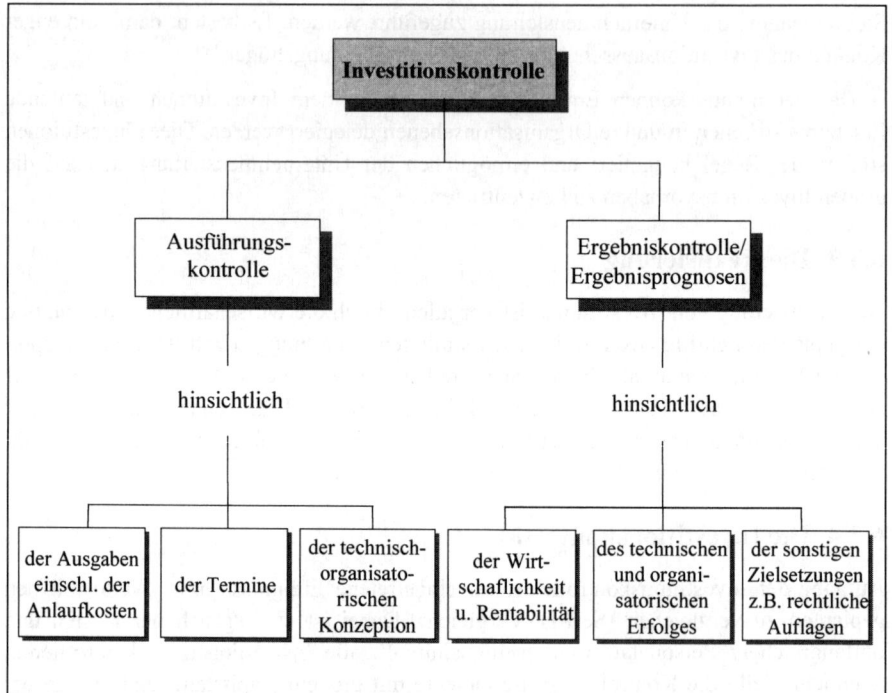

Abb. 30: Investitionskontrolle

6.4 Die Investitionsrechnungen

Zu den Investitionsrechnungen zählen einerseits Verfahren der Wirtschaftlichkeitsrechnung und andererseits die Verfahren der Unternehmensbewertung. Sie können nach ihrem Untersuchungsgegenstand und ihrer Fragestellung unterschieden werden.

Die **Wirtschaftlichkeitsrechnungen** untersuchen einzelne oder mehrere Investitionsobjekte und stellen hier die Frage nach der Vorteilhaftigkeit von Investitionen bei bestimmten Voraussetzungen.

Die Verfahren der **Unternehmensbewertung** befassen sich hingegen mit dem Wert von Unternehmen (oder Unternehmensteilen) und mit Beteiligungen an Unternehmen. Ziel dieser Verfahren ist es, Preisvorstellungen für diese Art von Investitionen abzuleiten.

Die folgende Übersicht (Abb. 31) stellt die Verfahren der Investitionsrechnung kategorisch dar. Die in der Praxis wichtigsten Verfahren, die statischen und dynamischen Partialmodelle der Wirtschaftlichkeitsrechnung sowie die wichtigen Verfahren der Unternehmensbewertung sollen im folgenden behandelt werden.

---

[141] Vgl. Müller-Hedrich, B.-W.: Betriebliche Investitionswirtschaft, a.a.O., S. 58.

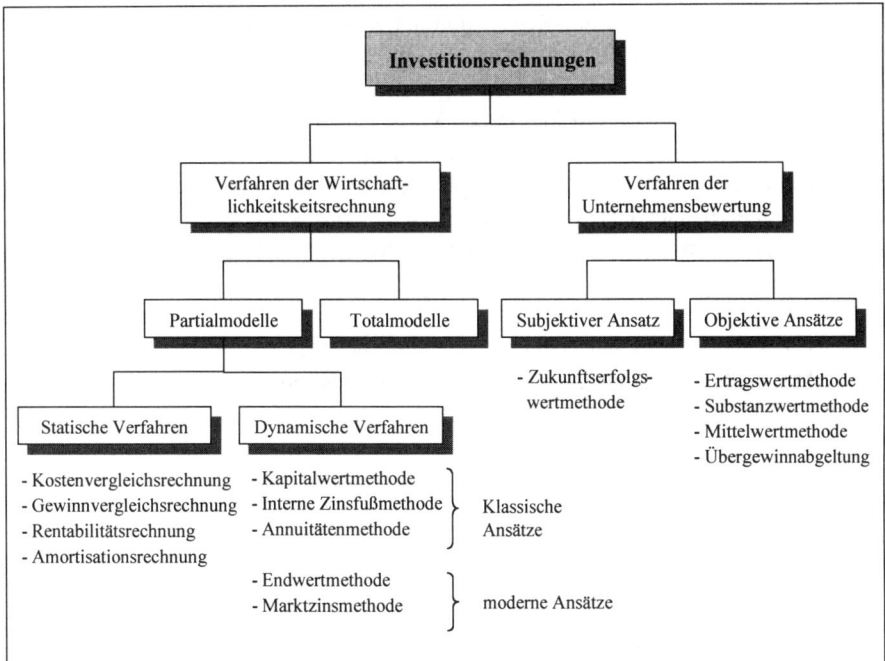

Abb. 31: Die Verfahren der Investitionsrechnung

6.4.1 Die statischen Verfahren der Investitionsrechnung

In der betrieblichen Praxis werden die statischen Verfahren vor allem wegen ihrer einfachen Handhabung und des damit verbundenen geringen Kosten- und Zeitaufwandes sehr häufig eingesetzt. Sie werden als statisch bezeichnet, weil sie den unterschiedlichen zeitlichen Anfall von Einzahlungen und Auszahlungen nicht oder nur teilweise berücksichtigen und außerdem nur eine Planungsperiode betrachten. Zu den statischen Verfahren zählen:

- Kostenvergleichsrechnung
- Gewinnvergleichsrechnung
- Rentabilitätsrechnung
- Amortisationsrechnung

6.4.1.1 Die Kostenvergleichsrechnung

Die Kostenvergleichsrechnung ist das einfachste Verfahren der Investitionsrechnung. Es wird ein Vergleich der in einer Planungs- bzw. Nutzungsperiode anfallenden Kosten zweier oder mehrerer alternativer Investitionsobjekte durchgeführt. Es kann sich dabei um einen Vergleich neuer Objekte (Erweiterungsinvestition) oder um einen Vergleich zwischen alten und neuen Objekten (Ersatzinvestition) handeln. Bei der Erweiterungsinvestition heißt demnach die Fragestellung: "Welche der zu beurteilenden Alternativen verursacht die geringsten Kosten in einer Nutzungsperiode?" Das Problem der Ersatzinvestition heißt dagegen: "Wann soll das alte Investitionsobjekt durch ein neues ersetzt werden?"

Sind die Kapazitäten (quantitative Leistung) der zu vergleichenden Investitionsobjekte nicht gleich, so muss anstelle des Kostenvergleichs einer Periode ein Stückkostenvergleich durchgeführt werden. Der Kostenvergleich arbeitet also mit der Prämisse gleicher Kapazitäten der Investitionsobjekte. In den Kostenvergleich sind alle relevanten Kosten einzubeziehen. Sofern es sich um Investitionen mit mehrperiodischer Nutzungsdauer handelt, werden die Durchschnittskosten pro Periode zugrundegelegt. Erlöse bleiben in diesem Verfahren unberücksichtigt, da unterstellt wird, dass jede Alternative wegen gleicher Kapazitäten auch gleiche Erlöse erwirtschaftet. Die relevanten Kosten sind:

- Betriebskosten
  - Personalkosten (Löhne, Gehälter, Sozialleistungen)
  - Materialkosten (Fertigungs- Hilfs- und Betriebsstoffe)
  - Instandhaltungs- und Reparaturkosten
  - Raumkosten
  - Energiekosten etc.
- Kapitalkosten
  - Kalkulatorische Abschreibungen

Man geht hier von linearen Abschreibungen aus, die sich wie folgt berechnen:

1)
$$\text{Abschreibungen pro Periode} = \frac{AW - RW_n}{n}$$

AW = Anschaffungskosten
RW_n = Restwert am Ende der Nutzungsdauer
RW_{n-1} = Restwert am Ende der vorletzten Periode
n = Anzahl der Perioden
i = kalkulatorischer Zinssatz

- Kalkulatorische Zinsen

Die kalkulatorischen Zinsen beziehen sich auf das durchschnittlich gebundene Kapital. Geht man davon aus, dass die Amortisation des eingesetzten Kapitals nicht kontinuierlich, sondern jeweils in Jahresraten am Ende des Jahres vorgenommen wird, so berechnen sich die Zinsen zu:

2)
$$\text{Zinsen pro Periode} = \frac{AW + RW_{n-1}}{2} \cdot i$$

In der Praxis wird oft von der kontinuierlichen Amortisation bei einem Restwert von Null ausgegangen. Damit berechnen sich die Zinsen vereinfacht nach folgender Formel:

3)
$$\text{Zinsen pro Periode} = \frac{AW}{2} \cdot i$$

Damit erhält man bei Amortisation am Periodenende die Kapitalkosten pro Periode als Summe der kalkulatorischen Abschreibungen und Zinsen:

4)
$$\text{Kapitalkosten pro Periode} = \frac{AW - RW_n}{n} + \frac{AW + RW_{n-1}}{2} \cdot i$$

(3) Der Vergleich von Investitionsalternativen

Beispiel 1:

Es soll eine zusätzliche Anlage angeschafft werden. Zwei Anlagen stehen zur Auswahl, deren Auslastung gleich ist. Es wird die Kostenvergleichsrechnung durchgeführt:

	Kostenvergleichsrechnung		Anlage A	Anlage B
AW	Anschaffungswert	[GE]	200.000	100.000
n	Nutzungsdauer	[Jahre]	10	10
RW_n	Liquidationserlös	[GE]	0	0
i	Zinssatz	[%]	10	10
	Auslastung	[ME / Jahr]	20.000	20.000
$\frac{AW - RW_n}{n}$	Abschreibungen	[GE]	20.000	10.000
$\frac{AW}{2} \cdot i$	Zinsen (vereinfacht)	[GE]	10.000	5.000
	Sonstige Fixkosten	[GE]	8.000	8.200
(1)	Gesamte Fixkosten	[GE]	38.000	23.200
	Löhne und Nebenkosten	[GE]	5.700	16.810
	Materialkosten	[GE]	1.690	1.690
	Sonstige variable Kosten	[GE]	1.210	1.500
(2)	Gesamte variable Kosten	[GE]	8.600	20.000
(1) + (2)	**Gesamtkosten pro Jahr**		**46.600**	**43.200**

Der Kostenvergleich zeigt, dass bei gleicher Auslastung die Anlage B der Anlage A überlegen ist, da sie geringere Kosten verursacht.

Die Bedingung gleicher Auslastung ist aber nicht immer realistisch. Im folgenden Beispiel soll daher bei unterschiedlichen Auslastungen ein Stückkostenvergleich der Anlagen aus Beispiel 1 durchgeführt werden:

Beispiel 2:

Kostenvergleichsrechnung		Anlage A	Anlage B
Anschaffungswert	[GE]	200.000	100.000
Nutzungsdauer	[Jahre]	10	10
Liquidationserlös	[GE]	0	0
Auslastung	[ME]	26.000	20.000
Zinssatz	[%]	10	10
Abschreibungen	[GE]	20.000	10.000
Zinsen (vereinfacht)	[GE]	10.000	5.000
Sonstige Fixkosten	[GE]	8.000	8.200
Gesamte Fixkosten	[GE]	38.000	23.200
Fixe Kosten je Mengeneinheit	[GE/ME]	1,46	1,16
Löhne- u. Nebenkosten	[GE/ME]	0,22	0,84
Materialkosten	[GE/ME]	0,07	0,09
Sonstige variable Kosten	[GE/ME]	0,05	0,18
Gesamte variable Kosten	[GE/ME]	0,34	1,11
Stückkosten gesamt	**[GE/ME]**	**1,80**	**2,27**

Unter diesen Bedingungen ist jetzt die Anlage A kostengünstiger als B und daher vorzuziehen. Die sehr unterschiedliche Struktur von variablen und fixen Kosten der Anlage hat zu diesem Ergebnis geführt. Da sich zukünftige Auslastungen oft nur schwer voraussagen lassen, ist es sinnvoll die Alternativen darauf zu prüfen, ob sich die Vorteilhaftigkeit bei verschiedenen Auslastungen umkehrt. Das geschieht in der Ermittlung der sogenannten kritischen Auslastung, die die Auslastung angibt, bei der die Periodenkosten (und damit auch die Stückkosten) der Alternativen gleich sind.

Für das Beispiel 2 ergibt sich folgende Vorgehensweise, wobei davon ausgegangen wird, dass die maximale Auslastung beider Anlagen 30.000 ME beträgt:

Für die Bestimmung der kritischen Menge sind die Kostenfunktionen der zu vergleichenden Anlagen zu ermitteln:

$$\text{Kostenfunktionen:} \quad K = K_{fix} + K_{var}$$

$$K_A = 38.000 + 0{,}34 \cdot x$$

$$K_B = 23.200 + 1{,}11 \cdot x$$

$$K_A = K_B$$

$$\Rightarrow 38.000 + 0{,}34 \cdot x = 23.200 + 1{,}11 \cdot x$$

$$\Rightarrow x_{kritisch} = \mathbf{19220 \text{ ME/Jahr}}$$

Bis zu einer Kapazität von 19220 Mengeneinheiten pro Jahr wäre somit unter Kostengesichtspunkten die Anlage B der Anlage A vorzuziehen. Werden jedoch mehr als 19220 ME pro Jahr produziert, ist die Anlage A vorteilhafter.

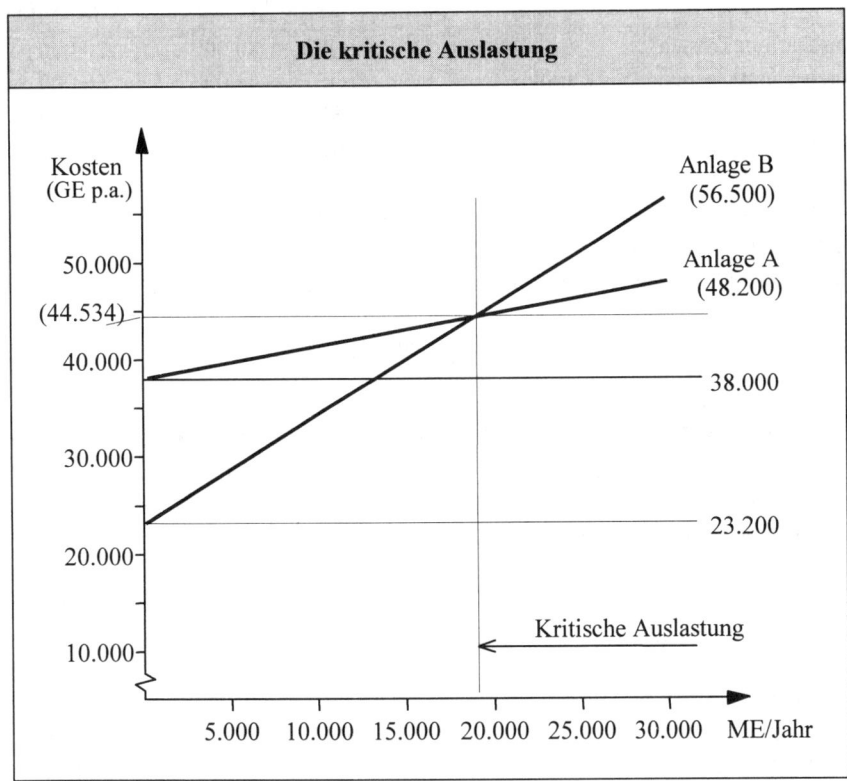

Abb. 32: Graphische Darstellung der kritischen Auslastung

(4) Das Ersatzproblem

Die Kostenvergleichsrechnung kann auch zur Lösung folgender Fragestellung herangezogen werden: "Soll eine vorhandene Anlage, die noch technisch nutzbar ist, zum Prüfzeitpunkt oder erst später ersetzt werden?"

Dabei werden den periodenbezogenen Durchschnittskosten der neuen Anlage die Grenzkosten der alten Anlage gegenübergestellt.

Es können zwei Varianten der Vergleichsrechnung unterschieden werden, die in der Berücksichtigung von Zinsen und Abschreibungen unterschiedlich verfahren:

    Variante 1: Kostenvergleichsrechnung

    Variante 2: Die in der Praxis noch weit verbreitete Methode, die als "Ingenieurformel" bekannt ist.

Im folgenden werden die Varianten an einem Beispiel erläutert.[142]

---

[142] Vgl. Schierenbeck, H.: Grundzüge der Betriebswirtschaftslehre, a.a.O., S. 332 f.

Beispiel 3:

Folgende Daten der alten und der neuen Anlage seien gegeben:

Daten		Alte Anlage	Neue Anlage
Anschaffungskosten	[GE]	80.000	120.000
durchschnittl. gebundenes Kapital	[GE]	44.000	66.000
Zinssatz	[%]	10	10
Nutzungsdauer (geplant)	[a]	10	10
voraussichtliche Auslastung	[ME]	15.000	15.000
Restlebensdauer (alte Anlage)	[a]	3	-
Restbuchwert (alte Anlage)	[GE]	24.000	-
Liquiditätserlös am Beginn der Vergleichsperiode	[GE]	10.000	-
Liquiditätserlös am Ende der Vergleichsperiode	[GE]	7.000	-

Kostenvergleichsrechnung Variante 1		Alte Anlage	Neue Anlage
Abschreibung der alten Anlage (im Nichtersatzfall)		3.000	-
Zinsen auf gebundenes Kapital der alten Anlage (im Nichtersatzfall)		1.000	-
Abschreibungen der neuen Anlage		-	12.000
Zinsen auf gebundenes Kapital der neuen Anlage		-	6.600
Fixe Betriebskosten	[GE]	8.000	4.000
Fixe Kosten gesamt	[GE/ME]	12.000	22.600
variable Stückkosten	[GE/ME]	2,20	1,40
gesamte Stückkosten bei Vollauslastung	[GE/ME]	**3,0**	**2,91**

Kostenvergleichsrechnung Variante 2		Alte Anlage	Neue Anlage
Abschreibung der alten Anlage (im Nichtersatzfall)		8.000	-
Zinsen auf gebundenes Kapital der alten Anlage (im Nichtersatzfall)		4.400	-
Abschreibung der neuen Anlage		-	12.000
Zinsen auf gebundenes Kapital der neuen Anlage		-	6.600
Anteilige Abschreibung des Restbuchwertes		-	1.400
Anteilige Zinsen darauf		-	770
Fixe Betriebskosten		8.000	4.000
Fixe Kosten gesamt	[GE/ME]	20.400	24.770
variable Stückkosten		2,20	1,40
gesamte Stückkosten bei Vollauslastung	[GE/ME]	**3,56**	**3,05**

Zu Variante 1:

Die kalkulatorischen Abschreibungen und Zinsen der **neuen** Anlage errechnen sich nach Formel 1) und 2), wie unter **Kapitalkosten** erläutert. Bei der **alten** Anlage dient als Berechnungsgrundlage für Abschreibung und Zinsen der Liquidationserlös zu Beginn der Vergleichsperiode, der im Ersatzfall erzielt würde. D.h. als Abschreibung muss die tat-sächliche Minderung des Verkaufserlöses eingesetzt werden, die durch Nichtersatz der Anlage in einem Jahr entsteht (im Beispiel 10.000 - 7.000 = 3.000). Die Zinsen sind dem-nach auf den Liquidationserlös der Anlage bei Beginn der Vergleichsperiode anzusetzen, da dieses Kapital im Nichtersatzfall weiter gebunden bleibt.

$$\text{hier:} \qquad 10.000 \cdot 0{,}1 = 1.000$$

Zu Variante 2:

Bei der "Ingenieurformel" hingegen werden Abschreibungen und Zinsen der **alten** Anlage auf Grundlage der Anschaffungskosten bzw. des durchschnittlich gebundenen Kapitals berechnet. Zudem wird der Restbuchwert der alten Anlage (24.000) abzüglich des am Beginn der Vergleichsperiode erzielbaren Liquidationserlöses (10.000) zu Lasten der **neuen** Anlage angesetzt und verzinst. Das wird damit begründet, dass der Ersatz der alten Anlage bei höherem Restbuchwert als erzielbarem Liquidationserlös einen Verlust hervorruft, der dann auch vom Kostenvorteil der neuen Anlage getragen werden muss.

Es erscheint jedoch fraglich, ob Buchwertverluste, die aus "falscher" Bemessung der Abschreibung entstanden sind, für die gegenwärtige Beurteilung einer Ersatzinvestition von Bedeutung sein können. Im Beispiel kommen zwar beide Varianten zu der gleichen Aussage (Vorteilhaftigkeit der Ersatzinvestition). Aber die unterschiedlich hohen Differenzen der Gesamtkosten von neuer und alter Anlage zeigen, dass die Varianten im Zweifelsfall zu unterschiedlichen Ergebnissen kommen können. Dann würde durch Anwendung der Variante 2 eine notwendige Ersatzinvestition verhindert werden.

(5) Beurteilung des Verfahrens

Neben der einfachen Anwendbarkeit des Verfahrens weist die Kostenvergleichsrechnung erhebliche Schwächen auf, von denen hier die wichtigsten genannt werden sollen:

- Die Aufstellung von Kostenfunktionen der zu vergleichenden Anlage ist in der Praxis oft mit Schwierigkeiten verbunden.
- Das Verfahren kann nur für kurzfristige Investitionsvorhaben herangezogen werden, da es statisch ist (Vergleich zweier Zustände) und daher zukünftige Ent-wicklungen nicht berücksichtigen kann.
- Erlöse werden nicht berücksichtigt, so dass über die Rentabilität des Kapitals keine Aussage gemacht werden kann.
- Unterschiedliche qualitative Leistungen von Investitionsobjekten können nicht in das Verfahren einfließen.
- Eventuelle Auswirkungen auf die Absatzpreise von Produkten durch höhere Produktions- bzw. Absatzmengen müssen gleichfalls unberücksichtigt bleiben.

6.4.1.2 Die Gewinnvergleichsrechnung

Der Kostenvergleich ist bei vielen Investitionsvorhaben nicht ausreichend, da die Erträge auch aufgrund verschiedener **qualitativer** Leistungen (besonders bei Erweiterungsinvestitionen) unterschiedlich sein können. Zur Beurteilung der Investitionsalternativen müssen daher neben den Kosten auch die Erträge berücksichtigt werden. Insofern stellt die Gewinnvergleichsrechnung eine Erweiterung der Kostenvergleichsrechnung dar. Bei gleichen Erlösen pro Mengeneinheit führen beide Verfahren zum gleichen Ergebnis. Die Gewinnvergleichsrechnung kann zur Beurteilung einzelner Investitionen oder zum Alternativenvergleich mehrerer herangezogen werden. Dabei ist bei einzelnen Investitionen jede vorteilhaft, die einen Gewinn größer Null aufweist. Beim Alternativenvergleich wird diejenige Investitionsmöglichkeit gewählt, die den größten durchschnittlichen Jahresgewinn erwarten lässt.

Beispiel 4:

Alternativenvergleich bei einem Zinssatz von 10%.

Gewinnvergleichsrechnung		Anlage A	Anlage B
Anschaffungskosten	[GE]	500.000	300.000
Durchschnittlich gebundenes Kapital	[GE]	275.000	165.000
Nutzungsdauer	[Jahre]	10	10
Auslastung bzw. Absatzmenge	[ME]	25.000	20.000
Fixe Betriebskosten	[GE]	100.000	80.000
Variable Kosten pro ME	[GE]	5,80	6,20
Erlöse pro ME	[GE]	17,60	19,40
A. Jährliche Kosten			
Fixe Betriebskosten	[GE]	100.000	80.000
Variable Kosten gesamt	[GE]	145.000	124.000
Abschreibungen	[GE]	50.000	30.000
Zinsen auf durchschnittlich gebundenes Kapital	[GE]	27.500	16.500
Gesamtkosten pro Periode	[GE]	322.500	250.500
B. Jährliche Erlöse			
Gesamterlös pro Periode	[GE]	440.000	388.000
C. Jährlicher Gewinn = Gesamterlös - Gesamtkosten	[GE]	117.500	**137.500**

Anlage B ist um den Jahresgewinn von 20.000 GE vorteilhafter als Anlage A. Hier tritt der günstige Fall ein, dass mit geringerem Kapitalaufwand und geringerer Absatzmenge höhere Gewinne erwirtschaftet werden können. Da Kapital nicht unbegrenzt verfügbar ist und die Nachfragesituation auf die gesamte Nutzungsdauer nicht übersehen werden kann, begünstigt das die Anlage B zusätzlich.

Bei der Kostenvergleichsrechnung kann die unterschiedliche Kostenstruktur von Anlagen dazu führen, dass sich bei geänderter Auslastung die Vorteilhaftigkeit der Alternativen verschieben kann (kritische Auslastung). Analog dazu kann bei der

Gewinnvergleichsrechnung die Gewinnstruktur untersucht werden. Nach folgender Vorgehensweise:

Es wird eine Gewinnschwelle (Break-Even-Point) definiert, die die Auslastung anzeigt, ab der eine Anlage Gewinne erwirtschaftet.

$$\text{Gewinnschwelle} = \frac{\text{Fixkosten gesamt}}{\text{Deckungsspanne}}$$

Die Deckungsspanne errechnet sich aus Erlösen pro ME abzüglich der variablen Stückkosten. Für das Beispiel 4 ergibt sich folgendes Bild:

Gewinnschwellenanalyse	Anlage A	Anlage B
Gewinnschwelle [ME]	15.042	9.583
Gewinnschwelle in % der Auslastung	60,2	47,9
Sicherheitskoeffizient [%]	39,8	52,1
Deckungsspannenquote	0,67	0,68

Drückt man die Gewinnschwelle in % der voraussichtlichen Auslastung (oder Absatzmenge) aus, so kann man auch einen Sicherheitskoeffizienten angeben, der aussagt, um wieviel % die voraussichtliche Auslastung sinken kann, bevor Verluste auftreten.

$$\text{Sicherheitskoeffizient (\%)} = \frac{\text{Gewinn pro Periode}}{\text{Deckungsbeitrag pro Periode}} \cdot 100$$

(Deckungsbeitrag = Gesamterlös - variable Kosten gesamt)

Zusätzlich kann eine Deckungsspannenquote angegeben werden, die den Anteil der Deckungsspanne an den Erlösen pro ME angibt. Oder anders gesagt, ist die Deckungsspannenquote ein Maß für den Erfolgszuwachs pro Einheit zusätzlichen Umsatzes.

$$\text{Deckungsspannenquote} = \frac{\text{Deckungsspanne}}{\text{Erlöse pro ME}}$$

Allgemein gilt: Je niedriger die Gewinnschwelle und je höher Deckungsspannenquote und Sicherheitskoeffizient, desto günstiger ist das beurteilte Investitionsobjekt.

Im Beispiel ist die Anlage B nach allen Kriterien der Gewinnschwellenanalyse vorteilhafter als Anlage A.

- **Beurteilung des Verfahrens**

Die Gewinnvergleichsrechnung unterliegt grundsätzlich den Schwächen die durch die kurzfristige, statische Betrachtung entstehen (siehe Abschnitt 6.4.1.1) Auch hier wird keine Aussage über die Rentabilität des eingesetzten Kapitals gemacht. Die Gewinnvergleichsrechnung bietet jedoch den Vorteil, dass jene Investitionsvorhaben besser beurteilt werden können, die starke Auswirkungen auf die Erlösseite haben, wie das beispielsweise bei Neu- und Erweiterungsinvestitionen der Fall ist.

An dieser Stelle soll auf das Problem der unterschiedlichen Nutzungsdauer von Investitionsalternativen im Vergleich hingewiesen werden, was in der Praxis häufig der Fall ist. Hat eine Alternative eine kürzere Nutzungsdauer, so fließt folglich das eingesetzte Kapital schneller zurück und kann während der restlichen Zeit anderweitig investiert werden. Wird dann mit dieser Differenzinvestition (siehe Abschnitt 6.4.5) ein anderer Periodengewinn erwirtschaftet, ist die Gewinnvergleichsrechnung auf Basis der Periodengewinne nicht mehr aussagefähig.

In den Beispielen ist daher unterstellt, dass die Investitionen beliebig oft wiederholbar sind und somit gleichbleibende Periodengewinne erwirtschaften. Kann hingegen angenommen werden, dass eine Folgeinvestition nach Ablauf der höheren Nutzungsdauer nicht vorgenommen werden kann, so kann ein Gesamtgewinnvergleich der Investitionsobjekte durchgeführt werden. Dazu werden die Periodengewinne mit der jeweiligen Nutzungsdauer multipliziert und verglichen.

6.4.1.3 Die Rentabilitätsrechnung (Return on Investment)

In der statischen Rentabilitätsrechnung wird der Bezug vom Gewinn zum eingesetzten Kapital hergestellt, da der Investitionsgewinn oft mit unterschiedlichem Kapitaleinsatz erwirtschaftet wird und Kapital in der Regel nicht unbegrenzt zur Verfügung steht. Diese in der amerikanischen Wirtschaftspraxis gebräuchliche Investitionsrechnung wird auch als **Return on Investment** oder **Return on capital Employed** bezeichnet. Es wird die Periodenrentabilität berechnet, wobei beim Alternativenvergleich die Alternative mit der maximalen Rentabilität gewählt wird.

$$\text{Rentabilität} = \frac{\text{durchschnittlicher Gewinn}}{\text{durchschnittlicher Kapitaleinsatz}}$$

Bei abnutzbaren Wirtschaftsgütern (wie hier angenommen) muss der durchschnittliche Kapitaleinsatz angesetzt werden, lediglich bei nicht abnutzbaren Gütern (Grundstücke, Umlaufvermögen etc.) wird der ursprüngliche Kapitaleinsatz angesetzt, da keine Abschreibungen erfolgen.

Die Rentabilität kann weiterhin auch als Funktion von Umsatzrentabilität und Kapitalumschlag dargestellt werden.

$$\text{Rentabilität} = \text{Umsatzrentabilität} \cdot \text{Kapitalumschlag}$$

oder

$$\text{Rentabilität} = \frac{\text{durchschnittlicher Gewinn}}{\text{durchschnittliche Erlöse}} \cdot \frac{\text{durchschnittliche Erlöse}}{\text{durchschnittlicher Kapitaleinsatz}}$$

Am folgenden Beispiel wird deutlich, dass der Vergleich der Rentabilität zweier Investitionsalternativen zu anderen Ergebnissen führen kann, als der Vergleich des Periodengewinns:

Beispiel 5:

Rentabilitätsrechnung		Anlage A	Anlage B
Durchschnittlicher Kapitaleinsatz		100.000	200.000
Periodenkosten		20.000	30.000
Erlöse pro Periode		45.000	60.000
Periodengewinn		25.000	**30.000**
Rentabilität	[%]	**25**	15
Umsatzrentabilität	[%]	**55,5**	50,0
Kapitalumschlag		**0,45**	0,3

Beim reinen Periodengewinnvergleich wäre hier Anlage B vorzuziehen. Die Rentabilität des durchschnittlich gebundenen Kapitals ist jedoch bei Anlage A deutlich besser. Demnach muss Anlage A der Vorzug gegeben werden.

- Beurteilung des Verfahrens

Auch bei der Rentabilitätsrechnung liegen die Mängel des Verfahrens in der kurzfristigen Betrachtungsweise, die zukünftige Änderungen auf Kosten und Erlösen unberücksichtigt lässt. Außerdem besteht auch hier die Schwierigkeit, Umsätze und Erlöse den einzelnen Investitionsalternativen zuzurechnen.[143] Zudem muss auch bei diesem Verfahren unterstellt werden, dass Differenzen in der Nutzungsdauer einzelner Objekte nicht von Belang sind, d.h. das Kapital der kurzlebigeren Investition muss in der Nutzungsdauerdifferenz die gleiche Rendite erwirtschaften.

6.4.1.4 Die statische Amortisationsrechnung

Auch die Amortisationsrechnung (oder pay-off-Methode) stellt eine Erweiterung der Kosten- und Gewinnvergleichsrechnung dar. Es wird hierbei der Zeitraum ermittelt, in dem das ursprünglich eingesetzte Kapital durch Erlöse vollständig zurückgeflossen ist. Es wird dadurch eine überschlägige Risikoeinschätzung verschiedener Investitionsobjekte möglich. Ein einzelnes Objekt kann dann als vorteilhaft gelten, wenn dessen Amortisationszeit kürzer ist, als die vom Investor als maximal zulässig anzusehene.[144] Beim Alternativenvergleich wird diejenige Alternative gewählt, die die kürzeste Amortisationszeit hat. Die Amortisationsrechnung kann auf verschiedene Weise durchgeführt werden:

(1) Durchschnittsrechnung

Hier wird das ursprünglich eingesetzte Kapital durch die durchschnittlichen Rückflüsse (durchschnittl. Gewinn + Abschreibungen) dividiert. Es ergibt sich die Amortisationsdauer:

$$\text{Amortisationsdauer} = \frac{\text{Kapitaleinsatz}}{\text{durchschnittliche Rückflüsse}}$$

Hier werden konstante Überschüsse für die gesamte Nutzungsdauer des Investitionsobjektes angenommen.

---

[143] Vgl. Wöhe, G.: Einführung in die allgemeine Betriebswirtschaftslehre, a.a.O., S. 1091 f.
[144] Vgl. Perridon, L./ Steiner, M.: Finanzwirtschaft der Unternehmung, a.a.O., S. 50 f.

Ein Aufgabe soll die Berechnung verdeutlichen:

Beispiel 6:

Amortisationsrechnung		Anlage A	Anlage B
Anschaffungskosten	[GE]	120.000	120.000
Nutzungsdauer	[Jahre]	6	5
Abschreibung	[GE / Jahr]	20.000	24.000
durchschnittlicher Jahresgewinn	[GE]	6.000	8.700
durchschnittliche Rückflüsse	[GE / Jahr]	26.000	32.700
Amortisationsdauer	[Jahre]	4,6	3,7

Anlage B ist wegen der kürzeren Amortisationsdauer als vorteilhafter zu bewerten.

(2) Totalrechnung (oder Kumulationsrechnung)

Es werden die erwarteten Rückflüsse pro Periode geschätzt und kumuliert, bis sie der Höhe des Kapitaleinsatzes entsprechen. Diese Variante ist dann vorzuziehen, wenn der Gewinnverlauf unregelmäßig ist und / oder nicht-lineare Abschreibungen angesetzt werden.

Die dem Investitionsobjekt zurechenbaren Rückflüsse werden in der Praxis durch Gewinn plus Abschreibungen angenähert. Man geht also davon aus, dass alle Einzahlungen, soweit nicht für laufende Auszahlungen der Investition benötigt, zur Amortisation des eingesetzten Kapitals verwendet werden. Erst wenn das gesamte Kapital zurückgezahlt ist, entstehen Überschüsse.[145] Ein Beispiel verdeutlicht die Vorgehensweise:

Beispiel 7:

Amortisationsrechnung		Anlage A	Anlage B
Anschaffungskosten	[GE]	120.000	120.000
Lebensdauer	[Jahre]	6	5
Rückfluss	[GE / Jahr]		
1. Jahr		20.000	35.000
2. Jahr		25.000	45.000
3. Jahr		30.000	35.000
4. Jahr		35.000	30.000
5. Jahr		26.000	18.500
6. Jahr		20.000	-

Die Deckung der Ausgaben erfolgt bei der Anlage A in der 5. Periode und bei der Anlage B in der 4. Periode. Unter dem Gesichtspunkt einer möglichst rasch verdienten Investition wäre die Anlage B vorzuziehen.

---

[145] Vgl. Perridon, L./ Steiner, M.: Finanzwirtschaft der Unternehmung, a.a.O., S. 52 f.

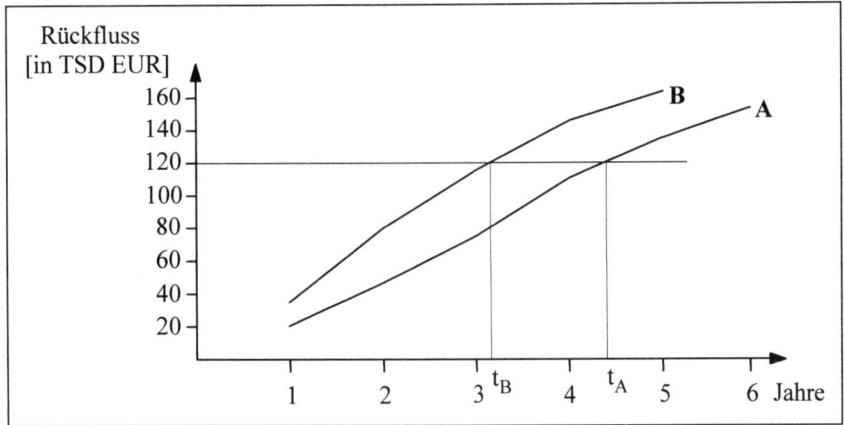

Abb. 33: Graphische Darstellung der kumulierten Rückflüsse

Aus der Graphik wird der Zusammenhang deutlich. Die Amortisationsdauer der Anlage B (t_B) ist wesentlich kürzer als von Anlage A (t_A) und daher vorzuziehen.

(3) Beurteilung des Verfahrens

Das Verfahren liefert als **Ergänzung** zur Rentabilitätsrechnung wertvolle Hinweise bezüglich der Risikoabschätzung von Investitionsvorhaben. Je länger die Kapitalbindung (bzw. Amortisationsdauer) desto unsicherer ist die Rückgewinnung des Kapitals zu beurteilen. Bei unterschiedlicher Nutzungsdauer von Investitionsalternativen ist es allerdings wenig sinnvoll, die Investitionsentscheidung ausschließlich auf Grundlage der Amortisationsrechnung zu treffen. Denn die jährlichen Abschreibungen hängen von der Nutzungsdauer ab und beeinflussen so die Amortisationsdauer wesentlich (siehe Beispiel 7). Auch diesem Verfahren haftet die Schwäche der Nichtberücksichtigung des zeitlichen Anfalls von Zahlungen an.

6.4.1.5 Generelle Aussagefähigkeit der statischen Verfahren

Die größten Nachteile der statischen Investitionsrechnungen liegen in

a) der kurzfristigen Betrachtungsweise und

b) der Nichtberücksichtigung des zeitlichen Anfalls von Einzahlungen u. Auszahlungen.

Die kurzfristige Betrachtung unterstellt für einen längeren Zeitraum konstante Verhältnisse (Rohstoffpreise, Löhne, Ausbringungsmenge, Erlöse etc.), die in der Praxis teilweise hohen Schwankungen unterliegen. Die zeitliche Berücksichtigung des Anfalls von Zahlungen, d.h. die unterschiedliche Bewertung von Zahlungen zu unterschiedlichen Zeitpunkten kann dazu führen, dass sich die Rangordnung der nach statischen Gesichtspunkten beurteilten Alternativen erheblich verändert. Die generelle Aussagefähigkeit statischer Verfahren ist demnach um so geringer, je stärker Ein- und Auszahlungsstruktur der Investitionsalternativen differieren und je weniger man von konstanten Verhältnissen in der Zukunft ausgehen kann. Die Beurteilung von sehr langlebigen Investitionsobjekten ist daher besonders schwierig. Die Abbildung 34 stellt die wichtigsten Zusammenhänge der statischen Verfahren in einer Übersicht dar:

Methode/ Anwendungsgebiet	Entscheidungskriterium	Voraussetzungen	Sonstiges
Kostenvergleichsrechnung			
- Alternativenvergleich	1) Periodenvergleich geringste durchschnittliche Gesamtkosten pro Periode	- gleiche quantitative und qualitative Leistung der Alternativen	⎫ bei unterschiedlicher Kostenstruktur und / oder Auslastung kann als Entscheidungshilfe die kritische Auslastung berechnet werden
	2) Stückkostenvergl. geringste Stückkosten	- unterschiedliche quantitative, gleiche qualitative Leistung	
- Ersatzproblem	1) Kostenvergleich (Variante 1) durchschnittliche Gesamtkosten der Vergleichsperiode neue Anlage < Grenzkosten der alten Anlage	- Grundlage zur Berechnung der Zinsen und Abschreibung (alte Anlage) ist der Liquidationserlös am Beginn der Vergleichsperiode	
	2) Kostenvergleich (Variante 2) wie 1)	- Grundlage zur Berechnung der Zinsen und Abschreibung (alte Anlage) ist das durchschnittlich gebundene Kapital (ursprünglich)	Restbuchwertverlust der alten Anlage wird dem Kostenvorteil der neuen Anlage angelastet
Gewinnvergleichsrechnung			
- Vorteilhaftigkeit einer einzelnen Investition	Netto-Periodengewinn > 0 oder Brutto-Periodengewinn > Zinskosten	- quantitative und qualitative Leistung muss bewertbar sein	⎫ Die Analyse der Gewinnstruktur der Investitionen wird mit Hilfe der Gewinnschwellenanalyse durchgeführt ⇒ zusätzliche Aussage
- Alternativenvergleich	- höchster durchschnittl. Gewinn pro Periode	- unterschiedliche qualitative (evtl. auch quantitative) Leistung, die bewertbar sein muss	
		- unterschiedliche Nutzungsdauer darf nicht von Belang sein	
- Ersatzproblem	durchschnittlicher Gewinn der Vergleichsperiode neue Anlage > alte Anlage	- quantitative und qualitative Leistung muss bewertbar sein	

Methode/ Anwendungsgebiet	Entscheidungskriterium	Voraussetzungen	Sonstiges
Rentabilitätsrechnung			
- Vorteilhaftigkeit einer einzelnen Investition	Nettorentabilität > 0 oder Bruttorentabilität > Zinskostensatz		Allgemein gilt: liefert aussagefähigere Informationen, da der Kapitaleinsatz mit einbezogen wird
- Alternativenvergleich	höchste Rentabilität pro Periode	- Gewinn wird durch unterschiedlichen Kapitaleinsatz erzielt - Unterschiedliche Nutzungsdauer darf nicht von Belang sein	
- Ersatzproblem	positive Rentabilität des Ersatzes (wegen der Kostenersparnis bezogen auf den durchschnittlichen Kapitaleinsatz)	- Ermittlung der Kostendifferenz von alter und neuer Anlage in der Vergleichsperiode, bez. auf den durchschn. Kapitaleinsatz	
Amortisationsrechnung			
Vorteilhaftigkeit einer einzelnen Investition	1) Durchschnittsrechnung Errechnete Amortisationsdauer ≤ Soll-Armortisationsdauer 2) Totalrechnung wie unter 1)	- ist anzuwenden, wenn Gewinnverlauf unregelmäßig und/oder nicht-lineare Abschreibungen angesetzt sind	Allgemein gilt: liefert zusätzlich zur Rentabilitätsrechnung einen Maßstab zur Risikobeurteilung von Investitionsvorhaben. Als allgemeine Entscheidungsgrundlage ungeeignet.
- Alternativenvergleich	1) Durchschnittsrechnung kürzeste Amortisationsdauer	- nur aussagefähig, wenn Nutzungsdauer der Objekte gleich, da die Abschreibungen die Amortisationszeit beeinflussen	
- Ersatzproblem	2) Totalrechnung wie unter 1) Amortisationsdauer der neuen Anlage	- wie oben - Zusätzlicher Kapitaleinsatz, bezogen auf ersparte Kosten durch Ersatz plus Abschreibungen	

Abb. 34: Übersicht der statischen Investitionsrechnung

6.4.2 Die dynamischen Verfahren

Mit Hilfe der dynamischen Investitionsrechnungen kann die Vorteilhaftigkeit von Investitionen wesentlich besser beurteilt werden, als mit statischen Verfahren. Sie sind allerdings komplexer und schwerer in der Handhabung. Daher haben sie in der betrieblichen Praxis nicht so große Verbreitung gefunden, wie die statische Verfahren.

Durch Anwendung der dynamischen (oder finanztheoretischen) Verfahren lassen sich die für statische Verfahren bekannten Schwächen beseitigen:

- Die einperiodische Betrachtungsweise, die auf Durchschnittswerte angewiesen ist, wird durch die genaue Erfassung von Ein- und Auszahlungen während der ganzen Nutzungsdauer abgelöst (mehrperiodische Betrachtungsweise).[146]
- Die Ein- und Auszahlungen werden entsprechend ihrem zeitlichen Anfall bewertet.

In diesem Abschnitt sollen zunächst die klassischen Ansätze der dynamischen Verfahren behandelt werden:

- Kapitalwertmethode
- Interne Zinsfuß-Methode
- Annuitätenmethode

6.4.2.1 Die Kapitalwertmethode

Bei der Kapitalwertmethode erfüllt sich die Forderung nach der unterschiedlichen Bewertung zeitlich verschobener Zahlungen durch Ermittlung des Barwertes aller Ein- und Auszahlungen. D.h., alle Zahlungen werden auf den Zeitpunkt t=0 (Zeitpunkt der ersten Zahlung, die mit der Investition zusammenhängt) abgezinst. Aus der Differenz der Barwerte aller Einzahlungen (incl. des Liquidationserlöses) und der Barwerte aller Auszahlungen ergibt sich der Kapitalwert der Investition.

Die Abzinsung (oder Diskontierung) erfolgt dabei unter Annahme eines Kalkulationszinsfußes i, der die gewünschte Mindestverzinsung des Kapitals darstellt.

$$K_0 = \sum_{t=0}^{n}(E_t - A_t) \cdot (1+i)^{-t} + \frac{L_n}{(1+i)^n}$$

oder auch

$$K_0 = -I_0 + \sum_{t=1}^{n}(E_t - A_t) \cdot (1+i)^{-t} + \frac{L_n}{(1+i)^n}$$

K_0 = Kapitalwert
E_t = Einzahlungen in der Periode t
A_t = Auszahlungen in der Periode t
I_0 = Investitionsausgabe bei t = 0
i = Kalkulationszinsfuß
t = Periode (0, 1, 2...n)
L_n = Liquidationserlös
$(E_t - A_t)$ = R_t Rückflüsse in der Periode t

Eine Vorteilhaftigkeit ergibt sich bei Kapitalwerten ≥ 0, da die gewünschte Mindestverzinsung erreicht bzw. überschritten wird. Bei Kapitalwerten < 0 kann die gewünschte Mindestverzinsung nicht erzielt werden. Die Investition ist damit nicht vorteilhaft.

---

[146] Vgl. Perridon, L./ Steiner, M: Finanzwirtschaft der Unternehmung, a.a.O., S. 56.

Beispiel 8:

Ermittlung des Kapitalwertes einer einzelnen Investition. Die Diskontierung der Rückflüsse ($E_t - A_t$) geschieht mit Abzinsungs- (oder Barwert-) faktoren $(1+i)^{-t}$, die aus der Tabelle für den entsprechenden Kalkulationszinsfuß entnommen werden können. (siehe Anhang).

Anschaffungswert der Investition : $I_0 = 100.000,-$

Ein- und Auszahlungen wie angegeben

Liquidationserlös : $L_n = 0,-$

Planungszeitraum : 5 Jahre

Kalkulationszinsfuß : $i = 0,10$

		Kapitalwertmethode			
Jahre (jeweils Jahres- ende)	Auszah- lungen A_t bzw. I_0 (Zeitwert)	Einzah- lungen E_t (Zeitwert)	Rückflüsse ($E_t - A_t$) (Zeitwert)	Abzinsungs- faktoren $(1+i)^{-t}$ für ($i = 0,10$)	Barwerte der Zahlun- gen
0	- 100.000,-	-	- 100.000,-	1,0000	- 100.000,-
1	- 15.000,-	+ 55.000,-	+ 40.000,-	0,9091	+ 36.364,-
2	- 15.000,-	+ 50.000,-	+ 35.000,-	0,8264	+ 28.924,-
3	- 20.000,-	+ 50.000,-	+ 30.000,-	0,7513	+ 22.539,-
4	- 20.000,-	+ 50.000,-	+ 30.000,-	0,6830	+ 20.490,-
5	- 25.000,-	+ 50.000,-	+ 25.000,-	0,6209	+ 15.523,-
				Kapitalwert $K_0 =$	+ **23.840,-**

Diese Investition ist vorteilhaft. Neben der geplanten Mindestverzinsung von 10% erwirtschaftet die Investition noch 23.840,-.

Oft wird aber statt der Betrachtung einer einzelnen Investition der Vergleich mehrerer Alternativen nötig, die sich einander ausschließen. D.h., es kann nur eine der Alternativen verwirklicht werden (Substitutionalität). Diejenige Alternative mit dem höchsten positiven Kapitalwert ist dann die vorteilhafteste. An die einfache Gegenüberstellung der Kapitalwerte von verschiedenen Investitionsalternativen sind jedoch einige Bedingungen zu stellen: Die untersuchten Objekte müssen sogenannte **vollständige Alternativen** sein, d.h. sie dürfen sich hinsichtlich Lebensdauer, Kapitaleinsatz und Struktur der Rückflüsse nicht unterscheiden. Da das in der Regel nicht der Fall sein dürfte, wird zur Behebung dieses Mangels die Betrachtung von Differenzinvestitionen notwendig (siehe auch Abschnitt 1.4.3).

Die Differenzinvestition macht die Alternativen hinsichtlich dieser Bedingungen vergleichbar. Dazu wird die Differenz aus den Zahlungsreihen beider Alternativen als fiktive Investition zum Kalkulationszinsfuß auf dem Kapitalmarkt angelegt und auf den Berechnungszeitpunkt abgezinst. Der Kapitalwert der Differenzinvestition ist damit gleich der Differenz der Kapitalwerte der Alternativen.

Beispiel 9:

	Anlage I	Anlage II
Anschaffungsausgabe (A_0)	1.000.000,--	1.250.000,--
Nutzungsdauer n	5 Jahre	6 Jahre
Zu erwartender Liquidationswert am Ende der Nutzungsdauer	175.000,--	215.000,--
Kalkulationszinsfuß	0,1	

Der Vergleich auf der Basis der Kapitalwerte zeigt, dass die Anlage II vorteilhafter ist als Anlage I, obwohl beide Alternativen realisierbar sind.

Periode	Barwert-faktoren	Anlage I Zeitwert	Anlage I Barwert	Anlage II Zeitwert	Anlage II Barwert
1	0,909	110.000,--	99.990,--	170.000,--	154.530,--
2	0,826	290.000,--	239.540,--	225.000,--	185.850,--
3	0,751	450.000,--	337.950,--	640.000,--	480.640,--
4	0,683	190.000,--	129.770,--	290.000,--	198.070,--
5	0,621	160.000,--	99.360,--	165.000,--	102.465,--
6	0,564	--	--	120.000,--	67.680,--
Liquidationswert I	0,621	175.000,--	108.675,--	--	--
Liquidationswert II	0,564	--	--	215.000,--	121.260,--
Gegenwartswerte der Überschüsse und des Liquidationswertes			1.015.285,--		1.310.495,--
Anschaffungskosten (A_0)			1.000.000,--		1.250.000,--
Kapitalwert (K_0)			+ 15.285,--		+ 60.495,--

Der Vergleich auf der Basis der Differenzinvestition führt, wie oben begründet, zu demselben Ergebnis. Anlage II ist bei dem angenommenen Kalkulationszinsfuß von 10% p.a. die vorteilhaftere Alternative, da der Kapitalwert der Differenzinvestition +45.210,- beträgt. Bei dieser Berechnung werden die Liquidationserlöse der beiden Anlagen in die Periodenüberschüsse der 5. bzw. 6. Periode mit einbezogen.

Periode	Zeitwerte der Überschüsse Anlage I	Zeitwerte der Überschüsse Anlage II	Differenz-investition AII - AI	Barwert-faktoren für r = 0,1	Gegenwartswerte der Differenz-investition
0	-1.000.000,--	-1.250.000,--	-250.000,--	1,000	-250.000,--
1	110.000,--	170.000,--	+60.000,--	0,909	+54.540,--
2	290.000,--	225.000,--	-65.000,--	0,826	-53.690,--
3	450.000,--	640.000,--	+190.000,--	0,751	+142.690,--
4	190.000,--	290.000,--	+100.000,--	0,683	+68.300,--
5	335.000,--	165.000,--	-170.000,--	0,621	-105.570,--
6		335.000,--	+335.000,--	0,564	+188.940,--
Kapitalwert der Differenzinvestition (K_{oD})					+ 45.210,--

Eine besondere Problematik liegt häufig auch in der Festlegung des Kalkulationszinssatzes. Die Bestimmung des Kalkulationszinssatzes ist zunächst unproblematisch, wenn vollkommener Kapitalmarkt und sichere Erwartungen unterstellt werden (wie im Beispiel). In diesem Fall ist der Kalkulationszinssatz der Marktzins, zu dem finanzielle

Mittel in unbegrenzter Höhe beschafft bzw. angelegt werden können. Da in der Praxis weder der vollkommene Kapitalmarkt noch sichere Erwartungen existieren, gibt es viele Determinanten, die eine Rolle bei der Bestimmung des Kalkulationszinssatzes spielen können.

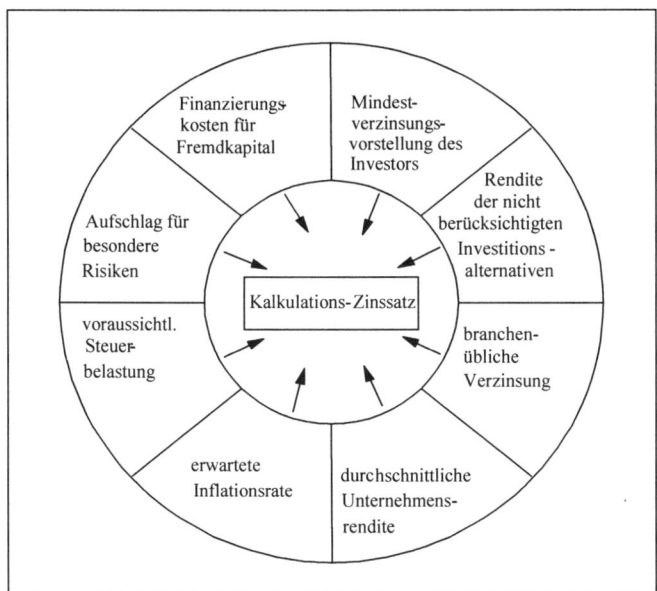

Abb. 35: Determinanten des Kalkulationszinssatzes[147]

Der Kalkulationszinssatz ist dabei nicht nur Maßstab für die Vorteilhaftigkeit einer Investition, sondern auch Ausdruck einer Mindestverzinsungsvorstellung des Investors. Diese verschiedenen Anforderungen an den Kalkulationszinssatz haben zu unterschiedlichen Ansätzen für dessen Bestimmung geführt, die sich im wesentlichen entweder an Finanzierungs- oder an Opportunitätskosten orientieren.[148]

Bei den Finanzierungskosten spielt die **Art des Kapitals** eine Rolle, mit dem die Investition finanziert wird. Bei Eigenkapitalfinanzierung liegt die Eigenkapital-Mindestverzinsung, bei Fremdkapitalfinanzierung der Fremdkapitalzins für die Kalkulationszinssatz-Bestimmung zugrunde. Bei einer Finanzierung aus Eigen- und Fremdkapital wird ein arithmetisches Mittel entsprechend den Anteilen errechnet. Orientiert sich die Kalkulationszinssatzbestimmung an den Opportunitätskosten, so liegt der Zins zugrunde, der mit einer alternativen Anlagemöglichkeit für das verwendete Kapital erwirtschaftet werden könnte. Dabei können sowohl alternative Finanz- als auch Realinvestitionen betrachtet werden.

Die verschiedenen Ansätze zeigen aber noch keine einheitliche und sichere Methode, mit denen die unterschiedlichen Anforderungen an den Kalkulationszinssatz befriedigend berücksichtigt werden können. Lediglich das in neuester Zeit entwickelte Markt-

---

[147] übernommen aus: Müller-Hedrich, B.W.: Betriebliche Investitionswirtschaft, a.a.O., S. 130.
[148] ausführlich: Rolfes, B.: Marktzinsorientierte Investitionsrechnung, in: Zeitschrift für Betriebswirtschaft, Wiesbaden 1993, S. 693 ff.

zinsmodell der Investitionsrechnung[149] geht nicht mehr von einem einheitlichen Kalkulationszinsfuß aus, sondern orientiert sich an dem am Geld- und Kapitalmarkt vorliegenden, aktuellen Marktzinsgefüge (siehe Abschnitt 6.4.5).

Die Beziehung zwischen Kapitalwert und Kalkulationszinsfuß wird deutlich, wenn der Kapitalwert einer Investition bei verschiedenen Zinsfüßen dargestellt wird. Abbildung 36 verdeutlicht den funktionalen Zusammenhang anhand eines einfachen Zahlenbeispiels:

Beispiel 10:

Kapitaleinsatz:	EUR 100.000,-	Kalkulations-zinsfuß	Kapitalwert
Rückflüsse (Zeitwert):	1. Jahr 30.000,-	0%	+ 40.000,-
	2. Jahr 50.000,-	5%	+ 25.750,-
	3. Jahr 60.000,-	10%	+ 13.630,-
		15%	+ 3.380,-
		20%	- 5.570,-
		30%	- 20.030,-

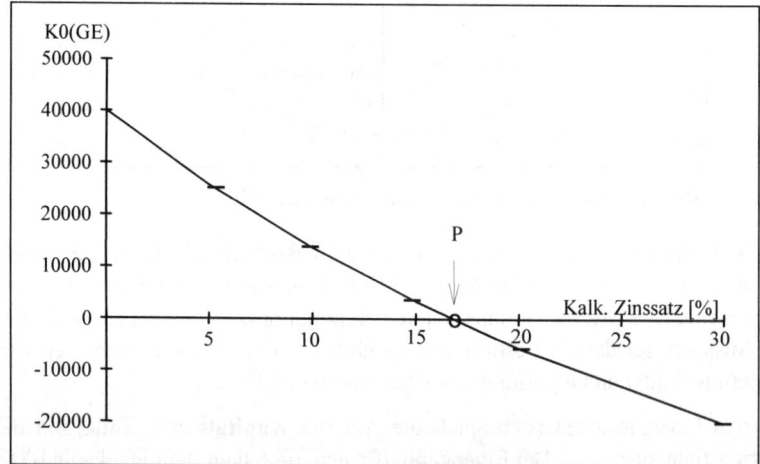

Abb. 36: Zusammenhang von Kapitalwert und Kalkulationszinssatz

Je höher der Kalkulationszinssatz wird, desto geringer ist der Kapitalwert einer Investition. Er kann dabei auch negative Werte annehmen. An diesem funktionalen Zusammenhang setzt die Interne-Zinsfuß-Methode an, die im folgenden erläutert werden soll.

6.4.2.2 Interne-Zinsfuß-Methode

Als interner Zinsfuß wird die Effektivverzinsung einer Investition bezeichnet. Die Interne-Zinsfuß-Methode berechnet nicht wie die Kapitalwertmethode den Kapitalwert bei gegebenen Kalkulationszinsfuß, sondern sie berechnet den Internen Zinsfuß, der sich bei einem Kapitalwert von null ergibt (siehe Abb. 36, Punkt P). Für die

---

[149] Vgl. Rolfes, B.: Marktzinsorientierte Investitionsrechnung, ZfB, a.a.O., S. 693 ff.

Berechnung benutzt man daher den gleichen Ansatz wie bei der Kapitalwertmethode und setzt den Kapitalwert (K_0) = 0. Der Kalkulationszinsfuß (i) wird dabei zum internen Zinsfuß (r):

$$K_0 = \sum_{t=0}^{n} (E_t - A_t) \cdot (1+r)^{-t} + \frac{L_n}{(1+r)^n} = 0$$

K_0 = Kapitalwert
$(E_t - A_t)$ = Rückflüsse in Periode t
r = Interner Zinsfuß
L_n = Liquidationserlös in Periode n

Die Auflösung der Gleichung nach r ist für eine mehr als zweiperiodische Betrachtung mit erheblichen Schwierigkeiten verbunden. Daher wird ein Näherungsverfahren herangezogen, das ausreichend genaue Ergebnisse liefert.
Vorgehensweise:

- Man wählt einen Kalkulationszinsfuß, bei dem sich ein Kapitalwert größer null errechnet.
- Dann wird ein Kalkulationszinsfuß gewählt, bei dem sich ein Kapitalwert kleiner null ergibt.
- Durch lineare Interpolation wird der Zinsfuß ermittelt, bei dem der Kapitalwert gerade null ist.

Ein Beispiel verdeutlicht die Vorgehensweise:

Beispiel 11:

Es wird von den Zahlenwerten aus dem Beispiel 10 ausgegangen. Ein Kalkulationszinsfuß von 15% liefert einen Kapitalwert von + 3.380,-, ein Zinsfuß von 20% einen Kapitalwert von - 5.570,-:

für r_1 = 15% K_{01} = + 3.380,-
r_2 = 20% K_{02} = - 5.570,-

Die lineare Interpolation ergibt:

$$r = r_1 - K_{01} \frac{r_2 - r_1}{K_{02} - K_{01}} [\%]$$
$$\Rightarrow r = 15 - 3.380 \cdot \frac{20 - 15}{-5.570 - 3.380} [\%]$$
$$\Rightarrow \mathbf{r = 16{,}89\%}$$

Nun kann ein kleineres Interpolationsintervall gewählt werden, das einen genaueren Wert ergibt:

z.B.: für r_3 = 16% K_{03} = + 1.470,-
r_4 = 18% K_{04} = -2.150,-
$$\Rightarrow r = 16 - 1.470 \cdot \frac{18 - 16}{-2.150 - 1.470}$$
$$\Rightarrow \mathbf{r = 16{,}81\%}$$

Das gleiche Ergebnis erhält man auch bei graphischer Interpolation wie die folgende Abbildung zeigt:

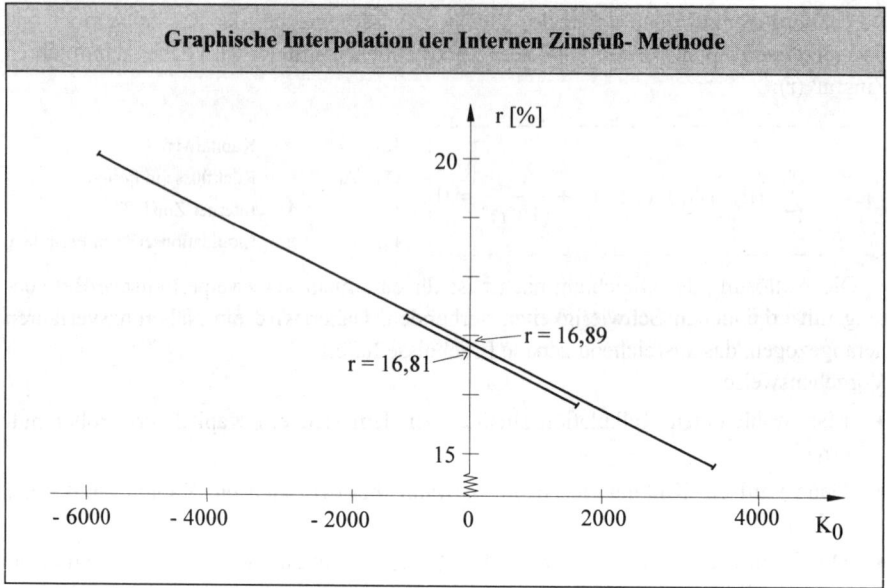

Abb. 37: Graphische Interpolation

Der Interne Zinsfuß liegt bei ca. 16,8%. Er gibt die Verzinsung des zu jedem Zeitpunkt jeweils gebundenen Kapitals an. D.h., die Rückflüsse werden nicht reinvestiert, sondern werden durch Zinsen und Tilgung verzehrt, bis am Ende des Planungszeitraums das gebundene Kapital (Vermögenswert) Null wird:

Zeitpunkt t	Rückflüsse/ Kapitaleinsatz	Zinsen bei 16,8%	Tilgung	gebundenes Kapital (Vermögenswert)
0	- 100.000,-	-	-	- 100.000,-
1	+ 30.000,-	16.800,-	13.200,-	- 86.800,-
2	+ 50.000,-	14.582,-	35.418,-	- 51.382,-
3	+ 60.000,-	8.632,-	51.368,-	- 14,-[150]

Abb. 38: Entwicklung des Vermögenswertes bei Internem Zinsfuß

Die Vorteilhaftigkeit einer Investition ergibt sich bei zusätzlicher Kenntnis des Kalkulationszinsfußes, wenn der Interne Zinsfuß größer oder gleich dem Kalkulations-zinsfuß ist. Es wird ersichtlich, dass der Kalkulationszinsfuß als Vergleichsmaßstab gegeben sein muss. Im Beispiel ist die Investition bei dem Kalkulationszinsfuß von 10% vorteilhaft.

Wird ein Alternativenvergleich angestrebt, so ist unter der Annahme **vollständiger Alternativen** (Abschnitt 6.4.2.1) diejenige zu wählen, die den höchsten Internen Zinsfuß aufweist. Dabei muss diese jedoch auch größer als der Kalkulationszinsfuß sein. Ist die Annahme vollständiger Alternativen nicht haltbar, so muss eine Untersuchung mit Hilfe von Differenzinvestitionen geführt werden. (siehe Abschnitt 6.4.3).

---

[150] Anm.: Die Ungenauigkeit des Interpolationsverfahrens bei der Internen-Zinssatzbestimmung führt zu einer Abweichung des Vermögenswertes von 14,-.

6.4.2.3 Die Annuitätenmethode

Die Annuitätenmethode kann als Variante der Kapitalwertmethode gesehen werden. Es werden die mit der Investition zusammenhängenden Zahlungsströme in äquivalente, äquidistante und uniforme Beträge umgeformt.[151] Die Annuität entspricht dabei einer fiktiven Zahlungsreihe.

Zur Verdeutlichung

- Die Barwerte der Kapitalwertreihe sind **gleich** dem Barwert der Annuität.
- Die Zahlungszeitpunkte sind **gleich** weit voneinander entfernt.
- Die Zahlungen sind **gleich** groß.

Die Annuität einer Investition (d.h. die durchschnittlichen jährlichen Einzahlungsüberschüsse) errechnet sich mit Hilfe von **Wiedergewinnungsfaktoren** (siehe Tabelle im Anhang). Dabei gilt:

$$A = K_0 \cdot \frac{i(1+i)^n}{(1+i)^{n-1}} = K_0 \cdot WGF_n^i$$

A = Annuität
i = Kalkulationszinsfuß
WGF_n^i = Wiedergewinnungsfaktor für i und n

In Abbildung 39 wird die Umformung des Kapitalwertes in eine Annuität mit Hilfe des Zahlenmaterials aus dem Beispiel 8 verdeutlicht:[152]

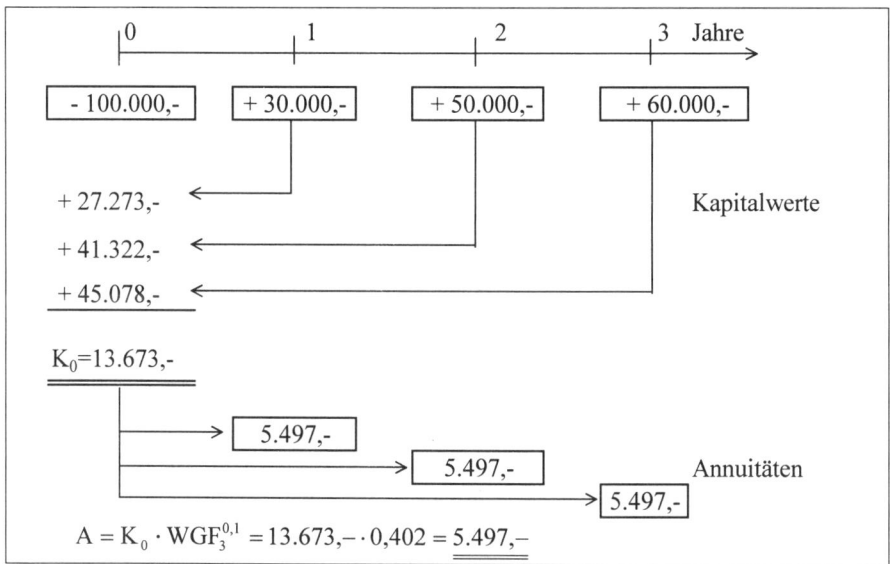

Abb. 39: Umwandlung von Kapitalwerten in Annuitäten

Das **Vorteilhaftigkeitskriterium** für eine einzelne Investition lautet analog zur Kapitalwertmethode: Eine Investition ist vorteilhaft, wenn ihre Annuität ≥0 ist. Das bedeutet, das gebundene Kapital wird zum Kalkulationszinsfuß verzinst und außerdem

---

[151] Vgl. Jacob, H.: Investitionsrechnung. In: Allgemeine Betriebswirtschaftslehre in programmierter Form, Hrsg. Jacob, H., Wiesbaden 1969, S. 608.
[152] Vgl. Schierenbeck, H.: Grundzüge der Betriebswirtschaftslehre, a.a.O., S. 345.

wird ein Periodenüberschuss erwirtschaftet. Werden Investitionsalternativen verglichen, so gilt diejenige als vorteilhaft, deren positive Annuität am höchsten ist. Auch die Annuitätenmethode beruht wie die Kapitalwertmethode auf der Annahme des vollkommenen Kapitalmarktes und setzt die Kenntnis des Kalkulationszinsfußes voraus. Daher gelten die Kritikpunkte der Kapitalwertmethode gleichermaßen für die Annuitätenmethode.

6.4.2.4 Die Beurteilung der dynamischen Verfahren

Die dynamischen Verfahren bieten gegenüber den statischen den wesentlichen **Vorteil der Realitätsnähe**. Dieses ergibt sich aus der zeitlichen Erfassung aller Vorgänge, die mit einem Investitionsobjekt zusammenhängen. Dabei können insbesondere Änderungen der Beschäftigungskosten- und Erlössituation sowie der unterschiedliche zeitliche Anfall von Zahlungen berücksichtigt werden. Es resultieren insgesamt exaktere Lösungen als bei der Anwendung statischer Verfahren. Damit ist der höhere zeitliche und finanzielle Aufwand bei dynamischen Verfahren oft gerechtfertigt.

Aus der Konzeption der dynamischen Verfahren und den zu treffenden Prämissen resultieren allerdings auch wesentliche Schwächen, die wie folgt zusammengefasst werden können:[153]

(1) Es wird unterstellt, dass zukünftige Zahlungen zuverlässig geschätzt werden können (**vollkommene Voraussicht**). Tatsächlich sind diesbezügliche Annahmen (z.B. Nutzungsdauer, Höhe und zeitliche Verteilung von Ein- und Auszahlungen etc.) oft nur mit hohen Unsicherheiten vorhersehbar.

(2) Außerdem wird das **Zurechnungsproblem** von Ein- und Auszahlungen zu den jeweiligen Investitionsobjekten stets als gelöst gesehen. Es bestehen in der Praxis jedoch Interdependenzen zwischen Investitionsobjekt und anderen Faktoren (z.B. bestehenden Betriebs- und Marktstrukturen, zukünftigen Investitionsvorhaben etc.),[154] so dass die Zuordnung oft Schwierigkeiten bereitet.

(3) Es besteht das Problem der **Kalkulationszinssatz**-Ermittlung (vgl. Abschnitt 6.4.2.1). Da bei den klassischen Verfahren kein zuverlässiger Ansatz für eine zuverlässige Berechnung existiert, beruht der Kalkulationszinssatz auf Schätzungen und ist daher mit Unsicherheiten behaftet.

(4) Es wird angenommen, dass Kapital in beliebiger Höhe zum Kalkulationszinsfuß aufgenommen bzw. angelegt werden kann (**vollkommener Kapitalmarkt**). Ist diese Prämisse nicht haltbar, so wird die Rentabilität einer Investition bei Kapitalwert- und Annuitätenmethode verzerrt wiedergegeben.

(5) Die **Wiederanlageprämisse** setzt voraus, dass bei der Kapitalwert- (oder Annuitäten-) Methode Rückflüsse zum Kalkulationszinsfuß, bei der Internen-Zinsfuß-Methode zum Internen Zinssatz reinvestiert werden können. Bei unterschiedlicher Struktur der Rückflüsse oder Nutzungsdauer der Investitionsobjekte liefert die Anwendung beider Verfahren unterschiedliche Rangfolgen der Vorteilhaftigkeit.

---

[153] Vgl. Wöhe, G.: Einführung in die Allgemeine Betriebswirtschaftslehre, a.a.O., S. 633 f.; Müller-Hedrich, B.W.: Betriebliche Investitionswirtschaft, a.a.O., S. 160 ff.

[154] Vgl. Müller-Hedrich, B.W.: Betriebliche Investitionswirtschaft, a.a.O., S. 161.

(6) Bei der Berücksichtigung von **Differenzinvestitionen** bei der Alternativauswahl wird davon ausgegangen, dass konkrete Möglichkeiten der Zwischenanlage bekannt sind. Kalkulationszinsfuß und Interner-Zinssatz können dann zuverlässig bestimmt werden. Auf die Berücksichtigung von Differenzinvestitionen soll im folgenden Abschnitt näher eingegangen werden.

6.4.3 Die Berücksichtigung von Differenzinvestitionen

In der Praxis muss häufig unter mehreren Investitionsalternativen die günstigste ausgewählt werden. Dieses Auswahlproblem stellt sich aufgrund finanzwirtschaftlicher Engpässe (Kapital ist nicht unbegrenzt verfügbar) oder technischer Abhängigkeiten (Investitionsobjekte schließen sich gegenseitig aus).[155]

Die Anwendung der dynamischen Investitionsrechnung wirft dabei Probleme auf, wenn die Investitionsobjekte sich in Kapitaleinsatz, Nutzungsdauer oder Struktur der Rückflüsse unterscheiden. Grundsätzlich müssen daher Differenzinvestitionen (d.h. Ergänzungs- und/oder Nachfolgeinvestitionen) berücksichtigt werden. Damit werden die Zahlungsüberschüsse bei zu vergleichenden Objekten in allen Zeitpunkten einander angeglichen. Werden Differenzinvestitionen nicht explizit berücksichtigt, so wird der Vorteilsvergleich mit dazu implizierten Annahmen durchgeführt (siehe Abschnitt 6.4.2.4).

6.4.3.1 Das Auswahlproblem

(1) Vollständiger Vorteilsvergleich

Die Investitionsalternativen A und B stehen zur Auswahl.[156] Es soll die Kapitalwertmethode für den Kalkulationszinsfuß i=10% angewendet werden. Die Daten für die Rückflüsse ($E_t - A_t$) sind gegeben:

Beispiel 12:

Jahre	Alternative A ($E_t - A_t$)	Alternative B ($E_t - A_t$)
0	-30.000	-15.000
1	0	24.409
2	45.000	-

Die Anwendung der Kapitalwertmethode führt zunächst zum gleichen Ergebnis für beide Alternativen (gleiche Vorteilhaftigkeit):

$$K_0 = -I_0 + \sum_{t=1}^{n}(E_t - A_t) \cdot (1+i)^{-t}$$

$$K_{0A} = -30.000 + \frac{45.000}{(1+0,10)^2} = \underline{7.190}$$

$$K_{0B} = -15.000 + \frac{24.409}{(1+0,10)} = \underline{7.190}$$

---

[155] Vgl. Hax, H.: Investitionstheorie, 5. Aufl., Würzburg/ Wien 1985, S. 38.
[156] Vgl. Perridon, L./ Steiner, M: Finanzwirtschaft der Unternehmung, a.a.O., S. 66 ff.

Betrachtung über Differenzierungsinvestitionen:

Als Investitionskapital stehen 30.000,- zur Verfügung. Würde Alternative B gewählt, wären demnach 15.000,- (30.000-15.000) für alternative Investitionen frei. Diese zusätzliche Investitionsmöglichkeit wird beim vollständigen Vorteilsvergleich berücksichtigt:

- Der Betrag wird für die Anschaffung eines zusätzlichen Objektes B eingesetzt. Daraus resultiert bei t=1 eine Einzahlung von:

$$2 \cdot 24.409,- = 48.818,-$$

Die Objekte A und B sind damit bei t=0 vergleichbar.

- Die erwirtschafteten 48.818,- werden bei t=1 in drei Objekte des Typs B investiert. Der Rest (3.818,-) wird zum Kalkulationszinsfuß angelegt. Daraus folgen bei t=2 Einzahlungen von:

$$\begin{aligned}3 \cdot 24.409 &= 73.227,- \\ + (3.818+387) &= \underline{4.200,-} \\ &\; 77.427,-\end{aligned}$$

Der Vorgang lässt sich wie folgt darstellen:

Art der Zahlungen	Vorgang	t = 0	t = 1	t = 2
Auszahlungen	Investition in B	- 15.000	-	-
	Differenzinvestition B	- 15.000	- 45.000	-
	Differenzinvestition zum Kalkulationszinssatz (10%)	-	- 3.818	-
Einzahlungen	aus Objekt B	-	+ 24.409	-
	aus Differnzinv. B	-	+ 24.409	+ 73.227
	aus Differenzinv. zum Kalkulationszinssatz	-	-	+ 4.200
$(E_t - A_t)$		- 30.000	0	+ 77.427

Im gesamten ergibt sich für Objekt B bei t = 2 eine Einzahlung von + 77.427,-. Gegenüber Alternative A (+ 45.000) ist bei gleichem Kapitaleinsatz Alternative B vorzuziehen. Da die Alternativen durch explizite Berücksichtigung der Differenzinvestitionen zu jedem Zeitpunkt (außer t = 2) angeglichen sind, müssen die Rückflüsse nicht abgezinst werden, um die Vorteilhaftigkeit zu beurteilen, sondern die Rückflüsse in t = 2 können direkt verglichen werden.

(2) Unvollständiger Vorteilsvergleich

Die explizite Berücksichtigung von Differenzinvestitionen kann Schwierigkeiten bei der Ermittlung realer Investitionsmöglichkeiten aufwerfen. Daher wird oft der Vorteilvergleich unter den impliziten Annahmen durchgeführt, die den dynamischen Investitionsrechnungen zugrundeliegen (vgl. Abschnitt 6.4.2.4):

a) Kapitalwertmethode:	Mögliche Differenzinvestitionen werden bis zum Nutzungsdauerende zum Kalkulationszinssatz angelegt, d.h. ihr Kapitalwert ist gleich null.
b) Annuitätenmethode	Die Investition ist zusätzlich der Bedingung in a) beliebig oft wiederholbar.
c) Interne-Zinsfuß-Methode:	Differenzinvestitionen verzinsen sich zum Internen Zinssatz bis zum Ende der Nutzungsdauer.

Nur unter diesen impliziten Annahmen sind die Alternativen A und B bei der Berücksichtigung von Differenzinvestitionen gleich vorteilhaft:

Weiterführung des Beispiels 12: (Anwendung der Kapitalwertmethode)

Zeitpunkt	Vorgang	t = 0	t = 1	t = 2
Auszahlungen	Investition B	- 15.000	-	-
	Differenzinvestition zum kalk. Zinssatz	- 15.000	- 40.909	-
Einzahlungen	aus Objekt B	-	+ 24.409	-
	aus Differenzinvestition zum kalk. Zinssatz	-	+ 16.500	+ 45.000
$(E_t - A_t)$		- 30.000	0	+ 45.000

Die Differenzinvestition bei t = 0 führt bei t = 1 zu einer Einzahlung von + 16.500,-, das Objekt B zu einer Einzahlung von + 24.409,- (Rendite der Realinvestition). Beide Einzahlungen werden zum Kalkulationszinssatz angelegt und führen bei t = 2 zu einer Einzahlung von + 45.000,-. Damit sind beide Alternativen gleich vorteilhaft.

Wie ersichtlich ist, kann die Anwendung des begrenzten Vorteilvergleichs zu Fehlentscheidungen führen, da nicht immer sichergestellt ist, dass die Rendite der Realinvestition dem Kalkulationszinssatz entspricht.

(3) Der Einfluss des Verfahrens auf die Vorteilhaftigkeit

Wird mit den Investitionsrechnungen unter impliziten Annahmen (siehe (2)) gearbeitet, so können sie u.U. alle zu unterschiedlichen Ergebnissen hinsichtlich der Rangfolge führen, da auch die Annahmen jeweils unterschiedlich sind. Das soll an einem Beispiel erläutert werden, in dem drei Alternativen mit Kapitalwert-, Interne-Zinssatz- und Annuitätenmethode beurteilt werden:

Beispiel 13:

Alternative	I	II	III	
Anschaffungskosten	- 100.000	- 200.000	- 100.000	
$(E_1 - A_1)$	+ 45.000	+ 50.000	+ 70.000	
$(E_2 - A_2)$	+ 45.000	+ 100.000	+ 55.000	
$(E_3 - A_3)$	+ 45.000	+ 120.000	-	Rangfolge
Kapitalwertmethode	+ 11.915	**+ 18.170**	± 9.060	II > I > III
Annuitätenmethode	+ 4.791	**+ 7.306**	+ 5.219	II > III > I
Interne-Zinssatz-Methode*	16,9%	14,8%	**17,2%**	III > I > II

* einmalige mathematische Interpretation ($r_1 = 10\%$, $r_2 = 20\%$)

Die Rangfolge der Alternativen ist mit allen Methoden unterschiedlich. Bei der Annuitätenberechnung für III kommt es zu unterschiedlichen Ergebnissen im Vergleich zur Kapitalwertmethode, weil der Kapitalwert mit dem WGF für die kürzere Nutzungsdauer (2 Jahre) multipliziert wurde. D.h., für diese Investition wird für die 3. Nutzungsdauerperiode eine Reinvestition mit gleicher Annuität unterstellt. Unterstellt man diese Annahme auch der Kapitalwertmethode, so ergibt sich für III ein Kapitalwert von 12.982,-.

Damit ist die Reihenfolge beider Verfahren gleich. Nimmt man jedoch die Reinvestition zum Kalkulationszinssatz an (Zugrundelegung der längsten Nutzungsdauer), so ergibt sich eine Annuität von 9.060 · WGF_3^i = 3.642. Auch hier kommen beide Verfahren zum gleichen Ergebnis. Die Rangfolge von Investitionsalternativen kann aber auch bei gleichem Kapitaleinsatz und gleicher Nutzungsdauer mit verschiedenen Verfahren unterschiedlich sein.

Im folgenden Beispiel sind bei der Kapitalwertmethode drei verschiedene Kalkulationszinssätze angenommen:

Beispiel 14:

Alternative	I	II	
Anschaffungskosten	- 100.000	- 100.000	
$(E_1 - A_1)$	+ 70.000	+ 10.000	
$(E_2 - A_2)$	+ 50.000	+ 40.000	
$(E_3 - A_3)$	+ 30.000	+ 120.000	Rangfolge
Kapitalwertmethode $i_1 = 0,10$	+ 27.400	**+ 32.400**	II > I
$i_2 = 0,144$	19.400	19.400	I = II
$i_3 = 0,20$	10.400	5.500	I > II
Interne-Zinsfuß-Methode	**27,6%**	22,6%	I > II

Bei Alternative II sind die Rückflüsse zeitlich ungünstiger verteilt als bei Alternative I. Aber bei geringer Verzinsung (i = 0,10) wirkt sich bei II die relativ höhere Rückflusssumme stärker aus, als die ungünstigere Verteilung. Dann ist die Alternative II vorteilhafter als Alternative I. Erst oberhalb des **kritischen Zinssatzes** von 14,4% (bei dem die Kapitalwerte der Alternativen gleich sind) ist Objekt I dem Objekt II überlegen, da sich jetzt die günstigere Verteilung der Rückflüsse bei I stärker auswirkt, als deren gegenüber II geringere Gesamtsumme.

Daraus folgt, dass die Kapitalwertmethode erst oberhalb des kritischen Zinssatzes die gleichen Ergebnisse liefert wie die Interne-Zinssatz-Methode. Der Zusammenhang wird deutlich, wenn man die Kapitalwerte der Alternativen in Abhängigkeit des Kalkulationszinssatzes darstellt:

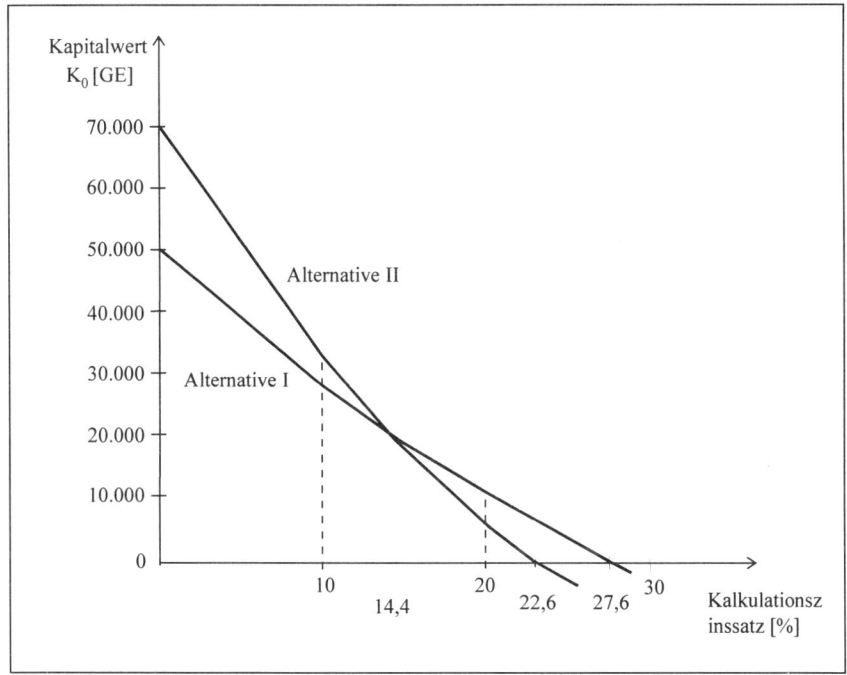

Abb. 40: Alternativenvergleich mit sich schneidenden Kapitalwertkurven

Will man ein aussagefähiges Ergebnis erreichen, so ist eine möglichst genaue Einschätzung der Verzinsung von Differenzinvestitionen notwendig, die dann über die Wahl des Verfahrens entscheidet:
- Kann man eine Verzinsung zum Kalkulationszinssatz annehmen, muss die Kapitalwertmethode angewandt werden.
- Ist eine Verzinsung zum Internen Zinssatz wahrscheinlich, liefert die Interne-Zinsfuß-Methode das richtige Ergebnis.
- Kann weder der eine, noch der andere Zinssatz angenommen werden, muss geklärt werden, ob die angenommene Verzinsung der Differenzinvestition ober- oder unterhalb des kritischen Zinssatzes liegt. Liegt er oberhalb (unterhalb), so kommt die Interne-Zinsmethode (Kapitalwertmethode) zur Anwendung.

6.4.3.2 Die Nutzungsdauerproblematik

Die unterschiedliche Nutzungsdauer von Investitionsobjekten spielt beim Vorteilsvergleich eine Rolle, wenn unterschiedliche Annahmen über die Folgeinvestition getroffen werden. Dieser Sachverhalt wurde im Abschnitt 6.4.3.1(3) schon angedeutet und soll an dieser Stelle näher untersucht werden. Folgendes Beispiel erläutert den Zusammenhang anhand der Kapitalwert- und Annuitätenmethode:

Beispiel 15:

Kalkulationszinssatz: 9%

Alternativen	A	B
Anschaffungsausgabe (I_0)	200.000,-	200.000,-
Nutzungsdauer (t) [Jahre]	10	5
jährliche Rückflüsse (R_t) (konstant)	35.000,-	56.500,-
Kapitalwertmethode $K_0 = -I_0 \cdot \dfrac{R_t}{WGF_t^i}$	24.630,-	19.785,-
Annuitätenmethode $A = K_0 \cdot WGF_t^i$	3.837,-	**5.086,-**

Es zeigt sich, dass die Methoden zu unterschiedlichen Ergebnissen bei der Bewertung der Vorteilhaftigkeit kommen. Um zum gleichen Ergebnis zu kommen, muss die bei der Annuitätenmethode unterstellte Prämisse der Reinvestition mit gleicher Annuität auch bei der Kapitalwertmethode unterstellt werden.. Dann ergibt sich für B der Kapitalwert wie folgt:

- Entweder die unterstellte Annuität wird durch den WGF von 10 Jahren geteilt:

$$K_{0B} = 5.086 \cdot \left(WGF_{10}^i\right)^{-1} = 32.624,-$$

- Oder der im Jahr 5 zusätzlich anfallende Kapitalwert der Folgeinvestition wird auf den Zeitpunkt null abgezinst:

$$K_{0B} = 19.785 + 19.785 \cdot (1+i)^{-5} = 32.624,-$$

Die Berücksichtigung von Folgeinvestitionen ist insofern wichtig, als sich die technische und rechtliche Nutzungsdauer oft von der wirtschaftlichen Nutzungsdauer unterscheidet. Unter wirtschaftlicher Nutzungsdauer wird der Zeitraum verstanden, in dem es finanzwirtschaftlich sinnvoll ist ein Investitionsobjekt zu nutzen (gewinn-maximale Nutzungsdauer). Die Nutzungsdauer wird also zum Entscheidungsproblem, das mithilfe der Investitionsrechnung gelöst werden kann. Dabei kann man folgende Fälle unterscheiden:[157]

---

[157] Vgl. Schneider, D.: Investition und Finanzierung, a.a.O., S. 233 ff.

(1) Die einmalige Investition
(2) Die wiederholte Investition (Investitionsketten)
   – Endliche Investitionskette
   – Unendliche Investitionskette

(1) Die einmalige Investition

Das Problem der optimalen Nutzungsdauer stellt sich hier, wenn die Rückflüsse oder der Liquidationserlös des Investitionsobjektes Schwankungen unterworfen sind. Ein- und Auszahlungen des Objektes müssen für mehrere Jahre bekannt sein. Da keine Anschlussinvestition vorgenommen wird (einmalige Investition), werden die Rückflüsse zum Kalkulationszinsfuß verzinst. Daher kann die Kapitalwertmethode angewendet werden. Der Kapitalwert wird jeweils für den Fall berechnet, dass das Objekt 1, 2, 3...n Jahre genutzt würde. Die wirtschaftliche Nutzungsdauer ergibt sich in dem Jahr mit dem höchsten Kapitalwert:

$$K_0 = -I + \sum_{t=1}^{n} R_t \cdot (1+i)^{-t} + L_t \cdot (1+i)^{-t} \to max.$$

I_0 = Anschaffungsausgabe
R_t = Rückflüsse der Periode t
L_t = Liquidationserlös in Periode t
i = Kalkulationszinsfuß

Der Kapitalwert des jeweiligen Jahres ergibt sich als Summe der Rückflussbarwerte plus der Barwerte des jeweiligen Liquidationserlöses abzüglich der Anschaffungsausgabe. Ein Beispiel zeigt die Vorgehensweise:

Beispiel 16:

Kalk.-Zinsfuß 10%

Jahre (t)	Anschaffungsausgabe (I_0)	Rückflüsse (R_t)	Liquidationserlös im Jahr t (L_t)	Kapitalwert K_0
0	5.000	-	-	-
1	-	1.400	4.100	0
2	-	1.350	3.250	72,-
3	-	1.250	2.550	242,-
4	-	1.130	1.950	430,-
5	-	1.000	1.350	557,-
6	-	875	970	759,-
7	-	600	480	**767,-**
8		300	0	660,-

Der maximale Kapitalwert (767,-) ergibt sich, wenn die Anlage 5 Jahre genutzt ist. Die wirtschaftliche Nutzungsdauer ist demnach 5 Jahre.

Allgemein lässt sich festhalten, dass "die Nutzung einer Anlage sich lohnt, solange die Nettoeinnahmen bei Weiterverwendung um eine Periode größer sind, als die zusätzlichen Einnahmen bei Beendigung der Nutzung in der Vorperiode und die Anlage des freigesetzten Kapitals zum Kalkulationszinsfuß." Oder anders gesagt ist die wirtschaftliche Nutzungsdauer dann erreicht, wenn der zeitliche Grenzgewinn der Anlage null ist.

(2) Die wiederholte Investition

- Die endliche Investitionskette

Bei der endlichen Investitionskette wird angenommen, dass wiederholt identische Investitionen vorgenommen werden sollen. Identische Investition heißt, dass Anschaffungsausgaben und Kapitalwert für die Nutzungsdauer unter dem Gesichtspunkt einmaliger Investition jeweils gleich sein müssen. Die Zahlungsströme können dagegen unterschiedlich sein.

Wird eine Investition einmal identisch wiederholt, so ist das Kriterium für den Einsatzzeitpunkt der Folgeinvestition das Gesamtmaximum des Kapitalwertes der zweigliedrigen Investitionskette. Dabei ist der Einsatzzeitpunkt der Folgeinvestition früher, als die wirtschaftliche Nutzungsdauer der Grundinvestition bei einmaliger Investition. Die folgende Abbildung zeigt die mögliche Situation.

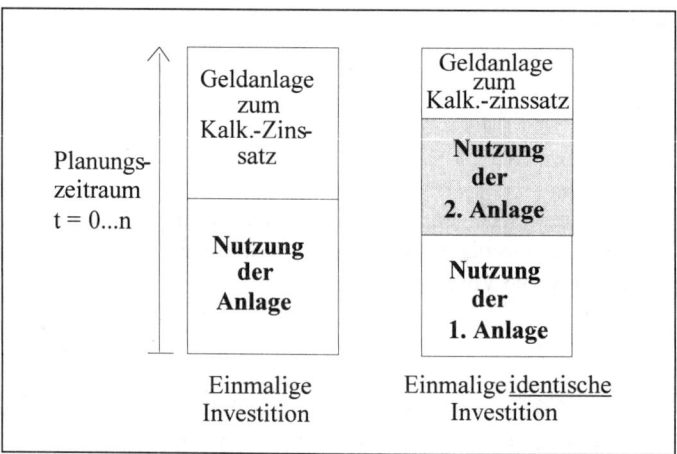

Abb. 41: Wirtschaftliche (optimale) Nutzungsdauer bei einmaliger Investition bzw. einmaliger identischer Wiederholung

Bei einmaliger Investition ist die optimale Nutzungsdauer erreicht, wenn der zeitliche Grenzgewinn Null ist, denn ab dem Zeitpunkt fällt die Rendite der Anlage unter den Kalkulationszinsfuß. Bis zum Planungszeitraumende wird daher eine Geldanlage auf dem Kapitalmarkt vorgenommen. Kann aber eine Folgeinvestition getätigt werden, so kann alternativ zu einer Geldanlage zum Kalkulationszins ein Gewinnzuwachs in Höhe der Zinsen auf ihren Kapitalwert erwirtschaftet werden (siehe Abb. 42).

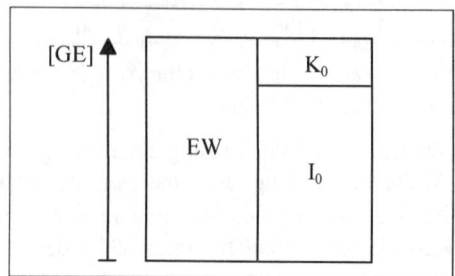

Abb. 42: Ertragswert, Kapitalwert, Anschaffungsausgabe

$$\text{mit } K_0 = -I_0 + \left(\sum_{t=1}^{n} (R_t) \cdot (1+i)^{-t} + L_n \cdot (1+i)^{-n} \right)$$

Ertragswert (EW)

> Zinsen auf Ertragswert (Barwert der Erträge) ist gleich Zinsen auf die Anschaffungsausgabe plus Zinsen auf den Kapitalwert.

Um den optimalen Einsatzzeitpunkt der Folgeinvestition zu bestimmen, muss dieser Gewinnzuwachs dem zeitlichen Grenzgewinn der Grundinvestition entsprechen, der ja im Zeitverlauf fällt. Da er dann aber noch nicht Null ist, wie bei optimaler Nutzungsdauer der einmaligen Investition, ist demnach die Nutzungsdauer mit identischer Wiederholung der Investition stets kürzer als ohne Wiederholung.[158]

Die Vorgehensweise soll im folgenden unter Verwendung der Zahlen aus Beispiel 14 kurz erläutert werden:

Beispiel 17:

(1) Bestimmung des Kapitalwertmaximums der Folgeinvestition bei einmaliger Investition (hier 767,-).

(2) Dieses Kapitalwertmaximum wird auf die gesamte Nutzungsdauer abgezinst.

(3) Für jede Planungsperiode wird die Summe aus Kapitalwert der Grundinvestition und den jeweiligen Kapitalwerten aus dem abgezinsten Kapitalwertmaximum der Folgeinvestition ermittelt.

(4) Das Maximum dieser Kapitalwertsumme (1191) zeigt die Lage der optimalen Nutzungsdauer der Grundinvestition an.

Kalk.-Zinsfuß: 10%

Jahre (t)	Kapitalwert der Grundinvestition	Kapitalwertmaximum der Folgeinvestition (abgezinst)	Gesamtkapitalwert von Grund- und Folgeinvestition
1	0	697	697
2	72	634	706
3	242	576	818
4	430	524	954
5	557	476	1033
6	759	432	**1191**
7	767	393	1160
8	660	358	1018

Der optimale Einsatzzeitpunkt für die Folgeinvestition ist nach 6 Jahren.

Hat eine Grundinvestition aber zwei Folgeinvestitionen, so muss sie nicht nur die Zinsen auf den Kapitalwert der ersten Folgeinvestition tragen, sondern zusätzlich auch noch die um die Nutzungsdauer der ersten Folgeinvestition diskontierten Zinsen auf den Kapitalwert der zweiten Folgeinvestition. Die erste Folgeinvestition muss die Zinsen auf

---
[158] Vgl. Schneider, D.: Investition und Finanzierung, a.a.O., S. 237.

den Kapitalwert der zweiten Folgeinvestition tragen.[159] Daraus lässt sich allgemein ableiten: In einer endlichen Investitionskette ist die optimale Nutzungsdauer jeder Anlage länger als ihre Vorgängerin und kürzer als ihre Nachfolgerin ("General Law of Replacement").[160]

Damit ist aber ein Sonderfall beschrieben (endliche Kette, begrenzter Planungshorizont), bei dem die Nutzungsdauer einer Anlage um so kürzer ist, je mehr Anlagen ihr folgen. Dabei wird die Nutzungsdauer der Folgeinvestition zunehmend länger.

- Die unendliche Investitionskette

Bei der unendlichen Wiederholung der Investitionen hat jede Investition der Kette unendlich viele Folgeinvestitionen. Damit muss zwangsläufig jede Investition der Kette die gleiche Nutzungsdauer aufweisen. Da die Annuitätenmethode die Annahme der unendlichen Wiederholbarkeit impliziert, kommt sie hier zur Anwendung. Die optimale Nutzungsdauer jeder Anlage ist dort, wo die Annuität ihr zeitliches Maximum hat.[161] Im folgenden wird der Zusammenhang durch Fortführung des Beispiels 17 deutlich.

Beispiel 18:

Jahre (t)	Kapitalwert (K_0)	WGF für (i = 10%)	Annuität A
1	0	1,100	0
2	72,-	0,576	41,5
3	242,-	0,402	97,3
4	430,-	0,315	177,6
5	557,-	0,264	147,0
6	759,-	0,230	**174,6**
7	**767,-**	0,205	157,2
8	660,-	0,187	123,4

Auch hier ist die optimale Nutzungsdauer wie bei der einmaligen Wiederholung 6 Jahre.

Für die Berechnung von Investitionsketten ist die Bedingung der Ausschließlichkeit (es kann nur die eine **oder** andere Anlage arbeiten) notwendig. Da damit ausschließlich Ersatzinvestitionen und keine Erweiterungsinvestitionen betrachtet werden, ist die Bedeutung für die Praxis gering. Denn sobald Erweiterungsinvestitionen im Mittelpunkt der Betrachtung stehen, wird die optimale Nutzungsdauer nach den Bedingungen für die einmalige Investition berechnet.

6.4.3.3 Investitionsprogrammentscheidungen

Werden mehrere Investitionsalternativen zeitlich zusammengefasst, so spricht man von einem Investitionsprogramm. Zur Bestimmung der Rangordnung lassen sich die dynamischen Investitionsrechnungen heranziehen. Dann kann ein optimales Programm zusammengestellt werden. Allerdings sind die dynamischen Verfahren für

---

[159] Vgl. Schneider, D.: Investition und Finanzierung, a.a.O., S. 237 f.

[160] Vgl. Preidenreich, G.A.D.: Replacement in the Theory of the Firm, in: Metroeconomica, vol.5 (1953), S. 76.

[161] Vgl. Schierenbeck, H.: Grundzüge der Betriebswirtschaftslehre, a.a.O., S. 345.

verschiedene Kapitalmarktsituationen unterschiedlich gut geeignet. Dass heißt, die Fragestellung bei Investitionsprogrammentscheidungen lautet: Welches Investitionsprogramm soll bei verschiedenen Finanzierungsannahmen verwirklicht werden? Wird **vollkommener Kapitalmarkt** unterstellt (unbeschränkte Kreditaufnahme und Finanzanlage zum Kalkulationszinssatz) so lassen sich alle Investitionsalternativen mit positivem Kapitalwert (oder: Interner-Zinsfuß größer Kalkulationszinsfuß) ins Programm aufnehmen.

Steht Kapital allerdings nur zu einem **begrenzten Betrag** zur Verfügung, so können nur noch einige Investitionsalternativen berücksichtigt werden. Da der Kapitalwert keine Beziehung zum eingesetzten Kapital des Investitionsobjektes herstellt, ist die Interne-Zinsmethode für die rangmäßige Einstufung zu wählen. Allerdings müssen entsprechende Annahmen über die Verzinsung von Differenzinvestitionen gemacht werden und geprüft werden, ob die Methode damit die richtige Rangordnung liefert. (siehe Abschnitt 6.4.3.1(3)).

Eine andere Situation liegt vor, wenn ein Investitionsprogramm mit Kapital finanziert wird, das zunehmend teurer wird. Dabei ist der Umfang des Programms nicht von vorne herein gegeben. Folgendes Beispiel verdeutlicht die Vorgehensweise beim Rangordnungsverfahren nach Dean,[162] dem die Interne-Zins-Methode zugrunde liegt:

Beispiel 19: Dean Modell (Investitionsobjekte sind beliebig teilbar)

Finanzmittel	Betrag (GE)	Zinssatz (Sollzinssatz) [%]
1	4.000	9,0
2	3.000	9,5
3	3.000	11,0
4	10.000	12,5
:	:	:

Investitionsobjekte	Kapitaleinsatz (GE)	Interner Zinssatz [%]	Optimale Budgetierung
A	4.000,-	13,0	4.000,-
B	2.000,-	12,0	2.000,-
C	7.000,-	11,5	4.000,-
D	6.000,-	10,0	0

Es kann ein betragsmäßig beschränktes oder unbeschränktes Kapitalangebot zur Verfügung stehen. Die Investitionsobjekte werden nach fallenden Internen Zinssätzen geordnet, die Finanzmittel nach steigenden Sollzinssätzen. Die Beträge von Finanzmittel und Kapitaleinsatz werden hierarchisch in ein Koordinatensystem eingetragen.

---

[162] Vgl. Dean, J.: Capital budgeting, New York/ London, 8th printing 1969.

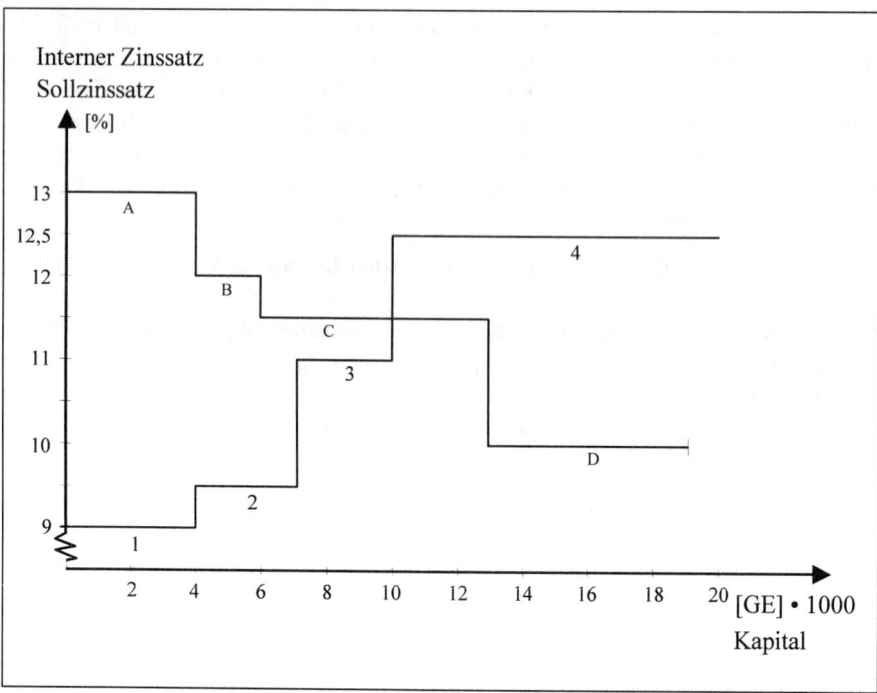

Der optimale Umfang des Investitionsprogramms ergibt sich, indem man alle Objekte nimmt, deren marginaler interner Zinsfuß größer ist, als der marginale Kapitalmarktzins. Beim Schnittpunkt der beiden Kurven sind marginaler interner Zinsfuß und marginaler Kapitalmarktzins gleich.

Demnach werden die Objekte A und B voll verwirklicht und Objekt C mit 4.000 GE ins Programm genommen. Die Finanzmittel 1 bis 3 werden dabei voll ausgenutzt.

Die dynamischen Verfahren sind zur Bestimmung von Investitionsprogrammen durch mehrere Annahmen in ihrer Anwendung beschränkt:[163]

- Die Objekte sind beliebig teilbar und untereinander unabhängig.
- Die Finanzierungsalternativen stellen Fremdkapital dar.
- Es besteht keine Bindung einzelner Kredite an bestimmte Objekte.
- Es werden keine Absatzbeschränkungen wirksam.
- Es gilt die Annahme sicherer Erwartungen.
- Es wird nur eine Periode als Planungszeitraum betrachtet.

In der Praxis gibt es jedoch häufig Interdependenzen einzelner Investitionsobjekte. Weiterhin sind Objekte und Finanzmittel nicht beliebig teilbar, es gibt Absatzgrenzen etc. Diese Voraussetzungen können mit den dynamischen Verfahren nicht mehr berücksichtigt werden und erfordern die Anwendung der Verfahren linearer Programmierung.

---

[163] Vgl. Perridon, L./ Steiner, M.: Finanzwirtschaft der Unternehmung, a.a.O., S. 131 f.; Vgl. Schierenbeck, H.: Grundzüge der Betriebswirtschaftslehre, a.a.O., S. 351.

6.4.4 Dynamische Endwertverfahren

Die bei den klassischen dynamischen Verfahren zugrundeliegenden Prämissen des vollkommenen Kapitalmarktes sowie die Reinvestition zum Kalkulationszinsfuß (bzw. Internem Zinsfuß) kann bei den dynamischen Endwertverfahren aufgehoben werden. Sie berücksichtigen getrennte Zinssätze für Kreditaufnahme bzw. Kapitalanlage und können Reinvestitionen mit konkreten Investitionsmöglichkeiten berücksichtigen. Im Gegensatz zu den klassischen Verfahren werden bei den dynamischen Endwertverfahren alle Zahlungen auf das Planungszeitraumende aufgezinst.

6.4.4.1 Die Vermögensendwertmethode

Folgende Annahmen liegen dieser Methode zugrunde:[164]

- Der Sollzinssatz (Kapitalaufnahme) liegt über dem Habenzins (Kapitalanlage).
- Eine einzelne Investition ist vorteilhaft, wenn der Vermögensendwert (alle auf das Planungszeitraumende aufgezinsten Zahlungen) positiv ist. D.h., die Rendite der Investition muss über dem Sollzinssatz liegen.
- Beim Vergleich von Investitionsalternativen ist diejenige am vorteilhaftesten, deren positiver Vermögenswert am höchsten ist.

Grundsätzlich wird für Auszahlungen ein negatives und für Einzahlungen ein positives Vermögenskonto geführt, bei denen entsprechend Soll- und Habenzinssatz angesetzt werden. Der **allgemeine Ansatz** der Vermögenswertmethode geht davon aus, dass generell Übertragungen zwischen den beiden Vermögenskonten zulässig sind. Dabei müssen ausgehend vom Planungszeitpunkt in jeder Periode negatives und positives Vermögenskonto für den Fall von Einzahlungs- bzw. Auszahlungsüberschüssen berechnet werden.[165]

Dieser aufwendige Ansatz kann vereinfacht werden, indem unterstellt wird, dass keine Übertragungen zwischen den Konten stattfinden (Kontenausgleichsverbot). Beide Konten werden getrennt geführt, wobei wieder die entsprechenden Zinssätze benutzt werden. Die Ermittlung des Vermögens der Konten am Ende des Planungszeitraumes berechnet sich demnach wie folgt:

$$\text{Positives Vermögenskonto}: K_t^+ = \sum_{t=1}^{n} E_t (1+h)^{n-t}$$

$$\text{Negatives Vermögenskonto}: K_t^- = \sum_{t=0}^{n} A_t (a+s)^{n-t}$$

E_t = Einzahlungen der Periode t
h = Habenzinssatz
A_t = Auszahlungen der Periode t (incl. der Investitionsausgabe I_0 bei t = 0)
s = Sollzinssatz
$(1+h)^{n-t}$ = Aufzinsungsfaktor der Periode t

---
[164] Vgl. Perridon, L./ Steiner, M.: Finanzwirtschaft der Unternehmung, a.a.O., S. 87 ff.
[165] Vgl. ebd., S. 77 f.

Der Vermögenswert des Planungszeitraums ergibt sich aus der Differenz zwischen positivem und negativem Vermögenskonto.

$$K_n = K_t^+ - K_t^- = \sum_{t=1}^{n} E_t(1+h)^{n-t} - \sum_{t=0}^{n} A_t(1+s)^{n-t}$$

Das Verfahren soll in einem Beispiel erläutert werden, in dem zwei Investitionsalternativen verglichen werden: Die Aufzinsungsfaktoren entsprechen dem Reziprokwert der Abzinsungsfaktoren, die aus der Tabelle im Anhang entnommen werden können.

Beispiel 20:

Habenzinssatz h = 5%   Sollzinssatz s = 10%

Objekt A

Periode t	A_t	$(1+s)^{n-t}$	K_n^-	E_t	$(1+h)^{n-t}$	K_n^+
0	40.000	1,4641	58.564	-	-	-
1	-	-	-	10.000	1,1574	11.574
2	-	-	-	20.000	1,1025	22.050
3	-	-	-	30.000	1,0504	31.512
4	-	-	-	25.000	1,0000	25.000
Σ			58.564			90.136

$K_n(A) = K_n^+ + K_n^- = 90.136 - 58.564$
$K_n(A) = +31.572$

Objekt B

Periode t	A_t	$(1+s)^{n-t}$	K_n^-	E_t	$(1+h)^{n-t}$	K_n^+
0	35.000	1,4641	51.244	-	-	-
1	-	-	-	10.000	1,1574	11.574
2	-	-	-	20.000	1,1025	22.050
3	-	-	-	20.000	1,0504	21.008
4	-	-	-	25.000	1,0000	25.000
Σ			51.244			79.632

$K_n(B) = +28.388$

Die Alternative A ist wegen des höheren positiven Vermögensendwertes vorzuziehen. Mögliche unterschiedliche Laufzeiten der Investitionsobjekte können durch Differenzinvestitionen berücksichtigt werden (siehe Abschnitt 6.4.3.) Eine andere Möglichkeit der Vereinfachung des allgemeinen Ansatzes ergibt sich, wenn unterstellt wird, dass Einzahlungen zuerst zur Tilgung des negativen Vermögenskontos benutzt werden. Man spricht hier vom **Kontenausgleichsgebot**. Die Ermittlung des Vermögens erfolgt dann sukzessive mit:

$$K_t = (E_t - A_t) + K_{t-1}(1+i)$$

$i = s$ für $K_{t-1} < 0$
$i = h$ für $K_{t-1} \geq 0$

Falls das Vermögenskonto in der vorigen Periode negativ (positiv) war, muss der Soll-(Haben-) Zinssatz angesetzt werden. Auf die Zahlen im Beispiel 20 angewandt ergibt sich folgendes Bild:

Objekt A

n = 5%   s = 10%

Periode t	A_t	E_t	Zinssatz i	K_t	Berechnung
0	40.000	-	-	- 40.000	$K_0 = -A_0$
1	-	10.000	s	- 34.000	$K_1 = E_1 + K_0 \cdot s$
2	-	20.000	s	- 17.400	$K_2 = E_2 + K1 \cdot s$
3	-	30.000	s	+ 10.860	$K_3 = E_3 + K_2 \cdot s$
4	-	25.000	h	+ 36.403	$K_4 = E_4 + K_3 \cdot h$

$K_n(A) = +36.403$

Objekt B

Periode t	A_t	E_t	Zinssatz i	K_t	Berechnung
0	35.000	-	-	- 35.000	
1	-	10.000	s	- 28.500	Analog
2	-	20.000	s	- 11.350	Objekt A
3	-	20.000	s	+ 7.515	
4	-	25.000	h	+ 32.890	

$K_n(B) = +32.890$

Der Vermögenswert kann am Ende der Planungsperiode abgelesen werden. Auch hier ist die Alternative A vorzuziehen ($K_n(A) > K_n(B)$).

6.4.4.2 Die Sollzinssatzmethode

Die Sollzinssatzmethode ermittelt in Anlehnung an die Interne-Zinssatz-Methode den kritischen Zinssatz (s), bei dem der Vermögensendwert der Investition null wird. Der Habenzinssatz (h) ist dabei bekannt. Auch hier werden ein positives und negatives Vermögenskonto geführt. Folgender Zusammenhang besteht:

$$K_n = K_n^+ - K_n^- = 0$$

bei Kontenausgleichsverbot:

$$\Rightarrow \sum_{t=1}^{n} E_t(1+h)^{n-t} - \sum_{t=0}^{n} A_t(1+s)^{n-t} = 0$$

Der gesuchte Sollzinssatz s kann analog zur Internen-Zinssatz-Methode durch lineare Interpolation ermittelt werden (siehe Abschnitt 6.4.2.2). Der Sollzinssatz ist dabei der Zinssatz, der sich bei gegebenem Habenzinssatz auf das zu jedem Zahlungszeitpunkt noch gebundene Kapital erzielen lässt.

Abweichend vom allgemeinen Ansatz existieren auch hier Varianten, die unterschiedliche Annahmen über die Finanzierungsregeln treffen und an dieser Stelle nur genannt werden sollen:[166]

- **TRM-Methode** (Teichroew, Robinchek, Montalbano)
  → Kontenausgleichsgebot
- **VR-Methode** (Vermögensrentabilitätsmethode von Henke)
  → Kontenausgleichsverbot
- **Baldwin-Methode**
  → Kontenausgleichsverbot, zusätzlich Trennung von Investitionsausgaben und Liquidationserlösen durch Abzinsung auf den Beginn des Planungszeitraums mit dem Habenzinssatz

6.4.4.3 Beurteilung der Endwertverfahren

Die Verfahren bieten die Wahl von zwei unterschiedlichen Zinssätzen für Einzahlungen und Auszahlungen. Sie sind daher realitätsnäher als die Verfahren, die mit einem Kalkulationszinssatz arbeiten. Die realen Bedingungen der Zinssätze auf dem Geld- und Kapitalmarkt sind damit allerdings noch nicht wiedergegeben.

Die Vorhersage von Zahlungen nach Höhe und zeitlichem Anfall ist auch bei diesen Methoden Voraussetzung. Zusammen mit der Abschätzung der Zinssätze gehen damit wieder Unsicherheitsfaktoren in die Berechnungen ein. Zudem spiegeln die vereinfachenden Finanzierungsregeln (Kontoausgleichsgebot bzw. -verbot) oft nicht die tatsächlichen Bedingungen wieder und können somit zu einer falschen Entscheidung führen.

6.4.5 Das Marktzinsmodell der Investitionsrechnung

Das von Rolfes[167] vorgestellte Marktzinsmodell der Investitionsrechnung ist ein auf die Investitionsrechnung übertragenes Konzept aus der Bankbetriebslehre ("Marktzinsmodell"). Es ist gegenüber den klassischen Investitionsrechnungen in entscheidenden Punkten erweitert, und soll hier kurz erläutert werden.[168]

1. Das Marktzinsmodell arbeitet anstelle des einheitlichen Kalkulationszinsfußes mit einem **Marktzinsgefüge**, das am Geld- und Kapitalmarkt real zu beobachten ist. Kennzeichnend für das Marktzinsgefüge ist eine laufzeitabhängige Zinsstruktur, d.h. für unterschiedliche Laufzeiten und Zinsbindungsfristen bestehen unterschiedliche Zinssätze. Dabei kommt jeweils die aktuelle Zinsstruktur zur Anwendung, die je nach Berechnungszeitpunkt erheblich differieren kann (Hoch- oder Niedrigzinsphase):[169]

---

[166] Vgl. Blohm, H / Lüder, K.: Investition, a.a.O., S. 107 ff.
[167] Vgl. Rolfes, B.: Markzinsorientierte Investitionsrechnung, Einführung in die klassische Investitionstheorie und Grundlagen marktorientierter Investitionsentscheidungen, München/ Wien 1992.
[168] Vgl. Schierenbeck, H.: Ertragsorientiertes Bankmanagement, 3. Auflage, Wiesbaden/ Bern/ Stuttgart 1991
[169] Vgl. Schierenbeck, H.: Grundzüge der Betriebswirtschaftslehre, a.a.O., S. 357.

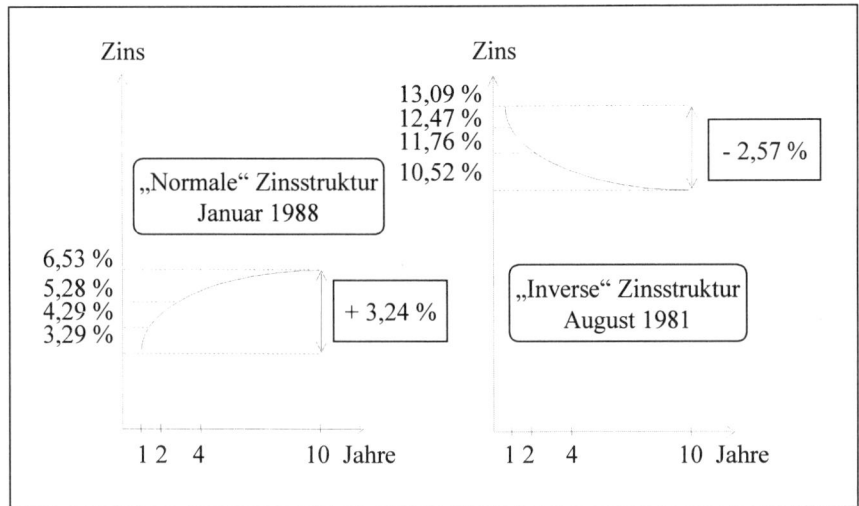

Abb. 43: Zinsstruktur in Hoch- und Niedrigzinsphase

In einer Hochzinsphase (inverse Zinsstruktur) ist längerfristiges Kapital mit niedrigeren Zinsen verbunden als kurzfristigeres. In einer Niedrigzinsphase (normale Zinsstruktur) tritt der umgekehrte Fall ein.

2. Die **Investitionsobjekte** werden im Marktzinsmodell konsequent **einzeln bewertet**. Hier liegt die Annahme zugrunde, dass Erfolgsbeiträge, die z.B. aus Differenzinvestitionen stammen, nicht originär von der Grundinvestition verursacht sind und ihr daher auch nicht zugerechnet werden können.

Wichtig im Marktzinsmodell ist die Annahme **fristenkongruenter Investitionsfinanzierung**, d.h. alle in einer Zahlungsreihe aufgetretenen Zahlungen werden entsprechend ihres zeitlichen Anfalls mit Finanzmitteln gleicher Laufzeit (fristenkongruent) zu den zum Berechnungszeitpunkt gültigen Marktzinsen finanziert. Unsicherheiten bei der Abschätzung zukünftiger Marktzinsen werden dabei ebenso vermieden wie Entscheidungen über zwischenzeitliche Wiederanlagen, so dass eine restriktionsfreie Grenzbetrachtung möglich wird. Eine weitere Annahme für das Marktzinsmodell ist die Identität von Soll- und Habenzinssatz sowie konstante Kapitalbeschaffungskosten bei unterschiedlicher Finanzierungsmenge. Dieser Fall ist z.B. für Großunternehmen mit Zugang zum Geld- und Kapitalmarkt gegeben. Prinzipiell können als Vorteilhaftigkeitsmaßstab bei der Bewertung von Investitionen Kapitalwert, Interner Zinsfuß oder Endwerte dienen.

Da Kapitalwertmethode und Endwertmodell mit der gleichen Bewertungsgrundlage arbeiten (aktuelle Marktzinsen), können sie zwangsläufig auch keine unterschiedlichen Ergebnisse für die Vorteilhaftigkeit einer Investition liefern (Barwert ist gleich abgezinster Endwert bzw. Endwert ist gleich aufgezinster Barwert). Wird die Bewertung auf Grundlage des Internen Zinsfußes vorgenommen, so ist der Vorteilhaftigkeitsmaßstab die **Investitionsmarge**, d.h. die Differenz aus Internem Zinsfuß und Kalkulationszinsfuß. Der Kalkulationszinsfuß ist dabei ein kapitalgewogener Durchschnittszins für die relevanten Marktzinsen. Die Vorgehensweise soll im folgenden prinzipiell erläutert werden.

6.4.5.1 Vorteilsvergleich mit Hilfe des Kapitalwertes

Gegeben sind zwei Investitionsalternativen mit unterschiedlicher Nutzungsdauer und gegebener Zahlungsreihe bei normaler Zinsstruktur:[170]

Beispiel 21:

	t = 0	1	2	3	4
Investition A	(- 1450	+ 300	+ 400	+ 500	+ 600)
Investition B	(- 580	+ 300	+ 400)		

Zinsstruktur: 1 Jahr : 2,5 %
               2 Jahre : 4,0 %
               3 Jahre : 5,5 %
               4 Jahre : 6,5 %

Der zu errechnende Kapitalwert kann hierbei als Finanzierungsüberschuss (Überschuss-Barwert) gesehen werden. Die Investitionszahlungen sind entsprechend ihrem zeitlichen Anfall schrittweise von der letzten bis zur ersten Zahlung mit den entsprechenden Marktzinssätzen abzuzinsen. Man spricht hier von **Retrograder Abzinsung**.

Die einzelnen sich ergebenden Barwerte stellen dann die einzelnen Finanzierungsmaßnahmen dar, die am Markt vorgenommen werden müssen. Deren Auszahlungen (Kapitaldienste) decken dabei dann genau die späteren Investitionseinzahlungen. Damit sind die Zahlungssalden zu allen Zeitpunkten größer t = 0 ausgeglichen. Die Summe der Barwerte abzüglich der Investitionsauszahlung in t = 0 ergeben dann den Überschuss-Barwert der Investition:

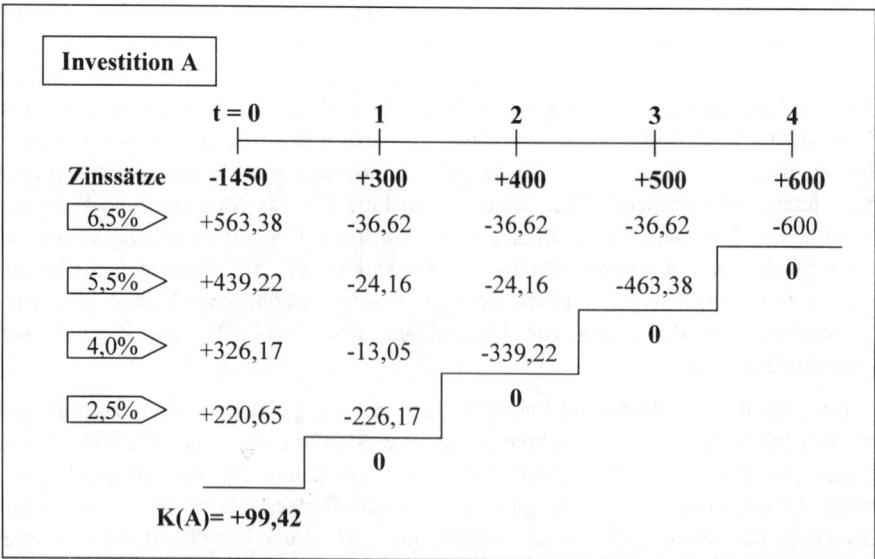

In t = 0 wird eine Finanzierungstranche von + 563,38, (600 · 1,065^{-1}) zu 4 Jahren und 6,5% aufgenommen. Bei jährlichen Zinsauszahlungen von -36,62 steht der Auszahlung

---

[170] Vgl. Rolfes, B.: Marktzinsorientierte Investitionsrechnung, a.a.O., S. 693 ff.

bei t = 4 (-600) eine gleichwertige Einzahlung (+600) gegenüber. Das Zahlungssaldo in t = 4 ist damit ausgeglichen. In t = 3 wird die Investitionseinzahlung zum Teil durch die Zinszahlung der ersten Finanzierungstranche ausgeglichen. Für den Rest in Höhe von 463,38 wird für drei Jahre bei 5,5% eine weitere Tranche von 469,22, (463,38 · 1,055 $^{-1}$) aufgenommen. Damit ist das Zahlungssaldo bei t = 3 ausgeglichen. Analog werden alle anderen Zeitpunkte behandelt. In t = 0 ergibt sich damit ein Kapitalwert (oder Überschuss-Barwert) von +99,42. Für Investition B ergibt sich folgendes Bild:

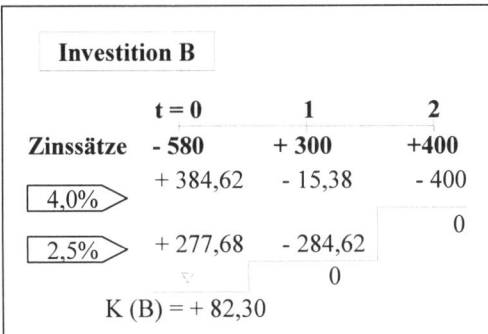

Der Kapitalwert liegt mit +82,30 unter dem der Investition A. A ist damit vorzuziehen.

Die gleichen Zahlungsreihen sollen in einem weiteren Beispiel mit einer inversen Marktzinsstruktur untersucht werden:

Beispiel 22:

Zinsstruktur:	1 Jahr :	12 %
	2 Jahre:	11,5 %
	3 Jahre:	10,5 %
	4 Jahre:	9,5 %

Um das Verfahren zu erleichtern, kann die retrograde Abzinsung auch mit Hilfe von sogenannten **zerobond-Abzinsungsfaktoren** durchgeführt werden. Sie erhält man für ein gegebenes Marktzinsgefüge, indem der Wert der Zahlung zu bestimmten Zeitpunkten gleich 1 (oder 100 %) gesetzt wird. Nacheinander werden für jeden Zeitpunkt die Zerobond-Abzinsungsfaktoren ermittelt. Mit ihnen ist es dann möglich, für das Marktzinsgefüge für jede beliebige Zahlungsreihe durch einfache Multiplikation den Kapitalwert zu ermitteln.

Ermittlung des Zerobond-Abzinsungsfaktors (ZBAF) für den Zeitpunkt t = 4

Zinssätze	Jahre	t = 0	1	2	3	4
9,5 %	4	+ 0,913242	- 0,086758	- 0,086758	- 0,086758	- 1
10,5 %	3	- 0,078514	+ 0,008244	+ 0,008244	+ 0,086758	
11,5 %	2	- 0,070416	+ 0,008098	+ 0,078514	-	
12,0 %	1	- 0,062872	+ 0,070416	-	-	
		+ 0,70144	0	0	0	- 1

Zinssätze: Laufzeitzinsen bei jährlicher Zinszahlung

Für die Auszahlung bei t = 4 im Wert von -1 muss bei t = 0 ein Betrag von +0,913242 zu 9,5% finanziert werden. Dabei fallen bei t = 1 bis t = 3 Zinszahlungen in Höhe von -0,086759 an. Sie sind durch entsprechende Gegenzahlungen zu kompensieren. Dazu wird zunächst für 10,5% bei t = 0 eine Finanzanlage von -0,078514 vorgenommen, aus der wiederum bei t = 1 und t = 2 Zinszahlungen in Höhe von +0,008244 hervorgehen.

Das Saldo in t = 3 ist damit null. In t = 2 ist die ursprüngliche Zinszahlung von -0,086758 nun schon teilweise kompensiert. Der Rest von -0,078514 wird durch eine weitere Finanzanlage bei t = 0 von +0,070416 zu 11,5% kompensiert. Nach analoger Vorgehensweise in t = 1 ergibt sich bei t = 0 ein Zerobond-Abzinsungsfaktor von +0,70144 für eine Zahlung bei t = 4. Für die anderen Zahlungszeitpunkte t = 1 bis t = 3 können nach gleichen Verfahren folgende Faktoren ermittelt werden:

4-Jahres Frist	=	+ 0,70144 (siehe oben)
3- "	=	+ 0,74366
2- "	=	+ 0,80477
1- "	=	+ 0,89286

Jetzt kann die Zahlungsreihe aus dem Beispiel direkt diskontiert werden. Es ergibt sich folgendes Bild:

Zahlungs-zeitpunkt (t)	ZBAF	Investition A		Investition B	
		Zahlungen	Barwerte	Zahlungen	Barwerte
0	1,00000	- 1450	- 1450	- 580	- 580
1	0,89286	+ 300	+ 267,86	+ 300	+ 267,86
2	0,80477	+ 400	+ 321,91	+ 400	+ 321,91
3	0,74366	+ 500	+ 371,83	-	-
4	0,70144	+ 600	+ 420,86	-	-
Σ			- 67,54		+ 9,77

Wie zu erwarten war, hat sich die Vorteilhaftigkeit beider Investitionen wegen der veränderten Zinsstruktur wesentlich verschlechtert. Die Alternative A ist jetzt nicht nur schlechter als B, sondern generell wegen des negativen Kapitalwertes unvorteilhaft.

6.4.5.2 Vorteilhaftigkeit mittels Investitionsmargenbestimmung

Ebenso wie über die Kapitalwertermittlung lässt sich die Vorteilhaftigkeit einzelner oder mehrerer Investitionsgüter mit Hilfe der Investitionsmarge durchführen. Sie stellt die Differenz aus Internem Zinsfuß und Kalkulationszinsfuß (Kapitalgewogener Durchschnittszins für die relevanten Marktzinsen) dar. Bei dieser Methode wird davon ausgegangen, dass das eingesetzte Investitionskapital nicht in gleichbleibender Höhe gebunden bleibt, sondern aus Teilbeträgen mit unterschiedlichen Laufzeiten zusammengesetzt ist. Folgende Zahlungsreihe und Marktzinsstruktur soll die Vorgehensweise bei der Beurteilung eines einzelnen Objektes verdeutlichen:[171]

---

[171] Vgl. Schierenbeck, H.: Grundzüge der Betriebswirtschaftslehre, a.a.O., S. 361 f.

Beispiel 23:

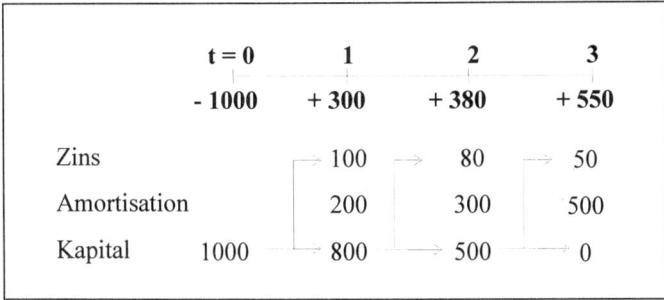

Zunächst wird vom Internen Zinsfuß ausgegangen, der bei der Zahlungsreihe genau 10% ist. Für das eingesetzte Kapital von 1000 bedeutet das bei t = 1 eine Rendite von + 100. Die Differenz zur Einzahlung von + 300 reduziert bei t = 1 als Amortisation das gebundene Kapital (1000 - 200 = 800). Bei t = 2 übersteigt bei gleicher Vorgehensweise die Einzahlung die Rendite um + 300. Das gebundene Kapital reduziert sich auf 500.

Bei t = 3 ist dann das gebundene Kapital null. Damit ist erreicht, dass der Investitionsbetrag in drei Teilbeträgen (1000, 800 und 500) mit unterschiedlichen Laufzeiten (1, 2, 3 Jahre) zerlegt ist. Die Bestimmung des Kalkulationszinsfußes erfolgt nun mit Hilfe der Barwerte der Zahlungsreihe und der Barwerte des durchschnittlich gebundenen Kapitals für die Marktzinsstruktur:

Ermittlung der Barwerte der Zahlungsreihe

Zeitpunkt (t)	Zahlungen der Zahlungsreihe	Marktzins	ZBAF	Barwerte
0	- 1000	-	1,00000	- 1000
1	+ 300	2,5 %	0,97561	+ 292,68
2	+ 380	4,0 %	0,92402	+ 351,13
3	+ 550	5,5 %	0,84883	+ 466,86
∑	+ 230			+ 110,67

Ermittlung der Barwerte des durchschnittlich gebundenen Kapitals

Zeitraum der Kapitalbindung (t)	Gebundenes Kapital	Marktzins	ZBAF	Barwerte
0-1	1000	2,5 %	0,97561	975,61
1-2	800	4,0 %	0,92402	739,22
2-3	500	5,5 %	0,84883	424,42
∑	2300			2139,35

Der Barwert der Zahlungsreihe (Kapitalwert der Investition) bezogen auf den Barwert des durchschnittlich gebundenen Kapitals ist die **Investitionsmarge**:

$$\text{Investitionsmarge (IM)} = \frac{110{,}67}{2139{,}25} \cdot 100\% = 5{,}17\%$$

Der Kalkulationszinsfuß beträgt damit:

$$\text{Kalkulationszinsfuß} = \text{Interner Zinsfuß - IM} = 10\% - 5{,}17\% = 4{,}83\%$$

6.4.5.3 Beurteilung des Verfahrens

Die wichtigsten Vorteile des Marktzinsmodells gegenüber den klassischen Verfahren können wie folgt zusammengefasst werden:[172]

- Es orientiert sich zum Entscheidungszeitpunkt an den real existierenden Finanzierungsalternativen. Damit werden Unsicherheiten bezüglich der Abschätzung zukünftiger Anlage- und Finanzierungsmöglichkeiten vermieden.
- Es erfolgt eine Trennung zwischen übergeordneten Interdependenzen mit anderen Investitionen und dem eigentlichen "originären" Investitionserfolg der betrachteten Investition.
- Die fristenkongruente Bewertung ist frei von Zinsänderungsrisiken. Wird eine fristeninkongruente Finanzierung angestrebt, so kann der dadurch entstehende zusätzliche Erfolg gesondert erfasst werden.[173] Damit ist die Möglichkeit der Abschätzung von Zinsänderungsrisiken bei fristeninkongruenter Finanzierung gegeben.
- Auch hinsichtlich der Nutzungsdauerproblematik liefert das Marktzinsmodell neue Erkenntnisse. Es kann beispielsweise der Fall eintreten, dass es sinnvoll ist, ein Objekt entgegen ursprünglicher Planung aufgrund geänderter Marktzinsstrukturen länger bzw. kürzer zu nutzen.

Der Umfang der Bewertungsfähigkeit des Marktzinsmodells kann mit folgenden Punkten eingegrenzt werden:

- Wenn trotz Berücksichtigung aller Restriktionen mehr vorteilhafte Investitionen durchführbar sind, als Finanzmittel zur Verfügung stehen. In diesem Fall sind die Marktzinsen nicht zwangsläufig der richtige Bewertungsmaßstab.
- Es findet keine Risikoabschätzung hinsichtlich der Unsicherheiten statt, mit denen Investitionszahlungen behaftet sind (siehe Abschnitt 6.6).
- Für Unternehmen, die keinen Zugang zum Geld- und Kapitalmarkt haben (Gleichheit von Soll- und Habenzinsen), ist die Aussagefähigkeit der Marktzinsmethode klar begrenzt.

---

[172] Vgl. Rolfes, B.: Marktzinsorientierte Investitionsrechnung, a.a.O., S. 707 f.
[173] Vgl. ebd., S. 705 f.

6.5 Gewinnsteuern als Einflussgröße bei Investitionsrechnungen

Grundsätzlich müssen Steuern bei einer vollständigen Investitionsanalyse berücksichtigt werden, da sie Zahlungsströme darstellen, die Be- oder Entlastungen bedeuten können. Ihre Berücksichtigung kann daher Investitionsobjekte hinsichtlich ihrer Vorteilhaftigkeit, wirtschaftlicher Nutzungsdauer, Rangordnung sowie Risikoeinschätzung bedeutend beeinflussen. Es wird zwischen **Kostensteuern** (z.B. Grund-, Gewerbesteuern) und **gewinnabhängigen Steuern** (z.B. Gewerbeertrag-, Einkommen-, Körpeschaftsteuern) unterschieden.

Die Kostensteuern können ohne Schwierigkeiten als zusätzliche Auszahlungen bei den entsprechenden Investitionsalternativen berücksichtigt werden. Bei den gewinnabhängigen Steuern stellt sich allerdings das Problem der Zuordnung zu den einzelnen Investitionsobjekten, da sie sich nicht auf dessen Zahlungsströme beziehen. Um sie dennoch berücksichtigen zu können, werden zur Vereinfachung folgende pauschalisierte Annahmen getroffen:

- Alle Arten von gewinnabhängigen Steuern werden zu einem einheitlichen Gesamtsteuersatz zusammengefasst.
- Die Höhe der Steuern ist gewinnunabhängig.
- Bemessungsgrundlage für die Gewinnsteuern ist der Periodengewinn (G_t), der sich wie folgt berechnet:

$$G_t = R_t - AFA_t \pm Z_t$$

G_t = Periodengewinn
R_t = ($E_t - A_t$) Periodenrückflüsse
AfA_t = Abschreibung der Periode
Z_t = Zinsaufwand / -ertrag der Periode

- Liquidationserlöse und Differenzen zwischen Liquidationserlös und Restbuchwert bleiben unberücksichtigt.

Neben der Bruttomethode[174] und dem Basismodell[175], die nicht alle steuerlichen Effekte einbeziehen, existieren drei Methoden, die die Effekte umfassend berücksichtigen und hier kurz erläutert werden sollen.[176]

- **Zinsmodell**
- **Standardmodell**
- **Nettomethode**

Die steuerlichen Effekte werden durch die Abschreibungen (AfA_t) und den Zinsaufwand/-ertrag (Z_t) der Periode hervorgerufen. Sie lassen sich durch Anpassung der Zahlungsreihe und/oder des Kalkulationszinsfußes bei der Berechnung von Investitionsobjekten berücksichtigen. Die folgende Abbildung zeigt die unterschiedliche Berücksichtigung bei den drei Methoden:

---

[174] Vgl. Blohm, H./ Lüder, K.: Investition, a.a.O., S. 125.
[175] Vgl. Schierenbeck, H.: Grundzüge der Betriebswirtschaftslehre, a.a.O., S. 367 f.
[176] Vgl. ebd., S. 370 f.

Methode	Zahlungsreihe	Kalkulationszinsfuß
Zinsmodell	$R_t^{ns} = R_t - (R_t - AfA_t \pm Z_t)s$	i
Standardmodell	$R_t^{ns} = R_t - (R_t - AfA_t)s$	$i_{ns} = i(1-s)$
Nettomethode	$R_t^{ns} = R_t - (R_t - AfA_t \pm Z_t)s \pm KD_t$	$i_{ns} = i(1-s)$

i	=	Kalkulationszinsfuß vor Steuern (unkorrigiert)
i_{ns}	=	Kalkulationszinsfuß nach Steuern
s	=	Steuersatz
R_t	=	Rückfluss vor Steuern (unkorrigiert)
R_t^{ns}	=	Rückfluss nach Steuern
AfA_t	=	Abschreibung vor Steuern
Z_t	=	Zinsaufwand / -ertrag
KD_t	=	Kapitaldienst

Abb. 44: Die Berücksichtigung von steuerlichen Effekten

Beim **Zinsmodell** errechnen sich die Rückflüsse nach Steuern aus Rückflüssen vor Steuern vermindert um die versteuerte Differenz aus Rückflüssen minus Abschreibungen und Zinsaufwand. Der Kalkulationszufluss bleibt dabei unverändert. Das bedeutet, dass abschreibungs- und zinsbedingter Effekt ausschließlich in der Zahlungsreihe berücksichtigt werden.

Wird der Kapitalwert einer Investition mit dem Zinsmodell berechnet, so führt die steuerliche Abzugsfähigkeit der Zinsen (Z_t) bei Finanzierung mit Fremdkapital dazu, dass der Kapitalwert höher ist, als bei Finanzierung mit Eigenkapital. Der Kapitalwert der Investition ist im Zinsmodell von der Art der Finanzierung abhängig (siehe Beispiel 24).

Im **Standardmodell** wird dagegen der zinsbedingte Steuereffekt im Kalkulationszinsfuß berücksichtigt. Dadurch ist die Methode zwar unabhängig von der Finanzierungsart. Aber durch unterschiedliche Steuersätze ist bei Vergleichen mehrerer Investitionen die Bedingung des einheitlichen Kalkulationszinsfußes möglicherweise nicht gegeben.

Die **Nettomethode** erlaubt die separate Erfassung des Kapitaldienstes (KD_t). Damit sind sowohl Zinsen und Tilgung als auch Rückflusserträge bei Eigenfinanzierung gemeint. Es können hier also Finanzierungsentscheidungen erfasst werden, die nicht dem Kalkulationszinsfuß unterliegen (z.B. bei unterschiedlichem Soll- und Habenzins). Damit ist es auch möglich, die dem Zins- und Standardmodell zugrunde liegende Annahme zu umgehen, dass zu jedem Zeitpunkt Überschüsse zur Tilgung des Fremdkapitals eingesetzt werden. Nettomethode und Standardmethode führen zum gleichen Ergebnis, wenn ein einheitlicher Kalkulationszinsfuß verwendet wird.

In einem Beispiel sollen Zins- und Standardmodell für Fremd- und Eigenfinanzierung gegenübergestellt werden. Für die Vorteilsbewertung einer Investition wird der Kapitalwert verwendet:

Beispiel 24:

Investitionsausgabe:	I_0 = 15.000	Kalkulationszinsfuß:	i = 0,1
Rückflüsse der Perioden:	R_1 = 13.000	Steuersatz:	s = 0,55
	R_2 = 8.000		
Nutzungsdauer:	n = 2 Jahre		
Abschreibungen:	AfA_t = 7.500 (linear)		

a) Zinsmodell

$$K_0 = -I_0 + \sum_{t=1}^{n} \frac{R_t^{ns}}{(1+i)^t} = -I_0 + \sum_{t=1}^{n} \frac{R_t - (R_t - AfA_t \mp Z_t)s}{(1+i)^t}$$

Annahme von Fremdfinanzierung:

$$K_0 = -15.000 + \frac{13.000 - (13.000 - 7.500 - 1.500) \cdot 0,55}{1,1}$$

$$+ \frac{8.000 - (8.000 - 7.500 - 420) \cdot 0,55}{1,1^2}$$

K_0 = + 1393,39

Annahme von Eigenfinanzierung:

$$K_0 = -15.000 + \frac{13.000 - (13.000 - 7.500) \cdot 0,55}{1,1}$$

$$+ \frac{8.000 - (8.000 - 7.500 + 997,50) \cdot 0,55}{1,1^2}$$

K_0 = - 0,93

Bei Fremdfinanzierung ist der Kapitalwert der Investition wegen der abzugsfähigen Zinsaufwendungen für das Fremdkapital (0,1 · 15.000 bzw. 0,1 · 4.200) positiv. Bei Eigenfinanzierung muss der Zinsgewinn aus dem Eigenkapital (997,50) versteuert werden. Der Kapitalwert wird dabei sogar leicht negativ, die Investition ist damit unvorteilhaft.

b) Standardmodell

$$K_0 = -I_0 + \sum_{t=1}^{n} \frac{R_t^{ns}}{(1+i)^t} = -I_0 + \sum_{t=1}^{n} \frac{R_t - (R_t - AfA_t)s}{(1+i(1+s))^t}$$

$$K_0 = -15.000 + \frac{13.000 - (13.000 - 7.500) \cdot 0,55}{1,045}$$

$$+ \frac{8.000 - (8.000 - 7.500) \cdot 0,55}{1,045^2}$$

K_0 = + 1.619,47

Die Finanzierungsabhängigkeit ist nicht gegeben. Die Investition ist auch hier wegen des positiven Kapitalwertes vorteilhaft. Allerdings liefern beide Verfahren unterschiedliche Ergebnisse, was aus der unterschiedlichen Berücksichtigung der steuerlichen Effekte bzw. des durch Steuern verursachten Vermögensverlustes resultiert. Wird der Vermögensendwert angewendet, liefern beide Methoden gleiche und richtige Ergebnisse.

6.6 Investitionsentscheidungen unter Unsicherheit

Investitionsrechnungen beruhen auf Daten, die sich in der Regel nur mit einer gewissen Unsicherheit vorhersagen lassen. D.h., mehrere Werte für eine Zielgröße (z.B. Einzahlungen) werden für möglich gehalten. Man spricht daher auch von mehrwertigen Erwartungen. Ziel der Investitionsrechnung ist es, unter Berücksichtigung von Unsicherheiten dieser Daten, akzeptable Ergebnisse für Investitionsentscheidungen zu liefern. Dabei kommen verschiedene Verfahren zur Anwendung, die im folgenden erläutert werden.

6.6.1 Korrekturverfahren

Bei diesem Verfahren werden Schätzwerte von Zielgrößen korrigiert, indem Risikozuschläge (oder Risikoabschläge) berücksichtigt werden. Dabei werden vor allem folgende Zielgrößen geändert:

(1) Kalkulationszinsfuß

Je höher die Unsicherheit eingeschätzt wird, desto höher ist der Risikozuschlag auf den Kalkulationszinsfuß. Der Kapitalwert einer Investition mit Risikozuschlag wird damit niedriger. In der Praxis werden für verschiedene Risikosituationen entsprechende Kalkulationszinsen verwendet, mit denen das Investitionsrechenverfahren durchgeführt wird:

Risikosituation		Kalkulationszinsfuß
Markt	Produkt(e)	
vorhanden	bekannt	10 %
vorhanden	neu	15 %
neu	bekannt	25 %
neu	neu	30 %

Abb. 45: Kalkulationszinsfuß bei verschiedenen Risikosituationen

(2) Nutzungsdauer (Soll-Amortisationsdauer)

Es kann die Nutzungsdauer bei Unsicherheit gekürzt werden. Der Kapitaleinsatz muss sich also in kürzerer Zeit amortisieren, damit die Investition als vorteilhaft eingestuft werden kann.

(3) Rückflüsse

Hierbei werden die Rückflüsse entsprechend der Höhe der Unsicherheit niedriger angesetzt. Damit wird dann auch der Kapitalwert der Investition um so niedriger, je unsicherer die Situation ist.

Beurteilung des Verfahrens

Das Verfahren erlaubt keine "analytische" Erfassung der Unsicherheit. Sie wird lediglich "summarisch" erfasst, zudem oft in den Zielgrößen, die nicht der Unsicherheit unterliegen (Kalkulationszins, Nutzungsdauer). Das Verfahren stellt deshalb eine Faustregel dar, die keinen objektiven Bewertungsstab liefert.

6.6.2 Sensitivitätsanalyse

Die Sensitivitätsanalyse untersucht den Zusammenhang zwischen den wichtigen Input-Größen und der Output-Größe (z.B. Kapitalwert). Sie zeigt, wie weit diese Größen vom ursprünglich angenommenen Wert abweichen können, ohne dass die Output-Größe der Investitionsrechnung einen bestimmten Wert über- oder unterschreitet. D.h., es werden kritische Werte für die Input-Größe ermittelt.[177]

Beispiel 25:
Folgende Daten sind für ein Investitionsvorhaben gegeben:

Anschaffungskosten:	I_0	=	1.000.000 EUR
Nutzungsdauer:	n	=	10 Jahre
Kalkulationszins:	i	=	10 %
Absatzmenge:	x_t	=	2000 ME/Jahr
Absatzpreis:	P_t	=	220 EUR/ME
proportionale Kosten:	a_t	=	85 EUR/ME
Fixkosten:	A_t	=	80.000 EUR/Jahr
Liquiditätserlös:	L_n	=	0 EUR

Die Beurteilung der Vorteilhaftigkeit soll mit Hilfe des Kapitalwertes erfolgen:

$$K_0 = -I_0 + \sum_{t=1}^{n} \frac{(E_t - A_t)}{(1+i)^t}$$

mit: $E_t = x_t (p_t - a_t) \Rightarrow$

$$K_0 = -I_0 + \sum_{t=1}^{10} \frac{x_t(p_t - a_t) - A_t}{(1+i)^t} = -1.000.000 + \sum_{t=1}^{10} \frac{190.000}{1,1^t}$$

K_0 = -1.000.000 + 190.000 · RBF (10%, 10 Jahre) = **167.550 EUR**

Anm: Der Rentenbarwertfaktor (RBF) ist aus der Tabelle im Anhang berechnet. Zwischen Rentenbarwertfaktor und Wiedergewinnungsfaktor (WGF) herrscht die Beziehung RBF = WGF^{-1}.

(1) Ermittlung des kritischen Kalkulationszinssatzes

Der Kalkulationszinssatz ist so gewählt, dass er die mit der Investition verbundenen Finanzierungskosten bzw. alternativen Anlageoptionen widerspiegelt. Der **kritische Kalkulationszinssatz** hingegen drückt die von der Investition maximal tragbare Zinslast aus, denn dann ist der Kapitalwert gleich null und die Investition nicht mehr vorteilhaft.

Der kritische Kalkulationszinssatz entspricht also dem internen Zinsfuß. Die Ermittlung erfolgt durch Nullsetzen des Kapitalwertes und Bestimmung des kritischen Zinssatzes r_k aus der Tabelle mit Hilfe der linearen Interpolation.

---

[177] Vgl. Hax, H.: Investitionstheorie, a.a.O., S. 122 ff.; Perridon, L./ Steiner, M.: Finanzwirtschaft der Unternehmung, a.a.O., S. 95 ff.

$$K_0 = -1.000.000 + 190.000 \cdot RBF\ (r_k, 10\ Jahre) = 0$$

$$RBF\ (r_k, 10\ Jahre) = \frac{1.000.000}{190.000} = 5{,}263$$

Aus der Tabelle ergibt sich für 5,263 ein Zinssatz zwischen 13% und 14%.
Durch einmalige lineare Interpolation erhält man: $r_k = 13{,}78\%$.

Das bedeutet, das der Kalkulationszinssatz höchstens bis zum kritischen Zinssatz von 13,78% steigen darf, bevor die Investition unvorteilhaft wird.

(2) Ermittlung der kritischen Nutzungsdauer

Auf ähnliche Weise lässt sich die kritische Nutzungsdauer ermitteln. Sie zeigt die Dauer, in der der Investitionsbetrag einschließlich Verzinsung zurückgeflossen ist. Je kürzer der Zeitraum ist, desto weniger risikoreich ist die Investition.
Es gilt der Kalkulationszinssatz von 10%:

$$K_0 = -1.000.000 + 190.000 \cdot RBF\ (10\%, n) = 0$$
$$RBF\ (10\%, n) = 5{,}263$$

aus der Tabelle: $n \approx 7\text{-}8$ Jahre

einmalige lineare Interpolation: **n = 7,85 Jahre**

(3) Ermittlung der kritischen Absatzmenge

Auch die Absatzmengen-Schätzung ist durch Einflüsse von Konjunktur, Konkurrenzverhalten, Innovationen etc. Unsicherheiten unterworfen. Eine wichtige Information stellt die kritische Absatzmenge dar, die auch als Mindestabsatzmenge zur Amortisation der Investition bezeichnet werden kann. Sie wird wie folgt ermittelt:

$$K_0 = -I_0 + (x_t(p_t - a_t) - A_t) \cdot (RBF\ (10\%, 10\ Jahre)) = 0$$
$$x_t = \frac{I_0 + A_t}{RBF \cdot (P_t - a_p)} = \mathbf{1555\ ME/Jahr}$$

Auf analoge Weise lassen sich zudem kritische Werte von Stückkosten, Anschaffungswert und Verkaufspreis ermitteln. In einem weiteren Schritt kann man jetzt darstellen, mit welcher **relativen Änderung** einer Input-Größe der Kapitalwert Null wird. Damit wird deutlich, wie "sensibel" der Kapitalwert auf Änderungen reagiert:

Input-Größe	Geschätzter Wert	Kritischer Wert	Relative Änderung
Kalkulationszins	10 %	13,78 %	(+) 37,8 %
Nutzungsdauer	10 Jahre	7,85 Jahre	(-) 21,5 %
Absatzmenge	2.000 ME	1.555 ME	(-) 22,3 %
Anschaffungskosten	1.000.000 EUR	1.167.550 EUR	(+) 16,8 %
Stückkosten	**220 EUR/ME**	**206,36 EUR/ME**	**(-) 6,6 %**

Abb. 46: Die relative Änderung der Inputgrößen für $K_0 = 0$

Es zeigt sich, dass die Änderung der Stückkosten den größten Effekt auf den Kapitalwert hat, denn hier wird der Kapitalwert bei einer 6,6 %-igen relativen Änderung gleich Null.

Beurteilung des Verfahrens

Der Vorzug des Verfahrens liegt in der Anschaulichkeit und einfachen Handhabung. Es gewährt einen groben Einblick in die Struktur der Unsicherheitsspannen einzelner Input-Größen. Die Grenzen des Verfahrens liegen allerdings darin, dass immer nur eine Größe unter Konstanthaltung aller anderen geändert wird, und damit Interdependenzen mehrerer Größen nicht erfasst werden können.

6.6.3 Entscheidungsregeln bei Ungewissheit

Mit Hilfe entscheidungstheoretischer Ansätze wird hier versucht, Investitionsentscheidungen unter Ungewissheit zu objektivieren. Dabei spielen die subjektiven Vorstellungen des Investors von Wahrscheinlichkeiten bzw. Risikopräferenzen eine zentrale Rolle. Die **Bayes-Regel** zählt zu den Entscheidungskriterien, bei denen der Investor subjektive Wahrscheinlichkeiten angeben kann, mit denen bestimmte Ereignisse eintreten. Voraussetzung ist also die Kenntnis von Wahrscheinlichkeitsverteilungen für bestimmte Werte einer Zielgröße (z.B. Erträge). Werden jetzt die Wahrscheinlichkeiten mit den entsprechenden Werten der Zielgröße multipliziert und aufsummiert, so erhält man einen Erwartungswert für eine bestimmte Investitionsalternative. Werden Investitionsalternativen hinsichtlich der Zielgröße verglichen, so sagt die Bayes-Regel, dass diejenige vorzuziehen ist, deren Erwartungswert (μ) maximal ist:

$$\mu = \sum_{i=1}^{n} w_i z_i \rightarrow \text{Max.}$$

μ = Erwartungswert
w_i = Wahrscheinlichkeit eines Wertes der Zielgröße
z_i = Werte einer Zielgröße (i = 1, 2, ..., n)

Abb. 47: Bayes-Regel

Zwei Punkte sind hinsichtlich der Bayes-Regel kritisch anzumerken:
- Es ist zweifelhaft, dass ein Investor Wahrscheinlichkeiten bestimmter Werte exakt quantifizieren kann.
- Die Bayes-Regel unterstellt, dass der Investor risikoneutral ist. D.h. er steht den Alternativen a) einen sicheren Gewinn von x oder b) einen Gewinn von 2x mit einer Wahrscheinlichkeit von 0,5 zu erzielen, neutral gegenüber. Es gibt aber viele Investoren, die Alternative a) oder b) bevorzugen, also nicht risikoneutral sind.[178]

Um nun die Risikopräferenz eines Investors berücksichtigen zu können, werden zusätzlich Streuungsmaße verwendet, z.B. die Streuung der Einzelerwartungen um den Erwartungswert. Dabei ist das Risiko der Investition umso größer, je höher der Wert der Standardabweichung (σ) ist. Das soll an einem Beispiel kurz erläutert werden:

---

[178] Vgl. Hax, H.: Investitionstheorie, a.a.O., S. 134.

Beispiel 26:

Umweltbedin-gung	Rückflüsse aus		subjektive
	Investition A	Investition B	Wahrscheinlichkeit w
1	4.000	1.000	0,1
2	5.000	5.000	0,8
3	6.000	9.000	0,1

Für die zwei Investitionsalternativen werden für unterschiedliche Umweltbedingungen (z.B. Absatzmarktlage) unterschiedliche Rückflüsse erwartet. Die Umweltbedingungen werden mit den Eintrittswahrscheinlichkeiten bewertet. Der Erwartungswert (μ) ist bei beiden Alternativen gleich:

$$\mu_{A,B} = \sum w_i \cdot z_i = 5.000$$

Die Standardabweichung (σ) berechnet sich wie folgt:

$$\sigma = \sqrt{\sum_{i=1}^{n} (z_i - \mu)^2 \cdot w_i}$$

$$\sigma_A = 447,2$$
$$\sigma_B = 1788,9$$

Die Alternative A hat eine geringere Standardabweichung (geringeres Risiko) und ist damit vorteilhafter. Unter Unsicherheit ist häufig zwischen unterschiedlichen Risiken und zu erwartenden Erträgen zu entscheiden, d.h. ein Abwägen zwischen hohen Erträgen bei hohen Risiken bzw. geringen Erträgen bei geringen Risiken. Als Entscheidungsgrundlage für derartige Probleme lassen sich sogenannte Risikopräferenzfunktionen erstellen. Sie sagen spezifisch für einen bestimmten Investor aus, wieviel mehr (oder weniger) Risiko er in Kauf nimmt, wenn der Erwartungswert der Erträge steigt (oder fällt).[179] Die graphische Darstellung erläutert den Zusammenhang für den Normalfall eines risikoscheuen Investors:

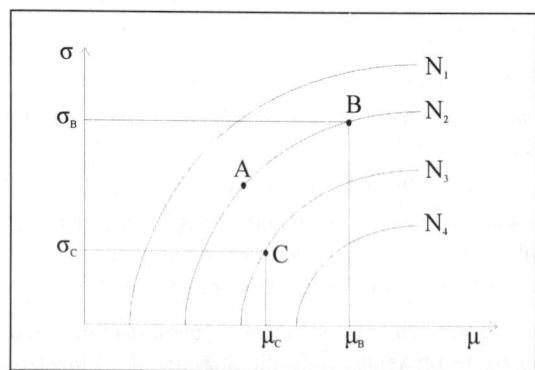

Abb. 48: Risikopräferenzfunktion bei Risikoaversion

---

[179] ausführlich: Perridon, L./ Steiner, M.: Finanzwirtschaft der Unternehmung, a.a.O., S. 103 f.

Die Kurven N_1 bis N_4 stellen Indifferenzkurven für den Risikonutzen (N) dar. Alle Punkte auf einer Kurve haben den gleichen Risikonutzen. Der Risikonutzen ist abhängig vom Erwartungswert der Erträge (μ) und dem Risiko (repräsentiert durch die Standardabweichung σ). Man spricht daher auch vom $\mu\sigma$-**Prinzip**.

Man erkennt, dass bei Risikoaversion der Risikonutzen bei steigendem Risiko gleich bleibt, wenn der Erwartungswert der Erträge entsprechend dem Verlauf einer Indifferenz-kurve N_x steigt. Stellen die Punkte A bis C Investitionsalternativen dar, so sind die Alternativen A und B hinsichtlich des Risikonutzens gleichwertig, Alternative C hingegen höherwertig, da sie zwar einen geringeren Erwartungswert der Erträge als B aufweist, aber die Streuung des Erwartungswertes ist dem gegenüber gemäß der Präferenz des Investors wesentlich geringer.

6.6.4 Die Risikoanalyse

Ein weiteres Verfahren für Investitionsentscheidungen bei Unsicherheit stellt die Risikoanalyse dar. Auch hier wird vorausgesetzt, dass sich Wahrscheinlichkeiten in objektiver oder subjektiver Form angeben lassen. Ziel der Risikoanalyse ist es, die Wahrscheinlichkeitsverteilungen relevanter Einflussgrößen so zu kombinieren, dass eine einzige Verteilung für die Zielgröße (das Entscheidungskriterium für die Investitionsentscheidung: z.B. Kapitalwert) ergibt.

Neben des analytischen Ansatzes[180] existiert die Monte-Carlo-Methode, die auf einer Simulation mit Zufallszahlen basiert. Der Ablauf dieses Verfahrens soll im folgenden kurz erläutert werden:

(1) Die unsicheren Inputgrößen der Berechnung wie z.B. Marktgröße, Marktanteil, Ausgaben (fix, variabel), Verkaufspreis, Kapitaleinsatz, Nutzungsdauer, Marktentwicklung etc. sind auszuwählen.

(2) Bestimmung der Wahrscheinlichkeitsverteilung für die ausgewählten Inputgrößen.

(3) Den Verteilungen der Inputgrößen werden Zahlenfolgen zugeordnet. Dabei entspricht die Häufigkeitsverteilung der Zahlen der Wahrscheinlichkeitsverteilung der Inputgröße.

(4) Aus den Zahlenfolgen der Inputgrößen wird nun durch Zufallsauswahl *eine* Zahl für jede Inputgröße ausgewählt. Die dazugehörigen Werte der Inputgröße werden zur Berechnung der Zielgröße (z.B. Kapitalwert) verwendet.

(5) Der Vorgang wird solange wiederholt, bis sich eine stabile Verteilung für die errechneten Werte der Zielgröße ergibt.

(6) Darstellung der Ergebnisverteilung.[181]

Eine solche Ergebnisverteilung ist im folgenden abgebildet.[182] Sie zeigt die Wahrscheinlichkeit mit der bestimmte Werte der Zielgröße (Zielwerte) eintreten.

---

[180] Vgl. Blohm, H./ Lüder, K.: Investition, a.a.O., S. 203.
[181] Vgl. Hertz, D.B.: Risk Analysis in Capital Investment. In: Harvard Business Review 1/ 1964, S. 95 ff.
[182] entnommen aus: Perridon, L./ Steiner, M.: Finanzwirtschaft der Unternehmung, a.a.O., S. 116.

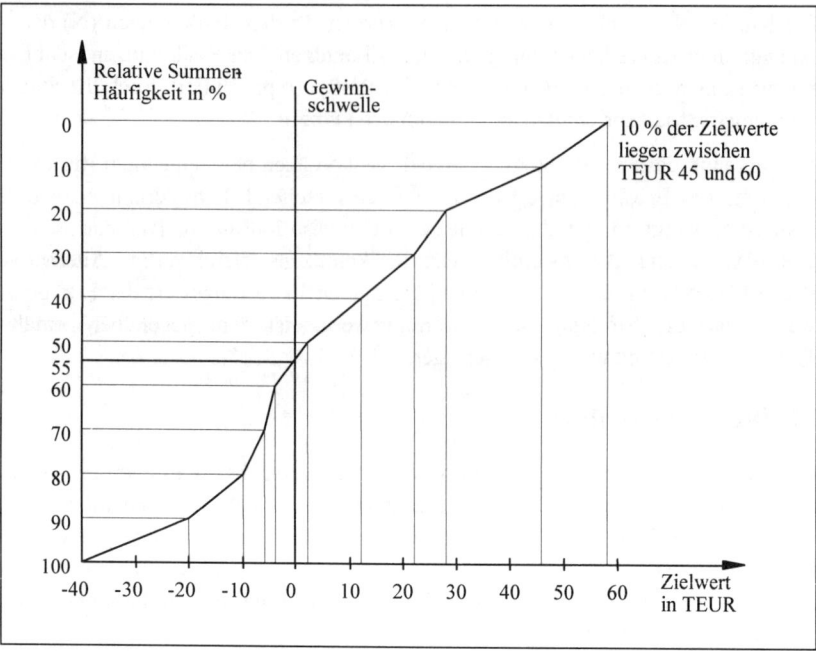

Abb. 49: Risikoprofil einer Investition

Der Vorteil des Verfahrens liegt in der großen Anschaulichkeit des Risikoprofils und des damit verbundenen Aussagewertes. Einschränkend ist zu sagen, dass die notwendige Bedingung der Zufallsabhängigkeit der Inputgrößen häufig ebensowenig gegeben ist, wie die Unabhängigkeit der Inputgrößen untereinander. Im Falle abhängiger Inputgrößen sind aufwendigere Schritte erforderlich.[183] Weiterhin ist die Angabe von Wahrscheinlichkeitsverteilungen oft schwierig und schränkt damit die Aussagefähigkeit des Verfahrens weiter ein.

6.7 Verfahren der Unternehmensbewertung

Auch die Bewertung von gesamten Unternehmen oder Unternehmensteilen kann im Sinne investitionstheoretischer Überlegungen als Investitionsrechnung bezeichnet werden. Die Bewertung dient dabei nicht der Vorteilhaftigkeitsermittlung der Investition bei gegebenem Kaufpreis, sondern der Ableitung von Preisvorstellungen für den Kauf einer Unternehmung. Die Fragestellung ist demnach anders als bei den beschriebenen Verfahren der Investitionsrechnung. Verschiedene Finanzierungsanlässe können eine Gesamtbewertung notwendig machen:

- Kauf oder Verkauf von Unternehmen oder Unternehmensteilen
- Fusion von Unternehmen
- Aufnahme oder Ausscheiden von Gesellschaftern
- steuerliche Vorschriften (Bewertung nichtnotierter Anteile)
- Bewertung in wirtschaftlichen Notlagen (Sanierung, Liquidation, Konkurs etc.)

---

[183] Vgl. Blohm, H./ Lüder, K.: Investition, a.a.O., S. 206.

Die Verfahren der Unternehmensbewertung lassen sich grundsätzlich in "objektive" und "subjektive" Ansätze einteilen (vgl. Abb. 34). Erstere zielen darauf ab, dass der Wert eines Unternehmens als "objektiver Unternehmenswert" existiert. Individuelle bzw. subjektive Wertbeimessungen, etwa von Käufer und Verkäufer einer Unternehmung, bleiben unberücksichtigt. Die Betonung der objektiven Ansätze bei der Wertermittlung liegt dabei auf der vorhandenen Vermögenssubstanz und nicht auf den erzielbaren zukünftigen Erträgen.

Der subjektive Ansatz ist auf die Interessenlage und Entscheidungssituation der Beteiligten (Käufer und Verkäufer) zugeschnitten. Der Wert der Unternehmung wird dabei ausschließlich aus den Erträgen abgeleitet, die aus dem Besitz der Unternehmung resultieren. Aufgrund unterschiedlicher, subjektiver Daten (Erfolgsaussichten, Kalkulationszinsfuß etc.) weichen die ermittelten Unternehmenswerte der Beteiligten i.d.R. voneinander ab.

6.7.1 Der Zukunftserfolgswert (subjektiver Bewertungsansatz)

Wie schon angedeutet wurde, liegt hier der Gedanke zugrunde, dass für Käufer und Verkäufer einer Unternehmung ausschließlich die Reinerträge (Gewinne) von Bedeutung sind, die sich in Zukunft mit der Unternehmung erwirtschaften lassen.[184] Dabei spielt auch eine mögliche alternative Kapitalverwendung und die damit erzielbaren Gewinne eine Rolle. Die Bewertung einer Unternehmung erfolgt dabei auf Grundlage der Kapitalwertmethode, wobei hier ausschließlich nach dem Barwert der zukünftig zu erwartenden Gewinne gefragt wird. Die Investitionsausgabe (I_0) spielt hier natürlich keine Rolle:

$$ZEW = \sum_{t=1}^{n} (E_t - A_t) \cdot (1+i)^{-t}$$

ZEW = Zukunftserfolgswert
($E_t - A_t$) = Gewinne
i = Kapitalisierungszinsfuß

Es ist zu betonen, dass nicht entnommene Gewinne (Kapitalaufstockung) den Zukunftserfolgswert verringern, jedoch den Kurswert der Unternehmung erhöhen, so dass später ein höherer Verkaufserlös erzielt werden kann. Diese Überlegung kann bei der Investitionsentscheidung eine Rolle spielen.[185]

Die Wahl des Kapitalisierungszinsfußes zur Diskontierung der zu erwartenden Gewinnentnahmen muss sich an folgenden Grundsätzen orientieren:[186]

(1) Wird das zu bewertende Unternehmen verkauft, so können alternative Investitionen nicht verwirklicht werden. Der interne Zinsfuß der besten Alternativanlage muss damit Grundlage für die Unternehmensbewertung sein.

(2) Der Preis der zu bewertenden Unternehmung muss sich am Preis von anderen Investitionsobjekten mit gleichen Entnahmeerwartungen orientieren.

---

[184] Vgl. Busse von Colbe, W.: Der Zukunftserfolg. Die Ermittlung des künftigen Unternehmenserfolges und seine Bedeutung für die Bewertung von Industrieunternehmen, Wiesbaden 1957.
[185] Vgl. Moxter, A.: Grundsätze ordnungsgemäßer Unternehmensbewertung, 2. Auflage, Wiesbaden 1990.
[186] Vgl. Schierenbeck, H.: Grundzüge der Betriebswirtschaftslehre, a.a.O., S. 395 f.

6.7.2 Die traditionellen Verfahren (objektive Bewertungsansätze)

Trotz einer Vielzahl verschiedener Verfahren konnte noch kein gesichertes und allgemein anerkanntes Verfahren entwickelt werden, dass dem Anspruch eines objektiven Unternehmenswertes gerecht wird.

Die in der Praxis verwendeten Verfahren liefern daher im allgemeinen nur Näherungswerte, die aus der Unsicherheit erwachsen, mit denen Vorhersagen behaftet sind. Häufig verwendete Verfahren sind:

- Ertragswertverfahren
- Substanzwertverfahren
- Mittelwertverfahren
- Verfahren der Übergewinnabgeltung

6.7.2.1 Das Ertragswertverfahren

Bei diesem Verfahren werden die nachhaltig erzielbaren Gewinne des Unternehmens bewertet, die bei normaler Unternehmensleistung zu erwarten sind. Sie werden auf den Bewertungszeitpunkt abgezinst. Hier kommt im Unterschied zum Zukunftserfolgswert der landesübliche Kalkulationszinsfuß für risikofreie Anlagen zur Anwendung.

Je nach Rechtsform, Betriebsgröße und Branche werden Zinszuschläge verwendet, die zu einem die durchschnittliche Rendite des jeweiligen Geschäftszweiges wiedergebenden Kalkulationszins führen.[187]

Formal gelten ansonsten die gleichen Zusammenhänge wie bei der Zukunftserfolgsmethode. Die Berechnung des Ertragswertes erfolgt für verschiedene Situationen wie folgt:

(1)
- Die Gewinne des Unternehmens sind zeitlich begrenzt,
- kein Liquidationserlös

$$EW = \sum_{t=1}^{n} G_t \cdot (1+i)^{-t}$$

EW = Ertragswert
G_t = Gewinne der Periode t
i = Kalkulationszinsfuß

(2)
- Gleichbleibende Gewinne pro Jahr
- Liquidationserlös fällt an
- begrenzte Lebensdauer

$$EW = G \cdot RBF_n^i + L_n (1+i)^{-n}$$

G = Konstanter Gewinn
RBF_n^i = Barwertfaktor
L_n = Liquidationserlös

---

[187] Vgl. Wöhe, G.: Einführung in die allgemeine Betriebswirtschaftslehre, a.a.O., S. 679 f.

(3)
- unbegrenzte Lebensdauer
- konstante Gewinne pro Jahr

$$EW = \frac{G}{i}$$

G = Konstanter Gewinn
i = Kalkulationszinsfuß

6.7.2.2 Das Substanzwertverfahren

Mit dem Substanzwertverfahren werden die Kosten ermittelt, die entstehen, um ein Unternehmen mit gleicher Leistungsfähigkeit wie das bewertete zu reproduzieren. Daher spricht man auch vom **Reproduktionswert**. Man unterscheidet hier zwischen dem Teilreproduktionswert und Vollreproduktionswert. Der **Teilreproduktionswert** umfasst den Wert aller vorhandenen Wirtschaftsgüter im Sinne des bilanzfähigen Anlage- und Umlaufvermögens. Die Wirtschaftsgüter werden dabei gemäß ihres Zeitwertes einzeln bewertet.

Der **Gesamtreproduktionswert** umfasst zusätzlich die nicht bilanzfähigen Wirtschaftsgüter (wie z.B. Organisation, Kundenstamm, Marktposition, Know-how etc.). Er lässt sich aber nicht auf dem Wege der Einzelbewertung (d.h. additiv) bestimmen. Die Differenz aus Gesamtreproduktionswert und Teilreproduktionswert wird auch als Geschäftswert bezeichnet. Es wird auch deutlich, dass der Teilreproduktionswert nicht den tatsächlichen Unternehmenswert widerspiegelt. Er stellt aber traditionell eine objektiv messbare Größe dar und wird daher auch in anderen Verfahren der Unternehmens-bewertung verwendet.[188]

6.7.2.3 Das Mittelwertverfahren

Der Ertragswert einer Unternehmung liegt bei Nichtberücksichtigung von Konkurrenzgefahren i.d.R. über dem Gesamtreproduktionswert. Andererseits liegt der Substanzwert unter dem Gesamtreproduktionswert. Da der Gesamtreproduktionswert zwar maßgeblich ist, aber nicht exakt bestimmt werden kann, wird hilfsweise das arithmetische Mittel aus Substanzwert und Ertragswert berechnet.

$$\text{Gesamtwert} = \frac{\text{Substanzwert} + \text{Ertragswert}}{2}$$

Das Mittelwertverfahren stellt damit eine praktische aber grob schematisierte Methode zur Einschätzung des Gesamtreproduktionswertes dar.

6.7.2.4 Verfahren der Übergewinnabgeltung

Der Grundgedanke ist hier, dass der Unternehmenswert aus Substanzwert und Geschäftswert besteht. Der Geschäftswert erwirtschaftet über die Verzinsung des Substanzwertes hinaus einen Gewinn, der als Übergewinn bezeichnet wird.[189] Diese Gewinne sind aber zeitlich begrenzt und werden daher nur eine bestimmte Zeit, die Übergewinndauer, berücksichtigt. Der Gewinn aus dem Substanzwert wird dabei als dauerhaft angesehen und als Normalgewinn bezeichnet. Er errechnet sich wie folgt:

---

[188] Vgl. Schierenbeck, H.: Grundzüge der Betriebswirtschaftslehre, a.a.O., S. 403 f.
[189] Vgl. ebd., S. 405 f.

$$G_N = i \cdot SW$$

G_N = Normalgewinn
i = landesüblicher Kalkulationszinsfuß
SW = Substanzwert

Der Übergewinn ist die Differenz aus erwartetem Gewinn und Normalgewinn:

$$G_Ü = G - i \cdot SW$$

$G_Ü$ = Übergewinn
G = Erwarteter Gewinn

Dieser Übergewinn kann auf verschiedene Weise abgegolten werden:

(1) Bei der einfachen, undiskontierten Übergewinnabgeltung berechnet sich der Unternehmenswert nach:

$$UW = SW + n \cdot G_Ü$$

n = Anzahl der Jahre, in denen der Übergewinn anfällt

(2) Eine genauere Methode ergibt sich, wenn die Übergewinne auf den Berechnungszeitpunkt abgezinst werden. Dabei kann die Übergewinnabgeltung befristet oder unbefristet durchgeführt werden:

  a) bei befristeter Übergewinnabgeltung

$$UW = SW + RBF_n^i \cdot G_Ü$$

  b) bei unbefristeter Übergewinnabgeltung

$$UW = SW + \frac{G_Ü}{i_Ü}$$

$i_Ü$ = Zinssatz für den Übergewinn

Anhang: Zinstabellen

Abzinsungsfaktor $(1+i)^{-n} = \dfrac{1}{(1+i)^n}$

Jahr n	1 %	2 %	3 %	4 %	5 %	6 %	7 %	8 %	9 %	10 %
1	0,990	0,980	0,971	0,962	0,952	0,943	0,935	0,926	0,917	0,909
2	0,980	0,961	0,943	0,925	0,907	0,890	0,873	0,852	0,842	0,826
3	0,971	0,942	0,915	0,889	0,864	0,840	0,816	0,794	0,772	0,751
4	0,961	0,924	0,888	0,855	0,823	0,792	0,763	0,735	0,708	0,683
5	0,851	0,906	0,863	0,822	0,784	0,747	0,713	0,681	0,650	0,621
6	0,942	0,888	0,837	0,790	0,746	0,705	0,666	0,630	0,596	0,564
7	0,933	0,871	0,813	0,760	0,711	0,665	0,623	0,583	0,547	0,513
8	0,923	0,853	0,789	0,731	0,677	0,627	0,582	0,540	0,502	0,467
9	0,914	0,837	0,766	0,703	0,645	0,592	0,544	0,500	0,460	0,424
10	0,905	0,820	0,744	0,676	0,614	0,558	0,508	0,463	0,422	0,386
11	0,896	0,804	0,722	0,650	0,585	0,527	0,475	0,429	0,388	0,350
12	0,887	0,788	0,701	0,625	0,557	0,497	0,444	0,397	0,356	0,319
13	0,879	0,773	0,681	0,601	0,530	0,469	0,415	0,368	0,326	0,290
14	0,870	0,758	0,661	0,577	0,505	0,442	0,388	0,340	0,299	0,263
15	0,861	0,743	0,642	0,555	0,481	0,417	0,362	0,315	0,275	0,239
16	0,853	0,728	0,623	0,534	0,458	0,394	0,339	0,292	0,252	0,218
17	0,844	0,714	0,605	0,513	0,436	0,371	0,317	0,270	0,231	0,198
18	0,836	0,700	0,587	0,494	0,416	0,350	0,296	0,250	0,212	0,180
19	0,828	0,686	0,570	0,475	0,396	0,331	0,277	0,232	0,194	0,164
20	0,820	0,673	0,554	0,456	0,377	0,312	0,258	0,215	0,178	0,149

Jahr n	11 %	12 %	13 %	14 %	15 %	16 %	17 %	18 %	19 %	20 %
1	0,901	0,893	0,885	0,877	0,870	0,862	0,855	0,847	0,840	0,833
2	0,812	0,797	0,783	0,769	0,756	0,743	0,731	0,718	0,706	0,694
3	0,731	0,712	0,693	0,675	0,658	0,641	0,624	0,609	0,593	0,579
4	0,659	0,636	0,613	0,592	0,572	0,552	0,534	0,516	0,499	0,482
5	0,593	0,567	0,543	0,519	0,497	0,476	0,456	0,437	0,419	0,402
6	0,535	0,507	0,480	0,456	0,432	0,410	0,390	0,370	0,352	0,335
7	0,482	0,452	0,425	0,400	0,376	0,354	0,333	0,314	0,296	0,279
8	0,434	0,404	0,376	0,351	0,327	0,305	0,285	0,266	0,249	0,233
9	0,391	0,361	0,333	0,308	0,284	0,263	0,243	0,225	0,209	0,194
10	0,352	0,322	0,295	0,270	0,247	0,227	0,208	0,191	0,176	0,162
11	0,317	0,287	0,261	0,237	0,215	0,195	0,178	0,162	0,148	0,135
12	0,286	0,257	0,231	0,208	0,187	0,168	0,152	0,137	0,124	0,112
13	0,258	0,229	0,204	0,182	0,163	0,145	0,130	0,116	0,104	0,093
14	0,232	0,205	0,181	0,160	0,141	0,125	0,111	0,099	0,088	0,078
15	0,209	0,183	0,160	0,140	0,123	0,108	0,095	0,084	0,074	0,065
16	0,188	0,163	0,141	0,123	0,107	0,093	0,081	0,070	0,062	0,054
17	0,170	0,146	0,125	0,108	0,093	0,080	0,069	0,060	0,052	0,045
18	0,153	0,130	0,111	0,095	0,081	0,069	0,059	0,051	0,044	0,038
19	0,138	0,116	0,098	0,083	0,070	0,060	0,051	0,043	0,037	0,031
20	0,124	0,104	0,087	0,073	0,061	0,051	0,043	0,037	0,031	0,026

Wiedergewinnungsfaktor: $\dfrac{i(1+i)^n}{(1+i)^n - 1}$

Jahr n	1 %	2 %	3 %	4 %	5 %	6 %	7 %	8 %	9 %	10 %
1	1,101	1,020	1,030	1,040	1,050	1,060	1,070	1,080	1,090	1,100
2	0,508	0,515	0,522	0,530	0,538	0,545	0,553	0,561	0,568	0,576
3	0,340	0,347	0,354	0,360	0,367	0,374	0,381	0,388	0,395	0,402
4	0,256	0,263	0,269	0,275	0,282	0,289	0,295	0,302	0,309	0,315
5	0,206	0,212	0,218	0,225	0,231	0,237	0,244	0,250	0,257	0,264
6	0,173	0,179	0,185	0,191	0,197	0,203	0,210	0,216	0,223	0,230
7	0,149	0,155	0,161	0,167	0,173	0,179	0,186	0,192	0,199	0,205
8	0,131	0,137	0,142	0,149	0,155	0,161	0,167	0,174	0,181	0,187
9	0,117	0,123	0,128	0,134	0,141	0,147	0,153	0,160	0,167	0,174
10	0,106	0,111	0,117	0,123	0,130	0,136	0,142	0,149	0,156	0,163
11	0,096	0,102	0,108	0,114	0,120	0,127	0,133	0,140	0,147	0,154
12	0,089	0,095	0,100	0,107	0,113	0,119	0,126	0,133	0,140	0,147
13	0,082	0,088	0,094	0,100	0,106	0,113	0,120	0,127	0,134	0,141
14	0,077	0,083	0,089	0,095	0,101	0,108	0,114	0,121	0,128	0,136
15	0,072	0,078	0,084	0,090	0,096	0,103	0,110	0,117	0,124	0,131
16	0,068	0,074	0,080	0,086	0,092	0,099	0,106	0,113	0,120	0,128
17	0,064	0,070	0,076	0,082	0,980	0,095	0,102	0,110	0,117	0,125
18	0,061	0,067	0,073	0,079	0,086	0,092	0,099	0,107	0,114	0,122
19	0,058	0,064	0,070	0,076	0,083	0,090	0,097	0,104	0,112	0,120
20	0,055	0,061	0,067	0,074	0,080	0,087	0,094	0,102	0,110	0,117

Jahr n	11 %	12 %	13 %	14 %	15 %	16 %	17 %	18 %	19 %	20 %
1	1,110	1,120	1,130	1,140	1,150	1,160	1,171	1,180	1,190	1,200
2	0,584	0,592	0,599	0,607	0,615	0,623	0,631	0,639	0,647	0,655
3	0,409	0,416	0,424	0,431	0,438	0,445	0,453	0,460	0,467	0,475
4	0,322	0,329	0,336	0,343	0,350	0,357	0,365	0,372	0,379	0,386
5	0,271	0,277	0,284	0,291	0,298	0,305	0,313	0,320	0,327	0,334
6	0,236	0,243	0,250	0,257	0,264	0,271	0,279	0,286	0,293	0,301
7	0,212	0,219	0,226	0,233	0,240	0,248	0,255	0,262	0,270	0,277
8	0,194	0,201	0,208	0,216	0,223	0,230	0,238	0,245	0,253	0,261
9	0,181	0,188	0,195	0,202	0,210	0,217	0,225	0,232	0,240	0,248
10	0,170	0,177	0,184	0,192	0,199	0,207	0,215	0,223	0,230	0,239
11	0,161	0,168	0,176	0,183	0,191	0,199	0,207	0,215	0,223	0,231
12	0,154	0,161	0,169	0,177	0,184	0,192	0,200	0,209	0,217	0,225
13	0,148	0,156	0,163	0,171	0,179	0,187	0,195	0,204	0,212	0,221
14	0,143	0,151	0,159	0,167	0,175	0,183	0,191	0,200	0,208	0,217
15	0,139	0,147	0,155	0,163	0,171	0,179	0,188	0,196	0,205	0,214
16	0,136	0,143	0,151	0,160	0,168	0,176	0,185	0,194	0,203	0,211
17	0,132	0,140	0,149	0,157	0,165	0,174	0,183	0,191	0,200	0,209
18	0,130	0,138	0,146	0,155	0,163	0,172	0,181	0,190	0,199	0,208
19	0,128	0,136	0,144	0,153	0,161	0,170	0,179	0,188	0,197	0,206
20	0,126	0,134	0,142	0,151	0,160	0,169	0,178	0,187	0,196	0,205

Fragen zur Kontrolle und Vertiefung

(1) Definieren Sie den Begriff Kapitalbedarf verbal und mit Hilfe einer Gleichung!

(2) Welcher Zielkonflikt besteht zwischen Liquidität und Rentabilität?

(3) Was versteht man unter einer Finanzplanung und welche Arten von Finanzplanung lassen sich unterscheiden?

(4) Was versteht man unter Beteiligungs- bzw. Einlagenfinanzierung?

(5) Wie kann das Eigenkapital bei der Eigen- und Beteiligungsfinanzierung grundsätzlich zugeführt werden?

(6) Worin liegt die Problematik von Sacheinlagen (z.B. Grundstücke, Gebäude, Mobilien, Waren) und Rechten (z.B. Lizenzen, Patente) bei der Eigen- und Beteiligungsfinanzierung?

(7) Nach welchen Kriterien werden Unternehmen im Rahmen der Beteiligungsfinanzierung unterschieden?

(8) Was kann generell zu den Möglichkeiten der Beteiligungsfinanzierung der nichtemissionsfähigen Unternehmungen gesagt werden?

(9) Nennen Sie Gründe, warum die Aufnahme neuer Gesellschafter bei der OHG problematisch sein kann?

(10) Warum eignet sich die Aktie besonders gut, wenn ein hohes Eigenkapital erforderlich ist?

(11) Wie beurteilen Sie die Börsenfähigkeit (Verkehrsfähigkeit) von Inhaber-, Namens- und vinkulierten Namensaktien?

(12) Welcher Unterschied besteht zwischen Stammaktien und Vorzugsaktien?

(13) Nach welchen Merkmalen kann die Außenfinanzierung mit Fremdkapital unterteilt werden?

(14) Aus welchen Teilpositionen setzt sich der Finanzierungsaufwand des Kontokorrentkredits zusammen?

(15) Was ist ein Akzeptkredit aus wirtschaftlicher Sicht?

(16) Welche Arten des Lombardkredites gibt es?

(17) Wann wird ein Unternehmen die Begebung von Wandelschuldverschreibungen erwägen?

(18) Was ist ein Schuldscheindarlehen?

(19) Nach welchen Kriterien werden Leasingverträge klassifiziert?

(20) Kann Finanzierungs-Leasing eine Alternative zum kreditfinanzierten Kauf sein? Begründen Sie Ihre Antwort!

(21) Was versteht man unter Factoring?

(22) Durch welche drei Funktionen kann das Factoringgeschäft gekennzeichnet sein? Nennen Sie die jeweiligen Besonderheiten!

(23) Zu welchen Vorteilen kann Factoring führen?

(24) Was versteht man unter Innenfinanzierung?

(25) Was ist die eigentliche Voraussetzung für die Selbstfinanzierung?

(26) Was ist der Lohmann-Ruchti-Effekt? Beschreiben Sie die Auswirkungen an Hand eines Beispiels!

(27) In welche Investitionsarten kann unterschieden werden?

(28) Welche Phasen werden beim Investitionsentscheidungsprozeß durchlaufen?

(29) Welcher Unterschied besteht zwischen den statischen und dynamischen Investitionsrechenverfahren?

(30) Welche Kriterien sind bei der Bestimmung des Kalkulationszinssatzes von Bedeutung?

(31) Was versteht man im Rahmen der Kapitalwertmethode unter Differenzinvestitionen?

(32) Was sind die wesentlichen Vor- und Nachteile der dynamischen Investitionsrechenverfahren?

(33) Wie werden Investitionsprogrammentscheidungen mit Hilfe des Dean-Modells getroffen?

(34) Welche Annahmen liegen der Vermögenswertmethode zugrunde? Erläutern Sie die Vorgehensweise bei Kontenausgleichsverbot!

(35) Welche Methoden zur Berücksichtigung der Unsicherheit bei Investitionsrechnungen gibt es?

Kapitel H

Personalwirtschaft

Kapitel III

Personalwirtschaft

1 Grundlagen

Die Personalwirtschaft beschäftigt sich mit den Problemen, die durch die Existenz von Personal in einer Unternehmung auftreten. Die in einer Unternehmung tätigen Menschen wurden lange Zeit neben den Betriebsmitteln und Werkstoffen lediglich als Produktionsfaktor angesehen. Diese Betrachtungsweise hat sich in den letzten 25 Jahren grundlegend gewandelt.

Man widmete sich in Forschung und Lehre verstärkt den arbeitenden Menschen und entwickelte eigenständige personalwirtschaftliche Konzeptionen. Im Laufe der Zeit wurden die Arbeitsplätze zunehmend humanisiert und die Arbeitnehmer mehr und mehr zu Partnern. Das partnerschaftliche Verhältnis drückt sich auch durch die Bezeichnung "Mitarbeiter" aus, die sich in den vergangenen Jahren eingebürgert hat.

Aufgrund der erheblich gestiegenen Personalkosten wird es immer wichtiger, die Mitarbeiter optimal einzusetzen. Ein zielloser Personaleinsatz würde Ressourcenverschwendung bedeuten. Gleichzeitig wird es auch immer schwieriger, qualifizierte Mitarbeiter zu gewinnen, da von den Mitarbeitern immer mehr Fachkenntnisse gefordert werden und die Mitarbeiter einen Sinn in ihrer Tätigkeit finden wollen. Diesen Herausforderungen muss eine moderne Personalwirtschaft beggnen, die mittlerweile einen beachtlichen Stellenwert in einer Unternehmung besitzt.

1.1 Begriffe

In der Personalwirtschaft ist die Begriffsbildung noch nicht abgeschlossen und gefestigt. Die wesentlichen personalwirtschaftlichen Begriffe werden im folgenden zunächst erklärt und abgegrenzt.

Als erstes ist auf das Personal einzugehen. Die Gesamtheit aller im Unternehmen beschäftigten Personen wird als Belegschaft oder auch als Personal bezeichnet. Hierzu zählen auch die Führungskräfte.

Aus betrieblicher Sicht können dem Personal verschiedene Eigenschaften zugeordnet werden.[1]

- Das Personal ist ein **Arbeitsträger**. Die Mitarbeiter sind ein Produktionsfaktor, da sie Arbeiten verrichten, Werte schaffen und Leistungen erbringen.

- Das Personal ist ein **motiviertes Individuum**. Jeder Mitarbeiter hat bestimmte Motive und strebt eigenständige Ziele an. Hierbei können die Ziele mit den vom arbeitgebenden Unternehmen angestrebten Zielen und deren Vorgaben übereinstimmen oder auch abweichen. Bei Abweichungen kann es zu Problemen zwischen Arbeitgeber und Arbeitnehmer kommen.

- Das Personal ist ein **Koalitionspartner**. Die Mitarbeiter sind üblicherweise Mitglieder verschiedenartiger Gruppierungen, wie z.B. Arbeitnehmervertretungen, Berufsgruppen, Hierarchieebenen oder informale Gruppen. Sie fühlen sich als Gruppenmitglieder und vertreten damit auch teilweise Gruppeninteressen.

---

[1] Vgl. Olfert, K./ Steinbuch, P. A.: Personalwirtschaft, 8. Auflage, Ludwigshafen 1999, S. 22 f.

- Das Personal ist **Entscheidungsträger.** Überall im Unternehmen müssen Entscheidungen getroffen werden. Aufgrund der verschiedenen Hierarchieebenen und den verschiedenen Arbeitsplätzen haben die zu treffenden Entscheidungen mehr oder weniger große Bedeutung. Diese Entscheidungen werden für das Unternehmen gefällt und bestimmen es somit wesentlich.
- Das Personal ist **Kostenverursacher.** Die Mitarbeiter haben aufgrund ihrer Tätigkeit einen Entgeltanspruch. Hierdurch entstehen Kosten, die die Wirtschaftlichkeit des Unternehmens wesentlich beeinflussen. Es wächst jedoch zunehmend die Einsicht, dass die Mitarbeiter nicht nur primär als Kostenverursacher, sondern auch als **Gewinnproduzenten** zu betrachten sind.

Anhand der hier aufgeführten Eigenschaften kann man erkennen, dass die Beziehungen zwischen Mitarbeiter und Unternehmen vielfältig sind. Diese Beziehungen sind ein Wesensmerkmal der Personalwirtschaft. Einen Überblick über die genannten Funktionen und Eigenschaften bietet die folgende Abbildung:

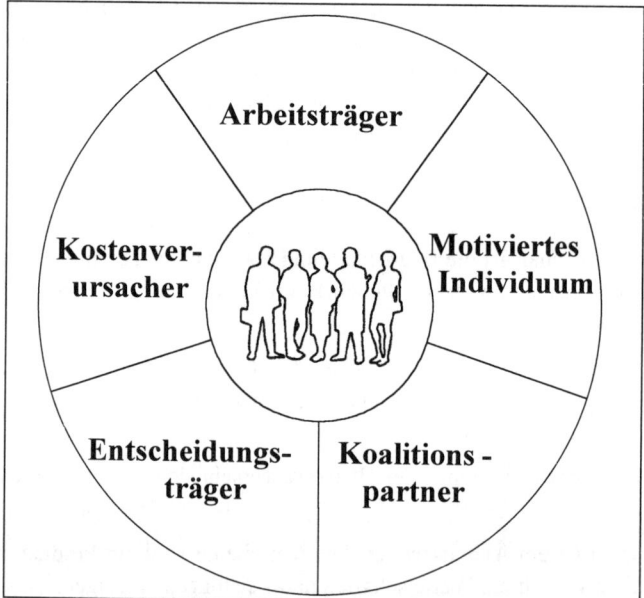

Abb. 1: Eigenschaften des Personals

1.1.1 Personalwirtschaft

Die Beschäftigung mit Problemen, die durch die Existenz von Personal in Organisationen auftreten, ist Gegenstand einer allgemeinen Personallehre. Betrachtet man nur eine Teilmenge aller Organisationen, nämlich die Unternehmung, so wird die allgemeine Personallehre zur Personalwirtschaftslehre.[2]

Olfert und Steinbuch definieren die Personalwirtschaft als "betriebswirtschaftliche Mitarbeiterversorgung"[3]. Diese Definition berücksichtigt die:

---

[2] Vgl. Drumm, H.J.: Personalwirtschaftslehre, Berlin/ Heidelberg/ New York 1989, S. 6.
[3] Olfert, K./ Steinbuch, P. A.: Personalwirtschaft, a.a.O., S. 22.

- **Unternehmensbedürfnisse**, welche in der bestmöglichen Versorgung des Unternehmens mit geeigneten Mitarbeitern bestehen, und die

- **Mitarbeiterbedürfnisse**, da für die Mitarbeiter eines Unternehmens zu sorgen ist. Die Mitarbeiter müssen betreut, entwickelt, geführt, verwaltet und entlohnt werden.

1.1.2 Personalwesen

Unter Personalwesen versteht man die Organisationseinheit der Personalwirtschaft. Danach übernimmt das Personalwesen vornehmlich die folgenden Aufgaben:

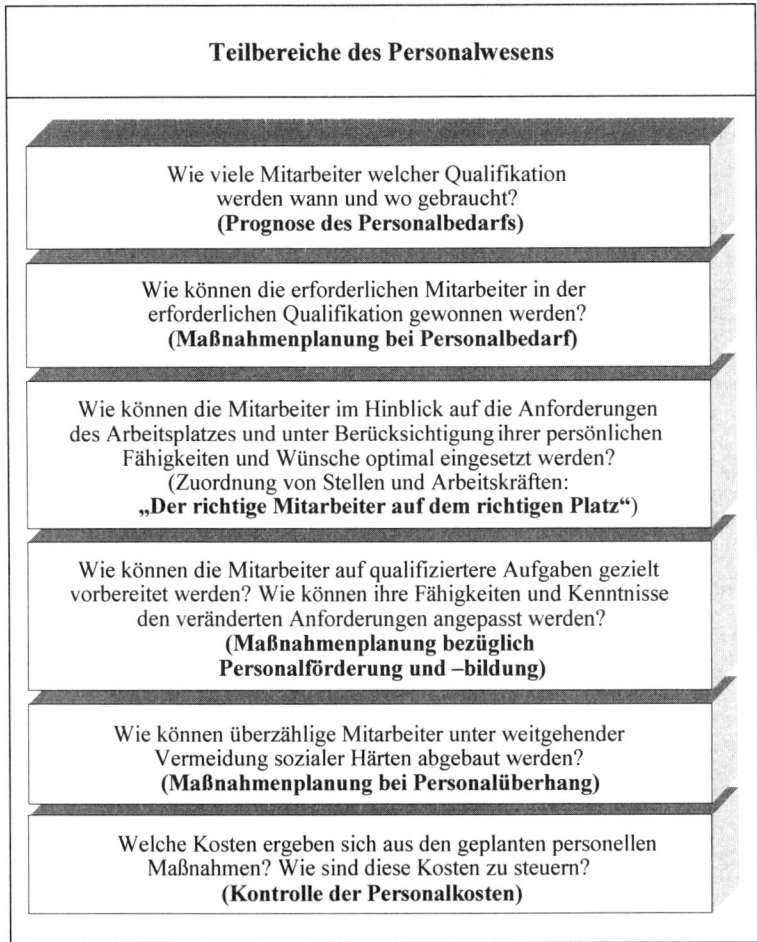

Abb. 2: Teilbereiche des Personalwesens

Aber auch von der Unternehmensleitung sind Aufgaben der Personalwirtschaft zu erledigen. Hierfür kann beispielsweise die Festlegung der Personalpolitik genannt werden. Das gleiche gilt für eine Reihe weiterer personalwirtschaftlicher Aufgaben, die sowohl in der Organisationseinheit "Personalwesen" als auch durch die Fachabteilungen anderer Funktionsbereiche durchgeführt werden können.

1.1.3 Sonstige Begriffe

Für den Begriff "Personalwirtschaft" werden zur Betonung des einen oder anderen Aspektes auch die folgenden Begriffe verwendet:

- **Personalmanagement:** Beim Personalmanagement steht die Führung, Leitung und Steuerung des Personals im Mittelpunkt. Hier erfolgt in erster Linie eine instrumentale Betrachtung des Personals.

- **Personalmarketing:** Beim Personalmarketing ist das kennzeichnende Merkmal die personalmarktbezogene Betrachtung der Mitarbeiter. Eine wichtige Bedeutung hat in diesem Begriff die Personalbeschaffung.

- **Personalpolitik:** In der Personalpolitik sind die wichtigsten Aufgaben Gestaltung, Vorgabe und Anstrebung der grundlegenden Ziele der Personalwirtschaft. Zum Inhalt der Personalpolitik wird auch die Entscheidung und Durchsetzung personalwirtschaftlicher Leitlinien gezählt.

- **Personalorganisation:** In der Personalorganisation werden die Mitarbeiter schwerpunktmäßig nach ihren organisatorischen Merkmalen (Quantität, Qualifikation und Einsatz) betrachtet.

1.2 Objekte und Träger

Getragen wird die Personalwirtschaft vorrangig von der Unternehmensleitung. Aber auch Vorgesetzte sind Träger der Personalwirtschaft. Bei ihnen können Interessenskonflikte auftreten, da sie gleichzeitig Träger und Objekt personalwirtschaftlicher Ziele und Aktionen sind.

1.2.1 Objekte der Personalwirtschaft

Objekt der Personalwirtschaft ist das gesamte Personal einer Unternehmung. Das Personal lässt sich in drei verschiedene Gruppen aufteilen:

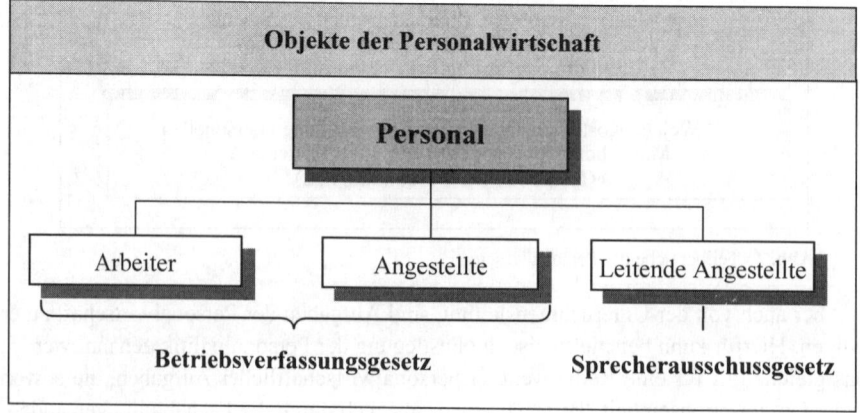

Abb. 3: Objekte der Personalwirtschaft

- **Arbeiter** (Lohnempfänger) sind nach § 6 Abs. 1 BetrVG alle Arbeitnehmer einschließlich der zur Berufsausbildung Beschäftigten, die eine arbeiterrentenversicherungspflichtige Beschäftigung ausüben.
- **Angestellte** (Gehaltsempfänger) sind nach § 6 Abs. 2 BetrVG alle Arbeitnehmer, die durch § 133 Sechstes Buch Sozialgesetzbuch eine als Angestelltentätigkeit bezeichnete Beschäftigung ausüben, auch wenn sie nicht versicherungspflichtig sind. Hierzu gehören auch Beschäftigte, die sich in der Ausbildung zu einem Angestelltenberuf befinden.
- **Leitende Angestellte** beziehen in der Regel außertarifliche Gehälter und haben eine Tätigkeit, auf die eines der Merkmale des § 5 Abs. 3 BetrVG zutrifft. Sie sind

   a) berechtigt zur selbständigen Einstellung und Entlassung von Personal oder
   b) haben Generalvollmacht oder Prokura oder
   c) nehmen im wesentlichen eigenverantwortlich Aufgaben wahr, die ihnen regelmäßig wegen deren Bedeutung für den Bestand und die Entwicklung des Unternehmens im Hinblick auf besondere Erfahrungen und Kenntnisse übertragen werden.

Bestehen Zweifel, ob ein Angestellter die unter Nr. 3 aufgeführten Kriterien erfüllt, so bietet § 5 Abs. 4 BetrVG weitere formale Kriterien an, die die Zuordnung eines Mitarbeiters zur Gruppe der leitenden Angestellten erleichtern sollen.

1.2.2 Träger der Personalwirtschaft

Wichtigster Träger personalwirtschaftlicher Entscheidungen ist die Unternehmensleitung. Sie entwickelt ranghohe personalpolitische Ziele und integriert diese in das Zielsystem der Unternehmung.

Der Personalleiter ist sichtbarer Repräsentant der Personalwirtschaft. Er ist durch § 33 Mitbestimmungsgesetz von 1976 als Arbeitsdirektor mit Vorstandsrang in allen Unternehmungen mit der Rechtsform einer Kapitalgesellschaft und zugleich mehr als 2000 Beschäftigten zwingend vorgeschrieben. In Unternehmen, die der Montanmitbestimmung unterliegen, ist der Arbeitsdirektor bereits seit 1951 durch § 13 Montanmitbestimmungsgesetz als Vorstandsmitglied vorgesehen.

Die Umsetzung personalwirtschaftlicher Ziele und Entscheidungen für die Mitarbeiter geschieht durch Vorgesetzte. Deswegen gehören auch alle Vorgesetzten zu den Trägern der Personalwirtschaft. Sie sind somit gleichzeitig Objekt und Träger.

Auch der Betriebsrat und der Sprecherausschuss haben Einfluss auf die personalwirtschaftlichen Ziele und Entscheidungsinhalte. Sie sind allerdings keine Träger der Personalwirtschaft, da die Umsetzung personalwirtschaftlicher Ziele nicht zu ihren Aufgaben gehören.[4]

---

[4] Vgl. Drumm, H.J.: Personalwirtschaftslehre, a.a.O., S. 16 ff.

1.3 Ziele

Personalwirtschaftliche Ziele beziehen sich auf den Einsatz menschlicher Arbeitskraft. Sie werden somit zu Unterzielen unternehmerischer Gesamtzielsetzung.

Die Unternehmensleitung entwickelt ranghohe personalpolitische Ziele und integriert diese in das Zielsystem der Unternehmung. Diese Ziele setzen sich aus einer Menge verschiedener Einzelziele zusammen. Bei genügend großer Abstraktion kann man sie in zwei Zielbündel zusammenfassen:

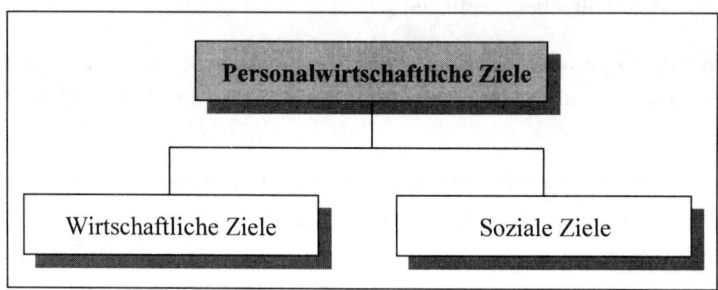

Abb. 4: Personalwirtschaftliche Ziele

Die Arbeitsleistung steht im Mittelpunkt der wirtschaftlichen Ziele. Im Gegensatz zu den wirtschaftlichen Zielen beziehen sich die sozialen Ziele auf Erwartungen, Bedürfnisse und Interessen der Mitarbeiter.

Zwischen diesen beiden Zielkategorien bestehen vielfache Interdependenzen. Diese Zusammenhänge haben sich auch in der heutigen Betriebswirtschaft niedergeschlagen, die die Unternehmung als sozio-ökonomisches System betrachtet.

1.3.1 Wirtschaftliche Ziele

Aus dem Umstand, dass der Produktionsfaktor menschliche Arbeitskraft zur Erstellung einer betrieblichen Leistung benötigt wird, leiten von Eckardstein und Schnellinger die folgenden wirtschaftlichen Ziele ab:[5]

- Beschaffung, Bereitstellung und Erhaltung der benötigten Arbeitskraft hinsichtlich Quantität, Qualität sowie zeitlicher und lokaler Verfügbarkeit und

- Freisetzung des Personals bei fehlendem Bedarf.

Eine erfolgreiche Personalpolitik muss sich aber auch um eine möglichst hohe Nutzung der Arbeitskraft bemühen. Durch Steigerung der menschlichen Arbeitsleistung kann der Faktoreinsatz auf ein Minimum reduziert werden.

1.3.2 Soziale Ziele

Soziale Ziele der Personalwirtschaft beziehen sich auf die Dimension der Unternehmung als soziales System. Sie lassen sich aus den Erwartungen, Bedürfnissen, Interes-

---

[5] Vgl. v. Eckardstein, D./ Schnellinger, F.: Betriebliche Personalpolitik, 3. Auflage, München 1978, S. 12 ff.

sen und Forderungen der Mitarbeiter ableiten und betreffen materielle wie immaterielle Verbesserungen.

Als Beispiele für soziale Ziele können gute und leistungsgerechte Bezahlung, Sicherheit des Arbeitsplatzes und der Altersversorgung, menschengerechte Gestaltung des Arbeitsplatzes und des Umfeldes, Reduzierung der Belastungseinflüsse, Gestaltung der Arbeitsinhalte und -organisation, Steigerung des Gesundheitsschutzes, Verbesserung der sozialen Kontaktmöglichkeiten und gute Personalentwicklungsmöglichkeiten genannt werden.

1.4 Aufgaben

Die Personalwirtschaft lässt sich in folgende Hauptaufgaben gliedern:

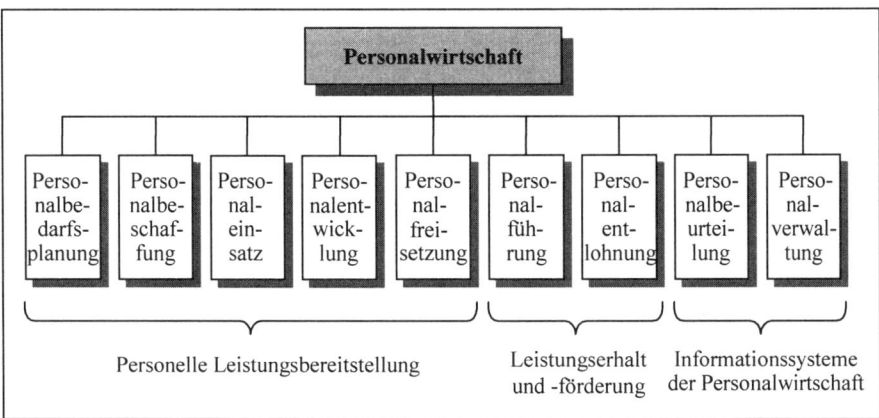

Abb. 5: Hauptaufgaben der Personalwirtschaft[6]

Bei den personalwirtschaftlichen Aufgaben:

- der Personalbedarfsplanung,
- der Personalbeschaffung,
- der Personalentwicklung,
- der Personalfreisetzung und
- des Personaleinsatzes

steht die personelle Leistungsbereitstellung im Mittelpunkt der Betrachtung.

Aufgabe der **Personalbedarfsplanung** ist es, dafür zu sorgen, dass qualifizierte Mitarbeiter in der erforderlichen Anzahl unter Berücksichtigung ihrer individuellen Neigungen (Leistungsmotivation) zum richtigen Zeitpunkt für die gewünschte Dauer am richtigen Ort zur Verfügung stehen.

Die **Personalbeschaffung** befasst sich mit der Beseitigung einer personellen Unterdeckung nach Anzahl (quantitativ), Art (qualitativ), Zeitpunkt und Dauer (zeitlich) so-

---

[6] Vgl. Jung, H.: Personalwirtschaft, 4. Auflage, München/ Wien, 2001, S. 4.

wie Einsatzort (örtlich). Die **Personalentwicklung** umfasst die Maßnahmen, die sich mit der Förderung sowie der Aus-, Fort- und Weiterbildung von Mitarbeitern im Unternehmen beschäftigen. Unter **Personalfreisetzung** versteht man Handlungen, die sich mit der Beseitigung einer personellen Überdeckung in quantitativer, qualitativer, zeitlicher und örtlicher Hinsicht befassen. Die **Personaleinsatzplanung** sorgt für einen anforderungs- und eignungsgerechten Personaleinsatz. Sie weist dem Personal die ihm entsprechende Stelle zu.

Bei der Personalführung und Personalentlohnung ist das Personal insbesondere als Träger von Bedürfnissen und Werten zu sehen. **Personalführung** ist "die zielorientierte Beeinflussung des Mitarbeiterverhaltens durch den Vorgesetzten"[7]. **Personalentlohnung** bezieht sich auf die geldlichen und geldwerten Leistungen des Unternehmens an die Mitarbeiter.

Die Personalbeurteilung und die Personalverwaltung stellen hauptsächlich die Informationssysteme der Personalwirtschaft dar. Unter **Personalbeurteilung** wird die Erfassung von Leistungen, Verhalten und Potenzialen der Mitarbeiter verstanden. **Personalverwaltung** ist der Sammelbegriff für administrative, routinemäßige Aufgaben, die sich auf den arbeitenden Menschen beziehen.

1.5 Organisation

Die Aufgabenstellung des betrieblichen Personalwesens hat sich im Laufe der Zeit von der reinen Personalverwaltung hin zu gestaltenden Funktionen, wie z.B. Personalentwicklung, verändert.

Gleichzeitig haben personalwirtschaftliche Aufgaben in den Unternehmungen an Gewicht gewonnen, da sie von wachsender Bedeutung für den Erfolg und die langfristige Existenzsicherung sind.

1.5.1 Gliederung des Personalwesens

Das Personalwesen ist in den verschiedenen Unternehmen recht unterschiedlich organisiert. Die interne Organisation hängt insbesondere von der Branche und von der Unternehmensgröße, von der Entwicklung der einzelnen Unternehmen sowie der Einstellung der Geschäftsführung gegenüber der Personalarbeit ab.

In kleineren Unternehmen übernimmt üblicherweise der Unternehmer selbst oder der Verwaltungs- bzw. kaufmännische Leiter die personalwirtschaftlichen Aufgaben. Eine Stelle "Personalwesen" oder etwa eine Personalabteilung findet man in der Regel erst in mittleren Unternehmen. In Großunternehmen sind häufig Personalabteilungen vorhanden, die eine ganze Reihe von Abteilungen umfassen. Bei aller Vielfalt sind jedoch bestimmte organisatorische Grundformen ersichtlich:

- **Objektbezogene Organisation:**

  Eine bestimmte Gruppe von Mitarbeitern oder ein bestimmter Unternehmensbereich wird von einem Personalreferenten (Mitarbeiter des Personalwesens) betreut. Dadurch soll das Verhältnis zwischen den Mitarbeitern und der Personalabteilung ver-

---

[7] Drumm, H.J.: Personalwirtschaftslehre, a.a.O., S. 271.

bessert werden. Jeder Mitarbeiter hat einen festen Gesprächspartner in der Personalabteilung, der alle ihn betreffenden Verwaltungsvorgänge bearbeitet. Der Nachteil bei diesem System ist, dass der Personalreferent bei zunehmender Spezialisierung der Aufgaben des Personalwesens meist nicht mehr über das notwendige Fachwissen auf allen Gebieten des Personalwesens verfügt.[8]

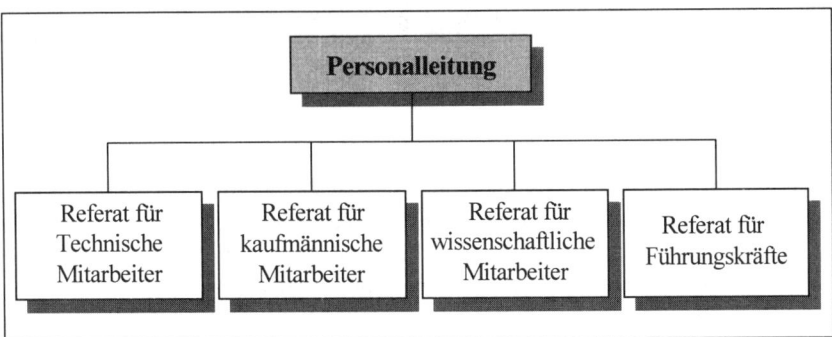

Abb. 6: Organisation des Personalwesens nach beruflichen Tätigkeitsbereichen

Die Personalarbeit orientiert sich im oben angeführten Beispiel an den Belegschaftsgruppen, so dass jeweils ein Personalreferent für die technischen Mitarbeiter, ein anderer für die kaufmännischen Mitarbeiter und wieder ein anderer für die Führungskräfte zuständig ist.

In der Praxis erfolgt auch häufig eine Einteilung in Personalabteilungen für Arbeiter und Angestellte. Die Personalarbeit konzentriert sich meistens auf die Grundfunktionen: Beschaffen, Einstellen, Verwalten und Betreuen. Dies trifft vor allem für kleinere und mittlere Unternehmungen zu, in denen sich die Personalarbeit vorrangig auf die Personalverwaltung bezieht.

- **Funktionsbezogene Organisation:**

  Der organisatorische Aufbau gliedert sich bei der funktionsbezogenen Organisation nach den Funktionen der Personalarbeit. Bestimmte Funktionen können mit besonderem Nachdruck ausgeübt werden. Im einfachsten Fall findet eine Zweiteilung in Personalabteilung und Sozialabteilung statt. Das Personalwesen ist nach Funktionen (Aufgabenbereichen) gegliedert, die das gesamte Unternehmen umfassen und zentral ausgeübt werden können. Diese Funktionen werden gegenüber allen Personalgruppen wahrgenommen. Die Vorteile sind in der Spezialisierung der Aufgabenträger zu sehen, die eine rationale Arbeitsweise garantieren. Nachteile dieser Organisationsform sind, dass eine zu starke Spezialisierung der Personalsachbearbeiter auftritt und dass kein festes Betreuungsverhältnis zwischen Personalabteilung und Belegschaft vorhanden ist, da sich die Mitarbeiter jeweils an den Spezialisten wenden müssen.[9]

Ein Beispiel für eine funktionale Organisation zeigt die folgende Abbildung:

---

[8] Vgl. Freund, F./ Knoblauch, R./ Racké, G.: Praxisorientierte Personalwirtschaftslehre, Stuttgart, Berlin, Köln, Mainz 1981, S. 22 f.
[9] Vgl. ebd., S. 22.

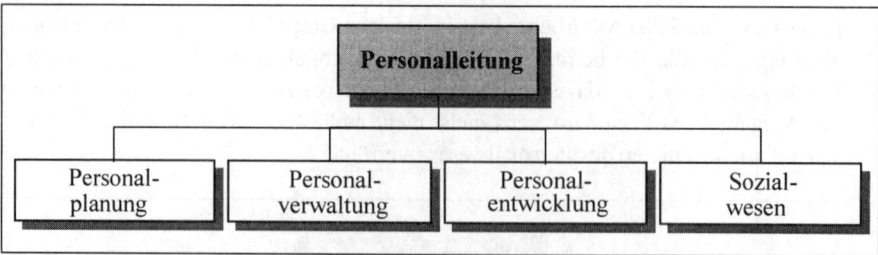

Abb. 7: Funktionsbezogene Organisation

- **Gemischte Organisation:**

In der betrieblichen Praxis findet man häufig Mischformen der vorher beschriebenen Organisationsformen. Zur Vermeidung der möglichen Nachteile versucht man, die objektbezogene und die funktionsbezogene Organisation miteinander zu verbinden. Dies erfordert aber meistens eine große Anzahl von Personalstellen, so dass diese Organisationsform vorwiegend in Großunternehmen anzutreffen ist. Eine gemischte Organisation könnte beispielsweise wie folgt aussehen:

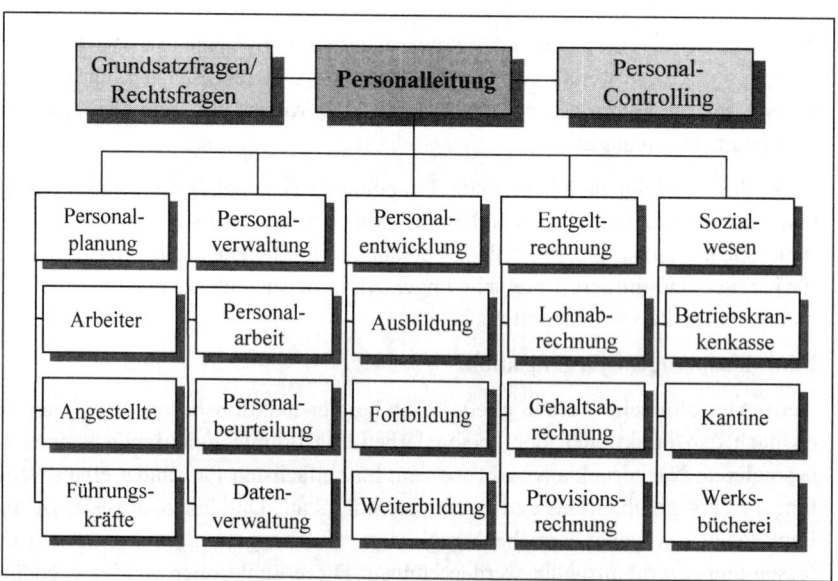

Abb. 8: Gemischte Organisation

- **Weitere organisatorische Entwicklungen**

Auch in Zukunft werden die Anforderungen an ein leistungsfähiges Personalwesen weiter steigen. Um den sich daraus ergebenden Problemen entgegenzuwirken, versucht man das Personalwesen so zu reorganisieren, dass es effektiver und kontrollierbarer arbeitet. Dabei bieten sich folgende Möglichkeiten an:

- Die Entlastung der zentralen Personalabteilung durch **Aufgabendelegation** an nachgeordnete Personalabteilungen.
- **Projektorganisation** im Personalwesen (z.B. Personalbereichsinternes Projektmanagement, Projektorientierte Personalorganisation).

- Die Umwandlung der Personalabteilung vom Cost-Center zum **Profit-Center**.
- Das "**outsourcing**" von Funktionen des Personalwesens.

Auch im Personalbereich scheint es sinnvoll, Dienstleistungsfunktionen auszulagern, um so eine Kosteneinsparung zu realisieren und der Personalleitung die Möglichkeit zu geben, sich auf die unternehmerischen Kernfunktionen zu konzentrieren. Die Umwandlung des Personalwesens vom Cost-Center zum Profit-Center enthält das größte und zukunftsträchtigste Potenzial für ein innovatives Personalmanagement.[10]

1.5.2 Eingliederung des Personalwesens

Der Erfolg der Führungskräfte einzelner Funktionsbereiche eines Unternehmens hängt wesentlich von der Qualifikation und dem Leistungswillen der jeweiligen Mitarbeiter ab. Dies führt dazu, dass stark leistungsorientierte Führungskräfte des mittleren und oberen Managements bei der Auswahl und Bezahlung ihrer Mitarbeiter maßgeblich mitwirken wollen. Somit ist eine enge Zusammenarbeit des Personalleiters mit den Führungskräften der Unternehmensbereiche, für die er tätig ist, erforderlich. Je mehr diese Notwendigkeit erkannt wurde, um so höher wurde die Leitung der Personalabteilung in der Führungshierarchie angesiedelt. Früher war die Personalabteilung der kaufmännischen Geschäftsführung zugeordnet. Danach erfolgte eine Unterstellung unter den Vorsitzenden der Gesamtgeschäftsführung (z.B. in der AG unter den Vorstandsvorsitzenden) und später die Schaffung eines Arbeitsdirektors (in der AG im Range eines Vorstandsmitgliedes).

Die Eingliederung des Personalwesens ist wie schon die Gliederung des Personalwesens von der Größe des Unternehmens abhängig. In Kleinunternehmen existiert üblicherweise keine eigenständige Stelle "Personalwesen". Hier stellt sich dann jedoch die Frage, welcher Stelle die Aufgaben des Personalwesens übertragen werden.

In mittleren Unternehmen wird das Personalwesen nur in Ausnahmefällen ein in der Geschäftsleitung vertretener Funktionsbereich sein. Meistens ist es der kaufmännischen Leitung unterstellt, was aus dem folgenden Organisationsplan ersichtlich wird:

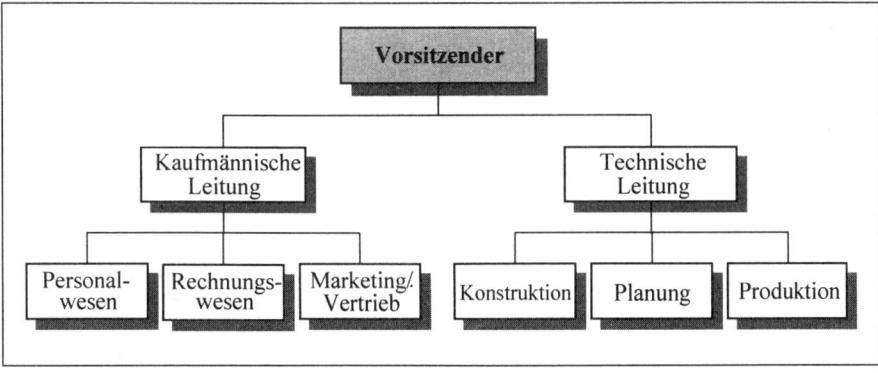

Abb. 9: Eingliederung des Personalwesens unter die kaufmännische Leitung

---

[10] Vgl. Jung, H.: Personalwirtschaft, 4. Auflage, München/ Wien 2001, S. 43 ff.

Sind die Aufgaben des Personalwesens allerdings sehr umfangreich, kann es sinnvoll sein, hierfür einen eigenen Leitungsbereich einzurichten.

Den Idealfall der organisatorischen Eingliederung des Personalwesens findet man in Großunternehmen. Das Personalwesen hat die gleiche Rangstufe und formale Bedeutung wie die übrigen Direktionsbereiche. Es existiert u.U. ein Arbeitsdirektor, der als Vorstandsmitglied für den Bereich des Personalwesens verantwortlich ist. In den meisten Großunternehmen ist die Personalwirtschaft im Vorstand oder einem entsprechenden Organ vertreten:

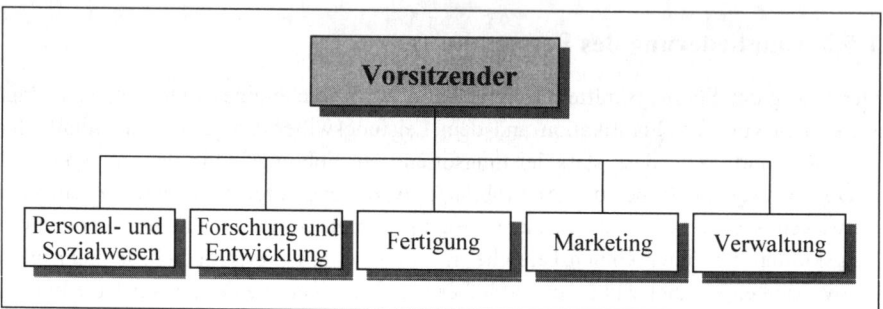

Abb. 10: Eingliederung des Personalwesens in die Unternehmensleitung

Sind Großunternehmen in der Organisationsform der Spartenorganisation aufgebaut, so können die verschiedenen Unternehmens- oder Geschäftsbereiche eigenständige Personalabteilungen besitzen:

Abb. 11: Eingliederung des Personalwesens bei einer Spartenorganisation

In der Matrixorganisation kann noch eine Zentralabteilung "Personalwesen" hinzugefügt sein. Diese Zentralabteilung koordiniert dann die Personalabteilungen. Gleichzeitig kann sie ein Anweisungsrecht für Grundsatzfragen gegenüber den anderen Personalabteilungen in den Sparten besitzen. Der Organisationsplan könnte dann folgendermaßen aussehen:

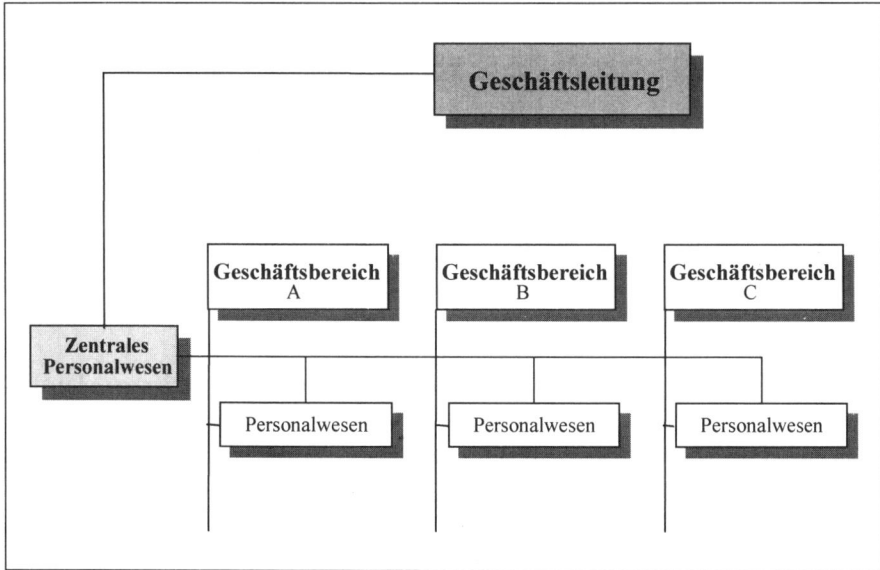

Abb. 12: Das Personalwesen bei einer Matrixorganisation

1.6 Mitbestimmung

Mitbestimmung ist die "Mitwirkung von Mitarbeitern oder ihrer Organe an Entscheidungen von Vorgesetzten"[11]. Sie wird in der Bundesrepublik Deutschland durch detaillierte gesetzliche Vorschriften geregelt und baut auf einer langen, 1891 mit den Arbeiterausschüssen der Gewerbeordnung beginnenden, Geschichte auf.

Gesetzliche Grundlagen der Mitbestimmung der Arbeitnehmer in der Unternehmung sind heute das Betriebsverfassungsgesetz (BetrVG)[12], das Montanmitbestimmungsgesetz (Montan-MitbestG) und das Mitbestimmungsgesetz (MitbestG).

Der Betriebsrat ist das von den Arbeitnehmern gewählte Vertretungsorgan. Ihm obliegt die Mitwirkung und Mitbestimmung in der Unternehmung. Sie erstreckt sich auf ein Anrecht zur Unterrichtung (passives Informationsrecht), ein Anrecht auf Anhörung (aktives Informationsrecht), ein Anrecht auf Mitberatung und ein Anrecht auf ein Veto (Mitentscheidungsrecht).

Mitbestimmung erfolgt vornehmlich in sozialen und personellen Angelegenheiten. Die Mitbestimmung in wirtschaftlichen Angelegenheiten ist am wenigsten ausgeprägt.

---

[11] Drumm, H.J.: Personalwirtschaftslehre, a.a.O., S. 19.
[12] Für öffentliche Betriebe gilt das Personalvertretungsgesetz.

2 Personelle Leistungsbereitstellung

2.1 Personalbedarfsplanung

Unter Personalbedarfsplanung ist die quantitative und qualitative Bestimmung des Personals, das zur Verwirklichung gegenwärtiger oder zukünftiger Leistungen der Unternehmung benötigt wird, zu verstehen.

Die Personalbedarfsplanung ist somit Ausgangspunkt und Kernstück jeder Personalplanung. Erst die genaue Kenntnis der Zahl und Art benötigter Arbeitskräfte ermöglicht es, Maßnahmen der Personalbeschaffung, des Personaleinsatzes, der Personalentwicklung oder der Personalfreisetzung zu planen.

Die Personalbedarfsplanung stellt außerdem die entscheidende Nahtstelle zu den anderen Bereichen der Unternehmensplanung wie Absatz-, Produktions- oder Investitionsplanung dar.

2.1.1 Arten des Personalbedarfs

Personalbedarf kann grundsätzlich in den Formen des Brutto-, Netto-, Ersatz- oder Neubedarfs auftreten.

- Unter dem **Bruttopersonalbedarf** versteht man die Menge aller Personen einer bestimmten Personalkategorie, die zur Leistungserstellung insgesamt benötigt werden.[13] Der Bruttopersonalbedarf, der auch als Soll-Personalbestand bezeichnet wird, setzt sich aus dem Einsatzbedarf und dem Reservebedarf zusammen.
  - Der **Einsatzbedarf** umfasst die Zahl der Mitarbeiter, die nach technischen und organisatorischen sowie gesetzlichen und tariflichen Gesichtspunkten erforderlich sind.
  - Im **Reservebedarf** werden die erfahrungsgemäß eintretenden persönlichen Fehlzeiten und die betrieblichen Kapazitätsspitzen berücksichtigt.
- Der **Nettopersonalbedarf** ergibt sich als Saldo aus dem Bruttobedarf und dem Bestand je Personalkategorie. Er kann grundsätzlich eine Unterdeckung oder eine Überdeckung bedeuten. Ist der Bruttopersonalbedarf zum Planungszeitpunkt größer als der Ist-Personalbestand, so spricht man von Unterdeckung. Der positive Nettopersonalbedarf gliedert sich in Ersatz- und Neubedarf. Ist der Bruttopersonalbedarf hingegen kleiner als der Ist-Personalbestand, so besteht Überdeckung. Der negative Nettopersonalbedarf entspricht einem Personalüberhang bzw. Freistellungsbedarf.
- Der **Ersatzbedarf** gibt die Zahl der Mitarbeiter an, die bis zum Ende der Planungsperiode eingestellt werden müssten, um den Soll-Personalbestand vom Beginn der Planungsperiode zu erreichen. Er ergibt sich aus dem Nettopersonalbedarf zum Planungszeitpunkt zuzüglich der Differenz von Zugängen und Abgängen während der Planungsperiode.[14] Die Höhe des Ersatzbedarfs wird durch vorhersehbare Abgänge wie Pensionierungen, durch statistisch zu erfassende Abgänge wie Kündigung oder

---

[13] Vgl. Drumm, H.J.: Personalwirtschaftslehre, a.a.O., S. 167.
[14] Vgl. Hentze, J.: Personalwirtschaftslehre, Band 1: Grundlagen, Personalbedarfsermittlung, -beschaffung, -entwicklung, -bildung, und -einsatz, 5. Auflage, Bern/ Stuttgart 1991, S. 148 f.

Tod des Arbeitnehmers und durch den Arbeitgeber veranlasste Abgänge wie Kündigung, Beförderung oder Versetzung bestimmt.

- Der **Neubedarf** ist ein Zusatzbedarf, der durch Erweiterungs-Investitionen oder zusätzliche Aufgaben der einzelnen Organisationseinheiten entsteht. Seine Realisierung erfolgt durch die Schaffung neuer Arbeitsplätze. Er ergibt sich als positive Differenz zwischen dem geplanten zukünftigen Soll-Personalbedarf und dem Soll-Personalbestand zum Planungszeitpunkt.[15]

$$\text{Neubedarf} = \text{Ersatzbedarf} + \text{Zusatzbedarf}$$
$$= \text{Nettopersonalbedarf}$$

Eine zusammenfassende Darstellung der Arten des Personalbedarfs und der geschilderten Zusammenhänge enthält die folgende Abbildung:[16]

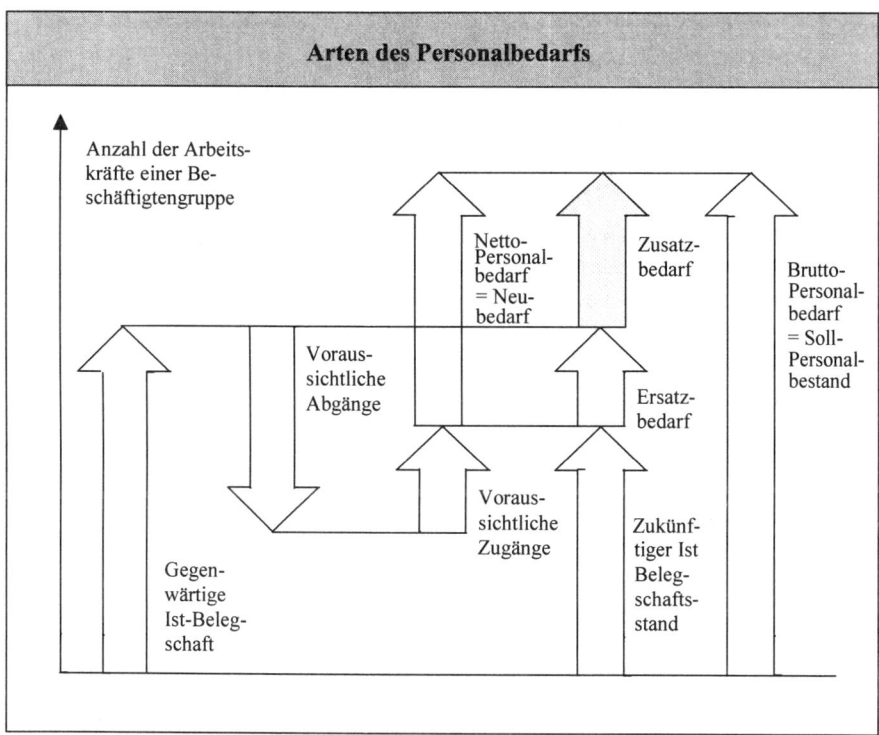

Abb. 13: Arten des Personalbedarfs

2.1.2 Einflussgrößen des Personalbedarfs

Es existiert eine Vielzahl unternehmensexterner und unternehmensinterner Einflussfaktoren, die den Personalbedarf eines Unternehmens bestimmen:

---

[15] Vgl. Schmidt-Dorrenbach, H.: Personalplanung, in: Handbuch der Personalleitung, Wagner, D./ Zander, E./ Hauke, Ch. (Hrsg.), München 1992, S. 505.
[16] Vgl. Jung, H.: Personalwirtschaft, a.a.O., S. 112 f.

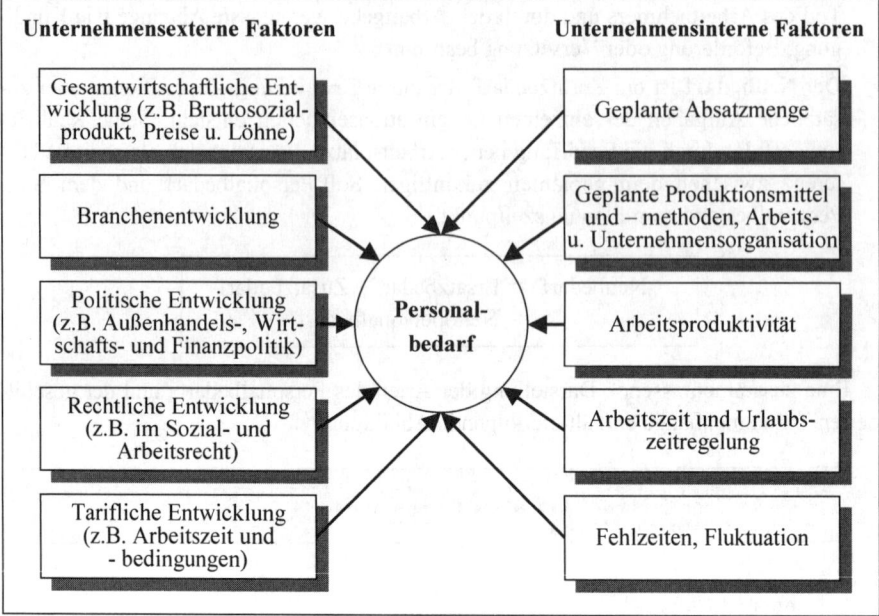

Abb. 14: Einflussfaktoren auf den Personalbedarf

- Bei den **unternehmensexternen** Einflussfaktoren handelt es sich um gesamtwirtschaftliche, politische und technologische Entwicklungen, rechtliche und tarifliche Einflüsse sowie die Branchenentwicklung. Sie wirken sich über die entsprechenden Unternehmenspläne auf den Personalbedarf aus.[17]
- Daneben existieren **unternehmensinterne** Faktoren, bei denen es sich um unternehmens- und mitarbeiterbezogene Einflussgrößen handelt. Während zu den unternehmensbezogenen Faktoren z.B. der Produktions-, Investitions- und Absatzplan zählen, stellen die Arbeitsproduktivität, Arbeitszeitregelungen, Fehlzeiten und Fluktuation mitarbeiterbezogene Determinanten des Personalbedarfs dar.[18]

2.1.3 Methoden der Personalbedarfsplanung

Die Ermittlung des Personalbedarfs vollzieht sich grundsätzlich in drei Planungsschritten:

(1) **Ermittlung des Bruttopersonalbedarfs**
 (gesamter zukünftiger Personalbedarf)

(2) **Ermittlung des künftigen Personalbestandes**
 (Prognose der Entwicklung)

(3) **Ermittlung des Nettopersonalbedarfs**
 (als Differenz aus 1 und 2)

---

[17] Vgl. Rationalisierungskuratorium der Deutschen Wirtschaft (RKW) e.V.: RKW-Handbuch Personalplanung, S. 58.
[18] Vgl. Wagner, H./ Sauer, M.: Personalmanagement, Münster 1989, S. 157.

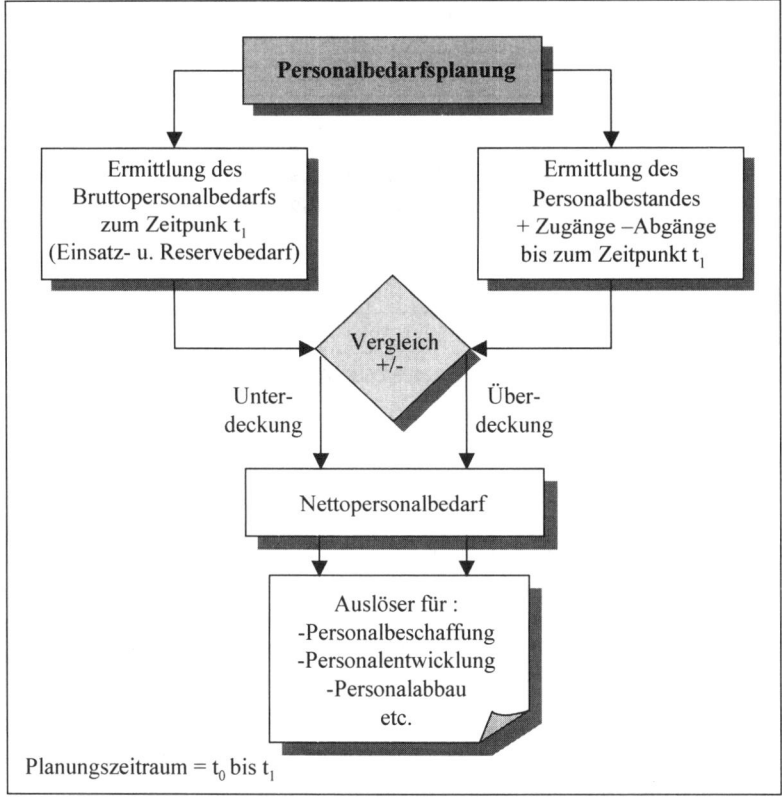

Abb. 15: Ablauf der Personalbedarfsplanung[19]

Im folgenden werden die Methoden der Personalbedarfsplanung nach den Planungsschritten differenziert dargestellt.

2.1.3.1 Ermittlung des Bruttopersonalbedarfs

Zur Planung des künftigen Bruttopersonalbedarfs wird zunächst eine zuverlässige Bezugsgröße bestimmt, an der der Personalbedarf gemessen werden kann. Das Verhältnis zwischen Bezugsgröße und Personalbedarf wird häufig mit Hilfe von unternehmensindividuellen Kennzahlen festgehalten.[20] Im Anschluss an die Auswahl einer Bezugsgröße erfolgt die Wahl einer Methode, die dazu geeignet ist, die Entwicklung der Bezugsgröße zu prognostizieren und deren Umrechnung in quantitative und qualitative Personalbedarfszahlen vorzunehmen.[21] Es kann sich dabei im einzelnen um die im folgenden dargestellten Methoden handeln. Da die Bezugsgröße aufgrund technisch-organisatorischer und sozio-ökonomischer Veränderungen einem ständigen Wandel

---

[19] Vgl. Berthel, J.: Personalmanagement: Grundzüge für Konzeptionen betrieblicher Personalarbeit, 3. Auflage, Stuttgart 1991, S. 143.
[20] Vgl. Rationalisierungskuratorium der Deutschen Wirtschaft (RKW) e.V.: RKW-Handbuch Personalplanung, a.a.O., S. 94.
[21] Vgl. Oechsler, W. A.: Personal und Arbeit: Einführung in die Personalwirtschaft, 4. Auflage, München/ Wien 1992, S. 44.

unterliegt, sollten in der Regel mehrere Methoden der Personalbedarfsplanung parallel angewendet werden.

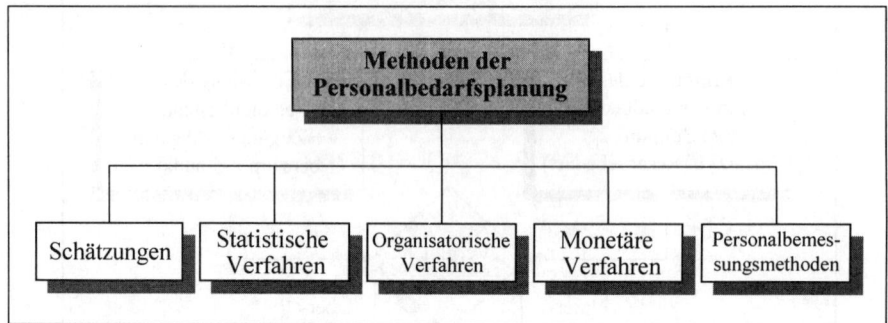

Abb. 16: Methoden der Bedarfsplanung

(1) Schätzverfahren

Die Ermittlung des Personalbedarfs nach den Schätzverfahren beruht darauf, dass unternehmensinterne, seltener auch unternehmensexterne Experten den voraussichtlichen Personalbedarf prognostizieren, wobei sie sich auf Erfahrungswerte und subjektive Einschätzungen stützen.[22] Zu den Schätzverfahren zählen die einfache Schätzung, die normale Expertenbefragung und die systematische Expertenbefragung (Delphi-Methode).

Der Vorteil dieser Verfahren besteht darin, dass es bei einer Schätzung durch den Experten gelingt, eine Vielzahl relevanter Einflussgrößen zu berücksichtigen. Die Schätzverfahren zeichnen sich darüber hinaus durch einfache Handhabung und leichte Umsetzbarkeit aus.

Nachteilig ist jedoch, dass man mit Hilfe der Schätzverfahren nicht zu einheitlichen und zuverlässigen Bezugsgrößen gelangt. Die Bedarfsangaben erfolgen ohne systematische Informationssammlung und Datenanalyse aufgrund der subjektiven Bewertung durch einzelne Personen.

Die Schätzverfahren eignen sich für kleinere und mittlere Unternehmen, um den Personalbedarf kurz- und mittelfristig zu ermitteln.

(2) Bedarfsprognosen

Die Verfahren der Bedarfsprognose sind dadurch gekennzeichnet, dass sie aus der Entwicklung bestimmter Einflussgrößen der Vergangenheit, die z.B. Statistiken über Beschäftigtenzahl, Umsätze, Auftragseingänge etc. entnommen sind, Prognosen des zukünftigen Bruttopersonalbedarfs ableiten.[23] Es wird dabei auf Trend-Verfahren (Trend-Extrapolation und Trendanalogie), Regressions- und Korrelationsrechnung zurückgegriffen.

Der Vorteil dieser Verfahren gegenüber den Schätzverfahren besteht darin, dass auf konkrete Werte der Vergangenheit zurückgegriffen werden kann. Ihre Anwendung setzt

---

[22] Vgl. Rumpf, H.: Personalführung, München/ Mainz 1991, S. 31.
[23] Vgl. Schmidt-Dorrenbach, H.: Personalplanung, in: Handbuch der Personalleitung, Wagner, D./ Zander, E./ Hauke, Ch. (Hrsg.), a.a.O., S. 506.

jedoch voraus, dass die Einflussgrößen, die die Entwicklung in der Vergangenheit bestimmt haben, auch in Zukunft unverändert vorliegen. Die ermittelten Bedarfswerte können deshalb nur grobe Anhaltspunkte darstellen. Die Verfahren der Bedarfsprognose sind zur mittel- oder langfristigen Prognose des Personalbedarfs geeignet.[24]

(3) Kennzahlenmethode

Dieses Verfahren der Personalbedarfsplanung beruht auf der Formulierung von Kennzahlen, die die Beziehung zwischen Personalbedarf und einer oder mehreren Bezugsgrößen festlegen. Aus der voraussichtlichen Entwicklung der Kennzahl im Planungszeitraum lässt sich durch einfache Rechnung der Personalbedarf ableiten.

Eine wichtige Kennzahl der Personalbedarfsermittlung stellt die Arbeitsproduktivität dar, die sich als Relation zwischen Ertrag (z.B.: Umsatz, Mengenabsatz) und Arbeitseinsatz (z.B.: Beschäftigtenzahl, Mitarbeiterstunden) ergibt. Zur Ermittlung des zukünftigen Personalbedarfs wird der künftige Ertrag i.d.R. als Zielgröße vorgegeben und die zukünftige Arbeitsproduktivität aufgrund von Vergangenheitswerten vorausgeschätzt.

$$\text{Personalbedarf} = \frac{\text{Ertrag}}{\text{Arbeitsproduktivität}}$$

Darüber hinaus existiert eine Fülle weiterer Kennzahlen, wie z.B. das Verhältnis von Facharbeitern zu Hilfskräften in verschiedenen Werkstätten, von Produktionshöhe zu Mitarbeitern bestimmter Qualifikation, von Personalbedarf zu Umsatz, Verkaufsfläche etc.

Die Kennzahlenmethode ermöglicht eine relativ genaue Personalbedarfsplanung für solche Personalkategorien, für die stabile Relationen zwischen Personalbedarf und Bezugsgröße existieren.[25] Dies führt dazu, dass die Kennzahlenmethode nur für bestimmte Betriebsteile oder Gruppen von Arbeitsplätzen geeignet ist.

(4) Personalbemessungsmethode

Die Methoden der Personalbemessung ermitteln den Personalbedarf, indem sie den insgesamt erforderlichen Arbeitszeitbedarf als Produkt aus Arbeitsmenge und Zeitbedarf pro Arbeitsvorgang bestimmen und unter Berücksichtigung des notwendigen Reservebedarfs in die Anzahl benötigter Arbeitskräfte umrechnen.

$$\text{Personalbedarf} = \frac{\text{Arbeitsmenge} \cdot \text{Zeitbedarf pro Arbeitsvorgang}}{\text{Übliche Arbeitszeit pro Arbeitskraft}}$$

Bezugsgröße ist dabei der Zeitbedarf pro Arbeitsvorgang. Zu ihrer Ermittlung bedient man sich meist arbeitswissenschaftlicher Methoden wie REFA oder MTM, um auf diese Weise eine gewisse Objektivierung zu erreichen. Auch Schätzungen oder Tätigkeits-

---

[24] Vgl. Rationalisierungskuratorium der Deutschen Wirtschaft (RKW) e.V.: RKW-Handbuch Personalplanung, a.a.O., S. 98 ff.

[25] Vgl. Rumpf, H.: Personalführung, a.a.O., S. 31.

vergleiche können angewendet werden. Die Arbeitsmenge wird entweder direkt aus dem Produktionsplan abgeleitet oder sie ergibt sich bei sogenannten unproduktiven Tätigkeiten aufgrund von Erfahrungswerten.[26] Da die Anwendung arbeitswissenschaftlicher Methoden auf Führungspositionen nur begrenzt möglich ist, weil bei diesen die Aufgabeninhalte nicht normierbar sind und häufig aus Einzelentscheidungen, Koordinierungs- oder Kontrolltätigkeiten bestehen, hat sich die Personalbemessungsmethode bisher im Fertigungsbereich am stärksten durchgesetzt.

(5) Stellenplanmethode

Nach der Stellenplanmethode wird der Personalbedarf direkt aus den in die Zukunft fortgeschriebenen Stellenplänen und Stellenbeschreibungen abgeleitet.

Grundlage für die Personalbedarfsplanung nach der Stellenplanmethode ist die Organisationsplanung. Nimmt diese im Anschluss an die Aufgabenanalyse und Aufgabensynthese die Stellenbildung vor, so legt sie damit den Personalbedarf sowohl quantitativ als auch qualitativ fest.[27]

Der quantitative Personalbedarf einer Unternehmung spiegelt sich im Stellenplan wider. Der Stellenplan, der eine Gesamtsicht darstellt, wird ergänzt durch Stellenbeschreibungen, die in Form einer Einzelsicht Angaben zur Eingliederung einer Stelle in den Gesamtaufbau, ihrer Ziele und Aufgaben, Verantwortung und Kompetenzen sowie der wichtigsten Beziehungen zu anderen Stellen enthält. Durch die Stellenbeschreibung wird somit der qualitative Personalbedarf festgelegt.

Die Stellenplanmethode stellt ein sehr häufig verwendetes Verfahren zur Personalbedarfsanalyse dar. Sie hat jedoch den Nachteil, dass die eigentlichen Einflussfaktoren des quantitativen und qualitativen Personalbedarfs nicht berücksichtigt werden, da der Stellenplan in der Regel primär ein Ergebnis finanzpolitischer Planungen darstellt.

2.1.3.2 Ermittlung des Personalbestandes

Die Feststellung des gegenwärtigen Personalbestandes bereitet in der Regel keine Schwierigkeiten und erfolgt, indem der Stellenplan um die gegenwärtigen Stelleninhaber erweitert wird. Die entsprechenden Angaben sind dem Stellenbesetzungsplan zu entnehmen.

Der ermittelte Personalbestand verändert sich innerhalb des Planungszeitraumes durch Personalzugänge und Personalabgänge. In qualitativer Hinsicht führt darüber hinaus ein Erfahrungszuwachs bei den Beschäftigten oder inner- und außerbetriebliche Bildungsmaßnahmen zu einer Änderung des Personalbestandes.[28]

Mit Hilfe der im folgenden dargestellten Verfahren wird ermittelt, welche quantitativen und qualitativen Veränderungen des Personalbestandes im Planungszeitraum zu erwarten sind.

---

[26] Vgl. Schmidt-Dorrenbach, H.: Personalplanung, in: Handbuch der Personalleitung, Wagner, D./ Zander, E./ Hauke, Ch. (Hrsg.), a.a.O., S. 507.
[27] Vgl. Freund, F./ Knoblauch, R./ Racke, G.: Praxisorientierte Personalwirtschaftslehre, a.a.O., S. 39.
[28] Vgl. Rationalisierungskuratorium der Deutschen Wirtschaft (RKW) e.V.: RKW-Handbuch Personalplanung, a.a.O., S. 114 ff.

(1) Abgangs-Zugangs-Rechnung

Im Rahmen der Abgangs-Zugangs-Rechnung wird der gegenwärtige qualitative und quantitative Personalbestand um alle im Planungszeitraum zu erwartenden Zu- und Abgänge korrigiert. Abb. 17 zeigt den Aufbau einer Abgangs-Zugangs-Tabelle zur Ermittlung des gesamten zukünftigen Personalbestandes.

Personalbestands-rechnung	Abteilung					
	Gruppe					
	Zeitraum ..01		Zeitraum ..02		Zeitraum ..03	
	gesamt	%	gesamt	%	gesamt	%
1 Bestand am Anfang der Periode						
- Abgänge						
2 Pensionierung						
3 Einberufung Bundeswehr/ Zivildienst						
4 Befördeung innerhalb der Abteilung						
5 Versetzung in andere Abteilung						
6 Ausbildung						
7 Entlassung						
8 Tod						
9 Kündigung durch Arbeitnehmer						
10 Sonstige						
11 Summe der Abgänge (2 bis 10)						
12 Bestand nach Abgängen (1 - 11)						
+ geplante (feststehende) Zugänge						
13 Rückkehr Ausbildung						
14 Beförderung innerhalb der Abteilung						
15 Versetzung in der Abteilung						
16 Rückkehr Bundeswehr/ Zivildienst						
17 Übernahme aus Lehrverhältnis						
18 Sonstige						
19 Summe der Zugänge (13 bis 18)						
20 Personalbestand am Ende der Periode (12 + 19)						

Abb. 17: Abgangs-Zugangs-Tabelle[29]

---

[29] Vgl. Rationalisierungskuratorium der Deutschen Wirtschaft (RKW) e.V.: RKW-Handbuch Personalplanung, a.a.O., S. 115.

Während Abgänge durch Pensionierungen, Einberufungen zur Bundeswehr, vorgesehene Versetzungen etc. vorausbestimmbar sind, lassen sich für Abgänge durch vorzeitige Pensionierungen, Entlassungen und Arbeitnehmerkündigungen nur Wahrscheinlichkeitswerte aufgrund vorliegender personalstatistischer Daten errechnen.

Personalzugänge durch z.B. Auszubildende, bereits feststehende Einstellungen etc. können einen Teil der Abgänge ersetzen. Dabei ist jedoch zu berücksichtigen, dass ein Teil der Neueinstellungen im Planungszeitraum den Betrieb wieder verlassen.[30]

Die Abgangs-Zugangs-Rechnung stellt ein relativ leicht zu handhabendes Verfahren zur Planung des künftigen Personalbestandes dar.[31] Je langfristiger jedoch die Planung ist, desto bedenklicher ist es, Personalbewegungen mit Hilfe vergangenheitsbezogener Wahrscheinlichkeitswerte zu erfassen.

(2) Statistiken

Wichtig für die Ermittlung des künftigen Personalbestandes sind insbesondere die Statistiken über Personalbestände, Altersstrukturen und Fluktuationsraten. Sie ermöglichen es innerhalb bestimmter qualitativer Kategorien Aussagen über quantitative Veränderungen zu machen.

Die **Personalstatistik** gibt Auskunft über den Personalbestand eines Bereiches oder einer Gruppe an einem bestimmten Stichtag. Mit Hilfe der Altersstatistik lassen sich zum einen die Abgänge wegen Erreichen der Altersgrenze ermitteln, zum anderen die Altersstruktur überwachen, um ein möglichst ausgewogenes Verhältnis zwischen älteren und jüngeren Mitarbeitern zu gewährleisten.

Die **Fluktuationsstatistik** differenziert die verschiedenen Fluktuationsgründe. Über Zeitvergleiche oder zwischenbetriebliche Vergleiche lassen sich die erforderlichen Kennzahlen der Fluktuation berechnen.

2.1.3.3 Ermittlung des Nettopersonalbedarfs

Der Nettopersonalbedarf ergibt sich als Differenz zwischen dem Bruttopersonalbedarf und dem Personalbestand zu einem bestimmten Zeitpunkt. Er stellt die Grundlage der anschließenden Planung von Maßnahmen der Personalbeschaffung, der Personalentwicklung, der Personalfreisetzung und des Personaleinsatzes dar.

- Im Falle eines **negativen** Nettopersonalbedarfs (Überdeckung) beziehen sich diese Maßnahmen auf die Freisetzung von Personal.

- Ist der Nettopersonalbedarf hingegen **positiv** (Unterdeckung), erfolgt in der Regel eine Kombination verschiedener Maßnahmenarten zur Beseitigung der ermittelten Differenz.[32]

---

[30] Vgl. Wagner, H./ Sauer, M.: Personalmanagement, a.a.O., S. 167.
[31] Vgl. Rationalisierungskuratorium der Deutschen Wirtschaft (RKW) e.V.: RKW-Handbuch Personalplanung, a.a.O., S. 117.
[32] Vgl. Berthel, J.: Personalmanagement, a.a.O., S. 144.

2.2 Personalbeschaffung

Die Personalbeschaffung befasst sich mit der Bereitstellung der für das Unternehmen erforderlichen Arbeitskräfte in quantitativer, qualitativer und zeitlicher Hinsicht. Grundlage bildet der durch die Personalbedarfsplanung ermittelte Nettopersonalbedarf (Unterdeckung).

Da die Bereitstellung der erforderlichen Arbeitskräfte faktisch erst dann erfolgt ist, wenn die neuen Mitarbeiter im Unternehmen eingearbeitet sind, umfasst der Personalbeschaffungsprozess außer der Personalanwerbung auch die Personalauswahl sowie die Personaleinstellung und -einarbeitung. Aus diesem Grund wird der Begriff "Personalbedarfsdeckung" in der Literatur häufig vorgezogen.

2.2.1 Arten der Personalbeschaffung

Eine Unternehmung kann den erforderlichen Personalbedarf durch unternehmensinterne oder unternehmensexterne Personalbeschaffung decken.

- Die **interne** oder **innerbetriebliche Personalbeschaffung** ist dadurch gekennzeichnet, dass vakante Stellen aus dem Kreise der im Unternehmen beschäftigten Mitarbeiter besetzt werden.
- Bei der **externen** oder **außerbetrieblichen Personalbeschaffung** wird das erforderliche Personal aus dem Arbeitskräftepotenzial, das außerhalb des Unternehmens liegt, rekrutiert.

Wird darüber hinaus die Fristigkeit des Personalbedarfs berücksichtigt, lassen sich die in Abb. 18 dargestellten Beschaffungsarten unterscheiden.[33]

Personalbeschaffung	Kurzfristiger Personalbedarf	Langfristiger Personalbedarf	
Interne Personalbeschaffung	- Mehrarbeit - Urlaubsverschiebung - Vorübergehende Steigerung der Arbeitsintensität	Versetzungen	
		Bedarfsdeckend	Bedarfsverschiebend
Externe Personalbeschaffung	Personalleasing	Neueinstellung	

Abb. 18: Interne und externe Personalbeschaffungsarten

(1) Interne Maßnahmen

Im Rahmen der **internen Personalbeschaffung** kann ein kurzfristig entstehender Personalbedarf durch **Mehrarbeit** gedeckt werden. Mehrarbeit liegt vor, wenn die betriebsübliche Arbeitszeit vorübergehend verlängert wird. Nach § 4 Abs.3 AZO kann die tägliche Arbeitszeit unter bestimmten Voraussetzungen auf 10 Stunden erhöht werden. Die personelle Kapazität kann außerdem durch einen zusätzlichen Arbeitstag, wie z.B. Sonderschichten am Sonnabend, gesteigert werden. In beiden Fällen sind die Mitbestimmungsrechte des Betriebsrates nach § 87 Abs. 2 und 3 BetrVG zu beachten.

---

[33] Vgl. Wagner, H./ Sauer, M.: Personalmanagement, a.a.O., S. 17.

Weitere Möglichkeiten der kurzfristigen internen Personalbeschaffung sind die **Urlaubsverschiebung** auf einen Zeitraum mit ruhigerem Geschäftsgang, wobei das Mitbestimmungsrecht des Betriebsrates gemäß § 87 Abs. 1 Satz 5 BetrVG zu beachten ist,[34] sowie die vorübergehende **Steigerung der Arbeitsintensität** durch verstärkte Motivation oder Rationalisierung.

Bei einem dauerhaften, längerfristigen Personalbedarf bietet sich die Möglichkeit der internen Personalbeschaffung durch **Versetzungen**. Eine Versetzung ist nach § 95 Abs. 3 BetrVG die Zuweisung eines anderen Arbeitsbereiches, die voraussichtlich die Dauer von einem Monat überschreitet oder die mit einer erheblichen Änderung der Umstände verbunden ist, unter denen die Arbeit zu leisten ist.

Verbleibt der Mitarbeiter nach der Versetzung auf der gleichen Hierarchiestufe, so spricht man von horizontaler Versetzung, die im Gegensatz zur vertikalen Versetzung keinen hierarchischen Aufstieg bedeutet. Soll die personelle Unterkapazität in einer Abteilung durch den Abbau personeller Überkapazitäten in anderen Bereichen gedeckt werden, so sind die Versetzungen bedarfsdeckend. Dies ist in der Regel kaum der Fall. Insbesondere bei Aufstiegsversetzungen entsteht in der personalabgebenden Abteilung eine Lücke, die ggf. durch sogenannte Kettenversetzungen weiter verschoben werden kann, schließlich jedoch am externen Arbeitsmarkt durch Neueinstellungen geschlossen werden muss. Man spricht in diesem Zusammenhang von bedarfsverschiebenden Versetzungen.

Versetzungen können auf zwei Arten erfolgen:

- **Durch Weisung des Arbeitgebers:**

  Eine Weisung des Arbeitgebers kann nur geschehen, wenn der Arbeitsvertrag dies inhaltlich zulässt, d.h. die zugewiesenen Arbeiten innerhalb der Umschreibung der Tätigkeit des Arbeitnehmers liegen (z.B. innerhalb eines Berufsbildes) und der Ort der Leistungserstellung nicht auf den gegenwärtigen Ort beschränkt ist. Der zugewiesene Arbeitsplatz darf dabei in keinem Fall mit einer geringeren Entlohnung verbunden sein.

- **Durch Änderungskündigung:**

  Sind diese Voraussetzungen der Weisung nicht gegeben, so kann die Versetzung nur durch eine Änderungskündigung erfolgen. Sie stellt eine Erklärung des Arbeitgebers dar, mit der er das Arbeitsverhältnis einseitig kündigt, aber gleichzeitig dem Arbeitnehmer einen neuen Arbeitsvertrag mit geänderten Bedingungen anbietet.

In beiden Fällen bedarf es der Anhörung des Betriebsrates, der die Zustimmung verweigern kann. Erfolgt die Weisung ohne Anhörung, hat der Betriebsrat einen Anspruch auf Aufhebung der Maßnahmen, entsprechend ist im zweiten Fall die Änderungskündigung unwirksam.

Der Betriebsrat kann der Kündigung aus bestimmten Gründen widersprechen, die im § 102 Abs. 3 BetrVG genannt sind. Bei einer weisungsbedingten Versetzung kann der Betriebsrat unter Angabe von Gründen, die in § 99 Abs. 2 BetrVG genannt sind, widersprechen.

---

[34] Vgl. Rationalisierungskuratorium der Deutschen Wirtschaft (RKW) e.V.: RKW-Handbuch Personalplanung, a.a.O., S. 129.

(2) Externe Maßnahmen

Werden **externe Lösungen zur Personalbeschaffung** angestrebt, so bietet das **Personalleasing** die Möglichkeit flexibel auf kurzfristige Personalengpässe zu reagieren. Unter Personalleasing ist die gewerbsmäßige Arbeitnehmerüberlassung zu verstehen, die 1967 durch das Bundesverfassungsgericht legalisiert wurde und im Arbeitnehmerüberlassungsgesetz vom 12.10.1972 rechtlich geregelt ist.

Das Personalleasing ist durch ein Dreiecksverhältnis zwischen Verleiher, Entleiher und Leiharbeitnehmer gekennzeichnet. Dabei schließen Leasing-Arbeitnehmer und Personalleasing-Arbeitgeber (Verleiher) einen Arbeitsvertrag ab, während zwischen Arbeitnehmer und Entleiher grundsätzlich keine vertraglichen Bindungen existieren. Der Vergütungsanspruch der Arbeitnehmer besteht gegenüber dem Verleiher, der Anspruch auf Arbeitsleistung und das Weisungsrecht gehen auf den Entleiher über. Dafür zahlt er dem Verleiher eine vereinbarte Gebühr.

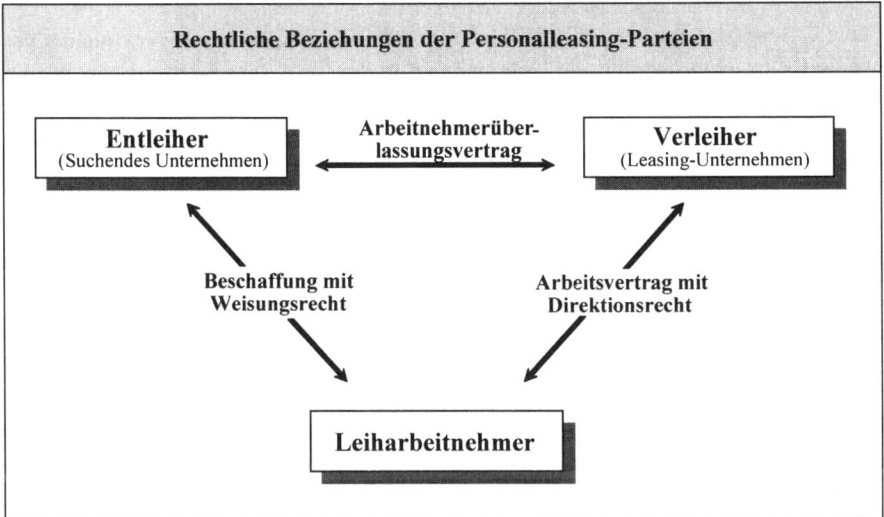

Abb. 19: Rechtliche Beziehung der Personalleasing-Parteien

Die vorübergehend beschäftigten Arbeitskräfte werden vorzugsweise für Schreibarbeiten im Verwaltungsbereich oder als Monteure, Facharbeiter und technische Fachkräfte im gewerblichen Bereich eingesetzt. Ihr Einsatz macht eine saisonal- oder konjunkturbedingte Ausweitung der Personalkapazitäten möglich und kann temporäre Personalausfälle z.B. durch Krankheit oder Mutterschaftsurlaub ohne Schaffung einer betrieblichen Personalreserve kompensieren.

Die Kosten für den Zeitarbeiter sind höher als für einen eigenen Arbeitnehmer, weil auch die Personalleasing-Firma entsprechend verdienen will. Das Honorar fließt vom Auftraggeber zur Verleihfirma und wird erst nach Abzug der Verwaltungskosten, Personalzusatzkosten und einer Gewinnspanne an den Leasing-Arbeitnehmer weitergegeben.[35]

---

[35] Vgl. Stopp, U.: Betriebliche Personalwirtschaft, 16. Auflage, Stuttgart 1990, S. 53.

Der **Vorteil** des Personalleasing liegt in der schnellen Beschaffung, dem geringen Risiko einer Fehleinstellung und der Vermeidung einer Auseinandersetzung nach Ablauf der vorgegebenen Beschäftigungszeit.

Der **Hauptkritikpunkt** des Deutschen Gewerkschaftsbundes, der seit langem ein generelles Verbot der Leiharbeit fordert, besteht darin, dass die Unternehmen durch Personalleasing die Stammbelegschaft reduzieren und diese Strategie der personellen Unterdeckung durch externe Personalreserven auffangen könnten.[36] Der Betriebsrat hat beim Einsatz der Leiharbeitskraft nach überwiegender Auffassung kein Mitbestimmungsrecht gemäß §§ 99-105 BetrVG.[37]

Eine langfristige Erweiterung der Personalkapazität über den externen Arbeitsmarkt wird durch **Neueinstellungen** erzielt. Diese Art der Personalbeschaffung, die durch den Abschluss neuer Arbeitsverträge gekennzeichnet ist, ist am weitesten verbreitet.

2.2.2 Beschaffungswege

Für die Bereitstellung der erforderlichen Arbeitskräfte in quantitativer, qualitativer und zeitlicher Hinsicht sind die Unternehmen in der Lage, eine Vielzahl von Wegen zu beschreiten. Entsprechend den beiden unterschiedlichen Beschaffungsquellen werden auch die Beschaffungswege nach interner und externer Personalbeschaffung differenziert.

2.2.2.1 Interne Personalbeschaffung

Bei jedem freien Arbeitsplatz ist zunächst zu prüfen, ob geeignete Mitarbeiter in den eigenen Reihen gefunden werden können. Das interne Beschaffungspotenzial setzt sich aus den Mitarbeitern zusammen:

- die in den anderen betrieblichen Bereichen aufgrund eines geringeren oder veränderten Bedarfs freigestellt werden,
- die der gegenwärtigen übertragenen Stelle nicht gewachsen sind und
- aus den entwicklungsfähigen Mitarbeitern.

Instrumente zur internen Personalbeschaffung sind das Stellenclearing, die innerbetriebliche Stellenausschreibung sowie die Personalentwicklung.

- Unter **Stellenclearing** versteht man einen systematischen Informationsaustausch zwischen den Abteilungsleitern und den Mitarbeitern der Personalabteilung über die innerbetrieblichen Deckungsmöglichkeiten vakanter Stellen (Vorschlagssystem zur Stellenbesetzung).[38] Werden geeignete Mitarbeiter gefunden, so erfolgt die Kontaktaufnahme mit den betreffenden Personen. Der Nachteil dieses Verfahrens liegt darin, dass interne Stellenbesetzungen nach diesem Verfahren für die Belegschaft wenig transparent sind. Darüber hinaus besteht die Gefahr, dass sachfremde Überlegungen, wie beispielsweise Abteilungsegoismen, in die Entscheidungen eingehen.

---

[36] Vgl. Britsch, W.H.: Zeitarbeit (Personalleasing), in: Handbuch Personalmarketing, Strutz, H. (Hrsg.), Wiesbaden 1989, S. 220 f.
[37] Vgl. Olfert, K./ Steinbuch, P. A.: Personalwirtschaft, a.a.O., S. 137.
[38] Vgl. Berthel, J.: Personalmanagement, a.a.O., S. 155 f.

- Obwohl das Unternehmen, das eine Stelle zu besetzen hat, in der Wahl seines Beschaffungsweges grundsätzlich frei ist, kann der Betriebsrat nach § 93 BetrVG eine **innerbetriebliche Stellenausschreibung** verlangen, entweder für alle zu besetzenden Stellen, oder nur für bestimmte Arten von Tätigkeiten. Ausgenommen davon sind die Positionen leitender Angestellter nach § 5 BetrVG. Diese müssen nicht ausgeschrieben werden. Hat der Betriebsrat eine innerbetriebliche Stellenausschreibung verlangt, muss das Unternehmen dem Verlangen entsprechen. Erfolgt dies nicht, kann der Betriebsrat nach § 99 Abs. 2 Satz 5 BetrVG seine Zustimmung zu einer Versetzung verweigern.

Grundgedanke dieser gesetzlichen Vorschriften ist, Chancengleichheit auf dem innerbetrieblichen Arbeitsmarkt dadurch zu sichern, dass den Arbeitnehmern die Möglichkeit gewährt wird, sich um andere Arbeitsplätze im eigenen Unternehmen zu bewerben. Allerdings ist aus den Bestimmungen des BetrVG nicht abzuleiten, dass ein innerbetrieblicher Bewerber vorrangig zu berücksichtigen ist. Die Auswahlentscheidung liegt letztendlich beim Arbeitgeber, der parallel zur innerbetrieblichen Stellenausschreibung auch externe Beschaffungswege nutzen kann. Der Betriebsrat kann lediglich der Entscheidung des Arbeitgebers widersprechen, wenn die Auswahlrichtlinien nach § 95 BetrVG nicht eingehalten werden.

Die innerbetriebliche **Stellenausschreibung** sollte alle für den potentiellen Bewerber wichtigen Informationen enthalten. Zu diesen zählen:
- Stellenbezeichnung
- Kurzbeschreibung der Tätigkeit
- Zugehörigkeit zu Abteilung, Filiale, Gruppe
- Arbeitszeit
- Erwartete Qualifikation
- Tarifgruppe

Stellenausschreibungen können durch Aushang am schwarzen Brett, Veröffentlichung in der Werkszeitung oder durch Rundschreiben erfolgen. Die innerbetriebliche Ausschreibung von Arbeitsplätzen kann durch den Abschluss von Betriebsvereinbarungen geregelt werden. Darin können beispielsweise folgende Punkte festgelegt werden:
- Umfang und Bedingungen der Ausschreibung (im Gesamtunternehmen oder lediglich für bestimmte Unternehmensbereiche)
- Zeitpunkt der Ausschreibung (Frist vor der geplanten Besetzung des Arbeitsplatzes)
- Angaben, die in die Stellenausschreibung aufzunehmen sind
- Bewerbungsunterlagen und -fristen
- Ort der Ausschreibung
- Mitteilung, ob gleichzeitig externe Beschaffungsmaßnahmen durchgeführt werden
- Mögliches Bevorzugen interner Bewerber bei gleicher Qualifikation wie externe Bewerber

Es sollte außerdem geregelt sein, innerhalb welcher Frist ein erfolgreicher interner Bewerber von seiner bisherigen Stelle freizugeben ist, um zu vermeiden, dass Vorgesetzte, die einen leistungsfähigen Mitarbeiter nur ungern abgeben, die vorgesehene Versetzung hinausschieben.[39] Die Gewerkschaften haben in diesem Zusammenhang Mustervereinbarungen veröffentlicht (z.B. Hauptvorstand Gewerkschaft Handel, Banken und Versicherungen im DBG 1972, S.71 ff.).

Die **Personalentwicklung** stellt eine vorbeugende Maßnahme innerbetrieblicher Personalbeschaffung dar, mit der ein künftiger Bedarf an qualifizierten Mitarbeitern im Unternehmen gedeckt werden kann. Maßnahmen und Tätigkeiten der Personalentwicklung können durch innerbetriebliche Versetzung aufgrund von Stellenclearing oder innerbetrieblicher Stellenausschreibung ausgelöst werden, sofern der Mitarbeiter nicht über die an seinem neuen Arbeitsplatz erforderliche Qualifikation verfügt. Die Personalentwicklung wird detailliert unter Punkt 2.3 behandelt.

2.2.2.2 Externe Personalbeschaffung

Kann der ermittelte Personalbedarf intern nicht gedeckt werden, so konzentriert sich die Personalanwerbung auf den externen Arbeitsmarkt. Bei der externen Personalbeschaffung ist insbesondere die zeitliche Planung wichtig. Je nach Zielgruppe wird ein unterschiedlicher Zeitbedarf für die Personalbeschaffung erforderlich. So ist die Beschaffungsdauer für höher qualifiziertes Personal tendenziell länger als für Mitarbeiter geringerer Qualifikation.

Die Wege externer Personalbeschaffung sind vielfältig. Bei der kurzfristigen Überbrückung personeller Engpässe ist unter bestimmten Bedingungen die Einschaltung von bereits erwähnten Personalleasing-Unternehmen sinnvoll.

Die Möglichkeiten der Kontaktaufnahme mit potentiellen Mitarbeitern zwecks Abschluss neuer Arbeitsverträge lassen sich nach dem Ausmaß der Beschaffungsaktivitäten in eine mehr passive und eine mehr aktive externe Beschaffung unterscheiden.

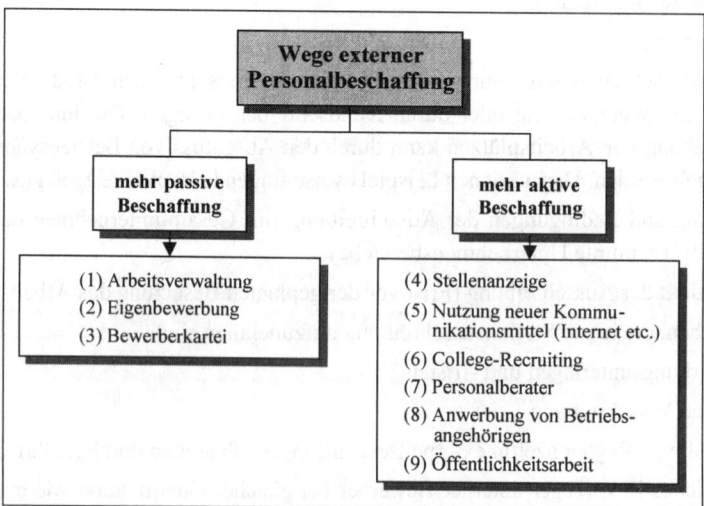

Abb. 20: Wege externer Personalbeschaffung

---

[39] Vgl. Rationalisierungskuratorium der Deutschen Wirtschaft (RKW) e.V.: RKW-Handbuch Personalplanung, a.a.O., S. 142.

(1) Arbeitsverwaltung

Die Bundesanstalt für Arbeit (BA) unterstützt die betriebliche Personalbeschaffung durch:

- Beratung der Arbeitnehmer
- Beratung der Arbeitgeber
- Auswahl und Vermittlung der geeigneten Bewerber

Die Einrichtungen der Bundesanstalt für Arbeit untergliedern sich dabei in:

- Arbeitsämter mit ihren Nebenstellen
- Landesstellen für Arbeitsvermittlung
- Zentralstelle für Arbeitsvermittlung (ZVA) in Frankfurt, die für das gesamte Gebiet der Bundesrepublik zuständig ist. Diese veröffentlicht einen zentralen Stellenanzeiger "Markt und Chance", der bei den Arbeitsämtern kostenlos erhältlich ist.
- Fachvermittlungsstellen, die überregional arbeiten und besonders qualifizierte Fach- und Führungskräfte vermitteln. Von ihnen werden Stellenanzeigen in namhaften Tages- und Wochenzeitungen veröffentlicht.

(2) Eigenbewerbung

Ein wichtiger Akquisitionsweg ist die Eigenbewerbung (auch als Blindbewerbung bezeichnet). Hierbei kontaktiert ein Bewerber von sich aus ein Unternehmen. Die Gründe für eine solche Bewerbung gestalten sich sehr vielfältig und können z.B. durch College-Recruiting oder durch Öffentlichkeitsarbeit motiviert sein.

(3) Bewerberkartei

Bewerber, die zum Zeitpunkt der Bewerbung nicht berücksichtigt werden konnten, bei denen jedoch bei passender Gelegenheit ein Eintritt in die Firma in Betracht kommt, können in die Bewerberkartei aufgenommen werden. Auch Frauen, die beispielsweise wegen Mutterschaft ihre Erwerbstätigkeit aufgegeben haben, aushilfsweise jedoch zur Verfügung stehen, können hier vorgemerkt werden. Da bei Bedarf sofortige Zugriffsmöglichkeit besteht, können Kosten gespart werden. Verweilt eine Bewerbung jedoch länger in der Kartei, so muss ein aktuelles Interesse des Bewerbers an einer zu besetzenden Stelle nicht mehr unbedingt vorhanden sein, da eventuell schon eine andere Entscheidung getroffen wurde.

(4) Stellenanzeige

Die Stellenanzeige kann auf zwei Arten erfolgen. Zum einen kann sie durch den Bewerber aufgegeben werden, der eine bestimmte Arbeitsstelle sucht, zum anderen durch ein Unternehmen, das seinerseits einen bestimmten Bewerber sucht. Bei der Stellenanzeige als Stellenangebot sind folgende Teilbereiche zu unterscheiden:

- **Anzeigenträger**
  Die Wahl des Anzeigenträgers richtet sich nach den erforderlichen Qualifikationen des gewünschten Personals. Je nach Zielgruppe kommen als Anzeigenträger in Betracht:
  - Regionale Tageszeitungen: Arbeitskräfte der unteren und mittleren Hierarchieebene.

– Überregionale Tages- und Wochenzeitungen: für Arbeitskräfte der höheren bis hohen Hierarchieebene.
– Fachzeitschriften: für Arbeitskräfte mit Spezialkenntnissen, besonders im technischen Bereich.

Je nach Wahl des Mediums entstehen dabei sehr unterschiedliche Kosten.

- **Anzeigentermin**
Zeitlich sollte vier bis sechs Wochen vor der nächsten allgemeinen Kündigungsfrist inseriert werden, damit die interessierte Arbeitskraft sorgsam über das Angebot nachdenken kann. Schwierig wird dies bei den Arbeitnehmern der höheren Hierarchieebene, da dort meist Verträge mit längeren Kündigungsfristen vorliegen.

- **Anzeigenarten**
Als Anzeigenarten sind zu unterscheiden:
  – Offene Stellenanzeigen, der Name des Unternehmens ist genannt, eine gezielte Bewerbung ist möglich.
  – Chiffreanzeigen, der Name des Unternehmens ist nicht genannt.
  – Personalberateranzeigen, der Name des Unternehmens ist nicht genannt, negatives Image von Chiffreanzeigen soll dabei vermieden werden.
  – Wortanzeigen, die auch Kleinanzeigen genannt werden. Sie können offene Anzeigen oder Chiffreanzeigen sein.
  – Gesetzte Anzeigen, diese sind zumeist mehrspaltig und werden auf der Grundlage eines Spaltenpreises pro mm berechnet.

- **Anzeigengestaltung**
Eine Übersicht über die inhaltliche Gestaltung sieht in Anlehnung an Goosens wie folgt aus:

Wir sind	- Aussagen über das Unternehmen:	
	- Firmenname	- Standort des Unternehmens
	- Firmenzeichen	- Größe des Unternehmens
	- Branche	
Wir haben	**Aussagen über die freie Stelle:**	
	- Ausschreibungsgrund	- Vertretungsmacht
	- Aufgabenbeschreibung	- Entwicklungschancen
	- Verantwortungsumfang	
Wir suchen	**Aussagen über die Anforderungsmerkmale:**	
	- Berufsbezeichnung	- Fähigkeiten
	- Vorbildung	- Berufserfahrung
	- Ausbildung	- Persönliche Eigenschaften
	- Kenntnisse	- Alter
Wir bieten	**Aussagen über die Leistungen:**	
	- Hinweis auf Lohnhöhe / Gehaltshöhe	- Gleitende Arbeitszeit
	- Sozialleistungen	
Wir bitten um	**Nennung der Bewerbungsunterlagen:**	
	- Bewerbungsschreiben	- Zeugnisse
	- Lebenslauf	- Persönliche Vorstellung

Abb. 21: Inhaltlicher Aufbau einer Stellenanzeige

(5) Einsatz neuer Kommunikationstechniken

Als **E – Recruitment** wird die Stellenausschreibung in Online-Jobbörsen (Internet) bezeichnet. Personal kann über das Internet z.B. durch **Internet-Jobbörsen** geworben werden. Das sind Stellenanzeigen, die in das Netz gestellt werden, um qualifiziertes Personal bundesweit bzw. weltweit zu finden. Eine weitere, aber ähnliche Art ist das Verweisen mit Hilfe von Links auf der Unternehmens-**Homepage** mit dem Anliegen, die Bewerbung direkt über das Internet an das Unternehmen zu schicken, da dies zeitsparender ist. In einer Datenbank hinterlegt der Bewerber seine Tätigkeitsprofile z.B. mittels eines Fragebogens. Daraufhin überprüft ein Computerprogramm, ob die Profile zu den Anforderungen passen. Im Anschluss daran werden in Frage kommende Bewerber per E-Mail an die Unternehmen weitergeleitet.

Im einzelnen ist zu beachten:

- **Rekrutierung über die Firmen-Homepage:**

Eine eingerichtete **Schaltfläche** wie „Freie Stellen" weist auf der Startseite auf offene Stellen hin. Hier kann die Bewerbung per E-Mail oder per vorgedrucktem Formular erfolgen.

Häufige Fehler, die beim Homepage-Recruiting auftreten können sind z.B.:

- Stellenanzeigen im Internet sind nicht datiert
- Unternehmen listen eine Position für eine Empfangsdame unter der eines Entwicklungsingenieurs auf
- Der Personalbereich wird nicht als Teil des Unternehmens gesehen

- **Rekrutierung über Online-Stellenbörsen:**

Es werden kostenpflichtige Anzeigen in Jobbörsen hinterlegt. Jobdatenbanken sind für den Bewerber bzw. Nutzer kostenlos. Die Bewerbung erfolgt auch hier über Formulare oder E-Mail. Es muss auf der Startseite ein direkter Link auf die Bewerberseite gesetzt werden. Bei einer **Stellenanzeige im Internet** sollte darauf geachtet werden, dass das Unternehmen kurz vorgestellt wird wie z.B. durch Entwicklungsberichte. Es sollten möglichst wenig aufwendige Graphiken und kurze Texte verwendet werden. Auf eine differenzierte Benutzerführung (zwecks Zielgruppen) ist zu achten. Eine Schaltfläche für die Bewerbung auf freie Stellen sollte vorhanden sein.

Die Suche nach Personal im **Internet** in Form einer Stellenanzeige ist für viele Unternehmen kostengünstiger und zeitsparender. Durch eine Internet-Jobbörse wird schon im Vorfeld eine Vorselektion getroffen. Somit ergibt sich weniger Arbeitsaufwand für die Personalchefs.

Das Ausschreiben offener Stellen im Internet hat sich als effizientes und erfolgreiches Instrument des Personalmarketing behauptet. Es ist besonders gut geeignet für Unternehmen, die Hochschulabsolventen und gut ausgebildete Fachkräfte mit wenig Zeitaufwand suchen. Eine zunehmende Unterstützung des Mediums Internet ermöglicht somit neue Wege der Personalbeschaffung.

Bewerber	
Vorteile	**Nachteile**
Fast kostenloser Zugriff 24 Stunden auf Stellenanzeigen	Eingeschränktes Angebot bei Berufsgruppen
Zeitersparnis, da eine spezifische Suche möglich ist	Durch zunehmende Jobbörsen eine zunehmende Informationsflut
Einfachheit durch Suchroutine	PC mit Internetzugang erforderlich
Unternehmen	
Vorteile	**Nachteile**
Durch das Internet Erschließung neuer interessanter Bewerbergruppen	Es müssen neben Internetjobangeboten auch noch Stellen in sogenannten Printmedien angeboten werden
Imagegewinn in der Öffentlichkeit	Unklare Erfolgsaussichten
Direkte Kontaktaufnahme zu Bewerbern per E-Mail	Gefahr aufgrund einer Flut von Bewerbungen

Abb. 22: Vor- und Nachteile des E-Recruitment

Weitere Alternativen im Einsatz neuer Kommunikationstechniken sind:

- Die BA bietet als neueste Möglichkeit zur Personalbeschaffung ausgewählte Stellen über Satellitensender (RTL) auch im Fernsehen an, um Angebote flächendeckend publik zu machen.
- Das Medium Bildschirmtext (BTX) der Deutschen Bundespost ermöglicht jeder Privatperson und jedem Unternehmen, die Existenz eines entsprechenden Terminals vorausgesetzt, Informationen abzufragen und Dialoge mit anderen Teilnehmern zu führen. BTX erlaubt somit im Bereich der Personalbeschaffung eine direkte, rasche sowie aktuelle Kommunikation zwischen Stellenanbieter und Stellensuchenden, wobei jedoch als Schwachpunkte die geringe Verbreitung sowie die Probleme des Datenschutzes nicht übersehen werden dürfen.

(6) College-Recruiting

In den USA wird schon seit längerem durch viele Unternehmen intensive, auf die Zielsetzung der potentiellen Bewerber abgestimmte Werbung in den Schulen und Hochschulen mit dem Ziel der Rekrutierung geeigneter Kandidaten betrieben. Hochschulkontakte manifestieren sich in vielfältigen Maßnahmen, z.B.:

- Bereitstellen von Praktikantenstellen
- Zusammenarbeit bei Diplomarbeiten
- Unterstützung von Dissertationen
- Forschungsprojekte
- Fachvorträge
- Hochschulkontaktmessen
- Förderpreise
- Firmenpräsentationen

Die direkte Art der Personalbeschaffung scheint besonders bei kontinuierlicher Aktivierung in Form eines langfristigen Kontaktes erfolgversprechend.

(7) Personalberater

Der Einsatz von externen Personalberatern (Executive Searchers, Head-Hunters) ist besonders für Arbeitskräfte der höheren und hohen Hierarchieebene geeignet, wobei ihr Schwerpunkt nicht nur auf der Vermittlung von Arbeitskräften sondern insbesondere auch auf der Beratung des Unternehmens liegt.[40] Die Beratung kann die gesamte Breite vom Erarbeiten einer Aufgabenstellung und Stellenanforderung bis zur Einstellung des Bewerbers umfassen.

Der Vorteil resultiert aus dem großen Erfahrungsschatz, über den die Personalberater aufgrund ihrer Zusammenarbeit mit einer Vielzahl von Unternehmen verfügen. Das Risiko einer Fehleinstellung, das in der höheren Hierarchieebene zu gravierenden Folgen führen kann, wird dadurch erheblich minimiert. Daher sind auch die hohen Beratungshonorare, die üblicherweise nicht erfolgsabhängig sind, zu rechtfertigen.

(8) Anwerbung durch Betriebsangehörige

Dieser Akquisitionsweg, bei dem die Kontakte der Betriebsangehörigen von Bedeutung sind, spielen vor allem in den USA eine wichtige Rolle. Über offene Stellen sollte dabei nicht allein im Rahmen innerbetrieblicher Stellenausschreibung sondern darüber hinaus auf Handzetteln oder in der Werkszeitung informiert werden.

Die Anwerbung durch Betriebsangehörige hat den Vorteil, dass sich dadurch das Betriebsklima verbessert. Es besteht jedoch die Gefahr der Cliquenbildung.

(9) Öffentlichkeitsarbeit

Die Öffentlichkeitsarbeit dient der Unterstützung sowohl der aktiven als auch der passiven Personalbeschaffung. Sie bedient sich dabei beispielsweise folgender Mittel:
- Tag der offenen Tür
- Werksbesichtigungen
- Aktivitäten auf Messen und Ausstellungen
- Dia- und Filmwerbung
- Postwurfsendungen, Plakatwerbungen, Anschlagtafeln
- persönlicher Kontakt zu potentiellen Mitarbeitern

2.2.2.3 Vor- und Nachteile interner und externer Beschaffung

Weit verbreitete Schlagwörter, wie "Umstellung vor Einstellung" oder "Aufstieg vor Einstieg"[41] verdeutlichen, dass die Besetzung freier Stellen im Unternehmen durch Mitarbeiter aus den eigenen Reihen zunehmend an Bedeutung gewinnt. Immer mehr Unternehmen gehen dazu über, freiwerdende Positionen mit eigenen Kräften zu besetzen und nur dann Bewerber von außen in Betracht zu ziehen, wenn geeignete Kandidaten in den

---

[40] Vgl. Jung, H.: Personalwirtschaft, 4. Auflage, München/ Wien 2001
[41] Rationalisierungskuratorium der Deutschen Wirtschaft (RKW) e.V.: Betriebliche Personalplanung - eine gesamtdeutsche Empfehlung, Eschlorn 1991, S. 18.

eigenen Reihen nicht zu finden sind.[42] Dies führt dazu, dass der Bedarf an hochqualifiziertem Personal meist unternehmensintern gedeckt wird und dem Unternehmen vom unternehmensexternen Arbeitsmarkt außer bei raschen Wachstumsprozessen vorwiegend Berufsanfänger zufließen.

Der personalwirtschaftliche Grundsatz der Priorität einer Personalbeschaffung über den internen Arbeitsmarkt sollte jedoch nicht überzogen werden, da entsprechend der Darstellung in Abb. 23 sowohl die interne als auch die externe Personalbeschaffung durch Vor- und Nachteile gekennzeichnet ist.

	Interne Personalbeschaffung	**Externe Personalbeschaffung**
Vorteile	- Eröffnung von Aufstiegschancen (erhöht die Bindung an den Betrieb, verbessert Betriebsklima) - Geringere Beschaffungskosten - Betriebskenntnis - Kennen des Mitarbeiters und seines Könnens (geringeres Risiko) - Einhaltung des betrieblichen Entgeltniveaus (bei externer Einstellung ggf. überhöhtes Marktgehalt) - Schnellere Stellenbesetzungsmöglichkeit - Anfangsstellungen für Nachwuchskräfte werden frei - Transparente Personalpolitik	- Breite Auswahlmöglichkeit - Neue Impulse für den Betrieb (Verringerung der Betriebsblindheit) - Der Externe wird leichter anerkannt - Einstellung löst Personalbedarf direkt - Eventuell Information über Konkurrenzverhalten
Nachteile	- Weniger Auswahlmöglichkeiten - Ggf. hohe Fortbildungskosten - Mögliche Betriebsblindheit - Enttäuschung bei Kollegen, evtl. weniger Anerkennung bei Aufrücken in Vorgesetztenfunktion, ggf. auch Spannungen/Rivalitäten - Zu starke kollegiale Bindungen, Sachentscheidungen werden verkumpelt - Stellenbesetzung/Beförderung "um des lieben Frieden willen". Man will dem langgedienten Mitarbeiter nicht "nein" sagen. - Nachlassende Mitarbeiterkreativität wegen Beförderungsautomatik, man verlässt sich auf die Nachfolge (Vertreter wird immer Nachfolger) - Versetzung löst Bedarf quantitativ nicht; qualitativ oft nur in Verbindung mit Fortbildung und bei vertikaler Beförderung mit Führungsschulung	- Größere Beschaffungskosten - Höhere externe Einstellungsquote wirkt fluktuations- und frustrationsfördernd ("Hier kann man nichts werden") - Negative Auswirkung auf das Betriebsklima - Höheres Risiko durch Probezeit - Keine Betriebskenntnisse (allgemeine Einführung erforderlich - Kosten/Zeit)

Abb. 23: Vor- und Nachteile interner und externer Personalbeschaffung[43]

---

[42] Vgl. Bisani, F.: Personalwesen: Grundlagen, Organisation, Planung, 3. Auflage, Wiesbaden 1983, S. 141.
[43] Vgl. Rationalisierungskuratorium der Deutschen Wirtschaft (RKW) e.V.: RKW-Handbuch Personalplanung, a.a.O., S. 124 f.

2.2.3 Personalauswahl

Im Rahmen der Personalauswahl werden aus der gegebenen Anzahl von internen und externen Bewerbern diejenigen ausgewählt, die den Anforderungen der zu besetzenden Arbeitsplätze am besten gerecht werden. Zu diesem Zweck wird das Eignungspotenzial der Bewerber festgestellt.

Die Bedeutung der Personalauswahl zeigt sich zum einen in der ökonomischen Konsequenz einer Fehlbesetzung für das Unternehmen. Da "falsche" Stellenbesetzungen aufgrund gesetzlicher Bestimmungen meist nur unter Schwierigkeiten korrigiert werden können, führen sie für das Unternehmen zu erheblichen Folgekosten. Zum anderen ergibt sich die Bedeutung der Personalauswahl aus den Folgen für den ausgewählten Mitarbeiter selbst, da sie das Ausmaß, in dem er Erfolgs- oder Misserfolgserlebnisse in seiner Tätigkeit erfahren kann bzw. muss, bestimmen.

Während die Bewerberauswahl bei interner Personalbeschaffung durch eine verhältnismäßig günstige Informationssituation gekennzeichnet ist, da die Leistungsbereitschaft und Leistungsfähigkeit des Mitarbeiters weitgehend bekannt und in Form von Leistungsbeurteilungen erfasst sind, erweist sich bei der Stellenbesetzung durch externe Bewerber die Ermittlung des Fähigkeitspotenzials der potentiellen Bewerber als zentrales Problem. Um dennoch eine möglichst vollkommene Auswahl externer Bewerber zu gewährleisten, wird in der Praxis meist ein mehrstufiges Bewerberauswahlverfahren eingesetzt, das sich nach der zeitlichen Reihenfolge in folgende Teilschritte gliedert:

- Bewerbervorauswahl
- Bewerberhauptauswahl
- Ärztliche Eignungsuntersuchung

Grundlage der Personalauswahl ist eine genaue Festlegung der Stellenanforderungen und der Soll-Fähigkeitsprofile, denen der Bewerber entsprechen soll. Hierzu bedarf es zunächst einer exakten Stellenbeschreibung, aus der die mindestens erforderliche und die erwünschte Qualifikation des künftigen Stelleninhabers abgeleitet wird.

2.2.3.1 Bewerbervorauswahl

Bei der Bewerbervorauswahl handelt es sich um eine Negativauslese[44], die in der Aussonderung ungeeigneter Bewerber besteht. Auf der Grundlage der Bewerbungsunterlagen wird untersucht, ob die formalen Voraussetzungen wie z.B. Ausbildungs-Qualifikation, Berufserfahrung, Alter, Mobilität etc. für die zu besetzende Stelle erfüllt sind. Die von einem Bewerber eingereichten Unterlagen können grundsätzlich folgende Teile umfassen:

- **Bewerbungsschreiben**, in dem der Bewerber sein Interesse an der zu besetzenden Stelle darlegt.
- **Bewerberphoto**, das einen unmittelbaren Eindruck vom Bewerber vermittelt.
- **Lebenslauf**, der Aufschluss über die persönliche und berufliche Entwicklung des Bewerbers gibt.

---

[44] Vgl. Mell, H.: Bewerbungsanalyse, in: Handbuch Personalmarketing, Strutz, H. (Hrsg.), Wiesbaden 1989, S. 247.

- **Schul- und Ausbildungszeugnisse**, die Auskunft über die Eignung eines Bewerbers geben.
- **Arbeitszeugnisse**, die über die Beschäftigung des Bewerbers in anderen Unternehmen informieren.
- **Referenzen**, die vorwiegend bei Positionen der höheren und hohen Hierarchieebene das Bild des Bewerbers abrunden.
- **Personalfragebogen**, welche die aus der Sicht des Unternehmens wichtigen persönlichen und beruflichen Daten des Bewerbers in systematischer und auf einfache Weise auswertbarer Form darstellen.
- **Arbeitsproben**, die einen unmittelbaren Einblick in die Qualifikation des Bewerbers vermitteln.[45]

Die Bedeutung der einzelnen Bewerbungsunterlagen ist unterschiedlich (siehe Abb. 24). Für einen Betrieb stellt sich hier die Aufgabe einer differenzierten Auswertung und Gewichtung der Unterlagen.

Bewerbungsunterlagen	Kriterien	Aussagefähigkeit		
		groß	mittel	gering
1. Anschreiben	Form			•
	Inhalt		•	
	Berufliche Aussagen	•		
	Berufliche Erwartungen	•		
2. Lebenslauf	Form		•	
	Inhalt	•		
3. Foto	Größe/Farbe/Alter			•
4. Schulzeugnis	Ausbildungsdauer		•	
	Notentrend		•	
5. Ausbildungszeugnis	Ausbildungsdauer		•	
	Notentrend	•		
	Benotungsschwerpunkt		•	
6. Weiterbildungszeugnis	Fachbereiche	•		
	Bewertung	•		
7. Arbeitszeugnis	Leistung	•		
	Führung	•		
8. Referenzen				•
9. Personalbogen			•	
10. Arbeitsproben			•	

Abb. 24: Bedeutung von Bewerbungsunterlagen[46]

---

[45] Vgl. Olfert, K./ Steinbuch, P. A.: Personalwirtschaft, a.a.O., S. 141 ff.
[46] Vgl. Knebel, H.: Das Vorstellungsgespräch, 12. Auflage, Freiburg 1990, S. 62.

Die Auswertung der Bewerbungsunterlagen erfolgt unter Anwendung sogenannter Auswahlrichtlinien. Dabei handelt es sich um schriftlich formulierte Grundsätze der Bewerberauswahl, die auf Basis der Arbeitsanforderungen formuliert werden. Nach § 95 BetrVG bedürfen derartige Richtlinien über die personelle Auswahl bei Einstellungen, Versetzungen, Umgruppierungen und Kündigungen der Zustimmung des Betriebsrates. In Unternehmen mit mehr als 1000 Beschäftigten kann der Betriebsrat die Aufstellung von Richtlinien über bei der Auswahl zu beachtende fachliche und persönliche Voraussetzungen sowie soziale Gesichtspunkte verlangen (§ 95 Abs. 2 BetrVG). Denkbare Voraussetzungen sind z.B.:

- **Fachliche Voraussetzungen**, wie Schulbildung, Berufsbildung, erforderliche Grundkenntnisse und Spezialkenntnisse, Zeugnisse, Arbeitsproben
- **Persönliche Voraussetzungen**, die in der geistigen, charakterlichen und körperlichen Eignung des Kandidaten liegen und primär im Vorstellungsgespräch und in erweiterten Einstellungsverfahren festgestellt werden.

Die Auswahlrichtlinien enthalten auch soziale Voraussetzungen wie z.B. die Dauer der Betriebszugehörigkeit. Mit der Auswertung der Bewerbungsunterlagen ergibt sich die Einordnung sämtlicher Bewerber in folgende drei Gruppen:
- ungeeignete Bewerber, denen unverzüglich abgesagt werden sollte
- bedingt geeignete Bewerber, die vielleicht für einen anderweitigen Einsatz im Unternehmen geeignet sind
- wahrscheinlich geeignete Bewerber, denen ein Terminvorschlag zur persönlichen Vorstellung mitgeteilt wird[47]

2.2.3.2 Bewerberhauptauswahl

In der Bewerberhauptauswahl werden aus den verbliebenen, wahrscheinlich geeigneten Bewerbern die Kandidaten herauskristallisiert, deren Persönlichkeitsprofil dem Anforderungsprofil der zu besetzenden Stelle am besten entspricht. Das meistgenutzte Instrument der Bewerberhauptauswahl ist auch heute noch das **Vorstellungsgespräch**. Es dient dem gegenseitigen persönlichen Kennenlernen von Arbeitgeber und Bewerber. Der Arbeitgeber kann sich in diesem Gespräch einen Eindruck von der Persönlichkeit des Bewerbers (z.B. Gesprächs- und Kontaktfähigkeit) machen.

Des weiteren kann er die Angaben der Bewerbungsunterlagen überprüfen und weitergehende Informationen über Wesensart, Interessen, Erwartungen, Zielvorstellungen, Fachkenntnisse und Leistungsstand des Bewerbers gewinnen, um diese in ein Gesamturteil über die Eignung des Bewerbers für die zu besetzende Stelle zu integrieren. Der Bewerber seinerseits erhält genauere Informationen über die Unternehmung, den zukünftigen Arbeitsplatz und die damit verbundenen Arbeitsbedingungen wie Arbeitszeit, Gehalt, Zusatzleistungen, Weiterbildungsmöglichkeiten, Personalführungsgrundsätze und Vertragsbedingungen.[48]

Die folgende Abbildung zeigt einen Auswertungsbogen, wie er zur Beurteilung des Vorstellungsgesprächs eingesetzt werden kann:

---

[47] Vgl. Olfert, K./ Steinbuch, P. A.: Personalwirtschaft, a.a.O., S. 141ff.
[48] Vgl. Marr, R./ Stitzel, M.: Personalwirtschaft, a.a.O., S. 319.

Ergebnisse des Vorstellungsgesprächs (Auswertungsbogen)							
Kriterium	Bewertung					Einfluss des Kriteriums auf die Entscheidung	
	++	+	+/-	-	--	eher wichtig	eher unwichtig
1. Fachwissen Wissensbreite Spezialwissen Praxiswissen							
2. Intellektuelle Fähigkeiten (z.B. Auffassungsgabe, Kreativität)							
3. Motivation (z.B. Interesse an der Aufgabe, Zielstrebigkeit)							
4. Kooperationsvermögen							
5. Kontaktfähigkeit							
6. Äußere Erscheinung							
7. Auftreten							
8. Selbständigkeit							
9. Urteilsvermögen							
10. Ausdrucksvermögen							
11. Belastbarkeit							
12. Initiative / Dynamik							
13. Vertrauenswürdigkeit/							
14. Offenheit							

Weitere Kriterien, die die Entscheidung beeinflussen:

positiv: _____   negativ: _____

Entscheidung nicht geeignet ☐☐☐☐☐ ohne Einschränkung geeignet

Abb. 25: Fragebogen zur Beurteilung des Vorstellungsgesprächs

Das Vorstellungsgespräch kann auf verschiedene Arten durchgeführt werden. Nach der Art der Strukturierung unterscheidet man:

- **Freie Vorstellungsgespräche**, bei denen weder Gesprächsinhalt noch Gesprächsablauf vorgegeben werden
- **Strukturierte Vorstellungsgespräche**, bei denen lediglich die unbedingt zu klärenden Fragen vorgegeben werden

- **Standardisierte Vorstellungsgespräche**, bei denen Gesprächsinhalt und Gesprächsablauf genau vorgegeben werden

Nach der Anzahl der Personen unterscheidet man das:
- **Einzel-Vorstellungsgespräch** (1 Bewerber / 1 Interviewer)
- **Zweier-Vorstellungsgespräch** (1 Bewerber / 2 Interviewer)
- **Gruppen-Vorstellungsgespräch** (mehrere Bewerber / mehrere Interviewer)

In der Praxis werden meist strukturierte Vorstellungsgespräche in Form von Zweier-Vorstellungsgesprächen eingesetzt. Der Vorteil des Vorstellungsgesprächs ist der vergleichsweise geringe Aufwand. Nachteilig ist hingegen die geringe Prognosefähigkeit, die um so geringer ist, je weniger ausgebildet und kompetent der Personalbeauftragte ist.

Die geringe Prognosefähigkeit eines Vorstellungsgespräches führte in der Vergangenheit zur Entwicklung zusätzlicher **Testverfahren**, die eine differenziertere und damit bessere Bewerberbeurteilung erlauben. Resultate als Ergebnisse von Tests und der damit verbundenen personalwirtschaftlichen Entscheidungen haben eine betriebliche und persönliche Tragweite. Deshalb sollten ihre Durchführung und Auswertung nur von Fachleuten durchgeführt werden.

Ein Test sollte mindestens drei Anforderungen gerecht werden:
- Die Testperson muss ihr typisches Verhalten zeigen können.
- Das Verhalten muss geeicht, erprobt und zuverlässig messend sein.
- Die Ergebnisse müssen für ein zukünftiges Verhalten gültig sein.[49]

Um diesen Anforderungen gerecht zu werden, müssen wissenschaftlich fundierte psychologische Tests bestimmte Gütekriterien erfüllen. Zu diesen Gütekriterien gehören:

- **Standardisierung:** Dieses Kriterium verlangt von einem Test, dass jeder Getestete die gleichen Bedingungen für die Erfüllung gleicher Aufgaben antrifft, was eine Voraussetzung für die Vergleichbarkeit der Testergebnisse verschiedener Personen ist.
- **Normierung:** Ist ein Test standardisiert, so können quantitative Aussagen über die individuelle Leistungshöhe der Testperson gemacht werden, indem ihre relative Position auf einer Skala der sämtlichen ermittelten Testergebnisse angegeben werden.
- **Objektivität:** Dieses Kriterium ist dann erreicht, wenn die Testergebnisse verschiedener Testleiter übereinstimmen und die Testresultate nicht durch die individuelle Interpretation des Testauswerters zustandekommen.
- **Reliabilität:** Unter Reliabilität oder Zuverlässigkeit versteht man den Grad der Genauigkeit, mit dem ein Verfahren ein Merkmal misst.
- **Validität:** Unter Validität oder Gültigkeit versteht man den Grad der Genauigkeit, mit der ein Verfahren das misst, was es zu messen vorgibt, d.h. die Sicherheit der Schlüsse, die aus den Messwerten gezogen werden.

Die zur Bewerberauswahl eingesetzten Tests sind unterschiedlich geeignet. Grundsätzlich lassen sich zwei Arten von Eignungstests einsetzen:

---

[49] Vgl. Olfert, K./ Steinbuch, P. A.: Personalwirtschaft, a.a.O., S. 165.

Zum einen gibt es die **Persönlichkeitstest**, mit dessen Hilfe vor allem Interesse, Neigungen, innere Einstellungen, soziale Verhaltensweisen, charakterliche Eigenschaften festgestellt werden sollen. Persönlichkeitstests können in unterschiedlichen Formen (z.B. Interessentests, Farbtests) durchgeführt werden. In der Praxis hat man jedoch die Erfahrung gemacht, dass Persönlichkeitstests für eine gezielten Bewerberauswahl letztlich nicht ausreichend sind.[50]

Bewährt haben sich dagegen die **Fähigkeitstests,** insbesondere dann, wenn es sich um Auswahltests für einfache Tätigkeiten handelt. Mit Hilfe von Fähigkeitstests lassen sich die allgemeine Leistungsfähigkeit, die Intelligenz, spezielle Begabungen und spezielle Leistungsfähigkeiten untersuchen.

- **Allgemeine Leistungstests** versuchen, die geistigen Leistungsmerkmale eines Bewerbers zu erfassen. Sie beziehen sich dabei beispielsweise auf die Konzentration, die Aufmerksamkeit und den Willenseinsatz.
- **Spezielle Leistungstests** untersuchen das Verhalten in einer experimentellen Arbeitssituation, beispielsweise bei der Betrachtung sensorischer oder motorischer Funktionen.[51] Während sensorische Leistungstests speziell auf Geruchs-, Gehör- und Tastenfunktionen abstellen, untersuchen motorische Leistungstests z.B. Reaktionszeit oder Fingergeschicklichkeit.
- **Intelligenztests** beziehen sich auf das gesamte Urteils- und Denkvermögen des Bewerbers. Untersuchen sie eine spezielle Intelligenz, so prüfen sie beispielsweise Sprachbeherrschung, Rechengewandtheit, Denkfähigkeit oder Raumvorstellung.
- **Spezielle Begabungstests** versuchen, technische Begabung, Fingerfertigkeit und Geschicklichkeit festzustellen.

Da die Aussagekraft einzelner Tests begrenzt ist, werden mitunter mehrere Eignungstests nebeneinander in sogenannten Testbatterien durchgeführt. So erhält das Unternehmen ein einigermaßen abgesichertes Ergebnis.

- **Gruppengespräche:**

Die Beteiligten sind eine Anzahl von Bewerbern, ein Moderator, der das Gespräch steuert, und einige Beobachter. Während die Gruppe ein bestimmtes Thema diskutiert, werden die Bewerber unter den Aspekten Auftreten und Umgangsformen, äußere Erscheinung, Sprechweise und Aussprache, Ausdrucksfähigkeit, Kontaktfähigkeit, Initiative und Mitarbeit, Allgemeinbild, Bildungsniveau und Auffassungsgabe, Flexibilität und Teamfähigkeit beobachtet.
Soziale Eigenschaften stehen im Vordergrund:
– Setzt sich der Bewerber argumentativ durch oder dominiert er die anderen?
– Wie ist er auf Personen und menschliche Probleme ausgerichtet?
Der Vorteil dieses Verfahrens besteht darin, dass es nur einen geringen Aufwand bedeutet.
Die Weiterentwicklung des Gruppengespräches stellt das **"Konsensmanagement"** dar, bei dem das zukünftige Arbeitsteam bei der Bewerberauswahl in die Beurteilung einbezogen wird. Dies fördert den Teamgeist und gewährleistet die Unterstüt-

---

[50] Vgl. Schneider, W./ Heim, H./ Wacker, P. A.: Tätigkeitsspezifische Eignungstests, Göttingen 1975, S. 59 ff.
[51] Vgl. Olfert, K./ Steinbuch, P. A.: Personalwirtschaft, a.a.O., S. 167.

zung durch die Mitarbeiter. Der Nachteil liegt in dem dazu benötigten hohen Zeitaufwand.

- **Assessment-Center:**

  Beim Assessment-Center handelt es sich um die anspruchvollste und aufwendigste Form des Gruppengespräches. Dabei werden praxisnahe Übungen durchgeführt mit spezifisch problemorientierten Situationen. Im Gegensatz zum Vorstellungsgespräch, in dem ein Fragenkatalog erörtert wird, ist dies eine Arbeitsprobe des Bewerbers. Untersucht werden sollen:
  - interpersonelle Fähigkeiten (Soziabilität)
  - administrative Fähigkeiten
  - Leistungsmotivation
  - arbeitsrelevante Persönlichkeitsdispositionen

  Es gibt eine Vielzahl von erprobten und bewährten Einzelkomponenten des Assessment-Centers, die sich nach der Art, wie in folgender Abbildung dargestellt, in vier Gruppen einteilen lassen:

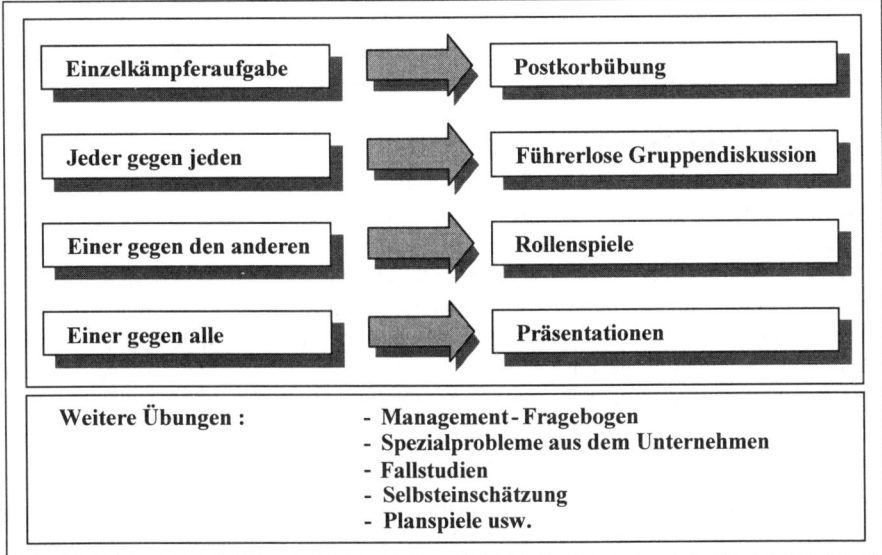

Abb. 26: Übungen im Rahmen eines Einzel-Assessment-Centers

Die Ergebnisse des Assessment-Centers liefern die zuverlässigsten Informationen über die Eignung eines Bewerbers in Bezug auf eine bestimmte Position mit spezifischem Anforderungsprofil.

Ein Trend, der durch die rasante Entwicklung neuer Informations- und Kommunikationstechnologien in deutschen Unternehmen in diesem Zusammenhang erkennbar wird, ist der Einsatz von computergestützten oder internetbasierten Assessmentsystemen. Sie bieten alle die Vorzüge standardisierter Personalbeurteilung bei zusätzlicher Steigerung der Effizienz. Die elektronische Abwicklung von Test- oder Fragebogenverfahren ist kostengünstiger, senkt Materialkosten, bindet weniger Personalressourcen und spart Reisekosten ein.

Bei computergestützten Assessmentsystemen wird der Auswahlprozess in drei sequentielle Phasen unterteilt. Die erste Stufe ist das **Online Assessment**. Hierbei werden mit Hilfe des Internets relevante Informationen zwischen Bewerber und Unternehmen ausgetauscht und eignungsdiagnostische Verfahren, die auf das unternehmensspezifische Kompetenzmodell abgestimmt sind, durchgeführt.

Das **Offline Assessment** bildet die zweite Stufe. Zu diesem Zeitpunkt stehen nur noch 60% der Bewerber zur Auswahl. Es findet im Gegensatz zum Online Assessment an einem bestimmten Ort statt. In dieser Stufe werden sehr spezifische eignungsdiagnostische Fragestellungen, diverse berufsbezogene Fähigkeitstests und Persönlichkeitsfragebögen durchgeführt.

Den Abschluss bildet das **persönliche Interview** als dritte Stufe des Auswahlprozesses. Bis zu diesem Punkt kann die Bewerbermenge auf 20% reduziert werden, so dass nun ein, sowohl für Bewerber als auch für die Personalauswahlverantwortlichen, erfreuliches und intensives Interview durchgeführt werden kann, um die optimale Personalentscheidung zu treffen.[52]

Das E-Business hat also auch Einzug in den Bereich der Personalauswahl gehalten. Als ein Teil des sogenannten E-Cruiting stellt die Personalauswahl einen wichtigen Baustein dar. Mit Hilfe von Screening / Matching, Self Assessment, Fallstudien und Tests über das Internet ergeben sich, gegenüber traditionellen Beschaffungsmaßnahmen, erhebliche Zeit- und Kostenvorteile für das Unternehmen.

2.2.3.3 Ärztliche Eignungsuntersuchung

Mit Hilfe der verschiedenen Verfahren der Personalvorauswahl und -hauptauswahl werden Rückschlüsse auf die geistige Leistung und auf die Persönlichkeit des Bewerbers gezogen. Für ein Unternehmen ist es jedoch auch wichtig, die körperliche Eignung des Bewerbers im Hinblick auf die zu besetzende Stelle zu überprüfen. Aus diesem Grund bildet die ärztliche Eignungsuntersuchung in vielen Fällen den Abschluss des Auswahlverfahrens. Sie ist nach § 45 Abs. 1 JaArbSchG bei jugendlichen Bewerbern unter 18 Jahren vorgeschrieben. Ein Jugendlicher, der unter 18 Jahre alt ist, darf eine Beschäftigung erst dann beginnen, wenn er innerhalb der letzten zwölf Monate von einem Arzt untersucht wurde und eine entsprechende Tauglichkeitsbescheinigung vorlegt.

Die ärztliche Eignungsuntersuchung wird normalerweise vom Werksarzt durchgeführt. Dabei soll festgestellt werden, inwieweit ein Bewerber den physischen Anforderungen einer Tätigkeit gewachsen ist. Die Untersuchung erfolgt deshalb arbeitsplatz- bzw. anforderungsspezifisch. Die Tauglichkeitsbescheinigung muss darauf beschränkt sein, den Bewerber folgendermaßen einzustufen:

- tauglich
- nur für den vorgesehenen Arbeitsplatz tauglich
- anderweitig tauglich
- zur Zeit nicht tauglich
- untauglich

Ein weitergehendes ärztliches Urteil ist ohne Zustimmung des Bewerbers nicht zulässig.

---

[52] Vgl. Preuss, A./ Knoll, T.: Computergestützte Assessmentsysteme, in: Personal, Heft 3/2001, S.128 ff.

2.2.4 Einstellung

Nach der erfolgreichen Auswahl eines Bewerbers erfolgt seine Einstellung. Der Bewerber wird mit dem Abschluss eines Arbeitsvertrags an die Unternehmung gebunden. Er wird zum Mitarbeiter und damit zu einem Teil des Personals der Unternehmung. Gesetzliche Grundlage für den Arbeitsvertrag sind die §§ 611-630 BGB, die durch eine Vielzahl spezieller Gesetze zugunsten des Arbeitnehmers ergänzt werden:

• Tarifvertragsgesetz	• Mutterschutzgesetz
• Betriebsverfassungsgesetz	• Jugendarbeitschutzgesetz
• Bundesurlaubsgesetz	• Berufsbildungsgesetz
• Schwerbehindertengesetz	• Arbeitszeitordnung
• Wehrpflichtgesetz	• Gewerbeordnung
• Arbeitsplatzschutzgesetz	• Bundespersonalvertretungsgesetz
• Kündigungsschutzgesetz	

Weitere Grundlagen für den Arbeitsvertrag sind:
- **Tarifverträge**, die zwischen Gewerkschaften und Arbeitgeberverbänden oder einzelnen Unternehmen abgeschlossen werden, als
  - Lohn- und Gehaltstarifverträge, die die Lohnhöhe und die Lohngruppen festlegen
  - Manteltarifverträge, die sonstige Arbeitsbedingungen festlegen
- **Betriebsvereinbarungen**, die zwischen Arbeitgeber und Betriebsrat geschlossen werden und für sämtliche Arbeitsverträge gleiche Bedingungen in Form von Mindestansprüchen innerhalb der Unternehmen schaffen.
- **Rechtsprechung durch die Arbeitsgerichte:** In bestimmten Fällen existieren unterschiedliche, konkurrierende Grundlagen für den Arbeitsvertrag. Es stellt sich die Frage, welche Rechtsprechung gültig ist. Die Rangstufe der einzelnen Bestimmungen zeigt die folgende Abbildung:

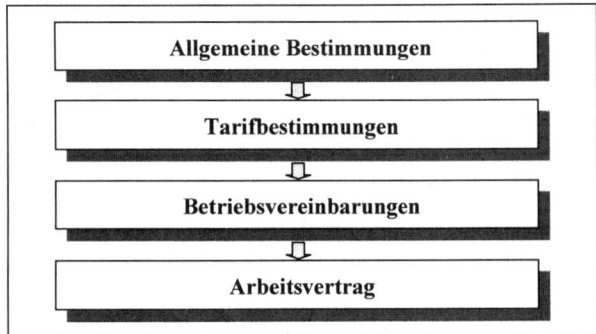

Abb. 27: Rangstufe der Bestimmungen im Hinblick auf den Arbeitsvertrag

Der Arbeitsvertrag, der auf einer übereinstimmenden Willenserklärung von Arbeitgeber und Arbeitnehmer basiert, ist mit Ausnahme von Ausbildungsverträgen an keine Form gebunden. Arbeitnehmer und Arbeitgeber können sowohl mündlich als auch schriftlich bekunden, welche gegenseitige Rechte und Pflichten sie miteinander eingehen wollen. Tarifverträge sehen jedoch regelmäßig die Schriftform vor.

Es ist grundsätzlich zwischen befristeten und unbefristeten Arbeitsverträgen zu unterscheiden. Beim unbefristeten Arbeitsvertrag handelt es sich um einen Dauerarbeitsvertrag. Er kann durch die Kündigung sowohl durch den Arbeitgeber als auch durch den Arbeitnehmer oder durch einen Aufhebungsvertrag beendet werden. Der befristete Arbeitsvertrag oder Zeitvertrag braucht von keiner Seite gekündigt werden. Er endet mit Zeitablauf und ist üblich bei Ausbildungsverträgen oder bei Aushilfsverträgen. Aber auch sogenannte Dauerarbeitsverhältnisse können befristet werden, wie beispielsweise durch Erreichung des 65. Lebensjahrs.[53]

Nach §§ 145 ff BGB ist ein schriftlicher Abschluss des Arbeitsvertrages nicht erforderlich. Teilweise wird in Tarifverträgen oder für besondere Verträge durch Gesetz (z.B. § 4 BBiG für Ausbildungsverträge) die Schriftform vorgeschrieben. Nach dem seit 1995 gültigen **Nachweisgesetz** sind Arbeitgeber verpflichtet, spätestens einen Monat nach dem vereinbarten Beginn des Arbeitsverhältnisses die wesentlichen Vertragsbedingungen schriftlich niederzulegen (§ 2 NachwG). Es empfiehlt sich insbesondere, mindestens folgende Arbeitsbedingungen vertraglich zu regeln:

- Eintrittsdatum, Arbeitszeit, Probezeit, Kündigungsfristen, Urlaubszeit, Freistellungen.
- Art der Tätigkeit, Einstufung in Position und Tarifgruppe, Vollmachten, Mehrarbeitsverpflichtungen, Versetzungs- und Beurlaubungsvorbehalte.
- Grundlohn, Zusatzlohn, Soziallohn, Erfolgsbeteiligung, Vermögensbeteiligung, Altersversorgung, Reise- und Umzugskostenerstattung, Vergütung und Behandlung von Erfindungen.
- Nebentätigkeiten, Wettbewerbsverbote, Schweigepflichten.

Im Rahmen der Personalbeschaffung sind **Probezeitregelungen** von besonderer Bedeutung. Sie ermöglichen Korrekturen bei Beschaffungsfehlentscheidungen, da Kündigungsschutzregelungen während der Probezeit nicht greifen. Die Probezeit sollte zur gründlichen Überprüfung des neuen Mitarbeiters durch die Unternehmung und andererseits der Unternehmung und des zugewiesenen Tätigkeitsfeldes durch den neuen Mitarbeiter genutzt werden. Die Probezeit sollte beim Ablauf mit einem Gespräch über das Ergebnis dieser Prüfungen abschließen, unabhängig von der dann zu treffenden Verbleibs- oder Austrittsentscheidung.[54]

2.2.5 Einarbeitung

Ein neuer Mitarbeiter bedeutet eine große Investition in die Zukunft. Um einen Mitarbeiter möglichst rasch in die Lage zu bringen, seine Leistungsfähigkeit voll zu entfalten, ist der neue Mitarbeiter mit der Gesamtunternehmung vertraut zu machen. Dieser Prozess des gegenseitigen Kennenlernens wird durch die Einarbeitung erreicht. Es sollen dabei die wichtigsten Personen und Teilbereiche der Unternehmung dem neuen Mitar-

---

[53] Vgl. Pillat, R.: Neue Mitarbeiter - erfolgreich anwerben, auswählen und einsetzen, 5. Auflage, Freiburg i. Br. 1990, S. 217 f.
[54] Vgl. Drumm, H.J.: Personalwirtschaftslehre, a.a.O., S. 269.

beiter vorgestellt werden. Konkret sind mit dem Einarbeitungsplan folgende Aktivitäten verbunden:
- Vorstellung und kurzes Vorstellungsgespräch bei den neuen Mitarbeitern, Vorgesetzten und Unterstellten, mit denen er am häufigsten zusammenarbeiten wird.
- Informationsaustausch mit allen Mitarbeitern, deren Stellen für die Tätigkeit des neuen Mitarbeiters bedeutend sind.
- Teilnahme an allen Besprechungen und Konferenzen, die für die Erfüllung der neuen Tätigkeit wichtig sind.
- Schulungs- und Trainingsmaßnahmen, die für ihn wichtig sind.
- Job-Rotation und Praktika zur aktiven Arbeit in verschiedenen Unternehmensbereichen.
- Besuche in Verkaufsniederlassungen, bei Kunden, Lieferanten und im Werk vermitteln einen guten Gesamteindruck vom Unternehmen.

Dass die Einarbeitung noch zur Personalbeschaffung gehört, belegen die Ergebnisse von Fluktuationsuntersuchungen. Diese zeigen, dass ein nicht geringer Teil der Stellenwechsler während oder kurz nach der Probezeit als Grund ungenügende oder mangelhafte Einführung angeben. Durch eine gründliche Einarbeitung kann somit vermieden werden, dass der Personalbeschaffungsprozess oftmals wieder von vorn beginnen muss.

2.3 Personalentwicklung

Ursprünglich verstand man unter Personalentwicklung "management-development", die systematische und gezielte Förderung des Führungskräftenachwuchses.[55] Heute fasst man den Begriff weiter und definiert Personalentwicklung als den Inbegriff aller Maßnahmen, die der individuellen Entwicklung der Mitarbeiter dienen und ihnen unter Beachtung ihrer persönlichen Interessen die zur optimalen Wahrnehmung ihrer jetzigen und künftigen Aufgaben erforderlichen Qualifikationen vermitteln.[56]

Personalentwicklung ist somit grundsätzlich unter zwei Aspekten zu sehen:
- Innovationen bei Produktdesign, Technik und Unternehmensführung führen dazu, dass Kenntnisse, Fähigkeiten und Fertigkeiten mit zunehmender Geschwindigkeit veralten und machen eine regelmäßige und systematische Weiterbildung des Personals erforderlich. Aber auch dynamische Veränderungen der Märkte, die zunehmende Internationalisierung der Geschäftstätigkeit, der rasche Fortschritt der Technik - insbesondere der Mikroelektronik - sowie der Informations- und Kommunikationstechniken haben den Fortbildungsbedarf erheblich beeinflusst. Hierbei steht die Vermittlung unternehmensspezifischer Kenntnisse und Fähigkeiten im Vordergrund.
- Diesen betrieblichen Erfordernissen stehen die Wünsche, Bedürfnisse und Erwartungen der Mitarbeiter gegenüber. Hier sind vor allem die individuellen Wünsche des Personals nach Weiterbildung und Erfahrungsaustausch sowie berufliche Pläne der Mitarbeiter zu erfüllen. Gelingt dies, so kann die Personalentwicklung als wichtiger Bestandteil der Anreiz- und Motivationspolitik des Unternehmens gewertet werden.

---

[55] Vgl. Rationalisierungskuratorium der Deutschen Wirtschaft (RKW) e.V.: RKW-Handbuch Personalplanung, a.a.O., S. 257.
[56] Vgl. Mentzel, W.: Unternehmenssicherung durch Personalentwicklung: Mitarbeiter motivieren, fördern und weiterbilden, 5. Auflage, Freiburg i. Br. 1992, S. 15.

2.3.1 Ziele der Personalentwicklung

Das Hauptziel der Unternehmung besteht darin, die Mitarbeiter durch eine erweiterte fachliche und soziale Qualifikation in die Lage zu versetzen, ihre Aufgaben erfolgreicher zu erfüllen und die ihnen gesetzten Ziele besser zu erreichen. Da dies eine gewisse Entwicklungsbereitschaft beim Arbeitnehmer voraussetzt, sind neben den Unternehmenszielen auch die persönlichen Ziele der Mitarbeiter zu berücksichtigen. Auf diese Weise ergibt sich der in Abb. 28 dargestellte doppelte Zielcharakter in der Personalentwicklung:

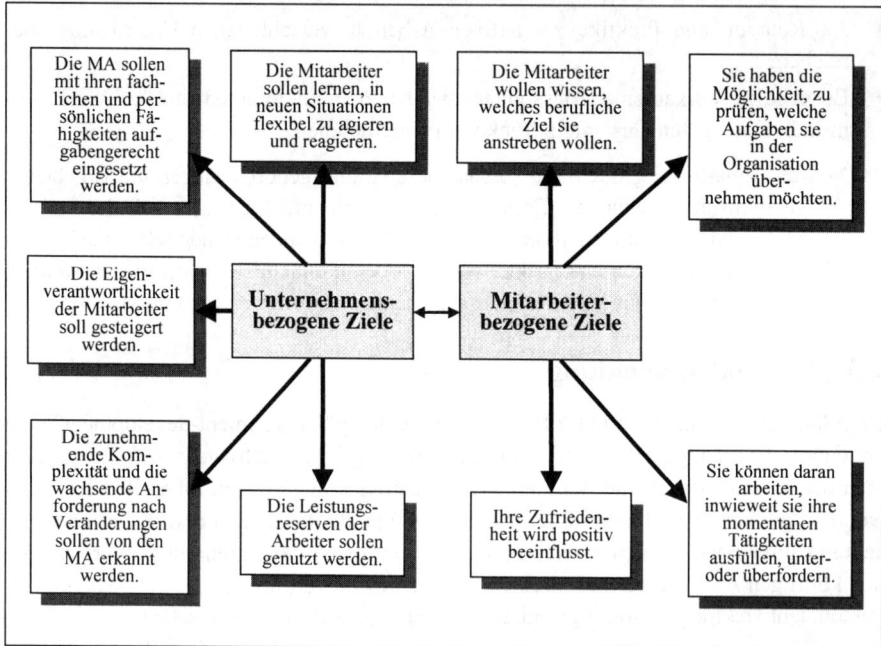

Abb. 28: Unternehmens- und mitarbeiterbezogene Ziele

Darüber hinaus existieren eine Reihe weiterer Ziele:

- **Verbesserung der Arbeitswelt:**

  Die strategische Aufgabe der Personalentwicklung liegt hier in der Entwicklung einer Unternehmenskultur. Durch Schaffung von Unternehmensleitbildern können Verhaltensweisen und Wertvorstellungen der Mitarbeiter und die Unternehmensstrategie aufeinander abgestimmt werden. Es soll eine erhöhte Identifikation mit dem Unternehmen, verbesserte Handlungsorientierung und engagierte Selbstorganisation der Mitarbeiter erreicht werden.

- **Erhöhung der Mitarbeiterbereitschaft zu Neuerungen:**

  Personalentwicklung zielt nicht nur darauf ab, Fähigkeiten zu entwickeln, zu erweitern und zu erhalten, sondern auch darauf, dass Einstellungen und Wertvorstellungen des Mitarbeiters entwickelt werden. Unter diesem Aspekt ist ein weiteres Ziel, dass die Mitarbeiter lernen, Veränderungen nicht als etwas Unangenehmes, sondern als Chance wahrzunehmen.

- **Lernen zu lernen:**

  Neben der Bereitschaft der Mitarbeiter, Neuerungen positiv gegenüberzustehen, liegt ein bisher zu wenig entwickelter Schwerpunkt der Personalentwicklungsarbeit darin, die Menschen in Organisationen zu lehren wie man lernt. Die Mitarbeiter müssen in verstärktem Maße das Lernen lernen, denn ohne diese Fähigkeit können sie die auf sie zukommenden neuen Aufgaben nicht bewältigen.

2.3.2 Arten der Personalentwicklung

Personalentwicklung findet vor allem im Rahmen der betrieblichen Bildung statt, die mit der Laufbahn- und Nachfolgeplanung abzustimmen ist. Nach der Zielsetzung der erworbenen Qualifikation kann zwischen berufsvorbereitender, berufsbegleitender und berufsverändernder Personalentwicklung differenziert werden.

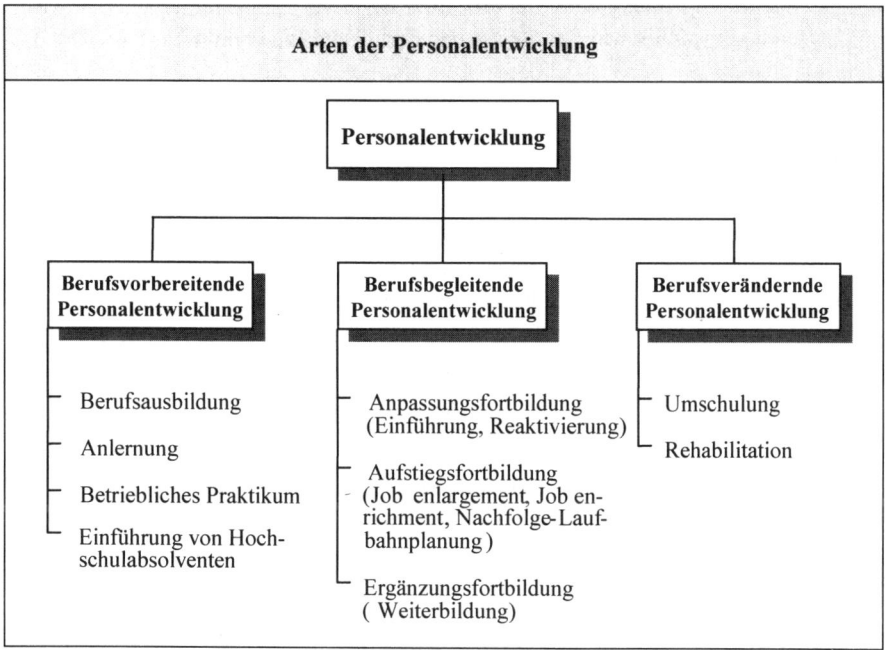

Abb. 29: Arten der Personalentwicklung

2.3.2.1 Berufsvorbereitende Personalentwicklung

Die berufsvorbereitende Personalentwicklung soll das berufsbefähigende Grundwissen und die notwendigen Einstellungen und Verhaltensweisen zur Berufsausübung vermitteln. Sie umfasst somit alle Bildungsmaßnahmen, die dem erstmaligen Einsatz in einer beruflichen Tätigkeit dienen.[57] Hierzu zählen die Berufsausbildung, die Anlernung, das betriebliche Praktikum sowie die Einführung von Hochschulabsolventen.

Die **Berufsausbildung** hat nach § 1 Abs. 2 BBiG "... eine breit angelegte berufliche Grundausbildung und die für die Ausübung einer qualifizierten beruflichen Tätigkeit

---

[57] Vgl. Mentzel, W.: Unternehmenssicherung durch Personalentwicklung, a.a.O., S. 18.

notwendigen fachlichen Fertigkeiten und Kenntnisse in einem geordneten Bildungsgang zu vermitteln. Sie hat ferner den Erwerb der erforderlichen Berufserfahrung zu ermöglichen." Der Gesamtkomplex der Berufsausbildung gliedert sich demgemäss in die:

- **Berufliche Grundausbildung**, die als breite Grundlage für die weiterführende berufliche Fachausbildung und als Vorbereitung auf eine vielseitige berufliche Tätigkeit Grundfertigkeiten und Grundkenntnisse vermitteln sowie Verhaltensweisen wecken soll, die einem möglichst großen Bereich von Tätigkeiten gemeinsam sind (§ 26 Abs. 2 BBiG).
- **Berufliche Fachausbildung**, bei der zwischen allgemeiner und besonderer beruflicher Fachausbildung zu unterscheiden ist. Während in der allgemeinen Fachausbildung die Berufsausbildung möglichst für mehrere Fachrichtungen gemeinsam fortgeführt werden soll, zielt die besondere Fachausbildung darauf ab, die zur Ausübung einer qualifizierten Berufstätigkeit erforderlichen praktischen und theoretischen Kenntnisse und Fertigkeiten zu vermitteln (§ 26 Abs. 3, 4 BBiG).

In Deutschland wird die Berufsausbildung überwiegend im Rahmen des sogenannten **"dualen Systems"** - praktische Berufsausbildung im Betrieb, ergänzt um den theoretischen Unterricht in der Berufsschule - durchgeführt.

Zur **Anlernung** zählen alle Maßnahmen der kurzfristigen Einarbeitung von Mitarbeitern. Innerhalb kurzer Zeit werden den Mitarbeitern die für die Ausübung einer meist relativ einfachen praktischen Tätigkeit notwendigen Fertigkeiten und Kenntnisse vermittelt. Es existieren dabei keine staatlichen Reglementierungen, so dass den Unternehmen ihre Vorgehensweise freigestellt bleibt.

Ähnliches gilt für das **betriebliche Praktikum**, dessen Ziel darin besteht, praktische Betriebserfahrungen zur Vorbereitung auf den späteren Beruf zu vermitteln.

Die **Einführung von Hochschulabsolventen** erfolgt in vielen Unternehmen im Rahmen sogenannter "Trainee-Programme". Nach einem vorher festgelegten Plan durchlaufen die Hochschulabgänger verschiedene Abteilungen der Unternehmung, um Erfahrungen und Kenntnisse in den einzelnen Aufgabengebieten zu sammeln.

2.3.2.2 Berufsbegleitende Personalentwicklung

Während die berufsvorbereitende Personalentwicklung in eine berufliche Tätigkeit einführt, sollen die Maßnahmen der berufsbegleitenden Personalentwicklung es ermöglichen, "die beruflichen Kenntnisse und Fertigkeiten zu erhalten, zu erweitern, der technischen Entwicklung anzupassen oder beruflich aufzusteigen" (§ 1 Abs. 3 BBiG). Die verschiedenen Maßnahmen der berufsbegleitenden Personalentwicklung lassen sich unter dem Begriff "Fortbildung" zusammenfassen. Je nachdem, welches Ziel bei der Vermittlung von Qualifikationen verfolgt wird, unterscheidet man im Rahmen der Fortbildung zwischen Anpassungs-, Aufstiegs- und Ergänzungsfortbildung.

Bei der **Anpassungsfortbildung** soll das vorhandene Wissen und Können der Mitarbeiter an die veränderten Gegebenheiten eines Arbeitsplatzes angepasst werden. Derartige Anpassungsprozesse sind beispielsweise aufgrund eines technologisch oder organisatorisch bedingten Wandels erforderlich, der zu Veränderungen der Anforderungen des

Arbeitsplatzes führt. Darüber hinaus können auch bei der Einführung neuer Mitarbeiter deren vorhandene Qualifikation an die spezifischen betrieblichen Gegebenheiten anzupassen sein. Eine weitere Form der beruflichen Anpassungsqualifikation ist die Reaktivierung als berufliche Wiedereingliederung von Personen, die lange Zeit nicht berufstätig waren. Ihr Wissen muss aufgefrischt und aktualisiert werden.

Personalentwicklung im Sinne der **Aufstiegsfortbildung** liegt vor, wenn das latent vorhandene Potenzial der Mitarbeiter so entwickelt wird, dass sie zur Übernahme qualifizierterer Tätigkeiten oder höherwertigerer Positionen in der Lage sind.[58] Beruflicher Aufstieg bedeutet dabei nicht unbedingt das Erreichen der nächsten hierarchischen Ebene, sondern kann ebenso durch Übernahme größerer Verantwortung aufgrund der Ausweitung des Tätigkeitsfeldes im Rahmen von Job enlargement oder Job enrichment erfolgen.

Die **Ergänzungsfortbildung** ist im Gegensatz zur Anpassungsfortbildung und Aufstiegsfortbildung nicht arbeitsplatzbezogen und umfasst Maßnahmen, die auf die Vermittlung allgemeiner Bildungsinhalte ausgerichtet ist, wie z.B. Sprachkurse und kulturelle Veranstaltungen.[59] Sie wird auch als "Weiterbildung" bezeichnet.

2.3.2.3 Berufsverändernde Personalentwicklung

Die berufsverändernde Personalentwicklung spricht ebenso wie die berufsbegleitende Personalentwicklung die Mitarbeiter an, die bereits beruflich tätig sind bzw. waren und somit über ein gewisses Maß an Berufserfahrungen verfügen. Sie soll Mitarbeitern, die ihren einmal erlernten Beruf nicht mehr ausüben können, neues Wissen vermitteln, das es ihnen ermöglicht, einem neuen Beruf oder einer anders qualifizierten Tätigkeit nachzugehen.[60]

Nach den Gründen, welche die Maßnahmen der berufsverändernden Personalentwicklung erforderlich machen, unterscheidet man zwischen Umschulung, sofern aus technischen oder ökonomischen Gründen die Qualifikation des Mitarbeiters nicht mehr gefragt ist, bzw. Rehabilitation, wenn der Mitarbeiter aufgrund einer körperlichen, seelischen oder geistigen Behinderung nicht mehr in der Lage ist, seinen Beruf auszuüben.[61]

2.3.3 Informatorische Grundlagen der Personalentwicklung

Personalentwicklung erfolgt mit dem Ziel, zum einen die Interessen des Unternehmens und zum anderen die Vorstellungen und Wünsche der Mitarbeiter zu realisieren. Grundlage für alle Maßnahmen der Personalentwicklung bilden somit die Angaben über das quantitative und qualitative Ausmaß des gegenwärtigen und zukünftigen Personalbedarfs, ein eventuell vorhandenes Entwicklungspotenzial der Mitarbeiter sowie über deren Vorstellungen und Wünsche hinsichtlich ihres weiteren beruflichen Werdegangs. Für die Gewinnung der erforderlichen Daten lassen sich demgemäss folgende drei Ansatzpunkte unterscheiden:

---

[58] Vgl. Bisani, F.: Personalwesen, a.a.O., S. 165.
[59] Vgl. Mentzel, W.: Unternehmenssicherung durch Personalentwicklung, a.a.O., S. 22.
[60] Vgl. Bisani, F.: Optische Betriebswirtschaftslehre, Heft 10: Personalwesen, a.a.O., Schaubild Nr. 13.
[61] Vgl. Mentzel, W.: Unternehmenssicherung durch Personalentwicklung, a.a.O., S. 22.

- Der Entwicklungsbedarf der Unternehmung

- Das Entwicklungspotenzial der Mitarbeiter

- Die individuellen Entwicklungsbedürfnisse der Mitarbeiter

Von der Vollständigkeit, Genauigkeit und Aktualität der Informationen hängt es ab, inwieweit die Personalentwicklung den ökonomischen Zielen des Unternehmens und den sozialen Zielen der Mitarbeiter gerecht werden kann.

- Der **Entwicklungsbedarf eines Unternehmens** kann unterteilt werden in gegenwärtigen und zukünftigen Bedarf. Der gegenwärtige Entwicklungsbedarf resultiert aus einer quantitativen personellen Unterdeckung, die sich bei der Gegenüberstellung von Anforderungsprofil und Fähigkeitsprofil ergibt. Die Bestimmung des zukünftigen Entwicklungsbedarfs bereitet häufig Schwierigkeiten, da die vorhandenen Informationsgrundlagen (Stellenbeschreibungen, Anforderungs- und Fähigkeitsprofile) vergangenheits- bzw. gegenwartsbezogen sind. Zur Ermittlung zukünftiger Bildungslücken müssen deshalb die zukünftigen Stellenanforderungen und Qualifikationen prognostiziert werden. Der dadurch bedingten Gefahr künftiger Qualifikationsdefizite kann nur durch eine relativ breite Qualifikationsanhebung vorgebeugt werden.[62]

- Das vorhandene **Entwicklungspotenzial der Mitarbeiter** ist maßgebend dafür, ob der ermittelte Entwicklungsbedarf durch die im Unternehmen bereits tätigen Mitarbeiter gedeckt werden kann. Entwicklungspotenzial ist dann vorhanden, wenn die Mitarbeiter aufgrund ihrer Qualifikationen in der Lage sind, geänderte, zusätzliche oder anspruchsvollere Aufgabenstellungen zu erfüllen. Als Informationsgrundlage können die Ergebnisse der Mitarbeiterbeurteilung dienen.

- Für eine erfolgreiche Personalentwicklung ist es darüber hinaus erforderlich, die **Entwicklungsbedürfnisse der Mitarbeiter**, d.h. deren individuelle Wünsche und Vorstellungen hinsichtlich ihres weiteren beruflichen Fortkommens zu berücksichtigen. Diese Bedürfnisse werden sowohl von den Persönlichkeitsmerkmalen des Mitarbeiters als auch von der jeweiligen Arbeitssituation determiniert. Die Entwicklungsbedürfnisse können im Rahmen von Beurteilungs- und Förderungsgesprächen ermittelt werden.

Der Entwicklungsbedarf stellt nach Abstimmung mit dem Entwicklungspotenzial der Mitarbeiter und unter Berücksichtigung ihrer individuellen Entwicklungsbedürfnisse den Ausgangspunkt für die Planung der Maßnahmen der Personalentwicklung dar.

2.3.4 Methoden der Personalentwicklung

Die Vermittlung von Qualifikationen durch betriebliche Entwicklungsmaßnahmen kann sich grundsätzlich auf den kognitiven, den psychomotorischen oder den affektiven Bereich beziehen. Demgemäss ist zwischen der Vermittlung von Wissen, der Erweiterung des Könnens und der Änderung der Einstellung der Mitarbeiter zu unterscheiden.

---

[62] Vgl. Marr, R./ Stitzel, M.: Personalwirtschaft, a.a.O., S. 337.

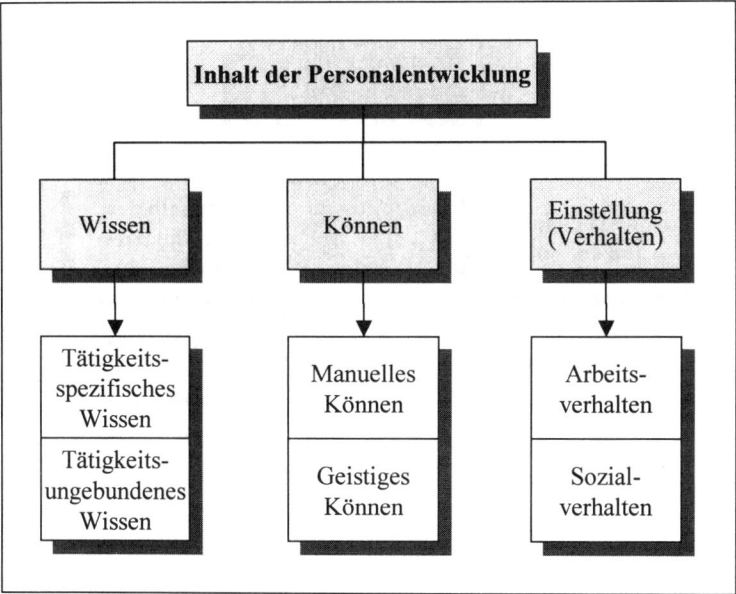

Abb. 30: Inhalt der betrieblichen Personalentwicklung

Die Vielzahl möglicher Methoden lässt folgende Systematisierung zu:

- **Aktive** oder **passive Methoden**: nach dem Grad der Beteiligung der Lernenden an der Erarbeitung des Lernstoffes
- **Methoden der Einzel-** oder **Gruppenbildung**: nach der Zahl der Teilnehmer
- **Interne** oder **externe Methoden**: nach dem Träger der Maßnahmen
- Methoden der Bildung am Arbeitsplatz (on-the-job) oder außerhalb des Arbeitsplatzes (off-the-job): nach dem Lernort

Zwischen den verschiedenen Einteilungskriterien bestehen zahlreiche Interdependenzen. So werden beispielsweise unternehmensinterne Entwicklungsmaßnahmen aufgrund ihres hohen Aufwandes i.d.R. außerhalb des Arbeitsplatzes für Gruppen durchgeführt. Unternehmensexterne Schulungen können hingegen auch von einzelnen Mitarbeitern eines Unternehmens genutzt werden.

Bei off-the-job Maßnahmen können sowohl aktive als auch passive Methoden zum Einsatz kommen, während on-the-job Maßnahmen in hohem Maße die Aktivität der Mitarbeiter erfordern und meist individuell auf den einzelnen Mitarbeiter ausgerichtet sind. Die Mitarbeiter werden dabei meist unternehmensintern an einem Arbeitsplatz durch die Methode "learning by doing" geschult.[63]

Im folgenden werden die Methoden der Qualifikationsvermittlung differenziert nach Methoden der Personalentwicklung am Arbeitsplatz (on-the-job) und außerhalb des Arbeitsplatzes (off-the-job) dargestellt.

---

[63] Vgl. Wagner, H./ Sauer, M.: Personalmanagement, a.a.O., S. 36 f.

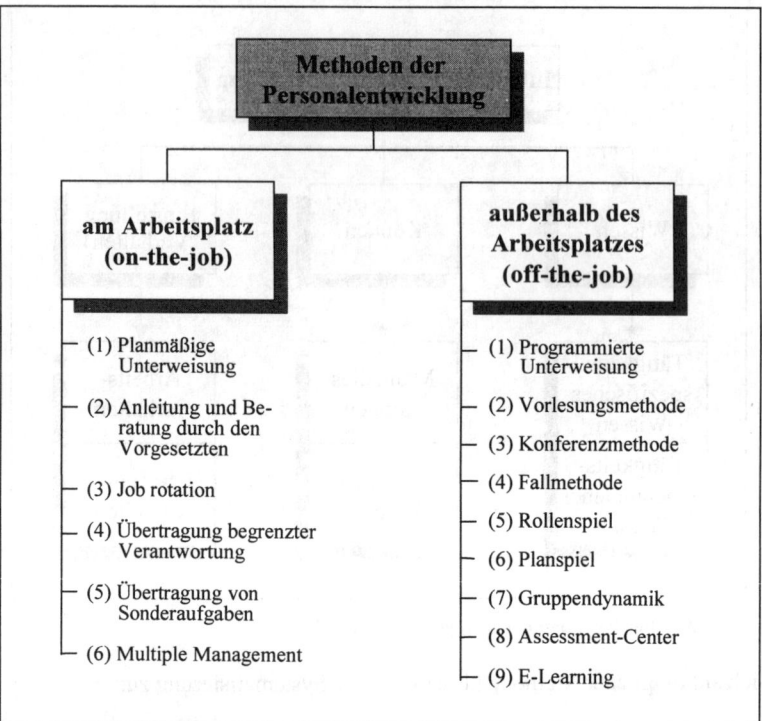

Abb. 31: Methoden der Personalentwicklung

Die Frage, ob die Personalentwicklung am oder außerhalb des Arbeitsplatzes zu bevorzugen ist, kann nicht alternativ im Sinne eines "Entweder - Oder" beantwortet werden, da sich beide Alternativen ergänzen. Während die Personalentwicklung am Arbeitsplatz den Vorteil hat, dass sie stärker anwendungsorientiert ist, erscheint die Personalentwicklung außerhalb des Arbeitsplatzes für die Vermittlung neuen Wissens geeigneter.

2.3.4.1 Methoden der Bildung am Arbeitsplatz (on-the-job)

Die Methoden der Personalentwicklung am Arbeitsplatz sind dadurch gekennzeichnet, dass das Lernfeld des Mitarbeiters zugleich auch sein Funktionsfeld ist, für das ihm praktische Kenntnisse, Fertigkeiten und Erfahrungen vermittelt werden sollen. Durch die tägliche Auseinandersetzung mit den aktuellen sach- und personalbezogenen Problemen vollzieht sich die Personalentwicklung am Arbeitsplatz häufig unbewusst. In der Praxis kommt ihr aus diesem Grund außerordentlich große Bedeutung zu. Vom Vorgesetzten verlangen die Methoden der Personalentwicklung am Arbeitsplatz sowohl fachliche als auch pädagogische Fähigkeiten, da er sein Wissen an den Mitarbeiter weitergeben und ihn beim Erlernen neuer Qualifikationen unterstützen soll.

(1) Planmäßige Unterweisung

Der Unterweisung am Arbeitsplatz kommt in der betrieblichen Praxis die größte Bedeutung zu, da jede Vermittlung vorhandener Fertigkeiten, Kenntnisse und Erfahrungen einen Unterweisungsvorgang darstellt.

Bei der planmäßigen Unterweisung werden dem Mitarbeiter die psychomotorischen Fertigkeiten für die Ausführung einzelner, eindeutig voneinander abgegrenzter Arbeitsvorgänge in systematischer Weise vermittelt. Eine bewährte Methode ist dabei die Vier-Stufen-Methode, die aus der TWI-Methode (Training Whithin Industry-Methode) hervorgegangen ist und in der heute gültigen Form auch von REFA empfohlen wird. Der formale Ablauf einer Unterweisung nach dieser Methode gliedert sich in folgende vier Stufen:

- Vorbereitung
- Vorführen und erklären durch den Unterweisenden
- Ausführen (Nachmachen) durch den Mitarbeiter
- Abschluss und Übung

Der Lernvorgang erfolgt somit systematisch in genau vorgeschriebenen Lernschritten.

(2) Anleitung und Beratung durch den Vorgesetzten

Den verschiedenen Varianten der Anleitung und Beratung durch den Vorgesetzten (Coaching, Councelling, Guided experience method, Ausführung am Arbeitsplatz, gelenkte Erfahrungsvermittlung) ist gemeinsam, dass die Mitarbeiter aus einer von den Vorgesetzten überwachten und gesteuerten Tätigkeit Erfahrungen sammeln. Der Mitarbeiter kann sich auf diese Weise kontinuierlich mit einem größeren, im Vergleich zu seiner derzeitigen Tätigkeit anspruchsvolleren Aufgabengebiet vertraut machen.

Grundlage bildet dabei ein individueller Bildungsplan, in dem die Ausbildungsziele festgelegt sind und der zu erreichende Entwicklungsstand während der Zeit der Unterstellung unter einen bestimmten Vorgesetzten beschrieben ist.

Die Anleitung und Beratung durch den Vorgesetzten wird ebenso wie die planmäßige Unterweisung als eine Grundform der Bildung am Arbeitsplatz angesehen, da Elemente beider Methoden auch in den übrigen arbeitsplatzgebundenen Bildungsmaßnahmen enthalten sind.[64]

Die Vorteile dieser Methode bestehen in ihrer Praxisnähe und ihren vielfältigen Einsatzmöglichkeiten für alle Zielgruppen. Darüber hinaus verursacht sie relativ geringe Kosten, da die Mitarbeiter während der Bildungsmaßnahmen für die Unternehmung verwendbare Arbeiten verrichten. Der Nachteil dieser Methode liegt darin, dass ihr Erfolg im wesentlichen von der Qualifikation, Motivation und den Zeitreserven des jeweiligen Vorgesetzten abhängig ist.[65]

(3) Job rotation

Job rotation als Bildungsmethode bietet den Mitarbeitern die Möglichkeit, durch einen fortlaufenden Arbeitsplatzwechsel verschiedene Aufgaben zu übernehmen und auf diese Weise ihre Fachkenntnisse und Erfahrungen zu erweitern. Da sie dabei ständig mit neuen Vorgesetzten und Kollegen zusammenkommen, wird auch ihr Sozialverhalten gefördert.

---

[64] Vgl. Mentzel, W.: Unternehmenssicherung durch Personalentwicklung, a.a.O., S. 178.
[65] Vgl. Hentze, J.: Personalwirtschaftslehre, Band 1, a.a.O., S. 346.

Obwohl job rotation als Bildungsmethode prinzipiell auf alle Zielgruppen anwendbar ist, wird es in der betrieblichen Praxis vorwiegend für Führungskräfte und Nachwuchskräfte eingesetzt. Diese beiden Einsatzmöglichkeiten unterscheiden sich im Umfang der auf den Auszubildenden übertragenen Führungsverantwortung.

Eine besondere Form des Arbeitsplatzwechsels ist das sogenannte "Springersystem", bei dem der Springer auf mehreren Arbeitsplätzen angelernt wird, um ihn zum Ausgleich zeitweiliger Spitzenbelastungen oder zur Überbrückung von Fehlzeiten in den verschiedenen Abteilungen flexibel einsetzen zu können.

(4) Übertragung begrenzter Verantwortung

Die Übertragung begrenzter Verantwortung ist dadurch gekennzeichnet, dass dem Mitarbeiter Teilaufgaben ohne die entsprechende Führungsverantwortung übertragen werden. Auf diese Weise wächst er nach und nach unter der Anleitung und Kontrolle des entlasteten Vorgesetzten in das Aufgabengebiet hinein.

Der Mitarbeiter kann dabei die Position eines Nachfolgers oder eines Assistenten beziehen. Während sich der Nachfolger in ein Tätigkeitsgebiet einarbeitet, um dieses sowie die damit verbundene Verantwortung später dauerhaft zu übernehmen, wird die Assistentenstelle nur vorrübergehend im Rahmen der beruflichen Entwicklung eingenommen.[66]

(5) Übertragung von Sonderaufgaben

Indem den Mitarbeitern die Verantwortung für die Bearbeitung einer oder mehrerer Sonderaufgaben übertragen wird, können sie sich mit neuen Aufgaben vertraut machen und erhalten die Möglichkeit, sich über ihre übliche Aufgabe hinaus zu bewähren. Als Sonderaufgaben kommen dabei einmalig oder unregelmäßig anfallende Untersuchungen, Planungs- und Kontrollvorhaben in Frage.

Eine spezielle Form der Übertragung von Sonderaufgaben bildet der "Auslandseinsatz"[67], bei dem Führungskräfte zur Bearbeitung von Sonderaufträgen vorübergehend zu ausländischen Unternehmen, meist Tochter- oder Muttergesellschaften geschickt werden. Der Erwerb von Auslandserfahrungen ist speziell für Führungskräfte, die auslandsorientierte Funktionen wahrnehmen sollen, von Bedeutung.

(6) Multiple Management

Das Multiple Management als mehrgleisige Unternehmensführung wurde in den Vereinigten Staaten entwickelt und dient der Schulung von Führungsnachwuchskräften. Aus Angehörigen der unteren und mittleren Führungsschicht wird ein Junior-Vorstand gebildet, dem in regelmäßigen Abständen reale Entscheidungsprobleme vom eigentlichen Vorstand zur Bearbeitung vorgelegt werden. Die vom Junior-Vorstand erarbeiteten Lösungsvorschläge werden dem amtierenden Vorstand vorgelegt, der letztlich über ihre Annahme oder Ablehnung entscheidet und entsprechend die Verantwortung trägt. Die Entscheidung wird der Ausbildungsgruppe unter Angabe von Gründen bekannt gegeben.[68]

---

[66] Vgl. Mentzel, W.: Unternehmenssicherung durch Personalentwicklung, a.a.O., S. 183 f.
[67] Vgl. Hentze, J.: Personalwirtschaftslehre, Band 1, a.a.O., S. 350 f.
[68] Vgl. Marr, R./ Stitzel, M.: Personalwirtschaft, a.a.O., S. 344.

2.3.4.2 Methoden der Bildung außerhalb des Arbeitsplatzes (off-the-job)

Gegenstand der Bildung außerhalb des Arbeitsplatzes ist hauptsächlich die Vermittlung theoretischen Wissens und das Erlernen von Verhaltensweisen. Dabei ist das Arbeitsfeld des Mitarbeiters vom Lernfeld getrennt. Die Bildung findet also außerhalb der eigentlichen Arbeitsaufgabe statt. Dies hat den Vorteil, dass sich durch die räumliche und zeitliche Trennung der Bildung vom Arbeitsgeschehen günstigere äußere Lernbedingungen ergeben. Da die Dringlichkeit des Arbeitsalltages entfällt, können außerdem umfassende didaktische und methodische Konzepte nach pädagogischen Prinzipien Anwendung finden.

(1) Programmierte Unterweisung

Die programmierte Unterweisung ist eine Lehrmethode, die, da sie die dauernde Aktivität des Lernenden erfordert, auch als Lernmethode bezeichnet wird. Der Auszubildende erarbeitet und vertieft den Lehrstoff im Eigenstudium. Der Lehrstoff wird in Lernelemente zerlegt, die dem Lernenden zunächst eine Information geben, mit deren Hilfe er dann eine Aufgabe zu lösen hat. Es folgt unmittelbar ein Feedback, so dass der Lernende nach jedem Lernschritt erfährt, ob seine Antwort richtig war.

(2) Vorlesungsmethode

Die Vorlesung stellt eine passive Lehrmethode dar, die durch einen einseitigen Informationsfluss vom Vortragenden zu den Auszubildenden gekennzeichnet ist. Die damit verbundenen Nachteile z.B. des Aufmerksamkeitsverlustes können durch den Einsatz visueller Medien, die Ermöglichung von Zwischenfragen oder abschließende Diskussion teilweise ausgeglichen werden. Die Vorlesung eignet sich zu einer systematischen Stoff- und Wissensvermittlung an eine größere Zuhörerzahl.

(3) Konferenzmethode

Die Konferenzmethode ist eine aktive Lehrmethode, bei der die Auszubildenden dadurch lernen, dass sie sich an einer durch den Konferenzleiter gelenkten Diskussion beteiligen. Während bei einer straff gelenkten Diskussion das Lernziel vom Konferenzleiter vorgegeben wird, setzt sich die Gruppe bei der freien Diskussion ihr Lernziel selbst. Der Konferenzleiter hat lediglich die notwendige Ordnung des Diskussionsablaufes zu gewährleisten.[69] Drei Grundarten der Konferenzmethode können unterschieden werden:

- **Die Lehrkonferenz**, bei der der Konferenzleiter Wissen vermittelt, indem er mit den Teilnehmern verschiedene Stoffgebiete erarbeitet.
- **Die Problemlösungskonferenz**, bei der der Teilnehmer selbständig Probleme lösen muss, die entweder speziell für den jeweiligen Bildungszweck ausgewählt werden oder an aktuelle Probleme der Unternehmung anknüpfen.
- **Die Ideenkonferenz** (Brainstorming), die der Gewinnung von Ideen zu einem bestimmten Themengebiet dient.

---

[69] Vgl. Hentze, J.: Personalwirtschaftslehre, Band 1, a.a.O., S. 355 f.

(4) Fallmethode

Die Fallmethode ist ein simulatives Verfahren, bei dem die Teilnehmer in Teams Entscheidungen oder Entscheidungsalternativen zu einer vorgegebenen Problemstellung erarbeiten. Sie eignet sich zur Übung der praktischen Anwendung theoretischer Kenntnisse sowie zur Stärkung des Problembewusstseins.

(5) Rollenspiel

Rollenspiele dienen dazu, Verhaltensweisen in bestimmten Situationen aufzuzeigen und zu verbessern. Durch die Übernahme verschiedener Rollen in einem simulierten geschäftlichen Vorgang muss sich der einzelne Teilnehmer in die jeweilige Person hineinversetzen. Seine Verhaltensweisen und Entscheidungen werden von den übrigen Teilnehmern beobachtet und anschließend in einem gemeinsamen Gespräch analysiert und kritisiert.

(6) Planspiel

In Planspielen werden Abläufe des Unternehmensgeschehens über mehrere Perioden simuliert. Die Teilnehmer übernehmen die Rollen verschiedener miteinander konkurrierender fiktiver Unternehmen und müssen auf der Grundlage vorgegebener Daten Entscheidungen für künftige Perioden in ausgewählten Unternehmensbereichen (z.B. Beschaffung, Produktion, Absatz, Finanzierung, Personal etc.) treffen.

Der didaktische Wert von Planspielen liegt vor allem in der Demonstration der Zusammenhänge zwischen den Funktionsbereichen eines Unternehmens und in der Förderung der Teamfähigkeit.

(7) Gruppendynamische Methoden

Im Rahmen gruppendynamischer Methoden werden die Teilnehmer durch den Trainer mit der Bewältigung einer unstrukturierten Situation konfrontiert, die durch Unklarheit hinsichtlich der zu lösenden Aufgabe, der zu wählenden Verhaltensregeln und durch eine undefinierte Führungsstruktur gekennzeichnet ist.

In der vom Trainer in dieser Situation geförderten Gruppendiskussion stehen Führungsrivalitäten und Auseinandersetzungen um die Tagesordnung im Mittelpunkt. Auf diese Weise soll dem einzelnen bewusst werden, welche Wirkung er auf andere Gruppenmitglieder ausübt, welche Emotionen er bei anderen auslöst und wie er selbst auf Kritik reagiert.[70]

(8) Assessment-Center

Neben dem Einsatz zu Zwecken der Personalauswahl (siehe Punkt 3.3.4.2) werden Assessment-Center auch im Rahmen der Personalentwicklung eingesetzt. Für die Personalentwicklung ist dabei die Rückmeldephase von Bedeutung, die sich aus einem Feedback-Gespräch und einem detaillierten Ergebnis-Gutachten zusammensetzt. Durch konstruktive Kritik erhält der Teilnehmer Anstöße zur Entwicklung eines nuancierten Selbstbildes.

---

[70] Vgl. Hentze, J.: Personalwirtschaftslehre, Band 1, a.a.O., S. 361 f.

(9) E – Learning

Das E-Learning ist eine Kombination aus selbst gesteuertem Lernen vor dem Computer mit den Übertragungsmöglichkeiten des Internets sowie der Telekommunikation. Es gilt als Synonym für die neuen, virtuellen Lernwelten in Netzen. Schon seit den frühen 80er-Jahren kommen, vorwiegend jedoch in den großen Unternehmen, Computer Based Training (CBT), computerunterstützter Unterricht (CUU) und computerunterstütztes Lernen (CUL) zum Einsatz.[71]

Um den rasch wechselnden Anforderungen zu begegnen, bilden heute Computernetze (Internet/Intranet), die multimediale Lern- und Wissensinhalte bereitstellen, die Basis zur Förderung und Verbesserung von Lernprozessen und eine dementsprechende Qualifizierung der Mitarbeiter.

Zur Zeit dominieren beim E-Learning zwei Lösungstechnologien. Das sind zum einen Live-Trainings über das Internet. Hierbei arbeiten die Lernenden und der Trainer synchron zu einem vereinbarten Zeitpunkt in einem virtuellen Klassenzimmer. Die zweite Möglichkeit stellt der asynchrone Ansatz dar. Trainingsinhalte werden hier so aufbereitet, dass sie als Selbstlern-Module durchgearbeitet werden. Dabei erfolgt, in der Regel asynchron über E-mail und Newsgroups, eine Betreuung durch Trainer und Experten. Mit Hilfe des E-Learning werden eine Vielzahl von Vorteilen realisiert. Diese sind zum Beispiel:[72]

- zeit- und ortsungebundener Zugriff auf Wissen,
- Einsparungen von Reise- und Tagungskosten,
- Reduzierung der durchschnittlich benötigten Lernzeit,
- jeder Lernende arbeitet in seiner eigenen Geschwindigkeit,
- Förderung der Entwicklung einer Lern- und Arbeitskultur, die vom Lernenden selbst getragen und weiterentwickelt wird,
- Wissen wird in kleinen Häppchen vermittelt, dadurch ist die Aufmerksamkeit des Lernenden oft höher als bei klassische Seminaren,
- individuelle Betreuung und effiziente Erfolgskontrolle durch z.B. Teletutoren.

Im Zusammenhang mit E-Learning ist immer häufiger auch die Rede von sogenannten integrierten Lernsystemen wie Unternehmensinstitute, Akademien oder Corporate Universities.

Diese integrativen Lernsysteme, d.h. sämtliche Trainingsprogramme, Kurse und spezifische Lernaktivitäten, sind an den Visionen und Strategien des Unternehmens ausgerichtet. Sie basieren auf der gegebenen Unternehmenskultur und sind zentrales Steuerungselement für dezentral organisierte Einheiten. Ziel ist es wettbewerbsfähig zu bleiben in einer Zeit, in der die Schnelligkeit, in der Unternehmen und ihre Mitarbeiter lernen, über den Platz im Marktgeschehen entscheidet.[73]

---

[71] Vgl. Ihm, E.: Vom CBT zum E-Learning: Die neuen netzbasierten Lernwelten, in: Personalführung 2/2001, S. 24
[72] Vgl. Greff, G./ China, R.: Personalmanager entdecken Lernportale, in: Personalwirtschaft, 1/2001, S.37 ff. und Kraemer, W.: Das E-Business der Personalentwicklung, in: Personalwirtschaft, 1/2001, S.23 f.
[73] Vgl. Bolduan, C./ Black, J.: Integrierte Lernsysteme für effizienteres Training, in: Personal, 1/2001, S.39.

Dem Personalmanagement, speziell der Personalentwicklung, eröffnen sich durch die Möglichkeiten des E-Learning neue Aufgabenbereiche. „Das Thema E-Learning avanciert zum E-Business der Personalentwicklung."[74]

2.3.5 Erfolgskontrolle der Personalentwicklung

Die Realisation einer effizienten Personalentwicklung erfordert die Durchführung einer systematischen und regelmäßigen Erfolgskontrolle der Personalentwicklungsmaßnahmen. Sie umfasst den Vergleich des realisierten Personalentwicklungsergebnisses (Ist-Größe) mit den angestrebten Zielen (Soll-Größe). Dabei ist zum einen eine ökonomische, zum anderen eine pädagogische Erfolgskontrolle durchzuführen.

2.3.5.1 Ökonomische Erfolgskontrolle

Personalentwicklung stellt eine immaterielle Investition in Humankapital dar.[75] Eine Investition liegt dann vor, wenn gegenwärtige Aufwendungen für die betriebliche Personalentwicklung mit der Absicht erfolgen, zukünftige Erträge zu erzielen oder aber andere zukünftige Aufwendungen zu vermeiden.

Die Aufwendungen der Personalentwicklung umfassen die Honorare der Ausbilder sowie die Kosten für die Bereitstellung von Sachmitteln und die verwaltungstechnische Abwicklung der betrieblichen Bildung. Daneben sind Ertragsminderungen infolge der Freistellung von Mitarbeitern zu Lehrgängen außerhalb des Arbeitsplatzes zu berücksichtigen. Den Aufwendungen und Ertragsminderungen stehen die Erträge der Personalentwicklungsmaßnahmen gegenüber, die sich dadurch ergeben, dass die höhere Qualifikation der Mitarbeiter zu Qualitätsverbesserungen der Produkte, Senkung der Unfallziffern, Verkürzung der Einarbeitungszeiten, Verminderung der Fluktuation etc. äußern können.

Da die Personalentwicklung wie jeder andere betriebliche Funktionsbereich dem Prinzip der Wirtschaftlichkeit unterliegt, sind die Maßnahmen der Personalentwicklung systematisch zu planen und zu kontrollieren. Das Hauptproblem der eingesetzten Methoden, wie z.B. der Kosten-Nutzen-Analyse oder der klassischen investitionsrechnerischen Verfahren, liegt in der Schwierigkeit, einen konkreten Ursache-Wirkungs-Zusammenhang zwischen den Entwicklungsmaßnahmen und Erfolgsgrößen zu ermitteln. Außerdem besteht eine Unsicherheit bei der Schätzung der Nutzungsdauer der Bildungsinvestition, da sowohl die Geschwindigkeit der Wissensveralterung als auch das zukünftige Fluktuationsverhalten der geförderten Mitarbeiter nur schwer vorhersagbar ist.

2.3.5.2 Pädagogische Erfolgskontrolle

Die pädagogische Erfolgskontrolle zielt darauf ab, den Lernzielerreichungsgrad festzustellen und Möglichkeiten zur Beseitigung von Transferhemmnissen sowie zur Verbesserung der Bildungsmaßnahmen zu untersuchen. Demgemäss unterscheidet man zwischen der Durchführungskontrolle, welche die Einhaltung der Bildungsinhalte, -zeiten, und -kosten überprüft und parallel zur Personalentwicklungsmaßnahme erfolgt und der Transferkontrolle, die überprüft, ob der Mitarbeiter das Erlernte am Arbeitsplatz anwenden kann.

---

[74] Kraemer, W.: Das E-Business der Personalentwicklung, in: Personalwirtschaft, 1/2001, S.27
[75] Vgl. ebd., S. 370.

Für die pädagogische Erfolgskontrolle kommen verschiedene Methoden zum Einsatz, die sich folgendermaßen systematisieren lassen:

- **Selbstkontrolle** oder **Fremdkontrolle**, je nachdem, ob der Lernende selbst oder eine fremde Person den Erfolg beurteilt.
- **Objektive Kontrolle** oder **subjektive Kontrolle**, je nachdem, ob der Erfolg quantitativ messbar ist oder auf Aussagen und Vorstellungen von Personen beruht.
- **Direkte Kontrolle** oder **indirekte Kontrolle**, je nachdem, ob der Erfolg unmittelbar beim Lernenden ermittelt wird.

Pädagogische Erfolgskontrollen sind insofern problematisch, weil die Messbarkeit des Bildungserfolges bei dispositiven Tätigkeiten nicht gegeben ist, so dass Hilfsindikatoren heranzuziehen sind. Darüber hinaus bereitet die Formulierung operationaler Entwicklungsziele, welche die Voraussetzung für die Erfolgskontrolle darstellen, im affektiven Bereich Schwierigkeiten.

2.4 Personalfreisetzung

Personalfreisetzung erfolgt mit dem Ziel, personelle Überkapazitäten in qualitativer, quantitativer, zeitlicher und örtlicher Hinsicht zu vermeiden bzw. zu beseitigen. Wird im Rahmen der Personalbedarfsplanung eine personelle Überdeckung festgestellt, so ergibt sich die Notwendigkeit, Personalfreisetzungen einzuplanen. Dies kann sowohl durch die Änderung als auch durch die Beendigung bestehender Arbeitsverhältnisse erfolgen. Je früher dabei nicht mehr benötigtes Personal identifiziert wird, desto größer ist die Zahl möglicher Verwendungsalternativen.

In der Literatur werden häufig auch synonym die Begriffe Personaleinsparung, Personalanpassung, Personaleinschränkung, Personalabbau und Personalentlassung verwendet. Sie bezeichnen grundsätzlich dieselben Sachverhalte, wobei sie lediglich unterschiedliche Teilaspekte betonen.[76]

2.4.1 Ursachen der Personalfreisetzung

Die Ursachen für die Entstehung personeller Überkapazitäten sind vielfältig. Nach dem Ort ihrer Entstehung kann zwischen unternehmensinternen und unternehmensexternen Ursachen unterschieden werden. Erstere gehören überwiegend zu den geplanten, letztere zu den ungeplanten Ursachen.[77]

- Zu den **unternehmensinternen** Ursachen sind insbesondere die zunehmende Technisierung sowie Reorganisationsprozesse zu zählen. Mechanisierung und Automation bewirken eine Substitution der menschlichen Arbeit durch Maschinen, die durch einen verringerten quantitativen Personalbedarf und eine veränderte qualitative Anforderungsstruktur gekennzeichnet ist. Der gleiche Effekt kann sich bei Reorganisationsprozessen einstellen, wenn sich durch die Änderung der Aufbau- und Ablauforganisation eine neue Zuordnung von Aufgaben, Personen und Sachmitteln ergibt. Desgleichen erfordert die oft gerade bei Rationalisierungsprozessen auftretende

---

[76] Vgl. Rationalisierungskuratorium der Deutschen Wirtschaft (RKW) e.V.: RKW-Handbuch Personalplanung, a.a.O., S. 185.
[77] Vgl. Berthel, J.: Personalmanagement, a.a.O., S. 184.

Verlegung von Betrieben oder Betriebsteilen, die Verlagerung oder Umstellung von einzelnen Produktionen (incl. ins Ausland), den Personalbestand quantitativ oder qualitativ, aber auch strukturell zu verändern. Schließlich sind in diesem Zusammenhang auch die Konzentrationsvorgänge zu nennen, die sich innerstaatlich wie auch in der Europäischen Gemeinschaft im Zuge des Abbaus supranationaler, dem Wettbewerb auf dem Weltmarkt standhaltenden Wirtschaftseinheiten immer stärker bemerkbar machen.

- Bei den **unternehmensexternen** Ursachen ist der Markt infolge der veränderten Umweltbedingungen nicht mehr in der Lage, das Leistungsangebot der Unternehmung zu akzeptieren. Kommt es als Folge der gesamtwirtschaftlichen Entwicklung zu einem Absatzrückgang, so muss die Produktion und somit auch der Personalbestand angepasst werden. Doch auch in Zeiten der Hochkonjunktur kann es infolge struktureller Veränderungen durch die Einführung neuer arbeitssparender Technologien oder aufgrund von Bedarfsverschiebungen zu einer rückläufigen Absatzentwicklung kommen. Die Folgeüberlegungen bezüglich einer Personalfreistellung hängen sehr stark von Art, Ausmaß und Dauer des Arbeitsrückgangs ab. Bei saisonal bedingten Beschäftigungsschwankungen, die z.B. durch Witterungseinflüsse bedingt sein können, ist die Vermeidung von Entlassungen eher möglich als bei strukturell- oder konjunkturbedingten Veränderungen.

Neben diesen unternehmensbedingten Ursachen existieren grundsätzlich auch **mitarbeiterbezogene** Freisetzungsursachen, die im Verhalten oder in der Person des Mitarbeiters begründet sein können und z.B. in seinen mangelhaften Fähigkeiten bestehen.

2.4.2 Maßnahmen der Personalfreisetzung

Die mit dem Begriff Personalfreisetzung häufig verbundene Assoziation von "Entlassungen" bzw. "Ausscheiden aus dem Unternehmen" stellt nur eine Verwendungsalternative für nicht mehr benötigtes Personal dar. Darüber hinaus existiert eine breite Palette weiterer Maßnahmen der Personalfreisetzung, die eine personelle Überdeckung vermeiden oder nach Entstehen beseitigen sollen und entsprechend entweder antizipativ oder reaktiv ausgerichtet sind.

In Abhängigkeit von Anlass, Ausmaß und zeitlicher Dauer können die Maßnahmen der Personalfreisetzung unterschieden werden in:

- Maßnahmen der Produktions- und Absatzplanung
- Arbeitszeitverkürzende Maßnahmen
- Maßnahmen der indirekten Personalfreisetzung
- Maßnahmen der direkten Personalfreisetzung

Daneben sind auch Maßnahmen der Qualifizierung von Mitarbeitern im Rahmen der Personalentwicklung sowie arbeitsgestaltende und arbeitsorganisatorische Maßnahmen von Bedeutung.

Die Abbildung auf der folgenden Seite bietet einen Überblick über die in den nächsten Abschnitten behandelten Maßnahmen der Personalfreisetzung:

Maßnahmen der Personalfreisetzung

Maßnahmen der Produktions- u. Absatzplanung	Quantitative Maßnahmen			Qualitative Maßnahmen
	Arbeitszeitverkürzende Maßnahmen	Indirekte Maßnahmen	Direkte Maßnahmen	
- Erweiterte Lagerhaltung - Rücknahme von Fremdaufträgen - Vorziehen von Reparatur- u. Erneuerungsaufgaben - Produktdiversifikation - Intensivierung der Marketing-aktivitäten	- Abbau von Mehrarbeit bzw. Überstunden - Einführung von Kurzarbeit - Kürzung der regulären Arbeitszeit - Urlaubsplanung - Umwandlung von Voll- in Teilzeitstellen	- Einstellungsbeschränkung - Abbau von Leiharbeit	- Vorzeitige Pensionierung - Aufhebungsverträge - Entlassungen - Outplacement	- Maßnahmen der Personalentwicklung - Arbeitsorganisatorische Maßnahmen

Abb. 32: Maßnahmen der Personalfreisetzung

2.4.2.1 Maßnahmen der Produktions- und Absatzplanung

Maßnahmen im Rahmen der Produktions- und Absatzplanung ermöglichen es, personelle Überkapazitäten hinauszuzögern, zu verlangsamen oder durch begleitende Maßnahmen auszugleichen, so dass die Beschäftigtenzahl zunächst unberührt bleibt.

Durch eine **erweiterte Lagerhaltung** kann ein geeigneter Spielraum zum Ausgleich kurzfristig eintretender Absatzrückgänge geschaffen werden. Dazu müssen jedoch die Produkte lagerfähig sein, entsprechende Lagerkapazitäten zur Verfügung stehen und die damit verbundenen Kosten vertretbar erscheinen.

Auch die **Rücknahme von Fremdaufträgen** stellt eine Möglichkeit dar, einen verringerten Personalbedarf auszugleichen. Dies setzt jedoch voraus, dass die rechtlichen, technischen und personellen Möglichkeiten für eine Fertigung des Produktes im eigenen Betrieb gegeben sind.

Das **Vorziehen von Reparatur- und Erneuerungsaufgaben** ist aufgrund der damit verbundenen Kosten nur als flankierende Maßnahme einsetzbar. Darüber hinaus können Entlassungen durch den **Aufschub möglicher Rationalisierungsinvestitionen** vermieden werden.

Als längerfristige Maßnahmen zur Verbesserung der Erfolgssituation der Unternehmung können die Erweiterung des Produktionsprogramms durch **Produktdiversifikation** sowie die **Intensivierung der Marketingaktivitäten** Anwendung finden.[78]

2.4.2.2 Arbeitszeitverkürzende Maßnahmen

Kann der Beschäftigungsrückgang nicht durch die oben genannten arbeitsplatzerhaltenden Maßnahmen ausgeglichen werden, so müssen arbeitszeitverkürzende Maßnahmen in Erwägung gezogen werden.

---

[78] Vgl. Rationalisierungskuratorium der Deutschen Wirtschaft (RKW) e.V.: RKW-Handbuch Personalplanung, a.a.O., S. 211 f.

Durch den **Abbau von Mehrarbeit bzw. von Überstunden** kann kurzfristig auf einen Rückgang des Arbeitsumfanges reagiert werden, so dass Entlassungen umgangen, zumindest jedoch verzögert werden. Gleichzeitig wird für das Unternehmen eine überproportionale Reduzierung der Personalkosten erreicht, da die tariflichen Überstundenzuschläge entfallen. Für die Mitarbeiter ergeben sich jedoch finanzielle Einbußen.

Weil der Abbau von Mehrarbeit und Überstunden eine Rückkehr zur betriebsüblichen Arbeitszeit darstellt, besitzt der Betriebsrat nach § 87 Abs. 1 Satz 2 und 3 BetrVG bei dieser Maßnahme kein Mitbestimmungsrecht und verfügt lediglich über ein allgemeines Informations- und Beratungsrecht gemäß § 92 BetrVG.

Die **Einführung von Kurzarbeit,** als vorübergehende Herabsetzung der betriebsüblichen regelmäßigen Arbeitszeit für den gesamten Betrieb und/oder bestimmte Arbeitnehmergruppen bei gleichzeitiger Herabsetzung der Vergütung, stellt die in der betrieblichen Praxis wichtigste Maßnahme zum Ausgleich zeitlich begrenzter Beschäftigungsschwankungen dar.[79]

Die Verringerung der arbeitsvertraglich vereinbarten Arbeitszeit setzt voraus, dass der Arbeitgeber über eine entsprechende Berechtigung verfügt, die in gesetzlichen Regelungen, Tarifvertrag, Betriebsvereinbarungen oder im Einzelarbeitsvertrag (Änderungskündigung) geregelt sein kann. Dies berechtigt den Arbeitgeber jedoch nicht automatisch zu einer gleichzeitigen Herabsetzung der Vergütung. Nach § 87 Abs. 1 Satz 3 BetrVG bedarf es dazu der Zustimmung des Betriebsrates. Dieser wird i.d.R. dann zustimmen, wenn nach § 169 ff SGB III (Sozialgesetzbuch III) die Voraussetzungen für die Zahlung von Kurzarbeitergeld gegeben sind. Diese Bestimmungen sehen die Zahlung des Kurzarbeitergeldes seitens der Arbeitsämter vor, sofern der Arbeitsausfall auf einem unabwendbaren Ereignis oder auf wirtschaftliche Ursachen einschließlich betrieblicher Strukturveränderungen beruht, der Ausfall unvermeidbar ist, ein bestimmtes Mindestmaß überschreitet und dem Arbeitsamt angezeigt worden ist.

Die Bemessung des Kurzarbeitergeldes erfolgt nach § 178 SGB III (Sozialgesetzbuch III) und liegt gewöhnlich bei 68% des um die gesetzlichen Abzüge verminderten Arbeitsentgeltes. Die Dauer seiner Gewährung beträgt gemäß § 177 SGB III grundsätzlich sechs Monate, die der Bundesminister für Arbeit und Sozialordnung jedoch für einzelne Bezirke oder Wirtschaftszweige auf 12 bzw. 14 Monate verlängern kann.

Die Vorteile der Kurzarbeit liegen in ihrer kurzfristigen Realisierbarkeit sowie darin, dass Stammarbeitsplätze bei vertretbaren Entgelteinbußen der Mitarbeiter erhalten werden können. Nachteilig sind jedoch die möglichen Imageverluste sowie die Gefahr der Abwanderung qualifizierter Mitarbeiter.

Durch **Kürzung der regulären Arbeitszeit** kann das bestehende Arbeitszeitvolumen auf eine größere Mitarbeiterzahl verteilt werden. Arbeitszeitverkürzungen lassen sich durch eine Verkürzung der regelmäßigen täglichen, wöchentlichen oder jährlichen Arbeitszeit realisieren und können in Tarifverträgen, Betriebsvereinbarungen oder Einzelarbeitsverträgen rechtlich geregelt sein. In den vergangenen Jahren wurden in diesem Zusammenhang zahlreiche Modelle der Arbeitszeitflexibilisierung entwickelt.

---

[79] Vgl. Freund, F./ Knoblauch, R./ Racke, G.: Praxisorientierte Personalwirtschaftslehre, a.a.O., S. 51.

Bei vorübergehenden Beschäftigungsschwankungen kann durch eine entsprechende **Urlaubsplanung** eine personelle Überdeckung ausgeglichen werden. Maßnahmen in diesem Zusammenhang sind z.b. die Verlegung des Werksurlaubs in Zeiten des Saisontiefs oder die Anordnung geschlossener Betriebsferien für den Zeitraum um Feiertage.

Dabei sind jedoch einige rechtliche Vorschriften zu berücksichtigen, wie z.B. § 7 Bundesurlaubsgesetz (die Wünsche der Arbeitnehmer sind bei der zeitlichen Festlegung des Urlaubs in angemessener Weise zu berücksichtigen), § 87 Abs. 1 Satz 5 BetrVG (Mitbestimmungsrecht des Betriebsrates bei der Urlaubsplanung) sowie ein Urteil des Bundesarbeitsgerichtes vom 17.01.1974 (Vorgriff auf Urlaubsansprüche des Folgejahres sind unzulässig).

Durch die **Umwandlung von Vollzeit- in Teilzeitstellen** wird das individuelle Arbeitszeitvolumen reduziert, wodurch eine größere Zahl von Personen beschäftigt werden kann. Den Mehrkosten, die sich durch zusätzliche Sozialabgaben, die Einrichtung weiterer Arbeitsplätze und den wachsenden Koordinationsaufwand zwischen den Arbeitskräften ergeben, steht der Vorteil der durchschnittlich höheren Arbeitsproduktivität von Teilzeitkräften gegenüber.[80]

2.4.2.3 Maßnahmen der indirekten Personalfreisetzung

Können trotz des Einsatzes arbeitsbeschaffender bzw. arbeitserhaltender Maßnahmen nicht alle Arbeitnehmer weiter beschäftigt werden, so ist der bestehende Personalbestand zu reduzieren. Hierzu kommen zunächst indirekte Personalfreisetzungsmaßnahmen in Betracht, welche die bestehenden Arbeitsverhältnisse unberührt lassen.

Einstellungsbeschränkungen sind in verschiedenen Formen denkbar. Während bei generellen Einstellungsstops weder der Ersatz- noch der Neubedarf an Arbeitskräften gedeckt wird, unterzieht man beim modifizierten Einstellungsstop jede Ersatz- oder Neueinstellung einer strengen Prüfung hinsichtlich ihrer Notwendigkeit. Der qualifizierte Einstellungsstop ist auf bestimmte Berufe, Mitarbeitergruppen, Betriebsteile, Betriebe, etc. begrenzt.[81] Fluktuationsersatz liegt dann vor, wenn nur die durch Fluktuation freiwerdenden Stellen neu besetzt werden.

Der Vorteil der Einstellungsbeschränkungen liegt in ihrer einfachen Handhabung. Bei einem generellen Einstellungsstop besteht jedoch die Gefahr, dass sich die Personalstruktur des Unternehmens durch Überalterung der Belegschaft und einen Mangel geeigneter Nachwuchskräfte ungünstig verschiebt.

Nach § 92 bzw. § 106 BetrVG haben Betriebsrat und Wirtschaftsausschuss im Hinblick auf Einstellungsbeschränkungen Unterrichtungs- bzw. Beratungsrechte.

Durch die Möglichkeit des **Abbaus von Leiharbeit** können Stammarbeitsplätze geschützt werden. Leiharbeit, z.B. in Form des Personalleasings, das dem Unternehmen zur kurzfristigen Überbrückung personeller Unterdeckung dient, kann nach Maßgabe der mit dem Verleiher getroffenen Vereinbarungen i.d.R. kurzfristig gekündigt werden.

---

[80] Vgl. Rationalisierungskuratorium der Deutschen Wirtschaft (RKW) e.V.: RKW-Handbuch Personalplanung, a.a.O., S. 219.
[81] Vgl. Hentze, J.: Personalwirtschaftslehre, Band 2: Personalerhaltung und Leistungsstimulation, Personalfreisetzung und Personalinformationswirtschaft, 4. Auflage, Bern/ Stuttgart 1990, S. 258.

2.4.2.4 Maßnahmen der direkten Personalfreisetzung

Reichen die bisher angeführten Maßnahmen der Personalfreisetzung nicht aus, um den Personalbestand den betrieblichen Erfordernissen entsprechend zu reduzieren, sind direkte Freisetzungsmaßnahmen zum Abbau von Stammarbeitsplätzen in Erwägung zu ziehen.

Bei der **vorzeitigen Pensionierung** werden die Arbeitnehmer vor Erreichen der Altersgrenze durch materielle Anreize dazu veranlasst, aus dem Unternehmen auszuscheiden und in den Ruhestand zu treten.

Dabei sind zwei Formen der vorzeitigen Pensionierung zu unterscheiden. Durch die flexible Altersgrenze gemäß § 1248 Abs.4 RVO, § 25 AVG, § 46 RKuG können erwerbstätige Männer mit vollendetem 63. Lebensjahr und erwerbstätige Frauen mit vollendetem 60. Lebensjahr Altersruhegeld beziehen. Nach der sogenannten 59er Regelung (§ 1248 Abs. 4 RVO, §25 Abs. 4 AVG) können Arbeitslose mit vollendetem 59. Lebensjahr ein vorgezogenes Altersruhegeld beziehen.

Da vorzeitige Pensionierungen für die jeweiligen Mitarbeiter i.d.R. finanzielle Nachteile mit sich bringen, müssen die Unternehmen zusätzliche Anreize für ein vorzeitiges Ausscheiden z.B. in Form von Abfindungen zum Ausgleich von Rentenminderungen oder der Weitergewährung gewisser betrieblicher Sozialleistungen bieten.

Der Vorteil vorzeitiger Pensionierungen liegt nicht allein in der quantitativen Reduzierung des Personalbestandes zum Ausgleich personeller Überdeckung. Auch die betriebliche Altersstruktur kann auf diese Weise verbessert werden, wobei gleichzeitig jüngeren Arbeitnehmern Aufstiegschancen geboten werden. Gemäß § 92 bzw. § 106 haben Betriebsrat und Wirtschaftsausschuss Unterrichtungs- und Beratungsrechte.

Aufhebungsverträge als weitere Möglichkeit zur Reduzierung des Personalbestandes bestehen in der einvernehmlichen Auflösung von Arbeitsverhältnissen. Der Mitarbeiter erklärt sich darin bereit, gegen Zahlung einer Abfindung aus dem Unternehmen auszuscheiden.

Die Vorteile von Aufhebungsverträgen bestehen zum einen darin, dass sie Mitarbeitern gezielt angeboten werden können, zum anderen brauchen Kündigungsfristen nicht eingehalten werden. Aufgrund der komplizierten rechtlichen Vorschriften der §§ 117, 119 AFG hinsichtlich der Anrechnungsmöglichkeiten einer Abfindung auf das Arbeitslosengeld und des § 3 Abs. 9 Satz 34 EstG in Bezug auf die Frage der Steuerfreiheit sollte eine rechtzeitige Abstimmung mit dem Arbeitsamt bzw. Finanzamt erfolgen.[82]

Als letzte Möglichkeit der Personalfreisetzung sollten **Entlassungen** in Betracht gezogen werden, da sie mit schwerwiegenden wirtschaftlichen, sozialen und menschlichen Konsequenzen für die betroffenen Arbeitnehmer verbunden sind. Betriebsbedingte Kündigungen aufgrund von Arbeitsschwierigkeiten, Betriebsstilllegungen oder Rationalisierungsmaßnahmen sind nach § 1 Abs. 2 KSchG nur dann sozial gerechtfertigt, wenn der Arbeitnehmer nicht an einer anderen Stelle im Unternehmen weiter beschäftigt werden kann.

---

[82] Vgl. Rationalisierungskuratorium der Deutschen Wirtschaft (RKW) e.V.: RKW-Handbuch Personalplanung, a.a.O., S. 231 f.

Bevor der Arbeitgeber eine Kündigung ausspricht, ist der Betriebsrat nach § 102 Abs. 3 BetrVG über die Kündigungsgründe zu informieren und anzuhören. Eine Kündigung ohne Anhörung des Betriebsrates ist unwirksam. Darüber hinaus kann der Betriebsrat einer ordentlichen Kündigung (Einhaltung der vertraglich vereinbarten Kündigungsfrist) widersprechen, sofern soziale Aspekte nicht berücksichtigt oder gegen die vereinbarten Auswahlrichtlinien verstoßen wurde(§ 95 BetrVG).

Die radikalste Lösungsmöglichkeit bei personeller Überdeckung stellt die **Massenentlassung** dar. Diese liegt nach dem Kündigungsschutzgesetz (§ 17) dann vor, wenn die folgenden Bedingungen gegeben sind:

Betriebsgröße (Arbeitnehmer)	Entlassungen von mehr als... Arbeitnehmern innerhalb von 30 Kalendertagen
21 – 59	5
60 – 499	10%, aber mindestens 26
über 499	30

Abb. 33: Bedingungen der Massenentlassung

Massenentlassungen sind nach § 92 und § 106 BetrVG mit dem Betriebsrat und dem Wirtschaftsausschuss zu beraten. Der Arbeitgeber ist verpflichtet, nach § 17 KSchG dem Arbeitsamt unter Beifügung der Stellungnahme des Betriebsrates schriftlich Anzeige über Massenentlassungen zu erstatten. Liegt die Ursache für Massenentlassungen in Betriebsänderungen im Sinne des § 111 BetrVG, so ist ein Interessenausgleich sowie ein Sozialplan zwischen Unternehmensleitung und Betriebsrat abzuschließen. Während der Interessenausgleich festlegt, ob, wann und in welcher Weise die vorgesehenen unternehmerischen Maßnahmen durchgeführt werden sollen, dient der Sozialplan zum Ausgleich oder zur Milderung der wirtschaftlichen Nachteile, die den Arbeitnehmern wegen der Betriebsveränderung entstehen.

Das Konzept des **Outplacements** beschäftigt sich mit der Trennung von Mitarbeitern und Unternehmen durch Entlassungen. Outplacement bedeutet soviel wie „Herausbefördern" eines als ungeeignet erscheinenden Mitarbeiters. Die **Leitidee** liegt in der Abkehr von rigorosen Freisetzungsstrategien, denn die negativen Konsequenzen von Entlassungen werden für alle Beteiligten (freigesetzte und verbleibende Mitarbeiter sowie Unternehmen) analysiert und es werden Gestaltungsmöglichkeiten für eine einvernehmliche Trennung gegeben. Ziel ist es, Entlassungen so durchzuführen, dass sie sowohl den Interessen des Unternehmens als auch denen der Mitarbeiter gerecht werden.

Aus Mitarbeitersicht werden folgende **Ziele** verfolgt:
- Bewältigung von psychisch-sozialen Spannungen beim Betroffenen
- Unterstützung bei Auswahl und Aufbau von Kontakten sowie Hilfe bei gezielter Bewerbungskampagne
- Förderung der Arbeitsplatzsuche noch in der ungekündigten Stellung durch systematische Karriereplanung

Dabei geht es aber nicht darum, dem Freizusetzenden problemlos und ohne seine aktive Mithilfe einen neuen Wunscharbeitsplatz anzubieten. Vielmehr soll ihm, meist unter Hinzuziehen eines **externen Beraters**, ermöglicht werden, aus eigener Kraft eine neue adäquate Position zu erreichen.

Für die Unternehmung ergeben sich folgende Ziele:
- Verkürzung des Trennungsprozesses und Vermeidung von arbeitsrechtlichen Auseinandersetzungen
- Erhaltung der Motivation der im Unternehmen verbleibenden Mitarbeiter
- Aufbau eines positiven Personalimages nach außen
- Den Vorgesetzten die Angst und Unsicherheit bezüglich der Durchführung von Kündigungsgesprächen nehmen.

Früher war die **Zielgruppe** des Outplacements meist die obere Führungsebene, während sie sich heute immer weiter vergrößert und Mitglieder aller Hierarchieebenen umfasst.

Vier wesentliche Ansatzpunkte für ein erfolgreiches Outplacement-Programm:
1. Die mit der Entlassung verbundene Persönlichkeitskrise wird mit dem Mitarbeiter aufgearbeitet.
2. Es folgt eine berufliche Standortbestimmung, eine Auflistung seiner Fähigkeiten und Leistungen und damit auch seiner Chancen auf dem Arbeitsmarkt.
3. Auf dieser Grundlage werden die Möglichkeiten einer neuen Bewerbung und Beschäftigung besprochen.
4. Zusätzlich wird das Abfassen von Bewerbungen unterstützt und das Vorstellungsgespräch geübt.

2.5 Personaleinsatz

Gegenstand der Personaleinsatzplanung ist die Zuordnung der in der Unternehmung beschäftigten Mitarbeiter zu den einzelnen Stellen entsprechend den qualitativen, quantitativen, zeitlichen und örtlichen Erfordernissen des Leistungsprozesses. Die vorhandenen Arbeitskräfte sollen so eingesetzt werden, dass unter Berücksichtigung ihrer sozialen Belange eine möglichst effiziente Durchführung der Betriebsaufgabe erreicht wird.

Im Rahmen der Personaleinsatzplanung sind somit sowohl unternehmens- als auch mitarbeiterbezogene Ziele zu berücksichtigen. Entsprechend den unternehmerischen Zielen sollte unter ökonomischen Gesichtspunkten die Zuordnung von Arbeitskräften zu Stellen so erfolgen, dass ein Optimum der Kosten-Leistungs-Relation erreicht wird. Optimierungskriterien können dabei z.B. die Mengenleistung pro Arbeitsplatz, die Minimierung der Lohn- und Gehaltskosten oder die Minimierung der Differenz zwischen Eignungs- und Anforderungsprofil sein. Die mitarbeiterbezogenen Ziele beziehen sich auf die sozialen Gesichtspunkte des Personaleinsatzes. Die Eingliederung der Mitarbeiter sollte so erfolgen, dass nicht nur ihre leistungsbezogenen Fähigkeiten, sondern auch ihre Interessen und individuellen Bedürfnisse berücksichtigt werden. Durch eine möglichst große Übereinstimmung von Anforderungen und Fähigkeiten soll die Arbeitszufriedenheit gesichert und erhöht werden.

2.5.1 Informationsgrundlagen der Personaleinsatzplanung

Um eine den unternehmens- und mitarbeiterbezogenen Zielen gerecht werdende Personalzuordnung vornehmen zu können, sind detaillierte Informationen erforderlich über:
- die Anforderungen der einzelnen Arbeitsplätze
- die Fähigkeiten der Arbeitskräfte
- die tätigkeitsbezogene Bedürfnisstruktur der Arbeitskräfte

Die **Anforderungen des Arbeitsplatzes** lassen sich mit Hilfe der Arbeitsanalyse ermitteln, die Ausgangspunkt für die Arbeitsbewertung ist. Jeder Anforderungsart wird im Hinblick auf einen bestimmten Arbeitsplatz ein numerischer Wert zugeordnet, der es ermöglicht, ein Anforderungsprofil des Arbeitsplatzes zu erstellen.[83] Diese Daten sind in Arbeitsplatz- bzw. Stellenbeschreibungen schriftlich festgehalten. Sie enthalten neben den Anforderungen, Aufgaben und Kompetenzen eines Stelleninhabers auch Informationen über das technische und soziale Umfeld, die hierarchische Einordnung sowie die horizontale und vertikale Stellvertretungsregelung.

Die **Fähigkeiten der Arbeitskräfte** als Ergebnis der Personalbeschaffung und der Personalentwicklungsmaßnahmen lassen sich Personalunterlagen und -karteien sowie den Ergebnissen der Leistungs-, Entwicklungs- und Potenzialbeurteilung entnehmen, um ein entsprechendes Fähigkeitsprofil zu erstellen.

Die individuellen **Bedürfnisse der Mitarbeiter** bezüglich ihrer Tätigkeiten können im Rahmen eines persönlichen Gespräches mit den unmittelbaren Vorgesetzten bzw. dem verantwortlichen Mitarbeiter der Personalabteilung festgestellt werden. Problematisch ist dabei, dass das "Bedürfnisprofil" im Gegensatz zum Anforderungs- und Fähigkeitsprofil nicht in Messwerten ausgedrückt werden kann und aus diesem Grunde nur ergänzend bei der Personaleinsatzplanung berücksichtigt werden sollte, auch wenn die Zufriedenheit der Mitarbeiter und das Betriebsklima wesentlich davon abhängen, ob die persönlichen Bedürfnisse der Mitarbeiter berücksichtigt werden.

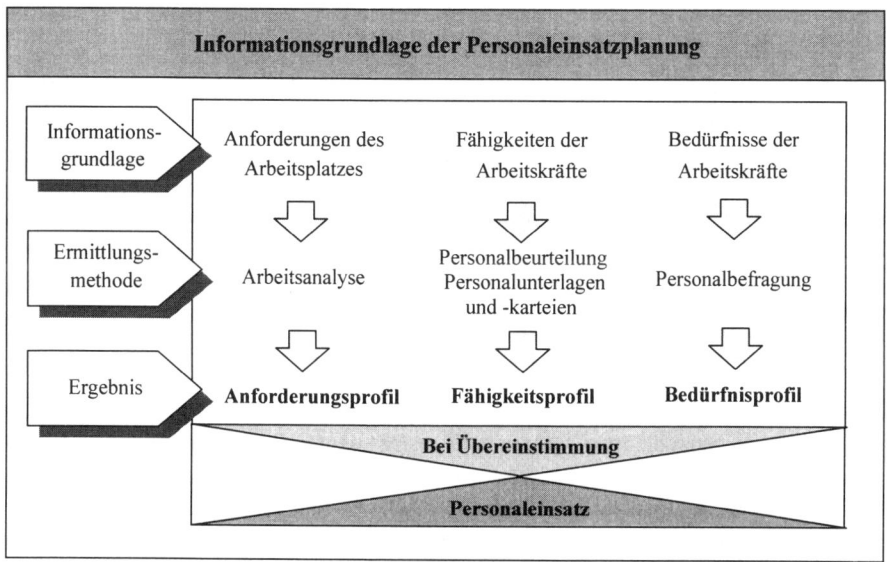

Abb. 34: Informationsgrundlagen der Personaleinsatzplanung

Weder der Mitarbeiter noch der Arbeitsplatz sind statisch, sondern unterliegen im Zeitablauf durchaus Veränderungen (z.B. Qualifikationsveränderungen, altersbedingter Leistungswandel, technisch-organisatorische Veränderungen). Diese Veränderungen sind im Rahmen der Personaleinsatzplanung möglichst langfristig im voraus zu ermitteln und zu berücksichtigen.

---

[83] Vgl. Jung, H.: Personalwirtschaft, a.a.O., S. 183.

2.5.2 Aufgaben der Personaleinsatzplanung

Bei differenzierter Betrachtungsweise ist die Zuordnung von Arbeitskräften zu Stellen unter zwei Aspekten zu sehen. Im Rahmen des quantitativen Personaleinsatzes wird festgelegt, welcher Mengenbedarf an Arbeitskräften einer bestimmten Qualifikation zu einem bestimmten Termin einzusetzen ist, um personelle Über- und Unterdeckungen zu vermeiden. Dabei wird unterstellt, dass die Fähigkeiten der einzelnen Mitarbeiter auch den Anforderungen der Arbeitsplätze entsprechen, eine qualitative Zuordnung somit bereits erfolgt ist.[84] Unter qualitativen Gesichtspunkten erfolgt die Zuordnung der Mitarbeiter nach Vergleich des Anforderungsprofils des einzelnen Arbeitsplatzes mit dem Fähigkeitsprofil des Mitarbeiters bei gleichzeitig möglichst weitgehender Berücksichtigung seiner Neigungen und Interessen. Wird darüber hinaus die Fristigkeit der Planung berücksichtigt, so ergeben sich die in der folgenden Abbildung dargestellten Aufgaben des Personaleinsatzes:

	Qualitativ	**Quantitativ**
Kurzfristig	**Zuordnung** durch den Vergleich von Anforderungsprofil und Fähigkeitsprofil der vorhandenen Mitarbeiter	**Zuordnung** durch die Erstellung von Schichtplänen
Langfristig	**Anpassung** der - Arbeitsplatzanforderungen durch Arbeitsstrukturmaßnahmen - Fähigkeiten der Mitarbeiter durch Personalentwicklungsmaßnahmen	**Anpassung** durch - Personalbeschaffungsmaßnahmen - Personalfreisetzungsmaßnahmen

Abb. 35: Aufgaben der Personaleinsatzplanung

Während die Personaleinsatzplanung kurzfristig die zeitliche und kapazitätsmäßige Einordnung der Arbeitskräfte zu organisieren hat, wobei sie sowohl das Anforderungsprofil der Stelle als auch das Fähigkeitsprofil der Arbeitskräfte als Daten betrachten muss, hat sie mittel- oder langfristig für die Anpassung der Fähigkeiten der Arbeitskräfte an die Arbeitsanforderungen einerseits, für die Anpassung der Arbeitsplätze und -bedingungen an die Arbeitskräfte andererseits zu sorgen. Die kurzfristige Personaleinsatzplanung beschäftigt sich somit mit Zuordnungsproblemen, die mittel- oder langfristige Personaleinsatzplanung mit Anpassungsproblemen.

2.5.3 Methoden der Personaleinsatzplanung

Im folgenden werden die Methoden der quantitativen und qualitativen Zuordnung von Mitarbeitern zu Stellen sowie der qualitativen Anpassung der Arbeitsanforderungen an die Arbeitskräfte dargestellt. Auf die quantitative Anpassung durch Personalbeschaffungs- und Personalfreisetzungsmaßnahmen sowie die qualitative Anpassung der Mitarbeiterfähigkeiten durch Personalentwicklungsmaßnahmen wird nicht näher eingegangen. Es sei auf die jeweiligen Punkte 3.2 bis 3.4 verwiesen.

2.5.3.1 Methoden der quantitativen Zuordnung von Stellen und Stelleninhabern

Im Rahmen der quantitativen Zuordnung von Stellen und Stelleninhabern wird festgelegt, wie viele Mitarbeiter welcher Qualifikation wann eingesetzt werden sollen. Dabei sind un-vermeidliche Personalausfälle durch Urlaub, Krankheit, Unfall oder ähnliche

---

[84] Vgl. Bisani, F.: Optische Betriebswirtschaftslehre, a.a.O., Schaubild Nr. 17.

Fehlzeiten zu berücksichtigen. Ein typisches Anwendungsgebiet der quantitativen Zuordnung ist die Aufstellung eines optimalen Schichtplanes bei kontinuierlichem Arbeitsanfall mit dem Ziel einer Minimierung des Personaleinsatzes. Dieses Problem kann mit Hilfe einfacher mathematischer Optimierungsverfahren wie z.B. der Simplex-Methode gelöst werden.

2.5.3.2 Methoden der qualitativen Zuordnung von Stellen und Stelleninhabern

Wesentlich für alle Ansätze einer qualitativen Zuordnung ist, dass die Anforderungen der einzelnen Arbeitsplätze berücksichtigt und den verschiedenen individuellen Kenntnissen und Fähigkeiten der einzelnen Mitarbeiter gegenübergestellt werden. Da eine optimale Zuordnung, die dann erreicht ist, wenn sich Anforderungs- und Fähigkeitsprofil entsprechen, i.d.R. nicht realisierbar ist, wird eine möglichst weitgehende Deckung beider Profile angestrebt. Während eine qualitative Unterdeckung eine Überforderung des Mitarbeiters bedeutet und die Aufgabenerfüllung somit gefährdet, wird das Leistungspotenzial des Mitarbeiters bei qualitativer Überdeckung nicht optimal genutzt.

Nach dem Ausmaß der Differenzierung der Anforderungs- und Fähigkeitsmerkmale ist zwischen summarischen und analytischen Zuordnungsverfahren zu unterscheiden.

(1) Summarische Zuordnungsverfahren

Die summarischen Zuordnungsverfahren sind dadurch gekennzeichnet, dass die Eignung der Arbeitskräfte für eine bestimmte Stelle anhand eines einzelnen zusammenfassenden Merkmals beurteilt wird. Ein Beispiel dieser in der Praxis häufig eingesetzten Verfahren zeigt folgende Abbildung:

Soll-Personalbestand	I	II	III	IV	V	VI	VII	VIII	Bezeichnung der Arbeitsplätze	
Name des Mitarbeiters	1	1	1	1	1	1	1	1	1	1	1	1		
Preuß, W.	⊕	+	+	=	=	-	-	-	-	-	-	-	I	Kranfahrer
Blanck, K.	+	⊕	+	=	=	=	=	=	=	=	=	=	II	Anhänger
Loehner, E.	+	+	⊕	=	=	o	o	o	o	o	o	o	III	E-Karrenfahrer
Funke, K.H.	=	=	=	⊕	+	+	-	-	-	-	-	-	IV	Bohrer
Eberle, P.	=	=	=	+	⊕	=	+	+	+	+	+	+	V	Richter
Lux, W	-	-	-	=	=	⊕	o	o	o	o	o	o	VI	Abstecher große Bank
Conrad, B.	-	-	-	=	=	o	⊕	+	=	=	=	=	VII	Abstecher kleine Bank
Mertens, A.	o	o	o	-	-	o	+	⊕	-	-	-	-	VIII	Säger
Mutmann, R.	o	o	o	-	-	=	=	+	⊕	+	+	=	o	wenig geeignet
Leder, E.	=	=	=	+	+	-	+	+	+	⊕	+	+	-	nur mit Einarbeitungszeit
Schmidt, B.	-	-	-	=	=	=	=	+	+	+	⊕	+	=	gut geeignet
Schaefer, G.	o	o	o	o	o	o	=	=	+	+	+	⊕	+	sehr gut geeignet
Hellweg, R.	+	+	+	=	=	=	=	=	-	-	-	⊕	◯	Stammbeschäftigung

Abb. 36: Beispiel einer qualitativen summarischen Zuordnung[85]

---

[85] Bisani, F.: Personalwesen, a.a.O., S. 175.

Jeder Mitarbeiter wird für sämtliche Tätigkeiten eines Fertigungsbereiches überprüft und bewertet, wobei die Klassifizierung nur sehr global nach vier Stufen von sehr geeignet bis wenig geeignet erfolgt. Die Zuordnung der Mitarbeiter zu den Arbeitsplätzen wird dann so vorgenommen, dass möglichst viele Stelleninhaber für ihre Stelle sehr gut geeignet sind.

(2) Analytische Zuordnungsverfahren

Grundlage der analytischen Zuordnungsverfahren ist eine differenzierte Bewertung der Anforderungen und Fähigkeiten anhand einer größeren Anzahl von Einzelmerkmalen. Dabei ist zwischen theoretisch exakten Zuordnungsmodellen und der Methode des Profilvergleichs zu unterscheiden.

Theoretisch exakte Zuordnungsverfahren, die in der Literatur auch als Modelle zur Maximierung der Eignungskoeffizienten[86] bezeichnet werden, unterstellen, dass eine vorhandene Anzahl von i Mitarbeitern (i = 1, 2, 3...n) zur Besetzung einer gleich großen Anzahl von j Stellen (j = 1, 2, 3...n) bereitstehen. Durch den Vergleich der Fähigkeiten mit den Anforderungen kann für jeden Mitarbeiter an jedem Arbeitsplatz ein Eignungskoeffizient e_{ij} ermittelt werden. Die optimale Stellenbesetzung ist dann erreicht, wenn die Summe der Eignungskoeffizienten maximal ist. Zur Lösung des Zuordnungsproblems werden heuristische oder mathematische Verfahren eingesetzt.

(a) Heuristische Verfahren

Im Rahmen heuristischer Verfahren besteht die theoretische Möglichkeit, alle möglichen Zuordnungskombinationen festzustellen und damit den maximalen Eignungswert zu bestimmen. Da dies jedoch sehr aufwendig und ohne den Einsatz der EDV nicht durchführbar ist, werden in der Praxis meist zwei einfachere Verfahren angewendet.

Das **Rangordnungsverfahren** verfolgt das Prinzip "Auf jeden Platz der beste Mann", das dann zu einer optimalen Lösung führt, wenn für jede Stelle ein anderer Mitarbeiter den jeweils höchsten Eignungswert besitzt. Weist jedoch z.B. ein Mitarbeiter für mehrere Stellen die höchste Eignung auf, so müssen weitere Zuordnungskriterien wie z.B. Mitarbeiterbedürfnisse etc. angewandt werden. Der Nachteil dieser Methode liegt darin, dass sie die Eignung der einzelnen Mitarbeiter isoliert betrachtet und damit das relative Eignungsverhältnis der Mitarbeiter untereinander unberücksichtigt lässt. Dies kann dazu führen, dass einzelnen Mitarbeitern Stellen zugeordnet werden, für die sie besonders ungeeignet sind.

Für die **Stellenbesetzung aufgrund von Spezialbegabungen** gilt: "Jede Spezialbegabung an den Platz, für den sie am besten geeignet ist!" Mitarbeiter mit speziellen Fähigkeiten werden somit an jene Stellen gesetzt, für die sie besonders geeignet sind. Dabei wird in Kauf genommen, dass den vielseitig geeigneten Mitarbeitern eventuell nur noch Aufgabenbereiche verbleiben, für die ihr Eignungspotenzial möglicherweise nicht optimal ist. Ihre Zuordnung erfolgt dabei nach dem Rangordnungsverfahren.

Der Vorteil der Berücksichtigung von Spezialbegabungen liegt in der Verbesserung der Gesamteignung gegenüber der Rangordnungsmethode. Dabei beschränkt sich ihr

---

[86] Vgl. Marr, R./ Stitzel, M.: Personalwirtschaft, a.a.O., S. 327.

Anwendungsbereich jedoch auf relativ gut überschaubare Problemstellungen, bei denen sich Spezialbegabungen für bestimmte Problemstellungen ermitteln lassen.

(b) Mathematische Verfahren

Mit Hilfe der mathematischen Verfahren können komplexe Zuordnungsprobleme, für die heuristische Verfahren keine optimalen Ergebnisse gewährleisten, gelöst werden. Den Modellen liegt die Annahme zugrunde, dass die Mitarbeiter mit unterschiedlichen Leistungsgraden für mehrere verschiedene Arbeiten einsetzbar sind. Die i Mitarbeiter (i = 1, 2, 3,...,n) sind so auf die j Arbeitsplätze (j = 1, 2, 3,...,m) zu verteilen, dass die Gesamtleistungsfähigkeit maximal wird. In Form von Nebenbedingungen wird dabei berücksichtigt, dass jeder Mitarbeiter nur an einem Arbeitsplatz eingesetzt und an jedem Arbeitsplatz auch nur ein Mitarbeiter beschäftigt werden kann. Durch den Einsatz von Lösungsalgorithmen wie z.B. Simplex- oder Transportmethode kommt man nach einer endlichen Zahl von Rechenschritten zu einer optimalen Zuordnungskombination. Als Spezialverfahren gilt dabei die sogenannte "Ungarische Methode", die eine Sonderform der Transportmethode darstellt.[87]

Die mathematischen Verfahren sind zwar theoretisch exakt, jedoch insofern problematisch, als dass sie von unrealistischen Prämissen ausgehen. So setzt die Ermittlung der Eignungskoeffizienten beispielsweise voraus, dass Anforderungen und Eignungen gleichartig strukturiert sind. Bei der Methode des **Profilvergleichs** werden die Anforderungen des Arbeitsplatzes und die Fähigkeiten des Mitarbeiters für jeweils identische und möglichst gut bewertbare Merkmale einander gegenübergestellt. Durch die graphische Darstellung in Form eines Stufendiagramms wird der Vergleich gut überschaubar.

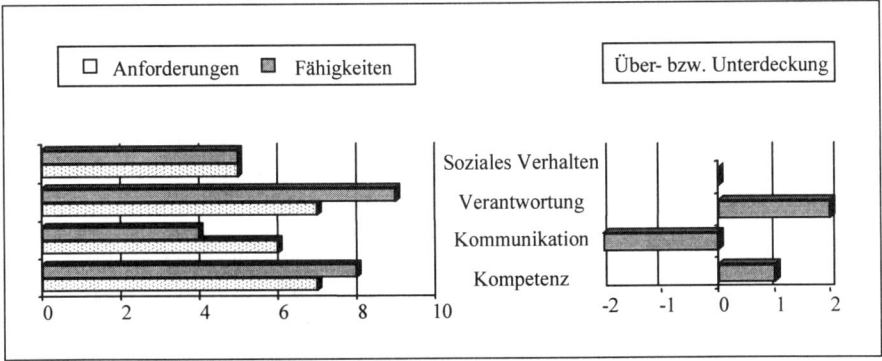

Abb. 37: Graphische Darstellung des Profilvergleichs

Es sind dabei die Bandbreiten anzugeben, innerhalb derer bei einer Über- bzw. Unterdeckung im Hinblick auf das jeweilige Anforderungsmerkmal eine Zuordnung dennoch erfolgen kann. Das Verfahren des Profilvergleichs weist einige methodische Probleme auf. So sind z.B. die Anforderungs- und Fähigkeitsmerkmale, da sie auf unterschiedlichen Ermittlungsmethoden beruhen, nicht immer vergleichbar. Dennoch stellt der Profilvergleich ein für die Lösung praktischer Zuordnungsprobleme geeignetes Verfahren dar.

---

[87] Vgl. Marr, R./ Stitzel, M.: Personalwirtschaft, a.a.O., S. 329 f.

2.5.3.3 Methoden der qualitativen Anpassung von Stellen und Stelleninhabern

Zur Realisierung eines längerfristig ausgerichteten qualitativen Personaleinsatzes sind zwei unterschiedliche Vorgehensweisen möglich:

- die Anpassung der Fähigkeiten der Mitarbeiter an die Anforderungen der Stelle durch Personalentwicklungsmaßnahmen (siehe Punkt 3.4) und
- die Anpassung der Anforderungen des Arbeitsplatzes an die Fähigkeiten der Mitarbeiter durch Arbeitsstrukturierungsmaßnahmen.

Gegenstand der Arbeitsstrukturierung ist die Gestaltung von Inhalt, Umfang und Bedingungen der Arbeit einzelner Stellen der Unternehmung.

Bei den Grundformen der Arbeitsstrukturierung ist zwischen den Maßnahmen der Arbeitsfeldvergrößerung und der Arbeitsfeldverkleinerung entsprechend der Darstellung in Abb. 38 zu unterscheiden.

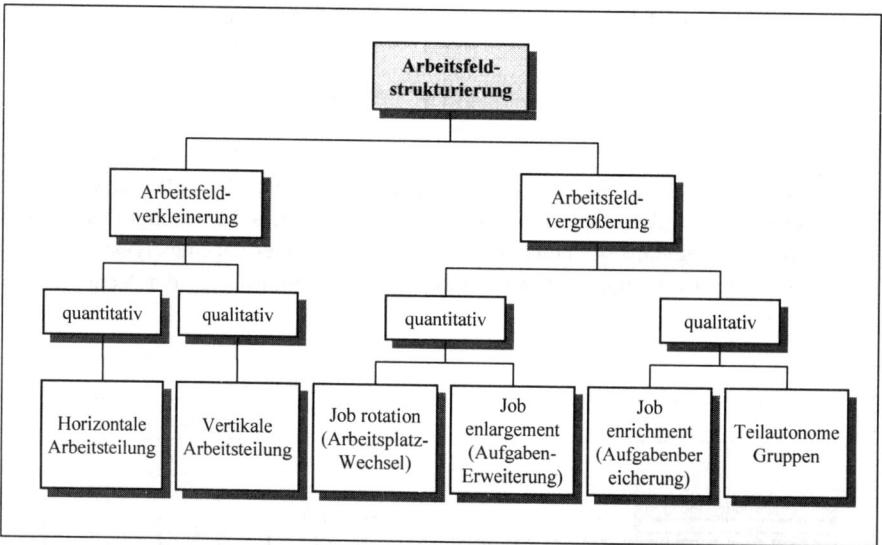

Abb. 38: Grundformen der Arbeitsfeldstrukturierung

Bei der **Arbeitsfeldverkleinerung**, die auf dem tayloristischen Prinzip der Arbeitsvereinfachung beruht, kann sowohl in quantitativer als auch qualitativer Hinsicht erfolgen. Demgemäss unterscheidet man zwischen der horizontalen und vertikalen Arbeitsteilung. Während bei horizontaler Arbeitsteilung unter Beibehaltung der Arbeitsqualität, d.h. des Verhältnisses von Durchführungs- und Entscheidungsaufgaben, die Zahl der verschiedenen Arbeiten, die in einer Stelle zu verrichten sind, reduziert wird, führt die vertikale Arbeitsteilung zu Veränderungen des Verhältnisses von Durchführungs- zu Entscheidungsaufgaben i.d.R. in der Weise, dass letztere abgetrennt und übergeordneten Stellen übertragen werden.

Beiden Formen der Arbeitsteilung ist gemeinsam, dass sie durch die Verringerung der Zahl unterschiedlicher Arbeiten zu jeweils stärkerer Spezialisierung führen.

Den damit verbundenen Vorteilen, die sich insbesondere in Produktivitätssteigerungen äußern, steht der Nachteil gegenüber, dass zunehmende Spezialisierung zu Monotonie führt, mit der Folge sinkender Arbeitszufriedenheit und ggf. Arbeitsproduktivität. Die Arbeitsfeldverkleinerung erscheint deshalb vor allem im Zuge der Humanisierung der Arbeit wenig sinnvoll.

Der Stellenspezialisierung als eine extreme Ausprägung der Aufgabengestaltung steht heute die Generalisierung durch **Arbeitsfeldvergrößerung** gegenüber. Ziel dabei ist, abwechslungsreichere und somit interessantere Tätigkeiten zu schaffen, um die Arbeitszufriedenheit der Mitarbeiter zu erhöhen. Durch die Aufhebung des tayloristischen Prinzips der Trennung von Denken und Tun bei der Arbeit sollen die Möglichkeiten der Persönlichkeitsentwicklung und Selbstverwirklichung verbessert werden.[88]

Als erprobte Methoden, die in der Literatur auch als "neuere Formen der Arbeitsorganisation (NFA)" bezeichnet werden (z.B. Berthel), gelten hier zum einen die quantitativen Verfahren des Job rotation (siehe Punkt 3.4.5.1) und Job enlargement, zum anderen die qualitativen Verfahren des Job enrichment und der Bildung teilautonomer Gruppen.

- Unter **Job enlargement** versteht man die Erweiterung des Tätigkeitsspielraumes durch quantitative Aufgabenvergrößerung. Mehrere strukturell gleichartige oder ähnliche Arbeitselemente werden hinzugefügt, wodurch sich der Arbeitszyklus verlängert. Auf diese Weise wird die hochgradige horizontale Arbeitszerlegung teilweise wieder rückgängig gemacht, mit dem Ziel, die mit kurzzyklischen Belastungen verbundenen Monotonie-, Ermüdungs- und Sättigungserscheinungen zu vermindern. Positive Folgewirkungen können sich in erhöhter Arbeitszufriedenheit, verbesserter Arbeitsqualität und Kostenersparnissen zeigen.

- Das **Job enrichment** als wichtigste Methode der Arbeitsfeldvergrößerung ist gekennzeichnet durch die Erweiterung des Entscheidungs- und Kontrollspielraumes durch qualitative Aufgabenvergrößerung. Dem einzelnen Mitarbeiter wird mehr Selbständigkeit und Verantwortung bei der Aufgabenerfüllung übertragen, indem seiner Tätigkeit Arbeitselemente mit höherem Anforderungsniveau übertragen werden. Die Vorteile des Job enrichment bestehen in der erhöhten Motivation der Mitarbeiter aufgrund der größeren Autonomie und der Selbstbestimmung bei der Arbeit, der Erhöhung ihrer Leistungsbereitschaft und ihres Verantwortungsbewusstseins sowie der erhöhten Arbeitsplatzsicherheit aufgrund der höheren Qualifikation.

- Die Bildung **teilautonomer Gruppen** stellt das weitreichendste Konzept der Arbeitsfeldvergrößerung dar. Speziell in den skandinavischen Ländern (z.B. Volvo) wurde in den vergangenen Jahren damit experimentiert. Dabei wird ein geschlossener Teilarbeitsprozess einer Gruppe zur Erledigung in eigener Verantwortung übertragen. Der Grad der Selbständigkeit einer Gruppe hinsichtlich Planungs-, Regelungs- und Kontrollfunktionen bestimmt ihren Autonomiegrad. Die Vorteile teilautonomer Gruppen liegen darin, dass sie die Möglichkeit der Persönlichkeitsentfaltung, der Selbstverwirklichung und der sozialen Interaktion der Gruppenmitglieder fördern. Mit der Anzahl der Gruppenmitglieder und dem Autonomiegrad steigen jedoch u.U. auch Gruppendruck sowie Koordinationsprobleme.

---

[88] Vgl. Hentze, J.: Personalwirtschaftslehre, Band 1, a.a.O., S. 406 f.

2.5.4 Einsatzprobleme bestimmter Arbeitnehmergruppen

Im Rahmen der Personaleinsatzplanung sind die physischen, psychischen und sozialen Besonderheiten bestimmter Personengruppen zu beachten. In der Regel finden diese in entsprechenden Arbeitsschutzgesetzen Berücksichtigung.

Für **Auszubildende und jugendliche Arbeitnehmer** gilt neben den Manteltarifverträgen für Auszubildende, dem Berufsbildungsgesetz u.a. das Jugendarbeitsschutzgesetz, welches Regelungen über die Arbeitszeit, Ruhepausen, Beschäftigungsverbote und -beschränkungen, Urlaub, Arbeitsplatzgestaltung und gesundheitliche Betreuung enthält.

Da sich Jugendliche sowohl geistig als auch körperlich im Entwicklungsprozess befinden, muss bei der Auswahl der Arbeitsplätze darauf geachtet werden, dass sie dem jeweiligen Leistungsvermögen entsprechen und die Integration in das Berufsleben fördern.

Bei der Beschäftigung **weiblicher Arbeitnehmer** sind zum einen die Vorschriften der Arbeitszeitordnung von Bedeutung. Diese sehen beispielsweise spezielle Pausenregelungen für weibliche Arbeitnehmer vor. Zum anderen ist das Mutterschutzgesetz für die Personaleinsatzplanung von Bedeutung.

Bei **älteren Arbeitnehmern** besteht die Aufgabe der Personaleinsatzplanung darin, Stellen bereitzustellen, die dem mit zunehmendem Alter auftretenden Leistungswandel Rechnung tragen. Dieser altersbedingte Leistungswandel äußert sich in einer Verringerung der Widerstandsfähigkeit gegenüber bestimmten Arbeitsplatzanforderungen, ist jedoch nicht mit einer abnehmenden Leistungsfähigkeit gleichzusetzen, da trotz sinkender Wahrnehmungsgeschwindigkeit und Lernfähigkeit Erfahrungen, Urteilsfähigkeit und Selbständigkeit steigen.

Bei der Beschäftigung **Schwerbehinderter und gesundheitlich beeinträchtigter Arbeitnehmer** hat die Personaleinsatzplanung dafür zu sorgen, dass die entsprechend den gesetzlichen Vorschriften erforderliche Zahl geeigneter Arbeitsplätze für diese Mitarbeitergruppe reserviert bzw. verstärkt geschaffen werden.[89]

Das Schwerbehindertengesetz schreibt in diesem Zusammenhang vor, dass ab einer Betriebsgröße von 16 Arbeitsplätzen mindestens sechs Prozent der Stellen mit Schwerbehinderten zu besetzen bzw. für diese gegebenenfalls umzugestalten sind.

Integrationsprobleme ergeben sich bei **ausländischen Arbeitnehmern** aufgrund z.B. ihrer kulturellen oder sprachlichen Besonderheiten. Um deren Eingliederung in den Arbeitsprozess zu verbessern, können im Rahmen der Personaleinsatzplanung besondere Anpassungsmaßnahmen wie z.B. Sprachkurse durchgeführt oder integrierte Arbeitsgruppen geschaffen werden. Durch die Zusammensetzung internationaler Teams sind Effektivitäts- und Effizienzsteigerungen im Hinblick auf die Netzwerkgestaltung in **globalen Märkten** zu erzielen. Aufgrund der zunehmenden Bedeutung internationaler Aufgaben wird die Integration divergierender multikultureller Werte zu einer wichtigen Führungs- und HRM-Aufgabe.[90]

---

[89] Vgl. Rationalisierungskuratorium der Deutschen Wirtschaft (RKW) e.V.: RKW-Handbuch Personalplanung, a.a.O., S. 402.
[90] Vgl. Wunderer, R./ Dick, P.: Personalmanagement - Quo vadis?, Neuwied, Kriftel (Taunus) 2000, S. 104 f.

3 Das Personal als Träger von Bedürfnissen und Werten

3.1 Arbeitsmotivation, Arbeitsleistung, Arbeitszufriedenheit

3.1.1 Leistungsverhalten und Motivation

Es ist nicht selbstverständlich, dass in Unternehmen von den Mitarbeitern Arbeitsleistungen erbracht werden. Das Leistungsverhalten eines Mitarbeiters hängt im wesentlichen von drei Faktoren ab:

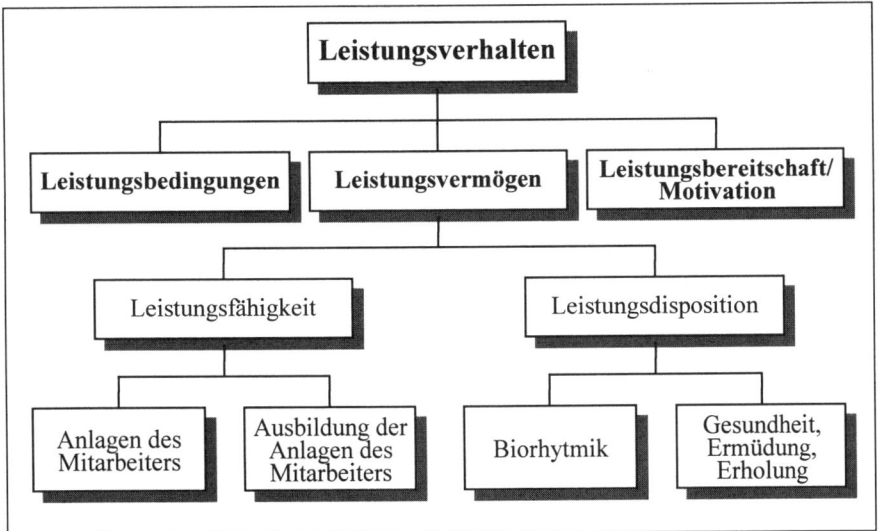

Abb. 39: Bestimmungsfaktoren menschlicher Arbeitsleistung

- den **Leistungsbedingungen**, als situative organisatorische und ablaufbezogene Gegebenheiten.
- dem **Leistungsvermögen** des Mitarbeiters, als Ausmaß in dem er Arbeitsleistungen erbringen kann. Es wird durch seine Leistungsfähigkeit und seine Leistungsdisposition bestimmt. Während die Leistungsfähigkeit die theoretisch maximale Kapazität eines Menschen darstellt, bestimmt die Leistungsdisposition, welcher Anteil der Leistungsfähigkeit aufgrund der Tagesrhythmik, des Gesundheitszustandes etc. abgegeben werden kann.
- der **Leistungsbereitschaft** oder **Motivation** eines Mitarbeiters als Umfang, in dem er bereit ist, sein Leistungsvermögen in der Unternehmung zur Verfügung zu stellen.[91]

Die Motivation der Mitarbeiter hat in den vergangenen Jahren in der Personalwirtschaft aus verschiedenen Gründen an Bedeutung gewonnen. Gesellschaftliche Veränderungen haben dazu geführt, dass die Mitarbeiter selbstbewusster und kritischer geworden sind und nach Erreichen einer bestimmten Einkommenshöhe die Art der Arbeit für

---

[91] Vgl. REFA: Methodenlehre des Arbeitsstudiums, Teil 1: Grundlagen, 7. Auflage, München 1984, S. 133.

genauso wichtig erachten wie die Höhe der Entlohnung. Im Zuge der Automatisierung kam es zu einer zunehmenden Substitution der menschlichen Arbeitsleistung durch maschinelle Arbeit einerseits, zu einer Zunahme kreativer und schwieriger Aufgaben andererseits, deren Erfüllung das Vorhandensein hochqualifizierter und selbständig handelnder Mitarbeiter voraussetzt. Mit zunehmendem Bildungsstand ist auch der Anspruch der Mitarbeiter auf humane Arbeitsmöglichkeiten sowie der Wunsch nach Selbstverwirklichung gestiegen. Die optimale Ausnutzung des Leistungsvermögens der Mitarbeiter zur Realisierung der Unternehmensziele hängt deshalb mehr denn je davon ab, inwieweit die Mitarbeiter davon überzeugt werden können, ihre eigenen Ziele durch ihren persönlichen Einsatz für die Ziele des Unternehmens optimal realisieren zu können. Die Leistungsbereitschaft oder Motivation der Mitarbeiter ist somit für den Erfolg oder Misserfolg eines Unternehmens von wesentlicher Bedeutung.

Grundlage der Motivation sind die individuellen **Bedürfnisse** des Mitarbeiters. Aus dem Streben des Menschen, seine Bedürfnisse zu befriedigen, resultieren Verhaltensbereitschaften, die man üblicherweise als **Motive** bezeichnet. Die Motive, die zunächst nur latent vorhanden sind, können im Rahmen des Motivationsprozesses durch die mit einer bestimmten Tätigkeit verbundenen **Leistungsanreize** (Stimuli) aktiviert werden. Dies führt zu einer auf das Ziel der Bedürfnisbefriedigung ausgerichteten Verhaltensweise. Diese Zusammenhänge werden in der folgenden Abbildung dargestellt:

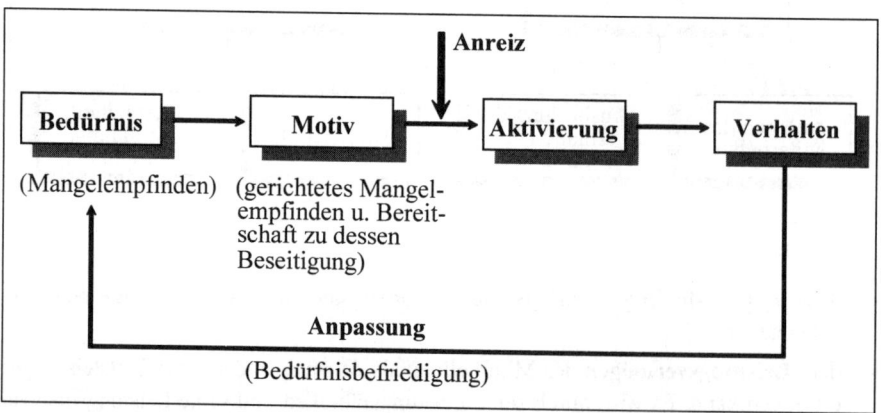

Abb. 40: Motivationsprozess[92]

Die Vielzahl grundsätzlich möglicher Motive lässt folgende Systematisierung zu:
- physische, psychische und soziale Motive
- primäre und sekundäre Motive
- intrinsische und extrinsische Motive

Zu den **physischen Motiven** zählen biologische Bedürfnisse wie z.B. Hunger, Durst und Wohnen. **Psychische Motive** können beispielsweise Unabhängigkeit, Selbstverwirklichung und Selbstentfaltung sein. Als **soziale Motive** sind Motive zu nennen, die auf Anerkennung durch andere Menschen ausgerichtet sind. Hier können Freundschaft und Zugehörigkeit zu bestimmten Gruppen genannt werden.

---

[92] Vgl. Staehle, W. H.: Management, Eine verhaltenswissenschaftliche Perspektive, 6. Auflage, München 1991, S. 148.

3. Das Personal als Träger von Bedürfnissen und Werten

Primäre Motive wie beispielsweise Hunger und Durst sind die Motive, die jeder Mensch instinktiv verfolgt. Die **sekundären Motive** sind Mittel zur Befriedigung anderer Motive. Das Geldmotiv stellt ein Beispiel sekundärer Motive dar, da sich mit Geld viele primäre Motive befriedigen lassen.

Bei den Motiven beruflicher Tätigkeit werden in der Motivationspsychologie intrinsische und extrinsische Motive unterschieden. Die **intrinsischen Motive** finden ihre Befriedigung in der Arbeit selbst. Hierzu zählen die Aufstiegsmöglichkeit und die Mitsprache. Die **extrinsischen Motive** können nicht durch die Tätigkeit alleine sondern durch die Folgen der Arbeit oder durch deren Begleitumstände befriedigt werden. Die berufliche Tätigkeit ist somit nur Mittel zur Verfolgung anderer Motive. Als extrinsische Motive können das Geld-, Sicherheits- und Prestigemotiv genannt werden.[93]

Bei der Betrachtung menschlichen Leistungsverhaltens sind im wesentlichen folgende fünf Arbeitsmotive verhaltensbestimmend:

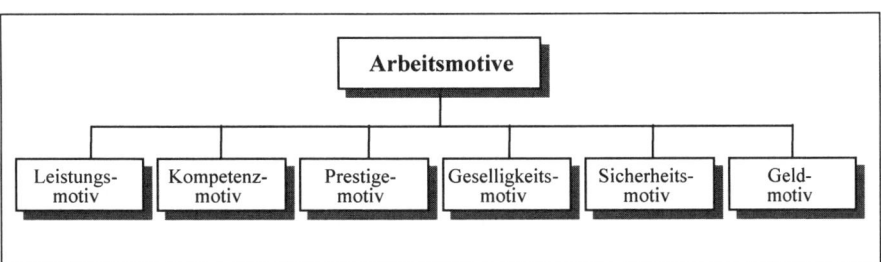

Abb. 41: Arbeitsmotive

- Das **Leistungsmotiv** kennzeichnet einen Menschen, der sich durch großen Eifer auszeichnet. Er stellt hohe Erwartungen an sich selbst und reagiert entsprechend empfindlich, wenn Kritik an seiner Arbeit geübt wird oder er noch zu besserer Leistung angehalten wird. Den leistungsorientierten Mitarbeiter reizt die Aufgabenstellung selbst, insbesondere schwierige Aufgaben fordern ihn heraus. Die Erfüllung der Arbeitsaufgabe wird somit zum Selbstzweck. Die materielle Belohnung stimuliert ihn nur wenig. Geld stellt für ihn lediglich ein Mittel zur Beurteilung seiner eigenen Leistungen im Vergleich zu anderen dar. Das Leistungsmotiv "kann zu einem der wichtigsten Faktoren in den Unternehmen und unserer Gesellschaft werden, wenn man den Mitarbeitern interessante und herausfordernde Aufgaben stellt.

- Das **Kompetenzmotiv** zeigt sich im allgemeinen in dem Streben nach beruflicher Entfaltung und dem Wunsch, Einfluss auf künftige Entwicklungen zu haben. Kompetenzmotivierten Mitarbeitern sollte man deshalb Aufgaben übertragen, die Initiative und Kreativität verlangen, wie beispielsweise Forschungs- und Entwicklungsaufgaben.

- Das **Prestigemotiv** hat seine Wurzeln in dem Streben nach Differenzierung von anderen Menschen. Prestigemotivierte Mitarbeiter streben meist eine berufliche Laufbahn an, die hohes Einkommen, eindrucksvolle Titel oder ein schnelles Vorankommen bieten, d.h. in der von der Gesellschaft oder dem Unternehmen erstellten Pres-

---

[93] Vgl. Withauer, K.F.: Menschen führen: Mit praxisnahen Führungsaufgaben und Lösungswegen, 5. Auflage, Ehningen/ Stuttgart/ Zürich 1989, S. 43.

tigeskala möglichst weit oben stehen. Die von anderen Menschen erwarteten Verhaltensweisen dienen dazu, der eigenen Person Ansehen, Bedeutung und Achtung zu verschaffen.[94] Das Prestigemotiv findet man eher bei jüngeren Mitarbeitern, da die älteren Mitarbeiter meist schon einen befriedigenden Rang erreicht haben oder sich mit ihrer Stellung abgefunden haben.

- Das **Geselligkeitsmotiv** ergibt sich aus dem Wunsch der meisten Menschen, mit anderen Menschen zusammenzusein. Durch betriebliche Freizeiteinrichtungen wie z.B. Sportvereine, Gesangsvereine, aber auch durch Betriebsfeiern, Ehrungen von Jubilaren etc. kann das Geselligkeitsmotiv im Unternehmen gefördert werden.

- Das **Sicherheitsmotiv** kommt in zwei Formen vor. Es kann als bewusstes Motiv mit dem Ziel sich vor möglichen Gefahren zu schützen oder als unbewusstes Motiv, das bei manchen Menschen alle Entscheidungen bestimmt, auftreten. Eine zu starke Ausprägung des Sicherheitsmotivs kann sich lähmend auf die Initiative, Kreativität und Leistung des Mitarbeiters auswirken. Maßnahmen der Unternehmen zur Befriedigung der Sicherheitsbedürfnisse ihrer Mitarbeiter sind z.B. Sicherung des Arbeitsplatzes, betriebliche Altersversorgung, Werkswohnungen, Unkündbarkeit etc.

- Das **Geldmotiv** ist vielleicht das offensichtlichste Arbeitsmotiv, allerdings ist die Bedeutung dieses Motivs bei den verschiedenen Menschen sehr unterschiedlich ausgeprägt. Für manche ist Geld Selbstzweck, für andere ist es ein Mittel, um Dinge erwerben zu können. Das Geld, das an sich wertlos ist, erhält seine Bedeutung dadurch, dass man für Geld Sicherheit, Prestige, Macht und Status erlangen kann. Das Verhältnis von festem zu variablen Anteil des Entgeltes entscheidet dabei über das Maß der Leistungsmotivation. Finanzielle Anreize sind oft nur vorübergehend motivierend, da sie bereits nach kurzer Zeit als selbstverständlich angesehen werden. Außerdem verliert das Geldmotiv mit steigendem Einkommen an Bedeutung.

Das Verhalten der Mitarbeiter wird in den seltensten Fällen von nur einem Motiv beeinflusst. Vielmehr sind meist mehrere Motive gleichzeitig verhaltensbestimmend.

3.1.2 Motivationstheorien

Motivationstheorien haben die Aufgabe, das Zustandekommen und die Wirkungen der Motivation menschlichen Verhaltens zu erklären. Eine einzige allgemein anerkannte Motivationstheorie, die erklärt, wie menschliches Verhalten motiviert wird, gibt es nicht. Der gegenwärtige Stand der Motivationspsychologie ist vielmehr durch zahlreiche Theorien gekennzeichnet, die sich z.T. in ihren Ansatzpunkten oder der verwendeten Terminologie unterscheiden, dabei jedoch nicht unvereinbar erscheinen, sondern sich vielmehr ergänzen. Von der Vielzahl der Theorien sollen im folgenden die bedeutendsten dargestellt werden, bei denen zwischen Inhalts- und Prozesstheorien zu unterscheiden ist.

3.1.2.1 Inhaltstheorien

Inhaltstheorien sind dadurch gekennzeichnet, dass sie ihre Schwerpunkte auf die Motivationsinhalte gelegt haben. Sie versuchen die Bedürfnisse, die den Menschen zur Arbeit motivieren nach Art, Inhalt und Wirkung zu bestimmen.

---

[94] Vgl. Withauer, K.F.: Menschen führen, a.a.O., S. 48.

Zu den Inhaltstheorien zählen:
- die Bedürfnishierarchie von Maslow
- die E-R-G-Theorie von Alderfer
- die Theorie X und Y von Mc Gregor
- die Zwei-Faktoren-Theorie von Herzberg

(1) Bedürfnishierarchie von Maslow

Maslow (1943) ging in der wohl am weitest verbreiteten und bekanntesten aller Motivationstheorien davon aus, dass sich insgesamt fünf Grundbedürfnisse (basic needs) des Menschen unterscheiden lassen, die er in eine hierarchische Ordnung, die sogenannte "Bedürfnispyramide" brachte.

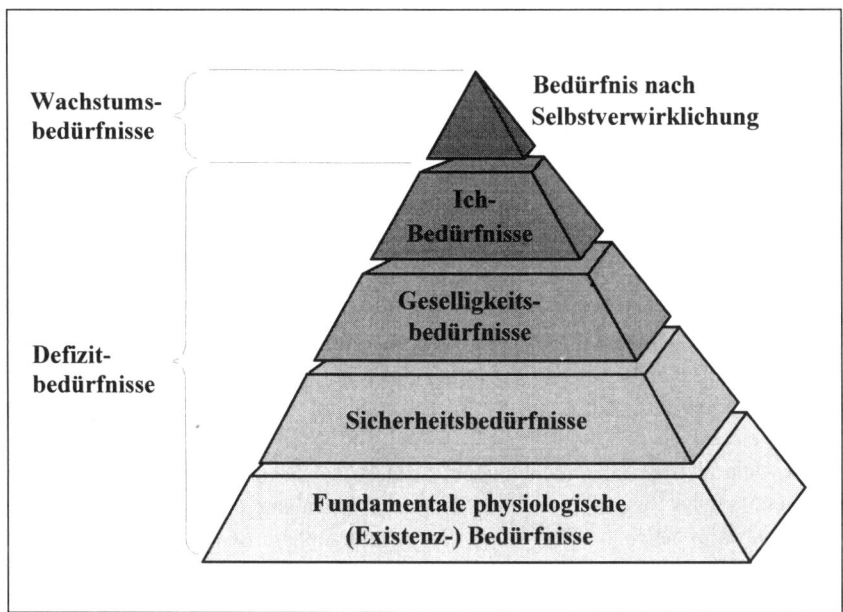

Abb. 42: Die Bedürfnispyramide von Maslow

- Die **physiologischen Bedürfnisse** (physiological needs) sind die Grundbedürfnisse des Menschen, insbesondere nach Nahrung, Wohnung, Kleidung etc. Ihre Befriedigung ist zumindest in den entwickelten Ländern heute größtenteils gewährleistet.
- Die **Sicherheitsbedürfnisse** (safety needs) beziehen sich auf den Schutz vor möglichen Bedrohungen und Gefahren aus der Umwelt. Hierzu zählen beispielsweise der Wunsch nach Ordnung, Risikobegrenzung oder einem starken Führer. Eine Befriedigung dieser Bedürfnisse kann z.B. durch die Kranken- oder die Rentenversicherung geschehen.
- Die **Geselligkeitsbedürfnisse** (social needs) beinhalten den Wunsch nach sozialen Kontakten. Freundschaft sowie die Zugehörigkeit zu bestimmten Gruppen können diesen Wunsch befriedigen.
- Die **Ich-Bedürfnisse** (ego needs) verlangen nach Selbstachtung sowie Fremdwertschätzung bzw. Achtung durch andere. Befriedigt werden diese Bedürfnisse durch

soziales Ansehen, Selbständigkeit, Erweiterung der Entscheidungsbefugnis und fachliche Kompetenz.

- Die **Bedürfnisse nach Selbstverwirklichung** (need for self-actualization) beziehen sich auf den Wunsch des Menschen nach bestmöglicher Entfaltung aller individuellen Anlagen. Der vom Wunsch nach Selbstverwirklichung bewegte Mensch strebt danach, die in ihm verborgenen Möglichkeiten und Fähigkeiten voll auszuschöpfen und damit sich selbst zu entfalten.

Der maslowschen Theorie liegt die zentrale Annahme zugrunde, dass die einzelnen Bedürfnisstufen nacheinander verhaltenswirksam werden. Die nächsthöhere Bedürfnisstufe wird jeweils dann angestrebt, wenn die Bedürfnisse der vorherigen Stufe subjektiv als ausreichend befriedigt angesehen werden.

Dabei gilt für die erstgenannten vier Bedürfnisstufen, die sogenannten **"Defizitbedürfnisse"**, dass sie mit zunehmender Befriedigung an Motivationskraft verlieren. Ihnen stehen die Bedürfnisse nach Selbstverwirklichung gegenüber, die Maslow als **"Wachstumsbedürfnisse"** bezeichnet, da ihre Befriedigung nicht zu einer Verringerung, sondern sogar zu einer Erhöhung der Motivationsstärke führt.[95]

Die Theorie Maslows ist aufgrund ihrer Übersichtlichkeit und leichten Verständlichkeit gut geeignet, einen ersten Eindruck in die Motivationsproblematik zu geben. Sie bietet Hinweise darauf, wie das Arbeitsverhalten und die Arbeitsleistung beeinflusst werden können. Hierzu müssen die Arbeit und die Arbeitsbedingungen so gestaltet werden, dass durch Leistungserbringung die jeweils vorherrschenden Mitarbeiterbedürfnisse befriedigt werden.

Im Hinblick auf ihre Anwendung in der unternehmerischen Praxis weist sie jedoch einige Schwächen auf. Aufgrund der relativ unklaren Abgrenzung der einzelnen Bedürfnisstufen lassen sich bestimmte individuelle Motive, wie beispielsweise der Wunsch, Geld zu verdienen, nicht eindeutig zuordnen. Des weiteren kann die von Maslow angenommene Rangfolge der Bedürfnisse sicher nicht für jeden Menschen unterstellt werden. Ein bekanntes Beispiel dafür, dass ranghöhere Bedürfnisse nicht erst dann verhaltens-bestimmend werden, wenn niedrigere befriedigt sind, bilden die Künstler, die oftmals trotz mangelhafter Befriedigung ihrer Defizitbedürfnisse stark nach Selbstverwirklichung streben. Zudem konnten empirische Untersuchungen die fünfstufige Bedürfnishierarchie nicht bestätigen.[96]

(2) E-R-G-Theorie von Alderfer

Eine Weiterentwicklung der Theorie von Maslow stellt die E-R-G-Theorie dar. Alderfer reduziert die Bedürfnispyramide auf drei Bedürfnisklassen, nämlich:[97]

- **E**xistence needs (Existenzbedürfnisse)
- **R**elatedness needs (Soziale Bedürfnisse)
- **G**rowth needs (Entfaltungsbedürfnisse)

---

[95] Vgl. Wunderer, R./ Grunewald, W.: Führungslehre, Band 1: Grundlagen der Führung, Berlin/ New York 1980, S. 177.
[96] Vgl. Bisani, F.: Personalfhrung, 3. Auflage, Wiesbaden 1985, S. 78.
[97] Vgl. Alderfer, C.P.: Existance, Relatedness and Growth, Human needs in Orriganizational Settings, New York 1972, S. 13 ff.

3. Das Personal als Träger von Bedürfnissen und Werten

Gliederung nach Maslow	Überlappungsbereich	Gliederung nach Alderfer
Physiologische Bedürfnisse	Physiologische Bedürfnisse	Existenzbedürfnisse
Sicherheit	materielle Sicherheit	
	Zwischenmenschliche Sicherheit	Beziehungsbedürfnisse
Zugehörigkeit	Liebe	
Wertschätzung	Schätzung durch andere	
	Selbstwertgefühl	Wachstumsbedürfnisse
Selbstverwirklichung	Selbstverwirklichung	

Abb. 43: Gliederung der Bedürfnisse nach Alderfer und nach Maslow

Ziel der Theorie ist es, die Beziehungen zwischen der Befriedigung bzw. Nicht-Befriedigung von Bedürfnissen und der Bedürfnisstärke aufzudecken. Alderfer macht dabei die in folgender Abbildung dargestellten sieben Vorhersagen:[98]

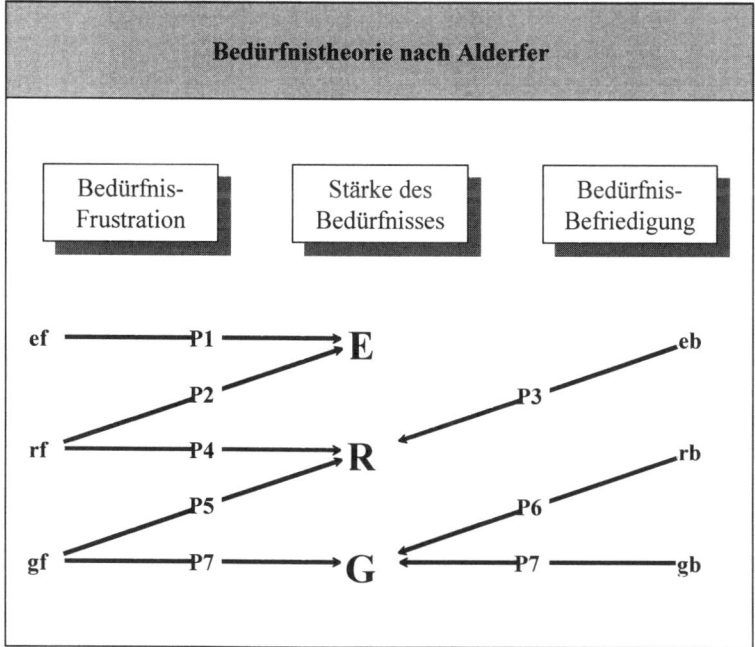

Abb. 44: Die Bedürfnistheorie von Alderfer

---

[98] Vgl. Jung, H.: Personalwirtschaft, a.a.O., S 380 f.

Diesen Hauptaussagen liegen drei zentrale Prinzipien zugrunde:

- **Frustrations-Hypothese**, die besagt, dass ein Bedürfnis im Ausmaß seiner Nicht-Befriedigung dominant wird (Grundlage für P1 und P4).

- **Frustrations-Regressions-Hypothese**, die besagt, dass sich ein Individuum bei Nicht-Befriedigung eines Bedürfnisses auf eine niedrigere Bedürfnisstufe zurückzieht (Grundlage für P2 und P5).

- **Befriedigungs-Progressions-Hypothese**, die besagt, dass durch die Befriedigung eines Bedürfnisses das hierarchisch nächsthöhere aktiviert wird (Grundlage für P3, P6 und P7). Diese Hypothese liegt auch der Maslowschen Bedürfnishierarchie zugrunde.[99]

Die E-R-G-Theorie relativiert somit die Annahme Maslows derart, dass auch in umgekehrter Richtung das nächstniedrigere Bedürfnis aktiviert werden kann, sofern eine Befriedigung der Bedürfnisse der oberen Ebene blockiert ist. Damit stellen selbst bereits befriedigte Bedürfnisse noch solange Motivatoren dar, wie sie als Ersatz für noch unbefriedigte Bedürfnisse dienen.

Alderfer hat seine Theorie aufgrund verschiedener empirischer Untersuchungen mehrfach modifiziert, wobei er die Hauptaussagen P3 und P5 als nicht nachgewiesen ersatzlos strich und die Aussagen P2, P4, P6 und P7 geringfügig abänderte.[100]

Obwohl die E-R-G-Theorie im Vergleich zur Bedürfnishierarchie Maslows aufgrund der verschiedenen Modifikationen einen größeren Informationsgehalt aufweist, hat sie in der Unternehmenspraxis keine große Beachtung gefunden.[101]

(3) Theorie X und Y von Mc Gregor

Die Motivationstheorie von Mc Gregor (1960) ist stark beeinflusst von dem Menschenbild, welches der Vorgesetzte von dem Mitarbeiter hat. Die Theorien X und Y formulieren dabei zwei extrem unterschiedliche Menschenbilder, deren Annahmen in Abb. 43 einander gegenübergestellt werden.

Nach Auffassung der **Theorie X** bestehen zwei Möglichkeiten, um den Mitarbeiter zur Erreichung der betrieblichen Ziele zu bringen:

– durch Druck und Strafe bzw. Furcht vor Strafe, aber auch

– durch Geld als allein wirksames Anreizmittel.

Da die Mitarbeiter nach der Theorie X lediglich ihre physischen Bedürfnisse befriedigen können, funktioniert diese Theorie in Anlehnung an die Bedürfnishierarchie Maslows nur solange, wie physiologische und nicht höhere Motive antriebsbestimmend sind.[102]

Tatsächlich entspricht das Menschenbild der Theorie X nach der Auffassung Mc Gregors jedoch nicht mehr dem heutigen Mitarbeiter und kann sich allenfalls durch das Phänomen der "selbsterfüllenden Prophezeiung" bestätigen. Danach verhält sich der

---

[99] Vgl. Wagner, H./ Städler, A.: Führung: Grundlagen, Prozesse und Konzeptionen der Mitarbeiterführung in Unternehmungen, 2. Auflage, Münster 1989, S. 43.
[100] Vgl. Bisani, F.: Personalführung, a.a.O., S. 79.
[101] Vgl. Klaus, H./ Schneider, H.J.: Personalführung, a.a.O., S. 211.
[102] Vgl. Bisani, F.: Personalführung, a.a.O., S. 108.

Mitarbeiter genau so wie die Theorie es voraussagt, nämlich träge, passiv und verantwortungsscheu, jedoch nur aus dem Grunde, weil er durch entsprechendes Führungsverhalten dazu provoziert wird. Das Menschenbild bestätigt sich somit, weil die Wirkung fälschlicherweise für die Ursache gehalten wird.

Die **Theorie Y** hingegen bezieht sich entsprechend den Erkenntnissen Maslows auf die Befriedigung höherwertigerer Bedürfnisse. Aus dieser Theorie folgt, dass Bedürfnisse und Wünsche der Mitarbeiter in die Pläne der Unternehmen zu integrieren sind, um zu gewährleisten, dass sich die Mitarbeiter mit besonderer Intensität für die Verwirklichung dieser Pläne einsetzen.[103]

Kritik an der Theorie Mc Gregors wird vor allem in bezug auf seine mangelnde empirische Bestätigung geäußert. Dennoch kann sie sicherlich einige nützliche Denkanstöße für die betriebliche Praxis bieten.

Die folgende Abbildung stellt die wichtigsten Annahmen der Theorie X und Y bezüglich der zwei Menschentypen gegenüber:

Theorie X	Theorie Y
- Dem Durchschnittsmenschen ist eine Abneigung gegenüber der Arbeit angeboren, und er versucht, Arbeit zu vermeiden, wo immer er kann.	- Sich physisch oder geistig anzustrengen, ist dem Menschen ebenso eigen wie der Spieltrieb. Darüber hinaus kann die Arbeit sowohl Befriedigung als auch Enttäuschung hervorrufen.
- Als Folge der Abneigung gegenüber der Arbeit muss der Mensch gezwungen, kontrolliert, ausgerichtet, bedroht, bestraft werden, um die erwartete Leistung zu erbringen.	- Äußere Kontrolle und Androhung von Strafen sind allgemein nicht wirksam, um einen Menschen zu veranlassen, bestimmte Ziele zu erreichen. Er zieht es vor, innerhalb des Zielsystems, mit dem er sich identifiziert, Eigenverantwortung und Selbstkontrolle zu übernehmen.
- Der Durchschnittsmensch zieht es vor, angeleitet zu werden; er versucht, Verantwortung abzuwälzen, entwickelt wenig Ehrgeiz, verlangt nach Sicherheit und möchte sich vor allem wie die Mehrheit der Menschen verhalten.	- Der Mensch übernimmt nicht Verantwortung, sondern sucht sie. Scheu vor Verantwortung, Mangel an Ehrgeiz sowie vorherrschendes Sicherheitsdenken sind Folgen misslicher Erfahrung, nicht jedoch charakteristisch für die Menschen.
- Die intellektuellen Fähigkeiten des Durchschnittsmenschen werden nur teilweise genutzt.	- Einfallsreichtum und Kreativität finden sich unter Menschen weit mehr, als generell vermutet.
- Das zentrale Führungsprinzip besteht aus Anleitung und Kontrolle, die nur mit Autorität durchgesetzt werden können.	- Das zentrale Führungsprinzip besteht in der Integration: Die Schaffung solcher Bedingungen, unter denen die Mitglieder der Organisation ihre eigenen Anstrengungen so ausrichten, dass sie ihre eigenen Ziele im Rahmen der Gesamtleistung des Unternehmens erreichen können.
- Die organisatorischen Erfordernisse bestehen ohne Rücksicht auf die Bedürfnisse der Organisierten. Für die gebotene Belohnung akzeptiert der Mensch Autorität und Kontrolle.	- Das Unternehmen wird in dem Maße leistungsfähiger, in dem die persönlichen Wünsche und Ziele seiner Mitarbeiter mitberücksichtigt werden.
- Ungenutzte Fähigkeiten gibt es nicht. Deshalb besteht auch kein Grund, Zeit, Geld und Anstrengungen zu investieren, um eventuelle Fähigkeiten voll zu nutzen.	- Das Management ist herausgefordert, Neuerungen einzuführen (Innovation), neue Möglichkeiten der Zusammenarbeit zu entdecken, und den menschlichen Einsatz anzuleiten.

Abb. 45: Die wichtigsten Annahmen der Theorie X und Y

---

[103] Vgl. Mc Gregor, D.: Der Mensch im Unternehmen, Düsseldorf/ Wien 1970, S. 61 f.

(4) Zwei-Faktoren-Theorie von Herzberg

Um den Zusammenhang zwischen Arbeitssituation und Arbeitszufriedenheit aufzudecken, befragten Herzberg und seine Mitarbeiter 1959 ca. 200 Ingenieure und Büroangestellte im Industriegebiet Pittsburgh nach solchen Situationen im Arbeitsleben, die den Befragten in äußerst angenehmer oder unangenehmer Erinnerung waren (Methode der kritischen Ereignisse). Da die meisten der 16 untersuchten Faktoren entweder überwiegend im Zusammenhang mit positiven oder negativen Ergebnissen genannt wurden, kam Herzberg zu dem Schluss, dass sich zwei Klassen von Einflussgrößen unterscheiden lassen:

- Die **Hygiene-** oder **Maintenance-Faktoren** hängen nicht unmittelbar mit der Arbeit selbst zusammen, sondern stellen vielmehr Bedingungen des Arbeitsvollzugs dar. Sie sind also extrinsische oder Kontextfaktoren. Sie zeichnen sich dadurch aus, dass sie Unzufriedenheit verhindern, jedoch keine Zufriedenheit herstellen können. Ihr Fehlen führt zur Unzufriedenheit. Ihr Vorhandensein beseitigt die Unzufriedenheit, führt aber nicht zu besonderen Anreizen und zur Leistungssteigerung der Mitarbeiter.

- Die **Motivatoren** hingegen beziehen sich auf die Arbeit selbst und werden deshalb auch als intrinsische Faktoren oder Kontentfaktoren bezeichnet. Ihr Vorhandensein führt zu oder erhöht die Mitarbeiterzufriedenheit. Ihr Fehlen verhindert Zufriedenheit, ohne zur Unzufriedenheit zu führen.

Die Erkenntnis Herzbergs, dass positive Einstellungen von Mitarbeitern zur Arbeit andere Ursachen haben als negative, hat ihn dazu veranlasst, das klassische Zufriedenheitskonzept, nach dem Zufriedenheit und Unzufriedenheit einander entgegen-gesetzte Pole auf einer einheitlichen Dimension darstellen, abzulehnen und sie vielmehr als zwei getrennte Kontinua zu betrachten. Ein Mitarbeiter kann somit zum selben Zeitpunkt sowohl sehr zufrieden als auch sehr unzufrieden sein.

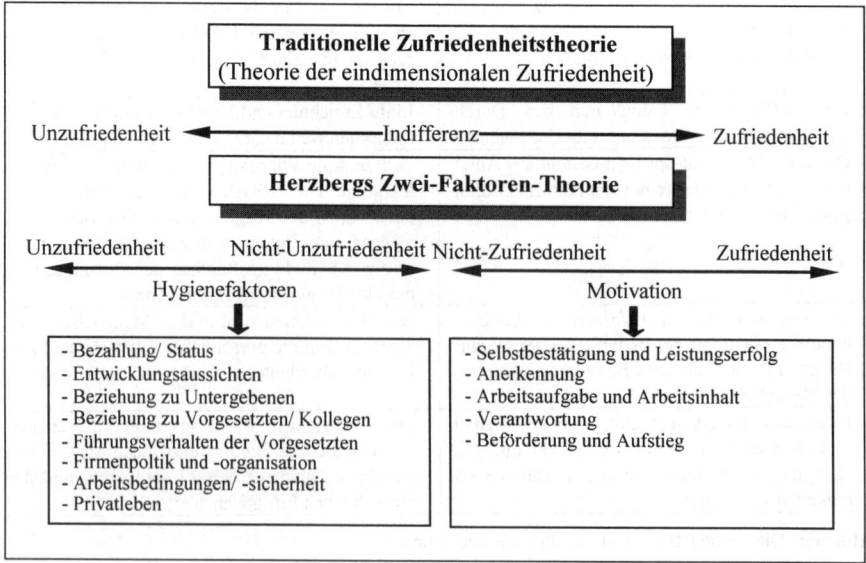

Abb. 46: Vergleich der traditionellen Zufriedenheitstheorie mit Herzbergs Zwei-Faktoren-Theorie

Die Bedeutung der Theorie Herzbergs für die betriebliche Praxis liegt vor allem darin, dass er neue Perspektiven der Mitarbeitermotivation dadurch eröffnet, dass er nicht mehr den Kontext der Arbeit (Hygiene-Faktoren) sondern die Arbeit selbst, den Arbeitsinhalt als entscheidenden Motivationsfaktor sieht. Die Motivation der Mitarbeiter lässt sich am besten dadurch erreichen, dass ihnen anspruchsvolle Aufgaben übertragen werden, um ihre höherwertigen Bedürfnisse zu befriedigen. Für die Führungspraxis empfiehlt Herzberg, den Aufgaben- und Arbeitsbereich des einzelnen mit interessanten und stimulierenden Tätigkeiten im Rahmen des Job Enrichment anzureichern.

Die Zwei-Faktoren-Theorie weist jedoch auch einige Schwachpunkte auf. Zum einen werden interindividuelle Unterschiede in der Bedürfnisstruktur, wie bereits bei der Motivationstheorie Maslows, unzureichend berücksichtigt. So wirken sich größere Frei- und Verantwortungsräume sicher nicht auf alle Mitarbeiter motivationsfördernd aus. Zum anderen bleibt das breite Feld zwischen den Extrempunkten "sehr zufrieden" - "sehr unzufrieden" unberücksichtigt, was zu fehlerhaften Schlüssen führen kann, da nicht erwiesen ist, dass die Folgerungen, die aus extremen Erfahrungen abgeleitet werden, auch auf den Zwischenraum zutreffen.[104] Ferner hat sich gezeigt, dass die Ergebnisse nur mit Hilfe der "Critical-Incident-Methode" (Methode der kritischen Ereignisse) zustande kommen, andere Methoden hingegen zu keiner Übereinstimmung der Resultate gelangen.[105] Die Differenzierung zwischen Motivatoren und Hygienefaktoren wäre demnach ein Produkt der Befragungsmethode.

3.1.2.2 Prozesstheorien

Unter Prozesstheorien versteht man Motivationstheorien, die sich losgelöst von den Motivationsinhalten mit der Frage der Entstehung, Aufrechterhaltung und Befriedigung der Mitarbeitermotivation auseinandersetzen. Sie definieren Variablen mit einem hohen Allgemeinheitsgrad wie beispielsweise Ziele, Anreize, Belohnung, Erwartungen etc. und versuchen zu zeigen, wie durch Zusammenwirken dieser Variablen Motivation für ein bestimmtes Verhalten entsteht. Zu den Prozesstheorien zählen:
- die Erwartungsvalenztheorie von Vroom
- die Gleichheitstheorie von Adams

(1) Erwartungsvalenztheorie von Vroom

Die Erwartungsvalenztheorie von Vroom (1964), die das Grundmodell aller neueren Prozesstheorien der Motivation darstellt, beruht auf dem "Weg-Ziel-Ansatz". Danach hängt die Leistungsmotivation des Mitarbeiters davon ab, inwieweit er hohe Arbeitsleistung oder gute Arbeitsqualität als Mittel zur Erreichung seiner persönlichen Ziele ansieht.

Der Mensch setzt Kräfte für ein Verhalten ein, das
- aufgrund von Überlegungen mit hoher Wahrscheinlichkeit Mittel zu dem Zweck ist,
- hoch bewertete persönliche Ziele (V = Valenz) zu erreichen und
- das mit hoher subjektiver Wahrscheinlichkeit (E = Erwartung) auch erbracht werden kann.

---

[104] Vgl. Neuberger, O.: Theorien der Arbeitszufriedenheit, Stuttgart 1974, S. 129.
[105] Vgl. Zink, K.-J.: Differenzierung der Theorie der Arbeitsmotivation von F. Herzberg zur Gestaltung sozio-technischer Systeme, Zürich 1975, S. 63.

Im Mittelpunkt dieser Theorie stehen somit folgende drei Begriffe:

- Die **Erwartung** ($0 < E < 1$) ist die subjektive Einschätzung der Wahrscheinlichkeit, durch ein bestimmtes Verhalten ein bestimmtes Ziel (Ergebnis I) erreichen zu können. Der Mitarbeiter stellt sich die Frage, wie seine Bemühung zu einer hohen Arbeitsleistung führt.

- Die **Instrumentalität** ($-1 < I < 1$) steht für die Erwartung, dass das Ergebnis eines bestimmten Verhaltens (Ergebnis I) zur Erreichung der erwünschten Ziele (Ergebnis II) führt. Der Mitarbeiter stellt sich entsprechend die Frage, wie wahrscheinlich es ist, dass eine hohe Arbeitsleistung zum Erreichen bestimmter Ziele führt.

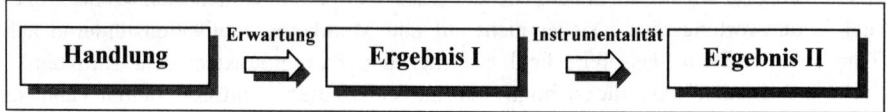

Abb. 47: Erwartung und Instrumentalität in der Erwartungsvalenztheorie

- Die **Valenz** bezeichnet die subjektiv empfundene Belohnung, die mit der Zielerreichung verbunden ist. Sie wird von den Motiven des Mitarbeiters und dem Anreiz, der von der angestrebten Leistung ausgeht, bestimmt. Der Mitarbeiter stellt sich also die Frage, welchen Nutzen das Endergebnis für ihn persönlich haben wird.[106]

Aus den genannten Faktoren ergibt sich die Motivation eines Mitarbeiters nach der Formel:

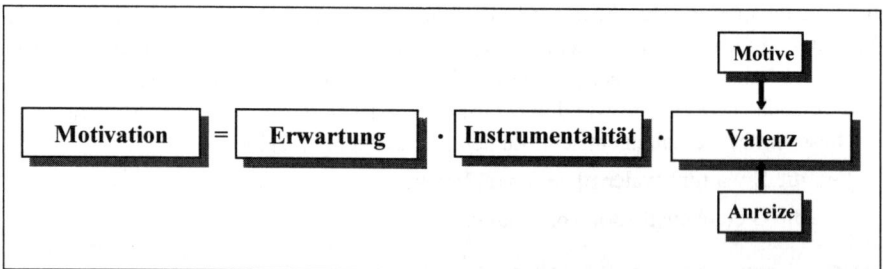

Abb. 48: Bestimmungsfaktoren der Motivation in der Erwartungsvalenztheorie

Die Theorie Vrooms berücksichtigt den in Inhaltstheorien völlig vernachlässigten, für das Verständnis menschlichen Arbeitsverhaltens jedoch wichtigen Aspekt der Instrumentalität. Als Kritikpunkt lässt sich hingegen anmerken, dass die Theorie empirisch nicht hinreichend gesichert ist, da die Erfassung der Valenzen und Erwartungen mit erheblichen messtheoretischen Problemen verbunden ist. Auf der Ebene ausführender Tätigkeiten ist die Anwendung des Modells außerdem stark eingeschränkt, da die Mitarbeiter hier kaum Wahlmöglichkeiten hinsichtlich ihres Arbeitsverhaltens haben.[107] Die kritischen Einwände führten dazu, dass das Grundmodell Vrooms auf verschiedene Weise modifiziert und erweitert wurde. Ein Beispiel ist die Motivationstheorie von Porter und Lawler, auf die jedoch nicht näher eingegangen werden soll.

---

[106] Vgl. Wagner, H./ Städler, A.: Führung, a.a.O., S. 54.
[107] Vgl. Staehle, W.H.: Management, Eine verhaltenswissenschaftliche Perspektive, a.a.O., S. 217.

(2) Gleichheitstheorie von Adams

Die Gleichheitstheorie geht von der Annahme aus, dass die Arbeitssituation als Tauschverhältnis erlebt wird. Der Arbeitnehmer bringt seine Arbeitskraft, Leistung, Alter, Erfahrungen etc. ein (Input) und erwartet vom Arbeitgeber dafür Bezahlung, interessante Arbeitsinhalte, Beförderung, soziale Sicherheit etc. (Outcome).[108] Arbeitszufriedenheit ist dann gegeben, wenn der Mitarbeiter das "Einsatz-Belohnungsverhältnis" im Gleichgewicht sieht. Zur Beurteilung, ob ein Gleichgewicht besteht, vergleicht der Mitarbeiter i.d.R. sein Input-Outcome-Verhältnis mit dem anderer Personen oder Situationen.

Gleichgewicht   Ungleichgewicht

$$\frac{L(M)}{B(M)} = \frac{L(RP)}{B(RP)} \qquad \frac{L(M)}{B(M)} \neq \frac{L(RP)}{B(RP)}$$

mit: $L(M)$ = Leistungen des Mitarbeiters
$B(M)$ = Belohnungen für den Mitarbeiter
$L(RP)$ = Leistungen der Vergleichspersonen
$B(RP)$ = Belohnungen für die Vergleichspersonen

Abb. 49: Gleichgewicht und Ungleichgewicht in der Gleichheitstheorie

Fällt der Vergleich ungünstig aus, so entsteht ein als Motivation interpretierbares Spannungsgefühl (Ärger, Schuldgefühle etc.). Der Mitarbeiter hat verschiedene Möglichkeiten, das von ihm empfundene Ungleichgewicht zu reduzieren:[109]

- **Verhaltensaktive Strategien**, d.h. er steigert oder reduziert seine Anstrengungen, fordert höheren Lohn, wechselt die Tätigkeit, Vergleichsperson oder Unternehmung.
- **Kognitive Strategien**, d.h. er über- oder unterschätzt die eigene oder fremde Leistung.

Da die Stärke der Motivation nach der Gleichheitstheorie von der Größe des Ungleichgewichtes bestimmt wird, kann der Mitarbeiter durch absichtliches Erzeugen eines Ungleichgewichts zur Ausübung bestimmter Verhaltensweisen veranlasst werden.

Die Theorie wurde bisher primär auf die Frage der Über- bzw. Unterbezahlung angewendet. Da sie in diesem Zusammenhang darauf verweist, dass sich z.B. die Bewertung des Gehalts nicht ausschließlich aus dessen objektiver sondern auch aus der im sozialen Vergleich entstandenen relativen Höhe ergibt, erweist sie sich für die Praxis in bezug auf die Bewertung von Belohnungen als bedeutsam. Der Versuch, sie auf andere Gesichtspunkte der Arbeitssituation anzuwenden, ist hingegen problematisch, da jedes Individuum auf Ungleichheit unterschiedlich reagiert und allgemeine Verhaltensvorhersagen somit nicht möglich sind.[110]

---

[108] Vgl. v. Rosenstiel, L.: Die motivationalen Grundlagen des Verhaltens in Organisationen; Leistung und Zufriedenheit, Berlin 1975, S. 165.
[109] Vgl. Drumm, H.J.: Personalwirtschaftslehre, a.a.O., S. 344.
[110] Vgl. v. Rosenstiel, L.: Die motivationalen Grundlagen des Verhaltens in Organisationen; Leistung und Zufriedenheit, a.a.O., S. 165.

3.2 Personalentlohnung

Gegenstand der betrieblichen Entgeltpolitik ist die Bestimmung des Bruttolohnes oder -gehaltes, das ein Arbeitnehmer als Vergütung für die erbrachte Arbeitsleistung erhält. Aus betriebswirtschaftlicher Sicht ist ein Lohn relativ gerecht, der dem produktiven Beitrag der Arbeitsverrichtung für das Unternehmen entspricht. Die Übereinstimmung von Lohn und Leistung wird durch das Äquivalenzprinzip Kosiols präzisiert:

- Prinzip der Äquivalenz von **Lohn** und **Anforderungsgrad** (anforderungsgerechter Lohn)
- Prinzip der Äquivalenz von **Lohn** und **Leistungsgrad** (leistungsgerechter Lohn)

Daneben treten heute soziale Überlegungen in den Vordergrund. In zunehmendem Maße wird ein Lohn als gerecht empfunden, der den Grundsatz "gleicher Lohn für gleiche Leistung" durchbricht und neben der Arbeitsleistung und den Anforderungen der Arbeit auch soziale Merkmale wie Alter, Familienstand, Kinderzahl oder Dauer der Betriebszugehörigkeit berücksichtigt.

Hinsichtlich des Aufbaus des Arbeitsentgeltes lassen sich entsprechend die in Abb. 49 dargestellten Lohnbestandteile unterscheiden.

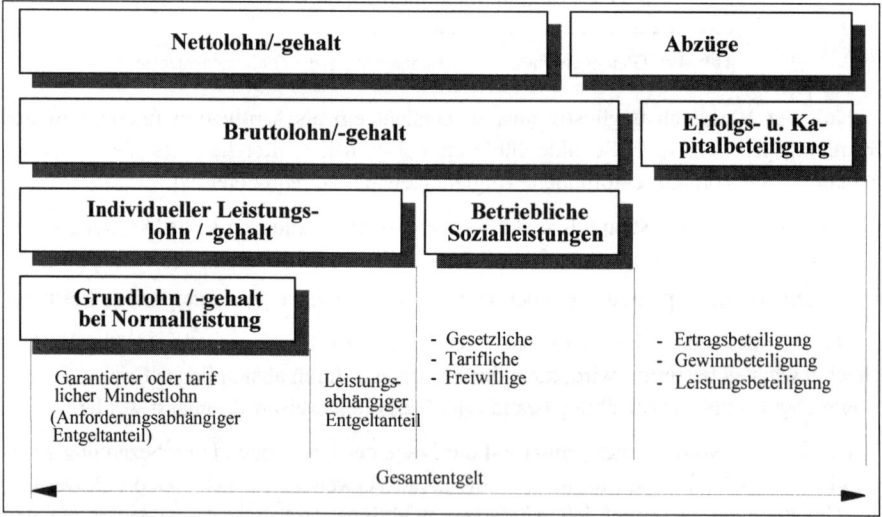

Abb. 50: Bestandteile des Arbeitsentgeltes

Ausgangspunkt ist der garantierte Mindestlohn, der unabhängig von der vom Mitarbeiter erbrachten Arbeitsleistung nicht unterschritten werden darf und gewährleisten soll, dass die Mitarbeiter auch bei Minderleistungen nicht in ihrer Existenz bedroht sind. Bei Erreichen der garantierten Mindestlohngrenze werden die Leistungslöhne zu Soziallöhnen. Der anforderungsabhängige Entgeltanteil entspricht dem Grundlohn bei Normalleistung. Er wird auch als Basislohn oder Ausgangslohn bezeichnet. Liegt das Leistungsergebnis über der Bezugsleistung, so kann dies durch den leistungsabhängigen Entgeltanteil berücksichtigt werden. Hinzu kommen die betrieblichen Sozialleistungen und gegebenenfalls Erfolgs- und Kapitalbeteiligungen, die unter Punkt 4.4 bzw. 4.5 behandelt werden.

3.2.1 Arbeitsbewertung

Im Rahmen der **Arbeitsbewertung** werden die Anforderungen, die ein Arbeitssystem an den arbeitenden Menschen stellt, ermittelt und quantifiziert.[111] Die Bewertung erfolgt dabei unabhängig von einem spezifischen Stelleninhaber und dessen Leistung auf der Grundlage einer fiktiven Normalleistung. Das Ergebnis der Arbeitsbewertung ist der sogenannte Arbeitswert, als Kennzahl für den Schwierigkeitsgrad des Arbeitssystems. Dieser dient vor allem der anforderungsgerechten Differenzierung der Grundentgelte entsprechend dem Prinzip der Äquivalenz von Lohn und Anforderungsgrad, kann jedoch auch als Grundlage für die Bestimmung des qualitativen Personalbedarfs, dem eignungsadäquaten Personaleinsatz und der Arbeitsgestaltung herangezogen werden.

Die Methoden der Arbeitsbewertung lassen sich nach dem Prinzip der qualitativen Analyse in **summarische** und **analytische Methoden** unterteilen. Während bei der summarischen Methode die Beurteilung der Arbeitsschwierigkeit global erfolgt, werden bei analytischem Vorgehen die Anforderungsarten als isolierte Elemente der Arbeitsschwierigkeit beurteilt.[112]

Die Quantifizierung der Anforderungen kann durch **Reihung** oder **Stufung** erfolgen. Werden die einzelnen zu bewertenden Arbeiten entsprechend ihren Schwierigkeitsgraden in eine Reihenfolge gebracht, so liegt eine Quantifizierung der Anforderungen durch Reihung vor. Bei der Stufung werden Anforderungsstufen festgelegt, wobei unterschiedliche Arbeiten gleicher Schwierigkeit der gleichen Stufe zugeordnet werden.

Kombiniert man die qualitativen und quantitativen Strukturierungskriterien, so ergeben sich die in folgender Abbildung dargestellten vier Grundmethoden der Arbeitsbewertung:

Methoden der Quantifizierung \ Methoden der qualitativen Analyse	Summarisch	Analytisch
Reihung	Rangfolge-verfahren	Rangreihen-Verfahren
Stufung	Lohngruppen-verfahren	Stufenwertzahl-verfahren

Abb. 51: Verfahren der Arbeitsbewertung

Ihre Anwendung ist auf Arbeitsplätze mit genau festgelegten, im Zeitablauf weitgehend gleichbleibenden Arbeitsanforderungen, d.h. auf Arbeitsplätze mit überwiegend ausführenden Tätigkeiten, begrenzt.

3.2.1.1 Summarische Verfahren

Summarische Verfahren sind dadurch gekennzeichnet, dass die Beurteilung der Arbeitsschwierigkeit für die Arbeit als Ganzes vorgenommen wird, so dass unterschiedliche Anforderungsarten nur summarisch berücksichtigt werden.

---

[111] Vgl. REFA: Methodenlehre der Betriebsorganisation: Anforderungsermittlung (Arbeitsbewertung), München 1989, S. 10.
[112] Vgl. Jung, H.. Personalwirtschaft, a.a.O., S. 556 f.

(1) Rangfolgeverfahren

Beim Rangfolgeverfahren werden sämtliche Arbeitsplätze eines Unternehmens aufgelistet und anschließend durch vergleichendes Schätzen nach sinkenden Schwierigkeitsgraden in eine Rangfolge gebracht. Dabei stehen zwei Verfahren zur Verfügung:

- **Spielkartensortiermethode**, bei der in einem ersten Schritt die Arbeiten einer Abteilung eines Unternehmens auf Karten geschrieben und nach Schwierigkeit sortiert werden und in einem zweiten Schritt die Arbeiten aller anderen Abteilungen in die Schwierigkeitsskala dieser "Vergleichsabteilung" einrangiert werden.
- **Paarweiser Vergleich**, bei dem alle Arbeiten unmittelbar auf Karten erfasst werden und bei einem paarweisen Vergleich jeweils die schwieriger einzustufende Arbeit mit einem Zeichen versehen wird. Die Rangfolge ergibt sich am Ende des Vergleichs durch die Anzahl der Kennzeichnungen auf jeder Karte.

Die anforderungsabhängige Kennzahl, als zahlenmäßiger Ausdruck der Gesamtschwierigkeit der Aufgabe, ist hier die Entgeltgruppe. Den Entgeltgruppen werden durch Tarifvertrag Entgeltsätze zugeordnet.[113]

Der Vorzug des Rangfolgeverfahrens liegt in seiner einfachen Handhabung und relativ leichten Verständlichkeit. Es macht jedoch keine Aussagen über die unterschiedlichen Abstände zwischen den einzelnen Rängen, die bei Lohn- und Gehaltsfestsetzung zu berücksichtigen sind. Durch das Fehlen eines Beurteilungsmaßstabes besteht außerdem, insbesondere bei wachsender Betriebsgröße, die Gefahr von Fehlbewertungen. Die Anwendbarkeit des Rangfolgeverfahrens ist deshalb weitgehend auf kleine Unternehmen mit relativ gleichartigen Arbeitsplätzen beschränkt.

(2) Lohngruppenverfahren

Beim Lohngruppenverfahren wird eine bestimmte Anzahl von Lohn- oder Gehaltsgruppen gebildet, die nach Anforderungshöhe gestuft und durch Begriffe, Normtätigkeiten oder Richtbeispiele inhaltlich beschrieben werden. Durch den summarischen Vergleich mit der Stufendefinition werden die Arbeiten jeweils der Stufe zugeordnet, der sie am meisten entsprechen. Jede Stufe stellt dabei eine Entgeltgruppe dar.[114]

Die Vorteile des Lohngruppenverfahrens bestehen ähnlich dem Rangfolgeverfahren in der leichten Verständlichkeit und relativen Einfachheit. Da jede Stufe einer Lohn- bzw. Gehaltsgruppe entspricht, liefert es unmittelbar die zugehörigen Entgelte. Nachteilig hingegen ist, dass Beurteilungsunterschiede nur weniger differenziert vorgenommen werden können als es durch Reihung möglich ist.

Entgeltsprünge zwischen den Stufen, die mit abnehmender Stufenzahl steigen, sind vor allem für solche Mitarbeiter unbefriedigend, deren Tätigkeit an der oberen Grenze einer Stufe eingeordnet werden. Eine genaue Einstufung der einzelnen Tätigkeiten setzt hingegen exakte Stufendefinitionen sowie eine nicht allzu große Stufenzahl voraus. Das Lohngruppenverfahren wird überwiegend bei der Bewertung von Büroarbeiten und bei Tätigkeiten im öffentlichen Dienst angewendet.

---

[113] Vgl. REFA: Methodenlehre der Betriebsorganisation: Entgeltdifferenzierung, 2. Auflage, 1989, S. 17.
[114] Vgl. ebd., S. 19.

3.2.1.2 Analytische Verfahren

Bei den analytischen Verfahren der Arbeitsbewertung wird die Arbeitsschwierigkeit für jede Anforderungsart einer Arbeit einzeln ermittelt. Der Arbeitswert als Kennzahl für den Schwierigkeitsgrad des Arbeitssystems ergibt sich als Wertzahlsumme der Einzelwerte der verschiedenen Anforderungsarten.

Das Genfer Schema unterscheidet sechs Anforderungsarten, die in Abb. 51 dargestellt sind. Das Fachkönnen und die Belastung stellen dabei die Oberbegriffe dar, denen sich die geistigen und körperlichen Anforderungen unterordnen lassen. Die Verantwortung und Arbeitsbedingungen werden hingegen nur auf die Belastung bezogen, da sie, so unterstellt das Genfer Schema, von dem Fachkönnen unabhängig sind.

Anforderungen	Können	Belastung
Geistige Anforderungen	●	●
Körperliche Anforderungen	●	●
Verantwortung		●
Umgebungseinflüsse		●

Abb. 52: Anforderungsarten nach dem Genfer Schema

Eine Erweiterung des Genfer Schemas durch Einbeziehung ergonomischer Gesichtspunkte stellen die **Anforderungsarten nach REFA** dar: [115]

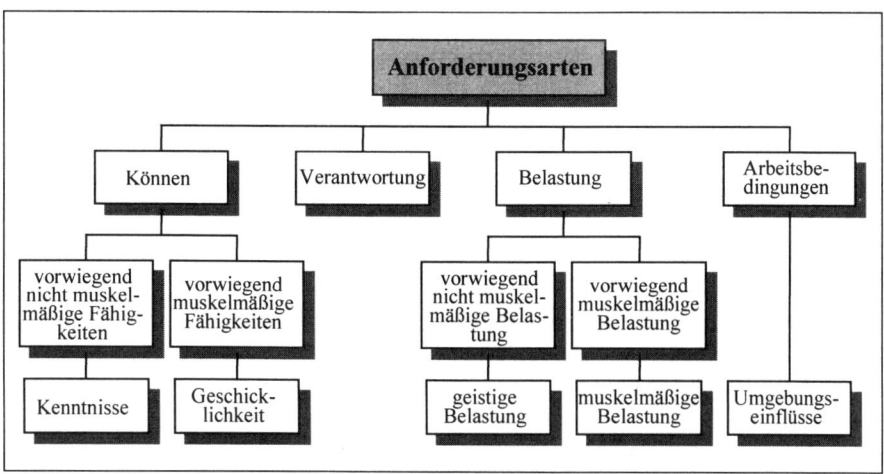

Abb. 53: Anforderungsarten nach REFA

---

[115] Vgl. REFA: Methodenlehre der Betriebsorganisation: Anforderungsermittlung (Arbeitsbewertung), a.a.O., S. 44.

(1) Rangreihenverfahren

Beim **Rangreihenverfahren** wird für jede Anforderungsart eine Rangreihe gebildet, in welche die Arbeitsverrichtungen nach ihrer Anforderungshöhe eingeordnet werden und einen entsprechenden Rangplatz erhalten.

Nach der Art der Gewichtung der Anforderungen zueinander ist zwischen Rangreihenverfahren mit getrennter und gebundener Gewichtung zu unterscheiden. Bei getrennter Gewichtung werden die Rangplatznummern der einzelnen Anforderungsarten im Anschluss an das Rangieren mit den Gewichtungsfaktoren multipliziert. Auf diese Weise ergeben sich Teilanforderungswerte, deren Summe den Arbeitswert einer Tätigkeit darstellen. Gebundene Gewichtung hingegen bedeutet, dass die Gewichtungsfaktoren in der Rangplatznummer berücksichtigt werden, so dass diese unmittelbar die Arbeitswerte je Anforderungsart wiedergeben.

Dies führt zu unterschiedlich langen Rangreihen der einzelnen Anforderungsarten. Der Arbeitswert lässt sich direkt als Summe der Einzelwerte ermitteln. Im Anschluss an das Gewichten werden in einem letzten Schritt die Gesamtarbeitswerte Arbeitswertlöhnen zugeordnet (Tarifieren).

Das Rangreihenverfahren ist im Vergleich zu den summarischen Verfahren wesentlich detaillierter und führt durch die Beurteilung einzelner Anforderungsarten zu objektiveren Ergebnissen. Subjektive Einflüsse können jedoch auch hier aufgrund der vorzunehmenden Gewichtung nicht vollständig ausgeschlossen werden. Darüber hinaus ist zu berücksichtigen, dass beispielsweise fortschreitende Mechanisierung und Automation die Teilanforderungen verändern können und die Beurteilungsmaßstäbe entsprechend anzupassen sind.

(2) Stufenwertzahlverfahren

Beim **Stufenwertzahlverfahren** werden für jede Anforderungsart Anforderungsstufen festgelegt (z.B. sehr gering, gering, mittel, groß, sehr groß), denen Wertzahlen zugeordnet sind, die linear oder progressiv, seltener degressiv verlaufen können.

Um die einzelnen Anforderungsarten der zu bewertenden Arbeit zielsicher einstufen zu können, werden die Stufen näher erläutert oder durch Richtbeispiele ergänzt.

Analog zum Rangreihenverfahren kann auch das Stufenwertzahlverfahren bei getrennter oder gebundener Gewichtung durchgeführt werden. Bei getrennter Gewichtung ist der Gewichtungsfaktor im Gegensatz zur gebundenen Gewichtung nicht in das System eingebaut und muss noch mit der Stufenwertzahl multipliziert werden.

Die Vorteile des Stufenwertzahlverfahrens liegen in seiner leichten Verständlichkeit und einfachen Handhabung. Der Geldwert lässt sich einfach ermitteln, indem die Gesamtwertzahl durch Multiplikation mit dem Geldwertfaktor in Geldeinheiten umgerechnet werden. Im Vergleich zu den übrigen Verfahren der Arbeitsbewertung ist die Objektivität der Bewertung am ehesten gewährt.[116] Wie beim Rangfolgeverfahren ist insbesondere bei technischen Veränderungen die Gewichtung der Anforderungsstufen zueinander zu prüfen.

---

[116] Vgl. Olfert, K./ Steinbuch, P. A.: Personalwirtschaft, a.a.O., S. 340 f.

Obwohl die analytischen Verfahren insgesamt aussagefähiger sind, werden in der betrieblichen Praxis weitgehend die summarischen Verfahren aufgrund ihres geringeren Aufwandes bevorzugt.[117]

3.2.2 Lohnformen

Während die verschiedenen Verfahren der Arbeitsbewertung der anforderungsgerechten Entgeltdifferenzierung dienen, soll mit der Wahl einer geeigneten Lohnform dem zweiten Teilaspekt des allgemeinen Äquivalenzprinzips, der Äquivalenz von Lohn und Leistungsgrad Rechnung getragen werden. Dazu stehen die im folgenden dargestellten Lohnformen zur Verfügung.

3.2.2.1 Zeitlohn

Der Zeitlohn ist immer anforderungsabhängig differenziert. Er ist durch eine feste Vergütung für eine Zeiteinheit (z.B. Stunde, Tag, Woche, Monat oder Jahr) gekennzeichnet. Die Lohnhöhe ergibt sich entsprechend als Produkt aus Lohnsatz und Arbeitszeit:

$$\text{Zeitlohn} = \text{Lohnsatz je Zeiteinheit} \cdot \text{Anzahl der Zeiteinheiten}$$

Auch wenn kein unmittelbarer Zusammenhang zwischen der Entgelthöhe und der erbrachten Arbeitsleistung besteht, bleibt die Leistung beim Zeitlohn nicht unberücksichtigt. Der mittelbare Leistungsbezug resultiert daraus, dass bei Festlegung des Lohnsatzes konkrete Leistungserwartungen bestehen, die sich an der Normalleistung orientieren.

Die **Anwendung** des Zeitlohnes empfiehlt sich insbesondere, wenn:
- kein unmittelbarer Zusammenhang zwischen der Mengenleistung und dem Entgelt herstellbar ist,
- die Leistung nicht oder nur mit sehr großem Aufwand messbar ist, wie z.B. bei geistig-schöpferischen und dispositiven Tätigkeiten,
- Sorgfalt, Gewissenhaftigkeit, Präzision und Qualität wichtiger sind als Schnelligkeit und Quantität,
- ein überhöhtes Arbeitstempo Gesundheitsschäden hervorrufen würde bzw. Unfälle oder Schäden an Betriebsmitteln eintreten könnten,
- der Arbeitsprozess so gestaltet ist, dass der Arbeitende das mengenmäßige Arbeitsergebnis nicht durch unterschiedliches Arbeitstempo beeinflussen kann.[118]

Vorteilhaft wirkt sich beim Zeitlohn die Einfachheit der Abrechnung, die Schonung von Mensch und Maschine, das Vermeiden von Unruhe, überhastetem Arbeitstempo und dadurch bedingten Qualitätseinbußen aus. Außerdem stellt der Zeitlohn für den Arbeitnehmer einen sicheren, gleichmäßigen Verdienst dar. Der Nachteil des Zeitlohnes besteht darin, dass das Unternehmen das volle Risiko bei Minderleistung trägt. Des weiteren bietet er den Mitarbeitern keinen Anreiz zur Leistungssteigerung. Dieser Nachteil kann durch die Gewährung von Leistungszulagen zum Zeitlohn beseitigt werden.

---

[117] Vgl. Marr, R./ Stitzel, M.: Personalwirtschaft, a.a.O., S. 399.
[118] Vgl. Wagner, H./ Sauer, M.: Personalmanagement, a.a.O., S. 116.

3.2.2.2 Akkordlohn

Der Akkordlohn ist in der Regel anforderungs- und leistungsabhängig differenziert. Es wird im Gegensatz zum Zeitlohn nicht die Dauer der Arbeitszeit, sondern eine bestimmte quantitative Leistung entlohnt.

Grundlage für die Akkordentlohnung sind die tariflich festgelegten Akkordrichtsätze. Dabei handelt es sich um Stundenverdienste, die die Akkordarbeiter bei Erbringung der Normalleistung erreichen können. Sie liegen um den Akkordzuschlag von etwa 15 bis 25 % über dem Grund- bzw. Zeitlohn einer vergleichbaren Tätigkeit, was dadurch zu rechtfertigen ist, dass die Arbeitsintensität bei Akkord grundsätzlich höher ist als im Zeitlohn.

$$\text{Akkordrichtsatz} = \text{Mindestlohn} + \text{Akkordzuschlag}$$

Durch Multiplikation des Akkordrichtsatzes mit dem Zeitgrad lässt sich der Stundenverdienst berechnen. Der Zeitgrad wird, je nachdem, ob die Abrechnung auftrags- oder periodenbezogen erfolgt, nach einer der beiden folgenden Gleichungen ermittelt:

$$\text{Zeitgrad} = \frac{\text{Vorgegebene Auftragszeit}}{\text{Ist} - \text{Auftragszeit}}$$

$$\text{Zeitgrad} = \frac{\text{Summe der abgerechneten Auftragszeiten in einer Periode}}{\text{Summe der Ist} - \text{Zeiten in der Periode während der im Akkord gearbeitet wurde}}$$

Der Stundenverdienst kann auch direkt aus der erzielten Stückzahl bestimmt werden, indem der Akkordrichtsatz in einen Minutenfaktor oder in einen Stücklohn umgerechnet wird. Im ersten Fall liegt ein Zeitakkord und im zweiten ein Geldakkord vor.

- Beim **Geldakkord** wird für jede erbrachte Mengeneinheit ein vereinbarter Stücklohn bzw. Geldfaktor vergütet.

$$\begin{array}{lcl}
\text{Stundenverdienst} & = & \text{Stückzahl} \cdot \text{Geldfaktor} \\
\text{[EUR]} & & \text{[Stück]} \quad \text{[EUR / Stück]} \\
\text{SV} & = & m \cdot Ge
\end{array}$$

- Beim **Zeitakkord** wird dem Mitarbeiter für die Ausführung einer Arbeitsverrichtung eine bestimmte Zeit vorgegeben, von der ihm jede Minute in Form des sogenannten Minutenfaktors [EUR/Min] vergütet wird. Der Minutenfaktor berechnet sich durch Division des Akkordrichtsatzes durch 60 Minuten. Er stellt somit den Verdienst eines Akkordarbeiters bei Normalleistung bezogen auf die Minute dar. Der Stundenverdienst, der sich durch Unterschreiten der Vorgabezeit erhöht, berechnet sich entsprechend als Produkt aus gefertigter Stückzahl, Vorgabezeit und dem Minutenfaktor:

$$\text{Stundenverdienst} = \text{Stückzahl} \cdot \text{Vorgabezeit} \cdot \text{Minutenfakt}$$

$$[\text{EUR}] \qquad [\text{Stück}] \qquad [\text{min}] \qquad [\text{EUR}/\text{min}]$$

$$SV = m \cdot ts \cdot Gm$$

Beide Verfahren führen zum gleichen Ergebnis und unterscheiden sich nur in der Art der Lohnberechnung. Der Zeitakkord hat jedoch mittlerweile den Geldakkord weitgehend verdrängt. Der Vorteil des Zeitakkords liegt insbesondere darin, dass bei Lohnänderungen nicht alle Stücklohnsätze neu berechnet werden müssen, sondern die Vorgabezeiten nur mit dem veränderten Geldfaktor zu multiplizieren sind.

Eine Sonderform des Akkordlohnes ist der **Gruppenakkord**. Darunter ist die gemeinsame Entlohnung mehrerer Arbeitnehmer zu verstehen. Seine Berechnung erfolgt wie beim Einzelakkord. Die Verteilung des Gruppenlohnes auf die einzelnen Mitarbeiter wird nach einem Verteilungsschlüssel, der die zeitliche Beteiligung, die unterschiedlichen Lohnsätze und ggf. auch die Leistung der einzelnen Gruppenmitglieder berücksichtigt, vorgenommen. Der Gruppenakkord ist anwendbar, wenn sich die Arbeit einer Gruppe abgrenzen lässt.

Der Selbststeuerungseffekt innerhalb der Gruppe kann sich positiv auf die Gesamtleistung auswirken, weil die Arbeitskräfte sich gegenseitig kontrollieren und Leistungsunwillige zu größerer Leistung angehalten werden. Als weiterer Vorteil der Gruppenentlohnung sind die niedrigeren Erfassungskosten zu sehen. Eine zu große Mitarbeiterzahl kann sich allerdings nachteilig auf die Produktivität auswirken, weil der einzelne dann den Überblick darüber verliert, was die anderen Gruppenmitglieder leisten.

Voraussetzung für die Einführung der Akkordentlohnung sind die Akkordfähigkeit und Akkordreife.

Eine Arbeit ist **akkordfähig**, wenn:
- ihr Ablauf im voraus bekannt ist und nach Umfang und Dauer in gleicher Weise wiederholbar ist (was überwiegend physische und sensomotorische Leistungshergabe des Menschen zur Erreichung des Arbeitsergebnisses voraussetzt),
- ihre Sachergebnisse in bestimmten Zeitabschnitten oder nach Beendigung der Arbeiten mengenmäßig genau erfassbar sind,
- die zu erwartende Leistungshergabe des Mitarbeiters (Arbeitstempo) mit folgenden Anforderungen vereinbar ist: bestimmte Produktqualität, Vermeidung von Unfällen und gesundheitlichen Schäden durch Überforderung sowie Schäden an Betriebsmitteln.

Eine Arbeit ist **akkordreif**, wenn:
- sie akkordfähig ist,
- sie von allen Mängeln befreit ist, die einen störungsfreien Arbeitsablauf eventuell noch behindern könnten, so dass das Verhalten für längere Zeit nicht verändert zu werden braucht,
- der Mitarbeiter durch seine Leistungshergabe das Sachergebnis maßgeblich beeinflussen kann.

Darüber hinaus ist die Anwendung der Akkordentlohnung nur sinnvoll, wenn:

- das Arbeitssystem menschengerecht gestaltet und die Arbeitsperson für die Arbeit im Akkord geeignet ist,
- der Aufwand für die Ermittlung und Abrechnung der Vorgabezeiten wirtschaftlich gerechtfertigt ist,
- dem Betrieb ausreichend Arbeitsstudienpersonal für die sachgerechte Ermittlung, Überwachung und Überprüfung der Vorgabezeiten zur Verfügung stehen.

Hauptkritikpunkt des Akkordlohnes ist, dass er einen zu starken Anreiz zur Unterschreitung der Vorgabezeiten schafft, wodurch zum einen die Gesundheit der Beschäftigten ("Akkord ist Mord") zum anderen die Qualität der Produkte Schaden nehme kann und die Gefahr besteht, dass die Betriebsmittel überbeansprucht werden.

Die zunehmende Mechanisierung und Automatisierung des Produktionsprozesses schränkt die Möglichkeit der Arbeitnehmer, das Arbeitsergebnis quantitativ zu beeinflussen immer mehr ein. Dies führt dazu, dass der Akkordlohn immer stärker durch den Prämienlohn ersetzt wird.

3.2.2.3 Prämienlohn

Beim Prämienlohn wird das Entgelt ebenfalls anforderungs- und leistungsabhängig differenziert. Er besteht aus zwei Teilen: Auf den vereinbarten leistungsunabhängigen Grundlohn wird die leistungsabhängige Prämie als zusätzliches Entgelt gewährt.

Die Gestaltungsmöglichkeiten des Prämienlohnes liegen in der Wahl der in folgender Abbildung aufgeführten fünf Elemente:

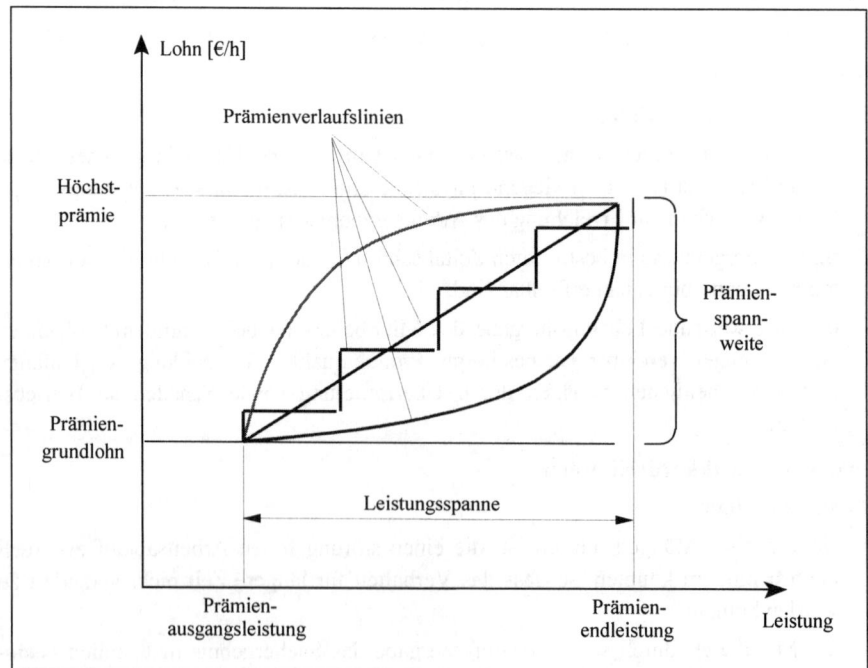

Abb. 54: Grundelemente des Prämienlohns

Bei der Prämienentlohnung können verschiedene Leistungskennzahlen zur Anwendung kommen. Entsprechend der gewählten Bezugsgröße können folgende Prämienarten unterschieden werden:

- **Mengenleistungsprämien**, die dann eingesetzt werden, wenn ein hohes quantitatives Arbeitsergebnis angestrebt wird, eine Akkordentlohnung jedoch nicht geeignet ist, da die Arbeitsbedingungen wechseln und Vorgabezeiten nicht exakt bestimmt werden können.
- **Qualitätsprämien**, die darauf abzielen, einen hohen Qualitätsstandard zu sichern und Ausschussproduktion, Kosten für Nacharbeiten und die Produktion von Waren zweiter Wahl zu vermeiden.
- **Ersparnisprämien**, wenn Einsparungen an Produktionsfaktoren angestrebt werden. Die Ersparnis bezieht sich auf Größen wie Hilfs-, Betriebs-, Fertigungsstoffe, Instandhaltungskosten etc.
- **Nutzungsgradprämien**, um die Ausnutzung der Betriebsmittel durch Verringerung der vom Arbeitnehmer beeinflussbaren Nutzungsnebenzeiten (z.B. Rüstzeiten) zu verbessern. Sie sind speziell bei anlagenintensiver Fertigung von Bedeutung.[119]

Neben den vier Hauptprämienarten existieren weitere Prämien wie Termineinhaltungsprämien, Unfallverhütungsprämien, Umsatzprämien etc.

Die verschiedenen Bezugsgrößen der Prämienberechnung werden häufig miteinander kombiniert, um die Mitarbeiter anzuregen, sich für eine gute Gesamtleistung des Arbeitssystems einzusetzen. Eine beliebte Kombination besteht beispielsweise aus Mengen- und Qualitätsprämien.

Bei der Kombination verschiedener Prämienarten ist darauf zu achten, dass diese so gewichtet werden, dass die Beschäftigten nicht dazu verleitet werden, die eine gegen die andere Prämienart auszuspielen, indem sie diejenige bevorzugen, die bei geringerer Anstrengung den größten Erfolg ermöglicht.

Der Verlauf der Prämie in Abhängigkeit von der Bezugsgröße wird durch die Prämienlohnlinie gekennzeichnet. Über ihre Ausgestaltung besitzt das Unternehmen die Möglichkeit, die Arbeitskraft in ihrem Leistungsverhalten grundsätzlich zu beeinflussen.

- Der **progressiv** steigende Prämienverlauf bietet besondere Anreize zu Leistungssteigerungen. Er ist dann sinnvoll, wenn Leistungssteigerungen in höheren Bereichen erwünscht sind und ist häufig bei Ersparnisprämien zu finden.
- Bei **degressiv** steigendem Prämienverlauf nimmt der Anreiz zur Leistungssteigerung immer weiter ab. Er wird dann bevorzugt, wenn beispielsweise aufgrund steigender Unfallgefahr eine Leistungssteigerung nicht erwünscht ist.
- Der **S-förmig**-steigende Prämienverlauf als Kombination der progressiven und degressiven Prämienlohnlinie führt zu einer Steigerung bzw. Drosselung des Leistungsanreizes in bestimmten Bereichen.
- Der **linear** steigende Prämienverlauf dient ausschließlich dazu, die Arbeitskräfte entsprechend ihrer Leistungen zu entlohnen und stellt keine Maßnahme zur Steuerung der Arbeitsleistung dar.[120]

---

[119] Vgl. Hentze, J.: Personalwirtschaftslehre, Band 2, a.a.O., S. 103 f.
[120] Vgl. Bisani, F.: Personalführung, a.a.O., S. 199.

Im Gegensatz zum Akkordlohn kommt dem Mitarbeiter beim Prämienlohn die Vergütung der Mehrleistung nicht in voller Höhe zugute, sondern wird nach einem Schlüssel auf Arbeitnehmer und Unternehmen aufgeteilt.[121]

Die Prämienentlohnung hat in den letzten Jahren an Bedeutung gewonnen. Während sich der Akkordlohn ausschließlich an der beeinflussbaren Mengenleistung orientiert, kann sich die Prämie auch auf andere Merkmale beziehen. Besonders günstig ist diese Form der Entlohnung für Fertigungsbereiche, in denen:

- die Akkordentlohnung infolge zu hoher unbeeinflussbarer Zeitanteile nicht mehr angewendet werden kann,
- andere Bezugsgrößen als die Mengenleistung herangezogen werden müssen,
- mehrere Bezugsgrößen kombiniert werden sollen,
- geistige Leistungen mit entlohnt werden sollen.

3.2.2.4 Pensumlohn

Zwischen Akkord- und Prämienlohn existieren verschiedene Lohnsysteme, die Elemente beider Lohnformen aufweisen. Zu diesen zählt der Pensumlohn, der ähnlich dem Prämienlohn aus zwei Bestandteilen besteht: dem Grundlohn und dem periodenfixen Pensumentgelt. Letzteres wird i.d.R. für ein festgelegtes Arbeitsvolumen gewährt, wodurch sich die Beziehung zum Akkordlohn ergibt. Im Gegensatz zum Akkord- und Prämienlohn, bei denen die tatsächliche Leistung nach Abschluss der Abrechnungsperiode festgestellt und entlohnt wird, nimmt der Pensumlohn Bezug auf die erwartete Leistung. Er wird entsprechend dem vereinbarten Arbeitsergebnis für die künftige Abrechnungsperiode festgelegt. Ein Über- oder Unterschreiten der Soll-Leistung wirkt sich nicht direkt, sondern allenfalls in einer zukünftigen Periode auf den Lohn aus.[122] Der Pensumlohn ist somit zwar von dem erbrachten Arbeitsergebnis abhängig, hat gleichzeitig jedoch "Festlohncharakter".[123]

Weitere Bezeichnungen für diesen Entlohnungsgrundsatz sind "measured day work", "fair days work", überwachter Zeitlohn, Kontraktlohn und Programmlohn.

Die wesentlichen Vorzüge des **Pensumlohns** sind:

- Die Mitarbeiter erhalten einen garantierten Lohn. Dadurch entfällt der Leistungsdruck.
- Weil die Mitarbeiter einen konstanten Lohn erhalten, kommt es seltener als bei den anderen Lohnanreizsystemen zu Unstimmigkeiten über die Vorgabezeiten. Die Zeiten können daher leichter an neue Arbeitsmethoden angepasst werden.
- Die Lohnabrechnung ist einfacher als bei Akkord- und Prämienlöhnen, weil das Auswerten der Lohnscheine entfällt.
- Für eine Leistungszurückhaltung aus kollegialen Gründen besteht kein Grund mehr.
- Die Mitarbeiter werden nicht zu steter Ergebnissteigerung motiviert, wenn dies unzweckmäßig ist oder das Erfüllen fester Pensen den Geschäftsablauf besser unterstützt.

---

[121] Vgl. Wöhe, G.: Einführung in die Allgemeine Betriebswirtschaftslehre, a.a.O., S. 294.
[122] Vgl. REFA: Methodenlehre der Betriebsorganisation: Entgeltdifferenzierung, a.a.O., S. 59.
[123] Vgl. Bokranz, R.: Entlohnungsgrundsätze, Lohnformen, in: Mensch und Arbeit, Taschenbuch für die Personalpraxis, 9. Auflage, Köln 1992, S. 345.

Die **Nachteile** des Pensumlohns hingegen sind:

- Ein direkter Leistungsanreiz fehlt.
- Daher hängt die Produktivität einer Gruppe hauptsächlich von der Führungskraft ab.
- Die Betreuung und Motivation der Mitarbeiter nimmt den Vorgesetzten stärker als bei anderen Leistungslohnsystemen in Anspruch. Dadurch wird die Zahl der unterstellten Mitarbeiter eingeschränkt.
- Die Vorgesetzten müssen intensiv geschult werden, damit sie den hohen Anforderungen gerecht werden können.
- Ein DV-gestütztes Fertigungssteuerungssystem muss installiert werden.

3.2.2.5 Potenziallohn

Der Potenziallohn stellt einen Bruch mit allen bisher dargestellten Entlohnungsgrundsätzen dar. Nicht die Normalleistung und Anforderungen der Stelle oder die individuellen Leistungen des Mitarbeiters, sondern die von den Mitarbeitern angebotenen Qualifikationen werden entsprechend dem Prinzip "gleicher Lohn für gleiche Befähigung" bezahlt, unabhängig davon, ob der Mitarbeiter die Tätigkeiten, die er prinzipiell übernehmen könnte, auch tatsächlich ausführt.[124]

Der Potenziallohn wird insbesondere von den Gewerkschaften befürwortet, die eine anforderungsabhängige Entgeltdifferenzierung deshalb ablehnen, weil Rationalisierungsmaßnahmen Abgruppierungen nach sich ziehen können. Seine Vorzüge liegen in der Steigerung der Qualifikationsbereitschaft bei den Beschäftigten und der damit verbundenen Leistungssteigerung. Zu beachten ist allerdings, dass höhere Qualifikationen auch zu höheren Grundlöhnen führen. Damit das Modell aus betriebswirtschaftlicher Sicht dennoch tragbar bleibt, müssen Qualifikation und Einsatz des Personals so aufeinander abgestimmt werden, dass ungenutzte Kenntnisse und Fähigkeiten möglichst nicht entstehen. Die Anwendung des Potenziallohns wird deshalb umso schwieriger, je niedriger die durchschnittlichen Anforderungen und damit auch die benötigten Qualifikationsniveaus in einer Unternehmung sind. Er wird deshalb insbesondere im Bereich kreativer Tätigkeiten wie z.B. in Forschung und Entwicklung, gehobenem Management, bei Springern etc. eingesetzt. Ein praktisches Beispiel stellt in diesem Zusammenhang die Joseph-Vögele AG dar, die einen Potenziallohn in ihrem Haustarifvertrag mit der IG Metall im Jahre 1982 festgeschrieben hat. Hintergrund dieses Vertrags waren:

- ein hoher Anteil von Arbeiten an NC- und CNC-Maschinen,
- die Mehrfachqualifikation der Mitarbeiter,
- die Mehrstellenarbeit,
- die Absicht, durch die Lohnform einen Anreiz zur laufenden Steigerung der Mitarbeiterqualifikation zu geben.

Die Erfahrungen waren dabei positiv, da die Leistungsmenge und Mitarbeiterqualifikation gesteigert werden konnten, ohne dass nicht verwendbare Qualifikationen erworben wurden. Höhere Lohnkosten konnten durch Absenkung anderer Kosten kompensiert werden.[125]

---

[124] Vgl. Berthel, J: Personalmanagement, a.a.O., S. 331.
[125] Vgl. Drumm, H.J.: Personalwirtschaftslehre, a.a.O., S. 430.

3.2.2.6 Neuere Entlohnungsformen

Die Personalkosten bilden in den meisten Unternehmen einen dominierenden Kostenblock, der stetig steigt und an Fixkostencharakter gewinnt. Unter diesem Aspekt gewinnt die Vergütungspolitik einen erhöhten Stellenwert. Der bisherige, mehr passive Vergütungsverwalter wird zum aktiven Manager für Vergütungspolitik.

Außerdem wächst die Einsicht, dass die Mitarbeiter nicht primär Kostenverursacher sondern Gewinnproduzenten sind, so dass die Vergütung zum Führungsinstrument avanciert. Die vergütungspolitischen Bestrebungen konzentrieren sich heute vor allem auf eine stärkere Leistungsorientierung der monetären Vergütung. [126]

(1) Projektvergütung

In Zukunft wird die Zusammenführung von unterschiedlichen Sachverständigen zur Bewältigung von Aufgaben und Problemen weiter zunehmen. Diese Projektgruppen erhalten klar definierte Zielvorgaben. Bei Projektbeginn können zusätzlich bei Erreichen bestimmter Ergebnisse Erfolgskriterien festgelegt werden, die neben dem Festgeld vergütet werden. Erfolgseintritt und Vergütungsleistung sollten beieinander liegen, damit die Anreizwirkung nicht verloren geht.

Durch sinnvolle Zwischenschritte, die schon in der Projektplanung eingebaut werden, ist es möglich, den Projektfortschritt zu überprüfen. Die Bedeutung des Projektes für das Unternehmen spiegelt sich in dem Ausmaß des zur Verteilung anstehenden **Projektvergütungsbudget** wieder. Um zu verhindern, dass ein Projekt fortgesetzt wird, obwohl der Misserfolg absehbar ist, muss der Anteil der Projektvergütung an der Gesamtvergütung entsprechend hoch sein.

(2) Strategische Vergütung

Die **strategische Vergütung** ist der Teil eines Gesamtvergütungspaketes, dessen Höhe anhand definierter Maßkriterien bestimmt wird. Diese Messkriterien werden aus der strategischen Zielsetzung des Unternehmens abgeleitet, wie z.B. die prozentuale Steigerung der Produktivität in einem Zeitraum oder das Wachstum von Marktanteilen.

(3) Deffered Compensation (Aufgeschobene Vergütung)

Unter **Deferred Compensation** versteht man eine aufgeschobene Vergütung, wo der Mitarbeiter auf einen Teil seines Gehaltes oder Lohnes verzichtet, um später vom Arbeitgeber eine zusätzliche Altersversorgung zurückzubekommen. Daher hat der Gesetzgeber dieses Modell mit entsprechendem Erlass sanktioniert, trotzdem er dadurch weniger Steuern einnimmt. Meist greifen ältere Mitarbeiter darauf zurück.

Dieses Modell gestattet dem Mitarbeiter die Auszahlung eines Teils seiner Gesamtvergütung aufzuschieben und damit nicht der sofortigen Versteuerung zu unterwerfen. Die Besteuerung des angesammelten Betrages als Arbeitslohn tritt erst dann ein, wenn die zugesagte Leistung tatsächlich gezahlt wird, zum Beispiel nach Eintritt des Ruhestandes.

---

[126] Vgl. Jung, H.: Personalwirtschaft, a.a.O., S. 879 ff.

3.3 Betriebliche Sozialleistungen

3.3.1 Begriff und Wesen

Das anforderungs-, leistungs- oder qualifikationsorientierte entgeltpolitische Instrumentarium wird ergänzt durch betriebliche Sozialleistungen. Man versteht darunter Vergütungsbestandteile, die eine Unternehmung ihren Mitarbeitern und gegebenenfalls deren Angehörigen unabhängig von irgendeiner Arbeitsleistung zusätzlich zu ihrem Arbeitsentgelt gewähren.

Die Ursprünge betrieblicher Sozialleistungen gehen in die erste Hälfte des 19. Jahrhunderts zurück, in der einige patriarchalische Unternehmer angesichts der sozialen Missstände Kranken-, Unterstützungs- und Hinterbliebenenkassen einrichteten, um ihre Arbeitnehmer besser abzusichern. Die Zielsetzungen betrieblicher Sozialpolitik sind heute im wesentlichen:

- die Erhöhung des akquisitorischen Potenzials auf dem Personalbeschaffungsmarkt (z.B. durch Gratifikationen),
- die Bindung der Arbeitnehmer an die Unternehmung,
- die Verbesserung des Betriebsklimas (z.B. durch Betriebssportanlagen),
- die Unterstützung des Betriebsablaufes und die damit verbundene Sicherung der Leistungsfähigkeit der Mitarbeiter (z.B. durch betrieblichen Gesundheitsdienst, Werkskantine).

Nach der Anspruchsgrundlage können gesetzliche, tarifvertragliche und freiwillige Sozialleistungen unterschieden werden.

Die **gesetzlichen Sozialleistungen** sind dadurch gekennzeichnet, dass der Arbeitgeber zur Leistungserbringung verpflichtet ist. Zu den gesetzlichen Sozialleistungen zählen Arbeitgeberanteile zur Sozialversicherung, Beiträge zur gesetzlichen Unfallversicherung, Lohnfortzahlungen im Krankheitsfall, Leistungen aufgrund des Kindergeld-, Mutterschutz- und Schwerbeschädigtengesetzes. Sie beziehen sich somit insbesondere auf eine Absicherung gegen Risiken des Alters, der Erkrankung, Arbeitslosigkeit und des Unfalls.

Zu den **Sozialleistungen**, die **durch Tarifvertrag oder Betriebsvereinbarungen** festgelegt sind, zählen betriebliche Altersversorgung, Familienbeihilfen und Vermögensbildung, Gratifikationen, Urlaubsgeld sowie 13. und folgendes Monatsgehalt.

Die tarifvertraglichen Regelungen sind im Gegensatz zu den gesetzlichen Regelungen kündbar und an die Dauer des Manteltarifvertrags gebunden, wobei jedoch grundsätzlich eher die Tendenz besteht, dass Sozialleistungen auf der Grundlage von Betriebsvereinbarungen oder auf freiwilliger Basis auf die Ebene des Tarifvertrages umgeleitet werden. Die Regelung der betrieblichen Sozialleistungen in Form von Betriebsvereinbarungen hat den Vorteil, dass ihre Bemessung der jeweiligen Ertragslage der einzelnen Unternehmen angepasst werden kann.

Freiwillige betriebliche **Sozialleistungen** umfassen diejenigen Zuwendungen, die auf dem freien Entschluss des Arbeitgebers beruhen und auf die der Arbeitnehmer keinen Rechtsanspruch hat. Die Dispositionsfreiheit der Unternehmen kann jedoch insofern eingeschränkt werden, als auf Grund ursprünglich freiwillig gewährter Sozialleistungen ein Rechtsanspruch durch Gewohnheitsrecht entstehen kann, sofern sie vom Unternehmen wiederholt vorbehaltlos gewährt werden.[127]

Die freiwilligen betrieblichen Sozialleistungen stehen im Mittelpunkt der nachfolgenden Ausführungen, da nur sie ein Mittel darstellen, um den Leistungswillen der Arbeitnehmer positiv zu beeinflussen.

3.3.2 Arten freiwilliger betrieblicher Sozialleistungen

Es existieren vielfältige Ansätze zur Systematisierung der freiwilligen betrieblichen Sozialleitungen.

Nach **sachlichen Kriterien** lassen sich Sozialleistungen in folgende Gruppen einteilen:
- zusätzliche soziale Sicherung und Unterstützung der Mitarbeiter, wie z.B. betriebliche Altersversorgung, Notstandsbeihilfe, Sterbekassen etc.,
- zusätzliche soziale Fürsorge, wie z.B. Kantine, Stellung von Berufskleidung, kulturelle Förderung, Sportanlagen,
- Gesundheitswesen, wie z.B. Maßnahmen zur Krankheitsvorbeugung, Erholungsheime,
- Wohnungshilfe, wie z.B. Betriebswohnungen, Mietzuschüsse,
- Hilfen bei besonderen Anlässen, wie z.B. Finanzierungsdarlehen, Zahlungen anlässlich Hochzeit und Geburt.

Nach der **Form**, in der die Leistung abgegolten wird, können unterschieden werden:
- Geldleistungen z.B. Pensionszahlungen, Weihnachtsgeld, Jubiläumsgelder, zusätzliches Kindergeld,
- Sachleistungen, wie z.B. Deputate, kostenlose Getränke,
- Dienstleistungen bzw. Nutzungsleistungen, wie z.B. durch Inanspruchnahme von betriebseigenen Sportstätten, Betriebswohnungen, Kantinen etc.

Nach der **Häufigkeit** der Leistungsgewährung lassen sich unterscheiden:
- Dauerleistungen, wie z.B. Altersversorgung, zusätzliches Kindergeld,
- periodische Leistungen, wie z.B. Urlaubsgeld,
- einmalige Leistungen, wie z.B. Jubiläumsgeschenke.

Nach dem **Empfängerkreis** lassen sich betriebliche Sozialleistungen in zwei Gruppen einteilen:
- aktive Mitarbeiter und deren Angehörige,
- ehemalige Mitarbeiter und deren Angehörige.

Nach der **Bemessungsgrundlage ist** zu unterscheiden zwischen:
- pro Kopf, wie z.B. beim Verpflegungszuschuss,
- die individuelle Lohn- und Gehaltssumme, wie z.B. beim Weihnachtsgeld,
- bestimmte persönliche Daten der Empfänger, wie z.B. Familienstand, Anzahl der Kinder, Dauer der Betriebszugehörigkeit.[128]

---

[127] Vgl. Marr, R./ Stitzel, M.: Personalwirtschaft, a.a.O., S. 412.
[128] Vgl. Wagner, H./ Sauer, M.: Personalmanagement, a.a.O., S. 135 f.

Unter Berücksichtigung des finanziellen Volumens freiwilliger betrieblicher Sozialleistungen sowie ihrer Wertschätzung durch den Mitarbeiter, sind Gratifikationen und die betriebliche Altersversorgung von besonderer Bedeutung[129], die aus diesem Grund nachfolgend kurz erläutert werden sollen.

(1) Gratifikationen

Gratifikationen sind Vergütungen, die das Unternehmen aus besonderem Anlass an einen Mitarbeiter zusätzlich zu seinem sonstigen Entgelt zahlt. Hierzu zählen Weihnachtsgeld, Firmenjubiläumsgratifikationen, Urlaubs-, Heiratsgeld sowie das 13. Monatsgehalt. Gratifikationen können nach der individuellen Lohn- und Gehaltssumme, der Dauer der Betriebszugehörigkeit, Familienstand, Alter, Zahl der Kinder etc. bemessen werden. Die zunehmende Tendenz, Gratifikationen durch Betriebsvereinbarungen oder Tarifvertrag festzulegen, schränkt den Dispositionsspielraum des Unternehmens bei ihrer Gewährung stark ein. Es handelt sich deshalb nur noch in geringem Umfang um freiwillige Sozialleistungen.[130]

(2) Betriebliche Altersversorgung

Die betriebliche Altersversorgung nimmt vom Volumen her den ersten Platz unter den betrieblichen Sozialleistungen ein. Sie umfasst alle Leistungen des Unternehmens, die über die Pflichtbeiträge zur gesetzlichen Rentenversicherung hinaus zur Zukunftssicherung der Mitarbeiter beitragen sollen. Nach Ausscheiden aus ihrer Erwerbstätigkeit sollen die Mitarbeiter einen angemessenen Lebensstandard aufrecht erhalten können. Das Gesetz zur Verbesserung der betrieblichen Altersversorgung vom 19.12.1974 (Betriebsrentengesetz) ist für den Arbeitnehmer mit einigen Vorteilen verbunden:

- Die **Unverfallbarkeit von Rentenansprüchen** (§ 1 Abs. 1 BetrAVG), nach der die Ansprüche auf betriebliche Altersversorgung weitgehend vor dem Verfall bei einem Arbeitsplatzwechsel geschützt sind. (für Arbeitnehmer über 35 Jahre und mindestens zehnjähriger Versorgungszusage oder mindestens zwölfjähriger Betriebszugehörigkeit und dreijähriger Versorgungszusage).

- Die Einführung des **Aufzehrungsverbotes** (§ 5 BetrAVG), nach dem Betriebsrenten nicht mit anderen Versorgungsleistungen aufgerechnet werden dürfen.

- Die Einführung der **Insolvenzversicherung** (§ 7 BetrAVG), durch die die Rentenansprüche im Konkursfall der Unternehmung durch einen privatrechtlichen Versicherungsverein auf Gegenseitigkeit sichergestellt sind.[131]

Als Träger der betrieblichen Altersversorgung kommen neben der Unternehmung selbst Unterstützungskassen, Pensionskassen oder andere Versicherungsgesellschaften als indirekte Träger in Betracht, die als Versorgungsträger zwischengeschaltet werden.

Die **Unterstützungskassen** sind rechtlich selbständige Einrichtungen, die als eingetragener Verein oder GmbH Versorgungsleistungen einmalig oder wiederkehrend ohne

---

[129] Vgl. Marr, R./ Stitzel, M.: Personalwirtschaft, a.a.O., S. 423.
[130] Vgl. Wagner, H./ Sauer, M.: Personalmanagement, a.a.O., S. 139.
[131] Vgl. Hentze, J.: Personalwirtschaftslehre, Band 2, a.a.O., S. 150 f.

Rechtsanspruch gewähren. Sie werden aus den Beiträgen der Unternehmung finanziert und können dieser ihr Vermögen als festverzinsliches Darlehen überlassen.

Die **betrieblichen Pensionskassen** sind wie die Unternehmung rechtlich selbständige Einrichtungen, unterliegen jedoch als rechtsfähige, selbständige Einrichtungen der Versicherungsaufsicht, da sie Versorgungsleistungen mit Rechtsanspruch gewähren. Analog einem Versicherungsunternehmen müssen sie mit den ihnen von der Trägerorganisation zufließenden Mitteln die Altersversorgung der Mitarbeiter sicherstellen. Die Versorgungsbeiträge sind festgelegt und werden im allgemeinen allein von der Unternehmung geleistet. Eine Darlehensgewährung der Pensionskasse an die Unternehmung ist nur möglich, wenn Grundstücke belastet oder Bankbürgschaften bestellt werden.

Die **Direktversicherung** wird vom Arbeitgeber als Versicherungsnehmer mit einer Versicherungsgesellschaft zugunsten der Arbeitnehmer abgeschlossen. Sie wird in erster Linie für die Versorgung einzelner Arbeitnehmer angewendet, da die entrichteten Beiträge nicht zur Finanzierung in die Unternehmung zurückfließen.[132]

3.3.3 Cafeteria-Systeme

Die Anwendung des ursprünglich aus den USA stammenden Cafeteria-Prinzips ist aufgrund gesetzlicher Vorschriften sowie tariflicher und betrieblicher Vereinbarungen auf die freiwilligen betrieblichen Sozialleistungen begrenzt.[133] Es bietet den Mitarbeitern die Möglichkeit, die freiwilligen Sozialleistungen aus vorgegebenen Alternativen entsprechend ihrem persönlichen Bedürfnissen und Präferenzen auszuwählen bzw. zusammenzustellen.[134] Auf diese Weise kann bei konstantem Personalbudget der individuelle Gesamtnutzen der Sozialleistungen gesteigert werden.

Es existieren verschiedene Möglichkeiten der Umgestaltung des vorhandenen Sozialleistungsangebotes. Zunächst können über die bereits bestehenden Sozialleistungen hinaus zusätzliche flexible Zuwendungen an die Arbeitnehmer erfolgen, wobei auch eine Selbstbeteiligung der Arbeitnehmer vorgesehen werden kann. Alternativ dazu können die Mitarbeiter die Möglichkeit erhalten, aus einem bestehenden Leistungsangebot unter Berücksichtigung einer betrieblichen Vorgabe, Art und Höhe der Leistung selbst zu bestimmen. Besonders verbreitet sind bislang Cafeteria-Systeme, bei denen ein Kern von Minimalleistungen festgelegt sind, darüber hinaus jedoch jeder Mitarbeiter bis zu einem festgelegten Gesamtbetrag individuell aus verschiedenen Wahlleistungen auswählen kann.[135]

Grundsätzlich problematisch an allen Cafeteria-Systemen ist der erhebliche administrative Aufwand für Kommunikation, Beratung und Verwaltung. Nicht zu vernachlässigen sind auch die unterschiedlichen Nutzenvorstellungen der einzelnen Mitarbeiter und der Unternehmung, bei der Festlegung der Austauschrelationen der verschiedenen Sozialleistungsarten. Bei den Gewerkschaften trifft das Cafeteria-Prinzip eher auf Ablehnung, da sie aufgrund des Freiraumes, der den Mitarbeitern bei diesem Verfahren eingeräumt wird, um deren Loyalität und eine Reduzierung ihres Einflusses fürchten müssen. Insgesamt ist

---

[132] Vgl. Hentze, J.: Personalwirtschaftslehre, Band 2, a.a.O., S. 152.
[133] Vgl. Drumm, H.J.: Personalwirtschaftslehre, a.a.O., S. 437.
[134] Vgl. Berthel, J: Personalmanagement, a.a.O., S. 346.
[135] Vgl. Langenmeyer, H.: Das Cafeteria-Verfahren, München, Mering 1999, S. 15 ff.

das Cafeteria-Prinzip als ein wichtiger Schritt in Richtung Individualisierung der Vergütung zu sehen. Indem es an die Bedürfnisse des einzelnen Mitarbeiters anknüpft, wirkt es motivations- und somit leistungssteigernd. In Deutschland wird das Cafeteria-Prinzip bereits von einer kleinen Zahl von Unternehmen praktiziert.[136]

3.4 Erfolgs- und Kapitalbeteiligungen

3.4.1 Begriff und Wesen

Bei den Erfolgs- und Kapitalbeteiligungen handelt es sich um Formen materieller Mitarbeiterbeteiligungen, die von der ideellen Mitarbeiterbeteiligung als Mitbestimmung am Arbeitsplatz abzugrenzen sind. Es existieren zahlreiche Motive für eine Beteiligung der Mitarbeiter am Erfolg und/oder Kapital des Unternehmens, die sich aus Arbeitgebersicht einteilen lassen in:[137]

- **Wirtschafts- und gesellschaftspolitische Ziele:** z.B. Sicherung und Ausbau der Wirtschaftsordnung, Mitarbeiterbeteiligung als Mittel zur Vermögenspolitik, Mitbestimmung
- **Unternehmenspolitische Ziele:** z.B. Erhöhung des Firmenimages, stärkere Position am Arbeitsmarkt, Verbesserung der Produktivität, Arbeitsleistung, des Kostenbewusstseins, Interesses, Mitdenkens und wirtschaftlichen Verständnisses, Schaffung eines qualifizierten Mitarbeiterstammes, Verringerung der Fluktuation und Fehlzeiten
- **Sozialpolitische Ziele:** z.B. materielle Verbesserung und Förderung der Vermögensbildung der Mitarbeiter, Beseitigung sozialer Unruhen, Erhöhung der Zufriedenheit

Zwischen den verschiedenen Kategorien bestehen zahlreiche Interdependenzen, so dass eine eindeutige Zuordnung der Einzelziele nicht immer möglich ist.

Von den Arbeitgebern werden primär die unternehmenspolitischen Ziele angestrebt. In welchem Maße die Mitarbeiterbeteiligungen zur Zielerreichung beitragen können, wird im wesentlichen durch die Ausgestaltung des Beteiligungssystems bestimmt. Es ist dabei zu berücksichtigen, dass die Erfolgs- und Kapitalbeteiligung nur ein Mittel unter mehreren zur Erreichung der angestrebten Ziele darstellt.

3.4.2 Erfolgsbeteiligung

Unter betrieblicher Erfolgsbeteiligung sind alle materiellen Leistungen des Arbeitgebers an die Mitarbeiter zu verstehen, die zusätzlich zum vereinbarten Lohn im voraus gewährt werden, wobei sie aus einer vertraglich zugesicherten Beteiligung an einer betrieblichen Erfolgsgröße resultieren. Die Gestaltung eines Erfolgsbeteiligungssystems erfolgt in drei Schritten:

- Wahl der Beteiligungsgrundlage
- Festlegung des auf die Mitarbeiter entfallenden Erfolgsanteils
- Festlegung der Kriterien der Verteilung des auf alle Mitarbeiter entfallenden Erfolgsanteils auf die einzelnen Mitarbeiter

---

[136] Vgl. Drumm, H.J.: Personalwirtschaftslehre, a.a.O., S. 438.
[137] Vgl. Hentze, J.: Personalwirtschaftslehre, Band 2, a.a.O., S. 121 ff.

Die **Wahl der Beteiligungsgrundlage** der Mitarbeiter ist für die Gestaltung eines Erfolgsbeteiligungssystems von wesentlicher Bedeutung. In Abhängigkeit von den zugrundeliegenden Erfolgsgrößen lassen sich verschiedene Formen der Erfolgsbeteiligung unterscheiden, die systematisiert werden können in:

- Leistungsbeteiligungen
- Ertragsbeteiligungen
- Gewinnbeteiligungen
- Aktienoptionen

(1) Leistungsbeteiligung

Die Leistungsbeteiligung bezieht sich auf das Arbeitsergebnis. Dem Mitarbeiter wird wie beim Prämienlohn für das Überschreiten der Normalleistung eine Vergütung gewährt.

Diese in den fünfziger Jahren entwickelte Beteiligungsform hat heute deutlich an Bedeutung verloren. Als Bemessungsgrößen der Leistungsbeteiligung kommen Produktionsmenge, Kostenersparnis und Produktivität in Betracht. Mögliche Absatzentwicklungen bleiben somit unberücksichtigt.

- Bei der **Produktionsmengenbeteiligung** werden quantitative Mehrleistungen unabhängig von ihrer Qualität vergütet. Sie hat den Vorteil einer leichten Handhabung, da eine Leistungssteigerung ohne Schwierigkeiten messbar ist. Nachteilig ist hingegen, dass sie die Kostenseite vernachlässigt und bei der Einführung technischer Neuerungen die Aufteilung der Mehrleistung zwischen Kapitaleinsatz und Arbeit Schwierigkeiten bereitet.

- Die **Kostenersparnisbeteiligung** ist auf eine kostenbewusste Leistungserstellung ausgerichtet. Aus Vereinfachungsgründen wird als Bemessungsgrundlage häufig die zur Leistungserstellung erforderliche Verbrauchsmenge gewählt.

  Eine Beteiligung der Mitarbeiter an den Kostenersparnissen setzt dann ein, wenn die vorgegebenen Verbrauchsmengen, die sich in der Regel aus Durchschnittswerten vergangener Perioden ergeben, unterschritten werden.

  Die Kostenersparnisbeteiligung kann auf der einen Seite bei den Mitarbeitern Kostenbewusstsein schaffen. Auf der anderen Seite besteht jedoch die Gefahr, dass die Mitarbeiter zur kurzfristigen Kosteneinsparung z.B. erforderliche Reparaturen unterlassen und auf diese Weise die Leistungsfähigkeit des Unternehmens für die Zukunft gefährden.

- Die **Produktivitätsbeteiligung** bezieht sich auf die Verbesserung der Relation zwischen Leistung und Kosten, wobei unterschiedliche Produktivitätsgrößen Verwendung finden können. Eine Beteiligung der Mitarbeiter erfolgt bei einer positiven Veränderung der Produktivitätskennzahl.[138]

---

[138] Vgl. Marr, R./ Stitzel, M.: Personalwirtschaft, a.a.O., S. 428.

(2) Ertragsbeteiligung

Die Ertragsbeteiligung knüpft an die am Markt erzielten Erlöse an, so dass neben Leistungsgesichtspunkten auch Einflüsse des Marktes berücksichtigt werden. Je stärker dabei letztere berücksichtigt werden, desto weiter entfernt sich die Ertragsbeteiligung von der Leistungsbeteiligung in Richtung Gewinnbeteiligung. Mögliche Bemessungsgrößen der Ertragsbeteiligung sind Umsatz bzw. Rohertrag, Wertschöpfung oder Nettoertrag. In der betrieblichen Praxis ist die Ertragsbeteiligung im Vergleich zur Gewinnbeteiligung von untergeordneter Bedeutung, da auch in Verlustjahren ein Zahlungszwang an die Arbeitnehmer besteht.[139]

- Beteiligungsgrundlage der **Umsatz- oder Rohertragsbeteiligung** ist der Umsatz (Verkaufserlöse einschließlich außerordentlicher Erträge) oder der Rohertrag (Verkaufserlöse ohne außerordentliche Erträge) des gesamten Unternehmens, der Abteilung oder des einzelnen Mitarbeiters. Zwei der bekanntesten Formen der Umsatzbeteiligung sind der in den Vereinigten Staaten verbreitete Scanlon-Plan und der in Frankreich praktizierte Proportionallohn nach Schueller. Beide Beteiligungsformen arbeiten mit sogenannten "Lohnkonstanten" als dem durchschnittlichen Anteil der Lohn- und Gehaltssumme am Umsatz oder Rohertrag über mehrere Jahre. Bei Unterschreiten dieser Lohnkonstante wird der absolute Differenzbetrag ganz (Schueller-Plan) oder teilweise (Scanlon-Plan) auf die Mitarbeiter aufgeteilt. Die Verwendung einer einmal ermittelten Lohnkonstante über einen längeren Zeitraum ist jedoch problematisch, da zunehmende Automatisierung, Technisierung und Änderungen in der Lohnstruktur das Verhältnis von Arbeits- zu Kapitaleinsatz variieren kann.[140]

- Bei der **Wertschöpfungsbeteiligung** bildet die Differenz zwischen dem Rohertrag und den Kosten für Vorleistungen die Bemessungsgrundlage. Bekanntestes Beispiel für eine Wertschöpfungsbeteiligung ist der amerikanische Rucker-Plan, bei dem ähnlich dem Scanlon-Plan und dem Proportionallohn eine Lohnkonstante gebildet wird, deren Bezugsgröße die Wertschöpfung darstellt. Bei Unterschreiten der fest-gelegten Lohnkonstante wird der Differenzbetrag auf Arbeitnehmer und Unternehmen aufgeteilt. Die Wertschöpfungsbeteiligung zielt somit nicht nur auf eine Rohertragssteigerung sondern auch auf eine Einsparung von Löhnen, Fertigungsmaterial, Reparaturkosten etc. ab.

- Bei der **Nettoertragsbeteiligung** werden vom Rohertrag neben den Kosten für Vorleistungen noch weitere Größen wie z.B. Abschreibungen, Steuern, Eigenkapitalverzinsung, Risikoprämie und Unternehmerlohn abgezogen. Übersteigt der erzielte Nettoertrag die für ein Basisjahr festgelegte Bezugsgröße, wird diese Differenz teilweise auf die Arbeitnehmer verteilt. Die Nettoertragsbeteiligung wird insofern kritisiert, als dass durch Manipulation der oben genannten Größen erhebliche Ergebnisveränderungen möglich sind.

---

[139] Vgl. Hentze, J.: Personalwirtschaftslehre, Band 2, a.a.O., S. 130 f.
[140] Vgl. Wagner, H./ Sauer, M.: Personalmanagement, a.a.O., S. 125.

(3) Gewinnbeteiligung

Die Gewinnbeteiligungssysteme machen im Gegensatz zu den Leistungs- und Ertragsbeteiligungssystemen eine Beteiligung davon abhängig, dass tatsächlich ein Gewinn entstanden ist.[141] Bei der Gewinnbeteiligung gehen deshalb sowohl die betriebliche Entwicklung als auch die Absatzmarktentwicklung ein.

Als Bemessungsgrundlage können der handels- oder steuerrechtliche Gewinn herangezogen werden, wobei eine Beteiligung am Unternehmensgewinn, Betriebsgewinn, Ausschüttungsgewinn oder Substanzgewinn erfolgen kann.

- Bei der **Unternehmensgewinnbeteiligung** bildet der in der Handels- oder Steuerbilanz ausgewiesene Gewinn die Bemessungsgrundlage. Für die Beteiligung der Arbeitnehmer ist dabei ohne Bedeutung, ob der Gewinn ausgeschüttet oder thesauriert wird.

- Die **Betriebsgewinnbeteiligung** ist dadurch gekennzeichnet, dass sie im Gegensatz zur Unternehmung keine neutralen Aufwendungen und Erträge berücksichtigt. Auf diese Weise kann verhindert werden, dass Gewinne, die nicht auf Arbeitnehmeraktivitäten zurückzuführen sind, auch nicht an diese ausgeschüttet werden.

- Bei der vor allem bei Aktiengesellschaften verbreiteten **Ausschüttungsbeteiligung** bildet der an die Kapitaleigner ausgeschüttete Gewinn den Maßstab für die Beteiligung der Mitarbeiter. Es wird dabei zwischen Dividendensatz-Gewinnbeteiligung und Dividendensummen-Beteiligung unterschieden.

  Die Dividendensatz-Gewinnbeteiligung sieht vor, dass die Arbeitnehmer einen bestimmten Prozentsatz zu ihren Lohneinkommen erhalten, der an den Dividendensatz der Aktionäre (gegebenenfalls nach Abzug einer Vordividende) gebunden ist. Die Dividendensummen-Gewinnbeteiligung hingegen ist von der Lohnsumme unabhängig und beteiligt die Mitarbeiter nach der an die Aktionäre auszuschüttende Dividendensumme.

- Bei der **Substanzgewinnbeteiligung** richtet sich die Gewinnbeteiligung der Arbeitnehmer nach dem Vermögenszuwachs der Kapitaleigentümer. Bemessungsgrundlage ist somit der Teil des Gewinns, der wieder in die Unternehmung investiert wird. Durch eine vollständige Ausschüttung des Gewinns an die Kapitaleigentümer kann deshalb eine Gewinnbeteiligung der Arbeitnehmer vermieden werden.

Jede der erläuterten Arten der Erfolgsbeteiligung ist durch Vor- und Nachteile gekennzeichnet. Die Wahl der Beteiligungsform ist deshalb in Abhängigkeit von den spezifischen Zielen der Unternehmung betriebsindividuell vorzunehmen.

---

[141] Vgl. Marr, R./ Stitzel, M.: Personalwirtschaft, a.a.O., S. 429.

(4) Aktienoptionen

Aktienoptionen sind eine moderne Art, Arbeitnehmer am Unternehmenserfolg zu beteiligen. Sie verbriefen das Recht, Aktien zu den im Optionsvertrag festgelegten Bedingungen (Aktienanzahl, Ausübungspreis) zu erwerben. Die Aktienoptionen erhalten die Mitarbeiter unentgeltlich als zusätzliche Vergütung. Formen sind:
- Stock Options
- Stock-Apprecations-Rights
- Phantom Stocks

Diese Form der Erfolgsbeteiligung ist in der betrieblichen Praxis vor allem bei Wachstumsunternehmen des Neuen Marktes verbreitet. Das resultiert daraus, dass die Technologie- und Medienunternehmen einen sehr hohen Bedarf an qualifizierten Kräften haben, die an das Unternehmen mit Hilfe von Aktienoptionen gebunden werden sollen. Neben dem Motiv der Mitarbeiterbindung wird diese Vergütungsform aber auch von Startup-Firmen wegen des Effektes der Verbesserung der Liquidität gewählt, da bei diesen neugegründeten Firmen häufig die nötige Liquidität nicht vorhanden ist, um die hoch qualifizierten Mitarbeiter bezahlen zu können. Als weiterer Vorteil kann genannt werden, dass durch die gekoppelte Entlohnung an die Entwicklung des Aktionärsvermögens der Mitarbeiter zur Steigerung des eigenen Arbeitseinsatzes stimuliert wird.

Neben der Wahl der Beteiligungsgrundlage stellt die **Festlegung des auf die Mitarbeiter entfallenden Erfolgsanteils** eine grundlegende Entscheidung bei der Gestaltung eines Erfolgsbeteiligungssystems dar.

Es kann dabei ein einfacher Prozentsatz definiert oder eine Formel aufgestellt werden, die z.B. mathematisch in einer proportionalen, progressiven oder degressiven Kurve darstellbar ist. Bei den bisher praktizierten Erfolgsbeteiligungssystemen entfällt i.d.R. entweder die Hälfte oder ein Drittel der Erfolgsgröße auf die Arbeitnehmer.[142]

Der gesamte Belegschaftsanteil kann entweder kollektiv oder individuell auf die Arbeitnehmer verteilt werden. Während er bei Kollektivverteilung für soziale Maßnahmen des Betriebes verwendet wird, wie z.B. für Werkswohnungen, Kindergärten, Sportanlagen etc., wird er bei Individualverteilung auf die einzelnen Arbeitnehmer verteilt.[143]

Die **individuelle Zurechnung der Erfolgsanteile auf die einzelnen Mitarbeiter** kann dabei nach verschiedenen Grundprinzipien erfolgen:

- nach dem **Gleichheitsprinzip** als Aufteilung nach Köpfen,
- nach dem **Sozialprinzip** als Aufteilung nach sozialen Merkmalen wie z.B. Dauer der Betriebszugehörigkeit, Alter, Familienstand und Kinderzahl,
- nach dem **Leistungsprinzip**, als Aufteilung nach Leistungsindikatoren wie z.B. die Tarifeinstufung, Lohn- und Gehaltssumme oder Ergebnisse von Arbeitsplatz-, Leistungs- und Persönlichkeitsbewertungen.

In der Regel werden bei der Individualverteilung mehrere Verteilungskriterien miteinander kombiniert. Für die Verwendung der Erfolgsanteile der Mitarbeiter gibt es

---
[142] Vgl. Marr, R./ Stitzel, M.: Personalwirtschaft, a.a.O., S. 431.
[143] Vgl. Hentze, J.: Personalwirtschaftslehre, Band 2, a.a.O., S. 133.

grundsätzlich zwei Möglichkeiten: Die Barausschüttung oder die investive Verwendung der Erfolgsanteile in der Art, dass sie ganz oder zumindest teilweise der Finanzierung des Unternehmens zugeführt werden.

Während in den Anfängen der Erfolgsbeteiligung der Arbeitnehmer die Barausschüttung dominierte, ist in neuerer Zeit die Kapitalbeteiligung von zunehmender Bedeutung.[144]

Man spricht in diesem Zusammenhang auch vom sogenannten **Investivlohn**, der formal dann vorliegt, wenn Erfolgsanteile des Arbeitnehmers ganz oder zumindest teilweise der Finanzierung des Unternehmens zugeführt wird. Die verschiedenen Formen der Mitarbeiter-Kapitalbeteiligungen, die außer durch die Anlage der Erfolgsanteile auch aus den Eigenmitteln der Mitarbeiter gebildet werden können, werden im folgenden dargestellt.

Vom Investivlohn zu unterscheiden sind die Kapitalbeteiligungen, die aus den Eigenmitteln der Mitarbeiter oder aus anderen rechtlich nicht zugesicherten Kapitalübertragungen (z.B. Sondervergütungen, Schenkungen) der Unternehmung finanziert werden.[145]

3.4.3 Kapitalbeteiligung

Die Kapitalbeteiligung der Arbeitnehmer kann sehr unterschiedlich ausgestaltet sein, wobei zwischen direkter und indirekter Beteiligung am Unternehmenskapital zu unterscheiden ist.

Die **direkte** oder **innerbetriebliche** Form der Beteiligung liegt vor, wenn die Arbeitnehmer unmittelbar Kapitalanteile des arbeitgebenden Unternehmens erhalten. Typisch für die direkte Kapitalbeteiligung ist somit, dass neben das bereits bestehende Arbeitsverhältnis eine weitere Rechtsbeziehung zwischen Unternehmen und Arbeitnehmer tritt. Je nachdem ob es sich um eine Beteiligung am Fremd- oder Eigenkapital handelt, entsteht dabei ein schuldrechtliches oder gesellschaftsrechtliches Verhältnis.

Bei der **Fremdkapitalbeteiligung** hat der Mitarbeiter aufgrund des Gläubiger-Schuldner-Verhältnisses unabhängig von der wirtschaftlichen Situation des Unternehmens einen Anspruch auf Verzinsung und Rückzahlung seiner Beteiligung. Fremdkapitalbeteiligungen dienen oftmals als Vorstufe für eine spätere Eigenkapitalbeteiligung, da die Unternehmung auf diese Weise die vertraglichen Bindungen mit dem Mitarbeiter in einer Anfangszeit leichter lösen kann.[146] Zu den Formen direkter Fremdkapitalbeteiligung zählen:

- Mitarbeiterdarlehen
- Mitarbeiterschuldverschreibungen

Bei den **Mitarbeiterdarlehen** handelt es sich um einen Geldbetrag, den der Mitarbeiter durch vertragliche Vereinbarung für einen bestimmten Zeitraum der Unternehmung gegen Zahlung von Zinsen zur Verfügung stellt. Das Mitarbeiterdarlehen unterliegt dabei in bezug auf die Fristen, Rückzahlungsmodalitäten und Zinshöhe keinerlei Formvorschriften und kann frei gestaltet werden. Meist orientiert sich jedoch zumin-

---

[144] Vgl. Wöhe, G.: Einführung in die Allgemeine Betriebswirtschaftslehre, a.a.O., S. 263 ff.
[145] Vgl. Marr, R./ Stitzel, M.: Personalwirtschaft, a.a.O., S. 433.
[146] Vgl. ebd., S. 433.

dest die Zinshöhe an der Situation auf dem Kapitalmarkt zum Zeitpunkt des Vertragsabschlusses. Wird ein günstigerer Zins eingeräumt, so ist der entsprechende Differenzbetrag als Soziallohn anzusehen.

Mitarbeiterschuldverschreibungen sind festverzinsliche Wertpapiere, die von den Mitarbeitern zu einem bestimmten Kurswert erworben werden. Der Emissionskurs, Zinssatz und Zinstermin sowie die Laufzeit und die Rückzahlungsbedingungen werden den Kapitalmarktkonditionen entsprechend gewählt. Bei der Gewährung günstigerer Konditionen ist die Differenz wiederum als Soziallohn interpretierbar. Mitarbeiterschuldverschreibungen räumen den Mitarbeitern über eine feste Verzinsung hinaus zusätzliche Rechte ein. Während beispielsweise die Gewinnschuldverschreibung neben der Mindestverzinsung eine Beteiligung am Gewinn der Unternehmung vorsieht, besteht bei Wandelschuldverschreibungen die Möglichkeit einer späteren Umwandlung der Schuldverschreibung in Aktien der Unternehmung.[147] Obwohl Schuldverschreibungen grundsätzlich von der Rechtsform der Unternehmung unabhängig sind, kommen sie aufgrund der Begebungsmodalitäten in der Praxis nur für große Unternehmen in Betracht.

Durch die **Eigenkapitalbeteiligung** wird der Mitarbeiter zum Miteigentümer des Unternehmens. Er ist deshalb sowohl am Gewinn als auch am Verlust des Unternehmens beteiligt und hat keine Garantie der Rückzahlung seiner Kapitaleinlage. Die Möglichkeiten der Eigenkapitalbeteiligung werden durch die Rechtsform der Unternehmung bestimmt, so dass entsprechend zwischen Beteiligungen an Personen- und Kapitalgesellschaften zu unterscheiden ist.

Mögliche Beteiligungen am Eigenkapital von **Personengesellschaften** sind:
- Kommanditist einer KG
- Gesellschafter oder Kommanditist einer GmbH & Co KG
- Gesellschafter einer OHG
- Stiller Gesellschafter

Die Kommanditistbeteiligung einer KG oder GmbH & Co KG bietet sich aufgrund der Haftungsbeschränkung für eine Eigenkapitalbeteiligung der Arbeitnehmer an. Die Praktizierung dieser Beteiligungsform wird jedoch dadurch weitgehend verhindert, dass der Kommanditist unter steuerlichen Gesichtspunkten Mitunternehmer ist, mit der Konsequenz, dass seine gesamten Lohneinkünfte durch Gewerbesteuer belastet werden. Darüber hinaus erschweren auch handelsrechtliche Vorschriften (notarieller Vertrag, Handelsregistereintragung, Fixcharakter des Stammkapitals) die Anwendung dieser Beteiligungsform.

Die GmbH-Beteiligung in einer GmbH & Co KG ist wie die Kommanditistbeteiligung durch eine grundsätzliche Haftungsbeschränkung und darüber hinaus durch die Gestaltungsfreiheit des Gesellschaftsvertrages gekennzeichnet. Sie ist deshalb wenig praktikabel, als die Gesellschafter in das Handelsregister einzutragen sind und jede Änderung der Einlagenhöhe und/oder Zahl der Gesellschafter notariell zu beurkunden ist.

Die Beteiligung als OHG-Gesellschafter ist zwar grundsätzlich möglich, kommt jedoch aufgrund der unbeschränkten Haftung aller Gesellschafter kaum in Betracht.

---

[147] Vgl. Drumm, H.J.: Personalwirtschaftslehre, a.a.O., S. 456 f.

Als geeignete Beteiligungsform am Eigenkapital von Personengesellschaften verbleibt die stille Gesellschaft. Diese ist dadurch gekennzeichnet, dass eine vertraglich vereinbarte Kapitaleinlage des stillen Gesellschafters in das Vermögen des Unternehmens erfolgt. Da die Beteiligung als stiller Gesellschafter nicht in das Handelsregister eingetragen wird, tritt weder der stille Gesellschafter noch das Gesellschaftsverhältnis nach außen in Erscheinung. Es handelt sich somit um eine reine Innengesellschaft. Im Gegensatz zur Kommanditistbeteiligung wird ferner kein gemeinsames Gesellschaftsvermögen gebildet. Der stille Gesellschafter bleibt somit Darlehensgeber; die stille Beteiligung stellt für das Unternehmen Fremdkapital dar. Diese Umgehung der steuerlichen Mitunternehmerschaft, sowie die Möglichkeit des Ausschlusses einer Verlustbeteiligung bei obligatorischer Gewinnbeteiligung haben die stille Gesellschaft bei Personengesellschaften zur gebräuchlichsten Form der Mitarbeiterbeteiligung gemacht.[148]

Bei den Beteiligungen an **Kapitalgesellschaften** lassen sich folgende Formen unterscheiden:

- Aktionär einer AG
- Gesellschafter einer GmbH
- Kommanditaktionär einer AG

Die **Belegschaftsaktie** stellt die unproblematischste und zur Zeit bedeutendste Form der Mitarbeiterbeteiligung dar, ist jedoch auf Aktiengesellschaften und Kommanditgesellschaften auf Aktien beschränkt.[149] Die Aktien werden zu einem Vorzugskurs durch die Ausgabe eigener Aktien oder durch die verschiedenen Formen der Kapitalerhöhung an die Mitarbeiter abgegeben. Auf diese Weise werden die Mitarbeiter zu Miteigentümern. Sie sind am Ertrag und Vermögenswachstum der Unternehmung bei gleichzeitiger Begrenzung der Haftung auf die Einlage beteiligt. In nachfolgender Abbildung werden die verschiedenen Formen direkter Kapitalbeteiligung zusammengefasst:

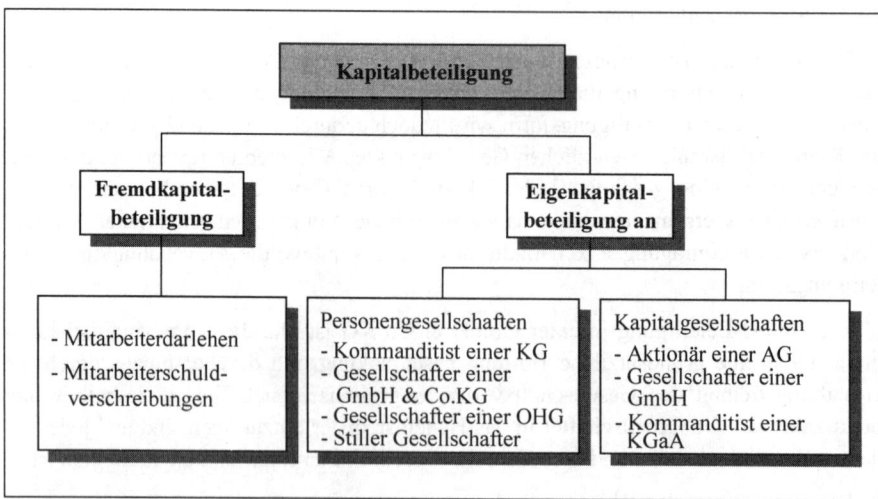

Abb. 55: Formen direkter Kapitalbeteiligung

---

[148] Vgl. Marr, R./ Stitzel, M.: Personalwirtschaft, a.a.O., S. 433.
[149] Vgl. Drumm, H.J.: Personalwirtschaftslehre, a.a.O., S. 458.

Im Rahmen der **indirekten** oder **überbetrieblichen Kapitalbeteiligung** wird zwischen das Unternehmen und seine Arbeitnehmer eine Institution mit eigener Rechtspersönlichkeit geschaltet (Kapitalbeteiligungsgesellschaft), über die eine indirekte kaptalmäßige Beteiligung der Arbeitnehmer am Unternehmen erzielt wird. Die Arbeitnehmer können dabei entweder offen als Gesellschafter der Institution oder als stille Gesellschafter auftreten. Der entscheidende Vorteil dieser Konstruktion ist, dass zwischen Beteiligungsgesellschaft und Unternehmen eine feste Beteiligung vereinbart werden kann, so dass Unternehmen kurzfristig von Schwankungen der Zahl und der Höhe der Beteiligungen unbeeinflusst bleibt. Darüber hinaus wird eine Mitarbeiterbeteiligung für Personengesellschaften möglich, die unter steuerlichen Gesichtspunkten nicht zu Mitunternehmerschaft führt. Nachteilig hingegen ist die rechtlich komplizierte und organisatorisch aufwendige Gestaltung der indirekten Beteiligung, die für den Arbeitnehmer häufig nur schwer verständlich und von geringer Motivations- und Anreizstärke ist.

3.5 Betriebliches Vorschlagswesen

3.5.1 Begriff und Wesen

Das Vorschlagswesen ist eine betriebliche Einrichtung, die den Mitarbeitern die Möglichkeit gibt, freiwillig über ihre eigentlichen Arbeitsaufgaben hinaus, das Betriebsgeschehen durch Verbesserungsvorschläge mitzugestalten. Ein Verbesserungsvorschlag als Anregung zu einer Änderung oder Neuerung eines bestehenden Zustandes mit entsprechender Vorgehensempfehlung kann dabei zu einer Verbesserung der ökonomischen oder sozialen Effizienz führen.

Unter ökonomischen Gesichtspunkten zielt das betriebliche Vorschlagswesen darauf ab, den Arbeitsablauf oder -vorgang zu beschleunigen, sicherer und kostengünstiger zu gestalten, Material und Energie einzusparen oder das Produkt zu verbessern. Neben seiner Bedeutung als Instrument der betrieblichen Rationalisierung dient das betriebliche Vorschlagswesen der Mitarbeitermotivation. Die Mitarbeiter erhalten die Möglichkeit, ihre Anerkennungs- und Selbstverwirklichungsbedürfnisse durch aktives Mitdenken und Mitgestalten am Arbeitsplatz sowie ein entsprechendes System materieller und immaterieller Anreize zu befriedigen. Dadurch kann insgesamt die Arbeitszufriedenheit der Mitarbeiter erhöht und ihre Identifizierung mit dem Unternehmen gesteigert werden.

Das betriebliche Vorschlagswesen stellt somit ein psychologisches Führungsmittel dar, um die Mitarbeiter zu aktivieren, über das arbeitsvertraglich vereinbarte Maß hinaus an der Gestaltung des Leistungsprozesses mitzuwirken.[150]

Wesentliche Voraussetzung eines erfolgreichen betrieblichen Vorschlagswesens ist, dass die Führungskräfte diesem gegenüber positiv eingestellt sind. Sie dürfen Verbesserungsvorschläge nicht als Kritik an ihrer eigenen Tätigkeit ansehen oder glauben, dass sie aufgrund ihrer Ausbildung oder Erfahrungen grundsätzlich alles besser wissen. Vielmehr müssen sie bereit sein, das Vorschlagswesen mitzutragen und als Führungsaufgabe akzeptieren.

---

[150] Vgl. Marr, R./ Stitzel, M.: Personalwirtschaft, a.a.O., S. 487.

3.5.2 Arten des betrieblichen Vorschlagswesens

Die Aufforderung an die Mitarbeiter, Verbesserungsvorschläge im Unternehmen einzubringen kann in Form eines zeitlich begrenzten oder ständigen betrieblichen Vorschlagwesen in die Unternehmung eingegliedert werden.

Ein **zeitlich begrenztes Vorschlagswesen** kann als Preisausschreiben oder Ideenwettbewerb organisiert werden. Die Mitarbeiter werden dazu aufgefordert, Lösungen zu bestimmten Problemfeldern zu erarbeiten, wobei die besten Vorschläge mit vorher festgelegten Preisen ausgezeichnet werden.

Das **betriebliche Vorschlagswesen als ständige Einrichtung** im Unternehmen kann in Form eines Einzel- oder Gruppenvorschlagswesen auftreten. Das **Einzelvorschlagswesen** regt jeden Mitarbeiter zu Verbesserungsvorschlägen an. Bei den Mitarbeitern ist eine gewisse Zurückhaltung gegenüber dem Vorschlagswesen festzustellen, die auf die Angst der Mitarbeiter vor der Reaktion von Vorgesetzten und Kollegen zurückzuführen ist. Diesen personellen Widerständen versucht das betriebliche Vorschlagswesen als **Gruppenvorschlagswesen** entgegenzuwirken. Dabei arbeiten Arbeitsgruppen einschließlich Vorgesetzter gemeinsam Verbesserungsvorschläge aus und teilen die Prämie im Falle der Vorschlagsverwirklichung untereinander auf. Auf diese Weise wird nicht nur die Zurückhaltung der Mitarbeiter abgebaut, sondern auch die Qualität der Vorschläge erheblich verbessert, da abwegige Ideen von der Gruppe sofort korrigiert werden und jeder gemeinsam entwickelte Vorschlag die Erfahrungen sämtlicher Gruppenmitglieder beinhaltet.

3.5.3 Organisatorischer Ablauf des betrieblichen Vorschlagswesens

Die Bearbeitung der eingereichten Verbesserungsvorschläge erfolgt durch die Abteilung für das betriebliche Vorschlagswesen. Der Vorschlagswesenbeauftragte berät und unterstützt alle Einreicher, sorgt für die sachgemäße Bearbeitung ihrer Verbesserungsvorschläge unter Einhaltung der entsprechenden Faktoren und leitet schließlich die Vorschläge - eventuell unter Wahrung der Anonymität des Einreichers - zur Begutachtung an Sachverständige oder zuständige Fachabteilungen weiter. Ihr Ergebnisbericht wird zur endgültigen Entscheidung der Bewertungskommission vorgelegt, der ein Betriebsratsmitglied und der Beauftragte des betrieblichen Vorschlagswesen angehören sollten. Wird ein Verbesserungsvorschlag angenommen, so hat die Bewertungskommission die Prämienhöhe festzulegen.

Lässt sich der durch die Realisierung des Verbesserungsvorschlages entstehende Nutzen für die Unternehmung quantifizieren (z.B. Material-, Energie-, Reparatureinsparungen), so werden sogenannte **Ersparnisprämien** gewährt. Die Prämienhöhe ergibt sich dabei üblicherweise als festgelegter Prozentsatz der in den ersten zwölf Monaten nach Einführung des Verbesserungsvorschlages ermittelten Einsparung. Die Prämienprozentsätze können mit steigendem Nutzen progressiv, linear oder degressiv gestaffelt werden. Darüber hinaus können sowohl personenbezogene (z.B. die betriebliche Stellung des Einreichers, sein Arbeitsbereich, die Einkommensklasse) und seltener auch sachbezogene Merkmale (z.B. Originalität der Idee, Reife und Brauchbarkeit des Verbesserungsvorschlages) berücksichtigt werden.

Lassen sich die Vorteile von Verbesserungsvorschlägen nicht oder nur schwer quantifizieren, wie beispielsweise bei Vorschlägen zur Erhöhung der Arbeitssicherheit, so erfolgt die Prämienermittlung weitgehend mit Hilfe des sogenannten **Punktbewertungsverfahrens**. Dabei werden Punkte für verschiedene Kriterien wie z.B. den Grad der Neuartigkeit und Durchführbarkeit verteilt und nach einem festgelegten Schlüssel in Prämien umgerechnet.[151]

Nicht realisierte Verbesserungsvorschläge werden üblicherweise durch kleinere **Sachprämien** oder **Anerkennungsschreiben** ausgezeichnet, um die Mitarbeiter zu einer weiteren Beteiligung am betrieblichen Vorschlagswesen zu motivieren.[152]

Die Möglichkeit, das Betriebsgeschehen durch Verbesserungsvorschläge mitzugestalten sowie die Aussicht auf Lob und Anerkennung bei erfolgreicher Durchführung einer Problemlösung, wirkt auf die Mitarbeiter insgesamt sicher motivierend. Damit die Motivation nicht in Demotivation bzw. Frustration umschlägt, ist es erforderlich, dass die Unternehmensleitung die Mitarbeiter über die Gründe eventueller Ablehnung oder Verschiebungen von Verbesserungsvorschlägen informiert. Darüber hinaus kann das betriebliche Vorschlagswesen nur dann motivationale Wirkung zeigen, wenn die Zeitspanne zwischen der Einreichung und der Entscheidung über die Realisation der Vorschläge nicht zu groß ist und das Management zur Unterstützung und Förderung des Vorschlagswesens bereit ist.

3.5.4 Qualitäts-Zirkel

Das ursprünglich aus Japan stammende Qualitätszirkel-Konzept lässt sich als eine neuere Entwicklungsform des betrieblichen Vorschlagswesen interpretieren. Ein Qualitätszirkel ist eine auf Dauer angelegte Gesprächsgruppe, in der sich Mitarbeiter regelmäßig treffen, um spezielle Probleme des eigenen Arbeitsbereiches zu besprechen und Lösungsmöglichkeiten zu suchen. Die Teilnahme an einem Qualitätszirkel ist freiwillig, die Sitzungen finden etwa zweimal monatlich während oder bezahlt außerhalb der Arbeitszeit statt. Die Lösungsvorschläge werden i.d.R. nach Absprache mit der Unternehmensleitung von den Mitgliedern des Qualitätszirkels in ihrem Arbeitsbereich umgesetzt.

Dem Qualitätszirkel liegt ähnlich dem betrieblichen Vorschlagswesen die Idee zugrunde, die Arbeitnehmer für eine aktive Mitarbeit über den eigentlichen Aufgabenbereich hinaus zu gewinnen. Dabei lassen sich zwei Hauptmotive für die Einführung von Qualitätszirkeln differenzieren. Während der Qualitätszirkel unter ökonomischen Gesichtspunkten ein Instrument der Qualitätssicherung und -kontrolle darstellt, besteht die motivationspsychologische Zielsetzung des Qualitätszirkels in der Erhöhung der Arbeitszufriedenheit, der Arbeitsmotivation sowie der verstärkten Identifikation der Mitarbeiter mit ihrer Arbeit und dem Unternehmen.

Sollen Qualitätszirkel kein kurzlebiges Programm sondern ein auf Dauer angelegtes Konzept darstellen, so müssen sie entsprechend organisatorisch geregelt werden.[153] Einen Überblick über die Organisationsstruktur eines Qualitätszirkels und seiner Verknüpfung mit der Unternehmensorganisation gibt folgende Abbildung:

---

[151] Vgl. Breisig, T.: Betriebliche Sozialtechniken: Handbuch für Betriebsrat und Personalwesen, Neuwied 1990, S. 574 f.
[152] Vgl. Hentze, J.: Personalwirtschaftslehre, Band 2, a.a.O., S. 159.
[153] Vgl. Zink, K.J.: Qualitätszirkel, in: Handbuch Personalmarketing, Strutz, H. (Hrsg.), Wiesbaden 1989, S. 548.

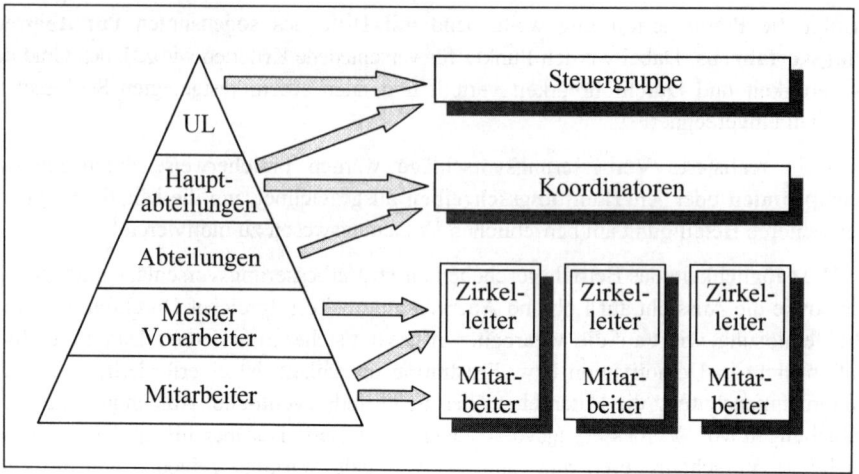

Abb. 56: Verknüpfung der Unternehmensorganisation mit der Qualitätszirkelorganisation[154]

Die **Qualitätszirkel-Gruppe** selbst besteht aus drei bis zehn Mitgliedern, die entweder aus dem gleichen oder fachlich verwandten Arbeitsbereichen kommen und meist der gleichen Hierarchieebene angehören.

Der **Zirkelleiter** oder **Moderator**, der ebenfalls aus dem gleichen Arbeitsbereich der Gruppe stammt, ist i.d.R. der direkte Vorgesetzte (Meister, Gruppen- oder Abteilungsleiter). Seine Aufgaben bestehen zunächst darin, den Gruppenmitgliedern verschiedene Techniken der Problemfindung und -definition zu vermitteln. Darüber hinaus ist er verantwortlich für das Betriebsklima und die Produktivität der Gruppe und sollte demgemäss über Führungsqualitäten und -erfahrungen verfügen. Er hat die Gruppensitzungen zielorientiert zu moderieren sowie deren Ergebnisse zu dokumentieren.

Der **Koordinator**, der meist dem mittleren Management angehört, fungiert als Bindeglied zwischen dem Steuerungskomitee und den einzelnen Qualitätszirkeln. Die vom Steuerungskomitee entworfenen Grundsätze und Strategien sollen von ihm in die Praxis umgesetzt werden. Dazu übernimmt er die gesamte fachliche sowie organisatorische Betreuung der Qualitätszirkel.

Das **Steuerungskomitee**, das sich aus vier bis sechs Mitgliedern der obersten Führungsebene zusammensetzt, repräsentiert den unternehmerischen Willen zur Planung, Durchführung und Kontrolle der Qualitätszirkel. Dieser Gruppe obliegt außerdem die Erfolgskontrolle der Zirkel, die Entgegennahme der Gruppenberichte und die Entscheidung darüber, ob die Lösungsvorschläge realisiert werden.

Die Besonderheit des Qualitätszirkels besteht außer in der Möglichkeit der direkten Einflussnahme auf betriebliche Prozesse in der kollektiven Entscheidungsfindung. Voraussetzung für eine leistungsfähige kollektive Entscheidungsfindung ist dabei ein weitgehend homogenes intellektuelles Niveau der Teilnehmer, da unter- bzw. überforderte Zirkelmitglieder häufig mit Desinteresse, Demotivation und Unzufriedenheit reagieren. Eine entsprechende Selektion von Zirkelteilnehmern kann außerdem zu Spannungen zwischen Teilnehmern und Nicht-Teilnehmern innerhalb der Belegschaft führen.

---

[154] Vgl. Breisig, T.: Betriebliche Sozialtechniken, a.a.O., S. 437.

4 Informationssysteme der Personalwirtschaft

4.1 Personalbeurteilung

Durch die Personalbeurteilung sollen Leistungen, Verhalten und Potenziale von Mitarbeitern erfasst werden. Die Personalbeurteilung dient verschiedenen Zwecken wie beispielsweise der Bewerberauswahl, den Entscheidungen über Personaleinsatz, Personalentwicklungs- und Personalfreisetzungsmaßnahmen sowie der Gehalts- und Lohndifferenzierung.

Grundsätzlich lassen sich zwei **Arten** von Personalbeurteilungen unterscheiden. Bei der **Leistungsbeurteilung** wird die in der Vergangenheit erbrachte Leistung eines Mitarbeiters bewertet, während bei der **Potenzialbeurteilung** die Eignung von Mitarbeitern für bestimmte Aufgaben und die Möglichkeit zur weiteren beruflichen Entwicklung im Mittelpunkt stehen.

Bei der Personalbeurteilung treten in der Praxis eine Reihe von Problemen auf. So können beispielsweise durch Subjektivität Fehlurteile entstehen, da Einstellungen, Ideale, Gefühle, Stimmungen und Vorurteile des Beurteilers unkontrollierbar in die Beurteilung eingehen können. Aber auch Begünstigungs-, Vergeltungs- oder Schädigungsabsichten können Ursachen für Fehlurteile sein. Gleiches gilt auch, wenn etwa Vorgesetzte sich lediglich aus Meinungen Dritter ein Urteil bilden. Fehlurteile können aber beispielsweise auch durch den sogenannten Halo-Effekt entstehen, bei dem der Beurteiler von einem wesentlichen Merkmal des Beurteilten auf alle oder viele Kriterien schließt.

Fehlurteile können für das Unternehmen oder den Mitarbeiter weitreichende Folgen haben. So können beispielsweise durch Fehlurteile Konflikte ausgelöst werden, die zu erheblichen Auseinandersetzungen führen können. Es ist daher wichtig, dass jeder Beurteiler und jeder Beurteilte die möglichen Fehlerquellen, Schwierigkeiten und Folgen einer Fehlbeurteilung kennt. Ziel muss es sein, durch intensive Schulung der Beurteiler die Anzahl von Fehlbeurteilungen so gering wie möglich zu halten.

Zeitraum, Häufigkeit, Form und Inhalt sowie Partner der Personalbeurteilung richten sich nach dem Verwendungszweck der Beurteilung. In der betrieblichen Praxis sind eine Vielzahl von unterschiedlichen **Beurteilungsformen** bekannt.

Die **Mitarbeiterbeurteilung** kann auch als Abwärtsbeurteilung bezeichnet werden. Hierbei werden die Mitarbeiter vergangenheitsbezogen nach ihren Leistungen bzw. Verhalten oder zukunftsbezogen nach ihren Potenzialen von ihren jeweiligen Vorgesetzten beurteilt.

Bei der **Gruppenbeurteilung** wird ein Bewerber oder Mitarbeiter von mehreren Personen (z.B. fachlicher und disziplinarischer Vorgesetzter, Vertreter der Personalabteilung, Experte) gemeinsam als Gruppe beurteilt.

Eine **Teambeurteilung** liegt vor, wenn ein Team oder eine Gruppe vom Vorgesetzten beurteilt wird und nicht der einzelne Mitarbeiter (z.B. Forschungs- und Entwicklungsgruppen, Werbeteams).

Bei der **Gleichgestelltenbeurteilung** beurteilt jedes Mitglied eines Teams bzw. einer Gruppe alle anderen Mitglieder.

Eine **Vorgesetztenbeurteilung** oder auch Aufwärtsbeurteilung liegt vor, wenn ein Vorgesetzter durch seine Untergebenen beurteilt wird.

Zuletzt sei noch auf die **Mitarbeiterbefragungen** hingewiesen, bei denen die Mitarbeiter Arbeitssituation, Entwicklungsmöglichkeiten, Vorgesetztenverhalten usw. beurteilen.

4.1.1 Mitarbeiterbeurteilung

Die traditionelle Form der Personalbeurteilung wird durch die Mitarbeiterbeurteilung dargestellt, die in der Wirtschaft weite Verbreitung gefunden hat. Der Vorgesetzte versucht hierbei (z.B. einmal im Jahr im Rahmen eines Beurteilungsgespräches) Leistungen, Verhalten und Potenzial des Mitarbeiters im Beurteilungszeitraum zu erfassen. Das Beurteilungsergebnis wird dann in einem zumeist standardisierten Beurteilungsbogen festgehalten. Als Beurteilungskriterien werden dabei meistens die folgenden Kriterien verwendet:

- Leistungsergebnis (Leistungsmenge und -güte),
- Leistungsverhalten (Zusammenarbeit, Arbeitsplanung, Selbständigkeit),
- Führungsverhalten (nur bei Vorgesetzten: Planung und Organisation, Delegation, Information, Kontrolle, Förderung und Entwicklung etc.) und
- Entwicklungsmöglichkeiten (Bildung, Laufbahn).

Hieran schließt sich dann üblicherweise ein Beurteilungsgespräch mit dem beurteilten Mitarbeiter an. Der Mitarbeiter wird dabei über das Beurteilungsergebnis informiert und bekommt Gelegenheit zu einer Stellungnahme, die ebenfalls im Beurteilungsbogen festgehalten werden kann. Dem Beurteilungsgespräch liegt die Annahme zugrunde, dass sich das Verhalten und die Einstellungen des Mitarbeiters in Richtung auf bestmögliche Erreichung der Betriebsziele hin verändern lassen, wenn ihm seine Schwachpunkte verdeutlicht werden und wenn ihm aufgezeigt wird, welche Fortschritte er durch alternative Verhaltensweisen machen könnte. Des weiteren kann es Wünsche des Mitarbeiters zur Arbeitssituation und zu Entwicklungsmöglichkeiten aufdecken.

4.1.2 Vorgesetztenbeurteilung

Unter einer Vorgesetztenbeurteilung versteht man ein Verfahren, bei dem ein oder mehrere Organisationsmitglieder ihren direkten Vorgesetzten in der Organisation bezüglich seines Arbeits- und/ oder Führungsverhaltens und / oder seiner Fähigkeiten und Kenntnisse beschreiben und anhand entsprechender Kriterien beurteilen.

Ziel der Vorgesetztenbeurteilung ist es, den Vorgesetzten Informationen über sich selbst, sein Verhalten und dessen Auswirkungen auf die Mitarbeiter zu liefern. Hierdurch sollen Hinweise auf notwendige bzw. aus Sicht der Mitarbeiter wünschenswerte Änderungen des Führungsverhaltens gegeben und die Bereitschaft zur Verhaltensänderung gefördert werden. Des weiteren hat die Vorgesetztenbeurteilung auch eine Art Partizipationsfunktion. Der Mitarbeiter soll eine angemessene Partizipation an der Gestaltung der Führungsbeziehungen erhalten, was zu einer verbesserten Arbeitsmotivation des Mitarbeiters führen kann.

Die Beurteilungskriterien entsprechen dabei denjenigen, die in traditionellen Beurteilungsverfahren für Führungskräfte zu finden sind (z.B. Art der Zielfindung, Planung und Entscheidung, Delegation, Information, Förderung, Motivation, Konflikthandhabung und Kontrolle).

In der Praxis ist die Vorgesetztenbeurteilung immer häufiger anzutreffen. Es liegen von den Unternehmen positive Erfahrungen vor, jedoch ist die Einführung eines derartigen Verfahrens noch immer durch Akzeptanzprobleme beeinträchtigt.

4.1.3 Die 360-Grad-Beurteilung

Grundgedanke derartiger Verfahren ist es, mitarbeiterbezogene Leistungseinschätzungen einmal von Vorgesetzten, aber auch von weiteren Beurteilergruppen zu erheben, um Mitarbeitern Feedback dahingehend zu geben, wie ihre bisherigen Arbeitsergebnisse und -verhaltensweisen aus unterschiedlichen Perspektiven wahrgenommen werden. Genauer lässt sich das 360 Grad – Feedback – Verfahren charakterisieren als systematische, formalisierte und in weiten Teilen standardisierte, beschreibende oder bewertende Einschätzungen von Mitarbeitern eines Unternehmens (Feedbacknehmer).

Informationsquellen bei 360 Grad Beurteilungen sind typischerweise mit dem Feedbacknehmer intensiver zusammenarbeitende Personen, die ebenfalls im selben Unternehmen wie der Feedbacknehmer tätig sind und die nach ihrer hierarchischen Beziehung zur eingeschätzten Person in folgende drei Feedbackgebergruppen unterteilt werden können.

- Kollegen
- unterstellte Mitarbeiter
- Vorgesetzte

Diese drei Gruppen lassen sich im Sinne von Total Quality Management Konzepten als interne Kunden eines Positionsinhabers interpretieren. Zusätzlich wird häufig vorgeschlagen, ergänzend noch unternehmensexterne Beurteiler wie Kunden oder Zulieferer als Informationsquellen zu berücksichtigen, wenn die Qualität der Zusammenarbeit eines Unternehmensmitarbeiters mit Kunden oder Zulieferern sich ebenfalls unmittelbar auf dessen individuelle Arbeitsleistung und unmittelbar auf den Unternehmenserfolg auswirken kann.[155]

Es lässt sich erkennen, dass die einzelnen Feedbackgebergruppen sich bei ihren Einschätzungen einer Zielperson jeweils auf solche unterschiedlichen Leistungsverhaltensaspekte konzentrieren können und sollen, von denen sie jeweils besonders in ihrer eigenen Arbeit betroffen sind.

360 Grad Feedback Verfahren können in Unternehmen einmal als Mittel zur Erreichung personalwirtschaftlicher Ziele verwendet werden, indem die mitarbeiterbezogenen Leistungsinformationen zur Fundierung von zentralen Planungen und Entscheidungen eines Unternehmens im Hinblick auf die Entgelt- und die Karriereentwicklungen der eingeschätzten Mitarbeiter dienen. Anderseits lässt sich das 360 Grad Feedbackverfahren zur Erreichung führungspolitischer Ziele nutzen. Hier soll die Leistungsrückmeldung zur dezentralen Klärung von bisherigen und zukünftigen Verhaltens- und Er-

---

[155] Vgl. Laib, K.: Das 360 Grad Feedback, in: Personalführung 30, 1997, S.1138 ff.

gebniserwartungen an einen Mitarbeiter sowie zur Verbesserung seiner aufgabenbezogenen Fähigkeiten und Motivation beitragen, also die individuelle Personalentwicklung unterstützen. In der wissenschaftlichen Literatur besteht weitgehende Einigkeit darüber, dass beide Ziele nicht gleichzeitig durch Personalbeurteilungsverfahren angestrebt werden sollten. Nur durch die Konzentration auf eines der beiden Ziele ist es vermeidbar, dass Feedbackgeber simultan die schwer vereinbaren Rollen eines beratenden „Trainers" und eines entscheidenden „Richters" einzunehmen haben.

Das 360 Grad Feedbackverfahren ist ein Instrument zur Unterstützung von Personalentwicklungsprozessen. Dieses Oberziel kann analytisch in zwei Hauptfunktionen untergliedert werden:

- **Diagnosefunktion:** 360 Grad Feedbackverfahren sollen Mitarbeiter über ihre Leistungsstärken und -schwächen aus Sicht verschiedener Personengruppen informieren und ihnen so eine Selbstreflexion der eigenen Arbeitsleistungen ermöglichen.

- **Verhaltensmodifikation:** 360 Grad Feedbackverfahren sollen Verbesserungen der Leistungsverhaltensweisen und daraus resultierenden Leistungsergebnisse von Mitarbeitern im Sinne der wirtschaftlichen Unternehmensziele auslösen.

Beim 360 Grad Feedbackverfahren sind prinzipiell die gleichen methodischen Gestaltungsfragen anzuwenden wie bei traditionellen Leistungsbeurteilungen durch Vorgesetzte. Es sind:

- Verfahrensziele,
- der Kreis der Beurteilten und Beurteiler,
- Beurteilungsinhalte und -kriterienskalierung,
- Auswertungs- und Rückmeldeformen für Beurteilungsergebnisse,
- Vorgehensweise bei der erstmaligen Einführung des Beurteilungsverfahrens und
- Abläufe für das Beurteilungsverfahren nach der Erprobungsphase festzulegen.

Die Gestaltung der Rückmeldung von Einschätzungen des eigenen Leistungsverhaltens durch verschiedene Personengruppen an Feedbacknehmer hat einen starken Einfluss darauf, inwieweit durch 360 Gradbeurteilungen tatsächlich Schwachstellen in der Zusammenarbeit von Feedbacknehmern mit anderen Unternehmensmitarbeitern und/oder unternehmensexternen Geschäftspartnern nachhaltig beseitigt werden können.

Verhaltenswissenschaftliche Studien stützen insgesamt die Schlussfolgerung, dass Leistungsrückmeldungen um so eher zu Verhaltensveränderungen beitragen, je mehr sie sich auf die schriftlich fixierte, nüchterne Beschreibung von Leistungsfakten konzentrieren und je weniger sie auf die Person des Feedbacknehmers bezogene kritisierende oder lobende Elemente beinhalten.[156]

4.1.4 Personalbeurteilung und Mitbestimmung

Der Betriebsrat besitzt bei der Beurteilung eines einzelnen Mitarbeiters kein Mitbestimmungsrecht. Werden aber allgemeingültige Beurteilungsgrundsätze aufgestellt, so hat er nach § 94 Abs. 2 BetrVG Mitbestimmungsrechte.

---

[156] Vgl. Gerpott, T.: 360-Grad-Feedback-Verfahren, in: Zeitschrift Personal 7/2000, S. 354 ff.

Jeder Mitarbeiter besitzt nach § 82 Abs. 2 BetrVG das Recht, dass ihm die Ergebnisse seiner Leistungsbeurteilung erläutert und mit ihm diskutiert werden. Hierbei kann ein Mitglied des Betriebsrats hinzugezogen werden.

Ferner kann ein Mitarbeiter nach § 83 Abs. 1 BetrVG seine Personalakte einsehen, um die Speicherung der erhobenen Daten zu überprüfen. Dabei kann er schriftliche Erklärungen zum Inhalt abgeben, die nach § 83 Abs. 2 BetrVG der Personalakte hinzugefügt werden müssen. Leitenden Angestellten wird das Recht auf Einsicht in die Personalakte und Abgabe von Erklärungen zu deren Inhalt durch § 26 Abs. 2 SprAuG eingeräumt.

Jede Personalbeurteilung gehört zu den einsichtsfähigen Unterlagen innerhalb der Personalakte. Das Beurteilungsergebnis kann somit durch Einsicht in die Personalakte in Erfahrung gebracht werden.

4.2 Personalverwaltung

Unter Personalverwaltung versteht man die Abwicklung von administrativen, routinemäßigen Aufgaben, die sich auf den arbeitenden Menschen - von seiner Einstellung bis zu seiner Entlassung bzw. Pensionierung - beziehen.

Personalverwaltung kann in einer eigenen Organisationseinheit oder auch in den jeweiligen Fachabteilungen erfolgen. Üblicherweise werden für die Entgeltrechnung (Lohn-, Gehalts-, Provisionsrechnung) eine oder besondere Organisationseinheiten gewählt, da es sich um Nebenbuchhaltungen handelt. Sie können sowohl dem Personalbereich als auch dem Rechnungswesen zugeordnet werden.

Die Aufgaben der Personalverwaltung sind teils ordnender Natur, um Unterlagen und Voraussetzungen für Personalplanung, -führung, -entwicklung usw. zu erstellen, teils verwaltender Natur, um die mit der Beschäftigung von Mitarbeitern verbundenen Ordnungsregeln und Vorschriften einzuhalten (z.B. Lohn- und Gehaltszahlungen, An- und Abmeldungen bei den Krankenkassen etc.).

Die Personalverwaltung ist eine typische Datenverarbeitungsaufgabe. Aufgrund der informations- und rechenintensiven Vorgänge (z.B. Lohn- und Gehaltsabrechnungen) werden heute überwiegend EDV-Anlagen zur Unterstützung eingesetzt. Zusätzlich findet man in der Praxis auch Personalinformationssysteme. Sie unterstützen Entscheidungen über den Einsatz von Personal und liefern personal- und arbeitsplatzbezogene Informationen für die Planung, Durchführung und Kontrolle personalwirtschaftlicher Aufgaben.

Die Speicherung und Verarbeitung personalbezogener Daten wirft Probleme des Datenschutzes auf. Der Gesetzgeber hat für den Arbeitnehmer einige Kontroll- und Gestaltungsrechte zum Datenschutz vorgesehen. Nach § 83 BetrVG hat der Arbeitnehmer das Recht auf Einsicht in seine Personalakte. Des weiteren hat der Betriebsrat in bestimmten Fällen Mitbestimmungsrechte bei der Einführung und Nutzung von Personalinformationssystemen (§ 87 Abs. 1 BetrVG). Wesentliche Regelungen für die Gestaltung von Personalinformationssystemen finden sich auch im Bundesdatenschutzgesetz (BDSG). Nach den §§ 27 und 28 BDSG besitzt der Arbeitnehmer u.a. Auskunfts-, Berichtigungs- und Löschungsrechte hinsichtlich der über ihn gespeicherten Daten. Ferner sieht das

Gesetz einen Datenschutzbeauftragten vor, der die Ausführung der Gesetzesbestimmungen sicherstellen soll (§ 28 BDSG).

4.2.1 Sozialverwaltung

Üblicherweise ist die Sozialverwaltung dem Personalwesen zugeordnet. Sie ist für die Betreuung der Sozialeinrichtungen und für die Abrechnung der Sozialleistungen verantwortlich. Zum Teil haben Sozialeinrichtungen eigene Mitarbeiter für die Verwaltungsaufgaben (z.B. Betriebskrankenkasse, Kantine), ansonsten werden sie von der Personalabteilung durchgeführt (z.B. Altersversorgung, Erholungsfürsorge, Wohnungswesen). Die regelmäßigen Sozialleistungen (z.B. Altersruhegeld, Fahrtkostenzuschüsse, Übernahme der Kontoführungsgebühren, Kinderbeihilfen, Trennungsgelder) werden in der Regel von den Entgeltrechnungsstellen bearbeitet. Individuelle Sozialleistungen (Betriebsveranstaltungen, Firmendarlehen, Umzugskostenübernahme, Werksfürsorge) werden dagegen häufig von der Personalabteilung betreut und verwaltet.

4.2.2 Datenverwaltung

Die **Personaldaten** sind Grundlage jeder Personalverwaltung. Die Personalverwaltung legt über jeden Mitarbeiter eine Personalakte an und befasst sich mit ihrer Fortführung. Die Personalakte unterliegt dem Einsichtsrecht des Arbeitnehmers (§ 83 BetrVG) und enthält die wesentlichen Unterlagen bezüglich des Arbeitsverhältnisses. Sie vermittelt jederzeit ein exaktes und lückenloses Bild über den Mitarbeiter. Zu den wesentlichen Unterlagen zählen insbesondere:

- Bewerbungsunterlagen,
- Personalbogen,
- Arbeitsvertrag und evtl. Vertragsänderungen,
- Mitteilungen über Beförderungen, Versetzungen, Entgeltänderungen,
- regelmäßige Beurteilungen,
- Ermahnungen, Abmahnungen und
- sonstiger Schriftverkehr.

Von der Personalverwaltung wird neben der Personalakte auch häufig eine **Personalkartei** geführt. Sie soll es dem Unternehmen ermöglichen, rasch und in knapper, übersichtlicher Form einen Überblick über die wichtigsten Daten der Personalakte zu erhalten.

Neben den Personaldaten können von der Personalverwaltung auch weitere Datenbereiche erfasst und verwaltet werden (z.B. Arbeitsplatzdaten, Tätigkeits- und Fähigkeitsdaten, Führungsdaten).

Die Datenerfassung erfolgt häufig mit Hilfe eines EDV-Systems (PIS). Dabei werden die Daten auf Magnetplatten gespeichert und in entsprechenden Dateien organisiert. Die gebräuchlichsten Dateien sind die Personalstammdatei, die Arbeitsplatzstammdatei und die Führungsdatei.

- Die **Personalstammdatei** enthält alle erforderlichen Personaldaten der Mitarbeiter (Personalkartei). Sortier oder Suchkriterium ist in der Regel die Personalnummer oder der Familienname.

- Die **Arbeitsplatzstammdatei** enthält alle relevanten Informationen über die einzelnen Arbeitsplätze. Diese Informationen werden u.a. für die Personalplanung, -beschaffung und -beurteilung benötigt.
- Die **Führungsdatei** enthält eine Reihe von Daten über die Gesamtheit der Belegschaft oder von Mitarbeitergruppen. Es sind kollektive Daten, deren typischer Inhalt meistens Zeitreihendaten über Personalkosten, Belegschaftszahlen, Überstunden, Fluktuation, Personalzugänge sowie über Aus- und Fortbildung sind.

Die Verwaltung der Personaldaten erfordert neben der Archivierung auch eine ständige Fortschreibung bzw. Aktualisierung der Daten, damit die vielfältigen Informationsbedürfnisse der unterschiedlichen Empfänger (z.B. Unternehmensleitung, Personalleitung, Finanzamt, Kreditinstitute, Behörden, Mitarbeiter usw.) befriedigt werden können.

4.2.3 Entgeltrechnung

Die Entgeltrechnung besitzt durch unterschiedliche Entgeltformen (Lohn, Gehalt, Provisionen usw.), verschiedenartige Entgeltsysteme (z.B. Akkordlohn, Prämienlohn, Zeitlohn), vielfältige Rechtsvorschriften (z.B. Gesetze, Tarife, Verordnungen) und häufige Änderungsnotwendigkeiten (z.B. neue Tarifverträge, Steuerrechtsänderungen) einen großen Komplexitätsgrad. Dies führte dazu, dass die Entgeltrechnung bzw. Lohn- und Gehaltsrechnung heute überwiegend mit Hilfe der EDV durchgeführt wird.

Die Entgeltrechnung beginnt mit der Berechnung des Bruttoentgeltes für die Abrechnungsperiode. Zur Berechnung werden dabei die Personalstammdaten, Zeitdaten (Akkordzeiten, Anwesenheitszeiten, Überstunden etc.), Lohn- und Provisionssätze sowie Zulagen, Beihilfen, Zuschüsse, Erstattungen, Gutschriften usw. benötigt.

Zur anschließenden Berechnung des Nettoverdienstes werden aus der Personalstammdatei die Lohn- und Kirchensteuerdaten (Steuerklasse, Familienstand, Steuerfreibetrag, Konfession, Finanzamt, Lohnsteuergemeinde) sowie die Sozialversicherungsdaten (Rentenversicherungsträger, Versicherungsnummer, Krankenkasse) benötigt. Des weiteren sind zusätzliche Daten wie beispielsweise Vorschusszahlungen, vermögenswirksame Leistungen, Lohnpfändungen, Darlehensrückzahlungen, Mieteinbehaltungen usw. bei der Ermittlung des Nettoverdienstes zu berücksichtigen. Nachdem alle Abzüge vom Bruttoentgelt ermittelt worden sind, wird die Auszahlung des Nettoentgelts zumeist als bargeldlose Überweisung veranlasst.

Neben der Abrechnung des Entgeltes müssen die Daten aber auch so ausgegeben werden, dass die Lohn- und Kirchensteuer überwiesen und die gesetzlichen Sozialversicherungsbeiträge an die einzelnen Sozialversicherungsträger abgeführt werden können.

4.2.4 Personalstatistik

Die Personalstatistik wird durch systematisches Sammeln und auswerten von Daten aus dem Personalbereich erstellt. Sie ist ein wichtiges Informationsinstrument für die Unternehmensleitung, Personalleitung und Mitarbeiter sowie für außerbetriebliche Stellen wie Sozialversicherungsträger, Arbeitsämter, statistische Ämter, Kammern, Verbände und Gewerkschaften.

Durch die Personalstatistik wird eine Basis für fundierte personalwirtschaftliche Entscheidungen gebildet, da in ihr das Geschehen in allen Bereichen des Personalwesens erfasst und dargestellt wird. Die Personalstatistik lässt sich untergliedern in:[157]

- **Personalbestandsstatistik**, die den Mitarbeiterbestand und seine Struktur erfasst und u.U. weiter unterscheidet (z.B. Alter, Geschlecht, Arbeitnehmerart wie Arbeiter, Angestellte, Auszubildende),
- **Personalbewegungsstatistik**, die die Zu- und Abgänge, Versetzungen usw. sowie deren Gründe erfasst (z.B. Fluktuation),
- **Personalzeitstatistik**, die die verschiedenen Fehl- und Ausfallzeiten, Arbeits- und Mehrarbeitszeiten etc. erfasst, und
- **Personalaufwandsstatistik**, die den Personalaufwand (nach Lohn- und Lohnnebenkosten sowie deren Struktur) transparent machen soll.

Daneben existieren in der Praxis weitere Einzelstatistiken (z.B. in Bereichen des betrieblichen Bildungswesens).

5 Zukunftsperspektiven des Personalmanagements

In den neunziger Jahren ändern sich eine Reihe von Rahmenbedingungen des Personalmanagements innerhalb und außerhalb des Unternehmens, die das Personalmanagement in weiten Teilen seines Tätigkeitsbereiches dazu auffordern, seine bisherige Rolle zu überdenken und nach neuen Strategien zu suchen.

Im folgenden sollen die wichtigsten Trends des Personalmanagements der Zukunft dargestellt werden:

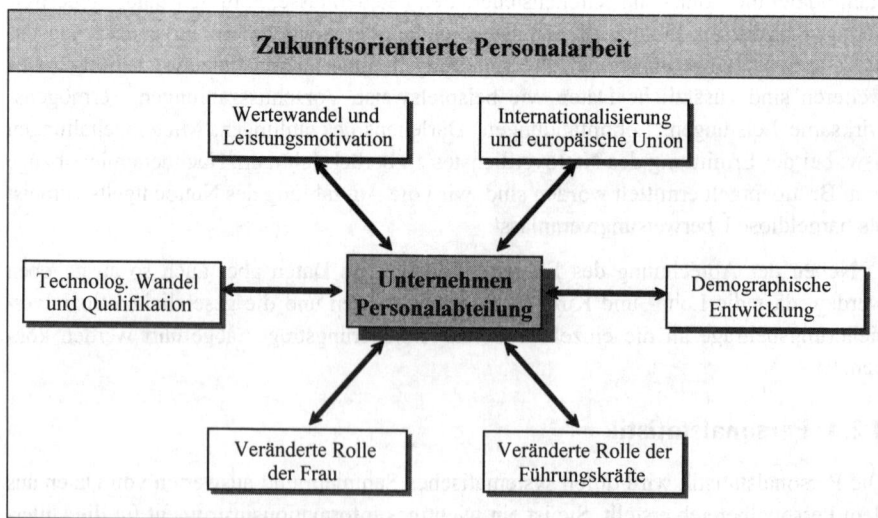

Abb. 57: Zukunftsorientierte Personalarbeit

---

[157] Vgl. Freund, F./ Knoblauch, R./ Racké, G.: Praxisorientierte Personalwirtschaftslehre, a.a.O., S. 149.

Personalarbeit wird nicht länger nur Beschaffung, Betreuung und Dienstleistung sein können. Personalverantwortliche Manager müssen unternehmerisch denken und handeln können. Schon heute stellt der "Engpassfaktor" Personal in vielen Unternehmen die "Achillessehne" des wirtschaftlichen Erfolgs dar.[158] In Zukunft wird das Personalmanagement zum wohl bedeutendsten Bereich betrieblichen Managements werden.

5.1 Wertewandel und Leistungsmotivation

Seit Beginn der 60er Jahre haben sich die Wertvorstellungen und -orientierungen in der Bevölkerung grundlegend gewandelt. Der Soziologe R. Ingelhart sprach in seinem 1977 erschienenen Buch bereits von einer "leisen Revolution", als er davon berichtete, dass jüngere Menschen ganz andere Werte hochschätzen als ihre älteren Mitbürger.[159] Waren es früher in erster Linie "Pflichtwerte" wie Disziplin, Gehorsam, Fleiß, Treue, Anpassungsbereitschaft und Einordnung, so gewinnen heute die sogenannten "Anpassungswerte" zunehmend an Bedeutung. Zu diesen zählen beispielsweise der Wunsch nach:[160]

- Selbstentfaltung
- Partizipation
- Autonomie
- Sinnerfüllung
- Selbständigkeit

Der Wertewandel vollzog bzw. vollzieht sich jedoch nicht in allen Teilen der Bevölkerung in gleich starker Weise. Der Wandel der Arbeitsethik zeigt sich bei jüngeren Menschen eher als bei älteren und ist deutlicher festzustellen bei Arbeitern als bei Angestellten oder Selbständigen.

Darüber hinaus zeigten zahlreiche von G. Franz und W. Herbert durchgeführte empirische Untersuchungen (bezogen auf die Bevölkerung im Alter von 14 bis 54 Jahren), dass vier grundlegende Wertetypen zu unterscheiden sind. Ihre unterschiedlichen Bedürfnisse, Einstellungen und Verhaltensweisen spiegeln sich in allen Lebensbereichen wider, so auch in der Arbeitswelt.[161]

- **Typ 1: Der ordnungsliebende Konventionalist** mit hoher Wertkonstanz bevorzugt materielle Bedürfnisbefriedigung, neigt zu autoritärem Verhalten, kümmert sich wenig um gesellschaftliche Belange und hat wenig Interesse an neuen Informationen. Er will mit dem zufrieden sein, was er hat.

- **Typ 2: Der aktive Realist** mit hoher Leistungs- und Verantwortungsbereitschaft, Eigeninitiative, zugleich aber starkem Engagement und Wunsch nach Selbstentfaltung. Er repräsentiert somit eine Kombination aus "alten" Werten der Pflichterfül-

---

[158] Fröhlich, W./ Maier, W.: Personalmanagement - Perspektiven ins neue Jahrtausend, in: Personalmanagement in der Praxis: Konzepte für die 90er Jahre, Maier, W./ Fröhlich, W. (Hrsg.), Wiesbaden 1991, S. 11.
[159] Vgl. Wiendieck, G.: Wertewandel und Leistungsmotivation, in: Personalführung 11/90, S. 760.
[160] Vgl. Rückle, H.: Die Folgen des Wertewandels für das Personalmanagement und sein Führungsverständnis, in: Visionäres Personalmanagement, Kienbaum, J. (Hrsg.), Stuttgart 1992, S. 131.
[161] Vgl. Franz, G./ Herbert, W.: Wertewandel und Mitarbeitermotivation. In: Harvard manager 1/87, S. 96.

lung, Sicherheitsorientierung, Sachautorität sowie "neuen" Werten der Selbstverwirklichung und des sozialen Engagements.

- **Typ 3: Der perspektivenlose Resignierte** richtet sich der Bequemlichkeit halber nach Normen, versucht seine Wünsche mit möglichst wenig Aufwand zu befriedigen und übernimmt ungern Pflichten aus eigenem Antrieb.

- **Typ 4: Der nonkonforme Idealist** tendiert sehr stark zu Selbstentfaltung und Engagement auf Gebieten, die seinem Weltbild entsprechen. Er hält wenig von Autorität, Sachzwängen aus Effizienzgründen, materiellen Reizen und will sich nicht vereinnahmen lassen.[162]

All diese Varianten von Mitarbeitern haben schon vor dem in der Gegenwart zu beobachtenden Wertewandel existiert, wobei jedoch früher der erste Typus dominierte. Die Einteilung ist für das Personalmanagement insofern von großer Bedeutung, als dass für jeden Typus individuelle und bedürfnisorientierte Motivationstechniken zu entwickeln sind.

5.2 Internationalisierung des Arbeitsmarktes und europäische Union

Seit dem 1. Januar 1993 existiert der gemeinsame europäische Binnenmarkt, welcher sowohl für freien Verkehr von Waren und Dienstleistungen sorgt, als auch Niederlassungsfreiheit für alle EU-Bürger mit sich bringt.

In einer europaweit angelegten Studie "The Price Waterhouse Cranfield Project on International Strategic Human Resource Management", bei der etwa 6000 europäische Unternehmen zu ihren zukünftigen Personalstrategien befragt wurden, zeigte sich, dass sämtliche Mitgliedsländer der Personalentwicklung die größte Bedeutung einräumten. Ergebnisse einer empirischen Studie zur Personalstrategie europäischer Unternehmen[163]

Die vordringlichste Aufgabe im Rahmen der Personalentwicklung wird es sein, "Welt-Menschen"[164] bereitzustellen. Dabei handelt es sich um Mitarbeiter, die Kenntnisse der Sprache, Kultur, Lebensart und Gewohnheiten fremder Länder besitzen. Sie müssen offen sein und fähig, sich auf die Gegebenheiten fremder Länder einzustellen.

Mitarbeiter für den internationalen Markt heranzubilden und ein entsprechendes Potenzial aufzubauen bedeutet neben der Vermittlung von Sprachkenntnissen, EU-weiten Trainee-Programmen sowie internationalen Job-Rotations auch, dass zunehmend außerhalb Deutschlands akquiriert wird, um Ausländer für die Arbeit in Deutschland zu gewinnen. Gezielte Personalanwerbung im Ausland wird das europäische Potenzial stärken.

Obwohl die Ausgestaltung der personalpolitischen Instrumente auch weiterhin im Verantwortungsbereich der nationalen Tochtergesellschaften liegen wird, muss doch bei

---

[162] Vgl. Kastner, M.: Personalmanagement heute, Landsberg am Lech 1990, S. 36.
[163] Vgl. Schwitt, N.: Der EG-Binnenmarkt ruft nach neuen Strategien, in: Personalwirtschaft 1/93, S. 19.
[164] Vgl. Heinrich, P.: Internationales Personalmanagement, in: Personalmanagement in der Praxis: Konzepte für die 90er Jahre, Maier, W./ Fröhlich, W. (Hrsg.), Wiesbaden 1991, S. 205.

vielen international arbeitenden Firmen eine globale Fachkompetenz aufgebaut werden, besonders in arbeits-, steuer- oder sozialversicherungsrechtlichen Fragen.

Insbesondere die Öffnung der osteuropäischen Märkte wird das Personalmanagement vor große Aufgaben stellen, da es nur wenige Mitarbeiter gibt, die eine osteuropäische Sprache sprechen und es wohl langfristig zu einer starken Wanderungsbewegung von Arbeitnehmern von Ost nach West kommen wird.

5.3 Demographische Entwicklung auf dem Arbeitsmarkt

Der Arbeitsmarkt wird stark durch die demographische Entwicklung bestimmt. Aufgrund des drastischen Geburtenrückgangs ist seit Beginn der siebziger Jahre eine sinkende Tendenz des Arbeitskräfteangebots zu verzeichnen.[165]

Gleichzeitig steigt, bedingt durch den anhaltenden Strukturwandel der Wirtschaft und dem technologischen Fortschritt, der Bedarf an flexiblen und qualifizierten Arbeitskräften, den man bereits heute in einigen Bereichen nur noch durch das Anwerben ausländischer Fachkräfte decken kann, weil die Zahl der Absolventen in Deutschland ebenfalls stark rückläufig ist. Die Bundesregierung hat durch ihre Green-Card-Offensive das „IT-Sofortprogramm" gestartet mit dem insbesondere qualifizierte Fachkräfte im Bereich der Informations- und Kommunikationstechnologie aus dem Nicht-EU-Ausland angeworben werden können. Voraussetzung dabei ist, dass die Fachkräfte entweder ein Hochschulstudium oder ein Gehalt von mindestens 50.000 Euro nachweisen können.[166]

Die „Blue-Card" des Bundeslandes Bayern ergänzt dieses Programm dadurch, dass das Genehmigungsverfahren der „Green-Card" hier beschleunigt durchgeführt. Darüber hinaus wird die stark rückläufige Zahl von Abgängern aus den allgemeinbildenden Schulen dazu führen, dass der bereits bestehende Mangel an Auszubildenden erheblich zunimmt.

Das zukunftsorientierte Personalmanagement im neuen Jahrtausend steht vor dem Problem, dass die Auswahl an qualitativ gut ausgebildeten Fachkräften bis hin zum Manager-Nachwuchs erheblich abnimmt, so dass erhebliche Probleme bei der Personalbeschaffung entstehen werden. Daher wird angenommen, dass die Rolle des betrieblichen Personalmarketings[167] in den kommenden Jahren zur Vermeidung des Manager-Graps zu nehmen wird.[168]

5.4 Veränderte Rolle der Führungskräfte im Personalmanagement

Unsere Welt ist durch einen kaum fassbare Kurzlebigkeit geprägt. Was für das Denken und Handeln einer Führungskraft heute noch Gültigkeit und Richtigkeit hat, kann bereits

---

[165] Vgl. Bundesministerium des Innern (Hrsg.): Modellrechnungen zur Bevölkerungsentwicklung in der Bundesrepublik Deutschland bis zum Jahr 2050, Bonn 2000, S.15.
[166] Vgl. Bundesministerium für Arbeit und Sozialordnung (Hrsg.): Das IT-Sofortprogramm der Bundesregierung, Berlin 2000, S.4 f.
[167] Vgl. Wunderer,R./ Dick,P.: Personalmanagement – Quo Vadis?, a.a.O., S.113.
[168] Vgl. Walz,D.: Zukunftsorientierte Personalpolitik, in: Personalführung 4/89, S.334.

morgen obsolet und unzweckmäßig sein. Führungskräfte müssen mit der zunehmenden Dynamik und Komplexität mithalten können, um langfristig handlungsfähig zu bleiben und die Zukunft ihrer Unternehmen zu sichern.[169]

Die Managemententwicklung hat Führungskräfte im Rahmen des Personalmanagements auf diese Veränderungsdynamik vorzubereiten. In früheren Zeiten war spezielles Fachwissen wichtig für Führungsaufgaben. Neben diesem fundierten Fachwissen werden in Zukunft auch strategische Führungsfähigkeiten, wie eine konzeptionelle Gesamtsicht, Zukunftsoffenheit, Kreativität und Teamfähigkeit wichtig für den Erfolg einer Führungskraft und somit des Unternehmens sein.[170]

Eine Führungskraft soll in erster Linie Menschen führen und fördern, Konflikte lösen helfen, Zielvorstellungen und Zusammenhänge erklären und fähig sein, Mitarbeiter zu motivieren. Die nach heutiger Sicht künftig bedeutsamen Managerpotenziale sind in folgender Abbildung dargestellt:

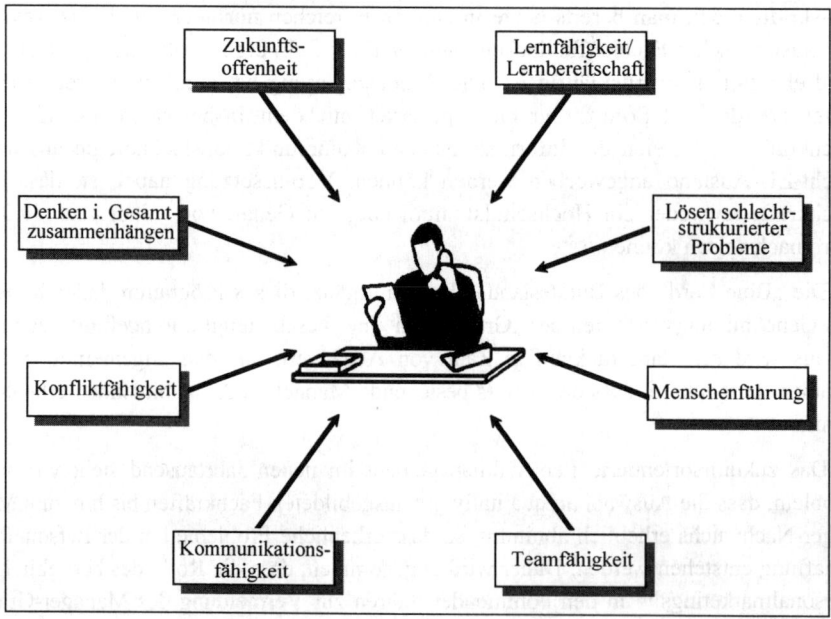

Abb. 58: Zukunftswichtige Managerqualifikationen[171]

Es ist zu beachten, dass ein Manager selbstverständlich nicht stets sämtliche Qualifikationen benötigt. Die Kunst des erfolgreichen Führens wird darin bestehen, die Potenziale aktionsadäquat einzusetzen.

Es lässt sich zusammenfassend feststellen, dass den Ansprüchen, denen eine Führungskraft sich in Zukunft stellen muss, auf Dauer nur Personen gewachsen sein werden, die die Ganzheit aller Aspekte überblicken und die Menschen motivieren können.[172]

---

[169] Vgl. Scheuss, R.-W.: Management-Entwicklung für morgen, in: Harvard manager 2/87, S. 23.
[170] Vgl. Berthel, J.: Führungskraft 2000, in: Harvard manager 3/87, S. 114.
[171] Vgl. Berthel, J.: Führungskraft 2000, a.a.O., S. 115.
[172] Vgl. Wollert, A.: Führung im Jahr 2000. In: Personalführung 6/90, S. 400.

5.5 Technologischer Wandel und Qualifikation

Mit dem Eintritt der Mikroelektronik als Basistechnik begann in den 70er Jahren der Wandel von der traditionellen Industriegesellschaft zur Informationsgesellschaft. Gleichzeitig setzte ein Strukturwandel zum tertiären Sektor ein. Es ist unbestreitbar, dass die Arbeitswelt der Zukunft eine Dienstleistungsgesellschaft sein wird.[173]

Durch die immer rasantere Entwicklung im technischen Bereich werden auch die Anforderungen an die Qualifikation der Mitarbeiter steigen. Dies gilt sowohl für den Topmanager als auch den Vorarbeiter oder den Auszubildenden. Das Schwergewicht der Qualifikation wird sich mehr und mehr verlagern von handwerklichen Fertigkeiten hin zu Flexibilität und Kreativität. Dieser Wandel in den Arbeitsanforderungen führt zwangsläufig auch zu veränderten Arbeitseinstellungen. Früher waren Fleiß und absolute Arbeitsdisziplin unerlässlich, heute wird dagegen der kreative, verantwortungsbereite und zu Gruppenarbeit fähige Mitarbeiter vorausgesetzt.

In den letzten Jahren hat sich das Qualifikationsniveau der neu eingestellten Arbeitskräfte, gemessen an dem formalen Bildungsniveau, deutlich erhöht. Die Chancen auf einen Arbeitsplatz für Ungelernte sind immer mehr gesunken. Der Umgang mit den neuen Techniken und Verfahren erfordert von den Mitarbeitern oft Kenntnisse und Fähigkeiten über die sie nicht oder nur unzureichend verfügen. Deshalb kommt der innerbetrieblichen Weiterbildung eine zunehmend bedeutendere Aufgabe zu.[174] Die Schaffung und Erhaltung hoher Qualifikation werden in Zukunft Schlüsselaufgaben der Personalpolitik sein. Nicht nur die Fachkompetenz wird dabei eine wesentliche Rolle spielen, sondern auch die Sozialkompetenz, d.h. das Arbeiten im Team muss vielen Mitarbeitern erst nahe gebracht werden.

5.6 Arbeitszeitflexibilisierung

Die Internationalisierung der Märkte und der damit verbundene zunehmende Wettbewerb und nicht zuletzt die wiederholten Arbeitszeitverkürzungen erzwingen deutliche Schritte in Richtung Flexibilisierung der Arbeitszeit. Die These "Je kürzer die Menschen arbeiten, desto länger müssen die Maschinen laufen", wird in Zukunft weiter an Bedeutung gewinnen. Persönliche Arbeitszeit und Betriebsnutzungszeit müssen deshalb voneinander abgekoppelt werden. Eine Flexibilisierung im Hinblick auf den Kunden wird auch in Zukunft an Bedeutung gewinnen (erwähnt sei hier die andauernde Diskussion um das Ladenschlussgesetz). Darüber hinaus gehen die Bedürfnisse der Mitarbeiter stärker in Richtung auf größere Entscheidungsfreiheit hinsichtlich der Verteilung und Menge von Erwerbsarbeitszeit und Freizeit.

Die neuen Informationstechniken (Personal-Computer, ISDN) eröffnen zunehmend die Möglichkeit "flexibler Telearbeit", d.h. dass der Mitarbeiter ganz oder teilweise zuhause arbeitet und über ein Netzwerk mit seinem Computer mit dem Betrieb verbunden ist. Auch die immer stärker werdenden Verkehrsprobleme werden diesen Trend zur Heimarbeit weiter fördern.

---

[173] Vgl. Gründelhöfer, H./ Haardt, R.: Rahmenbedingungen für die Personalarbeit der 90er Jahre, in: Personalmanagement in der Praxis: Konzepte für die 90er Jahre, Maier, W./ Fröhlich, W. (Hrsg.), Wiesbaden 1991, S. 44.

[174] Vgl. Zander, E.: Gedanken über die Zukunft der Arbeit. In: Personal 7/90, S. 283.

Die Arbeitszeit wird immer kürzer. Schon heute hat die Bundesrepublik Deutschland weltweit die kürzesten Arbeitszeiten. In der deutschen Industrie wird heute pro Jahr durchschnittlich 1643 Stunden gearbeitet; in den übrigen EU-Staaten werden 1700 bis 1800, in den USA 1904 und in Japan sogar 1966 Stunden gearbeitet.[175] Bei einer generellen Einführung der 35-Stunden-Woche käme Deutschland sogar auf nur 1540 Stunden. Dies würde bedeuten, dass die übrigen Europäer in Zukunft jährlich fünf bis acht Wochen mehr arbeiten. Man muss sich die Frage stellen, wie die deutschen Unternehmen in Zukunft mit diesem Wettbewerbsnachteil fertig werden.

Die Bundesrepublik Deutschland hat einen gespaltenen Arbeitsmarkt, einerseits einen hohen Anteil an Arbeitslosen und andererseits vergrößert sich dauernd der Mangel an qualifizierten Mitarbeitern. Nur durch eine stärkere Arbeitszeitflexibilisierung, d.h. Verlängerung der Arbeitszeiten von Spezialisten und Facharbeitern (bei entsprechendem finanziellen Anreiz) kann dieser Mangel behoben werden. Die Maschinenlaufzeiten müssen verlängert werden, hier sei nur die Einführung von Vier-Schicht-Systemen erwähnt.

Man wird in Zukunft von dem Gedanken abkommen müssen, dass man einer lebenslangen, ununterbrochenen, ganztägigen Berufsausübung nachgeht. Immer mehr vor allem junge Menschen suchen sich zunächst Teilzeitjobs oder unterbrechen ihren Beruf, um sich weiterzubilden. Auf lange Sicht werden die Unternehmen immer stärker zu "offenen Systemen", mit einem festen organisatorischen Kern und flexiblen, freien Mitarbeitern.

Aufgabe des Personalmanagements wird es sein, die Angst der Mitarbeiter vor diesen neuen Arbeitsformen abzubauen, damit beide Seiten, das Unternehmen und die Mitarbeiter, die mögliche Flexibilität zu ihrem Vorteil nutzen.

5.7 Mobbing

Der schwedische Arbeitspsychologe und Betriebswirt Leymann führte den Begriff Mobbing als erster in der Betriebswirtschaftslehre ein. Sprachlich lässt sich Mobbing von dem englischen Verb „to mob" ableiten, was soviel bedeutet wie jemanden bedrängen, anpöbeln oder angreifen.[176]

Leymann definiert **Mobbing** wie folgt: „Der Begriff Mobbing beschreibt negative kommunikative Handlungen, die gegen eine Person gerichtet sind (von einer oder mehreren) und die sehr oft oder über einen längeren Zeitraum hinaus vorkommen und damit die Beziehungen zwischen Täter und Opfer kennzeichnen."[177]

Einmalige und kurzfristige Interaktions- und Kommunikationsprobleme werden mit dem Begriff **Bullying** beschrieben. Folgende Mobbing-Handlungen lassen sich im Allgemeinen unterscheiden:

---

[175] Statistische Angaben: Bundesvereinigung der Arbeitgeberverbände
[176] Vgl. Neuberger, O.: Mobbing – Übel mitspielen in Organisationen, 3. Auflage, München, Mering, 1999, S.2.
[177] Leymann, H.: Mobbing: Psychoterror am Arbeitsplatz und wie man sich dagegen wehren kann, Reineck bei Hamburg 1993, S.21.; Vgl. Kolodej, Ch.: Mobbing – Psychoterrror am Arbeitsplatz und seine Bewältigung, Wien 1999, S.20.

> - Angriffe auf die Mitteilungsmöglichkeiten der Mitarbeiter,
> - Angriffe auf die sozialen Beziehungen der Belegschaft,
> - Attacken auf das soziale Ansehen einer Persönlichkeit,
> - Beschränkungen der Qualität der Berufs- und Lebenssituation,
> - Angriffe auf die Gesundheit einer Person.[178]

Mobbing hat einen negativen Einfluss auf das Betriebsklima. Sind Mitarbeiter anhaltenden Attacken ihrer Kollegen oder Vorgesetzten ausgesetzt, führt das zu einem Rückgang der betrieblichen Mitarbeit, das Betriebsergebnis wird dadurch für den einzelnen uninteressant. Für „Gemobbte" bleibt die innere Kündigung als Abwehrmittel oft unausweichlich. Schätzungen gehen davon aus, dass fast jeder sechste Arbeitnehmer in Deutschland „gemobbt" wird und dabei gesundheitliche Schäden davonträgt. Die Behandlungskosten, die das Sozialversicherungssystem und die Unternehmen zu tragen haben, werden jährlich auf 500 Millionen Euro geschätzt.[179] Darüber hinaus werden die Betriebsergebnisse der Unternehmen auf unnötige Fehl- und Krankenzeiten beeinträchtigt, so dass Mobbing Gewinneinbußen verursacht.

Mobbing stellt daher anhaltende Interaktions- und Kommunikationsstörungen zwischen Arbeitnehmer einer oder mehrerer Hierarchiestufen dar, die anhaltend das allgemeine Betriebsklima beeinträchtigen und den unternehmerischen Gewinn negativ beeinflussen. Es ist daher eine zentrale Aufgabe des betrieblichen Personalmanagements Gegenstrategien zum betrieblichen Mobbing zu entwickeln.

---

[178] Vgl. Industriegesellschaft Metall (Hrsg.): Mobbing – Wo andere leiden, hört der Spaß auf, Frankfurt/Main 1997, S.3ff.

[179] Vgl. Hesse,J./Schrader, H.C.: Krieg im Büro – Konflikte am Arbeitsplatz und wie man sie löst, Frankfurt/Main 1995, S.28.; Vgl. Kolodej, Ch.: Mobbing – Psychoterrror am Arbeitsplatz und seine Bewältigung, Wien 1999, S.107.

Fragen zur Kontrolle und Vertiefung

(1) Was versteht man unter dem Begriff Personal?

(2) Welche Eigenschaften können dem Personal zugeordnet werden? Erläutern Sie diese Eigenschaften!

(3) Nennen und erläutern Sie kurz die personalwirtschaftlichen Hauptaufgaben!

(4) Die Personalwirtschaft als betriebliche Mitarbeiterversorgung berücksichtigt Unternehmens- und Mitarbeiterbedürfnisse. Was versteht man unter diesen Bedürfnissen?

(5) Erläutern Sie den Funktionsbereich "Personalwesen" und zeigen Sie auf, in welche Teilfunktionen er untergliedert wird!

(6) Welche Synonyme werden für die Personalwirtschaft verwendet und welche Aspekte werden mit ihnen verfolgt?

(7) Definieren Sie die Begriffe: Arbeiter, Angestellte, leitende Angestellte!

(8) Welche wirtschaftlichen Ziele lassen sich für die Personalwirtschaft ableiten, wenn der Produktionsfaktor menschliche Arbeit zur Erstellung einer betrieblichen Leistung benötigt wird?

(9) Nennen Sie drei Steigerungsmöglichkeiten der menschlichen Arbeitsleistung!

(10) Zielkomplementarität, Zielindifferenz und Zielkonkurrenz geben die wechselseitige Mittel-Zweck-Beziehung zwischen wirtschaftlichen und sozialen Zielen wieder. Erläutern Sie diese Begriffe!

(11) Welche Organisationsformen des Personalwesens kennen Sie?

(12) Welche Nachteile versucht ein Unternehmen durch eine gemischte Organisation des Personalwesens zu vermeiden?

(13) Was bedeutet Mitbestimmung und welche gesetzlichen Grundlagen haben hier ihren Geltungsbereich?

(14) Nennen Sie die Aufgaben, die die Personalbestandsplanung hat!

(15) Wie werden die Kenntnis- und Fähigkeitspotenziale der Mitarbeiter in einem Unternehmen erfasst und welche gesetzlichen Grundlagen müssen beachtet werden?

(16) Unterscheiden Sie zwischen der qualitativen und quantitativen Personalbedarfsplanung!

(17) Welche Methoden bei der Personalbedarfsermittlung sind Ihnen geläufig?

(18) Erläutern Sie die Aufgaben der Personalbeschaffungsplanung!

(19) Warum ist eine Personaleinsatzplanung in einer Unternehmung notwendig?

(20) Was ist das Anforderungsprofil einer Stelle und wie muss das dazugehörige Fähigkeitsprofil eines Mitarbeiters aussehen, damit die ökonomischen und mitarbeiterbezogenen Ziele und Vorstellungen verwirklicht werden?

(21) Die Ermittlung der Personalgesamtkosten ist für die Personalkostenplanung bedeutsam. Aus welchen Kostenarten setzen sich die Personalgesamtkosten zusammen?
(22) Erklären Sie die Begriffe Weisung und Änderungskündigung! Welche Gemeinsamkeit haben diese Begriffe?
(23) Welchen Einfluss haben Betriebsvereinbarungen, die zwischen Arbeitgeber und Betriebsrat geschlossen werden, auf den Arbeitsvertrag?
(24) Welche Arbeitsbedingungen sollen in einem Arbeitsvertrag mindestens geregelt sein?
(25) Welche Mitbestimmungsrechte hat der Betriebsrat bei der Personalbeschaffung?
(26) Welches Ziel verfolgt die Personalentwicklung?
(27) Die Berufsausbildung in der Bundesrepublik Deutschland erfolgt nach dem dualen System! Was verstehen Sie unter dem dualen System?
(28) Was ist bei der Personalfreisetzung unter einer Kündigung zu verstehen und welche Kündigungsarten kennen Sie?
(29) Wann wird ein Sozialplan zwischen Unternehmung und Betriebsrat abgeschlossen und was beinhaltet dieser?
(30) Was versteht man unter der "Theorie X" und der "Theorie Y"?
(31) Welche Erkenntnisse vermittelt die Theorie von Maslow?
(32) Was versteht man bei Maslow unter Wachstumsbedürfnissen?
(33) Welche Erkenntnisse vermittelt die Zwei-Faktoren-Theorie von Herzberg? Wie kann eine praktische Umsetzung dieser Theorie erfolgen?
(34) Nennen Sie die ihnen bekannten Lohnformen und deren wichtigstes Merkmal!*
(35) Worin sehen Sie die Motive einer Beteiligung der Arbeitnehmer am Erfolg und/ oder am Kapital des Unternehmen?*
(36) Was verstehen Sie unter dem "Cafeteria-System"?
(37) Unterscheiden Sie die summarische Methode der Arbeitsbewertung von der analytischen Methode!
(38) Zwischen welchen Beurteilungsformen wird bei der Personalbeurteilung unterschieden?
(39) Welche gesetzliche Bestimmung gibt dem Mitarbeiter das Recht, seine Personalakte einzusehen und aus welchen Unterlagen setzt sie sich zusammen?
(40) Beurteilen Sie kritisch die Telearbeit als Möglichkeit der örtlichen Flexibilisierung und Individualisierung!

Kapitel I

Rechnungswesen und Controlling

1 Einführung in das Rechnungswesen und Controlling

Unter dem Begriff **"Rechnungswesen"** versteht man die Erfassung, Verarbeitung, Speicherung und Abgabe von Informationen über Geld- und Leistungsgrößen im Unternehmen. Diese Informationen dienen der Unternehmensleitung als Grundlage zur Führung und Steuerung des Unternehmens. Heutzutage reicht aber das reine Rechnungswesen zur Existenzsicherung des Unternehmens nicht mehr aus, sondern es müssen auch die Veränderungen des wirtschaftlichen Umfeldes berücksichtigt werden.

Deshalb hat sich aus dem Rechnungswesen ein weiterer Bereich, das **"Controlling"**, entwickelt. Das Controlling ist die Voraussetzung für eine zukunftsorientierte Unternehmensplanung, da hier wichtige Informationen, die über die Geld- und Leistungsgrößen hinausgehen, ermittelt werden. Im folgenden werden zunächst die Bereiche des reinen Rechnungswesens behandelt. Im Anschluss daran wird das Controlling als eigener Bereich beschrieben:

- Abschnitt 2.: Bilanzierung und Jahresabschluss
- Abschnitt 3.: Kostenrechnung
- Abschnitt 4.: Das Controlling
- Abschnitt 5.: Trends

1.1 Aufgaben des Rechnungswesens

Man kann die Aufgaben des Rechnungswesens in vier Aufgabenschwerpunkte unterteilen:[1]

- Die **Dokumentationsaufgabe** beinhaltet die Aufstellung aller Geschäftsereignisse, d.h. aller Ereignisse, die Vermögen, Kapital und Gesamterfolg des Unternehmens beeinflussen. Dabei werden z.B. alle Vorfälle dokumentiert, die das Ergebnis der betrieblichen Tätigkeiten aus Herstellung und Verkauf der Produkte verändert haben. Dies geschieht auf der Grundlage von Belegen, chronologisch und sachlich geordnet.
- Ein weiterer Schwerpunkt ist die **Rechenschaftslegungs-** und **Informationsaufgabe**. Damit ist die nach gesetzlichen Vorschriften durchzuführende jährliche Rechenschaftslegung und Information der Unternehmenseigner, der Finanzbehörde und evtl. der Gläubiger (Kreditgeber) über die Vermögens-, Schulden- und Erfolgslage des Unternehmens gemeint (Jahresabschluss).
- Außerdem erfüllt das Rechnungswesen für die Unternehmensführung eine **Kontrollaufgabe**. Mit dem Rechnungswesen als Informations- und Kontrollsystem ist eine direkte Überwachung der Wirtschaftlichkeit und Rentabilität der betrieblichen Prozesse sowie der Zahlungsbereitschaft (Liquidität) des Unternehmens möglich. Damit diese Kontrollfunktion auch ausgeführt werden kann, ist die Bereitstellung des ermittelten und entsprechend aufbereiteten Zahlenmaterials für die Unternehmensführung nötig.

---

[1] Vgl. Eisele, W.: Technik des betrieblichen Rechnungswesens, Buchführung, Kostenrechnung, Sonderbilanzen, 4. Auflage, München 1990, S. 15 ff.

- Die Bereitstellung dieses Zahlenmaterials bezeichnet man als die **Dispositionsaufgabe** des Rechnungswesens. Sie ist die Grundlage für alle unternehmerischen Planungen und Entscheidungen.

Aufgrund dieser verschiedenen Aufgabenbereiche haben sich im Laufe der Zeit innerhalb des Rechnungswesens vier klassische Teilgebiete entwickelt: die Buchführung, die Kosten- und Leistungsrechnung, die Statistik und die Planungsrechnung. Sie sind zum Teil sehr stark miteinander verknüpft und arbeiten mit demselben Datenmaterial, aber sie unterscheiden sich hinsichtlich verschiedener Gesichtspunkte:

(1) Buchführung

Alle Bestände der Vermögens- und Kapitalteile des Unternehmens sowie alle Arten von Aufwendungen (Werteverbrauch) und Erträgen (Wertezuwachs) für einen bestimmten Zeitabschnitt (Geschäftsjahr, Quartal, Monat) werden in der Buchführung erfasst **(Zeitrechnung)**.

In erster Linie dient die Buchführung der **Dokumentation** (Aufzeichnung) aller Geschäftsvorfälle, die zu einer Veränderung von Vermögen und Kapital des Unternehmens führen. Sie erfasst also primär alle Zahlen, die im Unternehmen aufgrund von Belegen anfallen, und zeichnet sie zeitlich und sachlich geordnet nach bestimmten Gesichtspunkten auf.

Die Buchführung ist damit der Zweig, der das Zahlenmaterial für die drei übrigen Bereiche des Rechnungswesens liefert. Im gesetzlich vorgeschriebenen Jahresabschluss (Bilanz, Gewinn- und Verlustrechnung) muss **Rechenschaft** abgelegt werden über Höhe und Zusammensetzung des Vermögens und des Kapitals sowie des Erfolges, den das Unternehmen im Geschäftsjahr erzielen konnte (Erfolgsrechnung).

(2) Kosten- und Leistungsrechnung

Im Gegensatz zur Buchführung, die in erster Linie unternehmensbezogen ist, indem sie alle wirtschaftlichen Vorgänge des gesamten Unternehmens festhält, ist die Kosten- und Leistungsrechnung betriebsbezogen. Sie befasst sich lediglich mit den wirtschaftlichen Daten des Betriebes als Ort der Leistungserstellung und Leistungsverwertung, d.h. Produktion und Absatz von Erzeugnissen **(Stück- und Zeitrechnung)**.

Die Kosten- und Leistungsrechnung erfasst den Werteverbrauch (= **Kosten**) und den Wertezuwachs (= **Leistungen**),[2] der durch die Erfüllung der eigentlichen betrieblichen Tätigkeit verursacht wird, und ermittelt auf dieser Grundlage den Betriebserfolg.

Die wichtigste Aufgabe der Kosten- und Leistungsrechnung ist die **Überwachung** der Wirtschaftlichkeit des Leistungsprozesses. Auf der Basis der ermittelten Selbstkosten der Erzeugnisse (Leistungen) ist eine Kalkulation[3] der Preisuntergrenze für das einzelne Erzeugnis (Stückrechnung) erst möglich. Daneben liefert die Kosten- und Leistungsrechnung insbesondere in Form der Teilkostenrechnung[4] Daten zur Bestimmung des optimalen Produktionsprogramms.

---

[2] Vgl. auch die Erklärung der Bestandsgrößen unter Abschnitt 1.3.
[3] Vgl. Abschnitt 3.6 "Die Kostenträgerstückrechnung".
[4] Vgl. Abschnitte 3.7 "Die Deckungsbeitragsrechnung" und 3.7.3 "Programmoptimierung".

(3) Statistik

Die betriebswirtschaftliche Statistik befasst sich mit der **Aufbereitung** und **Auswertung** des Zahlenmaterials, das in der Buchführung und in der Kosten- und Leistungsrechnung ermittelt worden ist. Die Ziele liegen dabei in der Überwachung des Betriebsgeschehens und der Gewinnung von Unterlagen für die unternehmerische Planung und Disposition. Die Statistik liefert tabellarische und graphische **Übersichten** zu den Bereichen Beschaffung, Lager, Produktion, Umsatz, Personal, Kosten, Bilanz und Erfolg.

Der Vergleich von statistisch aufbereiteten Daten mit früheren Zeitabschnitten (Zeitvergleich) oder mit Unternehmen der gleichen Branche (Betriebsvergleich) liefert der Unternehmensleitung wichtige Entscheidungshilfen **(Vergleichsrechnung)**.

(4) Planungsrechnung

Die Planungsrechnung basiert auf den Ergebnissen der Buchführung, der Kosten- und Leistungsrechnung und der Statistik. Ihre Aufgabe ist es, die zukünftige betriebliche Entwicklung vorauszuberechnen **(Vorschaurechnung)**.

In der Planungsrechnung unterscheidet man zwischen einem **Gesamtplan**, der die Zielsetzung des gesamten Unternehmens in Form von Zahlenwerten konkretisiert, und Teilplänen, die eine detailliertere Planung ermöglichen und auf dem Gesamtplan aufbauen. **Teilpläne** werden im Rahmen der Planungsrechnung nach entsprechenden Funktionen gegliedert in Investitionsplan, Beschaffungsplan, Produktionsplan, Absatz- und Finanzplan.

Ein Vergleich der in den Plänen vorgegebenen Zahlen (Sollzahlen) mit den tatsächlichen Ergebnissen (Istzahlen) vermittelt aussagefähige Erkenntnisse über Abweichungen und deren Ursachen. Damit wird die Planungsrechnung zu einem Führungs- und Kontrollinstrument.

Die vier Bereiche des Rechnungswesens unterscheiden sich auf der einen Seite in ihrer speziellen Aufgabenstellung, sie stehen aber auf der anderen Seite in enger Verbindung zueinander und ergänzen sich gegenseitig. Diese enge Verflechtung erfordert deshalb eine entsprechende **Organisation** des gesamten Rechnungswesens. Diese trägt zur Erhöhung der Wirtschaftlichkeit bei.

Im Grundsatz hat sich bis heute an dieser klassischen Einteilung nichts geändert. Doch in der Praxis hat es sich als günstig erwiesen, das Rechnungswesen weiter nach den verschiedenen Adressaten (Staat, Gläubiger, Unternehmensführung), für die die Ergebnisse des Rechnungswesens bestimmt sind, zu untergliedern. Beispielsweise unterliegt die Rechenschaftslegung nach außen (extern) einer völlig anderen Zielsetzung als die Darstellung der wirtschaftlichen Lage nach innen (intern).

Nach außen soll entweder eine besonders gute Unternehmenslage schlechter dargestellt werden, um so hohe Gewinnausschüttungen an die Aktionäre oder hohe Steuerzahlungen an das Finanzamt zu vermeiden, oder aber eine schlechte Unternehmenslage soll nach außen hin besser dargestellt werden, um zu verhindern, dass die Unternehmenseigner und Gläubiger das eingesetzte Kapital abziehen. Nach innen muss die Unternehmenssituation dagegen realistisch aufgezeigt werden, um richtige Entscheidungen treffen zu können.

Um diesen unterschiedlichen Aufgaben bzw. Zielsetzungen gerecht zu werden, gliedert sich das betriebliche Rechnungswesen in zwei Teilbereiche, das **pagatorische**[5] oder auch externe und das **kalkulatorische** oder auch interne Rechnungswesen.

Die Buchführung, die die Grundlage des gesamten betrieblichen Rechnungswesens bildet, wird demzufolge auch für externe und interne Aufgaben unterteilt und mit den Bezeichnungen pagatorische oder auch Finanz- oder Geschäftsbuchführung bzw. kalkulatorische oder Betriebsbuchführung belegt.

Die Statistik und die Planungsrechnung greifen auf das Zahlenmaterial der beiden Bereiche der Buchführung zurück. Dabei ist nicht immer eine klare Trennung, besonders der Planungsrechnung, zu den Buchführungsbereichen gegeben, das gilt z.B. für den Bereich der Kostenplanung. Damit lässt sich das Rechnungswesen wie folgt schematisch zusammenfassen:

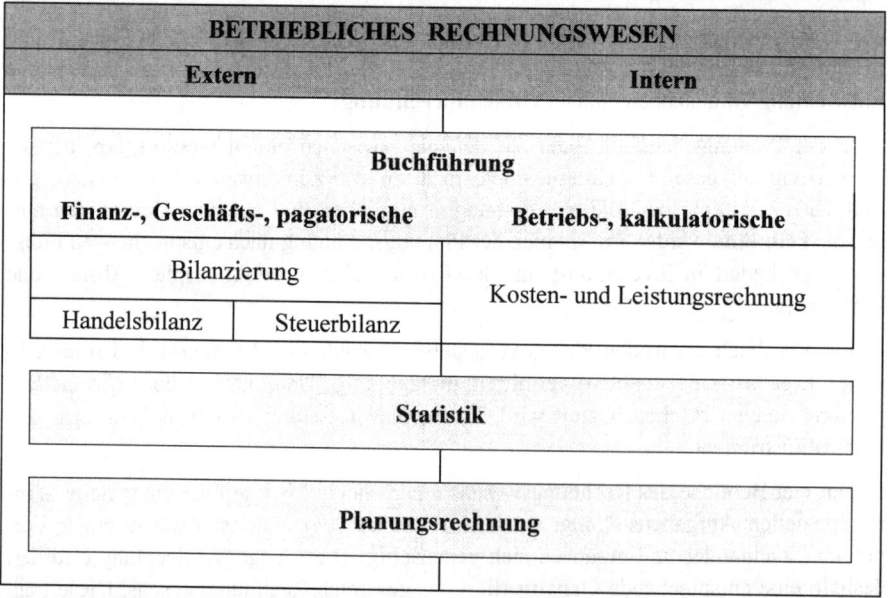

Abb. 1: Darstellung des pagatorischen und kalkulatorischen Rechnungswesens

1.2 Pagatorische und kalkulatorische Buchführung

Die pagatorische Buchführung übernimmt die gesetzlich vorgeschriebene Buchführungspflicht.[6] Sie dient zum einen dem Staat zur richtigen Ermittlung der Steuern (Steuerbilanz) und zum anderen zum Schutz der Gläubiger des Unternehmens (Handelsbilanz).

Geregelt wird die Buchführung für die Handelsbilanz im **Handelsgesetzbuch** (§ 238 HGB), wonach jeder Vollkaufmann zur Buchführung verpflichtet ist, und für die Steuerbilanz in der **Abgabenordnung** (§§ 140 f. AO).

---

[5] Vom lateinischen Verb "pagare" (zahlen, bezahlen) abgeleitet, bedeutet hier soviel wie "auf Zahlungsvorgängen beruhend".

[6] Vgl. Gabele, E.: Buchführung, Einführung in die manuelle und PC-gestützte Buchhaltung und Jahresabschlusserstellung, 4. Auflage, München/ Wien 1992, S. 25 ff.

Die handelsrechtlichen Vorschriften über die Buchführung und den Jahresabschluss sind im 3. Buch ("Handelsbücher") des Handelsgesetzbuches enthalten, das auf dem Bilanzrichtliniengesetz vom 19.12.1985 basiert.[7]

Das 3. Buch HGB gliedert sich in drei Abschnitte:

3. Buch HGB "Handelsbücher"		
1. Abschnitt	2. Abschnitt	3. Abschnitt
Vorschriften für alle Kaufleute (§§ 238-263)	Ergänzende Vorschriften für Kapitalgesellschaften (§§ 264-335)	Ergänzende Vorschriften für eingetragene Genossenschaften (§§ 336-339)
Buchführung / Inventar (§§238-241)	Jahresabschluss der Kapitalgesellschaft und Lagebericht (§§ 264-289)	
Eröffnungsbilanz / Jahresabschluß (§§ 242-256)	Konzernabschluss und Konzernlagebericht (§§ 290-315)	
Aufbewahrung und Vorlage (§§ 257-261)	Prüfung (§§ 316-324)	
Sollkaufleute / Landesrecht (§§ 262, 263)	Offenlegung, Veröffentlichung und Vervielfältigung, Prüfung durch das Registergericht (§§ 325-329)	
	Verordnungsermächtigung für Formblätter und andere Vorschriften (§ 330)	
	Straf- und Bußgeldvorschriften, Zwangsgelder (§§ 331-335)	

Abb. 2: Einteilung 3. Buch HGB

Vorschriften, die rechtsformspezifisch gültig sind, finden sich für die jeweilige Unternehmensform im Aktiengesetz, GmbH-Gesetz und Genossenschaftsgesetz.

Steuerrechtliche Vorschriften über die Buchführung sind in der Abgabenordnung (AO), im Einkommensteuergesetz (EStG), Körperschaftsteuergesetz (KStG), Umsatzsteuergesetz (UStG) und in den jeweiligen Durchführungsverordnungen (EStDV, KStDV, UStDV) sowie Richtlinien (EStR, KStR, UStR) enthalten.[8]

Die Abgabenordnung besagt, dass jeder, der nach dem Handelgesetzbuch zur Buchführung verpflichtet ist, dies auch nach dem Steuerrecht ist (§ 140 AO). Weiter ist auch jeder andere Gewerbetreibende dazu verpflichtet, der nach § 141 AO eine der folgenden Grenzen übersteigt:

---

[7] Zur Harmonisierung des Gesellschaftsrechts in der EG wurde das 3. Buch HGB eingefügt, das an die vom Rat der Europäischen Gemeinschaft erlassenen Richtlinien angepasst wurde.
[8] Vgl. Schmolke, S./ Deitermann, M.: Industrielles Rechnungswesen IKR, 16. Auflage, Darmstadt 1991, S. 10.

- **Umsatz** jährlich größer als 500 000,- DM
- **Gewinn** jährlich über 48 000,- DM

Die folgende Abbildung soll die unterschiedlichen Kaufmannsarten und deren Buchführungspflicht verdeutlichen:

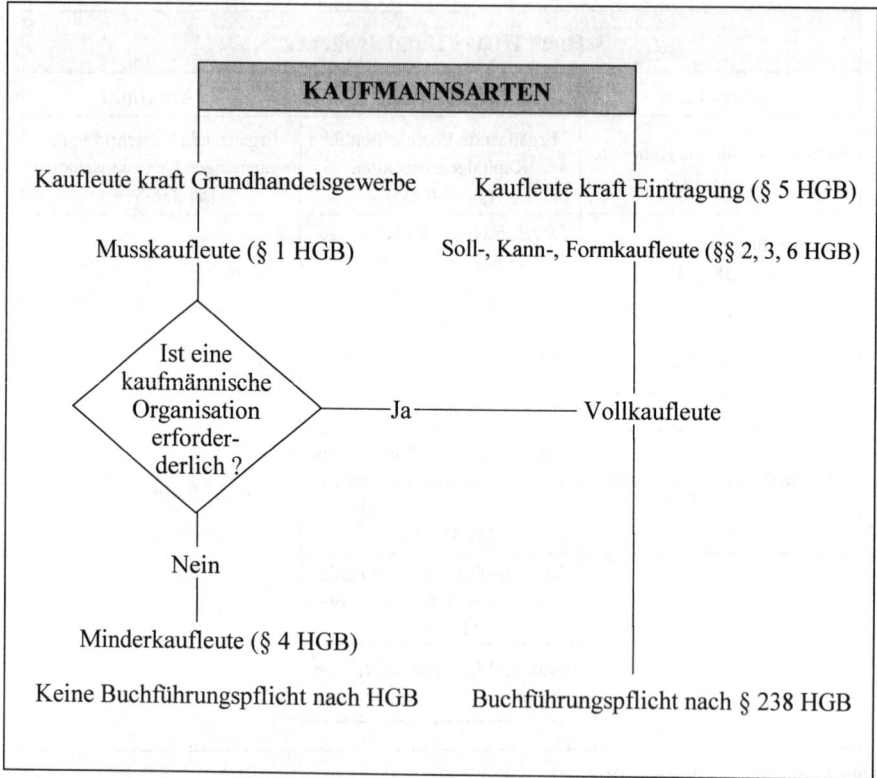

Abb. 3: Kaufmannsarten

Die Adressaten, für die die Ergebnisse des pagatorischen Rechnungswesens bestimmt sind, sind beispielsweise Anteilseigner, Kreditgeber, Arbeitnehmer, Kunden und Lieferanten, das Finanzamt und die Öffentlichkeit.

Die kalkulatorische Buchführung unterliegt dagegen keinen gesetzlichen Verpflichtungen. Sie dient ausschließlich der eigenen Unternehmung mit dem Ziel, die Wirtschaftlichkeit zu verbessern bzw. zu kontrollieren und damit die betrieblichen Leistungsprozesse zu steuern. Adressaten der kalkulatorischen Ergebnisse sind daher notwendigerweise die Unternehmensleitung und die entsprechenden Fachabteilungen.

Aus den verschiedenen Gesichtspunkten für beide Bereiche der Buchführung ergeben sich natürlich für diese auch unterschiedliche Merkmale. In der folgenden Abbildung werden diese Merkmale zur Verdeutlichung zusammenfassend dargestellt:[9]

---

[9] Vgl. Däumler, K.-D./ Grabe, J.: Kostenrechnung 1, Grundlagen, Darstellung, Fragen und Aufgaben, Antworten und Lösungen, 2. Auflage, Herne/ Berlin 1985, S. 13.

Merkmal	Extern		Intern
	Handelsbilanz	**Steuerbilanz**	**Kostenrechnung**
Gewinnbegriff	Externer Erfolg, Geschäftserfolg oder Gewinn	Steuerlicher Erfolg oder zu versteuernder Gewinn	Interner Erfolg oder Betriebserfolg
Aussage	Gibt an, was das Unternehmen aus Transaktionen mit der Umwelt verdient hat	Gibt an, welche Bemessungsgrundlage der Besteuerung zugrundezulegen ins	Gibt an wie der Betrieb gearbeitet hat
Ziel	Darstellung nach außen	Darstellung dem Finanzamt gegenüber	Auswertung für innere Ziele
Organisation	Geschäftsbuchhaltung	Steuerberater / Geschäftsbuchhaltung / Steuerabteilung	Betriebsbuchhaltung, Kostenrechnung
Gesetzliche Verpflichtung	Handelsgesetzbuch (HGB) Aktiengesetz (AktG)	Einkommensteuergesetz Abgabenordnung (AO)	Keine (Ausnahme: öffentliche Verträge)
Zeitraum	Jährlich	Jährlich	Monatlich oder vierteljährlich
Aufgaben	Ermittlung des Jahreserfolges Ermittlung der Vermögens- und Schuldbestände Bereitstellung von Zahlenmaterial für dispositive Zwecke	Ermittlung des zu versteuernden Gewinns	Kurzfristige Erfolgsrechnung Wirtschaftlichkeitskontrolle Kalkulation der betrieblichen Leistung Bereitstellung von Zahlenmaterial für dispositive Zwecke Bereitstellung von zahlenmaterial für die Bewertung von Beständen
Gewinnermittlung	Externer Erfolg = Ertrag - Aufwand	Steuerlicher Erfolg durch Betriebsvermögensvergleich bzw. durch Gegenüberstellung von Ertrag und Aufwand (§ 4 Abs. 1 und § 5 EstG)	Interner Erfolg = Leistung - Kosten

Abb. 4: Gegenüberstellung von pagatorischer und kalkulatorischer Buchführung

Hinweis: Die Trennung von Handels- und Steuerbilanz ist im Grunde nur von theoretischer Bedeutung, da das sogenannte **"Prinzip der Maßgeblichkeit"** besagt, dass die handelsrechtlichen Bilanzansätze auch in der Steuerbilanz gelten, wenn das Steuerrecht nichts anderes vorschreibt. In der Praxis ist es zumindest bei kleinen und mittleren Betrieben üblich, aus Gründen der Arbeitsvereinfachung nur eine Bilanz aufzustellen, die zugleich als Handels- und als Steuerbilanz verwendet wird (vgl. § 60 EStDV).

Zusammenfassend kann gesagt werden, dass die Hauptaufgaben des externen Rechnungswesens darin besteht, die Vermögens-, Finanz- und Ertragslage darzustellen, während die Aufgabe des internen Rechnungswesens die Bereitstellung von Kosteninformationen für dispositive Zwecke beinhaltet.

1.3 Stromgrößen und Bestandsgrößen

Zur Beschreibung der Vorgänge in der Buchführung werden sogenannte ökonomische Größen verwendet. Sie werden in Stromgrößen und Bestandsgrößen aufgeteilt. **Bestandsgrößen** werden allgemein definiert als Größen, die in Geldeinheiten bewertet (Kassenbestand) oder in physikalischen Einheiten gemessen werden (Warenbestand). Bestandsgrößen werden immer für einen bestimmten Zeitpunkt ermittelt und sind somit zeitpunkt-bezogene Größen. Mit Bestandsgrößen sind Vermögen und Kapital gemeint.

- Das **Vermögen** wird definiert als "aktivierbare Güter und Rechte, die dem Unternehmen zugerechnet werden"[10], d.h. es bezeichnet die gegenständlichen Mittel, durch die das Unternehmen seine Aufgabe erfüllt (Maschinen, Gebäude, Lager usw.). Es entspricht damit der Kapitalverwendung, d.h. der Mittel, in die das Kapital des Unternehmens investiert wurde.

- Mit **Kapital** wird genaugenommen die Mittelherkunft bezeichnet, aus der die Unternehmung finanziert wird. Beim Kapital unterscheidet man zwischen Eigenkapital (Reinvermögen) und Fremdkapital. Die Summe ergibt das jeweilige Gesamtkapital.

Stromgrößen sind wertmäßige Größen der Zahlungs- und Leistungsvorgänge innerhalb einer bestimmten Periode und sind damit zeitraumbezogene Größen.[11] Sie beinhalten folgende vier Begriffspaare:

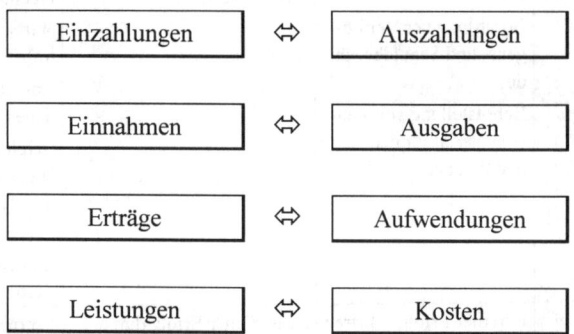

Jede Stromgröße führt zu einer Veränderung der Bestandsgröße, d.h. die Bestandsgröße hängt unmittelbar von ihr ab.

Eine genaue Definition und Abgrenzung der jeweiligen Begriffspaare untereinander ist von wesentlicher Bedeutung für das Verständnis der Buchführung, da jedes dieser vier Begriffspaare eine Veränderung eines anders definierten Bestandes bewirkt.[12] Auszahlungen entsprechen hierbei Zahlungsmittelabflüssen aus dem Unternehmen heraus. Dagegen entsprechen die Ausgaben dem Wert aller eingekauften und die Aufwendungen dem Wert aller verbrauchten Güter und Leistungen. Analog dazu sind Einzahlungen Zahlungsmittelzuflüsse von außen in das Unternehmen, und Einnahmen bzw. Erträge entsprechen dem Wert aller verkauften bzw. erbrachten Leistungen. Bei der Unterscheidung der genannten Größen sind gleichzeitig die sachlichen als auch die zeitlichen

---

[10] Selchert, F. W.: Einführung in die Betriebswirtschaftslehre in Übersichtsdarstellungen, 3. Auflage, München/ Wien 1991, S. 277.
[11] Vgl. ebd., S. 277.
[12] Vgl. Eisele, W.: Technik des betrieblichen Rechnungswesens, a.a.O., S. 511.

1. Einführung in das Rechnungswesen und Controlling

Merkmale (Periodenbezug der Stromgrößen) zu beachten, da im Normalfall in einer bestimmten Periode für die wertmäßigen Beträge gilt:[13]

> Auszahlungen ≠ Ausgaben ≠ Aufwand ≠ Kosten
> Einzahlungen ≠ Einnahmen ≠ Ertrag ≠ Leistung

Wichtig für die Kostenrechnung sind **Kosten** und **Leistungen**. Unter Kosten versteht man den bewerteten Verzehr von Gütern und Dienstleistungen (einschließlich öffentlicher Abgaben), die zur Erstellung und zum Absatz der betrieblichen Leistungen sowie zur Aufrechterhaltung der Betriebsbereitschaft notwendig sind. Mit Leistung meint man entsprechend die Erstellung von Gütern und Dienstleistungen.[14] Die Einordnung dieser Begriffe verdeutlicht die folgende Darstellung:[15]

STROMGRÖSSEN

PAGATORISCHE RECHNUNG

in der Finanzbuchhaltung:

EINZAHLUNGEN	AUSZAHLUNGEN
Zunahme	Abnahme

des Zahlungsmittelbestandes
= Kassenbestand und jederzeit verfügbare Bankguthaben

EINNAHMEN	AUSGABEN
Zuflüsse	Abflüsse

des Geldvermögens
= Zahlungsmittelbestand und Bestand an Forderungen abzüglich des Bestandes an Verbindlichkeiten

in der Gewinn- und Verlustrechnung:

ERTRÄGE	AUFWENDUNGEN
Erhöhung (Wertzugänge)	Verminderung (Wertverzehr)

des Reinvermögens
= Geld- und Sachvermögen

KALKULATORISCHE RECHNUNG

in der Betriebsbuchführung:

LEISTUNG	KOSTEN
Wertentstehung	Wertverzehr

leistungsbezogen
= als Folge der betrieblichen Tätigkeit

Abb. 5: Darstellung der Stromgrößen

---

[13] Vgl. Plinke, W.: Industrielle Kostenrechnung für Ingenieure, 2. Auflage, Berlin u.a. 1991, S. 11.
[14] Vgl. Haberstock, L.: Grundzüge der Kosten- und Erfolgsrechnung, 3. Auflage, München 1982, S. 63.
[15] Vgl. Selchert, F.W.: Einführung in die Betriebswirtschaftlehre, a.a.O., S. 277.

Die Bestandsgrößen hängen von den Stromgrößen ab und verändern sich deshalb in dem Maße, wie sich die Stromgrößen verändern. Es ist sehr wichtig, zwischen den vier Begriffspaaren genau zu unterscheiden, gleichzeitig muss man aber auch die begrifflichen Überschneidungen berücksichtigen. Beispielsweise können Auszahlungen gleichzeitig auch Ausgaben sein.

Wie sich die Begriffe aufspalten und untereinander abgrenzen, erläutert das folgende Schema mit der dazugehörigen Beispielliste:[16]

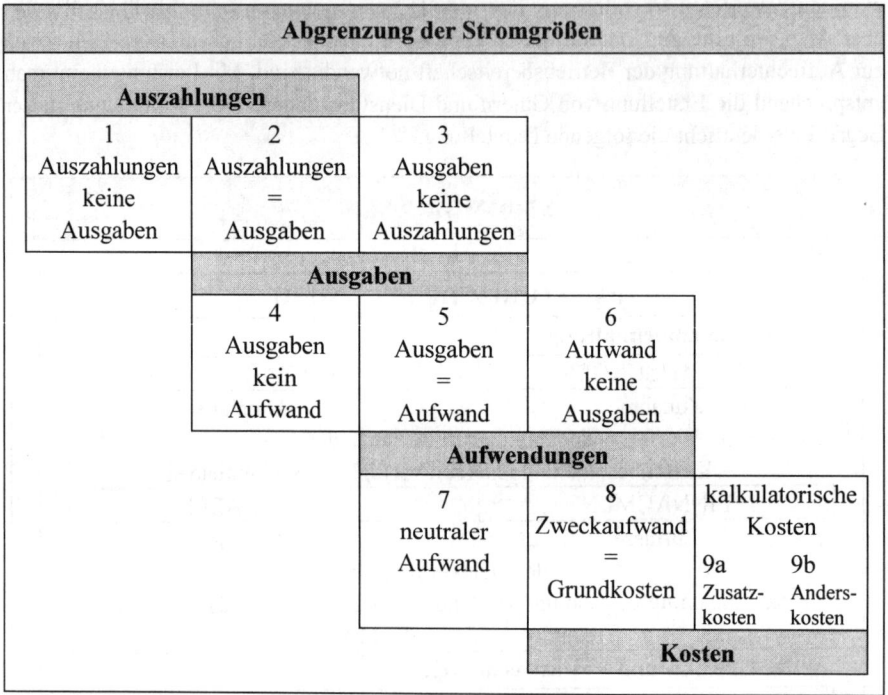

Abb. 6: Abgrenzung der Stromgrößen

Beispiel 1:

1. Bartilgung eines in einer früheren Periode aufgenommenen Kredits
2. Kauf von Materialien gegen Barzahlung
3. Wareneinkauf auf Ziel (Die Bezahlung erfolgt z.B. nach 30 Tagen)
4. Zahlung von Ruhegeldern aus einer unternehmenseigenen Pensionskasse
5. Kauf, Bezahlung und Verbrauch von Produktionsfaktoren in derselben Periode
6. Verbrauch von Produktionsfaktoren, die erst in späteren Perioden bezahlt werden
7. Spende an eine gemeinnützige Einrichtung
8. Materialverbrauch für die Produktion
9. a Verrechnung von kalkulatorischen Zinsen
   b Verrechnung einer kalkulatorisch höheren Abschreibung als der Bilanzabschreibung

---

[16] Vgl. Selchert, F.W.: Einführung in die Betriebswirtschaftslehre, a.a.O., S. 277.

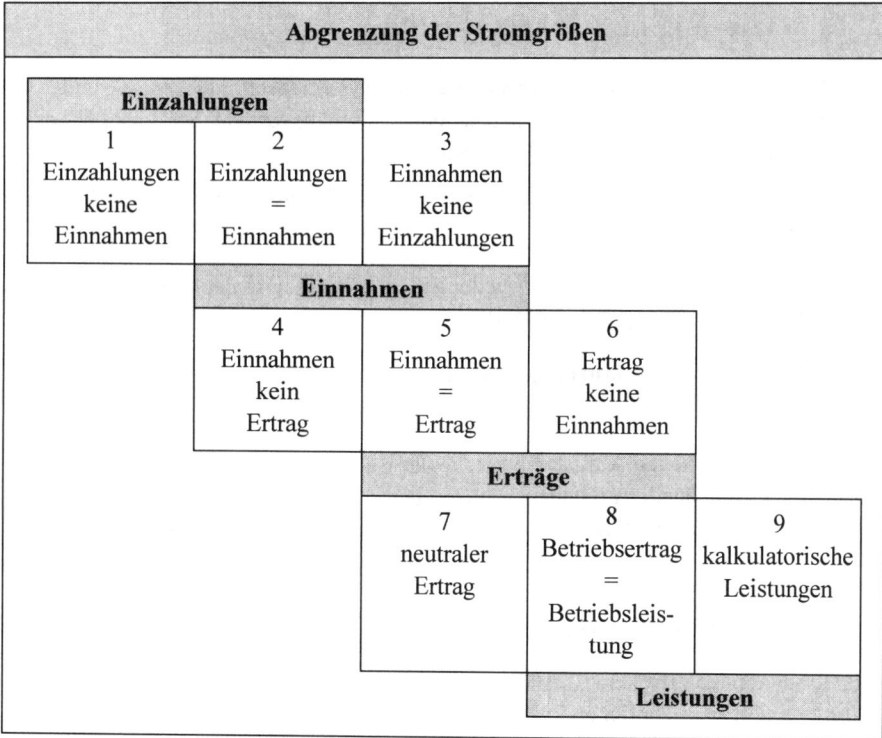

Abb. 7: Abgrenzung der Stromgrößen

Beispiel 2:

1. Aufnahme eines Kredits
2. Verkauf von Waren gegen Barzahlung
3. Warenverkauf auf Ziel (Kunde hat zur Bezahlung z.B. 30 Tage Zeit)
4. Verkauf von gelagerten Produkten, die in früheren Perioden hergestellt wurden
5. Verkauf produzierter Erzeugnisse
6. Erbringen von betrieblichen Leistungen, die erst in den folgenden Perioden veräußert werden (Produktion auf Lager)
7. Erträge aus Spekulationsgeschäften
8. Verkauf von Waren
9. Bewertung der Waren, deren Werte über den Anschaffungskosten liegen

2 Bilanzierung und Jahresabschluss

Die Buchführung verzeichnet chronologisch, systematisch, lückenlos und ordnungsmäßig alle in Zahlenwerten festgehaltenen Geschäftsvorfälle. Sie entspricht damit einer Zeitabschnittsrechnung. Ihre Aufgaben sind:[17]

- die Aufstellung der Bestände, des Vermögens und Kapitals für einen Stichtag in der **Bilanz**,

- die Gegenüberstellung von Aufwendungen und Erträgen in der **Gewinn- und Verlustrechnung** (Erfolgsrechnung) und

- die Entwicklung des **Jahresabschlusses** auf der Grundlage der Bilanz und der Erfolgsrechnung.

Die drei wesentlichen Aufgabenbereiche der Buchführung werden in den folgenden Abschnitten eingehender erläutert. Voraussetzung für die Erstellung einer Bilanz ist jedoch die Inventur. Deshalb wendet sich die Untersuchung zunächst dieser Problematik zu.

2.1 Inventur und Inventar

Aufgabe der pagatorischen Buchführung ist es, alle Geschäftsvorfälle, die sich im Betrieb ereignen, in zeitlicher Reihenfolge zu erfassen. Dabei wird zunächst der Anfangsbestand bei der Gründung oder Übernahme des Betriebes festgestellt. Diese Bestandsaufnahme, **Inventur**[18] genannt, erstreckt sich auf alle Vermögensteile und alle Schulden des Unternehmens, die jeweils einzeln nach Art (Bezeichnung), Menge (Gewicht, Länge, Stückzahl) und Wert (in €) aufzuführen sind. Dies muss laut Gesetz, nämlich nach § 240 HGB oder §§ 140 f. AO (siehe "Gesetzliche Verpflichtung" in Abb. 4),

- bei Gründung und Übernahme eines Unternehmens,

- jährlich zum Abschluss eines Geschäftsjahres (in der Regel am 31.12.)

- oder beim Verkauf oder der Auflösung des Unternehmens

durchgeführt werden. Dabei wird zwischen **körperlicher** Inventur und **Buch**inventur unterschieden.

Die körperliche Inventur stellt die mengenmäßige Aufnahme aller körperlichen Vermögensgegenstände (z.B. Maschinen, Fahrzeuge, Roh-, Hilfs-, Betriebsstoffe, fertige und unfertige Erzeugnisse) dar. Demgegenüber erstreckt sich die Buchinventur auf alle nichtkörperlichen Gegenstände (z.B. Forderungen, Bankguthaben, Schulden).

Da die Durchführung der Inventur einen erheblichen Aufwand für das Unternehmen bedeuten kann (im Einzelhandel ist es z.B. nahezu unmöglich, während bzw. kurz nach dem "Weihnachtsgeschäft" auch noch eine Inventur durchzuführen, da das Personal zur

---

[17] Vgl. Eisele, W.: Technik des betrieblichen Rechnungswesens, a.a.O., S. 15.
[18] Vom lateinischen Verb invenire (vorfinden) abgeleitet.

Betreuung der Kunden eingesetzt werden muss), werden vom Gesetzgeber (§ 241 HGB; Abschnitt 30 EStR) vier Vereinfachungsverfahren zugelassen.[19]

- **Zeitnahe Stichtagsinventur:** Die Inventur kann in einer Frist von zehn Tagen vor oder nach dem Bilanzstichtag durchgeführt werden. Die zwischenzeitlichen Bestandsveränderungen sind über Belege mengen- und wertmäßig fortzuschreiben oder rückzurechnen.

- **Verlegte Inventur:** Die Durchführung der Inventur erfolgt innerhalb von drei Monaten vor oder zwei Monaten nach dem Bilanzstichtag. Die Bestandsveränderungen während des Verschiebungszeitraumes müssen nur wertmäßig fortgeschrieben oder rückgerechnet werden.

- **Permanente Inventur:** Über eine Lagerkartei werden die Bestandsveränderungen laufend erfasst, der aktuelle Lagerbestand ist so jederzeit ablesbar. Mindestens einmal im Geschäftsjahr muss jedoch überprüft werden, ob der tatsächliche Bestand mit dem Buchbestand übereinstimmt.

- **Stichprobeninventur:** Mithilfe anerkannter mathematisch-statistischer Verfahren (z.B. Mittelwertschätzung) wird die Inventur stichprobenartig durchgeführt und auf den Gesamtbestand hochgerechnet.

Das Ergebnis der Inventur wird in einem Bestandsverzeichnis (Inventar) zusammengestellt. Das **Inventar** besteht aus drei Teilen:

- **Vermögen:** Das Vermögen wird in **Anlagevermögen** (Grundstücke, Gebäude, Maschinen, Betriebs- und Geschäftsausstattung) und **Umlaufvermögen** (Roh-, Hilfs-, Betriebsstoffe, Erzeugnisse, Forderungen und Geldmittel) untergliedert und nach seiner Liquidität geordnet, d.h. danach, wie schnell es in Geld umgesetzt werden kann. Dabei werden die weniger liquiden Gegenstände zuerst aufgeführt.

- **Schulden = Fremdkapital:** Die Schulden werden nach der Fälligkeit oder Dringlichkeit gegliedert in langfristige (Hypotheken-, Darlehensschulden) und kurzfristige Schulden (Lieferer-, Bankschulden).

- **Reinvermögen = Eigenkapital:** Das Eigenkapital ist die Summe des Vermögens abzüglich der Summe der Schulden. Das Eigenkapital weist also den Teil des Vermögens aus, der mit Eigenmitteln finanziert wird.

Ein Inventar könnte also wie folgt aussehen (siehe Abbildung auf der folgenden Seite):

---

[19] Vgl. Eilenberger, G.: Betriebliches Rechnungswesen, Einführung in Grundlagen - Jahresabschluss, Kosten- und Leistungsrechnung, Mit Bankbilanzrichtlinien-Gesetz, 6. Auflage, München/ Wien 1991, S. 114.

Inventar		
der Firma Messtechnik Peter Kunze, Krefeld, für den 31. Dezember ..01		
Vermögen	EUR	EUR
A) Anlagevermögen		
1. Gebäude		
Werkstatt	1 270 000,-	
Bürogebäude	443 000,-	
Lager	690 000,-	2 403 000.-
2. Maschinen lt. Anlageverzeichnis (AV) 1		1 395 000,-
3. Fuhrpark lt. AV 2		355 000,-
4. Betriebsausstattung lt. AV 3		433 000.-
B) Umlaufvermögen		
1. Rohmaterial lt. Inventurliste (IV) 4		885 000.-
2. Hilfsstoffe lt. IV 5		445 000,-
3. Betriebsstoffe lt. 6		56 000,-
4. Unfertige Erzeugnisse lt. IV 7		138 000,-
5. Fertigerzeugnisse		
48 Durchflussmesssonden à 1420,- EUR	68 160,-	
26 Feinmessgeräte à 3561,- EUR	92 586,-	
Diverse Anzeigegeräte lt. IV 8	34 254,-	195 000,-
6. Forderungen an Kunden		
Firma Schmitz Industrieinstallationen	475 000,-	
Firma Scherer Export & Import	503 000,-	978 000,-
7. Kassenbestand		22 000,-
8. Bankguthaben		
Stadtsparkasse Krefeld	653 000,-	
Postgiroamt Krefeld	321 000,-	974 000,-
Summe des Vermögens		**8 279 000,-**
Schulden		
A) Langfristige Schulden		
Hypothek der Sparkasse Krefeld		3 345 000,-
B) Kurzfristige Schulden		
Verbindlichkeiten an Lieferer		
W. Müller, Frankfurt a. M.	978 000,-	
P. Schumacher, Düsseldorf	849 000,-	1 827 000,-
Summe der Schulden		**5 172 000,-**
Eigenkapital		
Summe des Vermögens		8 279 000,-
− Summe der Schulden		-5 172 000,-
Eigenkapital		**3 107 000,-**

Abb. 8: Darstellung eines Inventars

2.2 Die Bilanz

Da jeder Teilbestand einzeln und detailliert aufgeführt wird, kann das Inventar bei größeren Firmen sehr ausführlich und damit unübersichtlich werden. Neben der Inventur schreibt der Gesetzgeber deshalb die Erstellung einer jährlichen **Bilanz** vor (§ 242 HGB), in der die verschiedenen Bestandsarten übersichtlich zusammengefasst werden, z.B. in Eigenkapital und Fremdkapital.

In Form eines sogenannten T-Kontos (die Bilanz ist kein Konto im Sinne der Buchhaltung, vgl. Abschnitt 2.8) werden in der Bilanz Vermögen und Kapital gegenübergestellt.

Die linke Seite zeigt, wie das Kapital angelegt ist (Mittelverwendung), die rechte, woher es stammt (Mittelherkunft). Die linke Seite nennt man **Aktiva**, die rechte **Passiva**.[20] Als Beispiel ergibt sich aus dem eben gezeigten Inventar die folgende Bilanz:[21]

Aktiva	Bilanz zum 31. Dezember ..01		Passiva
A) Anlagevermögen		A) Eigenkapital	3 107 000,-
1. Gebäude	2 403 000,-	B) Fremdkapital	
2. Maschinen	1 395 000,-	1. Hypothek	3 345 000,-
3. Fuhrpark	355 000,-	2. Verbindlichkeiten	1 827 000,-
4. Betriebsausstattung	433 000,-		
B) Umlaufvermögen			
1. Rohstoffe	885 000,-		
2. Hilfsstoffe	445 000,-		
3. Betriebsstoffe	56 000,-		
4. unfertige Erzeugnisse	138 000,-		
5. Fertigerzeugnisse	195 000,-		
6. Kundenforderungen	978 000,-		
7. Kasse	22 000,-		
8. Bank	974 000,-		
	8 279 000,-		8 279 000,-

Abb. 9: Darstellung einer Bilanz

In welcher Reihenfolge die Vermögens- und Kapitalarten aufgeführt werden, hängt, wie beim Inventar, von der Liquidität der Bestände und der Fristigkeit der Verbindlichkeiten ab.

Aus der Bilanz lässt sich leicht die **Bilanzstruktur** erkennen, d.h. das Verhältnis von Anlagevermögen und Umlaufvermögen auf der einen und Eigenkapital und Fremdkapital auf der anderen Seite. Diese Relationen können z.B. Aufschluss geben über die Ab-

---

[20] Vgl. Gabele, E.: Buchführung, a.a.O., S. 59 ff.
[21] Vgl. Schöttler, J./ Spulak, R.: Technik des betrieblichen Rechnungswesens, Lehrbuch zur Finanzbuchhaltung, 6. Auflage, München/ Wien 1990, S. 30 ff.

hängigkeit des Unternehmens von seinen Gläubigern oder über die Zinsbelastung (siehe Abschnitt 2.7.1 "Analyse und Beurteilung der Bilanz"). Dazu wird die Bilanz in eine prozentuale Form gebracht:

Vermögensstruktur	EUR	%	Kapitalstruktur	EUR	%
Anlagevermögen	4 586 000,-	49	Eigenkapital	5 107 000,-	55
Umlaufvermögen	4 693 000,-	51	Fremdkapital	4 693 000,-	45
Gesamtvermögen	9 279 000,-	100	Gesamtkapital	9 279 000,-	100

Abb. 10: Darstellung der Bilanzstruktur

2.2.1 Arten und Aufgaben der Bilanz

Die Unterscheidung der Bilanzarten ergibt sich aus den Anlässen der Bilanzaufstellung und aus den Zielsetzungen bzw. Aufgaben der Bilanz. Nach diesen Kriterien lassen sich eine Vielzahl von **Bilanzarten** unterscheiden, von denen hier nur einige genannt werden sollen:

- **Ordentliche Bilanzen** werden in regelmäßigen Abständen (z.B. jährlich) aufgestellt. Ursache der Aufstellung können gesetzliche Vorschriften (z.B. Jahresbilanz) oder vertragliche Vereinbarungen (z.B. zwischen einem Unternehmen und einem Kreditinstitut) sein.

- **Außerordentliche Bilanzen** werden bei einmaligen oder unregelmäßig auftretenden Anlässen aufgestellt. Diese Anlässe können rechtlicher oder wirtschaftlicher Natur sein (z.B. Gründung oder Liquidation eines Unternehmens).

- **Externe Bilanzen** richten sich an Personen oder Institutionen, die außerhalb des Betriebes stehen. Die wichtigsten externen Bilanzen sind die Handelsbilanz, die sich z.B. an Gesellschafter, Kreditgeber, potentielle Anleger und die Fachpresse richtet, und die Steuerbilanz, deren Adressat die Finanzverwaltung ist.

- **Interne Bilanzen** dienen ausschließlich der Information der Unternehmensführung und sind Außenstehenden üblicherweise nicht zugänglich; ihre Aufstellung ist freiwillig und nicht durch Gesetze geregelt.

- **Nach der Rechtsform** unterscheiden sich Bilanzen in Bezug auf ihre Mindestgliederung (vgl. §§ 247 und 266 HGB) und Bewertung der Bilanzpositionen (vgl. §§ 252-256 und 279-283 HGB). Bei der Zusammenfassung der Jahresbilanzen mehrerer rechtlich selbständiger Unternehmen unterscheidet man zwischen der General- oder Gemeinschaftsbilanz wirtschaftlich selbständiger und der konsolidierten Bilanz (Konzernbilanz) wirtschaftlich abhängiger Unternehmen.

Einen Überblick über Anlass, Inhalt, Aufgaben und Merkmale der wichtigsten Bilanzarten bietet die folgende Tabelle:

Bilanzart	Anlass	Inhalt	Aufgaben	Merkmale
Gründungsbilanz	Gründung des Unternehmens	Aufstellung des bei der Gründung vorhandenen Vermögens und Kapitals	Rechenschaftslegung über Gründungsvorgang, Ausgangsbilanz für die folgende Jahresbilanz	Sonderbilanz aufgrund gesetzlicher Vorschriften
Handelsbilanz	Handelsrechtlicher Jahresabschluss nach §§ 242, 264 HGB	Gegenüberstellung von Vermögen und Kapital am Bilanzstichtag nach handelsrechtlichen Bilanzierungs- und Bewertungsvorschriften	Rechenschaftslegung und Information für die Gesellschafter, Gläubiger, Belegschaft usw.	Externe ordentliche Bilanzierung aufgrund gesetzlicher Verpflichtung
Steuerbilanz	Steuerlicher Jahresabschluss nach § 5 EStG	Gegenüberstellung von Vermögen und Kapital am Bilanzstichtag nach steuerrechtlichen Bilanzierungs- und Bewertungsvorschriften	Ermittlung des Periodengewinns durch Betriebsvermögensvergleich, korrigiert um Einlagen und Entnahmen nach §§ 4-7 EStG	Externe ordentliche Bilanzierung aufgrund gesetzlicher Verpflichtungen, Prinzip der Maßgeblichkeit der Handelsbilanz
Konzernbilanz	Jahresabschluss des Konzerns nach §§ 329 ff. AktG und §§ 290 ff. HGB	Gegenüberstellung von Vermögen und Kapital aller zum Konsolidierungskreis gehörenden Unternehmen unter Ausschaltung von Doppelzählungen	Information über die Vermögens-, Finanz- und Ertragslage des Konzerns	Externe ordentliche Bilanz aufgrund gesetzlicher Verpflichtung
Liquidationsbilanz	Auflösung des Unternehmens	Gegenüberstellung von Vermögen und Kapital zu Liquidationswerten	Ermittlung des Liquidationserlöses nach Regulierung der Schulden	Sonderbilanz, je nach Rechtsform geregelt

Abb. 11: Ausgewählte Bilanzarten[22]

2.2.2 Grundsätze ordnungsgemäßer Bilanzierung

Die Aussagekraft und der Informationsgehalt der Bilanz hängen von der Einhaltung gewisser Regeln für ihre Aufstellung ab. Bis zur Einführung des 3. Buches des HGB waren diese Regeln bis auf einige Ausnahmen (AktG) nicht kodifiziert; die Aufstellung der Bilanz erfolgte nach den Grundsätzen ordnungsmäßiger Buchführung und Bilanzierung (GoB), die sich am Aktiengesetz orientierten, jedoch für Unternehmungen anderer Rechtsformen nicht zwingend bindend waren.

Das 3. Buch des HGB, das auf der Anpassung des deutschen Rechts an die 4. EU-Richtlinie durch das Bilanzrichtliniengesetz basiert, enthält nun erstmalig Vorschriften,

---

[22] Vgl. Wöhe, G./ Kaiser, H./ Döring, U.: Übungsbuch zur Einführung in die Allgemeine Betriebswirtschaftslehre, 6. Auflage, München 1990, S. 387 ff.

die für Unternehmen aller Rechtsformen gelten und nur durch spezielle Vorschriften für Kapitalgesellschaften ergänzt werden.

Daneben haben auch die GoB nicht an Bedeutung verloren; sie stellen ein durch die kaufmännische Praxis entwickeltes und damit flexibles Regelwerk zur Verfügung, das sich durch seine laufende Weiterentwicklung den jeweiligen aktuellen Begebenheiten anpasst (vgl. EStR 29).

Insbesondere gelten folgende Grundsätze bei der Aufstellung einer Bilanz:

- **Grundsatz der materiellen Ordnungsmäßigkeit:** Die Aufzeichnungen müssen vollständig und richtig sein (vgl. § 246 HGB und § 146 AO).

- **Grundsatz der formellen Ordnungsmäßigkeit:** Die Buchungen müssen klar und übersichtlich sein; sie müssen nach einem Kontenplan gegliedert werden und anhand von Belegen nachgeprüft werden können. Für Bilanzen, Bücher und Belege müssen bestimmte Aufbewahrungsfristen eingehalten werden (vgl. § 257 HGB und § 147 AO).

- **Grundsatz der Bilanzkontinuität:** Unter diesem Begriff fasst man mehrere Bilanzierungsprinzipien zusammen, nämlich die Bilanzidentität (Schlussbilanz und Eröffnungsbilanz des folgenden Geschäftsjahres müssen identisch sein, vgl. § 252 HGB), die materielle Bilanzkontinuität (kein Wechsel der Bewertungs- und Abschreibungsverfahren) und die formale Bilanzkontinuität (Beibehaltung der Bilanzgliederung).

- **Grundsatz der Bilanzwahrheit:** Die Bilanzansätze sollen neben der rechnerischen Richtigkeit auch dem jeweiligen Ziel der Bilanz entsprechen.[23]

- **Grundsatz der Bilanzklarheit:** Die Klarheit und Übersichtlichkeit von Bilanz und Gewinn- und Verlustrechnung soll durch entsprechende Gliederung erreicht werden (vgl. §§ 243, 247, 266, 275 HGB).

2.2.3 Die Gliederung der Bilanz

Die Gliederung der Bilanz, die dem Grundsatz der Bilanzklarheit (siehe vorheriger Abschnitt) Rechnung trägt, soll an dieser Stelle näher erläutert werden.

Das Handelsgesetz bestimmt in § 247 HGB ein für Unternehmen aller Rechtsformen verbindliches Mindestschema, nach dem alle Vermögens- und Kapitalwerte getrennt nach Anlage- und Umlaufvermögen, Eigenkapital, Schulden und Rechnungsabgrenzungsposten "gesondert auszuweisen und hinreichend aufzugliedern" sind.

Für Kapitalgesellschaften gilt darüber hinaus § 266 HGB, der vorschreibt, dass die Bilanz in Kontoform aufzustellen ist und bei großen und mittelgroßen Kapitalgesellschaften die folgenden Posten in der angegebenen Reihenfolge enthalten muss:

---

[23] Vgl. Wöhe, G.: Einführung in die allgemeine Betriebswirtschaftslehre, 20. Auflage, München 2000, S. 909 ff.

Aktiva	Bilanz zum ...	Passiva
A. Anlagevermögen:		**A. Eigenkapital:**
I. Immaterielle Vermögensgegenstände:		I. Gezeichnetes Kapital
1. Konzessionen, gewerbliche Schutzrechte und ähnliche Rechte und Werte sowie Lizenzen an solchen Rechten und Werten		II. Kapitalrücklage
		III. Gewinnrücklagen:
		1. gesetzliche Rücklage
2. Geschäfts- oder Firmenwert		2. Rücklage für eigene Anteile
3. geleistete Anzahlungen		3. satzungsmäßige Rücklagen
II. Sachanlagen:		4. andere Gewinnrücklagen
1. Grundstücke, grundstücksgleiche Rechte und Bauten einschließlich der Bauten auf fremden Grundstücken		IV. Gewinnvortrag / Verlustvortrag
		V. Jahresüberschuss / Jahresfehlbetrag
2. technische Anlagen und Maschinen		**B. Rückstellungen:**
3. andere Anlagen, Betriebs- und Geschäftsausstattung		1. Rückstellungen für Pensionen und ähnliche Verpflichtungen
4. geleistete Anzahlungen und Anlagen im Bau		2. Steuerrückstellungen
III. Finanzanlagen:		3. sonstige Rückstellungen
1. Anteile an verbundenen Unternehmen		
2. Ausleihungen an verbundene Unternehmen		**C. Verbindlichkeiten:**
3. Beteiligungen		1. Anleihen, davon konvertibel
4. Ausleihungen an Unternehmen, mit denen ein Beteiligungsverhältnis besteht		2. Verbindlichkeiten gegenüber Kreditinstituten
		3. erhaltene Anzahlungen auf Bestellungen
5. Wertpapiere des Anlagevermögens		4. Verbindlichkeiten aus Lieferungen und Leistungen
6. Sonstige Ausleihungen		
B. Umlaufvermögen:		5. Verbindlichkeiten aus der Annahme gezogener Wechsel und der Ausstellung eigener Wechsel
I. Vorräte:		
1. Roh-, Hilfs- und Betriebsstoffe		
2. unfertige Erzeugnisse, unfertige Leistungen		6. Verbindlichkeiten gegenüber verbundenen Unternehmen
3. fertige Erzeugnisse und Waren		7. Verbindlichkeiten gegenüber Unternehmen, mit denen ein Beteiligungsverhältnis besteht
4. geleistete Anzahlungen		
II. Forderungen und sonstige Vermögensgegenstände:		8. sonstige Verbindlichkeiten,
1. Forderungen aus Lieferungen u. Leistungen		- davon aus Steuern,
2. Forderungen gegen verbundene Unternehmen		- davon im Rahmen der sozialen Sicherheit
3. Forderungen gegen Unternehmen, mit denen ein Beteiligungsverhältnis besteht		**D. Rechnungsabgrenzungsposten**
4. sonstige Vermögensgegenstände		
III. Wertpapiere:		
1. Anteile an verbundenen Unternehmen		
2. eigene Anteile		
3. sonstige Wertpapiere		
IV Schecks, Kassenbestand, Bundesbank- und Postgiroguthaben, Guthaben bei Kreditinstituten		
C. Rechnungsabgrenzungsposten		

Abb. 12: Gliederung der Bilanz der Kapitalgesellschaften

Kleine Kapitalgesellschaften (Definition siehe Abschnitt 2.5) brauchen nur eine verkürzte Bilanz aufzustellen, die nur die mit Buchstaben und römischen Zahlen bezeichneten Posten in der oben gezeigten Reihenfolge enthalten muss. Nach § 265,2 HGB müssen alle Kapitalgesellschaften außerdem zu jedem Posten der Bilanz und der Gewinn- und Verlustrechnung die entsprechenden Vorjahresbeträge angeben.

2.2.4 Periodengerechte Abgrenzung in der Bilanz

Werden Zahlungen im abgelaufenen Wirtschaftsjahr für Aufwendungen und Erträge des kommenden Jahres geleistet, so sind nach § 250 HGB im Sinne einer periodengerechten Erfolgsermittlung (vgl. § 252,1 Ziffer 5 HGB) Rechnungsabgrenzungsposten in der Bilanz auszuweisen.

Dadurch werden Zahlungsvorgänge dem Geschäftsjahr, auf das sie wirtschaftlich entfallen, zugeordnet; es erfolgt also eine Übertragung in die Erfolgsrechnung des neuen Geschäftsjahres. Aus diesem Grund werden Rechnungsabgrenzungsposten auch **transitorische Posten**[24] genannt. Man unterscheidet:

- **Aktive Rechnungsabgrenzung**. Dazu gehören Aufwendungen, die bereits im abgelaufenen Geschäftsjahr zu Auszahlungen geführt haben, jedoch ganz oder zum Teil dem neuen Geschäftsjahr zuzurechnen sind. Beispiele sind geleistete Vorauszahlungen für Mieten, Versicherungen usw.
- **Passive Rechnungsabgrenzung**. Dies sind Erträge, die bereits im abzuschließenden Wirtschaftsjahr als Einnahmen gebucht wurden, aber zum Teil oder ganz dem Ertrag des kommenden Jahres zuzuordnen sind. Dazu gehören z.B. im voraus erhaltene Pachten und Mieten.

Im umgekehrten Fall, nämlich dann, wenn Aufwendungen und Erträge des abgelaufenen Wirtschaftsjahres erst im folgenden Jahr zu Ausgaben bzw. Einnahmen führen, müssen diese als Forderungen bzw. Verbindlichkeiten ausgewiesen werden (**antizipative Posten**).[25]

Beispiel 3: Die Firma XY verpachtet ein ungenutztes Grundstück an einen Landwirt. Dieser kann den im Dezember fälligen jährlichen Pachtzins jedoch erst im Februar des nächsten Jahres bezahlen. Unabhängig von der Einnahme im neuen Jahr gehört dieser Pachtertrag wirtschaftlich zum alten Jahr und wird in der Schlussbilanz als Forderung ausgewiesen.

Einen Überblick über die geschilderten Begriffe zeigt die folgende Abbildung:

Geschäftsvorfall	Vorgang im		Bilanzposten
	alten WJ	neuen WJ	
Im voraus bezahlter Aufwand	Ausgabe	Aufwand	Aktive Rechnungsabgrenzung
Im voraus erhaltener Ertrag	Einnahme	Ertrag	Passive Rechnungsabgrenzung
Noch zu zahlender Aufwand	Aufwand	Ausgabe	Verbindlichkeiten
Noch zu erhaltener Ertrag	Ertrag	Einnahme	Forderungen

Abb. 13: Periodengerechte Abgrenzung[26]   (WJ = Wirtschaftsjahr)

---

[24] Lateinisch transire = hinübergehen
[25] Lateinisch anticipere = vorziehen, vorher erfassen
[26] Vgl. Schmolke/Deitermann: Industrielles Rechnungswesen IKR, a.a.O., S. 164.

Weitere Posten der Bilanz, die mehr als eine Abschlussperiode (Wirtschaftsjahr) berühren, sind der Gewinn- bzw. der Verlustvortrag. Der **Verlustvortrag** ergibt sich aus dem Bilanzverlust bzw. Jahresfehlbetrag; der **Gewinnvortrag** kann zum Ausgleich späterer Jahresfehlbeträge verwendet werden und entsteht, wenn Gewinnteile weder den Rücklagen zugeführt (thesauriert) noch ausgeschüttet werden.

Über die Höhe des Gewinnvortrages entscheidet bei der GmbH die Gesellschafterversammlung (§ 29,2 GmbHG) und bei der AG die Hauptversammlung (§ 174,2 AktG) anlässlich der Beschlussfassung über die Verwendung des Bilanzgewinns.

2.3 Die Bewertung in der Bilanz

Bei der Erstellung der Bilanz stellt sich zunächst die Frage, wie die einzelnen Posten der Bilanz zu bewerten und wie sie zueinander wertmäßig abzugrenzen sind. Der Gesetzgeber lässt bei den Bewertungsansätzen zum Teil einen erheblichen Spielraum (§§ 252 ff. HGB). Generell tritt das Bewertungsproblem auf,

- wenn zu zwei verschiedenen Zeitpunkten gebildete Marktpreise zur Wahl stehen, z.B. die früheren Anschaffungskosten und die aktuellen Wiederbeschaffungskosten,
- wenn Marktpreise nicht vorhanden sind, z.B. bei der Bewertung von Anlagegütern, deren Wertminderung durch technische (Verschleiß) oder wirtschaftliche Faktoren (technischer Fortschritt) geschätzt werden muss,
- wenn Marktpreise als Bewertungsmaßstab ungeeignet sind, z.B. wenn der Nutzungswert eines Anlagegutes über dem des theoretischen Veräußerungswertes liegt,
- wenn der Marktpreis zwar Ausgangspunkt der Bewertung ist, aber eine Zurechnung auf einzelne Wirtschaftsgüter nur annäherungsweise möglich ist, z.B. bei der Ermittlung von Herstellungskosten oder Anschaffungsnebenkosten eines Wirtschaftgutes.

Bei der Bewertung der Bilanz ist der **Grundsatz der kaufmännischen Vorsicht** zu befolgen. Dieser beinhaltet, dass die wirtschaftliche Lage eines Unternehmens nicht günstiger dargestellt werden darf, als sie tatsächlich ist.

Im Zweifelsfall, d.h. wenn mehrere Bewertungsmöglichkeiten für die gleiche Sache zur Auswahl stehen, soll sogar die ungünstigere Darstellung in die Bilanzierung einfließen. Das bedeutet, dass die Posten auf der Aktivseite (Vermögen) im Zweifel niedriger **(Niederstwertprinzip)** und die Posten auf der Passivseite (Schulden) höher **(Höchstwertprinzip)** zu bewerten sind; es werden also nicht realisierte Verluste ausgewiesen, nicht aber nicht realisierte Gewinne.

Diesen Grundsatz nennt man **Imparitätsprinzip** (Ungleichheitsprinzip), er dient vor allem drei Zielen: der Kapitalerhaltung, dem Gläubigerschutz und dem Schutz der Gesellschafter, die keinen Einfluss auf die Geschäftsführung und die Gestaltung des Rechnungswesens haben.

Weiter gilt der **Grundsatz der Einzelbewertung**, d.h. jedes Wirtschaftsgut muss für sich allein bewertet werden. Durch die anschließende Addition der Einzelwerte erfolgt dann die Gesamtbewertung.

2.3.1 Anschaffungskosten und Herstellungskosten

Ausgangspunkt für die Bewertung von Gütern sind die Anschaffungs- bzw. Herstellungskosten. Unter **Anschaffungskosten** versteht man die Kosten, die ein Unternehmen für den Erwerb und die Inbetriebnahme eines Wirtschaftsgutes aufwenden muss. Unter diesem Begriff wird also nicht nur der reine Rechnungspreis (Anschaffungspreis) verstanden, sondern auch alle Aufwendungen, die bis zur Betriebsbereitschaft nötig sind:

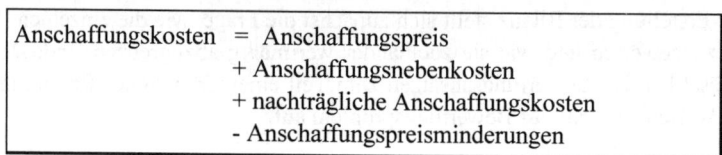

```
Anschaffungskosten = Anschaffungspreis
                   + Anschaffungsnebenkosten
                   + nachträgliche Anschaffungskosten
                   - Anschaffungspreisminderungen
```

Zu den **Anschaffungsnebenkosten** gehören Aufwendungen für Transport- und Transportversicherung, Aufstellung und Montage, Gebühren für die Beurkundung von Kaufverträgen (z.B. beim Kauf von Grundstücken), Provisionen und Vermittlungsgebühren, Steuern (z.B. Grunderwerbsteuer, nicht jedoch die gesetzliche Umsatzsteuer), Zölle und sonstige Abgaben.

Beispiel 4: Kauf einer Drehmaschine

Anschaffungspreis (netto)	302 700,- EUR
Transport (netto)	5 180,- EUR
Aufstellung und Montage (netto)	1 390,- EUR
Anschaffungskosten	**309 270,- EUR**

Die **Herstellungskosten** werden für Vermögensgegenstände angesetzt, die ganz oder zum Teil für den eigenen Betrieb erstellt wurden, beispielsweise Anlagen und Werkzeuge sowie Vorräte (Halb- und Fertigerzeugnisse). Die genaue Bestimmung der Kosten ist hier ungleich schwieriger als bei den Anschaffungskosten, da keine einfache Kaufpreisrechnung vorliegt. Es müssen vielmehr die Aufwendungen mit Hilfe der Kostenrechnung bestimmt werden. Dabei sind handelsrechtliche und steuerrechtliche Einschränkungen zu berücksichtigen.

Nach § 255, 2 HGB sind Herstellungskosten Aufwendungen, die "durch den Verbrauch von Gütern und die Inanspruchnahme von Diensten für die Herstellung eines Vermögensgegenstands, seine Erweiterung oder für eine über seinen ursprünglichen Zustand hinausgehende wesentliche Verbesserung entstehen." Dazu gehören "die Materialkosten, die Fertigungskosten und die Sonderkosten der Fertigung."

Kosten der allgemeinen Verwaltung sowie Aufwendungen für soziale Einrichtungen des Betriebes für freiwillige soziale Leistungen und für betriebliche Altersversorgungen können ebenso eingerechnet werden wie die Aufwendungen für Zinsen, die zur Finanzierung der Herstellung anfallen.

2.3.2 Bewertung der Aktiv-Seite

2.3.2.1 Die Abschreibung von Anlagegütern

Durch Nutzung, technischen Fortschritt, wirtschaftliche Entwicklung oder sonstige Ereignisse verlieren die Anlagegüter eines Unternehmens an Wert. Diese Wertminderungen werden durch Abschreibungen ausgeglichen. In der pagatorischen Buchhaltung stehen die bilanziellen und steuerlichen Aspekte im Vordergrund (§ 253 HGB; §§ 6, 7 EStG), in der Kostenrechnung geht es dagegen um die möglichst realitätsnahe Erfassung der Wertminderung.

Für die **Kapitalerhaltung** des Betriebes ist es notwendig, dass für jedes Anlagegut, an dem eine Wertminderung eintritt, so viele Abschreibungsbeträge geltend gemacht werden, dass der Betrieb nach Ende der Nutzungsdauer ein (funktions-) gleiches Wirtschaftsgut aus der Summe der Abschreibungsbeträge wiederbeschaffen kann. Voraussetzung dafür ist, dass die verrechneten Abschreibungen über den Umsatz der mit dem Anlagegut hergestellten Güter vom Markt vergütet worden sind. Diese Überlegungen gelten jedoch nur bei konstanten Preisen. Bei steigenden Preisen (Normalfall) führt also eine bilanzielle Abschreibung nach den Vorschriften des Handels- und Steuerrechts auf der Basis von Herstellungskosten lediglich zu einer **nominellen Kapitalerhaltung**.

Eine **substantielle Kapitalerhaltung** oder **Substanzerhaltung** erreicht man i.d.R. nur mit der kalkulatorischen Abschreibung in der Kostenrechnung, die von den Wiederbeschaffungskosten ausgeht (vgl. Abschnitt 3.4.2.1 "Kalkulatorische Abschreibung"). Bei konstanten Preisen sind nominelle und substantielle Kapitalerhaltung identisch.

Die Abschreibungen stellen in der Jahreserfolgsrechnung Aufwendungen dar und mindern dadurch den steuerpflichtigen Gewinn eines Unternehmens. Daraus folgt eine Verringerung aller gewinnabhängigen Steuern, wie der Einkommensteuer, der Körperschaftsteuer und der Gewerbeertragsteuer. Zur Bewertung der abzuschreibenden Anlagegüter unterteilt man in:

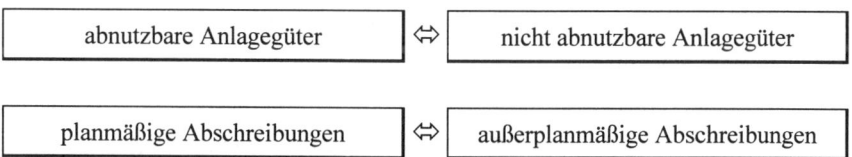

Bei **abnutzbaren Anlagegütern** ist die Nutzungsdauer zeitlich begrenzt, so z.B. bei Gebäuden, Maschinen, Fahrzeugen, Betriebs- und Geschäftsausstattungen. Dagegen ist die Nutzung von **nicht abnutzbaren Anlagegütern** zeitlich unbegrenzt. Das gilt für Grund und Boden, Wertpapiere des Anlagevermögens, Beteiligungen an Unternehmen und langfristige Forderungen.

Die **planmäßige Abschreibung** entspricht der steuerlichen "Absetzung für Abnutzung", abgekürzt AfA. Nach § 253, 2 HGB ist damit die Abschreibung nach "Plan" gemeint, d.h. es wird nach der betriebsgewöhnlichen Nutzungsdauer der Anlage abgeschrieben. Bei **gebraucht** gekauften Wirtschaftsgütern ist dabei die Nutzungszeit des Vorbesitzers i.d.R. voll anzurechnen. Ausgangspunkt für die Bewertung sind die Anschaffungs- bzw. Herstellungskosten der Anlage. Abhängig von der Abschreibungsmethode werden diese Kosten unterschiedlich über die Nutzungsjahre verteilt. Bei nicht abnutzbaren Anlagegegenständen ist eine planmäßige Abschreibung nicht möglich, da sie keine Nutzungsbegrenzung haben. Es wird zwischen linearer Abschreibung, degressiver Abschreibung und Leistungsabschreibung unterschieden.

Die planmäßige Abschreibung **beginnt** bei abnutzbaren Anlagegütern grundsätzlich im Monat der Anschaffung bzw. Herstellung des abnutzbaren Vermögensgegenstandes, auch wenn dieser zunächst gelagert wird oder noch montiert werden muss.[27]

Bei beweglichen Wirtschaftsgütern des Anlagevermögens ist es aus Vereinfachungsgründen zulässig, für in der ersten Hälfte des Wirtschaftsjahres angeschaffte oder hergestellte Güter den vollen Jahres-AfA-Betrag und für die in der zweiten Hälfte des Wirtschaftsjahres angeschafften oder hergestellten Wirtschaftsgüter den halben Jahres-AfA-Betrag abzuschreiben (EStR 44).

Bei der **außerplanmäßigen Abschreibung** werden außergewöhnliche Wertminderungen neben der planmäßigen linearen Abschreibung berücksichtigt. Verliert z.B. eine Maschine, die planmäßig auf zehn Jahre abgeschrieben wird, plötzlich schon nach zwei Jahren erheblich an Wert, weil ein deutlich preiswerteres, aber technisch besseres Gerät auf den Markt kommt, so muss diese außergewöhnlich starke Wertminderung zusätzlich zur planmäßigen Abschreibungssumme geltend gemacht werden. Wurde diese Maschine bisher degressiv abgeschrieben, muss vor der außerplanmäßigen Abschreibung ein Wechsel zur linearen Methode erfolgen.

Gesetzliche Vorschriften über die außerplanmäßige Abschreibung finden sich in § 253 HGB und § 7 EStG, für Kapitalgesellschaften gelten zusätzlich die §§ 277 und 279 HGB.

Eine außerplanmäßige Abschreibung ist auch bei nicht abnutzbaren Anlagegütern möglich. Hat sich beispielsweise der Wert eines Grundstücks nachhaltig erheblich vermindert, dann muss dieser Wertverlust außerplanmäßig abgeschrieben werden, indem man vom niedrigeren Tageswert am Bilanzstichtag ausgeht (Niederstwertprinzip). Wenn sich der tatsächliche Wert des Grundstücks im Laufe der Jahre aber erhöht hat, kann höchstens der Anschaffungswert in die Bilanz aufgenommen werden.

Beispiel 5: Wertminderung

Bei einem Betriebsgrundstück, das mit 400.000,- EUR Anschaffungskosten bilanziert wurde, tritt durch eine Verlegung der Straßenführung eine dauernde Wertminderung um 125.000,- EUR ein.

Anschaffungskosten des Grundstücks	400.000,- EUR
außerplanmäßige Abschreibung	125.000,- EUR
Buchwert zum Abschluss des Geschäftsjahres	**275.000,- EUR**

Neben bzw. an Stelle der planmäßigen und außerplanmäßigen Abschreibung kann steuerrechtlich auch eine sog. **Sonderabschreibung** erlaubt werden. Diese erhöhte Abschreibungsmöglichkeit ist ein Mittel zur Investitionsförderung, das z.B. in strukturschwachen Regionen angewendet wird. In Deutschland wurde diese Sonderabschrei-

---

[27] BFH, Urteil vom 29.3.1977, BStBl. II 1977, S. 708.

bung z.B. nach dem zweiten Weltkrieg zur Förderung des Wiederaufbaus und bis zur deutschen Wiedervereinigung in Berlin (West) und in den Zonenrandgebieten zur Investitionsförderung eingesetzt.[28]

Auf sogenannten **Anlagenkarten**, die den "Plan" für die Abschreibung wiedergeben, werden alle wichtigen Daten der abnutzbaren Anlagegüter notiert, z.B. Anschaffungskosten, Zeitpunkt der Anschaffung, Nutzungsdauer, Abschreibungsmethode, AfA-Satz und Restbuchwert. Am Ende eines Nutzungsjahres wird dieser Restbuchwert über den AfA-Satz ermittelt und in das Inventar und die Schlussbilanz aufgenommen. Die folgende Abbildung zeigt ein Beispiel für eine solche Anlagenkarte:

Anlagenkarte		
Anlagen-Nummer	A. III. 6. 6543	
Anlagengruppe	Geschäftsausstattung	
Vermögensgegenstand	Kopiergerät	
Hersteller/Lieferant	AB Copy GmbH	
Standort	Sekretariat	
Angeschafft am	23.03.2001	
Anschaffungskosten	20 000,-	
Nutzungsdauer	5 Jahre	
Abschreibungsverfahren	linear	
Abschreibungsbetrag p.a.	4 000,- €	
Anschaffungskosten	20 000,- EUR	kumulativer AfA-Betrag
- AfA-Betrag 2001	-4 000,- EUR	4 000,- EUR
= Restbuchwert am 31.12.2001	16 000,- EUR	
- AfA-Betrag 2002	- 4 000,- EUR	8 000,- EUR
= Restbuchwert am 31.12.2002	12 000,- EUR	
u.s.w.	u.s.w.	u.s.w.

Abb. 14: Beispiel Anlagenkarte

Bei der Festlegung der Nutzungsdauer orientiert man sich u.a. an den AfA-Tabellen, in denen für verschiedene Anlagegegenstände entsprechende Nutzungszeiten angegeben sind. Neben einer AfA-Tabelle für allgemein verwendbare Anlagegüter gibt es branchenspezifische AfA-Tabellen.[29] Einen Auszug aus der Tabelle für allgemein verwendbare Anlagegüter zeigt die folgende Abbildung:[30]

---

[28] Vgl. § 14 BerlinFG.
[29] Die vom BMF herausgegebenen AfA-Tabellen, insbesondere auch die branchenbezogenen Tabellen finden sich in: AfA-Lexikon mit AfA-Tabellen, Bonn.
[30] ND = Nutzungsdauer in Jahren, AfA = AfA-Satz (in %) bei linearer Abschreibung.

Nr.	Anlagegut	ND	Af	Nr.	Anlagegut	ND	Af
A.	**Einrichtungen an Grundstücken**			**III.**	Antriebsanlagen		
1	Straßen, Brücken, Wege:			1	Benzinmotoren	5	20
	- Stahl und Beton	33	3	2	Diesel- u. Elektromotoren	8	12
	- Holz	15	7	3	Dampfmaschinen u. -turbinen	15	7
2	Fahrbahnen, Parkplätze,			**IV.**	Transportanlagen		
	Gehsteige, Hofbefestigungen			1	Transportbänder u.ä.	14	7
	- mit schwerer Packlage	19	5	2	Bahnkörper u. Gleisanlagen:		
	- ohne schwere Packlage	10	10		- nach Bundesbahnvorschr.	33	3
	- in Kies, Schotter u. Schla-	9	11		- sonstige	15	7
3	Grünanlagen	15	7	3	Krananlagen (ortsfest)	15	7
4	Be- und Entwässerungs-				Krananlagen (sonstige)	10	10
	sowie Kläranlagen:			4	Aufzüge u. Hebebühnen	10	10
	- Brunnen	20	5	**V.**	Fahrzeuge aller Art		
	- Kläranlagen mit Leitungen	20	5	1	Schienenfahrzeuge:	25	4
	- Löschwasserteiche	20	5		- Lokomotiven u. Waggons	20	5
	- Rohrleitungen f. Abwässer	20	5		- Kessel- u. Spezialwagen	15	7
5	Uferbefestigungen aus:			2	Straßenfahrzeuge:		
	- Mauerwerk, Stein, Beton	20	5		- Pkw und Kombiwagen	6	17
	- Stahlspundwände	20	5		- Lkw, Sattelschlepper	9	11
	- Holz	10	10		- Omnibusse	9	11
6	Umzäunungen aus:			3	Flugzeuge:		
	- Mauerwerk und Beton	20	5		- unter 5,7t max. Fluggewicht	8	12
	- Eisen mit Sockel	15	7		- über 5,7t max. Fluggewicht	21	5
	- Draht	10	10		- Hubschrauber	19	5
	- Holz	5	20	4	sonstige (Stapler usw.)	8	13
7	Wehre, Ein- u. Auslauf-			**VI.**	Sonstige Betriebsanlagen		
	- Bauwerke	33	3	1	Beleuchtungskörper innen	8	12
	- maschinelle Einrichtungen	20	5		Beleuchtungskörper außen	19	5
B.	**Betriebsanlagen allgemeiner Art**			2	Klimaanlagen	11	9
I.	Krafterzeugungsanlagen			3	Raumheizungsanlagen:		
1	Dampferzeugung (Kessel				- mit Dampf oder Wasser	10	10
	m. Zubehör usw.)	15	7		- andere	11	9
2	Stromerzeugung (Generator-			**C.**	**Maschinen der Stoffver- u. -bearbeitung**		
	Stromumformer usw.):				Bohr-. Hobelmaschinen[31]	16	6
	- Großanlagen	20	5		Fräs-, Schleifmaschinen	15	7
	- andere	19	5		Schweiß- u. Lötgeräte	13	8
3	Hilfsanlagen				Pressen & Stanzen	14	7
	Heißluft-, Kälteanlagen:			**D.**	**Betriebs u. Geschäftsausstattung**		
	- Kompressoren, Ventilatoren	14	7	**I.**	Werkst.- u. Laborausstattung	14	7
	- Wasser-, Druckwasser-,			**II.**	Ausstatt. f. Belegschaftsbetr.	8	12
	Wind- u. Druckkessel	15	7	**III.**	Ausstatt. f. Werksicherheit	8	12
II.	Verteilungsanlagen			**IV.**	Geräte d. Nachrichtenwesens	8	12
1	für Dampf	15	7	**V.**	Büromaschinen u. Organi-		
2	für Gas und Luft	15	7		sationsmittel:		
3	für Strom:				- Schreibmaschinen	9	11
	- Frei- u. Kabelleitungen	20	5		- Arbeitsplatzcomputer	3	33
	- Innenleitungen	15	7		- Vervielfältigungsapparate	7	11
	- Zähler	15	7	**VI.**	Büroeinrichtungen		
4	Wasserleitungen	20	5	1	Möbel	13	8
	Wasserpumpen	15	7	2	Panzerschränke	23	4

Abb. 15: AfA-Tabelle (Auszug)[32]

---

[31] Gilt für stationäre Anlagen.
[32] Stand 2001

(1) Lineare Abschreibung

Die lineare Abschreibung erfolgt mit einem konstant bleibenden Prozentsatz der Anschaffungskosten. Dabei werden die Anschaffungskosten, aufgesplittet in gleich große Beträge, "planmäßig" auf die Anzahl der Nutzungsjahre verteilt. Damit ist das Anlagegut nach Ablauf der angesetzten Nutzungszeit voll, d.h. auf Null, abgeschrieben. Diese Methode unterstellt also eine gleichmäßige Wertminderung der Anlage pro Jahr. Steuerrechtlich ist die lineare Abschreibung bei allen beweglichen und unbeweglichen Anlagegütern erlaubt (§ 7 Abs. 1 EStG). Die jährliche Abschreibungssumme, auch AfA-Betrag genannt, wird wie folgt berechnet:

$$\text{AfA-Betrag} = \frac{\text{Anschaffungskosten}}{\text{Nutzungsdauer}}$$

In Prozenten ausgedrückt ergibt sich der sogenannte AfA-Satz, in dem die Anschaffungskosten gleich 100 Prozent gesetzt werden.

$$\text{AfA-Satz} = \frac{100\%}{\text{Nutzungsdauer}}$$

Bei ganzjähriger Nutzung von schichtabhängigen Anlagegütern kann der lineare AfA-Satz bei Zweischicht-Betrieb um 25% und bei Dreischicht-Betrieb um 50% erhöht werden.

Beispiel 6: Eine Maschine, die für 45 000,- EUR gekauft wurde, hat eine Nutzungsdauer von fünf Jahren und wird im Einschicht-Betrieb genutzt. Wie wird die Maschine linear abgeschrieben?

Der AfA-Betrag lautet 9 000,- EUR/Jahr (45 000,- EUR : 5 Jahre); der AfA-Satz beträgt 20% pro Jahr (100% : 5 Jahre). Zeitlich lassen sich der jährliche Abschreibungsbetrag (A) und der jeweilige Restwert (R) wie folgt darstellen:

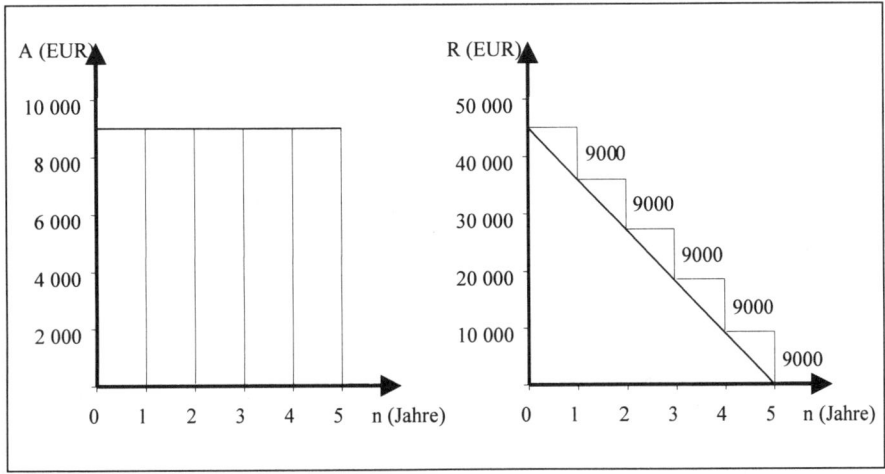

Abb. 16: Darstellung des linearen Abschreibungsverlaufes

(2) Degressive Abschreibung

Bei der degressiven Abschreibung dagegen wird nur im ersten Jahr der Abschreibungsbetrag über den Anschaffungswert errechnet. In den darauf folgenden Jahren wird er über den jeweiligen Restbuchwert des Vorjahres ermittelt, d.h. mit jedem Jahr wird der Abschreibungsbetrag geringer. Wenn man pro Jahr einen konstanten Prozentsatz vom Buchwert abschreibt, spricht man von der **geometrisch-degressiven** Abschreibung.

Ein anderes Verfahren ist die **arithmetisch-degressive** oder auch digitale Abschreibung. Dabei wird jährlich ein konstanter absoluter Wert vom Abschreibungsbetrag abgezogen, die Differenz bildet den Abschreibungsbetrag.

Seit dem 1.1.1985 ist die arithmetische Abschreibung jedoch steuerrechtlich nicht mehr zulässig und damit nur noch für die Kostenrechnung von Bedeutung (siehe Abschnitt 3.4.2.1: Kalkulatorische Abschreibung).

Die degressive Abschreibung insgesamt ist nur bei beweglichen, abnutzbaren Anlagegütern erlaubt. Dabei darf der degressive Abschreibungssatz nicht mehr als der dreifache lineare Abschreibungssatz beim gleichen Anlagegut betragen, gleichzeitig darf der AfA-Satz 20 Prozent nicht übersteigen (§ 7 Abs. 2 EStG).

Wird z.B. eine Maschine mit einer Nutzungsdauer von zehn Jahren linear abgeschrieben, so beträgt der AfA-Satz 10 Prozent. Wird die gleiche Maschine degressiv abgeschrieben, so darf der AfA-Satz maximal das Doppelte, also 20 Prozent, betragen. Wenn man diese Maschine über fünf Jahre linear abschreibt, so liegt der lineare Abschreibungssatz bei 20 Prozent. Legt man hiervon den zweifachen Wert für den degressiven Abschreibungssatz zugrunde, käme man auf 40 Prozent. Dies ist nicht zulässig, da der steuerliche AfA-Höchstsatz in jedem Fall nur 20 Prozent betragen darf.

Beispiel 7: Eine Maschine mit einem Anschaffungswert von 25 000,- EUR und einer Nutzungsdauer von fünf Jahren wird jährlich mit einem AfA-Satz von 20 Prozent geometrisch-degressiv abgeschrieben. In der linken Graphik wird der jährliche Abschreibungsbetrag (A) dargestellt, in der rechten der jeweilige Restbuchwert (R):

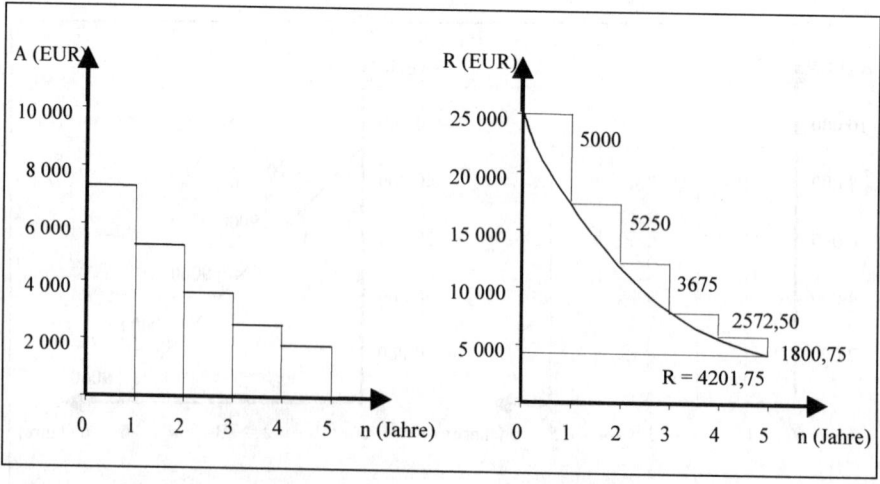

Abb. 17: Darstellung des geometrisch-degressiven Abschreibungsverlaufes

Die Vorteile der degressiven Methode sind darin zu sehen, dass in den ersten Jahren des Nutzungszeitraumes eine erheblich höhere Abschreibung möglich ist als bei der linearen Abschreibung (dies gilt theoretisch ab einer Nutzungsdauer von vier Jahren; in der Praxis nutzt man die degressive Abschreibung jedoch i. d. R. erst ab einer Nutzungsdauer von acht Jahren). Damit werden außergewöhnliche Wertminderungen, bedingt durch die wirtschaftliche und technische Entwicklung, stärker berücksichtigt. Der daraus resultierende anrechenbare Aufwand in der Jahreserfolgsrechnung führt in der Regel zu einer geringeren Steuerlast. Deshalb wird die degressive Methode, wenn es sinnvoll ist (Nutzungsdauer, s.o.), in der Praxis überwiegend angewandt.

Handels- und Steuerrechtlich ist es zulässig, während des Abschreibungszeitraumes von der degressiven zur linearen Abschreibung zu wechseln (§ 7, 3 EStG). Vom Zeitpunkt des Wechsels an bemisst sich die AfA nach dem noch vorhandenen Restwert geteilt durch die Restnutzungsdauer des betreffenden Wirtschaftsgutes.

Ein Wechsel ist dann vorteilhaft, wenn ab einem bestimmten Zeitpunkt der AfA-Betrag bei der linearen Abschreibung für den Restbuchwert größer ist als bei der degressiven. Dadurch lässt sich letztlich immer eine Abschreibung auf Null erreichen, was bei der degressiven Methode mathematisch unmöglich ist. Wenn jährlich nur ein bestimmter Prozentsatz abgezogen wird, muss immer ein Restwert bleiben.

Zur genauen Bestimmung des günstigsten Zeitpunktes, wann dieser Methodenwechsel vorzunehmen ist, gibt es entsprechende Tabellenwerke. Folgende Faustregel ermöglicht eine ungefähre Bestimmung:

$$m = (n+1) - \frac{100\%}{d}$$

m = Übergangszeitpunkt
n = Nutzungszeit
d = degressiver AfA-Satz

Der Vergleich zwischen linearer und degressiver Abschreibung und die Auswirkungen eines Methodenwechsels lassen sich am Beispiel einer Maschine mit einem Anschaffungswert von 10 000,- EUR und einer zehnjährigen Nutzungsdauer aufzeigen. Für die lineare Abschreibung ergibt sich hieraus ein Abschreibungssatz von 10 Prozent, bzw. ein Abschreibungsbetrag von 1 000,- EUR im Jahr. Bei der degressiven Abschreibung ist der höchstzulässige Abschreibungsbetrag der zweifache lineare Abschreibungssatz, also 20 Prozent. Aus der obigen Faustregel ergibt sich der folgende Wechselzeitpunkt:

$$m = (10 + 1) - \frac{100\%}{20\%} = 6$$

Der günstigste Wechselzeitpunkt zur linearen Abschreibung ist das sechste Nutzungsjahr. Dies verdeutlicht auch die folgende Tabelle, in der die Abschreibungsbeträge und Restbuchwerte beider Methoden gegenübergestellt werden:

	lineare AfA 10 %	degressive AfA 20 %	Wechsel degressiv → linear
Anschaffungskosten	10 000,-	10 000,-	-
AfA 1. Jahr	1 000,-	2 000,-	-
Restbuchwert	9 000,-	8 000,-	8 000,-
AfA 2. Jahr	1 000,-	1 600,-	8 000,- : 9 = 888,89,-
Restbuchwert	8 000,-	6 400,-	6 400,-
AfA 3. Jahr	1 000,-	1 280,-	6 400,- : 8 = 800,-
Restbuchwert	7 000,-	5 120,-	5 120,-
AfA 4. Jahr	1 000,-	1 024,-	5 102,- : 7 = 731,43,-
Restbuchwert	6 000,-	4 096,-	4 096,-
AfA 5. Jahr	1 000,-	819,20,-	4 096,- : 6 = 682,67,-
Restbuchwert	5 000,-	3 276,80,-	3 276,80,-
AfA 6. Jahr	1 000,-	**655,36,-**	3 276,80,- : 5 = **655,36,-**
Restbuchwert	4 000,-	2 621,44,-	2 621,44,-
AfA 7. Jahr	1 000,-	524,29,-	655,36,-
Restbuchwert	3 000,-	2 097,15,-	1966,08,-
AfA 8. Jahr	1 000,-	419,43,-	655,36,-
Restbuchwert	2 000,-	1 677,72,-	1 310,72,-
AfA 9. Jahr	1 000,-	335,54,-	655,36,-
Restbuchwert	1 000,-	1 342,18,-	655,36,-
AfA 10. Jahr	1 000,-	268,44,-	655,36,-
Restbuchwert	0,-	1 073,74,-	0,-

Abb. 18: Gegenüberstellung linearer zur degressiven Abschreibung

Aus den Werten der Tabelle ergibt sich die folgende Graphik:

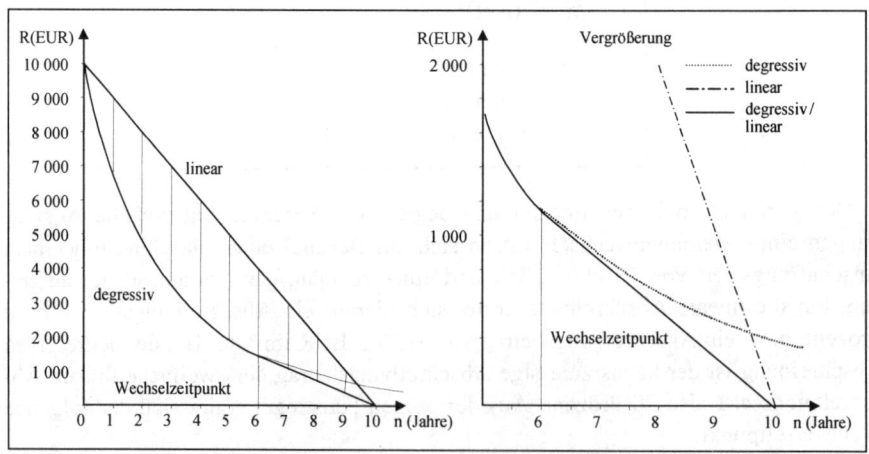

Abb. 19: Degressiver und linearer Abschreibungsverlauf

Ein Wechsel von der linearen zur degressiven Abschreibung ist steuerrechtlich gesehen nicht möglich. Des weiteren ist zu beachten: Wenn ein Anlagegut nach dem Abschreibungszeitraum, d.h. nach der angenommenen Nutzungszeit, weiter im Unternehmen bleibt, wird es nicht auf Null abgeschrieben, sondern auf eine Mark. Damit kann es weiter in der Buchführung als Vermögensgegenstand geführt werden (Erinnerungswert).

Einen Gegensatz zur degressiven Abschreibungsmethode bildet die **progressive Abschreibung**. Technisch wird sie genauso errechnet wie die degressive Abschreibung, der zeitliche Abschreibungsverlauf aber ist genau umgekehrt. Anfangs setzt man einen kleinen Abschreibungsbetrag an, der sich im Laufe der Zeit progressiv erhöht. Steuerlich ist diese Methode unzulässig, und handelsrechtlich hat sie keine Bedeutung. Aus diesen Gründen kann die progressive Abschreibung hier vernachlässigt werden. Sinnvoll könnte sie allenfalls bei Betrieben sein, die eine gewisse Anlaufzeit benötigen, wie Obstplantagen oder Verkehrsbetriebe.[33]

(3) Leistungsabschreibung

Bei Anlagegütern, bei denen die Beanspruchung oder Leistung stark schwanken, ergibt sich ein ungleichmäßiger Verschleiß. Ist die Wertminderung proportional zur Inanspruchnahme der Anlage, kann auch in Abhängigkeit von der Beanspruchung abgeschrieben werden. Diese Methode ist steuerrechtlich zulässig und wird als **Leistungsabschreibung** bezeichnet. Jedoch ist die jährliche Leistung des Anlagegutes (z.B. eines Fahrzeuges) nachzuweisen. Dann kann pro Verschleißeinheit (z.B. Fahrleistung in Kilometer, Laufleistung einer Maschine in Stunden) ein bestimmter AfA-Betrag abgeschrieben werden. Die Leistungsabschreibung ist von den steuerlich erlaubten Methoden diejenige, die der technischen Abnutzung am nächsten kommt.

Beispiel 8: Ein Nutzfahrzeug mit einem Anschaffungswert von 38 000,- EUR und einer voraussichtlichen Gesamtleistung von 100 000 km hatte laut Fahrtenbuch folgende Kilometerleistungen in den letzten fünf Jahren. Der Abschreibungssatz ergibt sich zu 0,38 EUR pro km (38 000,- EUR : 100 000 km):

Jahr	km-Leistung	AfA-Satz	AfA-Betrag
1998	20 000 km	x 0,38 EUR/km	= 7 600,- EUR
1999	12 000 km	x 0,38 EUR/km	= 4 560,- EUR
2000	16 000 km	x 0,38 EUR/km	= 6 080,- EUR
2001	8 000 km	x 0,38 EUR/km	= 3 040,- EUR
2002	12 000 km	x 0,38 EUR/km	= 4 560,- EUR

Daraus ergibt sich folgender zeitlicher Verlauf:

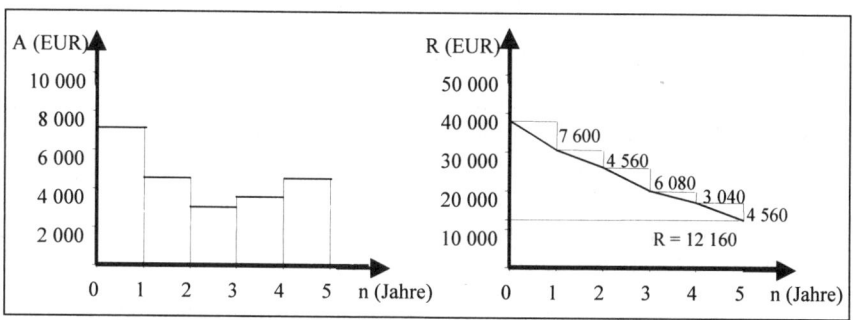

Abb. 20: Verlauf der Leistungsabschreibung

---

[33] Vgl. Eisele, W.: Technik des betrieblichen Rechnungswesens, a.a.O., S. 495.

Außer diesen drei Abschreibungsmöglichkeiten kann bei beweglichen Anlagegütern mit einem geringen Anschaffungswert von bis zu 410,- EUR (Nettopreis) wahlweise statt der Abschreibung nach der Nutzungsdauer der volle Anschaffungspreis bereits im Jahr der Anschaffung abgeschrieben werden. Dies gilt nur, wenn diese "geringwertigen" Wirtschaftsgüter selbständig nutzbar und bewertbar sowie abnutzbar sind; also z.B. für eine Schreibmaschine, aber nicht für den Drucker einer EDV-Anlage. Diese steuerrechtliche Möglichkeit (§ 6 Abs. 2 EStG) bezeichnet man als **Vollabschreibung**.

Immaterielles Anlagevermögen (z. B. Patente) ist, soweit seine Nutzung zeitlich begrenzt ist, planmäßig abzuschreiben. Ein erworbener **Geschäfts- oder Firmenert** ist mit 25% jährlich abzuschreiben, soweit nicht eine längere oder kürzere Nutzungsdauer zu erwarten ist.

Durch Abschreibung wird der Abnutzung der Anlagegüter Rechnung getragen. Etwaige Wertsteigerungen, die insbesondere bei Grundstücken einen erheblichen Umfang annehmen können, werden hingegen nicht in der Bilanz ausgewiesen.

Unter **Finanzanlagen** schreibt das Handelsrecht den Ausweis folgender Positionen vor:
- Anteile und Ausleihungen an verbundenen Unternehmen,
- Beteiligungen,
- Ausleihungen an Unternehmen, mit denen ein Beteiligungsverhältnis besteht,
- Wertpapiere des Anlagevermögens und
- Sonstige Ausleihungen.

Unterschieden wird demnach in Beteiligungen, d.h. Eigentumsrechte und in Ausleihungen, also Forderungsrechte.

Im sogenannten **Anlagespiegel** erfolgt eine detaillierte Darstellung der Veränderung der einzelnen Positionen des Anlagevermögens. Angegeben wird der Stand jeder Position:

> - zu Beginn des Jahres
> - die Zugänge im Laufe des Jahres,
> - die Umbuchungen
> - die Abgänge
> - die Abschreibungen
> - der Bestand zum Bilanzstichtag.

Daraus wird erkennbar, was investiert und wie es (über Abschreibungen) finanziert wurde.

2.3.2.2 Bewertung des Umlaufvermögens

Zum Bilanzstichtag muss ebenso das Umlaufvermögen erfasst und bewertet werden. Dabei wird zwischen der Bewertung des Vorratsvermögens und der Bewertung der Forderungen unterschieden. Anders als beim Anlagevermögen, bei dem das Niederstwertprinzip nur die Ausweisung nachhaltiger Wertverluste vorschreibt, gilt beim Umlaufvermögen das **strenge Niederstwertprinzip**; d.h. alle Gegenstände sind höchstens mit ihren Anschaffungs- bzw. Herstellungskosten anzusetzen.

Liegt der Tageswert am Bilanzstichtag niedriger als die Anschaffungskosten, so muss in jedem Fall (auch bei vorübergehenden Wertverlusten, z.B. bei Wertpapieren des Umlaufvermögens) der niedrigere Tageswert in die Schlussbilanz eingesetzt werden. Wenn der Tageswert den Anschaffungswert jedoch übersteigt, dann darf nur der niedrigere

Anschaffungswert eingesetzt werden. Dieser Grundsatz ist sowohl handels- als auch steuerrechtlich zu beachten.

(1) Bewertung des Vorratsvermögens

Im Normalfall gilt, wie schon erwähnt, das Prinzip der Einzelbewertung, d.h. alle Vermögensteile sind zum Bilanzstichtag einzeln zu bewerten. Jedoch ist die Einzelbewertung der Vorräte in der Praxis i.d.R. schwierig, weil Roh-, Hilfs- und Betriebsstoffe meistens zu verschiedenen Zeitpunkten und zu verschiedenen Preisen eingekauft werden.

Eine eindeutige Zuordnung der Werte, eine Einzelbewertung, ist kaum möglich, da sich nicht feststellen lässt, aus welcher Lieferung der Endbestand laut Inventur tatsächlich stammt. Deshalb wird für gleichartige Vorräte entweder eine Durchschnittsbewertung oder eine Verbrauchsfolgebewertung zugelassen (§§ 240, 4; 256 HGB).

Bei der **Durchschnittsbewertung** unterscheidet man zwischen zwei Grundarten:

- **Jährliche Durchschnittswertermittlung:** Am Ende eines Geschäftsjahres werden die Anschaffungskosten aus Anfangsbestand und Zugängen durch die Gesamtmenge dividiert. Als Ergebnis erscheinen die durchschnittlichen Anschaffungskosten, mit denen der Endbestand zu bewerten ist, sofern der Tageswert der betreffenden Rohstoffart am Bilanzstichtag nicht niedriger ist (Niederstwertprinzip).

Beispiel 9: Heizöl

	Menge (Liter)	Anschaffungskosten	Gesamtwert
01.01. Anfangsbestand	2 500	0,48 EUR / l	1 200,- EUR
18.02. Zugang	5 000	0,54 EUR / l	2 700,- EUR
19.07. Zugang	10 000	0,46 EUR / l	4 600,- EUR
Endbestand	17 500	⌀ 0,49 EUR / l	8 500,- EUR

- **Permanente Durchschnittswertermittlung:** Hierbei ermittelt man die durchschnittlichen Anschaffungskosten laufend nach jedem Lagerzugang und -abgang anhand der Lagerkartei. Die Abgänge werden jeweils zum neuesten Durchschnittswert abgesetzt. Nach der letzten Lagerbestandsveränderung erhält man dann zum Bilanzstichtag zwangsläufig die durchschnittlichen Anschaffungskosten des Endbestandes. Dieses Ergebnis ist genauer als bei der jährlichen Durchschnittswertermittlung. Das Niederstwertprinzip muss auch hier beachtet werden.

Beispiel 10: Schrauben

Bestände / Zu- und Abgänge	Datum	Menge	⌀ A-Kosten	Gesamtwert
Anfangsbestand	01.01.	600	1,12 EUR	672,-- €
+ Zugang	26.03.	2 000	1,16 EUR	2 320,-- €
= Bestand	27.03.	2 600	1,15 EUR	2 992,-- €
- Abgang	24.09.	1 800	1,15 EUR	2 070,-- €
= Bestand	25.09.	800	1,15 EUR	922,-- €
+ Zugang	13.11.	1 500	1,19 EUR	1 785,-- €
= Endbestand	31.12.	2 300	1,18 EUR	2 707,-- €

Bei der **Verbrauchsfolgebewertung** bildet die zeitliche Reihenfolge der Zu- und Abgänge die Grundlage für die Bewertung von gleichartigen Vorräten. Drei verschiedene Methoden der Verbrauchsfolgebewertung werden unterschieden:

- **Fifo-Methode** (First in / first out): Hierbei wird unterstellt, dass die zuerst erworbenen oder hergestellten Güter auch zuerst verbraucht oder verkauft werden. Der Endbestand laut Inventur stammt daher stets aus den letzten Zugängen und ist auch mit den dafür gezahlten Preisen zu bewerten.

- **Lifo-Methode** (Last in / first out): Bei diesem Bewertungsverfahren geht man von der Annahme aus, dass die zuletzt erworbenen Güter des Vorratsvermögens als erste verbraucht oder verkauft werden. Der Schlussbestand laut Inventur setzt sich daher aus dem Anfangsbestand sowie den ersten Zugängen zusammen und ist mit den entsprechenden Preisen zu veranschlagen.

- **Hifo-Methode** (Highest in / first out): Hier wird unterstellt, dass die am teuersten eingekauften Wirtschaftsgüter zuerst verbraucht oder veräußert werden. Der Endbestand wird in diesem Fall der Reihe nach mit den niedrigsten Preisen bewertet. Voraussetzung für die Berechnung ist eine mengen- sowie wertmäßig geführte Lagerkartei.

Beispiel 11:

Bestände / Zugänge		Mengeneinheiten	Anschaffungswert
Anfangsbestand	01.01.	1 200	4,-- €
Zugang	12.03.	1 500	5,-- €
Zugang	16.07.	1 000	4,50 €
Zugang	04.11.	1 500	4,80 €
Endbestand		1 800	

Fifo-Methode:

1 500	Mengeneinheiten zu	4,80 €	=	7 200,-- €
300	Mengeneinheiten zu	4,50 €	=	1 350,-- €
1 800	Mengeneinheiten Endbestand		=	8 550,-- €

Lifo-Methode:

1 200	Mengeneinheiten zu	4,-- €	=	4 800,-- €
600	Mengeneinheiten zu	5,-- €	=	3 000,-- €
1 800	Mengeneinheiten Endbestand		=	7 800,-- €

Hifo-Methode:

1 200	Mengeneinheiten zu	4,-- €	=	4 800,-- €
600	Mengeneinheiten zu	4,50 €	=	2 700,-- €
1 800	Mengeneinheiten Endbestand		=	7 500,-- €

Handelsrechtlich sind alle aufgezeigten Sammelbewertungsverfahren zulässig, sofern sie den Grundsätzen ordnungsgemäßer Buchführung entsprechen. In allen Fällen ist also der Tageswert am Bilanzstichtag vergleichend hinzuzuziehen. Aufgrund ihrer Einfachheit wird in der Praxis überwiegend die Durchschnittsmethode angewandt.

Steuerrechtlich ist nur die Durchschnittsbewertung uneingeschränkt zulässig. Die Fifo- und die Hifo-Methode sind dagegen steuerrechtlich nicht erlaubt. Die Lifo-Methode darf nur in Ausnahmefällen angewandt werden, wenn nachgewiesen werden kann, dass die zuletzt eingekauften Vorräte tatsächlich schon verbraucht oder verkauft wurden. Dies kann sich z.B. aus der Art der Lagerung ergeben (bei Koks, Sand und ähnlichen Vorräten).

(2) Bewertung der Forderungen

Bei den Forderungen aus Lieferungen und Leistungen ergibt sich wie beim Anlagevermögen zum Bilanzstichtag die Notwendigkeit, Bewertungen und damit Abschreibungen vornehmen zu müssen.

Vorübergehende Zahlungsschwierigkeiten oder sogar die völlige Zahlungsunfähigkeit der Kunden oder Verjährung der Forderungen sind die Ursachen für unterschiedliche Bewertungen, die sich in drei Gruppen einteilen lassen:

- **Einwandfreie** Forderungen: Sie sind mit dem Nennbetrag anzusetzen.

- **Zweifelhafte** Forderungen: Eine Forderung ist zweifelhaft, wenn ein Kunde seine Zahlungen eingestellt hat oder ein Vergleich oder Konkurs beantragt worden ist. In diesen Fällen liegt ein individuelles oder spezielles Ausfallrisiko für das Unternehmen vor. Man nennt zweifelhafte Forderungen auch "Dubiose". Sie sind mit ihrem wahrscheinlichen Wert zu bilanzieren, d.h. der uneinbringliche Anteil ist vom Gesamtwert abzuziehen.

- **Uneinbringliche** Forderungen: Dies sind Forderungen, die z.B. durch Einstellung des Konkursverfahrens mangels Masse entstehen. Sie sind in voller Höhe abzuschreiben, d.h. der gesamte Wert wird von den Forderungen abgezogen.

In der Bilanz erscheinen also nur die Forderungen, die auch realistisch gesehen einbringlich sind. Die Summe, die sich aus zweifelhaften und uneinbringlichen Forderungen ergibt, ist aus der Bilanz nicht zu erkennen.

2.3.3 Bewertung der Passiv-Seite

2.3.3.1 Bewertung der Verbindlichkeiten

Bei der Bewertung der Verbindlichkeiten in der Bilanz gilt zunächst das **Höchstwertprinzip**. Wenn eine Wahlmöglichkeit zwischen einem niedrigeren und einem höheren Wert besteht, ist grundsätzlich der Höchstwert einzusetzen (Grundsatz kaufmännischer Vorsicht). Dies gilt beispielsweise bei Währungsverbindlichkeiten, Hypotheken und Anleihen:

- **Währungsverbindlichkeiten** sind grundsätzlich mit dem Tageswechselkurs ihrer Entstehung zu bewerten. Liegt der Tageswechselkurs am Bilanzstichtag unter dem

Kurswert zum Entstehungszeitpunkt der Verbindlichkeiten, so darf der niedrigere Kurs nicht eingesetzt werden. Ist der Wechselkurs dagegen gestiegen, so muss aus Gründen kaufmännischer Vorsicht die Verbindlichkeit zum höheren Wert in der Bilanz ausgewiesen werden.

- Bei **Hypothekenschulden** ist der Rückzahlungsbetrag meist höher als der vereinnahmte Betrag. Der Unterschied oder das sogenannte Abgeld, auch Damnum genannt, darf durch planmäßige Abschreibungen auf die gesamte Laufzeit der Hypothek verteilt werden. Steuerrechtlich muss das Damnum aus Gründen einer periodengerechten Ermittlung des steuerpflichtigen Gewinns gleichmäßig abgeschrieben werden.

- **Anleihen** oder **Industrieobligationen** werden von bedeutenden Industrieunternehmen meist in Form von Teilschuldverschreibungen ausgegeben. Um einen Kaufreiz zu schaffen, erfolgt die Ausgabe oft unter Nennwert, also mit einem Abgeld, das man bei Anleihen auch als Disagio bezeichnet. Gelegentlich verpflichten sich die Unternehmen, diese Anleihen nach Ablauf einer bestimmten Zeit mit einem höheren Wert (Aufgeld oder Agio) zurückzuzahlen. Der Unterschiedsbetrag zwischen dem höheren Rückzahlungswert und dem niedrigeren Auszahlungswert ist ebenfalls planmäßig abzuschreiben.

2.3.3.2 Bewertung der Rückstellungen

Rückstellungen werden für Aufwendungen gebildet, die noch das abgelaufene Geschäftsjahr betreffen und deren genaue Höhe und Fälligkeit zum Bilanzstichtag im Gegensatz zu den Verbindlichkeiten nicht feststehen. Sie haben somit Schuldcharakter, da sie Verpflichtungen darstellen, und dienen der periodengerechten Erfolgsermittlung.

In der Bilanz sind Rückstellungen Fremdkapital, die auf der Passiv-Seite in einem eigenen Posten ersichtlich sind. Bei Kapitalgesellschaften sind sie zu gliedern in Pensionsrückstellungen, Steuerrückstellungen und sonstige Rückstellungen (§ 266 HGB).

Für folgende Sachverhalte müssen Rückstellungen gebildet werden (§ 249, 1 HGB):

- ungewisse Verbindlichkeiten, z.B. zu erwartende Steuernachzahlungen, Prozesskosten, Garantieverpflichtungen, Pensionsverpflichtungen, Provisionsverbindlichkeiten, Inanspruchnahme von Bürgschaften;
- drohende Verluste aus schwebenden Geschäften, z.B. erheblicher Preisrückgang bereits gekaufter, jedoch nicht gelieferter Rohstoffe;
- unterlassene Instandhaltungsaufwendungen, die im folgenden Geschäftsjahr innerhalb von drei Monaten nachgeholt werden;
- Gewährleistungen ohne rechtliche Verpflichtungen, z.B. Kulanzgewährleistungen.

Außerdem wird handelsrechtlich ein Wahlrecht zur Bildung von Rückstellungen in folgenden Fällen eingeräumt:

- unterlassene Instandhaltungsaufwendungen, die nach drei Monaten, aber noch innerhalb des folgenden Geschäftsjahres nachgeholt werden;
- bestimmte Aufwendungen, die dem abgelaufenen Geschäftsjahr zuzuordnen sind, z.B. Großreparaturen, Werbekampagnen, Messen, Betriebsverlegungen.

Bei der Bewertung von Rückstellungen sind nach § 6 EStG die Anschaffungskosten bzw. der höhere Teilwert (dies ist der Betrag, der bei vernünftiger kaufmännischer Beurteilung wahrscheinlich zu leisten ist) anzusetzen.

2.3.3.3 Bewertung der Rücklagen

Im Gegensatz zu Rückstellungen sind Rücklagen Eigenkapital. Sie werden aus nicht ausgeschütteten Gewinnen der Kapitalgesellschaften gebildet. Wenn dieser Gewinn nicht als Gewinnvortrag bilanziert wird, so wird er einem Rücklagenkonto zugeführt. Damit soll ein niedrigerer Gewinnausweis in der Bilanz erreicht werden.

Außerdem dienen die Rücklagen der Kapitalsicherung, Kapitalerweiterung und der Liquiditätsverbesserung. Es wird unterschieden zwischen offenen und stillen Rücklagen. **Offene Rücklagen** sind (nach § 272 HGB):

- **Kapitalrücklagen**, die bei der Ausgabe von Anteilen (Aktien) über deren Nennwert (Agio) oder durch Zuzahlungen von Gesellschaftern für die Gewährung einer Vorzugsdividende entstehen und

- **Gewinnrücklagen**, die aus dem bereits versteuerten Gewinn durch Einbehaltung oder Nichtausschüttung von Gewinnanteilen (Thesaurierung) gebildet werden.

Bei den Gewinnrücklagen wird eine weitere Unterscheidung vorgenommen, nämlich in:

- **Gesetzliche Rücklagen**, die von Aktiengesellschaften zur Deckung von Verlusten gebildet werden müssen. In die gesetzliche Rücklage sind jährlich 5% des um einen Verlustvortrag geminderten Jahresüberschusses einzustellen, bis die gesetzliche Rücklage und die Kapitalrücklage zusammen mindestens 10% des Grundkapitals erreichen (§ 150 AktG). Solange die Rücklagen diese Mindesthöhe nicht übersteigen, müssen ein Gewinnvortrag aus dem Vorjahr und freie Rücklagen zur Verlustdeckung herangezogen werden. Bei der GmbH gibt es keine gesetzlichen Rücklagen.

- **Satzungsgemäße oder auf Gesellschaftsvertrag beruhende Rücklagen**, deren Bildung durch die Satzung der Gesellschaft oder vertragliche Vereinbarungen vorgeschrieben ist.

- **Freie (andere) Rücklagen**, die von Aktiengesellschaften nach § 58 AktG in einer Höhe bis zur Hälfte des Jahresüberschusses gebildet werden können. Sie können für beliebige Zwecke verwendet werden und dienen insbesondere der Selbstfinanzierung des Unternehmens und der Stärkung der Eigenkapitalbasis. Freie Rücklagen können auch von einer GmbH gebildet werden.

Stille Rücklagen dagegen erscheinen nicht in der Bilanz. Sie entstehen durch buchmäßige Unterbewertung von Vermögenswerten oder durch überhöhte Ansätze von Verbindlichkeiten und Rückstellungen. Weitere Ursachen können aber auch Wertsteigerungen über die Anschaffungs- bzw. Herstellungskosten hinaus sein, die in der Bilanz aufgrund des Niederstwertprinzips nicht berücksichtigt werden dürfen (Zwangsrücklagen).

2.3.4 Die Bewegungsbilanz

In der Bewegungsbilanz werden alle Aktivmehrungen und Passivminderungen als Mittelverwendung den gesamten Aktivminderungen und Passivmehrungen als Mittelherkunft gegenübergestellt.

Mittelverwendung einschließlich Verlustzu- bzw. Gewinnabnahme	Mittelherkunft einschließlich Gewinnzu- bzw. Verlustabnahme

I. Investierung
    = Aktivmehrung
II. Definanzierung
    = Passivminderung
	I. Finanzierung
	    = Passivmehrung
	II. Desinvestierung
	    = Aktivminderung

Grundsätzlich ergeben sich zwischen zwei Bilanzierungsstichtagen folgende Bewegungen:

- **Mittelverwendung:** Die Aktivposten können zunehmen, z.B. durch die Anschaffung einer Maschine oder den Kauf von Rohstoffen, während die Passivposten abnehmen können, z.B. durch die Rückzahlung eines Kredits oder Darlehens.
- **Mittelherkunft:** Die Herkunft der eingesetzten Mittel ergibt sich aus der Abnahme von Aktivposten, z.B. durch Verringerung des Bankguthabens, und aus der Zunahme von Passivposten, z.B. durch die Aufnahme eines Kredits oder Darlehens.

Die Bewegungsbilanz gewährt als zeitraumbezogenes Instrument einen Einblick in Umfang und Art von Investition und Finanzierung eines Unternehmens im untersuchten Geschäftsjahr und informiert über die Entwicklung von Anlage- und Umlaufvermögen, sowie die Veränderung der Vermögens- und Kapitalstruktur.[34]

2.4 Die Gewinn- und Verlustrechnung

Die Gewinn- und Verlustrechnung weist durch die Gegenüberstellung der Aufwendungen und Erträge in **Staffelform** den Periodenerfolg aus. Deshalb bezeichnet man sie auch als **Erfolgsrechnung**.

In der Bilanz führt die Gegenüberstellung von Vermögen und Verbindlichkeiten beim Vergleich von zwei aufeinanderfolgenden Stichtagen zu einem Erfolgsausweis in einer Summe. Im Gegensatz dazu werden in der Gewinn- und Verlustrechnung die einzelnen erfolgswirksamen Komponenten untergliedert nach Arten dargestellt. Bei der Aufstellung der Gewinn- und Verlustrechnung können zwei Verfahren angewendet werden, das Gesamtkostenverfahren und das Umsatzkostenverfahren (§ 275 HGB).

Beim **Gesamtkostenverfahren** werden sämtliche Erträge, die in einer Periode erwirtschaftet wurden, den in dieser Periode angefallenen Aufwendungen gegenübergestellt. Auch die auf Lager produzierten oder die vom Lager verkauften Halb- und Fertigprodukte werden dabei berücksichtigt.

Bei dem **Umsatzkostenverfahren** werden nur die tatsächlichen Umsatzerlöse und sonstige Erträge sowie die Aufwendungen, die für die erzielten Umsätze eingesetzt wer-

---

[34] Vgl. Jung, H.: Arbeits- und Übungsbuch, Allgemeine Betriebswirtschaftslehre, München/ Wien 1999, S. 539 ff.

den, berücksichtigt. Dabei sind jeweils folgende Positionen in der Gewinn- und Verlustrechnung auszuweisen:

Gewinn- und Verlustrechnung	
Gesamtkostenverfahren:	**Umsatzkostenverfahren:**
1. Umsatzerlöse	1. Umsatzerlöse
2. Erhöhung oder Verminderung des Bestandes an fertigen und unfertigen Erzeugnissen	2. Herstellungskosten der zur Erzielung der Umsatzerlöse erbrachten Leistungen
3. Andere aktivierte Eigenleistungen	3. Bruttoergebnis vom Umsatz
4. Sonstige betriebliche Erträge	4. Vertriebskosten

5. Materialaufwand:
   a) Aufwendungen für Roh-, Hilfs-, Betriebsstoffe und bezogene Waren
   b) Aufwendungen für bezogene Leistungen
	5. Allgemeine Verwaltungskosten
	6. Sonstige betriebliche Erträge

6. Personalaufwand:
   a) Löhne und Gehälter
   b) Soziale Abgaben und Aufwendungen für Altersversorgung und Unterstützung, davon für Altersversorgung	

7. Abschreibungen:
   a) auf immaterielle Vermögensgegenstände des Anlagevermögens und Sachanlagen sowie auf aktivierte Aufwendungen für Ingangsetzung und Erweiterung des Geschäftsbetriebes
   b) auf Vermögensgegenstände des Umlaufvermögens, soweit diese die in der Kapitalgesellschaft üblichen Abschreibungen überschreiten	

8. Sonstige betriebliche Aufwendungen	7. Sonstige betriebliche Aufwendungen
9. Erträge aus Beteiligungen, davon aus verbundenen Unternehmen	8. Erträge aus Beteiligungen, davon aus verbundenen Unternehmen
10. Erträge aus anderen Wertpapieren und Ausleihungen des Finanzanlagevermögens, davon aus verbundenen Unternehmen	9. Erträge aus anderen Wertpapieren und Ausleihungen des Finanzanlagevermögens, davon aus verbundenen Unternehmen
11. Sonstige Zinsen und ähnliche Erträge, davon aus verbundenen Unternehmen	10. Sonstige Zinsen und ähnliche Erträge, davon aus verbundenen Unternehmen
12. Abschreibungen auf Finanzanlagen und Wertpapiere des Umlaufvermögens	11. Abschreibungen auf Finanzanlagen und Wertpapiere des Umlaufvermögens
13. Zinsen und ähnliche Aufwendungen, davon aus verbundenen Unternehmen	12. Zinsen und ähnliche Aufwendungen, davon aus verbundenen Unternehmen
14. Ergebnis der gewöhnlichen Geschäftstätigkeit	13. Ergebnis der gewöhnlichen Geschäftstätigkeit
15. Außerordentliche Erträge	14. Außerordentliche Erträge
16. Außerordentliche Aufwendungen	15. Außerordentliche Aufwendungen
17. Außerordentliches Ergebnis	16. Außerordentliches Ergebnis
18. Steuern vom Einkommen und Ertrag	17. Steuern vom Einkommen und Ertrag
19. Sonstige Steuern	18. Sonstige Steuern
20. Jahresüberschuss / Jahresfehlbetrag	19. Jahresüberschuss / Jahresfehlbetrag

Kleine und mittelgroße Kapitalgesellschaften dürfen nach § 276 HGB beim Gesamtkostenverfahren die Posten Nr. 1 bis 5 und beim Umsatzkostenverfahren Nr. 1 bis 3 sowie 6 zu einem Posten mit der Bezeichnung **"Rohergebnis"** zusammenfassen.

Gewinn- und Verlustrechnung	
zum 31.12.20.. der Firma Maschinen GmbH, München	
1. Umsatzerlöse	1 200 000,- EUR
2. Erhöhung oder Verminderung des Bestandes an fertigen und unfertigen Erzeugnissen	+80 000,- EUR
3. Andere aktivierte Eigenleistungen	+50 000,- EUR
4. Sonstige betriebliche Erträge	+ 4 000,- EUR
5. Materialaufwand:	
c) Aufwendungen für Roh-, Hilfs-, Betriebsstoffe und bezogene Waren	-432 000,- EUR
d) Aufwendungen für bezogene Leistungen	- 46 000,- EUR
Rohergebnis	**=856 000,- EUR**
6. Personalaufwand:	
a) Löhne und Gehälter	-470 000,- EUR
b) Soziale Abgaben und Aufwendungen für Altersversorgung und Unterstützung, davon für Altersversorgung: 110 000,- EUR	-220 000,- EUR
7. Abschreibungen:	
a) auf immaterielle Vermögensgegenstände des Anlagevermögens und Sachanlagen	- 57 000,- EUR
b) auf Vermögensgegenstände des Umlaufvermögens, soweit diese die in der Kapitalgesellschaft üblichen Abschreibungen überschreiten	- 5 000,- EUR
8. Sonstige betriebliche Aufwendungen	20 000,- EUR
Betriebsergebnis	**= 84 000,- EUR**
9. Erträge aus Beteiligungen, davon aus verbundenen Unternehmen	+ 600,- EUR
10. Erträge aus anderen Wertpapieren und Ausleihungen des Finanzanlagevermögens, davon aus verbundenen Unternehmen	+ 400,- EUR
11. Sonstige Zinsen und ähnliche Erträge, davon aus verbundenen Unternehmen	+ 200,- EUR
12. Abschreibungen auf Finanzanlagen und Wertpapiere des Umlaufvermögens	- 2 000,- EUR
13. Zinsen und ähnliche Aufwendungen, davon aus verbundenen Unternehmen	- 21 000,- EUR
Finanzergebnis	**- 21 800,- EUR**
14. Ergebnis der gewöhnlichen Geschäftstätigkeit	**= 62 200,- EUR**
15. Außerordentliche Erträge 10 000,- EUR	
16. Außerordentliche Aufwendungen -14 000,- EUR	
17. **Außerordentliches Ergebnis**	- 4 000,- EUR
18. Steuern vom Einkommen und Ertrag	- 30 000,- EUR
19. Sonstige Steuern	- 4 200,- EUR
20. Jahresüberschuss / Jahresfehlbetrag	**= 24 000,- EUR**

Abb. 21: Beispiel einer Gewinn- und Verlustrechnung

Nach dem Gesamtkostenverfahren könnte eine Gewinn- und Verlustrechnung beispielsweise so aussehen:

Für Aktiengesellschaften schreibt § 158 AktG die Ergänzung der Gewinn- und Verlustrechnung nach dem Posten "Jahresüberschuss / Jahresfehlbetrag" um die folgenden Posten in "Fortführung der Numerierung" vor (die Angaben können wahlweise auch im Anhang gemacht werden):

Gesamtkosten-verfahren:	Umsatzkosten-verfahren:	Ergänzung der Gewinn- und Verlustrechnung nach § 158 AktG
21.	20.	Gewinnvortrag/ Verlustvortrag aus dem Vorjahr
22.	21.	Entnahmen aus der Kapitalrücklage
23.	22.	Entnahmen aus Gewinnrücklagen a) aus der gesetzlichen Rücklage b) aus der Rücklage für eigene Aktien c) aus satzungsmäßigen Rücklagen d) aus anderen Gewinnrücklagen
24.	23.	Einstellungen in Gewinnrücklagen a) in die gesetzliche Rücklage b) in die Rücklage für eigene Aktien c) in satzungsmäßige Rücklagen d) in andere Gewinnrücklagen
25.	24.	Bilanzgewinn/ Bilanzverlust

2.5 Der Jahresabschluss

In § 242 HGB verpflichtet der Gesetzgeber alle Kaufleute, für den Schluss eines Geschäftsjahres einen **Jahresabschluss** zu erstellen. Der Jahresabschluss dient u.a. der Ermittlung des handelsrechtlichen und steuerrechtlichen Jahresergebnisses. Das Bilanzrichtliniengesetz (BiRiLiG) vom 19.12.1985 fasst das bis dahin in verschiedenen Quellen geregelte Bilanzrecht zusammen. Es enthält neue Bilanzierungs-, Offenlegungs- und Prüfungsvorschriften und legt fest, was bis dahin nur als sogenannte "Grundsätze ordnungsgemäßer Buchführung" (GoB) gegolten hat.[35]

Der Umfang des Jahresabschlusses hängt von der Rechtsform des Unternehmens ab. Während Einzelunternehmungen und Personengesellschaften (OHG, KG) nur eine Jahresbilanz und eine Gewinn- und Verlustrechnung aufzustellen brauchen, müssen Kapitalgesellschaften (GmbH, AG, KG a. A.) ihren Jahresabschluss nach § 264 HGB um den Anhang ergänzen.

- Die **Jahresbilanz** stellt zum Bilanzstichtag, meist ist das der 31.12., das Vermögen dem Eigen- und Fremdkapital gegenüber (§§ 247, 266 HGB).
- Die **Gewinn- und Verlustrechnung** gibt Aufschluss über den Jahreserfolg. Sie führt alle Aufwendungen und Erträge des jeweiligen Geschäftsjahres auf (§ 275 HGB).
- Der **Anhang** soll nähere Auskunft über die Einzelposten der Bilanz und der Gewinn- und Verlustrechnung geben (§§ 284-288 HGB). Dabei sind u.a. anzugeben: die Bewertungs- und Abschreibungsmethoden, die Beteiligungen an anderen Unternehmungen, die Verbindlichkeiten mit einer Restlaufzeit von mehr als fünf Jahren, die

---

[35] Vgl. Gabele, E.: Buchführung, a.a.O., S. 42.

Einkünfte der Geschäftsführer, der Vorstandsmitglieder und des Aufsichtsrates sowie die Zahl der Mitarbeiter.

Zusätzlich müssen Kapitalgesellschaften einen **Lagebericht** erstellen (§ 289 HGB). Dieser ist jedoch kein Bestandteil des Jahresabschlusses, sondern enthält zusätzliche Informationen z.B. über Absatz, den Bereich Forschung und Entwicklung, die Personalentwicklung, die Liquiditätslage und eine Prognose über die weitere Entwicklung des Unternehmens.

Die früher vorgeschriebene Erstellung von Geschäftsberichten ist durch das neue Bilanzrichtliniengesetz nicht mehr vorgesehen. Der **Geschäftsbericht** bestand aus einem **Erläuterungs- bzw. Abschlussbericht**, der allgemeine Angaben über die wirtschaftliche Situation der Gesellschaft enthielt, und einem **Lagebericht**, der die Positionen der Bilanz und Erfolgsrechnung sowie bestimmte wirtschaftliche und rechtliche Tatbestände erläuterte und Angaben über Bewertungs- und Abschreibungsmethoden machte.

Der Erläuterungsbericht wird heute durch den Anhang ersetzt und der Lagebericht ist nach der Trennung der beiden Teile des Geschäftsberichtes als eigenständiger Bericht nur noch von Unternehmen bestimmter Rechtsformen (siehe oben) zu erstellen. Wenn heute Geschäftsberichte freiwillig erstellt werden (z.B. von großen Aktiengesellschaften), müssen sie nach § 60 EStDV zusammen mit den Unterlagen für die Steuererklärung dem Finanzamt vorgelegt werden.

Der Jahresabschluss hat die Aufgabe, über die Vermögens- und Ertragslage des Unternehmens zu informieren bzw. Rechenschaft abzulegen (Rechenschaftslegung). Er dient zur Bemessung der Gewinnverteilung und der Steuerermittlung. Kapitalgesellschaften sind darüber hinaus zur Veröffentlichung des Jahresabschlusses und unter Umständen auch des Lageberichtes verpflichtet. Art und Umfang der Offenlegung hängen von der Unternehmensgröße ab, ebenso wie die Frage, ob eine **Prüfungspflicht** vorliegt oder nicht. Mit der Prüfungspflicht ist die Prüfung des Jahresabschlusses vor der Offenlegung durch einen unabhängigen Abschlussprüfer gemeint. Die Einstufung in kleine, mittelgroße und große Kapitalgesellschaften geschieht nach folgenden Kriterien:

Merkmale	klein	mittel	groß
Bilanzsumme (Mio.EUR)	bis 5,30	bis 21,24	über 21,24
Umsatz (Mio.EUR)	bis 10,92	bis 42,48	über 42,48
Mitarbeiter	bis 50,00	bis 250,00	über 250,00

Abb. 22: Einstufung der Unternehmen

Erst wenn ein Unternehmen zwei der drei Merkmale zur Größeneinstufung an zwei aufeinanderfolgenden Bilanzstichtagen erfüllt, gilt diese Zuordnung. Bei Kapitalgesellschaften mit börsennotierten Wertpapieren erfolgt allerdings immer eine Einstufung als großes Unternehmen (§ 267,3 HGB). Je größer die Gesellschaft, desto detaillierter ist die Offenlegung des Jahresabschlusses. Die Anforderungen an die Rechenschaftslegung der drei Unternehmensgrößenklassen zeigt die nachstehende Tabelle:

Kapitalgesellschaft	kleine	mittlere	große
Bestandteile der Rechenschaftslegung	Jahresabschluss mit: Bilanz, Gewinn- und Verlustrechnung, Anhang, zusätzlich Lagebericht		
Aufstellungsfrist	6 Monate	3 Monate	3 Monate
Bilanzfeststellung	11 Monate (GmbH) 8 Monate (AG)	8 Monate	8 Monate
Prüfungspflicht	nein	ja	ja
Ort der Offenlegung	Handelsregister	Handelsregister	Handelsregister Bundesanzeiger
Umfang der Offenlegung: • Bilanz • G+V • Anhang • Lagebericht	verkürzt nicht erforderlich verkürzt nicht erforderlich	verkürzt verkürzt verkürzt vollständig	vollständig vollständig vollständig vollständig
Offenlegungsfrist	12 Monate	9 Monate	9 Monate

Abb. 23: Pflichten der Rechenschaftslegung

2.6 Die Steuerpflicht

Wie bereits erwähnt, dient die Buchführung u.a. zur Berechnung der Steueraufwendungen. Diese werden in zwei Gruppen unterteilt, die **Steuern vom Einkommen und vom Ertrag**, zu denen die Einkommensteuer, die Körperschaftsteuer, die Kapitalertragsteuer und die Gewerbeertragsteuer zählen, und **sonstige Steuern**, wie z.B. Grundsteuer, Kraftfahrzeugsteuer, Ausfuhrzölle, Versicherungsteuer und Umsatzsteuer. Kapitalgesellschaften müssen in ihrer Gewinn- und Verlustrechnung die Steuern nach dieser Einteilung aufführen (vgl. § 275 HGB).

Daneben sind eine Reihe weiterer Einteilungsmöglichkeiten denkbar, von denen hier nur einige aufgeführt werden sollen:
- **Besitz- und Verkehrsteuern:** Besitzsteuern sind Steuern, die auf dem Einkommen oder dem Ertrag basieren, z.B. Einkommen-, Kapitalertrag-, Körperschaft- und Kirchensteuer. Zu den Verkehrsteuern, die Vorgänge des Rechts- und Wirtschaftsverkehrs erfassen, zählen Umsatz-, Kraftfahrzeug- und Grunderwerbsteuer.
- **Personen- und Objektsteuern:** Die wichtigsten Personensteuern sind Einkommen-, Körperschaft- und Kirchensteuer; eine Real- oder Objektsteuer ist z.B. die Grundsteuer.
- **Haupt- und Bagatellsteuern:** Diese Unterscheidung zielt auf die Bedeutung als Einnahmequelle des Staates ab (Beispiel für eine Bagatellsteuer: Hundesteuer).
- **Zölle und Verbrauchsteuern:** Damit sind Ein- und Ausfuhrzölle und Verbrauchsteuern wie die Mineralölsteuer und Kaffeesteuer angesprochen (Zölle werden zu einem großen Teil an die EU abgeführt). Mit den Verbrauchsteuern wird der Verbraucher für den Ver- oder Gebrauch bestimmter Waren belastet.

- **Nach ihrer buchhalterischen Behandlung** unterscheidet man Betriebs- und Privatsteuern sowie aktivierungspflichtige Steuern und Steuern als "durchlaufende Posten". Betriebs- oder Aufwandsteuern gelten als Betriebsausgaben und mindern den Gewinn, sie werden auch als Kostensteuern oder abzugsfähige Steuern bezeichnet (z.B. Gewerbeertrag-, Grund- und Kraftfahrzeugsteuer). Privatsteuern sind vom Unternehmer aus dem Gewinn zu zahlen (z.B. Einkommensteuer). Aktivierungspflichtige Steuern wie die Grunderwerbsteuer gelten als Anschaffungsnebenkosten und erscheinen deshalb als Bestandteil der Anschaffungskosten auf der Aktivseite der Bilanz. Steuern als "durchlaufende" Posten werden von anderen Steuerpflichtigen, z.B. von Arbeitnehmern (Lohn- und Kirchensteuer) und Kunden (Mehrwertsteuer), durch das Unternehmen im Auftrag des Finanzamtes eingezogen.
- **Einteilung nach der Ertragskompetenz:** Diese Einteilung erfolgt danach, wem (Bund, Länder, Gemeinden, Kirche) die Steuer zusteht. Die Aufteilung der Steuern nach der Ertragskompetenz ist in der folgenden Abbildung dargestellt:

Nach Artikel 106 des Grundgesetzes stehen zu			
dem Bund	Bund und Ländern gemeinsam	den Ländern	den Gemeinden
Bundessteuern: Zölle, Kapitalverkehr-, Versicherung-, Wechsel- und Verbrauchsteuern mit Ausnahme der Biersteuer, Solidaritätszuschlag, Abgaben im Rahmen der EU	**Gemeinschaftssteuern:** Lohnsteuer Einkommensteuer Körperschaftsteuer Umsatzsteuer (einschl. Einfuhrumsatzsteuer)	**Ländersteuern:** Erbschaft-, Grunderwerb-, Bier- und Kraftfahrzeugsteuer, Feuerschutzabgabe, Rennwett- und Lotteriesteuer, Spielbankabgabe	**Gemeindesteuern:** Gewerbesteuer Grundsteuer Örtliche Verbrauch- und Aufwandsteuer (z.B. Hunde-, Vergnügungssteuer)
Anteil an den Gemeinschaftsteuern[36]	Gewerbesteuerumlage	Anteil an den Gemeinschaftssteuern	Anteil am Aufkommen der Lohnsteuer und der veranlagten Einkommensteuer: 15 %
Anteil an der Gewerbesteuerumlage: 50 %		Anteil an der Gewerbesteuerumlage: 50 %	Steuerzuweisungen durch Landesgesetzgebung

Abb. 24: Ertragskompetenz[37]

Das Steueraufkommen der Bundesrepublik Deutschland betrug im Jahr 1999 insgesamt 453,1 Milliarden EUR. Den größten Anteil daran hatte die Lohnsteuer mit 133,8 Milliarden EUR.

Das folgende Diagramm stellt die Anteile der im Anschluss näher erläuterten Steuerarten im Verhältnis zum gesamten Steueraufkommen dar:

---

[36] Die Anteile von Bund und Ländern werden durch Bundesgesetz mit Zustimmung des Bundesrates festgesetzt.
[37] Vgl. Unsere Steuern von A-Z, Ausgabe 2000, herausgegeben vom Bundesminister der Finanzen, S. 48 f.

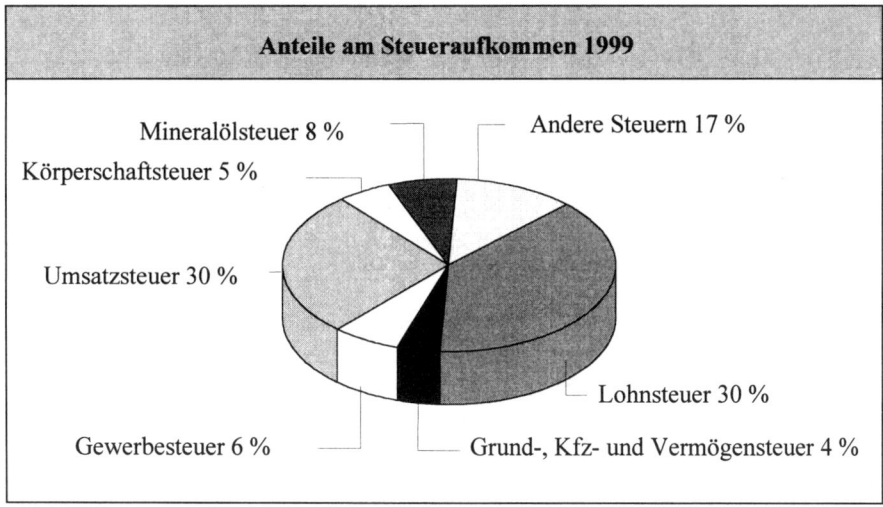

Abb. 25: Anteile am Steueraufkommen 1999[38]

Nach diesen allgemeinen Bemerkungen zur Einteilung und Unterscheidung der verschiedenen Steuerarten sollen die für ein Wirtschaftsunternehmen und die dort beschäftigten Personen relevanten Steuern etwas ausführlicher dargestellt werden.

Einkommensteuerpflichtig sind alle natürlichen Personen, also z.B. Inhaber und Gesellschafter eines Unternehmens und deren Arbeitnehmer. Zu versteuern sind die gesamten Einkünfte aus den 7 Einkunftsarten nach § 2 EStG. Diese Einkunftsarten sind:

1. **Einkünfte aus Land- und Forstwirtschaft** (§§ 13-14a EStG), dazu können auch Einkünfte aus Weinbau und Gartenbau gehören.

2. **Einkünfte aus Gewerbebetrieb** (§§15-17 EStG), dazu zählen z.B. die Einkünfte aus Handels-, Handwerks- und Industriebetrieben sowie die Gewinnanteile einer Personengesellschaft. Dazu gehören auch Veräußerungsgewinne (§16) und Gewinne aus der Veräußerung wesentlicher Beteiligungen an Kapitalgesellschaften (§17).

3. **Einkünfte aus selbständiger Arbeit** (§ 18 EStG), das sind insbesondere Einkünfte aus freiberuflicher Tätigkeit, z.B. von Ärzten, Ingenieuren, Steuerberatern, Wirtschaftsprüfern und Anwälten.

4. **Einkünfte aus nichtselbständiger Arbeit** (§§ 19, 19a EStG), das sind alle Einnahmen, die einem Arbeitnehmer aus einem Dienstverhältnis zufließen. Als Arbeitnehmer gelten alle Angestellten und Beschäftigten in öffentlichen und privaten Unternehmungen, auch Beamte und Geschäftsführer einer GmbH sowie Vorstandsmitglieder einer AG. Diese Einkünfte unterliegen dem Lohnsteuerabzug.[39]

---

[38] Das Diagramm basiert auf Zahlen aus "Unsere Steuern von A-Z", Ausgabe 2000, herausgegeben vom Bundesminister der Finanzen.

[39] Die Lohnsteuer stellt keine eigenständige Steuer dar, sondern ist lediglich eine besondere Erhebungsform der Einkommensteuer.

5. **Einkünfte aus Kapitalvermögen** (§ 20 EStG), dazu gehören Zinsen (z.B. aus Sparguthaben), Dividenden aus Aktien und Gewinnanteile aus einer GmbH oder Genossenschaft.

6. **Einkünfte aus Vermietung und Verpachtung** (§ 21 EStG), z.B. Miet- oder Pachteinnahmen für ein Haus, eine Wohnung, ein Grundstück, Geschäftsräume usw.

7. **Sonstige Einkünfte** (§§ 22, 23 EStG), dazu gehören z.B. Einkünfte aus Spekulationsgeschäften, die Diäten der Abgeordneten und der Ertragswert von Rentenzahlungen.

Die zu versteuernde Summe der Einkünfte kann also unter Umständen aus mehreren Tätigkeiten herrühren. Von dieser Summe werden zur Bemessung der Höhe der Steuerschuld Sonderausgaben (§ 10 EStG) und Freibeträge abgezogen. Diese werden entweder individuell oder nach Pauschalsätzen abgerechnet. Bei der Einkommensteuererklärung besteht die Möglichkeit, Verluste mit Gewinnen und Erträgen aus den beiden vorhergehenden Geschäftsjahren zu verrechnen (Verlustrücktrag). Es ist außerdem möglich, die Verlustsummen, die auf diese Weise nicht verrechnet werden können, auf das kommende Geschäftsjahr zu übertragen (Verlustvortrag). Zu Verlusten kommt es z.B., wenn ein Gesellschafter mehr Privatkapital in sein Unternehmen steckt, als er an Einnahmen erhält, oder wenn ein Freiberufler weniger verdient, als er für seine Geschäftstätigkeit investiert hat. Die Höhe der Einkommensteuer bemisst sich dann nach der Tarifformel in § 32 EStG, der Höchststeuersatz beträgt 48,5%.[40]

Körperschaftsteuerpflichtig sind Kapitalgesellschaften, die als juristische Personen ihren Gewinn versteuern müssen. Als Bemessungsgrundlage dient hier das Körperschaftsteuergesetz (KStG) und die Körperschaftsteuer-Durchführungsverordnung (KStDV), in denen weitgehend die Grundsätze und Vorschriften des Einkommensteuergesetzes gelten. Dabei werden die an die Anteilseigner ausgezahlten Gewinne niedriger besteuert (25%) als die Gewinne, die dem Unternehmen selbst bleiben (Unternehmensrücklagen, Steuersatz 25%).

Der **Gewerbesteuer** unterliegen nur Gewerbebetriebe im Sinne des Einkommensteuerrechts, die im Inland betrieben werden; nicht Freiberufler und vermögensverwaltende Gesellschaften (z.B. Hausverwaltungen). Besteuert wird seit 01.01.1998 nur der Gewerbeertrag. Die Besteuerung des Gewerbekapitals (Betriebsvermögen) wurde zu diesem Zeitpunkt abgeschafft. Der Gewerbeertrag ist der Gewinn, wie er sich aus den einkommensteuer- und körperschaftsteuerlichen Vorschriften ergibt, abzüglich der "Kürzungen" und zuzüglich der "Hinzurechnungen" nach dem Gewerbesteuergesetz (GewStG, § 7).

Nach diesem Gesetz können beispielsweise Zinsanteile für langfristiges Fremdkapital zugerechnet oder ein Teil des zum Betriebsvermögen zählenden Grundbesitzes abgezogen werden. Auch hier können Verluste vorgetragen, nicht aber nachgetragen werden. Ein Vortrag ist in die nächsten fünf Jahre möglich und vom positiven Gewerbeertrag abzuziehen. Die Gewerbesteuer wird von der Gemeinde mit einem Hebesatz festgesetzt und erhoben. Sie ist eine Betriebsausgabe und mindert den steuerlichen Gewinn und beeinflusst somit auch die Höhe der Einkommen- bzw. Körperschaftsteuer.

---

[40] Der Höchstsatz wird lediglich auf Einkommensanteile oberhalb einer bestimmten Einkommenssumme erhoben (Progression), die vom Gesetzgeber festgesetzt und regelmäßig aktualisiert wird.

Die **Grundsteuer** wird über den Einheitswert des Grundvermögens, den das Finanzamt jeweils festlegt, und den Hebesatz für Grundvermögen, den die jeweilige Gemeinde, auf der sich der Grundbesitz des Unternehmens befindet, bestimmt, ermittelt und an die Gemeinde abgeführt. Dabei wird ein Anteil des Einheitswertes in der Größenordnung von 3,5 Promille mit dem Hebesatz multipliziert. Die Grundsteuer gehört bei bebauten Grundstücken zu den Betriebskosten.

Die **Umsatzsteuer** (auch Mehrwertsteuer genannt) ist im Preis der umgesetzten Güter und Leistungen enthalten und stellt somit eine Verbrauchsteuer dar. Sie wird in der Reihe der Unternehmen, von Erzeugern über Händler bis zum Endverbraucher, weitergegeben, so dass letztlich nur der Privatverbraucher diese Steuer zu zahlen hat. Der jetzige Steuersatz liegt bei 16 Prozent (Stand: 01.04.1998). Einige Leistungen und Waren sind mit einem niedrigeren Satz besteuert, z.B. Lebensmittel oder Druckerzeugnisse.

Die Zahlung der Umsatzsteuer erfolgt dabei stufenweise, indem jedes Unternehmen in der Kette, die eine Ware durchläuft, den Anteil der Steuer an das Finanzamt abführt, der der Wertsteigerung des Produkts im jeweiligen Unternehmen entspricht. D.h. das Unternehmen zahlt die Differenz zwischen dem Umsatzsteueranteil beim Einkauf und beim Verkauf der Ware. Den schon beim Einkauf der Ware mitbezahlten Umsatzsteueranteil, die sogenannte **Vorsteuer**, kann das Unternehmen beim Finanzamt mit der selbst eingenommenen Umsatzsteuer verrechnen.

Beispiel 12: Ein Radio- und TV-Händler verkauft einen Fernseher für 1.624,- EUR. Er hat das Gerät für 928,- EUR von einem Großhändler bezogen. Welchen Betrag muss er an das Finanzamt zahlen?

Beispiel 12			
	Bruttopreis	Nettopreis	Umsatzsteuer
Verkaufspreis	1 624,- €	1 400,- €	224,- €
Einkaufspreis	928,- €	800,- €	-128,- €
Zahllast an das Finanzamt			96,- €

Der Großhändler zahlt 128,- EUR und der Einzelhändler 96,- EUR an das Finanzamt, so erhält der Staat die vollen 224,- EUR Umsatzsteuer. Beim Weiterverkauf der Ware wird die Zahllast voll an den Endverbraucher weitergegeben, so dass sie dem Unternehmer keine Kosten verursacht.

Die **Kraftfahrzeugsteuer** und die **Mineralölsteuer** sind für den Betrieb Aufwendungen, die als Kosten in die Erfolgsrechnung eingehen und den zu versteuernden Gewinn mindern. Die Kraftfahrzeugsteuer wird für Personenkraftwagen nach dem Hubraum und für Lastkraftwagen und Anhänger nach dem zulässigen Gesamtgewicht berechnet. Die Mineralölsteuer wird auf Kraftstoffe (Benzin und Dieselkraftstoffe), Flüssiggase (Propan, Butan), Erdgas, Schmierstoffe sowie Heizöle und -gase erhoben.

2.7 Analyse und Beurteilung von Bilanz und Gewinn- und Verlustrechnung

2.7.1 Analyse und Beurteilung der Bilanz

Aus dem Jahresabschluss lassen sich wichtige Rückschlüsse auf die Vermögens-, Finanz- und Erfolgslage des Unternehmens gewinnen, wenn das Abschlussergebnis entsprechend analysiert wird. Der Vergleich mit den Jahresabschlüssen der Vorjahre liefert Informationen über die Entwicklung des eigenen Unternehmens innerhalb dieses Zeitraums. Daher spricht man von einem **Zeitvergleich**.

Der **Betriebsvergleich** dient zur Beurteilung des eigenen Unternehmens im Vergleich zu anderen Unternehmen der gleichen Branche. In Abhängigkeit davon, ob sich diese Analyse auf die veröffentlichten Jahresabschlüsse oder auf betriebsinternes Datenmaterial stützt, differenziert man zwischen interner und externer Bilanzanalyse.

Um eine entsprechende Betrachtung zu ermöglichen, müssen die Bilanzen neu geordnet werden. Auf der Vermögens- bzw. Aktivseite der Bilanz unterteilt sich das Anlagevermögen in Sach- und Finanzanlagen, das Umlaufvermögen in Vorräte, Forderungen und flüssige Mittel. Aktive Rechnungsabgrenzungsposten werden den Forderungen zugerechnet.

Auf der Kapital- bzw. Passivseite wird das Fremdkapital in langfristiges und kurzfristiges Fremdkapital, dem auch die passiven Rechnungsabgrenzungsposten zugerechnet werden, untergliedert, während das Eigenkapital als Einzelposten erhalten bleibt.

Vermögen		Bilanzstruktur		Kapital
Anlagevermögen:	Sachanlagen	Eigenkapital		
	Finanzanlagen			
Umlaufvermögen:	Vorräte			
	Forderungen	Fremdkapital:		langfristig
	flüssige Mittel			kurzfristig
Bilanzsumme	100 %	Bilanzsumme		100 %

Abb. 26: Schema der Bilanzstruktur

Um eine bessere Übersichtlichkeit zu erreichen, stellt man die Bilanzstruktur, d.h. die Vermögens- und Kapitalanteile, zusätzlich in Prozentzahlen dar. Die Bilanzsumme entspricht dabei 100 Prozent. Dadurch lässt sich die Verteilung des Gesamtvermögens bzw. des Gesamtkapitals schneller erkennen.

Eine Auswertung der Bilanzen von Unternehmen der Wirtschaftsbereiche verarbeitendes Gewerbe (VG), Baugewerbe (BG), Großhandel (GH) und Einzelhandel (EH) für das Jahr 1996 ergab folgende durchschnittliche Bilanzstruktur (die Spalte "Alle Unt." zeigt den Durchschnitt aller genannten Wirtschaftsbereiche):

Vermögen	Alle Unt.	VG	BG	GH	EH
Anlagevermögen:					
Sachanlagen	24,3 %	23,2 %	13,9 %	14,8 %	21,8 %
Finanzanlagen	11,3 %	16,0 %	2,3 %	5,9 %	4,0 %
gesamt	35,6 %	39,2 %	16,2 %	20,7 %	25,8 %
Umlaufvermögen:					
Vorräte	23,9 %	21,2 %	44,1 %	26,6 %	42,1 %
Forderungen	32,1 %	31,7 %	29,4 %	45,9 %	26,8 %
Wertpapiere	2,9 %	2,8 %	2,5 %	0,6 %	0,2 %
Zahlungsmittel	5,2 %	4,9 %	6,7 %	5,9 %	4,7 %
gesamt	64,1 %	60,6 %	82,7 %	79,0 %	73,8 %
Bilanzsumme	100 %	100 %	100 %	100 %	100 %

Kapital	Alle Unt.	VG	BG	GH	EH
Eigenkapital:					
Kapital	19,7 %	23,7 %	5,9 %	14,7 %	3,2 %
Fremdkapital:					
Rückstellungen	21,8 %	26,7 %	10,8 %	9,7 %	8,8 %
langfristige Verbindlichkeiten	14,8 %	11,7 %	11,9 %	14,5 %	18,6 %
kurzfristige Verbindlichkeiten	45,2 %	37,7 %	71,3 %	61,0 %	67,7 %
gesamt	81,8 %	76,1 %	94,0 %	85,2 %	95,1 %
Bilanzsumme	100 %	100 %	100 %	100 %	100 %

Abb. 27: Durchschnittliche Bilanzstruktur 1996[41]

Die folgenden vier Relationen geben Auskunft über die jeweiligen Kapital- oder Vermögenszusammensetzungen:
- Finanzierung: Eigenkapital zu Fremdkapital
- Vermögensaufbau: Anlagevermögen zu Umlaufvermögen
- Anlagendeckung: Eigenkapital zu Anlagevermögen
- Zahlungsfähigkeit: flüssige Mittel zu kurzfristigen Verbindlichkeiten

---

[41] Quelle: Deutsche Bundesbank: Jahresabschlüsse westdeutscher Unternehmen 1971 bis 1996, Statistische Sonderveröffentlichung 5, Frankfurt a. M. 1999, S. 23 ff.
Die Abweichungen in den Summen entstehen durch Rundungsfehler.

Aus der aufbereiteten Bilanz kann eine Beurteilung der aus ihr erkennbaren Werte (Kennzahlen) erfolgen. Die Auswertung wird hinsichtlich der vier Punkte

- Kapitalausstattung,

- Anlagenfinanzierung,

- Vermögensaufbau und

- Zahlungsbereitschaft

vorgenommen. Diese verschiedenen Gesichtspunkte ergeben ein umfassendes Bild der Unternehmenssituation und -entwicklung, daher gehen die folgenden Abschnitte näher auf diese Punkte und die Ermittlung der jeweiligen Kennzahlen ein. Die dazu angeführten Zahlenbeispiele basieren auf dem Jahresabschluss DaimlerChrysler-Konzern für das Geschäftsjahr 1998. Damit die Beispiele nachvollzogen werden können, zeigen die folgenden Abbildungen die Bilanz und die Gewinn- und Verlustrechnung:

Bilanz des DaimlerChrysler-Konzern 2000					
Aktiva			Passiva		
	2000	1999		2000	1999
Anlagevermögen			**Eigenkapital**		
- Immaterielle Vermögensgegenstände	3113	2823	- Gezeichnetes Kapital	2609	2565
			- Kapitalrücklage	7286	7329
- Sachanlagen	40145	36434	- Gewinnrücklagen	29461	23925
- Finanzanlagen	12107	3942		42409	36060
	89079	70448	**Rückstellungen**		
Umlaufvermögen			- Für Pensionen und ähnliche Verpflichtungen	16618	17821
- Vorräte	16283	14985	- Übrige Rückstellungen	19823	19874
	16283	14985		36441	37695
- Forderungen	71064	60146	**Verbindlichkeiten**		
- Sonstige Vermögensgegenstände	5378	8969	- Aus Lieferungen und Leistungen	15257	15786
- Zahlungsmittel	7127	9099	- Übrige Verbindlichkeiten	9621	10286
	99852	93199		24878	26072
Rechnungsabgrenzungsposten	7907	7214	**Rechnungsabgrenzungsposten**	4764	4510
	199274	174667		199274	174667

Abb. 28: Bilanz des DaimlerChrysler-Konzern[42]   Alle Angaben in Millionen Euro

---

[42] Vgl. Daimler-Chrysler-Konzern: Das Geschäftsjahr 2000, Stuttgart 2001, S. 68 f.

Gewinn- und Verlustrechnung des DaimlerChrysler-Konzern 2000		
Alle Angaben in Millionen Euro	2000	1999
Umsatzerlöse	**162384**	**149985**
- Umsatzkosten	(134808)	(120082)
Bruttoergebnis vom Umsatz	**27576**	**29903**
- Vertriebskosten, allgemeine Verwaltungskosten, sonstige betriebliche Aufwendungen	(17865)	(15669)
- Forschungs- und Entwicklungskosten	(6337)	(5737)
- Sonstige betriebliche Erträge	946	827
Ergebnis vor Finanzergebnis und Ertragssteuern	**4320**	**9324**
- Finanzergebnis	156	333
Ergebnis vor Ertragssteuern und Außerordentlichem Ergebnis	**4476**	**9657**
- Auswirkungen von Steuerreformen n Deutschland	(263)	(812)
- Steuerertrag vom Einkommen und vom Ertrag	(1736)	(3721)
- Steuern vom Einkommen und vom Ertrag gesamt	(1999)	(4533)
- Auf Anteile im Fremdbesitz entfallener (Gewinn) / Verlust	(12)	(18)
Ergebnis vor Außerordentlichem Ergebnis	**2465**	**5106**
- Außerordentliches Ergebnis: Verlust aus vorzeitiger Tilgung von Verbindlichkeiten, nach Steuern	-	(19)
Konzern - Jahresüberschuss	**7894**	**5746**

Abb. 29: Gewinn- und Verlustrechnung des DaimlerChrysler-Konzern

2.7.1.1 Kapitalausstattung

Bei der Kapitalausstattung eines Unternehmens geht es vor allem um die Zusammensetzung des Kapitals. Eine besondere Rolle spielt dabei das Verhältnis von Eigen- und Fremdkapital. Der **Eigenkapitalanteil** dient als eine Art Sicherheit gegenüber den Gläubigern und erfüllt damit eine Haftungs- und Garantiefunktion. Er markiert den Grad der finanziellen Unabhängigkeit eines Unternehmens. Bei der Bewertung eines Unternehmens ist seine Anlagenintensität zu berücksichtigen. Je nach Branche wird ein anderes Verhältnis des Eigenkapitals zum Gesamtkapital vorausgesetzt, um als solide bewertet zu werden. Beispielsweise benötigen Unternehmen aus dem Bergbaubereich einen erheblich größeren Maschinen- und Anlagenanteil als Handelsunternehmen. Entsprechend wird im Bergbau auch ein höherer Eigenkapitalanteil erwartet.

Analog dazu gibt der **Fremdkapitalanteil** den Grad der Verschuldung an. Ein hoher Fremdkapitalanteil bedeutet eine entsprechend begrenzte Selbständigkeit des Unternehmens. Mit zunehmendem Verschuldungsgrad wächst der Einfluss der Gläubiger. Zur Beurteilung ist weiter eine Unterscheidung zwischen lang- und kurzfristigem Fremdkapital nötig. Ein hohes kurzfristiges Fremdkapital schränkt die Liquidität des Unternehmens ein, da dieses Kapital kurzfristig rückzahlbar sein muss. Auch fällige Tilgungs- und Zinsraten müssen unabhängig von der Ertragslage jederzeit gezahlt werden können.

Um die Kapitalausstattung eines Unternehmens einzuschätzen, muss man des weiteren den Anteil der Gewinnrücklagen in Betracht ziehen. Diese werden aus einbehaltenen Gewinnen gebildet und dienen der Erhöhung des Eigenkapitals. Diesen Vorgang nennt man **Selbstfinanzierung**. Der Grad der Selbstfinanzierung lässt sich ermitteln, indem die Gewinnrücklagen zum "Gezeichneten Kapital" (Nominalkapital) ins Verhältnis gesetzt werden. Zusammenfassend ergeben sich folgende fünf Formeln zur Berechnung der Kapitalstruktur eines Unternehmens:

$$\text{Grad der finanziellen Unabhängigkeit} = \frac{\text{Eigenkapital}}{\text{Gesamtkapital}} \cdot 100$$

$$\text{Grad der Verschuldung} = \frac{\text{Fremdkapital}}{\text{Gesamtkapital}} \cdot 100$$

$$\text{Anteil des langfristigen Fremdkapitals} = \frac{\text{langfristiges Fremdkapital}}{\text{Gesamtkapital}} \cdot 100$$

$$\text{Anteil des kurzfristigen Fremdkapitals} = \frac{\text{kurzfristiges Fremdkapital}}{\text{Gesamtkapital}} \cdot 100$$

$$\text{Grad der Selbstfinanzierung} = \frac{\text{Rücklagen}}{\text{Nominalkapital}} \cdot 100$$

Beispiel 13:	2000	1999
Grad der finanziellen Unabhängigkeit	21,28 %	20,64 %
Grad der Verschuldung	53,03 %	51,85 %
Anteil des langfristigen Fremdkapitals[43]	37,81 %	31,66 %
Anteil des kurzfristigen Fremdkapitals	40,91 %	47,70 %
Grad der Selbstfinanzierung	1129,21 %	932,75 %

2.7.1.2 Anlagenfinanzierung

Die Finanzierung des Anlagevermögens nennt man **Deckung**, die Zusammensetzung der Anlagendeckung dementsprechend **Deckungsgrad**. Je nachdem, ob die Deckung dem Eigenkapital oder dem langfristigen Kapital gegenübergestellt wird, differenziert man zwischen Deckungsgrad I und Deckungsgrad II. Dabei setzt sich das langfristige Kapital aus Eigenkapital (EK) und langfristigem Fremdkapital (lgfr. FK) zusammen. Die sicherste Deckung bietet natürlich das Eigenkapital. Deshalb ist eine vollständige Finanzierung des Anlagenanteils aus Eigenkapital eine sehr gute Ausgangslage für ein Unternehmen.

In der Praxis kommt diese Deckungsart allerdings äußerst selten vor. Der Anteil des Eigenkapitals, der zur vollständigen Deckung des Anlagevermögens fehlt, darf nur mit langfristigem Fremdkapital ausgeglichen werden (goldene Bilanzregel). Daraus folgt, dass Eigenkapital und langfristiges Fremdkapital das Anlagevermögen übersteigen müssen, d.h. der Deckungsgrad II nicht kleiner als 100 Prozent sein darf. Je höher dieser Wert ausfällt, desto besser ist die finanzielle Stabilität des Unternehmens. Der Anteil, der die hundertprozentige Deckung des Anlagevermögens übersteigt, finanziert nämlich

---

[43] Die "Übrigen Rückstellungen" wurden je zur Hälfte dem langfristigen bzw. kurzfristigen Fremdkapital zugerechnet.

zusätzlich das Umlaufvermögen. Die beiden Kennzahlen der Anlagenfinanzierung, der sogenannten Investierung, lassen sich zusammenfassend wie folgt definieren:

$$\text{Deckungsgrad I} = \frac{\text{Eigenkapital} \cdot 100}{\text{Anlagevermögen}}$$

$$\text{Deckungsgrad II} = \frac{\text{langfristiges Kapital (EK + lgf. FK)} \cdot 100}{\text{Anlagevermögen}}$$

Beispiel 14:	2000	1999
Deckungsgrad I	47,61 %	51,19 %
Deckungsgrad II	132,20 %	129,67 %

2.7.1.3 Vermögensaufbau

Der Vermögensaufbau, auch **Konstitution** genannt, lässt ebenfalls eine Bewertung des Unternehmens zu. Eine Maßzahl hierfür ist das Verhältnis des Anlagevermögens zum Umlaufvermögen. Hierdurch lassen sich in Verbindung mit weiteren Kennzahlen Rückschlüsse auf die Unternehmensauslastung und -leistung ziehen. Doch wie bei der Kapitalausstattung hängt auch hier eine absolute Bewertung von der Unternehmensbranche ab. Beispielsweise liegt der Anlagenanteil in der Schwerindustrie (Bergbau, Hüttenwerke) bei durchschnittlich 60 bis 70 Prozent, dagegen in der Elektro- und Maschinenbauindustrie bei 25 bis 35 Prozent. Je größer der Anteil der Anlagen und damit des Anlagevermögens, desto höher ist auch der Anteil an langfristig gebundenem Kapital.

Ebenso sind auch die Kosten für Instandhaltung, Zinsen des investierten Kapitals und Wertverluste durch Verschleiß von der Anlagenintensität abhängig. Diese Intensität gibt Auskunft über die Anpassungsfähigkeit und Flexibilität eines Unternehmens und dient deshalb als weiterer Kennwert. Ein höherer Anlagenanteil zwingt ein Unternehmen zu einer möglichst hohen Auslastung der Anlagenkapazität, um die hohen Fixkosten abdecken zu können. Deshalb ist eine Anpassung an Konjunkturschwankungen nur schwer möglich. Umgekehrt verhält es sich bei Unternehmen mit kleiner Anlagenkapazität. Dort kann die Produktion schneller und einfacher der Marktsituation angepasst werden. Auch eine Umstellung bei den Produktarten lässt sich schneller vornehmen.

Aus dem Umlaufvermögen lassen sich ebenfalls Kennzahlen ableiten. Es setzt sich aus Vorräten, Forderungen und liquiden Mitteln zusammen. Die jeweiligen Bestände werden ins Verhältnis zum Gesamtvermögen gesetzt. Diese Relationen bilden weitere Messwerte zur Beurteilung des Unternehmens.

Die Zahlen müssen allerdings immer im Zusammenhang mit den Umsatzerlösen gesehen werden. Beispielsweise bedeutet eine Erhöhung des Forderungsbestandes bzw. der Forderungsquote bei gleichzeitiger Steigerung des Erlöses im Vergleich zum Vorjahr eine Absatzsteigerung. Das gleiche gilt auch für eine Steigerung des Anteils der liquiden Mittel am Gesamtvermögen. Ein Rückgang der Vorratsquote, also der Vorratsbestände im Verhältnis zum Gesamtvermögen, kann bei gleichzeitiger Erlössteigerung ebenfalls als Absatzsteigerung interpretiert werden. Die Angaben über die Umsatzerlöse erhält man über die Gewinn- und Verlustrechnung.

Ein weiterer Wert aus dieser Rechnung ist von wesentlicher Bedeutung: die Gesamtleistung. Setzt man die Gesamtleistung eines Unternehmens ins Verhältnis zu den Sachanlagen, erhält man die Kennzahl für die Auslastung der Anlagenkapazität, den Ausnutzungsgrad der Sachanlagen.

$$\text{Anlagenintensität} = \frac{\text{Anlagevermögen}}{\text{Gesamtvermögen}} \cdot 100$$

$$\text{Anteil des Umlaufvermögens} = \frac{\text{Umlaufvermögen}}{\text{Gesamtvermögen}} \cdot 100$$

$$\text{Ausnutzungsgrad der Sachanlagen} = \frac{\text{Gesamtleistung}}{\text{Sachanlagen}}$$

$$\text{Vorratsquote} = \frac{\text{Vorräte}}{\text{Gesamtvermögen}} \cdot 100$$

$$\text{Forderungsquote} = \frac{\text{Forderungen}}{\text{Gesamtvermögen}} \cdot 100$$

$$\text{Anteil der liquiden Mittel} = \frac{\text{liquide Mittel}}{\text{Gesamtvermögen}} \cdot 100$$

Beispiel 15:	2000	1999
Anlagenintensität	44,70 %	40,33 %
Anteil des Umlaufvermögens	50,11 %	53,36 %
Ausnutzungsgrad der Sachanlagen	0,98	0,86
Vorratsquote	8,17 %	8,58 %
Forderungsquote	35,66 %	34,43 %
Anteil der liquiden Mittel	3,58 %	5,21 %

2.7.1.4 Zahlungskapazität

Die Zahlungsfähigkeit eines Unternehmens hängt davon ab, inwieweit flüssige Mittel zur Deckung der fälligen kurzfristigen Verbindlichkeiten zur Verfügung stehen. Dieser Sachverhalt wird auch als **Liquidität** bezeichnet. Reichen die liquiden Mittel (Kasse, Bankguthaben, börsenfähige Wertpapiere des Umlaufvermögens) nicht mehr zur Zahlung dieser Verbindlichkeiten aus, liegt also eine **Illiquidität** vor, ist der Konkurs des Unternehmens nur noch schwer zu verhindern. Das Problem bei der Beurteilung der Liquidität hängt mit dem besonderen Stichtagscharakter der Bilanz zusammen, die das Zahlenmaterial nur für den Zeitpunkt des Bilanzstichtags erfasst. Die kurzfristigen Verbindlichkeiten und die zur Verfügung stehenden liquiden Mittel können sich jedoch sehr schnell verändern. Nähere Informationen über die Fälligkeiten der Verbindlichkeiten und Forderungen, Kreditzusagen der Banken oder die Art und Höhe fortlaufender Aufwendungen wie Personalkosten, Mieten, Steuern und Zinsen fehlen ganz. Aus diesem

Grund besitzt das Datenmaterial einer Bilanz nur sehr begrenzten Aussagewert für die Zahlungskapazität eines Unternehmens. Allenfalls können grundsätzliche Aussagen zur Liquiditätspolitik eines Unternehmens gemacht werden, wenn man die Analysen mehrerer Bilanzstichtage vergleicht.

Betriebsintern stehen die fehlenden Daten allerdings zur Verfügung. Auf dieser Grundlage kann eine kurzfristige und damit dynamische Bewertung der Zahlungskapazität des eigenen Unternehmens vorgenommen werden. Die Liquiditätsanalyse fällt deshalb eher in den Bereich der Kosten- und Leistungsrechnung. Als Bewertungsmesszahlen dienen drei Liquiditätsstufen. Die Liquidität I, auch **Barliquidität** genannt, setzt die flüssigen Mittel ins Verhältnis zum kurzfristigen Fremdkapital. Bei der Liquidität zweiten Grades, der Liquidität II, werden zu den flüssigen Mitteln die Forderungen addiert, bevor sie in Relation zum kurzfristigen Fremdkapital gesetzt werden. Da die ausstehenden Geldmittel erst eingezogen werden müssten, will man mit ihnen operieren, nennt man diese Liquiditätsstufe auch **einzugsbedingte Liquidität**. Die **umsatzbedingte Liquidität**, die Liquidität III, beinhaltet das gesamte Umlaufvermögen, das dem kurzfristigen Fremdkapital gegenübersteht. In der Praxis sollte für die Liquidität II eine mindestens 100prozentige Deckung vorhanden sein. Eine Faustregel empfiehlt für die Liquidität dritten Grades eine zweifache Deckung, also 200 Prozent. In der Zusammenfassung lassen sich die folgenden Liquiditätskennzahlen festhalten:

$$\text{Liquidität I} = \frac{\text{flüssige Mittel}}{\text{kurzfristiges Fremdkapital}} \cdot 100$$

$$\text{Liquidität II} = \frac{(\text{flüssige Mittel} + \text{Forderungen})}{\text{kurzfristiges Fremdkapital}} \cdot 100$$

$$\text{Liquidität III} = \frac{\text{Umlaufvermögen}}{\text{kurzfristiges Fremdkapital}} \cdot 100$$

Beispiel 16:	2000	1999
Liquidität I	8,74 %	10,92 %
Liquidität II	95,92 %	83,11 %
Liquidität III	122,49 %	111,86 %

2.7.2 Analyse und Beurteilung der Erfolgsrechnung

Als Grundlage zur wirtschaftlichen Beurteilung eines Unternehmens reichen die Bilanzen alleine nicht aus. Nur die Höhe des Erfolges, bzw. des Gewinnes, lässt keinen zuverlässigen Schluss auf die Wirtschaftlichkeit des Betriebsprozesses und die Rentabilität des Kapitaleinsatzes zu. Daher muss auch das Zustandekommen des Erfolges analysiert und beurteilt werden. Ausgangspunkt hierfür ist die Gewinn- und Verlustrechnung, die näher Auskunft über die Quellen des Erfolges gibt. Zunächst wird die Erfolgsrechnung, die ursprünglich in T-Konten-Form erstellt wurde, in eine Staffelform gebracht. Ausgehend vom Umsatzerlös schreibt man alle Positionen bis hin zum Bilanzgewinn untereinander.

Dabei werden für die Beurteilung wichtige Zwischenergebnisse zusammengefasst und herausgestellt. Zu diesen Posten gehören:

- Die **Gesamtleistung**: Sie ergibt sich aus Umsatz, Überschuss und Beständeerhöhung (z.B. durch unverkaufte Erzeugnisse)
- Das **Ergebnis der gewöhnlichen Geschäftstätigkeit**: Das ist die Summe aller Ergebnisse, die aus der eigentlichen Geschäftstätigkeit resultieren.
- **Außerordentliche Ergebnisse**: Das sind die Erträge oder Aufwendungen aus anderen Geschäften, z.B. aus Wertpapieren oder Zinsen.
- Der **Jahresüberschuss**: Das ist die Differenz aus Vermögen und Schulden.
- Der **Bilanzgewinn**: Das ist der Jahresüberschuss, der in der Bilanz als Gewinn ausgewiesen wird, abzüglich der Gewinnrücklagen.

Die Gewinn- und Verlustrechnung kann in folgende Staffelform gebracht werden (siehe Abschnitt "Gewinn- und Verlustrechnung"):

Erfolgsrechnung
Umsatzerlöse
+ Bestandserhöhung
= **Gesamtleistung**
+ sonstige Erträge
− Materialaufwand
− Personalaufwand
− Abschreibungen
− sonstige Aufwendungen
+ Zinserträge
− Zinsaufwendungen
= **Ergebnis der gewöhnl. Geschäftstätigkeit**
+ ao. Erträge
− ao. Aufwendungen
− Steuern
= **Jahresüberschuss / -fehlbetrag**
− Gewinnrücklagen
= **Bilanzgewinn**

Abb. 30: Staffelform der Erfolgsrechnung

Aus dieser aufbereiteten G+V-Rechnung lassen sich sogenannte Umschlagskennzahlen der Roh-, Hilfs- und Betriebsstoffe, der Forderungen und des Kapitals herleiten, außerdem sogenannte Rentabilitätskennziffern für das Eigenkapital und das Gesamtkapital. Um Zufallsschwankungen abzufangen, errechnet man diese Kennzahlen über den jeweiligen Durchschnittsbestand, d.h. aus dem Mittelwert von Anfangs- und Endbestand eines Geschäftsjahres.

$$\text{Durchschnittsbestand} = \frac{\text{Anfangsbestand} + \text{Schlussbestand}}{2}$$

2.7.2.1 Umschlagskennzahlen

Mithilfe der Umsatzkennzahlen ist eine Beurteilung, aber auch Kontrolle, der Wirtschaftlichkeit des Betriebes möglich. Es werden die Kosten den Leistungen gegenübergestellt. Dazu setzt man den Materialeinsatz ins Verhältnis zum durchschnittlichen Bestand einer Position. Der **Lagerumschlag der Stoffbestände** wird demnach wie folgt errechnet:

$$\text{Lagerumschlagshäufigkeit} = \frac{\text{Materialeinsatz}}{\text{Lagerbestand an Stoffen}}$$

Dieses Ergebnis bringt zum Ausdruck, wie oft der Bestand im Jahr ausgetauscht wird. Umgerechnet auf das Bilanzjahr ergibt sich folgende durchschnittliche Lagerdauer in Tagen (setzt man für das Bilanzjahr 360 Tage an):

$$\text{Durchschnittliche Lagerdauer} = \frac{360}{\text{Lagerumschlagshäufigkeit}}$$

Eine höhere Umschlagszahl trägt zu einem geringeren Kapitaleinsatz bei, da in kürzeren Abständen Kapital wieder zurückfließt. Durch eine kürzere Verweilzeit der Bestände im Unternehmen ergeben sich auch niedrigere Lagerhaltungskosten, z.B. durch Zinsen, Schwund und Verwaltung. Analog dazu wird auch der **Umschlag der Forderungen** errechnet. Der Materialeinsatz entspricht hier dem Umsatz.

$$\text{Umsatzhäufigkeit} = \frac{\text{Umsatzerlöse}}{\text{Forderungsbestand}}$$

Die Laufzeit der Forderungen entspricht der vom Kunden im Durchschnitt in Anspruch genommenen Kreditdauer. Umgerechnet auf das Jahr ergibt sich folgende Laufzeit:

$$\text{Durchschnittliche Kreditdauer} = \frac{360}{\text{Umschlagshäufigkeit der Forderungen}}$$

Je höher die Umschlagshäufigkeit, d.h. je geringer die Kreditdauer, desto größer ist die eigene Liquidität und desto geringer fällt die Zinsbelastung aus. Daraus resultiert ebenfalls eine höhere Wirtschaftlichkeit und Rentabilität.

Beim **Kapitalumschlag** wird der Umsatzerlös einmal zum Eigenkapital, zum anderen zum Gesamtkapital ins Verhältnis gesetzt.

$$\text{Umschlagshäufigkeit des Eigenkapitals} = \frac{\text{Umsatzerlöse}}{\text{Eigenkapital}}$$

$$\text{Umschlagshäufigkeit des Gesamtkapitals} = \frac{\text{Umsatzerlöse}}{\text{Gesamtkapital}}$$

$$\text{Durchschnittliche Kapitalumschlagsdauer} = \frac{360}{\text{Kapitalumschlagshäufigkeit}}$$

Die Kapitalumschlagshäufigkeit ist ein Maß dafür, wie oft das eingesetzte Kapital im Form von Erlösen zurückgeflossen ist. Je höher die Kapitalumschlagshäufigkeit ist, desto schneller fließt das Kapital ins Unternehmen zurück. Ein hoher Kapitalumschlag bedingt einen geringeren Kapitaleinsatz und damit eine höhere Rentabilität, zudem eine günstigere Liquidität des Unternehmens.

Beispiel 17:	2000
Lagerumschlagshäufigkeit	11,17
Durchschnittliche Lagerdauer (Tage)	32,23
Umsatzhäufigkeit	2,64
Durchschnittliche Kreditdauer (Tage)	136,36
Umschlagshäufigkeit des Eigenkapitals	30,83
Umschlagshäufigkeit des Gesamtkapitals	0,81
Durchschnittliche Kapitalumschlagsdauer des Eigenkapitals (Tage)	84,91
Durchschnittliche Kapitalumschlagsdauer des Gesamtkapitals (Tage)	371,13

2.7.2.2 Rentabilitätskennzahlen

Der Gewinn allein gibt noch keine Auskunft darüber, wie effektiv mit dem zur Verfügung gestandenen Kapital gearbeitet wurde. Erst der Jahresgewinn in Bezug auf das durchschnittlich eingesetzte Kapital oder der durchschnittliche Umsatz lassen eine Beurteilung der Ertragskraft eines Unternehmens zu. Dabei wird unterschieden in:

- Rentabilität des Eigenkapitals
- Rentabilität des Gesamtkapitals
- Umsatzrentabilität

Um die Ergebnisse verschiedener Erfolgsrechnungen miteinander vergleichen zu können, muss der Jahresgewinn um die außerordentlichen Aufwendungen und Erträge bereinigt werden. Damit sind außerordentliche Aufwendungen und Erträge gemeint, die außerhalb der gewöhnlichen Geschäftstätigkeit die Bilanz beeinflusst haben.

> Jahresgewinn
> + ao. Aufwendungen
> − ao. Erträge
> = bereinigter Jahresgewinn

Wenn Einzelunternehmen und Personengesellschaften mit Kapitalgesellschaften verglichen werden sollen, muss der Jahresgewinn bei den ersten beiden Unternehmensformen um den Unternehmerlohn gekürzt werden. Bei Kapitalgesellschaften ist es dagegen nicht erforderlich, die Gehälter der Gesellschafter abzuziehen, da diese als Aufwand in der Bilanz bereits berücksichtigt worden sind.

- Rentabilität des Eigenkapitals

  Bei der Rentabilität des Eigenkapitals wird das Verhältnis von (bereinigtem) Jahresgewinn zum durchschnittlichen Eigenkapital gebildet. Das durchschnittliche Eigenkapital ergibt sich, ähnlich wie bei Umschlagskennzahlen, aus dem Mittelwert von Anfangs- und Schlussbestand, um zufällige Schwankungen auszugleichen.

$$\text{Eigenkapital-Rentabilität} = \frac{\text{Jahresgewinn} \cdot 100\%}{\text{Eigenkapital}}$$

  Das Ergebnis dieser Rechnung nennt man auch Unternehmer-Rentabilität, da das Eigenkapital das Kapital der Unternehmer repräsentiert. Diese Kennzahl interessiert den Unternehmer deshalb in besonderem Maße.

- Rentabilität des Gesamtkapitals

  Die Rentabilität des Gesamtkapitals wird auch Unternehmungs-Rentabilität genannt, da sich das Unternehmen auf das gesamte Kapital stützt. Hier wird der bereinigte Jahresgewinn zuzüglich der Zinsen für das Fremdkapital durch das Gesamtkapital geteilt. Die Zinsen müssen deshalb berücksichtigt werden, da auch sie zusätzlich zum Gewinn erwirtschaftet worden sind.

$$\text{Gesamtkapital-Rentabilität} = \frac{(\text{Jahresgewinn} + \text{Zinsen}) \cdot 100\%}{\text{Gesamtkapital}}$$

Über diese Rentabilitäts-Kennziffer lässt sich beurteilen, ob es sich lohnt, zusätzliches Fremdkapital aufzunehmen, um den Gewinn zu steigern. Dabei wird die gleiche Gesamtkapital-Rentabilität nur für ein entsprechend höheres Gesamtkapital vorausgesetzt. Wenn nun der Fremdkapitalzins unterhalb der Gesamtkapital-Rentabilität liegt, steigert sich die Rentabilität für das Eigenkapital. Der zusätzliche Gewinn, der durch die Zinsdifferenz entstanden ist, erhöht den im Zähler stehenden Jahresgewinn, während der Wert im Nenner, also das Eigenkapital, konstant bleibt. Man bezeichnet diesen Effekt auch als Hebelwirkung (leverage-effect).

- Umsatzrentabilität

Die Umsatzrentabilität dient zur Berechnung der Umsatzverdienstrate, d.h. wieviel Prozent des Jahresumsatzes als Gewinn verzeichnet werden konnten.

$$\text{Umsatzrentabilität} = \frac{\text{Jahresgewinn} \cdot 100\%}{\text{Umsatzerlös}}$$

Beispiel 18:[44]	2000
Eigenkapital-Rentabilität	15,52 %
Gesamtkapital-Rentabilität	3,54 %
Umsatz-Rentabilität	3,66 %

2.7.2.3 Cash-Flow-Analyse

Einen weiteren interessanten Kennwert bildet der Cash-flow. Er gibt an, welche selbsterwirtschafteten Mittel dem Unternehmer frei zur Verfügung stehen, z.B. zur Finanzierung von Investitionen, Schuldentilgung oder Dividendenauszahlung. Der Kennwert der Cash-Flow-Analyse setzt sich zusammen aus dem Jahresüberschuss, den Abschreibungen auf Anlagen und den Rückstellungen.

Die Abschreibungen fließen über die Erlöse in das Unternehmen zurück und sind deshalb frei verwendbar. Pensionsrückstellungen stellen zwar juristisch gesehen Fremdkapital dar, tatsächlich aber stehen diese Gelder langfristig und zinslos zur Verfügung und können daher wirtschaftlich genutzt werden.

	Jahresüberschuss
+	Abschreibungen auf Anlagen
-	Zuschreibungen
+/.	Veränderungen der Rückstellungen
Cash-Flow	

Über die Höhe und die zeitliche Entwicklung des Cash-Flow können die Ertragskraft, Selbstfinanzierungskraft, Kreditwürdigkeit und die Expansionsfähigkeit realistisch beurteilt werden. Der Cash-Flow hat deshalb einen höheren Aussagewert als die Rentabilitätskennzahlen, die nur auf dem Jahresgewinn basieren. Aufschlussreich kann es beispielsweise sein, ihn ins Verhältnis zum Umsatzerlös oder zum Nominal-, Eigen-, Fremd- oder Gesamtkapital zu setzen. Diese Verhältniswerte geben den frei verfügbaren Anteil des mit dem Cash-Flow in Beziehung gesetzten Erlöses oder Kapitals an.

---

[44] Im Beispiel ist der bereinigte Jahresgewinn = Überschuss der gewöhnlichen Geschäftstätigkeit nach Steuern.

2.8 Exkurs: Die Buchführung

In diesem Exkurs wird die eigentliche Buchführung etwas näher beleuchtet. Dabei sollen die Buchungszusammenhänge der einzelnen Konten, wie Bestands- und Erfolgskonten, sowie deren Unterkonten verdeutlicht werden. Gleichzeitig werden die Auswirkungen der Buchungen auf die Jahresbilanz und die Gewinn- und Verlustrechnung dargestellt.

2.8.1 Das Gleichgewicht in der Bilanz

Das Wort "Bilanz" kommt aus dem Italienischen und heißt "Waage". Die Bilanz stellt eine Waage dar, bei der die Aktiv-Seite immer gleich der Passiv-Seite sein muss. Jeder Geschäftsvorfall im Unternehmen verändert die Bilanz deshalb an zwei Positionen, damit das Gleichgewicht erhalten bleibt. Abhängig von den Bilanz-Positionen, in denen sich etwas verändert, werden die Geschäftsvorfälle mit vier verschiedenen Begriffen benannt.[45]

- **Aktivtausch:** Veränderung zweier Positionen auf der Aktiv-Seite, die Bilanzsumme bleibt unverändert.
- **Passivtausch:** Veränderung zweier Positionen auf der Passiv-Seite, auch hier ändert sich die Bilanzsumme nicht.
- **Aktiv-Passivmehrung:** Erhöhung je einer Position auf der Aktiv- und Passiv-Seite, die Bilanzsummen nehmen auf beiden Seiten um den gleichen Betrag zu.
- **Aktiv-Passivminderung:** Verminderung je einer Position auf der Aktiv- und Passiv-Seite, die Bilanzsummen nehmen auf beiden Seiten um den gleichen Betrag ab.

Bei jeder dieser vier Möglichkeiten der Wertveränderung bleibt das Gleichgewicht von Aktiv- und Passivseite erhalten, es verändern sich lediglich die Wertbeträge der angesprochenen Positionen. Wie das Gleichgewicht in der Bilanz bei den oben genannten möglichen Wertveränderungen erhalten wird, verdeutlichen die Geschäftsvorfälle 1) bis 4) im folgenden Beispiel:

① Aktivtausch:	Es werden Rohstoffe für 5000,- EUR gegen Barzahlung aus der Kasse gekauft. Beide Positionen befinden sich auf der **Aktiv**-Seite.
② Passivtausch:	Bestehende Schulden bei einem Lieferanten von 4000,- EUR werden mit einem Darlehen bezahlt. Beide Positionen befinden sich auf der **Passiv**-Seite.
③ Aktiv-Passivmehrung:	Es werden Rohstoffe für 3000,- EUR diesmal auf Kredit bzw. Ziel gekauft. Je eine Position sowohl auf der Aktiv- als auch auf der Passiv-Seite **erhöhen** sich.
④ Aktiv-Passivminderung:	Eine offene Rechnung von 4000,- EUR eines Lieferanten wird bar aus der Kasse bezahlt. Je eine Position auf der Aktiv- als auch auf der Passiv-Seite **vermindern** sich.

---

[45] Vgl. Gabele, E.: Buchführung, a.a.O., S. 66 ff.

In der Bilanz sind aufgrund dieser Geschäftsvorfälle nachfolgende Veränderungen auf den entsprechenden Positionen zu erkennen:

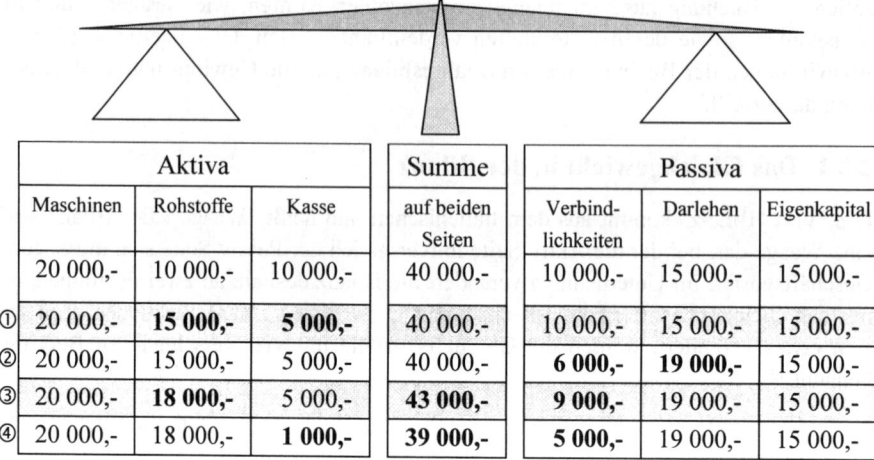

	Aktiva			Summe	Passiva		
	Maschinen	Rohstoffe	Kasse	auf beiden Seiten	Verbindlichkeiten	Darlehen	Eigenkapital
	20 000,-	10 000,-	10 000,-	40 000,-	10 000,-	15 000,-	15 000,-
①	20 000,-	**15 000,-**	**5 000,-**	40 000,-	10 000,-	15 000,-	15 000,-
②	20 000,-	15 000,-	5 000,-	40 000,-	**6 000,-**	**19 000,-**	15 000,-
③	20 000,-	**18 000,-**	5 000,-	**43 000,-**	**9 000,-**	19 000,-	15 000,-
④	20 000,-	18 000,-	**1 000,-**	**39 000,-**	**5 000,-**	19 000,-	15 000,-

Abb. 31: Darstellung der Bilanz im Waagemodell

2.8.2 Die Auflösung der Bilanz in Konten

Will man eine vollständige Übersicht aller einzelnen Geschäftsvorfälle erhalten, ohne jedesmal eine neue Bilanz erstellen zu müssen, so geht das nur über die Auflösung der Bilanz in **Bestandskonten**.[46] Dies sind Konten,[47] die jeweils einer Bilanzposition entsprechen. Beispielsweise erhält die Position Maschinen das Bestandskonto "Maschinen". Bestandskonten nennt man diese Konten deshalb, weil jeder Geschäftsvorfall eine Bestandsveränderung entweder des Vermögens oder des Kapitals zur Folge hat. Je nachdem, auf welcher Seite die Position in der Bilanz zu finden ist, unterscheidet man in Aktiv- und Passivkonten. Auch diese Konten werden in T-Kontenform geführt. Dabei bezeichnet man die linke Seite mit "Soll" (S) und die rechte mit "Haben" (H).

Um eine fortlaufende Buchführung über die Geschäftsvorfälle zu erhalten, wird zunächst eine Eröffnungsbilanz zu Beginn des Geschäftsjahres benötigt. Alle folgenden Geschäftsvorfälle werden über Konten verbucht. Am Ende des Geschäftsjahres erfolgt dann eine Schlussbilanz. Auf den Konten wird jeweils nach der Eröffnungsbilanz der Anfangsbestand der Position notiert. Dabei befindet sich der Anfangsbestand der Aktivkonten, also der Konten, die das Vermögen des Unternehmens darstellen, auf der linken Seite. Bei den Passivkonten, die das Kapital widerspiegeln, wird entsprechend umgekehrt verfahren, d.h. der Anfangsbestand steht auf der rechten Seite. Zur Unterscheidung wird die linke Seite der Konten "Soll" und die rechte "Haben" genannt.

Bei Änderungen der Bestände werden Mehrungen auf der Seite festgehalten, auf der auch der Anfangsbestand erfasst ist, Minderungen auf der gegenüberliegenden Seite. Nach Ablauf des Geschäftszeitraumes wird auf allen Bestandskonten der Schlussbestand (SB) festgestellt. Dies geschieht, indem Anfangsbestand und Mehrungen addiert

---

[46] Vgl. Gabele, E.: Buchführung, a.a.O., S. 68 ff.
[47] Aus dem Italienischen (conto = Rechnung).

werden, und anschließend die Differenz zu den Minderungen berechnet wird. Die Differenz wird als Schlussbestand auf der Seite, auf der die Minderungen stehen, notiert. Damit ist die Summe beider Kontenhälften identisch und damit "in der Waage".

S	Aktivkonto	H		S	Passivkonto	H
Anfangsbestand	Minderungen			Minderungen	Anfangsbestand	
Mehrungen	Schlussbestand			Schlussbestand	Mehrungen	

Abb. 32: Schema der aktiven und passiven Bestandskonten

Die Schlussbestände aller Bestandskonten werden in die Schlussbilanz übertragen.[48] Im folgenden Beispiel wird das Verfahren für die Geschäftsfälle aus Abschnitt 2.8.1 gezeigt:

Aktiva	Eröffnungsbilanz		Passiva
Maschinen	20 000,-	Eigenkapital	15 000,-
Rohstoffe	10 000,-	Darlehen	15 000,-
Kasse	10 000,-	Verbindlichkeiten	10 000,-
	40 000,-		40 000,-

Folgende Buchungen auf den Bestandskonten werden vorgenommen:

S	Maschinen	H		S	Eigenkapital	H
AB	20 000,-	SB	20 000,-	SB	15 000,-	AB	15 000,-

S	Rohstoffe	H		S	Darlehen	H
AB	10 000,-	SB	18 000,-	SB	19 000,-	AB	15 000,-
① Kasse	5 000,-					② Verbindl.	4 000,-
③ Verbindl.	3 000,-				19 000,-		19 000,-
	18 000,-		18 000,-				

S	Kasse	H		S	Verbindlichkeiten	H
AB	10 000,-	SB	1 000,-	SB	5 000,-	AB	10 000,-
		① Rohstoffe	5 000,-	④ Kasse	4 000,-	③ Rohstoffe	3 000,-
		④ Verbindl.	4 000,-	② Darlehen	4 000,-		
	10 000,-		10 000,-		13 000,-		13 000,-

Aus den Schlussbeständen (SB) folgt nun die Schlussbilanz:

Aktiva	Schlussbilanz		Passiva
Maschinen	20 000,-	Eigenkapital	15 000,-
Rohstoffe	18 000,-	Darlehen	19 000,-
Kasse	1 000,-	Verbindlichkeiten	5 000,-
	39 000,-		39 000,-

---

[48] Vgl. Eisele, W.: Technik des betrieblichen Rechnungswesens, a.a.O., S. 47 f.

2.8.3 Die doppelte Buchführung

Bei jedem Buchungsvorfall sind zwei Konten betroffen, das Konto und das Gegenkonto. Es gilt also der Grundsatz der doppelten Buchführung, auch **Doppik** genannt.[49] Die Geschäftsvorfälle werden aber nicht nur auf den Konten erfasst, sondern auch in das **Grundbuch** eingetragen, und zwar in chronologischer Ordnung. Man bezeichnet das Grundbuch auch als Journal oder Tagebuch. Die Konten werden demgegenüber im **Hauptbuch** geführt. Hier werden die Buchungen in sachlicher Ordnung festgehalten. Die Buchung ins Grundbuch geschieht in Form von Buchungssätzen.[50]

Wie das vorhergehende Beispiel gezeigt hat, ergeben sich bei jedem Geschäftsvorfall Änderungen sowohl auf der Haben-Seite als auch auf der Soll-Seite zweier verschiedener Konten. Deshalb müssen beim Buchungssatz beide Veränderungen wiedergegeben werden. Dabei wird zuerst der Buchungstext eingesetzt, dann die Soll- und Habenbuchung wertmäßig notiert. Hier gilt der Grundsatz **"Soll an Haben"**, d.h. an erster Stelle steht immer die Soll-Position. Aus den vier Geschäftsvorfällen unseres Waagemodell-Beispiels könnten sich folgende vier Buchungssätze ergeben:

Grundbuch		
Dezember ..01		Seite ..
	Soll	Haben
Rohstoffe an Kasse Barkauf von Rohstoffen von Fa. AB laut Beleg Nr. 86	5 000,- EUR	5 000,- EUR
Verbindlichkeiten an Darlehen Bezahlung einer Lieferrechnung der Fa. XY über Darlehen laut Beleg Nr. 83	4 000,- EUR	4 000,- EUR
Rohstoffe an Verbindlichkeiten Zielkauf von Rohstoffen von Fa. AB laut Beleg Nr. 84	3 000,- EUR	3 000,- EUR
Verbindlichkeiten an Kasse Barzahlung der Lieferrechn. von Fa. XY laut Beleg Nr. 85	2 000,- EUR	2 000,- EUR

Abb. 33: Darstellung eines Grundbuches (zeitliche Ordnung)

Jede Buchung muss über Belege nachweisbar sein, es gilt das **Belegprinzip**. Deshalb wird bei der Buchung ins Grundbuch gleichzeitig ein Verweis auf den entsprechenden Beleg gegeben. Es ist dabei zu beachten, dass die Buchungsreihenfolge in das Grundbuch nichts mit der Richtung des "Geldflusses" zu tun hat, d.h. von wo nach wo der Geldbetrag überwechselt, sondern es wird immer zuerst die Sollbuchung genannt.

---

[49] Vgl. Eilenberger, G.: Betriebliches Rechnungswesen, a.a.O., S. 30 f.
[50] Vgl. Gabele, E.: Buchführung, a.a.O., S. 35 ff.

Die Belege müssen laufend numeriert und geordnet aufbewahrt werden (§ 257 HGB, § 147 AO). Auf den Belegen erfolgt üblicherweise eine Vorkontierung, indem man mit Hilfe eines Kontierungsstempels den Buchungssatz und als Buchungsvermerk die zugehörige Seite des Grundbuches sowie das Namenskürzel des Buchhalters angibt. Die folgende Abbildung zeigt ein Beispiel für einen vorkontierten Beleg:

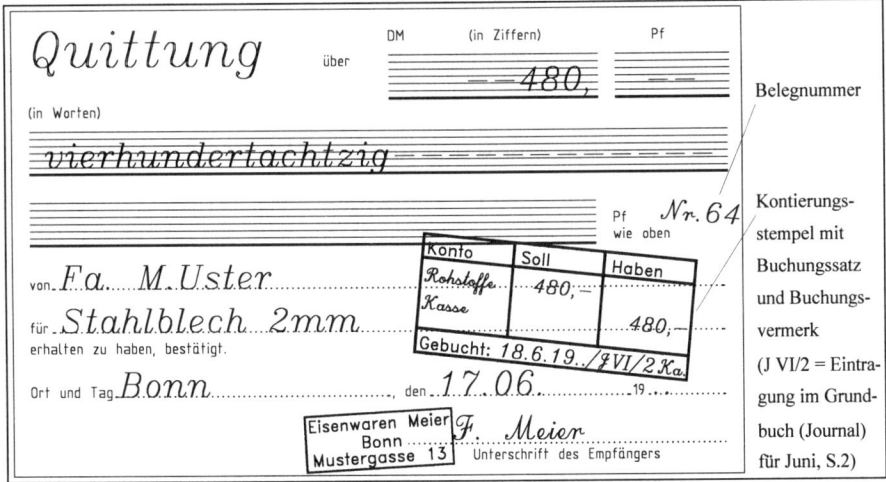

Abb. 34: Beispiel für einen Beleg[51]

2.8.4 Erfolgskonten

Bei den Bestandskonten werden lediglich Veränderungen der Bestände aufgezeichnet. Will man nun aber Aussagen über den Erfolg eines Unternehmens erhalten, so sind Informationen über die Vorgänge von Bedeutung, die erfolgswirksam sind und das Eigenkapital des Unternehmens beeinflussen. Dies sind Vorgänge, die vor allem Produktion und Absatz der Produkte betreffen, da sie direkt das Eigenkapital über Aufwendungen und Erträge verändern. Aufwendungen, wie Rohstoffaufwendungen, Löhne und Gehälter oder Abnutzung der Maschinen, führen zu einer Verminderung des Eigenkapitals. Dagegen bewirken Erträge z.B. aus dem Verkauf von Fertigprodukten eine Erhöhung des Eigenkapitals. Das Ziel eines Unternehmens ist es, möglichst höhere Erträge als Aufwendungen zu erreichen. Je größer die positive Differenz zwischen Ertrag und Aufwand ist, desto größer ist der Erfolg. Die Geschäftsvorfälle, die Aufwand und Ertrag beeinflussen, werden deshalb auf sogenannten **Erfolgskonten** gebucht.

Man unterscheidet hierbei zwischen **Aufwands-** und **Ertragskonten**. Diese Konten stellen also **Unterkonten** des Kontos "Eigenkapital" dar. Sie dienen einer besseren Strukturierung, denn würde man alle Buchungen direkt in das Konto "Eigenkapital" eintragen, wäre das viel zu unübersichtlich. Mit Hilfe der Unterkonten sind die Ursachen des Erfolges unmittelbar zu erkennen. Aus den Bestandskonten, z.B. für Rohstoffe, Hilfsstoffe und Betriebsstoffe, werden Aufwandskonten für die Rohstoffaufwendungen, Hilfsstoffaufwendungen und Betriebsstoffaufwendungen abgeleitet, weil sich jeder Ma-

---

51 Aus didaktischen Gründen wird die Umsatzsteuer hier nicht berücksichtigt.

terialverbrauch letztlich auf das Eigenkapital auswirkt. Da der Aufwand eine Minderung des Eigenkapitals darstellt und damit die Soll-Seite des Kontos "Eigenkapital" betrifft, wird auf Aufwandskonten der Aufwand immer auf der Soll-Seite gebucht. Analog dazu betreffen Erträge die Haben-Seite und werden auch immer auf die Haben-Seite des Ertragskontos (z.B. "Umsatzerlöse") notiert. Damit auch bei diesen Konten das Gleichgewicht erhalten bleibt, wird auf der Gegenseite der Differenzbetrag in die oberste Zeile geschrieben. Dieser Betrag wird auf ein sogenanntes Gegenkonto, das **Gewinn- und Verlustkonto**, gegengebucht. Alle Aufwands- und Ertragskonten werden also über das Konto "Gewinn und Verlust" abgeschlossen.

2.8.5 Auflösung der Erfolgskonten in das Gewinn- und Verlustkonto

Das Konto "Gewinn- und Verlust", auch "G+V-Konto" abgekürzt, stellt auf der Soll-Seite alle Aufwendungen und entsprechend auf der Haben-Seite alle Erträge des Unternehmens dar. Die Differenz zwischen der Soll- und Haben-Seite weist den Erfolg des Betriebes aus. Steht die Differenz auf der Soll-Seite des Kontos, entspricht dies dem Gewinn des Unternehmens, die Erträge waren in diesem Fall größer als die Aufwendungen. Ein Differenzbetrag auf der Haben-Seite bedeutet dagegen einen Verlust für das Unternehmen:

S	G+V-Konto	H		S	G+V-Konto	H
Aufwendungen		Erträge		Aufwendungen		Erträge
Gewinn						Verlust

Abb. 35: Schema der Gewinn- und Verlustbuchung im G+V-Konto

Da die Erfolgskonten Unterkonten des Eigenkapitalkontos darstellen und das Gewinn- und Verlustkonto wiederum aus den Erfolgskonten resultiert, muss sich das Ergebnis der Gewinn- und Verlustrechnung, der Erfolg, im Konto "Eigenkapital" widerspiegeln. Mit anderen Worten, der Gewinn oder Verlust des Unternehmens wird auf das Eigenkapitalkonto gegengebucht, und zwar auf der entgegengesetzten Seite im Vergleich zum G+V-Konto. Damit ist auch das G+V-Konto ein Unterkonto des Eigenkapitalkontos. Der Gewinn erhöht unmittelbar das Eigenkapital, ein Verlust vermindert es; daher wird der Gewinn auf die Haben-Seite und der Verlust auf die Soll-Seite des Eigenkapitalkontos übertragen:

S	Eigenkapital	H		S	Eigenkapital	H
Schlusskapital		Anfangskapital		Verlust		Anfangskapital
		Gewinn		Schlusskapital		

Abb. 36: Schema der G+V-Buchung im Eigenkapitalkonto

Beispiel 19: Ein Einzelhändler hatte im Laufe des Jahres einen Aufwand für Waren in Höhe von 34 000,- EUR und musste für sein Ladenlokal eine Jahresmiete von 14 400,- EUR zahlen. An Umsatzerlösen verbuchte er 68 000,- EUR; der Anfangsbestand an Eigenkapital betrug 37 500,- EUR. Das Eigenkapital-Konto (EK) wird im Schlussbilanz-Konto (SB) gegengebucht. Daraus lassen sich die folgenden Buchungen ableiten:

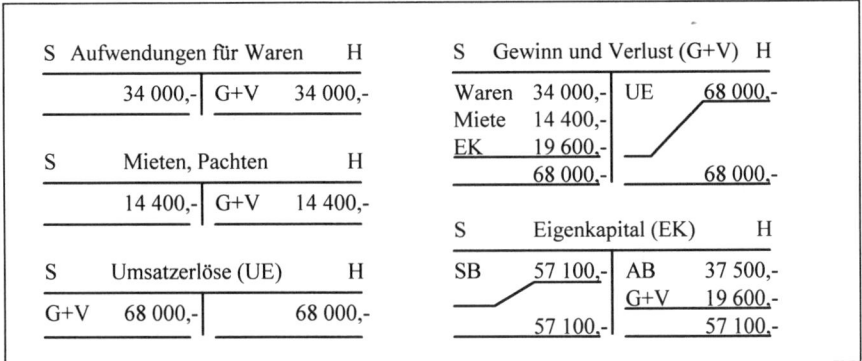

2.8.6 Die Bestandsveränderungen

Die Gewinn- und Verlustrechnung wird etwas komplexer, wenn nun noch die Bestandsveränderungen an fertigen und unfertigen Erzeugnissen berücksichtigt werden. In der Praxis ist nicht davon auszugehen, dass alle in einem Geschäftsjahr gefertigten Produkte auch im gleichen Zeitraum wieder vollständig abgesetzt werden. Es ist eher so, dass sowohl fertige als auch unfertige Erzeugnisse jeweils zu Beginn und am Ende eines Geschäftszeitraumes im Lager vorhanden sind. Dabei stimmen die Anfangsbestände kaum mit den Schlussbeständen überein. Man kann also nicht nur einfach die Herstellungsaufwendungen den Umsatzerlösen (Erträgen) gegenüberstellen, um den Erfolg des Unternehmens zu errechnen, sondern es müssen auch diese Bestandsveränderungen (Bestandsmehrungen oder -minderungen) in der Erfolgsrechnung berücksichtigt werden.

Bestandsmehrungen bedeuten, dass am Ende eines Geschäftsjahres ein höherer Bestand an Produkten vorhanden ist als zu Beginn. Dieser wird als Mehrbestand im Bestandskonto ermittelt und steht auf der Soll-Seite (Bestandsmehrung auf einem Aktivkonto). Damit aber die Aufwendungen für diese unverkauften Erzeugnisse auf die tatsächliche Leistung des Unternehmens angerechnet werden, erfolgt eine Korrektur des G+V-Kontos, indem diese Leistung als Ertrag auf der Haben-Seite gebucht wird; hierbei ist der Herstellungswert der Produkte maßgeblich. Damit weist die Haben-Seite des G+V-Kontos die Gesamtleistung des Unternehmens aus.

Bei einer **Bestandsminderung**, d.h. wenn mehr verkauft als produziert wurde, wird entsprechend umgekehrt verfahren. Da die Erlöse aus dem Verkauf der Produkte zum Teil aus Leistungen eines anderen Geschäftszeitraumes erwirtschaftet wurden, müssen sie als Bestandsminderungen auf der Soll-Seite des G+V-Kontos verbucht werden und schmälern damit den möglichen Gewinn um den Herstellungswert.

Um eine bessere Übersichtlichkeit zu erreichen, werden die Bestandsveränderungen nicht direkt im G+V-Konto gebucht, sondern zunächst auf einem besonderen Erfolgskonto **"Bestandsveränderungen"** gesammelt, auf dem die Mehr- oder Minderbestände der fertigen und unfertigen Erzeugnisse miteinander verrechnet werden. Erst beim Jahresabschluss wird der Saldo auf das G+V-Konto übertragen.

Beispiel 20: Ein Hersteller von Nähmaschinen ermittelt bei der Inventur folgende Schlussbestände (SB): fertige Nähmaschinen im Herstellwert von 40 000,- EUR und noch nicht fertiggestellte Nähmaschinen im Herstellwert von 12 000,- EUR; die jeweiligen Anfangsbestände (AB) waren bei den unfertigen Erzeugnissen 24 000,- EUR und bei den fertigen Erzeugnissen 18 000,- EUR. Daraus leiten sich die folgenden Buchungen ab:

2.8.7 Privatentnahmen und -einlagen

Privatentnahmen können Waren oder Geld sein, mit denen der Unternehmer seinen Lebensunterhalt deckt. Einlagen hingegen sind Privatkapital, das dem Unternehmen zur Verfügung gestellt wird und somit das Eigenkapital erhöht. Private und damit nicht geschäftsbedingte Veränderungen des Kapitals werden nicht als Aufwendungen oder Erträge gebucht und erscheinen deshalb auch nicht in der Gewinn- und Verlustrechnung. Der dort ausgewiesene Erfolg bleibt damit unbeeinflusst von den privaten Eingriffen des Unternehmers, schließlich dürfen die eigentlichen Ursachen des erwirtschafteten Gewinnes oder Verlustes nicht überdeckt werden.

Trotzdem müssen die Veränderungen, die durch Privatentnahmen und Privateinlagen entstehen, in der Buchführung erkennbar sein. Dazu richtet man zum Konto "Eigenkapital", neben dem bereits bestehenden Gewinn- und Verlustkonto, ein weiteres Unterkonto ein. Dieses wird als **"Privatkonto"** gekennzeichnet.

Auf dem Privatkonto werden alle Entnahmen auf der Soll-Seite, alle Neueinlagen auf der Haben-Seite verbucht. Am Jahresende wird der Saldo auf das Eigenkapitalkonto übertragen. Damit beeinflusst nicht nur der Erfolg das Eigenkapitalkonto, sondern auch Privatentnahmen und -einlagen. Dabei wird der Saldo von der Haben-Seite des Privatkontos auf die Soll-Seite des Eigenkapitalkontos gebucht und umgekehrt (analog zur Verbuchung des Gewinnes auf das Konto "Eigenkapital"):

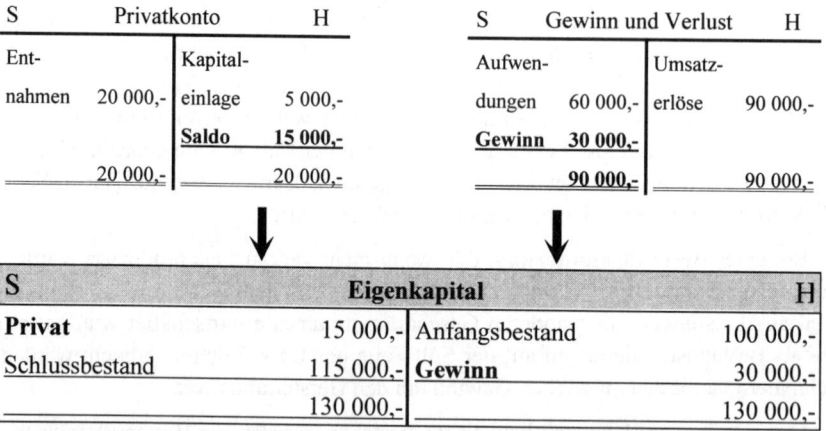

Abb. 37: Abschluss der Konten "G+V" und "Privat" auf das Eigenkapitalkonto

Durch die Veränderung des Eigenkapitalkontos ändert sich auch das Eigenkapital auf der Passiv-Seite der Bilanz. Durch die gleichzeitige Veränderung des Umlaufvermögens, genauer gesagt des Kassen- und des Warenbestandes, wird aber auch die Aktiv-Seite der Bilanz in gleichem Maße verändert. So bleibt das Gleichgewicht in der Bilanz erhalten.

2.8.8 Weiterführende Buchungen

In den folgenden Abschnitten werden einige Buchungen aus der täglichen Unternehmenspraxis näher erläutert. Im einzelnen sollen die Behandlung der Umsatzsteuer beim Ein- und Verkauf und die Buchung von Zahlungsvorgängen unter Abzug von Skonto bzw. Nachlässen näher erläutert werden. Danach werden die Buchungen im Personalbereich (Behandlung von Lohnzahlungen) und die Buchungen im Anlagenbereich erläutert.

2.8.8.1 Buchungen beim Ein- und Verkauf

Beim **Einkauf** von Roh-, Hilfs- und Betriebsstoffen, also von Vorräten des Umlaufvermögens, und auch beim Kauf von Anlagegütern, wie Maschinen oder anderen Bestandteilen der Betriebs- und Geschäftsausstattung, erhält das Unternehmen vom jeweiligen Lieferer eine Rechnung, die neben dem Nettopreis für die Ware auch die Umsatzsteuer ausweist. Diese Umsatzsteuer auf Eingangsrechnungen wird im Unternehmen als **Vorsteuer** behandelt, d.h., dass zwar der volle Rechnungspreis an den Lieferer bezahlt wird, die enthaltene Umsatzsteuer jedoch vom Finanzamt erstattet oder verrechnet wird. Daher erfolgt die Buchung dieser Steuer auf einem eigenen Konto mit dem Namen "Vorsteuer".

Beispiel 21: Der Schuhfabrikant Schmitz erhält für den Einkauf von Leder von seinem Lieferanten eine Rechnung in Höhe von 11 600,- EUR. Der Buchungssatz lautet:

Beispiel 21		
Konto	**Soll**	**Haben**
Rohstoffe	10 000,-	
Vorsteuer	1 600,-	
an Verbindlichkeiten		11 600,-

Bei der Bezahlung einer Rechnung wird i.d.R. eine Frist von 30 Tagen eingeräumt. Erfolgt die Bezahlung jedoch innerhalb von 8 Tagen, wird üblicherweise ein Preisnachlass gewährt, das sogenannte **Skonto**. Darüber hinaus können auch noch **Preisnachlässe aufgrund von Mängelrügen** oder, z.B. bei Überschreiten einer bestimmten Umsatzgrenze, als **Bonus** eingeräumt werden. Diese Nachlässe mindern die Anschaffungspreise der betroffenen Güter und damit auch die Vorsteuer. Aus Gründen der Übersichtlichkeit werden diese Preisnachlässe zunächst auf einem Unterkonto des jeweiligen Bestandskontos gebucht, also z.B. auf dem Konto "Nachlässe für Rohstoffe"; erst am Ende des Geschäftsjahres werden diese Unterkonten über die zugehörigen Bestandskonten abgeschlossen.

Beispiel 22: Der Schuhfabrikant aus dem vorhergehenden Beispiel zahlt die Rechnung des Lieferers innerhalb von 8 Tagen unter Abzug von 3% Skonto per Banküberweisung. Der Buchungssatz lautet:

Konto	Soll	Haben
Verbindlichkeiten	11 600,-	
an Nachlässe für Rohstoffe		300,-
an Vorsteuer		48,-
an Bank		11 252,-

Am Ende des Geschäftsjahres wird das Konto "Nachlässe für Rohstoffe" abgeschlossen, der Buchungssatz lautet:

Konto	Soll	Haben
Nachlässe für Rohstoffe	300,-	
an Rohstoffe		300,-

Die Buchungen beim **Verkauf** von Waren und Erzeugnissen werden ähnlich behandelt. Die **Umsatzsteuer**, die auf die verkauften Produkte entfällt, wird jetzt auf das Konto "Umsatzsteuer" und der Nettoerlös auf das Konto "Umsatzerlöse" gebucht. Für Preisnachlässe (Boni, Skonti, Nachlässe aufgrund von Mängelrügen) gibt es als Unterkonto zu "Umsatzerlöse" das Konto "Erlösberichtigungen", die buchhalterische Behandlung ist die gleiche wie beim Einkauf; das gilt auch für die Korrektur der Umsatzsteuer.

Beispiel 23: Unser Schuhfabrikant verkauft Schuhe im Wert von 40 000,- EUR an einen Großhändler. Die gesetzliche Mehrwertsteuer beträgt 6 400,- EUR. Der Buchungssatz lautet:

Konto	Soll	Haben
Forderungen	46 400,-	
an Umsatzerlöse		40 000,-
an Umsatzsteuer		6 400,-

Der Großhändler stellt fest, dass ein Teil der Lieferung Farbfehler aufweist, der Schuhfabrikant gewährt einen Preisnachlass von 10% auf den Rechnungsbetrag. Die Bezahlung seitens des Großhändlers erfolgt nach zwei Wochen per Banküberweisung. Daraus ergibt sich der folgende Buchungssatz:

Konto	Soll	Haben
Erlösberichtigungen	4 000,-	
Umsatzsteuer	640,-	
Bank	41 760,-	
an Forderungen		46 400,-

Am Ende des Geschäftsjahres wird das Konto "Erlösberichtigungen" über das Konto "Umsatzerlöse" abgeschlossen; der Buchungssatz lautet:

Konto	Soll	Haben
Umsatzerlöse	4 000,-	
an Erlösberichtigungen		4 000,-

Zur Verrechnung der Umsatzsteuer und der Vorsteuer mit dem Finanzamt muss der Unternehmer zu bestimmten Terminen eine **Umsatzsteuervoranmeldung** abgeben. Der Voranmeldungszeitraum ist i.d.R. ein Kalendermonat, falls jedoch die Umsatzsteuersumme des Vorjahres nicht mehr als 12 000,- EUR betrug, verlängert sich der Voranmeldungszeitraum auf ein Kalendervierteljahr. Die Umsatzsteuervoranmeldung ist innerhalb einer Frist von 10 Tagen auf einem speziellen Vordruck beim Finanzamt einzureichen. Ergibt sich aus der Verrechnung von Vorsteuer und Umsatzsteuer eine **Zahllast**, so ist diese innerhalb von 10 Tagen nach Ablauf des Voranmeldungszeitraumes an das zuständige Finanzamt abzuführen.

Im anderen Fall, wenn also die Summe der Vorsteuern im Voranmeldungszeitraum größer als die Umsatzsteuerschuld ist, erstattet das Finanzamt den Differenzbetrag, der auch als **Vorsteuerüberhang** bezeichnet wird. Darüber hinaus muss am Ende des Jahres noch eine Jahreserklärung auf einem amtlich vorgeschriebenen Vordruck abgegeben werden, die Abgabefrist ist der 31. Mai des folgenden Kalenderjahres.

Beispiel 24: Der Schuhfabrikant muss seine monatliche Umsatzsteuervoranmeldung abgeben. Aus den Geschäftsfällen der vorhergehenden Beispiele ermittelt er die Zahllast wie folgt:

S	Vorsteuer	H		S	Umsatzsteuer	H
....	1 500,-	 45,-		....	600,-	.... 6 000,-
		Saldo 1 455,-	→		Vorst. 1 455,-	
					Zahllast 3 945,-	

Die Buchungssätze zur Ermittlung der Zahllast und zur Überweisung dieser Umsatzsteuerschuld an das Finanzamt lauten:

Konto	Soll	Haben
Umsatzsteuer	1 552,-	
an Vorsteuer		1 552,-
Umsatzsteuer	4 208,-	
an Bank		4 208,-

Beim **Jahresabschluss**, also i.d.R. am 31.12., ist die Zahllast bzw. der Vorsteuerüberhang des vorhergehenden Voranmeldungszeitraumes, also i.d.R. des Monats Dezember, unter dem Posten "Verbindlichkeiten" bzw. "Forderungen" in die Schlussbilanz einzusetzen. Eine Zahllast muss also **passiviert** und ein Vorsteuerüberhang **aktiviert** werden.

2.8.8.2 Buchungen im Personalbereich

Der Lohn der Arbeiter und das Gehalt der Angestellten, also die Einkünfte der Mitarbeiter, sind für das Unternehmen Kosten der Leistungserstellung. Sie werden daher auf den Aufwandskonten "Löhne" und "Gehälter" gebucht. Der Arbeitgeber ist durch das Gesetz verpflichtet (§ 38 EStG), die Lohn- und Kirchensteuer sowie die Sozialversicherungsbeiträge (Kranken-, Renten- und Arbeitslosenversicherung) vom Bruttoverdienst des Arbeitnehmers einzubehalten und an das Finanzamt bzw. die gesetzliche Krankenkasse auszuzahlen; an den Arbeitnehmer wird also der Nettoverdienst gezahlt.

Die Höhe der **Lohnsteuer** richtet sich nach der persönlichen Situation des Mitarbeiters, also nach dem Familienstand, der Anzahl der Kinder und der Einkommenssituation in der Familie (Allein- oder Doppelverdiener), und nach der Höhe des zu versteuernden Einkommens (vgl. §§ 32, 38a EStG). Über die persönliche Situation des Mitarbeiters gibt die **Steuerklasse** Auskunft, die neben der Zahl der Kinder auf der Lohnsteuerkarte ausgewiesen ist. Die Lohnsteuer lässt sich nun abhängig von der Steuerklasse und der Anzahl der Kinder aus einer Lohnsteuertabelle ablesen. Es werden 6 Steuerklassen unterschieden (vgl. § 38b EStG):

Steuerklasse	Persönliche Situation des Arbeitnehmers
I	Ledige, geschiedene, verwitwete oder dauernd getrennt lebende verheiratete Arbeitnehmer
II	Arbeitnehmer der Steuerklasse I mit mindestens einem Kind
III	Zusammenlebende verheiratete Arbeitnehmer, deren Ehepartner keinen Arbeitslohn beziehen oder in Steuerklasse V eingestuft sind
IV	Verheiratete, die nicht dauernd getrennt leben und beide Arbeitnehmer sind
V	Verheiratete, zusammenlebende Arbeitnehmer, wenn der Ehepartner in Steuerklasse III eingestuft ist
VI	Für die zweite und alle weiteren Lohnsteuerkarten eines Arbeitnehmers, der von verschiedenen Arbeitgebern Einkünfte bezieht

Abb. 38: Steuerklassen

Die **Kirchensteuer** bemisst sich nach der Höhe der Lohnsteuer und beträgt je nach Bundesland entweder 8% oder 9% von der Lohnsteuer. Sie wird gemeinsam mit der Lohnsteuer an das Finanzamt abgeführt.

Die **Sozialversicherungsbeiträge** werden je zur Hälfte vom Arbeitgeber und vom Arbeitnehmer getragen und werden abhängig vom Bruttolohn berechnet. Die gesetzliche Unfallversicherung für Arbeitnehmer gehört nicht zu den Sozialversicherungen, die Beiträge werden in voller Höhe vom Arbeitgeber getragen. Die Beiträge zur Sozialversicherung für das Jahr 1999 berechnet man nach folgenden Sätzen:

Sozialversicherung	Satz
Krankenversicherung	(DAK) 13,5%
Rentenversicherung	19,1%
Arbeitslosenversicherung	6,5%

Ab einem Bruttolohn von 3 732,43 EUR (Ost) und 4 448,24 EUR (West) (sog. "Beitragsbemessungsgrenze") bleiben die Beiträge zur Renten- und Arbeitslosenversicherung konstant (712,89 EUR bzw. 239,28 EUR (Ost) und 849,61 EUR bzw. 282,49 EUR (West)). Die Krankenversicherungspflicht endet bei einem Bruttolohn von 3 387,31 EUR (Ost) und 3 336,18 EUR (West) (75% der Beitragsbemessungsgrenze), wenn ein Arbeitnehmer ein höheres Bruttoeinkommen hat, kann er sich bei einer privaten Krankenversicherung versichern.

Die Buchung des Bruttolohns bzw. -gehalts wird auf der Soll-Seite des Kontos "Löhne" bzw. "Gehälter" vorgenommen. Die Lohn- und Kirchensteuer sowie der Arbeitnehmeranteil zur Sozialversicherung sind Verbindlichkeiten gegenüber dem Finanzamt bzw. dem Sozialversicherungsträger (Krankenkasse) und müssen getrennt auf den Konten "Sonstige Verbindlichkeiten gegenüber Finanzamt" und "Verbindlichkeiten gegenüber Sozialversicherungsträger" gebucht werden. Der Arbeitgeberanteil wird auf der Sollseite des Aufwandskontos "Arbeitgeberanteil zur Sozialversicherung" erfasst und zusammen mit dem Arbeitnehmeranteil an die gesetzliche Krankenkasse abgeführt.

Beispiel 25: Der Vorarbeiter einer Getränkefabrik hat im Januar 1999 einen Bruttolohn von 4 200,- EUR. Er ist ledig und hat keine Kinder (Steuerklasse I/0). Daraus ergeben sich die folgenden Zahlen:

Bruttolohn	**4 200,00 EUR**
− Lohnsteuer (nach Tabelle)	756,66 EUR
− Solidaritätszuschlag (5,5% der Lohnsteuer)	41,62 EUR
− Kirchensteuer (9% der Lohnsteuer)	68,10 EUR
Steuerabzüge gesamt	**866,38 EUR**
− Krankenversicherung	588,00 EUR
− Rentenversicherung	852,60 EUR
− Arbeitslosenversicherung	273,00 EUR
Sozialversicherung gesamt	**1 713,60 EUR**
− Arbeitnehmeranteil zur Sozialversicherung	856,80 EUR
− Arbeitgeberanteil zur Sozialversicherung	856,80 EUR
Nettolohn	**2 476,82 EUR**

Daraus ergeben sich die Buchungssätze für die Lohnzahlung, die üblicherweise per Banküberweisung erfolgt:

Konto	Soll	Haben
Löhne	4 200,-	
an Bank		2 476,82
an Sonstige Verbindlichkeiten gegenüber Finanzamt		866,38
an Verbindlichkeiten geg. Sozialversicherungsträger		856,80
Arbeitgeberanteil zur Sozialversicherung	856,80	
an Verbindlichkeiten geg. Sozialversicherungsträger		856,80

Die Überweisung der Steuern an das Finanzamt und des gesamten Sozialversicherungsbeitrages muss bis zum 10. des folgenden Monats erfolgen. Der Buchungssatz lautet:

Konto	Soll	Haben
Sonstige Verbindlichkeiten gegenüber Finanzamt	866,38	
Verbindlichkeiten gegenüber Sozialversicherungsträger	1 713,60	
an Bank		2 579,98

Vorschüsse an Arbeitnehmer werden als Forderungen auf der Soll-Seite des Kontos "Forderungen an Mitarbeiter" erfasst. Sie werden bei der nächsten Lohn- bzw. Gehaltszahlung verrechnet. Ähnlich ist das Verfahren bei **Sachleistungen** (z.B. Werkswohnung, Waren) an den Arbeitnehmer.

Beispiel 26: Der Vorarbeiter aus dem vorhergehenden Beispiel wohnt zur Miete in einer Werkswohnung. Die Monatsmiete beträgt 530,- EUR. Im laufenden Monat hat er einen Vorschuss von 800,- EUR in bar erhalten. Die Buchungssätze (gleicher Lohn wie zuvor) lauten:

Konto	Soll	Haben
Forderungen an Mitarbeiter	800,-	
an Kasse		800,-
Löhne	4 200,-	
an Forderungen an Mitarbeiter		800,-
an Mieterträge		530,-
an Bank		1 146,82
an Sonstige Verbindlichkeiten gegenüber Finanzamt		866,38
an Verbindlichkeiten geg. Sozialversicherungsträger		856,80
Arbeitgeberanteil zur Sozialversicherung	856,80	
an Verbindlichkeiten geg. Sozialversicherungsträger		856,80

2.8.8.3 Buchungen im Anlagenbereich

Beim Erwerb eines Anlagegutes werden die **Anschaffungskosten**, also der Anschaffungspreis und die Anschaffungsnebenkosten, auf der Soll-Seite des entsprechenden Bestandskontos gebucht (aktiviert). Die Umsatzsteuer ist als Vorsteuer auf dem gleichnamigen Konto zu buchen. Preisnachlässe wie Rabatte, Skonti und Boni gelten als **Anschaffungskostenminderungen** und werden dementsprechend mit ihrem Nettobetrag auf der Haben-Seite des jeweiligen Anlagenkontos gebucht.

Beispiel 27: Die Unternehmerin Krause, die eine Modellschneiderei für Damenoberbekleidung betreibt, kauft für den Außendienst einen Pkw; die Anschaffungskosten betragen inklusive Überführung und Zulassung 35 000,- EUR. Auf diesen Betrag berechnet der Autohändler eine Umsatzsteuer von 5 600,- EUR. Der Buchungssatz lautet:

Konto	Soll	Haben
Fuhrpark	35 000,-	
Vorsteuer	5 600,-	
an Verbindlichkeiten		40 600,-

Die Bezahlung erfolgt unter Abzug von 2 % Rabatt:

Konto	Soll	Haben
Verbindlichkeiten	40 600,-	
an Vorsteuer		112,-
an Fuhrpark		700,-
an Bank		39 788,-

Die **Abschreibung** auf Sachgüter des Anlagevermögens stellt für das Unternehmen einen Aufwand dar, daher erfolgt sie auf der Soll-Seite des Aufwandskontos "Abschreibungen auf Sachanlagen". Das gleiche gilt für immaterielle Vermögensgegenstände des Anlagevermögens (z.B. Patente, Konzessionen, problemorientierte Computer-Software), das Konto heißt hier "Abschreibungen auf immaterielle Vermögensgegenstände des Anlagevermögens".

Beispiel 28: Das Fahrzeug in Beispiel 27, das am 17.2. des Jahres angeschafft wurde, soll linear innerhalb einer Nutzungsdauer von 4 Jahren (nach AfA-Tabelle) abgeschrieben werden. Die Anschaffungskosten waren 34 300,- EUR (35 000,- EUR - 700,- EUR), daraus ergibt sich ein jährlicher Abschreibungsbetrag von 8 575,- EUR. Die Buchung für das erste Nutzungsjahr lautet:

Konto	Soll	Haben
Abschreibungen auf Sachanlagen	8 575,-	
an Fuhrpark		8 575,-

Beim **Verkauf** von Anlagegütern während des laufenden Wirtschaftsjahres muss der Buchwert zum Zeitpunkt des Ausscheidens ermittelt werden. Die Abschreibung ist dann zeitanteilig für das Jahr des Ausscheidens bis zum letzten vollen Monat vor dem Verkauf zu ermitteln und vorzunehmen. Nur so kann eine Abweichung des Verkaufspreises vom Buchwert genau festgestellt und als "Erträge aus dem Abgang von Vermögensgegenständen" bzw. "Verluste aus dem Abgang von Vermögensgegenständen" gebucht werden.

Beispiel 29: Das Fahrzeug der Unternehmerin Krause soll bereits im Juli des 2. Nutzungsjahres veräußert werden. Der Buchwert nach dem ersten Jahr beträgt 25 725,- EUR (34 300,- EUR - 8 575,- EUR). Die zeitanteilige Abschreibung für das zweite Jahr (also bis einschließlich Juni) beträgt 4 287,50 EUR (8 575,- EUR x 6/12). Der Buchungssatz lautet:

Konto	Soll	Haben
Abschreibungen auf Sachanlagen	4 287,50	
an Fuhrpark		4 287,50

Der Käufer des Fahrzeuges, das jetzt noch mit 21 437,50 EUR zu Buche steht, Herr Klein, ist nach langer Verhandlung mit einem Preis von 29 000,- EUR einverstanden. Er bezahlt diesen Preis, in dem die Umsatzsteuer von 4 000,- EUR enthalten ist, in bar. Der Buchungssatz lautet:

Konto	Soll	Haben
Kasse	29 000,00	
an Fuhrpark		21 437,50
an Erträge aus dem Abgang von Vermögensgegenständen		3 562,50
an Umsatzsteuer		4 000,00

Bei **gebraucht** gekauften Sachgütern des Anlagevermögens muss bei der Abschreibung i.d.R. die Nutzungszeit des Verkäufers auf die Nutzungsdauer angerechnet werden. Die Anschaffungskosten für das gebrauchte Gut sind dann auf die verbleibende Nutzungsdauer zu verteilen.

Beispiel 30: Herr Klein, der den Wagen von Frau Krause gekauft hat, hat sich mit einem Schuhpflege-Heimservice selbständig gemacht. Er nutzt das Fahrzeug für seine Kundenbesuche. Die Abschreibung auf das Auto wird linear für die verbleibende Nutzungsdauer von 2½ Jahren vorgenommen. Im Jahr der Anschaffung (2. Halbjahr) kann nur die Hälfte des Abschreibungsbetrages von 10 000,- EUR, also 5 000,- EUR, gebucht werden. Die Buchungssätze beim Kauf des Fahrzeugs und für die erste Abschreibung lauten:

Konto	Soll	Haben
Fuhrpark	25 000,-	
Vorsteuer	4 000,-	
an Kasse		29 000,-
Abschreibungen auf Sachanlagen	5 000,-	
an Fuhrpark		5 000,-

2.8.9 Der Kontenrahmen

Ein Kontenrahmen ist ein Organisations- und Gliederungsplan, der folgenden Anforderungen genügen soll:
1. Er muss eine systematische, branchenneutrale Gliederung aufweisen.
2. Die Konten aller Industriebetriebe sollen einheitlich benannt werden.
3. Der Kontenrahmen muss für die EDV-Bearbeitung geeignet sein.
4. Er soll den Betriebsvergleich auf internationaler (z.B. EU-weiter) Ebene erleichtern.
5. Er muss firmenspezifisch erweiterbar sein, ohne seine Grundordnung zu verlieren.

Der 1971 vom "Betriebswirtschaftlichen Ausschuss des Bundesverbandes der Deutschen Industrie (BDI)" als Empfehlung an die Industrieverbände herausgegebene **Industriekontenrahmen** (IKR) entspricht nach seiner Anpassung an das Bilanzrichtliniengesetz von 1985 im wesentlichen den genannten Anforderungen. Er ist im Unterschied zu seinen Vorgängern (z.B. dem Gemeinschaftskontenrahmen "GKR" von 1951) als **Zweikreissystem** ausgelegt, d.h., dass hier eine Trennung zwischen der Finanzbuchführung und der Kosten- und Leistungsrechnung vorgenommen wurde. Wie alle Kontenrahmen ist auch der Industriekontenrahmen nach dem dekadischen System aufgebaut und in die 10 Kontenklassen 0 bis 9 eingeteilt. Die Kontenklassen 0 bis 8 bilden den Rechnungskreis I für die Finanzbuchführung, die Kontenklasse 9 steht dem Rechnungskreis II für die Kosten- und Leistungsrechnung zur Verfügung.

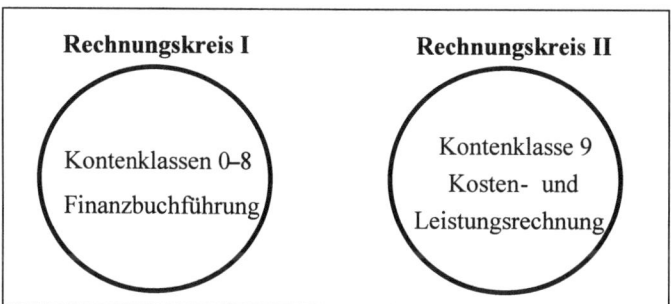

Abb. 39: Zweikreissystem des IKR

Im Rechnungskreis I, also dem Bereich Finanzbuchführung, erfolgt die Gliederung der Kontenklassen in Anlehnung an die handelsrechtlichen Gliederungsvorschriften für den Jahresabschluss der Kapitalgesellschaften (§§ 266, 275 HGB) nach dem **Abschlussgliederungsprinzip**. Diese Zusammenhänge verdeutlicht die folgende Abbildung:

Bestandskonten, Gliederung nach § 266 HGB (Bilanzgliederung)		Erfolgskonten und Abschlusskonten, Gliederung nach § 275 HGB (Gewinn- und Verlustrechnung)		
Aktivkonten	Passivkonten	Ertragskonten	Aufwandskonten	Abschlusskonten
Kontenklassen 0 - 2	Kontenklassen 3 - 4	Kontenklasse 5	Kontenklassen 6 - 7	Kontenklasse 8

Abb. 40: Abschlussgliederungsprinzip im Rechnungskreis I

Der Aufbau des Kontenrahmens nach dem dekadischen System erlaubt es, mit einer vierstelligen Kontennummer je Kontenklasse 10 Kontengruppen mit jeweils 10 Konten einzurichten. Zu diesen Konten lassen sich jeweils 10 Unterkonten bilden, so dass man theoretisch pro Kontenklasse 1000 verschiedene Kontennummern zur Verfügung hat. Die Gliederung der Unterkonten lässt sich an die Bedürfnisse des einzelnen Unternehmens anpassen, ohne die Grundordnung zu zerstören.

Beispiel 31: Aus der Kontennummer 2002 erkennt man[52]

die Kontenklasse	2	Umlaufvermögen u. aktive Rechnungsabgrenzung
die Kontengruppe	20	Roh-, Hilfs- und Betriebsstoffe
das Konto	200	Rohstoffe / Fertigungsmaterial
das Unterkonto	2002	Nachlässe

Die Kontenklasse und Kontengruppe bezeichnet man auch als **Kontenrahmen**, das Konto und seine Unterkonten bilden den **Kontenplan**, der, wie bereits erwähnt, auf die besonderen Belange des jeweiligen Unternehmens zugeschnitten werden kann.

Die Numerierung der Konten im dekadischen System hat außerdem den Vorteil, dass durch sie eine Bearbeitung der Geschäftsbuchführung mittels EDV-Systemen vereinfacht bzw. überhaupt erst ermöglicht wird.

Die Buchungssätze lassen sich bei der Verwendung des Industriekontenrahmens auch in **Kurzform** schreiben, was eine wesentliche Vereinfachung der Buchungsarbeit bedeutet. Auch im Hauptbuch ist die Verwendung von Kontennummern von Vorteil, da die Einträge in den T-Konten kürzer und übersichtlicher werden.

Beispiel 32: Statt des Buchungssatzes

Beispiel 31		
Konto	**Soll**	**Haben**
Umsatzerlöse	4 000,-	
an Erlösberichtigungen		4 000,-

schreibt man kurz: 500 / 5001   4 000,- EUR

Auf den Konten im Hauptbuch erscheint die folgende Buchung :

S	500 Umsatzerlöse	H		S	5001 Erlösberichtigung	H
5001	4 000,-				500	4 000,-

Auf der folgenden Seite sind die Kontenklassen und Kontengruppen des Industriekontenrahmens vom Bund der Deutschen Industrie (BDI) aufgeführt.

---

[52] Vgl. Schmolke, S./ Deitermann, M.: Industrielles Rechnungswesen IKR, a.a.O., S. 73.

Konten- Klasse/ Gruppe/ Bezeichnung			Konten- Klasse/ Gruppe/ Bezeichnung		
0	00	Ausstehende Einlagen	5	50	Umsatzerlöse für eigene Erzeugnisse
	01	Frei		51	Umsatzerlöse für Waren u. sonstige UE
	02	Konzessionen, Lizenzen u.ä.		52	Bestandsveränderungen
	03	Geschäfts- oder Firmenwert		53	Andere aktivierte Eigenleistungen
	04	Frei		54	Sonstige betriebliche Erträge
	05	Grundstücke, Bauten u.ä.		55	Erträge aus Beteiligungen
	06	Frei		56	Erträge aus anderen Wertpapieren
	07	Technische Anlagen u. Maschinen		57	Sonstige Zinsen und ähnliche Erträge
	08	Andere Anlagen, BGA		58	Außerordentliche Erträge
	09	Geleistete Anzahlungen, Anlagen im Bau		59	Frei
1	10	Frei	6	60	Aufwend. f. Roh-, Hilfs- u. Betriebsstoffe
	11	Frei		61	Aufwendungen f. bezogene Leistungen
	12	Frei		62	Löhne
	13	Beteiligungen		63	Gehälter
	14	Frei		64	Soziale Abgaben / Altersversorgung
	15	Wertpapiere des Anlagevermögens		65	Abschreibungen
	16	Sonstige Finanzanlagen		66	Sonstige Personalaufwendungen
	17	Frei		67	Aufwend. f. Dienste und Rechte
	18	Frei		68	Aufwendungen für Kommunikation
	19	Frei		69	Aufwend. f. Beiträge / Wertkorrekturen
2	20	Roh-, Hilfs- und Betriebsstoffe	7	70	Betriebliche Steuern
	21	Unfertige Erzeugnisse u. Leistungen		71	Frei
	22	Fertige Erzeugnisse und Waren		72	Frei
	23	Geleistete Anzahlungen auf Vorräte		73	Frei
	24	Ford. aus Lieferungen u. Leistungen		74	Abschreibungen auf Finanzanlagen u.ä.
	25	Frei		75	Zinsen und ähnliche Aufwendungen
	26	Sonstige Vermögensgegenstände		76	Außerordentliche Aufwendungen
	27	Wertpapiere des Umlaufvermögens		77	Steuern vom Einkommen und Ertrag
	28	Flüssige Mittel		78	Frei
	29	Aktive Rechnungsabgrenzung		79	Frei
3	30	Eigenkapital / Gezeichnetes Kapital	8	80	Eröffnung / Abschluss
	31	Kapitalrücklage		81	Herstellungskosten
	32	Gewinnrücklagen		82	Vertriebskosten
	33	Ergebnisverwendung		83	Allgemeine Verwaltungskosten
	34	Jahresüberschuss / Jahresfehlbetrag		84	Sonstige betriebliche Aufwendungen
	35	Sonderposten mit Rücklageanteil		85	Korrekturkonten der Kontenklasse 5
	36	Wertberichtigungen		86	Korrekturkonten der Kontenklasse 6
	37	Pensionsrückstellungen u.ä. Verpflicht.		87	Korrekturkonten der Kontenklasse 7
	38	Steuerrückstellungen		88	Kurzfristige Erfolgsrechnung
	39	Sonstige Rückstellungen		89	Innerjährige Rechnungsabgrenzung
4	40	Frei	9	90	Unternehmensbezogene Abgrenzungen
	41	Anleihen		91	Kostenrechnerische Korrekturen
	42	Verbindlichkeiten geg. Kreditinstituten		92	Kostenarten und Leistungsarten
	43	Erhaltene Anzahlungen auf Bestellungen		93	Kostenstellen
	44	Verbindlichk. aus Lieferungen u. Leist.		94	Kostenträger
	45	Wechselverbindlichkeiten		95	Fertige Erzeugnisse
	46	Frei		96	Interne Lieferungen und Leistungen
	47	Frei		97	Umsatzkosten
	48	Sonstige Verbindlichkeiten		98	Umsatzleistungen
	49	Passive Rechnungsabgrenzung		99	Ergebnisausweise

Abb. 41: Die Kontenklassen, -gruppen und -bezeichnungen des IKR

Neben dem Industriekontenrahmen gibt es für den Groß- und Außenhandel, den Einzelhandel, das Handwerk sowie Banken und Versicherungen eigene Kontenrahmen. Im industriellen Bereich ist jedoch außer dem IKR nur noch der **Gemeinschaftskontenrahmen (GKR)** von Bedeutung, da seine Verdrängung durch den Industriekontenrahmen nur langsam fortschreitet. Der GKR ist ähnlich aufgebaut wie der IKR; er unterscheidet ebenfalls 10 Kontenklassen, die nach dem dekadischen System weiter aufgeschlüsselt werden.

Der Hauptunterschied besteht darin, dass im GKR keine Trennung in zwei Rechnungskreise vorgenommen wird, die Konten für die kalkulatorische Buchhaltung sind in den gleichen Kontenklassen untergebracht wie die Konten der pagatorischen Buchhaltung. Dies führt insbesondere dann zur Unübersichtlichkeit, wenn die Betriebsbuchführung, wie es in der Praxis üblich ist, nicht über Konten, sondern tabellarisch (z.B. im Betriebsabrechnungsbogen) durchgeführt wird.

Darüber hinaus entspricht der Gemeinschaftskontenrahmen nicht mehr den Anforderungen, die sich aus dem Bilanzrichtliniengesetz von 1985 ergeben, da er seit seiner Vorstellung durch den Bundesverband der Deutschen Industrie (BDI) im Jahre 1951 nicht mehr an aktuelle Begebenheiten angepasst wurde.

Die Gliederung der Kontenklassen erfolgt im GKR (genauer: im Gemeinschaftskontenrahmen der Industrie) nach dem sogenannten **Prozessgliederungsprinzip**. Das bedeutet, dass die Kontenklassen von links nach rechts (also von Klasse 0 bis 9) den Prozess der betrieblichen Leistungserstellung und -verwertung widerspiegeln. Die Kontenklassen des GKR haben im einzelnen folgenden Inhalt (die Ziffern in Klammern geben die Kontengruppen an):

Klasse	Inhalt	
0	Anlage- und Kapitalkonten :	
	Anlagevermögen	(00-05)
	Langfristiges Kapital	(06-07)
	Berichtigungen zur Bilanz und Ergebnisrechnung	(08-09)
1	Finanz-Umlaufvermögen	(10-15)
	Kurzfristige Verbindlichkeiten	(16-19)
2	Abgrenzungskonten	(20-29)
3	Stoff- und Warenkonten:	
	Roh-, Hilfs- und Betriebsstoffe	(30-37)
	Bestandteile und auswärtige Bearbeitungen	(38)
	Handelswaren u. bezogene Fertigerzeugnisse	(39)
4	Kostenarten	(40-49)
5	Kostenstellen	(50-59)
6	Herstellkosten der Halb- u. Fertigfabrikate	(60-69)
7	Kostenträger-Bestände	(70-79)
8	Erträge der betrieblichen Tätigkeit	(80-89)
9	Abschlusskonten	(90-99)

Abb. 42: Die Kontenklassen des GKR

2.9 Die EDV im Rechnungswesen

Die fortschreitende Technisierung und der immer stärker werdende Konkurrenzdruck, nicht zuletzt seit dem Start des Europäischen Binnenmarktes, erfordern zunehmend kurzfristige Entscheidungen der Unternehmer. Grundlage solcher Entscheidungen müssen zuverlässige und komplexe Daten über die wirtschaftliche Situation des Unternehmens sein. Diese Daten müssen deshalb in immer kürzeren Zeitabständen abrufbar sein. Das ist heute ohne die Hilfe der modernen **elektronischen Datenverarbeitung** (EDV) nicht mehr möglich.[53] Nicht nur Großunternehmen, sondern in zunehmenden Maße auch mittelständische Betriebe und Kleinbetriebe sind auf die computergestützte Buchführung angewiesen. Der besondere Vorteil der **EDV-Buchführung** liegt in der Geschwindigkeit, mit der die einzelnen Buchungen zu aussagefähigen Ergebnissen verarbeitet werden können. Daraus ergeben sich zahlreiche weitere Vorteile. Folgende Arbeitsschritte können jederzeit problemlos durchgeführt werden:[54]

- Kontostände abfragen
- Entwicklung der Geschäftsbeziehungen über einen längeren Zeitraum verfolgen
- Mahnlisten mittels Kundenkonten ausdrucken
- Vertreterabrechnungen durchführen
- Kundenrabatte berechnen
- betriebliche Auswertungen und Analysen zur eigenen Information erstellen
- Zwischenabschlüsse und Jahresabschluss verfassen

Unter dem Einfluss der EDV erweitert sich das klassische Feld der Buchführungsaufgaben deutlich. Über die Dokumentation der Kontenveränderungen hinaus lassen sich in Abhängigkeit verschiedener Zielsetzungen präzise Analysen und Aussagen über die momentane Liquidität, die Zusammensetzung des Monats- oder auch Tageserfolges, über die Investitionshöhe und ähnliche Eckwerte der Unternehmenssituation erstellen. Alle Bereiche der Buchhaltung und Kostenrechnung, auch die Erstellung von Bilanzen und Jahresabschlüssen, erfordern einen erheblich geringeren Arbeitsaufwand, da sie direkt aus dem gespeicherten Datenmaterial abgeleitet werden können und als **Computerausdrucke** sofort zur Verfügung stehen.

Das grundsätzliche Prinzip der klassischen Buchführung, die Systematik bei der Behandlung von Geschäftsvorfällen, bleibt jedoch auch in der EDV-gestützten Buchführung bestehen. So werden beispielsweise weiterhin Grund- und Hauptbuch geführt, und auch die Belegpflicht und das System der doppelten Buchführung bleiben erhalten. Richtige Ergebnisse der Buchführung sind nach wie vor nur auf der Basis von richtigen Buchungssätzen möglich. Die Buchungssätze müssen auf der Grundlage von Belegen in den Computer eingegeben werden. Anschließend erfolgt automatisch die Errechnung der aktuellen Kontenstände. Die Dokumentation dieser Ergebnisse wird im Ausdruck von Grund- und Hauptbuch sichtbar. Durch die Saldierung aller Buchungen werden Zwischen- oder Jahresabschluss errechnet. Zwischenabschlüsse können täglich, wochen- oder monatsweise erfolgen. Die **Arbeitsweise** und der programmtechnische Ablauf des EDV-unterstützten Rechnungswesens kann beispielsweise so dargestellt werden:

---

[53] Vgl. Blödtner, W./ Bilke, K./ Weiss, M.: Steuerfachkurs, Buchführung und Bilanzsteuerrecht, 2. Auflage, Herne/ Berlin 1991, S. 49.
[54] Vgl. Gabele, E.: Buchführung, a.a.O., S. 42.

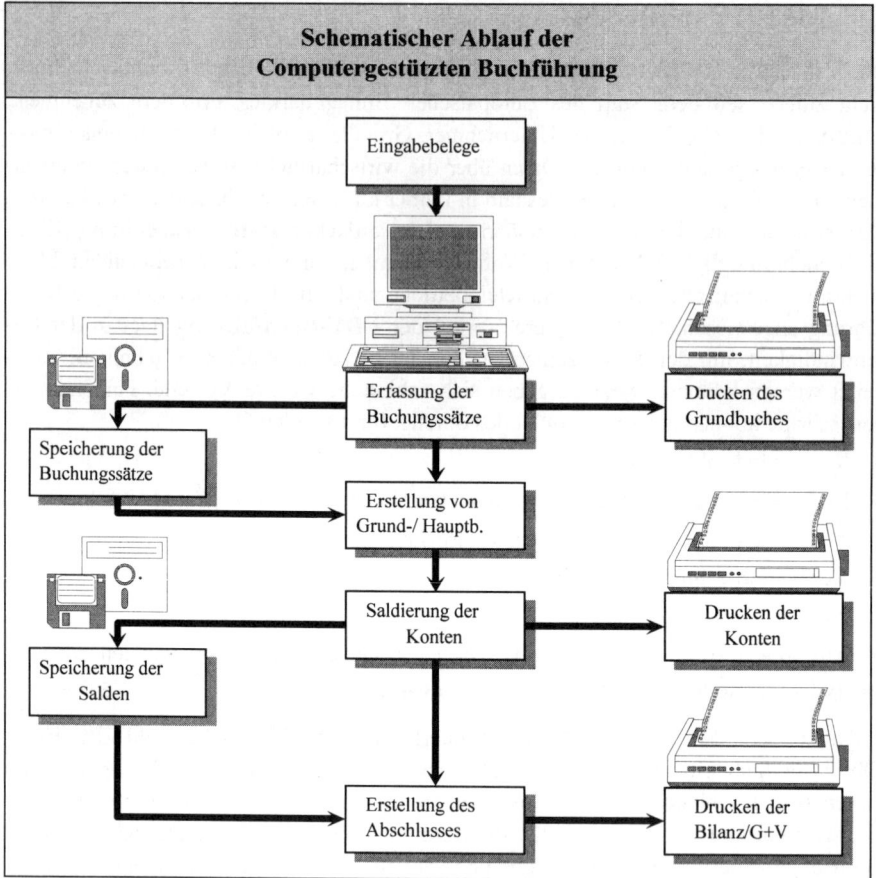

Abb. 43: Schematischer Ablauf der computergestützten Buchführung

Die errechnete Bilanz und die Gewinn- und Verlustaufstellung bilden die Voraussetzung für die Bilanz- und Erfolgsanalyse. Durch gezielte Eingaben kann man bestimmen, welche Daten bzw. Ergebnisse einander gegenübergestellt werden. In der Software enthaltene Kennwertfunktionen ergeben präzise Analysen und Beurteilungsgrundlagen, die eine fortlaufende Kontrolle der Wirtschaftssituation des Unternehmens ermöglichen. Auf diese Weise können nachteilige Entwicklungen schnell erkannt werden, so dass eine rechtzeitige Gegensteuerung durch Unternehmensentscheidungen möglich ist.

Ein **Nachteil** der computergestützten Buchführung ist, dass der Benutzer der Buchungsprogramme die einzelnen Buchungsvorgänge, die in der EDV-Anlage automatisch durchgeführt werden, unter Umständen nicht mehr nachvollziehen kann. Eine Überprüfung der Richtigkeit ist dadurch nur schwer möglich. Kenntnisse moderner Buchführung und gleichzeitiges Wissen über den groben Aufbau des Programmsystems, der Software, sind deshalb Bedingungen für eine Kontrolle der Buchungszusammenhänge. Dagegen sind Kenntnisse der Computeranlage selbst, der Hardware, nur von untergeordneter Bedeutung.

3 Kostenrechnung

3.1 Aufgaben der Kostenrechnung

Die Kostenrechnung hat die Aufgabe, in kürzeren Abständen als für den Gesetzgeber notwendig, Informationen über die Leistungsfähigkeit des Unternehmens für Führungsentscheidungen bereitzustellen. Dabei wird mindestens vierteljährlich, zumeist jedoch monatlich, eine möglichst aktuelle Übersicht der Informationen über einzelne Unternehmensbereiche erstellt.

Man kann im einzelnen die folgenden Hauptaufgaben der Kostenrechnung unterscheiden:

- **Wirtschaftlichkeitskontrolle** zur Aufdeckung von Schwachstellen
- **Preiskalkulation**, insbesondere die Ermittlung der Preisuntergrenze für den Absatz bzw. die Preisobergrenze für die Beschaffung von Gütern und Dienstleistungen
- **Erfolgsermittlung** als Gegenüberstellung von Leistung und Kosten für den gesamten Betrieb oder Teilbereiche des Betriebes
- **Bereitstellung von Zahlenmaterial** für Entscheidungsrechnungen, wenn unter mehreren Alternativen, z.B. bezüglich der Verfahrenswahl in der Produktion oder der Zusammensetzung der Produktpalette, die günstigste ermittelt werden soll
- **Bereitstellung von Informationen** für die anderen Bereiche des Rechnungswesens, z.B. zur Bewertung unfertiger und fertiger Erzeugnisse in der Geschäftsbuchführung anlässlich des Jahresabschlusses

Wesentliche Begriffe der Kostenrechnung sind dabei Kostenträger und Kostenstellen. Unter **Kostenträgern** versteht man die betrieblichen Leistungen, die die verursachten Kosten tragen müssen, also z.B. Produkte oder Dienstleistungen des Betriebes. **Kostenstellen** dagegen sind betriebliche Teilbereiche, die kostenrechnerisch selbständig abgerechnet werden. D.h. lassen sich die Kosten nicht direkt einzelnen Kostenträgern zurechnen, werden sie einzelnen Funktionsbereichen des Betriebes zugeordnet, eben den Kostenstellen, und anschließend auf die speziellen Kostenträger dieses Bereichs verteilt.

Der Sinn und Zweck der kalkulatorischen Buchführung liegt also in jedem Fall in der möglichst verursachungsgerechten Zuordnung aller Kosten auf die Kostenträger. Die Leistungen und Kosten der verschiedenen Kostenträger können dann untereinander verglichen werden. Auf diese Weise lässt sich der jeweilige Periodenerfolg bestimmen.[55]

Die Vorgehensweise der Kostenrechnung stellt sich wie folgt dar: Zur Bestimmung der Kosten müssen die **Kostenarten** festgestellt und auf Kostenträger verteilt werden. Dies geschieht in der Kostenartenrechnung. Alle Kostenarten, die sich nicht direkt bestimmten Kostenträgern zuordnen lassen, werden zunächst Kostenstellen zugerechnet und dann auf einzelne Kostenträger weiterverteilt. Diesem Zusammenhang wenden sich die nun folgenden Abschnitte zu.

---

[55] Vgl. Moews, D.: Kosten- und Leistungsrechung, 4. Auflage, München/ Wien 1991, S. 109.

3.2 Variable und fixe Kosten

Zu den Faktoren, die die Kosten in einem Unternehmen beeinflussen, gehört die Produktionsmenge, auch **Ausbringungsmenge** genannt. Man unterscheidet von der Ausbringungsmenge abhängige und unabhängige Kosten.

- **Fixe Kosten** fallen unabhängig von der Produktionsmenge an. Sie ergeben sich aus der Bereitstellung einer bestimmten Kapazität und werden deshalb auch als Bereitschaftskosten bezeichnet. Beispiele hierfür sind Abschreibungen, Mieten, kalkulatorische Zinsen und Versicherungsgebühren. Zu beachten ist hier, dass es sich um fixe Kosten im Hinblick auf die jeweils betrachtete Periode handelt, auf lange Sicht sind alle sogenannten fixen Kosten veränderliche Größen, daher müsste man genaugenommen von "periodenfixen Kosten" sprechen.
- **Variable Kosten** dagegen verändern sich mit der Produktionsmenge. Bei steigender Produktionsmenge erhöhen sich diese Kosten, bei fallender Produktion sinken die variablen Kosten entsprechend. Als Beispiele hierzu sind Fertigungslöhne, Roh-, Hilfs- und Betriebsstoffe und Frachtkosten zu nennen. Man unterscheidet hier nach dem Kostenverlauf in proportionale, degressive, progressive und regressive Kosten (für unsere Betrachtungen werden grundsätzlich proportionale (lineare) Kostenverläufe unterstellt; vgl. die ausführliche Darstellung in Kapitel E). Der Verlauf der fixen und variablen Kosten kann in Form einer **Kostenfunktion** dargestellt werden:

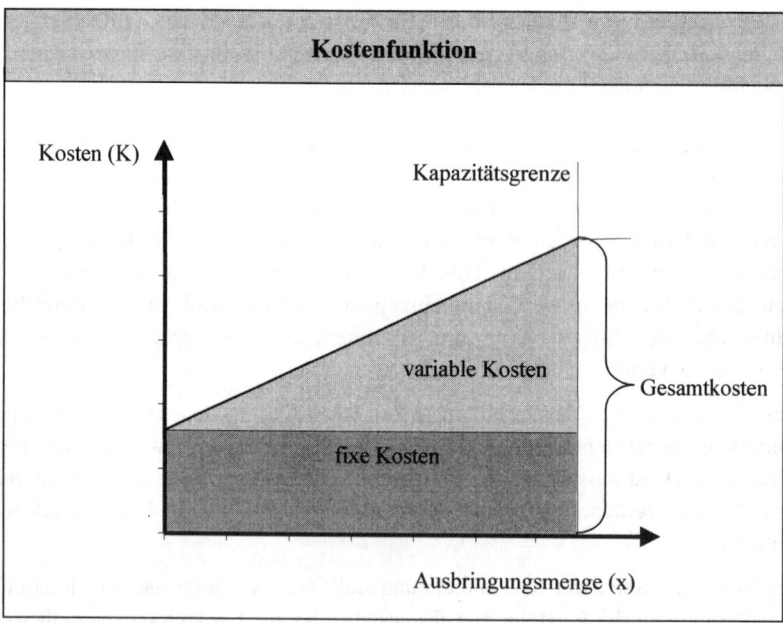

Abb. 44: Kostenfunktion

Bezieht man die Kosten auf die Ausbringungsmenge x, erhält man die Stückkosten pro Mengeneinheit der Ausbringung. Man unterscheidet auch hier in variable und fixe Stückkosten. Werden die Gesamtkosten der Periode (fixe und variable Kosten) durch die Ausbringungsmenge dividiert, so spricht man von Durchschnittskosten pro Mengeneinheit der Ausbringungsmenge.[56] Die folgende Abbildung zeigt die variablen Stückkosten (K_v / x) und die fixen Stückkosten (K_f / x).

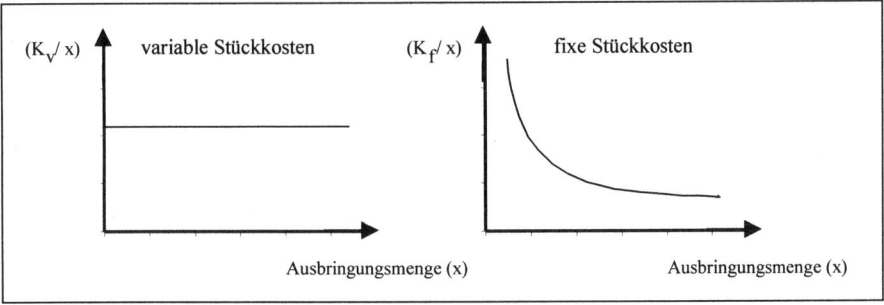

Abb. 45: Variable und fixe Stückkosten

Der Rückgang der fixen Stückkosten bei steigender Ausbringungsmenge wird auch als **Losgrößendegression** bezeichnet.

3.3 Kostenrechnungssysteme

Für die verschiedenen Ziele der Kostenrechnung stehen verschiedene Kostenrechnungssysteme zur Verfügung. Man unterscheidet dabei zwischen **Voll- und Teilkostenrechnung** bzw. **Plan- und Istkostenrechnung**. Die Grundbegriffe der Kostenrechnung sind, anders als bei der Bilanzierung, nicht Aufwendungen und Erträge, sondern Kosten und Leistungen.

3.3.1 Vollkostenrechnung und Teilkostenrechnung

Die Aufgaben der Voll- und Teilkostenrechnung lassen sich wie folgt definieren:

- **Vollkostenrechnung:** Sie ermittelt das Betriebsergebnis und ist außerdem für die Preiskalkulation von Bedeutung. Gleichzeitig fällt in ihren Aufgabenbereich die Ermittlung und Kontrolle der Kosten in den einzelnen Abteilungen des Unternehmens. Die Vollkostenrechnung trägt alle Kosten und Leistungen zusammen, die innerhalb einer Abrechnungsperiode, meistens eines Monats, insgesamt anfallen, und verteilt diese vollständig auf die Ausbringungsmengeneinheiten (Kostenüberwälzungsprinzip) Wichtig hierbei ist die Art der Zurechnung der Kosten auf einzelne Produkte oder Produktgruppen, die nach einem der sog. Anlastungsprinzipien erfolgt. Die Einzelkosten (= Kosten, die dem Bezugsobjekt direkt zugerechnet werden können) werden nach dem Verursachungsprinzip verrechnet; die Kosten, bei denen das nicht möglich oder zu aufwendig ist (Gemeinkosten), werden z.B. nach dem Beanspruchungsprinzip oder dem Durchschnittsprinzip verrechnet.

- **Teilkostenrechnung:** Hierbei werden die variablen Kosten, und nur diese, nach dem Kostenverursachungsprinzip auf die jeweiligen Kostenträger verteilt. Die Gesamtkosten müssen dazu in fixe und variable Kosten getrennt werden. Die Fixkosten werden im Block erfasst. Ziel der Teilkostenrechnung ist es, durch entsprechen-

---

[56] Vgl. Plinke, W.: Industrielle Kostenrechnung, a.a.O., S. 34 f.

den Umsatzerlös zunächst nur die variablen Kosten zu decken. Mit dem darüber hinaus verbleibenden Betrag (Deckungsbeitrag) können die Fixkosten ausgeglichen werden. Weitere Überschüsse stellen den Betriebsgewinn dar.

Beispiel 33: Die Gesamtkosten eines Einproduktbetriebes, der Kugelschreiber herstellt, belaufen sich im August 2000 auf 900 000,- EUR. Es wurden 1 800 000 Kugelschreiber hergestellt, die Vollkosten pro Kuli betragen 0,50 EUR (900 000,- EUR : 1 800 000).

Die variablen Einzelkosten (Teilkosten) pro Kugelschreiber (für Gehäuse, Mine, Feder und Clip) betragen 0,35 EUR. Bei 1 800 000 Kugelschreibern ergibt das 630 000,- EUR. Der Überschuss des Erlöses über die variablen Einzelkosten beträgt bei einem Verkaufspreis von 0,65 EUR somit 540 000,- EUR. Die verbleibenden ungedeckten Kosten in Höhe von 270 000,- EUR müssen aus diesem "Deckungsbeitrag" gedeckt werden, so dass sich aus der Differenz ein Gewinn von 270 000,- EUR ergibt.

3.3.2 Istkostenrechnung und Plankostenrechnung

Gleichzeitig mit der Entscheidung, ob die Voll- oder Teilkostenrechnung verwendet werden soll, muss auch darüber entschieden werden, für welchen Zeitraum das jeweilige Kostenrechnungsverfahren angewandt wird. Deshalb unterscheidet man nochmals wie folgt:

- **Istkostenrechnung:** Hierbei werden alle in der vergangenen Periode angefallenen tatsächlichen Kosten erfasst. Diese Kosten werden dann ohne Korrekturen auf die erstellten und verkauften Produkteinheiten dieses Zeitraumes verrechnet.

- **Plankostenrechnung:** Dieses System stellt eine rein zukunftsorientierte Rechnung dar. Ziel ist die wirksame Steuerung des Betriebsgeschehens. Die Einzelkosten werden nach Produktarten, die Gemeinkosten nach Kostenstellen geordnet und meist für ein Jahr im voraus als Sollwerte (daher auch Soll-Kostenrechnung) festgelegt. Als Berechnungsgrundlage dienen nicht die Kosten der vergangenen Geschäftsvorfälle, die Grundlage ist hier ausschließlich die betriebliche Planung.

Die Plan- und Istkostenrechnung lässt sich mit der Voll- und Teilkostenrechnung kombinieren. Dabei ergeben sich vier Kombinationsmöglichkeiten, die jeweils für bestimmte Aufgaben zweckmäßig sein können:

Kostenrechnungssystem	Istkostenrechnung	Plankostenrechnung
Vollkostenrechnung	Istkostenrechnung auf Vollkosten-Basis	Plankostenrechnung auf Vollkosten-Basis
Teilkostenrechnung	Istkostenrechnung auf Teilkosten-Basis	Plankostenrechnung auf Teilkosten-Basis

Abb. 46: Kombinationen der Kostenrechnungssysteme

Welches Kombinationssystem sich für bestimmte Aufgaben am besten eignet, zeigt die folgende Tabelle:

Aufgabe	Kombinationssystem
kurzfristige Erfolgsrechnung	Istkostenrechnung auf Vollkosten-Basis oder Istkostenrechnung auf Teilkosten-Basis
Wirtschaftlichkeitskontrolle	Istkostenrechnung auf Voll- / Teilkosten-Basis oder Plankostenrechnung auf Voll- / Teilkosten-Basis
Unternehmungsentscheidungen	Plankostenrechnung auf Teilkosten-Basis
Bereitstellung von Zahlenmaterial für die Bilanzierung	Istkostenrechnung auf Vollkosten-Basis

Abb. 47: Eignung der Kombinationssysteme für bestimmte Aufgaben

Zusammenfassend kann gesagt werden, dass die verschiedenen Aufgaben der Kostenrechnung im Unternehmen auch verschiedene Rechnungssysteme erfordern, um diese optimal zu erfüllen.

3.4 Kostenartenrechnung

Aufgabe der Kostenartenrechnung ist es, die im Unternehmen anfallenden Kosten zu erfassen (Dokumentationsfunktion). Auf dieser Basis lässt sich in der Gegenüberstellung von Kosten und Leistungen ein kurzfristiges Periodenergebnis gewinnen, durch Zeit- und Unternehmensvergleiche die Struktur der Kostenarten verdeutlichen und eine Weiterverrechnung der Kosten in der Kostenstellen- und Kostenträgerrechnung durchführen. Damit bildet die Kostenartenrechnung die Vorstufe der Kostenstellen- und Kostenträgerrechnung. Die Kostenerfassung erfolgt in den verschiedenen Abteilungen des Unternehmens. Die Kosten werden dann nach einem oder mehreren der folgenden Kriterien geordnet (Gliederungsfunktion):

- Einteilung nach Art der Kostenverrechnung:

Einzelkosten	Gemeinkosten
z.B.: Einzellöhne	z.B.: Energiekosten
Einzelmaterialkosten	Wasserkosten

- Einteilung nach Art der Kostenerfassung:

Aufwandsgleiche Kosten	Kalkulatorische Kosten
	Anderskosten / Zusatzkosten

- Einteilung nach Art der verbrauchten Produktionsfaktoren:

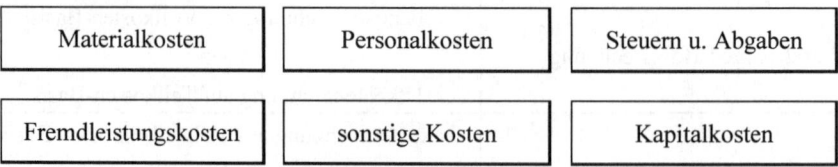

- Einteilung nach betrieblichen Funktionen:

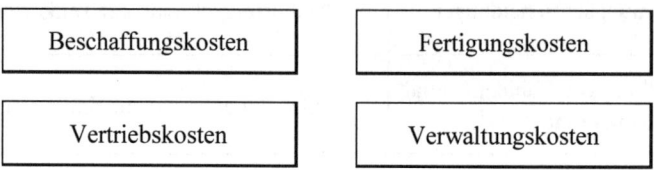

Die wichtigsten dieser Kostenarten werden in den folgenden Abschnitten definiert und näher erläutert:

3.4.1 Einzel- und Gemeinkosten

Das Begriffspaar "fixe und variable Kosten" unterscheidet die Kosten nach ihrer Reaktion auf Beschäftigungsänderungen. Dagegen erfolgt die Unterscheidung in Einzel- und Gemeinkosten nach der **Verursachung** der Kosten und nach der **Zurechnung** der Kosten auf Bezugsobjekte (z.B. Kostenträger, Leistungsmengeneinheit).

Einzelkosten sind dadurch gekennzeichnet, dass sie sich direkt und verursachungsgerecht einem Bezugsobjekt zurechnen lassen. Bei dem Bezugsobjekt "Kostenträger" (Produkt) sind dies beispielsweise die Kosten, die für das Fertigungsmaterial für dieses Produkt anfallen (Materialeinzelkosten).

Gemeinkosten sind dagegen Kosten, die für mehr als eine Leistungsmengeneinheit anfallen und daher nicht direkt verrechnet werden können. Man unterscheidet hier zwischen:

- **echten Gemeinkosten**, die auch bei der Anwendung genauester Erfassungsmethoden nicht gesondert für eine Leistungsmengeneinheit erfasst werden können, und
- **unechten Gemeinkosten**, die zwar prinzipiell gesondert erfasst werden könnten, bei denen man jedoch aus Gründen der Wirtschaftlichkeit bei der Durchführung der Kostenrechnung auf eine gesonderte Erfassung verzichtet.

Beispiele für Gemeinkosten sind die Verwaltungskosten oder die Hilfslöhne (z.B. für die Pflege des Betriebsgrundstückes durch einen Betriebsgärtner).

Die Begriffspaare "Einzel- und Gemeinkosten" und "fixe und variable Kosten" decken sich nicht; sie beschreiben jeweils einen verschiedenen Sachverhalt und müssen daher streng getrennt werden. Gleichwohl gibt es Überschneidungen in der Zusammensetzung der Kosten, so ist es z.B. häufig der Fall, dass fixe Kosten gleichzeitig Gemeinkosten sind, daneben existieren jedoch auch variable Gemeinkosten. Den Zusammenhang zwischen den genannten Begriffspaaren zeigt die folgende Abbildung:[57]

Abhängigkeit der Kosten von Beschäftigungsänderungen	Fixe Kosten	Variable Kosten
Zurechnung der Kosten auf ein Bezugsobjekt (Leistungsmengeneinheit)	Gemeinkosten	Einzelkosten

Abb. 48: Zusammenhang zwischen fixen und variablen sowie Einzel- und Gemeinkosten

Darüber hinaus unterscheidet man noch die sogenannten **Sondereinzelkosten**, die für ein bestimmtes Erzeugnis oder einen bestimmten Auftrag anfallen und unmittelbar den Kostenträgern zugerechnet werden können. Sondereinzelkosten können nicht nur in der Fertigung, sondern auch in einem typischen Gemeinkostenbereich, nämlich dem Vertrieb anfallen, man unterscheidet daher in:

- **Sondereinzelkosten der Fertigung**, die für die Sonderanfertigung von Werkstücken und Modellen nach spezifischen Kundenwünschen anfallen, und

- **Sondereinzelkosten des Vertriebes**, die durch Sonderwünsche hinsichtlich der Versendung, Transportversicherung und Verpackung oder andere auftragsweise erfassbare Kosten entstehen.

3.4.2 Kalkulatorische Kosten

Die meisten Kosten der kalkulatorischen Buchführung entsprechen den jeweiligen Aufwendungen der pagatorischen Buchführung, sie werden daher als **aufwandsgleiche Kosten** bezeichnet.

Daneben gibt es jedoch auch Kosten, denen zwar in der Geschäftsbuchführung ein Aufwand gegenübersteht, die aber in der kalkulatorischen Buchführung mit einem anderen Wert angesetzt werden. Aus diesem Grund werden sie als **Anderskosten** oder **aufwandsungleiche Kosten** bezeichnet. Zu den Anderskosten gehören die kalkulatorischen Abschreibungen und die kalkulatorischen Wagnisse.

Kosten, denen in der Geschäftsbuchführung kein Aufwand gegenübersteht, nennt man **Zusatzkosten** oder **aufwandslose Kosten**. Zu den Zusatzkosten gehören die kalkulatorischen Eigenkapitalzinsen, die kalkulatorischen Unternehmerlöhne (bei Einzelunternehmungen und Personengesellschaften) und die kalkulatorischen Mieten.

In der folgenden Abbildung sind die genannten Begriffe in Form einer Übersicht dargestellt:

---

[57] Vgl. Plinke, W.: Industrielle Kostenrechnung, a.a.O., S. 36 f.

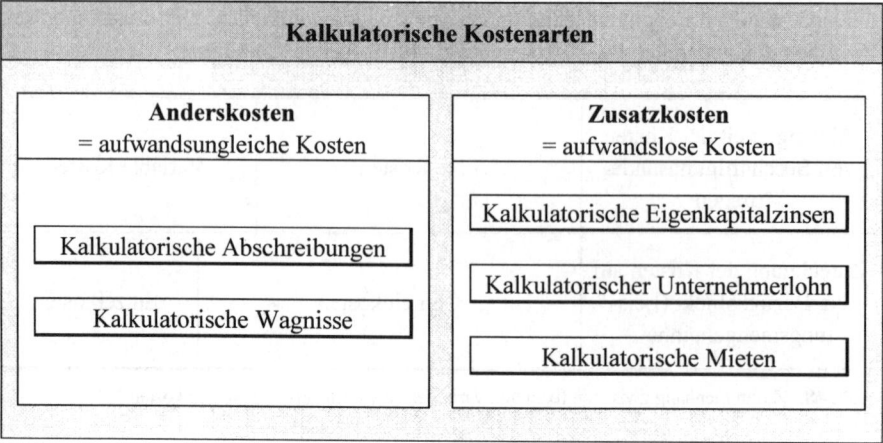

Abb. 49: Kalkulatorische Kostenarten

In den nun folgenden Abschnitten werden die hier genannten kalkulatorischen Kosten näher beschrieben:

3.4.2.1 Kalkulatorische Abschreibung

Unter Abschreibung versteht man die Erfassung von Maschinenabnutzung und -verschleiß als Kosten für einen bestimmten Berechnungszeitraum. In der pagatorischen Buchführung gelten dafür genaue handels- und steuerrechtliche Vorschriften, nach welchen Methoden diese Beträge geltend gemacht werden können (siehe Abschnitt 2.3.2.1 unter "Abschreibung").

Diese steuerlichen Methoden ergeben jedoch kein realistisches Bild der tatsächlich anfallenden Kosten, die durch Abnutzung und Verschleiß der Maschinen entstehen. Deshalb gibt es weitere betriebsnahe Berechnungssysteme, mit denen der Werteverzehr der Betriebsmittel möglichst verursachungsgerecht erfasst werden kann.

Dazu sind zunächst genaue Kenntnisse der Verschleißursachen nötig. Zum einen kann ein Werteverzehr **technische** Ursachen haben, z.B. bei Korrosion oder Abnutzung, zum anderen können auch **wirtschaftliche** Gründe dafür verantwortlich sein, wie technischer Fortschritt, Preisverfall oder Fristablauf für Patente und Lizenzen. Von diesen Ursachen hängt es ab, ob der Werteverzehr auf den Gebrauch der Betriebsmittel zurückzuführen oder davon unabhängig ist. Dementsprechend unterscheidet man zwischen variablen Kosten (Gebrauchsverschleiß) und fixen Kosten (Zeitverschleiß).

Bei der Ermittlung der Abschreibungsbeträge müssen folgende Voraussetzungen geklärt werden:

- **Schätzung der Lebensdauer:** Bei einem falschen Ansatz der Lebensdauer werden für die einzelnen Berechnungsmethoden entsprechend falsche Kosten angenommen. Dies kann zu schwerwiegenden Fehleinschätzungen bei der Kalkulation führen und unter Umständen das ganze Unternehmen gefährden. Um eine möglichst genaue Lebensdauer anzusetzen, sind Erfahrungen mit ähnlichen Betriebsmitteln, Angaben der Hersteller, technische Verbrauchsmessungen und die steuerlichen AfA-Tabellen heranzuziehen.

- **Bestimmung des Liquidationswertes:** Der Liquidationswert ist der Wert des Anlagegutes am Ende seiner Nutzungszeit. Auch hier ist eine genaue Schätzung Voraussetzung für eine realistische Kostenerfassung innerhalb des Betriebes. Der Liquidationswert dient zur Ermittlung der **Abschreibungssumme**, die sich bei der kalkulatorischen Abschreibung aus der Differenz der Wiederbeschaffungskosten und dem Liquidationswert ergibt.
- **Schätzung des Wiederbeschaffungswertes:** Eine genaue Wertschätzung ist vor allem bei guten, langlebigen Wirtschaftsgütern schwer zu erreichen. Deshalb setzt man in der Praxis ersatzweise den aktuellen Tagespreis an. Der Wiederbeschaffungswert bildet bei der kalkulatorischen Abschreibung die **Abschreibungsbasis** (vgl. pagatorische Abschreibung: Abschreibungsbasis = Anschaffungs- oder Herstellungskosten)
- **Wahl der Abschreibungsmethode:** Im Gegensatz zur steuerrechtlichen oder bilanziellen Abschreibung ist in der Kostenrechnung die Abschreibungsmethode frei zu wählen. Zur Auswahl stehen die lineare Abschreibung, die Leistungsabschreibung, die degressive Abschreibung oder eine Kombination dieser Methoden.

Die Abschreibungsmethoden, die innerhalb der Kostenrechnung Verwendung finden, sind die:

lineare Abschreibung	degressive Abschreibung
Leistungsabschreibung	gespaltene Abschreibung

Bei der **linearen Abschreibung** wird der abzuschreibende Betrag gleichmäßig auf die Berechnungszeiträume verteilt, in denen das Betriebsmittel voraussichtlich genutzt wird. Es gilt:

$$\text{Jährlicher Abschreibungsbetrag} = \frac{\text{Abschreibungsbasis} - \text{Liquidationswert}}{\text{Anzahl der Nutzungsjahre}}$$

Nach Ablauf der Nutzungsdauer kann noch ein Liquidationswert verbleiben. Dieser muss zuvor vom abzuschreibenden Betrag (Abschreibungsbasis = Wiederbeschaffungskosten) abgezogen werden.

Beispiel 34: Eine Maschine mit Anschaffungskosten in Höhe von 280 000,- EUR soll innerhalb einer Nutzungsdauer von 6 Jahren linear bis auf einen geschätzten Liquidationswert von 30 000,- EUR abgeschrieben werden. Die durchschnittliche jährliche Preissteigerungsrate wird auf 8% geschätzt, die Wiederbeschaffungskosten betragen also nach Ablauf der Nutzungsdauer 444 325,- EUR (280 000,- EUR · $1,08^6$). Daraus ergibt sich ein Abschreibungsbetrag von 69 054,- EUR/Jahr ((444 325,- EUR - 30 000,- EUR) : 6 Jahre). Die folgende Abbildung zeigt den zeitlichen Verlauf der Abschreibung:

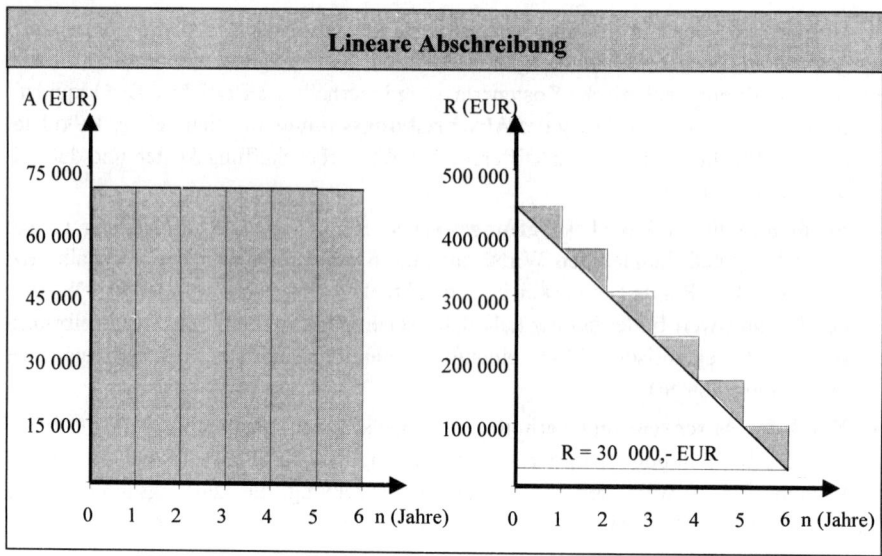

Abb. 50: Lineare Abschreibung

Die lineare Abschreibung hat den Vorteil, dass sie rechnerisch einfach zu handhaben ist. Bei einer relativ konstanten Beanspruchung der Betriebsmittel kann sie durchaus dem tatsächlichen Wertverlust entsprechen. Bei stark schwankender Nutzung weichen die theoretisch errechneten Abschreibungsbeträge aber zu weit vom tatsächlichen Werteverzehr ab. Damit würde man gegen das Kostenverursachungsprinzip verstoßen.

Die Nutzungsschwankungen innerhalb eines Unternehmens werden in der **Leistungsabschreibung** berücksichtigt. Um den jährlichen Abschreibungsbetrag zu bestimmen, ist es erforderlich, das gesamte **Nutzenpotential** des betreffenden Gutes einzuschätzen. Dieses Nutzenpotential wird üblicherweise in einer physikalischen Einheit ausgedrückt, die möglichst proportional zum technischen Verschleiß des jeweiligen Anlagegutes ist (z.B. die Gesamtlaufleistung eines Taxis in Kilometer oder die gesamte Ausbringungsmenge eines Webstuhls in laufende Meter Stoff).

Der Abschreibungsbetrag pro Nutzeneinheit ergibt sich dann aus dem Quotienten aus Abschreibungssumme dividiert durch gesamtes Nutzenpotential (Einheit z.B. EUR/km oder EUR/h). Der Abschreibungsbetrag der betrachteten Periode ist dann das Produkt aus dem Abschreibungsbetrag pro Nutzeneinheit und der Menge der beanspruchten Nutzeneinheiten der betreffenden Periode.

Die Leistungsabschreibung führt so zu einer verursachungsgerechten Erfassung des Gebrauchsverschleißes (vergleichbar mit variablen Kosten). Zur Berechnung des Zeitverschleißes (fixe Kosten) ist sie dagegen ungeeignet.

Beispiel 35: Ein 30-tonner LKW wurde im Januar 1991 angeschafft. Die Abschreibungssumme beträgt 740 000,- EUR; das gesamte Nutzungspotential wird auf 9 300 000 Tonnenkilometer geschätzt. Daraus ergibt sich der Abschreibungsbetrag pro Nutzeneinheit von 0,0796 EUR/Tonnenkilometer. Der Abschreibungsbetrag pro Periode ist abhängig von der jeweiligen Tonnenkilometerleistung und wird hier tabellarisch und graphisch dargestellt:

Jahr	Tonnenkilometer-Leistung	Abschreibung der Periode	Restwert am Periodenende	Restliches Nutzenpotential
1998	1 800 000	143 280,- EUR	596 720,- EUR	7 500 000
1999	2 560 000	203 776,- EUR	392 944,- EUR	4 940 000
2000	2 230 000	177 508,- EUR	215 436,- EUR	2 710 000
....	....	....	....	....

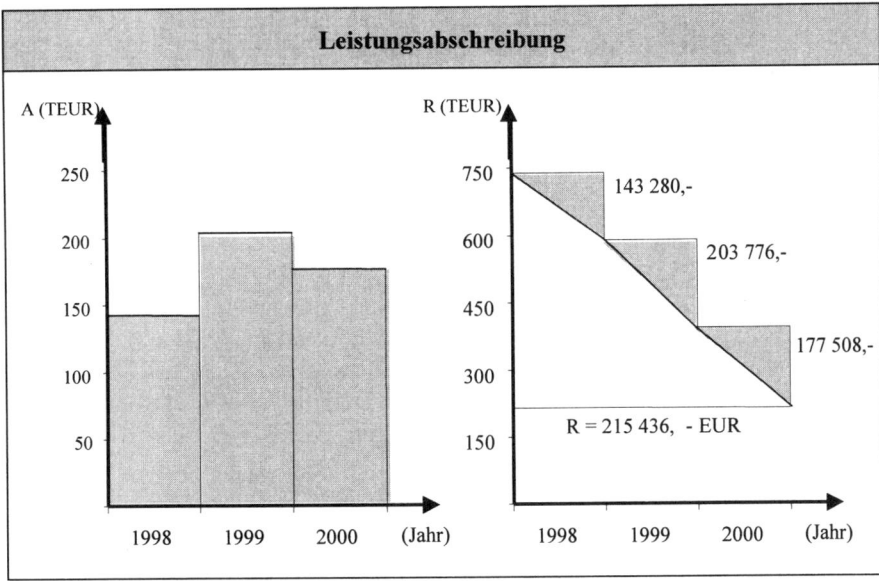

Abb. 51: Leistungsabschreibung

Um eine möglichst exakte Ermittlung beider Abschreibungsursachen zu erreichen, besteht die Möglichkeit der kombinierten Anwendung von linearer Abschreibung und Leistungsabschreibung. Diese Kombinationsmöglichkeit nennt man **gespaltene Abschreibung**. Dabei wird für jedes Betriebsmittel anteilig festgelegt, zu wie viel Prozent der abzuschreibende Betrag als Zeitverschleiß (also nach der linearen Abschreibungsmethode) und zu wie viel er als Gebrauchsverschleiß (nach der Methode der Leistungsabschreibung) abgerechnet wird.

Durch die gespaltene Abschreibung ist eine verursachungsgerechtere Zuordnung der Abschreibung auf die einzelnen Perioden möglich. Allerdings ist die prozentuale Aufteilung der Abschreibungsmethoden schwierig und lässt sich erst nach langjähriger Erfahrung mit dem jeweiligen Betriebsmittel realistisch abschätzen.

Bei der Methode der **degressiven Anschreibung** werden in den ersten Jahren der Abschreibung höhere Beträge eingesetzt als in den folgenden Jahren. Man unterscheidet zwischen der **geometrisch-degressiven** und der **arithmetisch-degressiven** Abschreibung. In der Fachliteratur findet man für letztere auch den Terminus der "digitalen Abschreibung".[58]

---

[58] Vgl. Moews, D.: Kosten- und Leistungsrechnung, a.a.O., S. 95.

Bei der geometrisch-degressiven Abschreibung wird vom jeweiligen Restwert, der nach jeder jährlichen Abschreibung übrigbleibt, ein konstanter Prozentsatz abgezogen. Das bedeutet, dass sich der Abschreibungswert jährlich verringert.

Die arithmetisch-degressive Abschreibung geht nicht von einem konstanten Prozentsatz aus, sondern von einem konstanten Betrag, um den der jährliche Abschreibungswert sinkt.

Beispiel 36: Eine Maschine mit einem Wiederbeschaffungswert von 40 000,- EUR, einem Restwert von 10 000,- EUR und einer Nutzungsdauer von fünf Jahren wird arithmetisch-degressiv abgeschrieben. Die folgende Abbildung zeigt den Abschreibungsverlauf:

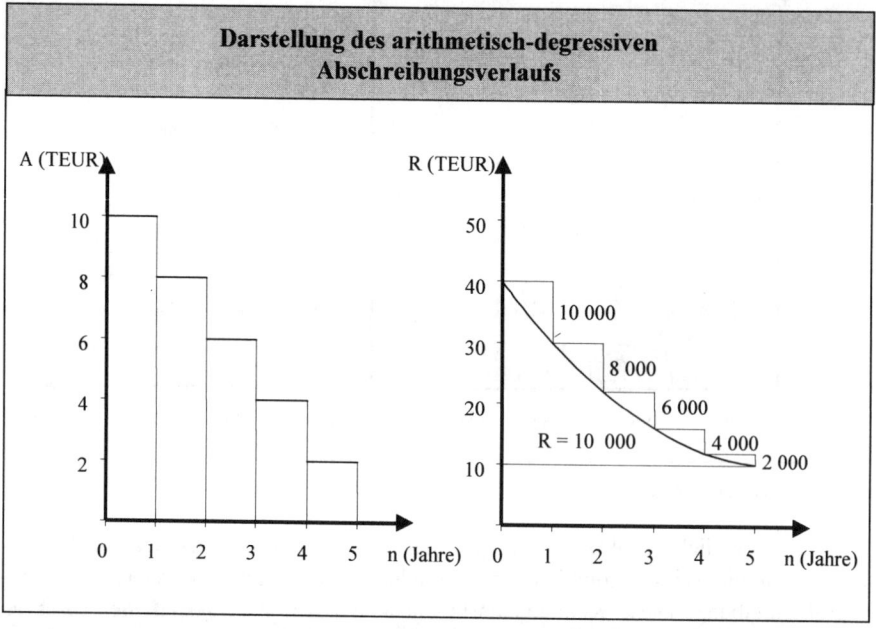

Abb. 52: Darstellung des arithmetisch-degressiven Abschreibungsverlaufs

Seitdem die arithmetisch-degressive Abschreibung steuerrechtlich nicht mehr zulässig ist, findet sie nur noch in der Kostenrechnung Anwendung. Sie eignet sich aber nur in bestimmten Fällen zur Erfassung des Zeitverschleißes. Da der Gebrauchsverschleiß dabei unberücksichtigt bleibt, muss die Methode der Leistungsabschreibung ergänzend hinzugezogen werden.

Zusammenfassend sollen nun die unterschiedlichen Aspekte der Abschreibung für beide Bereiche der Buchführung aufgezeigt werden. Dabei wird die kalkulatorische Abschreibung der kalkulatorischen Buchführung mit der bilanziellen bzw. der steuerlichen Abschreibung der pagatorischen Buchführung verglichen (siehe Abbildung auf der folgenden Seite):[59]

---

[59] Vgl. Eisele, W.: Technik des betrieblichen Rechnungswesens, a.a.O., S. 487 f.

Kriterium	Kalkulatorische Abschreibung	Bilanzielle Abschreibung	Steuerliche Abschreibung
Ziel	Erfassung des tatsächlichen Werteverzehrs	Bilanzpolitische Ziele (Verschleierung des Vermögens und des Gewinns)	Beeinflussung des zu versteuernden Gewinns
Gesetzliche Regelung	keine	§§ 253 ff. HGB	§ 7 EStG
Abschreibungsgrundwerte	Wiederbeschaffungswert	Anschaffungskosten oder Herstellungskosten	
Nutzungsdauer	frei wählbar, möglichst realistische Schätzung der Nutzungsdauer	Festlegung der Nutzungsdauer nach bilanzpolitischen Zielen	Nutzungsdauer richtet sich nach AfA-Tabellen
Abschreibungsverfahren	Alle Verfahren können angewandt werden	Abschreibungsverfahren müssen dem Grundsatz ordnungsgemäßer Buchführung entsprechen	Abschreibungsverfahren und -sätze werden durch Steuergesetze geregelt
Außerplanmäßige Abschreibung	würde in der Kostenrechnung stören, deshalb Ansatz von kalkulatorischen Wagnissen	nach § 253, 2 HGB erlaubt	nur bei linearer AfA erlaubt (§ 7 EStG), ansonsten Teilwertabschreibung möglich
Tatsächliche Nutzungsdauer größer als geschätzte Nutzungsdauer	Nach der Abschreibung des Grundwertes werden bis zum Ausscheiden der Anlage Abschreibungsbeträge in der bisherigen Höhe verrechnet	Nach der Abschreibung des Abschreibungsgrundwertes (Anschaffungs- oder Herstellungskosten) sind keine weiteren Abschreibungen möglich, Restbuchwert 1,- EUR	
Kapitalerhaltung	Erhaltung der Substanz	Erhaltung des nominellen Kapitals	

Abb. 53: Vergleich der kalkulatorischen, bilanziellen und steuerlichen Abschreibung[60]

3.4.2.2 Kalkulatorische Zinsen

In der Gewinn- und Verlustrechnung der pagatorischen Buchführung werden nur die Zinsen berücksichtigt, die für das Fremdkapital anfallen. In der Kostenrechnung müssen dagegen auch die Zinsen für das Eigenkapital verrechnet werden. Nur wenn die Zinsen

---

[60] Vgl. Wöhe, G./ Kaiser, H./ Döring, U.: Übungsbuch zur Einführung in die Allgemeine Betriebswirtschaftslehre, a.a.O., S. 488 f.

für das gesamte für die Leistungserstellung erforderliche Betriebskapital miteinberechnet werden, lassen sich die Kostenrechnungen zweier unterschiedlich finanzierter Unternehmen vergleichen. Wichtig ist die Zinskalkulation aber auch aus einem anderen Grund. Wenn ein Unternehmer sein Eigenkapital z.B. bei einer Bank anlegen würde, statt es in seinen Betrieb zu investieren, würde er bestimmte Zinsen dafür erhalten. Dieser Betrag muss in der Kostenrechnung als Kosten berücksichtigt werden (sog. **Opportunitätskosten**, der kalkulatorische Wertansatz wird vom Wert des entgangenen Nutzens bei einer Alternativverwendung bestimmt).

Die Voraussetzung für die kalkulatorische Zinsrechnung ist die Ermittlung des **betriebsnotwendigen Kapitals**. Dieses kann allerdings nicht ohne weiteres aus dem in der Bilanz aufgeführten Vermögen abgeleitet werden. Das Vermögen umfasst nämlich auch alle nicht-betriebsnotwendigen Vermögensteile, z.B. Wohnhäuser, Wertpapiere oder anderweitige Beteiligungen, also Vermögensteile, die nicht unmittelbar der Leistungserstellung dienen.

Zum **betriebsnotwendigen Anlagevermögen** gehören alle Anlagegüter, die dauernd zur betrieblichen Leistungserstellung dienen, also z.B. Werkshallen, Maschinen, Fuhrpark usw. Nicht betriebsnotwendige Anlagegüter sind z.B. Finanzanlagen (Beteiligungen) und vermietete Gebäude.

Das **betriebsnotwendige Umlaufvermögen** besteht aus den kurzfristig zum Betriebsvermögen gehörenden Gütern, also in der Hauptsache Betriebs-, Hilfs- und Rohstoffen sowie Forderungen und Zahlungsmitteln. Auch hier sind nicht betriebs-bedingte Posten (z.B. Wertpapiere des Umlaufvermögens) auszugliedern.

Zur Ermittlung des betriebsnotwendigen Kapitals wird vom betriebsnotwendigen Vermögen das **Abzugskapital** subtrahiert, das aus Kapitalposten besteht, die dem Unternehmen zinslos zur Verfügung stehen. Dies sind z.B. Kundenanzahlungen, Rückstellungen und Lieferantenkredite (Verbindlichkeiten) ohne Skontierungsmöglichkeit.

Nachdem das betriebsnotwendige Kapital festgestellt worden ist, erfolgt die zinsmäßige Bewertung, die unabhängig von der Kapitalherkunft (Fremd- oder Eigenkapital) und den effektiv gezahlten Zinsen vorgenommen wird. Dabei kann entweder der aktuelle Marktzins für Fremdkapital oder der Zinssatz für die bestmögliche, aber nicht gewählte Kapitalanlage zugrunde gelegt werden. Die kalkulatorischen Zinsen lassen sich nach zwei verschiedenen Verfahren errechnen:

- Bei der **Restwertverzinsung** hängt die Höhe der Zinsen vom jeweiligen kalkulatorischen Restwert ab, den die Anlagegüter am Ende des Abrechnungszeitraumes noch haben. Die kalkulatorischen Zinsen nehmen also im Laufe der Zeit ständig ab.

- Bei der **Durchschnittswertverzinsung** geht man dagegen von einem Mittelwert zwischen Neupreis und Schrottwert aus, der über alle Abrechnungsperioden während der gesamten Lebensdauer konstant bleibt.

Für alle Vermögensteile, die nicht dem Anlagevermögen, sondern dem Umlaufvermögen zugehören, z.B. Betriebsstoffe und Rohmaterialien, legt man den Durchschnittswert aus dem Wert des Anfangsbestandes und dem Wert des Endbestandes für den entsprechenden Berechnungszeitraum zugrunde (kalkulatorischer Mittelwert).

Beispiel 37: Die Berechnung des betriebsnotwendigen Kapitals soll hier mit fiktiven Zahlen exemplarisch dargestellt werden:

Betriebsnotwendiges Anlagevermögen	1 200 000,- EUR
+ Betriebsnotwendiges Umlaufvermögen	1 600 000,- EUR
= Betriebsnotwendiges Vermögen	2 800 000,- EUR
- Abzugskapital	280 000,- EUR
= Betriebsnotwendiges Kapital	2 520 000,- EUR

Bei einem Kalkulationszinssatz von 9,5% ergeben sich als monatliche kalkulatorische Zinsen 19 950,- EUR (2 520 000,- EUR · 9,5% : 12).

3.4.2.3 Kalkulatorische Wagnisse

Mit der Berechnung der **kalkulatorischen Wagnisse** versucht man, die finanziellen Risiken abzufangen, die sich in direktem Zusammenhang mit der Herstellung und dem Absatz der betrieblichen Leistung ergeben (**Einzelwagnisse** oder **spezielle Wagnisse**). In der Praxis werden zu diesem Zweck langfristige Durchschnittswerte für die verschiedenen Wagnisarten angesetzt und als eine Art Eigenversicherung in die Kostenrechnung aufgenommen. Die Voraussetzung für die wertmäßige Bestimmung der kalkulatorischen Wagnisse über einen längeren Zeitraum sind die tatsächlich eingetretenen Verluste. Man geht davon aus, dass sich Verluste in ähnlicher Größenordnung auch zukünftig einstellen. Mit folgenden speziellen Wagnissen muss ein Unternehmer rechnen:[61]

• **Beständewagnis:**	Inventurdifferenzen durch Feuer, Einbruch, Diebstahl, Verderb, Schwund und andere Wertminderungen der Bestände
• **Fertigungswagnis:**	Ausschuss, Nacharbeiten, Gewährleistungs- und Haftungsansprüche
• **Entwicklungswagnis:**	misslungene Forschungsarbeiten, Konstruktionen und Versuche im Rahmen des Fertigungsprogrammes
• **Vertriebswagnis:**	Transportschäden, Konventionalstrafen, Kulanznachlässe, Debitorenausfälle[62] und Währungsverluste
• **Anlagenwagnis:**	Brand, Explosion und Maschinenbruch
• **sonstige Wagnisse:**	Verluste in speziellen Branchen, z.B. Bergschäden, Flugzeugabstürze, Schiffsunglücke

---

[61] Vgl. Moews, D.: Kosten- und Leistungsrechnung, a.a.O., S. 102.
[62] Debitoren sind Schuldner, die Waren und Dienstleistungen auf Kredit bezogen haben.

Alle diese Wagnisse sind kaum realistisch einzuschätzen, da die tatsächlichen Wagnisverluste unregelmäßig und in unterschiedlicher Höhe anfallen; sie sind deshalb auch nicht im voraus eindeutig kalkulierbar. Aus diesem Grund setzt man zur Ermittlung von Wagniszuschlägen Erfahrungswerte an und ermittelt aus den jeweiligen Wagnisverlusten eines längeren Zeitraumes (z.B. 5 Jahre) einen Durchschnittswert. Die auf diese Weise ermöglichte gleichmäßige Verteilung von eigentlich unregelmäßig anfallenden Kosten wird dem sogenannten **Normalisierungsprinzip** gerecht.

Beispiel 38: In den letzten 5 Jahren betrug der Verlust an Rohstoffvorräten durch Verderb, Schwund, Diebstahl usw. im Durchschnitt 47 000,- EUR. Der durchschnittliche Rohstoffverbrauch lag im gleichen Zeitraum bei 1 680 000,- EUR. Daraus ergibt sich ein kalkulatorischer Beständewagniszuschlag als Quotient aus dem Verlust dividiert durch den Rohstoffverbrauch in Höhe von 2,8%. Dieser Zuschlag ist auf die in der Fertigung verbrauchten Rohstoffe als Wagniskosten aufzuschlagen. Bei einem Rohstoffverbrauch in Höhe von 100 000,- EUR müssen also in unserem Beispiel 2 800,- EUR Wagniskosten in der betreffenden Periode verrechnet werden.

Verlustrisiken, die über Versicherungen abgedeckt sind, werden nicht als kalkulatorische Wagniskosten erfasst, da die Versicherungsbeiträge bereits als Aufwendungen in die Buchführung eingehen. Das sogenannte **allgemeine Unternehmerwagnis**, das insbesondere darin besteht, dass der Markt die angebotenen Güter nicht abnimmt, ist ebenfalls kein Bestandteil der Wagniskosten; es wird über den Gewinn abgegolten.

3.4.2.4 Kalkulatorische Unternehmerlöhne

Eigentümer erhalten sowohl bei Einzelunternehmungen als auch bei Personengesellschaften kein offizielles Gehalt, sondern beziehen ihr Einkommen über den Gewinn. Dadurch fallen keine Aufwendungen in den Lohn- und Gehaltskonten an. In der Kostenrechnung wird dafür ein fiktiver Ansatz des Unternehmerlohns berücksichtigt. Personengesellschaften und Kapitalgesellschaften werden so erst vergleichbar. Bei der Festlegung des kalkulatorischen Unternehmerlohns können zwei verschiedene Verfahren angewandt werden. Zum einen besteht die Möglichkeit, das durchschnittliche Gehalt eines Geschäftsführers, der die gleiche Arbeitsleistung wie der Unternehmer erbringt, zugrundezulegen (direkte Bewertung), zum anderen kann man auch hier nach dem sogenannten **Opportunitätsprinzip** vorgehen. Dabei setzt der Unternehmer das Gehalt an, das er selbst in einer vergleichbaren Position in einem anderen Unternehmen verdienen könnte. Die kalkulatorischen Unternehmerlöhne stellen Zusatzkosten dar.

3.4.2.5 Kalkulatorische Miete

Kalkulatorische Mieten werden dann angesetzt, wenn der Unternehmer seine Privaträume für betriebliche Zwecke zur Verfügung stellt. Würde er seine Räumlichkeiten anderweitig vermieten, stünde ihm schließlich auch ein bestimmter Mietbetrag zu. Die Kosten, die das Unternehmen bei der betrieblichen Nutzung von Privaträumen für Mieten nicht aufwenden muss, müssen aber als Zusatzkosten in die Kostenrechnung aufgenommen werden (Opportunitätsprinzip). Für die Bewertung geht man von der ortsüblichen Durchschnittsmiete aus.

Kalkulatorische Mieten können auch als Anderskosten verbucht werden, wenn es sich um Räumlichkeiten des Unternehmens handelt. Statt der tatsächlichen Aufwendungen (Grundsteuer, Gebäudeversicherung, Gebäudeabschreibung, Hypothekenzinsen, Instandhaltungskosten) werden dabei ebenfalls die ortsüblichen Durchschnittsmieten veranschlagt. Werden allerdings Teile der tatsächlichen Aufwendungen für diese Räume in anderen Positionen verrechnet, muss die kalkulatorische Miete entsprechend verringert werden, um eine Doppelbelastung zu vermeiden.

3.4.3 Materialkosten

Zu den wichtigsten Kosten zählen die Material- bzw. Werkstoffkosten. Dazu gehören der Verbrauch von Roh-, Hilfs- und Betriebsstoffen, Fremdleistungen für eigene Erzeugnisse, Verschleißwerkzeuge und Verpackungsmaterialien. Es gilt:

$$\text{Materialkosten} = \text{mengenmäßiger Verbrauch} \cdot \text{Preis}$$

Zur Ermittlung der Materialkosten muss also im ersten Schritt die verbrauchte Menge ermittelt werden; erst dann erfolgt die Bewertung mit Preisen. Man unterscheidet drei verschiedene Methoden zur Feststellung des mengenmäßigen Verbrauches:[63]

1) **Inventurmethode**: Sie stellt die einfachste Methode dar.

	Anfangsbestand laut Inventur
+	Zugang laut Lagerkonto
-	Endbestand laut Inventur
=	Materialverbrauch

2) **Fortschreibungsmethode**: Der Materialverbrauch, der durch Materialentnahmescheine bei der Materialausgabe erfasst wird, ist jederzeit durch Addition dieser Materialentnahmescheine ablesbar.

	Anfangsbestand laut Inventur
+	Zugang laut Lagerkonto
-	Abgang laut Materialentnahmeschein
=	Lagersollbestand

3) **Rückrechnungsmethode**: Ausgehend von der Zahl der Halb- und Fertigprodukte lässt sich der Materialverbrauch zurückrechnen.

	Materialverbrauch pro Produkt
·	Anzahl der Produkte
=	Materialverbrauch insgesamt

---

[63] Vgl. Eisele, W.: Technik des betrieblichen Rechnungswesens, a.a.O., S. 523 f.

Die Inventurmethode hat mehrere Nachteile und findet in der Praxis deshalb nur noch selten Anwendung. Zum einen lässt sich nicht feststellen, für welchen Kostenträger und welche Kostenstelle die Materialentnahme erfolgte. Außerdem können Lagerverluste, wie sie z.B. durch Diebstahl oder Verderben entstehen, nicht festgestellt werden. Diese Methode ist insgesamt sehr arbeitsintensiv, da der Materialverbrauch nur durch körperliche Inventur messbar ist. Um einen kurzfristigen Überblick zu erhalten, müsste die Inventur mehrmals im Jahr durchgeführt werden.

Bei der Fortschreibungsmethode kann dagegen auf der Grundlage der Lagerkartei eine permanente Inventur durchgeführt werden. Dies bedeutet eine wesentliche Entlastung im Vergleich zur Inventurmethode. Die Rückrechnungsmethode ist zwar vergleichsweise einfach in der Durchführung, sie ermöglicht aber keine genaue Feststellung des Materialverbrauchs, da das Gemeinkostenmaterial nicht auf einzelne Kostenträger aufgeteilt werden kann. Wie bei der Inventurmethode können auch hier Lagerverluste nicht erfasst werden.

Um über den Materialverbrauch zu den Materialkosten zu kommen, muss der Preis berechnet werden. Zu diesem Zweck gibt es zwei Verfahren, das Istpreis-Verfahren und das Festpreis-Verfahren. Beim **Istpreis-Verfahren** wird nach jeder Materiallieferung ein neuer Durchschnittspreis ermittelt, indem der Gesamtwert des Bestandes durch den vorhandenen gesamten Mengenbestand dividiert wird (vgl. permanente Durchschnittswertermittlung, Abschnitt 2.3.2.2).

Demgegenüber hat das **Festpreis-Verfahren** den Vorteil, dass über eine Abrechnungsperiode ein konstanter Preis angenommen wird, mit dem sich einfacher kalkulieren lässt. Die Abweichungen zu den tatsächlichen Istpreisen, die dabei auftreten, werden in der Buchhaltung über das Konto "Preisdifferenzen" ausgeglichen. Dieses Verfahren hat sich in der Praxis durchgesetzt.

3.4.4 Personalkosten

Die Personalkosten lassen sich unterteilen in Löhne, Gehälter, Sozialkosten und sonstige Personalkosten. Dabei können Löhne sowohl **Einzelkosten** als auch **Gemeinkosten** darstellen. Einzelkosten sind z.B. Fertigungslöhne, die direkt bestimmten Erzeugnissen zugerechnet werden können. Im Gegensatz dazu sind beispielsweise Verwaltungslohnkosten Gemeinkosten, da sie sich nicht eindeutig einem Produkt zuordnen lassen. Die Aufteilung in Einzel- und Gemeinkosten ist für die Weiterverwendung in der Kostenträger- und Kostenartenrechnung notwendig.

Die Erfassung der Personalkosten geschieht in der Lohnbuchhaltung z.B. über Gehaltslisten, Zeitlohn- und Akkordscheine oder Stempelkarten. Schwierig ist dabei einzig die Verteilung der Urlaubs-, Krankheits- und Feiertagslöhne bzw. -gehälter über das Jahr. Durch saisonal bedingte überdurchschnittlich hohe Urlaubsgeldzahlungen in den Sommermonaten ist es z.B. problematisch, das tatsächliche Betriebsergebnis in dieser Zeit zu ermitteln.

3.4.5 Fremdleistungskosten

Zu den Fremdleistungskosten zählen Kosten, die durch Mieten, Pachten, Gebühren, Instandhaltung, Frachten oder sonstige Fremdleistungen anfallen. Da für jede in Anspruch genommene Fremdleistung auch ein entsprechender Beleg vorliegt, der in der Finanzbuchhaltung erfasst worden ist, sind diese Kosten leicht zu berechnen. Allenfalls müssen Kosten, die für einen längeren Zeitraum auf einmal gezahlt werden, auf die jeweilige Abrechnungsperiode umgelegt werden.

3.4.6 Abgrenzungsrechnung

Die Abgrenzungsrechnung dient zur Trennung der neutralen von den mit der Erstellung und dem Absatz der Betriebsleistung zusammenhängenden Aufwendungen und Erträgen der Geschäftsbuchführung.[64] Dadurch soll erreicht werden, dass die neutralen Aufwendungen und Erträge aus der Kostenrechnung herausgehalten werden (neutrales Ergebnis).

Die betrieblichen Aufwendungen und Erträge, die in der Kostenrechnung mit einem anderen Betrag angesetzt werden sollen als in der Geschäftsbuchführung (der pagatorischen Buchführung), müssen neu errechnet werden. Diese anderen Beträge werden **Anderskosten bzw. Andersleistungen** genannt.

Gleichzeitig müssen dem Berechnungssystem diejenigen Kosten und Leistungen hinzugefügt werden, denen in der pagatorischen Buchhaltung keine Aufwendungen und Erträge gegenüberstehen. Diese nennt man **Zusatzkosten bzw. Zusatzleistungen**. Ziel ist es, nur Kosten und Leistungen zu erhalten, die für den internen Erfolg einer Periode von Belang sind.

Der Zusammenhang zwischen pagatorischem Gesamterfolg, neutralem Erfolg und Betriebserfolg lässt sich folgendermaßen darstellen:

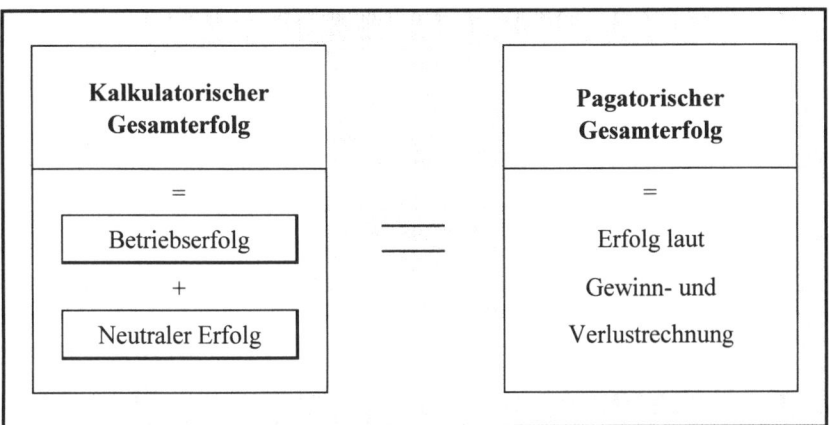

Abb. 54: Kalkulatorischer und pagatorischer Erfolg

---

[64] Als neutrale oder unternehmensbezogene Aufwendungen und Erträge bezeichnet man außerordentliche oder betriebs- bzw. periodenfremde Aufwendungen und Erträge.

3.5 Kostenstellenrechnung

Mit Kostenstellen sind die Orte der Kostenentstehung gemeint. Die Kostenstellenrechnung hat die Aufgabe, alle Kosten (genaugenommen alle Gemeinkosten) aus der Kostenartenrechnung, die nicht unmittelbar der betrieblichen Leistung (Kostenträger) zugerechnet werden können, über die Kostenstellen weiterzuverrechnen. Das Rechnungssystem wird dabei in zwei Bereiche unterteilt. Die abrechnungstechnische Seite dient der Kostenverrechnung auf die verschiedenen Kostenträger. Dabei versucht man, die anfallenden Gemeinkosten den jeweiligen Kostenstellen nach verursachungsgerechten Gesichtspunkten zuzuordnen. In einem zweiten Schritt erfolgt die Zurechnung der Kostenstellenkosten auf die Kostenträger innerhalb der Kostenstelle. Die organisatorische Seite übernimmt die Kostenkontrolle, sie prüft, ob die Kostenvorgaben eingehalten werden.

Die **Kostenartenrechnung** bildet die Vorstufe für die Kostenstellenrechnung. Die Einzelkosten, die sich in der Kostenartenrechnung ergeben, können den Kostenträgern unmittelbar zugeschrieben werden. Bei den Gemeinkosten ist das nicht möglich, da sie sich immer auf mehrere Kostenträger verteilen. Die Aufsplittung der Gemeinkosten im Verhältnis zu den Einzelkosten der verschiedenen Kostenträger setzt ein proportionales Verhältnis von Einzel- und Gemeinkosten voraus, das in der Realität nur selten gegeben ist.

Beispiel 39: Zwei Produkte, A und B, werden auf der gleichen Maschine hergestellt, bei der die Gemeinkosten 1000,- EUR im Monat betragen. Die Einzelkosten für Produkt A wurden mit 300,- EUR, für Produkt B mit 150,- EUR pro Monat errechnet. Das Verhältnis der Einzelkosten ist demnach 2:1. Der Kostenträger Produkt A würde also zwei Drittel der Gemeinkosten übernehmen, demnach 666,66 EUR, der Kostenträger Produkt B ein Drittel, 333,33 EUR. Dabei wird vorausgesetzt, dass die Beanspruchung der Maschine sich bei der Herstellung der beiden Produkte ebenfalls gleichmäßig im Verhältnis 2:1 verteilt. Nur dann ist auch eine Proportionalität zwischen Einzel- und Gemeinkosten gegeben.

In der Realität muss i.d.R. davon ausgegangen werden, dass unterschiedliche Produkte die verschiedenen Betriebsabteilungen (Kostenstellen) auch unterschiedlich stark in Anspruch nehmen. In diesem Fall greift man auf die **Kostenstellenrechnung** zurück.

Die Gemeinkosten der Kostenartenrechnung werden aufgeteilt in **Kostenstellen-Einzelkosten**, die sich direkt den Kostenstellen zuordnen lassen (z.B. stellt der Meisterlohn für den Montagemeister in Bezug auf die Kostenstelle "Montage" Einzelkosten dar, obwohl er in der Kostenartenrechnung zu den Gemeinkosten zählt), und **Kostenstellen-Gemeinkosten** (z.B. Steuern und Versicherungsprämien), die für das gesamte Unternehmen entstehen und mit Hilfe von **Verteilungsschlüsseln** den Kostenstellen zugeordnet werden. Die Kostenstellen-Gemeinkosten müssen dabei so verteilt werden, wie es der Beanspruchung der Kostenstelle (der Maschine oder Abteilung) durch die Kostenträger (die Erzeugnisse) entspricht. Die Aufteilung der Kosten aus der Kostenartenrechnung auf Kostenstellen und Kostenträger lässt sich in Form einer Graphik darstellen:

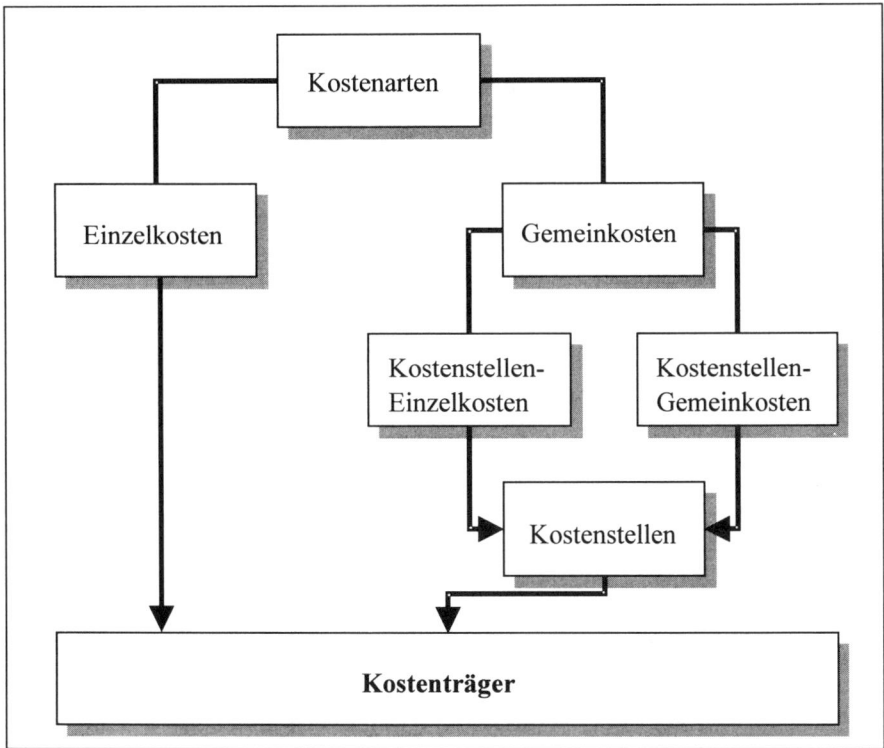

Abb. 55: Zusammenhang zwischen Kostenarten-, Kostenstellen- und Kostenträgerrechnung[65]

3.5.1 Die Kostenstellen

Als Kostenstellen kommen alle betrieblichen Bereiche in Frage, die eine organisatorische Einheit bilden. Abhängig von der Größe des Unternehmens und der gewünschten Genauigkeit bei der Ermittlung der betrieblichen Kostenstruktur ist die Einteilung in Kostenstellen mehr oder weniger fein aufzugliedern. Üblich ist z.B. die Gliederung nach Abteilungen; eine sehr feine Gliederung, die dann auch entsprechend aufwendig ist, ist die Gliederung in einzelne Arbeits- oder Maschinenplätze (Kostenplätze). Die Kostenstellen lassen sich nach mehreren Gesichtspunkten ordnen. Die wichtigste Einteilung geht nach den Funktionen im Unternehmen vor:

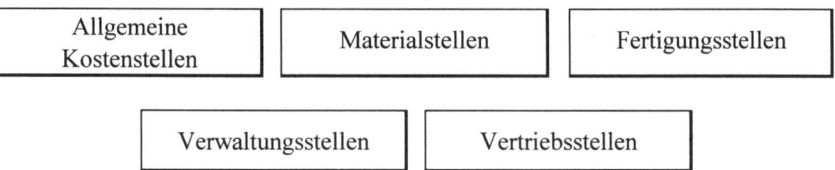

Die Leistungen, die dem gesamten Betrieb zugutekommen, nennt man **allgemeine Kostenstellen**. Als Beispiele wären in diesem Zusammenhang die Strom- und Wasser-

---

[65] Vgl. Schmolke, S./ Deitermann, M.: Industrielles Rechnungswesen, a.a.O., S. 297.

versorgung des Unternehmens und soziale Einrichtungen wie die Werkskantine zu nennen. Die Bereiche Beschaffung und Annahme sowie Prüfung, Lagerung und Ausgabe der Roh-, Hilfs- und Betriebsstoffe werden den **Materialstellen** untergeordnet. **Fertigungsstellen** befassen sich mit der eigentlichen Leistungserstellung des Unternehmens. In diesen Bereich fallen z.B. Fräserei oder Schlosserei, Vor- und Endmontage oder die Abnahme. Die **Verwaltungsstellen** umfassen die Geschäftsführung, das Rechnungswesen und andere Verwaltungsbereiche. Mit der Lagerung, dem Verkauf und dem Versand der fertigen Produkte beschäftigen sich die **Vertriebsstellen**. Dazu gehören beispielsweise die Werbeabteilung, Expedition[66], das Absatzlager, der Verkauf und der Kundendienst.

Die Kostenstellen werden außerdem nach der Art der Abrechnung in Hilfskosten-, Nebenkosten- und Hauptkostenstellen unterschieden. **Hilfskostenstellen** sind solche Stellen, deren Kosten nicht direkt auf die Kostenträger, sondern erst auf andere Hilfs- oder Hauptkostenstellen umgelegt werden.[67] Auch die Allgemeinkostenstellen sind Hilfskostenstellen. Des weiteren gibt es spezielle Fertigungshilfskostenstellen, die ausschließlich von den Fertigungskostenstellen in Anspruch genommen werden, z.B. die Arbeitsvorbereitung, Lohnbüros, Konstruktionsabteilungen und Reparaturwerkstätten.

Hauptkostenstellen verrechnen ihre Kosten dagegen direkt auf die Kostenträger, so die Material-, Fertigungs-, Verwaltungs- und Vertriebsstellen. **Nebenkostenstellen** werden genau wie Hauptkostenstellen unmittelbar einem Kostenträger zugeordnet. Der Unterschied besteht nur darin, dass sie sich auf die Fertigung von Nebenprodukten beziehen, die Hauptkostenkostenstellen dagegen auf die Hauptprodukte des Unternehmens. Folgendes Schema mag diesen Zusammenhang verdeutlichen:

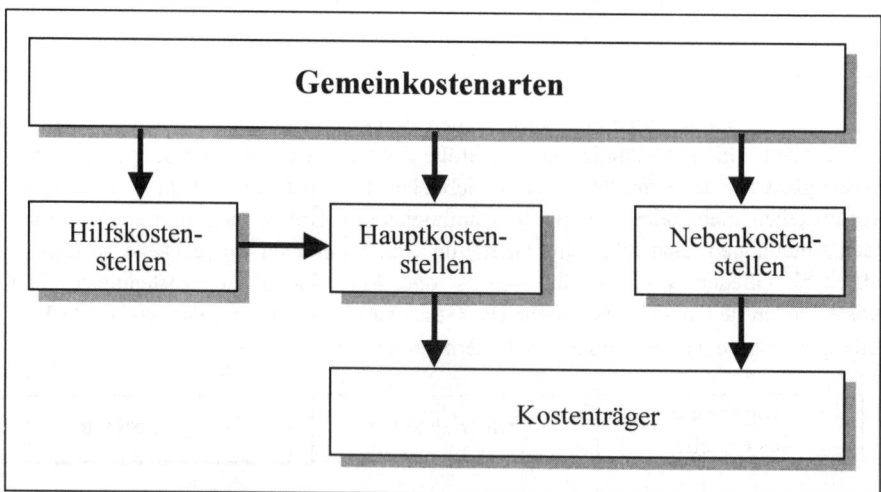

Abb. 56: Verteilung der Gemeinkosten über die Kostenstellen auf die Kostenträger

Aus abrechnungstechnischen Gründen wird eine weitere Gliederung in Vor- und Endkostenstellen vorgenommen. **Vorkostenstellen** sind immer anderen Kostenstellen

---

[66] Expedition, abgeleitet vom lat. "expeditio" = Erledigung, bedeutet in diesem Zusammenhang die Versandabteilung eines Unternehmens.
[67] Vgl. Haberstock, L.: Grundzüge der Kosten- und Erfolgsrechnung, a.a.O., S. 85.

vorgeschaltet, während die **Endkostenstellen** jeweils das letzte Glied in der Kette sind. Alle Fertigungskostenstellen sowie Verwaltungs- und Vertriebsstellen sind Endkostenstellen.

Hilfskostenstellen und Fertigungshilfskostenstellen sind Vorkostenstellen. Die Anzahl von Kostenstellen in einem Unternehmen sollte nicht zu hoch sein, da sich damit immer auch ein erhöhter Arbeitsaufwand verbindet, was wiederum höhere Kosten für das Unternehmen bedeutet.

Über ein bestimmtes Zuordnungssystem, den sogenannten **Verteilungsschlüssel**, werden die Kostenarten auf die entsprechenden Kostenstellen verteilt. Gleichzeitig rechnet man die Gemeinkosten über Maßzahlen, auch **Schlüsselgrößen** genannt, auf die einzelnen Kostenträger um. Dazu ist wichtig, dass sinnvolle, möglichst verursachungsgerechte Maßzahlen gewählt werden. Unterschieden werden **Werteschlüssel** (z.B. Löhne, Einzelmaterialkosten, Herstellungskosten) und **Mengenschlüssel** (z.B. Gewicht, Fläche, Rauminhalt, Fertigungs- oder Maschinenstunden). In der Praxis besteht jedoch das Problem, geeignete Bezugsgrößen zu finden. Zum einen sollen diese Schlüssel proportional zur Kostenverursachung sein, zum anderen darf der Arbeitsaufwand zur Messung dieser Bezugsgrößen aus wirtschaftlichen Gründen nicht zu groß sein.

Am Beispiel der Heizkostenverrechnung lässt sich diese Schwierigkeit aufzeigen. Werden die Heizkosten nach der Fläche der beheizten Räume aufgeteilt, so ist dies nur dann verursachungsgerecht, wenn die Räume die gleiche Deckenhöhe haben. Schlüsselt man die Kosten über das Raumvolumen auf, so setzt das zumindest eine gleiche Raumtemperatur in allen Räumen voraus. Fertigungshallen z.B. haben aber oft eine niedrigere Raumtemperatur als Verwaltungsbüros. Auch die Anzahl der Heizkörper pro Raum ist kein verursachungsgerechter Schlüssel zur Verteilung der Heizkosten, weil in der Regel sehr unterschiedliche Heizkörper betrieben werden. Meistens nimmt man die Nachteile der Raumflächen-Aufschlüsselung in Kauf, weil auf diese Weise die Kostenverrechnung recht einfach durchgeführt werden kann. Aufwendige Wärmemess-verfahren wären teurer als die so möglicherweise entstehenden Fehlbeträge durch Ungenauigkeiten.

Einige **Bezugsgrößen**, die in der Praxis am häufigsten verwendet werden, sind:

- für Mietkosten: Raumflächen, Rauminhalt
- für Beleuchtungskosten: Anzahl oder Leistung der Lichtquellen
- für Maschinen-Energiekosten: installierte Leistung und Betriebsdauer
- für gesetzliche Sozialkosten: Lohn- und Gehaltssummen
- für freiwillige Sozialleistungen: Lohn- und Gehaltssummen oder Anzahl der Beschäftigten
- für Büromaterialkosten: Anzahl der Angestellten
- für Versicherungsprämien: Versicherungswerte

3.5.2 Die Verrechnung innerbetrieblicher Leistungen

Der Betrieb erstellt i.d.R. nicht nur Leistungen, die für den Absatz bestimmt sind, sondern auch Leistungen, die innerhalb des Betriebes weiterverwendet werden. Diese innerbetrieblichen Leistungen können z.B. selbsterstellte Anlagen, Reparaturleistungen oder selbsterzeugte Energie sein. Man unterscheidet hier zwischen:

- **aktivierbaren Leistungen** (z.B. Maschinen, Anlagen und Werkzeuge), die zu Herstellungskosten in die Bilanz eingehen und in der Kostenrechnung während ihrer Erstellung als Kostenträger und danach wie alle von außen beschafften Güter behandelt werden (Abschreibung usw.), und

- **nicht aktivierbaren Leistungen** (z.B.: Energieversorgung), die sofort zwischen den Kostenstellen verrechnet werden müssen.

Problematisch ist die Behandlung von nicht aktivierbaren Leistungen dann, wenn zwischen den beteiligten Kostenstellen ein Leistungsaustausch stattfindet; wenn also z.B. zwei Kostenstellen gegenseitig Leistungen voneinander empfangen. In diesem Fall kann keine der beiden Kostenstellen abgerechnet werden, da die Kosten der jeweils von der anderen Kostenstelle empfangenen Leistung nicht bekannt sind.

Zur Lösung dieser Problematik wurden Verfahren zur innerbetrieblichen Leistungsverrechnung entwickelt, die zur Ermittlung von sogenannten **Verrechnungspreisen** dienen. Die ermittelten Verrechnungspreise erlauben auch einen Vergleich der Kosten für die Eigenleistung mit den entsprechenden Fremdleistungskosten (z.B. für Strom oder Reparaturen) und damit ein Urteil darüber, ob ein Fremdbezug der Leistung wirtschaftlicher wäre. Die bekanntesten Verfahren sind:

- Das **Kostenartenverfahren**, das nur die Einzelkosten der Leistung erfasst und diese als Gemeinkosten auf die anderen Kostenstellen verrechnet.

- Die **Kostenstellenumlageverfahren**, die die gesamten Gemeinkosten der Hilfskostenstellen erfassen und als sogenannte sekundäre Gemeinkosten auf die Hauptkostenstellen verrechnen. Zu den Kostenstellenumlageverfahren gehören das Anbau-verfahren und das Stufenleiterverfahren.

- Das **Kostenstellenausgleichsverfahren**, das ähnlich wie das Kostenartenverfahren die Einzelkosten der innerbetrieblichen Leistung erfasst und weiterverrechnet, zusätzlich aber eine Gemeinkostenverrechnung zwischen leistender und empfangender Kostenstelle vorsieht.

- Das **Kostenträgerverfahren**, das die innerbetrieblichen Leistungen wie Kostenträger behandelt und wie Absatzleistungen berechnet.

- Das **Gleichungsverfahren**, das mit einem linearen Gleichungssystem arbeitet und daher auch als **mathematisches Verfahren** bezeichnet wird.

Außer bei dem Gleichungsverfahren wird bei allen anderen genannten Verfahren der gegenseitige Leistungsaustausch zwischen verschiedenen Kostenstellen nur ungenügend berücksichtigt, daher soll hier nur dieses Verfahren näher beschrieben werden.

Zunächst unterscheidet man beim Gleichungsverfahren die Kosten in **primäre Kosten**, das sind die aus der Betriebsbuchführung entnommenen und auf die Kostenstellen verteilten Gemeinkosten, und **sekundäre Kosten**, die durch die innerbetrieblichen Leistungen anfallen und auf die betreffenden Kostenstellen verrechnet werden. Der Grundgedanke des mathematischen Verfahrens ist nun, dass die Summe der von einer Kostenstelle insgesamt erbrachten Leistung gleich der Summe ihrer verbrauchten primären und sekundären Kosten ist. Damit erhält man ein lineares Gleichungssystem, in dem die Höhe der primären Kosten und die ausgetauschten Leistungen der Menge nach bekannt sind, die sekundären Kosten und damit die Verrechnungspreise dagegen als Unbekannte auftreten.

Beispiel 40: In einem Unternehmen werden die folgenden Hilfskostenstellen mit den angegebenen Zahlen abgerechnet:

Hilfskostenstelle	Strom	Wasser	Reparatur
Summe der primären Kosten	1 800,- EUR	3 600,- EUR	6 000,- EUR
Insgesamt erbrachte Leistung	12 000 kWh	3 200 m³	140 Std.
Empfangene Leistungseinheiten: - Strom - Wasser - Reparatur	-- 160 m³ --	1 200 kWh -- --	2 000 kWh 100 m³ 15 Std.

Daraus ergibt sich folgendes Gleichungssystem (Matrix):

Hilfskostenstelle	Wert der ges. Leistung	Primäre Kosten	Stromkosten K_{Str}	Wasserkosten K_W	Reparaturkosten K_{Rep}
Strom	12 000 K_{Str} =	1 800,- EUR +	0 +	160 +	0
Wasser	3 200 K_W =	3 600,- EUR +	1 200 +	0 +	0
Reparatur	140 K_{Rep} =	6 000,- EUR +	2 000 +	100 +	15

Die Auflösung dieses Gleichungssystems ergibt folgende Verrechnungspreise für Strom, Wasser und Reparaturen:

$$K_{Str} = 0,17 \text{ EUR/kWh}$$
$$K_W = 1,19 \text{ EUR/m}^3$$
$$K_{Rep} = 51,60 \text{ EUR/Std.}$$

Das mathematische Verfahren erlaubt so eine exakte Ermittlung der Verrechnungspreise, bei einer größeren Anzahl von Gleichungen ist jedoch der Einsatz eines Rechners (Computers) unumgänglich. Die mathematische Exaktheit dieses Verfahrens sollte jedoch nicht darüber hinwegtäuschen, dass die zugrunde gelegten Werte (insbesondere die Gemeinkosten) von einer gewissen Willkür geprägt sind, da eine völlig verursachungsgerechte Kostenzuweisung meist unmöglich ist.

3.5.3 Der Betriebsabrechnungsbogen

Die Kostenstellenrechnung kann sowohl über die Buchführung als auch statistisch durchgeführt werden. Die Buchführungsmethode ist mit einem sehr hohen Aufwand verbunden und eignet sich nur für kleinere Betriebe mit wenigen Kostenstellen.

In der Praxis ist daher die statistische Methode am gebräuchlichsten. Dabei werden die Kosten mithilfe des **Betriebsabrechnungsbogens (BAB)** in tabellarischer Form erfasst, wobei die Kostenarten üblicherweise vertikal und die Kostenstellen horizontal aufgeführt werden. Man nennt dieses Verfahren, das heute meist EDV-gestützt durchgeführt wird, deshalb **tabellarische Kostenstellenrechnung**.

Der Betriebsabrechnungsbogen erfüllt die folgenden Aufgaben:

- Verteilung der Gemeinkosten aus der Kostenartenrechnung auf die Kostenstellen nach einem möglichst verursachungsgerechten Verteilungsschlüssel.

- Umlage der Kosten von den allgemeinen Kostenstellen auf die nachgelagerten Kostenstellen.

- Umlage der Kosten von den Hilfskostenstellen auf die entsprechenden Hauptkostenstellen.

- Ermittlung von Fertigungs-, Material-, Verwaltungs- und Vertriebszuschlagssätzen.

Die Vorgehensweise bei der Bearbeitung der Kostenstellenrechnung mittels des Betriebsabrechnungsbogens kann man in fünf Arbeitsschritte aufteilen. (Zum besseren Verständnis ist auf Seite 1095 ein Beispiel für einen Betriebsabrechnungsbogen wiedergegeben.)

1. Zuerst werden die primären Gemeinkosten aus der Kostenartenrechnung auf alle Kostenstellen verteilt. Die Kostenstellen-Einzelkosten werden dabei direkt und die Kostenstellen- Gemeinkosten nach den in Abschnitt 3.5.1 beschriebenen Verteilungsschlüsseln auf die einzelnen Kostenstellen umgelegt. Die senkrechte Addition der Spalten ergibt damit die Summe der primären Gemeinkosten der jeweiligen Kostenstelle (vgl. Zeile 16 im BAB auf Seite 1095).

2. Danach werden die so ermittelten Gemeinkosten der allgemeinen Kostenstellen auf die nachgelagerten Kostenstellen umgelegt. Dabei wendet man eines der in Abschnitt 3.5.2 genannten Verfahren an.

3. Die Gemeinkosten der Hilfskostenstellen werden auf die zugehörigen Hauptkostenstellen umgelegt; die Addition der Spalten ergibt nun die gesamten Gemeinkosten der Kostenstellen (vgl. Zeile 21 im BAB auf Seite 1095).

4. Durch die Addition der Einzel- und Gemeinkosten je Fertigungsstelle erhält man die gesamten Fertigungskosten der jeweiligen Stelle.

5. Im letzten Schritt werden die Gemeinkostenzuschlagssätze aus der Relation zwischen den jeweiligen Gemeinkosten und einer geeigneten Bezugsgröße (Lohneinzelkosten, Materialkosten, Herstellungskosten, Maschinenstunden usw.) ermittelt.

Die Ermittlung der **Gemeinkostenzuschlagssätze** soll hier etwas ausführlicher geschildert werden: Da die einzelnen Kostenträger Leistungen verschiedener Kostenstellen beanspruchen, müssen die Erzeugnisse einen Anteil der Kosten tragen, die für die jeweiligen Kostenstellen ermittelt wurden. Dazu werden die Gemeinkosten durch eine verursachungsgerechte Bezugsgröße (Schlüsselgröße) dividiert.

$$\text{Gemeinkostenzuschlagssatz} = \frac{\text{Gemeinkosten} \cdot 100}{\text{Schlüsselgröße}}$$

Auf unser Beispiel für einen BAB bezogen, bieten sich als Schlüssel für Material- und Fertigungszuschlagkosten Materialeinzel- und Fertigungseinzelkosten an. Den Verwaltungs- und Vertriebskostenzuschlägen stehen praktisch keine Einzelkosten gegenüber. Ersatzweise verwendet man hier die Herstellungskosten der Erzeugnisse als Schlüsselgröße.

$$\text{Materialgemeinkosten-Zuschlagssatz} = \frac{\text{Materialgemeinkosten}}{\text{Materialeinzelkosten}} \cdot 100$$

$$\text{Fertigungsgemeinkosten-Zuschlagssatz} = \frac{\text{Fertigungsgemeinkosten}}{\text{Fertigungseinzelkosten}} \cdot 100$$

$$\text{Verwaltungsgemeinkosten-Zuschlagssatz} = \frac{\text{Verwaltungsgemeinkosten}}{\text{Herstellungskosten}} \cdot 100$$

$$\text{Vertriebsgemeinkosten-Zuschlagssatz} = \frac{\text{Vertriebsgemeinkosten}}{\text{Herstellungskosten}} \cdot 100$$

Die Materialgemeinkosten ergeben sich aus der Summe der Werte, die im BAB unter "Kostenstellen" in der Spalte "Materialstellen (M)" aufgeführt sind. Entsprechend folgen aus den Spalten "Fertigungsstellen (F), (G) und (H)", "Verwaltung (N)" und "Vertrieb (O)" die übrigen Gemeinkosten. Für die gegebenen Werte ergeben sich folgende Zuschlagskostensätze (als Beispiel für einen Fertigungsgemeinkosten-Zuschlagssatz wird hier die Berechnung für die Dreherei gezeigt):

$$\text{Materialgemeinkosten-Zuschlagssatz} = \frac{706,-}{12\,300,-} \cdot 100\,\% = 5{,}74\,\%$$

$$\text{Fertigungsgemeinkosten-Zuschlagssatz}_{(\text{Dreherei})} = \frac{1\,675,-}{1\,100,-} \cdot 100\,\% = 152{,}3\,\%$$

Zur Berechnung der Verwaltungs- und Vertriebskostenzuschläge müssen zunächst die Herstellungskosten aus den Material- und Fertigungskosten ermittelt werden. Die Fertigungseinzelkosten ergeben sich hierbei aus den Fertigungslöhnen:

Ermittlung der Herstellungskosten	
Materialeinzelkosten	12 300,-
+ Materialgemeinkosten	706,-
+ Fertigungseinzelkosten	3 700,-
+ Fertigungsgemeinkosten	5 462,-
= Herstellungskosten	22 168,-

$$\text{Verwaltungsgemeinkosten-Zuschlagssatz} = \frac{1\,207,-}{22\,168,-} \cdot 100\,\% = 5{,}44\,\%$$

$$\text{Vertriebsgemeinkosten-Zuschlagssatz} = \frac{1\,345,-}{22\,168,-} \cdot 100\,\% = 6{,}07\,\%$$

Die errechneten Gemeinkostenzuschläge stellen für den nächsten Berechnungszeitraum die Basis für sogenannten **Vorkalkulationen** dar. Dazu werden die Zuschlagssätze als Normalkostenzuschläge[68] mit den von der Betriebsleitung erwarteten und geplanten Fertigungszahlen multipliziert.

Ein Vergleich der Ist-Kosten mit den Normalkosten ergibt die Abweichungen. Liegen die Normalkosten unter den Ist-Kosten, so spricht man von **Unterdeckung**. Der umgekehrte Sachverhalt wird mit dem Begriff der **Überdeckung** beschrieben. Wurde also im abgelaufenen Zeitraum ein zu hoher Normalzuschlag angenommen, liegt eine Überdeckung vor, bei zu niedrigen Zuschlägen eine Unterdeckung.

Bei der Kostenstellenrechnung auf **Teilkostenbasis** muss zusätzlich eine Aufteilung in fixe und variable Gemeinkosten erfolgen. Dazu wird pro Kostenstelle jede Kostenart einzeln in fixe und variable Kosten zerlegt.

Über einen Teilkosten-Betriebsabrechnungsbogen werden nach der oben beschriebenen Methode die variablen Gemeinkosten und die dazugehörigen Gemeinkostenzuschlagssätze berechnet. Letztere verwendet man weiter zur Bestimmung der kurzfristigen Preisuntergrenze in der Kostenträgerrechnung.

---

[68] Zur Definition der Normalkosten vgl. Abschnitt 3.8.

Betriebsabrechnungsbogen (BAB)

Kostenstellen / Kostenarten	Buchhaltung	Allgemeine Kostenstellen		Materialstellen			Produktionshilfsstellen	Produktionsstellen			Summen I-L	Verwalt.-stellen	Vertriebsstellen
		Wasserversorgung	Energieversorgung	Einkauf	Materiallager	Summen E-F	Planung/ Steuerung	Fräserei	Dreherei	Montage			
A	B	C	D	E	F	G	H	I	K	L	M	N	O
1. Fertigungsmat.-Einzelkosten	12300					12300							
2. Fertigungslohn-Einzelkosten	3500							1000	1100	1400	3500		
3. Summe Einzelkosten	15800												
4. Gehälter	2299	7	6	13	58	71	170	238	245	223	706	630	709
5. Gesetzl. Sozialleistungen	1490	58	41	26	145	171	20	239	321	288	848	175	177
6. Hilfslöhne	4059	125	93	44	425	469	67	595	620	1230	2445	400	460
7. Instandhaltungskosten	337	13	19	10	15	25	7	72	68	99	239	16	18
8. Werkzeugverbrauch	140	3	8	-	11	11	-	34	46	38	118	-	-
9. Hilfsmaterialverbrauch	718	8	95	8	11	19	6	114	186	279	579	5	6
10. Versicherungskosten	163	7	8	4	20	24	6	22	29	26	77	19	22
11. Reisekosten	49	2	3	7	7	14	12	2	4	2	8	4	6
12. Kalkulat. Abschreibungen	561	12	10	4	48	52	10	123	154	152	429	24	24
13. Kalkulat. Zinsen	109	3	2	1	14	15	3	19	20	21	60	13	13
14. Kalkulat. Wagnisse	95	2	8	6	9	15	2	13	22	24	59	3	6
15. Kalkulat. Unternehmerlohn	91	6	9	1	7	8	7	17	17	14	48	7	6
16. Sonstige Gemeinkosten	89	4	8	6	10	16	10	12	18	14	44	4	3
17. Summe primäre Gemeinkosten	10200	250	310	130	780	910	320	1500	1750	2410	5660	1300	1450
18. Umlage Wasserversorgung		□□	25	25	30	55	25	30	35	30	95	25	25
19. Umlage Energieversorgung			□□	15	20	35	35	80	75	70	225	20	20
20. Summe						1000	380	1610	1860	2510	5980	1345	1495
21. Umlage Arbeitsvorbereitung							□□	155	100	125	380	-	-
22. Mat.- Einzelkosten						12300							
23. Mat.- Gemeinkosten						1000							
24. Ges. Materialkosten						13300							
25. Fertigungslohn-Einzelkosten								1000	1100	1400	3500		
26. Ges. Fertigungs-Gemeinkosten								1400	1600	1800	4800		
27. Ges. Fertigungskosten								2400	2700	3200	8300		
28. Summe Herstellkosten (24÷27)												21600	
29. Verwalt. Vertriebsgem.-kosten												1345	1495
30. Gemeinkostenzuschlagsatz in %						8,13%		140,0%	145,5%	138,6%		6,23%	6,92%
31 Selbstkosten (28+29)												24440	

Spalten N/O Zeilen 22–27: Verwalt.-/Vertriebs-Zuschlag bezogen auf die Herstellkosten

Abb. 57: Betriebsabrechnungsbogen

3.6 Die Kostenträgerstückrechnung (Kalkulation)

Die Aufgabe der Kostenträgerstückrechnung ist es, die Selbstkosten oder Herstellkosten, die das einzelne Produkt, die einzelne Serie oder der einzelne Auftrag verursacht, zu ermitteln. Die Kostenträgerstückrechnung, die auch als Kalkulation bezeichnet wird, verfolgt damit in erster Linie die folgenden Zielsetzungen:

- Bereitstellung von Zahlenmaterial für die Bewertung der Bestände an unfertigen und fertigen Erzeugnissen sowie selbsterstellter Anlagen und Werkzeuge in der Bilanz und der kurzfristigen Erfolgsrechnung (Herstellkosten).

- Ermöglichen von Planung und Kontrolle des Periodenerfolges über die Ermittlung der Selbstkosten für abgesetzte Leistungen.

- Schaffung einer Entscheidungsgrundlage für die Kalkulation von Angebotspreisen.

- Ermittlung der kurz- und langfristigen Preisuntergrenzen bei vorgegebenen Marktpreisen; dadurch Schaffung einer Entscheidungsgrundlage für Annahme oder Ablehnung von Aufträgen bzw. Weiterführung oder Einstellung der Produktion eines bestimmten Erzeugnisses.

- Ermittlung des sogenannten "Selbstkostenpreises" bei bestimmten öffentlichen Aufträgen.

Die **kurzfristige Preisuntergrenze** ergibt sich aus der Höhe der variablen Kosten pro Stück (Teilkostenrechnung). Es kann für ein Unternehmen kurzfristig sinnvoll sein, einen Marktpreis für ein Produkt zu akzeptieren, der unterhalb der Gesamtstückkosten aber oberhalb der variablen Stückkosten liegt. Dadurch kann zumindest ein Teil der Fixkosten des Betriebes gedeckt werden. Der Betrag, der einen Teil der Fixkosten abdeckt, wird als Deckungsbeitrag bezeichnet. Außerdem dient die kurzfristige Preisuntergrenze zur Beurteilung darüber, ob ein Erzeugnis unter wirtschaftlichen Gesichtspunkten weiterhin produziert werden kann. Unterschreitet der erzielbare Marktpreis für ein Erzeugnis dessen kurzfristige Preisuntergrenze, empfiehlt es sich, dieses Erzeugnis aus dem Produktprogramm zu nehmen.

Die **langfristige Preisuntergrenze** gibt den Preis an, der für ein Produkt am Markt mindestens erzielt werden muss, um mittel- und langfristig keine Verluste zu erwirtschaften. Dieser Preis muss also die Selbstkosten, d.h. Fixkosten sowie variable Kosten vollständig abdecken. Wenn die Kalkulation zur Ermittlung von langfristigen Preisuntergrenzen dient, so spricht man deshalb auch von der **Vollkostenkalkulation**.

Die Kontrollfunktion der Kostenträgerstückrechnung besteht z.B. darin, zu ermitteln, inwieweit sich verschiedene Fertigungsmethoden oder Produktionsstätten auf die Herstellungskosten auswirken. Je nach Standort der Produktionsstätte ändern sich Kosten wie Löhne, Abgaben etc.; je nach Fertigungsart können sehr unterschiedliche Kosten für den Betrieb von Maschinen entstehen. Vergleichende Berechnungen, die diese Faktoren überprüfen, nennt man **Vergleichskalkulation**.

Man kann die Kostenträgerstückrechnung unter verschiedenen Gesichtspunkten gliedern. Die Kalkulation splittet sich nach zeitlichen Kriterien in Vor-, Zwischen- und Nachkalkulation auf:

- Vorkalkulation: Sie arbeitet mit prognostizierten Einzelkosten und Normalgemeinkostenzuschlägen aus der Kostenstellenrechnung. Ziel dieser Kalkulation ist die Vorausberechnung der Kosten z.B. für Aufträge.

- Zwischenkalkulation: Sie vergleicht während der Auftragsausführung die tatsächlichen Kosten mit den Plankosten und kontrolliert damit den Kostenverlauf.

- Nachkalkulation: Sie vergleicht nach Beendigung des Auftrags die Ist- und Plankosten und dient so der Kostenkontrolle.

Eine weitere Gliederung berücksichtigt den Zweck der Kalkulation. Man differenziert zwischen Selbstkostenkalkulation und Absatzkalkulation:

- Selbstkostenkalkulation: Es werden nur die Selbstkosten errechnet, d.h. die variablen und fixen Kosten eines Erzeugnisses.

- Absatzkalkulation: Es wird der Angebotspreis des Produktes errechnet. (Der tatsächlich erzielbare Preis hängt von Größen wie Konkurrenz- und Nachfragesituation ab, er kann demnach nicht kalkulatorisch errechnet werden.)

In Abhängigkeit von der Marktsituation sind zudem drei Ausgangspunkte für die Kostenkalkulation denkbar. Man unterscheidet in Vorwärts-, Differenz- und Rückwärtskalkulation.

- Vorwärtskalkulation: Wenn der Preis eines Erzeugnisses frei bestimmbar ist, kann der Verkaufspreis über die Herstellungskosten kalkuliert und festgelegt werden.

- Differenzkalkulation: Sind sowohl Einkaufspreis als auch Verkaufspreis kaum beeinflussbar, z.B. bei kleineren Handelsunternehmen, so muss berechnet werden, ob über den verbleibenden Differenzbetrag die Kosten und der Soll-Gewinn abgedeckt werden können.

- Rückwärtskalkulation: Ist der maximale Preis aufgrund des Konkurrenzdruckes innerhalb gewisser Grenzen festgelegt, so wird ausgehend von diesem Preis errechnet, wie hoch die Kosten für ein Produkt höchstens sein dürfen.

Abhängig von den Anwendungsgebieten kommen in der Kalkulation die folgenden Verfahren zum Einsatz:

Verfahren:	Anwendungsgebiete:
Einstufige Divisionskalkulation	Ermittlung der Selbstkosten pro Leistungseinheit für Einprodukt-Betriebe, Abrechnung allgemeiner Kostenstellen (z.B. Unternehmenseigene Wasserversorgung)
Mehrstufige Divisionskalkulation	Ermittlung der Selbstkosten pro Leistungseinheit bei einheitlicher Massenfertigung mit mehreren Produktionsstufen und Zwischenlagern
Äquivalenzziffernkalkulation	Ermittlung der Selbstkosten pro Leistungseinheit für Betriebe mit Sortenfertigung durch Verhältniszahlen (Wertigkeitsziffern)
Summarische Zuschlagskalkulation	Geeignet für Kleinbetriebe mit einer geringen Anzahl von Gemeinkostenarten (z.B. nur Lohn- und Materialzuschlag)
Differenzierende Zuschlagskalkulation	Geeignet zur Ermittlung der Selbstkosten pro Leistungseinheit für Betriebe mit Serien- und Einzelfertigung.

Abb. 58: Verfahren der Kostenträgerstückrechnung[69]

3.6.1 Die Divisionskalkulation

Die **einstufige Divisionskalkulation** ist eine einfache Kalkulationsform, die bei Unternehmen Anwendung findet, die ein einheitliches Produkt, meist in Massenfertigung, herstellen, z.B. Wasserwerke, Elektrizitätswerke und Zementwerke. Hierbei werden die gesamten Kosten einer Periode durch die Anzahl der in diesem Zeitraum produzierten Erzeugnisse dividiert.

$$\text{Selbstkosten pro Leistungseinheit} = \frac{\text{Gesamtkosten}}{\text{Produktionsmenge}}$$

Beispiel 41: In einem Einproduktbetrieb, der Bleistifte herstellt, betragen im Juli 1993 die Herstellungskosten 430 000,- EUR; die Verwaltungs- und Vertriebskosten belaufen sich auf 64 000,- EUR. Es wurden in besagtem Monat 1 285 000 Bleistifte hergestellt. Daraus errechnet man:

$$\text{Selbstkosten je Stück} = \frac{430\,000,- + 64\,000,-}{1\,285\,000} = 0{,}384 \text{ EUR}$$

Wenn ein Unternehmen mehrere Produktionsstufen besitzt und dadurch zwischen diesen Stufen Lagerbestände unfertiger Erzeugnisse entstehen können, wendet man die **mehrstufige Divisionskalkulation** an. Dazu werden die Fertigungskosten einer Stufe durch die Anzahl der bearbeiteten Erzeugnisse der jeweiligen Stufe und die Verwal-

---

[69] Vgl. Wöhe, G./ Kaiser, H./ Döring, U.: Übungsbuch zur Einführung in die allgemeine Betriebswirtschaftslehre, a.a.O., S. 510 f.

tungs- und Vertriebskosten durch die abgesetzte Leistungsmenge dividiert. Die Addition der Fertigungsstückkosten pro Stufe mit den Materialstückkosten und dem o.g. Quotienten für die Verwaltungs- und Vertriebskosten ergibt dann die Selbstkosten pro abgesetzter Leistungseinheit.

$$\text{Selbstkosten pro abgesetztes Produkt} = MK + \frac{FK_1}{M_1} + \frac{FK_2}{M_2} + \ldots + \frac{FK_n}{M_n} + \frac{VVK}{M_A}$$

MK	=	Materialkosten pro Leistungseinheit
$FK_{1\ldots n}$	=	Fertigungskosten der Stufe
$M_{1\ldots n}$	=	Anzahl der bearbeiteten Leistungseinheiten der Stufe
M_A	=	Anzahl der abgesetzten Leistungseinheiten
VVK	=	Verwaltungs- und Vertriebskosten

Beispiel 42: Die Materialkosten eines Produktes betragen 24,- EUR; die Produktion erfolgt in drei Produktionsstufen.

1. Stufe: Erstellung von 600 Stück Halbfabrikaten, Fertigungskosten 18 000,- EUR

2. Stufe: Weiterverarbeitung von 800 Stück Halbfabrikaten, Fertigungskosten 4 000,- EUR

3. Stufe: Fertigstellung von 700 Stück Fertigfabrikaten, Fertigungskosten 14 000,- EUR

Abgesetzt werden 640 Stück; die Verwaltungs- u. Vertriebskosten betragen 3 200,- EUR. Aus diesen Angaben errechnet man mit der mehrstufigen Divisionskalkulation folgende Werte:

Selbstkosten pro abg. Produkt	$= 24,- + \dfrac{18\,000,-}{600} + \dfrac{4\,000,-}{800} + \dfrac{14\,000,-}{700} + \dfrac{3\,200,-}{640}$
	$= 24,- + \quad 30,- \quad + \quad 5,- \quad + \quad 20,- \quad + \quad 5,-$
	$= 84,-$
Herstellungskosten Halbfabrikat Stufe 1 :	54,- €
Herstellungskosten Halbfabrikat Stufe 2 :	59,- €
Herstellungskosten Fertigfabrikat :	79,- €
Selbstkosten je Stück (Leistungseinheit) :	84,- €
Bestandsverminderung Halbfabrikate Stufe 1 :	200 Stück zu 54,-= 10 800,- €
Bestandsvermehrung Halbfabrikate Stufe 2 :	100 Stück zu 59,-= 5 900,- €
Bestandsvermehrung Fertigfabrikate :	60 Stück zu 79,-= 4 740,- €

Ein weiteres Verfahren vom Typ der Divisionskalkulation ist die **Äquivalenzziffernkalkulation**, die in Betrieben mit Sortenfertigung eingesetzt wird. **Sortenfertigung** bedeutet, dass die hergestellten Produkte artgleich sind, also mit dem selben Fertigungsverfahren und aus den gleichen Rohstoffen gefertigt werden. Beispiele für in Sortenfertigung produzierende Betriebe sind Brauereien, Sägewerke, Blechwalzwerke und Ziegeleien. Voraussetzung für die Anwendung des Äquivalenzziffernverfahrens ist, dass die Erzeugnisse in einer festen Kostenrelation zueinander stehen; die Unterschiede in den Selbstkosten entstehen also lediglich dadurch, dass die einzelnen Erzeugnisgruppen die Produktionsstätten durch verschiedene Arbeitszeiten bzw. Betriebsmittelbeanspruchung unterschiedlich stark belasten, und / oder durch unterschiedlich hohe Materialverbräuche.

Aus dieser unterschiedlichen Beanspruchung der betrieblichen Ressourcen erhält man durch Messungen und Beobachtung Verhältniszahlen zwischen den Kosten der einzelnen Produktgruppen, die sogenannten **Äquivalenzziffern**. Dabei wird üblicherweise das Hauptprodukt gleich "1" gesetzt und die Kostenverhältnisse der Produkte in Relation zum Hauptprodukt ausgedrückt. Die Schwierigkeit der Äquivalenzziffernkalkulation liegt in der Ermittlung von Äquivalenzziffern, die proportional zur Kostenverursachung sind.

Die Berechnung der Selbstkosten pro Leistungseinheit wird dann wie folgt durchgeführt: Zuerst werden die produzierten Mengen der einzelnen Sorten mit ihren Äquivalenzziffern multipliziert und dadurch zu rechnerisch gleichnamigen Produkten, sogenannten **"Rechnungseinheiten"**[70] oder **"Mengeneinheiten"**[71], gemacht. Durch Division der Gesamtkosten der Periode durch die Summe der Rechnungseinheiten erhält man die Selbstkosten für eine Leistungseinheit der Hauptsorte. Die Stückkosten der anderen Produktsorten erhält man durch die Multiplikation dieses Wertes mit der jeweiligen Äquivalenzziffer.

Beispiel 43: Die Leichtbau AG stellt Gasbetonsteine in verschiedenen Größen her. Bedingt durch den unterschiedlich hohen Rohstoff- und Energieverbrauch werden für die Sorten A-D die folgenden Äquivalenzziffern festgelegt:

Sorte A : 0,8   Sorte B : 1   Sorte C : 1,4   Sorte D : 1,6

Die Gesamtkosten der Periode betragen 2 520 000,- €, die produzierten Mengen werden zusammen mit den Berechnungsergebnissen in Form einer Tabelle dargestellt:

Sorte	Produzierte Menge	Äquivalenzziffer	Rechnungseinheiten	Selbstkosten pro Stück	Selbstkosten pro Sorte
A	200 000	0,8	160 000	2,- €	400 000,- €
B	340 000	1	340 000	2,50 €	850 000,- €
C	180 000	1,4	252 000	3,50 €	630 000,- €
D	160 000	1,6	256 000	4,- €	640 000,- €
			1 008 000		2 520 000,- €

---

[70] Vgl. Wöhe, G.: Einführung in die allgemeine Betriebswirtschaftslehre, a.a.O., S. 1325.
[71] Vgl. Plinke, W.: Industrielle Kostenrechnung, a.a.O., S. 110.

3.6.2 Die Zuschlagskalkulation

In der Praxis stellen Industrieunternehmen gewöhnlich eine Vielzahl unterschiedlicher Produkte her. Eine Verteilung der Gesamtkosten auf die Anzahl der Kostenträger nach der Divisionskalkulation wäre in diesem Fall viel zu ungenau.

Um eine verursachungsgerechte Verteilung der Gesamtkosten zu gewährleisten, greift man auf die **Zuschlagskalkulation** zurück. Vorausgesetzt wird hier die Aufsplittung in Einzel- und Gemeinkosten, die in der Kostenartenrechnung erfolgt ist. In größeren Industrieunternehmen ist zusätzlich eine Verteilung der Gemeinkosten auf verschiedene Unternehmensbereiche notwendig. Von entscheidender Bedeutung ist dabei die Wahl der richtigen Bezugsbasis (Lohneinzelkosten, Materialeinzelkosten, Maschinenstunden usw.) Bei hohen Gemeinkosten und einer kleinen Basisgröße wirken sich Fehler bei der Ermittlung der Höhe der Basisgröße überproportional auf die Zuschlagssätze aus.

Das einfachste Verfahren ist die **summarische Zuschlagskalkulation**, bei der entweder die gesamten oder ausgewählte Arten der Einzelkosten die Zuschlagsbasis bilden. Man ermittelt also z.B. einen Zuschlagssatz aus dem Verhältnis der gesamten Gemeinkosten zu den gesamten Einzelkosten und unterstellt somit eine Proportionalität von Gemein- und Einzelkosten, die i.d.R. nicht gegeben ist. Bei lohnintensiven Betrieben wird häufig mit einem **Lohnzuschlag** und bei materialintensiven Betrieben mit einem **Materialzuschlag** gearbeitet.

Beispiel 44: In einem Betrieb wird einfacher Goldschmuck in Serienfertigung hergestellt. Als Zuschlagsbasis werden die Materialeinzelkosten gewählt. In der betrachteten Periode werden die folgenden, tabellarisch aufgeführten Werte ermittelt:

Materialzuschlagssatz:		Stückkosten:	
Gesamte Materialeinzelkosten	168 000,- EUR	Fertigungslohn	7,50 EUR
		Fertigungsmaterial	17,30 EUR
Gesamte Gemeinkosten	217 000,- EUR	Gemeinkosten	22,35 EUR
Gemeinkostenzuschlagssatz auf Materialeinzelkosten	129,2 %	Stückkosten	47,15 EUR

Einen Schritt weiter geht die **differenzierende Zuschlagskalkulation**, die statt einer einzigen Zuschlagsbasis mehrere, möglichst verursachungsgerechte Zuschlagsgrundlagen verwendet. Dazu fasst man entweder verschiedene Gruppen von Gemeinkostenarten zusammen, die zu bestimmten Einzelkosten oder einer anderen Bezugsgröße in einem proportionalen Verhältnis stehen, oder man verteilt die Kostenarten auf Kostenstellen (Kostenstellenrechnung) und ermittelt für jede (Haupt-) Kostenstelle einen i.d.R. auf Einzelkosten basierenden Zuschlagssatz. Die zweite Variante wird meistens mit Hilfe des Betriebsabrechnungsbogens durchgeführt. Ein Beispiel für ein Kalkulationsschema zur Ermittlung eines Angebotspreises mittels der differenzierenden Zuschlagskalkulation, das auf dem Betriebsabrechnungsbogen auf Seite 1095 basiert, zeigt die folgende Abbildung:

Kalkulationsschema	
Materialeinzelkosten (MEK)	
+ Materialgemeinkosten (MGK)	⇐ MEK · MGK-Zuschlagssatz
= Materialkosten (MK)	
Fertigungseinzelkosten Fräserei (FEK_F)	
+ Fertigungsgemeinkosten Fräserei (FGK_F)	⇐ FEK_F · FGK_F-Zuschlagssatz
Fertigungseinzelkosten Dreherei (FEK_D)	
+ Fertigungsgemeinkosten Dreherei (FGK_D)	⇐ FEK_D · FGK_D-Zuschlagssatz
Fertigungseinzelkosten Montage (FEK_M)	
+ Fertigungsgemeinkosten Montage (FGK_M)	⇐ FEK_M · FGK_M-Zuschlagssatz
+ Sondereinzelkosten Fertigung (SEKF)	
= Fertigungskosten (FK)	
Herstellungskosten (HK)	⇐ MK + FK
+ Verwaltungsgemeinkosten (VwGK)	⇐ HK · VwGK-Zuschlagssatz
+ Vertriebsgemeinkosten (VtGK)	⇐ HK · VtGK-Zuschlagssatz
+ Sondereinzelkosten Vertrieb (SEKVt)	
= Selbstkosten (SK)	
+ Gewinnaufschlag (Gew)	⇐ SK · Gew-Zuschlagssatz
= Barverkaufspreis (BVP)	
+ Kundenskonto (Ksk)	⇐ BVP · Ksk-Zuschlagssatz
= Zielverkaufspreis (ZVP)	
+ Kundenrabatt (Krab)	⇐ ZVP · Krab-Zuschlagssatz
= Listenverkaufspreis netto (LVP)	
+ Mehrwertsteuer (MwSt)	⇐ LVP · MwSt-Zuschlagssatz
= **Angebotspreis brutto (AP)**	

Abb. 59: Darstellung eines Kalkulationsschemas

Für kleinere Unternehmen, wie z.B. Handwerksbetriebe, erfolgt die Kalkulation häufig in Form der summarischen oder differenzierten Zuschlagskalkulation. Dies geschieht der Einfachheit halber häufig auf der Basis von Lohn- oder Einzelkostenzuschlägen. Wesentlich bei der Zuschlagskalkulation ist, dass der Grundsatz der verursachungsgerechten Verteilung der Gemeinkosten beachtet wird. Daher ist die Entscheidung, welche Kosten als Bezugsgrößen gewählt werden, von besonderer Bedeutung. Meistens verwendet man die Lohneinzelkosten als Bezugswert. Dann spricht man von **Lohnzuschlagskalkulation**. Nachteile dieser Vorgehensweise sind, dass sich beispielsweise bei Tariflohnerhöhungen auch die kalkulatorischen Gemeinkosten erhöhen, ohne dass sich die tatsächlichen Gemeinkosten verändert haben müssen. Es ist also bei jeder Lohnerhöhung der kalkulatorische Zuschlagssatz zu korrigieren.

Außerdem bringt der technische Fortschritt mit sich, dass die Gemeinkosten im Verhältnis zu den Lohneinzelkosten steigen. Die Anschaffungs-, Betriebs- und Instandhaltungskosten moderner Maschinen, Geräte und Werkzeuge erhöhen die Gemeinkosten eines Unternehmens (z.B. durch höhere kalkulatorische Abschreibungen und Zinsen), während durch den Abbau von Arbeitsplätzen (Rationalisierungsmaßnahmen) die Lohneinzelkosten sinken, so entstehen häufig Fertigungskosten-Zuschlagssätze von 200-300%, im Extremfall sogar bis über 1000%. Schon geringe Fehler bei der Einschätzung der Lohnkosten für den Kostenträger bewirken bei den tatsächlichen Kosten unter Umständen sehr große Abweichungen von den Werten der Kalkulation. Diese Nachteile können durch die Wahl mengenmäßiger statt wertmäßiger Bezugsgrößen vermieden werden. Neben der Lohnzuschlagskalkulation gibt es deshalb noch weitere **Bezugsgrößenkalkulationen**, von denen hier nur die wichtigste, nämlich die Maschinenstundensatzrechnung, näher betrachtet werden soll:

In Unternehmen mit hohem Mechanisierungs- und Automatisierungsanteil bietet sich die **Maschinenstundensatzrechnung** an. Dabei dienen die Maschinenlaufzeiten als Bezugsgröße für den Gemeinkostenzuschlagssatz. Voraussetzung ist eine extrem detaillierte Gliederung der Kostenstellen im Fertigungsbereich, bei der jede Maschine eine Kostenstelle bildet. Die Gemeinkosten, die nicht lohnabhängig sind, z.B. Abschreibungen, Platzkosten, kalkulatorische Zinsen oder Reparaturen, gliedert man aus den Fertigungsgemeinkosten aus und ermittelt für jede Maschinenkostenstelle sogenannte Maschinenstundensätze aus dem Quotienten aus der Summe der (jährlichen oder monatlichen) maschinenbezogenen Kosten dividiert durch die (jährliche oder monatliche) Nutzungszeit der Maschine. Die gesamte Maschinenzeit setzt sich zusammen aus der:[72]

- **Nutzungszeit**, während der die Maschine für einen Kostenträger genutzt wird. Die Nutzungszeit beinhaltet die **Lastlaufzeit** (die Maschine läuft und produziert), die **Leerlaufzeit** (die Maschine läuft, produziert jedoch nicht) und die **Hilfszeit** (die Maschine steht produktionsbedingt vorübergehend still),
- **Instandhaltungszeit**, während der die Maschine gewartet oder instandgesetzt wird, und
- **Ruhezeit**, während der die Maschine abgeschaltet ist.

Die Gliederung der Maschinenzeit lässt sich wie folgt graphisch darstellen:

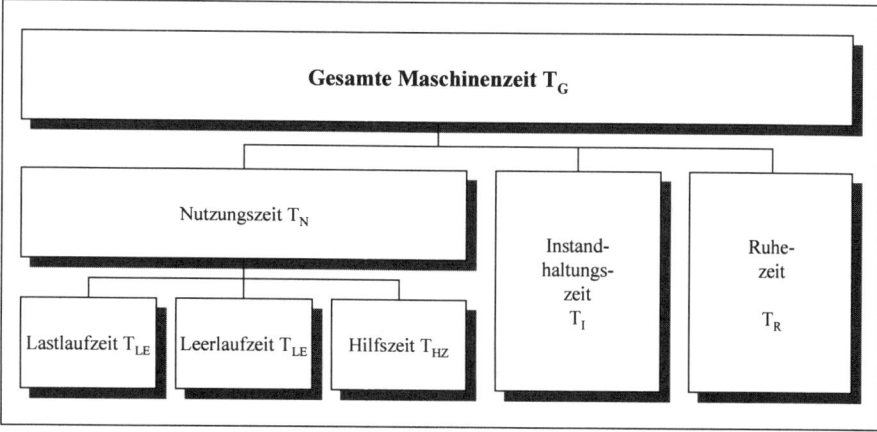

Abb. 60: Gliederung der Maschinenzeit

---

[72] Vgl. Plinke, W.: Industrielle Kostenrechnung, a.a.O., S. 136 f.

Zur besseren Übersicht wird die Berechnung des Maschinenstundensatzes auf einer sogenannten **Maschinenstundensatzkarte** durchgeführt, in die alle maschinenabhängigen Kosten eingetragen werden. Für jede Kostenart wird der Stundensatz errechnet. Die Addition aller Stundensätze ergibt den Maschinenstundensatz für die jeweilige Maschine.

Beispiel 45: Für eine Drehmaschine soll der Maschinenstundensatz ermittelt werden. Die Wiederbeschaffungskosten werden auf 355 000,- EUR geschätzt, die Abschreibung erfolgt nach dem Prinzip der Leistungsabschreibung (Gesamtleistungspotential 20 000 h). Die kalkulatorischen Zinsen werden mit 10% auf das durchschnittlich gebundene Kapital angesetzt. die Raumkosten betragen 20 ,- EUR pro m², der Raumbedarf der Maschine beträgt 15 m². Die Drehmaschine soll im Einschicht-Betrieb 150 h pro Monat genutzt werden und hat einschließlich Arbeitsplatzbeleuchtung eine mittlere Leistungsaufnahme von 20 kW; der Strompreis beträgt 0,20 EUR pro kWh. Die Wartungs- und Instandhaltungskosten werden auf 7,80 EUR pro Stunde geschätzt (Erfahrungswert), die Höhe der Betriebsstoffkosten beträgt 730,- EUR im Monat. Aus diesen Angaben wird die folgende Maschinenstundensatzkarte erstellt:

Maschinenstundensatzkarte		
Maschinen-Nr.: 18	Mittlere Leistungsaufnahme:	20 kWh
Bezeichnung: Drehbank	Wiederbeschaffungskosten:	355 000,-
Standort: Werkshalle A	Gesamtleistungspotential:	20 000 h
Anschaffungsjahr: 2000	Monatliche Leistung:	150 h
Kostenart	Berechnung	Betrag EUR/h
Abschreibung	$\dfrac{355\,000,-}{20\,000\,h}$	17,75
Instandhaltung und Wartung	Erfahrungswert	7,80
Kalkulatorische Zinsen (10 % auf das durchschnittlich gebundene Kapital)	$\dfrac{355\,000,- \cdot 10\%}{2 \cdot 12 \cdot 150\,h}$	9,86
Raumkosten (15m² zu 20,- EUR pro m²)	$\dfrac{15 \cdot 20,-}{150\,h}$	2,00
Betriebsstoffkosten	$\dfrac{730,-}{150\,h}$	4,87
Energieverbrauch	20 kWh zu je 0,20 EUR / kWh	4,-
Maschinenstundensatz		**46,28**

Abb. 61: Beispiel für eine Maschinenstundensatzkarte

Der Maschineneinsatz wird in einem Industriebetrieb so geplant, dass der Anteil der Ruhezeit möglichst gering ausfällt. Von den maximal zur Verfügung stehenden Arbeitsstunden müssen die Stillstandszeiten der Maschine abgezogen werden. Diese Ausfallzeiten können maschinenbedingt (Wartungs- und Reparaturzeiten), auftragsbedingt (Umrüst- und Einrichtzeiten) oder personalbedingt (Betriebsurlaub und Krankheit) sein.

Auch die wirtschaftliche Lage kann zu Abweichungen der geplanten monatlichen Maschinenlaufzeit führen (Überstunden, Kurzarbeit). Dies hat natürlich Auswirkungen auf die Höhe des Maschinenstundensatzes. Zwischen drei Arten der dadurch bedingten Kostenbeeinflussung wird unterschieden:

- **Variable maschinenabhängige Fertigungsgemeinkosten:** So bezeichnet man den Teil der maschinenabhängigen Fertigungsgemeinkosten, der durch die Maschinenlaufstunden beeinflusst wird, d.h. bei Stillstand der Maschine fallen diese Kosten nicht an, während sie bei laufender Maschine proportional zur Anzahl der Laufstunden steigen. Zu diesen Kosten gehören z.B. die Betriebsstoffkosten.

- **Fixe maschinenabhängige Fertigungsgemeinkosten:** Sie bezeichnen den Teil der maschinenabhängigen Fertigungsgemeinkosten, der durch die Maschinenlaufstunden nicht beeinflusst wird. Diese Kosten fallen unabhängig davon an, ob die Maschine stillsteht oder nicht. Zu den fixen maschinenabhängigen Fertigungsgemeinkosten zählen z.B. die Platzkosten und die kalkulatorischen Zinsen.

- **Maschinenabhängige Mischkosten:** Außerdem gibt es solche maschinenabhängige Fertigungsgemeinkosten, die zum Teil fix und zum Teil variabel sind. Zu ihnen gehören beispielsweise Energiekosten, bei denen die Grundgebühr in Abhängigkeit von der installierten Leistung fix, der Arbeitspreis aber vom Energieverbrauch abhängig und damit variabel ist. Daneben müssen auch Reparatur- und Wartungskosten teilweise als fix angesehen werden, wenn z.B. ein Wartungsvertrag mit dem Hersteller abgeschlossen wurde.

Dieser Problematik versucht man zu begegnen, indem man in der letzten Spalte der Maschinenstundensatzkarte fixe und variable Kosten getrennt ausweist. So lässt sich bei einer Änderung der Maschinenlaufzeit einfacher ein neuer Maschinenstundensatz ermitteln, der bei Erhöhung der Laufzeit (Überstunden, Einführung einer 2. Schicht) entsprechend niedriger bzw. bei Verminderung der Maschinenlaufzeit entsprechend höher ausfällt, da die Fixkosten im ersten Fall auf mehr und im zweiten Fall auf weniger Stunden verteilt werden.

Da i.d.R. nicht alle für den Maschinenplatz ermittelten Gemeinkosten durch den Maschineneinsatz verursacht werden, ist es zweckmäßig, die Fertigungsgemeinkosten in **maschinenabhängige Fertigungsgemeinkosten** mit der Zuschlagsgrundlage Maschinenlaufstunden und **Restgemeinkosten** mit der Zuschlagsgrundlage Fertigungslöhne aufzuteilen.

Dadurch ändert sich auch der Betriebsabrechnungsbogen, der für jede Kostenstelle im Fertigungsbereich nun zwei Spalten ausweist, nämlich je eine Spalte für die Ermittlung der Maschinenkosten und für die Restgemeinkosten.

3.7 Die Deckungsbeitragsrechnung

3.7.1 Die Teilkostenrechnung

Die bisher beschriebene **Vollkostenrechnung**, die die Aufgabe hat, **alle** Kostenarten perioden- und verursachungsgerecht dem einzelnen Kostenträger zuzurechnen und somit in der Kostenträgerrechnung die Selbstkosten pro Leistungseinheit ausweist, funktioniert nur dann zufriedenstellend, wenn die mit Hilfe der Zuschlagskalkulation ermittelten Preise vom Markt akzeptiert werden. Die Nachteile der Vollkostenrechnung liegen also in einer ungenügenden Berücksichtigung von Marktdaten und in der meist vorgenommenen Wahl der Fertigungslöhne als Basisgröße für die Ermittlung von Zuschlagssätzen, durch die eine meist nicht gegebene Abhängigkeit der Gemeinkosten zu den Lohneinzelkosten unterstellt wird. Die Vollkostenrechnung ist also nicht in der Lage, der Betriebsführung Entscheidungsgrundlagen für kurzfristige, marktkonforme Entscheidungen zu liefern; ihre Daten dienen lediglich zur langfristigen Kostenkontrolle und Betriebsergebnisrechnung.

Um die veränderte Kostensituation bei kurzfristigen Beschäftigungsschwankungen beurteilen zu können, trennt die **Teilkostenrechnung** die Gesamtkosten in beschäftigungsabhängige (variable) und beschäftigungsunabhängige (fixe) Kosten auf und betrachtet insbesondere die für kurzfristige Entscheidungen relevanten variablen Kosten.

Beispiel 46: Ein Betrieb erzeugt 5 Produkte, von denen 4 einen Gewinn von 1 000,- EUR erzielen, während durch den Absatz der 5. Produktart ein Verlust von 100,- EUR entsteht. Der Gesamtgewinn beträgt also nur 900,- EUR. Nun wäre es falsch, anzunehmen, dass durch die Einstellung der Fertigung der 5. Produktart der Verlust von 100,- EUR vermieden und somit der Gesamtgewinn 1 000,- EUR betragen würde, wenn sich die Gesamtkosten der Produktart 5 aus fixen und variablen Kosten von jeweils 400,- EUR zusammensetzen. Durch die Einstellung der Produktion der Produktart 5 könnten lediglich die variablen Kosten eingespart werden, während die fixen Kosten (die kurzfristig nicht abbaubar sind) durch die verbleibenden 4 Produktarten getragen werden müssten. Damit würde der Gesamtgewinn also nur noch 600,- EUR betragen.

Das Beispiel verdeutlicht, dass für die Eignung der Kostenrechnung als Instrument der Betriebspolitik eine Auflösung der Gesamtkosten in variable und fixe Kosten unerlässlich ist.

3.7.2 Stückdeckungsbeitragsrechnung

Die Deckungsbeitragsrechnung berücksichtigt neben der Kostenseite auch die Erlösseite der betrieblichen Leistungserstellung und -verwertung. Der **Deckungsbeitrag** wird dann als Differenz zwischen Erlösbetrag und Teilkostenbetrag (= variabler Kostenbetrag) definiert. Auf eine Ausbringungsmengeneinheit (Stück) bezogen, folgt daraus die Definition für den Stückdeckungsbeitrag als Überschuss des Nettopreises über die variablen Stückkosten. Der Deckungsbeitrag ist nicht mit dem Gewinn zu verwechseln, da aus ihm noch weitere Kosten gedeckt werden müssen (fixe Kosten).

Die Bestimmung des Deckungsbeitrages nach obiger Definition wird auch als Verfahren des **"direct costing"** bezeichnet, während bei der sogenannten **"Relativen Ein-**

zelkostenrechnung" der Stückdeckungsbeitrag als Differenz aus Nettopreis und Stückeinzelkosten definiert wird.

Der Deckungsbeitrag beim direct costing erlaubt die Ermittlung der **Gewinnschwellenmenge**, d.h. der Menge an abzusetzenden Produkten, deren Deckungsbeitragssumme gerade ausreicht, um die fixen Kosten zu decken (kritische Menge). Dieser Sachverhalt lässt sich auch graphisch darstellen, indem man die Fixkosten und die Deckungsbeitragsfunktion $DB_{(x)}$ über der Absatzmenge x aufträgt; die kritische Menge ergibt sich dann aus dem Schnittpunkt der Deckungsbeitragsfunktion mit der Fixkostengerade, dem sogenannten **"break even point"**:

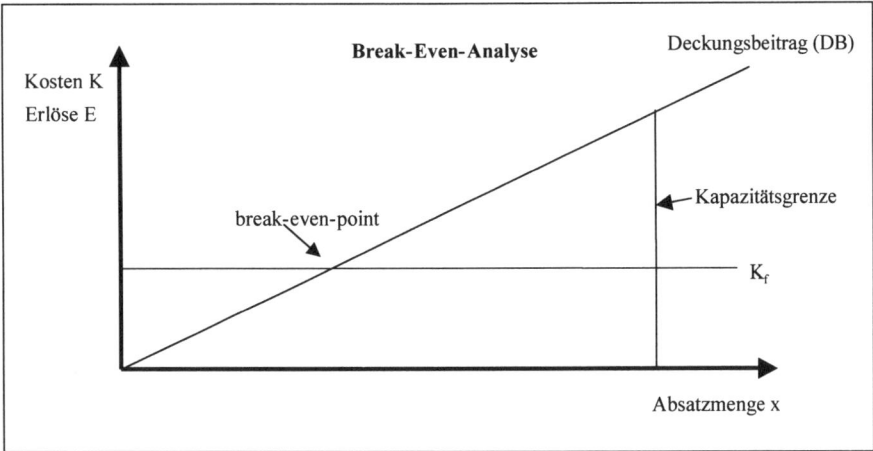

Abb. 62: Kritische Menge und break even point

Löst man den Deckungsbeitrag in seine Bestandteile Nettoerlös und variable Kosten auf, ergibt sich die folgende Darstellung:

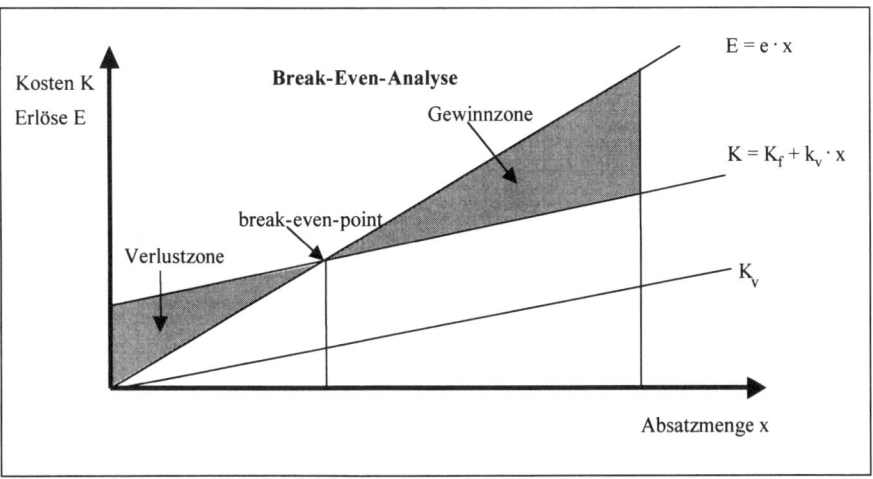

Abb. 63: Gewinn- und Verlustzone

Das direct costing-Verfahren eignet sich in der praktischen Anwendung für Ein-Produkt-Unternehmen zur Klärung folgender Fragestellungen:

1. Bestimmung der Preisuntergrenze bei gegebener Absatzmenge, bei der kein Verlust entsteht.
2. Bestimmung der Mindestabsatzmenge, bei der bei gegebenem Marktpreis kein Verlust entsteht.
3. Bestimmung der zusätzlichen Absatzmenge, die erforderlich ist, um z.B. Erweiterungsinvestitionen oder Werbekampagnen abzudecken.
4. Bestimmung der Mindestabsatzmenge, bei der bei gegebenem Marktpreis Kostenerhöhungen im Material- und Lohnbereich aufgefangen werden.

Beispiel 47: Zu den oben aufgeführten Fragestellungen sollen die zugehörigen Überlegungen und Rechengänge anhand eines Beispiels geschildert werden: Ein Betrieb, der ausschließlich Dampfbügeleisen herstellt, ermittelt für die betrachtete Periode Fixkosten in Höhe von 400 000,- EUR; die variablen Stückkosten betragen 16,- EUR.

Zu 1) Beträgt die Absatzmenge in der betrachteten Periode 25 000 Stück, so ermittelt man den Preis, der gerade die gesamten Kosten deckt, indem man zu den variablen Stückkosten den Quotienten aus den Fixkosten dividiert durch die Absatzmenge addiert. In unserem Beispiel ist ein Preis von 32,- EUR je Bügeleisen gerade noch kostendeckend.

Zu 2) Der Marktpreis für Dampfbügeleisen liegt bei 37,- EUR. Zur Ermittlung der zur Kostendeckung nötigen Absatzmenge bildet man den Quotienten aus den Fixkosten dividiert durch die Differenz aus Marktpreis und variablen Stückkosten. In unserem Beispiel müssen mindestens 19 048 Bügeleisen verkauft werden, um die Gewinnschwelle zu erreichen.

Zu 3) Der Marktpreis beträgt weiterhin 37,- EUR; es sollen für Zeitschriftenwerbung jedoch 50 000,- EUR in der betrachteten Periode ausgegeben werden. Die zusätzlichen Kosten werden bei Vertragsschluss mit dem Zeitungsverlag bzw. der Werbeagentur zu Fixkosten der Periode; die zusätzlich erforderliche Absatzmenge wird also wie unter 2) ermittelt, indem man statt der gesamten Fixkosten nur die zusätzlichen Fixkosten in Höhe von 50 000,- EUR in den Quotienten einsetzt. Es müssen zur Deckung der Kosten für die Werbemaßnahme 2 381 Bügeleisen zusätzlich verkauft werden.

Zu 4) Der Marktpreis soll weiterhin 37,- EUR betragen, die variablen Stückkosten erhöhen sich jedoch durch eine Steigerung der Materialkosten auf 18,- EUR. Der Rechenweg ist der gleiche wie unter 2); die Mindestabsatzmenge erhöht sich auf 21 053 Stück. Wenn die Werbekampagne aus 3) durchgeführt wird, müssen mindestens 23 684 Bügeleisen verkauft werden.

3.7.3 Programmoptimierung

Die vorausgegangenen Betrachtungen betrafen nur Ein-Produkt-Betriebe bei Vernachlässigung einer Kapazitätsbegrenzung. Da jedoch die meisten Betriebe mehrere Produkte herstellen und durch begrenzte Ressourcen (Fertigungszeiten, Maschinenstunden usw.) Engpässe entstehen können, stellt sich die Frage nach einem optimalen Produktionsprogramm, also welche Produkte in welcher Menge produziert werden sollen, um einen maximalen Deckungsbeitrag zu erhalten. Zur Lösung dieser Frage bietet die Mathematik in Form der **linearen Optimierungsrechnung** mittels des sogenannten **Simplex-Algorithmus**, der es erlaubt, für beliebig viele Produkte ein optimales Produktionsmengenprogramm durch die Aufstellung eines linearen Gleichungssystems zu berechnen, ein Verfahren an, auf das hier nicht näher eingegangen werden soll (vgl. Kapitel E). Für zwei Produkte ist jedoch die Lösung des Simplex-Algorithmus auch graphisch möglich, die Vorgehensweise soll hier anhand eines **Beispiels** erläutert werden:

Beispiel 48: Ein Unternehmen aus der Unterhaltungselektronik-Branche stellt zwei verschiedene Fernsehermodelle her, das Modell "Standard" und das Modell "Luxus". Die Modelle durchlaufen jeweils drei Fertigungsstufen, in denen unterschiedliche Bearbeitungszeiten je nach Fernsehertyp anfallen. Die Fertigungskapazitäten der einzelnen Stufen sind begrenzt und stellen daher die Engpassfaktoren dar. Im einzelnen verfügt der Betrieb über folgende Kapazitäten (ausgedrückt in Zeiteinheiten ZE):

1) Gehäusebau   :   16 000 ZE

2) Vormontage   :   21 600 ZE

3) Endmontage   :   14 000 ZE (Luxus)   12 000 ZE (Standard)

Die weiteren benötigten Daten werden tabellarisch dargestellt:

Modell	Standard	Luxus
Deckungsbeitrag	150,- EUR	300,- EUR
absetzbare Menge	1 100 Stück	1 000 Stück
Benötigte Zeiteinheiten 1) Gehäusebau 2) Vormontage 3) Endmontage	20 ZE 18 ZE 20 ZE	16 ZE 24 ZE 20 ZE

Der erste Lösungsschritt besteht nun in der Aufstellung einer **Zielfunktion**, die aus der Summe der Stückdeckungsbeiträge, multipliziert mit der jeweiligen (unbekannten) Produktionsmenge x, besteht und die zu maximieren ist:

Zielfunktion: $DB = 150,\text{-} \cdot x_{Standard} + 300,\text{-} \cdot x_{Luxus} \rightarrow max!$

Im nächsten Schritt werden die **Nebenbedingungen** formuliert, die zur Lösung erforderlich sind, nämlich die **Kapazitäts- und Absatzrestriktionen** sowie die **Nichtnegativitätsbedingung**.

Kapazitätsrestriktionen:

1) Gehäusebau: $20 \cdot x_{Standard} + 16 \cdot x_{Luxus} \leq 16\,000$
2) Vormontage: $12 \cdot x_{Standard} + 20 \cdot x_{Luxus} \leq 19\,200$
3) Endmontage: $20 \cdot x_{Standard} \leq 12\,000$
4) $20 \cdot x_{Luxus} \leq 14\,000$

Absatzrestriktionen:

5) $x_{Standard} \leq 1\,100$
6) $x_{Luxus} \leq 1\,000$

Nichtnegativitätsbedingung:

7) $x_{Standard}; x_{Luxus} \geq 0$

Die graphische Lösung erfolgt nun, indem die Nebenbedingungen und die Zielfunktion in ein Koordinatensystem übertragen werden, dessen Achsen die Produktionsmengen $x_{Standard}$ und x_{Luxus} bilden. Die Übertragung der Nebenbedingungen in das Koordinatensystem soll am Beispiel von Nebenbedingung 1) verdeutlicht werden:

Zunächst bestimmt man die Menge an Standardgeräten, deren Gehäuse man bauen könnte, wenn kein Luxusgerät gebaut werden würde, die Kapazität der Kostenstelle "Gehäusebau" also ausschließlich für Standardmodelle genutzt werden würde. Dies sind 16 000 : 20 = 800 Geräte. Den so gewonnenen Wert trägt man auf der Standard-Mengenachse des Koordinatensystems ein. Nun verfährt man umgekehrt, indem man annimmt, dass die Abteilung Gehäusebau ausschließlich zur Herstellung von Luxusgeräten genutzt wird, und erhält den Wert 1 000, den man auf der Luxus-Mengenachse abträgt. Die so gewonnenen Punkte verbindet man durch eine Gerade (Restriktionsgerade); die Nebenbedingung 1) ist damit abgebildet. Mit den anderen Nebenbedingungen verfährt man in der gleichen Weise und erhält so einen begrenzten **Lösungsraum**, innerhalb dessen Grenzen keine der Nebenbedingungen verletzt wird.

Zur Bestimmung der optimalen Produktmengenkombination wird nun die Zielfunktion in das Koordinatensystem übertragen, indem man zunächst einen beliebigen Wert für den Deckungsbeitrag DB annimmt und wiederum die maximal möglichen Mengen je Produkteinheit bestimmt, die diesen Deckungsbeitrag erbringen würden. Die Verbindungsgerade der beiden so gewonnenen Punkte nennt man **Iso-Deckungsbeitragslinie**, da alle Produktmengenkombinationen, die auf dieser Linie liegen, den gleichen Deckungsbeitrag aufweisen. So wird z.B. ein willkürlich gewählter Deckungsbeitrag von 30 000,- EUR entweder durch Produktion und Absatz von 100 Luxus-Geräten oder von 200 Standard-Geräten erreicht. Der tatsächlich erreichte Deckungsbeitrag ist nun um so höher, je weiter die Deckungsbeitragslinie vom Koordinatenursprung entfernt ist. Die optimale Produktmengenkombination ermittelt man also, indem man die willkürliche Iso-Deckungsbeitragslinie (gestrichelte Linie im Beispiel) im Koordinatensystem so lange nach oben-rechts parallelverschiebt, wie dies ohne ein Verlassen des zulässigen Lösungsraumes möglich ist.

Die optimale Produktmengenkombination ermittelt man dann durch die Projektion des gefundenen Punktes (im Beispiel Punkt B) auf die beiden Mengenachsen, in unserem Beispiel besteht sie aus 700 Luxus-Fernsehern und 240 Standard-Geräten. Der maximal erreichbare Deckungsbeitrag, der nur bei dieser Produktmengenkombination erreicht wird, beträgt 246 000,- EUR.

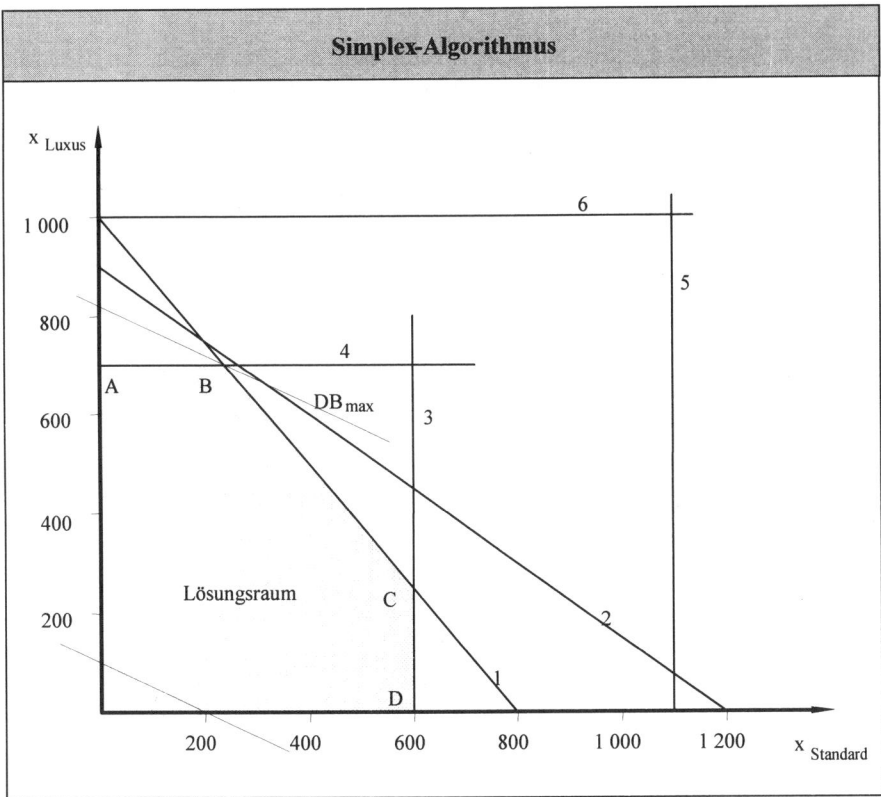

Abb. 64: Graphische Lösung des Simplex-Algorithmus

3.7.4 Die mehrstufige Deckungsbeitragsrechnung

Die mehrstufige Deckungsbeitragsrechnung, die in der Literatur auch als "Stufenweise Fixkostendeckungsrechnung" bezeichnet wird, versucht im Gegensatz zu den bisher vorgestellten Verfahren, auch die Fixkosten aufzusplitten und Teile der Fixkosten zwar nicht einzelnen Produkten, wohl aber der Produktart oder einer Produktgruppe zuzuordnen. Es werden dadurch verschiedene Stufen von Deckungsbeiträgen unterschieden, nämlich:

- **Deckungsbeitrag I:** Das ist der Deckungsbeitrag, der nach der bereits bekannten Definition Umsatzerlöse minus variable Kosten errechnet wird.

- **Deckungsbeitrag II:** Dieser Deckungsbeitrag ist definiert als Deckungsbeitrag I minus erzeugnisfixe Kosten. **Erzeugnisfixe Kosten** sind der Teil der Fixkosten, die einem Kostenträger direkt zugerechnet werden können (z.B. Kosten einer Spezialmaschine, die nur für dieses Erzeugnis verwendet wird).

- **Deckungsbeitrag III:** Der Deckungsbeitrag III entsteht durch die Subtraktion der erzeugnisgruppenfixen Kosten von der Summe der gruppenweise addierten Deckungsbeiträge II. **Erzeugnisgruppenfixe Kosten** entfallen auf die zu einer Gruppe zusammengefaßten, ähnlichen Produktarten (z.B. Forschungs- und Entwicklungskosten für die Produktgruppe).

Die verbleibenden Fixkosten werden **unternehmensfixe Kosten** genannt, da sie sich nicht mehr verursachungsgerecht einer Kostenträgergruppe zuordnen lassen. Beispiele sind die Kosten der Verwaltung und der Unternehmensleitung. Das Betriebsergebnis der Rechnungsperiode ergibt sich aus der Differenz der Summe der Deckungsbeiträge III abzüglich der unternehmensfixen Kosten. Dieser Zusammenhang kann für die Erzeugnisse A, B und C, die sich zu der Gruppe ABC zusammenfassen lassen, wie folgt graphisch dargestellt werden:

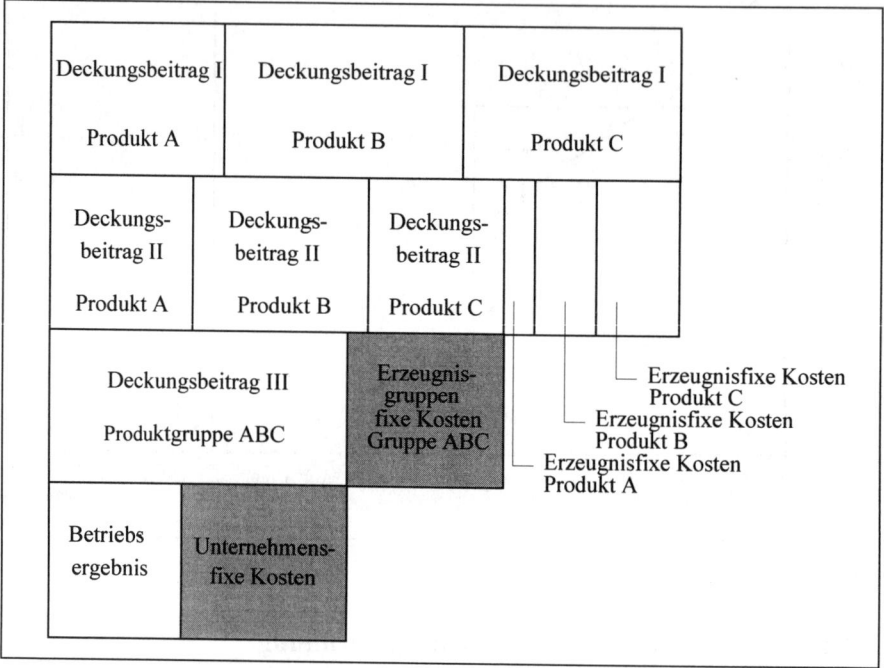

Abb. 65: Mehrstufige Deckungsbeitragsrechnung

Die Deckungsbeiträge II und III sind für Produktionsprogramm-Entscheidungen von großer Wichtigkeit, da sie Aufschluss über die Höhe der (kurz- bis mittelfristig) abbaubaren erzeugnisfixen bzw. erzeugnisgruppenfixen Kosten bieten. Lediglich die unternehmensfixen Kosten sind durch Änderungen im Produktionsprogramm nicht abbaubar und damit für Sortimentsentscheidungen irrelevant.

3.8 Einführung in die Plankostenrechnung

Die bisher geschilderten Kostenrechnungsverfahren beruhen alle auf tatsächlich angefallenen Kosten (**Istkosten**); sie sind also vergangenheitsbezogen. Die ermittelten Kosten unterliegen von Periode zu Periode mehr oder weniger großen Schwankungen (z.B. durch Änderungen von Beschaffungspreisen oder durch Beschäftigungsschwankungen). Dadurch wird ein Vergleich der verschiedenen Abrechnungsperioden erschwert bzw. unmöglich gemacht. Ein weiterer Nachteil besteht darin, dass am Ende einer jeden Periode im Rahmen einer Nachkalkulation neue Zuschlagssätze ermittelt werden müssen.

Ein erster Schritt zur Lösung dieser Problematik bestand in der Entwicklung der sogenannten **Normalkostenrechnung**, die aus den durchschnittlichen Kosten vergangener Abrechnungsperioden Normalkostensätze errechnet und diese als Basiswerte für eine Wirtschaftlichkeitskontrolle den Istkosten gegenüberstellt. Der Nachteil der Normalkostenrechnung besteht darin, dass auch sie eine rein vergangenheitsbezogene Rechnung ist, da nur Werte aus früheren Abrechnungsperioden in die Rechnung eingehen. Dies führte zur Entwicklung der **Plankostenrechnung**, die durch die Einbeziehung zukünftiger (geplanter) Daten als Grundlage für dispositive Entscheidungen geeignet ist und eine Wirtschaftlichkeitskontrolle im Sinne eines Soll-Ist-Vergleiches und einer darauf basierenden Abweichungsanalyse ermöglicht. Die Grundlagen der fexiblen Plankostenrechnung sollen in den folgenden Abschnitten näher erläutert werden.[73]

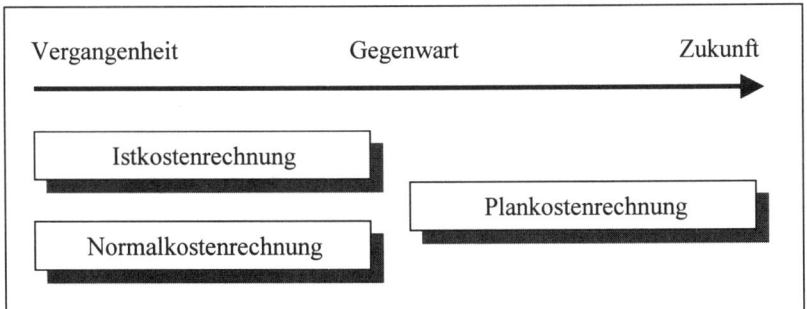

Abb. 66: Zeitliche Orientierung der Kostenrechnungsverfahren

3.8.1 Ziele und Aufgaben der flexiblen Plankostenrechnung

Die Plankostenrechnung erlaubt als zukunftsorientierte Kostenrechnung durch die Einbeziehung prognostizierter Daten, die sich z.B. durch Markttendenzen ergeben können, die Ermittlung von Maßgrößen zur Beurteilung einer wirtschaftlichen Leistungserstellung. Die Ermittlung bzw. Überprüfung dieser Maßgrößen (= Plankosten) erfolgt i.d.R. einmal jährlich für die bevorstehenden Abrechnungsperioden.

Der Vergleich dieser Plankosten mit den tatsächlich eingetretenen Kosten (Istkosten) und die darauf basierende Abweichungsanalyse ergibt Aufschluss über die Gründe von Unwirtschaftlichkeiten, denen dann im Rahmen dispositiver Entscheidungen Steuerungsmaßnahmen entgegengestellt werden können. Maßgeblich dabei sind nur Verbrauchsmengenabweichungen (Material, Maschinenstunden, Löhne usw.), daher müssen die Einflüsse von Beschäftigungsschwankungen und Abweichungen in den Beschaffungspreisen gesondert berücksichtigt werden.

Der Ablauf der Plankostenrechnung zur Erfüllung der o.g. Zielsetzungen lässt sich in die folgenden Aufgabenschritte teilen:

1. Einteilung des Betriebes in "plankostengerechte" Kostenstellen. Dies können die bereits bekannten Kostenstellen aus den vorherigen Abschnitten sein, es ist jedoch

---

[73] Eine ausführliche Darstellung dieser umfangreichen Thematik bietet z.B.: Kilger, W.: Einführung in die Kostenrechnung, 3. Auflage, Wiesbaden 1992.

auch möglich, eine feinere Einteilung vorzunehmen (z.B. in Maschinenplätze oder Maschinengruppen), um

2. die Festlegung verursachungsgerechter Bezugsgrößen der Kostenverrechnung (z.B. Maschinenstunden, Arbeitsstunden, Ausbringungsmenge) für jede Kostenstelle zu ermöglichen. Die Bezugsgröße stellt das Maß der Beschäftigung der Kostenstelle dar.

3. Für den Planungszeitraum wird die Planbezugsgröße für jede Kostenstelle festgesetzt. Die Planbezugsgröße gibt z.B. die geplante Maschinenstundenzahl oder die geplante Ausbringungsmenge der Kostenstelle an, man nennt sie daher auch Planbeschäftigung.

4. Festlegung der bei Planbeschäftigung anfallenden Verbrauchsmengen bzw. -zeiten (je nach Bezugsgröße der Kostenstelle) für jede Kostenart der Kostenstelle.

5. Ermittlung der Plankosten für jede Kostenart innerhalb der Kostenstelle, die bei wirtschaftlicher Betriebsführung und Realisierung der Planbeschäftigung eintreten dürfen. Die Plankosten entstehen durch die Bewertung der Verbrauchsmengen und -zeiten mit Festpreisen (sog. Verrechnungspreise).

6. Aufspaltung der Plankosten in fixe und variable Kostenanteile hinsichtlich der jeweiligen Bezugsgröße.

7. Bestimmung des Budgets für jede Kostenstelle aus der Summe der Plankosten je Kostenart der Kostenstelle.

8. Ermittlung und Analyse der Kostenabweichungen durch die Gegenüberstellung von Sollwerten und Istwerten.

Die genannten Schritte und die verwendeten Begriffe sollen in den nun folgenden Abschnitten erörtert werden; auf die nochmalige Darstellung der Einteilung der Kostenstellen und der Festlegung der Bezugsgrößen (Schritte 1 und 2) wird hier verzichtet und auf die vorhergegangenen Abschnitte verwiesen.

3.8.2 Die Bestimmung der Planbeschäftigung

Die Bestimmung der Planbeschäftigung kann nach verschiedenen Kriterien erfolgen. Man unterscheidet die folgenden Planungsverfahren:

- **Kapazitätsplanung:** Bei der Kapazitätsplanung werden unabhängig von der erwarteten Beschäftigung die Kapazitäten der Kostenstelle als Planbeschäftigung festgelegt. Der Nachteil dieses Verfahrens besteht in der mangelnden Abstimmung der Kostenstellenplanung mit der Absatzplanung und der übrigen Kostenplanung.

- **Absatzplanung:** Die Planbeschäftigung für jede Kostenstelle wird aus dem Absatzplan des Betriebes abgeleitet. Das setzt voraus, dass sich die Beschäftigung jeder Kostenstelle in Mengeneinheiten des Endproduktes messen lässt. Die Planbeschäftigung ergibt sich dann aus der Multiplikation der geplanten Produktmenge mit der Bezugsgrößeneinheit der Kostenstelle.

- **Engpassplanung:** Die Engpassplanung orientiert sich bei der Festlegung der Planbeschäftigung an dem Engpassbereich des Betriebes. Voraussetzung dafür ist, dass sich die Beschäftigung der einzelnen Kostenstellen in Mengeneinheiten der Engpasskostenstelle ausdrücken lässt.

Beispiel 49: Die Herstellung von Hydraulik-Wegeventilen durchläuft in einem Industriebetrieb mehrere Abteilungen. Die Ventile bestehen aus einem Ventilgehäuse und einem Steuerkolben, bei deren Herstellung eine hohe Präzision gefordert wird. Das Ventilgehäuse, dessen Herstellung mit dem größten Aufwand verbunden ist, besteht aus einem Gussrohling, der die folgenden Kostenstellen mit den jeweils angegebenen monatlichen Maximalkapazitäten durchläuft.

Kostenstelle:	Fräsen	Bohren	Gesinde-Bohren	Hornen	Ende-Kontrolle
Maximalkapazität (Stück / Monat):	1 100	950	1 000	800	1 150

Die Festlegung der Planbeschäftigung richtet sich hier an der Maximalkapazität der Kostenstelle "Hornen" aus (Engpasskostenstelle). Die Planbeschäftigung wird also auf 800 Stück pro Monat für alle genannten Kostenstellen festgelegt.

3.8.3 Ermittlung der Plankosten mit Verrechnungspreisen

Die Ermittlung der Plankosten geschieht auf der Grundlage fester Verrechnungspreise, wodurch Preisschwankungen auf den Beschaffungsmärkten ausgeschaltet werden. Verrechnungspreise werden in der Plankostenrechnung vor allem für Werkstoffe und Arbeitsleistungen gebildet (also z.B. für Rohstoffe und Lohnkosten, aber nicht für Anlagegüter). Die Grundlage für diese Verrechnungspreise, die im Prinzip frei wählbar sind, bilden meist die sogenannten **erwarteten Planpreise**, das sind die für die Zukunft erwarteten Marktpreise, die sich z.B. aus der Beobachtung der Preistendenzen vergangener Abrechnungsperioden abschätzen lassen.

Beispiel 50: Die (Ist-) Beschaffungspreise für den Gussrohling aus dem vorangegangenen Beispiel lagen in den letzten Abrechnungsperioden bei einem Stückpreis von (siehe Tabelle):

Periode:	07/ 01	08/ 01	09/ 01	10/ 01	11/ 01
Beschaffungspreis:	28,40 EUR	29,10 EUR	29,10 EUR	29,40 EUR	29,30 EUR

Der Verrechnungspreis für das Jahr '02 wird auf 30,- EUR festgesetzt. Die Plankosten für das monatlich zu verbrauchende Fertigungsmaterial ergeben sich aus der Multiplikation von Planbeschäftigung und Verrechnungspreis zu 800 · 30,- EUR = 24 000,- EUR.

3.8.4 Auflösung der Plankosten in fixe und variable Kosten

Die Plankosten werden für jede Kostenart in ihre fixen und variablen Bestandteile aufgespulten. Dabei gelten die Einzelkosten (Fertigungsmaterial, Fertigungslöhne und Sondereinzelkosten) in voller Höhe als variable Kosten, die entweder der Kostenstelle oder direkt dem Kostenträger zugerechnet werden können. Damit wird eine Vorgabe von nach Kostenarten unterteilten Plankosten für jede Kostenstelle ermöglicht, deren variable Anteile an eine von der Planbeschäftigung abweichende Ist-Beschäftigung angepasst werden können. Die Bestimmung der variablen und fixen Kostenanteile innerhalb der Kostenstellen kann mit verschiedenen Verfahren erfolgen:

Die **mathematische Methode**, der (Gemein-) Kostenaufschreibungen in Abhängigkeit von dem Beschäftigungsgrad (Bezugsgröße) als Basis dienen, ermittelt mit dem Verfahren der linearen Regression ("Methode der kleinsten Quadrate") eine lineare Kostenfunktion in Form einer Geradengleichung: $K = a + b \cdot x$. Dabei drückt die Konstante a den fixen Kostenanteil aus, die variablen Kosten ergeben sich durch die Multiplikation des Faktors b mit der Bezugsgröße x (Maschinenstunden, Ausbringung etc.). Der Faktor b gibt also die variablen Kosten pro Bezugsmengeneinheit an.

Die **graphische Methode**, bei der ebenfalls empirische Gemeinkostenaufschreibungen zur Ermittlung von Punkten in einem Koordinatensystem (Kosten: y-Achse; Bezugsgröße: x-Achse) dienen. Bei der graphischen Methode wird allerdings die Kostengerade nicht mathematisch, sondern zeichnerisch ermittelt, indem man versucht, eine Ausgleichsgerade durch die Punkte zu legen. Der Fixkostenanteil lässt sich dann direkt aus dem Schnittpunkt der Ausgleichsgeraden mit der Kostenachse ablesen; die variablen Kosten ergeben sich entweder durch Ablesung oder durch die Ermittlung des Faktors b (vgl. mathematische Methode) aus dem Quotienten einer beliebigen Kostendifferenz ΔK und der dazugehörigen Bezugsgrößendifferenz Δx.

Da es sich bei beiden Methoden um Schätzungen handelt, kann keines der Verfahren als "besser" im Sinne einer exakteren Ermittlung der Kostenanteile gelten, auch wenn die mathematische Methode durch ihre rechnerische Genauigkeit den Anschein einer exakten Kostenermittlung erweckt.

Beispiel 51: In einer Kostenstelle eines Unternehmens werden folgende Gemeinkosten bei den entsprechenden Ausbringungsmengen verrechnet:

Periode:	01/....	02/....	03/....	04/....	05/....
Ausbringung:	300	700	400	1 000	1 200
Gemeinkosten:	18 000,-	32 000,-	21 000,-	35 000,-	34 000,-

Für die genannten Zahlen ergibt die mathematische Methode mittels der linearen Regression die folgende Kostenfunktion:

$$K = 12\,286,\text{- EUR} + 19,\text{- EUR} \cdot x$$

Für eine Ausbringungsmenge von z.B. 800 Stück ergeben sich Gemeinkosten in Höhe von 27 486,- EUR; die darin enthaltenen variablen Kosten betragen 15 200,- EUR.

Die folgende Abbildung zeigt die Regressionsgerade nach der mathematischen Methode in einem Kosten-Ausbringungs-Diagramm:

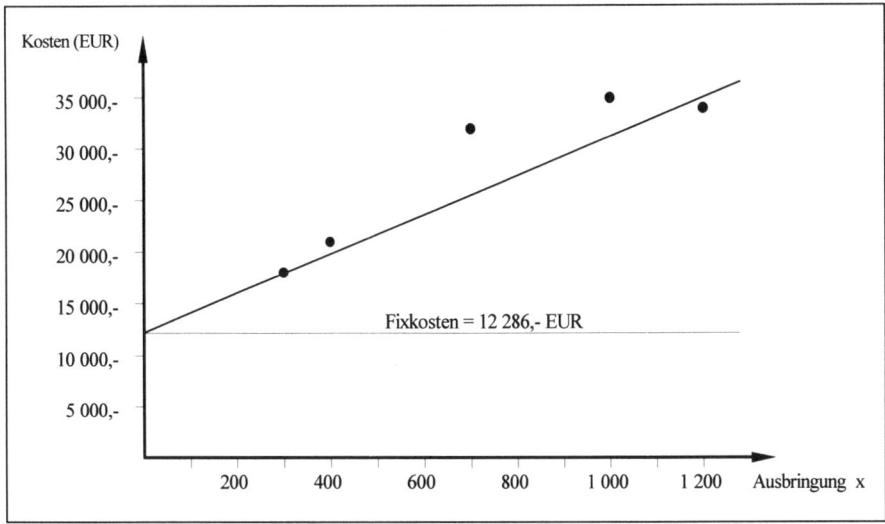

Abb. 67: Mathematische Methode der Kostenauflösung

Die graphische Methode (siehe folgende Abbildung) ergibt Fixkosten in Höhe von 13 170,- EUR; der Quotient $\Delta K : \Delta x$ ergibt variable Stückkosten (= Steigungsfaktor b) von 20,- EUR pro Stück. Bei einer Ausbringung von 800 Stück ergeben sich Kosten in Höhe von 29 170,- EUR, der Anteil der variablen Kosten beträgt 16 000,- EUR.

In der folgenden Abbildung wird die Ausgleichsgerade nach der graphischen Methode dargestellt:

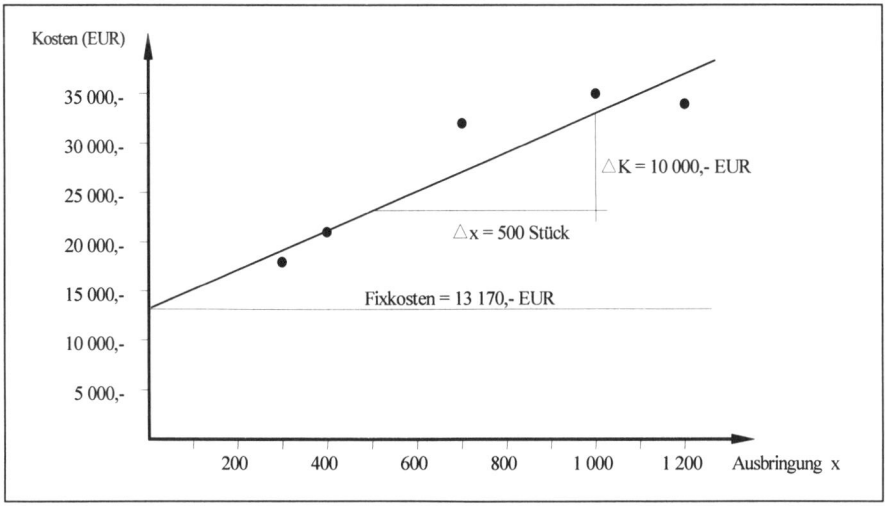

Abb. 68: Graphische Methode der Kostenauflösung

Daneben gibt es noch die **direkte Methode** der Kostenauflösung, die auf Einzel-Untersuchungen innerhalb der Kostenstellen beruht. Grundlage dieser Einzeluntersuchungen können Verbrauchsfunktionen (technische Gesetzmäßigkeiten, die das Verhältnis zwischen Güterverbrauch und Leistungsentstehung ausdrücken) und Konstruktionsunterlagen (z.B. Stücklisten) sein, daher ist eine Zusammenarbeit der Kostenrechnung mit der Konstruktionsabteilung und der Arbeitsvorbereitung erforderlich. Man bezeichnet diese Methode auch als **planmäßige Kostenauflösung**.

Beispiel 52: In der Kostenstelle "Fräserei" sind bei einer Beschäftigung von 1 200 Stunden pro Monat und einer Ausbringung von 900 Stück die folgenden fixen und variablen Kosten durch Einzeluntersuchungen ermittelt worden:

Kostenart	Fixkosten	variable Kosten	Gesamtkosten
Einzelkosten:			
Fertigungsmaterial	-	24 000,- EUR	24 000,- EUR
Fertigungslöhne	-	39 000,- EUR	39 000,- EUR
Gemeinkosten:			
Gemeinkosten-Material	1 500,- EUR	2 000,- EUR	3 500,- EUR
Hilfslöhne	8 000,- EUR	3 000,- EUR	11 000,- EUR
Abschreibungen	21 000,- EUR	8 000,- EUR	29 000,- EUR
sonstige Gemeinkosten	12 000,- EUR	7 000,- EUR	19 000,- EUR
Summe:	42 500,- EUR	83 000,- EUR	125 500,- EUR

Bei einer angenommenen Planbeschäftigung von 1 000 Stunden im Monat und einer entsprechenden Ausbringungsmenge von 750 Stück ergeben sich die folgenden Plankosten:

Die Fertigungsmaterial-Einzelkosten werden dem Kostenträger direkt zugerechnet, also um die Kostenstelle "herumgeführt":	$\dfrac{24\,00,- \cdot 750}{900} =$	20 000,- EUR
Die fixen Kosten der Kostenstelle gehen in voller Höhe in die Plankosten ein:		42 500,- EUR
Die variablen Kosten (mit Ausnahme der bereits verrechneten Materialkosten) müssen auf die Planbeschäftigung umgerechnet werden:	$\dfrac{59\,000,- \cdot 1\,000}{1\,200} =$	49 167,- EUR
Die Plankosten (das Budget) der Kostenstelle "Fräserei" betragen somit:		91 667,- EUR

3.8.5 Sollkosten und verrechnete Plankosten

Für den Soll-Ist-Vergleich ist es erforderlich, die Plankosten (= geplante Kosten bei Planbeschäftigung) in Sollkosten und verrechnete Plankosten umzurechnen.

Verrechnete Plankosten geben die gesamten Plankosten (fixe und variable Anteile) in Abhängigkeit von der Beschäftigung an. Zu ihrer Berechnung muss zunächst ein **Plankostenverrechnungssatz** ermittelt werden, der sich aus dem Quotienten aus der

Summe der Plankosten der Kostenstelle, dividiert durch die Planbezugsgröße (= Planbeschäftigung) der Kostenstelle ergibt. Die verrechneten Plankosten ergeben sich dann aus der Multiplikation des Plankostenverrechnungssatzes mit der Ist-Beschäftigung. Durch die verrechneten Plankosten werden die fixen Kostenanteile, da sie im Plankosten-Verrechnungssatz enthalten sind, proportionalisiert, d.h. in Abhängigkeit zur Beschäftigung gebracht.

Beispiel 53: Aus den Werten des vorhergehenden Beispiels ergibt sich für die Kostenstelle "Fräserei" ein Plankostenverrechnungssatz von 91 667,- EUR : 1 000 Std. = 91,67 EUR pro Stunde. Für eine Ist-Bezugsgröße (= Ist-Beschäftigung) von 800 Stunden ergeben sich damit verrechnete Plankosten in Höhe von 73 336,- EUR.

Die Proportionalisierung des Fixkostenanteils bei den verrechneten Plankosten macht diese für einen Soll-Ist-Vergleich, bei dem Verbrauchsabweichungen ermittelt werden sollen, unbrauchbar. Die getrennte Berücksichtigung von variablen und fixen Kosten wird durch die Ermittlung der **Sollkosten** ermöglicht, die wie folgt definiert sind:

$$\text{Sollkosten} = \frac{\text{variable Plankosten} \cdot \text{Istbeschäftigung}}{\text{Planbeschäftigung}} + \text{fixe Plankosten}$$

Beispiel 54: Die Sollkosten für das Fräserei-Beispiel betragen bei einer Ist-Beschäftigung von 800 Stunden 81 834,- EUR, die darin enthaltenen Fixkosten betragen 42 500,- EUR, der variable Anteil beträgt 39 334,- EUR (49 167,- EUR · 800 Std. : 1 000 Std.).

Die Zusammenhänge zwischen Plankosten, verrechneten Plankosten und Sollkosten lassen sich graphisch darstellen, der Schnittpunkt der verrechneten Plankosten mit den Sollkosten zeigt die Plankosten bei Planbeschäftigung:

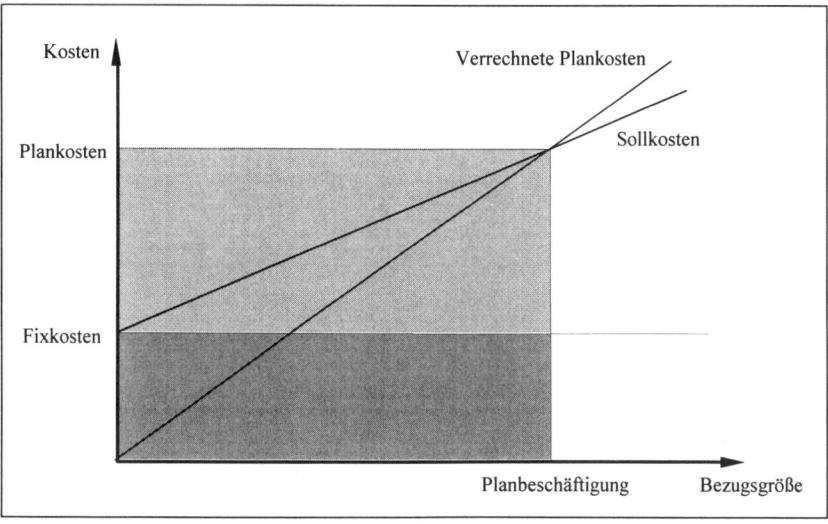

Abb. 69: Gegenüberstellung von Plankosten, verrechneten Plankosten und Sollkosten

3.8.6 Kostenkontrolle und Abweichungsanalyse

Die Ermittlung der Abweichungen zwischen geplanten Kosten und Istkosten wird i.d.R. einmal monatlich für alle Kostenarten je Kostenstelle durchgeführt. Die auftretenden Abweichungen zwischen Istkosten und der Plankostenvorgabe (Budget) können durch Preisabweichungen, Beschäftigungsabweichungen und Verbrauchsabweichungen entstehen. Der Kostenstellenleiter hat lediglich die Verantwortung für Verbrauchsabweichungen zu tragen, Abweichungen von Preisen und Beschäftigung kann er nicht beeinflussen und muss sie daher auch nicht verantworten.

Der Einfluss von **Preisabweichungen** wird ausgeschaltet, indem sowohl den Istkosten als auch den Plankosten die gleichen Festpreise (Verrechnungspreise) zugrunde gelegt werden. Istkosten im Sinne der Plankostenrechnung sind also mit Planpreisen bewertete Verbrauchsmengen und -zeiten. Die Höhe der Preisabweichungen ist für die Wirtschaftlichkeitskontrolle in der Plankostenrechnung von untergeordneter Bedeutung, sie lässt sich aus der Differenz von Istmenge mal Istpreis minus Istmenge mal Planpreis errechnen.

Die Ausschaltung von **Beschäftigungsabweichungen** wird vollzogen, indem man die Differenz aus den verrechneten Plankosten bei Istbeschäftigung minus den Sollkosten bei Istbeschäftigung ermittelt. Dieser Betrag, der bei einer Unterschreitung der Planbeschäftigung negativ und bei einer Überschreitung der Planbeschäftigung positiv ausfällt, wird dann bei der Kostenkontrolle aus der Betrachtung herausgehalten.

Die Abweichung der Istkosten von den Sollkosten zeigt den Mehr- bzw. Minderverbrauch an Kostengütern an, man spricht hier von **Verbrauchsabweichungen**, die im Gegensatz zu den Preis- und Beschäftigungsabweichungen vom jeweiligen Kostenstellenleiter zu verantworten sind (siehe oben).

Die **Gesamtabweichung** ergibt sich aus der Differenz aus verrechneten Plankosten minus Istkosten oder durch die Addition von Beschäftigungsabweichungen und Verbrauchsabweichungen. Die folgende graphische Darstellung soll die genannten Zusammenhänge verdeutlichen:

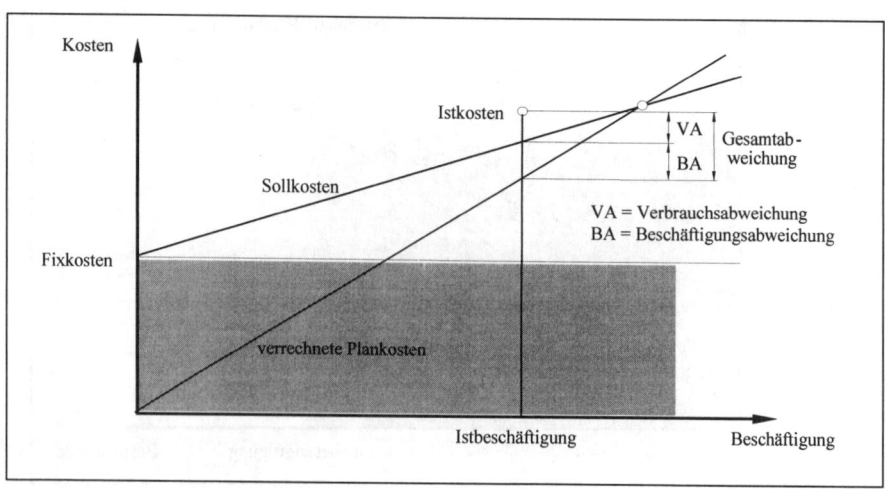

Abb. 70: Abweichungsanalyse

3.9 Exkurs: Grundzüge der Prozesskosten- und Zielkostenrechnung

In den letzten Jahren wird in der wirtschaftswissenschaftlichen Fachpresse der sogenannten **Prozesskostenrechnung** im Rahmen der Diskussion über die Weiterentwicklung der traditionellen Kostenrechnungsverfahren eine besondere Bedeutung beigemessen. Dieses Verfahren, das auch unter den Bezeichnungen "Aktivitätsorientierte Kostenrechnung", "Vorgangskostenrechnung" und in Verbindung mit flexiblen Fertigungssystemen[74] als "prozessorientierte Kostenrechnung"[75] sowie in der amerikanischen Literatur als "Activity Accounting", "Activity Based Costing" oder "Cost Driver Accounting" bekannt geworden ist, soll in den folgenden Abschnitten vorgestellt werden:

3.9.1 Entstehungsursachen und Ziele der Prozesskostenrechnung

Ausgangspunkt für die Entwicklung der Prozesskostenrechnung sind die in den letzten Jahren stark veränderten Produktionsbedingungen, die sich aus der Rationalisierung und der Automatisierung der Fertigung und den verstärkten Einsatz computergestützter Produktionssysteme (CIM) ergeben, und die damit verbundene Veränderung der Kostenstrukturen. Durch die wachsende Bedeutung der **indirekten Leistungsbereiche** wie Produktionsplanung und -steuerung, Forschung und Entwicklung, Beschaffung sowie Logistik und den steigenden Automatisierungsgrad hat sich die Kostenstruktur dahingehend verändert, dass die Gemeinkosten in der Relation zu den Einzelkosten stark zugenommen haben. Die Verteilung der Gemeinkosten auf die einzelnen Kostenträger mittels traditioneller Verfahren (also proportional zu den Einzelkosten) führt daher häufig zu Zuschlagssätzen von im Extremfall mehr als 1 000 %; von einer verursachungsgerechten Gemeinkostenverteilung kann kaum mehr ausgegangen werden. Die Kritik an den traditionellen Kostenrechnungssystemen konzentriert sich somit auf die folgenden Hauptpunkte:

- Die Verrechnung der Gemeinkosten erfolgt i.d.R. nicht verursachungsgerecht; hohe Zuschlagssätze führen bei der Ermittlung der Selbstkosten der Erzeugnisse zu erheblichen Ungenauigkeiten.
- Eine effektive Planung und Kontrolle der Gemeinkosten mittels traditioneller Kostenrechnungsmethoden ist nicht möglich, da ein großer Anteil der Gemeinkosten als fix, d.h. als kurzfristig nicht beeinflussbar, angesehen wird.

Hier versucht nun die Prozesskostenrechnung anzusetzen, die eine verursachungsgerechtere Zurechnung der (Gemein-) Kosten der indirekten Leistungsbereiche auf die einzelnen Kostenträger ermöglichen soll. Dazu wird der Betriebsablauf, der zur Erstellung einer Leistung (eines Produktes) erforderlich ist, in **Aktivitäten** (Teilprozesse) aufgespalten, deren anschließende kostenstellenübergreifende Zusammenfassung sog. **Hauptprozesse** ergibt. Als kostenverursachende Größen (Maßgrößen bzw. Bezugsgrößen) werden

---

[74] Unter einem "Flexiblen Fertigungssystem" versteht man die Gesamtheit von durch ein gemeinsames Steuerungssystem und ein automatisches Transportsystem verbundenen automatischen Fertigungseinrichtungen (CNC-Maschinen), die in der Lage ist, an verschiedenen Werkstücken gleichzeitig und ohne Unterbrechung durch Umrüstung verschiedene Verrichtungen auszuführen.
[75] Vgl. Schweitzer, M.: Prozessorientierte Kostenrechnung - Ein neues Kostenrechnungssytem? in: WiSt, Heft 12, 1992, S. 618 ff.

nun diese Aktivitäten angesehen, die daher auch als **"cost-drivers"**[76] bezeichnet werden. Mit dieser tätigkeitsorientierten Bezugsgrößenwahl, die in der Hauptsache auf die für die Durchführung der Aktivitäten erforderlichen Zeiten und damit die Personalkosten in den Gemeinkostenbereichen abstellt, versucht die Prozesskostenrechnung, folgenden Zielsetzungen gerecht zu werden:[77]

- Verbesserung der Kostentransparenz und -kontrolle durch die Strukturierung der indirekten Leistungsbereiche.
- Verbesserung der Kalkulation durch eine verursachungsgerechte Gemeinkostenverrechnung.
- Verbesserung der Planungs- und Entscheidungsmöglichkeiten durch Prozess und damit Kosteninformationen.
- Rationalisierung bzw. Vermeidung von Prozessen.

3.9.2 Durchführung der Prozesskostenrechnung

Der Ansatzpunkt für die Durchführung der Prozesskostenrechnung liegt in den Kostenstellen der fertigungsunterstützenden Bereiche. Dort werden zunächst durch Tätigkeitsanalysen die jeweils durchgeführten Aktivitäten (Teilprozesse) ermittelt. Ein Interview mit dem Leiter der Kostenstelle "Beschaffung" könnte beispielsweise folgende Aktivitäten ergeben:

- Einholen von Angeboten
- Durchführung von Materialeinkäufen (Bestellungen)
- Materiallieferungen entgegennehmen
- Wareneingangskontrolle durchführen
- Weitergabe der Waren an das Materiallager
- Leitung der Kostenstelle

Es folgt nun die Unterscheidung der Aktivitäten in solche mit repetitivem Charakter, die zu mehr oder weniger homogenen Arbeitsergebnissen führen (im obigen Beispiel die ersten fünf Teilprozesse), und in Aktivitäten, die nicht in dieses Schema sich gleichmäßig wiederholender und gleichartiger Tätigkeiten hineinpassen (im Beispiel die Aktivität "Leitung der Kostenstelle"). In der Literatur werden die folgenden Bezeichnungen zur Unterscheidung der Aktivitäten verwendet:

- **leistungsmengeninduzierte (lmi) Aktivitäten:** So bezeichnet man (Teil-) Prozesse, die sich "in Abhängigkeit von dem in der Kostenstelle zu erbringenden Leistungsvolumen mengenvariabel verhalten"[78], dies sind die o.g. Aktivitäten mit repetitivem Charakter.
- **leistungsmengenneutrale (lmn) Aktivitäten:** Dies sind solche Aktivitäten, die "mengenfix und generell anfallen"[79], also z.B. Führungstätigkeiten innerhalb einer Kostenstelle.

---

[76] Vgl. Pfohl, H. C./ Stölzle, W: Anwendungsbedingungen, Verfahren und Beurteilung der Prozesskostenrechnung in industriellen Unternehmen, in: ZfB, 61. Jg. (1991), H. 11, S. 1281 ff.
[77] Vgl. Schmitt, A.: Transparenz mit Prozesskostenrechnung, in: io Management Zeitschrift, Jg. 61 (1992), S. 44 ff. und Pfohl, H.C./ Stölzle, W.: Anwendungsbedingungen, Verfahren ...., a.a.O., S. 1286 ff.
[78] Horváth, P./ Mayer, R.: Prozesskostenrechnung. In: Controlling, Jg. 1989, Bd. 4, S. 216.
[79] Ebd. S. 216.

Für die Aktivitäten mit repetitivem Charakter (lmi-Prozesse) werden nun Maßgrößen (Bezugsgrößen, cost-driver) formuliert, z.B. für die Aktivität "Durchführung von Materialeinkäufen" die "Anzahl der Bestellungen" oder für das "Einholen von Angeboten" die "Anzahl der eingeholten Angebote"; für die lmn-Prozesse werden keine Maßgrößen benötigt.

Im nächsten Schritt wird die **Planprozessmenge** festgelegt (z.B. 1 800 Bestellungen pro Jahr). Dieser Größe werden nun die geplanten **Prozesskosten** gegenübergestellt, die i.d.R. aus dem Budget der betreffenden Kostenstelle abgeleitet und im Verhältnis zum Personaleinsatz auf die verschiedenen Aktivitäten aufgeteilt werden. In diesen Prozesskosten sind neben den Personalkosten auch die sonstigen Kosten der Kostenstelle (z.B. Raum-, EDV-, und Büromaterialkosten) enthalten, sie werden bei der hier vorgeschlagenen Vorgehensweise den Aktivitäten im Verhältnis zur Personalbeanspruchung zugerechnet. Es folgt die Ermittlung der Kosten, die bei einmaliger Durchführung der Aktivität anfallen, indem die jeweiligen Prozesskosten durch die zugehörigen Planprozessmengen dividiert werden. Den so gebildeten Quotienten bezeichnet man bei lmi-Prozessen als **Prozesskostensatz** und bei den lmn-Prozessen als **Umlagesatz**; die Summe aus Prozess-kosten- und Umlagesätzen ergibt den **Gesamtprozesskostensatz**. Man kann also die Durchführung der Prozesskostenrechnung in die folgenden fünf Arbeitsschritte aufteilen:[80]

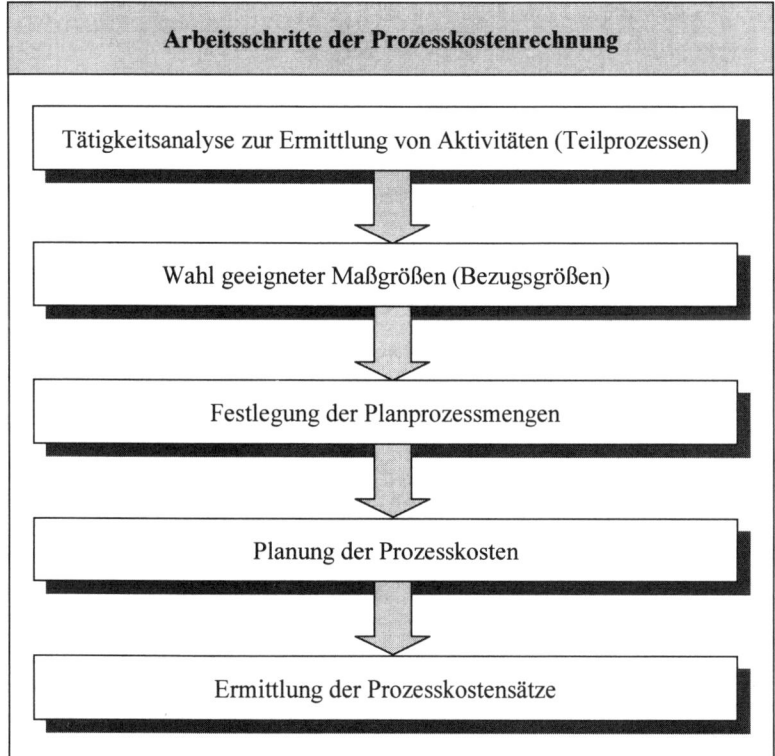

Abb. 71: Arbeitsschritte der Prozesskostenrechnung

---

[80] Vgl. Horváth, P./ Mayer, R.: Prozesskostenrechnung, a.a.O., S. 214 ff.

3.9.3 Vorteile der Prozesskostenrechnung

Die Prozesskostenrechnung erlaubt es, die durch Produkte verschiedener **Komplexität** anfallenden Kosten verursachungsgerechter zu verrechnen, als dies z.B. durch einen Zuschlag auf die Einzelkosten möglich ist. Mit dem Begriff "Produktkomplexität" ist die Zusammensetzung eines Produktes aus einer Vielzahl von Einzelteilen und Baugruppen gemeint. Die Prozesskostenrechnung ermöglicht nun z.B. für alle zugekauften Teile eines Produktes die Verrechnung eines Prozesskostensatzes für die Bestellkosten pro Teil, in dem die Kosten für die Aktivitäten "Bestellung", "Warenannahme", "Qualitätskontrolle", "Lagerung" und "Warenausgabe" enthalten sind. So werden komplexen Produkten, die aus einer Vielzahl von Teilen bestehen, entsprechend höhere Kosten zugerechnet als einfachen Produkten.[81] Der Zusammenhang zwischen Komplexitätsgrad und Kosten lässt sich wie folgt graphisch darstellen:

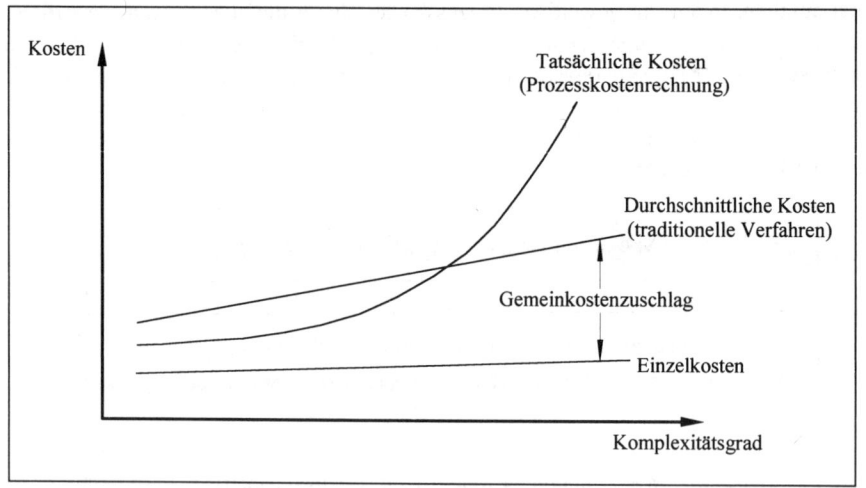

Abb. 72: Zusammenhang zwischen Kosten und Komplexitätsgrad

Die Bewertung der Komplexität und des Umfanges des Variantensortimentes als einen kostenbestimmenden Faktor bezeichnet man auch als den **Komplexitätseffekt** der Prozesskostenrechnung.

Eine weitere wesentliche Rolle in der Prozesskostenrechnung spielt der sogenannte **Degressionseffekt**. Die Verrechnung der Gemeinkosten mit den Mitteln der Prozesskostenrechnung erlaubt es, bei steigenden Stückzahlen sinkende Kosten pro Stück zuzurechnen und damit die Losgrößendegression in der Kostenrechnung zu berücksichtigen. So fallen beispielsweise bei einer Bestellung die gleichen Prozesskosten unabhängig von der Bestellmenge an (die zu verrichtenden Aktivitäten sind bei einer Bestellmenge von z.B. 10 Stück eines Teiles die gleichen wie bei 100 oder 1 000 Stück). Durch die Berücksichtigung diese Degressionseffektes in der Prozesskostenrechnung steigen die Kosten von Produkten mit selten beschafften Komponenten relativ zu solchen mit Norm- oder Standardteilen. Dieser Umstand kann somit bereits in der Konstruktion kostensenkend berücksichtigt werden. Analog zur Beschaffungsseite ergeben sich auch für

---

[81] Vgl. Franz, K. P.: Die Prozesskostenrechnung - Entstehungsgründe, Aufbau und Abgrenzung von anderen Kostenrechnungssystemen. In: WiSt, Heft 12, 1992, S. 609.

den Vertrieb neue Kostenaspekte, da auch hier die Prozesskosten für die Auftragsbearbeitung (Angebot, Ausgangskontrolle, Auslagerung, Versand) unabhängig von der Auftragsgröße anfallen und eine Berücksichtigung des Degressionseffektes z.B. in Form einer kostenorientierten Rabattstaffel in Abhängigkeit von der Auftragsgröße oder durch die Bestimmung von (kostendeckenden) Mindestauftragsgrößen bei vorgegebenen Marktpreisen erfolgen kann.

Ein weiterer Vorteil der Prozesskostenrechnung bietet sich im Zusammenhang mit CAD / CAM-Systemen oder CIM-Systemen, die durch die Integration betriebswirtschaftlicher und technischer Datenverarbeitungssyteme eine gesamtunternehmensbezogene Datenintegration ermöglichen. Die Verfügbarkeit aller prozessrelevanten Daten ist die Voraussetzung für eine **mitlaufende prozessorientierte Kalkulation**, die eine zeitnahe Informationsgrundlage für dispositive Entscheidungen bereitstellt, da die Soll- und Istzeiten sowie Abweichungen in den Mengenverbräuchen sofort verfügbar sind. Durch die Schnittstelle zu computergestützten Fertigungssystemen (CAD / CAM, CIM) kann in der Kostenrechnung bereits in der Planungs- und Konstruktionsphase eines Auftrages auf die zugehörigen Prozessdaten zurückgegriffen werden und eine exakte Kostenplanung erfolgen. Falls es der Betriebsdatenerfassung gelingt, detaillierte Daten über die Dauer einzelner Prozesse und den produktspezifischen Roh-, Hilfs- und Betriebsstoffverbrauch zu ermitteln, lassen sich viele der heutigen Gemeinkosten als Produkteinzelkosten erfassen.[82]

3.9.4 Kritik an der Prozesskostenrechnung

Die Diskussion um die Prozesskostenrechnung wird in der einschlägigen Literatur sehr kontrovers geführt. Während einige Autoren die Prozesskostenrechnung als neues, bahnbrechendes Verfahren, das eine "Revolution" der in Kostenrechnung auslösen soll, beschreiben, wird von anderen Autoren die Anwendung dieses Verfahrens und die Charakterisierung als grundlegend neue Methode sehr kritisch beurteilt. Die Kritik lässt sich in zwei Hauptpunkten zusammenfassen:[83]

- Die Prozesskostenrechnung ist wie alle Vollkostenrechnungssysteme als Entscheidungsgrundlage für kurzfristige Dispositionen ungeeignet.
- Auch in der Prozesskostenrechnung erfolgt eine Schlüsselung von Gemeinkosten und eine Proportionalisierung der fixen Kosten; ein funktionaler Zusammenhang zwischen Maßgrößen und Gemeinkosten kann auch hier nicht nachgewiesen werden.

Da es sich bei der Prozesskostenrechnung um ein Verfahren handelt, das versucht, neue Aspekte der Gemeinkostenentstehung zu berücksichtigen; das in der Theorie jedoch noch längst nicht ausgereift ist, bleibt die zukünftige Entwicklung in dieser Richtung für eine abschließende Beurteilung abzuwarten. Als Ergänzung zu den traditionellen Kostenrechnungsverfahren bieten sich jedoch schon heute Verwendungsmöglichkeiten für die Erkenntnisse der Prozesskostenrechnung an.

---

[82] Vgl. Fröhling, O.: Prozesskostenrechnung - System mit Zukunft? In: io Management Zeitschrift, Jg. 58 (1989), Nr. 10, S. 68.
[83] Vgl. Franz, K. P.: Die Prozesskostenrechnung, a.a.O., S. 610 und für eine ausführliche, kritische Auseinandersetzung mit dieser Thematik Fröhling, O.: Thesen zur Prozesskostenrechnung, in: ZfB, 62. Jg. (1992), H. 7, S. 723 ff.

3.9.5 Zielkostenrechnung (target costing)

Die Zielkostenrechnung ermöglicht eine verstärkte Marktausrichtung bei der Produktentwicklung durch Ermittlung von Zielkosten für das Gesamtprodukt sowie eine verbesserte Kostenplanung und Steuerung durch die Aufspaltung der Zielkosten (target costs) auf die zu liefernden bzw. zu entwickelnden Baugruppen und Bauteile. Hierdurch wird die Voraussetzung geschaffen, Zielvorgaben für die zulässigen Bezugskosten vorzugeben.

Die in der Praxis gebräuchlichste Methode des target costing ist das "market into company", da diese als einzige eine konsequente Marktorientierung gewährleistet. Beim "market into company" handelt es sich um die ursprüngliche Form der Zielkostenrechnung, bei der die Zielkosten, d.h. die zulässigen Kosten des Produkts aus dem am Markt erzielbaren Preis ermittelt werden. Der Ablauf dieser Methode umfasst folgende Schritte:

Ablauf des "market into company"
1. Festlegen der Gesamtzielkosten
2. Aufspalten der Zielkosten 2.1 Bestimmen der Funktionsstruktur des neuen Produkts 2.2 Gewichten der Produktfunktionen 2.3 Entwickeln eines Grobentwurfs des neuen Produkts 2.4 Vornehmen einer Kostenschätzung der Produktkomponenten 2.5 Gewichten der Produktkomponenten 2.6 Ermittlung der Zielkosten der Produktkomponenten
3. Vornehmen weiterer Kostensenkungen

Mittels der Marktforschung lässt sich durch Teil- oder Vollerhebung, je nach der Größe des zukünftigen Marktes, der potentielle Marktpreis und die Bedeutung der Produktmerkmale für den Kunden ermitteln. Aus der Differenz zwischen dem für den Markt akzeptablen Preis und dem geplanten Gewinn werden die Zielkosten des Produkts festgelegt. Durch den Einsatz von Instrumenten (z.B. Wertanalyse) müssen solange Kostensenkungen vorgenommen werden, bis die geschätzten Kosten kleiner als die Zielkosten sind. Dabei können die Zielkosten der Baugruppen gegebenenfalls durch wiederholte Anwendung der Zielkostenrechnung bis auf die einzelnen Teile heruntergebrochen werden.

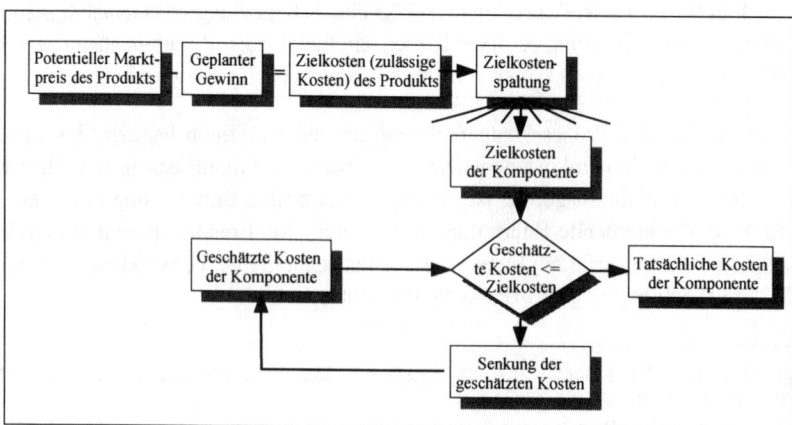

Abb. 73: Ablauf der Zielkostenrechnung

4 Das Controlling

4.1 Der Controllingbegriff

Das **Controlling** hat sich aus dem traditionellen Finanz- und Rechnungswesen als eine zukunftsorientierte Vorgehensweise zur Planung und Steuerung des betrieblichen Geschehens entwickelt. Unter Controlling wird das Planen und Steuern der unternehmerischen Tätigkeit mit Hilfe betriebswirtschaftlicher Daten und Analysen verstanden. Es soll dafür sorgen, dass das Unternehmen entsprechend seiner wirtschaftlichen Zielsetzung geführt wird.

Über den Inhalt der Begriffe "Controlling" und "Controller" gibt es bisher keine einheitliche Auffassung. Das hängt vor allem damit zusammen, dass die vom Controller wahrzunehmenden Aufgaben nach Art, Umfang und Kombination in der Praxis sehr unterschiedlich ausfallen können. Im amerikanischen Sprachgebrauch bedeuten die Begriffe "to control" oder "Controlling" soviel wie Beherrschung, Lenkung und Steuerung eines Vorganges. Damit ist die Bedeutung sehr viel umfassender als das, was mit dem deutschen Wort Kontrolle gemeint ist. Die beiden Begriffe dürfen deshalb nicht gleichgesetzt werden. Unter Kontrolle wird nur die laufende Beobachtung, Beaufsichtigung oder Feststellung von Sachverhalten verstanden. Sie ist damit lediglich ein untergeordneter Teilaspekt des Controllings. In der folgenden Abbildung der "Controlling-Philosophie der Audi AG" wird der Unterschied zwischen Kontrolle und Controlling noch einmal verdeutlicht. Hierin wird symbolisch darauf hingewiesen, dass Controlling enstprechend eines Kompasses "richtungsweisend" und "lenkend" zu verstehen ist.

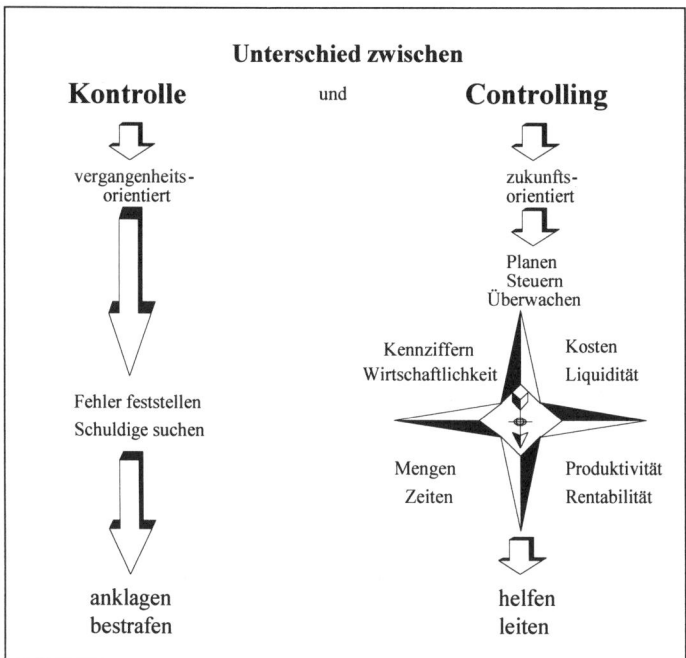

Abb. 74: Unterschied zwischen Kontrolle und Controlling

Den Zusammenhang zwischen dem traditionellen Kontrollbegriff, dem erweiterten Kontrollbegriff und dem Controllingbegriff zeigt die folgende Abbildung. Der traditionelle Kontrollbegriff ist im Sinne des einfachen Soll / Ist-Vergleichs zu verstehen. Unter dem erweiterten Kontrollbegriff versteht man dagegen die Abweichungsanalyse, die für die zukünftige Planung und die Verbesserung der Planungsqualität wichtig ist.

Die nächste Stufe ist die Erarbeitung der aus der Abweichungsanalyse resultierenden Korrekturvorschläge. Alles zusammen entspricht dem Controllingbegriff. Die Korrekturentscheidung fällt in jedem Fall in die Kompetenz der Linienmanager.

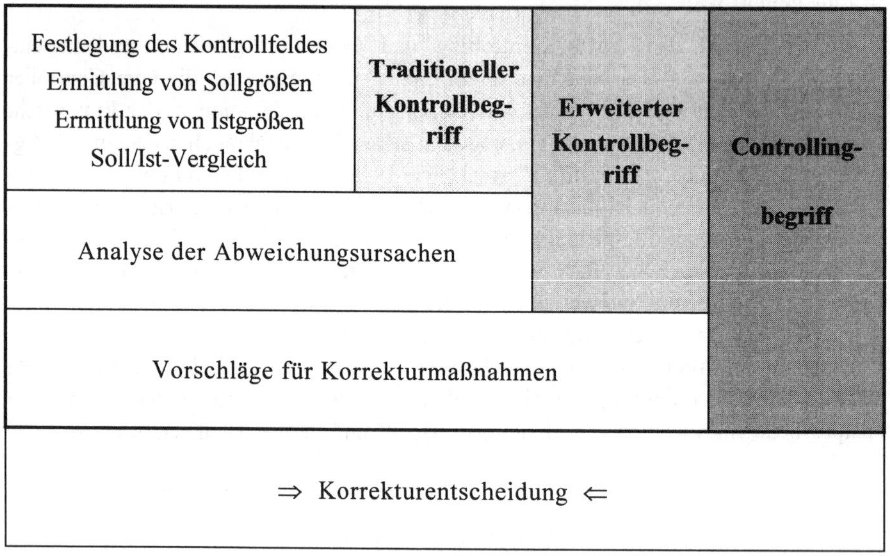

Festlegung des Kontrollfeldes Ermittlung von Sollgrößen Ermittlung von Istgrößen Soll/Ist-Vergleich	**Traditioneller Kontrollbegriff**	**Erweiterter Kontrollbegriff**	**Controllingbegriff**
Analyse der Abweichungsursachen			
Vorschläge für Korrekturmaßnahmen			
⇒ Korrekturentscheidung ⇐			

Abb. 75: Zusammenhang zwischen Kontrolle und Controlling

In der Unternehmenspraxis auftretende Unsicherheiten bezüglich der Aufgaben und Bedeutung des Controllings ergeben sich

1) aus der Vermengung von **institutionalem** und **funktionalem** Controllingbegriff und

2) aus der Verschiedenheit der unter dem Begriff des Controllings anzutreffenden Aufgaben- und Tätigkeitsbereiche.

Unter Controlling können zum einen die selbstverständlichen, nicht delegierbaren Management-Aufgaben aller Linienmanager verstanden werden, die in Planung, Kontrolle, Analyse und Steuerung der in ihren Kompetenzbereich fallenden Tätigkeiten bestehen. Man bezeichnet dies als den "funktionalen Controllingbegriff". Dieses "Self-Controlling" durch den Linienmanager soll von dem institutionellen Controlling unterschieden werden.

Der "Institution Controller" ist eine eigens eingerichtete Stelle mit dem Aufgabenbereich funktionsübergreifender Unterstützung durch Instrumente und Informationen zur Planung, Kontrolle, Analyse und Steuerung betrieblicher Abläufe. Damit erbringt das Controlling eine Service-Leistung zur Selbstkontrolle der Verantwortlichen, der

Controller ist somit sozusagen ein "Lotse". Die Unterscheidung zwischen institutionalem und funktionalem Controllingbegriff weist dem Controller als Institution die Rolle eines Planungsgehilfen zu.

Die Koordinationsaufgaben des Controllings beziehen sich heute auf alle Ebenen der Planung, d.h. strategische, taktische und operative Planung. Die umfassende Beteiligung des Controllings an der Planung führt zu der Frage, wie die Arbeitsteilung zwischen Controlling und Linienmanagement erfolgen soll. Diese Abgrenzung ist im Prinzip eindeutig: Das Controlling sorgt dafür, dass geplant wird, das Linienmanagement bestimmt, was geplant wird.

4.2 Die Entwicklung des Controllings

Der Ursprung des Controllings liegt ebenso wie das Wort selbst in den USA. Die Wirtschaftskrise in den zwanziger Jahren bewirkte eine Verbreitung des Controllinggedankens. Dabei ging es um die Verwirklichung einer effizienten finanziellen Unternehmensführung. Im Jahr 1931 kam es zur Gründung einer berufsständischen Organisation, des "Controller's Institute of America". Dieses wurde 1962 in "Financial Executive Institute" (FEI) umbenannt. Schon 1946 hatte der Berufsverband eine erste Aufgabenbeschreibung veröffentlicht, die 1962 neu formuliert wurde. Dabei wurde die finanzielle Unternehmensführung in zwei unterschiedliche Tätigkeitsbereiche aufgespulten:

- den Bereich der **finanz- und liquiditätsorientierten Aufgaben**, bei denen es um die Sicherung der situativen und strukturellen Liquidität geht,

- den Bereich der **kosten-, erlös- und damit ergebnisorientierten Aufgaben**, die der Sicherung optimaler Ergebniserwirtschaftung dienen.

Der erste Aufgabenkomplex wird mit dem Begriff "Treasureship" oder "Treasuring" umschrieben. Beim zweiten handelt es sich um die Aufgaben des Controllers. Der vom FEI herausgegebene Aufgabenkatalog ist in der folgenden Abbildung dargestellt.[84]

Allgemein lässt sich feststellen, dass in der amerikanischen Unternehmenspraxis der Controller-Bereich meist in dem Sinne abgegrenzt wird, dass er alle unternehmensrechnerischen Aufgaben wahrnimmt, mit Ausnahme der Tätigkeiten, die im Zusammenhang mit der Finanzierungsfunktion stehen. Diese obliegen dem Treasurer. So gehören zum Controller-Bereich insbesondere das betriebliche (kalkulatorische) Rechnungswesen, aber auch die Finanzbuchhaltung (pagatorisch). Dem gegenüber ist in der deutschen Praxis die Controller-Tätigkeit häufig enger angelegt und beschränkt sich auf die Planungsrechnung, die Informationsverarbeitung und die Kontrollanalyse.

In der einschlägigen Literatur, deren Schwerpunkt die analytischen Verfahren und Hilfsmittel für das Controlling und ihre praktische Anwendung bilden, wird der Controlling-Begriff dagegen im Zweifel sehr weit gefasst und umschließt die gesamte analytische unternehmerisch umsetzbare Betriebswirtschaftslehre. Eine solch weitgehende Auslegung ermöglicht in der unternehmerischen Praxis keine ausreichende Abgrenzung und lässt außerdem den führungsorientierten Ansatz des Controllings außer Betracht.

---

[84] Vgl. FEI 1962, deutsche Übersetzung: Agthe, K. "Controller", in: Grochla, E.: Handwörterbuch der Organisation, Stuttgart 1969, Sp 353 f.

FINANCIAL MANAGEMENT

CONTROLLERSHIP

Planung

Aufstellung, Koordinierung und Durchführung von Unternehmensplänen als integrierter Teil des Managements zur Kontrolle des Geschäftsablaufes. Die Planung umfasst Gewinnpläne, Programme für die Kapitalinvestitionen und Finanzierungen, Absatzpläne, Gemeinkostenbudgets und Kostenstandards.

Berichterstattung und Interpretation

Vergleich der Ausführung mit den Plänen und Standards und Berichterstattung sowie Interpretation der Resultate des Geschäftsablaufes an alle Bereiche des Managements und die Kapitaleigner. Diese Funktion schließt die Formulierung von Buchhaltungs- und Bilanzrichtlinien ein, die Koordinierung der Systeme und Vorgänge sowie die Vorbereitung von zu bearbeitenden Daten und Sonderberichten.

Bewertung und Beratung

Beratung mit allen Teilen des Managements, die für die Richtlinien und Ausführungen in den verschiedenen Unternehmensbereichen verantwortlich sind, wenn es sich um die Erreichung der gesetzten Ziele und die Wirksamkeit der Richtlinien sowie der Organisationsstruktur und -abläufe handelt.

Steuerangelegenheiten

Aufstellung und Anwendung von Richtlinien und Verfahren für die Bearbeitung von Steuerangelegenheiten.

Berichterstattung an staatliche Stellen

Kontrolle und Koordinierung der Abfassung von Berichten an staatliche Stellen.

Sicherung des Vermögens

Durch innerbetriebliche Kontrollen und Revision sowie durch Überwachung des Versicherungsschutzes ist die Sicherheit des Vermögens zu gewährleisten.

Volkswirtschaftliche Untersuchungen

Ständige Untersuchung der wirtschaftlichen und sozialen Kräfte und Einflüsse von staatlichen Stellen sowie Beurteilung möglicher Auswirkungen auf das Unternehmen.

TREASURERSHIP

Kapitalbeschaffung

Aufstellung und Ausführung von Programmen für die Kapitalbeschaffung einschließlich der Verhandlungen zur Kapitalbeschaffung und der Erhaltung der notwendigen finanziellen Verbindungen.

Verbindung zu Investoren

Schaffung und Pflege eines Marktes für die Wertpapiere des Unternehmens und in Verbindung damit Unterhaltung von entsprechenden Kontakten zu Investitionsbanken, Finanzexperten und Aktionären.

Kurzfristige Finanzierung

Beschaffung und Erhaltung von Quellen für den laufenden kurzfristigen Kreditbedarf des Unternehmens, wie Wirtschaftsbanken und andere Kreditinstitute.

Bankverbindungen und Aufsicht

Die Bankverbindungen aufrechterhalten, die Aufsicht über die Firmengelder und Wertpapiere ausüben und diese auch günstig anlegen sowie die Verantwortung für die finanziellen Aspekte im Immobiliengeschäft übernehmen.

Kredite und Forderungseinzug

Überwachung der Gewährung von Kundenkrediten und des Einzugs der fälligen Forderungen einschließlich der Kontrolle von Sondervereinbarungen für Verkaufsfinanzierungen wie Ratenzahlung und Mietpläne.

Kapitalanlage

Zweckmäßige Anlage von Kapitalfonds des Unternehmens sowie Ausarbeitung und Koordination von Richtlinien für die Anlage von Kapital in Pensionsrückstellungen oder ähnliche Verwendungsarten.

Versicherungen

Sorge für einen notwendigen und ausreichenden Versicherungsschutz.

Abb. 76: Aufgaben der finanziellen Unternehmensführung

4.3 Wandel der Aufgabenschwerpunkte

Unabhängig von den einzelnen Aufgabenkatalogen des Controllers in der Praxis amerikanischer und deutscher Unternehmen kann man feststellen, dass in jedem Fall das Rechnungswesen als Ausgangspunkt der Controllingentwicklung anzusehen ist. Man unterscheidet zwischen drei grundsätzlichen Erscheinungsformen des Controllers:[85]

- dem historisch- und buchhaltungsorientierten Controller
- dem zukunfts- und aktionsorientierten Controller
- dem managementorientierten Controller

Der **historisch-** und **buchhaltungsorientierte** Controller, der dem traditionellen Controllertyp entspricht, ist weitgehend dem Gedankengut der ordnungsmäßigen Rechnungslegung verhaftet. Seine Instrumente sind vorzugsweise die Buchführung, insbesondere die Betriebsbuchführung mit der Kostenarten-, Kostenstellen- und Kostenträgerrechnung. Die Informationsbereitstellung erfolgt weitgehend passiv, d.h. man wartet ab, bis die Bilanzen für die abgelaufene Periode erstellt sind. Buchhalterisches Denken mit Vergangenheitsorientierung steht im Vordergrund. Beispielsweise stellt der Controller fest, dass die Herstellungskosten für ein bestimmtes Produkt in den letzten Jahren um durchschnittlich 20 Prozent pro Jahr gestiegen sind, fragt jedoch nicht nach den Ansatzpunkten, die sich zur Vermeidung der Kostensteigerung ergeben.

Die Vollkostenrechnung bildet hierbei das zumeist verwendete Kostenrechnungssystem. Dieser Art von Controlling fehlt es häufig an zeitlicher Aktualität sowie an inner- und zwischenbetrieblichen Vergleichen. Von der Aufgabenbeschreibung her ist dieser Controllertyp mit dem traditionellen Leiter des Rechnungswesens gleichzusetzen. Zwar haben Unternehmen, die eine solche Controllerstelle aufweisen, durchaus Planungsstäbe für analytische Untersuchungen und Sonderaufgaben, doch fehlt es gerade an der funktionsübergreifenden Einbindung ihrer Arbeit in der Unternehmensführung.

Die Entwicklung der Unternehmensplanung und die Entwicklung neuerer Kostenrechnungssysteme wie der Plankostenrechnung und der Deckungsbeitragsrechnung leiteten zu dem **zukunfts- und aktionsorientierten** Controller über. Die Untersuchung der Betriebsabläufe im Sinne der Wirtschaftlichkeitskontrolle, das Aufdecken von Schwachstellen und die Ausarbeitung von Maßnahmen zur Verbesserung der Wirtschaftlichkeit gehören zum Aufgabenbereich dieses Controllers. Insbesondere Abweichungsinformationen sind Auslöser für die Entwicklung von Maßnahmenkatalogen zur zielorientierten Steuerung. Die Aufgabe des Controllers ist hier beispielsweise das Herunterrechnen von Investitionsanträgen, das Kürzen von Budgetanträgen und die Aufdeckung unzureichender Abweichungsbegründungen der funktionalen Stellen.

Damit arbeitet er zwar zielorientiert, allerdings auch in hohem Maße konfliktträchtig. Der Konflikt zwischen Controller und funktionaler Linieninstanz kann so weit gehen, dass der Controller von den für seine Arbeit wichtigen Informationen aus den Linienstellen abgeschnitten wird, indem keine oder nur unzureichende Informationen an ihn weitergegeben werden. Damit geht das neue und für die Arbeit im Sinne einer Unterstützung und Verbesserung der zielorientierten Unternehmensführung wichtige Element der funktionsübergreifenden Strategieentwicklung im Extremfall völlig verloren. Es

---

[85] Vgl. Henzler, H.: Der Januskopf muss weg! in: Wirtschaftswoche, 38/ 1974, S. 60 ff.

stellt sich die Frage, ob die Vorteile der für diesen Controllertyp typischen Verfahren unter Nutzen- Kostengesichtspunkten nicht von den Nachteilen teilweise kompensiert werden.

Charakteristisch für den dritten Typ, den **managementorientierten** Controller, ist die Betonung der Informationsbereitstellungsfunktion. Historische Aufzeichnungspflichten können zwar noch zum Aufgabenkatalog gehören, der Schwerpunkt der Tätigkeit liegt jedoch in der Bereitstellung methodischer Planungs- und Kontrollhilfsmittel. Dabei bedient sich der Controller beispielsweise der Plankosten- und Deckungsbeitragsrechnung, der kurzfristigen Erfolgsrechnung, der Budgetierung und der Kennzahlen- und Frühwarnsysteme. Er deckt die Schwachstellen der Unternehmung bei der Ertrags- und Kostenanalyse auf und entwirft gewinnstabilisierende oder gewinnerhöhende Strategien.

Der Unterschied zum zukunfts- und aktionsorientierten Controller liegt aber nicht so sehr in der Art der verwendeten Instrumente als vielmehr im Verhältnis zwischen Controller und funktionalen Linienstellen. Es steht nicht die Kontrolle im Vordergrund, sondern er ist vielmehr ein kritischer, aber Hilfestellung anbietender Gesprächspartner und stellt gleichzeitig eine Art Informationsversorgungs- und damit Servicezentrum dar. Der so arbeitende Controller hat für das Topmanagement den Vorteil, dass er die volle Geschäftsverantwortung der Linienstellung nicht berührt. Ist das Controllingsystem (d.h. die Planung des Planungs-, Kontroll- und Informationssystems) erst einmal in dem Unternehmen eingeführt, beschränkt sich die Aufgabe des Controllers auf das Interpretieren der Ergebnisse, die Ausarbeitung zielorientierter Steuerungsmaßnahmen eingeschlossen, und die Überwachung des Controllingsystems.

4.4 Gesamtunternehmensbezogenes Controlling

Aufgabe des **gesamtunternehmensbezogenen** Controllings sind Informationsbereitstellung und -versorgung zur Unterstützung der Linienmanager bei der Unternehmenssteuerung. Die vom Controller bereitgestellten Informationen sind Planungs-, Kontroll- und Steuerungsinformationen. In der Leitungsorganisation deutscher Unternehmen ist der Controller entweder auf der Vorstands- bzw. Geschäftsführerebene oder auf der Hauptabteilungsleiterebene zu finden. Zu den Einzelaufgaben gehören häufig Berichtswesen, Unternehmensplanung, Budgetierung, Kosten- und Leistungsrechnung sowie Überwachung von Kennzahlen. Ihren Niederschlag finden sie z.B. im Kosten- und Erlöscontrolling, im Budgetcontrolling und im Finanzcontrolling. Bei seiner Einführung in der deutschen Unternehmenspraxis war das Controlling überwiegend auf die Gesamtsituation des Unternehmens gerichtet. Die Informationen, die die einzelnen Funktionsbereiche (z.B. Einkauf, Fertigung, Vertrieb) betreffen, fließen in die gesamtunternehmensbezogenen Berichts- und Rechenwerke ein. In diesem Sinne werden der Controller und die Mitarbeiter der Controllingabteilung mit Planungs-, Kontroll- und Steuerungsproblemen aller Hierarchiestufen in den jeweiligen betrieblichen Funktionsbereichen konfrontiert. Dabei können sie auch mit der Durchführung von betriebswirtschaftlichen Sonderuntersuchungen unterstützend für die Manager dieser Hierarchiestufe tätig werden. Die Bezeichnung "gesamtunternehmensbezogenes Controlling" schließt also die Beschäftigung der Controllingabteilung mit Planungs- und Kontrollproblemen irgendwelcher Funktionsbereiche nicht aus. Sie bedeutet aber, dass das Controlling des Unternehmens in erster Linie für die Unterstützung der Unternehmensleitung zu sorgen hat.

4.5 Controlling der Funktionsbereiche

Die Notwendigkeit zunehmender funktioneller Spezialisierung führte in den letzten Jahren zur Entstehung des sogenannten "Funktionsbereichs-Controlling". Grundsätze dezentraler Unternehmensführung und der Wunsch nach marktorientierter Controllerleistung führen zu funktionell spezialisierten Controllern, z.B. Werkscontrollern, Marketingcontrollern und Materialwirtschaftscontrollern. Es steht wohl außer Frage, dass in einem gut geführten Unternehmen die Manager der Funktionsbereiche im Sinne des angesprochenen Self-Controlling ihre Tätigkeiten planen, den Erfolg kontrollieren und Abweichungen vom geplanten Erfolg analysieren sollten, um ihren Aufgabenbereich zukünftig besser steuern zu können.

Trotzdem kann es sinnvoll sein, im Großunternehmen Funktionsbereichscontrollerstellen einzurichten, da es damit zu einer gewissen Arbeitsteilung zwischen Funktionsbereichscontroller und Linienmanager kommen kann. Der Vorteil dieser Arbeitsteilung wird aber zumindest teilweise durch Probleme der Kompetenzabgrenzung zwischen Linienmanager, Funktionsbereichscontroller und Werkscontroller wieder kompensiert. Die Kompetenzabgrenzung muss eine Regelung enthalten, die die Anbindung des Funktionsbereichscontrollers an den übergeordneten Controller (z.B. Werks- oder Divisionscontroller) beschreibt. Ein weiterer Vorteil könnte darin bestehen, dass im Gegensatz zum Self-Controlling des Linienmanagers die Schaffung einer Funktionsbereichscontrollerstelle und ihre Einbindung in die Controllingorganisation eine stärkere Verzahnung bei der Anwendung von controlling-spezifischem Fachwissen bedeutet.

4.6 Operatives und strategisches Controlling

Die Planungen im Unternehmen werden nach zeitlichen Gesichtspunkten unterteilt in:

- **langfristige** oder **strategische** Planung: Alle Pläne, die einen länger als fünfjährigen Zeitraum berücksichtigen, wie beispielsweise Fünfjahres- oder Zehnjahrespläne.

- **mittelfristige** oder **taktische** Planung: Pläne, die meist Zeiträume bis zu fünf Jahren berücksichtigen.

- **kurzfristige** oder **operative** Planung: Sie erstreckt sich höchstens auf einen Zeitraum von einem Jahr.

Dabei wird grundsätzlich so vorgegangen, dass die strategische Planung die höchste Abstraktionsstufe (Globalplanung) und die operative Planung die größte Detailliertheit und Differenziertheit (Feinplanung) aufweist.

Unter dem Eindruck zunehmender Veränderungen der Bedingungen, die das wirtschaftliche, technologische, soziokulturelle und politische Umfeld der Unternehmen charakterisieren, hat sich die Diskussion von Problemen der Unternehmensplanung seit den 70er Jahren in erheblichem Maße von der taktischen und operativen Planung hin zur strategischen Planung verschoben. Die Begriffe wie "strategische Geschäftseinheiten",

"Geschäftsfeldplanung", "Erfahrungskurvenkonzept", "Portofolio-Planung", "strategische Erfolgsfaktoren", "Szenariotechnik" usw. bestimmen seither die Planungsdiskussion.

Der **strategisch** denkende Controller muss sich mit Prozessen, die die langfristige Entwicklung der Unternehmen beeinflussen könnten, so frühzeitig beschäftigen, dass die Unternehmensführung noch gegensteuern kann. Da strategische Versäumnisse auf wirtschaftlich vertretbare Weise kaum zu korrigieren sind, müssen die Ursachen möglicher Abweichungen vor ihrem Entstehen erkannt und lokalisiert werden, um rechtzeitig gegensteuern zu können. Im Gegensatz zu den **"Feedback-Kontrollen"** des operativen Controllings handelt es sich bei dem strategischen Controlling um eine **"Feedforward-Kontrolle"**. Abweichungsursachen sind so rechtzeitig aufzudecken, dass erst gar keine operativen Abweichungen und damit auch keine Auswirkungen bei den operativen Zahlen entstehen.

Die **operative** Planung ist eine Maßnahmenplanung. Sie entwirft die Realisierung der in der strategischen Planung entwickelten Unternehmensstrategien. Sie überschneidet sich zum Teil mit der taktischen Planung. Die Operationen, z.B. geplante Investitionen oder Produkteinführungen, reichen in der Regel über den der operativen Planung eigenen Planungshorizont von maximal einem Jahr hinaus, fallen aber teilweise in deren Planungszeitraum.

Die strategische Planung hat alle Veränderungsfaktoren der Umwelt zu berücksichtigen. Diese finden dann beispielsweise als Planumsätze, Planerfolg und Plan-Cash-Flow ihren Niederschlag in den operativen Rechenwerken der Planabschlüsse (Planbilanz, Planerfolgsrechnung, Plankapitalflussrechnung). Vom Prinzip her hat die strategische Planung keinen begrenzten Planungshorizont. Jedoch würde durch ein Hinausschieben des Planungshorizontes der zahlenmäßige Niederschlag mit den Rechenwerken der mehrjährigen operativen Planung schwieriger, da die prognostizierten Umweltveränderungen und -einflüsse immer schlechter in Erfolgsgrößen bzw. Zahlungsstromgrößen messbar sind.

Die wichtigsten **Abgrenzungskriterien** des strategischen zum operativen Controlling können folgendermaßen zusammengefasst werden:

- Der im Grunde unbegrenzte zeitliche Planungshorizont des strategischen Controllings.
- Die Erweiterung der Einflussfaktoren auf das Unternehmensergebnis über die monetären Dimension von Kosten und Erträgen hinaus (Berücksichtigung der Umwelteinflüsse).
- Die Manager werden auf strategisch notwendige Entscheidungssituationen hingewiesen. Damit verlieren sie durch die Vielzahl notwendiger operativer Entscheidungszwänge nicht den nötigen Weitblick.
- Im Gegensatz zur operativen Planung lässt sich bei der strategischen Planung der zeitliche Ablauf der einzelnen Planungsschritte und die sachlichen Zusammenhänge zwischen einzelnen Teilplänen (z.B. mittels der Netzplantechnik) nicht genau festlegen. Die Koordinierung der strategischen Planung findet zumeist in regelmäßigen Sitzungen schrittweise statt.

- Während das operative Controlling die Linienmanager bei der Aufgabe der Gewinnoptimierung unterstützt, hat das strategische Controlling eher die Existenzsicherung des Unternehmens zum Ziel.

Das strategische Controlling darf nicht getrennt vom operativen Controlling gesehen werden. Beide Systeme greifen ineinander und ergänzen sich gegenseitig. Der Übergang vom operativen zum strategischen Controlling ist eher fließend.

4.7 Instrumente und Techniken des Controlling

Zur Erfüllung der Planungs- und Steuerungsaufgaben stehen dem Controller eine ganze Reihe von "Werkzeugen" zur Verfügung. Dabei handelt es sich in der Hauptsache um Techniken zur Aufbereitung und Verarbeitung von Informationen. Das umfangreichste Instrumentarium stellen in diesem Zusammenhang das Rechnungswesen und als "maßgebliches planungs- und kontrollorientiertes Informationssystem"[86] die Kostenrechnung zur Verfügung. Die übrigen Controlling-Techniken sind zum größten Teil als Management-Techniken auch in anderen Teilbereichen der Betriebswirtschaftslehre bekannt (z.B. im Marketing, im Personal- und Führungsbereich, in der Organisation). Management-Techniken werden heute für die Bearbeitung verschiedenster Aufgabenstellungen eingesetzt. Die folgende Abbildung vermittelt einen Eindruck über die Einsatzgebiete der verschiedenen Techniken:

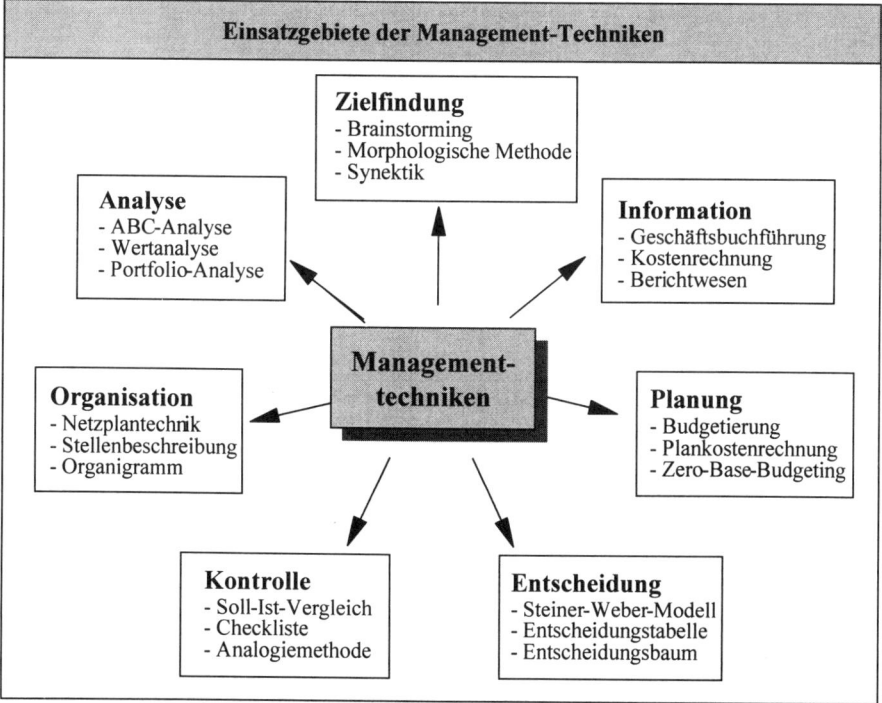

Abb. 77: Einsatzgebiete der Management-Techniken

---

[86] Weber, J.: Einführung in das Controlling, Teil 2.: Instrumente, 3. Auflage, Stuttgart 1991, S. 1.

Ein Großteil dieser Management-Techniken wurde bereits in den vorhergehenden Kapiteln dieses Buches beschrieben, daher sollen an dieser Stelle lediglich die wichtigsten Instrumente des Controlling, die im direkten Zusammenhang mit der Kostenrechnung stehen, vorgestellt werden. Diese Instrumente werden auch als Controlling-Techniken im engeren (traditionellen) Sinne bezeichnet.

4.7.1 Budgetierung

Budgetierung bedeutet die konkrete wertmäßige Vorgabe von Leistungszielen und den dadurch notwendigen Kosten. Die Kostenvorgaben haben für die Verantwortungsträger (z.B. Abteilungsleiter oder Kostenstellenleiter) die Funktion von Steuerungs- und Zielgrößen, die nicht überschritten werden sollten.

Die Budgetierung ist ein Mittel zur Delegation von Kosten- und Leistungsverantwortung auf die einzelnen Abteilungen und Kostenstellen des Unternehmens; daher muss jeder Verantwortungsbereich eines Unternehmens über ein eigenes Budget verfügen.

Die Planung des Budgets richtet sich an der hierarchischen Gliederung des Unternehmens aus; man unterscheidet zwischen Bereichsbudgets (z.B. Abteilungs- oder Kostenstellenbudgets) und dem Gesamtbudget, das sich aus der Summe der Bereichsbudgets ergibt.[87] Diesen Zusammenhang verdeutlicht die folgende Graphik:

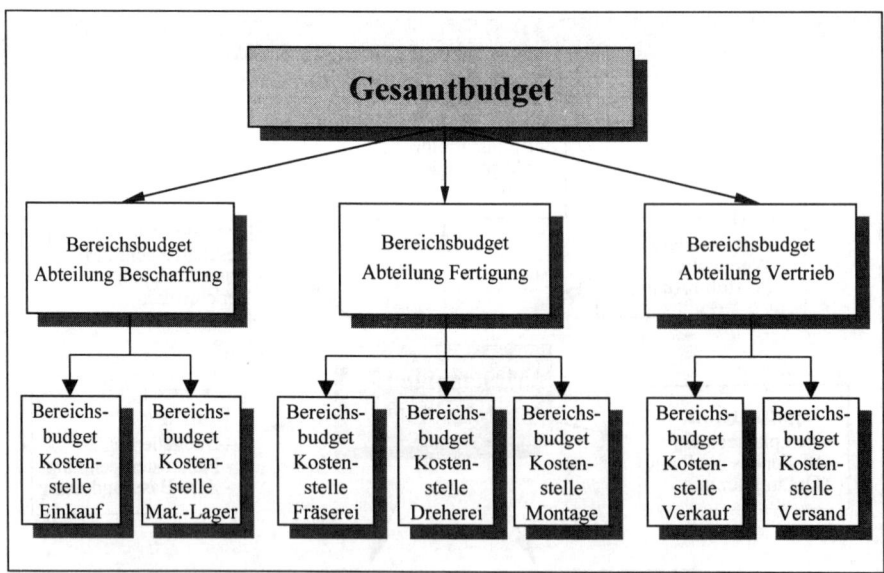

Abb. 78: Gesamtbudget und Bereichsbudgets

Ein weiteres wichtiges Unterscheidungskriterium stellt auf die Flexibilität der Plandaten ab, berücksichtigt also unterschiedliche Ausprägungen der Anpassungsfähigkeit der Plangrößen an aktuelle Einflüsse. Hinsichtlich ihrer Flexibilität unterscheidet man drei mögliche Ausprägungen des Budgets:

---

[87] Vgl. Preißler, P. R.: Controlling, Lehrbuch und Intensivkurs, 4. Auflage, München/ Wien 1992, S. 69.

- **Absolut starres Budget:** Die vorgegebenen Wertgrößen sind, wie z.B. beim Staatshaushalt (Etat), unbedingt einzuhalten. Die budgetierten Zahlen hängen im wesentlichen von der freien Entscheidung der Unternehmensleitung ab und haben somit Zuteilungscharakter. In der Praxis verwendet man absolut starre Budgets z.B. bei Forschungs- und Entwicklungsbudgets oder Werbebudgets.

- **Relativ starres Budget:** Veränderungen bei den der Budgetplanung zugrundeliegenden Bezugsgrößen (z.B. Beschäftigungsänderungen) werden fallweise durch sogenannte **Nachtragsbudgets** berücksichtigt.

- **Flexibles Budget:** Das flexible Budget wird in einer funktionalen Abhängigkeit von Einfluss und Bezugsgrößen erstellt. Für unterschiedlich realisierte Einfluss und Bezugsgrößen kommen also jeweils unterschiedliche Budgetansätze zur Geltung. Einflussgrößen können z.B. die Konjunkturlage, die Entwicklung der Konkurrenzsituation und andere Umwelteinflüsse sein; Bezugsgrößen sind z.B. die Beschäftigung und die Ausbringung.

Grundlage für die Erstellung eines flexiblen Budgets ist im Fertigungsbereich i.d.R. die flexible Plankostenrechnung; bei der Budgetierung der Gemeinkosten in den Bereichen Beschaffung, Verwaltung, Forschung und Entwicklung sowie Vertrieb erfolgt die Bestimmung der Wertgrößen meist im Rahmen von Verhandlungen zwischen den beteiligten Instanzen und dem Controller und / oder der Unternehmensleitung. Bei der Durchführung der Budgetierung wird man i.d.R. bei den Bereichsbudgets "von unten nach oben" (bottom up-Prinzip) beginnen; man plant also z.B. zuerst die Kostenstellen-Budgets. Eine andere Möglichkeit besteht in der Vorgabe von Budgets durch die Unternehmensleitung (top down-Prinzip).

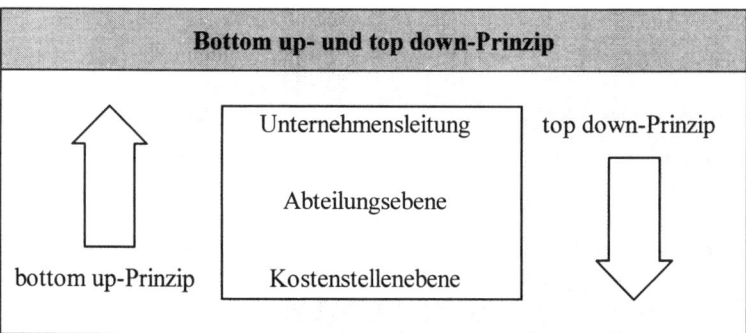

Abb. 79: Bottom up- und top down-Prinzip

Beide Verfahren haben ihre Vor- und Nachteile, daher wird man in der Praxis versuchen, eine Kombination dieser Planungsmöglichkeiten zu realisieren, indem z.B. vor der detaillierten Budgetierung nach dem bottom up-Prinzip die wichtigsten Eckdaten von der Unternehmensleitung vorgegeben (top down-Prinzip) und in einem Verhandlungsprozeß mit den nachgelagerten Instanzen abgestimmt werden.

Bei der Budgetierung, die kosten- und leistungsmäßige Zielvorgaben für die betreffenden Unternehmensbereiche und damit für die jeweiligen Mitarbeiter festlegt, ist die Einhaltung der folgenden **Budgetierungsprinzipien** erforderlich:

- Im Budget soll eine klare wertmäßige Zielformulierung erfolgen; die Zielvorgabe soll also nicht eine möglichst große Kostenunter- oder Leistungsüberschreitung sein.

- Das Budget soll gerade noch erreichbar sein (Motivation durch Leistungsanreiz), es darf jedoch nicht durch unrealistische Ansätze unerfüllbar sein, da es sich sonst demotivierend auf die Mitarbeiter auswirkt.

- Die betroffenen Kosten- und Leistungsverantwortlichen müssen bei der Budgeterstellung mitwirken, da auf diese Weise eine höhere Identifikation mit den Zielvorgaben und somit eine größere Verantwortungsbereitschaft seitens der Mitarbeiter gewährleistet wird.

- Das Budget sollte während seiner Gültigkeit nicht geändert werden (damit ist jedoch nicht die Anpassung eines flexiblen Budgets an die aktuelle Unternehmenssituation gemeint).

- Bei Überschreitung des Budgets muss der jeweilige Kostenverantwortliche umgehend die vorgesetzte Instanz informieren, damit Gegenmaßnahmen gemeinsam diskutiert und eingeleitet werden können.

- Abweichungen vom Budget sind Grundlage einer gemeinsamen Ursachenanalyse, sie können einen Lernprozess auslösen und sollten nicht zu Schuldzuweisungen führen.

4.7.2 Zero-Base-Budgeting (ZBB)

Die Budgetverhandlungen werden in der betrieblichen Praxis häufig dadurch geprägt, dass früher gültige Budgetansätze von geschickt verhandelnden Kostenverantwortlichen auch dann noch durchgesetzt werden, wenn die Begründung für die Höhe dieser Budgets längst nicht mehr existiert. Die Kostenvorgaben werden also häufig nicht aufgrund aktueller Plandaten, sondern auf der Basis "traditionell" gewachsener Budgetansprüche festgelegt.

Diesem Umstand versucht man mit dem in den sechziger Jahren bei Texas Instruments entwickelten Zero-Base-Budgeting zu begegnen. Zero-Base-Budgeting bedeutet in der wörtlichen Übersetzung "Null-Basis-Budgetierung". Es werden alle Gemeinkostenbereiche auf ihre Notwendigkeit, auf die Art und den Umfang ihrer Leistungen und auf die Wirtschaftlichkeit der Leistungserstellung untersucht, wobei alles Bestehende in Frage gestellt wird. Man geht also von der "Basis Null" aus so vor, als ob ein Unternehmen vollständig neu geplant würde. Die Vorgehensweise des Zero-Base-Budgeting orientiert sich an den folgenden neun Schritten:

(1) Formulierung der strategischen und operativen Ziele des Unternehmens durch die Unternehmensleitung.

(2) Die Aktivitäten und Teilziele werden für die Entscheidungseinheiten festgelegt. Entscheidungseinheiten können bestehende Abteilungen, Gruppen, Stäbe und Kostenstellen, aber auch völlig neue Funktionsgruppen, die aus der Zusammenfassung oder Aufsplittung bisheriger Organisationseinheiten entstehen, sein. Kennzeichen einer

Entscheidungseinheit sind die gemeinsamen Funktionsmerkmale und Teilziele der beteiligten Organisationseinheiten.

(3) Festlegung von Leistungsniveaus für alle Entscheidungseinheiten unter Berücksichtigung der Unternehmensziele.

(4) Festlegung geeigneter Verfahren der Leistungserstellung und Ermittlung der zugehörigen Kosten; Auswahl der rationellsten Verfahrensalternative.

(5) Zusammenfassung der gesammelten Informationen über Leistungen, Kosten und Nutzen der ausgewählten Verfahren zu sogenannten Entscheidungspaketen.

(6) Alle Entscheidungpakete im Betrieb werden unter Verwendung des bottom up-Prinzipes nach ihrer Priorität geordnet und in einer Prioritätenliste zusammengestellt.

(7) Die Unternehmensleitung entscheidet über die Verteilung der verfügbaren Mittel auf die Entscheidungspakete entsprechend der Prioritätenliste.

(8) Planung von evtl. nötigen Umstrukturierungsmaßnahmen auf der Basis der gefällten Entscheidungen (z.B. Entlassungen, Versetzungen, Umschulungen, Einstellungen).

(9) Umsetzung der festgelegten Maßnahmen in Budgets durch das Controlling. Koordination, Steuerung und Kontrolle der Durchführung der Maßnahmen im Rahmen eines Controlling-Systems.

Der Vorteil des Zero-Base-Budgeting besteht darin, dass das Management auf allen Hierarchiestufen zu einer klaren Definition der Unternehmensziele und den daraus abgeleiteten Zielen gezwungen wird. So wird vermieden, dass Unwirtschaftlichkeiten ungeprüft von Jahr zu Jahr fortgeschrieben werden. Der Aufbruch und die Durchleuchtung von verkrusteten Gemeinkostenstrukturen durch das Zero-Base-Budgeting kann jedoch zu einer erheblichen Unruhe im Unternehmen führen, da grundsätzlich alles in Frage gestellt wird und daher ein Konflikt mit den persönlichen Interessen der Mitarbeiter entstehen kann.

4.7.3 Gemeinkostenwertanalyse (GWA)

Ziel der Gemeinkostenwertanalyse (GWA) als Methode der kurz- bis mittelfristigen Gemeinkostenanpassung ist die Verbesserung des Verhältnisses zwischen Kosten und Leistungen der einzelnen Funktionen in einer Unternehmung. Dieses Ziel versucht man durch die Bestimmung der notwendigen innerbetrieblichen Leistungen einer Abteilung und die damit verbundene Eliminierung aller nicht notwendigen Leistungen sowie durch die wirtschaftliche Erstellung der als notwendig erachteten Leistungen zu realisieren. Die Gemeinkostenwertanalyse, die u.a. auch unter den Bezeichnungen Overhead-Value-Analyse, Value-Administration, Gemeinkosten-System-Engineering und Gemeinkosten-Management bekannt ist, wird etwa seit 1970 in deutschen Unternehmen angewendet.

Zur Durchführung der Gemeinkostenwertanalyse schaltet man meist Beratungsfirmen ein, die auf die Abwicklung von GWA-Projekten spezialisiert sind. Die Dienstleistungen dieser Beratungsfirmen beinhalten i.d.R. neben einer Unternehmensberatung eine Mitarbeiterschulung und die Überwachung des GWA-Prozesses. Die Gemeinkostenwertanalyse führt oft zum Personalabbau oder zu Personalumschichtungen, da die abbaubaren Gemeinkosten i.d.R. zum größten Teil aus Personalkosten bestehen. Dadurch ergeben sich Widerstände bei der Durchführung des GWA-Projektes, die zu Verzögerungen führen können; eine weitere Aufgabe der Beratungsfirmen besteht in der Beseitigung dieser Verzögerungen.

Der Ablauf der Gemeinkostenwertanalyse lässt sich in drei Phasen aufteilen:

1. Vorbereitungsphase: In der Vorbereitungsphase werden die organisatorischen Voraussetzungen für die Durchführung der GWA geschaffen. Dazu ist die Bildung eines Lenkungsausschusses, der sich aus Mitgliedern der Unternehmensleitung zusammensetzt, und die Bildung von Projektgruppen aus angesehenen Führungskräften des middle-Management erforderlich. Der Lenkungsausschuss dient als Machtpromotor und Entscheidungsinstanz, er signalisiert durch seine Besetzung mit Mitgliedern des top-Management die Bedeutung des GWA-Vorhabens. Die Mitglieder der Projektgruppen dienen als Diskussionspartner für die Leiter der zu analysierenden Organisationseinheiten (Untersuchungseinheiten). Neben den Leitern der Untersuchungseinheiten ist auch der Betriebsrat und die übrige Belegschaft über die Ziele und die Methoden des GWA-Projektes zu informieren. Die Projektgruppen und der Lenkungsausschuss werden auch als Wert-Analyse-Team bezeichnet, die typische Zusammensetzung eines solchen Teams zeigt die folgende Abbildung:

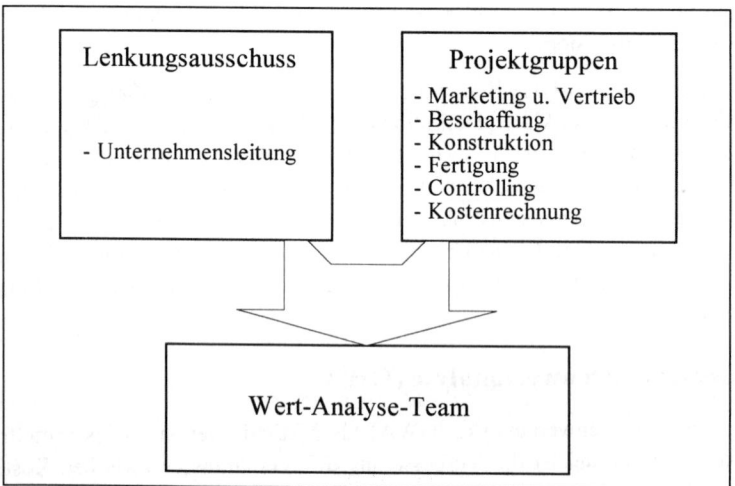

Abb. 80: Typische Zusammensetzung eines Wert-Analyse-Teams

2. Analysephase: Die Analysephase besteht aus der Untersuchung der Einsparungsmöglichkeiten, die für jede Untersuchungseinheit getrennt durchgeführt wird. Dazu wird in einem ersten Schritt von jeder Untersuchungseinheit ein Katalog der bisher erbrachten innerbetrieblichen Leistungen erstellt. Die zur Erbringung der jeweiligen Leistung erforderlichen Kosten werden geschätzt. Jede dieser Leistungen wird im nächsten Schritt sowohl vom Ersteller als auch vom Empfänger im Hinblick auf ihr Kosten-/Nutzen-Verhältnis überprüft; in dieser Phase sollten dann Einsparungsvorschläge anfallen, die z.B. den Wegfall der Leistung oder eine Veränderung der Leistung in Qualität, Umfang und Häufigkeit beinhalten. Diese Einsparungsvorschläge werden sodann auf ihre Realisierbarkeit und ihre Folgewirkungen überprüft und abhängig von ihrer Wichtigkeit in einer Rangfolge (Prioritätenliste) geordnet.

3. Realisationsphase: Mit Hilfe eines vom Wert-Analyse-Team erstellten detaillierten Durchführungsplanes, der die Vorgehensweise zur Leistungsreduktion inhaltlich, zeitlich und örtlich genau festlegt, werden nun Schritt für Schritt die einzusparenden Leistungen und damit auch das Personal abgebaut. Beim Personalabbau kommt es auf die Vermeidung unzumutbarer Härten an, daher wird man i.d.R. versuchen, über Einstellungsstopps, Personalumschichtungen oder durch eine Vorruhestands-Regelung zum Ziel (= Kostensenkung) zu gelangen.

Die entscheidende Rolle bei der Durchführung eines GWA-Projektes kommt in jedem Fall den Leitern der Untersuchungseinheiten zu. Die Gemeinkostenwertanalyse wurde insbesondere zu Anfang der achtziger Jahre von Unternehmensberatungsfirmen wie z.B. Mc Kinsey mit großem Erfolg angewendet; es wurden Gemeinkosteneinsparungen bis zu 20 % realisiert.

4.7.4 Instrumente mit strategischer Ausrichtung

Die nachfolgend kurz dargestellten Instrumente haben vorwiegend strategischen Charakter und gewinnen zunehmend an Bedeutung.

- **Frühwarnsysteme** erfassen alle für die Unternehmensführung bedeutsamen Informationen außerhalb der festgelegten Planungen, die geeignet sind, zukünftige Schwierigkeiten und Gefahren für das Unternehmen abwenden zu helfen. Zu den angewandten Techniken zählen Expertenbefragungen, Brainstorming und -writing sowie das Erkennen von Trends mittels statistischer Verfahren. Besondere Bedeutung erlangte die **Szenariotechnik** als Prognosemethode, die auf Vergangenheitsdaten basierend die zukünftigen Entwicklungsmöglichkeiten unter Einbeziehung verschiedener zu erwartender Beeinflussungen, Reaktionen und Anpassungen darzustellen hilft.

- Die **Erfahrungskurve** ermöglicht die Darstellung von Kostendegressionseffekten, die sich über einen längeren Zeitraum in den einzelnen Branchen durch Lern-, Spezialisierungs-, Investitions- und Betriebsgrößeneffekte einstellen. Dazu wird aus ex-post-Kostenstrukturen die Erfahrungsrate gebildet, die die Reduzierung (in %) der Stückkosten angibt, wenn sich die kumulierte Produktionsmenge verdoppelt (ca. 10-20%)

- Das **Benchmarking** erlaubt den Vergleich eigener Produkte, Methoden und Prozesse mit denen anderer Unternehmen (Lieferanten, Kunden, etc.) mit dem Ziel, deren Know how zur Stärkung der eigenen Wettbewerbsposition zu nutzen. Der Vergleich soll Unterschiede zu anderen Unternehmen, deren Ursachen, Möglichkeiten und konkrete Zielvorgaben zur Verbesserung ermitteln, wobei dazu diejenigen Unternehmen ausgewählt werden, die den jeweiligen Prozess am besten beherrschen.

- Weitere Instrumente mit strategischer Ausrichtung sind das **Portfolio**, das **Netzwerk** und die **Balanced Scorecard.**

5 Trends und Entwicklungen

5.1 Internationale Rechnungslegung

Aufgrund der ständig steigenden Informationsbedürfnisse der internationalen Kapitalmärkte gewinnt die Bilanzierung der Konzernabschlüsse nach internationalen Rechnungslegungsvorschriften immer mehr an Bedeutung. Deutsche Unternehmen wenden diese Rechnungslegungsvorschriften an, um ausländischen Anlegern und Analysten die Finanzanalyse deutscher Konzernabschlüsse zu erleichtern.[88]

Der Kapitalmarkt bekommt einen einfachen Einblick (Grundsatz des "True and Fair View") in die Vermögens-, Finanz- und Ertragslage der Unternehmen. Der Jahresabschluss setzt sich dabei aus der Bilanz, der Gewinn- und Verlustrechnung, der Kapitalflussrechnung (unter Einbeziehung verschiedener Cash-Flow-Betrachtungen) und dem Anhang zusammen.[89] Zwei der bekanntesten Standards für die internationale Rechnungslegung sind:

- **IAS** (International Accounting Standards) und
- **US-GAAP** (US-Generally Accepted Accounting Principles).

Diese Rechnungslegungsvorschriften sind primär auf die Informationsbedürfnisse der Gesellschafter und weniger auf den Gläubigerschutz ausgelegt. Die folgende Abbildung stellt die wichtigsten Unterschiede zwischen den internationalen und den herkömmlichen Rechnungslegungsverfahren (auf der Grundlage des HGB) gegenüber:[90]

Unterscheidungsmerkmal	HGB	IAS/US-GAAP
Oberstes Rechnungsziel	Gläubigerschutz	Gesellschafterinteressen
Gewinnermittlung	Ausschüttungsfähiger Gewinn	Wirtschafliche Leistungsfähigkeit
Grundprinzip	Betonung des Vorsichtsprinzip	Betonung des "True and Fair View" (Darstellung der tatsächlichen Verhältnisse)

Abb. 81: Unterschiede zwischen herkömmlicher und internationaler Rechnungslegung

Weitere Unterschiede zwischen IAS/US-GAAP und HGB sind:

- Weniger Bilanzierungs- / Bewertungs- bzw. Konsolidierunggsauswahlrechte
- Verbot von Aufwendungsrückstellungen
- Höherer Ansatz der Pensionsverpflichtungen
- Andere Definition der Gewinnrealisierung, Vermögen und Schulden

---

[88] Die Daimler- Benz- AG bilanzierte 1996 als erstes deutsches Unternehmen ihren Konzernabschluss nach US-GAAP (Generally Accepted Accounting Principles). Andere Unternehmen, wie die Bayer AG und die Deutsche Bank AG bilanzieren nach dem IAS (International Accounting Standards).

[89] Vgl. Benzel, W./ Wolz, E.: Jahresabschluss und Bilanzen verstehen, 3. Auflage, Düsseldorf 2000, S.118f.

[90] Vgl. Karlicek, P.: Bilanzen lesen - Eine Einführung, 2.Auflage, Wien 1999, S. 48

- Mehr Anhangsangaben und dadurch höhere Transparenz
- Kapitalflussrechnung verpflichtend und damit mehr Information
- Kein Einfluss des Steuerrechts. [91]

5.2 Das Shareholder-Value-Konzept

Die herkömmlichen Erfolgsmaßstäbe, wie ROI oder Gewinn pro Aktie, werden seit Jahrzehnten hinsichtlich ihrer Aussagekraft für unternehmerische Entscheidungen massiv kritisiert. Daneben kommt es durch die Ausgestaltung verschiedener handels- und steuer-rechtlicher Gewinnermittlungsregeln zu erheblichen Verzerrungen zwischen ausgewiesenem Gewinn und wahrem Unternehmenserfolg. Der Maßstab für Managemententscheidungen ist daher nach dem Shareholde-Value-Ansatz[92] nicht mehr nur der buchhalterische Gewinn als Überschuss der Erträge über die Aufwendungen einer Periode, sondern der Zuwachs des Reichtums der Anteilseigner durch die Maximierung des Unternehmenswertes (Wert des Eigenkapitals).

Basierend auf der Betrachtungsweise des Shareholder-Value-Konzepts werden die Ressourcen des Unternehmens nur den Investitionsvorhaben (bzw. strategischen Geschäftseinheiten, Produktlinien etc.) mit den höchsten Renditeerwartungen zugeteilt. Weitere Voraussetzung zur Ressourcenzuweisung ist, dass die Renditen die Kapitalkosten übersteigen müssen. Dabei werden die Kapitalkosten jeweils unter Einbeziehung einer Risikoabschätzung ermittelt (einem höheren Investitionsrisiko werden entsprechend höhere Kapitalkosten gegenübergestellt).

Ein weiterer grundlegender Unterschied zu bisher verwendeten Bewertungssystemen liegt in der Cash-Flow-Betrachtungsweise. Zur Ermittlung des Shareholder-Value werden alle zukünftig erwarteten Cash-Flows abgezinst und auf den heutigen Tag bezogen. Dies stellt dann den aktuellen Wert des Unternehmens dar.

Die Berechnung erfolgt nach der Discounted-Cash-Flow-Methode (Zweiphasenmodell), indem die innerhalb eines Planungshorizonts T erwarteten Cash-Flows einzeln mit $(1+i)^t$ auf ihren Gegenwartswert diskontiert werden (Jahr t = 1, 2, ..., T). Da man davon ausgeht, dass auch nach der Planungsperiode T weiterhin ein Cash-Flow erzielt wird, ermittelt man zusätzlich einen Restwert. Setzt man voraus, dass sich dieser Cash-Flow unendlich lange erzielen lässt, kann er zur Ermittlung dieses Rest- oder Fortführungswerts mittels der Rentenformel $i(1+i)^T$ abdiskontiert werden. Der Diskontierungsfaktor i wird meist auf der Basis der unternehmensspezifischen durchschnittlichen Kapitalkosten festgelegt. Der Shareholder-Value ermittelt sich aus der Summe der Gegenwartswerte der Cash-Flows abzüglich des Fremdkapitals.[93]

Die folgende Abbildung verdeutlicht die Vorgehensweise der Discounted-Cash-Flow-Methode:

---

[91] Vgl. Karlicek, P.: Bilanzen lesen - Eine Einführung, a.a.O., S. 49
[92] Das Shareholder-Value-Konzept wird auch als Value-Based-Management oder Wertsteigerungsmanagement bezeichnet. Die finanziellen Interessen des Anteilseigners stehen im Mittelpunkt der unternehmerischen Entscheidung.
[93] Vgl. Ziegenbein, K.: Controlling, 6. Auflage, Ludwigshafen 1998, S. 307 ff.

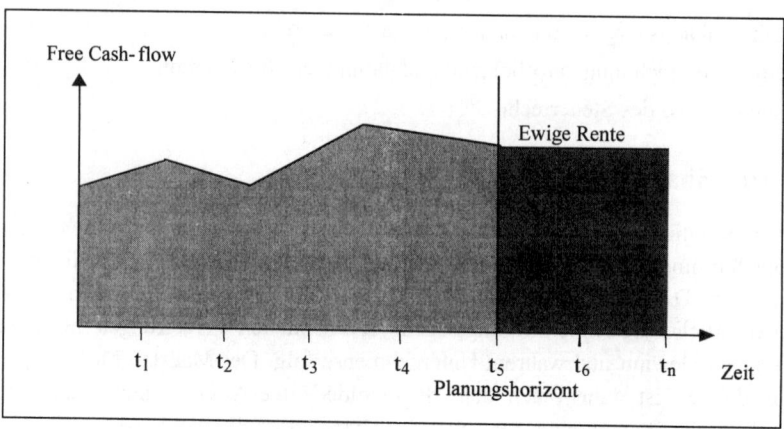

Abb. 82: Die Discounted-Cash-Flow-Methode[94]

Ein wesentlicher Kritikpunkt am Shareholder-Value-Ansatz ist, dass nur eine einzige Interessengruppe im Mittelpunkt steht, nämlich die Anteilseigner. Die alleinige Ausrichtung an der Steigerung des Anteilseignernutzens kann dazu führen, dass soziale und ökologische Unternehmensziele wegen des Kostendrucks zurückgestellt werden. Kritiker des Shareholder-Value-Ansatzes betonen, dass im Unternehmen oder in dessen Umfeld verschiedene Gruppen mit unterschiedlichen Interessen und Ansprüchen zusammentreffen. Entsprechend diesem auch als **Stakeholder-Ansatz** bezeichneten Konzept besteht die Aufgabe der Unternehmensführung im Ausgleich dieser Interessengegensätze. Dabei sind entsprechend die Ansprüche aller Gruppen zu berücksichtigen, die einen Beitrag zur Unternehmung leisten (Anteilseigner, Management, Mitarbeiter, Kunden, Lieferanten, Öffentlichkeit).

5.3 Die Balanced-Scorecard

Die Begriffe Shareholder Value und Stakeholder Value zeigen, dass es heute nicht nur um hohe Stückzahlen, sinkende Durchschnittskosten oder steigende Gewinne geht. Typische Kriterien sind z.B. Kundenwünsche, Liquidität, Lieferantenbeziehungen. Um diese quantitativ wenig messbaren Kriterien zu erfassen, wird sich der sogenannten weichen Kennzahlen bedient.

Im Gegensatz zum ROI- und ZVEI-Kennzahlensystem besteht die Balanced Score Card nicht nur aus finanziellen Kennzahlen mit vergangenheitsorientierter Sicht.[95] Ihr größter Unterschied liegt in ihrer 4-Perspektiven Sicht, der Ursache-Wirkungs-Zusammenhänge, der Strategieorientierung und dem Einsatz von nichtfinanziellen Kennzahlen und Leistungstreibern. Die Perspektiven für ein Unternehmen sind die Finanz-, die Kunden-, die interne Prozess- sowie die Lern- und Entwicklungsperspektive.

Die Balanced Score Card ist in ihrer Anwendung von den herkömmlichen Kennzahlensystemen völlig verschieden. Sie ist mehr als ein Kennzahlen-Tableau. Sie ist vielmehr eine Methode zur Erarbeitung und unternehmensweiten Kommunikation von Vision, Mission und den daraus abgeleiteten Strategien des Unternehmens. Daraus wird erkennbar, dass die BSC ein modernes Management-System zur strategischen Führung eines Unternehmens mit Kennzahlen darstellt.

---

[94] Vgl. Ziegenbein, K.: Controlling, a.a.O., S. 308
[95] Vgl. Kaufmann, L.: Balanced Scorecard, in ZfP, Heft 4 1997, S. 1.

Fragen zur Kontrolle und Vertiefung

(1) In welche vier Aufgabenschwerpunkte wird das Rechnungswesen unterteilt?

(2) Wer ist zur Buchführung verpflichtet?

(3) Nennen und beschreiben Sie die verschiedenen Kaufmannsarten und deren Buchführungspflicht nach dem Handelsgesetzbuch (HGB) und der Abgabenordnung (AO)!

(4) Wie unterscheiden sich die Stromgrößen von den Bestandsgrößen?

(5) Was verstehen Sie unter Kosten und Leistungen; wo werden diese Begriffe verwendet?

(6) Erklären Sie den Unterschied zwischen Einzahlungen, Einnahmen, Erträgen und Leistungen!

(7) Erläutern Sie die Begriffe Inventur und Inventar!

(8) Welche Methoden der Inventur sind vom Gesetzgeber zugelassen?

(9) In welcher Reihenfolge werden die Vermögens- und Kapitalarten in einer Bilanz angeordnet?

(10) Welche Bilanzarten kennen Sie? Nennen Sie jeweils die besonderen Merkmale!

(11) Beschreiben Sie die Grundsätze der ordnungsgemäßen Bilanzierung und Buchhaltung (GoB)!

(12) Was sind "abnutzbare Anlagegüter" bzw. "nicht abnutzbare Anlagegüter"? Nennen Sie Beispiele!

(13) Beschreiben Sie die lineare, die degressive und die Leistungsabschreibung!

(14) Warum erfolgt i.d.R. ein Wechsel von der degressiven zur linearen Abschreibungsmethode und wann wird dieser Wechsel vorgenommen?

(15) Was ist der Unterschied zwischen bilanzieller und kalkulatorischer Abschreibung? Erklären Sie in diesem Zusammenhang den Begriff der nominellen bzw. substantiellen Kapitalerhaltung!

(16) Was verstehen Sie unter dem "strengen Niederstwertprinzip"? Erläutern Sie in diesem Zusammenhang auch das Imparitätsprinzip!

(17) Erklären sie die Fifo-, Lifo- und Hifo-Methode und nennen Sie Beispiele! Welche dieser Methoden sind steuerlich zulässig?

(18) Was verstehen Sie unter einer passiven Rechnungsabgrenzung?

(19) Wer ist körperschaftsteuerpflichtig?

(20) Erläutern Sie den Unterschied zwischen dem Gesamtkosten- und dem Umsatzkostenverfahren in der Gewinn- und Verlustrechnung!

(21) Beschreiben Sie die Cash-Flow-Analyse!

(22) Was ist ein Kontenrahmen und welchen Anforderungen sollte er genügen? Beschreiben Sie kurz den IKR und den GKR!

(23) Welche Aufgaben hat die Kostenrechnung?
(24) Erklären Sie die Begriffe "Kostenträger", "Kostenstellen" und "Kostenarten"!
(25) Erläutern Sie, weshalb Löhne sowohl Einzel- als auch Gemeinkosten sein können!
(26) Erläutern Sie den Begriff "Kalkulatorische Wagnisse" und geben Sie ein Beispiel!
(27) Erläutern Sie die Aufgaben der Kostenstellenrechnung!
(28) Stellen Sie die Problematik bei der Verrechnung der innerbetrieblichen Leistungen dar!
(29) Welche Möglichkeiten der Verrechnung der innerbetrieblichen Leistungen kennen Sie?
(30) Nennen Sie die Aufgaben, die durch den Betriebsabrechnungsbogen erfüllt werden!
(31) Was verstehen Sie unter der kurzfristigen bzw. der langfristigen Preisuntergrenze?
(32) Definieren Sie den Begriff "Deckungsbeitrag"!
(33) Warum eignet sich die Teilkostenrechnung (Deckungsbeitragsrechnung) besser zur Produktionsprogrammplanung als die Vollkostenrechnung?
(34) Warum kann die Ermittlung bzw. Festsetzung von Verkaufspreisen nicht die Aufgabe der Kostenrechnung sein?
(35) Erläutern Sie die Unterschiede zwischen Voll-, Normal- und Plankostenrechnung!
(36) Warum ist die Plankostenrechnung besser zur Wirtschaftlichkeitskontrolle geeignet als andere Kostenrechnungsverfahren?
(37) Erklären Sie kurz den Unterschied zwischen Kontrolle und Controlling!
(38) Welche Management-Techniken kennen Sie und für welches Einsatzgebiet sind diese jeweils geeignet?
(39) Was verstehen Sie unter Budgetierung?
(40) Welche Besonderheiten kennzeichnen die Budgetierung nach der Methode des Zero-Base-Budgeting (ZBB)?
(41) Was ist das Ziel der Gemeinkostenwertanalyse (GWA) und in welche Phasen wird ihr Ablauf aufgeteilt?

Abkürzungsverzeichnis

a.a.O.	am angegebenen Ort	F&E	Forschung und Entwicklung
a.o.	außerordentlich	f.	(die) folgende
Abb.	Abbildung	FEI	Financial Executives Institute
AfA	Absetzung für Abnutzung		
AG	Aktiengesellschaft	FEK	Fertigungseinzelkosten
AktG	Aktiengesetz	ff.	(die) folgenden
AO	Abgabenordnung	FGK	Fertigungsgemeinkosten
AP	Angebotspreis	Fifo	First in, first out
Aufl.	Auflage	FK	Fremdkapital
AV	Anlagevermögen	FK	Fertigungskosten
BAB	Betriebsabrechnungsbogen	Forts	Fortsetzung
Bd.	Band	G+V	Gewinn und Verlust
BGB	Bürgerliches Gesetzbuch	Gew	Gewinnaufschlag
BiRiLiG	Bilanzrichtliniengesetz	GewSt	Gewerbesteuer
BSP	Bruttosozialprodukt	GK	Gemeinkosten
BVP	Barverkaufspreis	GmbH	Gesellschaft mit beschränkter Haftung
BZ	Bestellzeitpunkt		
bzw.	beziehungsweise	GoB	Grundsätze ordnungsgemäßer Buchführung
CPU	Central Prozessing Unit		
d.h.	das heißt	H.	Heft
DIN	Deutsches Institut für Normung/ Deutsche Industrienorm	HGB	Handelsgesetzbuch
		Hifo	Highest in, first out
		HK	Herstellungskosten
e.V.	eingetragener Verein	Hrsg.	Herausgeber
Ebd.	Ebenda	i.d.R.	in der Regel
ECU	Europäische Währungseinheit	IML	Fraunhofer-Institut für Materialfluß und Logistik
EDV	Elektronische Datenverarbeitung	inkl.	inklusive
EG	Europäische Gemeinschaft	ISO	internationale Normierungsorganisation
EK	Eigenkapital		
ESt	Einkommensteuer	Jg.	Jahrgang
EStG	Einkommensteuergesetz	JIT	Just-In-Time
etc.	siehe usw.	Kap.	Kapitel

Krab	Kundenrabatt	s.	siehe
Ksk	Kundenskonto	SB	Sicherheitsbestand
KSt	Körperschaftsteuer	SEF	Sondereinzelkosten
LBG	Lieferbereitschaftsgrad	SEVt	Sondereinzelkosten Vertrieb
LBO	Leveraged Buy Out	SK	Selbstkosten
Lifo	Last in, first out	sog.	sogenannt
LVP	Listenverkaufspreis	Sp.	Spalte
MAD	mittlere absolute Abweichung	u.a.	unter anderen
		UmSt	Umsatzsteuer
MB	Meldebestand	usw.	und so weiter
MBO	Management Buy Out	UV	Umlaufvermögen
MEK	Materialeinzelkosten	VDE	Verband Deutscher Elektrotechniker
MGK	Materialgemeinkosten		
Mio.	Millionen	VDI	Verein Deutscher Ingenieure
MK	Materialkosten		
mtl.	monatlich	Verl.	Verlag
MwSt	Mehrwertsteuer	vgl.	vergleiche
Nr.	Nummer	VSt	Vermögensteuer
o.ä.	oder ähnliches	VtGK	Vertriebsgemeinkosten
o.g.	oben genannt	VwGK	Verwaltungsgemeinkosten
REFA	Verband für Arbeitsstudien	z.B.	zum Beispiel
S.	Seite	ZVP	Zielverkaufspreis

Literaturverzeichnis

Ackoff, R.: Scientific Method - Optimizing Applied Research Decisions, New York, London 1962

Adam, D.: Aufbau und Eignung klassischer PPS-Systeme. In: Fertigungssteuerung I. Grundlagen der Produktionsplanung und -steuerung, Wiesbaden 1988

Adam, D.: Produktionsdurchführung. In: Industriebetriebslehre, Jacob, H. (Hrsg.), 4. Auflage, Wiesbaden 1990

Adam, D.: Produktions-Management, 9. Auflage, Wiesbaden 2001

Ahlert, D.: Grundzüge des Marketing, 2. Auflage des Titels: Grundlagen und Grundbegriffe des Marketing, Düsseldorf 1980

Albach, H.: Die Zukunft der Betriebswirtschaftslehre in Deutschland, Wiesbaden 1993

Albach, H.: Betriebswirtschaftslehre und der Standort Deutschland, Wiesbaden 1996

Ammelburg, G.: Die Unternehmens-Zukunft, Freiburg 1985

Ammelburg, G.: Organismus Unternehmen, Düsseldorf, Wien, New York, Moskau 1993

Andler, K.: Rationalisierung der Fabriken und optimale Losgröße, München 1992

Ansoff, H. I.: Strategic Management, London 1979

Appelrath, H.-J., Ritter, J.: R/3 Einführung, Heidelberg 2000

Arnolds, H.: Versorgungs- und Vorratswirtschaft. Logistische und dispositive Aspekte, Wiesbaden 1993

Arnolds, H., Heege, F., Tussing, W.: Materialwirtschaft und Einkauf, 10. Auflage, Wiesbaden 2001

Auer, K. V.: Externe Rechnungslegung, Heidelberg 2000

Auer, M., Horrion, W., Kalweit, U.: Marketing für neue Zielgruppen: Yuppis, Flyers, Dinks, Woopies, Landsberg am Lech 1989

Backhaus, K., Erichson, B., u.a.: Multivariate Analysemethode, 9. Auflage, Heidelberg 2000

Backhaus, K., Hensmann, J., Meffert, H.: Thesen zum Marketing im Europäischen Binnenmarkt - ein Ausblick. In: Markenartikel, Heft 10, 1991

Backhaus, K., Büschken, J., Voeth, M.: Internationales Marketing, 3. Auflage 2000

Bänsch, A.: Einführung in die Marketing-Lehre, 4. Auflage, München 1998

Bea, F. X., Haas, J.: Strategisches Management, 3. Auflage, Stuttgart 2001

Bea, F. X., Dichtl, E., Schweitzer, M.: Allgemeine Betriebswirtschaftslehre, Bd.2: Führung, 4. Auflage, Stuttgart, New York 1989

Becker, A.: Mit Lean Production zielsicher ins 21. Jahrhundert, Impulse 3/92

Becker, F.: Grundlagen betrieblicher Leistungsbeurteilungen: Leistungsverständnis und -prinzip, Beurteilungsproblematik und Verfahrensprobleme, 3. Auflage, Stuttgart 1998

Becker, H.: Strategisches Controlling. Zukunftssicher durch kontinuierliche Geschäftsentwicklung, 1996

Becker, J.: Marketing-Konzeption: Grundlagen des strategischen Marketing-Managements, 6. Auflage, München 1998

Behrens, K. C.: Allgemeine Standortbestimmungslehre, 2. Auflage, Opladen 1971

Beng, K., Östblom, S.: Das Benchmarking-Konzept, München 1994

Benkenstein, M.: Strategisches Marketing. Ein wettbewerbsorientierter Ansatz, 1997

Benz, H.: ABC-Analyse und optimale Bestellmenge, Frankfurt 1970

Benzel, W., Wolz, E.: Jahresabschluss und Bilanzen verstehen, 3. Auflage, Düsseldorf 2000

Berchtold, S.: Auf dem Weg zur lernenden Übungsfirma, Wien 2000

Berekoven, L., Eckert, W., Ellenrieder, P.: Marktforschung. Methodische Grundlagen und praktische Anwendung, 8. Auflage 1999

Berg, C.: Materialwirtschaft, Stuttgart, New York 1979

Berger, R., Wagner, P.: Strategisches Marketing - die Kernaufgabe der 90er Jahre. In: Absatzwirtschaft, Sondernummer Oktober, 1990

Berger, R.: Marketing-Mix. In: Marketing-Enzyklopädie, Band 2, München 1974

Berkau, C., Hirschmann, P.: Kostenorientiertes Geschäftsprozeßmanagement. Methoden, Werkzeuge, Erfahrungen, 1996

Berthel, J.: Führungskraft 2000. In: Harvard manager 3/87

Berthel, J.: Personalmanagement: Grundzüge für Konzeptionen betrieblicher Personalarbeit, 3. Auflage, Stuttgart 1991

Bestmann, U.: Kompendium der Betriebswirtschaftslehre, 8. Auflage, München 1996

Bichler, K.: Beschaffungs- und Lagerwirtschaft, Wiesbaden 1981

Bieberstein, I.: Dienstleistungs-Marketing, 3. Auflage, Ludwigshafen (Rhein) 2001

Bienert, M. L.: Standortmanagement: Methoden und Konzepte für Handels- und Dienstleistungsunternehmen, Berlin 1996 (Dissertation Berlin 1995)

Bierich, M.: Die Innenfinanzierung der Unternehmung. In: Finanzierungshandbuch. Hrsg. Christians, F.-W., Wiesbaden 1980

Birke, M., Burschel, C., Schwarz, M.: Handbuch Umweltschutz und Organisation, München, Wien 1997

Bisani, F.: Personalführung, 3. Auflage, Wiesbaden 1985

Bischoff, J.: Das Shareholder Value - Konzept: Darstellung, Probleme, Handlungsmöglichkeiten, Wiesbaden 1994 (Dissertation München)

Blake, R., Mouton, J. S.: Besser führen mit GRID: Probleme lösen mit dem GRID-Konzept, 2.Auflage, Düsseldorf, Wien, New York, Moskau 1996

Blake, R., Mouton, J.: Verhaltenspsychologie im Betrieb, Düsseldorf, Wien 1968

Bleicher, K.: Das Konzept integriertes Management, Frankfurt, New York 1991

Bleicher, K.: Mit dem Chaos leben, Manager Magazin, 21. Jahrgang, 8/1991

Blödtner, W., Bilke, K., Weiss, M.: Steuerfachkurs, Buchführung und Bilanzsteuerrecht, 2. Auflage, Herne, Berlin 1991

Blohm, H., Lüder, K.: Investition, 6. Auflage, München 1988

Blohm, H.: Organisation, Information und Überwachung, Wiesbaden 1969

Blomeyer, K.: Exportfinanzierung, Wiesbaden 1979

Blum, E.: Betriebsorganistion, Methoden und Techniken, Wiesbaden 1982

Böcker, F.: Marketing, 5. Auflage, Stuttgart 1994

Böhm, A.: e-commerce kompakt, Heidelberg 2001

Bohr, K., Eberwein, R.-D.: Die Organisationsform Fertigungsinsel. Begriff und Vergleich mit der Werkstattfertigung. In: Wirtschaft und Statistik, 18. Jg., 1989

Bokranz, R.: Entlohnungsgrundsätze, Lohnformen. In: Mensch und Arbeit, Taschenbuch für die Personalpraxis, 9. Auflage, Köln 1992

Borkowsky, R., Moosmann, R.: Kleiner Merkur, Bd.2: Betriebswirtschaft, 4. Auflage, Zürich 1990

Braczyk, H. J., Ganter, H.-D.: Neue Organisationsformen in Dienstleistung und Verwaltung, 1996

Brauchlin, E.: Konzepte und Methoden der Unternehmensführung, Bern-Stuttgart 1981

Brauchlin, E.: Problemlösungs- und Entscheidungsmethodik, 4. Auflage, Bern 1995

Braun, S.: Die Prozesskostenrechnung: ein fortschrittliches Kostenrechnungssystem?, 3. Auflage, Ludwigsburg, Berlin 1999

Braun, W.: Europäisches Management: Unternehmenspolitische Chancen und Probleme des Binnenmarktes, Wiesbaden 1991

Bredemeier, K., Neumann, R.: Kreaktiv-PR, Zürich 1997

Breitschuh, J.: Versandshandelmarketing: Aspekte erfolgreicher Neukundengewinnung, München 2001

Breisig, T.: Betriebliche Sozialtechniken: Handbuch für Betriebsrat und Personalwesen, Neuwied 1990

Britsch, W.H.: Zeitarbeit (Personalleasing). In: Handbuch Personalmarketing, Strutz, H. (Hrsg.), Wiesbaden 1989

Brockhoff, K.: Forschung und Entwicklung, Planung und Kontrolle, München, Wien 1988

Brockhoff, K.: Forschung und Entwicklung. In: Kompendium der Betriebswirtschaftslehre, Blitz, M., Dellmann, K., Domsch, M., Egner, H. (Hrsg.), 2. Auflage, München 1989

Brönner, H.: Die Besteuerung der Gesellschaften, 17. Auflage, Stuttgart 1999

Bruhn, M.: Marketing, 3. Auflage, Wiesbaden 1997

Bruhn, M.: Integrierte Unternehmenskommunikation, 2. Auflage, Stuttgart 1995

Bruhn, M. (Hrsg.): Internes Marketing; Integration der Kunden- und Mitarbeiterorientierung, 3. Auflage, Wiesbaden 1999

Bruhn, M., Stauss, B. (Hrsg.): Dienstleistungsqualität: Konzepte, Methoden, Erfahrungen, 3. Auflage, Wiesbaden 2000

Bucksch, R.: Von der Wertanalyse zur Value Innovation. In: Siemens-Zeitschrift 55, 1981

Budde, R.: Wirtschaftliche Disposition, Köln 1990

Buggert, W., Wielputz, A.: Target Costing, München, Wien, 1995

Bühner, R.: Betriebswirtschaftliche Organisationslehre, 8. Auflage, München, Wien 1996

Bühner, R.: Der Mitarbeiter im Total Quality Management, Stuttgart 1993

Bühner, R.: Management Holding, 2. Auflage, Landsberg, Lech 1993

Bühner, R.: Mitarbeiter mit Kennzahlen führen, 4. Auflage, Landsberg, Lech 2000

Bullinger, H.: Erfolgsfaktor Mitarbeiter: Motivation - Kreativität - Innovation, Stuttgart 1996

Bullinger, H. J. (Hrsg.): Lernende Organisationen, Stuttgart 1998

Bullinger, H., Hans, J., Warnecke, H.J.: Neue Organisationsformen im Unternehmen: Ein Handbuch für das moderne Management, 1996

Bullinger, H. J.: F&E: Management-Erfolgsgröße der 90er Jahre. In: Tagungsband zur F&E-Managementtagung, Stuttgart 1990

Bullinger, H. J.: Integrierte Informations- und Produktionssysteme in arbeitswissenschaftlicher Betrachtung. In: CIM. Integration und Vernetzung, Noack, M., Wegner, K., Gluch, D., Dienhart, U. (Hrsg.), Berlin u.a. 1990

Bullinger, H.-J.: Paradigmenwechsel im Produktionsmanagement. In: Produktionsforum 1991, Produktionsmanagement, Noack, M., Wegner, K., Gluch, D., Dienhart, U. (Hrsg.), Berlin, Heidelberg 1991

Bundesminister der Finanzen: Unsere Steuern von A-Z, Ausgabe 2000

Bürschel, W.: Zum Begriff modernen ganzheitlichen Denkens, Frankfurt a. M. 1990

Büschgen, H. E.: Die Ermittlung des Kapitalbedarfs der Unternehmung. In: Finanzierungshandbuch, Hrsg. Christians, F.-W., Wiesbaden 1980

Büschgen, H. E.: Grundlagen betrieblicher Finanzwirtschaft, 3. Auflage, Frankfurt 1991

Busse, F.-J.: Grundlagen der betrieblichen Finanzwirtschaft, München 1996

Busse von Colbe, W., Laßmann, G.: Betriebswirtschaftstheorie, Band 1: Grundlagen, Produktions- und Kostentheorie, 5. Auflage, Berlin, Heidelberg, New York 1991

Buth, W.: Unternehmensführung, Stuttgart 1977

Buzzel, R. D., Gale, B. T.: Das PIMS-Programm - Strategien und Unternehmenserfolg, Wiesbaden 1989

Buzzel, R.: Mathematical Models and Marketing Management, Boston 1964

Capra, F.: Wendezeit - Bausteine für ein neues Weltbild, München 1999

Cecchini, P. : Europa '92 - Der Vorteil des Binnenmarkts, Baden Baden 1988

Cervellini, U., Horvath, P.: Prozesskostenmanagement: Methodik und Anwendungsfelder, 2.Auflage 1998

Chatah, M.: Erfolgreicher E-Commerce, 2. Auflage, Düsseldorf 2001

Chmielewski, K.: Grundlagen der industriellen Produktgestaltung, Berlin 1968

Churchman, C.: Reliabilitiy of Models in Social Sciences. Model, Measurement and Marketing, Englewood Cliffs 1965

Corsten, H.: Produktionswirtschaft. Einführung in das industrielle Produktmanagement, 9. Auflage, München, Wien 2000

Corsten, H., Gössinger R.: Einführung in das Supply Chain Management, München, Wien 2001

Crisand, E.: Personalbeurteilungssysteme: Ziele, Instrumente, Gestaltung, 2. Auflage, Heidelberg 1999

Crisand, E.: Psychologie der Persönlichkeit, 4. Auflage, Heidelberg 1985

Czichos, R.: Change Management, 3. Auflage, München, Basel 1997

Czichos, R.: Coaching, 2. Auflage, München 1995

Daimler-Chrysler: Zusammenschluß des Wachstums, Geschäftsjahr 2000, Stuttgart, Auburn Hills 2001

Daumke, M., Kessler, J.: Gesellschaftsrecht, 3. Auflage, München, Wien 2000

Däumler, K.-D., Grabe, J.: Kostenrechnung - 1. Grundlagen - Darstellung, Fragen und Aufgaben - Antworten und Lösungen, 2. Auflage, Herne, Berlin 1985

Däumler, K.-D.: Betriebliche Finanzwirtschaft, 5. Auflage, Berlin 1991

Dettmer, H., Hausmann, T.: Finanzmanagement, Bd.1 - Problemorientierte Einführung, 2. Auflage, München, Wien 1998

Dettmer, H., Hausmann, T.: Finanzmanagement, Bd.2 - Problemorientierte Darstellung, München, Wien 1997

Deutsche Bundesbank: Jahresabschlüsse westdeutscher Unternehmen 1971 bis 1996, Statistische Sonderveröffendlichung 5, Frankfurt/Main 1999

Deutsche Gesellschaft für Betriebswirtschaft e.V.: Materialwirtschaft, Stuttgart 1986

Dichtl, E.: Der Weg zum Käufer - Das strategische Labyrinth, 2. Auflage, München 1991

Diedering, W.: Analytische Budgetierung in sozialen Organisationen: Ziele, Wege und Controlling, 2. Auflage, 1996

Dietrich, A.: Selbstorganisation, Wiesbaden 2001

DIN 69910: Wertanalyse, Begriffe, Methoden 1973

Dochnal, H. G.: Darstellung und Analyse von OPT als Produktionsplanungs- und −steuerungskonzept, Arbeitsbericht Nr. 31 des Seminars für Allgemeine Betriebswirtschaftslehre, Industriebetriebslehre und Produktionswirtschaft der Universität zu Köln 1990

Dörnberg, v. A.: Die beste Qualität ist unser Ziel, Gablers Magazin 2/92

Doppler, K., Lauterburg, C.: Change Management - Den Unternehmenswandel gestalten, 9. Auflage, Frankfurt a. M. 2000

Dorfmann, R., Steiner, P. O.: Optimal Advertising And Optimal Quality. In: The Economic Review 44, 1954

Drukarczyk, J.: Finanzierung, 5. Auflage, Stuttgart 1991

Drumm, H. J., Böcker, H.: Die europäische Herausforderung, Berlin, New York, London 1990

Drumm, H.-J.: Personalwirtschaftslehre, 2. Auflage, Berlin, Heidelberg, New York 1992

Dumme, W.: Die neuen Methoden der Entscheidungsfindung, Augsburg 1972

Dürr: Investor Relations, 2, Auflage, München, Wien 2000

Eckardstein, v. D., Schnellinger, F.: Betriebliche Personalpolitik, 3. Auflage, München 1978

Eggers, B.: Ganzheitlich vernetzendes Management: Konzepte, Workshop-Instrumente und PUZZLES-Methodik, Wiesbaden 1994

Eggert, U.: Konsumenten-Trends, Düsseldorf 1999

Egli, P.: Integrierte Transportsysteme-Transportmittel. In: Rupper, P. (Hrsg.): Unternehmenslogistik, Ein Handbuch für Einführung und Ausbau der Logistik im Unternehmen, Zürich 1987

Ehrhardt, M.: Netzwerkeffekt, Standardisierung und Wettbewerbsstrategie, Wiesbaden 2001

Ehrmann, H.: Marketing-Controlling: Modernes Marketing für Studium und Praxis, Ludwigshafen 1995

Eidenmüller, B.: Die Produktion als Wettbewerbsfaktor. Herausforderung an das Produktionsmanagement, 2. Auflage, Wuppertal 1991

Eilenberger, G.: Betriebliche Finanzwirtschaft, 4. Auflage, München 1991

Eilenberger, G.: Betriebliches Rechnungswesen - Einführung in Grundlagen - Jahresabschluß, Kosten- und Leistungsrechnung. Mit Bankbilanzrichtlinien-Gesetz, 6. Auflage, München, Wien 1991

Eisele, J.: Erfolgsfaktoren des Joint-Venture-Management, Wiesbaden 1995

Eisele, W.: Technik des betrieblichen Rechnungswesens - Buchführung, Kostenrechnung, Sonderbilanzen, 4. Auflage, München 1990

Eisenhardt, U.: Gesellschaftsrecht, 9. Auflage, München 2000

Ellinger, T., Beuermann, G., Leisten R.: Operations Research, 5., durchges. Auflage, Heidelberg 2001

Engel-Bock, J.: Bilanzanalyse leicht gemacht, 3. Auflage 1997

Engelhardt, W.-H., Plinke, W.: Marketing, Hagen 1979

Erber, S.: Eventmarketing: Erlebnisstrategien für Marken, Landsberg, Lech 2000

Erlbeck, K.: Kundenorientierte Unternehmensführung, 1999

Ertingshausen, W.: Verantwortung und Kompetenz in Fertigungsinseln. In: Produktionsforum 1991: Produktmanagement, Warnecke, H., Bullinger, H.-J. (Hrsg.), Berlin, Heidelberg 1991

Eschenbach R.: Erfolgspotential Materialwirtschaft, München, Wien 1990

Everling, W.: Die Finanzierung des Unternehmens, 2. Auflage, Berlin 1991

Eversheim, W.: Simultaneous Engineering - eine organisatorische Chance. In: VDI-Bericht 758, Simultaneous Engineering, VDI-Gesellschaft (Hrsg.), Düsseldorf 1989

Feix, W. E.: Personal 2000: Visionen und Strategien erfolgreicher Personalarbeit, Frankfurter Allgemeine Zeitung (Hrsg.), Wiesbaden 1991

Fiedler, F.: A theory of leadership effectivness, New York u.a. 1967

Fieten, R: Entscheidungshilfen im Beschaffungsmarketing. In: Management-Zeitschrift 1986 Nr. 1

Fischer, M.: Produktlebenszyklus und Wettbewerbsdynamik, Wiesbaden 2001

Fischer, O.: Finanzwirtschaft der Unternehmung, Düsseldorf 1982

Fischer-Winkelmann, W. F.: Paradigmenwechsel in der Betriebswirtschaftslehre, Spardorf 1983

Flechtner, H. J.: Grundbegriffe der Kybernetik, 5. Auflage, Stuttgart 1970

Förster, H.-U., Hirt, K.: Entwicklung einer Handlungsanleitung zur Gestaltung von Produktionsplanungs- und -steuerungskonzepten bei Einsatz flexibler Fertigungssysteme, Forschungsinstitut für Rationalisierung, München 1989

Franz, G., Herbert, W.: Wertewandel und Mitarbeitermotivation. In: Harvard manager 1/87

Franz, K.-P.: Die Prozeßkostenrechnung - Entstehungsgründe, Aufbau und Abgrenzung von anderen Kostenrechnungssystemen. In: Wirtschaft und Statistik, Heft 12, 1992

Frese, E.: Grundlagen der Organisation. Die Organisationsstruktur der Unternehmung, 2. Auflage, Wiesbaden 1984

Frese, E.: Handwörterbuch der Organisation, 3. Auflage, Stuttgart 1992

Freund, F., Knoblauch, R., Racké, G. : Praxisorientierte Personalwirtschaftslehre, Stuttgart, Berlin, Köln, Mainz, 1981

Frick, W.: Bilanzierung nach der Rechnungslegungsreform mit Fallbeispielen, 6. Auflage, Ueberreuter 1999

Friedrich, W.: Vereine und Gesellschaften, 8.Auflage, München 1997

Fritz, W., Oelsnitz, D.: Marketing: Elemente marktorientierter Unternehmensführung, 3.Auflage, Stuttgart, Berlin, Köln 2001

Fritz, W.: Kein Abschied vom Marketing. In: Absatzwirtschaft, Heft 4, 1993

Fröhlich, W., Maier, W.: Personalmanagement - Perspektiven ins neue Jahrtausend. In: Personalmanagement in der Praxis: Konzepte für die 90er Jahre, Maier, W., Fröhlich, W. (Hrsg.), Wiesbaden 1991

Fröhling, O.: Prozesskostenrechnung - System mit Zukunft?. In: io Management Zeitschrift, Jg. 58 (1989), Nr. 10

Fröhling, O.: Thesen zur Prozeßkostenrechnung. In: ZfB, 62. Jg. (1992), H. 7

Fuchs-Wegner, G. in Grochla, E.: Betriebswirtschaftslehre Teil 2: Betriebsführung Instrumente und Verfahren, Stuttgart 1979

Gabele, E.: Buchführung - Einführung in die manuelle und PC-gestützte Buchhaltung und Jahresabschlußerstellung, 4. Auflage, München, Wien 1992

Geiger, H.: Die kurzfristige Fremdfinanzierung durch Kreditinstitute. In: Finanzierungshandbuch, Hrsg. Christians, F.-W.

Geisbüsch, H.-G., Weeser-Krell, L. M., Geml, R.: Marketing, Landsberg am Lech 1987

Geiselhart, H.: Das lernende Unternehmen im 21. Jahrhundert, Wiesbaden 2001

Geitner, W.: CIM-Handbuch, 2. Auflage, Braunschweig 1991

Geller, L. K.: Response! Die unbegrenzten Möglichkeiten des Direktmarketing, Landsberg, Lech 1997

Gerke, W.: Finanzierung, Stuttgart 1985

Gerke, W. (Hrsg.): Die Börse der Zukunft, Stuttgart 1997

Gerken, G.: Der neue Manager, 2.Auflage, Freiburg 1988

Gerth, E.: Die Systematik des Marketing, Band 1, Würzburg 1983

Gilbert, S.: Start ins Web, München 2001

Glaap, W.: ISO 9000 leichtgemacht, 2. Auflage, München, Wien 1995

Glaap, W.: TQM in der Praxis leichtgemacht, München, Wien 1996

Glaser, H., Geiger, W., Rohde, V.: PPS. Produktionsplanung und -steuerung, Wiesbaden 1991

Gottschall, D.: Geist auf Vorrat. Manager Magazin, 21. Jahrgang, 8/1991

Gottschall D., Schulte C.: Mit dem Chaos leben, Manager Magazin, 21. Jahrgang, 8/1991

Gottschlich, W.: Strategische Führung mittlerer Unternehmen, Frankfurt, New York 1989

Götz, P.: Key-Account-Management im Zulieferergeschäft, Berlin 1995

Götze, U., Kreikebaum, H.: Szenario-Technik: Als Instrument der strategischen Planung, Wiesbaden 1992

Green, P., Tull, D.: Research for Marketing Decisions, Englewood Cliffs, New Jersey 1966 (Methoden und Techniken der Marketingforschung, 4. Auflage, 1982)

Grochla, E., Wittmann, W. : Enzyklopädie der Betriebswirtschaft, Stuttgart 1976

Grochla, E.: Betriebswirtschaftslehre, Teil 1: Grundlagen, Stuttgart 1978

Grochla, E.: Grundlagen der Materialwirtschaft: Das materialwirtschaftliche Optimum im Betrieb, 3. Auflage, Wiesbaden 1978

Grochla, E.: Handwörterbuch der Organisation, Stuttgart 1969

Grochla, E.: Unternehmensorganisation, Hamburg 1972

Größl, L.: Betriebliche Finanzwirtschaft, 2. Auflage, Stuttgart 1988

Gründelhöfer, H., Haardt, R.: Rahmenbedingungen für die Personalarbeit der 90er Jahre. In: Personalmanagement in der Praxis: Konzepte für die 90er Jahre, Maier, W., Fröhlich, W. (Hrsg.), Wiesbaden 1991

Günther, H.-O.: Produktionsmanagement, 2. Auflage, Berlin u. a. 1995

Güldenberg, S.: Wissensmanagement und Wissenscontrolling in lernenden Organisationen, 3. Auflage, Wiesbaden 2001

Gutenberg, E.: Betriebswirtschaftslehre als Wissenschaft, Kölner Universitätsrede, 2. Auflage, Krefeld 1961 (3. Auflage. Köln 1967)

Gutenberg, E.: Die Finanzen. In: Grundlagen der Betriebswirtschaftslehre, 8. Auflage, Berlin, Heidelberg 1987

Gutenberg, E.: Einführung in die Betriebswirtschaftslehre, Band 1, Wiesbaden 1990

Gutenberg, E.: Grundlagen der Betriebswirtschaftslehre, Band 2: Der Absatz, 17. Auflage, Berlin, Heidelberg, New York 1983

Gutenberg, E.: Grundlagen der Betriebswirtschaftslehre, Bd.1: Die Produktion, 24. Auflage, Berlin, Heidelberg 1983

Gutenberg, E.: Unternehmensführung Organisation und Entscheidung, Wiesbaden 1962

Gutenberg, E.: Zum 'Methodenstreit', Zeitschrift für handelswissenschaftliche Forschung, 1953

Häberle, S. G.: Einführung in die Exportfinanzierung, München 1995

Haberstock, L.: Grundzüge der Kosten- und Erfolgsrechnung, 3. Auflage, München 1982

Haedrich, G., Tomczak, T.: Strategische Markenführung, Bern, Stuttgart 1990

Hahn, D.: Produktionsverfahren. In: HWB, Bd.2, Grochla, E., Taylor, B. (Hrsg.), 4. Auflage, Stuttgart 1975

Hahn, D.: Stand der Entwicklungstendenzen der strategischen Unternehmensplanung. In: Strategische Unternehmensplanung, Hahn, D., Taylor, B. (Hrsg.), 4. Auflage, Heidelberg, Wien 1986

Hahn, O.: Finanzwirtschaft, München 1975

Hahn, D., Laßmann, G.: Produktionswirtschaft: Controlling industrieller Produkte, Bd.1: Grundlagen, Führung und Organisation, Produkte und Produktprogramm, Material und Dienstleistungen, 2. Auflage, Heidelberg 1990

Hammann, P., Erichson, B.: Marktforschung, 2. Auflage, Stuttgart 1990

Hammer, M., Champy, J.: Business Reengineering: Die Radikalkur für das Unternehmen, Frankfurt 1998

Hammer, R. M.: Unternehmensplanung, 4. Auflage, München, Wien 1991

Hansen, L.: Junk Bonds: Risiken und Chancen der Finanzierung von Unternehmensübernahmen durch Ramsch-Anleihen, Wiesbaden 1991

Hansen, P., Kanstinger, W.: Zeitarbeit von A-Z, München 2001

Hansmann, K.-W.: Industrielles Management, 3. Auflage, München, Wien 1992

Harris, T. A.: Ich bin o.k. Du bist o.k.: wie wir uns selbst besser verstehen und unsere Einstellung zu anderen verändern können - Eine Einführung in die Transaktionsanalyse, Reinbek bei Hamburg 1991

Hartmann, H.: Materialwirtschaft, Organisation- Planung- Durchführung- Kontrolle, 5. Auflage, Gernsbach 1990

Hauschildt, J.: Entscheidungsziele, Tübingen 1977

Hauschildt, J.: Innovationsmanagement, 2.Auflage, München 1997

Harings, H.: Qualitätsmanagement mit SAP R/3 und ARIS, Wiesbaden 2000

Heege, F.: Lieferantenportfolio, Nürnberg 1987

Heege, F.: Zur Entwicklung von Beschaffungsstrategien mit Hilfe von Portfolio-Modellen. In: Fachbereich Wirtschaft der Fachhochschule Niederrhein (Hrsg.): Die industrielle Beschaffung im Spiegel von Theorie und Praxis, Mönchengladbach 1988

Heinen, E.: Industriebetriebslehre, 8. Auflage, Wiesbaden 1990

Heinen, E.: Betriebswirtschaftliche Führungslehre Grundlagen-Strategien-Modelle: Ein entscheidungsorientierter Ansatz, 2. Auflage, Wiesbaden 1984

Heinen, E.: Einführung in die Betriebswirtschaftslehre, 8. Auflage, Wiesbaden 1982

Heinen, E.: Grundlagen betriebswirtschaftlicher Entscheidungen: Das Ziel der Unternehmung, 2. Auflage, Wiesbaden 1971

Heinen, E.: Industriebetriebslehre, Entscheidungen im Industriebetrieb, 8. Auflage, Wiesbaden 1985

Heinen, E., Fank, M.: Unternehmenskultur: Perspektiven für Wissenschaft und Praxis, 3. Auflage, München, Wien 1997

Heinrich, P.: Internationales Personalmanagement. In: Personalmanagement in der Praxis: Konzepte für die 90er Jahre, Maier, W., Fröhlich, W. (Hrsg.)

Heiserich, O.-E.: Logistik, 2. Auflage, Wiesbaden 2000

Helberg, P.: PPS als Baustein. Gestaltung der Produktionsplanung und -steuerung für die computerintegrierte Produktion, Berlin 1987

Hempelmann, B.: Optimales Franchising, Heidelberg 2000

Hennig-Thurau, T., Hansen, U.: Relationship Marketing, Heidelberg 2000

Hentze, J.: Personalwirtschaftslehre, Bd.1: Grundlagen,Personalbedarfsermittlung, -beschaffung, -entwicklung, -bildung, und -einsatz, 5. Auflage, Bern, Stuttgart 1991

Hentze, J.: Personalwirtschaftslehre, Band 2: Personalerhaltung und Leistungsstimulation, Personalfreistellung und Personalinformationswirtschaft, 5. Auflage, Bern, Stuttgart 1991.

Henzler, H.: Der Januskopf muß weg!. In: Wirtschaftswoche, 38/ 1974

Herberg, C.: Messung der Effizenz von Total Quality Management, Hamburg 2001

Herlander, N.: Beschaffungsmarketing: Einkaufsgewinne konsequent realisieren, 7. Auflage, Renningen-Malmsheim 1999

Herrmany, J., Dressmann, H.: Soziale und organisatorische Betriebsanleitung zur Einführung eines flexiblen Produktionssystemes, Berlin, München 1991

Herrmany, J., Hackstein, R.: Flexible Fertigungssysteme als Baustein einer zukunftsorientierten Fabrik. In: Produktionsmanagement im Spannungsfeld zwischen Markt und Technologie, Bullinger, H.-J. (Hrsg.), München 1990

Hersey, P., Blanchard, K.H.: Management of organizational behaviour, 3. Auflage, New York 1977

Hieber, W.L.: Lern- und Erfahrungskurven-Effekte, München 1991

Hilke, W.: Zielorientierte Produktions- und Programmplanung, 3. Auflage, Neuwied, Darmstadt 1988

Hill, W.: Marketing 1: Unternehmung und Marketinginformationen, 6. Auflage, Bern, Stuttgart 1988

Hill, W.: Marketing 2. Die Marketinginstrumente - Integration des Marketing, 6. Auflage, Bern, Stuttgart 1988

Hill, W., Fehlbaum, R., Ulrich, P.: Organisationslehre, 3. Auflage, Bern, Stuttgart 1981

Hinterhuber, H.-H.: Strategische Unternehmensführung I: Strategisches Denken, Vision, Unternehmenspolitik, Strategie, 6. Auflage, Berlin, New York 1996

Hirn, W.: Standort Deutschland. In: Managermagazin, Ausgabe Januar 1992

Hofer, A.P.: Management von Produktfamilien, Wiesbaden 2001

Hoffmann, P.: Management Buy Out in der Bundesrepublik Deutschland: Anspruch, Realität und Durchführung, 2. Auflage, Berlin 1992

Hofmann, E.: Einstellungsgespräche führen, Neuwied, Kriftel 2000

Hofmann, L. M., Linneweh, K., Streich, R. K.: Erfolgsfaktor Persönlichkeit, München 1997

Hohn, H.: Teilzeitarbeit, Stuttgart, München, Hannover, Berlin, Weimar 1992

Höhn, R.: Führungsbrevier der Wirtschaft, 11. Auflage, Bad Harzburg 1983

Hoitsch, H.-J.: Produktionswirtschaft: Grundlagen einer industriellen Betriebswirtschaftslehre, München 1985

Holden, J.: Strategisches Verkaufen mit Power Base Selling, Frankfurt, New York 1997

Hopfenbeck, W.: Umweltorientiertes Management und Marketing, Landsberg, Lech 1991

Horchler, H.: Outsourcing, Köln 1996

Horváth, P.: Target costing: marktorientierte Zielkosten in der deutschen Praxis, Stuttgart 1993

Horváth, P., Mayer, R.: Prozeßkostenrechnung. In: Controlling, 1. Jg. (1989), Bd.4

Hruschka, H.: Messung von Interdependenzen zwischen Marketing-Instrumenten. In: Zeitschrift für Betriebswirtschaft, 60. Jg., Heft 5/6, 1990

Husemeyer, C. H.: Die Anwendung von Marketing-Modelllen, Stuttgart 1975

Huth, H.-J.: Werbung, Ludwigshafen 1988

Huth, R., Pflaum, D.: Einführung in die Werbelehre, 4. Auflage, Stuttgart 1991

IFO Institut: Leasing in Deutschland, München 1999

IG Metall: Daten, Fakten, Informationen, 2000

Jacob, H.: Industriebetriebslehre: Handbuch für Studium und Prüfung, 4. Auflage, Wiesbaden 1990

Jacob, H.: Zur Standortwahl der Unternehmungen, 3. Auflage, Wiesbaden 1976

Jahrmann, F.-U.: Außenhandel, 9.Auflage, Ludwigshafen 1998

Jaron, A. A.: Schöpferische Zerstörung und Ende des Kapitalismus: Joseph Alois Schumpeter und der Übergang des Kapitalismus zum Sozialismus unter dem Aspekt einer ökologischen Umgestaltung von Wirtschaft und Gesellschaft, Münster 1989

Jehle, E., Müller, K., Michael, H.: Produktionswirtschaft, 5. Auflage 1999

Jung, H.: Abmahnung und Kündigung: RKW-Arbeitshilfen für die Praxis 4, Berlin 1994

Jung, H.: Arbeits- und Übungsbuch – Allgemeine Betriebswirtsschaftslehre, München, Wien 1999

Jung, H.: Das Arbeitszeugnis, RKW-Arbeitshilfen für die Praxis 19, Berlin 1994

Jung, H.: Mitarbeiterführung und Motivation, RKW-Arbeitshilfen für die Praxis, Berlin 1994

Jung, H.: Personalbeurteilung, RKW-Arbeitshilfen für die Praxis 1, Berlin 1994

Jung, H.: Personalwirtschaft, 4. Auflage, München, Wien 2001

Jung, H.: Persönlichkeitstypologie, 2.Auflage, München, Wien 1999

Jung, H., Kamps, D.: Personalentwicklung (PE). In: Computergestützte Personalarbeit, 3. Jg., Heft 4/95, S. 155-167

Jung, H., Kamps, D.: Zukunftsorientiertes Entgeltmanagement. In: Computergestützte Personalarbeit, 4. Jg., Heft 6/96, S. 310-315

Kaas, K. P.: Marketing für umweltfreundliche Produkte. In: Die Betriebswirtschaft, Heft 4, 1992

Kahle, E.: Produktion: Lehrbuch zur Planung der Produktion und Materialbereitstellung, 3. Auflage, München, Wien 1991

Kaluza, B.: Erzeugniswechsel als unternehmenspolitische Aufgabe: Integrative Lösungen aus betriebswirtschaftlicher und ingenieurwissenschaftlicher Sicht, Berlin 1989

Kapferer, C.: Marketing-Wörterbuch, Hamburg 1979

Kaplan, R., Norten, D.: Balanced Scorecard Strategien, Stuttgart 1997

Kaplan, R. S.: Die strategiefokussierte Organisation, Stuttgart 2001

Kastner, M.: Personalmanagement heute, Landsberg am Lech 1990

Kavandi, S.: Ziel- und Prozeßkostenmanagement als Controllinginstrumente, 1998

Keller, I.: Identität und Image - Auf dem Weg zur ganzheitlichen Corporate Identity, Wiesbaden 1989

Kemmner G.-A., Gillessen A.: Virtuelle Unternehmen, Heidelberg 2000

Kern, W.: Enzyklopädie der Betriebswirtschaftslehre, Bd.7: HW Prod, Stuttgart 1979

Kern, W.: Handwörterbuch der Produktionswirtschaft, 2. Auflage, 1996

Kern, W.: Industrielle Produktionswirtschaft, 5. Auflage, Stuttgart 1992

Kienbaum, J.: Visionäres Personalmanagement, 2. Auflage, Stuttgart 1994

Kieninger, M.: Gestaltung internationaler Berichtssysteme, Multinationales Unternehmens-Management-Informationssystem-Bericht, München 1994

Kilger, W.: Einführung in die Kostenrechnung, 3. Auflage, Wiesbaden 1992

Kirchner, K.: Integrierte Unternehmenskommunikation, Wiesbaden 2001

Klaus, H., Schneider, H. J.: Personalführung. In: Mensch und Arbeit, Taschenbuch für die Personalpraxis, Schneider, H. J. (Hrsg.), 9. Auflage, Köln 1992

Kleiminger, K.: Arbeitszeit und Arbeitsverhalten, Wiebaden 2001

Kleinmann, M.: Assessment Center, Göttingen 1997

Klook, J.: Betriebswirtschaftliche Input-Output-Modelle: Ein Beitrag zur Produktionstheorie, Wiesbaden 1969

Klunzinger, E.: Grundzüge des Gesellschaftsrechts, 11. Auflage, München 1999

Knebel, H.: Das Vorstellungsgespräch, 12. Auflage, Freiburg 1990

Koch, F. A.: Datenschutz - Handbuch für die betriebliche Praxis, 2. Auflage, Freiburg i. Br. 1997

Köhler-Frost, W. (Hrsg.): Outsourcing, 4. Auflage, Berlin 2000

Königswieser, R., Lutz, C. (Hrsg.): Das systemisch evolutionäre Management, 2. Auflage, Wien 1992

Koppelmann, U.: Marketing: Einführung in Entscheidungsprobleme des Absatzes und der Beschaffung, 3. Auflage, Düsseldorf 1991

Koppelmann, U.: Produktmarketing, 6. Auflage, Heidelberg 2000

Koreimann, D. S.: Management, 5. Auflage, München, Wien 1992

Korndörfer, W.: Allgemeine Betriebswirtschaftslehre: Aufbau, Ablauf, Führung, Leitung, 10. Auflage, Wiesbaden 1992

Korndörfer, W.: Unternehmensführungslehre, Lehrbuch der Unternehmensführung, 3. Auflage, Wiesbaden 1983

Korndörfer, W.: Unternehmensführungslehre: Einführung, Entscheidungslogik, soziale Komponenten im Entscheidungsprozeß, 7. Auflage, Wiesbaden 1989

Kosiol, E.: Einführung in die allgemeine Betriebswirtschaftslehre, Wiesbaden 1968

Kosiol, E.: Organisation der Unternehmung, 2.Auflage, Wiesbaden 1976

Kosiol, E.: Einführung in die Betriebswirtschaftslehre: Die Unternehmung als wirtschaftliches Aktionszentrum, Hamburg 1974

Koslowski, F.: Personalbezogene Frühaufklärung in Management und Controlling, Bergisch Gladbach 1994

Kotler, P.: Marketing-Management: Analyse, Planung und Kontrolle, 4. Auflage, Stuttgart 1989

Kotler, P., Bliemel, F.: Marketing-Management: Analyse, Planung, Umsetzung und Steuerung, 9. Auflage, Stuttgart 1999

Kotter, J. P.: Chaos - Wandel - Führung, 2. Auflage, Düsseldorf 1998

Krabbe, E.: Leitfaden zum Grundstudium der Betriebswirtschaftslehre, Gernsbach 1980

Krämer, W.: So lügt man mit Statistik, 8. Auflage, Frankfurt, New York 2000

Kralicek, P.: Bilanzen lesen – eine Einführung, 2. Auflage, Wien 1999

Kreikebaum, H.: Strategische Unternehmensplanung, 3. Auflage, Stuttgart, Berlin, Köln 1989

Kroeber-Riel, W.: Konsumentenverhalten, 6. Auflage, München 1996

Kruschwitz, L: Finanzierung und Investition, 2. Auflage, Berlin, New York 1999

Kruschwitz, L.: Investitionsrechnung, 8. Auflage, Berlin, New York 2000

Kruschwitz, L.: Zur Programmplanung bei Kuppelprodukten. In: Ffbf 26, 1974

Kühn, R.: Marktforschung für die Unternehmenspraxis, 3. Auflage, Bern 1986

Kühl, S.: Wenn die Affen den Zoo regieren: Die Tücken der flachen Hierarchien, Frankfurt a. M., New York 1998

Kuhnle, H.: Was bewegt Marketing, Wiesbaden 1989

Kümmel, H.-J.: Grundsätze der Finanzplanung, ZfB 1964

Kunz, G.: Die balanced scorecard im Personalmanagement, Frankfurt, Main, New York 2001

Küpper, H.-U.: Controlling: Konzeption, Aufgaben und Instrumente, Stuttgart 1995

Küpper, H.-U.: Dynamische Produktionsfunktion der Unternehmung auf Basis des Input/Output-Ansatzes. In: ZfB, 49 Jg., Thüringen 1979

Küting, K.: Konzernmanagement: Rechnungswesen und Controlling, Stuttgart 1993

Küting, K., Weber, C.-P.: Die Bilanzanalyse, 5. Auflage, Stuttgart 2000

Lackes, R.: Das KANBAN-System zur Materialflußsteuerung. In WISO, 19. Jg., 1990

Lackes, R.: Just-in-Time-Produktion, Wiesbaden 1995

Lahde, H.: Neues Handbuch der Lagerorganisation und Lagertechnik, München 1967

Lamprecht, M.-B.: Handbuch Ridikokapital, München 2000

Large, R.: Strategisches Beschaffungsmanagement: Eine praxisorientierte Einführung, 2000

Lasko, W.: Professionelle Neukundengewinnung, 2. Auflage, 2000

Lattmann, C.: Die verhaltenswissenschaftlichen Grundlagen der Führung des Mitarbeiters, Bern, Stuttgart 1982

Lauterburg, Ch.: Führung in den 90er Jahren, Office Management, 11/1990

Layer, G. B.: Der Wandel in der Beschaffung und die veränderten Anforderungen an die Führungskräfte. In: Fachbereich Wirtschaft der Fachhochschule Niederrhein (Hrsg.): Die industrielle Beschaffung im Spiegel von Theorie und Praxis, Mönchengladbach 1988

Lehner, U.: Modelle für das Finanzmanagement, Darmstadt, 1976

Lerbinger, P.: Finanzwirtschaft, München 1991

Lettau, H.-G.: Grundwissen Marketing Marktforschung - Marketingplanung, Produkt - Preis, Verkauf - Vertrieb, Werbung - Public Relations, München 1989

Lewis, D., Bridger, D.: Die neuen Konsumenten, Frankfurt, New York 2001

Lietz, J.: Lean Production - Realität und Herausforderung. In: Management Zeitschrift 7/8 (1992)

Linnert, P., Müller-Seydlitz, U., Neske, F.: Lexikon angloamerikanischer und deutscher Management-Begriffe, Gernsbach 1972

Little, A. D.: E-Commerce-Studie, Düsseldorf: VDI 2000

Löffelholz, J.: Repetitorium der Betriebswirtschaftslehre, 6. Auflage, Wiesbaden 1982

Lücke, W.: Finanzplanung und Finanzkontrolle in der Industrie, Wiesbaden 1965

Luger, A. E.: Allgemeine Betriebswirtschaftslehre, Band 1: Der Aufbau des Betriebes, 3. Auflage, München, Wien 1991

Lukac, A.: Finanzplan. In: Handwörterbuch der Finanzwirtschaft, Hrsg. Büschgen, H. E., Stuttgart 1976

Lynch, D.: Delphin-Denken, Freiburg i. Br. 1996

Macharzina, K.: Unternehmensführung: Das internationale Managementwissen: Konzepte - Methoden – Praxis, 3. Auflage, Wiesbaden 1999

Macher, I.: Komplexitätsbewältigung durch Entwicklung und Gestaltung von Organisation, München 2001

Männel, W.: Modernes Kostenmanagement: Grenzplankostenrechnung als Controllinginstrument; Beiträge der Plaut-Gruppe, Wiesbaden 1995

Männel, W.: Prozesskostenrechnung: Bedeutung - Methoden - Branchenerfahrungen – Softwarelösungen, Wiesbaden Nachdruck 1998

Marr, R. (Hrsg.): Arbeitszeitmanagement, 2. Auflage, Berlin 1993

Marr, R., Stitzel, M.: Personalwirtschaft: Ein konfliktorientierter Ansatz, München 1979

Matschke, M. J.: Finanzierung der Unternehmung, Herne, Berlin 1991

Matys, E.: Praxishandbuch Produktmanagement, Frankfurt/Main, New York 2001

Mayer, E., Weber, J.: Handbuch Controlling, Stuttgart 1990

Mc Gregor, D.: Der Mensch im Unternehmen, Düsseldorf, Wien 1970

Meadows, D. & D., Randers, J.: Die neuen Grenzen des Wachstums, Stuttgart 1992

Meffert, H.: Lexikon der aktuellen Marketingbegriffe, Wien 1994

Meffert, H.: Marketing: Grundlagen marktorientierter Unternehmensführung, 9. Auflage, Wiesbaden 2000

Meffert, H.: Strategisches Marketing und Umweltschutz. In: Wagner, G. R.: Unternehmung und ökologische Umwelt, München 1990

Meffert, H.: Umweltbewußtes Konsumentenverhalten: Ökologieorientiertes Marketing im Spannungsfeld zwischen Individual- und Sozialnutzen. In: Marketing, Heft 1, 1. Quartal 1993

Meffert, H., Bruhn, M.: Dienstleistungsmarketing: Grundlagen - Konzepte - Methoden; mit Fallbeispielen, 3. Auflage, Wiesbaden 2000

Meffert, H., Kirchgeorg, M.: Marktorientiertes Umweltmanagement: Grundlagen und Fallstudien, 3. Auflage, Stuttgart 1998

Meffert, H., Kirchgeorg, M., Ostmeier, H.: Der Einfluß von Ökologie und Marketing auf die Strategien. In: Absatzwirtschaft, Sondernummer Oktober 1990

Meffert, H., Steffenhagen, H.: Marketing-Prognosemodelle, Stuttgart 1977

Mehdorn, H., Töpfer, A. (Hrsg.)**:** Besser - Schneller - Schlanker, 2. Auflage, Neuwied, Kriftel, Berlin 1996

Meiler, R.: Mittelstand und Betriebswirtschaft, 1999

Mell, H.: Bewerbungsanalyse. In: Handbuch Personalmarketing, Strutz, H. (Hrsg.), Wiesbaden 1989

Mellerowicz, K.: Allgemeine Betriebswirtschaftslehre, 13. Auflage, Berlin 1969

Melzer-Ridinger, R.: Materialwirtschaft, München, Wien 1989

Mende, W., Bieta, V.: Projektmanagement, Praktischer Leitfaden, München, Wien 1997

Mentzel, W.: Unternehmenssicherung durch Personalentwicklung: Mitarbeiter motivieren, fördern und weiterbilden, 5. Auflage, Freiburg i. Br. 1992

Merz, E.: Betriebliches Vorschlagswesen: professionell und wirksam, 2. Auflage, Landsberg, Lech 1994

Metze, H. T.: Lexikon der Unternehmensführung, Luwigshafen 1973

Meyer, C.: Betriebswirtschaftliches Rechnungswesen: Einführung in Wesen, Technik und Bedeutung des modernen Management Accountin,. 2. Auflage, Zürich 1996

Meyer, F.: Betriebliche Organisationslehre: Unternehmensaufbau - Arbeitsablauf, 9. Auflage, Stuttgart 1988

Meyer, M.: Informationsquellen zur Beschaffungsmarktforschung, Wien 1985

Meyer-Schönherr, M.: Szenario Technik als Instrument der strategischen Planung, Ludwigsburg 1992 (Dissertation Frankfurt a. M. 1991)

Mikus, B.: Make-or-buy-Entscheidung, 2. Auflage, Chemnitz 2001

Milberg, J.: Der Wettbewerbsfaktor Zeit als Maßstab für die Leistungsfähigkeit der Produktion. In: VDI-Bericht 930, Produktionsmanagement 1991 Hrsg. VDI-Gesellschaft, Düsseldorf 1991

Moerke, A.: Organisatinoslernen über Netzwerke, Wiesbaden 2001

Moews, D.: Kosten- und Leistungsrechnung, 4. Auflage, München, Wien 1991

Moser, A.: Strategie - Struktur - Kultur. In: Die Unternehmung, Heft 1, 1993

Möser, H. D.: Finanz- und Investitionswirtschaft in der Unternehmung, Landsberg, Lech 1988

Moxter, A.: Grundsätze ordnungsgemäßer Unternehmensbewertung, Wiesbaden 1990

Mülder, W.: Personalinformationssysteme, 2. Auflage, Göttingen 2000

Müller, A.: Gemeinkosten-Management: Vorteile der Prozesskostenrechnungm, 2. Auflage, Wiesbaden 1998

Müller-Hagedorn, L.: Einführung in das Marketing, Darmstadt 1990

Müller-Hedrich, B.-W.: Betriebliche Investitionswirtschaft, 3. Auflage, Stuttgart 1983

Müller-Merbach, H.: Optimale Losgröße bei mehrstufiger Fertigung. In ZwF 60, Heft 3, 1965

Müri, P.: Chaos-Management: Die kreative Führungsphilosophie, 2. Auflage, Zürich 1992

Nagel, K.: Die sechs Erfolgsfaktoren des Unternehmens, Landsberg, Lech 1991

Nanus, B.: Visionäre Führung, Frankfurt a. M., New York 1995

Neuberger, O.: Führen und geführt werden, 4. Auflage, Stuttgart 1994

Neuberger, O.: Theorien der Arbeitszufriedenheit, Stuttgart 1974

Neugebauer, U.: Unternehmensethik in der Betriebswirtschaftslehre, 2. Auflage, Ludwigsburg 1998

Neumann, U., Nagel, T.: Professionelles Direktmarketing, München 2001

Niemand, S.: Target Costing für industrielle Dienstleistungen: Controlling Praxis, München 1996

Nieschlag, R., Dichtl, E., Hörschgen, H.: Marketing, 18. Auflage, Berlin 1998

Nieß, P. S.: Operatives Produktionsmanagement, Wiesbaden 1996

Niklisch, H.: Ertragsverteilungsprozeß. In: HWB, Band 1. Stuttgart 1983

o. V.: Sportsponsoring- Bekannt und akzeptiert in Absatzwirtschaft Heft 2, 1993

Obermaier, E.: Grundwissen Werbung, 3. Auflage, München 1988

Oechsler, W. A.: Personal und Arbeit: Einführung in die Personalwirtschaft, 4. Auflage, München, Wien 1992

Oecking, G.: Strategisches und operatives Fixkostenmanagement: Möglichkeiten und Grenzen des theoretischen Konzeptes und der praktischen Umsetzung im Rahmen des Kosten- und Leistungserfolgs, München 1994

Oehler, A., Unser, M.: Finanzwirtschaftliches Risikomanagement, Heidelberg 2000

Oeldorf, Olfert: Materialwirtschaft, 6. Auflage, Ludwigshafen 1993

Ogger, G.: Nieten in Nadelstreifen: Deutschlands Manager im Zwielicht, München 1995

Olfert, K.: Finanzierung, 10. Auflage, Ludwigshafen 1999

Olfert, K.: Investition, 8. Auflage, Ludwigshafen 2001

Olfert, K.: Kostenrechnung, 11. Auflage, Ludwigshafen(Rhein) 1999

Olfert, K.: Lexikon der Betriebswirtschaftslehre, 3. Auflage, Kiel 2000

Olfert, K., Steinbuch, P. A.: Personalwirtschaft, 8. Auflage, Ludwigshafen (Rhein) 1999

Oppermann, T., Moersch, E.-W.: Europa-Leitfaden, 3. Auflage, Regensburg 1994

Österle, H., Winter, R.: Business Engineering, Heidelberg 2000

Otte, M.: Marketing: mit Übungsaufgaben und Lösungen, 3. Auflage, Köln 1997

Pahl, G. W., Beitz, W.: Konstruktionslehre, Berlin 1986

Pawlik, Th.: Personalmanagement und Auslandseinsatz, Wiesbaden 2000

Peemöller, V. H.: Entwicklungstendenzen in der internen Revision: Chancen für die unternehmensinterne Überwachung, Berlin 2000

Perridon, L., Steiner, M.: Finanzwirtschaft der Unternehmung, 7. Auflage, München 1993

Peter, L. J., Hull, R.: Das Peter-Prinzip oder Die Hierarchie der Unfähigen, Reinbeck bei Hamburg 1972

Peters, Th. J., Waterman, R. H.: Auf der Suche nach Spitzenleistungen., 8. Auflage, Landsberg am Lech 2000

Pfohl, H.-C., Stölzle, W.: Anwendungsbedingungen, Verfahren und Beurteilung der Prozeßkostenrechnung in industriellen Unternehmen. In: ZfB, 61. Jg. (1991), H. 11

Pfohl, H.-Ch.: Logistiksysteme, 4. Auflage, Berlin, Heidelberg, New York, Tokyo 1990

Pillat, R.: Neue Mitarbeiter - erfolgreich anwerben, auswählen und einsetzen, 5. Auflage, Freiburg i. Br. 1990

Plinke, W.: Industrielle Kostenrechnung für Ingenieure, 2. Auflage, Berlin, Heidelberg, New York 1991

Popper, K.: Die offene Gesellschaft und ihre Feinde, Band 2, Bern 1958 (6. Auflage, Tübingen 1980)

Popper, K.: Logik der Forschung, 10. Auflage, Tübingen 1994

Porter, M. E.: Wettbewerbsstrategie, 7. Auflage, Frankfurt, New York 1992

Preißler, P. R.: Controlling - Lehrbuch und Intensivkurs, 4. Auflage, München, Wien 1992

Preissler, P. R.: Finanzwirtschaft, 2. Auflage, Landsberg, Lech 1990

Preitz, O., Dahmen, W.: Allgemeine Betriebswirtschaftslehre, 19. Auflage, Bad Homburg vor der Höhe 1988

Preitz, O.: Allgemeine Betriebswirtschaftslehre für Studium und Praxis, 4. Auflage, Baden-Baden, Bad Homburg vor der Höhe 1973

Priewe, J.: Keiner spinnt besser, Manager Magazin, 21.Jahrgang, 4/1991

Probst, G. J.: Selbstorganisation: Ordnungsprozeße in sozialen Systemen aus ganzheitlicher Sicht, Berlin 1987

Probst, G. J., Gomez, P.: Vernetztes Denken: Unternehmen ganzheitlich führen, 2. Auflage, Wiesbaden 1991

Probst, G. J., Raub, S., Romhardt, K.: Wissen managen: Wie Unternehmen ihre wertvollste Ressource optimal nutzen, 3. Auflage 1999

Pümpin, C.: Strategische Erfolgspositionen: Methodik der dynamischen Unternehmensführung, 1992

Rahn, H.-J.: Unternehmensführung, 4. Auflage, Ludwigshafen (Rhein) 2000

Rationalisierungskuratorium der Deutschen Wirtschaft (RKW) e.V.: Betriebliche Personalplanung - eine gesamtdeutsche Empfehlung, Eschlorn 1991

Rationalisierungskuratorium der Deutschen Wirtschaft (RKW) e.V.: RKW-Handbuch Personalplanung

Ratjen, K. G.: Externe Eigenfinanzierung bei Kapitalgesellschaften. In: Finanzierungshandbuch, Hsrg. Christians, F.-W., Wiesbaden 1980

Reckenfelderbäumer, M.: Entwicklungsstand und Perspektiven der Prozesskostenrechnung, 2. Auflage, Wiesbaden 1999

Reddin, W.: Das 3-D-Programm zur Leistungssteigerung des Managements, Landsberg am Lech 1981

REFA e. V.: Methodenlehre des Arbeitsstudiums, Bd.2, Datenermittlung, 4. Auflage, München, Wien 1975

REFA: Methodenlehre der Betriebsorganisation: Anforderungsermittlung (Arbeitsbewertung), München 1989

REFA: Methodenlehre der Betriebsorganisation: Entgeltdifferenzierung, 2. Auflage 1989

REFA: Methodenlehre der Planung und Steuerung, Teil 1, München 1974/75

REFA: Methodenlehre des Arbeitsstudiums Teil 3, Kostenrechnung und Arbeitsgestaltung, 7. Auflage, München 1985

REFA: Methodenlehre des Arbeitsstudiums, Teil 1: Grundlagen, 7. Auflage, München 1984

Regnet, E.: Konflikte in Organisationen, 2. Auflage, Göttingen 2001

Reibnitz, v. U.: Szenario-Technik: Instrumente für die unternehmerische und persönliche Erfolgsplanung, 2. Auflage, Wiesbaden 1992

Riemann, F.: Grundformen der Angst: eine tiefenpsychologische Studie, München, Basel 1999

Riezler, S.: Lebenszyklusrechnung: Instrumente des Controlling, Wiesbaden 1996 (Dissertation Bochum 1995)

Rogge, H. J.: Werbung, 4. Auflage, Ludwigshafen 1996

Rohleder, P.J., Gratzer, W.: EURO-Marketing: Strategien für den EG-Binnenmarkt. In: Markenartikel, Heft 10, 1990

Rollberg, R.: Lean Management und CIM aus Sicht der strategischen Unternehmensführung, Wiesbaden 1996

Rose, G., Glorius, C.: Unternehmensformen und –verbindungen, 2. Auflage, Wiesbaden, Köln 1995

Rosenstiel, v. L.: Die motivationalen Grundlagen des Verhaltens in Organisationen: Leistung und Zufriedenheit, Berlin 1975

Rosenstiel, v. L.: Grundlagen der Führung. In: Führung von Mitarbeitern: Handbuch für erfolgreiches Personalmanagement, Rosenstiel, L. (Hrsg.), Stuttgart 1991

Roventa, P.: Portfolio-Analyse und strategisches Management, 2. Auflage, München 1991

Rückle, H.: Die Folgen des Wertewandels für das Personalmanagement und sein Führungsverständnis. In: Visionäres Personalmanagement, Kienbaum, J. (Hrsg.), Stuttgart 1992

Rumpf, H.: Personalführung, München, Mainz 1991

Runzheimer, B.: Operations Research, 3. Auflage, Wiesbaden 1986

Sauer, M.: Outplacement - Beratung: Konzeption und organisatorische Gestaltung, Wiesbaden 1991

Schanz, G. in Bea, F. X.: Allgemeine Betriebswirtschaftslehre, Bd.1 Grundfragen, 5. Auflage, Stuttgart, New York 1990

Schanz, G.: Grundlagen der verhaltenstheoretischen Betriebswirtschaftslehre, Tübingen 1977

Schaub, G.: Kurzarbeit - Massenentlassung - Sozialplan, München 1993

Scheer, A. W.: CIM-Computer Integrated Manufactoring.: Der computergesteuerte Industriebetrieb, 4. Auflage, Berlin u.a. 1990

Schenck, M.: Vorteilhaftigkeit von Kooperationsbeziehungen aus Unternehmersicht, Köln 1996 (Dissertation Köln)

Scheuss, R.-W.: Management-Entwicklung für morgen. In: Harvard manager 2/87

Schierenbeck, H.: Grundzüge der Betriebswirtschaftslehre, 15. Auflage, München, Wien 2000

Schierl, Th.: Möglichkeiten und Grenzen effektiver Fernsehwerbung, Wiesbaden 2001

Schlegel, L.: Die Transaktionale Analyse, 3. Auflage, Tübingen 1987

Schmalen, H.: Grundlagen und Probleme der Betriebswirtschaft, 11. Auflage, Köln 1999

Schmid, H. J.: Betriebswirtschaftslehre für die Verwaltung, 4. Auflage, Heidelberg 1998

Schmidt, R. H.: Grundzüge der Investitions- und Finanzierungstheorie, 2. Auflage, Wiesbaden 1986

Schmidt-Dorrenbach, H.: Personalplanung. In: Handbuch der Personalleitung, Wagner, D., Zander, E., Hauke, Ch. (Hrsg.), München 1992

Schmitt, A.: Transparenz mit Prozeßkostenrechnung. In: io Management Zeitschrift, Jg. 61 (1992)

Schmolke, S., Deitermann, M.: Industrielles Rechnungswesen IKR - Geschäftsbuchführung, Analyse und Kritik des Jahresabschlusses, Kosten- und Leistungsrechnung, 16. Auflage, Darmstadt 1991

Schneck, O.: Management-Techniken: Einführung in die Instrumente der Planung, Strategiebildung und Organisation, 2. Auflage, Frankfurt 1996

Schneeweiss, H.: Entscheidungskriterien bei Risiko, Berlin, Heidelberg, New York 1967

Schneider, D.: Geschichte betriebswirtschaftlicher Theorie, allgemeine Betriebswirtschaftslehre für das Hauptstudium, München, Wien 1981

Schneider, D.: Investition, Finanzierung und Besteuerung, 7. Auflage, Wiesbaden 1992

Schneider, E.: Handwörterbuch der Sozialwissenschaften, Band 10, 1959

Schneider, E.: Überzeugen durch die Kraft des Wortes: Durchsetzungsvermögen in geschäftlichen Gesprächen, Verhandlungen, Vorträgen; psychologische, taktische und sprachliche Voraussetzungen, 2. Auflage, Kissing 1981

Schneider, U. (Hrsg.): Wissensmanagement, Frankfurt 1996

Schneider, W., Heim, H., Wacker, P. A.: Tätigkeitsspezifische Eignungstests, Göttingen 1975

Schneeweiß, Ch.: Einführung in die Produktionswirtschaft, 7. Auflage, Berlin 1999

Schnorrenberg, U., Goebels, G.: Risikomanagement in Projekten, Braunschweig, Wiesbaden 1997

Scholz, Ch.: Personalmanagement, 5. Auflage, München 2000

Scholz, Ch.: Strategische Organisation, Prinzipien zur Vitalisierung und Virtualisierung, 2. Auflage, 2000

Schönheit, M.: Wirtschaftliche Prozeßgestaltung: Entwicklung, Fertigung, Auftragsabwicklung, 1997

Schöni, W.: Praxishandbuch Personalentwicklung, Zürich 2001

Schönsleben, P.: PPS und Logistik: Pluralistische Ausbildung nötig. In: Management-Zeitschrift Nr. 9/1992

Schöttler, J., Spulak, R.: Technik des betrieblichen Rechnungswesens - Lehrbuch zur Finanzbuchhaltung, 6. Auflage, München, Wien 1990

Schreyögg, G.: Organisation und Postmoderne, 1999

Schröder, H.-H.: Entwicklungsstand und -tendenzen bei PPS-Systemen, Arbeitsbericht Nr.26 des Seminars für Allgemeine Betriebswirtschaftslehre, Industriebetriebslehre und Produktionswirtschaft an der Universität zu Köln 1989

Schröder, J.: Die Stichhaltigkeit von Argumenten für und wider Leasing, Frankfurt am Main 1985

Schubert, W., Küting, K.: Unternehmenszusammenschlüsse, München 1981

Schulte, C.: Beteiligungscontrolling: Grundlagen, strategische Allianzen und Akquisitionen - Erfahrungsberichte, Wiesbaden 1994

Schulte, C.: Personal-Controlling mit Kennzahlen, München 1989

Schulte-Zurhausen, M.: Organisation, 2. Auflage, München 1999

Schulz von Thun, F.: Miteinander reden, Band 1: Störungen und Klärungen, Reinbek bei Hamburg 1990

Schulze, G.: Die Erlebnisgesellschaft, 8. Auflage, Frankfurt a. M., New York 2000

Schürmann, W., Körfgen, K.: Familienunternehmen auf dem Weg zur Börse, 3. Auflage, München 1997

Schwaninger, M.: Zur Zukunft systemorientierter Managementforschung, St. Gallen 1989

Schwarze, J.: Netzplantechnik, 6. Auflage, Herne, Berlin 1990

Schwawilye, R., Gaugler, E., Keese, D.: Die kleine AG in der betrieblichen Praxis, 2. Auflage, Heidelberg 2000

Schweitzer, M.: Prozeßorientierte Kostenrechnung - Ein neues Kostenrechnungssytem?. In: Wirtschaft und Statistik, Heft 12, 1992

Schwitt, N.: Der EG-Binnenmarkt ruft nach neuen Strategien. In: Personalwirtschaft 1/93

Seidenschwarz, W.: Target Costing, Marktorientiertes Zielkostenmanagement, München 2000

Seitz, K.: Die japanische-amerikanische Herausforderung, 4. Auflage, Stuttgart, München, Landsberg 1992

Selchert, F. W.: Einführung in die Betriebswirtschaftslehre in Übersichtdarstellungen, 3. Auflage, München, Wien 1991

Senn, C.: Key Account Management für Investitionsgüter: Anforderungen - Methodik – Erfolgsfaktoren, St. Gallen 1997 (Dissertation St. Gallen)

Sieben, G., Schildbach, T.: Betriebswirtschaftliche Entscheidungstheorie, 2. Auflage, Düsseldorf 1980

Siedenbiegel, G.: Organisationslehre, Stuttgart 2001

Siegwart, H.: Meilensteine im Management, Basel 1999

Siegwart, H.: Produktentwicklung in der industriellen Unternehmung, Bern, Stuttgart 1974

Silberer, G.: Wertewandel und Werteorientierung in der Unternehmensführung. In: Marketing, Heft 2, 2. Quartal, 1991

Simon, H.: Marketing-Mix-Interaktion. Working Paper, Universität Mainz, 04-90

Simon, H.: Preis-Management: Analyse, Strategie, Unterstützung, 2. Auflage, Wiesbaden 1992

Simon H., Tacke G.: Kultur versus Strategie: Klare Orientierung und Werte schaffen, in Gablers Magazin Nr. 10, 1990

Simons, R., Westermann, K.: Industriestandort Deutschland. Zur Wettbewerbsfähigkeit der deutschen Wirtschaft, 2. Auflage, Marburg 1995

Specht, G.: Einführung in die Betriebswirtschaftslehre, 2. Auflage, Stuttgart 1997

Specht, G.: Betriebswirtschaft für Ingenieure und Informatiker, 2. Auflage, Ludwigshafen 1990

Spischka, H.: Studienschriften zur Betriebswirtschaftslehre, Band 4: Standort der Betriebe, München 1976

Spremann, K.: Investition und Finanzierung, 4. Auflage, München 1991

Spreemann, K.: Portfoliomanagement, München, Wien 2000

Sprenger, R. K.: Das Prinzip Selbstverantwortung - Wege zur Motivation, 11. Auflage, Frankfurt, New York 2000

Staehle, W. H.: Management: Eine verhaltenswissenschaftliche Perspektive, 8. Auflage, München 1999

Steffenhagen, H.: Marketing - Eine Einführung, 3. Auflage, Stuttgart 1994

Steinbuch, P.: Organisation, 11. Auflage, Ludwigshafen 2000

Steiner, P., Uhlir, H.: Wertpapieranalyse, 4. Auflage, Heidelberg, 2000

Steinhilper, R.: Produktionsmanager in der Umweltverantwortung. In: VDI-Bericht 930. Produktionsmanagement 1991, VDI-Gesellschaft (Hrsg.), Düsseldorf 1991

Steinmann, H., Böhm, Schreyögg: Grundlagen der betriebswirtschaftlichen Führungslehre: Führungsfunktionen II, Nürnberg 1978

Steinmann, H., Löhr, A.: Grundlagen der Unternehmensethik, 2. Auflage, Stuttgart 1994

Stewart, I., Joines, V.: Die Transaktionsanalyse, 8. Auflage, Reinbeck 2000

Stier, W.: Empirische Forschungsmethoden, 2. Auflage, Berlin, Heidelberg, New York 1999

Stoll, S.: Der Speck muß weg, Industrie Anzeiger 24/ 92

Stommel, H.-J.: Betriebliche Terminplanung, Berlin, New York 1976

Stopp, U.: Betriebliche Personalwirtschaft, 16. Auflage, Stuttgart 1990

Stotz, M.: Organisationale Lernprozesse, 1999

Strebinger, A.: Der Marktführer-Effekt in der Markenbeurteilung, Wien 2001

Stüdemann, K.: Allgemeine Betriebswirtschaftslehre, 3. Auflage, München, Wien 1993

Stürzl, W.: Lean Production in der Praxis, Spitzenleistungen durch Gruppenarbeit, Padderborn 1992

Süchting, J.: Finanzmanagement, 3. Auflage, Wiesbaden 1980

Süchting, J.: Finanzmanagement: Theorie und Politik der Unternehmensfinanzierung, 6. Auflage, Wiesbaden 1995

Suzaki, K.: Die ungenutzten Potentiale - Maßnahmen und Werkzeuge zur kontinuierlichen Verbesserung im Produktionsteam, München 1994

Suzaki, K.: Modernes Management im Produktionsbetrieb: Strategien, Techniken, Fallbeispiele, München, Wien 1989

Theuer, v. G., Schiebel, W., Schäfer, R.: Beschaffung- ein Schwerpunkt der Unternehmensführung, Landsberg, Lech 1986

Thommen, J.-P.: Managementorientierte Betriebswirtschaftslehre, 6. Auflage, Zürich 2000

Tietz, B.: Grundlagen der Handelsforschung, Band 1: Die Methoden, Zürich 1969 (2. Auflage 1975)

Tietz, B.: Marketing, 2. Auflage, Düsseldorf 1989

Tietz, B.: Marktbearbeitung morgen: Neue Konzepte und ihre Durchsetzung, Landsberg am Lech 1988

Tolksdorf, M.: Der europäische Binnenmarkt 1993, Opladen 1991

Tomczak, T.: Situative Marketingstrategien: Marketing-Management, Band 12, Berlin, New York 1989

Töpfer, A., Hünerberg, R.: Wettbewerbsstrategien im Europäischen Binnenmarkt. In: Marketing, Heft 2

Trux, W. R.: Einkauf und Lagerdisposition mit Datenverarbeitung, 2. Auflage, München 1972

Tschirky, H., Müller, R.: Visionen realisieren: Erfolgsstrategien, Unternehmenskultur und weniger Bürokratie, 1996

Ulrich, H.: Der systemorientierte Ansatz in der Betriebswirtschaftslehre. In: Wissenschaftsprogramm und Ausbildungsziele der Betriebswirtschaftslehre, Bericht von der wissenschaftlichen Tagung in St. Gallen; hrsg. vom Verbands-vorstand durch den Tagungsleiter, Berlin 1971

Ulrich, H.: Die Unternehmung als produktives soziales System, 2. Auflage, Bern 1970

Ulrich, H.: Unternehmungspolitik, 2. Auflage, Bern, Stuttgart 1987

Ulrich, H., Probst, G. J.: Anleitung zum ganzheitlichen Denken und Handeln, 4. Auflage, Bern, Stuttgart 1995

Utikal, H.: Organisation industrieller Geschäftsbeziehungen, Wiesbaden 2001

Vanhonacker, W. R.: Modeling The Effect of Advertising on Price Response. In: Journal of Buisiness Research 19, 1989

VDI-Nachrichten, 1/1993: Unklare Perspektiven für den Welthandel.

VDI-Richtlinie 2222: Konstruktionsmethodik 1986

Vieser, S.: Telearbeit, 1.Auflage, München 2000

Vollmuth, H. J.: Bilanzen richtig lesen, besser verstehen, optimal gestalten: Bilanzanalyse und Bilanzkritik für die Praxis, 4. Auflage, Planegg, München 2000

Vollmuth, H. J.: Controlling - Instrumente von A – Z, 4. Auflage, Planegg, München 1998

Von Oetinger, B. (Hrsg.): Das Boston Consulting Group Strategie-Buch, 7. Auflage, Düsseldorf 2000

Von Rosen, R.: Chancengemeinschaft - Deutschland braucht die Aktie, München 1997

Vormbaum, H.: Finanzierung der Betriebe, 9. Auflage, Wiesbaden 1995

Vormbaum, H.: Grundlagen und Grundbegriffe der Betriebswirtschaftslehre, 5. Auflage, Düsseldorf 1987

Wagner, D.: Organisation, Führung und Personalmanagement, 2. Auflage, Freiburg im Breisgau 1991

Wagner, G.R.: Unternehmensführung, Ethik und Umwelt, 1999

Wagner, H., Sauer, M.: Personalmanagement, Münster 1989

Wagner, H., Städler, A.: Führung: Grundlagen, Prozesse und Konzeptionen der Mitarbeiterführung in Unternehmungen, 2. Auflage, Heidelberg 1989

Walliser, G. P.: Schlüsselbilder wirken auf den Werbeerfolg. In: w&v, Heft 1, 1993

Walz, D.: Zukunftsorientierte Personalpolitik. In: Personalführung 4/89

Wannenwetsch, H.: Integierte Materialwirtschaft und Logistik, Heidelberg 2001

Weber, H. K.: Rentabilität, Produktivität und Liquidität der Unternehmung, 2. Auflage, Stuttgart 1998

Weber, J.: Einführung in das Controlling, Teil 2.: Instrumente, 3. Auflage, Stuttgart 1991

Weber, M.: Die 'Objektivität' sozialwissenschaftlicher und sozialpolitischer Erkenntnis, Archiv für Soz. Wiss., Band XIX, Tübingen 1904

Weber, M.: Gesammelte Aufsätze zur Wissenschaftslehre, 2. Auflage, Tübingen 1951

Weber, U.: Anstellungsvertrag für Manager, 3. Auflage, Wien 2001

Weeser-Krell, L.: Marketing: Einführung, 4. Auflage, München, Wien 1994

Wehrmeister, D.: Customer Relationship Management, Kunden gewinnen und an das Unternehmen binden, Köln 2001

Weidner, W.: Organisation in der Unternehmung, Aufbau und Ablauforganisation, 4. Auflage, München 1992

Weis, H.-C.: Verkauf, 5. Auflage, Ludwigshafen 2000

Weis, H.-C.: Marketing-Kommunikation, Ludwigshafen 1999

Weis, H.-C.: Marketing, 11. Auflage, Ludwigshafen 1999

Weis, H.-C, Mülder, W.: Computerintegriertes Marketing, Ludwigshafen 1996

Weis, H.-C., Steinmetz, P: Marktforschung, 4. Auflage, Ludwigshafen 2000

Weissmann, A., Feige, J.: Sinnergie - Wendezeit für das Management, Zürich 1997

Welge, M.: Unternehmensführung, Bd.2-Organisation, Stuttgart 1982

Welge, M. K., Al-Laham, A.: Strategisches Management, 2. Auflage 1999

Wicke, L.: Umweltökonomie, München 1993

Wiendahl, H.-P.: Belastungsorientierte Fertigungssteuerung, München, Wien 1987

Wiendieck, G.: Wertewandel und Leistungsmotivation. In: Personalführung 11/90

Wilde, W.: Standort Deutschland. In: Managermagazin, Ausgabe Januar 1992

Wildemann, H.: Betriebswirtschaftliche Wirkungsanalyse des Just-In-Time-Konzepts. In: Produktionsmanagement im Spannungsfeld zwischen Markt und Technologie, Bullinger, H.-J. (Hrsg.), München 1990

Wildemann, H.: Das Just-In-Time-Konzept: Produktion und Zulieferung auf Abruf, 2. Auflage, München 1990

Withauer, K. F.: Menschen führen: Mit praxisnahen Führungsaufgaben und Lösungswegen, 5. Auflage, Ehningen, Stuttgart, Zürich 1989

Witt, F.-J.: Aktivitätscontrolling und Prozesskostenmanagement, Stuttgart 1991

Witte, E.: Die Liquiditätspolitik der Unternehmung, Tübingen 1963

Wöhe, G.: Bilanzierung und Bilanzpolitik - betriebswirtschaftlich, handelsrechtlich, steuerrechtlich - mit einer Einführung in die verrechnungstechnischen Grundlagen, 9. Auflage, München 1997

Wöhe, G.: Einführung in die allgemeine Betriebswirtschaftslehre, 20. Auflage, München 2000

Wöhe, G., Bilstein, J.: Grundzüge der Unternehmensfinanzierung, 6. Auflage, München 1991

Woll, A.: Allgemeine Volkswirtschaftslehre, 10. Auflage, München 1990

Wollert, A.: Führung im Jahr 2000. In: Personalführung 6/90

Wolter, H.-J.: Das virtuelle Unternehmen, 1998

Wörlen, R.: Grundbegriffe des Arbeitsrechts, 4. Auflage, Köln 2000

Worpitz, H.: Wissenschaftliche Unternehmensführung, Frankfurt am Main 1991

Wunderer, R.: Führung und Zusammenarbeit, 3. Auflage, Neuwied, Kriftel (Taunus) 2000

Wunderer, R., Dick, P.: Personalmanagement – Quo vadis, Analysen und Entwicklungstrends bis 2010, Neuwied, Kriftel(Taunus), 2000

Wunderer, R., Grunewald, W.: Führungslehre, Band 1: Grundlagen der Führung, Berlin, New York 1980

Wüthrich, H., Kobi, J. M.: Kulturbewußtes Management. In: Industrielle Organisation Nr. 2, 1988

Zahlenbildersammlung des Erich Schmidt Verlags.

Zahn, E.: Die Produktion als Wettbewerbskraft. In: Produktionsmanagement im Spannungsfeld zwischen Markt und Technologie, Bullinger, H.-J. (Hrsg.), München 1990

Zahn, E.: Produktionstechnologien als Element internationaler Wettbewerbsstrategien. In: Innovation und Wettbewerbsfähigkeit, Dichtl, E., Gerke, W., Kieser, A. (Hrsg.), Wiesbaden 1987

Zander, E.: Gedanken über die Zukunft der Arbeit. In: Personal 7/90

Zander, E.: Personalführung. In: Handbuch der Personalleitung, Wagner, D., Zander, E., Hauke, Ch. (Hrsg.), München 1992

Zanger, C., Griese, K.-M.: Beziehungsmarketing mit jungen Zielgruppen, München 2000

Zäpfel, G.: Operatives Produktions-Management, Berlin, New York 1982

Zäpfel, G.: Strategisches Produktions-Management, 2. Auflage, Berlin, New York 2000

Zäpfel, G.: Taktisches Produktions-Management, 2. Auflage, Berlin, New York 2000

Zäpfel, G., Gfrerer, H.: Suggestive Produktionsplanung. In: Wirtschaft und Statistik, 13. Jg., 1984

ZAW: Tendenz zur antizyklischen Werbung. In: Absatzwirtschaft, Heft 6, 1993

Zdrowomyslaw, N.: Kosten-, Leistungs- und Erlösrechnung, München, Wien 1995

Zdrowomyslaw, N., Waeselmann, A.: Buchführung und Jahresabschluß: Einführung in die Finanzbuchführung und die Jahresabschlußerstellung, 2. Auflage, München, Wien 1997

Zell, A.: Simulation neuronaler Netze, Bonn 2000

Zentes, J.: Marketing. In: Kompendium der Betriebswirtschaftslehre, Blitz, M., Dellmann, K., Domsch, M., Egner, H. (Hrsg.), 2. Auflage, München 1989

Ziegenbein, K.: Controlling, 6. Auflage, Ludwigshafen 1998

Zimmermann, W.: Operations Research, 4. Auflage, München, Wien 1989

Zink, K.-J.: Differenzierung der Theorie der Arbeitsmotivation von F. Herzberg zur Gestaltung sozio-technischer Systeme, Zürich 1975

Zink, K.-J.: Qualitätszirkel. In: Handbuch Personalmarketing, Strutz, H. (Hrsg.), Wiesbaden 1989

Sachwortregister

A

ABC-Analyse	
Durchführung	303
Schlussfolgerungen	305
Abfallarten	399
Abfallbehandlung	404
Abfallbeseitigung	405
Abfallvermeidung	401
Abfallverwertung	404
Abfallwirtschaft	399
Abgabenordnung	990
Abgrenzungsrechnung	1099
Abhängige Unternehmen	144
Ablauforganisation	281
Ablaufplanung	
Formalziele	469
Abrufverträge	340
Absatz	573, 635
direkter	631
indirekter	631
Absatzelastizität	617
Absatzhelfer	541
Absatzkalkulation	1113
Absatzkanäle	631
Absatzkreditpolitik	627
Absatzmarkt	291
Absatzmittler	541, 633
Absatzmöglichkeiten	69
Absatzplanung	407, 1133
Absatzpolitische Instrumentarium	596
Absatzpotential	538
Absatzvolumen	539
Absatzwegeentscheidungen	630
Absatzwirtschaftlichen Organe	541
Abschlussbericht	1032
Abschlussgliederungsprinzip	1071
Abschöpfungsstrategie	608, 623
Abschreibung	
arithmetisch-degressiv	1092
planmäßige	1011
Beginn	1012
bilanzielle	1011
Buchung	1069
degressiv (kalkulatorisch)	1091
arithmetisch-degressiv	1017
gebraucht gekaufter Güter	1012
geometrisch-degressiv (bilanziell)	1017
geringwertiger Wirtschaftsgüter	1021
gespaltene	1091
kalkulatorische	1088
Leistungs- (bilanziell)	1020
Leistungs- (kalkulatorisch)	1090
linear (bilanziell)	1016
linear (kalkulatorisch)	1089
Methoden	1012
progressiv	1020
Voll-	1021
Abschreibungsbasis	1088
Abschreibungssumme	1088
Abteilung	262
Abweichungsanalyse	1139, 193
Abzugskapital	1094
Activity Based Costing	1140
AfA	1011
AfA-Tabelle	1014, 1015
AG	
Gründung der	94
Agio	1026, 95
AIDA-Modell	639
AIO	586
Akkreditiv	759
Akquisitorische Distribution	630
Aktien	95
Bonusaktien	725
Emission	722
Genussschein	725
Inhaberaktien	712
junge Aktien	721
Namensaktien	712
Stammaktien	712
Stückelung	711
Übertragbarkeit	711
vinkulierende Namensaktien	712
Vorzugsaktie	713, 725
Aktien	711
Aktiengesellschaft	708, 714
Gründung	714
Kapitalerhöhung	715
ordentliche Kapitalerhöhung	718
Aktiengesellschaft AG	94
Aktienmarketing	709
Aktienoptionen	958

Aktiva	1001	Anschaffungskosten	369, 1009
Aktivitäten	1141	Anschaffungsnebenkosten	1009
leistungsmengeninduzierte (lmi)	1142	Ansoff-Matrix	556
leistungsmengenneutrale (lmn)	1142	Antizipative Posten	1007
Aktiv-Passivmehrung	1053	Arbeitnehmer	162
Aktiv-Passivminderung	1053	Arbeitsanalyse	282
Aktivtausch	1053	Arbeitsbewertung	938
Akzeptkredit	734	Lohngruppenverfahren	940
Allgemeine Betriebswirtschaftslehre	25	Rangfolgeverfahren	939
Allgemeines Unternehmerwagnis	1096	Rangreihenverfahren	941
Allokationsstrategie	686	Stufenwertzahlverfahren	942
Amortisationsrechnung	799	Arbeitsgemeinschaften	130
Analyse		echte	131
in der Marktforschung	583	unechte	131
Analytische Verfahren	583	unselbständige	131
Anderskosten	1087, 1100	Arbeitskräfte	64
Andersleistungen	1100	Arbeitssynthese	282
Andler-Formel	371	Arbeitszeitmodelle	296
Anfrageregister	376	Aufbauorganisation	255
Anfragesammelbogen	377	dezentral	302
Anfragevordruck	377	zentral	301
Angebotseinholung	376	Aufbauorganisation	300
Angebotsprüfung	378	Aufgabenanalyse	256
Angebotsvergleich	378	Aufgabensynthese	255, 259
Anhang	1032	Aufgeld	95
Anlagegüter		Aufsichtsrat	97
Bewertung	1011	Aufsichtsrat der AG	95
abnutzbar	1011	Aufsichtsrat der Genossenschaft	110
Anlagenfinanzierung	1043	Auftragsfolgediagramm	500
Anlagenkapazität	1045	Auftragsüberwachung	501
Anlagenkarten	1013	Auftragszeit	486
Anlagenwagnis	1096	Aufwand	993
Anlagevermögen	999	Aufwandsgleiche Kosten	1087
betriebsnotwendiges	1094	Aufwandskonten	1058
Anlagevermögen	688	Aufwendungen	
Anleihen	1026	außerordentliche	1050
Annuitätenmethode	812	Ausbringungsmenge	1081
Anpassung		Ausgaben	993
intensitätsmäßig	436	Auslastung	1045
zeitlich	435	Ausnutzungsgrad der Anlagen	1045
Anpassung		Außendienstpromotion	649
multiple	439	Außenfinanzierung	703
mutativ	439	Auswahlverfahren	582
quantitativ	437	Auswertung der	
quantitativ-selktiv	437	Marktforschungsergebnisse	582
unveränderter		Auszahlungen	993
Potenzialfaktorbestand	435	Autonomieprinzip	13
veränderter Potentialfaktorbestand	438	Avalkredit	736

Ä

Änderungskündigung	873
Äquivalenzziffernkalkulation	1116

B

Balanced Scorecard	1144
Bankkredit	742
Barliquidität	1046
Barzahlungsrabatt	626
Basic message	642
Basisbotschaft	642
Baukastenstückliste	354
Bayes-Prinzip	182
Bedarf,	2
Bedarfsauflösung	
analytisch	354
synthetisch	356
Bedarfsmeldung	375
Bedarfsplanung	348
Bedarfsverbund	613
Bedürfnisse	2
Bedürfnissegmente	562
Beeinflusser	541
Beeinflussung	640
Befragung	578
Befragungstaktik, direkte, indirekte	579
Beherrschung	
faktische	145
Beherrschungsvertrag	144, 145, 150
Beitragsbemessungsgrenze	1066
Belastungsschranke	517
Beleg	1057
Belegprinzip	1057
benefits	564
Beobachtung	579
Bereitstellungsplanung	409
Bertriebsergebnis	1030
Beschaffung	292
Beschaffungsabschluss	382
Beschaffungsdurchführung	375
Beschaffungskontrolle	385
Beschaffungskosten	369
Beschaffungsmarkt	291
Beschaffungsmarktanalyse	328
Beschaffungsmarktbeobachtung	328
Beschaffungsmarktforschung	321
Aufgaben	321
Bedeutung	321
Untersuchungsobjekte	322
Beschaffungsmarktsituation	298
Auswirkungen des Binnenmarktes	298
Beschaffungsobjekte	295
Beschaffungsplanung	367
Beschaffungspolitik	331
Beschaffungsprinzipien	368
Einzelbeschaffung	368
fertigungs- oder einsatzsynchron	369
Vorratsbeschaffung	368
Beschaffungsprogrammpolitik	331
Beschaffungsstrategien	341
Beschaffungstermin	373
Beschaffungsweg	373
direkt	373
indirekt	374
Beschäftigungsabweichungen	1139
Beschäftigungsgrad	426
Beschäftigungsniveau	695
Beschäftigungsschwankungen	
Anpassungsformen	434
Beschreibungsmodelle	42
Besitzpersonen- und	
Betriebskapitalgesellschaft	106
Beständewagnis	1095
Bestandsarten	360, 363
Bestandsführung	364
Bestandsgrößen	992
Bestandskonten	1054
Bestandsmehrung	1060
Bestandsminderung	1060
Bestandsveränderungen	1060
Bestellabwicklungskosten	370
Bestellmenge	371
optimale	371
Bestellpunkt	361
Bestellpunktverfahren	365
Bestellrhythmusverfahren	366
Bestellsysteme	364
Bestellung	383
Besteuerung der GmbH	93
Bestimmungen	
gesetzliche	68
wettbewerbsrechtliche	147
Beteiligung	142, 144
Mehrheits-	143
wechselseitige	142, 148
Beteiligungsfinanzierung	703, 769
Betrieb	6

Betriebsabrechnungsbogen (BAB) 1107
Betriebsgröße 694
Betriebsminimum 430
betriebsnotwendiges Kapital 1094
Betriebspachtvertrag 151
Betriebsprozess 689
Betriebsstoffe 295
Betriebstypologie 14
Betriebsüberlassungsvertrag 151
Betriebsverfassungsgesetz 97
Betriebsvergleich 1039
Betriebswirtschaftliche
  Verfahrenstechnik 26
Betriebswirtschaftslehre
  Aufgabe der - 28
  Auswahlprinzipien der - 36, 39
  entscheidungstheoretischer Ansatz
    der - 51
  Erkenntnisziele der - 22
  faktortheoretischer Ansatz der - 49
  normativ wertende - 24
  praktisch-normative Richtung der - 23
  systemorientierter Ansatz der - 52, 53
  theoretische Ansatzpunkte der - 48
  theoretische Richtung der - 22
  wertende - 24
  wertfreie - 24
Betriebszweck 78
Bewertung 1008
  der Forderungen 1025
  der Rücklagen 1027
  der Rückstellungen 1026
  der Verbindlichkeiten 1025
  des Umlaufvermögens 1022
  des Vorratsvermögens 1022
  von Anlagegütern 1011
Beziehungen
  hierarchische 663
  zeitliche 662
  zwischen den Marketing-
    Instrumenten 661
Bezugsgrößen 1132
Bezugsgrößenkalkulation 1120
Bezugsquellenverzeichnis 376
Bezugsrecht 719, 721
Bilanz
  Analyse und Beurteilung 1039
  Arten 1002
  Arten (Überblick) 1003

Aufgabe 1002
Bewertung 1008
Gliederung 1005
Struktur 1039
Bilanz 1001, 1053
Bilanzanalyse 1039
Bilanzgewinn 1047
Bilanzrichtliniengesetz 1004, 1031
Bilanzstruktur 1002, 1039
Black Box-Modell 587, 588
Bonus 1062
Börse
  Einheitskurs 729
  Handelsarten 728
  Optionsgeschäft 729
Boston-Consulting Group 606
Botschaft 638
Brainstorming 599, 465
Brainwriting 599
break even point 452, 1125
Bruttopersonalbedarf 865
Buchführung 986, 1053
  doppelte 1056
  EDV-gestützte 1077
  kalkulatorische 1079
  kalkulatorisch; pagatorisch 988
  Übersicht 991
Buchführungspflicht 989
Buchung 1056
  Abschreibungen 1069
  beim Ein- und Verkauf 1062
  Löhne und Gehälter 1065
  Vorschüsse 1067
Buchungssatz 1056
Budget 1132
  starres 1158
Budgetierung 1157
Budgetierungsprinzipien 1159
Bundeskartellamt 137, 148
Bürgschaft 750

C

Cafeteria-Systeme 952
Carry over-Effekt 665
Cash cows 607
Cash-Flow 767, 1052
Chaos-Management 287
Charaktertypen 241
Chargenfertigung 480

CIM-System	523
Clienting	655
Consumer Promotion	650
Controller	1147
buchhaltungsorientiert	1152
managementorientiert	1153
zukunfts- und aktionsorientiert	1152
Controllership	1151
Controlling	197, 1147
funktional	1149
Funktionsbereichs-	1154
gesamtunternehmensbezogen	1153
institutional	1149
-Techniken	1156
Corporate Identity-Konzept	652
Corporate Universitiy	905
Cost-Center-Organisation	274
cost-driver	1141
Coupons	95

D

Dachgesellschaft	146
Damnum	1026
Darlehensvertrag	87
Datenverarbeitung	
elektronische (EDV)	1076
Deckung	1043
Deckungsbeitrag	612, 621, 1124
Deckungsbeitragsrechnung	1123
mehrstufige	1129
Deckungsgrad	1043
Deduktive Methode	40
Deferred Compensation	949
Degenerationsphase	604
Degressionseffekt	603, 1144
demographische Merkmale	563
Depotstimmrecht	99
Desinvestitionsstrategie	608
desk research	576
Deskriptive Verfahren	583
Deterministische Bedarfsermittlung	350
Dezentralisation	264
Dienstleistungen	68
Dienstleistungsbetriebe	15
Dienstleistungsmarkt	536
Dienstweg	254
Differenzierung	560, 596
Differenzierungsstrategie	561
Differenzinvestition	814
Differenzkalkulation	1114
direct costing	1124
Direkter Absatz	631, 632
Direktmarketing	654
Disagio	1026
Diskontkredit	734
Disposition	247
bedarfsgesteuert	364
plangesteuert	364
verbrauchsgesteuert	365
Dispositionsaufgabe	986
Dispositionsstufenverfahren	355
Dispositiver Faktor	9
Distribuierende Handelsfunktion	635
Distribution	
akqusitorische	630
physischen	631
Distributionskanal	544
Distributionskosten	630
Distributionsorgane	632
Distributionspolitik	597, 630
Diversifikation	558
horizontal	558
konglomerative	558
konzentrische	558
lateral	558
vertikal	558
Diversifizierungsinvestition	783
Divisionskalkulation	
einstufige	1114
mehrstufige	1115
mit Äquivalenzziffern	1116
Dogs	607
Dokumentation	986
Dokumentationsaufgabe	985
Doppelgesellschaft	106
Doppik	1056
Dorfmann-Steiner-Optimalitätstheorem	671
Durchlaufterminierung	485
Durchlaufzeit	284
Durchlaufzeitsyndrom	507
Durchschnittsbewertung	1022
Durchschnittskosten	424
Durchschnittswertermittlung	
jährliche	1022
permanente	1023
Durchschnittswertverzinsung	1095
Dynamische Investitionsrechnung	805

E

E – Recruitment	879
EG-Harmonisierung	687
Eigenbetrieb	117
Eigenkapital	687, 999
Eigentumsverhältnisse	78
Einführung	666
Einführungsphase	603
eingetragene Genossenschaft	711
Einkauf	291
Einkaufsorgane	541
Einkommenselastizität	619
Einkommensteuer	1036
Einkunftsarten	1036
Einliniensystem	269
Einmann-AG	100
Einmann-GmbH	93
Einnahmen	993
Einthemen-Befragung	578
Einzahlungen	993
Einzelfertigung	479
Einzelkosten	1085
Einzelunternehmung	79, 80 705
Einzelwirtschaft	6
E-Learning	905
Elementarfaktoren	8, 410
Elementarkombinationen	442
Emmision von Aktien	95
Endkostenstellen	1104
Endogene Variablen	592
Endwertverfahren, dynamisch	827
Energieversorgung	67
Engel, Kollat und Blackwell	590
Engpassplanung	1133
Entlastung von Vorstand	100
Entscheidung	176
bei Sicherheit	181
bei Unsicherheit	178
Mittel-	177
Routine-	177
unter Risiko	178, 181
Ziel-	177
Entscheidungen Konstitutive	57
Entscheidungsinteraktion	672
Entscheidungsmatrix	180
Entscheidungsmodelle	44
geschlossene -	44
offene -	45
zur Standortwahl	72
Entscheidungsproblem	180, 590
Entscheidungsregeln	180
Entsorgung	68
Entsorgungsmaterial	295
Entwicklungsphase	602
Entwicklungswagnis	1096
Erfahrungskurve	346
Erfahrungsobjekt	21
Erfolgskonten	1058
Erfolgsrechnung	1028, 1047
kurzfristige	1084
Ergebnis	
außerordentliches	1047
gewöhnlichen Geschäftstätigkeit	1047
Ergebnismatrix	179
Erhebung	581
Erkenntnisobjekt	19, 21
Erkenntnisziel	19, 23
Erklärungsmodelle	42
für das Konsumentenverhalten	587
Erläuterungsbericht	1032
Eröffnungsbilanz	1055
Ersatzinvestition	782
Ertrag	993
Ertragsfunktion	421
Ertragsgesetz	426
Ertragskonten	1058
Ertragswertverfahren	849
erwartete Planpreise	1134
Erweiterungsinvestition	782
Erwerbswirtschaftlichen Prinzip	13, 36
Euro-Marketing	685
Europäische Gemeinschaft	685
Europäische wirtschaftliche Interessenvereinigung	707
Event-Marketing	655
EWIV	707
Exogenen Variablen	592
Experiment	580
Experimentelle Methode	41
Exponentielle Glättung	
erster Ordnung	357
zweiter Ordnung	358
Exportfinanzierung	758

F

Factoring	627, 748
Feedback	198
Fehlmengenkosten	363, 370

Feinterminierung	496
Reihenfolgeplanung	498
Feldexperiment	580
Fertigfabrikate	295
Fertigungsgemeinkosten	
maschinenabhängige	1122
Fertigungsinsel	474
Fertigungskosten	470
Fertigungsssystem	
-flexibles	475
Fertigungsstellen	1103
Fertigungsstufenverfahren	355
Fertigungstiefe	529
Fertigungstypen	478
Fertigungswagnis	1095
Festpreis-Verfahren	1099
field research	576
Fifo-Methode	1023
Financial Executive Institute (FEI)	1150
Financial Leasing	746
Finanzielles Gleichgewicht	699
Finanzierungsmöglichkeiten	77
Finanzierungsregeln	764
horizontale	765
vertikale	766
Finanzierungsrisiko	772
Finanzmarketing	761
Finanzplan	697, 701
Finanzplanung	696, 702
Fixkosten	1081
Fließfertigung	471
Flop	603
Flurfördermittel	391
Forderungen	
einwandfreie	1025
uneinbringliche	1025
zweifelhafte	1025
Forderungsquote	1045
Forfaitierung	749
Formales Produkt	599
Formalziel	545
Formalziele	166
Formalziele einer Unternehmung	30
Formkaufmann	990
Fortschreibungsmethode	1098
Fortschrittzahlensystem	519
Fragen, offene, geschlossene	579
Franchising	140
Freie Marktwirtschaft	9

Fremddienste	68
Fremdemission	722
Fremdfinanzierung	730
Fremdkapital	999
Formen	730
Fristigkeit	730
Fremdkapital	687
Fremdleistungskosten	1099
Frequenzmatrizen	613
Führungsaufgaben	156
Führungsentscheidungen	161
Führungsfunktionen	163
Führungskräfte	159
Führungsstile	204
dreidimensional	212
eindimensional	207
zweidimensional	209
Führungstheorien	201
Eigenschaftstheorie	202
Rollentheorie	202
Funktionelle Gliederung	26
Funktionsmanager	571
Funktionsrabatt	626
Fusion	125, 151
durch Aufnahme	152
durch Neubildung	152
Fusionskontrolle	122, 148

G

G+V-Buchung	1059
Gap-Analyse	556
Garantie	750
Garantieleistungen	614
Gebietsausdehnung	
konzentrische	566
selektiven	566
Gebrauchsgüter	536
Gegengeschäfte	332
Gegenstromverfahren	173
Geisteswissenschaften	20
Geldmarkt	686
Gelegenheitsgesellschaften	130
Gemeinkosten	1085
-Management	1161
Gemeinkostenwertanalyse (GWA)	1161
Gemeinkostenzuschlagssatz	1108
Gemeinschaftskontenrahmen (GKR)	1075
Gemeinschaftsunternehmen	121, 139
Generalversammlung	110

Genossenschaft	108
Genusschein	725, 742
Geringwertige Wirtschaftsgüter	1021
Gesamthaftung	132
Gesamtkosten	424, 428
Gesamtkostenverfahren	1028
Gesamtleistung	1047
Gesamtunternehmer	132
Geschäftsanteil	109
Geschäftsbericht	1032
Geschäftsfeldplanung	446
Geschäftsführer	89, 92
Geschäftsgrundsätze	158
Geschäftsvorfälle	1053
Gesellschaft des bürgerlichen Rechts (GbR)	81, 705
Gesellschaft mit beschränkter Haftung GmbH	90
Gesellschafter	82, 82
Gesellschafterversammlung	92
Gesellschaftsvertrages	82
Gesetz	
gegen den unlauteren Wettbewerb	542
gegen unlauteren Wettbewerb	623
gegen Wettbewerbsbeschränkungen	147, 542, 623
Gewerbeimmobilien	62
Gewerbesteuer	1037
Gewinn- und Verlustkonto	1059
Gewinn- und Verlustrechnung	1028
Analyse und Beurteilung	1047
der Aktiengesellschaft	1031
Staffelform	1047
Gewinn- und Verlustverteilung der GmbH	93
Gewinnabführungsvertrag	151
Gewinnbeteiligung	77
Gewinngemeinschaft	139
Gewinngrenze	430
Gewinnkontrolle	683
Gewinnmaximierung	36
Gewinnmaximum	430
Gewinnrücklagen	1027, 1043
Gewinnschuldverschreibung	740
Gewinnschwelle	430, 603, 797
Gewinnschwellenmenge	1124
Gewinnsteuern	838
Gewinnvergleichsrechnung	796
Gewinnverteilung	
bei der KG	84
bei der OHG	82
Gewinnvortrag	1008
Gewohnheitsverhalten	584
Gleichordnungskonzern	145
Gleichungsverfahren	1106
Gleisförderer	391
GmbH	
Einmann-	93
Gründung der	91
Haftung	92
Mindestkapital	91
GmbH & CoKG	103
GmbH & Still	104
GoB	1004, 1031
Goldene Bilanzregel	1044
Grenzertrag	426
Grenzkosten	424
Grobterminierung	484
Grundbuch	1056, 1077
Grundbuch	1056
Grundkapital der AG	95
Grundlagenforschung	462
Grundnutzen	562
Grundpfandrecht	751
Grundsatz	
"Soll an Haben"	1056
der Bilanzklarheit	1005
der Bilanzkontinuität	1005
der Bilanzwahrheit	1005
der Einzelbewertung	1009
der formellen Ordnungsmäßigkeit	1005
der kaufmännischen Vorsicht	1008
der materiellen Ordnungsmäßigkeit	1005
ordnungsmäßiger Bilanzierung	1004
ordnungsmäßiger Buchführung	1004
Grundsätze ordnungsgemäßer Buchführung	1031
Grundsatzstrategie	554
grundsatzstrategischen Komponente	554
Grundschuld	752
Grundsteuer	1037
Gründung	
der AG	94
der GmbH	91
einer GbR	81
einer KG	84
einer OHG	82

einer stillen Gesellschaft	86
Gründungsvorschriften	78
Gruppenfertigung	474
Güte	690
Güter	3
immateriell	411
materiell	411
Güterkraftverkehr	389
Gütersegmente	562

H

Habituelles Kaufverhalten	585
Haftung der GmbH	92
Haftungssumme eines Genossen	109
Halbfertigfabrikate	295
Handel	634
Handelsfunktionen	634
Handelsgesetzbuch	989
Handelsobjekte	727
Handelsunternehmen, Arten von	635
Handelsvertreter	633
Handelswaren	295
Händlerpromotion	649
Harzburger Modell	221
Hauptbuch	1056, 1077
Hauptkostenstellen	1103
Hauptversammlung	99
Haushalte	7
Haushaltpanel	579
Head-Hunters	878
Hebezeuge	392
Hermeneutik	40
Herstellungskosten	1009
Heuristische Methode	41
Hifo-Methode	1024
High-Involvement-Produkte	584
Hilfskostenstellen	1103
Hilfsstoffe	295
Höchstbestand	361
Höchstwertprinzip	1009, 1025
Holding	146
Homepage – Recruiting	879
Homogenität des Marktes	535
Howard/Sheth-Modell	590
Human Relations	154
Hurwicz-Regel	184
Hypothek	752
Hypothekenschulden	1025
Hypothetische Konstrukte	588, 592

I

Idealwissenschaften	20
Identifikationsfunktion	
der Werbung	644
Identitätsprüfung	397
Illiquidität	1046
Image	646
Imitationen	603
Imparitätsprinzip	1009
Improvisation	247
Impulsverhalten	585
INCO-Terms	630
Indifferenzkurve	418, 419
Indirekte Leistungsbereiche	1141
Indirekter Absatz	631, 633
Induktive Methode	41
Industriekontenrahmen (IKR)	1071
Industrieobligationen	737, 1026
Information	
des Verbrauchers	640
Informationsaufgabe	985
Informationsbeschaffungsprozess	574
Informationsfunktion	654
Informationsgewinnung	573
Informationssystem	178
Informationsweg	254
Informationswirtschaft	985
Innenfinanzierung	752
innerbetriebliche Leistungs- verrechnung	1105
Innovation	557
Innovatives Management	294
Inputfaktoren	8
Insolvenzen	83
Instanz	262
Institutionelle Gliederung	25
Integriertes Marketing	567
Intelligenztests	889
Intensität	431
-optimale	433
Interaktionen im Marketing-Mix	672
Interdependenzen	596
Interessengemeinschaft	138
Interinstrumentale	664
Internet–Jobbörse	879
Interne-Zinsfuß-Methode	810
Interpersonelle Variablen	590
Interview	
standardisiertes	578

strukturiertes	578
Intrapersonelle Variablen	590
Inventar	998
Inventur	
Buch-	997
körperliche	997
Vereinfachungsverfahren	998
Inventurmethode	1097
Investition	780
Investitionsarten	781
Investitionsentscheidung	780
Investitionsentscheidungsprozess	783
Investitionsgütermarkt	536
Investitionskette	821
Investitionskontrolle	787
Investitionsplanung	784
Investitionspolitik	784
Investitionsprogramm-entscheidungen	824
Investitionsrechnung	788
Investitionsstrategie	608
Investment-Center-Organisation	274
Investor Relations	709
Istkosten	1131, 1139
Istkostenrechnung	1083
Istpreis-Verfahren	1098

J

Jahresabschluss	93, 1031
Jahresbilanz	1032
Jahresfehlbetrag	1030
Jahresplankontrolle	683
Jahresüberschuss	1030
Jahresüberschuss	1047
JIT-Konzept	509
JIT-System	
Analyse	521
Job enlargement	921
Job enrichment	286
Job rotation	901
Joint Ventures	139
juristische Person	81
Just in Time	286

K

Kaduzierung	92, 95
Kalkulation	1112
Anwendungsgebiete	1114
prozessorientierte	1144
Kalkulationsschema	1119
Kalkulationszinsfuß	832
Kalkulatorische Buchführung	1079
Kalkulatorische Kosten	1087
Kalkulatorische Miete	1097
Kalkulatorische Unternehmerlöhne	1096
Kalkulatorische Zinsen	1094
Kalkulatorischen Wagnisse	1095
Kammern	128, 129
Kanban-Steuerung	514
Kapazitätsabgleich	492
Kapazitätsplanung	1133
Kapazitätsterminierung	492
Kapital	686, 992
betriebsnotwendiges	1094
Kapitalausstattung	1042
Kapitalbedarf	688, 691
Ermittlung	696
Kapitalbeschaffung	85
Kapitalbindungskosten	470
Kapitalerhaltung	1011, 1093
Kapitalerhöhung	
bedingt	723
genehmigt	722
Kapitalerhöhungsformen	716
Kapitalgesellschaften	89
Kapitalherabsetzung	729
Kapitalkosten	767
Kapitalmarkt	686
Kapitalrücklagen	1027
Kapitalstruktur	762, 1002
Kapitalstruktur, optimale	774, 775
Kapitalwertmethode	805
Kartell	123, 128, 133
anmeldepflichtiges	136
Einheitspreis-	134
Einkaufs-	137
Erlaubnis-	137
Export-	137
Gebiets-	135
Gewinnverteilungs-	135
Import-	138
Konditionen-	136
Kooperations-	137
Markenschutz-	135
Mindestpreis-	134
Normungs-	137
Rabatt-	136

Rationalisierungs-	138	Konsortium	132
Speizialisierungs-	137	Konstitution	1044
Strukturkrisen-	138	Konsumentenverhalten,	
Submissions-	134	Einflussfaktoren	585
Typungs-	137	Konsumgütermarkt	536
verbotenes	134	Konsumtionswirtschaften	7
Widerspruchs-	136	Kontenplan	1072
Kartellgesetz	542, 616	Kontenrahmen	1071
Kartellverbot	128, 147	Gemeinschaftskontenrahmen	
Käufer	541	(GKR)	1075
Käufermarkt	535	Industriekontenrahmen (IKR)	1074
Käuferverhalten	583	Konto	
Kaufmannsarten	990	"Bestandsveränderungen"	1060
Kaufverbund	613	"Eigenkapital"	1059
Kennzahlen		"Gewinn und Verlust"	1059
Anlagenfinanzierung	1044	"Privatkonto"	1061
Kapitalausstattung	1042	Aktiv-	1054
Kapitalstruktur	1043	Passiv-;	1054
Liquidität	1046	Kontokorrentkredit	731
Rentabilität	1050	Kontrahierungspolitik	597, 614
Umsatz	1048	Kontraktpolitik	340
Vermögensaufbau	1044	Kontrollaufgabe	985
Kernprodukt	598	Kontrollbegriff	
key account management	569	erweiterter	1149
Kirchensteuer	1066	traditioneller	1149
Kollektionierende Handelsfunktion	635	Kontrolle	193
Kommanditgesellschaft	706	Kontrollsignal	359
Kommanditgesellschaft auf Aktien		Konzentration	121, 125, 142
KGaA	104	Konzentrationsstrategie	561
Kommanditgesellschaft KG	83	Konzern	121, 139, 144
Kommanditist	84	faktischer	121, 144, 145
Kommissionär	633	Gleichordnungs-	126, 145
Kommunikation	157, 230	Kennzeichen eines	144
Kommunikationsbeziehungen	597	mit Kapitalführung	146
Kommunikationspolitik	637	Unterordnungs-	126, 144
Kommunikationsprozess	638	Vertrags-	126, 144
Kommunikationssystems	196	Konzernbildung	146
Kommunikationsweg	254	Konzerneinkauf	335
Kompensationsgeschäfte	334	Konzernvermutung	144
Kompetenzen	261	Kooperation	121, 124
Komplemetär	83	Körperschaftsteuer	1037
Komplexitätseffekt	1144	Kosten	993
Konditionenpolitik	614, 625	Arbeitskräfte	65
Konkurrenz	616	beschäftigungsabhängige und	
Verhalten der	573	unabhängige	1124
Konkurrenzabhängigkeit	70	degressive	422
Konkurs	83	Einzel- und Gemein-	1085
Konsorten	132	erzeugnisfixe	1129
Konsortialführer	132	fixe	422, 1081

Fremdleistungs-	1099
Gründungs-	77
Ist-	1083
kalkulatorische	1087
Kapitalerhöhungs-	77
Personal-	1099
Plan-	1083
progressive	422
proportionale	422
regressive	422
primäre	1106
Teil-	1082
unternehmensfixe	1130
variable	422, 1081
Voll-	1082
Material-	1097
Kosten- und Leistungsrechnung	986
Kostenarten	1084
Kostenarten	1079
Kostenartenrechnung	1084
Kostenartenverfahren	1106
Kostenauflösung	1135
direkte Methode	1137
graphische Methode	1135
mathematische Methode	1135
Kosteneinflussfaktoren	425
Kostenfunktion	421, 428, 1081
Kostenkontrolle	1139
Kostenpunkt	
optimal	430
Kostenrechnung	1079
Aufgabe	1079
Kombinationssysteme	1084
prozessorientierte	1140
Systeme	1082
Kostenrechnungssysteme	1084
Kostenremanenz	425
Kostenstelle	1079
Kostenstellen	1100
allgemeine	1102
Einteilung	1102
Haupt-; Hilfs-	1104
Kostenstellenausgleichsverfahren	1106
Kostenstellen-Einzelkosten	1101
Kostenstellen-Gemeinkosten	1101
Kostenstellenrechnung	1100
tabellarisch	1107
Kostenstellenumlageverfahren	1106
Kostentheorie	408, 417

Kostenträger	1079
Kostenträgerstückrechnung	1112
Kostenträgerverfahren	1106
Kostenvergleichsrechnung	789
Kraftfahrzeugsteuer	1038
Kredit	627
Kreditfunktion	635
Kreditprovision	732
Kreditsicherheit	749
Kreuzpreiselastizität	619
kulturelle Einflussfaktoren	585
Kultur-Sponsoring	647
Kundenanzahlungen	744
Kundendienst	
kaufmännischer	614
technischer	614
Kundenmanagers	570
Kundenstrukturanalyse	612
Kybernetik	197
Kybernetischer Regelkreis	638, 683

L

Laboratoriumsexperimente	580
Lagebericht	1032
Lager	
-arten	393
Lagerbestand	361
Lagerhaltung	397
Lagerhaltungskosten	362, 370
Lagerkapazität	395
Lagerordnung	396
Lagerplanung	394, 395
Lagerstandort	395
Lagerwesen	392
Laplace-Regel	186
Laswell	638
Lean Management	286
Lean Production	286
Leasing	628, 745
Leasingquote	745
Leasingvertrag	746
Lebensdauer	1088
Lebensstil	586, 687
Lebenszyklusanalyse	600, 601
Leerkosten	470
Leistungen	993
innerbetriebliche	1105
Leistungsprogramm	694
Leitbilder	296

Leitungsbefugnis	77, 145	Participation	225
Lernkonstrukt	592	Results	229
Leverage-Effekt	766	Systems	228
Lieferantenanalyse	325	Management-Kreis	164
Lieferantenauswahl	332	Management-Techniken	1156
Lieferantenbewertung	332	Mantel der Aktie	95
Lieferantenentwicklung	339	Marginalanalytische Modelle	677
Lieferantenerziehung	338	Markenartikel-Konzeption	561
Lieferantenförderung	338	Marken-Image	560
Lieferantenkartei	377	Markerschließungsstrategie	623
Lieferantenkredit	627, 743	Marketer	533
Lieferantenpflege	337	marketing research	573
Lieferantenpolitik	331	Marketingforschung	573
Lieferantenwerbung	337	Marketing-Informationssystem	576
Lieferbedingungen	629, 630	Marketing-Instrumente	596, 657
Lieferbereitschaftsgrad	361, 362, 363	Marketing-Kontrolle	681
Lierferantenbeeinflussung	337	Marketing-Logistik	636
life-style	564, 586	Marketing-Mix	596
Lifo-Methode	1023	Festlegung	657
Lineare Optimierungsrechnung	1127	Marketing-Organisation	567
Liquidation	690	abnehmerorientierte	569
Liquidationswert	1088	funktionsorientierte	568
Liquidität	616, 628, 689, 999, 1042	gebietsorientierten	569
einzugsbedingte	1046	produktorientierte	568
Liquiditätslage	614	Marketing-Plan	546
Liquiditätsregeln	765	Marketing-Planung	543, 544
Logistik	293	Marketing-Strategie	545, 552, 658
Lohnsteuer	1065	Marketing-Ziel	
Lohnzuschlag	1117	ökonomisches	549
Lohnzuschlagskalkulation	1119	psychographisches	550
Lombardkredit	735	strategisch, taktisch, operativ	549
Losgröße		Marketing-Ziele	545, 547
-optimale	480	Markt	533, 323
Losgrößendegression	1082	geschlossener	536
Losgrößenplanung	480	Investitionsgüter-	536
Low-Involvement-Produkten	585	Käufer-	535
		Konsumgüter-	536
M		offener	536
Make-or-Buy-Entscheidung	309	relevanter	537
Makler	633	unvollkommener	535
Management	162	Verkäufer-	535
Management by	222	vollkommener	535
Breakthrough	229	Marktanalyse	578
Control	230	Marktanteil	539
Decision Rules	224	Marktanteil-Marktwachstum-	
Delegation	227	Portfolio	600, 606
Exception	225	Marktareal-Strategie	565
Motivation	229	Marktbeherrschende Stellung	148
Objectives	223	Marktbeobachtung	578

Marktdiagnose	544	Materialwirtschaftliches Optimum	294
Marktdurchdringung	557	Materialzuschlag	1117
Marktentwicklung	324, 557	Matrixorganisation	571
Marktfeldstrategie	556	Matrix-Organisation	275
Marktformenschema	535	Maximax-Regel	184
Marktforschung	573	Maximin-Regel	183
demoskopische	576	McKinsey-Matrix	609
ökoskopische	576	mehrdimensionale	
Primär-	576, 578	Organisationsstruktur	571
Sekundär-	576, 577	Mehrfachfertigung	479
Marktgrößen	537	Mehrheitsbesitz	143
Marktparzellierungsstrategie	560	Mehrheitsbeteiligung	143
Marktpenetration	557	Mehrliniensystem	270
Marktpotenzial	538	Mehrungen	1055
Marktprognose	329, 578	Mehrwertsteuer	1037
Marktschwankungen	324	Meinungsführer	541
Marktsegment	562	Meldebestand	361
Marktsegmentierungs-Strategie	562	Mengenrabatt	626
Marktstimulierungsstrategie	559	Mengenschlüssel	1104
Marktstruktur	323	Mengenstandardisierung	318
Marktteilnehmer	540	Mengenübersichtsstückliste	351
Markttransparenz	535	message	638
Markttypologien	535	Methode 635	599
Marktvolumen	539	Methoden	
Maschinenbelegung	498	für Produktideen	599
Maschinenbelegungsplan	499	Methodologie	19
Maschinenstundensatzkarte	1121	me-too-Produkte	558
Maschinenstundensatzrechnung	1120	Mikroindustrie	529
Maschinenzeit	1120	Minderbestand	1060
Massenfertigung	479	Minderkaufmann	990
Massenmarkt-Strategie	561	Minderungen	1055
Maßnahmenplanung	544	Mindestkapital	78
Materialanalyse	303	Mineralölsteuer	1038
Materialannahme	397	Minimalkostenkombination	420
Materialausgabe	398	Minimax-Regel	183
Materialauslagerung	398	Mischformen	103
Materialdisposition	348	Mitbestimmungsgesetz	98
Materialeinlagerung	398	Mitbestimmungsrecht	162
Materialindex	63	Mittelentscheidungen	176
Materialkosten	297, 1097	Mittelherkunft	1001
Materialprüfung	397	Mittelverwendung	1001
Materialrationalisierung	315	Mittelwertverfahren	851
Materialstellen	1103	Modelle	41
Materialumlagerung	398	analytische -	47
Materialwirtschaft	292	deterministische -	46
Aufgaben	294	dynamische -	46
integrierte	293	marginalanalytische	677
Zielkonflikt	296	mathematische	670, 680
Ziele	294	Quantitative Optimierungs-	669

Simulations-	47
statische -	46
stochastische -	46
Verknüpfung von Werbung und Preis	671
von Simon	673
von Vanhonacker	675
zum Marketing-Mix	669
Modigliani/Miller-These	776
Montan-Mitbestimmungsgesetz	98
Morphologische Methode	600
Motivation	650
Motive, Kauf-, Handlungs-	584
Motivforschung	154

N

Nachfrage	2
starr, elastisch	618
Nachfragersegmente	562
Nachkalkulation	1113
Nachschusspflicht	92
Nachtragsbudget	1158
Natural-Rabatt	626
Naturwissenschaften	20
Nebenbedingungen	39
Nebenkostenstellen	1103
Nebenleistungen, programmpolitische	613
Nettobedarf	349
Netzplan	491
Netzplantechnik	191, 660, 486
Netzwerke	288
Neutrales Ergebnis	1100
Neutrales Mitglied	98
New users	557
New uses	557
Niedergangs	668
Niederstwertprinzip	1008, 1012
strenges -	1022
non-price-competition	559
Norm	
Grad	318
Reichweite	318
Normalisierungsprinzip	1096
Normalkosten	1110
Normalkostenrechnung	1131
Normen	
Inhalt	317
Internationale	316
Nationale	316
Verbands-	316
Werks-	317
Normstrategien	554, 608
Normung	316
Nummernarten	320
Nummerung	319
Aufgaben	319
Nutzenbegründung	642
Nutzenbotschaft	642
Nutzenpotenzial	1090
Nutzungsdauer	819, 1012
Nutzwertanalyse	73

O

Objektanalyse	257
Objektprinzip	260
Objektzentralisation	265
Offene Handelsgesellschaft (OHG)	82, 705
Offenlegung	1032
Omnibusbefragung	578
Online-/ Internet-Marketing	656
Online-Werbung	645
Operating Leasing	746
Operations Research	188
opinion leader	541
Opportunitätsprinzip	1094, 1097
Optimalen Nutzungsdauer	820
Optimierung	189
Optionsanleihen	739
Ordnen	583
Organe der Aktiengesellschaft	96
Organisation	246
Grundsätze der	250
Organisationsformen	269
im Überblick	279
Organisationsstruktur	
mehrdimensionale	571
Organisatorische Eingliederung	261
Organisatorische Struktur	259
Organisatorisches Gleichgewicht	250
Organprinzip	13
Outplacement	913

Ö

Öffentliche Betriebe	
mit eigener Rechtspersönlichkeit	118
ohne eigene Rechtspersönlichkeit	116

Öffentliche Unternehmen	114	Aufgaben und Ziele	1131
Öffentlichkeitsarbeit	651	Plankostenverrechnungssatz	1138
Ökologie-Pull-Wirkung	689	Planmäßige Kostenauflösung	1137
Ökologie-Push-Wirkung	689	Planung	169, 683
Öko-Marketing	685, 688	Block-	171
Ökonomisches Marketing-Ziel	549	Bottom-up-	172
		des Marketing-Mix	659
P		Grundsätze der	174
Panel	579	kurzfristige	1155
Partialanalysen	544	operative	171
Partialmodelle	588	retrograde	172
Passiva	1001, 1054	rollierende	171
Passivtausch	1053	langfristige	1155
Penetrationspreisstrategie	623	mittelfristige	1155
Periodenerfolg	1079	taktische	171
permanente Inventur	998	Top-down-	172
Personal Selling	653	Planung progressive-	172
Personalauswahl	883	Planung strategische	170
Personalbedarfsplanung	862	Planungsprozess	
Personalbeschaffung	871	Marketing-	544
mittels Internet	879	Planungsprozesses	543
Personalbeurteilung	965	Planungsrechnung	987
Personalentlohnung	936	Portfolioanalyse	606
Personalentwicklung	893	Portfolio-Analyse	341
Personalfreisetzung	907	Marktmacht-Portfolio	342
Personalkosten	1099	Risiko-Portfolio	344
Personengesellschaften	79, 81	Potenzialfaktoren	410
Personenunternehmen	79	PPS-System	503
Persönliche Einflussfaktoren	586	Präferenzstrategie	559
Persönlicher Verkauf	653	Präferenzstrategie	560
Persönlichkeitstypologie	240	Prämienpreisstrategie	622
Pessimismus-Optimismus-Regel	184	Preis	325, 615
Pfandrecht	750	Preis-Absatz-Funktion	616
Phasen des Produktlebens	601	Preisabweichungen	1139
Phasenzentralisation	266	Preisbeobachtung	326
physische Distribution	631, 636	Preisbildung	614, 619
PIMS	610	konkurrenzorientierten	621
place	597	kostenorientierte	620
Plan		nachfrageorientierte	621
Absatz-	174	retrograde	621
Beschaffungs-	174	Preisbindung	135
Finanz-	174	Preisdifferenzierung	624
Mareketing-	174	Preiselastizität	617
Personal-	174	Kreuz-	619
Produktions-	174	Preisfestlegung	619
Planbeschäftigung	1132	Preisführer	621
Plankosten	1132	Preisführerschaft	621
verrechnete	1138	Preisgestaltung	614
Plankostenrechnung	1083	psychologische	624

Preisgleitklauseln	341	Produktionsfaktoren	409
Preis-Mengen-Strategie	559	Bereitstellung	496
Preisnachlass	1062	limitational	418
Preispolitik	614, 615	substitutional	418
Preisstrategie	622	Produktionsfunktion	
Preisstrukturanalyse	326, 327	Typ A	426
Preisuntergrenze	430	Typ B	430
kurzfristige	1112	Typ C	441
langfristige	1112	Typ D	442
Preisvergleich	326, 327	Produktionsmenge	1081
Preiswettbewerb	559	Produktionspersonen- und	
price	596	Vertriebskapitalgesellschaft	108
price-competition	559	Produktionsplanung	409
Primärbedarf	349	Produktionsprofil	415
Primäre Kosten	1106	Produktionsprogrammplanung	409
Primärer Sektor	18	-operative	448
Primärforschung	329	-taktische	447
Prinzip		Produktionsprozess	410, 412
bottom up-	1159	Produktionsstrukturen	450
der Einzelbewertung	1022	Produktionstheorie	408, 417
der Maßgeblichkeit	992	Produktionstypen	415
top down-	1159	Produktivität	30, 408
Privatentnahmen	1061	Produktlebenszyklus	601, 613
Privatkonto	1061	Produktlebenszyklusmodell	666
Problemlösungsverhalten	584	Produktmanagement	276
Problemtreue	611	Produktmanager	276, 568, 571
product	596	Produkt-Markt-Matrix	556
Product-Placement	640	Produktmodifikation	462
Produkt	598	Produktplanung	460
Produktanalyse	601	Produktpolitik	596, 598
Produktebene	533	Produktstrategie	556
Produktelimination	599, 600	Produktsystem	413
Produkteliminierung	461	Produkttreue	611
Produktentwicklung	557	Produktvariation	461, 467, 599, 600
Produktfeld	445	Produktverbesserung	600
Produktideen	464	Produzenten	541
Produktideensuche		Profit-Center-Organisation	274
-diskursive	465	Programmanalyse	610
-intuitive	465	Programmbreite	611
Produktinnovation	461, 462, 599	Programmierung	
Produktion		lineare	190
Begriff	407	nichtlineare	190
Einsatzfaktoren	409	parametrische	191
Fertigungsfaktoren	411	stochastische	191
Prozeßeinflußfaktoren	410	Programmierung.dynamische	190
Stellenwert	528	Programmoptimierung	1127
Zielfelder	416	Programmorientierte	
Zielsystem	415	Bedarfsermittlung	350
Produktionsertrag	417	Programmpolitik	596, 598, 611

Programmpolitische Nebenleistungen	613
Programmstrukturanalyse	612
Programmtiefe	611
Projektmanagement	277
Projektmanager	277
Projektvergütung	949
Prokurist	97
promotion	597
Promotionspreisstrategie	623
Prozess	
der Informationsbeschaffung	574
Prozessanordnung	693
Prozessgeschwindigkeit	695
Prozessgestaltung	468
Prozessinnovation	529
Prozesskosten	1142
Prozesskostenrechnung	1140
Prozessplanung	409
Prüfung	194
Prüfungspflicht	1032
Psychographische Merkmale	563
Psychographisches Marketing-Ziel	550
Public Relations	651
Pull-Methode	666
Punkte-Bewertungsverfahren	74
Push-Effekt	667

Q

Qualitätsfunktion	635
Qualitätsgestaltung	461
Qualitäts-Management	291
Qualitätsmaßstab	615
Qualitätsverbesserung	531
Qualitätswettbewerb	559
Qualitätszirkel	600
Quantitätsfunktion	635
Quasi-Innovationen	558
Question marks	607
Quota-Verfahren	582
Quote	
Vorrats-;Forderungs-;	1045
Quotenauswahlverfahren	582

R

Rabattpolitik	626
Rahmenplan	173
Rahmenverträge	340
Ranganalyse	257

Rationalisierungsinvestition	782
Rationalprinzip	5
Rationalverhalten	584
Raumgestaltung	284
räumliche Funktion	634
Raumzentralisation	267
Realisation	192
Realwissenschaften	20
Reason-Why-Technik	642
Rechenschaftslegung	1032
Rechenschaftslegungsaufgabe	985
Rechnungsabgrenzung	1007
Rechnungsprüfung	386
Rechnungswesen	
Aufgaben	985
Rechnungswesen	684
Begriff	985
kalkulatorisch	988
Rechtsfähigkeit	78
Rechtsform	
Bedeutung der	77
privater Betriebe	78
Umwandlung	726
Rechtsformwechsel	119
Rechtsnormen	542
Rechtspersönlichkeit	90
Recycling	404
-externes	405
-innerbetriebliches	404
Reederei	706
Regelkreis	
kybernetischer	494, 638
Regelkreis-Modell	197
Regiebetriebe	116
Reife	667
Reifephase	603
Reisende	632
Reiz	639
Relative Einzelkostenrechnung	1124
Relaunch	604
Remourskredit	759
Rentabilität	32, 690, 1047
Kennzahlen	1050
Rentabilitätsrechnung	798
Rentenschuld	752
Reoranisation	247
Repetierfaktoren	410
Responseinteraktion	672
Restgemeinkosten	1123

Restriktion	190
Restwert	1088
Restwertverzinsung	1094
Revision	194
externe	195
interne	196
Rhytmenabstimmung	284
Risikoanalyse	846
Risikofunktion	635
Risikopräferenzfunktionen	845
Rohergebnis	1030
Rohstoffe	295
ROI	691
Routineentscheidungen	177
Rückgangsphase	604
Rückkopplung	198, 575
Rücklagen	
freie	1027
gesetzliche	1027
offene	1027
satzungsgemäße	1027
stille	1027
Rückrechnungsmethode	1098
Rückstellungen	1026
Rückwärtskalkulation	1114
Rückwärtsterminierung	489
Rüstkosten	470

S

Sachgüter	411
Sachleistungsbetriebe	14
Sachmittelorientierte Zentralisation	267
Sachziel	545
Sachziele	165
Sachziele einer Unternehmung	30
Sättigung	668
Sättigungsphase	604
Savage-Niehans-Regel	185
Schienengütertransport	389
Schleichwerbung	640
Schlupfvariablen	456
Schlussbilanz	1055
Schlüsselgrößen	1104
Schuldscheindarlehen	740
Schuldverschreibungen	737
Schulungen	649
Sekundärbedarf	349
Sekundärer Sektor	18
Sekundärforschung	329

Selbständigkeit	
rechtliche	125
Verlust der	151
wirtschaftliche	125
Selbständigkeit	121, 133
Selbstemission	722
Selbstfinanzierung	1043
Selbstfinanzierung	753, 769
Selbstkosten	620, 1112
Selbstkostenkalkulation	1113
Selbstorganisation	288
Serien	479
Serviceleistungen	613
Sicherheitsbestand	361
Sicherungsübereignung	751
Simon, Modell von	673
Simplex-Algorithmus	1127
Simplex-Methode	190, 456
Simultaneous Engineering	466
Simultanplanung	544
Situationsanalyse	543
Situationsannalyse	544
Skalieren	583
Skimmingpreisstrategie	623
Skonto	626, 1062
Soll-Ist-Vergleich	682
Sollkaufmann	990
Sollkosten	1138
Sollzinsen	732
Sollzinssatzmethode	829
Sondereinzelkosten	1086
Sondervermögen	116
S-O-R-Modell	587, 589
Sortenfertigung	1116
Sortimentsbildung	635
Sortimentspolitik	598
Sozial abhängigem Verhalten	585
Soziale Einflussfaktoren	586
Soziale Marktwirtschaft	9, 14
Soziale-Sponsoring	648
Sozialnutzen	690
Sozialversicherung	1065
Sozialwissenschaften	29
Spartenorganisation	273
Sperrminorität	99
Spezielle Betriebswirtschaftslehren	26
Spielsituation	187
Spieltheorie	187
Spill over-Effekt	665

Sponsoring	646	typisch	87
mit Online Medien	648	Stille Gesellschaft	706
Sponsorship	646	Stimulus-Organismus-	
Sport-Sponsoring	647	Response-Modell	589
S-R-Modell	587, 589	Stimulus-Response-Modell	587, 589
S-R-Modelle	587	Stochastische Bedarfsermittlung	357
Stab	272	Störgrößen	198
Stabliniensystem	271	Straßengütertransport	389
Stabsstelle	271	Strategie.Chip	555
Staff Promotion	649	Strategieebenen	555
Stammeinlage	91	Strategienplanung	544
Stammkapital	91	Strategieprofil	555
Stammlieferanten	336	Strategische Dimensionen	554
Standardisierung	315	Strategische Lücke	556
Standort		Strategische Unternehmensführung	160
außerbetrieblicher	58	Strategischen Analyse	552
innerbetrieblicher	58	Strategisches Denken	161
Spaltung-	58	Stromgrößen	992
transportkostenoptimaler	75	Strukturplanung	488
Standortfaktoren		Strukturstückliste	352
abgabenorientierte	71	Stück- und Zeitrechnung	986
ausgangsorientierte	69	Stückdeckungsbeitragsrechnung	1124
betrieblicher	61	Stückkostenvergleich	790
eingangsorientierte	62	Stücklistenauflösung	354
Rangfolge der	62	Stücklistenorganisation	351
Standortplanung		Stufenweise Fixkosten-	
-innerbetriebliche	477	deckungsrechnung	1129
Standortwahl	57	Submixes	660
Entscheidungsmodelle zur	72	Substanzerhaltung	1011, 1093
Stars	607	Substanzwertverfahren	851
Statische Verfahren	789	Substitu	604
Statistik	987	Substitutionsfeld	419
Steiner-Weber-Modell	75	Subunternehmen	132
Stelle	252	Subunternehmerschaft	140
Stellenbeschreibung	222, 260	Sukzessivlieferverträge	340
Stellenbildung	260	Syndikat	123, 135
Stetigfördermittel	392	Synergieeffekte	170
Steuerklassen	1065	System der Wissenschaften	19
Steuern	71	Systemindifferente Faktoren	12
Einteilung	1034		
Ertragskompetenz	1035	**T**	
sonstige	1033		
vom Einkommen und vom Ertrag	1033	Taktabstimmung	283
Steuerpflicht	1033	Teamorganisation	278
Stichprobe	582	Teilerhebung	582
Stichprobeninventur	998	Teilgewinnabführungsvertrag	151
Stiftung	113	Teilkostenrechnung	621, 1083, 1123
Stille Gesellschaft	86	Teilschuldverschreibungen	1026
atypisch	87	Telefonmarketing	654
		Terminschranke	517

Terminüberwachung	385
Tertiärbedarf	349
Tertiärer Sektor	18
Testmarkt	599, 602
Throughput	410
Totalmodell	590
Totalmodelle	588
Transaktionsanalyse	233
Transformationsprozess	407
Transistorische Posten	1007
Transport	
-außerbetrieblicher	388
-innerbetrieblicher	390
Transportfähigkeit	69
Transportkostenfunktion	75
Transportmittel	391, 636
Transportprobleme	188
Transportwesen	387
Treasureship	1150
Trichterprinzip	516
Typung	318

Ü

Überbeschäftigung	426
Überdeckung	1110
Überwachung	193
Überziehungsprovision	732

U

Ubiquität	565
Umfassende Kostenführerschaft	561
Umlaufvermögen	999
betriebsnotwendiges	1094
Umlaufvermögen	688
Umsatzkennzahlen	
Umschlag der Forderungen	1049
Umschlag der Stoffbestände	1048
Umsatzkennzahlen	1048
Umsatzkennzahlen:	1049
Umsatzkostenverfahren	1029
Umsatzsteuer	1037, 1063
Umsatzsteuervoranmeldung	1064
Umsatzstrukturanalyse	612
Umwelt	616, 688
unternehmerische	542
Umweltbedingungen	178
Umweltorientiertes Management	292
Umweltschutz	68, 292, 534, 600, 688

Unterbeschäftigung	426
Unterdeckung	1110
Unterkonten	1058
Unternehmen	
abhängiges	144
herrschendes	144
herschendes	145
verbundene	142
virtuelles	141
Unternehmenskultur	157
Unternehmens	
entwicklung	155
gestaltung	155
lenkung	155
Unternehmensbewertung	848
Unternehmensforschung	188
Unternehmensführung	153
internationale	291
Unternehmensgrößenklassen	
(Kapitalgesellschaften)	1033
Unternehmensgründung	704
Unternehmenskonzentration	142
Unternehmensphilosophie	290, 292
Unternehmensverträge	149
Unternehmenszusammenschluß	
anorganischer	127
diagonaler	127
horizontaler	126
vertikaler	126
Ziele	122
Unternehmenszusammenschluss	121
Unterweisung	192
Ursachenanalyse	194
USP	560, 642

V

Vanhonacker	675
Variable Kosten	1081
Verbände	128
Verbindlichkeiten	025
ungewisse	1026
Verbraucherpanel	579
Verbraucherpromotions	650
Verbrauchsabweichungen	1140
Verbrauchsfolgebewertung	1023
Verbrauchsfunktionen	433
Verbrauchsgüter	536
Verbrauchsorientierte	
Bedarfsermittlung	357

Verbundkäufe	613
Verdichtungsfunktion der Werbung	644
Verein	90
eingetragener	90
Verfahren	
analytische	583
deskripitive	583
Verfügbarer Bestand	361
Vergabeverhandlung	382
Vergleichskalkulation	1112
Vergleichsrechnung	987
Verhalten	681
Verhaltensbeeinflussung	194
Verhalteswissenschaftliche Erklärungsmodelle	583
Verkäufermarkt	535
Verkaufsförderung	649
Verkaufsniederlassung	632
Verkaufsorgane	541
Verkehrsanbindung	67
Verlegte Inventur	998
Verlustbeteiligung	77
Verluste	
drohende	1026
Verlustvortrag	1008
Vermögen	688, 992
Vermögensaufbau	1044
Vermögensstruktur	763, 1002
Vernetzte Systeme	287
Verrechnete Plankosten	1138
Verrechnungspreise	1105, 1132
Verrichtungsprinzip	260
Verrichtungszentralisation	264
Verschachtelungsprinzip	146
Verschmelzung	151
Verschuldungsgrad	
dynamisch	767
statisch	766
Versicherungsverein auf Gegenseitigkeit (VVaG)	112
Versorgung	
Material-	63
Rohstoff-	63
Versorgung	291
Verteilungsschlüssel	1101
Vertragshändler	632
Vertragskonzern	144
Vertretung	77
Vertriebsorgane	633
Vertriebsstellen	1103
Vertriebswagnis	1096
Verwaltungsstellen	1103
Verwaltungszentralisation	266
Visionäres Management	290
Visionen	296
Volkswirtschaftslehre	28
Vollerhebung	581
Vollkaufmann	990
Vollkostenkalkulation	1112
Vollkostenrechnung	620, 1082
Vorbereitungsphase	602
Vorkalkulation	1113
Vorkalkulation	1110
Vorkostenstellen	1104
Vormerkbeständen	349
Vorratsquote	1045
Vorschriften	
gesetzliche	77
Vorstand der AG	96
Vorstand einer Genossenschaft	110
Vorstandsvorsitzender	97
Vorsteuer	1038, 1062
Vorsteuerüberhang	1064
Vorwärtskalkulation	1114
Vorwärtsterminierung	489

W

Wachstumsphase	603
Wachstumsphase	667
Wachstumsstrategie	556, 608
Wahrnehmung	592, 638
Wahrscheinlichkeiten	181
Wandelschuldverschreibungen	738
Wareneingangskontrolle	385
Wechsel	
gezogen	733
Solawechsel	733
Wechselkredit	733
Werbebotschaft	642
Werbebudget	643
Werbeerfolgskontrolle	684
Werbekonstante	644
Werbemedium	640
Werbeobjekte	641
Werbeplanung	641
Werbevariable	645
Werbeverordnungen	687
Werbewirkung	644
Werbezeitpunkt	642

Werbung	639
Arten der	640
periodisch / aperiodisch	642
prozyklisch / antizyklisch	642
Schleich-	640
überschwellige	640
unterschwellige	640
Werkstattfertigung	473
Wertanalyse	307
Durchführung	309
Funktionstypen	307
Wertanalyse	468
Wert-Analyse-Team	1162
Werteschlüssel	1104
Werteverzehr	1088
Wertminderungen	
des Anlagegutes	1011
Wertprinzip	621
Werturteile	23
Wettbewerbsrecht	542
Wettbewerbsverbot	87
Wiederbeschaffungswert	1088
wirtschaftlicher Nutzungsdauer	820
Wirtschaftlichkeit	31, 409, 1047
Wirtschaftlichkeitsprinzip	4
Wirtschaftseinheiten	6
Wirtschaftskörperschaften autonome	117
Wirtschaftssysteme	9
Wirtschaftswissenschaften	20, 21
Wirtschaftszweige	14
Wissenstreue	611

X

XYZ-Analyse	306

Z

Zahllast	1064
Zahlungsbedingungen	629, 630
Zahlungskapazität	1046
Zahlungsziele	627
Zeitanalyse	489
zeitliche Funktion	634
zeitnahe Stichtagsinventur	998
Zeitrabatt	626
Zeitrechnung	986
Zeitsparen	533
Zeitvergleich	1039
Zentrale Planwirtschaft	10
Zentralisation	264
Zero-Base-Budgetig (ZBB)	1160
Zero-Defect	286
Ziel	
strategisches	545
taktisches	545
Zielanpassung	551
Zielantinomie	35
Zielbeziehungen	551
Zielbildung	168
Zielbildungsprozess	34
Zieldefinition	550
Zieldimension	550
Ziele	165, 166
der Organisation	246
Zielentscheidungen	177
Zielfunktion	190
Zielgruppe	641
Zielindifferenz	35
Zielinhalt	550
Zielintegration	35
Zielkomplementarität	35
Zielkompromiss	35
Zielkonflikte	35
Zielkonkurrenz	35
Ziellückenanalyse	556
Zielperiode	550
Zielplanung	544
Zielsystem	167
Zielsystem der Unternehmung	33
Zinsen	
kalkulatorische	1094
Zufallsauswahlverfahren	582
Zusatzbedarf	349
Zusatzkosten	1087, 1100
Zusatzleistungen	1100
Zusatznutzen	562
Zuschlagskalkulation	620
differenzierende	1118
summarische	1117
Zuschussbetriebe	115
Zweckbeziehungsanalyse	258
Zweikreissystem	1071
Zwischenkalkulation	1113